Der Apostolische Stuhl 1988

27.7.92

Der Apostolische Stuhl 1988

Ansprachen, Predigten und
Botschaften des Papstes
Erklärungen der Kongregationen

Vollständige Dokumentation

Libreria Editrice Vaticana · Verlag J. P. Bachem

CIP-Kurztitelaufnahme der Deutschen Bibliothek

Ecclesia Catholica / Curia Romana:
Der Apostolische Stuhl ...: Ansprachen, Predigten u.
Botschaften d. Papstes, Erkl. d. Kongregationen;
vollst. Dokumentation / Hrsg.: Sekretariat d. Dt. Bischofs-
konferenz in Zusammenarbeit mit d. Red. d. dt.-sprachigen
L'Osservatore Romano. –
[Città del Vaticano]: Libreria Editrice Vaticana;
Köln: Bachem
Erscheint jährl.
Forts. von: Wort und Weisung

1982 (1984) –

NE: Ecclesia Catholica / Papa; HST

ISBN 3-7616-1107-2
Printed in Germany

Herausgeber:
Sekretariat der Deutschen Bischofskonferenz in Zusammenarbeit mit der
Redaktion des deutschsprachigen L'Osservatore Romano
Verlag:
J. P. Bachem, Köln, und Libreria Editrice Vaticana
Druck: J. P. Bachem, Köln

Vorwort

„Der Apostolische Stuhl 1988“ setzt die bisherige Reihe fort. Die Übersetzungen der Dokumente sind weitgehend der deutschen Ausgabe des „L'Osservatore Romano“ entnommen. Sofern Texte dort nicht erschienen sind, wurden sie eigens für diesen Band übersetzt.

Auch diesmal wurde innerhalb der einzelnen Kapitel eine chronologische Reihenfolge der Texte gewählt. Das ausführliche Register soll wieder das Auffinden jeder gewünschten Textstelle ermöglichen.

Zur Vervollständigung der Reihe „Der Apostolische Stuhl“ können die Bände der Jahre 1982 bis 1987 noch bezogen werden.

Inhaltsverzeichnis

I. Ansprachen bei den Generalaudienzen und beim Angelus

Januar

Februar

II. Predigten und Ansprachen bei den Reisen

1. Pastoralbesuch in Verona (16. / 17. April)

Samstag, 16. April

Sonntag, 17. April

2. Pastoralbesuch in Cività Castellana (1. Mai)

Sonntag, 1. Mai

3. Pastoralbesuch in Uruguay, Bolivien, Peru und Paraguay (7. bis 19. Mai)

Samstag, 7. Mai

III. Ansprachen, Predigten, Botschaften und Rundschreiben

Januar

Juli

IV. Ad-limina-Besuche

V. Erklärungen der Kongregationen

VI. Anhang

I.

Generalaudienzen und Angelus

Ein Loblied zu Gott

Angelus am 1. Januar

1. Die Anwesenheit der „Pueri Cantores“ in Rom, die aus verschiedenen Teilen der Welt zu ihrem 23. internationalen Kongreß zusammengekommen sind, gibt mir Gelegenheit, zu euch bei dieser gewohnten marianischen Begegnung am Sonntag über die Gottesmutter zu sprechen, die die Inspiration zur Musik gab. Es ist ein sehr eindrucksvolles Thema, das eine ausführlichere Behandlung erfordern würde.
Wir denken vor allem an Maria, wie sie sich aktiv an den Gesängen ihres Volkes beteiligte. Wie jede gläubige und fromme jüdische Frau, der religiösen Tradition Israels getreu, hat Maria das Lob des Herrn gesungen auf den jährlichen Tempelwallfahrten und bei den Gottesdiensten in der Synagoge von Nazaret. Maria hat die Psalmen und Hymnen der Tradition Israels gesungen, so wie sie am Gebet und am Gotteslob der jungen Kirche teilgenommen hat, die sich um die Apostel versammelte. Auf diese Weise hat sie, so kann man wohl sagen, ihren Dank und ihre Freude, die sie bereits im Magnifikat zum Ausdruck gebracht hatte, weiterhin zum Herrn emporgesandt und dem neuen Volk Gottes übermittelt, das sich in der Schule des Evangeliums langsam heranbildete.

2. Die Worte des marianischen Lobgesangs sind in das tägliche Gebet der Kirche eingegangen und von Anfang an wurden sie lebendiger Antrieb und inspirierten weitgehend zur Musik. Das Lied des Magnifikat erklingt immer noch zur Zeit der Vesper, von den bescheidenen Kirchen an bis zu den majestätischen Kathedralen, in gregorianisch inspirierten Melodien wie in den feierlichen Kompositionen der bekanntesten Musiker. Hier möchte ich an die hochgeschätzten Namen der Klassiker der Polyphonie erinnern, wie Pier Luigi da Palestrina, Orlando di Lasso, Tommaso Lodovico da Victoria und die nicht weniger bekannten wie Vivaldi und Bach.

3. Maria wird dann im Gesang angerufen. Dabei ist u. a. als Höhepunkt der marianischen Musik an die Marienvesper von Claudio Monteverdi zu erinnern, wo sich zu den Psalmen das „Ave maris stella“, das Magnifikat, die Anrufungen zu Maria und das herrliche Salve Regina gesellen. In den verschiedenen marianischen Antiphonen, in den Litaneien und vor allem im Salve Regina und im Ave Maria wird die Innigkeit des Gebets besonders spürbar, manchmal als Zeichen der Freude, manchmal als leidenschaftlicher und vertrauensvoller Ausdruck der Tränen und des Schmerzes oder des Bittrufes an die Gottesmutter als Mutter der Barmherzigkeit. Und muß man nicht auch an die tiefempfundene Teilnahme am Schmerz Marias unter dem Kreuz Christi denken, die große Musiker wie Palestrina, Pergolesi, Mozart, Haydn, Rossini und viele andere bei der Meditation über die Worte des „Stabat Mater“ verspürten? Die Verehrung der Jungfrau hat wirklich Meisterwerke hervorgerufen und die größten Musikkünstler inspiriert und dadurch die Menschheit um ein künstlerisches Erbe bereichert, das nicht außer acht gelassen werden kann.

4. Ich fordere euch deshalb auf, das Lob Marias im Gesang lebendig zu erhalten. Vereint eure Stimmen mit all denen, die sie im Laufe der Jahrhunderte des christlichen Zeitalters verehrt und angerufen haben.
Von Jugend an, wie ihr Sängerknaben es bereits tut und zur Ehre Gottes singt, indem ihr durch die Musik die Freude ausdrückt, ihm zu dienen, erhebe sich der Bittgesang zur Gottesmutter bis zum Lebensabend, wenn das Ave Maria den letzten Atemzug unseres irdischen Pilgerweges „in der Stunde unseres Todes“ aufnehmen wird. Unser ganzes Leben sei ein Loblied zu Gott und zu ihr, die er zu seiner und unserer Mutter erwählt hat.

Maria in unser Leben hineinnehmen

Angelus am 3. Januar

Liebe Brüder und Schwestern!

1. Am ersten Tag des Jahres haben wir die Jungfrau Maria im Geheimnis ihrer Gottesmutterschaft betrachtet: Die Theotókos! Heute möchte ich euch einladen, über Maria als Mutter der Kirche nachzudenken. Die eine und die andere Mutterschaft sind eng miteinander verbunden. Dies unterstrich Papst Paul VI. mit theologischem Nachdruck, als er bei der Verleihung dieses schönen Titels an die Jungfrau sagte: „Maria ist die Mutter Christi, der, gleich nachdem er in ihrem jungfräulichen Schoß Menschennatur angenommen hatte, in sich als dem Haupt seinen mystischen Leib, die Kirche, vereinte. Folglich ist Maria, weil Mutter Christi, auch Mutter aller Gläubigen und Hirten, d. h. der Kirche“ (*Anprache* am 21.11.1965).

2. Vor der Krippe sind wir eingeladen, die tröstliche Wahrheit von der Mutterschaft Marias auch uns gegenüber wieder zu entdecken. Eine Wahrheit, die Jesus selbst am Höhepunkt seines Leidens verkünden wollte, als er sich vom Kreuz herab an die Mutter und den Lieblingsjünger wandte und sagte: „Frau, siehe, dein Sohn! ... Siehe, deine Mutter!“ (*Joh* 19,26–27). So umriß er die Rolle Marias im Leben der Kirche.
Es ist eine mütterliche Rolle, die von ihrem Wesen her eine einzigartige und unwiederholbare Beziehung von Person zu Person herstellt. In der Enzyklika *Redemptoris Mater* habe ich geschrieben: „Auch wenn ein und dieselbe Frau Mutter von vielen Kindern ist, kennzeichnet ihre persönliche Beziehung zu jedem einzelnen von ihnen wesentlich ihre Mutterschaft. Jedes Kind ist nämlich auf einmalige und unwiederholbare Weise gezeugt worden, und das gilt sowohl für die Mutter als auch für das Kind. Jedes Kind wird auf die nämliche Weise von jener mütterlichen Liebe umgeben, auf der seine menschliche Erziehung und Reifung gründen“ (Nr. 15).

3. Wie wird also unsere Haltung ihr gegenüber sein, die uns Jesus selbst zur Mutter gegeben hat? Die Haltung wird nicht anders sein als die des Apostels Johannes, von dem gesagt wird: „Und von jener Stunde an nahm sie der Jünger zu sich“ (*Joh* 19,27). Maria in unser Leben hineinnehmen, sich ihr ganz anvertrauen: das erwartet die Gottesmutter von

jedem von uns. Das Anvertrauen ist die einzige angemessene Antwort auf die Liebe einer Person und insbesondere auf die Liebe einer Mutter.
Mit dem neuen Antrieb kindlicher Hingabe vertrauen wir uns heute morgen Maria an: Ihr liebliches Mosaikbild, das ich an der Fassade des Apostolischen Palastes anbringen ließ, lächelt allen zu, die diesen Platz betreten. Es ist eine Nachbildung der „Mater Ecclesiae", die an einem der Altäre im Petersdom verehrt wird. Mit ihrer Hilfe wollen wir immer treuere Jünger ihres Sohnes werden, der uns den Weg zum Vaterhaus öffnet.

Maria, zeige uns Jesus!

Angelus am Dreikönigsfest, 6. Januar

Liebe Brüder und Schwestern!

1. Das heutige Fest der Erscheinung des Herrn hat eine besondere Bedeutung im Zusammenhang mit dem Marianischen Jahr, das in Erinnerung rufen will, da die Mutter des Sohnes Gottes, „vor Christus am Horizont der Heilsgeschichte erschienen ist" (*Redemptoris Mater*, Nr. 3); sie, die als erste unter uns Menschen der Welt den Erlöser gezeigt hat. Auch heute hat sie diesen Vorrang. Deshalb bitten wir sie im Salve Regina: „Zeige uns Jesus, die Frucht deines Leibes!" Und wir wollen heute zu ihr sagen: Zeig ihn uns jetzt, und nicht erst „nach diesem Elend"! Das ist die mystische und liturgische Bedeutung der Epiphanie: Maria zeigt der Welt ihren göttlichen Sohn, den Erlöser.

2. Maria geht der Ankunft des menschgewordenen Wortes in der Welt zeitlich voraus; und sie geht uns, den Jüngern des Wortes, unter dem Gesichtspunkt der Heiligkeit und des Glaubens an das Wort selbst, den Sohn Gottes, voraus.
Maria ist der „Morgenstern", der der Morgenröte und der „Sonne der Gerechtigkeit", Christus, unserem Herrn, voraufgeht. Bevor Jesus von sich selbst und seiner Sendung gesprochen hat, hat Maria über ihn zu denen gesprochen, die kamen, um das Kind zu sehen, und die sich wunderten und staunten, als sie hörten, was Gott zur Rettung Israels und der gesamten Menschheit gewirkt hatte.
Maria ist der Anrufung eines alten liturgischen Hymnus nach der „Meeresstern". Ihr Glaube ist wie das Licht, das uns leitet in den bewegten Wellen und Stürmen dieser Welt und die Finsternis unseres Unwissens erhellt, indem es den Irrtum auflöst und uns zur Wahrheit, die Christus ist, hinführt.
Maria ist wie der Stern von Betlehem, der anzeigt, wo sich der Sohn Gottes befindet, der zu uns gekommen ist, um den Menschen von Sünde und Tod zu befreien und zum Gotteskind zu machen, ihm Anteil an Gott zu geben.
Maria führt, wie der Stern von Betlehem, alle zu Christus, die Nahen und die Fernen; den, der zu Israel gehört, wie auch den, der nicht dazu gehört; den, der glaubt, damit er noch stärker glaubt, wie auch den, der noch nicht glaubt, damit er endlich zum Glauben gelangt.

3. Maria hat Christus verkündet, bevor er sich selbst verkündet hat: deshalb nannte Papst Paul VI. in dem Apostolischen Schreiben *Evangelii nuntiandi* Maria „Leitstern der Evangelisierung" (Nr. 82). „Am Pfingstmorgen" – so schrieb der verehrungswürdige Papst – „leitete sie den Beginn der Evangelisierung mit ihrem Gebet unter dem Wirken des Heiligen Geistes ein." Ich gebe dem gleichen Wunsch des damaligen Papstes Ausdruck: „Möge sie der Leitstern einer sich immer wieder erneuernden Verkündigung sein, welche die Kirche getreu dem Auftrag des Herrn durchführen und vollenden muß, ganz besonders in unserer zugleich schwierigen und hoffnungsvollen Zeit!"
Von der Epiphanie an bis Pfingsten schenkt Maria Jesus der Menschheit. Und auch heute noch schenkt sie ihn in der Kirche und durch die Kirche. Heilige Jungfrau, zeig uns Jesus, die Frucht deines Leibes, auch am heutigen Fest der Erscheinung! Zeig ihn uns, damit wir „den Weg, die Wahrheit und das Leben" finden können! Amen.

Die Taufe vereint mit Christus

Angelus am 10. Januar

„Und als er aus dem Wasser stieg, sah er, daß der Himmel sich öffnete und der Geist wie eine Taube auf ihn herabkam" (*Mk* 1,10).

1. Beim heutigen Mariengebet bitten wir die Jungfrau und Mutter, für uns das Geschenk des Geistes zu erlangen, damit wir den Reichtum des Geheimnisses erfassen können, das die heutige Sonntagsliturgie feiert, wenn sie der Taufe des Herrn gedenkt. Bitten wir Maria, die uns im Glauben vorangeht, mit ihr in der Wahrheit fortzuschreiten.
Auch die orientalischen Kirchen gedenken mit großer Feierlichkeit der Taufe Jesu am Jordan. Das heutige Fest wird Epiphanie (Erscheinung) genannt und auch „Tag des Lichtes", denn der Taufritus wird dort als „Erleuchtung" bezeichnet. Jedoch im liturgischen Sprachgebrauch wird für das heutige Fest die Bezeichnung „Theophanie" bevorzugt, d.h. Offenbarung Gottes, Offenbarung Jesu als Erlöser, Jesu als Sohn Gottes, und wunderbare Offenbarung des höchsten Geheimnisses der Heiligsten Dreifaltigkeit. Nach der Eucharistiefeier wird das Wasser der Quellen und Flüsse feierlich gesegnet zum Andenken an die Taufe Jesu.

2. Am Jordanufer predigte Johannes die Umkehr zur Vorbereitung der Ankunft des Reiches Gottes, und die Scharen liefen auf seinen Ruf herbei. Jesus, der im Begriff war, seine Sendung zu beginnen, wollte zuerst einen Akt äußerster Demut vollbringen, um ihn als Beispiel zu hinterlassen: Er mischte sich unter die Schar der Sünder, die zur Taufe von Johannes eilten. Aber der Täufer erkannte ihn und wehrte sich zuerst: „Ich müßte von dir getauft werden, und du kommst zu mir?" (*Mt* 3,14). Jesus aber bestand darauf: „Laß es nur zu! Denn nur so können wir die Gerechtigkeit ganz erfüllen" (*Mt* 3,15).
Die ostkirchliche Liturgie reflektiert über diese Tatsache und betont: Es war notwendig, daß das Wasser bei der Berührung mit dem makellosen Leib Jesu die Kraft der Neugeburt

empfangen hat, die zusammen mit den feierlichen Worten des Sakramentes jedem von uns die Reinheit der Taufunschuld geben sollte. Eine Donnerstimme sprach aus dem geöffneten Wolkenhimmel: Dies ist mein geliebter Sohn ..., während eine weiße Taube auf das Haupt Jesu herabkommt: es ist der Heilige Geist, der das Zeugnis des Vaters bekräftigt (vgl. *Troparion des Festes*).

3. Wenn die Taufe, die Johannes im einfachen und strengen Ritus spendete, dazu einlud, die Sünden zu bereuen, indem sie Geist und Herz öffnete, um das Heilsgeheimnis zu empfangen, so vergibt die christliche Taufe nicht nur die Erbsünde, die in jedem Menschen ist, sondern gliedert uns in das trinitarische Leben ein: Sie macht uns zu „Söhnen im Sohn" und gewährt uns das Geschenk des Geistes.
Die Taufe, die mit der Vollmacht des Namens Gottes des Vaters, des Sohnes und des Heiligen Geistes gespendet wird, vereint den Glaubenden tief mit Christus, macht ihn zum Glied seines Leibes, bekleidet ihn mit Christus; zugleich verpflichtet sie ihn allen Verlockungen der Sünde zu widerstehen und vor der Welt das Geheimnis der unermeßlichen Liebe zu bezeugen, mit der er von Gott geliebt wird.
Liebe Brüder und Schwestern, bei dieser Pflicht zum Zeugnis helfe uns Maria, die mit ihrem Fiat einen Akt reinen und totalen Gehorsams vollbrachte und so allen das Beispiel eines Lebens gab, das für die Liebe zu Gott und zum Nächsten wirksam offen ist.

Wunder: Zeichen der neuen Schöpfung

Ansprache bei der Generalaudienz am 13. Januar

1. Während er über die Wunder spricht, die Jesus bei der Erfüllung seiner Heilssendung auf Erden gewirkt hat, legt der hl. Augustinus sie in einem interessanten Text als Zeichen der Vollmacht und der heilbringenden Liebe und als Anregungen aus, sich zum Reich der himmlischen Dinge zu erheben.
„Die Wunder, die unser Herr Jesus Christus vollbracht hat – schreibt er –, sind göttliche Werke, die den menschlichen Geist lehren, sich über die sichtbaren Dinge hinaus zu erheben, um das zu verstehen, was Gott ist" (Augustinus, *In Jo. Ev. Tr.*, 24,1).

2. An diesen Gedanken können wir anknüpfen und die enge Verbindung der von Jesus gewirkten Wunderzeichen mit dem Ruf zum Glauben bekräftigen. Die Wunder beweisen die Existenz der übernatürlichen Ordnung, die Gegenstand des Glaubens ist. Diejenigen, die die Wunder beobachteten, und besonders derjenige, der sie persönlich erfuhr, konnten fast mit den Händen greifen, daß die Naturordnung nicht die ganze Wirklichkeit ausschöpft. Das Universum, in dem der Mensch lebt, umfaßt nicht nur den Rahmen der Ordnung der Dinge, die unseren Sinnen und dem durch das wahrnehmbare Erkennen bedingten Intellekt zugänglich sind. Das Wunder ist ein „Zeichen", daß diese Ordnung von der „Kraft aus der Höhe" überragt wird und ihr deshalb auch unterstellt ist. Diese „Kraft aus der Höhe" (vgl. *Lk* 24,49), d.h. Gott selbst, übersteigt die gesamte Ordnung

der Natur. Sie lenkt diese Ordnung und macht zugleich erkennbar, daß mittels dieser Ordnung und über sie hinaus die Bestimmung des Menschen das Reich Gottes ist. Die Wunder Christi sind „Zeichen“ dieses Reiches.

3. Die Wunder stehen jedoch nicht im Widerspruch zu den Naturkräften und -gesetzen, sondern bringen nur eine gewisse erfahrungsmäßige „Aufhebung“ ihrer ordentlichen Funktion, nicht ihre Auslöschung mit sich. Ja, die im Evangelium beschriebenen Wunder zeigen die Existenz einer Kraft an, die die Naturkräfte und -gesetze übersteigt, aber gleichzeitig sogar auf der Linie der Erfordernisse der Natur selbst, wenn auch über ihre gegenwärtige normale Fähigkeit hinaus wirkt. Geschieht das z. B. nicht bei jeder Wunderheilung? Die Leistungsfähigkeit der Naturkräfte wird durch den göttlichen Eingriff in Bewegung gesetzt, der sie über ihren normalen Wirkungsbereich hinaus ausdehnt. Das hebt die Kausalität, die Gott den Dingen bei der Schöpfung vermittelt hat, nicht auf, schränkt sie nicht ein und verletzt auch die von ihm selbst festgelegten und in der Struktur des Geschaffenen eingeprägten Naturgesetze nicht, sondern betont und veredelt in gewisser Weise die Fähigkeit, zu wirken oder auch die Wirkung des Handelns anderer zu empfangen, wie es eben bei den vom Evangelium beschriebenen Heilungen geschieht.

4. Die Wahrheit über die Schöpfung ist die erste und grundlegende Wahrheit unseres Glaubens. Sie ist aber nicht die einzige und auch nicht die höchste. Der Glaube lehrt uns, daß das Schöpfungswerk im Rahmen des Planes Gottes enthalten ist, der weit über die Grenzen der Schöpfung selbst hinauszielt. Die Schöpfung besonders der zum Leben in der sichtbaren Welt berufenen Menschen ist auf eine ewige Bestimmung hin offen, die in Jesus Christus voll geoffenbart worden ist. Auch in ihm wird das Schöpfungswerk vom Heilswerk vollendet. Und das Heil ist eine neue Schöpfung (vgl. *2 Kor* 5,17; *Gal* 6,15), eine „Neuschöpfung“, eine Schöpfung nach dem Maß des ursprünglichen Plans des Schöpfers, eine Wiederherstellung dessen, was Gott getan hatte und was in der Geschichte des Menschen infolge der Sünde eine Umwälzung und „Zerstörung“ erfuhr.
Die Wunder Christi gehören zum Plan der „neuen Schöpfung“ und sind deshalb mit der Heilsordnung verbunden. Sie sind „Heilszeichen“, die zur Umkehr und zum Glauben und auf diesem Weg zur Erneuerung der Welt rufen, die der „Vergänglichkeit“ unterworfen ist (vgl. *Röm* 8,19–21). Sie machen nicht Halt bei der ontologischen Ordnung der Schöpfung (creatio), die sie zwar berühren und heilen, sondern gehören zur soteriologischen Ordnung der neuen Schöpfung (re-creatio totius universi), von der sie eine Beigabe sind und als „Zeichen“ Zeugnis ablegen.

5. Die soteriologische Ordnung hat ihren Angelpunkt in der Menschwerdung; und auch die „Wunderzeichen“, von denen die Evangelien berichten, finden ihr Fundament in der gleichen Wirklichkeit des Gott-Menschen. Diese geheimnisvolle Wirklichkeit umfaßt und übersteigt alle mit der messianischen Sendung Christi verbundenen wunderbaren Ereignisse. Man kann sagen, daß die Menschwerdung das “Wunder der Wunder“, das radikale und andauernde „Wunder“ der neuen Schöpfungsordnung ist. Der Eintritt Gottes in die Dimension der Schöpfung erfüllt sich in der Wirklichkeit der Menschwerdung in

einzigartiger Weise und wird für die Augen des Glaubens ein „Zeichen“, das unvergleichlich höher ist als alle anderen Wunderzeichen der Gegenwart und des Wirkens Gottes in der Welt. Ja, alle diese anderen „Zeichen“ haben ihre Wurzel in der Wirklichkeit der Menschwerdung, sie strahlen ihre Anziehungskraft aus und legen von ihr Zeugnis ab. Sie veranlassen die Glaubenden das zu wiederholen, was der Evangelist Johannes am Schluß des Prologs über die Menschwerdung schreibt: „Wir haben seine Herrlichkeit gesehen, die Herrlichkeit des einzigen Sohnes vom Vater, voll Gnade und Wahrheit“ (*Joh* 1,14).

6. Wenn die Menschwerdung das fundamentale Zeichen ist, mit dem sich alle „Zeichen“ verknüpfen, die vor den Jüngern und der Menschheit Zeugnis davon gaben, daß „das Reich Gottes ... gekommen“ ist, (vgl. *Lk* 11,20), so gibt es doch ein letztes und endgültiges Zeichen, auf das Jesus anspielt, indem er sich auf den Propheten Jona bezieht: „Wie Jonas drei Tage und drei Nächte im Bauch des Fisches war, so wird auch der Menschensohn drei Tage und drei Nächte im Innern der Erde sein“ (*Mt* 12,40): es ist das „Zeichen“ der Auferstehung.
Jesus bereitet die Apostel auf dieses endgültige „Zeichen“ vor, aber er tut es allmählich und behutsam, indem er ihnen „bis zu einem gewissen Zeitpunkt“ Zurückhaltung empfiehlt. Einen besonders klaren Hinweis findet man nach der Verklärung auf dem Berg: „Während sie den Berg hinabstiegen, verbot er ihnen, irgend jemand zu erzählen, was sie gesehen hatten, bis der Menschensohn von den Toten auferstanden sei“ (*Mk* 9,10). Man kann nach dem Grund dieser Behutsamkeit fragen. Antworten kann man darauf, daß Jesus wohl wußte, wie sehr die Dinge erschwert worden wären, wenn die Apostel und die anderen Jünger begonnen hätten, über die Auferstehung zu diskutieren, die zu verstehen sie noch nicht genügend vorbereitet waren, wie aus dem Kommentar des Evangelisten zu der oben genannten Empfehlung hervorgeht: „Dieses Wort beschäftigte sie, und sie fragten einander, was das sei: von den Toten auferstehen“ (*Mk* 9,10). Außerdem ist zu sagen, daß die dargelegte und angekündigte Auferstehung von Toten doch der Höhepunkt des „messianischen Geheimnisses“ dieser Art war, das Jesus für den ganzen Ablauf seines Lebens und seiner Sendung bewahren wollte bis zum Augenblick der endgültigen Vollendung und Offenbarung; dies geschah eben dann mit dem „Wunder der Wunder“, der Auferstehung, die nach dem hl. Paulus das Fundament unseres Glaubens ist (vgl. *1 Kor* 15,12–19).

7. Nach der Auferstehung, der Himmelfahrt und Pfingsten werden die von Christus gewirkten Wunderzeichen von den Aposteln und dann von den Heiligen, die Generation auf Generation einander folgen, „weitergeführt“. Die Apostelgeschichte bietet uns zahlreiche Zeugnisse über die von Petrus, von Stephanus und von Paulus „im Namen Christi“ vollbrachten Wunder (vgl. *Apg* 3,1–8; 5,15; 9,32–41; *Apg* 6,8; z. B. *Apg* 14,8–10). Das Leben der Heiligen, die Geschichte der Kirche und insbesondere die Heiligsprechungsprozesse der Diener Gottes sind Beweisstücke, die auch bei strengerer geschichtlicher und medizinisch-wissenschaftlicher Bewertung das Vorhandensein der „Kraft aus der Höhe“ bestätigen, die in der Naturordnung am Werk ist und sie übersteigt. Es handelt sich um Wunderzeichen, die seit den Zeiten der Apostel bis auf den heutigen Tag voll-

bracht worden sind und deren wesentliches Ziel es ist, die Bestimmung und die Berufung des Menschen zum Reich Gottes deutlich zu machen. So wird durch diese „Zeichen" zu verschiedenen Zeiten und unter vielfältigen Umständen die Wahrheit des Evangeliums bekräftigt, und es zeigt sich die Heilsvollmacht Christi, die nicht aufhört, die Menschen durch die Kirche auf den Weg des Glaubens zu rufen. Diese Heilsvollmacht des Gott-Menschen offenbart sich auch, wenn die „Wunderzeichen" auf Fürsprache von Menschen, von Heiligen, von frommen Gläubigen bewirkt werden, so wie das erste „Zeichen" in Kana in Galiläa auf die Fürsprache der Mutter Christi bewirkt wurde.

In deutscher Sprache sagte der Papst:

Liebe Brüder und Schwestern!

Neben den Gleichnissen Jesu sind die Wunderberichte der Evangelien wohl die bekanntesten Teile der Heiligen Schrift, vielfältig dargestellt in Literatur und Malerei. Denkt zum Beispiel an die Heilung des Gelähmten oder an die Stillung des Sturmes auf dem See. Welches ist nun die tiefere Bedeutung solcher Wunderzeichen Jesu? Was wollen sie uns anzeigen?

Sie wollen uns aufmerksam dafür machen, daß die Naturordnung mit ihren bekannten physikalischen Gesetzen nicht die ganze Realität der geschaffenen Schöpfung in ihrer Verbindung mit ihrem Schöpfer ausmacht. Das Wirken der Allmacht und Allgegenwart Gottes in den geschaffenen Dingen und vor allem im Menschen geht weit darüber hinaus, was unseren Sinnen mit ihren besten Meßapparaten und auch unserem scharfsinnigen, aber doch immer begrenzten Verstand zugänglich ist. So sind die Wunder ein augenfälliges Zeichen, daß die normale Lebensordnung dieser Welt, wie wir sie kennen, von Gott selbst übertroffen wird.

Und das um eines ganz besonderen höheren Zweckes willen: über die Schöpfungsordnung hinaus führt uns Gott im Glauben in die höhere Heilsordnung ein, wie sie sein Sohn und unser Bruder Jesus Christus mit ganzer Hingabe eröffnet hat. Die Heilige Schrift geht so weit, von einer „Neu-Schöpfung" in Christus zu sprechen, die in erster Linie vom Menschen gilt, der sich zu Gott bekehrt, aber auch von der ganzen sichtbaren Natur, die sich nach ihrer Erlösung „sehnt".

Um die Menschen aller Zeiten an diese ihre übernatürliche Berufung zu einem ewigen Heil in der Freude Gottes zu erinnern, wirkt der Herr immer wieder, auch in der Gegenwart, solche Wunderzeichen, wie die Akten heutiger Heiligsprechungsprozesse es bezeugen. Lassen wir uns also von solchen Zeichen zu einem tieferen und froheren Glauben an unsere Taufe und den dort begonnenen Weg zur Fülle des Reiches Gottes in Christus führen.

Das wünsche ich auch allen Besuchern deutscher Sprache, darunter heute die Schwestern, die in La Storta an einer gemeinsamen Vertiefung ihrer Berufung als Christen und Ordensfrauen teilnehmen. Euch allen schenke Gott seinen reichen Segen an allen Tagen dieses soeben begonnenen Jahres unseres Heils 1988. Gelobt sei Jesus Christus!

Marianische Zeugnisse in Ägypten

Angelus am 17. Januar

Liebe Brüder und Schwestern!

1. Wir nehmen unsere geistige Wallfahrt zu den Marienheiligtümern in aller Welt wieder auf. Ziel unseres geistlichen Besuches sind heute die Marienorte von Ägypten.
Die Heiligtümer in dieser Region haben eine ganz besondere Bedeutung, sind sie doch auch Grund uralter Tradition an das Gedenken des Durchzugs der Heiligen Familie geknüpft, gemäß den Andeutungen, die sich im Matthäusevangelium finden (vgl. *Mt* 2,14–15.19–21).
Unter den Orten der Marienverehrung, die wir in dieser Hinsicht erwähnen können, ist vor allem das Dorf Matarich nahe bei Kairo, wo sich neben zahlreichen koptisch-orthodoxen Kultzentren auch eine koptisch-katholische Kirche und ein Karmel befinden, in dem die Nonnen zur Erinnerung an den Aufenthalt der Heiligen Familie in Ägypten besonders für all jene beten, die aus verschiedenen Gründen verfolgt werden und gezwungen sind, ihre Heimat zu verlassen und in ein fremdes Land zu flüchten.

2. Ein anderes erwähnenswertes Zentrum der Marienverehrung ist die der Gottesmutter geweihten Kirche in Moadi am Stadtrand von Kairo, am Ufer des Nils. Das Gotteshaus geht sogar bis ins 5. Jahrhundert zurück, obwohl es im Laufe der Jahrhunderte und auch kürzlich umgebaut und restauriert wurde. Es steht unter der Obhut der koptisch-orthodoxen Christen, und zahlreiche Pilger kommen ununterbrochen zu diesem Heiligtum, um ihre Anliegen der Mittlerin aller Gnaden anzuvertrauen.

3. Dem Vorbeigehen der Heiligen Familie ist auch eine Grotte gewidmet, die unterhalb der Kirche St. Sergios und Bacchus in der Altstadt von Kairo am Rand der antiken Stadt Postat, der früheren Hauptstadt des islamischen Ägypten, liegt.
Auch dieses kleine, aber wertvolle Gotteshaus wird von den Koptisch-Orthodoxen betreut. Seine lange und bedeutende Geschichte verzeichnet auch unter dem Schutz der Gottesmutter die Gegenwart und den Einfluß der Katholiken, insbesondere der Franziskaner, die im 17. Jahrhundert hier ein Hospiz erbauten und von den Orthodoxen die Erlaubnis erhielten, am Altar der Krypta der Hl. Familie die Messe zu feiern.
Dieses Heiligtum hat sogar die Aufmerksamkeit der Muslimen erweckt, die unter der Herrschaft des berühmten Saladin im 12. Jahrhundert das Kirchlein, das zuvor zerstört worden war, wieder aufbauten.
Alljährlich am 1. Juni veranstalten die Koptisch-Orthodoxen eine Wallfahrt zum Andenken an die Ankunft der Heiligen in Ägypten.

4. Über ihre besondere Bedeutung als Erinnerung an die geschichtliche Anwesenheit der Heiligen Familie hinaus sind die Marienheiligtümer in Ägypten von außerordentlichem Interesse in ökumenischer Hinsicht, weil sie von Gläubigen verschiedener Konfes-

sionen aufgesucht werden. Vor Beginn der Weltgebetswoche für die Einheit der Christen wollen wir wünschen – und in dieser Meinung beten wir –, daß die Ökumenische Bewegung weiteres Fortschreiten verzeichnen kann mit dem guten Willen aller, unter dem Anhauch des Geistes und unter dem Schutz der heiligsten Gottesmutter.

Nach dem Angelusgebet sagte der Papst:

Wie ich bereits erwähnte, beginnt morgen in der ganzen Welt die alljährliche Gebetswoche für die Einheit der Christen. Katholiken, Orthodoxe, Anglikaner und Protestanten nehmen im einmütigen, innigen und eifrigen Gebet daran teil. Diese Praxis hat vor 80 Jahren begonnen, als P. Paul Wattson im Jahr 1908 den Anfang für die Gebetswoche für die Einheit setzte und sie auf die Zeit vom 18. bis 25. Januar festlegte.
Die Einheit ist ein Geschenk Gottes. Während die Ökumenische Bewegung fortschreitet, bedarf es immer mehr des Lichtes und der Kraft aus der Höhe. Der Herr wird die Schritte der Christen zu dem Ziel hin lenken, das er selbst seinen Jüngern angedeutet hat: vollendet sein in der Einheit, damit die Welt erkennt, daß Jesus Christus der Sohn Gottes und der Retter der Menschheit ist.
Das Gebet, das Gottvertrauen und Bruderliebe hervorbringt, wird die Christen von gegenseitigem Mißtrauen, von Zweifel und Ängsten befreien. Fundament der christlichen Gemeinschaft ist die Liebe. Die Liebe wird die Christen anspornen, den Weg der Einheit ganz zu Ende zu gehen. In den kommenden Tagen sind wir aufgefordert über dieses Thema nachzudenken und dafür zu beten: „Gottes Liebe vertreibt die Furcht" (*1 Joh* 4,18 b).
Ich lade euch hier Anwesende und alle Katholiken ein, das Gebet für die Einheit der Christen in der ganzen Welt zu verstärken. Der Herr erhöre unsere gemeinsame Bitte.

Einheit in Liebe und Wahrheit

Ansprache bei der Generalaudienz am 21. Januar

„Wie du, Vater, in mir bist und ich in dir bin, sollen auch sie in uns sein, damit die Welt glaubt, daß du mich gesandt hast" (*Joh* 17,21).

1. So hat Jesus für seine Jünger gebetet, die beim Abendmahl anwesend waren, und für all jene, die auf ihr Wort hin an ihn glauben sollten. Auf diesem Gebet gründet die ganze Suche nach der vollen Einheit unter den Christen.
Die Ökumenische Bewegung „wird von Menschen getragen, die den dreieinigen Gott anrufen und Jesus als Herrn und Erlöser bekennen" (*Unitatis redintegratio*, Nr 1); sie findet im Gebet Jesu ihre endgültige Perspektive und die Richtlinie der authentischen missionarischen Wirksamkeit, die heute stark empfunden wird: die Einheit als Zeichen und Mittel der Evangelisierung der Welt. Die theologische und pastorale Arbeit für die Wiederherstellung der vollen Einheit der Christen entspricht dem Willen Jesu Christi selbst. Deshalb betrachtet die katholische Kirche sie als eine vordringliche Aufgabe, die das II. Vati-

kanische Konzil „den Gläubigen wie auch den Hirten, je nach seiner Fähigkeit“, aufgetragen hat (*Unitatis redintegratio*, Nr. 5).
Aufgrund der Schwierigkeit des Problems, dessen Lösung „die menschlichen Kräfte und Fähigkeiten übersteigt“, hat das Konzil erklärt, daß es „seine Hoffnung gänzlich auf das Gebet Christi für die Kirche, auf die Liebe des Vaters zu uns und auf die Kraft des Heiligen Geistes“ setze (*Unitatis redintegratio*, Nr. 24). Das Konzil hat aber auch an die Worte des hl. Paulus an die Römer erinnert: „Die Hoffnung aber läßt nicht zugrunde gehen“ (*Röm* 5,5).

2. Die Gebetswoche für die Einheit der Christen, die alljährlich in diesen Tagen oder anläßlich des Pfingstfestes gefeiert wird, will sich in Treue und im Geist des Gehorsams mitten in das Gebet Jesu an den Vater einfügen, damit alle eins seien, vollendet in der Einheit und geheiligt in der Wahrheit. Diese fruchtbare Initiative, die durch die Gnade Gottes in immer stärkerem Maße verwirklicht wird, steht fest auf dem Fundament des Glaubens, der noch allen gemeinsam ist. Sie bekundet außerdem die Absicht der Christen, das Möglichste zu tun, jeder für seinen Teil, um gemeinsam auf die volle Einheit zuzugehen, wie es der Herr selbst will. Unser Glaube gibt uns die Gewißheit, daß der Herr „mitten unter uns“ ist (vgl. *Mt* 18,20). Er, der „die Wahrheit und das Leben“ ist, wird die an ihn Glaubenden wie einst die Jünger von Emmaus (vgl. *Lk* 24,20) bis zum „Tisch“ der Eucharistie in der wiederhergestellten Einheit des Glaubens begleiten. Wie diese Jünger müssen wir diesen Weg „mit einem brennenden Herzen in der Brust“ gehen und auf die Worte der Heiligen Schriften hören. Das Gebet gibt uns darin entscheidende Hilfe. Es befreit uns von den nicht dem Plan Gottes zugehörigen Sorgen, konzentriert uns auf das „einzig Notwendige“ und lenkt uns auf die Erfüllung des göttlichen Willens hin.

3. In dieser Gebetswoche für die Einheit ist es auch unsere Pflicht, Gott für den bisher zurückgelegten Weg zu danken. Es ist wahr, die von allen gewünschte Einheit ist noch nicht vorhanden, und ernste Schwierigkeiten bestehen weiterhin. Aber die Beziehungen zwischen den Christen und der theologische Dialog haben eine wirklich neue Situation der Brüderlichkeit geschaffen. Die vorhandene Gemeinsamkeit ist richtig hervorgehoben und die Unterschiede sind mit größerer Genauigkeit dargelegt worden. Weiter sind wichtige Übereinstimmungen mühevoll getroffen worden über Themen, die in der Vergangenheit stark umstritten waren, wie die Taufe, die Rechtfertigung, das Dienstamt, die Eucharistie, die Autorität in der Kirche. Inzwischen wird der Dialog mit den christlichen Kirchen und Gemeinschaften in der Welt fortgeführt, getragen von der Hoffnung, daß endlich die volle Übereinstimmung erreicht werden kann. Dieser äußerst heikle Vorgang erfordert die Hilfe des Gebets aller.
Auch im vergangenen Jahr wurde mir die Gnade geschenkt, sowohl hier in Rom als auch in den verschiedenen Ländern, die ich besuchte, die Verantwortlichen der anderen Kirchen und kirchlichen Gemeinschaften zu treffen. Trotz der unterschiedlichen Situation am Ort konnte ich feststellen, daß die Sorge um die Einheit mit wachsender Dringlichkeit empfunden wird. Wie kann ich unter diesen Begegnungen nicht den jüngsten Besuch des Ökumenischen Patriarchen Dimitrios I. erwähnen? Wir haben miteinander gesprochen,

wir haben zusammen die Gläubigen gesegnet. Wir wollten all das gemeinsam tun, was der Glaube uns zu tun erlaubte. Wir waren gemeinsam tief betrübt, daß wir nicht am selben Brot und am selben Kelch teilhaben konnten. Diese aufrichtige Trauer sei für alle ein neuer Antrieb im Einsatz, die Schwierigkeiten, die auf unserem gemeinsamen Weg weiter bestehen, zu klären und zu lösen. Zugleich mache die durch diesen Besuch stark empfundene Freude die Herzen aller froh und ermutige uns, auf dem Weg des Herrn weiterzugehen mit der Kraft und der Hoffnung, die der Geist in unseren Herzen uns eingibt.

4. Das ist die Ermutigung, die wir von dieser Gebetswoche erhalten, die unter dem Leitwort steht: „Gottes Liebe vertreibt die Furcht" (*1 Joh* 4,18).
Das Thema erinnert uns vor allem an die Liebe Gottes, die dem christlichen Leben zugrundeliegt. Die Heiligste Dreifaltigkeit hat uns geliebt, „bevor die Welt war". Der Sohn Gottes wurde zu uns gesandt; er hat uns von der Knechtschaft befreit und uns berufen, neue Menschen nach seinem Bild und Gleichnis zu werden; er hat uns in die Gemeinschaft mit seinem Leben aufgenommen, indem er uns eine Liebe sichergestellt hat, von der uns weder Leben noch Tod trennen kann.
Wenn es so ist, dann folgt daraus die Forderung nach gegenseitiger Liebe. „Wenn Gott uns so geliebt hat, müssen auch wir einander lieben" (*1 Joh* 4,11). Die ökumenische Erfahrung zeigt uns mit immer größerer Deutlichkeit, daß der Dialog der Liebe die gesamte Anstrengung der Wiederversöhnung unterstützt. Die Liebe bewirkt nicht nur das gegenseitige Verzeihen. Sie befreit von Mißtrauen, von der Furcht vor dem andern, den sie ja als Bruder im Herrn sieht.
Das gemischte Komitee, bestehend aus Vertretern der katholischen Kirche und des ökumenischen Rates der Kirchen, hat bei diesem Themenvorschlag die Aufmerksamkeit auf das Phänomen der Angst und Furcht gelenkt, die heute in der Welt und auch in den christlichen Gemeinschaften besteht. Die Furcht ist ein Gefühl, das spaltet, isoliert und einkapselt. Aber wir glauben an Ihn, der die Welt besiegt, den Tod überwunden und das Leben wiedergeschenkt hat. Die Wiederherstellung der Einheit unter den Christen in der Liebe und in der Wahrheit wird auch ein wirksames Zeichen der Hoffnung für ein besseres Zusammenleben in der Welt sein. Wenn die Liebe innerhalb der christlichen Gemeinschaften echt ist, befreit sie auch von der Furcht, die Einheit könne sich in Einförmigkeit umwandeln. Die Einheit ist ein Gut für alle. Sie weiß nicht nur die echten Charismen zu achten, sondern sie festigt sie und bringt sie untereinander in Einklang zum Nutzen aller.
In der Liebe gibt es keine Furcht (vgl. *1 Joh* 4,18). Ohne falsche Ängste und mit von der Liebe Gottes entzündetem Herzen fahren wir mit Ausdauer im Gebet und in den entsprechenden Initiativen fort in der Aussicht auf die Wiederherstellung der Einheit unter allen Christen.
Ich lade jetzt die Anwesenden ein, mit mir für die volle Einheit der Christen zu beten.
Daß das Leben der Christen der verschiedenen Kirchen und kirchlichen Gemeinschaften von deiner Liebe genährt werde, bitten wir dich:
Herr, erhöre uns.

Daß der gemeinsame Weg zur vollen Einheit aller Christen frei von falscher Furcht sei, bitten wir dich:
Herr, erhöre uns.
Daß dieser Weg gemeinsam in Freude, in gegenseitigem Vertrauen und unter wechselseitiger Hilfe gegangen werde, bitten wir dich:
Herr, erhöre uns.
Dem Wort unseres Herrn und Erlösers gehorsam und getreu seiner göttlichen Weisung wagen wir zu sprechen:
Alle: Vater unser ...

In deutscher Sprache sagte der Papst:

Liebe Brüder und Schwestern!

Im hohenpriesterlichen Gebet hat Jesus für seine Jünger und die Gläubigen aller Zeiten gebetet: „Alle sollen eins sein: Wie du, Vater, in mir und ich in dir bin, sollen auch sie in uns eins sein, damit die Welt glaubt, daß du mich gesandt hast" (*Joh* 17,21). Dieses Gebet Jesu bildet die Grundlage der ganzen ökumenischen Bewegung und auch der jetzigen Weltgebetsoktav für die Einheit der Christen.
Die Wiederherstellung der Einheit ist eine vordringliche Aufgabe aller Christen. Das gemeinsame Gebet über alle noch bestehenden Unterschiede hinweg unterstreicht die Bereitschaft, alles zu tun, um gemeinsam auf die volle Einheit zuzugehen. Wir danken Gott für das viele, das auf diesem Weg schon zusammen erreicht worden ist. Mit besonderer Freude erinnere ich hier nur an den kürzlichen Besuch des ökumenischen Patriarchen Dimitrios I. im Vatikan. Zugleich unterstützen wir durch unser Gebet den weiteren Dialog und die Bemühungen, die noch immer erforderlich sind.
Das Thema der diesjährigen Gebetswoche stammt aus dem ersten Johannesbrief: „Die Liebe Gottes vertreibt die Furcht" (*1 Joh* 4,18). Gemeint ist vor allem die Liebe Gottes zu uns in seinem menschgewordenen Sohn, der unser Erlöser geworden ist. Der hl. Johannes selber folgert daraus: „Wenn Gott uns so geliebt hat, müssen auch wir einander lieben" (*1 Joh* 4,11). Nicht die Furcht, sondern die gegenseitige Liebe soll auch das Gespräch zwischen den getrennten Christen beseelen. Die Liebe befreit von der Furcht, daß Einheit sich in Einförmigkeit verwandeln könnte. Die Einheit, die wir gemeinsam anstreben, weiß die vorhandenen echten Christen zu achten, sie bekräftigt diese und bringt sie untereinander zum Einklang zum Nutzen aller.
Beten wir darum um das Geschenk einer solchen Einheit unter allen Christen. Betet darum, liebe Brüder und Schwestern, nicht nur jetzt in dieser Weltgebetsoktav, sondern ununterbrochen das ganze Jahr hindurch. Dabei helfe euch Gott mit seiner Gnade durch meinen besonderen Apostolischen Segen.

Altötting: Gebet um die Einheit

Angelus am 24. Januar

Liebe Brüder und Schwestern!

1. Heute beim Angelusgebet lenken wir unsere Gedanken zum Marienheiligtum von Altötting in der Diözese Passau in Bayern. Unsere geistige Wallfahrt ist nach Deutschland gerichtet, weil die Bischöfe der Bundesrepublik Deutschland in diesen Tagen zum Ad-limina-Besuch in Rom weilen. Ich begrüße Sie herzlich im Namen der Gottesmutter von Altötting, dem Heiligtum, das mir besonders teuer ist, weil ich es während meiner ersten Pastoralreise in Deutschland im November 1980 besuchen konnte.
Wie Kevelaer im Norden des Landes ist Altötting das wichtigste Zentrum der Marienverehrung in Süddeutschland: Unsere Liebe Frau von Altötting. Das Gnadenbild der Gottesmutter, das in dem Heiligtum unter diesem Namen verehrt wird, ist eine gotische Statue aus der ersten Hälfte des 14. Jahrhunderts und stellt Maria mit dem Jesuskind im Arm dar.

2. Der örtlichen Überlieferung nach begann die Volksverehrung gegenüber dem Gnadenbild im Jahr 1489, als ein dreijähriges Kind, das im nahegelegenen Fluß ertrunken war, auf die Fürsprache der Muttergottes von Altötting das Leben wiedererlangte. Die mütterliche Hilfe Marias zugunsten der betroffenen Familie setzte den Anfang für den unaufhörlichen Zustrom von Gläubigen, die seit nunmehr fünfhundert Jahren zu diesem Heiligtum pilgern. Um die Mutter Jesu zu verehren und ihr Freuden und Leiden, Schwierigkeiten und Schmerzen anzuvertrauen. Nach diesem ersten sichtbaren Zeichen der Gnade hat die Muttergottes von Altötting den vielen Gläubigen unzählige andere sichtbare und unsichtbare Gnaden erwiesen. Zahllose Menschen fanden an diesem geweihten Ort Erhörung ihrer Gebete, faßten Mut zu glauben und erhielten Trost in ihren Leiden.

3. Unter der weisen und dynamischen Leitung der Kapuzinerpatres, die im nahen Kloster das Grab ihres heiligen Mitbruders Konrad beherbergen, wurde der Marienwallfahrtsort Altötting zu einem wichtigen Mittelpunkt des Gebetes und der Seelsorge für die religiöse und geistliche Erneuerung der Gläubigen.
Wir vertrauen der Fürsprache der Muttergottes von Altötting auch die großen Anliegen des Marianischen Jahres und der Weltkirche an, insbesondere das ökumenische Anliegen, für das wir in diesen Tagen der Oktav für die Einheit der Christen gebetet haben. In allen Teilen der Welt ist inständig gebetet worden, um vom Herrn die Wiederherstellung der vollen Einheit zu erlangen, von der in großem Maße die Eindruckskraft des Zeugnisses der Christen in der Welt abhängt.
Wir rufen die heilige Jungfrau, unsere gemeinsame Mutter, an, sie möge uns als Vorbild auf dem „Pilgerweg des Glaubens" helfen, voranzugehen und uns endlich zum langersehnten Ziel der Einheit unter uns allen gelangen zu lassen, gemäß dem Willen Jesu, ihres Sohnes und unseres einen Herrn.

Nach dem Angelusgebet sagte der Papst:

Ich möchte jetzt daran erinnern, daß wir morgen die Gebetswoche für die Einheit der Christen mit einer Meßfeier in der Basilika St. Paul vor den Mauern beschließen. In einer symbolischen kurzen Wallfahrt treffen sich die Gruppen aus den verschiedenen Gemeinden, um die Einheit der Ziele und den Einklang der gemeinsamen Bitte zum Ausdruck zu bringen: „Daß alle eins seien, damit die Welt glaubt."

Jesus Christus – wahrer Mensch

Ansprache bei der Generalaudienz am 27. Januar

1. Jesus Christus, wahrer Gott und wahrer Mensch, ist das Hauptmysterium unseres Glaubens und auch die Schlüsselwahrheit unserer christologischen Katechesen. Heute morgen nehmen wir uns vor, das Zeugnis dieser Wahrheit in der Heiligen Schrift, vor allem in den Evangelien, und in der Tradition zu suchen.
Wir haben bereits anhand der Evangelien gesehen, daß Jesus Christus sich als Sohn Gottes vorstellt und zu erkennen gibt, besonders wenn er erklärt: „Ich und der Vater sind eins" (*Joh* 10,30); wenn er den Namen Gottes „ich bin" (vgl. *Joh* 8,58) und die göttlichen Eigenschaften auf sich selbst bezieht; wenn er bekräftigt: „Mir ist alle Macht gegeben im Himmel und auf der Erde" (*Mt* 28,18): die Vollmacht, am Ende über alle Menschen zu richten; die Vollmacht über das Gesetz (*Mt* 5,22.28.32.34.39.44), das in Gott seinen Anfang nimmt und von ihm seine Kraft erhält; und schließlich die Vollmacht, die Sünden zu vergeben (vgl. *Joh* 20,22–23): Denn obwohl er vom Vater die Vollmacht bekommen hatte, am Ende über die Welt Gericht zu halten (vgl. *Joh* 5,22), kommt er in die Welt, „um zu suchen und zu retten, was verloren ist" (*Lk* 19,10).
Um seine göttliche Vollmacht über die Schöpfung zu bekräftigen, vollbringt Jesus die Wunder, d.h. Zeichen, die bezeugen, daß mit ihm das Reich Gottes in die Welt gekommen ist.

2. Aber dieser Jesus, der durch all das, was „er tut und lehrt", sich selbst als Sohn Gottes bezeugt, stellt sich zugleich als wahrer Mensch vor und gibt sich als solcher zu erkennen. Das ganze Neue Testament und insbesondere die Evangelien bestätigen unmißverständlich diese Wahrheit, die Jesus klar bewußt ist und die die Apostel und Evangelisten ohne jeden Zweifel kennen, anerkennen und weitergeben. Deshalb müssen wir in der heutigen Katechese die Angaben, die das Evangelium über diese Wahrheit macht, in einem kurzen Abriß zusammenfassen und erläutern, immer in Verbindung mit dem, was wir zuvor über Christus als wahren Gott gesagt haben.
Eine solche Methode, die wahre Menschheit des Sohnes Gottes deutlich zu machen, ist heute unerläßlich angesichts der weitverbreiteten Tendenz, Jesus nur als Menschen zu sehen und darzustellen: als einen ungewöhnlichen und außerordentlichen Menschen aber immer und nur als einen Menschen. Diese für die moderne Zeit so charakteristische Ten-

denz steht in gewisser Weise im Gegensatz zu jener, die sich unter verschiedenen Formen in den ersten Jahrhundeten des Christentums zeigte und „Doketismus" genannt wurde. Nach den Doketen war Jesus Christus nur „scheinbarer" Mensch: d.h., er hatte nur die Erscheinung eines Menschen, aber in Wirklichkeit war er nur Gott.
Angesichts dieser entgegengesetzten Tendenzen bekennt und verkündet die Kirche fest die Wahrheit über Christus als Gottmensch: wahrer Gott und wahrer Mensch; eine einzige Person – die göttliche des Wortes – subsistierend in zwei Naturen, der göttlichen und der menschlichen, wie der Katechismus lehrt. Dies ist ein tiefes Geheimnis unsres Glaubens, aus dem man aber viel Licht empfangen kann.

3. Die biblischen Zeugnisse über die wahre Menschheit Jesu Christi sind zahlreich und klar. Wir wollen sie sammeln und dann in den nächsten Katechesen erläutern.
Der Ausgangspunkt ist hier die Wahrheit von der Menschwerdung: „Et incarnatus est" – „Er ... ist Mensch geworden", bekennen wir im Glaubensbekenntnis. Noch deutlicher wird diese Wahrheit im Prolog des Johannesevangeliums ausgesprochen: „Und das Wort ist Fleisch geworden und hat unter uns gewohnt" (*Joh* 1,14). „Fleisch" (griechisch „sarx") bedeutet: der Mensch in seiner Konkretheit, einschließlich der Leiblichkeit und damit der Vorläufigkeit der Schwäche und in gewissem Sinn der Hinfälligkeit. „Alles Sterbliche ist wie das Gras", lesen wir im Buch Jesaja (*Jes* 40,6).
Jesus Christus ist Mensch in der Bedeutung des Wortes „Fleisch".
Dieses Fleisch – und damit die menschliche Natur hat Jesus von seiner Mutter Maria, der Jungfrau von Nazaret, erhalten. Wenn der hl. Ignatius von Antiochien Jesus „sarcoforos" (*Ad Smirn.* 5) nennt, weist er mit diesem Wort behutsam auf seine menschliche Geburt aus einer Frau hin, die ihm das „Fleisch" eines Menschen gegeben hat. Schon der hl. Paulus hatte gesagt, daß „Gott seinen Sohn sandte, geboren von einer Frau" (*Gal* 4,4).

4. Der Evangelist Lukas spricht von dieser Geburt aus einer Frau, wenn er die Ereignisse in der Nacht von Betlehem beschreibt: „Als sie dort waren, kam für Maria die Zeit ihrer Niederkunft, und sie gebar ihren Sohn, den Erstgeborenen. Sie wickelte ihn in Windeln und legte ihn in eine Krippe (*Lk* 2,6–7). Derselbe Evangelist läßt uns wissen, daß das Kind am achten Tag nach der Geburt der vorgeschriebenen Beschneidung unterzogen und ihm der Name Jesus gegeben wurde (vgl. *Lk* 2,21). Am vierzigsten Tag wurde es als „männliche Erstgeburt" im Tempel von Jerusalem nach dem Gesetz des Moses dem Herrn geweiht (vgl. *Lk* 2,22–24).
Und weiter heißt es: Wie jedes andere wuchs auch dieses Kind heran und wurde kräftig: „Gott erfüllte es mit Weisheit" (vgl. *Lk* 2,40). „Jesus aber wuchs heran, und seine Weisheit nahm zu, und er fand Gefallen bei Gott und den Menschen" (*Lk* 2,52).

5. Schauen wir ihn als Erwachsenen an, wie ihn die Evangelien uns häufiger darstellen. Als wahrer Mensch, als ein Mensch aus Fleisch (sarx), hat Jesus Müdigkeit, Hunger und Durst gelitten. Wir lesen: „Als er vierzig Tage und vierzig Nächte gefastet hatte, bekam er Hunger" (*Mt* 4,2). Und weiter: „Jesus war müde von der Reise und setzte sich daher

an den Brunnen; es war um die sechste Stunde. Da kam eine samaritische Frau, um Wasser zu schöpfen. Jesus sagte zu ihr: Gib mir zu trinken!" (*Joh* 4,6–7).
Jesus hat also einen Leib, der der Müdigkeit und dem Leiden unterworfen ist, einen sterblichen Leib. Einen Leib, der am Ende die Qualen des Martyriums durch die Geißelung, die Dornenkrönung und schließlich die Kreuzigung erleidet. Während des schrecklichen Todeskampfes, als er am Kreuz hängt, spricht Jesus die Worte: „Mich dürstet" (*Joh* 19,28), in denen der letzte, schmerzliche und bewegende Ausdruck der Wahrheit seiner Menschheit enthalten ist.

6. Nur ein wahrer Mensch konnte leiden, wie Jesus auf Golgota gelitten hat. Nur ein wahrer Mensch konnte sterben, wie Jesus wahrhaft gestorben ist. Dieser Tod wurde von vielen Augenzeugen festgestellt, nicht nur von Freunden und Jüngern, sondern, wie wir im Johannesevangelium lesen, von den Soldaten selbst, die „zu Jesus kamen und sahen, daß er schon tot war; sie zerschlugen ihm die Beine nicht, sondern einer der Soldaten stieß mit der Lanze in seine Seite, und sogleich floß Blut und Wasser heraus" (*Joh* 19,33–34).
„Geboren von der Jungfrau Maria, gelitten unter Pontius Pilatus, gekreuzigt, gestorben und begraben": mit diesen Worten des Apostolischen Glaubensbekenntnisses bekennt die Kirche die Wahrheit von der Geburt und dem Tod Jesu. Die Wahrheit von der Auferstehung wird gleich darauf bestätigt mit den Worten: „Am dritten Tage auferstanden von den Toten".

7. Die Auferstehung bestätigt in neuer Weise, daß Jesus wahrer Mensch ist: Wenn das Wort, um in der Zeit geboren zu werden, „Fleisch geworden ist", dann hat es bei der Auferstehung den eigenen menschlichen Leib neu angenommen. Nur ein wahrer Mensch konnte leiden und den Kreuzestod sterben – nur ein wahrer Mensch konnte auferstehen. Auferstehen heißt, in das Leben des Leibes zurückkehren. Dieser Leib kann verwandelt, mit neuen Eigenschaften und Fähigkeiten ausgestattet und am Ende verherrlicht werden – wie bei der Himmelfahrt Christi und der zukünftigen Auferstehung der Toten –, aber er ist wahrer menschlicher Leib. Denn der auferstandene Christus setzt sich mit den Aposteln in Kontakt, sie sehen ihn, sie schauen ihn an, sie berühren die von der Kreuzigung verbliebenen Wunden. Er spricht und unterhält sich nicht nur mit ihnen, sondern nimmt sogar ihre Speise an: „Sie gaben ihm ein Stück gebratenen Fisch; er nahm es und aß es vor ihren Augen" (*Lk* 24,42–43). Am Ende steigt Christus in diesem auferstandenen und nun verherrlichten Leib, aber immer noch wahren menschlichen Leib zum Himmel auf, um „zur Rechten des Vaters" zu sitzen.

8. Also, wahrer Gott und wahrer Mensch. Nicht ein scheinbarer Mensch, kein „Phantasma" (homo phantasticus), sondern wirklicher Mensch. So haben ihn die Apostel und die Gruppe der Gläubigen gekannt, die die Urkirche bildete. So haben sie uns in ihrem Zeugnis darüber berichtet.
Schon jetzt stellen wir fest, daß es bei diesem Sachverhalt keinen Widerspruch in Christus gibt zwischen dem, was göttlich und dem, was menschlich ist. Wenn der Mensch von

Anfang an als Abbild Gottes und ihm ähnlich erschaffen wurde (vgl. *Gen* 1,27; 5,1) und folglich, das, was „menschlich" ist, auch das offenbaren kann, was „göttlich" ist, um wieviel mehr konnte das in Christus geschehen. Er hat seine Gottheit durch die Menschheit offenbart, durch ein wirklich menschliches Leben. Seine „Menschheit" diente dazu, seine „Gottheit" zu offenbaren: seine Person als Wort, als Sohn.
Als Gottessohn war er aber deshalb nicht „weniger" Mensch. Um sich als Gott zu offenbaren, war er nicht gezwungen, „weniger" Mensch zu sein. Im Gegenteil, aus diesem Grund war er „voll" Mensch, d.h. in der Annahme der menschlichen Natur, vereint mit der göttlichen Person des Wortes, verwirklichte er die menschliche Vollkommenheit in Fülle. Auf diese anthropologische Dimension der Christologie müssen wir noch zurückkommen.

In deutscher Sprache sagte der Papst:

Liebe Brüder und Schwestern!

Jesus Christus, wahrer Gott und wahrer Mensch das ist die zentrale Wahrheit unseres Glaubens. Die Aussagen der Heiligen Schrift bezeugen sowohl seine Gottheit als auch seine Menschheit. Jesus selbst gibt sich als Sohn Gottes zu erkennen, wenn er von sich sagt: „Ich und der Vater sind eins" (*Joh* 10,30). Er bekennt von sich, daß ihm „alle Macht gegeben ist im Himmel und auf der Erde" (*Mt* 28,18); ebenso die allein Gott vorbehaltene Macht, Sünden zu vergeben (vgl. *Joh* 20,22–23), denn er ist ja gekommen, „um zu suchen und zu retten, was verloren war" (*Lk* 19,10). In den von ihm gewirkten Wundern bekundet er dazu seine göttliche Macht über die Schöpfung.
Mit derselben Deutlichkeit bezeugen die Evangelien, daß Christus zugleich auch wahrer Mensch ist. So sagt Johannes im Prolog vom ewigen göttlichen Wort: „Und das Wort ist Fleisch geworden und hat unter uns gewohnt" (*Joh* 1,4). „Fleisch" bedeutet im biblischen Sprachgebrauch den Menschen in seiner Konkretheit, in seiner Schwäche und Hinfälligkeit. Von der Geburt Christi aus einer Frau berichtet uns ausführlich Lukas. Während seines öffentlichen Wirkens begegnen wir Jesus in den Evangelien, wie er von Müdigkeit, Hunger und Durst heimgesucht wird – und wie er dann seinen Leidensweg bis zum Tod am Kreuze geht. Nur als wahrer Mensch konnte Christus leiden und sterben. Nur als wahrer Mensch ist er schließlich wieder leiblich von den Toten auferstanden und zum Himmel aufgefahren. – Christus ist also nach dem eindeutigen Zeugnis der Heiligen Schrift zugleich wahrer Gott und wahrer Mensch, und beides ganz und unvermindert. Er hat seine Gottheit durch seine Menschheit offenbart. In seiner Person vereinigt er auf vollkommene Weise die göttliche und die menschliche Natur.
Mögen diese kurzen, summarischen Darlegungen in euch, liebe Brüder und Schwestern, die Liebe zu Christus, unserem gottmenschlichen Erlöser, neu entfachen und eure Liebe zu ihm vertiefen. In ihm verbunden grüße ich euch alle und erteile euch von Herzen meinen besonderen Apostolischen Segen.

Maria – Hilfe der Christen

Angelus am 31. Januar

Liebe Brüder und Schwestern!

1. Auf unserer geistigen Pilgerfahrt zu den Marienheiligtümern wandern unsere Gedanken heute nach Turin zur Basilika Unserer Lieben Frau, der Hilfe der Christen. Wir tun es in einer besonderen Absicht, die meinem Herzen teuer ist: Dieses Heiligtum ist nämlich eine der Muttergottes geweihte Gedächtnisstätte, die vom hl. Giovanni Bosco erbaut wurde, dessen hundersten Todestag wir heute begehen.
Don Bosco, wie er liebevoll in der Welt genannt wird, nicht nur von der großen salesianischen Familie, deren Gründer er ist, hat Maria unter dem Titel „Hilfe der Christen“ mit tiefer Verehrung geliebt und nachgeahmt und war immer darauf bedacht, ihre Verehrung auszubreiten. In ihr sah er das Fundament seines nunmehr weltweit gewordenen Werkes zugunsten der Jugend und der Verbreitung und Verteidigung des Glaubens. Gern sagte er: „Maria hat sich selbst ihr Haus erbaut“, als ob er damit unterstreichen wollte, wie die Gottesmutter seinen ganzen geistlichen und apostolischen Weg als großer Erzieher wunderbar angeregt hat, und noch mehr, wie Maria vor Gott als Hilfe und Schutz für die ganze Kirche eingesetzt wurde.

2. Das große Bild über dem Hochaltar des Heiligtums hat sich mir eingeprägt. Don Bosco wollte darin die Sicht zum Ausdruck kommen lassen, die er von der kirchlichen Funktion der Muttergottes hatte, nämlich, daß Maria „Mutter der Kirche und Helferin der Christen“ ist (vgl. *Maraviglie della Madre di Dio invacate sotto il titolo di Maria Ausiliatrice*, Turin 1863, S. 6). Auf dem Gemälde leuchtet Maria in der Höhe auf im Lichtglanz des Heiligen Geistes und von den Aposteln umgeben. Der Heilige hatte dem Maler Lorenzone den Auftrag gegeben, rings um die Muttergottes die bedeutendsten Augenblicke der Geschichte darzustellen, in denen die Helferin der Christen ihren mütterlichen und einzigartigen Schutz der Kirche gegenüber erwiesen habe. Der Künstler sagte zu ihm, dazu habe er alle Wände der Kirche nötig, und er könne den grandiosen Plan Don Boscos gar nicht in Bilder übertragen. Jedenfalls sah das Herz des Heiligen die Muttergottes gerade in dieser unermeßlichen und kirchlichen Sicht.

3. Es ist uns wohl bekannt, daß die Verehrung Marias als Hilfe der Christen zeitlich ihrem großen Verehrer Don Bosco vorausgeht. Der Titel findet sich ja schon in der lauretanischen Litanei und unterstreicht die aktive Gegenwart Marias in den schwierigen Augenblicken der Geschichte der Kirche: eine Gegenwart, die sich in unerwarteter Rettung bekundet, ein wunderbares Zeichen des nie fehlenden Beistands des Geistes der Wahrheit und der Gnade.
Wenn heute der Glaube auf harte Proben gestellt wird und manche Söhne und Töchter des Gottesvolks wegen ihrer Treue zu Jesus, dem Herrn, Bedrängnissen ausgesetzt sind, wenn in der Menschheit auf ihrem Weg zum großen Jubiläumsjahr Zweitausend eine

ernste Krise geistiger Werte sichtbar wird, dann empfindet die Kirche die Notwendigkeit des mütterlichen Eingreifens Marias: um ihr eigenes Festhalten an den einen Herrn und Heiland zu stärken, um mit der Frische und dem Mut des christlichen Anfangs die Evangelisierung der Welt voranzubringen, um dem Glauben der Gemeinschaften und der einzelnen Licht und Führung zu geben, vor allem um die jungen Menschen, denen Don Bosco sich als Vater und Lehrer ganz hingegeben hat, zum christlichen Bewußtsein für ihr Leben zu erziehen.

In diesem Marianischen Jahr helfe und segne uns Maria, die Hilfe der Christen, von ihrem Heiligtum in Turin aus. Es segne uns auch ihr treuer Sohn, der heilige Giovanni Bosco.

Maria, du Hilfe der Christen, bitte für uns!

Jesus fühlte wie ein Mensch

Ansprache bei der Generalaudienz am 3. Februar

1. Jesus Christus ist wahrer Mensch. Wir setzen die voraufgegangene Katechese zu diesem Thema fort. Es handelt sich um eine Grundwahrheit unseres Glaubens. Es ist der Glaube, der auf dem Wort Christi selbst gegründet, von dem Zeugnis der Apostel und Jünger bekräftigt und von Generation zu Generation in der Lehre der Kirche weitergegeben wurde: „Wir glauben ... an den wahren Gott und wahren Menschen ... keinen scheinbaren, sondern den einen und einzigen Sohn Gottes“ (II. Konzil von Lyon: *Denzinger/Schönmetzer* 852).

In jüngerer Zeit hat das Zweite Vatikanische Konzil dieselbe Lehre in Erinnerung gerufen und die neue Beziehung unterstrichen, die das Wort durch seine Inkarnation mit jedem und mit allen begonnen hat, indem es Mensch wie wir wurde. „Denn er, der Sohn Gottes, hat sich in seiner Menschwerdung gewissermaßen mit jedem Menschen vereinigt. Mit Menschenhänden hat er gearbeitet, mit menschlichem Geist gedacht, mit einem menschlichen Willen hat er gehandelt, mit einem menschlichen Herzen geliebt. Geboren aus Maria, der Jungfrau, ist er in Wahrheit einer aus uns geworden, in allem uns gleich außer der Sünde“ (*Gaudium et spes*, Nr. 22).

2. Bereits im Rahmen der voraufgegangenen Katechese haben wir versucht, diese „Ähnlichkeit“ Christi mit uns aufzuzeigen. Sie entspringt der Tatsache, daß er wahrer Mensch war: „Das Wort ist Fleisch geworden“ – und „Fleisch“ („sarx“) bezeichnet gerade den Menschen als leibliches Wesen („Sarkikos“), das durch die Geburt „von einer Frau“ (vgl. *Gal* 4,4) zur Welt kommt. In dieser seiner Leiblichkeit hat Jesus von Nazaret wie jeder Mensch Müdigkeit, Hunger und Durst verspürt. Sein Leib war leidensfähig, verwundbar, für körperlichen Schmerz empfindlich. Und gerade in diesem Fleisch („sarx“) wurde er schrecklichen Qualen unterworfen und schließlich gekreuzigt: „gekreuzigt, gestorben und begraben.“

Der obengenannte Konzilstext vervollständigt noch dieses Bild, wenn er sagt: „Mit Menschenhänden hat er gearbeitet, mit menschlichem Geist gedacht, mit einem menschlichen Willen hat er gehandelt, mit einem menschlichen Herzen geliebt“ (*Gaudium et spes*, Nr. 22).

3. Wenden wir heute unsere besondere Aufmerksamkeit auf diese letzte Aussage, die uns in die innere Welt des Seelenlebens Jesu einführt. Er empfand wirklich menschliche Gefühle: Freude, Trauer, Empörung, Erstaunen, Liebe. Wir lesen zum Beispiel, daß Jesus, „vom Heiligen Geist erfüllt, voll Freude ausrief (*Lk* 10,21); daß er über Jerusalem weinte: „Als er ... die Stadt sah, weinte er über sie und sagte: Wenn doch auch du an diesem Tag erkannt hättest, was dir Frieden bringt“ (*Lk* 19,41–42); daß er nach dem Tod seines Freundes Lazarus auch weinte: „Als Jesus sah, wie sie (Maria) weinte und wie auch die Juden weinten, die mit ihr gekommen waren, war er im Innersten erregt und erschüttert. Er sagte: Wo habt ihr ihn bestattet? Sie antworteten ihm: Herr, komm und sieh! Da weinte Jesus“ (*Joh* 11, 33–35).

4. Die Gefühle der Traurigkeit erlebt Jesus besonders tief in der Stunde von Getsemani. Wir lesen: „Er nahm Petrus, Jakobus und Johannes mit sich. Da ergriff ihn Furcht und Angst, und er sagte zu ihnen: Meine Seele ist zu Tode betrübt.“ (*Mk* 14,33–34; *Mt* 26,37). Bei Lukas lesen wir: „„... er betete in seiner Angst noch inständiger, und sein Schweiß war wie Blut, das auf die Erde tropfte“ (*Lk* 22,44). Ein Faktum psycho-physischer Ordnung, das seinerseits die menschliche Wirklichkeit Jesu bestätigt.

5. Wir lesen auch über die Empörung Jesu. Als ein Mann mit einer verdorrten Hand von ihm an Sabbat geheilt werden will, stellt Jesus den Anwesenden zuerst die Frage: „Was ist am Sabbat erlaubt: Gutes zu tun oder Böses, ein Leben zu retten oder es zu vernichten? Sie aber schwiegen. Und er sah sie der Reihe nach an, voll Zorn und Trauer über ihr verstocktes Herz, und sagte zu dem Mann: Streck deine Hand aus! Er streckte sie aus, und seine Hand war wieder gesund“ (*Mk* 3,5).
Empört ist er auch bei dem Vorfall der Tempelreinigung. Matthäus schreibt: „Jesus ... trieb alle Händler und Käufer aus dem Tempel hinaus; er stieß die Tische der Geldwechsler und die Stände der Taubenhändler um und sagte: In der Schrift steht: Mein Haus soll ein Haus des Gebetes sein. Ihr aber macht daraus eine Räuberhöhle“ (*Mt* 21, 12–13; vgl. *Mk* 11,15).

6. An anderer Stelle lesen wir, daß Jesus „sich wundert“: „Und er wunderte sich über ihren Unglauben“ (*Mk* 6,6). Oder daß er Bewunderung verspürt, als er sagt: „Seht euch die Lilien an: Sie arbeiten nicht und spinnen nicht ... Selbst Salomo war in all seiner Pracht nicht gekleidet wie eine von ihnen“ (*Lk* 12,27). Er bewundert auch den Glauben der kanaanäischen Frau: „Frau, dein Glaube ist groß“ (*Mt* 15,28).

7. Aus den Evangelien geht vor allem hervor, daß Jesus geliebt hat. Wir lesen, daß Jesus beim Gespräch mit einem jungen Mann, der gekommen war, um zu fragen, was er tun

müsse, um ins Himmelreich einzugehen, ihn ansah und liebgewann (vgl. *Mk* 10,21). Der Evangelist Johannes schreibt: „Denn Jesus liebte Marta, ihre Schwester und Lazarus" (*Joh* 11,5), und nennt sich selbst den Jünger, „den Jesus liebte" (*Joh* 13,23).
Jesus liebte die Kinder: „Da brachte man Kinder zu ihm, damit er ihnen die Hände auflegte ... Und er nahm die Kinder in seine Arme; dann legte er ihnen die Hände auf und segnete sie" (*Mk* 10,13–16). Und als er das Liebesgebot verkündete, berief er sich auf diese Liebe, mit der er selbst liebte: „Das ist mein Gebot: Liebt einander, so wie ich euch geliebt habe" (*Joh* 15,12).

8. Die Stunde des Leidens, besonders des Todeskampfes am Kreuz ist sozusagen ein Höhepunkt der Liebe, mit der Jesus „die Seinen, die in der Welt waren, liebte" und die er ihnen „bis zur Vollendung" erwies (*Joh* 13,1). „Es gibt keine größere Liebe, als wenn einer sein Leben für seine Freunde hingibt" (*Joh* 15,13). Gleichzeitig ist es auch der Gipfel der Traurigkeit und Verlassenheit, die er in seinem Leben auf Erden verspürt hat. Ein eindringlicher Ausdruck dieser Verlassenheit bleiben für immer die Worte: „Eloi, Eloi, lema sabachtani? ... Mein Gott, mein Gott, warum hast du mich verlassen?" (*Mk* 15,31). Diese Worte ruft Jesus aus *Ps* 22,2 und drückt damit die äußerste Qual seiner Seele und seines Leibes aus, einschließlich des geheimnisvollen Gefühls einer momentanen Gottverlassenheit. Der dramatisch erschütterndste Höhepunkt der ganzen Passion.

9. So ist Jesus wirklich den Menschen gleich geworden, indem er sich entäußerte und wie ein Sklave wurde, wie der Philipperbrief sagt (*Phil* 2,7). Aber der Hebräerbrief spricht von ihm als dem „Hohenpriester der künftigen Güter" (*Hebr* 9,11), bekräftigt und stellt klar, daß er nicht ein Hoherpriester ist, „der nicht mitfühlen könnte mit unserer Schwäche, sondern einer, der in allem wie wir in Versuchung geführt worden ist, aber nicht gesündigt hat" (vgl. *Hebr* 4,15). Er hat wirklich „die Sünde nicht gekannt", auch wenn der hl. Paulus sagt, „Gott ... hat den, der keine Sünde kannte, für uns zur Sünde gemacht, damit wir in ihm Gerechtigkeit Gottes würden" (*2 Kor* 5,21).
Derselbe Jesus konnte herausfordernd sagen: „Wer von euch kann mir eine Sünde nachweisen?" (*Joh* 8,46). Und hier der Glaube der Kirche: „Ohne Sünde empfangen, geboren und gestorben." Im Einklang mit der ganzen Tradition verkündet das Konzil von Florenz: Jesus „wurde empfangen und geboren und ist gestorben ohne Sünde." Er ist wirklich der gerechte und heilige Mensch.

10. Wiederholen wir mit dem Neuen Testament, dem Glaubensbekenntnis und dem Konzil: „Jesus hat sich wirklich zu einem von uns gemacht, in allem uns gleich außer der Sünde" (vgl. *Hebr* 4,15). Und dank dieser Ähnlichkeit gilt: „Christus, der neue Adam, macht ... dem Menschen den Menschen selbst voll kund und erschließt ihm seine höchste Berufung" (*Gaudium et spes*, Nr. 22).
Man kann sagen, daß das Zweite Vatikanische Konzil durch eine solche Feststellung noch einmal Antwort auf die Grundfrage gibt, mit der der berühmte Traktat des hl. Anselm überschrieben ist: „Cur Deus homo?" (Warum wurde Gott Mensch?) (hl. Anselm, *Cur Deus homo ?*). Es ist eine Frage der Geisteskraft, die in das Mysterium des Gottessohnes

eindringt, der „für uns Menschen und zu unserem Heil“ wahrer Mensch wurde, wie wir im nizäno-konstantinopolitanischen Glaubensbekenntnis sprechen.
Christus hat dem Menschen den Menschen „voll“ offenbart, gerade weil er „die Sünde nicht kannte“. Denn die Sünde ist in keiner Weise eine Bereicherung des Menschen. Ganz im Gegenteil: sie verringert seinen Wert, mindert ihn und raubt ihm seine Fülle (vgl. *Gaudium et spes*, Nr. 13). Die Rückgewinnung, das Heil des gefallenen Menschen ist die grundlegende Antwort auf die Frage nach dem Warum der Menschwerdung.

In deutscher Sprache sagte der Papst:

Liebe Brüder und Schwestern!

Unsere Katechese verweilt zur Zeit beim zentralen Geheimnis unseres Glaubens: bei Jesus Christus. Er ist Gottes Sohn und zugleich wahrer Mensch. Wie das Zweite Vatikanische Konzil bekennt, hat Christus „mit Menschenhänden gearbeitet, mit menschlichem Geist gedacht, ... mit einem menschlichen Herz geliebt. Geboren aus Maria, der Jungfrau, ist er in Wahrheit einer aus uns geworden, in allem uns ähnlich außer der Sünde“ (*Gaudium et spes*, Nr. 22).
Die Evangelien berichten uns, daß Christus nicht nur Müdigkeit, Hunger und Durst, ja Folter und Tod erlitten hat; er hat sich auch wie wir Menschen gefreut, hat über das ungläubige Jerusalem und seinen toten Freund Lazarus geweint. Im Garten von Getsemani hat er menschliche Trostlosigkeit und Furcht erfahren; er hat sich über die Geldwechsler empört und sie aus dem Tempel vertrieben. Seine Liebe zu den Jüngern gibt er uns als Maßstab für sein Liebesgebot: „Liebt einander, so wie ich euch geliebt habe“ (*Joh* 15,12). Seine Todesstunde wird höchster Ausdruck dieser seiner Liebe; denn „es gibt keine größere Liebe, als wenn einer sein Leben für seine Freunde hingibt“ (*Joh* 15,13). Zugleich ist das Kreuz der Ort seiner Verlassenheit: „Mein Gott, mein Gott, warum hast du mich verlassen?“ (*Mk* 15,34).
In der Tat, Jesus ist nach dem einmütigen Zeugnis der Heiligen Schrift in allem uns gleich geworden „außer der Sünde“ (vgl. *Hebr* 4,15). Jesus selbst fragt seine Gegner: „Wer von euch kann mir eine Sünde nachweisen“ (*Joh* 8,46). Und eben weil Christus ohne Sünde ist, macht er nach der Lehre des Konzils „dem Menschen den Menschen selbst voll kund und erschließt ihm seine höchste Berufung“ (*Gaudium et spes*, Nr. 22).
Mit dieser kurzen Zusammenfassung meiner heutigen Glaubenskatechese grüße ich herzlich alle heutigen Audienzteilnehmer deutscher Sprache. Besonders die zahlreichen Pilger aus Österreich. Unter diesen namentlich die Teilnehmer der Pilgerfahrt aus Wiener Neustadt zusammen mit Weihbischof Florian Kuntner. Möge euch euer Kurs geistlicher Besinnung und Erneuerung zu einer entschlossenen Christusnachfolge ermutigen, der uns durch sein gottmenschliches Vorbild den Weg zu unserer eigenen Vollendung zeigt. Dazu erbitte ich euch und allen anwesenden Pilgern Gottes reiche Gnade mit meinem besonderen Apostolischen Segen.

Jede Mutter ist gesegnet

Angelus am 7. Februar

Liebe Brüder und Schwestern!

1. Seit nunmehr zehn Jahren feiert die Kirche in Italien am ersten Sonntag im Februar den „Tag des Lebens". Aus diesem Anlaß hat die Kirche von Rom zu einer einfachen Kundgebung aufgerufen, um die Aufmerksamkeit dieser Stadt auf diesen grundlegenden Wert zu lenken. Ich begrüße die zahlreichen Vertreter der Vereinigungen, Gruppen, Bewegungen und Gläubigen der Diözese, die auf dem Petersplatz beim gemeinsamen Marienlob mit dem Kardinalsvikar und den Weihbischöfen anwesend sind.

2. Das Leben ist ein so wesentlicher Wert, daß ihn auch die gleichgültigsten und weniger motivierten unter den Menschen verstehen. Und doch sieht unsere Zeit, die doch in vielen Bereichen scheinbar den Höhepunkt des Fortschritts erreicht hat, ihn von einer vielfältigen „Kultur" und Anwendung der Gewalt bedroht, die sich insbesondere gegen die Schwächsten und Schutzlosesten wendet, wie es die Kinder im Mutterschoß und die Alten sind, die oft der Einsamkeit und Trauer überlassen werden. Dieser Tag ist ein gebührender Haltepunkt, an dem die an Christus Glaubenden und alle Menschen guten Willens aufgerufen sind, gemeinsam über den heiligen Wert des Lebens im ganzen Bogen des Daseins nachzudenken und in besonderer Weise über die vorrangige Pflicht, werdendes Leben anzunehmen.

3. In diesem Marianischen Jahr hat die Italienische Bischofskonferenz dementsprechend als Thema des Tages das Schriftwort gewählt: „Gesegnet ist die Frucht deines Leibes." Diese Worte Elisabeths an Maria erinnern die Gläubigen an den Beginn der Erlösung der Menschheit und offenbaren auch, „Kinder sind eine Gabe des Herrn" (*Ps* 127,3). Wenn Maria die „Gesegnete unter allen Frauen" ist, dann ist jede Mutter auf Erden gesegnet, denn jede Leibesfrucht ist ein Segen. Diese Wahrheit bekräftigen heißt, zum Leben ja sagen: ein Ja zur wahren, immer für das Leben offenen Liebe der Eheleute; ein echtes Ja, das ihnen helfen soll, die unausweichlichen Schwierigkeiten zu überwinden, die bei jeder endgültigen Entscheidung entstehen.

4. Zum Leben ja sagen, wie Maria in dem für die gesamte Menschheit entscheidenden und historischen Augenblick der Verkündigung; Gott für das Leben danken, das er uns durch unsere lieben Eltern geschenkt hat, sich freuen und solidarisch sein mit dem, der jetzt berufen ist, es zu schenken und zu schützen. Dies will ich jedem von euch heute in Erinnerung rufen.
Die jungen Paare mögen sich deshalb nicht fürchten, Leben zu schenken. Ebensowenig sollen die Sozial- und Pastoralarbeiter sich scheuen, es überall dort zu erhalten und zu verteidigen, wo sie berufen sind, der großen menschlichen Gemeinschaft zu dienen.

In diesem Marianischen Jahr ruft uns die Mutter Jesu, die in Jesus die Mutter aller Menschen ist, dazu auf, die Ankunft des dritten Jahrtausends durch die Annahme aller neuen Leben vorzubereiten und durch das Bemühen, sie in der Liebe zu Gott und den Mitmenschen heranzubilden und zu erziehen, um dem Vertrauen und der Hoffnung neue Wege zu eröffnen. Maria vertrauen wir im Gebet jede Leibesfrucht an.

Nach dem Angelusgebet sagte der Papst:

Heute findet in dem afrikanischen Staat Burkina Faso eine große Nationalwallfahrt statt, die von den Ortsbischöfen veranstaltet wird, um die zwanzigjährige Gründung des Heiligtums in Yagma, nahe der Hauptstadt Ouagadougou, zu begehen, das der Unbefleckten Jungfrau Maria geweiht ist. Das Heiligtum wurde auf Initiative einer Gruppe von Laien errichtet. Auf Geheiß und Ermutigung des Erzbischofs von Ouagadougou, Kardinal Zoungrana, hin wollten sie einen angemessenen Ort der Marienverehrung schaffen, zu dem aus der Diözese und der Region Wallfahrten stattfinden können, wie die heutige, an der die kirchlichen und zivilen Obrigkeiten teilnehmen. Dieses Heiligtum, das sich an den Erscheinungen von Lourdes inspiriert, derer wir in wenigen Tagen in der Liturgie gedenken werden, ist Zeichen der Gegenwart Marias in Burkina Faso und der Verehrung der Bevölkerung für die Mutter des Erlösers.
Vereinen auch wir uns im Gebet mit den afrikanischen Brüdern und bitten wir die heilige Jungfrau, beim göttlichen Sohn für die geistlichen und materiellen Nöte all derer, die in dieser Region leben, einzutreten, besonders für die Festigung des Glaubens, die Entwicklung der kirchlichen Einrichtungen, die wirksame Eintracht zwischen den Gläubigen und Hirten. Dazu erteile ich ihnen meinen besonderen Apostolischen Segen.

Jesus ist mit allen solidarisch geworden

Ansprache bei der Generalaudienz am 10. Februar

1. Jesus Christus, wahrer Mensch, ist in allem uns gleich, außer in der Sünde", lautete das Thema der vorausgegangenen Katechese. Die Sünde ist in ihm wesenhaft ausgeschlossen, denn er ist nicht nur wahrer Mensch, sondern auch wahrer Gott („wahrer Mensch", aber nicht „nur Mensch").
Das ganze Leben Christi auf Erden und der ganze Ablauf seiner Sendung bezeugen die Wahrheit seiner absoluten Sündenlosigkeit. Er selbst stellte die herausfordernde Frage: „Wer von euch kann mir eine Sünde nachweisen?" (*Joh* 8,46). Als Mensch „ohne Sünde" kämpft Jesus Christus während seines ganzen Lebens gegen die Sünde und all das, was die Sünde erzeugt, angefangen vom Teufel, der in der Geschichte des Menschen „von Anfang an" der „Vater der Lüge" ist (vgl. *Joh* 8,44). Dieser Kampf zeigt sich bereits an der Schwelle der messianischen Sendung Jesu, im Augenblick der Versuchung (vgl. *Mk* 1,13; *Mt* 4,1–11; *Lk* 4,1–13), und erreicht seinen Höhepunkt im Kreuzestod und in der Auferstehung. Ein Kampf, der also mit dem Sieg endet.

2. Dieser Kampf gegen die Sünde und ihre Wurzeln selbst entfremdet Jesus nicht vom Menschen, im Gegenteil, er bringt ihn dem Menschen, jedem Menschen, nahe. Während seines Lebens auf Erden zeigte sich Jesus gewohnterweise besonders nahe gegenüber jenen, die vor den Augen der anderen als Sünder galten. Wir sehen es in vielen Texten des Evangeliums.

3. Unter diesem Aspekt ist der „Vergleich" wichtig, den Jesus zwischen sich selbst und Johannes dem Täufer zieht. Er sagt: „Johannes ist gekommen, er ißt nicht und trinkt nicht, und sie sagen: Er ist von einem Dämon besessen. Der Menschensohn ist gekommen, er ißt und trinkt; darauf sagen sie: Dieser Fresser und Säufer, dieser Freund der Zöllner und Sünder!" (*Mt* 11,18–19). Offenkundig polemisch sind diese Worte gegenüber denen, die zuvor Johannes den Täufer, den einsamen Propheten und strengen Aszeten, der in der Nähe des Jordans lebte und taufte, kritisiert hatten und dann Jesus kritisieren, weil er unter die Leute geht und unter ihnen wirkt. Aber in diesen Worten scheint ebenso die wahre Weise Jesu durch, wie er ist, empfindet und sich verhält gegenüber den Sündern.

4. Sie beschuldigen ihn, „Freund der Zöllner und Sünder" zu sein (d. h. der Steuereinnehmer, die nicht gern gesehen wurden, weil sie habgierig waren und als nicht gesetzestreu galten: vgl. *Mt* 5,45; 9,11; 18,17). Jesus weist diese Anklage nicht entschieden zurück; ihre Wahrheit wird – jede Duldung, jedes Verschweigen ausgenommen – von vielen in den Evangelien aufgezeichneten Begebenheiten bestätigt. So in jener, die mit dem Namen des obersten Zollpächters, Zachäus, verbunden ist, in dessen Haus Jesus sich sozusagen selbst einlud: „Zachäus, komm schnell herunter! Denn ich muß heute in deinem Haus zu Gast sein." Zachäus, von kleiner Statur, war auf einen Baum gestiegen, um Jesus, der vorbeiging, besser zu sehen. Und als der Zöllner schnell herabstieg und Jesus voll Freude bei sich aufnahm, hörte er ihn sagen: „Heute ist diesem Haus das Heil geschenkt worden, weil auch dieser Mann ein Sohn Abrahams ist. Denn der Menschensohn ist gekommen, um zu suchen und zu retten, was verloren ist" (vgl. *Lk* 19,1–10). Aus diesem Text geht nicht nur die Vertrautheit Jesu mit den Zöllnern und Sündern, sondern auch der Beweggrund hervor, warum er sie sucht und Umgang mit ihnen pflegt: zu ihrem Heil.

5. Ein ähnliches Ereignis ist mit dem Namen des Levi, des Sohnes von Alphäus, verknüpft. Die Episode ist um so bezeichnender, als dieser Mann, den Jesus „am Zoll sitzen" gesehen hatte, von ihm gerufen wurde, um einer seiner Apostel zu werden: „Folge mir nach!" hatte er zu ihm gesagt. Da stand Levi auf und folgte ihm. Er ist unter den zwölf als Matthäus eingereiht, und wir wissen, daß er der Verfasser eines der Evangelien ist. Der Evangelist Markus sagt, daß Jesus „in seinem Haus beim Essen war und viele Zöllner und Sünder zusammen mit ihm und seinen Jüngern aßen" (vgl. *Mk* 2,13–15). Auch in diesem Fall machten die Schriftgelehrten, die zur Partei der Pharisäer gehörten, den Jüngern Vorwürfe, aber Jesus sagte zu ihnen: „Nicht die Gesunden brauchen den Arzt, sondern die Kranken. Ich bin gekommen, um die Sünder zu rufen, nicht die Gerechten" (*Mk* 2,17).

6. Das Mahlhalten mit anderen, einschließlich der „Zöllner und Sünder", ist ein menschliches Verhalten, das bei Jesus vom Anfang seiner messianischen Tätigkeit an festzustellen ist. Eine der ersten Anlässe, bei denen er seine messianische Vollmacht offenbarte, war das Hochzeitsmahl in Kana in Galiläa, an dem er mit seiner Mutter und seinen Jüngern teilnahm (vgl. *Joh* 2,1–12). Auch später pflegte Jesus Einladungen zum Essen anzunehmen, nicht nur von seiten der „Zöllner", sondern auch der „Pharisäer", die seine erbitterten Feinde waren. Das lesen wir z. B. bei Lukas: „Jesus ging in das Haus eines Pharisäers, der ihn zum Essen eingeladen hatte, und legte sich zu Tisch" (*Lk* 7,36).

7. Während dieses Mahls ereignet sich ein Vorfall, der neues Licht auf das Verhalten Jesu zur armen Menschheit wirft, die aus so vielen „Sündern" besteht, die die angeblichen „Gerechten" verachten und verurteilen. Eine in der Stadt als Sünderin bekannte Frau war unter den Anwesenden. Sie küßte Jesus weinend die Füße und salbte sie mit wohlriechendem Öl. Daraus ergibt sich ein Zwiegespräch zwischen Jesus und dem Hausherrn, bei dem Jesus eine wesentliche Verbindung zwischen der Vergebung der Sünden und der von Glauben inspirierten Liebe herstellt: „Ihr sind ihre vielen Sünden vergeben, weil sie (mir) so viel Liebe gezeigt hat ... Dein Glaube hat dir geholfen. Geh in Frieden!" (vgl. *Lk* 7,36–50).

8. Das ist nicht der einzige Fall dieser Art. Es gibt einen anderen, der in gewisser Weise dramatisch ist: den „einer Frau, die beim Ehebruch ertappt worden war" (vgl. *Joh* 8,1–11). Auch dieses Ereignis zeigt wie das vorangegangene, in welchem Sinn Jesus „Freund der Zöllner und Sünder" war. Er sagt zu der Frau: „Geh und sündige von jetzt an nicht mehr!" (*Joh* 8,11). Derjenige, der „in allem uns gleich, außer in der Sünde", war, zeigte sich den Sündern und Sünderinnen nahe, um die Sünde von ihnen zu entfernen. Aber er verfolgte dieses messianische Ziel in ganz „neuer" Weise im Vergleich zu der Strenge, mit der die Sünder von denen behandelt wurden, die sie aufgrund des alten Gesetzes verurteilten. Jesus wirkte im Geist einer großen Liebe zum Menschen aufgrund der tiefen Solidarität, die er in sich empfand für den, der von Gott als sein Abbild und ihm ähnlich erschaffen worden war (vgl. *Gen* 1,27;5,1).

9. Worin besteht diese Solidarität? Sie ist die Offenbarung der Liebe, die ihren Ursprung in Gott selbst hat. Der Sohn Gottes ist in die Welt gekommen, um diese Liebe zu offenbaren. Er offenbart sie bereits durch die Tatsache, daß er selbst Mensch geworden ist: einer von uns. Diese Verbindung Jesu Christi, des wahren Menschen, mit uns im Menschsein ist der grundlegende Ausdruck seiner Solidarität mit jedem Menschen, denn sie spricht deutlich von der Liebe, mit der Gott selbst alle und jeden geliebt hat. Die Liebe wird hier in ganz besonderer Weise bekräftigt. Derjenige, der liebt, will alles mit dem Geliebten teilen; deshalb ist der Sohn Gottes Mensch geworden. Von ihm hatte Jesaja schon gesagt: „Er hat unsere Leiden auf sich genommen und unsere Krankheiten getragen" (vgl. *Mt* 8.17; *Jes* 53,4). So teilt Jesus mit jedem Mann und jeder Frau des ganzen Menschengeschlechtes die gleiche Daseinsbedingung. Und darin offenbart er auch die wesentliche

Würde des Menschen: jedes einzelnen und aller. Man kann sagen, die Inkarnation ist eine unvergleichliche „Aufwertung" des Menschen und der Menschheit!

10. Diese „Liebe und Solidarität" tritt im ganzen irdischen Leben und in der Sendung des Menschensohnes hervor, vor allem in bezug auf die, die unter der Last physischen oder moralischen Elends zu leiden haben. Auf dem Höhepunkt seines Erdenweges wird er „sein Leben hingeben als Lösegeld für viele" (vgl. *Mk* 10,15): im Erlösungsopfer des Kreuzestodes. Aber auf dem Weg, der zu diesem höchsten Opfer führt, ist das ganze Leben Jesu auf Erden ein vielfältiger Ausdruck seiner Solidarität mit dem Menschen, zusammengefaßt in seinen Worten: „... der Menschensohn ist nicht gekommen, um sich dienen zu lassen, sondern um zu dienen und sein Leben hinzugeben als Lösegeld für viele" (*Mk* 10,45). Er war Kind wie jedes menschliche Kind. Er hat mit seinen eigenen Händen neben Josef von Nazaret gearbeitet, wie alle Menschen arbeiten (vgl. *Laborem exercens*, Nr. 26). Er war ein Sohn Israels, hatte an der Kultur, der Tradition, der Hoffnung und dem Leiden seines Volkes teil. Er hat auch das kennengelernt, was oft im Leben der zu einer besonderen Sendung berufenen Menschen vorkommt: Unverständnis und sogar Verrat von seiten eines der von ihm selbst als seine Apostel und Nachfolger Gewählten. Auch er empfand darüber tiefe Erschütterung (vgl. *Joh* 13,21).
Und als die Stunde nahe war, in der er „sein Leben als Lösegeld für viele hingeben" sollte (vgl. *Mt* 20,28), bot er es „aus freiem Willen" an (vgl. *Joh* 10,18) und vollzog so im Opfertod das Mysterium seiner Solidarität. Der römische Statthalter fand keine anderen Worte, um es vor den versammelten Anklägern auszudrücken, als diese: „Seht, da ist der Mensch!" (*Joh* 19,5).
Dieses Wort eines Heiden, der nichts von dem Mysterium wußte, aber nicht unempfänglich für die Anziehungskraft war, die Jesus sogar in jenem Augenblick ausstrahlte, sagt alles über die menschliche Wirklichkeit Christi: Jesus ist der Mensch; ein wahrer Mensch, der in allem uns gleicht außer in der Sünde, sich zum Opfer für die Sünde gemacht hat und solidarisch mit allen geworden ist bis zum Tod am Kreuz.

In deutscher Sprache sagte der Papst:

Liebe Brüder und Schwestern!

Die Kirche bekennt ihren Herrn Jesus Christus als jemanden, der in allem uns Menschen gleich war, außer in der Sünde. Er konnte es wagen, in aller Öffentlichkeit zu fragen: „Wer von euch kann mir eine Sünde nachweisen?" (*Joh* 8,46). Das konnte niemand, wohl aber nannten ihn einige „den Freund der Zöllner und Sünder" (*Mt* 11,19). Was verächtlich klingen sollte und als Anklage gemeint war, drückte in Wirklichkeit die volle Wahrheit über Jesus aus: In seiner Sündenlosigkeit wollte er Freund gerade der Sünder sein, um diesen aus der Sünde und Schuld herauszuhelfen.
Ohne eigene Sünde zu sein, das sollte ihn nicht von den Menschen isolieren, sondern um so tiefer hineinführen in die traurige Ausweglosigkeit mancher seiner Mitmenschen. Dort, mitten in der Realität der Sünde, setzte er die Kraft seiner reinen Liebe ein, um Befreiung von Schuld zu schenken.

Wir denken dabei an den Oberzöllner Zachäus, den schon sein Beruf in die Versuchung zu mancherlei Sünde führte. Dessen erste Zeichen von Reue und Bekehrung nimmt Jesus ernst und belohnt ihn mit einem Besuch in seinem Haus. Jesus hat sogar den Mut, die drohende Steinigung einer ertappten Ehebrecherin aufzuhalten und sich vor allem anderen um ihre innere, seelische Verfassung zu kümmern; so spricht er zu ihr: „Ich verurteile dich nicht. Geh und sündige von jetzt an nicht mehr!" (*Joh* 8,11).
So wird seine Solidarität mit dem schuldigen Mitmenschen zum Erweis einer unendlichen Liebe, die ihre Quelle in Gott selbst hat. Der liebende Blick Jesu entdeckt auch in der größten Entstellung und Verzerrung immer noch das Abbild Gottes, das wir alle nach seinem schöpferischen Willen in uns tragen.
Dieser liebende Blick Christi ruht auch auf uns, den heutigen Christen, auf Heiligen und Sündern. Möge uns dies immer lebendig bewußt bleiben.
Das erbitte ich heute auch den deutschsprachigen Besuchern und segne sie alle von Herzen.

Maria – die Schutzherrin Mährens

Angelus am 14. Februar

Liebe Brüder und Schwestern!

1. Das heutige Fest der hll. Cyrill und Method, der Apostel Mährens und Mitpatronen Europas, gibt uns Anlaß, heute unseren Blick auf dieses Land zu richten, das so reich an alten christlichen Traditionen ist.
In Mähren, an der nordwestlichen Spitze der Karpaten, erhebt sich vor dem Panorama einer fruchtbaren Ebene der Berg Hostyn, auf dem die Bevölkerung aus der Umgebung vor den wiederholten feindlichen Angriffen gewöhnlich Schutz suchte. Der Berg, in alter Zeit zu heidnischen Kultfeiern aufgesucht, wurde ein Ort christlicher Frömmigkeit, als, dank des Werkes der heiligen Brüder Cyrill und Method, Mähren sich zum Evangelium bekehrte. Auf ihm suchten weiterhin alle Zuflucht, die von den Streifzügen der Tatarenhorden bedroht waren, die auf ihrem Durchzug Schrecken, Verwüstung und Tod verbreiteten. Im Jahr 1241 hatten sich die Christen aus der Umgebung von Hostyn auf den Berg geflüchtet und flehten innig zur heiligen Jungfrau, um Erbarmen und Rettung zu erlangen. In der Tat wurden die Tataren besiegt und in die Flucht geschlagen, und die Bevölkerung dieses Gebietes schrieb den Sieg der besonderen Hilfe des Himmels zu.
Von diesem Zeitpunkt an wurde Maria auf jenem Berg als siegreiche Schutzherrin Mährens verehrt.

2. Gegen Mitte des 16. Jahrhunderts wurde auf dem Berg eine Kapelle erbaut, die vor allem die Arbeiter aus den nahen Bergwerken besuchten; aber ein Jahrhundert später wurde sie von einer Gruppe Fanatikern zerstört. Nach dem Dreißigjährigen Krieg wurde sie wiedererrichtet und erstmals wurde dort das Bild Mariens mit dem Jesuskind im Arm aufgestellt.

Im 18. Jahrhundert wurden an dem Ort eine herrliche zweitürmige Kirche und daneben ein Pfarrhaus errichtet, wo drei Priester und zwei Eremiten wohnten, die für die geistlichen Bedürfnisse der wachsenden Pilgerschar zur Verfügung standen. Später wurde die Kirche geschlossen, und die Altäre wurden entfernt. Erst im Jahr 1840 war es möglich, sie wieder für den Gottesdienst zugänglich zu machen durch die Errichtung eines neuen Altars und die Aufstellung einer Holzstatue der Gottesmutter mit dem Jesuskind.

3. Am stärksten entwickelten sich der Volkszulauf und die großen Wallfahrten in der jüngeren Zeit unter dem späteren Erzbischof von Olmütz, Anton Cyrill Sotjan, der ein Pilgerhaus errichten ließ und die Seelsorge den Patres der Gesellschaft Jesu anvertraute. Am 15. August 1912 fanden anläßlich der Krönung der Statue der Madonna und des Jesuskindes große Feierlichkeiten statt. Die mit vielen Edelsteinen geschmückte Krone war von dem heiligen Papst Pius X. gesegnet worden. Siebzig Jahre später habe ich selbst das Heiligtum von Hostyn zur Basilika minor erhoben.
In der Umgebung gibt es andere marianische Wallfahrtskirchen; unter ihnen möchte ich an die von Velehrad, dem althergebrachten Sitz des hl. Method, erinnern, wo man die „Mater Unionis", die Mutter der Einheit aller Christen, verehrt.
Zu Maria, die in diesen Heiligtümern verehrt wird, die meinem Herzen so nahe stehen, laßt uns nun beten.

Jesus – Symbol der leidenden Menschheit

Ansprache bei der Generalaudienz am 17. Februar

1. „Seht, da ist der Mensch!" (*Joh* 19,5). In der voraufgegangenen Katechese haben wir an diese Worte erinnert, die Pilatus sprach, als er Jesus den Hohenpriestern und den Wachsoldaten vorführen ließ, nachdem er ihn hatte geißeln lassen und bevor er ihn endgültig zum Tod am Kreuz verurteilte. Jesus, voller Wunden, mit Dornen gekrönt und dem purpurroten Mantel bekleidet, von den Soldaten verhöhnt und geschlagen, nunmehr dem Tode nahe, ist das Symbol der leidenden Menschheit.
„Seht, da ist der Mensch!" Dieser Ausdruck enthält in gewissem Sinn die ganze Wahrheit über Christus, den wahren Menschen: über den, der „in allem uns gleich wurde, außer in der Sünde"; über den, der „sich gewissermaßen mit jedem Menschen vereinigt hat" (vgl. *Gaudium et spes*, Nr. 22). Sie nannten ihn „Freund der Zöllner und Sünder". Als Sühneopfer für die Sünde wurde er solidarisch mit allen, auch mit den „Sündern", bis zum Tod am Kreuz. Aber gerade in diesem Zustand als Opfer, zu dem Jesus geworden ist, tritt ein letzter Aspekt seines Menschseins hervor, der bis auf den Grund im Licht des Geheimnisses seiner „Selbstentäußerung" (Kenosis) angenommen und betrachtet werden muß. Nach den Worten des hl. Paulus war er „Gott gleich, hielt aber nicht daran fest, wie Gott zu sein, sondern er entäußerte sich und wurde wie ein Sklave und den Menschen gleich. Sein Leben war das eines Menschen; er erniedrigte sich und war gehorsam bis zum Tod, bis zum Tod am Kreuz" (*Phil* 2,6–8).

2. Der paulinische Text des Briefes an die Philipper führt uns in das Geheimnis der „Kenosis“ Christi ein. Um dieses Geheimnis zu beschreiben, benützt der Apostel zunächst das Wort „entäußern“, und dieses bezieht sich vor allem auf die Wirklichkeit der Menschwerdung: „Das Wort ist Fleisch geworden“ (*Joh* 1,14). Gottes Sohn hat die menschliche Natur angenommen, das Menschsein; er ist wahrer Mensch geworden und Gott geblieben! Die Wahrheit über den Menschen Christus muß immer im Zusammenhang mit dem Sohn Gottes betrachtet werden. Gerade auf diese ständige Beziehung weist der Text des Paulus hin. „Er entäußerte sich“ bedeutet keinesfalls, daß er aufhörte, Gott zu sein: das wäre absurd! Es bedeutet hingegen, wie sich der Apostel in anschaulicher Weise ausdrückt, daß „er nicht daran festhielt, wie Gott zu sein“, sondern daß er, obwohl „Gott gleich“ („in forma Dei“) als wahrer Sohn Gottes, eine menschliche Natur annahm, bar jeden Ruhmes, dem Leiden und Tod unterworfen, in der er den Gehorsam zum Vater bis zum äußersten Selbstopfer verwirklichen konnte.

3. In diesem Zusammenhang brachte das „den Menschen gleich werden“ einen freiwilligen Verzicht mit sich, der sich sogar auf die „Vorteile“ erstreckte, die er als Mensch hätte genießen können. In der Tat wurde er „wie ein Sklave“. Er wollte nicht zu den Kategorien der Mächtigen gehören, sondern er wollte wie einer sein, der dient: „Der Menschensohn ist nicht gekommen, um sich dienen zu lassen, sondern um zu dienen“ (*Mk* 10,45).

4. In den Evangelien sehen wir, daß das Leben Christi auf Erden von Anfang an durch das Merkmal der Armut gekennzeichnet ist. Das wird bereits im Bericht über die Geburt herausgestellt, als der Evangelist Lukas betont, daß „in der Herberge kein Platz für sie (Maria und Josef) war“ und daß Jesus in einem Stall zur Welt kam und „in eine Krippe gelegt wurde“ (vgl. *Lk* 2,7). Von Matthäus wissen wir, daß Jesus bereits in den ersten Monaten seines Lebens das Flüchtlingsschicksal erfuhr (vgl. *Mt* 2,13–15). Das verborgene Leben in Nazaret spielte sich unter äußerst bescheidenen Bedingungen ab, denen der Familie eines Zimmermanns (vgl. *Mt* 13,55), und Jesus selbst arbeitete mit seinem Adoptivvater (vgl. *Mk* 6,3). Und als er zu lehren begann, begleitete ihn weiterhin äußerste Armut, wie er selbst in gewisser Weise bestätigt, indem er sich auf seine schwierigen Lebensbedingungen bezieht, die sein Dienst der Evangelisierung auferlegt. „Die Füchse haben ihre Höhlen und die Vögel ihre Nester; der Menschensohn aber hat keinen Ort, wo er sein Haupt hinlegen kann“ (*Lk* 9,58).

5. Die messianische Sendung Jesu stieß von Anfang an auf Ablehnung und Unverständnis, trotz der „Wunderzeichen“, die er wirkte. Er stand unter Beobachtung und wurde von denen verfolgt, die die Macht ausübten und Einfluß auf das Volk hatten. Am Ende wurde er angeklagt, verurteilt und dem Kreuzestod ausgeliefert – der schändlichsten aller Todesstrafen, die nur in Fällen äußerst schwerer Verbrechen angewandt wurde, vor allem bei denen, die nicht römische Bürger und jenen, die Sklaven waren. Auch deshalb kann man mit dem Apostel sagen, daß Christus „wie ein Sklave“ wurde (*Phil* 2,7).

6. In dieser „Selbstentäußerung", die die Wahrheit über Christus als wahren Menschen tief kennzeichnet, wird, so können wir sagen, die Wahrheit des universalen Menschen wiederhergestellt: sie wird wiederhergestellt, und sie wird „wiedergutgemacht". In der Tat, wenn wir lesen, daß der Sohn „nicht daran festhielt, wie Gott zu sein", können wir nicht umhin, in diesen Worten eine Anspielung auf die erste und ursprüngliche Versuchung zu sehen, der Mann und Frau „am Anfang" nachgegeben hatten: „Ihr werdet wie Gott (sein) und erkennt Gut und Böse" (*Gen* 3,5). Der Mensch hatte der Versuchung nachgegeben, „Gott gleich" zu sein, obwohl er nur ein Geschöpf war. Der Sohn „hielt aber nicht daran fest, wie Gott zu sein". Und indem er Mensch wurde, „entäußerte er sich" und stellte durch diese Entscheidung jeden noch so armen und entrechteten Menschen in seiner ursprünglichen Würde wieder her.

7. Aber um dieses Geheimnis der „Kenosis" Christi auszudrücken, verwendet der hl. Paulus auch einen anderen Ausdruck: „er erniedrigte sich". Dieses Wort wurde von ihm im Zusammenhang mit der Wirklichkeit der Erlösung eingefügt. Er schreibt nämlich, daß Jesus Christus „sich erniedrigte und gehorsam war bis zum Tod, bis zum Tod am Kreuz" (vgl. *Phil* 2,8). Hier wird die „Kenosis" Christi in ihrer endgültigen Dimension beschrieben. In menschlicher Sicht ist es die Dimension der Erniedrigung durch das Leiden und den schändlichen Tod. In der Sicht Gottes ist es die Erlösung, die von der erbarmenden Liebe des Vaters durch den Sohn gewirkt wurde, der aus Liebe zum Vater und zu den Menschen, die es zu retten galt, freiwillig gehorsam war. Und in jenem Augenblick ereignete sich der Neubeginn der Herrlichkeit Gottes in der Geschichte des Menschen: die Herrlichkeit Christi, seines menschgewordenen Sohnes. In der Tat sagt der paulinische Text: „Darum hat ihn Gott über alle erhöht und ihm den Namen verliehen, der größer ist als alle Namen" (*Phil* 2,9).

8. Der hl. Athanasios kommentiert diesen Text des Philipperbriefes wie folgt: „Der Ausdruck ‚er hat ihn erhöht' soll nicht heißen, daß das Wesen des Wortes erhöht worden sei: letzteres war ja immer Gott gleich. Er will dagegen auf die Erhöhung der menschlichen Natur hinweisen. Deshalb sind diese Worte erst nach der Menschwerdung des Wortes gesprochen worden, damit klar aufscheint, daß Ausdrücke wie ‚erniedrigt' und ‚erhöht' allein auf die menschliche Dimension zu beziehen sind. Nur was tatsächlich niedrig ist, ist fähig, erhöht zu werden" (Athanasios, *Adversus Arianos Oratio* I, 41). Hier fügen wir nur hinzu, daß die ganze menschliche Natur – das ganze Menschsein , in dem erbarmungswürdigen Zustand erniedrigt, zu dem die Sünde sie geführt hat, in der Erhöhung des Menschen Christus die Quelle ihrer neuen Herrlichkeit findet.

9. Wir können nicht schließen ohne einen letzten Hinweis auf die Tatsache, daß Jesus von sich selbst mehrfach als dem „Menschensohn" gesprochen hat (z. B. *Mk* 2,10.28; 14,21; *Mt* 8,20; 16,27; 24,27; *Lk* 9,22; 11,30; *Joh* 1,51; 8,28; 13,31, usw.). Nach dem damaligen allgemeinen Sprachverständnis konnte dieser Ausdruck auch anzeigen, daß er wahrer Mensch war wie alle anderen Menschen, und er enthält zweifellos den Hinweis auf seine wirkliche Menschheit.

Dennoch wird auch in diesem Fall die rein biblische Bedeutung bestimmt (unter Berücksichtigung des historischen Kontextes der Tradition Israels, die von der Prophezeiung Daniels ausgedrückt und beeinflußt wird, in der die Formulierung eines messianischen Begriffes ihren Ursprung hat (vgl. *Dan* 7,13–14). „Menschensohn" heißt in diesem Zusammenhang nicht nur ein gewöhnlicher Mensch, der dem Menschengeschlecht zugehört, sondern bezieht sich auf eine Persönlichkeit, die von Gott eine universale, die einzelnen geschichtlichen Zeiten übersteigende Herrschaft in der eschatologischen Ära erhalten wird.
Aus dem Mund Jesu und in den Texten der Evangelisten erhält die Formel einen vollen Sinn, der Göttliches und Menschliches, Himmel und Erde, Geschichte und Eschatologie umfaßt, wie Jesus selbst uns zu verstehen gibt, als er vor Kajaphas bezeugt, Sohn Gottes zu sein, und mit Betonung sagt: „Von nun an werdet ihr den Menschensohn zur Rechten der Macht sitzen und auf den Wolken des Himmels kommen sehen" (*Mt* 26,64). Im Menschensohn ist also die Macht und die Herrlichkeit Gottes immanent. Wir stehen erneut vor dem einzigen Gott-Menschen, dem wahren Menschen und wahren Gott. Die Katechese führt uns ununterbrochen auf ihn zu, damit wir glauben und im Glauben bitten und anbeten.

In deutscher Sprache sagte der Papst:

Liebe Brüder und Schwestern!

Jesus Christus, dem unsere gegenwärtige Glaubensunterweisung gilt, ist wahrer Gott und wahrer Mensch. Er ist in allem uns gleich geworden außer der Sünde. Im Geheimnis der Menschwerdung des Gottessohnes vollzieht sich das Geheimnis seiner völligen Selbstentäußerung. Darum kann der hl. Paulus von Christus sagen: „Er war Gott gleich, hielt aber nicht daran fest, wie Gott zu sein, sondern er entäußerte sich und wurde wie ein Sklave und den Menschen gleich" (*Phil* 2,6–7).
Christus entäußerte sich bei der Menschwerdung seiner Gottheit, nicht als ob er aufhörte, Gott zu sein, sondern indem er die Gestalt eines Sklaven angenommen hat. Er wurde Mensch nicht als einer der Mächtigen dieser Erde, sondern als einer, der dient, der in allem die Lebensbedingungen der ärmsten unter den Menschen teilt: Er wurde gleichsam heimatlos in einem Stall geboren, teilte das Los eines Flüchtlings auf der Flucht nach Ägypten, lebte in einer armen Zimmermannsfamilie in Nazaret und verlebte in äußerster Armut die drei Jahre seines öffentlichen Wirkens als Wanderprediger, so daß er von sich sagen konnte: „Die Füchse haben ihre Höhlen und die Vögel ihre Nester; der Menschensohn aber hat keinen Ort, wo er sein Haupt hinlegen kann" (*Lk* 9,58). Seine messianische Sendung stößt auf Unverständnis und Ablehnung – bis hin zu seinem Tod am Kreuz. In der Selbstentäußerung Jesu Christi, durch die er dem Menschen in allem gleich wurde außer der Sünde, geschieht die Umkehrung und erlösende Überwindung der Ursünde am Anfang, durch die der Mensch in stolzem Ungehorsam „Gott gleich" werden wollte. Christus besiegt den überheblichen Stolz des Menschen durch seinen demütigen Gehorsam bis zum schändlichen Tod am Kreuzesgalgen. „Darum hat ihn Gott (auch) über alle erhöht und ihm den Namen verliehen, der größer ist als alle Namen" (*Phil* 2,9).

Dieses Beispiel Jesu Christi von seiner demütigen Selbstentäußerung um unseres Heiles willen soll uns, liebe Brüder und Schwestern, in die nun beginnende österliche Bußzeit begleiten. Von Herzen begrüße ich euch alle zur heutigen Audienz; unter den genannten Gruppen namentlich die Ordensschwestern verschiedener Kongregationen, die an einem theologischen Kurs am Päpstlichen Institut „Regina Mundi" hier in Rom teilnehmen sowie die Gruppe Steyler Schwestern, die in einem Erneuerungskurs in Nemi ihren apostolischen Einsatz in den Missionen betend und betrachtend vertiefen. Euch allen sei Christus Vorbild, der gekommen ist, nicht um sich bedienen zu lassen, sondern um zu dienen, um sich selbst für das Heil der Menschen ganz zu verschenken. Er schenke euch und allen anwesenden Pilgern seine reiche Gnade mit meinem besonderen Apostolischen Segen!

Maria – Mittlerin für die Menschen

Angelus am 21. Februar

1. Die schmerzlichen Nachrichten, die in diesen Stunden aus Brasilien kommen, wo die Region von Rio de Janeiro von einer schweren Überschwemmung heimgesucht worden ist, veranlassen mich, die Gedanken bei diesem Gebetstreffen auf dieses uns so teure und so geprüfte Land zu lenken. Ich wallfahrte im Geist zu Füßen Unserer Lieben Frau von der Unbefleckten Empfängnis „Aparecida", der Königin und Schutzherrin Brasiliens, um sie um ihre mütterliche Hilfe und um Trost für so viele ihrer Töchter und Söhne anzuflehen.
Die Verehrung der Madonna „Aparecida" ist in den Herzen der Brasilianer fest verwurzelt. Die Ursprünge des Heiligtums sind mit der Auffindung einer kleinen, lächelnden dunkelfarbigen Madonnenstatue durch drei Fischer verbunden, die sie in ihrem Fischernetz verstrickt aus dem Wasser auftauchen sahen. Mit dem gleichen Netz konnten sie dann einen überaus reichen Fischfang machen. Die drei Fischer erkannten in diesem Ereignis ein Zeichen des besonderen Schutzes der heiligen Jungfrau. Seit jenem Tag ist die Madonna „Aparecida" ständig in den Herzen, den Familien, der Kirche und der Geschichte des brasilianischen Volkes anwesend als Mutter, die „erschienen", d. h. von Gott geschenkt ist.

2. Über fünf Millionen Pilger bezeugen jedes Jahr der Madonna „Aparecida" ihre Liebe. Sie blicken auf ihre Mutter wie Söhne und Töchter und sehen in ihren zum Gebet gefalteten Händen die Haltung jener, die anbetet, die glaubt, die hofft, die liebt, die ganz bereit ist, den Willen Gottes zu erfüllen und bestrebt, jedem zu helfen, der sich an sie wendet. Sie sehen in ihrem Lächeln die Freude dessen, der mit Gott lebt, das Glück dessen, der dienen und mit Christus die Last des Alltags tragen will. Sie sehen in ihr die Güte eines Herzens, das offen ist für ihre Leiden und Hoffnungen, das Erbarmen hat mit den Sündern und sie zur Umkehr ruft. Sie sehen in ihr die Mittlerin, die zum Wohl ihrer Söhne und Töchter eintritt, indem sie in ihnen Glauben und Liebe belebt.

3. Wir bitten heute die Jungfrau, damit sie „erscheine“, d. h. von neuem präsent werde unter ihren Söhnen und Töchtern dieser großen Nation, indem sie ihnen in ihren gegenwärtigen Nöten helfe, die Seelen der Todesopfer bei sich aufnehme und die Überlebenden tröste, vor allem diejenigen, die durch die Katastrophe Angehörige verloren haben; daß sie alle ansporne, sich in tatkräftiger Solidarität für den Mitmenschen in Not hochherzig einzusetzen.
Mögen die Brasilianer von heute so wie die von gestern in der Verehrung der Madonna „Aparecida“ den Antrieb und die Stütze für ein glaubwürdiges christliches Leben finden im Hören auf das Wort Gottes und im Dienst an den Brüdern.

4. Die ist ein Wunsch, der besonders übereinstimmt mit dem liturigischen Zeitabschnitt, in dem wir stehen. Die Fastenzeit ist die Zeit der Läuterung, Zeit des Gebetes und Zeit der Hochherzigkeit. Jeder Christ muß sich in diesen Wochen aufgerufen fühlen zu einer angestrengten inneren Erneuerung; er muß den Mut haben, sein Leben ehrlich zu überprüfen und bereit sein, auf die Eingebung zu hören, die der Geist dem Herzen eingibt.
Die heilige Jungfrau erwecke in jedem den Wunsch, dieser Einladung zu folgen, so daß die Fastenzeit – wie sie es sein soll – ein Weg froher und befreiender Vorbereitung auf Ostern sei.

Libanesen mit Maria tief verbunden

Angelus am 28. Februar

Liebe Brüder und Schwestern!

1. Unsere Gedanken führen uns heute in das teure Land des Libanon, um dort die Spuren der Marienverehrung dieses lieben Volkes zu entdecken. In dreizehn Jahren schwerer Leiden flehten alle Libanesen ununterbrochen und inständig zur heiligen Jungfrau, Unserer Lieben Frau vom Libanon. Sie vertrauten der Jungfrau alle ihre Prüfungen, ihre Bestrebungen und ihre Hoffnungen an.
Die Marienverehrung der Libanesen ist fest und tief in der Tradition verwurzelt: Sie verbinden ihren Namen mit vielen biblischen Bezügen, die ihr Land betreffen. Deshalb singen sie mit Begeisterung: „Komm, komm vom Libanon“, o Maria; du erhebst dich „wie die Zedern des Libanon“, der Duft deines Gewandes ist „wie der Duft des Libanon“.
In die Lauretanische Litanei fügen sie nach der Anrufung „Du geheimnisvolle Rose“ die Worte ein: „Zeder des Libanon, bitte für uns!“

2. Sowohl die katholischen als auch die orthodoxen und selbst die muslimischen Libanesen fühlen sich mit Maria tief verbunden in dem Bewußtsein dieser biblischen Bezüge. Deshalb ist die heilige Jungfrau überall präsent, und ihre Heiligtümer sind nicht zu zählen. Zu den bekanntesten gehören die von Kannubin, Harissa, Zahle, Magdouche, Balamand, Bikfaya, Ksara, Bzonmar usw. Abends, vor dem Schlafengehen, beten die Fami-

lienmitglieder den Rosenkranz, singen den wohlbekannten Hymnus „Ya Ummal-Ilah" (O Mutter Gottes ...) und lassen sich mit der Marienikone segnen.
Die Kirchen des Maronitischen Patriarchats sind alle der Gottesmutter geweiht: Unserer Lieben Frau von Yanouh, von Ilij, von Maifouk, von Diman und von Bkerké. In jedem libanesischen Ort, auch dem allerkleinsten, gibt es eine Kirche oder wenigstens eine Kapelle, die Maria geweiht ist.

3. Auch die libanesischen Emigranten nehmen die Marienliebe mit sich. In jedem Gastland ist die erste, von der libanesischen Gemeinde gegründete Kirche „Unserer Lieben Frau vom Libanon" geweiht: in Paris, Marseille, Boston, Sao Paolo, Sydney, Dakar, Abidjan, London usw. Das erste maronitische Priesterseminar, das außerhalb des Patriarchalterritoriums, in Washington, gegründet wurde, nannte sich: „Our Lady of Lebanon Maronite Seminary."
Das größte und allen Libanesen teuerste Heiligtum ist aber das „Unserer Lieben Frau vom Libanon", auf dem Hügel von Harissa gelegen. Die große Muttergottesstatue neben der Wallfahrtskirche wendet sich mit ausgebreiteten Armen und offenen Händen dem Meer und der Hauptstadt Beirut zu, als scheine sie alle Libanesen ihres mütterlichen Schutzes zu versichern. Nachts ist sie beleuchtet und fast vom ganzen Libanon aus zu sehen. Das ganze Jahr über, aber besonders im Monat Mai ist sie das Ziel vieler Wallfahrer.
Vereinen auch wir uns mit den Libanesen, um von der Gottesmutter Frieden, Solidarität und eine rasche Lösung der Probleme zu erbitten, die dieses Land so sehr bedrängen.
Wir rufen sie an mit den Worten eines von ihnen so sehr geliebten Hymnus, der auch während der maronitischen Liturgiefeier in St. Peter am 1. Februar dieses Jahres gesungen wurde: „0 Maria, Königin der Berge und Meere, Schutzfrau des Libanon, wende deinen mütterlichen Blick auf alle deine Kinder; breite deine reinen Hände über sie aus und segne sie." Amen.

Glaube ist Antwort auf das Wort Gottes

Ansprache bei der Generalaudienz am 2. März

1. Der Glaube ist die Antwort des Menschen auf das Wort der göttlichen Offenbarung. Die Katechesen über Jesus Christus, die wir im Bereich des gegenwärtigen Zyklus halten, nehmen Bezug auf die Glaubensbekenntnisse, besonders das apostolische und das nizäno-konstantinopolitanische Glaubensbekenntnis. Mit ihrer Hilfe bekennt und bringt die Kirche den Glauben zum Ausdruck, der sich von Anfang an in ihr als Antwort auf das Wort der Offenbarung Gottes in Jesus Christus entwickelt hat. Während des ganzen Katechesezyklus haben wir uns dieses Wortes bedient, um die in ihm über Christus offenbarte Wahrheit herauszuarbeiten. Jesus von Nazaret ist der im Alten Bund angekündigte Messias. Der Messias, d. h. Christus – wahrer Mensch (der „Menschensohn") –, ist in derselben Person Sohn Gottes, wahrer Gott. Diese Wahrheit über ihn geht aus dem Gesamt

der Worte und Werke hervor, die schließlich im Ostergeschehen des Kreuzestodes und in der Auferstehung gipfeln.

2. Dieses lebendige Gesamt von Daten der Offenbarung (die Selbstoffenbarung Gottes in Jesus Christus) trifft mit der Antwort des Glaubens zusammen, zunächst bei denen, die unmittelbare Zeugen des Lebens und Lehrens des Messias waren und die leibhaftige Wirklichkeit des Wortes des Lebens „gesehen und gehört ...“ und mit ihren Händen „angefaßt haben“ (vgl. *1 Joh* 1,1); dann bei den Generationen von Christusgläubigen, die aufeinander folgen und innerhalb der Gemeinschaft der Kirche blieben. Wie hat sich der Glaube der Kirche an Jesus Christus herangebildet? Dieser Frage wollen wir die kommenden Katechesen widmen; wir versuchen vor allem zu sehen, wie dieser Glaube am Anfang der Kirche selbst, im Laufe dieser ersten Jahrhunderte, entstanden ist und Ausdruck gefunden hat; diese waren für die Formung des Glaubens der Kirche von besonderer Bedeutung, denn sie stellen die anfängliche Entwicklung der lebendigen Tradition dar, die von den Aposteln herkommt.

3. Zunächst ist zu beachten, daß alle schriftlichen Zeugnisse über dieses Thema aus der Zeit nach der Himmelfahrt Christi stammen. Sicherlich sieht man in diesen Dokumenten den Widerschein und den Niederschlag der direkten Kenntnis der endgültigen Ereignisse, die der Kreuzestod und die Auferstehung Christi waren. Zugleich betreffen aber diese schriftlichen Zeugnisse die ganze Tätigkeit Jesu, ja sein ganzes Leben, angefangen bei der Geburt und Kindheit. Weiterhin sehen wir in diesen Dokumenten eine Tatsache bezeugt: daß der Glaube der Apostel und damit auch der der Urgemeinde der Kirche sich bereits in der vorösterlichen Zeit des Lebens und Wirkens Christi entwickelt hatte, um mit endgültiger Kraft nach Pfingsten nach außen in Erscheinung zu treten.

4. Ein besonders deutliches Zeichen dieser Tatsache ist die Antwort des Petrus auf die Frage, die Jesus eines Tages in Cäsarea Philippi an die Apostel richtete: „Für wen halten die Leute den Menschensohn?“ und weiter: „Ihr aber, für wen haltet ihr mich?“ (*Mt* 16,13.15). Und hier die Antwort. „Du bist der Messias, der Sohn des lebendigen Gottes“ (*Mt* 16,16). So lautet die von Matthäus aufgezeichnete Antwort. Im Text der anderen Synoptiker spricht man vom „Messias“ (*Mk* 8,29) oder vom „Messias Gottes“ (*Lk* 9,20). Bezeichnungen, denen auch das „Du bist das Heilige Gottes“ des Johannes entspricht (*Joh* 6,69). Bei Matthäus ist die Antwort formvollendet: Jesus von Nazaret ist der Christus, d. h. der Messias, der Sohn Gottes.

5. Den gleichen Ausdruck des ursprünglichen Glaubens der Kirche finden wir in den ersten Worten des Evangeliums nach Markus: „Anfang des Evangeliums von Jesus Christus, dem Sohn Gottes“ (*Mk* 1,1). Man weiß, daß der Evangelist mit Petrus eng verbunden war. Denselben Glauben finden wir nachfolgend in der ganzen Lehre des Apostel Paulus, der vom Zeitpunkt seiner Bekehrung an Jesus in den Synagogen verkündete und sagte: „Er ist der Sohn Gottes“ (*Apg* 9,20). Und danach brachte er den gleichen Glauben in vielen seiner Briefe in verschiedener Weise zum Ausdruck (vgl. *Gal* 4,4; *Röm* 1,3–4;

Kol 1,15–18; *Phil* 2,6–11; auch *Hebr* 1,1–4). Man kann also sagen, daß am Ursprung dieses Glaubens der Kirche die Anfänge durch die Apostel Petrus und Paulus stehen.

6. Auch der Apostel Johannes, der Verfasser des letzten Evangeliums, das nach den anderen geschrieben wurde, schließt mit den berühmten Worten, mit denen er bestätigt, daß es geschrieben wurde, „damit ihr glaubt, daß Jesus der Messias ist, der Sohn Gottes, und damit ihr durch den Glauben das Leben habt in seinem Namen" (*Joh* 20,31). Denn „wer bekennt, daß Jesus der Sohn Gottes ist, in dem bleibt Gott, und er bleibt in Gott" (*1 Joh* 4,15). Auch seine angesehene Stimme lehrt uns das, was man in der Urkirche von Jesus Christus glaubte und bekannte.

7. Jesus von Nazaret ist Sohn Gottes – das ist die Grundwahrheit des Glaubens an Christus (den Messias), der sich unter den Aposteln aufgrund der Worte und Werke ihres Meisters in der vorösterlichen Zeit entwickelt hatte. Nach der Auferstehung hat sich der Glaube noch tiefer gefestigt und in den schriftlichen Zeugnissen Ausdruck gefunden.
Jedenfalls ist es eine bedeutsame Tatsache, daß wir das Bekenntnis „Wahrhaftig, das war Gottes Sohn!" (*Mt* 27,54) auch am Fuße des Kreuzes aus dem Mund des römischen Hauptmanns und damit eines Heiden (vgl. *Mk* 15,39) hören. Welches Geheimnis der Gnade und der göttlichen Eingebung war in dieser höchsten Stunde in den Seelen der Israeliten, der Heiden, mit einem Wort: der Menschen am Werk!

8. Nach der Auferstehung legt einer der Apostel, Thomas, ein Bekenntnis ab, das sich noch unmittelbarer auf die Gottheit Christi bezieht. Er, der nicht an die Auferstehung glauben wollte, ruft, als er den Auferstandenen vor sich sieht, aus: „Mein Herr und mein Gott!" (*Joh* 20,28). Bedeutsam ist in diesem Ausruf nicht nur „mein Gott", sondern auch „mein Herr". Denn „Herr" (Kyrios) hieß auch schon in der alttestamentarischen Tradition „Gott". Jedesmal nämlich, wenn man in der Bibel den „unaussprechlichen" Namen Gottes, Jahwe, las, wurde er durch „Adonai" – „mein Herr" ersetzt. Also ist Christus auch für Thomas „Herr", d. h. Gott.
Im Licht dieser vielfältigen apostolischen Zeugnisse nehmen die Worte ihren vollen Sinn an, die Petrus am Pfingsttag in seiner ersten Rede vor der um die Apostel versammelten Menge hielt: „Gott hat ihn zum Herrn und Messias gemacht, diesen Jesus, den ihr gekreuzigt habt" (*Apg* 2,36). Mit anderen Worten: Jesus von Nazaret, wahrer Mensch, der als solcher den Tod am Kreuz erlitten hat, ist nicht nur der erhoffte Messias, sondern auch „der Herr" (Kyrios) – und deshalb der wahre Gott.

9. „Jesus ist der Herr ... der Herr ... der Herr Jesus." Dieses Bekenntnis kommt aus dem Mund des ersten Märtyrers, Stephanus, während er gesteinigt wird (vgl. *Apg* 7,59–60). Es wird auch in der Verkündigung des Paulus oft wiederholt, wie uns aus vielen Stellen seiner Briefe ersichtlich ist (vgl. *1 Kor* 12,3; *Röm* 10,9; *1 Kor* 16,22–23; 8,6; 10,21; *1 Tess* 1,8; 4,15; *2 Kor* 3,18).
Im ersten Brief an die Korinther (*1 Kor* 12,3) bekräftigt der Apostel: „ ... keiner kann sagen: Jesus ist der Herr!, wenn er nicht aus dem Heiligen Geist redet." Bereits Petrus erhielt nach seinem Glaubensbekenntnis in Cäsarea vor Jesus die Antwort: „ ... nicht

Fleisch und Blut haben dir das offenbart, sondern mein Vater im Himmel" (*Mt* 16,17). Jesus hatte schon darauf hingewiesen: „Niemand kennt den Sohn, nur der Vater ..." (*Mt* 11,27). Und nur der Geist der Wahrheit kann für ihn ein entsprechendes Zeugnis ablegen (vgl. *Joh* 15,26).

10. Wir können also sagen, daß der Glaube an Christus sich am Anfang der Kirche in diesen beiden Worten ausdrückt: „Sohn Gottes" und „Herr" (d. h. Kyrios-Adonai). Es ist der Glaube an die Gottheit des Menschensohnes. In diesem Vollsinn ist er und nur er der „Retter", d. h. der Baumeister und Geber des Heils, das nur Gott dem Menschen gewähren kann. Dieses Heil ist nicht nur die Befreiung vom Übel der Sünde, sondern das Geschenk eines neuen Lebens: einer Teilhabe am Leben Gottes selbst. In diesem Sinn ist „in keinem anderen das Heil zu finden", nach den Worten des Apostels Petrus bei seiner ersten Verkündigung (vgl. *Apg* 4,12).
Der gleiche Glaube findet in zahlreichen anderen Texten aus der apostolischen Zeit wie in der Apostelgeschichte Ausdruck (z. B. *Apg* 5,31; 13,23), in den Paulinischen Briefen (*Röm* 10,9–13; *Eph* 5,23; *Phil* 3,20–21), in den Pastoralbriefen (*1 Tim* 1,1; 2,3–4; 4,10; *2 Tim* 1,10; *Tit* 1,3–4; 2,13; 3,6), in den Briefen des Petrus (*1 Petr* 1,11; *2 Petr* 2,20; 3,18–19), des Johannes (*1 Joh* 4,14) und auch des Judas (*Jud* 20–21). Dieser Glaube findet auch in der Kindheitsgeschichte Platz (vgl. *Mt* 1,21; *Lk* 2,11).

11. Wir können also daraus schließen: Jesus von Nazaret, der sich selbst gewohnterweise „Menschensohn" nannte, ist der Christus, d. h. der Messias; er ist Sohn Gottes, er ist der Herr (Kyrios), er ist der Retter: Das ist der Glaube der Apostel, der der Kirche von Anfang an zugrundeliegt.
Die Kirche hat diesen Glauben mit äußerster Liebe und Verehrung bewahrt und den nachfolgenden Generationen der Jünger und Anhänger Christi unter der Führung des Geistes der Wahrheit überliefert. Sie hat diesen Glauben gelehrt und verteidigt und versucht, in jedem Jahrhundert nicht nur seinen wesentlichen Offenbarungsinhalt unverfälscht zu bewahren, sondern ihn auch ständig zu vertiefen und zu erklären nach dem Maß der Bedürfnisse und Möglichkeiten der Menschen. Sie ist berufen, diese Aufgabe bis zur Zeit der endgültigen Wiederkunft ihres Retters und Herrn zu erfüllen.

In deutscher Sprache sagte der Papst:

Liebe Brüder und Schwestern!

Unsere bisherige Katechese bei den Mittwochaudienzen galt der geoffenbarten Wahrheit über Gott und seinen menschgewordenen Sohn Jesus Christus. Gottes Offenbarung verlangt von uns als Antwort den Glauben. Diese Glaubensantwort der Christen hat die Kirche von den ersten Jahrhunderten an in den sogenannten „Glaubensbekenntnissen" verbindlich formuliert. Ihr zugrunde liegt das Zeugnis der unmittelbaren Zeugen des Lebens und Wirkens Jesu, die ihn selbst „gesehen und gehört" ... und mit ihren Händen „berührt haben" (vgl. *1 Joh* 1,1). In unseren kommenden Katechesen wollen wir betrachten, wie aus diesem Zeugnis der Apostel und Jünger Jesu sich der Glaube der Kirche an Jesus Christus entwickelt hat.

Schriftliche Zeugnisse über Christus gibt es erst aus der Zeit nach seiner Himmelfahrt. Der Glaube der Apostel aber formte sich schon während seines öffentlichen Wirkens. Ein eindrucksvoller Hinweis darauf ist das Bekenntnis des hl. Petrus in Cäsarea Philippi: „Du bist der Messias, der Sohn des lebendigen Gottes!" (*Mt* 16,16). Dieselbe Glaubensüberzeugung begegnet uns in den Worten, mit denen Markus sein Evangelium einleitet: „Anfang des Evangeliums von Jesus Christus, dem Sohn Gottes" (*Mt* 1,1). Ebenso bemerkt der hl. Johannes am Ende seines Evangeliums, daß er dieses geschrieben habe, „damit ihr glaubt, daß Jesus der Messias ist, der Sohn Gottes" (*Joh* 20,31).
Am Anfang des Glaubens der Kirche steht also das Glaubenszeugnis der Apostel selbst, die auf vielfältige Weise bezeugen, daß Jesus von Nazaret der Messias, der menschgewordene Sohn Gottes ist. Dieser ihr Glaube wird noch durch die Auferstehung Christi gestärkt und vertieft. Thomas fällt vor dem auferstandene Herrn auf die Knie und betet ihn an: „Mein Herr und mein Gott!" (*Joh* 20,28). Dieser Glaube der Apostel an die Gottheit Christi, der nicht nur die Sünden vergibt, sondern uns sein göttliches Leben vermittelt, ist in viele Texte des Neuen Testamentes und in viele andere Schriften der apostolischen Zeit eingegangen. Er wurde zum kostbarsten Erbe der Kirche, das sie stets in großer Liebe und Verehrung gehütet und an die nachfolgenden Generationen weitergegeben hat. Diesen Glauben hat sie im Laufe der Jahrhunderte weiter entfaltet und erklärt und verkündet ihn den Menschen bis auf den heutigen Tag.
Herzlich grüße ich alle heutigen deutschsprachigen Audienzteilnehmer: alle Einzelpilger und die genannten Gruppen, unter diesen besonders die anwesenden Ordensschwestern aus La Storta. Der geistlichen Vertiefung eurer Berufung erbitte ich den Beistand des Heiligen Geistes. Euch und allen Pilgern schenke Gott eine tiefe Erkenntnis Jesu Christi. Beten wir ihn mit Thomas an als unseren Herrn und unseren Gott. Dazu erteile ich euch allen von Herzen meinen besonderen Apostolischen Segen.

Grußwort an die Gläubigen in der Tschechoslowakai

Jetzt möchte ich mich im Geist an die Gläubigen in der Tschechoslowakai wenden. In Böhmen wird heute das Gedächtnis der seligen Agnes von Prag begangen. Das Fest hat in diesem Jahr eine besondere Bedeutung im Zusammenhang mit dem Jahrzehnt geistlicher Erneuerung, das der böhmische Primas, Kardinal Frantisek Tomasek, für diese Nation zur Vorbereitung auf die Tausendjahrfeier des Martyriums des hl. Adalbert, Bischof von Prag, anberaumt hat.
In diesem Jahrzehnt wird jedes Jahr der geistlichen Erneuerung einem besonderen Lebensbereich gewidmet und unter den Schutz eines der heiligen Patrone dieser Nation gestellt. Für dieses Jahr lautet das Programm „Dienst am Leben" und ist der seligen Agnes geweiht.
Ich segne aus ganzem Herzen diese geistliche Initiative und bitte den Herrn, sie möge auf die Fürsprache des hl. Adalbert, der seligen Agnes und aller heiligen Schutzpatrone dieser lieben Nation reiche geistliche Früchte bringen.

Maria – Hoffnung für Afrika

Angelus am 6. März

Liebe Brüder und Schwestern!

1. Heute wollen wir zum Marienheiligtum von Abidjan an der Elfenbeinküste wallfahren, das „Unserer Lieben Frau von Afrika, Mutter aller Gnaden" geweiht ist. Dieser Name beinhaltet Hoffnung und Evangelisierungseinsatz, eine Form der Weihe des ganzen afrikanischen Kontinents.
Die Wallfahrtskirche ist erst kürzlich erbaut worden: Sie wurde vor knapp einem Jahr, im Februar 1987, eingeweiht. Anläßlich meines Pastoralbesuches in diesen Ländern habe ich selbst den Grundstein gesegnet. Der Bau, der auch durch den Beitrag hochherziger Spenden der katholischen Gemeinden am Ort verwirklicht wurde, hat ein nach oben strebendes architektonisches Profil wie ein Zeigefinger, der zum Himmel weist.

2. Am Eingang des Heiligtums sind in Großbuchstaben, in Stein gehauen, die Worte Marias aus dem Evangelium zu lesen: „Ich bin die Magd des Herrn. Tut, was er euch sagt!".
Der Innenraum der durch große, schöne Fenster erleuchteten Kirche hat die Form eines Amphitheaters, wo die Gottesdienste unter verstärkter Anteilnahme gefeiert werden. Sowohl die spiralförmige Kuppel, die das Heiligtum überdeckt, als auch die Zementfigur, die auf der Spitze emporragt, sind für alle Menschen in den angrenzenden Straßen weithin sichtbar und erscheinen auch bei nächtlicher Beleuchtung als ein spürbares Zeichen der mütterlichen Anwesenheit Marias in dieser Region.
Die dort verehrte heilige Jungfrau und Mutter ist in einer Statue aus Edelholz dargestellt, dem Werk eines jungen einheimischen Bildhauers. Mit den Zügen eines jungen Mädchens von der Elfenbeinküste steht Maria hoch und aufrecht da. Aber ihre Haartracht und der lange, seitliche Schal, der sie umgibt und dessen äußerster Zipfel über dem linken Arm hängt, gehören keiner speziellen Volksgruppe an. Liebevoll und lächelnd bietet sie das Jesuskind dar, das sich mit offenen Armen den Gläubigen zuneigt.

3. Der Künstler wollte so eine tiefe, theologische Wahrheit ausdrücken. Der Sohn Gottes ist von einer Frau geboren und wird uns von einer Frau geschenkt, die Maria heißt.
Ihre mütterliche Geste ist ganz spontan. Ihre Jugend will bedeuten, daß sie, die nicht von dem Makel der Sünde berührt wurde, allen geschichtlichen Epochen angehört und wie der Sohn unsere Zeitgenossin ist. Ihr Lächeln deutet Frieden, Freude des Herzens, die Haltung innerer Sammlung, die Liebe zu Gott an, der sie zum bevorzugten Tempel des Heiligen Geistes gemacht hat.

4. Maria ist jetzt mit Leib und Seele in der Herrlichkeit Gottes. Aber sie bleibt für uns immer die Frau, die in Betlehem, in Nazaret, in Jerusalem, auf Erden mit uns gelebt hat. Wir stellen sie teilhabend an den Eigenschaften jedes Volkes richtig dar und folglich auch als afrikanische Frau, als liebevolle Mutter, die überall jedem ihrer Kinder nahe ist. Sie

fährt fort, uns ihren Sohn zu schenken, denn sie behält keine der von Gott erhaltenen Gaben für sich. Sie gibt alles, was sie erhalten hat, und schenkt sich selbst mit unvergleichlicher mütterlicher Liebe.
In diesem Marianischen Jahr beten wir darum, daß ganz Afrika, der Kontinent der Hoffnung, sich rasch und fortschreitend immer mehr dem Licht und der Liebe des Erlösers der Menschen öffnet.

Nach dem Angelusgebet sagte der Papst:

Ich bin tief betrübt über die Nachrichten, die aus dem Iran und Irak kommen, wo neben den Tausenden von Toten bei den Kämpfen an den Kriegsfronten die Zahl der Todesopfer unter den Zivilisten durch die Bombardierung der Städte jetzt ansteigt. Es handelt sich um Kinder, Frauen und Alte, wehrlose Menschen, Opfer von Aktionen, die, weil sie außerdem auch die Normen des internationalen Menschenrechts verletzten, entschiedene Verurteilung und tiefe Bestürzung hervorrufen müssen.
Mit diesen Empfindungen verbinden sich unsere Solidarität und unser Gebet für alle, die in irgendeiner Weise leiden.
Bitten wir Gott, den Allmächtigen und Barmherzigen, er möge alle Verantwortlichen mit Gefühlen der Menschlichkeit inspirieren und auch ihren Willen zu Initiativen bewegen, die diesem schrecklichen Konflikt ein Ende setzen.

Christus bei den Vätern und Konzilien

Ansprache bei der Generalaudienz am 9. März

1. „Wir glauben ... an den einen Herrn Jesus Christus, den Sohn Gottes, als Einziggeborener (*monogenä*) gezeugt vom Vater, das heißt aus der Wesenheit des Vaters, Gott von Gott, Licht vom Lichte, wahrer Gott vom wahren Gott, gezeugt, nicht geschaffen, wesenseins mit dem Vater (*homoousion to patri*) durch den alles geworden ist, was im Himmel und was auf Erden ist, der um uns Menschen und um unseres Heiles willen herabgestiegen und Fleisch und Mensch geworden ist, gelitten hat und am dritten Tage auferstanden ist, aufgestiegen zu den Himmeln und kommen wird, zu richten die Lebenden und die Toten ...“ (*Denzinger/Schönmetzer* 125).
Dies ist der Text der Definition, mit der das Konzil von Nizäa (325) den Glauben der Kirche an Jesus Christus formulierte: wahrer Gott und wahrer Mensch, Sohn Gottes, wesensseins mit dem Ewigen Vater und wahrer Mensch, mit einer Natur wie der unsrigen. Dieser Konzilstext hat fast wörtlich im Glaubensbekenntnis Eingang gefunden, das die Kirche in der Liturgie und in anderen feierlichen Augenblicken wiederholt, in Form des nizäno-konstantinopolitanischen Glaubensbekenntnisses (381) (vgl. *Denzinger/Schönmetzer 150)*, auf dessen Spuren unser ganzer Katechesezyklus aufgebaut ist.

2. Der Text der dogmatischen Definition des Konzils gibt die wesentlichen Elemente der biblischen Christologie wieder, die wir in den vorausgegangenen Katechesen dieses Zyklus untersucht haben. Von Anfang an stellten sie den lebendigen Glaubensinhalt der Kirche aus der Zeit der Apostel dar, wie wir in der letzten Katechese gesehen haben. Dem Zeugnis der Apostel folgend, hat die Kirche von Anfang an geglaubt und bekannt, daß Jesus von Nazaret, der Sohn Marias und deshalb wahrer Mensch, gekreuzigt und auferstanden, der Sohn Gottes, der Herr (*Kyrios*) und der einzige Erlöser der Welt ist, der der Menschheit geschenkt wurde, „als die Zeit erfüllt war“ (vgl. *Gal* 4,4).

3. Die Kirche hat von Anfang an diesen Glauben bewahrt und ihn den nachfolgenden christlichen Generationen weitergegeben. Sie hat ihn gelehrt und verteidigt, indem sie ihn vom Geist der Wahrheit geführt, zu vertiefen und seinen wesentlichen Inhalt zu erklären suchte, der in den Angaben der Offenbarung enthalten ist. Das Konzil von Nizäa (325) war auf diesem Weg der Erkenntnis und Formulierung des Dogmas ein echter Meilenstein. Es war ein wichtiges und feierliches Ereignis, das von da an allen, die Christus nachfolgten, den Weg des wahren Glaubens gewiesen hat, lange bevor sich die Spaltungen der Christenheit in den späteren Zeiten ereigneten. Besonders bemerkenswert ist die Tatsache, daß sich dieses Konzil versammelte, kurz nachdem die Kirche (im Jahr 313) die Freiheit erlangt hatte, auf dem ganzen Territorium des römischen Reiches im öffentlichen Leben zu wirken. Damit wollte die Kirche gleichsam den Willen bekunden, in dem einen Glauben der Apostel zu bleiben, während sich dem Christentum neue Wege der Ausdehnung öffneten.

4. In jener Epoche spiegelt die Definition des Konzils nicht nur die von den Aposteln erreichte und in den Büchern des Neuen Testaments festgehaltene Wahrheit über Jesus Christus wider, sondern auch die Lehre der Väter der nachapostolischen Zeit, die bekanntlich auch die Zeit der Verfolgung und Katakomben war. Es ist für uns Pflicht und Freude, hier wenigstens die beiden ersten Väter zu nennen, die durch ihre Lehre, verbunden mit der Heiligkeit ihres Lebens, entscheidend dazu beitrugen, die Tradition und das ständige Erbe der Kirche weiterzugeben: Ignatius von Antiochien, der in Rom im Jahr 107 oder 106 dem Tod durch wilde Tiere ausgeliefert wurde, und Irenäus von Lyon, der das Martyrium wahrscheinlich im Jahr 202 erlitt; beide waren Bischöfe und Hirten ihrer Kirchen. Vom hl. Irenäus wollen wir in Erinnerung rufen, daß er zu seiner Lehre: Christus ist „wahrer Mensch und wahrer Gott“ schrieb: „Wie könnten die Menschen das Heil erlangen, wenn Gott nicht ihr Heil auf der Erde gewirkt hätte? Wie wäre der Mensch zu Gott gelangt, wenn Gott nicht zum Menschen gekommen wäre?“ (*Adv. Haer.* IV,33.4). Man sieht hier das soteriologische Argument, das seinerseits auch in der Definition des Konzils von Nizäa Ausdruck fand.

5. Der soeben zitierte Text des hl. Irenäus stammt aus dem Werk „Adversus Haereses“, d. h. aus einem Buch, das auf die Verteidigung der christlichen Wahrheit gegen die Irrtümer der Häretiker abzielte, in diesem Fall, die Ebioniter. Die apostolischen Väter mußten in ihrer Lehre sehr oft die authentische Offenbarungswahrheit gegenüber den Irrtümern

verteidigen, die sich ständig in verschiedener Weise bemerkbar machten. Aus dem beginnenden 4. Jahrhundert ist Arius bekannt, von dem eine Irrlehre ausging, die nach ihm benannt wurde: der Arianismus. Nach Arius ist Jesus Christus nicht Gott: Wenn auch, vor der Geburt aus Maria präexistent, wurde er in der Zeit geschaffen. Das Konzil von Nizäa verwarf diesen Irrtum des Arius. Dadurch erklärte und formulierte es die wahre Glaubenslehre der Kirche mit den Worten, die wir zu Beginn dieser Katechese zitiert haben. Mit der Bekräftigung, daß Christus als einziggeborener Sohn Gottes wesenseins mit dem Vater (*homoousios to patri*) ist, hat das Konzil in einer der damaligen (griechischen) Kultur entsprechenden Formel die Wahrheit ausgedrückt, die wir im ganzen Neuen Testament finden. Denn wir wissen, daß Jesus von sich selbst sagt, daß er „eins" mit dem Vater sei. „Ich und der Vater sind eins" (*Joh* 10,30), und er bekräftigt es vor den Zuhörern, die ihn deshalb wegen Gotteslästerung steinigen wollten (vgl. *Joh* 10,31). Schließlich bestätigt er es während der Gerichtsverhandlung vor dem Hohen Rat, woraufhin er zum Tode verurteilt wird. Eine Aufzählung der einzelnen Bibelstellen zu diesem Thema findet sich in den voraufgegangenen Katechesen. Aus ihrer Zusammenschau geht klar hervor: Wenn das Konzil von Nizäa, indem es von Christus als dem Sohn Gottes, „wesenseins mit dem Vater" (*ek ten óusías tou patros*) „Gott von Gott, von Ewigkeit her gezeugt, nicht geschaffen", spricht, tut es nichts anderes, als eine in der göttlichen Offenbarung enthaltene präzise Wahrheit zu bestätigen, die Glaubenwahrheit der Kirche, Hauptwahrheit des ganzen Christentums, geworden ist.

6. Man kann sagen, daß zur Zeit der Definition dieser Wahrheit durch das Konzil im Denken und Bewußtsein der Kirche bereits alles reif für eine solche Definition war. Man kann ebenfalls sagen, daß die Definition weiterhin aktuell bleibt, auch für unsere Zeit, in der sich in vielfältiger Weise alte und neue Tendenzen zeigen, die Christus zwar als außerordentlichen, doch eben nur als Menschen, aber nicht als Gott anerkennen wollen. Ihnen zuzustimmen oder sie zu unterstützen hieße, das christologische Dogma zu zerstören, aber gleichzeitig auch die gesamte christliche Soteriologie auszulöschen. Wenn Christus nicht wahrer Gott ist, vermittelt er der Menschheit nicht das göttliche Leben. Folglich ist er nicht der Erlöser des Menschen in dem von Offenbarung und Tradition herausgestellten Sinn. Indem man diese Glaubenswahrheit der Kirche verletzt, bringt man das ganze Gebäude des christlichen Dogmas zum Einsturz. Die gesamte Logik des christlichen Glaubens und Lebens wird zunichte gemacht, weil man den Schlußstein des ganzen Gebäudes beseitigt.

7. Wir müssen aber sofort hinzufügen, daß die Kirche bei der feierlichen und endgültigen Bestätigung dieser Wahrheit auf dem Konzil von Nizäa zugleich an der Wahrheit über die wahre Menschheit Christi festgehalten, sie gelehrt und verteidigt hat. Auch diese Wahrheit war Gegenstand irriger Meinungen und häretischer Theorien geworden. Im einzelnen sei hier an den Doketismus erinnert (vom griechischen Wort *dokein* = scheinen). Diese Auffassung hob die menschliche Natur Christi auf, indem sie behauptete, daß er keinen wirklichen Leib gehabt habe, sondern nur den Schein menschlichen Fleisches. Die Doketen glaubten, daß Gott nicht wirklich von einer Frau hätte geboren werden und

nicht wirklich am Kreuz hätte sterben können. Aus diesem ihrem Standpunkt folgte, daß wir es in der ganzen Sphäre der Menschwerdung und der Erlösung nur mit dem Anschein des Fleisches zu tun haben. Dies steht im offenen Gegensatz zu der Offenbarung, die in den verschiedenen Texten des Neuen Testamentes enthalten ist; darunter die des Johannes: „Jesus Christus ist im Fleisch gekommen" (vgl. *1 Joh* 4,2). „Das Wort ist Fleisch geworden" (vgl. *Joh* 1,14), und die des Paulus, nach der Christus im Fleisch „gehorsam war bis zum Tod, bis zum Tod am Kreuz" (vgl. *Phil* 2,8).

8. Gemäß dem Glauben der Kirche, der aus der Offenbarung schöpft, war Jesus Christus wahrer Mensch. Eben deshalb wurde sein menschlicher Leib von einer wahren menschlichen Seele belebt. Dem Zeugnis der Apostel und Evangelisten, die in diesem Punkt völlig übereinstimmen, entsprach die Lehre der Urkirche wie auch der ersten kirchlichen Schriftsteller, z. B. des Tertullian, der schrieb: „In Christus ... finden wir Seele und ‚Fleisch'", d. h. eine echte (menschliche) Seele und ein echtes ‚Fleisch' (*De carne Christi* 13,4). Trotzdem gab es entgegengesetzte Meinungen auch über diesen Punkt, insbesondere die des Apollinaris von Laodicea (geb. etwa um 310 in Laodicea in Syrien, gest. um 390) und seine Anhänger, Apollinaristen genannt, nach denen es in Christus keine wahre menschliche Seele gegeben hätte, da diese vom Wort Gottes ersetzt worden sei. Doch es ist klar, daß auch in diesem Fall die wahre Menschheit Christi verneint wurde.

9. In der Tat wies Papst Damasus I. (366–384) in einem Schreiben an die orientalischen Bischöfe (um 374) auf die Irrlehren des Arius und des Apollinaris hin und verwarf sie gleichzeitig. „Jene (d. h. die Arianer) schreiben dem Sohn Gottes eine unvollkommene Göttlichkeit zu, diese (die Appollinaristen) vertreten fälschlicherweise eine unvollkommene Menschheit des Menschensohnes. Wenn aber wirklich ein unvollständiger Mensch angenommen worden ist, dann ist das Werk Gottes unvollkommen, unser Heil unvollkommen, denn es ist nicht der ganze Mensch erlöst worden ... Und wir, die wir wissen, daß wir in der Fülle des Menschseins erlöst worden sind, bekennen dem Glauben der katholischen Kirche gemäß, daß Gott in der Fülle seines Seins den Menschen in der Fülle seines Seins angenommen hat." Das Dokument des Damasus, fünfzig Jahre nach Nizäa verfaßt, war aber hauptsächlich gegen die Apollinaristen gerichtet (vgl. *Denzinger/Schönmetzer* 146). Wenige Jahre später verurteilte das Erste Konzil von Konstantinopel (381) alle Irrlehren der Zeit, einschließlich Arianismus und Apollinarismus, und bestätigte das, was Papst Damasus I. über die Menschheit Christi gelehrt hatte, zu der dem Wesen nach eine wahre menschliche Seele (und damit ein wahrer menschlicher Verstand, ein freier Wille) gehört (vgl. *Denzinger/Schönmetzer* 146,149,151).

10. Das soteriologische Argument, mit dem das Konzil von Nizäa die Menschwerdung erklärte, indem es lehrte, daß der Sohn, wesenseins mit dem Vater, „für uns Menschen und zu unserem Heil" Mensch geworden ist, fand neuen Ausdruck in der Verteidigung der ganzen Wahrheit über Christus sowohl gegenüber dem Arianismus als auch gegenüber dem Apollinarismus durch Papst Damasus und das Konzil von Konstantinopel. Vor allem gegenüber denen, die die wahre Menschheit des Sohnes Gottes leugneten, wurde

das soteriologische Argument in neuer Weise aufgegriffen: Um den ganzen Menschen erlösen zu können, mußte die ganze (vollkommene) Menschheit in der Einheit des Sohnes angenommen werden: „quod non est assumptum, non est sanatum" („was nicht angenommen ist, ist nicht erlöst") (vgl. hl. Gregorius von Nazianz, *Ep. 101 ad Cledon*).

11. Das Konzil von Chalcedon (451) verurteilte nochmals den Apollinarismus und vervollständigte so in gewissem Sinn das nizänische Glaubensbekenntnis, indem es Christus als „vollkommen der Gottheit und vollkommen der Menschheit nach" verkündete: „ ... unser Herr Jesus Christus ... ist vollkommen der Gottheit und vollkommen der Menschheit nach, wahrer Gott und wahrer Mensch, bestehend aus einer vernünftigen Seele und dem Leib. Der eine und selbe ist wesensgleich dem Vater der Gottheit nach und wesensgleich auch uns seiner Menschheit nach (*homooúsion hämīn ... katà tàn ånthrōpótäta*) (*Hebr* 4,15). Vor aller Zeit wurde er aus dem Vater gezeugt seiner Gottheit nach, in den letzten Tagen aber wurde derselbe für uns und um unseres Heiles willen aus Maria, der Jungfrau, der Gottesgebärerin, der Menschheit nach geboren: Wir bekennen einen und denselben Christus, den Sohn, den Herrn, den Einziggeborenen ... " (Chalcedonisches Glaubensbekenntnis, *Denzinger/Schönmetzer* 301).
Wie man sieht, führt uns die mühevolle Ausarbeitung des christologischen Dogmas durch das Werk der Väter und Konzilien immer wieder zum Geheimnis des einen Christus zurück, dem zu unserem Heil Fleisch gewordenen Wort, der sich uns durch die Offenbarung zu erkennen gab, damit wir, indem wir an ihn glauben und ihn lieben, gerettet werden und das Leben haben (vgl. *Joh* 20,31).

In deutscher Sprache sagte der Papst:

Liebe Brüder und Schwestern!

Wenn wir in der heiligen Messe am Sonntag gemeinsam das Glaubensbekenntnis sprechen oder singen, sind wir uns manchmal gar nicht bewußt, wie alt und ehrwürdig dieser Text ist. Seine ältesten Teile gehen zurück auf eine feierliche Definition des Konzils von Nizäa vom Jahre 325.
Indem die Kirche dem Zeugnis der Apostel folgte, hat sie von Anfang an geglaubt und öffentlich bekannt, daß Jesus von Nazaret als Sohn Marias ein wahrer Mensch ist, der für uns gekreuzigt, aber dann zu neuem Leben auferweckt worden ist; mit gleicher Deutlichkeit aber hat die Kirche immer bekannt, daß dieser Jesus zugleich wahrer Sohn Gottes ist, der Herr aller Dinge und ihrer Geschichte, der Erlöser der Welt. Diesen Glauben hat die Kirche in den Jahren der Verfolgung treu bewahrt und fortwährend an die nächsten Generationen von Christen weitergegeben; sie hat diesen Glauben den Taufschülern erklärt und ihn gegen mancherlei einseitige und einschränkende Vorstellungen verteidigt.
Auf diesem Weg der Klärung der Ideen und der Formulierungen zum Geheimnis der Menschwerdung Gottes stellt das Konzil von Nizäa einen wichtigen Meilenstein dar. Wenige Jahre, nachdem den christlichen Gemeinden vom Staat die Freiheit zuerkannt worden war, im gesamten römischen Reich ihren Glauben zu leben und zu bekennen, und lange vor den ersten Spaltungen im Volk Gottes, faßte jenes Konzil mit apostolischer Autorität den Glauben an unseren Erlöser Jesus Christus maßgebend zusammen.

So bekennen wir bis heute und immer wieder neu: „Wir glauben an ... den einen Herrn Jesus Christus, Gottes eingeborenen Sohn, aus dem Vater geboren vor aller Zeit: Gott von Gott, Licht vom Licht, wahrer Gott vom wahren Gott ... eines Wesens mit dem Vater". Das ist unser verbindlicher Glaube; er ist uns Katholiken gemeinsam mit den orthodoxen und protestantischen Christen. Ihm wollen wir treu bleiben, um durch ihn mit Christus verbunden zu sein und unser Lebensziel in Gott zu erreichen.
Mit dieser kurzen Erinnerung an den Kern unseres gemeinsamen Glaubens grüße ich auch alle Besucher deutscher Sprache in dieser Audienz, darunter die Pilgergruppe von Familien aus Österreich, die mit der Internationalen Gemeinschaft „DAS WERK" verbunden sind. Ich ermutige euch, euren Glauben als erwachsene Christen überzeugend und froh zu leben und ihn dort gern weiterzuschenken, wo immer der Herr selbst bereits den Boden dafür bereitet hat. Allen anwesenden Besuchern aus Deutschland, Österreich und der Schweiz erbitte ich Gottes reichen Segen und treuen Schutz an hellen wie an dunkleren Tagen. Unter seiner Führung habt ihr allen Grund, auf eurem Lebensweg mit viel gutem Willen und großer Zuversicht voranzuschreiten. Gelobt sei Jesus Christus.

Maria Irland anvertrauen

Angelus am 13. März

1. Ziel unserer geistlichen Wallfahrt ist heute das Marienheiligtum von Knock in Irland, das Land der großen Apostelgestalt, die der hl. Patrick war, dessen liturgischer Gedenktag am Donnerstag begangen wird.
Nach dem Willen des Herrn konnte ich am 30. September 1979 das dem irischen Volk so teure Heiligtum während meiner Pastoralreise zu dieser lieben Nation, die tiefe christliche Traditionen hat, besuchen. Der Besuch fiel zugleich mit der Hundertjahrfeier der Erscheinung der Gottesmutter zusammen. Als „Königin von Irland" war sie mit dem hl. Josef und dem Apostel Johannes an der Südwand des bescheidenen Dorfkirchleins von Knock, einer ländlichen Region im Westen des Landes, erschienen. Von diesem Tag, dem 21. August 1879 an, entwickelte sich Knock zu einem Wallfahrtsort und Bezugspunkt der im irischen Volk tief verwurzelten Marienfrömmigkeit.

2. Zwei Aspekte der Erscheinung von Knock können unsere Aufmerksamkeit erwecken. Zunächst: Die Erscheinung währte so lange, daß die Menschen, die in der Nähe des Dorfkirchleins vorbeikamen und die himmlischen Gestalten sahen, die Möglichkeit hatten, die Bewohner der umliegenden Häuser herbeizurufen, so daß etwa insgesamt 18 Personen, Männer, Frauen und Jugendliche, Zeugen dieses Ereignisses wurden.
Zweitens: In der Erscheinung von Knock wurden keine Worte gesprochen. Maria trug eine Krone auf dem Haupt als „Königin des Friedens" und hielt die Hände nach oben zum Gebet gefaltet. Sie und die anderen himmlischen Gestalten der Erscheinung forderten durch ihre Gesten zum Gebet auf, zum Betrachten der Heiligen Schrift, zur Versöhnung mit Gott, die Christus, das Opferlamm, mit unserem Loskauf uns erlaubt hat. Typi-

sche Kennzeichen der Wallfahrten nach Knock, wo 1976 eine neue Kirche für die wachsende Besucherzahl eingeweiht wurde, sind das Gebet, vor allem der Rosenkranz, die sakramentale Buße und Versöhnung und die Krankensegnung.

3. Ich lade euch, meine Zuhörer, alle ein, mit mir die Muttergottes von Knock, die Königin des Friedens, für das geliebte Irland zu bitten, damit sein Volk der christlichen Berufung, die seine Geschichte so tief geprägt hat, immer treu bleibe. Ich lade euch ein zu beten, auf daß im Land des hl. Patrick die politische und terroristische Gewalt ein Ende findet, die seit fast zwanzig Jahren Tod und Leid sowohl in den katholischen als auch in den protestantischen Gemeinden hervorruft.
Ich wiederhole heute vor der heiligen Jungfrau die Worte, die ich bei meinem Besuch in ihrem Heiligtum in Knock an sie gerichtet habe: „Königin von Irland, Maria, Mutter der himmlischen und irdischen Kirche, Máthair Dé, erhalte Irlands Treue zu seiner geistlichen Tradition und seinem christlichen Erbe. Hilf ihm, daß es seiner christlichen Sendung gerecht wird, den Völkern das Licht Christi zu bringen ... Deiner mütterlichen Sorge vertrauen wir Irland an, wo du so sehr geliebt wurdest und wirst. Hilf diesem Land, damit es immer treu zu dir und zu deinem Sohn steht."

Jesus Christus – wahrer Gott und wahrer Mensch

Ansprache bei der Generalaudienz am 16. März

1. Von den großen christologischen Konzilien in Nizäa und Konstantinopel wurde die Grundwahrheit unseres Glaubens formuliert, die auch im Glaubensbekenntnis festgelegt ist. Jesus Christus, wahrer Gott und wahrer Mensch, eines Wesens mit dem Vater in bezug auf die Gottheit, von unserer gleichen Natur in bezug auf die Menschheit. An dieser Stelle unserer Katechese ist anzumerken, daß nach den konziliaren Erklärungen hinsichtlich der geoffenbarten Wahrheit über die wahre Gottheit und die wahre Menschheit Christi sich die Frage nach einem rechten Verständnis der Einheit dieses Christus stellte, der zugleich in voller Weise Gott und in voller Weise Mensch war.
Die Frage betraf den wesentlichen Inhalt des Geheimnisses der Menschwerdung und damit der Empfängnis und der menschlichen Geburt Christi aus der Jungfrau Maria. Vom 3. Jahrhundert an war es üblich, sie „Theotokos" – Mutter Gottes zu nennen: eine Bezeichnung, die u. a. im ältesten Mariengebet zu finden ist, dem *Sub trum praesidium*: „Unter deinen Schutz und Schirm fliehen wir, heilige Gottesmutter ..." Es ist bis auf den heutigen Tag eine von der Kirche häufig gebetete Antiphon; der älteste Textnachweis findet sich auf einem Papyrus, der in Ägypten entdeckt wurde und auf die Wende vom 3. zum 4. Jahrhundert zu datieren ist.

2. Aber gerade diese Anrufung „Theotokos" wurde zu Beginn des 5. Jahrhunderts von Nestorius und seinen Anhängern beanstandet. Er behauptete, daß Maria nur Mutter Christi und nicht Mutter Gottes (Gottesgebärerin) genannt werden könne. Dieser Stand-

punkt gehörte zur Haltung von Nestorius, was das Problem der Einheit Christi betraf. Nach Nestorius haben sich die Gottheit und die Menschheit nicht wie in einem einzigen personalen Subjekt in dem irdischen Wesen, das im Augenblick der Verkündigung im Schoß der Jungfrau zu existieren begann, miteinander verbunden. Im Gegensatz zum Arianismus, der den Sohn Gottes als dem Vater untergeordnet darstellte, und zum Doketismus, der die Menschheit Christi auf einen einfachen Schein reduzierte, sprach Nestorius von einer besonderen Präsenz Gottes in der Menschheit Christi, wie in einem heiligen Wesen, in einem „Tempel", so daß in Christus eine göttlich-menschliche Dualität subsistierte – nicht nur der Natur, sondern der Person nach. Da die Jungfrau Maria Mutter des Menschen Christus war, konnte sie nicht als Mutter Gottes betrachtet noch so genannt werden.

3. Das Konzil von Ephesus (431) bestätigte gegenüber den nestorianischen Vorstellungen die Einheit Christi, wie sie sich nach der Offenbarung ergab und von der christlichen Tradition – „sancti patres" – (vgl. *Denzinger/Schönmetzer* 250–266) geglaubt und bekräftigt worden war. Das Konzil definierte, daß Christus dasselbe ewige Wort, Gott von Gott, ist, das als Sohn von Ewigkeit her vom Vater „gezeugt" und dem Fleisch nach in der Zeit aus der Jungfrau Maria geboren ist. Da Christus ein einziges Wesen ist, hat also Maria das volle Anrecht auf den Titel „Mutter Gottes", so wie dies bereits seit langer Zeit im christlichen Gebet und im Denken der „Väter" Ausdruck findet (vgl. *Denzinger/Schönmetzer* 251).

4. Die Lehre des Konzils von Ephesus wurde danach im sogenannten „Unionssymbolum" (433) formuliert, das den nach dem Konzil zurückgebliebenen Streitfragen mit folgenden Worten ein Ende setzte: „Wir bekennen, daß unser Herr Jesus Christus, einziggeborener Sohn Gottes, vollkommener Gott und vollkommener Mensch, bestehend aus einer vernünftigen Seele und einem Leib und seiner Gottheit nach vor aller Zeit vom Vater gezeugt, derselbe ist, der in den letzten Tagen für uns und zu unserem Heil seiner Menschheit nach aus der Jungfrau Maria geboren ist, derselbe, der der Gottheit nach wesensgleich mit dem Vater ist, ist der Menschheit nach wesensgleich auch mit uns: ja die Einheit der beiden Naturen, der menschlichen und göttlichen, ist vollzogen worden. Deshalb bekennen wir einen einzigen Christus, einen Sohn und einen Herrn" (vgl. *Denzinger/Schönmetzer* 272).

„Kraft dieser Einheit ohne Vermischung bekennen wir die selige Jungfrau als Gottesmutter, weil das Wort Gottes Fleisch und Mensch geworden ist und gerade durch die Empfängnis (in Maria) mit sich den Tempel vereint hat, den es von ihr nahm" (vgl. *Denzinger/Schönmetzer* 272). Welch herrlicher Begriff von der Menschheit als „Tempel", die wirklich vom Wort in Einheit der Person im Schoß Marias angenommen wurde!

5. Das Dokument, das den Namen *Unionsformel* trägt, war das Ergebnis weiterer Verhandlungen zwischen dem Bischof Johannes von Antiochien und dem hl. Cyrill von Alexandrien, die deshalb von Papst Sixtus III. (432 bis 440) beglückwünscht wurden. Der Text sprach bereits von der Einheit der beiden Naturen in demselben und einzigen

Subjekt, Jesus Christus. Weil aber neue Streitfragen aufgetaucht waren, besonders durch Eutyches und die Monophysiten, die die Vereinigung und beinahe Verschmelzung der beiden Naturen in dem einen Christus behaupteten, versammelte sich einige Jahre später das Konzil in Chalkedon (451), das in Übereinstimmung mit der Lehre Papst Leos des Großen (440 bis 461) den Begriff „Person" einführte, um das Subjekt dieser Einheit der Naturen genauer zu bestimmen. Dies war ein neuer Meilenstein in der Entwicklung des christologischen Dogmas.

6. Mit seiner dogmatischen Definition wiederholte das Konzil von Chalkedon die Formel von Nizäa und Konstantinopel und machte sich die Lehre des hl. Cyrill in Ephesus sowie die des „Briefes an Flavian" zu eigen, den Bischof Leo, „der seligste und heiligste Erzbischof der größten und ältesten Stadt Rom ... im Einklang mit dem Bekenntnis des großen Petrus ... und für uns sichere Säule", geschrieben hatte (vgl. *Denzinger/Schönmetzer* 300); am Ende stellte es klar: „Folgend also den heiligen Vätern, lehren wir alle einstimmig, daß der Sohn, unser Herr Jesus Christus, ein und derselbe sei ... Wir bekennen einen und denselben Christus, den Sohn, den Herrn, den Einziggeborenen, der in zwei Naturen unvermischt, unverwandelt, ungetrennt und ungesondert besteht. Niemals wird der Unterschied der Naturen wegen der Einigung aufgehoben, es wird vielmehr die Eigentümlichkeit einer jeden Natur bewahrt, indem beide in eine Person und Hypostase zusammenkommen. Wir bekennen nicht einen in zwei Personen getrennten und zerrissenen, sondern einen und denselben einziggeborenen Sohn, das göttliche Wort, den Herrn Jesus Christus, wie schon die Propheten es vor ihm verkündet und der Herr Jesus Christus selbst es uns gelehrt und das Glaubensbekenntnis der Väter es uns überliefert hat" (*Denzinger/Schönmetzer* 301–302).

Das war eine von der Heiligen Schrift und der Heiligen Tradition („sanctes Patres sequentes") empfangene klare und kraftvolle Zusammenfassung des Glaubens an das Geheimnis Christi, die sich vernünftiger Begriffe und Ausdrücke bediente: Natur, Person, die dem geläufigen Sprachgebrauch angehörten. So wurden sie zur Würde philosophischer und theologischer Begrifflichkeit erhoben, wie es vor allem nach jener Definition des Konzils geschah. Das Konzil übernahm jedoch diese Begriffe und Termini aus der gängigen Sprache ohne Bezugnahme auf ein besonderes philosophisches System. Man achte auch auf die Sorgfalt, die die Konzilsväter auf die genaue Wortwahl verwandten. Im griechischen Text bezeichnet das Wort *prosopon*, das „Person" entspricht, mehr den äußeren, phänomenologischen Aspekt des Menschen (wörtlich: die Maske im Theater); deshalb bedienten sich die Väter neben diesem Wort eines anderen Terminus: „Hypostase" (*hypostasis*), der die ontische Eigentümlichkeit der Person bezeichnet.

Erneuern auch wir das Bekenntnis des Glaubens an Christus, unseren Erlöser, mit den Worten dieser altehrwürdigen Formel, auf die unzählige Generationen von Christen zurückgegriffen und daraus Licht und Kraft für ein Zeugnis geschöpft haben, das manchmal bis zur äußersten Hingabe des Lebens reichte.

In deutscher Sprache sagte der Papst:

Liebe Brüder und Schwestern!

Herzlich willkommen zu dieser Generalaudienz beim Grab des Apostels Petrus in dieser großartigen Basilika! Ich freue mich, hier den deutschsprachigen Besuchern zu begegnen und einige Worte an euch richten zu können.

Im Rahmen einer allwöchentlichen Katechese über die Person Christi und ihr inneres Geheimnis möchte ich heute von der Frage ausgehen, wie das göttliche und das menschliche Wesen in Jesus eine Einheit bilden. Viele von euch werden das alte Mariengebet kennen, das im Lateinischen mit den Worten beginnt: „Sub tuum praesidium", zu deutsch: „Unter deinen Schutz und Schirm fliehen wir, heilige Gottesmutter". Hier wird Maria „Gottesmutter" genannt. Darf aber ein Mensch, wie sie es doch war, Mutter Gottes genannt werden? Gewiß war sie die Mutter Jesu; und dieser Jesus offenbarte sich als wahrer Mensch, zugleich aber auch als wahrer Sohn Gottes, so daß die ersten Konzilien feierlich bekennen konnten, daß Jesus von Nazaret „eines Wesens" mit Gott, dem Vater, ist. Aber darf man deswegen Maria „Mutter Gottes" nennen oder auf Griechisch „Theotokos"?

Diese Frage bewegte die Christen des 4. und 5. Jahrhunderts sehr intensiv, und die größten damaligen Theologen widmeten sich diesem Problem mit Herz und Verstand. Einer von ihnen, Nestorius, antwortete mit Nein: Maria habe Jesus nur die menschliche Natur geschenkt, nicht aber die göttliche; so könnte man sie nur „Mutter Christi" nennen, nicht aber „Mutter Gottes". Viele Bischöfe und Kirchenlehrer entgegneten: Diese Auffassung des Nestorius reißt das Wesen Jesu auseinander; das Menschenkind, das Maria uns als Mutter geschenkt hat, ist eben zugleich und untrennbar wahrer Mensch und wahrer Gott. Und wenn Maria den Menschen Jesus geboren habe, so sei sie damit zugleich die Mutter dessen geworden, der Gott Vater wesensgleich ist: Sie sei wahrhaft „Mutter Gottes", „Theotokos".

Es war ein ökumenisches Konzil nötig, um dieses geistige Ringen zu entscheiden: Das Konzil von Ephesus erklärte im Jahre 431 feierlich gegen Nestorius, daß Jesus zu jedem Zeitpunkt seines irdischen Lebens, also auch in seiner Geburt durch Maria, wahrer Menschensohn und wahrer Gottessohn war und Maria deshalb zu Recht von den Christen „Gottesmutter" genannt werden darf.

Später ist es den Theologen gelungen, einen angemessenen Ausdruck für das doppelte Wesen in dem einen Christus zu finden, und das Konzil von Chalkedon hat diese Formulierung im Jahre 451 gutgeheißen: In Jesus sind zwei Naturen, die menschliche und die göttliche, in einer einzigen Person vereint. Ähnlich wie wir bei einem konkreten Menschen all seine Eigenschaften und Fähigkeiten in einer Person zusammengefaßt sehen, so sind in jenem Mann aus Nazaret, unserem Erlöser, die Gottesnatur und die Menschennatur in einer einzigen Person verbunden, die den Namen „Jesus" trägt; das heißt übersetzt „Gott ist Heil".

Mit diesen Anregungen zur Vertiefung unseres gemeinsamen Glaubens grüße ich noch einmal herzlich alle Besucher aus Deutschland, Österreich und der Schweiz. Einen besonderen Segenswunsch richte ich an die Diakone aus der Erzdiözese Paderborn, auf daß sie ihren Weg zum Priestertum aus der Kraft einer treuen Freundschaft zu Christus gestalten. Mit aufrichtiger Anerkennung nenne ich auch die Studentengruppe unter der Führung der Arbeitsgemeinschaft Katholischer Studentenverbindungen sowie der Katholischen Hochschulgemeinde Speyer; das große Kreuz, das ein Jahr lang durch die deutschen Hochschulgemeinden getragen worden ist, verbinde euch immer tiefer mit dem Erlöser der Welt und mit allen Leidenden dieser Erde. Schließlich danke ich in euer aller Namen den beiden Chören aus Wintersdorf, die uns mit ihrem gekonnten Gesang erfreut haben. Gelobt sei Jesus Christus!

Treue zur Mutter Gottes

Angelus am 20. März

1. Heute richte ich meine Gedanken auf das Marienheiligtum von Marija Bistrica, eines der bekanntesten und meistbesuchten in Kroatien. Der Ort Bistrica wird als Pfarrgemeinde bereits seit dem Jahr 1334 erwähnt. In der den hll. Petrus und Paulus geweihten Kirche begann man von der ersten Hälfte des 16. Jahrhunderts an eine Holzstatue der Muttergottes mit dem Jesuskind zu verehren.
Anfangs war die Statue in einer Kapelle namens „Vinski Vrh“ der Pfarrei aufgestellt. Als jedoch im Jahr 1545 die Türken in die Region einbrachen, mauerte der Pfarrer, um die Statue zu retten, diese unter dem Chor der Pfarrkirche ein und verriet vorsichtshalber niemandem den Ort. Kurz darauf starb er, und mit ihm wurde auch das Geheimnis des Verstecks begraben.
Am 16. Juli 1684 wurde die Statue wiederentdeckt, und seit damals nahm die Verehrung von Jahr zu Jahr so sehr zu, daß der Ort in kurzer Zeit der Mittelpunkt der Marienverehrung in dieser Region wurde und auch in den folgenden Jahrhunderten blieb.

2. Jedesmal in der Geschichte, wenn das kroatische Volk in Not war, wandte es sich immer mit großem Vertrauen an seine liebe, himmlische Mutter.
1715 beschloß die Nationalversammlung der Kroaten, einen großen Altar „ex voto“ in Bistrica zu errichten zum Zeichen der Marienverehrung des Volkes.
Bischof Georg Branjug von Zagreb ließ die Kirche St. Peter und Paul, die zu klein geworden war und den Pilgerstrom nicht mehr fassen konnte, erweitern und weihte sie am 13. Juli 1731 Maria vom Schnee. Von dem Augenblick an wurde es das Heiligtum der Muttergottes von Bistrica und der Ort selbst Marija Bistrica genannt.
Papst Pius XI. verlieh im Jahr 1923 der Kirche von Marija Bistrica den Titel „Basilika minore“. Die Bischofskonferenz erklärte sie 1971 zum Nationalheiligtum.
Gewiß gibt es in Jugoslawien auch andere Heiligtümer, die unmöglich alle aufzuzählen sind. Hier nur einige von ihnen: in Slowenien Brezje, Ptujska Gora und Sweta Gora; in Dalmatien Tersate und Sinj; in Bosnien und der Herzegowina Olovo, Hrasno und Siroki Brijek; in Slawonien Tekije und Aljmas.

3. Diese kurze Erinnerung an das bekannteste Marienheiligtum in Kroatien möchte ich gern mit den Worten schließen, die der damalige Erzbischof-Koadjutor und spätere Kardinal Stepinac während der Gelöbniswallfahrt von Zagreb im Jahr 1935 gesprochen hat. An die Muttergottes gewandt, sagte er: „Wir geloben, dir und allen, die dich aufrichtig verehren, treu zu bleiben. Treu, solange das Plätschern unserer Bäche zu hören ist, solange unsere Flüsse rauschen, solange unser Meer braust; treu, solange unsere Wiesen grünen, solange unsere Felder reifen, solange unsere Wälder Schatten spenden, solange die Blumen unseres Vaterlandes duften."
O Madonna – singen die Pilger – Madonna von Bistrica, bitte für uns. Wir sind deine Pilger, segne uns und unsere Lieben. Königin der Kroaten, bitte für uns!

Nach dem Angelusgebet wandte sich der Papst erneut gegen die Rassendiskriminierung:

Morgen, am 21. März, wird auf Initiative der Vereinten Nationen der Internationale Tag gegen die Rassendiskriminierung begangen. Er lädt uns ein, über diese schmerzhafte Wunde nachzudenken, die immer noch in verschiedenen Teilen der Welt, manchmal auch unter besonders grausamen Formen, weiterbesteht. Es ist angebracht, immer mit Nachdruck zu bekräftigen, daß alle Menschen Kinder Gottes und untereinander Brüder sind und die gleiche Würde und die gleichen Rechte haben. Das Zweite Vatikanische Konzil lehrt: „Jede Form einer Diskriminierung in den gesellschaftlichen und kulturellen Grundrechten der Person, sei es wegen des Geschlechts oder der Rasse, der Farbe, der gesellschaftlichen Stellung, der Sprache oder Religion, muß überwunden und beseitigt werden, da sie dem Plan Gottes widerspricht" (*Gaudium et spes*, Nr. 29).
Es sind gewichtige und verpflichtende Worte. Machen wir sie uns zu eigen und bitten wir den Herrn, daß er uns und alle vor jeder Haltung bewahre, die die Rassendiskriminierung begünstigen oder aufrechterhalten könnte.

Das Wort wurde Fleisch

Ansprache bei der Generalaudienz am 23. März

1. In unseren Katechesen denken wir über die früheren Definitionen der Konzilien nach, in denen der Glaube nach und nach formuliert wurde. Einen Schlußpunkt dieser Formulierung setzte das Konzil von Chalcedon (451), das in einer feierlichen Definition festlegte, daß in Jesus Christus die beiden Naturen, die göttliche und die menschliche, (ohne Vermischung) in einem einzigen personalen Subjekt vereinigt sind, das die göttliche Person des Wortes Gottes ist. Aufgrund des Terminus *hypostasis* spricht man gewöhnlich von hypostatischer Union. In der Tat ist dieselbe Person des Wortes als Sohn seiner Gottheit nach vor aller Zeit vom Vater gezeugt; in der Zeit hingegen wurde sie der Menschheit nach von der Jungfrau Maria empfangen und geboren. Die Definition von Chalcedon bekräftigt, entwickelt und erklärt also das, was die Kirche in den voraufgegangenen Konzi-

lien gelehrt hat, und was von den Vätern, z. B. durch den Mund des hl. Irenäus, bezeugt wurde, der von „ein und demselben Christus" spricht (vgl. *Adv. Haer.* III,17,4).
Hier ist zu beachten, daß mit der Lehre über die göttliche Person des Wortes als Sohn, der durch die Annahme der menschlichen Natur in die Welt der menschlichen Personen eingetreten ist, das Konzil auch die Würde des Menschen als Person und die Beziehungen zwischen den verschiedenen Personen herausgestellt hat. Ja, man kann sagen, daß die Aufmerksamkeit auf die Wirklichkeit und Würde des einzelnen Menschen gelenkt wurde, des Menschen, der seiner Existenz, seinem Leben und damit auch seinen Pflichten und Rechten nach unverwechselbares Subjekt ist. Ist darin nicht der Ausgangspunkt für eine ganz neue Geschichte des Denkens und Lebens zu erblicken? Deshalb ist die Menschwerdung des Sohnes Gottes Fundament, Ursprung und Modell einer neuen, übernatürlichen Daseinsordnung für alle Menschen, die gerade aus diesem Geheimnis die Gnade schöpfen, die sie heiligt und rettet. Die Menschwerdung des Sohnes Gottes ist auch Fundament, Ursprung und Modell der christlichen Anthropologie, die sich auch auf den natürlichen Bereich des Denkens und Lebens richtet: Denn sie erhebt den Menschen als Person, der in den Mittelpunkt der Gesellschaft und sozusagen der ganzen Welt gestellt wird.

2. Kehren wir zum Konzil von Chalcedon zurück, um zu sagen, daß es die traditionelle Lehre über die zwei Naturen in Christus gegen die Lehre des Monophysitismus (mono physis = eine Natur) bekräftigt hat, die sich nach diesem Konzil verbreitete. Indem es erklärte, daß die Vereinigung der zwei Naturen in einer Person geschieht, hat das Konzil von Chalcedon noch stärker die Dualität dieser Naturen (ȇn dýo phýsesin) hervorgehoben, wie wir im Text der bereits zitierten Definition gelesen haben: „Wir lehren ... und bekennen einen und denselben Christus, den Sohn, den Herrn, den Einziggeborenen, der in zwei Naturen unvermischt, unverwandelt, ungetrennt und ungesondert besteht. Niemals wird der Unterschied der Naturen wegen der Einigung aufgehoben, es wird vielmehr die Eigentümlichkeit einer jeden Natur bewahrt" (Denzinger/Schönmetzer 302). Das heißt, daß die menschliche Natur niemals von der göttlichen „absorbiert" worden ist. Dank seiner göttlichen Natur ist Christus „dem Vater wesensgleich der Gottheit nach", dank der menschlichen Natur ist er „wesensgleich auch uns seiner Menschheit nach" (homooúsion hämȋn ... katà tȃn ȃnthrōpótäta).
Also ist Jesus Christus wahrer Gott und wahrer Mensch. Andererseits beeinträchtigt die Dualität der Naturen in keiner Weise die Einheit Christi, die von der vollkommenen Einheit der göttlichen Person her gegeben ist.

3. Es bleibt noch anzumerken, daß nach der Logik des christologischen Dogmas die Folge der Dualität der Naturen in Christus die Dualität des Willens und Wirkens, jedoch in der Einheit der Person ist. Diese Wahrheit war Gegenstand der Definition beim III. Konzil von Konstantinopel (dem VI. Ökumenischen Konzil) im Jahr 681 – wie auch bereits bei der Kirchenversammlung im Lateran von 649 (vgl. Denzinger/Schönmetzer 500) – gegen die Irrlehren der Monotheleten, die Christus nur einen Willen zuschrieben.

Das Konzil verurteilte „die Irrlehre über einen einzigen Willen und eine einzige Wirkweise in zwei Naturen Christi“, die Christus selbst eines wesentlichen Teils seiner Menschheit beraubte. „Den fünf heiligen ökumenischen Konzilien folgend, ... verkünden wir, daß gemäß der Lehre der heiligen Väter zwei natürliche Willen und zwei natürliche Wirkweisen ... in Christus sind. Diese zwei natürlichen Willen sind einander nicht entgegengesetzt ... Sein menschlicher Wille folgt vielmehr; er widersteht oder widerstrebt nicht. Er ist vielmehr seinem göttlichen und allmächtigen Willen unterworfen ... wie er ja selbst sagt: ‚Ich bin vom Himmel herabgestiegen, nicht um meinen Willen zu tun, sondern den meines Vaters, der mich gesandt hat‘ (*Joh* 6,33)“ (vgl. Denzinger/Schönmetzer 556).

4. Dies ist die Lehre der ersten Konzilien. In ihnen wird zusammen mit der Göttlichkeit auch die menschliche Dimension Christi voll ins Licht gestellt. Er ist der Natur nach ein wahrer Mensch, fähig, menschlich zu handeln, zu erkennen, zu wollen, zu einem menschlichen Bewußtsein und – wir fügen hinzu – zu menschlichem Leiden, Geduld, Gehorsam, Schmerz und Tod. Nur kraft dieser menschlichen Vollkommenheit können die Texte über den Gehorsam Christi bis zum Tod verstanden und erklärt werden (vgl. *Phil* 2,8; *Röm* 5,19; *Hebr* 5,8), und vor allem sein Gebet am Ölberg: „... nicht mein, sondern dein Wille soll geschehen“ (*Lk* 22,42; vgl. *Mk* 14,36). Aber es ist ebenso wahr, daß der menschliche Wille und die menschliche Wirkweise Jesu zur göttlichen Person des Sohnes gehören: Gerade auf dem Ölberg ruft er: „Abbá, Vater“ (*Mk* 14,36). Seiner göttlichen Person ist er sich voll bewußt, wie z. B. aus seinen Worten hervorgeht: „Noch ehe Abraham wurde, bin ich“ (*Joh* 8,58), und aus anderen Abschnitten des Evangeliums, die wir zuvor in Augenschein genommen haben. Gewiß besitzt Jesus als wahrer Mensch ein spezifisch menschliches Bewußtsein, das wir ununterbrochen in den Evangelien entdecken. Aber zugleich gehört sein menschliches Bewußtsein auch zu dem göttlichen „Ich“, aufgrund dessen er sagen kann: „Ich und der Vater sind eins“ (*Joh* 10,30).
Es gibt keine Stelle im Evangelium, aus der hervorgehen könnte, daß Christus von sich als einer menschlichen Person spricht, auch wenn er sich gern als „Menschensohn“ vorstellt; ein inhaltsschweres Wort, das unter dem Schleier der biblischen und messianischen Ausdrucksweise schon anzudeuten scheint, daß derjenige, der sie auf sich selbst anwendet, in Hinsicht auf die Wirklichkeit seines Ichs einer Ordnung angehört, die anders und höher ist als die der gewöhnlich Sterblichen. Ein Wort, in dem das Zeugnis des inneren Bewußtseins von der eigenen göttlichen Identität widerhallt.

5. Zum Abschluß unserer Ausführungen über die Christologie der großen Konzilien können wir die ganze Dichte der Aussage in dem Brief verkosten, den Papst Leo der Große an Bischof Travian von Konstantinopel schrieb (*Tomus Leonis*, 13. Juni 449), der gleichsam als Vorwort zum Konzil von Chalcedon das christologische Dogma der alten Kirche zusammenfaßt:
„Der Sohn Gottes tritt in diese niedrige Welt ein. Er steigt herab von seinem himmlischen Thronsitz und verläßt doch nicht die Herrlichkeit des Vaters. In einer neuen Ordnung, in einer neuen Geburt kommt er zur Welt ... Derselbe, der wahrer Gott ist, ist zugleich auch wahrer Mensch. In dieser Einheit ist keine Lüge. Denn die Niedrigkeit des Menschen

und die Urheit der Gottheit haben sich in ihr durchdrungen. Wie Gott nicht verändert wird durch sein Erbarmen, so wird auch der Mensch nicht verschlungen durch (diese) Würde. Denn es wirkt jede der beiden Naturen in Gemeinschaft mit der anderen, was ihr eigen ist; das Wort wirkt, was des Wortes ist, das Fleisch verrichtet, was des Fleisches ist. Das eine von ihnen strahlt herrlich in Wundern, das andere unterliegt den Schmähungen. Und wie das Wort von der Gleichheit der väterlichen Herrlichkeit nicht abläßt, so gibt das Fleisch nicht die Natur unseres Geschlechtes auf ..." Und nachdem der hl. Leo viele Texte des Evangeliums angeführt hatte, die die Grundlage seiner Lehre bildeten, schließt er mit den Worten: „Es ist nicht dieselbe Natur, die sagt: ‚Ich und der Vater sind eins' (*Joh* 10,30), und dann sagt: ‚Der Vater ist größer als ich' (*Joh* 14,28). Gewiß umfaßt in unserem Herrn Jesus Christus eine einzige Person sein Gottsein und sein Menschsein; doch hat die Schmach, die ihn als Gott und als Menschen betrifft, nur die menschliche Natur zur Voraussetzung und die Verherrlichung, die ihn ebenfalls als Gott und Menschen betrifft, nur die göttliche Natur. Von unserer Natur hat er eine dem Vater untergeordnete Menschheit; vom Vater kommt ihm eine Gottheit zu, die der des Vaters gleich ist" (vgl. *Denzinger/Schönmetzer* 294–295).

Obwohl diese Formulierungen des christologischen Dogmas sehr schwierig erscheinen mögen, begreifen sie das Geheimnis des „Verbum caro factum", das vom Johannesprolog verkündet wird, in sich und lassen es aufscheinen. Vor diesem Geheimnis möchten wir anbetend niederknien, zusammen mit den hohen Geistern, die es durch ihr Forschen und Nachdenken zu unseren und der ganzen Kirche Gewinn geehrt haben.

In deutscher Sprache sagte der Papst:

Liebe Brüder und Schwestern!

Wie alle Jahre zeugt eure heutige so überaus zahlreiche Teilnahme an dieser Audienz von der unmittelbaren Nähe des Osterfestes. Einem schon fast erprobten guten Brauch entsprechend bereiten sich viele Gläubige aus euren Pfarreien und Diözesen alljährlich durch diese Pilgerreise zu den Gräbern der Apostel in besonderer Weise auf die Feier der Auferstehung unseres Herrn vor. Ihr erwidert dadurch auch immer wieder in großer Zahl die beiden unvergeßlichen Pastoralbesuche, die ich bisher der Kirche in eurem Land habe abstatten dürfen. Ich danke euch für eure treue Verbundenheit mit diesem Zentrum der katholischen Christenheit und dem Nachfolger des hl. Petrus und heiße euch zur heutigen Audienz sehr herzlich willkommen.

Der Leidensweg und die Auferstehung des Herrn, die wir in diesen Wochen mit der Liturgie der Kirche feiern, lenken unseren Blick ganz besonders auf Jesus Christus, auf seine Person und auf seine Sendung zum Heil der Menschen. Christus ist das zentrale Geheimnis unseres Glaubens. Seit vielen Monaten gelten ihm auch unsere kurzen Betrachtungen und katechetischen Darlegungen bei diesen wöchentlichen Generalaudienzen. Aus den Zeugnissen der Heiligen Schrift haben wir aufgezeigt, daß Christus wahrer Mensch und wahrer Gott ist. Er wurde von Gott in die Welt gesandt, um die gefallene Menschheit durch sein Kreuzesopfer von Sünde und Schuld zu befreien. Auf seinem Leidensweg und am Kreuz hat er als Mensch – wie einer von uns – gelitten, als Sohn Gottes hat er darin seinem himmlischen Vater ein wohlgefälliges Sühneopfer dargebracht.

Christus ist wahrer Gott und wahrer Mensch. Nur allmählich ist es der Kirche gelungen, im Lauf der Jahrhunderte durch philosophische und theologische Reflexion tiefer in dieses Geheimnis des Gottmenschen Christus einzudringen. Im Widerstreit mit zahlreichen irrigen Auffassungen und Erklärungsversuchen haben vor allem die großen Konzilien die Lehre der Kirche über Jesus Christus immer deutlicher entfaltet und festgelegt. Unter diesen kommt dem Konzil von Chalcedon eine herausragende Bedeutung zu. Ihm ist es durch seine Lehrentscheidungen gelungen, in Christus Gottheit und Menschheit zu einer inneren Einheit zu verbinden, ohne sie selbst miteinander zu vermischen oder gegenseitig aufzulösen. Dieses Konzil lehrt, daß es in Christus zwei selbständige Naturen gibt, eine menschliche und eine göttliche, die aber beide von der einen Person des Göttlichen Wortes zu dem einen Gottmenschen vereint werden. Jede der beiden Naturen haben in Christus ihre je eigenen Wirkweisen. So gibt es in ihm einen menschlichen und einen göttlichen Willen, menschliche und göttliche Handlungen, jedoch immer in der Einheit der einen göttlichen Person.

Dieses sind unzulängliche menschliche Versuche, das unergründliche Geheimnis des Gottmenschen Jesus Christus ein wenig aufzuhellen. Wenn jenes uns letztlich auch unbegreiflich bleibt, so können uns diese theologischen Überlegungen doch helfen, unseren Glauben und unsere Verehrung zu unserem gottmenschlichen Erlöser zu verlebendigen und zu vertiefen. Halten wir uns gerade in den kommenden Tagen bei der Betrachtung des Kreuzweges vor Augen, daß es kein einfacher Mensch ist, der hier leidet, sondern Gottes Sohn in seiner menschlichen Natur. Nicht nur sein menschlicher, sondern auch sein göttlicher Wille sagt im Gehorsam gegenüber dem himmlischen Vater ja zu Schmach und Erniedrigung, um den sündigen Stolz der Menschen durch ein gottwohlgefälliges Opfer ein für allemal zu sühnen.

Nehmt, liebe Brüder und Schwestern, von unserer heutigen Begegung hier im Vatikan diese kurze Betrachtung über das gottmenschliche Geheimnis der Person und der Sendung Jesu Christi mit in die Karwoche und die Osterzeit. Begleitet in aufrichtiger Liebe und Dankbarkeit Christus auf seinem Leidensweg, damit ihr dann auch der Osterfreude über seinen endgültigen Sieg in der Auferstehung voll teilhaftig werden könnt. Ich wünsche und erbitte euch und euren Lieben in der Heimat eine fruchtbare Mitfeier der Kar- und Osterliturgie der Kirche mit reichen persönlichen Gnaden und erteile euch allen von Herzen meinen besonderen Apostolischen Segen. – Gelobt sei Jesus Christus!

Gott spricht im Leiden zu uns

Ansprache bei der Generalaudienz am 30. März

1. „Gott, der Herr, hat mir das Ohr geöffnet. Ich aber wehrte mich nicht und wich nicht zurück“ (*Jes* 50,5).

Liebe Brüder und Schwestern!

Diese Worte des Propheten Jesaja aus der Lesung der heutigen Tagesliturgie helfen uns, dieselben Empfindungen zu verstehen und nachzufühlen, die Christus in den Tagen kurz vor dem Pascha-Opfer gehabt hat.
Jesus wußte, was auf ihn zukam, und seine menschliche Psyche war davon tief beunruhigt, auch wenn er im Innern seines Herzens im Geist kindlichen Gehorsams den Willen des Vaters voll akzeptierte.
Jesus wich nicht zurück.
Er hat auf den Vater gehört, ihm vertraut, ist tief in den Sinn seines Willens eingedrungen, hat dessen Weisheit erfaßt und ihn sich mit voller Überzeugung zu eigen gemacht, trotz der schrecklichen Prüfung, die ihn erwartete.

2. Jesus vertraut auf denselben Gott, der ihn in den Kreuzestod schickt. Er weiß, daß dieses Gebot des Vaters über den Schein hinaus in Wirklichkeit ein Plan der Liebe, des Loskaufens und des Erbarmens ist. Er weiß, daß es der Weg ist, der ihn in die Herrlichkeit führt.
Das ist die große Lehre der Heiligen Woche, in deren Verlauf in einer engen Aufeinanderfolge von Ereignissen für den, der Augen hat, zu sehen, der ganze Sinn des Lebens Jesu und der tiefste Grund all dessen, was er zuvor getan hatte, in vollem Licht erscheint: der Sinn und Grund seiner Lehre, seines Umherziehens, seiner Wunder, der Anweisungen, die er den Jüngern und Aposteln gab.
Im Licht der Heiligen Woche erfassen wir den tiefen Sinn des Lebens Christi. In diesen Tagen des Leidens und der Verherrlichung offenbart sich die Größe seiner Liebe zu uns in voller Klarheit. Seine voraufgegangenen Taten als Gesamtheit erhalten ihre endgültige Bedeutung. Sie scheinen auf die Erfüllung seiner „Stunde", des dramatischen und erhabenen Geschehens vom Kampf und abschließenden Sieg gegen die Mächte der Finsternis ausgerichtet.

3. Auch wir, liebe Brüder und Schwestern, sind aufgerufen, in diesen Tagen dieselben inneren Haltungen Jesu nachzuerleben.
Viele Menschen in der Welt haben ähnliche Gefühle aus ungewollten Gründen: wegen drohender Gefahren, tödlicher Krankheiten, unsicherer Zukunftsaussichten, Gefährdung ihrer Sicherheit und ihres Lebens. Und wenn uns solche Erfahrungen erspart geblieben sind, liebe Brüder und Schwestern, vereinen wir uns doch als Glaubende mit den Empfindungen des leidenden Christus. Bieten wir ihm die vergangenen Prüfungen an, und erklären wir uns bereit, jene anzunehmen, die Gott uns schicken will. Weichen wir nicht zurück. Opfern wir auch die Leiden all derer auf, die nicht wissen, warum sie leiden, weil sie das Licht des Glaubens nicht haben. Beten wir für sie, damit sie über den Sinn ihres Leides Erleuchtung erfahren. Und wirken wir zugleich – soweit wir es vermögen – dahin, diese Leiden zu lindern und, wenn möglich, zu beenden. Auch das ist eine Lehre des Karmittwochs.

4. Die Evangelien weisen mit kurzen, aber eindringlichen Worten auf die wachsende Angst Jesu hin, je näher der Augenblick des äußersten Opfers rückt. Fünf Tage vor dem jüdischen Paschafest sagt Jesus, daß seine Seele „erschüttert" ist. (*Joh* 12,27). In der Nacht vor dem Opfertod, am Ölberg, ist seine Seele „zu Tode betrübt" (*Mt* 26,38; *Mk* 14,34).

Dieses immer stärker werdende innere Leiden Christi, das den natürlichen Gesetzen der menschlichen Psyche in ähnlichen Umständen so sehr entspricht, läßt uns auf besonders ergreifende Weise erfassen, wie sehr der menschgewordene Sohn Gottes mit unseren Leiden solidarisch ist, wie intensiv und konkret er unser Menschsein gelebt und an unserer Gebrechlichkeit teilgehabt hat.

Mehr als je zuvor scheint Jesus in diesen Tagen vor seinem Leiden seinem Menschsein preisgegeben zu sein, wie irgendeiner von uns, ohne Hilfe und Trost. Aber gerade in diesen Tagen der scheinbaren Ohnmacht erfüllt er durch das Leiden und die Entäußerung das göttliche Werk der Erlösung. Denn der Gottessohn legt die ihm eigene Göttlichkeit nicht ab, sondern verbirgt sie nur, und er macht das Leben gerade dort wirksam, wo der Tod zu triumphieren scheint.

5. Liebe Brüder und Schwestern! Vertrauen wir auf ihn, der uns die Prüfung schickt. Vertrauen wir auf ihn und widersetzen wir uns nicht. Bitten wir ihn um dieses Vertrauen in ihn. Hierin liegt das Geheimnis des Lebens und des Heils. Bitten wir ihn, das verstehen zu können, was er uns durch das Leiden sagen will. Im Leiden spricht Gott zu uns, er lehrt uns, führt uns, er rettet uns. Wie wichtig ist es, diese Dinge zu verstehen! Gewiß übersteigt es unser menschliches Vermögen, die Gesetze unserer Psyche. Es ist eine höhere Weisheit, die die menschliche nicht auslöscht, sondern bereichert, indem sie sie übersteigt und die Logik des Denkens Gottes aufnimmt.

Selig sind wir, wenn wir die Güte Gottes auch in dem Augenblick zu erkennen wissen, in dem er uns eine Prüfung schickt. Was lehrt uns Jesus? Eben dies: immer auf den Vater zu vertrauen, auch im Augenblick des Kreuzes. Wenn der Vater das Kreuz schickt, gibt es ein Warum. Und weil der Vater gut ist, kann es nur unserem Heil dienen. Das sagt uns der Glaube. Das lehrt uns Christus in diesen Tagen vor der Passion.

„Doch Gott, der Herr, wird mir helfen; darum werde ich nicht in Schande enden. Deshalb mache ich mein Gesicht hart wie einen Kiesel; ich weiß, daß ich nicht in Schande gerate. Er, der mich freispricht, ist nahe" (*Jes* 50,7–8).

So fährt der Prophet nach dem Vers fort, den ich am Anfang zitiert habe, in dem er sich bereit erklärt, den Willen Gottes anzunehmen. Es ist derselbe Seelenzustand Christi gegenüber dem nahenden Kreuzestod. Es ist die Haltung des Vertrauens. Die Natur würde das Wort nahelegen: „Vater, rette mich aus dieser Stunde!" (*Joh* 12,27).

„Aber deshalb bin ich in diese Stunde gekommen!" Jesus kann nicht darum bitten, aus einer „Stunde" gerettet zu werden, die er aus Gehorsam zum Vater im Grunde immer herbeigesehnt hat und die der entscheidende Augenblick und das Geschehnis ist, das seinem ganzen Leben Sinn gibt.

Die Heilige Woche fordert uns in besonderer Weise auf, uns diese Empfindungen Christi zu eigen zu machen, indem wir vertrauensvoll unser Herz dem Willen des Vaters öffnen im Wissen darum, daß wir nicht in Schande geraten, daß uns der nahe ist, der uns freispricht.

In deutscher Sprache sagte der Papst:

Liebe Brüder und Schwestern!

Der Prophet Jesaja hat ganz genau das Leben Jesu getroffen, wenn er lange vor der Zeit Christi einen Erlöser ankündigt, der von sich sagen kann: „Gott, der Herr, hat mir das Ohr geöffnet. Ich wehrte mich nicht und wich nicht zurück“ (*Jes* 50,5). Christus hat den heiligen Willen Gottes mit ganzem Herzen aufgenommen. Er hat verstanden, daß er diesem Willen, dem Heilsplan Gottes für uns alle, treu bleiben mußte, auch wenn dies zu einem tödlichen Zusammenstoß mit der Sünde führen sollte, wie sie sich im Unverständnis und Haß der maßgebenden Menschen seines Volkes zeigte. Jesus geht diesen schweren Weg einer treuen Liebe unbeirrbar zu Ende, bis zum bitteren Leiden und zum schmachvollen Tod am Kreuz. Er vertraut sich dabei völlig seinem göttlichen Vater an und ist sicher, daß ein solcher letzter Einsatz den Preis bedeutet für die Erlösung der Menschen aus den Fesseln von Schuld und Sünde. Darum „wich er nicht zurück“, sondern hielt stand mit ganzer Konsequenz.
Der Herr lädt uns alle ein, ihm auf diesem Kreuzweg, auf dem Weg letzter und voller Treue, nachzufolgen. Wir tragen dabei die Lasten von heute, unsere eigenen und solche unserer Mitmenschen: in der Verwandtschaft, unter Freunden, im eigenen Volk, in aller Welt. Lasten wie unheilbare Krankheiten und Gebrechen, Streit in der Familie, Bürgerkrieg, Hunger und Heimatlosigkeit, Angst vor der Zukunft, Überdruß am Leben: All das dürfen wir mit dem Kreuz Jesu verbinden, auf daß es auch mit ihm zum hellen Morgen der Auferstehung gelangen darf.
Wir werden aber nur dann stark genug sein zu einem solchen Mittragen, zu einem solchen Mitleiden, wenn wir die Botschaft ernstnehmen, die uns die Passion Christi vermitteln will: Gottes Liebe zu den Menschen läßt sogar den menschgewordenen Sohn durch Sterben und Tod gehen, um wirklich alle Bereiche des Menschenlebens mit dieser Liebe zu erhellen und zu durchglühen. So lernen wir: An keinem Ort unseres Daseins, auch dort nicht, wo geweint und gelitten wird, fehlt die Güte Gottes; auch dort dürfen wir uns ihm anvertrauen und seiner allmächtigen Führung überlassen. Mögen dann auch für uns die folgenden Worte des Jesaja zutreffen: „Gott, der Herr, wird mir helfen; darum werde ich nicht in Schanden enden“ (*Jes* 50,7). Mit diesen Anregungen zu einem geistlichen Verständnis der Karwoche grüße ich noch einmal alle deutschsprachigen Besucher dieser Audienz. Herzlich lade ich euch ein, an der einen oder anderen Liturgiefeier teilzunehmen, die von morgen an in besonderer Dichte das Geheimnis vom Sterben und Auferstehen unseres Herrn Jesus Christus darstellen. Dann wird auch die wahre Osterfreude bei euch einkehren können. Das ist mein Festwunsch für jeden von euch. Gelobt sei Jesus Christus!

Im Licht von Ostern leben

Ansprache bei der Generalaudienz am 6. April

Liebe Brüder und Schwestern!

1. Ich freue mich, euch alle, die ihr bei dieser Generalaudienz anwesend seid, zu begrüßen. Die Audienz heute ist von besonderer Bedeutung, sei es durch die Atmosphäre geistlicher Freude, die dem am vergangenen Sonntag gefeierten Fest eigen ist, sei es durch die Anzahl der Teilnehmer.
Insbesondere wende ich mich an die Pilger aus den verschiedenen Ländern, mit denen ich Ostern am Grab des hl. Petrus gefeiert habe und es auch während der ganzen Oktav feiern will. Eure Romwallfahrt stehe unter dem österlichen Zeichen, das unseren Seelen weiterhin das einzigartige Ereignis vor Augen stellt, das der Angelpunkt der ganzen menschlichen Geschichte und der Bestimmung jedes einzelnen von uns ist: dieses Ereignis ist die Auferstehung Christi. Die Freude der Christen, die im Gesang des Halleluja Ausdruck findet, gründet auf der Tatsache, daß Jesus, der grausam gegeißelt wurde, am Kreuz starb und begraben wurde, am Morgen des dritten Tages von den Toten auferstanden ist.
„Das ist der Tag, den der Herr gemacht hat“, haben wir in der Ostersonntagsliturgie gesungen. Aber der Ostertag dauert fort, ja er nimmt kein Ende. Er ist der Tag des endgültigen Sieges Christi über das Böse, die Sünde und den Tod; der Tag, der über den Ablauf der Zeit hinaus die unendliche Perspektive des ewigen Lebens öffnet, wo das Opferlamm immer noch und weiterhin sich dem Vater für uns, aus Liebe zu uns, darbietet.
Deshalb feiert die Liturgie die ganze Oktav hindurch immer denselben Ostertag: Im Geheimnis der „Ogdonde“, der Oktav, so kommentierten die Hirten und Lehrer der alten Kirche wunderbar, ist das ganze Heilsmysterium zusammengefaßt; in ihm ist der Strom enthalten, der die Zeit in die Ewigkeit überführt, das Vergängliche in die Unvergänglichkeit, das Sterbliche in die Unsterblichkeit. Alles ist neu, alles ist heilig, weil Christus, unser Osterlamm, geopfert ist. In diesem Heute von Ostern wird das ewige Heute des Himmelreiches vorweggenommen.
Diese Begriffe sind in wunderbarer poetischer Weise in den alten *Stichirà* der byzantinischen Liturgie ausgedrückt, die im 9. Jahrhundert auch in Rom von dem Papst am Osterfest gesungen wurden und in diesem Jahr in der Vatikanbasilika wiedererklungen sind. „Heute hat sich uns ein göttliches Ostern offenbart, ein neues, heiliges Ostern, ein geheimnisvolles Ostern, ein erhabenes Ostern. Das Osterlamm, Christus, der Erlöser, das unbefleckte Osterlamm, das einzigartige Osterlamm, das Osterlamm der Glaubenden. Das Osterlamm, das uns die Pforten des Himmels öffnet.“

2. In der Osterzeit betrachtet die Kirche in ihren Gedanken, ihrer Reflexion und vor allem in ihrem Gebet dieses unvergleichliche Geheimnis. Ja, sie kommt an jedem Sonntag des Jahres darauf zurück, weil jeder Sonntag ein kleines Ostern ist, das den Tod und die Auferstehung Jesu in Erinnerung ruft und wieder gegenwärtig setzt. Deshalb ist Ostern nicht ein abgegrenztes Ereignis, sondern es ist mit unserer Bestimmung und unserem

Heil verbunden. Ostern ist das Fest, das uns im tiefsten Innern betrifft und berührt, denn, so sagt der hl. Paulus: „Wegen unserer Verfehlungen wurde er hingegeben, wegen unserer Gerechtmachung wurde er auferweckt“ (*Röm* 4,25). So wird das Los Christi unser Los, sein Leiden zu unserem und seine Auferstehung unsere Auferstehung.

3. Diese wunderbare Wirklichkeit wird von uns Glaubenden durch die Sakramente der Einführung in das Christentum erlebt. Sie beginnt mit der Taufe, die wir in der Osternachtsfeier in Erinnerung gerufen haben: das Sakrament der Wiedergeburt (vgl. *Joh* 3,3), das Sakrament, das in jedem Glaubenden den Tod und die Auferstehung des Herrn geheimnisvoll vollzieht, wie der hl. Paulus selbst schreibt: „Wir wurden mit ihm begraben durch die Taufe auf den Tod; und wie Christus durch die Herrlichkeit des Vaters von den Toten auferweckt wurde, so sollen auch wir als neue Menschen leben“ (*Röm* 6,4). Deshalb haben wir während der Feier der Osternacht das Taufversprechen erneuert.

4. Die Firmung macht uns dann zu seinen Zeugen, indem sie das Band, das uns mit Christus, unseren Erlöser, vereint, enger knüpft. Wie die Apostel die Zeugen der Auferstehung sind und die Kirche von ihrem Zeugnis lebt, so sind die Christen gerufen, im Licht von Ostern zu leben. Jesus, der den Aposteln den Heiligen Geist am gleichen Abend des Sonntags der Auferstehung einhaucht, schenkt uns weiterhin seinen Geist, den er uns durch das Geschenk der Firmung in Fülle eingegeben hat.
Wir müssen deshalb Zeugen der Wirklichkeit sein, die von Ostern auf uns zukommt. Als Jesus von seinen Jüngern Abschied nahm und das Kommen des Heiligen Geistes ankündigte, sagte er zu ihnen: „... ihr werdet meine Zeugen sein in Jerusalem und in ganz Judäa und Samarien und bis an die Grenzen der Erde“ (*Apg* 1,8). Das erste Zeugnis, das die Jünger ablegten, war gerade das vom Ereignis der Auferstehung. In den ersten Reden der Apostel ist der Hauptteil immer dem Zeugnis über den Tod und die Auferstehung Christi gewidmet. Auch ihr legt dieses Zeugnis in eure christlichen Gemeinden und haltet euch die verherrlichte Gestalt des auferstandenen Christus vor Augen, während ihr beim Gottesdienst den Gesang des Österlichen Halleluja wiederholt.

5. Dann, in der Eucharistie, ist es wiederum Jesus, der, wie im Haus von Emmaus, das Brot mit uns bricht und uns beim heiligen Opfer seinen Leib und sein Blut zur Speise gibt, bei uns verweilt und unseren Lebensalltag durch seine Gegenwart verwandelt. Die Eucharistie verbindet uns mit Christus und unseren Brüdern, sie macht uns zu einer einzigen Familie, sie veranlaßt uns, uns selbst zu vergessen und uns den anderen zu widmen; sie erinnert uns konkret an den Leidenden, den Kranken, den Menschen in Not, an die Brüder, die unter Krieg, Hunger, Terrorismus und dem Mangel der wesentlichen Freiheiten leiden, darunter an erster Stelle jener, den eigenen Glauben zu bekennen. Deshalb wurde in der byzantinischen Liturgie noch gesungen: „Das ist der Tag der Auferstehung! Strahlen wir diese Festesfreude aus, umarmen wir einander, nennen wir Brüder auch jene, die uns hassen, verzeihen wir alles um der Auferstehung willen.“
Deshalb soll die Osterzeit auch uns wie schon die Jünger von Emmaus zu einem erneuerten Glaubensweg mit dem Auferstandenen anspornen, der dorthin führt, wo sich der Herr

beim Brotbrechen offenbart: „Da gingen ihnen die Augen auf, und sie erkannten ihn", schreibt der Evangelist Lukas (*Lk* 24,31). Diese Zeit ist deshalb in besonderer Weise von einem verstärkten Einsatz gekennzeichnet, das Leben in Christus, das Leben in der Gnade, zu vertiefen; es ist die Zeit, in der die Christen aufgerufen sind, noch mehr die Neuheit und die Freude, die Ausgewogenheit und den Ernst des christlichen Lebens zu verspüren; seinen Anspruch auf Echtheit, Treue und Konsequenz. Das Geheimnis des Auferstandenen zu leben erfordert von uns, daß wir Ihm im Denken und Handeln ähnlich werden. Daran erinnert uns der hl. Paulus, wenn er an die Bewohner von Kolossä schreibt: „Ihr seid mit Christus auferweckt: darum strebt nach dem, was im Himmel ist, wo Christus zur Rechten Gottes sitzt. Richtet euren Sinn auf das Himmlische und nicht auf das Irdische!" (*Kol* 3,1–2).

6. Liebe Brüder und Schwestern! An diesem Osterfest des Marianischen Jahres geht uns die heilige Jungfrau, die die Freude des Ostereignisses am stärksten empfunden hat, auf dem Weg des Glaubens an den auferstandenen Christus voran. Sie wurde uns unter dem Kreuz als Mutter gegeben: „Sie geht aus der endgültigen Vollendung des österlichen Geheimnisses des Erlösers hervor. Die Mutter Christi, die in der unmittelbaren Reichweite dieses Geheimnisses steht, das den Menschen, jeden einzelnen und alle, umfaßt, wird diesem, jedem einzelnen und allen, als Mutter gegeben" (*Redemptoris Mater*, Nr. 23).
O Mutter des gekreuzigten und auferstandenen Erlösers, du bist in dem Augenblick, als Christus durch seinen Tod den höchsten Akt seiner Liebe für die Menschen erfüllte, unsere Mutter geworden, hilf uns! Bitte für uns! Wir haben es nötig, mit dir als Auferstandene zu leben. Wir müssen und wollen jeden entwürdigenden Kompromiß mit der Sünde ablegen. Wir müssen und wollen mit dir Christus nachfolgen. „Succurre cadenti surgere qui curat populo!" – „Komm zu Hilfe dem gefallenen Volke, das sich zu erheben sucht!" Die alte Advents-Antiphon verbindet sich heute mit der von Ostern: „Resurrexit sicut dixit, alleluia! Ora pro nobis Deum, alleluia." „Er ist erstanden, wie er sagte. Halleluja. Bitte Gott für uns, Maria. Halleluja."
Dein Sohn ist auferstanden, bitte für uns bei deinem Sohn. Auch wir sind mit ihm auferstanden: auch wir wollen als Auferstandene leben. Stütze uns in dieser „unaufhörlichen Herausforderung an das menschliche Gewissen … der Herausforderung, den Weg des ‚Nicht-Fallens' auf immer zugleich alte und neue Weise zu gehen und den Weg des Aufstehens zu beschreiten, wenn man ‚gefallen' ist" (*Redemptoris Mater*, Nr. 52).
Ora pro nobis Deum! Bitt Gott für uns! An dieser Wende zum dritten christlichen Jahrtausend bitte Gott für uns! Rette uns vor dem Bösen, vor Krieg, Haß, Falschheit, gegenseitigem Unverständnis, Genußsucht, Unreinheit, Egoismus und Herzenshärte. Rette uns! Ora pro nobis Deum! Halleluja. Bitt Gott für uns! Halleluja.

In deutscher Sprache sagte der Papst:

Liebe Brüder und Schwestern!

Eure zahlreiche Anwesenheit bei dieser Generalaudienz ist mir ein gutes Zeichen dafür, daß ihr nicht nur auf der Suche nach der italienischen Sonne seid, sondern auch als Christen an der Freude der römischen Kirche und ihrer Gäste aus aller Welt teilnehmen wollt;

an der Freude über das Osterfest, das Fest der Auferstehung unseres Herrn Jesus Christus.

Als Pilatus den mißhandelten Jesus der Volksmenge vorführte, hatte er dazu gesagt: „Ecce, homo" – „Seht, den Menschen!" Ohne es zu ahnen, hatte er damit eine tiefe Wahrheit berührt: Jesus von Nazaret ist durch seine einmalige Treue zu Gott Vater auch im Leiden und Sterben das Modell des neuen und wahren Menschen geworden; und Gott hat dieses Modell mit dem Geschenk der Auferstehung zu neuem Leben bekräftigt und besiegelt.

Damit sind aber Jesu Tod am Kreuz und seine Auferstehung kein isoliertes, längst vergangenes Geschehen, sondern betreffen das Leben aller Menschen, ganz gleich, in welchem Jahrhundert und auf welchem Kontinent sie leben und sterben. Das Ostergeheimnis hat entscheidende Bedeutung für Sinn und Ziel auch jedes einzelnen von uns, die wir hier beisammen sind. Der Apostel Paulus hat diese Wahrheit im Brief an die Römer wie folgt zusammengefaßt: „Wegen unserer Verfehlungen wurde Jesus hingegeben; wegen unserer Gerechtmachung wurde er auferweckt" (*Röm* 4,25).

In unserer Taufe, für die meisten von uns am Anfang ihres irdischen Lebensweges, sind wir zum erstenmal mit der Lebenskraft und der Erlöserliebe Christi verbunden worden. Unser ganzes Leben hindurch sollten wir uns dieses Gnadengeschenk immer tiefer bewußt machen und versuchen, ihm in all unseren Lebensbereichen zu entsprechen: zunächst in einem zuversichtlichen Glauben, dann aber auch in einer eindeutigen, konsequenten Lebensführung, die bereit ist, jeden Tag und jede Stunde aus dem Blickwinkel Gottes und nach dem Maßstab des neuen Menschen zu gestalten, wie ihn Jesus Christus nun darstellt. Auf diese Weise können wir alle, ein jeder in seinem Lebensraum, zu glaubwürdigen Zeugen der Auferstehung werden, gleich den ersten Frauen am Grab und gleich den Aposteln, die mit Maria im Abendmahlssaal versammelt waren.

Das ist mein Osterwunsch auch an alle Besucher deutscher Sprache: Möge das Geschenk, Christ zu sein, das euch eure Eltern in der Taufe damals vermittelt haben, von euch selbst nun durch eine bewußte und aufrichtige Entscheidung angenommen werden, die alle Halbheiten möglichst vermeidet. Für eine solche Glaubensentscheidung, die den wirklich erwachsenen Christen zum Ziel hat, ist es nie zu spät. Maria, die Mutter Christi, geht uns auf allen Glaubenswegen voran; sie wird auch eure guten Bemühungen gerade in diesem Marianischen Jahr mit ihrer Fürsprache gern begleiten.

Das Lourdes des Ostens

Angelus am 10. April

Liebe Brüder und Schwestern!

1. In diesem Augenblick innerer Sammlung blicken wir im Geiste nach Griechenland, wo gerade heute unsere orthodoxen Brüder und Schwestern das Osterfest feiern, das wir Katholiken am vergangenen Sonntag begangen haben. Wir schließen uns ihrer Osterfreu-

de an und entbieten ihnen und der ganzen griechischen Nation einen herzlichen Gruß und Segenswunsch.
Wir denken in diesem Augenblick des Gebetes zur hl. Jungfrau an die zahlreichen Marienwallfahrtsorte in Griechenland. Darunter ist mit Sicherheit die Jungfrau von der Verkündung in Tinos das Heiligtum, das die größte Anzahl von Gläubigen anzieht, die nicht nur aus Griechenland kommen, sondern aus dem ganzen Bereich der Orthodoxie. Tinos wurde in der Tat das Lourdes des Ostens genannt.
Zu Beginn des 19. Jahrhunders, im Jahre 1822, erschien viele Male die Mutter Gottes einer Ordensfrau namens Pelagia im Kloster der Königin der Engel auf der Insel Tinos. Bei diesen Erscheinungen gab ihr Maria die Anregung, mit dem Bischof Gabriel und den Behörden der Insel zu sprechen, damit sie mit Ausgrabungen in einer Kirche begännen, deren Ruinen sich an einem sehr einsamen Ort befanden.
Während der Ausgrabungen wurden die Reste einer byzantinischen Kirche freigelegt; man fand auch die Ikone der Jungfrau von der Verkündigung wieder. Die Gläubigen eilten in Scharen herbei, um das Marienbild zu verehren, und es kam zu wunderbaren Heilungen. Damals wurde mit dem Bau eines großen Heiligtums begonnen, das im Jahre 1831 eingeweiht werden konnte. Die Ikone wurde dort aufgestellt; seit dieser Zeit hat die Zahl der Votivtafeln der Gläubigen, die ihre Dankbarkeit zum Ausdruck bringen wollen, ständig zugenommen.

2. Dieses Heiligtum, das zur Zeit der nationalen Befreiungskämpfe entstand, ist eine Stätte, die allen Griechen viel bedeutet. Ein königliches Dekret im Jahr 1835 erklärte sie zur „Wallfahrt aller Orthodoxen“. 1972 wurde die Insel Tinos zu Ehren dieser wunderbaren Ikone zur heiligen Insel erklärt. Jedes Jahr finden drei große Feste dort statt: am 30. Januar der Jahrestag der Wiederauffindung der Ikone; am 25. März das Fest Mariä Verkündigung und der Nationalfeiertag Griechenlands sowie am 15. August das Fest des Heimgangs der Gottesmutter. An jenen Tagen kommen Tausende Pilger nach Tinos.

3. In diesem Marianischen Jahr möchte ich gerne den Wunsch zum Ausdruck bringen, daß die Katholiken und die Orthodoxen der Insel, die in der Verehrung der Heiligsten Gottesmutter untereinander verbunden sind, mit neuem Eifer ihre Fürbitten an sie richten, auf daß bald der Tag anbreche, an dem alle ihre Söhne und Töchter vereint sein werden und das Loblied zum Herrn Jesus aufsteigen lassen können, das er von ihnen erwartet: das gemeinsame Bekenntnis des Glaubens.

In Christus ist die totale Verwirklichung des ewigen Plans

Ansprache bei der Generalaudienz am 13. April

1. Bei der Zusammenfassung der Christologie der Ökumenischen Konzilien und der Kirchenväter konnten wir dem Bemühen Rechnung tragen, das der menschliche Geist aufgebracht hat, um in das Geheimnis des Gott-Menschen einzudringen. Daraus konn-

ten wir die Wahrheiten über die menschliche und göttliche Natur entnehmen, über ihre Dualität und ihre Einheit in der Person des Wortes über die Eigenschaften und Fähigkeiten der menschlichen Natur und über ihre vollkommene Harmonisierung und Unterordnung unter das göttliche Ich. Die Übersetzung dieser vertieften Lektüre geschah auf den Konzilien mit Formulierungen und Begriffen, die der gängigen Sprache entnommen waren, dem natürlichen Ausdruck der üblichen Erkenntnis und Denkweise, die der Begriffsbildung durch irgendeine philosophische oder theologische Schule vorausgeht. Die Forschung, die Reflexion und das Bemühen um eine möglichst perfekte Formulierung fehlten nicht. Bei den Vätern und wohl auch nicht in den folgenden Jahrhunderten der Kirche, in denen die Begriffe und Ausdrücke, die in der Christologie verwendet werden – insbesondere der Personenbegriff – wohl Vertiefungen und Präzisierungen erfuhren, die von unschätzbarem Wert auch für den Fortschritt des menschlichen Denkens waren. In der Anwendung auf die geoffenbarte Wahrheit, die es in Worte zu fassen galt, war ihre Bedeutung jedoch nicht an bestimmte Autoren oder besondere Schulen gebunden oder durch sie bedingt. Es war jene Bedeutung, die man in der normalen Ausdrucksweise der Gebildeten und auch der nicht Gelehrten jeder Zeit vorfinden konnte, wie aus der Analyse der Definition hervorgeht, die in diesen Begrifflichkeiten verkündet wurden.

2. Es ist verständlich, daß in jüngster Zeit einige im Bemühen um die Übersetzung der Offenbarungstatsachen in eine Sprache, die neuen philosophischen oder wissenschaftlichen Auffassungen entspricht, Schwierigkeiten hatten, jene alte Terminologie anzuwenden und zu akzeptieren; das gilt besonders für die Unterscheidung zwischen Natur und Person, die in der traditionellen Christologie wie auch in der Trinitätstheologie grundlegend ist. Besonders diejenigen, die sich an den Positionen der verschiedenen modernen Schulen orientierten, die auf einer relativistischen, subjektivistischen, existentialistischen und strukturalistischen Voraussetzungen abhängigen Sprachphilosophie und Hermeneutik beruhen, sind geneigt, die alten Begriffe und Ausdrucksweisen abzuwerten oder sogar zu verwerfen, da sie von scholastischem, formalistischem, statischem, ungeschichtlichem etc. Denken beeinflußt und daher unangemessen seien, um das Geheimnis des lebendigen Christus in der heutigen Zeit auszudrücken und mitzuteilen.

3. Aber was ist dann geschehen? Vor allem sind einige zu Gefangenen einer neuen Form von Scholastizismus geworden, dazu verleitet durch eine Begrifflichkeit und Terminologie, die an die neuen Strömungen des philosophischen und wissenschaftlichen Denkens gebunden ist, ohne sich um einen wirklichen Vergleich mit der Ausdrucksweise des gesunden Menschenverstandes und – so kann man sagen – der allgemeinen Intelligenz zu bemühen, was auch heute unentbehrlich bleibt, um sich im Denken und im Leben miteinander auszutauschen. Zweitens gab es, wie vorhersehbar, einen Übergang, der vom Konflikt, der sich an der Frage der Ausdrucksweise entzündete, zur Relativierung des Dogmas von Nizäa und Chalcedon führte, das als ein einfacher Versuch historischer Lektüre betrachtet wurde, zu einem bestimmten Zeitpunkt verfaßt, überwunden und dem modernen Bewußtsein nicht mehr zumutbar. Dieser Schritt war und ist sehr risikoreich und

kann zu Ergebnissen führen, die nur schwer mit den Offenbarungstatsachen in Einklang gebracht werden können.

4. In der neuen Ausdrucksweise ist man in der Tat dazu gekommen, von der Existenz einer menschlichen Person in Jesus Christus zu sprechen, aufgrund einer phänomenologischen Auffassung der Personalität, bestimmt durch eine Gesamtheit von Ausdrucksmomenten des Gewissens und der Freiheit ohne zureichende Berücksichtigung des ontologischen Subjektes, das hier zugrundeliegt. Oder man hat die göttliche Personalität auf das Selbstbewußtsein reduziert, das Jesus vom „Göttlichen", das in ihm ist, hat, ohne daß man deshalb die Menschwerdung als Annahme der menschlichen Natur von seiten eines göttlichen Ichs verstehen mußte, das transzendent und präexistent ist. Diese Auffassungen spiegeln sich auch im Blick auf das Mariendogma, und hier besonders in bezug auf die Gottesmutterschaft Mariens, wider, die auf den Konzilien so sehr mit dem christologischen Dogma verbunden ist. Sie schließen fast immer die Ablehnung der Unterscheidung zwischen Natur und Person ein, die jedoch die Konzilien aus dem allgemeinen Sprachgebrauch entnommen und theologisch als Schlüssel entwickelt hatten, um das Christusgeheimnis auszulegen.

5. Diese Tatsachen, hier natürlich nur angerissen, ermöglichen uns zu verstehen, wie heikel das Problem der neuen Ausdrucksweise sowohl für die Theologie, als auch für die Katechese ist. Dies gilt vor allem dann, wenn man – ausgehend von der voreingenommenen Ablehnung überkommener Kategorien (z. B. jener, die als „hellenistisch" dargestellt werden) – am Ende neuen Kategorien oder neuen Worten derart verfällt, daß man in ihrem Namen auch die Substanz der geoffenbarten Wahrheit manipuliert.
Dies bedeutet nicht, daß man das Geheimnis des menschgewordenen Wortes nicht weiter erforschen könne oder dürfe und nicht weiter „besser geeignete Begriffe suchen dürfe, um die christliche Lehre zu vermitteln" nach den Bestimmungen und dem Geist des Zweiten Vatikanischen Konzils, das mit Johannes XXIII. deutlich betont hat, daß „der Schatz oder die Wahrheiten des Glaubens eine Sache sind, die andere aber die Art und Weise, in der sie verkündet werden, wobei jedoch immer die Bedeutung und der tiefe Sinn gleich bleiben" (*Gaudium et spes*, Nr. 62; vgl. Johannes XXIII., *Ansprache bei der Eröffnung des Konzils*, 11. Oktober 1962: *AAS* 54, 1962, S. 792).
Der Mentalität des modernen Menschen, die sich nach den Kriterien und Methoden der wissenschaftlichen Erkenntnis bildet, muß man nahekommen, indem man ihren Forschungstendenzen auf den verschiedenen Wissensbereichen Rechnung trägt, sich aber auch ihre tiefe Sehnsucht nach einem „Jenseits" vor Augen hält, das qualitativ alle Grenzen des Erfahrbaren und Berechenbaren übersteigt, wie auch ihre häufigen Hinweise darauf, einer Weisheit zu bedürfen, die sehr viel erfüllender und anregender ist als die Wissenschaft; so ist diese heutige Mentalität alles andere als unzugänglich für das Thema der „letzten Gründe" des Lebens und ihren Grund in Gott. Daraus ergibt sich auch die Möglichkeit eines fundierten und redlichen Sprechens über den Christus der Evangelien und der Geschichte, formuliert im Bewußtsein des Geheimnisses und daher fast stammelnd,

aber nicht ohne die Klarheit von Begriffen, die mit Hilfe des Heiligen Geistes von den Konzilien und den Vätern erarbeitet und uns von der Kirche überliefert wurde.

6. Diesem offenbarten und weitergegebenen Glaubensgut wird die christologische Katechese treu sein müssen, wenn sie die Gestalt, das Wort und das Wirken des Christus der Evangelien untersucht und darstellt. Gerade in diesem wahren und lebendigen Inhalt wird sie sehr gut herausarbeiten können: die Bestätigung der ewigen Präexistenz des Wortes, das Geheimnis seiner Kenosis (vgl. *Phil* 2,7), seine Vorherbestimmung und Erhöhung, die das wahre Ziel der ganzen Heilsökonomie ist, und die mit und in Christus als dem Gott-Menschen die ganze Menschheit und in gewisser Weise alles Geschaffene zusammenbringt.
Eine solche Katechese wird die umfassende Wahrheit von Christus als Sohn und Wort Gottes in der Höhe der Trinität (ein weiteres grundlegendes Dogma des Christentums) darstellen müssen; Christus, der um unseres Heiles willen Mensch wird und so die größte nur mögliche und denkbare Verbindung von Geschöpf und Schöpfer im Menschsein und im ganzen Universum verwirklicht. Diese Katechese wird zudem die Wahrheit von Christus nicht vernachlässigen können, dem eine ontologische Realität von Menschheit eigen ist, die zur göttlichen Person gehört, aber auch ein tiefinneres Bewußtsein von seiner Göttlichkeit, von der Einheit zwischen seiner Menschheit und Göttlichkeit und von der Heilssendung, die ihm als Mensch übertragen wurde.
So wird die Wahrheit aufscheinen, durch die sich in Jesus von Nazaret, in seiner Erfahrung und seinem inneren Bewußtsein, die höchste Verwirklichung des Personenseins auch in ihrem Wert als sensus sui zeigt, als Selbstbewußtsein, d. h. als Fundament und Lebenszentrum jeder inneren und äußeren Tätigkeit, jedoch verwirklicht in der unendlich höheren Sphäre der göttlichen Person des Sohnes.
Ferner wird die Wahrheit von Christus aufscheinen, der eine geschichtliche Existenz hat wie eine Persönlichkeit und eine besondere Tatsache („geboren von einer Frau und dem Gesetz unterstellt“, *Gal* 4,4), der aber in sich dem universalen Wert der Menschheit, die gedacht und geschaffen wurde in Gottes „ewigem Ratschluß“, konkrete Gestalt gibt; die Wahrheit von Christus als totale Verwirklichung des ewigen Plans, der sich in dem „Bund“ und das „Reich“ Gottes und des Menschen übersetzt, was wir aus den Propheten und der biblischen Geschichte kennen; die Wahrheit von Christus, dem ewigen Wort, Licht und Grund aller Dinge (vgl. *Joh* 1,4.9 ff.), der der Mensch wird und sich unter den Menschen in der dringlichen Welt und im Herzen der Geschichte vergegenwärtigt, um nach dem Plan Gottes, des Vaters, das ontologische Haupt des Universums zu sein, der Erlöser und Retter aller Menschen, der alle Dinge des Himmels und der Erde erneuert und vereint (vgl. *Eph* 1,10).

7. Weit entfernt von den Versuchungen jedweder Form von materialistischem oder panlogischem Monismus verliert ein neues Nachdenken über dieses Geheimnis des Gottes, der die Menschennatur annimmt, um sie zu vollenden, zu erlösen und in der endgültigen Gemeinschaft seiner Herrlichkeit zu verherrlichen, nichts von seiner Faszination; es läßt seine tiefe Wahrheit und Schönheit auskosten, wenn es im Rahmen der Christologie der

Konzilien und der Kirche entwickelt und interpretiert, auch zu neuen theologischen, philosophischen und künstlerischen Ausdrucksformen (vgl. *Gaudium et spes*, Nr. 62) führt, in denen der menschliche Geist immer besser das erfassen kann, was aus der unendlichen Tiefe der göttlichen Offenbarung hervorgeht.

In deutscher Sprache sagte der Papst:

Liebe Brüder und Schwestern!

In unserer wöchentlichen Katechese verfolgen wir zur Zeit die allmähliche Entfaltung der Lehre über Christus aus der neutestamentlichen Offenbarung. Bei den theologischen Bemühungen, immer tiefer in das Geheimnis des Gottmenschen einzudringen, haben sich die Ökumenischen Konzilien und die Kirchenväter der gängigen Sprache ihrer Zeit bedient. So sprechen sie von zwei Naturen, einer göttlichen und einer menschlichen, die sich in Christus in der einen Person des göttlichen Wortes zu einer innersten Einheit verbinden. Diese Ausdrucksweise ist an keine besonderen Autoren oder theologischen Schulen gebunden.

Manchen Theologen der jüngeren Zeit bereitet diese alte Terminologie jedoch Schwierigkeiten, wenn sie die Wahrheit der Offenbarung über Christus in einer den heutigen wissenschaftlichen und philosophischen Erkenntnissen angemesseneren Sprache darlegen und erklären wollen. Sie lehnen mitunter die Verwendung der Begriffe „Natur" und „Person" in der Christologie völlig ab. Sie bedienen sich dafür oft unbekümmert moderner Terminologien, ohne ihre Eignung immer hinreichend zu prüfen. Dieser neue theologische Sprachgebrauch wirft daher viele neue Fragen und Probleme auf, wenn er nicht die Kontinuität mit den offiziellen Glaubensformeln und -bekenntnissen wahrt.

Nach der Lehre des II. Vatikanischen Konzils ist es für die Theologen durchaus berechtigt, nach einer immer „geeigneteren Weise zu suchen, die Lehre des Glaubens den Menschen ihrer Zeit zu vermitteln". Doch muß hierbei der ursprüngliche Sinn und Inhalt erhalten bleiben (*Gaudium et spes*, Nr. 62). Auch die heutige christologische Glaubensunterweisung muß der ganzen Wahrheit über Christus, wie sie in der Heiligen Schrift geoffenbart und von der Kirche in den frühen Konzilien bekräftigt worden ist, treu bleiben und sie auch den Menschen unserer Zeit ohne Abstriche vermitteln. Erbitten wir darum allen, die heute die Menschen im christlichen Glauben unterweisen, den Katecheten, den Predigern und den Theologieprofessoren, für diese ihre schwierige Aufgabe Gottes Licht und besonderen Beistand.

Mit dieser Einladung zum Gebet grüße ich alle heute anwesenden deutschsprachigen Pilger. Einen besonderen Segenswunsch spreche ich den Pfarrgemeinden St. Peter und Paul in Höhr-Grenzhausen und St. Agatha in Epe anläßlich ihrer Gründungsjubiläen aus. Allen Pilgern erbitte ich gnadenreiche Tage in der Ewigen Stadt und erteile euch und euren Angehörigen in der Heimat für Gottes bleibenden Schutz von Herzen meinen besonderen Apostolischen Segen.

Jesus ist die Frohbotschaft

Ansprache bei der Generalaudienz am 20. April

1. Heute beginnt der letzte Teil unserer Katechesen über Jesus Christus während der Generalaudienzen am Mittwoch. Bis jetzt haben wir zu zeigen versucht, wer Jesus Christus ist. Wir haben das zunächst im Licht der Heiligen Schrift, vor allem der Evangelien, getan. In den letzten Katechesen haben wir dann die Antwort des Glaubens untersucht und dargestellt, die die Kirche auf die Offenbarung Jesu selbst und auf das Zeugnis und die Verkündigung der Apostel im Laufe der ersten Jahrhunderte mit der Abfassung der christologischen Definitionen bei den ersten Konzilien zwischen dem 4. und 7. Jahrhundert gegeben hat. Jesus Christus, wahrer Gott und wahrer Mensch, ist dem Vater (und dem Heiligen Geist) wesensgleich der Gottheit nach, wesensgleich auch uns, der Menschheit nach, Sohn Gottes und geboren aus der Jungfrau Maria. Das ist das zentrale Dogma des christlichen Glaubens, in dem das Geheimnis Christi Ausdruck findet.

2. Zu diesem Geheimnis gehört auch die Mission Jesu Christi. Das Glaubensbekenntnis verbindet diese Sendung mit der Wahrheit über das Sein des Gott-Menschen (Theandrikos) Christus, wenn es mit knappen Worten sagt: „Für uns Menschen und zu unserem Heil ist er vom Himmel gekommen, hat Fleisch angenommen ...“ in unseren Katechesen wollen wir deshalb versuchen, den Gehalt dieser Worte des Credo zu entfalten, indem wir nacheinander die verschiedenen Aspekte der Mission Jesu Christi betrachten.

3. Schon von Beginn des messianischen Wirkens an offenbart Jesus vor allem seine prophetische Sendung. Jesus verkündet das Evangelium. Er selbst sagt, daß er (vom Vater) gekommen ist (vgl. *Mk* 1,38), daß er gesandt worden ist, um das Evangelium vom Reich Gottes zu verkünden (vgl. *Lk* 4,43).
Im Unterschied zu seinem Vorläufer Johannes dem Täufer, der die Menschen, die von überall herkamen, an einem abgelegenen Ort, am Jordan, lehrte, geht Jesus denen entgegen, denen er die Frohbotschaft verkünden soll. In seiner Hinwendung zum Volk kann man eine Widerspiegelung der Dynamik sehen, die dem Geheimnis der Menschwerdung selbst innewohnt: das Zugehen Gottes auf die Menschen. So erzählen uns die Evangelisten, daß Jesus in ganz Galiläa umherzog, in den Synagogen lehrte (vgl. *Mt* 4,23), von Stadt zu Stadt und von Dorf zu Dorf wanderte (vgl. *Lk* 8,1). Aus ihren Texten geht hervor, daß sich die Verkündigung Jesu fast ausschließlich im Gebiet von Palästina abspielte, d. h. zwischen Galiläa und Judäa, mit Abstechern auch nach Samarien (vgl. z. B. *Joh* 4,3–4), der unerläßlichen Verbindung zwischen den beiden Hauptregionen. Aber das Evangelium erwähnt auch das Gebiet von Tyrus und Sidon, d. h. Phönizien (vgl. *Mk* 7,31,31; *Mt* 15,21), und auch die Dekapolis, d. h. das Gebiet von Gerasa am anderen Ufer des Sees von Galiläa (vgl. *Mk* 5,1 auch *Mk* 7,31). Diese Hinweise bezeugen, daß Jesus manchmal über die Grenzen Israels (im ethnischen Sinn) hinausging, auch wenn er wiederholt unterstreicht, daß sich sein Sendungsauftrag hauptsächlich an das Haus Israel

richtet (vgl. *Mk* 15,24). Auch den Jüngern, die er zu einer ersten Probe des Missionsapostolats aussendet, empfiehlt er ausdrücklich: „Geht nicht zu den Heiden, und betretet keine Stadt der Samariter, sondern geht zu den verlorenen Schafen des Hauses Israel" (*Mt* 10,5–6). Aber gleichzeitig führt er eines der bedeutendsten messianischen Gespräche in Samarien beim Brunnen von Sychar (vgl. *Joh* 4,1–26).
Außerdem bestätigen dieselben Evangelisten auch, daß die Volksscharen, die Jesus nachliefen, nicht nur aus Galiläa, Judäa und Jerusalem stammten, sondern auch aus „Idumäa, aus dem Gebiet jenseits des Jordan und aus der Gegend von Tyrus und Sidon" (*Mk* 3,7–8; vgl. auch *Mk* 4,12–15).

4. Auch wenn Jesus klar bekräftigt, daß seine Mission an das „Haus Israel" gebunden ist, gibt er gleichzeitig zu verstehen, daß die von ihm verkündete Lehre, die Frohe Botschaft, für das ganze Menschengeschlecht bestimmt ist. So kündigt er z. B. im Hinblick auf das Glaubensbekenntnis des römischen Hauptmanns an: „Viele werden von Osten und Westen kommen und mit Abraham, Isaak und Jakob im Himmelreich zu Tisch sitzen..." (*Mk* 8,11). Aber erst nach der Auferstehung befiehlt er den Aposteln: „Darum geht zu allen Völkern, und macht alle Menschen zu meinen Jüngern" (*Mt* 28,19).

5. Was ist der wesentliche Inhalt der Lehre Jesu? Man kann mit einem Wort antworten: das Evangelium, d. h. die Frohbotschaft. Denn seine Verkündigung beginnt er mit der Einladung: „Die Zeit ist erfüllt, das Reich Gottes ist nahe. Kehrt um, und glaubt an das Evangelium!" (*Mk* 1,15).
Das Wort „Frohbotschaft" selbst ist ein Hinweis auf das grundlegende Merkmal der Botschaft Christi. Gott will Antwort geben auf die im Menschen tief verwurzelte Sehnsucht nach dem Guten und der Glückseligkeit. Man kann sagen, daß das Evangelium, das diese Antwort Gottes ist, optimistischen Charakter hat.
Es ist jedoch nicht ein rein irdischer Optimismus, ein oberflächlicher Eudämonismus, es ist keine Ankündigung des „Paradieses auf Erden". Die Frohbotschaft Christi stellt an den, der sie hört, wesentliche Anforderungen moralischer Natur. Sie weist auf die Notwendigkeit des Verzichts und Opfers hin und ist endgültig mit dem Heilsmysterium des Kreuzes verbunden.
Im Mittelpunkt der Frohbotschaft steht nämlich das Programm der Seligpreisungen (vgl. *Mt* 5,3–11), das in vollkommener Weise die Art der Glückseligkeit darstellt. Christus ist gekommen, der Menschheit, die hier auf Erden noch auf dem Weg zu ihrer endgültigen und ewigen Bestimmung ist, diese Glückseligkeit zu verkünden und zu offenbaren. Er sagt: „Selig, die arm sind vor Gott; denn ihnen gehört das Himmelreich." Jede der acht Seligpreisungen ist dieser ähnlich strukturiert. Im gleichen Geist nennt Jesus den Knecht „selig", den „der Herr wach – d. h. am Werk – findet, wenn er kommt" (vgl. *Lk* 12,37). Hier kann man auch den eschatologischen und ewigen Ausblick auf die vom Evangelium offenbarte und angekündigte Glückseligkeit erkennen.

6. Die Seligpreisung der Armut führt uns zum Anfang des messianischen Wirkens Jesu zurück, als er in der Synagoge von Nazaret sagt: „Der Geist des Herrn ruht auf mir, denn

der Herr hat mich gesalbt. Er hat mich gesandt, damit ich den Armen eine gute Nachricht bringe“ (*Lk* 4,18). Hier handelt es sich um jene, die nicht nur und nicht so sehr im sozioökonomischen Sinn (ihrer „Klasse“ nach) arm sind, sondern um diejenigen, die geistlich offen sind, die Wahrheit und die Gnade anzunehmen, die vom Vater als Geschenk seiner Liebe kommen; als freies Geschenk (umsonst gegeben), weil sie innerlich frei sind von der Anhänglichkeit an die Güter der Erde und bereit, sie gemäß den Erfordernissen der Gerechtigkeit und Liebe zu nutzen und zu teilen. Für diesen Zustand der vor Gott Armen (’anawim) preist Jesus den Vater, „weil er all das (die großen Dinge Gottes) den Weisen und Klugen verborgen, den Unmündigen aber offenbart hat“ (vgl. *Lk* 10,21).
Damit ist nicht gesagt, daß Jesus Abstand nimmt von den Personen, die in besseren wirtschaftlichen Verhältnissen leben, wie dem Zöllner Zachäus, der auf einen Baum gestiegen war, um ihn zu sehen (vgl. *Lk* 19,29), oder den anderen Freunden Jesu, deren Namen uns von den Evangelien überliefert worden sind. Nach den Worten Jesu sind diejenigen „selig, die arm sind vor Gott“ (*Mt* 5,3), und die, „die das Wort Gottes hören und es befolgen“ (*Lk* 11,28).

7. Ein anderes Kennzeichen der Verkündigung Jesu ist, daß er seinen Zuhörern das Evangelium in einer ihrer Mentalität und Kultur angemessenen Weise zu vermitteln sucht. Da er in den Jahren seines verborgenen Lebens in Nazaret unter ihnen aufgewachsen war und gelebt hatte (er „wuchs heran, und seine Weisheit nahm zu,“ *Lk* 2,52), kannte er Mentalität, Kultur und Tradition seines Volkes, die im Erbe des Alten Testaments tief verwurzelt war.

8. Gerade deshalb kleidet er die Wahrheiten, die er verkündet, sehr oft in die Form von Gleichnissen, wie aus den Texten des Evangeliums hervorgeht, z. B. aus Matthäus, der schreibt: „Dies alles sagte Jesus der Menschenmenge durch Gleichnisse; er redete nur in Gleichnissen zu ihnen. Damit sollte sich erfüllen, was durch den Propheten gesagt worden ist“ (*Mt* 13,34–35).
Gewiß stellte das Reden in Gleichnissen unter Bezugnahme auf Tatsachen und Probleme des Alltags, die alle vor Augen hatten, leichter den Kontakt auch zu einem wenig gebildeten Zuhörer her. (vgl. *Summa Th.*, III, g.42, a.2) Und doch bedurfte das in den Gleichnissen verborgene „Geheimnis des Reiches Gottes“ besonderer Erklärungen, die manchmal von den Aposteln selbst verlangt wurden (vgl. z. B. *Mk* 4,11–12). Zu einem entsprechenden Verständnis konnte man nur mit Hilfe des inneren Lichtes gelangen, das vom Heiligen Geist kommt. Dieses Licht versprach Jesus, und er schenkte es.

9. Wir müssen noch auf ein drittes Merkmal der Verkündigung Jesu hinweisen, das in dem Apostolischen Schreiben *Evangelii nuntiandi*, von Paul VI. nach der Bischofssynode von 1974 veröffentlicht, in bezug auf das Thema der Evangelisierung besonders herausgestellt wurde. In diesem Schreiben lesen wir „Jesus selbst, Frohbotschaft Gottes, ist der allererste und größte Künder des Evangeliums gewesen. Er ist es bis zum Äußersten gewesen, bis zur Vollkommenheit und zur Eingabe seines irdischen Lebens“ (Nr. 7).

Ja, Jesus verkündete nicht nur das Evangelium, sondern er selbst war das Evangelium. Die an ihn geglaubt haben, folgten dem Wort seiner Verkündigung, aber sie folgten noch mehr dem, der es verkündete. Sie sind Jesus gefolgt, weil er „Worte des Lebens“ anbot, wie Petrus nach der Rede des Meisters in der Synagoge von Kafarnaum bekannte: „Herr, zu wem sollen wir gehen? Du hast Worte des ewigen Lebens“ (*Joh* 6,68). Diese Identifizierung des Wortes und des Lebens, des Künders und der verkündeten Botschaft hat sich in vollkommener Weise nur in Jesus verwirklicht. Aus diesem Grund glauben und folgen auch wir ihm, wenn er sich uns als „einziger Lehrer und Meister“ offenbart (vgl. *Mt* 23,8.10).

In deutscher Sprache sagte der Papst:

Liebe Brüder und Schwestern!

Manche Gegner des Christentums werfen uns vor, wir sähen viel zu ernst aus für Menschen, denen doch Jesus von Nazaret eine „Frohe Botschaft“ gebracht habe. Nehmen wir diesen Vorwurf zum Anlaß, auf diese Sendung des Herrn etwas näher einzugehen. Er selbst hat seinen Auftrag so umschrieben: „Ich muß ... die Frohe Botschaft vom Reich Gottes verkünden, denn dazu bin ich gesandt worden“ (*Lk* 4,43).

Im Unterschied zu Johannes, dem Täufer, geht Jesus auf die Menschen zu und sucht sie in ihren Wohnorten auf, um ihnen seine „Gute Nachricht“ zu bringen, die Nachricht von der Liebe Gottes, die jedem bereiten Herzen Versöhnung und Heil schenken möchte. Jesus verkündet diese Botschaft fast ausschließlich im Gebiet von Galiläa und Judäa; er macht jedoch deutlich, daß sie letztlich allen Menschen dieser Erde gilt.

Jesu Worte wollen aufatmen lassen, wollen froh machen, weil sie befreien, versöhnen und aufrichten, allerdings nicht in einem oberflächlichen Sinne. Sie bedeuten nicht die Ankündigung eines „Paradieses auf Erden“. Sie stellen vielmehr auch Forderungen und setzen eine Bekehrung voraus: sie erreichen ihre Wirkung oft erst unter Opfern oder sogar nach einem Kreuzweg. In der Mitte der Frohen Botschaft Jesu stehen die Seligpreisungen der Bergpredigt. Sie verheißen das Heil den „Armen im Geiste“, den „Gewaltlosen“, den „Barmherzigen“, denen mit einem „reinen Herzen“, den „Friedensstiftern“.

Der Herr lehrt diesen Weg zum wahren Leben nicht nur mit Worten, sondern auch mit seiner ganzen Person: Er selbst ist „der Weg, die Wahrheit und das Leben“, wie der Apostel Johannes in seinem Evangelium schreibt (*Joh* 14,6). Darum lädt er uns nicht nur ein, seine Botschaft gläubig anzunehmen, sondern auch, ihm selbst nachzufolgen, mit ihm Freundschaft zu schließen und von ihm tiefer in seine göttliche Lebensmitte eingeführt zu werden.

Mit dieser kurzen Betrachtung zur Sendung Christi, des Sohnes Gottes und unseres Bruders, möchte ich noch einmal auch alle Besucher deutscher Sprache von Herzen grüßen. Einen besonderen, anerkennenden Gruß richte ich an die Pilgergruppe der Raiffeisenbank Kirchheim-Mindelheim in der Diözese Augsburg, die gegenwärtig ihr hundertjähriges Bestehen feiert und dabei auch behinderte Mitmenschen an ihrer Jubiläumsfreude in konkreter Weise teilhaben läßt. Gott lohne euch diese gute Tat und lasse sie für uns alle zum Beispiel werden. Gelobt sei Jesus Christus!

Maria zeigt den Weg der Berufung

Regina caeli am 24. April

Liebe Brüder und Schwestern!

Zum Abschluß dieser herrlichen Feier, die ein Augenblick der Freude für die Kirche ist durch die Erhebung von vier neuen Seligen zur Ehre der Altäre, wenden wir uns dankerfüllt mit dem schönen Gebet des „Regina caeli" an Maria.
In Erinnerung daran, daß heute in der ganzen Kirche der Gebetstag für die geistlichen Berufe begangen wird, denkt man spontan an das Zeugnis, das die neuen Seligen in ihren besonderen Berufungen gegeben haben, und man will die Bedeutung aufzeigen, die die Anwesenheit Marias auf ihrem geistlichen Weg gehabt hat. Der heiligen Jungfrau im Himmel – sagte der sel. Francisco Paleu – kann Jesus Christus keine gerechte und notwendige Bitte versagen, so wie kein Sohn sie der eigenen Mutter versagt. Maria verhalf im Heiligtum von Altötting in Bayern dem sel. Kaspar Stanggassinger zu seiner Entscheidung, bei den Redemptoristen einzutreten. Die umbrischen Heiligtümer der Madonna della Stella und der Madonna delle Lacrime spielten eine bevorzugte Rolle in der Reifung des Priesterberufes des sel. Pietro Bonilli sowie in den verschiedenen Abschnitten seines langen Lebens als Seelsorger und Ordensgründer. Ebenso ließ die sel. Savina Petrilli im Mutterhaus der Schwestern der Armen eine Kapelle zu U. Lb. Frau von der Heimsuchung errichten, um ständig an die konkrete Liebesgeste der Jungfrau gegenüber allen, die in Not sind, zu erinnern.
Indem wir über die Anwesenheit Marias in der Geschichte jeder Berufung nachdenken, bitten wir um ihre gnadenreiche Fürsprache für alle Berufungen, deren Weg gewiß Anforderungen stellt und mühevoll, aber in seinem positiven Abschluß immer auch erhebend und voller Freude ist. Maria sagt heute zu allen jungen Menschen wie in Kana in Galiläa: „Tut, was er euch sagt!" Sie, die Mutter Christi selbst, zeigt ihnen durch ihr eigenes Lebensbeispiel den Weg, den sie gehen sollen.
Unser Gebet bewirke durch die Fürsprache der heiligen Jungfrau beim Herrn eine Neuzunahme heiliger Berufungen.

In deutscher Sprache sagte der Papst:

Einen frohen Gruß richte ich auch an die Freunde und Verehrer von Pater Stanggassinger, die zu seiner heutigen Seligsprechung hier nach Rom gekommen sind, sowie an alle deutschsprachigen Besucher, darunter auch eine Gruppe von Behinderten aus Köln. Der gnädige Gott beschütze und leite euch auf euren Lebenswegen, die so verschieden sind und doch alle, wenn ihr mitwirkt, zur ewigen Seligkeit führen können.

Das Reich Gottes ist nahe

Ansprache bei der Generalaudienz am 27. April

1. „Die Zeit ist erfüllt, das Reich Gottes ist nahe. Kehrt um, und glaubt an das Evangelium!“ (*Mk* 1,15). Jesus Christus wurde vom Vater gesandt, „um den Armen eine gute Nachricht zu bringen“ (vgl. *Lk* 4,18). Er war – und ist – der erste Gesandte des Vaters, der erste „Künder des Evangeliums“, wie wir in der vorhergegangenen Katechese mit den Worten Pauls VI. aus *Evangelii nuntiandi* gesagt haben. Ja, Jesus ist nicht nur Künder des Evangeliums, der Frohbotschaft, sondern er selbst ist das Evangelium (vgl. *Evangelii nuntiandi*, Nr. 7).

In seiner ganzen Sendung, in all seinem Tun und Lehren und am Ende durch seinen Kreuzestod und seine Auferstehung macht er „dem Menschen den Menschen voll kund“ (vgl. *Gaudium et spes*, Nr. 22) und eröffnet ihm den Ausblick auf die Glückseligkeit, zu der Gott ihn von Anfang an berufen und bestimmt hat. Die Botschaft der Seligpreisungen faßt das Lebensprogramm zusammen, das dem angeboten wird, der dem göttlichen Ruf folgen will; sie ist die Synthese des ganzen Ethos des Evangeliums, das mit dem Geheimnis der Erlösung verbunden ist.

2. Die Mission Christi besteht vor allem in der Offenbarung der Frohbotschaft (des Evangeliums), die an den Menschen gerichtet ist. Sie zielt also auf den Menschen ab und ist in diesem Sinn sozusagen „anthropozentrisch“. Zugleich ist sie aber tief verwurzelt in der Wahrheit des Reiches Gottes, in der Ankündigung seines Kommens und seiner Nähe: „Das Reich Gottes ist nahe ... glaubt an das Evangelium!“ (*Mk* 1,15).

Es ist „das Evangelium vom Reich“, und seine in der ganzen Sendung Christi sichtbare Bezugnahme auf den Menschen wurzelt in einer „theozentrischen“ Dimension, die sich Reich Gottes nennt. Jesus verkündet das Evangelium dieses Reiches, und gleichzeitig verwirklicht er das Reich Gottes in der ganzen Entfaltung seiner Sendung; aus ihr heraus wird das Reich schon in der Zeit geboren und entwickelt sich als Samenkorn, das in die Geschichte des Menschen und der Welt eingepflanzt ist. Diese Verwirklichung des Reiches geschieht durch das Wort des Evangeliums und das gesamte Erdenleben des Menschensohnes, das seine Krönung im Ostergeheimnis durch den Kreuzestod und die Auferstehung findet. Durch seinen „Gehorsam bis zum Tod“ (vgl. *Phil* 2,8) hat Jesus den Anfang zu einem neuen Abschnitt der Heilsökonomie gesetzt, deren Entfaltung dann beendet sein wird, wenn Gott „über alles und in allem herrscht“ (vgl. *1 Kor* 15,28). Das Reich Gottes ist wahrhaftig in der Geschichte des Menschen und der Welt angebrochen, auch wenn es im irdischen Ablauf des menschlichen Lebens ständig dem anderen Grundbegriff der geschichtlichen Dialektik begegnet und sich mit ihm auseinandersetzt: dem „Ungehorsam des ersten Adam“, der seinen Geist dem „Herrscher der Welt“ unterworfen hat (vgl. *Röm* 5,19; *Joh* 14,30).

3. Wir berühren hier das Hauptproblem und beinahe den kritischen Punkt der Verwirklichung der Mission Christi, des Sohnes Gottes, in der Geschichte: ein Problem, auf das

wir in einer der folgenden Katechesen zurückkommen müssen. Wenn in Christus das Reich Gottes in der Geschichte des Menschen und der Welt endgültig „nahe", ja gegenwärtig ist, so liegt seine Vollendung doch gleichzeitig in der Zukunft. Deshalb befiehlt Jesus uns zu bitten: „Dein Reich komme" (*Mt* 6,10).

4. Man muß sich dieses Problem vor Augen halten, während wir uns mit dem Evangelium Christi als Frohbotschaft vom Reich Gottes beschäftigen. Es war das Leitmotiv der Verkündigung Jesu, der vom Reich Gottes vor allem in seinen Gleichnissen spricht. Besonders aussagekräftig ist das Gleichnis, das uns das Reich Gottes einem Samenkorn ähnlich vorstellt, das der Sämann auf das von ihm bestellte Feld säte (vgl. *Mt* 13,3–9). Das Samenkorn ist dazu bestimmt, aus seiner inneren Kraft heraus Frucht zu bringen, zweifellos, aber die Frucht hängt auch vom Boden ab, auf den es gefallen ist (vgl. *Mt* 13,19–23).

5. Ein anderes Mal vergleicht Jesus das Reich Gottes (nach Matthäus „das Himmelreich") mit einem Senfkorn, das „das kleinste von allen Samenkörnern ist"; sobald es aber hochgewachsen ist, wird es zu einem dichtbelaubten Baum, „so daß die Vögel des Himmels kommen und in seinen Zweigen nisten" (vgl. *Mt* 13,31–32). Weiter vergleicht er das Wachsen des Reiches Gottes mit dem „Sauerteig", der das Mehl durchsäuert, damit es zu Brot wird, das den Menschen als Nahrung dient (vgl. *Mt* 13,33). Dem Problem des Wachstums des Reiches Gottes auf dem Boden dieser Welt widmet Jesus noch ein anderes Gleichnis, das vom Weizen und dem Unkraut, das der „Feind" auf den mit gutem Samen bestellten Acker säte (vgl. *Mt* 13,24–30). So wachsen auf dem Acker der Welt das Gute und das Böse, sinnbildlich dargestellt im Weizen und Unkraut, zusammen „bis zur Ernte", d. h. bis zum Tag des göttlichen Gerichtes: eine andere bedeutsame Anspielung auf den eschatologischen Ausblick der menschlichen Geschichte. In jedem Fall läßt Jesus uns wissen, daß das Wachstum des Samenkorns, das das „Wort Gottes" ist, davon abhängt, wie es auf dem Boden der menschlichen Herzen aufgenommen wird. Daraus ergibt sich, ob es Frucht bringt, „hundertfach oder sechzigfach oder dreißigfach" (*Mt* 13,23), entsprechend der Aufnahmebereitschaft und der Antwort derer, die es empfangen.

6. In seiner Verkündigung des Reiches Gottes läßt Jesus uns auch wissen, daß es nicht für eine Nation allein oder nur das „auserwählte Volk" bestimmt ist, denn „viele werden von Osten und Westen kommen und mit Abraham, Isaak und Jakob im Himmelreich zu Tisch sitzen" (*Mt* 8,11). Es ist kein Reich im zeitlichen und politischen Sinn. Es ist nicht „von dieser Welt" (vgl. *Joh* 18,36), obwohl es in „diese Welt" eingepflanzt worden ist und hier wachsen und sich entfalten muß. Darum entfernt Jesus sich von der Menschenmenge, die ihn zum König machen wollte. „Da erkannte Jesus, daß sie kommen würden, um ihn in ihre Gewalt zu bringen und zum König zu machen. Daher zog er sich wieder auf den Berg zurück, er allein" (*Joh* 6,15). Und am Vorabend seines Leidens im Abendmahlssaal bittet er den Vater, den Jüngern zu gewähren, entsprechend derselben Auffassung vom Reich Gottes zu leben: „Ich bitte nicht, daß du sie aus der Welt nimmst, sondern daß du sie vor dem Bösen bewahrst. Sie sind nicht von der Welt, wie auch ich nicht von der Welt bin"

(*Joh* 17,15–16). Und weiter: Gemäß der Lehre und Bitte Jesu muß das Reich Gottes in den Herzen der Jünger „in dieser Welt“ wachsen, aber es wird in der zukünftigen Welt seine Vollendung finden: „Wenn der Menschensohn in seiner Herrlichkeit kommt ... Und alle Völker werden vor ihm zusammengerufen werden“ (*Mt* 25,31–32). Wieder ein eschatologischer Ausblick!

7. Wir können unsere Kenntnis vom Reich Gottes, das Jesus verkündet hat, vervollständigen, indem wir unterstreichen, daß es das Reich des Vaters ist, an ihn sollen wir uns wenden – so lehrt uns Jesus – mit der Bitte, daß es komme: „Dein Reich komme“ (*Mt* 6,10; *Lk* 11,2). Der himmlische Vater seinerseits bietet den Menschen (durch Christus und in Christus) die Vergebung ihrer Sünden und das Heil. Voll Liebe wartet er auf ihre Rückkehr, wie im Gleichnis der Vater auf die Rückkehr des verlorenen Sohnes wartet (vgl. *Lk* 15,20–32), weil Gott wahrhaftig „voll Erbarmen“ ist (*Eph* 2,4).
In diesem Licht steht das ganze Evangelium der Bekehrung, das Jesus von Anfang an verkündet hat: „Kehrt um, und glaubt an das Evangelium!“ (*Mk* 1,15). Die Umkehr zum Vater, zu Gott, der „die Liebe ist“ (vgl. *Joh* 4,16), ist mit der Annahme der Liebe als „neues“ Gebot verbunden: der Liebe zu Gott, „dem wichtigsten und ersten Gebot“ (vgl. *Mt* 22,38), und der Liebe zum Nächsten, die „ebenso wichtig ist“ (*Mt* 22,39). Jesus sagt: „Ein neues Gebot gebe ich euch: Liebt einander! Wie ich euch geliebt habe, so sollt auch ihr einander lieben“ (*Joh* 13,34). Hier sind wir beim Wesen des „Reiches Gottes“ im Menschen und in der Geschichte angelangt. So muß das Gesetz, d. h. das sittliche Erbe des Alten Bundes, sich erfüllen und seine göttlich-menschliche Vollendung finden. Jesus selbst erklärt in der Bergpredigt: „Denkt nicht, ich sei gekommen, um das Gesetz und die Propheten aufzuheben, sondern um zu erfüllen“ (*Mt* 5,17).
Allenfalls befreit er den Menschen vom „Buchstaben des Gesetzes“, um ihn in seinen Geist einzuführen, denn – wie der hl. Paulus sagt – „der Buchstabe tötet, der Geist aber macht lebendig“ (*2 Kor* 3,6). Die Liebe zum Bruder als Wiederschein und Teilhabe an der Liebe Gottes ist also der Hauptantrieb des neuen Gebotes, das gleichsam die konstitutionelle Grundlage des Reiches Gottes bildet (vgl. *Summa Th.*, I–II, q. 106, a. 1; q. 107, aa. 1–2).

8. Unter den Gleichnissen, in denen Jesus seine Predigt vom Reich Gottes mit Vergleichen und Sinnbildern ausstattet, ist auch das vom königlichen Hochzeitsmahl (*Mt* 22,2). Das Gleichnis erzählt, daß viele ursprünglich eingeladene Gäste nicht zum Mahl kamen und verschiedene Entschuldigungen und Vorwände erfanden, um sich ihm zu entziehen. Da ließ der König „von den Straßen“ andere Leute zur Teilnahme an seinem Mahl hereinrufen. Aber unter den Gästen zeigten sich nicht alle der Einladung würdig, weil ihnen das vorgeschriebene „Hochzeitsgewand“ fehlte.
Dieses Gleichnis vom Hochzeitsmahl, verglichen mit dem vom Sämann und dem Samenkorn, führt uns zur gleichen Schlußfolgerung: Wenn nicht alle Gäste am Mahl teilhaben und nicht alle Samenkörner Frucht bringen, hängt es von der Bereitschaft ab, mit der man auf die Einladung antwortet oder im Herzen den Samen des Wortes Gottes aufnimmt. Es hängt von der Weise ab, in der man Christus aufnimmt, der der Sämann, aber auch der

Königssohn und der Bräutigam ist, als der er sich mehrmals vorstellt: „Können denn die Hochzeitsgäste fasten, solange der Bräutigam bei ihnen ist?“ (*Mk* 2,19) fragte er einmal, als man ihn auf die Strenge Johannes des Täufers hinwies. Und er selbst gab die Antwort: „Solange der Bräutigam bei ihnen ist, können sie nicht fasten“ (*Mk* 2,19).
Das Reich Gottes ist also wie ein Hochzeitsmahl, zu dem der himmlische Vater die Menschen zur Gemeinschaft in Liebe und Freude mit seinem Sohn einlädt. Alle sind dazu gerufen und eingeladen: aber jeder ist verantwortlich für seine eigene Zustimmung oder Weigerung, sein eigenes Entsprechen oder Nichtentsprechen dem Gesetz gegenüber, von dem das Hochzeitsmahl bestimmt wird.

9. Es ist das Gesetz der Liebe: sie hat ihren Ursprung in der göttlichen Gnade im Menschen, der sie aufnimmt und bewahrt, indem er in lebendiger Weise am Ostergeheimnis Christi teilhat. Diese Liebe verwirklicht sich in der Geschichte trotz aller Weigerung von seiten der Eingeladenen, trotz ihrer Unwürde. Der Christ hat die Hoffnung, daß die Liebe sich auch in allen „geladenen Gästen“ verwirklicht. Gerade weil das österliche „Ausmaß“ dieser bräutlichen Liebe das Kreuz ist, ist sein eschatologischer Ausblick in der Geschichte durch die Auferstehung Christi eröffnet. Durch ihn hat uns der Vater der Macht der Finsternis entrissen und in das Reich seines geliebten Sohnes aufgenommen (vgl. *Kol* 1,13). Wenn wir dem Ruf und der Anziehungskraft des Vaters folgen, „haben wir die Erlösung“ und das ewige Leben.

In deutscher Sprache sagte der Papst:

Liebe Brüder und Schwestern!

Christus beginnt seine öffentliche Sendung mit dem Aufruf: „Die Zeit ist erfüllt, das Reich Gottes ist nahe. Kehrt um, und glaubt an das Evangelium!“ (*Mk* 1,15). Er verkündet und ist selbst in seiner Person die Frohe Botschaft an die Menschen. Sein Evangelium richtet sich an den Menschen und ist doch zutiefst in der Wahrheit vom Reich Gottes verwurzelt. Im Kommen und Wirken Christi bricht das Reich Gottes unter uns an, in ihm beginnt es sich bereits in der Welt zu verwirklichen. Aber erst am Ende der Zeit, wenn Gott „herrschen wird über alles und in allem“ (*1 Kor* 15,28), wird das Reich Gottes seine vollkommene Verwirklichung und Vollendung erlangen.
Noch heißt uns Christus im Vaterunser beten: „Dein Reich komme!“ (*Mk* 6,10). Er spricht von ihm zu uns in vielfältigen Gleichnissen. So vergleicht Christus das Reich Gottes mit einem Samen, den ein Sämann auf den Acker sät, damit er viel Frucht bringt; ferner mit einem Senfkorn, das zu einem großen Baum heranwächst, in dem die Vögel des Himmels nisten; oder mit dem Sauerteig, der alles durchsäuert.
Christus unterstreicht in seiner Verkündigung besonders, daß sein Reich nicht von dieser Welt ist und daß alle Menschen dazu eingeladen sind. Das Gleichnis vom guten Samen und dem Unkraut lehrt uns, daß das Reich Gottes noch mit den gottwidrigen Mächten im Kampf steht. Dieser Kampf trägt sich in unseren Herzen zu. Das Reich Gottes bricht in dem Maße in der Welt an, wie wir ihm in unseren Herzen Raum gewähren; in dem Maße, wie wir nicht unseren, sondern Gottes Willen tun. Darum verbindet Christus die Ankündigung des Reiches Gottes zugleich mit dem Aufruf zur Umkehr, zur Bekehrung unserer

Herzen gemäß dem ersten und wichtigsten Gebot der Gottes- und Nächstenliebe. Das Reich Gottes ist das ewige Hochzeitsmahl, das der Vater für seinen Sohn bereitet und zu dem alle Menschen eingeladen sind, an dem wir aber nur mit einem „hochzeitlichen Gewand“ wirklich Anteil erhalten.

Laßt uns, liebe Brüder und Schwestern, unserer Berufung durch Christus in seine Kirche wieder neu froh und dankbar bewußt werden. Das wünsche und erbitte ich euch als Gnade eurer Rompilgerfahrt. Von Herzen grüße ich euch alle und heiße euch willkommen bei der heutigen Audienz: die genannten Gruppen und auch alle einzelnen Pilger und Familien aus Deutschland, Österreich, der Schweiz und Südtirol. Ein besonders herzlicher Gruß gilt darunter den zahlreichen Jugendlichen. Gott segne und beschütze euch und schenke euch allen wieder eine glückliche Heimkehr!

Von der Wahrheit Zeugnis geben

Ansprache bei der Generalaudienz am 4. Mai

1. „Ich bin dazu geboren und dazu in die Welt gekommen, daß ich für die Wahrheit Zeugnis ablege“ (*Joh* 13,37). Als Pilatus während der Gerichtsverhandlung Jesus fragte, ob er König sei, erhielt er zuerst die Antwort: „Mein Königtum ist nicht von dieser Welt ...“ Als der römische Prokurator weiterfragte: „Also bist du doch ein König?“, bekam er zur Antwort: „Du sagst es; ich bin ein König“ (vgl. *Joh* 18,33–37). Dieser gerichtliche Dialog, der im Johannesevangelium aufgezeichnet ist, erlaubt uns, an die vorhergegangene Katechese anzuknüpfen, deren Thema die Botschaft Christi vom Reich Gottes war. Zugleich erschließt er unserem Geist noch eine andere Dimension oder einen anderen Aspekt des Sendungsauftrags Christi, der mit den Worten: „für die Wahrheit Zeugnis ablegen“ beschrieben wird. Christus ist König und „dazu in die Welt gekommen, um für die Wahrheit Zeugnis abzulegen“. Er selbst bestätigt es und fügt hinzu: „Jeder, der aus der Wahrheit ist, hört auf meine Stimme“ (*Joh* 18,37). Diese Antwort öffnet unseren Augen neue Horizonte sowohl über die Mission Christi als auch über die Berufung des Menschen und insbesondere über die Verwurzelung der Berufung des Menschen in Christus.

2. Durch die an Pilatus gerichteten Worte hebt Jesus das hervor, was in seiner ganzen Lehre wesentlich ist. Zugleich nimmt er gewissermaßen das voraus, was seine bedeutsame Botschaft ausmacht, die im Osterereignis, d. h. in seinem Kreuzestod und seiner Auferstehung, enthalten ist.

Während sie von den Reden Jesu sprachen, brachten sogar seine Gegner auf ihre Weise die grundlegende Bedeutung seiner Lehre zum Ausdruck, als sie zu ihm sagten: „Meister, wir wissen, daß du immer die Wahrheit sagst, denn du ... lehrst wirklich den Weg Gottes“ (*Mk* 12,14). Jesus war also der Meister auf dem „Weg Gottes“: ein Ausdruck alten biblischen und außerbiblischen Ursprungs zur Bezeichnung einer Religions- und Heilslehre. Was die Zuhörer Jesu im allgemeinen betrifft, so waren sie von einem anderen Aspekt seines Lehrens beeindruckt, wie die Evangelisten bezeugen: „... die Menschen waren sehr betroffen von seiner Lehre; denn er lehrte sie wie einer, der (göttliche) Vollmacht hat, nicht wie die Schriftgelehrten“ (*Mk* 1,22). „... er redete mit (göttlicher) Vollmacht“ (*Lk* 4,32). Diese Vollmacht und Befugnis war vor allem in der Kraft der Wahrheit begründet, die in der Lehre Christi enthalten war. Die Zuhörer und die Jünger nannten ihn „Meister“, aber nicht so sehr in dem Sinn, daß er das Gesetz und die Propheten kannte und klug kommentierte wie die Schriftgelehrten, sondern aus einem viel tieferen Grund: „Er redete mit Vollmacht“, das war die Vollmacht der Wahrheit, deren Quelle Gott selbst ist. Jesus sagte: „Meine Lehre stammt nicht von mir, sondern von dem, der mich gesandt hat“ (*Joh* 7,16).

3. In diesem Sinn, der auf Gott Bezug nimmt, war Jesus der Meister: „Ihr sagt zu mir Meister und Herr, und ihr nennt mich mit Recht so, denn ich bin es“ (*Joh* 13,13). Er war der Meister der Wahrheit, die Gott ist. Für diese Wahrheit legte er bis zum Ende Zeugnis ab mit der Vollmacht, die ihm von oben gegeben war: wir können sagen, mit der Vollmacht dessen, der in der Sphäre der Wahrheit „König“ ist.
Schon in den vorangegangenen Katechesen haben wir die Aufmerksamkeit auf die Bergpredigt gelenkt, in der Jesus sich selbst offenbart als derjenige, der nicht gekommen ist, „das Gesetz oder die Propheten aufzuheben“, sondern „sie zu erfüllen“. Diese „Erfüllung“ des Gesetzes war ein Werk der Königsherrschaft und der „Vollmacht“: der Königsherrschaft und der Vollmacht der Wahrheit, die über das Gesetz entscheidet, über seinen göttlichen Ursprung, über seine fortschreitende Offenbarung in der Welt.

4. Die Bergpredigt läßt diese Vollmacht durchblicken, mit der Jesus seine Mission vollbringen will. Einige aussagekräftige Stellen: „Ihr habt gehört, daß zu den Alten gesagt worden ist: ‚Du sollst nicht töten!‘, ich aber sage euch ...“, „Ihr habt gehört, ...: ‚Du sollst nicht die Ehe brechen!‘, ich aber sage euch ...“, „daß gesagt worden ist: ‚Du sollst keinen Meineid schwören!‘, ich aber sage euch...“ Nach jedem „ich aber sage euch“ folgt eine bedeutsame Auslegung jener Wahrheit der menschlichen Lebensführung, die in den einzelnen Geboten Gottes enthalten ist. Jesus kommentiert die Texte des Alten Testaments nicht nach Menschenart, wie ein Schriftgelehrter, sondern er spricht mit der Vollmacht des Gesetzgebers selbst. Es ist die Vollmacht, das Gesetz zu bestimmen, die Königsherrschaft. Es ist zugleich die Vollmacht der Wahrheit, dank derer das neue Gesetz zur bindenden Grundlage der Lebensführung für den Menschen wird.

5. Als Jesus in der Bergpredigt mehrmals die Worte spricht: „Ich aber sage euch“, finden sich in seiner Ausdrucksweise das Echo und der Widerschein der Texte der biblischen Tradition, die oft wiederholen: „So spricht der Herr, der Gott Israels“ (*2 Sam* 12,7), „... Jakob, ... so spricht der Herr, dein Schöpfer“ (*Jes*, 44,1–2). „So spricht der Herr, euer Erlöser, der Heilige Israels“ (*Jes* 43,14). Und Jesus knüpft noch unmittelbarer auf die Bezugnahme zu Gott an, die immer wieder aus dem Mund Moses kam, als dieser Israel das Gesetz – das „alte“ Gesetz – gab. Weitaus stärker als die von Mose ist die Autorität, die Jesus sich zuschreibt in der „Erfüllung des Gesetzes und der Propheten“,

kraft der Sendung, die er von oben erhalten hat: nicht auf dem Berg Sinai, sondern im erhabenen Geheimnis seiner Beziehung zum Vater.

6. Jesus besitzt ein klares Bewußtsein von dieser Mission, die von der Vollmacht der aus der göttlichen Quelle selbst geschöpften Wahrheit gestützt wird. Es besteht eine enge Verbindung zwischen seiner Antwort an Pilatus: „Ich bin dazu ... in die Welt gekommen, daß ich für die Wahrheit Zeugnis ablege" (*Joh* 18,37) und seiner Erklärung vor den Zuhörern: „Meine Lehre stammt nicht von mir, sondern von dem, der mich gesandt hat" (*Joh* 7,16). Der Leitgedanke und die Verbindung dieser und anderer Erklärungen Jesu über die „Vollmacht der Wahrheit", mit der er lehrt, kommt aus seinem Bewußtsein von der von oben empfangenen Sendung.

7. Jesus ist sich dessen bewußt, daß sich in seiner Lehre die ewige Weisheit den Menschen offenbart. Deshalb weist er diejenigen zurecht, die sich weigern, ihn aufzunehmen, und zögert nicht, an die „Königin des Südens" (die Königin von Saba) zu erinnern, die gekommen war, „um die Weisheit Salomos zu hören", wobei er sofort bekräftigt: „Hier aber ist einer, der mehr ist als Salomo" (*Mt* 12,42). Er weiß auch und verkündet offen, daß die Worte, die der göttlichen Weisheit entspringen, „nicht vergehen werden": „Himmel und Erde werden vergehen, aber meine Worte werden nicht vergehen" (*Mk* 13,31). Denn sie enthalten die Kraft der Wahrheit, die unzerstörbar und ewig ist. Es sind also „Worte des ewigen Lebens", wie der Apostel Petrus in einem schwierigen Augenblick bekannt hat, als viele von denen, die gekommen waren, um Jesus zu hören, sich zurückzogen, weil sie ihn nicht mehr verstehen konnten und seine Worte, die das Geheimnis der Eucharistie ankündigten, nicht annehmen wollten. (vgl. *Joh* 6,66).

8. Hier stößt man auf das Problem der Freiheit des Menschen, die in der Lehre Christi enthaltene ewige Wahrheit anzunehmen oder nicht, die gewiß gültig ist, um den Menschen aller Zeiten – und damit auch unseren Zeitgenossen – eine Antwort zu geben, die ihrer auf die Ewigkeit hin ausgerichteten Berufung entspricht. Angesichts dieses Problems, das eine theologische, aber auch anthropologische Dimension hat (die Reaktions- und Verhaltensweise des Menschen gegenüber einem Angebot der Wahrheit), genügt es heute, darauf hinzuweisen, was das II. Vatikanische Konzil besonders in bezug auf die außerordentliche Empfänglichkeit des Menschen von heute gesagt hat. Es bekräftigt zuerst, daß „die Menschen ihrerseits verpflichtet sind, die Wahrheit, besonders in dem, was Gott und seine Kirche angeht, zu suchen", aber auch, daß „die Wahrheit nicht anders Anspruch erhebt als Kraft der Wahrheit selbst, die sanft und zugleich stark den Geist durchdringt" (vgl. *Dignitatis humanae*, Nr. 1). Das Konzil erinnert außerdem an die Pflicht der Menschen, „an der erkannten Wahrheit festzuhalten und ihr ganzes Leben nach den Forderungen der Wahrheit zu ordnen". Dann fügt es hinzu: „Der Mensch vermag aber dieser Verpflichtung auf die seinem eigenen Wesen entsprechende Weise nicht nachzukommen, wenn er nicht im Genuß der inneren, psychologischen Freiheit und zugleich der Freiheit von äußerem Zwang steht" (*ebd.*, Nr. 2).

9. Und hier die Sendung Christi als Meister der ewigen Wahrheit. Das Konzil erinnert dann noch einmal: „Gott ruft die Menschen zu seinem Dienst im Geist und in der Wahrheit, ... denn er nimmt Rücksicht auf die Würde der von ihm geschaffenen menschlichen Person ...“ Es fügt hinzu, daß dies „vollendet in Christus Jesus erschienen (ist), in dem Gott sich selbst und seine Wege vollkommen kundgetan hat. Denn Christus, unser Meister und Herr und zugleich sanft und demütig von Herzen, hat seine Jünger in Geduld zu gewinnen gesucht und eingeladen. Gewiß hat er seine Predigt mit Wundern unterstützt und bekräftigt, um den Glauben der Hörer anzuregen und zu bestätigen, nicht aber um einen Zwang auf sie auszuüben.“
Am Schluß verbindet das Konzil diese Dimension der Lehre Christi mit dem Ostergeheimnis. „Schließlich hat er durch das Erlösungswerk am Kreuz, um den Menschen das Heil und die wahre Freiheit zu erwerben, seine Offenbarung zur Vollendung gebracht. Er gab der Wahrheit Zeugnis, und dennoch wollte er sie denen, die ihr widersprachen, nicht mit Gewalt aufdrängen. Sein Reich wird ja nicht mit dem Schwert beschützt, sondern wird gefestigt im Bezeugen und Hören der Wahrheit und wächst in der Kraft der Liebe, in der Christus, am Kreuz erhöht, die Menschen an sich zieht“ (*ebd.*, Nr. 11). Wir können schon jetzt daraus schließen: Wer aufrichtig die Wahrheit sucht, wird in der Lehre des gekreuzigten Christus auch mühelos die Lösung für das Problem der Freiheit finden.

In deutscher Sprache sagte der Papst:

Liebe Brüder und Schwestern!

Ihr kennt aus der Passionsgeschichte der Evangelien gewiß die feierliche Szene vor Pilatus, als Jesus dem römischen Richter den Sinn seines irdischen Lebens erklärt und aussagt: „Ich bin dazu geboren und dazu in die Welt gekommen, daß ich für die Wahrheit Zeugnis ablege“ (*Joh* 18,37). Alle Worte und Taten Jesu sollen diesem einen Ziel dienen: die Wahrheit bezeugen. Und die Menschen verstehen, welche Art von Wahrheit der Herr meint: die Wahrheit über Gott, die Wahrheit vom Menschen, die Wahrheit von der Erlösung aus der Sünde zu ewigem Leben. „Du lehrst wirklich den Weg Gottes“ (*Mk* 12,14), so faßt ein Zuhörer seinen Eindruck zusammen.
Andere bemerken den großen Unterschied des Lehrens Jesu zu dem ihrer Schriftgelehrten; von ihm sagen sie anerkennend: „Er redete mit Vollmacht“ (*Lk* 4,32). So beginnen sie zu ahnen, daß er Gottes Vollmacht selbst vertritt und nicht auf die Schriften des Mose angewiesen ist, um Gottes Wahrheit zu wissen und auszulegen. Er kennt diese Wahrheit von innen her, von Natur aus, mit dem Herzen. So kann er sich in der Bergpredigt deutlich von den bisherigen religiösen Traditionen Israels absetzen und mehrmals betonen: „ich aber sage euch ...“ (*Mt* 5,23 ff.). Ein solcher Sprachgebrauch kommt dem Gesetzgeber selbst zu, nicht einem bloßen Ausleger des Gesetzes. Folgerichtig kann Jesus in seiner Verkündigung von sich sagen: „Hier aber ist einer, der mehr ist als Salomo“ (*Mt* 12,42), und: „Meine Worte werden nicht vergehen“ (*Mk* 13,31).
Der Grund dieses hohen Anspruches liegt aber nicht etwa in einer stolzen Anmaßung Jesu, sondern in seinem sicheren Bewußtsein, im direkten Auftrag Gottes, seines ewigen Vaters, zu handeln. So sagt er von der Wahrheit, die er verkündet: „Meine Lehre stammt nicht von mir, sondern von dem, der mich gesandt hat“ (*Joh* 7,16). Und so sehr er vom ab-

soluten Wert dieser Wahrheit überzeugt ist, so behutsam und rücksichtsvoll bringt er sie den Menschen nahe. Denn der Respekt vor der menschlichen Person und vor dem Wert einer freien Zustimmung gehört eben auch zu dieser Wahrheit Gottes. Hierzu hat das II. Vatikanische Konzil festgestellt: „Sein Reich wird ja nicht mit dem Schwert erstritten, sondern baut sich auf im Bezeugen und Hören der Wahrheit und wächst in der Kraft der Liebe in der Christus, am Kreuz erhöht, die Menschen an sich zieht“ (*Erklärung über die Religionsfreiheit*, 11).
Mit dieser kurzen Erinnerung an die göttliche Grundlage unseres christlichen Glaubens grüße ich noch einmal alle Besucher deutscher Sprache und verspreche euch mein Gebet, auf daß euer Glaube stark bleibe und euch Freude und Zuversicht schenke für euren Lebensweg. Gelobt sei Jesus Christus!

Geist der Wahrheit erobert die Menschen

Regina caeli am 22. Mai

Liebe Brüder und Schwestern!

1. Das heutige Pfingstfest ist von besonderer Bedeutung, weil es die Gedanken auf die Eröffnung des Marianischen Jahres lenkt.
Dieses Zusammentreffen will uns daran erinnern, daß das Kommen des Heiligen Geistes in die Welt eng mit der Anwesenheit Marias unter uns verknüpft ist. Der Heilige Geist schenkt uns Maria, und Maria führt uns zum Heiligen Geist.
Der Heilige Geist und die Gottesmutter stehen am Beginn der Kirche.
Maria hat der Kirche ihren Gründer geschenkt: unseren Herrn Jesus Christus. Der Geist schenkt der Kirche Leben und Kraft, zu wachsen und sich bis an die Grenzen der Erde auszubreiten.
In der Kirche gegenwärtig von ihrer Geburtsstunde an, flehen der Heilige Geist und Maria – während des ganzen Ablaufs der Geschichte – mit allen Jüngern des Herrn Jesus um sein Wiederkommen in Herrlichkeit.

2. Wie ich in der Enzyklika *Dominum et vivificantem* sagte, gehört das Pfingstgeschehen geistig gesehen „nicht nur der Vergangenheit an: Die Kirche ist immer im Abendmahlssaal, sie trägt ihn im Herzen. Die Kirche verweilt im Gebet wie die Apostel zusammen mit Maria, der Mutter Christi“ (Nr. 66).
Mit dem Heiligen Geist und dem Gebet Marias vereint, kann die Kirche ein immerwährendes Pfingsten leben. Indem sie sich mit dem Gebet des Heiligen Geistes und Marias verbindet, schöpft sie im Ablauf der Jahrhunderte die Kraft, der ihr von unserem Herrn Jesus anvertrauten Mission treu zu bleiben, durch immer neue Söhne und Töchter zu wachsen, immer neue Initiativen der Nächstenliebe und Heiligkeit zu verwirklichen und die Macht des Bösen endgültig zu besiegen.
Das ganze Geheimnis unseres Weges der Heiligung, unseres Lebens in Gemeinschaft mit Christus und der Kirche beruht darin, daß wir uns mit diesen „unaussprechlichen Seuf-

zern“ des Geistes, wie der hl. Paulus sagt (vgl. *Röm* 8,26), mit diesem geheimnisvollen „Eintreten“ des Geistes verbinden, der allein den Willen Gottes und seinen Heilsplan für uns kennt. Um diesen Plan zu verwirklichen, müssen wir „die Absicht des Geistes“ (*Röm* 8,27) erlernen. Nur so können wir im Namen Christi beten und das Erbarmen des Vaters erlangen.

3. Maria, ihrerseits, hilft uns, die Stimme des Geistes zu unterscheiden, uns seinem lebenspendenden und befruchtenden Anhauch zu öffnen und in Demut und Vertrauen bereit zu sein, auf das zu hören und es uns zu eigen machen, was der Geist von sich aus oder durch die Kirche uns sagen will.
Maria lehrt uns, für alle Zuflüsse der Wahrheit offen zu sein, von wo und wie auch immer sie zu uns gelangen mag. „Welche Wahrheit auch immer, von wem sie auch gesagt wird, kommt vom Heiligen Geist“, stellt der hl. Thomas fest (Thomas v. Aquin, *Komm. zum Johannesevang.* 1,4b, lect. III, Nr. 103).
Das Brausen am Pfingsttag ist der Sturm der Wahrheit, der die Welt, die Gewissen und Herzen der Menschen erobert. Und Maria steht im Mittelpunkt dieses Ereignisses, dieses Heilsweges.
Bitten wir sie von neuem, uns bereit zu machen für die Stimme des Geistes!

Ich war überall zu Hause

Ansprache bei der Generalaudienz am 25. Mai

1. Im Jahr 1992 wird das große geschichtliche Jubiläum der Entdeckung Amerikas und zugleich des Beginns der Evangelisierung auf dem ganzen Kontinent gefeiert. Die Kirche in Lateinamerika bereitet sich auf dieses Datum mit einer Jahresnovene vor, die in Santo Domingo im Herbst 1984 begonnen hat. Der Pastoralbesuch, den ich vom 7. bis 18. Mai abstatten konnte, steht damit in direktem Zusammenhang. Diesmal umfaßte die Strecke der päpstlichen Pilgerfahrt drei Nationen: Uruguay, Bolivien, Paraguay und die Hauptstadt von Peru, Lima, die ich am Sonntag, den 15. Mai, zum Abschluß des Eucharistischen und Marianischen Kongresses der Bolivar-Länder besuchte.
Ich möchte vor allem der Göttlichen Vorsehung Dank sagen für diesen Dienst, den ich zu meiner Freude im Marianischen Jahr leisten konnte. Zugleich möchte ich allen danken: denen, die mich eingeladen hatten, denen, die an den Vorbereitungen des Besuches mitgearbeitet haben, allen, denen ich während der Reise begegnen konnte. Diesen Dank richte ich auch an die Vertreter der staatlichen Obrigkeiten der einzelnen Länder und an alle administrativen, staatlichen und militärischen Einrichtungen, insbesondere an die Mitglieder des vielfachen Dienstes der öffentlichen Ordnung und der sozialen Kommunikation.
Natürlich gilt mein Dank in besonderer Weise den Bischöfen, d. h. meinen Brüdern im Bischofsamt, zusammen mit ihren Priestern und allen Ordensmännern und -frauen. Ich danke auch den verschiedenen Gruppen der Gesellschaft und des Volkes Gottes. Auf allen Reiseetappen fühlte ich mich willkommen und erwünscht von der Bevölkerung; ich

fand mich bei ihnen nicht nur zu Gast, sondern als einer, der die Seinen besucht. Überall konnte ich mich wirklich „zu Hause“ fühlen.

2. In diesem Bericht möchte ich vor allem ein geographisches Bild von dieser apostolischen Pilgerfahrt zeichnen, angefangen bei Uruguay. Der Besuch in diesem Land war in gewissem Sinn die Vervollständigung der Begegnung, die im vergangenen Jahr in Montevideo stattgefunden hatte. Die Hauptstadt hat bekanntlich eine wichtige Rolle bei der Lösung der Ende 1978 entstandenen Spannungen zwischen Argentinien und Chile gespielt. Im vergangenen Jahr, beim Besuch der beiden Länder, um Gott zu danken für die glückliche Lösung des Problems durch die Vermittlung des Apostolischen Stuhls, schien es angemessen, in Montevideo Halt zu machen, in der Stadt, wo die Versöhnung zwischen Chile und Argentinien dank des Einsatzes des verstorbenen Kardinals Antonio Samoré begonnen hatte.
Der diesjährige Besuch sollte dem pastoralen Sinn nach die Begegnung vom vergangenen Jahr vervollständigen. Deshalb wurde der Aufenthalt in Montevideo auf drei weitere Orte ausgedehnt, die für die Geschichte der Evangelisierung und des kirchlichen Aufbaus von Bedeutung sind. Es handelte sich vor allem um die beiden alten Bischofssitze Melo und Salto und um die Stadt Florida mit dem nationalen Marienheiligtum „Virgen de los Treinta y Tres“, wo die Priesterweihen stattgefunden haben. Der Name des Heiligtums erinnert an die 33 Nationalhelden, die ebendort am 25. August 1825 den Eid auf die erste Verfassung von Uruguay schworen und die nationale Unabhängigkeit festlegten.

3. Ich konnte dann erstmals Bolivien besuchen. Ich habe mich mit der reichen und verschiedenartigen „Geographie“ dieses riesigen Landes (über eine Million qkm) vertraut gemacht, wo die zentrale Hochebene von ca. 4000 Meter Höhe zu Füßen der Bergkette der Bolivianischen Anden allmählich in ein weit ausgedehntes Flachland übergeht, das den größten Teil des bolivianischen Territoriums umfaßt.
Das fünftägige Besuchsprogramm ist den geographischen Merkmalen des Landes angepaßt worden: Angefangen von La Paz, der jetzigen Landeshauptstadt, in Richtung Cochabamba und dann wieder auf das Hochland zu, um die Berg- und Landarbeiter in Oruro zu treffen. Von Cochabamba zur ehemaligen Hauptstadt Sucre, dem ältesten Bischofssitz in dem weiten südamerikanischen Territorium, das damals größer als das jetzige Bolivien war. Von Sucre, wo der betagte Kardinal Maurer residiert, nach Santa Cruz, der zweitgrößten bolivianischen Stadt, und von da aus nach Süden, nach Tarija, nahe der argentinischen Grenze, wo eine unvergeßliche Begegnung mit den Kindern stattfand. Schließlich nach Norden, in den „grünsten“ und am dünnsten besiedelten Teil, nach Trinidad, dem Sitz eines der sechs Apostolischen Vikariate.
Das Pastoralprogramm war reichhaltig und vielfältig. Es bot die Möglichkeit, mit allen Gruppen der Gesellschaft und der Kirche Boliviens zusammenzutreffen. Es ist jetzt schwer, die Einzelheiten aufzuzählen, aber auf eine wenigstens muß hingewiesen werden. Bolivien ist ein Land, wo die Mehrheit der Bevölkerung (65 Prozent) aus den Nachkommen der Ureinwohner, der Indios, besteht. Ihre Anwesenheit in diesem Land, unter den schwierigen Bedingungen von Gebirge und Flachland, reicht Jahrtausende zurück.

Ebenso alt ist ihre kulturelle Tradition, die sie bewahrt haben, auch seit sie vor 450 Jahren das Evangelium angenommen haben. In der Nachfolge Christi haben die Indios eine Stütze auch für ihre traditionelle Moral gefunden, der sie im persönlichen, familiären und sozialen Leben treu geblieben sind. Auf sie scheint sich in besonderer Weise das Thema des Evangeliums von den Armen beziehen zu können, nicht nur im materiellen, sondern auch im geistlichen Sinn: „die arm sind vor Gott." (*Mt* 5,3).
Die Begegnung mit ihnen hat sich meinem Gedächtnis tief eingeprägt. Insgesamt hat mich die bolivianische Gesellschaft in allen Besuchsetappen sehr beeindruckt; aber einen besonders tiefen Eindruck in mir haben die Aymara, die Quechua, die Uru und die Gipaya hinterlassen, alles Völker, die ihre ethnische und anthropologische Identität verteidigen.

4. Der Eucharistische Kongreß der Bolivar-Länder in Lima, der peruanischen Hauptstadt, die heute über sechs Millionen Einwohner zählt, war ein weiterer Abschnitt meiner Pilgerfahrt im südamerikanischen Kontinent. Am Eucharistischen Kongreß vom 7.15. Mai nahmen Vertreter der Kirchen aus den folgenden Ländern teil: Kolumbien, Venezuela, Panama, Ecuador, Bolivien und Peru. Diese Nationen sind durch die Geschichte, die an den Namen von Bolivar, des „Libertador" (Befreier), geknüpft ist, besonders eng miteinander verbunden. Er setzte den Anfang ihrer Unabhängigkeit nach der Kolonisationszeit. Der 5. Eucharistische Kongreß von Lima war auch marianisch und mariologisch geprägt.
Der besonderen Einladung des Erzbischofs von Lima, Kardinal Landázuri Ricketts folgend, habe ich am Sonntag, 15. Mai, zum Abschluß des Kongresses eine feierliche Messe unter der Teilnahme einer riesigen Menschenmenge zelebriert. Darüber hinaus fanden auch einige spezielle Begegnungen statt: mit der Jugend, mit den Ordensfrauen und insbesondere mit den Vertretern von Wissenschaft und Kultur wie auch mit Persönlichkeiten des wirtschaftlichen und politischen Lebens. Die Zusammenkünfte mit der Peruanischen Bischofskonferenz, mit allen Bischöfen, die am Kongreß teilnahmen, und dann mit dem Präsidenten der Republik haben den besonderen Charakter dieses Besuches betont. Hervorzuheben ist nicht zuletzt auch die zahlenmäßig starke und herzliche Beteiligung der Bewohner von Lima während des ganzen, knapp eintägigen Besuches.

5. Letzte Reiseetappe war Paraguay, dessen Land und Kirche ich zum ersten Mal besuchen konnte. Höhepunkt war die Heiligsprechung des Seligen Roque Gonzáles de Santa Cruz SJ und zwei weiterer Missionare, Alfonso Rodriguez und Juan de Castillo. Sie bezahlten mit dem Märtyrertod ihre Apostolatsarbeit, die am Beginn der Evangelisierung in diesem Land, zwischen dem 16. und 17. Jahrhundert, steht. Sie sind die ersten Heiligen von Paraguay.
Mittelpunkt des Besuchs war die Landeshauptstadt Asunción. Von da aus bin ich anschließend zu weiteren Städten gereist: nach Villarrica, wo ich die heilige Messe feierte und mit den Landarbeitern zusammentraf; nach Mariscal Estigarribia, in der ausgedehnten Region Chaco gelegen, wo ich mit den Eingeborenen, der Urbevölkerung dieses Landes, zusammentraf; am letzten Tag besuchte ich Encarnación nahe der argentinischen

Grenze und dann das größte Marienheiligtum des Landes in Caacupé. Hier ist zu unterstreichen, daß die drei Städtenamen Concepción, Encarnación und Asunción dem Land ein besonderes marianisches Gepräge geben.
Das notwendigerweise gedrängte und sehr reichhaltige Programm umfaßte außer den bereits erwähnten Begegnungen auch andere Treffen: sowohl mit den Vertretern der staatlichen Autoritäten als auch mit den sogenannten „Baumeistern der Gesellschaft" und mit den Diözesanpriestern, den Ordensleuten und der Jugend.
Zu erinnern ist auch daran, daß das Territorium von Paraguay mit der geschichtlichen Erfahrung der Jesuiten-Reduktionen verbunden ist, in denen die Evangelisierung der Ureinwohner einen besonderen sozialen und wirtschaftlichen Aufbau ins Leben gerufen hat.

6. Die bevorstehende 500-Jahr-Feier der Erst-Evangelisierung Lateinamerikas rückt – am Ausgang des 20. Jahrhunderts und nach dem Zweiten Vatikanischen Konzil – die Hauptaufgabe der Neu-Evangelisierung in den Vordergrund. Der jüngste Besuch ist im Blick auf diese Aufgabe verlaufen. Sein Programm und der Charakter der Gottesdienste und Begegnungen zeugen davon, daß die Kirche diese Aufgabe gut in Angriff genommen hat. Unter diesen Zielsetzungen standen an erster Stelle die Familiengemeinschaft, die Jugend, die Kinder, die Alten, Kranken und Behinderten. Zusammen mit diesen Kontakten bot das Programm auch die Möglichkeit zur Begegnung mit Personen, die in verschiedenen Arbeits- und Berufsbereichen tätig sind.
In den einzelnen Ländern wollte ich die Sorge der Kirche um die Welt der Arbeit nachdrücklich bestätigen, besonders die Sorge um die Bauern, die Bergleute und die Arbeiter. Ich sprach zu den Vertretern der Forschung im Universitätsbereich und des Erziehungs- und Bildungssektors der jungen Generationen. Ich bin mit den Mitgliedern des Diplomatischen Corps zusammengetroffen und mit führenden Vertretern und Unternehmern, die die politische und wirtschaftliche Verantwortung für die Zukunft ihrer Länder tragen.
Ich hatte auch Gelegenheit, die einzelnen Gruppen der Ortskirchen zu ermutigen: außer den Bischöfen und den Priestern, den Ordensmännern und -frauen habe ich Missionare und Seminaristen, Katecheten und im Laienapostolat tätige Personen empfangen.
Mit großer Hoffnung und innerer Bewegung habe ich Maria, der Mutter der Kirche, alle Bemühungen anvertraut, die bereits in Gang gesetzt worden sind, um diese neue Evangelisierungsaufgabe verantwortungsvoll zu verwirklichen: alle seelsorglichen Initiativen, die auf nationaler, diözesaner und pfarrlicher Ebene anläßlich des Jubiläums der Evangelisierung und des Marianischen Jahres, des Eucharistischen Kongresses und des Papstbesuches unternommen wurden. Mit der Kraft des Geistes wird dieser Weg einen neuen apostolischen Eifer in der Verkündigung und im Zeugnis des Evangeliums entfachen.

7. Diese Anregungen bestätigen, daß die Organisatoren bewußt und ausdrücklich die Leitlinien des II. Vatikanums berücksichtigt haben hinsichtlich des Verhältnisses der Kirche zur Welt und insbesondere hinsichtlich der Berufung der Laien in der Kirche. Daran angeknüpft hat sich auch die wichtige Rolle der Soziallehre der Kirche, angefangen von ihren ersten Dokumenten bis zur jüngsten Enzyklika, *Sollicitudo rei socialis*, die in die-

sem Zusammenhang besonders aktuell zu sein scheint. Enthält sie doch eine angemessene Botschaft auch in bezug auf die rechte Haltung, die gegenüber der amerikanischen Urbevölkerung einzunehmen ist.
Unter den Bedürfnissen dieser Kirche ist an erster Stelle der Priestermangel zu nennen. Dann ist auf den Bedarf an einer größeren Anzahl von Ordensleuten hinzuweisen. Vordringlich ist deshalb das Problem der Berufungen und der Formung der jungen Priesteramtskandidaten unter der Leitung sachkundiger Lehrer und Erzieher. Das Problem ist um so dringlicher, als der Priestermangel indirekt das Vordringen der Sekten hauptsächlich nordamerikanischer Herkunft erleichtert. In der lateinamerikanischen Gesellschaft ist ein bemerkenswert reicher Schatz an traditioneller Frömmigkeit vorhanden, eine große Liebe zu Christus und seiner Mutter, eine lebendige Verbundenheit mit der apostolischen Kirche. Es müssen alle Möglichkeiten genutzt werden, damit dieser Schatz nicht verloren geht, sondern vielmehr weiter heranreifen und Frucht bringen kann. Es ist auch unerläßlich, ein angemessenes Verhältnis zwischen Evangelisierung und sozialem Fortschritt im Geist von *Evangelii nuntiandi* zu schaffen.

8. In diesen Tagen, wo die gesamte Kirche die jährliche Wiederkehr ihres Entstehens im Abendmahlssaal des Pfingsttages – zusammen mit Maria, der Mutter Christi – feiert, bitten wir den Heiligen Geist, den Beistand, er möge den Brüdern und Schwestern von Uruguay und Bolivien, von Peru und Paraguay in diesem neuen geschichtlichen Abschnitt eine verstärkte Wirksamkeit schenken für alle Aufgaben, die mit der Evangelisierungsarbeit in den verschiedenen Gemeinschaften Lateinamerikas verbunden sind.

In deutscher Sprache sagte der Papst:

Liebe Brüder und Schwestern!

Voll Dankbarkeit gegen die göttliche Vorsehung gedenke ich heute noch einmal meiner kürzlichen Pastoralreise nach Südamerika. Sie reihte sich ein in die geistige Vorbereitung auf das große Jubiläum der Entdeckung und ersten Evangelisierung dieses Kontinents, das im Jahre 1992 festlich begangen werden wird. Ich danke allen, die mich durch ihr Gebet auf diesem Besuch in Uruguay, Bolivien, in Paraguay und Lima, der Hauptstadt von Peru, begleitet haben. Überall fühlte ich mich herzlich aufgenommen und wirklich „zu Hause“.
Mein Aufenthalt in Uruguay war in gewissem Sinn eine Ergänzung meines ersten dortigen Besuchs im vergangenen Jahr. Hier wie in Bolivien und Paraguay besuchte ich die Hauptstadt und mehrere größere Orte des Landes, wo ich allen wichtigen kirchlichen und gesellschaftlichen Gruppen begegnet bin. In Bolivien verdient der Umstand eine besondere Aufmerksamkeit, daß über die Hälfte der Bevölkerung (65 %) aus den Ureinwohnern, den Indios, besteht. Sie zeichnen sich aus durch ein hohes traditionelles Sittlichkeitsgefühl, für das sie auch im christlichen Glauben Kraft und Stütze gefunden haben. Die Begegnung mit ihnen wird mir unvergeßlich bleiben. Nach Lima war ich eingeladen worden, um den Abschlußgottesdienst des Eucharistischen Kongresses der bolivarianischen Länder zu feiern. Dieser Kongreß hatte auch einen betont marianischen Charakter. Der Höhepunkt meines Pastoralbesuches in Paraguay war schließlich die Heiligspre-

chung des Jesuitenpaters Rocco González de Santa Cruz und zwei weiterer Missionare: Alfonso Rodriguez und Juan de Castillo. Sie sind die ersten Heiligen von Paraguay.

Das bevorstehende große Jubiläum erinnert uns an die Notwendigkeit einer Neu-Evangelisierung der Kirche und Gesellschaft in diesem Kontinent heute. Dieser wichtigen Aufgabe galten meine zahlreichen Begegnungen und Ansprachen. Hierbei kam der Soziallehre der Kirche angesichts der vielfältigen sozialen Probleme in diesen Ländern eine ganz besondere Bedeutung zu. Was der dortigen Kirche heute vor allem fehlt, sind Priester und Ordensleute. Es gilt, alles zu tun, damit das reiche religiöse Erbe dieser Völker nicht verkümmert, sondern sich fruchtbar weiter entfaltet. Von entscheidender Wichtigkeit ist es, zwischen der Evangelisierung und dem sozialen Fortschritt einen richtigen Ausgleich zu finden. Erbitten wir dafür der Kirche in diesen Ländern Gottes besonderen Beistand und Segen.

Mit dieser kurzen Zusammenfassung meiner italienischen Ansprache grüße ich herzlich die heute wiederum sehr zahlreichen Audienzteilnehmer deutscher Sprache: die Pfarrgruppen, verschiedenen Vereinigungen, die Kirchenchöre und Gesangvereine und vor allem die vielen Jugendlichen.

Einen besonderen Gruß richte ich an die Pilgergruppe der Leser der „Kirchenzeitung für das Erzbistum Köln“, die Theologiestudenten aus Hildesheim sowie die Mitglieder der Katholisch-Bayerischen Studentenverbindung RHAETIA. Eurer Vereinigung danke ich für die Treue zu Glauben und Kirche in der Vergangenheit. Seid auch heute wahre Zeugen für Christus und sein Evangelium im akademischen Bereich, in Familie und Gesellschaft.

Euch und allen Rompilgern erbitte ich reiche Gnadengaben des pfingstlichen Geistes und erteile euch und euren Lieben in der Heimat von Herzen meinen besonderen Apostolischen Segen.

Christliches Leben ist trinitarisch

Angelus am 29. Mai

Liebe Brüder und Schwestern!

1. Das heutige Fest erinnert uns an das Hauptmysterium der ganzen christlichen Offenbarung, das auch das endgültige Ziel ist, auf das unser Pilgerweg auf Erden ausgerichtet ist: das Geheimnis des einen Gottes in Drei Personen, dem Vater, dem Sohn und dem Heiligen Geist.

Die Betrachtung des trinitarischen Geheimnisses fällt nach der ausdrücklichen Lehre des göttlichen Meisters mit dem ewigen Leben selbst zusammen, das er uns durch den Kreuzestod erworben hat: „Das ist das ewige Leben: dich, den einzigen wahren Gott, zu erkennen und Jesus Christus, den du gesandt hast“, sagt Jesus, während er zum Vater betet (*Joh* 17,3). Auf diese höchste Erkenntnis bereitet uns schon jetzt der Heilige Geist vor, der uns von Christus genau zu diesem Zweck geschenkt worden ist. Als er die Geistsendung ankündigt, sagt Jesus: „Wenn aber jener kommt, der Geist der Wahrheit, wird er euch in die ganze Wahrheit führen" (*Joh* 16,11). In welche Wahrheit? Eben in die volle Offenbarung des Vaters, des Sohnes und des Geistes.

2. Der christliche Lebensweg ist deshalb ein wesentlich „trinitarischer" Weg. Der Geist führt uns zur vollen Erkenntnis der Lehre Christi, seines Evangeliums, seines Beispiels. Jesus seinerseits ist als einziger und höchster Mittler und Priester in die Welt gekommen, um uns den Vater erkennen zu lassen, uns zu ihm zu führen, uns mit ihm zu versöhnen. Auch der Heilige Geist ist „Herr", d. h. Gott, „und wo der Geist des Herrn wirkt, da ist Freiheit" (*2 Kor* 3,17). Deshalb findet die christliche Ethik ihre Erfüllung in dem „Leben nach dem Geist" (vgl. *Gal* 5,16). Die christliche Ethik ist eine trinitarische Ethik, nach der der Geist zur Vollkommenheit und Heiligkeit führt. Dieses Wirken des Geistes besteht genau darin, uns den Sohn und den Vater erkennen zu lassen. Im christlichen Leben dreht sich alles um das trinitarische Geheimnis, alles muß in Hinordnung auf dieses unendliche Geheimnis getan und erfüllt werden.
Liebe Brüder und Schwestern, trachten wir deshalb danach, die „Tonart" unseres Lebens nie tiefer zu setzen, indem wir vergessen, für welches Ziel, für welch einzigartige Herrlichkeit wir handeln, arbeiten, uns anstrengen, kämpfen müssen und zu welch herrlichem Lohn wir berufen sind.
Die Jungfrau Maria, die mehr als jedes andere Geschöpf dieses Mysterium erkannt, angebetet und geliebt hat, nehme uns an der Hand und führe uns.

In Christus ist Gott sichtbar

Ansprache bei der Generalaudienz am 1. Juni

1. „Viele Male und auf vielerlei Weise hat Gott einst zu den Vätern gesprochen durch die Propheten; in dieser Endzeit aber hat er zu uns gesprochen durch den Sohn ... " (*Hebr* 1,1 f.). Mit diesen Worten, die den Gläubigen von der Weihnachtsliturgie her gut bekannt sind, spricht der Autor des Briefes an die Hebräer von der Sendung Jesu Christi und stellt sie vor dem Hintergrund der Geschichte des Alten Bundes dar. Da ist einerseits eine Kontinuität zwischen der Mission der Propheten und der Mission Christi. Auf der anderen Seite springt aber ein deutlicher Unterschied in die Augen. Jesus ist nicht nur der letzte oder der größte unter den Propheten: der eschatologische Prophet, wie er von einigen genannt und erwartet wurde. Er unterscheidet sich ganz wesentlich von allen alten Propheten und übersteigt unendlich das Niveau ihrer Persönlichkeit und ihrer Sendung. Er ist der Sohn des Vaters, der Sohn, das Wort, eines Wesens mit dem Vater.

2. Das ist die Schlüsselwahrheit zum Verständnis der Sendung Christi. Wenn er gesandt wurde, den Armen die Frohe Botschaft (das Evangelium) zu verkünden, wenn mit ihm das Reich Gottes „zu uns gekommen" und endgültig in die Geschichte des Menschen eingetreten ist, wenn Christus Zeugnis für die aus der göttlichen Quelle selbst geschöpften Wahrheit gibt, wie wir in den vorhergegangenen Katechesen gesehen haben, können wir

nun aus den oben zitierten Worten des Hebräerbriefes die Wahrheit entnehmen, die alle Aspekte der Mission Christi vereint: Jesus offenbart Gott in der authentischsten Weise, gegründet auf der einzigen absolut sicheren und unzweifelhaften Quelle: dem Wesen Gottes selbst. Das Zeugnis Christi hat deshalb die Gültigkeit der absoluten Wahrheit.

3. Im Johannesevangelium finden wir dieselbe Bekräftigung aus dem Hebräerbrief noch knapper ausgedrückt. Wir lesen am Ende des Prologs: „Niemand hat Gott je gesehen. Der Einzige, der Gott ist und am Herzen des Vaters ruht, er hat Kunde gebracht" (*Joh* 1,18).

Darin besteht der wesentliche Unterschied zwischen der Offenbarung Gottes bei den Propheten und im ganzen Alten Testament und jener, die Christus gebracht hat, der von sich sagt: „Hier ist ... einer, der mehr ist als Jona" (*Mt* 12,41). Hier spricht der menschgewordene Gott selbst von Gott: „Das Wort ist Fleisch geworden" (vgl. *Joh* 1,14). Das Wort, das „am Herzen des Vaters ruht" (*Joh* 1,18), wird „das wahre Licht" (*Joh* 1,9), „das Licht der Welt" (*Joh* 8,12). Er selbst sagt von sich: „Ich bin der Weg und die Wahrheit und das Leben" (*Joh* 14,6).

4. Christus kennt Gott als Sohn, der den Vater kennt und zugleich von ihm erkannt wird: „Wie mich der Vater kennt und ich den Vater kenne ...", lesen wir im Johannesevangelium (*Joh* 10,15) und fast identisch bei den Synoptikern: „Niemand kennt (epiginoskei) den Sohn, nur der Vater, und niemand kennt den Vater, nur der Sohn und der, dem es der Sohn offenbaren will" (*Mt* 11,27; vgl. *Lk* 10,22).

Christus, der Sohn, der den Vater kennt, offenbart den Vater. Und gleichzeitig wird der Sohn vom Vater offenbart. Jesus selbst weist Petrus, der ihn als den „Messias, den Sohn des lebendigen Gottes" erkennt (vgl. *Mt* 16,16) nach dem Bekenntnis bei Cäsarea Philippi darauf hin. Er sagt: „... nicht Fleisch und Blut haben dir das offenbart, sondern mein Vater im Himmel" (*Mt* 16,17).

5. Wenn der wesentliche Sendungsauftrag Christi darin besteht, den Vater zu offenbaren, der „unser Gott" ist (vgl. *Joh* 20,17), wird er gleichzeitig selbst vom Vater als Sohn offenbart. Dieser Sohn, der „mit dem Vater eins ist" (vgl. *Joh* 10,30), kann deshalb sagen: „Wer mich gesehen hat, hat den Vater gesehen" (*Joh* 14,9). In Christus ist Gott „sichtbar" geworden, in Christus wird die „Sichtbarkeit" Gottes verwirklicht. Der hl. Irenäus drückte es kurz in den Worten aus: „Die unsichtbare Wirklichkeit des Sohnes war der Vater, und die sichtbare Wirklichkeit des Vaters war der Sohn" (*Adv. haer.*, IV,6,6).

So wird in Jesus Christus die Selbstoffenbarung Gottes in ganzer Fülle Wirklichkeit. Zum angemessenen Zeitpunkt wird dann der Geist offenbart, „der vom Vater ausgeht" (*Joh* 15,26) und den der Vater im Namen des Sohnes senden wird (vgl. *Joh* 14,26).

6. Im Licht dieser Geheimnisse der Dreifaltigkeit und der Menschwerdung gewinnt die Seligpreisung, die Jesus seinen Jüngern verkündet, entsprechende Bedeutung: „Selig sind die, deren Augen sehen, was ihr seht. Ich sage euch: Viele Propheten und Könige

wollten sehen, was ihr seht, und haben es nicht gesehen, und wollten hören, was ihr hört, und haben es nicht gehört" (*Lk* 10,23–24).

Fast ein lebendiges Echo auf diese Worte des Meisters scheint im ersten Johannesbrief widerzuhallen: „Was von Anfang an war, was wir gehört haben, was wir geschaut und was unsere Hände angefaßt haben, das verkünden wir: das Wort des Lebens. Denn das Leben wurde offenbart; wir haben gesehen und bezeugen und verkünden euch das ewige Leben ... Was wir gesehen und gehört haben, das verkünden wir auch euch, damit auch ihr Gemeinschaft mit uns habt" (*1 Joh* 1,13). Im Prolog seines Evangeliums schreibt derselbe Apostel: „... wir haben seine Herrlichkeit gesehen, die Herrlichkeit des einzigen Sohnes vom Vater, voll Gnade und Wahrheit" (*Joh* 1,14).

7. In bezug auf diese Grundwahrheit unseres Glaubens sagt das Zweite Vatikanische Konzil in der Konstitution über die göttliche Offenbarung: „Die Tiefe der durch diese Offenbarung über Gott und über das Heil des Menschen erschlossenen Wahrheit leuchtet uns auf in Christus, der zugleich der Mittler und die Fülle der ganzen Offenbarung ist" (*Dei Verbum*, Nr. 2). Hier haben wir die volle Dimension der Christus-Offenbarung Gottes, denn diese Offenbarung Gottes ist gleichzeitig die Offenbarung der Heilsordnung Gottes in bezug auf den Menschen und die Welt. In ihr geht es – wie der hl. Paulus hinsichtlich der apostolischen Verkündigung sagt – darum, zu „enthüllen, wie jenes Geheimnis Wirklichkeit geworden ist, das von Ewigkeit her in Gott, dem Schöpfer des Alls, verborgen war" (*Eph* 3,9). Es ist das Geheimnis des Heilsplanes, den Gott von Ewigkeit her in der Vertrautheit des trinitarischen Lebens gefaßt hat, in dem er die Dinge des Himmels und der Erde betrachtet, geliebt, gewollt, geschaffen und „neu geschaffen" hat, indem er sie an die Menschwerdung und damit an Christus gebunden hat.

8. Greifen wir noch einmal auf das Zweite Vatikanische Konzil zurück, wo wir lesen: „Jesus Christus, das fleischgewordene Wort, als gesandt, (*Joh* 3,34) und vollendet das Heilswerk, dessen Durchführung der Vater ihm aufgetragen hat (vgl. *Joh* 5,36; 17,4) ... Er ist es, der durch sein ganzes Dasein und seine ganze Erscheinung, durch Worte und Werke, durch Zeichen und Wunder, vor allem aber durch seinen Tod und seine herrliche Auferstehung von den Toten, schließlich durch die Sendung des Geistes der Wahrheit die Offenbarung erfüllt und abschließt und durch göttliches Zeugnis bekräftigt, daß Gott mit uns ist, um uns aus der Finsternis von Sünde und Tod zu befreien und zu ewigem Leben zu erwecken.

Daher ist die christliche Heilsordnung, nämlich der neue und endgültige Bund, unüberholbar, und es ist keine neue öffentliche Offenbarung mehr zu erwarten vor der Erscheinung unseres Herrn Jesus Christus in Herrlichkeit (vgl. *1 Tim* 6,14; *Tit* 2,3)" (*Dei Verbum*, Nr. 4).

In deutscher Sprache sagte der Papst:

Liebe Brüder und Schwestern!

Es gibt Menschen, die unseren Herrn Jesus Christus für eine weise und selbstlose Person halten, für einen großen Propheten, der Gottes Wahrheit und Gerechtigkeit mit hoher Autorität verkündet hat. Weiter aber wollen sie nicht gehen: Sie glauben vor allem nicht, daß dieser Jesus der einmalige Höhepunkt aller Gottesoffenbarung ist, und sind darum bereit, in heutiger Zeit weitere große Männer und Frauen anzuerkennen, welche die Verkündigung Christi übertreffen wollen.

Dem steht das klare Zeugnis der Heiligen Schrift entgegen. Ich erinnere an den feierlichen Anfang des Hebräerbriefes, wo es heißt: „Viele Male und auf vielerlei Weise hat Gott einst zu den Vätern gesprochen und durch die Propheten; in dieser Endzeit aber hat er zu uns gesprochen durch den Sohn" (*Hebr* 1,1.2). Ja, „durch den Sohn": gemeint ist der ewige Sohn Gottes, eines Wesens mit dem Vater. Wenn Gott durch diesen Sohn zu uns spricht, dann ist „Endzeit", dann hat er endgültig gesprochen; dann hat er uns alles geschenkt. Eine Steigerung durch irgendjemand anders ist nicht mehr möglich.

So verkündet Johannes im Prolog seines Evangeliums: „Niemand hat Gott je gesehen. Der Einzige, der Gott ist und am Herzen des Vaters ruht, er hat Kunde gebracht" (*Joh* 1,18). Den Anspruch, dieser einmalige, unüberbietbare Verkünder der Wahrheit Gottes zu sein, hat Jesus von Nazaret sein ganzes Leben hindurch erhoben und durch sein öffentliches Wirken bekundet. Er schöpfte sein Wissen nicht aus Büchern, nicht von anderen Propheten und Weisen, sondern aus seinem eigenen persönlichen Wesen, das eins ist mit dem Wesen Gottes selbst; denn „ich und der Vater sind eins" (*Joh* 10,30).

Werden wir uns erneut dieses unerhörten Geschenkes an die ersten Jünger und an alle Gläubigen bis heute bewußt! Der Herr selbst hat sie schon seliggepriesen, als er sagte: „Selig sind die, deren Augen sehen, was ihr seht" (*Lk* 10,23). Öffnen wir Augen und Herz, Verstand und Gefühl, um den ganzen Reichtum der Verkündigung Jesu in der Vermittlung der Heiligen Schrift und der Kirche möglichst reichhaltig und tief aufzunehmen und zum kostbaren Kern unseres geistigen Lebens werden zu lassen!

Diese brüderliche Aufforderung richte ich auch an die heutigen Besucher deutscher Sprache und grüße alle noch einmal herzlich. Ein besonderer Gruß geht dabei an die Pilgergruppe der katholischen Frauengemeinschaft aus Illingen, denen ich gute Segenswünsche auch für ihre Familien zu Hause mit auf den Weg gebe. Mit aufmerksamer Wertschätzung grüße ich die Gruppe von Richtern und Staatsanwälten aus dem Raum Würzburg. Der Heilige Geist Gottes sei mit Ihrem verantwortungsvollen Wirken. Schließlich wende ich mich mit Dankbarkeit der großen Gruppe von Damen und Herren aus dem Fränkischen Sängerbund zu und bekunde meine Freude über Euer gekonntes Singen und Musizieren. Allen anwesenden Besuchern aus Deutschland, Österreich und der Schweiz gilt mein Gebet und Segen.

Jesus – der treue Zeuge der Liebe

Ansprache bei der Generalaudienz am 8. Juni

1. In der Konstitution *Lumen gentium* des Zweiten Vatikanischen Konzils lesen wird in bezug auf die irdische Sendung Jesu Christi: „Es kam also der Sohn, gesandt vom Vater, der uns in ihm vor Grundlegung der Welt erwählt und zur Sohnesannahme vorherbe-

stimmt hat, weil es ihm gefallen hat, in Christus alles zu erneuern (vgl. *Eph* 1,4–5.10). Um den Willen des Vaters zu erfüllen, hat Christus das Reich der Himmel auf Erden begründet, uns sein Geheimnis offenbart und durch seinen Gehorsam die Erlösung erwirkt" (*Lumen gentium*, Nr. 3).
Dieser Text erlaubt uns, all das, was wir in den letzten Katechesen besprochen haben, zusammenfassend zu betrachten. In ihnen haben wir die wesentlichen Aspekte der messianischen Sendung Christi hervorzuheben versucht. Nun legt uns der Konzilstext nochmals die Wahrheit der engen und tiefen Verbindung vor, die zwischen dieser Sendung und Christus, dem Gesandten selbst, besteht, der in ihrer Erfüllung seine Absichten und persönlichen Gaben offenbart. Dem ganzen Verhalten Jesu können in der Tat einige grundlegende Merkmale entnommen werden, die auch in seiner Verkündigung Ausdruck finden und dazu dienen, seine messianische Sendung voll glaubwürdig zu machen.

2. In seiner Verkündigung und in seinem Verhalten zeigt Jesus vor allem seine tiefe Einheit mit dem Vater im Denken und Reden. Was er seinen Zuhörern (und der ganzen Menschheit) vermitteln will, kommt vom Vater, der ihn „in die Welt gesandt hat" (*Joh* 10,36). „Denn was ich gesagt habe, habe ich nicht aus mir selbst, sondern der Vater, der mich gesandt hat, hat mir aufgetragen, was ich sagen und reden soll. Und ich weiß, daß sein Auftrag ewiges Leben ist. Was ich also sage, sage ich so, wie es mir der Vater gesagt hat" (*Joh* 12,49–50). „Ihr werdet erkennen, daß ich ... nur das sage, was mich der Vater gelehrt hat" (*Joh* 8,28). So lesen wir im Johannesevangelium. Aber auch in den Synoptikern ist ein ähnliches, von Jesus gesprochenes Wort wiedergegeben: „Mir ist von meinem Vater alles übergeben worden" (*Mt* 11,27); und mit dem Wort „alles" bezieht sich Jesus ausdrücklich auf den Inhalt der Offenbarung, die er den Menschen gebracht hat (vgl. *Mt* 11,25–27; analog dazu *Lk* 10,21–22). In diesen Worten Jesu finden wir die Manifestation des Geistes, mit dem er seine Verkündigung vollbringt. Er ist und bleibt „der treue Zeuge" (*Offb* 1,5). In diesem Zeugnis ist der besondere „Gehorsam" des Sohnes zum Vater eingeschlossen und hervortretend ein – wie sich im äußersten Augenblick zeigt – „Gehorsam bis zum Tod" (vgl. *Phil* 2,8).

3. In der Verkündigung zeigt Jesus auch, daß seine absolute Treue zum Vater als Ursprung und Ziel von „allem", was offenbart werden soll, die wesentliche Grundlage seiner Wahrhaftigkeit und Glaubwürdigkeit bildet. „Meine Lehre stammt nicht von mit, sondern von dem, der mich gesandt hat", sagt Jesus und fügt hinzu: „Wer im eigenem Namen spricht, sucht seine eigene Ehre; wer aber die Ehre dessen sucht, der ihn gesandt hat, der ist glaubwürdig, und in ihm ist keine Falschheit" (*Joh* 7,16.18).
Solche Worte aus dem Mund des Sohnes Gottes können überraschen. Denn sie werden von dem gesprochen, der „eines Wesens mit dem Vater" ist. Wir dürfen aber nicht vergessen, daß er auch als Mensch spricht. Er legt Wert darauf, daß seine Zuhörer nicht den geringsten Zweifel an einem grundlegenden Punkt haben: d. h., daß die Wahrheit, die er vermittelt, göttlich ist und von Gott kommt. Er legt Wert darauf, daß die Menschen, indem sie ihm zuhören, in seinem Wort den Zugang zur selben göttlichen Quelle der offenbarten Wahrheit finden. Daß sie bei dem, der lehrt, nicht stehenbleiben; daß sie sich

nicht von der „Besonderheit“ und „Außergewöhnlichkeit“ dessen anziehen lassen, was in dieser Lehre vom Meister selbst kommt. Der Meister „sucht nicht den eigenen Ruhm“. Er sucht allein und ausschließlich „den Ruhm dessen, der ihn gesandt hat“. Er spricht nicht „im eigenen Namen“, sondern im Namen des Vaters.
Auch das ist ein Aspekt der „Entäußerung“ (*kenosis*), die nach dem hl. Paulus (vgl. *Phil* 2,7) ihren Höhepunkt im Geheimnis des Kreuzes findet.

4. Christus ist „der treue Zeuge“. Diese Treue, die ausschließlich den Ruhm des Vaters und nicht den eigenen sucht, hat ihren Ursprung in der Liebe, die er beweisen will: „ ... die Welt soll erkennen, daß ich den Vater liebe“ (*Joh* 14,31). Aber seine Offenbarung der Liebe zum Vater schließt auch seine Liebe zu den Menschen ein. Er tat Gutes und heilte (vgl. *Apg* 10,38). Seine ganze Sendung auf Erden ist erfüllt von Taten der Liebe für die Menschen, insbesondere für die geringsten und bedürftigsten. „Kommt alle zu mir – sagt er –, die ihr euch plagt und schwere Lasten zu tragen habt. Ich werde euch Ruhe verschaffen“ (*Mt* 11,28). „Kommt!“ Das ist eine Aufforderung, die hinausgeht über den Kreis der Zeitgenossen, denen Jesus in den Tagen seines Lebens und Leidens auf Erden begegnen konnte; das ist ein Aufruf an die Armen aller Zeiten, der auch heute noch aktuell ist und immer wieder aus dem Mund und dem Herzen der Kirche kommt.

5. Parallel zu dieser Aufforderung gibt es eine andere: „Lernt von mir; denn ich bin gütig und von Herzen demütig; so werdet ihr Ruhe finden für eure Seele“ (*Mt* 11,29). Die Güte und Herzensdemut Jesus werden ein Anziehungspunkt für denjenigen, der gerufen ist, in seine Schule zu gehen: „Lernt von mir.“ Jesus ist „der treue Zeuge“ der Liebe, die Gott für den Menschen hegt. In seinem Zeugnis werden die göttliche Wahrheit und die göttliche Liebe verbunden. Deshalb besteht zwischen Wort und Handeln, zwischen dem, was er tut und dem, was er lehrt, eine tiefe Verbindung, man könnte beinahe sagen: Verschmelzung. Jesus lehrt nicht nur die Liebe als höchstes Gebot, sondern er selbst erfüllt sie in vollkommenster Weise. In der Bergpredigt verkündet er nicht nur die Seligpreisungen, sondern verkörpert sie in sich selbst während seines ganzen Lebens. Er stellt nicht nur die Forderung, die Feinde zu lieben, sondern erfüllt sich selbst vor allem in der Stunde der Kreuzigung: „Vater vergib ihnen, denn sie wissen nicht, was sie tun“ (*Lk* 23,34).

6. Aber diese „Güte und Herzensdemut“ bedeutet in keiner Weise Schwäche. Im Gegenteil, Jesus ist anspruchsvoll. Sein Evangelium ist anspruchsvoll. Mahnt nicht gerade er : „... wer nicht sein Kreuz auf sich nimmt und mir nachfolgt, ist meiner nicht würdig“? Und gleich darauf: „Wer das Leben gewinnen will, wird es verlieren; wer aber das Leben um meinetwillen verliert, wird es gewinnen“ (*Mt* 10,38–39). Es besteht eine gewisse Radikalität nicht nur in der Ausdrucksweise des Evangeliums, sondern auch in den wirklichen Anforderungen der Nachfolge Christi, deren Tragweite oft zu wiederholen er nicht zögert: „Denkt nicht, ich sei gekommen, um Frieden auf die Erde zu bringen. Ich bin nicht gekommen, um Frieden zu bringen, sondern das Schwert“ (*Mt* 10,34), sagt er einmal. Es ist eine ausdrucksstarke Weise zu sagen, daß das Evangelium Anforderungen stellt, und das will auch heißen, die Gewissen aufzurütteln, nicht zuzulassen, daß sie sich

einem falschen „Frieden“ hingeben, in dem sie immer unempfänglicher und abgestumpfter werden, so daß in ihnen die geistliche Wirklichkeit ihres Wertes entleert werden, indem sie keinen Widerhall mehr finden. Jesus sagt vor Pilatus: „Ich bin ... in die Welt gekommen, daß ich für die Wahrheit Zeugnis ablege“ (*Joh* 18,37). Diese Worte beziehen sich auch auf das Licht, mit dem er den ganzen Bereich des menschlichen Tuns erhellt, indem er die Finsternis der Gedanken und besonders der Gewissen vertreibt, um in jedem Menschen die Wahrheit siegen zu lassen. Es geht jedoch darum, sich auf die Seite der Wahrheit zu stellen. „Jeder, der aus der Wahrheit ist, hört auf meine Stimme“, sagt Jesus (*Joh* 18,37). Deshalb ist Jesus anspruchsvoll. Nicht hart oder unerbittlich streng, aber stark und unmißverständlich, wenn er jeden zum Leben in der Wahrheit ruft.

7. So dringen die Anforderungen des Evangeliums Christi in den Bereich des Gesetzes und der Moral ein. Er, der „der treue Zeuge“ (*Offb* 1,5) der göttlichen Wahrheit, der Wahrheit des Vaters, ist, sagt schon zu Beginn der Bergpredigt. „Wer auch nur eines von den kleinsten Geboten aufhebt und die Menschen entsprechend lehrt, der wird im Himmelreich der Kleinste sein“ (*Mt* 5,19). Und als er zur Umkehr aufruft, zögert er nicht, die Städte, wo die Leute den Glauben verweigern, zu tadeln: „Weh dir, Chorazin! Weh dir, Betsalda!“ (*Lk* 10,13), während er alle und jeden einzelnen mahnt: „Ihr alle werdet genauso umkommen, wenn ihr euch nicht bekehrt“ (*Lk* 13,3).

8. So geht das Evangelium der Güte und Demut Hand in Hand mit dem Evangelium der moralischen Anforderungen und sogar der strengen Drohungen gegenüber denen, die sich nicht bekehren wollen. Zwischen dem einen und dem anderen besteht kein Widerspruch. Jesus lebt aus der Wahrheit, die er verkündet, und aus der Liebe, die er offenbart, und es ist eine anspruchsvolle Liebe, wie die Wahrheit, aus der sie kommt. Im übrigen hat die Liebe die größten Anforderungen an Jesus selbst gestellt, in der Stunde von Getsemani, in der Stunde von Golgota, in der Stunde des Kreuzes. Jesus hat diese Anforderungen bis auf den Grund angenommen und ihnen entsprochen, weil er, wie der Evangelist sagt, „seine Liebe bis zu Vollendung“ erwies (*Joh* 13,1). Es war eine treue Liebe, um derentwillen er am Tag vor seinem Tod zum Vater sagen konnte: „... die Worte, die du mir gegeben hast, gab ich ihnen“ (*Joh* 17,8).

9. Als „treuer Zeuge“ hat Jesus die Sendung erfüllt, die er vom Vater in der Tiefe des trinitarischen Geheimnisses empfangen hatte. Es war eine Sendung von Ewigkeit her, im Denken des Vaters enthalten, der ihn zeugte und dazu vorherbestimmte, sie „in der Fülle der Zeit“ zum Heil des Menschen – jedes Menschen – und zur Vollendung der ganzen Schöpfung zu erfüllen. Jesus war sich dieser seiner Sendung im Mittelpunkt des Schöpfungs- und Erlösungsplans des Vaters bewußt; und deshalb konnte er mit dem ganzen Realismus der Wahrheit und der Liebe, die er der Welt gebracht hatte, sagen: „Wenn ich über die Erde erhöht bin, werden alle zu mir ziehen“ (*Joh* 12,32).

In deutscher Sprache sagte der Papst:

Liebe Brüder und Schwestern!

In der Konstitution über die Kirche *Lumen gentium* sagt das Zweite Vatikanische Konzil über die Sendung Jesu Christi: „Es kam der Sohn, gesandt vom Vater, der uns in ihm vor Grundlegung der Welt erwählt und zu Sohnesannahme vorherbestimmt hat, weil es ihm gefallen hat, in Christus alles zu erneuern (vgl. *Eph* 1,4–5.10). Um den Willen des Vaters zu erfüllen, hat Christus das Reich der Himmel auf Erden begründet, uns sein Geheimnis offenbart und durch seinen Gehorsam die Erlösung gewirkt" (*Lumen gentium*, Nr. 3). Das Konzil lehrt in diesem Text wesentliche Aspekte der messianischen Sendung Christi, nämlich die Wahrheit von der tiefen Verbindung Christi mit seiner Sendung.
Grundlage dieser Verbindung ist die tiefe Einheit Jesu mit dem Vater im Denken und Tun. So spricht Jesus nicht aus sich selbst. Er kündet das, was der Vater ihm aufgetragen hat (vgl. *Joh* 12,49–50; 8,28). Ja, in seiner Predigt weist Jesus darauf hin, daß seine absolute Treue zum Vater wesentliches Fundament seiner Wahrhaftigkeit und Glaubwürdigkeit ist: „Meine Lehre stammt nicht von mir, sondern von dem, der mich gesandt hat" (*Joh* 7,16). Jesus sucht nicht die eigene Ehre, sondern ausschließlich „die Ehre dessen, der ihn gesandt hat" (*Joh* 7,18).
Jesus offenbart sich als „der treue Zeuge". Seine Treue entspringt der Liebe zum Vater, die gleichzeitig auch die Menschen umschließt. Jesus begegnet den Menschen voller Liebe, besonders den Schwachen und Bedürftigen. Die Einladung Jesu: „Kommt alle zu mir, die ihr euch plagt und schwere Lasten zu tragen habt. Ich werde euch Ruhe verschaffen" (*Mt* 11,28), erging nicht nur an die Menschen damals, sondern gilt jedem Menschen aller Zeiten, auch dem Heutigen.
Die „Treue" Jesu zeigt sich in der Einheit von Wort und Tat. Er lehrt nicht nur die Liebe als größtes Gebot, er lebt sie auch in vollkommener Weise. Ja, am Kreuz bittet er den Vater sogar für seine Peiniger um Vergebung (vgl. *Lk* 23,34). Die Herzensgüte und Demut Jesu ist aber nicht Ausdruck für Schwäche, im Gegenteil, Jesu Botschaft ist fordernd: „Wer nicht sein Kreuz auf sich nimmt und mir nachfolgt, ist meiner nicht würdig. Wer sein Leben gewinnen will, wird es verlieren; wer aber das Leben um meinetwillen verliert, wird es gewinnen" (*Mt* 10,38–39). Das Evangelium ist also für den Menschen eine ernste Forderung, die alle seine Lebensbereiche umfaßt.
Ja, Jesus ist wirklich „der treue Zeuge". Folgen wir seiner Einladung. Gehen wir zu ihm mit unserem Leben, mit unserem Kreuz, mit unseren Fragen. Lernen wir von ihm. Lernen wir durch ihn den Vater lieben und den Nächsten. Lernen wir in ihm unser eigenes, wahres Leben finden.
Mit diesen Gedanken grüße ich alle anwesenden deutschsprachigen Pilger und Besucher herzlich, unter ihnen besonders die Gruppe des katholischen Frauenbundes in Biberach, der katholischen Militärpfarrei St. Georg in Murnau sowie die Mitglieder der Männerarbeit der Evangelischen Kirche von Westfalen in Bielefeld.
Ich wünsche euch allen einen frohen und bereichernden Romaufenthalt und erbitte euch und euren Lieben in der Heimat mit dem Apostolischen Segen Gottes steten Schutz und Beistand.

Jesus – Gründer seiner Kirche

Ansprache bei der Generalaudienz am 15. Juni

1. „Die Zeit ist erfüllt, das Reich Gottes ist nahe. Kehrt um und glaubt an das Evangelium!" (*Mk* 1,15). Diese Worte werden bereits am Anfang des Markusevangeliums wiedergegeben, fast um die Sendung Jesu von Nazaret kurz zusammenzufassen, der gekommen ist, „die gute Nachricht zu verkünden". Im Mittelpunkt seiner Verkündigung steht die Offenbarung des Reiches Gottes, das nahe und sogar in die Geschichte des Menschen eingetreten ist („Die Zeit ist erfüllt").

2. Indem er die Wahrheit vom Reich Gottes mitteilt, verkündet Jesus gleichzeitig die Erfüllung der im Alten Testament enthaltenen Verheißungen. Denn die Psalmverse sprechen oft vom Reich Gottes (vgl. *Ps* 102/103,19; *Ps* 93,1). Psalm 145 besingt die Herrlichkeit und die Macht dieses Reiches und weist zugleich auf seine ewige Dauer hin. „Dein Königtum ist ein Königtum für ewige Zeiten, deine Herrschaft währt von Geschlecht zu Geschlecht" (*Ps* 145,13). Die folgenden Bücher des Alten Testamentes nehmen das Thema wieder auf. Insbesondere ist zu erinnern an die sehr bedeutsame, prophetische Ankündigung im Buch Daniel: „Der Gott des Himmels (wird) ein Reich errichten, das in Ewigkeit nicht untergeht; dieses Reich wird er keinem anderen Volk überlassen. Es wird alle jene Reiche zermalmen und endgültig vernichten; es selbst aber wird in alle Ewigkeit bestehen" (*Dan* 2,44).

3. In bezug auf diese Ankündigungen und Verheißungen des Alten Testamentes stellt das Zweite Vatikanische Konzil fest und bekräftigt: „Dieses Reich ... leuchtet im Wort, im Werk und in der Gegenwart Christi den Menschen auf" (*Lumen gentium*, Nr. 5). „Um den Willen des Vaters zu erfüllen, hat Christus das Reich der Himmel auf Erden begründet" (*Lumen gentium*, Nr. 3). Gleichzeitig betont das Konzil: „Der Herr Jesus machte den Anfang seiner Kirche, indem er die frohe Botschaft verkündigte, die Ankunft nämlich des Reiches Gottes, das von alters her in den Schriften verheißen war" (*Lumen gentium*, Nr. 5).
Der Anfang der Kirche, ihre Gründung durch Christus, ist in das Evangelium des Reiches Gottes, in die Ankündigung seiner Ankunft und seiner Anwesenheit unter den Menschen einbezogen. Wenn das Reich Gottes unter den Menschen gegenwärtig ist dank der Ankunft Christi, seiner Worte und seiner Werke, dann ist auch wahr, daß nach seinem ausdrücklichen Willen „die Kirche, das heißt das im Mysterium schon gegenwärtige Reich Christi, durch die Kraft Gottes sichtbar in der Welt wächst" (*Lumen gentium*, Nr. 3).

4. Jesus machte seinen Zuhörern die Ankunft des Reiches Gottes in verschiedener Weise bekannt. Bezeichnend sind die Worte, die er im Hinblick auf die Austreibung der Dämonen aus den Menschen und der Welt spricht: „Wenn ich aber die Dämonen durch den Finger Gottes austreibe, dann ist doch das Reich Gottes schon zu euch gekommen" (*Lk* 11,20). Denn das Reich Gottes bedeutet ja den Sieg über die Macht des Bösen, das in der

Welt ist, und über den, der sein geheimnisvoller Haupt-Urheber ist. Es handelt sich um den Geist der Finsternis, den Herrn dieser Welt; es handelt sich um jede Sünde, die im Menschen infolge seines bösen Willens und unter dem Einfluß jener verborgenen und verderbenbringenden Gegenwart entsteht.
Jesus, der gekommen ist, die Sünden zu vergeben, macht – auch wenn er die verschiedenen Krankheiten heilt – darauf aufmerksam, daß die Befreiung vom körperlichen Übel das Zeichen der Befreiung von dem viel schwerer wiegenden Übel ist, das auf der Seele des Menschen lastet. Das wurde ausführlich in den voraufgegangenen Katechesen dargelegt.

5. Die verschiedenen Zeichen der Heilsvollmacht Gottes, die von Jesus durch seine Wunder in Verbindung mit seinem Wort angeboten wurden, öffnen den Weg zum Verständnis der Wahrheit über das Reich Gottes unter den Menschen. Er erklärt diese Wahrheit und bedient sich besonders der Gleichnisse, unter ihnen das vom Sämann und vom Samen, der ausgesät wird. Der Samen ist das Wort Gottes, das so aufgenommen werden kann, daß es im Grund der menschlichen Seelen Wurzel faßt, oder es wird aus vielfältigen Gründen nicht aufgenommen oder nicht in der Weise, daß es zur rechten Zeit reifen und Frucht bringen kann (vgl. *Mk* 4,14–20). Aber hier ein anderes Gleichnis, das uns das Geheimnis der Entwicklung des Samens durch das Wirken Gottes vor Augen stellt: „Mit dem Reich Gottes ist es so, wie wenn ein Mann Samen auf seinen Acker sät; dann schläft er und steht wieder auf, es wird Nacht und wird Tag, der Samen keimt und wächst, und der Mann weiß nicht, wie. Die Erde bringt von selbst ihre Frucht, zuerst den Halm, dann die Ähre, dann das volle Korn in der Ähre" (*Mk* 4,26–28). Es ist die Kraft Gottes, die „wachsen läßt", sagt der hl. Paulus (vgl. *1 Kor* 3,6 f.), ja, er ist es, der „das Wollen und das Vollbringen bewirkt", schreibt der Apostel (*Phil* 2,13).

6. Das Reich Gottes oder das „Himmelreich", wie es von Matthäus genannt wird (vgl. *Mt* 3,2 usw.), ist in die Geschichte des Menschen auf Erden durch Christus eingetreten, der auch während seines Leidens und kurz vor seinem Tod am Kreuz von sich selbst als von einem König spricht; gleichzeitig erklärt er das Wesen des Reiches, das zu errichten er in die Welt gekommen ist. Seine Antworten an Pilatus, im vierten Evangelium (*Joh* 18,33 ff.) wiedergegeben, dienen als Schlüsseltext zum Verständnis dieses Punktes. Jesus steht vor dem römischen Statthalter, dem er vom Hohen Rat übergeben wurde mit der Beschuldigung, daß er sich zum „König der Juden" machen wolle. Als Pilatus ihm diese Tatsache vorhält, antwortet Jesus: „Mein Königtum ist nicht von dieser Welt. Wenn es von dieser Welt wäre, würden meine Leute kämpfen, damit ich den Juden nicht ausgeliefert würde" (*Joh* 18,36). Trotzdem löscht die Tatsache, daß Christus kein König im irdischen Sinn des Wortes ist, die andere Bedeutung seines Reiches nicht aus, die er in der Antwort auf eine neue Frage des Richters erklärt: „Pilatus sagte zu ihm: Du sagst es, ich bin ein König. Ich bin dazu geboren und dazu in die Welt gekommen, daß ich für die Wahrheit Zeugnis ablege. Jeder, der aus der Wahrheit ist, hört auf meine Stimme" (*Joh* 18,37). Es ist die klarste und unmißverständlichste Verkündigung der eigenen Königsherrschaft, aber auch ihres transzendenten Wesens, das den tieferen Wert des menschli-

chen Geistes und das Hauptfundament der menschlichen Beziehungen bekräftigt: „die Wahrheit."

7. Das Reich, das Jesus als menschgewordener Sohn Gottes in der Geschichte des Menschen errichtet hat und das von Gott ist, faßt Fuß und wächst im menschlichen Geist durch die Kraft der Wahrheit und der Gnade, die von Gott kommen, so wie uns die zuvor genannten Gleichnisse vom Sämann und vom Samen zu verstehen gegeben haben. Christus ist der Sämann dieser Wahrheit. Aber letztlich wird er durch das Kreuz seine Königsherrschaft verwirklichen und sein Heilswerk in der Geschichte der Menschheit vollbringen: „Wenn ich über die Erde erhöht bin, werde ich alle zu mir ziehen" (vgl. *Joh* 12,32).

8. All das scheint auch in der Lehre Jesu über den guten Hirten auf, der „sein Leben für die Schafe hingibt" (*Joh* 10,11). Dieses Bild des Hirten ist eng mit dem des Schafstalls und der Schafe verbunden, die die Stimme des Hirten hören. Jesus sagt, daß er der gute Hirt ist, „der seine Schafe kennt" und daß „sie ihn kennen" (vgl. *Joh* 10,14). Als guter Hirt sucht er das verlorene Schaf (vgl. *Mt* 18,12; *Lk* 15,14), und er denkt auch an „die anderen Schafe, die nicht aus diesem Stall sind"; auch diese „muß er führen, und sie werden auf seine Stimme hören", „dann wird es nur eine Herde geben und einen Hirten" (*Joh* 10,16). Es handelt sich also um eine universale Königsherrschaft, die nach Sinn und Art eines Hirten ausgeübt wird, damit alle dahin gelangen, in der Wahrheit Gottes zu leben.

9. Wie man sieht, ist die ganze Verkündigung Christi, seine ganze messianische Sendung darauf ausgerichtet, die Herde zu „sammeln". Es handelt sich nicht nur um viele einzelne Zuhörer, Jünger, Freunde. Es handelt sich um eine „Versammlung", die in aramäischer Sprache „kehala", in Hebräisch „qahal", dem griechischen „ekklesia" entsprechend, heißt. Das griechische Wort kommt von einem Verb, das „herausrufen bedeutet („herausgerufen" heißt auf griechisch „klesis"). Diese wortgeschichtliche Ableitung dient uns zum folgenden Verständnis: Wie Gott im Alten Bund sein Volk Israel „herausgerufen" hatte, so ruft Christus das neue Volk Gottes zusammen, indem er dessen Glieder unter allen Menschen erwählt und sucht. Er zieht sie zu sich hin und sammelt sie um seine eigene Person durch das Wort des Evangeliums und durch die Erlösungsvollmacht des Ostergeheimnisses.
Diese in der Auferstehung Christi endgültig offenbarte göttliche Vollmacht bekräftigt den Sinn der einmal zu Petrus gesprochenen Worte: „Auf diesen Felsen werde ich meine Kirche bauen" (*Mt* 16,18), das heißt die neue Gemeinschaft des Reiches Gottes.

10. Die Kirche („Ekklesia", Gemeinschaft) empfängt von Christus das neue Gebot: „Ein neues Gebot gebe ich euch: Liebt einander, wie ich euch geliebt habe, ... Daran werden alle erkennen, daß ihr meine Jünger seid ..." (*Joh* 13,34; vgl. *Joh* 15,12). Es ist sicher, daß die „Gemeinschaft Kirche" von Christus auch ihre äußere Struktur erhält, über die wir demnächst sprechen werden. Aber ihre wesentliche Bedeutung ist die Gemeinschaft mit Christus selbst: er ruft die Kirche zusammen, er „baut sie" ständig als seinen Leib auf (vgl. *Eph* 4,12) als Reich Gottes in universalem Umfang. „Sie werden von Osten

und Westen ... kommen und im Reich Gottes zu Tisch sitzen wie Abraham, Isaak und Jakob" (vgl. *Lk* 13,28–29).

In deutscher Sprache sagte der Papst:

Liebe Brüder und Schwestern!

Auch wer lange kein theologisches Buch mehr zur Hand genommen hat, erinnert sich doch wohl an die einprägsamen Gleichnisse Jesu vom Reich Gottes, zum Beispiel an jenes vom Sämann, der aufs Feld ging, um zu säen, und dessen Saatgut ein ganz unterschiedliches Schicksal hatte: auf dem harten Weg, unter den Dornen, auf gutem Boden. Deutlich wird dort, daß Jesus sich selbst wie ein Sämann sieht, der den Samen seiner neuen Gerechtigkeit und Wahrheit ausstreut. Er beginnt ja seine ganze irdische Sendung mit folgendem feierlichen Ruf: „Die Zeit ist erfüllt, das Reich Gottes ist nahe. Kehrt um und glaubt an das Evangelium", an die Frohe Botschaft der Erlösung.

Alle Worte und Taten des Herrn sollen aufzeigen, daß in ihm der allmächtige und gute Gott beginnt, mitten in unserer Geschichte das Böse von der Wurzel her zu besiegen und die Menschen einzuladen, Anteil zu nehmen an seiner göttlichen Art und Wahrheit. „Wenn ich die Dämonen durch den Finger – die Allmacht – Gottes austreibe, dann ist doch das Reich Gottes schon zu euch gekommen", so hat er einmal gesagt.

In diesem Reich seines ewigen Vaters ist Jesus Christus wie ein König, dessen Macht die Wahrheit ist, die er vertritt, und die Liebe, die er lebt. Er gibt Zeugnis von der wesentlichen, inneren Wahrheit dieser Welt und von uns allen. Und wer aus dieser Wahrheit ist und danach lebt, hört und versteht den Herrn; er wird sein Freund und folgt ihm nach. Er sucht christusförmig zu werden, ein wahrer Christ also. So nennt sich Jesus auch einen Hirten, der viele einzelne zusammenruft, ihnen gute Weide gibt und sie in Sturm und Dunkel schützt.

Diese neue Gemeinschaft im Reiche Gottes nennt die Heilige Schrift auf Griechisch „ekklesia", die „Herausgerufenen", herausgerufen aus Fesseln und Isolierung, zu einer Gemeinschaft geformt von Jüngern Christi. So ist „ekklesia" in den romanischen Sprachen zum Wort für „Kirche" geworden, das seinerseits ein Wort der germanischen Sprachen ist, dort abgeleitet von „kyriaké", und das will sagen: die „dem Herrn zugehörige" Gemeinde.

Kirche – ekklesia – kyriaké – Gemeinde des Herrn: gemeint sind immer die Jünger Christi damals wie heute, die zusammen mit dem Herrn die Gegenwart des Reiches Gottes bezeugen. Seid froh und dankbar, zu dieser Kirche gehören zu dürfen!

Mit diesen kurzen Anregungen verbinde ich meine besten Gebets- und Segenswünsche für alle heutigen Besucher deutscher Sprache: aus Deutschland, Österreich, der Schweiz und aus Südtirol. Einen besonderen Gruß richte ich an die Gruppe von Brüdern aus dem Orden der Redemptoristen des heiligen Alfons von Liguori, auf Jubiläumsfahrt zu Ehren ihres berühmten Gründers. Mit Anerkennung grüße ich auch die Romwallfahrt der Diözese Augsburg in Erwiderung meines Besuches im vergangenen Jahr. Euch allen erbitte ich einen gelungenen Aufenthalt in der Ewigen Stadt und eine glückliche Heimkehr zu euren Lieben zu Hause. Gelobt sei Jesus Christus!

Marienverehrung – Stützpunkt des Glaubens

Angelus am 19. Juni

Liebe Brüder und Schwestern!

1. Unsere gewohnte geistliche Wallfahrt zu den Marienheiligtümern in aller Welt kann heute nicht umhin, in Vietnam haltzumachen, auf dem Boden, der vom Blut der soeben heiliggesprochenen Märtyrer getränkt ist.
Wir halten in Gedanken bei dem Heiligtum von La-vang, das zur Erzdiözese Hue in Mittelvietnam gehört. Der Name La-vang stammt von der Bezeichnung eines Waldes, in den zu früheren Zeiten einige kleine Christengemeinden aus der Umgebung kamen, um Holz zu sammeln.
Das Entstehen dieses marianischen Zentrums ist auch mit den Prüfungen verbunden, die diese Gemeinden zu erleiden hatten, denn dorthin flüchteten die Christen im Jahr 1798 vor der Verfolgung durch König Canh-Thinh, trotz der Gefahren, die ihnen von seiten der wilden Tiere, durch Hunger und Krankheiten drohten. Die Christen versammelten sich um einen großen Baum, beteten den Rosenkranz und flehten um die Hilfe des Himmels. Die Volksüberlieferung berichtet, daß die selige Jungfrau Maria mit dem Jesuskind im Arm mehrere Male erschien, zur Beharrlichkeit ermutigte und ihre Hilfe versprach.

2. Bald nachdem wieder Frieden herrschte, wurde an dieser Stelle eine schlichte Holzkapelle errichtet, die zum Wallfahrtsort wurde. Aber neue und noch heftigere Verfolgungen brachen über die Gläubigen um die Mitte des 19. Jahrhunderts herein. Die Marienverehrung blieb einer der Stützpunkte des Glaubens der Märtyrer, die oft mit dem Rosenkranz um den Hals in den Tod gingen.
Im Jahr 1886, als wieder Ruhe eingekehrt war, wurde die von den Verfolgern niedergebrannte Holzkapelle der Madonna von La-vang durch eine neue, gemauerte ersetzt. Sie wurde 1901 durch P. Morineau von den Auslandsmissionen aus Paris in Anwesenheit von zahlreichen Gläubigen feierlich eingeweiht.
Die Kapelle wurde 1924 durch Bischof Eugen Allys von Hue restauriert und vergrößert, aber aufgrund der späteren Kriegsereignisse sind von ihr nur noch Brandruinen übriggeblieben. Trotz der Schwierigkeiten versammeln sich dort auch heute noch Pilger zum Gebet, um ihren Glauben zu stärken.

3. Wenige Jahre, bevor das Heiligtum zerstört worden war, 1961, hatte die Vietnamesische Bischofskonferenz mit einem Hirtenbrief es zum Marienheiligtum des Landes erklärt und der Hl. Stuhl es im gleichen Jahr zur Basilika Minore erhoben.
Wir möchten denken, daß diese so bedeutsamen Handlungen der kirchlichen Obrigkeit gute Vorzeichen sind für den Wiederaufbau der Wallfahrtskirche, der – so hoffen wir – möglichst bald in einer Atmosphäre der Freiheit und des Friedens und in Dankbarkeit zu jener geschehe, die „alle Geschlechter selig preisen" (vgl. *Lk* 1,48). Auf diese Weise wird das Heiligtum durch die Fürsprache der Königin der Märtyrer alle seine geistlichen Mög-

lichkeiten entfalten können, nicht nur zugunsten der vietnamesischen Katholiken, sondern auch der nationalen Einheit sowie des wahren gesellschaftlichen und moralischen Fortschritts des Landes.

Jesus gründet seine Kirche auf Petrus

Ansprache bei der Generalaudienz am 22. Juni

1. Wir haben in der voraufgegangenen Katechese gesagt, daß die ganze Sendung Jesu von Nazaret, seine Lehre, die Wunderzeichen, die er tat, bis zu dem höchsten der Auferstehung („das Zeichen des Propheten Jona") darauf ausgerichtet waren, die Menschen „zusammenzuholen". Diese „Versammlung" des neuen Volkes Gottes ist der erste Entwurf der Kirche; in ihr soll nach dem Willen Christi und der Einsetzung durch ihn das Reich Gottes, das mit der Ankunft und der messianischen Sendung Christi begonnen hat, in der Geschichte des Menschen Wirklichkeit werden und fortdauern. Jesus von Nazaret verkündete das Evangelium allen, die ihm nachfolgten, um ihn zu hören, aber gleichzeitig berief er einige in besonderer Weise, ihm zu folgen, um von ihm auf eine zukünftige Sendung vorbereitet zu werden.
Es handelt sich zum Beispiel um die Berufung des Philippus (*Joh* 1,43), des Simon (*Lk* 5,10) und auch die des Zöllners Levi: auch an ihn wendet sich Christus mit seinem „Folge mir nach!" (vgl. *Lk* 27–28).

2. Von besonderer Bedeutung ist für uns die Tatsache, daß Jesus unter seinen Jüngern die Zwölf ausgewählt hat: eine Erwählung, die auch institutionellen Charakter hatte. Das Markusevangelium (*Mk* 3,14) verwendet dazu den Ausdruck: „er setzte ein" (in Griechisch „epoiesin"), ein Verb, das im griechischen Text der Siebzig auch für das Werk der Schöpfung verwendet wird; für dieses benützt der jüdische Originaltext das Wort „bara", für das es im Griechischen kein genau entsprechendes gibt; „bara" bedeutet das, was nur Gott selbst „tut", indem er aus dem Nichts erschafft. In jedem Fall ist auch der griechische Ausdruck „epoï hsen" in bezug auf die Zwölf bedeutsam genug. Er spricht von ihrer Einsetzung wie von einer entscheidenden Handlung Christi, die eine neue Wirklichkeit geschaffen hat. Die Funktionen, die Aufgaben, die die Zwölf erhalten, sind eine Folge dessen, was sie kraft der Einsetzung durch Christus (er setzte ein = er tat) geworden sind.

3. Bezeichnend ist auch die Weise, in der Jesus die Zwölf ausgewählt hat. Er „ging auf einen Berg, um zu beten. Und er verbrachte die ganze Nacht im Gebet zu Gott. Als es Tag wurde, rief er seine Jünger zu sich und wählte aus ihnen zwölf aus; sie nannte er auch Apostel" (*Lk* 6,12–13). Es folgen die Namen der Erwählten: Simon, dem Jesus den Namen Petrus gibt, Jakobus und Johannes (Markus gibt an, daß sie Söhne des Zebedäus waren und Jesus ihnen den Beinamen „Boanerghes" gab, das heißt „Donnersöhne"), Philippus, Bartholomäus, Matthäus, Thomas, Jakobus, der Sohn des Alphäus, Simon, genannt der Zelot, Judas, der Sohn des Jakobus, und Judas Iskariot, „der zum Verräter

wurde" (*Lk* 6,16). Die Aufzählungen der Zwölf, die sich in den drei synoptischen Evangelien und in der Apostelgeschichte finden, stimmen miteinander überein, trotz kleiner Unterschiede.

4. Jesus selbst spricht eines Tages von dieser Erwählung der Zwölf und unterstreicht das, was ihn dazu bewegt hat: „Nicht ihr habt mich erwählt, sondern ich habe euch erwählt ..." (*Joh* 15,16), und er fügt hinzu: „Wenn ihr von der Welt stammen würdet, würde die Welt euch als ihr Eigentum lieben. Aber weil ihr nicht von der Welt stammt, sondern weil ich euch aus der Welt erwählt habe, darum haßt euch die Welt" (*Joh* 15,19).
Jesus hat die Zwölf deshalb eingesetzt, weil er sie „bei sich haben und ... dann aussenden wollte, damit sie predigten und mit seiner Vollmacht Dämonen austrieben" (*Mk* 3,14–15). Sie wurden also für eine ganz bestimmte Sendung ausgewählt und „eingesetzt". Es sind Sendungsaufträge (= „apostoloi"). Im Johannes-Text lesen wir auch: „Nicht ihr habt mich erwählt, sondern ich habe euch erwählt und dazu bestimmt, daß ihr euch aufmacht und Frucht bringt und daß eure Frucht bleibt" (*Joh* 15,16). Diese „Frucht" wird an anderer Stelle mit dem Bild des „Fischfangs" wiedergegeben, als Jesus, nach dem wunderbaren Fischfang auf dem See Gennesaret zu Petrus, der ganz erschüttert ist durch dieses Wunder, sagt: „Fürchte dich nicht! Von jetzt an wirst du Menschen fangen" (*Lk* 5,10).

5. Jesus setzt die Sendung der Apostel in kontinuierlichen Bezug zur eigenen Sendung, als er im hohepriesterlichen Gebet beim letzten Abendmahl zum Vater sagt: „Wie du mich in die Welt gesandt hast, so habe auch ich sie in die Welt gesandt" (*Joh* 17,18). In diesem Zusammenhang werden auch andere Worte Jesu verständlich: „Darum vermache ich euch das Reich, wie es mein Vater mir vermacht hat" (*Lk* 22,29). Jesus sagt zu den Aposteln nicht nur: „Euch ist das Geheimnis des Reiches Gottes anvertraut" (*Mk* 4,11), als sei es nur erkenntnishaft „gegeben", sondern er „vermittelt" den Aposteln das Reich, das er selbst durch seine messianische Sendung auf Erden begonnen hat. Dieses dem Sohn vom Vater „vermachte" Reich ist die Erfüllung der bereits im Alten Bund gegebenen Verheißungen. Selbst die Zahl der „zwölf" Apostel entspricht in den Worten Christi den „zwölf Stämmen Israels": „ihr, die ihr mir nachgefolgt seid, werdet auf zwölf Thronen sitzen und die zwölf Stämme Israels richten" (*Mt* 19,28, auch *Lk* 22,30). Die Apostel, „die Zwölf", sind als Anfang des neuen Israel gleichzeitig in die eschatologische Perspektive der Berufung des ganzen Volkes Gottes gestellt.

6. Nach der Auferstehung, bevor er die Apostel endgültig in alle Welt aussendet, verbindet Christus mit ihrem Dienst die Spendung der Sakramente der Taufe (vgl. *Mt* 28,18–20), der Eucharistie (vgl. *Mk* 14,22–24 und parallel) und der Buße und Versöhnung (vgl. *Joh* 20,22–23), die von ihm als Heilszeichen der Gnade eingesetzt worden sind. Die Apostel werden so mit priesterlicher und pastoraler Vollmacht in der Kirche ausgestattet.
Über die Einsetzung der sakramentalen Struktur der Kirche sprechen wir in der nächsten Katechese. Heute wollen wir die Einsetzung des Dienstamtes herausstellen, das an die Apostel und später an die apostolische Nachfolge in der Kirche gebunden ist. In diesem Bezug müssen wir auch an die Worte erinnern, mit denen Jesus das besondere Dienstamt

des Petrus umschrieben und dann festgelegt hat: „Ich aber sage dir: Du bist Petrus, und auf diesen Felsen werde ich meine Kirche bauen, und die Mächte der Unterwelt werden sie nicht überwältigen. Ich werde dir die Schlüssel, des Himmelreichs geben; was du auf Erden binden wirst, das wird auch im Himmel gebunden sein, und was du auf Erden lösen wirst, das wird auch im Himmel gelöst sein" (*Mk* 16,18–19). Alles Gleichnisse, die die Idee der Kirche als Reich Gottes erfassen lassen, das mit einer Amtsstruktur ausgestattet ist, wie Jesus sie sich gedacht hat.

7. Die Fragen des Dienstamtes und gleichzeitig des hierarchischen Systems der Kirche werden im nachfolgenden Zyklus der ekklesiologischen Katechesen noch im einzelnen vertieft. Hier ist es notwendig, nur auf eine bedeutsame Einzelheit hinzuweisen, die die schmerzliche Erfahrung des Leidens und des Kreuzestodes Christi betrifft. In der Voraussicht, daß er von Petrus verleugnet würde, sagt Jesus zu den Aposteln: „Ich aber habe für dich gebetet, daß dein Glaube nicht erlischt. Und wenn du dich wieder bekehrt hast, dann stärke deine Brüder" (*Lk* 22,32). Später, als er nach der Auferstehung das dreimalige Bekenntnis der Liebe von seiten des Petrus erhalten hatte („Herr, du weißt, daß ich dich liebe"), bekräftigt Jesus die endgültige weltweite pastorale Sendung von ihm: „Weide meine Lämmer ..." (vgl. *Joh* 21,15–17).

8. Wir können deshalb sagen, daß die entsprechenden Stellen im Evangelium klar darauf hinweisen, daß Jesus Christus den Aposteln „das Reich" und „die Sendung" vermittelt, die er selbst vom Vater empfangen hat, und daß er gleichzeitig die Grundstruktur seiner Kirche errichtet, in der dieses Reich Gottes durch die Kontinuität der messianischen Sendung Christi unter allen Nationen der Welt als messianische und eschatologische Erfüllung der ewigen Verheißungen Gottes Wirklichkeit werden soll. Die letzten Worte, die Jesus vor seiner Rückkehr zum Vater an die Apostel richtet, drücken in endgültiger Weise die Wirklichkeit und die Dimensionen dieser Institution aus: „Mir ist alle Macht gegeben im Himmel und auf der Erde. Darum geht zu allen Völkern, und macht alle Menschen zu meinen Jüngern; tauft sie auf den Namen des Vaters und des Sohnes und des Heiligen Geistes, und lehrt sie, alles zu befolgen, was ich euch geboten habe. Seid gewiß: Ich bin bei euch alle Tage bis zum Ende der Welt" (*Mt* 28,18–20; auch *Mk* 16,15–18 und *Lk* 24,47–48).

In deutscher Sprache sagte der Papst:

Liebe Brüder und Schwestern!

Beim Abschied vor seiner Himmelfahrt sagt Jesus seinen Jüngern: „Mir ist alle Macht gegeben im Himmel und auf der Erde. Darum geht zu allen Völkern, und macht alle Menschen zu meinen Jüngern; tauft sie auf den Namen des Vaters und des Sohnes und des Heiligen Geistes und lehrt sie, alles zu befolgen, was ich euch geboten habe. Seid gewiß: Ich bin bei euch alle Tage, bis zum Ende der Welt" (*Mt* 28,18–20).
Mit diesen Worten des auferstandenen Herrn erhalten die Apostel den weltweiten Auftrag, das Evangelium zu verkünden und die Gemeinschaft der Jünger Jesu über die ganze

Erde hin auszubreiten. Damit begann die Kirche ihren Weg in die Welt und durch die Geschichte.

Aber nicht erst der auferstandene Herr, sondern bereits der irdische Jesus hat Anhänger und Jünger um sich versammelt, aus denen er zwölf auswählt und sie zu Aposteln einsetzt (*Mk* 3,14; vgl. *Lk* 6,12–13). Sie sendet er aus zu predigen und mit seiner Vollmacht Dämonen auszutreiben. Ihnen gelten auch die Worte: „Nicht ihr habt mich erwählt, sondern ich habe euch erwählt und dazu bestimmt, daß ihr euch aufmacht und Frucht bringt und eure Frucht bleibt" (*Joh* 15,16).

Ja, Jesus verbindet die Sendung der Apostel mit seiner eigenen, wie er im hohenpriesterlichen Gebet an den Vater bekundet: „Wie du mich in die Welt gesandt hast, so habe auch ich sie in die Welt gesandt" (*Joh* 17,18). Nach seiner Auferstehung beauftragt Jesus die Apostel zu taufen, die Eucharistie zu feiern (vgl. *Mk* 14,22–24), Sünden zu vergeben (vgl. *Joh* 22–23). Die Apostel sollen jene Zeichen der Gnade und der Barmherzigkeit Gottes wirken, die Jesus selber zum Heil der Menschen eingesetzt hat.

Innerhalb des Apostelkollegiums überträgt Jesus dem Simon Petrus noch das besondere Amt der Binde- und Lösegewalt: „Du bist Petrus, und auf diesen Felsen werde ich meine Kirche bauen, und die Mächte der Unterwelt werden sie nicht überwältigen. Ich werde dir die Schlüssel des Himmelreiches geben; was du auf Erden binden wirst, das wird auch im Himmel gebunden sein, und was du auf Erden lösen wirst, das wird auch im Himmel gelöst sein" (*Mt* 16,18–19).

Zusammenfassend können wir sagen: Jesus selber hat den Aposteln das Amt des Priesters und Hirten in der Kirche übertragen und sie und ihre Nachfolger beauftragt, das Volk Gottes in seiner Liebe, in der Liebe des Guten Hirten zu führen und zu leiten.

Mit dieser kurzen Erinnerung an die Anfänge der Kirche und ihres Priester- und Hirtenamtes grüße ich herzlich alle deutschsprachigen Pilger und Besucher, insbesondere eine Gruppe von Schwestern verschiedener Gemeinschaften, die zu einem geistlichen Kurs in La Storta weilen, sowie die Schönstätter Familien-Liga, Deutschland. Euch allen erbitte ich mit dem Apostolischen Segen von Herzen Gottes steten Schutz und Beistand auf dem weiteren Lebensweg.

Treu mit Petrus vereint

Angelus am 29. Juni

Liebe Brüder und Schwestern!

1. Heute, am Fest der Heiligen Petrus und Paulus, der Apostelfürsten der Gesamtkirche und Patrone dieser Stadt, richte ich mein Wort mit besonderer Freude an euch. Heute feiert die gesamte Gemeinschaft der Christen und besonders Rom, das Zentrum der Universalität.

Unsere Religion ist ganz auf den Glauben gegründet, der nicht nur ein subjektives geistliches Gefühl ist, sondern Zustimmung zu dem geschichtlichen Ereignis Christi, des Wortes Gottes, das an einem bestimmten Ort und zu einem gewissen Zeitpunkt Mensch ge-

worden ist. Wir, durch Jahrhunderte von diesem wunderbaren und komplexen Ereignis entfernt, haben sichere Nachricht davon durch die Apostel, die „von Gott vorherbestimmten Zeugen" (*Apg* 10,41), und insbesondere durch Petrus und Paulus, die mit der sinnlich wahrnehmbaren Erfahrung auch ein außerordentliches Charisma göttlicher Offenbarung besaßen (vgl. *Mt* 16,17; *Apg* 9,3 f.), dank dessen sie geeignete Verkünder der Ankunft und Offenbarung des Herrn in der Welt wurden.
Ihr Zeugnis lebt heute weiter in der Lehre ihrer Nachfolger, besonders in jener des Nachfolgers Petri, dem Christus die Aufgabe anvertraut hat, „die Brüder im Glauben zu stärken" (vgl. *Lk* 22,32). Nur wenn wir dieses Zeugnis annehmen, treten wir in die Gemeinschaft der Glaubenden ein und haben an ihr teil. Eben deshalb gedenkt die Kirche mit Verehrung jedes Apostels und erweist Petrus und zusammen mit ihm auch Paulus an ihrem Fest besondere Ehre. Wir erneuern heute den Vorsatz, treu mit Petrus vereint zu sein: wir sind es mit der Kirche, mit Christus, in dem der Vater uns sich selbst offenbart und uns sein göttliches Leben mitgeteilt hat.

2. Ich möchte gern daran erinnern, daß vor zehn Jahren, genau am Fest Peter und Paul, Papst Paul VI. in der Predigt bei der Meßfeier in der Vatikanbasilika das aussprach, was sein Testament des Glaubens und der Liebe werden sollte: eine sehr tiefe, ergreifende Ansprache und doch voll des Vertrauens und Mutes. „Beide Apostel" – sagte er – „stehen uns vor Augen, wenn wir jetzt jenen Zeitraum überblicken, in dem der Herr uns seine Kirche anvertraut hat ... An dieser entscheidenden Schwelle unseres Lebens fühlen wir uns doch bestärkt und getragen von dem Bewußtsein, immer wieder und unermüdlich vor der Kirche und der Welt bekannt zu haben: ‚Du bist der Messias, der Sohn des lebendigen Gottes.' Und wie Paulus so glauben auch wir sagen zu dürfen: ‚Ich habe den guten Kampf gekämpft, den Lauf vollendet, den Glauben bewahrt'." (Papst Paul VI., *Predigt im Vatikan* am 29. 6. 1978).
Paul VI., während er sich der Begegnung mit Gott näherte, fand Trost und Gelassenheit in der Botschaft der Heiligen Petrus und Paulus, an die er immer fest geglaubt und die er verkündet hat, auch inmitten so vieler Auseinandersetzungen und so vieler Widerwärtigkeiten. Zehn Jahre nach seinem Tod gedenken wir seiner in Liebe und erwägen besonders an diesem Freudentag für die Kirche seine Worte, die er als Vater und Hirt gesprochen hat.

Wallfahrt: Kundgebung des Glaubens

Angelus am 3. Juli

Unser Besuch bei den Marienheiligtümern führt uns heute in die Slowakei und verbindet uns geistlich mit den Pilgern, die in Levoca versammelt sind. Am ersten Sonntag im Juli ziehen Zehntausende von Gläubigen, zum großen Teil Jugendliche, dorthin, um zusammen in Gegenwart von Maria zu beten. Es ist eine Begegnung, die ihren Glauben offenbart und stärkt, Mut hervorruft, die Bande der Einheit vertieft und die vielfältigen geistli-

chen Kräfte, die der Heilige Geist trotz nicht immer günstiger Umstände unaufhörlich weckt, auf gleiche geistliche Ziele hinlenkt.
Von Levoca aus geht unser Blick weiter zu den anderen Marienwallfahrtsorten, an denen die Slowakei so reich ist. Ich nenne nur die bekanntesten: von Gaboltov nach Lutina, von Marianka nach Staré Hory, nach Tyrnau, aber vor allem nach Snasotîn, zum nationalen Heiligtum der Schmerzhaften Muttergottes, der Patronin der Slowakei. Man kann sagen, daß jeder Winkel der Slowakei unter dem mütterlichen Blick Mariens lebt. Ja, die Verehrung der Schmerzhaften Muttergottes begleitet diese teuren Völker durch die Jahrhunderte ihrer Geschichte, die voll schwerer Prüfungen war, die die nationale Existenz, ihre geistliche Identität und ihren Glauben bedrohten. In den vergangenen und gegenwärtigen Schwierigkeiten ließen die Liebe zur Schmerzhaften Muttergottes und das Vertrauen auf den mütterlichen Schutz Marias nie nach. Diese Liebe zur seligsten Jungfrau hat gewiß ihren Ursprung im Werk der heiligen Cyrill und Method, die den Glauben der slowakischen Vorfahren stärkten und deren Kultur begründeten. So war es immer, im ganzen Verlauf der Geschichte, wie es in allen Teilen der Slowakei die der Seligsten Jungfrau Maria geweihten Kirchen bezeugen, die in den verschiedenen Epochen, angefangen von den weit zurückliegenden bis zu den jüngsten, erbaut worden sind. Als konkrete volkstümliche Kundgebung des Glaubens und der Frömmigkeit waren die Wallfahrten immer eine wichtige Begegnung, und sie sind es auch heute noch.
Um unsere geistliche Verbundenheit auszudrücken, laßt uns gemeinsam beten.

Nach dem Angelusgebet sagte der Papst auf slowakisch:

Liebe Pilger von Levoca! Im Geist nehme ich an eurer Wallfahrt zum Berg von Levoca teil und segne euch von Herzen. Die Muttergottes festige euren Glauben, stärke eure Hoffnung und entzünde in euch die Liebe zu Gott und zum Nächsten.

Dank an Österreich

Ansprache bei der Generalaudienz am 6. Juli

1. „Ja zum Glauben – Ja zum Leben." Unter dieses Leitwort haben die österreichischen Bischöfe, die den Papst vom 23.–27. Juni in ihr Land eingeladen hatten, das Besuchsprogramm gestellt. Heute möchte ich der Kirche in Österreich für diese Einladung danken und gleichzeitig dem Präsidenten der Republik und allen Obrigkeiten meinen Dank aussprechen. Sie zeigten diesem erneuten Pastoralbesuch gegenüber eine sehr wohlwollende Haltung, indem sie an seiner Vorbereitung auf verschiedenen Ebenen und in den verschiedenen Phasen mitarbeiteten. Bei Gelegenheit der heutigen Generalaudienz möchte ich dieses Ereignis hervorheben, wie ich es anläßlich der anderen Reisen getan habe, die ich in Ausübung meines Hirtenamtes durchführte.

2. Jetzt handelte es sich darum, den während des sogenannten „Katholikentages" im Jahr 1983 abgestatteten Besuch, der sich auf die österreichische Hauptstadt Wien und den Wallfahrtsort Mariazell beschränkt hatte, zu ergänzen. Diesmal war Wien nur der Ausgangspunkt des Programmes; in den folgenden Tagen konnte ich – wenigstens indirekt – alle Diözesen des Landes besuchen.
Während das Leitwort von 1983 sich auf die Hoffnung bezogen hatte („Hoffnung leben, Hoffnung geben"), lenkten die Veranstalter diesmal die Hauptaufmerksamkeit auf den Glauben, auf das Leben aus dem Glauben („Ja zum Glauben – Ja zum Leben"). Tatsächlich gibt es ohne Glauben keine Hoffnung. Auf der Linie dieses Leitwortes konnte ich der Kirche begegnen, die in den verschiedenen Diözesen Österreichs lebt: in Wien, Eisenstadt, Sankt Pölten, Linz, Graz-Seckau, Gurk-Klagenfurt, Salzburg, Innsbruck-Feldkirch.

3. „Ja zum Glauben." Der katholische Glaube hat im Land Österreich tiefe Wurzeln, die in die Römerzeit zurückreichen. An erster Stelle ist hier Lauriacum (heute Lorch) zu nennen, mit dem das Martyrium des hl. Florian und das Apostolat des hl. Severin historisch verbunden sind. Lauriacum war ein römisches Militärlager, wo die Christen nicht nur präsent waren, sondern auch bereit, ihren Glauben bis in den Tod zu bezeugen.
Auf die Römerzeit gehen auch Vindobona (heute Wien) und andere Städte in diesem Gebiet zurück, wo sich nach und nach das Christentum verbreitete. Es kam dorthin als Frucht einer bereits gut organisierten Evangelisierung und strukturierte sich zunächst um den Bischofssitz Salzburg (dessen Erzbischof dann „Primas Germaniae" wurde) und nachfolgend um die von Gurk und Graz, die an die römischen, germanischen und slawischen Länder grenzen. Die anderen Bischofssitze sind erst später entstanden: der von Wien im 15. Jahrhundert, einige erst in unserer Zeit.

4. Mein Pastoralbesuch begann mit einer Vesper in Wien, nach der Ankunft, zu Ehren des hl. Johannes des Täufers, und endete wiederum mit einer Vesper in Innsbruck, vor dem Abflug, zu Ehren der seligsten Jungfrau Maria. Große und festliche Eucharistiefeiern fanden unter großer Beteiligung der Gläubigen in Trausdorf bei Eisenstadt, in Gurk (zusammen mit der Diözese Graz-Seckau), in Salzburg und Innsbruck (mit der Diözese Feldkirch) statt.
Neben der Begegnung mit den staatlichen Obrigkeiten bin ich in Wien mit den Vertretern der jüdischen Kultusgemeinde in Österreich zusammengetroffen, eine Begegnung, die dann ihren historisch-thematischen Höhepunkt in meinem Besuch im Konzentrationslager Mauthausen fand.
Von besonderer Bedeutung im kirchlichen Bereich waren der Wortgottesdienst mit den Arbeiterinnen, Arbeitern der Diözesen Linz und Sankt Pölten in Lorch, das Treffen mit dem österreichischen Episkopat, mit Vertretern der Jugend, mit Kranken und Alten in Salzburg und mit der Kindergruppe der katholischen Jugend in Innsbruck. Von besonderer Bedeutung und geistlicher Intensität waren außerdem die Feier im Festspielhaus von Salzburg mit Vertretern von Wissenschaft, Kunst und Kultur und der ökumenische Gottesdienst in der gleichen Stadt.

5. Sehr bedeutsam war im Besuchsverlauf die Tatsache, daß in einigen Orten Pilger aus den angrenzenden Ländern teilgenommen haben. Und so strömten in Trausdorf (Eisenstadt) mehrere zehntausend Pilger aus Ungarn zusammen, mit dem Primas und zahlreichen Bischöfen; es kam auch eine beachtliche Anzahl von Kroaten mit Kardinal Franjo Kuharić und einigen Bischöfen, ebenso eine kleine Gruppe von Slowaken mit dem jüngst geweihten Bischof Sokol von Tyrnau. Nur wenige tschechische Pilger kamen nach Lorch, zusammen mit dem Kapitularvikar von Böhmisch-Budweis.
Zu erinnern ist dann an den dreisprachigen Gottesdienst in Gurk zu Ehren der hl. Hemma, der Gründerin und Patronin dieser Kirche, in Verbindung mit der Dreiländerwallfahrt: außer der deutschen Sprache für die Österreicher wurde das Slowenische für die Pilger aus der slowenischen Provinz Jugoslawiens (begleitet vom Erzbischof von Laibach und dem Bischof von Marburg an der Drau) sowie das Italienische neben dem friaulischen Dialekt für die Pilger aus der Region Udine (begleitet von Erzbischof Alfredo Battisti) verwandt.
Das Leitwort „Ja zum Glauben" führt uns, wie man sieht, durch die Geschichte verschiedener Völker in jenem Teil des europäischen Kontinentes und bringt die Verwurzelung des Glaubens in den verschiedenen Sprachen und Kulturen zum Ausdruck.

6. Was Österreich betrifft, brachte das Jahr 1938 – vor einem halben Jahrhundert – ein traumatisches Ereignis mit sich, das eine tragische Spur in der Geschichte dieses Landes und bekanntlich anderer europäischer Länder und Nationen hinterlassen hat. Damals, 1938, wurde Österreich an Deutschland angeschlossen (Anschluß) und der Gewaltherrschaft Hitlers und des nationalsozialistischen Systems unterworfen.
Der jetzige Papstbesuch – 50 Jahre danach – konnte nicht umhin, auf jene Zeitspanne Bezug zu nehmen. Ausdruck dieser Teilnahme waren vor allem das Kreuz, das zum Gedenken im Todeslager in Mauthausen aufgestellt wurde, und die nach den Klagen Jeremias gestaltete Liturgie. Neben den Vertretern der staatlichen Obrigkeiten nahmen an der Gedenkfeier auch Überlebende aus diesem Lager und ihre Familien teil.
Die furchtbaren Jahre der nazistischen Gewaltherrschaft verursachten Millionen von Todesopfern in vielen Nationen. Ein besonderes Ausmaß der Vernichtung war leider dem jüdischen Volk bestimmt: dies fand auch Ausdruck in der Begegnung mit den Vertretern der jüdischen Kultusgemeinde, die in Österreich lebt.

7. „Ja zum Glauben – Ja zum Leben" als Programm des päpstlichen Dienstes in Österreich soll vor allem Ausdruck sein für die Aufgaben, die die Kirche sich angesichts der sozialen und kulturellen Situation des Landes vornimmt. Es sind die Aufgaben der „Zweit-Evangelisierung", so wie in den anderen Ländern unseres Kontinentes. Das Lehramt des Zweiten Vatikanischen Konzils bietet ein weites und festes Fundament für diese Aufgaben.
Die verschiedenartigen Begegnungen während des Besuches in den österreichischen Diözesen haben das Bewußtsein hervorgehoben, das sie in bezug auf diese Aufgaben haben, und die ernsten Anstrengungen, die sie unternehmen, um sie zu bewältigen. Es genügt, zum Beispiel an die Begegnung mit den Vertretern der Wissenschaft und Kultur zu erin-

nern, an die Treffen mit den Land- und Industriearbeitern, mit den Jugendlichen und den Kindern, mit den Kranken ... Die ökumenische Begegnung und das gemeinsame Gebet für die Einheit der Christen verdienen besonders hervorgehoben zu werden.
Die wichtigsten Aufgaben wurden in der Ansprache an den Episkopat in Salzburg herausgestellt. Sie betreffen vor allem die Familie und die Jugend und zugleich, in der Kirche, die Priester- und Ordensberufe zusammen mit dem Laienapostolat.

8. Das Marianische Jahr bewirkt, daß dieses ganze Programm „Ja zum Glauben – Ja zum Leben", das Evangelisierungsprogramm der Kirche in Österreich im Blick auf das 3. Jahrtausend, sich mit der Muttergottes verbindet. Auch der päpstliche Dienst hat sich in diesen Besuchstagen an sie, an ihre mütterliche Fürsprache, gewandt.
Es waren inhaltsreiche Tage, voll des Gebetes, das an allen Orten in eine außergewöhnlich schöne und reife liturgische Form – vor allem die der Eucharistie – gekleidet war. Umrahmt von den Naturschönheiten, mit denen die göttliche Vorsehung dieses Land so reich gesegnet hat, und vor dem Hintergrund eines herrlichen kulturellen und künstlerischen Erbes verkündete der Mensch in diesem Gebiet aus seinem Innersten heraus im Namen aller Kreaturen den Ruhm des Schöpfers und des Erlösers.
„Alle Werke des Herrn, lobpreiset den Herrn!"

In deutscher Sprache sagte der Papst:

Liebe Brüder und Schwestern!

„Ja zum Glauben – Ja zum Leben" war das Leitwort meines kürzlichen zweiten Pastoralbesuches in Österreich. Mit besonderer Freude denke ich an seinen schönen und fruchtbaren Verlauf zurück. Aufrichtig danke ich noch einmal den österreichischen Bischöfen für die freundliche Einladung; ebenso den staatlichen Stellen und allen Menschen, die durch ihren Einsatz diesen meinen erneuten pastoralen Dienst ermöglicht oder mit ihrem Gebet begleitet haben.
Dieser zweite Besuch war gleichsam eine Ergänzung des ersten zum „Katholikentag" im Jahre 1983 in Wien. Er galt heute allen österreichischen Diözesen. Die Wurzeln des katholischen Glaubens in diesem Land reichen bis in die Römerzeit zurück. Es sei hier nur an das alte Lauriacum – das heutige Lorch – erinnert, das mit dem Martyrium des hl. Florian und dem Wirken des hl. Severin verbunden ist. Die Evangelisierung erfolgte später vor allem vom Bischofssitz Salzburg aus.
Die Feier unseres gemeinsamen Glaubens erfolgte in schön gestalteten, festlichen Gottesdiensten mit guter Beteiligung der Gläubigen. Eine besondere Erwähnung verdient die Teilnahme von vielen Gläubigen aus Ungarn und Jugoslawien bei den Eucharistiefeiern in Trausdorf bei Eisenstadt und in Gurk. Mit der letzteren verband sich zugleich die traditionelle Dreiländerwallfahrt aus Friaul, Kärnten und Slowenien zum Grab der hl. Hemma. Neben den wichtigen innerkirchlichen Begegnungen mit dem österreichischen Episkopat, mit Arbeitern, Jugendlichen und Kindern, mit kranken und alten Menschen waren von besonderer Bedeutung mein Zusammentreffen mit Vertretern aus Wissenschaft und Kultur wie auch der ökumenische Gottesdienst in Salzburg. Zu erwähnen ist ferner die sehr intensive und freundschaftliche Begegnung mit einer Abordnung der Is-

raelitischen Kultusgemeinden Österreichs und der eindrucksstarke nachfolgende Besuch des Konzentrationslagers Mauthausen.
„Ja zum Glauben – Ja zum Leben". Dieses Leitwort ist ein Bekenntnis und Auftrag zugleich. Das doppelte Ja verpflichtet die Christen zu einer Neu-Evangelisierung in allen Bereichen des kirchlichen und öffentlichen Lebens, zum Einsatz für die Wahrung und Förderung der sittlichen Werte in Familie und Gesellschaft. Möge sich die Kirche in Österreich auf die Fürsprache Marias aus diesen Tagen der Gnade innerlich erneuern und sich auf die großen Aufgaben im dritten christlichen Jahrtausend wirksam vorbereiten! Dieses Anliegen empfehle ich allen heutigen Audienzteilnehmern ihrem Gebet. Ich grüße euch alle sehr herzlich und erteile euch allen für reiche göttliche Gnaden von Herzen meinen besonderen Apostolischen Segen.

Der Glaube siegt

Angelus am 10. Juli

1. „Freu dich, unerschütterlicher Turm der Kirche. Freu dich: durch dich werden Siege errungen" (*Akatistos*, Ik. 12).
Mit diesem Anruf des Hymnus Akatistos wenden wir uns heute an Maria, die Mutter der Kirche, und danken ihr für das große Geschenk der Taufe der Kiewer Rus' vor tausend Jahren.
Es sind Worte, die die Söhne und Töchter des hl. Wladimir, Katholiken und Orthodoxe, mit der gleichen Freude und Begeisterung wiederholen, weil Maria die gemeinsame Mutter ist, die allen den Weg zur vollen Einheit weist.
Der berühmte Hymnus wird seit Jahrhunderten in allen Teilen des Ostens stehend gesungen. Er war in der Liturgie bereits Brauch, als die Kirche noch ungeteilt war und Gott und seiner Mutter in der Gemeinschaft desselben Glaubens lobsang.
Mögen alle Söhne und Töchter des hl. Wladimir diesen Hymnus im 2. Jahrtausend wieder in der vollen Einheit singen. Zu ihr führt uns Maria, der „unterschütterliche Turm der Kirche".

2. An diesem Tag des feierlichen „Te Deum" der ukrainisch-katholischen Gemeinschaft pilgere ich wieder im Geist zur heiligen Stadt Kiew und in dieses Land, wo der Schutz der Gottesmutter nie nachgelassen hat. Ich knie mit den vielen Gläubigen vor der Ikone der betenden Madonna nieder, die den Namen „unzerstörbare Wand" trägt, und ihrer Fürsprache sicher wende ich mich an Gott mit den Worten des Psalmisten:
„Gott der Heerscharen, wende dich uns wieder zu! Blick vom Himmel herab, und sieh auf uns! Sorge für diesen Weinstock und für den Garten, den deine Rechte gepflanzt hat" (*Ps* 80,15–16).
Möge alles, was vor tausend Jahren „deine Rechte gepflanzt hat", im neuen Jahrtausend gewachsen und sich entfalten in der vollen Freiheit für alle, den eigenen Glauben zu bekennen, und in der Wiedererlangung der vollen Einheit für die Kirche.

3. Euch alle, ukrainische Pilger, grüße ich von Herzen; ihr seid aus den Vereinigten Staaten, aus Kanada, Argentinien, Brasilien, Australien und verschiedenen Ländern Europas nach Rom gekommen, um dieses historische Ereignis zu feiern.
Ein ganz besonderer Gruß gilt unseren Brüdern und Schwestern in der Ukraine. Der Papst slawischer Herkunft, euer Bruder, drückt euch an sein Herz und segnet euch. Ich weiß, daß ihr im Gebet vereint seid und in geistlicher Verbundenheit mit dem Nachfolger Petri ausharrt.
Laßt uns heute alle froh sein, denn im Glauben, dessen Vorbild und Lehrerin Maria ist, besteht das Unterpfand zu unserem Sieg: „Das ist der Sieg, der die Welt besiegt hat: unser Glaube" (*1 Joh* 5,4).

Jesus schenkte die sakramentale Struktur der Kirche

Ansprache bei der Generalaudienz am 13. Juli

1. „Ich bin bei euch alle Tage bis zum Ende der Welt" (*Mt* 28,20). Diese Worte, die der auferstandene Jesus bei der Aussendung der Apostel in alle Welt gesprochen hat, beweisen, daß der Sohn Gottes, indem er in die Welt kam, den Anfang zum Reich Gottes in der Menschheitsgeschichte setzte und es den Aposteln in enger Verbindung mit der Weiterführung seiner messianischen Sendung übergab: „Darum vermache ich euch das Reich, wie es mein Vater mir vermacht hat" (*Lk* 22,29). Zur Verwirklichung dieses Reiches und Erfüllung seiner eigenen Sendung errichtete er in der Kirche eine sichtbare „Amtsstruktur", die „bis zum Ende der Welt" nach dem Prinzip der Übertragung in den Nachfolgern der Apostel, das von diesen Worten des auferstanden Jesus eingegeben wurde, „bis zum Ende der Welt" dauern soll. Es ist eine „Amt", das an ein „Geheimnis" gebunden ist, weshalb die Apostel sich als „Diener Christi" und „Verwalter von Geheimissen Gottes", wie der hl. Paulus sagt (*1 Kor* 4,1), betrachten und betrachtet werden wollen. Die Amtsstruktur der Kirche setzt eine sakramentale Struktur voraus und schließt diese ein und steht in ihrem „Dienst" („ministerium" = Dienst).

2. Diese Beziehung zwischen „ministerium" und Mysterium verweist auf eine grundlegende theologische Wahrheit: Christus hat nicht nur versprochen, bei den Aposteln, das heißt „bei" der Kirche bis zum Ende der Welt, sondern selbst „in" der Kirche als Ursprung und Beginn des göttlichen Lebens zu sein: des „ewigen Lebens", das dem gehört, der durch das Ostergeheimnis seine siegreiche Macht über Sünde und Tod bestätigt hat. Durch den apostolischen Dienst der Kirche will Christus den Menschen dieses göttliche Leben mitteilen, damit sie „in ihm und er in ihnen" bleiben kann, wie er sich im Gleichnis vom Weinstock und den Reben ausdrückt, das zu seinen Abschiedsreden gehört und im Johannesevanglium aufgezeichnet ist (*Joh* 15,5 f.): „Ich bin der Weinstock, ihr seid die Reben. Wer in mir bleibt und in wem ich bleibe, der bringt reiche Frucht; denn getrennt von mir könnt ihr nichts vollbringen" (*Joh* 15,5).

3. Deshalb besitzt die Kirche kraft der Einsetzung Christi nicht nur ihre sichtbare und „äußere“ Amtsstruktur, sondern gleichzeitig (und hauptsächlich) eine „innere“ Fähigkeit, die zu einer unsichtbaren, aber wirklichen Sphäre gehört, wo die Quelle aller Ausspendung des göttlichen Lebens, der Teilhabe am trinitarischen Leben Gottes ist: jenen Lebens, das in Christus ist und das von Christus durch das Wirken des Heiligen Geistes den Menschen mitgeteilt wird zur Erfüllung des Heilsplanes Gottes. Die von Christus eingesetzten Sakramente sind die sichtbaren Zeichen dieser Fähigkeit, das neue Leben zu vermitteln, das neue Geschenke seiner selbst, das heißt der Gnade, das Gott dem Menschen macht. Sie kennzeichnen sie und vermitteln sie gleichzeitig. Auch den Sakramenten der Kirche werden wir später einen entsprechenden Katechesezyklus widmen. Jetzt scheint es uns nötig, vor allem auf die wesentliche Verbindung der Sakramente mit der Sendung Christi hinzuweisen, der bei der Gründung der Kirche diese mit einer sakramentalen Struktur ausgestattet hat. Als Zeichen gehören die Sakramente zur sichtbaren Ordnung der Kirche; gleichzeitig gehört das, was sie bedeuten und mitteilen – das göttliche Leben , zum unsichtbaren Mysterium, von dem die übernatürliche Lebenskraft des Volkes Gottes in der Kirche ausgeht. Das ist die unsichtbare Dimension des Lebens der Kirche, die in der Teilnahme am Geheimnis Christi von ihm dieses Leben erhält, wie aus einer unerschöpflichen und unversiegbaren Quelle, und sich immer mehr mit ihm als dem einen „Weinstock“ identifiziert (vgl. *Joh* 15,1).

4. An dieser Stelle müssen wir wenigstens auf die besondere Eingliederung der Sakramente in die Struktur des Dienstamtes der Kirche hinweisen.
Wir wissen, daß Jesus während seines öffentlichen Wirkens „Zeichen und Wunder“ tat (vgl. z. B. *Joh* 2,23; 6,2 f.). Jedes von ihnen war die Offenbarung der Heilsvollmacht (Allmacht) Gottes mit der Befreiung der Menschen vom körperlichen Übel. Aber zugleich zeigten diese Zeichen, das heißt Wunder, gerade als Zeichen die Überwindung des moralischen Übels an, die Wandlung und Erneuerung des Menschen im Heiligen Geist. Die sakramentalen Zeichen, mit denen Christus seine Kirche ausgestattet hat, sollen demselben Zweck dienen. Das geht klar aus dem Evangelium hervor.

5. Vor allem was die Taufe betrifft. Dieses Zeichen der geistlichen Reinigung wurde bereits von Johannes dem Täufer verwandt, von dem auch Jesus die „Bußtaufe“ am Jordan empfing (vgl. *Mk* 1,9; par.).
Aber derselbe Johannes unterscheidet klar die von ihm gespendete Taufe von jener, die Christus erteilen sollte: „Der aber, der nach mir kommt ... wird euch mit dem Heiligen Geist ... taufen“ (*Mt* 3,11). Außerdem finden wir im vierten Evangelium einen interessanten Hinweis auf die „Taufe“, die von Jesus, genauer gesagt, von seinen Jüngern „in Judäa“, gesondert von Johannes, gespendet wurde (vgl. *Joh* 3,22.26; 4,6).
Seinerseits spricht Jesus von der Taufe, die er selbst empfangen soll, und weist mit diesen Worten auf sein zukünftiges Leiden und seinen Tod am Kreuz hin: „Ich muß mit einer Taufe getauft werden, und ich bin sehr bedrückt, solange sie noch nicht vollzogen ist“ (*Lk* 12,50). Und die beiden Brüder Johannes und Jakobus fragt er: „Könnt ihr den Kelch trinken, den ich trinke, und die Taufe empfangen, mit der ich getauft werde?“ (*Mk* 10,38)

6. Wenn wir uns genau auf das Sakrament beziehen wollen, das der Kirche mitgeteilt wird, finden wir den besonderen Hinweis darauf in den Worten Jesu an Nikodemus: „Amen, amen, ich sage dir: Wenn jemand nicht aus Wasser und Geist geboren wird, kann er nicht in das Reich Gottes kommen" (*Joh* 3,5).
Während er die Apostel aussendet, in aller Welt das Evangelium zu verkünden, befiehlt Jesus ihnen, gerade diese Taufe zu spenden: die Taufe im „Namen des Vaters und des Sohnes und des Heiligen Geistes" (*Mt* 28,19). Und er stellt klar: „Wer glaubt und sich taufen läßt, wird gerettet; wer aber nicht glaubt, wird verdammt werden" (*Mk* 16,16). „Gerettet werden", „in das Reich Gottes eintreten" heißt, das göttliche Leben haben, das Christus als „Weinstock" den „Reben" (vgl. *Joh* 15,1) schenkt kraft dieser „Taufe", mit der er selbst im Ostergeheimnis seines Todes und seiner Auferstehung „getauft" worden ist. Der hl. Paulus stellt in großartiger Weise die christliche Taufe als das „Eintauchen in den Tod Christi" dar, um mit ihm auch in der Auferstehung zu einem neuen Leben vereinigt zu sein (vgl. *Röm* 6,3–11). Die Taufe ist der sakramentale Anfang dieses Lebens im Menschen.
Die grundlegende Bedeutung der Taufe für die Teilhabe am göttlichen Leben wird hervorgehoben in den Worten, mit denen Christus die Apostel in alle Welt aussendet, um das Evangelium zu verkünden (vgl. *Mt* 28,19).

7. Dieselben Apostel – in enger Verbindung mit dem Ostern Christi – sind mit der Vollmacht der Sündenvergebung ausgestattet worden. Natürlich besaß auch Christus diese Vollmacht: „Der Menschensohn hat die Vollmacht, hier auf der Erde Sünden zu vergeben" (*Mt* 9,6). Dieselbe Vollmacht übertrug er den Aposteln nach der Auferstehung, als er sie anhauchte und sagte: „Empfangt den Heiligen Geist! Wem ihr die Sünden vergebt, dem sind sie vergeben; wem ihr die Vergebung verweigert, dem ist sie verweigert" (*Joh* 20,22–23). „Die Sünden vergeben" bedeutet in Wirklichkeit, dem Menschen die Teilhabe am Leben, das in Christus ist, wiederzugeben. Das Sakrament der Buße (oder Versöhnung) ist deshalb wesentlich mit dem Geheimnis „des Weinstocks und der Reben" verbunden.

8. Der volle Ausdruck dieser Lebensgemeinschaft mit Christus ist die Eucharistie. Jesus setzte dieses Sakrament am Tag vor seinem heilbringenden Kreuzestod, beim letzten Abendmahl (dem Paschamahl) im Abendmahlssaal von Jerusalem, ein (vgl. *Mk* 14,22–24; *Mt* 26,26–30; *Lk* 22,19–20 und *1 Kor* 11,23–26). Das Sakrament ist das immerwährende Zeichen der Gegenwart seines im Tod hingeopferten Leibes und seines Blutes, das „zur Vergebung der Sünden" vergossen wurde; zugleich setzt das Sakrament, jedesmal, wenn es gefeiert wird, das Heilsopfer des Erlösers der Welt gegenwärtig. All das geschieht unter dem sakramentalen Zeichen des Brotes und des Weines und somit des Ostermahls, das Jesus selbst mit dem Geheimnis des Kreuzes verbunden hat, wie es uns die Einsetzungsworte, die in der sakramentalen Formel wiederholt werden, in Erinnerung rufen: „Das ist mein Leib, der für euch hingegeben wird ... Das ist der Kelch ..., mein Blut, das für euch und für alle vergossen wird zur Vergebung der Sünden" (*Lk* 22,19 ff.; par.).

9. Die Speise und der Trank, die in der zeitlichen Ordnung zur Erhaltung des menschlichen Lebens dienen, zeigen in ihrer sakramentalen Bedeutung die Teilhabe am göttlichen Leben, das in Christus, dem „Weinstock“, ist, an und bewirken sie. Er teilt dieses Leben um den Preis seines erlösenden Opfers den „Reben“, seinen Jüngern und Anhängern, mit. Dies tritt besonders hervor in den Worten, mit denen er in der Synagoge von Kafarnaum die Eucharistie ankündigt: „Ich bin das lebendige Brot, das vom Himmel herabgekommen ist. Wer von diesem Brot ißt, wird in Ewigkeit leben. Das Brot, das ich geben werde, ist mein Fleisch, für das Leben der Welt“ (*Joh* 6,51). „Wer mein Fleisch ißt und mein Blut trinkt, hat das ewige Leben, und ich werde ihn aufwecken am Letzten Tag“ (*Joh* 6,54).

10. Die Eucharistie als Zeichen des brüderlichen Mahles ist eng mit der Verkündigung des Gebotes der Liebe zueinander verbunden (vgl. *Joh* 13,34; 15,12). Nach der paulinischen Lehre vereint diese Liebe im Innern alle Glieder der Gemeinschaft der Kirche: „Ein Brot ist es. Darum sind wir viele ein Leib; denn wir alle haben teil an dem einen Brot“ (*1 Kor* 10,17). In dieser Einheit, der Frucht brüderlicher Liebe, spiegelt sich in gewisser Weise die trinitarische Einheit, die der Vater mit dem Sohn bildet, wider, wie aus dem Gebet Jesu hervorgeht: „Alle sollen eins sein: Wie du, Vater, in mir bist und ich in dir bin ...“ (*Joh* 17,21). Und es ist die Eucharistie, die teilhaben läßt an der Einheit des Lebens Gottes nach den Worten Jesu selbst: „Wie mich der lebendige Vater gesandt hat und wie ich durch den Vater lebe, so wird jeder, der mich ißt, durch mich leben“ (*Joh* 6,57). Gerade deshalb ist die Eucharistie das Sakrament, das in ganz besonderer Weise „die Kirche aufbaut“ als Gemeinschaft der Teilhabe am Leben Gottes durch Christus, des einen „Weinstocks“.

In deutscher Sprache sagte der Papst:

Liebe Brüder und Schwestern!

Mit dem Kommen Jesu beginnt das Reich Gottes in der Welt. Um seine Sendung fortzusetzen, hat er in der Kirche ein sichtbares Dienstamt geschaffen. Es ist ein „ministerium“, das mit dem „mysterium“ eng verbunden ist. Darum verstehen sich die Apostel nach einem Wort des hl. Paulus als „Diener Christi und Verwalter von Geheimnissen Gottes“ (*1 Kor* 4,1). Der äußeren, mehr organisatorischen Struktur der Kirche entspricht ihre innere, sakramentale Struktur.

Christus hat bei der Himmelfahrt seinen Aposteln verheißen, „alle Tage bis zum Ende der Welt“ bei ihnen zu bleiben (vgl. *Mt* 28,20). Er ist für immer mit und in der Kirche als Quelle und Ursprung göttlichen Lebens. Er ist der lebendige Weinstock, an dem alle Gläubigen fruchtbare Reben sein sollen. Durch den sakramentalen Dienst der Kirche will Christus den Menschen das göttliche Leben vermitteln. Sakramente sind äußere Zeichen, die fähig sind, uns eine innere, unsichtbare Wirklichkeit mitzuteilen: die Gnade und Lebensgemeinschaft mit Gott. Sie gehören wesentlich zur Kirche und sind zuinnerst in ihre Struktur zum Heil der Menschen eingefügt. Wie die „Zeichen“ und Wunder, die Jesus während seines öffentlichen Lebens wirkte, so offenbaren die Sakramente die Heilskraft Gottes, überwinden sie das sittlich Böse und erneuern den Menschen im Heiligen Geist.

Das trifft in einer besonderen Weise für die Taufe zu. Johannes selbst, der am Jordan die Bußtaufe spendete, bezeugt, daß nach ihm einer kommen werde, der „mit dem Heiligen Geist taufen wird“ (*Mt* 1,8). Und Jesus sagt zu Nikodemus: „Wenn jemand nicht aus Wasser und Geist geboren wird, kann er nicht in das Reich Gottes kommen“ (*Joh* 3,5). In das Reich Gottes eintreten besagt dasselbe wie am göttlichen Leben Anteil erhalten. Die Taufe in den Tod und in die Auferstehung Christi ist der sakramentale Anfang des göttlichen Lebens im Menschen. Um dieses Leben immer wieder zu erneuern und zu reinigen, hat Christus den Aposteln ferner die Vollmacht zur Sündenvergebung anvertraut. Doch steht vor allem die Eucharistie im Dienste dieses neuen Lebens im Menschen. Sie ist das sichtbare Zeichen der bleibenden Gegenwart Christi in der Kirche. Er ist bei ihr unter dem Zeichen von Speise und Trank, um das göttliche Leben in den Gläubigen zu nähren und zu stärken. Die Eucharistie baut die Kirche auf als Gemeinschaft derer, die durch Christus am Leben Gottes teilhaben.
Mit diesen kurzen Überlegungen grüße ich herzlich alle heutigen Audienzteilnehmer deutscher Sprache. Alle Einzelpilger und die genannten Gruppen, darunter besonders die zahlreichen Jugendlichen; vor allem die große Jugendgruppe aus Vechta. Mit besten Ferienwünschen erteile ich euch allen von Herzen meinen Apostolischen Segen.

Sakramente Zeichen des Heilshandelns Christi

Ansprache bei der Generalaudienz am 23. Juli

Jesus, der Begründer der Heiligkeit der Kirche in ihren verschiedenen Formen

Jesus Christus überträgt der Kirche das Erbe der Heiligkeit

1. „Bleibt in mir, dann bleibe ich in euch ...“ (*Joh* 15,4). Diese Worte aus dem Gleichnis vom Weinstock und den Reben bringen symbolisch zum Ausdruck, was nach dem Willen Christi die Kirche ihrer inneren Struktur nach sein soll. Das Bleiben in Christus bedeutet eine lebensnotwendige Verbindung mit ihm, der Quelle göttlichen Lebens. Im Hinblick auf die Tatsache, daß Christus die Kirche ins Dasein gerufen hat, im Hinblick darauf, daß er ihr auch eine Struktur äußerer Dienste, „aufgebaut“ auf den Aposteln, gegeben hat, läßt es keinen Zweifel, daß das Dienstamt der Apostel und ihrer Nachfolger, wie das Dienen der ganzen Kirche, im Dienst des Mysteriums bleiben muß: und dieses Mysterium ist das Geheimnis des Lebens, der Teilhabe am Leben Gottes, das aus der Kirche die Gemeinschaft lebendiger Menschen macht. Zu diesem Zweck empfängt die Kirche von Christus die sakramentale Struktur, von der wir in der letzten Katechese gesprochen haben. Die Sakramente sind die Zeichen des Heilshandelns Christi, der die Mächte der Sünde und des Todes überwindet und den Menschen die Kräfte der Gnade und des Lebens einpflanzt, deren Fülle in Christus ist.

2. Diese Fülle der Gnade (vgl. *Joh* 1,14) und dieses überströmende Leben (vgl. *Joh* 10,10) sind nichts anderes als die Heiligkeit. Die Heiligkeit ist in Gott, und nur von Gott kann sie in das Geschöpf, vor allem in den Menschen übergehen. Eine Wahrheit, die den ganzen Alten Bund durchzieht, ist die: Gott ist der Heilige, und er beruft zur Heiligkeit. Denkwürdig sind diese Mahnungen des mosaischen Gesetzes: „Seid heilig, denn ich, der Herr, euer Gott, bin heilig" (*Lev* 19,2). „Ihr sollt auf meine Satzungen achten und sie befolgen. Ich bin der Herr, der euch heiligt" (*Lev* 20,8). Wenn diese Zitate auch dem Buch Levitikus entnommen sind, das so etwas wie ein Kodex für den Gottesdienst in Israel war, so darf doch die von Gott gebotene und empfohlene Heiligkeit nicht nur im rituellen Sinn verstanden werden, sondern auch im moralischen Sinn: Es handelt sich um das, was den Menschen im wesentlichsten Sinn Gott ähnlich macht und ihn würdig macht, im Gottesdienst sich ihm zu nahen, nämlich um die Gerechtigkeit und innere Reinheit.

3. Jesus Christus ist die lebendige Verkörperung dieser Heiligkeit. Er selbst stellt sich vor als der, „den der Vater geheiligt und in die Welt gesandt hat" (*Joh* 10,36). Von ihm sagt der Bote seiner irdischen Geburt zu Maria: „Deshalb wird auch das Kind heilig und Sohn Gottes genannt werden" (*Lk* 1,35). Die Apostel sind die Zeugen für diese Heiligkeit, wie Petrus anstelle aller ausruft: „Wir sind zum Glauben gekommen und haben erkannt: Du bist der Heilige Gottes." (*Joh* 6,69). Es ist eine Heiligkeit, die sich in seinem Leben immer mehr kundgetan hat, beginnend mit den Jahren der Kindheit (vgl. *Lk* 2,40.52), um den Gipfel zu erreichen in dem „für die Brüder" dargebrachten Opfer, nach den Worten Jesu selbst: „Ich heilige mich für sie, damit auch sie in der Wahrheit geheiligt sind" (*Joh* 17,19), in Übereinstimmung mit einem anderen seiner Worte, in welchem er erklärt: „Es gibt keine größere Liebe, als wenn einer sein Leben für seine Freunde hingibt" (*Joh* 15,13).

4. Die Heiligkeit Christi muß das lebendige Erbe der Kirche werden. Das ist das Ziel des Heilswerkes Jesu, wie er es selbst ausgesprochen hat: „... damit auch sie in der Wahrheit geheiligt sind" (*Joh* 17,19). Der hl. Paulus hat es begriffen, der im Brief an die Epheser schreibt, daß Christus „die Kirche geliebt und sich für sie hingegeben hat, um sie heilig zu machen" (*Eph* 5,25–26), „heilig und makellos" (*Eph* 5,27).
Jesus hat sich den Aufruf zur Heiligkeit zu eigen gemacht, den Gott im Alten Bund an sein Volk gerichtet hatte: Seid heilig, denn ich, der Herr, euer Gott, bin heilig. Mit aller Kraft hat er es unaufhörlich in seinem Wort und mit dem Beispiel seines Lebens wiederholt. Besonders in der Bergpredigt hat er seiner Kirche das Gesetz der christlichen Heiligkeit hinterlassen. Gerade auf diesen Seiten lesen wir, daß Jesus, nachdem er gesagt hat, er sei „nicht gekommen, um das Gesetz und die Propheten aufzuheben, ... sondern um zu erfüllen" (*Mt* 5,17), seine Nachfolger zu einer Vollkommenheit ermahnt, die ihr Beispiel in Gott selbst hat: „Ihr sollt also vollkommen sein, wie es auch euer himmlischer Vater ist" (*Mt* 5,48). Und weil der Sohn auf vollkommenste Weise diese Vollkommenheit des Vaters widerspiegelt, kann Jesus bei einer anderen Gelegenheit sagen: „Wer mich gesehen hat, hat den Vater gesehen" (*Joh* 14,9).

5. Im Licht dieser Aufforderung Jesu kann man besser verstehen, wie das II. Vatikanische Konzil die allgemeine Berufung zur Heiligkeit hervorheben wollte. Es ist eine Frage, auf die wir zu gegebener Zeit in dem der Kirche gewidmeten Zyklus der Katechesen zurückkommen wollen. Aber schon jetzt ist es gut, die Aufmerksamkeit auf ihre wesentlichen Punkte zu richten, aus denen klarer ersichtlich wird, wie die Berufung zur Heiligkeit mit der Sendung Christi in Verbindung steht, vor allem mit seinem lebendigen Beispiel.
„In der Kirche sind alle – sagt das Konzil – ... zur Heiligkeit berufen gemäß dem Apostelwort: ‚Das ist der Wille Gottes, eure Heiligung‘ (*1 Thess* 4,3; vgl. *Eph* 1,4)“ (*Lumen gentium*, Nr. 39). Die Worte des Apostels sind ein getreues Echo der Lehre Christi, des Meisters, der, wie das Konzil weiter sagt, „allen den Heiligen Geist gesandt (hat), daß er sie innerlich bewege, Gott aus ganzem Herzen, aus ganzer Seele, aus ganzem Gemüt und aus ganzer Kraft zu lieben (vgl. *Mk* 12,30), und einander zu lieben, wie Christus sie geliebt hat (vgl. *Joh* 13,34; 15,12)“ (*Lumen gentium*, Nr. 40).

6. Die Berufung zur Heiligkeit betrifft also alle, „mögen sie zur Hierarchie gehören oder von ihr geleitet werden“ (*Lumen gentium*, Nr. 39): „Alle Christgläubigen jeglichen Standes oder Ranges (sind) zur Fülle des christlichen Lebens und zur vollkommenen Liebe berufen“ (*Lumen gentium*, Nr. 40).
Das Konzil unterstreicht auch, daß die Heiligkeit der Christen aus der Heiligkeit Christi kommt und diese offenbar macht. Es sagt nämlich: „Die Heiligkeit ... drückt sich vielgestaltig in den einzelnen aus, die in ihrer Lebensgestaltung zur Vollkommenheit der Liebe in der Erbauung anderer streben“ (*Lumen gentium*, Nr. 39). In dieser Vielgestaltigkeit verwirklicht sich die eine Heiligkeit bei denen, die vom Geist Gottes bewegt werden, „und dem armen, demütigen, das Kreuz tragenden Christus folgen und so der Teilnahme an seiner Herrlichkeit würdig werden“ (*Lumen gentium*, Nr. 41).

7. Diejenigen, die Christus aufforderte, ihm zu folgen – bei den Aposteln angefangen –, waren bereit, um seinetwillen alles zu verlassen, wie Petrus ihm beteuerte: „Du weißt, wir haben alles verlassen und sind dir nachgefolgt“ (*Mt* 19,21). „Alles“ bedeutet in diesem Fall, nicht nur die zeitlichen Güter (das Haus ... den Grund und Boden), sondern auch liebe Menschen: „Brüder, Schwestern, Vater, Mutter, Kinder“ (vgl. *Mt* 19,29), also die Familie. Jesus selbst war das vollkommenste Vorbild für eine solche Entsagung. Deshalb konnte er seine Jünger zu ähnlichen Verzichten auffordern, eingeschlossen den der „Ehelosigkeit um des Himmelsreiches willen“ (vgl. *Mt* 19,12).
Christi Programm der Heiligkeit, ob es sich an Männer wendet oder an Frauen, die ihm ja auch folgten (vgl. z. B. *Lk* 8,1–3), findet in besonderer Weise in den evangelischen Räten seinen Ausdruck. Wie das Konzil in Erinnerung ruft, sind „die evangelischen Räte (der gottgeweihten Keuschheit, der Armut und des Gehorsams), in Wort und Beispiel des Herrn begründet, ... eine göttliche Gabe, welche die Kirche von ihrem Herrn empfangen hat und in seiner Gnade immer bewahrt“ (*Lumen gentium*, Nr. 43).

8. Wir müssen aber gleich hinzufügen, daß die Berufung zur Heiligkeit in ihrer Allseitigkeit auch die Menschen umfaßt, die in der Ehe leben (wie auch Witwer und Witwen)

und jene, die ihren Besitz und die Verwaltung ihrer Güter behalten, sich mit irdischen Geschäften befassen, ihren Beruf, ihre Aufgaben und Tätigkeiten in freier Selbstverfügung nach ihrem Gewissen und der ihnen gegebenen Freiheit ausüben. Jesus hat den ihnen eigenen Weg zur Heiligkeit gewiesen schon durch die Tatsache, daß er seine messianische Tätigkeit mit der Teilnahme an der Hochzeit von Kana begann (vgl. *Joh* 2,1–11) und dann weiterhin die ewigen Grundsätze des göttlichen Gesetzes in Erinnerung rief, die für Männer und Frauen jeden Standes gültig sind, vor allem jene der Liebe, der Einheit und Unauflöslichkeit der Ehe (vgl. *Mk* 10,1–12; *Mt* 19,1–9) und der Keuschheit (vgl. *Mt* 5,28–30). Darum widmet das Konzil auch, wenn es von der allgemeinen Berufung zur Heiligkeit spricht, eine besondere Stelle denen, die durch das Sakrament der Ehe gebunden sind: „Die christlichen Eheleute und Eltern müssen auf ihrem eigenen Weg in treuer Liebe das ganze Leben hindurch einander in der Gnade Halt und Stütze sein und die von Gott gern empfangenen Kinder mit den christlichen Lehren und den Tugenden des Evangeliums erfüllen. So geben sie allen das Beispiel einer unermüdlichen und großmütigen Liebe ...“ (*Lumen gentium*, Nr. 41).

9. Aus allen Geboten und Aufforderungen Jesu und der Kirche wird der Primat der Liebe ersichtlich. Die Liebe ist ja nach dem Wort des hl. Paulus „das Band, das alles vollkommen macht“ (*Kol* 3,14). Es ist der Wille Jesu, daß „wir einander lieben, wie er uns geliebt hat“ (*Joh* 15,12): mit der Liebe also, gleich der seinen, „bis zur Vollendung“ (*Joh* 13,1). Das ist das Erbe der Heiligkeit, das Jesus seiner Kirche hinterlassen hat. Wir alle sind berufen, daran teilzuhaben und so aus der Fülle der Gnade und des Lebens zu schöpfen, die in Christus ist. Die Geschichte der christlichen Heiligkeit ist der Beweis dafür, daß im Leben nach dem Geist der Seligpreisungen des Evangeliums, die in der Bergpredigt verkündigt wurden (vgl. *Mt* 5,3–12), die Aufforderung Christi Wirklichkeit wird, die im Zentrum des Gleichnisses vom Weinstock und den Reben steht: „Bleibt in mir, dann bleibe ich in euch ... Wer in mir bleibt und in wem ich bleibe, der bringt reiche Frucht“ (*Joh* 15,4.5). Diese Worte verwirklichen sich, indem sie vielfältige Formen im Leben der einzelnen Christen annehmen und so im Lauf der Jahrhunderte den vielgestaltigen Reichtum und die Schönheit der Heiligkeit der Kirche sichtbar machen, der „Königstochter“, mit herrlichen Gewändern geschmückt (vgl. *Ps* 44/45,14).

In deutscher Sprache sagte der Papst:

Liebe Brüder und Schwestern!

Christus der Weinstock – wir die Reben: mit diesem Gleichnis veranschaulicht Christus die lebendige Verbindung, die zwischen ihm und den Gläubigen besteht. Er selbst ist für uns die Quelle des göttlichen Lebens. Die Sakramente der Kirche sind die von ihm bestimmten Mittel, diese enge Lebensgemeinschaft mit ihm herzustellen und kraftvoll zu entfalten.

Darum heißt die Grundforderung Jesu an uns: „Bleibt in mir, dann bleibe ich in euch“ (*Joh* 15,4). Darin gründet die Einladung und Berufung aller zur Heiligkeit. Heiligkeit bedeutet Teilnahme an der Fülle der Gnade und des Lebens, die Gott in höchster Vollkommenheit besitzt. Deshalb sagt der Herr schon zu Mose im Alten Bund: „Seid heilig, denn ich, der Herr, bin heilig" (*Lev* 19,2). An dieser Heiligkeit Gottes hat Christus als sein menschgewordener Sohn auf vollkommenste Weise Anteil. Er ist derjenige, den der Vater selbst „geheiligt und in die Welt gesandt hat" (*Joh* 10,36). Deshalb bekennen die Apostel von ihm: „Du bist der Heilige Gottes" (*Joh* 6,69). Die Heiligkeit hat sich im Leben Jesu immer vollkommener offenbart, von seiner Jugend bis zu seinem vorbehaltlosen Gehorsam im Tod am Kreuz. Er sagt von sich: „Ich heilige mich für sie, damit auch sie in der Wahrheit geheiligt sind" (*Joh* 17,19).

Die Heiligkeit Jesu Christi ist als lebendiges Erbe auf die Kirche übergegangen. Seine Heiligkeit allen mitzuteilen, ist das Hauptziel seines ganzen Erlösungswerkes. Er hat, wie der hl. Paulus sagt, „die Kirche geliebt und sich für sie hingegeben, um sie ... rein und heilig zu machen" (*Eph* 5,26). Darum hat auch das II. Vatikanische Konzil die Berufung aller zur Heiligkeit in einer besonderen Weise unterstrichen. Alle sind zur vollkommenen Nachfolge Jesu Christi berufen. Diese Berufung erfordert auch Opfer und Verzicht um des Himmelreiches willen – bis hin zu einem Leben in Ehelosigkeit und nach den Evangelischen Räten. In gleicher Weise aber sind auch die Eheleute aufgefordert, ihre Pflichten in Ehe und Familie nach Gottes Willen zu erfüllen und so gemeinsam mit ihren Kindern nach Heiligkeit zu streben.

Hören wir deshalb, liebe Brüder und Schwestern, heute wieder neu die Worte Jesu, die er zu jedem von uns ganz persönlich sagt: „Ihr sollt also vollkommen sein, wie es euer himmlischer Vater ist" (*Mt* 5,48). Mit dieser Einladung grüße ich euch alle sehr herzlich; alle Gruppen und Familien. Euch allen wünsche ich erholsame Ferientage in der Ewigen Stadt und erteile euch von Herzen meinen besonderen Apostolischen Segen.

Maria – Blume des Karmel

Angelus am 24. Juli

1. In diesem Monat Juli haben wir das Gedächtnis Unserer Lieben Frau vom Berge Karmel gefeiert, das sich in der Frömmigkeit des christlichen Volkes großer Hochschätzung erfreut und in besonderer Weise mit der Ordensfamilie des Karmel verbunden ist.

Die Gedanken wandern zu dem heiligen Berg, der in der Welt der Bibel stets als Symbol für Gnade, Segen und Schönheit galt. Auf diesem Berg weihten die Karmeliten der Jungfrau und Gottesmutter, der „Blume des Karmel", die die Schönheit aller Tugenden besitzt, ihre erste Kirche. So brachten sie ihren Willen zum Ausdruck, sich ihr ganz und gar anzuvertrauen und ihren Dienst für Maria unlöslich mit dem der „Huldigung an Christus" zu verbinden (vgl. *Regel des Karmel*).

2. Die großen Mystiker des Karmel haben die Gotteserfahrung in ihrem eigenen Leben als einen „Weg der Vollkommenheit" verstanden (hl. Theresia von Jesus), als einen „Aufstieg zum Berg Karmel" (hl. Johannes vom Kreuz). Auf diesem Weg ist Maria anwesend. Von den Karmeliten als Mutter, Patronin und Schwester angerufen, wird sie als reinste Jungfrau zum Vorbild für den Kontemplativen in seinem aufnahmebereiten Hören

und Meditieren des Wortes Gottes und seinem Gehorsam gegenüber dem Willen des Vaters durch Christus im Heiligen Geist.
Darum blüht im Karmel und in jeder zutiefst karmelitanischen Seele ein Leben inniger Gemeinschaft und Vertrautheit mit der Heiligen Jungfrau als „neue Art" für Gott zu leben und hier auf Erden die Liebe Jesu, des Sohnes, zu seiner Mutter Maria fortzusetzen.

3. Ein besonderer Gnadenerweis der Muttergottes gegenüber den Karmeliten, der nach einer ehrwürdigen Überlieferung mit dem hl. Simon Stock verbunden ist, hat sich im christlichen Volk verbreitet und viele geistliche Früchte hervorgebracht. Es ist das Skapulier des Karmel, ein Mittel zur Angliederung an den Orden des Karmel, um Anteil an dessen geistlichen Gütern zu haben, und als Weg einer feinfühligen, kindlichen Marienverehrung (vgl. Pius XII., Apostol. Schreiben *Nemini profecto latet*).
Durch das Skapulier drücken jene, die die Mutter des Karmel verehren, ihren Willen aus, ihr Leben nach dem Beispiel Marias, der Mutter, Patronin, Schwester und reinsten Jungfrau zu formen, mit geläutertem Herzen das Wort Gottes aufzunehmen und sich mit Eifer dem Dienst an den Brüdern zu widmen.
Und nun lade ich alle Marienverehrer ein zu einem innigen Gebet, daß sie mit ihrer Fürbitte jedem von uns erlangen möge, sicher auf dem Weg des Lebens voranzuschreiten und „glücklich zu dem heiligen Berg zu gelangen, der Jesus Christus ist, unser Herr" (vgl. *Messe zu Ehren U. L. Frau vom Berge Karmel*, 16. Juli).

Nach dem Angelusgebet sagte der Papst in deutscher Sprache:

Zum heutigen ersten „Engel-des-Herrn" hier in Castel Gandolfo grüße ich herzlich auch alle deutschsprachigen Teilnehmer. Pflegt dieses schöne Gebet gerade jetzt im Marianischen Jahr auch in euren Familien und Gemeinde. Mit besten Wünschen für erholsame und auch geistlich fruchtbare Ferien erteile ich euch von Herzen meinen besonderen Apostolischen Segen.

Die Erlösung ein Geschenk der Liebe Gottes

Ansprache bei der Generalaudienz am 27. Juli

1. „Die Zeit ist erfüllt, das Reich Gottes ist nahe. Kehrt um, und glaubt an das Evangelium!" (*Mk* 1,15): Diese Worte, die Markus am Beginn seines Evangeliums anführt, fassen zusammen und prägen uns ein, was wir in dem gegenwärtigen Zyklus christologischer Katechesen uns klarmachen wollen über die messianische Sendung Jesu Christi. Nach den angeführten Worten ist Jesus von Nazaret der, welcher das „Kommen des Reiches Gottes" in die irdische Geschichte des Menschen ankündigt. Er ist der, in dem das Gottesreich in endgültiger und unwiderruflicher Weise in die Geschichte der Menschheit eingetreten ist und durch diese „Fülle der Zeit" hinstrebt zur endzeitlichen Erfüllung in der Ewigkeit Gottes selbst.

Jesus Christus überträgt das Reich Gottes den Aposteln. Er gründet auf sie den Bau seiner Kirche, die nach seinem Weggang seine Sendung fortsetzen soll: „Wie mich der Vater gesandt hat, so sende ich euch ... Empfangt den Heiligen Geist!" (*Joh* 20,21.22).

2. In diesem Zusammenhang müssen wir überlegen, was für die messianische Sendung Jesu wesentlich ist. Das Glaubensbekenntnis drückt es mit folgenden Worten aus: „Für uns Menschen und zu unserem Heil ist er vom Himmel gekommen" (*nizäno-konstantinopolitanisches Glaubensbekenntnis*). Das Wesentliche in der ganzen Sendung Christi ist das Heilswerk, auf das schon durch seinen Namen „Jesus" (Ye-shua = Gott rettet) hingewiesen wird. Er wurde zusammen mit der Verkündigung der Geburt des Gottessohnes gegeben, als der Engel zu Josef sagte: „Sie (Maria) wird einen Sohn gebären; ihm sollst du den Namen Jesus geben; denn er wird sein Volk von seinen Sünden erlösen" (*Mt* 1,21). In diesen Worten, die Josef im Traum vernahm, wird wiederholt, was Maria bei der Verkündigung hörte: „Du sollst ihm den Namen Jesus geben" (*Lk* 1,31). Sehr bald werden die Engel den Hirten in der Nähe von Betlehem verkünden, daß der Messias (= Christus) als Retter in die Welt gekommen ist: „Heute ist euch in der Stadt Davids der Retter geboren; er ist der Messias, der Herr" (*Lk* 2,11): „... denn er wird sein Volk von seinen Sünden erlösen" (*Mt* 1,21).

3. „Erlösen" heißt: vom Bösen befreien. Jesus Christus ist der Erlöser der Welt, weil er gekommen ist, um den Menschen von jenem fundamentalen Übel zu befreien, das nach dem ersten Bruch des Bundes mit dem Schöpfer im Verlauf der ganzen menschlichen Geschichte in das Innerste des Menschen eingedrungen ist. Das Übel der Sünde ist wirklich dieses Grundübel, das von der Menschheit die Verwirklichung des Reiches Gottes fernhält. Jesus Christus, der vom Beginn seiner Sendung an das Kommen des Gottesreiches verkündet, kommt als Erlöser. Er verkündet nicht nur das Reich Gottes, sondern entfernt auch das eigentliche Hindernis, das seiner Verwirklichung im Weg steht, nämlich die Sünde, die nach dem Gesetz der Vererbung vom Ursprung her im Menschen wurzelt und in ihm die persönlichen Sünden nährt (fomes peccati). Jesus Christus ist der Retter in der grundlegenden Bedeutung des Wortes: er trifft die Wurzel des Bösen, das im Menschen ist, die Wurzel, die darin besteht, Gott den Rücken zu kehren und sich unter die Herrschaft des „Vaters der Lüge" (vgl. *Joh* 8,44) zu stellen, der als „Herrscher der Finsternis" (vgl. *Kol* 1,13) zum „Herrscher dieser Welt" (*Joh* 12,31; 14,30; 16,11) geworden ist (und es immer wieder von neuem wird).

4. Die unmittelbare Bedeutung des Heilswerkes, wie sie schon bei der Geburt Jesu offenbar wurde, wird Johannes der Täufer am Jordan zum Ausdruck bringen. Wird er doch, auf Jesus von Nazaret als auf jenen, der „kommen mußte", hinweisend, sagen: „Seht, das Lamm Gottes, das die Sünde der Welt hinwegnimmt" (*Joh* 1,29). In diesen Worten ist klar Bezug genommen auf das Bild des leidenden Gottesknechtes bei Jesaja. Der Prophet spricht von ihm als von dem „Lamm", das zum Schlachten geführt wird; und Er nimmt schweigend (ein „Lamm, das seinen Mund nicht auftut": *Jes* 53,7) den Tod an. Durch ihn „macht er die vielen gerecht; er lädt ihre Schuld auf sich" (*Jes* 53,11). So zeigt

das Wort vom „Lamm Gottes, das die Sünde der Welt hinwegnimmt", im Alten Testament wurzelnd, an, daß das Heilswerk, das heißt, die Befreiung von den Sünden, sich um den Preis des Leidens und Sterbens Christi vollziehen wird. Der Retter ist zugleich der Erlöser des Menschen (*Redemptor hominis*). Er wirkt das Heil um den Preis des heilbringenden Opfers seiner selbst.

5. Ehe sich das alles im Ostergeschehen in Jerusalem verwirklicht, kommt es Schritt für Schritt in der Predigt Jesu von Nazaret zum Ausdruck. So lesen wir in den Evangelien: „Der Menschensohn ist gekommen, um zu suchen und zu retten, was verloren ist" (*Lk* 19,10). „Der Menschensohn ist nicht gekommen, um sich dienen zu lassen, sondern um zu dienen und sein Leben hinzugeben als Lösegeld für viele" (*Mk* 10,45; *Mt* 20,28). Hier entdeckt man leicht die Bezugnahme auf das Bild des Jesaja vom Gottesknecht. Und wenn der Menschensohn sich in der ganzen Art, wie er handelt, sich als „Freund der Zöllner und Sünder" zu erkennen gibt (*Mt* 11,19), dann hebt er damit den charakteristischen Grundzug seiner Heilssendung hervor. „Denn Gott hat seinen Sohn nicht in die Welt gesandt, damit er die Welt richtet, sondern damit die Welt durch ihn gerettet wird" (*Joh* 3,17).

6. Diese Worte des Johannesevangeliums, das als letztes geschrieben wurde, spiegeln wider, was im ganzen Verlauf der Sendung Jesu deutlich wird und am Ende seine Bestätigung findet in seinem Leiden, seinem Tod und seiner Auferstehung. Die Verfasser des Neuen Testamentes sehen durch das Prisma dieses entscheidenden Ereignisses – nämlich durch das Ostergeheimnis – ganz klar die Wahrheit Christi, der durch die Erlösung die Befreiung des Menschen vom Hauptübel, nämlich der Sünde, bewirkt hat. Er, der gekommen ist, um Sein Volk zu erlösen (vgl. *Mt* 1,21), „der Mensch Christus Jesus ... hat sich als Lösegeld hingegeben für alle" (*1 Tim* 2,5–6). „Als aber die Zeit erfüllt war, sandte Gott seinen Sohn ... damit er die freikaufe, die unter dem Gesetz stehen, und damit wir die Sohnschaft erlangen" (vgl. *Gal* 4,4–5). In ihm „haben wir die Erlösung durch sein Blut, die Vergebung der Sünden" (*Eph* 1,7).
Dieses Zeugnis des Paulus wird von den Worten des Briefes an die Hebräer vervollständigt: „Christus ist ... ein für allemal in das Heiligtum hineingegangen ... mit seinem eigenen Blut, und so hat er eine ewige Erlösung bewirkt"; kraft ewigen Geistes hat er sich Gott als makelloses Opfer dargebracht (vgl. *Hebr* 9.11.12.14).

7. Die Petrusbriefe sind ebenso eindeutig wie das „corpus paulinum": „Ihr wurdet nicht um einen vergänglichen Preis losgekauft, nicht um Silber oder Gold, sondern mit dem kostbaren Blut Christi, des Lammes ohne Fehl und Makel" (*1 Petr* 1,18–19). „Er hat unsere Sünden mit seinem Leib auf das Holz des Kreuzes getragen, damit wir tot seien für die Sünden und für die Gerechtigkeit leben. Durch seine Wunden seid ihr geheilt" (*1 Petr* 2,24–25).
Das „Lösegeld für alle", der unermeßliche „Preis" des Blutes des Lammes, die „ewige Erlösung": diese Reihe von Begriffen aus den Schriften des Neuen Testaments läßt uns an ihren Wurzeln die Wahrheit über Jesus (= Gott rettet) erkennen, der als Christus (=

Messias, Gesalbter) die Menschheit vom Übel der Sünde befreit, die als Erbe im Menschen wurzelt und immer neu begangen wird. Christus, der Befreier: Er ist der, der vor Gott frei macht. Und das Werk der Erlösung ist auch die „Rechtfertigung", die der Menschensohn als „Mittler zwischen Gott und den Menschen" (*1 Tim* 2,5) durch das im Namen aller Menschen dargebrachte Opfer seiner selbst bewirkt hat.

8. Das Zeugnis des Neuen Testamentes ist von besonderer Kraft. Es enthält nicht nur ein klares Bild der offenbarten Wahrheit über die „erlösende Befreiung", sondern geht zurück bis zu ihrer erhabensten Quelle, die sich in Gott selbst findet. Ihr Name ist Liebe. So sagt Johannes: „Nicht darin besteht die Liebe, daß wir Gott geliebt haben, sondern daß er uns geliebt und seinen Sohn als Sühne für unsere Sünden gesandt hat" (*1 Joh* 4,10). Denn ... „das Blut seines Sohnes Jesus reinigt uns von aller Sünde" (*1 Joh* 1,7). „Er ist die Sühne für unsere Sünden, aber nicht nur für unsere Sünden, sondern auch für die ganze Welt" (*1 Joh* 2,2). „Ihr wißt, daß er erschienen ist, um die Sünde wegzunehmen, und er selbst ist ohne Sünde" (*1 Joh* 3,5). Gerade darin ist die vollkommenste Offenbarung der Liebe enthalten, mit der Gott den Menschen geliebt hat: Diese Offenbarung wurde in Christus und durch ihn vollzogen. „Daran haben wir die Liebe erkannt, daß Er sein Leben für uns hingegeben hat" (*1 Joh* 3,16).

9. In all dem finden wir eine überraschende Konsequenz, gleichsam eine tiefe „Logik" der Offenbarung, die die beiden Testamente miteinander verbindet – von Jesaja zur Predigt des Johannes am Jordan – und durch die Evangelien und die Zeugnisse der Apostelbriefe bis zu uns gelangt. Der Apostel Paulus drückt auf seine Weise das gleiche aus, was die Briefe des Johannes enthalten. Nachdem er bemerkt hat, daß „nur schwerlich jemand für einen Gerechten sterben wird", erklärt er: „Gott aber hat seine Liebe zu uns darin erwiesen, daß Christus für uns gestorben ist, als wir noch Sünder waren" (*Röm* 5,7–8).
Die Erlösung ist also das Geschenk der Liebe Gottes in Christus Jesus. Der Apostel ist sich bewußt: „Soweit ich jetzt noch in dieser Welt lebe, lebe ich im Glauben an den Sohn Gottes, der mich geliebt und sich für mich hingegeben hat" (*Gal* 2,20). Im gleichen Sinn sieht der Verfasser der Apokalypse die Scharen im zukünftigen Jerusalem als jene, die „aus der großen Bedrängnis kommen. Sie haben ihre Gewänder gewaschen und im Blut des Lammes weiß gemacht" (*Offb* 7,14).

10. Das „Blut des Lammes": von diesem ganz ungeschuldeten Geschenk der Liebe Gottes in Christus nimmt das Heilswerk, das heißt: die Befreiung vom Übel der Sünde, den Ausgang. In diesem Erlösungswerk ist das Reich Gottes endgültig dem Menschen nahegekommen, hat es eine neue Basis gefunden und seine Verwirklichung in der Geschichte des Menschen begonnen.
So hat die Menschwerdung des Sohnes Gottes ihre Frucht in der Erlösung. In der Nacht von Betlehem ist wahrhaft der „Retter" der Welt „geboren" (*Lk* 2,11).

In deutscher Sprache sagte der Papst:

Liebe Brüder und Schwestern!

Jesus beginnt seine öffentliche Sendung in Israel mit dem Aufruf: „Die Zeit ist erfüllt, das Reich Gottes ist nahe. Kehrt um, und glaubt an das Evangelium!“ (*Mk* 1,15). Mit dem Kommen Jesu tritt das Reich Gottes in die Welt. Er vertraut es später den Aposteln und der Kirche an, die seine Sendung bis zur eschatologischen Erfüllung fortsetzen sollen. Wie wir im Credo bekennen, ist Jesus Christus „für uns Menschen und um unseres Heiles willen vom Himmel herabgestiegen“. Das Hauptziel seiner messianischen Sendung ist die Erlösung und das Heil der Menschen. Schon bei der Geburt Jesu verkündet der Engel, daß er (Jesus) „sein Volk von seinen Sünden erlösen wird“ (*Mt* 1,21). Er „erlöst“, indem er die Menschen vom Bösen befreit, vor allem vom Grundübel der Sünde. Er tut dies dadurch, daß er, wie Johannes der Täufer sagt, als „Lamm Gottes die Sünde der Welt auf sich nimmt“ (vgl. *Joh* 1,29). Christus vollbringt das Werk der Erlösung durch sein Leiden und seinen Tod am Kreuz. Jesu selbst hat von sich bekannt, daß er als der Menschensohn gekommen ist, „um zu suchen und zu retten, was verloren ist“ (*Lk* 19,10); „um zu dienen und sein Leben hinzugeben als Lösegeld für viele“ (*Mk* 10,45). Dieselbe Lehre finden wir auch in den Briefen der Apostel. So sagt der hl. Paulus von Christus: „Durch sein Blut haben wir die Erlösung“ (*Eph* 1,7). Der hl. Johannes weist mit besonderem Nachdruck darauf hin, daß die Liebe Gottes zu uns der Hauptgrund seines Heilshandelns in Christus ist: „Daran haben wir die Liebe erkannt, daß Er sein Leben für uns hingegeben hat“ (*1 Joh* 3,16). Die Erlösung ist also das Geschenk der Liebe Gottes an uns durch Jesus Christus, den Erlöser der Welt.

Herzlich grüße ich mit diesen kurzen Ausführungen alle heutigen Audienzteilnehmer deutscher Sprache. Unter den Jugendlichen begrüße ich namentlich die große Jugendgruppe aus Vechta, die zur Zeit in einem Zeltlager bei Terracina die Ferien verbringt. Möge die jetzige Ferienzeit euch allen nicht nur körperliche Erholung, sondern auch Stunden der Besinnung und der religiösen Einkehr schenken. Nehmt euch darum auch Zeit für Gott. Gott hat seinerseits immer und in jedem Augenblick unbegrenzt viel Zeit für uns. Mit diesen guten Ferienwünschen erteile ich euch und allen euren Lieben in der Heimat zugleich von Herzen meinen besonderen Apostolischen Segen.

Maria ist unsere Retterin

Angelus am 31. Juli

Liebe Brüder und Schwestern!

1. Heute wollen wir im Geist miteinander das marianische Heiligtum Unserer Lieben Frau vom Heil, bekannt als das „Lourdes des Ostens“, besuchen, das sich in Vailankanni im Süden Indiens befindet.

Bei den Gläubigen in Tamil Nadu erzählt eine volkstümliche Überlieferung, daß die heilige Jungfrau mit dem Kind auf ihrem Arm gegen Ende des sechzehnten Jahrhunderts zweimal einem verkrüppelten Jungen erschien, der, um seiner Mutter, einer armen Witwe, zu helfen, an durstige Wanderer Getränke verkaufte. Die Muttergottes bat ihn um einen Schluck Milch für ihr Kind und trug dann dem Buben auf, zu einem reichen Katholiken des Ortes zu gehen, um ihm zu sagen, er möge bei dem Baum eine Kapelle erbauen lassen. Erst als der Junge sich auf den Weg gemacht hatte und lief, merkte er, daß er wunderbar geheilt worden war. Daraufhin wurde eine kleine Kapelle mit Strohdach gebaut und eine Statue der Muttergottes mit dem Kind darin aufgestellt.

2. Ein Jahrhundert später erschien Unsere Liebe Frau in derselben Gegend portugiesischen Seeleuten, die, von einem gewaltigen Sturm hin- und hergeworfen, ihren Namen angerufen hatten. Um das Versprechen, das sie im Augenblick der Gefahr gemacht hatten, einzulösen, errichteten die Seefahrer eine gemauerte Kirche an der Stelle der Strohhütte.
Von da an wurde das Heiligtum Unserer Lieben Frau vom Heil in Vailankanni ein Marienwallfahrtsort, nicht nur für die Gläubigen des Tamil Nadu, sondern für ganz Indien.

3. Das Fest Unserer Lieben Frau vom Heil wird alljährlich am 8. September, Festtag der Geburt Marias, begangen, um des Tages zu gedenken, an dem die Seeleute, wunderbar aus dem Sturm errettet, an die Küste gelangen konnten. Eine Gebetsnovene geht dem Fest voraus. Sie zieht bis zu zwei Millionen Gläubige an.
In Anerkennung der Bedeutung des Heiligtums verlieh mein Vorgänger Johannes XXIII. der Kirche 1962 den Titel einer Basilika.
Indem Unsere Liebe Frau vom Heil Kranke gesund macht und die Gläubigen aus Gefahren errettet, offenbart sie das tiefste Wesen des himmlischen Vaters, der „nicht der Gott der Toten, sondern der Gott der Lebenden“ ist (*Mt* 22,32), und seines Sohnes, „gekommen, damit sie das Leben haben und es in Fülle haben“ (*Joh* 10,10). Erbitten wir von Unserer Lieben Frau vom Heil in Vailankanni die Gnade, das göttliche Leben anzunehmen, das ihr Sohn uns anbietet, und konsequent das „Neue“ und den Reichtum dieses Geschenkes zu bezeugen, um zum Kommen des Gottesreiches in der Welt beizutragen.

Nach dem Angelusgebet sagte der Papst auf deutsch:

Einen herzlichen Willkommensgruß auch allen deutschsprachigen Teilnehmern unseres heutigen Mariengebetes. Maria ist die Mutter unseres Erlösers und darum auch unsere Mutter. Möge sie euch die Gnade erbitten, daß Christus in euch und in euren Familien immer mehr wachse und euch auf den Weg des Heils führe. Von Herzen begleite ich euch mit meinem besonderen Segen.

Christus befreite uns für das Gute

Ansprache bei der Generalaudienz am 3. August

1. Christus ist der Erlöser, er ist ja in die Welt gekommen, weil er den Menschen um den Preis seines Paschaopfers von der Sklaverei der Sünde befreien wollte. Wir sahen das in der vorausgegangenen Katechese. Wenn der Begriff „Befreiung" sich einerseits auf das Übel bezieht, von dem befreit wir das Heil finden, dann nimmt es andererseits Bezug auf das Gute, das zu erlangen wir von Christus befreit wurden, von ihm, dem Erlöser des Menschen – und Erlöser der Welt mit dem Menschen und im Menschen. „Dann werdet ihr die Wahrheit erkennen, und die Wahrheit wird euch befreien" (*Joh* 8,32). Diese Worte Jesu geben sehr genau das Gute an, zu dem der Mensch befreit wurde durch die Frohe Botschaft von der durch Christus vollbrachten Erlösung. Es ist die Freiheit in der Wahrheit. Sie stellt das wesentliche Gut des Heiles dar, das Christus gewirkt hat. Durch dieses Gut ist das Reich Gottes dem Menschen und seiner irdischen Geschichte wirklich nahegekommen.

2. Die heilbringende Befreiung, die Christus im Hinblick auf den Menschen vollbringt, schließt gewissermaßen zwei Dimensionen ein: die der Befreiung „von" (vom Übel) und die der Befreiung „für" (für das Gute). Sie sind zutiefst miteinander verbunden, bedingen sich gegenseitig und ergänzen einander.
Wenn wir noch einmal auf das Übel zurückkommen, von dem Christus den Menschen befreit, nämlich das Übel der Sünde, so müssen wir hinzufügen, daß er durch die außergewöhnlichen „Zeichen" seiner rettenden Macht, d. h. durch die Wunder, die er wirkte, indem er die Kranken von ihren verschiedenen Leiden heilte, immer – zumindest indirekt – hinwies auf jene grundlegende Befreiung, nämlich die Befreiung von der Sünde, die Vergebung der Sünde. Das wird deutlich sichtbar in der Heilung des Gelähmten, zu dem Jesus zuerst sagte: „Deine Sünden sind dir vergeben", und danach erst: „Steh auf, nimm deine Tragbahre, und geh nach Hause!" (*Mk* 2,5.11). Als er dieses Wunder wirkte, wandte sich Jesus an die Umstehenden (vor allem an jene, die ihn der Gotteslästerung beschuldigten, weil nur Gott Sünden vergeben kann) und sagte: „Ihr sollt aber erkennen, daß der Menschensohn die Vollmacht hat, hier auf der Erde Sünden zu vergeben" (*Mk* 2,10).

3. In der Apostelgeschichte lesen wir, daß Jesus „umherzog, Gutes tat und alle heilte, die in der Gewalt des Teufels waren; denn Gott war mit ihm" (*Apg* 10,38). Aus den Evangelien ist in der Tat zu ersehen, daß Jesus die Kranken von vielerlei Gebrechen heilte (wie z. B. jene verkrümmte Frau, die „nicht mehr aufrecht gehen konnte" – vgl. *Lk* 13,10–16). Als er einmal „böse Geister austrieb" und man ihn beschuldigte, dies mit Hilfe des Anführers der Dämonen zu tun, antwortete er und zeigte damit die Unsinnigkeit einer solchen Unterschiebung auf: „Wenn ich aber die Dämonen durch den Geist Gottes austreibe, dann ist das Reich Gottes schon zu euch gekommen" (*Mk* 12,28; vgl. *Lk* 11,20). Indem er die Menschen vom Übel der Sünde befreit, entlarvt Jesus den, der der „Vater

der Sünde“ ist. Genau von ihm, vom bösen Geist, geht die „Sklaverei der Sünde“ aus, in der sich die Menschen befinden. „Amen, amen, das sage ich euch: Wer die Sünde tut, ist Sklave der Sünde. Der Sklave aber bleibt nicht für immer im Haus; nur der Sohn bleibt für immer im Haus. Wenn euch also der Sohn befreit, dann seid ihr wirklich frei“ (*Joh* 8,34–36).

4. Gegenüber den Einwänden seiner Zuhörer fügte Jesus noch hinzu: „... Von Gott bin ich ausgegangen und gekommen. Ich bin nicht in meinem eigenen Namen gekommen, sondern er hat mich gesandt. Warum versteht ihr nicht, was ich sage? Weil ihr nicht imstande seid, mein Wort zu hören. Ihr habt den Teufel zum Vater und ihr wollt das tun, wonach es euren Vater verlangt. Er war ein Mörder von Anfang an. Und er steht nicht in der Wahrheit; denn es ist keine Wahrheit in ihm. Wenn er lügt, sagt er das, was aus ihm selbst kommt; denn er ist ein Lügner und ist der Vater der Lüge“ (*Joh* 8,42–44). Es läßt sich schwerlich ein Text finden, in dem das Böse der Sünde in ihrer wurzelhaften teuflischen Falschheit mit solcher Schärfe aufgewiesen wird.

5. Hören wir nochmals das Wort Jesu: „Wenn euch also der Sohn befreit, dann seid ihr wirklich frei“ (*Joh* 8,36). „Wenn ihr in meinen Worten bleibt, seid ihr wirklich meine Jünger. Dann werdet ihr die Wahrheit erkennen, und die Wahrheit wird euch befreien“ (*Joh* 8,31–32). Jesus Christus kam, um den Menschen vom Übel der Sünde zu befreien. Dieses Grundübel geht vom „Vater der Lüge“ aus (wie schon im Buch Genesis zu sehen ist, vgl. *Gen* 3,4). Darum muß die Befreiung vom Übel der Sünde, wenn sie bis an deren Wurzeln geht, die Befreiung hin zur Wahrheit sein – und durch die Wahrheit. Jesus Christus offenbart diese Wahrheit. Er selbst ist „die Wahrheit“ (*Joh* 14,6). Diese Wahrheit – er selbst – schließt die wahre Freiheit in sich. Es ist die Freiheit von der Sünde und von der Lüge. Diejenigen, die „Sklaven der Sünde“ waren, weil sie unter dem Einfluß des „Vaters der Lüge“ standen, werden befreit durch die Teilhabe an der Wahrheit, die Christus ist, und in der Freiheit des Sohnes Gottes gelangen sie selbst zur „Freiheit der Kinder Gottes“ (vgl. *Röm* 8,21). Der hl. Paulus versichert: „Das Gesetz des Geistes und des Lebens in Christus Jesus hat dich frei gemacht vom Gesetz der Sünde und des Todes“ (*Röm* 8,2).

6. Im gleichen Brief an die Römer stellt der Apostel mit beredten Worten die menschliche Dekadenz dar, die die Sünde mit sich bringt. Er betrachtet das moralische Elend seiner Zeit und schreibt, daß die Menschen Gott vergessen haben, „sie verfielen in ihrem Denken in Nichtigkeit, und ihr unverständiges Herz wurde verfinstert“ (*Röm* 1,21). „Sie vertauschten die Wahrheit Gottes mit der Lüge, sie beteten das Geschöpf an und verehrten es anstelle des Schöpfers“ (*Röm* 1,25). „Und da sie sich weigerten, Gott anzuerkennen, lieferte Gott sie einem verworfenen Denken aus, so daß sie tun, was sich nicht gehört“ (*Röm* 1,28).

7. An anderen Stellen seines Briefes geht der Apostel von der äußeren Beschreibung auf die Analyse des inneren Menschen über, dort, wo das Gute und das Böse den Kampf ge-

geneinander führen. „Ich begreife mein Handeln nicht: Ich tue nicht das, was ich will, sondern das, was ich hasse. Wenn ich aber das tue, was ich nicht will, erkenne ich an, daß das Gesetz gut ist. Dann aber bin nicht mehr ich es, der so handelt, sondern die in mir wohnende Sünde“ (*Röm* 7,15–17). „Ich sehe ein anderes Gesetz in meinen Gliedern, das mit dem Gesetz meiner Vernunft in Streit liegt und mich gefangenhält im Gesetz der Sünde ... Ich unglücklicher Mensch! Wer wird mich aus diesem dem Tod verfallenen Leib erretten? Dank sei Gott durch Jesus Christus, unseren Herrn!“ (*Röm* 7,23–25). Aus dieser paulinischen Analyse geht hervor, daß die Sünde eine tiefgreifende Entfremdung darstellt. Sie macht gewissermaßen den Menschen sich selbst fremd in seinem innersten Ich. Die Befreiung geschieht durch die von Christus gebrachte „Gnade und die Wahrheit“ (vgl. *Joh* 1,17).

8. Es ist klar ersichtlich, worin die von Christus vollbrachte Befreiung besteht, auf welche Freiheit hin Er uns freigemacht hat. Die von Christus gewirkte Befreiung unterscheidet sich von jener, die von seinen Zeitgenossen in Israel erwartet wurde. Ja selbst noch bevor er endgültig zum Vater ging, wurde Christus von denen, die am engsten mit ihm verbunden waren, gefragt: „Herr, stellst du in dieser Zeit das Reich für Israel wieder her?“ (*Apg* 1,6). Noch zu diesem Zeitpunkt – nach der Erfahrung des Ostergeschehens – dachten sie also an die Befreiung im politischen Sinn: unter diesem Gesichtspunkt wurde der Messias, der Nachkomme Davids erwartet.

9. Aber die von Christus um den Preis seines Leidens und seines Kreuzestodes vollzogene Befreiung hat eine wesentlich andere Bedeutung: es ist die Befreiung von dem, was im tiefsten Inneren des Menschen seinem Verhältnis zu Gott im Weg steht. Auf dieser Ebene ist Sünde gleichbedeutend mit Sklaverei, und Christus hat die Sünde überwunden, um den Menschen aufs neue die Gnade der Gotteskindschaft, die befreiende Gnade einzupflanzen. „Denn ihr habt nicht einen Geist empfangen, der euch zu Sklaven macht, so daß ihr euch immer noch fürchten müßtet, sondern ihr habt den Geist empfangen, der euch zu Söhnen macht, den Geist, in dem wir rufen: Abba, Vater!“ (*Röm* 8,15).
Diese geistige Befreiung, das heißt „die Freiheit im Heiligen Geist“, ist also die Frucht der Heilssendung Christi: „Wo der Geist des Herrn wirkt, da ist Freiheit“ (*2 Kor* 3,17). In diesem Sinn sind wir „zur Freiheit berufen“ (*Gal* 5,13) in Christus und durch Christus. Der „Glaube, der in der Liebe wirksam ist“ (*Gal* 5,6), ist der Ausdruck dieser Freiheit.

10. Es handelt sich um die Befreiung des inneren Menschen, um die „Freiheit des Herzens“. Die Befreiung im sozialen und politischen Sinn ist nicht das eigentliche messianische Werk Christi. Andererseits muß festgestellt werden, daß ohne die von ihm vollzogene Befreiung, ohne die Befreiung des Menschen von der Sünde und daher von jeder Art Egoismus auch keine wirkliche Befreiung im sozio-politischen Sinn erreicht werden kann. Keine nur äußerliche Umwandlung der Strukturen führt zu einer wirklichen Befreiung der Gesellschaft, solange der Mensch der Sünde und der Lüge unterworfen ist, solange die Leidenschaften und mit ihnen die Ausbeutung und die verschiedenen Formen der Unterdrückung herrschen.

11. Auch das, was man im psychologischen Sinn Befreiung nennen könnte, läßt sich nicht voll verwirklichen, wenn nicht mit den befreienden Kräften, die von Christus kommen. Diese Befreiung ist ein Teil seines Erlösungswerkes. Christus allein ist „unser Friede" (*Eph* 2,14). Seine Gnade und seine Liebe befreien den Menschen von der existentiellen Angst, die ihn befällt, wenn er keinen Sinn mehr im Leben sieht und wenn sein Gewissen gequält wird von dem Erbe des in die Sklaverei der Sünde gefallenen Menschen.

12. Die Befreiung, die Christus durch die Wahrheit seines Evangeliums, und entscheidend durch die Frohe Botschaft von seinem Kreuz und seiner Auferstehung gewirkt hat, kann, wenn sie ihren vor allem geistlichen und „innerlichen" Charakter bewahrt, sich in einem universalen Aktionsradius ausweiten, und sie ist für alle Menschen bestimmt. Die Worte „aus Gnade seid ihr gerettet" (*Eph* 2,5) betreffen alle. Zugleich aber kann diese Befreiung, die eine Gnade, das heißt ein Geschenk ist, sich nicht vollziehen ohne Beteiligung des Menschen. Der Mensch muß sie in Glauben, Hoffnung und Liebe annehmen. Er muß sich mit Furcht und Zittern um sein Heil mühen (vgl. *Phil* 2,12). „Denn Gott ist es, der in euch das Wollen und das Vollbringen bewirkt, noch über euren guten Willen hinaus" (*Phil* 2,13). Im Wissen um dieses übernatürliche Geschenk müssen wir mit der befreienden Macht Gottes mitarbeiten, der durch das Erlösungsopfer Christi als immerwährende Quelle des Heils in die Welt gekommen ist.

In deutscher Sprache sagte der Papst:

Liebe Brüder und Schwestern!

Wir bekennen Christus als den Erlöser der Welt. Die von ihm gewirkte Erlösung bedeutet ein zweifaches: Befreiung aus der Knechtschaft der Sünde und Befreiung zur Wahrheit. Christus selbst verheißt seinen Jüngern: „Dann werdet ihr die Wahrheit erkennen, und die Wahrheit wird euch befreien" (*Joh* 8,32). Die Freiheit in der Wahrheit ist das wesentliche Gut und Geschenk der Erlösung.

Erlösung ist Befreiung von der Sünde. Bevor Jesus den Gelähmten körperlich heilt, sagt er zu ihm: „Mein Sohn, deine Sünden sind dir vergeben!" (*Mk* 2,5). An verschiedenen Stellen berichten uns die Evangelien, daß Jesus von besessenen Menschen unreine Geister ausgetrieben hat. Er sagt darum von sich und seinem Wirken bei Johannes: „Wenn euch also der Sohn befreit, dann seid ihr wirklich frei!" (*Joh* 8,36). Den Juden, die sich seiner befreienden Botschaft verschließen, hält Christus entgegen, daß sie „den Teufel zum Vater" haben, den er einen „Mörder von Anfang an" und den „Vater der Lüge" nennt (vgl. *Joh* 8,44 ff.).

Befreiung von diesem Vater der Lüge ist notwendig Befreiung zur Wahrheit. Die Menschen werden erlöst und befreit, indem sie Anteil erhalten an der Wahrheit, die letztlich Christus selber ist. Durch die Teilnahme an der Freiheit des Sohnes Gottes werden sie selber befreit zur „Freiheit der Kinder Gottes" (vgl. *Röm* 8,21). Die Befreiung, die Christus bringt, ist nicht jene politische, die seine Landsleute von ihm erwarteten. Sie ist vielmehr geistiger Natur. Christus befreit die Menschen von den inneren Fesseln, die sie in ihrem Verhältnis zu Gott behindern. Er schenkt die Freiheit im Heiligen Geist. Darum sagt der hl. Paulus: „Wo der Geist des Herrn wirkt, da ist Freiheit" (*2 Kor* 3,17). Und

nur von Christus innerlich befreite Menschen sind wirklich in der Lage, dann auch Freiheit und Frieden unter den Menschen zu vermitteln. Denn allein Christus ist unser wahrer Friede (vgl. *Eph* 2,14).
Bemühen wir uns also, liebe Brüder und Schwestern, dieser Freiheit der Kinder Gottes in Christus immer voller teilhaftig zu werden, indem wir seine Frohe Botschaft mit lebendigem Glauben annehmen und ihr in unserem Leben zum Durchbruch verhelfen. Nehmt dies als geistliche Anregung von der heutigen Audienz, zu der ich euch alle sehr herzlich begrüße. Euch allen wünsche ich erholsame Ferientage für Leib und Seele und erbitte euch dazu Gottes besonderen Schutz und Segen.

Paul VI. ein marianischer Papst

Angelus am 7. August

1. Vor zehn Jahren ging am Fest der Verklärung des Herrn, 6. August, kurz nach neun Uhr abends hier in Castel Gandolfo das lange, arbeitsreiche irdische Leben Papst Pauls VI. zu Ende. Je länger der zeitliche Abstand von diesem Datum wird, umso mehr wird die Größe dieses Lebens offenkundig.
Diesem meinem Vorgänger, der die Zeit, in der er lebte, so sehr geliebt und der so viel getan hat, um sie zu Gott zurückzuführen, möchte ich das heutige Angelusgebet widmen und sein Gedenken in die Feier des Marianischen Jahres stellen.

2. Paul VI. war ein von Grund aus marianischer Papst. Seit seinen Jugendjahren, in denen er täglich das Heiligtum der Madonna delle Grazie in Brescia besuchte, liebte und verehrte er die hl. Jungfrau. In diesem Milieu marianischer Frömmigkeit, die auch sein Elternhaus prägte, reifte – wie er später selbst sagte – seine Priesterberufung heran (vgl. *Insegnamenti di Paolo VI*, XI, 1973, 825).
Am 21. Juni 1963, dem Tag nach seiner Wahl zum Papst, brachte er in der ersten Botschaft an die ganze Menschheitsfamilie einen Akt „vertrauensvoller Hingabe an den mütterlichen Schutz der seligsten Jungfrau Maria, der Mutter Gottes und unserer Mutter, mit unerschütterlicher Hoffnung“ zum Ausdruck (*Insegnamenti di Paolo VI*, I, 1963, 9).
Oft kommt er, klar und bestimmt, auf Lehraussagen über die heiligste Jungfrau zurück. Wer den Verlauf des Zweiten Vatikanischen Ökumenischen Konzils verfolgt hat, wird nicht die Bedeutung des feierlichen Ereignisses am Ende der dritten Session vergessen können, als Maria zur Mutter der Kirche proklamiert wurde. Bei dieser Gelegenheit sagte Paul VI.: „Zur Ehre der hl. Jungfrau und uns zum Trost und zur Ermutigung erklären wir Maria als Mutter der Kirche, das heißt des ganzen Gottesvolkes, der Gläubigen und der Hirten, die sie ‚liebenswürdigste Mutter‘ nennen. Sie wünschen, daß die hl. Jungfrau vom ganzen christlichen Volk unter diesem neuen liebevollen Titel von nun an noch mehr geehrt und angerufen wird.“ Mit dieser Bezeichnung wollte Paul VI. die Kirche der zartfühlenden Mutterliebe Marias anvertrauen, indem er hervorhob, daß unter den verschiedenen Rollen, die man Maria zuschreiben kann, keine besser zum Ausdruck bringt, was sie wirklich ist, als die der Mutter.

3. Ich möchte noch an folgenden Ausspruch aus dieser historischen Rede erinnern: „Die Kenntnis der wahren katholischen Lehre über die heilige Jungfrau Maria wird immer ein Schlüssel für das richtige Verständnis des Geheimnisses Christi und der Kirche sein" (*Insegnamenti di Paolo VI*, II, 1964, 674).
Bekanntlich war es Paul VI. schon seit dem Beginn des Konzils ein Anliegen, wie Maria würdig geehrt werden könne. Ich glaube, es war eine große Freude für Paul VI., daß das Konzil das Geheimnis Marias in seine Überlegungen über die Kirche einfügte, denn er hegte ja eine so große Liebe zur Kirche. In seinem „Gedanken an den Tod" beteuerte er: „Ich kann wohl sagen, daß ich sie immer geliebt habe ... aber ich möchte, daß die Kirche es wisse!"

4. Unter den zahlreichen Äußerungen aus der mariologischen Katechese Pauls VI. möchte ich schließlich noch gern das Apostolische Schreiben *Marialis cultus* in Erinnerung rufen, das das 8. Kapitel der Konstitution *Lumen gentium* näher erklären und weiterführen wollte. Dieses Dokument war ein Anstoß zur Erneuerung der Marienverehrung und der marianischen Frömmigkeit in Beziehung zur Heiligen Schrift und zur Liturgie. Die Erinnerung an Paul VI. gereiche uns zum Segen, und seine tiefe Liebe zu Maria sei uns ein Ansporn, diese letzte Spanne des Marianischen Jahres noch besonders intensiv zu leben.

Nach dem Angelusgebet sagte der Papst in deutscher Sprache:

Zu unserem gemeinsamen Gebet des „Engel des Herrn" grüße ich herzlich auch alle Pilger und Besucher aus den deutschsprachigen Ländern. Möge Maria, die Mutter unseres Herrn und Erlösers und unsere himmlische Mutter, euch stets Anlaß zu tiefer Glaubensfreude und Vorbild für euer Lebenszeugnis sein. Hierfür und für frohe und erholsame Ferien erteile ich euch von Herzen meinen besonderen Apostolischen Segen, in den ich auch eure Lieben in der Heimat gern einschließe.

Christus Urheber der Befreiung des Menschen

Ansprache bei der Generalaudienz am 10. August

1. Es wird gut sein, noch einmal hervorzuheben, was wir in den letzten Katechesen gesagt haben, als wir uns Gedanken machten über die Heilssendung Christi als Befreiung und Jesus als Befreier. Es handelt sich um die Befreiung von der Sünde als dem Grundübel, das den Menschen von innen her zum Gefangenen macht und ihn an den versklavt, der von Christus der „Vater der Lüge" genannt wird (*Joh* 8,44). Es handelt sich zugleich um die Befreiung auf die Wahrheit hin, die uns die Teilhabe an der „Freiheit der Kinder Gottes" schenkt (vgl. *Röm* 8,21). Jesus sagt: „Wenn euch also der Sohn befreit, dann seid ihr wirklich frei" (*Joh* 8,36). Die „Freiheit der Kinder Gottes" hat ihren Ursprung in

dem Geschenk Christi, das dem Menschen Teilhabe an der göttlichen Sohnschaft, das heißt Teilhabe am Leben Gottes gibt.
Der durch Christus befreite Mensch empfängt also nicht nur die Vergebung der Sünden, sondern wird zu einem neuen Leben erhoben. Christus ist als Urheber der Befreiung des Menschen, der Schöpfer der neuen Menschheit. In ihm werden wir „eine neue Schöpfung" (vgl. *2 Kor* 5,17).

2. In der heutigen Katechese wollen wir uns über diesen Aspekt, die durch Christus gewirkte heilbringende Befreiung, noch weiter klarwerden. Sie gehört wesentlich zu seiner messianischen Sendung.
Jesus selbst hat davon gesprochen, z. B. im Gleichnis vom Guten Hirten, als er sagte: „Ich bin gekommen, damit sie das Leben haben und es in Fülle haben" (*Joh* 10,10). Es handelt sich um jene Fülle neuen Lebens, die in der Teilhabe am Leben Gottes selbst besteht. Auch auf diese Weise verwirklicht sich im Menschen die „Neuheit" der Menschheit Christi: eine „neue Schöpfung" sein.

3. Es ist das, was Jesus in bildlicher und sehr eindrucksvoller Redeweise in seinem Gespräch mit der Samariterin am Brunnen von Sychar sagte. „Wenn du wüßtest, worin die Gabe Gottes besteht und wer es ist, der zu dir sagt: Gib mit zu trinken!, dann hättest du ihn gebeten, und er hätte dir lebendiges Wasser gegeben. Sie sagte zu ihm: Herr, du hast kein Schöpfgefäß, und der Brunnen ist tief; woher hast du also das lebendige Wasser? ... Jesus antwortet ihr: Wer aber von dem Wasser trinkt, das ich ihm geben werde, wird niemals mehr Durst haben; vielmehr wird das Wasser, das ich ihm gebe, in ihm zur sprudelnden Quelle werden, deren Wasser ewiges Leben schenkt" (*Joh* 4,10–14).

4. Auch der Volksmenge gegenüber wiederholte Jesus diese Wahrheit mit ganz ähnlichen Worten, als er während des Laubhüttenfestes lehrte: „Wer Durst hat, komme zu mir, und es trinke, wer an mich glaubt. Wie die Schrift sagt: Aus seinem Inneren werden Ströme von lebendigem Wasser fließen" (*Joh* 7,37–38). Die „Ströme von lebendigem Wasser" sind das Bild für das neue Leben, an dem die Menschen kraft des Kreuzestodes Christi Anteil haben. In dieser Sicht lesen die patristische Tradition und die Liturgie auch den Text des Johannes, nach welchem aus der Seite (dem Herzen) Christi nach seinem Tod am Kreuz „Blut und Wasser" floß, als ein römischer Soldat ihn „mit der Lanze in seine Seite stieß" (*Joh* 19,34).

5. Nach einer von einem großen Teil der Väter der Ostkirche geschätzten Auslegung aber, der auch verschiedene Exegeten folgen, fließen Ströme lebendigen Wassers auch aus dem „Innern" des Menschen, der das Wasser der Wahrheit und der Gnade Christi trinkt. Aus dem „Innern" bedeutet: aus dem Herzen. Es wird ja im Menschen „ein neues Herz" erschaffen, wie es die Propheten, besonders Jeremia und Ezechiel, sehr klar vorausgesagt haben.
Im Buch Jeremia lesen wir: „Das wird der Bund sein, den ich nach diesen Tagen mit dem Haus Israel schließe – Spruch des Herrn: Ich lege mein Gesetz in sie hinein und schrei-

be es auf ihr Herz. Ich werde ihr Gott sein, und sie werden mein Volk sein" (*Jer* 31,33). Noch deutlicher im Buch Ezechiel: „Ich schenke euch ein neues Herz und lege einen neuen Geist in euch. Ich nehme das Herz von Stein aus eurer Brust und gebe euch ein Herz von Fleisch. Ich lege meinen Geist in euch und bewirke, daß ihr meinen Gesetzen folgt und auf meine Gebote achtet und sie erfüllt" (*Ez* 36,26–27).
Es geht also um eine tiefe geistliche Umwandlung, die Gott selbst im Menschen durch „den Hauch seines Geistes" (vgl. *Ez* 36,26) bewirkt. Die „Ströme lebendigen Wassers", von denen Jesus spricht, bedeuten die Quelle eines neuen Lebens, des Lebens „im Geist und in der Wahrheit", eines Lebens, das der „wahren Anbeter des Vaters" würdig ist (vgl. *Joh* 4,23–24).

6. Die Schrift der Apostel, besonders die Briefe des hl. Paulus, bieten einen Überfluß an Texten zu diesem Thema: „Wenn also jemand in Christus ist, dann ist er eine neue Schöpfung: Das Alte ist vergangen, Neues ist geworden" (*2 Kor* 5,17). Die Frucht der von Christus vollbrachten Erlösung ist gerade diese „Neuheit des Lebens": „Denn ihr habt den alten Menschen mit seinen Taten abgelegt und seid zu einem neuen Menschen geworden, der nach dem Bild seines Schöpfers erneuert wird, um ihn zu erkennen" (*Kol* 3,9–10). „Der Alte Mensch" ist „der Mensch der Sünde". „Der neue Mensch" ist jener, der es Christus verdankt, da er in sich das ursprüngliche „Bild und Abbild" seines Schöpfers wiederfindet. Daher auch die energische Ermahnung des Apostels, alles das zu überwinden, was in jedem von uns Sünde und Erbe der Sünde ist: „Jetzt aber sollt ihr das alles ablegen: Zorn, Wut und Bosheit; auch Lästerungen und Zoten sollen nicht mehr über eure Lippen kommen. Belügt einander nicht ..." (*Kol* 3,8–9).

7. Eine ähnliche Aufforderung findet sich im Brief an die Epheser: „Legt den alten Menschen ab, der in Verblendung und Begierde zugrunde geht, ändert euer früheres Leben, und erneuert euren Geist und Sinn! Zieht den neuen Menschen an, der nach dem Bild Gottes geschaffen ist in wahrer Gerechtigkeit und Heiligkeit" (*Eph* 4,22–24). „Seine Geschöpfe sind wir, in Christus Jesus dazu geschaffen, in unserem Leben die guten Werke zu tun, die Gott für uns im voraus bereitet hat" (*Eph* 2,10).

8. Die Erlösung ist also eine neue Schöpfung in Christus. Sie ist Geschenk Gottes – Gnade – und trägt gleichzeitig einen Aufruf Gottes an den Menschen in sich. Der Mensch muß beim Werk der geistlichen Befreiung, die Gott durch Christus in ihm vollbracht hat, mitwirken. Es ist wahr: „Aus Gnade seid ihr durch den Glauben gerettet, nicht aus eigener Kraft – Gott hat es geschenkt –, nicht aufgrund eurer Werke, damit keiner sich rühmen kann" (*Eph* 2,8). Sicher kann der Mensch das Heil, die heilbringende Befreiung, die das Geschenk Gottes in Christus ist, nicht sich selbst zuschreiben. Aber gleichzeitig muß er in diesem Geschenk auch den Grund zu einer ständigen Aufforderung sehen, Werke zu vollbringen, die eines solchen Geschenkes würdig sind. Zur vollständigen Sicht der heilbringenden Befreiung des Menschen gehört es, daß man sich zutiefst des Geschenkes bewußt ist, das Gott uns im Kreuz Christi und in der erlösenden Auferstehung gemacht hat, und zugleich gehört dazu das Bewußtsein der eigenen Verantwor-

tung gegenüber diesem Geschenk: das Wissen um die Verpflichtungen moralischer und geistlicher Natur, die dieses Geschenk und dieser Aufruf auferlegen. Hier rühren wir an den Wurzeln dessen, was wir das „Ethos der Erlösung“ nennen können.

9. Die Erlösung durch Christus, in der Macht seines Geistes der Wahrheit (Geist des Vaters und des Sohnes, Geist der Wahrheit), gewirkt, hat eine persönliche Dimension, die jeden Menschen angeht, und gleichzeitig eine zwischenmenschliche und soziale, gemeinschaftsbezogene und universale Dimension.
Es ist ein Thema, das wir im Brief an die Epheser entfaltet sehen, an der Stelle, an der die Versöhnung der beiden „Teile“ der Menschheit in Christus beschrieben wird, nämlich Israels, des auserwählten Volkes des Alten Bundes, und aller anderen Völker der Erde: „Denn er (Christus) ist unser Friede. Er vereinigte die beiden Teile und riß durch sein Sterben die trennende Wand der Feindschaft nieder. Er hob das Gesetz samt seinen Geboten und Forderungen auf, um die zwei in seiner Person zu dem einen neuen Menschen zu machen. Er stiftete Frieden und vesöhnte die beiden durch das Kreuz mit Gott in einem einzigen Leib. Er hat in seiner Person die Feindschaft getötet“ (*Eph* 2,14–16).

10. Das also ist die endgültige Dimension der „neuen Schöpfung“ und der „Neuheit des Lebens“ in Christus: die Befreiung von der Trennung, das „Niederreißen der Wand“, die Israel von den anderen trennt. In Christus sind alle das „auserwählte Volk“, denn in Christus ist der Mensch auserwählt. Jeder Mensch, ohne Ausnahme und Unterschied, wird mit Gott versöhnt und ist darum auch zum Anteil an der Verheißung ewigen Heils und Lebens berufen. Die ganze Menschheit wird wiedererschaffen als „der neue Mensch ... nach dem Bild Gottes in wahrer Gerechtigkeit und Heiligkeit“ (*Eph* 4,24). Die Versöhnung aller mit Gott durch Christus muß zur gegenseitigen Versöhnung aller werden; eine gemeinschaftsbezogene und universale Dimension der Erlösung, das voll zum Ausdruck kommende „Ethos der Erlösung“.

In deutscher Sprache sagte der Papst:

Liebe Brüder und Schwestern!

Die „Freiheit der Kinder Gottes“ ist ein Geschenk Christi an uns Menschen. Ihm verdanken wir unsere Teilhabe an der göttlichen Kindschaft und damit am Leben Gottes selbst. Der von Jesus Christus befreite Mensch empfängt nicht nur die Vergebung der Sünden, sondern wird auch zu einem „neuen Leben“ geboren. Christus als Urheber der Befreiung des Menschen ist so auch der Schöpfer des „neuen Menschseins“. In ihm werden wir „neue Schöpfung“ (vgl. *2 Kor* 5,17).
Dieser Aspekt der heilschaffenden Befreiung gehört zum Wesen der messianischen Sendung Jesu. Deshalb sagt Er in seiner Bildrede vom Guten Hirten: „Ich bin gekommen, damit sie das Leben haben und es in Fülle haben“ (*Joh* 10,10).
Jesus Christus ist für den Menschen „die Quelle“, deren Wasser uns „ewiges Leben schenkt“ (vgl. *Joh* 4,23–24). Von diesem Wasser der Gnade zu trinken bedeutet, umgeformt zu werden, „ein neues Herz, einen neuen Geist“ zu bekommen (vgl. *Jer* 31,33; *Ez* 36,26–27). Deshalb kann der Apostel Paulus sagen: „Wenn einer in Christus ist, ist er

neue Schöpfung" *2 Kor* 5,17). „Legt (also) den alten Menschen ab, der in Verblendung und Begierde zugrunde geht, ändert euer früheres Leben, und erneuert euren Geist und Sinn. Zieht den neuen Menschen an, der nach dem Bild Gottes geschaffen ist in wahrer Gerechtigkeit und Heiligkeit" (*Eph* 4,22–24).
Wir können uns nicht selber erlösen, denn Erlösung als „Neuschöpfung" in Christus ist stets ein Geschenk Gottes. Doch es ergeht darin an uns ein Anruf. Wir sind darin eingefordert, mitzuarbeiten an unserer Heiligung.
Unsere Erlösung in Jesus Christus kennt auch nicht nur eine persönlich-individuelle Dimension, sondern sie ist endgültig zwischenmenschlich, sozial und universal angelegt. Es gibt keine Trennung mehr zwischen Völkern, Geschlechtern und Gruppen. „Denn er (Christus) ist unser Friede" (*Eph* 2,14). Ja, mögen wir Christus wirklich immer mehr zu unserem Frieden werden lassen, in unserem Herzen, in unseren Familien, unter uns Christen und auf unserer weiten und schönen Welt.
Mit diesen Ausführungen über unseren Glauben grüße ich alle deutschsprachigen Pilger und Besucher. Ich wünsche euch einen frohen und bereichernden Romaufenthalt und erteile euch und euren Lieben in der Heimat für Gottes steten Schutz und Beistand von Herzen meinen besonderen Apostolischen Segen.

Maria – große Herrin Ungarns

Angelus am 14. August

Liebe Brüder und Schwestern!

1. In der Reihe der in Gedanken unternommenen Pilgerfahrten, die ich nun mit euch in diesem Marianischen Jahr zu Ende führe, richtet sich heute mein Blick auf Osteuropa, genauer gesagt auf Ungarn, das die Überlieferung als „regnum marianum" grüßt.
Die ungarischen Katholiken feiern gerade in diesen Tagen das 950. Gedenkjahr des Todes des hl. Stephan, Königs von Ungarn und Gründers dieser Nation (Papst Silvester II. sandte ihm die Königskrone). Er vollendete die Christianisierung des Volkes und hinterließ ihm als Erbe die Verehrung der hl. Jungfrau, die als „große Herrin" dieses Landes angerufen wurde.
Aus diesem Anlaß habe ich an die Bischöfe und die Katholiken Ungarns eine besondere Botschaft gerichtet, die das einzigartige geistige Band hervorhebt, das die Geschichte Ungarns und jene des christlichen Glaubens in Europa verbindet.
Der hl. König Stephan stellte sein Volk unter den Schutz Marias, in deren Namen die Ungarn Einheit und Versöhnung zu finden wußten. Wir wollen darum in unserem Gebet die christlichen Brüder in Ungarn der hl. Jungfrau anvertrauen, die besonders in dem berühmten marianischen Heiligtum von Mariapocs in der Diözese Hajdudorog verehrt wird, einer Diözese des byzantinischen Ritus für die Katholiken der ganzen Nation.

2. Das kleine ungarische Dorf Mariapocs, in dem sich das Heiligtum befindet, ist gerade durch ein Marienbild bekannt geworden. Nach der Überlieferung geschah 1696 in der

kleinen griechisch-katholischen Kirche dieses Dorfes ein Wunder: die strahlenden Augen der hl. Jungfrau auf dieser Ikone begannen während einer Eucharistiefeier zu weinen, und das wurde ein Ansporn für den Glauben und die Frömmigkeit der Ungarn, die von da an aus allen Teilen des Landes in großer Zahl zu diesem Heiligtum strömten.
Voll Staunen über diese wunderbare Erscheinung wünschte Kaiser Leopold, daß das Bild nach Wien gebracht werde. Dort wurde es mit großer Verehrung aufgenommen und war im Dom der österreichischen Hauptstadt bald als „Potscher Maria" bekannt. Das beliebte Bild wurde dem ungarischen Dorf, aus dem es gekommen war, nicht mehr zurückgegeben. Der Ort erhielt als Ersatz eine Kopie des Originals.
Der Schmerz der Ungarn über diesen Verlust wurde durch ein weiteres Wunderzeichen gutgemacht: 1715 begannen auch aus den Augen der auf der Kopie abgebildeten hl. Jungfrau Tränen zu fließen, und diese Erscheinung sollte sich 1905 wiederholen. Schon im vorigen Jahrhundert machte der beträchtliche Zustrom der Pilger den Bau der jetzigen herrlichen Kirche notwendig. Unter den anderen ebenfalls berühmten ungarischen Marienheiligtümern, wie Mariagyûd und Matraverebély, wurde sie der am meisten besuchte Wallfahrtsort des Landes. Auf der Ikone Odigitria des Heiligtums weist Maria mit der Hand den Weg zu ihrem Sohn.

3. Mariapocs ist ein Ort der Einheit, an dem die Gläubigen aus verschiedenen Nationen und auch von verschiedenen Religionen die mütterliche Liebe Marias verehren, die bekümmert ist über die Sünden ihrer Kinder und voll Sorge für sie bei Jesus, ihrem göttlichen Sohn, Fürbitte einlegt. Man könnte sagen, die Menschen gehen dorthin, um ihre eigenen Tränen mit denen der hl. Jungfrau zu verbinden, damit sie geläutert zu einer einzigen Opfergabe mit dem heilbringenden Opfer Jesu, des Erlösers, werden.
Von Hoffnung und Liebe erfüllt wollen wir nun mit der Fürsprache des hl. Königs Stephan und der heiligsten Jungfrau die beständige göttliche Hilfe für diese edle Nation erbitten, ebenso wie für die Kirche und die ganze Welt.

In Hoffnung nach vorne blicken

Angelus am 15. August

Freu dich, du Himmelskönigin!
Heiligste Jungfrau, sei gegrüßt!

Durch das Marianische Jahr, das zum Abschluß gekommen ist, wurde die Kirche dazu aufgerufen, „sich nicht nur an all das zu erinnern, was in ihrer Vergangenheit das besondere mütterliche Mitwirken der Gottesmutter am Heilswerk Christi, des Herrn, bezeugt, sondern auch ihrerseits für die Zukunft die Wege für dieses Zusammenwirken zu bereiten: Denn das Ende des zweiten christlichen Jahrtausends eröffnet zugleich einen neuen Blick in die Zukunft" (*Redemptoris Mater*, Nr. 49) und lenkt unsere Augen auf die Mutter des Erlösers (vgl. *ebd.*, Nr. 3).

In diesen Jahren wollen wir uns „in besonderer Weise an diejenige wenden, die in der ‚Nacht‘ der adventlichen Erwartung als wahrer ‚Morgen‘ (Stella matutina) zu leuchten begann“ (*ebd.*), und wollen die Werte, die das Erleben des Marianischen Jahres wieder in Erscheinung gebracht hat, sowohl im Studium, wie in der Evangelisation, der Caritas und der Kultur, weiter zur Reife kommen lassen. Wir stellen heute voll Vertrauen das Jahr 2000, das als Ziel vor uns liegt, und den Ausblick auf das dritte Jahrtausend unter die wachsame Fürsprache der heiligen Maria, Schwester und Mutter der Kirche, und sind uns bewußt, daß unser wahres Ziel das Reich Gottes ist, das ja schon mit dem Aufstieg Jesu Christi und der leiblichen Aufnahme Marias in den Himmel begonnen hat, und das nun nicht nur Gipfelpunkt und Ziel der Geschichte, sondern bereits in ihr anwesend ist. Das dritte Jahrtausend bleibt jedenfalls für uns ein sehr anregender Horizont, über den es nachzudenken gilt, denn er zwingt uns, in Hoffnung nach vorne zu blicken. Maria ist die Führerin in diesem neuen Auszug auf die Zukunft hin (vgl. *ebd.*), der wir entgegengehen wie in einer Liturgie zum Überschreiten der Schwelle, Pilger mit ihr, hin zum Absoluten und Ewigen.

Unser letztes Wort sei ein Gebet: Heilige Maria, Jungfrau des Anfangs, voll Vertrauen rufen wir an der bebenden Schwelle des dritten Jahrtausends im Leben der Kirche Christi, dich an, die du selbst Kirche warst, demütiges Zelt des göttlichen Wortes, bewegt allein vom Wehen des Geistes. Begleite mit deinem Erbarmen unsere Schritte zu den Grenzen der erlösten Menschheit, befriede unser Herz, mache es froh und fest in der Gewißheit, daß der Drache nicht stärker ist als deine Schönheit, du zarte und ewige Frau, du Ersterlöste und Freundin jedes Geschöpfes, das in der Welt noch leidet und hofft. Amen.

Die Wahrheit des Evangeliums macht frei

Ansprache bei der Generalaudienz am 17. August

1. In der schrittweisen Entfaltung des Themas der Katechesen über die Sendung Jesu Christi haben wir gesehen, daß er es ist, der die Befreiung des Menschen durch die Wahrheit seines Evangeliums wirkt. Dessen letztes und entscheidendes Wort aber ist Kreuz und Auferstehung. Christus befreit den Menschen aus der Versklavung der Sünde und schenkt ihm durch sein österliches Opfer ein neues Leben. Die Erlösung wurde zu einer neuen Schöpfung. Aus dem Erlösungsopfer und der Auferstehung des Erlösers ging eine neue Menschheit hervor. Indem Gott das Opfer Christi annimmt, „schafft“ er den Menschen neu „in wahrer Gerechtigkeit und Heiligkeit“ (*Eph* 4,24): den Menschen, der Anbeter Gottes wird „im Geist und in der Wahrheit“ (*Joh* 4,23).

Jesus Christus in seiner geschichtlichen Gestalt stellt für diesen neuen Menschen ein vollkommenes Vorbild, das Ideal, dar. Er, der in seinem eigenen Menschsein das vollkommene „Ebenbild des unsichtbaren Gottes“ war (*Kol* 1,15), wird durch sein irdisches Leben, durch alles, was er „tat und lehrte“ (*Apg* 1,1), und vor allem durch sein Opfer zum lebendigen Beispiel für die Menschen. Zum vollkommensten Beispiel.

2. Damit kommen wir zum Thema der „Nachfolge Christi", wie sie aus den Texten der Evangelien und der anderen apostolischen Schriften klar ersichtlich ist, wenn auch das Wort „Nachahmung" in den Evangelien nicht erscheint. Jesus fordert seine Jünger auf, ihm nachzufolgen (*Mt* 16,24): „Wer mein Jünger sein will, der verleugne sich selbst, nehme sein Kreuz auf sich und folge mir nach" (vgl. auch *Joh* 12,26).
Nur bei Paulus finden wir dieses Wort, wenn der Apostel schreibt: „Werdet meine Nachahmer, so wie ich Christi (Nachahmer bin)" (*1 Kor* 11,1). Und an anderer Stelle: „Und ihr seid unsere und des Herrn Nachahmer geworden, indem ihr das Wort annahmt unter vieler Drangsal, mit der Freude, die vom Heiligen Geiste ausgeht" (*1 Thess* 1,6).

3. Wir müssen aber beachten, daß das Wort „Nachahmung" hier nicht das Wichtigste ist. Von größter Bedeutung ist vielmehr die ihm zugrunde liegende Tatsache, daß das ganze, vom Kreuzesopfer gekrönte Leben und Werk Christi, das er aus Liebe „für die Brüder" vollbrachte, ein dauerndes Vorbild und Ideal bleibt. Es mahnt und regt uns nicht nur zum Kennenlernen an, sondern auch und vor allem zum Beispielnehmen. Auch Jesus selbst sagt im Abendmahlssaal, nachdem er den Aposteln die Füße gewaschen hat: „Ich habe euch ein Beispiel gegeben, damit auch ihr so handelt, wie ich an euch gehandelt habe" (*Joh* 13,15).
Dieses Wort Jesu bezieht sich nicht nur auf die Handlung der Fußwaschung, sondern durch Vermittlung dieser Geste auf sein ganzes Leben demütigen Dienstes. Jeder Jünger wird eingeladen, den Spuren des Menschensohnes zu folgen, der „nicht gekommen ist, um sich dienen zu lassen, sondern um zu dienen und sein Leben hinzugeben als Lösegeld für viele" (*Mt* 20,28). Im Licht dieses Lebens, dieser Liebe, dieser Armut und schließlich dieses Opfers wird die „Nachfolge" Christi zum Anspruch an alle seine Jünger und Nachfolger. Sie wird gewissermaßen zur „tragenden Struktur" für das Ethos des Evangeliums, das christliche Ethos.

4. Gerade darin besteht jene „Befreiung" für das neue Leben, von der wir in den vorausgegangenen Katechesen gesprochen haben. Christus hat der Menschheit nicht nur eine wunderbare Theorie hinterlassen, sondern er hat gezeigt, in welchem Sinn und in welcher Richtung sich die heilbringende Umgestaltung des „alten" Menschen – des Menschen der Sünde – in den „neuen" Menschen vollziehen muß. Diese existentielle und folglich auch moralische Umgestaltung muß dahin führen, den Menschen jenem ganz ursprünglichen Modell gleichzugestalten, nach welchem er geschaffen wurde. Nur an ein Wesen, das „nach dem Bild und Abbild Gottes" geschaffen ist, können die Worte gerichtet sein, die wir im Brief an die Epheser lesen: „Ahmt Gott nach als seine geliebten Kinder, und liebt einander, weil auch Christus uns geliebt und sich für uns hingegeben hat als Opfer, das Gott gefällt" (*Eph* 5,1–2).

5. Christus ist also das Beispiel auf dem Weg dieser „Nachahmung Gottes". Und zugleich ist er allein es, der diese Nachahmung möglich macht, wenn er uns durch die Erlösung die Teilhabe am Leben Gottes anbietet. An diesem Punkt wird Christus nicht nur zum vollkommenen Beispiel, sondern zum wirksamen Beispiel. Das Geschenk, das

heißt die Gnade des göttlichen Lebens durch das österliche Geheimnis der Erlösung, wird zur Wurzel der neuen Ähnlichkeit mit Gott in Christus, und darum ist sie auch die Wurzel der Nachfolge Christi, des vollkommenen Beispiels.

6. Aus dieser Tatsache schöpfen Mahnungen wie die des hl. Paulus an die Philipper ihre Kraft und Wirkung: „Wenn es also Ermahnung in Christus gibt, Zuspruch aus Liebe, eine Gemeinschaft des Geistes, herzliche Zuneigung und Erbarmen, dann macht meine Freude dadurch vollkommen, daß ihr eines Sinnes seid, einander in Liebe verbunden, einmütig und einträchtig, daß ihr nichts aus Ehrgeiz und nichts aus Prahlerei tut. Sondern in Demut schätze einer den andern höher ein als sich selbst. Jeder achte nicht nur auf das eigene Wohl, sondern auch auf das der andern" (*Phil* 2,1–4).

7. Worauf verweist eine solche Paränese (Mahnrede)? Worauf nehmen diese Ermahnungen, diese an die Philipper gestellten Forderungen Bezug? Die ganze Antwort ist in den folgenden Versen des Briefes enthalten: „Solche Gesinnung habt untereinander, wie sie auch in Christus Jesus war" (*Phil* 2,5). Ja, Christus „wurde wie ein Sklave ... er erniedrigte sich und war gehorsam bis zum Tod, bis zum Tod am Kreuz" (*Phil* 2,7–8).
Der Apostel rührt hier an den zentralen und neuralgischen Punkt des ganzen von Christus vollbrachten Erlösungswerkes. Hier findet sich auch zur Gänze das zum Heil führende Beispiel für jeden Erlösten. Hier ist der Gipfelpunkt der Nachfolge des Meisters. Das gleiche Prinzip der Nachfolge finden wir auch im Brief des hl. Petrus dargelegt: „Wenn ihr recht handelt und trotzdem Leiden erduldet, das ist eine Gnade in den Augen Gottes. Dazu seid ihr berufen worden; denn auch Christus hat für euch gelitten und euch ein Beispiel gegeben, damit ihr seinen Spuren folgt" (*1 Petr* 2,20–21).

8. Im menschlichen Leben hat das Leiden den Sinn einer sittlichen Erprobung. Das bedeutet vor allem eine Prüfung für die Kräfte des menschlichen Geistes. Eine solche Prüfung hat eine befreiende Bedeutung: sie setzt die verborgenen geistigen Kräfte des Menschen frei und läßt sie zum Vorschein kommen. Zugleich gibt sie Gelegenheit zu innerer Läuterung. Hier lassen sich die Worte aus dem Gleichnis vom Weinstock und den Reben anwenden, in dem Jesus den Vater als Winzer darstellt: „Jede Rebe an mir, die Frucht bringt, reinigt er, damit sie mehr Frucht bringt" (*Joh* 15,2). Diese Frucht nämlich hängt ab vom Bleiben (wie die Reben) in Christus, dem Weinstock, in seinem heilbringenden Opfer, denn „getrennt von ihm können wir nichts vollbringen" (vgl. *Joh* 15,5). Aber „alles vermag ich durch ihn, der mir Kraft gibt" (*Phil* 4,13), wie der Apostel Paulus bekräftigt. Und Jesus selbst sagt: „Wer an mich glaubt, wird die Werke, die ich vollbringe, auch vollbringen" (*Joh* 14,12).

9. Der Glaube an diese umgestaltende Macht Christi im Hinblick auf den Menschen hat seine tiefsten Wurzeln im ewigen Heilsplan Gottes für den Menschen: „Alle, die er (Gott) im voraus erkannt hat, hat er auch im voraus dazu bestimmt, an Wesen und Gestalt seines Sohnes teilzuhaben, damit dieser der Erstgeborene von vielen Brüdern sei" (*Röm* 8,29). Auf dieses Ziel hin „reinigt" der Vater jede Rebe, wie wir im Gleichnis lesen

(*Joh* 15,2). Und auf diesem Weg vollzieht sich die stufenweise Umgestaltung des Christen nach dem Beispiel Christi, bis zu dem Punkt, daß wir in ihm „die Herrlichkeit des Herrn widerspiegeln und so in sein eigenes Bild verwandelt werden, von Herrlichkeit zu Herrlichkeit, durch den Geist des Herrn", wie der Apostel im zweiten Brief an die Korinther schreibt (vgl. *2 Kor* 3,18).

10. Es handelt sich um einen geistigen Prozeß, aus dem das Leben quillt: und in diesem Prozeß ist es der selbstlose Tod Christi, der Frucht bringt durch die Hineinnahme in die österliche Dimension seiner Auferstehung. Dieser Prozeß beginnt in jedem von uns mit der Taufe, dem Sakrament des Todes und der Auferstehung Christi, wie wir im Brief an die Römer lesen: „Wir wurden mit ihm begraben durch die Taufe auf den Tod; und wie Christus durch die Herrlichkeit des Vaters von den Toten auferweckt wurde, so sollen auch wir als neue Menschen leben" (*Röm* 6,4). Seit jenem Augenblick entfaltet sich in uns der Prozeß dieser heilbringenden Umgestaltung in Christus, „bis wir alle ... zum vollkommenen Menschen werden und Christus in seiner vollendeten Gestalt darstellen" (*Eph* 4,13).

In deutscher Sprache sagte der Papst:

Liebe Brüder und Schwestern!

Zu den Ereignissen aus dem Leben Jesu, die uns besonders beeindrucken, gehört sicher jener Augenblick beim Letzten Abendmahl, als er selbst den überraschten Aposteln die Füße wäscht und dann sagt: „Ich habe euch (jetzt) ein Beispiel gegeben, damit auch ihr so handelt, wie ich an euch gehandelt habe" (*Joh* 13,15).

Dabei hat der Herr offensichtlich nicht nur dieses eine Fußewaschen im Blick, sondern sein ganzes Leben und Handeln, das er als einen „Dienst" für alle Menschen, auch für die ärmsten und niedrigsten, versteht. Und jeder Mensch, der entschlossen ist, ihm „nachzufolgen" und sich seinetwegen „Christ" zu nennen, ist dazu aufgefordert, möglichst viele Elemente aus dem Leben Christi in das eigene Leben zu übernehmen. Sie sollen dann zur tragenden Struktur aller unserer ethischen Grundsätze und täglichen Entscheidungen werden.

Auf diese Weise will Jesus Christus in jedem von uns den „neuen Menschen" nach seinem Modell und aus seiner Kraft schaffen. Wenn wir dem Leben und der Gesinnung Jesu heute möglichst deutlich Gestalt geben, schaffen wir mit an der „neuen Schöpfung", in der sich Gottes Wahrheit und Gerechtigkeit durchsetzen wollen.

Wer aber Christus „nachahmt", ahmt schließlich Gott selbst nach, so daß Paulus an die Gemeinde von Ephesus das kühne Wort schreiben kann: „Ahmt Gott nach als seine geliebten Kinder und liebt einander, weil auch Christus uns geliebt und sich für uns hingegeben hat" (*Eph* 5,1 f.). „Gott selbst nachahmen" – das ist gewiß ein Auftrag, der die höchste Würde des Menschen in Gottes Augen bezeugt. Versuchen wir alle, in Wort und Tat dieser unserer inneren Würde gut zu entsprechen!

Mit dieser brüderlichen Ermutigung verbinde ich meine besten Segenswünsche für eure Urlaubstage hier in der Ewigen Stadt. Dazu erbitte ich euch eine gesunde Rückkehr zu euren Familien in der Heimat. Gelobt sei Jesus Christus!

Maria – Hilfe der Christen

Angelus in Castel Gandolfo am 21. August

1. Unsere sonntägliche Wallfahrt führt uns heute in den Fernen Osten, genau genommen zum Heiligtum der Muttergottes von Sheshan in China, das 1942 zur Basilika minor erhoben wurde.
Sheshan liegt 50 km von Shanghai entfernt. Dank der schönen Landschaft und des milden Klimas ist der Hügel von Sheshan ein beliebtes Ziel der Touristen. Im 18. Jahrhundert besuchten ihn zwei Kaiser aus Peking. Einer von ihnen, der berühmte Kang-xi, nannte ihn den „grünen Bambusberg". Denn der Hügel ist mit dieser charakteristischen Pflanzenart bewachsen, die die chinesische Malerei aller Jahrhunderte mit so viel Anmut wiedergibt und deren Spitzen unter anderem als eine Lieblingsspeise dieses alten Volkes betrachtet werden.

2. Die Evangelisierung erreichte Sheshan im Jahr 1844. Die Missionare erbauten ein Haus mit fünf Räumen, von denen einer als Kapelle und die anderen als Wohnung dienten. 1864 errichtete ein christlicher chinesischer Laie auf der Spitze des Hügels einen sechseckigen Pavillon, wo er ein Muttergottesbild aufstellte, das er gemalt und unter dem Titel „Hilfe der Christen" verehrt hatte. Seither hat sich die Verehrung der Madonna von Sheshan, „Hilfe der Christen", in dem ganzen Gebiet verbreitet, und alljährlich wird am 24. Mai ihr Fest mit großer Feierlichkeit begangen.
Zur Zeit gibt es in Sheshan zwei Kirchen: eine auf halber Höhe, eine andere oben auf dem Hügel. Letztere wurde 1973 erbaut und 1925 restauriert. Sie hat einen 33 Meter hohen Turm, dessen Spitze eine Bronzestatue der Muttergottes trug, die ihren Sohn Jesus in die Höhe hob. Da dieser die Arme segnend ausbreitete, schien es von fern wie ein großes Kreuz, das sich China zuwandte.
Die Kirche, die auf halber Höhe steht, wurde 1894 erbaut. Zu beiden Seiten des Eingangs stehen zwei Inschriften. Eine heißt: „Die kleine Kapelle steht auf halber Höhe; halten wir ein wenig an, um unsere kindliche Liebe zur Muttergottes wachsen zu lassen." Die andere Inschrift lautet: „Die große Kirche steht auf der Spitze des Hügels; gehen wir noch einige Stufen hinauf, um den Segen der liebevollen Mutter zu erbitten."

3. In der Nähe von Sheshan gibt es viele Wasserkanäle. Die zahlreichen Fischer, die auf den Booten wohnen, sind in der Mehrheit fromme Katholiken. Jedes Jahr im Monat Mai pilgern sie zu dem Heiligtum, und mit ihnen kommen Pilger aus allen Teilen des Landes. Während dieses Marianischen Jahres wurden die Wallfahrten ohne Unterbrechung in allen Monaten fortgesetzt. Ich möchte mich der Wallfahrt der chinesischen Gläubigen im Geist anschließen und ihren Gebeten empfehlen. Zusammen mit ihnen erweise ich der Muttergottes von Sheshan meine kindliche Verehrung, und ihr vertraue ich meine Sorge um die ganze Kirche, insbesondere die Kirche in China, an.
Maria, Hilfe der Christen, bitte für uns!

In deutscher Sprache sagte der Papst:

Herzlich grüße ich auch die deutschsprachigen Besucher, die an unserem gemeinsamen Gebet des „Engel-des-Herrn“ teilgenommen haben. Laßt euch durch die Gottesmutter immer tiefer mit ihrem Sohn Jesus Christus verbinden, der unser aller Erlöser ist. Er sei eurem Leben Licht und Schutz. Das ist mein Segenswunsch für jeden von euch.

Zu den polnischen Pilgern sagte der Papst:

Bei diesem Gebet denken wir alle an die Lage, die sich in unserem Vaterland zu entwickeln scheint. Die internationale Presse widmet dieser Situation viel Aufmerksamkeit und sie tut es mit bemerkenswerter Sorge. Versuchen wir, diese Sorge in Gebet umzusetzen. Beten wir für unser Vaterland, beten wir für den Frieden, natürlich für einen Frieden, der auf der Kraft der Wahrheit und der Gerechtigkeit und nicht auf der Gewalt gründet. Ich knüpfe an all das an, was ich bereits viele Male von hier, von Rom aus und vor allem während meiner Besuche in Polen, insbesondere in vergangenen Jahr, gesagt habe; an all das, was sich auf die Rechte des Menschen und der Nation in einem unabhängigen Staat bezieht, wie sehr die Souveränität der Nation und die Rechte des Menschen über die Souveränität des Staates entscheiden. Ein weiteres Mal betonte ich dies, denn einzig und allein auf diesen Grundsätzen der Wahrheit und der Gerechtigkeit kann aller Frieden, besonders der Frieden innerhalb des Vaterlandes erbaut werden.

In besonderer Weise erinnerte der Papst noch an die Bevölkerung des Sudan:

Euch alle, die ihr aus nah und fern dem Angelusgebet folgt, möchte ich um ein Gebetsgedenken für die Bevölkerung des Sudan bitten.
Ich habe von der Notstandssituation erfahren, die infolge des schweren Unwetters und der nachfolgenden Regenfälle entstanden ist und die Hauptstadt Khartum und ihre Nachbargebiete betroffen hat. Das Land ist von der Außenwelt total abgeschnitten. Die wenigen uns vorliegenden Nachrichten sprechen von einer schweren Katastrophe für die Bevölkerung mit schweren Beschädigungen der Wohnhäuser und öffentlichen Strukturen sowie zahlreichen Opfern an Menschenleben.
Wir wollen uns im Gebet und soweit möglich mit hochherzigen und angemessenen Hilfeleistungen dieser vielen Brüder und Schwestern erinnern, die von aufeinanderfolgenden schmerzlichen Naturkatastrophen so schwer heimgesucht wurden.
Es ist wünschenswert, daß zusammen mit der Hilfe, die die Diözese Khartum als erste anbieten konnte, auch andere karitative und humanitäre Organisationen für die notwendigen und dringlichen Hilfeleistungen sorgen.

Jesus – Vorbild in Gebet und Leben

Ansprache bei der Generalaudienz am 24. August

1. Jesus Christus ist der Erlöser. Was der Mittel- und Höhepunkt seiner Sendung ist, das heißt das Werk der Erlösung, es umfaßt auch diesen Aspekt: Er ist das vollkommene Vorbild der heilbringenden Umwandlung des Menschen geworden. Um die Wahrheit zu sagen, alle voraufgegangenen Katechesen dieses Zyklus entfalten sich im Augenblick auf die Erlösung. Wir haben gesehen, daß Jesus das Evangelium vom Reich Gottes verkündet, aber wir haben von ihm auch vernommen, daß nur in der Erlösung durch das Kreuz und die Auferstehung das Reich endgültig in die Geschichte des Menschen eintritt. Deshalb „übergibt" er dieses Reich den Aposteln, damit es in der Geschichte der Welt durch die Kirche fortdauert und sich entfaltet. Die Erlösung bringt nämlich die messianische „Befreiung" des Menschen mit sich, die von der Knechtschaft der Sünde zum Leben in der Freiheit der Kinder Gottes führt.

2. Jesus Christus ist das vollkommenste Modell dieses Lebens, wie wir aus den Schriften der Apostel gehört haben, die in den vorhergehenden Katechesen zitiert wurden. Er, der Sohn eines Wesens mit dem Vater, eins mit ihm in der Gottheit („Ich und der Vater sind eins" [*Joh* 10,30]), ist durch alles, was er „tut und lehrt" (vgl. *Apg* 1,1), in seiner Art das einzige Lebensmodell kindlicher Ausrichtung und Verbundenheit mit dem Vater. Indem wir uns auf dieses Modell beziehen, es in unserem Bewußtsein und unserem Verhalten widerspiegeln, können wir in uns eine solche Lebensform und -ausrichtung der „Christus-Ähnlichkeit" entwickeln, in der die wahre „Freiheit der Kinder Gottes" (vgl. *Röm* 8,21) zum Ausdruck kommt und verwirklicht wird.

3. Tatsächlich war das ganze Leben Jesu von Nazaret, wie wir mehrmals betont haben, auf den Vater ausgerichtet. Das erscheint bereits in der Antwort, die der zwölfjährige Jesus den Eltern bei der „Wiederauffindung im Tempel" gibt: „Wußtet ihr nicht, daß ich in dem sein muß, was meinem Vater gehört?" (*Lk* 2,49). Gegen Ende seines Lebens, am Vortag des Leidens, als er „wußte, daß seine Stunde gekommen war, um aus dieser Welt zum Vater hinüberzugehen" (*Joh* 13,1), sagte derselbe Jesus zu den Aposteln: „Im Haus meines Vaters gibt es viele Wohnungen ... Wenn ich gegangen bin und einen Platz für euch vorbereitet habe, komme ich wieder und werde euch zu mir holen, damit auch ihr dort seid, wo ich bin" (*Joh* 14,2–3).

4. Vom Anfang bis zum Ende ist diese theozentrische Ausrichtung des Lebens und Handelns Jesu klar und eindeutig. Er führt die Seinen „zum Vater", indem er ein klares, auf den Vater hin ausgerichtetes Lebensmodell schafft. „Ich habe das Gebot meines Vaters befolgt und bleibe in seiner Liebe." Und Jesus betrachtet dieses „Bleiben in der Liebe des Vaters", das heißt die Erfüllung seines Willens, als seine „Speise": „Meine Speise ist es, den Willen dessen zu tun, der mich gesandt hat, und sein Werk zu Ende zu führen"

(*Joh* 4,34). So spricht er zu seinen Jüngern beim Jakobsbrunnen in Sychar. Und schon zuvor, im Gespräch mit der samaritischen Frau, hat er darauf hingewiesen, daß dieselbe „Speise" das geistliche Erbe seiner Jünger und Begleiter sein wird: „Aber die Stunde kommt, und sie ist schon da, zu der die wahren Beter den Vater anbeten werden im Geist und in der Wahrheit; denn so will der Vater angebetet werden" (*Joh* 4,23).

5. Die „wahren Beter" sind vor allem diejenigen, die Christus in dem, was er tut, nachahmen. Und alles, was er tut, tut er in Nachahmung des Vaters: „Die Werke, die mein Vater mir übertragen hat, damit ich sie zu Ende führe, diese Werke, die ich vollbringe, legen Zeugnis dafür ab, daß mich der Vater gesandt hat" (*Joh* 5,36). Ja, „der Sohn kann nichts von sich aus tun, sondern nur, wenn er den Vater etwas tun sieht. Was nämlich der Vater tut, das tut in gleicher Weise der Sohn" (*Joh* 5,19).
Auf diese Weise finden wir eine perfekte Grundlage für die Worte des Apostels, nach denen wir berufen sind, Christus nachzuahmen (vgl. *1 Kor* 11,1; *1 Thess* 1,6), und folglich Gott selbst: „Ahmt Gott nach als seine geliebten Kinder" (*Eph* 5,1). Das „Christus ähnliche" Leben ist gleichzeitig ein Leben, das dem Gott im wahrsten Sinne des Wortes ähnlich ist.

6. Der Begriff der „Speise" Christi, die während seines Lebens die Erfüllung des Willens des Vaters war, führt uns in das Geheimnis seines Gehorsams ein, der bis zum Tod am Kreuz geht. Es war also eine bittere Speise, wie es vor allem beim Gebet in Getsemani und dann während des ganzen Leidens und Sterbens am Kreuz aufscheint: „Abba, Vater, alles ist dir möglich. Nimm diesen Kelch von mir! Aber nicht, was ich will, sondern was du willst" (*Mk* 14,36). Um diesen Gehorsam zu verstehen und auch um zu verstehen, warum diese „Speise" so bitter sein mußte, muß man die ganze Geschichte des Menschen auf Erden betrachten, die von der Sünde, das heißt vom Ungehorsam gegenüber Gott, dem Schöpfer und Vater, gekennzeichnet ist. „Der Sohn, der befreit" (vgl. *Joh* 8,36), befreit also durch seinen Gehorsam bis zum Tod. Und er tut es, indem er bis zum Ende seine von Liebe erfüllte Hingabe offenbart: „Vater, in deine Hände lege ich meinen Geist" (*Lk* 23,46). In dieser Selbsthingabe, in dieser vollen „Selbstaufgabe" an den Vater behauptet sich über die ganze Geschichte des menschlichen Ungehorsams hinweg die gleichzeitige göttliche Einheit des Sohnes mit dem Vater: „Ich und der Vater sind eins" (*Joh* 10,30). Und hier kommt zum Ausdruck, was wir als das Hauptprofil der Nachahmung bezeichnen können, zu der der Mensch in Christus berufen ist: „Wer den Willen meines himmlischen Vaters erfüllt, der ist für mich Bruder und Schwester und Mutter" (*Mt* 12,50; auch *Mk* 3,35).

7. In dem voll „auf den Vater" ausgerichteten und mit ihm tief verbundenen Leben ist Jesus Christus auch Vorbild für unsere Gebete, für unser geistiges und sprachliches Gebetsleben. Er hat uns nicht nur beten gelehrt, hauptsächlich im Vaterunser (vgl. *Mt* 6,9 ff.), sondern das Beispiel seines Gebetes bietet sich uns dar als ein wesentlicher Augenblick der Offenbarung seiner Verbindung und seiner Einheit mit dem Vater. Man kann sagen,

daß in seinen Gebeten ganz besonders die Tatsache bekräftigt wird, daß „nur der Vater den Sohn kennt“ ... „und nur der Sohn den Vater kennt“ (vgl. *Mt* 11,27; *Lk* 10,22). Erinnern wir uns der bedeutendsten Augenblicke seines Gebetslebens. Jesus verbringt viel Zeit im Gebet (z. B. *Lk* 6,12; 11,1), besonders in den Nachtstunden, und er sucht geeignete Orte dazu auf (z. B. *Mk* 1,35; *Mt* 14,23; *Lk* 6,12). Betend bereitet er sich auf die Taufe im Jordan vor (vgl. *Lk* 3,21) und auf die Wahl der zwölf Apostel (vgl. *Lk* 6,12–13). Durch das Gebet in Getsemani macht er sich bereit, Leiden und Kreuzestod auf sich zu nehmen (vgl. *Lk* 22,42). Das Sterben auf Golgota ist ganz vom Gebet durchdrungen, von *Psalm* 22,1 an: „Mein Gott, mein Gott, warum hast du mich verlassen?“ bis „Vater, in deine Hände lege ich meinen Geist“ (*Lk* 23,46). Ja, im Leben und im Tod ist Jesus ein Vorbild des Gebetes.

8. Über dieses Gebet Christi lesen wir im Brief an die Hebräer: „Als er auf Erden lebte, hat er mit lautem Schreien und unter Tränen Gebete und Bitten vor den gebracht, der ihn aus dem Tod retten konnte, und er ist erhört und aus seiner Angst befreit worden. Obwohl er der Sohn war, hat er durch Leiden und Gehorsam gelernt“ (*Hebr* 5,7–8). Diese Bekräftigung bedeutet, daß Jesus Christus in vollkommener Weise den Willen des Vaters erfüllt hat, den ewigen Plan Gottes über die Erlösung der Welt um den Preis des äußersten Opfers aus Liebe. Nach dem Johannesevangelium war dieses Opfer nicht nur eine Verherrlichung des Vaters von seiten des Sohnes, sondern auch die Verherrlichung des Sohnes gemäß den Worten des hohepriesterlichen Gebetes im Abendmahlssaal: „Vater, die Stunde ist da. Verherrliche deinen Sohn, damit der Sohn dich verherrlicht. Denn du hast ihm die Macht über alle Menschen gegeben, damit er allen, die du ihm gegeben hast, ewiges Leben schenkt“ (*Joh* 17,1–2). Das hat sich am Kreuz erfüllt. Die Auferstehung nach drei Tagen war die Bestätigung und der Ausdruck der Herrlichkeit, mit der „der Vater den Sohn verherrlicht hat“ (vgl. *Joh* 17,1). Das ganze Leben Christi im Gehorsam und in kindlicher Hingabe war mit seinem Geist verschmolzen, durch das er die endgültige Verherrlichung errang.

9. Dieser Geist liebevoller, gehorsamer und frommer Kindschaft tritt auch in der bereits erwähnten Episode hervor, als die Jünger Jesu baten, „sie beten zu lehren“ (vgl. *Lk* 11,1–2). Er vermittelte ihnen und allen Generationen seiner Jünger ein Gebet, das mit der so ausdrucksvollen Wort- und Begriffsverbindung beginnt: „Vater unser“. In diesen Worten offenbart sich der Geist Christi, der sich als Sohn an den Vater wendet und ganz von dem erfaßt ist, „was dem Vater gehört“ (vgl. *Lk* 2,49). Indem er uns für alle Zeiten dieses Gebet gegeben hat, hat Jesus uns damit und darin ein Lebensmodell kindlicher Verbundenheit mit dem Vater vermittelt. Wenn wir uns dieses Modell in unserem Leben zu eigen machen, wenn wir insbesondere am Geheimnis der Erlösung teilhaben sollen, indem wir Christus nachahmen, ist es notwendig, daß wir nicht aufhören, den Vater zu bitten, wie er es uns gelehrt hat.

In deutscher Sprache sagte der Papst:

Liebe Brüder und Schwestern!

Die fast zweitausend Jahre, die uns heute vom irdischen Jesus trennen, sind eine lange Zeit. Aber immer wieder schlagen suchende Menschen die Evangelien auf, um sich in sein Leben, sein Denken und Fühlen zu vertiefen. Und sie tun recht damit; denn dieser Jesus ist und bleibt das vollkommenste Modell dafür, wie wir in inniger Freundschaft und täglicher Verbundenheit mit Gott leben können. Jesu Reden und Handeln will auch heute noch unser Bewußtsein formen, unser Verhalten bestimmen und unsere Schritte auf unser letztes Ziel ausrichten.
Ja, in der geistigen Gemeinschaft mit Christus, der unser Bruder geworden ist, können wir unsere Lebensbestimmung in Gott finden. Der Herr selbst hat es uns allen in seinen damaligen Jüngern mit folgenden Worten versprochen: „Im Haus meines Vaters gibt es viele Wohnungen ... Ich gehe, um einen Platz für euch vorzubereiten ... damit auch ihr dort seid, wo ich bin" (*Joh* 14,2.3).
Und sollte dieser Weg einmal schwer und schmerzensreich werden, so dürfen wir wissen, daß der Herr uns auch in solchen Leiden vorausgegangen ist und gerade dort seine unzerstörbare Verbundenheit mit seinem ewigen Vater bewiesen hat. Das letzte, von ihm überlieferte Wort lautet: „Vater, in deine Hände lege ich meinen Geist" (*Lk* 23,46). So zeigt sich uns Jesus als Modell auch im Beten, auch beim Gebet in schwerer Stunde.
Ganz besonders dankbar müssen wir ihm sein, daß er uns sogar einen Gebetstext hinterlassen hat, der jedem Christen überall in der Welt vertraut ist: das Vaterunser. Wenn wir dieses Gebet mit unserer ganzen Person, mit ganzem Herzen und Geist sprechen, werden wir aufgenommen in die persönliche Einheit Christi mit seinem Vater im Himmel.
Mit dieser geistlichen Erinnerung, die ich euch weiteren Betrachtungen anvertraue, grüße ich alle deutschsprachigen Besucher von Herzen, unter ihnen eine Gruppe von Schwestern aus verschiedenen Ländern, die ihr Glaubens- und Ordensleben hier in Rom vertiefen und erneuern. Euch allen gelten meine besten Segenswünsche!

Jasna Góra – geistige Hauptstadt Polens

Angelus in Castel Gandolfo 28. August

Liebe Brüder und Schwestern!

1. Heute, am letzten Sonntag im August, fahren wir in unserer Wallfahrt zu den Marienheiligtümern in aller Welt fort und begeben uns nach Tschenstochau, in mein Vaterland. Wir besuchen diesen Ort gerade heute, weil die Kirche in Polen am 26. August das Fest der Madonna von Tschenstochau feiert. Während ich mich geistig nach Jasna Góra begebe, zu dem geistlichen Zentrum der Marienfrömmigkeit meines Vaterlandes, möchte ich gleichzeitig alle Marienheiligtümer in Polen besuchen und grüßen.
Heute nenne ich nur zwei davon: Die Muttergottes vom Kalwarienberg Zebrzydowska, zu der ich von Kindheit an gepilgert bin, und die Mutter der sozialen Gerechtigkeit und Lie-

be von Piekary in Schlesien. Aber im Herzen trage ich alle Orte, wo die Gottesmutter anwesend ist und wo die Gläubigen das große Geheimnis der Gotteskindschaft gelernt haben und immer noch lernen.

2. Jasna Góra – Clarus Mons – der „helle Berg“ ist das Heiligtum der Königin von Polen! Er ist seit sechs Jahrhunderten der Ort der besonderen Anwesenheit der Gottesmutter, der großen Feiern und Wallfahrten nicht nur der Polen und der slawischen Nationen, sondern auch zahlreicher westeuropäischer Länder und der ganzen Welt. Er ist auch vielen Italienern bekannt, die jedes Jahr dorthin pilgern.

3. Der Augenblick, in dem diese große Begegnung der Mutter mit ihrem Volk begonnen hat, fiel in das Jahr 1382, als die Ikone der Gottesmutter, ein großes Kunstwerk, aus dem Osten gebracht und den Paulinerpatres übergeben wurde.
Dieses antike Bildnis, das Zeichen von Elementen des östlichen und des westlichen Christentums an sich trägt, ist ein Symbol der Einheit dieser zwei Welten, der Reichtümer und der Kulturen, die durch die Taufe Christus begegnet sind und sich mit ihm vereint haben.

4. Mit Jasna Góra und mit dem Bild der Gottesmutter sind wichtige Ereignisse verbunden, so die Verteidigung des Jana Góra, Polens und der Gewissensfreiheit um die Mitte des 16. Jahrhunderts während des Schwedeneinfalls, „Sintflut“ genannt. Das Heiligtum hat auch die Rolle der Verteidigung des Glaubens, der Kultur und der Bewahrung der nationalen Identität übernommen, insbesondere während der langen Zeit der Teilung Polens.
Während des Zweiten Weltkriegs sagte Papst Pius XII: „Polen ist nicht untergegangen und wird nicht untergehen, denn Polen glaubt und betet; Polen hat Jasna Góra.“

5. In den schweren Nachkriegsjahren, in den Jahren der organisierten und systematischen Verbreitung des Atheismus, wurde Jasna Góra für die Kirche und den polnischen Episkopat unter der Führung des Primas Kardinal Stefan Wyszynski ein Ort der Begegnung, um wirksame Programme und pastorale Initiativen zu schaffen. Er wurde dann Bezugspunkt für das Wiedererwachen der Gesellschaft, so der Solidarität, oder für andere Gruppen und Bewegungen der sozialen Erneuerung. Hier entstanden kurze und angemessene Leitworte, wie zum Beispiel: „Hier schlägt das unsterbliche Herz Polens“, „Hier waren wir immer frei“, „Jasna Góra – geistige Hauptstadt Polens.“ Und das Gnadenbild wird oft die „Ikone der Freiheit“ und das „Zeichen der Einheit des christlichen Ostens und Westens“ genannt.
Viele Päpste haben dem Muttergottesbild von Jasna Góra Verehrung und Liebe bezeigt. In unserem Jahrhundert verlieh der hl. Pius X. ihm goldene Kronen. Pius XI. errichtete in Castel Gandolfo eine Kapelle mit der Kopie der Schwarzen Muttergottes. Bekannt sind die liebevollen Worte Johannes' XXIII. an Unsere lb. Frau von Jasna Góra; Paul VI. wollte zu ihr pilgern, aber es war ihm nicht möglich.
Gott fügte es so, daß ich, Sohn dieses Landes und dieser Nation, dreimal eine apostolische Pilgerfahrt nach Jasna Góra durchführen und der Königin von Polen die goldene Ro-

se bringen konnte, die Paul VI. ihr zugedacht hatte. Ich konnte auch für die Kirche beten und meinen Landsleuten die Botschaft des Glaubens und der Hoffnung hinterlassen. „Maria, Königin von Polen, ich bin bei dir, ich erinnere mich, ich wache!“

Nach dem Angelusgebet sagte der Papst:

Einen herzlichen Sonntagsgruß richte ich auch an die Besucher deutscher Sprache. Durch die Begegnung mit einem fremden Land und vor allem mit der Weltkirche, wie ihr sie gerade in Rom deutlich erleben könnt, mögen sich in euch Geist und Herz weiten. Dann werdet ihr immer mehr Menschen und Christen der einen Welt Gottes. Das ist mein Segenswunsch für euch alle.

Christus – die vollkommene Liebe

Ansprache bei der Generalaudienz am 31. August

1. Die Sohngemeinschaft Jesu mit dem Vater findet in der Liebe Ausdruck, die er auch zum Hauptgebot des Evangeliums gemacht hat: „Du sollst den Herrn, deinen Gott, lieben mit ganzem Herzen, mit ganzer Seele und mit all deinen Gedanken. Das ist das wichtigste und erste Gebot“ (*Mt* 22,37 f.). Bekanntlich stellt Jesus neben dieses Gebot ein zweites, das „ebenso wichtig ist“, das der Nächstenliebe (vgl. *Mt* 22,39). Und als Beispiel dieser Liebe stellt er sich selbst vor: „Ein neues Gebot gebe ich euch: Liebt einander! Wie ich euch geliebt habe, so sollt auch ihr einander lieben“ (*Joh* 13,34). Er lehrt und hinterläßt seinen Jüngern eine Liebe, die seinem Beispiel nachgebildet ist.
Auf diese Liebe können wirklich die Eigenschaften der Nächstenliebe angewandt werden, die der hl. Paulus aufzählt: „Die Liebe ist langmütig, ... gütig, ... ereifert sich nicht, sie prahlt nicht, sie bläht sich nicht auf, ... sucht nicht ihren Vorteil, ... trägt das Böse nicht nach. Sie freut sich ... an der Wahrheit. Sie erträgt alles“ (*1 Kor* 13,4–7). Als der Apostel in seinem Brief an die Empfänger von Korinth ein solches Bild von der Liebe gemäß dem Evangelium vorstellt, war er gewiß im Geist und im Herzen von dem Gedanken der Liebe Christi erfüllt, nach der er das Leben der Christengemeinden ausrichten wollte, so daß (wie die hl. Katharina von Siena Jahrhunderte später gesagt hat) sein Hoheslied der Liebe als ein Kommentar zu dem Gebot zu betrachten ist, einander nach dem Beispiel der Liebe Christi zu lieben: „Wie ich euch geliebt habe“ (*Joh* 13,34).
Der hl. Paulus unterstreicht in anderen Texten, daß der Höhepunkt dieser Liebe der Opfertod am Kreuz ist: „Ahmt Gott nach als seine geliebten Kinder, und liebt einander, weil auch Christus uns geliebt und sich für uns hingegeben hat als Gabe und als Opfer“ (*Eph* 5,1–2).
Für uns ist es jetzt lehrreich, erbauend und tröstlich, diese Eigenschaften der Liebe Christi zu betrachten.

2. Die Liebe, mit der Jesus uns geliebt hat, ist demütig und hat das Wesen des Dienstes. „Denn ... der Menschensohn ist nicht gekommen, um sich dienen zu lassen, sondern um zu dienen und sein Leben hinzugeben als Lösegeld für viele“ (*Mk* 10,45). Am Vorabend seines Leidens, vor der Einsetzung der Eucharistie, wäscht Jesus den Aposteln die Füße und sagt zu ihnen: „Ich habe euch ein Beispiel gegeben, damit auch ihr so handelt, wie ich an euch gehandelt habe“ (*Joh* 13,15). Und bei anderer Gelegenheit ermahnt er sie: „Wer bei euch groß sein will, der soll euer Diener sein, und wer bei euch der Erste sein will, soll der Sklave aller sein“ (*Mk* 10,43–44).

3. Im Licht dieses Beispiels demütiger Verfügbarkeit, die bis zum endgültigen „Dienst“ des Kreuzes geht, kann Jesus die Jünger auffordern: „Nehmt mein Joch auf euch und lernt von mir; denn ich bin gütig und von Herzen demütig“ (*Mt* 11,29). Die von Christus gelehrte Liebe drückt sich im gegenseitigen Dienst aus, der dazu führt, sich füreinander zu opfern, und dessen endgültiger Beweis darin besteht, das eigene Leben „für die Brüder“ hinzugeben (*1 Joh* 3,16). Das hebt auch der hl. Paulus hervor, wenn er schreibt, daß „Christus die Kirche geliebt und sich für sie hingegeben hat“ (*Eph* 5,25).

4. Eine andere im paulinischen Hohelied der Liebe hervorgehobene Eigenschaft ist, daß die wahre Liebe „nicht ihren Vorteil sucht“ (vgl. *1 Kor* 13,5): und wir wissen, daß Jesus uns das vollkommenste Beispiel einer solchen selbstlosen Liebe hinterlassen hat. Der hl. Paulus sagt es klar an einer anderen Stelle: „Jeder von uns soll Rücksicht auf den Nächsten nehmen, um Gutes zu tun und (die Gemeinde) aufzubauen. Denn auch Christus hat nicht für sich selbst gelebt ...“ (*Röm* 15,2–3). In der Liebe Jesu wird die Radikalität der acht Seligpreisungen des Evangeliums, die er verkündet hat, Wirklichkeit und erreicht ihren Höhepunkt. Der Heroismus Christi wird immer das Modell der heroischen Tugenden der Heiligen sein.

5. Wir wissen, daß der Evangelist Johannes, als er ihn uns an der Schwelle des Leidens vorstellt, über ihn schreibt: „Da er die Seinen, die in der Welt waren, liebte, erwies er ihnen seine Liebe bis zur Vollendung“ (*Joh* 13,1). Dieses „bis zur Vollendung“ scheint hier das endgültige – und unübertreffliche – Wesen der Liebe Christi zu bezeugen. „Es gibt keine größere Liebe, als wenn einer sein Leben für seine Freunde hingibt“ (*Joh* 15,13), sagt Jesus selbst in der von seinem Lieblingsjünger wiedergegebenen Rede.
Derselbe Evangelist schreibt in seinem Brief: „Daran haben wir die Liebe erkannt, daß Er sein Leben für uns hingegeben hat.“ Und er fügt hinzu: „So müssen auch wir für die Brüder das Leben hingeben“ (*1 Joh* 3,16). Die Liebe Christi, die sich im Opfertod am Kreuz endgültig – das heißt in der Hingabe des Lebens für die Brüder – kundgetan hat, ist das endgültige Modell jeder wahren menschlichen Liebe. Wenn sie in nicht wenigen Jüngern des Gekreuzigten die Form des heroischen Opfers erreichte, wie wir oft in der Geschichte der christlichen Heiligkeit sehen, so findet dieses Maß der „Nachahmung“ des Meisters seine Erklärung in der Kraft des Geistes Christi, den er auch für die Jünger vom Vater erhalten und von ihm aus „gesandt“ hat (vgl. *Joh* 15,26).

6. Der Opfertod Christi ist der „Preis" und das „Lösegeld" für die Befreiung des Menschen geworden: die Befreiung von der „Knechtschaft der Sünde" (vgl. *Röm* 6,6.17), der Übergang zur „Freiheit der Kinder Gottes" (vgl. *Röm* 8,21). Mit diesem Opfertod, der seiner Liebe zu uns entsprang, hat Jesus seine Heilssendung vollendet. Die Verkündigung des ganzen Neuen Testamentes findet ihre kürzeste Zusammenfassung in der Stelle des Markusevangeliums: „Der Menschensohn ist nicht gekommen, um sich dienen zu lassen, sondern um zu dienen und sein Leben hinzugeben als Lösegeld für viele" (*Mk* 10,45).
Das Wort „Lösegeld" hat zur Bildung des Begriffes und des Ausdrucks „Erlösung" beigetragen (griechisch: Lytron = Lösegeld, Lytrusio = Erlösung). Diese Kernwahrheit des Neuen Bundes ist gleichzeitig die Erfüllung der prophetischen Verheißung des Jesaja in bezug auf den Gottesknecht: „Er wurde durchbohrt wegen unserer Verbrechen ... durch seine Wunden sind wir geheilt" (*Jes* 53,5); „er trug die Sünden von vielen" (*Jes* 53,12). Man kann sagen, daß die Erlösung die Erwartung des ganzen Alten Bundes war.

7. Indem er seine Liebe denen, die der Vater ihm „gegeben hat" (*Joh* 17,6), „bis zur Vollendung" erwies (*Joh* 13,1), hat also Christus sein Leben am Kreuz hingegeben als „Opfer für die Sünden" (nach den Worten von Jesaja). Das Bewußtsein dieses Auftrags, dieser höchsten Sendung, war im Denken und Wollen Jesu immer präsent. Das sagen uns seine Worte über den „guten Hirten", der „sein Leben hingibt für die Schafe" (vgl. *Joh* 10,11), und sein geheimnisvolles, aber durchscheinendes Bestreben: „Ich muß mit einer Taufe getauft werden, und ich bin sehr bedrückt, solange sie noch nicht vollzogen ist" (*Lk* 12,50). Und der höchste Ausspruch über den Kelch mit Wein beim letzten Abendmahl: „Das ist mein Blut, das Blut des Bundes, das für viele vergossen wird zur Vergebung der Sünden" (*Mt* 16,28).

8. Die apostolische Verkündigung betont von Anfang an die Wahrheit, daß „Christus für unsere Sünden gestorben ist, gemäß der Schrift" (*1 Kor* 15,3). Paulus sagte es ganz energisch zu den Korinthern: „Das ist unsere Botschaft, und das ist der Glaube, den ihr angenommen habt" (*1 Kor* 15,11). Dasselbe verkündete er den Ältesten in Ephesus: „Der Heilige Geist hat euch zu Bischöfen bestellt, damit ihr als Hirten für die Kirche Gottes sorgt, die er sich durch das Blut seines eigenen Sohnes erworben hat" (*Apg* 20,28). Und die Verkündigung von Paulus stimmt voll mit den Worten von Petrus überein: „Christus ist der Sünden wegen ein einziges Mal gestorben, er, der Gerechte, für die Ungerechten, um euch zu Gott hinzuführen" (*1 Petr* 3,18). Paulus verfolgt denselben Begriff, das heißt, daß wir in Christus „durch sein Blut die Erlösung haben, die Vergebung der Sünden nach dem Reichtum seiner Gnade" (*Eph* 1,7).
Um die Systematik und Kontinuität dieser Lehre zu wahren, betont der Apostel mit Entschiedenheit: „Wir verkündigen Christus als den Gekreuzigten: für Juden ein empörendes Ärgernis, für Heiden eine Torheit" (*1 Kor* 1,23). „Denn das Törichte an Gott ist weiser als die Menschen, und das Schwache an Gott ist stärker als die Menschen" (*1 Kor* 1,25). Der Apostel ist sich dieses vom Kreuz Christi enthüllten „Widerspruchs" bewußt. Warum ist also dieses Kreuz die höchste Kraft und Weisheit Gottes? Darauf gibt es nur

eine Antwort: Weil sich im Kreuz die Liebe offenbart hat: „Gott aber hat seine Liebe zu uns darin erwiesen, daß Christus für uns gestorben ist, als wir noch Sünder waren“ (*Röm* 5,8); „Christus hat uns geliebt und sich für uns hingegeben“ (*Eph* 5,2). Die Worte von Paulus sind ein Widerhall der eigenen Worte Christi: „Es gibt keine größere Liebe, als wenn einer sein Leben ... hingibt“ (*Joh* 15,13) für die Sünden der Welt.

9. Die Wahrheit vom erlösenden Opfertod Christi, der Liebe ist, gehört zur Lehre, die im Brief an die Hebräer enthalten ist. Christus wird dort als „Hoherpriester der künftigen Güter“ gezeigt, der „ein für allemal in das Heiligtum hineingegangen ist ... mit seinem eigenen Blut, und so hat er die Erlösung bewirkt“ (*Hebr* 9,11 – 12). Denn er hat nicht nur das vorgeschriebene Opfer des Blutes der Tiere angeboten, das im Alten Bund im Zelt „von Menschenhand“ dargebracht wurde; er hat sich selbst hingegeben und den eigenen gewaltsamen Tod in ein Mittel der Vereinigung mit Gott verwandelt. Auf diese Weise, „durch Leiden“ (*Hebr* 5,8), wurde Christus „für alle, die ihm gehorchen, der Urheber des ewigen Heils“ (*Hebr* 5,9). Dieses einzige Opfer hat die Kraft, „unser Gewissen von toten Werken zu reinigen“ (vgl. *Hebr* 9,14). „Durch ein einziges Opfer hat er die, die geheiligt werden, für immer zur Vollendung geführt“ (*Hebr* 10,14).
In diesem Opfer, in dem Christus „sich selbst kraft ewigen Geistes Gott ... dargebracht hat“ (*Hebr* 9,14), hat seine Liebe endgültigen Ausdruck gefunden: die Liebe, die er „bis zur Vollendung“ erwies (*Joh* 13,1): die Liebe, die ihm gebot, gehorsam zu sein „bis zum Tod, bis zum Tod am Kreuz“ (*Phil* 2,8).

In deutscher Sprache sagte der Papst:

Liebe Brüder und Schwestern!

Manchmal sagen die Leute von einem Mitmenschen: „Dieser Mann führte wahrhaft ein heiligmäßiges Leben“, oder: „So wie jene Frau, so muß eine Heilige sein.“ Zu solchen Urteilen kommt es immer dann, wenn ein Menschenleben ganz von der Liebe geprägt ist, von der zweifachen Liebe zu Gott und zu den Menschen.
Für uns Christen ist Jesus von Nazaret das unübertroffene Modell für eine solche Liebe mit all ihren praktischen Auswirkungen, wie wir sie soeben in der Lesung aus einem Paulusbrief an die Korinther gehört haben. Jesus Christus bezeugt und vermittelt uns in Wort und Tat die göttliche Liebe seines himmlischen Vaters und ermutigt uns, an seinem Leben abzulesen, wie auch wir eine solche Liebe – natürlich immer nach unserem schwachen, kreatürlichen Maß – im täglichen Leben darstellen können.
Der Herr selbst verstand seinen Auftrag, selbstlose Liebe zu schenken, so radikal, daß er bereit war – und es am Kreuz bewiesen hat –, sein Leben für die Wahrheit Gottes und zu unserer Erlösung von Schuld und Sünde einzusetzen. Der Evangelist Johannes hat uns das bekannte Wort Jesu überliefert: „Es gibt keine größere Liebe, als wenn einer sein Leben für seine Freunde hingibt“ (*Joh* 15,13). Jesus hat aber sein Leben nicht nur eingesetzt für diejenigen, die schon seine Freunde waren, sondern für uns alle, damit wir seine Freunde werden können, oder, wie die Heilige Schrift sagt, um uns zu „erlösen“, uns „freizukaufen“ aus der Verstrickung in die Sünde und jeglichen Egoismus.

Der Herr hat uns fähig gemacht zu selbstloser Liebe: Hier liegt die höchste Würde unseres Menschseins. Nehmt euch Christus dafür zum Beispiel, und gebt euch mit weniger nicht zufrieden! Es geht ja um eure wahre Würde!
Mit diesen Anregungen aus der Mitte unseres Glaubens grüße ich die Besucher deutscher Sprache und wünsche ihnen Gottes weise Führung auf ihrem Lebensweg. Möge er für euch alle an sein gottgewolltes Ziel gelangen! – Gelobt sei Jesus Christus!

Opfertod Christi ist Erfüllung des Heils

Ansprache bei der Generalaudienz am 7. September

1. In der messianischen Sendung Jesu gibt es einen Höhe- und Mittelpunkt, dem wir uns in den voraufgegangenen Katechesen langsam genähert haben: Christus wurde von Gott in die Welt gesandt, um durch das Opfer des eigenen Lebens den Menschen zu retten. Dieses Opfer mußte in Form der „Selbstentäußerung" im Gehorsam bis zum Kreuzestod geschehen: einem Tod, der nach Meinung der Zeitgenossen den besonderen Stempel der Schmach trug.
In seiner ganzen Verkündigung, in seinem ganzen Verhalten wird Jesus von dem tiefen Bewußtsein geleitet, das er von den Plänen Gottes über sein Leben und seinen Tod in der Ökonomie der messianischen Sendung hat mit der Gewißheit, daß sie der ewigen Liebe des Vaters zur Welt und insbesondere zum Menschen entspringen.

2. Wenn wir die Jahre seines Heranwachsens betrachten, geben die Worte des zwölfjährigen Jesus viel zu denken, die er an Maria und Josef im Augenblick der „Wiederfindung" im Tempel von Jerusalem richtete: „Wußtet ihr nicht, daß ich in dem sein muß, was meinem Vater gehört?" (*Lk* 2,49). Welche Dinge hatte er im Geist und im Herzen? Wir können es aus so vielen anderen seiner Worte und Gedanken während seines ganzen öffentlichen Lebens ableiten. Schon vom Anfang seiner messianischen Tätigkeit an besteht Jesus darauf, seinen Jüngern den Gedanken einzuprägen, daß „der Menschensohn ... vieles erleiden muß" (*Lk* 9,22), das heißt, er „müsse ... von den Ältesten, den Hohenpriestern und den Schriftgelehrten verworfen werden; er werde getötet, aber nach drei Tagen werde er auferstehen" (*Mk* 8,31). Aber all das kommt nicht nur von den Menschen, von ihrer Feindschaft gegen ihn und seine Lehre, sondern ist die Erfüllung des Planes Gottes von Ewigkeit her, wie in den Schriften, die die göttliche Offenbarung enthalten, angekündigt worden ist: „Wie steht über den Menschensohn geschrieben, daß er viel leiden und verachtet werden müsse" (*Mk* 9,12).

3. Als Petrus diese Möglichkeit zu verneinen sucht – „Das darf nicht mit dir geschehen!" (*Mt* 16,22) –, weist Jesus ihn mit besonders strengen Worten zurecht: „Weg mit dir, Satan, geh mir aus den Augen! Denn du hast nicht das im Sinn, was Gott will, sondern was die Menschen wollen" (*Mk* 8,33). Die Aussagekraft dieser Worte ist beeindruckend. Jesus will mit ihnen Petrus zu verstehen geben, daß dem Kreuz sich widerset-

zen heißt, die Pläne Gottes selbst zurückweisen. Gerade „Satan" ist derjenige, der „von Anfang an" im Widerspruch steht zu dem, „der von Gott ist".

4. Jesus ist sich also der Verantwortung der Menschen für seinen Kreuzestod bewußt, den er aufgrund einer von irdischen Gerichtshöfen ausgesprochenen Verurteilung erleiden muß; und er ist sich der Tatsache bewußt, daß durch dieses menschliche Urteil der ewige göttliche Plan erfüllt wird: „der von Gott ist", das heißt der Opfertod am Kreuz für die Rettung der Welt. Und obwohl Jesus (wie Gott selbst) das von den Menschen begangene Böse des „Gottesmordes" nicht will, nimmt er trotzdem dieses Böse an, um daraus das Gute der Erlösung der Welt zu ziehen.

5. Nach der Auferstehung, als er, ohne erkannt zu werden, mit zwei seiner Jünger nach Emmaus geht, erklärt er ihnen die Schriften des Alten Testamentes mit den Worten: „Mußte nicht der Messias all das erleiden, um so in seine Herrlichkeit zu gelangen?" (*Lk* 24,26). Und bei der letzten Begegnung mit den Aposteln spricht er: „Das sind die Worte, die ich zu euch gesagt habe, als ich noch bei euch war: Alles muß in Erfüllung gehen, was im Gesetz des Mose, bei den Propheten und in den Psalmen über mich gesagt ist" (*Lk* 24,44).

6. Im Licht der Osterereignisse verstehen die Apostel das, was Jesus ihnen im voraus gesagt hatte. Petrus, der aus Liebe zum Meister, aber auch aus Unverständnis sich dessen grausamem Schicksal besonders zu widersetzen scheint, sagt dann zu seinen Zuhörern am Pfingsttag, als er von Christus spricht: „Jesus ..., der nach Gottes beschlossenem Willen und Vorauswissen hingegeben wurde, habt ihr durch die Hand von Gesetzlosen ans Kreuz geschlagen und umgebracht" (*Apg* 2,22–23). Und ein andermal fügt er hinzu: „Gott aber hat auf diese Weise erfüllt, was er durch den Mund aller Propheten im voraus verkündigt hat: daß sein Messias leiden werde" (*Apg* 3,18).

7. Leiden und Tod Christi waren im Alten Testament nicht als Ende seiner Sendung angekündigt, sondern als der unerläßliche, erforderliche „Durchgang", der erforderlich war, um von Gott erhöht zu werden. Das sagt uns insbesondere das Lied des Jesaja, das vom Knecht Jahwes als dem Mann der Schmerzen spricht: „Seht, mein Knecht hat Erfolg, er wird groß sein und hoch erhaben" (*Jes* 52,13). Und Jesus selbst, als er darauf hinweist, daß der „Menschensohn vieles erleiden müsse und getötet werde", fügt auch hinzu: „aber nach drei Tagen werde er auferstehen" (vgl. *Mk* 8,31).

8. Wir stehen deshalb vor einem göttlichen Plan, der, obwohl er so offenkundig vor Augen tritt, im Ablauf der von den Evangelien beschriebenen Ereignisse doch immer ein Geheimnis bleibt, das von der menschlichen Vernunft her nicht ausreichend erklärt werden kann. In diesem Geist drückt sich der Apostel Paulus mit dem großartigen Paradoxon aus: „Das Törichte an Gott ist weiser als die Menschen, und das Schwache an Gott ist stärker als die Menschen" (*1 Kor* 1,25). Diese Worte des Paulus in bezug auf das Kreuz Christi sind unersetzlich. Aber wenn es für den Menschen auch schwierig ist, eine ver-

nünftige, befriedigende Antwort auf die Frage „Warum das Kreuz Christi?“ zu finden, erhalten wir die Antwort auf diese Fragestellung wieder vom Wort Gottes.

9. Jesus selbst formuliert diese Antwort: „Denn Gott hat die Welt so sehr geliebt, daß er seinen einzigen Sohn hingab, damit jeder, der an ihn glaubt, nicht zugrunde geht, sondern das ewige Leben hat“ (*Joh* 3,16). Als Jesus diese Worte beim nächtlichen Gespräch mit Nikodemus sagte, konnte sein Fragesteller wahrscheinlich noch nicht wissen, daß der Ausdruck „seinen ... Sohn hingab“ bedeutete, „ihn dem Kreuzestod auszuliefern“. Aber Johannes, der sie in seinem Evangelium wiedergibt, kannte sehr wohl die Bedeutung. Der Ablauf der Ereignisse hatte gezeigt, daß gerade dies der Sinn der Antwort an Nikodemus war: Gott hat seinen einzigen Sohn für die Rettung der Welt „hingegeben“, indem er ihn dem Tod am Kreuz für die Sünden der Welt auslieferte und aus Liebe hingab: „Gott hat die Welt so sehr geliebt“, die Schöpfung, den Menschen! Die Liebe ist die endgültige Erklärung der Erlösung durch das Kreuz. Sie ist die einzige Antwort auf die Frage „Warum?“ hinsichtlich des Todes Christi, der im ewigen Plan Gottes inbegriffen ist.
Der Autor des vierten Evangeliums, in dem wir den Wortlaut der Antwort Christi an Nikodemus finden, kommt in einem seiner Briefe auf denselben Begriff zurück: „Nicht darin besteht die Liebe, daß wir Gott geliebt haben, sondern daß er uns geliebt und seinen Sohn als Sühne für unsere Sünden gesandt hat“ (*1 Joh* 4,10).

10. Es handelt sich um eine Liebe, die selbst die Gerechtigkeit übersteigt. Die Gerechtigkeit mag den, der eine Schuld auf sich geladen hat, betreffen und erreichen. Wenn der, der leidet, unschuldig ist, kann man nicht von Gerechtigkeit sprechen. Wenn ein Unschuldiger, der heilig ist, wie Christus, sich freiwillig dem Leiden und Tod am Kreuz ausliefert, um den ewigen Plan des Vaters zu erfüllen, dann heißt das, daß Gott im Opfer seines Sohnes über die Ordnung der Gerechtigkeit in gewissem Sinn hinausgeht, um sich in diesem Sohn und durch ihn in der ganzen Fülle seines Erbarmens zu offenbaren – „voll Erbarmen“ (*Eph* 2,4) –, fast um zusammen mit diesem gekreuzigten und auferstandenen Sohn sein Erbarmen, seine erbarmende Liebe, in die Geschichte der Beziehungen zwischen Mensch und Gott einzuschalten. Durch eben diese erbarmende Liebe wird der Mensch aufgerufen, das Böse und die Sünde in sich und in bezug auf die anderen zu besiegen: „Selig die Barmherzigen; denn sie werden Erbarmen finden“ (*Mt* 5,7) ... „Gott aber hat seine Liebe zu uns darin erwiesen, daß Christus für uns gestorben ist, als wir noch Sünder waren“, schreibt der hl. Paulus (*Röm* 5,8).

11. Auf dieses Thema kommt der Apostel an verschiedenen Stellen seiner Briefe zurück, wo oft die drei Worte wiederkehren: Erlösung – Gerechtigkeit – Liebe.
„Alle haben gesündigt und die Herrlichkeit Gottes verloren. Ohne es verdient zu haben, werden sie gerecht, dank seiner Gnade, durch die Erlösung in Christus Jesus ... mit seinem Blut ...“ (*Röm* 3,23–25). Auf diese Weise zeigt Gott, daß er sich nicht mit der Strenge der Gerechtigkeit begnügen will, die, wenn sie das Böse sieht, es bestraft, sondern daß er die Sünde anders besiegen wollte, das heißt, daß er die Möglichkeit schenkte, sie zu überwinden. Gott wollte sich in positiver Weise gerecht zeigen, indem er den Sün-

dern die Möglichkeit bot, durch ihre Zustimmung zum Glauben an Christus, den Erlöser, gerecht zu werden. So ist Gott „gerecht und macht gerecht" (*Röm* 3,26). Es geschieht in erschütternder Weise, denn „er hat den, der keine Sünde kannte, für uns zur Sünde gemacht, damit wir in ihm Gerechtigkeit Gottes würden" (*2 Kor* 5,21).

12. Der, „der keine Sünde kannte" – der Sohn eines Wesens mit dem Vater – nahm die furchtbare Last der Sünde der ganzen Menschheit auf sich, um unsere Rechtfertigung und Heiligung zu erlangen. Das ist die Liebe Gottes, die im Sohn offenbar wurde. Durch den Sohn hat sich die Liebe des Vaters kundgetan: „Er hat seinen eigenen Sohn nicht verschont, sondern ihn für uns alle hingegeben" (*Röm* 8,32). Um die Tragweite dieser Worte „nicht verschont" zu verstehen, kann es von Nutzen sein, sich an das Opfer Abrahams zu erinnern, der bereit gewesen war, Gott „seinen einzigen Sohn nicht vorzuenthalten" (vgl. *Gen* 22,16); Gott jedoch hatte ihn verschont (vgl. *Gen* 22,12). Seinen eigenen, eingeborenen Sohn aber hat Gott „nicht verschont", sondern ihn im Tod „hingegeben" für unser Heil.

13. Hieraus erwächst dem Apostel die Gewißheit: „Weder Tod noch Leben, weder Engel noch ... irgendeine andere Kreatur können uns scheiden von der Liebe Gottes, die in Christus Jesus ist, unserem Herrn" (*Röm* 8,38–39). Zusammen mit Paulus ist die ganze Kirche dieser Liebe Gottes gewiß, „die alles übersteigt", als letztes Wort der Selbstoffenbarung Gottes in der Geschichte des Menschen und der Welt, als höchste Selbstmitteilung, die durch das Kreuz geschieht, im Mittelpunkt des Ostergeheimnisses Jesu Christi.

In deutscher Sprache sagte der Papst:

Liebe Brüder und Schwestern!

Jeder Mensch, der das Kreuz Christi mit Herz und Verstand betrachtet, wird einmal auf die Frage stoßen: War das nötig? Gab es keinen schmerzloseren Weg zu unserer Erlösung, zur Überwindung der Sünde in der Welt. Gewiß, die Heilige Schrift läßt keinen Zweifel daran, daß Jesu Tod am Kreuz das Ergebnis von Haß und Verblendung, von Lüge und ungerechtem Urteil war, also von menschlicher Schuld. Unter diesem Gesichtspunkt hat Jesus den blutigen Ausgang seines irdischen Lebens nicht gewollt und nicht gesucht.

Aber in einer ganzen Reihe seiner Worte, die uns die Evangelien überliefert haben, spricht Christus davon, daß es zum Kreuz kommen „mußte", und es wird deutlich, daß er mit diesem „muß„ den ewigen Erlösungsplan Gottes meint. Ihr erinnert euch, wie der Herr den Petrus tadelt, als dieser sich der Aussicht eines gewaltsamen Todes des Meisters widersetzen will. „Du (Petrus) hast nicht das im Sinn, was Gott will"; das sind seine Worte (*Mt* 16,23).

Nun fragen wir erst recht: Warum will Gott gerade diesen Weg über das Leiden, der uns, wie dem Petrus, so enttäuschend und grausam erscheint. Und wir müssen zugeben, daß dieser Wille Gottes für uns ein Geheimnis bleibt, das auch die besten Theologen bisher nicht völlig erhellen konnten.

Jesus selbst aber gibt uns bereits eine Antwort; beim Evangelisten Johannes finden wir sein Wort: „Gott hat die Welt so sehr geliebt, daß er seinen einzigen Sohn hingab (wir verstehen: bis zum Tod am Kreuz), damit jeder, der an ihn glaubt, nicht zugrunde geht, sondern das ewige Leben hat“ (*Joh* 3,16). Die Liebe Gottes übersteigt all unsere menschlichen Maße: Den Heiligen und Unschuldigen sendet er, daß dieser alle Sündenschuld der Welt auf sich selbst lade und mit dieser Last das dichteste Dunkel, den Tod, durchschreite und die größte Schmach ertrage, den Tod am Kreuz. Aber die göttliche Liebe bleibt Sieger und schenkt dem Schmerzensmann in der Auferstehung eine neue, endgültige Ehre und Anerkennung. Und in ihm öffnet sich nun auch uns, seinen Brüdern und Schwestern, das Tor zum ewigen Leben.
Während ich diesen hoffnungsvollen Blick in das liebende Herz Gottes eurer weiteren persönlichen Betrachtung anvertraue, verspreche ich euch allen mein Gebet und wünsche euch den reichen Segen des Himmels für eure Lebenswege, wenn ihr sie nur ehrlich und gewissenhaft geht. Der gerechte und barmherzige Gott leite und stärke euch dabei!
Einen besonderen Gruß und Segenswunsch richte ich heute an eine Gruppe von Missionsschwestern vom Heiligsten Herzen Jesu. Möge euer Aufenthalt in Rom und seiner Umgebung dazu beitragen, daß sich eure Freude an eurem Ordensweg erneuere und vertiefe. Ein herzliches Willkommen gilt auch der Pilgerfahrt der Bistumszeitung der Diözese Trier. Brüderliche Verbundenheit bezeuge ich der Gruppe vom Bundesgrenzschutz aus Bonn, den Soldaten aus Kempten und aus Salzburg sowie der Polizeigruppe aus Paderborn. In angenehmer Erinnerung an meinen kürzlichen Österreichbesuch nenne ich schließlich noch die große Pilgergruppe der Katholischen Männerbewegung der Steiermark.
Allen Besuchern aus den Ländern deutscher Sprache erbitte ich von Herzen einen segensreichen Aufenthalt hier in der Ewigen Stadt sowie eine gesunde Heimkehr zu euren Familien in der Heimat.

Der Mensch ist der Weg der Kirche

Ansprache bei der Generalaudienz am 21. September

1. Zum Abschluß der Pilgerreise, die ich unter den Gemeinden der Kirche des afrikanischen Kontinentes unternommen habe, möchte ich der göttlichen Vorsehung und Christus, dem guten Hirten, Dank sagen. Die Gelegenheit zu dieser Reise bot sich durch das zweite Treffen der Interregionalen Konferenz der Bischöfe des südlichen Afrika (IMBISA – Inter-Regional Meeting of Bishops of Southern Africa). Im Rahmen dieses Besuches konnte dann den Einladungen der Bischöfe folgender Länder entsprochen werden: von Simbabwe, Botswana, Lesotho, Swasiland und Mosambik.
Der IMBISA gehören außerdem die Bischöfe von Angola, Namibia, der Republik Südafrika sowie von São Tomé und Príncipe an. Ich vertraue auf Gott, daß sich die Gelegenheit finden wird und die Bedingungen geschaffen werden, um auch in diesen Ländern die Christengemeinden besuchen zu können.

2. Indem ich den Kirchen und ihren Oberhirten für die Einladung und die vielfältige Vorbereitung danke, möchte ich auch den Vertretern der Staaten meinen Dank aussprechen für die Einladung; gleiches gilt den verschiedenen zivilen Verwaltungsstellen für die dem päpstlichen Dienst gebotenen Begünstigungen in den Besuchsländern. Gott segne alle Initiativen, die auf das Gemeinwohl der Nationen und Gesellschaften sowie auf ihre rechte Entwicklung in einer Atmosphäre des Friedens und der Gerechtigkeit abzielen.

3. Im Verlauf dieser Reise hatte ich Gelegenheit, P. Joseph Gérard, Oblaten-Missionar der Unbefleckten Jungfrau Maria, seligzusprechen. Er widmete den Großteil seines Lebens und priesterlichen Wirkens der Evangelisierung der Bevölkerung von Lesotho, und in diesem Land hat er seine ewige Ruhe nach den Anstrengungen des missionarischen Dienstes gefunden. Dort inmitten des Volkes, das er liebte und dem er im Geist Christi diente, wurde ihm auch der Ruhm der Erhebung zu den Altären, in die Schar der Seligen, zuteil.
Diese Seligsprechung ist zu einem besonderen Zeichen der missionarischen Sendung geworden, die die Kirche unter den Völkern Afrikas und anderer Erdteile erfüllt hat und weiter erfüllt. Die „Einpflanzung der Kirche" hat Früchte getragen. Die Söhne der afrikanischen Völker erhalten in immer größerer Zahl das Priester- und auch das Bischofsamt, und in den Ordensgemeinschaften der Frauen ist eine wachsende Anwesenheit der Töchter des Schwarzen Kontinentes zu verzeichnen. In jedem Fall ist die große Sache der Missionen immer eine Herausforderung für die Kirche inmitten der Gesellschaft und der Nationen, die schon früher das Evangelium angenommen und die Taufe empfangen haben. In der Tat bewahrheiten sich unablässig die Worte Christi: „Bittet also den Herrn der Ernte, Arbeiter für seine Ernte auszusenden" (*Mt* 9,37–38).

4. Grund zur Freude ist die Tatsache, daß die Kirchen, die unter den Völkern des von mir besuchten Teiles von Afrika Wurzel gefaßt haben, unabhängig und reif werden. Die Liturgie und besonders die Teilnahme an der Eucharistiefeier zeigen, wie harmonisch die Inkulturation des Glaubens im Leben dieser jungen Gemeinden gelungen ist. Die Sprache gibt davon Zeugnis. Die – man kann sagen – temperamentvollen und sehr schönen Lieder bezeugen es. Auch andere einheimischen Elemente bezeugen es, wie zum Beispiel die Tanzbewegungen, die – vor allem bei der Gabenbereitung – eine grundlegende „anthropologische" Wahrheit bekunden: nämlich daß der Mensch in seiner Gesamtheit, mit Seele und Leib, sich dem Altar nähern und sich selbst in die Darbringung der ganzen Schöpfung eingliedern will, die in der Eucharistie verwirklicht wird.

5. Die kirchlichen Gemeinschaften des afrikanischen Kontinentes haben zahlreiche Aufgaben auf dem Gebiet der Evangelisierung, der Katechese und indirekt auch in der Entwicklung der einheimischen Kultur und des Dienstes am Menschen. Diese Aufgaben werden auf dem Terrain der ökumenischen Zusammenarbeit in Angriff genommen, die auch in den Begegnungen während der jüngsten Reise ihre Bestätigung fanden. In einigen Fällen haben andere christliche Gemeinschaften vor den Katholiken ihre Missionstätigkeit begonnen. Die ökumenische Bewegung ist unerläßlich, um die Auswirkungen der

Spaltungen zu überwinden und sich dem gemeinsamen Zeugnis für Christus zu nähern – nach den Worten seines Hohepriesterlichen Gebetes: „Alle sollen eins sein ..., damit die Welt glaubt, daß du mich gesandt hast“ (*Joh* 17,21). Während ein bemerkenswerter Teil der afrikanischen Bevölkerung der Naturreligion (Animismus) treu bleibt, öffnen sich viele der Wahrheit des Evangeliums und empfangen die Taufe.
Ein gesondertes Problem stellt die Tätigkeit jener Sekten dar, die von außerhalb stammen oder in Afrika entstanden sind und sich in gewissem Maße am Christentum inspirieren, jedoch nicht die qualifizierenden Eigenschaften haben und deshalb nicht in der Lage sind, einen konstruktiven ökumenischen Dialog anzuknüpfen.

6. Die Länder, die auf dem Programm des jüngsten Pastoralbesuches standen, besitzen seit verhältnismäßig kurzer Zeit die politische Unabhängigkeit. Drei von ihnen haben ein republikanisches Regime: Simbabwe, Botswana und Mosambik. Die anderen beiden, Lesotho und Swasiland, haben die Monarchie bewahrt, die an die Tradition der einheimischen Dynastien gebunden ist. Die Zeit der Erlangung der Unabhängigkeit, der Kampf um Befreiung von der vorherigen Kolonialherrschaft, der Aufbau der eigenen Existenz als Staat – das alles sind wichtige Ereignisse, auch unter dem Gesichtspunkt der Ethik des internationalen Lebens. Die kirchlichen Bereiche und die Episkopate selbst haben in diesen Entwicklungen eine eigene Rolle gespielt – und müssen weiterhin die Aufgaben bewältigen, die im Fall neuer Gesellschafts- und Staatsformen auftauchen. Eine solche Aufgabe ist zum Beispiel die „Versöhnung“ der verschiedenen, einander entgegengesetzten Gruppen, die zu den neuen Gesellschaften gehören. Weitere Aufgaben sind mit dem Prozeß der ganzheitlichen Entwicklung verbunden, einem Thema, dem die Enzyklika *Populorum progressio* von Paul VI. und die jüngste, *Sollicitudo rei socialis*, gewidmet sind. Die Kirche ist ununterbrochen tätig durch ihre Einrichtungen im Bereich der Erziehung, der Sozialhilfe, der Gesundheitsfürsorge usw. Diese Sektoren obliegen in weitreichendem Maß den Laien und ihrem Apostolat. Ich habe mit Freude festgestellt, daß sich ihr Einsatz immer mehr innerhalb der einzelnen kirchlichen Gemeinden ausbreitet.

7. In diesem Kontext tritt der Dienst der Kirche bei der Förderung und Verteidigung der Grundrechte des Menschen zutage. Im südlichen Afrika stellt sich jedoch ein besonderes Problem: das Problem der Rassentrennung (Apartheid), das in klarem Widerspruch zur Würde der menschlichen Person steht, sei es aus der Sicht des allgemeinen moralischen Gewissens, sei es aus der des christlichen Glaubens. Alle Menschen sind als Abbild Gottes nach seinem Bild geschaffen und vom Blut Christi erlöst worden und besitzen dieselbe Würde, die aufgrund ihrer Rassenzugehörigkeit nicht verletzt werden darf. Die Überwindung der Diskriminierung in diesem Bereich gehört zum Programm der Befreiung und Selbstbestimmung der afrikanischen Völker.

8. Besondere Aufmerksamkeit verdient die Situation des Bürgerkrieges, die seit Jahren innerhalb von Mosambik andauert. Diese Lage fordert zahllose Todesopfer, die in den meisten Fällen den Kriegsaktionen fernstehende Personen sind: unter ihnen viele Kinder, Frauen, Alte. Der Bürgerkrieg ist im Begriff, das Land zu zerstören und zwingt viele Be-

wohner der stärker bedrohten Landgebiete, in die Städte oder ins Ausland zu flüchten. Es ist wirklich notwendig, alle Kräfte zu vereinen, damit dieses Unheil, das unsere Brüder und Schwestern in Mosambik heimsucht und zerstört, ein Ende findet; damit diese Nation, die 1975 die Unabhängigkeit erlangt hat, in Frieden leben und den eigenen Naturressourcen und menschlichen Möglichkeiten entsprechend sich entwickeln kann.
Ich kann nicht umhin, am Ende meine Hoffnung auszudrücken zusammen mit dem Gebet für den Frieden in Angola und für eine rasche Beendigung der Verhandlungen, die Namibia die so heiß ersehnte Unabhängigkeit bringen soll.

9. „Der Mensch ist der Weg der Kirche" (*Redemptor hominis*, Nr. 14). Der Mensch an jedem Ort der Erde: der Mensch im afrikanischen Kontinent, der Mensch in Simbabwe, Botswana, Lesotho, Swasiland und Mosambik. In diesem Geist will ich nach Beendigung der jüngsten Pastoralreise, Christus ehren, der „der Weg und die Wahrheit und das Leben" (*Joh* 14,6) für jeden und für alle ist. Denn der ewige Vater hat alles dem Sohn gegeben, damit er die Menschen um den Preis seines erlösenden Blutes zu ihrer Heilsbestimmung führt.

In deutscher Sprache sagte der Papst:

Liebe Brüder und Schwestern!

Vorgestern bin ich von meiner Pastoralreise in fünf Länder des südlichen Afrika gut zurückgekehrt. Diese Audienz gibt mir nun die Gelegenheit, zusammen mit euch Gott, dem Herrn, für den guten Verlauf der vielfältigen Begegnungen in jenen jungen, glaubensstarken Ortskirchen zu danken. Zugleich bitte ich euch, durch Information und innere Anteilnahme mit diesen euren Mitchristen in einem anderen Kontinent in Verbindung zu bleiben und ihnen euer treues Gebet zu schenken.
In Lesotho konnte ich einen dort sehr verehrten Missionar aus Europa seligsprechen, der fast sein ganzes Leben als Seelsorger der Verkündigung der Frohen Botschaft und der Gründung neuer Gemeinden gewidmet hat. Auf meiner Reise habe ich die guten Früchte dieser „Einpflanzung" der Kirche gesehen und bewundert. Heute wird dort der bischöfliche und priesterliche Dienst schon weitgehend von einheimischen Männern ausgeübt, und die weiblichen Ordensgemeinschaften können immer mehr afrikanische Frauen als Mitglieder zählen.
Wie sehr sich der katholische Glaube in den besuchten Ländern bereits mit ihrer angestammten Kultur verbunden hat, konnte ich bei den eindrucksvollen Eucharistiefeiern erleben: Sprache, Gesang und Tanz dienten in mitreißender Weise dazu, den ganzen Menschen mit Leib und Seele in das heilige Geschehen des Opfers Christi einzubeziehen. Zugleich hat schon eine gute ökumenische Zusammenarbeit mit den anderen christlichen Kirchen am Ort begonnen, um die Verkündigung und Verwirklichung des Evangeliums glaubwürdiger und kraftvoller vornehmen zu können.
Auch den intensiven Einsatz der Gemeinden für die Rechte des Menschen, vor allem das Ringen um die Gleichberechtigung aller Rassen, das gerade in jenen Ländern so notwendig ist, möchte ich hier anerkennend erwähnen. Sowohl das allgemeine heutige sittliche Bewußtsein der Menschen wie unser eigener christlicher Glaube mahnen uns, in jedem

Menschen, gleich welcher Hautfarbe er ist, ein gleichberechtigtes Geschöpf Gottes zu sehen, das dieser zu einem selbständigen Träger von Freiheit und Selbstbestimmung berufen hat. Eine offene Wunde im sozialen Leben einiger der besuchten Länder sind gewaltsame Auseinandersetzungen zwischen verschiedenen Volksstämmen; ich habe darum bei meinem Besuch in eindringlicher Weise zum Frieden und zur gewaltlosen Klärung der zugrundeliegenden Probleme aufgerufen. – Soweit die wichtigsten Aspekte dieser Afrikareise.

Indem ich allen deutschsprachigen Besuchern und Pilgern für ihre aufmerksame Anwesenheit bei dieser Begegnung herzlich danke, möchte ich noch einen besonderen Gruß an die Gruppe der Barmherzigen Schwestern aus München richten und euch eine reiche geistliche Erfahrung aus eurem Romaufenthalt wünschen. Mit diesem Segenswunsch grüße ich auch die große Gruppe der Schönstatt-Frauenliga: Auf die Fürsprache der Gottesmutter erbitte ich euch allen Marias sanfte Kraft und stille Weisheit für euer tägliches Apostolat in Familie und Beruf.

Euch alle bitte ich um euer Gebet und eure Solidarität für die anwesende Gruppe von Barmherzigen Brüdern, Ärzten und Mitarbeitern aus dem Krankenhaus in Graz-Eggenberg: Die Welt der Krankenpflege ist ja heute ganz besonders beanspruchend geworden und verdient unser aller Aufmerksamkeit und Mitgefühl. Ein herzliches Willkommen richte ich auch an die zahlreichen Teilnehmer an der Rompilgerreise der Kölner Kirchenzeitung, die es gerade auch älteren und behinderten Personen ermöglicht hat, die Ewige Stadt aufzusuchen und hier die kostbaren Stätten unseres Glaubens kennenzulernen. Ich grüße auch eine Gruppe von Studenten des Österreichischen Cartellverbandes, die sich Rom als Ort eines gemeinsamen Erlebens gewählt haben. Und dazu gehört gewiß auch der Vatikan und der Nachfolger des Apostels Petrus im Dienst an der weltweiten Kirche Christi.

Zum Schluß erbitte euch allen eine sichere Heimkehr zu euren Familien und viel neue Ermutigung für euer Leben und Wirken als Menschen, Bürger und Christen in eurem Vaterland. Gelobt sei Jesus Christus!

Appell zum Gebet für den Libanon:

Ich möchte euch jetzt einladen, an einige unserer Brüder im Mittleren Orient zu denken. Wie ihr wißt, muß das Parlament von Libanon in diesen Tagen die Wahl des Präsidenten der Republik vornehmen. Interne Schwierigkeiten und Pressionen von außen könnten den normalen Ablauf eines solch wichtigen Ereignisses im politischen Leben dieser so geprüften Nation beeinträchtigen.

Bitten wir den Herrn, den Vertreter des libanesischen Volkes Mut und Weitsicht zu verleihen, damit Entscheidungen von nicht wiedergutzumachenden Folgen vermieden werden und damit alle Libanesen von neuem zu einem friedlichen Zusammenleben finden, das ihrer Geschichte würdig ist. In diesem Sinn habe ich auch an den maronitischen Patriarchen geschrieben.

Ich lade euch ebenfalls zum Gebet für das libanesische Volk ein, das so sehr gelitten hat und immer noch leidet.

Von Maria führen lassen

Angelus am 25. September

Diese Stunde lädt uns ein, im Angelusgebet an die seligste Jungfrau zu denken. Geistig vereint mit uns sind die neuen Seligen, die im Himmel Maria umringen, auf die sie ihren Lebensweg hier unten auf Erden hochherzig ausgerichtet haben.
Großen Raum nahm die Marienverehrung im Leben von Francesco Faá di Bruno und Josefa Naval Girbés ein, die in ihrer Kindheit die Liebe der irdischen Mutter entbehrten und Trost in der Ganzhingabe ihrer selbst an die Fürsorge der himmlischen Mutter fanden. Auf dem Antlitz Marias, deren Statue er immer auf seinem Arbeitstisch stehen hatte, suchte P. Pro das Geheimnis einer immerwährenden Gelassenheit inmitten der vielen Prüfungen und Schwierigkeiten, mit denen sein Leben angefüllt war. Die Marienverehrung war die Seele des Apostolats von P. Janssoone Bollengier, eines eifrigen Besuchers des Heiligtums „Notre-Dame-Du-Cap". Und bekanntlich wollte Kardinal Dusmet im Osten und Westen Catanias zwei Marienheiligtümer als „Vorposten" der Stadt. P. Junipero Serra seinerseits förderte unter den Eingeborenen von Amerika die Verehrung der Unbefleckten Jungfrau, lange bevor die Kirche dahingelangte, dieses Dogma offiziell zu verkünden.
Das Beispiel dieser unserer Brüder, die uns auf dem Glaubensweg vorangegangen sind, sei für uns Antrieb, auf demselben Pfad weiterzuschreiten und uns von Maria führen zu lassen.

Das Kreuz – ein Ruf zur Wahrheit

Ansprache bei der Generalaudienz am 28. September

1. Wir bekennen unseren Glauben an die Hauptwahrheit der messianischen Sendung Jesu Christi: Er ist der Erlöser der Welt durch seinen Tod am Kreuz. Wir bekennen sie mit den Worten des nizäno-konstantinopolitanischen Glaubensbekenntnisses: „Er wurde für uns gekreuzigt unter Pontius Pilatus, hat gelitten und ist begraben worden." Indem wir diesen Glauben bekennen, gedenken wir des Todes Christi auch als eines geschichtlichen Ereignisses, das uns wie sein Leben aus sicheren und glaubwürdigen historischen Quellen bekannt ist. Aufgrund derselben Quellen können und wollen wir auch die geschichtlichen Umstände dieses Todes kennen und verstehen, der – so glauben wir – „der Preis" der Erlösung des Menschen aller Zeiten gewesen ist.

2. Und vor allem, wie kam es zu dem Tod Jesu von Nazaret? Wie ist die Tatsache zu erklären, daß er dem Tod überliefert wurde von den Vertretern seines Volkes, die ihn dem römischen „Statthalter" übergaben, dessen Name, von den Evangelien überliefert, auch im Glaubensbekenntnis steht? Zunächst versuchen wir, die Umstände zusammenzufas-

sen, die den Tod Jesu „menschlich" erklären. Der Evangelist Markus stellt in seiner Beschreibung des Prozesses Jesu vor Pontius Pilatus fest, daß er „aus Neid ausgeliefert" worden war und daß sich Pilatus dieser Tatsache bewußt war: „Er merkte ..., daß die Hohenpriester nur aus Neid Jesus an ihn ausgeliefert hatten" (*Mk* 15,10). Fragen wir uns: Warum dieser Neid? Seine Wurzeln können wir finden in dem verborgenen Haß nicht nur gegenüber dem, was Jesus lehrte, sondern auch gegenüber der Weise, in der er es tat. Wenn er, wie Markus sagt, lehrte „wie einer, der (göttliche) Vollmacht hat, nicht wie die Schriftgelehrten" (*Mk* 1,22), so mußte dieser Umstand ihn vor den Augen der letzteren als eine „Bedrohung" für ihr eigenes Ansehen erscheinen lassen.

3. Wir wissen in der Tat, daß bereits der Beginn des Lehrens Jesu in seinem Heimatort zu einem Konflikt führt. Denn der dreißigjährige Nazoräer weist, als er in der Synagoge das Wort ergreift, auf sich selbst als denjenigen hin, in dem sich die von Jesaja ausgesprochene Verheißung des Messias erfüllt. Das ruft unter den Zuhörern Staunen und dann Empörung vor, so daß sie ihn vom Berg hinabstürzen wollten, „auf dem ihre Stadt erbaut war ... Er aber schritt mitten durch die Menge hindurch und ging weg" (*Lk* 4,29–30).

4. Dieser Vorfall ist nur der Anfang: er ist das erste Zeichen der späteren Feindseligkeiten. Wir erinnern an die hauptsächlichen. Als Jesus zu verstehen gibt, daß er die Vollmacht hat, Sünden zu vergeben, sehen die Schriftgelehrten darin eine Gotteslästerung, denn nur Gott hat eine solche Vollmacht (vgl. *Mk* 2,6). Als er am Sabbat heilt und versichert, daß „der Mensch Herr über den Sabbat" ist (*Mt* 12,8), ist die Reaktion die gleiche wie die zuvor genannte. Und schon damals taucht die Absicht auf, Jesus zu töten (vgl. *Mk* 3,6): „Darum waren die Juden ... darauf aus, ihn zu töten, weil er nicht nur den Sabbat brach, sondern auch Gott seinen Vater nannte und sich damit Gott gleichstellte" (*Joh* 5,18). Was anderes konnten die Worte bedeuten: „Amen, amen, ich sage euch: Noch ehe Abraham wurde, bin ich"! (*Joh* 8,58). Die Zuhörer wußten, was diese Bezeichnung „Ich bin" bedeutete. Deshalb läuft Jesus wieder Gefahr, gesteinigt zu werden. Diesmal aber „verbarg sich Jesus und verließ den Tempel" (*Joh* 8,59).

5. Das Ereignis, das die Situation endgültig verschlechterte und zur Entscheidung führte, Jesus umzubringen, war die Auferweckung des Lazarus in Betanien. Das Johannesevangelium berichtet uns, daß in der nachfolgenden Versammlung des Hohen Rates festgestellt wurde: „Dieser Mensch tut viele Zeichen. Wenn wir ihn gewähren lassen, werden alle an ihn glauben. Dann werden die Römer kommen und uns die heilige Stätte und das Volk nehmen." Angesichts dieser Voraussagen und dieser Befürchtungen sprach sich der Hohepriester Kajaphas für das Urteil aus, „daß es besser ... ist, wenn ein einziger Mensch für das Volk stirbt, als wenn das ganze Volk zugrunde geht" (*Joh* 11,47–50). Der Evangelist fügt hinzu: „Das sagte er nicht aus sich selbst, sondern weil er der Hohepriester jenes Jahres war, sagte er aus prophetischer Eingebung, daß Jesus für das Volk sterben werde. Aber er sollte nicht nur für das Volk sterben, sondern auch, um die versprengten Kinder Gottes wieder zu sammeln." Und er schließt: „Von diesem Tag an waren sie entschlossen, ihn zu töten" (*Joh* 11,51–53).

Johannes zeigt uns auf diese Weise einen zweifachen Aspekt der Stellungnahme des Kajaphas. Vom menschlichen, genauer gesagt opportunistischen Standpunkt aus war sie der Versuch, die Entscheidung zu rechtfertigen, einen scheinbar politisch gefährlichen Mann auszuschalten, ohne sich darum zu kümmern, ob er schuldig war oder nicht. Von einem höheren Standpunkt, einer besonderen und vom Evangelisten genannten Tatsache aus hatten die Worte des Kajaphas, unabhängig von seinen Absichten, einen echt prophetischen Inhalt in bezug auf das Geheimnis des Todes Christi nach dem Heilsplan Gottes.

6. Betrachten wir nun den menschlichen Ablauf der Ereignisse. Bei jener Versammlung des Hohen Rates wurde die Entscheidung gefällt, Jesus von Nazaret zu töten. Gelegenheit dazu bot seine Anwesenheit in Jerusalem während des Paschafestes. Judas, einer der Zwölf, verriet Jesus für dreißig Silberlinge, indem er den Ort zeigte, wo man ihn gefangennehmen konnte. Nach der Festnahme wurde Jesus vor den Hohen Rat geführt. Auf die entscheidende Frage des Hohenpriesters: „Ich beschwöre dich bei dem lebendigen Gott, sag uns: Bist du der Messias, der Sohn Gottes?“ gab Jesus die schwerwiegende Antwort: „Du hast es gesagt“ (*Mt* 26,63–64; vgl. *Mk* 14,62; *Lk* 22,70). In dieser Erklärung sah der Hohe Rat eine klare Gotteslästerung und fällte das Urteil: „Er ist schuldig und muß sterben“ (*Mk* 14,64).

7. Der Hohe Rat konnte jedoch das Urteil nicht ohne Erlaubnis des römischen Statthalters vollstrecken. Pilatus ist persönlich davon überzeugt, daß Jesus unschuldig ist, und er gibt dies mehrmals zu verstehen. Nachdem er dem Druck des Hohen Rates unsicheren Widerstand geleistet hatte, gibt er aus Furcht, das Mißfallen des Kaisers zu erregen, nach, um so mehr, als auch die Menge, die von den Befürwortern der Tötung Jesu aufgewiegelt worden war, jetzt die Kreuzigung fordert. „Kreuzige ihn!“ Und so wird Jesus zum Tod am Kreuz verurteilt.

8. Geschichtlich verantwortlich für diesen Tod sind die von den Evangelien wenigstens zum Teil namentlich genannten Männer. Das erklärt Jesus selbst, als er während des Prozesses zu Pilatus sagt: „Die größere Schuld liegt bei dem, der mich dir ausgeliefert hat“ (*Joh* 19,11). Und an anderer Stelle: „Der Menschensohn muß zwar seinen Weg gehen, wie die Schrift über ihn sagt. Doch weh dem Menschen, durch den der Menschensohn verraten wird. Für ihn wäre es besser, wenn er nie geboren wäre“ (*Mk* 14,21; *Mt* 26,24; *Lk* 22,22). Jesus spielt auf die verschiedenen Personen an, die in verschiedener Weise seinen Tod verursachen: auf Judas, die Vertreter des Hohen Rates, Pilatus, die anderen ... Auch Simon Petrus hält den Obersten des Hohen Rates die Tötung Jesu vor: „Ihr habt ihn durch die Hand von Gesetzlosen ans Kreuz geschlagen und umgebracht“ (*Apg* 2,23).

9. Dennoch kann man diese Beschuldigung nicht über den Kreis der wirklich verantwortlichen Personen hinaus ausweiten. Wir lesen in einem Dokument des Zweiten Vatikanischen Konzils: „Obgleich die jüdischen Obrigkeiten mit ihren Anhängern auf den Tod Christi gedrungen haben, kann man dennoch die Ereignisse seines Leidens weder allen damals lebenden Juden ohne Unterschied noch den heutigen Juden zur Last legen“ (*Nostra aetate*, Nr. 4).

Wenn es dann darum geht, die Gewissensverantwortung zu bewerten, kann man die Worte Christi am Kreuz nicht vergessen: „Vater, vergib ihnen, denn sie wissen nicht, was sie tun" (*Lk* 23,34).

Wir finden den Widerhall dieser Worte in einer anderen von Petrus nach dem Pfingsttag gehaltenen Rede: „Nun, Brüder, ich weiß, ihr habt aus Unwissenheit gehandelt, ebenso wie eure Führer" (*Apg* 3,17). Welch ein Sinn der Zurückhaltung vor dem Geheimnis des menschlichen Gewissens, auch im Fall des schwersten, in der Geschichte begangenen Verbrechens, der Tötung des Christus!

10. Nach dem Beispiel Jesu und des Petrus betrachten auch wir – obgleich es schwierig ist, die Verantwortung der Männer zu leugnen, die willentlich den Tod Christi herbeigeführt haben – die Dinge im Licht des ewigen Planes Gottes, der von seinem geliebten Sohn die Selbsthingabe als Opfer für die Sünden aller Menschen forderte. In dieser höheren Sichtweise werden wir uns dessen bewußt, daß wir alle durch unsere Sünden für den Tod Christi am Kreuz verantwortlich sind: wir alle in dem Maß, in dem wir durch die Sünde dazu beigetragen haben, dahin zu wirken, daß Christus für uns als Sühnopfer gestorben ist. Auch in diesem Sinn sind die Worte Jesu zu verstehen: „Der Menschensohn wird den Menschen ausgeliefert werden, und sie werden ihn töten; aber am dritten Tag wird er auferstehen" (*Mt* 17,22).

11. Das Kreuz Christi ist deshalb für alle ein realistischer Hinweis auf die Tatsache, die der Apostel Johannes mit den Worten ausdrückt: „Das Blut seines Sohnes Jesus reinigt uns von aller Sünde. Wenn wir sagen, daß wir keine Sünde haben, führen wir uns selbst in die Irre, und die Wahrheit ist nicht in uns" (*1 Joh* 1,7–8). Das Kreuz Christi hört nicht auf, für jeden von uns diese erbarmende und zugleich ernste Aufforderung zu sein, die eigene Schuld zu erkennen und zu bekennen. Es ist der Ruf, in der Wahrheit zu leben.

In deutscher Sprache sagte der Papst:

Liebe Brüder und Schwestern!

Jesus Christus ist der Mittelpunkt unseres Glaubens. Durch seinen Tod am Kreuz hat er die Welt erlöst. Diese Glaubensüberzeugung gründet auf der geschichtlichen Tatsache seiner Kreuzigung. Wie aber kam es, rein menschlich gesehen, eigentlich dazu, daß Jesus von den Juden gekreuzigt wurde? Markus berichtet uns, daß die Hohenpriester „nur aus Neid" Jesus ausgeliefert haben (*Mk* 15,10). Die Hohenpriester und Pharisäer nahmen Anstoß nicht nur am Inhalt, sondern auch an der Art und Weise seiner Lehre, „denn er lehrte sie wie einer, der Vollmacht hat, nicht wie die Schriftgelehrten" (*Mk* 1,22). Schon am Beginn seines öffentlichen Wirkens lehnten die Juden von Nazaret ihn ab, weil er die Prophezeiungen über den kommenden Messias auf sich bezog (vgl. *Lk* 4,29–30). Als Jesus sich später die Vollmacht zuschreibt, Sünden zu vergeben, empfinden die Pharisäer dies als eine Gotteslästerung. Schließlich suchen sie ihn ganz offen zu töten, als er Lazarus von den Toten auferweckt hat (vgl. *Joh* 11,47–50) und sich vor Pilatus als Sohn Gottes bekennt (vgl. *Mt* 26,63–64). Obwohl Pilatus Christus persönlich für unschuldig hält, gibt er am Ende dem Drängen der Juden nach und verurteilt Jesus zum Tod am Kreuz.

Unmittelbar schuldig am Tode Jesu sind die im Evangelium genannten Personen, die ihn ausgeliefert und verurteilt haben. Es gibt, wie das II. Vatikanische Konzil erneut betont hat, keine Kollektivschuld des ganzen jüdischen Volkes am Tode Jesu (*Nostra aetate*, Nr. 4). Und unser Glaube sagt uns, daß letztlich wir alle mitschuldig sind durch unsere persönlichen Sünden, daß der Sohn Gottes gekreuzigt worden ist. Denn Christus ist nicht nur für uns alle und um unseres Heiles willen vom Himmel herabgestiegen, sondern ist auch für uns alle, zu unserer Erlösung, am Kreuz gestorben. Christus wurde durch seinen Tod am Kreuz der Erlöser der ganzen Menschheit.

Indem ich, liebe Brüder und Schwestern, euch diese tröstliche Glaubenswahrheit erneut in Erinnerung rufe und eurer Betrachtung empfehle, grüße ich euch alle sehr herzlich zu der heutigen Audienz: alle genannten und ungenannten Gruppen, die Familien, die Priester und Ordensleute.

Mit besonderer Freude grüße ich alle Teilnehmer an der diesjährigen Pilgerfahrt „Rom im Rollstuhl" aus der Schweiz. Den Veranstaltern bekunde ich meine Anerkennung und meinen Dank für diese lobenswerte Initiative christlicher Nächstenliebe, die sich schon seit mehreren Jahren jährlich wiederholt. Die Kranken und Behinderten ermutige ich in ihrer Treue zu Christus und der Kirche, in der sie gerade in ihrem Leid Trost und Geborgenheit finden. Gott segne und behüte euch und alle, die euch hilfsbereit zur Seite stehen!

Einen herzlichen Willkommensgruß richte ich sodann an die Pilgergruppe des Katholischen Siedlungsdienstes, die aus allen deutschen Diözesen unter der Leitung von Bischof Hermann Josef Spital und Weihbischof Wilhelm Wöste nach Rom gekommen ist. Die kirchlichen Siedlungswerke haben in den vergangenen Jahrzehnten vielen Menschen ein würdiges Zuhause und familiengerechtes Heim gegeben. Für diesen anerkennenswerten Dienst an der Familie, der zugleich ein Dienst am Leben und für die Kirche ist, möchte ich Ihnen aufrichtig danken. Ebenso ermutige ich Ihre Verbände auch, die Leistungen für die Weltwohnungshilfe verstärkt fortzusetzen. Ich wünsche Ihren Bemühungen Erfolg und erteile Ihnen und allen hier anwesenden Pilgern deutscher Sprache für Gottes Beistand von Herzen meinen besonderen Apostolischen Segen.

Rosenkranz: Zwiegespräch mit Maria

Angelus am 2. Oktober

1. Im Monat Oktober, in dem das Rosenkranzfest gefeiert wird, fordert die Kirche uns auf, in unserem Herzen die Liebe zum marianischen Rosenkranz neu zu beleben.

Ich möchte über diese Gebetsübung sprechen, die im Herzen des christlichen Volkes so tief verwurzelt ist und von meinen Vorgängern so sehr empfohlen wurde; sie haben die Verbreitung dieses Gebetes gefördert, indem sie seine theologischen und geistlichen Aspekte als Lob- und Bittgebet erläuterten.

Papst Leo XIII. schrieb in seiner Enzyklika *Octobri mense*: „Wenn die Gläubigen in gebührender Ordnung diese hohen Geheimnisse betrachten und erwägen, erhalten sie eine

wunderbare Hilfe, sei es durch die Festigung ihres Glaubens, sei es durch die Erhebung und Stärkung der Kraft ihres Geistes."
Den Rosenkranz beten heißt, sich in die Schule von Maria zu begeben und von ihr, der Mutter und Jüngerin des Christus, zu lernen, wie die Anforderungen des christlichen Glaubens in Tiefe und Fülle zu leben sind.
Sie war die erste Glaubende, und im Leben der Kirche war sie im Abendmahlssaal Mittelpunkt der Einheit und der Liebe unter den ersten Jüngern ihres Sohnes.

2. Beim Rosenkranzgebet handelt es sich nicht darum, Formeln zu wiederholen, sondern vielmehr darum, ein vertrauliches Zwiegespräch mit Maria anzuknüpfen, mit ihr zu reden, ihr die Hoffnungen zu bezeugen, die Sorgen anzuvertrauen, ihr gegenüber das Herz öffnen, ihr die eigene Bereitschaft zur Annahme der Pläne Gottes zu erklären und ihr Treue in allen – besonders in schwierigen und schmerzlichen – Situationen zu versprechen, ihrer Hilfe gewiß und davon überzeugt, daß sie von ihrem Sohn alle zu unserem Heil notwendigen Gnaden für uns erlangt.
Beim Rosenkranzgebet betrachten wir Christus in einem bevorzugten Blickfeld, das heißt in dem von Maria, seiner Mutter, selbst; wir betrachten die Geheimnisse des Lebens, des Leidens und der Auferstehung des Herrn mit den Augen und dem Herzen derer, die ihrem Sohn am nächsten war.
Beten wir mit Ausdauer den Rosenkranz in den kirchlichen Gemeinschaften und in unseren Familien. Er wird im Zug der wiederholten Anrufungen die Herzen einen, den Zusammenhalt neu beleben, unsere Hoffnung stärken und uns allen den Frieden und die Freude des Christus schenken, der für uns geboren, gestorben und auferstanden ist.

Christus und sein Heilsauftrag

Ansprache bei der Generalaudienz am 5. Oktober

1. „Er wurde für uns gekreuzigt unter Pontius Pilatus, hat gelitten und ist begraben worden." In der voraufgegangenen Katechese haben wir unter Bezugnahme auf diese Worte des Glaubensbekenntnisses den Tod Christi als ein Geschehen betrachtet, das eine eigene geschichtliche Dimension hat und sich auch im Licht der geschichtlichen Gegebenheiten erklären läßt, unter denen es sich ereignete. Das Glaubensbekenntnis gibt uns auch dazu Hinweise und stimmt den Evangelien zu, in denen ausführlichere Angaben zu finden sind. Das Glaubensbekenntnis betont auch die Tatsache, daß der Tod Christi am Kreuz als Opfertod für die Sünden erfolgte und deshalb zum „Preis" der Erlösung des Menschen geworden ist: „Er wurde für uns gekreuzigt", „für uns Menschen und zu unserem Heil." Spontan fragt man sich, ob Jesus sich dieser Zielsetzung seiner Sendung bewußt war: Wann und wie hat er die Berufung verspürt, sich zum Opfer für die Sünden der Welt hinzugeben?
Hierzu ist vorauszuschicken, daß es nicht leicht ist, in die geschichtliche Entwicklung des Bewußtseins Jesu einzudringen. Das Evangelium weist auf sie hin (vgl. *Lk* 2,52), ohne jedoch genaue Angaben zur Bestimmung ihrer einzelnen Phasen zu bieten.

Viele Texte der Evangelien, die in den vorangegangenen Katechesen zitiert wurden, bestätigen dieses nunmehr klare Bewußtsein, das Jesus in bezug auf seine Sendung hatte: ein so lebendiges Bewußtsein, daß er stark und sogar heftig gegenüber dem reagierte, der – sei es nur aus Zuneigung zu ihm – versuchte, ihn von seinem Weg abzubringen, wie es mit Petrus geschah, dem Jesus ohne Zögern sein „Weg mit dir, Satan!" (*Mk* 8,33) entgegenschleuderte.

2. Jesus weiß, daß er eine „Taufe" durch Blut erleiden muß (vgl. *Lk* 12,50), noch bevor er sieht, daß seine Lehre und sein Verhalten auf Widerstand stoßen und die Gegnerschaft der Kreise seines Volkes hervorrufen, die die Macht haben, über sein Schicksal zu entscheiden. Er ist sich dessen bewußt, daß über seinem Haupt eine Verpflichtung schwebt entsprechend dem ewigen Plan des Vaters (vgl. *Mk* 8,31), lange bevor die geschichtlichen Gegebenheiten zur Erfüllung dessen führen, was vorausbestimmt war. Zweifellos sieht Jesus für einige Zeit davon ab, seinen Tod anzukündigen, obwohl er sich von Anfang an dessen bewußt ist, der Messias zu sein, wie sein erstes Auftreten in der Synagoge von Nazaret beweist (vgl. *Lk* 4,16–21). Er weiß, daß der Urgrund der Menschwerdung und die Zielsetzung seines Lebens die sind, die im ewigen Plan Gottes in bezug auf das Heil erdacht wurden. „Der Menschensohn ist nicht gekommen, um sich dienen zu lassen, sondern um zu dienen und sein Leben hinzugeben als Lösegeld für viele" (*Mk* 10,45).

3. In den Evangelien können wir viele andere Beweise finden für das Bewußtsein, das Jesus in bezug auf sein zukünftiges, vom göttlichen Heilsplan abhängendes Geschick hatte. Schon die Antwort des zwölfjährigen Jesus bei der Wiederauffindung im Tempel ist in gewisser Weise ein erster Ausdruck dieses seines Bewußtseins. Indem er Maria und Josef erklärt, daß er „in dem sein muß, was seinem Vater gehört" (vgl. *Lk* 2,49), gibt Jesus zu verstehen, daß er innerlich auf die zukünftigen Ereignisse hin ausgerichtet ist, während er, obwohl erst zwölf Jahre alt, die ihm am nächsten stehenden Personen, besonders seine Mutter, auf die Zukunft vorbereiten will.
Als der Zeitpunkt zum Beginn seiner messianischen Tätigkeit gekommen ist, befindet sich Jesus in der Reihe derer, die die Bußtaufe von Johannes dem Täufer am Jordan empfangen. Er will, trotz der Einwände des Täufers, zu verstehen geben, daß er sich dazu gesandt fühlt, mit den Sündern „solidarisch" zu werden und die Sündenlast der Menschheit auf sich zu nehmen, wie es im übrigen in den Worten heißt, mit denen Johannes ihn vorstellt: „Seht, das Lamm Gottes, das die Sünde der Welt hinwegnimmt" (*Joh* 1,29). In diesen Worten findet sich der Widerhall und in gewisser Weise die Zusammenfassung dessen, was bereits Jesaja über den Gottesknecht vorhergesagt hatte: „Er wurde durchbohrt wegen unserer Verbrechen, wegen unserer Sünden zermalmt ... Der Herr lud auf ihn die Schuld von uns allen ... Wie ein Lamm, das man zum Schlachten führt, ... (macht) mein Knecht, der gerechte, die vielen gerecht; er lädt ihre Schuld auf sich" (*Jes* 53,5–7.11). Ohne Zweifel herrschte Übereinstimmung zwischen dem messianischen Bewußtsein Jesu und den Worten Johannes des Täufers, die die Vorhersage und die Erwartung des Alten Testamentes zum Ausdruck brachten.

4. In der Folge stellen die Evangelien uns andere Augenblicke und andere Worte vor, aus denen die Ausrichtung des Bewußtseins Jesu auf seinen Opfertod hervorgeht.
Man denke an das Gleichnis von den Freunden des Bräutigams, seinen Jüngern, die nicht „fasten" sollen, solange der Bräutigam bei ihnen ist: „Es werden aber Tage kommen – sagt Jesus –, da wird ihnen der Bräutigam genommen sein; an jenem Tag werden sie fasten" (*Mk* 2,20). Das ist eine bedeutsame Anspielung, die durchblicken läßt, daß Christus sich seiner bewußt war.
Aus den Evangelien geht weiter hervor, daß Jesus nie irgendein Denken oder Reden akzeptierte, das die Hoffnung auf den irdischen Erfolg seines Werkes hätte durchblicken lassen. Die göttlichen „Zeichen", die er anbot, die Wunder, die er wirkte, konnten ein günstiges Terrain für eine solche Erwartung schaffen. Aber Jesus zögerte nicht, jede Absicht zu widerlegen und jede diesbezügliche Illusion zu zerstreuen, weil er wußte, daß seine messianische Sendung sich nicht anders als durch den Opfertod erfüllen konnte.

5. Mit seinen Jüngern verfolgte Jesus die Methode einer angemessenen „Pädagogik". Das sieht man in besonders klarer Weise in dem Augenblick, in dem die Apostel zu der Überzeugung gelangt zu sein schienen, daß Jesus der wahre Messias (der „Christus") ist; einer Überzeugung, die Ausdruck fand in den Worten des Simon Petrus: „Du bist der Messias, der Sohn des lebendigen Gottes!" (*Mt* 16,16), die man als Höhepunkt des Reifungsprozesses der Zwölf betrachten konnte, den sie durch ihre nunmehr bemerkenswerte Erfahrung in der Nachfolge Jesu durchgemacht hatten. Und gerade hier, nach diesem Bekenntnis, das bei Cäsarea Philippi erfolgt war, spricht Christus zum ersten Mal von seinem Leiden und Sterben: „Dann begann er, sie darüber zu belehren, der Menschensohn müsse vieles erleiden und von den Ältesten, den Hohenpriestern und den Schriftgelehrten verworfen werden; er werde getötet, aber nach drei Tagen werde er auferstehen" (*Mk* 8,31; vgl. auch *Mt* 16,21; *Lk* 9,22).

6. Auch den strengen, an Petrus gerichteten Verweis, der das, was er gehört hatte, nicht annehmen wollte („Herr! Das darf nicht mit dir geschehen": *Mt* 16,22), beweisen, wie sehr das Bewußtsein Jesu sich mit der Gewißheit des zukünftigen Opfertodes identifiziert hatte. Messias sein hieß für ihn, „sein Leben hinzugeben als Lösegeld für viele" (*Mk* 10,45). Jesus wußte von Anfang an, daß das der endgültige Sinn seiner Sendung und seines Lebens war. Deshalb lehnte er alles ab, was eine Verneinung dieses Heilsziels sein oder als solche erscheinen konnte. Man merkt dies schon in der Stunde der Versuchung, als Jesus den Versucher zurückweist, der ihn ablenken will auf das Streben nach irdischen Erfolgen (vgl. *Mt* 4,5–10; *Lk* 4,5–12).

7. Wir müssen aber auch bemerken, daß in den wiedergegebenen Texten, wenn Jesus sein Leiden und Sterben ankündigt, er Wert darauf legt, ebenfalls von der Auferstehung zu sprechen, die „am dritten Tag" geschehen wird. Das ist ein Zusatz, der die wesentliche Bedeutung des messianischen Opfertodes am Kreuz in keinster Weise schmälert, sondern dessen heil- und lebenspendenden Wert noch hervorhebt. Und wir sagen schon jetzt, daß das zum tiefsten Wesen der Sendung Christi gehört: Der Erlöser der Welt ist

derjenige, in dem das „Passah“ sich erfüllen muß, das heißt der Übergang des Menschen zu einem neuen Leben in Gott.

8. In demselben Geist formt Jesus seine Apostel und zeichnet die Perspektive, in der sich seine zukünftige Kirche bewegen soll. Die Apostel, ihre Nachfolger und alle Jünger Christi werden auf den Spuren des gekreuzigten Herrn den Kreuzweg gehen müssen: „Man wird euch um meinetwillen vor die Gerichte bringen, in den Synagogen mißhandeln und vor Statthalter und Könige stellen, damit ihr vor ihnen Zeugnis ablegt“ (*Mk* 13,9). „Dann wird man euch in große Not bringen und euch töten, und ihr werdet von allen Völkern um meines Namens gehaßt“ (*Mt* 24,9). Aber sowohl den Aposteln als auch den künftigen Jüngern, die am heilbringenden Leiden und Sterben ihres Herrn teilhaben werden, kündigt Jesus auch an: „Amen, amen, ich sage euch: ... ihr werdet bekümmert sein, aber euer Kummer wird sich in Freude verwandeln“ (*Joh* 16,20). Sowohl die Apostel wie auch die Kirche sind zu allen Zeiten dazu berufen, am Ostergeheimnis Christi in seiner ganzen Fülle teilzuhaben. In diesem Geheimnis erwächst aus dem Leiden und dem „Kummer“ desjenigen, der am Kreuzesopfer teilhat, die „Freude“ des neuen Lebens in Gott.

In deutscher Sprache sagte der Papst:

Liebe Brüder und Schwestern!

Im feierlichen Glaubensbekenntnis, das wir in jeder Sonntagsmesse gemeinsam sprechen oder singen, heißt es von Jesus Christus: „Für uns Menschen und zu unserem Heil ist er vom Himmel gekommen ... Er wurde für uns gekreuzigt unter Pontius Pilatus.“ Jesu Leben und Sterben diente unserer Erlösung, der Begleichung unserer Schulden gegenüber der Liebe unseres Schöpfers und Herrn.

Wir dürfen fragen: War sich Jesus dieser Sinngebung seines Lebens bewußt? Gewiß: die Evangelien sagen uns nicht viel über eine Entwicklung oder verschiedene Stufen eines solchen Bewußtseins; aber über die Tatsache selbst, daß Christus seinen Kreuzweg ganz bewußt „für uns“ gegangen ist, kann nach dem vielfältigen Zeugnis der Heiligen Schrift kein Zweifel bestehen.

So überliefert uns der Evangelist Markus das Wort Jesu: „Der Menschensohn ist nicht gekommen, um sich bedienen zu lassen, sondern um zu dienen und sein Leben hinzugeben als Lösegeld für viele“ (*Mk* 10,45). So stellt er sich schon gleich zu Beginn seiner öffentlichen Tätigkeit in die Reihe derer, die von Johannes dem Täufer die Bußtaufe empfangen wollten. Jesus selbst ist sich zwar keiner Schuld bewußt; aber er will mittragen am schweren Joch der Sündenschuld seiner Mitmenschen und ihnen den Weg zur Heilung und zum wahren Leben weisen. Der Täufer hat dies erkannt, als er ausruft: „Seht, das Lamm Gottes, das die Sünde der Welt hinwegnimmt.“

Daß die messianische Sendung Christi nur durch sein Lebensopfer zu ihrem gottgewollten Erfolg führen werde, kann man auch daraus erkennen, daß er von sich aus keine Hoffnung auf einen bereits innerweltlichen Erfolg seines Wirkens aufkommen läßt. Seine Krone wird nicht die eines Königs dieser Welt sein, sondern eine Dornenkrone. Doch vertraut er fest darauf, daß sein Leiden und Sterben zu einem neuen, unzerstörbaren Leben in Gott führen werde. In seiner Auferstehung von den Toten sieht er das letzte, ent-

scheidende Wort Gottes zu seinem irdischen Leben als „Menschensohn“ und „Gottesknecht“.
Auch das Leben der Kirche Christi auf dieser Erde und das Leben der Christen in dieser Zeit folgt dem Grundgesetz ihres Herrn und Meisters: durch Leiden und Mitleiden, durch Schmerz und Opfer zum Geschenk der Auferstehung und des Lebens. Diese Einsicht kann uns vor Stolz und Verwegenheit bewahren, wenn es uns gut geht; sie vermag uns Kraft und Zuversicht zu schenken, wenn Leiden und Lasten uns bedrücken. So müßte der Christ der wahre Realist sein zwischen allzu optimistischer Illusion und pessimistischer Verzweiflung.
Mit dieser kurzen Erinnerung an das Lebensgesetz Christi und seiner Kirche verbinde ich meinen herzlichen Gruß an alle Besucher deutscher Sprache. Besonders erwähnen möchte ich heute die Wallfahrt alter und behinderter Priester und Ordensschwestern, die der Schweizerische Hospitaldienst des Malteserritterordens durchführt. Ich freue mich mit euch, daß christliche Solidarität es möglich macht, daß ihr die heiligen Stätten Roms besucht und hier in eurer Lebenshoffnung bestärkt werdet.
Ein frohes Willkommen gilt dann auch dem großen Pilgerzug der Diözese Hildesheim mit ihrem Weihbischof Msgr. Machens. Es ist gewiß sinnvoll, daß die notwendige Begegnung der Ortskirchen untereinander nicht nur auf der Ebene der jeweiligen Oberhirten stattfindet, sondern eben auch auf der Ebene der einzelnen Christen in Familie und Pfarrei, wobei junge und alte und auch behinderte Menschen immer eingeschlossen sein sollen.
Ebenso herzlich grüße ich schließlich den Kinderchor mit seinen Begleitern aus der Pfarrei Dinklage in Oldenburg. Im Namen aller Anwesenden darf ich euch unseren besten Dank aussprechen für euer gekonntes Singen und Musizieren zur Ehre Gottes und zu unser aller Freude. Bewahrt euch auch als Erwachsene eure frohe Bereitschaft, das Leben eurer Pfarrei, vor allem auch die Liturgie, mitzugestalten.
Euch allen aber erbitte ich den mächtigen Schutz Gottes über euren Wegen und segne euch in der Verbundenheit der Liebe Christi.

Mutig der Entchristlichung entgegenwirken

Ansprache bei der Generalaudienz am 12. Oktober

1. Nach Abschluß meiner apostolischen Reise in die französische Region Elsaß-Lothringen, die gestern abend beendet wurde, möchte ich in dieser Generalaudienz mit euch die Hauptetappen meiner vierten Frankreichreise durchlaufen, die den europäischen Institutionen in der elsässischen Hauptstadt und den Diözesen Straßburg, Metz und Nancy gewidmet war.
Ich danke vor allem dem Herrn, der in seiner liebevollen Vorsehung mir erlaubt hat, wieder die französische Nation zu besuchen und auf meiner Pastoralreise den kirchlichen Gemeinschaften von Elsaß und Lothringen zu begegnen, die, weil Grenzgebiete, Schauplatz so vieler geschichtlicher Wechselfälle waren und eine besondere Berufung für die

Begegnung der europäischen Völker und die politische und geistige Einheit des Kontinents haben.
Von Herzen danke ich auch all denen, die den Verlauf meines Besuches organisiert und ermöglicht haben: an erster Stelle dem Präsidenten der Republik, François Mitterrand, der mich in Straßburg empfing und mit dem ich eine lange Privatbegegnung hatte; herzlich danke ich Premierminister Rocard, dem Präsidenten des Europarats, Louis Jung, und dem Generalsekretär Marcelino Oreja, dem Präsidenten Lord Plumb und den einzelnen Mitgliedern des Europäischen Parlaments. Überall war der Empfang herzlich und freundlich und brachte die edlen Gefühle derer zum Ausdruck, denen ich begegnete.
In besonderer Weise gilt mein Dank den Bischöfen der besuchten Diözesen und allen kirchlichen und staatlichen Obrigkeiten, die eifrig um das gute Gelingen der Pilgerfahrt bemüht waren. Schließlich danke ich voll tiefer Bewegung allen Franzosen, die mit mir gebetet und mich mit großer Herzlichkeit angehört haben.

2. Der besondere Beweggrund, der den Besuch nahelegte, war die Zweitausend-Jahrfeier der Gründung von Straßburg, einer wirklich geschichtsreichen Stadt, die durch die Römer vor der christlichen Zeitrechnung mit einer Reihe von Soldatenlagern am Rhein ihren Anfang nahm, unter ihnen die Siedlung Argentoratum, wo die heutige Altstadt liegt. Zu Beginn des 4. Jahrhunderts folgten auf die römische Besatzung Niederlassungen der germanischen Stämme. Die Alemannen setzten sich im Elsaß fest. Auf diese Zeit gehen die ersten Spuren des Christentums zurück. Straßburg ist wegen seines herrlichen gotischen Münsters, das im 12. Jahrhundert erbaut wurde, berühmt und wegen der herausragenden Gestalten von Albertus Magnus und der rheinischen Mystiker Meister Eckehart und Tauler. Dramatische und schmerzliche Ereignisse spielten sich in Straßburg während der Reformation ab. Groß waren auch die Leiden der Bevölkerung während des Krieges von 1870 und im ersten und zweiten Weltkrieg. Nach dem Ende des letzten, schrecklichen Konfliktes nahm Straßburg wieder das Bild von früher an. Gerade auf diese historische Stadt – den Sitz des Europarates und einen der Sitze der Europäischen Wirtschaftsgemeinschaft –, die von mir zum Erzbistum erhoben wurde, konzentrierten sich die Hauptmomente meines Besuches.

3. Zunächst fanden am vergangenen Samstag, am 8. Oktober, die Begegnung mit den Mitgliedern der parlamentarischen Versammlung des Europarates, der zur Zeit 21 Nationen umfaßt, und danach das Treffen mit dem Gerichtshof und der Kommission für die Menschenrechte statt. Gestern, am Dienstag, dem 11. Oktober, erfolgte die Begegnung mit den Mitgliedern des Europäischen Parlaments. Zahlreich waren die Zusammenkünfte mit den Gläubigen der Stadt. Ich erinnere an die Eucharistiefeiern im Liebfrauenmünster und im Stadion; an das Jugendtreffen am Samstagabend im Meinau-Stadion mit drei szenischen Darstellungen zu den Themen: „Schöpferisch tätig sein, lieben, träumen" und dem Nachdenken über die „Jugend-Charta"; an den Besuch des „Louis-Braille-Zentrums", wo Blinde und Taubstumme betreut werden; an die schöne Rheinfahrt und die Begegnung mit den Hafenarbeitern und Schiffern, die auch aus Deutschland und den Niederlanden gekommen waren und zu denen ich nicht nur über soziale Proble-

me, sondern auch über die Achtung sprach, die vom ökologischen Gesichtspunkt aus dem Fluß gebührt. Sehr bedeutsam waren auch die Begegnungen mit den evangelischen Brüdern in der St.-Thomaskirche und mit den Vertretern der jüdischen Gemeinde; dort betonte ich die Notwendigkeit, den Glauben zu vertiefen in seinem ganzen im Alten und Neuen Testament geoffenbarten Reichtum und die Zusammenarbeit zu verstärken für das gesellschaftliche und geistige Wohl der Völker. Auf dem Münsterplatz wurde dann die offizielle Feier der zweitausendjährigen Gründung der Stadt begangen. Bei dieser Gelegenheit habe ich an die staatlichen Obrigkeiten und die Bevölkerung appelliert, der Berufung Straßburgs als Kreuzpunkt Europas und Zeichen der Versöhnung treu zu bleiben.

4. Der Pastoralbesuch fand seine Fortsetzung in Metz, der alten lothringischen Stadt, mit einer eindrucksvollen Eucharistiefeier in der herrlichen gotischen Kathedrale. Dann sprach ich in Nancy zu den Mitgliedern der Diözesansynode und anschließend zu den Gläubigen bei einem Wortgottesdienst auf dem Carnot-Platz. Bei dieser Begegnung habe ich einem Gefängnisseelsorger eine Botschaft übergeben, die an alle Strafgefangenen des Landes gerichtet war. In der Wallfahrtskirche auf dem Odilienberg hatte ich die Freude, mit den Ordensmännern und -frauen zusammenzutreffen. Im Ill-Stadion von Mühlhausen fand dann die letzte Eucharistiefeier statt.
Das Hauptmerkmal dieser Begegnungen war die Verkündigung des Wortes Gottes und seine Anwendung auf die verschiedenen Aspekte des christlichen Lebens. Betont wurde die Notwendigkeit, dem christlichen Erbe, das in der europäischen Kultur so tief verwurzelt ist, treu zu bleiben, um nicht der überflutenden Entchristlichung zu erliegen, sondern immer mutig und voll Nächstenliebe den eigenen Glauben zu bezeugen. Ich habe versucht, das Wort Gottes reichlich auszustreuen als Hilfe für den Dienst der Bischöfe und Priester. Zusammen mit ihnen habe ich die seligste Jungfrau gebeten und ihr die Hoffnung anvertraut, der Samen möge dank ihrer Fürsprache gute Früchte bringen.

5. Wie ich schon sagte, war der besondere Zweck des Besuchs in Straßburg die Begegnung mit den europäischen Institutionen als Antwort auf die Einladung, die bereits vor geraumer Zeit an mich ergangen war. Bereits am 15. Mai 1985 hatte ich diese Behörden am Sitz in Luxemburg besucht. Danach, am 20. Mai, stattete ich der Europäischen Wirtschaftsgemeinschaft in Brüssel einen Besuch ab. Damals betonte ich die Notwendigkeit für Europa, nicht nur einen wirtschaftlichen und politischen, sondern auch und vor allem einen geistlichen und moralischen Zusammenhalt zu finden im Blick auf seine volle geographische Dimension, die vom Atlantik bis zum Ural, von der Nordsee bis zum Mittelmeer reicht.

6. Bei den drei Hauptbegegnungen in Straßburg richtete ich einen Alarmruf an alle hinsichtlich der Notwendigkeit, menschliche Werte zu bewahren, die in ernster Gefahr sind. Unter ihnen der Sinn für die Familie, „die auseinanderfällt und sich auflöst durch Überzeugungen, die die Liebe entwerten“; die Achtung vor den genetischen Entwicklungsprozessen, die immer mehr „unerlaubten Manipulationen“ ausgesetzt sind; die Verteidigung und der Schutz des Lebens und die Versuchung zur Euthanasie; die heute unumgängliche ökologische Frage; das Problem einer gesunden Erziehung der Jugend

und ihre Eingliederung in den Arbeitsprozeß in einem besonders schwierigen gesellschaftlichen Kontext. Indem ich die besten Wünsche für eine wirksamere Zusammenarbeit zum Ausdruck brachte, die mit den anderen Nationen, auch der Dritten Welt, aber insbesondere von Osteuropa bereits entworfen wurde, habe ich mich zum Sprachrohr der Sehnsucht von Millionen Männer und Frauen gemacht, „die wissen, daß sie durch eine gemeinsame Geschichte verbunden sind und ein Schicksal erhoffen, das gekennzeichnet ist durch Einheit und Solidarität nach dem Maß dieses Kontinents“.
Am Schluß der programmatischen Rede vor dem Europäischen Parlament habe ich das Interesse der Kirche bekräftigt und die Unterstützung zugunsten der Vervollständigung Europas, denn das Christentum ist das gemeinsame Erbe aller seiner Völker. Ich habe wiederum betont, daß der christliche Glaube das Grundelement der europäischen Identität ist, und ich habe Europa dazu aufgerufen, wieder ein Leuchtturm der weltweiten Zivilisation zu werden durch das Vertrauen in Gott, den Frieden unter den Menschen und die Achtung vor der Natur.

7. Wenn ich jetzt eine Rückschau halte auf diese apostolische Reise, die ich soeben in Mitteleuropa beendet habe, möchte ich, wie ich es dort getan habe, noch das wirklich brennende Problem der „zweiten Evangelisierung“ Europas unterstreichen, das heißt die Notwendigkeit, mutig und entschlossen der Entchristlichung entgegenzuwirken und die Gewissen im Licht des Evangeliums Christi neuzuformen, das das Herz der europäischen Zivilisation ist, wie ich bereits zu den europäischen Bischöfen sagte, die am VI. Symposion teilnahmen (11. Oktober 1985), und wie ich in dem Brief an die Vorsitzenden der europäischen Bischofskonferenzen schrieb (2. Januar 1986). Wir müssen uns alle darum bemühen, die Einheit in der Wahrheit aufzubauen, indem wir auf die Botschaft Christi hören und sie getreu leben.
Maria, die wir bitten, den Glauben ihrer Söhne und Töchter in ganz Europa zu stärken, stehe uns bei, führe und helfe uns.

In deutscher Sprache sagte der Papst:

Liebe Brüder und Schwestern!

Herzlich grüße ich euch und lade euch ein, bei der heutigen Audienz mit mir Freude und Dank über die gestern abgeschlossene Pastoralreise nach Frankreich zu teilen. Sie galt diesmal den Diözesen in Elsaß-Lothringen: Straßburg, Metz und Nancy – und besonders einigen wichtigen europäischen Institutionen. Aufrichtig danke ich allen, die zu ihrem guten Gelingen beigetragen haben: den staatlichen Autoritäten, den Bischöfen und allen, die mich mit ihrem Gebet begleitet haben.
Ein Anlaß für diesen weiteren Pastoralbesuch war die Feier des zweitausendjährigen Bestehens der Stadt Straßburg, deren Wurzeln bis in die Römerzeit zurückreichen. Schon früh hielt hier das Christentum seinen Einzug, das im folgenden das Bild und die Geschichte der Stadt maßgeblich mitgestaltet hat. Die herrliche gotische Kathedrale ist dafür noch heute ein eindrucksvoller Zeuge. Seit Jahrzehnten ist diese Stadt nun auch der Sitz wichtiger europäischer Institutionen. Ihnen galt dort meine besondere Aufmerksamkeit. Ich begegnete den Mitgliedern der Parlamentarischen Versammlung des Europara-

tes, der Kommission und dem Europäischen Gerichtshof für Menschenrechtsfragen sowie dem Europaparlament. Die Verantwortung für ein christliches Europa, für ein menschenwürdiges Zusammenleben der Völker, für die Wahrung der Menschenrechte und eines gesunden Lebensraumes, der Schutz des menschlichen Lebens in allen seinen Phasen sowie die Verteidigung und Förderung der Familie waren wichtige Themen meiner Ansprachen. Die Liturgiefeiern, die ökumenischen Begegnungen und das Zusammensein mit den Jugendlichen, mit zahlreichen Gästen aus den Nachbarländern werden mir ebenfalls in lebhafter Erinnerung bleiben.

Auch bei meinem Besuch der Diözesen Metz und Nancy war ein zentrales Anliegen das gemeinsame Gotteslob sowie eine vertiefte Glaubensunterweisung über die uns von Christus geoffenbarten Wahrheiten und die sich daraus ergebenden Forderungen für eine christliche Lebensgestaltung und ein überzeugendes Glaubenszeugnis in der Welt von heute. Der Geist christlicher Solidarität soll das Leben unter den Völkern Europas und ihre Verantwortung für die Länder der Dritten Welt beseelen und ihnen Richtung und Tatkraft verleihen. Die Kirche sieht sich selbst aufgefordert, hierzu durch eine intensive Neu-Evangelisierung der Menschen und Völker des europäischen Kontinents einen wichtigen Beitrag zu leisten.

Indem ich, liebe Brüder und Schwestern, dieses wichtige Anliegen auch eurem Gebet anempfehle, heiße ich euch alle noch einmal zu dieser Audienz sehr herzlich willkommen. Ich freue mich über eure so zahlreiche Teilnahme.

Unter den anwesenden Gruppen grüße ich in herzlicher Verbundenheit meine neuen Mitbrüder im Priesteramt aus dem Collegium Germanicum, die vor zwei Tagen hier in Rom die Priesterweihe empfangen haben. Zur hohen Gnade eurer Berufung beglückwünsche ich euch, eure lieben Eltern und Angehörigen sowie alle, die euch auf dem langen Weg der Ausbildung bis auf den heutigen Tag begleitet haben. Es ist eine fordernde, aber auch eine erfüllende und beglückende Aufgabe, Priester Jesu Christi sein zu dürfen. Geht als seine Boten zu den Menschen. Sie brauchen euch und warten auf euch, weil sie – bewußt oder unbewußt – nach Christus und seiner befreienden Botschaft Ausschau halten. Werdet in eurem priesterlichen Leben und Wirken seine frohen und begeisternden Zeugen! Dabei begleite ich euch mit meinem besonderen Gebet und Segen.

Einen herzlichen Glückwunsch sage ich auch der Gruppe von Priestern aus der Erzdiözese Köln, die den 35. Jahrestag ihrer Priesterweihe begehen. Euch gilt zugleich mein Dank für euer bisheriges treues Wirken in der priesterlichen Sendung Christi sowie auch meine Ermutigung und mein betendes Gedenken für weiteren opferbereiten Einsatz zum Aufbau des Reiches Gottes unter den Menschen. Gern schließe ich darin auch die Provinzobern der Missionare von der Heiligen Familie mit ein, die zur Zeit zum Kongregationsrat hier in Rom versammelt sind. Der Herr erleuchte und führe mit seinem Heiligen Geist eure Beratungen und Beschlüsse für eure Gemeinschaft!

Schließlich grüße ich noch mit besonderer Freude die Musikgruppe der Sinti und Roma aus der Bundesrepublik Deutschland. Ich danke euch für eure schönen musikalischen Darbietungen im Rahmen dieser Audienz. Durch euch grüße ich eure Familien und Stammesangehörigen in der Heimat und versichere euch der besonderen Solidarität und Fürsorge der Kirche in den vielfältigen Anforderungen und Prüfungen des Lebens.

Mit besten Wünschen für einen schönen und auch geistlich fruchtbaren Aufenthalt in der Ewigen Stadt erteile ich allen Pilgern und Besuchern deutscher Sprache von Herzen meinen Apostolischen Segen.

Maria unser Herz öffnen

Angelus am 16. Oktober

In diesen Tagen wurde des 30. Todestages meines verehrungswürdigen Vorgängers Papst Pius XII. gedacht. Obwohl sie zeitlich immer ferner rückt, bleibt seine Gestalt immer lebendig in den Herzen derer, die die Züge seiner liebenswerten Person und seines erleuchteten Lehramtes hinsichtlich Doktrin und Spiritualität kannten, von dem grundlegende Dokumente blieben.
Bei diesem Mariengebet möchte ich nur die große Bedeutung unterstreichen, die die Marienverehrung in seinem inneren Leben und seinem Pontifikat hatte. Schon auf seinem Primizbildchen – er feierte sein erstes heiliges Meßopfer in der Basilika Santa Maria Maggiore in Rom, vor dem Gnadenbild der „Salus Populi Romani" – hatte er voll demütiger Liebe geschrieben: „Erhabene Gottesmutter, vor deren Altar ich zum ersten Mal dem unsterblichen Gott das heilige Opfer dargebracht habe, du besitzt das Vorrecht, ‚Hilfe der Christen' genannt zu werden, steh mir bei!"
Nach seiner Erhebung zum universalen Hirten auf den Stuhl Petri weihte er die Welt dem Unbefleckten Herzen Mariens. Das bedeutsamste Ereignis seines Pontifikats ist die feierliche Verkündigung des Dogmas von der Aufnahme Marias mit Leib und Seele in den Himmel, das er auf diesem Platz am 1. November 1950 zur überaus großen Freude der Gläubigen proklamierte. Anläßlich der Jahrhundertfeier der Definition der Unbefleckten Empfängnis beraumte er das erste Marianische Jahr mit der Enzyklika *Fulgens corona* an, um die volkstümliche Marienverehrung zu stärken. Sozusagen als Siegel seines Pontifikats veröffentlichte er die Enzyklika *Ad caeli reginam*, mit der er auch die Einrichtung des liturgischen Festes Maria Königin ankündigte. In diesem wunderbaren Dokument rief er unter anderem dazu auf, „den Namen Marias, der süßer als Nektar, kostbarer als Edelstein ist, in höchsten Ehren zu halten" und „mit wachsamer und eifriger Sorge in den eigenen Sitten und in der eigenen Seele die großen Tugenden der himmlischen Königin und unserer geliebten Mutter nachzuahmen".
Nach dem Beispiel dieses großen Papstes, der sich von Maria als seiner geliebten Mutter führen ließ, öffnen auch wir ihr, die über jeden von uns und über die ganze Welt wacht, unser Herz. Sie lehre uns, das Böse zu überwinden, die Brüder zu lieben und von Jesus, „der gebenedeiten Frucht ihres Leibes", zu lernen. Jetzt begrüße ich die Passionisten, die aus allen Teilen Italiens und der Welt hier zur Seligsprechung der Mitbrüder Bernardo Maria Silvestrelli und Karl Houben zusammengekommen sind. Ihr Beispiel, meine Lieben, stärke in euch die Überzeugung, hochherzig dem gekreuzigten Christus nachzufolgen. Seine Nachahmung inspirierte und spornte sie an zu einem Lebenszeugnis, das die Kirche heute mit der Erhebung zu den Altären besiegelt hat. Das Kreuz Christi, der ge-

storben und auferstanden ist, bleibt das endgültige Wort der Liebe, die Gott zu uns hegt. Werdet nicht müde, dies in der Verkündigung und eurem Beispiel zu wiederholen.
In gleicher Weise grüße ich die Hunderte von Jugendlichen, die im vergangenen Sommer am Zeltlager bei der Wallfahrtskirche St. Michael teilnahmen und die heute bei der Seligsprechung anwesend waren.
Liebe Jugendliche, ich danke euch für eure so bedeutsame Präsenz, und ich ermutige euch, aus diesen kirchlichen Ereignissen neuen Schwung für euren christlichen Lebenseinsatz zu empfangen im Licht, das vom Kreuz des Herrn ausstrahlt.
Zum Schluß grüße ich alle am heutigen Festtag hier am Petersplatz versammelten Pilger und wünsche ihnen, daß der Besuch der Apostel- und Märtyrergräber in ihnen den Willen stärke, mit ganzem Herzen Christus anzuhängen und seine Botschaft in die entsprechenden Lebensbereiche zu tragen.
Allen erteile ich meinen Apostolischen Segen.

Gott ist solidarisch mit den Leiden der Menschheit

Ansprache bei der Generalaudienz am 19. Oktober

1. Die biblischen und geschichtlichen Angaben über den Tod Christi, die wir in den voraufgegangenen Katechesen zusammengefaßt haben, waren zu allen Zeiten in der Kirche Gegenstand der Betrachtung, angefangen von den Kirchenvätern und -lehrern und den allgemeinen Konzilien bis zu den großen Theologen der verschiedenen Schulen, die im Laufe der Jahrhunderte bis heute entstanden und aufeinander gefolgt sind.
Hauptgegenstand von Studium und Forschung war und ist die Bedeutung des Leidens und Sterbens Jesu in unserer Heilsordnung. Die über diesen Punkt erreichten Ergebnisse ließen uns tiefer in das Geheimnis der Erlösung eindringen und dienten außerdem dazu, neues Licht auch auf das Geheimnis des menschlichen Leidens zu werfen, dessen ungeahnte Dimensionen hinsichtlich seiner Größe, seines Zweckes, seiner Fruchtbarkeit entdeckt werden konnten, seit sein Vergleich und sogar seine Verbindung mit dem Kreuz Christi ermöglicht wurden.

2. Richten wir unseren Blick zunächst auf den, der am Kreuz hängt, und fragen wir uns: Wer ist dieser Leidende? Er ist der Sohn Gottes: wahrer Mensch, aber auch wahrer Gott, wie wir vom Glaubensbekenntnis her wissen. Das Konzil von Nizäa zum Beispiel verkündet: „Gott von Gott ..., der um uns Menschen und um unseres Heiles willen herabgestiegen und Fleisch und Mensch geworden ist, gelitten hat ...“ (*Denzinger/Schönmetzer* 125). Das Konzil von Ephesus seinerseits präzisiert, daß „das Wort Gottes im Fleisch gelitten hat“ (*Denzinger/Schönmetzer* 263).
„Dei Verbum passum carne“ lautet eine wunderbare Zusammenfassung des großen Geheimnisses des fleischgewordenen Wortes, Jesu Christi, dessen menschliche Leiden zur menschlichen Natur gehören, aber wie alle seine Taten der göttlichen Person zuzurechnen sind. Wir haben deshalb in Christus einen Gott, der leidet!

3. Das ist eine erschütternde Wahrheit. Schon Tertullian fragte Marcione: „Wäre es vielleicht so töricht, an einen Gott zu glauben, der gerade aus einer Jungfrau geboren wurde und Fleisch angenommen hat und der durch die Erniedrigungen der Natur hindurchgegangen ist? ... Sag hingegen, daß ein gekreuzigter Gott Weisheit ist" (*De carne Christi* 4,6–5,1).
Die Theologie hat klargestellt, daß Gott das, was wir ihm als Gott nur durch eine metaphorische Metapher zuschreiben können, die uns von seinem Leiden, seiner Reue usw. sprechen läßt, in seinem Sohn, dem Wort, verwirklicht hat, der die menschliche Natur in Christus angenommen hat. Und wenn Christus Gott ist, der in der menschlichen Natur leidet als wahrer Mensch, geboren aus der Jungfrau Maria und dem Schicksal und den Schmerzen wie jeder Mensch unterworfen, der von einer Frau geboren wurde, verleiht er, weil er als Wort eine göttliche Person ist, seinem Leiden und seinem Tod eine unendliche Bedeutung. Diese gehört so in den geheimnisvollen Bereich der göttlich-menschlichen Wirklichkeit und berührt die Herrlichkeit und unendliche Glückseligkeit der Dreifaltigkeit, ohne sie zu verletzen.
Zweifellos steht Gott in seinem Wesen über dem Horizont des göttlichen-menschlichen Leidens. Aber das Leiden und Sterben Christi dringen in das ganze menschliche Leiden ein, erlösen und erheben es, weil er durch seine Menschwerdung mit der Menschheit solidarisch sein wollte, die sich nach und nach der Gemeinschaft mit ihm im Glauben und in der Liebe öffnet.

4. Der Sohn Gottes, der das menschliche Leiden angenommen hat, ist deshalb ein göttliches Vorbild für alle, die leiden, besonders für die Christen, die die Bedeutung und den Wert des Kreuzes im Glauben erkennen und annehmen. Das menschgewordene Wort hat nach dem Plan des Vaters auch deshalb gelitten, damit wir „seinen Spuren folgen können", wie der hl. Petrus empfiehlt (*1 Petr* 2,21; vgl. *Thomas von Aquin*, II, q. 46, a.3). Er hat gelitten und hat uns gelehrt, zu leiden.

5. Was im Leiden und Sterben Christi besonders hervortritt, ist seine vollkommene Übereinstimmung mit dem Willen des Vaters in dem Gehorsam, der schon immer als das wesentlichste Merkmal seiner Bereitschaft zum Opfer betrachtet wurde.
Der hl. Paulus sagt von Christus, „er war gehorsam bis zum Tod, bis zum Tod am Kreuz" (*Phil* 2,8), indem er so den äußersten Punkt der Kenosis erreichte, die in der Menschwerdung des Sohnes Gottes enthalten war, im Gegensatz zum Ungehorsam Adams, der sein „Wie Gott zu sein" (vgl. *Phil* 2,6) „rauben" wollte.
Der „neue Adam" hat so eine Umwälzung des menschlichen Zustandes vollbracht (eine „Umkehrung", wie der hl. Irenäus sagt): „Er war Gott gleich, hielt aber nicht daran fest, wie Gott zu sein, sondern er entäußerte sich" (*Phil* 2,6–7). Der Brief an die Hebräer betont denselben Begriff: „Obwohl er der Sohn war, hat er durch Leiden den Gehorsam gelernt" (*Hebr* 5,8). Aber gemäß den Evangelien opferte er sich selbst im Leben und im Tod dem Vater in der Fülle des Gehorsams: „Nicht, was ich will, sondern was du willst" (*Mk* 14,36). „Vater, in deine Hände lege ich meinen Geist" (*Lk* 23,46). Der hl. Paulus faßt

das alles zusammen, indem er sagt, „er erniedrigte sich und war gehorsam bis zum Tod, bis zum Tod am Kreuz“ (*Phil* 2,8).

6. Am Ölberg sehen wir, wie schmerzlich dieser Gehorsam war: „Vater, alles ist dir möglich. Nimm diesen Kelch von mir! Aber nicht, was ich will, sondern was du willst“ (*Mk* 14,36). In diesem Augenblick leidet Christus in seiner Seele unter einer Todesangst, die weit schmerzhafter ist als eine körperliche (vgl. *Thomas v. Aquin*, III, q. 46, a.6) durch den inneren Konflikt zwischen dem „tiefsten Grund“ des im Plan Gottes festgelegten Leidens und der Wahrnehmung, die Jesus in der höchsten Sensibilität seiner Seele von der Schändlichkeit der Sünde hat, die über ihn hereinzubrechen scheint. Er wird gleichsam „zur Sünde gemacht“ (d. h. zum Opfer für die Sünde), wie der hl. Paulus sagt (vgl. *2 Kor* 5,21), damit die universale Sünde in ihm gesühnt werde. So nimmt Jesus den Tod als höchsten Akt des Gehorsams auf sich: „Vater, in deine Hände lege ich meinen Geist“ (*Lk* 23,46): den Geist, das heißt den Beginn des menschlichen Lebens.
Leiden und Sterben sind der endgültige Ausdruck des totalen Gehorsams des Sohnes zum Vater. Das Geschenk und das Opfer des Gehorsams des menschgewordenen Wortes sind eine wunderbare Verwirklichung kindlicher Hingabe, die aus dem Geheimnis der Inkarnation aufsteigt und in gewisser Weise in das Geheimnis der Dreifaltigkeit eindringt! Mit dem vollkommenen Geschenk seines Gehorsams erringt Jesus Christus einen vollkommenen Sieg über den Ungehorsam Adams und über alle Auflehnungen, die in den menschlichen Herzen entstehen können; insbesondere erringt er diesen Sieg aufgrund des Leidens und des Todes, so daß man auch hier sagen kann, „wo jedoch die Sünde mächtig wurde, da ist die Gnade übergroß geworden“ (*Röm* 5,20). Jesus sühnte tatsächlich den Ungehorsam, der immer in der menschlichen Sünde enthalten ist, indem er an unser Statt die Anforderungen der göttlichen Gerechtigkeit erfüllt.

7. In diesem ganzen Heilswerk, das im Leiden und Kreuzestod vollbracht wurde, hat Jesus die göttliche Liebe zu den Menschen, die seiner Selbsthingabe und dem Plan des Vaters zugrundeliegt, bis zum Äußersten geoffenbart.
„Verachtet und von den Menschen gemieden, ein Mann voller Schmerzen, mit Krankheit vertraut“ (*Jes* 53,3), so hat Jesus die ganze Wahrheit bewiesen, die er in seinen Worten angekündigt hat: „Es gibt keine größere Liebe, als wenn einer sein Leben für seine Freunde hingibt“ (*Joh* 15,13). Indem er der „Mann voller Schmerzen“ wurde, hat er eine neue Solidarität Gottes mit dem menschlichen Leiden geschaffen. Als ewiger Sohn des Vaters, in Gemeinschaft mit ihm in seiner ewigen Herrlichkeit, hat er, als er Mensch wurde, darauf geachtet, keine Vorrechte irdischen Ruhms oder wenigstens die Befreiung vom Schmerz zu fordern. Er ist den Weg des Kreuzes gegangen, er hat nicht nur die physischen, sondern auch die moralischen Leiden für seinen Teil gewählt, die ihn bis zum Tod begleiteten: alles aus Liebe zu uns, um den Menschen den entscheidenden Beweis seiner Liebe zu geben, ihre Sünde zu sühnen und sie, die versprengt sind, zu sammeln (vgl. *Joh* 11,52). All das, damit in der Liebe Christi die Liebe Gottes zur Menschheit aufscheine.
So kann der hl. Thomas von Aquin versichern, daß der erste einleuchtende Grund, der die menschliche Befreiung durch das Leiden und Sterben Christi erklärt, der ist, daß „der

Mensch auf diese Weise erfährt, wie sehr Gott ihn liebt, und daß der Mensch seinerseits veranlaßt wird, Ihn wiederzulieben: und diese Liebe ist die Vollendung des menschlichen Heils" (*Thomas v. Aquin*, III, q. 46, a.3). Und hier zitiert der heilige Kirchenlehrer den Apostel Paulus, der schreibt: „Gott aber hat seine Liebe zu uns darin erwiesen, daß Christus für uns gestorben ist, als wir noch Sünder waren" (*Röm* 5,8).

8. Angesichts dieses Geheimnisses können wir sagen, daß ohne das Leiden und Sterben Christi die Liebe Gottes zu den Menschen sich nicht in ihrer ganzen Tiefe und Größe geoffenbart hätte. Und anderseits sind das Leiden und Sterben mit Christus eine Einladung, ein Antrieb, ein Ruf zur hochherzigeren Liebe geworden, wie es bei so vielen Heiligen geschehen ist, die richtigerweise „Helden des Kreuzes" genannt werden können, und wie es immer bei so vielen bekannten und unbekannten Menschen geschieht, die das Leiden zu heiligen wissen, indem sie in ihrem Inneren das Leidensantlitz Christi betrachten. Sie schließen sich so seinem erlösenden Sühnopfer an.

9. Hinzuzufügen ist, daß Christus, in seiner mit der Gottheit verbundenen Menschheit und in seiner Fähigkeit, kraft der Fülle der Liebe und des Gehorsams den Menschen mit Gott zu versöhnen (vgl. *2 Kor* 5,19), als einziger Mittler eingesetzt ist zwischen der Menschheit und Gott; dies auf einer viel höheren Ebene als jener, auf die die Heiligen des Alten und Neuen Testamentes und selbst die seligste Jungfrau Maria gestellt werden, wenn man von ihrer Mittlerschaft spricht oder ihre Fürsprache anruft.
So stehen wir vor unserem Erlöser Jesus Christus, der aus Liebe zu uns den Kreuzestod starb und deshalb zum Urheber unseres Heils wurde.
Die hl. Katherina von Siena vergleicht ihn in einem ihrer so lebendigen und ausdrucksstarken Bilder mit einer „Brücke über der Welt". Ja, er ist wirklich die Brücke und der Mittler, denn durch ihn kommt jede gute Gabe des Himmels auf die Menschen herab und alle unsere Seufzer, alle unsere Rettungsrufe steigen auf zu Gott (vgl. *S.Th.* III, q. 26, a.2). Scharen wir uns mit Katharina und so vielen anderen „Heiligen des Kreuzes" um unseren liebevollen und barmherzigen Erlöser, den die hl. Katharina von Siena Christus, die Liebe, nannte. In seinem durchbohrten Herzen ist unsere Hoffnung, unser Frieden.

In deutscher Sprache sagte der Papst:

Liebe Brüder und Schwestern!

Euch allen ein sehr herzliches Willkommen in so großer Zahl bei der heutigen Audienz. Unsere kurzen Überlegungen bei den wöchentlichen Begegnungen gelten seit längerem den grundlegenden Wahrheiten unseres Glaubens; zur Zeit dem tiefen Geheimnis des Erlösertodes Jesu Christi am Kreuz.
Der Kreuzestod Christi ist ein unergründlicher Gegenstand für unsere geistliche Besinnung. Heute fragen wir uns: worin besteht eigentlich der hohe Wert des Leidens und Sterbens Christi? Warum hat er uns gerade dadurch erlöst? Diese Fragen verweisen uns zuallererst auf den Leidenden selbst. Wer ist es, der hier leidet und stirbt. Es ist der Sohn Gottes: wahrer Mensch und wahrer Gott! Es ist also nicht irgendein Mensch, sondern ein Gott, der leidet: Gott selbst in der menschlichen Natur des fleischgewordenen göttlichen

Wortes. Hier liegt der geheimnisvolle Schlüssel zur Antwort auf unsere obrigen Fragen. Wenn Christus Gott ist, der in der menschlichen Natur leidet, dann ist es eine göttliche Person, die seinem Leiden und Sterben einen unendlichen Wert verleiht.

Nun kann aber Gott am menschlichen Leid als solchem kein Wohlgefallen haben. In der Tat. Das Leiden und Sterben Christi wird in seinen Augen nur dadurch wertvoll, daß Christus durch die bereitwillige Annahme des Kreuzes seinen vorbehaltlosen Gehorsam gegenüber seinem himmlischen Vater bezeugt und so seine Liebe zu ihm und zu den Menschen auf vollkommenste Weise verwirklicht. In seiner Todesangst in Getsemani betet Jesus zum Vater: „Nicht was ich will, sondern was du willst, soll geschehen" (*Mk* 14,36). Im Brief an die Philipper bekennt Paulus von Christus, der sich seiner Gottheit entäußert hat und uns in allem gleich geworden ist: „Er (Christus) erniedrigte sich und war gehorsam bis zum Tod, bis zum Tod am Kreuz" (*Phil* 2, 8). In diesem opferbereiten Gehorsam gegenüber dem Willen des Vaters bezeugt Christus zugleich seine grenzenlose Liebe zum Vater und zu uns Menschen. Er sagt selbst: „Es gibt keine größere Liebe, als wenn einer sein Leben für seine Freunde hingibt" (*Joh* 15,13).

Durch diese bereitwillige Annahme des Leidens und Sterbens in Gehorsam und Liebe erhält der Kreuzestod Jesu Christi seinen Gott wohlgefälligen erlösenden Wert. Es ist der Gehorsam und die Liebe des menschgewordenen Gottessohnes „bis zum Tod am Kreuz", die den Ungehorsam und die Lieblosigkeit der Sünde des Menschen besiegen und erlösen. Zugleich erhält durch sein erlösendes Leiden auch alles menschliche Leid einen neuen tieferen Sinn. Es wird zur Einladung an den Menschen, sein Leiden und Sterben mit dem Kreuze Christi zu vereinen und es so mit ihm für die Erlösung der Menschheit fruchtbar zu machen.

Diese Einladung, liebe Brüder und Schwestern, richtet sich nicht nur an die Kranken und Behinderten unter uns. Wir alle haben täglich unser Kreuz auf uns zu nehmen und sollen es zusammen mit Christus zum Heil aller tragen. Werden wir uns wieder neu dieser unserer Berufung in der Nachfolge Christi bewußt.

Mit diesem Wunsch grüße ich euch alle noch einmal sehr herzlich zu unserer heutigen Begegnung: die so überaus zahlreichen Gruppen aus verschiedenen Diözesen und Pfarrgemeinden sowie auch alle Einzelpilger. Einen besonderen Gruß richte ich an die große Diözesanwallfahrt aus dem Münsterland und der Region Niederrhein, an die Pilgergruppen aus den Bistümern Paderborn und Essen und jene der Kirchenzeitung für das Bistum Speyer „Der Pilger". Euch allen erbitte ich, daß ihr aus dem Erlebnis der Weltkirche hier im Zentrum der katholischen Christenheit neue Glaubensfreude und neuen Mut zu einem kraftvollen Christuszeugnis in eure Ortskirchen mitnehmt.

Herzlich grüße ich ferner die zahlreichen Kirchenchöre und Musikvereinigungen. Darunter vor allem die Sängerinnen, Sänger und Angehörigen des Cäcilienverbandes im Bistum Essen. Musik und Gesang sind ein wichtiger Bestandteil der Liturgie der Kirche. Ich ermutige euch in eurem Mitwirken in euren Gemeinden und wünsche euch, daß euer Gesang auch für euch selbst immer zum Gebet, zum frohen persönlichen Gotteslob werde.

Allen anwesenden Pilgern deutscher Sprache erbitte ich Gottes besonderen Schutz und Beistand während eures Aufenthaltes hier in Rom und auf eurer Rückfahrt in die Heimat. Dazu erteile ich euch und allen euren Lieben von Herzen meinen besonderen Apostolischen Segen.

Neuen missionarischen Advent herbeiführen

Angelus am 23. Oktober

Liebe Brüder und Schwestern!

1. Heute wird der Weltmissionssonntag begangen. Unsere Betrachtung, die dem Angelusgebet vorausgeht, kann nicht umhin, bei der universalen Sendung der Kirche zu verweilen. Der Auftrag des auferstandenen Herrn: „Geht zu allen Völkern, und macht alle Menschen zu meinen Jüngern!" (*Mt* 28,19) ist für die Kirche die grundlegende und ständige Richtschnur ihres Dienstes zugunsten der Menschen aller Zeiten. Ihre Verpflichtung zur Evangelisierung ist jetzt am Ausgang des zweiten Jahrtausends der christlichen Ära noch dringlicher geworden angesichts der wachsenden Zahl der Menschen, die noch nicht das Geschenk des Glaubens an Christus empfangen haben.

2. Die heutige Weltmissionsfeier bietet mir Gelegenheit, einen herzlichen Gruß der Ermutigung an alle Missionare und Missionarinnen zu richten, die ihr Leben für die Verkündigung des Evangeliums einsetzen. Gleichzeitig appelliere ich an die Hirten und Gläubigen der christlichen Gemeinden sowohl der alten als auch der jungen Kirchen, bei der Missionstätigkeit hochherzig mitzuwirken.
Diese Mitarbeit zeigt sich im Gebet und im Angebot von Spenden, die besonders an diesem Sonntag für die Missionsländer und -kirchen gesammelt werden, um ihren Bedürfnissen und ihrer Notlage zu Hilfe zu kommen. Die Gesamtkirche und die Teilkirchen tragen Sorge für diese Situationen, indem sie die Früchte der Hochherzigkeit der Gläubigen verteilen.

3. An die Jugendlichen wiederhole ich die Aufforderung, die ich in meiner Missionsbotschaft an sie gerichtet habe: das Beispiel Marias sporne sie an, hochherzig zum Ruf des Herrn ihr Ja zu sagen.
Ahmt Maria nach! Ja, denn die Kirche lernt von ihr, sich der Mission zu weihen. In der Tat hat sich kein Mensch so wie sie mit der Person und dem Werk des Erlösers verbunden.
Deshalb sei Maria das Vorbild, an dem das Volk Gottes sich inspiriert, um den eigenen missionarischen Einsatz zu leben. Und wir bitten sie voll Vertrauen, sie möge bei ihrem Sohn Fürsprache einlegen und für die Kirche ein neues Pfingsten erlangen, einen neuen missionarischen Advent zum Jubiläum des Jahres 2000 und zum Beginn des dritten Jahrtausends des christlichen Glaubens.

In Dänisch sagte der Papst:

Einen herzlichen Gruß an alle Dänen, die zur Feier der Seligsprechung von Niels Stensen nach Rom gekommen sind. Ich grüße auch eure Lieben zu Hause, alle Katholiken in Dänemark und das ganze dänische Volk, das ich im nächsten Jahr zu besuchen hoffe.

In deutscher Sprache sagte der Papst:

Sehr herzlich grüße ich auch bei dieser Gelegenheit noch einmal alle Gläubigen und Gäste, die aus der Bundesrepublik Deutschland und aus der Deutschen Demokratischen Republik zur heutigen Seligsprechung von Niels Stensen in die Ewige Stadt gekommen sind. Möge euch der neue Selige die Gnade erbitten, auch euren Lebensweg, wie er es getan hat, ganz Gottes Vorsehung anzuvertrauen und Gott zum Maß eures Lebens zu machen. Von Herzen begleite ich euch mit meinem Gebet und besonderen Apostolischen Segen.

Christus starb stellvertretend für alle

Ansprache bei der Generalaudienz am 26. Oktober

1. Nehmen wir einige Begriffe wieder auf, die die Tradition der Väter aus den biblischen Quellen geschöpft hat in dem Versuch, „den unergründlichen Reichtum" (*Eph* 3,8) der Erlösung darzustellen.
Wir haben ihn bereits in den voraufgegangenen Katechesen angedeutet, aber er verdient aufgrund seiner theologischen und geistlichen Bedeutung, im einzelnen näher erläutert zu werden.

2. Wenn Jesus sagt: „Der Menschensohn ist nicht gekommen, um sich dienen zu lassen, sondern um zu dienen und sein Leben hinzugeben als Lösegeld für viele" (*Mk* 10,45), faßt er in diesen Worten das wesentliche Ziel seiner messianischen Sendung zusammen: „sein Leben hinzugeben als Lösegeld". Es ist eine Heilssendung. Sie gilt für die ganze Menschheit, denn zu sagen „als Lösegeld für viele", nach semitischer Art, die Gedanken auszudrücken, schließt niemanden aus. Die Sendung des Messias wurde im Licht einer solchen Heilsbedeutung bereits im Buch des Propheten Jesaja gesehen, insbesondere im Lied vom Gottesknecht: „Er hat unsere Krankheit getragen und unsere Schmerzen auf sich geladen. Wir meinten, er sei von Gott geschlagen, von ihm getroffen und gebeugt. Doch er wurde durchbohrt wegen unserer Verbrechen, wegen unserer Sünden zermalmt. Zu unserem Heil lag die Strafe auf ihm, durch seine Wunden sind wir geheilt" (*Jes* 53,4–5).

3. Diese prophetischen Worte lassen uns besser verstehen, was Jesus sagen will, wenn er vom Menschensohn spricht, der gekommen ist, um „sein Leben hinzugeben als Lösegeld für viele". Er will sagen, daß er das eigene Leben „im Namen" und stellvertretend für die gesamte Menschheit hingegeben hat, um alle von der Sünde zu befreien. Diese „Stellvertretung" schließt jede Teilhabe an der Sünde von seiten des Erlösers aus. Er war vollkommen unschuldig und heilig. Tu solus sanctus! Zu sagen, daß ein Mensch an Stelle eines andern eine Strafe erlitten hat, schließt offensichtlich ein, daß er sich nicht schuldig gemacht hat. In seiner Heilsstellung (substitutio) „gilt" Christus, gerade aufgrund seiner

Schuldlosigkeit und Heiligkeit, „gewiß so viel wie alle“, schreibt der hl. Kyrillos von Alexandrien (*In Isaiam* 5,1: *Patrologiae graeca* 70,1176; *2 Kor* 5,21: *Patrologiae graeca*, 74,945). Er konnte das auf sich nehmen, was die Folge der Sünde ist, das heißt das Leiden und den Tod, indem er dem Opfer des eigenen Lebens einen echten Heilswert und eine vollkommende Heilsbedeutung verlieh.

4. Das, was dieser Stellvertretung ihren Heilswert gibt, ist nicht die wirkliche Tatsache, daß ein Unschuldiger die Strafe auf sich genommen hat, die die Schuldigen verdienten, und daß so in gewisser Weise Gerechtigkeit geübt wurde (in Wirklichkeit müßte man in diesem Fall vielmehr von schwerer Ungerechtigkeit sprechen). Der Heilswert entspringt hingegen der Tatsache, daß Jesus als Schuldloser aus reiner Liebe mit den Schuldigen solidarisch geworden ist und so aus dem Innern heraus ihre Lage gewandelt hat. Wenn eine wie jene von der Sünde herbeigeführte verhängnisvolle Situation zugunsten der Sünder aus reiner Liebe akzeptiert wird, dann steht diese Situation nicht mehr unter dem Zeichen der Auflehnung gegen Gott, sondern, im Gegenteil, unter dem der Fügsamkeit gegenüber der Liebe, die von Gott kommt (vgl. *Gal* 1,4), und wird deshalb zur Quelle des Segens (vgl. *Gal* 3,13–14). Indem er sich „als Lösegeld für viele“ hingab, hat Christus seine Solidarität mit dem Menschen, mit jedem Menschen, mit jedem Sünder, bis auf den Grund verwirklicht. Dies bringt der Apostel zum Ausdruck, wenn er schreibt: „Die Liebe Christi drängt uns, da wir erkannt haben: Einer ist für alle gestorben, also sind alle gestorben“ (*2 Kor* 5,14). Christus wird also mit jedem Menschen im Tod, der eine Folge der Sünde ist, solidarisch. Aber diese Solidarität in ihm war in keinster Weise Folge der Sünde, sondern ein freier Akt reinster Liebe. Die Liebe veranlaßte Christus dazu, „das Leben hinzugeben“ und den Tod am Kreuz anzunehmen. Seine Solidarität mit dem Menschen im Tod besteht also darin, daß er nicht so gestorben ist, wie ein Mensch stirbt, sondern daß er für jeden Menschen gestorben ist. So gesehen, bedeutet diese „Stellvertretung“ das „Überfließen“ der Liebe, die erlaubt, alle „Mängel“ oder Unzulänglichkeiten der menschlichen Liebe, alle Verneinungen und Widerstände zu überwinden, die mit der Sünde des Menschen in jeder – inneren und geschichtlichen – Dimension verbunden sind, in der diese Sünde das Verhältnis des Menschen zu Gott belastet hat.

5. An diesem Punkt gehen wir jedoch über das rein menschliche Maß des „Lösegelds“ hinaus, das Christus „für alle“ geopfert hat. Kein Mensch, auch nicht der größte Heilige, war imstande, die Sünden aller Menschen auf sich zu nehmen und sich als Opfer „für viele“ hinzugeben. Nur Jesus Christus war dazu fähig, weil er, obwohl wahrer Mensch, Sohn Gottes war, eines Wesens mit dem Vater. Das Opfer seines menschlichen Lebens hatte deshalb einen unendlichen Wert. Das Bestehen der göttlichen Person des Sohnes in Christus, die alle menschlichen Personen übersteigt und zugleich umfängt, macht sein Heilsopfer „für alle“ möglich. „Jesus Christus galt so viel wie wir alle“, schreibt der hl. Kyrillos von Alexandrien (vgl. *In Isaiam* 5,1: *Patrologiae graeca*, 70,1176). Die göttliche Transzendenz der Person Christi selbst bewirkt, daß er vor dem Vater alle Menschen „vertreten“ kann. In diesem Sinn ist die „stellvertretende“ Eigenschaft der von Christus vollbrachten Erlösung zu erklären: im Namen aller und für alle. „Durch sein heiligstes

Leiden am Kreuzesholz verdiente er für uns die Rechtfertigung", lehrt das Konzil von Trient (*Dekret über die Rechtfertigung*, Kap. 7: *Denzinger/Schönmetzer* 1529), indem es die verdienstliche Bedeutung des Opfertodes Christi hervorhob.

6. Hier ist zu bemerken, daß dieser Verdienst universal ist, das heißt, daß er für alle Menschen und für jeden Einzelnen gilt, weil er auf einer universalen Stellvertretung gründet, die von den Texten, die wir über das stellvertretende Opfer Christi für alle anderen Menschen betrachtet haben, ins Licht gerückt wird. Er, der, wie der hl. Kyrillos von Alexandrien sagte, „so viel wie wir alle galt", konnte auch allein für alle leiden (vgl. *In Isaiam* 5,1: *Patrologiae graeca*, 70,1176; In *2 Kor* 5,21: *Patrologiae graeca*, 74,945). All das war im Heilsplan Gottes und in der messianischen Berufung Christi eingeschlossen.

7. Es handelt sich um eine Glaubenswahrheit, die auf klaren und eindeutigen Worten Jesu gründet, die er auch im Augenblick der Einsetzung der Eucharistie wiederholt. Der hl. Paulus überliefert sie uns in einem Text, der als der älteste zu diesem Punkt betrachtet wird: „Das ist mein Leib für euch ... Dieser Kelch ist der Neue Bund in meinem Blut" (*1 Kor* 11,23). Mit diesem Text stimmen die Synoptiker überein, die von dem Leib sprechen, der „hingegeben" und dem Blut, das „vergossen wird zur Vergebung der Sünden" (vgl. *Mk* 14,22–24; *Mt* 26,26–28; *Lk* 22,19–20). Auch im Hohepriesterlichen Gebet beim letzten Abendmahl sagt Jesus: „Ich heilige mich für sie, damit auch sie in der Wahrheit geheiligt sind" (*Joh* 17,19). Das Echo und in gewisser Weise die Erläuterung der Bedeutung dieser Worte Jesu findet sich im ersten Johannesbrief: „Er ist die Sühne für unsere Sünden, aber nicht nur für unsere Sünden, sondern auch für die der ganzen Welt" (*1 Joh* 2,2). Wie man sieht, bietet Johannes uns eine echte Erklärung der anderen Texte über die stellvertretende Bedeutung des Opfertodes Christi im Sinn der universalen Erlösung.

8. Diese Glaubenswahrheit schließt die Teilhabe des Menschen, jedes Menschen, am Opfertod Christi, die Mitwirkung mit dem Erlöser, nicht aus, sondern erfordert sie. Wenn, wie wir zuvor gesagt haben, kein Mensch die Erlösung vollbringen konnte, indem er ein stellvertretendes Opfer „für die Sünden der ganzen Welt" (vgl. *1 Joh* 2,2) anbot, so ist ebenso wahr, daß jeder gerufen ist, am Opfertod Christi teilzuhaben und mit ihm in dem von ihm vollbrachten Heilswerk mitzuwirken. Das sagt der Apostel Paulus ausdrücklich, wenn er an die Kolosser schreibt: „Jetzt freue ich mich in den Leiden, die ich für euch ertrage. Für den Leib Christi, die Kirche, ergänze ich in meinem irdischen Leben das, was an den Leiden Christi noch fehlt" (*Kol* 1,24). Derselbe Apostel schreibt auch: „Ich bin mit Christus gekreuzigt worden" (*Gal* 2,20). Diese Bekräftigungen entspringen nicht nur einer persönlichen Erfahrung und Interpretation des Paulus, sondern drücken die Wahrheit über den Menschen aus, der zweifellos um den Preis des Kreuzestodes Christi erlöst wurde, jedoch in der Zeit gerufen ist, „im eigenen irdischen Leben das zu ergänzen, was an Seinem Leiden für die Erlösung der Welt noch fehlt". All das fügt sich in die Logik des Bundes zwischen Gott und dem Menschen ein und setzt in letzterem den Glauben als grundlegenden Weg voraus zu seiner Teilhabe am Heil, das vom Opfertod Christi am Kreuz kommt.

9. Christus selbst hat seine Jünger ständig zu dieser Teilhabe aufgefordert und tut es heute noch: „Wer mein Jünger sein will, der verleugne sich selbst, nehme sein Kreuz auf sich und folge mir nach" (*Mk* 8,34). Mehrmals spricht er auch von den Verfolgungen, die auf seine Jünger zukommen: „Der Sklave ist nicht größer als sein Herr. Wenn sie mich verfolgt haben, werden sie auch euch verfolgen" (*Joh* 15,20). „Ihr werdet weinen und klagen, aber die Welt wird sich freuen; ihr werdet bekümmert sein, aber euer Kummer wird sich in Freude verwandeln" (*Joh* 16,20). Diese und andere Texte des Neuen Testamentes haben richtigerweise die theologische, geistliche und asketische Tradition begründet, die seit den ältesten Zeiten die Notwendigkeit betont und die Wege der Nachfolge Christi im Leiden gewiesen haben, nicht nur als Nachahmung seiner Tugenden, sondern auch als Mitwirkung an der universalen Erlösung durch die Teilhabe an seinem Opfertod.

10. Hier nun einer der Stützpunkte der spezifisch christlichen Spiritualität: Wir sind berufen, sie in unserem Leben kraft der Taufe selbst zu verwirklichen, die, wie der hl. Paulus sagt (vgl. *Röm* 6,3–4), im Sakrament bewirkt, daß wir auf seinen Tod getauft und mit ihm begraben worden sind durch das Eintauchen in das Heilsopfer Christi. Wenn Christus die Menschheit erlöst hat, indem er das Kreuz und den Tod „für alle" angenommen hat, so enthält diese Solidarität Christi mit jedem Menschen auch den Ruf zur solidarischen Mitarbeit mit ihm im Heilswerk. Das ist die Aussagekraft des Evangeliums. Das ist vor allem die Aussagekraft des Kreuzes. Das ist die Bedeutung der Taufe, die, wie wir zu gegebener Zeit sehen werden, schon in sich die Teilhabe des Menschen, jedes Menschen, am Heilswerk verwirklicht, in dem er mit Christus durch eine gleiche göttliche Berufung verbunden ist.

In deutscher Sprache sagte der Papst:

Liebe Brüder und Schwestern!

Das Geheimnis unserer Erlösung durch das Leiden und Sterben Jesu Christi ist von unerschöpflichem Reichtum für unsere geistliche Betrachtung. Bei Markus faßt Jesus das wesentliche Ziel seiner messianischen Sendung mit folgenden Worten zusammen: „Der Menschensohn ist nicht gekommen, um sich dienen zu lassen, sondern um zu dienen und sein Leben hinzugeben als Lösegeld für viele" (*Mk* 10,45). „Für viele" bedeutet nach der semitischen Sprachweise „für alle". Die Heilssendung Christi gilt allen und jedem einzelnen Menschen ohne Ausnahme.

Jesus hat sein Leben hingegeben „im Namen" und in Stellvertretung der ganzen Menschheit. Er selbst hatte zwar keinen Anteil an der Sünde. Gerade weil er ohne Sünde war, konnte er dem Opfer seines Lebens am Kreuz einen erlösenden Wert verleihen. Von reiner, vollkommener Liebe beseelt, wurde Jesus solidarisch mit der sündigen Menschheit bis in den Tod und veränderte dadurch ihre schuldbeladene Situation von innen her. Leiden und Tod werden durch die liebende Selbsthingabe Christi zur Quelle des Segens, die Quelle der Erlösung für alle Menschen. Kein anderer Mensch wäre in der Lage gewesen, die Sünden aller Menschen auf sich zu nehmen. Allein Christus konnte es, da er der Sohn Gottes ist. Dadurch erhält das Opfer seines menschlichen Lebens einen unendlichen Wert. Es kann dadurch zum Erlösungsopfer für alle Menschen werden. Die göttliche Person, die in und durch die menschliche Natur Christi wirkt, ermöglicht es, daß er vor dem Vater alle Menschen vertreten kann und alle durch sein Leiden und Sterben zu erlösen vermag. Die gleiche Glaubenswahrheit bekräftigt Jesus auch bei der Einsetzung der Eucharistie, wo er von seinem Leib spricht, der „für uns" hingegeben wird; und von seinem Blut, „das für viele vergossen wird" (*Mk* 14,24). Im ersten Johannesbrief heißt es: „Er ist die Sühne für unsere Sünden, aber nicht nur für unsere Sünden, sondern auch für die der ganzen Welt" (*1 Joh* 2,2).

Dieses Heilshandeln Jesu für uns und an unserer Stelle schließt jedoch notwendig das Mitwirken des Menschen ein. Es verlangt dieses sogar. Jeder ist aufgerufen, am Opfer Christi teilzunehmen und dadurch für die Erlösung der Menschen mitzuwirken. Darum sagt Paulus von sich: „Ich freue mich in den Leiden, die ich für euch ertrage. Für den Leib Christi, die Kirche, ergänze ich in meinem irdischen Leben das, was an den Leiden Christi noch fehlt" (*Kol* 1,24). Christus selbst fordert uns deshalb auf, täglich unser eigenes Kreuz auf uns zu nehmen und ihm nachzufolgen (vgl. *Mk* 8,34).

Mit besonderer Freude grüße ich den großen Diözesanpilgerzug aus Osnabrück zusammen mit ihrem Bischof Ludwig Averkamp sowie die Pilgergruppen aus den Diözesen Münster und Hildesheim anläßlich der Seligsprechung von Niels Stensen. Diese Tage in Rom, die ihr besonders der Verehrung dieses neuen Seligen gewidmet habt, mögen euch auf seine Fürsprache mit reichen Gnaden beschenken. Ein Bischof seiner Zeit beschreibt uns Niels Stensen als einen „Mann des Gebetes, beständiger Einigung mit Gott, ganz sich selbst vergessend und ganz der Liebe zu seinen Mitmenschen hingegeben". Die Kirche stellt ihn uns fortan zur Nachahmung vor Augen. Ein Leben in der Gegewart Gottes und im Dienst am Nächsten ist auch unser aller Berufung, die wir als Jünger Christi inmitten der Aufgaben und Pflichten des Alltags verwirklichen sollen. Der selige Niels Stensen erbitte euch dafür Gottes Kraft und Beistand und begleite euch mit seiner Fürsprache auf eurem Lebensweg.

Von Herzen erteile ich euch und allen Pilgern deutscher Sprache meinen besonderen Apostolischen Segen.

Der Rosenkranz: Zusammenfassung des Evangeliums

Angelus am 30. Oktober

Vorgestern gedachten wir des Jahrestages der Wahl von Johannes XXIII. auf den Stuhl Petri, die am 28. Oktober 1958 erfolgte. Seit diesem Ereignis sind bereits dreißig Jahre vergangen, und das Andenken seiner liebevollen, väterlichen Gestalt ist immer noch in den Herzen derer lebendig, die seine liebenswürdige Person und seine weise und der großen Tradition der Kirche getreue Lehre gekannt und geliebt haben.

Wie aus seinen autobiographischen Notizen hervorgeht, war die Marienverehrung der feste Stützpunkt in der Ausübung seines Dienstes als eifriger Priester, als kluger päpstlicher Vertreter in verschiedenen Nationen, als Patriarch von Venedig und schließlich in Rom als Nachfolger des Apostels Petrus. Diese Verehrung war ihm im Herzen der Fami-

lie eingepflanzt worden, wo jeden Abend der Rosenkranz gebetet wurde. Ihm ist ganz besonders der fromme Brauch dieses sonntäglichen Treffens zum Angelusgebet mit den Gläubigen von Rom und den Pilgern aus allen Teilen der Welt zu verdanken.
Er sagte: „Das liebevolle Bild der Gottesmutter unter dem Namen Hilfe der Christen war unseren Augen lange Jahre hindurch in Kindheit und Jugend im Elternhaus vertraut" (*Ansprachen, Botschaften, Gespräche von Papst Johannes XXIII.*, IV, S. 307). Bei anderer Gelegenheit, als er die Gläubigen zu unerschütterlichem Vertrauen zur Gottesmutter ermutigte, fügte er hinzu: „Sie zielt nur darauf hin, unser Leben beständiger, bereiter und wirksamer zu machen. Maria hilft uns allen, die wir hier auf Erden Pilger sind. Mit ihrer Hilfe überwinden wir die unvermeidlichen Betrübnisse und Widerwärtigkeiten und gewöhnen uns daran, voll Hoffnung und Freude auf den Himmel zu blicken" (*ebd.*, II, S. 707).
Unmittelbar vor dem Zweiten Vatikanischen Konzil wollte er, eingedenk der Wallfahrten, die er von Kindheit an mit den Eltern zu den nahegelegenen Marienheiligtümern zu machen gewohnt war, zum Heiligtum von Loreto pilgern, um den mütterlichen Schutz Marias auf die Arbeiten dieser großen ökumenischen Versammlung herabzuflehen, die nach seinem Willen am Fest der Mutterschaft Marias, 11. Oktober 1962, feierlich eröffnet wurde.
Er pflegte das Rosenkranzgebet nicht nur aus Frömmigkeit, sondern als Apostolat: „Der Rosenkranz – lehrte er in dem Apostolischen Schreiben *Il Religioso convegno* – als christliche Frömmigkeitsübung unter den Gläubigen des lateinischen Ritus ... hat seinen Platz für die Kleriker nach der heiligen Messe und dem Brevier und für die Laien nach dem Sakramentenempfang." In den letzten Jahren seines Lebens legte er das – auch zu Beginn des Pontifikats erneuerte und dann immer beobachtete – Versprechen ab, täglich nicht nur den dritten Teil, sondern den ganzen Rosenkranz zu beten: in ihm sah er eine „Zusammenfassung des Evangeliums", das geistliche Erbe jeder christlichen Familie. In dem obengenannten Apostolischen Schreiben sprach er vom Rosenkranz mit folgender, nachdrücklicher Betonung: „Wie tröstlich ist es, dich von den Händen der Unschuldigen, der heiligmäßigen Priester, der Jugendlichen und der Alten erhoben zu sehen ... erhoben von unzähligen frommen Scharen als Wappen und friedenbringendes Zeichen für die Herzen und die ganze Menschheit." Wenn wir heute diese so glaubwürdige Stimme wieder hören, verbleiben auch wir in der Schule der Gottesmutter, der Mutter der Kirche und Fürsprecherin für jeden von uns bei ihrem Sohn Jesus.

Die Heiligen sind Glieder des verherrlichten Leibes Christi

Angelus am 1. November

Heute feiert die Kirche das Fest aller Heiligen, das heißt aller von Christus Erlösten – bei Maria angefangen –, die uns in diesem Leben vorangegangen sind und sich jetzt der beseligenden Anschauung Gottes erfreuen. Es sind die, die – nach den Worten der Offenbarung – „aus der großen Bedrängnis kommen; sie haben ihre Gewänder gewaschen und im Blut des Lammes weiß gemacht“ (*Offb* 7,14). Diese weißen Gewänder glänzen wie Tausende von Lichtern: Es ist der vielfältige Widerschein eines einzigen Lichtes, das eine Vielzahl von Männern und Frauen „aus allen Nationen und Stämmen, Völkern und Sprachen“ (*Offb* 7,9) über die ganze Kirche ausstrahlt. Es sind Männer und Frauen, die uns die im menschlichen Antlitz fleischgewordene Heiligkeit Gottes vor Augen stellen.
Die Heiligen sind Glieder des verherrlichten Leibes Christi und bilden die Kirche der Seligen. Aber sie stehen auch mit uns in Gemeinschaft durch das Band der Liebe, das nie schwindet. Die Liebe macht sie solidarisch mit uns und besorgt um uns: Das ist das unaussprechliche Geheimnis der Gemeinschaft der Heiligen, durch die eine tiefe Beziehung besteht zwischen denen, die noch „auf Erden pilgern“, den „andern, die gereinigt werden und wieder anderen, die verherrlicht sind“ (vgl. *Lumen gentium*, Nr. 49).
Durch diese tiefe Einheit sollen wir uns heute allen Heiligen noch enger verbunden fühlen. Sie haben vor uns an all das geglaubt, was wir glauben, und jetzt sind sie unsere Freunde und Fürsprecher im Himmel.
Das Fest Allerheiligen führt uns auch zum Gedächtnis aller verstorbenen Gläubigen, die noch nicht im Licht der vollen Anschauung Gottes stehen, aber darauf warten, durch ihre geheimnisvolle Reinigung ihrer würdig zu werden. Wenn wir heute und morgen die Friedhöfe besuchen und vor den Gräbern unserer lieben Verstorbenen stehen, sprechen wir unser Fürbittgebet für sie als Ausdruck unserer geistlichen Solidarität und Gemeinschaft, damit sie bald in die endgültige Herrlichkeit des Herrn eingehen. Und auch unsere Toten können ihrerseits für uns eintreten, kraft des gleichen Kreislaufes der Liebe, dessen die Kirche uns versichert.
Suchen wir diese beiden Tage in christlicher Frömmigkeit zu verleben. Nehmen wir am heiligen Meßopfer teil, in dem Christus sich zum Fürsprecher für die Lebenden und die Verstorbenen macht. Empfehlen wir der heiligen Jungfrau, die wir als „Königin aller Heiligen“ anrufen, die Seelen der Heimgegangenen.
Sie ist ja „voll der Gnade“, die so alle anderen Menschen an Heiligkeit überragt. Durch sie, deren Bild häufig die Kapellen und Gräber auf den christlichen Friedhöfen schmückt, empfehlen wir sie der Barmherzigkeit Gottes.

Der Tod: Weg zum endgültigen Leben

Ansprache bei der Generalaudienz am 2. November

Liebe Brüder und Schwestern!

1. Die Liturgie vom heutigen Tag, 2. November, lenkt unsere Gedanken auf die Ewigkeit. Sie eröffnet uns den Ausblick auf den „neuen Himmel" und die „neue Erde" (*Offb* 21,1), die die „Wohnung Gottes unter den Menschen" sein werden (*ebd.* 21,3). Dann wird Gott „alle Tränen von ihren Augen abwischen: Der Tod wird nicht mehr sein, keine Trauer, keine Klage, keine Mühsal. Denn was früher war, ist vergangen" (*ebd.* 21,4).
Dieser Ausblick ist bereits erlebte Wirklichkeit für die unermeßliche Schar der Heiligen, die sich im Himmel der beseligenden Anschauung Gottes erfreuen. Gestern verweilten wir dabei, ihre Herrlichkeit zu betrachten und waren froh in der Hoffnung, eines Tages mit ihnen dieselbe Freude zu teilen, eingedenk der Verheißung Jesu: „Im Haus meines Vaters gibt es viele Wohnungen ... Ich gehe, um einen Platz für euch vorzubereiten" (*Joh* 14,2).
In dieser Gewißheit wurzelt die Gefaßtheit des Christen angesichts des Todes. Sie entspringt nicht einer Art von Gefühllosigkeit oder gleichgültiger Ergebung in die Tatsache, sondern der Überzeugung, daß der Tod im menschlichen Schicksal, entgegen dem Augenschein, nicht das letzte Wort hat. Der Tod kann und muß vom Leben besiegt werden. Der endgültige Ausblick, die Hoffnung für den Christen, der in der Gnade Gottes lebt, ist nicht der Tod, sondern das Leben. Ja, das ewige Leben, wie die Schrift sagt: das heißt eine volle und unvergängliche, über die Grenzen des jetzigen Lebens und den Tod hinausreichende Teilhabe am unendlichen Leben Gottes selbst.

2. Das heutige Gedenken aller verstorbenen Gläubigen führt uns natürlich dazu, über den Tod, dieses geheimnisvolle und umwälzende Geschehen, nachzudenken, das uns wohl bekannt ist, das wir aber manchmal vielleicht vom Horizont unseres Bewußtseins verdrängen wollen wie einen unangenehmen und lästigen Gedanken in dem Glauben, auf diese Weise ein glücklicheres Leben zu führen. So geschieht es, daß sogar unter gewissen Umständen, zum Beispiel bei schweren Erkrankungen, wo der Gedanke an den Tod spontan kommt, man hingegen bemüht ist, ihn von uns oder den anderen fernzuhalten in der Meinung, so vielleicht mitleidsvoll und behutsam zu sein. Wir, auch wir Christen, sollten uns doch fragen, ob und wie und wie sehr wir an den Tod denken. Und wie wir vom Tod sprechen.
Ist nicht eine bestimmte Auffassung vom Tod eine der Grundwahrheiten unseres Glaubensbekenntnisses? Bietet unser Glaube nicht ein entscheidendes und äußerst tröstliches Licht hinsichtlich der Bedeutung und – wir können sagen – des Wertes des Todes? In der Tat, so ist es, liebe Brüder und Schwestern: Für uns Christen ist der Tod ein Wert. Doch es ist auch wahr, daß der Tod für uns Christen eine negative Tatsache ist und bleibt, gegen die sich unsere Natur auflehnt. Und doch, wie wir wissen, hat Christus den Tod zu einem Akt der Hingabe, der Liebe, des Loskaufs und der Befreiung von der Sünde und dem Tod

selbst gemacht. Indem wir in christlicher Weise den Tod annehmen, besiegen wir den Tod – für immer.

3. Was erbitten wir, liebe Brüder, für unsere Verstorbenen? Was erhoffen wir? Ihre Befreiung von allem Übel der Schuld und des Leidens. Das ist die Hoffnung, die sich am unvergänglichen Wort Christi und an der transzendenten Botschaft der Heiligen Schrift inspiriert. Das Christentum ist der endgültige und sichere Sieg über alle Formen des Übels und Bösen: vor allem über die Sünde und „am jüngsten Tag" über den Tod und alles Leiden.
Unsere Befreiung hier auf Erden beginnt mit dem Freisein von der Sünde, das der Grund und die Bedingung für alles übrige ist. Das Leiden bleibt als Mittel der Sühne und Buße. Wenn wir aber in der Gnade Gottes sterben, wissen wir mit Sicherheit, daß wir in das Leben und die Seligkeit eingehen und daß unsere Seele eines Tages den vom Tod zerstörten Leib wieder anlegen wird, damit auch er irgendwie an der seligen Anschauung des Himmels teilhat.

4. „Der Herr ist mein Licht und mein Heil: Vor wem sollte ich mich fürchten? Der Herr ist die Kraft meines Lebens: Vor wem sollte mir bangen? Nur eines erbitte ich vom Herrn, danach verlangt mich: Im Haus des Herrn zu wohnen alle Tage meines Lebens" (*Ps* 27,1.4).
Das Leben hier auf Erden ist nicht ein Weg zum Tod, sondern zum Leben, zum Licht, zum Herrn. Der Tod, von der Sünde angefangen, kann und muß besiegt werden.
Beten wir für unsere Brüder und Schwestern, die uns auf dem Pilgerweg hier auf Erden vorangegangen sind und den „guten Kampf" des Glaubens gekämpft haben, und bitten wir für sie: Herr, gib ihnen die ewige Ruhe, und das ewige Licht leuchte ihnen.
So gedenken wir ihrer, damit sie Ruhe und Frieden finden. Damit sie sich an den Früchten ihrer Mühen und ihrer Verzichte erfreuen können. Damit ihre Leiden nicht vergeblich waren. Damit sie sich dessen erfreuen, was sie ersehnten: „Im Haus des Herrn zu wohnen alle Tage des Lebens."
Allen erteile ich meinen Segen.

In deutscher Sprache sagte der Papst:

Liebe Brüder und Schwestern!

Die heutige Liturgie von Allerseelen lenkt unsere Gedanken auf die Ewigkeit, auf den „neuen Himmel" und die „neue Erde", wo es nach der Offenbarung des Johannes weder Tod noch Trauer, weder Klage noch Mühsal geben wird (vgl. *Offb* 21,1–4). Diese Verheißung ist schon Wirklichkeit geworden für die Schar der Heiligen in Gottes Herrlichkeit, deren wir gestern gedacht haben. In ihr gründet unsere christliche Hoffnung, die darum weiß, daß der Tod nicht das letzte Wort hat. Der Tod wird besiegt durch das Leben. Der Christ, der in der Gnade Gottes lebt, hat die Verheißung ewigen Lebens, einer vollen und nie endenden Teilnahme am unendlichen Leben Gottes selbst.
Das heutige Fest Allerseelen läßt uns an alle Menschen denken, die uns durch das Tor des Todes vorausgegangen sind. Der Tod ist eine Wirklichkeit für jeden Menschen. Wir müs-

sen uns selbst dieser Wahrheit stellen, obwohl wir oft versucht sind, sie aus unserem täglichen Bewußtsein zu verdrängen. Wir müssen gerade als Christen lernen, auch über den Tod nachzudenken und mit anderen darüber zu sprechen. Denn unser Glaube hilft uns, die Wirklichkeit des Todes in einem neuen Licht zu sehen, seinen tieferen Sinn, ja sogar seinen Wert zu erkennen. In der Tat, der Tod kann für uns Christen sogar einen Wert darstellen. Christus selbst hat ihn freiwillig angenommen und ihn in ein Opfer, in einen Akt liebender Hingabe zu unserer Erlösung verwandelt. Indem wir den Tod wie Christus annehmen, können wir ihn mit ihm zusammen besiegen und ihn als Tor zum Leben durchschreiten.

Und was erbitten wir am heutigen Tag für unsere lieben Toten? Ihre endgültige Befreiung von aller Schuld und von allem Leid. Beten wir darum heute und in diesem Monat, der in einer besonderen Weise dem Gedenken unserer Toten gewidmet ist: „Herr, gib ihnen die ewige Ruhe, und das ewige Licht leuchte ihnen!“ Mögen sie alle im Hause des Herrn wohnen in ewigem Frieden!

Mit besten Wünschen für euch und eure Familien grüße ich euch, liebe Brüder und Schwestern, sehr herzlich und erteile euch allen für Gottes Führung und Beistand auf eurem Lebensweg hin zur ewigen Heimat von Herzen meinen besonderen Apostolischen Segen.

Geistlicher Besuch bei der „Moreneta“

Angelus am 6. November

Liebe Brüder und Schwestern!

1. Das christliche Volk ruft die Gottesmutter gern unter dem Namen „Stella matutina“, „Morgenstern“, an, weil Maria in der Geschichte der Menschheit erschienen ist, indem sie der Heilsrettung in Christus vorausging und sie ankündigte.

Mit einer ähnlichen Anrufung, mit der Bezeichnung „Stella Orientis“, „Stern des Orients“, pflegen die Gläubigen sich an die Madonna in dem wohlbekannten Heiligtum von Montserrat inmitten der Berge von Katalonien, nicht weit von Barcelona entfernt, zu wenden. Und dort hatte auch ich die Freude, vor der Jungfrau zu beten, vor sechs Jahren, am 7. November, während meiner apostolischen Pilgerfahrt in Spanien.

2. Die ersten sicheren Angaben vom Bestehen einer der Gottesmutter geweihten Kapelle reichen ins 9. Jahrhundert zurück; die dort verehrte Statue der Jungfrau wird im Volksmund „Moreneta“, „Schwarze Madonna“, genannt aufgrund der dunklen Färbung, die kennzeichnend ist für die Mariendarstellung des 12. Jahrhunderts, der dieses Bildnis zugerechnet wird.

Das Heiligtum erhielt großen Auftrieb, als das anliegende Kloster in den Rang einer Abtei erhoben wurde.

Die Abtei war während der Jahrhunderte und ist heute noch ein herausragender Mittelpunkt der Evangelisierung, der liturgischen Erneuerung, des Studiums der Heiligen

Schrift und vor allem ein Leuchtturm für den Glauben des Volkes Gottes, das bei der Gottesmutter Zuflucht und Hilfe sucht.
Aber das entscheidende Ereignis, das der Wallfahrtsstätte ihre gegenwärtige Bedeutung verlieh, war die Proklamierung Unserer Lieben Frau von Montserrat zur Patronin von Katalonien.

3. Unter den Christen dieser Region herrscht der Brauch des „geistlichen Besuches" bei der Gnadenmutter von Montserrat: Er besteht darin, während der täglichen Arbeit die Gedanken auf das Marienheiligtum zu lenken und sich im Geist zu einem kurzen Gebet zu sammeln. Ich möchte euch alle einladen, gemeinsam mit mir in diesem Augenblick einen solchen geistlichen Besuch bei der Gottesmutter zu machen und in der Sprache jener Region vertrauensvoll zu beten: „Sitz der Weisheit ... erlange für uns jenen Glauben, der die Berge senkt, die Täler hebt und den Lebensweg ebnet."
Wir bitten die „Schwarze Muttergottes" um Festigkeit im Glauben, Redlichkeit im öffentlichen und privaten Leben, brüderliche Verbundenheit der Herzen, Eintracht unter den Völkern sowie um Frieden und Wohlergehen aller Menschen guten Willens. Mögen die Gläubigen, die christlichen Familien sie wieder berharrlich und eifrig anrufen, besonders in dem schönen Rosenkranzgebet! Maria wird vom Herrn die Gnade eines neuen Frühlings für die Kirche in der bereits aufziehenden Morgenröte des dritten Jahrtausends der christlichen Ära erlangen.

Die erlösende Kraft des Leidens

Ansprache bei der Generalaudienz am 9. November

„Wenn das Weizenkorn ... stirbt, bringt es reiche Frucht" (*Joh* 12,24).

1. Die von Christus vollbrachte Erlösung um den Preis des Leidens und Sterbens am Kreuz ist ein entscheidendes und ausschlaggebendes Geschehen in der Menschheitsgeschichte, nicht nur weil sie den erhabenen göttlichen Plan der Gerechtigkeit und des Erbarmens vollendet, sondern weil sie auch dem Bewußtsein des Menschen eine neue Bedeutung des Leidens enthüllt. Wir wissen, daß kein Problem schwerer auf dem Menschen lastet als dieses, auch und vor allem in seinem Verhältnis zu Gott. Wir wissen, daß von der Lösung des Problems des Leidens der Lebenswert des Menschen auf der Erde bedingt wird. Wir wissen, daß es in einem gewissen Maß mit dem Problem des Übels und des Bösen zusammenfällt, dessen Gegenwart in der Welt so schwer anzunehmen ist. Das Kreuz Christi – sein Leiden und Sterben – wirft auf dieses Problem ein ganz neues Licht, indem es dem menschlichen Leiden ganz allgemein einen anderen Sinn gibt.

2. Im Alten Testament wird das Leiden, alles in allem, als eine Strafe betrachtet, die der Mensch von seiten des gerechten Gottes für seine Sünden erdulden muß. Auch wenn er im Bereich eines solchen Horizonts des Denkens bleibt, der auf einer anfänglichen göttli-

chen Offenbarung gründet, ist es für den Menschen trotzdem schwierig, den Grund des Leidens dessen zu erklären, der keine Schuld hat, sagen wir doch, des Unschuldigen. Ein furchterregendes Problem, das seinen „klassischen" Ausdruck im Buch *Hiob* gefunden hat. Jedoch ist hinzuzufügen, daß das Problem im Buch *Jesaja* schon in einem neuen Licht betrachtet wird, wo die Gestalt des Gottesknechtes eine sehr bezeichnende und wirksame Vorbereitung in bezug auf das Ostergeheimnis zu sein scheint, in dessen Mittelpunkt der leidende Mensch aller Zeiten und aller Völker neben Christus, dem „Mann der Schmerzen", seinen Platz findet.

Christus, der leidet, ist, wie ein moderner Dichter sagte, „der Heilige, der leidet", der Unschuldige, der leidet; und gerade deshalb ist sein Leiden von einer viel größeren Tiefe im Verhältnis zu dem aller anderen Menschen, auch aller Hiobs, das heißt all derer, die in der Welt ohne eigenes Verschulden leiden. Denn Christus ist der einzige, der wirklich ohne Sünde ist, ja der nicht einmal sündigen kann. Deshalb ist er derjenige – der einzige –, der in keinster Weise das Leiden verdient. Und doch ist er auch derjenige, der es in vollster und entschlossenster Weise freiwillig und mit Liebe angenommen hat. Dies erklärt seinen Wunsch und beinahe seine innere Erwartung, den Kelch des Leidens ganz zu trinken (vgl. *Joh* 18,11), und zwar „für unsere Sünden, aber nicht nur für unsere Sünden, sondern auch für die der ganzen Welt", wie der Apostel Johannes erläutert (*1 Joh* 2,2). In diesem Wunsch, der auch mit einer Seele ohne Schuld verbunden ist, findet sich der Grund für die Erlösung der Welt durch das Kreuz. Die erlösende Kraft des Leidens liegt in der Liebe.

3. Und so wird durch Christus der Sinn des Leidens völlig umgewandelt. Es genügt nicht mehr, im Leiden eine Strafe für die Sünden zu sehen. Es ist notwendig, die erlösende, heilwirkende Kraft der Liebe zu entdecken. Das Übel des Leidens wird im Geheimnis der Erlösung durch Christus überwunden und in jedem Fall umgewandelt: Es wird zur Kraft für die Befreiung vom Bösen, den Sieg des Guten. Jedes menschliche Leiden, das mit dem Leiden Christi verbunden ist, ergänzt „in der Person, die leidet, das, was an den Leiden Christi für seinen Leib noch fehlt" (vgl. *Kol* 1,24): Und der Leib ist die Kirche als universale Heilsgemeinschaft.

4. In seinen sogenannten vorösterlichen Reden ließ Jesus mehr als einmal wissen, daß der Begriff des Leidens, ausschließlich als Strafe für die Sünden verstanden, unzureichend und sogar unangemessen ist. So stellte Jesus, als man ihm von einigen Galiläern berichtete, „die Pilatus beim Opfern umbringen ließ, so daß sich ihr Blut mit dem ihrer Opfertiere vermischte", die Frage: „Meint ihr, daß nur diese Galiläer Sünder waren, weil das mit ihnen geschehen ist, alle anderen Galiläer aber nicht? ... Oder jene achtzehn Menschen, die beim Einsturz des Turms von Schiloach erschlagen wurden – meint ihr, daß nur sie Schuld auf sich geladen hatten, alle anderen Einwohner von Jerusalem aber nicht?" (*Lk* 13,1–2.4). Jesus stellt hier klar eine solche damals weitverbreitete und allgemein angenommene Denkweise in Frage und gibt zu verstehen, daß das „Unglück", das Leiden bringt, nicht ausschließlich als eine Strafe für die persönlichen Sünden betrachtet werden kann. „Nein, im Gegenteil", sagt Jesus und fügt hinzu: „Ihr alle werdet genauso

umkommen, wenn ihr euch nicht bekehrt“ (*Lk* 13,3–4). Wenn man diese Worte mit den vorhergehenden vergleicht, ist in diesem Zusammenhang leicht festzustellen, daß Jesus die Notwendigkeit, die Sünde zu meiden, unterstreichen will, weil sie das wahre Übel, das Böse an sich und aufgrund der Solidarität, die die Menschen untereinander verbindet, die tiefste Wurzel jeden Leidens ist. Es genügt nicht, die Sünde nur aus Furcht vor der Strafe zu meiden, die für den Sünder daraus folgen kann. Es ist notwendig, sich wirklich zum Guten „zu bekehren“, so daß das Gesetz der Solidarität seine Wirksamkeit umkehren und dank der Verbindung mit dem Leiden Christi einen positiven Einfluß auf die anderen Glieder der Menschheitsfamilie ausüben kann.

5. In diesem Sinn klingen die von Jesus gesprochenen Worte, während er einen Blindgeborenen heilte. Als die Jünger ihn fragten: „Rabbi, wer hat gesündigt, so daß er blind geboren wurde?“, antwortete Jesus: „ Weder er noch seine Eltern haben gesündigt, sondern das Wirken Gottes soll an ihm offenbar werden“ (*Joh* 9,2–3). Indem er dem Blinden das Augenlicht schenkte, machte Jesus „das Wirken Gottes“ bekannt, das sich an diesem behinderten Menschen offenbaren sollte, zu seinen Gunsten und zugunsten derer, die von diesem Geschehnis erfahren sollten. Die wunderbare Heilung des Blinden war ein „Zeichen“, das den Geheilten veranlaßte, an Christus zu glauben, und das im Herzen der anderen einen heilbringenden Samen der Unruhe einpflanzte (vgl. *Joh* 9,16). Im Glaubensbekenntnis des Geheilten manifestierte sich das wesentliche „Wirken Gottes“, das heilbringende Geschenk, das er zusammen mit dem Geschenk des Augenlichtes erhalten hatte: „Glaubst du an den Menschensohn? … Wer ist das, Herr? Sag es mir, damit ich an ihn glaube … Du siehst ihn vor dir; er, der mit dir redet, ist es … Ich glaube, Herr!“ (*Joh* 9,35–38).

6. Auf dem Hintergrund dieses Geschehens sehen wir einige Aspekte über die Wahrheit des Leidens im Licht des Kreuzes. Ein Urteil, das das Leiden ausschließlich als Strafe für die Sünde sieht, richtet sich in Wirklichkeit gegen die Liebe des Menschen. Das zeigt sich schon im Fall der Freunde Hiobs, die ihn beschuldigen aufgrund von Argumenten, die eines Begriffs von Gerechtigkeit bar jeder Öffnung zur Liebe entstammen (vgl. *Hiob* 4–5). Man sieht es noch besser im Fall des Blindgeborenen: „Wer hat gesündigt? Er selbst? Oder haben seine Eltern gesündigt, so daß er blind geboren wurde?“ (*Joh* 9,2). Es ist, wie mit dem Finger auf jemanden zu zeigen. Es ist ein Urteilen, das von dem als körperlichen Schmerz gesehenen Leiden zu dem als Strafe für die Sünde verstandenen Leiden führt: Irgendjemand muß in diesem Fall gesündigt haben, der Betroffene oder seine Eltern. Es ist eine moralische Anprangerung: Er leidet, deshalb muß er sich schuldig gemacht haben!

Um dieser engherzigen und ungerechten Denkweise ein Ende zu setzen, war es notwendig, daß das Geheimnis des Leidens des Unschuldigen, des Heiligen, des „Mannes der Schmerzen“, in seiner Radikalität offenbar wurde. Seit Christus das Kreuz gewählt hat und auf Kalvaria gestorben ist, können alle, die leiden, insbesondere die unverschuldet leiden, einander mit dem Antlitz des „Heiligen, der leidet“, begegnen und in seiner Passion die volle Wahrheit über das Leiden, dessen vollen Sinn, dessen Wert, finden.

7. Im Licht dieser Wahrheit können alle, die leiden, sich berufen fühlen, an dem durch das Kreuz vollbrachten Werk der Erlösung teilzuhaben. Am Kreuz Christi teilhaben heißt, an die erlösende Kraft des Opfers glauben, das jeder Glaubende zusammen mit dem Erlöser darbringen kann. Dann wird das Leiden vom Schatten der Sinnlosigkeit befreit, der es zu umhüllen scheint, und es erhält eine tiefe Dimension, es offenbart seine Bedeutung und seinen schöpferischen Wert. Dann, könnte man sagen, wandelt sich die Bühne des Lebens, von der sich die zerstörerische Macht des Übels und Bösen immer weiter entfernt, eben weil das Leiden reiche Frucht trägt. Jesus selbst offenbart es uns und verspricht es, als er sagt: „Die Stunde ist gekommen, daß der Menschensohn verherrlicht wird. Amen, amen, ich sage euch: Wenn das Weizenkorn nicht in die Erde fällt und stirbt, bleibt es allein; wenn es aber stirbt, bringt es reiche Frucht“ (*Joh* 12,23–24). Vom Kreuz in die Herrlichkeit!

8. Ein anderer Aspekt der Wahrheit des Leidens muß mit Hilfe des Evangeliums noch hervorgehoben werden. Matthäus sagt uns, daß „Jesus umherzog ... das Evangelium vom Reich verkündete und alle Krankheiten und Leiden heilte“ (vgl. *Mt* 9,35). Lukas seinerseits erzählt, daß Jesus, als sie ihn nach der rechten Bedeutung des Gebotes der Liebe fragten, mit dem Gleichnis vom barmherzigen Samariter antworte (vgl. *Lk* 10,30–37). Aus diesen Texten geht hervor, daß, nach Jesus, das Leiden in besonderer Weise zur Liebe zum Nächsten und zum Einsatz anspornen soll, ihm die nötigen Dienste zu leisten. Eine solche Liebe und solche Dienste, die in jeder nur möglichen Form ausgeübt werden, sind ein grundlegender moralischer Wert, der das Leiden „begleitet“. Und Jesus hat sogar, als er vom Endgericht sprach, ganz besonders den Begriff hervorgehoben, daß jedes aus Liebe zum leidenden Menschen vollbrachte Werk dem Erlöser selbst gilt: „Ich war hungrig, und ihr habt mir zu essen gegeben; ich war durstig, und ihr habt mir zu trinken gegeben; ich war fremd und obdachlos, und ihr habt mich aufgenommen; ich war nackt, und ihr habt mir Kleidung gegeben; ich war krank, und ihr habt mich besucht; ich war im Gefängnis, und ihr seid zu mir gekommen“ (*Mt* 25,35–36). Auf diesen Worten gründet die ganze christliche Ethik der Dienste, auch der sozialen, und die endgültige Aufwertung des im Licht des Kreuzes angenommenen Leidens.
Könnte man nicht von hier aus die Antwort finden, die die Menschheit auch heute erwartet? Man kann sie nur vom gekreuzigten Christus, „dem Heiligen, der leidet“, erhalten, der ins tiefste Innere der quälendsten menschlichen Probleme eindringen kann, weil er schon neben allen steht, die leiden und ihn darum bitten, ihnen neue Hoffnung zu schenken.

In deutscher Sprache sagte der Papst:

Liebe Brüder und Schwestern!

Christus hat uns durch seinen Kreuzestod erlöst. Das ist die zentrale Wahrheit unseres Glaubens. Zugleich wirft sein Leiden und Sterben ein neues Licht auf das menschliche Leid im allgemeinen. Es hilft uns, dieses tiefer zu verstehen und offenbart uns seinen inneren Sinn und Wert.

Im Alten Bund erblickte man im Leid, das einem Menschen zustieß, vor allem eine Strafe für seine Sünden. Ich erinnere nur an die leidvollen Prüfungen des geduldigen Job. In Jesus Christus aber leidet einer, der völlig unschuldig ist, der zu einer Sünde nicht einmal fähig ist und darum Leid und Tod nicht verdienen konnte. Die Heilige Schrift erklärt uns, daß er das Leiden freiwillig und aus Liebe auf sich genommen hat, und zwar als Sühne „für unsere Sünden, aber nicht nur für unsere Sünden, sondern auch für die der ganzen Welt" (*1 Joh* 2,2). Die erlösende Kraft des Leidens liegt in der Liebe. Durch seine liebende Selbsthingabe verwandelt Christus völlig den Sinn des Leidens. Es ist nicht mehr nur Strafe für die Sünden, sondern wird zum Kraftquell für die Befreiung vom Bösen. „Wenn das Weizenkorn ... stirbt, bringt es reiche Frucht" (*Joh* 12,24), deutet Jesus selbst sein Sterben. Ebenso kann menschliches Leid fortan, wenn es sich mit dem Leiden Christi verbindet, „ergänzen, was an den Leiden Christi noch fehlt" (vgl. *Kol* 1,24). Jesus bekräftigt dieses neue, tiefere Verständnis des Leidens in der Heiligen Schrift an mehreren Stellen. So sagt er zum Beispiel zum Geschick des Blindgeborenen: „Weder er noch seine Eltern haben gesündigt, sondern das Wirken Gottes soll an ihm offenbar werden" (*Joh* 9,3). Alle, die leiden, sind berufen, in einer besonderen Weise am Erlösungswerk Christi teilzunehmen. Gleichzeitig ist das menschliche Leid auch ein Aufruf an alle zur liebenden Teilnahme und zum solidarischen Dienst am Nächsten. Christus selbst versichert uns: Alles, was wir einem Leidenden an Liebe und Hilfe erweisen, das ist letztlich ihm selbst erwiesen. Ihm gilt die Verheißung ewigen göttlichen Lohnes.
Mit dieser kurzen Betrachtung grüße ich euch, liebe Brüder und Schwestern: jeden einzelnen sowie alle genannten und ungenannten Gruppen. Möge euch diese Begegnung mit so vielen Gläubigen aus aller Welt in eurer Liebe zu Christus und zu seiner Kirche stärken und ermutigen. Das erbitte ich euch und allen, die euch verbunden sind, mit meinem besonderen Apostolischen Segen.

Kanada dem Schutz Marias anvertraut

Angelus am 13. November

Liebe Brüder und Schwestern!

1. Das Kanadische Kolleg in Rom hat vor kurzem das hundertjährige Gründungsjubiläum gefeiert, und die Bischöfe dieses weiten Landes führen in diesen Wochen ihren Ad-limina-Besuch durch. Dies ist eine günstige Gelegenheit, während des Angelus die Gedanken auf das bedeutendste Marienheiligtum von Kanada zu lenken: das Unserer Lieben Frau vom Rosenkranz am Kap, das auf der halben Strecke zwischen Quebec und Montreal in der Stadt Cap-de-la-Madeleine, in der Diözese Trois-Rivières, liegt.
Die Marienverehrung an diesem Ort begann im Jahr 1714 in einer kleinen Kapelle, die sich bald als unzureichend erwies, um alle Pilger aufzunehmen. Man beschloß deshalb, eine neue Kirche zu bauen, die im Jahr 1888 eingeweiht wurde. Die seligste Jungfrau bekundete ihre Vorliebe für dieses Heiligtum, indem sie von Gott einige Wunderzeichen zu

Beginn und am Ende der Bauarbeiten erbat. Seit damals nahmen bis auf den heutigen Tag das religiöse Leben und der Pilgerzustrom ständig zu.

2. Im Jahr 1902 wurde die Wallfahrtskirche der Sorge der Oblaten-Missionare der Unbefleckten Jungfrau Maria anvertraut, die auch jetzt noch mit großem Eifer einen ausgedehnten und vielfältigen Seelsorgedienst leisten, unter der Mitarbeit vieler Laien und karitativer Hilfsorganisationen und Verbände. Von 1954–64 erfolgte der Bau einer neuen Basilika neben der früheren Kirche, so daß der Marienwallfahrtsort heute zwei Kirchen inmitten einer schönen Parkanlage sowie angemessene Unterkunftseinrichtungen umfaßt, die den Bedürfnissen derer entsprechen, die zu Füßen der gemeinsamen Mutter Licht und Kraft finden wollen für ihre durch die Schicksalsschläge und Dunkelheiten des Lebens bedrückte Seele.
Das Heiligtum will hauptsächlich ein Mittelpunkt der Evangelisierung und Marienverehrung sein. Deshalb wird in großem Maß das Sakrament der Versöhnung gespendet; intensive katechetische und theologische Bildung wird vermittelt; liturgische und paraliturgische Treffen verschiedener Art, den Möglichkeiten oder der geistigen Anteilnahme der Pilger entsprechend, werden veranstaltet.

3. Höhepunkt aller marianischen Feiern des Wallfahrtsortes ist das Fest Mariä Himmelfahrt, das in einer Novene sorgfältig vorbereitet wird, in deren Verlauf tagtäglich drei Stunden lang Tausende von Pilgern beten, singen, das Wort Gottes hören und an der Eucharistiefeier teilnehmen.
Das Wallfahrtszentrum hat mit besonderem Enthusiasmus einige bedeutende Augenblicke des Weges der Kirche in den vergangenen Jahren erlebt, wie das jüngste Heilige Jahr der Erlösung und das Marianische Jahr. Als ich im September 1984 die Freude hatte, es zu besuchen, wurde ich mit dem Ausdruck rührender Herzlichkeit empfangen, von der ich immer noch eine lebendige Erinnerung im Herzen bewahre.
Im Geist knie ich vor dem Bild unserer Lieben Frau vom Rosenkranz am Kap und vertraue ihrem mütterlichen Schutz auch heute die Bevölkerung von Kanada an. Ihr und allen Söhnen und Töchtern der Kirche erbitte ich das Geschenk eines glühenden und wirksamen Glaubens, der befähigt, vor der Welt von heute die unvergänglichen Werte des Evangeliums zu bezeugen.

Nach dem Angelusgebet sagte der Papst:

Dieser von der Italienischen Bischofskonferenz geförderte Tag möge eine günstige Gelegenheit sein, unser Lob und unseren Dank an Gott für die Früchte der Erde und die menschliche Arbeit zu erneuern, ebenso für alle Wohltaten, die er uns erweist. Zugleich möge es auch ein Anlaß sein, über die schweren Probleme des Hungers in der Welt und der rechten Nutzanwendung der Güter und Ressourcen nachzudenken, damit man dahin gelangt, noch gültigere Formen hochherziger sozialer Solidarität zu verwirklichen.

Jesus unser Fürsprecher beim Vater

Ansprache bei der Generalaudienz am 16. November

1. Alles, was Jesus während seines irdischen Lebens gelehrt und getan hat, erreicht seinen Höhepunkt am Kreuz. Die Worte, die Jesus damals sprach, stellen seine höchste und endgültige Botschaft und zugleich die Bestätigung eines heiligen Lebens dar, das mit der totalen Selbsthingabe aus Gehorsam zum Vater für das Heil der Welt endete. Diese von seiner Mutter und den Jüngern auf Golgota vernommenen Worte wurden den ersten Christengemeinden und allen zukünftigen Generationen weitergegeben, damit sie die Bedeutung des Heilswerkes Jesu erhellen und seine Jünger während ihres Lebens und im Augenblick des Todes inspirieren. Denken auch wir über diese Worte nach, wie es so viele Christen zu allen Zeiten getan haben.

2. Die erste Entdeckung, die wir machen, wenn wir sie lesen, ist, daß sie eine Botschaft der Vergebung enthalten. „Vater, vergib ihnen, denn sie wissen nicht, was sie tun" (*Lk* 23,34). Nach der Erzählung des Lukas sind das die ersten Worte, die Jesus am Kreuz gesprochen hat. Wir fragen uns sogleich: Sind das nicht die Worte, derer wir bedürfen, daß sie auch über uns gesprochen werden?
Unter diesen äußeren Umständen, nach diesen Ereignissen und angesichts dieser Menschen, die sich schuldig gemacht hatten, weil sie die Verurteilung gefordert und gegen ihn so sehr gewütet hatten, wer hätte sich vorgestellt, daß dieses Wort von den Lippen Jesu käme? Und doch gibt uns das Evangelium diese Gewißheit: Von der Höhe des Kreuzes herab erklang das Wort „Vergebung"!

3. Erfassen wir die Grundaspekte dieser Botschaft der Vergebung:
Jesus vergibt nicht nur, sondern bittet um die Vergebung des Vaters für die, die ihn zu Tode gebracht haben, und damit auch für uns. Es ist das Zeichen der totalen Glaubwürdigkeit der Vergebung Christi und der Liebe, der sie entspringt. Es ist ein neues Faktum in der Geschichte, auch in der des Bundes. Im Alten Testament lesen wir viele Texte der Psalmisten, die zum Herrn um Rache oder Bestrafung ihrer Feinde riefen: Texte, die auch im christlichen liturgischen Gebet wiederholt werden, nicht ohne daß man das Bedürfnis spürt, sie in Anpassung an die Lehre und das Beispiel Jesu zu interpretieren, der auch die Feinde geliebt hat. Dasselbe ist von einer bestimmten Ausdrucksweise des Propheten Jeremia (*Jer* 11,20; 20,12; 15,15) und der jüdischen Märtyrer im Buch der Makkabäer (vgl. *2 Makk* 7,9.14.17.19) zu sagen. Jesus wandelt diese Einstellung vor Gott und spricht ganz andere Worte. Den, der ihm seinen Umgang mit „Sündern" vorwarf, erinnerte er daran, daß Gott bereits im Alten Testament nach dem von ihm inspierten Wort „Barmherzigkeit will" (vgl. *Mt* 9,13).

4. Man stelle außerdem fest, daß Jesus sofort vergibt, obwohl die Feindschaft der Gegner sich weiter kundtut. Die Vergebung ist seine einzige Antwort auf ihre Feindseligkei-

ten. Und seine Vergebung richtet sich an alle, die, menschlich gesprochen, für seinen Tod verantwortlich sind, nicht nur an die Ausführenden, die Soldaten, sondern an alle, von denen aus der Nähe oder Ferne, offenkundig oder insgeheim das Gerichtsverfahren ausgegangen ist, das zu seiner Verurteilung und Kreuzigung geführt hat. Für sie alle bittet er um Vergebung, und so verteidigt er sie vor dem Vater, so daß der Apostel Johannes, nachdem er den Christen geboten hatte, nicht zu sündigen, hinzufügen kann: „Wenn aber einer sündigt, haben wir einen Beistand beim Vater: Jesus Christus, den Gerechten. Er ist die Sühne für unsere Sünden, aber nicht nur für unsere Sünden, sondern auch für die der ganzen Welt" (*1 Joh* 2,1–2). Auf dieser Linie steht auch der Apostel Petrus, der in der Rede an das Volk von Jerusalem auf alle die Entschuldigung der „Unwissenheit" (*Apg* 3,17; vgl. *Lk* 23,34) und das Angebot der Vergebung (vgl. *Apg* 3,1–9) ausdehnt. Für uns alle ist es tröstlich zu wissen, daß gemäß dem Brief an die Hebräer Christus, der Gekreuzigte, der ewige Hohepriester, allezeit lebt, um für die Sünder einzutreten, die durch ihn vor Gott hintreten (vgl. *Hebr* 7,25).
Er ist der Fürsprecher und auch der Verteidiger, der „Beistand" (vgl. *1 Joh* 2,1), der auf dem Kreuz die Schuld seiner Peiniger mildert, anstatt sie anzuprangern, indem er sagt, daß sie nicht wissen, was sie tun. Es ist ein Urteil voll gütiger Nachsicht, aber auch in Übereinstimmung mit der tatsächlichen Wahrheit, die nur er in seinen Gegnern und in allen Sündern sehen kann. Viele mögen weniger schuldig sein, als es scheinen oder man denken mag; und gerade deshalb hat Jesus gelehrt, „nicht zu richten" (vgl. *Mt* 7,1). Jetzt, auf Golgota, macht er sich zum Fürsprecher und Verteidiger der Sünder vor dem Vater.

5. Diese Vergebung vom Kreuz aus ist das Bild und das Prinzip jener Vergebung, die Christus der ganzen Menschheit durch seinen Opfertod bringen will. Um diese Vergebung und praktisch die Gnade zu erlangen, die reinigt und das göttliche Leben schenkt, hat Jesus das heroische Selbstopfer für die ganze Menschheit dargebracht. Alle Menschen, jeder einzelne in der Wirklichkeit seines Ichs, seines Guten und seines Bösen, sind also potentiell und, man könnte sogar sagen, absichtlich in das Gebet Jesu an den Vater mit eingeschlossen: „Vergib ihnen!" Gewiß gilt auch für uns die Bitte um Nachsicht, ja beinahe um Verständnis des Himmels: „denn sie wissen nicht, was sie tun." Vielleicht entgeht kein Sünder ganz diesem mangelnden Bewußtsein und damit der Reichweite dieses Gebetes um Vergebung, das aus dem gütigsten Herzen des sterbenden Christus am Kreuz kommt. Aber das darf niemanden dazu führen, sein Spiel mit dem Reichtum der Güte, Nachsicht und Geduld Gottes so weit zu treiben, daß man nicht erkennt, daß diese Güte zur Umkehr einlädt (vgl. *Röm* 2,4). Durch die Härte seines unbußfertigen Herzens würde er Zorn gegen sich für den „Tag des Zornes", den Tag der Offenbarung von Gottes gerechtem Gericht (vgl. *Röm* 2,5), sammeln. Und doch bittet der sterbende Christus auch für ihn beim Vater um Vergebung, obwohl ein Wunder notwendig wäre für seine Bekehrung. Denn nicht einmal er weiß, was er tut!

6. Es ist interessant festzustellen, daß bereits im Umfeld der ersten Christengemeinden die Botschaft der Vergebung von den ersten Glaubensblutzeugen aufgenommen und befolgt wurde, die das Gebet Jesu zum Vater beinahe mit denselben Worten wiederholten.

So tat es der Erzmärtyrer Stephanus, der nach der Apostelgeschichte im Augenblick seines Todes bat: „Herr, rechne ihnen diese Sünde nicht an“ (*Apg* 7,60). Auch der hl. Jakobus nahm die Worte Jesu in die Bitte um Vergebung während seines Martyriums auf, wie Eusebius von Caesarea berichtet (Eusebius, *Historia Eccles.* II, 23,16). Im übrigen war das die Anwendung der Lehre des Meisters, der empfohlen hatte: „Betet für die, die euch verfolgen“ (*Mt* 5,44). Mit der Lehre hatte Jesus das Beispiel im letzten Augenblick seines Lebens verbunden, und seine ersten Jünger machten sich ihm gleichförmig im Vergeben und in der Bitte um die göttliche Vergebung für ihre Verfolger.

7. Aber sie hielten sich auch ein anderes konkretes Geschehen auf Golgota vor Augen, das die Botschaft des Kreuzes als Botschaft der Vergebung vervollständigt. Jesus sagt zu einem Schächer, der mit ihm gekreuzigt wurde: „Amen, ich sage dir: Heute noch wirst du mit mir im Paradies sein“ (*Lk* 23,43). Das ist eine eindrucksvolle Tatsache, in der wir alle Dimensionen des Heilswerkes entfaltet sehen, das sich in der Vergebung verwirklicht. Dieser Verbrecher hatte seine Schuld eingesehen, indem er seinen Gefährten und Leidensgenossen, der Jesus verhöhnte, zurechtwies: „Uns geschieht recht, wir erhalten den Lohn für unsere Taten.“ Und er bat Jesus, an dem von ihm verkündeten Reich teilhaben zu können: „Jesus, denk an mich, wenn du in dein Reich kommst“ (*Lk* 23,41.42). Er fand die Verurteilung Jesu ungerecht: „Er hat nichts Unrechtes getan.“ Er teilte deshalb nicht die Beleidigungen von seiten seines Strafgefährten („Hilf dir selbst und auch uns“: *Lk* 23,39) und der anderen, die wie die Führer des Volkes sagten: „Anderen hat er geholfen, nun soll er sich selbst helfen, wenn er der erwählte Messias Gottes ist“ (*Lk* 23,35); und er teilte auch nicht den Spott der Soldaten: „Wenn du der König der Juden bist, dann hilf dir selbst“ (*Lk* 23,37).

Darum bekennt der Verbrecher, indem er Jesus bittet, sich seiner zu erinnern, seinen Glauben an den Erlöser. Im Augenblick des Todes nimmt er seinen Tod nicht nur als gerechte Strafe für das verschuldete Übel an, sondern er wendet sich an Jesus, um ihm zu sagen, daß er auf ihn seine ganze Hoffnung setzt.

Das ist die augenscheinlichste Erklärung dieser von Lukas berichteten Begebenheit. In ihr hat der psychologische Faktor – das heißt die Wandlung der Gefühle des Missetäters – seine unmittelbare Ursache in dem Eindruck, den das Beispiel des schuldlosen Jesus hinterlassen hatte, der im Leiden und Sterben vergibt, jedoch seine geheimnisvolle Wurzel in der Gnade des Erlösers, der diesen Menschen „bekehrt“ und ihm die göttliche Vergebung schenkt. So ist die Antwort Jesu unmittelbar. Er verspricht dem reuigen und „bekehrten“ Verbrecher das Paradies, an seiner Seite, noch zum selben Tag. Es handelt sich also um eine ganzheitliche Vergebung: Er, der Verbrechen und Räubereien – und damit Sünden – begangen hatte, wird im letzten Augenblick seines Lebens ein Heiliger.

Man könnte sagen, daß in diesem Text von Lukas die erste Heiligsprechung in der Geschichte dokumentiert wird, die Jesus zugunsten eines Verbrechers vollzieht, der sich in jenem dramatischen Augenblick an ihn wendet. Das beweist, daß die Menschen dank des Kreuzes Christi die Vergebung all ihrer Schuld und auch für ein ganzes schlechtes Leben erlangen können, und sie können sie auch im letzten Augenblick erlangen, wenn sie der Gnade des Erlösers nachgeben, der sie bekehrt und rettet.

Die Worte Jesu an den reuigen Verbrecher enthalten auch das Versprechen der vollkommenen Glückseligkeit: „Heute noch wirst du mit mir im Paradies sein." Das Erlösungsopfer erlangt für die Menschen wirklich die ewige Seligkeit. Es ist ein Heilsgeschenk, das gewiß dem Wert des Opfers entspricht, trotz des Mißverhältnisses, das zwischen der einfachen Bitte des Verbrechers und dem Ausmaß der Belohnung zu bestehen scheint. Die Überwindung dieses Mißverhältnisses wird durch den Opfertod Christi gewirkt, der durch den unendlichen Wert seines Lebens und Todes die himmlische Seligkeit verdient hat.
Die von Lukas erzählte Begebenheit erinnert uns daran, daß das „Paradies" der ganzen Menschheit angeboten wird, jedem Menschen, der wie der reuige Verbrecher der Gnade nachgibt und seine Hoffnung auf Christus setzt. Ein Augenblick aufrichtiger Bekehrung, ein „Augenblick der Gnade", wie wir mit dem hl. Thomas sagen können, „ist mehr wert als das ganze Universum" (*Thomas v. Aquin* I–II, q. 113, a. 9, ad 2) und kann deshalb die Schuld eines ganzen Lebens tilgen, kann im Menschen, in jedem Menschen, das verwirklichen, was Jesus seinem Leidensgefährten verheißt: „Heute noch wirst du mit mir im Paradies sein."

In deutscher Sprache sagte der Papst:

Liebe Brüder und Schwestern!

Das Kreuzesopfer ist der Höhepunkt im Leben und Wirken Jesu Christi. Die von ihm am Kreuz gesprochenen Worte sind seine letzte und höchste Botschaft an uns Menschen. Es ist eine Botschaft der Vergebung: „Vater, vergib ihnen, denn sie wissen nicht, was sie tun" (*Lk* 23,34). Christus selbst bittet um Vergebung für seine Henker und für alle Menschen, denen sein Leiden und Sterben gilt. Er tritt für sie und für uns alle ein als Fürsprecher beim Vater. Der Apostel Johannes schreibt später in seinem ersten Brief: „Wenn einer sündigt, haben wir einen Beistand beim Vater: Jesus Christus. Er ist die Sühne für unsere Sünden" (*1 Joh* 1,1–2).
Diese Vergebung am Kreuz ist Ausdruck und Ursprung für jene Vergebung, die Christus durch sein Opfer der ganzen Menschheit bringen will. In seinem Gebet um Vergebung wegen ihrer Unwissenheit sind alle Menschen eingeschlossen. Alle Sünder haben wohl nicht das volle Bewußtsein von ihrem schuldhaften Tun. Dennoch darf sich niemand leichtfertig auf die Güte und Vergebungsbereitschaft Gottes berufen. Gottes Güte und Langmut wollen den Sünder vor allem zu Besinnung und Umkehr einladen.
Ferner hören wir von Jesus am Kreuze noch die Worte an den reuigen Schächer: „Heute noch wirst du mit mir im Paradies sein" (*Lk* 23,43). Die Vergebung Jesu zielt letztlich auf die volle Lebensgemeinschaft mit ihm hin, die im Paradies ihre endgültige Vollendung findet. Dieses Geschenk der Vergebung und der Lebenserfüllung in Christus wird allen Menschen angeboten und kann sogar noch im letzten Augenblick vor dem Tode durch den Akt der Bekehrung gewonnen werden.
Jesu Botschaft der Vergebung ist schon von den ersten Christen angenommen und konkret gelebt worden. Die ersten Märtyrer Stephanus und Jakobus haben sich die Vergebungsbitte Jesu selbst zu eigen gemacht: „Herr, rechne ihnen diese Sünde nicht an!" (*Apg* 7,60). Wie ihnen hat Jesus auch uns allen aufgetragen: „Liebt eure Feinde und betet für die, die euch verfolgen" (*Mt* 5,44).

Indem ich euch, liebe Brüder und Schwestern, diese Botschaft und Einladung Christi wieder in Erinnerung rufe, grüße ich euch alle sehr herzlich zur heutigen Audienz: alle Gruppen, Familien und einzelnen Pilger. Nehmt diesen Auftrag Jesu zu Vergebung und Versöhnung mit in euren Alltag hinein. Für Gottes Schutz und Beistand erteile ich euch allen von Herzen meinen besonderen Apostolischen Segen.

Christus besiegt die Macht des Bösen

Angelus am 20. November

1. Der heutige Sonntag beendet das Kirchenjahr und ist bedeutsamerweise Christus, dem König des Weltalls, gewidmet, um gleichsam den Abschluß der irdischen Geschichte mit dem endgültigen Kommen des auferstandenen Herrn in Herrlichkeit vorwegzunehmen. Er wird durch seinen Sieg über alle Macht des Bösen den Aufbau des Reiches Gottes zu Ende führen, das hier auf Erden bereits in der Wirklichkeit der pilgernden und streitenden Kirche begonnen hat.
Dieses schöne Fest, das uns veranlaßt, unseren Blick des Glaubens auf die zukünftigen Perspektiven der abschließenden Erneuerung der Welt und der endgültigen Befreiung der Auserwählten auszuweiten, wurde, wie bekannt, von Papst Pius XI. im Jahr 1925 mit der Enzyklika *Quas primas* eingeführt.

2. Indem er auf Christus, den König des Weltalls, blickt, wird der Christ aufgefordert, sich nicht von der beunruhigenden Erfahrung des Bösen einschüchtern zu lassen. Manchmal scheint es tatsächlich, daß die Macht des Irrtums über die der Wahrheit, die Ungerechtigkeit über die Gerechtigkeit, Spaltung und Krieg über Frieden und Eintracht unter den Menschen die Oberhand gewinnen sollten.
Dieses Fest läßt uns in ehrerbietiger Gottesfurcht das Kommen Christi erwarten, der „die Lebenden und die Toten" richten wird, wie wir im Glaubensbekenntnis sprechen. Das Christkönigsfest läßt uns in ehrfurchtsvoller Haltung gegenüber dem geheimnisvollen Ratschluß der Vorsehung auf die „Stunde des Herrn" warten, in der jeder einzelne den Lohn für seine Werke, im Guten wie im Bösen, erhalten wird. Das, was die menschliche Gerechtigkeit jetzt und hier auf Erden nicht lösen konnte oder wollte, wird dann eine unwiderlegbare und vollkommene Lösung finden.

3. Unsere Aufgabe als Jünger des göttlichen Meisters ist – unter seiner Leitung – der ständige und fortschreitende Aufbau seines Reiches der Gerechtigkeit und des Friedens, der Gnade und der Liebe, das er für uns verdient hat durch sein heiliges Leiden und Sterben, indem er die Macht der Sünde, des Todes und Bösen besiegte. Das Christenleben ist in der Tat ein kämpferisches Dasein, ein „guter Kampf", nach den Worten des hl. Paulus (z. B. *2 Tim* 4,7), in dem jeder um die Befolgung der wahren und höchsten Werte der Tugend, der Nächstenliebe, der Vereinigung mit Gott ringen muß. Christus, der uns in sein

Reich führt, nachfolgen heißt letztlich, ihm auf der Suche nach dem „Antlitz des Vaters" nachfolgen in dem glühenden Wunsch, ihn eines Tages zu „sehen, wie er ist" (*1 Joh* 3,2). Die selige Jungfrau Maria stehe uns bei auf dem mühevollen Weg, sie erleichtere uns die Anforderungen des geistlichen Widerstreites, sie flöße uns Mut ein im Kampf und im Ertragen der Prüfungen. So werden wir mit ihrer Hilfe glücklich dorthin gelangen, wo der Vater, der Sohn und der Heilige Geist herrschen.

Nach dem Angelusgebet sagte der Papst:

Jetzt begrüße ich sehr herzlich die zahlreichen Sängerinnen und Sänger der verschiedenen Kirchenchöre, die in Rom zusammengekommen sind, um unter aktiver Teilnahme des Italienischen Cäcilienverbandes das 25. Gründungsjubiläum der „Consociatio Internationalis Musicae Sacrae" zu feiern. Durch ihre Anwesenheit haben sie einen wertvollen und schönen Beitrag zum intensiven Gebet bei der heutigen Seligsprechung geleistet. Liebe Brüder und Schwestern, ich fordere euch auf, im musikalischen Dienst auszuharren, der die liturgischen Feiern nicht nur würdiger gestaltet, sondern auch die Bedeutung der Botschaft des Evangeliums in der Liturgie erweitert und dazu beiträgt, deren Widerhall und harmonische Fülle zu entdecken. Mit dem Wunsch, daß eure Darbietungen jeden Gläubigen dazu anspornen, sein Herz und seinen Lobpreis an den zu richten, der der allmächtige und barmherzige Schöpfer des Kosmos ist, erteile ich allen meinen Apostolischen Segen.
Morgen wird der Tag „Pro orantibus" für die „betenden" Ordensfrauen der Klausurklöster begangen, die in der Stille und Einsamkeit vor Gott sich besonders dem Gebet nicht nur für sie selbst, sondern auch für die großen Bedürfnisse der Kirche und der Welt widmen. Deshalb lade ich alle ein, morgen in besonderer Weise dieser unserer Schwestern zu gedenken, die in beispielhafter Hochherzigkeit ihr Leben für das Heil der Welt aufopfern. Ihre Selbsthingabe ist Gott besonders wohlgefällig und bringt uns reichen Segen. Wir müssen deshalb diesen mutigen Frauen dankbar sein und uns auch verpflichtet fühlen, ihnen so weit wie möglich in ihren Nöten helfen.
Mit Freude grüße ich die zahlreichen Libanesen, vor allem die Jugendlichen, die sich auf diesem Platz versammelt haben, um das Fest der Unabhängigkeit ihres Landes zu begehen, das einen besonders entscheidenden Augenblick seiner Geschichte erlebt. Ich lade alle ein, darum zu beten, damit diese edle Nation die Eintracht und den Frieden wiederfinden, die all ihre Söhne und Töchter so heiß ersehnen.

Maria wie die eigene Mutter lieben

Ansprache bei der Generalaudienz am 23. November

1. Die Botschaft des Kreuzes enthält einige erhabene Worte der Liebe, die Jesus an seine Mutter und an den Lieblingsjünger Johannes richtet, die bei seinem Opfertod auf Golgota anwesend waren.

So erinnert der hl. Johannes in seinem Evangelium daran, daß „bei dem Kreuz Jesu seine Mutter stand“ (vgl. *Joh* 19,25). Es war die Anwesenheit einer Frau – vermutlich seit Jahren Witwe , die im Begriff war, auch ihren Sohn zu verlieren. Alle Fasern ihres Seins waren erschüttert von dem, was sie in den Tagen auf dem Höhepunkt des Leidens gesehen hatte und was sie jetzt auf der Richtstätte fühlte und ahnte. Wie konnte man sie daran hindern, mitzuleiden und zu weinen? Die christliche Tradition hat die dramatische Erfahrung dieser Frau wahrgenommen, die in würdevoller Haltung, aber mit gebrochenem Herzen dastand, und innegehalten, um sie mit innerer Anteilnahme an ihrem Schmerz zu betrachten: „Stabat Mater dolorosa/iuxta Crucem lacrimosa/dum pendebat Filius“ – „Christi Mutter stand mit Schmerzen bei dem Kreuz und weint von Herzen, als ihr lieber Sohn da hing.“
Es handelt sich nicht nur um eine Frage „des Fleisches und Blutes“, auch nicht um eine zweifellos edle, aber rein menschliche Liebe. Die Anwesenheit Marias unter dem Kreuz zeigt ihren Einsatz totaler Teilnahme am Erlösungsopfer ihres Sohnes. Maria wollte bis auf den Grund an den Leiden Jesu teilhaben, denn sie hat das von Simeon (vgl. *Lk* 2,35) angekündigte Schwert nicht verweigert, sondern mit Christus den geheimmnisvollen Plan des Vaters angenommen. Sie hatte als erste an diesem Opfertod teil und sollte für immer das vollkommene Vorbild für all jene bleiben, die bereit sind, sich ohne Vorbehalt mit dem Erlösungsopfer zu verbinden.

2. Anderseits trug das mütterliche Mitleid, in dem sich ihre Anwesenheit ausdrückte, zur Verdichtung und Vertiefung dieses Dramas des Kreuzestodes bei, das dem Drama so vieler Familien, so vieler Mütter und so vieler Kinder nahekommt, die nach langen Zeiten der Trennung aufgrund von Arbeit, Krankheit oder Gewalt seitens einzelner oder Gruppen durch den Tod wieder vereint werden.
Jesus, der seine Mutter neben dem Kreuz stehen sieht, erinnert sich an die Zeit mit ihr in Nazaret, Kana und Jerusalem. Vielleicht denkt er an die Augenblicke des Heimgangs von Josef und dann an seine Trennung von ihr und an die Einsamkeit, in der sie in den letzten Jahren gelebt hat, eine Einsamkeit, die sich jetzt noch verstärken wird. Maria ihrerseits erwägt all die Dinge, die sie Jahr um Jahr „in ihrem Herzen bewahrt hatte“ (vgl. *Lk* 2,19.51), und versteht sie jetzt in bezug auf das Kreuz mehr denn je. Schmerz und Glaube verschmelzen sich in ihrer Seele. Und da merkt sie mit einem Mal, daß Jesus von der Höhe des Kreuzes herab sie anblickt und zu ihr spricht.

3. „Als Jesus seine Mutter sah und bei ihr den Jünger, den er liebte, sagte er zu seiner Mutter: Frau, siehe, dein Sohn!“ (*Joh* 19,26). Es ist ein Akt der Sohnesliebe und des Mitleids. Jesus will nicht, daß seine Mutter allein bleibt. An seiner Stelle hinterläßt er ihr als Sohn den Jünger, den Maria als seinen Lieblingsjünger kennt. Jesus vertraut Maria so eine neue Mutterschaft an und bittet sie, Johannes als ihren Sohn zu behandeln. Aber dieses feierliche Anvertrauen („Frau, siehe, dein Sohn!“) auf dem Höhepunkt des Dramas des Kreuzes selbst, diese Nüchternheit und Entschiedenheit der Worte, die – man konnte sagen – beinahe sakramentale Form haben, lassen vermuten, daß diese Tatsache über familiäre Bindungen hinaus in der Perspektive des Heilswerkes zu betrachten ist, wo die

Frau, Maria, mit dem Menschensohn in der Heilssendung am Werk war. Jesus bittet Maria am Ende dieses Werkes, das Opfer endgültig anzunehmen, in dem er sich selbst als Sühnopfer hingibt, und von nun an Johannes als ihren Sohn zu betrachten. Um den Preis ihres Opfers als Mutter empfängt sie diese neue Mutterschaft.

4. Aber diese Sohnesgeste, voll messianischer Bedeutung, geht weit über die Person des Lieblingsjüngers hinaus, der zum Sohn Marias bestimmt wurde. Jesus will Maria eine viel zahlreichere Nachkommenschaft geben; er will für Maria eine Mutterschaft einsetzen, die alle seine Jünger und Anhänger von damals und zu allen Zeiten umfaßt. Die Geste Jesu hat deshalb symbolische Bedeutung. Sie ist nicht nur eine Geste familiärer Ordnung wie die eines Sohnes, der sich das Schicksal seiner Mutter zu Herzen nimmt, sondern sie ist die Geste des Erlösers der Welt, der Maria als der „Frau“ die Rolle einer neuen Mutterschaft in bezug auf alle Menschen anvertraut, die berufen sind, sich in der Kirche zu vereinen. In diesem Augenblick also wird Maria von der Höhe des Kreuzes herab zur Mutter der Kirche eingesetzt und – beinahe könnte man sagen – „geweiht“.

5. In diesem Geschenk an Johannes und mit ihm an die Jünger Christi und an alle Menschen erfüllt sich gleichsam das Geschenk der Selbsthingabe, das Jesus mit seinem Kreuzestod macht. Maria bildet mit ihm ein Ganzes, nicht nur weil sie Mutter und Sohn „dem Fleisch nach“ sind, sondern weil sie nach dem ewigen Plan Gottes zusammen in den Mittelpunkt der Heilsgeschichte gestellt wurden, so daß Jesus sich verpflichtet fühlt, seine Mutter nicht nur in das eigene Selbstopfer an den Vater miteinzubeziehen, sondern auch in das Geschenk seiner selbst an die Menschen. Und Maria ihrerseits stimmt mit dem Sohn vollkommen überein in diesem Akt des Opfers und Geschenkes, wie um das „Fiat“ der Verkündigung auszudehnen. Andererseits hat Jesus während seines Leidens sich von allem entäußert gesehen. Auf Golgota bleibt ihm die Mutter. Und mit einer Geste äußerster Ablösung schenkt er auch sie der ganzen Welt, bevor er seine Sendung mit dem Opfer seines Lebens zu Ende führt. Jesus ist sich dessen bewußt, daß der Augenblick der Vollendung gekommen ist, wie der Evangelist sagt: „Danach, als Jesus wußte, daß nun alles vollbracht war ...“ (*Joh* 19,28). Und er will, daß unter den „vollbrachten“ Dingen auch dieses Geschenk der Mutter an die Kirche und an die Welt ist.

6. Gewiß handelt es sich um eine geistliche Mutterschaft, die sich nach der christlichen Tradition und der Lehre der Kirche in der Ordnung der Gnade verwirklicht. „Mutter in der Ordnung der Gnade“ nennt das Zweite Vatikanische Konzil sie (*Lumen gentium*, Nr. 61). Deshalb ist es eine wesentlich „übernatürliche“ Mutterschaft, die in jenen Bereich eingeschrieben ist, wo die Gnade, die Urheberin des göttlichen Lebens im Menschen, wirkt. Und sie ist Gegenstand des Glaubens wie die Gnade selbst, mit der sie verbunden ist, aber sie schließt das Aufblühen von Gedanken, von zärtlicher und liebevoller Zuneigung, von lebendigen Gefühlen der Hoffnung, des Vertrauens und der Liebe, die zum Geschenk Christi gehören, nicht aus, sondern verstärkt es sogar.

Jesus, der die mütterliche Liebe Marias in seinem eigenen Leben erfahren und hochgeschätzt hat, wollte, daß auch seine Jünger ihrerseits diese mütterliche Liebe als Teil der

Beziehung mit ihm während der ganzen Entwicklung ihres geistlichen Lebens empfangen könnten. Es handelt sich darum, Maria als Mutter zu empfinden und sie als Mutter zu behandeln, indem man ihr erlaubt, uns zu wahrer Verfügbarkeit gegenüber Gott, zur echten Verbindung mit Christus und zu wirklicher Liebe zum Nächsten heranzubilden.

7. Man kann sagen, daß auch dieser Aspekt der Beziehung mit Maria in der Botschaft des Kreuzes eingeschlossen ist. Der Evangelist berichtet, daß „Jesus dann zu dem Jünger sagte: Siehe, deine Mutter!" (vgl. *Joh* 19,27). Als er sich an den Jünger wendet, bittet Jesus ihn ausdrücklich, sich gegenüber Maria wie ein Sohn zu seiner Mutter zu verhalten. Auf die mütterliche Liebe Marias soll kindliche Liebe antworten, weil der Jünger Jesus bei Maria vertritt, wird er eingeladen, sie wirklich wie die eigene Mutter zu lieben. Es ist, als ob Jesus in dem Jünger alle Menschen sieht, denen er dieses Vermächtnis der Liebe hinterläßt, so gilt für alle die Aufforderung, Maria als Mutter zu lieben. In Wirklichkeit begründet Jesus mit diesen seinen Worten die Marienverehrung der Kirche, der er durch Johannes seinen Willen zu verstehen gibt, daß Maria von jedem Jünger, dessen Mutter sie Kraft der Einsetzung durch Jesus selbst ist, eine aufrichtige Kindesliebe entgegengebracht wird. Die Bedeutung der von der Kirche seit jeher gewünschten Marienverehrung ist auf die Worte zurückzuführen, die Jesus in seiner Todesstunde selbst gesprochen hat.

8. Der Evangelist schließt mit den Worten: „Von jener Stunde an nahm sie der Jünger zu sich" (*Joh* 19,27). Das heißt, daß der Jünger sofort dem Willen Jesu entsprochen hat: Von jenem Augenblick an, in der er Maria zu sich nahm, erwies er ihr seine Kindesliebe; er umsorgte sie, er tat alles, damit sie in Ruhe und Frieden leben konnte in Erwartung der Vereinigung mit ihrem Sohn und daß sie die Möglichkeit hatte, ihre Rolle in der entstehenden Kirche sowohl am Pfingstfest als auch in den darauffolgenden Jahren wahrzunehmen.
Die Geste des Johannes war die Vollziehung des Testamentes gegenüber Maria. Aber sie hatte symbolische Bedeutung für jeden Jünger Christi, der nunmehr aufgefordert war, Maria zu sich zu nehmen und ihr im eigenen Leben Raum zu geben. Denn Kraft der Worte des sterbenden Jesus muß jedes Christenleben Maria „Raum" bieten, es kann nicht umhin, ihre Gegenwart miteinzuschließen.
Wir können also diese Betrachtung und Katechese über die Botschaft des Kreuzes abschließen mit der Einladung, die ich an jeden richte: sich zu fragen, wie er Maria bei sich, in sein Leben, aufnehmen will; und ich ermutige alle, das Geschenk, das der gekreuzigte Christus uns gemacht hat, indem er uns seine eigene Mutter als Mutter hinterließ, immer mehr zu schätzen.

In deutscher Sprache sagte der Papst:

Liebe Brüder und Schwestern!

Bei dem Kreuz Jesu stand seine Mutter" (*Joh* 19,25). Maria ist mit dem Leben und Sterben ihres Sohnes auf das innigste verbunden. Ihre Anwesenheit unter dem Kreuz ist nicht nur Ausdruck ihrer mütterlichen Liebe und Trauer; sie zeigt ihre Entschlossenheit, mit letzter Hingabe am Erlösungsopfer ihres Sohnes teilzunehmen, seine Leiden mit ihm ganz zu teilen. Maria wird dadurch zum vollkommenen Vorbild für alle jene, die bereit sind, sich im eigenen Leid und Schmerz mit dem Leiden und Sterben des Erlösers zu vereinen.

Der Evangelist berichtet weiter: „Als Jesus seine Mutter sah und bei ihr den Jünger, den er liebte, sagte er zu seiner Mutter: Frau, siehe deinen Sohn!" (*Joh* 19,26). Auch diese fürsorgende Geste Jesu für seine Mutter übersteigt die Bedeutung des Augenblicks. Jesus verlangt von Maria, daß sie seine Hingabe im Sühneopfer vorbehaltlos mitvollzieht und gleichsam an seiner Stelle fortan Johannes als ihren Sohn annimmt. Christus begründet damit vom Kreuzesopfer her für Maria eine neue Mutterschaft, die nun alle seine Jünger in allen Zeiten umfängt. Maria wird zur Mutter der Kirche. Dabei handelt es sich natürlich um eine geistige, übernatürliche Mutterschaft. Das II. Vatikanische Konzil nennt Maria „Mutter in der Ordnung der Gnade" (*Lumen gentium*, Nr. 61). Durch sie wird das göttliche Leben in den Menschen geboren.

„Dann sagte Jesus zu dem Jünger: „Siehe, deine Mutter!" (*Joh* 19,27). Auch dieses Wort Christi hat einen symbolischen Sinn. Es gilt letztlich allen seinen Jüngern. Sie alle sollen wie Johannes Maria wie ihre eigene Mutter lieben und ehren. Hier ist die tiefste Wurzel für die Marienverehrung in der Kirche. „Und von jener Stunde an nahm sie der Jünger zu sich" (*Joh* 19,27). Jeder Christ ist dazu aufgerufen, Maria bei sich Heimat und Geborgenheit zu gewähren.

Vernehmen wir, liebe Brüder und Schwestern, bei der heutigen Audienz wieder neu diese Frohe Botschaft Jesu Christi, der uns seine Mutter schenkt. Ich empfehle euch alle ihrem mütterlichen Schutz. Mit einem herzlichen Willkommensgruß zu dieser kurzen Begegnung erbitte ich euch zugleich eine wohlbehaltene und glückliche Rückkehr in eure Heimat. Von Herzen segne ich euch alle, die euch besonders verbunden sind. – Gelobt sei Jesus Christus!

Mit wachen Augen den Ruf des Herrn aufnehmen

Angelus am 27. November

Liebe Brüder und Schwestern!

1. Der erste Adventssonntag, mit dem wir heute das neue Kirchenjahr beginnen, erweckt in unserem Geist Gedanken des Trostes und der Hoffnung. Das Grundthema des Advents ist von der prophetischen Ankündigung gegeben: „Der Herr kommt."

Im Licht dieses Wortes sind wir eingeladen, „uns aufzurichten und unsere Häupter zu erheben, denn unsere Erlösung ist nahe" (vgl. *Lk* 21,28). Die Kirche erlebt diese Ankündigung der Erlösung in Christus, indem sie ohne nachzulassen aus der Gnade dieser Hoffnung schöpft und unaufhörlich Wege sucht, sie unter den aufeinanderfolgenden menschlichen Generationen auf Erden zu verwirklichen.

Der Advent endet mit Weihnachten und führt deshalb jeden Menschen guten Willens zur Grotte von Betlehem, damit er in diesem Kind den Herrn des Universums und seinen Er-

löser erkenne. Aber der Christ ist gleichzeitig aufgefordert, darüber hinauszublicken. Im Licht des Wortes Jesu, das seine Wiederkunft am Ende der Geschichte ankündigt, weiß der Christ, daß er sich auf ein zweites, endgültiges Kommen Jesu in Herrlichkeit vorbereiten muß, das den Heilsplan Gottes in der Welt krönen wird.
Die Christengemeinschaft hat als Volk Gottes auf dem Weg den Auftrag, sich vor der Welt zur Zeugin dieser Erwartung zu machen, indem sie – dem alten Volk Israel folgend – das neue Kommen des Herrn verkündet, mit dem die Zeit der Ewigkeit weichen wird.

2. In dieser Zeit ernsthafter Erwartung begleite und führe uns das Glaubensbeispiel der Jungfrau Maria. Die Mutter des Erlösers, immer gegenwärtig auf dem Weg der Kirche und der Menschheit, steht als Modell des Glaubens vor uns. Bei der Verkündigung des Engels verstand sie, daß die an Israel ergangene Verheißung und die Hoffnung seines Volkes sich in ihr in dem Augenblick erfüllten, in dem der Sohn Gottes in ihrem Schoß ein menschliches Leben begann. Heute lädt uns Maria von neuem ein, die Bedeutung der im göttlichen Wort gründenden Verheißungen zu erkennen, und sie fordert uns auf, unseren Geist auf das Kommen des Herrn vorzubereiten.

3. Indem wir dem Beispiel der seligsten Jungfrau folgen und um ihre Fürsprache bitten, verpflichten wir uns, während des heute begonnenen Advents aufmerksamer und wachsamer zu sein in einem erneuerten Geist des Gebets und der Kontemplation. Wir wollen mit wachen Augen die Rufe des Herrn aufnehmen, die sich in unseren alltäglichen Angelegenheiten kundtun, in dem Bewußtsein, daß sich in den kleinen und großen Ereignissen der Geschichte das grundlegende Geschehen des Kommens des Herrn zu uns verwirklicht. Wir wollen nicht Gefahr laufen, Ihn nicht zu hören, der an unsere Türe klopft, um uns immer näher zu sein.
Erleben wir mit Maria diese Zeit der Erwartung und bitten wir sie, unsere Schritte zu leiten, dem Herrn entgegen. Heute wiederholt sie mit ihrem Sohn zu uns: „Richtet euch auf, und erhebt eure Häupter; denn eure Erlösung ist nahe!“

Die letzten Worte Jesu am Kreuz

Ansprache bei der Generalaudienz am 30. November

1. Wie die Synoptiker berichten, hat Jesus am Kreuz zweimal laut gerufen (vgl. *Mt* 27,46.50; *Mk* 15,34.37); den Inhalt des zweiten Rufes erläutert nur Lukas (*Lk* 23,46). In dem ersten Ruf finden die Tiefe und Intensität des Leidens Jesu Ausdruck, seine innere Teilhabe, sein Opfergeist und vielleicht auch die prophetisch-messianische Sicht, in der er sein dramatisches Schicksal, den biblischen Psalmen folgend, auslegt. Der erste Ruf offenbart mit den Worten des Psalms 22 gewiß die von Jesus empfundenen Gefühle der Trostlosigkeit und Verlassenheit: „In der neunten Stunde rief Jesus mit lauter Stimme: ‚Eloi, Eloi, lema sabachtani?‘ das heißt übersetzt: ‚Mein Gott, mein Gott, warum hast du mich verlassen?‘“ (*Mk* 15,34; vgl. *Mt* 27,46).

Markus gibt die Worte in Aramäisch wieder. Vermutlich erschien dieser Ruf so kennzeichnend, daß die Augenzeugen, die ihn hörten, es richtig fanden, beim Erzählen des Dramas von Golgota dieselben Worte Jesu in Aramäisch zu wiederholen, in der Sprache, die er und der Großteil seiner israelitischen Zeitgenossen gesprochen hat. Sie könnten Markus von Petrus überliefert worden sein, wie es mit dem Wort „Abbá“ – Vater (vgl. *Mk* 14,36) im Gebet vom Getsemani geschah.

2. Die Tatsache, daß Jesus in seinem ersten Ruf die Anfangsworte des *Psalms 22* gebraucht, ist aus verschiedenen Gründen bedeutsam. Im Geist Jesu, der gewohnt war, nach den heiligen Texten seines Volkes zu beten, müssen sich solche Worte und Sätze eingeprägt haben, die ihn besonders beeindruckt hatten, weil sie die Not und die Angst des Menschen vor Gott besser zum Ausdruck brachten und in gewisser Weise auf die Lage dessen anspielten, der all unsere Sünden auf sich genommen hat (vgl. *Jes* 53,11).
Deshalb war es in der Stunde auf Golgota für Jesus natürlich, dieselbe Frage zu stellen, die der Psalmist an Gott richtet, als er sich vom Leiden überwältigt fühlt. Aber das an Gott gerichtete „Warum“ aus seinem Mund drückt noch deutlicher ein schmerzliches Staunen über dieses Leiden aus, das rein menschlich keine Erklärung fand, sondern ein Geheimnis war, dessen Schlüssel nur der Vater besaß. Deshalb hatte die Frage, obwohl sie aus der Erinnerung an den in der Synagoge verlesenen oder gebeteten Psalm kam, eine theologische Bedeutung in bezug auf den Opfertod, durch den Christus in voller Solidarität mit dem sündigen Menschen in sich die Gottesverlassenheit spüren mußte. Unter der Einwirkung dieser furchtbaren inneren Erfahrung findet der sterbende Jesus die Kraft, in diesen Schrei auszubrechen!
Und in diesem Gefühl, in diesem Schrei, in diesem an den Himmel gerichteten „Warum“ begründet Jesus eine neue Weise der Solidarität mit uns, die wir so oft dazu neigen, unsere Augen und Lippen zum Himmel zu wenden, um unseren Jammer und manch einer sogar seine Verzweiflung auszudrücken.

3. Aber indem wir Jesus sein „Warum“ rufen hören, lernen wir, daß auch die Menschen, die leiden, es sagen können, ja, aber in derselben Haltung des Vertrauens und der kindlichen Hingabe, die Jesus uns mit seinem Beispiel lehrt. In dem „Warum“ Jesu gibt es kein Gefühl oder Ressentiment, das zur Auflehnung führt oder in die Verzweiflung stürzt. Nicht der Schatten eines Vorwurfs gegen den Vater ist da, sondern das Gefühl von Hinfälligkeit, Einsamkeit, des Sich-selbst-Überlassenseins, das Jesus an unserer Stelle zum Ausdruck bringt. Er wird so zum ersten der „Gedemütigten und Beleidigten“, zum ersten der Verlassenen und Ausgestoßenen, zum ersten der „desamparados“ (wie die Spanier sie nennen), aber gleichzeitig sagt er uns, daß über all diesen armen Kindern Evas das gütige Auge der helfenden Vorsehung wacht.

4. Wenn Jesus das Gefühl hat, der Vater habe ihn verlassen, weiß er doch in Wirklichkeit, daß dies nicht so ist. Er selbst sagte: „Ich und der Vater sind eins“ (*Joh* 10,30), und sprach vom kommenden Leiden: „Ich bin nicht allein, denn der Vater ist bei mir“ (*Joh* 16,32). Auf der Höhe seines Geistes hat Jesus die klare Vorstellung Gottes und die Gewiß-

heit der Verbundenheit mit dem Vater. Aber in den Grenzbereichen der Empfindsamkeit, die mehr den äußeren und inneren Eindrücken, Gemütsbewegungen und Auswirkungen der inneren und äußeren schmerzlichen Erfahrungen unterliegen, ist die menschliche Seele Jesu zu einer Wüste geworden, und er fühlt nicht mehr die „Gegenwart" des Vaters, sondern macht die tragische Erfahrung tiefster Trostlosigkeit.

5. Hier kann man ein Gesamtbild des psychischen Zustands Jesu in seinem Verhältnis zu Gott zeichnen.
Die äußeren Ereignisse scheinen die Abwesenheit des Vaters zu bestätigen, der seinen Sohn kreuzigen läßt, obwohl er über „Legionen Engel" verfügt (vgl. *Mt* 26,53), und nicht eingreift, um sein Todesurteil und seinen Opfertod zu verhindern. Am Ölberg hatte Simon Petrus zu seiner Verteidigung das Schwert gezogen und war von Jesus selbst sogleich aufgehalten worden (vgl. *Joh* 18,10 f.). Im Prätorium hatte Pilatus wiederholt Ablenkungsmanöver versucht, um ihn zu retten (vgl. *Joh* 18,31.38 f.; 19,4–6.12–15). Aber der Vater schweigt jetzt. Dieses Schweigen Gottes lastet auf dem Sterbenden als schwerstes Leid, um so mehr, als die Feinde Jesu dieses Schweigen als eine gegen ihn gerichtete Ablehnung betrachten: „Er hat auf Gott vertraut: der soll ihn jetzt retten, wenn er an ihm Gefallen hat; er hat doch gesagt: Ich bin Gottes Sohn!" (*Mt* 27,43).
Im Gefühls- und affektiven Bereich war diese Empfindung der Gottesferne und -verlassenheit das schwerste Leid für die Seele Jesu, die ihre Kraft und Freude aus der Verbundenheit mit dem Vater schöpfte. Dieses Leid machte alle anderen Leiden noch schwerer. Dieser Mangel inneren Trostes war seine höchste Qual.

6. Aber Jesus wußte, daß er mit dieser äußersten Phase seines Opfertodes, die innersten Fasern seines Herzens erreicht hatte, das Erlösungswerk vollendete, das der Zweck seines Opfertodes zur Sühne für die Sünden war. Wenn die Sünde Trennung von Gott ist, mußte Jesus während der Krise seiner Verbundenheit mit dem Vater einen dieser Trennung entsprechenden Schmerz verspüren.
Anderseits, indem er den Anfang des *Psalms 22* zitiert, den er vielleicht während seines Leidens im Geist weiterbetet, war ihm der Schluß nicht unbekannt, der in einen Hymnus der Erlösung und in eine von Gott allen geschenkte Heilsankündigung mündet. Das Gefühl der Verlassenheit ist deshalb ein vorübergehender Schmerz, der der persönlichen Erlösung und dem universalen Heil Platz macht. In der bedrückten Seele Jesu hat dieser Ausblick gewiß die Hoffnung gestärkt, um so mehr, als er seinen Tod immer als einen Übergang zur Auferstehung, als seine wahre Verherrlichung dargestellt hat. Und von diesem Gedanken wird seine Seele gestärkt und schöpft Mut, weil sie fühlt, daß gerade auf dem Höhepunkt des Kreuzesdramas die Stunde des Sieges naht.

7. Aber kurz danach, vielleicht unter dem Einfluß des *Psalms* 22, der in seiner Erinnerung aufscheint, stößt Jesus diese anderen Worte aus: „Mich dürstet" (*Joh* 19,28).
Es ist gut verständlich, daß Jesus mit diesen Worten den physischen Durst, die außerordentliche Qual andeutet, die zur Kreuzigungsstrafe gehört, wie Sachkundige erklären. Hinzuzufügen ist auch, daß Jesus, indem er seinen Durst kundtat, den Beweis der Demut

geliefert hat, weil er ein grundlegendes körperliches Bedürfnis ausdrückte, wie es jeder andere getan hätte. Auch darin macht und zeigt sich Jesus solidarisch mit all den Lebenden oder Sterbenden, Gesunden oder Kranken, Kleinen oder Großen, die zumindest einen Schluck Wasser brauchen und darum bitten ... (vgl. *Mt* 10,42). Für uns ist es schön zu denken, daß jeder Dienst, der einem Sterbenden geleistet wird, dem gekreuzigten Jesus gilt!

8. Wir können jedoch die Bemerkung des Evangelisten nicht außer acht lassen, der schreibt, daß Jesus die Worte: „Mich dürstet" sprach, „damit sich die Schrift erfüllte" (*Joh* 19,28). Auch in diesen Worten Jesu gibt es außer der physisch-psychischen eine andere Dimension. Der Bezug ist wiederum *Psalm 22*: „Meine Kehle ist trocken wie eine Scherbe, die Zunge klebt mir am Gaumen, du legst mich in den Staub des Todes" (*Ps* 2,16). Auch in *Psalm* 69,22 liest man: „Für den Durst reichten sie mir Essig."
Bei den Worten des Psalmisten handelt es sich noch um körperlichen Durst, aber auf den Lippen Jesu fügt er sich in die messianische Perspektive des Leidens am Kreuz ein. In seinem Durst sucht der sterbende Christus einen ganz anderen Trunk als Wasser oder Essig; so wie er beim Jakobsbrunnen von Sychar die Samariterin gebeten hatte: „Gib mir zu trinken" (*Joh* 4,7). Damals war der physische Durst Symbol und Mittel eines anderen Durstes: des Durstes nach der Bekehrung dieser Frau. Jetzt auf dem Kreuz dürstet Jesus nach einer neuen Menschheit, die aus seinem Opfertod hervorgehen soll, in Erfüllung der Schrift. Aus diesem Grund verbindet der Evangelist den „Ruf des Durstes" Jesus mit der Schrift. Der Durst auf den Lippen des sterbenden Christus am Kreuz drückt zum letzten Mal die Sehnsucht nach der Taufe aus, die er empfangen und nach dem Feuer, das er auf der Erde entzünden muß, wie er während seines Lebens offenbart hatte. „Ich bin gekommen, um Feuer auf die Erde zu werfen. Wie froh wäre ich, es würde schon brennen! Ich muß mit einer Taufe getauft werden, und ich bin sehr bedrückt, solange sie noch nicht vollzogen ist!" (*Lk* 12,49.50). Jetzt erfüllt sich dieser Wunsch, und mit diesen Worten bekräftigt Jesus die brennende Liebe, mit der er diese höchste „Taufe" empfangen wollte, um uns allen die Quelle des Wassers zu erschließen, das wirklich den Durst löscht und heilt (vgl. *Joh* 4,13–14).

In deutscher Sprache sagte der Papst:

Liebe Brüder und Schwestern!

Unsere wöchentlichen Überlegungen verweilen zur Zeit bei den letzten Worten, die Jesus sterbend am Kreuz gesprochen hat. Heute vernehmen wir seinen Aufschrei völliger Verlassenheit. Der Evangelist berichtet uns: „Und in der neunten Stunde rief Jesus mit lauter Stimme: Eloi, Eloi, lema sabachtani?, das heißt übersetzt: Mein Gott, mein Gott, warum hast du mich verlassen?" (*Mk* 15,34).
Jesus benutzt für diese bedrängende Frage an Gott ihm vertraute Worte des Psalmisten (vgl. *Ps* 21/22). In letzter Solidarität mit dem sündigen Menschen erfährt und durchleidet Christus in seinem Sühneopfer am Kreuz die durch Sünde und Schuld verursachte Gottesferne. Er fragt nach dem „Warum"; eine Frage, die viele Menschen in ihrem Leid und angesichts des Todes gen Himmel schreien. Der Aufschrei Jesu enthält jedoch keine An-

klage gegen Gott. Es ist kein Ruf des Protestes oder der Verzweiflung. Christus fühlt sich zwar in seinem menschlichen Empfinden, in seiner Todesangst von Gott verlassen, dennoch aber weiß er sich zutiefst von Gott gehalten. Hat er doch selbst von sich gesagt: „Ich und der Vater sind eins" (*Joh* 10,30) – und im Hinblick auf sein künftiges Leiden: „Aber ich bin nicht allein, denn der Vater ist bei mir" (*Joh* 16,32). Die Gottesverlassenheit Jesu am Kreuz ist das Durchleiden der Gottesferne des Sünders für deren Sühne und Erlösung. Weiter sagte Jesus am Kreuz: „Mich dürstet" (*Joh* 19,28). Auch diese Worte sind nicht nur Ausdruck seiner körperlichen Qualen, denn er spricht sie, wie der Evangelist eigens bemerkt: „damit sich die Schrift erfüllte" (*ebd.*). Es ist der gleiche Durst, den Jesus bei seiner Begegnung mit der Samariterin am Jakobsbrunnen verspürte: der Durst nach der Bekehrung der Sünder, der Durst nach der neuen Menschheit, die sich aus seinem Sühneopfer erheben soll.
Mit dieser kurzer Betrachtung grüße ich alle deutschsprachigen Teilnehmer der heutigen Audienz. Das Leiden und Sterben Christi ermahnt uns sündige Menschen zu Buße und Umkehr. Dasselbe ist auch die Einladung der nun beginnenden Adventszeit. Zur würdigen Vorbereitung auf das Geburtsfest unseres Herrn erbitte ich euch reiche adventliche Gnaden und erteile euch und euren Lieben in der Heimat von Herzen meinen besonderen Apostolischen Segen.

In Einheit gemeinsam die Eucharistie feiern

Angelus am 4. Dezember

Liebe Brüder und Schwestern!

1. Das kürzlich begangene Fest des großen Apostels Andreas, den die Christen des Orients besonders verehren, veranlaßt uns, heute unsere Gedanken auf die Marienorte zu richten, die den Brüdern und Schwestern des orthodoxen Ritus teuer sind. Unter den vielen Heiligtümern, in denen die selige Jungfrau verehrt wird und die Wallfahrtsziel der Gläubigen sind, wählen wir heute für unser gewohntes Mittagsgebet das Kloster von Studenica, das in einer malerischen Gegend Serbiens gelegen ist.
Dieses Kloster verdankt seinen Ursprung Prinz Stefan Nemanja, dem serbischen Staatsgründer. Gegen sein Lebensende zog Prinz Stefan sich in ein Kloster zurück und lebte dort als Mönch unter dem Namen Simeon. Später begab er sich mit seinem jüngsten Sohn Sava zum Berg Athos, wo er das Kloster Chilandar gründete und dann auch starb. Von dort aus ließ sein Sohn Sava den Leichnam nach Studenica überführen.

2. In der Mitte des Klosters erhebt sich die herrliche Kirche „Unsere Liebe Frau der Immakulata", Mariä Himmelfahrt geweiht.
Die Architektur dieser Kirche verbindet in einer glücklichen Mischung den romanischen mit dem byzantinischen Stil. Ihr Freskenzyklus ist das schönste Beispiel byzantinischer Malerei der serbischen Schule. Das Bild der seligen Jungfrau von Studenica, die Szenen der Verkündigung, der Darstellung Jesu im Tempel, der Kreuzigung, und von Mariä

Heimgang helfen den Gläubigen, die zu diesem Ort pilgern, die selige Jungfrau an der Verehrung teilnehmen zu lassen, die sie für Christus hegen.

3. Möge die Gottesmutter von Studenica allen Söhnen und Töchtern Serbiens beistehen, diesem reichen religiösen Erbe immer treu zu sein, das so viele Heilige belebt haben. Möge Maria, die wir uns anschicken, in ihrer Unbefleckten Empfängnis zu verehren, bei ihrem Sohn Jesus dafür eintreten, daß bald der Tag komme, an dem Katholiken und Orthodoxe in voller Einheit untereinander zusammen die Eucharistie feiern können und mit einem Herzen und einer Stimme ihrer gemeinsamen Mutter für die wiedererlangte Einheit danken.

Christus brachte sich als makelloses Opfer dar

Ansprache bei der Generalaudienz am 7. Dezember

1. „Es ist vollbracht“ (*Joh* 19,30). Nach dem Johannesevangelium hat Jesus diese Worte kurz vor seinem Tod gesprochen. Es waren seine letzten Worte. Sie offenbaren sein Bewußtsein, daß er das Werk, zu dem er in diese Welt gesandt worden war, zu Ende geführt hatte (vgl. *Joh* 17,4). Man beachte: Es ist nicht so sehr das Bewußtsein, seine Pläne verwirklicht zu haben, sondern den Willen des Vaters im Gehorsam bis zum vollen Selbstopfer am Kreuz erfüllt zu haben. Schon deshalb erscheint vor uns der sterbende Jesus als Vorbild dafür, was der Tod eines jeden Menschen sein sollte: der Abschluß des Werkes, das jedem zur Erfüllung der göttlichen Pläne aufgetragen wurde. Nach dem christlichen Verständnis von Leben und Tod sind die Menschen bis zum Augenblick des Todes gerufen, den Willen des Vaters zu vollbringen, und der Tod ist der letzte, endgültige und entscheidende Akt zur Erfüllung dieses Willens. Jesus lehrt uns dies am Kreuz.

2. „Vater, in deine Hände lege ich meinen Geist“ (*Lk* 23,46). Mit diesen Worten stellt Lukas den Inhalt des zweiten Rufes dar, den Jesus kurz vor dem Tod ausstieß (vgl. *Mk* 13,37; *Mt* 27,50). Zuerst hatte er ausgerufen: „Mein Gott, mein Gott, warum hast du mich verlassen?“ (*Mk* 15,34; *Mt* 27,46). Diese Worte werden durch die weiteren vervollständigt, die die Frucht eines im Gebet gereiften inneren Nachdenkens sind. Wenn Jesus einen Augenblick lang das furchtbare Gefühl der Verlassenheit von seiten des Vaters gehabt und erlitten hat, so reagiert jetzt seine Seele in der einzigen Weise, die – wie er wohl weiß – einem Menschen angemessen ist, der zugleich der „geliebte Sohn“ Gottes ist; das heißt in der Weise der Ganzhingabe in seine Hände.
Jesus drückt dieses Gefühl mit den Worten von Psalm 31 aus: dem Psalm des Menschen in Not, der seine Rettung kommen sieht und Gott, der sie bewirkt, dafür dankt: „In deine Hände lege ich voll Vertrauen meinen Geist; du hast mich erlöst, Herr, du treuer Gott“ (*Ps* 31,6). In seiner geistig klaren Agonie erinnert sich Jesus und spricht auch einige Verse dieses Psalms, den er während seines Lebens oftmals gebetet hat. Aber nach der Erzählung des Evangelisten bekommen diese Worte aus dem Mund Jesu einen neuen Sinn.

3. Mit der Anrufung „Vater“ („Abbà“) gibt Jesus seiner Hingabe in die Hände des Vaters einen Ton kindlichen Vertrauens. Jesus stirbt als Sohn. Er stirbt in voller Übereinstimmung mit dem Willen des Vaters für die Zielsetzung der Liebe, die der Vater ihm anvertraut hat und die der Sohn gut kennt.
Im Ausblick des Psalmisten legt der vom Unglück getroffene und vom Leiden heimgesuchte Mensch seinen Geist in die Hände Gottes, um dem ihm drohenden Tod zu entfliehen. Jesus hingegen nimmt den Tod an und legt seinen Geist in die Hände des Vaters, um ihm seinen Gehorsam zu beweisen und seine Zuversicht auf ein neues Leben zu bekunden. Seine Hingabe ist deshalb vollkommener, radikaler, kühner, endgültiger und noch mehr vom Willen zum Opfer erfüllt.

4. Außerdem ist dieser letzte Ruf eine Vervollständigung des ersten, wie wir von Anfang an festgestellt haben. Nehmen wir die beiden Texte, und schauen wir, was aus ihrer Gegenüberstellung hervorgeht, vor allem unter dem rein sprachlichen und fast semantischen Gesichtspunkt.
Das Wort „Gott“ von Psalm 22 wird in dem ersten Ruf wie ein Hilfeschrei wiederholt, der die Verlorenheit des Menschen im eigenen Nichts angesichts der Erfahrung des Verlassenseins von Gott bedeuten mag, der in seiner Transzendenz betrachtet und beinahe in einem Zustand der „Trennung“ (als der „Heilige“, der Ewige, der Unveränderliche) erfahren wird. In dem darauffolgenden Ruf greift Jesus auf Psalm 31 zurück und fügt die Anrufung Gottes als Vater („Abbà“) hinzu, eine Bezeichnung, die er gewohnt war und in der sich die Vertrautheit eines Austausches väterlicher Liebe und kindlicher Haltung ausdrückt.
Und weiter: In den ersten Ruf legt Jesus auch ein an Gott gerichtetes „Warum“, gewiß mit tiefer Achtung vor seinem Willen, seiner Macht, seiner unendlichen Größe, aber ohne das Gefühl menschlicher Bestürzung zu unterdrücken, die ein solcher Tod hervorrufen muß. Hingegen drückt jetzt der zweite Ruf die vertrauensvolle Hingabe in die Arme des allwissenden und gütigen Vaters aus, der alles mit Liebe fügt und leitet. Es gab einen Augenblick der Trostlosigkeit, wo Jesus sich ohne Hilfe und Schutz von allen, sogar von Gott, verlassen fühlte: ein furchtbarer Augenblick. Aber er wurde bald überwunden, dank der vertrauensvollen Hingabe in die Hände des Vaters, dessen liebevolle und unmittelbare Gegenwart Jesus im tiefsten Innern seines Ichs verspürt, weil er im Vater ist, wie der Vater in ihm ist (vgl. *Joh* 10,38; 14,10 f.), auch am Kreuz!

5. Die Worte und Rufe Jesu am Kreuz müssen, um verstanden zu werden, in bezug auf das betrachtet werden, was er selbst zuvor angekündigt hatte in der Vorhersage seines Todes und in der Lehre über die Bestimmung des Menschen zu einem neuen Leben. Der Tod ist für alle ein Übergang zum Leben im Jenseits; für Jesus ist er sogar die Voraussetzung zur Auferstehung, die am dritten Tag danach erfolgt. Der Tod hat immer den Anschein der Auflösung des Menschen und wird verweigert. Aber nach dem ersten Ruf legt Jesus mit tiefer Gelassenheit seinen Geist in die Hände des Vaters im Ausblick auf das neue Leben und sogar die Auferstehung vom Tod, die die Krönung des Ostergeheimnisses kennzeichnet. Nach allen Qualen und körperlichen und moralischen Leiden nimmt

Jesus den Tod an als einen Eingang in den unvergänglichen Frieden des „Herzens des Vaters“, auf das sein ganzes Leben ausgerichtet war.

6. Durch seinen Tod offenbart Jesus, daß der Mensch am Lebensende nicht dazu bestimmt ist, ins Dunkel, in die existentielle Sinnlosigkeit, in den Abgrund des Nichts einzutauchen, sondern zur Begegung mit dem Vater eingeladen ist, zu dem er sich auf dem Weg des Glaubens und der Liebe im Leben hinbewegt hat und in dessen Arme er sich mit heiliger Hingabe in der Todesstunde geworfen hat. Diese Hingabe bringt wie die von Jesus das ganze Geschenk ihrer selbst von seiten einer Seele mit sich, die es annimmt, ihres Körpers und des irdischen Lebens entblößt zu werden, die aber weiß, daß sie in den Armen, im Herzen des Vaters das neue Leben, die Teilhabe am Leben Gottes selbst im Geheimnis der Dreifaltigkeit, findet.

7. Durch das unaussprechliche Geheimnis des Todes gelangt die Seele des Sohnes zur Freude in der Herrlichkeit des Vaters in Gemeinschaft des Geistes (der Liebe des Vaters und des Sohnes). Und das ist das „ewige Leben“, bestehend aus Erkenntnis, Liebe, Freude und unendlichem Frieden.
Der Evangelist Johannes sagt von Jesus, er „gab seinen Geist auf“ (*Joh* 19,30). Bei Matthäus heißt es: „Er hauchte seinen Geist aus“ (*Mt* 27,50), ebenso bei Markus und Lukas (*Mk* 15,37; *Lk* 23,46). Die Seele Jesu geht ein in die beseligende Anschauung im Herzen der Dreifaltigkeit. In diesem Licht der Ewigkeit kann man etwas von der geheimnisvollen Beziehung zwischen dem Menschsein Christi und der Dreifaltigkeit begreifen, die im Brief an die Hebräer angedeutet wird. Dort, wo von der Heilswirkung des Blutes Christi gesprochen wird, die weit größer ist als die des Blutes der Opfertiere des Alten Bundes, heißt es, daß Christus „sich selbst kraft ewigen Geistes Gott als makelloses Opfer dargebracht hat“ (*Hebr* 9,14).

In deutscher Sprache sagte der Papst:

Liebe Brüder und Schwestern!

Die letzten Worte Jesu am Kreuz führen uns tief ein in das Geheimnis seines Leidens und Sterbens. Nach Johannes sagt er im Augenblick des Todes: „Es ist vollbracht“ (*Joh* 19,30). Jesus weiß, daß er in Gehorsam den Willen des Vaters in allem erfüllt hat. Darin wird der sterbende Herr zum Vorbild für einen Tod, wie ihn jeder Mensch bestehen sollte.
Nach dem Evangelisten Lukas ruft Jesus kurz vor seinem Tod aus: „Vater, in deine Hände lege ich meinen Geist“ (*Lk* 23,46). Nachdem Christus zuvor die tiefste Verlassenheit und Gottesferne durchlitten hatte, antwortete er schließlich mit vertrauensvoller Hingabe: er gibt sich ganz in die Hände des Vaters. Dabei gebraucht er die Worte des Psalmisten: „In deine Hände lege ich voll Vertrauen meinen Geist; du hast mich erlöst, Herr, du treuer Gott“ (*Ps* 31,6). Dieser Psalmvers erhält im Munde Jesu einen neuen Wert. Er nennt Gott seinen „Vater“ und gibt dadurch diesen Worten einen noch vertraulicheren Ton. Dieser zweite Ausruf Jesu ergänzt somit seinen ersten der Gottverlassenheit. Das Gefühl der Gottesferne wird von Jesus durch seine vorbehaltlose Hingabe an den Vater überwunden.

Wie wir aus seinen vorhergehenden Predigten wissen, ist sich Jesus letztlich bewußt, daß der Tod für ihn Durchgang zur Auferstehung ist. Darum empfiehlt er im Tode seinen Geist vertrauensvoll in die Hände des Vaters. Als er seinen Geist aufgab, trat seine Seele ein in die selige Schau im Schoße der Dreifaltigkeit. Mit seinem Tode offenbart uns Jesus, daß der Mensch am Ende seines irdischen Lebens nicht ins Nichts versinkt, sondern zur Begegnung mit dem Vater eingeladen ist.
Herzlich grüße ich nach dieser kurzen Zusammenfassung meiner heutigen Ansprache alle Pilger und Besucher aus Deutschland, Österreich und der Schweiz; ebenso auch alle, die über das Radio meine Worte vernehmen. Wie unsere Betrachtung über den Tod Jesu so lenkt auch die jetzige Adventszeit unsere Gedanken auf das Kommen des Reiches Gottes. Wir sind aufgerufen, uns darauf ernsthaft vorzubereiten. Erneuern wir uns in Glaube und Hoffnung, denn wir kennen weder den Tag noch die Stunde, wann der Herr kommt. Mit besten adventlichen Wünschen segne ich euch alle von Herzen.

Durch Maria ist die ganze Schöpfung gesegnet

Angelus am 8. Dezember

Liebe Brüder und Schwestern im Herrn!

1. „Ganz schön bist du, Maria!“ Das heutige liturgische Fest der Unbefleckten Empfängnis erfüllt unsere Herzen mit tiefer, mystischer Freude: „Du gesegnete, in höchstem Maß gesegnete Jungfrau!“ – sprechen wir mit dem hl. Anselm – „Der Segen über dir ist Segen für die ganze Natur. Gesegnet ist die Schöpfung vom Schöpfer und gepriesen durch seine Schöpfung“ (*Disc.* 52; *Patrologiae latina* 158,955–956).
Wir wissen von der göttlichen Offenbarung, daß Maria, die wie wir dem Menschengeschlecht angehört, im Hinblick auf ihre zukünftige Gottesmutterschaft vor der „Erbsünde“ bewahrt wurde. Wie das Zweite Vatikanische Konzil betont hat, ist Maria wirklich ganz schön, ganz rein, ganz heilig, und für die gesamte Menschheit ist sie das vollkommene Vorbild einzigartiger Größe und echter Würde (vgl. *Lumen gentium*, Nr. 56).

2. Das Dogma von der Unbefleckten Empfängnis kann man eine wunderbare Zusammenfassung der christlichen Glaubenslehre nennen. Es beinhaltet die Grundwahrheiten der geoffenbarten Botschaft: angefangen von der Erschaffung der Stammeltern im Zustand der Gerechtigkeit bis zu der Sünde, durch die sie der eigenen Lage und der der Nachkommen empfindlich geschadet haben; von der Adam und Eva im Protoevangelium gegebenen Verheißung an bis zur wunderbaren Verwirklichung durch die Menschwerdung des Wortes im reinsten Schoß Marias; von der verzweifelten Lage der Menschheit an, die dem ewigen Verderben preisgegeben war, bis zum Ausblick auf das endgültige Heil durch die Teilhabe an der Glückseligkeit Gottes selbst.

3. Liebe Brüder und Schwestern! Unter den Schwierigkeiten des täglichen Lebens erheben wir unsere Herzen zu Maria: Sie erinnert uns mit mütterlicher und zugleich fordern-

der Liebe an den Willen Gottes, der uns ruft, den ursprünglichen Plan der Heiligkeit trotz der aus den Folgen der Erbsünde kommenden Schwierigkeiten zu verwirklichen. Sie steht uns bei in dieser Anstrengung, zu der unsere menschliche Schwachheit aufgerufen ist: „Ganz schön bist du, Maria, ... Fürsprecherin für die Sünder."
Das Fest der Unbefleckten Empfängnis hat sich tief in unsere Herzen eingegraben und uns mit ihrem wunderbaren Glanz bezaubert, wie es bei dem hl. Maximilian Kolbe, dem „Ritter der Unbefleckten", geschah, der als Häftling vor seinem Transport nach Auschwitz am 12. Mai 1941 von Warschau aus an seine Mitbrüder in Niepokalanów schrieb: „Lassen wir uns immer vollkommener von der Unbefleckten führen, wohin und wie sie uns stellen will, damit wir unsere Pflichten gut erfüllen und so dazu beitragen, daß alle Herzen für die Liebe zu ihr erobert werden."

Vielfalt in der Einheit

Angelus am 11. Dezember

1. Ich möchte mich heute auf geistiger Pilgerfahrt zur Kirche in den Vereinigten Staaten von Amerika begeben und den Bischöfen dieser Nation danken, die in den vergangenen Tagen ihre „Ad-limina"-Besuche beendet haben.
Die kindliche Liebe, die die US-amerikanischen Gläubigen zur seligsten Jungfrau Maria hegen, ist bekannt. Diese Liebe hat Form und Ausdruck angenommen im Nationalheiligtum, das der Unbefleckten Empfängnis geweiht ist, dem marianischen Geheimnis, das wir vor wenigen Tagen betrachtet haben. Die Wallfahrtskirche steht in der Landeshauptstadt Washington DC.
Die Marienverehrung hat in Amerika weit zurückreichende Wurzeln. Sie geht auf die Anfänge der Evangelisierung des Kontinents zurück. Nicht ohne Bedeutung ist, daß das Segelschiff, auf dem Christoph Kolumbus den Atlantik überquerte, mit dem Namen „Santa Maria" gekennzeichnet war. Viele Einwanderer, die in dieses ausgedehnte Land zogen, brachten eine starke Anhänglichkeit an ihren Glauben mit und eine besondere Liebe zur allerseligsten Jungfrau Maria, die sie unter vielen Ehrennamen anriefen.
Auf dem Hintergrund einer solchen Tradition überrascht es nicht, daß die Bischöfe der 4. Versammlung der Kirchenprovinz Baltimore im Jahr 1846 die Vereinigten Staaten dem Schutz der Unbefleckten Empfängnis anvertrauen wollten. Das Nationalheiligtum von Washington will mit seinem Monumentalbau eine feierliche Proklamation der Liebe der Gläubigen zur Unbefleckten Mutter des Erlösers sein.

2. Das im byzantinischen und romanischen Baustil errichtete Gotteshaus enthält zusätzlich zum Hauptteil der Kirche eine Reihe von kleinen Kapellen. Jede von ihnen ist dazu bestimmt, an eine Ehrenbezeichnung Marias zu erinnern, die die meistempfundene Verehrung in den größeren ethnischen Gruppen widerspiegelt, aus denen sich die Kirche in Nordamerika zusammensetzt.

Für mich war es eine innere Freude, dieses große Heiligtum 1979 anläßlich meiner ersten Pastoralvisite in dieser Nation zu besuchen. Während ich in dem Gotteshaus betete und von seiner Schönheit und Größe tief beeindruckt war, mußte ich unwillkürlich daran denken, in welch passender Weise durch die Hauptkirche und die kleinen Kapellen symbolisch die Bedeutung der Vielfalt in der Einheit dargestellt wird, die für die katholische Kirche in Amerika kennzeichnend ist. Allen Völkern dieser Erde, angefangen von der Urbevölkerung bis zu den ethnischen Gruppen, die in jüngerer Zeit hierher gekommen sind, stellt sich die Jungfrau Maria als liebevolle Mutter, sichere Zuflucht und Quelle der Hoffnung dar.

3. Ich lade heute alle Gläubigen ein, sich mit mir im Gebet für das geliebte Volk der Vereinigten Staaten zu vereinen, damit es stark im Glauben und in der Liebe sei und immer darum bemüht, den Frieden und die Gerechtigkeit in der Welt zu fördern. Möge seine Liebe zur Gottesmutter es immer höher zum Herzen ihres göttlichen Sohnes führen.

Frucht des Erlösungstodes Christi

Ansprache bei der Generalaudienz vom 14. Dezember

1. Der Evangelist Markus schreibt: „Als der Hauptmann, der Jesus gegenüberstand, ihn auf diese Weise sterben sah, sagte er: Wahrhaftig, dieser Mensch war Gottes Sohn" (*Mk* 15,39). Das heißt, daß der römische Hauptmann in jenem Augenblick die Wirklichkeit Christi intuitiv erfaßte und die Grundwahrheit des Glaubens wahrzunehmen begann.
Der Hauptmann hatte die Beschimpfungen und Beleidigungen der Feinde gegenüber Jesus gehört und insbesondere die Verspottungen in bezug auf die Bezeichnung „Gottes Sohn", die dieser für sich beansprucht hatte, der jetzt vom Kreuz nicht herabsteigen und nichts tun konnte, um sich selbst zu retten.
Indem er den Gekreuzigten vielleicht während der Agonie oder noch aufmerksamer und eingehender im Augenblick des Todes betrachtet und – wer weiß – seinem Blick begegnet, fühlt er, daß Jesus recht hat. Ja, Jesus ist ein Mensch und stirbt; aber in ihm ist mehr als ein Mensch. Er ist ein Mensch, der, wie er selbst gesagt hatte, wahrhaftig Gottes Sohn ist. Diese Weise zu leiden und zu sterben, den Geist in die Hände des Vaters zu legen und diese offensichtliche Selbsthingabe für ein höchstes Ziel, dem er sein ganzes Leben gewidmet hatte, üben eine geheimnisvolle Macht auf diesen Soldaten aus, der vielleicht nach einem langen, abenteuerlichen militärischen und geistigen Lebensweg, wie so mancher Schriftsteller sich vorgestellt hat, nach Golgota gekommen ist, gleichsam stellvertretend für alle Heiden, die einen Zeugen Gottes suchen, der Ihn offenbart.

2. Die Tatsache ist bemerkenswert, weil in jener Stunde die Jünger Jesu in ihrem Glauben verwirrt und erschüttert sind (vgl. *Mk* 14,50; *Joh* 16,32). Der Hauptmann hingegen wird gerade in jener Stunde zum ersten der Schar der Heiden, die bald darum bitten, un-

ter die Jünger jenes Menschen eingereiht zu werden, in welchem sie vor allem nach seiner Auferstehung Gottes Sohn erkennen, wie uns die Apostelgeschichte berichtet.
Der Hauptmann auf Golgota wartet nicht auf die Auferstehung: ihm genügt dieses Sterben, diese Worte und dieser Blick des Sterbenden, um sein Glaubensbekenntnis auszusprechen. Muß man darin nicht die Frucht eines Antriebs der göttlichen Gnade sehen, die Christus, der Erlöser, durch seinen Opfertod für diesen Soldaten erlangt hat?
Der Hauptmann seinerseits hat es nicht an der Voraussetzung fehlen lassen, die unerläßlich ist, die Gnade des Glaubens zu empfangen: an der Unvereingenommenheit, die die erste Form der Aufrichtigkeit ist. Er hat geschaut, er hat gesehen, er hat der Wirklichkeit der Tatsachen nachgegeben, und deshalb wurde ihm gewahrt, zu glauben. Er hat keine Berechnungen über die Vorteile der Parteinahme für den Hohen Rat angestellt, und der hat sich nicht einschüchtern lassen wie Pilatus (vgl. *Joh* 19,8). Er hat die Menschen und die Dinge angeschaut und war als unvoreingenommener Zeuge beim Tod Jesu zugegen. Darin war seine Seele rein und wohl disponiert. Deshalb wurde er von der Kraft der Wahrheit getroffen und hat geglaubt. Er hat auch nicht gezögert zu verkünden, daß dieser Mensch Gottes Sohn war. Es war das erste Zeichen der Erlösung.

3. Ein weiteres Zeichen wird von Johannes festgehalten, wenn er schreibt: „Einer der Soldaten stieß mit der Lanze in seine Seite, und sogleich flossen Blut und Wasser heraus" (*Joh* 19,34).
Man merkt: Jesus ist bereits tot. Er ist vor den beiden Verbrechern gestorben, die mit ihm gekreuzigt worden waren. Das beweist die Heftigkeit seiner Leiden.
Der Lanzenstich ist also kein neuer, Jesus zugefügter Schmerz. Er dient vielmehr als Zeichen der totalen Selbsthingabe, als Zeichen, das in sein Fleisch selbst eingschrieben ist mit der Duchbohrung der Seite und, man kann sagen, mit der Öffnung seines Herzens als symbolischen Ausdruck jener Liebe, um derentwillen Jesus für die Menschheit alles hingegeben hat und weiter hingeben wird.

4. Aus der Öffnung seines Herzens fließt Blut und Wasser. Eine Tatsache, die man physiologisch erklären kann. Aber der Evangelist zitiert sie wegen ihres symbolischen Gehalts: Sie ist Zeichen und Ankündigung der Wirksamkeit des Opfertodes. Diese Bedeutung, die der Evangelist diesem beimißt, ist so groß, daß er nach dem Bericht des Geschehens hinzufügt: „Und der, der es gesehen hat, hat es bezeugt, und sein Zeugnis ist wahr. Und er weiß, daß er Wahres berichtet, damit auch ihr glaubt" (*Joh* 19,35).
Er beruft sich also auf eine von ihm selbst gemachte, direkte Feststellung, um zu unterstreichen, daß es sich um ein Ereignis handelt, das voll Aussagekraft ist hinsichtlich der Beweggründe und Auswirkungen des Opfertodes Christi.

5. Der Evangelist erkennt in dem Geschehen die Erfüllung dessen, was in zwei prophetischen Texten vorhergesagt worden war. Der erste betrifft das Paschalamm der Israeliten, an dem „kein Knochen zerbrochen werden soll" (vgl. *Ex* 12,46; *Num* 9,12; *Ps* 34,21). Für den Evangelisten ist der gekreuzigte Christus also das Paschalamm und das „ausgeblutete Lamm", wie die heilige Katharina von Siena sagt, das Lamm des Neuen Bundes, symbo-

lisch angekündigt im Pascha des alten Gesetzes und wirksames Zeichen der neuen Erlösung nicht nur Israels, sondern der ganzen Menschheit von der Knechtschaft der Sünde.

6. Die andere biblische Zitation des Johannes ist ein geheimnisvoller, dem Propheten Zacharja zugschriebener Text, der lautet: „Sie werden auf den blicken, den sie durchbohrt haben" (*Sach* 12,10). Die Prophezeiung betrifft die Befreiung Jerusalems und Judas' durch das Werk eines Königs; die Nation erkennt durch seine Ankunft ihre Schuld und klagt um ihn, den sie durchbohrt hat, wie man um den einzigen Sohn klagt, den man verloren hat. Der Evangelist wendet diesen Text auf den durchbohrten und gekreuzigten Jesus an, der nun voll Liebe betrachtet wird. Den feindseligen Blicken der Gegner folgen die betrachtenden und liebevollen Blicke derer, die sich bekehren. Diese mögliche Auslegung dient dazu, den theologisch-prophetischen Ausblick zu verstehen, in dem der Evangelist die Geschichte betrachtet, die er aus dem geöffneten Herzen Jesu sich entwickeln sieht.

7. Blut und Wasser sind in ihrem Symbolgehalt verschieden interpretiert worden.
Im Johannesevangelium kann man eine Beziehung zwischen dem Wasser, das aus der durchbohrten Seite Jesu fließt, und seiner Einladung beim Laubhüttenfest beobachten: „Wer Durst hat, komme zu mir, und es trinke, wer an mich glaubt. Wie die Schrift sagt: Aus seinem Inneren werden Ströme von lebendigem Wasser fließen" (*Joh* 7,37–38; vgl. 4,10–14; *Apg* 22,1). Der Evangelist erklärt dann, daß Jesus den Geist gemeint habe, den „alle empfangen sollten, die an ihn glauben" (*Joh* 7,39).
Einige deuteten das Blut als Symbol für die Nachlassung der Sünden durch das Sühnopfer und das Wasser als Symbol der Reinigung. Andere haben das Blut und Wasser in bezug zur Eucharistie und Taufe gesetzt.
Der Evangelist hat keine ausreichenden Grundlagen für eine genaue Deutung angeboten. Aber es scheint, daß ein Hinweis von seinem Text über die durchbohrte Seite gegeben wird, aus der Blut und Wasser fließen; die Ausgießung der Gnade, die vom Opfertod kommt, wie er selbst zu Beginn seines Evangeliums vom menschgewordenen Wort sagt: „Aus seiner Fülle haben wir alle empfangen Gnade über Gnade" (*Joh* 1,16).

8. Wir wollen mit der Bemerkung schließen, daß das Zeugnis des Lieblingsjüngers seinen vollen Sinn erhält, wenn wir daran denken, daß dieser Jünger beim letzten Abendmahl sein Haupt auf Jesu Brust gelegt hatte. Jetzt sah er diese Brust durchbohrt. Deshalb empfand er das Bedürfnis, das Zeichen der unendlichen Liebe hervorzuheben, die er in diesem Herzen entdeckt hatte, und er lud alle Leser seines Evangeliums und alle Christen ein, dieses Herz zu betrachten, „das die Menschen so sehr geliebt hatte", daß es sich für sie zum Opfer hingab.

In deutscher Sprache sagte der Papst:

Liebe Brüder und Schwestern!

Der Evangelist Markus berichtet uns vom Tode Jesu am Kreuz: „Als der Hauptmann, der Jesus gegenüberstand, ihn auf diese Weise sterben sah, sagte er: Wahrhaftig, dieser

Mensch war Gottes Sohn“ (*Mk* 15,39). Der Hauptmann hatte erlebt, wie Jesus Hohn und Haß, Leid und Todesangst bis zuletzt mit Würde und Ergebung in Gottes Willen ertragen und sogar seinen Henkern vergeben hat. Diese Art und Weise zu leiden und zu sterben ließ ihn die wahre Größe Jesus, ja sogar seine Gottessohnschaft erkennen und bekennen. Die Bekehrung des Hauptmanns ist vor allem die Frucht der göttlichen Gnade, die Christus durch seinen Kreuzestod für die ganze Menschheit verdient hat.

Johannes berichtet uns in seinem Evangelium vom Tode Jesu noch eine weitere Begebenheit, wenn er schreibt: „Einer der Soldaten stieß mit der Lanze in seine Seite, und zugleich flossen Blut und Wasser heraus“ (*Joh* 19,34). Die Durchbohrung des Herzens Jesu ist ein Zeichen für seine vollkommene Hingabe, für seine Liebe bis zum letzten. In diesem Geschehen erfüllen sich die Prophezeiungen des Alten Bundes und die Erlösungswirklichkeit des Neuen Bundes nimmt ihren Anfang. Blut und Wasser aus der Seite Jesu deuten symbolisch auf den Heiligen Geist und die Gnade hin, die wir in Taufe und Eucharistie aus dem Schatz der Erlösung empfangen.

Von Herzen grüße ich nach diesen kurzen Ausführungen die deutschsprachigen Audienzteilnehmer und alle, die meine Worte über das Radio vernehmen. In eurer Vorbereitung auf das Geburtsfest des Herrn ermutige ich euch zugleich zu einer liebenden Hinwendung zum Nächsten, besonders zu den Armen und Einsamen. Mögen diese durch euch die uns in Christus geoffenbarte Liebe und Menschenfreundlichkeit Gottes erfahren. In seiner Liebe erteile ich euch allen meinen Apostolischen Segen.

Glauben an die Wahrheit Jesu neu beleben

Angelus am 18. Dezember

Auf unserem Weg der Vorbereitung auf Weihnachten sind wir beim 4. Adventssonntag angelangt. In einer Woche feiern wir voll Freude das Fest der Geburt des Herrn.

In der heutigen Messe läßt uns die Kirche den Glauben Marias betrachten, indem sie uns an die Worte erinnert, die ihre Verwandte Elisabeth an sie richtete: „Selig ist die, die geglaubt hat, daß sich erfüllt, was der Herr ihr sagen ließ“ (*Lk* 1,45).

Wir empfinden diesen Bericht des Lukasevangeliums, der im Ausblick auf Weihnachten verlesen wird, als eine Einladung und Mahnung, auch unseren Glauben über die Wahrheit Jesu neu zu beleben: der Sohn Gottes, das ewige Wort, wird Mensch im Schoß der Jungfrau, um unter den Menschen zu wohnen und Gnade und Wahrheit zu schenken (vgl. *Joh* 1,14.17). Die Worte von Elisabeth erinnern uns daran, daß die Jungfrau gerade deshalb selig zu preisen ist, weil sie auf die Ankündigung des Engels, des Boten des Willens Gottes des Vaters, mit dem Gehorsam des Glaubens antwortete und sich ganz Gott hingab. Maria hat wirklich dem Herrn in ihrem Verstand und ihrem Willen Ehrfurcht bezeigt; sie war sich dessen bewußt, daß sich in diesem Augenblick der Verkündigung die an die Väter des auserwählten Volkes ergangenen Verheißungen erfüllten, und sie war bereit, mit unbedingter Hochherzigkeit am göttlichen Plan voll mitzuwirken.

Im letzten Abschnitt des Advents betrachten wir den festen Glauben, mit dem Maria sich vorbereitete, den aufzunehmen, der aus ihr geboren werden sollte: der Heilige, der Sohn Gottes.
Solche Gefühle des Glaubens mögen euch leiten bei der Vorbereitung der Weihnachtskrippe in euren Häusern. Diese eindrucksvolle Tradition läßt vor unseren Augen das Geheimnis von Betlehem in künstlerischen volkstümlichen Darstellungen neu erstehen. Durch das Aufbauen der Krippe werden wir im Geist zur Grotte geführt, wo das Wort Gottes in der Einfachheit und Verborgenheit geboren werden wollte. Wie Maria und Josef und die Hirten treten wir hin zum Erlöser, der in der Heiligen Nacht geboren wurde, und beten ihn an.
Deshalb freut es mich, die Christkindfiguren zu segnen, die die Kinder von Rom, einer schönen Tradition folgend, heute auf diesem Platz in den Händen halten, um sie dann bei sich zuhause in die Krippe zu legen.
Liebe Kinder, auch ihr sollt, wie die Hirten von Betlehem, Boten und Zeugen der Schönheit und Güte Jesu sein. Seid es in euren Familien, unter euren Freunden und in der Schule.
Betet darum, daß das kommende Weihnachtsfest Freude und Frieden in eure Häuser und in die aller Kinder der Welt bringe. Erinnert euch dabei ganz besonders der Kinder, die ihr Elternhaus in diesen Tagen verloren haben aufgrund der unheilvollen Katastrophen, die ihr Land getroffen haben.

In der Gemeinschaft mit Christus wachsen

Ansprache bei der Generalaudienz am 21. Dezember

Liebe Brüder und Schwestern!

1. Der Apostel Johannes verkündet uns in seinem ersten Brief mit froher Begeisterung, daß „das Leben ... das ewige Leben, das beim Vater war ... uns offenbart wurde“ (*1 Joh* 1,2). Das Leben ist erreichbar, sichtbar und greifbar geworden. Das ist der wesentliche Inhalt der Botschaft des Evangeliums, den Johannes in besonderer Weise hervorhebt. Es ist das Geheimnis des Wortes, „das der Mensch wird“ und „unter uns wohnt“. Es ist das Weihnachtsgeheimnis, das wir in wenigen Tagen feiern werden.
Das unendliche Leben Gottes, das Leben in Seligkeit, in vollkommener Fülle, das transzendentale und übernatürliche Leben, kommt auf uns zu, bietet sich uns an, macht sich dem Menschen zugänglich, stellt sich als Möglichkeit, ja als volle Glückseligkeit für den Menschen dar. Wer hätte das je denken können? Wir, arme und hinfällige Geschöpfe, oft unfähig, unser eigenes physisches und natürliches Leben zu schützen und zu achten, wir sollen für ein göttliches und ewiges Leben geschaffen sein? Wer hätte sich das je vorstellen können, wenn es nicht von der Liebe des unendlich barmherzigen Gottes offenbart worden wäre?
Und doch ist das die Bestimmung des Menschen. Das ist das glückliche Los, das allen angeboten wird, auch den unwürdigsten Sündern, auch den hassenden Lebensverächtern:

Alle können dazu aufsteigen, am göttlichen Leben selbst teilzuhaben, denn so hat es der himmlische Vater in Christus gewollt. Das ist die christliche Botschaft. Und das ist die Botschaft von Weihnachten.

2. „Das Leben wurde offenbart“ – sagt Johannes –, „wir haben gesehen und bezeugen und verkünden euch das ewige Leben“ (*1 Joh* 1,2). Gewiß können wir heute, zweitausend Jahre nach der leiblichen Anwesenheit Jesu auf Erden, nicht dieselbe Erfahrung haben, die Johannes und die anderen Aposteln mit ihm gemacht hatten. Jedoch können und sollen auch wir heute seine Zeugen sein. Und wer ist „Zeuge“? Es ist der, der „bei den Ereignissen anwesend“ war, der sozusagen „mit eigenen Augen gesehen“ und „mit eigenen Händen das angefaßt hat“, was er bezeugt. Er hat unmittelbar, erfahrungsgemäß davon Kenntnis erhalten. Aber wie können wir nach zweitausend Jahren eine ähnliche Kenntnis von Christus haben? Wie können wir ihn folglich „bezeugen“?
Es gibt heute und wird immer bis zum Ende der Welt, wie wir wissen und wie es uns das Konzil in Erinnerung ruft, verschiedene Formen der Gegenwart Christi unter uns geben: in der Liturgie, in seinem Wort, im Priester, im schwachen, im armen Menschen. Man muß diese Gegenwart zu sehen verstehen, „Augen haben, um zu sehen und Ohren, um zu hören“ – durch ein unmittelbares Erkennen, das wahre Lebensgemeinschaft ist, Lebensgemeinschaft mit ihm. Denn was ist das Leben in der Gnade, die sakramentale Gemeinschaft, eine wirkliche Teilnahme an der Liturgie – wenn nicht Lebensgemeinschaft mit Christus? Und welche Erkenntnis könnte besser sein als die, die aus der Gemeinschaft mit Ihm erwächst, den wir im Glauben annehmen?

3. Deshalb sei für euch, liebe Brüder und Schwestern, das kommende Weihnachtsfest ein Wachsen in der Lebensgemeinschaft mit Christus. Laßt euch fügsam vom Licht des Glaubens erleuchten. Öffnet euch mit Einfachheit und Vertrauen den Lehren des Evangeliums und der Kirche über Weihnachten. Die Wahrheit dieser Lehren wird euch die Möglichkeit geben, die Wirklichkeit von Weihnachten intensiv zu erleben. Sie wird euch ein wenig – wie dem Apostel Johannes – erlauben, das Leben „mit euren Augen zu sehen und mit euren Händen anzufassen“. Übrigens, solange wir nicht dahin gelangt sind, können wir uns nicht voll als Jünger unseres Herrn Jesus betrachten. Unser Weg bleibt unvollständig und unser geistliches Leben unreif. Wir sind noch keine „reifen Menschen“, wie es der heilige Paulus sagt (*1 Kor* 14,20).
Für eine wirkliche Erkenntnis des Weihnachtsgeheimnisses bedarf es außer des Glaubens auch der Liebe durch die guten Werke der Gerechtigkeit und der Barmherzigkeit. Nur so können wir jene geheimnisvollen „Erfahrungen“ machen, von der der heilige Johannes spricht und die aus der Gemeinschaft erwächst und zur Gemeinschaft führt. „Was wir gesehen und gehört haben“ – sagt der Apostel –, „das verkünden wir auch euch, damit auch ihr Gemeinschaft mit uns habt“ (*1 Joh* 1,3). Das Weihnachtserlebnis kommt aus der Liebe, wird von der Liebe erhellt, entfacht Liebe und verbreitet Liebe.
„Wir aber haben Gemeinschaft mit dem Vater und mit seinem Sohn Jesus Christus“, schreibt Johannes weiter (*ebd.*). Das Weihnachtsgeheimnis ist Quelle der Gemeinschaft, weil es Gemeinschaft mit Gott in seinem Sohn Jesus Christus ist. Indem wir das sichtbar

gemachte Leben „mit unseren Händen anfassen und unseren Augen sehen", gehen wir vom Tod zum Leben über, genesen wir von unseren Krankheiten, lassen wir uns vom Leben erfüllen und können deshalb das Leben mitteilen.

4. Warum schließlich diese Gemeinschaft? Wieder sagt es uns Johannes: „damit unsere Freude vollkommen ist" (*1 Joh* 1,4). Zweck und Ergebnis der Lebensgemeinschaft mit Gott und mit den Brüdern ist die wahre Freude. Alle suchen wir instinktiv das Glück. An sich ist das natürlich. Aber wissen wir immer, wo die wahre Freude ist? Wißt ihr jungen Menschen es? Wißt ihr Erwachsenen es? Wir Christen wissen, wo die wahre Freude ist: in der Gemeinschaft mit Gott und mit den Brüdern. In der Öffnung unseres Geistes und Herzens für die Ankunft Gottes unter uns an Weihnachten. Gott wird Mensch; er wird wie jedes andere Kind auf der Erde geboren, arm unter den Armen, hilfsbedürftig unter den Hilfsbedürftigen. Der höchste Gott erniedrigt sich bis zum Äußersten. Ohne seine unendliche Würde zu verlieren, nimmt er unsere grenzenlose Armseligkeit an und macht sie sich zu eigen; und dahinter verbirgt er in gewisser Weise seine Gottheit.
Mein Wunsch, liebe Brüder und Schwestern, ist, daß auch ihr diese „Früchte des ewigen Lebens" in Fülle tragen mögt. Der Heilige Geist führe euch mit seinen Gaben der Weisheit und Vernunft zu einer vertieften Einsicht in das Weihnachtsgeheimnis, in das Geheimnis des Lichtes, der Gemeinschaft, der Freude im Herrn.

In deutscher Sprache sagte der Papst:

Liebe Brüder und Schwestern!

In wenigen Tagen feiern wir Weihnachten, feiern wir Christen jenes Geheimnis, das alle menschliche Vorstellung sprengt und das lehrt: Gott neigt sich zu uns Menschen herab. Er entäußert sich und nimmt unsere menschliche Gestalt an, damit wir teilhaben an seinem göttlichen Leben. Ja, Gott selbst wird einer von uns: Er scheut sich nicht, in unsere armselige, zerbrechliche Menschennatur zu kommen und uns in seinem Sohn, den die Jungfrau Maria geboren hat, in seine ewige, göttliche Gemeinschaft zu holen. Seitdem, seit jener Nacht von Betlehem, deren Licht jede menschliche Nacht erleuchtet, ist keiner mehr, auch nicht der Ärmste und Verlassenste, ausgestoßen und verloren. Denn jedem ist in Jesus Christus Zutritt zum Vater geschenkt. Das ist das Geheimnis der Weihnacht, das Geheimnis der Menschwerdung Gottes, in der sich uns die unendlich erbarmende Liebe Gottes offenbart.
Lassen wir uns in diesen Tagen erneut von diesem Geheimnis ergreifen, indem wir die Gemeinschaft mit dem Vater und dem Sohn suchen und darin wachsen (vgl. *1 Joh* 1,3). Werden wir zu Boten der göttlichen Liebe, indem wir selber diese Liebe durch ein Leben der Hingabe bezeugen. Ja, möge Christus in unseren Herzen wahrhaft wiedergeboren werden, damit das Licht der Weihnacht, das unsere Welt hell gemacht hat, die Menschen auch heute durch die Botschaft des Engels erreichen kann: „Ich verkünde euch eine große Freude: Euch ist der Retter geboren, der Messias, der Herr" (vgl. *Lk* 2,10–11).
Mit diesem Wunsch erteile ich allen anwesenden deutschsprachigen Pilgern und Besuchern sowie den Hörern über Radio Vatikan und allen ihren Angehörigen für eine gnadenreiche Weihnacht von Herzen den Apostolischen Segen.

Unsere Heimat ist im Himmel

Ansprache bei der Generalaudienz am 28. Dezember

Liebe Brüder und Schwestern!

1. Bei dieser Generalaudienz, der letzten des Jahres, hat man unwillkürlich das Verlangen, im Licht von Weihnachten über die Bedeutung des ausgehenden Jahres nachzudenken.
Wir leben noch in der mystischen und feierlichen Atmosphäre des großen Geheimnisses, das wir voll Freude und Bewegung gefeiert haben, indem wir die Geburt des Erlösers in der Armut und dem Schweigen der Grotte von Bethlehem vergegenwärtigen. Voll Glauben knieten wir vor der Krippe nieder und beteten in diesem Kind die unendliche Majestät Gottes an.
Weihnachten ist ein wesentlich religiöses und christliches Fest, denn von dieser einfachen Krippe aus, in die er gelegt wurde, offenbart sich der Sohn Gottes selbst, der zu unserem Heil Mensch wurde. Er ist das göttliche Wort, das unvergleichliche Wort, in dem Gott sich selbst zum Ausdruck bringt, die zweite Person der Heiligsten Dreifaltigkeit, die im jungfräulichen Schoß Marias Fleisch angenommen hat, wie der hl. Johannes im Prolog des vierten Evangeliums schreibt: „Im Anfang war das Wort, und das Wort war bei Gott, und das Wort war Gott ... Und das Wort ist Fleisch geworden und hat unter uns gewohnt" (*Joh* 1,1.14). So schreibt auch der Autor des Briefes an die Hebräer: „Viele Male und auf vielerlei Weise hat Gott einst zu den Vätern gesprochen durch die Propheten; in dieser Endzeit aber hat er zu uns gesprochen durch den Sohn ... er ist der Abglanz seiner Herrlichkeit und das Abbild seines Wesens; er trägt das All durch sein machtvolles Wort" (*Hebr* 1,1–3).
Deshalb wird Weihnachten zu Recht auch „Fest des Lichtes" genannt, weil Jesus die Wahrheit ist, die in Betlehem geboren wird, um das „Licht" der Welt zu sein. Der heilige Paulus sagt, daß Jesus „das Ebenbild des unsichtbaren Gottes ist" und „uns der Macht der Finsternis entrissen hat" (vgl. *Kol* 1,13–15). Das Zweite Vatikanische Konzil seinerseits – nachdem es erklärt hatte, daß der Mensch „sich selbst eine ungelöste Frage bleibt, die er dunkel spürt" – bekräftigt: „Tatsächlich klärt sich nur im Geheimnis des fleischgewordenen Wortes das Geheimnis des Menschen wahrhaft auf ... Christus macht eben in der Offenbarung des Geheimnisses des Vaters und seiner Liebe dem Menschen den Menschen selbst voll kund und erschließt ihm seine höchste Berufung" (*Gaudium et spes*, Nr. 21.22).
Und es ist gerade die Botschaft von Weihnachten, die Licht auf das zeitliche, aber auch tief existentielle Ereignis wirft, das das Jahresende ist.

2. Die erste Überlegung, die beim Jahreswechsel kommt, ist die, daß die Zeit unerbittlich verrinnt: Ein Tag nach dem anderen vergeht, im unaufhaltsamen Rhythmus folgen die Wochen aufeinander, ein Monat ersetzt beinahe unmerklich den anderen, und schon haben wir einen neuen Jahreskalender in der Hand. Unser Leben verrinnt. Unsere Jahre

gehen vorbei. Und wohin? Wohin mündet diese Zeit, die die Menschheitsgeschichte und das persönliche Dasein jedes einzelnen unerbittlich mit sich zieht? Hier strahlt Weihnachten schon sein erstes und wunderbares Licht aus: Die menschliche Geschichte ist kein sinnloses Labyrinth, und unser Dasein geht nicht auf den Tod und das Nichts zu. Mit seinem göttlichen und unfehlbaren Wort sagt Jesus uns, daß Gott den Menschen aus Liebe geschaffen hat und von ihm während seines Lebens auf Erden eine Antwort der Liebe erwartet, um ihn dann jenseits dieser Zeit an seiner ewigen Liebe teilhaben zu lassen. Die Jahre vergehen, eins nach dem anderen, und auch dieses, in dem wir zu Zeit leben, neigt sich seinem Ende zu. Aus der Heiligen Schrift wissen wir aber, daß „wir hier keine Stadt haben, die bestehen bleibt, sondern wir suchen die künftige“ (*Hebr* 13,14). „Unsere Heimat aber ist im Himmel. Von dorther erwarten wir auch Jesus Christus, den Herrn, als Retter, der unseren armseligen Leib verwandeln wird in die Gestalt seines verherrlichten Leibes“ (*Phil* 3,20–21). Gewiß muß sich jeder tatkräftig beim Aufbau der irdischen Stadt einsetzen, indem er seine Arbeit tut und die einen Talente entfaltet. Aber er muß es immer tun mit dem Gedanken: „Wenn unsere irdische Zeit abgebrochen wird, dann haben wir eine Wohnung von Gott, ein nicht von Menschenhand errichtetes ewiges Haus im Himmel“ (*2 Kor* 5,1). Ja, wir können sagen, daß alles – an Gutem und Bösem, an Freud und Leid – geschieht, damit wir Gott, unser absolutes Gut, ersehnen und Heimweh haben nach dem Paradies, für das wir einzig und allein geschaffen worden sind.

3. Eine zweite Überlegung zum Jahresende folgt aus der Erinnerung an Vergangenes. Die Massenmedien erinnern in diesen Tagen zusammenfassend an die hauptsächlichen Ereignisse des vergangenen Zeitabschnitts. Wenn man die persönlichen oder öffentlichen Ereignisse des vergangenen Jahres wieder betrachtet, kann einen leicht ein Gefühl der Verwirrung und der Bitterkeit überkommen aufgrund so vieler menschlicher Nöte und Leiden, die die Tageschronik uns zur Kenntnis gebracht hat. Wir denken jetzt in diesem Augenblick nur an die jüngste Erdbebenkatastrophe in Armenien und auch an gewisse Situationen, die die Kirche betrübt haben. Ja, auch und besonders durch diese schmerzlichen Ereignisse strahlt Weihnachten sein übernatürliches Licht aus und bringt den Trost der Wahrheit und das Geschenk des inneren Friedens. Denn Jesus sagt: „Kommt alle zu mir, die ihr euch plagt und schwere Lasten zu tragen habt. Ich werde euch Ruhe verschaffen. Nehmt mein Joch auf euch und lernt von mir; denn ich bin gütig und von Herzen demütigt; so werdet ihr Ruhe finden für eure Seele“ (*Mt* 11,28–29). Gott ist unendliche Barmherzigkeit und läßt niemanden im Stich. Was immer geschehen sein mag oder geschehen wird, überlassen wir uns ganz seiner väterlichen Liebe! Was noch die Kirche betrifft, erinnern wir uns an das, was der heilige Ambrosius zu seiner Zeit schrieb: „Inmitten so vieler Strömungen der Welt steht die Kirche fest auf den apostolischen Felsen gegründet und bleibt auf ihrem unerschütterlichen Fundament, trotz des Tobens des stürmischen Meeres. Sie wird von den Wellen getroffen, aber nicht erschüttert, und obwohl die Elemente dieser Welt hereinbrechen und mit großem Getöse widerhallen, hat sie trotzdem einen sicheren Rettungshafen, wo der aufgenommen wird, der geplagt ist und schwere Lasten trägt“ (*Brief* 2,1–2).

4. Zum Schluß erhellt das Licht von Weihnachten auch den Übergang ins neue Jahr. Denn in Betlehem – so sagt der Evangelist Johannes – kam „das wahre Licht, das jeden Menschen erleuchtet ... Aus seiner Fülle haben wir alle empfangen, Gnade über Gnade" (*Joh* 1,9.16). Weihnachten lädt uns ein und regt uns an, voll Vertrauen und Mut das Gute zu tun, den christlichen Glauben mit der ungekürzten Lehre und der Folgerichtigkeit des Lebens zu bezeugen und uns um die persönliche Heiligung zu bemühen, indem wir immer den Blick aus der Zeit auf die Ewigkeit richten: „O lichtheller Tag der Ewigkeit, den keine Nacht verdunkelt!" ruft der Autor der Nachfolge Christi aus und fährt fort: „Die höchste Wahrheit selbst ist deine Sonne, ihr Licht diene unvergängliche Heiterkeit. Du kennst keinen Wechsel, bist ewig ein und derselbe Tag!" (Drittes Buch, Kap 48, Nr. 1).

5. Meine Lieben! Das Licht von Weihnachten erleuchte und begleite jeden von euch bei eurer Arbeit, euren Aufgaben, in eurem Familienkreis, während des ganzen neuen Jahres, das wir bald beginnen und für das ich euch meine herzlichsten Glückwünsche ausspreche. Die seligste Jungfrau Maria, der wir ein ganzes Jahr besonderer Betrachtung und inniger Verehrung gewidmet haben, helfe und inspiriere euch mit der Anziehungskraft ihres Beispiels und der Zärtlichkeit ihrer mütterlichen Liebe!

In deutscher Sprache sagte der Papst:

Liebe Brüder und Schwestern!

In wenigen Tagen endet das Jahr 1988, und wir werden in ein neues Jahr eintreten. In solchen Stunden mag uns der Gedanke bewegen, wie unaufhaltsam doch die Zeit zerrinnt, unser Leben sich aufbraucht und unsere Jahre davoneilen. Dabei drängt sich dann auch die Frage auf: „Wohin" geht unser Leben? „Wofür" ist unsere menschliche Existenz bestimmt?

Wir stehen noch ganz unter dem Eindruck der Feier des Geheimnisses der Menschwerdung Gottes. Vom Glanz der Weihnacht spannt sich ein Bogen, der unsere Frage erhellen kann und der uns nicht antwortlos im Dunkel stehen läßt. Die Antwort lautet: Unsere Geschichte ist kein absurdes Labyrinth, wir Menschen sind nicht dem Tod und der Vernichtung ausgeliefert. Unser Leben ist vielmehr durch den menschgewordenen Gottessohn im Vater verborgen, der uns aus Liebe geschaffen hat und dessen Liebe wir durch ein Leben aus Glaube, Hoffnung und Liebe antworten sollen. So werden wir selbst zu Zeugen der göttlichen Liebe und haben auf ewig einmal Anteil an ihr.

Ja, Gott hat uns in Jesus seine unverbrüchliche Liebe und Treue zugesagt. In diesem Glauben wollen wir das zu Ende gehende Jahr mit allem, was es uns gebracht hat und was wir daraus gemacht haben, dankbar als Gottes Geschenk annehmen. Das Unerreichte und Leidvolle dieses Jahres aber dürfen wir seinem Erbarmen überantworten. Das Licht der Weihnacht ermutigt uns zugleich, mit Vertrauen in das Neue Jahr zu gehen. Denn Jesus Christus, der in seiner Geburt unser Bruder geworden ist, wird uns auch durch das kommende Jahr begleiten. Leben wir also aus seiner Nähe und mit bereitem Herzen sein Evangelium, indem wir Gott die Ehre geben und dem Nächsten mit Liebe begegnen. Dann werden wir auch bei seiner Wiederkunft für ewig bei ihm sein.

Mit besten Wünschen zum Neuen Jahr erteile ich allen anwesenden deutschsprachigen Pilgern und Besuchern sowie den Hörern über Radio Vatikan und ihren Familien von Herzen meinen besonderen Apostolischen Segen.

II.

Predigten und Ansprachen bei den Reisen

1. Pastoralbesuch in Verona (vom 16. / 17. April)

Verona ein „Zentrum der Einheit"

Ansprache in Verona beim Treffen mit den Bewohnern der Stadt am 16. April

Liebe Brüder und Schwestern!

1. Ich freue mich ganz besonders, heute, im Marianischen Jahr, am Vorabend der Verherrlichung von zwei großen Söhnen eures Landes, die uns als Zeitgenossen um so näher stehen, bei euch zu sein.
Ich danke dem Minister sehr herzlich, der persönlich gekommen ist, um mir die Grüße der Regierung zu überbringen. Ich danke dem Vorsitzenden der Region und dem Bürgermeister für die Freundlichkeit der an mich im Namen der Bürgerschaft und der Region gerichteten Worte. Von Herzen danke ich euch allen, die ihr in großer Anzahl aus den verschiedenen Stadtvierteln und der Umgebung herbeigeeilt seid, um mir diesen angenehmen Empfang zu bereiten.
Ich möchte mit den berühmten Worten des unbekannten Ikonographen eurer Stadt meinen ehrerbietigen Gruß erweisen: „Magna Verona, vale!" In tiefer und aufrichtiger Anteilnahme mache ich mir diesen ausdrucksvollen Gruß zu eigen, der vor mehr als tausend Jahren zum ersten Mal erklang: als Verona politisches Zentrum von vorrangiger Bedeutung war und sich auf den höchsten bürgerlichen und religiösen Werten gründete. Indem ich diesen Gruß zehn Jahrhunderte später wiederhole, möchte ich die Stetigkeit der Ideale anerkennen, die eure Stadt angeregt haben, und euch mit der ganzen Kraft meiner Seele dazu ermuntern, euch mit Mut der Zukunft zuzuwenden, damit sie eurer bedeutenden Vergangenheit würdig werde.
Ich weiß, daß ich in eine außergewöhnliche Stadt gekommen bin – antik wegen ihres Ursprungs, groß wegen ihrer Geschichte, fest wegen ihrer Zugehörigkeit zum christlichen Glauben, stark wegen ihres erneuten Aufschwungs und daher reich an Hoffnungen für die Zukunft.

2. Verona ist vor allem aufgrund seiner Natur- und Kunstschönheiten ein Ort mit Vorrangstellung. Es liegt am Fuße der Hügel und wird von den Windungen der Etsch zweigeteilt. Der Welt, die es bewundert, bietet es berühmte geschichtliche Werke, die Zeichen fortdauernder Lebenskraft sind. Wer Verona als „kleines Rom" bezeichnete, wollte damit den Ruhm einer antiken und stets lebendigen Stadt ausdrücken, die es vermocht hat, politische, wirtschaftliche und kulturelle Macht zu erringen und so im Laufe der Jahrhunderte Persönlichkeiten hervorzubringen, die für die universale Kultur Verdienste erwarben. Nicht umsonst ist einer von ihnen, der große Maler, unter dem Beiwort des Geburtsortes weltbekannt.

In menschlicher und religiöser Sicht war Verona stets ein Zentrum der Einheit und Ausstrahlung. Bereits zur Römerzeit, als sich hier die Via Augusta mit der Via Gallica und der Via Postumia traf, liefen in Verona europäische Verbindungslinien zusammen. Und im Mittelalter zogen durch die Stadt – Kreuzpunkt von Völkern – unzählige Pilger, die Rom, Jerusalem oder San Giacomo de Compostella zum Ziel hatten. Eure Stadt, die über gut funktionierende Dienstleistungen verfügt und wegen ihrer Gastfreundschaft berühmt ist, war stets die natürliche Mittlerin zwischen verschiedenen Kulturen. Hier fand der große christliche Dichter in der Verbannung – wie er im Abschnitt über das Paradies berichtet – den ersten Zufluchtsort und die erste Herberge (*Zit.* XVII, 70). Hierhin kam auch Petrarca, um in den Miniaturhandschriften der Kapitularbibliothek nachzuschlagen, die viele antike Manuskripte der klassischen europäischen Kultur aufbewahrt. Auf diese Weise war und ist Verona eine Schmiede, ein glückliches Beispiel für die Verschmelzung unterschiedlicher, für ein Gleichgewicht und eine gewinnbringende Verbindung notwendiger Elemente: der Stadt und des Landes, der Natur und der Kunst, der Antike und der Moderne, der Tradition und der Originalität, des Privaten und des Öffentlichen, des Menschen und der sozialen Einrichtungen, der bürgerlichen Autonomie und der Eingliederung in den regionalnational–internationalen Kontext. Als „Grüne Hauptstadt Europas“ hat Veronas Unternehmungsgeist Fuß gefaßt in verschiedenen Bereichen menschlicher Tätigkeit: der Landwirtschaft und Industrie, dem Handel und Tourismus, dem Tertiärbereich und der Kultur, der Kunst und dem Theater, der Zivilisation und dem technischen Fortschritt.
Seine nicht zu große Einwohnerzahl macht aus Verona ein mittleres Ballungsgebiet und ein blühendes, modernes und bewohnbares Zentrum, das nicht in den Kreis des selbstsüchtigen Lokalpatriotismus eingeschlossen ist – eine Stadt, die heute von allen angestrebt wird, eine Stadt, die dem Menschen gerecht wird.

3. Doch Verona war und ist auch eine Stadt des Glaubens. Sie ist dies vor allem wegen der Festigkeit ihres religiösen Lebens, wegen eines als Grundlage des Lebens als Person, in der Familie und als Bürger aufgefaßten Christentums. Der Glaube an den wahren Gott des Evangeliums, den Verona, wie es heute noch die archäologischen Überreste eurer frühchristlichen Basilika bezeugen, als eine der allerersten Städte Norditaliens und Europas angenommen hat, ist durch die geschichtlichen Wechselfälle hindurch das Geheimnis seiner stetigen und unerschöpflichen Lebenskraft gewesen und geblieben.
Sankt Zeno, euer erster Bischof, ein von weither gekommener Mann, der hier die Gelegenheit hatte, den christlichen Glauben zu vertiefen und unermüdlich gegen die Versuchungen eines wiederauflebenden Heidentums zu verteidigen, gab davon ein leuchtendes Beispiel. Aus diesem Grund errichteten die Bürger von Verona auf seinem Grab jenes Meisterwerk aus Stein, das als eines der wundervollsten Monumente einer Epoche gilt, die doch an sich schon so reich an Kunst ist. San Zeno Maggiore, eine der wichtigen schönen Kirchen innerhalb des ausgedehnten Gebietes Veronas, ist das sichtbare Zeugnis für die Festigkeit des Glaubens des gesamten Volkes, das sich selbst stets treu ist.
Ein Glaube, der, abgesehen davon, daß er in bewundernswürdigen sakralen Kunstwerken Ausdruck findet, sich im Laufe der Jahrhunderte im christlichen Heroismus und missio-

narischen Geist seiner Menschen, die für die echte Erneuerung der Kirche tätig gewesen sind, offenbarte. Das Außergewöhnliche im Leben der Heiligen – wie in jenem der beiden neuen Persönlichkeiten, die ich euch morgen zur Anbetung der ganzen Kirche vorstellen werde – ist auf der einen Seite Ausdruck der Fruchtbarkeit des familiären und sozialen Nährbodens, und auf der anderen Seite nährt und bereichert es ihn.
Aus der Fruchtbarkeit dieser tief mit dem Evangelium durchtränkten Grundlage ist der heilsame Strom der vielen Einrichtungen entsprungen, die im letzten Jahrhundert hier in der Stadt oder in den Diözesen entstanden sind und sich übermächtig bis in die fernsten Kontinente ergossen haben.

4. Liebe Brüder und Schwestern, indem ich mich eurer Freude über so zahlreiche euch vorangegangene Bürger und Christen anschließe, möchte ich euch dazu einladen, nicht in der Erinnerung an die einstige Größe zu verweilen, sondern euch auf die Zukunft hin auszurichten, damit diese – wenn auch mit den entsprechenden Anpassungen – weiterhin von denselben unerschöpflichen Quellen Nahrung empfange und immer aufs neue Früchte hervorbringe.
Es ist nicht leicht, im Kontext der modernen Gesellschaft, die gekennzeichnet ist durch wieder neu auflebende Formen des Heidentums, wahrhaft christlich zu sein. Doch war es auch zu anderen Zeiten so.
Noch schwerer ist es, einen weiterreichenden sozialen Bereich zu schaffen, der sich an den großen Werten des Evangeliums inspiriert. Man muß sich jedoch darum bemühen, dies zu tun, indem man auf die schöpferische – von der Gnade des auferstandenen Christus herrührende – Fähigkeit vertraut. Es gibt keine Gesellschaft, die behaupten kann, von negativen Elementen frei zu sein. Auch Rosen haben Dornen. Selbst bis nach Verona ist das Rauschgift gelangt, mit all den Folgen, die es mit sich bringt, und mit all den Gründen, die es dafür gibt. Auch in Verona faßt die weitverbreitete Mentalität Fuß, auf den materiellen Wohlstand jegliches Streben unseres Daseins zu konzentrieren und die Macht zu unterschätzen, die die Werte des Geistes gewährleisten, um neue, dem Menschen würdige Gesellschaftsmodelle zu realisieren.
Indem ich euch nun erneut grüße, bin ich überzeugt von eurem persönlichen und gemeinschaftlichen Einsatz, diesen und anderen Übeln der zeitgenössischen Gesellschaft entgegenzuwirken, und auch von eurer Tatkraft für Unternehmungen, die einen edlen Geist und Hochherzigkeit erfordern.
Magna Verona vale, valeas per saecula semper! Sei gegrüßt, großes Verona, mögest du stets in allen Jahrhunderten groß sein! Und möge dich Gott auf deinem Weg begleiten!

Wir können Gott in seinem Tempel immer begegnen

Begegnung mit den Priestern und Ordensleuten in Verona am 16. April

Liebe Brüder und Schwestern, Priester, Ordensmänner und Ordensfrauen der Diözese Verona!

1. Euch gilt mein herzlicher Gruß. Ich freue mich, daß ich nach der offiziellen Begrüßung der Bürgerschaft meinen Pastoralbesuch in der Kirche von Verona, diesem alten und ruhmreichen Teil der Herde Christi, bei euch beginnen kann, ich halte es auch für bezeichnend und angebracht, daß die Kathedrale als Ort unserer Begegnung gewählt wurde, denn ihr feiert ja das 8. Jahrhundert der Einweihung dieses Gotteshauses durch Papst Urban III. am 13. September 1187. Doch die Geschichte dieser Kathedrale kann, wenn man frühere Bauten hinzunimmt, sogar auf die Zeiten des ruhmvollen Hl. Zeno, des Diözesanpatrons, zurückgehen. Als 8. Bischof der Diözese ließ er im 4. Jahrhundert gerade an dieser Stelle die erste Mutterkirche der christlichen Gemeinschaft erbauen, die er in der Taufe zur Wahrheit Christi geführt hat: „Veronam praedicando reduxit ad baptismum" (*Rhythmus Papianus*).

2. Ein besonderer Gruß gilt eurem Bischof Giuseppe Amari, der im Namen aller einen herzlichen Gruß an mich gerichtet hat. Ich danke ihm sehr dafür. Ich grüße den Herrn Kardinalbischof, der als Gast bei uns ist, sowie die anwesenden Erzbischöfe und Bischöfe.

Liebe Brüder und Schwestern, wie beredt ist diese unsere Begegnung heute im Hauptgotteshaus der Diözese! Ihr seid inmitten des Volkes Gottes in besonderer Weise Männer und Frauen des Hauses Gottes und müßt es sein. Eure Berufung verbindet euch ja eng mit dem „Haus des Herrn" und mit dem „Ort, wo seine Herrlichkeit wohnt" (*Ps* 26,8).

Ihr seid in besonderer Weise berufen, den Menschen die Schönheit und die Bedeutung des Gottesdienstes und des heiligen Ortes verständlich zu machen, an dem die Heilsgeheimnisse gefeiert werden. Und wie gut erleichtert diese Kathedrale in ihrer außerordentlichen Schönheit diese eure Aufgabe und Sendung. Wie gut stellt sie diese dar und drückt sie aus! In diesen Steinen und kostbaren Kunstwerken, in denen Jahrhunderte zum Ausdruck kommen, wird, so könnte man fast sagen, der Glaube selbst sichtbar. Durch sie und in ihnen kommen ungewöhnlich eindrucksvoll, fesselnd in Kunst und Poesie, das Genie und die Erfindungskraft des Menschen zur Geltung, der in seinen Werken Gott leben möchte und darin sich selbst, und seinen Geist, der nach dem Bild Gottes geschaffen ist, in höchstem Maß darbringt.

Eure Berufung, die Menschen zu Gott zu führen, ist gewiß staunenswert; sie schließt, wie ihr gut wißt, Verantwortung ein. Bekannt sind die Worte des Psalmisten: „Wer darf hinaufziehn zum Berg des Herrn, wer darf stehen an seiner heiligen Stätte? Der reine Hände hat und ein lauteres Herz, der nicht betrügt und keinen Meineid schwört. Er wird Segen empfangen vom Herrn und Heil von Gott, seinem Helfer" (*Ps* 24,3–5).

Je reiner und unbescholtener euer Leben ist und je konsequenter euer Verhalten den Geheimnissen entspricht, die ihr feiert, und den Gebeten, die ihr zum Höchsten erhebt, um so besser werdet ihr vielen unserer Zeitgenossen, die von der säkularistischen Gleichgültigkeit abgelenkt sind, die Wichtigkeit, ja die Notwendigkeit des inneren und äußeren Gottesdienstes verständlich machen können. Ihr müßt den Menschen von heute das Verständnis, den Geschmack und die Achtung für den heiligen Ort zurückgeben, an den die christliche Gemeinde unter dem Vorsitz des Priesters das eucharistische Geheimnis feiert und anbetet.

3. Die Kathedrale besitzt von diesem Gesichtspunkt aus besondere Bedeutung aufgrund der Tatsache, daß hier die Versammlung des Volkes Gottes unter dem Vorsitz des Bischofs, des Hirten der Diözese erfolgt, der in Gemeinschaft mit der universalen Kirche und unter der Führung des Nachfolgers Petri in seiner Kirche der oberste Hüter und Ausspender der göttlichen Geheimnisse ist, das Fundament und die Garantie der Einheit der Kirche in der Pluralität der Dienste und Charismen.
Die Kathedrale ist daher der auserwählte Ort der Zusammenkunft der Ortskirche. In der Ortskirche seid ihr, Brüder und Schwestern, berufen, Zeugnis zu geben, indem ihr ein Verhältnis besonderer Nähe zum Bischof vorlebt, wie zugleich auch zu denen, die in der Gemeinschaft der Kirche und auch außerhalb besonders der göttlichen Barmherzigkeit und der brüderlichen Solidarität bedürfen.
Daher ist unser Zusammentreffen heute in diesem Gotteshaus tief bedeutsam für euch und für mich. Wo kann man wohl besser die Einheit der Ortskirche in Vereinigung mit dem Nachfolger Petri ausdrücken als in der Kathedrale? Und wo hättet besonders ihr, Männer und Frauen des Hauses Gottes, diese Einheit besser zum Ausdruck bringen können, als gerade in dieser eurer Kathedrale?
Hier, wie übrigens in jeder katholischen Kirche, ist Gott nach seinem ausdrücklichen Willen gegenwärtig und wirksam, in besonderer Weise vor allem, wenn die Sakramente und zumal die Eucharistie gefeiert werden. Man darf wirklich sagen, daß durch das Sakrament der Eucharistie Gott, wenn auch auf geheimnisvolle Weise, in seinem Tempel wohnt. Und in seinem Tempel, im Tabernakel, können wir ihm immer begegnen und ihn betrachten, über die Hülle der eucharistischen Gestalten hinaus, und Trost finden im Leiden, Licht in Zweifel und Ungewißheit, Anregung für neue Initiativen der Liebe.
Eine Tätigkeit im Apostolat, die nicht von dieser Liebe zum Gotteshaus und zu Jesus im Sakrament herkäme, würde bald zu leerem Aktivismus entarten und von irdischen Bestrebungen verfälscht werden, weil sie sich jenes übernatürlichen Fundamentes beraubte, auf dem wir allein wahrhaft und dauerhaft die Seelen beeinflussen können.

4. Doch Tempel Gottes sind nach den Worten des heiligen Zeno auch das Volk Gottes, die Seelen im Zustand der Gnade. Jesus wohnt im Tabernakel, um in den Herzen wohnen zu können. Er liebt den aus Steinen gefügten Tempel, doch vor allem den Tempel unseres Leibes, natürlich immer nur, wenn wir ihn mit reinem Herzen aufnehmen wollen. Dieser Gedanke ließ den hl. Zeno sagen, als er sich ergriffen an seine Gläubigen wandte: „Ein unvergleichlicher Ruhm und wahrhaft Gottes würdig ist die Tatsache, daß in einem einzi-

gen Empfinden und im gleichen Glauben der eine für den anderen betet, der Priester und der Tempel" (nämlich das gläubige Volk) „und daß sie sich mit gleicher Andacht an Gott wenden". Und vom Tempel aus Stein ausgehend, in dem sie sich befanden, ermahnte er die Anwesenden: „Frohlockt also, ihr Gläubigen, und lernt, wie ihr euch selbst auferbauen müßt von diesem neuen Tempel aus, dessen Raum ihr eng gemacht habt durch eure wahrhaft tröstliche Anzahl. Aus der Tatsache aber, daß der Raum euch nicht faßt, wird deutlich, daß euer Glaube Gott umfaßt" (*Discorsi* II, 6,2–5).
Der Glaube muß sich im Zusammenkommen der Gemeinschaft im Haus des Herrn ausdrücken. Der Gottesdienst und die Werke der Liebe sind die Zeichen des echten Glaubens, die untrennbar miteinander verbunden sind. Eines Glaubens, der die Anbetung des Schöpfers nicht von der Hingabe an die Geschöpfe trennt, die absolute Hingabe an den Unendlichen von der sorgfältigen Wertung des Endlichen. Ohne beides zu trennen oder zu vermischen. Das Geheimnis der Menschwerdung lehrt uns, wie man sie in der Unterscheidung vereinen kann.

5. Betrachtet euch, liebe Brüder und Schwestern, vor allem als Förderer des wahren Glaubens mit Liebe und Mut, in Gemeinschaft mit dem Bischof und der Kirche, in echter Bereitschaft, den Seelen zu dienen. Pflegt die Katechese für die Erwachsenen und für die Jugendlichen, die Katechese für alle. Ich mache mir hier die Worte zu eigen, die der hl. Zeno an seine Gläubigen richtete, indem er sie ausdrücklich mahnte, die göttliche Tugend des Glaubens zu pflegen und zu vertiefen: „Wir müssen ihn nachdrücklich umfassen", sagte er, „und ihn mit allen Kräften behüten. Wir müssen ihn mit Mut anwenden, denn er ist das feste Fundament unseres Lebens, die unüberwindliche Wehr und zugleich die beste Angriffswaffe gegen alle Nachstellungen des Teufels, der undurchdringliche Panzer unserer Seele, die Fülle der wahren Kenntnis des Gesetzes, der Schrecken der bösen Geister, der Mut der Märtyrer, die Schönheit und Mauer der Kirche, Dienerin Gottes, Freundin Christi und Tischgenossin des Heiligen." Fragen wir uns, ob wir nicht zuweilen die Wahrheit des Glaubens relativieren, während wir die Ideologien dieser Welt absolut setzen. Wir müssen die Welt nach dem Evangelium beurteilen, ohne je die Botschaft Christi den Meinungen der Zeit zu unterwerfen.
Ihr seid euch alle bewußt, wie dringend notwendig eine neue Evangelisierung der Völker alten christlichen Glaubens ist. Hier liegt eine Hauptaufgabe der Kirche unserer Zeit. Und hier müßt gerade ihr als Priester und Ordensleute euch angesprochen fühlen und in vorderster Front euch persönlich einsetzen.

6. Bei diesem Dienst an der Verbreitung und Verwurzelung des Glaubens hat jeder von euch eine besondere Aufgabe zu erfüllen: der Priester durch die Verwaltung der Sakramente, die ihm aufgetragene amtliche Predigt und den Vorsitz in der Gemeinschaft der Gläubigen; die gottgeweihten Ordensleute vor allem durch das Beispiel eines bußfertigen, abgetöteten und einwandfreien Lebens, das zutiefst Gott hingegeben ist, gemäß dem Charisma des jeweiligen Institutes: pflegt ihr das aktive Leben, in den Werken des äußeren Apostolates; pflegt ihr das kontemplative Leben, durch das Selbstopfer im Schweigen, in Einsamkeit und Gebet.

Jeder soll die besondere Berufung, die ihm zuteil geworden ist, gut leben und sich als lebendiges Glied des mystischen Leibes fühlen, denn so kommt das eigene Tun zur gebührenden Wirksamkeit, in Harmonie mit dem der anderen.

7. Das Marianische Jahr, das wir feiern, stellt uns Maria unter anderem als jene vor, die den Glauben in höchstem Grad verinnerlicht, jene, die ganz „jeder innere Raum (geworden ist), in welchem der ewige Vater uns mit allem geistlichen Segen erfüllen kann" (*Redemptoris Mater*, Nr. 28). Jene, die den Pilgerweg des Glaubens nicht ohne die besondere „Mühe des Herzens" gegangen ist, wie er sie verlangt (vgl. *ebd.*, Nr. 17).
Ihr Ordensfrauen fühlt euch in besonderer Weise vom Beispiel Marias angesprochen. Sie ist gewiß Vorbild für jeden Christen, doch wie sollte man nicht anerkennen, daß im gottgeweihten Frausein, in der christlichen Jungfrau ein ganz einzigartiges Zeichen der Präsenz Marias in der Welt vor uns steht? Ihr seid als Ordensfrauen in besonderer Weise berufen, die mütterliche Liebe Marias zu den Menschen spüren zu lassen. Dies ist eure besondere und unersetzliche Aufgabe in der Kirche. Hier gebt ihr das Beste von euch her und erfüllt eure Sendung als Frauen im göttlichen Heilsplan.
Möge die heilige Jungfrau, die ihr hier unter dem Titel „Madonna des Volkes" verehrt, euch und uns allen jene Haltungen eingeben, die am meisten der Begegnung mit dem Herrn im Tempel unseres Herzens sowie unserem Glaubenszeugnis im Tempel unserer christlichen Gemeinschaften gemäß sind.
Mit diesen meinen guten Wünschen und Empfindungen versichere ich euch meine enge Verbundenheit und erteile euch von Herzen meinen besonderen Segen, in den ich auch alle eure Lieben einschließe sowie alle Mitbrüder und Mitschwestern, die an der Freude dieser Begegnung nicht haben teilnehmen können.

Vom Künstler wird eine zeitgemäße Antwort erwartet

Ansprache in Verona bei der Begegnung mit der Welt der Kultur am 16. April

Hochwürdige Kanoniker und Priester,
sehr geehrte Gelehrte,
liebe Brüder und Schwestern!

1. Es ist mir eine Ehre und ein Vergnügen, dieses historische Studienzentrum zu besuchen, das der hochwürdige Herr Präfekt mit Recht als antik und verehrungswürdig bezeichnet hat. Diesen selben Gefühlen entspringt das Grußwort, das ich an Sie alle richten möchte: an die Vertreter einer Kathedralkirche, zu deren Schätzen zahlreiche der wertvollsten Codices der kirchlichen und humanistischen Tradition dieser Gegend zählen, sowie an die Vertreter der wichtigsten kulturellen Institutionen Veronas, nämlich der Universität, des nach den Heiligen Zeno und Bernhardin benannten theologischen Studienzentrums, des Ökumenischen Instituts und ganz allgemein der Welt der Kultur und Wissenschaft, die hier eine vorzügliche Quelle für ihr Wachstum und ihre Ausbreitung findet.

Sie alle sind – je nach Ihren spezifischen Aufgaben und Kompetenzen – die Erben und ersten Nutznießer des kulturellen Reichtums, der in dieser berühmten Bibliothek anzutreffen ist. Sie entwickeln ihn weiter mit dem Ihnen eigenen Beitrag an gedanklicher Leistung, Forschung und Initiativen, für welche die Universität und die anderen Institute einen Bezugspunkt darstellen, der Austausch und fruchtbare Zusammenarbeit ermöglicht. Die heutige Begegnung ist für mich eine willkommene Gelegenheit, um auf das große Interesse und die besondere Aufmerksamkeit hinzuweisen, welche die Kirche im Lauf der Jahrhunderte der Kultur und allen ihren Ausdrucksformen entgegengebracht hat. Zweifellos tragen Sie als Exponenten der Kultur und Wissenschaft heute eine besondere Verantwortung, erwarten doch die Menschen von ihnen entsprechende und zeitgerechte Antworten auf nicht wenige alte und neue Probleme, die ihnen zu schaffen machen. Wenn nun Ihre Antworten mit guten Absichten gegeben werden und vor allem, wenn sie stets das Leben und die Würde des Menschen achten, kann man sich leicht vorstellen, wieviel Gutes Sie der gesamten Menschheit tun können.
Die Kultur ist heute ebenso wie in der Vergangenheit, als sie in enger Verbindung mit den tiefsten Fragen des Menschen stand und im Bestreben, sein Geheimnis zu ergründen, die vorderste Front der Begegnung von Vernunft und Glauben darstellte, zu einer Auseinandersetzung mit dem Glauben berufen. Es handelt sich dabei um eine ständige Auseinandersetzung aufgrund der jeweiligen und unterschiedlichen Kompetenzen; es wäre jedoch nicht richtig (und ist es nie gewesen!), Kultur und Glauben als gegensätzlich und miteinander unvereinbar zu erklären. Zweifellos ist der Begriff der Kultur heute wesentlich umfassender, uneinheitlicher und vielschichtiger als in der Vergangenheit; dennoch braucht der Glaube eine Begegnung mit ihr nicht zu fürchten. Ganz im Gegenteil, die Kirche selbst drängt auf eine solche Begegnung, ist sie doch überzeugt, daß die Kultur dem Menschen einen umso besseren Dienst leisten kann, je mehr sie den Anliegen des Glaubens gegenüber – zu denen sie wiederum einen echten Beitrag liefert – aufgeschlossen ist.
Der christliche Glaube ist allzeit Freund einer Kultur, die den Menschen in seiner Gesamtheit fördert und schätzt, und unterstützt daher – das beweist die zweitausendjährige Geschichte der Kirche – sowohl die humanistischen als auch die sogenannten exakten Zweige der Wissenschaft.

2. Gerade hinsichtlich dieses Bereiches der Wissenschaften und der wissenschaftlichen Forschung sei mir eine Bemerkung gestattet. Zweifellos müssen die Wissenschaften die ihnen eigenen Gesetze und Methoden einhalten; dennoch können sie, wenn sie wirklich Wissenschaften sein und dem Menschen dienen wollen, nicht von den moralischen Normen absehen, welche der Dynamik der Natur und des Lebens selbst innewohnen. Die Achtung vor den ethischen Richtlinien steht keinesfalls im Gegensatz zu den den einzelnen Wissenschaftszweigen eigenen Normen, sondern sichert diesen vielmehr jene immerwährende Hinordnung auf den Menschen, die sicher das Ziel ihrer Förderer – der Wissenschaftler, Techniker und Forscher – darstellt. Hier genügt ein einfacher Blick auf die fortgeschrittensten Gebiete der Atomphysik und der Molekularbiologie: die Wissenschaft hat große Fortschritte in der Kenntnis des Atomkerns und des Zellkerns gemacht, doch wer würde übersehen, daß diese Kenntnis neben großartigen Vorteilen auch verhee-

rende Folgen mit sich bringt, wenn man die höheren moralischen Forderungen unbeachtet läßt?

3. Nein, die Wissenschaft, die wahre Wissenschaft zerstört nicht, sondern baut auf. So stellte das II. Vatikanische Konzil mit seiner Autorität fest: „Es wird darum die methodische Forschung in allen Wissensbereichen, wenn sie in wahrhaft wissenschaftlicher Weise und gemäß den Normen der Sittlichkeit vorgeht, niemals dem Glauben wirklich entgegenstehen, weil die Dinge des profanen Bereiches und des Glaubens in demselben Gott ihren Ursprung haben" (*Gaudium et spes*, Nr. 36). Ja, noch mehr: die Beschäftigung mit der Natur und dem Menschen und deren Kenntnis führen auf die Wege zu Gott, während „das Geschöpf selbst durch das Vergessen Gottes verdunkelt (wird)" (*ebd.*).
Deshalb ist mir daran gelegen, vor einer so qualifizierten Versammlung wie der Ihren nochmals den Wunsch auszusprechen, daß die gegenseitige Achtung von Glauben und Wissenschaft zunehmen und so zur Verwirklichung jenes ursprünglichen und providentiellen Planes beitragen möge, den Gott der Schöpfer für den Menschen, sein Geschöpf und sein Kind, vorherbestimmt hat!
Während ich im Namen der Kirche spreche, lade ich Sie, Männer und Frauen der Kultur und Wissenschaft, nochmals ein, auf der Vorrangstellung des Menschen zu bestehen und stets der Tatsache Rechnung zu tragen, daß seine Bezugnahme auf Gott und seine Sehnsucht nach ihm unauslöschlich sind. Ihnen ist die manchmal schwierige, aber nicht unmögliche und immer begeisternde Aufgabe übertragen, Wissenschaft und Glauben miteinander in Einklang zu bringen.
Dazu rufe ich über Sie und Ihre Arbeit die Hilfe der himmlischen Weisheit herab, während ich Ihnen zum Beweis meiner Achtung den Apostolischen Segen erteile.

Zeugen der Liebe sein

Ansprache an die Seminaristen und die Ordensjugend im Heiligtum der Madonna von der Krone am 17. April

1. Da ich bereits dabei bin, das Land und die Kirchen von Verona zu verlassen, wollte ich doch noch unter euch verweilen, liebe Jugendliche und Erzieher des Seminars sowie der verschiedenen männlichen und weiblichen Ordensinstitute der Diözese, zusammen mit euch, den Gläubigen, die mit diesem Seminar in besonderer Weise verbunden sind.
Es ist bezeichnend, daß unsere Begegnung hier stattfindet, bei der schmerzhaften Muttergottes, in diesem eindrucksvollen Heiligtum der Madonna der Krone, einem einzigartigen Denkmal des Glaubens und der Verehrung, mit der sich in den vergangenen Jahrhunderten und bis heute das Volk von Verona um Maria geschart hat.
Besonders tröstlich ist es, um die Tradition zu wissen, die in diesem dem Diözesanseminar anvertrauten Heiligtum das Gebet für die Priester- und Ordensberufungen hat. Sie finden in der allerseligsten Jungfrau das Vorbild einer hochherzigen Antwort auf Gottes Ruf, dem sie mit ungeteiltem Herzen bis zur letzten Erprobung auf Kalvaria nachgelebt hat.

Die heilige Jungfrau sagte in Schweigen und Sammlung in Nazaret ihr Ja zu Gott, und auch später war ihre ganze Existenz durch das Ja bedingungloser Zustimmung zu ihm geprägt, bis unter dem Kreuz, wo sie von ihrem Sohn die letzte und endgültige Berufung erhielt, nämlich: Mutter der Kirche zu sein.

2. An diesem Ort inniger Marienverehrung rufe ich daher ganz die Fürbitte der heiligen Jungfrau an, zumal für euch, liebe Seminaristen des Diözesanseminars, damit euch die Gnade geschenkt wird, ihre Tugenden nachzuahmen nach dem Beispiel der beiden neuen Seligen eurer Kirche.
Auch deren Berufung hat, wie die eurige, den geeigneten Boden zum Reifen im Seminarleben gefunden, wo Gebet und Studium, Treue und brüderliche Freude gepflegt werden. Zweifellos ist die begeisterte Liebe zu Christus und ihr erstaunliche Hingabe an die Mitmenschen ihnen eingepflanzt worden, als sie in jungen Jahren in eurem Seminar lebten.
Seither haben sich freilich nicht wenige Dinge geändert: das Seminar hat sich nach den Weisungen des Konzils erneuert, um besser den neuen Erwartungen der Kirche und der Menschheit, den unverzichtbaren geistlichen Anforderungen in seinem erzieherischen Wirken besonders gerecht zu werden.
Auch heute gibt das Seminar vor allem Gott den Vorrang. Es fördert ein vertieftes geistliches Leben, das sich in der täglichen Eucharistiefeier sowie im persönlichen und gemeinschaftlichen Gebet nährt. Es stellt Christus als Vorbild vor Augen, dem wir in einem keuschen, armen, demütigen, gehorsamen und opferbereiten Leben gleichförmig werden müssen.
Es leitet ebenso zu einer kindlichen Verehrung der Gottesmutter an, deren Tugenden im Leben eines jeden künftigen Priesters von grundlegender Bedeutung sind, da er sich ja ständig dem Plan Gottes anpassen muß.
So bildet das Seminar zu jenem Dienst an den Mitmenschen heran, der in eifrigem Studium und mit der vom Gemeinschaftsleben geforderten Aszese vorbereitet wird, aufmerksam und aufgeschlossen für jede Form von Armut.

3. Liebe Jugendlichen, auf dem Weg eurer Berufung, den ihr heute unter der Führung eurer Erzieher und in enger Zusammenarbeit mit euren Familien und euren Pfarrgemeinschaften geht, sollt ihr euch auf den priesterlichen Dienst entsprechend vorbereiten. Folgt vorbehaltlos dem Ruf des Herrn. Erforscht die Zeichen unserer Zeit im Licht des Heiligen Geistes, damit ihr Priester werdet, die für die Evangelisierung geeignet sind.
Wenn ihr dieser Kirche mit dem Zeugnis eines Lebens nach dem Evangelium und im Geist der beiden neuen Seligen, kindlich mit dem Sitz des Petrus verbunden, dient, dürft ihr gewiß sein, der universalen Kirche zu dienen.
Liebt daher eure Kirche, die Gemeinde des Herrn rings um ihren Bischof, zur Verkündigung des auferstandenen Herrn berufen in der Vielfalt der Charismen, gelebt in der Einheit einer einzigen Gemeinschaft. Laßt jetzt, in diesem anspruchsvollen und vielversprechenden Abschnitt eurer Ausbildung, den Geist Christi euch ein unwiderstehliches Verlangen nach Gemeinschaft mit jener Kirche einprägen, deren Diener ihr morgen unter der Führung eures Bischofs sein werdet.

4. Gern und mit großer Zuneigung wende ich mich dann an euch alle, liebe Jugend der verschiedenen Ordensinstitute, die ihr mit euren Erziehern zu diesem Heiligtum heraufgestiegen seid; gern bete ich auch mit euch und für euch zur heiligsten Jungfrau. Eure Berufung, die „unerschütterlich zum Leben und zur Heiligkeit" der Kirche gehört (vgl. *Lumen gentium*, Nr. 44), muß sich unbedingt nach dem beredten Beispiel eurer Gründer von Maria anregen lassen. Ihr seid heute berufen, den Geist, der sie erfüllt hat, lebendig und aktuell zu machen; ihr müßt die Fortsetzer und Zeugen ihrer Liebe innerhalb dieser Kirche sein, zu deren reichen Geschichte der Heiligkeit auch eure Institute in Gemeinschaft mit dem Bischof als lebendiger Teil gehören. Bleibt auf der Höhe eurer großen Traditionen!

5. Endlich möchte ich die Fürbitte Marias auf euch, liebe Gläubige, herabrufen. Ihr seht hier die Gottesmutter dargestellt, die auf ihrem Schoß den vom Kreuz abgenommenen Sohn hält und in Liebe der Hingabe seines Lebens zur Erlösung des Menschen zustimmt. Mit Christus nimmt Maria alle Menschen auf, die unter dem Kreuz ihre Kinder geworden sind, und sie hat ihr Mutterherz weit gemacht für alle Formen der Armut und des Leidens. Möge Maria uns lehren, den Nöten unserer Mitmenschen zu Hilfe zu kommen, und mögen diese beim Erfahren der Herzlichkeit unserer Liebe sich für die Liebe Gottes öffnen.

6. Nun aber erhebt sich mein Blick zu dir schmerzhafte Mutter, zu der seit Jahrhunderten unzählige Scharen von Pilgern zu diesem Heiligtum hinaufsteigen. Du weißt, wie hoch der Preis für unsere Erlösung war, und dir vertraue ich diese liebe Kirche von Verona an mit ihren alten und glorreichen christlichen Traditionen. Beschütze sie, stärke und führe sie auf dem Pilgerweg des Glaubens!

Dir vertraue ich den Hirten an, die Priester und Diakone, die mit ihm in den verschiedenen kirchlichen Diensten zusammenarbeiten, die Menschen, die ihr Leben gänzlich deinem Sohn geweiht haben und jene, die sich innerlich berufen fühlen, einen ähnlichen Akt der Hingabe zu vollziehen. Dir empfehle ich die Jugendlichen, den Frühling der Kirche und der Gesellschaft: laß nicht zu, daß der Sturm der Leidenschaften oder die Kälte der Enttäuschung in ihnen mit der Blüte der Begeisterung auch die verheißenen Früchte zerstören.

In deine Hände, o Jungfrau, lege ich die Hoffnung und Enttäuschung, die Freuden und Leiden der Familien, die die Liebe in der Kraft des Sakramentes in diesem dir treuen Land erweckt hat: Schütze die Ehegatten vor allem, was die Festigkeit ihres Einstehens füreinander gefährdet; hilf den Kindern, sich mit Vertrauen von denen erziehen zu lassen, die ihnen das Leben geschenkt haben; stärke die Alten und Kranken durch das Verständnis und die Hilfe derer, die noch über volle und frische Kraft verfügen.

Dir, o Mutter, vertraue ich das ganze christliche Volk an, das in diesem Land lebt, ringt, leidet und liebt, welches die apostolischen Mühen so vieler Heiliger fruchtbar gemacht haben, darunter jetzt auch die beiden neuen Seligen: Gib, daß sein Glaube fest bleibt wie der Felsen, an den sich dein einzigartiges Heiligtum schmiegt; rein wie Wasser der Bäche, die von diesen Bergen herabkommen und die Ebene bewässern; reich an guten Werken wie die fruchtbaren Täler, über die von der Höhe dieser natürlichen Terrasse aus das Auge schweift. Birg unter deinem Mantel diesen auserwählten Teil der Herde deines Sohnes, und führe die Menschen auf sicheren Pfad zu den Augen des ewigen Lebens, o gütige, o milde, o süße Jungfrau Maria!

Die Kirche setzt sich für neue Formen der Evangelisierung ein

Begegnung mit den Pastoralräten der Vikariate und mit den Katechisten in Verona am 17. April

1. Liebe Brüder und Schwestern, Mitglieder der Pastoralräte der Vikariate und Verantwortliche der pfarrlichen Erwachsenenkatechese! Es ist mir eine Freude, euch in dieser herrlichen Basilika mit ihren berühmten und alten Kunstwerken zu begrüßen, die allen Einwohnern Veronas so besonders teuer ist.
Ich begrüße Bischof Amari und danke ihm für die Worte, die er an mich gerichtet, mit denen er eure Gefühle zum Ausdruck gebracht und mich über eure Aktivitäten im Dienst der Pastoral und der Glaubensunterweisung in der Gemeinschaft eurer Diözese informiert hat. Die heutige Feier nimmt dank des Ortes, an dem wir uns befinden, besondere Bedeutung an: Ich meine die Kirche, die eure Vorfahren dem heiligen Zeno, dem Patron dieser Stadt und Diözese, weihen wollten. Hier ruhen seine sterblichen Überreste, und gerade hier greifen wir das Zeugnis seiner Predigertätigkeit auf, die uns in den lebensvollen und konkreten „Sermoni" überliefert ist. Sie waren zu seiner Zeit an die Bevölkerung Veronas gerichtet, die er auf die Wege des Evangeliums führte. Ein anderes Gedächtnis, das des großen heiligen Bischofs Adalbert, macht diesen Ort noch eindrucksvoller; vor fünf Jahren habt ihr feierlich des tausendjährigen Jubiläums seiner Bischofsweihe in dieser Stadt gedacht. So gesellt sich die Gestalt des heiligen Bischofs von Prag und Apostels der Slawen zu der des heiligen Zeno, des Apostels dieser Region und daher eures Vaters im Glauben, hinzu.

2. Den Spuren dieser Träger der Evangelisierung folgend, habt ihr euch in diesen Jahren vorgenommen, euch besonders für die Evangelisierung und die Katechese der Erwachsenen einzusetzen und euch auf jede nur mögliche Weise um neue Gelegenheiten für die Verkündigung und Begegnung zu bemühen.
Das Wort Gottes, das wir jetzt gehört haben, bietet uns hier nützliche Hinweise. Vor allem mit den leidenschaftlichen Worten des hl. Paulus, die wir uns leicht auf den Lippen eures Patrons und an euch alle, an die Gäubigen der Kirche in Verona, gerichtet vorstellen können, die aber ganz besonders euch, den Katechisten und in der Pastoral Tätigen, den direkten Mitarbeitern am Aufbau dieser christlichen Gemeinde gelten.
Zweifellos tragt ihr den lebhaften Wunsch in euren Herzen, tüchtige Träger der Evangelisierung in unserer Welt zu sein, wie es die Heiligen Paulus, Zeno und Adalbert zu ihrer Zeit waren. Auf diesen euren aufrichtigen und tiefen Wunsch antwortet das Markusevangelium (*Mk* 6,30–34) in einer lebhaften, unmittelbaren Darstellung des lebendigen Rahmens. In einer Szene von seltener Wirkungskraft, in der der eilige Rhythmus der Ereignisse die Dringlichkeit der Mission hervorzuheben scheint, werden uns einige wesentliche Züge der

Evangelisierung vor Augen geführt: die Rückkehr der Missionare zu Jesus; der Wunsch des Meisters, bei ihnen zu verweilen; das Drängen der verwirrten Menschenmenge und das Mitleid Jesu, der auf ihre Nöte mit einer ausgedehnten Lehrtätigkeit eingeht.

Wenn wir uns mit den Jüngern identifizieren, können auch wir diesen Bericht des Evangeliums als Beispiel und Programm für unsere Ausbildung zu Verkündern des Evangeliums auffassen.

„Sie berichteten, was sie getan und gelehrt hatten." Nachdem sie mit der Vollmacht Jesu ausgesandt worden waren (*Mk* 6,7), um die Heilsbotschaft zu verkünden (*Mk* 6,12–13), um deretwillen sie letzten Endes berufen worden waren (*Mk* 4,14–15), sammelten sich die Apostel jetzt neuerlich um ihren Meister.

So wie jede Evangelisierung vom Herrn ausgehen muß, soll auch jede Erfahrung mit der Verkündigung, sobald sie gemacht wurde, wieder zu ihm als ihrem Bezugspunkt zurückgeführt werden. Dieses Zusammentreffen der Träger der Evangelisierung mit Jesus ist ein Augenblick ernsthafter Selbstprüfung, in dem sie sich ihrer Identität als „Gesandte" bewußt werden, den Sinn ihrer Sendung vertiefen und es lernen, Gott zu loben und sich der von ihm gewirkten Großtaten zu erfreuen.

3. Gerade an dieser Pädagogik des Evangeliums und der Kirche müssen sich das Leben und Wirken des Katechisten inspirieren. Tatsächlich kann man sagen, daß das Engagement der Kirche Veronas seit den Zeiten, in denen der heilige Zeno, mitten in den Wirren der Häresie (vgl. *Ansprachen*, II,3) in seinen Predigten den christlichen Glauben verteidigte und aufforderte, ihm unerschütterliche Treue zu halten, ihn mit allen Tugenden zu behüten und ihm mutig zu folgen, weil er die sichere Grundlage des Lebens bildet (vgl. *Ansprachen*, I,36,2), stets der Evangelisierung gegolten hat und daß auch in neuerer Zeit die Katechese unablässig der Verkündigung des Wortes Gottes diente.

Ich möchte nur an die blühenden Initiativen für die christliche Erziehung, die Weitergabe des Glaubens und das Zeugnis der Nächstenliebe erinnern, die im vorigen Jahrhundert eure kirchliche Gemeinschaft kennzeichneten. Als Krönung dieser langen Geschichte der Evangelisierung stelle ich heute der Kirche zur Verehrung und als Vorbilder christlichen Lebens und christlichen Zeugnisses zwei euch teure Persönlichkeiten vor: Msgr. Giuseppe Nascimbeni und den Priester Giovanni Calabria.

Gemeinsam können wir uns freuen und den Herrn für die Großtaten preisen, die er mitten unter euch und durch eure Kirche gewirkt hat. Ihr seid heute das lebendige Zeichen einer langen Tradition, seid die Brücke, die Verona zu seinen kommenden Generationen schlägt. Ihr blickt mit begründeter Hoffnung eurer Zukunft entgegen, obgleich sie nicht frei von Problemen und Ungewißheiten ist.

4. Gerade angesichts der neuen Herausforderungen, welche die moderne Gesellschaft und Kultur an den traditionsgemäßen Glauben richten, setzt sich eure Kirche in den letzten Jahren vordringlich für neue Formen der Evangelisierung und der Erwachsenenkatechese ein. Dieser nicht leichte Weg hat bereits zu einigen Ergebnissen geführt, hat jedoch auch die zahlreichen Schwierigkeiten ins Licht gerückt, welchen die Evangelisierung heute begegnen muß. So habt ihr auch die Notwendigkeit wahrgenommen, in diesem Pastoraljahr die

laufenden katechetischen Initiativen einer Überprüfung zu unterziehen, um eingehend feststellen zu können, unter welchen Bedingungen die Verkündigung des Geheimnisses Christi im vielschichtigen Leben des zeitgenössischen Erwachsenen Widerhall finden kann.
Ich freue mich mit euch darüber und preise den Herrn für diese neuen Initiativen der Evangelisierung; gleichzeitig nehme ich an euren Schwierigkeiten Anteil und möchte euch ermutigen, auf dem eingeschlagenen Weg weiterzugehen.

5. Bei dieser Begegnung jedoch richtet Jesus, der Meister, eine andere Einladung an euch: „Kommt mit mir an einen einsamen Ort ... ruht ein wenig aus" (*Mk* 6,31). Diese Aufforderung kann man nicht übersehen, trägt sie doch das Geheimnis wirksamen apostolischen Handelns in sich.
Das Drängen der Menge, die Notwendigkeit sofortigen Handelns, die Vielschichtigkeit der vorhandenen Probleme, all das kann die Gefahr der Zerstreuung oder die Versuchung der Illusion und der Entmutigung mit sich bringen.
Der Jünger muß daher unablässig darauf bedacht sein, aus der Betrachtung des göttlichen Geheimnisses, von dem sein ganzes Wirken ausgeht und auf das es hingeordnet ist, Licht zu schöpfen. Ohne innige Verbundenheit mit Christus verliert das Wort seine Kraft und seinen Gehalt, die Geste wird zur bloßen Effekthascherei und die Dienstbereitschaft zur Ruhelosigkeit.
Die heutige Begegnung möchte auch für euch eine vorzügliche Gelegenheit sein, um euch „an einen einsamen Ort" zurückzuziehen und von Jesus neuerlich Richtlinien und Gnaden für die Fortführung der Evangelisierung auf seinen Spuren zu empfangen.

6. „Er sah die vielen Menschen und hatte Mitleid mit ihnen." Die Haltung, die Jesus in erster Linie den Trägern der Evangelisierung nahelegt, ist eine diskrete Präsenz, begleitet von gespannter Aufmerksamkeit den vielschichtigen konkreten Situationen gegenüber.
Heute könnten die Gegensätzlichkeiten, welche die Welt der Erwachsenen in sich trägt, sowie die raschen Umgestaltungen den Träger der Evangelisierung auch entmutigen und ihn dazu verführen, unter verschiedenen Vorwänden sein missionarisches Engagement einzuschränken. Hier muß die Aufforderung des Meisters wieder Leben gewinnen: Der ganzen Welt! Allen Geschöpfen! Bis an die Grenzen der Erde!
Zweifellos haben im Lauf der letzten Jahrzehnte auch in eurer Gegend wirtschaftliche, soziale und kulturelle Umwälzungen stattgefunden, welche die religiöse Struktur der Vergangenheit verändert haben. Es ist daher möglich, daß euer erneuerter missionarischer Eifer einem Klima des Säkularismus begegnet, für den jedes Verlangen nach Transzendenz und jede Frage nach dem letzten Sinn des Lebens bedeutungslos geworden ist.
Die Verkündigung des Evangeliums steht vielleicht der Mauer religiöser Gleichgültigkeit gegenüber, deren Ursache die Verarmung der Interessen ist, sind doch diese oft unfähig, die kleinliche Schwelle des Nützlichen, des Kurzlebigen und der Zufriedenstellung der unmittelbaren Bedürfnisse zu überschreiten. Es handelt sich hier um neue Herausforderungen, mit denen sich der Glaube auseinandersetzen muß.
Der hl. Zeno prangerte die spirituelle Lage der unsicheren Gläubigen seiner Zeit an, die nicht zu ihren Überzeugungen standen: „Sie sind nicht treu, weil Untreue in ihnen wohnt;

sie sind untreu, weil ihr Glaube nur ein Schatten ist; ihren Worten nach dienen sie Gott, mit ihren Taten jedoch der Welt" (*Ansprachen*, I,35,2).
Unter den Gläubigen kann sich sehr wohl die Gefahr einer weitgehenden Subjektivierung des Glaubens und der moralischen Entscheidungen einnisten, so daß sie den Glauben der Kirche inhaltlich nur zum Teil und mit Vorbehalt annehmen. Angesichts dieser Situationen darf der Träger der Evangelisierung nicht den Mut verlieren und auch keine unüberwindlichen Barrieren aufrichten. Seine Haltung muß die des Mitleids, die des guten Hirten der verstreuten Herde gegenüber sein. Dieses Mitleid ist weder eine rein psychologische Haltung, noch eine unkritische Passivität, die mit allem zufrieden ist und sich allem anpaßt; es spiegelt vielmehr die Betroffenheit Gottes angesichts der Versklavung und der Unbeugsamkeit seines Volkes wider, die ihn veranlaßt, diesem Volk neuerlich und auf schöpferische Weise einen Bund und sein Heil anzubieten.

7. Genau das tut der gute Hirte: „Er lehrte sie lange" (*Mk* 6,34).
Auch heute noch kann die Kirche, treu dem Beispiel Christi, diese Gabe den Menschen unserer Zeit anbieten; auch ihr tragt sie – als Zeugen und Katechisten – in euren Händen. Im Kontext einer langen christlichen Tradition, wie sie die der Kirche Veronas ist, einer Kirche, in welcher der Same des Wortes immer noch – sei es auch inmitten von Mühen und Risiken – anzutreffen ist, kommt einer vertieften Katechese besondere Bedeutung zu, kann sie doch auch unsichere oder nur wenig informierte Christen dazu veranlassen, ihr überzeugtes und bewußtes „Ja" zu Christus zu sagen (vgl. *ebd.*, 20).
Im Mittelpunkt aller katechetischen Initiativen, die eine Priorität im Pastoralplan eurer Kirche darstellen, muß das Geheimnis Christi stehen. In ihm enthüllt und schenkt sich das Geheimnis des dreifaltigen Gottes. Auf seinen Spuren führt uns der Heilige Geist in die Liebe des Vaters ein, damit wir am Leben der Dreifaltigkeit teilnehmen können (vgl. *ebd.*, 5). Er ist die Wahrheit, die alle Katechisten treu verkünden müssen (vgl. *ebd.*, 6).
In ihm kann jeder Mensch in stets neuem Staunen die Antwort auf die tiefsten Fragen über Wahrheit und Heil finden.

8. Blickt also auf ihn, liebe Katechisten und Verantwortliche für die Pastoralarbeit! Sucht bei ihm Licht für euren Geist und Wärme für euer Herz! Er ist und bleibt der einzige Meister. Er soll mit euren Lippen sprechen und in eurem Leben aufleuchten!
In diesem Sinn wiederhole ich meinen Wunsch, die Kraft Christi möge euch unterstützen und bei eurer Arbeit stärken. Allen erteile ich den Apostolischen Segen, der sich auch auf eure Freunde und Familien und auf alle Menschen erstreckt, die euch teuer sind, vor allem auf jene, denen ihr bei der Erfüllung der verschiedenen, euch von der Kirche anvertrauten pastoralen Aufgaben begegnet.

Arbeit – wesentliches Element des menschlichen Lebens

Ansprache an die Welt der Arbeit in Verona am 17. April

Sehr geehrte Damen und Herren!

1. Im Rahmen meines Pastoralbesuches in Verona durfte eine besondere Begegnung mit den Vertretern des Wirtschaftslebens dieser Stadt und der Provinz nicht fehlen, die allen wegen ihrer Arbeitsamkeit und der auf diesem Gebiet erreichten großen Fortschritte wohlbekannt ist.
Schon der Ort, an dem wir uns jetzt befinden, gibt davon ein beredtes Zeugnis. Hier finden ja neben anderen Äußerungen solch reicher Tätigkeit die verschiedenen Messen statt, vor allem die Ausstellung landwirtschaftlicher Maschinen, die auch jenseits des Ozeans wohlbekannt ist.
Wir befinden uns also sozusagen in eurem eigenen Reich, und das lädt uns zweifellos zum gemeinsamen Nachdenken über große Themen des menschlichen Lebens, der Kultur und der Gesellschaft ein, nämlich die Arbeit, das Unternehmen, die Güterproduktion und Dienstleistungen.

2. Ich richte an alle meinen ergebenen und herzlichen Gruß. Mit großer Aufmerksamkeit habe ich die Worte eures Sprechers gehört, und ich muß sagen, daß ich beeindruckt bin von ihrer Klarheit und ihrem Realismus, doch auch und mehr noch von den darin vertretenen Idealen.
Ja, die Arbeit ist in all ihren Formen ein wesentliches Element des menschlichen Lebens, oder, wie ich in der Enzyklika *Laborem exercens* geschrieben habe, „eine fundamentale Dimension der Existenz des Menschen auf Erden“ (Nr. 4). Diese „fundamentale Dimension“ wird heute in der Wirklichkeit des Unternehmens konkret, in der Fabrik, in der man freilich auf gemeinsame Elemente stößt, die in einem großen Grundanliegen zusammentreffen: der Umwandlung der Materie oder von etwas Vorgegebenem, damit daraus durch den Einsatz von Intelligenz und Handarbeit Güter und Dienstleistungen zum Gebrauch der Gemeinschaft der Menschen werden. Dieses Ziel erfordert ebenso Kapital bzw. Investitionen verschiedener Art, Technologie und den Einsatz jedes einzelnen Arbeiters.

3. Im so komplexen Rahmen des modernen Unternehmens und seiner sozialen Funktion ist das erste Kennzeichen gewiß die gegenseitige Abhängigkeit. Jedes einzelne Element ist gleich notwendig, und es wäre müßig, sich über die größere Wichtigkeit des einen oder anderen zu fragen.
Doch eine ähnlich gegenseitige Abhängigkeit ist auch zwischen der Gesellschaft und der Welt der Industrie und der Dienstleistungen gegeben: die Gesellschaft braucht das, was die Produktionskräfte anbieten, und diese brauchen ihrerseits sowohl den von der Gesellschaft durch ihre Kaufkraft bereitgestellten Markt als auch die Kräfte, die die Gesellschaft in Form von arbeitsfähigen Menschen, Investitionen und Technologie anbieten. Und wir sind uns alle bewußt, daß diese gegenseitige Abhängigkeit nicht länger auf die Grenzen einer

einzigen Gesellschaft oder Nation beschränkt ist, sich vielmehr über die Kontinente erstreckt und auch zwischen ihnen gilt.
Wenn „wir alle von allen abhängen" (*Sollicitudo rei socialis*, Nr. 38), in sämtlichen Bereichen und Ordnungen des menschlichen Lebens, dann gilt das noch mehr von der produktiven Tätigkeit und dem Wirtschaftsleben.
Nun kann man diese enge gegenseitige Abhängigkeit bis ins einzelne als Zwang betrachten, oder aber sie als moralische Verpflichtung übernehmen. Faßt man sie nach der zweiten Art auf – in Wahrheit die einzige, die der Berufung des Menschen als Einzel- und Sozialwesen würdig ist – wird die gegenseitige Abhängigkeit aus einer mehr oder weniger bewußten Tatsache zu einem Wert: dem Wert der Solidarität.

4. In der Enzyklika *Sollicitudo rei socialis*, auf die euer Sprecher angespielt hat, bin ich wiederholt auf diesen Grundbegriff zurückgekommen (vgl. Nrn. 38, 39 usw.) und habe unterstrichen, daß es sich um eine „moralische Kategorie", um eine „Tugend" handelt, und nicht um „ein Gefühl vagen Mitleids". Solidarität ist die „feste und beständige Entschlossenheit, sich für das Gemeinwohl einzusetzen" (Nr. 38). Im gleichen Zusammenhang habe ich hinzugefügt, daß dies die Weise, ja die einzige Weise ist, „um mit einer völlig entgegengesetzten Haltung" „die Ursachen, die den Weg zur vollen Entwicklung aufhalten", zu beseitigen, nämlich „die Gier nach Profit und den Durst nach Macht" um jeden Preis (*ebd.*).
Die Anwendung des Grundsatzes der Solidarität auf die produktive Tätigkeit und zumal auf die Welt des Unternehmens, hat sehr bedeutende Konsequenzen für die Lösung der Probleme, von denen euer Sprecher geredet hat. Die erste Konsequenz ist, wie ich schon andeutete, die Anerkennung von moralischen Grundsätzen, und nicht nur wirtschaftlichen, die der Produktionstätigkeit zugrundeliegen, und die Anerkennung, daß man sich aus Gewissensgründen an sie halten muß, nicht nur von Gesetz wegen. Die andere unmittelbare Konsequenz ist, daß die Leiter dieser Tätigkeiten sich dann, wenn sie operative Entscheidungen zu treffen haben, nach diesen Grundsätzen fragen und entsprechend entscheiden müssen. Unter diesen Grundsätzen ist der erste sicher das Gemeinwohl. Die objektive Norm der Solidarität ist das Wohl „jedes Menschen und aller Menschen", betrachtet in ihrer Würde als Ebenbilder, ja Kinder Gottes.
Damit wird klar: In dieser Sicht genügt der Grundsatz des Profits allein nicht, vor allem nicht, wenn als absoluter Grundsatz gelten soll, mehr zu „verdienen", um mehr zu „besitzen", und zwar nicht nur greifbare Güter, sondern finanzielle Beteiligungen, die zu neuen Formen immer umfassenderen Eigentums führen und immer mehr das Ganze beherrschen wollen. Nicht als ob das Streben nach Profit in sich ungerecht wäre. Ein Unternehmen kann ohne ihn nicht auskommen. Das vernünftige Streben nach Profit steht übrigens in direkter Beziehung zur „wirtschaftlichen Initiative", die ich in der zitierten Enzyklika verteidigt habe (Nr. 15). Ich möchte nur sagen, wenn es „gerecht" sein soll, muß das Gewinnstreben sich moralischen Grundsätzen unterwerfen, zumal denen, die zum Grundsatz der Solidarität gehören.

5. Dieses Prinzip hat seine besondere Bedeutung auch für die Beziehungen innerhalb des Unternehmens, wo es die Achtung der Rechte aller Mitarbeiter erforderlich macht. Das

Unternehmen ist ja nicht nur ein Werkzeug im Dienst des Wohlstandes der Unternehmer, es stellt vielmehr ein Gemeingut von Unternehmern und Arbeitern dar, zum Dienst am Gemeinwohl der Gesellschaft.
Wer hier mitarbeitet, auf welcher Ebene auch immer, besitzt die Rechte, die seiner Rolle im gemeinsamen Bemühen entsprechen, wie auch die entsprechenden Pflichten, zumal jene Rechte und Pflichten, die aus seiner Würde als Mann oder Frau stammen. Aufgrund dieser Würde ist jeder aufgerufen, ja verpflichtet, ein wirklich in jeder Hinsicht menschliches Leben zu führen: affektiv, kulturell, sozial, geistig und religiös. Und dies wiederum nicht nur als Folge von Verfügungen des Gesetzes, obwohl auch diese größte Werte besitzen, sondern als Gewissensverpflichtung des Menschen und Christen.
Gewiß brauchen in dieser Hinsicht die Schwächsten oder Ärmsten eine vorrangige Aufmerksamkeit, wie mit der ganzen christlichen Überlieferung die jüngste Enzyklika in Erinnerung ruft (*Sollicitudo rei socialis*, Nr. 42). Es gibt auch in den Betrieben Arme; vor allem aber gibt es die wirklich Armen, das heißt die Massen der Arbeitslosen oder jener, die Arbeitslosenunterstützung beziehen. Die eherne Logik des Profits würde dazu führen, sie zu vergessen oder als überflüssig zu betrachten, oder noch schlimmer: ihre Zahl noch zu vermehren. Dagegen ist nachdrücklich zu betonen, daß ein Mann, eine Frau und ein Jugendlicher niemals überflüssig sind, und man darf bei der Erarbeitung neuer Pläne von ihnen nicht absehen.
Ich möchte noch hinzufügen, daß die Unternehmer auch sich selbst nicht vergessen dürfen, wenn es um die Entfaltung aller Dimensionen eines wirklich menschlichen Lebens geht. Das Gesetz des Profits und die Erfordernisse eines in zunehmendem Maß aufreibenden unternehmerischen Einsatzes dürfen nie an die Stelle der Pflicht eines Mannes und einer Frau treten, offen zu sein für die Familie, für den Nächsten, für die Kultur, die Gesellschaft, und vor allem für Gott. Diese vielfache Verfügbarkeit für die höheren Werte der menschlichen Person wird gewiß dazu mithelfen, der Arbeit des Unternehmers ihren wahren Sinn und ihr rechtes Maß zu geben.

6. Der Wert der Solidarität und des Gemeinwohls muß auch die Beziehung zwischen Unternehmen und Gesellschaft leiten, sei es auf nationaler, sei es auf internationaler Ebene. Es gibt Mittel, die nicht produziert werden dürften, oder deren Produktion und Vermarktung streng kontrolliert werden müßte. Das erste Beispiel dafür sind die Waffen (vgl. *Sollicitudo rei socialis*, Nr. 24). Doch ist es vielleicht nicht das einzige. Auch hier darf das Gesetz nicht die Oberhand gewinnen.
In diesem Sinn könnte man sagen, eine wichtige Aufgabe der christlichen Unternehmer, aber auch aller, die das wahre Wohl des Menschen im Sinn haben, bestünde heute darin, so etwas wie eine Skala von Prioritäten bei den zu produzierenden Gütern aufzustellen. Nicht alle Güter sind ja in gleichem Maße nützlich und notwendig.
Der Grundsatz der Solidarität und des Gemeinwohls kommt hier klar und in verfeinerter Weise zur Anwendung, mit dem Ziel, uns besser verstehen zu lassen, daß gewisse Produkte enger das Sein des Menschen berühren, während andere nur dem Haben dienen und als solche daher vom menschlichen Standpunkt aus weniger wert sind, wie immer ihr Marktwert auch sein mag. Sie durch übertriebene und künstliche Einführung immer neuer Modelle,

die schon bald veralten, immer zu vervielfältigen, bedeutet das, was wir Konsumismus nennen (vgl. *Sollicitudo rei socialis*, Nr. 28). Eine Firma darf nicht dahin streben, überflüssige Bedürfnisse zu wecken, um sie dann mit immer komplizierteren Produkten zu befriedigen, die ihrerseits wieder neue Bedürfnisse wecken.
Unter Gütern, die das Sein des Menschen näher berühren, ragen zweifellos jene hervor, die für seinen Unterhalt notwendig sind, wie die Nahrungsmittel. In dieser Stadt und auf diesem Messegelände muß ich daher auf die bekannten Traditionen der landwirtschaftlichen Produktion zu sprechen kommen und auf die Techniken, die sie ausweiten und verbessern möchten. Ich wünschte, auf diesem Gebiet würden weitere Fortschritte im Dienst der elementaren Bedürfnisse des Menschen in Italien, aber auch in anderen weniger begünstigten und entwickelten Teilen der Welt möglich. Die Solidarität, von der ich sprach, besitzt nämlich diese universelle Dimension, weil die in einem Land getroffenen Maßnahmen sich immer negativ oder positiv auch in den anderen auswirken.
Zur Verpflichtung zur Solidarität und zur Förderung des Gemeinwohls gehört endlich die Achtung vor der Natur und den natürlichen Bodenschätzen, worüber ich ausführlicher in der Enzyklika *Sollicitudo rei socialis* gesprochen habe (Nr. 34). Der Gebrauch, den unsere Technik von diesen Schätzen macht, unterliegt ebenfalls moralischen Normen. Wir sind keine absoluten Herren dieser Güter, sondern Verwalter, und müssen sorgfältig auf die Folgen für die Umwelt und die Lebensqualität achten, die eure Entscheidungen für die heutige Generation oder auch für die künftigen haben, denen wir eine bewohnbare Welt hinterlassen müssen.

7. Liebe Freunde und Vertreter der Welt der Arbeit in Verona, ich möchte diese Gedanken über eure wirtschaftliche und produktive Tätigkeit mit dem Hinweis auf einen wesentlichen Aspekt der christlichen Berufung abschließen, der jeden Getauften angeht und der auch jedem menschlichen, dieses Namens würdigen Wirken Sinn und bleibenden Wert gibt.
Es ist der Aspekt des Dienens. Unser Herr war Gott, wurde aber ein Mensch unter Menschen, „nicht um sich bedienen zu lassen, sondern um zu dienen" (vgl. *Mt* 20,28; *Mk* 10,45). Er wurde sogar „wie ein Sklave" (*Phil*, 2,7), um damit uns allen den Weg zu zeigen, dem wir folgen müssen. Jeder von uns ist in seinem persönlichen Leben und im Zusammenleben mit anderen dazu aufgerufen, den Fußstapfen unseres Herrn Jesus Christus zu folgen, der aus Liebe Diener aller wurde. Was wir als Menschen schaffen, und wäre es noch so ausgefeilt und komplex, ist nur so viel wert, wie es zum Werkzeug des Dienstes an unseren Brüdern und Schwestern wird. Dies ist also das entscheidende Kriterium seines menschlichen Wertes. Solidarität wird praktisch im Dienen.
Ich fordere euch auf, euer Wirken als Führungskräfte der Welt der Arbeit in Verona in diesem Sinn zu gestalten und zu entfalten.
Über diese wie auch über euch und eure Familien rufe ich den Segen Gottes herab, und ich bete für euch alle zu ihm.

Mut zum Glauben an das Gute fassen

Predigt bei der Seligsprechung der italienischen Ordensgründer Don Giuseppe Nascimbeni und Don Giovanni Calabria in Verona am 17. April

1. „Ihr seid Zeugen dafür" (*Lk* 24, 48).
Wir befinden uns in der Osterzeit, die mit dem Sonntag der Auferstehung begonnen hat und sich über fünfzig Tage hin bis zum Pfingstfest erstreckt. Christus widmete diese Tage den Begegnungen mit seinen Aposteln und dann, nach seiner Himmelfahrt, ihrer unmittelbaren Vorbereitung auf das Kommen des Heiligen Geistes.
Die Liturgie der Kirche erlaubt uns, an dieser Gnadenzeit sozusagen in einem zweifachen Rhythmus teilzuhaben: zuerst durch die Ereignisse, die vor der Himmelfahrt stattfanden, d. h. in dem Rhythmus der direkten Begegnungen mit dem auferstandenen Herrn; danach in dem Rhythmus der Zeugnisse der Apostelgeschichte, der Zeugnisse, die die Apostel unmittelbar nach der Herabkunft des Heiligen Geistes gaben; die Zeit der Anfänge der Kirche.
Es besteht eine enge Verbindung zwischen dem einem und dem andern, wie man in den Lesungen der heutigen Liturgie gut feststellen kann.

2. Christus erscheint den Aposteln, die noch ganz beeindruckt sind von der jüngsten Nachricht über die Begegnung auf dem Weg nach Emmaus. Während sie noch darüber reden, tritt Christus sichtbar in ihre Mitte und sagt: „Friede sei mit euch!" Sie aber haben Angst.
Das ist nicht zu verwundern. Die Apostel wußten, daß Christus qualvoll am Kreuz gestorben und in einem Grab bestattet worden war. Erschrocken und angsterfüllt konnten sie wohl meinen, einen Geist zu sehen (vgl. *Lk* 24,37).
Da sagt der Auferstandene zu ihnen: „Seht meine Hände und meine Füße an: Ich bin es selbst. Faßt mich doch an" (*Lk* 24,39). Schließlich bittet er um etwas Eßbares (vgl. *Lk* 24,41). Eines Tages wird der Apostel Johannes schreiben: „... was wir mit unseren Augen gesehen, was wir geschaut und was unsere Hände angefaßt haben, das verkünden wir" (*1 Joh* 1,1). Das Zeugnis der Apostel gründet auf einer direkten Erfahrung.
Um diese Frage der Apostel gründlich zu beantworten, erklärt Jesus – wie er es auf dem Weg nach Emmaus getan hatte – es sei notwendig gewesen, daß „alles in Erfüllung gehen mußte, was im Gesetz des Mose, bei den Propheten und in den Psalmen über ihn geschrieben wurde: Christus mußte leiden und am dritten Tag von den Toten auferstehen" (vgl. *Lk* 24,44.46).

3. Am Pfingsttag wird der Apostel Petrus die gleichen Worte wiederholen: „Gott aber hat auf diese Weise erfüllt, was er durch den Mund aller Propheten im voraus verkündigt hat: daß sein Messias leiden werde" (*Apg* 3,18). Er ist also durch einen menschlichen Urteilsspruch zum Tod am Kreuz verurteilt worden. Das göttliche Urteil aber lautete anders: „Gott hat ihn von den Toten auferweckt. Dafür sind wir Zeugen" (*Apg* 3,15).

Auf diese Weise wuchs die Kirche der Apostel und festigte sich in der Gewißheit, daß Jesus Christus „die Sühne für unsere Sünden ist, aber nicht nur für unsere Sünden, sondern für die der ganzen Welt“ ... und daß wir „einen Beistand beim Vater haben: Jesus Christus, den Gerechten“ (vgl. *1 Joh* 2,2.1).
Die, denen das Herz in der Brust „brannte“, als der Auferstandene ihnen die Schrift erschloß (vgl. *Lk* 24,32); die ihn erkannten, als er ihnen in Emmaus das Brot brach (vgl. *Lk* 24,35); als er sogar mit ihnen zu Tisch saß – sie wurden Zeugen.

4. Auf dem apostolischen Zeugnis baut sich der Glaube der Kirche auf, von Generation zu Generation.
Ein solcher Glaube, beständig von der Eucharistie genährt, durch das Gebet, das Lesen und die Kenntnis der Heiligen Schrift erneuert, hat das Leben der Kirche in den einzelnen Völkern und Nationen geformt. Diejenigen, die als Augenzeugen Sicherheit über die in Christus offenbarte Wahrheit gewonnen haben, sind in der Folge die Zeugen und das Fundament der lebendigen Überlieferung geworden.
Da ich heute in eure Stadt Verona komme und all das, was ihre Vergangenheit und ihre Gegenwart bildet, vor Augen habe – ihr christliches Erbe , möchte ich euch allen wiederholen, daß ihr hier das seid, was Christus zu den Aposteln gesagt hat: „Ihr seid Zeugen dafür“ (*Lk* 24,48), auch ihr.
Werden denn nicht diese Worte besonders aktuell gerade bei dieser Gelegenheit, da wir das Werk zweier Söhne dieser Kirche betrachten, denen heute durch die Seligsprechung in eurer christlichen Gemeinde höchste Ehre zuteil wird?

5. Giuseppe Nascimbeni, ein Priester eurer Diözese, ein Pfarrer aus eurem Land, ein Seelenhirte, der mit den pastoralen Problemen und den sozialen Erfordernissen einer Bevölkerung zu tun hatte, die durch Brauchtum und Tradition dem heutigen Volk von Verona so nahesteht. In seinem liebevollen, klugen und tatkräftigen Eifer im Hinblick auf die Bedürfnisse seines Volkes, als Pionier in der Förderung von Werken sozialen Dienstes und in christlichem Offensein für die nach und nach bedrängenden Erfordernisse der Zeit war er ein einzigartiger Zeuge Christi.
Die Quelle seines Seeleneifers war die Eucharistie, zu der er eine überaus innige Liebe hegte, so sehr, daß er in wichtigen Fragen nie eine Entscheidung fällte, ohne zuvor lange vor dem heiligsten Sakrament gebetet zu haben. Seine Sendung als Pfarrer erfüllte er in missionarischem Geist, offen für die Bedürfnisse der Kirche, mit Hingabe bemüht, in der Seele seiner Christen den Glauben aufzubauen oder wiederaufzubauen und sie Christus erfahren zu lassen. Darum unterwies er die Kinder und die Gläubigen beständig in der Predigt. Vor allem verwandte er viel Mühe auf die Katechese, war darauf bedacht, den Erwachsenen Gelegenheiten zu Erwägungen über die Glaubenslehre und die christliche Moral anzubieten, und sorgte hochherzig für die Ausbildung der Jugend mit Hilfe von Oratorien für die Jungen und für die Mädchen. Diese Werkzeuge des Apostolats, die in der Kirche von Verona Tradition sind, waren das Übungsfeld, auf dem er sich als Seelenhirt heiligte. Durch diese Mittel gelang es ihm, sich ganz in das Leben seines Volkes einzugliedern, das er liebte und das er zu Gott führen wollte. Er setzte alles daran, Streit zu schlichten und für die

Bedürfnisse der Ärmsten Vorsorge zu treffen, mit Eifer ging er den Abständigen nach. Er kümmerte sich um die Kranken, die Soldaten, die Menschen unterwegs, die Armen, sie alle „sah er als seine Herren an, denn sie nahmen sein Herz ganz in Besitz" (vgl. *Informatio super virtutibus*, Nr. 55).
In diesem apostolischen Geist gründete er die Kongregation der „Kleinen Schwestern von der Heiligen Familie", um durch ihr Wirken seinem Dienst als Pfarrer einen noch weiteren Radius zu geben. Er wollte die Kongregation an die Pastoralarbeit in den Pfarreien binden und durch sie die Verehrung der hl. Familie von Nazaret als Vorbild des Lebens und der Heiligkeit für alle christlichen Familien fördern.

6. Don Giovanni Calabria ist ein anderer Zeuge, der in eurer Kirche eine tiefe Spur hinterlassen hat: ein Zeuge der Liebe zu den Armen, des Seeleneifers und der innigen Gottesliebe.
Wie ihr wißt, hat er selbst die Armut kennengelernt, denn er stammte aus einer sehr bedürftigen Familie. Da auch er in seiner Studienzeit die Unterstützung der Nächstenliebe erfahren hatte, liebte er vor allem die armen Jugendlichen, die Waisen, die Verlassenen. Seine Erfahrung hatte ihm ein besonderes Feingefühl und die Fähigkeit geschenkt, auf die Jugendlichen zuzugehen, die dem Glauben fernstanden, ohne Hilfe waren und vor allem die Wärme der Familie nötig hatten.
Gerade die einzigartige und ausgedehnte Erfahrung der Armut weckte in ihm das unbegrenzte Vertrauen auf die Vorsehung Gottes. Seine Initiativen und seine Gründungen nannte er stets „Werke des Herrn". Wie bekannt ist, war er von Jugend auf stark beeindruckt von den Worten des Evangeliums: „Macht euch also keine Sorgen und fragt nicht: Was sollen wir essen? Was sollen wir trinken? Was sollen wir anziehen? ... Euer himmlischer Vater weiß, daß ihr das alles braucht. Euch aber muß es zuerst um sein Reich und um seine Gerechtigkeit gehen; dann wird euch alles andere dazugegeben" (*Mt* 6,31–33). In dieser inneren Einstellung nannte er seine Ordensfamilie „Arme Diener der göttlichen Vorsehung" und vertraute seinen geistlichen Söhnen die Aufgabe an, dorthin zu gehen, „wo man nicht viel Menschliches erwarten kann".
Ein solcher Plan der Nächstenliebe, menschlich paradox, so kühn, so vertrauensvoll, so einmalig, muß betroffen machen und uns Gott Dank bezeigen lassen, der in unserer Mitte einen solchen Zeugen rückhaltlosen Vertrauens auf das Wort des Evangeliums erweckt hat.
Aber es muß auch noch an Don Calabrias Liebe zur Kirche erinnert werden. Das Seufzen seiner letzten Lebensjahre war bekanntlich fast wie ein Echo der Todesnot, die der Gekreuzigte für die Seelen durchlitt. Wie die Stimme des Herrn wiederholte er den eindringlichen Seufzer: „Meine Kirche, meine Kirche!" Aus dieser leiderfahrenen Liebe zur Braut Christi erstand in Don Calabria die Hingabe an die Priester und Ordensleute. Ihr erinnert euch noch an seine leidenschaftlichen, tief empfundenen, kühnen Appelle an die kirchlichen Obern, an die Priester, die Ordensleute, die Priester in Schwierigkeiten, um alle zu einer radikalen Erneuerung des Lebens aufzurufen, zu entschiedener Rückkehr zur „apostolischen Lebensform". Diese Botschaft an den Klerus und die Ordensleute darf nicht vergessen werden. Eure Kirche hat die Aufgabe und das Erbe, sie lebendig zu erhalten und sie hochherzig und tatkräftig auch in unserer Zeit zu bezeugen.

Die Liebe zur Kirche gab Don Calabrio auch den Antrieb zum Einsatz für die Einheit der Christen. Er betete in diesem Anliegen, hatte freundschaftliche Kontakte zu Mitgliedern anderer Kirchen und kirchlichen Gemeinschaften, bot die Abtei Maguzzano als Sitz für die italienische Sektion der „Catholica Unio“ an. Aus seinen Briefen ist klar die Erkenntnis herauszulesen, daß ein bedeutsamer Weg zur vollen Gemeinschaft der Christen jener ist, der darauf abzielt, das ganze Volk Gottes in das Verlangen nach der Suche der von Christus gewünschten Einheit einzubeziehen.

7. Das, liebe Brüder und Schwestern, sind die beiden Vorbilder, die der Herr in eurer Mitte erweckt hat, zwei Zeugen eures Glaubens, zwei Modelle für den Einsatz, der in der gegenwärtigen Zeit eure Sache ist.
Sie sprechen heute weiterhin zu uns von der Heiligkeit der christlichen Familie, von der Liebe zu den Jugendlichen, vom Verständnis für ihre Nöte, damit sie geheilt und davon befreit werden. Sie mahnen die im Priestertum und im Ordensleben Gott Geweihten zur Heiligkeit und spornen zu herzlicher, aufmerksamer Liebe zur Kirche Christi, ihren Leiden und Problemen an, zu der Kirche, die Jesus in unsagbarer Liebe „seine Kirche“ nennt.
Diese Stimmen, die die Heiligkeit glaubwürdig gemacht hat, legen der Kirche von Verona in unseren Tagen ein einforderndes Lebensprogramm nahe, einen Plan zu dringender und energischer Pastoralarbeit für alle. Die Familie muß gerettet werden, gerettet aus der Uneinigkeit, aus der Erbärmlichkeit des Hedonismus, aus der Versuchung zur Flucht vor den Geboten der sie betreffenden Moral oder vor den Forderungen der wahren und heiligenden Liebe. Die Jugend muß vor dem Absinken in ein Leben ohne Ideale gerettet werden. Wir müssen, wie die Apostel, Zeugen Christi sein, seiner Gegenwart unter uns bewußt, damit aus der Liebe Christi für alle die Kraft zu hartem und zugleich befreienden Einsatz entspringe, der allein zu einem besseren Morgen führen kann.

8. An diesem feierlichen Tag hören beide Seligen zusammen mit uns auf die Stimme der Kirche, die mit den Worten des Psalmisten spricht: „Erkennt doch: Wunderbar handelt der Herr an den Frommen“ (*Ps* 4,4).
Ja, wirklich, das tut der Herr! Eure Seligen bestätigen es. Sie bestätigen auch die Wahrheit der Worte aus dem ersten Johannesbrief: „Wer sich an sein Wort hält, in dem ist die Gottesliebe wahrhaft vollendet“ (*1 Joh* 2,5).
So danken wir denn alle zusammen dem Auferstandenen für das Zeugnis der vollkommenen Gottes- und Nächstenliebe, das im Leben der neuen Seligen, Giuseppe und Giovanni, sichtbar geworden ist.
Unsere Herzen brennen ... wenn der Herr durch das lebendige Beispiel von Brüdern und Mitbürgern zu uns spricht. Sie brennen ... sie fassen wieder Mut, bekommen neuen Glauben an das Gute und die Wahrheit. Es geht uns so, wie den ersten Jüngern im Abendmahlssaal. Christus erscheint in unserer Mitte, heute, und sagt: „Was seid ihr so bestürzt? Warum laßt ihr in eurem Herzen solche Zweifel aufkommen? ... Ich bin es selbst“ (*Lk* 24,38–39).
Ja! Er ist in unserer Mitte: „Jesus Christus ist derselbe gestern, heute und in Ewigkeit!“ (*Hebr* 13,8). Bleibe bei uns! Gestalte uns um! Sei unser Leben! „Ich bin es selbst.“ Amen.

Durch Maria Jesus besser kennenlernen

Regina caeli am 17. April

Es ist die Stunde des Regina caeli. Mit dankerfülltem Herzen für das Geschenk, das Gott uns heute morgen durch die Proklamierung der zwei neuen Seligen gemacht hat, wenden wir uns nun an Maria, die Königin aller Heiligen, und laden sie ein, an unserer Freude teilzunehmen: „Freu dich, du Himmelskönigin!“
Die Diözese Verona hegt eine tiefe Verehrung zur heiligen Jungfrau. Das bezeugen die vielen, über ihr ganzes Gebiet verstreuten Heiligtümer: von der Ebene bis hinauf zu den Hügeln, von den Tälern bis zu den Bergen. Heute habe ich die Freude, den einzigartigen, in einem Felsen gelegenen Ort der Marienverehrung, das Heiligtum der Madonna della Corona, besuchen zu können. Gestern konnte ich in der Kathedrale das liebliche Bild der Madonna del Popolo verehren, das von euch allen so sehr geliebt wird, wie schon der Name selbst deutlich zum Ausdruck bringt. Nicht zu vergessen sind u. a. die Madonna del Frasino, die Madonna della Salute, Santa Maria della Scala, Santa Maria della Pace, die Votivkirche zur Madonna del Carmine von San Felice del Bénago, die Pfarrei Colognola, die Madonna della Strá.
Geistig vereint mit allen, die in diesen „Zitadellen des Geistes“ auf die heilige Jungfrau hören, um von ihr Jesus besser kennen und lieben zu lernen, richten auch wir jetzt unser Gebet an Maria.

Sich dem Vermassungsprozeß widersetzen

Ansprache an die Jugendlichen in der Arena von Verona am 17. April

Meine lieben Jugendlichen!

1. Ich bin wirklich froh, heute hier mit euch zusammenzusein. Ich danke Kardinal Marco Cé für den Gruß, den er im Namen der anwesenden Bischöfe, der Priesterschaft und von euch allen an mich gerichtet hat. Ich habe den Grußworten der Jugendlichen, die eure Vorschläge, eure Ängste, eure Hoffnungen zum Ausdruck bringen, mit wacher Aufmerksamkeit zugehört. Ihre Worte haben mir geholfen, ganz in das „Klima“ unserer Begegnung einzudringen.
Ihr habt diesen Tag vor dem wundervollen Hintergrund der Arena als ein Fest vorbereitet und zum Teil bereits verlebt. Es ist vor allem das Fest der Begegnung untereinander gewesen, ihr Jugendlichen, die ihr von der Kirche Veronas und den anderen Kirchen der drei Venetien kommt. Eure Erfahrungen und eure Suche nach dem Glauben haben in der Lebendigkeit des Gesangs und im Mut der Zeugnisse, die ihr miteinander ausgetauscht habt, einen freudigen Ausdruck gefunden. Es war das Fest der Begegnung der Jugendlichen mit Christus im Zeichen der Eucharistie, die ihr gefeiert und in der ihr die Gegenwart und die Kraft dessen aufgenommen und erfahren habt, der „sein Leben für seine Freunde hingibt“.

Ihr habt erklärt, daß ihr wirklich seine Freunde sein wollt im Einsatz gegenseitiger Liebe (vgl. *Joh* 15,13–14). Auf diese Weise habt ihr im Zeichen die Wirklichkeit jener neuen Welt vorweggenommen, die ihr in eurem wahren Streben zutiefst ersehnt.
Nun geht dieses Fest weiter in der Begegnung mit dem Nachfolger Petri, der gekommen ist, euch zu besuchen. Ihr Lieben! Meine Anwesenheit bei euch möchte die liebende Sorge sichtbar machen, die die Kirche für euch hegt, und die Hoffnung, die sie auf euch setzt, mit dem Wunsch, euch auf eurem Weg zur Reife des Lebens und der Fülle des Glaubens Hilfe zu bieten.

2. Ein solches Treffen konnte in keinem bezeichnenderen Klima stattfinden. Heute morgen hatte ich die Freude, der Verehrung der Kirche zwei hervorragende Persönlichkeiten, Erzieher der Jugend, feierlich vorzustellen: Don Giovanni Calabria und Msgr. Giuseppe Nascimbeni. Wir begehen außerdem in diesem Jahr den hundertsten Jahrestag des Todes des hl. Giovanni Bosco, des Apostels der Jugendlichen. Ihr Zeugnis als Erzieher und die Werke, die ihr Charisma hervorgerufen hat, haben Generationen von Jugendlichen zu einem tiefen Verständnis für den Sinn des Lebens und einer tiefen Glaubenserfahrung herangebildet. Was sie intuitiv erkannt und gelehrt haben, schenkt auch euch, ihr Jugendlichen von heute, Licht, wenngleich ihr in mancher Hinsicht neue soziale und kulturelle Situationen erlebt.
Neben diesen Großen von gestern fehlt es im übrigen auch heute in der Kirche nicht an bedeutenden Erziehern. Ihr könnt sie um glaubwürdige Lebensmuster bitten, um neue Bedeutungsinhalte für eure Lage als Jugendliche, um gültige Werte, für die ihr den Reichtum eurer Energien einsetzen könnt.
Ich weiß um die Schwierigkeiten, die ihr angehen müßt, um Männer und Frauen mit Feingefühl und reifem Glauben zu werden. Viele Treffen mit euren Altersgenossen haben mir ein lebendiges Bild von den Problemen gegeben, denen eure Generation unterworfen ist, die sie lebt und denen sie entgegentritt. Ihr seid Vermassungsprozessen ausgesetzt, die euer Leben mit Eintönigkeit zu überziehen drohen und euch dabei den Geschmack an eurer persönlichen Originalität verlieren lassen. Das Klima einer genußsüchtigen Gesellschaft läßt falsche Bedürfnisse in euch wachwerden und ist dazu angetan, euch an der Oberfläche der Wirklichkeit leben zu lassen. Der Dialog, in dem das Empfinden zum Ausdruck kommt, und der Weg der Liebe sind unter dem gewaltsamen Druck falscher oder leerer Vorbilder, oder wegen einer weitverbreiteten anarchistischen Ideologie, die die wahre Ausübung der Freiheit und das tiefe Gefühl für Verantwortlichkeit herabsetzt, problematisch geworden. Ihr habt wenig Möglichkeit, eure Energien und eure Fähigkeiten in der Arbeit auszudrücken und in einer Arbeit, die euch sicher ist, in Ruhe eure Zukunft zu planen. In diese Leere mit den vielen Gesichtern drängen sich in schändlicher Weise jene ein, die mit dem Tod Handel treiben. Durch das Rauschgift verüben sie einen schweren Angriff auf eure psychische und physische Gesundheit und auf die Zukunft der Menschheit.

3. Ich kenne aber auch den hochherzigen Schwung, mit dem ihr euch in echtem Einsatz für euch selbst und für die anderen bemüht, die aufrichtigen Wünsche und die Kraft der

Hoffnung, die euch beseelen. Deshalb setze ich lebendige Hoffnung in die geistigen Energien, die ihr in eurem Herzen bewahrt. Ich spüre, daß sie für die Zukunft der Menschheit und der Kirche wichtig und ausschlaggebend sind. Daher komme ich immer wieder auf die Notwendigkeit zurück, daß das erzieherische Umfeld jene Energien freisetzen muß, und daß Erzieher, die sich nach höheren Werten ausrichten, dringend erforderlich sind. Mein Aufruf richtet sich an eure Eltern, an eure Priester; er geht an alle, die mit besonderen Aufgaben im sozialen, kulturellen und informativen Bereich betraut sind und die Möglichkeit haben, auf diesem Gebiet Einfluß zu nehmen. Sie können in höherem Maße auf jene Erscheinungen einwirken, die Verfall, Verlust von Werten, Verformung von Brauchtum und Mentalität hervorrufen. Sie müssen daher ein feines Empfinden für die Sorge um eure Zukunft haben. Sie müssen sich dazu aufgerufen fühlen, Intelligenz, Begeisterung und Tatkraft einzusetzen, damit eine Lebensqualität aufblühen kann, die euch konkrete Hoffnungen erlaubt.
Insbesondere wünsche ich euch, liebe Jugendliche, auf eurem Weg wirklich reifen Persönlichkeiten zu begegnen, die es auch in einem schlichten Leben verstehen, das Ideal des Evangeliums hell vor euch ins Licht zu rücken und euch dazu zu bewegen.

4. Alles, was in der Erziehung für euch, liebe Jugendliche, getan wird, kann jedoch eure persönliche Verantwortlichkeit nicht ersetzen. Niemand kann euren Platz in der Ausübung jener Freiheit übernehmen, mit der ihr über euer Leben entscheidet. Viele um euch her können euch Kenntnisse und Informationen anbieten, euch Orientierungen geben und euch in Urteilen und Entscheidungen unterstützen. Aber jenes „ich will", mit dem ihr euch selbst und der Verwirklichung eures Daseins gegenüber Stellung einnehmt, kommt nur euch zu! Es ist das Zeichen eurer einzigartigen und unwiederholbaren Würde, und es ist der Ausdruck eurer nicht zu ersetzenden Verantwortlichkeit. Dieser Gabe und dieser Pflicht, frei zu sein, müßt ihr Jugendlichen euch heute tief bewußt und auf sie bedacht sein.
In der Tat neigt die Mentalität, die euch umgibt und beeinflußt, nur zu oft dazu, jenes Geheimnis der Freiheit, das der Mensch ist und das ein jeder von euch ist, in seiner unantastbaren Einzigartigkeit zu verformen und herabzusetzen. Wenn einseitig die schweren Bedingungen betont werden, könntet ihr auf den Gedanken kommen, Opfer einer fehlgesteuerten Welt zu sein, und es könnten in euch Gefühle entweder der Ablehnung oder der Passivität aufkommen. Die weitverbreitete Auffassung, nur dann frei zu sein, wenn die subjektiven Bedürfnisse und die unmittelbaren Anreize befriedigt werden können, erniedrigt. Sie verformt die eurer Freiheit zugeteilte Aufgabe. Um euch vor all diesen und anderen subtilen Täuschungen zu verteidigen, müßt ihr das Bewußtsein stärken, daß die Freiheit notwendig ist, um eurem Leben Form und Erfüllung zu geben.
Die Freiheit, mit der wir täglich unsere Lebensenergien ausgeben und unser Wesen bestimmen, ist eine äußerst ernste Wirklichkeit. Wir können ihr nicht aus Feigheit oder Verzweiflung kündigen, nur weil wir uns von Anfang an bereits als Verlierer erklären. Von ihr können wir keine herabgesetzten Auffassungen annehmen, denn wir würden nur uns selbst täuschen und das Wohl des Lebens verderben. Wesentlich ist jedoch, daß wir die Grundlage und den Zweck der Freiheit entdecken, die bereits im Geheimnis unseres Le-

bens eingeschlossen sind, und daß wir ihr mit der ganzen Kraft unseres Herzens zustimmen.

5. Wenn wir in die Tiefe unseres Lebens blicken, so entdecken wir es als Geschenk, über das wir nur staunen können. Wir sind und könnten doch auch nicht sein. Jeden Tag erwachen wir zum Leben und fühlen, wie Kräfte und Bestrebungen in uns ausströmen, deren Ursprung wir nicht finden können. Jeden Moment wächst das Leben durch den Einfluß der Wirklichkeit, die wir nicht vorbereitet haben. Es gibt also ein unermeßliches Geheimnis, das unser Leben aufrechterhält. Wer glaubt, nennt es mutig den „lebendigen Gott", die Fülle des Lebens und den Lebensspender. Vor ihm wird unser Leben zu einer verantwortungsvollen Antwort aufgerufen, denn er hat uns in Freiheit uns selbst gegeben. Deshalb sind Dankbarkeit, Gebet und aufmerksames Hören gegenüber dem Gott des Lebens die erste und grundsätzliche Aufgabe der Freiheit.
Doch „Gabe-Sein" ruft danach, sich auch selbst zu geben. Das, was wir empfangen haben, dürfen wir nicht für uns behalten. Wir geben es im Gehorsam Gott gegenüber, in der Öffnung zur Welt, in der Verfügungsbereitschaft anderen gegenüber. Der Aufruf zur Freiheit enthüllt sich als Aufruf zum Geben ohne Entgelt.
Ich weiß, daß es heute nicht leicht ist, von der Unentgeltlichkeit der Gabe zu sprechen. Sie ist nur erreichbar auf einem mutigen Weg der Selbstbeherrschung, der arbeitsfreudigen Nutzung der eigenen psychischen und physischen Energien, um sie für den ständigen Einsatz seiner selbst bereitzustellen. Obwohl ich mir der Schwierigkeit bewußt bin, würde ich doch meiner Liebe zu euch untreu werden, wenn ich euch nicht ein so hohes Lebensideal vorstellen würde.

6. Ich habe heute sogar den Mut, euch den Weg vor Augen zu stellen, den Christus, Sohn Gottes und wahrer Mensch, in der Verwirklichung der eigenen Freiheit gegangen ist. Es ist der Weg, der uns heute wieder in der Seligpreisung, die wir gehört haben, verkündigt wurde. Das immer wieder neu feierlich wiederholte „Selig" kann in euren Herzen nichts anderes als jenes Verlangen nach Glück hervorgerufen haben, das euer jugendliches Dasein ganz besonders kennzeichnet. Ein solches Glück ist kein Traum. Es ist eine Wirklichkeit, die Gott vor euch aufgetan hat, als er in Christus sein Reich des Heils und des Lebens, der Freiheit und der Gerechtigkeit gegenwärtig gemacht hat.
Die Wege, die zum Glück und zur vollen Verwirklichung des Lebens führen, werden aufgezeigt im Verhalten derer, an die sich die Seligpreisungen richten. Seid auch ihr „arm vor Gott und sanftmütig", d. h. frei und voll Liebe. Habt volles, totales Vertrauen in Gott, der euer Leben nicht enttäuscht. Verschließt ihm niemals das Herz im Egoismus. Verhärtet euch nicht in der Oberflächlichkeit und der Gleichgültigkeit. Vertraut auf sein Wort. Denkt über es nach und habt den Mut, auf dieses Wort hin die wichtigen Entscheidungen eures Daseins zu wagen. Auch, wenn ihr vielleicht betrübt seid, weil euer Leben von Müdigkeit, Leiden oder Enttäuschung bedrückt ist, laßt nicht von der Hoffnung auf Gott ab. Er hat die Kraft, aus menschlicher Sicht verzweifelt scheinende Situationen umzukehren. Er ist fähig, Neues zu schaffen, wo wir es nicht zu erwarten wagen. Laßt euren Hunger und euren Durst nie im übertriebenen Suchen nach materiellen Gütern abflachen und

sich nicht in der Befriedigung der unmittelbaren Bedürfnisse erschöpfen. Pflegt hingegen an erster Stelle „den Hunger und den Durst nach der Gerechtigkeit“ Gottes, die sich in den Forderungen eines Lebens nach dem Evangelium offenbart. Laßt euch nicht von ihrer Radikalität entmutigen, sondern macht sie fortwährend zum Gegenstand eures Strebens und eurer Vorsätze.

„Seid barmherzig“, so wie Gott barmherzig ist und wie er sein Erbarmen in seinem Sohn Jesus Christus menschlich offenbart hat. Seid daher stets bereit, den anzunehmen, der gefehlt hat, und verzeiht von Herzen dem, der euch verletzt hat, so wie Gott, der Vater, euch verzeiht und euch annimmt (vgl. *Mt* 18,21–35). Habt keine Feinde. Überwindet die Feindschaft durch die Macht der Liebe. Pflegt die Gesinnung und die Praxis der Gewaltlosigkeit, indem ihr der Gewaltanwendung den Weg des Dialogs und der Bejahung der Werte vorzieht. Seid offen für die Bedürftigen, die Armen, für die, die am Rande der Gesellschaft stehen. Mögen sie die Freunde sein, die ihr mit Vorliebe an den Tisch eures Lebens einladet.

„Habt ein reines Herz“ in der Durchsichtigkeit der Seele und der Reinheit des Lebens. Liebt die Gerechtigkeit. Seid korrekt in euren zwischenmenschlichen Beziehungen, handelt so, daß die Arbeit menschlich strukturiert ist, und daß unter allen Umständen die Würde desjenigen, der arbeitet, anerkannt wird. Ersehnt euch aktiv eine Welt, in der die sozialen Beziehungen vom Prinzip der Gerechtigkeit reguliert werden, in der die armen Völker ihre Freiheit in der Befreiung von wirtschaftlicher, kultureller und politischer Knechtschaft wiederfinden.

„Seid Friedensstifter“, sowohl im Alltag wie auch bei den großen Anlässen, bei denen die Interessen aller auf dem Spiel stehen. Lernt es, stets aufs neue brüderliche Beziehungen mit denen zu knüpfen, die euch nahestehen, in der Familie, in der Schule, in den Bereichen der Arbeit, in euren Jugendgruppen. Seid Friedensstifter in der kirchlichen Gemeinschaft, indem ihr die Verschiedenheit achtet und wertschätzt, und dabei doch das Band der Liebe und die ständige Ausrichtung auf eine sichtbare Einheit pflegt.

7. Liebe Jugendliche, habt keine Angst vor den anspruchsvollen Aufgaben, die euch die Seligpreisungen auf dem Weg zu eurer Freiheit vorlegen. Laßt euch nicht von Verständnislosigkeit einschüchtern, die sich in eurer Umgebung wegen eurer Treue zum Evangelium bemerkbar machen kann: Christus preist euch auch in den für ihn erlittenen Verfolgungen selig. Laßt euch nicht von der Bescheidenheit eurer Kräfte und den Unsicherheiten entmutigen, die euer Leben kennzeichnen, das sich noch in der Ausbildung befindet. Der Geist, der das Licht und die Kraft Gottes ist, ist in eure Herzen ausgegossen. In eurer gelehrigen Verfügbarkeit ist er fähig, große Dinge zu verwirklichen. In aller Stille sät und wirkt er tief in eurer erneuerten Freiheit, um euch Früchte hervorbringen zu lassen, nämlich: „Liebe, Freude, Friede, Langmut, Freundlichkeit, Güte, Treue, Sanftmut und Selbstbeherrschung“ (*Gal* 5,22). Und all dies für eure Reife, für die Erneuerung der Kirche, für die Hoffnung der Welt.

Möge euch das Beispiel der Jungfrau Maria leiten. Sie war sehr jung, als sie in ihrem Herzen die notwendige Hochherzigkeit aufzubringen wußte, um der Anfrage Gottes, als „die

Zeit erfüllt war“ (*Gal* 4,4), mit einem unbedingten „Ja“ zu antworten. Maria hat so, wie sonst niemand, den Geist der Seligpreisungen gelebt: deshalb geht sie all denen voran, die sich in freier Entscheidung der Herausforderung des Evangeliums gestellt haben. Ihr Jugendlichen, folgt Maria, denn sie folgt Christus! Mit Christus könnt ihr vertrauensvoll eurer Zukunft entgegengehen. Meine Lieben, denkt daran! Die Gegenwart gehört euch, die Zukunft gehört euch, „aber ihr gehört Christus, und Christus gehört Gott“ (*1 Kor* 3,22–23)!

Die Leiden annehmen und fruchtbar machen

Ansprache im Krankenzentrum von Negrar (Verona) am 17. April

1. Allen entbiete ich meinen herzlichen Gruß und danke für die soeben an mich gerichteten, freundlichen Worte als Ausdruck eurer Gefühle.
Tiefbewegt habe ich diese „Zitadelle der Nächstenliebe“ betreten, die auf Initiative beispielhafter Priester des Klerus von Verona entstanden ist, wie Don Angelo Sempreboni, Pfarrer von Negrar, und dem sel. Don Giovanni Calabria, unter der hochherzigen Mitarbeit der Kleinen Schwestern von der Heiligen Familie des sel. Nascimbeni. Mit Freude habe ich vernommen, wie sehr man sich bemüht, den Wirkungsbereich auf die tropischen Gebiete, besonders Brasilien, auszudehnen.
Im Rahmen der weltweiten Solidarität, auf die ich kürzlich in der Enzyklika *Sollicitudo rei socialis* (vgl. Nr. 39–40) hingewiesen habe, gereichen diese Initiativen zur Ehre für die Wegbereiter, Wohltäter und all die, die sie in verschiedener Weise unterstützen. Sie zeigen wieder einmal, daß die im Krankenbereich Tätigen besonders empfänglich sind für die Leiden anderer, auch wenn sie weit entfernt leben. So bewahrheitet sich von neuem das Gleichnis vom barmherzigen Samariter (vgl. *Salvifici doloris*, Nr. 28–30).

2. Meiner Hochschätzung für die Verwaltung des Krankenhauses und das medizinische Personal möchte ich ein Wort der Ermutigung hinzufügen, das mit gleicher Herzlichkeit allen Kranken hier in stationärer Behandlung gilt.
Liebe Kranke, ich weiß wohl, daß euer jetziger Zustand Schwierigkeiten und Unannehmlichkeiten für euch und eure Familienangehörigen mit sich bringt. Ich ermutige euch, diese Prüfung, die euch auferlegt ist, aus Liebe zu Gott nach seinem Willen anzunehmen und fruchtbar zu machen, in immer engerer Verbindung mit unserem Herrn Christus, der durch seine glorreiche Auferstehung die Hoffnung auf den Sieg über das Böse eröffnet hat, von dem die Krankheit eine der schwerwiegendsten Formen ist. Ich wünsche von Herzen, daß jeder von euch bald genesen zu seinen Lieben nach hause zurückkehren und zufrieden und froh einen ruhigen, wirksamen Lebensrhythmus wiederaufnehmen kann. Dafür verspreche ich euch mein Gedenken im Gebet zum Heiligsten Herzen Jesu, der Quelle allen Trostes, und zur seligen Jungfrau Maria, der Hilfe der Christen und Ursache ihrer Freude.
Euch allen und euren Angehörigen, den Verantwortlichen und dem Personal – Laien und Ordensleuten – des Krankenhauses erteile ich gern meinen Apostolischen Segen.

2. Pastoralbesuch in Civitá Castellana (1. Mai)

Arbeit ist Mitwirkung am Schöpfungswerk

Predigt während der hl. Messe am 1. Mai

1. „Bleibt in mir, dann bleibe ich in euch" (*Joh* 15,4).
Heute, am fünften Sonntag in der Osterzeit, liest die Kirche in ihrer Liturgie neuerlich das Gleichnis Christi vom Weinstock und den Reben.
Jesus erzählte es am Vorabend seines Todes, während er im Abendmahlssaal von den Aposteln Abschied nahm. Im Zusammenhang mit einem solchen Ereignis nehmen diese Worte besonderes Gewicht an und werden auch besonders eindringlich.
Christus geht also dem Leiden und dem Kreuz entgegen. Der nächste Tag wird ihm das schändlichste Todesurteil und die Agonie von Golgota bringen.
Für die Apostel, die ihm im Abendmahlssaal zuhörten, mußte dies der Tag der härtesten Prüfung gewesen sein; dieser Prüfung mußte ihre Treue zum Meister, ihr „Ausharren" bei ihm unterworfen werden.
Dennoch sagt Christus: „Bleibt in mir, dann bleibe ich in euch." Gerade die Prüfung des Kreuzes wird zu jenem „Ort", an dem die Apostel sich letzten Endes in Christus verwurzeln, mit seinem Geheimnis identifiziert, welches das Leben spendet.
Das gilt nicht nur für sie, sondern auch für uns alle, auf die sich das Gleichnis vom Weinstock und den Reben bezieht.

2. Dieses Gleichnis legt vor unseren Augen ein umfassendes Bild der göttlichen Heilsökonomie offen, in dessen Mittelpunkt „der Vater ... der Winzer" (*Joh* 15,1) steht. Jesus Christus ist „der Weinstock" (*Joh* 15,5), durch den alle, wie die Reben, das Leben empfangen.
Ja. Das Leben Gottes wird den Menschen im menschgewordenen Sohn Gottes geschenkt. Nur wenn wir in ihm bleiben wie die Rebe am Weinstock bleibt, können wir dieses Leben in uns tragen.
So bringt also dieses eindrucksvolle Gleichnis – in unmittelbarer Erwartung des Kreuzestodes erzählt – einen österlichen Inhalt zum Ausdruck: es bezieht sich auf die volle Offenbarung Christi als wahrer Weinstock in der Auferstehung. Letzten Endes bringt die Auferstehung allen zum Bewußtsein, daß Christus der Herr ist und die Fülle jenes Lebens in sich trägt, das nicht den menschlichen Tod erleidet.
Wenn sich dieses Leben für den Menschen aufgetan hat, ist das das Werk des Todes Christi. Die Auferstehung unseres Herren hat endgültig offenbar gemacht, daß der von ihm erlittene Tod zur Quelle des Lebens für alle geworden ist.
Deshalb ruft Christus am Vorabend seines Leidens aus: „Bleibt in mir, dann werde ich in euch bleiben."

3. Auf diesem gegenseitigen Bleiben – dem Bleiben Christi in uns und unserem Bleiben in ihm – beruht die gesamte Heilsökonomie, die ihren Anfang im ewigen Vater hat. „Mein Vater ist der Winzer."
Er bebaut den Weinberg – indem er uns den Sohn schenkt, damit wir in ihm das Leben haben und es in Fülle haben.
„Jede Rebe an mir, die keine Frucht bringt, reinigt er, damit sie mehr Frucht bringt" (*Joh* 15,2).
Das ist die Arbeit jedes Winzers, der Weinstöcke anbaut.
Für den Vater – vom Standpunkt des Reiches Gottes als jener betrachtet, der den Weinberg des Kosmos, des Menschen und seiner Geschichte auf Erden bebaut – ist der Beginn des Anbaus, der Beginn dieser Heilsökonomie das Leben, das er allen Menschen in seinem Sohn anbietet.
„Wie die Rebe aus sich keine Frucht bringen kann, sondern nur, wenn sie am Weinstock bleibt, so könnt auch ihr keine Frucht bringen, wenn ihr nicht in mir bleibt" (*Joh* 14,4), sagt Christus.

4. Wir bleiben in Christus durch die Wahrheit.
Wir bleiben in Christus durch die Liebe.
Der Apostel Johannes schreibt – gleichsam als Zusatz zu den Aussagen des Gleichnisses über den Weinstock und die Reben (das er in seinem Evangelium festgehalten hat) – in seinem ersten Brief: „Wir wollen nicht mit Wort und Zunge lieben, sondern in Tat und Wahrheit. Daran werden wir erkennen, daß wir aus der Wahrheit sind und werden unser Herz ... beruhigen" (*1 Joh* 3,18–19).
Das ist sehr wichtig, müssen doch die Worte über die Reben, die abgeschnitten werden, wenn sie keine Frucht bringen, eine berechtigte Unruhe in uns hervorrufen: bringe ich Frucht? Werde ich nicht abgeschnitten werden? Was der hl. Johannes in seinem ersten Brief schreibt, ist sehr wichtig; das gilt vor allem für die folgenden Worte: „Wenn das Herz uns auch verurteilt, Gott ist größer als unser Herz und er weiß alles" (*1 Joh* 3,20). Deshalb weckt der Apostel in uns neue Hoffnung: „Liebe Brüder, wenn das Herz uns aber nicht verurteilt, haben wir gegenüber Gott Zuversicht" (*1 Joh* 3,21).

5. „Gott ist größer als unser Herz."
Er ist größer dank seiner väterlichen Liebe. Er ist größer, weil „er seinen einzigen Sohn hingab, damit jeder, der an ihn glaubt, nicht zugrunde geht, sondern das ewige Leben hat" (*Joh* 3,16). Er ist größer – in seinem unaussprechlichen Geschenk!
Er ist größer dank des Kreuzes und der Auferstehung seines Sohnes, dank seines Opfers „für die Sünden der Welt", ist größer im Ostergeheimnis Christi.
So muß also jeder Mensch darauf bedacht sein, in seinem Leben Frucht zu tragen. Er muß alles tun, was seinen Möglichkeiten entspricht. Alles, was ihm das gesunde und rechte Gewissen empfiehlt. Vor allem jedoch muß er Gottvertrauen haben, muß sich bittend an Gott wenden, muß beten. Das Gebet ist die bedeutendste Kundgabe unserer Hoffnung.
Christus sagt in seinem Gleichnis: „Wenn ihr in mir bleibt und wenn meine Worte in euch bleiben, dann bittet um alles, was ihr wollt: Ihr werdet es erhalten. Mein Vater wird da-

durch verherrlicht, daß ihr reiche Frucht bringt und meine Jünger werdet" (*Joh* 15,7–8). Er will, daß wir Frucht bringen! Er wünscht es! Er will nicht den Tod des Sünders, sondern daß er sich bekehrt und lebt. Er will, daß wir in Christus, dem Leben, Frucht bringen und hat daran seine Freude.

6. In der ersten der Apostelgeschichte entnommenen Lesung ist von der Bekehrung des Paulus von Tarsus die Rede. Die Anhänger Christi haben vor diesem ihrem Verfolger noch Angst; er ist jedoch bereits ein anderer Mensch.
Auf der Straße nach Damaskus hat sich ihm Jesus, der Herr, geoffenbart; es wurde ihm das Leben Gottes geoffenbart, das in ihm ist – der wahre Weinstock.
Paulus hat sich mit der ganzen Begeisterung seiner Seele an diesen Weinstock geklammert. Wir wissen, welch reiche Früchte er getragen hat! Welch große Freude er für die Kirche geworden ist!
Wie sehr der ewige Vater in dieser überreichen Rebe des Weinstocks verherrlicht wurde! Gerade er, Paulus, hat von sich selbst geschrieben: „Nicht mehr ich lebe, sondern Christus lebt in mir" (*Gal* 2,20).
Und so scheint der gekreuzigte und auferstandene Christus durch seinen apostolischen Dienst allen Generationen zu wiederholen: „Bleibt in mir, dann bleibe ich in euch. Wer in mir bleibt, der bringt reiche Frucht."

7. Euch allen, liebe Brüder und Schwestern aus Cività Castellana, die ihr hierher gekommen seid, um eure Verbundenheit mit Christus und der Kirche – die der Verbundenheit der Reben mit dem Weinstock gleicht – zu bezeugen und um die Früchte eures Glaubens, eurer Liebe und eurer Hoffnung dem Nachfolger Petri darzubringen, der als Pilger diese historische Stätte besucht, euch allen spreche ich meinen Gruß und die neuerliche Ermutigung aus, auf dem erleuchteten Weg der religiösen und bürgerlichen Traditionen fortzuschreiten, welche die Geschichte eurer Vorfahren so ruhmvoll gekennzeichnet haben.
Mein Gruß gilt vor allem meinem verehrten Mitbruder, eurem Bischof Marcello Rosina, der seit Jahren seine ganzen Kräfte unablässig für die weise Führung dieser Diözesangemeinschaft einsetzt. Herzlich begrüße ich die verschiedenen Autoritäten, insbesondere die Bürgermeister der Gemeinden dieses Kirchenbezirks. Ihre Gegenwart bringt die Absicht zum Ausdruck, mit der Kirche zusammenzuarbeiten, um jene Ziele des bürgerlichen und gesellschaftlichen Fortschritts erreichen zu können, nach denen alle Menschen streben, die das wahre Wohl ersehnen. Mit besonderer Liebe begrüße ich alle Priester und Ordensleute, die ihr Leben der Seelsorge und der Ausbreitung des Reiches Gottes weihen. Ich weiß um den Eifer, mit dem ihr euren pastoralen Aufgaben nachgeht. Ich danke euch für eure Treue; für eure Sorge um alle Menschen und ganz besonders für jene, die sich in Schwierigkeiten befinden; für eure lebhafte Anteilnahme an den Freuden und Leiden des christlichen Volkes; für die Ausdauer und die Einsatzbereitschaft, mit der ihr auf eurem Posten bleibt, und für die Opferbereitschaft, mit der ihr euch um den Fortschritt der Gläubigen auf ihrem Weg des Glaubens bemüht, um ihre Erleuchtung mit dem Wort des ewigen Lebens und ihre Stärkung mit der Gnade der Sakramente des Heils.

Das Bild vom Winzer, der die Rebe reinigt, damit sie Frucht trägt, und die unfruchtbare abschneidet, erinnert an die Gestalt des Landwirtes, des Bauern, des Arbeiters und des arbeitenden Menschen im allgemeinen, der seine Energien aufwendet, um seine Familie mit der Arbeit seiner Hände und im Schweiß seines Antlitzes zu erhalten. Diesen bewundernswerten und zähen Menschen, die auf den Feldern, in den Fabriken, den Büros und im Handel tätig sind, möchte ich mich dankend zuwenden: ihnen empfehle ich als Vorbild den hl. Josef, den die Kirche heute als Handwerker und Patron der arbeitenden Menschen feiert. Laßt euch von ihm belehren – von einem gerechten Menschen, wie das Evangelium sagt, der es verstand, in seinem Leben die Erfordernisse des täglichen Lebens in seiner Schreinerwerkstätte mit denen des Geistes und der Erhebung des Herzens zu Gott harmonisch zu vereinen. Habt auch ihr eine hohe und edle Auffassung von der Arbeit als Mitwirkung am Schöpfungs- und Erlösungswerk Gottes, einer Arbeit, die nicht entfremdend sein, nicht die Persönlichkeit und auch nicht die Familie zerstören darf. Blickt auf das Leben in Nazaret, wo der Knabe Jesus sich unter der wachsamen und liebevollen Führung des hl. Josef, der Vaterstelle einnahm, und der Jungfrau Maria, der Gottesmutter, in der menschlichen Arbeit übte und mit den bescheidenen Aufgaben des häuslichen Lebens beschäftigt war. Blickt auf diese heilige Familie, in der die Kirche das Vorbild aller Familien der Welt sieht, insbesondere der bescheidensten, die sich mit ihrem Schweiß mühsam das tägliche Brot verdienen. Eure Familien sollen Hauskirchen sein, „Werkstätten" der Tugend, Orte, an denen man Gott liebt und Christus kennenlernt und wo man vor den immer wiederkehrenden Versuchungen des Hedonismus und Individualismus geschützt ist. Stellt eure Familien bedenkenlos unter den Schutz von Jesus, Maria und Josef, damit ihr so die Möglichkeit habt, mit ihrer Hilfe stets jene Worte treu zu bewahren, die ihnen die Beständigkeit gesichert und ihr harmonisches Wachstum gewährleistet haben.

Auch euch, Jungen und Mädchen, die ihr den katholischen Verbänden und den verschiedenen kirchlichen Bewegungen angehört, führe ich die schweigsame, aber beredte Gestalt des hl. Josef vor Augen, der es während seines ganzen Lebens verstand, in wahrhaft vorbildlicher Rechtschaffenheit und Einfachheit zu leben. Seid wie er großzügig und gut! Engagiert euch ernsthaft! Kirche und Gesellschaft erwarten von euch eine konkrete Antwort. Die missionarischen und kulturellen Initiativen erwarten, ebenso wie die sozialen und humanitären, euren Beitrag. Enttäuscht dieses Vertrauen nicht, laßt diese Erwartung nicht vergeblich sein!

Nun ein Wort für die Kranken hier unter euch und für jene, die in Krankenhäusern liegen. Liebe Brüder und Schwestern, die ihr an Leib und Geist leidet, ihr sollt wissen, daß ihr meinem Herzen allzeit nahe seid und daß ich euer im Gebet gedenke. Ihr seid mit den Wundmalen der Krankheit gezeichnet: vereint eure Leiden mit den Leiden Christi des Gekreuzigten und Auferstandenen; bringt sie als reines Opfer der allerheiligsten Dreifaltigkeit dar, für das Wohl der Kirche und der Menschheit. Ihr leistet so euren Beitrag zum Werk Christi für das Heil der Seelen und die Bekehrung der Sünder; ihr verherrlicht Gott und werdet für würdig befunden werden, in die künftige Herrlichkeit des Paradieses einzugehen.

8. Mit dem Gleichnis vom Weinstock und den Reben will der Herr uns auch die lebendige Wirklichkeit der Kirche als Gemeinschaft des Glaubens und der Liebe lehren: „Bleibt in meiner Liebe“, fährt Jesus fort, indem er dieses Gleichnis weiterentwickelt und zur Anwendung bringt; er will uns also die Kirche als mystischen Leib vorstellen, dessen Haupt er ist und dessen Glieder wir sind.
In dieser geheimnisvollen Wirklichkeit fehlt auch die Gottesmutter nicht, ja, sie nimmt sogar einen bevorzugten Platz ein und übt, als Mutter Jesu und geistliche Mutter der Kirche, eine einzigartige Funktion aus. Ihre Anwesenheit im Abendmahlssaal inmitten der Jünger ihres auferstandenen Sohnes war ein sicherer Bezugspunkt und trug in den ersten christlichen Gemeinden zur Stärkung des Geistes der Einheit und der Solidarität bei.
Die Gestalt Mariens fügt sich daher spontan in diese Liturgie ein, mit der der Umzug des Gnadenbildes der „Madonna ad Rupes“, das im Lauf dieser Monate große Menschenmengen anläßlich seines Verweilens in den verschiedenen Pfarreien der Diözese Cività Castellana anzog. Es war dies im Rahmen des Marianischen Jahres – in dem alle Christen eingeladen sind, die Mutter Jesu, die Gnadenreiche, die Gebenedeite unter den Frauen, die Erwählte unter allen Geschöpfen, besonders zu verehren – eine wahrhaft providentielle Initiative, war ein Höhepunkt im Leben der gesamten Diözesangemeinschaft, die die Herzen für den Dialog mit Gott und den Brüdern, für Verzeihung und Versöhnung geöffnet hat; es war ein Augenblick der Gnade, der uns die Wirklichkeit des Gleichnisses vom Weinstock und den Reben erleben ließ, die vor allem in den Sakramenten der Buße und der Eucharistie verwirklicht wird, also in jenen Sakramenten, die uns in Christus und Christus in uns leben lassen, in einem wunderbaren Austausch geistlicher Gaben, der uns mit dem Apostel Paulus ausrufen läßt: „Nicht mehr ich lebe, sondern Christus lebt in mir“ (*Gal* 2,20), und „für mich ist Christus das Leben“ (*Phil* 1,21).
In dieser unaussprechlichen Wirklichkeit leuchtet Maria in reinstem Licht auf: wir leben in Gemeinschaft mit ihr, um zur vollen Gemeinschaft mit Christus zu gelangen, der gebenedeiten Frucht ihres Leibes. Wenn auch die Pilgerfahrt ihr Ende findet, so sicher nicht die innige Verehrung der Gottesmutter, hat sie doch in höchstem Grad den Glauben, die Hoffnung und die Liebe gelebt, jene göttlichen Tugenden, die uns mit Gott vereinen und in der Liebe Christi verharren lassen. Wie Maria bleiben auch wir in der Liebe Christi: „Bleibt in mir, dann bleibe ich in euch.“ Amen!

Maria segne unsere Familien

Regina caeli am 1. Mai

Liebe Brüder und Schwestern!

1. Heute nachmittag besuche ich das Päpstliche Heiligtum der „Felsenmadonna“ in Castel Sant' Elia, um zusammen mit der ganzen Diözese Cività Castellana ihre himmlische Patronin zu ehren. Seit über eineinhalb Jahren pilgert das Gnadenbild von Pfarrei zu Pfarrei, um die Gläubigen einzuladen, Jesus, den Sohn Marias und einzigen Herrn, anzubeten, der dem Menschen den wahren Sinn des Lebens gibt.

Dieses Marienheiligtum hat eine lange und ruhmreiche Geschichte, die bis ins 5. Jahrhundert zurückreicht. In den Felsengrotten des „Suppentonia"-Tales lebten in früheren Zeiten zahlreiche Einsiedler, denen dann die Benediktinermönche folgten. Um ihren Glauben und ihre Liebe zu stärken, suchten diese Männer oftmals eine Grotte auf, in der sich ein Bild der heiligen Jungfrau befand. Unter diesen heiligen Personen können wir an die Äbte Anastasius und Nonnosus erinnern.
In den folgenden Jahrhunderten pilgerten weitere Heilige dorthin und nahmen manchmal weite und mühevolle Reisen in Kauf. Die bekanntesten unter ihnen sind der hl. Benedikt Joseph Labre, der hl. Leonhard von Porto Maurizio, der hl. Odo, Abt von Cluny, und der hl. Paul vom Kreuz. Diese Beispiele lassen uns gut verstehen, daß die Marienheiligtümer Orte sind, zu denen der Mensch sich hingezogen fühlt, weil er dort eine besondere Gegenwart Gottes verspürt und seine Vorsätze, ein echt christliches Leben zu führen, bestärken kann.

2. Nach einer Zeit des Verfalls erstand das Heiligtum der „Felsenmadonna" in neuem Glanz, dank des Einsatzes des einfachen Eremiten Frater Giuseppe Andrea Rodio, der es verschönerte und aus dem Felsen eine Treppe mit 144 Stufen schlug, die den Zugang für die Gläubigen erleichterte, die vor dem lieblichen Bild der heiligen Jungfrau im Gebet verweilen wollten. Das Gemälde, das wahrscheinlich dem früheren, auf die Tuffsteinwand gemalten ähnelt, stellt die heilige Jungfrau mit gefalteten Händen dar, den Blick auf das schlafende Kind auf ihrem Schoß gerichtet.
Der Wallfahrtsort der „Felsenmadonna" erlebt – dank der Anwesenheit der Franziskanerpatres früher und der Ordensleute vom hl. Erzengel Michael heute – eine neue Blüte als geistliches Gebetszentrum für alle, die Gott in der Stille und Buße suchen und ihn mit Hilfe der heiligen Jungfrau im Innern ihres Herzens hören und ihm begegnen wollen, um neue Kraft für die Erfüllung ihrer Pflichten zu empfangen.

3. An diesem Tag, an dem ich voll Freude diesen Wallfahrtsort besuchen werde, lade ich euch ein, euch mit mir im Gebet zur „Felsenmadonna" zu vereinen mit den Worten des Marienliedes, das in diesem Heiligtum gesungen wird: „Blicke gnädig auf uns, und höre das Seufzen der Herzen! Segne unsere Familien, komm uns zu Hilfe in den großen Gefahren! Hilf uns, den Weg der vollkommenen Treue zu Jesus und seiner Kirche gehen! Und führe uns zum Sieg über das Böse, damit wir einst mit dir und Jesus uns freuen."

Am Arbeitsplatz auch das Evangelium bezeugen

Grußwort an die Arbeiterinnen und Arbeiter nach dem Regina caeli am 1. Mai

Einen besonderen Gruß und beste Wünsche möchte ich den Arbeitern und Arbeiterinnen der ganzen Welt an ihrem heutigen Fest aussprechen. Der 1. Mai führe jeden und jede von ihnen zu einem vertieften Bewußtsein der Würde ihrer Arbeit und sporne sie zu einer auf-

merksameren Reflexion an über die Rechte und die Pflichten, die aus der Arbeit hervorgehen. Mögen sie heute noch tiefer die Solidarität fühlen, die sie verbindet und dazu verpflichtet, sich für die Förderung des wahren Wohles aller und jedes einzelnen einzusetzen. Besondere Verantwortung in dieser gemeinsamen Anstrengung haben die christlichen Arbeitnehmer und Arbeitnehmerinnen, deren Pflicht es ist, am Arbeitsplatz die befreiende Botschaft des Evangeliums zu bezeugen. Es ist eine anspruchsvolle und schwierige Aufgabe, für deren Erfüllung ihnen im hl. Josef, dem Schutzpatron der Arbeiter, ein außergewöhnlich konkretes und sprechendes Beispiel gegeben ist. Von ihm können sie lernen, wie sie ihren täglichen Einsatz leben sollen, weil sie neben sich den menschgewordenen Sohn Gottes spüren, der die Mühe mit ihnen teilt und ihr wahren Sinn und Wert verleiht, indem er sie in das erhabene Wort der Erlösung einfügt.
Ich wünsche allen Arbeitnehmern und Arbeitnehmerinnen, ihre Arbeit unter diesem Licht zu sehen und für sie nicht nur den berechtigten Lohn zu beziehen, sondern auch die Gelegenheit und das Mittel zur vollen Verwirklichung ihrer menschlichen Berufung.

Arbeitslosigkeit kann nicht gerechtfertigt werden

Ansprache bei der Begegnung mit Arbeitern am 1. Mai

Liebe Arbeiter und Arbeiterinnen aus Cività Castellana, Brüder und Schwestern!

1. Euch allen gelten mein Gruß und meine herzlichen Wünsche an diesem 1. Mai, dem Fest der Arbeiter, also eurem Fest sowie dem aller Männer und Frauen überall in der Welt, die sich „im Schweiße ihres Angesichts" (*Gen* 3,19), d. h. mit ihrer Arbeit, ihr Brot verdienen. In diesem Sinn ist der 1. Mai das Fest aller, ist doch die Arbeit tatsächlich eine Berufung und eine echte Chance für alle – oder sollte es zumindest sein.
Wenn die katholische Kirche an diesem gleichen Tag das Fest des hl. Josef, des Handwerkers, des Bräutigams der Jungfrau Maria und Pflegevaters Jesu feiert, so deshalb, weil er ein Arbeiter war, ein Zimmermann, wie das Evangelium (vgl. *Mt* 13,55) sagt. Die Wahl dieses Tages für die Feier des hl. Josef ist gleichsam die liturgische Krönung eines Tages, der allen Arbeitern so teuer ist.
Der hl. Josef lädt auf diese Weise alle Arbeiter ein, ja, er ruft sie mit Autorität zusammen, daß sie mit ihm und wie er ihren Platz neben Jesus finden, der seinen Zeitgenossen als „Sohn des Zimmermanns" (*Mt* 13,55) und auch selbst als „Zimmermann" bekannt war.
Auf diesem Weg, liebe Arbeiter und Arbeiterinnen, ist die Arbeit und mit ihr jene, die sie, wie ihr, verrichten, in die Heilsgeschichte eingetreten, d. h. in jenes Werk, das Jesus für uns vollbringen wollte, zuerst mit seinem Leben als Zimmermann, dann als Prediger und Wundertäter und zuletzt mit seinem Tod und seiner Auferstehung.
Der ewige Sohn Gottes wollte in unserer Mitte Arbeiter und nicht König sein (vgl. *Joh* 5,15) und so der Berufung des Arbeiters eine unerwartete Würde verleihen: jene, unserer Erlösung zu dienen.

Wir feiern heute das Fest der Arbeiter und, unseren Blick auf den hl. Josef gerichtet, feiern wir es als Christen. Deshalb wollte ich heute hier unter euch sein und schließe mich gerne eurer Freude an.
Was wollen wir nun heute feiern? Worin besteht für uns und für so viele andere Arbeiter der Inhalt dieser Feier?
Wir wollen drei Wirklichkeiten feiern, welche die Identität der arbeitenden Männer und Frauen kennzeichnen.

2. Die erste ist zweifellos eure spezifische Würde. Arbeitnehmer sein, Arbeiter sein ist ein Ruhm, ist ein Adelstitel, welcher der menschlichen Natur besser entspricht und tiefer in ihr verankert ist als viele andere, letzten Endes zweitrangige und oft auch fragwürdige Titel.
Arbeitnehmer, Arbeitnehmerin sein, reicht tatsächlich auf die Berufung des Menschen als solche zurück. Die Arbeit ist, wie ich in meiner Enzyklika *Laborem exercens* sagte, „eine fundamentale Dimension der Existenz des Menschen auf Erden“ (Nr. 4). Wer arbeitet, bringt sich auf diese Weise in Einklang mit seiner Berufung als Mann oder Frau, wird sozusagen in vollerem Sinn Mann oder Frau und trägt auf diese Weise zur Entwicklung „des ganzen Menschen und aller Menschen“ bei, wie die Enzyklika *Populorum progressio* lehrt und wie ich selbst in der Enzyklika wiederholte, die dem Gedächtnis jenes Dokumentes gewidmet ist (vgl. *Sollicitudo rei socialis*, Nr. 38).
Der hl. Paulus schrieb an seine Jünger in Thessalonich (*2 Thess* 3,10): „Wer nicht arbeiten will, soll auch nicht essen.“ Heute würden wir sagen: wer nicht arbeiten will, kann nicht den richtigen Platz der echten Dynamik der menschlichen Familie finden.

3. Wenn dies die Würde der Arbeit und des Arbeiters ist, dann, liebe Brüder und Schwestern, können wir begreifen, welch großes Übel die Arbeitslosigkeit ist, unter der so viele Männer und Frauen, insbesondere der jungen Generation, zu leiden haben, die arbeiten möchten; das ist auch hier unter euch in Cività Castellana der Fall.
Die Arbeitslosigkeit ist sicher ein großes Übel, weil sie es dem von ihr Betroffenen verwehrt, ehrlich seinen Lebensunterhalt zu verdienen, ja selbst das tägliche Brot ihm vorenthält und die Möglichkeit, eine Familie zu gründen und seine Kinder zu erziehen.
Sie ist jedoch ganz besonders deshalb ein Übel, weil sie so viele Menschen der Möglichkeit beraubt, ihre menschliche Berufung zu verwirklichen. Sie drängt sie sozusagen an den Rand der Gesellschaft und der Geschichte, während wir alle doch in der einen wie in der anderen Hinsicht unsere Rolle zu spielen haben.
Und das ist ein Anrecht. Wenn die Gesellschaft und die institutionellen Mächte nicht alles tun, was sie können und was ihren Pflichten entspricht, um der Krise der Arbeit und ihren vielfältigen Ursachen abzuhelfen, verletzen sie ein Recht: das auf Arbeit.
Kein wirtschaftlicher Mechanismus, kein „Gesetz des Gewinns“, keine Art von Produktionsplanung und auch nicht die übertriebene Freizügigkeit des Gesetzes von Angebot und Nachfrage können eine so ungerechte Diskriminierung rechtfertigen.
Es erscheint mir angezeigt, nochmals hier in eurer Mitte und bei einer eurer Würde gewidmeten Feier auf diese Grundsätze zurückzukommen, da so viele von euch arbeitslos

sind, keine Arbeit finden können oder auf Arbeitslosenunterstützung angewiesen sind, die nie eine echte Lösung des Problems sein kann.

4. Wenn wir die Würde des Arbeiters und der Arbeit feiern, feiern wir auch die Notwendigkeit des ersteren und der letzteren.
Freilich ist die Arbeit oft hart und manchmal kaum mehr erträglich. Die Bibel lehrt uns das von Anfang an, wenn sie die von Gott selbst verkündeten Folgen der Sünde des ersten Menschen anführt: „So ist verflucht der Ackerboden deinetwegen. Unter Mühsal wirst du von ihm essen alle Tage deines Lebens ... Im Schweiße deines Angesichts sollst du dein Brot verdienen ...“ (*Gen* 3,17–19). Diese harten Worte gelten, wie uns allen bekannt, für jede Art von Arbeit.
Aber diese undankbare Arbeit, die manchmal fruchtlos und unbefriedigend scheinen kann, bleibt das vorzüglichste Mittel, das uns der Herr zur Umgestaltung der Natur und zur Ausübung unserer Herrschaft über die Schöpfung (vgl. *Gen* 1,26) anvertraut hat und so letzten Endes auch zur Verwirklichung der Berufung, die dem Abbild Gottes – das unsere ganz spezifische Identität darstellt – eigen ist (vgl. *Sollicitudo rei socialis*, Nr. 29–30).
Ja, jeder von uns braucht eine Arbeit für sich selbst. Er braucht sie jedoch auch für die anderen, für seine Familie, für die Gesellschaft, für die Notwendigkeiten der heutigen Welt, um am Aufbau einer zukünftigen und hoffentlich besseren Welt mitwirken zu können.
Die Arbeit, die wir heute feiern, ist also keine Strafe, sondern ein Recht und eine Pflicht; sie ist etwas, dessen Notwendigkeit und Wert wir jeden Tag besser verstehen, wobei es sich nicht nur um den wirtschaftlichen und gesellschaftlichen, sondern auch um den moralischen Wert handelt.
Eine Arbeit verrichten, sie gut verrichten, unter guten umweltlichen und hygienischen Bedingungen, so daß sie selbst und die Art und Weise, auf die wir sie verrichten, unserer Würde als Männer und Frauen, als Arbeitern und Arbeiterinnen entspricht, bedeutet unsere Eingliederung in den Plan, den Gott für die Menschheit hat: die Verwirklichung unserer Berufung.
Es ist gleichzeitig eine moralische Verpflichtung. Freuen wir uns, diese Verpflichtung zu erfüllen und danken wir Gott am heutigen Fest dafür. Gleichzeitig jedoch bitten wir ihn, die Gesellschaft und die Wirtschaftsstruktur mögen uns helfen, diese Pflicht zu erfüllen und dieses Recht auszuüben.

5. In unserer Zeit sagt man oft, die Arbeit neige zu einer Verschiebung in Richtung Dienstleistungssektor, während Automatisierung und Informatik eine bestimmte Arbeitsweise umgestalten; das hat zur Folge, daß zumindest in manchen Gesellschaftsschichten und auf gewissen Ebenen die Freizeit zunimmt.
Diese Entwicklung ist an und für sich positiv, und die Arbeit vieler Generationen hat dazu entscheidend beigetragen. Dennoch ist diese Entwicklung keineswegs berechtigt, Wert und Notwendigkeit der Arbeit zu unterdrücken. Man muß daher, während diese Umgestaltungen mehr und mehr um sich greifen und immer notwendiger werden, darauf

bedacht sein, den jungen Generationen Arbeiten anzubieten, die dieser veränderten Situation, aber gleichzeitig und an erster Stelle der universellen Berufung des Menschen zur Arbeit entsprechen, wie auch seiner Würde.
Kein Arbeiter und erst recht nicht ganze Gruppen von Menschen dürfen diesen Umgestaltungen in der Welt der Arbeit und den wirtschaftlichen Erfordernissen, die sich daraus ergeben könnten, geopfert werden, vielmehr sollten gerade diese Umgestaltungen und die ihnen entspringenden wirtschaftlichen Erfordernisse im Licht des universellen und individuellen Wertes der Arbeit überprüft und gewertet werden.
Darüber hinaus müssen auch inmitten von Umgestaltungen dieser Art und von neuen wirtschaftlichen Mechanismen bestimmte Erfordernisse und bestimmte moralische und christliche Forderungen immer respektiert und gefördert werden. Dazu zählt die Solidarität, über die ich in meiner kürzlich veröffentlichten Enzyklika *Sollicitudo rei socialis* ausführlich gesprochen habe (Nr. 38–40); sie kann wiederum auf verschiedenen Ebenen sowohl Genossenschaften zum Schutz gegen eine übermäßige Zersplitterung der Produktion und der Vermarktung als auch Berufsvereinigungen und Gewerkschaften zur Verteidigung der berechtigten Interessen der Arbeitnehmer (vgl. *Laborem exercens*, Nr. 8,20) ins Leben rufen.

6. Schließlich, liebe Freunde und Arbeiter aus Cività Castellana, wollen wir an diesem 1. Mai die Arbeit als Geschenk Gottes feiern. Tatsächlich ist es ja Gott, der uns zur Arbeit ruft: er hat unserer Natur das Verlangen – und damit das Recht und die Pflicht – zur Arbeit eingegeben. Er hat uns den Sinn, den Zweck und die Bedingungen unserer Arbeit verstehen gelehrt.
Ja, noch mehr: er hat sich in den allerersten Seiten der Heiligen Schrift als erstes Vorbild und vorbildliche Ursache unserer Arbeit zu erkennen gegeben. Tatsächlich heißt es dort, daß er die Welt in sechs Tagen „mit seiner Arbeit“ (vgl. *Gen* 1,2) erschuf, um dann am „siebten Tag“ zu ruhen (*ebd.*). Dem Beispiel dieses erhabenen Vorbildes gemäß sind auch wir dazu berufen, sechs Tage lang zu arbeiten und am siebten zu ruhen (vgl. *Ex* 20,3–11).
Dieser Lebensrhythmus kommt also vom Herrn und hilft uns, die Sonntagsruhe in einem neuen Licht zu sehen. Wenn wir uns an diesen sowohl menschlichen als göttlichen Rhythmus halten, setzen wir gleichsam das Werk des Schöpfers fort. Damit wird unsere Arbeit zur Höhe ihrer wahren Würde erhoben und wir sind aufgefordert, sie als Antwort auf eine göttliche Einladung zu verrichten (vgl. *Laborem exercens*, Nr. 25; *Sollicitudo rei socialis*, Nr. 29).
Darüber hinaus weiß der Christ, daß auch der dem Vater gleiche Sohn Gottes, als er in die Welt kam, sich der Mühe der Arbeit unterwerfen wollte, für uns zum „Zimmermann“ (vgl. *Mk* 6,3) wurde und so die tägliche Arbeit des Menschen in sein erhabenes Erlösungswerk einfügte. Der hl. Josef lebte in diesem Licht.
Jetzt ist es uns aufgetragen, den gleichen Weg zu gehen und unserer Arbeit durch die Gnade Gottes diesen Wert seiner Nachahmung und wahrer christlicher Spiritualität zu verleihen (vgl. *Laborem exercens*, V. Teil).

Dazu sind wir an diesem 1. Mai eingeladen, am Fest der Arbeiter und der liturgischen Feier des hl. Josef, des Patrons aller jener, die nach dem Willen Gottes und in voller Achtung ihrer Würde arbeiten wollen, um so den Platz einzunehmen, der ihnen in jeder wohlgeordneten menschlichen Gesellschaft zusteht. Dem hl. Josef und der Jungfrau Maria möchte ich heute euch alle und eure Brüder und Schwestern, die Arbeiter und Arbeiterinnen in ganz Italien und in aller Welt anvertrauen, während ich allen meinen apostolischen Segen erteile.

Der Priester gehört sich nicht selbst

Ansprache bei der Begegnung mit den Priestern der Diözese Cività Castellana am 1. Mai

Verehrte Brüder im Bischofsamt,
liebe Brüder im Priesteramt!

1. Während ich dem Hirten der Diözese aufrichtig für die Worte danke, mit denen er mir die Priester dieser geliebten Ortskirche vorstellte, ist mein Herz mehr denn je von spontaner Freude über diese Begegnung mit euch, Brüder im Priesteramt, erfreut.
Nach einem für diese Diözese denkwürdigen Tag sind wir hier in eurem Seminar vereint, gemeinsam „mit Maria, der Mutter Jesu", um vom Hohenpriester Christus, dem Herrn, Stärkung und Ermutigung für unser priesterliches Amt zu empfangen.
Anläßlich der Begegnung mit eurem Bischof in Rom hatte ich Gelegenheit, den seelsorglichen Eifer kennenzulernen, der euch auszeichnet und um das Wohl der euch anvertrauten Bevölkerung besorgt sein läßt. Ich weiß um eure Verbundenheit mit dem Apostolischen Stuhl und um eure Treue zum Lehramt der Kirche. Wir wollen dafür gemeinsam Gott danken.

2. „Kommt mit an einen einsamen Ort", sagte Jesus eines Tages zu den Seinen (*Mk* 6,31). Diese Worte hatten eine tiefe Bedeutung. Der Priester ist eingeladen, sich regelmäßig von der Vergänglichkeit der Welt zurückzuziehen, um sich beim Herrn neue Kraft zu holen und sich dann von ihm neuerlich in die Welt hinaussenden zu lassen, wo er seine Energien für ihre Rückführung zum göttlichen Heilsplan einsetzen muß.
Um das tun zu können, muß es der Priester verstehen, die Welt in ihrer ursprünglichen Schönheit, so wie sie von Gott erschaffen und erlöst wurde, hochzuschätzen und gleichzeitig ihre Grenzen wahrzunehmen und ihren Verführungen und Gefahren zu entfliehen. Ganz besonders vom Priester ist diese ausgeglichene und weise Haltung gefordert, da er sie ja wiederum die Gläubigen lehren muß. Der Welt gegenüber muß sowohl die säkularistische Überbewertung als auch die manichäische Verachtung vermieden werden. Das Geheimnis besteht darin, sie im Licht Gottes zu lieben. Um dieses Ziel zu erreichen, braucht es Treue zu unserer priesterlichen Identität.
Die Identität des Priesters ist Christus. Christus widerspiegeln und ihn in sich und durch sich leben und wirken lassen: das ist das Merkmal des Priesters!

Wenn jeder Getaufte ein „anderer Christus“ ist, dann ist es der Priester in besonderer Weise, hat er doch die Macht, „in der Person Christi, des Hauptes“ im eucharistischen Opfer Brot und Wein zu konsekrieren und als Leib und Blut des Herrn darzubringen und im Sakrament der Versöhnung die Sünden nachzulassen.
Die priesterliche Identität entspringt auch der Berufung zu einer tieferen Freundschaft mit Christus, mit der Kirche und unter uns. Der Priester muß die schönste und heiligste Freundschaft pflegen und lehren, muß er sich doch ganz besonders dazu berufen fühlen, jenem Kreis anzugehören, den Jesus als „Freunde“ (*Joh* 15,15) bezeichnen wollte.

3. Da ihr nun zutiefst mit Christus verbunden und Teilhaber seiner Geheimnisse sein sollt, könnt ihr gar nicht anders, als auch seine geliebte Braut, die Kirche, und insbesondere eure Diözese innig zu lieben. Christus ist es, der uns die Kirche lieben heißt: denkt stets daran, daß ihr Christus umso mehr lieben werdet, je mehr ihr die Kirche liebt und daß ihr, indem ihr die Kirche liebt, eure Liebe zu Christus beweist. Diese Liebe zur Kirche muß heilig und hochherzig sein und euer ganzes Leben erfüllen. Wie ihr ganz Christus gehören müßt, sollt ihr auch ganz der Kirche gehören. Eure Interessen, Freuden und Leiden sollen die Interessen, Freuden und Leiden Christi und der Kirche sein. Der Priester ist ein Mensch, der nicht sich selbst gehört.
Liebt eure Diözese. Die kürzlich erfolgte Zusammenlegung einiger alter, aber kleiner Nachbardiözesen mit der von Civitä Castellana stellt sicher ein historisches Datum für die Bevölkerung und den Klerus dieser Orte dar. Es soll ein vertieftes Wissen um die theologische Bedeutung jener Wirklichkeit fördern, die die Diözese ist. Es geht jetzt darum, ein neues Leben auf diözesaner Ebene zu beginnen, von lebendiger Hoffnung und der Gewißheit beseelt, die dem Wissen um ein Wirken „mit der Kirche“ entspringt.

4. Im Blick auf den Dienst an eurer Ortskirche möchte ich eure Aufmerksamkeit auf das ernste und dringende Problem der Priesterberufungen lenken.
Es ist euch sicher erinnerlich, was das letzte Konzil zu dieser Frage sagt: „Alle Priester sollen ihren apostolischen Eifer insbesondere in der Förderung der Berufe zeigen. Sie sollen das Herz der jungen Menschen durch ihr eigenes, bescheidenes, arbeitsames und von innerer Freude erfülltes Leben für das Priestertum gewinnen, vor allem auch durch die gegenseitige priesterliche Liebe und die brüderliche Gemeinschaft in der Arbeit“ (Dekret *Optatam totius*, Nr. 2).
Kein Priester darf sich dieser ernsten Verpflichtung gegenüber, die gleichzeitig auch als tiefes inneres Verlangen und innige Freude empfunden werden muß, als dispensiert oder unfähig betrachten. Auch wir müssen, ebenso wie der göttliche Meister, mit Vertrauen und Ausdauer unsere künftigen Mitarbeiter suchen, denen wir das Erbe, das uns anvertraut wurde, weitergeben – „tradere“. Das ist ein Recht, eine Pflicht und eine Ehre. Auch wenn wir den Eindruck haben, das Netz vergeblich auszuwerfen, dürfen wir nicht verzagen, sondern müssen auf den Herrn vertrauen: er ist es, der uns befiehlt, das Netz auszuwerfen. Diese unsere Begegnung gerade hier im Seminar möge uns ernstlich über all das nachdenken lassen und uns bewegen, neue Hoffnung zu schöpfen.

5. Worin besteht das Glück des Priesters? Jesus selbst sagt es uns, wenn er, nachdem er den Aposteln die Füße gewaschen hat, sein Verhalten erklärt: „Ich habe euch ein Beispiel gegeben, damit auch ihr so handelt, wie ich an euch gehandelt habe“ (*Joh* 13,15). Und er fügt hinzu: „Selig seid ihr, wenn ihr das wißt und danach handelt“ (*Joh* 13,17). Unser Glück ist es, den Brüdern zu dienen, wie es Christus getan hat.
Wir könnten auch das Beispiel der Gottesmutter anführen: Ihr, der „Madonna ad Rupes“, der „Felsenmadonna“ und euren himmlischen Patronen vertraue ich euch an.
Die strahlende Gnade Mariens erleuchte euer Leben; ihr Gehorsam in Nazaret ermutige euch, der ständigen Gegenwart Gottes in eurem Leben, seinem „Anklopfen“ bei euch, zuzustimmen. Ihr Magnifikat sei für euch Anlaß, aus allen Tagen eures Lebens ein Lob und einen Dank an Jenen zu machen, der aus dem menschlichen Nichts große Dinge entstehen läßt.
Jeden einzelnen von euch, geliebte Brüder, umarme ich und segne ich in Christus Jesus, unserem Herrn.

3. Pastoralbesuch in Uruguay, Bolivien, Peru und Paraguay (7. bis 19. Mai)

Die Kirche will eine gerechte Welt schaffen

Ansprache bei der Ankunft in Montevideo (Uruguay) am 7. Mai

Herr Präsident der Republik,
ehrwürdige Brüder im Bischofsamt,
verehrte Autoritäten,
liebe Brüder und Schwestern alle!

Gelobt sei Jesus Christus!

1. Dies sollen meine ersten Worte der Bitte und des Dankes sein, da ich mich erneut in diesem gesegneten Land befinde, um die Begegnung fortzusetzen, die ich vor etwas über einem Jahr auf diesem gleichen Flughafen von Carrasco mit den geliebten Söhnen und Töchtern Uruguays begonnen habe. Damals habt ihr wiederholt den Wunsch ausgesprochen, ich möchte in euer Land zurückkehren. Und bei meinem Abschied habe ich euch gesagt: „Ich danke für eure Gastfreundschaft, die bereits eine Einladung ist, zurückzukehren, um euch länger zu besuchen ...“. „Ich verabschiede mich mit dem Vorsatz, wiederzukommen.“
Danken wir also gemeinsam Gott, weil er uns heute die Erfüllung dieses Wunsches gewährt, den ich ebenso wie ihr ausgesprochen habe. Danken wir auch all denen, die diesen Besuch möglich gemacht haben.
Ich begrüße an erster Stelle den Herrn Präsidenten der Republik, der mich soeben zugleich im Namen der Regierung und der Bevölkerung dieser lieben Nation empfangen hat. Ich danke Ihnen, Herr Präsident, daß Sie mit so liebenswürdigen Worten die weitherzige Aufnahme der Uruguayer für den Papst zum Ausdruck gebracht haben. Ich begrüße ebenso hochachtungsvoll die Mitglieder der Regierung und die anderen hier anwesenden Autoritäten.
Euch aber, Brüder im Bischofsamt, entbietet der Nachfolger des Apostels Petrus den heiligen Kuß, das Symbol der Einheit in der Liebe Christi. In euch sehe und begrüße ich als Bischof der Kirche von Rom, die den Vorsitz in der Liebe führt, jede Einzelkirche, der ihr im Namen des Herrn vorsteht, eure lieben Priester und Diakone, die Ordensmänner und Ordensfrauen, die Seminaristen und alle gläubigen Laien.
Euch Uruguayern und allen, die ihr diesen sehr geschätzten östlichen Teil Uruguays bewohnt, gilt mein warmer Gruß als Vater, Bruder und Freund. Ich trage in meinem Herzen die lebhafte Erinnerung an den wunderbaren Empfang, den ihr mir bei strömendem Regen bereitet habt, sowie an die Begegnung auf dem Platz der Drei Kreuze bei herrlichem Sonnenschein unter eurem tiefblauen Himmel. Es freut mich sehr, daß ihr das weiße

Kreuz als Andenken an diese Feier der Liebe und Hoffnung stehengelassen habt als Zeugnis des öffentlichen Bekenntnisses zum christlichen Glauben. Wie ich euch beim Abschied sagte, „muß ich bekennen, daß sich der Papst und die Uruguayer vollkommen verstanden haben".

2. Diesmal möchte ich euer Land und seine Bewohner besser kennenlernen. Daher ist es mein Wunsch, jeden einzelnen der 19 Bezirke zu besuchen. Ich werde das Land also nach allen Richtungen durchqueren. Ausgehend von der Hauptstadt, werde ich Melo, Florida und Salto besuchen, und so kann ich jedem einzelnen von euch nahesein.
Zu dir, liebes Uruguay, kommt der Papst voll Hoffnung, um dir Christus zu verkündigen. Liebe Bewohner des Ostens: hört auf Jesus Christus, öffnet ihm die Türen eures Herzens, eurer Familien und eurer Institutionen. Möge unsere Begegnung alle und jeden einzelnen anregen, seinen Blick auf Jesus zu richten. Wir stehen am Beginn der 500-Jahr-Feier der Ankunft des Evangeliums auf diesem Kontinent, dazu am Abschluß des zweiten Jahrtausends seit der Ankunft des Sohnes Gottes auf dieser Welt, um alle Menschen zu retten. Diese Ereignisse sind wirklich eine günstige Zeit, in der sich alle eingeladen fühlen sollen, ihre Verantwortung vor der Geschichte im Licht Christi zu übernehmen. Euer Vaterland wurde als christliches Land geboren, eure Helden ließen ihr Leben vom Evangelium bestimmen, und eure Kultur ist geprägt durch die Beiträge des katholischen Glaubens.
Gebe Gott, daß meine apostolische Reise euch dazu anrege, aufmerksamer auf die christliche Botschaft zu hören, und daß das persönliche Leben, das Leben der Familie und das soziale Leben sich erneuern lassen durch die Kraft der Wahrheit und die höheren Ideale, die eine Nation edel und groß machen.
Als Nachfolger des Apostels Petrus komme ich zu euch, um die Sendung zu erfüllen, die ich von Christus empfangen habe. Wenn ich die von Gott geoffenbarte Wahrheit verkünde, möchte ich euch helfen, in dem Glauben fest zu bleiben, den ihr von den Aposteln erhalten habt, in ihm zu wachsen und aus ihm die Folgerungen für das praktische Leben zu ziehen. Ich möchte euch in der Hoffnung bestärken, die sich auf die göttlichen Verheißungen gründet, damit ihr voll Zuversicht beharrlich nach dem sucht, was Gott für euch bereitet hat. Diese Begegnung soll ferner dazu mithelfen, die Bande der Liebe zu festigen: der Liebe innerhalb der Kirche, damit wir alle noch mehr eins werden; die Liebe zu allen, denn wir wollen unsere besten Kräfte in den Dienst der anderen stellen.

3. Im Verlauf seiner Geschichte ist euer Vaterland ein Ort der Begegnung von Gruppen verschiedener völkischer Herkunft und unterschiedlicher religiöser Auffassungen gewesen, ein Ort der Begegnung verschiedener sozialer und politischer Vorstellungen. Nicht ohne Schwierigkeiten habt ihr es verstanden, eine tolerante und achtungsvolle Gesellschaft zu schaffen und zu verteidigen, die den sozialen Fortschritt und die Beteiligung aller gefördert hat; ihr habt Institutionen aufgebaut, die Bildung und Kultur entfaltet haben.
Die katholische Kirche aber hat im Verlauf dieser fast 500 Jahre Geschichte ihren großen Beitrag für den Aufbau eures Landes geleistet. Tatsächlich waren die Christen auf allen Ebenen des nationalen Lebens präsent. Auch heute noch möchte die Kirche in Uruguay

der integralen Förderung des ganzen Menschen dienen, der dann eine brüderlichere und gerechtere Welt schafft. Mit diesem Besuch möchte ich den Einsatz der Katholiken für das Allgemeinwohl bekräftigen und sie auffordern, sich noch hochherziger einzusetzen.
In besonderer Weise möchte ich denen nahesein, die am meisten leiden: jenen, denen die notwendigen Mittel zum Lebensunterhalt fehlen, jenen, die kein Heim haben oder arbeitslos sind; den Kranken und Behinderten, den getrennten Familien und allen, die zu wenig Zuneigung und Verständnis empfangen. Allen möchte ich in Liebe nahesein, um sie zu begleiten und ihnen zu helfen, um sie zu trösten und aufzumuntern.
Diese apostolische Reise, die ich heute in eurem Lande beginne, und die mich ins Herz Südamerikas führen wird, mache ich im Zeichen des Marianischen Jahres. Daher rufe ich Maria, die Mutter Gottes an, sie möge uns begleiten und uns in diesen Tagen führen. Morgen mache ich mit eurem ganzen Volk eine Wallfahrt, um das heilige Bild zu ehren, das ihr in Florida verehrt, die Jungfrau der Dreiunddreißig, die Patronin von Uruguay. Ihr vertraue ich diese pastorale Pilgerfahrt wie auch euch alle, eure Familien und euer Vaterland, an.
Bewohner des Ostens, der Papst weilt bei euch im Zeichen des Friedens: des Kreuzes Jesu Christi. Dank euch, daß ihr mich empfangen habt! Möge Gott euer Volk segnen!

Die Kultur kennzeichnet ein Volk

Ansprache an die Welt der Kultur in Montevideo (Uruguay) am 7. Mai

Sehr geehrte Herren, akademische Behörden und Professoren, Freunde der Kultur und der Wissenschaft, liebe Studenten, meine Damen und Herren!

1. Aus ganzem Herzen danke ich dem Rektor und den Studenten dieser Universität für die freundlichen Worte des Willkommens. Ich möchte schon eingangs sagen, daß ich für die Begegnung mit den Vertretern der Kultur in Uruguay an diesem Abend ganz besonders dankbar bin. In Ihnen begrüße ich mit Hochachtung all jene Angehörigen dieser edlen Nation, die keine Mühe sparen, um die kulturellen Werte – diesen einzigartigen menschlichen Reichtum – zu erhalten, weiterzugeben und zu schaffen.
In Ihrem Land hat es nie an Menschen gefehlt, die sich durch unermüdlichen Eifer in der Pflege und Verbreitung der Kultur mit ihren verschiedenen Bereichen ausgezeichnet haben. Ich schließe mich der gebührenden Anerkennung an, die zahlreichen Männern und Frauen zuteil wird, die in der Vergangenheit ihre Energien für diesen hervorragenden Dienst an ihrem Volk eingesetzt haben, und freue mich, daß auch Sie Ihrerseits erneut das Engagement für eine so wichtige Aufgabe übernommen haben.
Wir alle anerkennen den hohen Wert dieser Aufgabe, ist doch die Kultur die spezifische Art und Weise, wie die Völker die Wirklichkeit ihres Seins und ihrer Umgebung annehmen, sich aneignen und sie umgestalten und so allem menschliche Dimensionen verleihen, d. h., aus der Welt das Universum des Menschen machen.

Von der göttlichen Offenbarung geleitet, betrachten wir Christen den Menschen als Kulturschöpfer. Er bringt sein eigenes Sein zum Ausdruck, das nach Gottes Bild und Gleichnis geschaffen ist und vom Schöpfer selbst den Auftrag empfangen hat, sich die Erde untertan zu machen, indem er den anderen Lebewesen einen Namen gibt (vgl. *Gen* 1,27–28; 2,19). So hat er durch sein Wort und seine Arbeit die Schöpfung zu pflegen und sich gleichzeitig als Einzelwesen und als Gesellschaft zu entwickeln.
Das Bewußtsein, ein aus der Hand Gottes hervorgegangenes und von Jesus Christus, dem fleischgewordenen Wort und der menschgewordenen Weisheit gerettetes Geschöpf zu sein, war für die Christen immer ein Ansporn für ihre Präsenz an jenen Orten, wo sich die Kultur herausbildete und wo es galt, mit allen Menschen und Völkern einen Dialog zu führen. Das Bemühen, die verschiedenen Formen des Wissens miteinander in Verbindung zu bringen, veranlaßte die Kirche in einem bestimmten Augenblick der Geschichte zur Errichtung jener besonderen Institution, die wir Universität nennen und deren Absicht es ist, das verschiedenartige kulturelle Erbe der Menschheit zu strukturieren.
Wenn wir die glorreiche Geschichte Ihrer Nation betrachten, können wir feststellen, daß die Kultur Ihres Volkes im Evangelium Christi verwurzelt ist, welches die hohe Würde des Menschen in dieser Welt und seine ewige Bestimmung erhellt, zur Versöhnung mit Gott und zur Eintracht unter den Menschen aufruft. Aus diesem Boden der katholischen Kultur schöpften in der Vergangenheit die Urheber ihre Unabhängigkeit, welche die nationale Kultur auf festen Grundlagen aufbauten, ihre Nahrung.
So können wir unzählige Personen – Priester und Laien – nennen, die Ihre Kulturgeschichte geschrieben haben. Wir denken an den Priester José Pérez Castellano, einen scharfen und praktischen Beobachter der landwirtschaftlichen Gegebenheiten; an einen anderen Priester, Damaso Antonio Larrañaga, dessen Namen diese Universität trägt, der mit seinen Forschungsarbeiten über Ihr kulturelles Milieu Großes leistete und dessen Bemühungen den Grund zu verdienstvollen und fruchtbaren Institutionen legten, wie sie etwa die öffentliche Bibliothek und die Universität der Republik sind.
Neben diesen müßte man noch viele andere Vorläufer nennen. Ich möchte mich auf den hervorragenden Erzbischof Mariano Soler beschränken, der im Katholischen Klub unterrichtete und dessen reiche bischöfliche Lehrtätigkeit auch jenseits der Grenzen Ihres Landes wirksam war. Unter den zahllosen christlichen Laien wollen wir der Kürze wegen nur drei große Gestalten nennen: Juan Zorzilla de San Martín, Francisco Bauzá und Juana de Ibarbourou.
Im Zeichen dieser Jahrhunderte umfassenden Geschichte ist die heutige Begegnung ein Symbol des fruchtbaren und ständigen Dialogs zwischen dem Evangelium – dessen Träger die Kirche ist – und dem Volk Uruguays, das sich in seiner Kultur ausdrückt.

2. Tatsächlich bildet und entwickelt sich die Kultur – Frucht der universellen Aufgeschlossenheit des Geistes – als ständiger Dialog auf verschiedenen Ebenen.
Sie ist Dialog mit der unbelebten Welt, die mit den der Naturwissenschaft eigenen Methoden beobachtet wird, in der Absicht, ihre Kräfte in den Dienst der Menschheit zu stellen. Gerade in unserer Zeit ist es eine Pflicht aller, dafür zu sorgen, daß die Beziehung des Menschen zur Welt stets maßvoll sei, damit das ökologische Gleichgewicht gesichert

und von den Dingen der rechte Gebrauch gemacht werde, wobei die echten Bedürfnisse der Menschheit berücksichtigt und alle Neigungen zu Verschwendung oder Zerstörung bekämpft werden müssen. Auch ist es notwendig, den Menschen gegen eine Versklavung durch jene Dinge zu verteidigen, die er zu beherrschen glaubt, denn zu allen Zeiten gilt der Grundsatz, daß er mehr aufgrund dessen wert ist, was er ist, als aufgrund dessen, was er hat. Dementsprechend ist auch die Erziehung zu einer Haltung erforderlich, welche es versteht, die uns umgebende Welt zu bewundern und die lautlose Botschaft in uns aufzunehmen, die sie dem menschlichen Herzen vermittelt.
Die Kultur ist darüber hinaus ein Dialog zwischen Personen und Gruppen, und daraus ergibt sich ihre gesellschaftliche und gemeinschaftliche Dimension. Was ein Volk kennzeichnet, ist eben seine Kultur, seine Weise, das eigene Sein und Fühlen, die eigenen Werte und Unwerte, seine Errungenschaften, seine Art, mit anderen Beziehungen zu unterhalten, zu arbeiten und das Leben zu genießen, zum Ausdruck zu bringen. Sie tragen daher – aufgrund der hohen Stellung, die Sie im Leben der Nation einnehmen – eine große Verantwortung Ihrem Volk gegenüber und haben die vornehme Pflicht, seine kulturellen Eigenheiten so gut als möglich zu verteidigen, damit es sich, von seinen eigenen Wurzeln ausgehend, entwickeln und entfalten und gleichzeitig den anderen Völkern gegenüber aufgeschlossen bleiben könne. Zur Erfüllung dieser schwierigen Aufgabe der Forschung und des Austausches ist es für den kulturell engagierten Menschen notwendig, einen schöpferischen Dialog mit sich selbst aufrechtzuhalten. Dieser muß authentisch und ehrlich sein, soll er helfen, das Wahre, Edle und Schöne und alles, was ein aufrechtes Gewissen anerkennen kann, den anderen mitzuteilen.

3. Mit ihrer Aufgeschlossenheit allen Aspekten der Existenz gegenüber bringt die Kultur auch die Bereitschaft zum Dialog mit Gott in seinen verschiedenen Formen mit sich, in denen die Beziehung zur Transzendenz ihren Ausdruck finden kann. So stellten die lateinamerikanischen Bischöfe anläßlich ihrer Konferenz in Puebla (Mexiko) fest: „Das Wesentliche der Kultur ist die Haltung, mit der ein Volk die religiöse Bindung an Gott und das Vorhandensein oder Nichtvorhandensein religiöser Werte anerkennt. Diese Werte müssen mit dem letzten Sinn der Existenz zusammen gesehen werden und sind in dem tiefsten Bereich verwurzelt, in dem der Mensch Antworten auf die grundlegenden und endgültigen Fragen findet, die ihn bedrängen, sei es infolge seiner religiösen oder sei es infolge seiner atheistischen Einstellung. Daraus ergibt sich, daß die Religion oder die Religionslosigkeit alle übrigen Bereiche der Kultur durchdringt ... und sie der Transzendenz gegenüber auftut oder in ihrem eigenen immanenten Sinn verschließt" (*Puebla*, 389).
Der Dialog mit der Kultur wird daher nur dann möglich sein, wenn einige Bedingungen sorgsam eingehalten werden. Dazu zählt in erster Linie die Freiheit, die für Fortschritt und Kreativität unerläßlich ist, ebenso wie eine tolerante Haltung und das Bemühen, andere Standpunkte zu verstehen. So sagte ich auch vor einigen Jahren in Rio de Janeiro: „Die Kultur, die in Freiheit entsteht, muß sich auch in einem Regime der Freiheit ausbreiten. Der gebildete Mensch hat die Pflicht, seine Kultur anderen anzubieten, darf sie jedoch niemandem aufzwingen. Die Auferlegung steht im Widerspruch zur Kultur, da sie

diesem Prozeß der freien persönlichen, gedanklichen und liebenden Assimilation widerspricht, welcher die Kultur des Geistes auszeichnet" (*Ansprache bei der Begegnung mit den Vertretern der Kultur in Rio de Janeiro*, 1. 7. 1980).
Die Achtung vor den Menschen und ihren Überzeugungen bringt das Recht auf authentische und weitreichende Information mit sich; das Recht – vor allem der Eltern, aber auch aller anderen Menschen – auf Erziehungsweisen, die den eigenen lebensgestaltenden und religiösen Überzeugungen entsprechen. Eine echte Unterrichtsfreiheit schließt auch für Einzelpersonen, Familien und Institutionen auf mittlerer Ebene die tatsächliche Möglichkeit ein, eigene Erziehungszentren zu gründen, ohne deshalb einer Diskriminierung ausgesetzt zu sein. Was den Unterricht der Kinder und Jugendlichen betrifft, so hege ich den Wunsch, die dafür Verantwortlichen mögen für eine Verteilung der staatlichen Subventionen sorgen, die so erfolge, daß die Eltern, ohne Rücksicht auf ihre religiösen oder staatsbürgerlichen Überzeugungen, wirklich ihr Recht auf die freie Wahl der Kindererziehung ausüben können, ohne deshalb unerträgliche Belastungen auf sich nehmen zu müssen.

4. Zweck der Kultur ist die ganzheitliche Entwicklung der Einzelmenschen und der Völker, und zu dieser Entwicklung müssen sowohl Wissenschaft und Technik als auch die verschiedenen Formen der Kenntnis der menschlichen Gesellschaft und des Dienstes an ihr führen. Demnach muß sie auch allen zur Verfügung stehen, wobei die Lösung der dringendsten wirtschaftlichen und kulturellen Probleme eine Vorrangstellung einnimmt.
Denken wir auch daran, daß der konkrete Mensch, dessen Würde und einzigartige und einmalige Verantwortung wir ausnahmslos anerkennen müssen, Subjekt und Objekt der gesamten kulturellen Aktivität ist. Ihre Aufgaben müssen unablässig als Dienst für die Freiheit des Menschen und als Engagement für die Erreichung besserer Bedingungen zur Ausübung dieser Freiheit wahrgenommen werden. Diesem Ziel muß also Ihre Arbeit dienen, indem sie zur Befreiung aus den Banden der Unwissenheit und des Irrtums beiträgt und Möglichkeiten für eine allmähliche Vervollkommnung des Wissens auftut, die Schmerzen Ihrer Mitbürger lindert und zur Beseitigung sozialer Ungerechtigkeit und wirtschaftlicher Schwierigkeiten beiträgt.
Das kulturelle Erbe Ihres Volkes schließt einen tiefen Sinn für persönliche Freiheit und fundamentale Gleichheit aller Menschen ein. Dieser Wert, den Sie ererbt haben und auf den Sie mit Recht stolz sind, hat in der Vergangenheit die Suche nach einem gerechteren Gesellschaftsmodell inspiriert und kann heute, dank der Mitwirkung aller, Wege zur Lösung der Probleme finden, die Ihr Volk beunruhigen.
Die Verteidigung der Freiheit jedes einzelnen Menschen muß Hand in Hand mit der Reflexion über die Bedeutung dieser Freiheit gehen. In diesem Sinn muß man sich fragen: frei, wovon und wofür?
In erster Linie stellen wir fest, daß die Freiheit Vorbedingung für die Würde des menschlichen Handelns ist. Sie schließt die Pflicht ein, die Verantwortung für die eigene Freiheit und die Herausforderung auf sich zu nehmen, das Gute zu erkennen und ihm zuzustimmen. Eine wahrhaft menschliche Kultur kann sich daher nicht damit begnügen, ethische

und religiöse Probleme aufzuwerfen, sondern muß auch bestrebt sein, eine ehrliche und angemessene Lösung für diese Probleme zu finden. „Der Mensch kann nicht restlos das sein, was er ist, kann sein Menschsein nicht voll und ganz verwirklichen, wenn er nicht die Transzendenz seines über die Welt hinausgehenden Seins und seiner Beziehung zu Gott lebt" (*Begegnung mit den Vertretern der Kultur in Rio de Janeiro*, 1. 7. 1980).

5. Gestatten Sie, meine Damen und Herren, die Sie die Wahrheit lieben, Ihnen im Namen eines ehrlichen kulturellen Dialogs in aller Einfachheit eine tiefe Überzeugung bekanntzugeben, die Millionen von Brüdern und Schwestern in Vergangenheit und Gegenwart, hier in Ihrem Land und in der ganzen Welt, teilten und teilen. Ich kann tatsächlich nicht umhin, mit Respekt vor allen und mit tiefer Überzeugung auszurufen, daß die Würde jedes Menschen und der Sinn seines Lebens ihren Ursprung in Jesus Christus haben und in ihm, dem wahren Menschen und wahren Gott, ihren Höhepunkt erreichen und daß er letzten Endes jede Kultur erhellt. Er offenbart uns den Vater, in dem die Einheit der menschlichen Familie gründet. Er enthüllt uns das Geheimnis unserer eigenen Existenz, wirft Licht auf die Geschichte und tut uns die Ewigkeit auf.
Ich wende mich nun an die Katholiken, die sich in besonderer Weise kulturellen Tätigkeiten widmen, an die Laien, die Priester und Ordensleute.
Ich danke euch für den Beitrag, den ihr zum Dienst an eurem Volk in den Bereichen der Erziehung und der Kultur leistet, und fordere euch auf, die Achtung vor den verschiedenen Meinungen, Ideen und Haltungen immer mehr und besser in Einklang mit der Wahrheit Christi zu bringen. Eure offene und dialogbereite Präsenz muß immer von jenem Licht durchdrungen sein, das von oben kommt, ohne der Versuchung zu einem oberflächlichen Reduktionismus nachzugeben, der die christliche Botschaft ihrer Originalität beraubt. Es hängt zu einem guten Teil von euch ab, ob die Kultur eurer Nation von der Wahrheit des Evangeliums durchdrungen wird.

6. Wir alle wissen, daß die katholischen Institutionen – von der Schule bis zur Universität – bei der Evangelisierung der Kultur eine besonders bedeutsame Rolle spielen. Wenn sie wirklich ihre Sendung erfüllen wollen, ist es unerläßlich, daß sie ihre katholische Identität eindeutig bewahren, in Übereinstimmung mit dem Glauben des Volkes Gottes und in ausdrücklicher und treuer Harmonie mit dem Lehramt der Kirche. Diese katholischen Lehranstalten sind das Werk der ganzen kirchlichen Gemeinschaft, die für sie verantwortlich ist. Ich weiß, wieviele Opfer und Anstrengungen die Sorge um einen qualifizierten Unterricht erfordert, der einer möglichst großen Anzahl von Schülern und Studenten zugute kommen muß.
Ganz besonders möchte ich jene Personen und Institutionen ermutigen, die auf die eine oder andere Weise mit dieser Katholischen Universität von Uruguay zusammenarbeiten, in der wir heute Aufnahme gefunden haben. Dieses akademische Zentrum hat eine wichtige Sendung im Dienst der Kirche und ihrer Evangelisierung sowie im Dienst der Nation wahrzunehmen, in Übereinstimmung mit den ihm eigenen Zielen: „Qualität, wissenschaftliche und berufliche Kompetenz; Suche nach der Wahrheit im Dienst aller; Ausbildung der Studenten in einem Klima, in dem eine gesamtheitliche Auffassung vom Men-

schen, strenge Wissenschaftlichkeit und christliche Ansichten über den Menschen, das Leben, die Gesellschaft und die moralischen und religiösen Werte herrschen (...). Andererseits müssen zweifellos, will man der Kultur dienen, mehrere Grundsätze eindeutig aufrechterhalten werden: die unversehrte Identität des Glaubens; die großmütige Aufgeschlossenheit allen äußeren Quellen der Erkenntnis gegenüber, die diese Identität bereichern können und zugleich eine entsprechende kritische Unterscheidung dieser Quellen" (*Ansprache an die Päpstliche Katholische Universität von Chile*, 3.4.1987).
Mit der gleichen Liebe möchte ich meine Dankbarkeit allen jenen aussprechen, die dem theologischen Institut „Mons. Mariano Soler" angehören und sich der unschätzbar wichtigen Aufgabe der Ausbildung der zukünftigen Priester widmen. Auch grüße ich dankbar das interdiözesane Seminar „Cristo Rey" und alle seine Mitarbeiter. Es ist überflüssig, die Bedeutung dieser Zentren hervorzuheben, die im Bereich der eigentlich theologischen und religiösen Kultur so großes Gewicht haben. Euch allen, Professoren und Studenten, danke ich und fordere euch gleichzeitig auf, in eurer selbstlosen Arbeit fortzufahren.

7. Bei dieser Gelegenheit möchte ich auch die Künstler begrüßen, welche die Kultur ausdrücken und beleben, indem sie mit ihren Werken der Schönheit Gestalt verleihen. Die Kirche, Expertin in Menschlichkeit, hat die Künste immer verteidigt und gefördert, weil es sich dabei um ein Gut handelt, das die Menschen veredelt und auch Elemente einer unaussprechlichen Wirklichkeit mitteilt. Sie haben als Künstler eine hohe Berufung, können Sie doch den Menschen mit dem Besten Ihrer selbst helfen: mit der künstlerischen Schöpfung.
Auch möchte ich einige Worte an jene Menschen richten, die auf das Entstehen der modernen Kultur einen so großen Einfluß ausüben: an die in den Massenmedien Tätigen. In erster Linie danke ich Ihnen für Ihren Beitrag zum Ablauf dieser und der weiteren Begegnungen während meines Besuches. Gleichzeitig möchte ich Sie daran erinnern, daß Ihre Tätigkeit, die Ehrung und Bewunderung verdient, eine große Verantwortung mit sich bringt, haben Sie doch Instrumente in der Hand, die in mancher Hinsicht allen gehören und alle beeinflussen. Verwenden Sie diese Instrumente daher immer unter Rücksichtnahme auf das Gemeinwohl und im Dienst der Wahrheit. Achten Sie die kulturellen Werte Ihres Volkes und tragen Sie zur Entwicklung der verschiedenen Schichten Ihrer Gesellschaft bei. Lassen Sie sich nicht von Einzelinteressen oder subjektiven Rücksichten leiten, und sorgen Sie dafür, daß Ihre selbstlose Hingabe an Ihren Beruf zum moralischen Fortschritt der Nation beitrage.
Euch Studenten eröffne ich mein Herz. Der Papst liebt und begleitet euch. Ihr befindet euch in einem äußerst wichtigen Abschnitt eures Lebens, in dem ihr eure Zukunft und die eures Landes schmiedet. Folgt hohen Idealen! Nützt deshalb diese Zeit, die ihr dem Studium, der Forschung, der Suche nach der Wahrheit und der unverzichtbaren Willensbildung widmen könnt, möglichst gut aus. Denkt stets daran, daß eure zukünftige Befähigung von größter Bedeutung für euch selbst, für eure künftige Familie und für euer Land ist. Erweist euch im Gebrauch der euch gebotenen Möglichkeiten als verantwortungsbewußte und hochherzige Menschen. Sucht unablässig Christus, der mit seinem Licht alles erleuchten wird, das ihr entdeckt und erlebt.

8. Diese Begegnung geht nun zu Ende. Wie gerne würde ich mich länger aufhalten und Ihnen zuhören, mehr über Ihre Kultur, Ihre Errungenschaften und Wünsche erfahren und einen kulturellen Dialog weiterführen. Ich muß jedoch meinen Weg fortsetzen. Ich danke für Ihr Kommen und betone nochmals meine hohe Achtung für die Aufgabe, die Sie im Dienst der Kultur erfüllen. Wir wollen weiterhin gemeinsam arbeiten, um eine brüderlichere und menschlichere Welt und eine authentischere und schönere Kultur zu schaffen, die jedem Menschen liebenswerter gegenübertritt und auf vollkommenere Weise die Weisheit, Güte und Schönheit des Schöpfers widerspiegelt, der uns einen Teil seiner Herrlichkeit zum Geschenk gemacht hat.
Ich bete zu Gott für Sie, für Ihre Familien und für die Institutionen, denen Sie angehören. Möge der Herr Ihnen Licht und Kraft schenken, damit Sie auf Ihrem Weg weiterschreiten und zum Fortschritt der Kultur dieser edlen Nation Ihren Beitrag leisten können. Aus ganzem Herzen erteile ich Ihnen meinen Apostolischen Segen.

Die Heilige Messe – Quelle des christlichen Lebens

Predigt eim Wortgottesdienst in Montevideo (Uruguay) am 7. Mai

Liebe Brüder im Bischofsamt,
liebe Brüder und Schwestern von Montevideo und ganz Uruguay!

1. Wir haben Gott gelobt mit dem Psalm: „Wie gütig ist der Herr“ (*Ps* 33/34,9). Ich möchte ihn nachdrücklich und aus tiefstem Herzen wiederholen: ja, wie gütig ist der Herr unser Gott, der mir die Rückkehr nach Uruguay gestattet hat! Ihm und seiner heiligsten Mutter, der Jungfrau der Dreiunddreißig, muß ich dafür danken, daß ich erneut in diesem lieben Land Uruguay weilen darf, wo ihr mich mit so viel Liebe aufgenommen habt, wie euer Sprecher, Msgr. José Gottardi, der Erzbischof von Montevideo und Präsident der Bischofskonferenz, in seinen liebenswürdigen Worten zum Ausdruck brachte. Ich grüße die Gläubigen einer jeden der zehn Diözesen von Uruguay ebenso wie den Apostolischen Armenischen Exarchen und die übrigen katholischen Gemeinschaften des Landes. In besonderer Weise möchte ich mich bei dieser Gelegenheit aber an die Gläubigen der Erzdiözese Montevideo wenden sowie an jene der Nachbardiözesen San José de Mayo und Maldonado.

2. Ich bin nach Uruguay zurückgekommen, um mit euch die Freude zu teilen, daß wir uns als Glieder des einen Volkes Gottes empfinden, um gemeinsam zu beten und gemeinsam unseren Glauben zu feiern, um endlich gemeinsam die Botschaft Jesu zu erwägen. Ich weiß, daß in diesem Stadion „Centenario“, wo denkwürdige sportliche Ereignisse stattgefunden haben, vor 50 Jahren Tausende von Kindern aus Uruguay im Zeichen des Eucharistischen Kongresses von 1938 die erste heilige Kommunion empfangen haben. Später, im Marianischen Jahr 1954, standen wieder die Kinder im Vordergrund einer großen Begegnung in diesem Stadion, wo sie ebenfalls die erste heilige Kommunion empfingen. Die Bischöfe von Uruguay wollten an jene historischen Ereignisse erinnern, und so

haben sie in diesem Marianischen Jahr, das die universale Kirche feiert, ein Eucharistisches Jahr verkündet. Die ganze Kirche in eurem Land vereint sich in der Liebe zu Jesus Christus in der Eucharistie und lädt alle ein, die Bande der Brüderlichkeit zu festigen, damit Uruguay eine friedfertige, brüderliche und einladende Nation bleibt.
Gewiß haben nicht wenige von denen, die jetzt hier anwesend sind, hier auch vor 50 Jahren zum erstenmal Jesus im heiligsten Sakrament empfangen. Gestattet mir die Frage an euch: „Seid ihr während dieser langen Zeit dem Herrn treu geblieben, der sich euch hingegeben hat, um euer Begleiter und Freund auf dem Lebensweg zu sein?“ Auch ihr, die zum erstenmal während des Marianischen Jahres vor 34 Jahren Jesus als Nahrung für eure Seelen empfangen habt, müßt euch fragen, ob die Gnade, die euch in diesem Sakrament als Geschenk anvertraut wurde, in Werken der Liebe fruchtbar geworden ist.
Allen hier Anwesenden und allen Uruguayern sagt Jesus an diesem Abend: „Ich bin das lebendige Brot, das vom Himmel herabgekommen ist. Wer von diesem Brot ißt, wird in Ewigkeit leben. Das Brot, das ich geben werde, ist mein Fleisch für das Leben der Welt“ (*Joh* 6,51). Auch nach 20 Jahrhunderten Geschichte fährt die Kirche fort, und sie wird immer fortfahren, den Schatz der Eucharistie als ihr kostbarstes Geschenk zu hüten, als Quelle, aus der all ihr Leben quillt und ihr Wirken in die Geschichte der Menschen hinein. Mit diesen in Kafarnaum gesprochenen Worten verspricht Jesus jedem, der sein Brot ißt, ewiges Leben. Jene, die Jesus hörten – fügt der Evangelist hinzu – „stritten sich und sagten: Wie kann er uns sein Fleisch zu essen geben?“ (*Joh* 6,52). Der Herr aber bekräftigte seine Worte derart, daß niemand daran zweifeln konnte: er selbst wollte sich als Seelenspeise geben: „Amen, Amen, das sage ich euch: Wenn ihr das Fleisch des Menschensohnes nicht eßt und sein Blut nicht trinkt, habt ihr das Leben nicht in euch“ (*Joh* 6,53).

3. Beim Letzten Abendmahl vor seinem Leiden und Sterben für die Sünden der Menschen erfüllte Jesus seine Verheißung: „Er nahm Brot, sprach das Dankgebet, brach das Brot und reichte es ihnen mit den Worten: Das ist mein Leib, der für euch hingegeben wird. Tut dies zu meinem Gedächtnis! Ebenso nahm er nach dem Mahl den Kelch und sagte: dieser Kelch ist der Neue Bund in meinem Blut, das für euch vergossen wird“ (*Lk* 22,19–20).
Auf diese Weise nahm Jesus sakramental die Hingabe seines Lebens vorweg, die am folgenden Tag am Kreuz erfolgen sollte, und er wünschte ferner, daß dieses unter den Gestalten von Brot und Wein dargebrachte Opfer in der Kirche ständig erneuert würde. Es wird erneuert in der heiligen Messe. Da wird jedesmal das einzige Opfer Jesu für alle Menschen Gegenwart.
Deswegen müssen wir mit immer größerer Liebe und Dankbarkeit die Hingabe des Sohnes Gottes für uns betrachten, seine Hingabe für dich und für mich. Er ist in der Eucharistie wirklich gegenwärtig und in allen Tabernakeln unserer Kirchen. Vor einigen Jahren schrieb ich zum Gründonnerstag den Priestern der ganzen Welt einen Brief, in dem ich unter anderem sagte: „Denkt an jene Orte, wo die Menschen sehnsüchtig auf einen Priester warten, wo sie seit vielen Jahren sich unablässig einen Priester wünschen, weil sie sein Fehlen schmerzlich empfinden. Es geschieht zuweilen, daß sie sich in einem verlassenen Gotteshaus versammeln, auf den Altar die noch aufbewahrte Stola legen und alle

Gebete der Eucharistiefeier sprechen. Im Augenblick, der der Wandlung entsprechen würde, tritt jedoch eine große Stille ein, die manchmal von einem Weinen unterbrochen wird ...; so brennend verlangen diese Menschen danach, jene Worte zu hören, die nur die Lippen eines Priesters wirksam aussprechen können! So sehr sehnen sie sich nach der heiligen Kommunion, die sie aber nur durch die Vermittlung des priesterlichen Dienstes empfangen können" (*Brief an alle Priester der Kirche zum Gründonnerstag 1979*, Nr. 10).
Ihr, liebe Brüder und Schwestern von Uruguay, die ihr mit der Präsenz des Priesters rechnen könnt und die Möglichkeit zur Teilnahme an der eucharistischen Kommunion habt, dürft auf sie nicht verzichten. Jeden Sonntag feiert die Kirche das grundlegende Ereignis unseres Glaubens: die Auferstehung Christi. In jeder Messe „verkünden wir den Tod und preisen die Auferstehung" des Herrn, wie die Liturgie betet. Für jeden katholischen Gläubigen ist die Teilnahme an der Sonntagsmesse eine Pflicht und zugleich eine Auszeichnung; eine liebe Pflicht, der Liebe Gottes zu uns antworten zu dürfen, um dann Zeugen für diese Liebe in unserem täglichen Leben zu sein. Daher darf sich niemand, der keine schwerwiegenden Gründe hat, von ihr dispensieren. Die heilige Messe ist der erhabenste Kultakt, den die ganze Kirche Gott darbringt; sie ist die Quelle des christlichen Lebens; sie ist eine Begegnung, die Christus mit uns, seinen Menschenbrüdern, haben möchte, um uns mit der unvergänglichen Speise zu nähren, um uns zu segnen und uns in den Prüfungen zu stärken. Sucht Christus in der heiligen Eucharistie auf! Liebt ihn von Herzen! Und um ihn würdig empfangen zu können und so, wie er es verdient, versäumt nicht, euch vorzubereiten, wenn nötig auch durch das Sakrament der Buße.

4. Familienväter und -mütter: ihr liebt eure Kinder und nehmt euch ihrer mit wirklicher Selbstverleugnung an, denkt daran, daß ihr euch auch jenes Lebens annehmen müßt, das Jesus ihnen in der Taufe geschenkt hat. Wenn ihr sie auf die Erstkommunion vorbereitet, müßt ihr sie auch zur Sonntagsmesse begleiten und dafür sorgen, daß sie ihre christliche Ausbildung fortsetzen. Für eine christliche Familie muß die Erfüllung des Sonntagsgebotes ein grundlegendes Motiv der Freude und Einheit sein. In der Sonntagsmesse, die in der Teilnahme am Pfarrgottesdienst ihren echtesten Ausdruck findet, schöpft jede Familie die notwendige innere Kraft, um mit erneuertem Glauben und neuer Hoffnung den unvermeidlichen Schwierigkeiten gewachsen zu sein, die zu unserem geschöpflichen Dasein gehören. Ich möchte wünschen, daß dies eine Frucht meines pastoralen Besuchs in eurem Lande sei: daß alle Familien in Paraguay treu zur Quelle der Gnade Zuflucht nehmen, die die heilige Messe ist.
Liebe Jugendliche, Jungen und Mädchen von Uruguay: ihr, die ihr stark seid und aus eurem Leben einen Dienst für Gott und den Nächsten machen möchtet, indem ihr mitarbeitet am Aufbau einer gerechteren und brüderlicheren Gesellschaft, vergeßt nicht, daß dies nur möglich ist, wenn ihr euch für den Aufbau einer Welt einsetzt, die besser dem Willen und Plan Gottes entspricht. In der Nacht, da Jesus die Eucharistie eingesetzt hat, sagte er zu den im Abendmahlssaal um ihn versammelten Jüngern: „Wer in mir bleibt und in wem ich bleibe, der bringt reiche Frucht; denn getrennt von mir könnt ihr nichts vollbringen" (*Joh* 15,5). Jesus Christus, unser Herr, der bei uns zu bleiben versprochen hat, ist seit fast

20 Jahrhunderten in der Eucharistie unter uns geblieben und wartet auf dich. Du mußt ihm unbedingt entgegengehen und ihm die hohen Ideale deines Herzens anvertrauen. Jeden Sonntag habt ihr alle und jeder einzelne von euch, junge Katholiken, eine Verabredung mit der Liebe Gottes. Ihr dürft nicht aus Trägheit dabei fehlen, oder weil andere Dinge für euch wichtiger sind. Jesus hat euch versprochen, daß ihr in eurem Leben reiche Frucht bringt, wenn ihr bei ihm bleibt. Daher lade ich euch ein, eure eigene Erfahrung zu machen mit eurem Hingehen zu dieser Quelle des christlichen Lebens. Ihr werdet sehen, daß sich auch an euch das Bekenntnis des hl. Paulus bewahrheitet: „Alles vermag ich durch ihn, der mit Kraft gibt“ (*Phil* 4,13). Jesus Christus möchte euch als der beste aller Freunde helfen, damit eure großen Ideale Wirklichkeit werden.
Kinder von Uruguay, die ihr euch auf die erste heilige Kommunion vorbereitet oder Jesus schon empfangen habt, liebt ihn innig! Kinder wissen besser als alle anderen, daß man „Liebe mit Liebe vergelten“ muß, und es fällt ihnen sehr leicht, Jesus in der Eucharistie als Freund zu begegnen und ihn zu lieben. Laßt ihn nicht allein! Er wartet auf euch in den Kirchen und Kapellen eurer Kollegien, um euch zu helfen, daß ihr im Glauben wachst und daß ihr stark werdet, hochherzig und tüchtig. Bittet die heiligste Jungfrau, daß ihr euch niemals von Jesus trennt! Ich bete jetzt für euch, ihr aber vergeßt nicht, auch für mich zu beten.

5. In der Nacht, da Jesus die Eucharistie einsetzte, das Mahl und Opfer seines Leibes und Blutes, gab er den Aposteln auch ein „neues Gebot“: „Liebt einander! Wie ich euch geliebt habe, so sollt auch ihr einander lieben. Daran werden alle erkennen, daß ihr meine Jünger seid, wenn ihr einander liebt“ (*Joh* 13,34–35).
Am Vorabend des Karfreitags, des Tages, an dem er am Kreuz sterben sollte, um den Menschen das Leben zu schenken, lehrte der Herr dieses Gebot durch eine letzte Tat der Liebe: er wusch seinen Aposteln die Füße und gab ihnen ein Beispiel, das wir alle, die wir uns seine Jünger nennen, nachahmen müssen.
Viele Jahrhunderte hindurch hat die christliche Gemeinschaft den in der Eucharistie gegenwärtigen Gott mit dem Lied gefeiert: „Die Liebe Christi hat uns in Einheit versammelt“ (Hymnus: *Ubi caritas*). Diese Einheit und Liebe, die ihre Fülle in der Eucharistie erreichen, finden eine besondere Ausdrucksform in Ehe und Familie. Die Kirche hat immer gelehrt, daß die christliche Ehe ein Zeichen der unauflöslichen Liebe ist, mit der Christus seine Kirche liebt (vgl. *Eph* 5,22 ff). So wie Jesus Christus sie geliebt hat und immerfort sein Leben für sie hingibt, so müssen die christlichen Ehegatten, genährt mit der Eucharistie, ein Beispiel unauflöslicher Liebe sein.
Diese Liebe muß sie zur hochherzigen Weitergabe des Lebens anregen, denn in dieser Form entfaltet sich die Liebe der Eheleute und wird fruchtbar. Habt keine Furcht vor den Kindern, die kommen können; sie sind das kostbarste Geschenk einer Ehe. Wenn ihr aus eurer Ehe ein wirkliches Zeugnis der Liebe machen und eine blühende Nation aufbauen wollt, verweigert ihr nicht viele zum Festmahl der Lebens Eingeladene.
Aus der Verwirklichung des göttlichen Planes mit Ehe und Familie können sich für die Gesellschaft nur Wohltaten und Segnungen ergeben. Deswegen ist es notwendig, daß auch die staatliche Gesetzgebung zu Ehe und Familie keine Hindernisse aufbaut, sondern

vielmehr die Rechte der einzelnen und der Familien schützt, indem sie eine Familienpolitik verstärkt, die die Fruchtbarkeit nicht bestraft, sondern sie vielmehr schützt.
Die nicht einfachen augenblicklichen Verhältnisse können bei den Jugendlichen, die sich auf die Ehe vorbereiten, eine gewisse Furcht oder Skepsis wecken: die Schwierigkeiten des gegenwärtigen Augenblicks und der Einfluß unklarer Meinungen, die Verwirrung und Unsicherheit schaffen, lassen sie daran zweifeln, ob es ihnen gelingt, sich gegenseitig das ganze Leben hindurch treu zu bleiben: die Schwierigkeiten bei den Arbeits- und Wirtschaftsverhältnissen lassen sie angstvoll in die Zukunft blicken; sie haben Angst vor einer Welt, der sie ihre Kinder ausliefern sollen.
Angesichts solcher Sorgen und Unsicherheiten müssen der christliche Mann und die christliche Frau Kraft und Sicherheit suchen im Wort Gottes und in den Sakramenten. In der christlichen Ehe ist es Gott selbst, der eure Vereinigung segnet und euch die Gnaden schenkt, die ihr zur Verwirklichung eurer Ehe nach dem Plan Gottes nötig habt. Antwortet begeistert und hochherzig auf diesen Liebesplan, der allein in der Lage ist, euch echtes Glück zu schenken, wie es den Sehnsüchten des menschlichen Herzens entspricht.
Gewiß gibt es auf dem Lebensweg von Ehe und Familie Schwierigkeiten. Es hat sie immer gegeben. Doch seid gewiß, daß euch niemals die notwendige Hilfe des Himmels zu ihrer Überwindung fehlen wird. Bleibt Christus treu, und ihr werdet glücklich sein! Bleibt der Lehre der Kirche treu, und ihr werdet in immer größerer Liebe vereint sein! Die Treue ist nicht überholt! Ihr könnt dessen sicher sein, daß die echt christlichen Familien es sind, die in unserer Welt wieder das Lächeln wahrer Freude wecken.

6. Liebe Brüder und Schwestern aus Uruguay: im Verlauf des letzten Jahres, seit ich zum erstenmal zu einer Begegnung mit euch herkam, habe ich oft an euch gedacht. Bei meinem letzten Besuch habt ihr eure liebevolle Verbundenheit mit dem Nachfolger des Petrus zum Ausdruck gebracht. Die daraus folgende Zuneigung zu euch hege ich als großen Schatz in meinem Herzen. Besonders lebendig empfand ich das auch bei den Priestern und Ordensleuten, denen ich in der Kathedrale von Montevideo begegnet bin.
Die Freude des Eucharistischen Jahres, das damals schon geplant war, ist jetzt Wirklichkeit geworden, die mit Gottes Gnade reiche pastorale Früchte bringen wird. Beten wir gemeinsam den in der heiligen Hostie wirklich gegenwärtigen Herrn an, und erneuern wir unseren Glauben.
Wir müssen Gott Dank sagen, weil er Tag für Tag das Opfer von Kalvaria in der hl. Messe erneuert. Wir müssen ihn um Verzeihung bitten für unsere persönlichen Sünden und die aller Menschen. Wir müssen ihn bitten, daß er uns in der Treue zur Berufung erhält, in der er uns zu seinen Kindern erwählt hat.
Der Segen mit dem heiligsten Sakrament, den ich euch erteilen werde, soll Zeugnis und öffentliche Bekundung unseres Glaubens an Jesus Christus sein. Das Gleiche gilt von der Fronleichnamsprozession und anderen Formen der eucharistischen Frömmigkeit, die die Kirche in Uruguay im Verlauf dieses Jahres mit Freude erleben wird.
Mögen die Familien sich gemeinschaftlich vereint in Christus jeden Sonntag zur Feier des Tags des Herrn versammeln! Möge die allerseligste Jungfrau Maria, die die erste Hü-

terin des menschgewordenen Wortes in ihrem Schoß war, uns in das Geheimnis der Liebe Christi einführen. Amen.

Die Arbeit vervollkommnet den Menschen

Ansprache an die Welt der Arbeit in Melo (Uruguay) am 8. Mai

Liebe Brüder und Schwestern!

Gelobt sei Jesus Christus!

1. Gelobt sei Jesus Christus in diesem östlichen Teil Uruguays, wo so viele Männer und Frauen leben und arbeiten, die den Schatz des katholischen Glaubens in ihrem Herzen wie ein Heiligtum bewahren. Möge Gott eure christlichen Familien segnen, damit sie Schulen der Tugend und der Arbeit seien, wo Liebe und Friede herrschen.
Ich grüße den Herrn Präsidenten der Republik und die staatlichen Obrigkeiten.
Ich grüße alle Gläubigen dieser Diözese Melo mit ihrem Hirten an der Spitze, dem ich herzlich danke für die freundlichen Worte des Willkommens, die er an mich gerichtet hat. Ebenso grüße ich die anderen anwesenden Erzbischöfe und Bischöfe. Dieser Gruß gilt auch den Hirten und den Gläubigen der Nachbardiözesen Brasiliens, die sich freudig ihren Brüdern und Schwestern aus Uruguay hinzugesellt haben, um den Papst zu empfangen.
Mit übergroßer Freude weile ich hier unter euch zur gemeinsamen Feier des Glaubens an Christus. Ich möchte euch nichts anderes als Christus, den Erlöser, verkünden, Jesus Christus, den Sohn Gottes, der mit seinen Händen gearbeitet hat, um uns zu lehren, wie wir uns bei unserem Bemühen, eine solidarische und bessere Welt aufzubauen, verhalten müssen. Mögen wir, mit Gottes Hilfe, das Leben der Arbeit, das Christus, der Sohn des Zimmermanns führte (vgl. *Mt* 13,5), immer besser kennenlernen. Er verbrachte den größten Teil seines irdischen Daseins damit, das Alltagsleben seiner Brüder, der Menschen, zu teilen und war jahrelang Arbeiter.

2. Stimmt es nicht, daß, wenn wir auf den Herrn hören, wir daraus entnehmen können, daß er über seine Lebensweise und die der Menschen seiner Zeit zu uns spricht? Jesus kannte sicher die Landarbeit bestens. Er erwähnt z. B. die Pflege, deren ein Weinberg bedarf (vgl. *Joh* 15,1–6) und das verschiedene Los, das die vom Sämann ausgesäten Weizenkörner trifft (vgl. *Lk* 8,5–8). Jesus ist glücklich, wenn er die goldenen, für die Ernte bereiten Felder betrachten kann (vgl. *Joh* 4,35) und ist gerührt über die zärtliche Liebe, mit der ein guter Hirte das verlorene Schaf auf seine Schultern nimmt (vgl. *Lk* 15,4–6).
Bei seiner Lehrtätigkeit geht der Sohn Gottes von der Arbeit des Mannes und der Frau aus, um uns die Wahrheiten des Himmelreiches verständlich zu machen. Jesus weiß, wie eine Frau Sauerteig und Mehl vermengt, um Brot herzustellen (vgl. *Mt* 13,33), wie man ein zerrissenes Kleidungsstück ausbessert (vgl. *Lk* 5,36), wie ein Perlfischer handelt (vgl. *Mt* 13,45–46) und wie man sein Geld anlegen kann (vgl. *Mt* 25,14–17). Auch ist

dem Herrn das Schicksal der Arbeitslosen nicht gleichgültig, die darauf warten, für eine Arbeit angeworben zu werden (vgl. *Mt* 20,1 f.).

3. Das Mühen des Menschen, sein Fleiß und seine kreative Aktivität sind Themen, denen wir bereits zu Beginn der göttlichen Offenbarung begegnen. „Die Kirche schöpft bereits aus den ersten Seiten des Buches Genesis die Überzeugung, daß die Arbeit eine fundamentale Dimension menschlicher Existenz auf Erden darstellt", sagte ich in meiner Enzyklika *Laborem exercens* (Nr. 4), hat doch Gott der Menschheit den Auftrag erteilt, die Erde zu beherrschen.

Es ist richtig, daß die Arbeit Anstrengungen erfordert, mühsam ist und müde macht; eine Folge der durch die Sünde in die Welt gebrachten Unordnung. Da jedoch Christus die Arbeit auf sich genommen und vollbracht und so zu einer erlösten und erlösenden Wirklichkeit gemacht hat, ist sie zu einem Segen Gottes geworden. „Im Wort der göttlichen Offenbarung ist diese fundamentale Wahrheit zutiefst eingeprägt, daß der Mensch ... durch seine Arbeit am Werk des Schöpfers teilnimmt und es im Rahmen seiner Möglichkeiten in gewissem Sinn weiterentwickelt und vollendet, indem er unaufhörlich voranschreitet in der Entdeckung der Schätze und Werte, welche die gesamte Schöpfung in sich birgt" (*Laborem exercens*, Nr. 25).

Die Arbeit ist also nicht etwas, was der Mensch nur tun muß, um sich das Leben zu verdienen; sie ist eine menschliche Dimension, die geheiligt werden kann und muß, um die Menschen dahin zu führen, daß sie ihrer Berufung als Geschöpfe nach Gottes Bild und Gleichnis voll verwirklichen. Durch die Arbeit vervollkommnet sich der Mensch, erlangt die Mittel zur Erhaltung seiner Familie und trägt zur Verbesserung der Gesellschaft bei, in der er lebt. Jede Arbeit ist ein Zeugnis für die Würde des Menschen, für seine Herrschaft über die Schöpfung, und jede ehrliche Arbeit verdient Achtung.

Jesus Christus unser Herr ist auch unser Führer und unser Vorbild. „Er hat alles gut gemacht" (*Mk* 7,37), sagten die Leute von ihm. Wir alle müssen – nachdem uns im Glauben die Kindschaft Gottes in Christus zuteil geworden ist – bestrebt sein, bei der täglichen Arbeit seinen Spuren zu folgen. Im Alten Testament lesen wir, daß man Gott keine unvollkommenen Opfer darbringen darf (vgl. *Lev* 3,1.6.23.28). Die Christen werden wahrhaft „Salz der Erde" und „Licht der Welt" (*Mt* 5,13–14) sein, wenn sie es verstehen, ihrer Arbeit die menschliche Qualität eines aus Liebe zu Gott und im Geist des Dienstes an den Mitmenschen vollbrachten Werkes zu verleihen.

4. Die Verpflichtung zur Arbeit, die Gott dem Menschen zu Beginn der Schöpfung auferlegt hat, kann nur dann erfüllt werden, wenn das entsprechende Recht auf Arbeit gewährleistet ist. Die Bedeutung dieses Themas hat mich veranlaßt zu betonen, „daß die menschliche Arbeit ein Schlüssel und wohl der wesentliche Schlüssel in der gesamten sozialen Frage ist" (*Laborem exercens*, Nr. 3). In meiner letzten Enzyklika bin ich nochmals auf die sozialen Sorgen der Kirche um die echte Entwicklung des Menschen und der Gesellschaft zu sprechen gekommen. Mit ihrer Soziallehre „sucht (die Kirche) ... die Menschen dahin zu führen, daß sie, auch mit Hilfe rationaler Reflexion und wissenschaftlicher Erkenntnis, ihrer Berufung als verantwortliche Gestalter des gesellschaftlichen Lebens auf dieser Erde entsprechen" (*Sollicitudo rei socialis*, Nr. 1).

Was den Vorrang der Arbeit bei der Lösung der sozialen Probleme betrifft, so ist die Kirche folgender Überzeugung: „Wenn das System der Arbeitsbeziehungen, das von den unmittelbar Beteiligten, den Arbeitnehmern und Arbeitgebern, mit der unerläßlichen Hilfe der öffentlichen Hand geschaffen wird, es zustande bringt, eine Zivilisation der Arbeit hervorzubringen, so wird es in der Mentalität der Völker und bis in die institutionellen und politischen Grundlagen hinein eine tiefgreifende friedliche Revolution bewirken (Instruktion *Libertatis conscientia*, Nr. 83).

5. Eine „Zivilisation der Arbeit" aufbauen ist eine Aufgabe, welche die solidarische Teilnahme der ganzen Gesellschaft erfordert. In diesem Sinn möchte ich einen Aufruf an alle katholischen Gläubigen und alle von gutem Willen beseelten Bewohner Uruguays richten.
Wer Land und andere Güter besitzt, muß der Tatsache eingedenk sein, daß auf allem Privateigentum „eine soziale Hypothek lastet"; diese verpflichtet die Eigentümer, dafür zu sorgen, daß ihr Besitz der Allgemeinheit Vorteile bringt.
Wer Angestellte beschäftigt, hat die moralische Verpflichtung, ihnen gute Arbeitsbedingungen und jedem einzelnen und seiner Familie eine würdige Unterkunft zu sichern. Ebenso muß er für eine Bezahlung sorgen, die ein angemessenes Leben und wenn möglich auch etwas mehr gestattet. Auch muß er den Landarbeitern den Zugang zu Lebensbedingungen ermöglichen, die ihre Abwanderung in die Städte – Ursache schwerwiegender menschlicher und sozialer Probleme – verhindern.

6. Inmitten dieser Welt der menschlichen Arbeit möchte ich auch jene nicht übersehen, die sich der unternehmerischen Tätigkeit widmen, und ihnen in Erinnerung rufen, daß „der Vorrang der Arbeit vor dem Kapital es ... zu einem Gebot (macht), vor der Steigerung des Profits das Wohl der Arbeiter zu beachten. Sie haben die sittliche Pflicht, kein unproduktives Kapital anzuhäufen und bei den Investitionen vor allem das Gemeinwohl vor Augen zu haben. Das verlangt, daß man vorrangig die Sicherung der bestehenden oder die Schaffung von neuen Arbeitsplätzen in der Produktion wirklicher Nutzgüter sucht" (Instruktion *Libertatis conscientia*, Nr. 87).

7. Mit meinen Worten und meinem Herzen bin ich all jenen nahe, die sich gewerkschaftlichen Tätigkeiten widmen. Die Kirche hat immer das Recht auf Vereinigungen auf allen Ebenen des Zusammenlebens verteidigt, da es sich aus der sozialen und gemeinschaftlichen Natur des Menschen ergibt. Der Zusammenschluß zu gemeinsamer Tätigkeit in Gewerkschaften ist nicht nur berechtigt, sondern schafft – wenn die Grundsätze der Gerechtigkeit respektiert werden – soziale Harmonie. Alle jene, die sich mit Selbstlosigkeit und Opferbereitschaft um die Verbesserung der Lebensbedingungen der Arbeitnehmer bemühen, verdienen bedingungslose Unterstützung und Ermutigung. Ihr wißt, daß „die katholische Soziallehre ... nicht die Meinung (vertritt), daß die Gewerkschaften nur Ausdruck der Struktur einer Gesellschaft und Teilnehmer des Klassenkampfes seien, der unvermeidlich das gesellschaftliche Leben beherrsche. Gewiß, sie nehmen teil am Kampf für die soziale Gerechtigkeit, für die berechtigten Ansprüche der Arbeitenden

in verschiedenen Berufen ... Es ist dies aber kein Kampf gegen andere ... Der legitime Einsatz zur Sicherung der Rechte von Arbeitnehmern derselben Berufsgruppe muß allerdings immer den Beschränkungen Rechnung tragen, welche die allgemeine Wirtschaftslage des Landes auferlegt. Die gewerkschaftlichen Forderungen dürfen nicht in Gruppen- oder Klassenegoismus ausarten, wenngleich sie im Interesse des Gemeinwohls der ganzen Gesellschaft auch auf die Verbesserung all dessen abzielen können und müssen, was im System des Eigentums an den Produktionsmitteln oder in der Art, sie einzusetzen und über sie zu verfügen, fehlerhaft ist" (*Laborem exercens*, Nr. 20).

8. Schließlich möchte ich die Bedeutung und den sozialen Wert jener Arbeiten hervorheben, welche die Familienmütter selbstlos und aufopfernd zu Hause verrichten. Damit möchte ich auf die Anerkennung und Wertschätzung hinweisen, die man den Frauen Uruguays schuldig ist. Sie haben für die Bewahrung des Glaubens und der christlichen Seele Lateinamerikas eine providentielle und einzig dastehende Aufgabe erfüllt. Auch ihre Arbeit muß gerechterweise in ihrem Wert erkannt werden, und wenn alle Arbeiten vor Gott und der Gesellschaft ihre Würde haben, dann hat das, was eine Mutter täglich leistet, besonders erhabenen Wert. „Es wird einer Gesellschaft zur Ehre gereichen – führte ich in meiner Enzyklika über die menschliche Arbeit aus –, wenn sie es der Mutter ermöglicht, sich ohne Behinderung ihrer freien Entscheidung, ohne psychologische oder praktische Diskriminierung und ohne Benachteiligung gegenüber ihren Kolleginnen der Pflege und Erziehung ihrer Kinder ... zu widmen ... Die wahre Aufwertung der Frau erfordert eine Arbeitsordnung, die so strukturiert ist, daß sie diese Aufwertung nicht mit dem Aufgeben ihrer Eigenheit bezahlen muß und zum Schaden der Familie, wo ihr als Mutter eine unersetzliche Rolle zukommt" (*Laborem exercens*, Nr. 19).

9. Der Aufbau einer Zivilisation der Arbeit ist eine ethische Notwendigkeit, die sich aus der übernatürlichen Berufung des Menschen ergibt und gleichzeitig seine schöpferischen Kräfte herausfordert. Die Kirche darf sich von keiner Ideologie oder politischen Strömung um ihren Einsatz für die Gerechtigkeit bringen lassen, die eine Forderung des Evangeliums ist. Andererseits legt „die Soziallehre der Kirche kein eigenes (wirtschaftliches, soziales oder politisches) System vor, sondern erlaubt vor allem im Licht ihrer Grundprinzipien zu erkennen, inwieweit die bestehenden Systeme den Forderungen der Menschenwürde entsprechen oder nicht" (Instruktion *Libertatis conscientia*, Nr. 74). Der Aufbau einer Zivilisation der Arbeit bringt schließlich eine Einladung zu einem entspannten Dialog zwischen Vertretern verschiedener Meinungen hinsichtlich der möglichen Lösungen für anstehende Probleme mit sich. Für diese gibt es mehr als eine Lösung und niemand hat das Recht, seine eigene Lösung als „katholisch" zu bezeichnen, da die von der Kirche gelehrten Grundsätze eine Vielzahl praktischer Anwendungen zulassen (vgl. *Sollicitudo rei socialis*, Nr. 41).
Auch muß gesagt werden, daß keine Ideologie das Monopol der Lösungen sozialer Probleme für sich in Anspruch nehmen kann. Die Zivilisation der Arbeit erfordert das gründliche Studium der Probleme und die Bereitschaft zur Annahme der Wahrheit; dar-

über hinaus erfordert sie das Zurückstellen der Einzel- oder Gruppeninteressen im vorrangigen Dienst am Gemeinwohl. Eine Zivilisation der Arbeit erfordert geistige Bereitschaft zu Opfer, Zusammenarbeit und Solidarität und vor allem das Bemühen um die Erziehung der jungen Generationen zu den für die Arbeit notwendigen Tugenden und zur Praxis der der Arbeit eigenen Spiritualität. (vgl. *Laborem exercens*, Nr. 24–27).
Der Aufbau einer Zivilisation der Arbeit ist letzten Endes ein Ideal, das eine Gesellschaft wie die eure – tief in der Geschichte ihrer christlichen Berufung verwurzelt und mit einem profunden Sinn für Gerechtigkeit und Gleichheit unter den Menschen – verwirklichen kann.

10. Liebe Brüder und Schwestern, zum Abschluß unserer Begegnung lade ich euch ein, neuerlich auf Jesus von Nazaret, den Sohn Gottes und „Sohn des Zimmermannes" zu blicken. Mit der Jungfrau Maria, seiner Mutter, und mit dem hl. Josef bildete Jesus eine Familie, die das Vorbild aller christlichen Familien ist. Er heiligte die Wirklichkeit der menschlichen Arbeit in ihrem hohen Wert, indem er während des größten Teiles seines Lebens die einfache Arbeit eines Handwerkers verrichtete. Jesus lehrte uns auf diese Weise, die Arbeit nach der Liebe zu werten, mit der wir sie verrichten.
Baut also die Zivilisation der Arbeit auf, indem ihr immer und überall mit Liebe und gemäß der Gerechtigkeit und Nächstenliebe euer Werk vollbringt, uneigennützig und ohne das ewige Licht aus den Augen zu verlieren, das unsere Schritte auf Erden erleuchtet. Euch alle, die ihr hier versammelt seid, die ihr aus den Bezirken Cerro Largo und Treinta y Tres, aus fernen Gegenden und aus Brasilien gekommen seid, vertraue ich dem hl. Josef, dem Arbeiter und Bräutigam der Jungfrau Maria an, damit ihr unter seinem Schutz nach eurer Arbeit für eure Menschenbrüder die ewige Herrlichkeit erlangt. Aus ganzem Herzen erteile ich euch allen meinen Apostolischen Segen.

Königin des Himmels, freue dich, alleluja.

Regina caeli in Uruguay am 8. Mai

An diesem Sonntag im Marienmonat Mai mitten in der österlichen Zeit lade ich euch ein, liebe Brüder und Schwestern, die Mutter Christi zu grüßen, unseres Erlösers, der aus dem Grab auferstanden ist.
Die geistliche Pilgerfahrt, die ich Sonntag für Sonntag in diesem Marianischen Jahr zu den verschiedenen Orten der Verehrung der Jungfrau Maria allüberall auf der Welt unternommen habe, führt mich heute zum Heiligtum der Jungfrau der Dreiundreißig, der Schutzpatronin Uruguays, in der Stadt Florida. Vor ihrem Bild heute abend niederzuknien, ist mir eine freudige Pflicht auf dem Weg dieser Pastoralreise.
Ich werde dort das heilige Bild betrachten, das die Blicke aller Uruguayer auf sich zieht und das Milde und Güte ausstrahlt. Ich werde die Eucharistie feiern und neue Priester für die Kirche Gottes weihen.

Jene kleine Statue der unbefleckten Jungfrau bringt in bewundernswerter Weise die Gegenwart der Muttergottes in Uruguay zum Ausdruck.
In seinem demütigen Schweigen zeigt uns dieses Bild die hervorragendste Frucht der Erlösung: Maria, an der kein Makel einer Sünde ist.
Bei der Betrachtung der reinsten Jungfrau besingen wir den Sieg des auferstandenen Christus über die Sünde und den Tod.
„Freu dich, denn der Herr, den du zu tragen würdig warst, ist erstanden, wie er gesagt, alleluja."
Die Verkündigung der Auferstehung des Herrn, des Höhepunkts der Botschaft des Evangeliums, kam in diese Lande zusammen mit der liebevollen Gegenwart der Mutter des Auferstandenen.
Während wir uns der Fünfhundertjahrfeier der Evangelisierung der Völker Amerikas nähern, macht uns die Jungfrau Maria, die Königin der Apostel, die mit ihrem Glauben und mit dem Beispiel ihres Lebens den Herolden des Evangeliums vorangeht, die Brüderlichkeit all der Völker bewußt, die auf dieser gesegneten Erde das Wort und die Taufe Christi angenommen haben. Für sie alle ist Maria Mutter und Schutzpatronin: sie alle ruft sie zusammen in einer großen Familie, für die wir jene lateinamerikanische Einheit ersehnen, die in der christlichen Botschaft wurzelt.
An Unsere Liebe Frau, die Jungfrau der Dreiunddreißig, die Schutzpatronin Uruguays, richten wir in einem Gebet, das der Ruf aller Völker Lateinamerikas sein möchte, den österlichen Gruß. Er erfüllt unsere Herzen mit der Freude über den Triumph ihres auferstandenen Sohnes, des Siegers über Sünde und Tod, der uns die Pforten des Himmels geöffnet hat.

Das Gebetsleben hält Dienstbereitschaft lebendig

Ansprache an die Bischöfe von Uruguay in Montevideo (Uruguay) am 8. Mai

Liebe Brüder im Bischofsamt!

1. Mein Gruß an euch alle hier am Sitz der Apostolischen Nuntiatur, wo wir heute voll Freude versammelt sind, möchte die Zuneigung und Liebe zum Ausdruck bringen, die den Nachfolger des Petrus mit den Hirten der Kirche von Uruguay verbinden. Ich wünsche euch mit den Worten des hl. Apostels Paulus: „Gnade, Erbarmen und Friede von Gott, dem Vater, und Christus Jesus" (*1 Tim* 1,2).
Ihr wißt, daß ich bei meinen Pastoralreisen mit besonderer Freude auf die Begegnung mit meinen Brüdern im Bischofsamt warte. Da mein Aufenthalt in Montevideo im vergangenen Jahr kurz war, konnte ich euch nicht die Zeit widmen, die ich gewünscht hätte. Nun aber danke ich Gott, daß ich in diesen Augenblicken inniger Gemeinschaft eure pastorale Sorge teilen kann, mit der ihr die Kirche auf ihrem Pilgerweg in Uruguay führt. Ich möchte an erster Stelle an jene erinnern, die den Beginn der Evangelisierung hier am La Plata getragen haben. Der erste Apostolische Vikar von Uruguay, Dámaso Antonio de Larrañaga, die ersten Bischöfe von Montevideo, Msgr. Jacinto Vera, Msgr. Tomás Cama-

cho und Msgr. Alfredo Viola sowie der erste Erzbischof dieser Kirchenprovinz, Msgr. Mariano Soler, ein bedeutender Denker und Lehrer, sind lauter Gestalten, die das Fundament gelegt haben, auf dem die weitere Arbeit der Christianisierung aufbauen konnte.
Bei der allgemeinen Zielsetzung der Bischofskonferenz von Uruguay habt ihr formuliert: „Vom Evangelium her den Menschen und das Volk von Uruguay begleiten“, damit sein ganzes Leben von der Begegnung mit Christus ausgeht. Um ein derart anspruchsvolles Ziel zu erreichen, müßt ihr als Hirten der Herde vorangehen und das Volk Gottes führen, müßt ihm Wege des Lichtes und der Wahrheit öffnen.
Ich möchte euch nun einladen, mit mir einige Abschnitte aus dem ersten Brief an Timotheus zu betrachten, voll von pastoralen Weisungen und Ratschlägen, die als göttliche Offenbarung von bleibender Aktualität sind.

2. „Ich danke dem, der mir Kraft gegeben hat: Christus Jesus, unserem Herrn. Er hat mich für getreu gehalten und in seinen Dienst genommen“ (*1 Tim* 1,12). Wenn sich der Apostel Paulus so ausdrückt, erkennt er an, daß ihm mit dem Amt vom Herrn auch eine große Verantwortung übertragen wurde. Und er fährt fort: „Übergroß war die Gnade unseres Herrn, die mir in Christus Jesus den Glauben und die Liebe schenkte“ (*1 Tim* 1,14), also fruchtbar geworden ist.
Meine Brüder, auch jeder von uns muß dafür sorgen, daß das „durch die Auflegung der Hände“ (*1 Tim* 4,14) empfangene Charisma – „die Fülle des Weihesakramentes“ (*Lumen gentium*, Nr. 21) – Frucht bringt, so daß wir die Worte verdienen: „Du bist ein tüchtiger und treuer Diener ... Komm, nimm teil an der Freude deines Herrn“ (*Mt* 25,21). Das ist, wie ihr wohl wißt, das für uns einzig Wichtige, „denn wir haben unsere Hoffnung auf den lebendigen Gott gesetzt, den Retter aller Menschen, besonders der Gläubigen“ (*1 Tim* 4,10).

3. „Vor allem fordere ich zu Bitten und Gebeten, zu Fürbitte und Danksagung auf“ (*1 Tim* 2,1).
Die erste Aufgabe des Bischofs muß die Pflege der Frömmigkeit sein, wenn die Gnade Gottes Frucht bringen soll: er muß seine eigene Frömmigkeit pflegen und die aller anderen, die von ihm abhängen. „Übe dich in der Frömmigkeit! Denn körperliche Übung nützt nur wenig, die Frömmigkeit aber ist nützlich zu allem: Ihr ist das gegenwärtige und das zukünftige Leben verheißen“ (*1 Tim* 4,7–8). Das Gebetsleben hält eure Dienstbereitschaft lebendig, so daß ihr getreu den Auftrag Christi erfüllt, seine Schafe zu weiden (vgl. *Joh* 21,17). Wenn die Sorge um eine wirksamere Seelsorge nicht auf der persönlichen und ständigen Vereinigung mit Gott beruht, bringt sie keine Frucht echt apostolischen Eifers. Heute wie gestern gelten die Worte des Herrn: „Ich bin der Weinstock, ihr seid die Reben. Wer in mir bleibt, und in wem ich bleibe, der bringt reiche Frucht; denn getrennt von mir könnt ihr nichts vollbringen“ (*Joh* 15,5).
Diese Vereinigung mit Christus wird besonders deutlich in der Feier der heiligen Liturgie, die der Bischof an der Spitze seiner Priesterschaft und unter Beteiligung des ihm anvertrauten Volkes Gottes feiert. „Durch die Liturgie wird das Geheimnis des Heiles heute lebendig. Wenn der Bischof das eucharistische Opfer darbringt und die Sakramente fei-

ert, übermittelt er das, was er selbst durch die auf den Herrn zurückgehende Tradition (vgl. *1 Kor* 11,25) erhalten hat, und er erbaut auf diese Weise die Kirche" (*Ansprache an Bischöfe bei einem Kurs zur liturgischen Erneuerung*, 12. 2. 1988, Nr. 3).
Ihr müßt also von der Bedeutung dieser Feiern für das christliche Leben der Gläubigen fest überzeugt sein. Bei der „Leitung, Förderung und Aufsicht des gesamten liturgischen Lebens" (*Christus Dominus*, Nr. 15) in der euch anvertrauten Kirche habt ihr darauf zu achten, daß die für die betreffenden Feiern erlassenen Normen und Weisungen sorgfältig beobachtet werden. Eine Fehlinterpretation der Spontaneität darf nicht dahin führen, daß der Sinn der liturgischen Handlungen, konkret der heiligen Messe, verfälscht wird.
Mit überaus großer Freude habe ich eure Initiative vernommen, dieses Jahr 1988 zu einem Eucharistischen Jahr zu erklären. Ich bete zu Gott, daß diese Gedenkfeier in einer wachsenden und erneuerten Liebe aller zu Jesus in der Eucharistie fruchtbar wird.

4. „Diese Ermahnung lege ich dir ans Herz, mein Sohn Timotheus, im Gedanken an die prophetischen Worte, die einst über dich gesprochen wurden; durch diese Worte gestärkt, kämpfe den guten Kampf, gläubig und mit reinem Gewissen" (*1 Tim* 1,18–19).
Durch das Gebet und das liturgische Leben mit Christus vereint, müssen wir diesen Kampf aufnehmen, zu dem der Apostel den Timotheus aufruft. Es geht um den „Kampf, den die Kirche, vereint mit der Mutter Gottes als ihrem Vorbild führt " (*Eph* 6,12) (*Brief an die Priester*, 25. 3. 1988). Es ist ein geistlicher Kampf, der sich im Inneren eines jeden Menschen abspielt, der sich freilich auch nach außen auswirkt und die komplexe soziale Wirklichkeit erfaßt.
Sehr klar habt ihr in eurem gemeinsamen Dokument formuliert, daß es nicht nur darum geht, „vom Evangelium her den Menschen zu begleiten", sondern auch „das Volk von Uruguay". Es geht um den neuen Abschnitt der Evangelisierung, den jeder gläubige Christ im ganzen sozialen Leben zu durchmessen hat, um alle Kulturbereiche zu prägen. Es genügt nicht, sich darum zu bemühen, daß einige den Glauben bewahren: Das Leben des Landes im ganzen muß, wie ihr wißt, in all seinen Äußerungen den Grundsätzen des Evangeliums entsprechen. Eine in diesem Sinn umgestaltete Kultur wird nicht die berechtigte Pluralität und Freiheit aufheben, vielmehr Verhältnisse schaffen, in denen „die christliche Sicht der Wirklichkeit von den ersten Augenblicken an präsent ist, in denen die Person des Menschen beginnt, sich über den Sinn des Lebens und der Geschichte klarzuwerden" (*Ansprache an die Bischöfe von Uruguay beim Ad-limina-Besuch* 14. 1. 1985). Es geht um ein anspruchsvolles Ziel, das ihr in dem Maß erreichen werdet, wie ihr, gestützt auf das Gebet und die göttliche Gnade, euch nicht scheut, euch zäh und geduldig im unbedingten Dienst ganz für euer gläubiges Volk einzusetzen.

5. Hören wir erneut den Apostel, der seinem geliebten Schüler Ratschläge gibt: „Lies ihnen eifrig (aus der Schrift) vor, ermahne und belehre sie, bis ich komme" (*1 Tim* 4,13). „Dafür sollst du sorgen, darin sollst du leben, damit allen deine Fortschritte offenbar werden" (*1 Tim* 4,15).
Der Weg, der die Schwierigkeiten, denen die Evangelisierung begegnet, nach und nach überwinden, die Kultur der Liebe aufrichten und alle in vollem Maß zur Freude des Him-

melreiches führen wird, beginnt mit der eigenen Heiligung durch Gebet und Liturgie; doch er ebnet und festigt sich auch durch eifriges „Vorlesen (aus der Schrift), Ermahnen und Lehren" (*1 Tim* 4,13). Dieser Bereich der ständigen Weiterbildung – wie sie der pastoralen Aufgabe so gut ansteht – gewinnt entscheidende Bedeutung im „neuen Abschnitt der Evangelisierung" eures Vaterlandes.
Es geht um eine Bildungsarbeit, die alle Gläubigen ohne Ausnahme erfassen muß und alle euch erreichbaren Mittel zu verwenden hat, in voller Übereinstimmung mit dem Glauben der Kirche.

6. „Die Ältesten ... besonders solche, die sich mit ganzer Kraft dem Wort und der Lehre widmen, verdienen doppelte Anerkennung" (*1 Tim* 5,17), sagt der hl. Paulus weiter dem Timotheus. Ich weiß, daß die Priester – „als Hilfe und Organ der Bischöfe" (*Lumen gentium*, Nr. 28) – vorrangiges Ziel eurer Hirtensorge sind. Zu dieser Sorge gehören auch die materiellen Aspekte (vgl. *1 Tim* 5,23), vor allem aber sollt ihr sie für ihre Sendung ausrüsten, allen Gläubigen die notwendigen Mittel verfügbar zu machen, um „dem Heilsplan Gottes zu dienen, der sich im Glauben verwirklicht" (*1 Tim* 1,4): „daß alle Menschen gerettet werden und zur Erkenntnis der Wahrheit gelangen" (*1 Tim* 2,4).
Erinnert sie vor allem daran, daß sie durch Gebet und Sakramente mit Jesus vereint bleiben müssen, zumal durch die Feier der Eucharistie. Ratet ihnen, häufig zum Sakrament der Versöhnung hinzuzutreten, damit in ihnen die Gnade wächst, durch die sie in den Augen Gottes Gefallen finden und die zugleich das persönliche innige Verhältnis zu Jesus Christus stärkt, dem Erlöser, an dessen Priestertum sie teilhaben. Mahnt sie ferner, daß sie unter ihren unverzichtbaren Aufgaben der Predigt des Wortes und der Feier der Sakramente Priorität geben.
Fest davon überzeugt, daß die Heiligung der irdischen Strukturen den Laien zukommt, müßt ihr dem Gewissen der Priester die Verpflichtung einschärfen, die ihre Identität ihnen auferlegt, nämlich: ihren echten Dienstauftrag nicht zu verwässern mit Tätigkeiten, die nicht zu ihrem Stand gehören. Sie sollen ihre Einheit mit der ganzen Kirche dadurch erweisen, daß sie die Wahrheiten des Glaubens lehren, ohne sie zu verkürzen oder sich auf zweifelhafte Deutungen einzulassen. Auch hier sind wieder die Worte des hl. Paulus an Timotheus aktuell: „Ich habe dich gebeten ... daß du bestimmten Leuten verbietest, falsche Lehren zu verbreiten ... die nur Streitfragen mit sich bringen, statt dem Heilsplan Gottes zu dienen, der sich im Glauben verwirklicht" (*1 Tim* 1,3–4). Einen Angriff auf die Einheit stellt jene verfehlte theologische Position dar, die „den Akzent einseitig auf die Befreiung von der Versklavung auf irdischem und weltlichem Gebiet setzt" (*Libertatis nuntius*, Einleitung) und vergißt, daß „die Befreiung vor allem und grundsätzlich Befreiung von der radikalen Knechtschaft der Sünde" ist (*ebd.*). Denkt daran: „Kirche der Armen heißt Bevorzugung – ohne Ausschließlichkeit – der Armen in allen Formen menschlichen Elends, weil sie die von Gott Bevorzugten sind" (*ebd.* IX,9).
Wie ich in der Enzyklika *Sollicitudo rei socialis* gesagt habe, „muß man hierbei die den Laien, Männern und Frauen, vorwiegend übertragene Rolle unterstreichen, wie es bei der kürzlich beendeten Synodenversammlung erneut ausgesprochen wurde. Ihnen kommt es zu, mit christlichem Engagement die irdischen Bereiche zu beleben und sich

darin als Zeugen und Mitarbeiter des Friedens und der Gerechtigkeit zu erweisen" (Nr. 47). Auf diese Weise können die Söhne der Kirche „mit ihrem persönlichen und familiären Lebensstil, durch die Art des Gebrauchs ihrer Güter, durch ihr Mitwirken als Bürger, mit ihrem Beitrag zu den wirtschaftlichen und politischen Entscheidungen und mit ihrem Einsatz auf nationaler und internationaler Ebene, die von Solidarität und vorrangiger Liebe zu den Armen inspirierten Maßnahmen verwirklichen" (*ebd.*).

7. Zu eurer pastoralen Sorge für die Priester gehört sehr eng auch die Sorge für die Förderung der Berufungen zum Priestertum und ihre Anleitung bei der Ausbildung im Seminar.
„Lege keinem vorschnell die Hände auf", mahnt der Apostel den Timotheus (*1 Tim* 5,22). Das Seminar muß ein besonderes Anliegen eurer Weisungen sein. Der künftige Fortschritt der Ausbreitung des Reiches Gottes hängt vor allem von den Bemühungen ab, die ihr dieser Aufgabe widmet.
Die Vorbereitung der Priesteramtskandidaten „muß dahin zielen, daß sie nach dem Vorbild unseres Herrn Jesus Christus, des Lehrers, Priesters und Hirten, zu wahren Seelenhirten geformt werden" (*Optatam totius*, Nr. 4).
„Der Kandidat soll unbescholten sein" (*Tit* 1,6), mahnt erneut der hl. Paulus. Die persönliche geistliche Leitung muß in ihnen die unbedingte Liebe zu Christus und seiner Mutter pflegen und das Verlangen ohne Grenzen, sich innerlich dem Werk der Miterlösung zu verbinden. Die philosophischen und theologischen Studien erfordern fachkundige Professoren, die eine sichere Lehre vertreten. Damit verbunden ergänzt die liturgische und pastorale Ausbildung ihre Formung und entfaltet in ihren Herzen eine einzigartige Liebe zum heiligen Opfer des Altares und das unermüdliche Verlangen, alle Menschen zu Gott zu führen.

8. Die Wirklichkeit, in der wir leben, muß uns ferner mit neuem Eifer die Familienpastoral aufgreifen lassen. Was die Jugendlichen angeht, schreibt der Apostel, sie sollen „lernen, zuerst selbst ihren Angehörigen Ehrfurcht zu erweisen und dankbar ... zu sorgen ... (sie sollen) heiraten, Kinder zur Welt bringen, den Haushalt versorgen" (*1 Tim* 5,4.14). In eurem Land leidet die Institution Ehe seit Jahren unter der Plage der Ehescheidung. Der Sinn für die Dauerhaftigkeit des Eheversprechens hat sich abgeschwächt, und so kommt es in zahlreichen Fällen zur Spaltung der Familien und zur Trennung der Ehegatten, mit beklagenswerten Folgen, zumal für die Kinder.
Man muß die Gläubigen unablässig daran erinnern, daß „Ehe und eheliche Liebe ihrem Wesen nach auf die Zeugung und Erziehung von Nachkommenschaft ausgerichtet" sind (*Gaudium et spes*, Nr. 50). Christliche Eheleute aber müssen wissen, daß alle wahre Liebe Opfer und Schmerz mit sich bringt und daß sie das Ja für immer voraussetzt. Es gilt, Hochherzigkeit und Liebe anzuregen, ohne Furcht vor den Kindern, die kommen werden. Dabei werden die christlichen Gatten gestärkt und gleichsam geweiht durch ein eigenes Sakrament, in dessen Kraft sie die ausreichenden Gnaden und Gaben besitzen, um in ihrer gegenseitigen Liebe zu wachsen und die Aufgaben der Ehe christlich zu erfüllen.

9. „Achte auf dich selbst und die Lehre; halte daran fest! Wenn du das tust, rettest du dich und alle, die auf dich hören" (*1 Tim* 4,16).
Durch die Katechese, die von den Eltern daheim begonnen und dann auf vielfachen Wegen weitergeführt wird, muß die Bildungsarbeit alle Gegenden des Landes erreichen. Die gebieterische Notwendigkeit, das katechetische Bemühen auszuweiten, läßt es geraten erscheinen, sich allen Initiativen zu öffnen, die sich diesem Ziel widmen. Die zahlreichen Tätigkeiten in den Pfarreien und die verschiedenen Bewegungen im Dienst des Apostolates, die heute in Uruguay blühen, müssen zur Gelegenheit werden, die Kenntnis der christlichen Lehre und die Beteiligung an den Sakramenten zu vertiefen, wobei auch das Gebetsleben und das Wachstum der Tugenden zu betonen ist. Die erste Unterweisung in den Grundlagen des Glaubens muß in der Jugend weitergeführt werden, indem man den Heranwachsenden hilft, sich in die Fundamente der christlichen Lehre zu vertiefen, so daß sie von einem christlichen Standpunkt aus die Verantwortung übernehmen können, die das Leben ihnen auferlegt.

10. Der Empfang des Sakramentes der Firmung stärkt in den Christen die erste in der Taufe empfangene Gnade. Angesichts der laizistischen Auffassungen im sozialen und kulturellen Bereich sind Christen notwendig, die stark sind im Glauben (vgl. *1 Petr* 5,9), die „den guten Kampf kämpfen" (*1 Tim* 6,12), von dem der hl. Paulus spricht, entschlossen, sich mit Jesus Christus zu identifizieren und die Kultur mit den Grundsätzen und Lehren des Christentums zu prägen.

11. Liebe Brüder: „Die Gnade sei mit euch" (*1 Tim* 6,21). So beendet der hl. Paulus seinen ersten Brief an Timotheus, in dessen Licht wir unsere Überlegungen angestellt haben. Eben dies erbitte ich jetzt für euch vom Herrn. Mögen euch die Gaben des Heiligen Geistes nicht fehlen, um das Volk Gottes in Uruguay zum Haus des himmlischen Vaters zu führen. Möchtet ihr die Gestalt des Guten Hirten darstellen, der „den Schafen vorausgeht, und diese folgen ihm; denn sie kennen seine Stimme" (*Joh* 10,4). Möge die Jungfrau der Dreiunddreißig, die Patronin von Uruguay, euch bei eurem seelsorglichen Bemühen begleiten und euch stärken, damit sich die bis jetzt geleistete Arbeit festigt und vollendet wird.
Ihr empfehle ich alle eure Sorgen und apostolischen Aufgaben und bitte sie, daß ihr, wie sie, immer dem Heiligen Geist gelehrig seid und durch euren Dienst die göttliche Wahrheit die Kirche in Uruguay immer leiten möge.

Die Priester müssen die Freundschaft Gottes bringen

Predigt bei der Messe mit Priesterweihen im Stadion von Florida (Uruguay) am 8. Mai

„Nicht ihr habt mich erwählt, sondern ich habe euch erwählt" (*Joh* 15,16).

1. Jesus sprach diese Worte, während er vor seinem Leiden im Abendmahlssaal mit seinen Aposteln aß. Sie waren „die Seinen" (*Joh* 13,1), die er einen nach dem anderen beru-

fen hatte (*Mk* 3,13–19) und deren Namen wir in der ersten Lesung dieser Liturgiefeier gehört haben.
„Nicht ihr habt mich erwählt, sondern ich habe euch erwählt." Es sind Worte, die zu Herzen gehen, denn Jesus spricht sie heute und hier, mitten unter uns, liebe Söhne und Brüder. Sie richten sich in erster Linie an euch, die ihr die Priesterweihe empfangen werdet; durch die Handauflegung und das Gebet werdet ihr das Geschenk des Heiligen Geistes empfangen, das euch für immer Gott weihen wird, indem es euch nach dem Bilde Christi, des Hohenpriesters, zu seinen Dienern formt, so daß ihr „in der Person des Hauptes Christus handeln" könnt (*Presbyterorum ordinis*, Nr. 2).
Die zitierten Worte sind an diesem Tag auch an euch gerichtet, die ihr als Bischöfe oder Priester durch das Amtspriestertum hierarchisch teilhabt am Priestertum desselben Christus und im Dienst der Kirche in Uruguay steht.
Mit aufrichtiger Zuneigung möchte ich alle hier anwesenden Personen, das gesamte Volk Gottes und die Kirche grüßen, die in eurem Land auf ihrem Pilgerweg ist und die ich in diesen Tagen als Hirte der Weltkirche besuche.

2. Meine lieben Brüder, im Namen und in der Gegenwart Christi, des Auferstandenen, versammeln wir uns heute, um die Eucharistie zu feiern. Diesmal ist es eine besonders feierliche Gelegenheit, denn in ihrem Verlauf findet eine Priesterweihe statt. Es begleitet uns als Zeuge von besonderem Rang die allerreinste Jungfrau der Dreiunddreißig, die Schutzpatronin eurer Nation, die liebevolle Mutter jedes einzelnen Uruguayers. Auch ich wollte zusammen mit eurem Volk Pilger sein und hier in Florida zu ihren Füßen niederknien.
Heute versammeln wir uns im Abendmahlssaal mit Maria, um eine Priesterweihe zu feiern. Es ist für mich Anlaß zu besonderer Freude zu wissen, daß ihr im Geiste mit dem Papst vereint seid und daß auch ihr Gott diese Erstlingsgaben der Jugend opfert, die ein Unterpfand künftiger Priesterberufungen und der großzügigen Treue derer sein wird, die sich auf das Priestertum vorbereiten.
Christus wandte sich im Abendmahlssaal an die von ihm auserwählten künftigen Diener der Eucharistie und sagte ihnen jene Worte, die nach so vielen Jahrhunderten immer noch unser Herz anrühren: „Ihr seid meine Freunde, wenn ihr tut, was ich euch auftrage" (*Joh* 15,14).
Was hat Jesus seinen Jüngern aufgetragen? Was sagt der Herr uns allen und im besonderen euch, die ihr euch anschickt, die Priesterweihe zu empfangen?
Nun denn, Jesus übergibt uns sein Liebesgebot, damit wir, seine Diener, den Brüdern und Schwestern dienen wie der Gute Hirte und sogar das Leben für sie hingeben, wenn es nötig ist: „Das ist mein Gebot: Liebt einander, so wie ich euch geliebt habe" (*Joh* 15,12). Dieses Gebot übergibt er uns wie ein Erbe am Vorabend seines Kreuzesopfers. Unser Priestertum ist Teilhabe und Ausübung dieser tiefen Freundschaft des Priesters Christus, der in Übereinstimmung mit dem Heilsplan des Vaters für die Menschheit sein Leben opfert. Durch das Sakrament der Priesterweihe gibt euch Christus „Anteil an seiner Weihe und Sendung", die „Salbung des Heiligen Geistes" ist (*Presbyterorum ordinis*, Nr. 2). Christus will seine innige Freundschaft an euch weitergeben, diese so einzigartige

Vereinigung mit ihm, die bewirkt, daß seine Worte eure Worte und eure Worte seine Worte, daß sein Leib euer Leib und euer Leib sein Leib sein werden. In euren Händen werdet ihr jeden Tag das stärkste Zeichen der Wirksamkeit eures Dienstamtes halten: das Brot und den Wein, die in den Leib und das Blut Christi verwandelt sind. Auf diese Weise werdet ihr die wesentlichen Werkzeuge seines Sieges über die Sünde und den Tod sein, um seine Gerechtigkeit inmitten dieser Nation und bis an die Grenzen der Erde offenbar zu machen.

3. Christus ruft uns, Diener und Spender der Eucharistie zu sein, so wie er an jenem Tag die Apostel im Abendmahlssaal in Jerusalem dazu berief. Er ruft uns, die Freundschaft Gottes allen Brüdern und Schwestern zu bringen. Wie könnten wir uns nicht daran erinnern, daß diese Freundschaft ein Ruf dazu ist, in die Vertrautheit mit Christus einzutreten, um persönlich aus dem Geheimnis seiner Menschwerdung und Erlösung zu leben? Wir müssen immer tiefer in das eucharistische Geheimnis Christi eindringen; das heißt: Laßt euch in eurer Opferbereitschaft nur von seiner Liebe mitreißen. Als Priester des Neuen Bundes müssen wir dieses Geheimnis als Bündnis und Opfer der Liebe unter sakramentalen Zeichen feiern, das heißt unter den Gestalten von Brot und Wein, in Übereinstimmung mit der Einsetzung durch den Herrn beim Letzten Abendmahl.
Wenn wir dieses Opfer Christi, das Opfer des menschgewordenen Sohnes Gottes, feiern, bedeutet dies, daß wir in besonderer Weise seine Freunde sind, denn nur den engsten Freunden vertraut man das an, was Ausdruck und Frucht der eigenen, ausgewähltesten Liebe ist. Tatsächlich überläßt Jesus unseren schwachen Händen sein Opfer als Guter Hirte, den Kaufpreis der Seelen, die Garantie für die Herrlichkeit Gottes und die Rettung der Welt. Ist es da nicht der Mühe wert, etwas Opfer und Verzicht auf sich zu nehmen, um dieser Liebe, die alles hingibt und deswegen alles fordern kann, konsequent zu entsprechen?

4. „Ich nenne euch nicht Knechte ... Vielmehr habe ich euch Freunde genannt" (*Joh* 15,15). Gerade deswegen, weil wir Freunde des Herrn und Erlösers der Welt sind, müssen wir Diener des Volkes Gottes sein. Deswegen ist unser Priestertum – ohne daß es deswegen aufhört, hierarchisch zu sein – ein Priestertum des Dienstes. Unser Auftrag ist es, den „Dienst für Christus, den Lehrer, Priester und König" auszuüben (*Presbyterorum ordinis*, Nr. 1), der sich in die Kirche hinein ausdehnt und der von unseren Brüdern und Schwestern, insbesondere den Bedürftigsten, erwartet wird.
Wir sind, liebe Weihekandidaten, nicht Amtsträger der Kirche, damit wir uns ihrer bedienen, sondern um ihr zu dienen, ohne auf Lohn oder irdische Vorteile zu hoffen. Wir sind Diener und Verkünder des Evangeliums und wir müssen es predigen, „ob man es hören will oder nicht", wie der heilige Paulus uns nahelegt (*2 Tim* 4,2), in voller Zuverlässigkeit und in Übereinstimmung mit dem Lehramt der Kirche. Daß ihr dem treu seid, glaubt das christliche Volk, wenn ihr es in der Wahrheit des Evangeliums und auf dem Weg des Heiles unterrichtet. Um das Volk wirklich zu heiligen – insbesondere durch die Feier der heiligen Sakramente, das liturgische Leben und das Gebet – müßt ihr die Feier der heiligen Geheimnisse gemäß den Vorschriften der Kirche leiten, indem ihr eins werdet mit der

Opfergabe Christus für das Heil der Welt. Eure tiefste Freude ist und wird es – wenn sie „wahre österliche Freude“ sein will (*Presbyterorum ordinis*, Nr. 11) – immer sein, vollkommen Christus zu gehören, der euch berufen hat, der euch sendet, der euch begleitet und euch in den Brüdern erwartet.

„Ich habe euch Freunde genannt, denn ich habe euch alles mitgeteilt, was ich von meinem Vater gehört habe“ (*Joh* 15,15). Als Christen und besonders als Priester sind wir Treuhänder und Übermittler des Wortes, das vom lebendigen Gott kommt. Es ist das Wort des Vaters, das von Ewigkeit her in der Liebe des Heiligen Geistes ausgesprochen wird. Es ist das fleischgewordene Wort, das im Schoß der Jungfrau Maria Mensch wurde und in den armseligen Sinnbildern der Kirche gegenwärtig ist. Es ist das Wort der größten Liebe, die es gibt: „Die Liebe Gottes wurde unter uns dadurch offenbart, daß Gott seinen einzigen Sohn in die Welt gesandt hat, damit wir durch ihn leben“ (*1 Joh* 4,9).

Durch ihn und für ihn leben! Das ist unser Ideal und unsere Daseinsberechtigung als Priester, gemäß den Worten beim Letzten Abendmahl: „Ihr sollt Zeugnis ablegen, weil ihr von Anfang an bei mir seid“ (*Joh* 15,27). Gott hat seinen Sohn gesandt, damit wir das Leben in Fülle haben sollten dank seines Kreuzesopfers und Dank der Eucharistie, die uns nährt und heiligt.

5. Liebe Brüder und Schwestern, alle, die ihr mich hört, alle, die ihr auf diesem uruguayischen Boden lebt! „Gott ist die Liebe!“ Euer Leben wird wahrhaft menschlich und christlich sein, wenn ihr es der Nachahmung Gottes hinschenkt, der die Liebe ist.

Liebe Brüder im priesterlichen Amt! Ihr, die ihr heute die Priesterweihe empfangt, und auch ihr, die ihr mit Selbstverleugnung und Opfergeist im Weinberg des Herrn arbeitet: Ihr müßt Zeugen dieses Gottes sein, der die Liebe ist; in Christus, seinem Sohn, hat er sich als der Gute Hirte geoffenbart, der aus Liebe sein Leben hingibt. Ihr müßt Diener der Liebe sein, die Gott durch das unauslöschliche „Siegel“ des Geistes der Liebe in unsere Herzen ausgießt. Weist im Namen der Freundschaft, mit der Christus euch gekennzeichnet hat, diese großartige Obliegenheit, Diener der Liebe zu sein, nicht zurück.

Gebt acht auf die Einheit der christlichen Familie in der Liebe, sucht das verlorene Schaf, ermuntert den Schwachen mit Geduld in dem Bewußtsein, daß auch ihr, obwohl Priester, der Schwachheit unterworfen seid (vgl. *Hebr* 5,2). Eure Aufgabe ist unermeßlich groß. Ihr steht im Mittelpunkt des Dialogs der Erlösung zwischen Gott und den Menschen. Deswegen ist die Treue des Priesters ein Zeichen der Treue Gottes, der in seiner Kirche, der Braut Christi, seine Gnade anbietet. Setzt auf ihn euer ganzes Vertrauen, denn er hat euch erwählt und dazu bestimmt, daß ihr euch aufmacht und Frucht bringt und daß eure Frucht bleibt (vgl. *Joh* 15,16).

Ich vertraue euch Jesus, dem Guten Hirten, an durch Vermittlung seiner Mutter, die auch unsere Mutter ist. Sie begleitet euch in jedem Augenblick. Wendet euch an Maria, vertraut euch ihrem Schutz an, denn der Herr hat sie vom Kreuz herab uns in der Person des Lieblingsjüngers als Mutter anvertraut. „Jeder von uns soll es Maria gestatten, ‚im Hause‘ seines sakramentalen Priestertums als Mutter und Mittlerin jenes ‚großen Geheimnisses‘ (vgl. *Eph* 5,32), dem wir alle mit unserem Leben dienen wollen, Wohnung zu nehmen“ (*Schreiben an die Priester zum Gründonnerstag 1988*).

6. Nach dieser priesterlichen Botschaft wende ich mich nun an alle hier Anwesenden, damit wir uns gemeinsam darüber freuen, Volk Gottes unter dem mütterlichen Blick Marias und vor dem heiligen Bild der reinsten Jungfrau der Dreiunddreißig zu sein.
An diesem denkwürdigen Sonntag voll österlicher Freude erhebe ich, der Nachfolger des Apostels Petrus auf dem Bischofsstuhl von Rom und euer Gast, mein Rufen auf dieser uruguayischen Erde. Mit den Worten des Psalmisten rufe ich allen hier Anwesenden und allen, die im Geiste mit uns verbunden sind, zu: „Singt dem Herrn ein neues Lied" (*Ps* 98,1). In Christus, dem Auferstandenen, „hat der Herr sein Heil bekannt gemacht" (*Ps* 98,2) und den Sieg Christi über die Sünde und den Tod verkündet.
Und so verkünden wir weiter, indem wir unsere Stimmen mit dem Gesang des Psalms vereinen: „Der Herr hat sein gerechtes Wirken enthüllt vor den Augen der Völker" (*Ps* 98,2). Das gerechte Wirken des Vaters ist nichts anderes als sein Erbarmen und seine Treue zu jeder Zeit und zugunsten eines jeden Volkes; es ist die Erlösung, die er uns in seinem Sohn Jesus Christus geschenkt hat und die wir schon empfangen haben. Wir haben schon erkannt, daß diese Erlösung und diese Gerechtigkeit in der Liebe zum Ausdruck kommen, denn Gott ist die Liebe.

7. „Alle Enden der Erde sahen das Heil unseres Gottes" (*Ps* 98,3). Auch auf dieser uruguayischen Erde wurde seit Jahrhunderten die erlösende Gerechtigkeit Gottes bekanntgemacht durch die Predigt der Kirche. Mitten unter euch wurde die Vergebung von Gott her verkündet, der seine Liebe, ja sein Leben selbst kundtut und alle ruft, an seiner Heiligkeit teilzuhaben. Die Söhne und Töchter dieses Landes wandeln schon seit Jahrhunderten im Licht Christi.
„Alle Enden der Erde sahen das Heil unseres Gottes" (*Ps* 98,2). Der Sieg des auferstandenen Christus, des Siegers über Sünde und Tod, strahlt auf in der reinsten Jungfrau Maria. Sie hat diesen Sieg selbst hinausgerufen mit den Worten des Magnifikat: „Gott, mein Retter,... hat auf die Niedrigkeit seiner Magd geschaut. ... Denn der Mächtige hat Großes an mir getan, und sein Name ist heilig" (*Lk* 1,47–49).
Mit euch betrachte ich dieses Bild Marias, der Unbefleckten, die eure Schutzpatronin ist, und erkenne in ihr den Sieg unseres Gottes. Maria ist für uns „das bleibende und unzerstörbare Zeichen jener Erwählung durch Gott" (*Redemptoris Mater*, Nr. 11). In gleicher Weise erfüllen sich auch in uns die prophetischen Worte aus ihrem Mund: „Von nun an preisen mich selig alle Geschlechter" (*Lk* 1,48).
Ja, dieses Bild bringt uns in eine ununterbrochene Verbindung mit den Generationen eures Volkes, die Maria verherrlicht und sich unter ihren Schutz gestellt haben und die sich von ihrem Beispiel führen ließen. Dieses Bild der Jungfrau ist ein Ruf und zugleich ein Zeichen der Gegenwart der Muttergottes in eurer Nation von ihren Ursprüngen an. Wieviele Familien haben, dank ihrer, Einheit und Liebe bewahrt, wieviele junge Menschen den Weg ihrer Berufung gefunden, wieviele Personen Frieden und Ausgeglichenheit wiedergewonnen!
Ihre aus dem Holz eurer Berge geschnitzte Statue ist Produkt dieser uruguayischen Erde. Indianische Hände haben sie gestaltet und haben sie in diese Gegend gebracht. Die Liebe von Indios, Weißen und Mestizen hat ihr eine kleine Nische bereitet, und die Menschen

haben ihr ihre Ländereien dargebracht. Heute ist dieses Bild gleichsam ein Denkmal der Geschichte eines jeden von euch, einer jeden Familie und ganz Uruguays.
Dieses Bild ruft uns die Verehrung eurer Vorfahren für die Muttergottes und ebenso ihre Treue zum Evangelium und zur Kirche ins Gedächtnis. Wir erinnern uns an euren Volkshelden José Artigas, der die Bewohner von Carmelo und Purificación unter den Schutz Mariens stellte und der euch aus seinen letzten Lebensjahren das demütige Zeugnis des täglichen Rosenkranzgebetes hinterlassen hat.
Ihr wißt sehr wohl, daß die Geschichte eures Vaterlandes verknüpft ist mit diesem heiligen Abbild. Allein mit dem Namen, „Jungfrau der Dreiunddreißig", wollte das Volk an die Helden erinnern, die sich unter ihren Schutz stellten. Deswegen preisen sie die Uruguayer mit gutem Grund als Morgenstern und proklamieren sie als Anführerin auf den Wegen des Friedens und der Liebe.

8. Maria, die Allerseligste, die Christus, den Hohenpriester und Erlöser, in ihrem Schoß getragen hat, lädt uns ein, dieses große Geschenk hochzuschätzen, das uns Jesus hinterließ: das Priesteramt. Liebt also eure Priester, betet für sie und vertraut sie der Jungfrau an. Hört ihre Lehre an, geht zu ihnen hin, um das Leben Christi in den Sakramenten zu empfangen, insbesondere in den Sakramenten der Versöhnung und der Eucharistie.
Euer Volk – ihr wißt es – braucht mehr Priester. Diese Sorge um die Belebung der Priesterberufungen erwartet die Solidarität der Laien, muß sie doch Aufgabe aller Getauften sein. Bittet also Maria, daß euch der Herr heiligmäßige Priester sendet; daß eure Familien und kirchlichen Gemeinden das geeignete Milieu seien, in dem der Ruf Gottes gehört werden kann und eure Söhne sich ermutigt fühlen, ihm zu folgen.
Ihr jungen Menschen, bittet den Herrn, er möge euch seine Stimme hören lassen, damit ihr den Ruf vernehmt, den er vielleicht euch vorbehalten hat. Macht aus eurem Leben eine Nachfolge des Meisters und seid so großmütig, ihm euer Herz hinzugeben. Und habt keine Angst, wenn er euch zum Priestertum oder zum geweihten Ordensstand ruft; vertraut ihm, denn er ist ein Freund, der niemals enttäuscht.
Jesus Christus ist der Lehrer, der uns die Wahrheit ohne Täuschung und die wahre Liebe lehrt. Der Herr will uns nicht weniger mitteilen, als was er selbst besitzt: „Dies habe ich euch gesagt, damit meine Freude in euch ist und damit eure Freude vollkommen ist" (*Joh* 15,11). Habt keine Furcht. Er ruft euch zur wahren Freude und Glückseligkeit und zeigt euch den sicheren Weg. Er gibt euch die Kraft. Nehmt im Gebet zu ihm eure Zuflucht. Hört sein Wort. Empfangt die Vergebung Christi und die Gnade der Umkehr durch die häufige Beichte. Nährt euch durch die Eucharistie.
Schließt euch zusammen, liebe junge Menschen Uruguays, um euer Vaterland in einer gemeinsamen Anstrengung der Solidarität, der Rechtschaffenheit, der Wahrheit und der Liebe zu erneuern. Stellt euch in den Dienst am Nächsten, besonders an den Armen und den Leidenden.
Euch alle, die ihr in diesem gesegneten Land wohnt, fordere ich auf, euer Leben zu einem Zeugnis für den Sieg Christi, des Erlösers, zu machen. Vom Kreuz herab hat er uns seiner allerseligsten Mutter anvertraut, damit sie auch unsere Mutter sei.

Maria – Spiegel der Berufung und Würde der Frau

Weihegebet an die Jungfrau der Dreiunddreißig in Florida (Uruguay) am 8. Mai

1. Selig bist du, weil du geglaubt hast, Mutter des Erlösers!
Vor deinem heiligen Bild, o Jungfrau „de los Treinta y Tres“, möchte das ganze Volk Uruguays, das dich als Mutter und Herrin anerkennt, einmütig durch meinen Mund dich preisen: „Selig bist du, weil du geglaubt hast!“, und es ruft dich mit unaussprechlicher Dankbarkeit als seine Lehrerin im Glauben an.
Dein gütiger Blick verfolgt den Weg der Evangelisierung und unterstützt mit zuvorkommender Liebe die Pilgerfahrt des Glaubens und der Hoffnung des gesamten Volkes Gottes auf dieser Erde, das sein Vertrauen auf dich setzt, dir sein Sehnen anvertraut, seine Zukunft in Frieden, Fortschritt und Treue zu Christus.

2. Du bist gebenedeit unter den Frauen!
Gebenedeit ist die Frucht deines Leibes!
Mutter des lebendigen Wortes, Jungfrau von Nazaret, inständig empfehle ich dir heute alle Familien Uruguays. Mögen sie glücklich sein, immer mehr das unauflösliche und heilige Band der Ehe festigend, mögen sie gesegnet sein, weil sie das keimende Leben als Gabe Gottes vom Mutterschoß an hochschätzen.
Mache, nach dem Vorbild deines Heimes von Nazaret, jede Familie zu einer echten Hauskirche, in der Gott gegenwärtig ist, um das süße Joch seines Gesetzes, das immer Liebe ist, leicht zu machen; eine Hauskirche, in der die Kinder in Weisheit und Gnade wachsen können, ohne daß es ihnen an Nahrung, Erziehung und Arbeit fehlt.
Möge die Liebe aller Bewohner Uruguays zu dir in der Achtung vor der Frau und der Sorge um ihre Förderung zum Ausdruck kommen; bist du doch ein Spiegel ihrer Berufung und ihrer Würde in der Kirche und in der Gesellschaft.

3. Jungfrau des „Magnificat“, Gott und der Menschheit treu!
Dir bringe ich die gesamte Kirche Uruguays dar und stelle sie unter deinen Schutz, die Bischöfe und die Priester, vor allem die neugeweihten; die Ordensleute, Seminaristen und Novizen und alle, die im Dienst der Evangelisierung und des Fortschritts dieses Volkes stehen: die Katechisten, die engagierten Laien, die Jugendlichen.
Du bist das vollkommene und lebendige Bild der Freiheit, des unauflöslichen Bandes zwischen der Liebe Gottes und dem Dienst an den Brüdern und Schwestern, zwischen Evangelisierung und menschlicher Aufwertung: Lehre uns, die bevorzugende Liebe Gottes zu den Armen und Demütigen in die Praxis umzusetzen.
Möge die gesamte Kirche Uruguays dank deinem Beispiel und deiner machtvollen Hilfe unermüdlich für die Einpflanzung des Evangeliums der Seligpreisungen arbeiten, dieses Unterpfandes von Freiheit, Fortschritt und Frieden; möge sie die Solidarität mit den Schwesternationen fördern und mögen alle Bewohner Uruguays in Eintracht leben, im Bewußtsein, daß sie Kinder Gottes und Brüder und Schwestern in Christus sind, mit dem

Siegel des gleichen Geistes gezeichnet, Glieder der gleichen Kirche und deine Kinder, Mutter des Erlösers. Amen.

Eine Neuverkündigung des Evangeliums beginnen

Predigt bei der Messe in Salto (Uruguay) am 9. Mai

„Der Geist Gottes, des Herrn, ruht auf mir; denn der Herr hat mich gesalbt. Er hat mich gesandt, damit ich denen eine frohe Botschaft bringe, deren Herz zerbrochen ist“ (*Jes* 61,1).

1. Die Worte des Propheten Jesaja, die wir soeben gehört haben, wurden mehrere Jahrhunderte vor der Ankunft Christi niedergeschrieben.
Am Tage, an dem Jesus seine messianische Tätigkeit begann, nahm er – wie uns der Evangelist Lukas erzählt – in der Synagoge von Nazaret das Buch des Propheten Jesaja und las eben diese Worte. Vor den Leuten seiner Stadt, mit denen er dreißig Jahre zusammengelebt hatte, erklärte er dann: „Heute hat sich das Schriftwort erfüllt, das ihr eben gehört habt“ (*Lk* 4,21).
Der Herr stellt sich offen als derjenige vor, den der Vater „gesalbt hat“ (*Jes* 61,1) und in die Welt „gesandt hat“ (*ebd.*); der mit der Kraft des Geistes Gottes kommt, um die Gute Nachricht zu verkünden: die Gute Nachricht des Evangeliums.
Die Worte des Propheten Jesaja, die Jesus in der Synagoge von Nazaret auf sich selber anwandte, bezeichnen den Beginn der Verkündigung des Evangeliums: den Beginn der Evangelisierung.
Jesus Christus ist der erste Prediger des Evangeliums. Und darum wirkt überall, wo die Gute Botschaft im Namen Christi verkündet wird, er selbst als Bote der Erlösung. Sie ist das Heil, das die Gemeinde erfleht, wenn sie zu Gott ruft: „Erweise uns, Herr, deine Huld und gewähre uns dein Heil“ (*Ps* 85,8).
Das Evangelium ist die Offenbarung Gottes, der die Welt so sehr geliebt hat, daß er seinen einzigen Sohn hingab, damit der Mensch das ewige Leben habe (vgl. *Joh* 3,16). Und es ist auch die Offenbarung der Wahrheit über den Menschen, seine Würde und seine höchste und endgültige Berufung.
Wir nennen es die Gute Nachricht oder die „Glückliche Verkündigung“, weil es allen Bedrückten Trost bringt (vgl. *Jes* 61,1); weil es denen Befreiung verheißt, die Gefangene der Sünde und des Todes sind (vgl. *ebd.*); weil es die Wunden des zerbrochenen Herzens heilt (vgl. *ebd.*); und weil es „das Gnadenjahr des Herrn“ ausruft (*Jes* 61,2), das heißt das Leben Gottes in den Herzen der Menschen.

2. Als Jesus Christus der Kirche das Evangelium gab, befahl er den Aposteln – ihnen in erster Linie – aber mit ihnen uns allen: „Geht hinaus in die ganze Welt und verkündet das Evangelium allen Geschöpfen“ (*Mk* 16,15), „bis an die Grenzen der Erde“ (*Apg* 1,8).
Es nähert sich, meine Brüder und Schwestern, das Jahr, in dem der amerikanische Konti-

nent – und insbesondere Lateinamerika – der allerheiligsten Dreifaltigkeit für die fünfhundert Jahre der Evangelisierung danken wird, das heißt für die fünfhundert Jahre, seit das Evangelium dort ankam, wo damals „die Grenzen der Erde" waren. Jünger Christi verkündeten das Evangelium in den neu entdeckten Ländern. Damals wie heute behielten die Worte Gültigkeit, die der Meister gesprochen hatte: „Wer glaubt und sich taufen läßt, wird gerettet; wer aber nicht glaubt, wird verdammt werden" (*Mk* 16,16). In diesem Bewußtsein leisteten die ersten Verkünder des Evangeliums, angetrieben vom Glauben an diese Worte Christi und von seiner Liebe zu den Seelen, eine bewundernswerte Arbeit, um die neu kennengelernten Völker zu Christus zu führen. Gleichzeitig vollbrachten sie ein gewaltiges Werk der sozialen und kulturellen Förderung, das heute Stolz und Erbe des ganzen Kontinents und Bestandteil des Nationalbewußtseins all dieser Länder ist. Bemerkenswerte Schöpfungen der Kunst und der Literatur, Grammatiken und Katechismen in den hauptsächlichen Eingeborenensprachen, die Vorschriften und Gesetze Spanisch-Amerikas sind einige der Ergebnisse dieses Zivilisationswerkes. Die „Gute Nachricht" breitete sich bei vielen Gelegenheiten bereits aus, bevor sich die europäischen Siedler auf Dauer niederließen, und war stets ein Faktor der Harmonie und der Verteidigung der Rechte der Schwächeren.

3. Dieser Prozeß spielte sich – mit örtlichen Abwandlungen – auch in Uruguay ab. In der Tat gab es in eurem Land die Guarani-Reduktionen der Jesuiten im Norden und die Gründungen der Franziskaner in den Mündungsgebieten der Flüsse Negro und Uruguay schon vor den städtischen Siedlungen. Indios und Missionare aus jenen historischen Einrichtungen nahmen aktiv teil an der Gründung, dem Aufbau und der Verteidigung der größeren Ortschaften, die in der Folgezeit entstanden. Die Kirche war auch in Montevideo von dessen Geburt als Stadt an gegenwärtig, als sie unter dem Patrozinium der Heiligen Philippus und Jakobus gegründet wurde; denn in der Begleitung der Gründerfamilien, die auf dem Schiff „Unsere Liebe Frau von der Eiche" von den Kanarischen Inseln hierher kamen, befanden sich einige Geistliche. Anlaß zu berechtigtem Stolz ist es für die Uruguayer, daß sie in der Formung dieses Landes zur Nation die ständige Präsenz Unserer Lieben Frau der Dreiunddreißig erkennen können.

Die unerschrockene Arbeit zahlreicher Priester, Ordensleute und Laien und das Feuer des Glaubens, das in den christlichen Familien, wahren Hauskirchen, immer lebendig war, hat die Fortdauer jener ersten Evangelisierung und die erfreuliche Realität des christlichen Lebens, das ich während meines Aufenthaltes bei euch festgestellt habe, möglich gemacht. Eure Anwesenheit hier ist ein klares Zeichen des „Ertrags" (*Ps* 85,13), den das „Land" (*ebd.*), berieselt vom Regen des Herrn, gegeben hat. Alle, die ihr mit mir diese Eucharistie feiert, seid Teil der Krone und des Geschmeides (vgl. *Jes* 61,10), mit dem Gott seine Getreuen schmückt, die sich unablässig für die Bewahrung des Glaubens in diesem Land einsetzen. Deswegen ist es für mich eine Freude, bei euch in Salto zu sein. Ich grüße alle mit tiefer Zuneigung: den Bischof dieser Diözese, die Behördenvertreter, die Priester, die Ordensleute und alle Gläubigen. Ich grüße auch alle hier anwesenden Brüder im Bischofsamt und insbesondere den Bischof und die Gläubigen von Tacuarembó sowie alle, die von anderen Orten Uruguays und aus den angrenzenden Gebieten Argentiniens und Brasiliens hierher gekommen sind.

4. Vom Propheten Jesaja haben wir gehört: „Wie die Erde die Saat wachsen läßt, und der Garten die Pflanzen hervorbringt, so bringt Gott, der Herr, Gerechtigkeit hervor und Ruhm vor allen Völkern“ (*Jes* 61,11).
Im Jahr 1992 werden wir Gott in besonderer Weise für die ständige „Saat“ und die unablässigen „Pflanzen“ danken, die die vor fünf Jahrhunderten begonnene Verkündigung des Evangeliums hervorgebracht hat. Wir werden uns auch mit Dankbarkeit derer erinnern, die, Generation auf Generation, hier unermüdlich die „Gute Nachricht“ verkündet haben. Wir werden schließlich dankbar jener „ersten Christen“ Lateinamerikas gedenken, die wie der gute Boden waren, auf dem die Saat Wurzeln schlug und „Frucht brachte, teils hundertfach, teils sechzigfach, teils dreißigfach“ (*Mt* 13,8).
Bereiten wir nun unseren Geist vor auf die Feier dieses fünfhundertjährigen Jubiläums, indem wir auf dem ganzen amerikanischen Kontinent und besonders in Uruguay „eine Neuverkündung des Evangeliums“ durchführen. „Neu in ihrem Eifer, in ihren Methoden, in ihrer Ausdrucksform“ (*Ansprache an den CELAM*, 9. März 1983).
Sie wird „neu in ihrem Eifer“ sein, wenn ihr in dem Maß, in dem sie voranschreitet, mehr und mehr eure Verbundenheit mit Christus, dem Erstverkünder des Evangeliums, stärkt.
„Frieden verkündet der Herr seinem Volk und seinen Frommen, den Menschen mit redlichem Herzen“ (*Ps* 85,9).
„Frieden verkündet der Herr (...) den Menschen mit redlichem Herzen.“ Die neue Zeit der Verkündigung des Evangeliums beginnt mit der Bekehrung des Herzens. „Frieden verkündet der Herr (...) seinen Frommen.“ Um diese Verkündigung des Friedens zu hören, müssen wir seine Freunde sein, müssen wir aufs Neue entdecken, daß die christliche Berufung eine Berufung zur Heiligkeit ist (vgl. *Lumen gentium*, Nr. 11), denn Christus sagte zu allen: „Ihr sollt vollkommen sein, wie es auch euer himmlischer Vater ist“ (*Mt* 5,48). Wie schon mein verehrter Vorgänger Papst Paul VI. zeigte, hat das II. Vatikanische Konzil „mit liebevollem Nachdruck alle Gläubigen jeglichen Standes und Ranges ermahnt, die Fülle des christlichen Lebens und die Vollkommenheit in der Liebe zu erreichen. Diese starke Aufforderung zur Heiligkeit kann als das charakteristischste Element des ganzen konziliären Lehramts und sozusagen als sein letzter Zweck betrachtet werden“ (*Sanctitatis clarior*, 19. März 1969). Das ist der Schlüssel zu dem erneuerten Eifer der Neuverkündigung des Evangeliums.

5. Euer Vaterland wurde – wie ich euch vergangenes Jahr auf der Explanada Tres Cruces in Erinnerung gerufen habe – katholisch geboren und hat reiche Früchte des Apostolats hervorgebracht. Jetzt ist der Augenblick der Reife eures Glaubens und die Zeit einer „Neuverkündigung des Evangeliums“ gekommen.
Der erneuerte apostolische Eifer, der in unseren Tagen bei der Verkündigung des Evangeliums erforderlich ist, beginnt mit einem erneuerten Akt des Vertrauens in Jesus Christus: Denn er ist es, der die Herzen bewegt; er allein hat Worte des Lebens, um die nach Ewigkeit hungernden Seelen zu nähren; er sendet uns sein apostolisches Feuer im Gebet, in den Sakramenten und besonders in der Eucharistie. „Ich bin gekommen, um Feuer auf die Erde zu werfen. Wie froh wäre ich, es würde schon brennen!“ (*Lk* 12,49). Diese Sehnsucht Christi ist in seinem Herzen weiterhin lebendig.

Die Verkündigung des Evangeliums hat als notwendiges Ziel auch die Sorge um das materielle Wohlergehen des Nächsten und um die Stillung seiner Bedürfnisse; sie wird erfolgreich sein, wenn sie im regelmäßigen Gebrauch der Sakramente gipfelt, denn das ist das Bett, in welchem das neue Leben strömt, das Christus uns als Frucht der Erlösung anbietet. Im Hinblick darauf ermutige ich lebhaft die seelsorgliche Initiative eurer Bischöfe, ein Eucharistisches Jahr ausgerufen zu haben, damit die Kraft der Liebe Christi, der sich uns als Nahrung hingibt, die Quelle der neuen Apostel sei, die Uruguay heute braucht.

Apostolischen Eifer verspüren bedeutet, das heftige Verlangen zu haben, andere mit der Freude des Glaubens anzustecken. Natürlich in Achtung vor der Freiheit des Nächsten, die nicht gleichzusetzen ist mit Gleichgültigkeit gegenüber der Wahrheit, die Gott uns geoffenbart hat. „Das Wort, das ihr hört, stammt nicht von mir, sondern vom Vater, der mich gesandt hat" (*Joh* 14,24). Der Christ gibt mithin nicht Zeugnis von einer menschlichen Erfindung, sondern von einer Gewißheit, die von Gott kommt. Deswegen kann er in einer Atmosphäre des aufrichtigen Dialogs und der Freundschaft niemals seinen Glauben verbergen oder über ihn hinweggehen, wenn es um das Erkennen und die Lösung der verschiedenen Fragen geht, die das Zusammenleben der Menschen aufwirft. Apostolischer Eifer ist demnach nicht Fanatismus, sondern innere Folgerichtigkeit des christlichen Lebens. Ohne über die Absichten anderer ein Urteil zu fällen, müssen wir das Gute gut und das Schlechte schlecht nennen. Es ist nur allzu gut bekannt, daß mit der Entstellung der Wahrheit Probleme nicht gelöst werden. Die Öffnung für die Wahrheit Christi ist es, die den Seelen Frieden bringt. Habt keine Angst vor den oft unvermeidlichen Schwierigkeiten und Verständnislosigkeiten, die das Bemühen um Treue zum Herrn in der Welt erregt! Wir wissen doch, daß das Christentum niemals ein bequemer Weg war. Und wir wissen auch, daß es sich lohnt, das Leben Tag für Tag in dem ständigen Bemühen zu verschleißen, dem Glauben, den wir empfangen haben, folgerichtig zu entsprechen. Öffnet die Tore eures Herzens für Christus, damit er euch in Verbreiter seines Evangeliums verwandle!

6. Die Verkündigung des Evangeliums wird „neu in ihren Methoden" sein, wenn jedes einzelne Mitglied der Kirche sich zum Hauptträger der Verbreitung der Botschaft Christi macht.

„Der Geist des Herrn ruht auf mir, denn der Herr (...) hat mich gesandt, damit ich die frohe Botschaft bringe" (*Jes* 61,1).

Jeder Christ, jeder von euch kann diese Worte des Propheten nachsprechen. Jeder kann auch wie an ihn gerichtet die Worte hören, die Christus kurz vor seiner Himmelfahrt zu den Aposteln sagte: „Geht hinaus in die ganze Welt und verkündet das Evangelium allen Geschöpfen" (*Mk* 16,15).

„Alle Gläubigen" – so sage ich euch mit den Worten des II. Vatikanischen Konzils – „haben die Pflicht, je nach ihrer Veranlagung und ihren Fähigkeiten das Apostolat auszuüben." (vgl. *Apostolicam actuositatem*).

Die Verkündigung des Evangeliums ist also Aufgabe aller Glieder der Kirche. Alle Gläubigen müssen unter der Führung ihrer Hirten echte Apostel sein.

Es handelt sich um ein Apostolat, das allen Christen im Umfeld ihrer Familie, ihrer Arbeit und der Gesellschaft erreichbar ist. Unerläßliches Prinzip dieses Apostolats ist das gute Beispiel im Alltagsbenehmen – trotz der eigenen persönlichen Grenzen – das sich im Wort fortsetzen muß; bei jedem in Übereinstimmung mit seiner Situation im privaten und im öffentlichen Leben.

7. Damit die Verkündung des Evangeliums auch „neu in ihrer Ausdrucksweise" sei, müßt ihr aufmerksam auf das hören, was der Herr sagt, das heißt, immer in Aufnahmebereitschaft für das stehen, was der Herr in jedem beliebigen Augenblick anregen könnte. „Erweise uns, Herr, deine Huld, / und gewähre uns dein Heil. / Ich will hören, was Gott redet" (*Ps* 85,8–9).
Jeder christliche Mann und jede christliche Frau muß sich eine solide Kenntnis der Wahrheiten Christi erwerben, die der eigenen kulturellen und intellektuellen Bildung angemessen ist, indem sie den Unterweisungen der Kirche folgen. Jeder und jede muß um den Heiligen Geist bitten, der sie befähigt, die „Frohbotschaft", die „Gute Nachricht" in alle Bereiche zu tragen, in denen sich ihre Existenz entfaltet. Diese profunde christliche Bildung wird es gestatten, „den neuen Wein", von dem das Evangelium spricht, in „neue Schläuche" zu füllen (*Mt* 9,17): die Gute Botschaft in einer Sprache zu verkünden, die alle verstehen können.
Die Apostolatsgruppen und -vereinigungen müssen besonderes Interesse für eine weitere Vertiefung des christlichen Lebens, für eine tiefere Kenntnis des katholischen Glaubens wie auch für eine häufigere, aktive Beteiligung am liturgischen Leben der Kirche zeigen. Die verschiedenen Apostolatsbewegungen in Uruguay, die Meditations- und Gebetsgruppen, die Basisgemeinschaften und kirchlichen Vereinigungen haben für ihren Teil mit der Gnade Gottes Früchte getragen und tragen sie auch weiterhin, die die der Kirche eigene Lebenskraft bezeugen. Sie alle möchte ich daran erinnern, daß sie „besondere Empfänger der Evangelisation und gleichzeitig Verkünder des Evangeliums sein müssen" (*Evangelii nuntiandi*, Nr. 58), und in jedem Moment ihre unverfälschte Treue zum Lehramt der Kirche, zum Papst und zu den Bischöfen wie auch ihre weltumfassende und missionarische Offenheit und ein entschlossenes Engagement für die Gerechtigkeit unter Beweis stellen sollen.

8. Die heutige Lesung aus dem Evangelium des heiligen Markus zeigt uns einen Jesus, der Mitleid mit der Menschenmenge hat und die Brotvermehrung vollbringt.
Der heilige Text berichtet, daß die Jünger, als es spät wurde, zu Jesus kamen und zu ihm sagten: „Schick sie weg, damit sie in die umliegenden Gehöfte und Dörfer gehen und sich etwas zu essen kaufen können" (*Mk* 6,36). Der Herr antwortete: „Gebt ihr ihnen zu essen" (*Mk* 6,37). Und als er sah, daß die Vorräte nicht reichten, nahm er das wenige, das sie hatten, befahl allen, sich ins Gras zu setzen, und es ereignete sich das Wunder: Fünf Brote und zwei Fische genügten, um fünftausend hungrige Menschen satt zu machen (vgl. *Mk* 6,44). Der heilige Markus fügt hinzu, daß „zwölf Körbe mit Brot und Fischen" übrig blieben (*Mk* 6,43).

Diese Begebenheit ist ein sprechendes Zeugnis dafür, daß die Sorge um das Brot für den Menschen immer die Verkündigung des Evangeliums begleitet. Das Brot ist dabei Symbol für die irdischen Bedürfnisse des Menschen. Die Kirche hat durch die Geschichte hindurch die Evangelisierung in dieser Weise verstanden und deswegen zusammen mit der Verkündigung der Guten Nachricht Initiativen unternommen, deren Ziel die Befriedigung dieser Bedürfnisse war. Wie mein Vorgänger Paul VI. seligen Angedenkens so treffend hervorhob, „besagt evangelisieren für die Kirche, die Frohbotschaft in alle Bereiche der Menschheit zu tragen und sie durch ihren Einfluß von innen her umzuwandeln und die Menschheit selbst zu erneuern: ‚Seht, ich mache alles neu‘! (*Offb* 21,5)“ (*Evangelii nuntiandi*, Nr. 18).
Die vom Liebesgebot in Gang gebrachte Neuverkündigung des Evangeliums wird die ersehnte Förderung der Gerechtigkeit und die Entwicklung in ihrem volleren Sinn ebenso wie die gerechte Verteilung der Reichtümer und die Achtung vor der Würde der Person hervorbringen als nicht zu umgehendes Gebot für alle und jeden einzelnen Uruguayer. Und „in diesem Einsatz müssen“ – wie ich in der Enzyklika *Sollicitudo rei socialis* aufgezeigt habe – „die Söhne und Töchter der Kirche Beispiel und Leitbild sein, da sie nach dem Programm, das Jesus selbst in der Synagoge von Nazaret verkündet hat, dazu berufen sind, den Armen eine gute Nachricht zu bringen ... den Gefangenen die Entlassung zu verkünden und den Blinden das Augenlicht, die Zerschlagenen in Freiheit zu setzen und ein Gnadenjahr des Herrn auszurufen (*Lk* 4,18–19)“ (Nr. 47).

9. Im Buch des Jesaja lesen wir auch: „Von Herzen will ich mich freuen über den Herrn. Meine Seele soll jubeln über meinen Gott. Denn er kleidet mich in Gewänder des Heils, er hüllt mich in den Mantel der Gerechtigkeit“ (*Jes* 61,10).
So spricht die Kirche zu Christus. In der Tat ist Christus der Bräutigam der Kirche, wie wir im Epheserbrief lesen (vgl. *Eph* 5,25–27.32). Als Bräutigam ist er besorgt, daß seine Braut mit dem Mantel des Heils bekleidet sei.
Gott hat tatsächlich die Welt so sehr geliebt, daß er seinen einzigen Sohn hingab, „damit die Welt durch ihn gerettet wird“ (*Joh* 3,17). Der Sohn Gottes hat sich selbst hingegeben, um dem Menschen die Schönheit, Abbild Gottes zu sein, zurückzuerstatten. Im Kreuz Christi und in seiner Auferstehung finden das „Evangelium der Armen“ und das „Brot der Eucharistie“ ihre Quelle ebenso wie die heilende Kraft des Sakraments der Versöhnung, das „alle heilt, deren Herz zerbrochen ist“ (*Jes* 61,1).
Und wenn es auch auf dem Weg der Verkündigung des Evangeliums durch die Kirchengeschichte hindurch – auch auf diesem Kontinent – nicht an Spuren der Schwäche und der Sünde des Menschen mangelt – der Sünde in vielfacher Gestalt – erheben wir trotzdem unsere Augen in Dankbarkeit zu dem, der uns „bis zur Vollendung liebte“ (*Joh* 13,1) und uns in den Mantel der Gerechtigkeit gehüllt hat (vgl. *Jes* 61,10). Danken wir ihm für die Liebe, für die Erlösung, für den Bund mit Gott in seinem Blut. Für den Glauben und das Glaubensleben. Laßt uns dem Herrn dankbar sein für die fünf Jahrhunderte der Verkündigung des Evangeliums in ganz Lateinamerika.
Ehre sei dem Vater und dem Sohn und dem Heiligen Geist!

Wohlstand und Friede keine Utopie

Ansprache beim Abschied in Montevideo (Uruguay) am 9. Mai

Herr Präsident der Republik, werte Behördenvertreter, geliebte Brüder im Bischofsamt, liebe Freunde von Uruguay!

1. Zum Abschluß meines Pastoralbesuches in eurem geschätzten Land, durch das ich in diesen Tagen reisen und dabei direkten Kontakt mit den verschiedenen Ortskirchen aufnehmen sowie Angehörigen aller beruflichen und sozialen Schichten begegnen konnte, fühle ich mich verpflichtet, euch zu sagen, daß ihr wirklich ein Volk „mit Herz" seid. Ich konnte das überall feststellen, sah ich doch, daß ihr es versteht, mit eurer Liebenswürdigkeit die Herzen eurer Besucher zu gewinnen. Ich werde dieser apostolischen Reise ein unauslöschliches Andenken bewahren und die Kundgaben der Religiosität und der Begeisterung nicht vergessen, denen ich auf meinem Evangelisierungsweg begegnete.
Ich danke dir, Volk von Uruguay, für die Gastfreundschaft, die du dem Papst erwiesen und für die Aufnahme, die du seinem Wort bereitet hast, dem Wort des Sämanns, der die Hoffnung des Evangeliums gesät hat. Ich weiß, daß ihr einem Freund bei seiner Abreise das beste zu wünschen pflegt: daß er sehr glücklich sei! Das habt ihr auch diesem Pilger gewünscht, der sich nun verabschiedet und mit Überzeugung den gleichen Wunsch ausspricht: Uruguay, du sollst sehr glücklich sein!
In diesem Augenblick möchte ich euch nochmals daran erinnern, daß man das wahre Glück nur dann findet, wenn man Gott sucht. Er erwartet euch, um euch mit seinen Gaben zu überhäufen, um euch insbesondere die Eucharistie zu schenken. Möge die Feier im Stadion „Centenario", wo ich euch am Nachmittag meiner Ankunft den eucharistischen Segen erteilte, für euch eine bleibende Erinnerung an das darstellen, was eure Haltung als Christen auszeichnen muß: ein auf den Erlöser ausgerichtetes Leben, in dem sein Gebot, die Mitmenschen – insbesondere die Ärmsten und Bedürftigsten – zu lieben, in die Praxis umgesetzt wird. So und nicht anders muß der eifrige Dienst, die wache Sorge der Kirche in Uruguay im Laufe dieses eucharistischen Jahres und immer sein.

2. Uruguay wird glücklich sein, wenn seine Familien ein „Ja" zum Plan Gottes sagen und das Geschenk des Lebens hochherzig annehmen.
Wie euer erster Führer, José Artigas, träumt ihr alle von einer freien und einigen Nation, in der Wohlstand herrscht, in der sich alle beheimatet fühlen und wo man in Frieden lebt, in gegenseitiger Achtung und in einer gerechten Gesellschaftsordnung. Dieser Traum ist keine Utopie: ihr müßt ihn, dank der Mitarbeit und der Bemühungen aller, Wirklichkeit werden lassen. Als Christen seid ihr dazu berufen, an vorderster Front diese notwendige und dringende Aufgabe zu erfüllen.
Bevor ich euer Land verlasse, möchte ich mich neuerlich an die jungen Menschen wenden, die mir während dieser Tage das Geschenk ihrer Freundschaft gemacht haben. Ich zähle auf euch! Seid stark im Glauben und gebt ein hoffnungsvolles Zeugnis der Großmut, um eine bessere Welt aufzubauen. Wir wollen weiterhin im Gebet und im Dialog

vereint bleiben, damit ihr dem Herrn die Treue bewahrt und eure Vorsätze einhaltet, ist doch die neue Gesellschaft, die ihr ersehnt, nicht leicht zu verwirklichen. Ihr Aufbau erfordert die Überwindung zahlreicher Hindernisse, vor allem jener, die sich im Herzen des Menschen festsetzen. Wenn ihr jedoch eure Hoffnung und euer christliches Engagement hochhaltet, ist euch auch der Sieg sicher. Christus ist euer Sieg! Er ist der Freund, der nie untreu wird.
Unter den zahlreichen und eindrucksvollen Begegnungen dieser Tage erinnere ich mich besonders jener mit den Vertretern der Welt der Kultur in der katholischen Universität Uruguays, die den Namen Dámaso Antonio Larrañagas trägt. Wenn euer Land sich weiterhin aus allen Kräften um die Durchdringung seiner Kultur mit den Grundsätzen des christlichen Glaubens bemüht, die in erster Linie von den Söhnen und Töchtern der Kirche gelebt werden müssen, ist ihm sein Glück sicher.
Tut alles, was in euren Kräften steht, damit das „Evangelium der Arbeit“ und die „Zivilisation der Liebe“, die Themen unserer Reflexionen in Melo und in Salto waren, Wirklichkeit werden.

3. Die Kirche in Uruguay – d. h. jedes einzelne ihrer Glieder, in Einheit mit den Hirten – wird wahrhaftig die Seele der Gesellschaft Uruguays werden, wenn sie sich unablässig für eine neue Evangelisierung einsetzt, die für sie eine Notwendigkeit ist und zu der sie, gemeinsam mit allen Ländern Lateinamerikas, anläßlich des herannahenden fünfhundertsten Jahres des Eintreffens der Botschaft Christi in diesem Kontinent aufgerufen ist. Auch zeichnet sich am Horizont bereits das große Jubiläum des dritten Jahrtausends des Christentums ab.
Beide Ereignisse erfordern eine gute Vorbereitung, wenn sie reiche Früchte tragen sollen: Früchte eines gerechteren, geschwisterlichen Zusammenlebens; Früchte eines intensiveren und tieferen christlichen Lebens; Früchte zahlreicher Berufungen für den Dienst Gottes und seiner Kirche.
In Florida habe ich euer Leben, eure Familien und eure Arbeit der Jungfrau Maria, Führerin der „Dreiunddreißig“ und Mutter der Bevölkerung des Ostens, anvertraut. In diesem Marianischen Jahr beschützt sie uns auf ganz besondere Weise. Laßt euch von Maria, dem Stern der Evangelisierung, leiten; sie zeigt immer den sicheren Weg.

4. Herr Präsident, ich danke Ihnen für alle Aufmerksamkeiten, die Sie mir erwiesen haben, und für Ihren großzügigen Beitrag zum guten Ablauf dieses Pastoralbesuches. Auch möchte ich meine Dankbarkeit den Behörden von Montevideo, Melo, Florida, Salto und Canelones ausdrücken, die pünktlich und effizient mit den Vertretern der Kirche zusammengearbeitet haben, um meine apostolische Reise möglich zu machen und zu erleichtern. Allen recht herzlichen Dank.
Meinen Brüdern im Bischofsamt, denen ich mich so eng verbunden fühle, den Priestern und Ordensleuten, allen Brüdern und Schwestern, vor allem jenen, die leibliche oder seelische Leiden ertragen müssen, allen rufe ich aus tiefstem Herzen zu: Gott befohlen! und: Dank! Möge der Herr euch segnen! Uruguay, mögest du auf dem Weg deiner neuen Geschichte glücklich sein!

Das Dienstamt nicht vernachlässigen

Ansprache an die Bischöfe Boliviens in La Paz (Bolivien) am 9. Mai

Verehrte Brüder im Bischofsamt!

1. Ich wollte, daß meine erste Begegnung nach dem Betreten bolivianischen Bodens ein Treffen mit euch sei, liebe Brüder im Bischofsamt, die ihr die Verantwortung tragt, die Partikularkirchen des Volkes Gottes, das in Bolivien auf seinem Pilgerweg ist, im Glauben zu führen und in der Liebe zu regieren. Ich danke Gott, in eurer geliebten Heimat bei euch sein zu können, in diesem Haus, das wie ein Heim für alle ist, weil es das Haus des Papstes ist.
Ich möchte euch vor allem sagen, daß ich dem Herrn Präsidenten und in seiner Person allen Mitgliedern dieser Bischofskonferenz zutiefst dankbar bin, daß sie mich zusammen mit den Obrigkeiten dieses Landes zu diesem Pastoralbesuch eingeladen haben. Zugleich bringe ich euch meine Bewunderung und aufrichtige Dankbarkeit für die großmütige Hingabe, Gewissenhaftigkeit und Selbstlosigkeit zum Ausdruck, die ihr für eure Hirtenaufgabe aufwendet. Meine Anerkennung gilt auch der Sorgfalt, die ihr bei der Vorbereitung dieser Reise habt walten lassen, damit diese reiche Früchte der Erneuerung des christlichen Lebens in euren kirchlichen Bezirken bringe. Ich bitte Gott, er möge jeden einzelnen Bischof, die Priester und Seelsorgskräfte und die Gläubigen eurer Teilkirchen segnen, denen ich durch euch meinen liebevollen Gruß sende.

2. Über diesen meinen aufrichtigen Dank an euch im allgemeinen hinaus möchte ich auch konkreter danksagen:
Möge die Huld Gottes jeden Angehörigen der Erzdiözese La Paz begleiten, ihren Erzbischof, den Erzbischof-Koadjutor und die Weihbischöfe wie auch die Oberhirten der Teilkirchen von Coroico und von Corocoro.
In gleicher Weise Dank den Gläubigen der Erzdiözese Cochabamba, ihrem Erzbischof und ihren Weihbischöfen und den Bischöfen von Oruro und Aiquile. Der allmächtige Gott möge diese Kirchen weiterhin mit seinen Gaben segnen.
Meine Anerkennung, die zum Gebet wird, möge auch zu der Erzdiözese Sucre, ihrem Oberhirten und den Weihbischöfen sowie zu den Diözesen Potosí und Tarija mit ihren Bischöfen dringen.
Möge das Wohlwollen Gottes jetzt und immer den Metropolitansitz von Santa Cruz, seinen Erzbischof, die Weihbischöfe und die Gläubigen schützen.
Und möge die Fülle der Gnade des Herrn herabkommen auf die Angehörigen des Militärbischofsamtes, auf die Kirchengemeinden der Apostolischen Vikariate Chiquitos, Cuevo, El Beni, Nuflo de Chávez, Pando und Reyes wie auch auf ihre Bischöfe, denen ich ebenso meine Hochachtung ausspreche.
Eine ganz besondere Erwähnung möchte ich schließlich dem Herrn Kardinal José Clemente Maurer vorbehalten, den ich in den nächsten Tagen zu treffen hoffe; wie auch den übrigen Bischöfen, die aus Gesundheitsgründen nicht zu dieser Begegnung kommen konnten.

An alle meinen Dank für die Sorgfalt und Gewissenhaftigkeit, mit denen ihr meinen Pastoralbesuch vorbereitet habt.

3. Ihr, meine Brüder im Bischofsamt, seid – um es mit den Worten des II. Vatikanischen Konzils zu sagen – „vom Heiligen Geist eingesetzt und tretet an die Stelle der Apostel als Hirten der Seelen. Gemeinsam mit dem Papst und unter seiner Autorität seid ihr gesandt, das Werk Christi, des ewigen Hirten, durch alle Zeiten fortzusetzen" (*Christus Dominus*, Nr. 2).
Euer Rang als Hirten der Kirche ordnet euren ganzen Auftrag ein in den Rahmen des göttlichen Erlösungsplanes und zeigt euch schon von sich aus das wahre und wesentliche Ausmaß eures Dienstamtes: dem Werk Christi, das das Werk der Erlösung ist, fortdauernd Leben zu geben.
Daher sind – wie uns das soeben zitierte Konzilsdokument sagt – „die Bischöfe durch den Heiligen Geist, der ihnen mitgeteilt worden ist, wahre und authentische Lehrer des Glaubens, Priester und Hirten geworden" (*ebd.*). Es ist das dreifache Amt, mit Autorität die geoffenbarte Wahrheit zu lehren und in Wachsamkeit Irrtümer abzuwenden, kraft der empfangenen Fülle des Priestertums erste Diener des göttlichen Kultes zur Heiligung der Gläubigen zu sein und das Volk Gottes mit ordentlicher, eigener und unmittelbarer Vollmacht zu leiten und zu hüten.
Daraus ergibt sich in erster Linie die Anforderung, die Funktionen des Dienstamtes nicht zu vernachlässigen, die es verdienen, einen bevorzugten Platz in eurer Seelsorgstätigkeit einzunehmen.

4. Aus demselben Grund nimmt euer Dienst als Lehrer eine erstrangige Funktion bei der Verbreitung des Wortes Gottes und bei der Erleuchtung eurer Priester und eurer Gläubigen mit angemessenen Richtungsweisungen aus der Lehre an, wie wir im Psalm lesen: „Dein Wort ist meinem Fuß eine Leuchte, ein Licht für meine Pfade" (*Ps* 119,105). Auf diese Weise werdet ihr die Kirche in Treue zum Willen des Herrn und stets mit aufmerksamem Blick für die Bedürfnisse der Menschen leiten; sie erwarten die glaubwürdige Unterweisung, die ihnen hilft, den transzendenten Wert ihrer Existenz zu entdecken, und die sie auf ihrem Weg als Bürger und Kinder Gottes erleuchtet.
Mit Hilfe klarer, zweckmäßiger und den Situationen jeder Epoche angemessener Weisungen können eure Gläubigen allmählich immer reifere Kriterien für das, was ihr christliches Leben und ihre Verantwortlichkeiten in der Gesellschaft betrifft, entwickeln. Gleichzeitig erwerben sie die Standfestigkeit in der Lehre, die sie brauchen, um Ideen, Denkweisen und Systemen entgegentreten zu können, die nicht im Einklang mit dem unverfälscht bekannten Glauben stehen.

5. In dieser Hinsicht freut es mich sehr, persönlich die Frömmigkeit des bolivianischen Volkes feststellen zu können; es erwartet und braucht eure Führung in der Lehre, um so seine aufrichtigen und tiefen Glaubensüberzeugungen reinigen und in der Wahrheit festigen zu können. Zugleich braucht es eure Weisungen, um gegenüber der Proselytenmacherei der Sekten auftreten und sich verteidigen zu können, die sich in jüngster Zeit in Bo-

livien ausbreiten; diese Sekten fundamentalistischer Prägung säen im Volk Verwirrung und können unglücklicherweise sehr rasch die innere Folgerichtigkeit und die Einheit der Botschaft des Evangeliums auflösen. Es ist eure Aufgabe, bei euren Gläubigen ein angemessenes Unterscheidungsvermögen zu schaffen, damit sie sich in aufrichtiger ökumenischer Haltung gegenüber den Brüdern und Schwestern in den anderen christlichen Konfessionen und in Achtung gegenüber allen trotzdem als treue Kinder der Kirche bewahren und verhalten können, in der sie getauft worden sind.
In diesem Zusammenhang möchte ich, liebe Brüder, euer Interesse für die Förderung einer angemessenen christlichen Bildung auf allen Ebenen, mit besonderer Berücksichtigung der Kindheit und des Jugendalters, hervorheben und euch darin ermutigen. Mir gefällt euer Bemühen, Katechisten, religiöse Führungspersönlichkeiten, Helfer in der Seelsorge und Laien im allgemeinen in zweckmäßiger Weise auszubilden. Als Männer und Frauen, die sich in ihrer christlichen Berufung engagieren, setzen sie sich für das Werk der Evangelisierung und die Ausbreitung des Reiches Gottes ein. Vor allem aber möchte ich euch ermuntern, der soliden kulturellen und menschlichen, theologischen und seelsorglichen Ausbildung der Seminaristen und Priester, eurer nächsten Mitarbeiter, besondere Aufmerksamkeit zu schenken. Ich bitte euch, ihnen immer sehr nahe zu sein und euch brüderlich um ihr spirituelles und materielles Leben zu kümmern. Das wird auch die erwünschte Zunahme der Berufungen begünstigen.
Mit dieser Einstellung werdet ihr wirkliche Baumeister einer lebendigen und dynamischen Kirche sein, die aus ihrem Glauben heraus zusammen mit euch und mit dem Papst Verbreiterin der Gerechtigkeit und der Hoffnung ist in Übereinstimmung mit dem Leitwort, das ihr für meinen Pastoralbesuch in eurem Land gewählt habt.

6. Die Gerechtigkeit ist ein Anliegen, das die Kirche in ihrem Dienst am Menschen, besonders dem bedürftigsten, voll aufgegriffen hat. Sie hat dieses Anliegen in ihre Soziallehre eingefügt, „um eine richtige Problemstellung wie auch die beste Lösung der Fragen zu fördern“, mit dem Ziel „einer wahren Entwicklung des Menschen und der Gesellschaft, welche die menschliche Person in allen ihren Dimensionen achten und fördern soll“ (*Sollicitudo rei socialis*, Nr. 41;1). In dieselbe Richtung zielten auch die großen Dokumente des sozialen Lehramts meiner Vorgänger, und dieses hat auch meine jüngste Enzyklika inspiriert.
Ausbreiter der Gerechtigkeit zu sein bedeutet, ihre Postulate auf allen Ebenen zu verteidigen und zu fördern und gleichzeitig ihre Verletzungen als etwas gegen das Evangelium und die Würde der Person Gerichtetes anzuprangern. Es bedeutet auch, die von den Mächtigen angewandten ungerechten Methoden wie auch die Nichterfüllung von Verpflichtungen von seiten der weniger Wohlhabenden, wenn dies vorkommen sollte, anzuklagen. Denn „das Gut, zu dem wir alle berufen sind, und das Glück, nach dem wir uns sehnen, können ohne die Anstrengung und den Einsatz aller, niemanden ausgeschlossen, und ohne konsequenten Verzicht auf den eigenen Egoismus nicht erreicht werden“ (*Sollicitudo rei socialis*, Nr. 26).

7. Deswegen muß man bei der Förderung der Gerechtigkeit nicht nur „die Strukturen der Sünde“ und „die entarteten Mechanismen“ bekämpfen, auf die ich in meiner jüngsten Enzyklika hingewiesen habe (*ebd.*, Nr. 37, 39, 30), sondern auch die persönliche Sünde, vor allem den Egoismus, der die eigentliche Wurzel eben dieser ungerechten und sündhaften Strukturen ist.
Hier findet euer Hirtenauftrag ein weites Betätigungsfeld. In ihm muß die Lehre von der solidarischen Liebe und deren Ausübung aufstrahlen, der Liebe, die Christus gewollt hat, denn „jeder, der die Gerechtigkeit nicht tut und seinen Bruder nicht liebt, ist nicht aus Gott ... Wenn jemand Vermögen hat und sein Herz vor dem Bruder verschließt, den er in Not sieht, wie kann die Gottesliebe in ihm bleiben?“ (*1 Joh* 3,10.17).
Diese Liebe ist das Unterscheidungsmerkmal für jeden Christen und muß die Methode seines Handelns sein. Aus diesem Grund ist es immer verwerflich, Gewalt und Haß als Mittel zu ergreifen, um ein Ziel der erstrebten Gerechtigkeit zu erreichen. Diese Überzeugung hat die Kirche immer gehabt und sie behält im gegenwärtigen Augenblick volle Gültigkeit.

8. Gerechtigkeit schaffen – vor allem dort, wo es so viele Beispiele und Strukturen der Ungerechtigkeit gibt – heißt aus dem eigenen Glauben und den Prinzipien des Evangeliums Kraft und Anregung holen, um diese konkreten Situationen mit den Mitteln des Evangeliums zu ändern zu versuchen. Daher hat das Konzil ermahnt, jede Spaltung zwischen beruflichem und gesellschaftlichem Leben und dem christlichen Leben zu vermeiden, denn „ein Christ, der seine irdischen Pflichten vernachlässigt, versäumt damit seine Pflichten gegenüber dem Nächsten, ja gegen Gott selbst und bringt sein ewiges Heil in Gefahr“ (*Gaudium et spes*, Nr. 43).
Dieses Engagement für die Gerechtigkeit und für die Beseitigung aller Mißbräuche und Unterdrückungen ist in eine Strömung des Denkens und Handelns eingemündet, die, besonders in Lateinamerika, in der Sehnsucht nach Befreiung von jedem Joch und jeder Versklavung greifbar geworden ist.
Ein solches Streben ist gewiß etwas Edles und Gültiges; man kann nicht leugnen, daß in einer gesunden und authentisch dem Evangelium entsprechenden Theologie der Befreiung positive Werte vorhanden sind; man darf jedoch nicht vergessen, daß „auch die Fehlentwicklungen und die Gefahren, die mit dieser Form theologischer Reflexion und Arbeit verbunden sind, (vom) kirchlichen Lehramt in entsprechender Weise aufgezeigt“ worden sind (*Sollicitudo rei socialis*, Nr. 46).
Ich erinnere euch nachdrücklich daran, liebe Brüder, daß ihr bei der Ausübung eures Lehramtes immer die unverfälschten Kriterien der theoretischen und praktischen Unterscheidung beachtet, die die Seelsorgskräfte und alle Gläubigen erleuchten und führen soll. Eine theologische Reflexion, die das geoffenbarte Wort willkürlich verkürzt und damit entstellt, kann von der Kirche nicht akzeptiert werden. Das bedeutet nicht, daß die Hirten gegenüber unbestreitbaren Ungerechtigkeitssituationen schweigen sollen. Die Kirche hat auf dem gesellschaftlichen Gebiet eine prophetische Funktion und diese „umfaßt auch die Offenlegung der Übel und Ungerechtigkeiten. Doch ist die Klarstellung angebracht, daß Verkündigung wichtiger ist als Anklage, und daß diese nicht von jener ab-

sehen darf, da sie nur von dort ihre wahre Berechtigung und die Kraft einer höchsten Motivation erhält" (*Sollicitudo rei socialis*, Nr. 41).

9. Hoffnung zu verbreiten, heißt einen weiteren wesentlichen Auftrag der Kirche zu erfüllen, denn „Freude und Hoffnung, Trauer und Angst der Menschen von heute, besonders der Armen und Bedrängten aller Art, sind auch Freude und Hoffnung, Trauer und Angst der Jünger Christi" (*Gaudium et spes*, Nr. 1).
Daß sich die kirchliche Gemeinde einer Welt wie der unseren solidarisch und nahe fühlt, die vom Leid geprüft und von Haß und Feindschaft zerrissen ist, ist an sich schon ein Zeichen der Hoffnung. Dasselbe muß auch das entschlossene Bemühen sein, die Brüderlichkeit aller Menschen in Christus zu predigen: denn alle sind gleich in der Personenwürde, und an alle richtet sich die Berufung zur Ewigkeit. Diese Brüderlichkeit wird durch die Beziehung zur Jungfrau Maria, der Mutter Jesu und unserer Mutter, bereichert und gewinnt eine neue Dimension.
Ebenso wird die Kirche Hoffnung verbreiten, wenn sie es versteht, jeden einzelnen dazu zu bringen, hier und heute seinen Möglichkeiten entsprechend seinen Beitrag zur Verbesserung der Gesellschaft zu leisten, „ohne alles von den bessergestellten Ländern zu erhoffen, und in Zusammenarbeit mit den anderen, die in derselben Lage sind. (...) Jeder sollte sich die Fähigkeit verschaffen zu Initiativen, die den eigenen sozialen Bedürfnissen entsprechen" (*Sollicitudo rei socialis*, Nr. 44).

10. Und über allem muß die Kirche Hoffnung verbreiten, indem sie mit Klarheit in ihrer Predigt und in ihrem Leben Jesus von Nazaret zeigt, das Licht für jeden Menschen, den Weg, die Wahrheit und das Leben (vgl. *Joh* 14,6). Sie tut das in wirksamer Weise, wenn sie den in Hoffnungslosigkeit gestürzten Menschen zu Christus zu führen weiß, der unser Glaube, unsere Stärke, unser Ostern ist.
Deswegen kann die Kirche aus der Forderung ihrer Treue zu Christus heraus sich nicht darauf beschränken, nur weltliche Hoffnungen oder Teilbefreiungen von rein irdischen Übeln anzubieten. Wir dürfen den Menschen nicht in den Raum bloß materieller Befreiung verbannen und ihm so seine höchste Würde rauben, die ihn zur Transzendenz in Gott ruft – einem Gott, der der Vater des Erbarmens ist und sich uns als solcher gezeigt hat, als Christus, Bruder und Erlöser des Menschen, als Heiliger Geist, Herr und Lebensspender in unserer zeitlichen Existenz, der ihr den Hauch des nie endenden Lebens eingibt.
Indem sie so das Vertrauen in den uns nahen Gott verbreitet, der uns als Kinder unendlich liebt, wird die Kirche dem Menschen mit dem vom Leid gezeichneten Antlitz in Bolivien und Lateinamerika Mut und neue Energien bringen. Dieser Mut ist begründet auf Christus, durch den wir – wie uns der heilige Paulus lehrt – „auch den Zugang zu der Gnade erhalten haben, in der wir stehen, und uns unserer Hoffnung auf die Herrlichkeit Gottes rühmen. Mehr noch, wir rühmen uns ebenso unserer Bedrängnis; denn wir wissen: Bedrängnis bewirkt Geduld, Geduld aber Bewährung, Bewährung Hoffnung. Die Hoffnung aber läßt nicht zugrunde gehen; denn die Liebe Gottes ist ausgegossen in unsere Herzen" (*Röm* 5,2–5). Nur in dieser Perspektive finden die Erwartungen des Menschen auf Frieden, Gerechtigkeit und Glück ihre volle Verwirklichung.

11. Maria, die Allerseligste, die Jungfrau von Copacabana, die uns Christus, die Sonne der Gerechtigkeit, geschenkt hat und die „Mutter der Hoffnung" ist, ermutige euch auf eurem Weg und stütze euch in eurem gläubigen kirchlichen Engagement.
Sie soll uns lehren, den Armen, den Jugendlichen, den Familien Glauben, Gerechtigkeit und Hoffnung einzugeben, damit sie ihrerseits zu Verbreitern dieser großen Ideale werden. Möge die Mutter Jesu und unsere Mutter uns helfen, der Kirche Christi in Bolivien neuen Schwung zu geben, und möge sie die Ziele dieser Pastoralreise segnen, damit meine Stimme Ermutigung in den Schwierigkeiten eines jeden Bolivianers sein kann. Und damit wir gemeinsam in dieser so hilfsbedürftigen Gesellschaft Säleute der Gerechtigkeit und des Friedens seien. So sei es.

Verantwortungsbewußte und solidarische Gemeinschaft schaffen

Ansprache an das Diplomatische Korps in La Paz (Bolivien) am 10. Mai

Exzellenzen, meine Damen, meine Herren!

1. Ich möchte meine lebhafte Genugtuung zum Ausdruck bringen über die Begegnung hier in La Paz mit den Vertretern so vieler Länder und internationaler Organisationen, die bei der bolivianischen Regierung akkreditiert sind.
Die hohen diplomatischen Funktionen, die Sie ausüben, verdienen unseren Respekt und unsere aufmerksame Hochachtung. Auf Ihnen ruhen in einem hohen Maß große Hoffnungen im Hinblick auf den Wunsch, eine Welt zu schaffen, in der der Friede, die Solidarität, die gegenseitige Zusammenarbeit und das Verständnis untereinander die entscheidenden Wege sind, zu menschlicheren und gerechteren Beziehungen im Kreis der internationalen Gemeinschaft zu gelangen. Dieser hohen Tätigkeit, die Bewunderung und Dankbarkeit verdient, widmen Sie ihre Fähigkeiten und Bemühungen, die kontinuierlich in der Ausübung des nicht immer leichten Diplomatenberufes auf die Probe gestellt werden. In der Tat, das Wesen Ihres Berufes macht Sie zu Baumeistern des Verstehens und der Eintracht unter den Nationen, damit Friede herrsche. Der menschliche Wunsch nach Frieden unter den Völkern ist jedoch kein simples Geschenk in Reichweite, sondern Ergebnis eines entschiedenen Willens und einer dauernden Anstrengung aller. In einer Welt wie der unserigen, in der Stabilität und Friede unter den Nationen oft durch gegensätzliche Interessen – wie man sieht – bedroht werden, gewinnt die Tätigkeit des Diplomaten eine außerordentliche Bedeutung in den internationalen Beziehungen – sowohl auf bilateraler wie auf multilateraler Ebene. Auch wenn die letzten Entscheidungen in Händen von Regierungsmitgliedern liegen, ist die Tätigkeit des Diplomaten – wahrheitsgemäß und präzise zu berichten, Lösungswege aufzuzeigen, Gesprächs-, Verhandlungs- und Verständigungsbereiche zu schaffen – ein unentbehrliches Mittel in der internationalen Ordnung. „Gleichzeitig breitet sich in der durch alle Art von Konflikten entzweiten und verworrenen Welt die Überzeugung von einer tiefen wechselseitigen Abhängigkeit aus", so habe ich in meiner letzten Enzyklika *Sollicitudo rei socialis* unter-

strichen – „und folglich auch die Forderung nach einer Solidarität, die diese aufgreift und auf die moralische Ebene überträgt. Mehr als in der Vergangenheit werden sich die Menschen heute dessen bewußt, durch ein gemeinsames Schicksal verbunden zu sein, das man vereint gestalten muß, wenn die Katastrophe für alle vermieden werden soll" (Nr. 26).

2. Den hohen Wert des Friedens, den Sie überzeugt fördern, unermüdlich verteidigen und gegebenenfalls wiederherstellen müssen, muß man nach meiner Überzeugung unter Ihre Prioritäten als Diplomaten einreihen.
In dieser Hinsicht möchte ich an die Grundsätze von Gegenseitigkeit, Solidarität und wirklicher Zusammenarbeit in den internationalen Beziehungen erinnern, die Gegenstand meiner Überlegungen waren in einer *Ansprache an das beim Hl. Stuhl akkreditierte Diplomatische Korps* vom 12. Januar 1985.
Es sind Grundsätze, die für die ganze internationale Gemeinschaft gültig sind und insbesondere für die Gemeinschaft von Nationen, die den sogenannten Kontinent der Hoffnung bilden. Die historischen, kulturellen, sprachlichen und glaubensmäßigen Wurzeln, die ihnen gemeinsam sind, müssen gestärkt werden in der Zielsetzung, daß sich in Lateinamerika mehr und mehr die geistigen und sittlichen Werte festigen, die den authentischen Ursprung und die Berufung von jungen Völkern bilden, die dazu aufgerufen sind, eine unbezweifelbare Vorreiterrolle auf der Weltbühne zu spielen.

3. Den Frieden, dem wir alle unseren Beitrag schulden, findet man nicht auf dem Weg der Unnachgiebigkeit und der nationalen Egoismen. Ganz im Gegenteil, man erreicht ihn und sichert ihn durch das gegenseitige Verstehen. Andererseits wird das besagte Verstehen leichter und erfolgreicher, wenn es in einem aufrichtigen Geist von Solidarität seinen Ursprung hat; jener Solidarität, die alle Menschen vereint, die in dieser Welt leben, die vom Schöpfer dazu bestimmt ist, daß wir alle an ihren Gütern gerecht teilhaben können. Nur so, auf der Grundlage der Gerechtigkeit und Solidarität und im Bemühen um das gegenseitige Verstehen ist es möglich, feste und ausgewogene Fundamente zu legen, um eine internationale Gemeinschaft ohne dauernde schwere Unruhen zu schaffen, ohne dramatische Unsicherheit, ohne Konflikte mit irreparablen Konsequenzen. Nur so werden die latenten Probleme in verschiedenen Gegenden Lateinamerikas angemessene Lösungen finden können, wie gewisse Grenzprobleme oder die Frage der Mittellage Boliviens.

4. Sie sind Hauptakteure in dem Bemühen, eine internationale Gemeinschaft zu schaffen, die verantwortungsbewußt und solidarisch ist, die in Harmonie und Sicherheit sowie fruchtbringender Aktivität leben kann; ein Konzert von Nationen, in dem alle Menschen und alle Völker sich ganz verwirklichen können: sowohl in der Bereicherung durch die geistigen Werte wie in der Entwicklung besserer Lebensbedingungen im materiellen Sinn.
In der Tat, der Friede, der wesentlich Frucht der Gerechtigkeit ist, findet seinen Weg und seine Stärkung in der Förderung der Entwicklung; einer Entwicklung jedoch, die sich nicht auf das ökonomische Wirtschaftswachstum im quantitativen Sinn beschränkt, son-

dern die vor allem gesellschaftliche Verbesserungen im ganzheitlichen Sinn vorantreibt in Form einer besseren Verteilung des Reichtums und einer Anhebung der Lebensbedingungen – im geistigen wie im materiellen Sinne – jedes Einzelnen und aller Menschen. Die extreme Armut, die viele Länder immer noch ertragen, ist eine Beleidigung der ganzen Menschheit. Die abgrundtiefen Unterschiede zwischen reichen und armen Ländern sind unvereinbar mit dem göttlichen Plan einer Teilhabe aller an den Gütern der Schöpfung nach Recht und Billigkeit. Mehr noch, die Unterentwicklung ist, wie Sie gut wissen, eine der Ursachen der schweren sozialen und politischen Instabilität vieler Länder, die von ihr geprägt sind. Es ist eine Tatsache, daß die genannten Faktoren der Instabilität nicht nur die weniger fortgeschrittenen Länder betreffen, sondern daß sie auch Keim größerer Konflikte sind, die den Weltfrieden in Gefahr bringen können.

5. Unter diesen Faktoren der Instabilität, die heute die Welt heimsuchen, und in ganz besonderer Weise die Nationen, die sich auf dem Weg der Entwicklung befinden, figuriert die drückende Last der Auslandsverschuldung. Das Mißverhältnis zwischen der Höhe dieser Verschuldung und ihrer Tilgungsfähigkeit, der Unterschied zwischen den bewilligten Krediten für die Darlehensnehmer und den von den Gläubigern geforderten Einkünften verursacht schwerste Schäden in vielen armen Ländern. Die enorme Last jener Verschuldung bringt diese Länder in Gefahr, ihr legitimes Streben nach der Entwicklung zu vereiteln, die ihnen gebührt.

Der Hl. Stuhl kann nicht umhin, alle jene Initiativen zu ermutigen, die eingeleitet wurden, um nach den Kriterien von Gerechtigkeit und Billigkeit dieses schwerwiegende Problem zu lösen, dessen Konsequenzen vor allem die Ärmsten und Besitzlosen treffen.

Exzellenzen, meine Damen und Herren: ich kann Ihnen versichern, daß der Hl. Stuhl Ihnen immer ein aufmerksamer Gesprächspartner sein wird in allem, was den Frieden in der Welt und die Probleme angeht, die die internationale Gemeinschaft betreffen.

Zum Abschluß dieser Begegnung möchte ich für Ihre Anwesenheit herzlich danken; zugleich möchte ich meine aufrichtigen Wünsche für das umfassende Wohlergehen Ihrer Länder zum Ausdruck bringen, für die Realisierung der Ziele der von Ihnen vertretenen Institutionen, für den Erfolg Ihrer Mission in Bolivien und für das Glück Ihrer Lieben.

Heilige Familie Vorbild für alle Familien

Predigt bei der Messe in La Paz (Bolivien) am 10. Mai

„Wohl dem Mann, der den Herrn fürchtet und der auf seinen Wegen geht!“ (*Ps* 127/128,1)

1. Euch allen, die ihr mich hört, möchte ich diesen Segen wünschen, den in der Liturgie heute der Psalm verkündet. Der allmächtige Gott, unser Vater und Schöpfer, möge euch alle segnen! Ich grüße an erster Stelle in brüderlicher Verbundenheit Msgr. Luis Sa'inz, den Hirten dieser Ortskirche. Ich grüße ebenso alle meine lieben Brüder im Bischofsamt, die Priester, die Ordensmänner und Ordensfrauen und die Gläubigen dieser Hauptstadt und der Erzdiözese von La Paz sowie das ganze Volk Gottes in Bolivien. Mit ganz beson-

derer Liebe grüße ich auch die Familie der Aymara, das Volk, dem ich zum erstenmal begegne: Munata Jilanaca, Jumanacaja. Chuymajantawa. (Liebe Brüder und Schwestern, ihr steht meinem Herzen nahe).
Allen biete ich den Friedensgruß an als Bischof von Rom, der vom Sitz des Apostels Petrus her zu euch kommt. Ich möchte, daß ihr alle auf den Wegen des Herrn geht und euch leiten laßt von der Furcht Gottes, die der „Anfang der Weisheit" ist (*Spr* 9,10).

2. In besonderer Weise möchte ich mich an alle bolivianischen Familien ohne Ausnahme wenden.
Die heutige Liturgie läßt uns am Leben der Heiligen Familie im Heim zu Nazaret teilnehmen. Gott führt die Fülle der Zeiten herauf in ganz normalen und gewöhnlichen Verhältnissen: in einer Familie, in einem Haus, in einem kleinen Dorf von Galiläa. Dort lebt und arbeitet Jesus, der Sohn Gottes, Mensch geworden und geboren von der Jungfrau Maria, zusammen mit Joseph, dem Schreinermeister. In dieser Familie lernt der, der das Heil der Welt sein wird, wie jedes Kind seinen Weg ins Leben. Der Sohn Gottes lebt in Nazaret, bis er 30 Jahre alt ist, zusammen mit seiner irdischen Mutter und zusammen mit jenem Mann, der im Auftrag des himmlischen Vaters die Verantwortung als Vater auf Erden übernimmt.
Der Evangelist faßt in einem einzigen Satz jene Jahre des verborgenen Lebens zusammen: „Das Kind wuchs heran und wurde kräftig; Gott erfüllte es mit Weisheit, und seine Gnade ruhte auf ihm" (*Lk* 2,40).
Die Heilige Familie, Beispiel und Vorbild einer jeden christlichen Familie, zeigt die Ideale auf, die nach dem ewigen Plan Gottes jede Familie anstreben muß, um den Namen „Hauskirche" zu verdienen, mit dem die christliche Überlieferung sie benannt hat.

3. Der Psalm, den wir gesungen haben, weist uns auf das Familien- und Eheleben hin, in dem alle und jeder einzelne – Vater, Mutter und Kinder – ihren entsprechenden Platz haben. Wenn sie ihrer Berufung treu bleiben, finden sie innerhalb der Familie auch – verbunden mit dem göttlichen Segen – echt menschliches Glück.
„Wohl dem Mann, der den Herrn fürchtet und ehrt und der auf seinen Wegen geht!" (*Ps* 127/128,1).
Wohl dem Bräutigam, der wie der hl. Joseph seine Liebe zeigt, indem er für sein Haus mit der Arbeit seiner Hände den Lebensunterhalt beschafft. „Was deine Hände erwarben, kanst du genießen; wohl dir, es wird dir gut ergehn" (*Ps* 128,2).
Liebe Aymara, meine Brüder, die Weisheit eurer Vorfahren lehrt: Jani Lun Thata: Sei kein Räuber. Jani Qaira: Sei nicht faul. Jani Kari: Sei kein Lügner.
Das sind Tugenden, die, auf eure Arbeit angewandt, eine Offenbarung der Liebe zu Gott und zum Nächsten sein müssen, ein Beispiel der Kraft für eure Kinder, und sie bedeuten zugleich das Glück für eure Familien.
Wohl der Frau, deren Mutterschaft der Psalmist mit dem „fruchtbaren Weinstock" vergleicht (*Ps* 127/128,3), als Frau und Mutter das Herz der Familie, die in Wahrheit das „Innerste" des Hauses bildet, um die herum alle sich versammeln, weil sie ihre ganze

Liebe spüren. Die Frau gibt wie Maria mit ihrer Liebe und Arbeit, die oft im Verborgenen geleistet wird und viel Kraft kostet, dem Haus seinen Bestand.
Wohl den Kindern, die mit den Worten des Psalms in der Familie „wie junge Ölbäume“ heranwachsen (*Ps* 127/128,3). Nicht nur „um den Tisch“ (*ebd.*), sondern vor allem um ihre Eltern, die das beste Vorbild sein müssen für das „Wachstum an Weisheit und Gnade“ wie Jesus von Nazaret.
Wohl endlich der Gesellschaft, die es gestattet und möglich macht, daß ihre Familien in Würde wachsen, die eine ausgewogene und fruchtbare Entwicklung der Berufung eines jeden Familienmitglieds fördert.

4. Gott ist Liebe. So zeigt es uns die Heilige Familie, denn nichts anderes als die Liebe kann den Kern des Familienlebens ausmachen, wie auch den Kern alles christlichen Lebens. Darum geht es, nach dem göttlichen Plan ist die Familie gedacht als „innige Gemeinschaft des Lebens und der Liebe“ (*Gaudium et spes*, Nr. 48; vgl. *Familiaris consortio*, Nr. 17) und ihr kommt die Sendung zu, „die Liebe zu hüten, zu offenbaren und mitzuteilen als lebendigen Widerschein und wirkliche Teilhabe an der Liebe Gottes zu den Menschen und an der Liebe Christi, unseres Herrn, zu seiner Braut, der Kirche“ (*Familiaris consortio*, Nr. 17).
Durch die Gattenliebe sind Mann und Frau „nicht mehr zwei, sondern ein Fleisch“ (*Mt* 19,6; *Gen* 2,24), berufen, in ihrer Gemeinschaft ständig zu wachsen durch die tägliche Treue zum Eheversprechen der gegenseitigen gänzlichen Hingabe (vgl. *Familiaris consortio*, Nr. 19).
Gott Vater wollte darüber hinaus die Vereinigung zwischen Mann und Frau bekräftigen, reinigen und zur Vollkommenheit erheben, indem er sie zu einem großen Sakrament, zu einem Symbol der Vereinigung zwischen Christus und der Kirche machte (vgl. *Eph* 5,32). In diesem Geheimnis schenkt der Heilige Geist den Ehegatten die notwendige Gnade, diese Lebensgemeinschaft zu entfalten und sie unlöslich aufrechtzuerhalten bis zum Tod (vgl. *Familiaris consortio*, Nr. 19–20). Deswegen ist es gemäß der Lehre Jesu Christi notwendig, mit Nachdruck die Lehre von der Unauflöslichkeit der Ehe zu betonen, und die Kirche bietet ihre mütterliche Hilfe auch denen an, die es „für schwierig oder geradezu unmöglich halten, sich für das ganze Leben an einen Menschen zu binden, und denen, die sich von einer kulturellen Strömung mitreißen lassen, die Unauflöslichkeit der Ehe ablehnt und die Verpflichtung der Gatten zur Treue offen verlacht“ (*Familiaris consortio*, Nr. 20).
Meine bolivianischen Brüder, laßt euch nicht verführen durch den leichten Zugang zur Ehescheidung, und weist auch nicht die Gnade des Sakramentes zurück, indem ihr euch für Formen der Vereinigung entscheidet, die dem Willen Gottes und dem Naturgesetz widersprechen wie das Konkubinat, bei dem es ja keine volle Liebe geben kann. Helft euren Freunden, Verwandten und Bekannten, die sich vielleicht noch in solchen Situationen befinden, oder, wie ihr es nennt, in „sirvinacuy“, damit sie die wahre Bedeutung der christlichen Ehe verstehen und mit der Gnade Gottes zum Reichtum und zur Fülle des Sakramentes Zugang finden, wie es auch eure Bischöfe euch geraten haben (vgl. *Hirtenbrief des bolivianischen Episkopats über die Familie*, Nr. 109). Nur eine unauflösliche Ehe

kann die feste und dauerhafte Grundlage für eine Familiengemeinschaft bilden, die ihre Berufung erfüllt, ein Zentrum zu sein, das Liebe offenbar macht und Liebe verbreitet. „Die Liebe hört niemals auf" (*1 Kor* 13,8), sagt uns der hl. Paulus.

5. Wahre Liebe ist treu. Baut daher eure Familie und euer Heim auf der Grundlage der Treue auf, der vorbehaltlosen Hingabe, so daß in euch die Liebe wächst, die „langmütig, gütig ist, nicht ihren Vorteil sucht, sich nicht zum Zorn reizen läßt, alles erträgt und allem standhält" (*1 Kor* 13,4–7), die Freude und Leid miteinander teilt.
Die Liebe ist nicht nur dann groß und echt, wenn sie leicht und angenehm erscheint, sondern auch und vor allem, wenn sie sich in den kleinen oder großen Prüfungen des Lebens bewährt. Die Gefühle, welche Menschen beseelen, offenbaren ihr tiefstes Wesen in schwierigen Augenblicken. Dann kommen in den Herzen die gegenseitige Hingabe und die zärtliche Liebe zur Reife, denn die wahre Liebe denkt nicht an sich selbst, sondern sinnt darauf, wie sie das wahre Wohl des geliebten Menschen fördern kann.
Die kleinen Reibereien, die bei einem so intensiven Zusammenleben verständlich sind, dürfen die gegenseitige Verbundenheit nicht erkalten lassen; sie müssen zum Motiv für die Erneuerung hochherziger Hingabe werden. Eure christlichen und bolivianischen Familien müssen ein Hort des Friedens sein, wo man gerade in den kleinen täglichen Widerwärtigkeiten eine tiefe und echte Liebe spürt, eine tiefe Gelöstheit als Frucht der Zärtlichkeit und eines echten und lebendigen Glaubens.
Meidet auch den Stolz, die Eigenliebe, den größten Feind der Harmonie unter Ehegatten. Und weicht nicht vor den Pflichten gegenüber der Familie zurück, indem ihr das Herz an andere Ziele hängt, wie die Probleme um Arbeit, Gesellschaft oder Politik, oder noch schlimmer, indem ihr Zuflucht sucht in unmäßigem Trinken oder anderen Verhaltensweisen, die die Person erniedrigen, oder in einer Befreiung der Frau, die diese nicht fördert, sondern sie noch mehr unterjocht.
Die Familie muß auch der Ort sein, wo ihr Gott begegnet. Jede Familie ist aufgerufen vom Gott des Friedens, Tag für Tag ihr Glück auf der Gemeinsamkeit aufzubauen. In dieser Stadt, die unter dem Schutz der Königin des Friedens steht, lade ich euch ein, häufig zum Sakrament der Versöhnung hinzuzutreten, den einen Leib Christi zu empfangen, das Sonntagsgebot zu erfüllen. Damit legt ihr einen soliden Grund für die Liebe in euren Familien, und euer Friede in Christus wird eine Quelle des Glücks für ganz Bolivien sein (vgl. *Familiaris consortio*, Nr. 21).

6. Die echte Liebe zu Gott innerhalb der ehelichen Gemeinschaft zeigt sich notwendig in einer positiven Einstellung zum Leben und wird fruchtbar in den Nachkommen, wie Papst Paul VI. gelehrt hat: „Jeder eheliche Akt muß für die Weitergabe des Lebens offen sein" (*Humanae vitae*, Nr. 11). Die Empfängnisverhütung ist eine Verfälschung der Gattenliebe, denn sie verwandelt das Geschenk der Teilhabe am schöpferischen Wirken Gottes in die bloße Übereinkunft eines schäbigen Egoismus zu zweien (vgl. *Familiaris consortio*, Nr. 30, 32).
Das Leben verteidigen bedeutet darüber hinaus auch die Würde der Personen verteidigen. Ihr verteidigt euer Vaterland, eure natürlichen Kräfte und eure überaus reiche Kultur

und Überlieferung. Gestattet nicht, daß andere in der Verfolgung ihrer eigenen materiellen Interessen euch Lösungen aufzwingen, die euch zur Verschüttung der Quellen des Lebens veranlassen wollen; findet euch auch nicht mit der Ungerechtigkeit jener ab, die mit der wirtschaftlichen Hilfe Auflagen verbinden, nach denen ihr die Geburten beschränken sollt (vgl. *Sollicitudo rei socialis*, Nr. 25). Die Kirche weiß als Mutter und Lehrerin, daß die Eheleute schwierige Situationen durchmachen müssen, und sie möchte ihnen daher helfen, eine Lösung entsprechend dem Plan Gottes zu finden. Auch hier bildet die häufige Zufluchtnahme zum Gebet und zu den Sakramenten die solide Grundlage, auf der ihr mit der göttlichen Vorsehung zusammenarbeiten könnt (vgl. *Familiaris consortio*, Nr. 33).
Wie sollte ich hier nicht daran erinnern, daß man das Leben nicht behindern, und erst recht nicht die noch nicht geborenen Kinder beseitigen darf, wie es bei der Abtreibung geschieht? Wer sich weigert, das unschuldigste und schwächste menschliche Leben zu schützen, d. h. die bereits empfangene, aber noch nicht geborene menschliche Person, verletzt in schwerwiegender Weise die moralische Ordnung und die Menschenrechte, wie es kein Mensch und keine Institution rechtfertigen kann (vgl. *Gaudium et spes*, Nr. 51; *Ansprache an die Familien in Spanien*, 2. 11. 82).
„Wohl dem Mann, der den Herrn fürchtet und ehrt und auf seinen Wegen wandelt" (*Ps* 127/128,1). Wohl den Gatten, die die Liebe des Herrn in ihrer gegenseitigen Liebe annehmen und neuen Wesen Leben schenken, die nach dem Bild und Gleichnis Gottes geschaffen sind, die ihre Freude und der Sinn ihres Lebens sein werden.

7. Das Evangelium, das wir gerade verkündet haben, zeigt uns im einzelnen eine sehr bezeichnende Szene aus dem Leben der Heiligen Familie bei Gelegenheit des Osterfestes: Jesus, ein Junge von 12 Jahren, geht mit seinen Eltern nach Jerusalem und bleibt im Tempel, so daß sie ihn dort erst nach drei Tagen wiederfinden, nachdem sie sich bereits auf den Rückweg nach Nazaret gemacht hatten. Der Evangelist erzählt uns, wie sie ihn suchten, und wie sie ihn am Ende „im Tempel fanden; er saß mitten unter den Lehrern, hörte ihnen zu und stellte Fragen" (*Lk* 2,46).
Jesus geht also, geführt von Maria und Joseph, zum Tempel, wie uns der hl. Lukas erzählt. Auch ihr müßt wie Jesus, Maria und Joseph zum Haus des Herrn gehen. In euren Kirchen und Pfarreien sollt ihr eifrig beten, die Sakramente empfangen und die Katechese hören; hier sollt ihr eure Kinder auf die Wege des Guten führen lernen durch eine beständige und unverkürzte Schulung in den Wahrheiten des Glaubens und in den christlichen Tugenden.
Das kleine Kind muß von seinen Eltern und von der es umgebenden Familie die erste Katechese empfangen. Die kurzen Gebete, die die Eltern ihm beibringen, sind die Grundlage für ein liebevolles Gespräch mit dem verborgenen Gott, dessen Wort sie später in der Schule und in der Kirche hören werden, wo sie weiter schrittweise und pädagogisch in das Leben mit Gott und seiner Kirche eingeführt werden (vgl. *Catechesi tradendae*, Nr. 36).
Das Wirken der Liebe Gottes in der Liebe der Eltern und der Kinder erweist sich als Grundlage für den Aufbau der Kirche. Ein erwünschter Frühling von Berufungen zum Priester- und Ordensstand, die Jesus in größerer Nähe nachfolgen möchten, steht in en-

ger Verbindung mit dem Familienleben. Wo es normal ist, das Leben als Geschenk Gottes anzunehmen, wo die Liebe die Kinder in unmittelbare Beziehung zum himlischen Vater bringt, hört man leicht seine Stimme und antwortet hochherzig auf sie, um sich dem gänzlichen Dienst der Brüder und Schwestern in der Kirche zu widmen.

8. Beim Wiederfinden Jesu im Tempel erzählt uns der hl. Evangelist Lukas, wie seine Mutter ihn fragte: „Kind, wie konntest du uns das antun? Dein Vater und ich haben dich voll Angst gesucht. Da sagte er zu ihnen: Warum habt ihr mich gesucht? Wußtet ihr nicht, daß ich in dem sein muß, was meinem Vater gehört?" (*Lk* 2,48–49). Wie sehr bringt uns die Antwort Jesu an seine Mutter zum Nachdenken! Schon mit zwölf Jahren läßt er uns erkennen, daß er gekommen ist, den göttlichen Willen zu erfüllen. Maria und Joseph hatten ihn voll Angst gesucht und verstanden in diesem Augenblick nicht die Antwort, die Jesus ihnen gab (vgl. *Lk* 2,48.50).
Welch tiefer Schmerz im Herzen der Eltern! Wieviele Mütter kennen ähnliche Schmerzen! Zuweilen, weil sie nicht verstehen, daß ein Junge dem Ruf Gottes zum Dienst am Nächsten folgt; eine Berufung, zu deren Entstehen die Eltern durch ihre Hochherzigkeit und ihren Opfergeist gewiß selbst beigetragen haben. Dieser Schmerz, durch die Hände Marias Gott dargebracht, wird aber später zur Quelle unvergleichlicher Freude für euch und eure Kinder.
Maria aber bewahrte alles, was geschehen war, in ihrem Herzen, schließt der Evangelist (vgl. *Lk* 2,50–51). Wie uns das letzte Konzil gezeigt hat, wurde Maria vom inneren Licht des Heiligen Geistes vom Augenblick der Verkündung an geführt und folgte ihrem Sohn auf dem „Pilgerweg des Glaubens", und sie blieb auf diesem Weg bis zum Kreuz auf Golgota (vgl. *Lumen gentium*, Nr. 58–61).
Maria wird immer, und zumal in diesem Marianischen Jahr, die bolivianischen Familien und die ganze große Familie der Kirche in diesem Land begleiten. Sie bildet ihr verborgenes und verschwiegenes Fundament, das in den Widerwärtigkeiten standhält und Quelle ihrer Freuden ist.
Auch die bolivianische Gattin muß in enger Verbundenheit mit der allerseligsten Jungfrau Maria das Fundament, die Säule und der Trost der Männer und Kinder dieses Landes sein, wie immer die Schwierigkeiten sein mögen, die zu überwinden sind, damit alle auf den Wegen des Herrn unter ihrer sicheren mütterlichen Führung voranschreiten können.

9. Als ich gestern beim Flug über die schneebedeckten Anden dieser geliebten Stadt näherkam, konnte ich hinter der unermeßlich weiten Hochebene den herrlich blauen Titicacasee erblicken, an dessen Ufer in Copacabana die allerseligste Jungfrau Maria, die Mutter Gottes und unsere Mutter verehrt wird, die bei ihren Kindern sein wollte, um ihre Leiden und Freuden zu teilen.
Maria ist die Frucht der wunderbaren Liebe Gottes zu den Menschen. Die Liebe ist ihrerseits die größte Gabe Gottes und die größte Tugend des Menschen. Durch die Liebe baut sich die Familie und die Gemeinschaft auf, und nur die Liebe wird bleiben in unserer ewigen Vereinigung mit Gott.

Was kann ich euch also brennender wünschen, liebe Söhne und Töchter der bolivianischen Erde, als jene Liebe, von der uns der hl. Paulus in seinem Brief an die Korinther spricht? Was kann ich Ehemännern, Mütter und Kindern Besseres wünschen? Und dir, Familie in Bolivien?
Es gibt keine größere Gabe als die wahre Liebe; und es gibt kein größeres Gut für die Person und die Gemeinschaft als die Liebe. „Wohl dem Mann, der den Herrn fürchtet und ehrt und der auf seinen Wegen geht!" (*Ps* 127/128,1). Geht auf den Wegen des Herrn! Die Wege des Herrn sind Liebe. Das Größte ist die Liebe (vgl. *1 Kor* 13,13).

Nimm Dich aller an

Gebet beim Weiheakt an die hl. Jungfrau in La Paz (Bolivien) am 10. Mai

Heilige Mutter von Copacabana, zum Abschluß dieser liturgischen Feier, in der wir vereint gebetet haben für die Familien in Bolivien, rufe ich über sie deinen mütterlichen Schutz herab.
Du begleitest von deinem Nationalheiligtum aus mit gütigem Blick den Weg dieses Volkes. Hilf durch deine mächtige Fürbitte den Familien in Bolivien, die ich heute deiner Führung anvertraue.
Schütze und erleuchte die Familienmütter dieses vorzüglichen Landes, die mit bewundernswerter Hingabe ihr Heim betreuen und festigen, die ihre Kinder auf den Weg des Guten führen und im Christlichen und Menschlichen ihre Würde suchen.
Erleuchte auch die Väter, daß sie in ihrem Familienleben und im sozialen Leben immer Beispiele der Rechtschaffenheit sind, verantwortliche Erzieher ihrer Kinder, Vorbilder der Hochachtung vor den religiösen und moralischen Werten, die für die Familie Halt und Gesundheit bedeuten.
Nimm dich besonders der Kinder an, damit sie nach dem Beispiel Jesu wachsen an Alter, Weisheit und Gnade, daß sie in ihrer eigenen Familie die Liebe und Achtung für alle empfangen und ausbreiten. Bilde ihr junges Herz, daß sie verständig und hochherzig die Einheit der Familie festigen, gehorsam nach den christlichen Grundsätzen leben und so die Stütze ihrer Eltern und die Hoffnung der Gesellschaft in Bolivien sind.
Wache, o Mutter, besonders zärtlich über die Familien auf dem Land, die unter der Geißel der Armut leiden. Wache über die Familien der Grubenarbeiter, über die Umgesiedelten und jene, die weder Brot noch Arbeit haben, über die am meisten Verarmten und Verlassenen, daß sie deinen Trost erfahren und die Solidarität ihrer Mitmenschen.
Lehre alle deine Kinder in Bolivien, ohne Unterschied der völkischen Herkunft oder der sozialen Schicht, die Treue zum christlichen Glauben, Starkmut in Widerwärtigkeiten, ein Zusammenleben in gleicher Würde von Kindern und Brüdern, den eifrigen Einsatz zur Verbesserung des gemeinsamen Vaterlandes, das Eintreten für Ehrenhaftigkeit und Gerechtigkeit und die Hoffnung auf eine neue Welt, in der Liebe und Frieden in Wahrheit herrschen. Amen.

Ein Licht der Liebe sein

Ansprache bei der Begegnung mit den Ordensleuten in La Paz (Bolivien) am 10. Mai

Liebe Ordensschwestern von Bolivien!

1. Ich freue mich wirklich, daß ich hier in La Paz weilen darf, der wunderbaren Stadt am Illamani von wahrhaft beeindruckender Schönheit, und daß ich hier so viele Söhne und Töchter dieses lieben Landes treffen konnte, jetzt auch die Ordensschwestern Boliviens, die des tätigen und die des kontemplativen Lebens.
Ich grüße euch recht herzlich und danke euch für euer Kommen. Viele von euch kamen von fernher, gewiß nicht ohne Opfer eurerseits. Das Gleiche gilt für jene Schwestern, die euch während eurer Abwesenheit vertreten. Ich möchte euch allen meine lebhafte Wertschätzung aussprechen für die selbstlose Arbeit, die ihr, zumal für die Ärmsten und die Randexistenzen tut, manchmal unter großen Schwierigkeiten: in der Katechese, in der direkten Seelsorge, in der gesundheitlichen Betreuung, der menschlichen Förderung, in der Erziehung und Berufswerbung; ich hebe besonders eure aktive Präsenz in den Hospitälern, in den Asylen für Kinder und Alte sowie in den Zentren für Gebet und Liturgiefeier hervor.
Da wir in der Lesung des Evangeliums gehört haben, wie Maria voll der Gnade das Lob Gottes singt, lade ich euch ein, mit mir das Wort des Herrn in der gleichen Haltung wie die Jungfrau zu betrachten, d. h. bereit zu einem treuen Hören und zu einer hochherzigen Antwort.
Wollen wir Licht sein, das in der Kraft des Evangeliums jene erleuchtet, die uns umgeben, dann müssen wir häufig das Wort Gottes betrachten in besonderen Stunden des Gebetes, in denen gottgeweihte Menschen sich mehr und mehr zum Geben befähigen, zur Hingabe ihrer selbst. Diese Kraft zur Hingabe kommt ja aus dem Wort Gottes her und aus der Kraft des Heiligen Geistes.

2. Die demütige Haltung des Hörens, des Betens und der Hingabe der Jungfrau des „Magnifikat“ wird immer Vorbild und Beispiel für die Menschen des gottgeweihten Lebens bleiben. Die Verbindung Marias mit Christus, dem Erlöser, ohne Unterlaß durch ihre Treue zum Wort Gottes genährt, bildet das Geheimnis ihres Daseins als Urbild der Kirche: „Glauben will besagen, sich der Wahrheit des Wortes des lebendigen Gottes zu überantworten, obwohl man darum weiß und demütig anerkennt, ‚wie unergründlich seine Entscheidungen, wie unerforschlich seine Wege sind‘ (*Röm* 11,33). Maria, die sich nach dem ewigen Willen des Höchsten sozusagen im Mittelpunkt jener ‚unerforschlichen Wege‘ und jener ‚unergründlichen Entscheidungen‘ Gottes befindet, verhält sich im Halbdunkel des Glaubens entsprechend, indem sie mit offenem Herzen alles voll und ganz annimmt, was in Gottes Plan verfügt ist“ (*Redemptoris Mater*, Nr. 14). Sind dies nicht auch die Pläne Gottes für euch, liebe Ordensschwestern?
Wenn ihr in Wahrheit euren Mitmenschen helfen wollt, an erster Stelle den am meisten Bedürftigen, dann müßt ihr täglich eurer Leben als persönliche Hingabe an Christus ge-

stalten, der in der Eucharistie sich weiter opfert, und ihr müßt euch zugleich mit seinem Erlösungswerk verbinden. Bei der Betrachtung des Wortes und bei der Eucharistiefeier ist es immer Jesus, der als „Brot des Lebens“ zu uns kommt, um uns sich ähnlich zu machen (*Joh* 6,35.48). Euer Ja zum Wort Gottes und eure Verbindung mit Christus in der Heilsökonomie folgt den Spuren Marias, die „sich als Magd des Herrn ganz der Person und dem Werk ihres Sohnes hingab“ (*Lumen gentium*, Nr. 56).

3. Ich möchte euch beglückwünschen zu eurer Treue und Gemeinschaft mit der Kirche, dem Papst und den Bischöfen. Sie sind nach einem Ausdruck des II. Vatikanischen Konzils „Prinzip und Fundament der Einheit in ihren Teilkirchen, die nach dem Bild der Gesamtkirche gestaltet sind“ (*Lumen gentium*, Nr. 23). Eure verantwortliche Zusammenarbeit mit ihnen, mit den Priestern und Laien in den verschiedenen Bereichen der Evangelisierung mehren im Ordensleben den Sinn für die Teilhabe an der sakramentalen Natur der Kirche als Geheimnis, Gemeinschaft und Sendung.
Der gottgeweihte Mensch stellt würdig die Kirche dar in ihrer Eigenschaft als Jungfrau, die mit brennender Lampe auf das Kommen des Bräutigams wartet. Das ganze Leben lang diese Haltung wie einen großen Schatz bewahren, ist ein besonderes Zeugnis für die Kirche und „ein besonderes Mittel wirksamer Evangelisierung“ (*Evangelii nuntiandi*, Nr. 69). Tatsächlich hat euch die Ordensprofeß ja für den Dienst an den Mitmenschen geweiht, in ihrer konkreten Situation und im Hinblick auf die eschatologische Hoffnung, d. h. mit dem Blick auf die endgültige Wiederkunft des Herrn (vgl. *Mt* 25,6; *Offb* 3,20). Die Fähigkeit, euch in die verschiedensten menschlichen Situationen einzufügen, hängt auch davon ab, wie ihr diese christliche Hoffnung lebt.

4. Diese Haltung des bedingungslosen und verantwortlichen Dienstes für die Kirche wird euch helfen, die besondere Rolle und Würde zu entdecken und zu verkünden, die der Frau in der heutigen Welt zukommt. „Im Licht Marias erblickt die Kirche auf dem Antlitz der Frau den Glanz einer Schönheit, die die höchsten Gefühle widerspiegelt, deren das menschliche Herz fähig ist: die vorbehaltlose Hingabe der Liebe; eine Kraft, die größte Schmerzen zu ertragen vermag; grenzenlose Treue und unermüdlichen Einsatz; die Fähigkeit, tiefe Einsichten mit Worten des Trostes und der Ermutigung zu verbinden“ (*Redemptoris Mater*, Nr. 46).
Da ihr ferner durch Christus, den Bräutigam, in der Liebe des Heiligen Geistes Gott geweiht seid, müßt ihr euer Leben wie ein Licht oder einen Widerschein der Liebe und des Dienstes gestalten, wie Jesus sie geübt hat. Das Wesen und sozusagen der Gipfel des Ordenslebens besteht in der Nachfolge Jesu „… geh, verkaufe, was du hast, gib das Geld den Armen, und du wirst einen bleibenden Schatz im Himmel haben; dann komm und folge mir nach“ (*Mk* 10,21). Eure prophetische Präsenz als gottgeweihte Menschen in der Welt gemäß dem Charisma des eigenen Instituts, wird immer ein bleibendes und hoffnungweckendes Zeichen dieser dem Evangelium gemäßen Nachfolge sein. Dabei seid ihr in besonderer Weise Licht und Salz, unterscheidende und anspornende Zeichen für den Geist der Bergpredigt.

5. Ein weiteres Zeugnis, das ihr dem Volk Gottes geben müßt, ist das des Gemeinschaftslebens als wirksames Zeichen der Evangelisierung (vgl. *Joh* 17,23). Es ist dies ein unverzichtbares Element des Ordenslebens, eine Besonderheit, die sämtliche Ordensinstitute seit ihren Anfängen vorgelebt haben. Geistliche Bande können nicht entstehen, sich entfalten und dauerhaft werden, wenn nicht mit Hilfe des täglichen längeren Umgangs in einem Leben der Brüderlichkeit. Andererseits bietet das Gemeinschaftsleben auch eine wirksame Hilfe für die Beharrlichkeit in der Nachfolge im Sinn des Evangeliums.
Die besonderen Eigenheiten des Gemeinschaftslebens, geprägt durch die Liebe des Evangeliums, finden ihren Mittelpunkt in dem persönlichen Verhältnis zu Christus und deswegen zum Geheimnis der Kirche, das ein Geheimnis der Gemeinschaft und der Teilhabe ist. Pflegt daher mit allen Kräften dieses Gemeinschaftsleben, um es zu festigen und immer noch liebenswerter zu machen, so daß es zu einer kostbaren gegenseitigen Hilfe wird und ein unvergleichlicher Weg der persönlichen Selbstverwirklichung. Dies erfordert, daß alle Mitglieder sich in dem gleichen Anliegen bestärkt fühlen, Zeugen für die Liebe des Evangeliums zu sein, wie es bei den Gemeinschaften der Urchristen der Fall war: „Die Gemeinde der Gläubigen war ein Herz und eine Seele. Keiner nannte etwas von dem, was er hatte, sein Eigentum, sondern sie hatten alles gemeinsam“ (*Apg* 4,32). „Die Einheit der Brüder macht das Kommen Christi offenbar (vgl. *Joh* 13,35; 17,21), und es geht von ihr eine große apostolische Kraft aus“ (*Perfectae caritatis*, Nr. 15).

6. Wie andernorts in Lateinamerika, so leiden auch hier die Armen jede Art von Entbehrung. Ungewöhnlich häufig fehlt ihnen das Unerläßliche, um als menschliche Personen und Kinder Gottes leben zu können. Es gibt Landarbeiter, Grubenarbeiter und viele andere Arbeiter und Bewohner der Randgebiete der Städte, die nicht einmal so viel verdienen, daß sie ihren Kindern die nötige Nahrung bieten können. Es gibt auch neue Arme und Randexistenzen als Ergebnis einer materialistischen Gesellschaft, die als Hauptanliegen ins Herz der Familie, ins Herz der Arbeiter und Jugendlichen den hemmungslosen Wunsch nach Wohlstand, Reichtum und Herrschaft einpflanzt, was dann zum Keim aller Gewaltanwendung und Unterdrückung wird (vgl. *Sollicitudo rei socialis*, Nr. 37).
Ihr alle müßt durch das jeweilige Einbringen eures Charismas Dienerinnen der Armen sein, in denen Jesus in besonderer und einzigartiger Weise präsent ist. Christus erwartet euch also auf den verschiedenen Gebieten, wo ihr mit vollen Händen Liebe ausspenden sollt. Eure Treue zum Wort Gottes und euer tägliches Mitleben im Geheimnis der Erlösung, wie es in der Eucharistie gegenwärtig ist, dazu eure dem Evangelium gemäße Nachfolge Christi werden euch neue Bereiche der Evangelisierung finden lassen und euch zugleich verfügbar machen zur Hingabe eures ganzen Lebens für diese Liebesdienste und diese Sendung.

7. Eine der Folgen der Armut in Bolivien ist das Fehlen der allgemeinen Schulbildung, zumal in den ländlichen Gegenden sowie in den Dörfern und Randgebieten, wo die Lebensbedingungen am schlechtesten sind. Ich weiß, daß viele von euch direkt im Dienst an den Ärmsten arbeiten mit der Bewegung „Glaube und Freude“, während viele andere bei den Diensten der Seelsorge und der Erziehung beteiligt sind. Ein besonderes Feld für eu-

er Wirken zugunsten dieser notleidenden Menschen ist die Arbeit mit verantwortlichen Personen, z. B. den Erziehern, den Anregern von Gemeinschaften, Katechistinnen usw. Die Anregung dieser Mitarbeiter und Mitarbeiterinnen ist immer notwendig, damit sie unermüdlich tätig sind im hochherzigen Geist des Evangeliums. Jeder Evangelisierer, ob Laie, Priester oder Ordensperson, muß auf die Armen mit einem „gütigen und demütigen" Herzen zugehen, das Licht im Evangelium sucht und mit einem persönlich armen Leben, das keine Eigeninteressen kennt oder persönliche Auffassungen aufzwingen möchte.

Vergeßt nicht, daß das Zeugnis eures Lebens sehr wichtig ist inmitten einer Gesellschaft, die die Werte umzukehren versucht ist und die persönliche Sicherheit und das persönliche Wohlergehen als Gipfel von allen betrachtet: immer noch mehr haben und besitzen. Als Ordensfrauen müßt ihr die Werte des Evangeliums bezeugen, die den Menschen in seiner Gesamtheit retten. Das Zeugnis eures Lebens als Nachfolge des keuschen, armen und gehorsamen Christus entlarvt die falsche Sicherheit, die die Güter dieser Welt bieten, wenn man sie dem wahren Wohl der Person und der Gemeinschaft überordnet.

Im Lichte Christi, der Weg, Wahrheit und Leben ist, wird klar, daß der Mensch „sich selbst nur durch die aufrichtige Hingabe seiner selbst vollkommen finden kann" (*Gaudium et spes*, Nr. 24). Im Zusammenhang mit der Lehre des Evangeliums, von der ihr Zeugnis gebt, versteht man, warum „der Wert des Menschen mehr in ihm selbst (liegt) als in seinem Besitz" (*Gaudium et spes*, Nr. 35). Daher besteht der wahre Reichtum nicht im Besitz der Dinge, auch nicht im Geben von Dingen, sondern in der Fähigkeit, sich selbst hinzuschenken und daher das Leben der leidenden Menschen und jener, die nach Wahrheit suchen, teilen zu können. Eure Jungfräulichkeit, eure Armut und euer Gehorsam sind ein Zeichen der Weise, wie man Jesus liebt: solidarisch das Schicksal der Mitmenschen teilen, sich selbst hingeben, sich nicht mehr selbst gehören und immer den alle umfassenden Heilsplänen des Vaters zu folgen. In eurem Leben seid ihr „Zeichen und Antrieb für die Liebe und eine besondere Quelle geistlicher Fruchtbarkeit für die Welt" (*Lumen gentium*, Nr. 42).

Euer Leben wirkt evangelisierend, wenn das klar erkennbare Leben eurer Weihe an Gott und eurer Fähigkeit zu einem persönlichen Verhältnis zu Christus in seiner Nachfolge sich in Werken der Sendung ausprägen: wenn die Armen die schwesterliche Solidarität des Menschen spüren, der sich selber schenkt; wenn die Einsamen und Verlassenen eine neue Nähe erfahren; wenn die Menschen ohne Stimme entdecken, daß jemand da ist, der ihnen von Herzen zuhört; mit einem Wort, wenn alle in euch ein persönliches Zeichen der Präsenz und der Liebe Christi entdecken, „der umherzog und Gutes tat" (*Apg* 10,38).

8. Das Leben der evangelischen Räte ist direkt mit dem Reich verbunden und zugleich ein eschatologisches Zeichen seines Anfangs in der Kirche und durch die Kirche, im Wissen jedoch, daß seine Fülle erst im Jenseits erreicht wird. Ihr seid qualifizierte Zeugen des gegenwärtigen und zukünftigen Reiches. „Von daher empfängt die Kirche, die mit den Gaben ihres Stifters ausgestattet ist und seine Gebote der Liebe, der Demut und der Selbstverleugnung treulich hält, die Sendung, das Reich Christi und Gottes anzukündigen und in allen Völkern zu begründen. So stellt sie Keim und Anfang dieses Reiches auf

Erden dar. Während sie allmählich wächst, streckt sie sich verlangend aus nach dem vollendeten Reich; mit allen Kräften hofft und sehnt sie sich danach, mit ihrem König in Herrlichkeit vereint zu werden" (*Lumen gentium*, Nr. 5).
Die Evangelisierung kann nicht von der realen Wirklichkeit absehen, sondern muß sie weithin berücksichtigen, um sie freilich mit der Botschaft des Evangeliums zu erhellen, damit im Herzen eines jeden Menschen der Hunger und Durst nach wahrer Gerechtigkeit und die Hoffnung auf eine integrale Befreiung des Menschen wach werden.
Jedes religiöse Institut muß ferner offen sein zur Mitarbeit mit den anderen, um die empfangenen Güter miteinander zu teilen, um die Dienste zu verstärken und um harmonisch in der Gesamtpastoral und im Leben der Ortskirche mitzuarbeiten. Die Ausbildung und das Vertrautwerden mit dem eigenen Charisma, die vor allem im eigenen Institut erfolgen, dürfen eine kluge Beteiligung an der Ausbildung, die gemeinsam auf der Ebene mehrerer Kongregationen stattfindet, nicht behindern, wenn diese von den Ordensoberen und der Hierarchie angeboten wird.

9. Euer Leben und eure Tätigkeiten stellen einen sehr wichtigen Teil der kirchlichen Wirklichkeit dar. Die Kirche braucht euch im Dienst ihres evangelisierenden Wirkens als Menschen, die verantwortlich ihre Dienstaufgabe und ihre Sendung teilen. Damit aber eure Aufgaben und Initiativen weitergeführt werden können, müssen auch viele Jugendliche den Ruf des Herrn hören und sich für seine Nachfolge in gänzlicher Weihe an ihn entscheiden. Das Zeugnis eures gottgeweihten Lebens und das Beispiel eures Dienstes an den Mitmenschen, das ihr mit der Freude von Jüngerinnen bietet, die den Herrn lieben, ist sehr wichtig für die Förderung von Berufungen.
In Bolivien stammen fast 60 % der Ordensschwestern aus anderen Ländern, und nur 40 % sind Bolivianerinnen. Natürlich ist jede Berufung immer eine Berufung in der gleichen Gemeinschaft der Kirche, in der es keine Fremden gibt; doch es ist auch sehr wichtig, die Förderung der einheimischen Berufungen zu verstärken, damit die Evangelisierung wirksamer das Herz einer jeden Kultur erreicht, die so verschieden und reich in diesem lieben Land vorhanden sind. Die Berufung ist ein Geschenk Gottes, aber die ganze Gemeinschaft der Kirche muß zur betenden Gemeinschaft werden, daß Berufungen heranwachsen. Die Arbeit der Berufungspastoral muß harmonisch erfolgen, ohne Ausschließlichkeiten, so daß die Jugendlichen Hilfe finden, um ihr Herz hochherzig dem Ruf des Herrn zu öffnen.

10. Ich lade euch daher zum innigen und beharrlichen Gebet als Ausdruck eurer Liebe und eurer Nachfolge Christi ein.
Christus nachfolgen ist etwas Existentielles. Die übernommene Verpflichtung, die evangelischen Räte zu praktizieren, sind der deutlichste Ausdruck dieser Nachfolge, der Nachahmung und der Vereinigung, des Verhältnisses zu Christus sowie der Gleichgestaltung und Umwandlung in ihn. Wir folgen Christus nach und setzen durch die Zeiten die Weise fort, wie er war: keusch, gehorsam, arm, demütig, hingeopfert, völlig hingegeben an die Pläne des Vaters für das Heil der Menschen. Diese Wirklichkeit des gottgeweihten Lebens als Verlängerung des Lebens Christi in die Geschichte hinein überragt das Ver-

ständnis und übersteigt die Kräfte des Menschen; man kann sie nur mit Hilfe besonderer Zeiten des Gebetes und der schweigenden und innigen Kontemplation verwirklichen. Die Ordensschwestern des aktiven Lebens müssen daher von diesen Augenblicken des Kraftschöpfens her kontemplativ sein, um auch in der Aktion kontemplativ sein zu können.

11. Seit den ältesten Zeiten gibt es in der Kirche auch das gottgeweihte Leben in seiner kontemplativen und klausurierten Form. Die Schwestern in Klausur kamen als erste nach Bolivien, und an sie richte ich jetzt meinen lieben Gruß und meine Ermahnung zur radikalen Nachfolge und zum Brautsein Christus gegenüber, zum Gebet und zur tiefen Übereinstimmung mit der Sendung der Kirche. Sie nehmen „im mystischen Leib Christi immer eine hervorragende Stelle ein ... und lassen (ihn) in geheimnisvoller apostolischer Fruchtbarkeit wachsen“ (*Perfectae caritatis*, Nr. 7). Ihr Lebensstil wurde und wird von der Kirche immer geschätzt, weil sie eine Anregung für die kontemplative und eschatologische Dimension des ganzen Volkes sind. Ihr, kontemplative Schwestern, seid in eine „Dynamik eingetreten, deren Triebkraft die Liebe ist“ (*Evangelica testificatio*, Nr. 8), so daß ihr radikaler die Bedürfnisse aller Menschen begreift. Ihr seid „die Liebe im Herzen der Kirche“, wie die heilige Therese von Lisieux gerne sagte, die Patronin der Missionen, weil ihr im Herzen Gottes lebt und daher aus größerer Nähe „Freude und Hoffnung, Trauer und Angst der Menschen von heute“ (*Gaudium et spes*, Nr. 1) teilt. Von eurer hochherzigen und freudigen Treue zum kontemplativen Leben in der Klausur hängt größtenteils der Reichtum und die Qualität der übrigen Berufungen zum gottgeweihten und zum Priesterleben ab.

12. Das Marianische Jahr, liebe Schwestern alle, muß Ausgangspunkt eines erleuchteten Weges auf das dritte Jahrtausend hin sein. Die Kirche spürt die Notwendigkeit und gebieterische Dringlichkeit, ein deutliches Zeichen der Seligpreisungen zu sein. Ich teile euch meinen Wunsch mit, ihr mögt mit dem Blick auf Maria – die gottgeweihte Frau im Hochsinn als Abbild und Braut Christi – während dieser Jahre die konziliare und nachkonziliare Lehre über das gottgeweihte Leben vertiefen, so daß sie für euch zu einer echten „marianischen Spiritualität“ wird, einer Spiritualität des gänzlichen und bräutlichen Ja zum Ruf des Herrn.

Das Ja Mariens, am Tag der Menschwerdung gesprochen und ihr ganzes Leben durchgehalten, muß für alle Ordensschwestern und alle gottgeweihten Menschen Anregung und Hilfe sein in ihrer gänzlichen Hingabe an den Herrn. Machen wir dieses Ja Mariens uns alle täglich zu eigen, zumal wenn wir das Amen am Ende des Eucharistischen Hochgebetes sprechen.

Möge Maria euch auf eurem „Glaubensweg“ mit ihrem „mütterlichen Beistand“ (*Redemptoris Mater*, Nr. 24) in eurem kontemplativen, liturgischen und gemeinschaftlichen Leben, aber auch in eurem Apostolat begleiten und bei allen Werken der Barmherzigkeit, die ihr mit so viel Eifer und Hingabe erfüllt. Richtet meinen herzlichen Gruß allen Schwestern aus, die nicht zu dieser Begegnung kommen konnten, die mit uns aber im Geiste innig vereint sind. Ihnen und allen Ordensschwestern und gottgeweihten Menschen in Bolivien gilt mein Apostolischer Segen.

Die Güter der Schöpfung sind für alle bestimmt

Ansprache bei der Begegnung mit Land- und Grubenarbeitern und der Bevölkerung der Elendsviertel in Oruro (Bolivien) am 11. Mai

Liebe Brüder und Schwestern der Hochebene,
Ancha manásghas runa masis, Diuspáta
Wawásnin!

1. Es ist für mich eine große Freude, heute bei euch in Oruro weilen zu dürfen, um unseren gemeinsamen Glauben an Jesus Christus, den Auferstandenen, zu feiern. Möge er immer in euren Herzen, in euren Familien und in eurer täglichen Arbeit leben.
Ich grüße herzlich alle Anwesenden ohne Ausnahme. Besonders gilt mein Gruß dem Hirten dieser Diözese, Msgr. Julio Terrazas Sandoval, wie auch allen Brüdern im Bischofsamt, den Priestern, den Ordensmännern und Ordensfrauen. Es befinden sich unter euch auch eine gute Anzahl Land- und Grubenarbeiter und Menschen aus den Elendsvierteln. Meine Augen betrachten voll Staunen die große Menge, die hier versammelt ist, um den Papst zu grüßen und ihn teilnehmen zu lassen an ihrem Leben, ihren Sorgen und Hoffnungen auf eine bessere Zukunft. Ich weiß, daß viele von euch, ganze Familien der Landbevölkerung, weite Entfernungen haben zurücklegen müssen, um herzukommen. Ihr habt große Opfer gebracht und die Härte dieser rauhen Natur der Hochebene tragen müssen. Ihr Bergwerksarbeiter seid gezeichnet von den tiefen Stollen, aus denen ihr das Erz zutage fördert, das jahrhundertelang schon die Hauptquelle des Reichtums eures Landes bildet. Ihr kommt auch aus Potosí und anderen Orten der Hochebene. Euren Gesichtern sind die einem harten Leben eigenen Spuren der Einsamkeit, der Mühen und Entbehrungen eingeprägt. Spuren eines Lebens, das euch gelehrt hat, sogar auf das Unentbehrliche zu verzichten. Es hat euch zäh gemacht, fähig, der Müdigkeit und dem Leiden zu widerstehen und mitten in allen Widerwärtigkeiten zu hoffen.
Glaubt mir, ihr Campesinos und ihr Arbeiter in den Bergwerken oder wo auch immer, mein Herz erhebt sich in Dankbarkeit zu Gott, dem Vater, für das Geschenk des Glaubens, das eure Vorfahren als großen Schatz zu pflegen wußten, und das ihr in eurem Leben Wurzel fassen laßt, um es euren Kindern weiterzugeben. Mir kommen die Worte Jesu auf die Lippen: „Ich preise dich, Vater, Herr des Himmels und der Erde, weil du das alles den Weisen und Klugen verborgen, den Unmündigen aber offenbart hast" (*Mt* 11,25). Dieses Gebet des Herrn klingt heute besonders in Oruro wie ein Echo nach, denn Gott wollte denen, die einfachen Herzens sind, die Reichtümer seines Reiches offenbaren.
Ich komme euch im Namen Jesu besuchen, des Armen und Demütigen, der uns in der Verkündigung der Frohbotschaft an die Armen das Zeichen gab, daß er der Messias war (vgl. *Mt* 11,6). Im Namen dieses Jesus, der mit den Scharen Mitleid hatte, die von allen Seiten herbeiströmten, um sein Wort zu hören, „denn sie waren müde und erschöpft wie Schafe, die keinen Hirten haben" (*Mt* 9,36). Ich komme, um euch eine Botschaft der Hoffnung zu bringen. Das heißt nicht, der Passivität gegenüber den Elendssituationen, die jeden Tag deutlicher werden; sondern es ist ein Aufruf zum Aufbau einer neuen Gesellschaft auf der Gundlage der Liebe, der Solidarität und Gerechtigkeit.

2. Ich kenne die Schwierigkeiten eurer jetzigen Lage und möchte dazu sagen, daß euch die Kirche als besorgte Mutter bei euren berechtigten Ansprüchen unterstützt. Ihr Landarbeiter, die ihr die große Mehrheit der Bevölkerung bildet, wart und seid ein Kernstück der Geschichte und des Geistes von Bolivien, denn ihr wart an vielen für euer Vaterland entscheidenden Ereignissen beteiligt. Ich weiß um die vielen Arbeiter, die ihre Arbeitsplätze verloren haben.
Die tiefen Stollen, die seit Jahren die große Quelle des nationalen Reichtums waren, zumal in Oruro und Potosí, sind heute nur noch stumme Zeugen von zahlreichen Menschenleben, die sich hier still verbraucht haben, ohne je eine entsprechende und verdiente Anerkennung durch jene zu finden, denen ihr schweigendes Opfer zugutekam.
Ich weiß ferner, daß ein großes Ungleichgewicht besteht zwischen den Löhnen, die ihr erhaltet, und den ständig steigenden Lebenskosten, was eure Aufgabe, für den geziemenden Unterhalt eurer Familien zu sorgen, noch schwerer macht. Grund zu ernster Sorge sind auch die Kinder, die in zartem Alter sterben infolge der Probleme der Unterernährung und des Fehlens entsprechender sanitärer Einrichtungen für die Bedürfnisse der Bevölkerung. Ich kenne nicht minder die wachsende Arbeitslosigkeit, die jetzt auf nationaler Ebene alarmierende Ausmaße angenommen hat.
Die fast 4000 Dorfgemeinschaften, die sich über euer Gebiet verteilt finden, sind gezwungen, ein hohes Armutsniveau zu ertragen. Tatsächlich kann ein hoher Prozentsatz der Familien nicht mit ausreichenden Einkünften rechnen, um dem elementarsten Nahrungsbedarf zu entsprechen. Was andererseits die Landverteilung angeht, weiß ich, daß Bolivien eins der ersten lateinamerikanischen Länder war, das eine Agrarreform eingeleitet hat, die grundsätzlich vielen von euch den Erwerb eines wenigstens kleinen Grundstücks als Eigentum erlaubte. Natürlich haben die Nachteile des Kleinbesitzes in einem ungeheuer großen, wenig bevölkerten Gebiet und die Existenz des ausgedehnten Großgrundbesitzes nicht aufgehört, für den Landarbeiter große Probleme zu schaffen. Dies sind alles sehr ernste und im übrigen bekannte Fragen, die nach kühnen, auf Gründen der Gerechtigkeit beruhenden Lösungen rufen, nämlich dieser auf dem Privateigentum lastenden Art von sozialer Hypothek. Die Soziallehre der Kirche hat sich stets dafür eingesetzt, daß die Güter der Schöpfung von Gott für den Dienst und Nutzen aller seiner Kinder bestimmt sind. Daher darf niemand sich etwas aneignen unter Ablehnung der höheren Forderungen des Gemeinwohls. Gemäß dieser Lehre hat die Kirche immer die ausgewogene Verteilung des fruchtbaren Landes gepredigt, die verschiedene Formen und Weisen haben kann, um der Landbevölkerung die Möglichkeit eines menschenwürdigen Lebens mit einer entsprechenden integralen Erziehung der Kinder und dem notwendigen Fortschritt in ihrer Gesundheitsbetreuung zu geben, wie auch in den Arbeits- und Handelsmethoden, bei gerechten Preisen für die Erzeugnisse.
Ich zögere deswegen nicht, an das Empfinden für Gerechtigkeit und Menschlichkeit bei allen Verantwortlichen zu appellieren, damit die arme Landbevölkerung in Bolivien mit allen möglichen Mitteln gefördert wird, die sie als Landbesitzer sowie im Hinblick auf Kultur und Gesundheit voranbringen können, ganz abgesehen von den Besitztiteln, die vielen, denen sie noch fehlen, ausgestellt werden müssen.

3. Angesichts so vieler Leiden hält die Kirche ihre Ohren für den Ruf der Armen immer offen und macht sich mit den Menschen solidarisch, die unter Ausbeutung, Hunger und Elend leiden. Schon in der Enzyklika *Laborem exercens* habe ich gesagt: „Die Kirche setzt sich in diesem Anliegen kraftvoll ein, weil sie es als ihre Sendung und ihren Dienst, als Prüfstein ihrer Treue zu Christus betrachtet, um so wirklich ‚die Kirche der Armen' zu sein" (Nr. 8).
Die bevorzugte, aber weder ausschließliche noch jemanden ausschließende Option für die Armen ist Frucht jener Liebe, die zur Quelle moralischer Kraft wird, welche den edlen Kampf für die Gerechtigkeit durchstehen kann. Sie treibt die Kirche an, gemeinsam mit allen Menschen guten Willens nach den besten Wegen zu suchen, die zu einem brüderlicheren Zusammenleben und zu einer Gesellschaft führen, in der Gerechtigkeit, Liebe und Frieden herrschen.
Für einen Christen muß sich diese Liebe am Wort Gottes ausrichten, am Wort jenes Gottes, der sich als wahrer Vater aller offenbart und will, daß wir Brüder seien. Unser Glaube an die alle umfassende Vaterschaft Gottes und an das Reich, das Jesus verkündet hat, begründet unser Eintreten für die Gerechtigkeit, ohne jemals aus den Augen zu verlieren, daß unsere endgültige Heimat der Himmel ist.

4. Gerade weil der Mensch von Gott in die Welt gestellt wurde, um hier durch seine Arbeit seine Vollkommenheit zu erreichen, muß er das Recht eines jeden Menschen auf Arbeit achten, und er muß für die Achtung dieses Rechtes eintreten, das „eine fundamentale Dimension der Existenz des Menschen auf Erden darstellt" (*Laborem exercens*, Nr. 4). Als Christen können wir der derzeitigen Lage so vieler unserer Mitmenschen in Bolivien gegenüber nicht gleichgültig bleiben, denen dieses Recht auf ehrenwerte Arbeit vorenthalten wird; die vielen Familien, die in Armut dahinleben, und die Tausende und Tausende von Jugendlichen, die trotz entsprechender Ausbildung viele Zukunftsaussichten dahinschwinden sehen, dürfen uns nicht gleichgültig lassen.
Gewiß darf man die guten Ergebnisse der gemeinsamen öffentlichen und privaten Initiativen in den Ländern mit freiheitlicher Regierung nicht leugnen. Solche Ergebnisse dürfen aber nicht als Vorwand dienen, die Mängel eines Wirtschaftssystems zu übergehen, dessen Hauptantrieb der Gewinn ist, und in welchem der Mensch dem Kapital untergeordnet wird, um zu einem Teil des gewaltigen Produktionsprozesses zu werden, in dem seine Arbeit zur bezahlten Ware innerhalb des Systems von Angebot und Nachfrage wird.

5. Angesichts der nicht wenigen negativen Faktoren, die zuweilen zu Pessimismus und Verzweiflung führen könnten, verkündet die Kirche weiter die Hoffnung auf eine bessere Welt, weil Jesus den Bösen besiegt hat. Der auferstandene Christus ist bereits der Anfang dieser neuen Welt. Einer Welt, die besser zu sein verspricht, weil Christus Herr der Geschichte ist. In dem Maß, wie wir den Menschen fördern, bauen wir das Reich auf, das Er aufzurichten gekommen ist. Diese Welt ist schon irgendwie unter uns gegenwärtig, und wir müssen sie erforschen, um die Zeichen der Hoffnung, des Lebens und der Auferstehung zu entdecken.

Tatsächlich sind Zeichen der Hoffnung und Erstlinge einer neuen Welt da: der Glaube, der Leben wird und sich im Eintreten für die Gerechtigkeit äußert; das Suchen nach menschlicheren Formen des sozialen Zusammenlebens und nach Wirtschaftsmodellen, die weder ausschließlich den Gewinn, noch den Konsum als Grundlage haben, sondern das Miteinander-Teilen und die Solidarität; die Ablehnung jeder Art von Gewaltanwendung, auch wenn sie der angeblich institutionellen Gewalt begegnen möchte; die Entscheidung für den Kampf gegen die Korruption in ihren verschiedenen Formen, gegen Lüge sowie öffentliche und private Unmoral.

6. Liebe Brüder alle, aus der Stadt und vom Land, aus dem Bergbau und der Industrie, Arbeiter, Menschen aus den Randsiedlungen, alle, die ihr in so großer Zahl hergekommen seid, angeregt durch den gemeinsamen christlichen Glauben, um dem Nachfolger des Apostels Petrus zu begegnen, ich möchte euch spontan zur Solidarität aufrufen, zu einer Brüderlichkeit ohne Grenzen. Da ihr euch als Kinder des gleichen Gottes wißt, erlöst durch das Blut Jesu Christi, müßt ihr auch unter dem Antrieb des Glaubens solidarisch die notwendigen Voraussetzungen zu schaffen suchen, um aus dieser Gesellschaft und aus ganz Bolivien ein brüderlicheres und einladenderes Ganzes zu machen. Die Grundsätze des edlen Kampfes für die Gerechtigkeit dürfen nicht den einen Bruder gegen den anderen stellen; ihr müßt euch vielmehr ständig anregen und leiten lassen von den Grundsätzen des Evangeliums, die die Zusammenarbeit und den Dialog betonen, aber jede Form der Gewaltanwendung ausschließen. Seid gewiß, daß Gewalt und Haß eine verderbliche Saat sind, die nichts anderes als neuen Haß und neue Gewalt zustandebringen können.

Diese Solidarität, zu der ich euch als Hirte der Gesamtkirche einlade, hat ihre Wurzeln nicht in zweifelhaften und vergänglichen Ideologien, sondern in der bleibenden Wahrheit der Frohbotschaft, die uns Jesus gebracht hat; sie hat ihr unersetzliches Fundament im Gebet und in der Feier der Sakramente, zumal in der heiligen Messe, wo ihr die Freude erfahrt, euch als Glieder einer einzigen Familie zu fühlen: der Kirche, des Volkes Gottes und des mystischen Leibes Christi.

In euren Pfarreien und Gemeinschaften, wo man das geoffenbarte Wort hört und lebt, könnt ihr in besonderer Weise die Würde erfahren, Kinder Gottes zu sein; Kinder eines Gottes, der immer voll Verständnis und Barmherzigkeit für alle ist, die leiden: „Kommt alle zu mir, die ihr euch plagt und schwere Lasten zu tragen habt. Ich werde euch Ruhe verschaffen. Nehmt mein Joch auf euch und lernt von mir; denn ich bin gütig und von Herzen demütig; so werdet ihr Ruhe finden für eure Seele" (*Mt* 11,28–29).

Euch aber, Priester, Ordensmänner und Ordensfrauen, Katechisten und alle anderen in der Seelsorge Tätigen, die ihr in Selbstverleugnung mit den am meisten Notleidenden arbeitet, lade ich ein: führt eure apostolischen Aufgaben weiterhin in voller Gemeinschaft mit euren Hirten und den Lehren der Kirche; seid Werkzeuge der Heiligung durch das Wort und die Sakramente. In eurem Dienst seid ihr berufen, Zeugnis zu geben von der Heiligkeit und der Hingabe an eure Sendung, in dem Bewußtsein, daß eure Arbeit religiösen und geistlichen Charakter hat. Laßt nicht zu, daß Interessen, die dem Evangelium fremd sind, die Reinheit der euch von der Kirche anvertrauten Sendung trüben. Ich weiß, daß es bei eurer Arbeit nicht an Schwierigkeiten fehlt; daher müßt ihr desto mehr mit Christus vereint leben, euch mit der Weisheit des Glaubens nähren, mit dem Licht des Wortes Gottes sowie mit der Treue und Liebe zur Kirche.

7. Euch alle möchte ich einladen, in der Hoffnung auf ein besseres Morgen zu leben, wohl wissend, daß dem Aufbau dieses Morgen eure ganze Kraft gelten muß, bei jedem nach seinen Möglichkeiten und in dem Maß der empfangenen Gaben. Es ist keine billige Hoffnung; doch um sie Wirklichkeit werden zu lassen, könnt ihr mit vielen Werten rechnen, die die Menschen hier im Verlauf der Geschichte dieses Landes gezeigt haben: Abhärtung, Gastfreundschaft, Gemeinschaftsbewußtsein, Sinn für Feiern und Dankbarkeit, um nur einige zu erwähnen, die für die Identität dieses lieben bolivianischen Volkes charakteristisch sind.
Hoffnung haben in eurem Land die Missionare ausgestreut, die mit dem Opfer ihres Lebens auf dieser Hochebene den Samen des Glaubens legten, den ihr Dank der Gnade des Herrn unversehrt bewahrt habt. Dafür zeugen beispielhafte Gestalten wie P. Vicente Bernedo und Schwester Nazaria Ignacia.
Ein Weg der Hoffnung für dieses Volk ist die Lebenskraft der Kirche, die sich täglich mehr mit seiner Kultur einläßt und sie lebendig macht in den Katechisten und pastoralen Mitarbeitern, den kirchlichen Basisgemeinschaften, der Jugendpastoral und zumal in den Familien, die Gemeinschaften des Glaubens und Sauerteig für die Gesellschaft sein sollen.
Ich möchte euch ermuntern, mit dem Aufbau der Kirche fortzufahren, damit sie täglich mehr zum Zeugnis der göttlichen Liebe, zum Werkzeug der Einheit und zum Sakrament der Gemeinschaft und der Befreiung wird. Eine Kirche, die sich immer mehr mit den Armen, den Randexistenzen und den in der Gesellschaft am meisten Verlassenen solidarisch macht. Sie überwindet die natürlichen Unterschiede zwischen den menschlichen Gruppen und führt sie zum Aufbau einer solidarischen Gesellschaft zusammen. „Die ‚entarteten Mechanismen‘ und die ‚Strukturen der Sünde‘ – auf die ich in der jüngsten Enzyklika *Sollicitudo rei socialis* hingewiesen habe – können nur durch die Übung jener menschlichen und christlichen Solidarität überwunden werden, zu der die Kirche einlädt und die sie unermüdlich fördert. Nur auf diese Weise können sich viele positive Energien zum Vorteil für die Entwicklung und den Frieden voll entfalten“ (Nr. 40).

8. Abschließend wenden wir unsere Augen zu Maria, der Zuflucht der Sünder und der Trösterin der Betrübten. Ihr empfehlen sich die Gläubigen der Hochebene von Oruro und ganz Bolivien in ihren Anliegen.
Der Arbeiter im Bergwerk wendet sich ständig an „Maria vom Stollen“, denn er sieht in ihr den Inbegriff all seiner Hoffnungen. Die auf dem Land und in anderen Arbeitsbereichen Schaffenden schauen gleicherweise zu ihr als Mutter auf.
Sie hat Armut gelitten und mußte Verfolgung ertragen. Sie hilft euch, mit Hoffnung voranzugehen. Sie, die uns zu Jesus führt, möge auch euch zu ihm hinführen, dem wahren Weg zum Vater. Sie, die Glauben und Leben verband, lehrt euch, wie Glauben sich in tätiges und einsatzfreudiges Leben übersetzt. Sie, die im Magnifikat gesungen hat, daß Gott

die Mächtigen vom Thron stürzt, die Niedrigen aber erhöht, möge die Mutter und Schützerin dieses leidenden und schlichten Volkes sein.
Gestattet mir, bevor ich schließe, mich in eurer eigenen Sprache zu verabschieden: Quechua: Señornichej Kankunáhuan háchun y paytaj bendeciycuchun tocuy familiayquichejta jallpayquichejta uyhuasniyquichejta y j'oyapillankaynichejta! (Der Herr möge mit euch sein; er segne eure Familien, eure Felder, euer Vieh und eure Arbeit in den Bergwerken!) Aymara: Nayajj chuymajjaruj apastuwa munat jilatanaka. Cullakanaka! (Ich trage euch in meinem Herzen, liebe Brüder und Schwestern. Alles Gute).

Nächstenliebe ist von der Gottesliebe nicht zu trennen

Predigt bei der Messe in Cochabamba (Bolivien) am 11. Mai

„Wohl dem Mann, der den Herrn fürchtet und ehrt und sich herzlich freut an seinen Geboten" (*Ps* 112,1)

Liebe Brüder und Schwestern!

1. Mit diesen Psalmworten aus der heutigen Liturgie grüße ich herzlich alle Anwesenden, alle, die ihr mit mir an diesem Eucharistischen Opfer im Tal von Cochabamba im Herzen Boliviens teilnehmt. Ich grüße besonders den Oberhirten der Erzdiözese, Msgr. René Fernández, die Weihbischöfe und die anderen Brüder im Bischofsamt, die Priester, die Ordensleute, die Behördenvertreter und das ganze Volk Gottes, das in dieser Tälerregion lebt und arbeitet. Zu denen, die aus Chapare und von den Andengebirgen gekommen sind, zu denen aus der Prälatur Aiquile, zu denen, die von der Hochebene herabgestiegen sind, und zu den Bewohnern dieser Stadt – zu allen gelange mein liebevoller Gruß.
In besonderer Weise möchte ich herzlich die Ketschua-Landarbeiter umarmen, die seit undenklichen Zeiten mühsam die uns umgebenden Felder bebauen. Mit besonderer Zuneigung grüße ich auch alle, die sich der Förderung von Gesundheit und Erziehung ihrer Mitbürger widmen.

2. Die heutige Liturgie stellt uns den barmherzigen Samariter vor Augen. Wir kennen dieses Gleichnis gut, das uns der heilige Lukas erzählt (vgl. *Lk* 10,29–37).
In diesem Gleichnis des Herrn unterscheidet sich der gute Samariter deutlich von anderen zwei Personen – einem Priester und einem Leviten – die auf demselben Weg von Jerusalem nach Jericho an dem von Verbrechern überfallenen Mann vorbeikommen. Keiner von den beiden bleibt bei dem armen Teufel, dem Opfer der Räuber, stehen, sondern sie sehen ihn, machen einen Umweg und gehen weiter (vgl. *Lk* 10,31–32). Ein Samariter dagegen, berichtet der heilige Lukas, kam zu dem Ort und „als er ihn sah, hatte er Mitleid" (*Lk* 10,33). Der Unglückliche brauchte ihn, denn er war nicht nur ausgeplündert, sondern auch so schwer verletzt worden, daß man ihn halbtot am Wege liegengelassen hatte.

Im Gegensatz zu den beiden anderen, die vorher an dem Verwundeten vorbeigegangen waren, ließ ihn der Samariter nicht im Stich, sondern „ging zu ihm hin, verband seine Wunden (...), brachte ihn zu einer Herberge und sorgte für ihn“ (*Lk* 10,34). Und als er seine Reise fortsetzen mußte, ließ er ihn in der Obhut des Herbergswirtes und verpflichtete sich, alles weiter Notwendige zu bezahlen.
Wie vielsagend ist dieses Gleichnis! Denn wenn Jesus die Erzählung auch auf dem Weg von Jerusalem nach Jericho, im Heiligen Land, angesiedelt hat, so kann sich die Situation doch an jedem beliebigen Ort der Erde wiederholen, auch hier, auf bolivianischem Boden! Und sicher hat sie sich mehr als einmal wiederholt.

3. Der Herr Jesus wollte mit diesem Gleichnis die Schwierigkeit aufklären, die ihm ein Gesetzeslehrer vorgelegt hatte: „Und wer ist mein Nächster?“ (*Lk* 10,29). Nachdem er die Erzählung Jesu gehört hatte, fand der Gesprächspartner keine Schwierigkeit mehr zu zeigen, wer sich wirklich als Nächster erwiesen hatte. Natürlich war es der Samariter, derjenige, der Mitleid mit einem Mitmenschen im Unglück hatte, auch wenn es ein Fremder und Unbekannter war.
Und Jesus sagt darauf: „Dann geh und handle genauso!“ Mit anderen Worten hebt auch der Apostel Jakobus hervor, wie notwendig die Haltung des barmherzigen Samariters ist, wenn er in seinem Brief schreibt: „Was nützt es, wenn einer sagt, er habe Glauben, aber es fehlen ihm die Werke? (...) So ist der Glaube für sich allein tot, wenn er nicht Werke vorzuweisen hat (...), er ist nutzlos“ (*Jak* 2,14.17.20).
Ohne jeden Zweifel kannten die beiden, die vorübergingen, die heiligen Bücher und betrachteten sich nicht nur als Gläubige, sondern sogar als tiefe „Kenner“ der Glaubenswahrheiten. Dennoch haben nicht sie, sondern der Samariter, einen vorbildlichen Beweis ihres Glaubens abgelegt. Der Glaube wurde in ihm durch ein gutes Werk fruchtbar. Gott, an den wir glauben, verlangt von uns ähnliche Werke. Es sind die Werke der Nächstenliebe.

4. Das Wort Gottes legt uns, den Gläubigen, in der heutigen Liturgie eine fundamentale Frage vor: Ist unser Glaube wirklich fruchtbar? Bringt er wirklich Frucht in guten Werken? Ist er lebendig oder ist er vielleicht tot?
Diese Frage müßten wir uns jeden Tag unseres Lebens stellen, heute und jeden Tag, denn wir wissen, daß Gott uns nach den im Geist des Glaubens vollbrachten Werken richten wird. Wir wissen, das Christus am Tag des Gerichts zu jedem sagen wird: Was ihr einem anderen, dem Nächsten, getan habt, das habt ihr mir getan; was ihr dem Nächsten nicht getan habt, das habt ihr mir nicht getan (vgl. *Mt* 25,40.45). Ganz genau so wie im Gleichnis vom barmherzigen Samariter.
Dasselbe haben wir im Jakobusbrief gehört: „Wenn ein Bruder oder eine Schwester ohne Kleidung ist und ohne das tägliche Brot und einer von euch zu ihnen sagt: Geht in Frieden, wärmt und sättigt euch!, ihr gebt ihnen aber nicht, was sie zum Leben brauchen – was nützt das? (...) Der Glaube ohne Werke ist nutzlos“ (*Jak* 2,15–16.20).
Fragen wir uns noch einmal: Gibt unser Glaube Frucht? Ist er lebendig? Ist es ein „Glaube, der in der Liebe wirksam ist“ (*Gal* 5,6)?

5. Die Antwort dürfen wir nicht nur mit Worten, wir müssen sie mit dem Leben selbst geben. „Zeig mir deinen Glauben ohne die Werke", so haben wir gerade gehört, „und ich zeige dir meinen Glauben aufgrund der Werke" (*Jak* 2,18). Ihr sollt euren Glauben beweisen durch jene Werke, die der Linderung physischen Leidens – Krankheit, Hunger, Mangel an Kleidung und Wohnung – und moralischen Leidens – Hunger nach Bildung, nach Verständnis, nach Trost – dienen.
Die Gesamtheit dieser Umstände, die es im Leben immer gibt, ist Gelegenheit, dem Nächsten nicht nur das zu geben, was man hat, sondern ihm in einem totalen Engagement auch das zu widmen, was man ist. Christus – der barmherzige Samariter im wahrsten Sinn des Wortes, der unsere Schmerzen auf sich geladen hat (vgl. *Jes* 53,4) – handelt durch alle Christen weiterhin so. Nicht durch einige wenige, sondern durch alle, denn alle haben wir die Berufung zum Dienst erhalten. Zu allen hat der Herr gesagt: „Deinen Nächsten sollst du lieben wie dich selbst" (*Lk* 10,27).

6. Diese Berufung zum Dienst, die alle Dimensionen der menschlichen Existenz umfaßt, findet ihr angemessenes und fruchtbares Wirkungsfeld in der Ausübung einer jeden ehrlichen Arbeit. Die Arbeit ist nicht Mittel zum persönlichen Triumph; sie ist – und muß sein – eine Möglichkeit, den anderen zu helfen. Das wahre Wohl, das ihr in der Arbeit immer erstreben sollt, ist das Wohl der anderen, der Dienst am Nächsten.
Für einige jedoch hat dieser Dienstauftrag einige einzigartige Merkmale. Ihre Arbeit läßt sie denen nahe sein, die leiden, indem sie die Probleme des Gesundheitswesens anpacken, das Leid zu lindern suchen, mit dem sie zu tun haben, und ständig die Haltung des barmherzigen Samariters einnehmen.
Unglücklicherweise belasten Schmerz und Krankheit viele Menschen in Bolivien. Die Unterernährung, die hohe Kindersterblichkeit, die Chagas-Krankheit, das Kropfleiden und viele andere Krankheiten ebenso wie der Mangel an Trinkwasser und anderen elementaren Gesundheitseinrichtungen bedrängen viele bolivianische Familien. Die Kinder, Hoffnung eures Vaterlandes, sind häufig am meisten gefährdet. Die Lösung dieser Probleme ist eine Herausforderung für alle; denn wie ich in dem Apostolischen Brief *Salvifici doloris* schrieb „ist die Offenbarung des heilbringenden Sinnes des Leidens in keiner Weise gleichzusetzen mit Passivität" (Nr. 30).
Gott rechnet mit unserer Mitarbeit bei der Lösung dieser Probleme. Ich spreche allen meine Anerkennung und meinen Dank aus, die ihre Kenntnisse und ihre Bemühungen der Behandlung der Krankheiten und Leiden der bolivianischen Bevölkerung widmen: den Ärzten, den Krankenschwestern und -pflegern, den Sozialarbeitern, den Ordensmännern und Ordensfrauen und den Laien-Freiwilligen. Ihr leistet eine Arbeit, die der Herr beim barmherzigen Samariter preist: „Als er ihn sah (...), ging er zu ihm hin, goß Öl und Wein auf seine Wunden und verband sie. Dann hob er ihn auf sein Reittier, brachte ihn zu einer Herberge und sorgte für ihn" (*Lk* 10,33–34). Seht weiterhin in den Kranken Christus selbst (vgl. *Mt* 25,40–45). Laßt nicht zu, daß die Routine eure Arbeit mechanisch macht und euch gegenüber dem Leiden abstumpft. Gleicht den Mangel an Mitteln durch eure Liebe, eure Einsatzbereitschaft und euren Einfallsreichtum aus. Verbessert eure Hingabe an die anderen durch ständige technische und wissenschaftliche Vervoll-

kommnung. Und helft vor allem den Kranken, die Bedeutung des Schmerzes im Heilsplan Gottes zu verstehen.
Mögt ihr nie vergessen, daß die echte Liebe zum Nächsten untrennbar ist von der Liebe zu Gott mit ganzem Herzen und allen Kräften (vgl. *Lk* 10,27). Das Gebet und der häufige Empfang der Sakramente – besonders der Beichte und der Eucharistie – werden euch die notwendige Kraft geben, um euer Engagement für die Leidenden voranzutragen. Und mit dieser Kraft werdet ihr den Kranken helfen, mit Gott vereint zu bleiben, indem ihr sie zu den Sakramenten bringt, durch die unaufhörlich die Gnade Christi zu uns kommt.

7. „Am anderen Morgen" – so geht das Gleichnis vom barmherzigen Samariter weiter – „holte er zwei Denare hervor, gab sie dem Wirt und sagte: Sorge für ihn, und wenn du mehr für ihn brauchst, werde ich es dir bezahlen, wenn ich wiederkomme" (*Lk* 10,35). Die offensichtlichen Mängel ganzer besonders befallener Ortschaften haben die Aufmerksamkeit privater und öffentlicher, kirchlicher und weltlicher, nationaler und internationaler Institutionen auf sich gezogen; nach dem Beispiel des barmherzigen Samariters wollten sie zur Heilung des hilfsbedürftigen Nächsten beitragen. Aber euer Verhalten, liebe Bolivianer, darf sich nicht auf die Verteilung der Hilfen aus dem Ausland oder aus den großen Städten beschränken, sondern muß zur Förderung einer aktiven Solidarität aller, auch der Betroffenen selber, gelangen und bewirken, daß sie sich als freie und verantwortungsbewußte Menschen in die ersten Vorkämpfer ihrer eigenen Förderung verwandeln. Unter eure vorrangigen Ziele müßt ihr die Gesundheitserziehung aufnehmen: Immer mehr Menschen müssen die Mängel hinter sich lassen, die ihre Gesundheit und die ihrer Kinder in Gefahr bringen, wie zum Beispiel die Trunksucht; und müssen sich Sauberkeit und Hygiene zur Gewohnheit machen, denn diese sind auch in Situationen extremer Armut immer möglich. Gelegentlich wird es auch möglich sein, die medizinischen Erfahrungen der Eingeborenen nutzbringend anzuwenden, indem man sie durch moderne Techniken ergänzt.
Verfallt niemals der beklagenswerten Versuchung zu glauben, die Lösung der Probleme liege in der Beseitigung neuen Lebens durch verbotene Methoden der Geburtenkontrolle oder durch Sterilisierung und Abtreibung. Gebt nicht der moralischen Erpressung derer nach, die gesundheitliche und materielle Hilfe von unerlaubten Plänen der Geburtenkontrolle abhängig machen.
Das Bemühen von Privatpersonen und Institutionen muß sich einordnen und ergänzen lassen durch das der Behörden auf allen Ebenen. Die Sorge um die kollektive Gesundheit ist in der Tat eine der ersten Pflichten der Regierenden und eine unumgängliche langfristige Investition.

8. Der nach dem Bild und Gleichnis Gottes geschaffene Mensch leidet jedoch nicht nur aus physischen Gründen: Hauptursache des Leides ist das moralisch Böse. Viele wenden sich an den Herrn mit der Bitte, sie von ihren Krankheiten zu heilen, aber zufälligerweise sind es nur wenige, die ihn wie der Gesetzeslehrer im heutigen Evangelium fragen: „Meister, was muß ich tun, um das ewige Leben zu gewinnen?" (*Lk* 10,25). In den Seelen gibt es ebenso Hunger nach Wahrheit, wie es im Leib Hunger nach Brot gibt. Das leibli-

che Wohlbefinden muß dem Fortschritt der ganzen Person und damit auch der Entwicklung der Intelligenz dienen, die ihren Höhepunkt in der Erkenntnis Gottes erreicht. Mein verehrter Vorgänger Papst Paul VI. weist in der Enzyklika *Populorum progressio* darauf hin, daß „die Basiserziehung das erste Ziel eines Entwicklungsplanes ist" (Nr. 36) und eure Bischöfe heben schon seit Jahren hervor, daß die Erziehungsprobleme eures Landes gleichzeitig ein Drama und eine Bedrohung sind (vgl. *Hirtenbrief der bolivianischen Bischöfe*, 1971).
Die Erziehung muß – wie das II. Vatikanische Konzil in Erinnerung bringt – den eigenen Charakter eines jeden Volkes respektieren und zugleich bewirken, daß die Kinder und Jugendlichen durch zweckdienliche und den Verhältnissen angepaßte Mittel „so für die Teilnahme am gesellschaftlichen Leben geformt werden, daß sie (...) sich in die verschiedenen Gruppen der menschlichen Gemeinschaft tätig einzugliedern vermögen (...) und bereitwillig für das Allgemeinwohl eintreten" (*Gravissimum educationis*, Nr. 1).
Diese Empfehlung des Konzils erlangt besondere Bedeutung bei der Erziehung der Landbevölkerung. Sie muß die Achtung vor der überlieferten Kultur mit der Aneignung von Kenntnissen und Techniken der Welt von heute in Einklang bringen. Man wird auf diese Weise einerseits eine Entwurzelung, andererseits eine Situation der Unterlegenheit bei der Erfüllung der eigenen Aufgaben und bei dem Austausch vermeiden, den die Welt von heute erfordert.

9. Die Kirche hat in dieser Aufgabe hier in Bolivien wie auf der ganzen Welt eine wichtige Rolle gespielt. Ich freue mich, zahlreiche Initiativen auf dem Erziehungssektor hervorheben und anerkennend erwähnen zu können, die seit vielen Jahren geduldig und ausdauernd diese Entwicklung vorangetrieben haben. Ich meine dabei die „Christus-Schulen" des Bruders José Zampa, das Bildungswerk der Salesianer, die Pfarreischulen von Campo, „Fe y Alegria" und viele andere bewundernswerte Aktionen, die von der Bischöflichen Kommission für das Erziehungswesen unterstützt werden.
Diese ganze Erziehungsarbeit wäre nicht möglich gewesen ohne das verschwiegene und anonyme Opfer zahlreicher Erzieher und den Beitrag der Lehrer an den staatlich unterstützten Schulen, der Organisationen des Volkes, der organisierten Lehrerschaft und vieler spontan entstandener Bildungsinitiativen mit dem Ziel der Alphabetisierung, der Erwachsenenbildung und der Nutzung der reichen kulturellen und regionalen Verschiedenheiten dieses Landes.
Allen danke ich im Namen des Herrn für all die Arbeit, die ihr leistet; ich spreche euch Mut und die Aufforderung zu, in dieser verdienstvollen Arbeit weiterzumachen mit jener Weisheit von oben, die „erstens heilig, sodann friedlich, freundlich, gehorsam, voll Erbarmen und reich an guten Früchten, unparteiisch und ungeheuchelt" ist und sein muß (*Jak* 3,17).

10. „Wohl dem Mann, der den Herrn fürchtet und ehrt und sich herzlich freut an seinen Geboten. Seine Nachkommen werden mächtig sein im Land" (*Ps* 112,1–2).
Wohl dem, der in welcher Arbeit auch immer mit dem Herzen Gott sucht. Wohl dem, der bei der Ausübung jedes beliebigen Berufes das Wohl der anderen anstrebt.

Ich möchte mich jetzt vom Boden Cochabambas aus, diesem ländlichen Boden im wahrsten Wortsinn, an euch Ketschua-Bauern, Männer vom „bronzenen Stamm“, wenden, die ihr seit undenklichen Zeiten diese Täler bevölkert und an den Wurzeln der bolivianischen Nationalität steht. Ihr habt der Welt eure Entdeckungen auf den Gebieten der Ernährung und der Medizin geschenkt, wie die Kartoffel, den Mais und die Chinarinde. Der Herr begleitet weiterhin eure Arbeit mit seiner Hilfe. Er sorgt für die Vögel des Himmels, die Lilien auf dem Felde und das Gras der Erde (vgl. *Mt* 6,2630). Das ist das Werk Gottes, der weiß, daß wir die Nahrung brauchen, die die Erde hervorbringt; eure Vorfahren haben diese vielseitige und ausdrucksvolle Realität „Pachamama“ (Erdmutter) genannt; sie reflektiert das Wirken der göttlichen Vorsehung, die uns ihre Gaben für das Wohl des Menschen schenkt.

Das ist der tiefe Sinn der Gegenwart Gottes, dem ihr in eurer Beziehung zur Erde begegnen sollt; diese umfaßt für euch das Land, das Wasser, den Bach, den Berg, den Abhang, die Schlucht, die Tiere, die Pflanzen und die Bäume, denn Erde ist das ganze Schöpfungswerk, das Gott uns geschenkt hat. Wenn ihr daher die Erde betrachtet, das Angebaute, das wächst, die Pflanzen, die reifen, und die Tiere, die geboren werden, dann erhebt eure Gedanken zu Gott in der Höhe, zu Gott, dem Schöpfer des Universums, der sich uns in Jesus Christus, unserem Bruder und Erlöser, geoffenbart hat. So könnt ihr bis zu ihm gelangen, ihn preisen und ihm danken. „Denn seit Erschaffung der Welt wird seine unsichtbare Wirklichkeit an den Werken der Schöpfung mit der Vernunft wahrgenommen“ (*Röm* 1,20).

„Wohl dem Mann, der (...) das Seine ordnet, wie es recht ist. Niemals gerät er ins Wanken“ (*Ps* 112,5–6). Wohl dem, der sich in seiner Arbeit anstrengt trotz der Schwierigkeiten der Umwelt. Wohl dem, der versucht, mit seiner Arbeit die Zivilisation der Liebe zu erbauen.

11. Wir wissen, daß bei jeder Messe der Priester – wenn er Brot und Wein opfert – das auf den Altar bringt, was Geschenk Gottes und gleichzeitig Frucht der Arbeit des Menschen ist; er tut dies, indem er Gott lobt: „Gepriesen seist du, Herr, Gott des Universums.“

Ja, liebe Brüder und Schwestern, Gott, der Schöpfer und unser Vater, gestattet uns jeden Tag, die Frucht der Arbeit des Menschen mit dem allerheiligsten Opfer seines eingeborenen Sohnes zu vereinen: mit dem Herrn auf Golgota und im Abendmahlssaal. Dieses unaussprechliche Opfer unseres Glaubens muß sich für uns in die Quelle der aus dem Glauben kommenden Werke verwandeln, der guten und heilbringenden Werke.

Zusammen mit euch bete ich darum, daß die bolivianische Erde überreich an solchen Werken sei. Daß alle ihre Bewohner, die gesamte Gesellschaft, sie überreich auf allen Gebieten des Lebens und der Arbeit hervorbringen. Daß alle gute Früchte zum gemeinsamen Wohl aller hervorbringen.

Geht auf dem Pfad der Liebe zu den anderen, auf dem Pfad des barmherzigen Samariters, jener Liebe entgegen, die das von Christus hinterlassene Hauptgebot ist. Geht dem Heil entgegen und wißt, daß ihr auf diesem Weg das Glück finden werdet.

„Wo Frieden herrscht, wird für die Menschen, die Frieden stiften, die Saat der Gerechtigkeit ausgestreut“ (*Jak* 3,18).

Nachfolge Christi bindet unauflöslich

Ansprache bei der Begegnung mit Priestern, Ordensleuten und Seminaristen in Cochabamba (Bolivien) am 11. Mai

Liebe Diözesan- und Ordenspriester,
liebe Seminaristen!

1. Es ist mir eine große Freude, mit euch in diesem Seminar zusammenzusein, dem Zentrum der Priesterausbildung und dem Herzen der Frömmigkeit dieses schönen und gastlichen Tales von Cochabamba. Ihr alle steht im Dienst der von den Bischöfen geleiteten Ortskirchen und gleichzeitig in Gemeinschaft der vom Papst, dem Nachfolger des heiligen Petrus, geleiteten Weltkirche. Als Diözesanpriester wurzelt euch euer Charisma in besonderer Weise ein in die eigene Ortskirche und in das Presbyterium; als Ordenspriester verleiht euch euer Charisma Vielfalt in der Nachfolge des Evangeliums in derselben Partikularkirche; als zukünftige Priester stellt eure großmütige Treue zur Berufung eine Hoffnung für die ganze Kirche besonders auf diesem geliebten bolivianischen Boden dar. Ihr alle seid bemüht, euch mit dem Evangelium Jesu und dem Geheimnis seiner Kirche zu identifizieren, und wollt hier und heute ein sichtbares Sinnbild des Guten Hirten sein, der „gesalbt und gesandt“ (*Lk* 4,18) wurde, sein Leben gemäß den Heilsplänen des Gottes der Liebe für die Menschen hinzugeben (vgl. *Joh* 10,1–39). In der priesterlichen Nachfolge Christi habt ihr die Berufung gehört, das Heilswerk des Erlösers als Zeichen der Liebe Gottes zur ganzen Menschheit gegenwärtig zu machen. „Du bist Priester auf ewig nach der Ordnung Melchisedeks“ (*Hebr* 5,6).

2. Einer der eindrucksvollsten Aspekte bei der aufmerksamen Betrachtung des Lebens Jesu ist ohne Zweifel seine Nähe und seine Fürsorge gegenüber den Armen und den Leidenden. Wer spürt nicht innere Bewegung, wenn er die Äußerungen hört, die beim Kontakt mit der menschlichen Wirklichkeit aus dem Herzen Jesu, des Guten Hirten, aufsteigen? „Ich habe Mitleid mit diesen Menschen“ (*Mk* 8,2), „ich habe noch andere Schafe“ (*Joh* 10,16), „kommt alle zu mir, die ihr euch plagt und schwere Lasten zu tragen habt; ich werde euch Ruhe schaffen“ (*Mt* 11,28).
Auch ihr lebt täglich diese Sorgen des Guten Hirten, ihr teilt sein Sehnen und Tun in inniger Gemeinschaft mit seiner Person. Ausgangspunkt für eine korrekte Darstellung der Realitäten, mit denen ihr euch pastoral auseinandersetzen müßt, ist Jesus, das Wort des Vaters, selbst. Eure Berufung verlangt von euch, in diesem Wort zu bleiben, ihm und der Person Jesu treu zu sein, denn ihr habt teil an seiner Salbung und Sendung. Auf diese Weise könnt ihr einer bedrängenden Realität entsprechen, denn diese erfordert Menschen, die gerade deshalb erfahren in Menschlichkeit sind, weil sie sich in den betrachtenden Umgang mit dem auferstandenen Christus hineinversenkt haben, der in der Kirche und in der Welt gegenwärtig ist.

Das „Folge mir nach" der Berufung zum apostolischen Dienst und zum geweihten Leben (vgl. *Joh* 1,43; *Mk* 1,17; *Mt* 4,19) hat einen zweifachen, ungeteilten und zugleich komplementären Aspekt: Begegnung mit Christus und Sendung. Der eine und der andere Aspekt postulieren und integrieren einander gegenseitig. Die Berufung stellt sich uns also als ein Geschenk Gottes dar, dem man antworten muß, indem man auch alle seine Forderungen nach Hingabe an die Nachfolge Christi und zum Handeln für die Verkündigung des Evangeliums auf sich nimmt. Auf diese Weise drückt sich die Liebe Christi „zu den Seinen" (*Joh* 13,1) als Berufung aus, die eine Erklärung der Liebe ist, und nur aufgrund dieser Liebe versteht man vollkommen die beiden untereinander komplementären Aspekte der Berufung: „Er rief die zu sich, die er erwählt hatte, und sie kamen zu ihm. Und er setzte zwölf ein, die er bei sich haben und die er dann aussenden wollte, damit sie predigen" (*Mk* 3,13–14).

Die Nachfolge Christi bindet euch unauflöslich an ihn, nicht nur um an seinem Wesen und seiner „Salbung" teilzuhaben, sondern auch um seine Sendung weiterzutragen und euch in seine erlösende Liebe zu versenken. Wie kann man sich nicht der bewegenden Szene von Nazaret erinnern, wo Jesus dreißig Jahre lang lebte und von wo er schließlich vertrieben wurde, eben weil er seine Sendung als „gesalbt und gesandt, um den Armen eine gute Nachricht zu bringen" verkündete! Die „Inkarnation" oder das Eintreten Jesu in die konkreten Verhältnisse von Nazaret, auf die Erde, in die Geschichte seiner Zeitgenossen und in die Geschehnisse der ganzen Menschheit mußte sich gemäß den Plänen und „dem Auftrag des Vaters" (*Joh* 10,18) vollziehen. Diese Art des Eintritts ist die echteste und tiefste, weil sie sich nicht auf die Übernahme einiger soziologischer Daten beschränkt, sondern wesentlich darin besteht, daß er die Geschichte der Brüder und Schwestern von der Herrschaft der Sünde und des Todes befreit, indem er diese Geschichte auf seine Person als Mittler und „Priester" lädt. Das Geheimnis von Nazaret ist auch enthalten in der Botschaft der Seligpreisungen und nimmt diese in gewisser Weise vorweg. Das ganze Evangelium erregt „Betroffenheit", „Verwunderung" (*Mt* 7,28) und nicht selten „Anstoß", bei denen, die es hören (*Mt* 13,57); und so sehen wir, wie die Nazarener Jesus nach seiner Predigt in der Synagoge den Felsen hinabstürzen wollten (vgl. *Lk* 4,29).

3. Ihr, liebe Brüder, hörtet eines Tages den Ruf des Jesus von Nazaret und seid ihm mit Entschlossenheit und Großmut gefolgt. Ihr wißt sehr wohl, daß ihr mit der Berufung zum Priestertum und zum Ordensleben auch gerufen worden seid, das Schicksal Christi zu erleiden, „den Kelch zu trinken" (*Mk* 10,38), das Leben mit ihm zu teilen. Diese Berufung trägt euch nicht nur und bereitet euch auf die Schwierigkeiten vor – nach den Worten des Herrn: „In allen Prüfungen habt ihr bei mir ausgeharrt" (*Lk* 22,28) – sondern sie bringt darüber hinaus eine frohe Teilnahme an der Freundschaft Christi mit sich: „Ihr seid meine Freunde" (*Joh* 15,14). Im Erlebnis dieser Freundschaft besteht gerade das Geheimnis der Sendung: „Ihr sollt Zeugnis ablegen, weil ihr von Anfang an bei mir seid" (*Joh* 15,27).

Im Licht dieser Worte aus dem Munde Jesu können wir die Ereignisse und Probleme, die uns am meisten beunruhigen, richtig anpacken. Ich kann euch versichern, daß ich Tag für Tag in meinem Herzen eure spirituellen Beunruhigungen und euer apostolisches Streben mitlebe. Wie könnte ich nicht an die Notwendigkeit und Dringlichkeit zahlreicher Berufungen unter den Eingeborenen denken! Wie könnte ich euch nicht nahe sein in den vielen Situationen des Schmerzes und der Ungerechtigkeit! Wie könnte ich euch nicht begleiten bei euren Aufgaben, die Botschaft des Evangeliums in die verschiedenen Kulturen einzufügen und zu fördern! Wie könnte ich euch nicht ermuntern zum besseren und echteren Erleben des Priestertums als des persönlichen und gemeinschaftlichen Zeichens Christi, des Priesters und Guten Hirten!

4. Alle Verkünder des Evangeliums, ob sie hier geboren oder aus fernen Ländern hierher gekommen sind, möchte ich an diesem Tag daran erinnern, daß sie das Evangelium allen Menschen unter Berücksichtigung ihrer kulturellen Werte bringen müssen. Die unverfälschte „Inkulturation“ geht aus vom Licht und der Kraft des Evangeliums, das über den Manifestationen jeder Kultur steht und es so ermöglicht, die echten Werte zu unterscheiden, sie zu reinigen, umzuwandeln und zu erhöhen. Jeder Verkünder des Evangeliums muß sich daher zuerst durch einen Prozeß der Kontemplation und der persönlichen Bekehrung in den Geist des Evangeliums versenken und – wir könnten sagen – „inkulturieren“, um dann eben dieses Evangelium, so wie es ist, ohne Verkürzung, in eine bestimmte Kultur einzupfropfen. So kann man „die Kultur mit vitaler Kraft in der Tiefe und bis zu ihren Wurzeln mit dem Evangelium durchdringen“ (*Evangelii nuntiandi*, Nr. 20).
Die Berufungen unter den Eingeborenen sind notwendig, um den vor schon fast fünf Jahrhunderten begonnenen Evangelisierungsprozeß fortzusetzen. Viele Berufungen zum Priestertum und zum Ordensleben stammen aus dem einfachen Volk oder dem ländlichen Milieu. Diese Kreise pflegen die kulturellen Wurzeln eures Volkes zu bewahren und seine bodenständigen Werte in einer reichen Vielfalt von Ausdrucksformen zu schützen – einschließlich der Sprachen (wie des Ketschua und des Aymara), die bevorzugte Übertragungswege des Evangeliums sind. Der Herr beruft, wen er will, ohne Unterschied der Klasse oder der gesellschaftlichen Situation, wie wir an der Gruppe seiner ersten Jünger sehen.

5. Deswegen möchte ich die für die Verstärkung der Jugendseelsorge und der Weckung geistlicher Berufe aufgewandten Bemühungen ermutigen und euch anfeuern, mit zunehmender Begeisterung den Orientierungen eurer Oberhirten und eurer Ordensoberen über die Erziehung und das apostolische Tun zu folgen. Ein vom Seminar oder vom Noviziat her gut geformter Priester oder Ordensmann muß fähig und bereit sein, in der kirchlichen Gemeinschaft zu leben, so arm sie auch sein mag, ohne Vorrechte zu suchen oder persönliche Interessen zu verteidigen. Wir brauchen neue „Pfarrer von Ars“, die zu den Gemeinden, denen sie angehören, stehen und die den Armen die Frohe Botschaft als Zeichen für das Kommen des Reiches verkünden (vgl. *Mt* 11,5).
Wir müssen uns dazu beglückwünschen, daß sich die bolivianische Kirche in den ländlichen Bereichen und in den Elendsvierteln an den Rändern der Städte immer mehr präsent macht, ohne andere vordringliche Sektoren, wie die Jugend, die Familie, die Welt der Arbeit und der Kultur, zu vernachlässigen. Dieses Zeugnis der Nähe zu jeder Person, die sucht und leidet, besonders zu den Ärmsten und den an den Rand Gedrängten, wird be-

wirken, daß die Menschen von heute, wie zu den Zeiten Jesu, die Gegenwart des Vaters spüren. Durch diese Nähe des Dienstes „wird der Messias ein besonders verstehbares Zeichen Gottes, der Liebe ist“ *(Dives in misericordia*, Nr. 3).
Die Existenz und das Streben des Priesters und des Ordensmannes müssen auf Christus hingeordnet sein, dessen Wort, dessen Gegenwart und dessen Heilswirken er fortsetzt. Das Licht und die Kraft für sich und für seine Gemeinde muß er im Wort Gottes, im Wirken des Heiligen Geistes und in der Feier der Eucharistie suchen. Darum „zeigt sich die Eucharistie als Quelle und Höhepunkt aller Evangelisation“ (*Presbyterorum Ordinis*, Nr. 5). Nur von dieser Wirklichkeit des Glaubens her werden sie eingesenkt und engagiert die Realität der christlichen und menschlichen Gemeinschaft leben, um in ihr „lebendige Werkzeuge Christi“ zu sein (*Presbyterorum Ordinis*, Nr. 12) und eine Haltung der Armut, der Keuschheit und des Gehorsams als „Aszese, wie sie einem Seelenhirten entspricht“, einnehmen (*ebd.*, Nr. 13); sie ist das Kennzeichen der Hirten und Propheten im Dienst eines Volkes, das leidet und das nicht selten keine Stimme hat.

6. Angesichts der Schwierigkeiten jeder Art für die Gemeinden, denen ihr dient, seid ihr aufgerufen, die enorme Kraft des Evangeliums und den Reichtum des Lehramtes der Kirche zu vertiefen, zu leben und zu verkünden, insbesondere durch die Darstellung der kirchlichen Soziallehre. Eure Bischöfe haben es in Erfüllung ihres Auftrags nicht unterlassen, mit ihr die schwierigen Augenblicke, durch die euer Land gegangen ist, zu erleuchten. Damit hat die christliche Soziallehre – wie ich in der kürzlich erschienenen Enzyklika *Sollicitudo rei socialis* hervorgehoben habe – ein weiteres Mal bewiesen, daß sie ihrem Wesen nach Anwendung des Wortes Gottes auf das Leben der Menschen und der Gesellschaft sowie auf die damit verbundenen irdischen Realitäten ist, indem sie „Leitprinzipien“, „Urteilskriterien“ und „Richtlinien für das konkrete Handeln“ vorlegt (Nr. 8).

7. Bei der Erfüllung seines Dienstamtes muß der Priester in eine Gemeinschafts- oder Gesamtpastoral eingegliedert sein. Wie uns das Konzilsdokument *Presbyterorum Ordinis* in Erinnerung ruft, kann „kein Priester abgesondert oder als einzelner seine Sendung hinreichend erfüllen, sondern nur in Zusammenarbeit mit anderen Priestern, unter der Führung derer, die die Kirche leiten“ (Nr. 7). Nichts ist besser für sie, als gemeinsam an der Verwirklichung der „Problemstellungen, Richtlinien und vereinter pastoraler Weg“ zu arbeiten, die die Bischofskonferenz von Bolivien als Weg der Evangelisierung vorgeschlagen hat. Dieser „pastorale Weg“ war auch die Grundlage für die Vorbereitung auf diesen Besuch des Nachfolgers des Petrus und wird ohne Zweifel sein bestes Ergebnis sein, wenn sich alle, vereint um ihre Oberhirten, für diese Aufgabe einsetzen, die der Verkündigung des Evangeliums neues Licht und neue Kräfte geben muß.
Die Einheit des Volkes Gottes wird die Frucht der Einheit seiner Hirten sein, wenn diese, ohne auf einen gesunden bereichernden Pluralismus zu verzichten, in der Einigkeit der Ziele, der Herzen und des Handelns arbeiten und dabei von derselben Liebe zu Christus angetrieben werden und in Treue zu derselben Lehre des Evangeliums stehen, deren Hüterin die Kirche ist. Die Einheit unter den Priestern ist eine „sakramentale Brüderlich-

keit", weil sie ein Erfordernis „der Gemeinsamkeit der Weihe und Sendung" (*Lumen gentium*, Nr. 28) und weil sie ein wirkkräftiges Zeichen der Heiligung und Evangelisierung ist. Wenn diese Brüderlichkeit echt ist, „ist sie schon ein Evangelisierungsfaktor" (*Puebla*, 663).
Es ist folglich vordringlich, solche Erfahrungen der Brüderlichkeit in allen Presbyterien in die Praxis umzusetzen, damit sie in gegenseitiger Hilfe auf der Ebene des pastoralen, spirituellen, kulturellen, wirtschaftlichen und persönlichen Lebens konkrete Gestalt gewinnen. Und es wäre höchst nützlich, eben diese Erfahrungen und Dienste auf nationaler Ebene unter den verschiedenen Diözesen und unter den verschiedenen Ordensinstituten auszutauschen. Aus dieser Zusammenarbeit zwischen Presbyterien und Ordensorganisationen entsteht eine unerwartete Kraft für das Leben der Kirche und für die Verkündigung des Evangeliums an das Volk Gottes.

8. Um diese Ziele in eurem persönlichen Leben und im Leben eures Dienstamtes zu erreichen, muß die ständige Weiterbildung auf den Gebieten der Lehre, der Pastoral und der Spiritualität gefördert werden (vgl. *Optatam totius*, Nr. 22). „Die in der Weihe empfangene Gnade, die beständig neu belebt werden muß, und der Auftrag der Verkündigung des Evangeliums verlangen von den hierarchischen Dienstamtsträgern eine ernsthafte und fortgesetzte Bildung, die sich nicht auf das Intellektuelle beschränken darf, sondern sich auf alle Aspekte ihres Lebens erstrecken soll" (*Puebla*, 719).
Ich möchte allen Dank und Ermutigung aussprechen, die großzügig Dienst auf dem so wichtigen Gebiet der Erst- und Weiterbildung des apostolischen Personals leisten. Besonders möchte ich die Professoren der Katholischen Universität und ihres Höheren Instituts für Theologische Studien erwähnen wie auch die Verantwortlichen für die Ausbildung in den Seminarien und in den apostolischen Zentren und Noviziaten. Ich danke allen, den Direktoren, Ausbildern, Professoren und den übrigen Mitarbeitern, für den hochherzigen Einsatz in der Aufgabe der Erziehung. Ich bin sicher, daß sich ihre Arbeit weiterhin auf die Treue zum Evangelium und zu den Lehren und Richtlinien der Kirche hin ausrichten wird sowohl in den Programmen und Strukturen des erteilten Unterrichts wie auch in den Kriterien, die die Ausbildung der künftigen Priester und Ordensleute regeln.
In diesem Zusammenhang muß unter allen Ausbildungsgebieten das der spirituellen Ausbildung in Übereinstimmung mit der besonderen Berufung des Diözesanpriesters und mit dem speziellen Charisma des Ordenslebens hervorgehoben werden. Diese Bildung, die die Basis der ganzen Persönlichkeit des Priesters und Hirten bildet, muß immer beseelt werden vom persönlichen, gemeinschaftlichen und liturgischen Gebet. Der in allen Lagen seines Lebens betende Jesus wird für uns zum Lehrmeister, der unsere ständige Beziehung zu Gott inspiriert, unterstützt in besonders starken Augenblicken durch die Betrachtung des Wortes Gottes, die Teilnahme an der Eucharistie und den Empfang des Sakraments der Versöhnung (vgl. *Presbyterorum Ordinis*, Nr. 18).

9. Ihr müßt wissen, daß die Gläubigen im Priester immer den Lehrer des Glaubens suchen. Die am Tag der Weihe empfangene Salbung des Geistes hat euch zu Repräsentanten

Christi gemacht, die „in seinem Namen" handeln: „Aus den Menschen ausgewählt und für die Menschen eingesetzt zum Dienst vor Gott" (*Hebr* 5,1), wie wir in der biblischen Lesung verkündet haben. Eure Formung nach Christus, dem Guten Hirten, ist ein Erfordernis und eine Gelegenheit dafür, daß ihr seine „lebendigen Werkzeuge" sei (*Presbyterorum Ordinis*, Nr. 12). Die Nachfolge des armen, gehorsamen und keuschen Christus macht euch zu Zeichen für seine Art, gemäß den Heilsplänen des Vaters für das Wohl aller Brüder zu leben. Insbesondere wird euch die Nachfolge des jungfräulichen Christus verstehen lassen, daß euch der Zölibat oder die um des Herrn und um des Himmelreiches willen gelobte Keuschheit (vgl. *Mt* 19,12) zur großmütigeren und absoluten bräutlichen Hingabe an Christus befähigt, der euch sendet und euch erwartet im Dienst an den Brüdern, besonders den ärmsten und verlassensten.

Wenn ich auch meine Worte an alle richten wollte, an die Priester, die Ordensleute, die Seminaristen und die geweihten Personen, so möchte ich jetzt in besonderer Weise euch grüßen, die ihr euch auf das Priestertum oder auf die evangelische Nachfolge im Ordensleben vorbereitet. Ihr seid die Zukunft und die Hoffnung der Kirche. Die Kirche der Zukunft wird besser sein, wenn ihr besser seid; die Kirche in Bolivien wird eine Kirche sein, die den Armen das Evangelium bringt, wenn ihr schon jetzt das Leben mit dem armen, gehorsamen und keuschen Christus teilt; die bolivianische Kirche der Fünfhundertjahrfeier der Evangelisierung Lateinamerikas und des Jahres 2000 wird eine missionarische Kirche sein, wenn ihr im weltumspannenden missionarischen Geiste wachst; einem Geist ohne Grenzen, weil er frei und großmütig ist in seiner Hingabe an Christus, der in den bedürftigen Brüdern wartet. All das werdet ihr entdecken im „täglichen Gespräch" mit Christus, dem Freund, der in der Eucharistie gegenwärtig ist und weiterhin liebend und rufend aus dem lebendigen und immer jungen Wort des Evangeliums zu euch spricht.

10. Alle Priester, Ordensmänner und Seminaristen lade ich in diesem Marianischen Jahr ein, euch in das Priestertum Christi zu vertiefen, dessen Salbung durch den Heiligen Geist im Schoß Marias stattfand, als das Wort in ihrem jungfräulichen Schoß Fleisch wurde. Maria, die eure Mutter aus besonderem Grund ist, wird euer Vorbild und eure sichere Hilfe sein, damit sich euer Leben total an der Liebe Christi, des Priesters und Guten Hirten, ausrichtet. Möge Maria, die ihr Leben dem Heranwachsen und der Erziehung Jesu widmete (vgl. *Lk* 2,51–52) und deren Glaube „im apostolischen Zeugnis der Kirche vorangeht" (*Redemptoris Mater*, Nr. 27), eure Beschützerin in jedem Augenblick sein. Mit ihr zusammen ist immer der heilige Josef, der Schutzpatron dieses Seminars; er ist Vorbild für jeden Gläubigen, der sein Leben demütig und im schweigsamen Dienst für den aus Maria geborenen und in der Kirche gegenwärtigen Jesus hingeben will. Möge der brüderliche Geist der Heiligen Familie in der Seminarfamilie, in jeder Ordensgemeinschaft und in jedem Presbyterium herrschen.

Mit diesen innigen Wünschen segne ich euch von ganzem Herzen wie auch alle übrigen Priester und Ordensmänner Boliviens, die bei dieser Feier nicht zugegen sein konnten.

Entschlossen die Probleme anpacken

Ansprache bei der Begegnung mit der Jugend in Cochabamba (Bolivien) am 11. Mai

1. Seid herzlich gegrüßt, liebe Jugendliche Boliviens, die ihr in dieser Stadt Cochabamba am Fuß des Tunari mit mir zusammentreffen wolltet; ihr seid hierhergekommen von der Hochebene, aus den Tälern, aus dem Regenwald und aus dem Osten dieses schönen Landes im Herzen dieses Kontinents der Hoffnung und der Jugend. Wiederholt habe ich daran erinnert, daß ihr die Zukunft der Gesellschaft und der Kirche seid und daß ich auf euch vertraue; denn eure Kraft, eure Hoffnung und eure Zuneigung erfüllen mich mit Freude.
Mein Gruß und mein Wort gelten auch euch jungen Menschen im Rest des Landes, die ihr nicht hier sein könnt; seid gewiß, daß ich euch alle in gleicher Weise in meinem Herzen gegenwärtig habe, daß ich für euch bete und daß ich mit euren Gebeten rechne.

2. Der soeben verlesene Evangeliumstext ist eine erregende Erzählung von der Begegnung Christi mit jenen zwei Jüngern, die auf dem Weg nach Emmaus waren.
Sie gingen weg von Jerusalem an jenem Sonntag nach dem Leiden und Sterben Jesu. Auf dem Weg sprachen sie miteinander über all das, was sich in den letzten Tagen ereignet hatte. Sie gingen traurig dahin, „blieben traurig stehen“, (*Lk* 24,17), erzählt uns das Evangelium, sie waren enttäuscht. Ihr Wunsch, Jesus nachzufolgen, ihr Glaube an den Meister waren deutlich dabei, vor dessen offensichtlichem Scheitern am Kreuz zusammenzubrechen.
Liebe junge Menschen, wie oft habt ihr selbst diese Bestürzung und diese Enttäuschung gespürt? Die Verzweiflung, die Versuchung, vor der Riesenhaftigkeit der Probleme dieser Welt, in der wir leben müssen, der Gesellschaft oder des eigenen persönlichen Lebens alles hinzuwerfen und die Flucht zu ergreifen und festzustellen, daß die Lösungen weder einfach noch nahe sind.
Es ist nicht leicht, das Warum so vieler Situationen der Ungerechtigkeit, der Unterdrückung und der Mißachtung der fundamentalen Menschenrechte zu verstehen. Von Ungleichheiten, für die keine Möglichkeit einer Rechtfertigung vom christlichen, ja nicht einmal vom menschlichen Standpunkt her existiert, wenn es neben Menschen, die mit Reichtümern beladen sind und in einem hemmungslosen Konsum schwelgen, andere gibt, die Hunger und jede Art von materiellem und geistigen Mangel leiden. So ist „die Wirklichkeit einer unzähligen Menge von Männern und Frauen, Kindern, Erwachsenen und alten Menschen, von konkreten und einmaligen menschlichen Personen also, (...) die unter der unerträglichen Last des Elends leiden“ (*Sollicitudo rei socialis*, Nr. 13), wie ich in meiner jüngsten Enzyklika geschrieben habe.
Ebenso schmerzlich ist es, festzustellen, daß viele Situationen ungerechter Ungleichheit auf lokaler Ebene, von schwersten Mängeln im Erziehungs- und Gesundheitswesen, besonders auf den Dörfern und in den Stadtrandvierteln, zuweilen die Folge bürgerlicher Gewissenlosigkeit bei der Erfüllung öffentlicher Ämter ist, die der Korruption und dem

Fehlen jeder Arbeitsmoral Tür und Tor öffnet (vgl. *Libertatis conscientia*, Nr. 83); viele sind von daher wegen des Mangels an Arbeitsplätzen zur Auswanderung gezwungen, und diese verursacht wiederum wirtschaftliche Stagnation.
Wie kann man die Krise der Familie hinnehmen? Ihre Zerrissenheit wird nicht nur durch das Fehlen der geringsten Hilfen zu ihrer Gründung und Entfaltung verursacht, sondern auch durch die Pornographie und die sexuelle Permissivität, die wahre Liebe unmöglich machen.
In diesem Wirrwarr von Aufschreien können nicht alle erkennen, daß viele dieser Übel letztlich von einer großen Abwesenheit Gottes in den Herzen, einem Verlust des transzendenten Sinnes des Lebens und vom Ruin der höheren Werte herrühren, die dem Weg des Menschen durch die Geschichte Sinn gegeben haben.

3. Vor diesem wahrhaft ziemlich düsteren Panorama lade ich euch ein, euch an Jesus, den Sohn Gottes und Sohn Marias, zu wenden; mit ihm zu sprechen, denn er begleitet uns auf dem Weg wie an jenem Abend die Zwei nach Emmaus, auch wenn unsere Augen getrübt sind oder sich sogar hartnäckig verschließen, um ihn nicht zu erkennen.
Richten wir, liebe Freunde, unseren Blick genauer auf die Einzelheiten der vom Evangelisten Lukas erzählten Szene. Während jene beiden Jünger so dahingehen, kommt Jesus hinzu, aber sie erkennen ihn nicht. Es beginnt ein Gespräch. Einer von ihnen, mit Namen Kleopas, ergreift das Wort und bekundet offen seine Niedergeschlagenheit, seine Enttäuschung; er hatte alles von Jesus von Nazaret erhofft, doch siehe da: „Unsere Hohenpriester und Führer haben ihn zum Tod verurteilen und ans Kreuz schlagen lassen“ (*Lk* 24,20), und das – fügt er hinzu – schon vor drei Tagen (vgl. *Lk* 24,21). Der Meister wendet ein: „Mußte nicht der Messias all das erleiden, um so in seine Herrlichkeit zu gelangen?“ (*Lk* 24,26). Und im weiteren Verlauf legt er ihnen dar, was die Heiligen Schriften über das Leiden des Messias, seinen schmachvollen Tod und auch über seine Auferstehung vorhergesagt haben.
Der gestorbene und auferstandene Jesus lehrt die Jünger von Emmaus, daß sein Leiden und Sterben nicht etwas Sinnloses, nur ein weiterer Beweis seines Scheiterns, waren, sondern im Gegenteil der Preis der Erlösung.
Wir berühren hier, meine Freunde, eines der tiefsten Geheimnisse, denen der Mensch in diesem Leben begegnet: dem Geheimnis des Schmerzens und des Leidens, die jeder im Laufe seines Lebens in sich selbst und oft genug auch in den anderen erfährt. Doch gerade dieses menschliche Leiden offenbart sich (ent-schleiert sich) als der Weg der Erlösung in Christus, der gelitten hat und nun verklärt zur Rechten Gottes, des Vaters, sitzt. Jesus weist jedem Menschen diesen Weg, kommt ihm entgegen und begleitet besonders die, die leiden, um ihnen zu zeigen, daß ihr Weg nicht ohne Sinn ist; und um in ihnen die Hoffnung wachzuhalten durch das Beispiel seiner Geburt in Armut, durch seine Erfahrung der Verfolgung und des Exils in einem fremden Land, durch die der täglichen Arbeit gewidmeten Lebensjahre, durch sein Leiden und seinen Tod am Kreuz, doch vor allem durch seinen Sieg über die Sünde und den endgültigen Triumph über den Tod in seiner glorreichen Auferstehung.

Das sind einige herausragende Momente auf dem Weg des Gottessohnes unter den Menschen. Deswegen liebt die Kirche, dem Beispiel des Herrn folgend, die Armen, die Kranken, die an den Rand der Gesellschaft Gedrängten und die, die leiden, und ist ihnen immer nahe. In diesem Rahmen und unter diesem Blickwinkel gewinnen die Worte der Seligpreisungen, die Christus bei der Bergpredigt sprach (vgl. *Mt* 5,3–12), Bedeutung und Gültigkeit.
Legt das, liebe Jugendliche, nicht als Rechtfertigung für eine Haltung aus, die Gleichgültigkeit oder Tatenlosigkeit begünstigt. Wendet euch von den anderen nicht ab mit der leichtfertigen Entschuldigung, das Leben sei eben so und für die Probleme gebe es keine Lösung. Durch das Gespräch mit Jesus könnt ihr auch verstehen, daß euer bolivianisches Vaterland, diese Nation reicher menschlicher Reserven und großer materieller Möglichkeiten, euch zum Einsatz eurer Energien und zur großmütigen Hingabe eures Herzens ruft, um eine gerechtere, glücklichere, menschenwürdigere Gesellschaft aufzubauen. Euch vor allem aufruft, den wahren Sinn des Menschlichen zu erkennen, indem ihr eure Schritte auf die Wege des Evangeliums lenkt, was wiederum bedeutet, sich als Kind Gottes zu fühlen und sich entsprechend zu verhalten. Ihr werdet euch klar werden, daß ihr zum Sieg über die „entarteten Mechanismen" und die „Strukturen der Sünde" beitragen müßt, denn diese haben ihren Grund in der Sünde, die immer persönlich ist; daß ihr dazu beitragen müßt „durch die Übung jener menschlichen und christlichen Solidarität, ... zu der die Kirche einlädt und die sie unermüdlich fördert" (*Sollicitudo rei socialis*, Nr. 40).

4. Ist es nicht so, daß ihr unruhig seid, endlich die Lösung all dieser Probleme zu finden? Ist es nicht auch wahr, daß eure tiefsten Sehnsüchte darauf hinauslaufen, die Grundfragen zu lösen, die das Leben stellt? Weicht ihnen nicht aus, liebe Jugendliche; wählt niemals die Flucht vor den Schwierigkeiten. Die Jünger flohen von Jerusalem nach Emmaus. Es wird genügend Leute geben, die euch mit großer Anziehungskraft Lösungen vorschlagen, die im Grunde eine Flucht bedeuten, weil sie die echten Probleme ohne Lösung lassen.
Nicht lösen wird sie gewiß das Streben nach Genußzielen, wie sie die Konsumgesellschaft propagiert, in der wichtiger ist, was einer hat, als was einer ist, und in der das egoistische Streben nach eigenem Wohlstand die Situationen der Emargination, der Verwahrlosung und der Vereinsamung vergißt, die es ringsum geben kann. Laßt nicht zu, daß euch die Dinge zu ihren Sklaven machen, indem ihr in einen Materialismus verfallt, der die tieferen Wünsche der Person unerfüllt läßt und sie hindert, das wahre Glück zu finden, das allein in Gott ist (vgl. *Sollicitudo rei socialis*, Nr. 28). „Du hast uns auf dich hin geschaffen, o Herr", ruft der heilige Augustinus, „und unruhig ist unser Herz, bis es ruht in dir." Das ist die große Wahrheit, die dem Leben Sinn gibt – oder, im Gegenteil, das große Drama, wenn man sie zurückweist. Wie viele junge Menschen suchen verzweifelt das Glück, ohne sich darüber im klaren zu sein, daß der einzige, der das Herz des Mannes oder der Frau satt machen kann, Gott ist! Wie viele nutzlose Anstrengungen, wie viele Enttäuschungen, wie viel Scheitern, weil man das Vertrauen und den Mittelpunkt des Lebens nicht in Gott gesetzt hat!

Liebe Jugendliche aus Cochabamba und aus ganz Bolivien, vergeßt niemals diesen aufschlußreichen Ausruf des heiligen Augustinus: Weil wir aus der Hand Gottes hervorgegangen sind, wird unsere Seele nur in Gott Ruhe und Glück finden. Jesus ist der einzige, der euer Herz zum Brennen bringen kann mit dem unauslöschlichen Ruf seiner Liebe; treibt ihn nicht von eurer Seite fort, um euch der Anbetung falscher, toter Idole zuzuwenden, die nichts von eurer Unruhe wissen.
Paßt auf, daß ihr euch nicht von Lehren verführen laßt, die die Gewalt und den Haß zu rechtfertigen suchen, die die Mitglieder der menschlichen Familie zu bloßen Faktoren einer historischen Entwicklung verkleinern und sie im Klassenkampf gegeneinander stellen.
Stürzt euch auch nicht in diese egoistische und trügerische Flucht, die im Streben nach irrationaler Befriedigung der Begierden besteht; der Alkoholmißbrauch, das Rauschgift, das Weglassen jeglicher Moralvorschrift im Sexualverhalten und die Versuchung leichter Bereicherung durch den Rauschgifthandel sind weitere Bündel von Verführungen, die Personen und Gesellschaft mit Zerstörung bedrohen.

5. Während die Jünger mit Jesus sprechen, ohne ihn zu begreifen, wird es allmählich spät. Das Evangelium erzählt uns, daß „sie so das Dorf erreichten, zu dem sie unterwegs waren, und Jesus tat, als wollte er weitergehen“ (*Lk* 24,28). Die Nacht bricht herein. Die Jünger bleiben stehen.
Liebe junge Menschen! Verlaßt auf dem Weg eures Lebens nie die Begleitung des Herrn. Wenn die menschliche Schwäche euch manchmal hinreißt, die Gebote Gottes nicht zu erfüllen, dann wendet euch zurück und ruft ihm zu: „Bleib doch bei uns“, kehr um, geh nicht weg. Gewinnt das Licht der Gnade durch das Bußsakrament wieder. „Da ging er mit hinein, um bei ihnen zu bleiben“ (*Lk* 24,29), sagt uns der Evangelist. Jesus kehrt jedes Mal um und bleibt bei euch, wenn ihr die Lossprechung erhaltet. Jedes Mal, wenn der Priester bei dieser persönlichen Begegnung mit Gott in der sakramentalen Beichte spricht: „Ich spreche dich los“, wohnt der Meister wieder in eurer Seele, gewinnt ihr die heiligmachende Gnade zurück, das heißt die Freundschaft mit Jesus, wenn ihr sie verloren habt.
„Bleib doch bei uns!“ Jesus, der gleichsam auf die Einladung der beiden Emmaus-Jünger gewartet hatte, setzt sich mit ihnen zu Tisch, nimmt das Brot, spricht den Lobpreis, bricht das Brot und gibt es ihnen. In diesem Augenblick erkennen diese beiden Männer den Meister: „Da gingen ihnen die Augen auf, und sie erkannten ihn“ (*Lk* 24,31).
Auf die inständige Bitte, die auch wir heute, am Ende des 20. Jahrhunderts, an Jesus richten – bleib doch bei uns , antwortet er uns mit der Eucharistie. Der Meister und Freund ist bei den Seinen, bei uns, geblieben in diesem Mysterium der Liebe, das seine Gegenwart im Sakrament der Eucharistie ist. Liebe Jugendliche, hier begegnet ihr Jesus und könnt mit ihm sprechen, ihm euer Herz öffnen und in euch das erleben, was an jenem Abend auf dem Weg nach Emmaus geschah.

6. Die Früchte der Unterhaltung, die die Emmaus-Jünger mit Jesus hatten, lassen nicht auf sich warten: Mit brennendem Herzen kehren die, die zuvor flohen, nun nach Jerusa-

lem zurück. „Brannte uns nicht das Herz in der Brust, als er unterwegs mit uns redete und uns den Sinn der Schrift erschloß?“ (*Lk* 24,32), sagen sie zueinander.
Liebe junge Menschen, Burschen und Mädchen Boliviens, aus eurem Gespräch mit Jesus werdet ihr ohne Zweifel Kräfte erhalten, um umzukehren und entschlossen eure Probleme anzupacken. Aus dem Gespräch mit ihm wird euch neue Kraft kommen, um den Wert und die Würde des Menschen, sein Recht auf Leben in all seinen Entwicklungsstufen, sein Recht auf Freiheit und eine Existenz mit ausreichenden wirtschaftlichen und moralischen Hilfen zu verteidigen. Ihr werdet wieder den Frieden gegen Gewalt und Krieg verteidigen. Ihr werdet wieder eine auf Gott hin offene Sicht des Menschen gegen alle verkürzten Menschenbilder verteidigen, die die Entfaltung seiner übernatürlichen Bestimmung behindern. Ihr werdet wieder die Familie verteidigen und in Zusammenarbeit mit euren Seelsorgern auch für eine angemessene Vorbereitung auf das Eheleben sorgen. Ihr werdet helfen, die jungen Menschen an eurer Seite aufzuwecken, die jede Anstrengung für nutzlos halten und sich für Interesselosigkeit und Flucht entschieden haben.
Zögert nicht, zu Jesus zurückzukehren. Wendet euch ihm zu, wenn ihr sein Gesicht erkannt habt: nicht das Gesicht eines Propheten und nicht das Gesicht eines Weisen oder eines Befreiers, sondern das Gesicht des menschgewordenen Gottes. Der Herr wird euch nicht um große Ruhmestaten bitten, sondern um das tägliche Bemühen, Tag für Tag zum Aufbau eures Vaterlandes beizutragen, durch eine gehörige Berufsausbildung und durch die hochherzige Erfüllung einer Arbeit im Blick auf die anderen – ohne euch von der „Schlappheit“ erfassen zu lassen – indem ihr dem Bruder in den tausend Kleinigkeiten eines jeden Tages dient.
Dient in der Überzeugung, daß die Mitarbeit an der Entwicklung eines jeden Menschen eine Pflicht für alle ist (vgl. *Sollicitudo rei socialis*, Nr. 32), den anderen in eurer täglichen Existenz, auch durch eure Mitarbeit an Initiativen menschlicher und christlicher Solidarität besonders zugunsten der Ärmsten, der Kranken, der Alten, der Jungen, die schwierige Situationen durchmachen, und ganz allgemein der Bedürftigsten sowohl in materieller als auch in spiritueller Hinsicht. Und nützt vor allem die Jugendjahre sehr gut, um euch ernsthaft und tiefgehend zu bilden. Auf diese Weise bereitet ihr euch darauf vor, die Männer und Frauen der Zukunft zu sein, die in den gesellschaftlichen, wirtschaftlichen, kulturellen, politischen und kirchlichen Strukturen eures Landes Verantwortung tragen und aktiv sind und die – vom Geist Christi und eurer Erfindungsgabe bei der Ausarbeitung eigenständiger Lösungen erleuchtet – eine immer menschlichere und christlichere Entwicklung möglich machen.
Haltet euch jedoch – um zu dem erzählten Evangelium zurückzukehren – vor Augen, daß die Emmaus-Jünger nach Jerusalem zurückkehrten, weil ihr Herz brannte. Diese Rückkehr ist nicht das Ergebnis einer kühlen Überlegung oder des Mitgerissen-Werdens von nicht selbstgewählten Ereignissen oder die Folge einer von außen aufgezwungenen Haltung. Sie gingen zurück, weil sie ein entflammtes Herz hatten, und sie hatten ein entflammtes Herz, weil in ihm der Herr zurückgeblieben war.
Mit einem brennenden Herzen und im Gespräch mit dem Herrn wird sich der eine oder andere von euch darüber klar werden, daß ihn Jesus um mehr bittet, daß der Herr ihn ruft, sich ihm um seiner Liebe willen ganz hinzugeben. Am Ende dieser Begegnung mit euch,

liebe Jugendliche, möchte ich jedem einzelnen sagen: „Wenn ein solcher Ruf dein Herz erreicht, bring ihn nicht zum Schweigen! Laß ihn sich entfalten bis zur Reife einer Berufung! Wirke mit durch Gebet und Treue zu den Geboten!" (*Apostolisches Schreiben an die Jugendlichen in der Welt anläßlich des Internationalen Jahres der Jugend*, Nr. 8). Es herrscht – ihr wißt es gut – ein großer Bedarf an Priester- und Ordensberufungen und an engagierten Laien, die Jesus enger nachfolgen. „Die Ernte ist groß, aber es gibt nur wenig Arbeiter. Bittet also den Herrn der Ernte, Arbeiter für seine Ernte auszusenden" (*Mt* 9,37–38). Mit diesem Programm wendet sich die Kirche an euch, an die Jugendlichen. Auch ihr: Bittet darum! Und wenn dieses Gebet der Kirche in der Tiefe eures Herzens Frucht ansetzt, dann hört den Meister, wie er auch euch sagt: „Folge mir nach" (*ebd.*). Habt keine Angst und schenkt ihm, wenn er euch darum bittet, euer Herz und euer ganzes Leben.

Junge Menschen Boliviens, die Probleme, die die Gesellschaft und euch selber bedrängen, sind weder einfach noch leicht. Es gibt eine ganze Reihe trügerischer Lösungen, in die ihr eure Hoffnungen nicht setzen könnt. Die Lösung werdet ihr im Gespräch mit dem Meister und Freund, mit Jesus von Nazaret finden, der – gestorben und auferstanden – uns einen bei der Umkehr des Herzens beginnenden Weg zeigt; einen Weg, den er mit uns gehen will; einen Weg der Liebe, die uns das Herz entflammt und uns dazu bringt, uns dem Dienst an Gott und an den anderen zu widmen.

7. „Sie kehrten nach Jerusalem zurück, und sie fanden die Elf und die anderen Jünger versammelt" (*Lk* 24,33). In der Apostelgeschichte wird gezeigt, daß Maria beim Beginn des Pilgerweges der Kirche dabei war (vgl. *Apg* 1,14). Wir können darum davon ausgehen, daß die beiden Jünger bei ihrer Rückkehr nach Jerusalem Maria, der Mutter Jesu, begegneten.

Wie sie, so treffen auch wir sie an. In meiner Botschaft an euch zum dritten Weltjugendtag sagte ich zu euch: „Lernt von ihr, das Wort Gottes anzuhören und ihm zu folgen (vgl. *Lk* 1,38), lernt von ihr, dem Herrn nahe zu sein, auch wenn das zuweilen viel kosten kann" (*Botschaft zum III. Weltjugendtag* am 27. März, Nr. 4).

Wenden wir uns an Maria, unsere Mutter, die hier als Unsere Liebe Frau von Urkupiña verehrt und angerufen wird. Sie ist unsere Ruhe, in ihr wird unsere Hoffnung gestärkt. Unter deinen Schutz flüchten wir uns, erhabene Mutter des Erlösers, du stets offene Pforte des Himmels. „Du bist in deinem irdischen Leben der Kirche auf dem Pilgerweg des Glaubens vorangegangen: stütze sie nun in ihren Schwierigkeiten und Prüfungen und hilf ihr, immer fruchtbarer in der Welt Zeichen und Werkzeug für die innige Gemeinschaft mit Gott und für die Einheit der ganzen Menschheit zu sein. Amen" (*Gebet zum Marianischen Jahr*).

Liebe und Option für die Armen Zeichen echt christlichen Lebens

Predigt bei der hl. Messe in Sucre (Bolivien) am 12. Mai

Liebe Brüder im Bischofsamt,
liebe Priester, Brüder und Schwestern aus Orden und Säkularinstituten,
liebe Brüder und Schwestern!

1. Wie schön ist es, sich zur gemeinsamen Feier desselben Glaubens und desselben Lebens in Christus zu versammeln! Wir sind hier, weil wir im auferstandenen, lebenden und gegenwärtigen Jesus zusammengerufen sind, der – heute wie gestern – fortfährt, zum Herzen der Menschen, Familien und Völker zu sprechen. Ihr und ich, wir sind nicht nur Frucht der Worte des Gottessohnes über die Mission, sondern auch Säer und Säerinnen: „Darum geht zu allen Völkern, und macht alle Menschen zu meinen Jüngern" (*Mt* 28,19).

Mein Gruß möchte einklingen in eure Freude über den Glauben, den ihr empfangen habt, Keim eines neuen Lebens, das die gesamte Existenz nach dem Plan der göttlichen Vorsehung verwandelt. Deshalb werden meine Worte ein Echo des Lobgesangs zum Herrn sein, der gemeinsam aus euren und aus meinem Herzen emporsteigt:

„Alle Welt bete dich an und singe dein Lob, sie lobsinge deinen Namen! ... Das Land gab seinen Ertrag. Es segne uns Gott, unser Gott" (*Ps* 66,4; 67,7).

„Die Völker sollen dir danken, o Gott, danken sollen dir die Völker alle ... Das Land gab seinen Ertrag. Es segne uns Gott, unser Gott." (*Ps* 67,4.7).

Dies ist der Gruß des Papstes, der mit großer Freude und Hoffnung in dieses schöne Land zu Besuch kommt, das von Gott gesegnet ist. Mein Gruß richtet sich an alle Anwesenden und jeden einzelnen von euch sowie an alle, die im Geiste mit uns überall im Lande verbunden sind.

In besonderer Weise grüße ich mit aller Liebe und Zuneigung die Menschen von Sucre, eine Stadt, die in ihren Menschen – in euch, liebe Brüder und Schwestern , in ihren Kirchen und den anderen Denkmälern für Bolivien und für die ganze Kirche eine ganze Epoche der Evangelisierung in Erinnerung ruft. Hier, in der altehrwürdigen Erzdiözese von Charcas, die nun seit 450 Jahren besteht, begann die Evangelisierung in Bolivien. Hier bereiteten sich die Missionare aus vielen religiösen Orden geistlich vor, unter denen die Gestalt von Fray Vicente Bernedo hervorragt als Symbol für so viele andere, die zu Tausenden ihr Leben verausgabten, um im Herzen der Gläubigen, der Familien und der Völker eine christliche Katechese als Saat zu hinterlassen, die die Menschen und die ganze Gesellschaft zu beleben fähig ist.

Den Oberhirten, die uns begleiten, entbiete ich den Friedensgruß: Herrn Kardinal José Clemente Maurer, emeritierter Erzbischof von Sucre, zu loben für seine große und fruchtbringende Arbeit für die Kirche und das bolivianische Volk; dem Oberhirten der Erzdiözese und seinen Weihbischöfen, allen hier anwesenden Brüdern im Episkopat und insbesondere Msgr. Edmund Abastoflor, seinen Weihbischöfen wie auch der gläubigen

Bevölkerung von Potosî, die so hochherzig unter großen Opfern hierhergekommen ist, um dem Papst zu begegnen und an dieser Eucharistiefeier teilzunehmen; sie bringen gewissermaßen zur Eucharistiefeier herbei die Frucht ihrer Arbeit und ihres eigenen persönlichen, familiären und gesellschaftlichen Lebens. Ich danke euch dafür, daß ihr hier seid, liebe Gläubige aus Potosî!

2. Hören wir von neuem alle zusammen – im Wissen darum, daß wir denselben Glauben bekennen und ihn mit Freude feiern – die Worte Jesu, die die Grundlage für die Sendung der Kirche sind: „Mir ist alle Macht gegeben im Himmel und auf der Erde. Darum geht zu allen Völkern, und macht alle Menschen zu meinen Jüngern; tauft sie auf den Namen des Vaters und des Sohnes und des Hl. Geistes“ (*Mt* 28,18–19).
Diese Worte sprach Christus zu seinen Jüngern nach der Auferstehung. Jesus tut mit diesen Worten kund, daß der Vater ihm als Sohn Gottes, der Mensch wurde, schon seit dem Anfang „alle Macht ... im Himmel und auf der Erde“ übertragen hat. Diese Macht, die Jesus gegeben wurde, entfaltet sich in ihrer ganzen Wirksamkeit nach dem Kreuzestod durch die Kraft der Auferstehung; so zeigte sie den Weg des Heils für das ganze Menschengeschlecht.
Jesus wurde die Macht gegeben, alle zu retten, weil „er (sich) erniedrigte und ... gehorsam (war) bis zum Tod, bis zum Tod am Kreuz“ (*Phil* 2,8). Jesus „entäußerte sich und wurde wie ein Sklave“ (*Phil* 2,7). Dieser Gehorsam gibt seinem Leben in der Verborgenheit von Nazaret eine charakteristische Prägung, seinen Jahren öffentlichen Wirkens, das seinen Höhepunkt fand im Gehorsam gegenüber dem Willen des Vaters, als die Stunde kam, den Opfertod auf Kalvaria anzunehmen. Jesus besiegte das Böse in allen seinen Konsequenzen von Leid, Ungerechtigkeit, Tod, indem er sein Leben zu einer Opfergabe machte.

3. Jetzt vermögen wir schon besser zu verstehen, weshalb Jesus vor seinem Heimgang aus dieser Welt zum Vater ein letztes Mal die Apostel versammelt, um ihnen den Auftrag zur Mission anzuvertrauen: „Darum geht zu allen Völkern, und macht alle Menschen zu meinen Jüngern“ (*Mt* 28,19), das heißt, alle Menschen, Kulturen und Völker. Wer den Glauben an Christus annimmt, den Sohn Gottes, der Mensch wurde, gestorben und auferstanden ist, und sich dazu entschließt, sich durch die Taufe und die übrigen Sakramente mit dem Leben Christi zu verbinden, erhält die Vergebung seiner Sünden und empfängt das neue Leben im Hl. Geist.
Jedesmal, wenn wir uns versammeln, um die Eucharistie zu feiern, wie wir es jetzt gerade tun, verkünden wir diesen Glauben an Jesus, „das Brot des Lebens“. Es gibt aber Millionen von Menschen, die dieses Geheimnis der Liebe des Gottessohnes, der Mensch wurde und sich für uns geopfert hat, noch nicht kennen. Wir nähern uns schon einem Datum, das einen Markstein bilden wird für ganz Lateinamerika, für Bolivien: 500 Jahre Evangelisierung, christlicher Glaube, Eucharistiefeier, vertrauensvolles Gebet zu Maria, der Gottesmutter und unserer Mutter; 500 Jahre Kirche-sein, Volk Gottes und mystischer Leib. Wie könnte man sich dieses Ereignisses nicht in Dankbarkeit erinnern und auch mit der Entschlossenheit und Bereitschaft, diesen selben Glauben mit unseren Brüdern und Schwestern zu teilen?

4. Mit den spanischen Schiffen, die die „Neue Welt“ entdeckten im Jahr 1492 kam das Evangelium „an das andere Ufer“ des Ozeans oder „des großen Wassers“, das diese Länder von denen des Alten Kontinentes trennte. Die Kirche der Neuen Welt und besonders Lateinamerika bereitet sich mit einer Novene von neun Jahren auf die Feier dieses providentiellen Datums vor. Ich selbst hatte die Freude, die Feiern dieser Novene in Santo Domingo zu eröffnen; auf diese Weise wollte ich davon Zeugnis geben, daß „dieses Datum – eines der bedeutendsten in der Menschheitsgeschichte – auch den Beginn des Glaubens und der Kirche auf diesem Kontinent bezeichnet“ (*Ansprache in Santo Domingo*, 11. Oktober 1984).
Alle Episkopate und ihre Ortskirchen – so auch hier in Bolivien – haben mit den Vorbereitungen für diese große Festfeier begonnen, die ein Zeichen und einen Ansporn für die Evangelisierung in der Zukunft bewirken muß. Die Kirche in Bolivien, vereint mit dem Volk Gottes auf dem ganzen Kontinent, möchte ein missionarisches „Magnificat“ anstimmen, das spontan aus allen Marienheiligtümern und allen Herzen emporsteigt. Schon von jetzt an bringen wir unsere Dankbarkeit für den Glauben und die Taufe zum Ausdruck, indem wir zusammen mit allen Völkern der Erde zu Gott singen: „Die Völker sollen dir danken, o Gott, danken sollen dir die Völker alle ... Das Land gab seinen Ertrag. Es segne uns Gott, unser Gott“ (*Ps* 67,4.7).
An diesem einzigartigen Tag loben wir Gott, der sich euren Vorfahren als Herr des Lebens offenbarte. Ihn rühmen wir auch deshalb, weil er sich der Menschheit nach und nach, wie wir in der Heiligen Schrift lesen, als Herr des Lebens und der Geschichte offenbarte, als Heiland aller Völker, reich an Barmherzigkeit, treu seinem Bund der Liebe mit dem auserwählten Volk, aus dessen Mitte in der Fülle der Zeiten der verheißene Messias geboren werden sollte. Aber vor allem loben wir Gott, weil er sich uns endgültig in seinem Sohn Jesus Christus geoffenbart hat, der gestorben und auferstanden ist zu unserer Erlösung. Unsere Rettung kommt dann für uns aus dem Glauben an Jesus, der unser Tun Frucht tragen läßt und die menschlichen Hoffnungen auf Befreiung weit übersteigt.

5. Gott unser Herr bereitet in seinem Plan die Ankunft des Evangeliums auf dieser Erde dadurch vor, daß er schon vorher das Innere der Menschen, der Kulturen und Völker bereitete mit dem Samenkorn von religiösen und menschlichen Werten, die man wohl gut charakterisieren kann als „Vorbereitung auf das Evangelium“ (Eusebius von Cäsarea, *Praeparatio evangelica* I, 1: *Patrologiae graeca* 21, 28 AB; vgl. *Lumen gentium*, Nr. 16; *Ad gentes*, Nr. 11).
Gott unser Vater hat durch die Geschichte hindurch seine immer gütige Gegenwart bei zahlreichen Gelegenheiten eures Lebens und in euren Bräuchen spüren lassen. Ihr, liebe Brüder und Schwestern, seid Erben von tausend Jahre alten Sprachen, von Traditionen voll menschlichen Wertes, wie „ayllu“ und „ayni“. Ich weiß, daß ihr immer noch mit beispielhafter Begeisterung reiche künstlerische Ausdrucksformen pflegt, wie Erzählungen, Folklore und handwerkliche Produktion in den verschiedenen Provinzen. Wir könnten weiter andere Beispiele für den kulturellen Reichtum dieses Landes aufzählen. Gott, der Herr des Lebens, hat sorgsam gewacht über dieses Volk durch so viele Jahrhundete hin und es darauf vorbereitet, das Evangelium aufzunehmen mit einem Herzen, das offen ist

für alle seine Forderungen, die das Evangelium im persönlichen wie im gesellschaftlichen Bereich stellt. In euren Bräuchen und weisen Traditionen offenbart sich die Größe und Gegenwart Gottes, um dem Leben und dem Wohlergehen aller zu dienen, die in diesem geliebten und gesegneten Land Bolivien wohnen. Die Missionare, die seit fünf Jahrhunderten unter großen Opfern in der Evangelisierung Boliviens mitarbeiteten, trafen das Herz des Volkes durch die Katechese, die Sakramente, die Volksfrömmigkeit und den Dienst der Nächstenliebe. Bei ihrem Wirken hatten sie keine Bedenken, lokale kulturelle Elemente sich zu eigen zu machen. Sie legten also mit Entschlossenheit die Grundlagen eurer kulturellen Identität und richteten sie aus auf die Reife in Christus. Das war ein Prozeß der „Inkulturation" in eurer gesellschaftlichen und historischen Realität, in dem das Evangelium immer den Bezugspunkt darstellte, um dahin zu kommen, die christliche Identität eures Volkes zu formen.

6. Christus, der Herr, der zusammen mit der Menschheit auch alle Kulturen und alle Völker erlöst hat, ist weiterhin „der Weg, die Wahrheit und das Leben" (*Joh* 14,6) für ihre weitere Entwicklung. „Er ist unser Friede" (*Eph* 2,14), und deshalb werden der Friede und die Verständigung unter den Menschen nicht möglich sein, wenn diese sich nicht immer mehr an Christus anschließen. Er ist die Wahrheit.
Wenn wir Christen uns versammeln, vor allem um das Wort Gottes zu hören und das eucharistische Geheimnis zu feiern, erfahren wir im Innern die Freude einer universalen Brüderlichkeit, die Zeit und Raum überwindet. So empfand es schon der hl. Paulus, als er an die Christen von Rom schrieb: Es gibt „keinen Unterschied zwischen Juden und Griechen. Alle haben denselben Herrn; aus seinem Reichtum beschenkt er alle, die ihn anrufen" (*Röm* 10,12).
Als Bischof von Rom und Nachfolger des hl. Petrus freue ich mich, an den Vorbereitungen der 500-Jahr-Feier der Evangelisierung teilnehmen zu können. Gemeinsam mit der ganzen Kirche in Bolivien danke ich Gott und preise den Einen und Dreieinen, den Vater, Sohn und Heiligen Geist, weil er seit den Tagen der ersten Evangelisierung euch unaufhörlich gesegnet hat mit Früchten des Heils, die in eurem Land gereift sind, im Herzen seiner Söhne und Töchter im Lauf so vieler Generationen.
In der Teilhabe an dieser Freude über den gelebten und erfahrenen christlichen Glauben kann ich als Hirte der Kirche nicht anders, als mir die Bedürfnisse der Herde Christi in diesem Land zu eigen zu machen. Wie könnte ich mich nicht eins fühlen mit euch in den brennenden Problemen, die euch heimsuchen und die – wie ihr hofft – vom Evangelium her beleuchtet werden sollten?

7. Liebe Brüder und Schwestern hier in Bolivien wie in ganz Lateinamerika und in der ganzen Welt: Es kann sich auch die Versuchung ergeben, die das Volk Gottes erfahren hat, als es durch die Wüste zog, wie uns die Bibel erzählt (vgl. *Dtn* 30,17–18). Es ist die Versuchung, hinter falschen Götzen herzulaufen, die nicht zum Leben führen, sondern zum Tod. Deshalb müssen wir auch in unserer Zeit lernen, diese falschen Götter oder neuen Götzen deutlich zu identifizieren, die im Grunde immer dieselben sind und die verschiedene Namen haben können: „Geld", „Ansehen", „Macht", „ungehemmtes Ver-

gnügen...". In meiner letzten Enzyklika wollte ich auf zwei von ihnen hinweisen: „die ausschließliche Gier nach Profit und andererseits das Verlangen nach Macht mit dem Vorsatz, anderen den eigenen Willen aufzuzwingen" (*Sollicitudo rei socialis*, Nr. 37). Das Ergebnis dieses ideologischen und praktischen Götzendienstes ist in eindrucksvollen Zügen von den Bischöfen Lateinamerikas beschrieben worden, als sie in Puebla de los Angeles (México) versammelt waren: „Als verheerendste und demütigendste Geißel konstatieren wir eine Lage unmenschlicher Armut, in der Millionen von Lateinamerikanern leben; das äußert sich zum Beispiel in Kindersterblichkeit, Mangel an angemessener Ernährung, Gesundheitsproblemen, Hungerlöhnen, zwangsweise und ohne Schutz gelassenen Massenemigrationen etc. Bei gründlicher Analyse dieser Lage kommen wir zu der Erkenntnis, daß diese Armut nicht eine zufällige Phase ist, sondern das Ergebnis gesellschaftlicher und politischer Gegebenheiten und Strukturen, wenn es auch noch andere Ursachen für das Elend geben mag ... Die verbreitete extreme Armut gewinnt im wirklichen Leben ein sehr konkretes Gesicht, in dem wir die leidenden Züge Christi, des Herrn, erkennen müßten, der mit uns spricht und uns Fragen vorhält" (*Puebla*, 29–31).

8. Jesus bittet uns, daß wir Überbringer der Frohen Botschaft für die Armen von heute sind und für alle Menschen guten Willens. „Evangelisierung bedeutet für die Kirche, die Frohe Botschaft in alle Bereiche der Menschen zu bringen und durch ihren Einfluß von innen her die Menschheit selbst zu verwandeln" (*Evangelii nuntiandi*, Nr. 18). Dieser Auftrag fordert auch eine Umkehr unsererseits. Wir können nicht echte Verkünder der Botschaft des Evangeliums von der Umkehr sein, wenn wir uns zuvor nicht selbst bekehren, in dem Wunsch, daß unser Leben sich tiefer formt nach der Gestalt Christi mit ihren Kriterien und ihrem Handeln. Das bedeutet, das Herz des Bolivianers von allem religiösen Synkretismus zu reinigen, von allem praktischen Materialismus und von allem entmaterialisierten Spiritualismus – und dies ohne Kompromiß. Es handelt sich darum, das Evangelium zu verbreiten durch das Zeugnis christlicher Liebe. Da habt ihr, liebe Brüder und Schwestern, eine Markierung, um den Stand der Evangelisierung zu erkennen, in dem sich seine Gemeinschaft befindet. „Die Option für die Armen oder die vorrangige Liebe zu ihnen ... ist ein besonderer Vorrang in der Ausübung christlicher Liebe; das bezeugt die ganze Tradition der Kirche" (*Sollicitudo rei socialis*, Nr. 42). Diese Liebe und diese Option für die Leidenden und für die Bedürftigen sind Ergebnis und Zeichen eines echt christlichen Lebens; sie können nicht verwirklicht werden ohne kontemplative Haltung, die des Wortes Gottes bedarf und es annimmt, wie es ist; notwendig ist auch eine Haltung wirklicher Armut bei Menschen und Institutionen, die die Brüder und Schwestern dieses Volkes und aller Völker an den Gütern teilhaben läßt.
Ihr werdet auf angemessene Weise auf die Lage der Menschen und der Kirche heute zu antworten wissen, wenn ihr treu zu den Leitlinien steht, die von den Bischöfen Boliviens in den letzten Jahren gezogen worden sind im Hinblick auf eine „ganzheitliche Evangelisierung" des Volkes und der Gegebenheiten in Bolivien, „um gemeinsam das Reich Gottes zu errichten, als Kirche Christi, in Gemeinschaft mit Gott und mit den Brüdern und Schwestern, von der evangelischen Option für die Armen her gesehen" (Seelsorgeplan, Bischofskonferenz von Bolivien).

9. Wenn wir über diese Lage nachdenken, die täglich auf uns einstürzt, können wir nicht anders, als im Schweigen unseres Herzens auf das Echo der Worte Jesu zu hören: „Darum geht zu allen Völkern, und macht alle Menschen zu meinen Jüngern“ (*Mt* 28,19).
Die Dringlichkeit dieses Missionsbefehls Jesu ist mit Nachdruck spürbar hinter der Frage des hl. Apostels Paulus, als sich die Notwendigkeit ergibt, die Frohe Botschaft unter den Brüdern und Schwestern zu verbreiten, die sie noch nicht erhalten haben: „Wie sollen sie nun den anrufen, an den sie nicht glauben? Wie sollen sie an den glauben, von dem sie nichts gehört haben? Wie sollen sie hören, wenn niemand verkündigt? Wie aber soll jemand verkündigen, wenn er nicht gesandt ist?“ (*Röm* 10,14–15).
In dieser Liturgiefeier danken wir dem Herrn für alle diejenigen, die im Laufe der Jahrhunderte das Wort des Evangeliums eurem Volk überbracht haben, und für die, die es noch weiter unter euch verkündigen. Mit Freude stimmen wir in den Ausruf des Apostels ein, der sich die Worte des Psalms zu eigen macht: „Wie sind die Freudenboten willkommen, die Gutes verkündigen! ... ihre Stimme war in der ganzen Welt zu hören“ (*Röm* 10,15.18). Hierhin, in dieses gesegnete und geliebte Land, ist die Botschaft des Evangeliums schon gelangt und hat neue Missionare hervorgebracht und wird sie weiter hervorbringen.
Die Evangelisierung steht im Zeichen des Kreuzes. In der Tat, das Kreuz ist das Geheimnis der Evangelisierung, insofern es den Weg weist zur Verwandlung der Schöpfung und der menschlichen Geschichte nach dem Gebot der Liebe und der Seligpreisungen. Für jeden, der das Evangelium verkündet, ist das Kreuz – wie für den Apostel Paulus – das Zeichen der Garantie und Wirksamkeit des Evangeliums (vgl. *Gal* 2,19; 6,14; *1 Kor* 1,17; 2,2).
Am 12. Oktober 1984 feierten die Bischöfe ganz Lateinamerikas, die in Santo Domingo versammelt waren, den Beginn der Neun-Jahre-Novene, um die 500-Jahr-Feier der Evangelisierung des Kontinentes vorzubereiten, die im Jahr 1992 stattfinden wird; die Bischöfe erhielten damals alle als sichtbares und für die eigenen Ortskirchen bestimmtes Zeichen ein Erinnerungskreuz. Damals vertraute ich ihnen eine Botschaft an, die ich heute auch euch anvertraue: „Mit der Kraft des Kreuzes, das heute den Bischöfen jeder Nation übergeben wird; mit der Fackel Christi in deinen von Liebe zum Menschen erfüllten Händen mach dich auf den Weg, Kirche der Neu-Evangelisierung! So wirst du eine neue kirchliche Morgenröte schaffen können“ (*Ansprache in Santo Domingo*, 12. Oktober 1984).
Das ist das „Missionskreuz“, Zeichen der Evangelisierung, das jeder Missionar empfängt – Priester, Ordensangehöriger oder Laie – wenn er sich auf den Weg macht, um Christus den Gekreuzigten und Auferstandenen zu verkündigen, das „Licht der Welt“ (*Joh* 8,12; 9,5). Und dies ist das Kreuz, das heute die Vertreter aller bolivianischen Diözesen empfangen als für die allgemeine Mission verantwortliche Ortskirchen. Es ist mein Wunsch, daß diese Kreuze zu euch allen und besonders zu jedem von euch einzeln sprechen, mit der ganzen Wahrheit des Geheimnisses von Christus und mit der ganzen Wahrheit eurer Sendung.

10. „Geht ..." ..., sagt der Herr und wendet sich an jeden von euch. Er wendet sich an die jungen Menschen und lädt sie ein, das Leben mit ihm zu teilen und sich den Erfordernissen ihrer Berufung zur Mission zu widmen. Er wendet sich an die Väter und Mütter in den Familien und ruft sie dazu auf, aus ihrem Haus ein christliches Heim zu machen, das das Evangelium lebt und weitergibt nach dem Beispiel der Familie von Nazaret. Er wendet sich an die Arbeiter und Campesinos, damit sie die eigene Arbeit zu einem Zeugnis der Zuwendung machen, das der Beginn einer „Gesellschaft im Zeichen der Liebe" und christlicher Solidarität ist als „Weg zum Frieden und zugleich zur Entwicklung" (*Sollicitudo rei socialis*, Nr. 39). Der Herr wendet sich an die Fachleute und die Persönlichkeiten aus dem Kulturleben, daß sie die irdische Realität im Geist des Evangeliums prägen, der der Geist der Liebe ist. Der Blick Jesu, der euch einen Auftrag ohne Grenzen anvertraut hat, richtet sich auf alle Katecheten, Erzieher, Laienmissionare, Ordensleute, Priester und die übrigen in der Seelsorge Tätigen, die die Kirche als Geheimnis der Gemeinschaft und als „universales allgemeines Sakrament des Heils" aufzubauen suchen. Euch lädt er seinerseits ein, den Blick auf die unerschrockene Arbeit der Missionare und Heiligen der Vergangenheit zu richten, damit ihr in Nachahmung ihrer vom Evangelium geprägten Haltung die neuen Gegebenheiten der Gesellschaft von heute anzugehen wißt. Euch lädt er in besonderer Weise ein, sich dem Dienst an den Geringsten eurer Brüder und Schwestern zu widmen nach dem Beispiel der Dienerin Gottes, Mutter Nazaria Ignacia, und des eifrigen Missionars Fray Vicente Bernedo. Der Herr hat uns versprochen, daß er bei uns sein wird „alle Tage bis zum Ende der Welt" (*Mt* 28,20). Unterpfand dieser Gegenwart Jesu ist auch die „mütterliche Gegenwart" der Heiligsten Jungfrau Maria, die „zugegen (ist) in der Sendung der Kirche, zugegen im Wirken der Kirche, die das Reich ihres Sohnes in die Welt einführt" (*Redemptoris Mater*, Nr. 28; vgl. Nr. 24). Maria, die Jungfrau von Guadalupe, Patronin von Sucre und ganz Amerika, Mutter Gottes und unsere Mutter, sieh auf uns und ermuntere uns, weiter sein „Magnificat" zu singen, als missionarischen Hymnus eines neuen Lebens und einer neuen Phase der Evangelisierung.
Brüder und Schwestern! „Geht!" ..., tragt im Herzen die Freude, Zeugen des auferstandenen Herrn zu sein, des lebenden und gegenwärtigen. Möge Christus, mit der Kraft des Geistes der Wahrheit durch euer Amt und euren Dienst als Apostel überreich seine Erlösungsgnade allen mitteilen, die ihn suchen, ihn anrufen und an ihn glauben. „Ihre Stimme war in der ganzen Welt zu hören" (*Röm* 10,18; vgl. *Ps* 19,5). „Geht!" Der Herr ist mit euch, lebt und geht mit euch.

Die Kranken stärken die Kirche durch ihr Leiden

Ansprache an die Kranken in der Kathedrale von Sucre (Bolivien) am 12. Mai

1. Mein Besuch in der Kathedrale dieser gastfreundlichen Stadt Sucre ist für mich ein bewegender Augenblick, weil er mir erlaubt, euch Kranken, die ihr durch den Verlust der Gesundheit an Körper und Seele leidet, zu begegnen. Diese Begegnung habe ich besonders herbeigesehnt, um euch hier anwesenden Kranken und allen Kranken in ganz Boli-

vien zu sagen, wie sehr ich euch nahe bin. Ich möchte euch, die ihr leidet, durch meine Anwesenheit einen Augenblick des Trostes bieten, und ich bitte Gott inständig, euch Kraft und Geduld in eurem Leiden zu schenken.

2. Das Geheimnis des Schmerzes erfüllt unser Dasein mit Angst. Es ist nicht leicht, Schmerz und Tod anzunehmen, denn das heißt, unsere Gebrechlichkeit in ihren vielfältigen Dimensionen anzunehmen. Das Geheimnis wird noch tiefer, wenn wir in das Leiden Christi, des Sohnes Gottes, eindringen, in dem aller menschlicher Schmerz seine Erklärung und seine transzendentale Bedeutung findet. Auch Jesus erlitt Schmerz und Tod; er betete: „Mein Vater, wenn dieser Kelch an mir nicht vorübergehen kann, ohne daß ich ihn trinke, geschehe dein Wille" (*Mt* 26,39).
In ihrer *Botschaft an die Kranken* zum Abschluß des Zweiten Vatikanischen Konzils erinnerten die Bischöfe der ganzen Welt daran: „Wir aber können etwas Tieferes und Wertvolleres schenken: die einzige Wahrheit, die imstande ist, eine Antwort auf das Geheimnis des Leidens zu finden und uns eine Erleichterung ohne jede Täuschung zu verschaffen: den Glauben und die Vereinigung mit dem Mann der Schmerzen, mit Christus, dem Sohn Gottes, der zur Sühne für unsere Sünden und zu unserem Heil gekreuzigt worden ist" (Nr. 4). Wenn wir dementsprechend der Krankheit zu begegnen verstehen, können wir gleichzeitig lernen, Gott zu entdecken, den Schmerz unserer Nächsten zu verstehen und uns mit Christus zu vereinen, der für die Menschen leidet. Dies bedeutet, in die Tat umzusetzen, was bereits der hl. Paulus sagte: „Für den Leib Christi, die Kirche, ergänze ich in meinem irdischen Leben das, was an den Leiden Christi noch fehlt" (vgl. *Kol* 1,24).

3. Aber es gibt eine nicht weniger wichtige Dimension, die das Leiden humaner macht, und das ist, wenn wir die Leiden unserer Mitmenschen erleichtern, indem wir ihnen unsere brüderliche Liebe erweisen. Angesichts des Schmerzes wachsen Solidarität und Liebe.
Dem Beispiel und der Lehre des Meisters folgend, hat die Kirche sich wie der barmherzige Samariter des Evangeliums seit ihren Anfängen besonders um die Kranken, die Armen, die Benachteiligten gesorgt. Die Apostel beauftragten die Diakone, sich außer um die Kranken auch um die Witwen und Notleidenden zu kümmern. Schon in alter Zeit wurden in den christlichen Klöstern und Kirchen besonders die aufgenommen, die unter Krankheit und Not zu leiden hatten. Und viele Jahre bevor die Staaten sich um diese Bürger sorgten, hatte die Kirche Hospitäler für die Kranken, Heime für die Verlassenen und andere Einrichtungen gegründet, um den Bedürftigen zu helfen.
Für jeden Christen ist es ein Werk der Barmherzigkeit, die Kranken zu besuchen und zu pflegen, denn Jesus ist in ihnen gegenwärtig: „Ich war krank, und ihr habt mich besucht" (*Mt* 25,36).

4. Noch heute leistet die Kirche diese Dienste, wenngleich deren allgemeine Organisation immer mehr der modernen Gesellschaft übertragen ist. Auch heute sind die Christen dort, wo der Mensch unter Krankheit, Einsamkeit und Verlassenheit leidet, anerkanntermaßen präsent. Es ist eine christliche und humanitäre Aufgabe.

Um diese Berufung zum Zeugnis entsprechend dem Evangelium zu unterstützen, sind innerhalb der Kirche verdienstvolle Ordensinstitute entstanden, deren Mitglieder sich ganz und in vorbildlicher Weise der Krankenpflege widmen. Diese Präsidenz ist nicht weniger wertvoll in Bolivien, wo die Kindersterblichkeit sehr hoch, die durchschnittliche Lebensdauer noch verhältnismäßig kurz ist und der Alkoholismus und das moderne Übel der Droge jede Gesellschaftsschicht bedrohen. Hier finden die Ordensfrauen und -männer Boliviens ein weites Feld der Betätigung und des Apostolats, um Liebe dorthin zu bringen, wo Schmerz ist. All diesen Gott geweihten Personen, die ihr Leben den Kranken widmen, möchte ich meine tiefe Dankbarkeit zum Ausdruck bringen für den lobenswerten Dienst, den sie mit so viel Einsatzbereitschaft und Eifer leisten. Jesus Christus wird ihr Lohn sein.

5. Außerdem möchte ich den Ärzten und dem Pflege- und Hilfspersonal meine aufrichtige Wertschätzung und Hochachtung aussprechen für die in der Ausübung ihres Berufes erwiesene beispielhafte Hingabe. Es ist eine echte Berufung mit dem Ziel, die leidenden Brüder zu trösten. Wenige andere Berufe haben eine so hohe Würde und verdienen eine solche Hochschätzung wie der des Arztes, wenn er mit ethischem und humanitärem Sinn geleistet wird. Das nähert ihn einer Art von Priestertum, dessen Mission darin besteht, den Körper zu heilen und auch den Geist zu erheben.
Deshalb ermutige ich alle Ärzte, sich der hohen Würde ihrer Mission bewußt zu sein, immer dem Leben und nie dem Tod zu dienen, die Behandlungsweisen und chirurgischen Eingriffe in gewissenhafter Auswahl durchzuführen, der Versuchung des Geldes nicht nachzugeben, ihr Vaterland, das ihrer bedarf, nicht um des besseren finanziellen Verdienstes willen zu verlassen und vor allem in ihren Patienten menschliche Personen und Kinder Gottes zu sehen, auch in den ärmsten, die manchmal die Dienstleistungen nicht bezahlen können.

6. Liebe Brüder und Schwestern, die ihr krank seid: ihr lebt das Leiden des Herrn. Wenn ihr es mit ihm zusammen lebt, stärkt ihr zugleich die Kirche durch das Zeugnis eures Glaubens und den Wert eures Opfers. Durch eure Geduld, Starkmütigkeit und Gelassenheit verkündet ihr das Geheimnis der Heilsvollmacht Christi und findet den Herrn inmitten eurer Krankheit und eurem Leiden.
Ich empfehle dem Herrn alle, die im Krankendienst tätig sind, in den Krankenhäusern, den Kliniken, den Sanatorien, den Pflegezentren für die Sterbenden und in der psychiatrischen Klinik dieser Stadt. Ich möchte allen, den Ärzten, dem Pflegepersonal, den Seelsorgern und dem Krankenhauspersonal wiederholen: Ihr habt eine hohe Berufung. Denkt daran, daß es Christus ist, dem ihr in den Leiden eurer Brüder und Schwestern dient.
Euch Kranke hier und alle, die diese Begegnung über Rundfunk oder Fernsehen verfolgen, umarme ich herzlich mit der Liebe eines Bruders. Ich bitte euch, opfert eure Leiden zum Wohl der Kirche und ihrer Hirten auf, für die Einheit der Bolivianer und das Gedeihen eures Vaterlandes. Allen erteile ich meinen besonderen Apostolischen Segen.

Zum Wohle der ganzen Gesellschaft zusammenarbeiten

Ansprache bei der Begegnung mit den Intellektuellen und der politischen Führungsschicht in Santa Cruz (Bolivien) am 12. Mai

1. Es ist für mich Grund zu großer Freude und Genugtuung, in diesem Augenblick meines Besuches in diesem mir so lieben Land Bolivien, Ihnen zu begegnen, den Männern und Frauen, die in besonderer Weise die Kultur repräsentieren und die Animation wichtiger Unternehmen, die unmittelbar die Entwicklung des Landes betreffen. Es sind dies zwei Bereiche, die innerlich in Beziehung zueinander stehen und – so möchte ich sagen – komplementär sind; denn die produktive Tätigkeit selbst, die schon für sich genommen eine kulturelle Ausdrucksform darstellt – und die für einen Christen ihre Inspiration vom Menschen her beziehen und von ihm ausgehen muß – muß all das schaffen, was notwendig ist, um den Bedürfnissen des Lebens zu entsprechen, und muß günstige Verhältnisse fördern, die die ganzheitliche Entwicklung aller Glieder der Gesellschaft gestatten.

Auf meinen Pastoralreisen habe ich diese Begegnungen immer besonders hervorheben wollen, denn ich bin mir der bedeutenden Verantwortlichkeiten bewußt, die Sie in der Gesellschaft haben. Meine Anwesenheit hier verfolgt jedoch nicht das Ziel, Sachfragen, die in Ihre Zuständigkeit fallen, einer Prüfung zu unterziehen. Als Hirte und als Bruder bin ich gekommen mit dem Wunsch, das gemeinsame Erbe des Glaubens mit Ihnen zu teilen und die ungeheuren Möglichkeiten zu bekräftigen, die die christliche Botschaft Ihnen bietet, diese Botschaft, die Ihr Leben und Ihre ganze Tätigkeit inspirieren muß. Sie wird greifbar in der sogenannten katholischen Soziallehre, die nichts anderes ist als eine Reflexion über den Menschen und die Formen seiner Beziehung zu seinen Brüdern und Schwestern und zur Welt im Licht der Offenbarung. Diese Lehre verfolgt die Absicht, die Menschen anzuleiten, selbst mit Hilfe der Vernunft und der menschlichen Wissenschaften eine Antwort zu geben auf ihre Berufung zu verantwortlichen Bauleuten der irdischen Gesellschaft (vgl. *Sollicitudo rei socialis*, Nr. 1).

2. Verantwortliche Bauleute! Niemand zieht in Zweifel, daß dies eine Obliegenheit und Aufgabe für alle ist; deshalb ist es nötig – wie wir schon aus Erfahrung wissen –, daß man in der Gesellschaft zu einer vernünftigen Arbeitsteilung kommt und die Aufgaben nach den Fähigkeiten eines jeden einteilt, wobei alle ohne Ausnahme im Bemühen um das Wohl der ganzen Gesellschaft zusammenarbeiten. Es handelt sich also um eine Aufteilung der Funktionen, die nicht zu Spaltungen oder Diskriminierungen irgendeiner Art Veranlassung geben kann und die dazu führt, daß diejenigen, die die leitenden Funktionen wahrnehmen, diese nicht wie ein egoistisches Privileg ausüben, sondern im vollen Bewußtsein der schweren Verantwortung, die mit der Pflicht einhergeht, die Arbeit aller zu koordinieren, die Phasen des sozialen Fortschritts, die Investitionsprogramme, die angemessene Zuweisung von Ressourcen klug zu planen, und schließlich das ganze äußerst komplexe Netzwerk von Tätigkeiten, die auf eine intelligente und effiziente Gesellschaft schließen lassen, die in allen ihren Komponenten durchorganisiert ist.

Die gerechte Gesellschaft, die wir alle wünschen, baut sich Tag für Tag auf durch das Zusammenwirken aller ihrer Mitglieder; darin erfüllt sich die Berufung zur Liebe, die Gott dem Menschen anvertraut hat, der aus seinen Händen hervorgegangen ist.
Den Staat aufbauen heißt – so könnte man sagen – den Menschen bilden: d. h. den vollständigen, den ganzen Menschen als Maß und Ziel aller gesellschaftlichen Tätigkeit nehmen und die notwendigen Bedingungen schaffen, damit alle als Glieder der menschlichen Gesellschaft zu vollständiger Bildung und Entwicklung finden können.
Wir könnten uns jetzt die Frage stellen: Wer baut in Wirklichkeit die Wohnstätte des Menschen? Mir kommen die schönen Psalmworte in den Sinn: „Wenn nicht der Herr das Haus baut, müht sich jeder umsonst, der daran baut" (*Ps* 127,1). Ja, liebe Anwesende hier bei dieser Begegnung: die echte Sorge um den Menschen, um seine Rechte, um die Achtung vor seiner fundamentalen und unveräußerlichen Würde wird niemals in ihrer ganzen Tiefe angenommen werden, wenn wir nicht das Herz für diese Wahrheit öffnen. Allein werden wir niemals die ungerechten Strukturen, die Folge der Sünde, überwinden können, die ein reales Hindernis für das Wachstum und die Selbstverwirklichung der Völker darstellen. Als für den kulturellen und technischen Fortschritt Verantwortliche werden Sie in Jesus Christus die notwendige Anleitung finden zur Erfüllung der äußerst schwierigen Aufgabe, die Geschicke Ihres Vaterlandes zu lenken.

3. Die letzte Enzyklika, in der ich einmal mehr die fortdauernde Sorge der Kirche um alles Soziale darstellen wollte, ist ein Aufruf zur Solidarität auf allen Ebenen. Führungsaufgaben im politischen, kulturellen oder einem anderen Bereich schließen diese Tugend der Solidarität nicht nur nicht aus, sondern machen sie erforderlich. Die moderne Auffassung von Verwaltung stützt sich auf die aktive Teilhabe und schließt gleichzeitig alles aus, was Zwang oder Mißachtung für die Würde der menschlichen Person bedeuten könnte. Dies setzt die Kenntnis der realen Bedürfnisse voraus; hinzukommen muß das Bemühen um die Suche von geeigneteren Wegen, vor allem die elementarsten Probleme zu lösen und eine Rangordnung in der Planung der Arbeit festzulegen, die immer auf das Gemeinwohl hin orientiert sein muß ohne Zugeständnisse an persönliche oder Gruppeninteressen oder an egoistische Vorteile. Solidarität setzt die feste und beharrliche Entschlossenheit voraus, sich für das Gemeinwohl einzusetzen, damit jeder wahrhaft für jeden verantwortlich ist. Dazu steht in radikalem Gegensatz die maßlose Gier nach Gewinn und Macht, eine immerwährende Versuchung, die man aufmerksam wahrnehmen muß, denn nicht selten verbirgt sie sich hinter dem feinen Anschein des Guten (vgl. *Sollicitudo rei socialis*, Nr. 38).
Das bolivianische Volk hat das Recht, voller Hoffnung in die Zukunft zu schauen, weil es reiche Werte hütet, die ursprüngliche Traditionen und neue Werte zusammenfügen, die im Lauf der Geschichte Ihre Identität als Nation bestimmt haben. Die tief menschliche Wesensart der Bolivianer, ihre bekannte Gastfreundschaft, ihre Zähigkeit, einer wilden und zuweilen feindseligen Natur zu widerstehen, ihre große Solidarität, die Widerstandskraft im Unglück, die Bewahrung von Werten, die tief in der Heimat verwurzelt sind, bereichert durch die christlichen Werte, die durch das große Werk der Evangelisierung ins Land kamen; einer Evangelisierung, deren 500-Jahr-Feier wir zu begehen uns an-

schicken – all dies begründet eine vielversprechende Basis für den Aufbau einer neuen Gesellschaft; für ein in sich gefestigteres Bolivien, in dem alle in größerer Sicherheit leben können und in der Kraft einer begründeteren Hoffnung für die heutigen und die zukünftigen Generationen.

4. Die Evangelisierung läßt sich sicher nicht mit einem kulturellen Prozeß gleichsetzen. Das Reich jedoch, das das Evangelium ankündigt, kommt zur Geltung durch Menschen, die einer Kultur tief verbunden sind, und der Aufbau des Reiches kann nicht umhin, die Elemente der Kultur und der Kulturen der Menschheit aufzunehmen. Hier liegt der Grund, weshalb jede Evangelisierung vom Menschen selbst ausgehen muß, der dazu berufen ist, in seiner Person das Bild seines Schöpfers zu verwirklichen; nicht dadurch, daß man ihm das Bewußtsein von der absoluten Notwendigkeit des Heils in Jesus Christus aufzwingt, sondern dadurch, daß man es in ihm weckt. In den einer jeden Kultur eigenen Werten gibt es wahre Samenkörner des Wortes, die dank dem Prozeß der Evangelisierung darauf zielen, Frucht zu tragen bei Urteilskriterien, Verhaltensweisen und Inspirationsquellen für das ganze Leben einer Gesellschaft – in vollständiger Übereinstimmung mit den Werten des Evangeliums selbst.
Bolivien kann eine reiche Tradition vorweisen, die sehr konkrete Ausdrucksformen im Lauf der verschiedenen geschichtlichen Epochen gefunden hat, nicht nur seit der Eroberung, sondern schon seit dem Altertum, wie die archäologischen Zeugnisse enthüllen, die Sie zu Recht als äußerst wichtigen Teil Ihrer kulturellen Tradition aufbewahren. Seit den Zeiten der Kolonialisierung schmiedete man nach und nach neue Institutionen, die wie die St.-Franziskus-Xaver-Universität von Chuquisaca eine entscheidende Rolle im Bildungsprozeß der Bürger spielten und beim Aufbau einer neuen Gesellschaft, nachdem man die Unabhängigkeit einmal erlangt hatte. Man muß in dieser großen Zahl hervorragender Männer und Frauen aus verschiedenen Berufen – Geistliche, Ordensleute, Laien – und in ihrem Wirken einen deutlichen Beweis des christlichen Geistes erkennen, der – weit entfernt davon, zurückzubleiben – wirksam zum kulturellen pluralistischen Fortschritt Ihres Landes beigetragen hat.

5. Sie, die Sie jetzt gemeinsam miteinander Träger dieser Verantwortlichkeiten sind – in den Bereichen der Politik wie der Wirtschaft, der Künste, der Wissenschaften –, Sie müssen sich hier in diesem mir so teuren Land Bolivien darum bemühen, die eigenen Werte Ihres Wissens oder Ihres Auftrags mit den Wahrheiten des Glaubens zusammenzufügen, den Ihnen Ihre Vorfahren als Erbe übergeben haben; dabei bedarf es immer – ohne Aufschub und Ausflüchte – der Bereitschaft zum Dialog und zur Arbeit, zur Beteiligung an all jenen Initiativen, die Ihrem Volk zur Ehre gereichen können: in der Kultur, in der Entwicklung der Möglichkeiten dieses Landes, im Aufbau einer arbeitsamen und solidarischen Gesellschaft, die Teilhabechancen bietet, in der alle, die sich um die Besserung der Verhältnisse mühen, auch ihren angemessenen Lohn erhalten.
Die Herausforderung, der Sie sich stellen müssen, muß das gemeinsame Ziel verfolgen, den Menschen in Bolivien in ihren dringenden konkreten Bedürfnissen von heute zu dienen und den morgigen zuvorzukommen; Kampf gegen Armut und Hunger, Arbeitslosig-

keit und Unwissenheit; Umwandlung der potentiellen Ressourcen der Natur mit Intelligenz, Fleiß, Verantwortung, Ausdauer und sauberer Verwaltung in Güter und Dienstleistungen, welche den Bolivianern zum Nutzen sind, allen Bolivianern ohne ungerechte Unterschiede, die sie als Brüder und Schwestern, als Söhne und Töchter desselben Vaters und Teilhaber der Gaben, die der Schöpfer in die Hände aller Menschen legte, verletzen. Sie müssen in diesem Dienen eine Forderung sehen, die aus dem Glauben kommt, und eine Frage, die Ihre Mitbürger an Sie richten, insbesondere jene, die noch darunter leiden, in Ungerechtigkeit und Vergessenheit am Rande der Gesellschaft zu leben, sowohl auf dem Land wie in der Stadt, die Bewohner der Vorstädte, diejenigen, die zu Erwerbsarbeiten nicht in der Lage sind, die schlecht betreuten Kranken, die Arbeitslosen, diejenigen, die nicht angemessen sozial und gesetzlich geschützt sind. Und diese Brüder und Schwestern – auch wenn es schmerzlich ist, muß man es sagen – bilden immer noch die große Mehrheit Ihres Volkes.

6. Die ganzheitliche Förderung eines Volkes verlangt eine Infrastruktur, die diese Förderung ermöglicht; aber sie ist vor allem abhängig vom humanistischen Rang seiner Erzieher und führenden Persönlichkeiten im weiten Sinne des Wortes. Nur so, indem Sie die moralischen und menschlichen Werte in ihrer Gesamtheit leben und weitergeben, werden Sie Bolivien das bindende Element seines sozialen Zusammenhalts geben und seines Fortschritts, der es zusammen mit der ganzen großen Familie Lateinamerikas aus einer schwierigen sozioökonomischen Lage befreit.
Mit einem Denken und vor allem mit einer Erfahrung im Dienst des Glaubens, der Gerechtigkeit und der Solidarität werden Sie die Errungenschaften der menschlichen Intelligenz insbesondere im Bereich der wissenschaftlichen und technologischen Forschung einsetzen, um den konkreten Bedürfnissen der Menschen in Bolivien zu dienen. Ich möchte an dieser Stelle mit besonderer Wertschätzung und mit besonderem Lob die Katholische Universität Boliviens erwähnen, in die der Hl. Stuhl seit ihrer Gründung 1966 lebhafte Hoffnungen gesetzt hat und für die Papst Paul VI. eine wirkliche Vorliebe hatte. Möge sie ihre Anstrengungen fortsetzen können, um eine Synthese von Glaube und Kultur zu erreichen und christliche Intellektuelle heranzubilden, die engagiert lebendigen Anteil haben an der Realität des Landes! Der echte Humanismus, der auf der Würde des Menschen beruht, den Christus durch seinen Tod auf die Höhe des Sohnes Gottes emporhob, setzt die Synthese der kulturellen Elemente aller Zeiten und ihre Integration nach den höchsten und unveränderlichen Werten voraus.
Eine kulturelle Synthese, die in vollständiger Symbiose mit dem Leben stehen möge, die zu Partizipation und Dialog unter Menschen und Gemeinschaften einladen und alle Mittel einsetzen möge, um die Schätze der eigenen überlieferten Kulturen mit der Empfänglichkeit für die modernen Bedürfnisse zu harmonisieren. Eine Kultur, die ihren Ursprung hat in den tiefen Wurzeln des Landes selbst und seiner Geschichte und ein gemeinsames patriotisches Ziel sucht, das sich zu neuen Horizonten öffnet und in einer brüderlichen Umarmung alle Völker vereint.

7. So werden wir eine Gesellschaft im Zeichen der Liebe bauen, die die Tugend der Solidarität verlangt, die uns hilft, den anderen – Person, Volk oder Nation – nicht als irgendein Mittel zu sehen, dessen Arbeitsfähigkeit und Körperkraft man zu niedrigen Kosten ausbeutet, und den man, wenn er nicht mehr von Nutzen ist, zurückläßt, „sondern als ein uns ‚gleiches' Wesen, eine ‚Hilfe' für uns (vgl. *Gen* 2,18.20), als einen Mitmenschen also, der genauso wie wir am Festmahl des Lebens teilnehmen soll, zu dem alle Menschen von Gott in gleicher Weise eingeladen sind" (*Sollicitudo rei socialis*, Nr. 39).
Wenn wir die Solidarität leben, werden wir den Weg einer echten sozio-ökonomischen Befreiung gehen und Ausbeutung, Unterdrückung und Geringschätzung der Mitmenschen unterlassen, diese beklagenswerten Erscheinungsformen der Strukturen der Sünde, die unglücklicherweise die Sicherung eines friedlichen Zusammenlebens immer schwieriger machen. Man wird so der Versuchung entgehen, alles wirtschaftliche Tun als ausschließlich technisch zu betrachten und seine moralische Dimension zu ignorieren. „Die wahre Förderung des Menschen, die im Einklang mit der wesentlichen und geschichtlichen Berufung jedes einzelnen steht, erreicht man nicht, indem man nur ein Übermaß an Gütern und Dienstleistungen nutzt oder über perfekte Infrastrukturen verfügt" (*Sollicitudo rei socialis*, Nr. 33). Mit einem Wort: man muß auf das Ideal der Solidarität setzen gegenüber dem vergänglichen Ideal der Macht.
Es ist daher notwendig, ernsthaft die humanistische Dimension der Wirtschaft zu berücksichtigen und den „inneren Parameter" des Menschen wieder zu schätzen, seine ihm eigene Natur, seine Beziehung zu den anderen Geschöpfen und zu seinem Schöpfer, um das notwendige Gleichgewicht der Entwicklung zum Wohl aller zu erreichen. Nur wenn Sie vom Menschen ausgehen, werden Sie endlich durchsetzen, daß das Unternehmen als Triebkraft dieser Entwicklung erscheint, Risiken übernimmt und sein kreatives Potential auf einen Höchststand bringt in der Produktion von Gütern und in der Schaffung von Arbeitsplätzen – immer im Dienst aller; ein Unternehmen, das mit der zunehmenden Ausweitung von Teilhabemöglichkeiten, angemessenen Gehältern, Mitverantwortung und Gemeinschaftssinn eine echte Gemeinschaft von Personen sein soll und nicht nur eine einfache Produktionseinheit.

8. Grund zu ernster Besorgnis für alle muß das unsolidarische Verhalten sein, das man „Gehirn- und Kapitalflucht" nennt: statt zur fortschreitenden Entwicklung der Gesellschaft des Landes beizutragen, zieht man es vor, die Bindungen an das eigene Land zu lösen, um andere günstigere Einkommens- und Vermögensverhältnisse zu suchen, in denen man sich vermeintlich vorteilhafter wird einrichten können. Damit will ich nicht das legitime, durch die Soziallehre der Kirche bestätigte Recht leugnen, in andere Länder auszuwandern und dort seinen festen Wohnsitz zu nehmen, wenn dazu gerechte Gründe raten (vgl. *Pacem in terris*, Nr.25), noch die Tatsache, daß mitunter diese Migration durch unsichere Verhältnisse provoziert wird, die in der eigenen Umgebung herrschen.
Es wird deshalb notwendig sein, daß Sie sich mit aller Hochherzigkeit darum bemühen, aus Bolivien eine in sich gefestigte und friedliche Nation zu machen, in der Gerechtigkeit herrscht, in der man das Recht jedes Menschen auf ehrbare und angemessen bezahlte Arbeit achtet und in der sich ein breiter Raum für ökonomische Initiativen öffnet; dies ist

auch ein unveräußerliches Recht, das in der Praxis, wie man sieht, oft durch die Unverantwortlichkeit oder den Egoismus der herrschenden Klassen verweigert wird. Nach der christlichen Auffassung von aller Arbeitstätigkeit ist es notwendig, daß die Gesetzgebung das Streikrecht zuläßt und respektiert und dabei mögliche Mißbräuche der einen oder der anderen Seite unterbindet. Das Streikrecht „wird von der katholischen Soziallehre als eine unter den notwendigen Bedingungen und in den rechten Grenzen erlaubte Methode anerkannt" (*Laborem exercens*, Nr. 20). Es bleibt jedoch weiterhin ein äußerstes Mittel, auch wenn wir einräumen müssen, daß es mitunter das einzige ist, auf das die Arbeiter zählen können, um ihre legitimen Rechte zu verteidigen. Der sogenannten Führungsschicht anzugehören ist weniger eine Ehre als eine äußerst schwere Verantwortung, die mit Ernst wahrgenommen werden muß. Ich möchte einen dringenden Aufruf an Sie alle richten, an jeden einzelnen, sich mit Schwung – jeder in seinem Bereich – dafür einzusetzen, aus Bolivien ein gemeinsames Vaterland zu machen, in dem es keine Unterdrücker und keine Unterdrückten gibt, weder Herren noch Sklaven, sondern Brüder und Schwestern, die sich als solche anerkennen und lieben.

9. Die Tätigkeit der politischen Führungsschicht muß in diesem Zusammenhang Ergebnis eines Klimas von Fürsorge und Ehrenhaftigkeit im Dienen sein und sich darum bemühen, Raum für demokratische Teilhabe derjenigen zu schaffen, die noch an den Rand gedrängt sind, sowie den intermediären Gruppen der Gesellschaft angemessene Formen entscheidender Mitwirkung ermöglichen. Die politischen Gruppen werden zuständig sein, diesen Raum des Dialogs und des Verständnisses zu suchen, die menschlichen Werte zu fördern sowie ihre Rechte zu verteidigen – auch in schwersten Konfliktfällen. Hierbei muß man mit einer aktiven Erziehung zum Zusammenleben beginnen und mit einem entschiedenen Einsatz, der die öffentliche Moral und die höherrangigen Werte schützt, die dem Leben der Nation seinen Zusammenhalt und seinen vollen Sinn geben.
Das Bemühen um ein erneuertes Bolivien, das überwindet, was in der Vergangenheit Ursache für eine dauernde Instabilität war, ist im Rahmen eines legitimen und solidarischen Pluralismus Aufgabe aller. Der Friede, gegründet auf Gerechtigkeit und Liebe unter Brüdern und Schwestern ohne Unterschied der Rasse, des Geschlechts oder des Glaubens, wird das Fundament für neue kulturelle humanistische Ziele sein – für ein Volk, das die Verwirklichung seiner geistigen Bestimmung sucht.
Richtet den Blick über die eigenen Grenzen hinaus, ohne diese hohen Ziele aus dem Auge zu verlieren, und denkt an die dringliche Notwendigkeit, die Solidarität Lateinamerikas zu schaffen, beginnend indessen auf regionaler Ebene durch Überwindung der nationalen Egoismen und Bildung einer gemeinsamen Front, die in der Lage ist, auf der Basis der Gleichheit mit den Industrieländern zu verkehren bei der Suche nach Austauschbedingungen, die die ökonomische Initiative und die jeweilige Identität jedes Volkes achten. Diese Gleichheit muß die Grundlage des Rechtes aller auf Teilhabe am Prozeß der vollen Entwicklung sein (vgl. *Sollicitudo rei socialis*, Nr. 33). Dabei handelt es sich nicht darum, Herausforderungen von Machtblöcken auf die Ebene Lateinamerikas zu projizieren, sondern legitime Rechte zu beanspruchen, die nur gemeinschaftlich wirksam verteidigt werden können.

Zum Schluß möchte ich einen Aufruf an Sie richten, sich als christliche Laien den Bemühungen der bolivianischen Bischöfe zu verpflichten, die mit so vielen Opfern und mit Hingabe das Evangelium der Liebe und der Eintracht verbreiten und so wirksam zur ganzheitlichen Entwicklung des Menschen als Person und zum sozialen Frieden beitragen. Als christliche Laien ermahne ich Sie, ihre christliche Berufung anzunehmen und die transzendente Dimension des menschlichen Lebens zu schützen sowie die Werte des Evangeliums zu verbreiten, die gelebt, gemeinsam vertreten und entwickelt werden müssen. Werte, die niemals verschwiegen werden dürfen und die wir ganz hoch einordnen müssen, damit sie die ganze Menschheit erleuchten.

Heute ist mehr denn je die Rolle der Laien von erstrangiger Bedeutung im Aufbau unserer Kirche. Der Herr sagt uns allen, auch den Laien: „Ihr seid das Licht der Welt. Eine Stadt, die auf einem Berg liegt, kann nicht verborgen bleiben. Man zündet auch nicht ein Licht an und stülpt ein Gefäß darüber, sondern man stellt es auf den Leuchter; dann leuchtet es allen im Haus" (*Mt* 5,14–15). Schauen Sie mit großen Erwartungen und mit Vertrauen in die Zukunft! Es gibt keine menschliche Not, die nicht mit Fleiß, Beharrlichkeit und Ehrlichkeit überwunden werden könnte. Und vor allem mit der Hilfe des Allerhöchsten, der Ihnen insbesondere beistehen wird, das Böse zu besiegen, jenes Böse, das den Menschen erniedrigt und der Gesellschaft Schaden zufügt.

Kinder sind die Lieblinge Gottes

Botschaft an die Kinder in Tarija (Bolivien) am 13. Mai

„Ich preise dich, Vater, Herr des Himmels und der Erde, weil du all das den Weisen und Klugen verborgen, den Unmündigen aber geoffenbart hast" (*Mt* 11,25).

1. Bei meiner Ankunft in Tarija preist mein Herz den himmlischen Vater für dieses Land, das er euch gegeben hat und das von den Bergen den Augen der Welt gleichsam verborgen wird. Ich preise den Schöpfer für eure Wälder, die sich von den Tälern bis zum Chaco hinziehen, für die Blumen, die Weingärten und Obstbäume, die ein Geschenk des Vaters für seine Kinder in diesem stillen Winkel im Süden Boliviens sind. Eure fröhliche „Chapaco"-Folklore, die Gesichter der hier Anwesenden und vor allem eure christlichen Traditionen erfüllen mich mit Freude, während ich als Nachfolger des Apostels Petrus die Fruchtbarkeit der Botschaft Christi in dieser vom Guadalquivir umspülten Gegend feststellen kann.

Mit dieser Freude grüße ich Msgr. Abel Costas, den Bischof dieser Diözese, die Priester, die Ordensmänner und Ordensfrauen, die Behördenvertreter, alle, die von südlich des Potosi, aus Chuquisaca und von anderen Orten hierher gekommen sind, und das ganze hier versammelte Volk Gottes. Mein Gruß und mein Segen gilt heute besonders den Kindern und allen, die mit der Welt der Kindheit zu tun haben: den Eltern, den Lehrern, den Katechisten, den Gesundheitsfürsorgern. Zu euch allen sagt der Herr, wenn ihr ihn von Angesicht zu Angesicht sehen werdet: „Was ihr für einen meiner geringsten Brüder getan habt, das habt ihr mir getan" (*Mt* 25,40).

2. Seit der Papst auf bolivianischem Boden angekommen ist, hat er in seinen Botschaften immer in besonderer Weise an die Kinder gedacht, denn in Wirklichkeit werden sie von den Problemen am meisten betroffen und sind doch gleichzeitig die Zukunft des Kontinents der Hoffnung. Kindheit und Jugend sind wahrhaftig immer der echte Schatz eines Landes. Was man an Anstrengungen für die Verbesserung ihrer physischen und spirituellen Verfassung unternimmt, das wirkt sich binnen kurzem auf alle Lebensbereiche aus. Ihr, die Erzieher im weitesten und ursprünglichen Sinn des Wortes, habt die großartige Aufgabe in eurer Hand, diesen Schatz zu hüten, bei dem euer Herz sein soll (vgl. *Mt* 6,21). Ihr seid wie jener „treue und kluge Knecht, den der Herr eingesetzt hat, damit er dem Gesinde zur rechten Zeit gibt, was sie zu essen brauchen" (*Mt* 24,45). Ihr seid wahrhaftig dieser Knecht, der weiterhin über dem Hausstand stehen wird – das heißt das Himmelreich erreichen wird – wenn ihn „sein Herr bei seinem Kommen so am Werke findet" (*Mt* 24,46–47).
Die Kinder sind die Lieblinge Gottes, so sehr – wie wir im Evangelium lesen – daß er Menschen wie ihnen in vorrangiger Weise das Reich Gottes vorbehält (vgl. *Mk* 10,3). „Wenn ihr nicht umkehrt und wie die Kinder werdet", sagt Jesus, „könnt ihr nicht in das Himmelreich kommen" (*Mt* 18,3). Die Kinder sind ihrerseits der Schatz und die Zukunft der Kirche, die sich die Worte Christi zu eigen macht: „Hütet euch davor, einen von diesen Kleinen zu verachten! Denn ich sage euch: Ihre Engel im Himmel sehen stets das Angesicht meines himmlischen Vaters" (*Mt* 18,10).

3. Trotzdem sind diese eure Kinder, die Lieblinge Gottes, oft die ersten Opfer der materiellen Armut mit allen ihren Folgen. „Wenn es einerseits Kinder gibt, die vor ihrer Geburt sterben, gibt es andererseits solche, die nur eine kurze und schmerzvolle Existenz haben, weil sie von Krankheiten dahingerafft werden, die man leicht vermeiden könnte" (*Fastenbotschaft an die Gläubigen*, 10. Februar 1988). In vielen Ländern „findet man gerade unter den Kindern die höchste Zahl an Sterbefällen, die durch Parasiteninfektionen, durch verseuchtes Wasser, durch Hunger, durch die Unterlassung von Impfungen gegen Epidemien und sogar durch das Fehlen von Liebe verursacht werden" (*ebd.*).
Auf diese Situation müßt ihr mit besonderer Aufmerksamkeit für die Gesundheit der Kinder reagieren. Die notwendigen Impfungen, die Hygienemaßnahmen und die ganze übrige ärztliche und gesundheitliche Fürsorge sind Teil eurer Verpflichtungen gegenüber den Kindern.
Zusammen mit der Gesundheitsförderung muß besondere Sorgfalt auf die angemessene Gesundheitserziehung der Familien verwendet werden, um den Schutz der Kindheit besser zu ermöglichen.

4. Das Engagement für die Verbesserung der Gesundheit ist engstens verbunden mit dem Einsatz für die Erziehung. Der Unterricht in Sprachfertigkeit, im Schreiben und im Lesen ist ebenso wie die Entwicklung der Intelligenz ein unveräußerliches Recht der

menschlichen Person, und wir dürfen das den Kindern nicht verweigern. In einigen Fällen wird es nicht leicht sein, diese Bildung den Verhältnissen anzupassen, erinnert euch jedoch immer daran, daß „alles, was der Alphabetisierung und der Grundausbildung, die jene vertieft und vervollständigt, dienen kann, ein unmittelbarer Beitrag zu einer echten Entwicklung" ist (*Sollicitudo rei socialis*, Nr. 44). Deswegen ist es notwendig, angesichts der Herausforderung der schulischen Versorgung insbesondere der Kinder ein Klima menschlicher und christlicher Solidarität zu schaffen, damit – wie das letzte Konzil hervorgehoben hat, „alle Menschen, gleich welcher Herkunft, welchen Standes und Alters, kraft ihrer Personenwürde das unveräußerliche Recht auf eine Erziehung haben" (*Gravissimum educationis*, Nr. 1).

Ebenso wie bei der Lösung der Gesundheitsprobleme ist auch bei der Lösung der Erziehungsprobleme die Mitarbeit und Hilfe aller nötig: der Stadt- und der Landbevölkerung, der privaten und staatlichen Erzieher, der privaten Institutionen, der Kirche und der Regierung (vgl. *ebd.*). Diese wird – in Ausübung ihrer Funktion, das heißt als Förderer des Gemeinwohls – dazu beitragen, in Bedarfsfällen ganz sicher, sogar in einer Mangellage, die bevorzugte Zuweisung von Hilfsmitteln sicherzustellen. Dem Lehr- und Gesundheitspersonal die geschuldete Entlohnung zu verschaffen und ihm die für die Erfüllung ihrer Aufgaben notwendigen Mittel bereitzustellen, ist für die Regierenden in vielen Fällen eine strikte Pflicht der Gerechtigkeit.

5. „Vor allem ist die Erziehung der Jugendlichen jedweder gesellschaftlicher Herkunft so zu gestalten, daß Männer und Frauen werden, die nicht bloß intellektuell ausgezeichnet gebildet sind, sondern auch jenen hochherzigen Charakter besitzen, Menschen, wie sie unsere Zeit dringend fordert" (*Gaudium et spes*, Nr. 31). Es handelt sich also darum, eine echte Bildungsarbeit zu leisten, die harmonisch ihre physischen, moralischen und intellektuellen Veranlagungen entwickelt.

Konkret sollen „Jugendliche über die Würde, die Aufgaben und den Vollzug der ehelichen Liebe am besten im Kreis der Familie selbst rechtzeitig in geeigneter Weise belehrt werden, damit sie, an keusche Zucht gewöhnt, im entsprechenden Alter nach einer sauberen Brautzeit in die Ehe eintreten können" (*Gaudium et spes*, Nr. 49). Diese Erziehung, die persönlich sein muß, kommt vorrangig den Eltern zu (vgl. Kongregation für das katholische Bildungswesen, *Richtlinien für die Erziehung über die menschliche Liebe*, 1. Nov. 1983, Nr. 48 und 84).

Dazu ist die ganzheitliche Erziehung notwendig, nicht nur um sich in würdiger Weise in der Gesellschaft entfalten zu können, sondern auch um Gott leichter zu dienen. „Laßt die Kinder zu mir kommen" (*Mk* 10,14), sagt uns der Herr. Helft ihnen, sich ihm zu nähern. Stellt die Mittel bereit, damit sie ihn kennenlernen. Verschafft ihnen von zartester Kindheit an eine ihnen entsprechende Kenntnis dieses Jesus, der ein Kind werden wollte wie sie. Gott wollte euch die Kinder anvertrauen, damit sie durch eure Zuneigung die Liebe Gottes entdecken. Enttäuscht ihn nicht.

„Laßt die Kinder zu mir kommen; hindert sie nicht daran. Denn Menschen wie ihnen gehört das Reich Gottes" (*ebd.*). Sie, die Kleinsten, haben die Offenbarung der Geheimnisse erhalten, die den Weisen und Klugen verborgen geblieben sind (vgl. *Mt* 11,25).

6. Erzieht die Kinder durch euer Wort, auf den verschiedensten Wegen – vor allem im Familienheim, doch auch in der Schule, im Religionsunterricht – ganz besonders aber durch euer Beispiel.
Kinder lernen zu handeln, indem sie das nachmachen, was sie ihresgleichen tun sehen. Deswegen lernen sie von euch, stark, arbeitsam, mäßig, fröhlich und fromm zu sein; redliche Bürger und vorbildliche Christen zu werden. Ahmt auch ihr in derselben Weise den Herrn nach, der „getan und gelehrt" hat (*Apg* 1,1), das heißt, daß er sich nicht darauf beschränkte, uns eine Botschaft zu übermitteln, sondern daß er unter uns lebte und uns das höchste Beispiel aller Tugenden gegeben hat.
Vergeßt nicht die ernste Warnung des Meisters: „Wer einen von diesen Kleinen, die an mich glauben, zum Bösen verführt, für den wäre es besser, wenn er mit einem Mühlstein um den Hals im tiefen Meer versenkt würde" (*Mt* 18,6). Das Beispiel der Eltern und Erzieher muß vom Bemühen der Regierenden und der ganzen Gemeinschaft um Verteidigung der öffentlichen Moral, besonders in den Massenmedien, begleitet werden. Das Gegenteil wäre, die Rechte der Wehrlosesten mit Füßen zu treten und sie der Gefahr einer bedauerlichen Manipulation auszusetzen.

7. Ich möchte mich jetzt an die Kinder von Tarija und von ganz Bolivien wenden und sie so nennen, wie man sie in diesen Gegenden liebevoll nennt: „Changuitos". An die Kinder, die von klein auf ihren Eltern helfen müssen als Hirten auf der Hochsteppe und in den Tälern, als Knechte auf den landwirtschaftlichen Gütern des Ostens oder bei der Erfüllung harter Aufgaben in den Städten, und auch an die, die das nicht zu tun brauchen. An die Kranken und an die Gesunden.
Liebe „Changuitos": Der Herr wollte ein Kind werden wie ihr und er „wuchs heran, und seine Weisheit nahm zu, und er fand Gefallen bei Gott und den Menschen" (*Lk* 2,52). Er wollte, daß sein Kommen zuerst einigen Hirten verkündet wurde, die Nachtwache bei ihren Herden hielten (*Lk* 2,8–20), und daß er als der Zimmermann (vgl. *Mk* 6,3) oder als „der Sohn des Zimmermanns„ (*Mt* 13,55) bekannt war. Er legte wandernd die großen Entfernungen in Palästina zurück (vgl. *Joh* 4,6) und oftmals hatte er nicht einmal einen „Ort, wo er sein Haupt hinlegen kann" (*Mt* 8,20).
Jesus erwartet, daß ihr heranwachst wie er. „In Weisheit zunehmend", indem ihr nicht die Schule aufgebt, sondern lernt und eure Schulpflichten erfüllt. Der Papst weiß, daß euch das Opfer kostet, denn oft müßt ihr durch Regen und Schnee, müßt große Entfernungen zu Fuß über eisige Hochflächen zurücklegen und dabei die Müdigkeit von Arbeitstagen überwinden. Macht weiter mit dieser Anstrengung und werdet nicht mutlos, denn ihr wißt, daß der Herr mit Freude auf euch blickt.
Lernt den Katechismus gut. So werdet ihr das Jesuskind immer besser kennenlernen, das euer bester Freund sein muß, und ihr werdet Gott über alles lieben.
Jesus will, daß ihr wie er auch „in der Gnade" wachst. Erfüllt deshalb das Sonntagsgebot – immer vorausgesetzt, daß die Umstände es nicht verhindern – und wachst in der Gnade, indem ihr die Sakramente empfangt. Bereitet euch gut auf die Erste Beichte und die Erstkommunion vor und empfangt Jesus weiterhin häufig. Wenn ihr dann etwas größer

seid, bereitet euch vor, das Sakrament der Firmung zu empfangen, das euch helfen wird, Zeugen Christi zu sein.
Wie er, der „heranwuchs“, sollt auch ihr euch an Körper und Seele entwickeln zu ganzen Männern und Frauen. Gehorcht euren Eltern, liebt sie und helft ihnen, wie es in euren Völkern Tradition ist. Teilt Spiel und Arbeit mit euren Geschwistern und Freunden. Sagt immer die Wahrheit. Nehmt keine fremden Sachen weg. Seid stark in euren Aufgaben, beim Lernen und im Sport.
Kinder von Bolivien, der Papst betet für euch, er muß sich aber auch auf euch stützen können. Deswegen bitte ich euch, mich mit euren Gebeten und mit eurem Teil des Joches des Herrn zu begleiten, von dem er zugelassen hat, daß ihr es auf eure Schultern nehmt. Haltet euch stets auf diesem Weg der Liebe, und Jesus wird euch immer mit Freude erfüllen (vgl. *Mt* 11,28–30).
Bevor ich schließe, möchte ich einige Worte verdienter Hochachtung an die bolivianische Frau richten: an die Mütter und Ehefrauen, an die Hausfrauen auf dem Land und der Stadt. Eure stille und selbstlose Hingabe an die Sorge für die Kinder und nicht selten an die Arbeit zusammen mit euren Ehemännern gewinnt euch die Achtung und Bewunderung der gesamten Gesellschaft. Pflegt diese unersetzliche Rolle weiter, die die lateinamerikanische Frau die Zeiten hindurch ausgefüllt hat: die Bewahrung der christlichen Seele Lateinamerikas.

8. Euch allen hier Anwesenden danke ich für die Beweise der Liebe, die ihr mir erwiesen habt. Der Papst ist glücklich, daß er euch besucht hat.
Folgt all denen auf ihrem Weg, die zum Wohl dieses Vaterlandes während seiner Geschichte beigetragen haben. Strengt euch an, um das Wohl der Kindheit zu fördern und strebt nach einer ganzheitlichen Entwicklung der Kinder bis in den letzten Winkel Boliviens.
Der Herr, der „die Kinder in seine Arme nahm, ihnen die Hände auflegte und sie segnete“ (*Mk* 10,16) und der der Geber von Gesundheit und Weisheit ist, stärke euren Willen für diese edle und schwere Aufgabe.
Ich schließe mit einer Anrufung der allerseligsten Jungfrau: Möge sie euch schützen und mit besonderer Liebe für die Kindheit und die Jugend Boliviens sorgen.
Aus ganzem Herzen gebe ich allen Anwesenden meinen Apostolischen Segen, besonders den Kindern Boliviens, ihren Familien und ihren Katechisten.

Die Güter mit Sorgfalt und Großmut teilen

Ansprache bei der Begegnung mit Laien, Katechisten und Apostolatsbewegungen in Santa Cruz (Bolivien) 13. Mai

Gelobt sei Jesus Christus!

1. Mit großer Freude treffe ich heute mit euch zusammen in der Kathedrale dieser Stadt der blühenden Tajibos, die seit ihrer Gründung den Namen Santa Cruz de la Sierra trägt. Ich grüße in erster Linie Erzbischof Luis Anibal Rodríguez Pardo, seine Weihbischöfe, die übrigen anwesenden Bischöfe und besonders die hier zusammengekommenen Laien sowie alle, die uns über Radio oder Fernsehen begleiten. Ihr seid „ein auserwähltes Geschlecht, eine königliche Priesterschaft, ein heiliger Stamm, ein Volk, das sein besonderes Eigentum wurde, damit ihr die großen Taten dessen verkündet, der euch aus der Finsternis in sein wunderbares Licht gerufen hat" (*1 Petr* 2,9).
Der Name eurer Stadt erinnert uns an das Werk der Erlösung. Jesus Christus, der am Kreuz gestorben und auferstanden war, wollte noch vierzig Tage auf der Erde bleiben, um seine Apostel zu lehren und die Gründung seiner Kirche zu vollenden. Die österliche Zeit, die wir in der Liturgie feiern, läßt uns jene Ereignisse und den Auftrag, den die Kirche von ihrem Stifter empfing, nacherleben: das Reich Gottes über die Erde auszubreiten.

2. „Es gibt verschiedene Gnadengaben, aber nur einen Geist. Es gibt verschiedene Dienste, aber nur den einen Herrn. Es gibt verschiedene Kräfte, die wirken, aber nur den einen Gott: Er bewirkt alles in allen" (*1 Kor* 12,4–6).
Die Kirche ist Gemeinschaft: Sie besitzt ein einziges Glaubensgut, eine Anzahl derselben Sakramente, dasselbe Band der Liebe, denn es ist „der eine Gott, der wirkt", „der eine Herr", und „ein und derselbe Geist" (*1 Kor* 12,11) wirkt in allen. Und in dieser Gemeinschaft haben wir alle Anteil an der einzigen priesterlichen, prophetischen und königlichen Sendung Christi. Weil aber die Erfordernisse in der Kirche und die von der Geschichte gestellten Herausforderungen verschiedenartig sind, teilt der Geist „einem jeden seine besondere Gabe zu, wie er will" (*ebd.*).
So hat Christus einige Männer berufen, damit sie sich ihm ähnlich machen und ihren Brüdern im Priesteramt dienen. Gleichzeitig hat er gewollt, daß andere, um Zeugnis für den Wert des ewigen Lebens abzulegen, den Ordensstand wählen. Die große Mehrheit der Christen hingegen hat unser Herr gebeten, den kirchlichen Auftrag mitten in der Welt zu erfüllen. Sie machen so die Kirche in allen Lebensumständen präsent und wirksam, so daß ihr Heilswirken alle Menschen erreicht und das Werk der Schöpfung durchdringt. Sie üben auf diese Weise das allgemeine Priestertum aus, das sie aufgrund der Taufe besitzen, indem sie ihr ganzes Handeln in ein spirituelles Opfer verwandeln, das Gott durch Jesus Christus willkommen ist, kraft der Einheit mit ihm in der kirchlichen Gemeinschaft, in der Teilnahme am sakramentalen Leben und in der Verbindung mit den Hirten und mit der Gemeinde.

3. „Alle Christgläubigen" – so erinnere ich euch mit den Worten des II. Vatikanischen Konzils – „in allen Verhältnissen und in jedem Stand sind je auf ihrem Wege vom Herrn berufen zu der Vollkommenheit in Heiligkeit" (*Lumen gentium*, Nr. 11).
Die Laien sind also von Gott berufen, ihr habt eine eigene Berufung, die sich nicht darin erschöpft, die Minimalpflichten zu erfüllen, die notwendig sind, um der ewigen Verdammnis zu entgehen. Ihr alle seid Christen im vollen Sinne mit einer göttlichen Berufung zur Heiligkeit, die euch total verpflichtet und alle Aspekte und Phasen eures Lebens umfaßt. Die Welt der Arbeit, das Familien- und das gesellschaftliche Leben, die Augenblicke der Zerstreuung und der Ruhe, die Schule und die Universität und letztlich alle rechtschaffenen Tätigkeiten der Menschen sind für euch Ort der Begegnung mit Christus, an dem ihr euch heiligt und beitragt „zur Heiligung der Welt gewissermaßen von innen her so wie ein Sauerteig" (*ebd.*, Nr. 31).

4. „Jedem wird die Offenbarung des Geistes geschenkt", sagt der Apostel zu den Korinthern, „damit sie andern nützt" (*1 Kor* 12,7). Eure Berufung schließt als fundamentalen Bestandteil auch die aktive Mitarbeit an der Heilssendung der Kirche ein. „Die christliche Berufung ist ihrer Natur nach auch Berufung zum Apostolat" (*Apostolicam actuositatem*, Nr. 2).
Ihr erfüllt eure Sendung in erster Linie durch euer Beispiel, durch das Zeugnis eures Lebens. Die innere Folgerichtigkeit zwischen dem, was ihr glaubt, und dem, was ihr tut, macht euch zu Zeugen Jesu Christi und läßt „euer Licht vor den Menschen leuchten, damit sie eure guten Werke sehen und euren Vater im Himmel preisen" (*Mt* 5,16).
Doch der Geist schenkt auch „verschiedene Arten des Redens" (*1 Kor* 12,10). Zum Apostolat des Beispiels muß das Apostolat des Wortes treten. Jeder von euch hat die Fähigkeit, die Menschen seiner unmittelbaren Umgebung anzusprechen, weil er ihre Art zu sein und zu verstehen kennt und ihnen das Wort Gottes in einer den unterschiedlichen Situationen des konkreten Lebens angemessenen Form nahebringen kann; so arbeitet er auf unersetzliche Weise an der Verwirklichung des einmaligen Auftrags der Kirche mit. Mit mütterlicher Sprache lehrt die Mutter ihre Kinder die ersten Kindheitsgebete. Mit der Sprache der Freundschaft erklärt der Freund dem Freund die Notwendigkeit, sein christliches Leben zu fördern. Mit der Sprache der Kollegenschaft ermuntern die, die arbeiten, einander gegenseitig, ihre Aufgabe zu heiligen. Das individuelle Apostolat, das jeder einzelne realisiert, indem er die eigenen Gaben fruchtbar macht, wird so zum Prinzip und zur Voraussetzung allen Apostolats in der Welt (vgl. *Apostolicam actuositatem*, Nr. 16). Die Vereinigungsformen dieses Apostolats werden Präsenz und Lebenszeugnis der Christen in den verschiedenen Milieus der Gesellschaft erleichtern (vgl. *ebd.*, Nr. 18–20).

5. Euch Laien kommt in besonderer Weise die Aufgabe zu, die Gesellschaft nach dem Willen Gottes zu gestalten (vgl. *Lumen gentium*, Nr. 31), indem ihr dafür sorgt, daß es gerechte Gesetze und angemessene Institutionen gibt und daß niemandem die Mittel fehlen, die für ein würdiges und volles, auf die übernatürliche Dimension hin offenes Leben notwendig sind.

Ihr selbst kennt und bekundet die schmerzlichen Ungleichheiten verschiedener Art. Eure Bischöfe haben euch in Erfüllung der ihnen übertragenen Aufgabe Urteilskriterien, Prinzipien der Reflexion und praktische Leitlinien aufgezeigt (vgl. *Populorum progressio*, Nr. 81; Instruktion *Libertatis conscientia*, Nr. 72). Eure Aufgabe ist es, diese Lehren aufzunehmen und sie in Freiheit und Verantwortung zu verwirklichen, in Achtung vor legitimer Vielfalt und in Ausübung der christlichen Tugenden, und das bedeutet unter Verzicht auf Haß und Gewalt. Ihr sollt wirkungsvoll für den Frieden arbeiten, gemeinsam mit euren Brüdern und Schwestern, Tag für Tag, sowohl auf der Ebene der großen Entscheidungen als auch auf der Ebene der Stadtrandviertel, der Gemeinden, der Gewerkschaften, der Genossenschaften, der kleinen landwirtschaftlichen Gemeinden, und ihr sollt gemeinsam jede Art von Initiativen entwickeln – auf den Gebieten der Erziehung, der Förderung, der Verteidigung und Ausübung eurer Rechte – die das unermeßliche Potential christlicher Solidarität deutlich werden lassen (vgl. Instruktion *Libertatis conscientia*, Nr. 89). Ihr habt auch die christliche Pflicht, gewissenhaft über die öffentliche Moral zu wachen und mit der Energie eurer Einheit mit Gott jede Versuchung unmoralischen Gewinnstrebens – die Bestechung, den Schmuggel, die ungesetzlichen Zuwendungen, den Rauschgifthandel – zurückzuweisen. Dieser Sinn christlichen Dienstes an den anderen wird euch zu einem tugendhaften und mäßigen persönlichen Leben führen, das – wie ich vor den Familien in La Paz und vor den Jugendlichen in Cochabamba hervorgehoben habe – die einzige Basis einer wirksamen Sorge für den Nächsten ist.
Diese ist nicht nur den Trägern öffentlicher Ämter vorbehalten. Ihr alle müßt euren Anteil an Verantwortung für diese Aufgaben übernehmen als wichtigen Teil eures Zeugnisses und eurer Heiligung. Durch tägliches, solidarisches Bemühen könnt ihr mit der Lösung vieler Probleme, die eure Gesellschaft bedrücken, beginnen und dabei gelegentlich vermeiden, daß die Sehnsucht nach absoluten und endgültigen Lösungen eine Flucht vor dem unmittelbaren Opfer verbirgt. Die Realität der geographischen, politischen und wirtschaftlichen Abhängigkeiten, denen euer Land unterworfen ist, muß nur noch umso mehr eure Solidarität herausfordern. Ihr müßt jede Art von Diskriminierung aufgrund gesellschaftlicher Lage – eine Versuchung, vor der auch die Ärmsten nicht gefeit sind – vermeiden, und versuchen, jene materiellen und spirituellen Güter, die Gott euch geschenkt hat, mit Sorgfalt und Großmut zu teilen. Auf diese Weise werdet ihr wirksamer mit denjenigen eurer Brüder zusammenarbeiten, die regieren müssen.
Überdies erfüllen jede rechtschaffene Arbeit und Beschäftigung eine soziale Aufgabe und tragen, wenn sie im Geist des Dienstes und im Angesicht Gottes perfekt ausgeführt werden, wirkungsvoll zum Wohl aller Menschen und zur Weihe der Welt an ihren Schöpfer und Erlöser bei.

6. Einigen schenkt der Geist die Gabe, Weisheit mitzuteilen, Erkenntnis zu vermitteln (*1 Kor* 12,8), um mit mehr Tiefe die christlichen Wahrheiten zu lehren. Ich wende mich nun an euch Katechisten, um euch für eure im Leben der Kiche wesentliche, häufig im Verborgenen, doch immer mit glühendem und hochherzigem Eifer geleistete Tätigkeit zu danken. Die Katechese „ist ein Bereich, in dem die Laien in spezifischer Form die eigene

Berufung zum Ausdruck bringen, indem sie das allgemeine Priestertum ausüben und die eigene Teilhabe am prophetischen Amt Christi bezeugen" (*Angelus* am 10. Mai 1987).
Die Arbeit derer, die euch auf dieser Erde vorangegangen sind, war entscheidend für die Evangelisierung Amerikas. Ihr müßt diese Arbeit – besonders die Katechese für Kinder und Jugendliche – weiterführen, um eure Gemeinden und euer großes Land immer mehr mit dem Geist Christi zu durchdringen.
Viele Kinder werden getauft, ohne daß jemand sie im Anschluß daran die unerschöpflichen Reichtümer unseres Glaubens lehrt. Aus verschiedenen Gründen kommen viele niemals dazu, ihre Pfarreien zu besuchen. Ihr müßt euch also, stets unter der Führung eurer Oberhirten, eine ausgedehnte katechetische Arbeit vornehmen, die die entlegensten Winkel erreicht. In eurem Eifer für alle Brüder und Schwestern sollt ihr besondere Aufmerksamkeit der Familie widmen, der Haus-Kirche, die – wie ich euch in La Paz in Erinnerung gerufen habe – der Ort ist, wo die Kinder die erste christliche Erziehung erhalten müssen (vgl. *Catechesi tradendae*, Nr. 36). Die Pfarrei ist der bevorzugte Ort und die große Anregerin der Katechese, jedoch „ohne ein Monopol aufstellen oder alles gleichmachen zu wollen" (*ebd.*, Nr. 67), das heißt, sie berücksichtigt die unterschiedlichen katechetischen Kanäle, die in das Bekenntnis des einen Glaubens zusammenfließen. Es ist notwendig, die Beteiligung der größtmöglichen Zahl von Gläubigen an dieser Aufgabe zu fördern.
Das Glaubensbekenntnis, die Gebote, die Sakramente und das Gebetsleben sind unersetzliche Kapitel in der Erziehung der neuen Christengenerationen, die all das brauchen, um ihren Glauben in seiner Fülle leben zu können. „Kein wahrer Katechet ist berechtigt, nach eigenem Gutdünken das Glaubensgut aufzuteilen und zu trennen zwischen dem, was er für wichtig hält, und anderem, was ihm unwichtig erscheint, um dann das eine zu lehren und das andere zu unterschlagen" (*ebd.*, Nr. 30).
Auch wird es zweckmäßg sein, die Elemente christlicher Pädagogik zu nutzen, die in euren Traditionen und Volksbräuchen vorhanden sind: die Volksweisen, die Bruderschaften, die Prozessionen, die Malereien, die Folklore-Veranstaltungen und viele andere künstlerische Ausdrucksformen. So tragt ihr außerdem zur Wiederaufwertung eurer reichen Kultur bei.

7. Die Katechese führt notwendigerweise hin zu den Sakramenten. Die Vorbereitung auf den Empfang der Erstkommunion muß eine vertiefte Katechese über das Sakrament der Versöhnung einschließen. Erklärt und prägt es vom ersten Augenblick an dem Geist der Kinder ein, daß es, um die Eucharistie zu empfangen, nötig ist, im Stand der Gnade Gottes zu sein. Die wahre und wirkliche Gegenwart Jesu Christi in den eucharistischen Gestalten muß mit Deutlichkeit gelehrt werden, so daß die Kinder den Unterschied zwischen dem gewöhnlichen Brot und dem Eucharistischen Brot gut erkennen. Noch notwendiger ist die Vorbereitung auf das Sakrament der Firmung, das den Christen befähigt, kraftvoll ein klares Zeugnis für Christus abzulegen. Die Vorbereitung auf die Ehe oder auf die Taufe der Kinder wird die Gelegenheit sein, daß viele sich bekehren oder ihr christliches Leben intensivieren.
Von den Anfängen der christlichen Katechese an hat man ausgiebig das Auswendiglernen zu Hilfe genommen. Hört nicht auf, diese Methode anzuwenden, strebt aber gleichzeitig

danach, daß „diese auswendig gelernten Texte zugleich innerlich angeeignet und allmählich in ihrer Tiefe verstanden werden, damit sie zur Quelle eines persönlichen und gemeinschaftlichen christlichen Lebens werden" (*ebd.*, Nr. 55). Gleichzeitig mit der Vermittlung der Glaubenslehre ist es notwendig, den Kindern und den Größeren zu helfen, daß sie das, was sie gehört haben, in ihrem täglichen Leben auch praktizieren – im Fall der Kinder das Beten der einfachen traditionellen Gebete, den Gehorsam gegenüber den Eltern, die Liebe zum Nächsten, die Wahrhaftigkeit und die übrigen Tugenden – so daß sich die Folgerichtigkeit zwischen Worten und Werken von Kindheit an entwickelt und im ganzen Leben fortdauert. Deswegen wird auch die Erziehung in den Pflichten und Rechten, die allen als Bürgern zustehen, Teil der Katechese sein.

8. „Es gibt verschiedene Gnadengaben, aber nur den einen Geist. (...) Das alles bewirkt ein und derselbe Geist" (*1 Kor* 12,4.11).
Ich möchte mich jetzt an euch Mitglieder der verschiedenen Bewegungen, Organisationen und Gruppierungen des Laienapostolats wenden, die ihr bei dieser Feier zugegen seid. Heute wie gestern weckt der Heilige Geist in der Kirche Apostolatsbewegungen, die den Erfordernissen der Zeit entsprechen.
Jede Apostolatsbewegung besitzt ihre besondere, von Gott empfangene Gabe und muß sich selbst treu bleiben in dem Bewußtsein, daß die Fruchtbarkeit ihrer Arbeit von der Treue zum eigenen Charisma abhängt. Zugleich sind die Einheit mit den Hirten und die Treue zum Lehramt notwendige Voraussetzungen dafür, daß der Erfolg ihrer Arbeit zum wirklichen Aufbau der Kirche Gottes beiträgt.
Die Hirten haben die Aufgabe, die Echtheit der Charismen zu beurteilen, ohne den Geist auszulöschen, sondern indem sie alles prüfen und das Gute behalten (vgl. *1 Thess* 5,19–21; *Lumen gentium*, Nr. 12). Denn „um den Geist der Einheit zu fördern, ... ist die gegenseitige Hochschätzung aller Formen des Apostolats in der Kirche und – unter Wahrung der Eigenart einer jeden einzelnen – ihre angemessene Koordinierung nötig." (*Apostolicam actuositatem*, Nr. 23). Und ihr alle, die ihr auf irgendeine Weise an diese Gruppen gebunden seid, habt die Aufgabe, die kirchliche Gemeinschaft zu bewahren, die sich in der Einheit mit Christus, mit der Hierarchie und mit allen Gläubigen verwirklicht.
Bewahrt die Einheit mit Christus durch das Gebet und die Sakramente. Bedenkt, daß „die Rebe aus sich keine Frucht bringen kann, sondern nur, wenn sie am Weinstock bleibt" (*Joh* 15,4). Unser Leben ist Christus, und getrennt von ihm können wir nichts vollbringen (vgl. *Joh* 15,5).

9. Bewahrt eure Einheit mit der Hierarchie der Kirche, seid ihren Lehren, Vorschriften und Ermahnungen treu und haltet euch vor Augen, daß „ein immer gültiges Kennzeichen ihrer Echtheit ihre harmonische Eingliederung in die Ortskirche ist, um diese gemeinsam mit ihren Hirten in Liebe aufzubauen (Bischofssynode 1987, *Botschaft an das Volk Gottes*, Nr. 5). Die Einheit mit Christus in der Kirche und durch die Kirche ist das Zeichen, das die Echtheit eurer Gaben und Charismen zu bestimmen gestattet.
Bewahrt die Einheit untereinander in dem klaren Bewußtsein, daß ihr alle, jeder auf seine Weise, an derselben Sendung teilhabt: der Sendung Christi und seiner Kirche. Die Liebe

Christi, die ihr verbreiten wollt, muß eure Beziehungen zueinander durchdringen, so daß diese Zeichen und Zeugnis der Einheit seines Leibes, der Kirche, seien.
Was wir gerade über die verschiedenen Apostolatsbewegungen gesagt haben, ist in ihren Eigenheiten auch auf die sogenannten kirchlichen Basisgemeinden anzuwenden. Die lateinamerikanischen Bischöfe haben diese auf der Generalversammlung von Puebla de los Angeles beschrieben als „Ausdruck der vorzugsweisen Liebe der Kirche zum einfachen Volk; in ihnen kommt dessen Frömmigkeit zum Ausdruck, wird aufgewertet und gereinigt, und es wird ihm die konkrete Gelegenheit gegeben, an der Aufgabe der Kirche und an dem Engagement, die Welt umzugestalten, teilzunehmen" (*Puebla*, 642). Wie mein Vorgänger, Papst Paul VI., lehrte, „müssen sie in besonderer Weise Adressaten der Botschaft Christi und zugleich auch deren Träger sein" (*Evangelii nuntiandi*, Nr. 58).
Ich ermuntere deshalb alle Gläubigen in diesen kirchlichen Basisgemeinden, ihr sakramentales und ihr Gebetsleben weiter zu vertiefen, den katholischen Glauben besser kennenzulernen und intensiv an den liturgischen Feiern der Kirche teilzunehmen, was sich in einem von Brüderlichkeit und Solidarität unter allen geprägten Lebensstil auswirkt. Mit einem Wort: Sie sollen wahrhaft kirchlich sein und sich im Geist des Evangeliums apostolischen Aktivitäten zuwenden.

10. Wir feiern heute das Fest der Jungfrau von Fatima, und ich möchte diese Begegnung abschließen, indem ich mich an sie wende und ihr für ihre ununterbrochene mütterliche Fürsprache danke, die ich auf eine ganz besondere Weise heute vor sieben Jahren erfahren habe. „An den Anfängen der Kirche, am Beginn ihres langen Weges (...), der mit dem Pfingstereignis in Jerusalem anfing, war Maria mit allen zusammen, die den Keim des neuen Israels bildeten. (...) Und die Kirche verharrte zusammen mit ihr im Gebet" (*Redemptoris Mater*, Nr. 27). Auch jetzt wird die Jungfrau, wenn wir in ununterbrochenem Rufen des Gebets und der Danksagung verharren, uns auf dem Weg der Erfüllung der Sendung der Kirche begleiten. So sei es.

Das Gemeinwohl eine Aufgabe aller

Predigt bei der Messe für Frieden und Gerechtigkeit in Santa Cruz (Bolivien) am 13. Mai

Liebe Brüder und Schwestern!

1. Bürger von Santa Cruz und Menschen aus anderen Ländern, die ihr Santa Cruz zu eurer Heimstatt gemacht und neue Werte herbeigebracht habt, um mit allen zusammen eine neue Generation für Bolivien zu formen! An euch alle – an die, die auf diesem Boden geboren sind, und an die, die ihn freudig angenommen haben – richte ich meinen liebevollen Gruß und meinen Segen. Im besonderen grüße ich mit brüderlicher Liebe Msgr. Luis Rodríguez, den Oberhirten dieser geliebten Erzdiözese, seine Weihbischöfe und alle hier anwesenden Brüder im Bischofsamt.
Ich wende mich an alle in Achtung und Wertschätzung, denn ihr tragt in euch den von der Hand Gottes aufgeprägten höchsten Adel seines Abbildes. Ihr Menschen vor mir seid

nach dem Plan Gottes erfüllt von einer nicht übertragbaren, eingewurzelten Würde, aus der sich neben Pflichten fundamentale Rechte herleiten, die zu jeder Zeit und an jedem Ort respektiert werden müssen. Mein Wort gilt heute allen Cruzanern in Stadt und Land, vom Camba-oder Kolla-Stamm, die ihr durch das Blut Christi von der Macht des Bösen befreit und von ihm gerufen seid, „den neuen Menschen anzuziehen, der nach dem Bild Gottes geschaffen ist in wahrer Gerechtigkeit und Heiligkeit" (*Eph* 4,24).
Wir haben die Worte des Propheten Jesaja gehört: „Die Fesseln des Unrechts zu lösen, ... die Versklavten freizulassen, ... an die Hungrigen dein Brot auszuteilen, die obdachlosen Armen ins Haus aufzunehmen, wenn du einen Nackten siehst, ihn zu bekleiden ... Dann wird dein Licht hervorbrechen wie die Morgenröte. ... Wenn du dann rufst, wird der Herr dir Antwort geben, und wenn du um Hilfe schreist, wird er sagen: hier bin ich" (*Jes* 58,6–9). Der Herr ist immer bereit, den Schrei des Menschen zu hören, mit ihm den von seinem Sohn besiegelten Bund zu wahren und auf diese Weise alle an der Verwirklichung seiner Pläne teilnehmen zu lassen: dem Aufbau einer Ordnung des Wahren und des Guten durch die Erneuerung des Lebens der Gemeinschaften und der ganzen menschlichen Gesellschaft.
Die Menschen und die Gesellschaften müssen die Aufgabe der Bekehrung und der Umgestaltung übernehmen. Sie sind aufgerufen, mit der Hilfe Gottes die Wege wiederherzustellen, die zum Guten, zur Gerechtigkeit und zum Frieden führen. Das ist die Lehre im Buch des Propheten Jesaja: Der ewige Ruf Gottes, der den Menschen, die Völker und Nationen im Blick auf ihre endgültige Erlösung aus ihrer mißlichen Situation herausholen und gleichzeitig die Gerechtigkeit und die Rechtschaffenheit der Sitten auf allen Gebieten des gesellschaftlichen, wirtschaftlichen und politischen Lebens wiederherstellen will.
Ihr alle seid aufgerufen, diese neue Gesellschaft aufzubauen. Aber „ohne Gott, ohne die Hilfe Gottes errichtet man keine Gesellschaft; das wäre ein Widerspruch. Gott ist die Garantie für eine Gesellschaft nach dem Maß des Menschen" *Ansprache in Salvador de Bahia*, 6. Juli 1980). Nur wenn Gott wirklich zum Mittelpunkt des Lebens des Menschen, seiner Geschichte und der ganzen Schöpfung wird, ist die Verwirklichung dieser Aufgabe möglich. Nichts anderes hat Jesus als das kommende und schon gegenwärtige Reich Gottes verkündet (vgl. *Mk* 1,15; *Mt* 4,17). Es ist eine neue Lebensform, in der die Menschen Brüder sind und sich als solche fühlen und verhalten.

2. „Hier bin ich" (*Jes* 58,9), sagt der Herr, wie wir beim Propheten Jesaja lesen. Der Herr verpflichtet sich, unter uns gegenwärtig zu sein! Das Wort Gottes wird Mensch, um mit einem Menschenherzen zu fühlen, mit Menschenworten zu sprechen und wirklich einer von uns zu sein. Als Weisheit des Vaters, die gekommen ist, um uns die Wahrheit zu lehren, hielt Christus die Bergpredigt, sprach die Seligpreisungen, an die wir uns heute in der Liturgie erinnert haben. In ihnen hat er uns das Reich Gottes geoffenbart, das die endgültige Erfüllung aller Wünsche und Erwartungen wie auch das Ende aller Kämpfe und Leiden der Menschheit ist.
Mit den Seligpreisungen eröffnet er einen Dialog, zu dem eben die Armen vor Gott, die Trauernden, die keine Gewalt anwenden, die hungern und dürsten nach der Gerechtig-

keit, die Barmherzigen, die ein reines Herz haben, die Frieden stiften und die um der Gerechtigkeit willen verfolgt werden, gerufen sind (vgl. *Mt* 5,3–10).
Wie euch eure Bischöfe gezeigt haben, „bedeutet der Aufbau dieses Reiches eine konkrete Herausforderung für unsere Kirche in Bolivien wegen der besonderen Stunde, die wir erleben, und der Wesenszüge des Reiches selbst. Es ist ein Reich der Wahrheit ... Es ist ein Reich der Freiheit ... Es ist ein Reich der Brüderlichkeit ... Es ist ein Reich der Gerechtigkeit ... Es ist ein Reich, das sich als Reich des Lebens und der Liebe manifestiert" (*Pastorale Problemstellung*, 1,6).
Christus hat sich mit der Bergpredigt nicht nur an seine Zuhörer von damals, sondern an die Männer und Frauen aller Zeiten gewandt, uns eingeschlossen. Deswegen müssen wir hier uns fragen: Wer sind wir? Wie ist unsere Wirklichkeit? Wir alle gehören zum Volk Gottes, das auf der Erde dem Himmelreich, der endgültigen Bestimmung des Menschen in Gott, entgegengeht; jenem Frieden entgegen, den die Welt nicht geben und den sie nur von Christus erwarten kann; jener Gerechtigkeit entgegen, die Gott allein im Herzen des Menschen und unter den Menschen, unter den verschiedenen Gesellschaftsschichten wie auch unter Völkern und Nationen bewirken kann.

3. Liebe Brüder und Schwestern, Söhne und Töchter dieser bolivianischen Erde, gestattet mir, daß ich euch einige Fragen stelle, die – ich vertraue darauf – der Beginn eines ernsthaften Nachdenkens, einer echten Überlegung sein werden: Hungert und dürstet ihr wirklich nach der Gerechtigkeit? Wie stiftet ihr Frieden?
Diese Fragen müssen uns veranlassen, ernsthaft vor Gott über einige der Probleme nachzudenken, die Länder wie eures bedrängen. Eines dieser schweren Probleme ist „die Situation unmenschlicher Armut", auf die die in Puebla versammelten lateinamerikanischen Bischöfe hingewiesen haben (*Puebla*, 29). Unglücklicherweise ist das eine Situation, in der sich viele Menschen und Familien in Bolivien befinden; ihre Indizien sind die hohe Kindersterblichkeit, die Unterernährung, die niedrigen Löhne, die hohe Arbeitslosigkeit, die Lebensmittelknappheit, die Mängel im Gesundheits- und Erziehungswesen, der Schmuggel, der Rauschgifthandel und seine Folgen nach innen und außen, die sich in verschiedenen Formen der Korruption niederschlagen; und schließlich zahlreiche Anzeichen der Emargination, der ungerechten Verteilung des Reichtums, der kulturellen Ungleichheit und der Diskriminierung der Frau.
Diese und andere Indizien des Bündels von Problemen, unter denen ihr leiden müßt, haben sehr tiefe Wurzeln, wie die Tatsache einer übermäßigen wirtschaftlichen, technologischen, politischen und kulturellen Abhängigkeit; die Gültigkeit von Wirtschaftssystemen, die den Menschen nicht als Träger erstrangiger Werte betrachten; die Ungleichgewichte in der Einteilung des Staatshaushalts; die Krise der sittlichen Wert, die sich im übermäßigen Gewinnstreben, in Faulheit, im Ausweichen vor Anstrengungen und im Mangel an Sinn für das Soziale und an Solidarität äußert. Letztlich sehen wir, daß unter all diesen Erscheinungen immer der geheimnisvolle Grund der Sünde vorhanden ist, weil die menschliche Person – wenn sie die Gebote Gottes vergißt – die Mechanismen der Gesellschaft mit falschen materiellen Werten verdirbt (vgl. *Puebla*, 63, 70).

4. Inmitten dieses düsteren Panoramas der Wirklichkeit dürfen wir uns nicht von Mutlosigkeit ergreifen lassen. Im Gegenteil: Ihr habt Gründe zu großer Hoffnung. Man braucht nur den enormen Reichtum an kulturellen, sozialen und religiösen Werten zu betrachten, der euch unter allen Völkern Amerikas auszeichnet, denn ihr besitzt ja den höchsten Prozentsatz an eingeborener, mit den uralten amerikanischen Kulturen verbundener Bevölkerung. Ich freue mich, wieder einmal euren Geist der Gastfreundschaft und der Aufnahme hervorzuheben; das angeborene Zartgefühl und die Güte, die euch charakterisieren; die starke Anhänglichkeit an die Familie, offen für die Verwandtschaftsbeziehungen und profunden Bindungen an die Sippe; die Liebe zur Mutter und die Achtung vor ihr; die Geduld und die Leidensfähigkeit; das respektvolle und herzliche Benehmen; das festliche Lebensgefühl, das sich in Fröhlichkeit und Optimismus äußert und sich in den reichhaltigen und begeisterten Musik-und Folklore-Darbietungen zum echten Volks-Fest steigert. Schließlich muß noch euer Gespür für die Gegenwart Gottes hervorgehoben werden, die ihr auf intime und natürliche Weise erfahrt im Vertrauen auf seine Vorsehung und in der Annahme seines göttlichen Willens, in einer ständigen, lebenswichtigen Beziehung mit ihm. In enger Verbindung mit dem Gespür für Gott steht die reiche und vielseitige Volksfrömmigkeit, die stark im Bewußtsein eures Volkes verwurzelt ist und sich fortwährend in den religiösen, gesellschaftlichen und bürgerlichen Ereignissen eures täglichen Lebens äußert; in der traditionsreichen und tief empfundenen Verehrung der Heiligen und besonders der Jungfrau Maria unter verschiedenen Weihenamen: die Liebe Mutter von Cotoca, von Chaguaya, von Urkupiña, von Copacabana, von Guadalupe, vom Socavón, vom Carmen; in der kindlichen Zuneigung zum Papst und der Achtung vor euren Bischöfen, Priestern, Ordensmännern und Ordensfrauen.

5. Diese herausragendsten Werte unter anderen, die wir hätten aufzählen können, besitzen eine zutiefst menschliche und darüber hinaus christliche Bedeutung. Sie werden fortdauern und dann die Basis dieser neuen Gesellschaft sein, die aufzubauen ihr aufgerufen seid. In dieser Hinsicht erkennt die Kirche die rechtmäßige Autonomie des Irdischen an (vgl. *Gaudium et spes*) das bedeutet, die bürgerliche Gesellschaft ist selbst dafür zuständig, die für die Verfolgung ihrer Ziele am besten geeigneten Formen und Mittel zu finden. Doch weil die Kirche ihren Erlösungs- und Befreiungsauftrag im Gesamtzusammenhang der menschlichen Geschichte und der gesellschaftlichen Beziehungen ausführt, bietet sie ihre eigene Sicht des Menschen und der Gesellschaft an und verteidigt sie und lädt ein, ihre Wegweisungen anzunehmen, und alle, die wirklich für den Aufbau einer gerechteren und menschlicheren Sozialordnung engagiert sind, sollten sie als wesentlich betrachten. Zugleich gehört es zu ihrer prophetischen Sendung, das anzuklagen, was sich dem Plan Gottes in der Geschichte entgegenstellt, sei es in persönlicher, familiärer oder gesellschaftlicher Hinsicht.

In der Erfüllung dieses Sendungsauftrages hat die Kirche als Mutter und Lehrerin der Völker ihre Besorgnis über diese Probleme bewiesen und versucht, sie für eine besser Suche nach treffenden Lösungen aufzuhellen. Aus diesen Lehren – die einige das „soziale Evangelium" genannt haben – möchte ich einige fundamentale Sätze hervorheben in der

Hoffnung, daß sie als ein Aufruf an das Gewissen aller und jedes einzelnen aufgenommen werden und sich in Fakten des Lebens umsetzen.

6. Vor allem muß der Grundsatz des Vorrangs der Person vor den Sachen herausgestellt werden. Dieser Grundsatz stellt das notwendige Fundament für die Überwindung nicht weniger ideologischer Irrtümer dar, deren praktische Konsequenzen sich hauptsächlich auf die Armen in den verschiedenen Gesellschaftsformen auswirken, die es in der Welt von heute gibt (vgl. *Laborem exercens*, Nr. 13).
In der menschlichen Person, das heißt im Menschen, unter allen seinen Dimensionen betrachtet, insbesondere als von Christus erlöstes Geschöpf Gottes (vgl. *Gaudium et spes*, Nr. 22), findet sich der Schlüssel für die Interpretation des großen Geheimnisses des ganzen menschlichen Lebens. „Diese vollständige Wahrheit über das menschliche Wesen bildet das Fundament der Soziallehre der Kirche wie auch die Basis der wirklichen Befreiung. Im Licht dieser Wahrheit ist es nicht der Mensch, der den wirtschaftlichen oder politischen Prozessen unterworfen ist, sondern diese Prozesse sind auf den Menschen hin- und ihm untergeordnet" (*Eröffnungsansprache der III. Generalversammlung des lateinamerikanischen Episkopats*, Nr. 1,9). Aus dieser Grundüberlegung heraus entsteht die Konzeption der sozialen, politischen, wirtschaftlichen und kulturellen Ordnung wie auch jedes auf diese bezogenen Prinzip; auf diese Weise wird der Mensch als Fundament, Ursache und Ziel aller gesellschaftlichen Einrichtungen betrachtet und zum Kriterium für die Beurteilung der konkreten Formen des menschlichen Zusammenlebens und des gesellschaftlichen Fortschritts (vgl. *Mater et magistra*, Nr. 231 und 259).
Aus der Erwägung dieses zentralen Prinzips der kirchlichen Soziallehre leitet sich ein weiteres, nicht weniger wichtiges ab: Die gesamte Organisation der Gesellschaft hat als Ziel das Gemeinwohl, verstanden als „das Gesamt der gesellschaftlichen Voraussetzungen, die den Bürgern die rasche und volle Entfaltung der eigenen Vollkommenheit gestatten" (*Mater et magistra*, Nr. 70). Deswegen wird die Gerechtigkeit der sozialen, politischen und wirtschaftlichen Systeme nach dem Maße bewertet, in dem sie allen Mitgliedern der Gesellschaft wirksam erlauben, dieses Ziel zu erreichen. Und das nicht auf eine Weise, die wir automatisch nennen könnten, sondern unter realer Beteiligung aller Bürger. Das Gemeinwohl ist mithin nicht ausschließlich Aufgabe der öffentlichen Gewalten, die freilich eine erhebliche Rolle spielen, sondern aller Mitglieder der Gesellschaft, eines jeden nach seinen Fähigkeiten und seiner Rolle (vgl. *Sollicitudo rei socialis*, Nr. 15; *Octogesima adveniens*, Nr. 47; *Gaudium et spes*, Nr. 75).

7. Auf der Suche nach dem Gemeinwohl wendet die Lehre der Kirche als vorrangiges Ziel die Sorge für die Ärmsten und Bedürftigsten an: für jene Personen, die sich in unüberwindlichen Schwierigkeiten befinden und denen der Zugang zu den elementarsten Gütern verschlossen ist, wie sie für die eines nach dem Abbild Gottes Geschaffenen würdige Lebensweise notwendig sind.
Wie aus dem Vorherigen abgeleitet werden kann, zielt der Fortschritt der Gesellschaft darauf ab, daß alle Bürger die Güter und Dienstleistungen in Anspruch nehmen können, weil sie Allgemeingut sind. Wir dürfen jedoch nicht vergessen, daß nach christlich-hu-

manistischer Sicht die Unterordnung aller Dinge „unter die göttliche Ebenbildlichkeit des Menschen und unter seine Berufung zur Unsterblichkeit“ anerkannt werden muß (*Sollicitudo rei socialis*, Nr. 29). Das bedeutet, daß bei jeder Regelung sozialer Aktivität die moralische Dimension beachtet werden muß. Nur so kann man eine gerechte Gesellschaft, das Fundament echten Friedens, erreichen und vermeiden, daß sich eben dieses menschliche Tun unter neuen Herrschaftsformen gegen den Menschen wendet.

Das Recht auf verantwortliche Mitbeteiligung schließt neben anderen Dingen die Achtung vor dem wirtschaftlichen Unternehmertum auf persönlicher, nationaler und internationaler Ebene ein. Die Ausübung dieses Rechte ist – jenseits jedes Individualismus – eine Garantie für die Überwindung von Abhängigkeitsformen, die zur Passivität führen und ein Angriff auf den Subjektcharakter und auf die Identität der Bürger und Länder sind; gleichzeitig ist sie ein Hindernis für das Entstehen totalitärer Strukturen auf politisch-sozialer, wirtschaftlicher und auch kultureller Ebene (vgl. *Sollicitudo rei socialis*, Nr. 15).

Das zunehmende Bewußtwerden des Bündels von Problemen, die sich dem Land stellen, und die bestehende Kluft zwischen dieser Situation und den von der Soziallehre vorgestellten Idealen könnte einige in die Versuchung führen, die Gewalt als Mittel zum Durchbrechen der für ungerecht betrachteten Strukturen einzusetzen. Diese Strukturen stehen häufig in Beziehung mit der Expansion des liberalen Kapitalismus, während sie sich anderswo als vom marxistischen Kollektivismus inspirierte Formen der Unterdrückung darstellen. Im einen wie im anderen Fall haben sie ihren Ursprung in Ideologien von Herrschaftskulturen und sind eurem Glauben und eurer Kultur völlig fremd. Es ist also notwendig, wachsam zu sein, denn in der Praxis haben diese Ideologien viele christliche und deshalb auch menschliche Werte geopfert oder sind zu wirklichkeitsfremden Utopien herabgesunken und inspirieren sich an politischen Ideen, die die Gewalt als Hauptwerkzeug benutzen und damit letztlich nur die Spirale der Gewalt höher schrauben.

8. Die Ungerechtigkeit ist sicherlich Verursacherin von Spaltungen zwischen den Männern und Frauen, die von Gott aufgerufen sind, als Brüder und Schwestern zu leben und gegen alles zu kämpfen, was sich gegen diese Berufung wendet. Hier wird die Notwendigkeit am dringlichsten, zutiefst die christliche Tugend der Solidarität zu leben, die jeden dazu bringt, seinen Nächsten nicht nur als menschliches Wesen zu betrachten, sondern als „lebendiges Abbild Gottes, des Vaters, erlöst durch das Blut Jesu Christi und unter das ständige Wirken des Heiligen Geistes gestellt“ (*Sollicitudo rei socialis*, Nr. 40). Ich möchte auch unterstreichen, daß die Solidarität nicht wirklich an Bedeutung gewinnt, wenn nicht die Liebe ihr Fundament ist. Das ist das Charakteristikum der Solidarität als Tugend der Solidarität zu leben, die jeden dazu bringt, seinen Nächsten nicht nur als menschliches Wesen zu betrachten, sondern als „lebendiges Abbild Gottes, des Vaters, erlöst durch das Blut Jesu Christi und unter das ständige Wirken des Heiligen Geistes gestellt“ (*Sollicitudo rei socialis*, Nr. 40).

Ich möchte auch unterstreichen, daß die Solidarität nicht wirklich an Bedeutung gewinnt, wenn nicht die Liebe ihr Fundament ist. Das ist das Charakteristikum der Solidarität als Tugend, und darin unterscheiden wir Christen uns radikal von jedem anderen, aus ver-

gänglichen Ideologien hergeleiteten Entwurf. Nur eine Solidarität, die auf der Liebe aufgebaut und deren Frucht ist, rechtfertigt die Hoffnung, daß sie ein festes Fundament für die Errichtung einer gerechten und brüderlichen Gesellschaft ist. Das ist die Tugend, die die solide Basis für einen stabilen und dauerhaften Frieden in Bolivien, in Lateinamerika und auf der ganzen Welt schaffen kann und muß.
Euer christlicher Glaube und die Herausforderungen der Wirklichkeit verlangen von euch allen, Bewohner dieses Landes, daß ihr mit Mut und Kreativität an die Notwendigkeit herangeht, tiefe Veränderungen in den gesellschaftlichen Strukturen zu bewirken.

9. Liebe Brüder und Schwestern aus Santa Cruz und dem ganzen Land! Ihr befindet euch in einer Periode des Wandels, der von Phänomenen und Problemen von höchster Bedeutung gekennzeichnet ist. Über die schon erwähnten hinaus muß die Aufmerksamkeit auch auf die Wanderungsbewegung, die zunehmende Verstädterung, die Proletarisierung, die Diskriminierung der Frau, die nach berechtigter Förderung verlangt, und das Phänomen der maßlosen Proselytenmacherei der Sekten gelenkt werden. Der sich immer weiter ausbreitende Prozeß der Säkularisierung bringt die Gefahr mit sich, daß weltliche Güter, wie Macht, Genuß oder Geld absolut gesetzt werden. Zu beklagen ist der Verfall grundlegender sittlicher Werte wie der öffentlichen und privaten Ehrlichkeit, der zu zahlreichen, die Grundlagen der Gesellschaftsordnung unterminierenden Formen der Korruption geführt hat. Der Rauschgifthandel ist zu einem wahren Schacher mit der Freiheit geworden, führt er doch zur furchtbarsten Form der Versklavung und überzieht euer Land mit Korruption und Tod. Deswegen ist es vordringlich, nicht nur die Jugend vor dem Drogenmißbrauch zu schützen, sondern den Handel selbst zu bekämpfen, weil er eine in jeder Hinsicht niederträchtige Tätigkeit ist. Gleichzeitig ist es dringlich, die tiefen Ursachen und Wurzeln dieses Phänomens festzustellen, um eine wirksame Weise des Vorgehens festzulegen. Ihr habt also eine schwierige Aufgabe anzupacken: diese bolivianische Gesellschaft umzugestalten in eine neue Gesellschaft, in eine in ihren Fundamenten und in ihren Ausdrucksformen zutiefst christliche Gesellschaft.

10. Jesus Christus, der uns in seiner Bergpredigt die Botschaft der Seligpreisungen gebracht hat, führt den Menschen zu seinem Reich. Das Reich Gottes ist diese „neue Erde, auf der die Gerechtigkeit wohnt, deren Seligkeit jede Sehnsucht nach Frieden in den Herzen der Menschen erfüllt“ (*Gaudium et spes*, Nr. 39). Das ist die Lehre des letzten Konzils.
Unter diesem Blickwinkel kann sich endgültig das erfüllen, wovon der Psalm der heutigen Liturgie spricht: „Es begegnen einander Huld und Treue; Gerechtigkeit und Friede küssen sich“ (*Ps* 85,11).

11. Santa Cruz! Heiliges Kreuz! Stadt, die du diesen Namen auf bolivianischer Erde trägst, der Nachfolger des Apostels Petrus dankt dir heute für deine Gastlichkeit. Er dankt für diese Begegnung mit dem Volk Gottes, das sich heute hier versammelt hat, und empfiehlt es dem mütterlichen Schutz der Jungfrau von Cotoca.

Mögen zu allen Söhnen und Töchtern dieser Erde die Worte der Botschaft Christi dringen, die beständig das „neue Leben“ offenbaren: neue Gesellschaft, erneuerte Moral. Notwendig ist eine ständige Erneuerung. Notwendig sind die Umkehr der Herzen und die Umgestaltung der gesellschaftlichen Beziehungen.
Und wenn selbst die Worte der Bergpredigt, wenn die Heilsbotschaft des Evangeliums nicht ausreichen sollten, möge dann das Kreuz Christi sprechen.
Das Kreuz Christi! Das letzte Wort der göttlichen Weisheit. Der letzte Ursprung der göttlichen Macht in der Geschichte des Menschen und der Welt. Heiliges Kreuz!

Der Mensch braucht Nähe, Hilfe, Liebe

Ansprache bei der Begegnung mit alten Menschen in Santa Cruz (Bolivien) am 13. Mai

1. Nach der Feier der heiligen Messe mit der Kirchengemeinde von Santa Cruz auf dem „Tompillo“-Flugplatz komme ich sehr gerne in dieses Heim, das vor etwas mehr als 20 Jahren für euch alte Menschen gegründet worden ist. Ich habe diese besondere Begegnung mit euch gewünscht, meine Brüder und Schwestern, die ihr alle Personen des dritten Lebensabschnitts in Bolivien repräsentiert.
Ihr gehört zu einer gesellschaftlichen Gruppe, die häufig nicht die Aufmerksamkeit erhält, die sie verdient. Deswegen wollte ich hierher kommen, um euch meine Zuneigung und die bevorzugte pastorale Sorge der Kirche zu zeigen.
Die Augen meines Herzens sind offen für die „Gesichter der Alten; sie werden jeden Tag zahlreicher und von der fortschrittsorientierten Gesellschaft, die über unproduktive Menschen hinweggeht, häufig an den Rand gedrängt“ (*Puebla*, 39), wie die lateinamerikanischen Bischöfe in Puebla gezeigt haben.

2. Wenn wir das Verhalten vieler Personen gegenüber ihren Älteren untersuchten, würden wir unglücklicherweise Beweise des Egoismus antreffen, der nicht selten im Herzen der Menschen wohnt. Oder vielleicht würden wir auch jene Unaufmerksamkeit des modernen Lebens entdecken, die die Sensibilität sogar für die Alten verlieren läßt.
Gewiß bietet unsere Gesellschaft jeden Tag mehr „technische Dienste“ an, um Menschen in Schwierigkeiten zu helfen. Doch wir wissen alle: Auch wenn wir eine perfekte Organisation der Sozialhilfe erreichen, genügt das nicht. Denn trotz allem braucht die menschliche Person, insbesondere der alte Mensch, Nähe und Hilfe, die mit Liebe und Verständnis geboten werden.
Deswegen darf es der Christ nicht unterlassen, seine Verantwortung für den Mangel an Interesse an einem Alter zu übernehmen, in dem die eigene Hilflosigkeit mit Macht nach der Solidarität der anderen ruft; und in dem die aus der Hand Gottes kommende Zeit die Menschen dem Gipfel des Lebens und dem Geheimnis der Auferstehung näher bringt.
Es ist ein Problem menschlicher Feinfühligkeit, christlichen Geistes und sogar gerechter Dankbarkeit, wie uns die Bibel in Erinnerung ruft: „Ehre deinen Vater von ganzem Her-

zen, vergiß niemals die Schmerzen deiner Mutter! Denk daran, daß sie dir das Leben gaben. Wie kannst du ihnen vergelten, was sie für dich taten?" (*Sir* 7,27 f.).

3. Andererseits kann jede dem Licht des Glaubens offene Person in euch alten Menschen die göttliche Dimension der Erlösung entdecken. Im Inneren eures stillen Lebensbildes gibt es oftmals Schätze des Gebetes und eine spirituelle Kraft, die die Evangelisierungsarbeit der Kirche begleitet und unterstützt. Außerdem wird durch den Dienst, den ihr empfangt, die Tugend der Liebe, die die gottgewollte Menschenwürde verherrlicht, erhöht und gestärkt.
Diese besondere Aufgabe der Liebe heilt die Wunden, die von der Gefühllosigkeit oder den Nachlässigkeiten der technischen Zivilisation geschlagen wurden. Sie lindert die Einsamkeit, die durch den Zerfall der Familie, durch Entfremdung und Hoffnungslosigkeit, durch die spirituelle Armut und das Vergessen auf Gott geschaffen wird. In der Tat dürfen wir nicht vergessen, daß die Nichterfüllung präziser sittlicher Vorschriften negative Rückwirkungen auf unser Gesellschaftsleben selbst hat.

4. Weil ich eure Schwierigkeiten und Ängste gut kenne, liebe alte Menschen, ermutige ich euch, euer Leben nach dem positiven Entwurf zu leben, den die christliche Hoffnung schenkt. Gebt euresgleichen die Hilfe, das Verständnis und den Mut, die sie brauchen; betet für sie und für die Kirche; bietet eure Bereitschaft an und erteilt den weisen Rat eures Herzens, wie wir in der Bibel lesen: „Wie gut steht Hochbetagten rechtes Urteil an und den Alten, Rat zu wissen. Wie gut steht Hochbetagten Weisheit an, würdigen Männern Überlegung und Rat. Ein Ehrenkranz der Alten ist reiche Erfahrung, ihr Ruhm ist die Gottesfurcht" (*Sir* 25,4–6).
So gebt ihr in euch nicht der Verzweiflung Raum; ihr begreift, daß ein gebrechliches Äußeres oder eine schwache Gesundheit gestärkt werden können durch die Energie Christi, die bewirkt, daß ihr euch nützlich für die Gesellschaft und die Kirche fühlt.
Teilt aus dieser zuversichtlichen Sicht heraus mit der Menschheitsfamilie das Viele, das ihr im Lauf eures Lebens von Gott empfangen habt. Und legt über alles eine Sicht des Glaubens, der unserer ganzen Existenz neue Dimensionen öffnet: „Die Gerechten leben in Ewigkeit, der Herr belohnt sie ... Darum werden sie aus der Hand des Herrn das Reich der Herrlichkeit empfangen und die Krone der Schönheit" (*Weish* 5,15–16). Das ist der zeitliche und ewige Plan unseres Daseins, den wir nie vergessen dürfen.

5. Ich kennen die verdienstvolle Arbeit der Kirche in Bolivien in der Sorge für die alten Menschen. Das ist ein edler Auftrag, der mit selbstlosem Einsatz von verschiedenen Ordensgemeinschaften erfüllt wird, unter ihnen die Kleinen Schwestern der Alten, in deren Haus wir uns befinden, die Dienerinnen Marias, die Missionarinnen der Nächstenliebe der Mutter Teresa von Kalkutta, die Ordensfrauen von der Immerwährenden Hilfe und andere wohlverdiente Gemeinschaften. Sie alle zeigen, wie die Liebe Christi inmitten der Brüder und Schwestern praktiziert wird, proklamieren den heiligen Wert des Lebens und verkünden das Heil im Geheimnis des Kreuzes.

Ihr, liebe Ordensschwestern, die ihr euch auf so verschiedene Arten um die alten Menschen kümmert, habt aus der Gottesliebe das Zentrum eures Lebens gemacht und werdet eins mit Christus, eurem Bräutigam und Meister. Ihr seid wie einzigartige Marksteine der Gegenwart Gottes und lebendiges Zeugnis für die Werte des Gottesreiches. Deswegen möchte ich euch im Namen der Kirche Dank sagen für eure aufopfernde Hingabe. Lebt sie in der Hoffnung, ohne euch von der Mutlosigkeit, von der Müdigkeit oder der Kritik, vom Mangel an Ansporn oder Mitteln überwältigen zu lassen. Eure Ordensweihe und die Treue zu Christus sind ein Licht, das andere auf den Pfaden der Solidarität, der Einfachheit, der christlichen und menschlichen Werte erleuchtet. Dient also weiterhin mit Glauben und aus dem Glauben dieser häufig vergessenen Welt der alten Menschen, die ohne eure kirchliche Liebe zu den Schutzlosesten gehören würden.
Dank auch und „Vergelt's Gott" den Fachleuten, dem Gesundheitspersonal, den Wohltätern und den vielen anderen Personen, Kindern der Kirche, die mit ihrer vielfältigen Hilfe für das „dritte Lebensalter" ein lebendiges Beispiel der ersehnten Zivilisation der Liebe sind.
Mit diesen Gefühlen erteile ich allen alten Menschen Boliviens, den Ordensschwestern und allen Personen, die sich um die Alten kümmern, meinen liebevollen Apostolischen Segen.

Das Evangelium allen bringen

Predigt bei der Messe für Missionare und ethnische Minderheiten in Trinidad am 14. Mai

Liebe Brüder und Schwestern! Gelobt sei Jesus Christus!

1. Ich freue mich sehr, bei euch zu sein in dieser Stadt, die den christlichen Namen der Allerheiligsten Dreifaltigkeit trägt. Viele sind von sehr weit hierher gekommen und haben Pampas und majestätische Wälder durchquert. Allen gilt mein Gruß in der Mojeño-Sprache: Ema Viya makoplipa te to amuri (Der Herr ist schon mitten unter euch).
Ich grüße besonders Msgr. Julio María Elías, den Oberhirten der Kirche von Beni, seinen Weihbischof und den emeritierten Bischof; Msgr. Luis Casey, den Vikar von Pando; Msgr. Juan Pellegrini, den Apostolischen Vikar von Cuevo; Msgr. Bonifacio Madersbacher, den Vikar von Chiquitos, und seinen Weihbischof; Msgr. Eduardo Antonio Bösl, den Vikar von Nuflo de Chávez; Msgr. Roger Aubry, den Vikar von Reyes, und alle die zu ihnen gehörenden Kirchengemeinden wie auch die anderen hier anwesenden Brüder im Bischofsamt.
An diesem letzten Tag meiner Pilgerreise über bolivianischen Boden lädt uns die Liturgie ein, den Herrn zu loben und zu preisen mit den Worten des Psalms: „Lobet, ihr Knechte des Herrn, / lobt den Namen des Herrn! / Der Name des Herrn sei gepriesen / von nun an bis in Ewigkeit" (*Ps* 113,1–2).
Ich schließe mich in dieser Lobes- und Ruhmeshymne euch allen und jedem einzelnen von euch an, eurer ganzen Gemeinschaft und dem ganzen Volk Gottes, das in diesem Lande wohnt. Denn alle vereint bilden wir den großen, harmonischen Chor der Schöp-

fung: in ihm verschmelzen die Stimmen eurer Pampas und Llanos, des Urwalds und des Buschs, der Flüsse und der Ströme, der Vögel und der Tiere, eurer Blumen und eurer Anbaufrüchte. Alle Werke des Schöpfers loben ihn, denn sie kamen aus seinen Händen und sind gut. Alle Geschöpfe – ein jedes nach seiner Natur – rufen seinen Ruhm in die ganze Welt hinaus (vgl. *Ps* 19,2–5).

2. Wir Männer und Frauen, nach seinem Abbild geschaffen (vgl. *Gen* 1,26), sind mit Verstand und Willen ausgestattet worden: wir können erkennen und lieben, wir können sprechen und singen und wir loben den Herrn mit unserer menschlichen Stimme, mit den Worten des Psalms und mit der ganzen Versammlung, die an dieser eucharistischen Liturgie teilnimmt. Wir loben ihn in der Sprache der uralten Bewohner dieses Landes und in der aus dem fernen Europa, aus Spanien, gekommenen Sprache. Denn alle Menschen, ohne Unterschied der Rasse, der Sprache oder des Volkes, können Gott erkennen und lieben: alle sind wir von Gott geschaffen und zu Gott müssen wir zurückkehren. Alle sind wir vereint in Christus durch das Band derselben Liebe, mit der er uns geliebt hat, einer Liebe, deren Quelle der Ewige Vater ist. So hat es uns Christus selber gesagt: „Wie mich der Vater geliebt hat, so habe auch ich euch geliebt“ (*Joh* 15,9).
Dank dieser Liebe des Gottessohnes, der einer von uns werden wollte, ist der ganze Mensch erhöht worden. Hier liegt die fundamentale Wahrheit des „Evangeliums der Armen“, das die Kirche auch in unserer Zeit verkündet, wie es Maria im Magnifikat verkündete, als sie sich die Worte des Psalmisten aus dem Alten Bund zu eigen machte: „Wer gleicht dem Herrn, unserm Gott, ... der den Schwachen aus dem Staub emporhebt und den Armen erhöht, der im Schmutz liegt? Er gibt ihm einen Sitz bei den Edlen, bei den Edlen seines Volkes“ (*Ps* 113,7–8).

3. Ich wollte in besonderer Weise mit euch, Ureinwohnern dieser Erde zusammentreffen: mit den Völkern der Täler und der Llanos, des Regenwaldes und des Chaco, mit den Sprachfamilien des Arawak und des Guraní und mit vielen anderen ehrwürdigen Stämmen, die ihr euch seit ferner Vorzeit in diesen Gegenden aufhaltet und ein reiches spirituelles Erbe bewahrt. Die Botschaft des Papstes richtet sich an alle, denn wir sind alle gleich: Alle sind wir nach dem Abbild Gottes geschaffen, alle sind wir seine Kinder.
Der Papst kommt zu euch auf den Spuren jener Missionare, die vor mehr als drei Jahrhunderten in dieses Beni-Gebiet vorgestoßen sind: des Bruders José del Castillo, des Paters Marbán, des Paters Barace und vieler anderer. Sie kamen mit dem Evangelium als einzigem Gepäck und getrieben von der Liebe, die sie für euch hatten. Sie brachten euch die Verehrung der Jungfrau Maria, die das Leben der Kirche von Beni von seinem Anfang an so tief geprägt hat. An jenem 25. März 1682 empfingen eure Vorfahren mit dem Kaziken Francisco Yucu an der Spitze in Loreto die Taufe. Die Kirche von Mojos nahm offiziell ihren Anfang am Tag der Verkündigung des Engels an die Jungfrau Maria und unter dem Weihebeinamen der Heiligen Maria von Loreto, heute Schutzpatronin des ganzen Beni-Gebietes.
Aus Liebe zu Jesus Christus hat Pater Barace, der Gründer von Trinidad, sein Leben hingegeben. Die Verkündigung des Evangeliums hat das Blut vieler Märtyrer gekostet, doch

dieses Blut hat diesen Boden fruchtbar gemacht (vgl. *Mt* 13,8.23). Seiner Lehre folgend habt ihr den Glauben bewahren können. Ihr habt im Glauben ausgeharrt dank des Gebets in der Familie und dank der Volksfrömmigkeit, obwohl ihr nicht mit dem bleibenden Beistand von Priestern rechnen konntet.
Zusammen mit dem Evangelium brachten euch jene Missionare und ihre Mitarbeiter Möglichkeiten, eure Lebensbedingungen zu verbessern. Techniken des Ackerbaus, Kunstschulen – wie die von Manuel de Oquendo in San Pedro gegründete – Handwerk und Industrie entwickelten sich großartig in den Reduktionen von Chiquitos und Mojos. Sie gründeten Dörfer, die noch heute der Stolz dieser Gegend sind, und mit ihrer Hilfe habt ihr Kirchen zum Lob Gottes gebaut, die noch erhalten sind und der Welt Kunde vom Genie eurer Rasse geben.

4. Der christliche Glaube, den ihr in der Taufe empfangen habt, erhöht und adelt all das Gute in euch. Deswegen sind eure Sprache, eure Geschichte und die von euren Vorfahren ererbten Traditionen Teil einer Kultur, die aus dem Evangelium Licht und Kraft erhält, sich zu reinigen und schöner zu machen.
Der Glaube verlangt jedoch von euch ein Verhalten, das mit der christlichen Lehre übereinstimmt: Ihr müßt die Sünde aus eurem Leben entfernen, all das aufgeben, was eines Kindes Gottes unwürdig ist, all das, was eine Beleidigung Gottes, unseres Vaters, wäre.
Die Verheirateten müssen sich dem Zerfall der Familie und der ehelichen Untreue entgegenstellen. Das Ehesakrament, das einen Mann und eine Frau für immer miteinander verbindet, ist der pflichtgemäße Weg jeder legitimen ehelichen Liebe unter Christen und heiligt die Familie, die Kirche im Haus, die die Grundlage der Gesellschaft ist. In ihr lernen die Kinder, indem sie das Beispiel ihrer Eltern nachahmen, die Liebe zu Gott und werden christlich erzogen. Die Familie muß auch ein Ruhepunkt des Friedens sein, damit sich die Freuden und Leiden in eine gemeinsame Liebe einfügen. Nehmt dankbar die Kinder an, die der Herr euch schenkt: jedes von ihnen ist ein Beweis des Vertrauens, das Gott in euch setzt. Bringt sie so bald wie möglich zur Taufe, damit sie wiedergeboren und zu Kindern Gottes gemacht werden.
Gebt euch auf keinen Fall dem Alkoholismus hin. Unter der Maske einer flüchtigen Lust bringt er fortschreitende Erniedrigung, bis er aus dem nach dem Abbild Gottes geschaffenen und zu seiner Kindheit erhobenen Geschöpf ein entmenschtes Wesen gemacht hat, das die Fähigkeit zu lieben verliert.
Laßt euch nicht von der Unbeständigkeit, der Faulheit hinreißen. In diesem Geisteszustand vergißt der Mensch, daß Gott ihn zum Arbeiten auf die Erde gesetzt und ihn so zu seinem Mitarbeiter im Werk der Schöpfung gemacht hat; stattdessen läßt er zu, daß sein Leib den Geist zu schädlicher Untätigkeit herunterzieht.
Das Elend und die Armut müssen energisch bekämpft werden mit dem Ziel, die Lebensbedingungen immer mehr mit der Menschenwürde in Einklang zu bringen. Wer größeren Einfluß in der Gesellschaft genießt, hat eine besondere Verantwortung für die Förderung von gesellschaftlichen Voraussetzungen, die dieser Würde entsprechen. Materieller Überfluß darf niemanden vom Reich Gottes entfernen; wer Güter besitzt, muß wissen, daß diese auch in den Dienst der Bedürftigsten gestellt werden müssen, wird er sich doch

erinnern, daß sich Christus gerade in den Armen und Bedürftigen kundtut, denen gegenüber niemand gefühllos bleiben kann. Vergeßt jedoch nicht, daß die beharrliche, intensive, ehrliche und effiziente Arbeit aller die notwendige Voraussetzung dafür ist, die Armut mit der Wurzel zu beseitigen. Wir dürfen nicht alles von außen erwarten: Gott verlangt unsere Anstrengung und belohnt sie dann mit überreichen Früchten.

5. Sagt nicht nein zu Gott, wenn er unter euren Söhnen und Töchtern eine Berufung zum Priestertum oder zum Ordensleben weckt. Die Kirche in Bolivien braucht großzügige Familien, aus denen reichlich apostolische und missionarische Berufungen kommen, so daß das Evangelium in alle Winkel des Landes dringt und über seine Grenzen hinaus.
Beachtet, wie diese Sorge um die Förderung von Berufungen für die Ausbreitung der Botschaft Christi besonders in der Frühzeit des Christentums lebendig war. Die heutige Liturgie führt uns in den Abendmahlssaal. Die Kirche feiert heute das Fest des heiligen Matthias, jenes Mannes, der nach der Auffahrt des Herrn Jesus zum Vater berufen wurde, die Gruppe der Apostel zu vervollständigen. Die Lesung aus der Apostelgeschichte erinnert uns, wie die Berufung des Matthias in die Gruppe der Zwölf vor sich ging. Wenige Tage vor Pfingsten waren die Jünger versammelt und beteten zum Herrn: „Herr, du kennst die Herzen aller; zeige, wen (...) du erwählt hast" (*Apg* 1,24). So betete die Kirche in Jerusalem unter der Führung des Apostels Petrus.
Die Jünger legten die Erwählung des neuen Apostels in die Hände Gottes. Es durfte ja nicht irgendeiner sein. Es war nötig, daß es „einer von den Männern, die die ganze Zeit mit uns zusammen waren, als Jesus, der Herr, bei uns ein und aus ging, (...) sein muß" (*Apg* 1,21–22).
Die ganze Kirche feiert heute das Gedächtnis dieses Apostels, der durch den Geist berufen und von der ersten Gemeinde von Jerusalem unter dem Vorsitz des Petrus erwählt wurde.

6. An diesem Tag kehren wir alle im Geist in den Abendmahlssaal zurück. Im besonderen ist es notwendig, daß ihr, liebe Brüder, die ihr vom Heiligen Geist zum Missionsdienst hier, auf bolivianischem Boden, berufen worden seid, in den Abendmahlssaal zurückkehrt.
Dazu sagt uns das II Vatikanische Konzil: „Christus der Herr beruft aus der Schar der Jünger immer wieder solche, die er selbst will, damit sie bei ihm seien und er sie zur Verkündigung bei den Völkern aussende. Deshalb regt er durch den Heiligen Geist (...) im Herzen einzelner die Berufung zum Missionar an und erweckt gleichzeitig in der Kirche Institute, welche die Pflicht der Evangeliumsverkündigung, die der gesamten Kirche obliegt, gewissermaßen als ihre ureigene Aufgabe auf sich nehmen" (*Ad gentes*, Nr. 23).
An euch, liebe Missionare von den Franziskanern, den Redemptoristen, von Maryknoll, von den Jesuiten und viele andere hier Anwesende, möchte ich mich jetzt besonders wenden. Vor allem danke ich euch lebhaft für die intensive Arbeit, die ihr leistet. Dank eurer Evangelisierungsarbeit wird Christus unter den Bewohnern des bolivianischen Ostens gegenwärtig. Ihr widmet euch mit Eifer der Ausbreitung des Reiches Gottes, und ich sehe mit Freude, daß ihr das engagiert und freudig weiter tut, indem ihr „Missionare, Priester

oder Ordensleute seid, die den Auftrag Christi erfüllen, allen Völkern das Evangelium zu verkünden. Ihr seid Diener Christi und Verwalter von Geheimnissen Gottes (vgl. *1 Kor* 4,1)" (*Ansprache in Iquitos*, 5. Febr. 1985, Nr. 9). Derselbe Jesus Christus, der euch zu dieser Aufgabe rief, begleitet euch mit seiner Gnade, damit eure Anstrengungen überreiche Frucht bringen.

Hört die Worte, die Christus am Vorabend seines Leidens im Abendmahlssaal zu seinen Aposteln sagte und die die heutige Liturgie wiederholt: „Ihr seid meine Freunde, wenn ihr tut, was ich euch auftrage" (*Joh* 15,14). Und was Christus aufträgt, läßt sich voll zusammenfassen im Gebot der Liebe. Diese Liebe ist der Ausgangspunkt der missionarischen Berufung der Kirche und des Missionsdienstes: die Liebe Gottes, die in euren Herzen brennt. Weil ihr Gott liebt, liebt ihr die, denen ihr das Evangelium bringt. Die Wirksamkeit eurer Missionsarbeit hängt ab von der Einheit mit Gott, die ihr in euren Herzen bewahrt.

Christus sagt weiter: „Ich nenne euch nicht mehr Knechte; denn der Knecht weiß nicht, was sein Herr tut. Vielmehr habe ich euch Freunde genannt; denn ich habe euch alles mitgeteilt, was ich von meinem Vater gehört habe" (*Joh* 15,15).

Missionare, nehmt also die ganze Fülle der göttlichen Wahrheit, den ganzen Reichtum des Wortes, das uns übertragen worden ist, in euer Herz auf. Nehmt es auf und macht es euch als wahre Freunde Gottes zu eigen. Bringt es allen, die auf euren Dienst warten!

7. Jeder Mensch ist Abbild des Schöpfers und durch die Taufe sein Kind aufgrund der Gnade. Also müßt ihr, die ihr unter den Menschen erwählt worden seid, die Wunder Gottes laut zu verkünden, euch als Lieblingskinder, als echte Freunde Gottes fühlen, die den anderen eine das Herz sprengende Liebe verkünden.

Die Menschen, denen ihr euch nähert, müssen diese Liebe in eurem Leben sehen. So haben sich ganze Generationen von Missionaren verhalten, seit der Herr durch sie in diesen Ländern gegenwärtig werden wollte; ihr müßt in jeder eurer Aufgaben eine Konsequenz der Liebe sehen. Ihr seid Christus, der den Hungernden bedient, der die Kranken heilt, der die Kinder und die Erwachsenen lehrt, der die Gesundheitsverhältnisse der Bevölkerung verbessert; und während ihr so handelt, seid ihr euch bewußt, daß es Jesus ist, dem ihr das tut (vgl. *Mt* 25,40). Doch vor allem müßt ihr diese eure Brüder und Schwestern zum Kennenlernen Gottes führen und zum intensiven Umgang mit ihm im Gebet und in den Sakramenten, so daß sie an derselben Freude teilhaben, die euer Herz erfüllt. Indem ihr so zu ihrer materiellen Entwicklung beitragt, ihr Verständnis aufklärt und ihre Seelen zu Gott erhebt, werdet ihr zu Urhebern ihrer Befreiung, die eine Frucht der Liebe ist.

Gott begleitet euch. Heute hören wir wieder, wie die Apostel, jene Worte des Herrn: „Nicht ihr habt mich erwählt, sondern ich habe euch erwählt und dazu bestimmt, daß ihr euch aufmacht und Frucht bringt und daß eure Frucht bleibt" (*Joh* 15,16). Erinnert euch daran, daß es den ersten Christen, in ihrer Mehrheit einfachen und unbedeutenden Menschen, mit wenigen menschlichen Mitteln und unter blutigsten Verfolgungen mit Erfolg gelang, die Botschaft Christi in alle Winkel eines Weltreiches auszubreiten ohne andere Waffen als das Gebet, das Evangelium und das Kreuz.

8. Unsere Begegnung rings um den Altar ist die letzte meiner Bolivien-Reise. Ich möchte mich darum in diesen letzten Momenten meiner apostolischen Pilgerfahrt durch dieses geliebte Land an die Muttergottes in ihrem Wallfahrtsort Copacabana wenden und euch allen durch ihr Herz die Botschaft mitteilen, die Christus uns hinterlassen hat: „Wie mich der Vater geliebt hat, so habe auch ich euch geliebt. Bleibt in meiner Liebe! Wenn ihr meine Gebote haltet, werdet ihr in meiner Liebe bleiben, so wie ich die Gebote meines Vaters gehalten habe und in seiner Liebe bleibe. (...) Das ist mein Gebot: Liebt einander, so wie ich euch geliebt habe. Es gibt keine größere Liebe, als wenn einer sein Leben für seine Freunde hingibt" (*Joh* 15,9–10.12–13).
Christus hat sein Leben für uns alle hingegeben. Alle sind wir erlöst worden um den Preis seines am Kreuz vergossenen Blutes. Alle sind wir hineingenommen in seinen Tod und seine Auferstehung. Deswegen muß, besonders in dieser liturgischen Zeit, in uns allen die österliche Freude bleiben.
Als Nachfolger des heiligen Petrus, der das Glück hatte, euch auf bolivianischem Boden zu besuchen, möchte ich euch diese Freude mitteilen. Hört aus meinem Mund, liebe Brüder und Schwestern, den Wunsch zu dieser Freude, den Christus selber seiner Kirche hinterlassen hat: Seine Freude sei in euch und eure Freude sei vollkommen (vgl. *Joh* 15,11). Amen.

Opfer in Solidarität ausgewogen tragen

Ansprache beim Abschied in Santa Cruz (Bolivien) am 14. Mai

Herr Vizepräsident der Republik,
meine Herren Minister und Vertreter der staatlichen Autorität,
meine Damen und Herren,
liebe Brüder im Bischofsamt,
liebe Bolivianer alle!

1. Die Stunde ist gekommen, mich von euch zu verabschieden. Es kommen mir jetzt die verschiedenen Abschnitte meiner Reise im Dienst des Evangeliums in Erinnerung, die ich in diesen fünf Tagen durchmessen habe: La Paz, Cochabamba, Oruro, Sucre, Tarija, Trinidad und Santa Cruz.
Ich bedanke mich herzlich für die echten Äußerungen des Glaubens, der Herzlichkeit, der Begeisterung und der Zuneigung, die ihr mich auf allen Etappen der Reise erleben ließet. Ich danke dem nach der Verfassung berufenen Herrn Präsidenten, und allen nationalen, regionalen und lokalen Autoritäten, die so viel zum guten Erfolg meiner Reise mitgewirkt haben und mich immer wieder die ausgezeichnete bolivianische Höflichkeit erleben ließen.
Ich danke ferner meinen Brüdern, den Bischöfen, ich danke den Priestern, den Ordensmännern und Ordensfrauen, wie auch den zahlreichen Laien, die unter nicht geringen Mühen und Opfern wirksam und begeistert bei der Vorbereitung und dem Ablauf dieses

Pastoralbesuches mitgewirkt haben. Allen gelten meine tiefe Dankbarkeit und das Versprechen meines innigen Gedenkens im Gebet.

2. Es war in diesen fünf Tagen nicht möglich, alle Orte des Hochlandes und der Ebene zu besuchen, wohin ich gerne gegangen wäre, da ja auch dort das soziale und religiöse Leben dieses weiten, vorzüglichen Landes pulsiert. Doch im Geiste war ich allen Bolivianern und Bolivianerinnen und jedem einzelnen nahe: den Familien, den Jugendlichen und Kindern, der Landbevölkerung, den Bergleuten und Arbeitern, den Intellektuellen und Führungskräften, den völkischen Minderheiten, den Armen und Kranken ...
Von allen trage ich ein unvergeßliches Andenken im Herzen, und ich werde es ihnen immer bewahren.

3. Ich habe eine lebendige Kirche erlebt, in der Bischöfe und Priester, Ordensleute, Katechisten und apostolische Bewegungen sich hochherzig für die Evangelisierung einsetzen, die Hoffnungen und Sorgen der Menschen teilen und mitwirken an der Förderung der Gerechtigkeit und einem nationalen Zusammenleben in Frieden und Fortschritt.
Fahrt auf diesem Weg fort, und verkündet den Glauben an Jesus Christus, den Befreier von Sünde und jeglicher Unterdrückung.
Verfallt nicht in Mutlosigkeit, wenn eure Aufgaben anspruchsvoll sind; ja verdoppelt, wenn möglich, eure Opfer, damit das Licht des Evangeliums die Berge überwindet, die Gewissen erleuchtet und sich immer mehr in allen Bereichen der Gesellschaft verbreitet.

4. Ich habe erfahren, daß das Volk von Bolivien dabei ist, in der bürgerlichen und institutionellen Entwicklung positive Ziele zu erreichen. Sucht unermüdlich die Harmonie in Frieden, Gerechtigkeit und Freiheit, und handelt dabei alle im Rahmen der Verfassung. So sichert ihr eine bessere Zukunft nicht nur für euch, sondern auch für die kommenden Generationen.
Ich konnte ferner die großen Opfer vieler Menschen feststellen, um die wirtschaftlichen Schwierigkeiten, die das Land durchmacht, zu überwinden. Diese Opfer müssen freilich von allen ausgewogen geteilt werden im Geist der Solidarität und mit einsatzfreudiger Arbeit. Vermeidet dabei Druck und Unordnung, die leicht zum Ärgsten aller Übel, zur Gewaltanwendung führen. Hegt in euch Gefühle der Brüderlichkeit; wählt immer den Weg des Dialogs, des Verständnisses und der Zusammenarbeit, und denkt an das Wohl aller. Meinerseits möchte ich euch anregen, und ich bitte auch den Herrn, daß eure Bemühungen, eure konstruktive Haltung und eure schöpferischen Fähigkeiten euch eine baldige Lösung der bedrängenden Krise finden lassen, die ihr überwinden möchtet.

5. Abschließend möchte ich ein Wort der Hoffnung an euch richten. Gott, der Herr der Geschichte und Lenker aller Dinge, verläßt jene nicht, die aufrichtig und mit berechtigtem Ehrgeiz für den geistigen und materiellen Fortschritt arbeiten, sondern er hilft ihnen. Gott liebt die Menschen als seine Kinder und wacht über ihren Tagen und Nächten, über ihren Mühen und Plänen.

Haltet daher euren Glauben lebendig und habt Vertrauen! Seid hochherzig und vergeßt nicht eure sozialen Aufgaben, die euch zum Aufbau jenes neuen Boliviens hinführen müssen, das ihr mit Recht anstrebt: ein brüderlicheres, gerechteres, ehrenhafteres und christlicheres Bolivien.
Möge jeder von euch überall diese Ideale verbreiten! Die hl. Jungfrau aber, die Mutter des Erlösers und Mutter aller Menschen, möge euch vorangehen und über euren Weg Licht ausgießen.
Möge Gott Bolivien immer segnen! Möge Gott jeden Sohn und jede Tochter dieses Landes segnen! Möge Gott die Gegenwart und die Zukunft dieser lieben Nation segnen! Gelobt sei Jesus Christus!

Hunger nach Brot, Frieden und Gerechtigkeit

Ansprache bei der Ankunft in Lima (Peru) am 14. Mai

Herr Präsident,
liebe Brüder im Bischofsamt,
verehrte Autoritäten,
liebe Brüder und Schwestern von Lima und ganz Peru!

1. Erneut kehre ich in dieses schöne und fruchtbare peruanische Land zurück, von dem ich so viele angenehme Erinnerungen im Herzen trage: ich denke an seine soliden christlichen Wurzeln, an den Glauben und die Frömmigkeit seiner Menschen, an seinen Sinn für die Aufnahme anderer, an seine Gastfreundschaft, an seine spontane Zuneigung zum Nachfolger des Petrus und an sein Wissen, ständig vom Segen Gottes abhängig zu sein.
Mein lebhafter und aufrichtiger Dank gilt allen, die diese neue Begegnung mit euch in diesem Land möglich gemacht haben, dessen Ursprünge sich in uralten Zeiten verlieren, das aber auch zeigt, wie es während der ganzen Geschichte des Menschen in diesen Gegenden von einem religiösen Suchen geprägt war, das seine Erfüllung bei der Ankunft der Frohbotschaft vor fast 500 Jahren fand.
Herr Präsident, empfangen Sie meinen ergebenen Gruß, verbunden mit meinem Dank für die herzlichen Worte des Willkommens; mein Gruß und Dank gilt auch den Autoritäten und Persönlichkeiten in Ihrer Begleitung.
Mein Dank wird zur Umarmung des Friedens und der Zuneigung gegenüber meinen Brüdern, den Bischöfen von Peru, an der Spitze der Herr Kardinal von Lima und der Herr Erzbischof und Bischof von Callao, in dessen Jurisdiktionsbereich dieser Flughafen liegt. Ich grüße ebenso die Priester, die Ordensmänner, Ordensfrauen und Pastoralhelfer, die durch ihre apostolische Arbeit und ihr christliches Zeugnis in Peru die Kirche Christi aufbauen.

2. Die Erinnerung an die unvergeßlichen Tage meines ersten Pastoralbesuches in Peru ruft mir viele schöne Dinge in Erinnerung, die ich in Geist und Herz bewahre: ich denke besonders an die Verehrung der Peruaner für das Kreuz, das Kreuz Christi; an die Volks-

feste, zumal in den Dörfern der Anden bei Gelegenheit des Festes vom hl. Kreuz, an sein Bild in den Kirchen und Kapellen, in den Häusern und an den Wegkreuzungen, auf Berggipfeln und in Höhen, in denen man es nie vermuten würde. Das alles bezeugt sehr klar die tiefe Verwurzelung des Glaubens, der in der Anhänglichkeit an dieses Zeichen unseres Heiles zum Ausdruck kommt. Die Verehrung des gekreuzigten Herrn der Wunder, die man überall in eurem Lande findet, ist ein beredter Beweis für die Liebe des peruanischen Volkes zu diesem Zeichen des Kreuzes.
Am Kreuz vollendete sich das Opfer unserer Erlösung. Auf Golgota und im Abendmalssaal hinterließ uns der Herr ein Andenken an seine Liebe zu uns: die heilige Eucharistie. Da mir also die eifrige Verehrung der Peruaner für das Kreuz und ihre innige Verehrung des heiligsten Sakramentes bekannt war, habe ich mit großer Freude die liebenswürdige Einladung angenommen, beim feierlichen Abschluß des 5. Eucharistischen und des Marianischen Kongresses der Länder des Bolivar anwesend zu sein. Ich grüße herzlich den Herrn Kardinal Angel Suquia, den Erzbischof von Madrid, als meinen besonderen Gesandten bei diesem Kongreß.
Liebe Söhne von Peru, ich komme, um mich mit euch und geistig auch mit den anderen Ländern des Bolivar – Bolivien, Kolumbien, Ecuador, Panama und Venezuela – bei diesen feierlichen Akten der Bezeugung des Glaubens an die Eucharistie zu vereinigen, weil so das Geheimnis der Gemeinschaft der Kirche, die vom Leib und vom Blut ihres am Kreuz für unser Heil geopferten Herrn lebt, zum Ausdruck kommt.

3. Ich komme, um mit euch das Paschamysterium Jesu Christi zu feiern und es tiefer in Leben und Geschichte dieses Volkes zu verwurzeln, das einen unersättlichen Hunger nach Gott, Hunger nach Brot, nach Frieden und Gerechtigkeit zeigt.
Wie lebendig erinnere ich mich noch an die ergreifenden Begegnungen bei meinem letzten Besuch in Ayacucho und in Villa El Salvador! Vor meinen Augen sehe ich noch unermeßliche Scharen, die Schmerz, Gewalt, Verlassenheit und Hunger erfahren hatten.
Ich erlebte den Hunger nach Gott in einem Volk, das seinen Glauben in verehrungswürdigen Heiligen hat aufblühen sehen, die Stolz und Vorbild für ganz Lateinamerika sind. Den Hunger nach Gott, den uns die Sehnsucht nach der Begegnung mit Jesus im Gebet, in der Feier der Sakramente und zumal in der Eucharistie, dem Zentrum des ganzen christlichen Lebens, sichtbar macht.
Vom Hunger nach Brot in diesem Volk spricht zu uns auch sein Ruf nach der Solidarität aller und sein Wille, eine gerechtere und brüderlichere Gesellschaft aufzubauen, sein Verlangen, in Frieden und Freiheit leben zu können.

4. Vielsagend ist das Thema eures Eucharistischen Kongresses: „Wir erkennen dich, Herr, beim Brotbrechen.“ Möge dies, zugleich mit unserem Bekenntnis des Glaubens an das Sakrament des Altars, ein Aufruf sein, das Brot der geistigen und materiellen Güter mit den Mitmenschen zu teilen.
Mein Verweilen unter euch wird bei dieser Gelegenheit kurz sein, doch intensiv in der Zuneigung und in der Gemeinschaft. Mein Wunsch geht dahin, daß alle meine Nähe spüren mögen, zumal die Armen, die Kranken und die am meisten Verlassenen, denn mein

Herz als Hirte der Gesamtkirche steht allen offen nach dem Wort des Apostels Paulus: „Allen bin ich alles geworden, um auf jeden Fall einige zu retten. Alles aber tue ich um des Evangeliums willen“ (*1 Kor* 9,22–23).
Obwohl mein Besuch auf die Hauptstadt beschränkt bleibt, richtet sich mein Wort an alle Peruaner ohne Unterschied: an die in der Stadt und an die auf dem Land, an die an der Küste und an die im Gebirge oder im Urwald. Allen sende ich schon jetzt meinen Segen als Unterpfand für die Nähe Gottes, der seine unermeßliche Güte in alle Herzen ergießt.

5. Zu Beginn dieses zweiten Besuchs in Peru richte ich meinen Blick vertrauensvoll auf die heiligste Jungfrau und denke daran, daß ihr den Kongreß, den wir morgen feierlich beschließen, zugleich eucharistisch und marianisch gewollt habt, zumal in diesem Jahr, das in besonderer Weise der Mutter des Erlösers geweiht ist. Möge die mächtige Fürbitte der Jungfrau Maria euren Weg immer auf die Pfade des Guten leiten! Geliebte Peruaner alle: Gott segne Peru! Gott segne dieses Volk mit seinen Gaben des Friedens, der Gerechtigkeit und des Fortschritts!
Gelobt sei Jesus Christus!

In der Eucharistiefeier ist die Fülle der priesterlichen Sendung

Ansprache bei der Begegnung mit den Priestern, Ordensleuten, Diakonen und Seminaristen in Lima (Peru) am 14. Mai

Liebe Priester, Ordensleute, Diakone und Seminaristen!

„Gnade, Erbarmen und Frieden von Gott, dem Vater, und Christus Jesus, unserem Herrn“ (*2 Tim* 1,2).

1. In vergangenen Zeiten haben die Hirten der Kirchenprovinz von Lima ihren Dienst von den mittelamerikanischen bis zu den nördlichen Gebieten des heutigen Argentinien und Chile ausgedehnt und dort die Heilsbotschaft unseres Herrn Jesus Christus verkündet, der Weg, Wahrheit und Leben ist (vgl. *Joh* 14,4). Heute, Jahrhunderte später, sind zum 5. Eucharistischen und Marianischen Kongreß Brüder aus den sechs Ländern des Bolivar gekommen, und ihr begegnet ihnen brüderlich vereint in dieser Kathedrale, dem Sitz berühmter Hirten, wie des hl. Toribio de Mongrovejo, um öffentlich euren christlichen Glauben zu bezeugen, der euch über die Grenzen hinweg eint, und um euere jahrhundertealte Verehrung zu Jesus in der Eucharistie sowie eure kindliche Liebe zur allerseligsten Jungfrau Maria zum Ausdruck zu bringen.
Diese Verehrung und Liebe sind wirksame Realitäten, die die Vorbereitung des 5. Jahrhunderts seit der Evangelisierung Amerikas, d. h. der glücklichen Ankunft der „Frohbotschaft“ (*Mk* 16,15) auf diesem neuen Kontinent, anregen und fördern.

2. „Mit einem heiligen Ruf hat er uns gerufen, nicht aufgrund unserer Werke, sondern aus eigenem Entschluß und aus Gnade, die uns schon vor ewigen Zeiten in Christus Jesus geschenkt wurde" (*2 Tim* 1,9). So schreibt der Apostel Paulus an seinen geliebten Jünger und Bruder Timotheus und erinnert ihn an den göttlichen Ursprung seiner Berufung. Mit den gleichen Worten möchte ich mich heute an euch wenden, an erster Stelle an euch, geliebte Brüder im Priestertum, und euch auffordern, zu danken und euch zu vertiefen in die Tragweite, die Anforderungen und die ständige Aktualität unseres Priesterberufes.
Wie ihr gut wißt, ist der Priester „aus den Menschen ausgewählt und für die Menschen eingesetzt zum Dienst vor Gott, um Gaben und Opfer für die Sünden darzubringen" (*Hebr* 5,1). Dazu kommt, liebe Brüder, die unausweichliche Pflicht, in unserem Leben „die Gnade Gottes" (*2 Tim* 1,6) fruchtbar werden zu lassen, die wir kraft „eines eigenen Sakramentes" empfangen haben. „Dieses zeichnet die Priester durch die Salbung des Heiligen Geistes mit einem besonderen Prägemal und macht sie auf diese Weise dem Priester Christus gleichförmig, so daß sie in der Person des Hauptes Christus handeln können" (*Presbyterorum ordinis*, Nr. 2).
Unsere priesterliche Berufung ist immer neu und aktuell, weil sie sich ohne Unterlaß mit der immer neuen Kraft der Gnade Gottes nährt. Daher muß auch unsere Antwort unser ganzes Leben hindurch immer neu und jung bleiben. Deswegen habe ich euch bei meinem letzten Besuch ermahnt, „eure Hingabe an Christus zu erneuern" (*Botschaft an den Klerus, die Seminaristen, Ordensleute und Laien in Peru*, 1. 2. 1985), und heute lade ich euch ein, dem Rat des hl. Paulus an seinen Schüler Timotheus zu folgen: „Entfache die Gnade Gottes wieder, die dir durch die Auflegung meiner Hände zuteil geworden ist" (*2 Tim* 1,6)

3. Die priesterliche Sendung enthält als ihren unterscheidenden Kern die Feier der Eucharistie, bei der die Priester „in der Person Christi handeln und sein Mysterium verkünden, die Gebete der Gläubigen mit dem Opfer ihres Hauptes vereinigen und im Meßopfer bis zur Wiederkunft des Herrn (vgl. *1 Kor* 11,26) vergegenwärtigen und zuwenden" (*Lumen gentium*, Nr. 28).
Infolgedessen erreicht die Sendung eines jeden Priesters ihre Sinnfülle in der Feier der heiligen Messe, und so führt alle eure Arbeit zu ihr hin, denn die Eucharistie „zeigt sich ... als Quelle und Höhepunkt aller Evangelisation" (*Presbyterorum ordinis*, Nr. 5).
Das gleiche innige persönliche Verhältnis zu Jesus Christus wächst auch durch den Zutritt zu ihm im Sakrament der Versöhnung, das wir alle nötig haben. Wir sind nicht nur Verwalter und Verkünder des Sakramentes der Verzeihung, sondern zugleich Pönitenten und Empfänger dieser sakramentalen Gnade, die die Wunden unserer eigenen Sünden heilt und unsere Vereinigung mit Gott kräftigt. Euer eigenes Beispiel bei der häufigen Beichte aber wird für viele eine Anregung sein, auch ihrerseits zur Barmherzigkeit Gottes Zuflucht zu nehmen, die im Bußsakrament sichtbar wird.
„Schäme dich also nicht, dich zu unserem Herrn zu bekennen" (*2 Tim* 1,8), fährt der hl. Paulus bei seiner Ermahnung an Timotheus fort. Die Identifizierung mit Christus, die in der Eucharistie ihren Gipfel erreicht, muß sich in den ganzen Tag hinein verlängern und entfalten, daß das ganze Leben des Priesters ein getreues Nachbild des Herrn wird. Alles

an euch – der Blick, die Gesten, die Haltung des Dienstes und der Liebe, die Praxis der christlichen Tugend der Armut, der Gebrauch auch des äußeren Zeichens der Kleidung, die euch vor den Gläubigen kenntlich macht – muß an Christus erinnern und für die Menschen, die euch anvertraut sind, aufbauend wirken.

4. „Ich danke Gott, dem ich ... diene ... bei Tag und Nacht in meinen Gebeten" (*2 Tim* 1,3).
Um sich ihrer Gnade täglich freudiger und klarer bewußt zu werden, müssen die Priester auch den ständigen Dialog nachahmen, den Jesus mit Gott, seinem Vater pflegte.
Wenn wir im Gebet die Geheimnisse Jesu Christi aufmerksam betrachten, müssen wir ohne Ausflüchte den Willen Gottes suchen, um ihn bei den pastoralen Aufgaben zu erfüllen, indem wir die Frucht unserer Arbeit in die Hände des Allerhöchsten legen. Ebenso müssen wir inständig um die Hilfe Gottes für jene bitten, die unserer seelsorglichen Betreuung anvertraut wurden, für die empfangenen Wohltaten danken und auch für unsere Sünden und die Sünden aller Menschen Sühne leisten.
Durch unser Gebet vertieft sich schrittweise die besondere Freundschaft, auf die wir in einem gewissen Sinn angesichts des Geheimnisses des Abendmahlssaales ein Recht haben (vgl. den *Brief an die Priester*, 25. 3. 1988). Eine Freundschaft, die verpflichtet; eine Freundschaft, die „in uns heilige Ehrfurcht wecken müßte, ein höheres Verantwortungsbewußtsein, eine größere Bereitschaft dafür, mit der Hilfe Gottes alles zu geben, was wir vermögen" (*ebd.*, Nr. 6). Eine Freundschaft, die aus euren Herzen jede mögliche Versuchung der Einsamkeit verbannt, jede Gelegenheit, eure besondere Berufung aufzugeben, um Wege, die nicht die euren sind, einzuschlagen.

5. Dieses Klima der Freundschaft wird euch ferner helfen, den Zölibat in seiner eigentlichen Bedeutung als Gabe Gottes hochzuschätzen, die „nicht alle erfassen können, sondern nur die, denen es gegeben ist" (*Mt* 19,11). Weil sie ein erhabenes Geschenk ist, ist „die Enthaltsamkeit um des Himmelreiches willen vor allem von der Ähnlichkeit mit Christus bestimmt, der beim Erlösungswerk selbst diese Entscheidung für das Himmelreich getroffen hat" (*Generalaudienz vom 24. 3. 1988*, Nr. 1). Wird dieses Geschenk in Freiheit angenommen und treu gelebt, gestaltet es den Priester dem Leben Christi, des Erlösers gleich.
Durch den Zölibat „werden die Priester in neuer und vorzüglicher Weise Christus geweiht" (*Presbyterorum ordinis*, Nr. 16), und sie können sich freier – mit ungeteiltem Herzen – in den Dienst Gottes und der Menschen stellen (*ebd.*). Die vollständige Enthaltsamkeit um des Himmelreiches willen macht die „Vaterschaft im Geiste" möglich, „ein Merkmal unserer priesterlichen Persönlichkeit, die gerade ihre apostolische Reife und geistige Fruchtbarkeit ausdrückt" (*Brief an die Priester*, 25. 3. 1988, Nr. 4).
In diesem Marianischen Jahr hinterlegen wir diese unsere bewußte und entschlossene priesterliche Option für den lebenslänglichen Zölibat, liebe Brüder, im Herzen Mariens. „Wir müssen zu dieser Jungfrau-Mutter unsere Zuflucht nehmen, wenn uns auf unserem gewählten Lebensweg Schwierigkeiten begegnen. Mit ihrer Hilfe müssen wir uns um ein immer tieferes Verständnis dieses Weges und seine immer vollkommenere Bejahung in unseren Herzen bemühen" (*ebd.*, Nr. 5).

6. „Unser Retter Jesus Christus ... hat dem Tod die Macht genommen und uns das Licht des unvergänglichen Lebens gebracht durch das Evangelium“ (*2 Tim* 1,10). Ihr aber seid teilhaft geworden dieser Ausstrahlung des Lichtes des Lebens. Die priesterliche Berufung ist vor allem eine Berufung zum selbstvergessenen Dienst am Nächsten, die einzig die Ehre Gottes sucht.

Der erste Dienst, den ihr zu leisten habt, gilt gerade euren Brüdern im Priestertum. Wir sind als Priester keine Menschen, die in der Gnade befestigt, unverbrüchlich auf das Gute festgelegt und unfähig wären, Böses zu tun. Der Priester braucht wie alle anderen Christen die geistlichen Hilfen: die Sakramente, das Gebet, das Beispiel, den guten Rat, sowie Nahrung und Hilfe geistlicher und materieller Art.

Priesterliche Brüderlichkeit ist eure vorrangige Pflicht und Aufgabe. Das II. Vatikanische Konzil mahnt uns: „Die einzelnen Priester sind mit ihren Mitbrüdern durch das Band der Liebe, des Gebetes und der allseitigen Zusammenarbeit verbunden“ (*Presbyterorum ordinis*, Nr. 8). Der echte brüderliche Geist wird euch glücklich dazu führen, mit beispielhafter Sorge um eure priesterlichen Mitbrüder bemüht zu sein, wenn sie von Krankheit heimgesucht sind oder in äußerster Armut oder Einsamkeit leben, wenn übermäßige Arbeitslast sie bedrückt oder die Last der Jahre die apostolische Arbeit mühlseliger macht.

Bei eurem Bemühen um die anderen müßt ihr vor allem ihr geistliches Wohl anstreben. Gebet und unbegrenzter Einsatz für die Menschen sind hier wie immer als Mittel anzuwenden: bittet Gott ohne Unterlaß füreinander und bietet euch gegenseitig das Beispiel eines priesterlichen Lebens, das in jeder Hinsicht erbaut. Besondere Aufmerksamkeit verdienen Situationen eines gewissen Absinkens von den priesterlichen Idealen oder die Aufnahme von Tätigkeiten, die nicht voll zu dem passen, was einem Diener Jesu Christi ziemt. Hier ist es angebracht, mit der Wärme der Brüderlichkeit die feste Haltung des Bruders zu verbinden, der seinem Bruder hilft, sich aufrecht zu halten.

Zwar ist das Priestertum Christi ewig (vgl. *Ps* 110,4; *Hebr* 5,6), das Leben des Priesters aber ist begrenzt. Christus wünscht, daß andere durch die Zeiten hindurch das von ihm eingesetzte Amtspriestertum fortsetzen. Daher müßt ihr in eurem Inneren und in eurer Umgebung die Sorge um Weckung zahlreicher und guter Priesterberufe unter den Gläubigen mit Hilfe der Gnade des Heiligen Geistes lebendig halten. Vertrauensvolles und beharrliches Gebet, die Liebe zum eigenen Beruf und eine hingebungsvolle geistliche Leitung der Jugend werden euch das Charisma des Berufes in den Herzen jener erkennen lassen, die von Gott berufen sind.

7. In der Lesung, die wir gehört haben, sagt der hl. Paulus dem Timotheus auch, daß der Herr uns „nicht einen Geist der Verzagtheit gegeben (hat), sondern den Geist der Kraft, der Liebe und der Besonnenheit“ (*2 Tim* 1,7). Der Priester, der fest mit Christus verbunden ist, bricht zur Begegnung mit seinen Mitmenschen auf. Wenn ich an die Erinnerungen meines vorigen Besuches in diesen geschichtsreichen Gegenden denke, so sehe ich euch in den ersten Reihen beim Dienst an der Kirche im Herzen der großen Wälder, in den weiten Pampas und den kalten Gebirgsgegenden, den warmen Tälern und den Wüstenstreifen an der Küste, wie auch im Getriebe der modernen Städte. Ich sehe euch im-

mer und überall als Träger eurer besonderen Berufung, Ausspender der Gnade Christi, des höchsten und ewigen Hohenpriesters zu sein. Ich sehe euch als Priester Christi, vereint mit euren Bischöfen und als ihre Mitarbeiter beim Aufbau der kirchlichen Gemeinschaft, um getreu die Frohbotschaft vom Heil in Christus zu verkünden und eine „bessere Welt“ aufzubauen (vgl. *Populorum progressio*, Nr. 65), eine nach den echten Werten des Evangeliums und des Menschen erneuerte Gesellschaft, wie sie dem Plan Gottes, des Schöpfers und Erlösers, entspricht, um so die Kultur der Liebe zu schaffen.
Mit einem Herzen voll von diesen priesterlichen Idealen sollt ihr immer daran denken, daß ihr zu Verwaltern und Ausspendern der Geheimnisse Gottes berufen seid. Ihr seid es besonders beim Ausspenden des eucharistischen Brotes, des Lebens Gottes selbst, sind wir doch in Christus seine Söhne. Ihr seid Erbauer des Friedens und der Versöhnung im Sakrament des Verzeihens, dem ihr reichlich Zeit und Kraft widmen sollt, weil es einen wichtigen Teil eurer Sendung bildet. Ihr seid Erzieher zum christlichen Sinn der Ehe. Ihr seid Träger guten Rates und geistiger Gelassenheit, sogar der Gesundheit durch das Sakrament der Krankensalbung. Mit einem Wort, ihr seid „Diener des Wortes Gottes ... das seit ewigen Zeiten ... verborgen war, jetzt aber seinen Heiligen offenbart (wurde)“ (*Kol* 1,25–26). Deshalb müßt ihr dafür sorgen, daß dieses Geheimnis Christi unverkürzt und ganz treu die Herzen aller Menschen erreicht.

8. Wie ich euch in dieser gleichen Kathedrale vor etwas mehr als drei Jahren sagte, „weiß ich, daß Empörung in eurem Herzen aufsteigt, wenn ihr seht, daß in der Welt ein maßloses und rücksichtsloses Streben nach Besitz, Macht und Genuß Platz greift“ (*Der Apostolische Stuhl*, 1985, S. 399), das seinerseits wieder Situationen der Armut und Ungerechtigkeit hervorruft. Die Kirche hat sich die Jahrhunderte hindurch eifrig um die Evangelisierung bemüht, und auch ihr habt im Bewußtsein dessen, was noch zu tun ist, eure besten Kräfte in die Weiterführung dieser Aufgabe gesteckt. Doch immer müssen eure Ideale, den Ärmsten zu dienen, entsprechend eurer Berufung, Werkzeuge der Einheit zu sein, verwirklicht werden. Ihr dürft nicht der Versuchung erliegen, irgendjemanden abzuweisen und so Unterschiede und Gegensätze schaffen. Ihr könnt nicht das Evangelium durch irdische Optionen ersetzen. Das Evangelium Christi beurteilt die Welt, nicht die Welt das Evangelium. Ihr wißt, daß es falsche Formen der Theologie der Befreiung gibt, bei denen die Armen verkürzt gesehen werden, ausschließlich vom wirtschaftlichen Standpunkt aus, und man rät ihnen zum Klassenkampf als einzig möglicher Lösung (vgl. *Libertatis nuntius*, IV,5; VII,8). Man kommt so in eine ständige Konfliktsituation und zu einer falschen Sicht der Sendung der Kirche, zu einer falschen Befreiung, die nicht jene ist, die Christus uns anbietet.
Ihr, liebe Priester, müßt getreu die echte Soziallehre der Kirche übermitteln, jene „sorgfältige Reflexion über die komplexen Wirklichkeiten menschlicher Existenz in der Gesellschaft und auf internationaler Ebene, und dies im Licht des Glaubens und der kirchlichen Überlieferung. Ihr Hauptziel ist es, solche Wirklichkeiten zu deuten, wobei sie prüft, ob sie mit den Grundsätzen der Lehre des Evangeliums über den Menschen und seine irdische und zugleich transzendentale Berufung übereinstimmt oder nicht, um daraufhin dem Verhalten der Christen eine Orientierung zu geben“ (*Sollicitudo rei socialis*, Nr. 41).

Auf diese Weise werden die Gläubigen im Glauben und in der Liebe gestärkt und können die ungerechten sozio-ökonomischen Verhaltensweisen und Situationen erkennen, um in Freiheit Lösungen zu finden und durchzuführen, die mit dem Plan Gottes übereinstimmen.

9. Nun möchte ich mich besonders an euch, liebe Ordensleute, wenden, die Nachfolger jener Missionare, die hier die Erstverkündigung des Evangeliums geleistet haben, und hervorragender Apostel aus jüngerer Zeit wie P. Francisco del Castillo, ein Vorbild der Liebe zu den Armen im Sinn des Evangeliums.
„Wie an einem Baum, der aus einem von Gott gegebenen Keim wunderbar und vielfältig auf dem Ackerfeld des Herrn Zweige treibt" (*Lumen gentium*, Nr. 43), so haben sich in der ganzen Kirche Ordensfamilien und Institute des gottgeweihten Lebens gebildet, und jedes hat gemäß seinem besonderen Weg der Verbreitung des Reiches Auftrieb gegeben. Auch auf diesem Kontinent und zumal in diesem Land, hat euer gänzlich dem Herrn geweihtes Leben viele und reiche Früchte gebracht für „die Einwurzelung und Festigung des Reiches Christi in den Seelen" (*ebd.*, Nr. 44).
Die Aufgabe der Evangelisierung, vor der Lateinamerika am Ende dieses Jahrhunderts und dieses Jahrtausends steht, erfordert eure unersetzliche Mitarbeit. Die Kirche schätzt in den Ländern des Bolivar den selbstvergessenen Beitrag der Ordensfamilien, die heute wie in den vergangenen Jahrhunderten durch ihr Gebet und ihr heiligmäßiges Leben, mit ihren Hilfswerken und ihrem Schulwesen die Botschaft Christi an viele heranbringen.
Denkt daran, daß die Treue zum Gründungscharisma jeder eurer Familien ein hervorragendes Zeichen des Festhaltens am Willen Gottes und unerläßliche Voraussetzung für apostolische Fruchtbarkeit ist. Die Liebe zu Gott, die ihr bei der Profeß der evangelischen Räte gezeigt habt, muß euch jede Versuchung zurückweisen lassen, den Weg, den die göttliche Vorsehung euch vorgezeichnet hat, zu verlassen oder zu verfälschen. Hegt große Wertschätzung für das Gemeinschaftsleben und für die äußeren Zeichen, die den Menschen eure gänzliche Weihe an Gott sichtbar machen und sie an die eschatologische Dimension des Reiches erinnern.
„Wegen der notwendigen Einheit und Eintracht im apostolischen Wirken" (*ebd.*, Nr. 45) ist es wichtig, daß ihr in Einheit mit den Bischöfen arbeitet, indem ihr durch euer Gebet und euren Dienst ihre pastoralen Weisungen unterstützt. Auf diese Weise tragt ihr dazu bei, aus diesem fruchtbaren Land einen blühenden Garten christlicher Ausstrahlung und der Förderung des Menschen auf allen Ebenen zu machen.
Nun wende ich mich in besonderer Weise an euch, die ständigen Diakone, um euch zu sagen, daß die Kirche in Peru auf eure Hingabe und euren Eifer besondere Hoffnung setzt. Dankt Gott für die Erhabenheit eurer Berufung und spürt in jedem Augenblick die Verantwortung, die Botschaft vom Heil durch ein Leben selbstlosen Dienstes für die Mitmenschen zu verbreiten.

10. Schließlich darf ich euch nicht vergessen, die ihr in den Seminarien und Ausbildungshäusern euch auf den Empfang der heiligen Weihen vorbereitet.

Ihr werdet die Priester des dritten Jahrtausends der Christenheit sein! Alle priesterlichen Ideale, über die wir nachgedacht haben, sind auch für euch, liebe Seminaristen, bestimmt. Euer Stehen zu Christus, das Ideal, heilige Priester zu werden, muß in der Vorbereitung euer beständiges Anliegen sein und euch zur Reinigung alles dessen anregen, was nicht zum Ruf des Herrn paßt.
Eure „Heranbildung zu wahren Seelenhirten" (*Optatam totius*, Nr. 4) schließt einige Eigenschaften ein, die ihr nach den Weisungen des II. Vatikanischen Konzils praktisch verwirklichen müßt. Die philosophischen und theologischen Fächer müßt ihr im Geist der radikalen Treue zu Christus mit einer großen Liebe zur Wahrheit studieren in dem Bewußtsein, daß eure Studien ein Weg zum besseren Kennenlernen Gottes und der Heilsgeschichte sind. „Halte dich an die gesunde Lehre, die du von mir gehört hast; nimm sie dir zum Vorbild und bleibe beim Glauben und bei der Liebe, die uns in Christus Jesus geschenkt ist. Bewahre das dir anvertraute kostbare Gut" (*2 Tim* 1,13–14), schärft uns der hl. Paulus ein. Auch ihr werdet dieses „kostbare Gut" durch volle Treue zum Lehramt der Kirche bewahren, indem ihr zum intellektuellen Kennenlernen die innere, übernatürliche Anhänglichkeit hinzufügt, die vom Glauben herkommt.
Die geistliche Formung durch eine klare und von Vertrauen getragene Leitung, die Kenntnis und Praxis der Liturgie und ganz allgemein eine entsprechende praktische pastorale Vorbereitung müssen bei eurem persönlichen Bemühen um eure Antwort auf eure Berufung zu künftigen Seelsorgern einen wichtigen Platz einnehmen.
Die Eucharistie muß als Zentrum des christlichen Lebens und Schule der Demut und Dienstbereitschaft für euch, liebe Seminaristen, Gegenstand eurer größten Liebe sein. Die Anbetung, die Verehrung und der Umgang mit dem heiligsten Sakrament in diesen Jahren der Vorbereitung sollen euch dahin führen, daß ihr eines Tages das heilige Opfer des Altares mit wahrer Andacht und zu echter Erbauung feiern könnt.

11. Liebe Priester, Ordensleute, Diakone und Seminaristen: ich bitte die heiligste Jungfrau, die ihr in dieser Erzdiözese unter der schönen Anrufung 'Unsere Liebe Frau von der Evangelisierung' verehrt, sie möge euch alle in neuer Treue zu eurem Beruf befestigen und euch ständig auf eurem Weg zu neuen Zielen der Evangelisierung hin begleiten. Maria wollen wir „für das unaussprechliche Geschenk des Priestertums (danken), durch das wir in der Kirche jedem Menschen dienen können. Möge die Dankbarkeit auch unseren Eifer wieder neu wecken!" (*Brief an die Priester*, 25. 3. 1988, Nr. 8). Amen.

Maria – gebe die Gaben der Versöhnung und des Friedens

Weihegebet an Unsere Liebe Frau von der Evangelisierung in Lima (Peru) am 14. Mai

Gegrüßet seist du, Maria, voll der Gnade, Mutter der Barmherzigkeit! Wir danken dir, daß du uns die gebenedeite Frucht deines Leibes, Jesus Christus, den Urheber unseres Heiles geschenkt hast.

Du, Mutter und Beschützerin dieses Volkes, hast es seine Geschichte hindurch begleitet und bist seine Lehrerin im Glauben, in der Hoffnung und in der Liebe gewesen. Zeige uns nun Jesus, stelle uns das Beispiel seines Lebens vor Augen und bitte für uns.

In dieser Stunde der Gnade und des Segens für Peru wollen wir unseren Glauben an Christus in der Eucharistie neu bekräftigen. Er ist der Weg, die Wahrheit und das Leben. Sein Wort möchten wir in unserem Herzen aufnehmen, wie du es aufgenommen hast, damit wir, erneuert durch die Eucharistie und das Wort, gemeinsam die ersehnte Kultur der Liebe aufbauen können.

Unsere Liebe Frau von der Evangelisierung! Mutter der Frohbotschaft, wir wissen, daß der Weg hart ist. Dieses ruhmvolle Land, Wiege vieler Heiligen, sieht sich jetzt von Gewalt und Tod heimgesucht, von Armut und Ungerechtigkeit, von einer tiefen Krise der Familie, weil man das Gesetz des Herrn vergessen hat. Es ist bedroht von Ideologien, die seinem christlichen Glauben seinen Sinn nehmen wollen.

Daher weihen wir dir das ganze Volk Gottes in Peru auf seiner Pilgerschaft und vertrauen es deinem Mutterherzen an:

– die Hirten der Kirche, damit sie weiterhin tüchtige Lehrer der Wahrheit seien, Verteidiger der Würde ihrer Mitmenschen und Erbauer der Einheit;

– die Priester, damit sie sich immer mehr ihrer engen Verbundenheit mit dem einzigen Mittler Jesus Christus bewußt werden und als treue Ausspender der Geheimnisse Gottes die Gegenwart Christi in die Gemeinden tragen;

– die gottgeweihten Menschen, damit sie durch treue Befolgung der evangelischen Räte sich aus ganzem Herzen dem über alles geliebten Gott hingeben und ein leuchtendes Zeichen der Kirche sowie der Präsenz deines Sohnes in der Welt seien;

– alle Laien, damit sie ihrer Taufe getreu und vom Heiligen Geist geleitet, das Evangelium glaubhaft bezeugen und es durch ihr Leben verkünden;

– die christlichen Familien, damit sie als echte Hauskirchen wirkliche Heiligtümer seien, in denen der Glaube, die Hoffnung und die Liebe gelebt werden und Treue, kindlicher Gehorsam und gegenseitige Liebe blühen;

– die Jugendlichen, damit es ihnen ein Anliegen sei, alle ihre Kräfte einzusetzen, um ein neues Peru aufzubauen, wo man ohne Angst den Geist der Seligpreisungen des Reiches leben kann;

– die Armen, Alten und Kranken, die Opfer der Ungerechtigkeit und Gewalt, jene, die das Leiden und Kreuz deines Sohnes tragen, damit sie Trost in ihrem Glauben finden, Kraft in ihrer Hoffnung, solidarische und brüderliche Hilfe aber bei all ihren Mitmenschen;

– die Verantwortlichen der Regierung der Nation und jene, die die Gesellschaft leiten, damit sie in Aufrichtigkeit und hochherziger Hingabe das Volk von Peru auf die Wege der Gerechtigkeit und Freiheit in friedlichem Zusammenleben führen.

Unsere Herrin und Mutter, nimm in Liebe diese Weihe deiner Kinder an und segne dieses liebe Land mit den Gaben der Versöhnung und des Friedens! O gütige, o milde, o süße Jungfrau Maria!

Eucharistie – Zeichen der Einheit

Grußwort an die Teilnehmer an der Mission von Lima am 14. Mai

Meine lieben Brüder und Schwestern!

1. Ich grüße euch alle mit den Worten des auferstandenen Jesus: „Friede sei mit euch." (*Lk* 24,36).

Meine Worte bei dieser Begegnung gelten euch allen, die ihr diese Plaza de Armas füllt, doch in besonderer Weise sind sie an diejenigen gerichtet, die aktiv an der großen Volksmission von Lima und in anderen Orten Perus teilgenommen haben. Ich grüße euch als engagierte Laien und als Mitarbeiter an dem Werk der Neuverkündigung des Evangeliums.
Bei meinem ersten Besuch in Peru habe ich euch von dieser selben Stelle aus eingeladen, das Wort Christi anzunehmen und dafür in eurem persönlichen, familiären und gesellschaftlichen Leben Zeugnis abzulegen. In diesem Geist habt ihr an der großen Volksmission von Lima teilgenommen, um mit der Kraft des Evangeliums auf die Herausforderungen einer Gesellschaft zu antworten, die an den Symptomen einer zunehmenden Säkularisierung (Verweltlichung) leidet. Ihr habt nach neuen Wegen und Methoden gesucht, um Christus inmitten eurer Brüder und Schwestern gegenwärtig zu machen, damit er überallhin gelangt und bewirkt, daß die Realitäten der Gesellschaft und die Probleme der Menschen vom Blickwinkel des Evangeliums, von den Forderungen nach Liebe und Frieden her erhellt werden.
Durch eure Tätigkeit im Dienst der Verkündigung des Evangeliums ist dem ganzen christlichen Volk der pastorale und spirituelle Sinn des 5. Eucharistischen und Marianischen Kongresses der Bolivar-Länder bewußt geworden, den ich morgen bei der großen Feier auf dem Campo San Miguel beenden werde.

2. Die Eucharistie ist Quelle und Höhepunkt aller Predigt des Evangeliums. In ihr wird Christus, unser Ostern und unser wahres Brot, wirklich gegenwärtig, opfert sich dem Vater, gibt sich uns als lebensspendende Speise und stößt uns an, das von ihm empfangene Leben weiterzugeben. Durch die Eucharistie vergrößert sich der Anteil an der göttlichen Natur, den wir als Kinder Gottes durch die Taufe besitzen (vgl. *2 Petr* 1,4).
Die Eucharistie stellt in uns die Harmonie unseres Wesens wieder her und drängt uns, den Geist der Versöhnung, in dem wir nach dem Plane Gottes leben müssen, über die ganze Gesellschaft zu breiten (vgl. *2 Kor* 5,19). Wir nähern uns mit dem Brot des Lebens, um Christus in die verschiedenen Bereiche unserer Existenz zu bringen: in die Umgebung der Familie, in die Arbeit, in das Studium, in die politischen und gesellschaftlichen Institutionen und in die tausend aus dem Geist des Evangeliums zu lösenden Verpflichtungen des Alltagslebens.
Das Geheimnis der Eucharistie ist „Sakrament des Erbarmens, Zeichen der Einheit, Band der Liebe", wie der heilige Augustinus sagt (*In Ioan. Evang.*, 26,31), und drängt uns deswegen, eine stabile Harmonie zwischen der Tiefe der persönlichen Frömmigkeit und

den Anforderungen eines gesellschaftlichen Engagements herzustellen, denn die Feier der Eucharistie, „ist aber nur dann aufrichtig und vollständig, wenn sie sowohl zu den verschiedenen Werken der Nächstenliebe und zu gegenseitiger Hilfe wie auch zu missionarischer Tat und zu den vielfältigen Formen christlichen Zeugnisses führt" (*Presbyterorum ordinis*, Nr 6).

3. Derselbe Plan Gottes, den Christus uns in seinem Evangelium bekannt gemacht hat, offenbart uns auch die Jungfrau Maria und läßt sie in der Kirche gegenwärtig werden. Jesus wollte uns die spirituelle Mutterschaft Marias enthüllen, als er sie uns als unsere Mutter zeigte: „Siehe, deine Mutter!" (*Joh* 19,27), sagt er vom Kreuz herab zu Johannes. Und der geliebte Jünger „nahm sie von jener Stunde an zu sich".
Die pflichtgemäße Antwort auf das Geschenk der Mutterschaft Marias ist kindliche Liebe. In der Enzyklika *Redemptoris Mater* habe ich geschrieben: „Vertrauen ist die Antwort auf die Liebe einer Person und im besonderen auf die Liebe der Mutter. Die marianische Dimension im Leben eines Jüngers Christi kommt in besonderer Weise durch ein solches kindliches Vertrauen zur Muttergottes zum Ausdruck, wie es im Testament des Erlösers auf Golgota seinen Ursprung hat" (Nr. 45). Wer Maria als kostbarsten Schatz aufnimmt, tritt auch ein in die Gemeinschaft mit den Brüdern und Schwestern und öffnet sich dem solidarischen Dienst an ihnen allen.

4. Die Eucharistie und die Jungfrau Maria, diese beiden Themen der Volksmission, bieten uns zahlreiche Motive zum Nachdenken über das eucharistische Geheimnis und die Mutterschaft der Jungfrau. „Maria führt die Gläubigen zur Eucharistie" (*ebd.*, 44). Die Jungfrau lehrt uns, dem eucharistischen Geheimnis in der Haltung des Glaubens, in der Reinheit des Herzens und mit Achtung und Ehrfurcht näherzutreten. Sie lädt uns ein, das Geheimnis der Gegenwart und des Opfers Christi mit denselben Gefühlen der Anbetung und der Danksagung zu betrachten, mit denen sie das Mysterium ihres Sohnes betrachtete.
Diese zwei Wunder der Liebe Gottes, die Eucharistie und die jungfräuliche Mutterschaft Marias, müssen uns dazu führen, daß wir uns einerseits in ewiger Danksagung mit der ganzen Kirche vereinigen und uns andererseits als Christen für die dringliche Aufgabe der Verkündigung des Evangeliums engagieren, damit niemandem diese Geschenke Gottes vorenthalten bleiben, die nur durch den Glauben und die Gemeinschaft mit dem Leben der Kirche erreicht werden können.
Maria und die Eucharistie, diese beiden Realitäten, die den Weg der pilgernden Kirche mit Licht und Leben erfüllen, müssen uns dazu anfeuern, mit verdoppeltem Schwung alle Bereiche der peruanischen Gesellschaft zu erhellen und zu beleben, denn dort sind die Laien in besonderer Weise aufgerufen, ihr Glaubenszeugnis im Dienst an den Brüdern abzulegen.

5. Ich bitte euch alle, die ihr auf dieser historischen Plaza de Armas versammelt seid, eure Anwesenheit in diesem feierlichen Augenblick möge eine Bekräftigung eurer eucharistischen und marianischen Frömmigkeit sein. Gleichzeitig möge sie vor dem Nachfolger

des Apostels Petrus eine Erneuerung eurer Verpflichtung sein, euer Leben zu einem Leuchtturm zu machen, der die Gnade der Eucharistie und einer voll angenommenen marianischen Kindschaft ausstrahlt.
An der Schwelle der Fünfhundertjahrfeier der Evangelisierung des lateinamerikanischen Kontinents lade ich euch alle ein, in erneuertem Geist den Weg des Evangeliums einzuschlagen und damit beim Leben am häuslichen Herd, in der Familie und an den Orten des Studiums und der Arbeit zu beginnen, damit die gesamte Situation des Menschen auf Gott hin ausgerichtet bleibt.
Allen Teilnehmern an der Volksmission von Lima, allen hier Versammelten und allen, die über Hörfunk und Fernsehen mit uns verbunden sind, erteile ich in Liebe meinen Apostolischen Segen.

Geduldig in den Bedrängnissen

Botschaft an die Strafgefangenen in Lima (Peru) am 15. Mai

1. Liebe Brüder und Schwestern, die ihr aus verschiedenen Gründen und Lebensumständen in den Stafvollzugsanstalten untergebracht seid.
Ich möchte, daß mein Wort zu jedem von euch dringt, die ihr in den 111 Strafanstalten an der Küste, im Gebirge oder im Regenwald den Entzug eurer Freiheit und die Trennung von euren Lieben ertragt, als die Botschaft eines Freundes, der hofft, daß sie euer Herz mit Trost und Frieden erfüllt.
Bei meinem vorangegangenen Besuch in Peru im Februar 1985 habe ich euch mit tiefster Zuneigung meinen Segen gesandt. Ich wollte auf diese Weise auf euer aufrichtiges Zeugnis der Anhänglichkeit wie auch auf die Überreichung des erlesenen künstlerischen Geschenks, Frucht der Arbeit eurer Hände, antworten und dafür danken.
Bei meiner jetzigen Rückkehr – für die ich gerne die Einladung der Bischöfe angenommen habe, den Abschluß dieses Eucharistischen und Marianischen Kongresses der Bolivar-Länder zu leiten – möchte ich euch sagen, daß ich euch in meinem Geist, meinem Herzen und meinen Gebeten spirituell sehr stark gegenwärtig habe. Wenn ihr auch nicht physisch bei diesen großen Feierlichkeiten mit uns zusammensein könnt, so könnt ihr doch trotzdem den Herrn im Geheimnis der Eucharistie vor dem Tabernakel anbeten, wo er für immer bei uns bleiben wollte. Die Gegenwart Christi in der Eucharistie begleitet euch mit ihrer Nähe in eurer Einsamkeit und lädt euch zum Gebet und zur Hoffnung ein.

2. Zu uns, die wir an ihn glauben, und besonders zu euch sagt Jesus im Evangelium: „Kommt alle zu mir, die ihr euch geplagt und schwere Lasten zu tragen habt. Ich werde euch Ruhe verschaffen. Nehmt mein Joch auf euch und lernt von mir; denn ich bin gütig und von Herzen demütig; so werdet ihr Ruhe finden für eure Seele. Denn mein Joch drückt nicht, und meine Last ist leicht“ (*Mt* 11,28–30).
Ich teile euer Leid, die Härte eurer Situation und zuweilen die Ungeduld über das lange Warten auf das Gerichtsurteil, das eure Lage sanktioniert. Ich denke mit Schmerz an eure

Ehefrauen, Ehemänner, Eltern und Kinder, die nicht nur den Trost, euch bei sich zu haben, sondern mehr noch eure Hilfe und die Erträge eurer ehrlichen Arbeit brauchen. Ich kenne die schmerzlichen Spannungen, die einen beklagenswerten Blutpreis gekostet haben, und weiß von euren Nöten und Bedürfnissen, die trotz nobler und großzügiger Bemühungen der Behörden nicht überwunden werden können.
Getragen von meiner Liebe zu euch, segne ich die selbstlose Seelsorgearbeit all derer, die sich um euch kümmern und sich für euer Wohl interessieren, und danke ihnen dafür: den Priestern, den Ordensleuten und den Seelsorgehelfern, die sich mit Eifer darum bemühen, in eurem Herzen den Glauben an Gott und die christliche Hoffnung zu stärken, die wir auch in dunkelster Nacht bewahren sollten. Und ich danke allen, die in Liebe eure Schmerzen und Bedürfnisse lindern und euch gleichzeitig entdecken lassen, daß das Leid heilbringenden Wert besitzt, wenn man es aus Liebe zu Christus annimmt.
Ich bringe allen meine Anerkennung zum Ausdruck, die als Verantwortungsträger der verschiedensten Art mit Menschlichkeit und christlichem Geist die schwierigen Pflichten der Bewachung und der Leitung in den Strafanstalten erfüllen.
Mögen sich alle an das Wort des Herrn erinnern, der sich ausdrücklich auf diejenigen bezog, die in solchen Umständen wie ihr leben: „Was ihr diesen getan habt, das habt ihr mir getan; was ihr für einen von diesen nicht getan habt, das habt ihr mir nicht getan. Denn ich war im Gefängnis, und ihr seid zu mir gekommen" (*Mt* 25,40.45.36).

3. Euch bitte ich, daß ihr „geduldig in der Bedrängnis" seid, daß ihr solidarisch das Wohl derer wünscht und bewirkt, die mit euch das Leid des Gefängnisses und die Trennung von ihren Lieben erdulden. Möge diese Zeit des Freiheitsentzuges weder die Zuneigung zur Familie noch die Liebe zu eurem Land schwächen, in der Hoffnung auf die ersehnte Rückkehr nach Hause und die normale Wiedereingliederung in das gesellschaftliche Leben Perus.
Möge der „Herr der Wunder", den ihr auch in euren Gefängnissen so sehr liebt und verehrt, euch begleiten und euch seine Liebe spüren lassen. Möge eure Schutzpatronin, die Jungfrau vom Carmen, mit der Liebe und der Macht der Mutter und Königin des Erbarmens vor Gott Fürsprache einlegen für die Lösung eurer Probleme und eure Herzen mit edlen Wünschen erfüllen.
Ich segne euch mit tiefer Zuneigung im Namen des Vaters und des Sohnes und des Heiligen Geistes.

Jesus gibt uns Kraft

Predigt beim Abschluß des Eucharistischen und des Marianischen Kongresses der Bolivar-Länder in Lima (Peru) am 15. Mai

1. „Dieser Jesus, der von euch ging und in den Himmel aufgenommen wurde, wird ebenso wiederkommen, wie ihr ihn habt zum Himmel hingehen sehen" (*Apg* 1,11). Die ganze Kirche hört heute diese Worte, die die Apostel am Tag der Rückkehr Christi zum Vater vernahmen.

„Vom Vater bin ich ausgegangen und in die Welt gekommen; ich verlasse die Welt wieder und gehe zum Vater" (*Joh* 16,28). Diese Ankündigung erfüllte sich vierzig Tage nach der Auferstehung. „Jesus (...) wurde in den Himmel aufgenommen" (*Apg* 1,2; vgl. *Apg* 1,11). Er fuhr in den Himmel auf. Die heutige Liturgie stellt uns dieses Geheimnis des Glaubens vor Augen.

Wir lesen in der Apostelgeschichte: „Er hat ihnen nach seinem Leiden durch viele Beweise gezeigt, daß er lebt; vierzig Tage hindurch ist er ihnen erschienen und hat vom Reich Gottes gesprochen" (*Apg* 1,3). Nun sind diese Tage zu Ende. Christus hat die Zeit seiner Sendung auf Erden beendet; in der Verkündigung des Reiches Gottes hat er das Geheimnis des Emmanuel, das Geheimnis des „Gott mit uns", geoffenbart.

Jesus verläßt diese Erde. Dennoch: Das Geheimnis des Emmanuel – Gott mit uns – bleibt. Christus kam nicht auf die Erde, um uns dann allein zu lassen und zum Vater zurückzukehren. Er ist gekommen, um für immer bei uns zu bleiben.

2. Die in den Bolivar-Ländern verbreitete Kirche feiert heute in der Hauptstadt Perus den Abschluß des Fünften Eucharistischen und Marianischen Kongresses.

In dieser Stadt Lima, dem Mittelpunkt dieses kontinentalen Treffens im Glauben und antikem Sitz der Provinzialkonzilien von Lima, deren drittes vom heiligen Toribio einberufen wurde, versammeln sich heute die Bischöfe und Repräsentanten verschiedener Ortskirchen um die Eucharistie und die Mutter des Herrn.

Was ist das, wenn nicht eine Bekräftigung der Wahrheit, daß Christus, der zum Vater gegangen ist, weiterhin unter uns gegenwärtig ist?

Mitten unter uns ist eben dieser gekreuzigte und auferstandene Christus. Bei uns ist jener, der im Abendmahlssaal „Brot nahm (...) und sagte: Das ist mein Leib für euch (...)" Dasselbe tat er nach dem Essen mit dem Kelch und sagte. „Dieser Kelch ist der Neue Bund in meinem Blut" (*1 Kor* 11,23–25). Der Leib und das Blut Christi. Der gekreuzigte Jesus, der sich als Opfer hingibt für die Sünden der Welt. Jesus, der in der Todesstunde seinen Geist dem Vater übergibt (vgl. *Lk* 23,46). Christus, der Hohepriester, der Priester, der seinen eigenen Leib und sein eigenes Blut dem Vater als Opfer darbringt.

Der gekreuzigte Christus und der auferstandene Christus. Sowohl dieses Opfer als auch dieser Priester sind ewig. Sie dauern in dieser Welt fort, auch nach der Himmelfahrt des Herrn. „Denn sooft ihr von diesem Brot eßt und aus dem Kelch trinkt, verkündet ihr den Tod des Herrn, bis er kommt" (*1 Kor* 11,26), erinnert uns der Apostel Paulus.

Verkündet überall den Tod des Herrn, an allen Orten der Erde, in allen Bolivar-Ländern, in ganz Lateinamerika. Und der Tod des Herrn bedeutet genau dieses: die Wahrheit des Emmanuel. Gott ist bei uns durch das Opfer seines Sohnes, der gehorsam war bis in den Tod. Er ist in heilbringender Weise mitten unter uns zugegen. Er ist bei uns als Erlöser der Welt.

Ihr wolltet, daß dieser Eucharistische Kongreß gleichzeitig ein marianischer sei. Wie kann man in diesem Wunsch nicht eine weitere Bekundung der engen Verbindung zwischen Maria und dem Geheimnis des Emmanuel sehen? In ihr erfüllt sich die Weissagung des Jesaja (vgl. *Jes* 7,14; *Mt* 1,23) und beginnt die Verwirklichung des Erlösungsplanes des Vaters in Christus. In ihrem Leib nimmt Gott Fleisch an, ist er Emmanuel, Gott mit uns. Zum Erstaunen der Natur bringt Maria ihren Schöpfer hervor, wie die Kirche verkündet (vgl. Antiphon *Alma Redemptoris Mater*). Sie wird so, wie es die Volksfrömmigkeit ausdrückt, zum „Tempel und Tabernakel der allerheiligsten Dreifaltigkeit".

3. Während wir hier in Lima, der Hauptstadt Perus, in der Gegenwart des sakramentalen Jesus sind, versammeln wir diesen ganzen Kontinent um den eucharistischen Christus: die unermeßlichen Küsten der Ozeane, die schneebedeckten Berge, die sich zum Himmel recken, die tropischen Wälder und Llanos, die Flüsse und Seen, die Hochebenen und Pampas.
Laßt uns aller Kreatur Stimme geben und dem Herrn den Psalm der Liturgie von Christi Himmelfahrt singen: „Denn Gott ist König der ganzen Erde (...). Gott wurde König über alle Völker, Gott sitzt auf seinem heiligen Thron" (*Ps* 47,8–9).
Ja, alle Geschöpfe bitten Gott, daß er bei ihnen sei als ihr Schöpfer und Herr.
Und trotzdem ist sein Thron auf der Erde das Kreuz auf dem Kalvarienberg, an dem sein Leib dem Tod ausgeliefert und sein Blut für die Sünden der Welt vergossen wurde.
Und sein Thron ist die Eucharistie: das Brot und der Wein als Gestalten des Erlösungsopfers und der heilbringenden Gegenwart des Emmanuel.

4. Deswegen umstehen wir dieses wunderbare Sakrament. Wir kommen zu ihm auf dieser großen Pilgerfahrt der Bolivar-Völker. Wir bringen alles mit uns, was das Leben dieser Völker und der Kirche in ganz Lateinamerika ausmacht. Mit der Eucharistie müssen wir unser ganzes Leben und das Leben der Menschen der ganzen Welt verbinden.
Das Brot, „Frucht der Erde und der Arbeit des Menschen", und der Wein, „Frucht des Weinstocks und der Arbeit des Menschen", sind Sinnbilder dafür, daß all das Gute, das wir in uns selber haben, und unsere ganze Arbeit sich verwandeln kann in Opfergabe und Lobpreis für Gott.
Auf diese Weise beginnt die Errichtung des Himmelreiches schon auf Erden Wirklichkeit zu werden. Gott will zusammen mit diesen Opfergaben auf unsere Mitarbeit rechnen. Durch die Eucharistie, das Opfer des Leibes und des Blutes des Herrn, dienen die Güter dieser Erde dazu, das endgültige Reich zu errichten. Das Brot und der Wein „werden auf geheimnisvolle, aber reale und substantielle Weise durch das Wirken des Heiligen Geistes und die Worte des Priesters in den Leib und das Blut des Herrn Jesus Christus verwandelt, des Sohnes Gottes und des Sohnes Marias" (*Sollicitudo rei socialis*, Nr. 48). Der Herr nimmt alles, was wir vollbracht haben, in sich auf und bringt sich und bringt uns dem Vater dar „in der Erneuerung seines einzigen Opfers, welches das Gottesreich vorwegnimmt und sein endgültiges Kommen ankündet" (*ebd.*).

5. Christus verweilt mitten unter uns. Nicht nur während der Messe, sondern auch danach, unter den im Tabernakel aufbewahrten Gestalten. Und die Verehrung der Eucharistie weitet sich auf den ganzen Tag aus und bleibt nicht auf die Opferfeier begrenzt. Er ist ein naher Gott, ein Gott, der uns erwartet, ein Gott, der bei uns bleiben wollte. Wenn man an diese Realpräsenz glaubt, wie leicht ist es dann, mit ihm verbunden zu sein in der Anbetung der äußersten Liebe! Wie leicht ist es dann, die Ausdrucksformen der Liebe zu be-

greifen, mit denen die Christen durch die Jahrhunderte hindurch die Eucharistie umgeben haben!
Die Liebe zur Eucharistie war der Anlaß dafür, daß sich hier – wie in vielen anderen Teilen der Erde – der Genius eures Volkes offenbarte und den Bolivar-Nationen ein einzigartiges eucharistisches Erbe hinterließ, das sorgfältiger Bewahrung würdig ist (vgl. *Sacrosanctum concilium*, Nr. 22). Die Linderung des Elends derer, die leiden, kann niemals eine Entschuldigung dafür sein, daß Jesus in der Eucharistie vernachlässigt oder sogar geringgeschätzt wird; man darf nicht vergessen, daß Würde und Schicklichkeit der Kultgegenstände und der liturgischen Zeremonien ein Beweis des Glaubens und der Liebe zu Christus in der Eucharistie sind.

6. Jesus will jedoch nicht nur bei uns bleiben; er will uns auch die Kraft geben, in sein Reich einzutreten. „Nicht jeder, der zu mir sagt: Herr! Herr!, wird in das Himmelreich kommen, sondern nur, wer den Willen meines Vaters im Himmel erfüllt" (*Mt* 7,21). Christus, der den Willen seines Vaters erfüllt hat „bis zum Tod, bis zum Tod am Kreuz" (*Phil* 2,8), gibt uns Anteil an seiner Treue durch die Eucharistie. Durch sie gibt er uns Kraft, den Willen des Vaters erfüllen und so in das Himmelreich eintreten zu können. Christus will unsere Nahrung sein. „Nehmt und eßt, das ist mein Leib" (*Mt* 26,26), sagt er zu uns, wie er zu seinen Jüngern an jenem Gründonnerstag sagte. Dieses Mysterium der Liebe fordert von uns eine Antwort aus Liebe. Deswegen müssen wir ihn immer würdig empfangen, mit der Seele im Stand der Gnade, nachdem wir uns, wenn wir es nötig haben, durch das Sakrament der Buße gereinigt haben. „Wer unwürdig von dem Brot ißt und aus dem Kelch des Herrn trinkt", sagt uns der Apostel Paulus, „macht sich schuldig am Leib und am Blut des Herrn" (*1 Kor* 11,27). Und wollen wir ihn so häufig wie möglich empfangen, um ihm so unsere Liebe und unseren Wunsch, ihm ähnlich und seine wahren Jünger im Dienst an unseren Brüdern und Schwestern zu werden, deutlich zu machen.
Emmanuel, Gott mit uns, Gott in uns – das ist wie ein Vorgriff auf die Vereinigung mit Gott, die wir im Himmel erreichen werden. Wenn wir ihn in der gebührenden Verfassung empfangen, wird sozusagen das Innewohnen der Dreifaltigkeit in unserer Seele verstärkt, spüren wir sie inniger. Beim Kommunionempfang können wir dann wieder Christus hören, der zu uns sagt: „Das Reich Gottes ist schon mitten unter euch" (*Lk* 17,21).
Gleichzeitig erinnern wir uns, daß sein Reich zwar in der Gegenwart beginnt, doch nicht von dieser Welt ist (vgl. *Joh* 18,36). Sein Reich ist das „Reich der Wahrheit und des Lebens, das Reich der Heiligkeit und der Gnade, das Reich der Gerechtigkeit, der Liebe und des Friedens" (Christkönigsfest, *Präfation*). Es ist das Reich, in das er geht, um einen Platz für uns vorzubereiten, und in das er uns holt, wenn er ihn vorbereitet hat (vgl. *Joh* 14,2–3), sofern wir ihm treu geblieben sind. Auf diese Weise können wir die Versuchung des irdischen Messianismus zurückweisen: die Versuchung, den Heilsauftrag der Kirche auf eine ausschließlich irdische Befreiung zu verkleinern. „Die Kirche will das Wohl des Menschen in allen seinen Dimensionen: in erster Linie als Glied der Stadt Gottes und dann als Glied der irdischen Stadt" (Instruktion *Libertatis conscientia*, Nr. 63). Deswegen lehrt sie, daß „die radikalste Befreiung, nämlich die Befreiung von der Sünde und vom Tod, durch den Tod und die Auferstehung Christi vollbracht worden ist" (*ebd.*, Nr. 22).

7. „Sooft ihr von diesem Brot eßt und aus dem Kelch trinkt", so haben wir gerade in der Liturgie gehört, „verkündet ihr den Tod des Herrn, bis er kommt" (*1 Kor* 11,26). Jedesmal, wenn wir an der Eucharistie teilnehmen, vereinigen wir uns enger mit Christus und in ihm mit allen Menschen, und zwar mit einem stärkeren Band als jede natürliche Einigung. So geeint, sendet er uns in die ganze Welt, um durch Glauben und Werke des Dienstes an den anderen Zeugnis von der Liebe Gottes zu geben und so das Kommen seines Reiches vorzubereiten und es vorwegzunehmen in den Schatten der gegenwärtigen Zeit. Wir entdecken dann auch den tieferen Sinn unseres Handelns in der Welt für Entwicklung und Frieden und empfangen die Kräfte, um uns immer großherziger für diesen Auftrag einzusetzen (vgl. *Sollicitudo rei socialis*, Nr. 48). Wir erbauen so eine neue Zivilisation: die Zivilisation der Liebe. Eine Zivilisation, an deren Aufbau hier in Peru so auserwählte Menschen mitgewirkt haben wie der heilige Toribio de Mogrovejo, die heilige Rosa von Lima, der heilige Martin de Porres, der heilige Francisco Solano, der heilige Juan Macîas, die selige Ana de los Angeles und viele andere beispielhafte Christen, die durch das Zeugnis ihres Lebens und ihrer Werke der Nächstenliebe den leuchtenden Weg der echten vorzugsweisen Liebe zu den Armen im Sinn des Evangeliums gezeigt haben. Eine Zivilisation, die auf der Basis der Liebe zu der Person neben uns – unserem Nächsten – die Strukturen und die ganze Welt verändern wird.

8. Kirche auf diesem peruanischen Boden! Kirche in den Bolivar-Ländern! Kirche auf diesem ganzen Kontinent, der sich auf die Fünfhundertjahrfeier seiner Evangelisierung vorbereitet! Dies ist der Tag, an dem Christus vor seiner Himmelfahrt die Apostel in die ganze Welt sendet.
Genau heute sagte Jesus, bevor er aus dieser Welt zum Vater ging, zu ihnen: „Geht hinaus in die ganze Welt und verkündet das Evangelium allen Geschöpfen" (*Mk* 16,15).
Doch was bedeutet schon die kleine Zahl zwölf, wenn es darum geht, in die ganze Welt hinauszugehen, allen Geschöpfen zu predigen?
Die Apostel selbst könnten sich diese Frage gestellt haben. Wer sind denn wir? Wie können wir diesem Auftrag nachkommen? Wie werden wir es erreichen, diese Zivilisation des Todes in eine Zivilisation der Liebe und des Lebens zu verwandeln? Das sind Fragen, die auch wir uns heute stellen, die uns angesichts der Größe der uns erwartenden Aufgabe bedrängen können.
Der Herr selbst gibt uns die Antwort. Jesus sagt zu seinen Jüngern und in ihnen zu uns: „Ihr werdet die Kraft des Heiligen Geistes empfangen, der auf euch herabkommen wird; und ihr werdet meine Zeugen sein in Jerusalem und in ganz Judäa und Samarien und bis an die Grenzen der Erde" (*Apg* 1,8).
Die Grenzen der Erde! Schon damals wurde die Zeit vorausgesehen, in der die Apostel der Guten Botschaft in den Personen ihrer fernen Nachfolger und Fortführer an diese unbekannten „Grenzen der Erde" zwischen dem Atlantischen und dem Pazifischen Ozean kommen würden.

9. Kirche Perus! Kirche der Bolivar-Länder! Kirche Lateinamerikas! Christus spricht zu dir mit denselben Worten, mit denen er damals redete und sendet dich, die Gute Nach-

richt allen Geschöpfen zu predigen – genau so wie er am Tag der Himmelfahrt die Apostel ausgesandt hat.
Die Eucharistie ist das Sakrament dieser Aussendung. In der Eucharistie wird dem Tod und der Auferstehung des Herrn Dauer verliehen. In ihr vergegenwärtigt sich die Kraft des Heiligen Geistes, der uns antreibt, als Zeugen Christi seine Erlösungsbotschaft allen Nationen zu verkünden.
Geht deswegen genährt und gestützt durch die Eucharistie! Geht mit Maria, der Mutter Jesu! Verharrt im Gebet, zusammen mit ihr (vgl. *Apg* 1,14). Sie ist die Mutter der entstehenden Kirche, und nach der Himmelfahrt ihres Sohnes dauert ihre Mutterschaft in der Kirche unaufhörlich fort, um uns mit ihrer Liebe zu unterstützen (vgl. *Redemptoris Mater*, Nr.40). Geht also, und mögen euch niemals Mut und Geduld, Menschlichkeit und Standhaftigkeit fehlen! Möge euch nie die Liebe fehlen!
Söhne und Töchter Lateinamerikas, auch ich wiederhole für euch die Worte, die wir heute aus dem Buch der Apostelgeschichte gehört haben: „Was steht ihr da und schaut zum Himmel empor? Dieser Jesus, der von euch ging und in den Himmel aufgenommen wurde, wird ebenso wiederkommen, wie ihr ihn habt hingehen sehen“ (*Apg* 1,11).
Wir alle stehen in dieser Welt, inmitten der irdischen Realitäten, aber unser Blick ist nach oben gerichtet, weil wir wissen, daß der Herr wiederkommen muß.
Mit großer Liebe und großem Vertrauen sind wir „in der Erwartung deiner Wiederkunft“. Maraná tha. Komm, Herr Jesus!
(Hinweis: Die sogenannten Bolivar-Länder, die diesen Kongreß gefeiert haben, sind Peru, Bolivien, Kolumbien, Ecuador, Panama und Venezuela.)

Maria lädt zu Nachfolge Christi ein

Regina caeli in Lima (Peru) am 15. Mai

„Freu dich, o Himmelskönigin“

Maria hat sich ohne Zweifel gefreut und im Herrn gejubelt während der Tage dieses großen Kongresses, den wir heute abschließen. Während dieser Tage hat das Volk Gottes der Bolivar-Länder mit Begeisterung seinen tiefen Glauben an den eucharistischen Jesus bekundet.
Es war eine litrugische und volkstümliche Feier verschiedener Bruderländer zu Ehren dessen, der uns erlöst hat, der sein Werk der erbarmenden Liebe in den Sakramenten fortsetzt und der bei uns bleiben wollte, um unser Gefährte, unser Freund, unser Bruder zu sein.
Die Aufforderung, die der Herr unaufhörlich an uns richtet: „Kommt alle zu mir, die ihr euch plagt und schwere Lasten zu tragen habt; ich werde euch Ruhe verschaffen“ (*Mt* 11,28) war in diesen Tagen eine Einladung, ihm mit Maria und durch Maria näherzukommen.
Sie, „die Jungfrau und Mutter, die Tochter ihres Sohnes“, wie Dante es wortgewaltig ausdrückt, steht in euren Nationen an eurer Seite, begleitet euch auf eurem Weg und geht

euch voraus auf dem Pilgerweg des Glaubens (vgl. *Redemptoris mater*, Nr. 24). In den Marienwallfahrtsstätten, die wie Perlen eure Länder zieren, erwartet sie ihre Kinder, um ihnen als liebevolle Mutter immer wieder den göttlichen Rat, das ermutigende Wort und die geistliche Kraft zu geben, die wir so sehr brauchen.
Es wäre zu langwierig und außerdem zu schwierig, alle die Orte aufzuzählen, an denen die Mutter des Erlösers verehrt wird; ihr kennt sie alle gut und wißt, wohin ihr gehen müßt, um ihr zu begegnen, die „unser Leben, unsere Süßigkeit und unsere Hoffnung“ ist.
Das katholische Volk ruft in seinem besonderen „sensus fidei“ Maria als Mutter an; als Mutter der Barmherzigkeit, weil sie auf ihren Armen trägt und wir von ihr empfangen haben das menschgewordene Wort Gottes, das zu uns Menschen gekommen ist, damit wir das Leben haben und es in Fülle haben (vgl. *Joh* 10,10); das wahre, volle, frohe Leben, das Frucht der Erlösung ist, die in der Eucharistie, dem Sakrament der Liebe, fortdauert.
Wir feiern heute hier in Peru das liturgische Fest der Himmelfahrt des Herrn. Vereint mit der allerseligsten Jungfrau freuen wir uns an der Glorie ihres Sohnes, an dem die Kraft und Stärke des Allerhöchsten offenbar geworden ist, als er ihn „von den Toten auferweckt und auf den Platz zu seiner Rechten erhoben hat, hoch über alle Fürsten und Gewalten, Mächte und Herrschaften und über jeden Namen, der nicht nur in dieser Welt, sondern auch in der zukünftigen genannt wird“ (*Eph* 1,20–21).
Er ist uns vorausgegangen in der Glorie, die wir zu erreichen hoffen; unsere allerseligste Mutter lädt uns ein, sie mit Eifer zu erstreben in der Nachfolge dessen, der uns den Weg zum Himmel zeigt und in unsere Hände und unsere Herzen die Gnade legt, die uns zu Kindern Gottes umgestaltet.
Möge der Gesang des „Regina caeli“, geliebte Brüder und Schwestern, heute und alle Tage unseres Lebens als feierlicher und froher Chor zu Maria dringen, zusammen mit der christlichen Verpflichtung, Zeugen der echten Werte des Evangeliums zu sein als Bauleute des Friedens, der Brüderlichkeit und der Harmonie in der Gesellschaft Petrus und ganz Lateinamerikas.

Die Verkündigung erfordert mehr Einheit

Ansprache an die Bischöfe von Peru in Lima (Peru) am 15. Mai

„Seht, uns führt zusammen Christi Liebe.“

Liebe Brüder im Bischofsamt!

1. Diese in der Kirche stets aktuellen Worte erfüllen sich heute auf ganz besondere Weise. Uns hat die Liebe Christi und die Liebe seiner Mutter hier zusammengeführt, und der freudige Anlaß ist der Abschluß des 5. Eucharistischen und Marianischen Kongresses der Bolivar-Länder.
Ich danke lebhaft für eure Einladung zu dieser feierlichen Zeremonie und sage Gott, dem Vater, von dem „jede gute Gabe und jedes vollkommene Geschenk kommt“ (*Jak* 1,17),

Dank für die Verehrung des peruanischen Volkes gegenüber der Eucharistie und gegenüber der Muttergottes. Diese Inbrunst ist Werk der Gnade und zugleich Frucht eures selbstlosen Dienstes, ein leuchtendes Zeichen für den Fleiß und die Hingabe, mit denen ihr eure Seelsorgearbeit ausübt. Ich danke Gott auch, daß er mir gewährt, erneut bei euch zu sein und euch brüderlich als wahre und zuverlässige Lehrer des Glaubens, Priester und Hirten grüßen zu können (vgl. *Christus Dominus*, Nr. 2).

2. Schon nahe dem dritten Jahrtausend des Christentums und noch näher, schon am Vorabend, der Fünfhundertjahrfeier des Beginns der Evangelisierung Amerikas möchte ich euch an die Notwendigkeit eines erneuerten Engagements für das erinnern, was ich bereits bei anderen Gelegenheiten eine „Neuverkündigung des Evangeliums" genannt habe (*Ansprache an die Bischöfe Perus*, Nr. 1; 2. Febr. 1985).
Gewiß, der Same der Botschaft Christi hat sich tief eingesenkt in die Erde Perus, hat mit ausdauernder Kraft gekeimt und reiche Früchte der Heiligkeit hervorgebracht, wie eure Heiligen der Vergangenheit beweisen, zu denen jüngst Schwester Anna de los Angeles Monteagudo gekommen ist. Doch der Herr ruft uns, diese Verkündigung des Evangeliums weiter voranzutreiben, die – wie ich 1983 in Port-au-Prince gesagt habe – „neu in ihrem Eifer, in ihren Methoden und in ihren Ausdrucksformen" sei (*Ansprache an den CELAM*, Nr. 1; 9. März 1983), dabei jedoch immer dieser Guten Nachricht treu bleiben muß, die das Evangelium in jedem beliebigen Augenblick der Geschichte ist. Diese neue oder erneuerte Evangelisierung verkündet nicht nur Jesus Christus dort, wo man ihn noch nicht kennt, sondern stellt gleichzeitig größere Forderungen an diejenigen, die schon zu seiner Herde gehören. Wir können uns nicht, meine Brüder, mit den schon erreichten Zielen zufriedengeben. Dessen seid ihr euch, wie ich, bewußt. Gewiß, das schon Erreichte ist viel, doch ist es zugleich wenig, wenn wir die erweiterten Horizonte möglicher christlicher Expansion und Vertiefung betrachten, die sich vor unseren Augen öffnen.

3. Als die erste Verkündigung des Evangeliums in diesen Ländern unternommen wurde, standen eure Vorgänger vor einer schwierigen Geographie mit beschwerlichen Verbindungswegen über die gewaltigen Höhen der Anden oder durch undurchdringliche Urwälder. Doch die Liebe und das Bewußtsein des göttlichen Auftrags, Jünger in allen Völkern zu gewinnen, siegten über die Schwierigkeiten. Heute könnte es wie damals und ebenso in der Frühzeit des Christentums so scheinen, als seien die Hindernisse unüberwindlich und die Mittel ungenügend. Sicher ist, daß zu den bereits in der Vergangenheit erfahrenen Schwierigkeiten in unseren Tagen andere mit andersartigen und herausfordernden Charakteristiken hinzukommen. Die gegenwärtige peruanische Gesellschaft strebt im Recht nach Zielen des Fortschritts, die den materiellen und spirituellen Horizont eines jeden Bürgers zu erweitern in der Lage sind; doch zuweilen fühlt sie sich wie von innen heraus untergraben durch ein unverzeihliches Verschwinden der Achtung vor der Menschenwürde, durch materialistische Ideologien, die die Transzendenz leugnen, durch eine blinde Gewalt, die gegenüber den wiederholten Anrufen zur Versöhnung gefühllos bleibt. Zu all dem kommen die wachsende und schon extreme Armut vieler Familien, die vom Rausch-

gifthandel verursachten oder hervorgebrachten sozialen Laster, das Übermaß der Sekten und das hartnäckige Fortbestehen des Hinterfragens von Lehre und Methodologie, das Verwirrung unter den Gläubigen stiftet und die Einheit der Kirche angreift.
Doch auch heute wie vor fünf Jahrhunderten reißt uns der Geist Gottes mit, die Arbeit mit glühendem Eifer und erneuerter Hoffnung anzupacken: In Treue die seelsorglichen Aufgaben zu erfüllen, die das Wachstum der Kirche verlangt; in Kraft die Trübsale und Schmerzen zu ertragen, die niemals fehlen; hochherzig auf dem Weg des Kreuzes, der Quelle unseres Heils, weiterzugehen (vgl. *Kol* 1,24).

4. Die Notwendigkeit einer erneuerten Verkündigung des Evangeliums bringt in erster Linie die Forderung nach mehr Einheit mit sich. Die Kirche als Geheimnis der Gemeinschaft ist mit den Worten des II. Vatikanischen Konzils „Zeichen und Werkzeug für die innigste Vereinigung mit Gott wie für die Einheit der ganzen Menschheit" (*Lumen gentium*, Nr. 1). Im Kern dieses Geheimnisses findet man die Gemeinschaft der Bischöfe untereinander. Ihr seid, liebe Brüder, rechtmäßige Nachfolger der Apostel und Mitglieder des Bischofskollegiums: als Folge davon müßt ihr euch eng mit ihm und untereinander verbunden fühlen als Teile eines einzigen Leibes (vgl. *Christus Dominus*, Nr. 6). Die Liebe zueinander, die euch eint, muß das Symbol sein, das mit seinem Glanz die Menschen dazu bringt, sich Jesus Christus zu nähern: „Daran werden alle erkennen, daß ihr meine Jünger seid: wenn ihr einander liebt" (*Joh* 13,35).

5. „Geht hinaus in die Welt, und verkündet das Evangelium allen Geschöpfen!" (*Mk* 16,15).
Der erste Schritt dieser Neuevangelisierung ist die freudige und beharrliche Verkündigung der christlichen Botschaft, für die ihr eine besondere Verantwortung tragt. Ihr seid doch wirklich „Glaubensboten ... authentische, das heißt mit der Autorität Christi ausgerüstete Lehrer. Sie verkünden dem ihnen anvertrauten Volk die Botschaft zum Glauben und zur Anwendung auf das sittliche Leben ..." (*Lumen gentium*, Nr. 25).
„Das ganze Mysterium Christi" (*Christus Dominus*, Nr. 12) muß in jedem Augenblick der zentrale Punkt dieser erneuerten Verkündigung des Evangeliums sein. Die großen Glaubenswahrheiten, an die uns die Liturgie in Jahreszyklen erinnert, müssen dem christlichen Volk mit angemessenen pastoralen Mitteln vorgestellt werden, damit ihr Bekenntnis mit immer größerer Überzeugung erfolgt. Das schließt keineswegs aus, daß auch die Wegweisung über die rechte Ordnung der irdischen Realitäten integrierender Bestandteil eures Dienstamtes sei; es ist jedoch wichtig, gut herauszustellen, daß die endgültige Antwort auf die bedrängendsten Fragen der Menschheit gerade aus dem Glauben an die göttliche Gnade kommt, die sich in der Kirche durch die Sakramente und die anderen Mittel der Heilung ausbreitet.
Euer Dienst als Hirten und Lehrer des Glaubens schließt unvermeidlich die Verpflichtung ein, Abweichungen, wenn sie auftreten, zu erkennen, aufzuklären und Abhilfe zu schaffen, falls es erforderlich sein sollte. Ihr dürft nicht zögern, diese Pflicht gewissenhaft auszuüben, wenn legitime Pluralität aufgrund des Irrtums oder aus menschlicher Schwäche zu Positionen abdriftet, die dem Glauben und den Lehren der Kirche widersprechen. Zur

Klugheit und zur Liebe ohne Grenzen, wie sie dem Guten Hirten eigen sind, muß auch die Stärke kommen, die euch, wie den heiligen Paulus (vgl. *2 Tim* 2,14–20; *Tit* 1,10–11), dazu führen muß, Abweichungen und Irrtümer offen anzuprangern – auch wenn euch das schmerzt – wenn das Wohl der Seelen und die Treue zur Kirche es so verlangen.
Der heilige Toribio de Mogrovejo, euer erlesener Vorgänger, bietet uns ein leuchtendes Beispiel dafür, wie diese Tugend der Stärke ausgeübt wird, war er doch „ein ausgezeichneter Lehrer in der Wahrheit, der stets den, der irrte, liebte, aber niemals darauf verzichtete, den Irrtum zu bekämpfen" (*Ansprache an die Bischöfe von Peru*, Nr. 3; 2. 2. 1985).
In diesem Kontext – der Verbindung von Klugheit, Liebe und Stärke – muß sich euer klares und mutiges Lehramt mit Festigkeit artikulieren, um die Richtlinien der beiden Instruktionen der Kongregation für die Glaubenslehre über die Theologie der Befreiung zur Anwendung zu bringen.
Eure Liebe zur Herde Christi und im besonderen zu denen, die durch ihn als Priester des Allerhöchsten Gottes eingesetzt wurden, muß euch bewußt machen, daß fortdauernder Irrtum zuweilen eine derartige Trübung der Vernunft mit sich bringt, daß die Ohren für Anrufe und Mahnungen geradezu taub werden, so als wären diese an andere gerichtet. Nach dem Beispiel des Guten Hirten, der liebevoll auf die Suche nach dem verlorenen Schaf geht (vgl. *Mt* 18,12), werdet ihr in eurer Hirtensorge alles in eurer Macht Stehende tun, um sie voll und ohne, daß Risse bleiben, wieder in die Einheit einzugliedern, und werdet gleichzeitig darauf achten, daß die Abweichung einiger nicht andere aus der Gemeinschaft um Christus entfernt.

6. Die Predigt der Guten Nachricht schließt auch ein, daß ihr gemäß der Lehre der Kirche den Wert der menschlichen Person und ihrer unveräußerlichen Rechte, den Wert der Familie, ihrer Einheit und ihrer Stabilität, den Wert der bürgerlichen Gesellschaft mit ihren Gesetzen und legitimen Institutionen sowie den Wert der Arbeit, der Erholung, der Künste und der Wissenschaften verkündet. Das und anderes sind Aufgaben, die das Konzilsdokument *Christus Dominus* den Bischöfen aufzeigt, ohne schließlich die Aufgabe auszulassen, die Grundsätze darzulegen, „nach denen die überaus schwierigen Fragen über Besitz, Vermehrung und rechte Verteilung der materiellen Güter, über Krieg und Frieden sowie über das brüderliche Zusammenleben aller Völker zu lösen sind". (Nr. 12).
Das bürgerliche Leben Perus, das seit Jahren von Gewalt und Terrorismus, von Armut, Rauschgifthandel, Verfall der öffentlichen Moral und anderen Übeln heimgesucht wird, darf auf keinen Fall nur ein Randgebiet eures richtungsweisenden Wortes bleiben. Als den Urhebern von Eintracht und Einigkeit ist der Aufbau der Gemeinschaft im eigenen Land, die Schaffung von Versöhnung und Solidarität Aufgabe der Bischöfe. Der Geist, der euch berufen hat, am Aufbau der Kirche weiterzuarbeiten, verlangt von euch, die Menschen zu ermahnen, daß sie sich in der Wahrheit und in der Suche nach dem authentischen Gemeinwohl zusammenschließen. Der Christ muß aufrichtig seine Bürgerpflichten im Geist uneigennützigen Dienstes übernehmen, was ihn dazu bringt, auf das Streben nach persönlichem Gewinn, Macht oder Prestige zu verzichten, wenn sich das zum Schaden anderer Personen auswirkt. Er wird die Rechte der anderen zu achten wissen und in

erster Linie nach dem höheren Gut des Friedens und der Gerechtigkeit streben. Getreu ihren edelsten Traditionen und ihren christlichen Wurzeln werden die Christen sich dafür entscheiden, mit erneuerter Zuversicht den Weg der Versöhnung und der Brüderlichkeit einzuschlagen in dem gemeinsamen Bemühen, durch Dialog und friedliche Mittel zur Überwindung bestehender Gleichgewichtsverschiebungen und entgegengesetzter Interessen zu gelangen. Der Christ muß sich wohl darüber im klaren sein, daß man die Gesellschaft solide und in Frieden nur dann aufbaut, wenn man sich an das Programm der Seligpreisung hält.

Ganz anders sind dagegen die von den materialistischen Ideologien angebotenen Lösungen. Die zügellose Gier nach wirtschaftlichem Profit ohne jede ethische Sperre (vgl. *Sollicitudo rei socialis*, Nr. 37) und die Auffassung von einer in permanentem Klassenkampf verfeindeten Gesellschaft widersprechen der Botschaft Christi; sie enden immer in einer Steigerung des Egoismus und des Hasses, in der Entfernung von Gott und im Verrat am Menschen.

7. Doch der Ruf zum Glauben, den die Gute Botschaft erhebt, muß immer von angemessenen Heilsmitteln begleitet werden. Bei der Aussendung in die Welt sagt der Herr seinen Aposteln: „Wer glaubt und sich taufen läßt, wird gerettet" (*Mk* 16,16). Die Neuverkündigung des Evangeliums schließt als etwas Wesentliches und Vorrangiges die Feier der Sakramente ein, die einen wesentlichen dazugehörigen Teil des Rufs zur Nachfolge Christi bilden. In dem in der Eucharistie erneuerten österlichen Geheimnis vollzieht sich die Erlösung und offenbart sich uns, welchen Sinn das Handeln des Christen in der Welt haben muß. In ihm teilt uns Christus seine Gnade mit und befähigt uns, seine Wunder unter den Menschen zu verkünden.

Die Befreiung von der Sünde verlangt eine ständige und breit angelegte Katechese über die sakramentale Buße, „die hervorhebt (...), daß ohne die Bekehrung zu Christus im Geist der Demut und der Reue der Mensch unfähig ist, die großen Probleme seiner Existenz zu lösen und die Hindernisse zu überwinden, die das Offenbarwerden des versöhnten Lebens verhindern" (vgl. *Reconciliatio et paenitentia*). Zur Katechese muß die Sorge hinzukommen, daß die Gläubigen häufig dieses Sakrament empfangen können. Zu diesem Zweck sollt ihr die Priester ermutigen, daß sie – wie der Vater im Gleichnis vom verlorenen Sohn (vgl. *Lk* 15,20) – geduldig auf diejenigen warten, die reumütig umkehren, ja ihnen sogar nachgehen, um jeden einzelnen an der unermeßlichen Liebe Gottes teilnehmen zu lassen.

Diese Teilnahme gipfelt im eucharistischen Gastmahl. „Da er die Seinen, die in der Welt waren, liebte, erwies er ihnen seine Liebe bis zur Vollendung" (*Joh* 13,1): Mit diesen Worten eröffnete der heilige Johannes den Bericht über das Letzte Abendmahl. Diese „Liebe bis zur Vollendung" findet vollkommene Erwiderung in der häufigen eucharistischen Kommunion, dem Altarsakrament, das wir zusammen mit dem ganzen Volk Gottes bei dem soeben beendeten Kongreß, der die Gläubigen der Bolivar-Länder versammelt hat, angebetet haben.

8. Doch „wie sollen sie hören, wenn niemand verkündigt? Wie soll aber jemand verkündigen, wenn er nicht gesandt ist?" (*Röm* 10,14–15).
Meine Brüder, damit sich diese neue und erneuerte Verkündigung des Evangeliums bis an die äußersten Grenzen dieses Landes ausbreitet, sollt ihr „die Priester- und Ordensberufe soviel wie möglich fördern und dabei den Missionsberufen besondere Sorgfalt widmen" (*Christus Dominus*, Nr. 15).
Eine meiner größten Freuden war es, das prachtvolle Gedeihen der Berufungen in Peru zu beobachten. Die Seminare müssen gleichsam euer „Augapfel" sein, wie mein verehrter Vorgänger Papst Pius XII. sagte; sie müssen vorrangiger Gegenstand eurer Aufmerksamkeit sein, wobei ihr euch sowohl um die Zahl der Seminaristen als auch um die angemessene Qualität ihrer menschlichen, spirituellen, theoretischen und pastoralen Bildung kümmern sollt.

9. Die Bischöfe seien „in der Mitte der Ihrigen wie Diener, gute Hirten, die ihre Schafe kennen und deren Schafe auch sie kennen, wahre Väter, die sich durch den Geist der Liebe und der Sorge für alle auszeichnen" (*ebd.*, Nr. 16). Euch, meine Brüder, obliegt die Aufgabe, die Einheit des Klerus und der übrigen Seelsorgekräfte zu bewahren und sie zu ermahnen, daß sie sich nicht von Situationen hinreißen lassen, in denen ihre Identität als Priester des Herrn in Gefahr ist. Deswegen ist es ratsam, unter ihnen echte priesterliche Brüderlichkeit zu fördern, die die Alltagsarbeit erträglicher macht und dem Priester hilft, seine Verpflichtungen gegenüber Gott und der Kirche getreu zu erfüllen.
Diese priesterliche Brüderlichkeit muß auch dazu führen, daß die in Peru so reichlich vorhandenen Priester und Ordensleute aus dem Ausland mit aufrichtiger Zuneigung aufgenommen werden, damit sie sich, ermutigt vom einheimischen Klerus und den ortsansässigen Ordensleuten, wie zu Hause fühlen. Ihr fern von ihrem Herkunftsland ausgeübter Dienst ist ein hochwertiger Anspruch auf Erleichterungen, um sich voll in das Leben und die Seelsorge der Diözese eingliedern zu können.
Die Gemeinschaften des geweihten und apostolischen Lebens erfüllen eine erstrangige Funktion auch in der Ortskirche. Ermutigt sie, ihre Treue zum eigenen Charisma zu vermehren, untereinander brüderlich einig zu sein, in der Liebe zu bleiben und ihren Glaubensbrüdern im Geist Christi zu dienen, indem sie wie Sauerteig in der Masse wirken, ohne ihre Identität zu verlieren.

10. Die Bischofssynode des vergangenen Jahres betonte nachdrücklich die volle Zugehörigkeit der Laien zum Sendungsauftrag der Kirche als einem Anspruch aus ihrer Taufe. Das Bewußtsein, Kirche zu sein, muß sie dazu bringen, sich voll verantwortlich für diese Mission zu fühlen, die darin besteht, alle Menschen zur Einheit in Christus zu rufen und alle Realitäten der Welt zu heiligen. Die Laien brauchen und erwarten von ihren Hirten die Wegweisungen, die ihnen helfen, ihr Tun in der Welt christlich zu entfalten als Teil dieser universalen Sendung. Bringt ihnen deshalb die Soziallehre der Kirche in Erinnerung, nicht als ein theoretisches Lehrgebäude, das nichts mit dem Leben zu tun hat, sondern als Aussichten, die darauf warten, im Handeln der Menschen verwirklicht zu werden.

Die Apostolatsvereinigungen und die kirchlichen Bewegungen (vgl. *Apostolicam actuositatem*, Nr. 18) verdienen Ermutigung als Manifestationen der Kraft des Geistes, der die Gemeinschaft im Glauben und in der brüderlichen Liebe führt und der sie zur aktiven Teilnahme am Sendungsauftrag der Kirche drängt.
Die Heiligkeit des Lebens, die ihr vom Leben im Familienkreis an fördern sollt, verlangt vorrangig von den christlichen Eheleuten die Heiligung ihrer Pflichten in der Familie. Die den Weg der Ehe einschlagen, müssen wissen, daß unser Herr die eheliche Gemeinschaft zur Würde des Sakraments seiner eigenen Liebe zur Kirche erheben wollte. Das echte Glück des Familienlebens ist auf der Liebe aufgebaut, die sich in Aufrichtigkeit und Beharrlichkeit schenkt und opfert. Eine solche Liebe muß die Beziehung zwischen den Ehegatten, zwischen Eltern und Kindern und zwischen den Geschwistern beseelen. Diese Liebe kann nur auf dem Boden des Glaubens leben, und der ist ein Geschenk Gottes, das im Gebet und durch die Sakramente genährt wird. Aus den ehelichen Beziehungen die Offenheit für das Leben fernzuhalten und mit unerlaubten Mitteln ein Vergnügen zu suchen, das die Fruchtbarkeit ausschließt, heißt, diese Liebe nicht zu kennen.

11. Liebe Brüder im Bischofsamt, wir sind nicht allein bei dieser Aufgabe der Neuverkündigung des Evangeliums. Als der Herr damals seine Apostel aussandte, die Gute Nachricht zu predigen, sagte er zu ihnen: „Seid gewiß: Ich bin bei euch alle Tage bis zum Ende der Welt“ (*Mt* 28,20).
Gott ist bei uns. Als Jesus von uns ging, ist er gleichzeitig in der Eucharistie bei uns geblieben. Und: „Ist Gott für uns, wer ist dann gegen uns?“ (*Röm* 8,31).
Die Eucharistie ist Zeichen und Quelle der Einheit. In ihr erglänzt hervorstechend die Wahrheit der Liebe: der Liebe Gottes zu den Menschen, der seinen eingeborenen Sohn hingab, damit wir, die wir durch die Sünde gestorben waren, das Leben wiederhaben würden, und der Liebe, die uns mit allen, die wir uns vom Leib und vom Blut des Herrn nähren und durch denselben Geist lebendig gemacht werden, vereinigen soll. Möge euch dieses Sakrament auf eurem Weg stärken und möge es aus euch im Peru von heute lebendige und wirkungsvolle Zeichen der Liebe und des Friedens des Herrn machen.
Ich empfehle eure pastoralen Vorhaben auch der Muttergottes, die ihr mit großem Geschick dadurch ehren wolltet, daß ihr sie bei diesem Kongreß an die Seite ihres göttlichen Sohnes gestellt habt. Von ihr erbitte ich, sie möge die Führerin eures Denkens und Handelns im Dienst am Aufbau der Kirche sein. So sei es.

Ordensentscheidung – eine Lebensentscheidung

Ansprache bei der Begegnung mit den Ordensfrauen in Lima (Peru) am 15. Mai

Liebe Schwestern in Christus!

1. Es ist mir eine große Freude, anläßlich meines zweiten Besuchs in Peru mit euch, den Angehörigen verschiedener Kongregationen und Institute gottgeweihten Lebens, die Gott auf ganz besondere Art liebt, zusammentreffen zu können. Er wollte, daß ihr ihm euer

ganzes Sein – Seele, Leib und Herz – rückhaltlos schenkt; er hat euch eingeladen, euer Leben zu einem unmißverständlichen Zeichen eurer Weihe an Gott zu machen; er fordert euch auf, für die Tatsache Zeugnis abzulegen, daß die irdischen Wirklichkeiten nur im Geist der Seligpreisungen verklärt und dem Vater dargebracht werden können. Gott hat euch zu seinem Dienst berufen, damit ihr mit eurem unermüdlichen Eifer zur Ausbreitung seines Reiches beitragt, das in der Kirche schon seinen Anfang genommen hat (vgl. *Lumen gentium*, Nr. 5).
Eure Anwesenheit in diesen Stunden, liebe Ordensfrauen, soll eure ausschließliche und endgültige Weihe an Christus in der Kirche durch eure Profeß des Gehorsams, der Keuschheit und der Armut bezeugen. Auf diese Weise wird euer Geist frei für das wunderbare Abenteuer der rückhaltlosen Hingabe an die Ideale des Evangeliums, an die Person Jesu Christi, eures Bräutigams, in der Kirche und in der selbstlosen Aufopferung im Dienst an den Mitmenschen. Eure Verpflichtung ist nichts zeitlich Begrenztes; sie ist vielmehr eine Lebensentscheidung: ihr habt euch dazu verstanden, leuchtende Zeichen für die Wirklichkeiten des Reiches Gottes zu sein (vgl. *Perfectae caritatis*, Nr. 1).
Tatsächlich seid ihr dazu berufen, lebendige Zeichen des Reiches Gottes zu sein! Seid daher Licht, das erleuchtet, und Salz, das nicht schal wird. Je größer eure apostolische Aufgabe ist, desto dringender ist die Notwendigkeit, in einer Welt, die aus Mangel an höheren Idealen in Verwirrung gerät, klar in Erscheinung zu treten. Je stärker ihr in die zeitlichen Wirklichkeiten eingegliedert seid, desto klarer müßt ihr euch in eurem Wirken als das erweisen, was ihr seid: Verkündigung des neuen Lebens in Christus. Ihr seid dazu berufen, Zeichen zu sein und daher auf klare und konkrete Erfordernisse innerhalb der Wirklichkeiten, in denen ihr lebt, Antwort zu geben. Wenn ein Zeichen undeutlich wird, büßt es seinen Daseinszweck ein und ruft Verwirrung hervor. Nur in dem Maß, in dem ihr, wie die Jungfrau von Nazaret, euer „Ja“ in jedem Augenblick eures Lebens erneuert und so die mit euren Gelübden übernommene Verpflichtung in ihrem vollen Umfang bekräftigt, werdet ihr der Identität treu bleiben, die ihr zu der euren gemacht und persönlich in der Kirche bestätigt habt. Euer „Ja“ wird eins mit dem „Ja“ Marias. „Dieses Fiat Marias – 'mir geschehe' – hat von der menschlichen Seite her über die Verwirklichung des göttlichen Geheimnisses entschieden“ (*Redemptoris Mater*, Nr. 13).

2. Sehr deutlich lassen sich hier, auf dem Boden Perus, die Spuren der hochherzigen Antwort so zahlreicher Ordensfrauen und Gottgeweihter wahrnehmen, die selbstlos und opferbereit für die Ausbreitung des Reiches Gottes gearbeitet haben. Das Zeugnis einer Rosa von Lima, einer Ana de los Angeles Monteagudo und so vieler anderer auserwählter Seelen läßt am Horizont klare Zeichen jener Heiligkeit aufleuchten, zu der ihr berufen seid. In Jesus, dem Herrn, Gott geweiht, nehmt ihr in der Versammlung des Volkes Gottes einen besonderen Platz ein. Eure Identität ist in der neuen geistlichen Bindung eurer Profeß begründet. Sie ist eine Entfaltung der Taufweihe, die durch euer gottgeweihtes Leben voller zum Ausdruck gebracht wird (vgl. *Perfectae caritatis*, Nr. 5).
Durch eure freie und rückhaltlose Hingabe an den Herrn werdet ihr für die Aufgaben der Kirche verfügbar, in Treue zu ihrer Lehre und ihren Richtlinien. Die unverbrüchliche Treue zur Kirche ist eine der Bedingungen für eure persönliche Hingabe. Würde sie

fehlen, so käme das einem Abweichen von der Sendung gleich, zu der ihr berufen seid, ist doch, wie das II. Vatikanische Konzil lehrt, „die letzte Norm des Ordenslebens die im Evangelium vorgestellte Nachfolge Christi" (*Perfectae caritatis*, Nr. 2).
In euren apostolischen Werken der Erziehung von Kindern und Jugendlichen und der Hilfeleistung für sie und für die Betagten und Behinderten, bei der Verkündigung des Wortes Gottes in den ausgedehnten Gebieten eures Landes, im Dienst an der menschlichen und christlichen Reifung der jungen Menschen und in eurer Solidarität des Herzens und der Hände mit den Armen und Leidenden müßt ihr stets darauf bedacht sein, voll und ganz euch selbst treu zu bleiben und den Menschen, denen ihr dient, Horizonte aufzutun, die rein menschliche Zielsetzungen übersteigen. So soll das Licht des Glaubens, das uns einlädt, an den Reichtümern Gottes teilzuhaben, über jedem Leben aufleuchten.

3. Dieses Zeugnis für die Berufung zur Transzendenz geben ihren Brüdern und Schwestern auch jene Ordensfrauen, die nicht direkt in der Gesellschaft tätig sind (vgl. *Lumen gentium*, Nr. 46; *Gaudium et spes*, Nr. 43). Der Papst möchte den Gottgeweihten des beschaulichen Lebens versichern, daß ihre kirchliche Sendung auch in einer Welt voll Aktivität weiterhin volle Gültigkeit besitzt, und daß die Kirche mit besonderer Vorliebe auf jene blickt, die sich für eine rückhaltlose Verpflichtung zu einem Leben in der Klausur entschieden haben (vgl. *Perfectae caritatis*, Nr. 7; *Ad gentes*, Nr. 18, 40).
Ihr, liebe Ordensfrauen des beschaulichen Lebens, habt eine grundlegende Entscheidung für Jesus den Herrn getroffen, indem ihr alles um seinetwillen verlassen habt, ihm nachgefolgt seid und mit unermüdlichem Eifer für die Verwirklichung seines göttlichen Planes arbeitet (vgl. *Perfectae caritatis*, Nr. 5). Ihr habt euch mit aller Großmut in den Dienst der Kirche gestellt und seid daher ein wahrer Reichtum des kirchlichen Lebens und gleichzeitig ein wirksames Instrument ihres Apostolats. Seid stets darauf bedacht, eure Verbundenheit mit der Kirche klar in Erscheinung treten zu lassen. Seid untereinander und innerhalb der kirchlichen Gemeinschaft ein Zeichen der Einigkeit, indem ihr mit eurem Beispiel die Einheit des in Christus versöhnten Volkes Gottes fördert. Möge euer Dienst für die Kirche allzeit ein Ausdruck der Verbundenheit mit der Ortskirche und mit ihren Hirten sein.

4. Was heute in erster Linie euren Geist bewegt, ist das Erlebnis der so bereichernden Tage des eben abgeschlossenen eucharistischen und marianischen Kongresses. Es waren Tage, erfüllt und belebt vom Glauben, vom großen Geheimnis unseres Glaubens. Dieser Glaube, der hell im Geist aufleuchtete, hat die Herzen entzündet und die unendliche und unaussprechliche Liebe des Gottmenschen zu uns erkennen lassen, der auf unserer irdischen Pilgerfahrt sich uns zur Nahrung gibt, und uns auf unserem Weg zum Haus des Vaters begleitet. Die Worte, die der Priester nach der eucharistischen Konsekration spricht: „Geheimnis des Glaubens", werden uns, wenn ihr sie täglich bei der Eucharistiefeier vernehmt, eurem Glauben besondere Kraft geben, und mit ganzer Hingabe werdet ihr in der Antwort den Sieg Christi durch Kreuz und Auferstehung ausrufen und immer und überall, zu seiner Rückkehr, seine Heilsbotschaft verkünden.

Der Glaube ist Führer und Weg zur Vereinigung mit Gott (vgl. Hl. Johannes vom Kreuz, *Aufstieg zum Berg Karmel*, II 3,6; *ebd.* II 1,11) und macht eine persönliche Begegnung mit Jesus, dem Herrn, möglich; er läßt uns den Hauch des Geistes empfangen, der unser Leben beseelt und erleuchtet; er ist die Tür, die sich öffnet, damit wir als Kinder mit dem Vater in Verbindung treten können, denn „ohne Glauben ... ist es unmöglich (Gott) zu gefallen", wie die Schrift sagt (*Hebr* 11,6). Das geoffenbarte Wort weist uns auch zu anderen Stellen auf diese Wahrheit hin: „Mein Gerechter aber wird durch den Glauben leben" (*Hebr* 10,38; *Röm* 1,17; *Gal* 3,11). Um wieviel mehr muß das von der Ordensfrau gesagt werden, die ihr ganzes Leben Jesus Christus geweiht hat!
Ihr seid dazu berufen, ein kirchliches Zeugnis zu geben, das jedoch an den Wirklichkeiten dieser Welt nicht uninteressiert ist, sondern sie vielmehr erhellt. Bedenkt stets, daß gerade dann, wenn der Sinn für das Heilige sich anscheinend verflüchtigt und selbst die Dimension des Glaubens von materialistischen Ideologien und einer materialistischen Lebensweise in Frage gestellt wird, euer gottgeweihtes Leben das Kennzeichen sein muß, das euch qualifiziert und unterscheidet. So schrieb mein verehrter Vorgänger Paul VI.: „Eine Welt, die – so paradox es klingt – trotz unzähliger Zeichen der Ablehnung Gottes ihn auf unerwarteten Wegen sucht und schmerzlich spürt, daß sie seiner bedarf, eine solche Welt fordert Verkünder, die von einem Gott sprechen, den sie kennen und der ihnen so vertraut ist, als sähen sie den Unsichtbaren" (*Evangelii nuntiandi*, Nr. 76).

5. Ihr, die ihr den Bedürftigsten nahe seid, wißt in besonderer Weise um die Wunden, an denen unsere Gesellschaft leidet und die ihre unheilvollen Folgen der Armut und Ungerechtigkeit spürbar machen. Ihr seid sicher Zeugen der Mittellosigkeit, unter der so viele Menschen leiden und die ihre Würde – die Würde der Kinder Gottes – verletzt, ihr kennt auch den moralischen Verfall, der sich in der Gesellschaft ausbreitet und sie zerstört. Dies sind deutliche Zeichen dafür, wie notwendig es ist, die Evangelisierung durch erneuerte apostolische Werke zu intensivieren.
Bei der seelsorglichen Planung muß von einer Glaubensauffassung ausgegangen werden, die Themen wie das Heil und die Umgestaltung in Christus, die Gnade, die Kirche als Geheimnis, Gemeinschaft und Sendung, die Sakramente, die Sünde als Wurzel aller persönlichen und sozialen Übel, die Verpflichtungen des persönlichen und gemeinschaftlichen Lebens, das ewige Leben im Jenseits, der Weg der Vollkommenheit, die Annahme der göttlichen Offenbarung, wie sie in der Kirche gelehrt und gelebt wird, sowie die Treue zum Wirken des Heiligen Geistes nicht ausschließen. Mit einem Wort: die wahrhaft religiöse Dimension der christlichen Botschaft.
Es fehlte nicht an Fällen, in denen die Träger der Pastoral sich von der traurigen und ungerechten Benachteiligung, der Unbildung und dem leiblichen und menschlichen Elend einer großen Zahl unserer Brüder so sehr betroffen fühlten, daß sie ihren klaren Blick verloren und in eine unannehmbare Trennung des Glaubens von der gelebten Praxis verfielen.
Seit den Anfängen nimmt die Nächstenliebe als Zeichen und Verkündigung der befreienden Frohbotschaft einen bevorzugten Platz im Leben der Kirche ein. Die Christen dürfen sich daher von keiner Ideologie und keinem System die Standarte der Gerechtigkeit ent-

reißen lassen, die eine Forderung der Nächstenliebe ist. Die Liebe zu den Armen entspringt dem Glauben, wie die Unzahl von Christen beweist, die im Lauf der Jahrhunderte Christus, den Herrn, in seiner bevorzugenden – nicht ausschließlichen – Liebe zu den Ärmsten, den Ausgestoßenen, den Kranken, den Alten und den Kindern nachgeahmt haben. Wie ich in meiner kürzlich veröffentlichten Enzyklika über die soziale Frage feststellte, ist die „Option oder vorrangige Liebe für die Armen ... eine Option oder ein besonderer Vorrang in der Weise, wie die christliche Liebe ausgeübt wird; eine solche Option wird von der ganzen Tradition der Kirche bezeugt. Sie bezieht sich auf das Leben eines jeden Christen, insofern er dem Leben Christi nachfolgt; sie gilt aber gleichermaßen für unsere sozialen Verpflichtungen" (*Sollicitudo rei socialis*, Nr. 42).

6. Kein Christ und ganz besonders kein Ordenschrist darf gefühllos bleiben, wenn er sich einem Bruder in menschlichem Elend konkret gegenübersieht. Man darf deshalb jedoch nicht die Bemühungen, die auf eine Linderung des „Hungers nach Brot" abzielen, jenen entgegenstellen, die auf die Sättigung des „Hungers nach Gott" ausgerichtet sind. Ganz im Gegenteil, gerade ihr, liebe Ordensfrauen, müßt in eurem Handeln die tiefe Verbindung deutlich machen, die zwischen dem Ausschluß Gottes und seines Heilsplanes und der Zunahme der Übel besteht, welche die Menschen dann bedrücken, wenn sie sich von Gott entfernen. Es wäre eine schwerwiegende Ungerechtigkeit – schlimmer als die erste – die Verkündigung des Reiches Gottes und des für alle bestimmten Brotes seines Wortes zu vernachlässigen!
Wie wir zu Beginn unserer Begegnung, beim Lesen des Evangeliums vernommen haben, seid ihr Licht und Salz; eure Sendung ist es, der Welt zu zeigen, daß ihr euch – wie es so viele von euch tun – für die Kranken, die Unterdrückten, die Kinder und Jugendlichen einsetzt, ausgehend von einem Leben nach dem Evangelium, ohne aus anderen Quellen zu schöpfen, welche die rechte Lehre verstellen und das christliche Leben verwässern. Fühlt euch vom Herrn geliebt; geht über die Straßen der Welt und verkündet allen seine Liebe, insbesondere den Armen, den Schwachen und den Bedürftigen.
In dem Maß, in dem ihr euch in die Betrachtung des Wortes Christi vertieft, mit ihm vereint seid und das gemeinschaftliche Leben als Dienst und Geschenk auffaßt, werdet ihr Zeichen der im Evangelium verkündeten Seligpreisungen sein. Die tiefe Bindung an den Herrn ist für alle Christen und ganz besonders für euch Ordensfrauen gleichsam die Luft, die ihr atmen müßt, um euch am Leben zu erhalten. Wer keine Luft mehr bekommt, ist dem Tod geweiht. Das Gebet vergessen, sich von der Routine mitreißen lassen, die die liebende Gottesnähe zum Erkalten bringt, kommt ebenfalls dem Tod gleich. Zwischen dem Gebetsleben und der belebenden Vertiefung der Glaubensinhalte besteht eine innige Verbindung. Wenn das Gebet nachläßt, wird der Glaube geschwächt und es kommt zum allmählichen Verlust der Identität, die den evangelischen Räten ihren Sinn gibt. Laßt euch von Gott als Vater lieben, dann wird es euch leichter werden, „freundschaftlich mit jenem zu verkehren, von dem wir wissen, daß er uns liebt", lehrte die hl. Theresia von Jesus.
Was die für das Ordensleben im heutigen Peru vordringlichen Notwendigkeiten betrifft, so möchte ich eure Aufmerksamkeit auch auf die Bedeutung lenken, welche in unseren

Tagen einer guten und angepaßten theologischen, geistlichen und menschlichen Bildung und Ausbildung zukommt. Dem Studium und der Betrachtung der göttlichen Offenbarung, in Treue zu den Lehren der Kirche, werden die Quellen lebendigen Wassers entspringen, die euren Dienst in Krankenhäusern und Schulen, in der Entwicklungshilfe und im sozialen Bereich mit christlichem Geist durchdringen sollen.
Durch euch – insbesondere durch jene von euch, die auf erzieherischem Gebiet tätig sind – möchte ich eine Aufforderung an die Familienväter und -mütter richten: sie sollen ihre Söhne und Töchter unterstützen, wenn sie den Ruf des Herrn vernehmen. Euch möchte ich bitten, von eurer eigenen Berufung her den Menschen zu helfen, daß sie die volle menschliche Verwirklichung sehen können, welche die Nachfolge Christi im gottgeweihten Leben ermöglicht. Die Kirche, das wißt ihr sehr gut, braucht Menschen, die sich der Evangelisierung widmen. Ihr müßt also solidarisch sein in der Förderung der Berufungen. Der Herr fährt ja fort, Menschen zu berufen, die er der innigen Vereinigung mit sich teilhaftig machen will.

7. Liebe Ordensfrauen und alle Gott geweihten Frauen, ich wollte diese Augenblicke mit euch verbringen, um über die schöne Berufung, die euch dank der Güte Gottes zuteil geworden ist, sowie über die Aufgaben eures apostolischen Lebens und die Hindernisse, denen ihr auf eurem Weg begegnen könnt, gemeinsam mit euch nachzudenken. Ihr steht, eurer spezifischen Berufung entsprechend, der Herausforderung gegenüber, die Evangelisierung der Bewohner Perus fortzusetzen. Es handelt sich dabei sicher um eine der ganzen Kirche gemeinsame Aufgabe, doch seid ihr als Frauen und aufgrund der Freiheit, die euch eure Jungfräulichkeit gibt, ganz besonders dazu bestimmt, zu dieser Evangelisierung einen vorrangigen Beitrag zu leisten. Das Herz der Frau ist in seiner Empfindsamkeit und seinem Zartgefühl besser befähigt, die transzendenten Werte aufzunehmen und weiterzugeben (vgl. *Redemptoris Mater*, Nr. 46), mit festem Glauben und „gegen alle Hoffnung ... voll Hoffnung" (*Röm* 4,18). Euer gottgeweihtes Leben befähigt euch, in der Kirche Zeugnis zu geben für den Lohn, den die sechste Seligpreisung verspricht: „Selig, die ein reines Herz haben; denn sie werden Gott schauen" (*Mt* 5,8).
Möge Maria euer Vorbild sein, so daß man von jeder einzelnen unter euch wie von ihr sagen kann: „Selig ist die, die geglaubt hat,, (*Lk* 1,45). Auch euer Glaube und eure Jungfräulichkeit seien – ähnlich wie die Marias – „ein völliges Offensein für die Person Christi, für all sein Wirken, für seine ganze Sendung" (*Redemptoris Mater*, Nr. 39), damit die Welt glaube und das Heil annehme, das von Gott kommt.

Den Menschen ganzheitlich sehen

Ansprache bei der Begegnung mit der Welt der Kultur und mit Unternehmern in Lima (Peru) am 15. Mai

Verehrte Teilnehmer an dieser Begegnung!

1. Meine ersten Worte heute abend sollen Ausdruck meiner lebhaften Freude über die Begegnung mit euch sein, Männer und Frauen der Welt der Kultur und des Unternehmertums. Bei meinem früheren Besuch in Peru hatte ich euch stark gegenwärtig in meinen Gedanken. Als ich damals von diesem Boden aus Gott für die Evangelisierung der Neuen Welt dankte, da bezog ich mich nicht ausschließlich auf die selbstlose Arbeit der Missionare, sondern auch auf die Kulturschaffenden, die dazu beigetragen haben, die Identität dieser Völker im Licht des Glaubens zu formen. Ebenso habe ich bei meiner Rede über die Arbeit nicht nur die fundamentale Rolle der Campesinos und Arbeiter angesprochen, sondern auch den Eifer der Unternehmer, die mit vorbildlichem Fleiß und Engagement die Produktion leiten und die Entwicklung vorantreiben.
Beide Welten sind in Wirklichkeit Ausdrucksformen ein und derselben Wirklichkeit, die in weitem Sinn unter dem Begriff der kulturellen Entwicklung zusammengefaßt werden können.
Die Reflexion über die Kultur hat eine lange Geschichte im Leben und im Denken der Kirche. Es handelt sich um eine konstante Sorge, die in entscheidenden Augenblicken der Menschheitsgeschichte in einzigartiger Weise zutage trat. Außerdem stehen wir vor einem zentralen Thema im Leben des Menschen und der Kirche.
Die unternehmerische Arbeit ist ihrerseits ein sehr bedeutender Aspekt des ausgedehnten Horizonts der Kultur. Dies umso mehr in Entwicklungsländern wie dem euren, wo die wirtschaftlichen Unterschiede groß sind und wo als Folge davon eine große gemeinschaftliche Anstrengung notwendig ist, um eine ausreichende wirtschaftliche Entwicklung zu erreichen, die den Aufbau einer wahrhaft menschlichen, das heißt wirklich auf Gott hin orientierten Kultur gestatten.

2. Die Wurzeln der Kultur eures Landes sind von der christlichen Botschaft durchdrungen. Die Geschichte Perus wurde in der Glut des Glaubens geschmiedet, der das Leben des Landes und seine Sitten inspiriert und ihnen gleichzeitig ein eigenes Siegel aufgeprägt hat. In seinem Licht formte sich eine neue gemischtrassige kulturelle Synthese, die in sich das bodenständige amerikanische Vermächtnis und den europäischen Beitrag vereint.
Jedoch kann das Fortdauern von Strukturen, die schwere Gleichgewichtsverschiebungen im Gesellschaftsgefüge hervorbringen, einen gewissen Zweifel wecken, wenn es das Substrat des Glaubens aus der ersten Evangelisierung zu beurteilen gilt. Denn entweder hat dieses die Kriterien und Entscheidungen der verantwortlichen kulturellen und gesellschaftlichen Führerschaft nicht mit ausreichender Kraft durchdrungen (vgl. *Puebla*, 437) oder es ist gegenüber der Aggression fremder Ideologien schwach geworden.

Es handelt sich dabei um Ideologien von individualistischem Zuschnitt, die die ungerechte Verteilung der Reichtümer nicht beachten und den Menschen als ein sich selbst genügendes Individuum verstehen, das zur Befriedigung seiner eigenen Interessen im Genuß der irdischen Güter neigt, ohne sich im geringsten um die Rechte der anderen zu kümmern. Oder es sind auf der anderen Seite Ideologien kollektivistischer Prägung, die die transzendente Berufung der menschlichen Person leugnen und ihr ein rein irdisches Ziel setzen (vgl. *Instruktion über christliche Freiheit und Befreiung*, Nr. 13).
Gegenüber diesen Auffassungen, die ohne jeden Zusammenhang mit eurer traditionellen christlichen Kultur sind, möchte ich vor euch jetzt die Einladung wiederholen, die ich in Santo Domingo an alle Völker Lateinamerikas gerichtet habe: Bleibt stets den Werten der Personenwürde und der solidarischen Brüderlichkeit treu, die das peruanische Volk als aus dem Evangelium empfangene Imperative in seinem Herzen trägt, und widersteht so der Versuchung derer, die euch eure unbestreitbare christliche Berufung vergessen machen möchten (vgl. *Ansprache in Santo Domingo*, 12. 10. 1984).

3. Das Interesse für die Kultur ist in erster Linie ein Interesse für den Menschen und für den Sinn seiner Existenz. Das habe ich in meiner Rede vor der UNESCO vor einigen Jahren unterstrichen: „Um Kultur zu schaffen, muß man den Menschen ganzheitlich und bis in die letzten Konsequenzen hinein als besonderen und autonomen Wert, als tragendes Subjekt der Transzendenz der Person betrachten. Der Mensch muß um seiner selbst willen und aus keinem anderen Grund bejaht werden. Einzig und allein um seiner selbst willen! Mehr noch: Man muß den Menschen lieben, weil er Mensch ist; man muß die Liebe zum Menschen einfordern wegen der besonderen Würde, die er besitzt" *(Ansprache an die UNESCO* vom 2. 6. 1980, Nr. 10). Die Kultur muß der Raum und das Vehikel sein, damit das menschliche Leben immer menschlicher werde (vgl. *Redemptor hominis*, Nr. 14; *Gaudium et spes*, Nr. 38) und der Mensch ein würdiges Leben in Übereinstimmung mit dem Plan Gottes führen kann. Eine Kultur, die nicht im Dienst der Person steht, ist keine echte Kultur.
Die Kirche trifft also eine radikale Entscheidung für den Menschen, wenn sie sich die Evangelisierung der Kultur vornimmt. Ihre Option ist folglich die eines wahren ganzheitlichen Humanismus, der die Würde des Menschen zu ihrer wirklichen und unabdingbaren Dimension des Gotteskindes erhöht. Christus offenbart dem Menschen den Menschen selbst (vgl. *Gaudium et spes*, Nr. 22), er gibt ihm die ihm eigene Größe und Würde zurück, indem er ihm gestattet, den Wert seines Menschseins wiederzuentdecken, der durch die Folgen der Sünde verdunkelt war. Welch unermeßlichen Wert muß für Gott der Mensch haben, daß er einen so großen Erlöser verdiente!
Konsequenterweise kann das Tun der Kirche nicht mit dem jener „Humanismen" in Einklang gebracht werden, die sich auf eine ausschließlich wirtschaftliche, biologische oder psychologische Sicht beschränken. Die christliche Auffassung vom Leben ist immer offen für die Liebe Gottes. Treu dieser Berufung will die Kirche über den verschiedenen Ideologien stehen, um sich von der befreienden christlichen Botschaft her allein für den Menschen zu entscheiden. „Die Kirche legt ja", wie ich in meiner jüngsten Enzyklika *Sollicitudo rei socialis* aufgezeigt habe, „keine wirtschaftlichen und politischen Systeme

oder Programme vor, noch zieht sie die einen den anderen vor, wenn nur die Würde des Menschen richtig geachtet und gefördert wird und ihr selbst der notwendige Raum gelassen wird, ihren Dienst in der Welt auszuüben" (Nr. 41).

4. Diese humanistische Option aus christlicher Sicht setzt – wie jede Option – das lebendige Bewußtsein einer Werteskala voraus, denn Werte sind das Fundament jeder Gesellschaft. Ohne Werte gibt es keine reale Möglichkeit, eine wahrhaft menschliche Gesellschaft aufzubauen, denn sie bestimmt nicht nur den Sinn des persönlichen Lebens, sondern auch die Politiken und Strategien des öffentlichen Lebens. Eine Kultur, die ihre Grundlegung in den höchsten Werten verloren hat, wendet sich notwendigerweise gegen den Menschen.

Die großen Probleme, die die Kultur unserer Tage bedrängen, haben ihren Ursprung in diesem Versuch, das persönliche und das öffentliche Leben von einer richtigen Werteskala loszulösen. Doch kein wirtschaftliches oder politisches Modell wird vollwertig dem Gemeinwohl dienen, wenn es sich nicht auf fundamentale Werte stützt, die der Wahrheit über das menschliche Wesen entsprechen, einer „Wahrheit, die uns von Christus in ihrer ganzen Fülle und Tiefe offenbart worden ist" (*Dives in misericordia*, Nrr. 1, 2). Die Systeme, die das Wirtschaftliche zum einzigen und entscheidenden Faktor des Gesellschaftsgefüges erheben, sind aus ihrer eigenen inneren Dynamik heraus dazu verurteilt, sich gegen den Menschen zu wenden.

Es ist sicher, daß man nur durch den Rückgriff auf die moralischen und spirituellen Fähigkeiten der Person die kulturellen, wirtschaftlichen und sozialen Veränderungen erreichen wird, die wirklich im Dienst des Menschen stehen; denn die Sünde, die man an der Wurzel der Ungerechtigkeitssituationen antrifft, ist im eigentlichen und ursprünglichen Sinne ein freiwilliger Akt, der seinen Ursprung in der Freiheit einer jeden Person hat. Deswegen ist die Rechtschaffenheit der Sitten Voraussetzung für die Gesundheit der ganzen Gesellschaft (vgl. *Instruktion über christliche Freiheit und Befreiung*, Nr. 75).

5. Innerhalb der unermeßlichen Aufgabe der Evangelisierung, zu der wir als Kirche gerufen sind, nimmt die Evangelisierung der Kultur eine bevorzugte Stelle ein (vgl. *Puebla*, 365 ff.). Sie muß den ganzen Menschen und alle Äußerungen des Menschen erreichen und bis zur Wurzel seines Seins, seiner Verhaltensweisen und seiner Traditionen vordringen (vgl. *Evangelii nuntiandi*, Nr. 20).

Die Evangelisierung der Kultur setzt ein Bemühen um die Begegnung mit dem Menschen von heute voraus, um mit ihm Wege der Annäherung und des Dialogs für eine Verbesserung seiner Lage zu suchen. Es ist ein Bemühen um Verständnis der Denk- und Verhaltensweisen der Welt von heute und um ihre Erhellung vom Evangelium her. Es ist der Wille, alle Ebenen des menschlichen Lebens zu erreichen, um es würdiger zu gestalten. So werden die Verhaltensmodelle, die Urteilskriterien, die beherrschenden Werte, die bedeutenderen Interessen, die Gewohnheiten und Bräuche, die die Arbeit prägen, sowie das familiäre, gesellschaftliche, wirtschaftliche und politische Leben mit Würde erfüllt.

Die Kultur evangelisieren heißt, den Menschen in seiner tiefsten Dimension fördern. Deswegen wird es zuweilen notwendig, alles das deutlich zu machen, was, im Licht des

Evangeliums gesehen, gegen die Würde der Person verstößt. Andererseits ist der Glaube Sauerteig für eine authentische Kultur, weil seine Dynamik das Zustandekommen einer kulturellen Synthese fördert, die nur in dem höheren Licht, das er bringt, erreicht werden kann. Der Glaube bietet die Antwort jener „immer alten und immer neuen" Weisheit an, die dem Menschen helfen kann, mit Kriterien der Wahrheit die Mittel den Zwecken, die Planungen den Idealen, die Handlungen den moralischen Modellen anzupassen, die es gestatten, in unserem Heute das gestörte Gleichgewicht der Werte wiederherzustellen. Mit einem Wort: Weit entfernt davon, ein Hindernis zu sein, ist der Glaube eine ergiebige Kraft für das Schaffen von Kultur.

Das evangelisierende Wirken der Kultur im Peru von heute und morgen muß bei einer von der Geschichte verbürgten Tatsache beginnen: Die erste Verkündigung des Evangeliums – deren Beginn nun bald 500 Jahre zurückliegt – hat die historische und kulturelle Identität eures Volkes geformt (vgl. *Puebla*, 412, 445–446; *Ansprache an die Bischöfe des CELAM in Santo Domingo*, 12. 10. 1984); und das katholische kulturelle Substrat, besonders geprägt vom Herzen und seiner Intuition, drückt sich in künstlerischer Gestaltung aus, von der eure Gotteshäuser, eure traditionellen Gemälde, eure Volkskunst einen so wertvollen Beweis geben. Es drückt sich auch – nicht selten in ergreifender Weise – in der zum Leben gewordenen Innigkeit der volkstümlichen Frömmigkeitsbekundungen aus.

6. Wenn es auch ganz sicher ist, daß der Glaube über jede Kultur hinausreicht, weil er ein Geschehen offenbart, das seinen Ursprung in Gott und nicht im Menschen hat, so soll das doch nicht heißen, daß er am Rand der Kultur steht. Es besteht eine innige Verbindung zwischen dem Evangelium und dem, was der Mensch verwirklicht. Aus dieser Verbindung entsteht Kultur.

In derselben Weise, wie die Kultur eine ganzheitliche und höhere Sicht vom menschlichen Wesen braucht, hat es der Glaube nötig, Kultur zu werden, sich zu inkulturieren. „Ein Glaube, der nicht Kultur wird, ist ein Glaube, der nicht voll angenommen, nicht ganz durchdacht, nicht treu gelebt ist" (*Gründungsdokument des Päpstlichen Rates für die Kultur*, 20. 5. 1982).

Deswegen ist es Auftrag jedes Christen, sich für die immer tiefere Inkulturierung der Botschaft des Evangeliums in die Vielfalt der in eurem Land tief eingewurzelten kulturellen Ausdrucksformen zu engagieren, in denen der Glaube eine so glücklich integrierende Funktion entfaltet hat. So werdet auch ihr zu dieser erhabenen Aufgabe beitragen, indem ihr den inneren Zusammenhalt und die notwendige Einheit in eurem Vaterland stärkt.

Es ist nicht fehl am Platze, hier die Aufmerksamkeit auf eine Gefahr zu lenken, die bei dem Prozeß der Einpflanzung des Glaubens in die Kultur auftreten kann: Es ist die Gefahr der Diesseitigkeit im Sinne einer Verkürzung der christlichen Botschaft. In Völkern, die mit unsagbarer Hartnäckigkeit nach mehr erlebbarer Gerechtigkeit streben, in denen die sozioökonomischen Unterschiede sehr groß und die Lebensbedingungen für viele manchmal menschenunwürdig sind, taucht häufig die Versuchung auf, den Sendungsauftrag der Kirche zur Suche nach einem rein weltlichen Vorhaben oder sogar zum politischen Handeln zu reduzieren. Alle sehen, wohin das führt: Man entleert die christliche Botschaft ihrer wesentlichen Inhalte, man verfälscht den Glauben, man verrät das Evangelium.

7. In besonderer Weise möchte ich mich heute abend an euch alle wenden, die ihr euch mit der Schaffung und Förderung von Kultur beschäftigt. Euch trifft eine nicht leichte Verantwortung; denn von den Entscheidungen, die ihr zu verwirklichen versteht, hängt es ab, ob eure Kultur im Dienst des Menschen steht oder sich gegen ihn wendet.
Ihr Denker müßt mit christlichem Sinn für das Leben aufzeigen, daß Glaube und Wissenschaft nicht gegeneinander stehen. Tatsächlich hat die menschliche Vernunft im Lauf der Jahrhunderte nicht wenige Naturgeheimnisse entdeckt, auf die der Mensch neugierig war, und damit die logische Wechselbeziehung zwischen der Theologie und den irdischen Wissenschaften enthüllt. Die Größe der intellektuellen Arbeit liegt letztlich – ihr wißt es gut – in der Suche nach der Wahrheit. Darauf habe ich in meiner Enzyklika *Redemptor hominis* hingewiesen: „In dieser schöpferischen Unruhe schlägt und pulsiert das, was zutiefst menschlich ist: die Suche nach der Wahrheit, der unstillbare Durst nach dem Guten, der Hunger nach Freiheit, die Sehnsucht nach dem Schönen, die Stimme des Gewissens“ (Nr. 18).
Die Arbeit, die Gott von euch verlangt, ist ein Dienst an der Wahrheit. Der Wahrheit, die unaufhörlich in euren Forschungsinstituten gesucht und in jedem Augenblick in den Erziehungszentren gelehrt werden muß; die das Wirken der Mittel der sozialen Kommunikation, der Politik, der Wirtschaft und der Kunst in ihren verschiedenartigen und reichen Manifestationen leiten und die der Versuchung, zu manipulieren oder sich manipulieren zu lassen, widerstehen muß.

8. Ich möchte auch bei der Rolle des Unternehmertums in der Welt von heute verweilen. Für euch, liebe christliche Unternehmer, besteht die große Aufgabe darin, die Realitäten des Arbeits- und Wirtschaftslebens und allgemein die ganze Wirtschaft mit dem Ideal des Evangeliums zu durchdringen, wie es von der Soziallehre der Kirche vorgestellt wird. Bei der Ausführung dieser schwierigen Aufgabe müßt ihr daran denken, daß es trotz der fundamentalen Wichtigkeit der Mittel in erster Linie eure Einstellungen sind, die ihr im Licht des Glaubens überprüfen müßt, um dann konsequenterweise das, was geändert werden muß, gemäß den Erfordernissen eben dieses Glaubens zu ändern.
Gelegentlich hat man eure Rolle schlecht interpretiert oder nicht verstanden und sie als notwendigerweise feindlich gegenüber den Arbeitern oder befangen gegenüber den großen Interessen anderer dargestellt. Man vergißt dabei, daß ihr alle gemeinsam, Unternehmer und Arbeiter, zur Erreichung eines gemeinsamen Zieles zusammenarbeitet. Man vergißt häufig, daß ihr Männer der Initiative seid, daß ihr Risiken auf euch nehmt, daß ihr neue Methoden schafft, daß ihr zum technologischen Fortschritt beitragt und daß ihr die Gemeinschaft mit den Früchten eurer Aktivitäten bereichert. Der christliche Unternehmer kann das Unternehmen nur als durch Personen integriert verstehen, zu deren Entwicklung und Vervollkommnung die Arbeit beitragen muß, die sie leisten. Das Ideal der menschlichen und vermenschlichten Gemeinschaft muß die konkrete Wirklichkeit der Unternehmen inmitten einer offenen und pluralen Gesellschaft erhellen und ein kreatives Bemühen um mehr Mitbeteiligung und Mitverantwortung fördern, durch die man eine leistungsfähige und vernünftige Produktion von Gütern und Dienstleistungen erreicht.
Trotzdem muß andererseits beklagt werden, daß nicht wenige Unternehmer in den ver-

schiedenen Unternehmensformen den empfangenen Gaben nicht entsprechen und ihre Verantwortung gegenüber denen, die im Unternehmen arbeiten, und vor der Gesellschaft nicht zu erkennen scheinen. Einige scheinen zu vergessen, daß sie, jawohl, Förderer des Reichtums sein müssen, jedoch stets unter Festhalten am Ziel des Gemeinwohls, das heißt, ohne sich vom Streben nach ausschließlich persönlichem Nutzen hinreißen zu lassen.

Denkt immer daran, daß die Werte der Solidarität und der Subsidiarität sichere Führer für den christlichen Aufbau des Unternehmens und der ganzen Gesellschaft sind (vgl. *Sollicitudo rei socialis*, Nr. 32). Das Unternehmen ist nicht nur produktives Tun, sondern muß vor allem ein Mittel für die Ausübung der Arbeit sein, in der sich die menschliche Person selbst verwirklicht (vgl. *Laborem exercens*, Nr. 14). Vergeßt nicht, daß der Arbeiter für sich selbst sein ganzes Kapital darstellt, und daß deswegen bei der Konzipierung des auf das Gemeinwohl hingeordneten Unternehmens die Arbeit den Vorrang hat (vgl. *Laborem exercens*, Nr. 2).

9. In einer Rede vor Unternehmern muß ich unbedingt an eines der schwersten Probleme erinnern, das in der Ordnung des Wirtschaftslebens viele Nationen Lateinamerikas und ganz besonders Peru bedrückt.

Wie ich kürzlich in meiner Enzyklika *Sollicitudo rei socialis* geschrieben habe, „ist das Mittel, das zur Entwicklung der Völker bestimmt war, zu einer Bremse geworden, in gewissen Fällen sogar zur Ursache einer verschärften Unterentwicklung" (Nr. 19).

Tatsächlich kann der Kapitalverkehr von einem Land zum anderen oder von öffentlichen oder privaten Kreditinstituten in Regionen oder Nationen, die das Geld für die Schaffung von Infrastrukturen oder für die Deckung von Grundbedürfnissen der Bevölkerung brauchen, ein großes Zeichen weltweiter Solidarität sein. Das Kriterium dafür, daß dies wirklich so ist, ist gerade das Gefühl der Solidarität, mit dem man das tut. Von dem Land, das um den Kredit bittet, verlangt man, daß gründlich geprüft wird, was die wirklichen Prioritäten sind, was der finanzielle und menschliche Preis des Darlehens ist und was die direkten und indirekten Konsequenzen eines Zahlungsaufschubs oder einer Zahlungseinstellung sind. Andernfalls kann der Kredit- und Darlehensmechanismus zu einem Klotz am Bein und zu einer untragbaren Belastung werden.

Wie in dem *Dokument der Päpstlichen Kommission für Gerechtigkeit und Frieden* über dieses Thema dargelegt wird, ist das Problem der internationalen Verschuldung nicht nur eine finanzielle oder wirtschaftliche und ebensowenig eine rein politische Frage, sondern vor allem eine ethisch-moralische Frage.

Sie muß im Licht des Prinzips der Solidarität zwischen reichen und armen, entwickelten und unterentwickelten Völkern und Nationen überlegt und auf den Weg zu einer Lösung gebracht werden mit dem Ziel, nicht in den Klippen des Egoismus, des Profits um jeden Preis oder einer zu engen und rein materiellen Konzeption der Entwicklung Schiffbruch zu erleiden.

10. Ihr alle, Repräsentanten der Kultur und der wirtschaftlichen Führung des Landes, habt eine große Verantwortung in eurer Hand: die Verantwortung, aus Peru einen Ort zu

machen, wo man nicht nur überlebt, sondern wo alle Bürger materiell und spirituell entsprechend ihrer Personenwürde leben.
Möge euer Land weiterhin auch in Zukunft ein gastlicher Ort sein, wo die Grundrechte einer jeden Person geschützt sind, wo die Egoismen und die politischen Gegnerschaften überwunden werden, wo die Ausbeutung, die Gewalt und der Terrorismus nicht ihr trauriges Gefolge von Unterdrückung und Tod hinterlassen, wo die bürgerlichen Freiheiten und die schöpferische Kraft aller Peruaner dem Land größeren gesellschaftlichen Zusammenhalt als Garantie einer besseren Zukunft geben, und wo Kindheit und Jugend nicht zu unschuldigen Opfern von schändlichen Interessen, von Parteienzwistigkeiten und destabilisierenden Strategien werden. Kurz, eine Gesellschaft, in der die christlichen Werte regieren und wo das edle Ideal der Solidarität die Oberhand behält über das hinfällige Ideal der Beherrschung (vgl. *Sollicitudo rei socialis*, Nr. 46).

11. Um diese schwierige Aufgabe zu bewältigen, zählt euer Land auf ein Potential ausreichender natürlicher Hilfsmittel; es rechnet jedoch vor allem mit dem großen Schatz eines Volkes mit tiefen christlichen Wurzeln, deren Werte neu belebt und ausgebaut werden müssen, um der Herausforderung der Gegenwart zu begegnen.
Auf diese solidarische Wirtschaft setzen wir alle großen Hoffnungen im Blick auf die Mobilisierung der lebendigen Kräfte der Nation. Ihr und ich sind überzeugt, daß durch das Zusammenstreben des solidarischen Willens vieler eine gegliederte Wirtschaftspolitik möglich sein wird, in der die Behörden – ohne auf ihre Oberleitungsfunktionen zu verzichten – ausreichende Räume schaffen, damit die Privatinitiative der wirtschaftlichen Entwicklung der gesamten Region eine entscheidenden Anstoß geben kann.
Euer Vaterland erwartet viel von euch christlichen Unternehmern, besonders in dieser schwierigen Situation, die die Wirtschaft durchmacht und die zwar alle berührt, deren negative Auswirkungen jedoch mit größter Wucht auf die Ärmsten durchschlagen. Arbeitet mit großzügigem Fleiß und Engagement gemeinsam am Aufbau einer Wirtschaft auf der Grundlage der richtigen Hierarchie der Werte und achtet immer auf die Erfordernisse der Gerechtigkeit, der Barmherzigkeit und der Solidarität.
Ich möchte nicht schließen, ohne ein Wort der Ermutigung an alle katholischen höheren Bildungsinstitutionen und Universitätszentren des Landes zu richten; besonders an die Mitglieder des Katholischen Kulturrates von Peru.
Indem ich mich von euch verabschiede, würdige Repräsentanten des kulturellen Lebens und des Unternehmertums, möchte ich euch auffordern, aktiv zum Aufbau und zur Verteidigung einer menschlicheren Kultur beizutragen.
Ich fordere euch auf, zu echten Förderern und Boten einer Kultur des Lebens zu werden, die die Gültigkeit der Solidarität und die Entwicklung zum Ausdruck bringt, die die verschiedenen, scheinbar verfeindeten Elemente versöhnt, die ihr Fundament in der Wahrheit und in der Liebe findet und die in ihrem Alltagsleben die zentrale Rolle des Guten und des Schönen bezeugt.

Die Botschaft Christi ist die Antwort auf unsere Zeit

Ansprache an die Jugendlichen in Lima (Peru) am 15. Mai

Liebe Jugendliche in Peru!

1. Danke, daß ihr so zahlreich und mit Begeisterung zu dieser bedeutsamen Begegnung gekommen seid, die ich für euch vorgesehen habe bei meinem kurzen Besuch in Lima. Ihr seid die Hoffnung der Kirche! Ihr werdet der Tagesanbruch des Morgen sein, wenn ihr das Leben bringt, das Christus ist! Das ist die Herausforderung für euch und euer Glück: Das Leben aufzunehmen, das uns der Herr brachte, und es den anderen mitzuteilen in der typischen Vitalität und Kraft eurer Jugend, mit der Klarheit und Dynamik eures Alters. Seid Bauleute einer besseren Welt, von heute an!
Ich erinnere mich noch gut an die Begegnung in Monterrico während meiner vorigen Reise, als ich euch das Ideal der Acht Seligkeiten vor Augen stellte. Auch heute möchte ich mich an jeden von euch wenden und durch euch an alle jungen Menschen in diesem schönen Land, weil euch alle, jeden einzeln, der Herr tief liebt; von jedem erwartet er die persönliche und unwiederholbare Antwort, die aus einem großzügigen Herzen emporsteigt. Ihr alle seid persönlich aufgerufen, in der Liebe Jesu zu leben und seine Apostel zu sein. „Nicht ihr habt mich erwählt, sondern ich habe euch erwählt" (*Joh* 15,16), sagt uns Christus; so erlebte es der hl. Apostel Johannes, der den Herrn kennenlernte, als er jung war wie ihr.

2. Die Welt, in der zu leben euch beschieden ist, ist voll tiefer Widersprüche – zusammen mit großen Vorteilen. Groß und schmerzhaft sind die Folgen der Sünde. Viele Menschen entfernen sich immer mehr von Gott und geraten so vom Weg der Glückseligkeit ab, zu der sie eingeladen sind. Sie zerreißen ihre Verbindung zum Vater und geraten in Konflikt mit den anderen, mit sich selbst und mit ihrer Natur. Dort liegt die Wurzel der persönlichen Sünde und ihrer schrecklichen sozialen Folgen.
Heute gibt es wenig, was nicht in Frage gestellt wird. Alles zieht man in Zweifel. Die menschlichen Beziehungen – so behaupten einige – beruhen auf bloßen Konventionen. Man erlebt den Schwindel einer Veränderung, die sich das Recht anmaßt, die ewig gültigen Werte zum alten Eisen zu werfen. Man feiert die Gewalt. Man geht persönlichen Verpflichtungen aus dem Weg, um sich stattdessen in Alkohol und Drogen zu flüchten. Die Geringschätzung des menschlichen Lebens ist weit verbreitet. Die moralischen Prinzipien werden nicht respektiert. Es hat den Anschein, als sei der Mensch von seinem Weg abgekommen.

3. Vor einem Panorama, das Mut- und Hoffnungslosigkeit verbreiten könnte, sogar bei großer Energie, sage ich euch: Junge Peruaner, Christus, seine Botschaft der Liebe ist die Antwort auf die Übel unserer Zeit! Er ist es, der den Menschen befreit von den Ketten der Sünde, um ihn mit dem Vater zu versöhnen. Nur er kann diese Sehnsucht nach dem Unendlichen zufriedenstellen, die in der Tiefe eures Herzens nistet. Nur er kann dem Stre-

ben nach Glückseligkeit, das ihr in euch tragt, Erfüllung verschaffen. Nur er ist der Weg, die Wahrheit und das Leben (vgl. *Joh* 14,6). In ihm findet man die Antworten auf die tiefsten und angstvollsten Fragen jedes Menschen und der Geschichte selbst.
Sucht den Herrn Jesus mit der Begeisterung, die eurer Jugend eigen ist. Er wird euren unruhigen Fragen erfüllende Antworten geben. Bekehrt euch von Herzen, um zum Leben zu gelangen! Nur durch eine persönliche und tiefe Umkehr kann man nach einer wirklichen Veränderung streben, die man dann in solidarische Beziehungen gegenüber den Mitmenschen projiziert.
Sucht nicht an anderer Stelle das, was nur Christus geben kann. Euer Durst nach Gott kann nicht gestillt werden durch Surrogate wie die Ideologien, die dazu führen, die die Konflikte und den Haß verschlimmern. Ihr dürft euch nicht drücken vor dem faszinierenden Abenteuer eines Lebens nach dem Evangelium. Erliegt nicht der Versuchung der Gewaltanwendung, die all das zerstört und zur Verzweiflung führt. Entscheidet euch für eine Kultur des Lebens und der brüderlichen Liebe!

4. Junge Menschen in Peru! Auf euch setze ich mein Vertrauen. Werdet ihr das Geschenk des Lebens, das uns Jesus Christus der Herr brachte, aufzunehmen und zu leben wissen? Werdet ihr die Berufung, Jünger und Apostel zu sein, hören und aufnehmen können? Werdet ihr den Mut haben, aus eurem Leben ein beredtes Zeugnis dafür zu machen, daß Christus die Antwort ist, die das Herz des Menschen von heute ersehnt?
Liebe Jungen und Mädchen: ihr müßt den brennenden Wunsch und großen Mut haben, um Christus in eurer Umwelt zu verkündigen, in der Gesellschaft. Seid Apostel unter euren Freunden und Kameraden. Dafür müßt ihr euch gründlich im Glauben bilden, euch nähren in der Eucharistie, Halt suchen im Gebet; und so könnt ihr euch für die Mitmenschen engagieren in der Sicherheit, die der Herr verleiht. Jeden einzelnen von euch erwartet die große Aufgabe, Botschafter Christi zu sein bei denen, die in eurer Nähe sind. Pflegt in eurem jungen Herzen den Wunsch, wahre Apostel zu sein, mutige Zeugen des Evangeliums, Bauleute der Gesellschaft im Zeichen der Liebe.
In die Hände unserer Mutter Maria, Unserer Lieben Frau von der Evangelisierung, wie ihr sie hier in der Gegend von Lima kennt, lege ich diese Hoffnung, die ihr weitertragt. Haltet euch an sie, die Mutter der Jugend, daß sie euch führe zur Begegnung mit ihrem Sohn und euch den Weg der Versöhnung zeige. Sie – das Musterbeispiel hochherziger Liebe – unterstütze euch im Glauben und lehre euch zu leben im Dienst an den Brüdern und Schwestern, besonders an den Bedürftigsten. Euch, den Jüngern Jesu im Dritten Jahrtausend des Christentums, vertraue ich die Aufgabe an, die jungen Menschen zu evangelisieren, die Gesellschaft im Zeichen der Liebe zu schaffen.

Befreiung gibt es nur in Christus

Ansprache beim Abschied in Lima (Peru) am 16. Mai

Herr Präsident,
meine Herren Kardinäle und Bischöfe,
Vertreter der zivilen und militärischen Behörden,
alle meine lieben Brüder und Schwestern!

1. Mein Aufenthalt bei euch war zwar kurz, aber dicht besetzt mit Feiern, die reich waren an gemeinsam geteiltem Glauben und gemeinsam geteilter Frömmigkeit. Ich danke der göttlichen Vorsehung, daß sie mir gestattet hat, in Lima einen Sonntag voller Licht, einen denkwürdigen Tag für die Geschichte Perus und der übrigen Bolivar-Länder Bolivien, Kolumbien, Ecuador, Panama und Venezuela zu verbringen; einen Tag der Gnade, der sogar als der Beginn einer neuen Etappe in die Geschichte der Evangelisierung ganz Lateinamerikas eingeschrieben werden kann; es war hier vertreten bei diesem 5. Eucharistischen und Marianischen Kongreß, zu dessen Abschluß der Papst gekommen ist.
Als Hirte der Weltkirche habe ich die Ortskirchen dieser Breiten aufgerufen, mit neuem Engagement die Aufgaben der Evangelisierung anzupacken, damit alle Menschen und alle Völker dieses jungen und hoffnungsvollen Kontinents, der sich auf die Fünfhundertjahrfeier der Ankunft der Frohen Botschaft vorbereitet, Jesus Christus zur Triebfeder ihres Lebens machen und in ihm ihren einzigen Erlöser, Herrn und Befreier erkennnen. Das muß das hauptsächliche Ergebnis des Kongresses sein, so wie es das Motto dieser eurer Tage des Studiums, des Nachdenkens und des Gebetes andeutet: „Den Herrn am Brotbrechen erkennen“; das heißt, ihn vor allem in der Eucharistie zu erkennen, in der Christus wirklich unter uns gegenwärtig ist, um unsere Nahrung, unser Leben zu sein; und ihn auch in den Brüdern zu erkennen, besonders in den bedürftigsten: in den leidenden Brüdern, in den armen Brüdern, um mit ihnen das Brot des Wortes und das materielle Brot zu teilen und ihren Hunger nach Gott und ihren Hunger nach Gerechtigkeit zu stillen.

2. Gestattet, daß ich euch noch einmal sage: Es gibt keine echte Befreiung außer in Jesus Christus. Nur das Evangelium und die Soziallehre, die aus ihm hervorgeht, können Quelle des Heils für Lateinamerika sein. Allen fremden Ideologien oder denen, die gegen das Christentum gerichtet oder einfach unvereinbar mit der Lehre der Kirche sind, fehlt diese innere Dynamik, die diesem geliebten Amerika Frieden und Gerechtigkeit geben kann. Nur das Licht, das vom göttlichen Erlöser ausgeht, kann euren Nationen eine bessere Zukunft sichern, in der jede Art von Gewalt und von einander entgegengesetzten Interessen überwunden sind und die Zivilisation der Wahrheit und der Liebe herrscht.
Das sind die Wege, die der Eucharistische Kongreß offen hält: Wege christlicher Erneuerung, Wege gesellschaftlicher Erneuerung. Und wie dieser Kongreß auch ein marianischer war, müssen wir uns auf unserem Weg vertrauensvoll an die Jungfrau wenden und ihre Gegenwart als Mutter anerkennen, damit sie uns führe als Leitstern der Evangelisierung, in dem Wissen, daß Maria uns immer auf dem Pilgerweg des Glaubens vorangeht.

In ihre mütterlichen Hände übergebe ich die pastoralen Vorsätze des Kongresses, den wir beendet haben, und ihrem Schutz vertraue ich die Kirchen der Bolivar-Länder zusammen mit ihren Oberhirten, Priestern, Ordensmännern, Ordensfrauen, Seelsorgshelfern und allen Gläubigen in diesem Marianischen Jahr und in diesem besonders Unserer Lieben Frau geweihten Monat Mai an.

3. Meine zweite apostolische Reise nach Peru geht zu Ende. Wieder habe ich die tiefe Freude verspürt, einem Volk mit tiefen christlichen Wurzeln zu begegnen, das so enge Bande der Gemeinschaft und Übereinstimmung mit dem Nachfolger des Apostels Petrus geknüpft hat auf jener Pastoralreise, die mir vor etwas mehr als drei Jahren ermöglichte, weite Teile des Landes als Pilger der Evangelisierung zu bereisen.

4. Ich bewahre tief in meiner Seele die Erinnerung an euch alle und an die Beweise der Zuneigung, die ihr mir habt zuteil werden lassen; an die Demonstrationen der Begeisterung, mit denen ihr meinen Besuch umgeben habt, an die Dynamik und die Vitalität dieser Kirche in Peru, die sich für das Volk engagiert.

Doch gleichzeitig kann ich die Traurigkeit nicht verschweigen, die mein Hirtenherz erfüllt, wenn ich feststelle, daß dieses edle peruanische Volk weiterhin unter der Geißel der Gewalt leidet. Attentate und Verbrechen säen weiterhin Leid und Tod in vielen Familien dieses Landes. In dieser Hinsicht lehrt die Geschichte, daß die Gewalt, woher sie auch kommen mag, nur größere Gewalt erzeugt und nicht der richtige Weg zur wahren Gerechtigkeit ist.

Während meines kurzen Aufenthalts unter euch habe ich erneut den Schrei nach Frieden aus den Kehlen vieler Peruaner guten Willens vernommen. Die langen und grausamen Jahre des Bruderkampfes, die viele Wunden im Leben der Menschen und der Gesellschaft hinterlassen haben, dürfen es nicht unmöglich machen, daß ein gerechter und dauerhafter Friede gelingt.

Bevor ich diesen geliebten Boden Perus verlasse, erneuere ich deshalb den Aufruf an die Verantwortlichen für so viel Leid und Tod, den ich am 3. Februar 1985 in Ayacucho an sie gerichtet habe: „Ich bitte euch im Namen Gottes: Ändert euren Weg! Bekehrt euch zur Sache der Versöhnung und des Friedens! Noch ist es Zeit! Viele Tränen unschuldiger Opfer erwarten eure Antwort.“ (*Ansprache in Ayacucho (Peru)*, 3. 2. 1985).

Möchten doch alle, besonders diejenigen, die zu den Waffen gegriffen haben, den Schrei des Friedens aus den Herzen der vielen hören, die unter den Folgen der Gewalt gelitten haben und leiden, und mögen sie den christlichen Weg der Versöhnung und des Verzeihens einschlagen.

Das ist die große Aufgabe, die alle Peruaner guten Willens verpflichten muß: der Aufbau eines gerechteren und versöhnten Peru. Deswegen wende ich mich an alle: an die politischen und die gewerkschaftlichen Führungspersönlichkeiten, an die Unternehmer und die Arbeiter, die Männer der Kultur und der Wissenschaft, an alle, die ihr den Weg der Gesellschaft beeinflußt, und sei es auch nur mit eurer Stimme oder eurem Stimmzettel; an alle richte ich den Aufruf, daß ihr großzügig, mit absoluter Ehrlichkeit, mit reinem Gewissen, mit klaren Ideen, mit solidarischem Geist, mit wirksamen Taten zum Aufbau des neuen Peru beitragt, das ihr alle ersehnt.

5. Ich danke dem Herrn Präsidenten der Republik Peru für seine erlesenen Aufmerksamkeiten. Ich dehne diesen Dank aus auf die Mitglieder der Regierung und die übrigen zivilen und militärischen Behörden für ihre Mitarbeit am guten Verlauf der Aktivitäten auf dem Programm meines Pastoralbesuchs.

Mein tief empfundener Dank gilt auch dem Herrn Kardinalprimas und allen geliebten Brüdern im Bischofsamt, die in lebendigem Geist der Gemeinschaft die spirituelle Vorbereitung des Kongresses ermuntert haben mit dem Ziel, einen erneuerten Evangelisierungsimpuls zu setzen, der das seelsorgliche Wirken und das christliche Leben einer jeden kirchlichen Gemeinschaft stärkt.

Im Augenblick des Abschieds gebe ich meinen Friedenskuß im Herrn den Vertretern der Episkopate der anderen Bolivar-Länder Bolivien, Kolumbien, Ecuador, Panama und Venezuela, wie auch denen der anderen Schwesternationen, die hier vertreten sind. Zusammen mit meinem Dank für eure Anwesenheit und für euren pastoralen Eifer für die Vermehrung der eucharistischen Frömmigkeit in euren Ortskirchen richte ich an euch die Bitte, den geliebten Söhnen und Töchtern eurer Länder die herzlichen Grüße des Papstes zu überbringen, der innig zu Gott betet, er möge alle zu einem erneuerten Engagement christlichen Lebens, der Treue zu Christus, des Willens zu Dienst und Hilfe für die Brüder, besonders die bedürftigsten, inspirieren.

Peruaner und Peruanerinnen alle, aus den Städten und den Dörfern, von der Küste, vom Gebirge und aus dem Regenwald: In dieser Stunde eurer Geschichte ermahne ich euch, eurem katholischen Glauben treu zu bleiben und in eurem persönlichen, familiären und gesellschaftlichen Leben Zeugnis für ihn abzulegen.

Ich vertraue es dem „Herrn von den Wundern“ und der allerseligsten Jungfrau an, dieser mein Appell als Vater und Hirte möge bewirken, daß die von euch gelebten christlichen Tugenden zur Überwindung der gegenwärtigen Schwierigkeiten beitragen und die Brüderlichkeit und den Willen zum friedlichen Zusammenleben aller Peruaner stärken.

Liebe Freunde aus Peru, seid gewiß, daß der Papst euch liebt, daß er eure Ängste und Hoffnungen teilt, daß er für euch betet und euch mit diesem Segen segnet, den ihr so inständig erfleht und erbittet und den ich euch vor meiner Abreise von Herzen erteile.

Das Evangelium möge die Umgestaltung des Lebens bewirken

Ansprache bei der Ankunft in Asunción (Paraguay) am 16. Mai

Herr Präsident der Republik,
liebe Brüder im Bischofsamt,
werte Vertreter der Zivil- und Militärbehörden,
geliebte Brüder und Schwestern Paraguays!

1. Auf meiner Pilgerfahrt der Verkündigung des Evangeliums auf den Wegen Amerikas komme ich heute auf diesem gesegneten Boden an, den ich mit Liebe und Respekt geküßt habe, in diesem Paraguay Porá, Wiege berühmter Söhne und von Kulturen, die große Hochachtung verdienen.
Hierher gelangten vor nunmehr schon fast 500 Jahren aus Spanien einige mutige Missionare, die den Samen der Guten Nachricht Christi ausstreuten, um die Männer und Frauen dieser Breiten am Licht und an den Früchten der Erlösung teilhaben zu lassen.
Dank, Herr Präsident, für die liebenswürdigen Worte, die Sie soeben an mich gerichtet haben. Dank auch für die Einladung zum Besuch Ihres Landes, die Sie gemeinsam mit dem paraguayischen Episkopat rechtzeitig an mich gerichtet haben; Sie haben so die Begegnung des Papstes mit den Kindern dieser edlen Nation möglich gemacht. Nehmen Sie alle vom ersten Augenblick an meinen herzlichsten Gruß entgegen, meinen Gruß als Hirte der Weltkirche, der in seiner Seele „die Freude und Hoffnung, die Trauer und Angst der Menschen unserer Zeit besonders der Armen und Bedrängten aller Art“ trägt (*Gaudium et spes*, Nr. 1).
Hetá ara ma oyapó, aimesé hague penendivé. Ha peina aga, aimema pendeapytepe. A nezú ha a hetuma ko pe ne reta poraité Paraguay. (Schon seit langer Zeit habe ich gewünscht, bei euch zu sein; und nun bin ich da unter euch. Ich habe die Knie gebeugt und euer schönes Land geküßt, Paraguay.)

2. Ich weiß, daß ich ein Land besuche, das nicht frei ist von Schwierigkeiten, aber voller Hoffnung und Glauben an Gott. Ihr seid ein edles und verheißungsvolles Volk, geduldig und trotzdem Frohsinn verbreitend, tapfer genug, die wilde Natur zu bezwingen und jede Art von Widrigkeiten mit angeborener Seelenstärke zu überwinden; ein ebenso großzügiges wie liebenswürdiges und gastfreundliches Volk; ein sehr alter Stammsitz ruhmreicher bodenständiger Kulturen, wo der Same des Evangeliums keimte und fruchtbar wurde, auch dank eurer besonderen Güte und eures tiefen religiösen Empfindens, um schließlich dauerhafte Früchte kraftvollen christlichen Lebens hervorzubringen.
Deswegen hat der Papst, der die euch kennzeichnenden, tief verwurzelten Tugenden kennt, schon seit langer Zeit kommen wollen, um euch zu besuchen, um zusammen mit euch Jesus Christus zu feiern und um gemeinsam über seine Heilslehre nachzudenken.
Absicht dieser apostolischen Reise ist es, zu bewirken, daß die Botschaft des Evangeliums weiterhin mehr und mehr unser Herz formt und unser Leben umgestaltet und sich

mit Kraft und Wirksamkeit über alle Strukturen des bürgerlichen und sozialen Zusammenlebens ausbreitet.

3. Die bevorstehende Fünfhundertjahrfeier der Ankunft der christlichen Botschaft in diesen großzügigen Ländern ist ein glücklicher Anlaß, um den Anstoß zu einer erneuerten Verkündigung des Evangeliums zu geben. Das ist mein Wunsch, wenn ich heute meinen Besuch in Paraguay beginne, der einen wesentlich religiösen Charakter hat. „Doch fließen aus eben dieser religiösen Sendung“, sagt uns das II. Vatikanische Konzil, „Auftrag, Licht und Kraft, um der menschlichen Gemeinschaft zu Aufbau und Festigung nach göttlichem Gesetz behilflich zu sein“ (*Gaudium et spes*, Nr. 42). Deswegen will ich auch Herold der Soziallehre der Kirche sein, denn – wie ich in meiner jüngsten Enzyklika *Sollicitudo rei socialis* geschrieben habe – „die Kirche hat ... ein Wort zu sagen zur Natur, zu den Bedingungen, den Anforderungen, den Zielen einer echten Entwicklung und ebenso zu den Hindernissen, die sich dieser entgegenstellen. Indem sie das tut, erfüllt die Kirche ihren Verkündigungsauftrag, da sie ihren Hauptbeitrag zur Lösung des drängenden Problems der Entwicklung leistet, wenn sie die Wahrheit über Christus, über sich selbst und über den Menschen verkündet und auf eine konkrete Situation anwendet“ (Nr. 41).

Mit dieser Soziallehre, die ich da angesprochen habe, möchte ich daran mitarbeiten, die Probleme zu erhellen, die euch bedrücken, und ich tue es mit dem pastoralen Streben nach einer gerechten und billigen Lösung derselben.

4. In den Tagen meines Aufenthaltes in diesem geliebten Land möchte ich allen Paraguayern und Paraguayerinnen sehr nahe sein. Es wird mir nicht möglich sein – wie es mein Wunsch gewesen wäre – alle Bezirke dieser Nation zu besuchen; dennoch wird jede Begegnung mit den verschiedenen Gruppen oder Sektoren eurer Gesellschaft eine Annäherung des Papstes an alle und jeden einzelnen Paraguayer sein, um mich mit euch zu freuen und mit euch zu leiden, um euch im Glauben zu stärken, um den Geist der Nächstenliebe und der Solidarität zu kräftigen, der das bürgerliche Zusammenleben beherrschen muß, um euch in eurem Engagement für menschliche Förderung und gesellschaftliche Erneuerung zu ermutigen, um euch anzuspornen, besser zu werden, um euch vom Evangelium her auf eurem Weg der Hoffnung die Richtung zu zeigen.

Liebe Paraguayer und Paraguayerinnen, Behördenvertreter, Männer der Arbeit und der Industrie, Viehzüchter und Bauern, Freiberufliche und Intellektuelle, Bischöfe, Priester, Ordensmänner, Ordensfrauen und im Dienst der Kirche engagierte Laien, Alte, Kranke, Jugendliche und Kinder – von diesem Augenblick an umarme ich euch alle freudig und liebevoll mit dem Herzen eines Vaters, Bruders und Freundes.

Die Wunderbare Jungfrau von Caacupé schütze euch mit ihrem Mantel. Gelobt sei Jesus Christus!

Lebendig den Glauben bewahren

Predigt bei der Heiligsprechung der Märtyrer Roque González de Santa Cruz und seiner Gefährten in Asunción (Paraguay) am 16. Mai

„Herr, unser Herrscher, wie gewaltig ist dein Name auf der ganzen Erde" (*Ps* 8,2)

1. Heute, liebe Brüder und Schwestern aus Asunción und ganz Paraguay, ist ein großer Festtag für euer Land und für die ganze Kirche. Als Nachfolger des Apostels Petrus habe ich das Glück, diese Eucharistie zu feiern, in deren Verlauf ein Sohn dieser Stadt Asunción, Pater Roque González de Santa Cruz, der erste Heilige dieses geliebten Praguay, und seine zwei Gefährten, die Patres Alfonso Rodrîguez und Juan del Castillo, beide in Spanien geboren – in Zamora der erste und in Belmonte (Cuenca) der zweite – zur Ehre der Altäre erhoben werden. Aus Liebe zu Gott und den Menschen haben sie auf amerikanischer Erde ihr Blut vergossen.
Sie alle haben ihr Leben eingesetzt, um den Auftrag Christi zu erfüllen, seine Botschaft „bis an die Grenzen der Erde" zu verkünden (*Apg* 1,8). Die rettende und befreiende Kraft des Evangeliums wurde lebendig in diesen drei opferbereiten Jesuitenpriestern, die die Kirche an diesem Tag als vorbildliche Verkünder des Evangeliums herausstellt. Ihr unverbrüchlicher Glaube an Gott, allzeit von einem tiefen innerlichen Leben genährt, war die große Kraft, die diese Pioniere des Evangeliums auf amerikanischem Boden getragen hat. Ihr Eifer für die Seelen veranlaßte sie, alles in ihrer Macht Stehende zu unternehmen, um den Ärmsten und Verlassensten zu dienen. All ihr Arbeiten für diese Völker, die spirituelle und menschliche Hilfe so sehr brauchten, all ihre Mühen und Leiden hatten als einziges Ziel die Weitergabe des großen Schatzes, dessen Träger sie waren: des Glaubens an Jesus Christus, den Erlöser und Befreier des Menschen, den Sieger über Sünde und Tod.
Die Hirten und das ganze Volk Gottes in Paraguay wie auch in den übrigen Schwesternationen des Plata-Beckens, deren würdige Vertreter bei uns sind, werden in diesen neuen Heiligen sichere Vorbilder und Führer auf ihrem Pilgerweg zum himmlischen Jerusalem, der Heimat im Himmel, finden. Allein die Tatsache, daß sie in allen Ländern des Südens dieses Kontinents der Hoffnung verehrt werden, zeigt uns nicht nur die Kraft eines Glaubens, der keine Grenzen kennt, sondern muß euch anspornen, in diesen Ländern ein immer lebendigeres und tätigeres Bewußtsein vom christlichen Ideal der Brüderlichkeit auf der Grundlage der gemeinsamen religiösen, kulturellen und historischen Wurzeln zu fördern.

2. „Herr, (...) wie gewaltig ist dein Name auf der ganzen Erde" (*Ps* 8,2), wiederholen wir mit den Worten des Psalms.
Während ich den Namen Gottes preise, der uns mit diesen Vorbildern der Verkündigung des Evangeliums reich gemacht hat, grüße ich alle hier Anwesenden und alle, die in Paraguay wohnen: den Herrn Erzbischof dieser geliebten Erzdiözese und seinen Weihbischof, alle Brüder im Bischofsamt aus Paraguay und den benachbarten Ländern, die bei dieser Liturgie mit uns zusammensein wollten, die Priester, die Ordensmänner und Or-

densfrauen, die Vertreter der zivilen und militärischen Behörden und alle lieben Gläubigen. Ich grüße besonders die Oberen der Gesellschaft Jesu und alle Söhne des heiligen Ignatius aus diesen Regionen.
Vor einigen Augenblicken, als offiziell die Heiligsprechung der Patres Roque González de Santa Cruz, Alfonso Rodrîguez und Juan del Castillo beantragt wurde, haben wir ihr heiligmäßiges Leben wie auch die übernatürlichen Verdienste und Gnaden, mit denen der Herr sie geschmückt hat, vor uns vorüberziehen lassen. In ihnen und in den greifbaren Früchten ihrer Bemühungen um die Verbreitung der christlichen Wahrheit und der menschlichen Förderung erkennen wir die echten Spuren von Aposteln, deren Leben solide auf der Nachfolge Christi aufgebaut ist.

3. „Herr, unser Herrscher, / wie gewaltig ist dein Name / auf der ganzen Erde!" (*Ps* 8,2).
„Nach deinem Abbild erschufst du den Menschen" (*Eucharistisches Hochgebet*).
„Du hat ihn nur wenig geringer gemacht als Gott, / hast ihn mit Herrlichkeit und Ehre gekrönt. / Du hast ihn als Herrscher eingesetzt über das Werk deiner Hände" (*Ps* 8,6–7).
Die ganze Schöpfung singt das Lob Gottes. Alle seine Werke sind Grund zur Danksagung. Und über alle empor ragt der Mensch, „nur wenig geringer als Gott", der die Herrschaft über das Werk seiner Hände besitzt. Der Mensch, das Geschöpf, das Gott bewußt loben kann, das ihn erkennen kann durch das Werk seiner Hände, wenn es „den Himmel (...) Mond und Sterne" betrachtet (*Ps* 8,4).
Dieser Mensch, der von Gott „nach seinem Abbild" geschaffen wurde (*Gen* 1,26.27), ist dennoch fähig, ihn zu vergessen und in die Sünde zu fallen, die die schlimmste aller Sklavereien ist. „Ihr Sinn ist verfinstert. Sie sind dem Leben, das Gott schenkt, entfremdet" (*Eph* 4,18), schreibt der heilige Paulus an die Gläubigen von Ephesus, „haltlos wie sie sind, geben sie sich der Ausschweifung hin, um voll Gier jede Art von Gemeinheit zu begehen" (*Eph* 4,19). Es ist „der alte Mensch, der in Verblendung und Begierde zugrunde geht" (*Eph* 4,22).

4. Jedoch fügt derselbe Apostel hinzu: „Christus hat euch gelehrt: (...) Ändert euer früheres Leben, und erneuert euren Geist und Sinn!" (*Eph* 4,22–23). „Christus, der Erlöser, offenbart dem Menschen voll den Menschen selbst" (*Redemptor hominis*, Nr. 10). Nur in Christus „findet der Mensch zu der Größe, der Würde und dem Wert zurück, die dem Menschsein eigen sind" (*ebd.*).
Weil sie sich verantwortlich wußten hinsichtlich der Notwendigkeit, die Menschenwürde in jenem Augenblick der Geschichte zu bewahren, haben Pater Roque González, Pater Alfonso Rodrîguez, Pater Juan del Castillo und viele andere Christen die gewaltige Herausforderung aufgenommen, die die Entdeckung der sogenannten Neuen Welt bedeutete. Überzeugt, daß das Evangelium die Botschaft der Liebe und der Freiheit ist, sorgten sie dafür, „die Wahrheit, die Jesus ist" (*Eph* 4,21), weit und breit in diesen Landen bekannt zu machen. Dem Ruf des Herrn entsprechend, der sie aufforderte, Jünger in allen Nationen zu gewinnen, wollten sie vor den neu kennengelernten Völkern die Worte des heiligen Paulus an die Epheser wiederholen: „Erneuert euren Geist und Sinn! Zieht den neuen Menschen an, der nach dem Bild Gottes geschaffen ist in wahrer Gerechtigkeit und Wahrheit" (*Eph* 4,23–24).

5. In ihrem Eifer, Seelen für Christus zu gewinnen, durchzogen Pater Roque und seine Gefährten alle diese Gegenden von der Mündung des Plata bis zu den Quellen des Paraná und des Uruguay und bis zu den Gebirgsketten von Mbaracayú in Ober-Paraguay und trotzten dabei jeder Art von Beschwerlichkeiten und Gefahren. Unermüdlich in der Predigt, streng in ihrem persönlichen Leben, drängte sie die Liebe zu Christus und zu den Ureinwohnern dazu, neue Wege zu öffnen und Reduktionen zu errichten, die die Verbreitung des Glaubens erleichterten und ihren Brüdern und Schwestern würdige Lebensbedingungen sicherten. Itapúa, Santa Ana, Yaguapoá, Concepción, San Nicolás, San Javier, Yapeyú, Candelaria, Asunción de Yjuhi und Todos los Santos Caaró sind Namen von Orten, die durch die Hand dieser Heiligen in die Geschichte eingegangen sind. Orte, in denen eine echte Entwicklung vorangetrieben wurde, die „die kulturelle, transzendente und religiöse Dimension des Menschen und der Gesellschaft" umfaßte (*Sollicitudo rei socialis*, Nr. 46).
Das ganze Leben des Paters Roque Gonzáles de Santa Cruz und seiner Märtyrer-Gefährten war völlig geprägt von der Liebe: der Liebe zu Gott und durch ihn zu allen Menschen, besonders zu den bedürftigsten, zu denen, die nichts von der Existenz Christi wissen und noch nicht von seiner erlösenden Gnade befreit sind.
Die Früchte ließen nicht auf sich warten. Als Ergebnis ihrer Missionstätigkeit wandten sich viele von den heidnischen Kulten ab, um sich dem Licht des wahren Glaubens zu öffnen. Die Taufen folgten einander in ununterbrochener Folge und gingen auch nach ihrem Tod weiter und umfaßten Massen. Zusammen mit der Spendung der Sakramente nahm einen erstrangigen Platz die Unterweisung in den Glaubenswahrheiten ein, die systematisch und in einer für die Zuhörer verständlichen Weise dargelegt wurden. Es blühte auch das liturgische Leben – feierliche Taufen, eucharistische Prozessionen – und eine in der Lehre verwurzelte Volksfrömmigkeit: Marianische Kongregationen, Patronatsfeste des heiligen Ignatius, Kirchenmusik …

6. Gleichzeitig bewirkte die Arbeit der Jesuitenpatres, daß jene Guarianî-Völker in wenigen Jahren von einer halbnomadischen Lebensweise zu einer einzigartigen Zivilisation übergingen, die die Frucht des Genies der Missionare und der Eingeborenen war.
Auf diese Weise kam eine bemerkenswerte Entwicklung der Städte, des Ackerbaus und der Viehzucht in Gang. Die Einheimischen machten sich mit Ackerbau und Viehzucht vertraut. Es blühten Handwerk und Künste, wovon bedeutende Schöpfungen noch heute Zeugnis ablegen. Kirchen und Schulen, Häuser für Witwen und Waisen, Krankenhäuser, Friedhöfe, Getreidespeicher, Mühlen, Ställe und andere öffentliche Werke und Dienste entstanden in wenigen Jahren in mehr als dreißig Kleinstädten und Dörfern überall im Land und in den benachbarten Regionen. Durch das Wort und das Beispiel vieler heiliger Ordensmänner wurden die Ureinwohner auch zu Malern, Bildhauern, Musikern, Kunsthandwerkern und Baumeistern. Das Gefühl praktizierter Solidarität schuf ein System des Landbesitzes, das Familieneigentum mit Gemeinschaftseigentum verband und den Lebensunterhalt für alle und die Unterstützung der Bedürftigsten sicherstellte. Man befuhr und erforschte die großen Flüsse. Man machte geographische und wissenschaftliche Ent-

deckungen, und unermeßliche Gebiete wurden der Zivilisation und dem Glauben erschlossen.
Mit der Klugheit, die das Leben in Christus verleiht, und einzig von den Werten des Evangeliums motiviert, verstand es Pater González de Santa Cruz, sich die Achtung und das Ansehen sowohl der Eingeborenen-Kaziken als auch der europäischen Obrigkeiten von Asunción und vom Rio de la Plata zu verdienen. Sein Gerechtigkeitssinn – in erster Linie erlebt mit Gott – drängte ihn, seine Stimme zur Verteidigung der Rechte der Indios zu erheben. Zusammen mit vielen anderen Priestern aus der Region setzte er sich dafür ein, die Ungerechtigkeit in diesem Teil des Kontinents zu beseitigen und die Mißbräuche der Hörigkeit der Indianer zu mildern. So entstand in einer Atmosphäre der Eintracht und der Harmonie eine vorbildliche Gesetzgebung, die die für dieses Land charakteristische ethnische und kulturelle Verschmelzung möglich machte.

7. „Herr, unser Herrscher, / wie gewaltig ist dein Name / auf der ganzen Erde; / über den Himmel breitest du deine Hoheit aus. / (...) du schaffst dir Lob, / deinen Gegnern zum Trotz; / deine Feinde und Widersacher müssen verstummen“ (*Ps* 8,2–3).
Die unermeßliche Arbeit dieser Männer, dieses ganze Werk der Evangelisierung der Guaranî-Reduktionen, war möglich dank ihrer Einheit mit Gott. Der heilige Roque und seine Gefährten folgen dem Beispiel des heiligen Ignatius, das in seinen Konstitutionen seinen Niederschlag gefunden hat: „Die Mittel, die das Werkzeug mit Gott vereinen und es bereit machen, sich von seiner göttlichen Hand führen zu lassen, sind wirksamer als die, die es für die Menschen verfügbar machen“ (*Konstitutionen der Gesellschaft Jesu*, Nr. 813).
Deswegen lebten diese neuen Heiligen in jener „Vertrautheit mit Gott, unserem Herrn“ (*ebd.*), die der Ordensgründer als das Charakteristikum des Jesuiten verlangte. So bauten sie Tag für Tag ihre Arbeit auf dem Gebet auf, ohne es je aus irgendeinem Grund zu unterlassen. „Wie viel Arbeit wir auch hatten“, schreibt Pater Roque 1613, „wir haben nie unsere geistlichen Exerzitien und unsere Vorgehensweise vernachlässigt“ (*Brief*, 8.10.1613).

8. Die Liturgie von heute führt uns, liebe Brüder und Schwestern, in den Abendmahlssaal, wo wir jene Worte Christi hören: „Ein neues Gebot gebe ich euch: Liebt einander! Wie ich euch geliebt habe, so sollt auch ihr einander lieben. Daran werden alle erkennen, daß ihr meine Jünger seid“ (*Joh* 13,34–35).
Der heilige Johannes hat uns auch diese anderen Worte Christi übermittelt: „Es gibt keine größere Liebe, als wenn einer sein Leben für seine Freunde hingibt“ (*Joh* 15,13). Sie geben uns den Schlüssel, um das christliche Leben zu verstehen, das sich im Martyrium hinopfern kann. Deswegen müssen wir einander lieben und uns dabei die Liebe Christi zu den Menschen zum Vorbild nehmen. Die Seiten des Evangeliums sind voll von dieser Liebe. Große und Kleine, Weise und Unwissende, Menschen mit Besitz und andere, die nichts haben, Gerechte und Sünder werden immer gütige Aufnahme im Herzen Christi finden. Ans Kreuz genagelt, gab er, kurz bevor er sein Leben aushauchte, das letzte Zeugnis der Liebe, als er denen verzieh, die ihn gekreuzigt hatten (vgl. *Lk* 23,34). Der

Apostel Johannes, der Lieblingsjünger, hinterließ uns in seinem Evangelium das neue Gebot des Herrn und hob hervor, was der größte Beweis der Liebe ist (vgl. *Joh* 15,12–13). Pater Roque González de Santa Cruz und seine Märtyrergefährten haben ohne Zweifel diese Lehre verstanden und gelebt. Deswegen waren sie fähig, das ruhige Leben im Vaterhaus, die Umgebung und die Aktivitäten, die ihnen vertraut waren, zu verlassen, um die Größe ihrer Liebe zu Gott und zu den Brüdern zu zeigen. Weder die Hindernisse einer rauhen Natur, noch die Verständnislosigkeiten der Menschen, noch die Angriffe derer, die in der Verkündigungstätigkeit eine Gefahr für ihre eigenen Interessen sahen, waren in der Lage, diese Vorkämpfer des Glaubens einzuschüchtern. Ihre rückhaltlose Hingabe führte sie bis zum Martyrium. Einem blutigen Tod, den sie in keiner Weise durch arrogant herausforderndes Verhalten gesucht hatten. Den Spuren der großen Evangeliumsverkünder folgend, waren sie demütig in ihrer Beharrlichkeit und treu in ihrem missionarischen Engagement. Sie nahmen das Martyrium an, weil ihre auf einem kraftvollen Glauben und einer unbesiegten Hoffnung begründete Liebe nicht einmal unter den harten Schlägen ihrer Henker unterliegen konnte. So gaben sie als Zeugen des neuen Gebotes Jesu mit ihrem Tod einen Beweis für die Größe ihrer Liebe.

9. Das unverdorbene Herz des Paters Roque González de Santa Cruz ist ein beredtes Bild der christlichen Liebe, die alle menschlichen Grenzen, ja sogar den Tod überwinden kann. Heute, am Tag seiner Heiligsprechung, wird Pater Roque González de Santa Cruz auf eine ganz besondere Weise unter euch gegenwärtig. Er ist nicht nur ein Paraguayer, sondern ein Sohn eurer Stadt Asunción, Pfarrer eurer Kathedrale, ein vorbildlicher Jesuit, hochgeliebt von eurem Volk. Er kehrt zu euch zurück und spricht aufs neue zu euch:
– um euch zu ermahnen, euren Glauben lebendig zu bewahren; jenen Glauben an Christus, den die neuen Heiligen durch ihr Leben weitergaben und durch ihr Blut fruchtbar machten;
– um euch zu ermutigen, diesen Glauben wirklich wirksam werden zu lassen. Daß eure Liebe zu Gott Frucht bringe in einer Liebe zum Nächsten, die fähig ist, alle trennenden Schranken niederzureißen und einen Geist wahrer Solidarität und Nächstenliebe im Paraguay von heute zu schaffen;
– um euch aufzufordern, den unverfälschten kulturellen Werten eures Volkes und eures Landes, die von echt christlicher Frömmigkeit durchdrungen sind, treu zu bleiben;
– um euch ein Beispiel der Liebe zur Jungfrau Maria zu geben, die euch in eurem Leben führen wird, wie sie die Schritte des heiligen Roque auf seinem apostolischen Pilgerweg unter euch führte.
Katholiken von Asunción und von ganz Paraguay: Verschließt eure Ohren nicht vor dieser Stimme. Er ist der erste Heilige eures Landes. Er ist hier bei euch geblieben als Mahnmal seiner grenzenlosen Liebe. Mögen seine Mühen nicht vergeblich gewesen sein! Macht seinem Herzen die Freude, sehen zu können, daß ihr einander liebt, wie Christus uns geliebt hat!

10. „Meine Kinder“, sagt Jesus im Abendmahlssaal zu seinen Jüngern, „ich bin nur noch kurze Zeit bei euch. Ihr werdet mich suchen (...). Aber wohin ich gehe, dorthin könnt ihr nicht gelangen“ (*Joh* 13,33). „Im Haus meines Vaters gibt es viele Wohnungen.

(...) Ich gehe, um einen Platz für euch vorzubereiten. Wenn ich gegangen bin und einen Platz für euch vorbereitet habe, komme ich wieder und werde euch zu mir holen, damit auch ihr dort seid, wo ich bin" (*Joh* 14,2–3).
Christus hat uns die Tore des Himmels geöffnet. Er ist der Erstgeborene unter den Toten und der erste aller, die auferstehen. Die Kirche, der mystische Leib Christi, hat schon ihr Haupt im Himmel, und bei Christus sind schon viele seiner Glieder. Das ist die triumphierende Kirche, die der heilige Johannes in seiner Apokalypse beschreibt: „Ich sah die heilige Stadt, das neue Jerusalem, von Gott her aus dem Himmel herabkommen; sie war bereit wie eine Braut, die sich für ihren Mann geschmückt hat. (...) Seht, die Wohnung Gottes unter den Menschen! Er wird in ihrer Mitte wohnen, und sie werden sein Volk sein; und er, Gott, wird bei ihnen sein" (Offb 21,2–3).
Dort, in der Anschauung Gottes, sind alle jene, die ihr „früheres Leben geändert" haben (*Eph* 4,22), von denen der heilige Paulus spricht und die seinen Rat befolgt haben: „Erneuert euren Geist und Sinn! Zieht den neuen Menschen an, der nach dem Bild Gottes geschaffen ist in wahrer Gerechtigkeit und Heiligkeit". Dort sind alle die, zu denen der Herr als gerechter Richter sagen wird: „Kommt her, die ihr von meinem Vater gesegnet seid, nehmt das Reich in Besitz, das seit der Erschaffung der Welt für euch bestimmt ist" (*Mt* 25,34). Alle die, die zu dem „engen Tor, das zum Leben führt" (*Mt* 7,14), gewandert sind und „das weite Tor, das ins Verderben führt" (*Mt* 7,13), nicht haben wollten (*Mt* 7,13).

11. Unter all denen, die sich schon der Anschauung Gottes erfreuen, spricht die Kirche einige heilig, um sie allen Christen als Vorbilder der Heiligkeit vor Augen zu stellen. Jedesmal, wenn das geschieht, ist die Kirche von Freude erfüllt, weil eines ihrer Kinder den von Christus verheißenen Preis errungen hat. Immer, wenn das geschieht, ist jeder Christ von Hoffnung erfüllt, weil einer seiner Brüder und Schwestern – bei aller Begrenztheit der menschlichen Natur – „den Lauf vollendet und den Glauben bewahrt" hat (*2 Tim* 4,7).
Diese Heiligsprechung von drei Jesuitenmärtyrern ist auch für die Gesellschaft Jesu ein Grund zu berechtigtem Stolz. Roque González gehört zu den ersten Jesuiten der Neuen Welt, und Alfonso Rodríguez und Juan del Castillo gehören zu jener Gruppe hochherziger Männer, die den Ruf Jesu zum Eintritt in seine Gesellschaft befolgten und Christus in alle Welt trugen.

12. „Herr, unser Herrscher, / wie gewaltig ist dein Name / auf der ganzen Erde!" (*Ps* 8,2).
Die Jungfrau ist für uns ein Modell der Heiligkeit. Der heilige Roque González de Santa Cruz, der heilige Alfonso Rodríguez und der heilige Juan del Castillo waren wie der heilige Ignatius von Loyola und der heilige Franz Xavier Vorbilder glühender Verehrung der allerseligsten Jungfrau, die sie in ihrem Eifer, Seelen für Gott zu erobern, als die Konquistadora-Jungfrau anriefen. Der Glaube eures Volkes und der Eifer der ersten Verkünder des Evangeliums haben in der Vielfalt der marianischen Weihestätten, die euer Land und die angrenzenden Regionen bevölkern, ein beredtes Zeugnis der Marienverehrung hinterlassen. Ohne diese geläuterte marianische Frömmigkeit und Praxis, insbesondere das

Rosenkranzgebet, wären die apostolischen Früchte, für die wir heute Gott danken, nicht so reichlich gewesen.
Möge die Fürsprache der Wunderbaren Jungfrau von Caacupé uns Treue zu ihrem Sohn erlangen, damit wir am Ende alle in das neue Jerusalem einziehen, wo „der Tod nicht mehr sein wird, keine Trauer, keine Klage, keine Mühsal" (*Offb* 21,4).
„Ich sah die heilige Stadt" (*Offb* 21,2) „die Wohnung Gottes unter den Menschen (...). Sie werden sein Volk sein, und er, Gott, wird bei ihnen sein" (*Offb* 21,3). „Ein neuer Himmel und eine neue Erde" (*Offb* 21,1), „denn was früher war, ist vergangen" (*Offb* 21,4). So sei es.

Die Kirche kann nicht in Gotteshäuser gedrängt werden

Ansprache bei der Begegnung mit dem Präsidenten der Republik, den Behördenvertretern und dem Diplomatischen Korps in Asunción (Paraguay) am 16. Mai

Exzellenz, Herr Präsident der Nation
Regierungsvertreter der Republik Paraguay,
verehrte Mitglieder des Diplomatischen Korps,
meine Damen und Herren!

1. Im Gefühl tiefster Ehrerbietung und Achtung freue ich mich, Eure Exzellenz, Herr Präsident der Republik, die anwesenden ehrenwerten Regierungsvertreter und das geliebte paraguayische Volk zu grüßen. Mein herzlicher Gruß gilt gleichermaßen den Mitgliedern des Diplomatischen Korps als Ausdruck der Achtung und Wertschätzung für die verschiedenen Länder, die Sie vertreten.
Meine apostolische Reise in diese Landstriche hat streng religiösen Charakter. Es ist die Weiterführung jenes Auftrags, den unser Herr Jesus Christus dem Apostel Petrus und seinen Nachfolgern übertragen hat: seine Brüder im Glauben zu stärken (vgl. *Lk* 22,32); in einem Glauben, der hier seit mehr als vier Jahrhunderten präsent ist und der dazu beigetragen hat, die Wurzeln der paraguayischen Nationalität zu formen.
Ich habe die sichere Gewißheit, daß das Bemühen meiner Brüder im Bischofsamt und aller Gläubigen um eine Neubelebung ihres christlichen Engagements unermeßlichen Nutzen für Ihr Land mit sich bringen wird. Die Botschaft Christi ist zutiefst menschlich und gleichzeitig göttlich. Christus ist menschgewordener Gott: Gott, der unsere Natur annimmt, sie läutert, sie erhebt und sie zu ihrer Vollkraft führt. Seine Botschaft erkennt nicht nur die vielfältigen Werte und Besonderheiten einer jeden Kultur an, sondern vergrößert sie auch. Das Wort Christi ist darum wie das Sonnenlicht, das den wunderbaren Landschaften Paraguays Bedeutung und Glanz verleiht.

2. Wie ich in meiner jüngsten Enzyklika *Sollicitudo rei socialis* geschrieben habe (vgl. Nr. 9, 28), ist die moralische Dimension eine Realität jeder menschlichen Tätigkeit sowohl im individuellen Bereich als auch auf der Ebene der Gemeinschaft: auf den Gebieten der Wirtschaft, der Politik und der gesellschaftlichen Beziehungen. Deswegen muß

die Botschaft des Evangeliums auch diese Realitäten durchdringen, um sie zu erleuchten, zur besseren Lösung der Probleme beizutragen und die Ziele zu erreichen, die das Gemeinwohl fördern. Und so sehen wir, daß die religiösen Werte des christlichen Glaubens die Beziehungen zwischen Personen und Gruppen mit Würde erfüllen, die Familie festigen, das Zusammenleben fördern und dazu erziehen, im Rahmen der Gerechtigkeit und des gegenseitigen Respekts in Freiheit zu leben. Darum wird jeder Gläubige, wenn er konsequent seiner christlichen Verpflichtung folgt, auch ein entschlossener Verteidiger der Gerechtigkeit und des Friedens, der Freiheit und der Ehrlichkeit im öffentlichen und privaten Bereich, des Schutzes des Lebens und der Rechte der menschlichen Person sein.
Die Verkündigung des Evangeliums, Aufgabe der Kirche zu allen Zeiten und auf der ganzen Erde, hat notwendigerweise Rückwirkungen auf das Leben der menschlichen Gesellschaft. Man kann die Kirche nicht in ihre Gotteshäuser zurückdrängen, wie man auch Gott nicht in das Gewissen der Menschen einschließen kann. Die Kirche versucht getreu ihrem Erlösungsauftrag, alle Menschen zu Gott zu führen, und fördert auf diese Weise die Würde des Menschen, weil sie danach strebt, ihn Jesus Christus ähnlich zu machen. Eben deswegen verlangt sie von allen Christen, daß sie als Mitverantwortliche für die Sendung Christi und als Mitglieder eben dieser Kirche alles ihnen mögliche tun, um die Würde ihrer Menschenbrüder und -schwestern zu stärken und zu verteidigen, mit allen spirituellen und materiellen Konsequenzen dieser Würde für das Leben jeder einzelnen Person und der ganzen Gesellschaft. Sie verlangt das, weil das Gebot des Herrn lautet: „Liebt einander, wie ich euch geliebt habe" (*Joh* 13,34). Diese Liebe zum anderen ist es, an der man den Jünger Christi erkennt (vgl. *Joh* 13,35) und die ihn des ewigen Lohnes oder der ewigen Strafe wert machen (vgl. *Mt* 25,31–46).

3. Sie alle, die Sie hier versammelt sind, Regierende und diplomatische Vertreter der verschiedenen Länder, haben die politische Betätigung als Gemeinsames.
Die Kirche schätzt Ihre Aufgabe sehr hoch ein und erkennt in ihr ein erstrangiges und unverzichtbares Handeln zugunsten der Menschenwürde. Tatsächlich setzt die Erreichung des Gemeinwohls der Menschen voraus, daß jene Bedingungen des Friedens und der Gerechtigkeit, der Sicherheit und Ordnung und der intellektuellen und materiellen Entwicklung geschaffen werden, die unerläßlich sind, damit jede Person ein Leben in Übereinstimmung mit ihrer Würde führen kann.
Die Politik besitzt folglich eine wesentliche ethische Dimension, weil sie vor allem ein Dienst am Menschen ist. Die Kirche kann und muß als Bewahrerin der Erlösungsbotschaft die Menschen, und im besonderen die Regierenden, an die fundamentalen ethischen Pflichten bei dieser Suche nach dem Wohl aller erinnern. Wie mein verehrter Vorgänger, Papst Johannes XXIII., in der Enzyklika *Mater et Magistra* aufzeigte, ist es Obliegenheit und Verpflichtung der politischen Macht, diejenigen sozialen Voraussetzungen zu schaffen und zu stärken, die das echte und umfassende Wohl der Person, alleinstehend oder im Gesellschaftsverband, begünstigen; dabei muß sie alles vermeiden, was sich dem Ausdruck der authentischen Dimensionen der Person und der Ausübung ihrer Rechte entgegenstellt oder diese behindert, und immer die legitimen Freiheiten der Individuen, der Familien und der Gruppierungen achten (vgl. Nr. 65).

Die Kirche, die – mit den Worten des II. Vatikanischen Konzils – „in keiner Weise mit der politischen Gemeinschaft verwechselt werden darf noch auch an irgendein politisches System gebunden ist“ (*Gaudium et spes*, Nr. 76), will jeden Menschen nach dem Bilde Christi formen und damit seine tranzendente Bestimmung sichern; sie schätzt darum Ihre Sorge um die Menschenwürde sehr. Ihrerseits fördert sie eben diese Würde, indem sie allen das Wort und das Leben des Erlösers bringt. In der legitimen Autonomie ihrer jeweiligen Zuständigkeitsbereiche wirken so Kirche und Staat im Dienst des Menschen zusammen und sind deshalb zu gegenseitiger fruchtbarer Zusammenarbeit aufgerufen.
Wie der heilige Paulus, der seine Ratschläge für Timotheus damit beginnt, daß er auffordert zu „Fürbitten und Danksagungen (...) für alle, die Macht ausüben, damit wir in aller Frömmigkeit und Rechtschaffenheit ungestört und ruhig leben können“ (*1 Tim* 2,1–2), richte ich nun mein Dankgebet an Gott und bitte ihn zugleich um Licht und Mut für Sie alle, damit Sie mit immer größerem Engagement den Ihnen aufgetragenen Dienst fortsetzen.

4. Ihre Sendung für das Wohlergehen aller erfordert ununterbrochene Aufmerksamkeit. Die Regierenden dürfen sich nicht damit zufriedengeben, im allgemeinen bleibende Normen für das Gemeinwohl zu erlassen. Sie müssen auch ihre erfolgreiche Durchführung vorantreiben und die Richtungsweisungen korrigieren, wenn es notwendig sein sollte. Wie Sie wohl wissen, muß man beständig aufpassen und ermuntern, damit die Initiative aller zu mehr Fortschritt für die Gemeinschaft, besonders für die Bedürftigsten, führt. Andererseits ist es notwendig, unermüdlich einen aktiven Sinn für Solidarität zu fördern, der bewirkt, daß sich die erreichten Verbesserungen für alle vorteilhaft auswirken und nicht Eigentum einiger weniger bleiben. Von daher muß, wo es notwendig ist, das subsidiäre Handeln der konstituierten Obrigkeit darüber hinaus dazu beitragen, die Personen und die gesellschaftlichen Gruppen in die Lage zu versetzen, ihre Aufgaben zu erfüllen.
Die Solidarität ist eine christliche Tugend, die eng mit der Nächstenliebe in Beziehung steht (vgl. *Sollicitudo rei socialis*, Nr. 40). Wir sind alle verpflichtet, am Gemeinwohl mitzuarbeiten. Ihre Aufgabe als Regierende wird unermeßlich erleichtert und eine unerwartete Wirksamkeit erreichen, wenn Sie sich in jedem Augenblick darum bemühen, die Mittel für eine Erleichterung des Dialogs und der aktiven Mitwirkung aller an den öffentlichen Angelegenheiten zu suchen. Eine Administration der Justiz, die auf ihre Amtsführung bedacht ist, wird Ihre Arbeit ergänzen, indem sie dafür arbeitet, daß die Rechte der Schutzlosesten stets gewahrt werden.
Die Achtung vor den Menschenrechten ist, wie man wohl weiß, nicht eine Frage politischer Zweckmäßigkeit, sondern leitet sich aus der Würde der Person kraft ihrer Eigenschaft als zu einer transzendenten Bestimmung berufenem Geschöpf Gottes ab. Deswegen ist jede Beleidigung eines menschlichen Wesens auch eine Beleidigung des Schöpfers. Der nicht beiseite zu schiebende Anspruch der moralischen Werte muß die Ausübung der öffentlichen Gewalten in ihre Entscheidung für die Wahrheit und die Gerechtigkeit in der Freiheit prägen, und diese muß sich in den institutionellen und gesetzlichen Mitteln widerspiegeln, die das bürgerliche Leben regeln.

Man kann ein auf materieller Ebene wahrhaft menschliches Leben nicht gegen das Gesetz Gottes erreichen. Die Verteidigung der öffentlichen Moral gewinnt darum innerhalb Ihrer Aufgabe fundamentale Bedeutung. Alles, was die Ablehnung der Gewalt und die Achtung und Ehrfurcht vor dem Leben stärkt und die Einheit und Stabilität der Familie, die Würde der Frau und die Ehrlichkeit der Verhaltensweisen fördert, verdient sorgfältige Aufmerksamkeit.

5. Die Solidarität hat heute auch eine internationale Dimension. Die Probleme der Entwicklungsländer sind unauflöslich verknüpft mit der Weltwirtschaftssituation. Ihre Lösung kann zu einem guten Teil durch einen besseren Zugang zu den internationalen Märkten, durch die Beseitigung ungerechtfertigter protektionistischer Schranken und durch die angemessene Bezahlung der Primärprodukte erreicht werden. Alle, die aufgrund historischer Umstände in einer bevorzugten Situation sind, haben die menschliche und christliche Verpflichtung, großzügig den Fortschritt aller zu fördern. Die Hilfen von staatlicher und privater Seite für die weniger entwickelten Länder werden wirkungslos sein, wenn sie nicht durch ein Bemühen um harmonische Eingliederung aller begleitet werden. Es ist also notwendig, den weniger Bevorzugten die Gelegenheit zu geben, sich selbst helfen zu können. Wie ich in der Enzyklika *Sollicitudo rei socialis* geschrieben habe, müssen sich „die stärkeren und reicheren Nationen für die anderen moralisch verantwortlich fühlen, bis ein wirklich internationales System geschaffen ist, das sich auf die Grundlage der Gleichheit aller Völker und auf die notwendige Achtung ihrer legitimen Unterschiede stützt. Die wirtschaftlich schwächeren Länder oder jene, deren Menschen gerade noch überleben können, müssen mit Hilfe der anderen Völker und der internationalen Gemeinschaft in den Stand versetzt werden, mit ihren Schätzen an Menschlichkeit und Kultur, die sonst für immer verloren gehen würden, auch selbst einen Beitrag zum Gemeinwohl zu leisten“ (Nr. 39).

6. Auf meiner apostolischen Pilgerfahrt durch die amerikanischen Länder habe ich verschiedene Male Gelegenheit gehabt, an die vor 500 Jahren begonnene Erstverkündigung des Evangeliums auf diesem Kontinent der Hoffnung, wie er genannt wird, zu erinnern. Zusammen mit der Predigt des Wortes Gottes geschah ein breit angelegtes Werk menschlicher Förderung. Paraguay war Pionier und Beispiel für die Welt. Von diesem Boden aus haben eure Vorfahren den Glauben und die Zivilisation an viele Orte getragen. Der Gouverneur Hernando Arias de Saavedra, Don Francisco Gozález de Santa Cruz – Bruder Ihres neuen Heiligen und Statthalter von Asunción – und viele andere waren edle Söhne dieses Landes, die es verstanden, ihre Arbeit in einer großen Synthese christlicher und menschlicher Entwicklung mit der der Missionare in Einklang zu bringen.
Ich bete darum, der Herr möge Ihre Arbeit erleuchten und überreich segnen, damit Sie, wie jene ersten Paraguayer, reife Früchte der Entwicklung, des Friedens und der Harmonie ernten können. Ich bete auch darum, der Herr möge der ganzen internationalen Gemeinschaft helfen. Ich bitte darum, man möge in der Solidarität der Nationen die am besten geeigneten Wege finden, um den schwächeren Ländern zu helfen. Darum bitte ich zu Gott, er möge Ihre Bemühungen reichlich belohnen.

Ich erflehe vom Allmächtigen durch die Fürsprache der Jungfrau von Caacupé den Segen für Sie alle, für Ihre Familien, für alle Paraguayer und für alle Völker, die Sie vertreten.

Neue Energien für christliches Erbe

Ansprache an die Bischöfe von Paraguay am 16. Mai

Liebe Brüder im Bischofsamt!

1. Ich fühle große Freude im Herzen über die heutige Begegnung mit euch in dieser Apostolischen Nuntiatur in der Stadt unserer Lieben Frau von der Aufnahme in den Himmel, Asunción. Mein größter Wunsch ist es, diese Stunde möge eine günstige Gelegenheit sein, die „das Band der Einheit, der Liebe und des Friedens" (*Lumen gentium*, Nr. 22) unserer kirchlichen Gemeinschaft stärke und wirksam werde in erneuertem Eifer, erfolgreiche Werkzeuge Gottes für die Ausbreitung seines Reiches auf Erden zu sein.
Mein Aufenthalt in diesem schönen Land im Herzen des südamerikanischen Kontinents ist die letzte Etappe meiner Pastoralreise durch diese Regionen. In diesen Tagen habe ich mit tiefer Befriedigung feststellen können, daß der „Same" (*Lk* 8,11) – das Wort Gottes – jahrhundertelang nicht ohne die selbstlose Arbeit vieler Bischöfe ausgestreut, fruchtbar gewesen ist. Sie haben das Wort Gottes in die Herzen ausgesät, die durch die Gnade Gottes fruchtbares und vom Schweiß der Missionare und vom Blut der Märtyrer benetztes Erdreich geworden waren, und es hat überreiche Frucht getragen.
Ich möchte euch meinen Dank sagen für den unermüdlichen seelsorgerischen Eifer beim Aufbau der Kirche in Paraguay. Ihr seid dem Beispiel jener großen Bischöfe dieses Landes gefolgt, wie dem Msgr. Martin de Loyola, dem Neffen des heiligen Ignatius, und dem berühmten Sohn dieser Stadt, dem Msgr. Hernando de Trejo y Sanabria. Als wahre Gottesmänner und treu in der Verwirklichung des damals gerade beendeten Konzils von Trient waren sie zugleich große Verteidiger der Ureinwohner, Förderer einer breiten kulturellen Bewegung und Dreh- und Angelpunkt des menschlichen und christlichen Fortschritts in Paraguay und in den benachbarten Regionen. Ihr seid auch den noch frischeren Spuren des Msgr. Juan Sinforiano Bogarin gefolgt, der dem Evangelisierungsauftrag einen neuen Anstoß gab und sich als Verteidiger der Werte auszeichnete, die die paraguayanische Seele in den für euer Vaterland besonders schwierigen Augenblicken formen. Jetzt, an der Schwelle der Fünfhundertjahrfeier der Evangelisierung Amerikas, habt ihr die großartige Aufgabe, diesem als Erbe empfangenen Christentum neue Energien einzuflößen.

2. „Jesus verließ das Haus und setzte sich an das Ufer des Sees" (*Mt* 13,1).
Mit dieser einfachen Einführung beginnt der heilige Matthäus seine Erzählung der Gleichnisse vom Geheimnis des Himmelreiches. Die in diesen Erzählungen des Meisters verborgene Heilswirklichkeit sieht schon Horizonte menschlicher Universalität für die Kirche und für unseren pastoralen Dienst voraus, denn sein Ziel ist es, das immer neue Licht und die immer neue Energie des Evangeliums bis an die Grenze der Erde auszubreiten.

„Ein Sämann ging auf Feld, um zu säen ...“(*Mt* 13,3). Das Gleichnis vom Sämann erinnert uns an die unaufschiebbare Pflicht, die „gute Botschaft“ (*Mk* 16,15) allen Menschen zu predigen. „Der Samen ist das Wort Gottes“ (*Lk* 8,11), und der „Sämann sät das Wort“ (*Mk* 4,14). Die Pflicht, zu jeder Zeit als bewährter Glaubenslehrer zu lehren, „hat den Vorrang unter den hauptsächlichen Aufgaben der Bischöfe“ (*Christus Dominus*, Nr. 12). Euch allen als den Nachfolgern der Aposteln gilt in erster Linie der Auftrag Christi: „Geht hinaus in die ganze Welt und verkündet das Evangelium“ (*Mk* 16,15), „bis an die Grenzen der Erde“ (*Apg* 1,8), damit – wie der Völkerapostel päzisiert – „das Wort des Herrn sich ausbreitet und verherrlicht wird“ (*2 Thess* 3,1).

Die Kirche, universales Sakrament der Erlösung, muß ununterbrochen diese Aussaat fortsetzten. Durch die Jahrhunderte hindurch wird sie gegenwärtig durch die Sämannsarbeit ihrer Oberhirten unter eifriger Mitarbeit von Priestern, Ordensleuten und vieler Gläubigen und gleichzeitig hat sie mit diesen die Freuden und Ängste eines jeden Augenblicks der Geschichte geteilt.

Heute wie vor zweitausend Jahren geht der Sämann des Wortes Gottes eine weiteres Mal hinaus auf das Feld, mit gleicher Beharrlichkeit und mit neuem Antrieb zur Evangelisierung. Der zu allen Zeiten von den Arbeitern Christi auf diesem Boden ausgestreute Samen muß fruchtbar werden in den Herzen aller Paraguayer, damit er viel Frucht hervorbringt.

3. Der Sämann des Wortes sät in alle Richtungen. Über den Samen sagt uns der heilige Matthäus, das „ein Teil der Körner auf den Weg fiel (...), ein anderer Teil fiel auf felsigen Boden (...), ein anderer Teil fiel in die Dornen (...) und ein anderer Teil fiel auf guten Boden“ (*Mt* 13,4–5, 7–8). Dieser alle Einzelheiten enthaltende Bericht des Evangelisten sollte uns im Übermaß davon überzeugen, daß das Wort Gottes durch eine fortgesetzte, in die Breite und in die Tiefe gehende Predigt und Katechese ausgesät werden muß. Es handelt sich, wie ihr verstehen könnt, um eine vorrangige, unentbehrliche Arbeit. Soll diese Arbeit wirksam sein, erfordert sie nicht nur die Hingabe der Priester und der übrigen Seelsorgskräfte, sondern auch die Sorge der Eltern um die religiöse Erziehung ihrer Kinder.

Ihr müßt also sorgsam auf die angemessene theoretische und menschliche Vorbereitung der für die Erteilung der Katechese Verantwortlichen achten, damit diese dann systematisch und in die Tiefe der Gesamtheit der Glaubensgeheimnisse mit rechtem Urteilsvermögen, rechter Frömmigkeit und fachlicher Zuständigkeit lehren. Es genügt nicht, die Lehre weiterzugeben: es muß erreicht werden, daß diejenigen, die die religiöse Unterweisung erhalten, sich auch angestoßen fühlen, das, was sie gelernt haben, zu leben.

Die Katechese muß, wie ihr wißt, zum häufigen Empfang der Sakramente führen. Der brennende Wunsch, zum ersten Mal die heilige Kommunion zu empfangen, muß begleitet sein von der notwendigen Einstimmung der Seele, ohne den Gang zum Bußsakrament zu versäumen, wenn er notwendig sein sollte. Die zunehmende Entfaltung des christlichen Lebens wird gestärkt durch den Empfang der Firmung und so geht es das ganze Leben lang weiter in dem Maße, wie die empfangene persönliche Formung immer vollkommener wird.

Ich lege euch sehr ans Herz, liebe Brüder, der Katechese derartige Anstöße zu geben, daß die Botschaft Christi bis in die entferntesten Orte eures Landes dringt. Von den Vor-

städten Asuncións bis in die fernsten Dörfer, von den Kindern bis zu den Alten, von den Wohlhabenden bis zu den Bedürftigsten – es ist notwendig, daß das Evangelium in allen Bereichen des paraguayischen Territoriums verkündet wird.
Die Geschichte eures Landes ist ein beredtes Beispiel für die übernatürliche und menschliche Fruchtbarkeit einer eifrigen und intensiven Katechese. Treues Zeugnis dafür sind die Tugenden eures Volkes und seine christlichen Traditionen, die sich auch in zahlreichen Ausdrucksformen der Volksfrömmigkeit offenbaren.

4. „Mit dem Himmelreich ist es wie mit einem Gutsbesitzer, der früh am Morgen sein Haus verließ, um Arbeiter anzuwerben“ (*Mt* 20,1).
Bei diesem Werk der religiösen Unterweisung auf allen Ebenen seid ihr nicht allein. Die Priester – eure hauptsächlichen Mitarbeiter – sind Arbeiter der ersten Stunde, bereit, „den ganzen Tag über die Last der Arbeit und die Hitze“ zu ertragen (*Mt* 20,12) für diesen anspruchsvollen und vorrangigen Dienst. Ihnen müßt ihr eure eifrigste Fürsorge widmen, indem ihr ihnen in aufrichtiger Freundschaft nahe seid, ihre Freuden und Schwierigkeiten teilt und ihnen in ihren Bedürfnissen helft; so baut ihr eine festgefügte Gemeinschaft, die ein Beispiel für die Gläubigen und ein solides Fundament der Liebe sein wird.
Doch im Gleichnis von den Arbeitern im Weinberg sehen wir, daß der Gutsherr „um die dritte Stunde wieder“ (*Mt* 20,3), „und um die sechste und um die neunte Stunde“ (*Mt* 20,5) und sogar „um die elfte Stunde noch einmal“ hinging, um Arbeiter für seinen Weinberg zu suchen. Auch ihr liebe Brüder im Bischofsamt, habt euch wie jener Gutsbesitzer nicht mit denen zufrieden gegeben, die schon auf dem weiten Feld eurer kirchlichen Gemeinschaft an der Arbeit waren, sondern seid wieder und wieder auf die Suche nach neuen Arbeitern gegangen, um die vordringliche Arbeit, allen die Heilsbotschaft Christi zu bringen, weiterzuführen.
Ich danke Gott dafür, daß man seit einigen Jahren bei euch eine bedeutsame Zunahme der Priesterberufungen erlebt. Das ist ein Geschenk, für das auch ihr danken und dem ihr entsprechen müßt, indem ihr mit noch größerem Eifer an der Ausbildung der Seminaristen arbeitet.
Vorrangiges Ziel dieser Arbeit ist eine sorgfältige Konsolidierung der empfangenen Berufung. „Mit dem Himmelreich ist es wie mit einem Schatz, der in einem Acker vergraben war. Ein Mann entdeckte ihn, (...) verkaufte alles, was er besaß, und kaufte den Acker“ (*Mt* 13,44). Die Priesterberufung steht tatsächlich in bevorzugter Weise im Einklang mit der totalen Loslösung von den Gütern dieser Welt und mit dem Verzicht auf die irdische Liebe, um eine vollkommenere Liebe zu umfangen. Durch die persönliche spirituelle Führung muß den Kandidaten die Überzeugung eingeprägt werden, daß es nicht genügt, Ja zum Herrn zu sagen; es ist nötig, die eigene Berufung gegen die Gefahren zu schützen, die das, „was ins Herz gesät wurde“ (*Mt* 13,19), wegnehmen könnten.
Es ist ratsam, daß im Seminar eine Atmosphäre der Arbeit, des Studiums und der Disziplin herrscht, das bewirkt, daß die Priesteramtskandidaten jenes Beispiel der Menschlichkeit erreichen, um das der Apostel Paulus seinen Schüler Timotheus bittet: „Ohne Tadel, (...) nüchtern, besonnen, von würdiger Haltung, (...) rücksichtsvoll, (...) ein Vorbild (...) in der Liebe, im Glauben, in der Lauterkeit“ (*1 Tim* 3,2–3; 4,12). All das sind

notwendige Mittel, um das Herz frei zu halten und sich für immer an die Liebe zu klammern.
Die Jugend- und Familienpastoral in euren Ortskirchen muß der Weckung von Priester- und Ordensberufungen bevorzugte Aufmerksamkeit widmen. Es ist notwendig, mit Kühnheit und Gottvertrauen das Netz auszuwerfen und dabei klug die Kandidaten auszuwählen zu wissen; denn – trotz des beklagenswerten Priestermangels – „läßt Gott es ja seiner Kirche nicht an Dienern fehlen, wenn man die fähigen auswählt" (*Optatam totius*, Nr. 6). Und wie schon in Rom bei eurem letzten „Ad limina"-Besuch ermuntere ich euch jetzt, nicht nur den Bedarf an Berufungen für euer Land im Auge zu behalten, sondern auch daran zu denken, daß die Gesamtkirche Priester und Missionare braucht (Ansprache an den paraguayischen Episkopat, 15. 10. 1984, Nr. 8).
Das klare Wissen um die Bedeutung der Familie – als Haus-Kirche und Urzelle der Gesellschaft – wird euch zu einer Verstärkung eures Engagements in der Familienpastoral veranlassen, denn, so erinnert uns das II. Vatikanische Konzil: „Das Wohl der Person, sowie der menschlichen und christlichen Gesellschaft ist zuinnerst mit einem Wohlergehen der Ehe- und Familiengemeinschaft verbunden" (*Gaudium et spes*, Nr. 47). Es ist also ein Impuls zur christlichen Formung der Ehe als einer der wirksamsten Weisen, Christentum in die Gesellschaft hinein auszustrahlen, notwendig.

5. „Mit dem Himmelreich ist es wie mit dem Sauerteig, den eine Frau unter einen großen Trog Mehl mischte, bis das Ganze durchsäuert war" (*Mt* 13,33).
Inmitten der Welt sind die Christen wie die Hefe im Teig. Ihre Taufe stellt an sie den Anspruch, die Umgestaltung der Welt als Obliegenheit auf sich zu nehmen und den Kampf gegen die „Strukturen der Sünde", die die Folge der Ursünde und der Summe der persönlichen Sünden sind, als eine ihrer Pflichten zu betrachten. Das politische Leben, die Wirtschaft und die Entwicklung haben als kollektive Ausdrucksweisen menschlichen Tuns auch eine theologische Seite (vgl. *Sollicitudo rei socialis*, Nr. 30, 31 und Kap. V), die von den Christen zu ihrem Streben, alles mit dem Licht Christi zu erleuchten, gelebt und in die Praxis umgesetzt werden muß.
Die Probleme sind bekannt, die in eurem Land wie an anderen Orten der Erde weite Teile der Gesellschaft berühren: die ungleiche Verteilung der Güter und Ressourcen, die Gott euch gegeben hat, das maßlose Streben nach Reichtümern und Macht, die wirtschaftliche und gesellschaftliche Benachteiligung vieler, das Fehlen echter Kanäle des Dialogs zur Überwindung gegensätzlicher Standpunkte.
Die Kirche wird, treu dem Willen ihres göttlichen Stifters, unermüdlich bei ihrer Entscheidung bleiben, sich immer und überall in den Dienst des Menschen zu stellen und den transzendenten Charakter der Person zu verteidigen. Ihr Auftrag ist sicher religiöser Art. „Doch fließen", erinnert uns das II. Vatikanische Konzil, „aus eben dieser religiösen Sendung Auftrag, Licht und Kraft, um der menschlichen Gemeinschaft zu Aufbau und Festigung nach göttlichem Gesetz behilflich zu sein" (*Gaudium et spes*, Nr. 42).

6. Die Kirche ist Expertin in Menschlichkeit und verkündet darum mit vollem Recht ihre Sicht des Menschen, das heißt diejenige, die der Schöpfer selbst von Anfang an dem aus seinen Händen hervorgegangenen Geschöpf eingeprägt hat. Getragen von ihrer Liebe

zum Menschen, der immer das Abbild Gottes ist, und „kraft des ihm anvertrauten Evangeliums verkündet die Kirche die Rechte des Menschen und sie anerkennt und schätzt die Dynamik der Gegenwart, die diese Rechte überall fördert" (*ebd.*, Nr. 41).
Die Menschenrechte sind nichts anderes als die logische Bekundung der Bedürfnisse, die die Person befriedigen muß, um ihr Vollmaß zu erreichen, und sie erstrecken sich daher auf alle Aspekte des menschlichen Lebens. Euer Auftrag als Hirten des Volkes Gottes schließt die Hilfe für jeden Bruder und jede Schwester ein, sich als Person, als Träger von Rechten und Pflichten, zu erkennen und dazu beizutragen, daß diese Rechte ausgeübt und gleichzeitig von den Institutionen der Gesellschaft geachtet werden.
Unter den elementarsten Rechten der menschlichen Person kann ohne weiteres das Recht der Arbeiter gezählt werden, in Freiheit Vereinigungen zu gründen, die authentisch seine Interessen im Blick auf eine gerechtere Ordnung des Wirtschaftslebens vertreten und verteidigen; eng damit verbunden ist das Recht der Personen, der Vereinigung und der Nationen auf unternehmerische Initiative (vgl. *Gaudium et spes*, Nr. 68; *Sollicitudo rei socialis*, Nr. 15).
Was das politische Leben betrifft, sagt die weise Lehre des Konzils: „In vollem Einklang mit der menschlichen Natur steht die Entwicklung von rechtlichen und politischen Strukturen, die ohne jede Diskriminierung allen Staatsbürgern immer mehr die tatsächliche Möglichkeit gibt, frei und aktiv teilzuhaben an der rechtlichen Grundlegung ihrer politischen Gemeinschaft, an der Leitung des politischen Geschehens, an der Festlegung des Betätigungsbereichs und des Zwecks der verschiedenen Institutionen und an der Wahl der Regierenden" (*Gaudium et spes*, Nr. 75).

7. Euer Auftrag, liebe Brüder, setzt folglich ein treffsicheres Urteilsvermögen über die Gegebenheiten eures Landes voraus, damit ihr in den Zeichen der Zeit, gelesen im Licht des Wortes Gottes, der Überlieferung und besonders der Soziallehre der Kirche, die Optionen und die Kriterien findet, die euer seelsorgliches Handeln bei der Gewissensbildung und der Vorbereitung der Wege des Herrn in Freiheit und Gerechtigkeit leiten müssen.
Wir sehen doch, daß nicht wenige soziale und sogar politische Probleme ihre tiefsten Wurzeln in Motivierungen moralischen Ranges haben. Deswegen packt die Kirche sie aus ihrem Wunsch zu dienen heraus an, um sie vom Evangelium her zu erhellen und um gleichzeitig durch ihre pastoralen, erzieherischen und fürsorglichen Tätigkeiten zu ihrer positiven Lösung beizutragen.
Mit dem gebührenden Respekt vor der legitimen Autonomie der Institutionen und Autoritäten wird euer apostolisches Handeln nicht mit Anstrengungen sparen, um alle jene Initiativen zu fördern und zu ermutigen, die der Sache des Menschen, der Erhöhung seiner Würde und seinem ganzheitlichen Fortschritt, der Verteidigung des Lebens und der Personenrechte im Rahmen der Gerechtigkeit und des gegenseitigen Respekts dienen.

8. Liebe Brüder, die ihr mit mir die pastorale Sorge der Bischöfe teilt: Bereits am Ende dieser brüderlichen Begegnung angelangt, möchte ich noch einmal den Vers des Evangeliums zitieren: „Ein Sämann ging aufs Feld, um zu säen" (*Mt* 13,3). Sät das Wort Gottes

und seid dabei immer Faktoren der Einheit. Sät – mit der Unterstützung der Priester und der Seelsorgshelfer – das Wort christlicher Erziehung vor allem dem euch anvertrauten Volk Gottes. Sät die Lehre Christi aus mit Beharrlichkeit. Optimismus und Vertrauen in dem Wissen, daß „weder der etwas ist, der pflanzt, noch der, der begießt, sondern nur Gott, der wachsen läßt" (*1 Kor* 3,7). Wenn alle Gläubigen „Gottes Ackerfeld, Gottes Bau" sind (*1 Kor* 3,9), dann seid ihr „Gottes Mitarbeiter" (*ebd.*), Werkzeuge in seiner Hand. Die Wirkung der Arbeit und das, was die Erde hundertfach, sechzigfach, dreißigfach (*Mt* 13,23) hervorbringt, hängt von eurer Einheit mit ihm ab, durch die ihr fügsam für die Kraft des Geistes sein werdet.
Ich wiederhole euch meinen Dank für die Arbeit, die ihr leistet und erflehe für euch und eure Gläubigen den Schutz der Jungfrau von Caacupé und die Fürsprache des heiligen Roque González de Santa Cruz. Amen.

Den Geschmack der Tugend weitergeben

Begegnung mit Priestern, Ordensleuten und Seminaristen in Asunción (Paraguay) am 17. Mai

1. Ich komme mit großer Freude in diese historische Kathedrale von Ascunción, um etwas Wirklichkeit werden zu lassen, was ich mir sehr stark gewünscht habe: die Begegnung mit den Priestern, Ordensmännern, Ordensfrauen, Seminaristen und den übrigen Personen im geweihten Stand, die einen erlesenen und qualifizierten Teil der pilgernden Kirche in Paraguay repräsentieren.
Ich möchte zunächst alle und jeden einzelnen der hier Anwesenden voll Zuneigung begrüßen und durch euch den Diözesanpriestern, den verschiedenen religiösen Kongregationen und den Bildungszentren im Lande meine tiefe Hochachtung ausdrücken.
Nehmt gleichzeitig schon jetzt das Zeugnis meiner tiefen Dankbarkeit für die opfervolle und kostbare Arbeit entgegen, mit der ihr Tag für Tag die Kirche aufbaut, indem ihr das Wort Gottes verbreitet und die Sakramente spendet. Habt Dank für eure seelsorgliche Arbeit auf den Gebieten der Erziehung, des Gesundheitswesens, der menschlichen Förderung, der Berufungen und der Arbeit in Schulen, Heimen und Krankenhäusern, wo eure wertvolle Gegenwart bei den Ärmsten und Ausgestoßenen gefordert wird.

2. Die Lesung, die wir gehört haben, erinnert uns an den geheimnisvollen Ruf, den Gott durch die Geschichte hindurch an das Herz des Menschen gerichtet hat; es handelt sich um einen Ruf zum Heil in Jesus Christus, dem „einzigen Mittler" (*1 Tim* 2,5). Heute rettet Gott weiterhin Menschen durch die Kirche, das „universale Sakrament des Heiles" (*Ad gentes*, Nr. 1); durch dieses beruft er viele – euch auf eine besondere Weise –, um sie als Verkündiger dieser Guten Heilsbotschaft in die Welt zu senden. Ihr führt die Arbeit jener ersten, aus Spanien gekommenen Evangeliumsverkünder fort, die die Saat des christlichen Glaubens auf diese Erde brachten: Dominikaner, Mercedarier, Franziskaner, Jesuiten, Priester aus dem Weltklerus und andere. Sie kamen nicht in die Neue Welt,

um materielle Güter oder Herrschaft über diese Lande zu erwerben, sondern um Männer und Frauen für Christus zu gewinnen und ihnen die christliche Botschaft anzubieten. Bei dieser Gelegenheit möchte ich an zwei Ordensmänner erinnern, die ihr mit besonderer Liebe verehrt: den heiligen Roque Conzáles de Santa Cruz, den heiligzusprechen ich gestern die Freude hatte, und den Pater Luis des Bolaños. Jesuit der erste, Franziskaner der zweite, sind sie beide berühmte Vorbilder der Neuverkündigung des Evangeliums, die ihr heute als Herausforderung aufgreifen müßt.
Schon seit dem Ende des 16. Jahrhunderts gehörten einheimische Weltpriester zur Kirche in Paraguay. Einige von ihnen, wie Pater Amancio González Escobar und Pater Francisco Javier Bogarín, erreichten mit Recht große Bekanntheit. Alle – man muß daran erinnern – arbeiteten unermüdlich gemeinsam mit den Ordensleuten in Dörfern und Städten, in Reduktionen und ländlichen Tälern und wandten sich als Seelsorger den Eingeborenen und den Spaniern ebenso wie der kreolischen Bevölkerung zu, die aus der Verschmelzung der Rassen entstanden war.

3. Während ich an die Priester und Ordensleute von damals erinnere, die uns „mit ihrem demütigen Dienst in der Stille rühmenswerte Beispiele der Heiligkeit“ hinterlassen haben, möchte ich die von heute mit den Worten des II. Vatikanischen Konzils ermahnen, in täglicher Ausübung ihre Pflicht in der Liebe zu Gott und zum Nächsten zu wachsen. Sie sollen das Band der priesterlichen Gemeinschaft wahren, reich an jedem geistlichen Gut Überfluß haben und vor allen ein lebendiges Zeugnis für Gott geben (*Lumen gentium*, Nr. 41).
Auch ihr heute widmet euch wie eure Vorfahren mit großer Tapferkeit der Verkündigung des Wortes Gottes. Zu euch gehören Bischöfe, die sich voll dem Dienst des Wortes und der Sakramente hingeben, um die Gemeinschaft in der Liebe aufzubauen und den Forderungen der Verkündigung des Evangeliums in diesem paraguayischen Vaterland zu entsprechen.
Euch alle hier Anwesenden und alle, die auf den verschiedenen Gebieten der Seelsorge und des Apostolats eng mit den Bischöfen in der ungeheuren Aufgabe zusammenarbeiten, das Evangelium in der paraguayischen Gesellschaft lebendig zu machen, euch ermahne ich, Licht und Salz zu sein und eurer Umgebung die Erleuchtung und den Geschmack der christlichen Tugenden zu geben. Die Gaben, die ihr empfangen habt, sind nicht dafür gemacht, sie unter den Scheffel zu stellen, sondern sie Frucht bringen zu lassen wie die Talente im Gleichnis des Evangeliums.

4. Angesichts der Lichter und Schatten, die heute das Bild Panamas zeichnen, muß eure Sorge als Seelenhirten und geweihte Personen euch drängen, aus eurem Glauben heraus eine Antwort zu geben, die dazu beiträgt, eine moralisch gesündere und in ihrem Zusammenleben friedlichere Gesellschaft aufzubauen.
Wenn so viele Priester vor allem persönliche Sicherheit in Macht und Besitz suchen, und wenn die Konsumgier die Werte umkehrt und alles sich einem blinden Rennen nach der Anhäufung von immer mehr Dingen und nach ihrem hemmungslosen Genuß hingibt, dann muß der wahre Apostel mit einem vorbildlichen, an den evangelischen Räten ge-

formten Leben Zeugnis für die ewigen Werte des Reiches Gottes ablegen. Damit stellt ihr jene falsche Sicherheit der Macht, des Habens und des Genusses bloß und enthüllt den anderen, daß es andere Werte gibt, für die es der Mühe wert ist, sich einzusetzen: die Ideale, die uns Christus, der Weg, die Wahrheit und das Leben zeigt.
Euer zeugnishaftes Leben als Priester und geweihte Seelen muß immer eine Verkündigung des Evangeliums sein, damit die nach dem Licht des Glaubens Hungernden freudig das Wort des Heiles annehmen; damit die Armen und die Verlassensten die Nähe brüderlicher Solidarität spüren; damit die Vergessenen und die an den Rand der Gesellschaft Gedrängten die Liebe Christi erfahren; damit die Stimmlosen sich angehört fühlen; damit die ungerecht Behandelten Verteidigung und Hilfe erhalten.
Bei dieser Verkündigung des Evangeliums, der vorrangigen und wesentlichen Aufgabe der Kirche, muß deren Glaubwürdigkeit bewiesen werden. Denn man kann nicht die Verkündigung des Evangeliums vom Einsatz für die Gerechtigkeit trennen, nicht den Glauben vom Streben nach der ganzheitlichen Würde der Person, nicht die Ankündigung des Gottesreiches von der Förderung des Menschen. Wie ich in meiner jüngsten Enzyklika *Sollicitudo rei socialis* aufgezeigt habe, „hat die Soziallehre der Kirche ein weiteres Mal bewiesen, daß es zu ihrem Wesen gehört, das Wort Gottes auf das Leben der Menschen und der Gesellschaft sowie auf die damit verbundenen irdischen Wirklichkeiten anzuwenden, indem sie ‚Leitprinzipien‘, ‚Urteilskriterien‘ und ‚Richtlinien für das konkrete Handeln‘ vorlegt“ (Nr. 8).

5. Aus diesem von den Kriterien und Methoden des Evangeliums inspirierten Engagement für die ganzheitliche Befreiung heraus, muß der Seelenhirte, der Apostel, die geweihte Person im Dienst der Brüder und Schwestern stehen, um ihnen die Liebe Christi zu zeigen, die sich in vielfältigen Formen offenbart. In einem Dienst der Liebe, der alle umfaßt und niemanden ausschließt.
Es ist jedoch natürlich, daß die Kirche bevorzugt eine Sorge für die Ärmsten an den Tag legt, die in Paraguay wie in vielen anderen Teilen Lateinamerikas unter jeder Art von Entbehrung leiden. Vielen von ihnen fehlt doch tatsächlich das Unentbehrlichste, um wie Menschen und Kinder Gottes leben zu können, der doch für alle eine würdige Existenz will. Wie vielen arbeitslosen oder ausgebeuteten Campesinos und Arbeitern fehlt das notwendige Brot! Ihr alle, jeder einzelne seinem Charisma entsprechend, mußt den Armen zur Verfügung stehen, in denen Jesus in besonderer Weise gegenwärtig ist.

6. Ihr, liebe Priester, die ihr die ersten „Mitarbeiter der Bischöfe“ (*Lumen gentium*, Nr. 28) seid, habt in besonderer Weise die Aufgabe, Animatoren eurer Gemeinden zu sein und Christus und seine heiligmachende Kraft gegenwärtig zu machen. In diesem Zusammenhang hebe ich gern als lobenswerte Seelsorgsinitiative die Feier des Nationalen Eucharistischen Jahres hervor, das eure Bischöfe als „wirkungsvollen Ruf und beharrliche Arbeit für den Frieden, die Gerechtigkeit und die Liebe unter allen Paraguayern“ definiert haben (*Botschaft der Paraguayischen Bischofskonferenz* vom 8. 12. 1986). Die Eucharistie, die man mit vollem Recht „Zeichen der Einheit und Band der Liebe“ nennt (*Sancrosantum Concilium*, Nr. 47; *1 Kor* 10,17), ist wirklich eine Schule aktiver

Nächstenliebe und muß in allen Christen das Bewußtsein von der Würde der Person wachsen lassen. Es ist unmöglich daß diejenigen, die häufig „das Brot der Liebe" miteinander teilen, gefühllos sind gegenüber dem Mangel an Liebe unter den Brüdern und Schwestern und sich nicht ernstlich engagieren, mit allen zusammen die Zivilisation der Liebe aufzubauen. Ihr habt als Priester die Verantwortung übernommen, Zeugen dessen zu sein, was ihr lehrt, Nachahmer dessen, was ihr ausspendet, indem ihr euer Leben hingebt für das Wohl eurer Schafe (vgl. *Presbyterorum ordinis*, Nr. 13).
Unter den Wesenszügen priesterlicher Vollkommenheit müssen wir die „Aszese, wie sie einem Seelenhirten entspricht", erwähnen (*Presbyterorum ordinis*, Nr. 13), das heißt die seelsorgliche Liebe, die sich umsetzt in die Nachfolge und die Nachahmung des gehorsamen, keuschen und armen Christus. In diesem Zusammenhang erscheint „die vollkommene und ständige Enthaltsamkeit um des Himmelsreiches willen" (*ebd.*, Nr. 16) als Ausdruck der dem Guten Hirten eigenen Weise zu lieben. Wenn ihr eure Berufung als tiefe Freundschaft mit Christus „großmütig und mit ganzem Herzen" (*ebd.*) lebt, werdet ihr leicht alle Forderungen des Evangeliums für die Nachfolge des Herrn entdecken.
Diese radikale Nachfolge Christi ist ein Signal des Himmelreiches, ein Geschenk Gottes, das zu uns kommt als prophetischer Ruf inmitten einer materialistischen Welt. Wie ich euch in meinem jüngsten *Gründonnerstagsbrief* geschrieben haben, „verzichten wir freiwillig auf die Ehe und auf die Gründung einer Familie, um Gott besser in den Brüdern und Schwestern dienen zu können. Man kann sagen, daß wir auf die Elternschaft ‚dem Fleische nach' verzichten, damit in uns die Elternschaft ‚dem Geiste nach' reife und sich entfalte„ (Nr. 5). Angesichts des Beispiels Marias, des Vorbilds der ihrem Bräutigam Christus treuen Kirche, „muß unsere priesterliche Entscheidung für den lebenslangen Zölibat auch ihrem Herzen anvertraut werden" (*ebd.*).

7. Ich wende mich jetzt besonders an die hier anwesenden Ordensmänner und Ordensfrauen, die berufen sind, „Zeichen und Zeugen" Christi in der Welt zu sein. Ihr müßt Christus gegenwärtig machen, indem ihr vorbehaltlos den radikalen Geist der Seligpreisungen übernehmt in dem Bewußtsein, daß ihr im geweihten Leben „ein wirksames Mittel der Evangelisierung" besitzt (*Evangelii nuntiandi*, Nr. 69).
Wenn ihr euch eingliedert in die verschiedenartigen Formen pastoraler Tätigkeit und immer eure Hilfe im Gebet sucht, wird in allen das Gefühl der Teilnahme am Leben der Kirche wachsen. Es ist schön, diese eure wachsende Überzeugung, Glieder des Volkes Gottes mit der Berufung zu besonderer Weihe zu sein, festzustellen. Es ist schön, in euch die Kirche als die Jungfrau zu sehen, die den Bräutigam mit brennender Lampe erwartet, weil ihr Licht seid für die anderen und lebendige Zeugen der Werte des Gottesreiches.
Dieser Wille, Christus durch euch hindurch für die anderen erkennbar zu machen, stellt euch als Männer und Frauen, die sich in der Kirche dem Wohl ihrer Brüder und Schwestern geweiht haben, auf einen Rang von großer Bedeutung und Würde. Eure Tätigkeiten haben tiefgreifende Folgen in Kirche und Gesellschaft, denn ihr bietet ja etwas euch eigenes an, das heißt die Gaben eurer reichen Spiritualität und eurer großen Fähigkeit zu uneigennütziger Liebe. Auf dieser Linie der Eingliederung in die Kirche ermutige ich euch, die Freude eurer besonderen Präsenz in voller und treuer Gemeinschaft mit der Hierar-

chie zu spüren, denn es kann keine echte Eingliederung in die Kirche außerhalb des Zentrums der Gemeinschaft geben, das der Bischof in seiner Diözese ist (vgl. *Christus Dominus*, Nr. 11). So werdet ihr wahres Licht sein, Licht Christi in seiner Kirche, Licht, das die eigene Selbstverwirklichung ausstrahlt.

8. Um jedoch Licht und prophetische Gegenwart Christi zu sein, ist es notwendig, mit großmütiger Hingabe die Nachfolge des Meisters anzutreten. Auf diese Weise werden der Ordensmann, die Ordensfrau zu Personen, die sich durch Christus in der Liebe des heiligen Geistes Gott in der Kirche weihen, zum Nutzen der ganzen kirchlichen Gemeinschaft.
Ein weiteres Zeugnis, das die geweihte Person vor dem Volk Gottes ablegen muß, ist das gemeinschaftliche Leben. Es ist ein unerläßliches Element des Ordenslebens und ein Charakteristikum, das alle Kongregationen von Anfang an gelebt haben und das zur Herstellung von Bindungen echter Brüderlichkeit dient.
Andererseits wird es nicht möglich sein, Fortschritte auf das religiöse Ideal hin zu machen ohne den ständigen Rückgriff auf die Quellen der durch das Gebet erhaltenen Gnade und den persönlichen Umgang mit Gott. Christus in Keuschheit, Armut und Gehorsam nachzufolgen, bedeutet viel mehr als ein Vorbild zu bewundern, auch wenn man es aus der Heiligen Schrift und der Theologie recht gut kennengelernt hat. Christus nachzufolgen, ist etwas Existentielles. Es ist der Versuch, ihn soweit nachzuahmen, daß man sich ihm gleich gestaltet, daß man sich durch die getreue Umsetzung der evangelischen Räte in das Leben mit ihm identifiziert.
Diese Realität überschreitet das Begriffsvermögen und übersteigt die menschlichen Kräfte. Deswegen ist es nur dank starker Zeiten des Gebetes und schweigender und ausdauernder Betrachtung zu verwirklichen. Erinnert euch immer daran, daß das Wichtigere nicht das ist, was ihr tut, sondern das, was ihr als auserwählte und dem Herrn geweihte Personen seid. Das will sagen, daß ihr in der Aktivität kontemplativ sein müßt.
In diesem Zusammenhang muß ich einen Gruß besonderer Hochachtung und Zuneigung an die kontemplativen Ordensfrauen richten. Ihr lebt das Schweigen des Klosters mit „einer Dynamik, deren Antrieb die Liebe ist“ (*Evangelica testificatio*, Nr. 8). Euer „hervorragender Platz im mystischen Leib Christi“ zeichnet sich aus durch eine „geheimnisvolle apostolische Fruchtbarkeit“ (*Perfectae caritatis*, Nr. 7).

9. Bevor ich schließe, möchte ich einige Worte an die jungen Seminaristen richten, die der Papst so sehr liebt. Ich freue mich sehr darüber, daß es in Paraguay viele Kandidaten für das Priester- und Ordensleben gibt. Zweifellos ist diese ermutigende Realität das Ergebnis vieler Jahre von Anstrengungen der Kirche, insbesondere seit der Ausrufung jenes Jahres des Priestertums, an das ihr euch noch voll Dankbarkeit erinnert. Die seelsorglichen Initiativen für die Evangelisierung der paraguayischen Familie auf dem Land wie in der Stadt sowie das Bemühen um die Dynamisierung einer echt evangelisierenden Jugendpastoral werden es ohne Zweifel erleichtern, daß schließlich das ganze Volk Gottes die Verantwortung übernimmt, aktiv mit dem Herrn der Ernte dafür zusammenzuarbei-

ten, daß die Zahl derer, die ihr Leben dem Dienst für die Kirche und für ihre Brüder und Schwestern weihen, von Tag zu Tag zunehme.
Euch, die ihr schon den ersten Schritt zum Priestertum getan habt und euch im Priesterseminar oder in den religiösen Bildungshäusern vorbereitet, ermuntert der Papst, euch der großen Verantwortung, die ihr übernehmen werdet, bewußt zu sein: Prüft gut eure Vorsätze und Motivationen; widmet euch starkmütig und großmütig eurer Ausbildung; seid streng, demütig und gehorsam; pflegt die menschlichen Tugenden, die heutzutage für den Priesterdienst so notwendig sind, und vor allem: gründet eure Berufung fest auf eine große Liebe zum eucharistischen Christus und auf ein „kindliches Vertrauen zur allerseligsten Jungfrau Maria, die von Christus Jesus bei seinem Tod am Kreuz dem Jünger als Mutter gegeben wurde" (*Optatam totius*, Nr. 8).
Abschließend lade ich euch alle ein, Priester, Ordensmänner, Ordensfrauen, Seminaristen und andere geweihten Seelen, zu Maria aufzublicken, das Vorbild der Jungfrau und der Hingabe an den Plan Gottes. Ahmt ihr Jawort nach, das sie mit so einmaliger Entschiedenheit gesprochen hat, daß es euch als Ansporn für euer Leben dienen kann. Möge sie, die Jungfrau, die die Verkündigung angenommen hat, die Mutter unter dem Kreuz, die Mutter der Kirche und eure Mutter, eure Schritte, die Werke des Apostolats und der Barmherzigkeit begleiten.
Und indem ich euch bitte, meinen Gruß und meine Anerkennung allen euren Brüdern und Schwestern zu bringen, die nicht zu dieser Begegnung kommen konten, erteile ich euch voll Zuneigung meinen besonderen Apostolischen Segen.

Feldarbeit – die erste Aufgabe des Menschen

Predigt bei der Messe mit den Landarbeitern in Villarica (Paraguay) am 17. Mai

„Mit dem Reich Gottes ist es so, wie wenn ein Mann Samen auf seinen Acker sät" (*Mk* 4,26).

1. Nachdem wir die Worte aus dem Gleichnis Christi, die für alle Anwesenden so vielsagend sind, gehört haben, grüße ich herzlich alle, die heute an dieser Eucharistiefeier teilnehmen und heiße sie willkommen: den Bischof dieser Diözese, die Priester, die Ordensmänner und Ordensfrauen, die Autoritäten und alle Familien. Ich grüße die Bevölkerung dieser Gegend und die Einwohner dieser schönen Stadt Villarica, aber ebenso auch die anderen, die aus so weit entfernten Orten wie Concepción gekommen sind und die ich besonders herzlich grüße, aus Pedro Juan Caballero, San Pedro, Hernandarias, Puerto Presidente Stroessner; auch die aus den näheren Orten wie Caaguazúw, Arroyos y Esteros, Caazapá und San Juan Bautista de las Misiones. Ich richte einen besonderen Gruß an den Hirten, den Klerus und die Gläubigen der Diözese Coronel Oviedo. Doch vor allem möchte ich mich an euch wenden, liebe Brüder und Schwestern aus der Landwirtschaft: Che corazóité güivé, po mo maiteî opaité chokokué mba'apó hara pe. (Von ganzem Herzen grüße ich euch Campesinos alle, die ihr den Boden bebaut).

2. Ihr und eure Familien wißt, was es bedeutet, Samen in die Erde zu säen. Ihr ahnt dank eurer eigenen Erfahrung vielleicht besser als andere, was Christus mit dem Gleichnis vom Sämann sagen will. Ihr wißt auch, daß „der Samen keimt und wächst" (*Mk* 4,27), Tag und Nacht, während der Mensch, der ihn gesät hat, schläft und wieder aufsteht. Der Samen wächst, und er weiß selbst nicht wie. Es ist die Erde, die „von selbst ihre Frucht bringt: zuerst den Halm, dann die Ähre, dann das volle Korn in der Ähre" (*Mk* 4,28). Christus spricht von der Ähre, die aus sich allein ihre Frucht hervorbringt; doch zugleich spricht er von der Arbeit, die der Mensch leistet. Wenn der Landarbeiter nämlich seine Arbeit als Sämann getan hat, hegt er die Hoffnung, daß er auch wird ernten können. „Sobald die Frucht reif ist, legt er die Sichel an; denn die Zeit der Ernte ist da."

3. Die Worte Jesu zeigen die Ähnlichkeit eurer Arbeit auf den Feldern mit dem Geheimnis des Reiches Gottes auf. Daher lade ich euch ein, euch bei eurer Arbeit zur Begegnung mit dem Reich Gottes zu bemühen, zu dem wir alle durch Gott in Jesus Christus berufen sind. Der Prophet sagt ja: „Sucht den Herrn, solange er sich finden läßt" (*Jes* 55,6). Die Arbeit auf den Feldern und der Kontakt mit der Natur schaffen günstige Voraussetzungen dafür, daß sich der Mensch seinem Schöpfer besser nahen kann.
Von Anfang an wurde der Mensch von Gott berufen, sich die Erde zu unterwerfen und über sie zu herrschen (vgl. *Gen* 1,28). Daher ist die Arbeit auf dem Feld auch seine erste Aufgabe, wie wir im Buch Genesis lesen: „Gott, der Herr, nahm den Menschen und setzte ihn in den Garten von Eden, damit er ihn bebaue und hüte"(*Gen* 2,15). Es war eine einfache und schöne Arbeit, denn der Schöpfer hatte der Betreuung durch den Menschen „alle Pflanzen auf der ganzen Erde, die Samen tragen, und alle Bäume mit samenhaltigen Früchten" unterworfen (*Gen* 1,29), und im Garten Eden selbst ließ Gott „aus dem Ackerboden allerlei Bäume wachsen, verlockend anzusehen und mit köstlichen Früchten, in der Mitte der Gartens aber den Baum des Lebens" (*Gen* 2,9).
In diesem Bericht „ist die fundamentale Wahrheit zutiefst eingeprägt, daß der Mensch, als Abbild Gottes geschaffen, durch seine Arbeit am Werk des Schöpfers teilnimmt" (*Laborem exercens*, Nr. 25). Und diese Wahrheit, die von jedweder menschlichen Arbeit gilt, wie unbedeutend sie auch scheinen mag, gilt in besonderer Weise für die Arbeit auf dem Acker.

4. Wie sollte man hier nicht an so viele Worte denken, die Christus formuliert hat! An die Häufigkeit, mit der er das Himmelreich mit Dingen und Arbeiten vergleicht, die wir fast täglich in der Natur betrachten können! An die Kenntnis der Feldarbeit, die seine Beispiele erkennen lassen! Jesus spricht vom Arbeiter, von der Saat und von der Ernte (vgl. *Mk* 4,26–29), von den Lilien auf dem Feld und den Vögeln (vgl. *Mk* 6,25–34), vom Unkraut und dem Weizen (vgl. *Mt* 13,24–30), vom Wein und vom Öl (vgl. *Lk* 16,1–12). Er vergleicht sich selbst mit dem wahren Weinstock und seinen Vater mit dem Weingärtner (vgl. *Joh* 15,1). Und doch, wie fernliegend erscheinen manchen seine Lehren! Man könnte sagen: je mehr wir in der Unterwerfung und Beherrschung der Erde fortschreiten, desto mehr vergessen wir Gott, der sie und alles, was zu ihr gehört, geschaffen hat.

„Mit dem Himmelreich ist es wie mit einem Mann, der guten Samen auf seinen Acker säte. Während nun die Leute schliefen, kam sein Feind, säte Unkraut unter den Weizen und ging wieder weg“ (*Mt* 13,24–25).
In diesem eingesäten Feld, mit dem das Leben als Geschenk Gottes für jeden einzelnen von uns gemeint ist, erscheint immer wieder Unkraut, das der Feind da und dort gesät hat. Ihr wißt ja gut, welches die Folgen der Erbsünde sind. Ihr habt die tiefe Wahrheit erfahren, die die Worte der Genesis enthalten: „Unter Mühsal wirst du von ihm essen alle Tage deines Lebens. Dornen und Disteln läßt er dir wachsen, und die Pflanzen des Feldes mußt du essen. Im Schweiße deines Angesichts sollst du dein Brot essen“ (*Gen* 3,17–19).
Wieviel Arbeit ist nowendig, damit der ins Erdreich gesäte Samen reiche Frucht bringt! Das Unkraut beseitigen und ausrotten, Wasser herbeileiten, gegen Landplagen ankämpfen, alle diese Dinge erfordern eure Mühe, bevor ihr ernten könnt. Wieviel Mühe! Wieviel Sorge und Ungewißheit für die Gegenwart und Zukunft!
Obwohl also dieses sehr fruchtbare Land gewiß nach Gottes Willen eure Mühen überreich lohnt, können doch die Arbeiter seine Früchte oft nicht genießen. Das Fehlen von Frieden und Sicherheit angesichts der ungewissen Zukunft der Familie, oder das Fehlen eines entsprechenden Systems sozialer Fürsorge, die Verweigerung höherer Löhne und gerechter Abmachungen, dazu die Schwierigkeiten, die beim Erwerb von Eigentum zu überwinden sind, bilden einige von den modernen Dornen und Disteln, die eure schon schwierigen Arbeitsverhältnisse noch erschweren. Dazu kommen aber noch neue Probleme: die Vermarktung eurer Produkte, die von den Städten her regulierten Preise, die Fragen der Handelspolitik auf nationaler und internationaler Ebene, kurz: die Interessen vieler, die weder die Erfordernisse des Gemeinwohls berücksichtigen noch die von Tag zu Tag weniger aufschiebbaren Ansprüche der Landarbeiter und die als einziges Ziel den Gewinn um jeden Preis anstreben.
Viele konzentrieren all ihr Bemühen darauf, möglichst viele Güter aufzuhäufen, und sie betrachten das Recht auf Eigentum als etwas Absolutes, vergessen aber, daß es „dem gemeinsamen Recht auf Nutznießung und der Bestimmung der Güter für alle untergeordnet ist“ (*Laborem exercens*, Nr. 14).
Sie vergessen hier auch, was der Apostel Jakobus bemerkt: „Der Lohn der Arbeiter, die eure Felder abgemäht haben, der Lohn, den ihr ihnen vorenthalten habt, schreit zum Himmel; die Klagerufe derer, die eure Ernte eingebracht haben, dringen zu den Ohren des Herrn der himmlischen Heere“ (*Jak* 5,4), denn sie tun so, als hätten sie nie über ihre Verwaltung Gott Rechenschaft zu geben (vgl. *Lk* 16,2).

5. Die Lösung dieser zahlreichen Probleme der Landarbeit erfordert die solidarische Zusammenarbeit aller Bereiche der Gesellschaft. Heute ist die moderne landwirtschaftliche Arbeit auch an die Städte gebunden, von wo aus man die wirtschaftlichen und rechtlichen Mechanismen hemmend oder verbessernd steuern kann, ohne die die Produktion auf dem Land, wie reich sie auch sein mag, im wesentlichen nur einigen wenigen zugute kommt.
Aus Solidaritätsempfinden und mehr noch, weil es eine Pflicht der Gerechtigkeit ist, müssen die öffentlichen Autoritäten und alle jene, deren unternehmerische und berufliche

Tätigkeit sich direkt oder indirekt auf die Landwirtschaft bezieht, sich verpflichtet fühlen, nach einer Lösung für die Konflikte zu suchen, die heute auf landwirtschaftlichem Gebiet die Gesellschaft in eurem Land plagen. Die fortschreitende Entwicklung der Industrie, der Handel und die Dienstleistungen dürfen nicht ungebührlich die Landwirtschaft belasten. Umgekehrt müssen die Produktivitätsfortschritte in der Landwirtschaft, Viehzucht und Waldwirtschaft in gerechten Löhnen und besseren Lebensverhältnissen aller Arbeiter und ihrer Familien sich auswirken. Die kleinen unabhängigen Produzenten müßten ohne irgendwelche Schwierigkeiten die Möglichkeit des freien Zugangs zu Vermarktungs- und Verarbeitungssystemen bekommen, die sie nicht benachteiligen. Endlich bleibt zu wünschen, daß die nötigen Maßnahmen ergriffen werden, um immer mehr Menschen Zugang zum Eigentum an den Landflächen zu verschaffen, die sie bearbeiten: dies wäre ohne Zweifel eine Garantie für die soziale Entwicklung und Festigkeit.
Die besonderen Werte eures Charakters als Paraguayer – hochherzige Freundschaft, Bereitschaft zum Teilen, Solidarität mit den Notleidenden, Liebe zur Familie und das Empfinden für den transzendenten Charakter der Existenz – sind tief im Leben und der Arbeit auf dem Lande verwurzelt. Sie müßten alle, die in diesem Land leben, dahin führen, persönlich die Probleme und Bedürfnisse der Menschen auf dem Land zu empfinden.
Chokokué mba'apo hara rupî, imbareté vaerá opa ara ko pe ne retá paraguay (Dank der Landbevölkerung wird dieses euer Vaterland Paraguay groß und stark werden).

6. „So hoch der Himmel über der Erde ist, so hoch erhaben sind meine Wege über eure Wege“ (*Jes* 55,9).
Gott schenkt dem Menschen weiter Vertrauen. Deshalb heben die Sünde und ihre Folgen den Auftrag des Schöpfers nicht auf: „Unterwerft euch die Erde und herrscht über sie“ (*Gen* 1,28). Christus aber verkündet und verwirklicht durch sein ganzes Leben ein echtes „Evangelium der Arbeit“. Die physische Arbeit ist nicht nur eine direkte, wenn auch nicht die einzige Weise, am schöpferischen Wirken Gottes, des Vaters, teilzunehmen, sie soll auch eine Form der Zusammenarbeit mit Gott, dem Sohn, bei der Erlösung der Menschheit sein. Denn eure Mühe, liebe Landarbeiter, euer Schweiß und eure Sorgen sind nicht etwas Unnützes. Sie bilden für euch das tägliche Kreuz: Christus möchte, daß ihr ihm das Kreuz tragen helft, daß ihr für ihn wie ein anderer Simon von Cyrene seid, „der vom Feld kam“ (*Mk* 15,21) und das Kreuz, das Christus trug, auf seine Schultern nahm.
Doch denkt nicht, Christus durch die Arbeit sein Kreuz tragen helfen, bedeute einfach ein resigniertes Hinnehmen der Schwierigkeiten, die euch begegnen. Ihr wißt aus Erfahrung, daß die Bestellung der Erde eine ständige Herausforderung ist, denn man muß zugleich eine Menge natürlicher Elemente bedenken und ordnen und dabei zahlreiche Hindernisse überwinden. Ebenso ist es durchaus nicht abwegig, daran zu denken, daß die wenigstens teilweise Lösung vieler Probleme, die euch bedrängen, auch von euch selbst abhängt. Daher müßt ihr miteinander solidarisch leben, denn die Solidarität ist eine christliche Tugend, die sich aus der Liebe herleitet, dem unterscheidenden Kennzeichen der Jünger Christi (vgl. *Joh* 13,35), und daher auch Zeichen der Vereinigung mit seinem Kreuz ist (vgl. *Sollicitudo rei socialis*, Nr. 40).

Daher sind auch die Horizonte einer wirksamen Solidarität unter euch unermeßlich, so wie die Forderungen der Liebe unbegrenzt sind. Die bewußte und gehorsame Zusammenarbeit mit Gott durch eure Arbeit erfordert ferner nicht nur das Bebauen eurer kleinen Farmen und Parzellen aus ganzer Kraft, sondern auch das Einbringen all eurer Vorstellungskraft, Intelligenz und Mühe für eine fruchtbare gemeinsame Arbeit. Gott will euch dabei helfen, doch er erwartet auch euer entschiedenes Eingehen auf seine Initiative. Tut ihr das nicht, so lebt ihr nicht im Vollsinn als seine Söhne und verfallt, ohne es zu bemerken, der Trägheit und dem Konformismus. Oft steht hinter dem Anpreisen von radikalen Lösungen, die andere durchführen sollen, die Scheu, sich täglich und intelligent an die Arbeit zu machen.

Ayeruré ñandeyára ha tupasyme to me'é peéme fe, esperanza y caridad pe mba'apó haguá hekope, ñepytyvó yoaitépe, ha pe moi hagua pende atiyre, jesucristo kurhzuicha, opaité pe ne quebranto ha pe ne mba'e rembipotá. (Ich bitte Gott und die Jungfrau Maria, sie möchten euch Glaube, Hoffnung und Liebe schenken, damit ihr fleißig und in enger Solidarität als Christen miteinander arbeitet und alle eure Gebrechen und großen Wünsche als das Kreuz Christi auf eure Schultern nehmt).

7. „Sucht den Herrn, solange er sich finden läßt, ruft ihn an, solange er nahe ist" (*Jes* 55,6).

Sucht den Herrn in eurer Arbeit, in den Umständen des täglichen Lebens. Sucht ihn vom Aufstehen an – oft steht ihr noch vor dem Morgenrot auf – bis ihr von der Arbeit müde euch die verdiente Ruhe gönnt. Sucht den Herrn in der gut verrichteten Arbeit, denn ihr sollt ihm doch etwas seiner Würdiges anbieten: das Beste von euren Kräften.

Bei der Feier der heiligen Messe opfert der Priester das Brot, „die Frucht der Erde und der menschlichen Arbeit", dann den Wein, „die Frucht des Weinstocks und der menschlichen Arbeit". Zusammen mit diesem Brot und Wein könnt ihr euer ganzes Tagewerk und euer Leben aufopfern: die Arbeit und das Ausruhen, Schlafen und Wachen, Trauer und Freude. Dies alles gewinnt in Vereinigung mit dem Opfer Christi am Kreuz seinen tiefsten Wert, der zum Erlösungswerk beiträgt.

„Meine Gedanken sind nicht eure Gedanken, und eure Wege sind nicht meine Wege" (*Jes* 55,8), sagt Gott durch den Propheten Jesaja. Verliert man die christliche Sicht der Arbeit, dann entsprechen die Pläne des Menschen nicht mehr den Plänen Gottes; denn die Wege des Menschen sind nicht die Wege Gottes.

Doch der Prophet sagt weiter: „Der Ruchlose soll seinen Weg verlassen, der Frevler seine Pläne. Er kehre um zum Herrn, damit er Erbarmen hat mit ihm, und zu unserem Gott; denn er ist groß im Verzeihen" (*Jes* 55,7).

Der Herr wartet immer auf uns. Gott ist reich an Barmherzigkeit und immer bereit, uns zu helfen. Doch wenn diese göttliche Milde zur wahren Quelle des Friedens für die Herzen werden soll, müssen wir zum Herrn zurückkehren; der Mensch muß seine Wege verlassen und die Wege Gottes beschreiten. Die Seele eines jeden Menschen braucht wie das „gute Erdreich" (*Mt* 13,8) ständige Hilfe, um Frucht zu bringen. Wir müssen in sie den Samen des Wortes Gottes hineinsäen, sie häufig mit den Sakramenten, die die Gnade eingießen, betauen und die verkehrten Leidenschaften aufgeben. Ihr müßt eure

Seelen und die eurer Kinder pflegen, mit noch größerer Sorgfalt als die, mit der ihr den Acker bestellt: dies ist eure wichtigste Aufgabe, und sie wird euch auch am meisten Frucht bringen. Bei dem, was Gott betrifft, dürft ihr niemals „caigüe", – träge und faul – sein.

8. „Mit dem Reich Gottes ist es wie ... mit einem Senfkorn: dieses ist das kleinste von allen Samenkörnern, die man in die Erde sät. Ist es aber gesät, dann geht es auf und wird größer als alle anderen Gewächse und treibt große Zweige, so daß in seinem Schatten die Vögel des Himmels nisten können" (*Mk* 4,26.31–32).
Jeder Christ ist aufgerufen, durch sein Leben und seine Arbeit zum Wachstum des Reiches Gottes auf Erden beizutragen. Im Evangelium von heute wird das Reich Gottes ferner mit einem Senfkorn verglichen. In diesem Gleichnis dürfen wir auch das Wachstum der Kirche angedeutet sehen, die sich von ihren bescheidenen Anfängen her in zahlreiche Völker, Nationen und Länder ausgedehnt hat. In eurem Vaterland hat dieser Vorgang, der vor fast fünf Jahrhunderten begann, einzigartige Kennzeichen gehabt, wie die Fruchtbarkeit eurer Felder und Wälder.
Der Herr wollte, daß die Guaranî-Volksgruppen „gutes Erdreich" für den Samen des göttlichen Wortes wurden. Seit der Gründung Unserer Lieben Frau von Asunción im Jahre 1537 konnten die Missionare dank der guten Aufnahmebereitschaft der Einheimischen für das Erlernen der göttlichen und menschlichen Dinge eine ausgedehnte und intensive Arbeit leisten. Paraguay wurde daher zu einem bedeutsamen Mittelpunkt der Evangelisierung und Zivilisierung und eure Stadt verdiente sich den Titel „Mutter der Städte". Noch ehe ein Jahrhundert seit dieser Gründung vergangen war, hatten die Nachkommen der Kreolen und die Guaranîes den Glauben angenommen, und die Entwicklung reichte von den fernen Ufern des Amazonas bis zu den Anden im Süden. In diesen ersten Jahrhunderten zeigten Priester, Ordensleute und Katechisten der Welt die Kraft des Evangeliums, wenn sein Same auf „gutes Erdreich" fällt. Euer Glaube wuchs und erstarkte wie eure Tayis und Ibirá-Pytás, und er hat bereits Früchte der Heiligkeit wie den heiligen Roque Gonzalez vom heiligen Kreuz hervorgebracht. Er blieb auch fest, trotz der Schwierigkeiten, die euer Volk durchmachen mußte.

9. Jetzt liegt es an euch, diese Arbeit fortzusetzen, bis jenes kleine Samenkorn (vgl. *Mk* 4,31), „große Zweige treibt, so daß in seinem Schatten die Vögel des Himmels nisten können" (*Mk* 4,32). Dies ist die Sendung der ganzen Kirche, in der die Aufgabe der Laien einen besonderen Platz einnimmt. Ihr seid es, liebe Laien, die das ganze irdische Tun mit christlichem Geist erfüllen müssen: das Land und die Stadt, die Industrie und den Handel, Politik, Kultur und das ganze soziale Leben. Es ist eure Aufgabe, „die zeitliche Ordnung mit dem Geist des Evangeliums zu durchdringen und zu vervollkommnen" (*Apostolicam actuositatem*, Nr. 5).
Auf den Laien, der in seinem Inneren lebhaft die Notwendigkeit des Apostolates spürt, kann man die Worte des Propheten anwenden: „Ich habe ihn zum Zeugen für die Völker gemacht" (*Jes* 55,4). Ihr Laien habt diese schöne Aufgabe an erster Stelle durch die Folgerichtigkeit eures Lebens zu erfüllen – als Zeugnis für die Gegenwart Christi unter den

Menschen – so daß sie „eure guten Werke sehen und euren Vater im Himmel preisen" (*Mt* 5,16).

10. Das Wort Gottes in der heutigen Liturgie bezieht sich in besonderer Weise auf euch, die ihr auf den Feldern arbeitet. So lesen wir im Buch des Propheten Jesaja: „Wie der Regen und der Schnee vom Himmel fällt und nicht dorthin zurückkehrt, sondern die Erde tränkt ... so ist es auch mit dem Wort, das meinen Mund verläßt: Es kehrt nicht leer zu mir zurück" (*Jes* 55,10–11).
Jesaja spricht von der Fruchtbarkeit der Erde, die auch vom Regen abhängt. Die Menschen, die auf den Feldern arbeiten, wissen, wie wichtig das vom Propheten Gesagte ist. Über die Fruchtbarkeit der Erde hinaus läßt uns die heutige Liturgie aber auch an die Fruchtbarkeit der Seelen denken. Wenn in sie das Wort Gottes hinabsteigt, so wie der Regen auf die Erde fällt, darf man hoffen, daß dieses Wort die entsprechenden Früchte bringt.
Liebe Brüder und Schwestern, ihr alle, die ihr heute den Nachfolger des Apostels Petrus hört, und zumal ihr, die ihr auf den Feldern arbeitet: ich bitte inständig Christus, den Guten Hirten, daß dieses Wort, das ich vor euch verkünden durfte, nicht unfruchtbar bleibt, sondern viele Frucht bringt in eurem Leben und in der ganzen Gesellschaft von Paraguay.
„Sucht den Herrn ... ruft ihn an, solange er nahe ist ... So hoch der Himmel über der Erde ist, so hoch erhaben sind meine Wege über eure Wege und meine Gedanken über eure Gedanken" (*Jes* 55,6–9). Amen.

Die Würde der Person wird durch den Glauben gewonnen

Ansprache bei der Begegnung mit den Indios in Mariscal Estigarribia (Paraguay) am 17. Mai

Liebe einheimischen Brüder aus Paraguay!

1. Ymá Güivéma, aimesé, penedivé ha péina ága, aimema pendeapytépe (Seit langem habe ich schon unter euch weilen wollen. Nun endlich bin ich da, mitten unter euch).
Von dieser Mission der hl. Theresia aus möchte ich mich an die Nivaclé, die westlichen Guaranies und die Nandeva-Guaranies wenden; an die Lengua, Sanapaná, Angaité, Toba Makoy, Guaná, Manjui, Toba Qom, Makà, Ayoreo sowie an die Aché, Mbyá Apyteré, Avá Chiripá und die Pai Tavytera. Ich weiß, daß es vielen von euch wirklich Mühe gekostet hat, zu dieser Begegnung mit dem Papst nach hier zu kommen, mußtet ihr doch die weiten Ebenen des Chaco von Paraguay durchqueren. Mich ergreift dieses Opfer, das ihr gebracht habt, damit heute alle vereint dasein können. Mein Gruß gilt auch den Leuten vom Chaco und der einheimischen Bevölkerung, sowohl denen, die auf diesem Boden geboren sind, wie auch denen, die von anderswoher gekommen sind, um in eurem Land Arbeit und Lebensunterhalt zu finden.
Ich wende mich ebenfalls an alle eure Brüder, die von anderen Teilen des amerikanischen Kontinents hergekommen sind: an die aus Bolivien und Brasilien, und ich bitte euch,

meinen Gruß der Freude und des Friedens im Herrn all euren Leuten und Familien auszurichten. Ich grüße ferner eure Hirten, die Priester, die Missionare, Missionarinnen und Katechisten, zumal die aus der Diözese Benjamin Aceval und aus dem Apostolischen Vikariat des Chaco in Paraguay. Allen danke ich für die Zuneigung und Liebe, die ihr mir gezeigt habt.

2. Wir kommen dem großen Ereignis der 500-Jahr-Feier der Evangelisierung Amerikas näher. Es ist für die ganze Kirche eine Freude, aber in besonderer Weise für euch. Gott „will, daß alle Menschen gerettet werden und zur Erkenntnis der Wahrheit gelangen" (*1 Tim* 2,4). Daher übertrug er seinen Aposteln und der ganzen Kirche die Sendung, hinauszugehen und alle Völker zu seinen Jüngern zu machen, sie zu taufen auf den Namen des Vaters und des Sohnes und des Heiligen Geistes und sie alles halten zu lehren, was er ihnen gesagt hatte (vgl. *Mt* 28,19–20). In Erfüllung dieses Auftrags Christi kamen im Verlauf der fünf Jahrhunderte Männer und Frauen nach hier, angetrieben von einer großen Liebe zu Gott und den Bewohnern dieser herrlichen Gebiete, ohne ein anderes Ziel als jenes, das Licht des Glaubens zu verbreiten und in die Herzen das neue Leben, das Leben der Gnade einzupflanzen.
Durch den Glauben kommt der Mensch zu einer volleren Erkenntnis Gottes und gewinnt zugleich eine tiefere Dimension seiner Würde als Person, die ihm mit allen Menschen gemeinsam ist. Das II. Vatikanische Konzil lehrt, daß „alle Menschen eine geistige Seele haben und nach Gottes Bild geschaffen sind, (daß) sie dieselbe Natur und denselben Ursprung haben, und als von Christus Erlöste sich derselben göttlichen Berufung und Bestimmung erfreuen" (*Gaudium et spes*, Nr. 29). Kraft unseres gemeinsamen Ursprungs sind wir alle gleich an Würde, ohne Unterschied der Rasse, Sprache oder Nation. Es gibt, wie der Apostel sagt, weder Juden noch Griechen noch Barbaren mehr (vgl. *Kol* 3,11), denn wir alle sind berufen, „Hausgenossen Gottes" (*Eph* 2,19) zu sein.
Diese Grundtatsache, daß wir alle aus den Händen Gottes hervorgegangen sind, hat enorme Folgen für die Person als Einzelwesen und als menschliche Familie. Die erste besteht darin, daß wir alle Brüder sind, weil wir den gleichen Vater haben: Gott. Denkt daran, liebe Einwohner dieser Gebiete, was es für euer Leben und Verhalten bedeutet, in Wahrheit zu bekennen, daß wir tatsächlich Brüder sind, Mitglieder einer einzigen Familie.
Waren diese Bande schon auf der Ebene der Natur sehr eng, so wurden sie endgültig besiegelt durch die Erlösung Jesu Christi, durch die wir das neue Leben der Gnade teilen dürfen, das er uns am Kreuz verdient hat, und das uns zu einem Teil des auserwählten Volkes Gottes macht. Die Brüderlichkeit, die im Menschengeschlecht herrschen muß, muß daher zur Zusammenarbeit und Solidarität aller Menschen und Völker führen, so daß alle sich entwickeln können in Achtung vor den jeweiligen Eigenheiten (vgl. *Sollicitudo rei socialis*, Nr. 33).

3. Der Mensch steht höher als alle anderen Geschöpfe der Erde, weil er zur Kenntnis und Liebe Gottes fähig ist. Daher darf er sich nicht durch seine Instinkte bestimmen lassen, als Kind Gottes muß er sich vielmehr entsprechend dieser Würde verhalten und die Zehn Gebote halten, die Gott dem Mose gegeben hat (vgl. *Ex* 20,1–17), und die Christus erhöht und vervollkommnet hat durch das neue Gebot der Liebe (vgl. *Joh* 13,34).

Natürlich machen uns unser Bewußtsein und unsere Erfahrung die schmerzhafte Tatsache klar, daß es in unserem Inneren eine Neigung zur Sünde gibt, eine Tendenz zu Verhaltensweisen, die dem Gesetz und Willen Gottes zuwider sind. Daher sollte jeder von uns sich zu seinem Vorteil selbst prüfen, um herauszufinden, was in seinem eigenen Leben und Verhalten seiner Stellung als Kind Gottes und Bruder seines Nächsten entgegensteht. Um die Forderungen des Gesetzes Gottes zu erfüllen und damit die Neigungen zum Bösen zu überwinden, nehmen wir das Gebet zu Hilfe. Wendet euch daher voll Vertrauen an den Herrn in dem Bewußtsein, daß er euch besonders nahe ist. Lehrt auch eure Kinder, sich an Nandeyara – Gott, unseren Vater – zu wenden mit den einfachen Gebeten, die ihr vom zartesten Alter an gelernt habt: vor allem mit dem Vaterunser, dem Gebet, das uns Jesus selbst gelehrt hat (vgl. *Mt* 6,9–13). Ruft häufig auch Tupasy an – die heiligste Jungfrau – die Mutter Jesu und unsere Mutter, und betet das Ave Maria, das ihr so sehr gefällt; sie wird euch dann anregen, den Willen ihres göttlichen Sohnes zu tun, indem ihr das heilige Gesetz Gottes beobachtet.

Die Sakramente sind die Quelle der göttlichen Gnade, aus denen ihr Kraft empfangt, um die Schwachheiten der menschlichen Natur zu überwinden. Der Herr hat in seiner Güte diese Hilfen vorgesehen, um uns auf jedem Abschnitt unserer irdischen Pilgerschaft zu helfen. So läßt uns die Taufe neu geboren sein als Kinder Gottes und gliedert uns der Kirche ein. In der Eucharistie opfert sich Christus dem Vater für das Heil der Welt und schenkt sich uns als Speise des ewigen Lebens (vgl. *Joh* 6,51). Im Sakrament der Versöhnung sucht Jesus wie der Gute Hirt das verlorene Schaf (vgl. *Lk* 15,4–7) und kommt dem Sünder entgegen, um ihn von seinen Wunden, das heißt von seinen Fehlern, durch die Lossprechung des Priesters zu heilen.

Die Vereinigung zwischen Mann und Frau hat Christus durch das Sakrament der Ehe geheiligt. In ihm vereinigen sich die Ehegatten unauflöslich, um eine Lebens- und Liebesgemeinschaft zu bilden (vgl. *Gaudium et spes*, Nr. 48) und eine Familie zu begründen. In deren Schoß werden die Kinder als Frucht der Liebe der Eltern geboren, die den Willen Gottes erfüllen und auf diese Weise mit seiner Schöpferkraft mitwirken. Dieses Sakrament gibt euch die notwendige Gnade, um in der Liebe zu wachsen, die Treue zu bewahren und eure Kinder zu ehrenwerten Menschen und guten Christen zu erziehen. Weil ihr euch der Würde von Ehe und Familie bewußt seid, müßt ihr jene Verhaltensweisen ablehnen, die den Lehren Christi und dem wahren ehelichen Glück entgegenstehen.

4. In der Katechese erwirbt man sich die Gesamtkenntnis dieser Wahrheiten der christlichen Lehre über das Gebet und die Sakramente und vertieft sie. Daher bitte ich euch, liebe einheimische Brüder, setzt alles dafür ein, die Grundlagen eures katholischen Glaubens durch fleißige Teilnahme an den Katechesegruppen und durch das Nachdenken über die Lehre Jesu im Evangelium besser kennenzulernen.

Die Evangelisierung eurer Gemeinschaften erreicht ihre volle Reife, wenn ihr viele Priester besitzt, die aus euren eigenen Familien hervorgegangen sind. Hört daher nicht auf zu beten, damit der Herr viele von euren Söhnen und Töchtern zum Priestertum und zum Ordensleben beruft. Laßt nicht ab, die Jugendlichen aufzumuntern, den Ruf Gottes zu hören und ihr Leben in den Dienst Gottes unter ihren Mitmenschen zu stellen.

Christus ist „das wahre Licht, das jeden Menschen erleuchtet“ (*Joh* 1,9). Dieses Licht ist der christliche Glaube, den ihr in der Taufe empfangen habt, damit es euer Leben erhellt und euren Gemeinschaften voranleuchtet.
Ist der Glaube echt, so muß er immer mehr die echten überlieferten Werte prägen, die sich im Verlauf der Jahrhunderte geformt haben und die Seele eurer Kulturen bilden; denn Jesus Christus ist zugleich „ein entscheidendes Element für jenen zivilen und menschlichen Fortschritt, der für die Existenz und die Entwicklung jeder Nation und jedes Staates von sehr großer Bedeutung ist“ (*Euntes in mundum*, Nr. 5).
Die Kirche hat tatsächlich immer besondere Sorge darauf verwendet, die christliche Botschaft mit den Begriffen und in der Sprache eines jeden Volkes auszudrücken. In Paraguay habt ihr unter vielen anderen Beispielen das von Fray Luis Bolanos, der den Katechismus des Konzils von Lima (1583) ins Guarani übersetzt hat. Das II. Vatikanische Konzil hat dazu erklärt: „Die Kirche entzieht … nichts dem zeitlichen Wohl irgendeines Volkes. Vielmehr fördert und übernimmt (sie) Anlagen, Fähigkeiten und Sitten der Völker, soweit sie gut sind. Bei dieser Übernahme reinigt, kräftigt und hebt sie sie aber auch“ (*Lumen gentium*, Nr. 13).

5. Ich habe aus eurem Mund auch die großen Probleme vernommen, die euch bedrängen. Ich kenne die Schwierigkeiten und Leiden, die eure Väter in der Vergangenheit durchzumachen hatten und auch jene, mit denen ihr es heute zu tun habt. Im Leben eurer Gemeinschaften findet man häufig Armutsituationen, Krankheit und soziale Vernachlässigung. Natürlich würde es nichts helfen, wenn ihr euch der Mutlosigkeit überlaßt. Der Glaube muß euch vielmehr anregen, diese Realitäten in einer neuen Perspektive zu sehen. Denkt an das Beispiel Jesu, der besonders den Leidenden nahe war: an sein Leben als armer und einfacher Arbeiter, an seine Worte des Trostes für die Mühseligen und Beladenen (vgl. *Mt* 11,28–30), an seine Aufmunterung zur Hoffnung für jene, „die hungern und dürsten nach der Gerechtigkeit“ (*Mt* 5,6) sowie für jene, „die Frieden stiften“ (*Mt* 5,9).
Eure Wünsche nach integraler Förderung sind berechtigt. Vor allem möchtet ihr als Personen geachtet werden und eure menschlichen und bürgerlichen Rechte anerkannt und geschützt sehen. Ich kenne die schweren Probleme, die euch bedrängen; zumal das, was den Besitz der Ländereien und Eigentumstitel betrifft. Daher appelliere ich an den Sinn aller Verantwortlichen für Gerechtigkeit und Menschlichkeit, daß sie den Schwächsten zu Hilfe kommen. Seit dem Beginn der Evangelisierung in diesen Gegenden hat die Kirche Freiheit und Würde der Eingeborenen verteidigt, und die Missionare wurden oft zu Sprechern für ihre Rechte gegen die Mißbräuche, unter denen eure Vorfahren zuweilen zu leiden hatten.
Ihr möchtet ferner selbst die Träger der Entwicklung eurer Völkerschaften werden und bittet um Achtung vor euren Kulturen und vor den freien Entscheidungen, die ihr trefft. Zugleich wünscht ihr auf wirtschaftlicher und menschlicher Ebene eine Förderung, die euren eigenen Fortschritt begünstigt durch ein Bildungswesen, das eure traditionellen Werte mit den Wünschen der Welt von heute zu verbinden weiß. Meinerseits kann ich als Hirte der Kirche die ganze Gesellschaft in Paraguay nur auffordern, und das werde ich

auch in Zukunft tun, sie möchte weiter nach der großen Synthese zwischen den Kulturen streben, wie sie in Asunción und den Ländern am Paraná und Uruguay seit fünf Jahrhunderten als Beispiel für die Welt verwirklicht worden ist. Ich rufe auch alle Paraguayer guten Willens zur Solidarität auf (vgl. *Sollicitudo rei socialis*, Nr. 40), damit sie, ohne in egoistische Gleichgültigkeit zu verfallen, bei der Aufgabe der Integrierung ihrer eingeborenen Brüder in die nationale Gemeinschaft mitarbeiten. Daher ermuntere ich die Bemühungen, die bereits eingeleitet sind und weitergeführt werden, um dieses ersehnte Ziel zu erreichen.

6. Das Wort Gottes, das wir eben aus dem Brief des heiligen Apostels Paulus an die Römer gehört haben, sagte uns: „Nehmt einander an, wie auch Christus uns angenommen hat, zur Ehre Gottes" (*Röm* 15,7). Der Apostel lädt uns also ein, uns gegenseitig anzunehmen und einer für den anderen Verständnis zu zeigen, vor allem ein Klima friedlichen Zusammenlebens zu schaffen. Der Friede ist nämlich ein großer Wert für den Menschen: der auferstandene Christus grüßt seine Jünger mit dem Friedensgruß (vgl. *Joh* 20,19). Er ist ein unerläßliches Gut für die Entwicklung eurer Stämme. Gewaltanwendung dagegen ist kein Weg zur Lösung der Probleme, weil sie Gott beleidigt, aber auch den, der leidet und den, der sie übt.
Selbstverständlich will der Apostel mit seiner Mahnung nicht zur Passivität aufrufen, vielmehr zu geordneter und ständiger Arbeit, wobei ihr die historischen und kulturellen Spaltungen, die innerhalb und außerhalb eurer Gemeinschaften das Zusammenleben und den Frieden gefährden können, überwinden müßt.
Andererseits darf man nicht vergessen, daß die kulturellen Reichtümer, die ihr von euren Vorfahren ererbt habt, kein Grund sein dürfen, euch „in eine unfruchtbare Isolierung" zurückzuziehen (*Puebla*, 424), wie die lateinamerikanischen Bischöfe in Puebla gesagt haben. Wenn ihr alle eigenen kulturellen Werte achtet, haltet euch stets vor Augen, daß das „Fehlen strukturierter Bildungsangebote und von Schrifttum, dazu gewisse geistige Einstellungen und Haltungen Umstände sind, die Menschen an den Rand drängen und in Situationen der Benachteiligung festhalten (*ebd.*, 8).

7. Der heilige Paulus sagt uns im Römerbrief: „Ich bin fest davon überzeugt ... daß ihr reiche Erkenntnis besitzt und selbst imstande seid, einander zurechtzuweisen" (*Röm* 15,14).
Bei der ganzen Arbeit der Evangelisierung, zu der auch ein wirksames Bemühen um die Förderung des Menschen gehört, ist die Arbeit der Katechisten grundlegend. Es ist der Herr, der durch die Bischöfe sie in eure Gemeinschaften sendet, um an der Sendung mitzuwirken, die er seiner Kirche anvertraut hat, nämlich allen Völkern das Evangelium zu verkünden (vgl. *Mt* 28,19–20).
Liebe Katechisten: Macht weiter mit allem Eifer und voller Hochherzigkeit, und laßt euch in dieser lobenswerten Arbeit nicht entmutigen. Der Herr weckt und belebt den Glauben in den Herzen jener, die euch zuhören, durch das Zeugnis eures christlichen Lebens sowie durch die systematische und ständige Unterweisung in der Lehre Jesu.

Die Aufgabe, die ihr durchführt, ist an jenen Orten besonders wichtig, wo die Gläubigen infolge der Notsituation sich der Gegenwart eines Priesters für lange Zeiträume beraubt sehen. Die Sendung zur Evangelisierung fällt daher im wesentlichen auf euch zurück, und ihr braucht deswegen eine entsprechende lehrmäßige Ausbildung und ein solides geistliches Leben. Soll die Lehre und Verbreitung der Botschaft Christi die Eingeborenen erreichen, muß sie zugleich von eurer Sorge um die Förderung der Menschen in diesen Gemeinschaften begleitet sein. Das Beispiel eurer christlichen Liebe, das in konkreten Werken der Förderung zum Ausdruck kommt, baut in ihnen wirksam die Praxis des Glaubens auf, wenn sie nämlich in eurem Leben einen getreuen Widerschein der Lehre erkennen, die ihr lehrt.

8. Nun möchte ich mein Wort an die nicht eingeborenen Bewohner dieser Gegend richten, unter ihnen Einwanderer aus Zentraleuropa. Es ist wohlbekannt, daß ihr mit bewundernswerter Beständigkeit und Beharrlichkeit wirtschaftliche Grundlagen aufbaut und ein einladendes Heim für eure Familien schafft, indem ihr zugleich zum Fortschritt dieser Nation beitragt.
Der Mensch wurde seit Beginn der Schöpfung von Gott auf die Erde gestellt, um sie zu unterwerfen und zu beherrschen (*Gen* 1,28), und gerade in der Landwirtschaft fühlt er sich besonders als Mitarbeiter seines Schöpfers. Hier verbindet sich ja die Arbeit des Landwirts mit der Gabe Gottes, der Erde. Je mehr sich daher der Mensch die Erde unterwirft und beherrscht, desto mehr muß er sich Dem nahen, der ihm alle Güter, die sie enthält, geschenkt hat.
Daher darf eure Mühe euch nicht die Verpflichtungen eines jeden Christen gegenüber Gott, unserem Vater, vergessen lassen. Haltet den Sonntag heilig, den Tag des Herrn, und erfüllt das Sonntagsgebot. Vernachlässigt nicht die christliche Erziehung eurer Kinder, und widmet ihr, wie auch allen weiteren Aspekten ihrer Heranbildung die nötige Zeit.
Die Arbeit auf dem Acker und mit dem Vieh bringt weitere Haltungen und Gewohnheiten von großem menschlichen Wert mit sich: sie begünstigt die Solidarität mit den am meisten Notleidenden, macht die Herzen geneigt zum Teilen der Güter und wird zur Quelle der Freundschaft, der Liebe in der Familie und des Friedens. Zugleich regt sie euch an, die Isolierung zu überwinden und euch für eine freundschaftliche und immer engere Kommunikation mit den eingeborenen Mitmenschen bereit zu machen.
Bei eurem bekannten Eifer, die Lebensbedingungen dieser Volksgruppen zu verbessern, bleibt weiter das Verhältnis zu den nichtkatholischen Christen, die in diesen Gegenden arbeiten, wertvoll. Auch an sie möchte ich meinen Gruß und mein Wort richten. In meiner letzten Enzyklika habe ich an die Aufgabe erinnert, sich für die Entwicklung der Völker als eine Verpflichtung für alle und jeden einzelnen, ob Mann oder Frau, einzusetzen und gesagt, sie gelte im besonderen „für die katholische Kirche und die anderen Kirchen und kirchlichen Gemeinschaften, mit denen wir zur Zusammenarbeit auf diesem Gebiet voll bereit sind" (*Sollicitudo rei socialis*, Nr. 32). Ich hoffe, daß diese Zusammenarbeit wächst und in diesem Land täglich mehr furchtbar wird.
Pohayhú che corazö mbytetéguivé che hermano kuéra. Aikua 'á pende kaneó; añandú pendé angatá; aimé penendivé. Ñandajara pendé rayhú; Te pendé rovasá. Ta pendé mem-

bareté. Pe joajú, peiko poravé haguá. Pejoayhuke Ñandejara Jesucristo Oipotaháicha. (Ich liebe euch, liebe Brüder, aus ganzem Herzen. Ich kenne eure Mühen; ich fühle eure Mühseligkeiten mit; ich stehe auf eurer Seite. Gott braucht euch. Er segne euch. Er gebe euch Kraft. Haltet zusammen, um besser leben zu können. Liebt einander, wie Jesus Christus es will).

9. Liebe Brüder: mit großer Freude bin ich heute bei euch gewesen. Zum Ende dieser Begegnung, die ja im Marianischen Jahr stattfindet, wollen wir unseren Blick richten auf Tupasy, auf Maria, die Mutter Gottes und unsere Mutter,
– auf sie, die den Herrn pries, weil sein Erbarmen von Geschlecht zu Geschlecht währt, weil er mit seinem Arm machtvolle Taten vollbringt und die Niedrigen erhöht (vgl. *Lk* 1,46–55),
– auf sie, die die Ursache unserer Freude ist, die Trösterin der Betrübten, die Hilfe der Christen,
– auf sie schauen wir, damit „Gott der Hoffnung euch mit aller Freude und mit allem Frieden erfüllt im Glauben, damit ihr reich werdet an Hoffnung in der Kraft des Heiligen Geistes“ (*Röm* 15,13). Amen.

Die Kirche ist in die Welt integriert

Ansprache bei der Begegnung mit den Aufbaukräften der Gesellschaft in Asunción (Paraguay) am 17. Mai

Verehrte Teilnehmer an dieser Begegnung!

1. Es gereicht mir zu großer Freude, heute Ihnen zu begegnen, Männern und Frauen, die besonders verantwortliche Aufgaben im Leben der Nation erfüllen: in der Kultur und im Bildungswesen, in Wirtschaft und Politik, in den Verbänden und Unternehmen; mit einem Wort, Sie erfüllen alle Arten von Tätigkeiten, die dem sozialen Leben Ausdruck und Festigkeit geben.
Ich bin sicher, daß Sie nicht nur aus Höflichkeit gekommen sind, denn die Gastfreundschaft Paraguays wird allgemein anerkannt, und ich habe sie bei meinem kurzen Aufenthalt schon erfahren dürfen und bin dafür tief dankbar. Sie möchten ein Wort vom Papst hören, dem Hirten der Kirche, die Trägerin von Werten und Prinzipien ist, die das gemeinschaftliche Leben anregen, den Frieden, das Zusammenleben und den echt menschlichen Fortschritt fördern. Ich möchte heute abend einige dieser Prinzipien vor Ihnen nennen, weil sie Ihnen als Richtung gebende Grundsätze für die Haltung des Menschen dienen können und zumal für Sie, die man „Erbauer der Gesellschaft“ nennt, besonders wichtig sind. Als qualifizierte Persönlichkeiten in der Gesellschaft“ nennt, besonders wichtig sind. Als qualifizierte Persönlichkeiten in der Gesellschaft von Paraguay und als Laien in der Kirche tragen Sie bestimmte Verantwortlichkeiten für den Dienst an den Männern und Frauen von Paraguay, die im Gefolge einer ruhmvollen Geschichte ihr Leben und ihre Gewohnheiten mit den bleibenden Werten des Evangeliums Jesu Christi prägen möchten.

2. Die Kirche steht nicht nur in Verbindung mit der Welt. Getreu der Sendung, die ihr göttlicher Stifter ihr anvertraut hat, ist sie in die Welt integriert, gehört sie zur Menschheit und schreitet so mit ihr zusammen dem endgültigen Ziel entgegen und baut es jetzt schon auf. Sie ist nicht – wie manche vermuten möchten – eine Feindin des echten Fortschritts auf allen Ebenen des menschlichen Lebens; im Gegenteil sieht sie im humanisierenden Fortschritt der Wissenschaft, der Technik und der sozialen Organisation Äußerungen des ursprünglichen Willens des Schöpfers, der der Menschheit die wunderbare Aufgabe übertrug, ihre Hände für das Glück aller Menschen zu regen. Als Christen sind wir überzeugt, daß „die Siege der Menschheit ein Zeichen der Größe Gottes" sind (*Gaudium et spes*, Nr. 34). Ja noch mehr, wir erkennen an, wieviel Gutes und Edles in der sozialen Dynamik steckt. Das II. Vatikanische Konzil lehrt, daß „die christliche Botschaft den Menschen nicht vom Aufbau der Welt ablenkt noch zur Vernachlässigung des Wohls ihrer Mitmenschen hintreibt, sondern sie vielmehr strenger zur Bewältigung dieser Aufgaben verpflichtet" (*ebd.*). Sie fordert daher ihre Mitglieder und alle Menschen guten Willens auf, ihre jeweilige Verantwortung zu übernehmen und ihre Aufgaben in der Gesellschaft zu erfüllen, freilich immer im Blick auf die Verwirklichung des Gemeinwohls, das die Schaffung der notwendigen Voraussetzungen dafür fordert, daß alle Mitbürger ohne Ausnahme voll ihre Persönlichkeit entfalten können. Bei dieser heiklen Aufgabe lassen sich die Christen vom Geist des Evangeliums leiten, wie er in der Gemeinschaft der Kirche unter Führung ihrer Hirten gelebt wird.
Die Kirche ermahnt aber nicht nur zum Guten, sie versucht auch, mit ihrer Soziallehre den Menschen Licht zu schenken und ihnen auf dem einzuschlagenden Weg bei ihrem berechtigten Streben nach Glück Orientierungshilfe zu bieten, so daß sie inmitten der ständigen Angebote der herrschenden Ideologien die Wahrheit finden können. Der christliche Entwurf ist von Optimismus und Hoffnung gekennzeichnet, denn er gründet sich auf den Menschen und sucht von einem gesunden Humanismus ausgehend seine Stimme in den sozialen, politischen und wirtschaftlichen Institutionen zu hören. Sie richtet sich am Menschen aus und betrachtet ihn als Hauptagent beim Aufbau der Gesellschaft. Doch handelt es sich hier – und das ist stets zu bedenken – um den nach dem Bild und Gleichnis Gottes geschaffenen Menschen, der berufen ist, dieses Bild in seinem persönlichen und gemeinschaftlichen Leben auszuprägen.
Es handelt sich damit um einen realistischen, nicht um einen utopischen Optimismus, da er sich der immer verderblichen Existenz der Sünde bewußt ist, die sich auch in den Strukturen äußert, wenn sie statt dem Menschen zu dienen, sich gegen ihn wenden. Gerade deswegen ist eine Zweideutigkeit zu erkennen, so daß jede Wirklichkeit zum möglichen Werkzeug des Planes Gottes, oder im Gegenteil ein Hindernis für ihn werden kann, als Ergebnis des menschlichen Egoismus und der Präsenz des Bösen.

3. Gegenüber den individualistischen oder vom ausgesprochenen Materialismus bestimmten Weltanschauungen bietet diese Soziallehre das Ideal einer solidarischen Gesellschaft an, die dem Menschen dient und für die Transzendenz offen ist.
Die menschliche Gemeinschaft ist der Ort, an dem der Mensch sich voll als Person und gemeinsam mit den anderen verwirklicht. Denn die soziale Natur des Menschen und das

Leben in der Gesellschaft gründen sich nicht auf einen „sozialen Pakt", wie einige meinen, sondern auf den Plan Gottes, der schon am Anfang gesagt hat: „Es ist nicht gut, daß der Mensch allein bleibt" (*Gen* 2,18). Daher können wir sagen, „man braucht nicht zu fürchten, das Bedenken der Wahrheit über den Menschen und die sich daraus ergebenden unverzichtbaren Forderungen hätten wenig Wirkung für die Lösung der konkreten täglichen Probleme der Gesellschaft. Im Gegenteil besteht jedes soziale Verhältnis in seinem ethischen Kern gerade in der Anerkennung der Würde eines jeden Menschen, in der Zuerkennung des wirklichen Personseins für jeden Einzelnen. Läßt sich der Christ also nicht von dieser Sicht des Menschen leiten, und mag er teilweise technische Lösungen für einzelne Probleme erarbeiten; letztlich wird dadurch die Gesellschaft aber nicht menschlicher, sondern allenfalls in ihrer sozialen Organisation technisch wirksamer" (*Ansprache an die Italienische Bischofskonferenz*, 31. 10. 1981).
Der Papst möchte vor Ihnen, den Erbauern der Gesellschaft, die Überzeugung aussprechen, daß der Grundstein und der feste Zement des ganzen sozialen Gebäudes die Wahrheit sein muß. Schon Papst Johannes XXIII. hat in seiner großen Enzyklika über den Frieden uns gesagt: „Das bürgerliche Zusammenleben kann nur dann als geordnet, fruchtbar und der Würde des Menschen entsprechend bezeichnet werden, wenn es sich auf der Wahrheit gründet. Der hl. Apostel Paulus weist darauf hin: „Legt deshalb die Lüge ab, und redet untereinander die Wahrheit; denn wir sind als Glieder miteinander verbunden" (*Eph* 4,25). „Dies wird gewiß Wirklichkeit, wenn jeder in der gebührenden Form die den anderen eigenen Rechte anerkennt und die Pflichten, die er ihm gegenüber hat" (*Pacem in terris*, Nr. 35).

4. Klar ist natürlich, daß es hier nicht um ein steriles Nachdenken über die Wahrheit geht, sondern darum, sie als Kriterium anzunehmen, das, auf das bürgerliche Zusammenleben angewandt, die konkreten Formen der Beziehungen kennzeichnen muß. Ihnen steht es zu, wenn nicht ausschließlich, so doch weithin und mit besonderer Verantwortung, aus dem Ganzen der sozialen, politischen und wirtschaftlichen Beziehungen einen Raum der Wahrheit zu machen, in dem alle Mitglieder der Gesellschaft ihre menschliche Erfüllung in ihrem doppelten zeitlichen und transzendenten Sinn finden können.
Eine auf Wahrheit aufgebaute Gesellschaft widersetzt sich jeder Form von Korruption, und daher haben Ihre Bischöfe in Erfüllung ihrer Sendung als Hirten zur „moralischen Heilung der Nation" aufgerufen. Eine in die Krise geratene öffentliche Moral schafft nämlich nicht nur ernsthafte Schwierigkeiten für die Mitglieder der Gesellschaft; sie bringt auch ihr Heil in Gefahr.
Was ist aber die öffentliche Moral anderes als eine Voraussetzung, die in der politischen Gesellschaft die Ideale der Gerechtigkeit, des Friedens, der Freiheit und der Beteiligung möglich macht? Wo sich umgekehrt der Weg zur Unmoral öffnet, wird nicht nur die Verwirklichung dieser Ideale behindert, man verliert auch das Vertrauen zu den Institutionen, verfällt in Passivität und verliert die soziale Dynamik. Im Alten Testament rief Gott beständig zur Übung der Tugend auf und forderte den Menschen auf, seine ganze Kraft auf die Verwirklichung des Gemeinwohls zu verwenden, wohl wissend, daß es am Ende Gott selbst ist, der das verheißene Reich vollenden wird. „Wahrt das Recht und sorgt für

Gerechtigkeit; denn bald kommt von mir das Heil, meine Gerechtigkeit wird sich bald offenbaren“ (*Jes* 56,1), lesen wir beim Propheten Jesaja.

5. Die gleichzeitige und solidarische Gültigkeit von Werten wie Frieden, Freiheit, Gerechtigkeit und Beteiligung sind wesentliche Voraussetzungen, wenn man von einer echt demokratischen Gesellschaft reden will, die die freie Zustimmung ihrer Bürger als Grundlage hat. Man kann also nicht von echter Freiheit sprechen, und noch weniger von Demokratie, wenn es keine wirkliche Beteiligung aller Bürger an den großen Entscheidungen gibt, die Leben und Zukunft der Nation betreffen. Es gilt, in einer Haltung der Eintracht und des Dialogs zu verhandeln und jene Formen der Beteiligung zu suchen, die ein Ausdruck der tiefen Bestrebungen aller Bürger sind. Ordnung und Frieden sind eine gemeinsame Aufgabe und setzen die wirksame Achtung der unveräußerlichen Rechte der Person voraus. Der Friede kann nicht mit einer Form der sozialen Organisation zusammengehen, in der „nur einige wenige zu ihrem alleinigen Vorteil ein Prinzip der Diskrimination aufrichten, so daß schließlich die Rechte und selbst die Existenz der einen nach dem Gutdünken der Stärkeren aufgehoben sind“ (*Botschaft zum Weltfriedenstag 1982*, Nr. 9).
Man darf daher nicht die ethische Verpflichtung auf absolute Werte vergessen, die nicht von der juridischen Ordnung oder der Zustimmung des Volkes abhängen. Daher darf eine echte Demokratie in keiner Weise gegen die Werte vorgehen, die in der Form der Grundrechte sichtbar werden, „besonders das Recht auf Leben in jedem Stadium seiner Existenz; die Rechte der Familie, insofern sie die Grundgemeinschaft oder ‚Zelle der Gesellschaft‘ ist; die Gerechtigkeit in den Arbeitsverhältnissen; die Rechte, die dem Leben der politischen Gemeinschaft als solcher innewohnen; die Rechte aus der transzendenten Berufung des Menschen, angefangen beim Recht auf Freiheit, den eigenen religiösen Glauben zu bekennen und zu praktizieren“ (*Sollicitudo rei socialis*, Nr. 33).

6. Dem großen Gut des friedlichen Zusammenlebens widerstreiten jene Kräfte, die Gewalt und Haß als dialektische Lösung der Konflikte einführen möchten. Hier darf der christliche Laie nicht vergessen, daß er den edlen Kampf für die Gerechtigkeit in keiner Weise verwechseln darf mit dem Programm jener, die „im Klassenkampf den einzigen Weg zur Beseitigung der klassenbezogenen Ungerechtigkeiten in der Gesellschaft und auch der Klasse selbst“ sehen (*Laborem exercens*, Nr. 11).
Die ganze Gesellschaft hat ferner das Recht, auch jene Werte zu entwickeln, die Ausdruck der kulturellen Ursprünglichkeit eines Volkes sind. Das Volk von Paraguay hat es ja verstanden, das kulturelle christliche Erbe anzureichern mit einer besonderen Weise, die Solidarität zu leben, die Gastfreundschaft zu üben und in Schwierigkeiten Mut zu beweisen. Eine besonders dramatische Geschichte hat es dahin gebracht, seine heroischen Tugenden in schwierigen Zeiten anzupassen.
Die Ausbildung muß daher einen Prozeß der Personalisierung anstreben, der vom Subjekt selbst ausgeht, um es in die eigene Kultur mit ihren Werten und Überlieferungen einzuführen. Sie muß ihm zur Kenntnis und zum Verständnis anderer Kulturen verhelfen, ohne die Wertschätzung der eigenen, die seine Identität ausmacht, zu vermindern. Erzie-

hen bedeutet daher, die Person bei ihrem Wachsen begleiten, beim Gewinnen des Selbstbewußtseins, in Freiheit, Autonomie und Verantwortung. Zugleich hilft es ihr, das eigene Wachstum selbst in die Hand zu nehmen und zum Wachstum der ganzen Gesellschaft beizutragen. Man muß die Menschen zur Solidarität erziehen und ihnen bei der Überwindung der Egoismen helfen, die nur Armut schaffen und das Sozialgeflecht und die öffentliche Moral schädigen.
Sich für eine so verstandene Solidarität einsetzen, setzt voraus, daß Sie den am meisten Notleidenden in Ihrem Land an die Seite treten, um ihre Rechte zu verteidigen und auf ihre berechtigten Ansprüche einzugehen. „Jeder ist aufgerufen, seinen Platz in diesem friedlichen Kampf einzunehmen, den es mit friedlichen Mitteln zu führen gilt, um die Entwicklung zusammen mit dem Frieden zu erreichen sowie auch die Natur selbst und unsere Umwelt zu retten“ (*Sollicitudo rei socialis*, Nr. 47). Die Armutsituationen, die weite Zonen einiger Länder kennzeichnen, wie es auch in Ihrem Land der Fall ist, schreien zum Himmel und sind ein Feld für brüderliches Zusammenwirken. Daher fordere ich Sie über den Einsatz all Ihrer Kräfte und Ihrer Führungsposition bei der integralen Entwicklung Ihres Landes zum Wohl aller Bürger hinaus auf, den Aufruf Ihrer Bischöfe zum konstruktiven Dialog zu beachten, der Brücken der Verständigung aufgrund gegenseitiger Achtung und Freiheit schaffen kann.

7. Erneut klingen in unseren Ohren die Worte des Propheten Jesaja nach: „Laßt ab von eurem üblen Treiben! Hört auf, vor meinen Augen Böses zu tun! Lernt, Gutes zu tun! Sorgt für das Recht! Helft den Unterdrückten! Verschafft den Waisen Recht, tretet ein für die Witwen!“ (*Jes* 1,16–17). Für die Erreichung der gewünschten Ziele der Gerechtigkeit, des Friedens, der Freiheit und Ehrenhaftigkeit auf allen Ebenen können Sie mit dem größten Reichtum rechnen, den ein Volk haben kann: mit den gediegenen christlichen Werten, die sein Leben und seine Sitten prägen, und die auch Ihre Nation im Verlauf ihrer Geschichte getragen haben.
Die christlichen Wurzeln Ihres Volkes, zu denen vielversprechende menschliche und geistige Reserven kommen, müssen den Willen aller zur Solidarität aufrufen, zu hochherzigem Einsatz, gegenseitiger Achtung und ständigem Dialog, damit Paraguay mehr und mehr auf den Wegen des Friedens, der Eintracht und Gleichheit aller Bürger seine Ziele erreicht, ohne hinsichtlich ihrer Herkunft oder ihrer sozialen Stellung einen Unterschied zu machen.
Getreu ihrer von Christus empfangenen Sendung vertraut die Kirche auf den Menschen. Sie glaubt nämlich, daß der Mensch seinen Weg zu einer neuen Menschheit, die wirklich eine Gemeinschaft von Brüdern ist, finden kann, ja, daß er in Jesus Christus ihn schon erreicht hat.
Natürlich besitzt die Kirche keine „technischen Lösungen“. Wie ich in meiner letzten Enzyklika *Sollicitudo rei socialis* gesagt habe, „legt sie keine wirtschaftlichen und politischen Systeme oder Probleme vor, noch zieht sie die einen den anderen vor, wenn nur die Würde des Menschen richtig geachtet und gefördert wird und ihr selbst der notwendige Raum gelassen wird, ihren Dienst in der Welt auszuüben“ (Nr. 41).

Doch hat die Kirche, wie Sie gut wissen, in ihrer Geschichte außerordentliche Erfahrungen gemacht, ihr Wort und ihre Mitarbeit haben beispielhafte Lösungen hervorgebracht. In der Geschichte Ihres Paraguay hat die Arbeit der Kirche immer große Bedeutung gehabt, und sie war mit missionarischem Eifer auf die ständige Erneuerung und Verbesserung Ihrer Nation gerichtet. Wir können hier Pioniergestalten wie Bolanos, den hl. Roque González vom hl. Kreuz und seine Gefährten im Martyrium nennen und viele andere Evangelisierer, die aus Liebe zu den Armen und zur Verteidigung der Indios, aufgrund ihrer Treue zu Christus und ihrem Missionsberuf ihr Leben den Mitmenschen geschenkt und in den Reduktionen eine beispielhafte Organisation der Gemeinschaften aufgebaut haben, die heute noch in der Welt Eindruck macht.

8. Gebe Gott, daß diese historische Begegnung des Papstes mit Vertretern der führenden Bereiche Paraguays neue Anregungen bietet, in deren Kraft diese Gesellschaft täglich mehr wächst in dem Maße, wie sie sich die bleibenden Werte des Evangeliums Christi zu eigen macht und so Fortschritte erzielt in der Arbeitsamkeit und Ehrenhaftigkeit, im Geist der Beteiligung und des friedlichen Zusammenlebens. Das würde zur Überwindung der Gegensätze, zur Überwindung von Feinschaft und Haß beitragen, und man würde sich gemeinsam für die Verwirklichung der Grundsätze der Gerechtigkeit und Liebe einsetzen.
Ich bitte Sie, diese Überlegungen als Erweis der pastoralen Sorge des Papstes für die geliebten Söhne Paraguays aufzunehmen, und er hofft, daß sie Ihnen zur Übernahme jener Verantwortung dienen, die Ihnen als besonders qualifizierten Bürgern und Laien in der Kirche zusteht.
Mögen die neuen Heiligen, die dieses gesegnete Land Paraguay mit ihrem Blut befruchtet haben, als Fürsprecher für Sie vor dem Vater eintreten und Ihr Wirken zugunsten Ihrer Nächsten anregen. Mit diesen Wünschen rufe ich über Sie und Ihre Mitarbeiter sowie alle Familien dieser lieben Nation den Segen und die Gnade des Allerhöchsten herab.

Glaubensschatz nicht gegen verderbliche Güter eintauschen

Predigt beim Wortgottesdienst in Encarnación (Paraguay) am 18. Mai

„An jenem Tag verließ Jesus das Haus und setzte sich an das Ufer des Sees. Da versammelte sich eine große Menschenmenge um ihn. Er stieg deshalb in ein Boot und setzte sich; die Leute aber standen am Ufer. Und er sprach lange zu ihnen in Form von Gleichnissen“ (*Mt* 13,13).

Liebe Brüder und Schwestern!

1. Wir stehen hier vor einer der eindrucksvollsten Szenen des Evangeliums. Jesus sitzt in einem Boot vor einer unermeßlichen Menge und legt ihr das Gleichnis vom Sämann dar. Heute aber scheint seine Stimme uns zu gelten, und jeder von uns hört ihn gleichsam sa-

gen: „Ein Sämann ging aufs Feld, um zu säen" ... (*Mt* 13,3). Der Same des Wortes Gottes, den Jesus vor 20. Jahrhunderten gesät hat, ist noch heute eine vielversprechende Wirklichkeit in euren Herzen.
Vor fast 500 Jahren wurde der Same des Wortes Gottes auf dieses gesegnete Land gesät. Heute aber sind die Gläubigen, die Frucht jenes Samens, „eine große Schar ... die niemand zählen konnte" (*Offb* 7,9), und sie dankt Gott für das Geschenk des Glaubens und des Heiles.
Ich vereinige mich mit euch allen bei diesem Dank für die Ankunft des Evangeliums in Paraguay und für diese Feier der Liebe und Hoffnung zusammen mit den geliebten Gläubigen dieses so schönen Gebietes im Süden Paraguays, wo die Beiträge verschiedener Rassen und Kulturen wirksam geworden sind.
Mein herzlicher Gruß gilt den Hirten der Prälatur Encarnación, der Diözese San Juan Bautista de las Misiones und der Prälatur Alto Paraná, dazu ihren Priestern, den Ordensmännern, Ordensfrauen und Pastoralhelfern. Ich grüße die übrigen Brüder im Bischofsamt, die hier anwesend sind, die zivilen und militärischen Autoritäten sowie alle geliebten Söhne und Töchter von Paraguay, die im Geiste mit uns durch Radio und Fernsehen verbunden sind. Ihnen allen gilt mein herzlicher Gruß im Herrn.
Ich möchte zu euch heute früh mit meiner ganzen Zuneigung als Hirte sprechen, so wie man zu lieben Menschen spricht. Ihr habt nämlich tief in meinem Herzen einen Platz, und ich selbst fühle mich unter euch wie in der Familie, weil ich die Liebe kenne, die ihr zum Papst hegt. Ich weiß ferner um eure Gastfreundschaft, die dem bei euch eingewurzelten, von euren Vorvätern ererbten christlichen Glauben entspricht.

2. Der von Jesus Christus in eure Herzen ausgestreute Same hat im Verlauf der vergangenen Jahrhunderte schon viele Frucht getragen zum Wohl der Nation von Paraguay. Diese hat den Glauben trotz der Schwierigkeiten verschiedener Art, die da und dort in kritischen Augenblicken der Geschichte eures Vaterlandes aufgetreten sind, gesund zu erhalten verstanden. Der Same des Wortes Gottes ist hier wirklich auf „gutes Erdreich" (*Mt* 13,8) gefallen.
Ich weiß, daß im Mittelpunkt eurer Frömmigkeit Jesus Christus, der Gekreuzigte steht, oder wie ihr ihn liebevoll nennt Ñandeyara Jesucristo. Ihm reserviert ihr einen Ehrenplatz in euren Häusern und in eurer Liebe. Vor dem verehrungswürdigen Bild des Herrn, der sein Leben als Opfer für unsere Erlösung hingegeben hat, fühlt ihr euch zur Teilnahme „am eucharistischen Opfer, der Quelle und dem Höhepunkt des ganzen christlichen Lebens" (*Lumen gentium*, Nr. 11) aufgerufen, und im Licht des gekreuzigten Christus habt ihr die tiefe Bedeutung all seiner Geheimnisse von der Menschwerdung bis zu seinem Leiden, Sterben und Auferstehen verstanden, zumal in der Feier der Karwoche und bei anderen lobenswerten Äußerungen eurer Volksfrömmigkeit.
Das Wort Gottes hat in euch die marianische Haltung geweckt, „im Herzen darüber nachzudenken" (vgl. *Lk* 2,19.51) mit Hilfe des Rosenkranzes. Ihr habt die Gewohnheit, ihn so zu beten, wie man mit seiner lieben Mutter spricht, und ihr vertraut Maria eure Freuden und Schmerzen an. Habt ihr nicht dank dieser tiefen Marienverehrung euch gegen die Dornen und Steine, von denen uns das Gleichnis vom Sämann erzählt, und die das

Wort Gottes keine Frucht bringen lassen wollen, zu schützen gewußt? So fordere ich euch auf, dieses marianische Gebet beharrlich weiter zu pflegen, das die Kirche und der Papst so sehr lieben.

3. Der von Jesus gesäte Same möchte heute wie gestern Herzen und Häuser vorfinden, die sich großmütig der Botschaft des Evangeliums von den Seligpreisungen sowie dem Gebot der Liebe öffnen. Ihr seid „wie eine große Schar aus allen Nationen und Stämmen, Völkern und Sprachen" (*Offb* 7,9). Dank eurer Treue zum Worte Gottes, zu den Forderungen der Taufe und zur Liebe, wie man sie in der Eucharistiefeier lernt, seid ihr wie die vom heiligen Johannes in der Geheimen Offenbarung beschriebene große Menge, „in weißen Gewändern ... und Palmzweige in den Händen ... die mit lauter Stimme rufen: „Die Rettung kommt von unserem Gott, der auf dem Thron sitzt, und von dem Lamm" (*Offb* 7,9–10).
Für diesen Schatz eures Glaubens, den ihr eifersüchtig als unvergleichliches Erbe hütet, das ihr nicht gegen vergängliche und verderbliche Güter eintauschen möchtet, den ihr vielmehr kräftig gegen den Proselytismus der Sekten verteidigt, möchte ich mit euch Gott danken. Ich möchte auch kurz an die Geschichte eurer Evangelisierung erinnern, und euch auffordern, sie mit Hingabe fortzusetzen, so daß ihr selbst zu Missionaren für eure Brüder und Schwestern im Paraguay von heute werdet.
Gott ist zu eurem Volk gut gewesen. Er hat es in seiner Vorsehung, die eure Geschichte mit dem Zeichen des heilbringenden Kreuzes Christi geprägt hat, besonders geführt. Will man aber dem Herrn für das Geschenk des Glaubens danken, muß man auch diese Geschichte der Gnade anerkennen, denn wenn ein Volk seine kulturellen und religiösen Wurzeln verliert, verliert es auch seine eigene Identität. Die Anfänge der Evangelisierung eures Volkes dankbar anerkennen, ist daher die beste Weise der Vorbereitung auf eine neue Evangelisierung.

4. Wie ihr gut wißt, bereitet sich die Kirche auf die Feier des 5. Jahrhunderts der Evangelisierung Lateinamerikas vor. Diese fünf Jahrhunderte der Präsenz der Frohbotschaft auf diesem Kontinent der Hoffnung muß ein mächtiger Aufruf an alle sein, Hirten und Gläubige, verantwortlich die Sendung der Verbreitung des Lichtes Christi zu übernehmen, damit es immer noch intensiver in den Gewissen und Herzen aller Bewohner dieser Länder leuchtet.
Das Volk von Paraguay besteht in seiner übergroßen Mehrheit aus katholischen Gläubigen, die mit gesundem Stolz sich als Kinder der Kirche und Kinder Gottes fühlen. Ihr seid die würdigen Erben jener Männer und Frauen, die den Samen des Glaubens zu euch gebracht haben.
Ndaiporiko, a yby'ari, mba'evé tuichavéva pe Ñandeyara Jesucristo ñe' engüégüi. Pe ñangarekókena pe fe cristiana pe rekóva rehe. Pe ñangarekó, pe mo mbareté ha pe mo mba' apó mborayhundive, tekoyoyá, ñepytyvó ha yekopytpye. (Es gibt in dieser Welt nichts Wertvolleres als das Wort unseres Herrn Jesus Christus. Daher müßt ihr euren Glauben mit großem Eifer bewahren. Ihr müßt ihn bewahren und ihn immer noch mehr kräftigen durch Übung der Liebe, der Gerechtigkeit, Solidarität und Eintracht).

Die Einpflanzung des Glaubens in Paraguay war gebunden an die unermüdliche und opferreiche apostolische Arbeit der großen Evangelisierer des XVI. und XVII. Jahrhunderts, die in diese damals „Gigantische Provinz der Indien“ genannte Gegend kamen. Sie erstreckte sich weit über die heutigen Grenzen Paraguays hinaus.
Gestalten wie der hl. Roque Gonzáles vom heiligen Kreuz und seine Gefährten im Martyrium, die ich zu meiner Freude auf der gleichen Erde heiligsprechen durfte, für die sie ihr Leben hingegeben haben, Fray Luis Bolaños, Fray Alonso vom hl. Bonaventura, Fray Juan vom hl. Bernhard und viele andere haben den Samen des Evangeliums ausgestreut, der im Laufe der Zeit Wurzeln schlug und die Seele der Gesellschaft von Paraguay erfaßt hat.
Die erste Evangelisierung Paraguays erfolgte durch die Patres Merzedarier, Dominikaner, Jesuiten, Franziskaner und durch Weltpriester aus Spanien, die den guten Samen des Evangeliums mit vollen Händen ausstreuten. Zu diesem anfänglichen Wirken, kam dann die apostolische Arbeit zahlreicher Katechisten aus dem Laienstand hinzu, von Männern und Frauen, die mit den Pfarrern in der aufbauenden Katechese, auch „Konferenzen“ genannt, zusammengearbeitet haben. Dabei erfolgte die Evangelisierung in einer Umwelt, in der die Werte der einheimischen Kulturen gewahrt wurden. Die neuen Völker, die zum Glauben geboren wurden, ließen sich Generation um Generation von der Lehre des Heils durchdringen, angeleitet von den selbstlosen Missionaren, die mit den Menschen von Paraguay in den Wäldern und auf den Gütern in Situationen der Freiheit und in denen der Ausbeutung lebten. Die Missionare nahmen deren Lebensstil, Gewohnheiten und Sitten an und sprachen auch deren Sprache.

5. Fray Luis Bolaños, der große Missionar, der die Völkerschaften und Reduktionen auf und ab in Paraguay durchzog, hat auch den kleinen Katechismus des Konzils von Lima 1583, bei dem der hl. Toribio de Mogrovejo den Vorsitz führte, ins Guaranî übersetzt. Lange Zeit hindurch war dieser Katechismus das große Werkzeug der Evangelisierung von Paraguay. Der Franziskanerbischof Fray Martîn Ignacio de Loyola – ein Neffe des Gründers der Gesellschaft Jesu – berief 1603 die Synode von Asunción ein, bei der entschieden wurde, daß die Evangelisierung der Indios in ihrer Guaranî-Sprache erfolgen müsse und der „Katechismus von Lima“ dabei zu verwenden sei, den Fray Luis Bolanos übersetzt hatte. Die ersten Missionare verstanden sehr gut, daß jede Evangelisierung im kulturellen Kontext der evangelisierten Völker erfolgen muß, wenn man wirklich ihren Geist und ihr Herz erreichen will.
Der Erwähnung wert ist ferner, daß die ersten Evangelisierer sich bemühten, auch die Laien für die Sendung der Kirche mitverantwortlich zu machen, indem sie fromme Vereine sowie caritative und katechetische Gruppen förderten, die den Glauben auch in der Gemeinschaft und Öffentlichkeit zur Geltung brachten. Der Dritte Orden der Franziskaner und andere Vereinigungen leisteten bedeutsame Arbeit auf dem Gebiet der christlichen Formung der Familie und dem der Katechese.
Verbunden mit diesem ständigen Bemühen, die Heilsbotschaft Christi durch Wort und Sakramente in die neuen Kulturen zu inkarnieren, ist ferner das Wirken jener eifrigen Missionare hervorzuheben, die sich für die Verteidigung der Rechte der Eingeboren angesichts von Mißbräuchen, unter denen sie zuweilen zu leiden hatten, eingesetzt haben.

Der Weg der Evangelisierung ging weiter und brach sich kräftig Bahn in die kommenden Jahrhunderte hinein, auch wenn es nicht an schwierigen Situationen fehlte, mit denen sich die Kirche auseinanderzusetzen hatte, und die ruhmvolle Seiten in der Geschichte der Christianisierung Paraguays bilden.

6. Angesichts dieses kurzen Rückblicks auf die Evangelisierung eures Landes dankt der Nachfolger des Petrus, der euer Empfinden teilt, von Herzen Gott dafür, daß der Same der ersten Säleute, die in euer Land kamen, für Jesus vielversprechende Früchte gebracht hat.
Doch darf der Ruhm der Vergangenheit nur Antrieb zu neuen Unternehmungen sein. Heute wie gestern muß die christliche Botschaft neue Apostel erwecken, die in der Gesellschaft die vielgestaltige Liebe Christi präsent machen, die uns das Heil schenkt, und die alle, die zur großen Familie Paraguays gehören, zu größerer Brüderlichkeit aufruft.
Liebe Brüder und Schwestern, der beste Dank für das Geschenk der Evangelisierung besteht in der aktiven und verantwortlichen Mitarbeit an der heutigen Evangelisierung. Der Same des Wortes Gottes fällt weiterhin in eure Herzen. Wie kann man heute erreichen, daß dieser Same auf „gutes Erdreich“ trifft und hundertfältige Frucht bringt? Wir müssen uns auch für eine neue Evangelisierung bereitmachen, die die empfangenen Werte der Vergangenheit wahrt und sie zugleich den kommenden Generationen treu und hochherzig angepaßt weitergibt.
Auch in eurem Volk sind die Auswirkungen einer Lebensauffassung spürbar, die den Besitz an die Spitze des Daseins stellt und Gewinn und Machtstreben als höchste Güter für die menschliche Person und ihre Bedürfnisse auffaßt. Es fehlt auch nicht an materialistischen Ideen und Praktiken, die neue Verhaltensweisen nahelegen und Grundprinzipien der christlichen Moral relativieren, so daß diese sich dann dem Wandel einer jeden Zeit anpassen müßten.
Als Folge davon ergeben sich Zweifel am Glauben. Es gibt Menschen, die sich gestört und verwirrt, ja verzagt fühlen und Gefahr laufen, sich noch mehr in ein Christentum zu verschließen, das keinen Einfluß auf das soziale, wirtschaftliche und politische Leben hat. Wie schon mein verehrter Vorgänger, Papst Paul VI. sagte, braucht es eine neue Evangelisierung „angesichts der heute häufig zu beobachtenden Entchristlichung, und zwar für sehr viele, die zwar getauft sind, aber gänzlich außerhalb eines christlichen Lebensraumes stehen, dann für einfache Menschen, die zwar einen gewissen Glauben haben, seine Grundlagen aber kaum kennen, ferner für Intellektuelle, die das Bedürfnis spüren, Jesus Christus in einem anderen Licht kennenzulernen als bei der Unterweisung in ihrer Kinderzeit, und schließlich für viele andere“ (*Evangelii nuntiandi*, Nr. 52).

7. Liebe Söhne und Töchter von Paraguay! Der göttliche Sämann ruft euch durch den Nachfolger des Petrus von neuem auf, die Saat des Evangeliums zu empfangen, um sie Frucht bringen zu lassen in euren Herzen und Familien, in euren Volksgruppen und im ganzen sozialen Leben. Ich bin sicher, daß diese Saat des Evangeliums, die uns zu ebensovielen Säleuten und Aposteln macht, ein gutes Erdreich ohne Dornen und Disteln vor-

findet. Ich möchte, daß „das Wort Christi mit seinem ganzen Reichtum bei euch wohne" (*Kol* 3,16), „damit das Wort des Herrn sich ausbreitet" (*2 Thess* 3,1).
Ich rufe euch auf, die Gesellschaft in Liebe und christlicher Solidarität aufzubauen. In meiner jüngsten Enzyklika schrieb ich: „Die Solidarität hilft uns, den ‚anderen' – Person, Volk oder Nation – nicht als irgendein Mittel zu sehen, dessen Arbeitsfähigkeit und Körperkraft man zu niedrigen Kosten ausbeutet und den man, wenn er nicht mehr dient, zurückläßt, sondern als ein ‚gleiches' Wesen, eine ‚Hilfe' für uns (vgl. *Gen* 2,18.20), als einen Mitmenschen also, der genauso wie wir am Festmahl des Lebens teilnehmen soll, zu dem alle Menschen von Gott in gleicher Weise eingeladen sind. Hieraus folgt, wie wichtig es ist, das religiöse Gewissen der Menschen und Völker zu wecken" (*Sollicitudo rei socialis*, Nr. 39).
Ich rufe ferner alle auf, bei der neuen Evangelisierung mitzuwirken, „daß durch die Kraft des Evangeliums die Urteilskriterien, die bestimmenden Werte, die Interessenpunkte, die Denkgewohnheiten, die Quellen der Inspiration und die Lebensmodelle der Menschheit, die zum Wort Gottes und zum Heilsplan im Gegensatz stehen, umgewandelt werden" (*Evangelii nuntiandi*, Nr. 19).

8. Wie soll man ferner erreichen, daß euer Glaube nicht nur den Angriffen der Ideologien und einer Praxis widersteht, die die christlichen Prinzipien schwächen möchten, sondern daß er vielmehr zur umwandelnden Kraft für euer Leben wird, zur Kraft der Evangelisierung der ganzen Gesellschaft?
Soll euer christlicher Glaube evangelisierend werden, ist an erster Stelle eine „tiefgreifende innere Erneuerung" (*Ad gentes*, Nr. 35) notwendig. Aus dieser inneren Erneuerung heraus könnt ihr dann die Botschaft des Evangeliums in alle Winkel eures Landes hineintragen und bis an die Wurzel der neuen sozialen Situationen kommen, auch über die Grenzen eures eigenen Landes hinaus.
Eure Bischöfe haben einen Pastoralplan für die Kirche in Paraguay entworfen, um „den Menschen in Paraguay und seine Kultur zu evangelisieren". Es geht um eine grundlegend christliche Kultur katholischer Prägung, die aber neu lebendig gemacht werden muß, so daß sie sich zugleich ausbreitet und Dimensionen gewinnt, die den Erfordernissen der modernen Welt entsprechen. Das christliche Volk von Paraguay wird die Prüfungen und Herausforderungen glänzend bestehen, wenn es im Licht des Evangeliums seinen Glauben in die Praxis umsetzt, in integraler Anregung des persönlichen, familiären und bürgerlichen Lebens.
Ihr wißt recht gut, daß die Evangelisierung eine Sache aller ist: der Hirten und der Gläubigen, der Priester und der Laien.
Das II. Vatikanische Konzil hat die den katholischen Laien zukommende Rolle bei der Sendung der Kirche genügend herausgestellt. Ihre erste Pflicht, so sagt es uns, besteht darin, echte Apostel zu sein, denn das persönlich durchgeführte Apostolat „ist Ursprung und Voraussetzung jedes Apostolates der Laien, auch des gemeinschaftlichen. Es kann durch nichts ersetzt werden" (*Apostolicam actuositatem*, Nr. 16).
Doch wie kann der Christ Apostel sein, wie kann er die Wahrheit Christi an die anderen weitergeben, wenn er selbst sie nicht zur Mitte seines Lebens gemacht hat?

9. Gerade deswegen möchte ich euch daran erinnern, daß „der erste Auftrag, den das II. Vatikanische Konzil allen Söhnen und Töchtern der Kirche gegeben hat, die Heiligkeit ist ... Das Streben nach Heiligkeit ist der entscheidende Punkt bei der vom Konzil aufgezeigten Erneuerung“ (*Angelus*, 29. 3. 1987).
Dies ist im Grunde die Evangelisierung, die unsere Zeit braucht. Ihr versteht, daß es sich nicht um ein behelfsmäßiges Programm handelt. Die Heiligkeit ist vielmehr die Fülle der christlichen Berufung, und sie muß von allen Gliedern der Kirche gelebt und mit neuem Schwung der ganzen Welt verkündet werden. In jedem Mann und in jeder Frau, die von Christus erlöst ist, muß das Gebot des Meisters ein Echo finden, das seine Lehre zusammenfaßt: „Ihr sollt vollkommen sein, wie es auch euer himmlischer Vater ist“ (*Mt* 5,48).
Anî kena ikangyti, anî kena ipiruti pe nde apytepe ko Ñandeyara teeté ha Ta'yra Jesucristo rehe perekova yeroviá ha mborayhú. (Möge der Glaube an Gott und Jesus Christus wie seine Liebe bei euch niemals schwach werden oder verdorren).
Das II. Vatikanische Konzil hat feierlich die Berufung aller zur Heiligkeit verkündet (vgl. *Lumen gentium*, Nr. Kap. V), und wollte sie „als Ehrentitel der katholischen Laienschaft und ihr Geheimnis bei der gänzlichen Erfüllung ihrer eigenen Aufgabe in Kirche und Gesellschaft verstanden wissen“ (*Angelus*, 29. 3. 1987). Die Bischöfe der ganzen Welt aber haben beim Abschluß der letzten Synode das Gleiche gelehrt: „Alle Laien sollen an ihrem Platz im Leben nach Heiligkeit streben: in Familie und Beruf, in Kultur und verantwortlicher Stellung im Bereich des Sozialen und der Politik“ (*Botschaft der Synode*, 29. 10. 1987).
Der eigentliche Sinn der Evangelisierung besteht also darin, bis an die Wurzel unseres Seins als Kinder Gottes zu gehen, um von daher entschieden nach Heiligkeit zu streben. Ist dieses Streben echt, werden seine Früchte nicht auf sich warten lassen: Es wird sich eine eifrige Sorge für die Ärmsten und Notleidenden zeigen, für jene, die leiden und krank sind, für jene, die weder Obdach noch zu essen haben, für jene, die den Frieden Gottes verkennen. Die Praxis der Gerechtigkeit und der Barmherzigkeit wird das private und öffentliche Verhalten regeln; die Sorgen der anderen werden zu den eigenen. Mit einem Wort: die „Kultur der Liebe“ wird Wirklichkeit.

10. Wir können uns fragen: Welches ist die Aufgabe der Priester, der Ordensmänner und Ordensfrauen bei dieser neuen Evangelisierung, zu der uns die Nähe des 5. Jahrhunderts seit der Ankunft des Glaubens auf diesem Kontinent einlädt? Gestern haben wir in der Kathedrale von Asunción über die Grundsätze nachgedacht, die den Seelsorger und den in der Pastoral Tätigen bei seiner Evangelisierungsaufgabe leiten sollen.
Laßt mich heute in Encarnacion folgendes hinzufügen: Wie soll sich das Kreuzesopfer erneuern können, wenn es keine Priester gäbe? Wie sollen sich die Seelen mit dem eucharistischen Brot nähren, wie ihre Kräfte im Sakrament der Versöhnung erneuern ohne Priester? Würden sie fehlen, wo sollten die gläubigen Laien sich auf der Suche nach dem Wort Gottes, nach klugem Rat und der Weisheit der geoffenbarten Wahrheit hinwenden? Wer würde sich der vielen unverzichtbaren Aufgaben der sozialen Förderung, der Erziehung und Hilfeleistung annehmen, wenn es an Priestern, an Ordensmännern und Ordensfrauen fehlen würde, die ihr ganzes Leben Christus für das Heil der Menschen geweiht

haben? Wie sollte der Leib der Kirche atmen ohne das unablässige Gebet der gottgeweihten Seelen?
Brüder und Schwestern in Paraguay: Betet für eure Priester und bittet Gott, er möge noch mehr Berufungen zum Priestertum wecken! Ruft die heiligste Jungfrau an, vor allem im Gebet des heiligen Rosenkranzes, sie möge in mehr jungen Menschen den Entschluß zur vollen Hingabe an Gott wecken! Ohne Priester- und Ordensberufe wäre die neue Evangelisierung eine Unmöglichkeit. Mit ihnen dagegen ist der apostolische Eifer des ganzen Volkes Gottes gesichert.

11. Liebe Söhne und Töchter von Paraguay, wie gern würde ich diese Unterhaltung mit jedem einzelnen von euch fortsetzen! Wenn ich auf die Jugendlichen schaue, möchte ich ihnen das „Folge mir nach“ des Herrn zurufen (vgl. *Mk* 10,21). Ich möchte in jedes eurer Häuser kommen, mich von eurer Religiosität gefangennehmen lassen und euch zur treuen und hochherzigen Befolgung der Lehren des Evangeliums auffordern. Ich möchte mit jedem von euch auf du und du sprechen, die ihr nach Wahrheit, nach Licht, nach dem Guten sucht. Ich möchte mich mit all denen austauschen, die unter Einsamkeit, Schmerzen oder Randdasein leiden, um euch zu verkünden, daß ihr „für den Leib Christi, die Kirche, das, was an den Leiden Christi noch fehlt, ergänzen“ könnt (*Kol* 1,24). Ich möchte in das Herz eines jeden Paraguayers das ganze Evangelium säen, damit es hundertfältige Frucht bringt, so daß jeder Getaufte zu einem Heiligen und Apostel wird.
Dies sind meine Wünsche in diesem Augenblick, da ich mit euch für das Geschenk des vor fast 500 Jahren empfangenen Glaubens danke, mitten unter diesem gesegneten Volk, das ein Herz und eine Sprache voll Harmonie und Offenheit für das Universum besitzt.
Möge die Jungfrau Maria, die Unbefleckte Empfängnis, euch in der Liebe zum gekreuzigten Christus erhalten und wachsen lassen, damit euer Leben sich auf die Eucharistie und das Gebot der Liebe ausrichtet.
Ta imbareté ha to mimbî kena opa ara ko mborayhú ha yeroviá pe recova Tupasy Caacupé, Virgen Maria rehe (Möge sich die Liebe und das Vertrauen, das ihr zur Jungfrau Maria von Caacupé hegt, immer mehr festigen und ausstrahlen).
Von ganzem Herzen segne ich euch alle.

Maria bezeugt die unendliche Liebe Gottes

Predigt bei der Messe im Marienheiligtum von Caacupé (Paraguay) am 18. Mai

„Sei gegrüßt, du Begnadete, der Herr ist mit dir“ (*Lk* 1,28).

1. Wieviele Menschen haben Maria schon mit diesen herrlichen Worten gegrüßt, die zum erstenmal in Nazaret verkündet wurden! Und in wievielen Sprachen und Schriften der großen Menschheitsfamilie!
„Voll der Gnade.“ So wendet sich der Gottesbote an die Jungfrau Maria.
Diese Worte sind ein Echo des ewigen Segens, in welchem Gott die erlöste Menschheit mit seinem ewigen Sohn verbunden hat: In der Person Christi hat er uns auserwählt vor

der Erschaffung der Welt ... und im voraus dazu bestimmt, seine Adoptivsöhne zu werden (vgl. *Eph* 1,45).
Als die Jungfrau die vom Engel übermittelte Botschaft annahm, stieg der ewige göttliche Segen in der Kraft des Allerhöchsten auf sie herab und überschattete sie: „Du wirst ein Kind empfangen, einen Sohn wirst du gebären, dem sollst du den Namen Jesus geben ... Da sagte Maria: Ich bin die Magd des Herrn; mir geschehe, wie du es gesagt hast" (*Lk* 1,31.38).
Liebe Brüder und Schwestern, wir begehen in der ganzen Kirche das Marianische Jahr. In diesem Maria geweihten Jahr war es mir eine Freude, das Volk Gottes in diesem Land Paraguay zu besuchen: ein Land, so können wir sagen, das eminent marianisch ist, denn schon in seiner Geographie trägt es in schöner Folge der Namen das Evangelium der Geheimnisse Mariens – Concepción, Encarnación, Asunción – eingeprägt.
Che corazoité güivé, po ma maiteí; ha hi'anteté cheve Ñandeyara ta pende rovasá ha to hykuavó pende apytepe i mborayhú ha i ñe'e marangatú (Von ganzem Herzen grüße ich euch und wünsche, daß Gott euch segnet und unter euch seine Liebe und sein heiliges Wort Wurzel fassen lasse).

2. In diesem Nationalheiligtum Unserer Lieben Frau von den Wundern von Caacupé möchte ich in meinen Gruß des Glaubens und der Liebe die heilige Jungfrau einschließen, den Hirten der Diözese und alle Brüder im Bischofsamt, die uns begleiten; ich grüße ebenso herzlich die Priester und Seminaristen, die Ordensmänner und Ordensfrauen und die ganze Kirche in Paraguay, die zu diesem Heiligtum wie zu ihrem eigenen Heim kommt, weil es das Haus der gemeinsamen Mutter ist.
Betrachtet man das gesegnete Bild Unserer Lieben Frau von Caacupé, dann meint man die geheimnisvolle Spur einer Jahrhunderte alten Geschichte anzuschauen, in der für diese Nation die Ankunft der christlichen Heilsbotschaft und die mütterliche Präsenz Mariens in diesen Gegenden zusammenfallen.
Hier hat sich ebenfalls das erfüllt, was wir oftmals an anderen Orten gesehen haben: mit der Ankunft des Evangeliums, in dem Christus verkündet wird, wird auch seine Mutter präsent, die ja zugleich Mutter der Jünger Jesu ist und alle ihre Kinder in der Kirche, der Familie Gottes, versammelt. Auf diese Weise verwirklicht sich unaufhörlich das Geheimnis der kirchlichen Gemeinschaft, die sich um Maria schart wie im Abendmahlssaal.
Caacupé ist der Ort, den Maria selber erwählen wollte, wie die klaren Zeichen und Zeugnisse, die uns die Geschichte dieses Heiligtums hinterlassen hat, beweisen, denn sie wollte unter euch weilen und inmitten dieser Berge ihre Wohnung aufschlagen mit einem ungewöhnlichen Zeichen mütterlicher Liebe und Treue zu ihrer universalen Sendung.
Dieses Nationalheiligtum mit seiner „anziehenden und ausstrahlenden" Kraft ist der gesegnete Ort, wo ihr immer die Mutter trefft, die Christus uns in seinem Testament am Kreuz anvertraut hat (vgl. *Joh* 19,27).
Nach Caacupé wallfahren, wie ihr es mit solchen Eifer in den Tagen um den 8. Dezember zu tun pflegt, wenn ihr von den vier Himmelsrichtungen Paraguays her euch hier versammelt, bedeutet zugleich, hier der Mutter Gottes zu begegnen, um den Glauben und die

Gnade Gottes in euch zu befestigen und in eurem Herzen in gleicher Weise Christus, dem Erlöser, Raum zu geben (vgl. *Redemptoris Mater*, Nr. 28).
Caacupé ist der Mittelpunkt der marianischen Geographie, so plastisch in den Namen eurer Städte ausgedrückt, die das Andenken an die Hauptgeheimnisse Mariens verewigen.

3. „Sei gegrüßt, du Begnadete." Wenn wir diese Worte hören, wenden sich unsere Gedanken dem Geheimnis zu, in dem die Kirche jene Frau ehrt, die durch ihre unbefleckte Empfängnis vorherbestimmt war, die Mutter des ewigen Wortes Gottes zu werden. Unbefleckte Empfängnis!
Die Kirche bekennt, daß dieses Geheimnis in Voraussicht der Verdienste Christi Wirklichkeit wurde. Jene, die die Mutter des Erlösers sein sollte, wurde als erste selbst erlöst. Erlöst im Augenblick ihrer Empfängnis, so daß die Erbsünde mit ihren Folgen in gar keiner Weise ihr menschliches Sein berührte.
Durch das Werk ihres Sohnes war Maria vor Gott schon heilig und unbefleckt vom ersten Augenblick ihrer Empfängnis an.
Unbefleckte Empfängnis! Unsere Herzen wenden sich zugleich der Stadt Concepción in eurem Land zu, die eben diesen Namen trägt. Meine Stimme möchte in besonderer Weise allen Kindern dieser geliebten Diözese und jedem einzelnen nahe sein.
Das Geheimnis der unbefleckten Empfängnis der Jungfrau Maria drückt in vollem Sinn die Treue Gottes zu seinem Heilsplan aus. Maria, voll der Gnade, die neue Frau, war „gewissermaßen vom Heiligen Geist gebildet und zu einer neuen Kreatur gemacht" (*Lumen gentium*, Nr. 56). In ihr wollte Gott wahrhaft deutliche Spuren der Liebe hinterlassen, mit der er vom ersten Augenblick an jene umgeben hat, die die Mutter des menschgewordenen Wortes sein sollte.
In unseren Augen bezeugt Maria die unendliche Liebe Gottes, die Unverdientheit, mit der er uns erwählt, die Heiligkeit, mit der er alle seine Adoptivkinder schmücken möchte, jene, die durch seinen Sohn Jesus den Segen von oben erhalten, um „heilig und untadelig vor ihm (zu) leben" (*Eph* 1,4) durch die Liebe.
Wie das II. Vatikanische Konzil bekräftigt, ist die Jungfrau Maria der Stern der Evangelisierung und mit all ihren Geheimnissen evangelisierende Präsenz, „da sie zuinnerst in die Heilsgeschichte eingegangen ist und gewissermaßen die größten Glaubensgeheimnisse in sich vereinigt und widerstrahlt" (*Lumen gentium*, Nr. 65), wenn sie verkündet und verehrt wird.

4. „Sei gegrüßt, du Begnadete!" In unserer Welt und in unserer Zeit, in der man so sehr die Macht und Kraft des Wissens und der Technik betont, scheint kein Platz mehr zu sein für die Armen und Einfachen. Doch die Jungfrau Maria verkündet im Geheimnis der unbefleckten Empfängnis, daß die Macht von Gott kommt und wahre Weisheit in ihm ihren Ursprung hat.
So verstehen dies auch die Einfachen, die reinen Herzens sind (vgl. *Mt* 5,8), denen der Vater seine Geheimnisse offenbart (vgl. *Mt* 11,25). So versteht es ihr Paraguayer, wenn ihr von einer Generation zur anderen zu diesem Heiligtum pilgert, wo euch die Mutter Gottes besuchen wollte, um unter euch zu weilen und eure Leiden und Freuden, eure Schwierigkeiten und Hoffnungen zu teilen.

In besonderer Weise empfehlen sich ihrem Schutz die Bauernfamilien Paraguays, die von ihrem schlichten Glauben geführt, voll Vertrauen dieses Heiligtum besuchen.
Euch, liebe Bauern, die ihr mit Schweiß und Mühe das Land bestellt, gilt ebenfalls mein Wort der Ermunterung und Hoffnung.
Ihr bietet mit eurer Arbeit der Gesellschaft Güter, die für ihren Unterhalt notwendig sind. Ich appelliere daher an den Sinn für Gerechtigkeit und Solidarität bei den Verantwortlichen, daß eure legitimen Rechte entsprechend geschützt und die gesetzmäßigen Formen des Zugangs zum Eigentum der Grundstücke garantiert werden, wobei jene objektiv ungerechten Situationen zu überprüfen sind, denen sich gerade der ärmste Bauer ausgesetzt sehen kann (vgl. *Laborem exercens,* 21).
Durch eure Arbeit seid ihr, liebe Bauern, der Ehre wert, und wenn ihr euch auf entsprechende Verbandsformen zur Verteidigung eurer Rechte stützt, seid ihr die Werkmeister eurer eigenen integralen Entwicklung, und prägt diese mit dem Siegel eurer angeborenen Menschlichkeit und mit eurer christlichen Lebensauffassung.
Auf Maria richten sich die Hoffnungen der Ärmsten und der am meisten Vergessenen. Sie ist wie eine Synthese des Evangeliums. „Sie zeigt uns, daß das Volk Gottes durch Glauben und im Glauben gemäß ihrem Beispiel befähigt wird, das Geheimnis des Heilsplans in Worten auszudrücken und in seinem Leben umzusetzen wie auch seine befreienden Dimensionen auf der Ebene der individuellen und der sozialen Existenz“ (Instr. *Libertatis conscientia*, Nr. 97).
Maria ist das unverwechselbare Zeichen dafür, daß Gott sich uns immer in Liebe zuwendet. Sie singt mit ihrem ganzen Sein, daß alles, was wir von Gott empfangen, Gnade ist. Die Jungfrau ist zugleich unsere wahre Erzieherin auf dem Glaubensweg, denn wer glaubt, nimmt das Wort Gottes an, die Wahrheit und das Leben in Fülle, die sie uns durch ihren Sohn Jesus Christus anbietet, in dem Gott „uns mit allem Segen seines Geistes gesegnet hat durch unsere Gemeinschaft mit Christus im Himmel“ (*Eph* 1,3). Der Mensch des Glaubens überläßt sich ganz Gott, der die Liebe ist und uns in Maria ein Zeichen seines Sieges über die Sünde hinterlassen hat (vgl. *Redemptoris Mater*, Nr. 11).

5. „Du wirst ein Kind empfangen, einen Sohn wirst du gebären“, sagt der Engel zu Maria. „Fürchte dich nicht ... denn du hast bei Gott Gnade gefunden“ (*Lk* 1.31.30).
Kann man sich etwas Größeres denken? Kann es eine erhabenere Gnade geben als die, Mutter Gottes zu sein? Können wir uns eine größere Würde vorstellen?
Das Wort Gottes wurde Fleisch im Schoß der Jungfrau Maria. Menschwerdung! Das Geheimnis der Menschwerdung! Wieder gilt mein Gedanke in dieser Stunde auch der Stadt Encarnación, die diesen erhabenen Namen trägt, und deren Bewohnern ich heute früh bei einer unvergeßlichen Feier des Glaubens und der Liebe begegnen durfte. Von diesem marianischen Heiligtum aus möchte ich die Botschaft betonen, die sich in der historischen Tatsache der Menschwerdung erfüllt hat: Gott wohnt für immer in eurer Mitte. Er ist der Emmanuel der im Verlauf der Zeiten in eurem Land aufeinander folgenden Generationen. Von diesem Heiligtum aus aber verkündet Maria, die Mutter Jesu, weiter das Geheimnis des Wortes, das Fleisch wurde und sein Zelt unter uns aufgeschlagen und uns durch seinen Geist befähigt hat, Kinder Gottes zu sein (vgl. *Joh* 1,14).

Maria war das jungfräuliche Land, in welchem der Geist bewirkte, daß das Wort des Lebens in unserer menschlichen Natur Wurzel faßte. Sie verkündet und garantiert die Wahrheit der Menschwerdung.
Menschwerdung! Was Maria, die Jungfrau von Nazaret, mit dem Boten Gottes spricht, der um ihre Zustimmung zu seinem Eintritt in die Geschichte der Menschen bittet, setzt sie in der Kirche aller Zeiten als einzigartige Sendung fort, indem sie uns Christus darbietet, ihn offenbart und auf ihn als den einzigen Retter hinweist. So hat sie es ja schon bei den Hirten von Betlehem getan und später bei den Weisen aus dem Morgenland.
Gerade weil sie ferner in sich selbst wie kein anderes Geschöpf die Liebe Gottes zur Menschheit erfahren hat, so sagt sie uns durch ihren lieben und süßen Namen und durch ihre sorgsame Präsenz inmitten des Volkes Gottes auch in Paraguay, daß Jesus für immer der Emmanuel, Gott mit uns ist; daß das Evangelium sich glücklich in jede Kultur und in jede Nation einfügt, indem sie alles, was wahrhaft menschlich ist, reinigt und erhebt.

6. Hervorragende Beispiele für das Inkarnieren der christlichen Botschaft in den Kulturen sind weiter der hl. Roque González vom hl. Kreuz und seine Gefährten im Martyrium, die ich zu meiner Freude in Asunción im Namen der ganzen Kirche heiligsprechen durfte.
So wie jene Evangelisierer des Volkes der Guaraní möchte auch der Papst zu den Füßen der heiligsten Jungfrau von den Wundern hier in Caacupé seine Achtung und Wertschätzung für die Werte aussprechen, die eure einheimischen Kulturen verdientermaßen prägen und ihnen Bestand geben.
Daher fordere ich euch auf, mit gesundem Stolz die besten Traditionen und Gewohnheiten eures Volkes zu bewahren, eure Sprache und eure künstlerischen Ausdrucksformen zu pflegen, vor allem aber mehr und mehr euer tiefes religiöses Empfinden zu festigen. Wenn ihr eure Identität verteidigt, leistet ihr nicht nur einen Dienst, sondern erfüllt auch eine Pflicht: jene nämlich, eure Kultur und eure Werte den kommenden Generationen zu übermitteln. Auf diese Weise sieht sich die ganze Nation bereichert, und zugleich wird der gemeinsame katholische Glaube alle anregen, ihr Herz den Mitmenschen zu öffnen, ohne irgendjemand auszuschließen, in dem solidarischen Bemühen einer beharrlichen Arbeit für das Vaterland und das Gemeinwohl.
Es ist wohlbekannt, liebe Brüder und Schwestern, daß es weder im Leben der Eingeborenen noch in dem der Bauernbevölkerung an Schwierigkeiten und Problemen fehlt. Nicht selten wurden sie an den Rand gedrängt oder gar vergessen. Die Kirche von heute möchte wie die Kirche der Vergangenheit mit Gestalten wie dem hl. Roque González, Fray Luis Bolanos und vielen anderen Missionaren entschieden die Forderungen nach Achtung ihrer legitimen Rechte unterstützen, ohne dabei den Hinweis auf ihre Pflichten zu vergessen.
Dieser Weg der Solidarität mit den Mitmenschen, der ihre Kultur mit ihren Werten verstärkt und sie von innen her anregt, bildet einen wesentlichen Teil im Hinblick auf das Geheimnis der Menschwerdung und auf die darin erfüllte Wirklichkeit. Es geht um das Geheimnis der Präsenz Gottes mitten unter uns, um die Gemeinschaft Gottes mit uns, um die unauflösliche Einheit zwischen der Liebe zu Gott und der Liebe zu den Mitmen-

schen, denn in der Menschwerdung hat sich der Sohn Gottes „gewissermaßen mit jedem Menschen vereinigt“ (*Gaudium et spes*, Nr. 22).
Verkündet nicht die Jungfrau im Gesang des Magnifikat, daß sich die Wahrheit über den Gott, der rettet, nicht von der Offenbarung seiner Liebe zu den Armen und Geringen trennen läßt? Dies ist die Heilswahrheit, die uns Maria mit dem Geheimnis der Menschwerdung vorlegt.

7. Wie ihr sehen könnt, richtet uns sogar die Geographie eures Landes auf den Glaubensweg aus, auf dem Maria, weil sie im Geheimnis Christi und der Kirche präsent ist, dem Volk Gottes voranschreitet, es evangelisiert und ihm in seinen Schwierigkeiten aufhilft.
Die Paraguayer haben die ständige Präsenz der Mutter Gottes in dieser ausgewogenen Landschaft von einzigartiger Schönheit, und doch zwischen Bergen und Hügeln fast verborgen, zuinnerst erfahren und die Wirksamkeit ihrer Mittlerschaft an den Früchten der Gnade und Heiligkeit erprobt, die sie von hier aus ihrem geliebten Volk ohne Unterlaß geschenkt hat. In den schwierigen Stunden der Geschichte der Nation, bei Trübsal und Schmerz, haben die Paraguayer nach Caacupé geschaut, auf den hellen Leuchtturm ihres Glaubens, und hier genügend Kraft gefunden, um ihren Heroismus, ihre Hochherzigkeit und ihre Hoffnung zu motivieren.
Doch entbindet uns der Rückblick auf die wundervolle Geschichte des Glaubens nicht von der Pflicht der Auseinandersetzung mit den heutigen Problemen sowie mit der Zukunft der Kirche und der Nation.
Von Caacupé aus sagt euch Maria, die neue Frau, mit ihrer kirchlichen Präsenz und ihrer mütterlichen Mittlerschaft, der sich mit so tiefem religiösem Vertrauen alle Paraguayer anvertrauen, daß man die Zukunft nicht ohne das Licht des Evangeliums aufbauen kann.

8. Die Jungfrau Maria lebt seit ihrer Aufnahme in den Himmel in der Herrlichkeit der Majestät Gottes, um Zeugnis zu geben vom Endschicksal aller Menschen.
Sie lebt in der Gegenwart Gottes, um für uns einzutreten. Ihre Sendung ist nämlich, uns die Geheimnisse Christi, des Emmanuel, immer noch mehr präsent und vertraut zu machen: Gott den Menschen und die Menschen Gott nahezubringen.
Ja, die Menschen ... und alle Nationen. Möge Gott dies in eurem Land Paraguay Wirklichkeit werden lassen: mitten unter all seinen Bürgern und sozialen Gruppen. Möge die Gerechtigkeit Gottes für die Armen, wie wir sie im Magnifikat Mariens besingen, sich in eurem Land verwirklichen: unter arm und reich, unter Regierenden und Regierten. Möge in all diesen Dimensionen die göttliche und zugleich die menschliche Gerechtigkeit zum Zuge kommen.
Tupasy Caacupé, remimbíva ko cerro pá'umé, ayeruré ndeve che corazóite guivé, re hovasá haguá ha renangarekó haguá opa ara ko Paraguay retá rehe. (Jungfrau von Caacupé, die du von diesem Berg her Licht ausstrahlst, ich bitte dich aus ganzem Herzen, segne und führe immer diese Nation Paraguay).
Mutter Gottes, du warst immer die Gestalt der Kirche, mach, daß sie, ihrem göttlichen Stifter immer treu, ihre Sendung zur Evangelisierung in diesem Land erfüllt, wo schon die Namen der Städte „die Großtaten Gottes“ (vgl. *Apg* 2,11), die Heilsereignisse verkünden, die Gott in der Geschichte der Menschheit mit dir verbinden wollte.

Concecpión – Encarnación – Asunción.
„Sei gegrüßt, du Begnadete, der Herr ist mir dir“. Amen.

Maria – begleite die Pilgerfahrt des Glaubens

Weihegebet an die Jungfrau Maria in Caacupé (Paraguay) am 18. Mai

1. Sei gegrüßt, Maria, du Morgenstern!
Mit dem ganzen Volk Paraguays, o heilige Jungfrau von Caacupé, du Reinste in deiner unbefleckten Empfängnis, du wundertätige Herrin und Mutter dieses Landes, zu dir komme ich, um in deiner Gegenwart das Opfer der Liebe und der Treue gutzuheißen, das dir in Dankbarkeit die Kinder dieses Landes darbringen, die du auf ihrer Pilgerfahrt des Glaubens begleitest.
Dein Bild spricht zu uns von der Einheit zwischen dem Evangelium und der einheimischen Kultur, von der Verwurzelung der Volksreligiosität, von der Anziehungskraft, die seit Jahrhunderten dein Name und dein Heiligtum ausüben.

2. Unbefleckte Jungfrau, voll der Gnade!
Vor deinem Bild verneigten sich die vergangenen Generationen und alle Bewohner Paraguays anerkennen dich als ihre Herrin und Führerin.
An diesem glücklichen Tag bringe ich dir voll Vertrauen die gesamte Kirche Paraguays dar, die Hirten und die Gläubigen, die Priester und die Ordensleute, die Laien, die Familien und die Jugendlichen.
Ich empfehle deiner mütterlichen Sorge die Treue Paraguays zu seiner Berufung und zu seinen christlichen Wurzeln, damit es unter deinem immerwährenden Schutz sich voll und ganz so verwirklichen könne, wie du, Maria, es uns in deinem Sohn lehrst, dem wahren Gott und wahren Menschen.

3. Maria von Nazaret, Zeichen des Trostes und der Hoffnung!
Dir, die du uns auf unserem Weg des Glaubens, auf unserer Pilgerfahrt in die Zukunft voranschreitest und führst, dir vertrauen wir die neue Evangelisierung an, die in diesem Heiligtum von Caacupé beginnt, wie sie einst mit dem Geheimnis der Menschwerdung in Nazaret ihren Anfang nahm und mit der Herabkunft des Heiligen Geistes, zu Pfingsten, im Abendmahlssaal.
Maria, Erstgeborene der neuen Menschheit, beschütze die Werte der einheimischen Kultur, den Glauben, der in einfachen Herzen verwurzelt ist und die tiefe Religiosität des Volkes.

4. Königin und Herrin Paraguays!
Entzünde in Geist und Herz neuen Eifer für deine Geheimnisse, von denen unser Glaube und unsere Kultur zutiefst gezeichnet sind, jene Geheimnisse, die in drei Städtenamen des Landes zum Ausdruck kommen: Deine Empfängnis (Concepción): die Liebe des Vaters, der dich mit der Gnade erfüllt hat, Zeichen des Sieges über Sünde und Übel.

Die Menschwerdung (Encarnación): das Geheimnis des menschgewordenen Gottessohnes, die Nähe und Liebe unseres Gottes, der durch dich zu uns gekommen ist. Deine Aufnahme in den Himmel (Asunción): die endgültige Bestimmung der Kirche, die in deiner Verherrlichung zur Rechten Christi, des auferstandenen Erlösers, aufleuchtet.
Heute flehen wir dich um deine Fürbitte an: möge über die ganze Kirche Paraguays, die wie die Apostel am Pfingstfest versammelt waren, vor deinem Bild vereint ist, aufs neue der Heilige Geist ausgegossen werden, damit sie, mit der Kraft eines tiefen Glaubens und der Fruchtbarkeit des christlichen Zeugnisses das Evangelium verkünde.
Sei du, o Maria, das Zeichen wahrer Freiheit für alle Kinder Gottes in Paraguay, in der Einheit der Kirche versammelt, deren vollkommenes Vorbild und liebevolle Mutter du bist. Amen.

Es gibt kein von Gott und den Menschen losgelöstes Leben

Ansprache bei der Begegnung mit der Jugend in Asunción (Paraguay) am 18. Mai

„Meister, was muß ich Gutes tun, um das ewige Leben zu gewinnen?“ (*Mt* 19,16).

Liebe Jugendliche aus Paraguay!

1. Mit großen Erwartungen habe ich dieser Begegnung mit euch am Ende meiner apostolischen Reise in diesem schönen Land, eurem Paraguay Porá, entgegengesehen, dessen Freuden, Vorzüge und Hoffnungen ich ebenso kennenlernen konnte wie seine Schmerzen, Leiden und Sorgen.
An diesem dem Dialog und der Reflexion gewidmeten Abend wolltet ihr mir einige bemerkenswerte Aspekte der Wirklichkeit zur Kenntnis bringen, in der ihr leben müßt. Ich habe euch mit Liebe zugehört und machte auch hier wiederum, wie schon in vielen anderen Teilen der Welt, die Erfahrung der von Großmut getragenen Vorsätze und Sehnsüchte eurer jungen Seelen.
Während der Jugendjahre nimmt in jedem Menschen seine Persönlichkeit Gestalt an. Die Zukunft beginnt bereits, Gegenwart zu werden, und das Kommende wird als etwas mit den Händen Greifbares betrachtet. Diese Jahre sind „ja die Zeit, da das menschliche ‚Ich‘ und die damit verbundenen Eigenschaften und Fähigkeiten besonders intensiv entdeckt werden“ (*Schreiben an die Jugend in aller Welt*, 31. 3. 1985). Es ist dies die Zeit, in der man das Leben als vielversprechenden Entwurf betrachtet, bei dessen Verwirklichung jeder einzelne die Hauptrolle spielt und spielen will.
Gleichzeitig ist dies die richtige Zeit für ein eingehenderes Verständnis der Tatsache, daß sich das Leben nicht losgelöst von Gott und den Mitmenschen abspielen kann. Es ist die Stunde, in der man an die großen Fragen herantreten, zwischen Egoismus und Großmut wählen muß. Mit einem Wort: der Jugendliche steht der einmaligen Gelegenheit gegenüber, seine Existenz in den Dienst Gottes und der Menschen zu stellen und so zum Aufbau einer christlicheren und damit menschlicheren Welt beizutragen.

Angesichts dieser weitgespannten Perspektive, die sich euren Augen bietet, ist es logisch, daß ihr vor großen Fragen steht: Welchen Sinn hat das Leben? Welche Richtung muß ich ihm geben? Auf welchen Grundlagen soll ich es aufbauen? Mit welchen Mitteln rechne ich? Dies sind entscheidende und schwerwiegende Fragen, die man nicht mit einer übereilten Antwort abtun kann.
Die gleichen Fragen quälten wahrscheinlich den jungen Mann des Evangeliums, der sich Jesus näherte, um ihn zu fragen: „Meister, was muß ich Gutes tun, um das ewige Leben zu gewinnen?" (*Mt*, 19,16). Wie vor euren, so stand auch vor den Augen jenes Jungen ein vielversprechendes Leben, das er intensiv, hochherzig und in Übereinstimmung mit endgültigen Entscheidungen leben wollte. Er wollte das ewige Leben erlangen und suchte einen sicheren Weg dazu. Er war ein guter Israelit, der seit seiner Jugend das Gesetz befolgte (vgl. *Mk* 10,20), jedoch weitere Horizonte für seine Liebe wahrnahm und deshalb den Meister – Jesus – suchte, den Einzigen, der „Worte des ewigen Lebens" (*Joh* 6,68) hat.
Liebe Jugendliche, nähert auch ihr euch dem Meister, wenn ihr eine Antwort auf die Sehnsüchte eures Herzens erhalten wollt! Sucht Christus, der Meister, Vorbild, Freund und Gefährte ist: Er ist der menschgewordene Gottessohn, Gott mit uns ist der lebendige Gott, der nach Kreuzestod und Auferstehung an unserer Seite bleiben wollte, um uns die Herrlichkeit seiner göttlichen Freundschaft anzubieten, uns zu verzeihen, uns mit seiner Gnade zu erfüllen und uns ihm ähnlich zu machen. Christus nämlich hat Worte des ewigen Lebens, weil er das Leben selbst ist.
Sucht ihn im Gebet, im ehrlichen und unablässigen Dialog. Laßt ihn an den Fragen Anteil nehmen, vor die euch die eurer Jugend und der Zukunft eurer Heimat innewohnenden Probleme und Vorhaben stellen. Sucht ihn in seinem Wort, in den heiligen Evangelien und im liturgischen Leben der Kirche. Empfangt die Sakramente. Tragt eure geheimsten Wünsche voll Vertrauen vor die Liebe Christi, der euch in der Eucharistie erwartet: Ihr werdet Antworten auf all eure angstvollen Fragen bekommen und mit Freude feststellen, daß das überzeugungstreue Leben, das er von euch verlangt, euch das Tor zur Verwirklichung der edelsten Wünsche eurer jungen Seele öffnet.

2. Zur Erzählung des Evangeliums zurückkehrend, die wir vernommen haben, hören wir den Herrn auf die Frage des jungen Israeliten antworten: „Was fragst du mich nach dem Guten? Nur einer ist ‚der Gute'. Wenn du das Leben erlangen willst, halte die Gebote" (*Mt* 19,17–18).
Liebe Jugendliche, die Lehre, die sich aus diesem Gespräch ergibt, ist eindeutig: um das ewige Leben zu gewinnen, um in den Himmel zu kommen, muß man die Gebote erfüllen. „Nicht jeder, der zu mir sagt: Herr! Herr! wird in das Himmelreich kommen, sondern nur, wer den Willen meines Vaters im Himmel erfüllt" (*Mt* 7,21). Worte genügen nicht; Christus verlangt, daß ihr ihn mit Taten liebt: „Wer meine Gebote hat und sie hält, der ist es, der mich liebt; wer mich aber liebt, wird von meinem Vater geliebt werden und auch ich werde ihn lieben und mich ihm offenbaren" (*Joh* 14,21).
„Glaube und Liebe" – sagte ich zu euch anläßlich des Dritten Welttages der Jugend, der dieses Jahr in Rom gefeiert wurde – „beschränken sich nicht auf Worte oder vage Gefühle. An Gott glauben und ihn lieben heißt, das ganze Leben überzeugungstreu im Licht des

Evangeliums gestalten ..., und das ist nicht leicht. Ja, es ist oft großer Mut erforderlich, um einer Modeströmung oder der Mentalität dieser Welt entgegenzutreten, doch ist dies – ich wiederhole es – der einzige Weg zu einem gelungenen und erfüllten Leben" (Nr. 3).

3. Auf die neuerliche Frage des jungen Mannes im Evangelium hin, der vom Meister selbst erfahren möchte, welche denn diese Gebote seien, zählt Jesus sie auf: „Du sollst nicht töten, du sollst nicht die Ehe brechen, du sollst nicht stehlen, du sollst nicht falsch aussagen; ehre Vater und Mutter! Und: Du sollst deinen Nächsten lieben wie dich selbst!" (*Mt* 19,18–19).
Bei einer anderen Gelegenheit, als ein Gesetzeslehrer in der Absicht, ihn zu versuchen, ihn nach dem größten Gebot fragt, antwortet der Herr: „Du sollst den Herrn, deinen Gott, lieben mit ganzem Herzen, mit ganzer Seele und mit all deinen Gedanken" (*Mt* 22,37).
Liebe Jugendliche aus Paraguay, mit den Worten Christi selbst sage ich euch: Liebt den Herrn mit ganzem Herzen, mit ganzer Seele und mit all eurem Sinnen und Trachten. Betrachtet die Gebote nicht als etwas Negatives, als Vorschriften, welche die Freiheit einschränken oder als Androhung einer Strafe. Wenn man das große Gebot, nämlich Gott über alles zu lieben, begreift und es erfüllt, versteht man auch die Einzelgebete, ja dann werden diese zu einer befreienden Kraft.
Gott über alles lieben heißt schlicht, nach der Heiligkeit streben. Liebe Jugendliche, die ihr mir zuhört: mit der eurem Volk, den Guaraní eigenen Tatkraft, mit dem Mut eurer Vorfahren dürft ihr nicht davor zurückschrecken, beharrlich an die schwierige Aufgabe eurer persönlichen Heiligung heranzutreten. Euer Land und die ganze Welt brauchen zu allen Zeiten Heilige, Menschen jeden Lebensalters, aber ganz besonders junge Menschen, die bereit sind, Gott mit ganzem Herzen, mit ganzer Seele und mit all ihren Kräften zu lieben.
Gott über alles lieben ist darüber hinaus das Geheimnis, um das Glück zu erreichen, das dieses Leben schon verheißt. Liebe paraguayische Jugendliche, sucht das Glück nicht im Vergnügen, im Besitz materieller Güter oder im Streben nach Macht. Man ist aufgrund dessen glücklich, was man ist und nicht aufgrund dessen, was man hat: das Glück liegt im Herzen, in der Liebe, in der Hingabe für das Wohl der anderen, ohne etwas dafür zurückhaben zu wollen.

4. „Du sollst den Herrn, deinen Gott, lieben mit ganzem Herzen, mit ganzer Seele ... Du sollst den Nächsten lieben wie dich selbst" (*Mt* 22,37.39). Diese Antwort Jesu an den Gesetzeslehrer faßt alle Gebote zusammen. Und der hl. Johannes erklärt zu diesem Punkt in seinem ersten Brief: „Wer seinen Bruder nicht liebt, den er sieht, kann Gott nicht lieben, den er nicht sieht" (*1 Joh* 4,20).
Der Weg zum Himmel, zur Glückseligkeit, den die Gebote weisen, führt über die Liebe und den Dienst an den Brüdern und Schwestern. Der Herr erwartet von euch, daß ihr eure Liebe zu ihm mit Werken der Nächstenliebe unter Beweis stellt. Christus erwartet euch bei den leidenden, vergessenen und unterdrückten Brüdern und Schwestern. Er ruft euch

zu einem entschiedenen Einsatz für den Menschen, zur Verteidigung seiner Rechte und seiner Würde als Kind Gottes. Ihr sollt Gott und eure Mitmenschen lieben und so zum Aufbau einer Gesellschaft beitragen, in der die Güter unter alle aufgeteilt werden; einer Gesellschaft, in der alle menschenwürdig leben können.
Der Weg, um in das neue Leben einzugehen, den Christus euch weist, fordert von euch den Aufbau eurer Zukunft, von der Überzeugung ausgehend, daß Berufsausbildung oder Studium ebenso wie die Arbeit Mittel zur Heiligung, zur Selbstverwirklichung und zum Dienst am Nächsten sind. Das Verlangen nach materiellen Vorteilen oder nach Besitz dürfen nicht die Triebkräfte eures Lernens und Arbeitens sein.
Der Weg zum wahren Leben fordert von euch auch die stets gegenwärtige Überzeugung, daß der leichte Verdienst mit Mitteln, die im Widerspruch zum göttlichen Gesetz stehen, gemieden werden muß, ist doch der so errungene Vorteil bestimmt etwas Ungerechtes und bringt Nachteile für den Nächsten mit sich: „Du sollst nicht stehlen, du sollst nicht falsch aussagen“ (*Mt* 19,18), sagte Jesus zum jungen Mann. Betrachtet die Verteidigung der öffentlichen Moral als schwerwiegende Gewissenspflicht, indem ihr in erster Linie selbst nach dieser Moral lebt, in vernünftiger Scham, in nüchterner und mäßiger Lebensweise. Auch fordere ich euch zur unablässigen Solidarität mit euren Mitmenschen auf, die euch veranlassen soll, an vielen Initiativen zugunsten eurer Brüder und Schwestern teilzunehmen und diese, wo sie fehlen, unter Einsatz all eures Könnens und eures Unternehmungsgeistes ins Leben zu rufen.
Folgt dem Beispiel des hl. Roque González de Santa Cruz, eines Paraguayaners wie ihr, eines eifrigen Missionars, der unermüdlich der Evangelisierung diente. Er verstand es, eine ausgedehnte und intensive Verkündigung der Botschaft Christi mit dem Beginn jenes großen Werkes der Zivilisation und des Fortschritts zu verbinden, das die Guaraní-Reduktionen waren und zu dessen Entstehen und Entwicklung er einen entscheidenden Beitrag geleistet hatte.
Diese ganze apostolische Fruchtbarkeit war dank einer außerordentlichen Heiligkeit möglich, die wir anläßlich der großen Versammlung im Stadion Ñu Guazú feierlich im Namen der ganzen Kirche erklärt haben. Ahmt ihn vor allem im Bemühen um die Verbundenheit mit Christus nach, damit euer Leben unter den Umständen, unter denen ihr leben werdet, ähnliche Früchte trage.
„Es gibt keine größere Liebe, als wenn einer sein Leben für seine Freunde hingibt“ (*Joh* 15,13). Jungen und Mädchen Paraguays! Laßt euch nicht von den Problemen einschüchtern! Versucht nicht, euch durch ein Abgleiten in die Mittelmäßigkeit oder den Konformismus euren Pflichten zu entziehen! Es ist dies der Augenblick, eure Verantwortung zu übernehmen, euch einzusetzen und nicht zurückzuweichen.
Der Leitsatz, den ihr für dieses Eucharistische Jahr gewählt habt, „Christus – Eucharistie für ein neues Paraguay“, ist sehr vielsagend. Eine neue, auf dem Gesetz der Liebe errichtete Gesellschaft, ist doch Christus aus Liebe in der Eucharistie gegenwärtig. Eine solche Gesellschaft kann man nicht durch Zuhilfenahme der Gewalt verwirklichen, da diese das Gegenteil der Liebe ist. Gewalt ist nie eine Lösung. Wenn sie auch manchmal als leichte und schnelle Lösung erscheinen kann, ist sie doch nie ein Weg, der zum Leben führt.

5. Liebe Jugendliche, die ihr mir zuhört; Jugendliche in aller Welt! Dieser Abschnitt eures Lebens ist auch jener, in dem sich ein sehr tiefer und ganz besonderer Aspekt der Liebe abzuzeichnen beginnt: die Liebe zwischen Mann und Frau.
„Eine neue Erfahrung, ... welche von Anfang an in den Lebensentwurf eingeschrieben sein will“ (*Schreiben an die Jugend in aller Welt*, 31. 3. 1985); ein großes Ereignis eures Herzens; ein zentrales Thema in eurem Leben, wunderbar schön und vielversprechend und gleichzeitig darüber hinausreichend und mit Verantwortung beladen. Eine einzigartige, von Gott gewollte Weise, ihn zu lieben, die Nächstenliebe zu konkretisieren und sein Reich in dieser Welt aufzubauen; eine Weise, zu lieben, die nur in der einen und unauflöslichen, von Gott im Anfang eingesetzten und hernach zur Würde eines Sakraments erhobenen Ehe ihre wahre Verwirklichung findet.
„Selig, die ein reines Herz haben; denn sie werden Gott schauen“ (*Mt* 5,8). Nur ein reines Herz kann Gott rückhaltlos lieben! Nur ein reines Herz kann das große Liebesunternehmen der Ehe voll und ganz verwirklichen! Nur ein reines Herz kann den Mitmenschen umfassend dienen!
Ihr wißt sehr wohl, daß, wenn man die Grundsätze des Naturgesetzes im Bereich der Sexualität nicht achtet, die Person zum Ding gemacht wird und der tiefe Gehalt der Liebe zu einem rein egoistischen Austausch. Das Einswerden von Mann und Frau wird seiner wahren Menschlichkeit beraubt und auf die animalische Ebene herabgesetzt, was mit der Würde der Kinder Gottes unvereinbar ist. Es fehlt auch nicht an Personen, welche die Zeugungsfähigkeit des Mannes und der Frau zum Handelsobjekt machen und als Errungenschaft der Freiheit anpreisen, was bloße Herabwürdigung des Menschen und Beleidigung des Schöpfers ist.
Liebe Jugendliche aus Paraguay, laßt nicht zu, daß eure Zukunft zerstört und euch der Reichtum der Liebe entrissen werde! Verteidigt eure Treue und die eurer zukünftigen Familien, die ihr in der Liebe Christi gründen werdet!

6. Vernehmt nun die Antwort, die der junge Mann des Evangeliums Jesus gegeben hat: „All diese Gebote (*Mt* 19,20) habe ich von Jugend an befolgt“ (*Mk* 10,20).
Dieser junge Mann hatte die Gebote befolgt und konnte sich daher dem Herrn vertrauensvoll nähern und ihn Meister nennen. Wenn ihr, Jungen und Mädchen, die ihr mir zuhört, den Herrn erkennen wollt, müßt ihr auch bereit sein, die Gebote zu erfüllen. Wenn das Antlitz Jesu in manchen Augenblicken eures Lebens verblaßt, wenn euch manchmal sogar der Gedanke kommt, es gäbe keinen Gott, dann fragt euch ernsthaft, ob ihr die Gebote befolgt. Vergeßt nicht, daß der Verlust des Glaubens oft kein intellektuelles Problem, sondern vielmehr eine Frage des Verhaltens ist. Bedenkt auch, daß der erste Schritt zur Wiedergewinnung eines anscheinend verlorenen Glaubens der Empfang des Bußsakraments sein kann, wo Christus selbst euch erwartet, um euch zu verzeihen, zu umarmen und ein neues Leben beginnen zu lassen.
Wenn ihr trotz eurer persönlichen Bemühung, Christus nachzufolgen, manchmal schwach werdet und nicht nach seinem Gesetz der Lieben und seinen Geboten lebt, dann verliert nicht den Mut! Christus folgt euch hoffend! Er, Jesus, ist der gute Hirte, der das

verlorene Schaf auf seine Schultern legt und liebevoll pflegt, damit es gesund wird (vgl. *Lk* 15,4–7). Christus ist der Freund, der nie enttäuscht.

7. In der Erzählung des Evangeliums fügt der junge Mann nach seiner Feststellung, er habe alle Gebote befolgt, dann hinzu: „Was fehlt mir jetzt noch?“ (*Mt* 19,20). In dieser jungen, von der Gnade Gottes bewegten Seele regt sich der Wunsch nach größerer Hochherzigkeit, rückhaltloserem Einsatz und mehr Liebe. Dieses Mehr ist gerade der Jugend eigen, denn ein von Liebe ergriffenes Herz rechnet und feilscht nicht, sondern möchte sich restlos verschenken.
„Da sah ihn Jesus an, und weil er ihn liebte, sagte er: Eines fehlt dir noch: Geh, verkaufe, was du hast, gib das Geld den Armen, und du wirst einen bleibenden Schatz im Himmel haben; dann komm und folge mir nach“ (*Mk* 10,21).
Denen, die auf dem Pfad des Lebens wandeln, die Gebote befolgen und, wie dieser junge Mann, nach dem Gesetz der Liebe leben (vgl. *Lk* 18,21), erschließt der Herr neue Horizonte; er stellt ihnen höhere Ziele vor und ruft sie, sich für diese rückhaltlose Liebe zu engagieren. Diesen Ruf, diese Berufung wahrnehmen, heißt damit rechnen, daß Christus seinen Blick auf dich gerichtet hat und dich hierdurch zur Ganzhingabe in der Liebe einlädt. Angesichts dieses Blickes, angesichts seiner Liebe tut sich das Herz ganz weit auf und wird fähig, ihm mit „ja“ zu antworten.
Seid großmütig in eurem Engagement für eure Brüder und Schwestern; seid großmütig im Opfer für die Mitmenschen und in der Arbeit; seid großmütig in der Erfüllung eurer familiären und staatsbürgerlichen Pflichten; seid großmütig beim Aufbau der Zivilisation der Liebe. Vor allem jedoch mögen jene unter euch, die – wie die Apostel Johannes und Paulus – den Ruf zu einer engeren Christusnachfolge, zur ausschließlichen Weihe des Herzens an ihn vernommen haben, großmütig sein und keine Angst haben; denn man hat nichts zu fürchten, wenn der erhoffte Siegespreis Gott selbst ist, den, manchmal ohne es zu wissen, alle jungen Menschen suchen.

8. Wir haben das Ende der Erzählung vernommen: „Als der junge Mann das hörte, ging er traurig weg; denn er hatte ein großes Vermögen“ (*Mt* 19,22).
„Der junge Mann ging traurig weg.“ Der hl. Matthäus berichtet von einer persönlichen Erfahrung, die tatsächlich viele Menschen und vielleicht auch manche von euch machen: die Traurigkeit, die uns befällt, wenn wir ein „Nein“ zu Gott sagen, wenn wir die Gebote nicht erfüllen oder seinem Ruf nicht folgen wollen.
Dieser junge Mann „hatte ein großes Vermögen“. Er hat vor allem, wie ihr, seine Jugend anzubieten: ein ganzes Leben, das er dem Herrn schenken konnte. Welche Freude wäre es gewesen, wenn er „Ja“ gesagt hätte! Welche Wunder hätte Gott in einer großmütigen Seele wirken können, die sich rückhaltlos ihm übergibt! Aber nein, er zog „sein Vermögen“ vor, seine Ruhe, sein Haus, seinen Besitz, seine Pläne, seinen Egoismus. Angesichts der Alternative, zwischen Gott und seinem Ich zu wählen, zog er das letztere vor und ging traurig weg, sagt das Evangelium. Er entschied sich für seinen Egoismus und fand die Traurigkeit. Liebe paraguayische Jugendliche! Wenn ihr bei der Nachfolge Christi vor der Wahl zwischen ihm – d. h., zwischen seinen Geboten – und dem flüchtigen

Genuß materieller, greifbarer Dinge steht; wenn ihr die Wahl habt, den Bedürftigen zu helfen oder eure eigenen Interessen zu verfolgen; wenn ihr letzten Endes zwischen Liebe und Egoismus wählen müßt, dann denkt an das Beispiel Christi und wählt mutig die Liebe. Liebe Jugendliche, die ihr mir zuhört, vor allem jedoch ihr, liebe Jugendliche, die ihr wissen wollt, was ihr zu tun habt, um das ewige Leben zu gewinnen (vgl. *Mt* 19,16): Sagt immer „Ja" zu Gott und er wird euch mit seiner Freude erfüllen.
Liebe Freunde aus Paraguay, dies ist eure Stunde. Christus ruft euch und sagt: Folge mir! Dieses Folgen ist ein Leben nach seinen Geboten, ein treues Hören auf sein Wort, damit in euren Herzen die wahre Liebe aufblühe und damit euer Leben ein erfülltes Leben sei. Liebe Jugendliche, sagt Euer „Ja": der Herr, die Kirche und „die Welt braucht heute mehr denn je eure Freude und euren Dienst, euer reines Leben und eure Arbeit, eure Kraft und eure Hingabe" (*Begegnung mit der Jugend in Buenos Aires*, 12. 4. 1987).

9. Das Leben Mariens war ein ständiges „Ja" zur Liebe. An sie, die sich seit der Verkündigung des Engels „vollkommen Gott überantwortet (hat), indem sie demjenigen den ‚Gehorsam des Glaubens' entgegenbrachte, der durch seinen Boten zu ihr sprach" (*Redemptoris Mater*, Nr. 13), an sie wende ich mich und rufe sie als Jungfrau der Wunder von Caacupé an, damit sie euch auf eurem Weg und bei der Erfüllung eurer Sendung beistehe. Bei ihr, dem Morgenstern und der Ursache unserer Freude, werdet ihr niemals traurig sein, wird sie euch doch zu jeder Zeit den Weg weisen, der zu ihrem göttlichen Sohn führt, den Weg der Brüderlichkeit, des Dienstes an euren Brüdern und Schwestern, der Ehrbarkeit und der Gerechtigkeit; eben den Weg der Liebe. Che corazoité güivé, po mo maiteĩ ha aipotá peeme gurá mborayhu, tekoyoyá ha yekopyty! (Ich grüße euch aus ganzem Herzen und wünsche euch allen Liebe, Gerechtigkeit und Eintracht).

Schlüssel der Einheit und Versöhnung liegt im Evangelium

Ansprache beim Abschied in Asunción (Paraguay) am 18. Mai

Sehr geehrter Herr Präsident, sehr geehrte Behördenvertreter, liebe Mitbrüder im Bischofsamt, Brüder und Schwestern und Freunde aus Paraguay!

1. Meine apostolische Reise auf den Straßen Paraguays, im Dienst Jesu und seines Evangeliums geht ihrem Ende entgegen.
Während dieser ereignisreichen, glücklichen Tage, die ich mit euch verbringen konnte, hatte ich Gelegenheit, dieses schöne Land, seine Bewohner und seine Geschichte einigermaßen kennenzulernen, die sicher von großen Opfern gekennzeichnet ist, jedoch auch von Erfolgen, die in menschlicher und christlicher Hinsicht bedeutsam sind. Ich konnte mit Befriedigung feststellen, mit welcher Begeisterung ihr bestrebt seid, „in Einheit ein versöhntes und geschwisterliches Paraguay" aufzubauen, wie ihr es nachdrücklich in dem anläßlich des Papstbesuches verfaßten Gebet ausgesprochen habt.
Angesichts eures gesegneten Landes lade ich euch nochmals dringend ein, euch als Staatsbürger und als Christen für diese faszinierende und schwierige Aufgabe einzusetzen.

Eurem Wunsch entsprechend sollte das Thema meines Besuches lauten: „Bote der Liebe“. So sage ich euch also nochmals, von dieser Liebe ausgehend, die alles vermag, daß der Schlüssel der Einheit, der Versöhnung und der Geschwisterlichkeit im Evangelium zu finden ist und daß ihr nur dann ein neues Paraguay aufbauen könnt, wenn ihr eine christliche Nation errichtet und euren echtesten Wurzeln treu bleibt.

2. In eurem Gebet an den Herrn habt ihr sowohl in der Familie als auch in der Gemeinde vertrauensvoll wiederholt: „Möge der Heilige Vater uns in Glaube, Hoffnung und Liebe stärken!“

Ja, mit meinem Wort, meiner Gegenwart und meinem Gebet wollte ich euch im Glauben stärken, wollte euch die Lehren darlegen, die dem Evangelium entspringen, und euch die christliche Botschaft mit ihren Folgerungen für das Leben des einzelnen und der ganzen Gesellschaft verkünden. Die Gewißheit im Glauben und die gesunde Lehre sind ja tatsächlich unerläßliche und grundlegende Bedingungen für das gesamte Werk der Evangelisierung. Deshalb wollte ich euch die unersetzliche Sicherheit bieten, die nur Christus schenkt und euch als Richtlinie die sichere Lehre mitgeben, die zur wahren Befreiung führt, nämlich zur Befreiung von der Sünde und von der Ungerechtigkeit, die ihre Folge ist.

Auch wollte ich euch in der Hoffnung stärken. Paraguay bedarf nicht nur des Selbstvertrauens, sondern auch der christlichen Hoffnung, um seine gegenwärtigen Probleme lösen und mit Entschiedenheit den von der Zukunft aufgeworfenen begegnen zu können. Die Hoffnung ist der ständig laufende Motor des Glaubens und der Liebe, der die Gewissen, die Gruppen und die ganze Gesellschaft in Bewegung setzt. Die wahre Hoffnung empfangen wir aus dem Evangelium; ihr findet sie daher nicht in Ideologien, die Spaltungen herbeiführen und mit der Eigenart und den wertvollsten Traditionen eures Volkes nichts zu tun haben.

Schließlich wollte ich euch in der Liebe stärken, indem ich mich an das Motto hielt, das ihr für meinen Besuch gewählt habt. Der Papst, Pilger der Evangelisierung, konnte nichts anderes sein als Sämann der Liebe, des Friedens, der Einheit, der Versöhnung, der Geschwisterlichkeit ... Ihr feiert mit Begeisterung ein Eucharistisches Jahr und wißt sehr wohl, daß die Quelle der Liebe die Eucharistie ist.

3. Ich denke an die herzliche Begegnung um den Altar, die wir im Stadion Ñu Guazú feierten und bei der ich zu meiner großen Zufriedenheit Roque González de Santa Cruz, Alonso Rodríguez und Juan del Castillo im Namen der ganzen Kirche unter die Heiligen aufnehmen konnte. Dieses Datum wird sicher als ein bedeutendes in die Geschichte Paraguays eingehen und Licht auf die Zukunft eurer Heimat werfen.

Die Namen dieser drei auserwählten Seelen – vorbildliche Priester der Gesellschaft Jesu – sind mit der Erinnerung an das große Werk der Evangelisierung, die Reduktionen, verbunden. In diesem Zusammenhang möchte ich hier auch der Eingeborenen Paraguays gedenken, mit denen ich in der Mission Santa Teresita eine herzliche Begegnung hatte. Seid treu und eifrig auf die Aufrechterhaltung der christlichen Traditionen bedacht, mit denen die Missionare euren menschlichen Weg durch die Jahrhunderte und eure einheimische Kultur geprägt haben!

Es wird dies eine Aufgabe aller als einiges Volk sein, aber ganz besonders eine Aufgabe der neuen Generationen. Meine lieben Jugendlichen! Der Aufbau der Zukunft fällt in erster Linie euch zu. Ich war nun bei euch und möchte euch nochmals sagen, daß ich in die paraguaische Jugend, die mit ihrem Einsatz für die Mitmenschen dem göttlichen Meister folgen will, großes Vertrauen setze.

4. Schließlich möchte ich allen Personen und Gruppen sehr aufrichtig danken, die mit Hingabe, ohne Opfer zu scheuen, zum guten Verlauf der verschiedenen Begegnungen des geliebten paraguaischen Volkes mit dem Nachfolger des Apostels Petrus beigetragen haben.
In erster Linie danke ich dem Herrn Präsidenten der Republik und danke ihm auch für die freundlichen Worte, die er an mich gerichtet hat; sodann den Behörden der Nation für die zahlreichen Aufmerksamkeiten, die sie mir entgegengebracht haben. Möge der Herr sie für ihre Bemühungen, ihrer Heimat eine Zukunft in Frieden, Gerechtigkeit und Wohlstand zu sichern, reichlich belohnen.
Ganz besonders danke ich den Bischöfen Paraguays, denen ich mich brüderlich verbunden fühle und deren Diözesen ich am liebsten alle besucht hätte. Vertrauensvoll bitte ich den Hirten der Hirten, die Einheit unter euch und den Eifer, mit dem ihr euch eurem Hirtenamt sowie euren Priestern, Ordensleuten, Mitarbeitern in der Pastoral und allen Gläubigen eurer Ortskirchen widmet, aufrechtzuerhalten.

5. Mein letzter Blick von dieser Hauptstadt aus gilt der Jungfrau der Wunder von Caacupé, in deren Heiligtum ich gemeinsam mit dem ganzen Volk Gottes die Geheimnisse Marias nach dem Evangelium betrachtete: ihre Empfängnis, Menschwerdung und ihre glorreiche Himmelfahrt.
Ihr vertraue ich alle Bewohner Paraguays an, damit sie den christlichen Glauben bewahren, der ein Element der Seele ihrer Nation und ein Schatz ihrer Kultur ist, und der ihnen Mut und Kraft für den Aufbau einer besseren Zukunft in Freiheit, Gerechtigkeit und Frieden schenkt.
Liebe Söhne und Töchter Paraguays, der Papst verläßt euch, trägt euch aber für immer in seinem Herzen! Gelobt sei Jesus Christus!

4. Pastoralbesuch in 7 Diözesen der italienischen Region Emilia Romagna (3. – 7. Juni)

Werte der Wahrheit und Gnade entdecken

Ansprache beim Treffen mit den Jugendlichen in Carpi am 3. Juni

Liebe Jugendliche der Diözese Carpi!

1. Ich freue mich, hier bei euch zu sein und auf die mir gestellten Fragen zu antworten. Aus ihnen habe ich euren Wunsch ersehen, euren Glauben, euer Leben mit dem Nachfolger Petri zu konfrontieren, dem die Aufgabe zusteht, die Brüder zu bestärken.
Euer Bischof hat mir alle eure hand- und maschinengeschriebenen Fragen zugeleitet, und ich habe jene ausgewählt, die mir für eure Situation als katholische Jugendliche am geeignetsten erschienen. Ihr kennt das Vertrauen, das ich in euch setze. Ihr seid die Hoffnung der Kirche und der Gesellschaft des dritten Jahrtausends. Darum drängt es mich, euch zu hören und mit euch zu sprechen.

2. Eine eurer ersten Fragen war folgende: Eine kirchliche Bewegung mit erzieherischen Zielen zu sein, bedeutet heute, sich immer häufiger mit einer Wirklichkeit auseinanderzusetzen, die in starkem Gegensatz zum Evangelium steht. Um vielleicht nur ein einziges erzieherisches Ziel anzugeben: welchem würden Sie dann heute in unseren Teilkirchen den Vorrang einräumen?
Meine Antwort beginnt mit der Beobachtung, daß dies nicht nur ein Problem der kirchlichen Bewegungen, sondern der ganzen Kirche ist, die von ihrer Struktur her eine erzieherische Gemeinschaft ist. Und vor allem ist es in stark säkularisierten Kulturzonen ein schweres Problem.
Nun ist das fundamentale Ziel, das die Kirche verfolgt, die Umkehr eines jeden Menschen zu Christus, denn „es ist uns Menschen kein anderer Name unter dem Himmel gegeben, durch den wir gerettet werden sollen“ (*Apg* 4,12).
Die Jugendlichen von heute müssen die Angst vor der Begegnung mit Christus überwinden, die Angst als ob dadurch das wahrhaft Menschliche erstickt würde. Christus ist der vollkommene Mensch, die totale Wahrheit des Menschen; sich ihm hingeben heißt, den Menschen in seiner Ursprünglichkeit wiederentdecken, heilen und zur Erfüllung bringen. Der junge Gläubige muß auch den Stolz auf seine Identität spüren und vor der Welt eine sachliche, kritische Haltung einnehmen, die es versteht, die Werte der Wahrheit und der Gnade zu entdecken, die vom Geist in die Herzen aller Menschen ausgesät sind, aber auch den Mut hat, die Nicht-Werte, die die ihn umgebende Kultur mit sich bringt, abzulehnen.
Das Ideal ist nicht, so wie die anderen zu sein und zu handeln, sondern zu sein und zu handeln, wie Christus es will, und nicht auf die unbequeme aber faszinierende Verkündi-

gung des Evangeliums zu verzichten. Auf diese Weise dringt das Christentum in die Gesellschaft ein.
Ich füge hinzu, daß sich die Begegnung mit unserem Herrn Jesus Christus normalerweise über die Begegnung mit einer vereinten, festen und frohen Kirchengemeinschaft vollzieht, die fähig ist, das menschliche Element in seinem ganzen Reichtum auszudrücken.

3. Die zweite Frage lautet folgendermaßen: In unserer Gemeinschaft besteht die Tendenz, bei der Einführung ins christliche Leben auf das zu dringen, was den Gläubigen von den anderen Menschen auf einer ausschließlich moralischen Ebene unterscheidet. Wir denken, daß ein Christ an seiner Verbindung mit Christus zu erkennen ist. Für uns Jugendliche, die wir dazu aufgerufen sind, auch andere Jugendliche zu evangelisieren, ist es wichtig und zugleich schwer, diese Denkweise anzunehmen und uns dementsprechend zu verhalten. Wäre es nicht angebracht, vermehrt solche Erziehungswege auszuarbeiten und wertzuschätzen, die nicht darauf dringen, „sein zu müssen", sondern zu „sein"?
Ich gebe zu, liebe Jugendliche, daß, wenn man bei der Einführung ins christliche Leben nur den moralischen Aspekt behandeln und die neue Wirklichkeit des Getauften, der in Christus ein neues Geschöpf wird (vgl. *2 Kor* 5,17), vernachlässigen würde, tatsächlich das Risiko bestünde, in einen farblosen Moralismus abzugleiten.
Jedenfalls kann das christliche Zeugnis nicht das „Mehr" verleugnen, das der Gläubige ohne eigenes Verdienst als ein vom Herrn Jesus Christus empfangenes Geschenk besitzt: das Bewußtsein der von Christus vollbrachten Erlösung, die sakramentalen Gnadenmittel, die Orientierungshilfe, welche von einer durch den besonderen göttlichen Beistand garantierten Autorität angeboten wird, die Unterstützung durch die Brüderlichkeit in der Kirche, das sind einige Aspekte eines solchen „Mehr", die von allen anerkannt und geteilt werden müssen.
Gewiß sind Erziehungswege nötig, die nicht nur auf dem „Sein Müssen", sondern auch und vor allem auf dem „Sein" bestehen. Jedenfalls sehe ich nicht, wie die Verbindung mit Christus möglich wäre ohne auch den Aufruf zum moralischen Einsatz. Den Apostel Petrus, der nach Pfingsten öffentlich und gemeinsam mit den anderen Aposteln die von Christus bewirkte Erlösung verkündigte, fragen die Zuhörer sogleich: „Was sollen wir tun, Brüder?" (*Apg* 2,37). Es könnte gar nicht anders sein, wenn nicht die Entscheidung für Christus schließlich in einem Leben enden soll, das mit seiner Botschaft und seinem Heilsmysterium nicht zu vereinbaren ist.
Ich bin davon überzeugt, daß ihr Jugendliche diese Forderung nach Konsequenz sehr gut versteht: dem Sein müssen die Werke folgen. Die Werke offenbaren und übermitteln den Glauben mit Hilfe des Geistes.

4. Da ist noch eine dritte, so formulierte Frage: Wie kann man einem Jugendlichen helfen, eine Laien-Berufung zu entdecken, ohne ihm dabei die mögliche Öffnung zu anderen Berufungen (zum Priester oder zur besonderen Weihe an Gott) zu verschließen? Ich gestehe, liebe Jugendliche, daß ich den Sinn dieser Frage nicht recht verstehe: in ihrer Formulierung scheint sie die Berufung zum Laien, in der Frage ganz allgemein ausgedrückt, entschieden von der Berufung in Richtung auf das Priestertum oder ein gottge-

weihtes Leben zu trennen. In Wirklichkeit leitet die christliche Pädagogik durch die Sakramente der Einführung ins christliche Leben und die erzieherische Arbeit, die sie vorbereitet, dazu an, in Christus zu leben, in der Gesamtheit dieses Lebens; sie muß den Jugendlichen zu einer Haltung grundsätzlicher Bereitschaft in bezug auf die verschiedenen möglichen Berufungen führen und darin eingeschlossen auch jene zum Priesteramt und zum Leben der besonderen Weihe.

So ist die Berufung der Laien eigentlich als eine offene Berufung zu betrachten: mit der Erleuchtung des Geistes, durch das gemeinschaftliche Leben und mit Hilfe geistlicher Leitung wird sich der Jugendliche dann zu einer im engeren Sinn verstandenen Berufung zum Laien entscheiden (Familie, Arbeit, Einsatz in der Welt, um die irdischen Wirklichkeiten auf Gott auszurichten) oder er wird sich für das Priesteramt oder das Ordensleben entscheiden. Im übrigen erwachsen die Berufungen zu heiligen Diensten aus der Familie.

Die Kirche muß den Jugendlichen daher alle möglichen Berufungen vorlegen, damit sich jeder bemühen kann, Gott auf dem Weg zu antworten, auf den er ihn ruft. Es soll also nicht der Weg zu besonderen Berufungen „verschlossen“ werden, sondern alle Jugendlichen sind aufgefordert, auch solche Möglichkeiten in Betracht zu ziehen.

Heute hat die Kirche, vor allem in den Gebieten, in denen Wohlstand herrscht, einen extremen Bedarf an Priestern und an Menschen, die sich in Jungfräulichkeit, Armut und Gehorsam Christus und den Brüdern weihen.

Eine kirchliche Gemeinschaft, die nicht die Vielfalt der Berufungen zum Ausdruck brächte, müßte sich vor unserem Herrn Jesus Christus ernstlich fragen, ob sie einen klaren, starken und freudigen Glauben lebt oder einen Kompromiß mit der „Welt“ schließt.

5. Eine andere Frage lautet: Heiliger Vater, Sie haben die Jugendlichen mehrmals aufgefordert, die Kultur der Wahrheit und der Liebe aufzubauen. Viele auch Nichtgläubige erklären sich mit dieser Aussage einverstanden. Zugleich wird uns jedoch gesagt, daß die Wahrheit in Wirklichkeit nicht existiere, und daß derjenige weise sei, der Zweifel hegt. Wo ist nun die Wahrheit, auf der diese neue Kultur aufgebaut werden soll?

Liebe Jugendliche, der Zweifel ist gesund, wenn er aus Sicherheiten erwächst, die man zu vertiefen beabsichtigt. Er ist jedoch das Zeichen für einen müden Geist, wenn er bequem um seiner selbst willen kultiviert wird.

Wenn wir das Glaubensbekenntnis sprechen, beginnen wir es mit einem feierlichen und resoluten „credo“, das bedeutet: Ich bin gewiß, ich bin sicher, daß es so ist. Ich bin es, weil ich mich dem Wort Gottes anvertrauen kann, der sich weder täuscht noch täuschen kann. Christus ist die ganze Wahrheit: vor seiner Lehre, die das Lehramt der Kirche maßgebend auslegt, gibt es keinen Platz für den Zweifel.

Etwas anderes ist das Urteil in bezug auf einzelne konkrete Umstände: hier muß die Möglichkeit verschiedener Akzentsetzungen anerkannt werden. Mit willigem Gehorsam muß auch das angenommen werden, worauf die Führer der Kirche mit der von Jesus, dem Herrn, ihnen eingegebenen Klugheit es für angebracht halten, hinzuweisen.

Ausgehend von diesen Gewißheiten des Glaubens wird man mit demjenigen ins Gespräch kommen können und müssen, der sich als nichtgläubig erklärt. Man wird aufmerksam zuhören müssen: es ist möglich, daß uns Christen neue Wahrheits- und Wertanstöße angeboten werden, die uns dabei helfen, die Kenntnis Christi, der die volle Wahrheit und der absolute Wert ist, zu vertiefen. Der Dialog wird so zur Bereicherung des Glaubens. Auf alle Fälle ist der Dialog weder die Kunst, Gedanken zu verwirren oder sich verwirren zu lassen, noch auch ein Ziel: er ist vielmehr ein Mittel, um immer vollkommener zur Wahrheit zu gelangen. Im übrigen bitte ich euch, liebe Jugendliche, die Wirklichkeit gut zu betrachten: oft ist derjenige, der versichert, keiner Wahrheit anzugehören, entweder in laizistischen Dogmen befangen, die er als sichere Postulate annimmt, oder er wartet auf die christliche Verkündigung: eine Verkündigung, die auf einer rationalen Grundlage beruht und doch fordert, das Geheimnis in freier Wahl und mit der Hilfe des Heiligen Geistes anzuerkennen.

6. Um schließlich auf die Frage zu antworten, wie ihr zur Heiligen Jungfrau stehen sollt, so möchte ich euch raten, nochmals die Enzyklika *Redemptoris Mater* zu lesen.
Ich bin davon überzeugt, daß ein Christ kein Christ sein kann, wenn er nicht auch ein Marienverehrer ist, weil die Muttergottes mit ihrer mütterlichen Fürsprache vor uns steht wie die Ikone der Kirche in ihrer Vollkommenheit und uns zu ihrem Sohn führt, der der einzige Heilsgrund ist. Habt eine lebendige, zartfühlende und gediegene Marienfrömmigkeit. Sie führt euch zu Jesus, dem Herrn. Sie wird euch zur vollen Umkehr im Sakrament der Buße führen und zur vollkommenen Gemeinschaft mit Christus in der Eucharistie und im Leben. Sie wird die Zugehörigkeit zur Kirche sowie die Aktualisierung der Mission der Kirche freudig für euch gestalten. Sie wird euch Kraft geben, damit eure Begegnung mit Christus immer mehr vertieft und von größerer Begeisterung für ihn erfüllt wird. Sie wird euch im Dienst an den Brüdern Kraft und Zartgefühl schenken. Sie wird euch „jetzt und in der Stunde des Todes“ mit mütterlicher Fürsorge beistehen.
In dem so schönen Licht ihres mütterlichen Lächelns hinterlasse ich euch den Auftrag, einen frischen Wind in eure Teilkirche zu bringen und ich segne euch von Herzen.

Erziehung ist Hilfe zur Orientierung an der Wahrheit

Ansprache an die Dozenten und Studenten der Universität, der Militärakademie und der Schulen der Stadt Modena am 4. Juni

Sehr geehrte Herren Dozenten!
Liebe Studenten und Schüler der Universität, der Militärakademie und der anderen Schulen Modenas!

1. Herzlich begrüße ich euch und danke euch für diese so bedeutsame und wichtige Begegnung anläßlich meiner Pilgerfahrt nach Modena. Diese Begegnung ist wichtig, da sie mir einen Ideenaustausch über die Erziehung und über den Weg zur Reifung ermöglicht, auf den die Schule hingeordnet ist, um die Herzen für hohe menschliche, geistliche und soziale Ideale aufzuschließen.
Heute sind ja die Erziehung und die Wissenschaft, die sie erleuchtet und ihr zur Seite steht, nämlich die Pädagogik, angesehene Tätigkeitszweige. Ihnen kommt für den Men-

schen und für die Zukunft der Institutionen, die der ethischen und geistigen Förderung der Jugend dienen, große Bedeutung zu.
Durch die Erziehung erwirbt der Mensch die Fähigkeit, sich an der Wahrheit und am Guten zu orientieren; er gelangt also zur Autonomie seiner Person und lernt es, sich als Subjekt der Initiative und der Kultur in sein Milieu einzufügen und sich jene menschlichen, ethischen und religiösen Tugenden anzueignen, welche die geistige Struktur des reifen Menschen ausmachen.
Die Erziehung ist ein Akt zwischenmenschlicher Liebe: der Eltern den Kindern, der Lehrer den Schülern und der Erwachsenen den Kindern und Jugendlichen gegenüber. Die Erzieher sind daher zur Kenntnis der psychologischen Prozesse der verschiedenen Lebensabschnitte verpflichtet, um ihr Wirken der Empfänglichkeit und Aufnahmefähigkeit der einzelnen anpassen und dem Wachstum der eigenen Kinder oder der Schüler besser dienen zu können.
Deshalb müssen die Erzieher stets den Vorsatz hegen, gemeinsam mit ihren Schülern zu wachsen und Vorbilder für ihr Leben zu sein, um so eine Verhaltensweise zu fördern, die den von ihnen gelebten Idealen eines überzeugungstreuen und engagierten Lebens entspringt. Auch die Schüler sind verpflichtet, an ihrer Erziehung mitzuwirken und all jenen Menschen Achtung und Dankbarkeit entgegenzubringen, die in der Schule tätig sind, also Gefühle zu pflegen, welche die Schüler gerechterweise den Lehrern und die Kinder den Eltern schulden. Diese Verpflichtung müssen alle Kinder und Jugendlichen während ihres Heranwachsens nach und nach entdecken. Die Lehrer führen die Schüler in die Kenntnis der Wahrheit und des Guten ein. Sie haben die Pflicht, ein Bezugspunkt für die Jugendlichen zu bleiben; sie müssen die keimenden Fähigkeiten fördern und dürfen sie nicht unterdrücken; müssen zu den Tugenden hinführen und dürfen deren Besitz nicht behindern.

2. Die Erziehung beginnt in der Familie. Daher muß man den Eltern helfen, die dazu erforderlichen Kenntnisse zu erwerben und die für die Erziehung der Kinder unbedingt notwendige Zeit zu finden. Der Kirche und der bürgerlichen Gesellschaft fällt die schwierige Aufgabe zu, sie hinsichtlich ihrer unveräußerlichen und unantastbaren Rechte und Pflichten aufzuklären.
Die Erziehung in der Familie muß von der frühen Kindheit an in die rechten Bahnen gelenkt werden, damit sie im weiteren Verlauf der Kindheit und während der Entwicklungs- und Reifejahre planmäßig fortgeführt werden kann. All diese Lebensabschnitte sind nämlich jeweils vom vorhergehenden bestimmt und bereiten den nachfolgenden vor.
Die Eltern allein sind jedoch nicht imstande, den zahlreichen und immer komplexeren erzieherischen Erfordernissen zu entsprechen. Sie bedürfen auch anderer Institutionen: der Kirche, der Schule, der Jugendgruppen und -vereinigungen.
Der Schule kommt in der postmodernen Gesellschaft eine entscheidende Bedeutung zu, ist sie doch auch berufen, die für die Ausübung der verschiedenen Berufe nötige technische und wissenschaftliche Spezialausbildung zu vermitteln. Eine auf das Wohl der Bürger hingeordnete Gesellschaft fördert mit allen Mitteln sowohl die staatliche als auch die

private Schule und gewährleistet so die demokratische Freiheit und die volle Erfüllung der gegenwärtigen und zukünftigen Bedürfnisse der kommenden Generationen.
Aufgabe der Schule ist die Bildung und Ausbildung des Menschen. Sie muß daher in den Schülern das Denkvermögen und die intellektuellen Fähigkeiten nicht nur im Hinblick auf die Wissenschaft, sondern auch auf die menschlichen und ethisch-religiösen Werte fördern, ohne die man zwar lehrt, jedoch nicht erzieht.
Wenn die Schule auf einseitige Weise das Lehrende zum Nachteil des erzieherischen Elements betont, schadet sie den Schülern, haben diese doch das Recht, nicht nur auf Arbeit und Beruf vorbereitet zu werden, sondern auch die Probleme der Gesellschaft und der Geschichte, des persönlichen und gesellschaftlichen Lebens in selbständiger Verantwortung verstehen und beurteilen zu lernen.
Das gilt besonders für die katholische Schule, deren Erziehungsplan Christus zum Fundament hat. Sie muß den Schülern helfen, in der Person, im Wirken und in den Worten Christi die Fülle der für ihre ganzheitliche Bildung und Ausbildung unerläßlichen Werte zu finden.

3. Die Schule muß vor allem im Dienst der Erfüllung der Schulpflicht stehen, die in Italien vom sechsten bis zum vierzehnten Lebensjahr dauert. Es ist dies ein wichtiger Lebensabschnitt, in dessen Verlauf die Kinder und Jugendlichen den Lehrern und Professoren begegnen, um sich jene wesentlichen kulturellen Werte anzueignen, die für die Eingliederung in die Gesellschaft notwendig sind. Sie gehen gemeinsam einen schwierigen, aber nutzbringenden Weg, auf dem die Lehrer dank einer nie abgeschlossenen, engagierten Reflexion zu weisen und geduldigen Führern der Schüler werden.
Auf diesem Weg begegnen einander zwei verschiedene Arten von Freiheit: die reife der Lehrer und die reifende der Schüler. Sie müssen einen Dialog aufnehmen und einander verstehen, müssen die auf beiden Seiten vorhandenen Schwierigkeiten überwinden, um zu einem Einklang der Absichten und Vorsätze zu gelangen. Die Autorität des Erwachsenen, welche den von ihm verkörperten Werten entspringt, ist eine Autorität des Dienstes, die es versteht, sich nach und nach und in dem Maß zurückzuziehen, in dem der junge Mensch die ihm vom Lehrer vorgelegten Kenntnisse und Werte in sich aufnimmt.
Die Freiheit des Schülers bedarf, wenn sie wachsen und sich kräftigen soll, des befreienden Wirkens des Erziehers, ohne das sie nicht das ihr zugedachte Niveau genügender Reife erreicht. Das zwischen Autorität und Freiheit bestehende Verhältnis muß daher nicht unbedingt konfliktgeladen sein. Wenn es dennoch zu einem Konflikt kommt, bedeutet dies, daß auf der einen oder der anderen Seite eine Umwandlung in Autoritarismus oder bewußte Auflehnung stattgefunden hat, wodurch jeder erzieherische Fortschritt behindert wird.
Die Bildungsarbeit der Schule gewinnt an Wirksamkeit, wenn dank entsprechender Vereinigungen eine Zusammenarbeit mit der Familie möglich ist, was vor allem den wesentlichen Inhalten des Erziehungsplanes zugute kommt. Eltern und Lehrer müssen zusammenkommen und müssen lernen, im vordringlichen Interesse der Kinder oder Schüler miteinander zu sprechen. Das Verhältnis Schule-Familie muß in seinem eigentlichsten Wesen wahrgenommen, vor möglichen Abweichungen geschützt, als

bildendes Element gestärkt und im Interesse konkreter Erfolge wirksam gestaltet werden.

4. Auf die Pflichtschule folgt die des Jugendalters, die auf eine qualifizierte Arbeit oder auf das Universitätsstudium vorbereitet. In diesem Alter nimmt man besser als in den vorhergehenden Jahren den Wert der Präsenz des Erwachsenen als Bezugspunkt für den Schüler wahr.
Der Jugendliche läßt nämlich alle Fähigkeiten seiner Intelligenz reifen: er wird nachdenklich, entdeckt das Geheimnis der Person, erfaßt die Problematik seiner Existenz, wird auf die in der Gesellschaft bestehenden Spannungen aufmerksam, wird sich des provisorischen Charakters seines Lebens bewußt, wendet sich auf persönlichere Weise an Gott, wird zum Planen fähig und verfolgt seine Pläne systematisch; er erahnt schließlich die Wunder der inneren Welt. Jedes erzieherische Handeln erfordert daher die Kenntnis der religiösen und ethischen Werte, die ein wesentliches Fundament des menschlichen Wachstums darstellen.
Der Jugendliche steht in staunender Betrachtung vor dem außerordentlichen Reichtum des Lebens. Er begeistert ihn, verwirrt ihn aber auch. Gewisse Formen der Gehorsamsverweigerung und des Aufbegehrens verbergen das noch Unausgereifte und Verletzbare seines Alters und machen die Notwendigkeit einer Führung offenkundig, die diese Erfordernise versteht und entsprechend auf sie eingeht.
Die Schule braucht daher Lehrer, die fähig sind, die Jugendlichen in die technisch-wissenschaftliche Begriffswelt der verschiedenen Fächer einzuführen, jedoch gleichzeitig eine Bildung und Ausbildung zu vermitteln, die der Einmaligkeit der Person respektvoll gegenübersteht und eine verantwortungsvolle und kreative Mitwirkung anspornt.

5. Der Jugendliche, der die Studien fortsetzt, geht am Ende der Entwicklungsjahre auf die Universität, wo er in die verschiedenen Wissensbereiche eindringt, seine Berufswünsche formuliert und seine Fähigkeiten und Neigungen auf die Probe stellt. Im Lauf des Universitätsstudiums entdecken die jungen Menschen dank der Lehrtätigkeit und des Zeugnisses der Professoren, daß Wissenschaft und Kultur im Dienst des Menschen stehen. Die Forschungen und wissenschaftlichen Entdeckungen, Frucht der menschlichen Intelligenz, müssen dazu beitragen, das menschliche Leben sicherer und würdiger zu gestalten, denn alles ist für und nichts ist gegen den Menschen: in der Schöpfungsordnung ist er der höchste Wert. Er ist ein Ziel, dem alles untergeordnet werden muß. Wenn er zum Werkzeug der Wissenschaft wird, büßt er seine Würde ein, wird zum Objekt und verwandelt sich unter den Händen der Mächtigen dieser Welt in eine Sache.
Wenn die Fortschritte in den verschiedenen Bereichen der Wissenschaft immer dem Wohl des Menschen und der Förderung des Lebens von der Empfängnis bis zum natürlichen Tod dienen wollen, müssen sie von ethischer Kultur beseelt sein. Das bedeutet keine Einengung der menschlichen Intelligenz, sondern vielmehr eine Hilfe für sie, damit sie aus sich heraus das wahrnehmen könne, was sie erhöht und adelt.
Während der Universitätsstudien müssen die jungen Menschen nicht nur im Hinblick auf das Verständnis der wissenschaftlichen Wahrheiten gebildet werden, die rationell be-

schrieben und bewiesen sind; es gibt neben ihnen auch andere, religiöse und moralische Wahrheiten, und der Mensch ist dazu berufen, seine Intelligenz auch ihnen aufzutun. Die Professoren selbst können mit ihrer kulturellen Reife den jungen Menschen bei der schrittweisen Entdeckung der Übereinstimmung der Axiome der Wissenschaft mit denen der Religion wertvolle Hilfe leisten.
Auf diese Weise werden die jungen Menschen zu ihrem großen Vorteil erfahren, daß Wissenschaft und Glaube zwei Welten sind, zwischen denen bei aller Verschiedenheit eine tiefe Harmonie herrscht, von der für beide fruchtbare Antriebe ausgehen, und die Licht auf die Kultur wirft und den Menschen im täglichen Leben unterstützt.
Sehr geehrte Herren Dozenten und liebe Studenten! Ich wünsche euch zu dieser kühnen und befriedigenden Suche nach der Wahrheit viel Erfolg. Laßt euch nicht durch die Schwierigkeiten entmutigen und nicht durch mangelndes Verständnis aufhalten. Zweifelt nie an der Möglichkeit, die Wahrheit zu finden und sucht sie weiterhin, wenn ihr sie noch nicht gefunden habt. Die Erreichung des Zieles wird euch für die Mühen des Weges reichlich entschädigen. Was mich betrifft, so bete ich zu Gott, er möge euch Licht und Hilfe schenken und euch die Freude an der Wahrheit, das gaudium de veritate gewähren, von dem der hl. Augustinus sprach: die Freude an jener Wahrheit, die ihre Fülle in Christus findet.
Ich begleite diese meine Gedanken und Wünsche mit meinem Segen und mit meinem Gebet zum Herrn, damit er euch bei eurem Wirken beistehe und euch stärke.

Leiden – Mittel der Erlösung

Ansprache an die Kranken in Modena am 4. Juni

1. An diesen Platz grenzt eines der Krankenhäuser von Modena an, das nach dem hl. Augustinus benannt ist. Mit uns sind über Fernsehen auch die anderen Krankenhäuser der Stadt verbunden. Wir fühlen uns in diesem Augenblick mit der ganzen großen Familie unserer kranken Brüder und Schwestern vereint.
Meine Lieben, ich richte an euch einen herzlichen Gruß, mit dem ich auch die Kranken erreichen will, die zuhause von ihren Familienangehörigen gepflegt werden, die alten und einsamen Personen und all jene, die sich darum bemühen, daß euch die nötige Hilfe nicht fehlt. Ihr wißt, wie sehr der Papst euch liebt, und wie sehr er es hochschätzt, daß ihr ihn durch eure Gebete und die Aufopferung eurer Leiden unterstützt. Seit der Erlöser selbst das menschliche Leiden auf sich genommen hat, ist der Schmerz für den, der ihn im Licht des Glaubens zu sehen weiß, Mittel der Erlösung und Heiligung geworden. In ihrer Evangelisierungstätigkeit schöpft die Kirche unvergleichliche Kraft aus euren Leiden, die ihr in Vereinigung mit den Leiden Christi angenommen und aufgeopfert habt, um „das zu ergänzen, was an den Leiden Christi noch fehlt" (vgl. *Kol* 1,24).
Ich wünsche euch, liebe Brüder und Schwestern, nie den Mut zu verlieren, sondern jeden Eindruck der Sinnlosigkeit oder Nutzlosigkeit zu überwinden, indem ihr auf den Gekreuzigten schaut und über die unermeßlichen Schätze nachdenkt, die aus seinem Leiden

hervorgehen. Die heilige Jungfrau stehe euch bei, auf die wir besonders in diesem ihr gewidmeten Jahr als vollkommenes Vorbild des Glaubensgehorsams blicken. An der Seite Christi bis auf Golgota, zu Füßen des Kreuzes, ist Maria ihr ganzes Leben hindurch die große Zeugin des Evangeliums des Leidens (vgl. *Salvifici doloris*, Nr. 25). Sie stehe euch bei und tröste euch.

2. Ein Wort der Hochschätzung und Ermutigung will ich auch an die Ärzteschaft und das medizinische Hilfspersonal richten, die den Auftrag haben, die Krankheit zu bekämpfen und das menschliche Leiden zu erleichtern. Es ist eine edle Aufgabe. An dem, der vom Leiden gezeichnet ist, kann man nicht gleichgültig vorübergehen, sei es aus Oberflächlichkeit, Unaufmerksamkeit oder Egoismus. Man muß mit innerer Anteilnahme stehen bleiben und eigene, konkrete Hilfe leisten. Christus hat uns nicht nur gelehrt zu leiden, sondern auch jedem zu helfen, der in Not ist; zur Ermutigung unserer Hochherzigkeit hat er sich selbst mit jedem leidenden Menschen identifiziert (vgl. *Mt* 25,31–46).
Ich rufe deshalb alle, die den Kranken Hilfe leisten, dazu auf, jeden Tag die tiefen Beweggründe ihres Dienstes neu zu entdecken und ihre Bemühungen zu verstärken, damit der, dem es an allem bedarf, keinen Mangel leidet.
Indem ich auf euch die Fürsprache der seligen Jungfrau vom Heil herabrufe, die in der Kirche der Poliklinik verehrt wird, erteile ich euch von Herzen als Unterpfand des göttlichen Beistands meinen Apostolischen Segen.

Ein glaubhaftes Zeugnis ablegen

Predigt bei der Eucharistiefeier in Modena am 4. Juni

1. „Jerusalem, preise den Herrn, lobsinge, Zion, deinem Gott!“ (*Ps* 147,12).
Dieser Aufruf ist das Echo eines Psalmes aus dem Alten Testament, der an Jerusalem, an Zion gerichtet ist, also an den für die Söhne und Töchter Israels seit ihrer Niederlassung im verheißenen Land heiligen Ort. Dort beteten sie den Gott des Bundes an, der sie aus der Sklaverei in Ägypten befreit hatte (vgl. *Ex* 8,14); dort dankten sie für die Gabe der Offenbarung, für die Gabe der innigen Verbundenheit mit Gott, für das Wort des lebendigen Gottes und für den Bund. Sie dankten auch für die Gaben der Erde, deren sie sich Jahr für Jahr und Tag für Tag erfreuten.
„Jerusalem, preise den Herrn lobsinge, Zion deinem Gott!
Denn ... er verkündet Jakob sein Wort, Israel seine Gesetze und Rechte ... er verschafft deinen Grenzen Frieden, und sättigt dich mit bestem Weizen“ (*Ps* 147,12–13.19.14).

2. Heute richtet die Liturgie diesen Aufruf an die Kirche – an die Kirche überall dort, wo das Hochfest des Leibes und Blutes Christi (Fronleichnam) gefeiert wird.
Heute richten wir diesen Aufruf in besondere Weise an die Kirche in Modena-Nonantola, habe ich doch Gelegenheit, dieses Fest des Leibes und Blutes Christi gemeinsam mit

euch, in eurer Stadt und inmitten der seit Generationen mit dieser Stadt verbundenen Kirche zu feiern, in Gemeinschaft mit dem Hirten dieser Kirche.
Mein erster Gruß gilt daher eurem Erzbischof Santo Quadri. Er ist euer Hirte und euer Führer, der sich für die Rückkehr zum Erbe einer alten und wirksamen Evangelisierung einsetzt, die tiefe Spuren in dieser Erde hinterlassen hat. Ihm gilt mein Wunsch, die göttliche Gnade möge ihn vor allem auf dem Weg der kürzlich begonnenen Synode stärken, die nach der Phase der geistlichen Erneuerung zu der einer Revision der Pastoral führen wird unter dem dreifachen Gesichtspunkt der Evangelisierung, der Liturgie und des Zeugnisses. Ich begrüße auch alle Priester, Diakone, Ordensleute, Akolythen, Lektoren, Kommunionhelfer, Katechisten und alle anderen in der Diözesanpastoral Tätigen.
Mein achtungsvolles Gedenken gilt ferner den bürgerlichen Autoritäten, die hierher gekommen sind. Mit Freude stelle ich die Anwesenheit von Vertretern eurer alten Universität fest, die 1175 an die Stelle einer schon vorher bestehenden Schule der Rechtswissenschaft getreten ist. Ich begrüße die akademischen Lehrer und die Autoritäten der zwölf auf das Doktorat vorbereitenden Lehrgänge und die der ersten beiden Studienjahre der technischen Fakultät, die Gemeinschaft der Studenten der einzelnen Fakultäten und der Spezialisierungskurse.
Ein besonderer Gruß gilt den Offizieren und Schülern der Militärakademie, denen ich wünsche, sie mögen stets im Einklang mit den vornehmen Traditionen dieser Akademie leben und sich mit einem Lebensstil auf ihre zukünftigen Verantwortungen vorbereiten, der die höchsten menschlichen Werte in Erscheinung treten läßt und die Grundsätze des christlichen Glaubens achtet und hochhält.
Schließlich grüße ich alle Schüler der höheren Schulen und die arbeitende Bevölkerung dieser Gemeinde: die Arbeiter in der Landwirtschaft und in der Industrie, die Angehörigen der freien Berufe, die in Handwerk und Handel Tätigen, die ausländischen Arbeiter, die hier Aufnahme finden, und alle, die an unserer Eucharistiefeier teilnehmen, in der Absicht, in Gott, dem Schöpfer und Erlöser aller Menschen, den wahren und transzendenten Sinn ihrer Tätigkeit und ihres Einsatzes zu suchen.

3. Die Kirche dankt heute für die Eucharistie. Sie dankt für dieses heiligste Sakrament des Neuen und ewigen Bundes, wie die Söhne und Töchter Sions und Jerusalems für die Gabe des Alten Bundes dankten.
Die Kirche dankt für die Eucharistie, das größte Geschenk sie von Gott in Christus durch sein Kreuz und seine Auferstehung, durch das Ostergeheimnis empfangen hat.
Die Kirche dankt für das Geschenk des Gründonnerstags, für das Geschenk des letzten Abendmahles. Sie dankt für „das Brot, das wir brechen", für den „Kelch des Segens, über den wir den Segen sprechen" (vgl. *1 Kor* 10,16–17). Und dieser Kelch ist „Teilhabe am Blut Christi" (*ebd.*).
Die Kirche dankt also für das Sakrament, das uns unablässig, an Festtagen und anderen Tagen, Christus gibt, so, wie er selbst sich den Aposteln und allen jenen geben wollte, die, deren Beispiel folgend, das Wort des Lebens aufgenommen haben.

4. Die Kirche dankt für Christus, der für uns „lebendiges Brot“ geworden ist. „Wer von diesem Brot ißt, wird in Ewigkeit leben“ (*Joh* 6,51). Die Kirche dankt für die Speise und den Trank des göttlichen, des ewigen Lebens.
Dies ist für den Menschen die Fülle des Lebens: die Fülle des menschlichen Lebens in Gott.
„Wenn ihr das Fleisch des Menschensohnes nicht eßt und sein Blut nicht trinkt, habt ihr das Leben nicht in euch. Wer mein Fleisch ißt und mein Blut trinkt, hat das ewige Leben, und ich werde ihn auferwecken am Letzten Tag“ (*Joh* 6,53–54).

5. Dies ist das Sakrament der menschlichen Pilgerfahrt durch die sichtbare Welt, durch die zeitliche, von der Unbedingtheit des Sterbens gekennzeichnete Welt, hin zum letzten Ziel des Menschen in Gott, zur unsichtbaren Welt, welche die sichtbare an Wirklichkeit übertrifft.
Gerade deshalb schließt die Liturgie des alljährlichen, der Eucharistie geweihten Festes, das die Kirche heute feiert, so viele Erinnerungen an die Pilgerfahrt des Volkes des Alten Bundes in der Wüste ein.
Mose sagt zu seinem Volk: „Dann nimm dich in acht, daß dein Herz nicht hochmütig wird und du den Herrn, deinen Gott, nicht vergißt, der dich aus Ägypten, dem Sklavenhaus, geführt hat; der dich durch diese ... Wüste geführt hat ...; der für dich Wasser aus dem Felsen der Steilwand hervorsprudeln ließ; der dich in der Wüste mit dem Manna speiste“ (*Dtn* 8,14–16).
„Daß dein Herz ... nicht vergißt ...“ „Du sollst an den ganzen Weg denken, den der Gott dich geführt hat, um ... dich zu prüfen. Er wollte erkennen, wie du dich entscheiden würdest ... er wollte dich erkennen lassen, daß der Mensch nicht nur vom Brot lebt, sondern daß der Mensch von allem lebt, was der Mund des Herrn spricht“ (*Dtn* 8,2–3).

6. So sagte Mose. Seine Worte sind an Israel gerichtet, an das Volk des Alten Bundes. Wenn die Liturgie des heutigen Hochfestes dennoch auf sie Bezug nimmt, bedeutet das, daß sie auch an uns gerichtet sind, an das Volk des Neuen Bundes, an die Kirche, an die Kirche hier in der Emilia, in Modena.
„Daß dein Herz ... nicht vergißt ...“ Seit wievielen Generationen, seit wievielen Jahrhunderten führt Christus dich, Kirche dieser Erde, durch sein unaussprechliches Geheimnis der Erlösung in seinem Leib und seinem Blut, durch die Eucharistie! „Daß dein Herz ... nicht vergißt ...“ Gerade diese Botschaft scheint das Flachrelief zu verkünden, das eure Ahnen in der Mitte der Kathedrale anbringen wollten, am sichtbarsten Punkt der Einfassung, die den Altarraum vom Mittelschiff trennt: einer der alten Bildhauer wollte darin das letzte Abendmahl darstellen, das Gedächtnis des Opfers Christi: „Tut dies zu meinem Gedächtnis“. Eure Ahnen wollten mit dieser künstlerischen Darstellung ihre Nachkommen einladen, dieses Gedächtnis zu pflegen, damit ihr Herz nicht vergißt ... Es ist auch bezeichnend, daß andere künstlerische Ausdrucksformen, die in der Kathedrale das Werk Gottes in den Ereignissen der Heilsgeschichte und das des Menschen in Kunst und Handwerk darstellen, geradezu im Flachrelief in der Mitte zusammenfließen und es auf wunderbare Weise krönen.

„Daß dein Herz ... nicht vergißt ...“ Liebe Brüder und Schwestern aus Modena, eure Stadt selbst macht euch das Nicht-Vergessen leicht: von allen Punkten der Stadt aus, die ich besuchte, sah ich die „Ghirlandina“ gegen den Himmel streben, den schönen Glockenturm, der gemeinsam mit dem wunderbaren Dom, im Herzen der Stadt aufragt und Symbol ihrer zutiefst vom Christentum durchdrungenen Geschichte ist, Zeichen und Erinnerung an die Sendung, welche die Kirche Modenas immer in dieser Region erfüllt hat. Ich rufe eure Schutzheiligen und ersten Glaubenszeugen Geminiano und Silvestro an, damit sie immer auf eurem Weg der Evangelisierung mit euch seien.

7. „Daß dein Herz ... nicht vergißt ... “ Alle Männer und Frauen dieser Gemeinde von Modena-Nonantola, die in ihrem Inneren auf dramatische Weise die Gottesferne, die Not, die Suche und die Mühe um eine positive Einstellung zur Transzendenz erfahren, möchte ich daran erinnern, daß Gott jedem Menschen nahe ist, der ihn mit aufrichtigem Herzen sucht. Er geht jedem Menschen nach, der aufgrund von Indifferentismus, theoretischem und praktischem Materialismus und geistlicher Verflachung, die einem die Seele erstickenden Konsumismus entspringen, innerlich leidet. Zu all diesen Menschen sage ich: Fahrt in eurer Suche nach Gott fort, bis ihr ihn findet.
Nur in ihm findet man eine erschöpfende Antwort auf die letzten Fragen der Existenz; nur von ihm läßt sich die tiefe Inspiration herleiten, welche die Kultur, in der ihr lebt, beseelte; nur in ihm findet der Einsatz für die Werte der Gerechtigkeit, der Solidarität und des Friedens seine volle Berechtigung.
Denen, die bereits glauben, lege ich ans Herz: Löscht niemals die Hoffnung aus, die von Christus kommt! Vergeßt nicht, daß das Leben auf die Unsterblichkeit hingeordnet ist und daß es, eben weil es eine ewige Bestimmung hat, nie, von niemandem und aus keinem Grund zerstört werden darf: das Leben eines jeden, weder das ungeborene, noch das heranwachsende, noch das alternde und auch nicht jenes, das seinem Ende entgegengeht.
Der christlichen Gemeinde von Modena-Nonantola, dieser Kirche, die ständig von vielschichtigen sozialen Problemen herausgefordert wird und sich in einem ständigen Umwandlungsprozeß befindet; die gezwungen ist, für alle Menschen, die der Gleichgültgkeit oder dem theoretischen und praktischen Atheismus in einem materiellen, jeden religiösen Lebens baren Wohlstand verfallen sind, Antworten zu finden und ein für sie glaubhaftes Zeugnis abzulegen; einer Kirche, die berufen ist, Same und bescheidenes Zeichen der Liebe Christi zu allen Menschen zu sein, ob sie nun die Wahrheit suchen oder Gott ablehnen; einer Kirche, die als kleine Herde oft unter Tränen um die Gabe des Heils für die Jugend und die Gnade neuer und großmütiger Berufungen fleht und betet, daß ihr nie jene fehlen mögen, die in Zukunft das Brot des Glaubens und des Leibes Christi für ihre Kinder brechen; dieser Kirche sage ich: Vergiß nicht und habe Vertrauen!

8. Dieses „Vergiß nicht!“ des Mose, das über Jahrhunderte und Jahrtausende hinweg zu uns gelangt ist und in die Liturgie von heute Eingang gefunden hat, ist stark und eindringlich.
Daß dein Herz nicht vergißt: Die Welt ist für keinen von uns eine ewige Wohnstatt. Man kann nicht in ihr leben, als ob sie für uns alles wäre, als ob es keinen Gott gäbe, als ob

nicht er selbst unser Ziel und sein Reich die letzte Bestimmung und endgültige Berufung des Menschen wäre.
Man kann nicht so auf dieser Erde leben, als ob sie nicht nur eine Zeit und ein Ort der Pilgerfahrt für uns wäre!
„Wer mein Fleisch ißt und mein Blut trinkt, der bleibt in mir und ich bleibe in ihm" (*Joh* 6,56).
Man kann nicht in dieser Welt leben, ohne in Christus zu weilen! Man kann nicht ohne Eucharistie leben. Man kann nicht außerhalb der eucharistischen Dimension leben, denn sie ist die Dimension des göttlichen Lebens, im Erdreich unseres Menschseins verwurzelt.
Christus sagt: „Wie mich der lebendige Vater gesandt hat und wie ich durch den Vater lebe, so wird jeder, der mich ißt, durch mich leben" (*Joh* 6,57).

9. Brüder und Schwestern! Nehmen wir diese Einladung Christi an. Leben wir für ihn! Ohne ihn gibt es kein wahres Leben. Nur der Vater „hat das Leben". Ohne Gott vergeht alles Geschaffene. Nur er ist Leben.
Der Sohn, der „durch den Vater lebt", bringt uns trotz der Vergänglichkeit der Welt und trotz des unausweichlichen Todes das Leben, das in ihm ist. Er schenkt uns dieses Leben; er teilt es mit uns.
Das Sakrament dieser Gabe, dieses Lebens ist die Eucharistie: „Das Brot, das vom Himmel herabgekommen ist." Es ist nicht wie das, das unsere Väter in der Wüste gegessen haben; sie sind gestorben. „Wer von diesem Brot ißt, wird in Ewigkeit leben" (vgl. *Joh* 6,59–51).

Drama der Arbeitslosigkeit beseitigen

Ansprache bei der Begegnung mit der Welt der Industrie und der Arbeit in Modena am 4. Juni

1. Zu Beginn meines Pastoralbesuches in eurer Gegend begrüße ich herzlich die Vertreter der Arbeitswelt, die an diesem Treffen teilnehmen: euch Arbeiter, Techniker, Direktoren und Unternehmer, die ihr in den landwirtschaftlichen und handwerklichen Betrieben, in der Industrie und den Genossenschaften tätig seid. Euch Junge und Alte, Männer und Frauen, die ihr die weite Erzdiözese Modena-Nonantola repräsentiert und den Sassoleser Teil des Bistums Reggio Emilia.
Dieser Ort der Begegnung, geprägt von eurer Arbeit und eurem Einsatz, von Fabriken und Äckern, von Industriehallen und Schornsteinen ist dem diözesanen Marienheiligtum der Madonna von Castello in Fiorano Modenese ganz nahe. Das scheint mir bedeutsam. Begleitet von Maria von Nazaret, die auf der Höhe des Heiligtums wacht, wollen wir zusammen kurz über die wirtschaftliche und soziale Lage der Region Emilia nachdenken, mit bereitem Herzen das Wort des Göttlichen Arbeiters aufnehmen und sein Beispiel betrachten.

Eure Gegend erlebte in der Nachkriegszeit eine sehr rasche und ausgeglichene Entwicklung in den verschiedenen Produktionsbereichen. Diese so blühende Wirtschaft ist weithin bekannt. Sie ist das Ergebnis natürlichen Reichtums, wie Lage und Bodenbeschaffenheit, verbunden mit eurer Arbeitsfähigkeit und eurem Unternehmungsgeist.
Es war möglich, die Arbeitsplätze zu vermehren und die Rechte des Arbeiters – sei er nun abhängig oder selbständig, Handwerker oder Kaufmann, Angestellter oder Unternehmer, bei einzelnen oder in Genossenschaften – sind hier weniger gefährdet als anderswo.
Aber es fragt sich, ob diese Mittel und dieser natürliche Reichtum tatsächlich in all ihren Möglichkeiten korrekt und richtig eingesetzt wurden, nämlich zum Wohle des Menschen schlechthin, oder ob nicht auch hier manchmal gewinnsüchtige Interessen und der Wunsch nach möglichst hohem und möglichst schnellem Profit das Handeln aller Beteiligten soweit beeinflussen, daß auch in diesem Zustand allgemein fortgeschrittener Entwicklung in den Arbeitsverhältnissen Probleme entstehen, Mißverhältnisse andauern, daß der Reichtum der Natur gedankenlos ausgebeutet wird bis zu schwerer Schädigung und Vergiftung der Umwelt.
Von neuem droht auch das Gespenst der Arbeitslosigkeit und enttäuscht, wie so oft in unserer Zeit, viele Sicherheiten. Wenn auch die Arbeitslosigkeit in letzter Zeit wieder eingeschränkt wurde, so bleibt sie doch bestehen, besonders hier, wo die Beschäftigungsmöglichkeiten in der Keramikindustrie sich verringert haben.
Leider tendiert das wohlbekannte Drama der arbeitsfähigen, doch arbeitslosen Arbeiter dahin, sich auszubreiten, das Drama der Jugendlichen und der Frauen auf der Suche nach einem ersten Arbeitsplatz, das der Behinderten, die aus der Arbeitswelt ausgeschlossen werden, das Drama neuer Pendler, das der Zuwanderer, die entmutigt in ihre Herkunftsorte zurückkehren, und das mancher Familien, die ohne jegliches Einkommen sind.

2. Ich habe kurz an einige Aspekte eurer Lage in Vergangenheit und Gegenwart erinnert, um euren Blick mit erneuter Aufmerksamkeit auf einige moralische und geistliche Grundwerte zu richten, die die Kirche unermüdlich für eine rechte Motivierung des wirtschaftlich-sozialen Handelns im familiären und im gesellschaftlichen Bereich verkündet.
Es ist die Stimme Jesu, die zu euch durch die Stimme des sichtbaren Hirten seiner Kirche spricht. Die Gottesmutter wiederholt euch von ihrem Heiligtum aus, was sie bei der Hochzeit zu Kana sagte: „Was er euch sagt, das tut“ (*Joh* 2,5).
Der Sohn Gottes ist vom Himmel herabgestiegen für uns Menschen und um unseres Heiles willen und hat die Kirche zum Zeugnis und zur Weiterführung seines Werkes bestimmt. Deshalb ist der Mensch „der Weg der Kirche“ (vgl. *Redemptor hominis*, Nr. 14): der Mensch also in seiner irdischen und ewigen Berufung, der Mensch als solcher geachtet, mehr noch, geliebt in seiner körperlichen, willentlichen und affektiven, seiner geistigen und geistlichen Dimension.
Zu dieser Berufung des Menschen gehört die Arbeit in allen ihren Erscheinungsformen. Die Arbeit ist nicht nur die ehrliche und übliche Art und Weise, sich und den Seinen das zum Leben Notwendige zu verschaffen; sie ermöglicht auch jedem Einzelnen die Ver-

wirklichung seiner persönlichen Identität und seinen Beitrag zum Gemeinwohl. Recht auf Arbeit und Pflicht zur Arbeit sind im Leben aller eng verbunden und sind der verpflichtende Weg des gesellschaftlichen Handelns und der Entwicklung.
Der auf Gott hin offene und vom Glauben erleuchtete Mensch sieht, daß seine tagtägliche Anstrengung Beitrag zum Schöpfungs- und Erlösungswerk ist.
Diese Eigenschaften der Arbeit zeigen unmißverständlich, welchen großen Wert diese im Leben der Menschen hat, wenn auch jeder Mensch in seiner Verpflichtung zur Arbeit für andere, höhere Werte offen sein muß: für Familie, Bildung, religiöses und gesellschaftliches Leben.
In dieser Schau wird das Recht und die Pflicht aller Menschen klar, eine Arbeit zu haben oder sich zu verschaffen. Doch wird ebenso die Verpflichtung der sozialen Gruppen und der Gesellschaft selbst klar, alles in ihrer Macht Stehende zu unternehmen, damit niemand ohne Arbeit sei.

3. Eure vielfältige Fähigkeit zur Initiative auf wirtschaftlich-gesellschaftlichem Gebiet muß anerkannt werden. Sie läßt euch die Veränderungen, die sich vollziehen, weniger dramatisch erleben und dafür dankt euch die Gesellschaft wie ihre einzelnen Mitglieder. Die Rechte der Einzelnen werden so mehr geachtet und die diesbezüglichen Pflichten leichter erfüllt. Jede Initiative, auch die wirtschaftliche, muß Ausdruck sittlicher Werte sein, um wirklich als menschliche Tat zu gelten. Ihr dürft euch also nicht scheuen, euch von diesen Werten leiten zu lassen.
Auch das Recht zu Berufsvereinigungen, das ihr so beachtenswert entwickelt habt, gründet auf einem sittlichen Wert. Wenn dem so ist, kann folglich das Ziel dieser Vereinigungen nicht nur die in sich rechtmäßige Förderung der Interessen der verschiedenen Gruppen sein. Die Tätigkeit der einzelnen gewerkschaftlichen Vereinigungen muß auf Objekte des Gemeinwohls ausgerichtet sein, worin – wie ihr wohl wißt – der erste sittliche Wert einer Gesellschaft besteht.
Die Denk- und Verhaltensweise, die harmonisch wirtschaftliche und sittliche Werte verbindet und die einen den anderen unterordnet, sollte immer mehr in den Unternehmen Fuß fassen und die Ausarbeitung der Wirtschaftspolitik auf jeder Ebene beseelen. Jedes Unternehmen muß immer mehr versuchen, eine Personengemeinschaft zu sein, in der sich persönliche Rechte und Pflichten begegnen und zum Wohl des Unternehmens und dem allgemeinen der Gesellschaft koordiniert werden.
Über die Verpflichtung zu Dialog und gegenseitigem Anhören hinaus mahnt die Soziallehre der Kirche nachhaltig, auf Formen der Mitbeteiligung hinzuarbeiten, in der jeder, bei aller Verschiedenheit der Rollen, das Gefühl hat, eigenständig zu arbeiten, im Bewußtsein, daß er für das Wohl aller arbeitet.
In eurer Gegend ist der Exportdrang auch gegenüber den Ländern der Dritten Welt sehr stark. So stellt sich das Problem, wirtschaftliche und gewerkschaftliche Entscheidungen zu treffen, die der Entwicklung dieser Völker – in gebührendem Verhalten universaler Solidarität – nicht schaden (vgl. *Sollicitudo rei socialis*, Nr. 46).

4. Die Probleme, die ich eben aufzeigte, werden noch komplexer durch die raschen und tiefgreifenden technischen Neuerungen, die in jeden Bereich eindringen, mit erheblichen Konsequenzen für Quantität und Qualität der Arbeit und selbst für die Mentalität in Wirtschaft und Gesellschaft.
Gewiß sollten diese Neuerungen übernommen und auch gesucht werden; aber es muß gleichzeitig die Notwendigkeit eines inneren Kriteriums oder inneren Maßstabs (vgl. *Sollicitudo rei socialis*, Nr. 29) betont werden, der diese Neuerungen auf den Dienst am Menschen hinorientiert. Und damit diese Veränderungen wirklich im Dienst und unter Kontrolle der menschlichen Person als dem eigentlichen Ziel und Zweck der gesamten Wirtschaftsordnung stehen, muß allen Sozialpartnern die Möglichkeit garantiert werden, sich im Rahmen der gemeinsamen sittlichen Verpflichtung Gehör zu verschaffen.
Deshalb wird von allen Sozialpartnern eine korrekte Sicht der menschlichen Person sowie der wirtschaftlichen und sozialen Entwicklung gefordert. Eine solche Sicht wird dazu beitragen, eventuelle ungerechte Verhaltensweisen und schädliche oder sogar perverse wirtschaftliche Mechanismen zu erkennen. Jedem Verantwortlichen legt sich dann die Verpflichtung auf, derartige Verhaltensweisen zu korrigieren und derartige Mechanismen zu ändern. Auch das ist eine Verpflichtung, die mit Fachkenntnis, Mut und geduldiger Ausdauer ausgeübt sein will, indem jeder die eigenen Kräfte mit denjenigen vereint, die den gleichen Weg gehen und den gleichen Idealen anhängen.
In Erwartung der notwendigen Reformen auf nationaler und weltweiter Ebene ist es nötig, das persönliche und gemeinschaftliche Gewissen anzuregen, um mit tiefer menschlicher Einfühlung die Freiräume, die heute in Händen der Arbeiter und der Unternehmer sind, mit dem Ziel der Schaffung neuer Arbeitsmöglichkeiten zu nutzen.

5. Aus dem bisher Gesagten geht klar hervor, wie notwendig der Schutz des Gemeinwohls ist, d. h. des Wohls aller, mit bevorzugter Beachtung des Wohls der Bedürftigsten.
Es wird also zur Pflicht, gemeinsam nochmals über den großen Wert der Solidarität nachzudenken, über die ich ausführlich in der Enzyklika *Sollicitudo rei socialis* (vgl. Nr. 40 ff.) gesprochen habe.
Man hört und liest manchmal, daß die Solidarität ein Überbleibsel einer überholten Gesellschaft sei. Wer ernsthaft über Bedeutung und Inhalt des Zusammenlebens nachdenkt, wird gewahr, daß der gegenseitige Respekt, das Bewußtsein der eigenen Unzulänglichkeit, sich alles Notwendige selbst zu verschaffen, und die daraus folgende Bereitschaft zur Zusammenarbeit mit den anderen die Basis des sozialen Lebens bilden, das eben auf gegenseitiger Abhängigkeit gründet. All das ist eine Form, Solidarität zu zeigen und zu leben.
Manche behaupten, im Wirtschaftsleben würden nur die sich widerstreitenden Privatinteressen den Fortschritt und das Wohl aller herbeiführen. Die Soziallehre der Kirche sagt klar aus, daß die freie Initiative ein wichtiges Recht ist, wenn sie nur korrekt gehandhabt wird, ohne jede Form der Pflichtverletzung anderen gegenüber. Die Kirche fühlt sich verpflichtet, allen zu wiederholen, daß die wahrste Kraft des Fortschritts die Liebe ist, die sich in tätige Solidarität umsetzt.

Diese Liebe drückt sich sicherlich in vielen Formen des freiwilligen Dienstes, der unentgeltlichen Hilfe für Menschen aus, die sofortige Unterstützung brauchen; sie drückt sich aus in Hilfeleistungen fester privater Initiativen und in öffentlichen Einrichtungen. Doch diese Liebe drückt sich nicht weniger verpflichtend in der Suche nach Gerechtigkeit aus, die durch vielfache wirtschaftliche, gesellschaftliche, politische und kulturelle Initiativen verwirklicht wird.
Die wahre Liebe erschöpft sich nicht in den sogenannten caritativen Werken, sondern ist Wegweiser und Anregung zu jedem Werk der Gerechtigkeit und der Brüderlichkeit. Es ist kein leichter Weg, doch der einzig wirklich menschliche.

6. Liebe Brüder und Schwestern, Männer und Frauen des wirtschaftlichen und sozialen Lebens, an diesem Punkt müssen wir den Mut haben, uns die volle Wahrheit zu sagen. Um dieser Ausrichtung, die ich kurz umrissen habe, entsprechend zu leben, ist es notwendig, uns unserer Wirklichkeit als Menschen und als Kinder Gottes tief bewußt zu sein.
Manchmal können wir versucht sein zu glauben, unsere persönliche Entwicklung schreite im gleichen Maß voran, wie wir unsere Selbständigkeit anderen gegenüber behaupten, indem wir sie beherrschen und als Werkzeuge gebrauchen, um zu Erfolg und Ehren zu gelangen. Die christliche Soziallehre sagt aus, daß der Mensch natürlich seine Selbständigkeit hat. Er besteht in sich selbst und ist niemandes Werkzeug; doch kann der Mensch nicht wahrhaft zu sich selbst finden, wenn er sich nicht wahrhaft verschenkt (vgl. *(Gaudium et spes*, Nr. 24). Das heißt, der Mensch entwickelt sich in dem Maß, in dem er fähig ist, die anderen zu achten, sich der gegenseitigen Zusammenarbeit und dem gegenseitigen Dienst zu öffnen.
Diese Lehre findet volle Bestätigung und höchste Aufwertung in unserer Wirklichkeit als Söhne und Töchter Gottes. Jesus, wesensgleicher Sohn des Vaters, hat sich selbst ganz hingegeben und ist deshalb verherrlicht worden. Maria, die erste Adoptivtochter Gottes und erste Jüngerin Christi ist den gleichen Weg gegangen.
Die moderne Gesellschaft braucht äußerst dringend Männer und Frauen, die ihrerseits den Weg der Liebe und der Solidarität gehen, der in der Achtung, in der Zusammenarbeit und im Dienst besteht; von Männer und Frauen, die sich die nötige Zeit für das geistliche Leben, die eheliche Gemeinschaft und die Erziehung der Kinder zu sichern wissen.

7. In Erfüllung dieser Aufgaben, meine Lieben, könnt ihr der Unterstützung der Kirche sicher sein. Sie fühlt sich verpflichtet, euch immer näher zu kommen, euch immer tiefer zu verstehen, eure Freuden und Hoffnungen zu teilen, ebenso wie eure Sorgen und Schmerzen. Erbaut auf den Felsen Christi, möchte sie allen die Kräfte des Heils bringen, die sie vom Erlöser empfängt, indem sie sich immer mehr bemüht, die Gewissen zu formen, das geistliche Leben der Arbeiter zu pflegen, jeden Schritt der Erneuerung in Gerechtigkeit und Freiheit zu unterstützen, vor allem zum Nutzen der Armen dieses Landstrichs und der ganzen Welt.
Die Kirche in Italien will in Gemeinschaft mit der gesamten katholischen Weltkirche die pastorale Sozialarbeit intensivieren, damit die Kraft des Evangeliums und die Gnade

Christi immer mehr die heutigen Menschen, die im schwierigen Bereich der Wirtschaft und der Arbeit wirken, durchdringe.
Erflehen wir gemeinsam in diesem Marianischen Jahr die Fürbitte Marias, die im nahen Heiligtum gegenwärtig ist, damit sie uns vom Herrn erlange, täglich in der Liebe zum Menschen zu wachsen, der von Gott geschaffen ist und der von Christus, der für uns gestorben und auferstanden ist, erlöst wurde.
Euch allen, Arbeitern, Unternehmern, Technikern, Direktoren und Mitarbeitern, euren Familien, besonders den Kindern, den Alten und den Kranken, allen Bewohnern dieser Gegend gilt mein Segen, den ich euch von ganzem Herzen erteile.

Auserwählte Bausteine sind die Kranken

Ansprache an die Kranken im Dom in Fidenza am 4. Juni

Meine lieben Brüder und Schwestern!

1. Mit diesem herzlichen Gruß möchte ich die tiefe Verbindung zwischen uns hervorheben, die ein eindrucksvolles Bild findet in dem festen Zusammenhalt der Bausteine dieser Kathedrale, in der wir versammelt sind.
Aufgenommen in den mystischen Leib Christi, sind wir zu lebendigen Bausteinen des ewigen Tempels gemacht worden, dessen Eckstein der Erlöser ist. Ihr seid auserwählte Bausteine dieses Tempels, denn durch euer Leiden habt ihr noch stärker teil an dem erlösenden Leiden Jesu, aus dem das neue Leben der Menschheit hervorgegangen ist. Ihr könnt deshalb gut verstehen, daß meine Anrede, in der ich euch „meine lieben Brüder und Schwestern“ genannt habe, aus einer tiefen Glaubensüberzeugung und einer daraus folgenden ganz besonderen Liebe kommt. Diese Liebe drängt mich, meinem Gruß einige Worte hinzuzufügen, die zusammen mit meinem Segen jeden einzelnen von euch trösten wollen, indem sie ihm Kraft in der Prüfung und Hoffnung auf Heilung von der Krankheit schenken, an der er leidet.

2. Meine Lieben! Das Evangelium zeigt uns Jesus oft, wie er sich den Kranken zuwendet, um sie zu trösten und nicht selten zu heilen.
Der Erlöser selbst wich vor dem Leiden nicht zurück; er lehrte, daß das Leiden Heilswert hat; „er tat Gutes und heilte alle“ (vgl. *Apg* 10,38). Dieses Verhalten läßt eine große Lehre durchblicken: daß der menschliche Schmerz eine bestimmte Rolle in Gottes Plan spielt, daß er aber auch im Herzen Jesu Mitleid entfacht, denn Er weiß wohl, wie sehr das Leiden die menschliche Gebrechlichkeit erschüttern und auf die Probe stellen kann. Deshalb läßt er es nie an Verständnis und Trost fehlen gegenüber dem, der krank ist und ihn vertrauensvoll um Hilfe anfleht.
Es ist deshalb sehr wichtig, ja entscheidend, mit Jesus, wie Jesus und aus Liebe zu ihm das Leiden anzunehmen, denn es macht uns in besonderer Weise ihm und seiner Sendung gleichförmig. Diesbezüglich lehrt der hl. Maximos Confessor, daß Gott gemäß seinem

unerforschlichen Plan der Liebe es erlaubt, daß das Leiden den Menschen nicht nur als Strafe trifft, sondern auch als Heilmittel für ihn und die anderen (*Patrologiae graeca* 90, 1041, C).
Trotzdem ist die Bitte um Genesung gerechtfertigt, denn auch die Gesundheit ist ein großes Geschenk Gottes, dank dessen wir am Mitmenschen wertvolle und hilfreiche Dienste tun können. Jedes göttliche Geschenk ist uns nicht zum persönlichen Vorteil gegeben, sondern „damit auch wir die Kraft haben, alle zu trösten, die in Not sind, durch den Trost, mit dem auch wir von Gott getröstet werden" (*2 Kor* 1,4).

3. Die eben zitierten Worte des Apostels Paulus veranlassen mich, an euch, Priester, ein herzliches Grußwort zu richten. Meine Lieben, während ich euch meine Hochschätzung ausspreche für den Eifer, mit dem ihr euren Dienst ausübt, möchte ich euch gern daran erinnern, daß der Priester die Vollmacht hat, die Kranken zu trösten und ihnen Sündenvergebung zu gewähren durch das Gebet und die Salbung mit Öl im Namen des Allmächtigen (vgl. *Jak* 5,13). Tut deshalb besonders sorgfältig den Dienst unter den Kranken, zu dem die Barmherzigkeit Gottes euch berufen hat.
Bringt allen Christus in dem Bewußtsein, daß es ein reiner und makelloser Akt der Frömmigkeit vor Gott ist, denen zu helfen, die in Not sind, und das eigene Leben rein und heilig zu bewahren (vgl. *ebd.* 1,27).
Ein besonders herzlicher Gruß gilt euch Ordensfrauen, die ihr mit eurem gottgeweihten Leben und eurem hochherzigen Dienst der Welt zeigt, daß die bedingungslose Hingabe an Gott Quelle der Freude und des Guten ist. Liebe Schwestern, bleibt immer eurer Berufung treu, und euer Leben sei ausgefüllt mit tätiger Liebe zu den Brüdern. Auf diese Weise bezeugt ihr die Tiefe und Milde der Wahrheit des Evangeliums.
Mit dem Wunsch, die Gnade des Erlösers vermehre den Glauben, die Liebe und die Teilhabe am göttlichen Leben in jedem von euch hier Anwesenden, erteile ich von Herzen den Apostolischen Segen.

Den Glauben verständlich machen

Ansprache in der Pfarrkirche von Castel S. Giovanni am 5. Juni

Liebe Brüder und Schwestern!

1. Bei dieser freudigen Gelegenheit meiner Begegnung mit euch im Licht des Fronleichnamsfestes möchte ich meinen herzlichen Gruß an den Pfarrer und seine Mitarbeiter richten, die mit Eifer und Liebe in dieser christlichen Gemeinde von Castel San Giovanni wirken.
Es ist eine Gemeinschaft, reich an Geschichte und mit einer ermutigenden Gegenwart.
Ich weiß, daß aus dieser Gemeinde noch in jüngerer Zeit eine Schar von Priestern, unter ihnen einige Bischöfe, und andere, die sich durch ihr gottgeweihtes Leben auszeichnen, Ordensmänner und Ordensfrauen, hervorgegangen sind: ein Zeichen von starker christli-

cher Lebenskraft, wie sie nicht ausschließlich in dieser Pfarrei, sondern, Gott sei Dank, auch in vielen anderen kirchlichen Gemeinden in eurer Umgebung besteht. Sie ist immer ein Grund, dem Herrn für die Gaben zu danken, mit denen ihr so reichlich beschenkt wurdet.
Diese schöne, Gebetsgeist atmende, aus dem Mittelalter stammende Pfarrkirche ist Zeugin von zahlreichen religiösen Ereignissen, eng verbunden mit dem bürgerlichen Leben einer arbeitsamen und ehrlichen Bevölkerung, die heute mit Recht stolz ist auf ihre Vergangenheit und mit Vertrauen auf eine Zukunft blickt, die ihrer Tradition würdig ist.
Ein besonderer Gedanke gilt den Mitgliedern des Pastoralrates, der mit guten und wertvollen Ratschlägen den Priestern hilft, den Problemen in der Pfarrei zu begegnen. Es ist die Aufgabe des Pastoralrates, aufmerksam in Erwägung zu ziehen, was zur Förderung des Lebens in der kirchlichen Gemeinschaft beiträgt, zum Wachsen des Gottesvolkes im Gehorsam gegenüber dem Wort des Herrn und in der Annahme der Glaubensbotschaft.

2. Ich grüße die Priester und die Ordensschwestern von Val Tidone. Ich kann mir die Mühen, Opfer und Sorgen in eurem Dienst vorstellen. Ihr seid dazu berufen, das Volk, das euch anvertraut ist, zu Gott zu führen. In gemeinsamer Beratung und in Zusammenarbeit sollt ihr in eurem Pastoralbereich die verschiedenen Situationen in der Bevölkerung studieren und auf Lösungen hinarbeiten, die, geprüft und gegebenenfalls, von der laufenden Diözesansynode angenommen, dann vielleicht von eurem Bischof als verpflichtend erklärt werden.
Je beispielhafter und konsequenter euer Verhalten ist, desto besser macht ihr – mit der Gnade Gottes – euren Zeitgenossen, die vielfach abgelenkt sind, die Schönheit und die Notwendigkeit eines im Glauben verwurzelten Lebens verständlich. Pflegt eure Spiritualität als Personen, die ihr Leben Jesus Christus geweiht haben, um so in eurer Bevölkerung mit altem christlichem Glauben kraftvoll die Neuevangelisierung einzuleiten: fühlt euch als erste und in vorderster Linie daran beteiligt.

3. Ich weiß, daß sich in eurer Pfarrei zahlreiche kirchliche Vereinigungen und Gruppen gebildet haben, und darüber freue ich mich.
Ihr wißt, daß, wie uns das Konzil lehrt, der Herr sein prophetisches Amt „nicht nur durch die Hierarchie erfüllt, die in seinem Namen und in seiner Vollmacht lehrt, sondern auch durch die Laien. Sie bestellt er deshalb zu Zeugen und rüstet sie mit dem Glaubenssinn und der Gnade des Wortes aus, damit die Kraft des Evangeliums im alltäglichen Familien- und Gesellschaftsleben aufleuchte“ (*Lumen gentium*, Nr. 35).

4. Die besten Wünsche richte ich an die Katecheten: seid reif im Glauben und strahlt ein freudiges Zeugnis mit eurem Leben aus, damit die euch anvertrauten Jugendlichen nicht gleichgültig werden, nachdem sie die Sakramente zur Einführung ins christliche Leben empfangen haben: sie bedürfen einer starken freundschaftlichen Unterstützung, um sich in ihrer Jugend nicht mitreißen zu lassen und die Gefahren in einer Welt zu erkennen, die oft so lebt, als ob Gott nicht existiere.

Mit Liebe und Hochachtung ermutige ich nicht nur die Katecheten, die sich für die Kinder und Jugendlichen, sondern auch jene, die sich für die jungen Menschen einsetzen, die sich auf die Ehe vorbereiten, und es ist mein innigster Wunsch, daß sich immer mehr Gruppen von Erwachsenen bilden, die sich mit apostolischen Aufgaben der Evangelisierung widmen.

5. Den lieben Kranken, die an den Leiden des Herrn teilhaben, wünsche ich, daß sie im Kreuz Christi den Beginn der Auferstehung erkennen.
Das heiligste Herz Jesu, reich an Liebe und Barmherzigkeit, möge euch die Kraft geben, euren Glauben intensiv zu leben, auch in der Prüfung der Krankheit. „Und wir bitten euch alle, die ihr leidet, uns zu unterstützen. Gerade euch, die ihr schwach seid, bitten wir, zu einer Kraftquelle für die Kirche und für die Menschheit zu werden“ (Apostolisches Schreiben *Salvifici doloris*, Nr. 31).

6. Brüder und Schwestern, die ihr mit aufrichtiger Freude den Besuch des Nachfolgers Petri angenommen habt, hört auch meine väterliche und herzliche Aufforderung: Möge diese Erde, die uns so viele Früchte christlichen Lebens und wertvolle Diener der heiligen Kirche geschenkt hat – unter ihnen mein geliebter Staatssekretär, Kardinal Agostino Casaroli –, weiterhin Früchte tragen für das Gottesreich!
Und hier muß ich, bevor ich den Segen erteile, verweilen, weil diese Stunde, in der ich in eure Pfarrgemeinde kommen konnte, eine Stunde der Vorsehung ist: ist es doch die Pfarrgemeinde, in der der Kardinalstaatssekretär geboren, getauft, gefirmt und zum Priester geweiht wurde. Es ist seine Pfarrei, eine Gemeinschaft, die diese Frucht getragen hat. Ich möchte anfügen – vielleicht ist es nicht angebracht, zu scherzen, aber manchmal ist es erlaubt –, daß dieser Besuch ohne Regen, ohne Wasser, nicht möglich gewesen wäre, weil uns der Herr verkündet hat, daß wir alle aus dem Wasser und aus dem Heiligen Geist wiedergeboren werden: auf diese Weise empfangen wir die Taufe. Es ist die Pfarrei der Taufe des geliebten Kardinals Agostino Casaroli, die uns aufnimmt mit dem Zeichen der Taufe, mit dem äußerlichen Zeichen, mit dem Wasser, mit dem Regen. Dank für dieses Wasser! Aber das Wasser bleibt nur das äußerliche Zeichen. Es ist der Heilige Geist, der einen Christen formt, einen reifen erwachsenen Christen, einen Zeugen Christi, einen Priester, einen Bischof. Und ich würde sagen, es ist der Heilige Geist, der auch einen Staatssekretär macht – einen Kardinal – und er schenkt ihn der Kirche, so wie er jeden Christen der Kirche schenkt durch das Sakrament der Taufe, so wie er jede geweihte Person der Kirche schenkt durch das Gelübde, so wie er jeden Priester der Kirche schenkt durch das Sakrament der Priesterweihe und jeden Bischof. Somit schenkt er also auf besondere Weise und in einem besonderen Sinn der Kirche, dem Heiligen Stuhl, der universalen Kirche einen Kardinal und ganz besonders einen Kardinalstaatssekretär. Seine Aufgaben haben einen spezifischen und universalen Charakter und sind gleichzeitig sehr diskret, weil er immer ein Mitarbeiter des Papstes bleibt. Es scheint, als ob der Papst arbeite; aber sehr viel arbeitet der Staatssekretär. Und deshalb möchte ich hier, in seiner Pfarrei, in der Pfarrei, aus der er stammt, wo er geboren wurde und alle Sakramente empfangen hat, dem Heiligen Geist danken, daß er der Kirche und besonders mir als Bischof von Rom, diese Gabe geschenkt hat, diesen Menschen, sein Charisma, seine Intelligenz,

sein Verantwortungsbewußtsein, diese Persönlichkeit, die den Namen Kardinal Agostino Casaroli trägt.
Dieser Pastoralbesuch in seiner Pfarrei, wo er geboren wurde, war notwendig, um die Ursprünge seiner Fähigkeiten, seines Charakters, seiner Ausgeglichenheit und seiner Beurteilungen kennenzulernen, denn, wie euer lieber Pfarrer betont hat, sind dies auch die Eigenschaften der Menschen in dieser Pfarrei und in dieser Region; ich weiß nicht, ob der gesamten Bevölkerung in Emilia, aber wenigstens der Bewohner von Piacenza und Umgebung und besonders der Bewohner von Castel San Giovanni. Ich habe also dem Heiligen Geist gedankt, als ich in diese Kirche kam und betend der Gaben gedachte, die der Heilige Geist dem Kardinalstaatssekretär Casaroli, der aus dem gleichen Ort stammt wie ihr, geschenkt hat. Und ich habe gebetet, daß diese seine Gaben, Gaben des Heiligen Geistes, auch in Zukunft seinen Weg begleiten und auch den Weg der Kirche, des Heiligen Stuhls und des Papstes. Ich danke der heiligsten Dreifaltigkeit, dem Vater, dem Sohn und dem Heiligen Geist, für die Gnade der Taufe eures geliebten Kardinalstaatssekretärs und ich empfehle ihr seine Taufe und all die Früchte aus dieser Taufe im Leben der Kirche, heute und morgen, solange es die göttliche Vorsehung erlaubt, von diesen besonderen Früchten, mit welchen seine Person beschenkt wurde, Nutzen zu tragen.
Und nun, liebe Anwesende, in Gegenwart auch der übrigen Kardinäle aus Piacenza – aber sie haben nicht den Vorzug, hier in Castel San Giovanni geboren und getauft worden zu sein – und auch des Apostolischen Nuntius in Italien, er stammt ebenfalls aus Piacenza – hat aber nicht das Privileg, in Castel San Giovanni geboren zu sein – und von Msgr. Bertagna und anderen Vertretern der römischen Dikasterien, die diesen Vorzug nicht haben: dieses Privileg wurde nur eurem Kardinalstaatssekretär zuteil, der aus diesem Ort stammt –, allen möchte ich von Herzen meinen Segen erteilen und ich fordere euch auf, mit großem Einsatz am Aufbau des Hauses Gottes, der Kirche, der Pfarrei, mitzuhelfen. Die heiligste Jungfrau, Mutter der Kirche, die ihr als Madonna des Volkes verehrt und die seit Jahrhunderten euer Heim, und ganz besonders eure hochherzige Jugend beschützt, möge euch in eurem Eifer beistehen und euch in der Gemeinschaft, in der gegenseitigen Zusammenarbeit und in der brüderlichen Liebe stärken.

Eine glücklichere Zukunft der Jugend sichern

Ansprache an die Bevölkerung von Castel S. Giovanni am 5. Juni

Es ist eine wahre Freude, nach einer Gebetspause in eurer Pfarrkirche, hier mit euch, liebe Brüder und Schwestern von Castel San Giovanni und Umgebung, zusammenzutreffen.
Aufrichtig danke ich dem Herrn Bürgermeister für die edlen und bedeutungsvollen Worte, die er auch im Namen der Stadtverwaltung und der ganzen Bevölkerung an mich gerichtet hat.
Ich danke allen hier Anwesenden für den herzlichen Empfang und wünsche euch alles Gute im Herrn.

Ich freue mich über die Gelegenheit, die sich mir bietet, persönlich Castel San Giovanni kennenzulernen, den Ort, an dem Seine Eminenz Kardinal Agostino Casaroli, der treue und unermüdliche Diener des Heiligen Stuhles, geboren wurde. In dieser so eindrucksvollen Umgebung, auf diesem schönen, von eurer fröhlichen Anwesenheit belebten Platz möchte ich zu euch sprechen, Brüder und Schwestern. Möge diese glückliche Begegnung für euch alle ein Moment der Bereicherung in geistiger, ziviler und sozialer Hinsicht sein.

Euer Städtchen und das Tidonetal, das zu ihm hinführt, sind ein Gebiet, das sicher nicht arm ist an Naturreichtümer, das aber an Wachstumsproblemen leidet, wie sie heute auch anderswo verbreitet sind.

Ihr größter Reichtum jedoch besteht ohne Zweifel in der Arbeitsamkeit, den Fähigkeiten und dem Unternehmungsgeist ihrer Söhne.

Diese Gaben dürfen nicht zu egoistischen Zwecken gebraucht werden, sondern müssen dazu dienen, mit gemeinsamer Kraft die bestehenden Schwierigkeiten zu überwinden, um so besonders der jungen Generation eine glücklichere und vielversprechende Zukunft zu sichern.

„Wir alle sind für alle verantwortlich: (*Sollicitudo rei socialis*, Nr. 38). Dies bewahrheitet sich in jedem Bereich und in jedem Abschnitt des menschlichen Lebens, besonders im zivilen und im sozialen Zusammenleben.

Diese gegenseitige Abhängigkeit kann als Zwang empfunden oder aber als eine moralische Verpflichtung angenommen werden. Wird sie als solche verstanden, so wandelt sich diese gegenseitige Abhängigkeit in einen Wert um: in den Wert der Solidarität. Die Solidarität ist eine stete und immerwährende Verpflichtung für das allgemeine Wohl. Jeder, der Verantwortung trägt in der Regierung, in Unternehmen, in der Wirtschaft, aber auch jeder Mensch mit den täglichen Arbeitsmühen muß im Licht dieser zwei Kriterien – der Solidarität und des allgemeinen Wohls – sich prüfen und entscheiden. Aus dieser Sicht ist den Schwächsten und den Ärmsten eine vorrangige Aufmerksamkeit zuzuwenden.

Die Solidarität verwirklicht sich im Dienst. Unsere menschlichen Taten sind in dem Maße wertvoll, wie sie sich als Werkzeuge im Dienst an unseren Mitmenschen erweisen.

Viel zu oft wird auch heute die menschliche Würde unterdrückt, beleidigt, gedemütigt. Ein Individualismus, der nicht selten den Bedürfnissen der Mitmenschen teilnahmslos gegenübersteht, noch verschlimmert durch den Konsumismus, der die heutige Zeit zu bestimmen scheint, drängt viele dazu, sich auf das Streben nach dem eigenen Wohlstand im Dasein zu konzentrieren.

Hingegen sind noch viel zu viele Männer und Frauen ohne Arbeit, wozu alle eine wirkliche Chance haben sollten, weil die Arbeit eine grundsätzliche Dimension in unserem Leben einnimmt. Die Arbeitslosigkeit, unter der heute besonders die Jugendlichen leiden, ist eine traurige Wirklichkeit. Sie verwehrt es jedem, der davon betroffen ist, seine menschliche Berufung zu verwirklichen.

Meine Anwesenheit unter euch, bei der ich die Sorge der Kirche für alle menschlichen Probleme darlegen möchte, sollte gleichzeitig eine Aufforderung, eine Ermutigung sein.

Ich weiß um die menschlichen und geistigen Energien, die ihr in eurem Herzen bewahrt, und fordere euch auf, eure Fähigkeiten zu schätzen und keine Angst davor zu haben, eure

schöpferischen Kräfte zu entfalten. Niemand von euch ziehe sich vom Leben und seinen Problemen zurück. In eurer Freiheit ist zutiefst Christus selbst schweigend am Werk, um euch – wie der hl. Paulus sagt – Früchte der „Liebe, der Freude, des Friedens, der Langmut, der Freundlichkeit, der Güte, der Treue, der Sanftmut und der Selbstbeherrschung" tragen zu lassen (*Gal* 5,22).
In diesem Sinn lade ich euch, Bewohner von Castel San Giovanni und alle hier Anwesenden ein, die Fähigkeiten eures Geistes und Herzens einzusetzen und zu entfalten, auch in Schwierigkeiten, die sich euch entgegenstellen können. Auf euch alle, auf eure Familien und auf euren christlichen und zivilen Einsatz rufe ich von Herzen den Segen Gottes herab. Ich danke euch auch für euren Mitbürger – ihr kennt sehr gut seinen Vor- und Zunamen! – der auf seinen Schultern so große Verantwortung für die katholische Kirche, für die universale Kirche Christi und für den Heiligen Stuhl trägt. Ich danke euch für den Kardinal Agostino Casaroli. Es segne euch der allmächtige Gott, der Vater, der Sohn und der Heilige Geist. Danke für diese Aufnahme, für eure Gastfreundschaft. Dank euch allen!

Christus hat „ewige Erlösung" bewirkt

Predigt während der heiligen Messe in Piacenza am 5. Juni

1. „Ich will den Kelch des Heils erheben" (*Ps* 115/116,13). Wir sind hier versammelt, liebe Brüder und Schwestern, um den Kelch des Heils zu erheben und den Namen des Herrn anzurufen, wie der Psalmist in der heutigen Liturgie. Den Kelch des Heils ...
Heute, da die Kirche in Italien das Fest des Leibes und Blutes Christi feiert, wollen wir uns im Abendmahlsaal versammeln. Die gesamte Kirche kehrt immer wieder dorthin zurück. An diesen Ort, zu den Quellen des eucharistischen Geheimnisses pilgert täglich das Gottesvolk. Auf dieser Pilgerfahrt hat der heutige Tag eine besondere Bedeutung. Ich danke der göttlichen Vorsehung, die mir gewährt, an der eucharistischen Pilgerfahrt in der Kirche hier in Piacenza teilzunehmen, zusammen mit euch allen, die ihr die Kirche des lebendigen Gottes verkörpert: die Kirche der Eucharistie.
Mit Freude begrüße ich euren Bischof Antonio Mazza, der mit echter Hirtensorge euch, liebe Brüder und Schwestern des Bistums Piacenza führt, vereint und stärkt mit dem Wort Gottes und dem Leib Christi. Ich begrüße auch herzlich die Priester, die mitarbeiten im apostolischen Dienst eures Bischofs, indem sie die ihnen anvertrauten Gemeinden der brüderlichen Freundschaft Christi zuführen.
Mein Gruß gilt auch den Ordensmännern und Ordensfrauen, die mit ihrem gottgeweihten Leben und Wirken die erlösende Liebe des Sohnes Gottes bezeugen.
Ich grüße die Laien, die in den verschiedenen Vereinigungen und Bewegungen tätig sind. Meine Lieben, ich rufe euch auf, auszuharren auf dem Weg zur Heiligkeit und so zur Erbauung der Kirche beizutragen.
Euch allen gilt meine herzliche Aufmerksamkeit, verbunden mit dem Wunsch für inneren Frieden und der Einladung, oft und mit Eifer den Leib des Herrn zu empfangen, das Sakrament, das den Liebesgeist des Erlösers in Fülle verleiht.

2. „Ich will den Kelch des Heils erheben“ wie einst Christus.
Das Evangelium berichtet: „Während des Mahls nahm er das Brot und sprach den Lobpreis, dann brach er das Brot, reichte es ihnen und sagte: ‚Nehmt, das ist mein Leib.‘ Dann nahm der den Kelch, sprach das Dankgebet, reichte ihn den Jüngern, und sie tranken alle daraus. Und er sagte zu ihnen: ‚Das ist mein Blut, das Blut des Bundes, das für viele vergossen wird.‘ “ (*Mk* 14,22–24). Der Kelch des Heils – das Blut des Bundes.

3. Die Liturgie in der ersten Lesung aus dem Buch Exodus ruft den Alten Bund in Erinnerung, der auch durch das Blut besiegelt wurde.
Es war dies „das Blut von Böcken und Stieren“, wie wir im Brief an die Hebräer lesen (*Hebr* 9,13). Mit dem Blut der geopferten jungen Stiere „besprengte Moses das Volk und sagte: ‚Das ist das Blut des Bundes, den der Herr aufgrund all dieser Worte mit euch geschlossen hat.‘ “ (*Ex* 24,8).
Der Neue Bund ist anders. Das Blut der Böcke und Stiere konnte Versöhnung bedeuten, sie aber nicht bewirken.
Deshalb ist Christus „ein für allemal in das Heiligtum hineingegangen, nicht mit dem Blut von Böcken und jungen Stieren, sondern mit seinem eigenen Blut“ (*Hebr* 9,12). Nicht durch das von Menschenhand errichtete Heiligtum, sondern durch das Heiligtum seines Leibes, durch die Menschheit des Gottessohnes.
Und indem er eintrat – als Priester, als einziger Priester des Neuen und Ewigen Bundes mit Gott – hat er mit seinem Opfer „eine ewige Erlösung“ bewirkt (vgl. *ebd.*).

4. Beim Letzten Abendmahl bereitet Christus die Apostel und die Kirche gerade zu diesem Opfer vor. Deshalb spricht er vom Leib und vom Blut, das vergossen werden wird. Im Letzten Abendmahl war schon die Wirklichkeit des Kreuzesopfers vorweggenommen. Die Eucharistie ist das Sakrament dieses Opfers. Sie ist das Sakrament der ewigen Erlösung im Leib und im Blut Christi.
Jedesmal, wenn wir in den Abendmahlsaal zurückkehren und dieses wunderbare Sakrament unseres Glaubens feiern, „verkünden wir deinen Tod, o Herr, und preisen deine Auferstehung in Erwartung deiner Wiederkunft“ (vgl. *Euch. Hochgebet*).
Die Eucharistie ist Sakrament dieses Weges, den Christus gegangen ist, als er vom Vater zu uns kam – und auf dem er zum Vater zurückkehrt und uns mit sich nimmt zur Teilhabe an der ewigen Erlösung.
Jedesmal, wenn wir uns versammeln, um an der Eucharistie Christi teilzunehmen, machen wir uns mit ihm auf diesen Weg.

5. Das ist der Weg des Opfers, das den neuen und ewigen Bund zwischen Gott und den Menschen und zwischen den Menschen und Gott besiegelt.
Schon der von Moses im Zeichen des Opferblutes geschlossene Bund war an den Gehorsam gegenüber dem Wort Gottes und seinen Geboten gebunden. Moses „nahm die Urkunde des Bundes und verlas sie vor dem Volk“. Und die Versammelten antworteten: „Alles, was der Herr gesagt hat, wollen wir tun; wir wollen gehorchen!“ (*Ex* 24,7).

Dann sagte Moses: „Das ist das Blut des Bundes, den der Herr aufgrund all dieser Worte mit euch geschlossen hat." (*Ex* 24,8). Es waren die Worte der göttlichen Gebote, der Zehn Gebote. Das Blut war das Zeichen des Gehorsams im Gewissen.
Wieviel mehr ist das im Neuen Bund der Eucharistie der Fall. „Wieviel mehr wird das Blut Christi, der sich selbst kraft ewigen Geistes als makelloses Opfer dargebracht hat, unser Gewissen von toten Werken reinigen, damit wir dem lebendigen Gott dienen" (*Hebr* 9,14).
Das Blut Christi bleibt für immer das wirksame Zeichen der Bekehrung des menschlichen Gewissens. Es bleibt das Zeichen des Gehorsams gegenüber dem lebendigen Gott. Das Zeichen des Dienstes, und dem lebendigen Gott dienen heißt herrschen.
Genau das ist das Leben, das neue Leben, das aus dem Opfer Christi in jedem von uns hervorgeht. Die Eucharistie ruft uns unaufhörlich zu dieser Wiedergeburt. Die „toten Werke" müssen den Werken des lebendigen Glaubens weichen. Und das sind die Werke der Liebe, die uns die Teilnahme am göttlichen Leben erlauben. Weil Gott die Liebe ist.

6. „Ich will den Kelch des Heils erheben und den Namen des Herrn anrufen."
Die Eucharistie ist Leben ... man darf den Namen des Herrn nicht gedankenlos aussprechen.
Man darf sein neues Gebot „Liebt einander! Wie ich euch geliebt habe" (*Joh* 13,34) nicht gedankenlos anhören, weil es für uns die Fülle des Lebens enthält.
Und was ist das Neue an diesem Gebot? Es ist der höchste Anspruch des Neuen Bundes, dessen Gesetz ins Herz geschrieben ist (vgl. *Jer* 31,33). Das Neue besteht darin, daß, noch bevor es ein äußeres Gebot ist, Christus uns gewährt, mit Ihm und in Ihm zu leben.
Das eucharistische Brot ist der hingegebene Leib Jesu. Er opferte sich selbst dem Vater und den Brüdern – und wir müssen ihn nachahmen. Das ist der beseligende Anspruch der Liebe.
Wir müssen deshalb in der Hingabe an Gott leben, die durch das persönliche Gebet und die Teilnahme am Gottesdienst der Gemeinde gestärkt und gefördert wird.
Diese Hingabe müssen wir in der Arbeit ausdrücken und so die materiellen Dinge durch die Aufopferung unserer Anstrengung in Bausteine für das Reich Gottes (vgl. *Gaudium et spes*, Nr. 38) umwandeln.
Diese Hingabe müssen wir in der Familie leben, um dadurch in der gegenseitigen Liebe zu wachsen, die Gott rein und heilig gemacht hat, und in verantwortlicher Öffnung für neues Leben.
Diese sittlichen Fragen des täglichen Leben verlangen eine umfassende Erneuerung des Gewissens, das sich am Opfer Christi ausrichtet und in der Eucharistie stärkt.

7. „Wie kann ich dem Herrn all das vergelten, was er mir Gutes getan hat" (*Ps* 115/116,12).
Lassen wir noch einmal den Psalmisten sprechen, um uns alle jene in Erinnerung zu rufen, die der Herr im Lauf der Generationen zu seinem Dienst hierher gerufen hat, und die er auch in unserer Zeit ruft.

Im Responsorium heißt es dann weiter: „Ich will dir ein Opfer des Dankes bringen und anrufen den Namen des Herrn. Ich will dem Herrn mein Gelübde erfüllen, offen vor seinem ganzen Volk (*Ps* 115/116,17–18).

Diese Anbetung im Geist wird von jedem einzelnen Gläubigen vollzogen, der, vereint mit Christus und mit den Brüdern, eine Gemeinschaft von Priestern bildet, die sich durch den Empfang der Sakramente und die Übung der Tugenden aufbaut (vgl. *Lumen gentium*, Nr. 10). Daher lehrt das Zweite Vatikanische Konzil, daß das allgemeine Priestertum der Gläubigen und das Weihepriestertum, bei aller grundsätzlichen Verschiedenheit, aufeinander zugeordnet sind (vgl. *ebd.*). Der Priester formt und stützt das Gottesvolk, er steht der Eucharistie vor und verwaltet das Bußsakrament; die Gläubigen ihrerseits tragen zum eucharistischen Opfer bei und üben das allgemeine Priestertum vor allem durch das Zeugnis des christlichen Lebens, durch die Sorge für das Wohl der Gesamtkirche und für die Erlösung der ganzen Menschheit aus, mit dem beharrlichen Bemühen, die zeitliche Ordnung mit dem Plan der göttlichen Vorsehung in Einklang zu bringen.

8. Kehren wir noch einmal in den Abendmahlssaal zurück. Christus sagt: „Das ist mein Blut, das Blut des Bundes, das für viele vergossen wird. Amen, ich sage euch: Ich werde nicht mehr von der Frucht des Weinstocks trinken, bis zu dem Tag, an dem ich von neuem davon trinke im Reich Gottes“ (*Mk* 14,24–25). Der Kelch des Heils ...

Christus führt uns zum Ziel dieses Weges, auf dem wir das Kreuz von Golgota und die Eucharistie des Abendmahlssaales von Jerusalem finden. Die Eucharistie im täglichen Leben der Kirche.

Das Ziel ist das Reich Gottes, wohin Christus uns alle führt. Er, der „Mittler des Neuen Bundes“, gewährt uns durch seinen Tod, durch seinen am Kreuz hingegebenen Leib, durch das für die Vergebung der Sünden vergossene Blut, einzugehen in dieses Reich. Er führt uns alle, denn wir alle sind berufen, das „verheißene ewige Erbe zu erhalten“ (*Hebr* 9,15).

Er war diese Verheißung, und Er ist diese Erfüllung. Und wir alle in Ihm und durch Ihn und mit Ihm, zur Ehre des Vaters, in der Einheit des Heiligen Geistes. Amen.

Führe uns zur Eucharistie

Angelus in Piacenza am Sonntag 5. Juni

1. Das Angelus-Gebet steht heute in Italien im Zeichen des Hochfestes des Leibes und Blutes Christi.

Wie ich in der Enzyklika *Redemptoris Mater* schrieb, hat „das christliche Volk in seiner Frömmigkeit, immer eine tiefe Verbindung zwischen der Verehrung der heiligen Jungfrau und dem Kult der Eucharistie gesehen ... Maria führt die Gläubigen zur Eucharistie“ (Nr. 44).

Eure Region, die ich in diesen Tagen besuche, ist übersät mit Marienheiligtümern. Ich erinnere an die Madonna von Ponticelli in Carpi, die selige Jungfrau del Castello in Fiorano, die Schmerzhafte Muttergottes in S. Pedretto, Unsere Liebe Frau vom Trost in Bedonia, die selige Jungfrau von der Pforte in Guastalla, die Madonna della Ghiare in Reggio, wo ich morgen mit Priestern und Ordensleuten aus verschiedenen Diözesen zusammentreffe, Unsere Liebe Frau vom Rosenkranz in Fonanellato und die selige Jungfrau vom hl. Lukas in Bologna. Sie alle sind Orte des Gebets, der Buße und der Versöhnung, wo die Bewohner von Reggio-Emilia in Maria Trost und Kraft schöpfen für die Nachfolge Jesu entsprechend den Anforderungen und der Hoffnung des Evangeliums.

2. Maria führe uns mit mütterlicher Liebe zur Eucharistie. Sie helfe uns, durch das Sakrament im heiligen Meßopfer Tod und Auferstehung Christi neu zu erleben und die reale Gegenwart des menschgewordenen und erlösenden Wortes, des Priesters und Opfers für uns Menschen und zu unserem Heil, wiederzuentdecken.
Durch die mütterliche Mittlerschaft der Gottesmutter und der Kirche empfangen wir dieses höchste Geschenk, das unser Dasein erträglich, froh und aufbauend macht.

Bedeutung der Landwirtschaft neu beleben

Ansprache bei der Begegnung mit Vertretern der Landwirtschaft in Piacenza am 5. Juni

Liebe Schwestern und Brüder!

1. Es ist mir eine große Freude, heute zum Abschluß meines Pastoralbesuches in eurer Stadt und Diözese in eurer Mitte weilen zu können, und ich begrüße euch alle sehr herzlich.
Ich wende mich an euch auf dieser berühmten Piazza Cavalli, die in ihrer Gesamtheit eine monumentale Synthese eurer jüngeren und älteren Geschichte darstellt und den Rahmen für eure großen Versammlungen bildet, in denen sich die Werte der menschlichen und der christlichen „civitas" – von der nahen, dem „Poverello" von Assisi geweihten Kirche symbolisch zum Ausdruck gebracht – widerspiegeln.
Ich spreche in Piacenza, einer arbeitsamen Stadt, die jedoch mit dem Problem der Arbeitslosigkeit fertigwerden muß, in Piacenza, der Hauptstadt der Landwirtschaft und des Weinbaus, die in der jüngsten Vergangenheit stark unter der Landflucht gelitten hat!
Ich spreche in Piacenza, einer von Harmonie und Fleiß geprägte Stadt, in der Landwirtschaft, Industrie, Handel und modernste Hochtechnologie einander ergänzen oder ergänzen und fördern sollten; gleichzeitig jedoch ist Piacenza eine Stadt der Pendler – Arbeiter, Schüler und im Dienstleistungsbereich Beschäftigte –, was Schwierigkeiten mit sich bringt und jenen grundlegenden Werten schadet, welche die ursprüngliche Wirklichkeit der Familie in sich vereint.

2. „Familie und Welt der Arbeit": das ist ein Doppelbegriff, der mir im ersten Jahrzehnt meines pastoralen Dienstes auf dem Stuhl Petri und als sein Nachfolger stets gegenwärtig war. Ich möchte auch bei dieser Begegnung darauf zurückkommen. Es ist mir bekannt,

daß eure Diözesansynode sich mit diesem Thema beschäftigt, und so will auch ich meinen Beitrag zu einem so bedeutsamen pastoralen Argument leisten.
Den wesentlichen Bezugspunkt stellt auf diesem Gebiet der feierliche Auftrag Gottes dar, der den Bericht über die Schöpfung der Welt und des Menschen im ersten Kapitel der Genesis abschließt: „Seid fruchtbar, und vermehrt euch, bevölkert die Erde, unterwerft sie euch ...“ (*Gen* 1,28). In dem wunderbaren Kontext, in dem diese Worte ausgesprochen sind, bringen sie im Licht der göttlichen Offenbarung die Beziehung zum Ausdruck, die zwischen der ersten Familie der Menschheit („Seid fruchtbar“) und der Arbeit („Unterwerft euch die Erde“) besteht. Das Wachstum der menschlichen Familie zur Bevölkerung der Erde und deren Unterwerfung durch die Arbeit sind eng miteinander verbundene Zielsetzungen, die im Lauf der Geschichte in gegenseitiger Abhängigkeit nebeneinander einhergegangen sind. Der göttliche Auftrag erweist sich also als etwas der spezifischen Natur des Menschen Innewohnendes und dem einzigartigen Wert der menschlichen Person Würdiges.

3. Wenn ich von Arbeit spreche, so meine ich damit alle Dimensionen, die sie im Lauf der Jahrhunderte angenommen hat: Landarbeit, Handwerk, Industriearbeit, technologische und geistige Arbeit, kulturelles und künstlerisches Wirken. Wir stehen hier einer „fundamentalen Dimension der Existenz des Menschen auf Erden“ (*Laborem exercens*, Nr. 4) gegenüber, der seit dem Anfang die Berufung zur Arbeit als natürliche Veranlagung in sich trägt. In Fiorano habe ich in erster Linie auf den industriellen und technologischen Arbeitsbereich Bezug genommen; hier in Piacenza gilt meine Aufmerksamkeit mehr der landwirtschaftlichen Arbeit und der notwendigen Aufwertung des ländlichen Lebensbereiches.
Zweifellos haben in eurer Provinz der technische Fortschritt und die Förderung durch die Berufsvereinigungen – ich denke dabei besonders an die „Coltivatori Diretti“ (selbständige Landwirte) – den Ackerbau sehr erfolgreich gestaltet. Der piacentinische Landwirt leistet echte Berufsarbeit, die sich der Beobachtungen und wissenschaftlichen Forschungen des international bekannten Studien- und Versuchszentrums der agrarwissenschaftlichen Fakultät der katholischen Herz-Jesu-Universität bedient, auf die Piacenza mit Recht stolz ist.
Dennoch läßt sich auch in eurer Mitte, geradezu als die Ausgeglichenheit störendes Element, eine übertriebene Konzentration der Einwohner im Dienstleistungssektor, vor allem in der öffentlichen Verwaltung und im Handel, feststellen. Es ist daher nicht überflüssig, daß ich eure Aufmerksamkeit auf die geringe Würdigung lenke, die in sozialer Hinsicht der Landarbeit entgegengebracht wird (vgl. *Laborem exercens*, Nr. 21) und in den in diesem Bereich Tätigen den Eindruck hervorruft, Bürger zweiten Ranges zu sein. So wird es schwieriger, der Versuchung zur Landflucht in Richtung der anonymen städtischen und industriellen Ballungs- und Verwaltungszentren zu widerstehen.
Es ist daher erforderlich, das staatsbürgerliche Gewissen und den Sinn für die vorrangige Bedeutung der Landwirtschaft neu zu beleben. Ich möchte hier vor euch wiederholen, was ich in meiner Enzyklika *Laborem exercens* zur Ermutigung aller schrieb, die der Erde treu geblieben sind oder neuerlich Freude an der landwirtschaftlichen Arbeit gefun-

den haben: „Die Landwirtschaft, die der Gesellschaft die für den täglichen Lebensunterhalt erforderlichen Güter bietet, ist von grundlegender Bedeutung ... (es ist notwendig), der Landwirtschaft und den in ihr Tätigen wieder den wahren Wert zu geben, der ihnen als Grundlage einer gesunden Volkswirtschaft in der ganzen Entwicklung der Gesellschaft zukommt. Es gilt also, die Würde der Arbeit zu proklamieren und zu fördern – jeder Arbeit und besonders der Landarbeit, durch die sich der Mensch die von Gott als Geschenk empfangene Erde auf so anschauliche Weise „untertan macht" und seine „Herrschaft" über die sichtbare Welt ausübt" (Nr. 21).

Gott sagt: „Seid fruchtbar, ... bevölkert die Erde, unterwerft sie euch" (*Gen* 1,28). Tatsächlich besteht eine enge Verbindung zwischen der Arbeit und der Fruchtbarkeit des Menschen, der dazu bestimmt ist, die Erde zu bevölkern. Der dem Arbeitsprozeß unterworfene Mensch steht ja nicht isoliert da, sondern gehört immer einer Familie an und hat sie in jedem Augenblick als Bezugspunkt. Es handelt sich hier um eine dem menschlichen Gewissen eigene Dynamik, für deren Stimme die arbeitenden Menschen besonders empfänglich sind. Sie machen auf besonders tiefe Weise die Erfahrung gerade jener Bindung, die zwischen Arbeit und Familie besteht. Die Arbeit ist für den Menschen und für die Familie, ist doch diese vor allem der für den Menschen spezifische Lebensraum. Sie ist die lebensnotwendige Welt, in der er gezeugt und geboren wird und heranreift; sie ist das Milieu, für das er die ernstesten Verantwortungen auf sich nimmt, ist der Ort seines irdischen Glückes und der menschlichen Hoffnung, die überirdischen Erwartungen Raum gibt.

Da ich das Herz der arbeitenden Menschen, ihre Ehrlichkeit und ihr Verantwortungsbewußtsein kenne, spreche ich vor euch meinen Wunsch und meine Überzeugung aus, daß ihr bereit seid, diese beiden für den Menschen und die Gesellschaft grundlegenden Werte zu gewährleisten und zu stützen: den Zusammenhalt der Familie und die Achtung für das im Mutterschoß empfangene Leben.

Gott sagt: „Verlasse die dir angetraute Frau nicht", und gleichzeitig: „Nimm das durch dich in ihr gezeugte Leben an!" Wage es nicht, dieses Leben zu vernichten oder vernichten zu lassen! Gott sagt das mit der Stimme seiner Gebote und der Stimme der Kirche, vor allem jedoch mit der von der Wahrheit erleuchteten und der Liebe unterstützten Stimme des Gewissens.

4. Ehe und Familie sind zutiefst mit der Würde des Menschen verbunden. Sie entspringen nicht nur dem Instinkt und der Leidenschaft und auch nicht nur dem Gefühl, sondern einer freien Willensentscheidung und persönlicher Liebe, welche die Eheleute nicht nur zu einem Fleisch, sondern auch zu einem Herzen und einer Seele macht. Das leibliche und geschlechtliche Einswerden, eine große und schöne Wirklichkeit, ist nur innerhalb der ausschließlichen und endgültigen persönlichen Bindung ehelicher Treue des Menschen würdig. Auch diese Treue und die Unauflöslichkeit der Ehe, die heute für manche nicht mehr verständlich sind, bringen die bedingungslose Würde der Person zum Ausdruck. Man kann nicht nur probeweise lieben; man kann eine andere Person nicht nur zeitweilig und auf Probe annehmen.

Andererseits ist die endlose Reihe von Hindernissen, Versuchungen, negativen Erfahrungen und Sünden, mit welcher der Mensch seine Gebrechlichkeit und seine Neigung unter Beweis stellt, sich auf die Wege des Irrtums und des Schreckens, der Ungerechtigkeit und der Gewalt mitreißen zu lassen, ein klarer Beweis für die immense Erlösungsbedürftigkeit der Menschheit. Deshalb kommt ihr Christus, der Erlöser, in der Gestalt des Bräutigams entgegen, der bis zum Opfer seiner selbst die Fülle der bräutlichen Liebe lebt. Gerade in der auf das Ehesakrament gegründeten Familie können Mann und Frau die lebendige Erfahrung der von Christus erretteten und erlösten Liebe machen.
Alle Menschen guten Willens und ganz besonders die Christen sind berufen, die Würde und den Wert von Ehe und Familie neu zu entdecken und im Angesicht aller auf überzeugende Weise zu leben.

5. Die enge Verbindung, die zwischen Arbeit und Familie, diesen beiden grundlegenden Dimensionen der menschlichen Existenz besteht, erscheint in ihrer vollen Klarheit, wenn man ihre genaue Bedeutung in Betracht zieht. Da ist einerseits die Arbeit, die als Aktivität aufgefaßt werden muß, mit deren Hilfe der Mensch sich selbst verwirklicht und so der Berufung gerecht wird, die ihm eben aufgrund seines Menschseins eigen ist. Die Arbeit ist also eine Erfahrung, mittels derer man die Abhängigkeit vom Geber aller Reichtümer der Schöpfung und die „gegenseitige Abhängigkeit" von den anderen Menschen sowie die sich aus ihr ergebende „Solidarität" (vgl. *Sollicitudo rei socialis*, Nr. 38) entdeckt.
Auf der anderen Seite haben wir die Familie, die als Projekt der Liebe Gottes für die Liebe des Mannes und der Frau und somit als deren Berufung seit dem „Anfang" (vgl. *Mt* 19,4) betrachtet werden muß. Der Mensch kann nicht ohne Liebe leben und sein Leben ist sinnlos, wenn ihm nicht die Liebe geoffenbart wird, wenn er nicht der Liebe begegnet und so entdeckt, daß selbst seine Arbeit der Kundgabe der Liebe gilt. Die Arbeit gilt der Familie, da sie der für die Familie bestimmten Person zugedacht ist. Somit ergibt sich die Notwendigkeit einer Anpassung des Produktionsprozesses an diese objektive Struktur der menschlichen Existenz.

6. In Europa stehen wir vielleicht in der Endphase jener Epoche, die als die der Industrialisierung in die Geschichte eingehen wird. Neue und neueste Arbeitsweisen wie Informatik und Telematik werden der Produktion ein neues Antlitz verleihen. Man darf jedoch nicht vergessen, daß die Industrialisierung anfänglich oft ein wildes und entmenschlichendes gesellschaftliches Phänomen darstellte und ein Zeitalter grausamer Ausbeutung war, und das auch dort, wo die herrschende Ideologie die Befreiung der Unterdrückten predigte.
Die technologische Revolution, nunmehr in ständigem Fortschritt begriffen, hat auf dem Gebiet der Genetik bereits ein explosives Niveau erreicht, auf dem selbst die Struktur der Lebewesen – einschließlich des Menschen – aufs Spiel gesetzt wird.
Wenn eine Wiederholung der Fehler der ersten Industrialisierung ausgeschlossen und nicht noch Schlimmeres begangen werden soll, ist es absolut notwendig, daß die Entwicklung der Technologie nicht unabhängig von geistlichen und transzendenten Werten

vor sich geht, sondern sich von diesen leiten und durchringen läßt. Die Biomedizin und ihre Techniken müssen unbedingt die vom gesunden Menschenverstand inspirierten Richtlinien annehmen, die ihnen das kirchliche Lehramt bezüglich der Heiligkeit des menschlichen Lebens neuerlich vor Augen führt.

7. Schließlich ein letztes Thema, das mir ganz besonders am Herzen liegt: das der Arbeit der Frau. Das Evangelium der Arbeit ist für die Frau von einzigartigem Wert: es zielt auf die gesellschaftliche Aufwertung der ihr eigenen mütterlichen Aufgaben, der dieser Rolle innewohnenden Mühen und Gefahren ab und hebt das Verlangen der Kinder nach der Sorge und Liebe der Mutter hervor, deren sie für ihre Entwicklung zu verantwortungsbewußten, ausgeglichenen und reifen Menschen bedürfen.
Es handelt sich nicht darum, wie manche zu verstehen glaubten, die Arbeit der Frau auf den Haushalt zu begrenzen; es handelt sich nicht darum, sie von der außerhäuslichen Arbeit auszuschließen; es handelt sich auch nicht darum, ihr nur familiäre Aufgaben zuzuweisen. Da Mann und Frau die gleiche Würde besitzen und beide nach Gottes Bild geschaffen sind (vgl. *Gen* 1,27), muß der Frau der gesamte Bereich der menschlichen Aktivitäten offenstehen, seien diese nun wirtschaftlicher, sozialer, kultureller oder politischer Art. Es gibt jedoch eine für die Frau spezifische Aktivität, die sie als „Mutter aller Lebendigen" (*Gen* 3,20) betrifft. Mit ihr setzt die Frau den höchsten Ausdruck ihrer Selbstverwirklichung und es ist daher recht und billig, daß Staat und Gesellschaft sie bei der Erfüllung dieser Aufgaben mit den Sozialversicherungen unterstützen, welche den außerhäuslich arbeitenden Frauen zugute kommen.
Dennoch möchte ich wiederholen, daß es sich nicht darum handelt, die Frau in die vier Wände einzuschließen und auch nicht darum, ihr die gesamten erzieherischen Aufgaben der Familie aufzubürden. Innerhalb der ehelichen Gemeinschaft muß die gleiche persönliche Würde von Mann und Frau in der gegenseitigen und rückhaltlosen Liebe ihre Anerkennung finden. Die Eltern müssen daher in der Erziehung ihrer Kinder ständig zusammenarbeiten. Die aktive Präsenz des Vaters ist ihrer Bildung sehr förderlich, doch muß die sorgende Präsenz der Mutter, deren besonders kleine Kinder bedürfen, gewährleistet werden. Diese ihre Präsenz in der Familie muß gefördert werden, ohne daß deshalb ihre berechtigte gesellschaftliche Aufwertung vernachlässigt wird.
Es handelt sich also hier nicht um eine schematische Rollenteilung, sondern um die Zusammenarbeit in Familie und Gesellschaft, den verschiedenen Bedingungen und Umständen entsprechend, bei völlig gleicher Verantwortung und mit besonderer Aufmerksamkeit auf die Erfordernisse der Familie als Schule der Menschlichkeit und Fundament der Gesellschaft.

8. Ein langer Weg bleibt noch zurückzulegen, wenn man der menschlichen Arbeit ihre volle Würde gewährleisten will. Euch, den christlichen Arbeitnehmern, überlasse ich die Aufgabe, in eurem Milieu Zeugen des Evangeliums zu sein. Verkündet den Namen Christi in euren Fabriken, landwirtschaftlichen Betrieben und Büros, indem ihr euch von jenem inspirieren laßt, der sich um unseretwegen zum „Arbeiter" gemacht hat.

Sorgt dafür, daß die Arbeit zum wirksamen Mittel für eure Selbstverwirklichung als kraftvolle und hochherzige Persönlichkeiten werde und daß sie dazu diene, eure familiären Bande zu festigen, ist doch die Familie der erste und vordringliche Beweggrund eurer Mühen. Möge sie wirklich zu einer Hauskirche werden, in der die tägliche Arbeit ihre Berechtigung und ihren Sinn findet. Der Geist Gottes gebe euch Mut für diese hohe Sendung! Euch allen erteile ich von Herzen meinen Segen!

Verlust für den Sinn des Lebens ist die gefährlichste Krise

Predigt bei der Eucharistiefeier in Reggio Emilia am 5. Juni

1. „Gebt ihr ihnen zu essen" (*Lk* 9,13).
An diesem Sonntag nach dem Fest der heiligsten Dreifaltigkeit, an dem die Kirche in Italien das Geheimnis des Leibes und Blutes Christi in der Eucharistie anbetet, hören wir im Lukasevangelium die Schilderung des Ereignisses, das die Vorankündigung dieses heiligsten Sakramentes enthält.
Jesus verkündet vor den Scharen die Lehre vom Reiche Gottes und heilt die Kranken, während der Tag sich zu neigen beginnt. Nun suchen die Apostel den Meister zu überreden, seine Hörer zu verabschieden. Man mußte nämlich ans Essen und an die Unterkunft denken. Und gerade jetzt kommt die unerwartete Antwort Jesu: „Gebt ihr ihnen zu essen!"
Die Apostel erklären, das sei unmöglich. Sie können die Leute nicht sättigen, da fünf Brote und zwei Fische gewiß nicht für die Tausende von Anwesenden ausreichen: „Es waren etwa 5000 Männer" (*Lk* 9,14); nun vermehrt Jesus auf wunderbare Weise das, was sie hatten (fünf Brote und zwei Fische), so daß nicht nur alle satt wurden, sondern, „als man die übriggebliebenen Brotstücke einsammelte, waren es zwölf Körbe voll" (vgl. *Lk* 9,17).

2. Wir lesen bei der Beschreibung dieses Ereignisses, daß Jesus „die fünf Brote und die zwei Fische nahm ... sie segnete, brach und gab" (*Lk* 9,16) – und diese Worte versetzen uns unmittelbar in den Abendmahlssaal. Wie wir im ersten Brief des heiligen Paulus an die Korinther – der zweiten Lesung unserer Liturgie – lesen, „nahm Jesus, der Herr ... Brot, sprach das Dankgebet, brach das Brot und sagte (zu den Aposteln): Das ist mein Leib für euch. Tut dies zu meinem Gedächtnis" (*1 Kor* 11,23–24).
Er sprach so, weil es der Beginn der „Nacht (war), in der er ausgeliefert wurde" (*1 Kor* 11,23).
„Ebenso nahm er nach dem Mahl den Kelch" und sprach über ihn die Worte der Einsetzung der Eucharistie: „Dieser Kelch ist der neue Bund in meinem Blut. Tut dies, sooft ihr daraus trinkt, zu meinem Gedächtnis" (*1 Kor* 11,25).
Christus fügt weiter hinzu: „Sooft ihr von diesem Brot eßt und aus dem Kelch trinkt, verkündet ihr den Tod des Herrn, bis er kommt" (*1 Kor* 11,26).

3. Gewiß wurde den Aposteln nicht sofort klar, daß bei dieser Einsetzung des Sakramentes des Leibes und Blutes Christi eine gewisse Ähnlichkeit mit der Vermehrung der Speise – des Brotes und der Fische – bestand, an der sie beteiligt waren.
Vielleicht erinnerten sie sich der Worte, die Jesus damals zu ihnen gesagt hatte: „Gebt ihr ihnen zu essen!" Unverständliche, geheimnisvolle Worte und zugleich bekräftigt durch das „Zeichen" der Vermehrung der Speisen.
Nun, beim Letzten Abendmahl, handelte es sich um eine andere Speise und einen anderen Trank. Doch in einem gewissen Sinn wiederholte Jesus in allem, was er den Aposteln bei der Einsetzung des Sakramentes seines Pascha sagte, die bei der Brotvermehrung gesprochenen Worte: „Gebt ihr ihnen zu essen." Er wiederholte sie in einem neuen Sinn, im eucharistischen Sinn.

4. Vielleicht entdeckten die Apostel nicht gleich, daß in dem beim Letzten Abendmahl Geschehenen sich der messianische Psalm erfüllt hatte (den wir in der heutigen Liturgie lesen).
In diesem Psalm ist vom Priestertum „nach der Ordnung des Melchisedek" die Rede (*Ps* 110,4).
Wer Melchisedek war, wissen wir nur aus dem Buch Genesis, aus der Geschichte Abrahams. Bekannt ist, daß Melchisedek, der König von Salem, Priester des höchsten Gottes war. Er ging Abraham entgegen und brachte Brot und Wein dar und durch diese Gaben der Erde, zugleich Frucht der menschlichen Arbeit, sprach er über den Patriarchen den Segen im Namen des „höchsten Gottes, Schöpfer des Himmels und der Erde". „Abraham aber gab ihm den Zehnten von allem" (vgl. *Gen* 14,18–20).
Wenn der Psalm in der heutigen Liturgie vom Priestertum Melchisedeks als „Priester auf ewig" spricht (*Ps* 109/110,4), macht er uns zugleich bewußt, daß dieser König und Priester Brot und Wein darbrachte.
Christus, der beim Letzten Abendmahl das Sakrament seines Leibes und Blutes unter den Gestalten von Brot und Wein einsetzte, erfüllt die prophetische Ankündigung, die mit dem Priestertum des Melchisedek verknüpft war.

5. Tatsächlich ist nur Er in Wahrheit „Priester auf ewig".
Wenn aber die Apostel und die Kirche bei der Eucharistiefeier unter den Zeichen von Brot und Wein den „Tod des Herrn" verkünden, so ist dieser Tod zugleich Anfang des neuen Lebens, das sich am dritten Tag nach dem Tod am Kreuz in der Auferstehung Christi offenbaren wird.
Denn Er, der das Opfer am Kreuz vollzogen und zum Gedächtnis dieses Opfers das Sakrament seines Leibes und Blutes unter den Gestalten von Brot und Wein eingesetzt hat, ist der Herr. Er ist der Herr, von dem der messianische Psalm spricht: „So spricht der Herr zu meinem Herrn: / Setze dich mir zur Rechten" (*Ps* 110,1).
Im Opfer der Selbstentäußerung Christi bis in den Tod liegt der Beginn seiner Erhöhung. Er ist ja der Sohn, eines Wesens mit dem Vater. Auf ihn bezieht sich der Vater mit den Worten des Psalmisten: „Ich habe dich gezeugt noch vor dem Morgenstern" (*Ps* 110,3). Mit den gleichen Worten kündet er aber „die Herrschaft am Tage (seiner) Macht im vor-

aus an, (wenn er erscheint) in heiligem Schmuck" (*ebd.*). Diese Herrschaft des Sohnes offenbart zugleich, wenn er einmal in seiner Herrlichkeit zur Rechten des Vaters sitzt, die letzte Tiefe seines Priestertums: „Der Herr hat geschworen, und nie wird's ihn reuen:/Du bist Priester auf ewig nach der Ordnung Melchisedeks" (*Ps* 110,4).

6. Die Apostel verstanden, daß gerade dieses Priestertum Christi als Sohn und Erlöser der Welt, ein eng mit dem Opfer seines Leibes und Blutes am Kreuz verbundenes Priestertum, die Erfüllung der ewigen Pläne und der Verheißungen Gottes war.
Dieses sein Priestertum hat Christus der Kirche hinterlassen, das einzige Priesterum gemäß dem neuen und ewigen Bund Gottes mit der Menschheit. Im Brief an die Hebräer wird dieses Thema ausführlich behandelt.
Die Apostel dachten auch daran, daß Christus ihnen beim Letzten Abendmahl sagte: „Tut dies zu meinem Gedächtnis."
Hier nahm das seinen Anfang, was der Höhepunkt und das Herz des ganzen Lebens der Kirche bis zum Ende der Zeiten ist: die Eucharistie – der größte Schatz der Kirche.

7. Wenn wir heute die an die Apostel gerichteten Worte Christi hören: „Gebt ihr ihnen zu essen!", wird uns klar, daß zu den Anliegen der Kirche auch das gehört, was mit der „Speise" für die Menschen und mit der Bitte um das „tägliche Brot" zusammenhängt, die uns der Herr ebenfalls gelehrt hat.
Ja, die Bitte um das tägliche Brot: Es ist eine immer aktuelle Bitte, weil die sozialen Ungleichgewichte noch nicht beseitigt sind und die dramatische Situation derer, die für sich und ihre Familienangehörigen nicht genügend zu essen haben, andauert und in ihrer traurigen Wirklichkeit uns aufruft. Das Problem des Brotes für alle Menschen aller Völker, Rassen und Religionen kann uns nicht gleichgültig lassen; es ruft uns auf – wie ich in der Enzyklika *Sollicitudo rei socialis* gesagt habe – und erinnert uns an „unsere sozialen Verpflichtungen und daher auch an unseren Lebensstil sowie an die entsprechenden Entscheidungen, die hinsichtlich des Eigentums und des Gebrauchs der Güter zu treffen sind" (Nr. 42). Die Kirche, die immer eine bevorzugte Liebe zu den Armen gehegt hat, muß „die unzähligen Scharen von Hungernden, Bettlern, Obdachlosen, Menschen ohne medizinische Hilfe und vor allem ohne Hoffnung auf eine bessere Zukunft umfassen: Es ist unmöglich, die Existenz dieser Menschengruppen nicht zur Kenntnis zu nehmen. An ihnen vorbeizusehen würde bedeuten, daß wir dem ‚reichen Prasser' gleichen, der so tat, als kenne er den Bettler Lazarus nicht, (vgl. *Lk* 16,19–31)" (*ebd.* Nr.42).
Wir wollen hoffen, daß diese unsere Sorge für die Hungernden mit Hilfe einer für dieses Problem aufgeschlossenen Wirtschaftsführung das notwendige Brot für jene, die es brauchen, vermehren wird. In diesem Zusammenhang spreche ich meine Freude über die Initiativen der Kirche in der Emilia aus, die den materiellen Bedürfnissen so vieler unserer notleidenden Brüder und Schwestern, die in vielen Teilen der Welt unter trostlosen Bedingungen leben und tatsächlich die Mittel für ihren Unterhalt nicht besitzen, abhelfen sollen.

8. Doch die Worte Christi bei der Brotvermehrung haben, wie wir in der heutigen Liturgie sahen, auch eine prophetische Bedeutung. Sie künden das letzte Abendmahl im vor-

aus an. „Der Mensch lebt nicht nur von Brot, sondern von jedem Wort, das aus Gottes Mund kommt“ (*Mt* 4,4). Dieses Wort erreicht seinen höchsten sakramentalen Ausdruck in der Eucharistie: wenn Brot und Wein zum Schleier für jene Speise und jenen Trank werden, die Christus uns durch sein Erlösungsopfer bereitet hat.
Wir müssen, wenn wir zur heiligen Eucharistie hinzutreten, unser ganzes Leben mitbringen, und mit dem Reichtum der in Christus gefundenen Liebe von ihr weggehen.
Welches die echten Auswirkungen der Eucharistie sind, habt ihr, liebe Brüder, in den Werken der christlichen Liebe vor Augen. Gern denke ich hier an die „Häuser der Liebe“, die von Msgr. Mario Prandi gegründet wurden und die christliche Liebe in eifrigen und echten Dienst für die Armen umsetzen. Ihre Ausstrahlung, nicht nur in Italien, sondern bis nach Indien und Madagaskar, spricht schon von sich aus dafür, wie ausgleichend diese Form des Dienstes ist, die die christlichen Gemeinschaften derart verbindet, daß aus diesen Häusern ebensoviele Familien werden mitten unter anderen, die sie unterstützen und von ihnen Hilfe empfangen, immer im Dienst der Liebe, die notwendig aus der Eucharistie entspringt. Ich denke ferner an die „Diener der Kirche“, von Msgr. Dino Torreggiani zur pastoralen Betreuung von ehemaligen Gefängnisinsassen, Nomaden, Zigeunern und wandernden Schaustellergruppen gegründet; eine Familie im Dienst der Letzten, im Dienst jener, für die sich niemand sonst interessiert und hinsichtlich derer auch niemand weiß, was man für sie tun soll. Ich denke außerdem an die Katholische Aktion dieser Diözese, die eine große und lebendige Tradition der Treue zur Kirche und des bürgerlichen und sozialen Zeugnisses besitzt und die Werte des Evangeliums in die Realität eurer Verhältnisse inkarnieren möchte. Dies sind die kostbaren Früchte, die die Eucharistie hier in eurer Kirche erbracht hat, ein Symbol jener Früchte, die die Eucharistie in allen stets hervorbringen soll. Ich denke an die Gemeinschaften der Christen selbst und an alle Pfarreien, in denen sich das pastorale Bemühen eurer Kirche ausprägt. Sie sind echte Gemeinschaften, in denen die Liebe als Band der Einheit, die vom heiligen dreieinen Gott stammt, zur Logik werden muß, die alle Verhältnisse und Beziehungen bestimmt: Jesus hat gebetet, daß alle Glaubenden eins seien, und der hl. Lukas sagt, daß die ersten Christen „ein Herz und eine Seele“ waren (*Apg* 4,2). All dies veranlaßt mich, an euch alle einen kräftigen Aufruf zu richten, die ihr in so großer Zahl zu dieser Begegnung gekommen seid, einen Aufruf vor allem an euch Jugendliche, das Evangelium mit seinen Forderungen und Verheißungen ernstzunehmen und das Gesetz der Eucharistie euch zu eigen zu machen, so daß euer Leben wirklich zu einem Geschenk an den Herrn wird. Wie ich schon sagte, übergeben wir in Brot und Wein uns selbst dem Herrn. Das darf kein bloß ritueller Gestus sein, er muß vielmehr die Wahrheit unseres Lebens ausdrücken, die wirkliche Haltung unseres Herzens. Wir müssen uns selbst Christus hinschenken, unser ganzes Leben, denn Er, der Herr, will sich seiner für seinen Heilsplan bedienen.
Die Welt, in der wir leben, ist von verschiedenen Krisen erschüttert, unter denen eine der gefährlichsten der Verlust des Sinns für das Leben ist. Viele von unseren Zeitgenossen haben den wahren Sinn des Lebens verloren und suchen nach Ersatz im schrankenlosen Konsumismus, in den Drogen, im Alkohol und in der Erotik. Sie suchen das Glück, doch das Ergebnis ist immer eine tiefe Traurigkeit, eine Leere im Herzen und nicht selten Verzweiflung. Wie muß man sein Leben leben, wenn man es nicht verlieren will? Auf wel-

cher Grundlage soll man seine Existenz aufbauen? Jesus Christus stellt sich uns als die Antwort Gottes auf unser Suchen und unsere Ängste vor. Er sagt: „Ich bin das Brot des Lebens, ich kann jeden Hunger stillen; ich bin das Licht der Welt, und ich kann dem Weg eines jeden Menschen Richtung geben; ich bin die Auferstehung und das Leben und kann dem Menschen die Hoffnung auf die Ewigkeit erschließen." Gewiß ist die Nachfolge Christi nicht leicht, wie es auch nicht leicht ist, auf ihn hin sein ganzes Leben zu wagen; und doch liegt in der Fähigkeit zu einem solchen Wagnis der Adel und die Größe des Menschen. Wir wagen nicht auf eine Leere, ein Nichts hin; wir wagen auf Jesus Christus und sein Evangelium hin; wir wagen auf die selbstlose Liebe zu den Brüdern hin. Möge der Herr viele Jugendliche zu einem solchen Wagnis befähigen, zum Wagnis, das Leben einzusetzen gegen Ungerechtigkeit und Egoismus, als Geschenk für Jesus Christus und für alle Brüder.

Möge er unter euch vor allem viele hochherzige Berufungen zum Priestertum, zum Diakonat, zum Ordensleben und zum missionarischen Einsatz wecken. Wenn einer in Christus ist, ist er eine neue Schöpfung; der Egoismus von früher ist vergangen, denn siehe, es ist etwas Neues geworden.

9. „Ich bin das lebendige Brot, das vom Himmel herabgekommen ist. Wer von diesem Brot ißt, wird in Ewigkeit leben" (*Joh* 6,51).

Liebe Brüder und Schwestern aus Reggio Emilia, ich durfte heute unter euch weilen, und ich durfte in der Gemeinschaft eurer Kirche die Wahrheit dieser Worte Christi betrachten.

Möge diese unsere Begegnung als eine besondere Bekundung unseres Glaubens an das Geheimnis Christi, der zum „Brot des Lebens" geworden ist, in uns das Verlangen nach diesem in der Eucharistie uns geschenkten Leben wecken.

Wie sollen wir für dieses Geschenk danken? Wie sollen wir es vergelten? Seid eifrig im Brotbrechen, eifrig im Hören auf die Lehre der Apostel! (vgl. *Apg* 2,42).

Möge unter euch das eucharistische Wirken Christi nicht aufhören. Möge diese „Vermehrung" seines Leibes und Blutes nicht aufhören, jener Speise und jenes Trankes, die „für das ewige Leben bleiben" (vgl. *Joh* 6,27).

Wir brauchen uns nicht zu fürchten

Ansprache bei der Begegnung mit den Priestern und Ordensleuten in Reggio Emilia am 6. Juni

1. „Dies habe ich zu euch gesagt, damit ihr in mir Frieden habt. In der Welt seid ihr in Bedrängnis; aber habt Mut: Ich habe die Welt besiegt" (*Joh* 16,33).

Diese Worte der Hoffnung hat Jesus am Vorabend seines Leidens an seine Jünger gerichtet; er wiederholt sie heute für euch, Priester und Ordensleute, Gottgeweihte die ihr in dieser Region Emilia lebt, in der sich mit dem wirtschaftlichen Wohlstand eine oft in sich verschlossene, wenn nicht gar den Werten des Geistes mit offener Ablehnung gegenüber-

stehende Kultur gebildet hat. „Habt Vertrauen" – sagt Jesus euch aufs neue – „ich habe die Welt besiegt."
Wenn Jesus euch zum Vertrauen auffordert, dann deswegen, weil er als erster euch Vertrauen geschenkt hat. Er hat euch Vertrauen geschenkt, als er in einem Akt völlig ungeschuldeter Liebe euch zu seiner engeren Nachfolge berufen hat, „Haus oder Brüder, Schwestern, Mutter, Vater, Kinder oder Äcker um meinetwillen und um des Evangeliums willen zu verlassen" (vgl. *Mk* 10,29). Er hat euch Vertrauen geschenkt, als er durch eine besondere Ausgießung seines Geistes euch geweiht und in der Verschiedenheit der Gaben und Dienste bestellt hat, „daß ihr euch aufmacht und Frucht bringt und daß eure Frucht bleibt" (*Joh* 15,16). Er hat euch Vertrauen geschenkt, als er euch auserwählt und gesandt hat, gerade euch, in dieser Region Emilia Verkünder seines Reiches, Zeugen seiner Auferstehung und prophetische Zeugen „des neuen Himmels und der neuen Erde zu sein, in denen die Gerechtigkeit wohnt" (vgl. *2 Petr* 3,13).
Eure Aufgabe ist wie die Aufgabe der ganzen Kirche in diesem letzten Abschnitt des zweiten christlichen Jahrtausends nicht leicht. Wir befinden uns vor neuen Situationen, die auf der einen Seite zwar vielversprechende und unerwartete Möglichkeiten für die Verkündigung des Evangeliums eröffnen, auf der anderen Seite aber die Menschen anscheinend das Vertrauen auf all das verlieren lassen, was in der Welt an Christlichem ja Menschlichem vorhanden ist. Doch wir brauchen uns nicht zu fürchten. Die Sendung entspringt im Paschamysterium Jesu; es ist die gleiche Sendung, die der Vater Christus anvertraut, und die Christus vor seiner Himmelfahrt seiner Kirche anvertraut hat. Eine Heilssendung, die ihre Kraft von der Gegenwart Christi und der Macht seines Geistes bezieht.

2. Jesus hat seinen Jüngern nicht die Schwierigkeiten der Sendung verborgen: Abweisung, Feindlichkeit und Verfolgungen, die sie erwarteten. „Wenn die Welt euch haßt, dann wißt, daß sie mich schon vor euch gehaßt hat. Denkt an das Wort, das ich euch gesagt habe: Der Sklave ist nicht größer als sein Herr. Wenn sie mich verfolgt haben, werden sie auch euch verfolgen" (*Joh* 15,18.20). Dabei hat nicht nur die offene Verfolgung ihre Märtyrer gefordert und fordert sie weiter; es gibt eine heimlichere – deshalb vielleicht um so gefährlichere – Verfolgung, die in zahlreichen Ländern des Westens verbreitet ist. Sie will keine Märtyrer machen, sondern die Menschen „befreien" – frei machen, wie es hier gemeint ist, von jeder Religion und Moral. Sie erstickt den Gedanken an Gott nicht im Blut, vielmehr unter der Anhäufung von Konsumgütern und in der Befriedigung der natürlichen Instinkte; sie bekämpft christliches Denken nicht, sondern ignoriert es und siedelt es unter den Mythen der Vergangenheit an. Gerade weil er das alles vorausgesehen hat, gab Jesus, bevor er seine Sendung der Kirche anvertraute, uns die tröstliche Verheißung: „Seid gewiß: Ich bin bei euch alle Tage bis zum Ende der Welt" (*Mt* 28,20).
Diese Gewißheit bestimmt und trägt die Sendung der Kirche; diese Gewißheit muß auch eure Sendung bestimmen und tragen: die Gewißheit, daß in Jesus Christus Gott mit uns ist; gestern wie heute; heute wie morgen und bis ans Ende der Welt. Wenn aber „Gott für uns ist, wer ist dann gegen uns? Was kann uns scheiden von der Liebe Christi? Be-

drängnis oder Not oder Verfolgung, Hunger oder Kälte, Gefahr oder Schwert?" (*Röm* 8,31.35).
Die hier aufgezählten Hindernisse sind auch für uns aktuell, sei es auch unter anderen Formen. Auch wir kennen die Bedrängnis, die davon herkommt, daß wir wenige und mit Arbeit überladen sind; wir kennen die Angst um viele unserer Mitbrüder, die den Glauben aufgegeben haben; wir kennen die Verfolgung von heute, von der ich eben gesprochen habe; wir kennen den Hunger, hier in eurem Land nicht mehr den Hunger nach Brot, sondern den Hunger nach hochherzigen Seelen, die auf uns folgen werden; wir kennen die Blöße, die Leere vieler unserer Häuser und das Ende so vieler Initiativen; wir kennen die Gefahr, vor allem die der Untreue in einer Welt, die prinzipiell eine dauerhafte Bindung ablehnt; wir kennen das Schwert, die Kultur des Todes, die die Maschinerie der menschlichen Gesellschaft erfaßt zu haben scheint, so daß das Leben der anderen um des Gewinns oder einer Ideologie willen aufs Spiel gesetzt wird, bis zur Tötung des Lebens im Mutterschoß.

3. Was nun? Die Antwort des hl. Paulus ist deutlich und entschieden: „Doch all das überwinden wir durch den, der uns geliebt hat" (*Röm* 8,37). Gerade weil er uns geliebt hat und liebt, ist er mit uns. Seine Gegenwart aber ist österliche Gegenwart, die nicht nur Hilfe und Trost ist, sondern den Schwierigkeiten und Trübsalen, den Feindseligkeiten und offensichtlichen Mißerfolgen einen neuen, anderen und unerwarteten Sinn gibt. Was als Hindernis für die Sendung erscheinen konnte, wird im Lichte des Glaubens zum Geheimnis seiner Fruchtbarkeit. Die österliche Präsenz Christi gibt uns die Gewißheit, daß wir gerade dann, wenn wir zu unterliegen scheinen, Sieger sind, ja „mehr als Sieger". Dies ist die umwerfende Logik, die vom Kreuz herkommt. Menschlich betrachtet, ist das Kreuz Jesu ein offensichtliches Scheitern; doch gerade von ihm kommt die atemberaubende Neuheit, die das Antlitz des Lebens und der menschlichen Geschichte gewandelt hat.
Jesus hatte es vorausgesagt: „Wenn das Weizenkorn nicht in die Erde fällt und stirbt, bleibt es allein; wenn es aber stirbt, bringt es reiche Frucht" (*Joh* 12,24). In der Perspektive dieses Gleichnisses konnte Paulus ausrufen: „Deswegen bejahe ich meine Ohnmacht, alle Mißhandlungen und Nöte, Verfolgungen und Ängste, die ich für Christus ertrage; denn wenn ich schwach bin, dann bin ich stark" (*2 Kor* 12,10).
Hier liegt das Geheimnis unseres Vertrauens: wenn wir schwach sind, dann sind wir stark; und je schwächer wir sind, um so stärker sind wir, weil wir desto mehr die Gegenwart und Macht des österlichen Christus durchscheinen lassen.

4. Als er der Kirche seine Sendung anvertraute, hat Jesus uns nicht nur seine Gegenwart bis ans Ende der Welt garantiert; er hat uns die Kraft seines Geistes verheißen und geschenkt. Die Verheißung kehrt verschiedene Male in der Abschiedsrede wieder und fand ihre Erfüllung im Abendmahlssaal am Abend des Ostertages. „Jesus trat in ihre Mitte und sagte: Friede sei mit euch! Wie mich der Vater gesandt hat, so sende ich euch. Nachdem er das gesagt hatte, hauchte er sie an und sprach zu ihnen: Empfangt den Heiligen Geist" (*Joh* 20,19.21–23). Die volle Erfüllung der Verheißung erfolgte am Pfingsttag,

als „ihnen Zungen wie von Feuer erschienen, die sich verteilten; auf jeden von ihnen ließ sich eine nieder. Alle wurden mit dem Heiligen Geist erfüllt ... (*Apg* 2,3–4).
Seit damals ist der Geist in Leben und Geschichte der Menschheit am Werk. Er ist in der Welt am Werk, die sich dem dritten christlichen Jahrtausend nähert, um aus ihr das Reich der Liebe des Vaters zu machen. Er ist am Werk in der Kirche, in der Kirche des II. Vatikanischen Konzils, die in Fortsetzung der christlichen Tradition sich Tag für Tag erneuert, um Gott und den Menschen immer näher zu sein. Er ist am Werk in euren Kirchen, in den mutigen Kirchen der Emilia, die in einer besonders schwierigen pastoralen Situation ihre wesentliche Berufung neu entdecken: die Berufung, hier und heute allen das Evangelium zu verkünden, in allen Situationen, in denen die Menschen leben und wirken. Er ist am Werk in euren Gemeinschaften, auch wenn sie klein und arm sind, damit sie gerade wegen ihrer Kleinheit und Armut reich seien an Glauben und groß in der Liebe.
Der Geist Gottes ist der Geist des Lebens, der Leben auch dort hervorbrechen lassen kann, wo alles tot und verdorrt zu sein scheint (vgl. *Ez* 37). Und deswegen können und müssen wir Vertrauen haben. Wir können es nicht nur haben, wir müssen es. Die Hoffnung ist für Christen und erst recht für gottgeweihte Menschen kein Luxus, sondern vielmehr eine Pflicht. Hoffen bedeutet auch nicht träumen; im Gegenteil, sie läßt sich von Dem in Beschlag nehmen, der den Traum in Wirklichkeit verwandeln kann.

5. Doch wenn die Hoffnung nicht abnehmen soll, muß sie von einem intensiven Gebetsleben genährt werden, vom Hören auf das Wort Gottes und von der Kontemplation. Das Zunehmen der Arbeit im Weinberg des Herrn gerade zu einer Zeit, in der die Zahl der Arbeiter abnimmt, kann uns vergessen lassen, daß wir an erster Stelle berufen sind, beim Herrn zu weilen, sein Wort zu hören und sein Antlitz zu betrachten. Die kontemplative Dimension ist von der Sendung untrennbar, weil nach der berühmten Definition des hl. Thomas, die auch das Konzil übernommen hat, die Sendung wesentlich darin besteht, „contemplata aliis tradere" (anderen das weiterzugeben, was wir betrachtet haben), (Thomas von Aquin, *Summa Theol.* II–II q. 188, a. 7; vgl. *Presbyterorum ordinis*, Nr. 13).
Daher die Notwendigkeit langer Zeiten des Gebetes, der Sammlung und der Anbetung; die Forderung nach einer eifrigen und betrachtenden Lesung des Wortes Gottes; die Forderung nach einem kontemplativen Rhythmus, nämlich nach Ruhe und Entspanntsein bei der Eucharistiefeier und beim Stundengebet; die Forderung nach Schweigen als unerläßlicher Vorbedingung für das Zustandekommen einer tiefen Vereinigung mit Gott, so daß unser ganzes Leben zum Gebet wird. Als gottgeweihte Menschen müssen wir nicht nur beten, sondern ein lebendiges Gebet sein.

6. Vorbild unserer Hoffnung ist die Mutter Gottes. Wie Abraham und mehr als Abraham besaß Maria den Glauben, der gegen alle Hoffnung hofft (vgl. *Röm* 4,18), und sie überließ sich vertrauensvoll dem Wort des lebendigen Gottes sowie der Kraft seines Geistes. An diesem Tag der Gnade und in diesem herrlichen Gotteshaus, das die Frömmigkeit des Volkes von Reggio der Madonna von der Ghiara erbaut hat, wenden wir uns an sie und

bitten sie um den Mut, mit ihr beim Kreuz auszuhalten und die Logik des Kreuzes anzunehmen, um den Mut, in der Kraft des Geistes auszurufen: „Wir gelten als Betrüger und sind doch wahrhaftig; wir werden verkannt und doch anerkannt; wir sind wie Sterbende, und seht: wir leben; wir werden gezüchtigt und doch nicht getötet; uns wird Leid zugefügt, und doch sind wir jederzeit fröhlich; wir sind arm und machen doch viele reich; wir haben nichts und haben doch alles" (*2 Kor* 6,8–10).
Heilige Maria, Mutter Gottes und Mutter der seligen Hoffnung, bitte für uns.

Mut und Vertrauen haben

Predigt bei der Eucharistiefeier in Parma (Region Emilia Romagna) am 6. Juni

1. „Die Gemeinde der Gläubigen war ein Herz und eine Seele" (*Apg* 4,32).
Mit der Lesung aus der Apostelgeschichte gestattet uns die heutige Liturgie eine Rückkehr zur christlichen Urgemeinde, die sich nach dem Pfingstfest in Jerusalem um die Apostel gebildet hatte. „Sie hielten an der Lehre der Apostel fest und an der Gemeinschaft, am Brechen des Brotes und an den Geboten" (*Apg* 2,42).
Richten wir unsere Gedanken also auf jene Gemeinde, auf die Kirche von Jerusalem, die sozusagen das erste Modell und die Mutter aller Gemeinden und Kirchen ist, die im Verlauf der Jahrhunderte herangewachsen sind und sich auf der ganzen Erde verbreitet haben.
So wollen auch wir, die wir heute hier in Parma versammelt sind, uns lebendig mit der ganzen Kirche des emilianischen Appenin und der Ebene und mit den Kirchen aller Länder und Kontinente verbunden fühlen und dieses Zeugnis in unserer Gemeinschaft geben: daß nämlich auch jetzt, gegen Ende des zweiten Jahrtausends nach Christus, alle Gläubigen „ein Herz und eine Seele" sind.
Ich möchte, daß die Präsenz und der Dienst des Bischofs von Rom, sein „Petrusdienst", aus dieser Feier ein noch deutlicheres Zeugnis machen.

2. In diesem Sinn richte ich an euren Bischof Benito Cocchi, meinen herzlichen Gruß, und mit ihm grüße ich den verehrten Msgr. Amilcare Pasini, dessen beispielhafter Glaube und Starkmut alle erbaut. Dann möchte ich alle Priester und Diakone der Priesterschaft von Parma begrüßen und alle Ordensleute, die beim Apostolat mitarbeiten oder in den kontemplativen Klöstern leben. Besonders herzlich grüße ich die Mitglieder der Missionsinstitute und religiösen Genossenschaften, die in dieser Stadt gegründet worden sind. Ich grüße diesen „Platz des Friedens", die ganze Kirche von Parma und ihre Pfarreien, die auf dem Hügel und die in der Ebene, die der alten und die der neuen Stadt und ihr gläubiges Volk, das für Christus in Gemeinschaft mit der universalen Kirche durch hochherzige Werke und Organisationen der Caritas Zeugnis gibt. Ich grüße diese Kirche, die ihren Dienst am Evangelium mit dem lebhaften Wunsch vollzieht, in aller Demut und Schlichtheit die Heilsbotschaft den Menschen unserer Zeit bekanntzumachen, jenen, die

der Versuchung zum Agnostizismus, zur religiösen Gleichgültigkeit oder zur Mißachtung der ethischen Botschaft, die sich aus dem christlichen Glauben ergibt, ausgesetzt sind. Ich grüße alle Männer und Frauen guten Willens, glaubende und nicht glaubende.
Die Kirche wendet sich allen mit dem ernsthaften Wunsch nach Dialog und Zusammenarbeit zu, um unter allen Umständen zur Förderung des Gemeinwohls in Gerechtigkeit, Frieden und Solidarität beizutragen; an erster Stelle möchte sie allen Christus verkündigen und das Evangelium bringen.
Die wunderbaren Denkmäler, die die alte Christenheit von Parma auf dem Boden der ursprünglich römischen Stadt entstehen ließ, sprechen wie die sichtbare Katechese vom Glauben eurer Väter. Von Christus sprechen die Kathedrale und die zahlreichen romanischen Kirchen; es spricht die Taufkapelle mit ihren Skulpturen und Malereien; von eurer Marienverehrung aber spricht die berühmteste Kirche, die ihr der Muttergottes geweiht habt: Santa Maria della Steccata. Und wie könnte man für Parma und die ganze Emilia unter den vielen Heiligtümern, die der seligen Jungfrau in der Diözese geweiht sind, das von Fontanellato vergessen, wo die Jungfrau vom Rosenkranz verehrt wird?
Euer Glaube hat also uralte Wurzeln, und er hatte zuweilen intensive geistige Auseinandersetzungen mitzumachen. Davon zeugen die Spannungen zur Zeit des Arianismus, die lebhaften Auseinandersetzungen im Investiturstreit und das Auf und Ab, das zur sozialen, politischen und kulturellen Identität dieser Gegend geführt hat.
Heute setzt ihr den anspruchsvollen und mühsamen, aber zugleich begeisternden Weg einer neuen Evangelisierung für unsere Zeit fort. Habt Mut und Vertrauen in den heutigen Verhältnissen!
Ich freue mich mit euch über euer Bemühen und die apostolischen Initiativen, die ihr auf dem Programm habt: die Vorbereitung der Synode, eine ins einzelne gehende Katechese für die Erwachsenen, die Mitarbeit der Laien beim Apostolat, die Förderung der zahlreichen Jugendverbände, die für das kirchliche Leben der ganzen Diözese aufgeschlossen sind.
Ich spreche für diese Kirche den Wunsch aus, der Heilige Geist möge neue Berufungen zum Priesterum und zum gottgeweihten Leben wecken, der Zahl und den Fähigkeiten nach so, wie die Verkündigung des auferstandenen Christus für die Welt von heute es erfordert.

3. „Mit großer Kraft legten die Apostel Zeugnis ab von der Auferstehung Jesu, des Herrn, und reiche Gnade ruhte auf ihnen allen" (*Apg* 4,33). So beschreibt die Apostelgeschichte die erste Gemeinde der Glaubenden.
Das Zeugnis für Christus, den Gekreuzigten und Auferstandenen, machte seine Person präsent. Bis vor kurzem war er noch durch Palästina und die Heilige Stadt gewandert; die Worte, die er verkündet hatte, das ganze Evangelium vom Gottesreich, klangen noch ganz lebendig nach.
Durch die Stimme der Apostel erreichte das Zeugnis vom Tröstergeist, den sie am Pfingsttag empfangen hatten, zugleich Geist und Herz. Diese unsichtbare, aber reale Präsenz des Geistes der Wahrheit, verbunden mit dem apostolischen Dienst des Lehrens, bewirkte, daß alle Glaubenden „ein Herz und eine Seele" waren.

Es ist bezeichnend, daß sich diese Einheit auch im sozialen Bereich äußerte. „Keiner nannte etwas von dem, was er hatte, sein Eigentum, sondern sie hatten alles gemeinsam ... Es gab auch keinen unter ihnen, der Not litt. Denn alle, die Grundstücke oder Häuser besaßen, verkauften ihren Besitz, brachten den Erlös und legten ihn den Aposteln zu Füßen. Jedem wurde davon so viel zugeteilt, wie er nötig hatte“ (*Apg* 4,32.34–35).

4. Die erste christliche Gemeinde zeichnete sich vor allem durch die große Begeisterung für ein Leben nach dem Evangelium unter allen Umständen aus: in dem, was jeder „war“ und in dem, was er „hatte“. Gewiß war es für sie klar und selbstverständlich, daß das, was ein Mensch „ist“, wichtiger ist als das, was er „hat“.
Eine solche grundlegende Hierarchie der Werte mußte sich im Bewußtsein und Verhalten der ersten Christen bilden, wenn sie von den Aposteln das hörten, was Christus gelehrt hatte; wenn sie mit innerer Ergriffenheit immer neu die Botschaft der acht Seligpreisungen und der Bergpredigt vernahmen.
Selig, die vor Gott arm sind, ... und auch die Trauernden ... und nicht weniger die Sanftmütigen ... Selig jene, die hungern und dürsten nach der Gerechtigkeit, ... und auch die Barmherzigen. Selig, die ein reines Herz haben, ... und die Friedensstifter. Endlich selig jene, die Verfolgung leiden um der Gerechtigkeit willen (vgl. *Mt* 5,3–10).
Wer diese Seligpreisungen im Licht der Osterereignisse, im Licht des Kreuzes und der Auferstehung Christi gehört hatte, mußte sich klar sein, daß dies alles vor allem im Leben ihres Herrn Wirklichkeit geworden war.
Aber er hatte darin zugleich ein klares Lebensprogramm für alle seine Jünger und Nachfolger vorgezeichnet. Er hatte eine neue Hierarchie der Werte aufgestellt, und das alles durch eine neue und endgültige „Dimension“ der ganzen menschlichen Existenz.
Jede Seligpreisung gründet sich auf die Wirklichkeit des menschlichen Lebens auf Erden, in dieser hinfälligen Welt, und sie ist zugleich offen für das Reich Gottes, das ohne Ende und ewig ist. Gerade dieses Reich ist die eigentliche Berufung des Menschen; es ist sein Endschicksal: sein Leben. Das Leben in Gott. Der auferstandene Christus hat die Wirklichkeit dieses Lebens geoffenbart.

5. „Die Gemeinde der Gläubigen war ein Herz und eine Seele“
Von dieser ersten Gemeinde müssen wir zu unserer Zeit übergehen. Wir müssen die Botschaft der Bergpredigt und der Seligpreisungen als an uns und unsere Zeitgenossen gerichtet, an jene, die hier versammelt sind, neu nachlesen.
Es kommt nämlich auch in unserer Zeit vor, daß ein Eigentümer alles, was er besitzt, verkauft und sein Geld zum Wohl seiner ärmeren Brüder investiert, z. B. in einem großen Hospital für Aussätzige in Nordost-Brasilien. Vielleicht ahnt ihr, von wem ich spreche. Der Mann kam aus dieser Gegend hier ...
Er war gewiß ein außergewöhnlicher Mensch. Aber die Botschaft der acht Seligpreisungen ist zugleich an alle und an jeden einzelnen gerichtet.
Das Anliegen der Kirche unserer Zeit ist daher, diese Botschaft des Evangeliums ständig und situationsgerecht zugleich der Gemeinde der Gläubigen als ganzer und überall auf Erden vorzulegen.

6. Um die Welt an den Wert zu erinnern, den nach der ständigen Soziallehre der Kirche die Aufmerksamkeit gegenüber den Armen darstellt, so, wie sie das Evangelium fordert, gerade darum habe ich an alle Christen und an alle Menschen guten Willens die Enzyklika *Sollicitudo rei socialis* gerichtet. Darin habe ich betont, daß sich Entwicklung nicht auf eine ständige Steigerung des materiellen Wohlergehens beschränken darf, vielmehr auch die anderen, die Ärmsten berücksichtigen muß. Die bloße Anhäufung von Gütern kann zum Übel werden, das sich gegen den Menschen richtet, gegen den Einzelmenschen und gegen die bürgerlichen und nationalen Gemeinschaften, wenn keine Moral dahintersteht, und wenn sie nicht auf das Gemeinwohl ausgerichtet ist. Darum habe ich behauptet: der echte Weg zum Wohl der sozialen Beziehungen auf privatem, nationalem und internationalem Gebiet ist die Solidarität. Sie ist eine ebenso menschliche wie christliche Tugend, sie ist Ausdruck der Liebe und die Seele aller zwischen den Menschen möglichen Beziehungen. Sie muß daher immer mehr zum grundlegenden Kriterium für die politischen Entscheidungen sowie die wirtschaftlichen Planungen werden.
Auf dieser Linie haben bereits meine Vorgänger klar, realistisch und voll des prophetischen Geistes gesprochen. Ihr erinnert euch an Papst Johannes XXIII., der in seiner Enzyklika *Mater et Magistra* gesagt hat: „Das vielleicht größte Problem der modernen Zeit sind die Beziehungen zwischen den wirtschaftlich entwickelten politischen Gemeinschaften und jenen auf dem Weg zur wirtschaftlichen Entwicklung“ (*AAS* 5, 1961, 440). Er erinnerte jene, „die über Hilfsmittel im Überfluß verfügen, an ihre Pflicht, nicht gleichgültig zu bleiben angesichts der politischen Gemeinschaften, deren Mitglieder mit den Schwierigkeiten der Not, des Elends und des Hungers ringen, und die sich nicht der elementaren Rechte der Person erfreuen“ (*ebd.*).
Ebenso klar und weitblickend hat Paul VI. in der Enzyklika *Populorum progressio* gesprochen und erklärt, daß „die integrale Entwicklung des Menschen ohne solidarische Entwicklung der Menschheit nicht erfolgreich sein kann“ (*AAS* 59, 1967, 278). Daher erließ er den Aufruf zur Brüderlichkeit unter den Völkern und gab zu verstehen, daß der Grundsatz des Evangeliums zur Solidarität mit den Armen nicht nur auf die Einzelnen bezogen werden darf. Es geht um eine Pflicht der Gerechtigkeit, die unausgeglichenen wirtschaftlichen Beziehungen zwischen starken und schwachen Völkern richtiger zu ordnen. Es geht weiter um eine Pflicht der universalen Liebe, um gemeinsam „eine menschlichere Welt für alle zu fördern, eine Welt, in der alle etwas zu geben und zu empfangen haben, ohne daß der Fortschritt der einen ein Hindernis für die Entwicklung der anderen darstellt“ (*ebd.* 279).

7. Auf dieser Linie bewegt sich mit beispielhaftem Einsatz die Kirche in Italien. Ich möchte erneut sagen, daß ich das Pastoralprogramm der Bischofskonferenz für die 80er Jahre unterstütze, das auf „Einheit und Gemeinschaft“ angelegt ist. Möge dieser Einsatz getragen sein vom Geist der Brüderlichkeit, wie ihn die Apostel gelehrt haben, damit in unermüdlicher Hingabe den Menschen von heute und morgen die einzige Wahrheit verkündet wird, in der wir Hoffnung auf Heil besitzen.
Es freut mich, daß sich insbesondere auch eure Kirche in dieser Richtung der Gemeinschaft bewegt und sich bewußt ist, daß sie, von der Botschaft der Seligpreisungen geleitet, ihren Weg gehen muß.

8. Wenn wir die Ankündigung hören: „Selig, die vor Gott arm sind", müssen wir immer daran denken, daß es sich um eine an alle gerichtete Botschaft handelt, denn wir alle müssen uns „arm im Geiste" fühlen und es sein, das heißt von den Gütern der Erde innerlich losgelöst. Aus solchem Geist der Armut muß bei allen die Verfügbarkeit kommen, mit den anderen die eigenen irdischen und materiellen Güter zu teilen, damit aus dem Dienst für die Besitzlosen ein desto größerer Reichtum an Liebe für jeden einzelnen wird. Die Kirche, die sich an die Welt wendet, um ihr das Heil zu verkünden, ist eine Kirche der Armen auch unter diesem Aspekt, denn sie bemüht sich, in sich selbst den Buchstaben und Geist der Seligpreisungen des Evangeliums zu leben.

Die jüngste Geschichte eurer Ortskirche ist reich an Zeugen, die mit glühendem Eifer für das Wohl der Armen gearbeitet haben, für Menschen in sozialen Notsituationen oder solche, die von moralischem Elend bedrückt sind. Ich will hier nur wenige Namen nennen, wie Anna Adorni und Ihre „Kongregation der Dienerinnen der Immakulata" zur Wiedereingliederung weiblicher Gefängnisinsassen; Lucrezia Zileri und Agostino Chieppi für das Schulapostolat; Bischof Guido Maria Conforti für die auswärtigen Missionare; Celestino Bottego, P. Lino Maupas, Apostel der Liebe in den Wohnvierteln der kleinen Leute; das Wirken von Frau Cappelli für die Evangelisierung der Kultur; endlich die allen bekannte Gestalt des Kardinals Carlo Ferrari, der hier als Priester und Führer des großen apostolischen und sozialen Einsatzes der Diözesen, die ihm nach und nach vom Heiligen Stuhl anvertraut wurden, seine Formung erhielt.

9. Die Bergpredigt und die acht Seligpreisungen sind nicht nur herrliche Worte – eine wahre Symphonie im Evangelium – sondern auch ein Aufruf zu einer Symphonie des Lebens im Sinne des Evangeliums.

Jede Seligpreisung hat ihren besonderen Gehalt, doch alle treffen sich in der Tiefe und ergänzen sich gegenseitig.

Wenn der aus ihnen stammende Geist uns zu einem christlicheren Leben und Verhalten anregen muß, so müssen wir zugleich mit Herz und Willen die ganze in ihnen enthaltene Wahrheit umfassen, organisch und konsequent.

Dann werden auch wir zu denen gehören, die „getröstet" und „gesättigt" werden, die „Barmherzigkeit erlangen" und „Kinder Gottes genannt werden".

Wir werden zu denen gehören, die das „Himmelreich" besitzen.

Zu denen, die „Gott schauen werden".

Kreuz und Auferstehung Christi werden für uns zur Macht und Weisheit Gottes auf allen Wegen unseres Lebens. Amen.

Die Berufung ist Auftrag, Verantwortung

Predigt an die Priester, Ordensleute und Seminaristen in Parma am 7. Juni

1. „Ihr seid das Salz der Erde ... Ihr seid das Licht der Welt“ (*Mt* 5,13–14).
Liebe Brüder und Schwestern! Diese Worte Christi richten sich ohne Zweifel an alle seine Jünger ohne Unterscheidung von Diensten und Stellungen im Leben. Aber es ist auch gewiß, daß sie in einer besonderen und hervorragenden Weise an euch gerichtet sind, Priester, Ordensmänner, Ordensfrauen und Seminaristen. Ja, eure Berufung schließt ihrer Natur nach eine hochherzigere und bereitwilligere Antwort auf diese Sendung des Herrn in sich, die, um mit dem hl. Paulus zu sprechen, nicht als ein Sich-Rühmen zu verstehen ist, sondern als Auftrag, als Verantwortung. Auch wir, Priester und Gottgeweihte, müssen mit dem hl. Paulus sagen: „Weh mir, wenn ich das Evangelium nicht verkünde!“ (*1 Kor* 9,16).
Um diesen Auftrag zur Predigt zum Ausdruck zu bringen, benutzt Jesus zwei sehr wirkungsvolle bildliche Ausdrücke. Wir müssen Licht und Salz sein.
Das Symbol des Lichtes ist sehr klar: es bezieht sich auf die Wahrheit. Ein besonderer Aspekt der Priester- und Ordensberufung ist der einer beispielhaften Liebe zur Wahrheit. Wenn jeder Christ „in der Wahrheit geheiligt“ sein muß (vgl. *Joh* 17,17), dann müßt ihr es in einer ganz besonderen und beispielhaften Weise sein, denn ihr müßt Führer und Licht nicht nur für die Welt, sondern auch für das Volk Gottes selbst sein, das mit Recht von euch eine Hilfe erwartet, um das Evangelium und die Wahrheit über Christus besser kennenzulernen.

2. Ihr seid auch in besonderer Weise berufen, das Verlangen nach Wahrheit zu fördern, das von Natur aus im Herzen des Menschen vorhanden ist, jedes Menschen, auch wenn er Christus nicht kennt. Ihr müßt die natürliche Neigung zur Wahrheit in der menschlichen Vernunft pflegen und erziehen, müßt ihr helfen, ihre Irrtümer zu erkennen und sie zu korrigieren. Ihr müßt euch zu Förderern des menschlichen Rechtes auf Wahrheit machen. So werdet ihr den Boden für die Saat des Wortes Gottes bereiten. „Jeder, der aus der Wahrheit ist“, sagt ja der göttliche Meister zu Pilatus, „hört auf meine Stimme“ (*Joh* 18,37). Wenn wir die menschlichen Forderungen im Bereich der Wahrheit nicht beachten, wie könnten wir eine viel anforderndere und tiefere Wahrheit erfassen, jene der göttlichen Offenbarung? Wenn wir vor den natürlichen Wahrheiten keine Achtung haben, wie könnten wir die übernatürlichen erfassen? Wie der Täufer Christus den Weg bereitete, so müssen auch wir ihm unaufhörlich Wege öffnen, müssen seine Wahrheit, die auch die umfassende Wahrheit über den Menschen ist, verkündigen und bezeugen. So werden wir „Licht der Welt“ sein.

3. Auch das Symbol des Salzes ist deutlich. Wie das Salz, so müssen unser Sprechen und unser Zeugnis dem Leben dieser Welt, den Wahrheiten dieser Welt „Geschmack geben“. Sie müssen den tiefen und letzten Sinn der geschaffenen Wirklichkeiten begreiflich machen, müssen in sie das Licht werfen, das von Gott kommt.

Eure Berufung im Gottesvolk besteht in besonderer Weise darin, daß ihr die göttlichen Wirklichkeiten zu verkosten wißt und sozusagen Experten darin seid. Das führt dazu, eurem Leben, eurem Wort einen übernatürlichen „Geschmack“ zu geben. Und das wird euch auch gestatten, den Realitäten dieser Welt einen übernatürlichen Geschmack zu geben. Das bedeutet, „Salz der Erde“ sein. Aber es bedeutet, daß ihr in beispielhafter Weise die Weisheit pflegen müßt, verstanden nicht nur und nicht so sehr als menschliches Wissen, sondern auch und vor allem als Gabe des Heiligen Geistes. Ihr wißt ja gut, daß der Ausdruck „sapientia“, Weisheit, mit dem Begriff „sapor“, Geschmack, verbunden ist. Und diese Gabe ist es, wie der hl. Thomas gut erläutert, die uns kontemplativ macht (vgl. Thomas v. Aquin, *Summa theol.* II–II, q. 45), die uns in eine Art „Wesensgleichheit“ mit den Glaubensgeheimnissen bringt, indem sie uns eine tiefinnere, von der Liebe eingeflößte Erkenntnis schenkt, die so ist, daß sie unser Wort reich macht an Weisheit, an Anziehungskraft und Glaubwürdigkeit. Es ist das, was der hl. Paulus „die Gabe, Weisheit mitzuteilen“, nennt (*1 Kor* 12,8), wodurch wir „mit Worten, wie der Geist sie lehrt, das Wirken des Geistes deuten“ (vgl. *1 Kor* 2,13). Es ist die Sprache des Heils, durch die „wer Gott erkennt, auf uns hört“ (*1 Joh* 4,6).

4. Diese innere Kenntnis der „Tiefen Gottes“ (*1 Kor* 2,10) setzt die Praxis der Nächstenliebe voraus. „Wer seinen Bruder liebt“,sagt uns ja der hl. Johannes (*1 Joh* 2,10), „bleibt im Licht.“ Ein totaler Lebenseinsatz, nicht nur theoretisch, sondern auch praktisch, ist im Dienst des Lichtes erforderlich. Um den Ausdruck Jesu zu gebrauchen: Wir müssen „Kinder des Lichtes“ sein.
Vergeßt nie diese eure Verantwortung! Wenn eine Speise keinen Geschmack hat, kann man sie immer mit Salz würzen. Aber wenn auch das Salz ohne Geschmack ist, macht Jesus uns aufmerksam, „womit kann man es wieder salzig machen?“ (*Mt* 5,13). Wenn die Weisheit des Heiligen Geistes fehlt, kann nichts sie ersetzen. Und ihr seid in besonderer Weise berufen, diese Weisheit zu verkosten und sie bei den Menschen liebenswert zu machen.

5. Ihr seid berufen, die Welt, ungeachtet eurer Armut, zu bereichern. Wie kann das möglich sein? Indem ihr den Propheten Elias nachahmt, von dem wir in der ersten Lesung dieser Messe gehört haben.
An ihm bemerken wir ganz klar zweierlei, was seine Größe ausmacht: das Wissen um seine menschlichen Grenzen und das Bewußtsein der göttlichen Macht, der er sich ganz und gar anvertraut hatte und deren Werkzeug und Sprecher er als Prophet sein wollte.
Auch ihr, liebe Brüder und Schwestern, seid im Gottesvolk in besonderer Weise zu diesem zweifachen Bewußtsein berufen, zu dieser Weisheit und zu diesem prophetischen Geist, der im Namen Gottes spricht und der das Wort Gottes jedem Menschen verkündet, mit bevorzugender Liebe den Armen und Demütigen.
Wie der Prophet Elias seid ihr berufen, euch eurer Armut wohl bewußt zu sein, sie bis auf den Grund zu erfahren, und zu gleicher Zeit eine Hoffnung für die Armen zu sein. Wie Elias euch ganz den Händen Gottes überlassend, müßt ihr die anderen die gleiche Haltung lehren. Immer auf das Wort Gottes hörend, immer für den Geist verfügbar, wie

Elias, müßt ihr euch als Werkzeug in den Händen Gottes fühlen. Von daher kommt die Kraft eures Wortes, eures Zeugnisses, das den Sieg des Guten vorauszusehen und vorzubereiten weiß, ungeachtet der scheinbaren Überlegenheit des Bösen.

6. Denken wir zum Beispiel an den augenblicklichen Mangel an Priester- und Ordensberufungen. Wenige haben den Mut, den Ruf Gottes anzunehmen, und wenige haben den Mut, ihm treu zu sein. Manchmal hat man den Eindruck, in einer dürren Wüste zu leben. Man erfährt die Qual des Alleinseins, die Enttäuschung über die, die uns verlassen, die Bitterkeit darüber, daß man nicht auf uns hört, uns nicht folgt, während die Arbeit wegen der Personalknappheit oft sehr drückend ist. Die göttliche Gnade scheint „weder Tau noch Regen“ zu schicken (vgl. *1 Kön* 17,1). Der Himmel scheint verschlossen. Schwer ist manchmal die Sorge um die Zukunft.
Rein menschlich betrachtet, scheint in vielen Fälle keine Hoffnung mehr zu sein. Wir müssen aber mit dem Auge des Glaubens begreifen, was vor sich geht, und uns an das Wort erinnern, das Gott zum hl. Paulus sagte: „Meine Gnade genügt dir, denn sie erweist ihre Kraft in der Schwachheit“ (*2 Kor* 12,9). Seien wir also darum besorgt, treu zu sein, unsere Berufung intensiv zu leben, ohne uns vom Pessimismus erfassen zu lassen. Das übrige wird der Herr tun. Unsere Aufgabe ist es, auf bestmögliche Weise, mit selbstloser und großmütiger Liebe unsere täglichen Pflichten zu erfüllen, auch wenn sie bescheiden oder fruchtlos erscheinen können, auch wenn sie sich von menschlichen Blicken unbemerkt vollziehen. Verrichten wir mit Vertrauen unseren Dienst für den Herrn. Opfern wir ihm täglich alles das auf, was wir ihm geben können, und hören wir die tröstenden Worte, die Elias zu der armen Witwe sagte, wie an uns gerichtet: „Fürchte dich nicht! Mache zuerst für mich ein kleines Gebäck, und bring es zu mir heraus! Denn so spricht der Herr, der Gott Israels: Der Mehltopf wird nicht leer werden und der Ölkrug nicht versiegen bis zu dem Tag, an dem der Herr wieder Regen auf den Erdboden sendet“ (*1 Kön* 17,13–14).
Die hl. Jungfrau Maria, die beim Kreuz ihres Sohnes dieses Gesetz der christlichen Hoffnung tief erlebt hat, schenke uns diesen prophetischen Geist, um uns siegreich die augenblicklichen Schwierigkeiten überwinden zu lassen und in Ruhe in die Zukunft zu blicken. Gelobt sei Jesus Christus!

Achtung der Person führt zur Quelle der Wahrheit

An die Professoren und Studenten der Universität Bologna am 7. Juni

Prof. Fabio Roversi Monaco
Rector Magnificus der Universität Bologna

Mich führt der Wunsch hierher, eine kulturelle Einrichtung mit großer Tradition und hohem Prestige, wie es eben die Universität Bologna ist, anläßlich ihrer 900-Jahr-Feier zu ehren. Sie wird mit gutem Recht „Alma Mater Studiorum“ genannt, denn von ihr ging der Ansporn zur Gründung der anderen Universitäten aus. Junge Menschen aus ganz Europa strömten hier in der „cittá dotta“, in der „gelehrten Stadt“ zum Studium des bürgerlichen und des kirchlichen Rechts zusammen, kehrten dann in ihre Heimatländer als Lehrmeister zurück, verbreiteten das Modell dieser freigefügten „Gesellschaft" von Dozenten und Studenten, die zu Beginn des 12. Jahrhunderts um Irnerius, den Rechtsgelehrten entstand.

Die jahrhundertlange Geschichte dieser Universität, die in der christlichen Kultur wurzelt, ist eng verflochten mit der Kirchengeschichte und insbesondere mit jener des Apostolischen Stuhls. Als Wiege der Rechtslehre war die Universität Bologna im Mittelalter bevorzugter Gesprächspartner der Päpste bei der Erstellung kirchlicher Gesetze. Die Siegel jener Epoche trugen bezeichnenderweise die Aufschrift: „Legum Bononia mater, Petrus ubique pater". Das war Ausdruck des bedeutsamen Bezugs zwischen der Tätigkeit der Rechtsgelehrten, die diese Universität berühmt gemacht haben, und dem Dienstamt des Nachfolgers des Apostelfürsten.

Diese Bezogenheit fand einen bezeichnenden Ausdruck in dem damaligen Brauch, päpstliche Verordnungen an die Professoren und Studenten der Universität Bologna zu senden, und danach an die anderer Universitäten. Den Anfang setzte mein Vorgänger Innozenz III., der mit der Bulle *Devotioni vestrae* im Jahre 1210 „allen Dozenten und Studenten der Universität Bologna" die erste Sammlung päpstlicher Dekrete, die *Compilatio III. antiqua*, zukommen ließ, mit dem Hinweis, man möge sie „sowohl für die Rechtssprechung wie für den Unterricht" gebrauchen. Papst Honorius III. sandte dann im Jahre 1226 die *Compilatio V. antiqua* an den Erzdiakon von Bologna, dem es zustand, in der Universität die Studientitel zu verteilen. Papst Gregor IX. schließlich hat mit dem *Liber extra* die bedeutsamste Sammlung päpstlicher Dekrete „extra Decretum vagantes", im Jahre 1234 den gelehrten Söhnen und Studenten der Universität Bologna gesandt.

Dabei ging es nicht nur um eine bedeutsame Geste gegenüber einer Universität an der seit den Zeiten Gratians hervorragende Juristen an der Neuordnung und der wissenschaftlichen Klassifizierung des Kirchenrechts gearbeitet haben. Die Päpste erkannten die Notwendigkeit, nicht nur eine bereitwillige und treue Befolgung ihrer Verordnungen von seiten der kirchlichen Gemeinschaft zu erwarten, sondern vertieft über das Erbe juridischer Weisheit nachzudenken, das der Kirche eigen ist, und diese Verordnungen ihrer Natur und ihrem seelsorglichen Auftrag entsprechend anzuwenden. Deswegen wandten sich die Päpste vornehmlich an die Universität von Bologna, aus der der berühmte Autor des „Liber Extra", der hl. Raimund von Penafort hervorging, und an der sich die bedeutendsten Kirchenrechtler ganz Europas ausgebildet hatten.

In gleicher Linie verfuhr Papst Bonifaz VIII. im Jahre 1298 bei der Veröffentlichung des *Liber Sextus*. Er sandte die Bulle *Sacrosantae Romanae Ecclesiae* an die Dozenten und Studenten der Universität Bolgna und gab seiner Hoffnung Ausdruck: „Universitati vestrae igitur per apostolica scripta mandamus, quatenus librum huiusmodi cum multa maturitate digestum, quem sub bulla nostra vobis transmittimus, prompto suscipientes affectu, eo utamini de cetero in iudiciis et in scholis." Ähnlich drückte sich schließlich Johannes XXII. aus, als er 1317 mit der Bulle *Quoniam nulla* die *Clementinae* sandte, die nach seiner Hoffnung „prompto affectu et studio alacri" aufgenommen werden sollten.

Professoren und Studenten der Universität Bologna haben als erste dem Wunsch der Päpste nach einer zeitgemäßen Gesetzgebung entsprochen. Sie entwickelten und erarbeiteten Erläuterungen und Methoden – dazu kam die Einrichtung von Seminaren und die Verleihung akademischer Grade – das alles gab der Wissenschaft des Kirchenrechts entscheidenden Anstoß. Das *ius decretalium* hatte in Bologna berühmte Förderer, deren Werk eine Epoche des kirchenrechtlichen Studiums darstellt.

Im Abstand der Jahrhunderte gibt mir die heutige Begegnung Gelegenheit, an diese bedeutungsvolle Tradition anzuknüpfen, indem ich Ihnen einen Band des neuen *Codex Iuris Canonici* der lateinischen Kirche überreiche, den ich am 25. Januar 1983 mit der Apostolischen Konstitution *Sacrae disciplinae leges* promulgiert habe.

Er ist Frucht langer Vorbereitung. Mein verehrter Vorgänger, Johannes XXIII. hat im Jahr 1959 damit begonnen, und das Werk wurde kollegial zu Ende geführt mit dem Beitrag des gesamten katholischen Episkopats, der römischen Kurie, der kirchlichen Universitäten und Fakultäten und weiterer hervorragender Fachleute. Es ist die Revision des Gesetzbuches von 1917, dem sogenannten pio-benediktinischen Codex, im Licht der Lehren des letzten Konzils; und vom Konzil ist er geprägt.

In dieser großen ökumenischen Versammlung hat die Kirche ihr Selbstverständnis im Licht des Wortes ihres göttlichen Lehrmeisters vertieft und über ihr Verhältnis zur heutigen Welt nachgedacht. Das Konzil vertraute darauf, daß diesem Anliegen eine neue Aufmerksamkeit aus dem Raum der Kultur und der Wissenschaft entspreche. An diesem bedeutenden Ort des Studiums und der Forschung möchte ich dieses Vertrauen und diese Erwartung bekräftigen.

Ich hoffe zuversichtlich, daß sich Dozenten und Studenten dieser Universität den neuen Gesetzen der lateinischen Kirche mit jener strengen Zucht und intellektuellen Kreativität widmen, die jahrhundertelang die akademische und wissenschaftliche Arbeit dieser Institution ausgezeichnet hat. Im umfassenden Bereich des Rechts leistet der Gelehrte dem Menschen und seiner Würde einen Dienst, der besondere Achtung und Taktgefühl verlangt. Das ist eine Berufung, die mit der Sorge der Kirche übereinstimmt, jener Sorge, die, wie ich in der Enzyklika *Redemptor hominis* geschrieben habe – im Menschen „die erste und grundlegende Aufgabe ihrer Sendung sieht".

In ihren Gesetzen hat die Kirche zusammen mit der geoffenbarten Lehre, die sie zu wahren hat, ihre jahrhundertealte Weisheit als Mutter und Lehrmeisterin, ihre Sorge um das harmonische Zusammenleben und die ewige Bestimmung der Menschen niedergelegt. Von den Rechtsgelehrten erwartet sie eine mit Geist und Liebe entwickelte Interpretation der Prinzipien des Rechts und der Billigkeit, immer im Blick auf das Wohl des Menschen.

Ich habe den Wunsch, daß diese heutige Begegnung den solidarischen Einsatz aller Angehörigen dieser Universitätsgemeinschaft zur Förderung der höchsten Werte des Menschen und der Gesellschaft bestärkt. Diese gemeinsame Suche mit innerer Freiheit und Ehrlichkeit und Achtung jeder Person, führt ganz natürlich zum Quell der Wahrheit, der Gerechtigkeit, und des Guten, zu Gott.

So wird diese „Alma Mater Studiorum" ihre Tradition erneuern und mit jungem Geist und neuer Energie den Dienst an der Menschheit leisten.

Das ist mein Wunsch für Sie. Verehrungsvoll und herzlich erflehe ich von Gott, für Sie, Herr Rektor, für die Dozenten, die Studenten und alle Mitarbeiter dieses Athenäums Erleuchtung des Geistes und Weisheit des Herzens.

Aus dem Vatikan am 7. Juni, im zehnten Jahr meines Pontifikats.

IOANNES PAULUS PP II.

Jugend heißt: Frei von Vorurteilen sein

Ansprache bei der Begegnung mit den Universitätsstudenten in Bologna am 7. Juni

1. Dem Herrn und euch allen bin ich dankbar, wieder die mir teure Stadt Bologna und vor allem ihre altehrwürdige Universität besuchen zu dürfen, die in diesem Jahr ihr 900jähriges Bestehen feiert.
Ich erinnere mich noch gut an meinen ersten Besuch, besonders lebendig blieb mir der Eindruck der bewegenden Begegnung auf diesem geschichtsträchtigen Platz. Damals war euer verstorbener Erzbischof, Kardinal Antonio Poma noch unter uns, dessen ich mich in herzlicher Dankbarkeit erinnere.
Nach einigen, an geschichtlich wichtigen Ereignissen so reichen Jahren begegnen wir uns durch die Güte und die Gnade Gottes heute wieder hier. Sehr herzlich begrüße ich euren Erzbischof, meinen lieben Mitbruder, Kardinal Giacomo Biffi, der euch auf dem Weg des Glaubens und des Zeugnisses für den auferstandenen und in der Geschichte der Menschheit gegenwärtigen Christus führt und ermutigt.
Ich begrüße besonders euch, liebe studierende Jugend. Nach der Begegnung mit der akademischen Leitung und mit euren Professoren in der schönen Aula Magna eurer Universität, stehe ich nun vor euch in dieser außergewöhnlichen „Aula Magna“, auf diesem alten, wunderbaren Platz des hl. Petronius, dem Herzen der Stadt, der umgeben ist von hervorragenden Denkmälern, die den Glauben die Kultur, den Fleiß, die Kunst und das friedliche Zusammenleben eurer Vorfahren bezeugen.
In diesem prächtigen architektonischen Rahmen freut es mich, die hoffnungsvollen Anzeichen einer erneuerten und fruchtbaren Beziehung festzustellen zwischen dem altehrwürdigen Athenäum, das die verschiedenen Wissensgebiete fördert und entwickelt, und dem menschlichen Leben mit seinen Geschicken und Hoffnungen. Mögen sich wie in alten Zeiten, Universität und Stadt zum Wohl der Menschen und zu ihrem kulturellen, moralischen, geistlichen und bürgerlichen Wachstum gegenseitig inspirieren und ergänzen.

2. Mein Wort richtet sich besonders an euch, junge Menschen, die ihr mit großem christlichen Einsatz bemüht seid, Zeugen des Evangeliums im Universitätsmilieu zu sein. In dieser Absicht ermutige ich euch und möchte eure Aufmerksamkeit auf einige Gottesgaben lenken, die euer Leben in besonderer Weise kennzeichnen. Wenn sie erkannt werden,

bilden sie das Geheimnis der Freude, des auf die Zukunft gerichteten Vertrauens und des rechten Willens, sich zu verwirklichen.
Vor allem ist da das einfache und große Geschenk der Jugend in sich: nach Jahren gezählt, ist sie schnell vorbei, doch kann sie im übertragenen Sinn zu einer Geisteshaltung werden.
Jugend heißt frei sein von Vorurteilen und ideologischen Verkalkungen, die ein Sich-Öffnen für die volle Wahrheit nicht zulassen.
Jugend heißt fähig sein, Ziele anzustreben und anzusteuern, die außerhalb des reinen Zweck- und Nutzdenkens liegen; d. h. frei sein, um „im Großen" zu denken und zu wirken, ohne sich einschüchtern zu lassen von angeblich notwendigen Gesetzen und Mechanismen, die der Würde der Person nicht angemessen sind. Es heißt, in jeder Situation und jedem Ereignis eine Möglichkeit finden, darüber hinaus weiterzugehen, weiterzusuchen und noch mehr in die Tiefe zu wirken, damit sich der Mensch nicht in Grenzen einschließt, die er selbst aufgerichtet hat.
Jugend ist schließlich der noch nicht von übertriebener Sorge um Einzelinteressen erstickte Zug zu Solidarität und der Wunsch nach Gemeinschaft, die in der menschlichen Seele grundgelegt sind.
Wir müssen wahrhaftig Gott danken für die Großzügigkeit, mit der viele junge Menschen auf gute und nützliche Vorschläge eingehen, vor allem auch auf Vorschläge zur Wiederentdeckung und Entwicklung der Werte christlichen Lebens. Diese starken Gemeinschaftserfahrungen befähigen dazu, mit wachem Herzen in einer Haltung der Solidarität die belastenden und ungerechten Lebensbedingungen Ausgeschlossener und Verlassener zu erkennen und sich ihrer anzunehmen. Es ist nämlich unmöglich, daß jemand, der christliche Gemeinschaft wirklich kennt und erfahren hat, sich in egoistischer und steriler Selbstgefälligkeit verschließt und nicht mit herzlicher Teilnahme und verständigem Einsatz dem beisteht, der, alleingelassen, den Wechselfällen des Lebens in Bitterkeit gegenübersteht.

3. Ihr seht, ich spreche von Jugend nicht nur als einer Altersstufe, sondern als einer Eigenschaft des Lebens selbst. Die Jugend muß also gegen alle negativen Kräfte verteidigt werden, die sie leider so oft zu einer gedemütigten und zynischen Haltung erniedrigen, in eine Art verfrühte Vergreisung des Geistes. Gerade euer kultureller Einsatz muß eine wirksame Abwehr gegen alle Verführungen sein, die die versteckte Überredungskunst des Marktangebots und der Werbung auf die anfälligsten Gesellschaftsschichten ausüben. Schwache Persönlichkeiten werden von der Überbewertung des Genußes um seiner selbst willen fasziniert und neigen dazu, ihre innere Identität aufzugeben. Sie geraten in eine gefährliche Oberflächlichkeit, eine kritiklose Übernahme der letzten Modeerscheinungen und in den schlimmsten Fällen in die Abhängigkeit von Drogen und Alkohol.
Ein Leben ohne Ideale ermöglicht es der menschlichen Person nicht, ihre vielfältigen Anlagen auf positive Weise einzusetzen; diese Energien können leicht ins Negative umschlagen, in individuelle sowohl wie kollektive Agressivität und Gewalt.
Die aprioristische Verweigerung der Wahrheitssuche oder ihre ungenügende theoretische Fundierung können zu raschem Abweichen auf unklare und illusorische Vorstellungen

führen und die Herzen zu Skepsis und Verneinung treiben. Dazu kommt noch die Möglichkeit schlechten Einflusses aus der Welt der Erwachsenen, wo in einer Gesellschaft, die dauernde und fruchtbare Werte nicht entwickeln konnte, zuweilen Gefühle egoistischen Sich-Verschließens vorherrschen.
Liebe junge Menschen, solchen Gefahren gegenüber müßt ihr wachsam sein und euch gelegentlich auch mit einfachem und demütigen Mut zur Wehr setzen. Vor allem aber ist es notwendig, kluge Vorschläge einzubringen, die neue und anfeuernde Hypothesen für jeden ehrlichen Wahrheitssucher sind.

4. Die andere Gabe, auf die ich eure Aufmerksamkeit richten möchte, ist die Möglichkeit, sich Wissen anzueignen. Für euren menschlichen und christlichen Erfahrungsschatz sind diese Jahre des Lernens, des Studiums und Forschens ein wahres Privileg. Zu leicht wird oft dieser Lebensabschnitt nur als Übergang ins Berufs- und Erwerbsleben – oder gar – als ein mehr anstrengendes als nützliches Sich-Aneignen von Kenntnissen betrachtet. Das ist eine falsche Sicht. Das Studium bedeutet eine große Bereicherung. Viele Entwicklungsländer müssen sehr mühsam versuchen, sich aus ihrer Armut und ihrer Randexistenz zu erheben, eben weil es fast allen ihren jungen Menschen unmöglich ist, sich fortzubilden und zu studieren.
Deshalb freue ich mich besonders über die vielen jungen Leute unter euch, die aus fernen Ländern kommen, Länder, gezeichnet von Armut und dem heißen Wunsch nach Befreiung und Wachstum. Das Herz des Papstes ist euch nahe, ausländische Studenten von Bologna. Ich weiß um das große Opfer, das euch das Fernsein von euren Lieben und von eurer Heimat auferlegt; von der Notwendigkeit, im Vergleich zum geschichtlichen und kulturellen Stand, in dem ihr aufgewachsen seid, so verschiedene Sprachen, Gebräuche und Gewohnheiten bewältigen zu müssen. Ich weiß auch von den schweren Opfern, die euch von den beschränkten wirtschaftlichen Verhältnissen auferlegt werden, in denen ihr leben müßt; das Wohnungsproblem, das Fehlen von allerlei Bequemlichkeiten, zuweilen sogar die Schwierigkeit, sich das tägliche Brot zu beschaffen.
Ich wende mich an alle eure Mitstudenten und rufe sie auf, euch das erste Zeichen einer familiären Gesinnung zu geben, euch, die ihr eure Familien verlassen mußtet, um heute Wissen zu sammeln, damit ihr morgen euren Völkern damit dienen könnt. Die Solidarität an der Universität muß dafür sorgen, daß niemand sich aus diesen Gründen gezwungen fühlt, aufzugeben und das begonnene Studium abzubrechen.
Mein diesbezüglicher Aufruf richtet sich an die gesamte Bevölkerung Bolognas: liebe Brüder und Schwestern, beweist und erneuert die Tradition eurer Nächstenliebe und eurer einträchtigen und einladenden Herzlichkeit. Diese jungen Menschen, die während ihres Universitätsstudiums hier leben, sind ein Reichtum; sie sind es, die in die ganze Welt das Andenken, die Achtung und die Dankbarkeit gegenüber dieser altehrwürdigen Stadt und ihrer Universität tragen. Niemand mißbrauche daher einen derart kostbaren Reichtum, um kleinlich diejenigen auszunützen, die sich in einer ungünstigen und benachteiligten Lage befinden.
Ihr Studenten aber, von welchem Land und aus welcher Schicht ihr auch kommt, ihr müßt eure Studien und euer Forschen sehr ernst nehmen. Wenn es auch wahr ist, daß dieser eu-

er Lebensabschnitt reich an vielerlei Interessen sein muß, so besteht kein Zweifel darüber, daß ein solches Offensein vor allem durch Treue zum angefangenen Studium gerechtfertigt ist. Ohne großzügige Hingabe an diese erste Pflicht verliert jede andere Betätigung und jedes andere Interesse Glaubwürdigkeit und Sinn. Eure Zukunft wäre gefährdet.

5. Liebe junge Menschen, auf eurem Studienweg fehlt es nicht an Gefahren: vor allem die eines derart spezialisierten Studiums, daß es das Sicheinfügen in dieses umfassende Zusammenspiel von Bedeutungen und Werten gefährdet, die charakteristisch für eine „Universität", d. h. Synthese und allgemeine Harmonie der verschiedenen Wissensgebiete sind.
Und weiter: der akademische Bildungsweg kann ausschließlich als Mittel zum Erwerb von Fähigkeiten und Kenntnissen im Hinblick auf die gesellschaftliche Behauptung der eigenen Person und den eigenen Vorteil verstanden werden: doch das würde den Sinn des Studiums und der Forschung bedeutend herabmindern. Sicher dienen sie auch dazu, jedem eine Arbeitsmöglichkeit zu erschließen. In erster Linie aber zielen sie ab auf das Fortschreiten in der Erkenntnis und auf die Förderung der Fähigkeiten und Sachkenntnisse zum Dienst an der ganzen menschlichen Gemeinschaft, angefangen bei deren schwächsten Gliedern.
Geht diesen Gefahren aus dem Weg, liebe Studenten, und bleibt mit Leidenschaft bei der Suche nach der Wahrheit. Eben diese „Leidenschaft für die Wahrheit" wird eure geistigen und geistlichen Kräfte erneuern und euch helfen, die Schwierigkeiten zu überwinden, die auch aus den Unzulänglichkeiten des Systems und aus den unzureichenden Strukturen erwachsen können.
Die gleiche „Leidenschaft für die Wahrheit" wird euch davon überzeugen, daß die Universitätsstudien nicht einfach eine Anhäufung von Informationen sind, und daß man sich nicht mit dieser Zersplitterung des Wissens abfinden darf, einer Gefahr, die sich aus der Spezialisierung der modernen Wissenschaften ergibt. Das Verlangen nach der einheitlichen und vollkommenen Wahrheit ist im menschlichen Herzen tief verwurzelt und findet seine volle Antwort in Jesus Christus, dem ewigen Wort Gottes, das sich in der Geschichte manifestiert.

6. Das dritte – aber nicht das letzte Geschenk – ist das Geschenk des Glaubens. Der Glaube steht dem Vorrecht des Wissens weder fremd noch feindlich gegenüber.
Das Vertrauen in die Vernünftigkeit und die Nutzanwendung der wissenschaftlichen Methoden stellt nicht nur kein Hindernis für den Glauben dar, sondern macht seine Notwendigkeit eindringlich, weil eben der Glaube euch die neue, ursprüngliche und wahre Sicht der umfassenden Wirklichkeit gibt. Das ist das große Geschenk, das Gott selbst uns in Christus gemacht hat, damit das gesamte Sein, die gesamte Schöpfung und somit auch das gesamte Wissen, losgekauft werden aus der verzweifelten und verwirrten Zerstreuung, in die alles abgestürzt ist, als der Ungehorsam der Sünde den Menschen von seinem Schöpfer trennte.
Dieses Geschenk des Glaubens, das euch einerseits zu Anderen, Unverstandenen und fast zu Fremden in der vom Unglauben beherrschten Welt macht, befähigt euch anderer-

seits zu immer besserem Verstehen allen gegenüber; zu immer mehr Scharfblick, um in jedem Menschen den Funken der Gegenwart Gottes und in jedem menschlichen Werk einen Strahl der göttlichen Wahrheit zu erkennen.
Mein Wunsch ist es, daß ihr wirklichen Lehrmeistern begegnet, Brüdern im Glauben, die mit euch den Weg der christlichen Weisheit beschreiten wollen: zusammen seid ihr in der Lage, die große Aufgabe in Angriff zu nehmen, den Glauben zum Bewertungsprinzip der Natur, der Geschichte und der Verhaltensweisen zu machen. Zusammen könnt ihr eine echte wissenschaftliche und didaktische Einigung verwirklichen, in der die Vorbereitung auf den künftigen Beruf bereichert wird von einer Erfahrung gemeinsamen Suchens nach der Wahrheit und dem wahren Wohl des Menschen.

7. Schließlich möchte ich euch daran erinnern, daß sich die christliche Gegenwart im Umfeld der Universität im ernstgenommenen kulturellen, am Evangelium orientierten Einsatz ausdrückt.
Aus dem Glauben muß die Kultur hervorgehen, d. h. er muß bewirken, in Übereinstimmung mit der persönlichen christlichen Überzeugung Problemen und Situationen zu begegnen. Gleichzeitig muß der Glaube sich im Zeugnis des Dienens manifestieren im Blick auf die vielfältig auftauchenden Bedürfnisse, von der Aufnahme der Neuimmatrikulierten und der Auswärtigen bis zu den verschiedenen Möglichkeiten der Freundschaft und der Hilfe, besonders gegenüber denen, die aus anderen Gegenden und aus anderen Ländern kommen.
Mein Wunsch ist es, daß diese christliche Gegenwart an der Universität, sei es in der Form von Einzelnen oder von Vereinigungen, vom Bemühen der gesamten kirchlichen Gemeinschaft unterstützt wird. Vor sechs Jahren erinnerte ich, bei der Begegnung mit euren Dozenten im Athenäum daran, daß die „Kirchengemeinschaft in ihrer Gesamtheit sich mitverantwortlich fühlt für die Förderung der menschlichen und der evangelischen Werte im Leben eurer Universität".
Liebe Studenten und alle, die ihr mir zuhört, „durch den Glauben wohne Christus in euren Herzen", seid stets „in der Liebe verwurzelt und auf sie gegründet" (*Eph* 3,17).
Laßt euren Glauben – stets klar vollständig und identisch – sich offenbaren, zu jeder Zeit, an jedem Ort, als immer neues Zeugnis für die große Liebe, mit der wir vom Vater geliebt wurden, und als Ausdruck eines sinnvollen und auf ein Ziel ausgerichteten Lebens. Allen erteile ich meinen Segen.

5. Pastoralbesuch in Süditalien und Sizilien (11./12. Juni)

Dem Dienst der Liebe widmen

Begegnung mit Priestern und Ordensleuten aus der Diözese Messina am 11. Juni

Ehrwürdige Brüder im Bischofsamt!
Liebe Brüder und Schwestern!

1. Während ich für die herzlichen Worte danke, die Msgr. Cannavò an mich gerichtet hat, möchte ich zugleich meine lebhafte Freude über die Begegnung mit euch – einem erlesenen Teil dieser Diözese, die an Traditionen und Verdiensten auf bürgerlichem und kirchlichem Gebiet so reich ist – zum Ausdruck bringen.
Ich denke an die Söhne dieser Erde, die religiöse Bewegungen und Kongregationen gegründet haben: von Kardinal-Erzbischof Giuseppe Guarino bis zu Msgr. Antonio Celona und Kanonikus Annibale Maria Di Francia und an den nicht weniger bekannten Bruder Francesco Maria. Nicht zu reden von Männern wie dem hl. Petrus Canisius und dem seligen Luigi Orione, die zwar anderswo geboren sind, doch von der Vorsehung hergeführt wurden, um einige Zeit in diesem Teil des Weinbergs des Herrn zu arbeiten.

2. Besonders danke ich dem Herrn für das Zeugnis der Gemeinschaft und der Verbundenheit, das euch mit eurem Hirten und seinen zwei Weihbischöfen verbindet. Indem ihr voll Liebe eure seelsorglichen Aufgaben erfüllt und in Treue zum Charisma eures Lebens als gottgeweihte Menschen beiderlei Geschlechts lebt, entsprecht ihr weiter dem Ideal des Evangeliums, „ein Herz und eine Seele" zu sein (*Apg* 4,32).
Widmet euch alle, Priester, Diakone, Ordensmänner und Ordensfrauen, dem einen Dienst der Liebe, und denkt daran, daß die Seelsorge im wesentlichen nur eine ist, auch wenn sie sich auf verschiedene Sonderbereiche verteilt, und daß man nach der Konstitution *Sacrosanctum concilium*, Nr. 41 „im Bischof den Hohenpriester seiner Herde sehen muß, von dem das Leben seiner Gläubigen in Christus gewissermaßen ausgeht und abhängt".

3. Gott wollte in seiner Vorsehung, daß der Nachfolger des Petrus zur Heiligsprechung einer Frau in eure Stadt kommt, die schon vor etwa fünf Jahrhunderten zum ewigen Lohn berufen wurde. Welche Botschaft ergeht heute – aus diesem Ereignis – an euch, die ihr mit eurem Erzbischof die Lasten und Mühen, aber auch die Freuden und Hoffnungen dieser Einzelkirche teilt?

4. Vor allem die bedingungslose Liebe zu Christus, dem Herrn, mit besonderem Bezug auf sein Leiden. Denkt daran, daß die hl. Eustochia sich an den Herrn mit den Worten wandte: „Meine süßeste Liebe, mein über alles geliebter Herr, meine Hoffnung und

mein ganzer Trost" (*Ihr Leben*, verfaßt von Iacoba Pollicino, Nr. 12), und die immer wieder „an ihrem Leib erfahren wollte, was sie im Geiste empfand, um ihrem Bräutigam Jesus Christus gänzlich verbunden zu sein" (Nr. 14).
Sie entsprach auch darin voll der echtesten christlichen Spiritualität, wenn sie bat: „O meine Liebe, nimm mich aus diesem Leben fort oder schicke mir Leiden, denn sonst könnte ich nicht leben angesichts der Tatsache, daß du für mich unter so vielen Schmerzen gestorben bist. Ohne dich kann ich nicht leben" (Nr. 12). Wie der göttliche Bräutigam sein, war für sie ein ständiges Sehnen: „Herr, ich habe dich immer darum gebeten, von allen verachtet zu werden, wie du es warst bei deinem Leiden, o meine Liebe. Herr, ich bin töricht und das letzte aller Geschöpfe, gewähre mir daher, um was ich dich bitte" (Nr. 17).
Wir haben hier ein herrliches Beispiel gottgeweihten Lebens vor uns, das nach vollkommener Vereinigung mit Jesus, dem Herrn, strebt und dessen Gedanken und Wünsche teilen möchte: die Verherrlichung des Vaters und die Erlösung der Welt, in der Kraft und der Liebe des Geistes.
Die Fürbitte der hl. Eustochia gewähre uns, daß wir in der Nachfolge Christi bereitwillig und eifrig sind und wie sie werden, die „hinter ihrem geliebten Jesus herlief" (Nr. 29). Möge sie uns ferner die Gabe der „Weisheit des Kreuzes" und den Willen vermitteln, mit immer größerem Eifer alles das zu tun, was zur Erneuerung des Herzens und des Geistes dient. Gemeinsam mit euch bitte ich auch um neue Priester- und Ordensberufe, die die Kirche überall so notwendig braucht, zumal auch für diese Gegend eurer lieben Heimat Italien.
Sie erlange uns endlich eine liebevolle Verehrung der Mutter Gottes vom Abendmahlssaal. Wir stehen an der Schwelle des dritten Jahrtausends der christlichen Ära, und ich bin sicher, daß der Herr um so mehr verherrlicht wird, je mehr wir nach dem Vorbild unserer neuen Heiligen in uns eine „brennende Liebe zum Gekreuzigten und seiner süßesten Mutter hegen und ihnen im Schmerz verbunden sind" (Nr. 33).

5. Ein weiteres Kennzeichen der Spiritualität der hl. Eustochia von Messina ist die Kontemplation des Lebens Jesu. Sie sagte zu ihren Schwestern: „Erweckt in euerem Geist ständig die Worte süß wie Honig, die mein süßester Herr in der Heiligen Schrift an uns richtet, und verkostet sie" (Nr. 36). Sr. Jakoba berichtet, daß die Heilige Kapitel hielt, die „zwei oder auch drei Stunden dauerten", bei denen sie den Schwestern „alle Worte des Herrn" (Nr. 36) erklärte.
Dies zeigt erneut die Wichtigkeit des Gebetes und der „frommen Lesung". Es zeigt aber auch die Notwendigkeit, die Schrift zu lesen zu wissen, und damit die Notwendigkeit des Studiums, um sich all jene Kenntnisse zu erwerben, die dazu verhelfen, die tiefe Bedeutung des Wortes Gottes zu erfassen.
Ich ermuntere euch daher, euch mit erneutem Eifer dem Studium der Heiligen Schrift zu widmen wie auch dem der Väter und Lehrer der Kirche, dem der Dokumente des Lehramtes sowie dem der zuverlässigen Autoren auf den verschiedenen Gebieten der Theologie und Spiritualität. Die Welt von heute und die Würde unseres Dienstes vertragen keine Diener des Heiligtums oder männliche oder weibliche Ordensleute, die kulturell kein

Interesse haben oder nicht auf dem laufenden sind: besonders in einer Stadt wie dieser, die reich an Kultur ist und die, wie ihr wißt, dies größtenteils dem Wirken der Kirche verdankt.

6. Ein weiteres besonderes Merkmal der Spiritualität der hl. Eustochia ist die Anbetung Jesu in der Eucharistie und die Feier des Stundengebets.
Sr. Jakoba Pollicino, die treue und besonders aufmerksame Biographin, berichtet, daß die Heilige ganze Stunden vor dem Allerheiligsten verbrachte. Sobald sie konnte, „begab sie sich in die Kirche zum Leib Christi und warf sich in einer gewissen Entfernung – weil sie sich nicht für würdig hielt, ganz nahe hinzutreten – mit höchster Ehrfurcht auf die Erde und dankte dem Herrn“ (Nr. 33).
Stellen wir uns unsere Heilige vor, wie sie vor dem Altar hingestreckt liegt und suchen wir etwas von ihrer „brennenden Liebe“ zu „ihrem süßen Bräutigam, dem Herrn Jesus Christus“ (Nr. 7b), wie sie sagte, zu erfassen und uns zu eigen zu machen.
Morgen geht im nahen Reggio Calabria der XXI. Nationale Eucharistische Kongreß zu Ende, der, wie ihr wißt, zum Thema hat: „Die Eucharistie als Zeichen der Einheit.“ Ich habe die Freude, bei diesem feierlichen Gottesdienst anwesend zu sein. Daher bitte ich euch schon jetzt, vor dem Sakrament des Leibes und Blutes Christi nach dem Vorbild der hl. Eustochia die Schläge des Herzens Jesu zu vernehmen, das euch zu immer engerer Vereinigung mit Ihm, mit eurem Hirten und den Weihbischöfen einlädt, wie auch zur Einheit mit euren näheren Mitarbeitern, angefangen von den Lektoren und Akolythen, den Katechisten und Ministranten bis zu all jenen, die einen kirchlichen Dienst ausüben.
Sucht alle, „gemeinsam den Weg zu gehen“. Dieses Motto liegt eurem Erzbischof am Herzen: Ich mache es mir zu eigen und vertraue es einem jeden von euch an. Ich lade euch ein, „gemeinsam den Weg zu gehen“ mit den anderen und dort, wo der Herr euch hingestellt hat.
Die Fürbitte der hl. Eustochia, eurer Patronin, erwirke vom Herrn überreichen Segen für alle eure apostolischen Tätigkeiten. Auch ich segne euch von Herzen und schließe alle eure Familienangehörigen und die euch anvertrauten Menschen ein.

Leben in der Klausur keine Flucht aus der Welt

Predigt bei der Heiligsprechung von Eustochia Smeralda Calafato in Messina 11. Juni

1. „Ich bin der wahre Weinstock“ (*Joh* 15,1).
Christus spricht diese Worte – das Gleichnis vom Weinstock und den Reben – am Tag vor seinem Leiden. Damit gewinnen sie eine besondere Bedeutung. Man kann sagen, daß unter den Gleichnissen des Evangeliums dieses eine einzigartige Zusammenfassung des Heilswerkes Christi enthält, dessen Gipfel das Paschamysterium ist.
„Ich bin der wahre Weinstock, und mein Vater ist der Winzer.“ Wir haben hier gleichsam einen Kommentar zu den anderen Worten vor uns: „Mein Vater ist noch immer am Werk, und auch ich bin am Werk“ (*Joh* 5,17). Der Vater wirkt durch den Sohn, und sein Wirken

gleicht dem Arbeiten des Winzers. Wenn der Sohn sich selbst den „wahren Weinstock" nennt, dann deswegen, weil der Vater bestimmt hat, in ihm und durch ihn das neue Leben des Menschen zu stiften: in den Herzen der Menschen und in der Geschichte der Menschen.

Am Abend vor seinem Leiden sprach Jesus darüber zu den Aposteln, und das sagt uns sehr viel, denn gerade dieser Tod, sein Tod, das Opfer am Kreuz wird für den Menschen zur Quelle des Lebens werden. Er ist der Weinstock, durch den das neue Leben, das göttliche Leben den Reben mitgeteilt werden soll.

2. Wenn wir den heutigen Abschnitt des Evangeliums hören, konzentriert sich unsere Aufmerksamkeit besonders auf eine Rebe, in der das göttliche Leben, das Christus ist, die Frucht neuen Lebens gebracht hat: eine besonders reiche Frucht.

Die Kirche freut sich darüber, daß sie heute in Messina feierlich die Heiligkeit einer der Töchter eurer Heimat Sizilien verkünden kann: die der seligen Eustochia Smeralda Calafato. Dieses Mädchen, dem Christus mehr als alles sonst bedeutete, schenkte sich Ihm gänzlich hin und begann einen Weg des Wachstums in der Liebe durch harte Opfer und lange nächtliche Stunden der Anbetung vor jenem Thron der Barmherzigkeit, der das Kreuz ist; vor jenem Thron der Majestät, der der Tabernakel ist.

3. Die Lesungen dieser Liturgiefeier zur Heiligsprechung gestatten uns, besonders gut in die Geschichte der Seele dieser neuen Heiligen der Kirche einzudringen.

Hören wir also aus den Worten des Psalmes den brennenden Ruf des Herzens heraus, das mit all seinen Kräften Gott sucht. Vom Geist der Frömmigkeit erfüllt, rufen wir begeistert: „Gott, du mein Gott, dich suche ich schon früh am Morgen, meine Seele dürstet nach dir" (*Ps* 63,1).

Reif und gelöst ist jene Seele, die das Bedürfnis nach Gott ebenso intensiv spürt wie „das dürre, lechzende Land ohne Wasser" (*Ps* 62,2) auf Regen wartet, der ihm Erfrischung und Leben schenkt.

Erwachsen im Glauben und fröhlich in der Gnade ist jene, die im Schweigen der Nacht und der Kontemplation oder im schlichten Gebet, das man auch bei der täglichen Arbeit zu Gott erheben kann, sich Gott, dem Vater, anvertraut, um Trost und Frieden zu erlangen: Gott gewährt diese Gaben immer dem, der sich unter seine Flügel flüchtet (vgl. *Ps* 63,9).

Die Betrachtung der barmherzigen Güte Gottes ist Speise und Trank, die „die Seele satt" macht (*Ps* 63,3), welche vom Lebenssaft Christi erfüllt wird. Die daraus folgende Angleichung an Jesus läßt den Menschen auf übermenschliche Weise leben, weil man hier nicht mehr für sich selbst lebt, sondern für Gott, seinen Willen erfüllt und an seinem Leben teilnimmt, das man mit unermüdlichem Verlangen gesucht hat (*ebd.* 2).

4. Der große Pascal legte Christus folgende Worte in den Mund: „Du würdest mich nicht suchen, wenn du mich nicht bereits gefunden hättest" (*Gedanken*, 553, ed. Brunschvicq). Du würdest mich nicht suchen, wenn ich nicht zuvor dich gerufen hätte.

Die Worte des Propheten Hosea spielen gerade auf diesen Ruf bzw. die Einladung Gottes an, die Einladung zur geistlichen Hochzeit.

Gott hat die hl. Eustochia gerufen und für sich beschlagnahmt (vgl. *Hos* 2,16); sie lebte in der Wüste ihrer engen Zelle und in den langen Nachtwachen das Warten auf ihren Herrn und Bräutigam, der sie zum Verständnis der göttlichen Worte befähigte, die er an ihr Herz richtete (vgl. *ebd.*).
Der Allmächtige machte sie zu seiner Braut für immer in der Liebe und im Mitleiden, und er führte sie durch diese wahre und göttliche Gerechtigkeit zur Heiligkeit, indem er sie mit Gütern überhäufte (vgl. *ebd.* 2,21). Die neue Heilige ihrerseits blieb in demütiger Beständigkeit dieser Liebe treu, und um in ihr zu wachsen und zu verbleiben, zögerte sie nie vor dem Opfer.

5. Wenn also die menschliche Seele den Ruf ihres Gottes spürt, jenes Gottes, den sie sucht und ohne den sie wie „dürres, lechzendes Land ohne Wasser" ist (*Ps* 63,2), ereignet sich im Menschen eine immer tiefere Bekehrung.
Diese Bekehrung bedeutet aber zugleich eine große „Neuwertung", wie der hl. Paulus im Brief an die Philipper zu verstehen gibt. Die Berufung-Bekehrung, die eine Folge der Begegnung mit Christus auf dem Weg nach Damaskus war, brachte im Völkerapostel einen völligen Umsturz der Werte hervor. Von diesem Augenblick an begann der Christenverfolger alles für einen Verlust zu halten, was er vorher als Gewinn betrachtet hatte. Und auch, als die Nachfolge Christi Verfolgungen, Leiden und ungewöhnliche Mühen mit sich bringen sollte, änderte er seine Auffassung nicht, wurde in ihr vielmehr noch bestärkt (vgl. *Phil* 3,8).
Im Licht des auferstandenen Erlösers war sein einziges Verlangen die gänzliche Vereinigung mit ihm (vgl. *ebd.* 3,9). Als einwandfreier Pharisäer hatte Paulus versucht, sich durch genaue Beobachtung des Gesetzes in all seinen Einzelvorschriften eine eigene Gerechtigkeit zu verschaffen. Doch mit der Bekehrung begriff er, daß die wahre Gerechtigkeit einzig von Gott, dem Herrn kommt. Die erste Vorbedingung aber, um ein solches Geschenk seiner Güte empfangen zu können, ist die Armut des Geistes, die die Seele für Christus öffnet und sie dahin bringt, ihn mehr als sich selbst zu lieben.
Die im Glauben von Gott her empfangene Gerechtigkeit entreißt die Menschen den Niederungen des Bösen und erhebt sie zum Gipfel der übernatürlichen Gotteskindschaft. Aus dieser lichtvollen Höhe gewinnt man einen weiten und durchdringenden Blick, der es gestattet, das Geheimnis Christi in seiner Tiefe kennenzulernen (vgl. *ebd.* 3,10). Und diese Kenntnis Christi, in dem „alle Schätze der Weisheit und der Erkenntnis verborgen" sind (*Kol* 2,3), ist für den bekehrten, von der Gnade umgewandelten Menschen der höchste Wert; eine Kenntnis, die nicht auf ein bloß intellektuelles Kennenlernen reduziert werden kann. Sie ist Gemeinschaft des Geistes und des Herzens mit Christus, der Wahrheit, dank derer man in Fülle seines Leidens, seines Todes und seiner Auferstehung teilhaftig wird und zugleich seine erlösende Kraft teilt.
Die Kenntnis Christi, das Bewußtsein, ihm eng verbunden zu sein, „durch diese Kenntnis in Ihm zu sein", läßt uns „die Gerechtigkeit, die von Gott kommt", als Gnade erfassen. Aus ihr stammt unser Eifer. Sie ist das Angeld, das uns des Nutzens der für den Aufbau des Reiches Gottes voll Hingabe eingesetzten Kräfte versichert.

6. Ein glänzendes Beispiel dafür ist die heilige Eustochia. Sie begab sich eifrig in die Schule Christi, des Gekreuzigten, wuchs in seiner Kenntnis, und aus der Betrachtung seiner herrlichen Gnadengeheimnisse erwuchs ihr eine treue Liebe zu ihm. Für unsere Heilige war das Leben in Klausur keine bloße Flucht aus der Welt, um bei Gott Zuflucht zu finden. Sie wollte sich durch die strenge Askese, die sie sich auferlegt hatte, gewiß mit Christus vereinen und immer mehr all das ausmerzen, was in ihr wie bei jedem menschlichen Wesen weniger gut war, doch gleichzeitig fühlte sie sich mit allen verbunden. Von der Zelle des Klosters in Montevergine aus dehnte sie ihr Gebet und den Wert ihrer Bußwerke auf die ganze Welt aus. So wollte sie jedem Mitmenschen nahe sein, jeden Schmerz lindern und für die Sünden aller um Verzeihung bitten. Heute lehrt uns die hl. Eustochia die Kostbarkeit der gänzlichen Weihe an Christus, den man mit bräutlicher, hingebender und gänzlicher Zuneigung liebt. Wer ihm anhängt, liebt mit dem Herzen Christi selbst, das eine unendliche Liebesfähigkeit besitzt.

7. An diesem Festtag vereinige ich mich mit eurer Freude, liebe Brüder und Schwestern der kirchlichen Gemeinschaft von Messina-Lipari Santa Lucia del Mela, und richte an euch voll Freude diese Worte meiner pastoralen Verbundenheit. Gern richte ich auch an erster Stelle meinen Gruß an die anwesenden Herren Kardinäle, an den Erzbischof der Diözese, Msgr. Ignazio Cannavò, dem ich für die herzlichen Worte danke, mit denen er mir im eigenen Namen und im Namen aller die Gefühle der Verbundenheit zum Ausdruck brachte, wobei er zugleich die Erwartungen und guten Vorsätze bei jedem Gläubigen aussprach.
Ich möchte dann meine Brüder im Bischofsamt grüßen, die Priester, die Ordensmänner und Ordensfrauen. Besonders grüße ich herzlich die Klarissinnen vom Zweiten Orden des hl. Franziskus, zu dem jene Frau gehörte, die wir heute ins Verzeichnis der Heiligen eingeschrieben haben.
Einen ergebenen Gruß richte ich ferner an die zivilen und militärischen Autoritäten, die mein Kommen nach Messina durch ihre wertvolle Zusammenarbeit erleichtert haben. Mein Gruß gilt endlich euch allen, liebe Brüder und Schwestern, die ihr in so großer Zahl gekommen seid und mit eurer festlichen Präsenz auf einfache, aber echte Weise die Gemeinschaft mit der Kirche und dem Nachfolger des Petrus zum Ausdruck bringt. So bekräftigt ihr deutlich, was euer Erzbischof gesagt hat. Meine Lieben, während ich euch meine Freude über die fromme Zuneigung ausspreche, die ihr euren Heiligen gegenüber hegt, ermuntere ich euch, wie sie Zeugen des Lichtes zu sein, das jeden Menschen erleuchtet (vgl. *Joh* 1,19). Seit Jahrhunderten ruft ihr sie an und ehrt sie als Schutzpatronin; ahmt weiterhin ihre eucharistische Frömmigkeit nach; liebt wie sie auch die seligste Jungfrau Maria, deren Verehrung in eurer Heimat fest verwurzelt ist, wie es die zahlreichen ihr in der Stadt und in der Diözese geweihten Kirchen glänzend bezeugen, an erster Stelle die Kathedrale, wo sie unter dem Titel „Madonna della Lettera“ verehrt wird, ferner die hohe Säule, die am Eingang des Hafens die Statue der Mutter des Erlösers trägt.
Meine Lieben, nehmt immer zur heiligsten Jungfrau eure Zuflucht, dann wird sie nicht nur eure Verähnlichung mit Jesus fördern, sondern euch auch zu erfüllen lehren, was

Gott wohlgefällig ist, der das, was man ihm opfert, heiligt, wie diese Eucharistiefeier in Erinnerung ruft und vollzieht.

8. „Wie die Rebe aus sich keine Frucht bringen kann, sondern nur, wenn sie am Weinstock bleibt, so könnt auch ihr keine Frucht bringen, wenn ihr nicht in mir bleibt“ (*Joh* 15,4).
Heute kehrt die Kirche zur Geschichte einer dieser Reben zurück, deren Leben sich in diesem Bleiben in Christus zusammenfassen läßt. „Wer in mir bleibt, und in wem ich bleibe, der bringt reiche Frucht; denn getrennt von mir könnt ihr nichts vollbringen“ (*Joh* 15,5).
Schaut, eure neue messianische Heilige und Tochter Siziliens scheint durch die Jahrhunderte hindurch an alle Generationen die Einladung Christi zu richten: „Bleibt in mir, dann bleibe ich in euch“ (*Joh* 15,4).
Diese Einladung Christi ist durch das Zeugnis der heiligen Eustochia bestätigt worden, wie vorher durch das Zeugnis des Lebens so vieler Heiliger dieser Insel seit den ersten Jahrhunderten des Christentums.
Heute richtet die neue Heilige diesen Aufruf insbesondere an euch Priester, sowie an euch Ordensmänner und Ordensfrauen, die ihr den Weg der gänzlichen Weihe an Gott gewählt habt, um mit allen Kräften dem Aufbau des mystischen Leibes der Kirche zu dienen. Sie richtet ihn an euch Eheleute, denn eure Familie soll in der Welt ein Zeugnis für die liebevolle Treue des Schöpfers sein; an euch Arbeiter, die ihr neue Elemente zum gemeinsamen Aufbau bereitstellt, so daß der Herr allen Menschen hier Frieden und Zufriedenheit schenken kann. Er lädt auch euch, liebe Jugendliche, ein, euch dem Kennenlernen Christi zu widmen, der die echte Antwort auf alle Fragen und Erwartungen ist.

9. „Bleibt in mir, dann bleibe ich bei euch.“ „Mein Vater wird dadurch verherrlicht, daß ihr reiche Frucht bringt und meine Jünger werdet“ (*Joh* 15,8). Wenn die Kirche die neue Heilige zur Ehre der Altäre erhebt, verherrlicht sie Gott.
„Der Ruhm Gottes ist der lebendige Mensch“ (vgl. Irenäus, *Adv. Haer.* IV, 20,7; *Patrologiae graeca* 7,1037). Der Mensch soll von jener Fülle des Lebens leben, die Christus, der Weinstock, ist. Ja, der Mensch ist zur Herrlichkeit in Christus, dem Gekreuzigten und Auferstandenen berufen. Diese Erhebung des Menschen aber bedeutet Ruhm für den Vater. Denn der Vater ist der Winzer ...
Die Heiligkeit des Menschen – die Frucht des Weinbergs Gottes, die Ernte aus dem Paschamysterium, durch das alles in Christus erneuert wird – ist der Ruhm Gottes selbst.
Demütige Dienerin deines Meisters und Bräutigams, heilige Eustochia! Deine Mitbürger und die ganze Kirche frohlocken heute über den Ruhm, den durch die reife Frucht deiner Heiligkeit Gott, der Vater unseres Herrn Jesus Christus, erhält.

Persönlicher Einsatz ist unentbehrlich

Ansprache an die Jugendlichen anläßlich des Nationalen Eucharistischen Kongresses in Messina am 11. Juni

Liebe Jugendliche!

1. Ich bin glücklich, mich zum Abschluß eines Festtages dieser eurer Kirche von Messina und der ganzen katholischen Kirche mit euch zu treffen. Es ist das Fest der Heiligkeit, d. h. der Gnadenwunder, die Gott im Herzen seiner Kinder wirkt und die die Epiphanie seiner Liebe sind.

Im Namen Gottes grüße ich euch und danke euch für die Bezeugung eurer Zuneigung. Auf euren Gesichtern spiegelt sich die Jugend dieser wundervollen Insel wider. Ihr seid die Hoffnung eurer Familien und der Menschheit. Ihr seid die Zukunft der Kirche. Ich bringe euch den Gruß von Millionen anderen Jugendlicher, die in Italien und der Welt Zeugnis von Christus ablegen, dem „Erlöser des Menschen und der Mitte des Kosmos und der Geschichte“ (*Redemptor hominis*, Nr. 1).

Habt Vertrauen in Ihn! Er ist der Auferstandene, der in Ewigkeit Lebende, der auch euch das wiederholt, was er eines Tages den zögernden Aposteln sagte: „Habt Mut! Ich habe die Welt besiegt“ (*Joh* 16,33).

2. Die Tatsache, Bürger von Messina zu sein, stellt für jeden von euch eine Aufgabe dar. Wer von euch weiß nicht, daß eure Stadt, das Tor Siziliens, einerseits ein Balkon ist, der zum Kontinent hinausgeht, und andererseits auch eine natürliche Kreuzung zwischen Morgenland und Abendland, zwischen Nord und Süd? Besteht hierin nicht eine ganz besondere Berufung? Ihr seid dazu aufgerufen, Männer und Frauen des Dialogs zu sein: zu einem religiösen Dialog zwischen christlichem Morgenland und Abendland, zu einem Kulturdialog zwischen der europäischen und afrikanischen Welt und dem Nahen Osten; zu einem sozialen Dialog für das wirtschaftliche Wachstum der Mittelmeerzonen.

Heute abend möchte ich gemeinsam mit euch meinen Blick auf die Zukunft richten. Schwere und drängende Probleme verdichten sich am Horizont. Auf jeden Fall ist es sicher, daß, wenn es euch gelingt, eure geistigen und körperlichen Energien und die Kraft eures Herzens zusammenzutun, ihr einzigartige Lösungen finden und fähig sein werdet, den Anpassungsprozeß der Gesellschaft an die von ihren alten und neuen Bedürfnissen gestellten Forderungen zu beschleunigen.

Zu Recht erwartet ihr den Beitrag der öffentlichen Autoritäten, um so großen Schwierigkeiten wirksam zu begegnen. Auch ich schließe mich euch an, wenn ihr um die entsprechenden Interventionen bittet. Auf jeden Fall sage ich, daß der persönliche Einsatz eines jeden unentbehrlich bleibt. Wenn ihr es versteht, mit den Ärmeren solidarisch, hochherzig in der Übernahme eurer Verantwortungen und schöpferisch in der Erfindung geeigneter Strukturen zu sein, um unvorhergesehenen Problemen entgegenzuwirken, so werdet ihr aus euren Händen jene neue Welt hervorgehen sehen, die fest auf der Gerechtigkeit und der Solidarität gründet, welche das tiefste Bestreben eures Herzens darstellt.

3. Ich möchte euch auf jeden Fall daran erinnern, daß nur der Glaube einem solchen Einsatz volle Bedeutung geben kann. Nur im Lichte des Glaubens kann man in der Tat das Bild Gottes entdecken, das sich in jedem Menschen widerspiegelt und seine transzendente Würde begründet. Belebt daher euren Glauben. Begnügt euch nicht mit einem oberflächlichen Kennen Christi. Vertieft das Verhältnis des Glaubens und der Liebe zu Ihm, indem ihr euch auch die zahlreichen von den Diözesen im Bereich der Jugendpastoral programmierten Initiativen nutzbar macht. Lebt den Weg der Freundschaft mit Christus nicht als Isolierte, sondern teilt ihn mit den anderen Jugendlichen, die sich von denselben Idealen wie Ihr angezogen fühlen. Insbesondere möchte ich euch drei Hinweise für euer Bemühen um persönliche und gemeinschaftliche Reife geben.
a) Der erste betrifft den Einsatz einer ernsthaften Katechese: nur in der Katechese, die als vertiefte Reflexion über den eigenen Glauben verstanden wird, ist es möglich, eine organische Synthese zwischen dem, was man glaubt und dem, was man lebt, zu bewirken. So gelingt es dem Glauben, einen Lichtstrahl auf die oft dramatische Problematik der Existenz zu werfen, und die notwendige Antwort auf die Frage nach dem Sinn zu geben, die im Herzen eines jeden Menschen entsteht.
b) Der zweite Hinweis betrifft die Liebe: in der säkularistischen Welt, in der wir leben, ist die Liebe die einzige Kraft, die fähig ist, alle Widerstände zu überwinden. Gewiß, die Verkündigung Christi bleibt immer vorrangig und dringlich. Doch Worte und religiöse Riten dringen nicht ins Bewußtsein, wenn ihnen die wechselseitige Bürgschaft des tätigen Einsatzes für die anderen fehlt. Freiwilliger Dienst, Strukturen der Aufnahme für die, die in Not sind, soziale Dienstleistungen für unvorhergesehene Situationen usw. sind die konkreten Formen, die der Einsatz der Liebe von Mal zu Mal annehmen kann. Ein Glaube, der unwirksam bleibt, schaltet sich von selbst aus.
c) Der dritte Hinweis ist die Liturgie: das christliche Leben entsteht, entwickelt sich und erlangt seine volle Reife durch die Sakramente und das Gebet der Kirche. Die Feier der göttlichen Geheimnisse schafft einen geistlichen Raum, in der der Gläubige eine einzigartige Erfahrung der Gegenwart Christi machen kann. Aus Ihm wird er die Hochherzigkeit zum täglich neuen Einsatz schöpfen können. So geschieht es, daß sich der Eifer der Liebe mit der in der Liturgie erlebten Erfahrung Gottes wie in einer Pendelbewegung festigt, die aus dem Herzen der Welt zum Altar drängt, und umgekehrt. Man taucht mit der Kraft der aus Christus geschöpften Liebe in die Probleme der Welt ein, und man kehrt zur Feier der Eucharistie zurück, indem man die Probleme und Ängste, Freuden und Leiden der auf den Straßen der Welt getroffenen Brüder zum Altar trägt.

4. Liebe Jugendliche, möge euch die Heilige Jungfrau, eure „Madonna della lettera" bei eurem christlichen Zeugnis begleiten. Blickt auf sie und versucht, inmitten eurer Altersgenossen ihre „lettera", ihr Brief, ihr Wort, zu sein. Von der Höhe der Säule aus, die eure Väter im Hafen errichtet haben, weiß sie, wie eine Mutter, die aufnimmt und segnet, um eure Lebensfreude und zeigt euch Jesus noch einmal.

Macht aus eurer Jugend gemeinsam mit Maria ein Loblied zu Gott, der niemals müde wird, Wunder zu wirken, einen Dienst der Liebe im Hinblick auf die Achtung vor dem Leben, die Förderung der Gerechtigkeit und des Friedens.
Maria, die Mutter der Kirche, segnet euch. Und ich mit ihr.

Christliche Identität unverfälscht bewahren

Ansprache bei der Begegnung mit der Bevölkerung beim Heiligtum von Tindari in Patti (Sizilien) am 12. Juni

Brüder und Schwestern in Christus!

1. Die Vorsehung hat gewollt, daß ich heute zu Beginn dieses Sonntags hier unter euch weile, um euch nicht nur einen „Schönen Sonntag“ zu wünschen, wie es in einer christlichen Familie Brauch ist, sondern auch, um euch im Glauben zu bestärken und euch auf eurem Weg der Hoffnung zu stützen.
Der Sonntag gilt in der Kirche als wöchentliches Ostern, als „neuer Tag“, der mit der Auferstehung Christi beginnt: dieser Tag soll ja im Paradies ein „Tag ohne Untergang“, ein Fest ohne Ende sein.
Ich grüße euren Bischof Ferraro, und danke ihm, weil er schon seit 10 Jahren mit hochherziger Hingabe eure Diözesangemeinschaft leitet. Ich grüße den Vertreter der Regierung und den Bürgermeister, dankbar für die schönen Worte, mit denen sie die Empfindungen aller zum Ausdruck brachten. Ich grüße die religiösen und zivilen Autoritäten, die diese unsere Begegnung durch ihre Gegenwart noch bedeutsamer machen. Ich grüße endlich euch alle, die Gläubigen dieser berühmten Kirche von Patti, die ihr so zahlreich nach hier heraufgestiegen seid, um mir die Wärme eurer Zuneigung zu bezeugen.
Die Schönheit des Ortes, an dem wir uns befinden, die Begeisterung, die aus der Betrachtung der Natur aufbricht, und die Freude, die wir alle im Herzen tragen, lassen uns einen Vorgeschmack jener vollen Seligkeit ahnen und verkosten, die uns einmal im himmlischen Vaterland, zum dem wir unterwegs sind, zuteil werden soll.

2. In dieser Perspektive möchte ich mit euch, liebe Brüder, den Weg überdenken, den das Volk Gottes in diesem Gebiet von Patti zurückgelegt hat.
Geht man in der Zeit zurück, so sieht man, wie sich die Lebensverhältnisse gewandelt haben, welche kulturellen Wandlungen erfolgt sind, die auch diesen Teil Siziliens erfaßt haben. Es ist ein Verdienst der arbeitsamen Bevölkerung und des Einsatzes der Autoritäten, wenn ein Fortschritt in Frieden und Ruhe möglich war in einer Gemeinschaft, die nicht von den Übeln betroffen ist, die andere Zonen heimsuchen.
Besonders möchte ich das gemeinsame Bemühen hervorheben, das in den letzten Jahren in der Förderung der Kultur des Lebens zum Ausdruck kam. Ihr habt zu diesem Zweck eine besondere Institution gegründet und ihr den Namen „Haus des Lebens“ gegeben. Im Bewußtsein der Pflicht, den Fortschritt im Dienst des Menschen zu fördern, habt ihr mit viel Hochherzigkeit dieses kostbare Werk aufgebaut, das in Zusammenarbeit mit der

Universität Mailand Behinderten eine kenntnismäßige und soziale Wiedereingliederung möglich macht.
Das ist eine wirklich rühmenswerte Initiative, eine Art Wette von seiten der Kultur der Solidarität gegen alles das, was die volle Entfaltung des menschlichen Lebens im Reichtum seiner vielfältigen Aspekte behindert.

3. Auf der Linie dieses Einsatzes für echt menschlichen Fortschritt wird das Aufgreifen eines weiteren Problems heute dringlich: das der Arbeitslosigkeit, zumal unter den Jugendlichen, das einem gedeihlichen und ruhigen Zusammenleben im Wege steht. Ich freue mich über alles, was auch auf diesem Gebiet schon geschehen ist, möchte aber zugleich ein Wort der Ermunterung und Anregung aussprechen, daß durch den Beitrag aller, zumal der Verantwortlichen, dieses beängstigende Problem doch relativ bald gelöst werden könne.
Die Kirche, die lebhaft „die soziale Sorge" empfindet, empfiehlt und unterstützt jede Anstrengung, daß vor allem die Jugendlichen hier Arbeit sowie eine sichere und ruhige Zukunft finden, daß eure „lachenden" Felder immer produktiver gemacht werden und der Wohlstand sich auf immer weitere Kreise der Bevölkerung ausdehne.
Eine besonders wichtige Einnahmequelle für eure Wirtschaft hier bildet der Tourismus, der in wachsenden Wellen auch zu diesen Gestaden findet. Ich freue mich darüber, auch wegen der positiven Werte eines Austausches der Kenntnisse zwischen verschiedenen Völkern und Mentalitäten, die mit dem Phänomen des Tourismus verbunden sind, empfinde aber zugleich die Pflicht, euch zu ermahnen, eure christliche Identität unverfälscht zu bewahren. Es wäre kein wirklicher Fortschritt, wenn er auf Kosten der Echtheit eures christlichen Erbes erfolgen würde.
Ihr müßt zeigen, daß es möglich ist, beim Wandel der Kultur und der Strukturen Christen zu bleiben. Dazu ermuntern euch die Zeugnisse der Geschichte eures Landes selbst: dort, wo einst eine heidnische Kultur ihre Kultstätten errichtet hatte, verstanden es die Christen, als Sauerteig der Geschichte Maria ein herrliches Heiligtum zu errichten, das wie ein Stern ist, der auf dem Meer des Lebens Führung und Richtung angibt.
Auf eurem Gebiet sind sich im Verlauf der Zeit zahlreiche fremde Völker und Kulturen gefolgt: und doch haben der Geist und der Glaube von euch Sizilianern schließlich über solche fremden Einflüße triumphiert, wobei ihr deren positive Aspekte bewahrt und in einer originellen Synthese verbunden habt, die den Jahrhunderten gewachsen waren.
Warum sollte heute nicht das Gleiche geschehen? Warum sollten die Jugendlichen und Heranwachsenden heute nicht die Tapferkeit einer heiligen Febronia, der Jungfrau und Märtyrerin von Patti, nachahmen? Warum sollten die Erwachsenen und die Familien nicht erneut unter den gewandelten heutigen Verhältnissen jene Heiligkeit vorleben, die im heiligen Cono von Naso, im heiligen Lorenzo von Frazzanó, im heiligen Benedetto il Moro von San Fratello und im heiligen Nicola Politi von Alcara aufgeleuchtet ist?
Die Ordensleute und alle gottgeweihten Seelen und die Priester können auf einen heiligen Pietro Tommaso schauen, der Bischof von Patti war, wie auch auf alle anderen heiligen Priester und Ordensleute Siziliens, die die Kirche in der letzten Zeit der Aufmerksamkeit und Verehrung aller empfohlen hat: den heiligen Hyazinth Giordano Anzalone, den

hl. Josef Maria Tomasi, den seligen Jakob Cusmano, den ehrwürdigen Diener Gottes Annibale Maria di Francia und seinen Bruder, P. Francesco Di Francia sowie die hl. Eustochia, deren Bild sich bereits in eurem Heiligtum befindet.

4. Es ist möglich, Fortschritt und christliche Identität, Fortschritt und Heiligkeit zu verbinden! Es ist möglich, ja eine Pflicht, weil es keinen wahren Fortschritt ohne die Präsenz der religiösen Werte geben kann.
Eure Kirche begeht ihre Diözesansynode. Möge es das leitende Ziel der Arbeiten der Synodenversammlung sein, den Getauften von heute beim frohen und stolzen Wiederfinden der eigenen christlichen Identität zu helfen, um erneut in dieser unserer säkularisierten Welt Sauerteig im Sinn des Evangeliums zu sein.
Bei dieser Aufgabe steht euch die heiligste Jungfrau zur Seite, der ihr in besonderer Verehrung verbunden seid.
Im Verlauf ihrer Geschichte hat die christliche Gemeinschaft, die hier immer aktiv tätig war, der heiligen Jungfrau zahlreiche Kirchen, Statuen und Altäre errichtet. Es gibt keinen Ort oder verlorenen Winkel in eurem Land, wo es kein Zeichen ihrer Gegenwart gäbe: nach ihr benannte Wege und, wenn auch kleine Ortschaften, die eine ihr geweihte Ikone besitzen, Personennamen und fromme religiöse Genossenschaften.
Alles weist darauf hin, wie örtliche Geschichte, besondere geographische Verhältnisse, tägliches Leben und Glaube sich zu einer einzigen Harmonie verbinden, so daß sie dem ganzen Volk hier ein betont marianisches Antlitz gegeben haben. Es empfindet Maria als seine Mutter, die „Bedda Matri", die Königin, die Schloßherrin, die das Leben aller beschützt!
Maria teilt auch uns als freudenvolle Zeugin, die am Beginn des Heilsplanes stand, das Geheimnis ihrer Freude mit; als Schmerzensmutter vermag sie unseren Schmerz zu verstehen; als in den Himmel Aufgenommene ist sie das sichere Ziel unserer Pilgerschaft auf Erden.

5. Im Lichte Mariens, neben der sich die demütige und zugleich kraftvolle Gestalt ihres Bräutigams, des hl. Josef abzeichnet, möchte ich einen besonderen Gruß an alle Väter und Mütter richten, die der Herr in der Kirche von Patti an die Spitze einer Familie gestellt hat. Möge der Herr ihnen schenken, in Fülle die Freude der ihnen anvertrauten Sendung zu erfahren. Mögen sie mit Stolz ihre Aufgabe als Mitarbeiter Gottes bei der Aufgabe der Weitergabe des menschlichen Lebens auf Erden wahrnehmen und bei der noch edleren Aufgabe seiner Erhebung zur Würde des göttlichen Lebens selbst. Mögen sie sich nicht von anderen in der christlichen Erziehung ihrer Kinder beiseite schieben lassen. Sie haben heute mehr denn je die Aufgabe, die moralische Integrität ihrer Kinder zu schützen.
Liebe Mütter und Väter, der Taufritus erinnert euch daran, daß ihr für eure Kinder die „ersten Zeugen des Glaubens" seid, jene, die ihnen die Frohbotschaft des Evangeliums vermitteln und sie schrittweise in die christliche Gemeinschaft einfügen müssen. Die katechetische Vertiefung, das persönliche Gebet und die Begegnung mit dem auferstandenen Herrn bei der Feier des Sonntags werden in euch die Gnade festigen und euch helfen, ins Leben eurer Kinder Freude, Festlichkeit und Brüderlichkeit hineinzutragen.

6. Ein besonderer Gruß gilt allen kirchlichen Verbänden, die in der Diözese arbeiten: von der Katholischen Aktion, die schon auf eine reiche Geschichte von 50 Jahren zurückblickt, über das Gebetsapostolat zu den Cursillos, zur Fokolarbewegung, zu Communione e Liberazione, zur Neokatechumenalen Bewegung und den Bruderschaften mit ihren alten spirituellen Überlieferungen und ihrem Sinn für Solidarität.
Im gemeinsamen Glauben an den einen Geist, der seine Kirche ständig mit Gaben bereichert, mögen sie immer mehr blühen können und Früchte bringen in der christlichen Formung und Heiligkeit inmitten des Volkes Gottes.
Endlich möchte ich nicht einen herzlichen Gruß an die Jugendlichen, die Heranwachsenden und die Kinder vergessen: sie sind unsere Hoffnung und unsere Zukunft!
Möge dieses Jahr der Gnade, das hundertste Jahr auch seit dem Tod des heiligen Giovanni Bosco, euch viele Früchte schenken.
Liebt Jesus, unseren Herrn und ahmt ihn nach! Seid heilig, dann werdet ihr auch fröhlich und glücklich sein. Vertraut euch der himmlischen Mutter an!
Sprecht jeden Tag neu euer schönes Gebet: „Herr Jesus, dein will ich sein für immer, zum Ruhm des Vaters, mit der Gnade des Heiligen Geistes, durch die Hände Marias, deiner Mutter und unserer Mutter!“
Mit diesen Empfindungen und Wünschen erteile ich allen als Unterpfand meiner großen Zuneigung den Apostolischen Segen.

Familienpastoral festigen und entfalten

Ansprache bei der Begegnung mit den Priestern, Ordensleuten und Mitgliedern der Diözesansynode in Patti (Sizilien) am 12. Juni

Liebe Brüder und Schwestern!

1. Die Gemeinschaft des Glaubens und der Liebe, die diese Einzelkirche von Patti mit der Kirche von Rom verbindet, läßt uns heute eine Stunde inniger brüderlicher Verbundenheit unter dem Blick der Madonna von Tindari, unserer Mutter und unserer Zuversicht, erleben.
Heute wird hier die Kirche sichtbar: und in diesem Heiligtum ist durch meinen Dienst Petrus selbst mit seinem Charisma als universaler Hirte und Lehrer in eurer Mitte.
Ich grüße euren Bischof Carmelo Ferraro, den Kardinal-Erzbischof von Palermo als Legaten des Eucharistischen Kongresses wie auch die anderen anwesenden Bischöfe. Ich grüße die Priester, die Ordensmänner und Ordensfrauen und die Laien, besonders die Mitglieder der Diözesansynode, die ihr abhaltet. Es ist schön, Priester, Ordensleute und Laien mit ihrem Bischof vereint zu sehen, um das Reich Gottes unter der Führung Mariens aufzubauen.

2. Ich weiß, daß eure Synode aus der Notwendigkeit entstanden ist, die Pastoral der Diözese neu zu überdenken und sie einheitlich auf ein gemeinsames Ziel auszurichten, nämlich die Wiederherstellung und Heiligung der Familie.

In der Familie habt ihr das einigende Zentrum des seelsorglichen Lebens erkannt. In ihr seht ihr in den verschiedenen Altersstufen und Lebensverhältnissen alle Mitglieder vereint, die das Volk Gottes ausmachen.
Ich möchte diese Entscheidung ermuntern und euch auffordern, alles zu tun, um die Familienpastoral zu festigen und zu entfalten. Widmet euch ihr als einem wirklich vorrangigen Bereich des Lebens der Kirche und seid gewiß, daß die Evangelisierung in Zukunft großenteils von der christlichen Lebenskraft der „Hauskirche" abhängen wird. „Das ist die priesterliche Aufgabe, welche die christliche Familie in tiefster Verbundenheit mit der ganzen Kirche durch den Alltag ehelichen und familiären Lebens verwirklichen kann und muß; so ist sie berufen, sich selbst sowie die kirchliche Gemeinschaft und die Welt zu heiligen" (*Familiaris consortio*, Nr. 55).
Ich weiß, daß bei euch die Familie ein Wert bleibt, der bei allen in hoher Achtung steht, auch wenn sie Erschütterungen aushalten mußte, typische Auswirkungen der sozialen Wandlungen unserer Zeit.
Die Rückwirkungen der Emigration, der Säkularisierung und der veränderten Lebensverhältnisse waren gerade dort beträchtlicher und gefährlicher, wo das Wort Gottes als Seele der Katechese nicht in einem guten Erdreich des Gewissens wohlwollend aufgenommen wurde.

3. Der Weg der Synode erweist sich damit als ein ebenso kostbarer wie notwendiger Beitrag zur persönlichen Weiterbildung und zu neuem Eifer in der Pastoral. Das Wirken des heiligen Geistes, den ihr ständig anruft, kann neue Persönlichkeiten schaffen, den „neuen Menschen" und neue Strukturen, die zum erfolgreichen Bestehen der Herausforderungen der kommenden Jahre notwendig sein werden. Er möge euch erleuchten, daß ihr hinsichtlich des Ehesakramentes mit immer größerer Klarheit und Einsatzfreude die Grundsätze des Glaubens und das moralische Bewußtsein betont. In der durch den liturgischen Ritus geweihten Liebe erkennt es ein reales Symbol der Einheit zwischen Christus und der Kirche und hält euer Volk von Verbindungen fern, die aus ideologischen oder praktischen Gründen die anspruchsvolle Beständigkeit und Heiligkeit des christlichen Sakramentes ablehnen.
Es geht um die Zukunft eurer Kinder, um die Zukunft Siziliens! Es gilt, die Gewissen zu erleuchten und das innere Glaubensbewußtsein sowie die Vereinigung mit Christus zu fördern durch eine klar umrissene Darlegung der Ziele, die sich der Spiritualität der Ehe eröffnen. Ich sage euch allen: „Familie, werde, was du bist! Entdecke und finde in dir selbst den unüberhörbaren Appell, der gleichzeitig deine Würde, deine Verantwortung und deine Heiligkeit angeht" (*Familiaris consortio*, Nr. 17).

4. Mit dieser Aufforderung und diesem Wunsch rufe ich über euren Hirten, seine Mitarbeiter und euch alle die Fülle der Gnaden und die Gabe der Weisheit des Geistes herab. Zugleich vertraue ich alle Familien dieser Diözese Maria an. Ich bin sicher, daß die Synode zu konkreten pastoralen Vorschlägen und zur Ausarbeitung eines organischen Operationsplanes auf Diözesanebene führt.
Dir, o Maria, Madonna von Tindari, vertraue ich diese Kirche an, die dich als Mutter anerkennt und anruft. Du gehst uns auf dem Pilgerweg des Glaubens voran, stärke dieses

dir geweihte Volk in den Schwierigkeiten und Prüfungen, damit es für die Gesellschaft hier ein Zeichen der ständigen Gegenwart Christi in der Welt werden kann.
Dir, o Mutter der Menschen, vertraue ich die Kirche von Patti an mit ihrem hochherzigen Eifer und ihren christlichen Bestrebungen, mit ihren Befürchtungen und Hoffnungen. Laß ihr nie das Licht der wahren Weisheit fehlen. Leite sie im Suchen nach Freiheit, Gerechtigkeit für alle und nach Heiligkeit. Gib, daß die neuen Generationen dieser herrlichen Insel Christus begegnen, der der Weg, die Wahrheit und das Leben ist. O Jungfrau Maria, begleite den Glaubensweg dieses deines Volkes und erwirke für alle die Gnade des ewigen Heiles.
O gütige, o milde, o süße Mutter Gottes und unsere Mutter Maria.

Kathedralkirchen sind Zeichen der Einheit

Ansprache bei der Begegnung mit Priestern, Ordensleuten und Pastoralarbeitern in Reggio Calabria am 12. Juni

Liebe Priester, Ordensleute und Mitglieder der Pastoralräte, Pastoralarbeiter und Jugendliche!

1. Einen herzlichen Gruß richte ich an euch und danke euch für den festlichen Empfang. In brüderlicher Verbundenheit grüße ich den italienischen Episkopat, zumal den Hirten dieser Diözese, den Erzbischof-Metropoliten Msgr. Aurelio Sorrentino, dem das Verdienst zukommt, den 21. eucharistischen Nationalkongreß mit seinen Mitarbeitern mit großem Einsatz organisiert zu haben. Ich grüße auch den Kardinal-Erzbischof von Palermo als Päpstlichen Legaten für diesen Kongreß.
Diese Begegnung auf dem Platz vor der Basilika und Kathedrale gewinnt besondere Bedeutung im Rahmen eines solchen außergewöhnlichen kirchlichen Ereignisses, das wir heute abschließen, und das als Thema theologischer Vertiefung und pastoraler Praxis die Eucharistie als Zeichen der Einheit behandelt hat.
Die Kathedrale stellt als Hauptkirche der Diözese zugleich ein Zeichen der Einheit dar als bevorzugter Ort der Begegnung des Volkes Gottes, das sich hier um seinen Bischof versammelt, um sein Wort zu hören, das Lob Gottes zu singen und die göttlichen Geheimnisse zu feiern. Hier, so sagt die Konstitution über die Heilige Liturgie, wird „die Kirche auf eine vorzügliche Weise sichtbar, wenn das ganze heilige Gottesvolk voll und tätig an denselben liturgischen Feiern, besonders an derselben Eucharistiefeier, teilnimmt: in der Einheit des Gebets und an dem einen Altar und unter dem Vorsitz des Bischofs, der umgeben ist von seinem Presbyterium und den Dienern des Altars" (*Sacrosanctum Concilium*, Nr. 41).
In der vom Bischof in der Kathedrale gefeierten Eucharistie leuchtet also am lichtvollsten die Einheit der Kirche auf: hier stehen wir an der Wurzel und beim Mittelpunkt der Gemeinschaft; hier erblicken wir das Zeichen und den Grund für die Einheit des Volkes Gottes.

2. Von der Eucharistie muß daher alle pastorale Tätigkeit Anregung und Kraft beziehen, und zur Eucharistie muß sie hinführen. Ein pastorales Tun ohne diese lebensmäßige Verbindung würde in unfruchtbaren Aktivismus oder in einen Humanismus ohne den Gehalt des Evangeliums ausarten. Dies gilt für die Priester, die in der Eucharistie ihren Ursprung haben und für die Eucharistie da sind, aber auch für die Pastoralarbeiter, die zu einer Arbeit und einem Zeugnis berufen sind, die sich sehr bald erschöpfen würden, wenn sie nicht in der Teilhabe an Leib und Blut des Herrn ihre Nahrung fänden. Es gilt ebenso für die Ordensleute, die aus der Eucharistie die Kraft erhalten können, um in ihrer Weihe an Gott durchzuhalten und sie im Band der Brüderlichkeit zu leben.
Eine um die Eucharistie konzentrierte Seelsorgstätigkeit aber kann nur eine in der Gemeinschaft gelebte Tätigkeit sein. Hat übrigens nicht Jesus selbst beim letzten Abendmahl diesen Wunsch ausgesprochen: „Sie sollen vollendet sein in der Einheit, damit die Welt erkennt, daß du mich gesandt hast?“ (*Joh* 17,23).
Der feierliche Anlaß des Eucharistischen Kongresses veranlaßt mich, auf die Forderung nach Einheit zurückzukommen, zu der die Eucharistie uns anregt. Ich tue es mit den Worten, die ich vor Jahren an die Bischöfe von Kampanien bei ihrem Ad-limina-Besuch zu richten Gelegenheit hatte: „Diese Einheit in Glaube und Liebe muß als konkretes Zeugnis der von Jesus gewollten Einheit weiter eure Diözesen anregen und aufrufen; sie muß ebenso hinter all den vielen Initiativen pastoralen Charakters stehen, die ihr in eurem bischöflichen Eifer fördern möchtet. Um eine Verzettelung der Kräfte, unterschiedliche Ziele von Entscheidungen, Initiativen ohne Zusammenhang und innere Ordnung zu vermeiden, wird immer mehr eine wirklich einheitliche Koordinierung nicht nur auf diözesaner, sondern auch auf regionaler Ebene als notwendig empfunden. Um des Wohls der Kirche willen muß es gelingen, in Einheit und Liebe eine gewisse Form von nicht recht verstandener Autonomie zu überwinden, die sich, wenn es auf Taten ankommt, als unnütz oder unwirksam erweisen könnte“ (*Insegnamenti* IV/2, 1981, S. 686).

3. Ich überlasse es eurem Eifer, diese notwendige Einheit, Koordinierung und eventuell Integration zwischen den verschiedenen Diözesen, die sich immer mehr auf weitere Horizonte hin öffnen müssen, in konkrete Abmachungen zu übersetzen. Es liegt hier eine recht schwierige Aufgabe vor euch, nämlich die Botschaft des Evangeliums neu vorzulegen in einer Welt religiöser Gleichgültigkeit, des Konsumdenkens und der Überheblichkeit des Menschen, der wegen seiner technischen und wissenschaftlichen Errungenschaften meint, sich selbst genügen zu können. Dieser ziemlich allgemein verbreitete praktische Atheismus stellt das Drama unserer Zeit dar.
Wir können diese Herausforderungen, die die Gesellschaft heute der Kirche stellt, nicht ignorieren. Es gilt daher, dem zeitgenössischen Menschen zu zeigen, daß es keine wahre Freiheit, volle Gerechtigkeit und echten Frieden geben kann, wo man Gott vergißt, wo Christus abgelehnt oder an den Rand gedrängt wird. Doch trotz allen äußeren Anscheins ist der Mensch, der die traurige Erfahrung der Gottesferne, des Leidens und der Angst macht, heute aufgeschlossener für die Anerkennung der eigenen Grenzen und für die Aufnahme der Botschaft des Evangeliums. Es bleibt immer wahr: „Nur im Geheimnis des fleischgewordenen Wortes klärt sich das Geheimnis des Menschen wahrhaftig auf“,

und „wer Christus, dem vollkommenen Menschen, folgt, wird auch selbst mehr Mensch“ (*Gaudium et spes*, Nr. 22, 41). „Zweifellos“, schrieb mein Vorgänger Paul VI. in der Enzyklika *Populorum progressio*, kann der Mensch die Erde ohne Gott organisieren, doch ohne Gott kann er sie am Ende nur gegen den Menschen organisieren. Der exklusive Humanismus ist ein unmenschlicher Humanismus“ (Nr. 42).

4. Wir müssen in diesem Zusammenhang also neue Formen der Evangelisierung finden. Unter diesen sei passend an den weisen Gebrauch der modernen Medien der sozialen Kommunikation erinnert, vor allem an eine systematische und organische Katechese für alle Altersstufen, doch besonders für die Jugendlichen und Erwachsenen.
Mit der Katechse werden auch die Liturgie und das Zeugnis der Liebe in Erinnerung gerufen. Ist doch die Katechse kein Ziel in sich selbst, nicht bloßer Unterricht, sondern Hinführung zum Glauben. Sie muß daher bestrebt sein, zur Begegnung mit Gott hinzuführen, zum Dialog mit ihm, zum sakramentalen Leben in der bewußten Teilnahme an der Liturgie. Die Aufmerksamkeit für die Mitmenschen in Not ist nicht nur eine Liebespflicht, sondern stellt zugleich das wirksamste Zeugnis der Gültigkeit unseres Glaubens dar. „Der heutige Mensch hört lieber auf Zeugen als auf Gelehrte, und wenn er auf Gelehrte hört, dann deshalb, weil sie Zeugen sind“ (*Evangelii nuntiandi*, Nr. 41).
Als Frucht des im Zeichen der Einheit gefeierten Kongresses möchte ich noch zwei weitere Punkte, die in eurem Programm stark betont wurden, unterstreichen: die Heiligung des Sonntags als Tag des Herrn und ein größeres Verständnis zwischen den verschiedenen kirchlichen Gruppen.
Charakteristisch und von großer Bedeutung in der heutigen geschichtlichen Stunde der Kirche ist die weit verbreitete und komplexe Welt der kirchlichen Verbände, Bewegungen und Gruppen von Laien. Gemeinsam ist ihnen allen das Bemühen, Brüderlichkeit, Freundschaft, gegenseitiges Teilen und Mitverantwortung, Eifer für die Evangelisierung, die Liturgie und das Missionsanliegen aufzuwerten. Unter diesen Bedingungen können sie echte Orte zur Förderung der Laienschaft und zu ihrer Heiligung sein. Doch kann es auch bei ihnen die Gefahr einer übertriebenen Selbstgefälligkeit und einer Absolutsetzung der eigenen Erfahrung geben, die sogar dazu führen kann, sie der Pastoral der Ortskirche zu entfremden. Diese Gefahr kann vermieden werden, wenn alle sich Mühe geben, in voller Gemeinschaft mit ihrem Bischof zu leben und sich gern in die pastoralen Planungen der Ortskirche einzufügen.

5. Mit Recht hat dieser Kongreß auch die soziale Dimension der Eucharistie betont. Diese bedeutet nämlich nicht nur ein inniges Verhältnis zu Christus, sondern auch hochherzige Solidarität mit den Mitmenschen.
Von der Eucharistie her entsteht daher der Einsatz für eine soziale Präsenz der Kirche. Dazu gehört das Bemühen um ein Verständnis der Gesellschaft, in der wir leben, sowie der Probleme des heutigen Menschen. Ein Christ, der von der Eucharistie her lebt, kann und darf nicht nur kritisch oder resigniert sein. Er muß seine Verantwortung als Erbauer des Friedens und als Vertreter der Gerechtigkeit übernehmen.
Bei meinem letzten Besuch in diesem Gebiet hatte ich Gelegenheit, mehrfach über die sogenannte Frage des Südens zu sprechen. Bei diesem zweiten Besuch möchte ich erneut

auf sie hinweisen, auch deswegen, weil wir in diesem Jahr den 40. Jahrestag des gemeinsamen Hirtenbriefes vom 25. Januar 1948 über die Probleme des Südens begehen. Die Frage ist heute noch offen. Ich wünsche, daß der Staat für eure Probleme immer aufmerksamer und aufgeschlossener wird und eingreift, nicht nur mit bloßen Hilfswerken, sondern auch durch Anregung der Selbstentwicklung, aber ich ermuntere euch auch zum Vertrauen auf euch selbst: gebt dem Mißtrauen und der Entmutigung nicht nach! Setzt euch für die Heranbildung von ehrenhaften Mitbürgern ein, die vom Geist des Dienens beseelt und durch das Studium der Soziallehre der Kirche moralisch und geistig vorbereitet sind, für die auch hier wie in zahlreichen anderen Diözesen eine eigene Schule eröffnet worden ist. Bleibt ein Volk mit starken religiösen und bürgerlichen Traditionen! Der Kongreß soll euch beim Überwinden der derzeitigen Schwierigkeiten helfen: er soll euren Glauben vermehren; so wird er auch beim Wiederaufbau des Sozialgefüges und bei der Überwindung der Spaltungen helfen können und die Haßgefühle sowie den Geist der Rache auslöschen, die aufgrund so vieler Trauerfälle unter euch aufgekommen sind.
Die moralische Kraft eines Volkes ermißt sich an der Fähigkeit zum Widerstand und am Willen, den Widerwärtigkeiten nicht zu unterliegen, ferner am positiven Einsatz für den Aufbau einer gerechteren und friedfertigeren Gesellschaft.

6. Einen besonderen Gedanken möchte ich noch euch Jugendlichen widmen. Macht euch die Botschaft des Eucharistischen Kongresses zu eigen, den wir heute abschließen. Habt den Mut des Evangeliums und pflegt in euch den Sinn für Freiheit und Verantwortung. Gebt der Versuchung zur Gewaltanwendung und zum Aussteigen keinen Raum; laßt euch auch nicht verderben durch die Verlockungen der Droge und des Konsumdenkens und fallt nicht in die Netze der kriminellen und Mafia-Organisationen. Ich weiß, wie hochherzig eure Bestrebungen sind und wie ernsthaft ihr euch bemüht, Erbauer des Friedens und Wegbereiter der Gerechtigkeit zu sein. Man muß daher notwendig dahin arbeiten, daß eure Energien nicht ins Leere verbraucht und eure Erwartungen nicht enttäuscht werden. Darin müssen euch eure Eltern, die Priester, die Schule und alle unterstützen, die die Möglichkeit haben, auf sozialem, kulturellem und informativem Gebiet einzugreifen. Doch denkt daran, liebe Jugendliche, daß ihr selber die Erstverantwortlichen für euer Schicksal, für eure eigene Zukunft und die eures Landes sein müßt.
Alle erinnere ich daran, daß der Herr „uns durch die Eucharistie als Sakrament und Opfer so mit sich selbst und untereinander mit einem stärkeren Band als jede rein natürliche Einigung vereinigt und uns so geeint in die ganze Welt sendet, um mit Glauben und Werken von Gottes Liebe Zeugnis zu geben, wodurch er das Kommen seines Reiches vorbereitet und, wenn auch in den Schatten der Zeit, vorwegnimmt“ (*Sollicitudo rei socialis*, Nr. 48).
Indem ich die Botschaft des Kongresses aufgreife, wiederhole ich für euch den nachdrücklichen Aufruf des Apostels Paulus, der zugleich Patron dieser Diözese ist, zur Einheit: „Ich ermahne euch, ein Leben zu führen, das des Rufes würdig ist, der an euch erging. Seid demütig, friedfertig und geduldig, ertragt einander in Liebe, und bemüht euch, die Einheit des Geistes zu wahren durch den Frieden, der euch zusammenhält. Ein Leib und ein Geist, wie euch durch eine Berufung auch eine gemeinsame Hoffnung gegeben

ist; ein Herr, ein Glaube, eine Taufe, ein Gott und Vater aller, der über allem und durch alle und in allem ist" (*Eph* 4,1–6).
Dies sind meine Gedanken und Überlegungen, die ich euch allen, die ihr hier versammelt seid, als Zusammenfassung des eucharistischen Nationalkongresses in eurer Stadt vorlegen wollte. Und in diesem Sinn erteile ich von Herzen euch, den hier Anwesenden und allen, die sich hochherzig für das Kommen des Reiches Gottes in diesem geliebten Land Kalabrien einsetzen, meinen Segen.

Die Solidarität weiterentwickeln

Ansprache bei der Begegnung mit der Welt der Arbeit in Reggio Calabria am 12. Juni

Liebe Arbeiter und Unternehmer!

1. Ich grüße euch alle und jeden einzelnen von Herzen und danke euch für die Wärme eures Empfangs. Ich bin dem Präsidenten der Efim, Prof. Rolando Valiani und dem Vertreter der Arbeiter für die Worte dankbar, die sie an mich auch im Namen der verschiedenen Kräfte der Welt der Industrie und allgemein der Arbeit gerichtet haben, um mir ihre Probleme und Aussichten darzulegen.
Es freut mich besonders, im Herzen dieser Werkstätten unter euch weilen zu dürfen. Sie zeichnen sich aus durch den Titel „Calabresi" und wollen damit gewiß den Willen und das Bestreben zum Ausdruck bringen, zum nationalen wirtschaftlichen Fortschritt beizutragen, freilich ständig der Situation in diesem Teil Italiens eingedenk. Ich bin informiert über die besonderen Probleme der hochherzigen und starken Region Kalabrien, denn ich konnte sie ja schon bei anderer Gelegenheit besuchen und kennenlernen, und ich bin auch glücklich, hier aufgrund des 21. Eucharistischen Nationalkongresses weilen zu dürfen, wo im Zeichen des Glaubens und der Liebe sich die Augen und das Herz aller italienischer Katholiken Reggio zuwendet.

2. Es konnte für mich keine günstigere Gelegenheit als diese für meine Begegnung mit euch geben, liebe Brüder und Schwestern, denn wenn der eucharistische Christus allen Gruppen von Menschen zugehört, so hat er doch eine besondere Beziehung zur Welt der Arbeit. Brot und Wein, die zum Altar gebracht werden, um kraft göttlicher Macht in den Leib und das Blut Christi verwandelt zu werden, sind ja „Frucht der menschlichen Arbeit", wie der Priester bei der Gabendarbringung in der Messe sagt.
Und gerade im Namen Christi, der auf die Erde kam, um die Menschen in der Liebe des gemeinsamen Vaters zu einigen und sie zu Brüdern zu machen, stehen die Probleme der Arbeit der Sorge der Kirche sehr nahe. Wenn sie auch nicht die Aufgabe hat, rein technische Lösungen anzubieten, so kann sie doch alles das nicht unbeteiligt und gleichgültig lassen, was die Gerechtigkeit, die Achtung vor der Würde der menschlichen Person, den Frieden in Familie und Gesellschaft angeht, und sie kann auch denen, die leiden oder ohne Arbeit sind oder sich in menschenunwürdigen Lebensverhältnissen befinden, nicht fern bleiben.

„Der Weg der Kirche ist der Mensch" (vgl. *Redemptor hominis*, Nr. 14). Mit ihm hat sich Christus selbst gewissermaßen vereinigt (vgl. *Gaudium et spes*, Nr. 22). Das konkrete Geschick der Männer und Frauen in ihren besonderen Situationen und vor allem das der Arbeiter liegt der Kirche am Herzen; es liegt dem Papst ebenso wie auch euren Bischöfen am Herzen.

Ihr kennt alle in etwa die sozialen Enzykliken, auf deren, der zeitlichen Reihenfolge nach letzte euer Vertreter hat anspielen wollen. Die dort enthaltene Lehre hat zwei große Anliegen: das erste ist die Achtung vor der Würde jedes Mannes und jeder Frau, denen das Recht auf volle wirtschaftliche, menschliche und geistige Entfaltung zuerkannt werden muß, und die niemals zu bloßen Mitteln und Werkzeugen im Dienst anderer Ziele herabgewürdigt werden dürfen. Das zweite ist der Wert der Arbeit als „fundamentale Dimension der Existenz des Menschen" (*Laborem exercens*, Nr. 4), „der wesentliche Schlüssel in der gesamten sozialen Frage" (*ebd.*, Nr. 3) und bevorzugtes Mittel zur Entwicklung (vgl. *Sollicitudo rei socialis*, Nr. 30). Beide Anliegen treffen in der Feststellung vom Wert der auf jeder Ebene gelebten und angewandten Gerechtigkeit zusammen.

3. Im Licht dieser Grundsätze möchte ich mit euch und vor dem Herrn einen klaren, aber auch gelösten und vertrauensvollen Blick auf die Wirklichkeit dieser Region im Süden werfen.

Es wird allgemein zugegeben, daß der Süden nicht den gleichen Grad der Entwicklung wie der Norden aufweist, daß der Reichtum nicht gleichmäßig zwischen beiden Zonen verteilt ist, und daß die Möglichkeiten, eine würdige und würdig entlohnte Arbeit zu erhalten, nicht die gleichen sind; daß das alles eine Emigration im Inneren des Landes und ins Ausland auslöst mit den Folgen, die wir kennen.

Liebe Brüder und Schwestern: das sind echte Probleme, gewiß komplexer Art, aber nicht unlösbar, wenn man auf Gott und auch auf den Menschen vertraut. Ich möchte hier erneut betonen, daß die Menschen mehr gelten als die Dinge; daß der Profit nicht der einzig gültige Maßstab ist, wenn es sich um den Aufbau oder die Verbesserung eines Unternehmens oder um die Wahl der Art der Güter handelt, die man produzieren will.

Dazu kommt die Pflicht der Solidarität, nicht nur unter den weniger entwickelten Regionen selbst, sondern auch und vor allem zwischen diesen und jenen Regionen, die bereits die Zeile einer höheren Entwicklung erreicht haben. Eine Solidarität, die auf allen Ebenen Wirklichkeit werden muß, und die auch die Verantwortlichen für Wirtschaft und Politik, abgesehen von den Arbeitern selbst und ihren Organisationen, auf den Plan ruft.

Damit haben wir bereits das Feld der Moral betreten, jenes Feld, auf dem sich gerade die menschlichen Tätigkeiten abspielen, an erster Stelle jene, die auf Entwicklung abzielen, also die irgendwie mit der menschlichen Arbeit verbundenen wirtschaftlichen Tätigkeiten.

Es scheint hier in Kalabrien ein tiefreichendes Erstarken der moralischen Atmosphäre notwendig zu sein, dieser echt „ökologischen" Umwelt, ohne die man nicht arbeiten und auch nicht als Männer und Frauen leben kann, die auf der Höhe ihrer eigenen Würde bleiben wollen. Jede Form des Mißbrauchs, der Übervorteilung, der ungerechten Unterdrückung und der organisierten Kriminalität muß abgelehnt und mit der Hilfe des

Herrn überwunden werden, weil sie zur Würde des Menschen in radikalem Gegensatz steht.

4. Den wahren Sinn der Arbeit und der Identität des Arbeiters finden wir, wie ich in der Enzyklika *Laborem exercens* angedeutet habe, auf den ersten Seiten der Heiligen Schrift. Dort zeigt Gott selbst, daß er als Arbeiter dargestellt werden will. Er schenkt mit seinem Wort der Welt in sechs Tagen das Dasein und ruht am siebten (*Gen* 1,3 ff.). Nachdem er den Menschen „aus Erde vom Ackerboden" geformt hatte (*ebd.* 2,7), versetzt er ihn „in den Garten von Eden, damit er ihn bebaue und hüte" (*ebd.* 2,15). Er gibt damit dem Menschenpaar einen Auftrag, der der Ausgangspunkt jedweder menschlicher Arbeit ist: „Bevölkert die Erde, unterwerft sie euch und herrscht über jedes lebende Wesen (*ebd.* 1,28). In der Erfüllung dieses Auftrags folgt jeder Mensch dem Beispiel des Schöpfers des Universums selbst, denn die menschliche Arbeit erscheint in der Schrift als Mitarbeit am Schöpfungsplan Gottes.

Und wenn auch die Sünde des Ursprungs auf der menschlichen Arbeit lastet, so daß sie hart und mit Mühe verbunden ist, zum Drama sozialer Ungleichgewichte wird und Gefahr läuft, zur bloßen Ware zu werden, die man austauscht, so hat das ihren Wert in keiner Weise vermindert oder aufgehoben. Ja, Jesus, der Sohn Gottes, der Mensch geworden ist, wollte auch die Arbeit erlösen und hat ihr damit einen neuen Ruhmestitel geschenkt. Er selbst wollte ein Arbeiter sein, ein Zimmermann, und hat damit die tägliche Arbeit in den Heilsplan Gottes eingefügt.

Nach Jesus kamen die Jünger. Zum Beispiel der Apostel Paulus, der als Erster die Frohbotschaft des Evangeliums nach Reggio brachte. Er wurde zum Verkünder dieses Evangeliums der Arbeit. Er hat nicht nur selbst gearbeitet, um sich den notwendigen Lebensunterhalt zu beschaffen und um niemandem zur Last zu fallen (vgl. *Apg* 20,34; 18,3; *1 Thess* 2,9; *2 Thess* 3,7 ff.), er verurteilte auch jene, die sich dem Müßiggang hingaben und schrieb: „Wer nicht arbeiten will, soll auch nicht essen" (*2 Thess* 3,10).

Wir wissen ferner alle, daß „Bete und arbeite" das Motto jener Benediktinermönche war, die in einer Zeit der barbarischen Zerstörung die europäische Kultur grundgelegt haben. Die Arbeit wurde so zum Mittel der Heiligung, wenn man sie nämlich als Mittel der eigenen Selbstverwirklichung als Mensch einsetzt und sie von den anderen in ihrer ganzen Würde geachtet wird.

5. Dies hat die Kirche immer gelehrt. Dies möchte ich auch heute bei dieser Begegnung mit euch Arbeitern und Unternehmern von Kalabrien wiederholen.

Ich habe bereits die Solidarität angesprochen. Nun möchte ich hinzufügen, daß ich in meinen beiden sozialen Enzykliken *Laborem exercens* und *Sollicitudo rei socialis* eine Dimension der Solidarität herausstellen wollte, die mir für euch Arbeiter in Kalabrien und im Süden Italiens zur besseren Lösung eurer jahrealten Probleme besonders wichtig erscheint, nämlich die Entwicklung gerade der Solidarität.

„Die Entwicklung der Völker setzt ein und verwirklicht sich am besten, indem sich jedes einzelne Volk um die eigene Entwicklung in Zusammenarbeit mit den anderen bemüht" (*Sollicitudo rei socialis*, Nr. 44). Also Solidarität für die Entwicklung! Doch das allein

genügt nicht. „Die Entwicklung erfordert auf seiten der betroffenen Länder selbst vor allem Unternehmensgeist. Jedes Land muß nach seinen eigenen Verantwortlichkeiten handeln, ohne alles von den bessergestellten Ländern zu erhoffen, und in Zusammenarbeit mit den anderen, die in derselben Lage sind. Jedes Land muß den Raum der eigenen Freiheit, soweit wie möglich, entdecken und ausnützen" (*ebd.*). Jede interessierte Region muß „die eigenen Prioritäten ermitteln und die eigenen Bedürfnisse unter den besonderen Lebensbedingungen der Bevölkerung, in ihrer geographischen Umwelt und bei ihren kulturellen Traditionen erkennen" (*ebd.*).
Liebe Brüder und Schwestern, mit großem Interesse habe ich vernommen, daß den Verantwortlichen eine Reihe von Projekten für neue Investitionen in den südlichen Regionen zur Billigung vorgelegt worden sind. Ich wünsche mir, daß sich Kalabrien noch schneller in dieser Richtung bewegt, indem es eigene Initiativen entwickelt und die Industrieanlagen vermehrt, um die schwere und jahrealte Plage der Arbeitslosigkeit zu beseitigen und die örtlichen Möglichkeiten ausnützt, angefangen bei den landschaftlichen Schönheiten, die Gott euch reichlich geschenkt hat, freilich unter Achtung der geographischen Umwelt und der ererbten kulturellen Traditionen, wie etwa die Anhänglichkeit an die Familie und an den Glauben, aufrichtige Freundschaft, Adel des Geistes und Solidarität mit den Ärmsten.

6. Diese Tugenden und zumal die der Solidarität (vgl. *Sollicitudo rei socialis*, Nr. 39–40) können gerade aus jener eucharistischen Gabe, die Italien hier in Reggio gerade gefeiert hat, besondere Kraft und besonderen Wert empfangen.
Die Eucharistie ist ein Mahl brüderlicher Gemeinschaft, bei dem alle Gläubigen zur Teilnahme eingeladen sind, um ohne Unterschied der Rasse, des Vermögens und der Kultur Platz zu nehmen, wenn sie nur geziemend vorbereitet sind. Wir sind nämlich alle berufen, in Christus eins zu werden. Er ist dazu gestorben, „die versprengten Kinder Gottes wieder zu sammeln" (*Joh* 11,52).
Vor allem von der Eucharistie kommt die Mahnung, daß das Haben nicht genügt, man muß auch etwas sein. Die kleine geweihte Hostie bedeutet auf dem Gebiet des Habens nichts, aber alles auf dem des Seins: sie ist ja der Leib Christi, der gestorben und auferstanden ist, der uns in sich umwandelt und uns gegenseitig zu Brüdern werden läßt. Im Licht dieses Sakramentes, das Italien heute auf einem seiner Nationalkongresse feiert, wird das Sein auf der Ebene, die zutiefst in uns liegt, vorrangig. Das Haben aber verändert sich zum miteinander teilen: mit anderen Worten, sein und haben für die anderen. Hier liegt der Sinn der Solidarität, von der wir sprechen.

7. Liebe Brüder und Schwestern, dieser 21. Eucharistische Nationalkongreß ruft alle zu einer vertieften Gewissenserforschung über den Gehalt und den Sinn auf, den wir unserem sozialen Leben gegeben haben und geben wollen. In der Enzyklika *Sollicitudo rei socialis* habe ich geschrieben: „Wir alle, die an der hl. Eucharistie teilnehmen, sind dazu aufgerufen, durch dieses Sakrament den tieferen Sinn unseres Handelns in der Welt für Entwicklung und Frieden zu entdecken und hier die Kräfte zu empfangen, um uns immer großherziger nach dem Beispiel Christi, der in diesem Sakrament stets das Leben für seine Freunde gibt, einzusetzen (*ebd.*, Nr. 48).

Wir befinden uns auch im Marianischen Jahr. Mit dem eucharistischen Jesus und mit Maria, der Mutter der Kirche und damit von uns allen, wollen wir uns desto mehr für das soziale Geflecht verantwortlich wissen und dazu beitragen, die Elemente, die es zusammenfügen, zu festigen und jene zu vermindern, die es zerreißen.
Christus lädt uns ein, Erbauer des Friedens und der Gerechtigkeit zu sein. Möge sein Wort in uns aufmerksame Hörer und hochherzige Mitarbeiter finden. Ich grüße euch noch einmal von Herzen und erteile euch meinen besonderen Segen.

Der Christ muß sich für den Menschen einsetzen

Predigt bei der Eucharistiefeier zum Abschluß des Eucharistischen Nationalkongresses in Reggio Calabria am 12. Juni

1. „Ein Brot ist es: Darum sind wir viele ein Leib" (*1 Kor* 10,17).
Die Worte aus dem ersten Brief des hl. Paulus an die Korinther sind der Leitfaden des Eucharistischen Nationalkongresses in Reggio Calabria: nur dank der heiligen Eucharistie sind wir ein Leib! So will die Kirche in Italien – auf der ganzen Halbinsel, die sich von den Alpen über den Appenin bis nach Sizilien erstreckt – ihre Verehrung für das heiligste Sakrament des Leibes und Blutes Christi sichtbar machen und zugleich eine grundlegende Wahrheit über sich selber ausdrücken: Wir sind nur ein Leib, wir sind eine Einheit!
Im Namen dieser eucharistischen Wahrheit über die Kirche grüße ich euch alle, die ihr physisch und geistig in Reggio Calabria versammelt seid: ich grüße die Kirche im Land Italien – auf dem Kontinent und auf den Inseln – in allen Diözesen und in allen Pfarreien; in allen Gemeinschaften, die dank dieses Sakramentes des Opfers Christi, seines Kreuzes und seiner Auferstehung leben und wachsen und die in der Eucharistie und durch sie „ein einziger Leib" sind.
Besonders grüße ich dich, Kirche von Reggio Calabria, die du unter der Führung deines eifrigen Hirten, Erzbischof Aurelio Sorrentino, diese großartige Äußerung des Glaubens und der Liebe zum eucharistischen Sakrament zuwege gebracht hast! Ich grüße deinen Klerus, die männlichen und weiblichen Ordensleute und alle gottgeweihten Seelen; ich grüße die Mitglieder der katholischen Verbände und kirchlichen Bewegungen, die in pastoralen Tätigkeiten der Evangelisierung und der Liebe engagierten Laien; ich grüße das ganze gläubige Volk, das das überaus reiche Erbe christlicher Werte hütet – durch die Jahrhunderte hindurch von Generationen von Glaubenden aufgebaut. Möge die Güte Gottes über dich ihre Gnaden ausgießen und dich auf Wege des Wohlergehens und des Friedens führen!

2. Das Evangelium, das wir eben gehört haben, lenkt unseren Blick auf die Entfaltung des Lebens in der Natur. Es ist bekannt, daß Jesus bei seiner Lehre über das Reich Gottes gern auf ähnliche Erscheinungen und Vorgänge hinwies. Obwohl es nämlich zwischen diesem Reich und der Ordnung der Natur einen Unterschied gibt, so herrscht zwischen

ihnen doch auch Ähnlichkeit. Und gerade diese Ähnlichkeit, die man übrigens leicht entdecken kann, erklärt auf überzeugende Weise die Kraft der Lehre Jesu in den Gleichnissen.

Warum gleicht das Reich Gottes einem Samenkorn, einem Samen, der in die Erde geworfen wird? Christus leitet seine Hörer an, zu bedenken, wie dieser in die Erde geworfene Same wächst. Denn „die Erde bringt von selbst ihre Frucht, zuerst den Halm, dann die Ähre, dann das volle Korn in der Ähre" (*Mk* 4,28). Dies geschieht ohne Zutun des Menschen. Nachdem dieser das Korn gesät hat, arbeitet die Erde von selbst: Der Sämann „schläft und steht wieder auf, es wird Nacht und wird Tag, der Samen keimt und wächst, und der Mann weiß nicht wie" (*Mk* 4,27). Erst wenn die Ähre reif ist, wenn „die Frucht reif ist", muß der Mensch, der zuerst den Samen in die Erde gesät hat, seine Tätigkeit wieder aufnehmen. „Er legt die Sichel an; denn die Zeit der Ernte ist da" (vgl. *Mk* 4,29). Christus spricht von der spontanen Fruchtbarkeit der Erde: „Die Erde arbeitet von selbst." Freilich ist bekannt, daß hinter diesem spontanen Arbeiten der Erde die lebenspendende Kraft steht, die der Schöpfer jedem lebendigen Geschöpf geschenkt hat.

3. Mit der Ernte beginnt eine neue Phase für das geerntete Korn. Durch die Arbeit des Menschen wird es in Brot verwandelt und damit für die Bedürfnisse des Menschen brauchbar. Es wird Speise für die Menschen.

Hier treten wir also ein in das Alltagsleben des Menschen, dem der Sohn Gottes empfohlen hat, im Vaterunser zu beten: „Unser tägliches Brot gib uns heute" (*Mt* 6,11). Das Brot ist ein Geschenk des Schöpfers und zugleich Frucht der menschlichen Mühe: „Frucht ... der menschlichen Arbeit", wie wir täglich bei der Opferung der Gaben in der heiligen Messe sagen.

Brot gab es auch im Abendmahlssaal in Jerusalem beim Letzten Abendmahl. Jesus nahm das Brot des Paschamahles in seine Hände, brach es und gab es den Aposteln mit den Worten,: „Nehmet und esset, das ist mein Leib" (*Mt* 26,26).

Der hl. Paulus bezeugt es im Abschnitt des Briefes, den wir gehört haben, wenn er an seine Adressaten in Korinth die Frage richtet: „Ist das Brot, das wir brechen, nicht Teilhabe am Leibe Christi?" (*1 Kor* 10,16).

Ja, das stimmt. Christus sagte: „Das ist mein Leib, der für euch hingegeben wird" (*Lk* 22,19). Er sprach über den Kelch mit Wein den österlichen Segen, reichte ihn den Aposteln und sagte: „Dieser Kelch ist der neue Bund in meinem Blut, das für euch vergossen wird" (*Lk* 22,20).

Der Apostel fragt also die Korinther: „Ist der Kelch des Segens, über den wir den Segen sprechen, nicht Teilhabe am Blut Christi?" (*1 Kor* 10,16). Ja, er ist es. Denn nach der Einsetzung des Sakramentes seines Leibes und Blutes unter den Gestalten von Brot und Wein beim Letzten Abendmahl sagte Christus den Aposteln am Ende: „Tut dies zu meinem Gedächtnis" (*1 Kor* 11,25).

4. Und so tut es die Kirche von Anfang an, seit den Zeiten der Apostel; sie tut es auch heute, und sie wird es tun bis ans Ende der Geschichte, bis zur endgültigen Wiederkunft Christi. „Ihr verkündet den Tod des Herrn, bis er kommt" (*1 Kor* 11,26). So tut es die Kir-

che an allen Orten der Erde. So tut sie es seit 2000 Jahren hier an diesem Ort, der euer Vaterland ist.
Die Kirche verkündet den Tod und die Auferstehung Christi mit den Worten des Evangeliums. Doch das besonders bedeutsame und an göttlichem und menschlichem Inhalt reiche Wort ist die Eucharistie: das Sakrament, das die Kirche feiert und durch das sie sich beständig aufbaut (vgl. den Brief *Dominicae Cenae*, Nr. 4); Quelle, Mittelpunkt und Gipfel des Lebens der Kirche und ihr größter Schatz (vgl. *Lumen gentium*, Nr. 11; *Christus Dominus*, Nr. 30; *Ad gentes*, Nr. 9); das Sakrament, welches den gesamten geistlichen Schatz enthält, den die Kirche direkt von Christus empfangen hat (vgl. *Presbyterorum ordinis*, Nr. 5); das Sakrament, in dem das Paschamysterium ununterbrochen gegenwärtig bleibt; das Sakrament, in dem die Kirche ohne Unterlaß ihren Dank für „die Großtaten Gottes" verkündet (vgl. *Apg* 2,11).
„Wie schön ist es, dem Herrn zu danken, / deinem Namen, du Höchster, zu singen, / am Morgen deine Huld zu verkünden / und in den Nächten deine Treue" (*Ps* 92,2–3).
So macht es die Kirche. So tut es besonders die Kirche in Italien, die ihren Dank für die „Großtaten Gottes" durch diesen Eucharistischen Nationalkongreß in Reggio Calabria kundtut, der heute seinen Höhepunkt erreicht.

5. „Weil es nur ein Brot ist, darum sind wir viele ein Leib" (*1 Kor* 10,17): diese Worte des hl. Paulus über das Verhältnis zwischen Eucharistie und Kirche beschreiben das Thema dieses XXI. Eucharistischen Nationalkongresses.
Die Eucharistie hat als Opfer und Mahl eine wesentliche Beziehung zur Kirche, die sich in den einzelnen Gemeinschaften um die Apostel und die ersten Boten des Glaubens herum entwickelt hat; diese Gemeinschaften waren sich bewußt, Zellen einer einzigen Kirche zu sein aufgrund der Einzigkeit des Opfers Christi am Kreuz, das jede Eucharistiefeier aufs neue aktuell machte, und aufgrund der Einheit schaffenden Wirksamkeit, die die Teilhabe am gleichen Brot und am gleichen Kelch unter den Gläubigen auslöste.
Dies gilt auch für die kirchlichen Gemeinschaften unserer Zeit. Der Weg zur Erreichung der Einheit mit Christus ist die Eucharistie, von der Jesus in der Verheißungsrede gesagt hat: „Wer mein Fleisch ißt und mein Blut trinkt, der bleibt in mir, und ich bleibe in ihm. Wie mich der lebendige Vater gesandt hat und wie ich durch den Vater lebe, so wird jeder, der mich ißt, durch mich leben" (*Joh* 6,56).
Bekannt ist das Gebet, das die ersten Christen bei der Eucharistiefeier an den Herrn richteten: „Wie dieses gebrochene Brot über die Hügel verteilt war und nach der Ernte eins wurde, so wird deine Kirche von den Enden der Erde her in deinem Reich versammelt" (*Didache* IX,4). Der hl. Cyprian aber, der Bischof und Märtyrer von Karthago, vertiefte dieses Thema, und sagte: „Die Opfergesten des Herrn zeigen die Einmütigkeit der Christen, die in echter und unteilbarer Liebe konzentriert ist. Wenn der Herr nämlich als seinen Leib das Brot bezeichnet, das aus vielen Körnern zusammengesetzt ist, so weist er auf unser vereintes Volk hin, das er trägt; und wenn er den Wein, der aus vielen Trauben und Beeren ausgepreßt und zusammengegossen ist, als sein Blut bezeichnet, bezeichnet er in ähnlicher Weise unsere Herde, die aus einer Menge, die vereint ist, besteht" (*Brief an Magnus*, Nr. VI: *Patrologiae latina* 3,1189).

Diese Einheit der Christen mit Christus und untereinander zeigt sich besonders in der Einheit des Glaubens und in der Einheit der Liebe; ein Glaube, der klar und bestimmt in der eigenen Familie, am Arbeitsplatz sowie in der bürgerlichen und politischen Gesellschaft gelebt wird. Eine tätige und tatbereite Liebe, die für die Bedürfnisse der Brüder offen ist, wenn diese Opfer der vielen neuen Formen der Armut und des Randdaseins geworden sind.
Wegen dieser Einheit des Glaubens und der Liebe, die ihre Kraftquelle und ihren Halt in der Eucharistie findet, muß der Christ sich unbedingt für die Verteidigung des Menschen einsetzen, für seine Würde und seine fundamentalen Rechte, an erster Stelle für das Recht auf Leben vom ersten Augenblick seiner Empfängnis an; er muß unbedingt die Methoden des Hasses sowie der offenen oder heimlichen Gewaltanwendung ablehnen; er muß unbedingt den anderen gegenüber großherziger sein, weil sie ja alle Brüder in Christus und Kinder Gottes sind.

6. „Womit sollen wir das Reich Gottes vergleichen, mit welchem Gleichnis sollen wir es beschreiben?“ (*Mk* 4,30).
Die Liturgie lädt uns ein, über das Gleichnis des in die Erde gesäten Samenkorns nachzudenken. Aus diesem Samen wachsen auf den Feldern die Ähren bis zur Zeit der Ernte heran. Aus einem anderen Samen, dem Senfkorn, wächst ein herrlicher Baum heran. Das Gleichnis vom Senfkorn bezieht sich auf die Worte des Propheten Ezechiel, die wir in der ersten Lesung gehört haben, in der von der Weise die Rede war, wie das in die Erde gepflanzte Zedernreis Wurzeln bildet und Zweige treibt, endlich Frucht bringt und zu einer herrlichen Zeder wird. Alle Vögel lassen sich dort nieder, jeder Vogel kann im Schatten ihrer Zweige ausruhen (vgl. *Ez* 17,23).
Das II. Vatikanische Konzil greift diese Analogien auf und zeigt, wie durch die Eucharistie das Reich Gottes innerhalb der irdischen Geschichte der Menschheit wächst und heranreift: „Das Wort Gottes, durch das alles geworden ist, ist selbst Fleisch geworden und ist, auf der Erde der Menschen wohnend, als wirklicher Mensch in die Geschichte der Welt eingetreten, hat sie sich zu eigen gemacht und in sich zusammengefaßt“ (*Gaudium et spes*, Nr. 38).
Er beruft einige zum Zeugnis für den Glauben in ihrer Umgebung, andere, daß sie im irdischen Bereich den Menschen hingebungsvoll dienen. „Alle aber befreit er, damit sie durch Absage an ihren Egoismus und unter Dienstbarmachung aller Naturkräfte für das menschliche Leben nach jener Zukunft streben, in der die Menschheit selbst eine Gott angenehme Opfergabe wird“ (*ebd.*). „Ein Angeld dieser Hoffnung und eine Wegzehrung hinterließ der Herr den Seinen in jenem Sakrament des Glaubens, in dem unter der Pflege des Menschen gewachsene Früchte der Natur in den Leib und das Blut des verherrlichten Herrn verwandelt werden zum Abendmahl brüderlicher Gemeinschaft und als Vorfeier des himmlischen Gastmahls“ (*ebd.*).

7. „Durch die Eucharistie sind wir ein einziger Leib“ – so verkündet die Kirche in Italien auf dem gegenwärtigen Kongreß.
Bedeutet das etwa nicht, daß wir auch durch die Einheit des Leibes Christi für das Wachsen des Reiches Gottes in unserem Land und in der ganzen Welt arbeiten?

Bedeutet es nicht, daß wir durch die Eucharistie vom Geheimnis jenes Reifens des Reiches Gottes leben, dessen Bild im Evangelium das Reifen des „bis zur Ernte" in die Erde gesäten Samenkorns ist, oder das Heranwachsen des Senfkorns und seine Umgestaltung in einen herrlichen laubreichen Baum?
Die Eucharistie sagt uns, daß dieses Wachsen und Reifen ein Geschenk Gottes selber ist. Sie sagt uns auch, daß der Mensch und die gesamte Kirche zu gegebener Zeit den Ruf des göttlichen Spenders zum Säen, Bebauen und Ernten hören müssen.

8. Die Eucharistie. Das Sakrament des Leibes und Blutes Christi. Das Sakrament des Wachsens und Reifens des Reiches Gottes auf Erden und in uns allen.
Kann im übrigen die menschliche Sprache mit ausreichenden Worten das, was die Eucharistie ist, schildern? Sie ist ein wahrhaft unerforschliches Geheimnis! Und zugleich äußerst einfach! Voll von höchstem Reichtum!
So können wir am Ende dieser eucharistischen Feier der ganzen Kirche in Italien vielleicht nur eins tun: Die wohlbekannten Worte der Mutter Gottes aus dem Magnificat aufgreifen und sie aus der Tiefe unseres Herzens wiederholen: „Der Mächtige hat Großes an mir getan, und sein Name ist heilig" (*Lk* 1,49).
Ja, Großes hat er an uns getan – an jedem einzelnen und an allen. Sein Name ist heilig! Amen.

Bewahre uns in der Einheit

Angelus in Reggio Calabria am 12. Juni

1. Es ist die Stunde des Angelus, die Stunde, in der das christliche Volk eingeladen ist, an Maria zu denken. Kalabrien ist übersät mit Marienheiligtümern, die offensichtlicher Ausdruck einer tief empfundenen und gelebten Frömmigkeit sind. Unter den bekanntesten sind zu nennen: die Heiligtümer der Madonna delle Armi in der Diözese Cassano Ionio, der Madonna di Porto, Diözese Catanzaro-Squillace; der Madonna della Catena, Diözese Crotone-Santa Severina; der Madonna von der immerwährenden Hilfe, Diözese Lametia Terme; der Madonna della Montagna, Diözese Locri-Gerace; der Madonna dell'Odigitria, Diözese Lungro; der Madonna di Monserrato, Diözese Mileto-Nicotera-Tropea; der Madonna der Armen, Diözese Oppido-Palmi; der Madonna Acheropita, Diözese Rossano-Cariati, und der Madonna del Pettoruto in der Diözese San Marco-Scalea.

2. In der Diözese Reggio sind die Wallfahrtskirchen der Madonna von Modena, die ich heute nachmittag besuche, der Madonna del Porto Salvo delle Grazie, della Cappella, del Mare, della Neve bekannt.
Ihr Bewohner von Reggio Calabria verehrt die Gottesmutter unter dem sehr bedeutsamen Titel „Mutter vom Trost". Und Maria ist es, weil sie als erste durch die Freude der Gottesmutterschaft und durch die Auferstehung ihres Sohnes Jesus Christus ermutigt wurde.

Deshalb ist sie Quelle des Trostes und „leuchtet auch hier auf Erden bis zur Ankunft des Tages des Herrn als Zeichen der sicheren Hoffnung und des Trostes dem wandernden Gottesvolk voran“ (vgl. *Lumen gentium*, Nr. 68). Es handelt sich um Trost im wahrsten Sinn des Wortes: Maria tröstet und ermutigt nicht nur in körperlichen und moralischen Leiden, sondern schenkt dem menschlichen Geist neue Kraft, erleuchtet und stärkt den Glauben, damit das Volk Gottes immer mehr befähigt werde, den Heilsplan und seine befreiende Dimension im Leben des einzelnen und der Gesellschaft durch das Wort auszudrücken und ihn ins Leben umzusetzen.

3. Maria weist uns auch auf das Geheimnis der Eucharistie hin, das zentrale Geheimnis unseres Glaubens, Mitte und Gipfelpunkt des christlichen Lebens. Der in der Eucharistie lebendige und gegenwärtige Christus ist derselbe, der aus der Jungfrau Maria geboren wurde: „Wahrer Leib, sei uns gegrüßet, den Maria uns gebar.“ Dieser Leib und dieses Blut, die am Altar gegenwärtig sind und dem Vater als Opfer dargebracht werden, damit sie Quelle der Einheit unter den Gliedern des Volkes Gottes werden, stammen von ihr.
Maria, Mutter der Liebe und der Einheit, bewahre uns in der Einheit, damit wir wie die aus dem Abendmahlssaal hervorgegangene Urgemeinde „ein Herz und eine Seele“ (*Apg* 4,32) sind. Die „Mutter der Einheit“, in deren Schoß der Sohn Gottes sich mit der Menschheit vereint und den hochzeitlichen Bund des Herrn mit allen Menschen geschlossen hat, helfe uns, „eins“ zu sein und Werkzeuge der Einheit unter unseren Brüdern werden.
Jungfrau und Mutter, dir vertraue ich das Streben dieser Kirche und aller Kirchen nach Erneuerung an, die Sehnsucht nach Gerechtigkeit, nach Freiheit und nach Frieden für die ganze Menschheit, denn du bist die neue Frau, das Urbild der neuen Schöpfung und der neuen Menschheit.

6. Zweiter Pastoralbesuch in Österreich (23. bis 27. Juni)

Ja zum Glauben – Ja zum Leben

Fernsehbotschaft an das österreichische Volk vor dem zweiten Pastoralbesuch vom 22. Juni

Liebe Brüder und Schwestern im Glauben,
liebe Mitchristen und Bürger in Österreich!

1. Mit großer Freude und Erwartung schaue ich auf meinen bevorstehenden Pastoralbesuch in Ihrem Land. Schon heute sende ich Ihnen vom Grab des Apostels Petrus, den Christus zum bleibenden Fundament seiner Kirche gemacht hat, herzliche Grüße. Ich bekunde Ihnen meine hohe Wertschätzung für das österreichische Volk und seine reiche Geschichte und Kultur, die von Anfang an auf das engste mit dem Christentum verbunden sind. Besinnung auf die eigene Vergangenheit und Identität bedeutet für Österreich auch die Wiederentdeckung seiner christlichen Berufung. Sie mahnt zur Anerkennung jener sittlichen und religiösen Werte, die das Leben Ihres Volkes in allen Bereichen der Gesellschaft beseelt und maßgeblich geprägt haben.
Die Lage in der Mitte Europas gibt Ihrem Land die Chance und Aufgabe, Brücke und Mittler zwischen dem Norden und Süden, dem Westen und Osten dieses Kontinents zu sein. Die beharrliche und erfolgreiche Aufbauarbeit nach dem Ruin des Zweiten Weltkrieges hat Österreich in die Lage versetzt, heute seine europäischen Möglichkeiten zielstrebig wahrzunehmen. Die Kirche ist bereit, ihren besonderen Beitrag dazu zu leisten, daß der europäische Kontinent aus den ursprünglich christlichen Wurzeln seiner Geschichte heute seine neue Einheit erlangt und so zu einem noch wirksameren Garanten für Frieden und Gerechtigkeit in der Völkergemeinschaft werden kann.

2. Ich freue mich, Ihnen nach fünf Jahren wieder zu begegnen und diesmal noch einige weitere Diözesen und Bundesländer Österreichs kennenzulernen. Während meines Besuches werde ich vieles über das heutige Leben und den Glauben der Christen in Ihrem Land erfahren. Das doppelte JA des Mottos dieser Tage „Ja zum Glauben – Ja zum Leben" hat die lange christliche Tradition Ihres Volkes bestimmt. Der Glaube hat schon Ihren Vorfahren geholfen, in guten und bösen Tagen das Leben zu bestehen und allen Krisen einen neuen Anfang folgen zu lassen. Dieser Glaube ist die große Kraft, die den Menschen auch heute und morgen von Gott her angeboten wird. Möge er die Lebenskultur Ihres Landes und das Leben der einzelnen weiterhin beseelen und diesen Maß und Richtung geben.
Mein bevorstehender Besuch soll eine frohe Begegnung unter Brüdern und Schwestern im gemeinsamen christlichen Glauben sein. Wir wollen uns gegenseitig darin bestärken, aus seiner Kraft in gemeinschaftlichem Gebet den Dreifaltigen Gott preisen und für unse-

re christliche Sendung in der Welt von heute seinen Segen erbitten. Geistliche Begleiter werden dabei die Heiligen sein, deren wir an den verschiedenen Orden gedenken werden. Diese heiligen Männer und Frauen haben ihr entschiedenes Ja zum Glauben und zum Leben entsprechend der jeweiligen geschichtlichen Herausforderung gesprochen und gelebt. Sie mögen uns helfen, daß auch unser Glaube selbst lebendig werde und uns zur eindeutigen Entscheidung zum Leben, ja zum vollen Leben in Christus ermutige. Was an diesen Männern und Frauen groß war, ist auch heute wichtig. Es ist notwendig für ein Leben in Fülle. Mein Besuch in Ihrem Land will ein weiterer Dienst dafür sein.
Gott behüte und segne Sie alle!

Johannes Paulus PP. II

Gott allein kann Orientierung geben

Grußwort bei der Ankunft in Schwechat am 23. Juni

Sehr verehrter Herr Bundespräsident!

Aufrichtig danke ich Ihnen für den freundlichen Willkommensgruß, den Sie mir als oberster Repräsentant der Republik Österreich soeben entboten haben. Mit Ihnen grüße ich alle hier anwesenden Vertreter des öffentlichen Lebens und zugleich auch alle Menschen in diesem geschätzen Land, dessen herzliche Gastfreundschaft ich schon vor fünf Jahren erfahren durfte.
Mein besonderer, brüderlicher Gruß gilt den österreichischen Bischöfen. Sie haben mich freundlicherweise eingeladen, Österreich ein zweites Mal zu besuchen. Im Jahre 1983 hatte sich eine große Zahl von Gläubigen in Wien zu einem Katholikentag unter dem Thema „Hoffnung leben – Hoffnung geben“ versammelt. Dieses eindrucksvolle Fest des Glaubens ist mir in lebendiger Erinnerung. Ich bin davon überzeugt, daß die vielen Teilnehmer an den Feiern in Wien und in Mariazell Freude und Glaubenszuversicht in ihre Pfarrgemeinden und Familien gebracht haben.
Mein zweiter Pastoralbesuch führt mich nun in die meisten anderen Diözesen Ihres Landes. Er wird mir die Gelegenheit bieten, die Vielgestaltigkeit Österreichs und den Reichtum seiner Glaubenszeugnisse noch besser kennenzulernen. Die Orte, an denen ich diesmal mit den Gläubigen zusammentreffen werde, sind mit Sorgfalt ausgewählt worden. Sie markieren einen großen Bogen durch die so ereignisreiche Geschichte dieses Landes, die zugleich eine Geschichte des Glaubens ist. Sie erinnern an Zeiten der Gnade und blühenden christlichen Lebens, aber auch an Heimsuchungen, die besonders prägend gewesen sind und bleiben: Das antike Lauriacum, die Dome von Salzburg, Gurk und Wien, der Berg Isel in Innsbruck, Eisenstadt nahe der ungarischen Grenze und das ehemalige Konzentrationslager Mauthausen machen deutlich, was mit den Worten „vielgerühmtes“, aber auch „vielgeprüftes Österreich“ in Ihrer Bundeshymne gemeint ist.

Alle katholischen Christen Österreichs lade ich am Beginn meines neuen Aufenthaltes in diesem Land dazu ein: Tragen wir an den Orten, an denen wir uns begegnen werden, das große und schwere Erbe der Vergangenheit wie auch die Freuden und Sorgen der Gegenwart in unserem gemeinsamen Gebet vor Gott. Erneuern wir unsere Treue zu unserer christlichen Berufung, die uns von unseren Vorfahren überkommen ist, und schöpfen wir neue Kraft aus der Feier der heiligen Eucharistie für ein frohes und überzeugtes Bekenntnis zu Christus und seiner befreienden Botschaft in unserer Zeit.
Gott allein kann uns für unseren christlichen Auftrag in der Welt von heute den erforderlichen Mut und die sichere Orientierung geben. Dies sagt mit anderen Worten auch der Leitspruch für diesen Pastoralbesuch, der lautet: „Ja zu Glauben – Ja zum Leben". Nur ein entschlossenes Ja zum Glauben wird euch dazu befähigen, ein ebenso entschiedenes Ja zum Leben in allen seinen Formen und Phasen zu sagen und durchzuhalten. Unsere christliche Berufung ist eine Berufung zum Leben, die jegliche Kultur des Todes überwindet. Christus selbst sagt von seiner Sendung in diese Welt, daß er gekommen ist, damit die Menschen das Leben haben und es in Fülle haben (vgl. *Joh* 10,10).
Laßt uns darum in den kommenden Tagen gemeinsam unser Ja zum Glauben, das ein Ja zum Leben ist, aus unserer inneren Gemeinschaft mit Christus erneuern und vertiefen. Dazu erbitten wir besonders die Fürsprache der Gottesmutter in diesem ihr geweihten Marianischen Jahr. Helfen mögen uns zugleich die Heiligen dieses Landes, deren Gedenkstätten wir zusammen besuchen werden.
Ihnen, sehr verehrter Herr Bundespräsident, und allen Bürgern Ihres Landes danke ich schon jetzt aufrichtig für die vorzügliche Gastfreundschaft, die Sie mir und meiner Begleitung erneut in Ihrer landschaftlich so schönen und an kulturellem und religiösem Erbe so reichen österreichischen Heimat gewähren.
Möge das, was in diesen Tagen hier an Gutem geschieht, weiterwirken in eine für Österreich und seine Bürger segensreiche Zukunft!

Jünger sein – Zeuge sein

Predigt während des Vespergottesdienstes im Stephansdom am 23. Juni

Liebe Brüder und Schwestern in Christus!

1. „Es trat ein Mensch auf, der von Gott gesandt war; sein Name war Johannes. Er kam als Zeuge, um Zeugnis abzulegen für das Licht, damit alle durch ihn zum Glauben kommen" (*Joh* 1,6–7).
Das Gedächtnis Johannes des Täufers, des Wegbereiters des Herrn, vereint uns am Vorabend seines Festes – am Beginn meines Pastoralbesuches – zum Gottesdienst in diesem herrlichen Stephansdom von Wien. Die Gestalt und Sendung dieses großen Gottesboten als Zeuge vom Licht, damit die Menschen glauben, laden uns ein zur Besinnung. In ihm wollen wir unseren Auftrag als Jünger Jesu Christi für die Wegbereitung des Herrn in unserem Leben und in der Welt von heute erkennen.

Von Herzen grüße ich euch, die ihr zu diesem Gottesdienst gekommen seid. Mein brüderlicher Gruß gilt der ganzen Erzdiözese Wien mit ihrem Erzbischof Hans-Hermann Groër, den ich in Kürze mit der Kardinalswürde auszeichnen darf, und dem verehrten Alterzbischof Kardinal Franz König. Ich grüße den Herrn Bundespräsidenten, den Herrn Bundeskanzler und die anwesenden Mitglieder der Bundesregierung sowie alle Männer und Frauen, die in der Stadt Wien und im Land Niederösterreich oder für die ganze Nation in Kirche und Gesellschaft eine besondere Verantwortung tragen. Ebenso grüße ich auch alle jene, die in nah und fern durch Radio oder Fernsehen mit uns verbunden sind und an unserem Gebet teilnehmen.

2. „Er (Johannes) kam als Zeuge, um Zeugnis abzulegen für das Licht“ (*Joh* 1,7).
Der *Prolog des Johannesevangeliums*, in dem sich diese Worte der heutigen Lesung finden, lenkt unseren gläubigen Blick auf das Geheimnis des göttlichen Wortes, das „im Anfang“ war (vgl. *Joh* 1,1). „Die Welt ist durch ihn geworden“ (*Joh* 1,10), denn das Wort „war Gott“ (*Joh* 1,1). Wir begegnen hier dem Geheimnis der Schöpfung – dem Geheimnis Gottes, der erschafft. Das Wort ist das ewige Licht, wesensgleich mit dem Vater. Er ist der göttliche Sohn: der Erstgeborene der ganzen Schöpfung (vgl. *Kol* 1,15).
Dieses Licht schenkt sich an die Geschöpfe, die die Spuren der göttlichen Weisheit in sich tragen. In einer besonderen Weise aber schenkt es sich dem Menschen. Damit führt uns der *Prolog des Johannes* vom erschaffenden Gott weiter zum Geheimnis der Menschwerdung. Denn das dem Vater wesensgleiche Wort schenkt sich dem Menschen dadurch, daß es selbst „Fleisch wird“ (vgl. *Joh* 1,14). Das Wort kommt, um das Licht der Menschen zu werden – um aus der Nähe, aus der innersten Mitte des Menschseins und der Menschheitsgeschichte jeden Menschen zu „erleuchten“, der in diese Welt kommt. Dies bewirkt das ewige Wort als Mensch, damit jeder Mensch im Menschsein Gottes Gott selbst besser erkennen kann. Zugleich soll dadurch der Mensch auch sein eigenes Menschsein, das von Anfang an das Bild und Gleichnis Gottes in sich trägt, in der Tiefe verstehen.

3. Auf diese Weise veranschaulicht uns der *Prolog des Johannesevangeliums* das Geheimnis der Menschwerdung des göttlichen Wortes, den Gipfel und entscheidenden Wendepunkt in der Geschichte der Menschheit und der Welt. Aber er fügt hinzu: „Er (das Wort) war in der Welt, und die Welt ist durch ihn geworden, aber die Welt erkannte ihn nicht. Er kam in sein Eigentum, aber die Seinen nahmen ihn nicht auf“ (*Joh* 1,10–11). Mit diesen Worten faßt der Evangelist das Leben und Schicksal Jesu Christi, des von Gott in die Welt gesandten Messias und Erlösers, zusammen. Er selbst hat ihn ja mit eigenen Augen gesehen und mit eigenen Ohren gehört; mit seinen Händen hat er das göttliche Wort, das Fleisch geworden ist, berührt.
Gott kam als Mensch zu den Menschen – das menschgewordene Wort, durch das alles erschaffen ist –, aber seine Geschöpfe nahmen ihn nicht auf. „Das Licht leuchtet in der Finsternis, aber die Finsternis hat es nicht erfaßt“ (*Joh* 1,5). Die Menschen liebten die Finsternis mehr als das Licht.

4. In diese zusammenfassende Darstellung der Geheimnisse Gottes in Jesus Christus wird sodann – schon im Prolog – ein Mann eingeführt, von dem es heißt: „Es trat ein Mensch auf, der von Gott gesandt war; sein Name war Johannes" (*Joh* 1,6).
Er ist gesandt als Zeuge, um „Zeugnis abzulegen für das Licht" (*Joh* 1,7–8); und zwar nicht erst am Ende des Lebens und Wirkens Jesu, sondern gleich am Anfang: sofort als das göttliche Wort die Schwelle des ewigen Geheimnisses überschritten hat, als Christus in die Welt kam in der Nacht von Bethlehem, als er aus dem Schoß der Jungfrau geboren wurde.
Und ebenso gleich am Anfang, als der inzwischen dreißigjährige Jesus von Nazaret am Jordan auftrat, um in Israel seine messianische Sendung zu beginnen.
Wer ist dieser Johannes? Schon im Prolog des vierten Evangeliums sehen wir ihn – wie auch bei den Synoptikern – am Jordan. Und wir hören sogar seine Stimme: „Er, der nach mir kommt, ist mir voraus, weil er vor mir war" (*Joh* 1,15).
Johannes ist der Bote, der – gleichaltrig mit Christus – dessen Kommen vorbereitet. Er ragt aus dem ganzen Alten Bund heraus, ähnlich wie die Propheten, die das Kommen des Messias vorhergesagt haben, und ist zugleich „der größte" unter ihnen.
Der Prolog des vierten Evangeliums nennt ihn nicht einen Propheten, sondern sagt, daß „er als Zeuge kam" (*Joh* 1,7). Er ist der erste von denjenigen, die Christus zu seinen Zeugen beruft mit den Worten: „Und auch ihr sollt Zeugnis ablegen, weil ihr von Anfang an bei mir seid" (*Joh* 15,27).
Johannes der Täufer am Jordan ist der erste unter diesen Zeugen. Er ist Zeuge von jenem „neuen Anfang", der mit dem Geheimnis der Menschwerdung des göttlichen Wortes begonnen hat. Sein Zeugnis gehört noch zum großen Advent Israels und der ganzen Menschheit. Er ist gleichsam die „Schwelle der Zeugnisse" vom Alten zum Neuen Bund. Alle, die danach in Einheit mit dem Geist der Wahrheit, dem göttlichen Beistand (vgl. *Joh* 15,26), von Christus, dem Gekreuzigten und Auferstandenen, Zeugnis geben – alle diese haben die „Schwelle" des Zeugnisses des Johannes am Jordan schon überschritten.

5. Während wir uns, liebe Brüder und Schwestern, heute – am Beginn meines Pastoralbesuches – hier im Stephansdom von Wien begegnen, wollen wir bei der großen Bedeutung dieses „Zeugnisses" ein wenig verweilen, das – angefangen von Johannes dem Täufer, über die Apostel – als Auftrag auf das ganze Volk Gottes übergegangen ist.
Das „Zeugnis" für Christus bestimmt das innerste Wesen unseres Christseins. Jünger Jesu Christi sein, heißt Zeuge sein! Der Herr sagt von sich selber vor Pilatus: „Ich bin dazu geboren und dazu in die Welt gekommen, daß ich für die Wahrheit Zeugnis ablege" (*Joh* 18,37). Bei seiner Himmelfahrt erfolgt schließlich in ihnen die Aussendung der Kirche, um vor allen Völkern seine Frohe Botschaft zu bezeugen: „Geht hinaus in die ganze Welt, und verkündet das Evangelium allen Geschöpfen!" (*Mk* 16,15).
Das Zeugnis unzähliger Glaubensboten hat die Botschaft Christi durch die Jahrhunderte in alle Erdteile verbreitet. Große Anstrengungen sind noch heute erforderlich, damit sie wirklich zu allen Menschen gelangt. Gleichzeitig aber sind auch die Christen in den schon christlichen Ländern wie nie zuvor aufgerufen, alles zu tun, damit der Glaube und

die Treue zu Christus bei ihnen selbst nicht wieder verkümmern, sondern zu neuem Leben erwachen. Unser ganzer – sogenannter christlicher – europäischer Kontinent bedarf heute einer Neu-Evangelisierung. Das II. Vatikanische Konzil hat darum alle Christen zu einem neuen und verstärkten Glaubenszeugnis aufgerufen. Nicht nur Bischöfe, Priester und Ordensleute, sondern „jeder Laie muß vor der Welt Zeuge der Auferstehung und des Lebens Jesu, unseres Herrn, und Zeichen des lebendigen Gottes sein“ (*Lumen gentium*, Nr. 38). Denselben Aufruf hat sich die letzte Bischofssynode über die Sendung und Aufgabe der Laien in der Welt von heute zu eigen gemacht. In ihrer Botschaft an das Volk Gottes heißt es: „Wer Taufe, Firmung und Eucharistie empfängt, verpflichtet sich, Christus zu folgen und ihn mit dem ganzen Leben – auch in Arbeit und Beruf – zu bezeugen.“

6. Wie ich schon bei meinem ersten Pastoralbesuch vor euren Bischöfen betont habe, leben wir in einer Zeit, „da Gottes Antlitz vielen Menschen dunkel und unerkennbar geworden ist. Die Erfahrung der scheinbaren Abwesenheit Gottes lastet nicht auf den Fernstehenden, sie ist generell“ (*Ansprache an die Bischöfe* 1983). Das Leitwort der kommenden Tage „Ja zum Glauben – Ja zum Leben“ soll ein Aufruf an uns sein, uns dieser Not unserer Mitmenschen entschlossen zu stellen.
Die Christen dürfen sich nicht damit begnügen, die Abwesenheit oder Vergessenheit Gottes unter den Menschen nur zu beklagen. Sie müssen sofort mit der Wegbereitung Gottes neu beginnen; zuerst durch ihre eigene Bekehrung und ihren Dienst an den Mitmenschen, wie es der Prophet Jesaja fordert: „Bahnt eine Straße, ebnet den Weg, entfernt die Hindernisse auf dem Weg meines Volkes!“ (*Jes* 57,14). Darum rufe ich euch heute zu: Räumt die Hindernisse aus, die dem Glauben an Gott in unseren Tagen entgegenstehen! Schafft Bedingungen, die den Glauben erleichtern! Sucht vom Vertrauen auf Gott her auch ein neues Vertrauen zueinander. Wo gegenseitiges Mißtrauen das Leben bestimmt, wird nicht nur der Zugang der Menschen zueinander erschwert. Zusehends geschieht Tieferes: Es verschwindet das Vertrauen zum Menschen überhaupt, zu seiner Fähigkeit und Bereitschaft für das Wahre und Gute. Die Transparenz der Welt auf die Wahrheit, auf den Grund allen Vertrauens hin, erlischt langsam. Eine vom Mißtrauen verdunkelte Welt versperrt die Wege zu Gott, lähmt den Schwung des Glaubens. Gebt im Mut zu Wahrheit und Vertrauen einander den Weg frei zu Gott, der will, daß alle Menschen gerettet werden und zur Erkenntnis der Wahrheit gelangen (vgl. *1 Tim* 2,14). Das alles ist nicht nur eine religiöse, sondern auch eine eminent gesellschaftliche Aufgabe der Christen. Das II. Vatikanische Konzil, das den spezifisch religiösen Charakter der Sendung der Kirche besonders unterstreicht, sagt darauf ebenso deutlich: „Doch fließen aus eben dieser religiösen Sendung Auftrag, Licht und Kraft, um der menschlichen Gemeinshaft zu Aufbau und Festigung nach göttlichem Gesetz behilflich zu sein“ (*Gaudium et spes*, Nr. 42).

7. Der hl. Clemens Maria Hofbauer, der Patron dieser Stadt, kam, nachdem er schon in meiner Heimat segensreich gewirkt hatte, nach Wien und wurde hier zum Erneuerer des kirchlichen und gesellschaftlichen Lebens. Gemeinsam mit seinen Mitbrüdern wirkte er in allen Bereichen der Seelsorge gegen die Gleichgültigkeit des Zeitalters der Aufklä-

rung. Möge er euch helfen, euch in seinem Geist und mit dem gleichen Eifer für eine christliche Erneuerung in der Kirche und Gesellschaft von heute einzusetzen.
Ihr lebt in einem demokratischen Staat, der allen die tatkräftige Mitarbeit am Aufbau der Gesellschaft ermöglicht und sie von allen auch erwartet. Als Christen müßt ihr euch fragen, ob ihr darin den euch von Gott und seinem Evangelium aufgetragenen Beitrag leistet. Wie steht es um eine Gesellschaft, in der Alter oft wie eine Krankheit betrachtet, Kranke mitunter als Störenfriede angesehen, in welcher Ehen leichtfertig geschlossen und noch leichtfertiger geschieden, in der Zehntausende Kinder jährlich getötet werden, bevor sie das Licht der Welt erblicken?
Über den Auftrag der Christen in der Gesellschaft sagt die letzte Bischofssynode in ihrer Botschaft an das Volk Gottes: „Übereinstimmung von Glaube und Leben muß das Wirken der Gläubigen im öffentlichen Leben auszeichnen, in der Mitarbeit in den politischen und sozialen Institutionen wie im täglichen Leben. Nur so können sie in die weltlichen Strukturen und Tätigkeiten den Geist des Evangeliums einbringen.“ Sagen wir darum unser entschlossenes Ja zum Glauben – Ja zum Leben, auch angesichts eines Egoismus ohne Hoffnung, der das Leben erstickt. Sagen wir ja zum Glauben – ja zum Leben, aus der tiefen Überzeugung, daß wir eine Gemeinschaft von Menschen sind, „die, in Christus geeint, vom Heiligen Geist auf ihrer Pilgerschaft zum Reich des Vaters geleitet werden und eine Heilsbotschaft empfangen haben, die allen auszurichten ist“ (*Gaudium et spes*, Nr. 1).

8. In einer altkirchlichen Schrift, dem *Diognetbrief*, heißt es über die Rolle des Christen in der Gesellschaft: „Die Christen sind Menschen wie die übrigen: sie unterscheiden sich von den anderen nicht nach Land, Sprache oder Gebräuchen ... Sie heiraten wie alle anderen und zeugen Kinder, aber sie verstoßen nicht die Frucht ihres Leibes ... Um es kurz zu sagen: Was die Seele im Leib ist, das sind die Christen in der Welt. Die Seele durchdringt alle Glieder des Leibes, die Christen alle Städte der Welt ... Die Christen sind im Gewahrsam der Welt und halten doch die Welt zusammen ...“ (*Brief an Diognet*; 3. Jh.).
In der Welt, aber nicht von dieser Welt! Wie die Christen jener ersten Jahrhunderte müssen die Christen auch heute den Mut und das Gottesvertrauen haben, sich in ihrem Leben von ihrer Umwelt zu unterscheiden, nicht um diese zu verurteilen, sondern um sie durch ihr Lebenszeugnis mit dem Licht und der Wahrheit des Evangeliums zu durchdringen; so wie die Seele den Leib druchdringt und belebt, wie der Sauerteig alles durchsäuert.
Das Zeugnis der Christen erfolgt vor der „Welt“, im Hinblick auf die verschiedenen Probleme der Welt, aber es bleibt letztlich ein Zeugnis für Christus, für das Licht, das in der Finsternis leuchtet, auf daß es die Menschen und die Welt immer heller erleuchtet. Das Ja der Christen zum Leben ist letztlich ein Ja zu Christus; der gerade dazu gekommen ist, daß „wir das Leben haben und es in Fülle haben“ (vgl. *Joh* 10,10). Wie Johannes vom Licht Zeugnis ablegte, damit alle durch ihn zum Glauben kommen, so muß auch unser christliches Zeugnis in der Welt immer ein Zeugnis über die Erlösung sein, damit die Menschen in Christus ihr ewiges Heil finden. Heute wie damals gibt

Gott allen, die sein göttliches Wort, seinen menschgewordenen Sohn aufnehmen, die Macht, Kinder Gottes zu werden (vgl. *Joh* 1,12).
Heiliger Johannes der Täufer, Zeuge und Wegbereiter des Herrn, mache uns heute nach deinem Vorbild zu glaubwürdigen Zeugen für Christus und sein anbrechendes Reich in den Herzen der Menschen und in der Welt! – Amen.

Ja zum Leben verbietet Verfolgung Andersdenkender

Ansprache an die Politiker in der Hofburg am 23. Juni

Sehr verehrter Herr Bundespräsident!
Sehr geehrter Herr Bundeskanzler!
Sehr geehrte Damen und Herren!

1. Nach der erhebenden religiösen Feier im Wiener Stephansdom ist es mir eine besondere Freude, nun in diesem festlichen Rahmen Ihnen, Herr Bundespräsident, den Mitgliedern der Bundesregierung und den übrigen Repräsentanten der Republik Österreich meine aufrichtigen Grüße entbieten zu dürfen. Von Herzen danke ich Ihnen für den ehrenvollen Empfang und die große Anteilnahme, die Sie meiner zweiten Reise in Ihr Land vom Augenblick Ihrer Ankündigung entgegengebracht haben. Die umfassenden Vorkehrungen, die Sie auch von seiten des Staates für einen angemessenen Verlauf dieses Pastoralbesuches unternommen haben, werden viel dazu beitragen, daß die Begegnungen mit den Menschen an den verschiedenen Orten zu einem nachhaltigen Erlebnis werden.
Diese hilfsbereite Zusammenarbeit und unsere heutige Begegnung unterstreichen ein weiteres Mal das gute Verhältnis, das seit langer Zeit zwischen Österreich und dem Heiligen Stuhl besteht. Auf der Grundlage des in Ihrer Verfassung anerkannten Rechtes auf Glaubens- und Gewissensfreiheit und der im Konkordat getroffenen gegenseitigen Vereinbarungen hat sich das Leben der katholischen Kirche in Österreich segensreich entfalten können. Katholische Christen haben in glücklichen wie leidvollen Stunden Ihres Landes Beachtenswertes geleistet. Gerade in diesem Jahr 1988 möchte ich des Leidensweges gedenken, den Österreich zusammen mit anderen Völkern unter grausamer Tyrannenherrschaft in jüngster Vergangenheit hat auf sich nehmen müssen. Unter den vielen aus religiösen, rassischen oder politischen Gründen Verfolgten jener Zeit befinden sich auch viele Katholiken, Priester, Ordensleute und Laien.

2. Die jetzige demokratische Verfassung Ihres Staates und die darin verbürgte freiheitliche Ordnung sind ein kostbares Erbe, das es sorgsam zu hüten und zu entfalten gilt. Trotz des heute vorherrschenden weltanschaulichen Pluralismus ist das Leben in Österreich in vielem noch grundsätzlich durch christliche Werte geprägt. Richtig verstandene Freiheit bedeutet nicht Ungebundenheit und Beliebigkeit, sondern ist, wie ein Theologe (Johannes von Salisbury) einmal zutreffend gesagt hat, das Recht, das Gute zu tun.
Das Gute, zu dem das Leitwort meines Pastoralbesuches die Menschen in diesem Land neu ermutigen möchte, ist das „Ja zum Leben“ in allen seinen Dimensionen. Die Kirche

sagt dazu aus ihrem Glauben ein klares und uneingeschränktes Ja und fühlt sich darin solidarisch mit der Gesellschaft, in deren Mitte sie wirkt. Wenn aber gewisse Dimensionen des Lebens in Gefahr geraten, verkürzt oder verstümmelt zu werden, so sieht sie sich gleichermaßen verpflichtet, den prophetischen Dienst des Widerspruchs zu leisten, sei es gelegen oder ungelegen.

Unser Ja zum Leben muß das Ja zur Freiheit und zur Würde des Menschen, das Ja zu Toleranz und das Ja zu Gerechtigkeit und Frieden miteinschließen. Ein so verstandenes Ja zum Leben verbietet die Verfolgung oder Diffamierung andersdenkender Mitmenschen. Es verlangt die Anerkennung des Lebensrechtes jedes Menschen und die Einsicht, daß die Freiheit des einen dort endet, wo die Freiheit des anderen beginnt. Gerechtigkeit und Gemeinwohl sind jene wesentlichen Ziele, auf die sich das Handeln der Menschen im innerstaatlichen und internationalen Leben ausrichten soll. Das II. Vatikanische Konzil sagt in der Pastoralkonstitution *Gaudium et spes*: „Die gesellschaftliche Ordnung und ihre Entwicklung müssen sich dauernd am Wohl der Personen orientieren; denn die Ordnung der Dinge muß der Ordnung der Personen dienstbar werden und nicht umgekehrt" (Nr. 26). Eine solche menschengerechte Ordnung beginnt mit dem Schutz des ungeborenen Lebens, verlangt die Achtung von Ehe und Familie, die Sorge für die Arbeitsplätze und in möglichst vielen Bereichen des gemeinschaftlichen Zusammenlebens vertrauensbildenden Dialog und Partnerschaft. Steht die Achtung der Würde und der Grundrechte des Menschen im Mittelpunkt unseres Handelns, so können auch Gegensätze über Eigeninteressen, Parteien- und Ländergrenzen hinweg fair und gerecht ausgetragen oder vielfach sogar von vornherein vermieden werden.

3. Die Bemühungen Österreichs um nationalen wie internationalen Frieden als Frucht der Gerechtigkeit, sein Einsatz für die Wahrung der Menschenrechte, seine Hilfe für viele Flüchtlinge und seine Solidarität mit den großen Problemen der Menschen in der Dritten Welt – all das verdient internationalen Respekt für Ihr Land. Die katholische Kirche in Österreich hat sich in Einheit mit der Weltkirche zum tatkräftigen Anwalt dieser Anliegen gemacht und ist weiterhin zu partnerschaftlicher Zusammenarbeit bereit. Wenn auch Österreich wie andere Länder wachsenden wirtschaftlichen Schwierigkeiten begegnet, bin ich doch gewiß, daß Sie nicht aufhören werden, sich auch in Zukunft notleidenden Mitmenschen in aller Welt hilfsbereit zuzuwenden. Möge Ihr Land weiterhin eine offene Tür für jene Menschen haben, die unter tragischen Umständen ihre angestammte Heimat verlassen müssen.

Österreich weiß um seine Chance und seine Aufgabe, im Herzen Europas Brücke zu sein, und unternimmt dafür beispielhafte Anstrengungen im Bereich der Politik und der Kultur. Man darf sich niemals damit abfinden, daß Staaten oder Völker, besonders wenn sie benachbart sind, sich gleichsam fremd und beziehungslos gegenüberstehen. Unser ganzer europäischer Kontinent bedarf eines schöpferischen Erneuerungsprozesses für ein einiges Europa. Die Kirche kann für dieses Werk der Vermittlung und der Verständigung einen wichtigen Beitrag leisten. Der christliche Glaube ist in allen Ländern Europas von ihren Ursprüngen her eine prägende und grenzüberschreitende Kraft. Wie ich in meiner Ansprache im Oktober 1982 an die Teilnehmer des 5. Symposiums des Rates der Europäischen Bischofskonferenzen in Rom betont habe, sind Kirche und Europa „zwei Wirklichkeiten, die in ihrem Sein und in ihrer Bestimmung eng miteinander verknüpft sind. Sie haben miteinander jahrhundertelang einen gemeinsamen Weg zurückgelegt und bleiben von derselben Geschichte geprägt. Europa ist vom Christentum aus der Taufe gehoben worden, und die europäischen Nationen in ihrer Verschiedenheit haben die christliche Existenz verkörpert. Bei ihrer Begegnung haben sie einander bereichert und Werte mitgeteilt, die nicht allein zur Seele der europäischen Kultur, sondern auch zum Gut der ganzen Menschheit geworden sind“. Diese christliche Identität und innere Einheit Europas gilt es gemeinsam wiederzuentdecken und für die Zukunft dieses Kontinents und der Welt fruchtbar zu machen. Die Kirche ist bemüht, durch verstärkte Anstrengungen für eine Art Neuevangelisierung der Völker Europas hierzu ihren besonderen Beitrag leisten.

4. Sehr geehrte Damen und Herren! Dienst am Menschen, das ist der Auftrag der Regierenden im Staat. Dies kommt schon im Namen des hohen Ministeramtes selbst zum Ausdruck. Dienst am Menschen ist auch der Auftrag und die Absicht der Kirche und aller wahren Christen, die zu ihr gehören. Je entschiedener die Kirche Gott dient, desto entschiedener dient sie auch den Menschen.
Wenn die Träger höchster staatlicher Verantwortung und die Hirten der Kirche unter Wahrung der Eigenständigkeit von Staat und Kirche zum Wohl der Menschen zusammenarbeiten, dann erfüllen sie damit in einer wichtigen Dimension auch ihren eigenen Auftrag. Die heute für die gesamte Gesellschaft schon anstehenden und morgen vielleicht noch dringlicher werdenden großen Fragen und Aufgaben lassen eine solche offene und von wechselseitigem Respekt getragene Zusammenarbeit als besonders wünschenswert erscheinen.
In der Hoffnung, daß sich das hier in Österreich schon bestehende partnerschaftliche Zusammenwirken von Staat und Kirche zum Wohl der Menschen fruchtbar weiterentfaltet, bekunde ich Ihnen, Herr Bundespräsident und Herr Bundeskanzler, und Ihnen allen, die Sie als Mitglieder der Österreichischen Bundesregierung oder auf andere Weise hohe Verantwortung in Staat und Gesellschaft tragen, meine besten persönlichen Wünsche. Sie sind für mich zugleich eine Bitte an den dreifaltigen Gott: Er möge dieses Land und seine Menschen weiterhin schützen und segnen.

Wir können nicht unempfindlich bleiben

Ansprache bei der Begegnung mit Vertretern der Juden in Wien am 24. Juni

Sehr geehrter Herr Präsident der Israelitischen Kultusgemeinden, sehr verehrter Herr Oberrabbiner, geehrte Anwesende!

1. Beim Propheten Jeremia (*Jer* 31,15 f.) lesen wir: „Ein Geschrei ist in Rama zu hören, bitteres Klagen und Weinen. Rahel weint um ihre Kinder ..., denn sie sind dahin.“
Eine solche Klage ist auch der Grundton der Grußworte, die Sie soeben im Namen der jüdischen Gemeinden in Österreich an mich gerichtet haben. Sie hat mich tief bewegt. Ich

erwidere Ihren Gruß mit Liebe und Wertschätzung und versichere Ihnen, daß diese Liebe auch die bewußte Kenntnis all dessen einschließt, was Sie schmerzt. Vor fünfzig Jahren brannten in dieser Stadt die Synagogen. Tausende von Menschen wurden von hier in die Vernichtung geschickt, unzählige zur Flucht getrieben. Jene unfaßbaren Schmerzen, Leiden und Tränen stehen mir vor Augen und sind meiner Seele tief eingeprägt. In der Tat, nur wen man kennt, den kann man lieben.

Es freut mich, daß es bei meinem Pastoralbesuch auch zu dieser Begegnung mit Ihnen gekommen ist. Möge sie ein Zeichen gegenseitiger Hochachtung sein und die Bereitschaft bekunden, sich noch besser kennenzulernen, tiefgreifende Ängste abzubauen und einander vertrauenweckende Erfahrungen zu schenken.

„Shalom!", „Friede!" – Dieser religiöse Gruß ist eine Einladung zum Frieden. Er ist von zentraler Bedeutung bei unserer Begegnung am heutigen Morgen, vor dem Shabbath; von zentraler Bedeutung ist er auch in christlicher Sicht nach dem Friedensgruß des auferstandenen Herrn an die Apostel im Abendmahlssaal. Der Friede schließt das Angebot und die Möglichkeit der Vergebung und der Barmherzigkeit ein, die herausragende Eigenschaften unseres Gottes, des Gottes des Bundes, sind. Sie erfahren und feiern im Glauben diese Gewißheit, wenn sie alljährlich den großen Sühnetag, den Yóm Kippûr, festlich begehen. Wir Christen betrachten dieses Geheimnis im Herzen Christi, der – von unseren Sünden und denen der ganzen Welt durchbohrt – für uns am Kreuze stirbt. Dies ist höchste Solidarität und Brüderlichkeit aus der Kraft der Gnade. Der Haß ist ausgelöscht und geschwunden, es erneuert sich der Bund der Liebe. Dies ist der Bund, den die Kirche im Glauben lebt; in ihm erfährt sie ihre tiefe und geheimnisvolle Verbundenheit in Liebe und Glaube mit dem jüdischen Volk. Kein geschichtliches Ereignis, wie schmerzlich es auch sein mag, kann so mächtig sein, daß es dieser Wirklichkeit zu widersprechen vermag, die zum Plan Gottes für unser Heil und unsere brüderliche Versöhnung gehört.

2. Das Verhältnis zwischen Juden und Christen hat sich seit dem II. Vatikanischen Konzil und dessen feierlicher Erklärung *Nostra aetate* wesentlich verändert und verbessert. Seitdem besteht ein offizieller Dialog, dessen eigentliche und zentrale Dimension „die Begegnung zwischen den heutigen christlichen Kirchen und dem heutigen Volk des mit Mose geschlossenen Bundes" sein soll, wie ich es bei einer früheren Gelegenheit formuliert habe (*Ansprache an Vertreter der Juden*, Mainz, 17. 11. 1980). Inzwischen sind weitere Schritte zur Versöhnung getan worden. Auch mein Besuch in der römischen Synagoge sollte ein Zeichen dafür sein.

Dennoch lastet weiter auf Ihnen und auch auf uns die Erinnerung an die Schoah, den millionenfachen Mord an den Juden in den Vernichtungslagern. Es wäre freilich ungerecht und unwahr, diese unsäglichen Verbrechen dem Christentum anzulasten. Vielmehr zeigt sich hier das grauenvolle Antlitz einer Welt ohne und sogar gegen Gott, deren Vernichtungsabsichten sich erklärtermaßen gegen das jüdische Volk richteten, aber auch gegen den Glauben derer, die in dem Juden Jesus von Nazaret den Erlöser der Welt verehren. Einzelne feierliche Proteste und Appelle ließen solche Absichten nur noch fanatischer werden.

Eine angemessene Betrachtung der Leiden und des Martyriums des jüdischen Volkes kann nicht ohne innersten Bezug auf die Glaubenserfahrung erfolgen, die seine Geschichte kennzeichnet, angefangen vom Glauben Abrahams, beim Auszug aus der Knechtschaft Ägyptens, beim Bundesschluß am Sinai. Es ist ein Weg in Glaube und Gehorsam als Antwort auf den liebenden Ruf Gottes. Wie ich im vergangenen Jahr vor Vertretern der jüdischen Gemeinde in Warschau gesagt habe, kann aus diesen grausamen Leiden eine um so tiefere Hoffnung erwachsen, ein rettender Warnruf für die ganze Menschheit sich erheben. Sich der Schoah erinnern heißt, hoffen und sich dafür einsetzen, daß sie sich niemals mehr wiederholt.
Wir können gegenüber einem so unermeßlichen Leid nicht unempfindlich bleiben; aber der Glaube sagt uns, daß Gott die Verfolgten nicht verläßt, sondern sich ihnen vielmehr offenbart und durch sie jedes Volk auf dem Weg zur Erlösung erleuchtet. Dies ist die Lehre der Heiligen Schrift, dies ist uns in den Propheten, in Jesaja und in Jeremia, offenbart. In diesem Glauben, dem gemeinsamen Erbe von Juden und Christen, hat die Geschichte Europas ihre Wurzeln. Für uns Christen erhält jeder menschliche Schmerz seinen letzten Sinn im Kreuze Jesu Christi. Dies aber hindert uns nicht, es drängt uns vielmehr dazu, solidarisch mitzufühlen mit den tiefen Wunden, die durch die Verfolgungen dem jüdischen Volk, besonders in diesem Jahrhundert aufgrund des modernen Antisemitismus, zugefügt worden sind.

3. Der Prozeß der vollen Versöhnung zwischen Juden und Christen muß auf allen Ebenen der Beziehungen zwischen unseren Gemeinschaften mit aller Kraft weitergeführt werden. Zusammenarbeit und gemeinsame Studien sollen dazu dienen, die Bedeutung der Schoah tiefer zu erforschen. Aufzuspüren und möglichst zu beseitigen sind die Ursachen, die für den Antisemitismus verantwortlich sind oder noch allgemeiner zu den sogenannten „Religionskriegen" führen. Nach dem Vorbild dessen, was auf dem Weg der Ökumene bisher bereits geschehen ist, vertraue ich darauf, daß es möglich sein wird, über die Rivalitäten, die Radikalisierungen und Konflikte der Vergangenheit offen miteinander zu sprechen. Wir müssen versuchen, sie auch in ihren geschichtlichen Bedingungen zu erkennen und sie durch gemeinsame Bemühungen um Frieden, um ein kohärentes Glaubenszeugnis und die Förderung der sittlichen Werte, die die Personen und Völker bestimmen sollen, zu überwinden.
Schon in der Vergangenheit hat es nicht an klaren und nachdrücklichen Warnungen gegen jede Art religiöser Diskriminierung gefehlt. Ich erinnere hier vor allem an die ausdrückliche Verurteilung des Antisemitismus durch ein Dekret des Heiligen Stuhls von 1928, wo es heißt, daß der Heilige Stuhl auf das schärfste den Haß gegen das jüdische Volk verurteilt, „jenen Haß nämlich, den man heute gewöhnlich mit dem Wort ‚Antisemitismus' zu bezeichnen pflegt". Die gleiche Verurteilung erfolgte auch durch Papst Pius XI. im Jahre 1938. Unter den vielfältigen heutigen Initiativen, die im Geist des Konzils für den jüdisch-christlichen Dialog entstehen, möchte ich auf das Zentrum für Information, Erziehung, Begegnung und Gebet hinweisen, das in Polen errichtet wird. Es ist dazu bestimmt, die Schoah sowie das Martyrium des polnischen Volkes und der anderen europäischen Völker während der Zeit des Nationalsozialismus zu erforschen und sich mit ihnen gei-

stig auseinanderzusetzen. Es ist zu wünschen, daß es reiche Früchte hervorbringt und auch für andere Nationen als Vorbild dienen kann. Initiativen dieser Art werden auch das zivile Zusammenleben aller sozialen Gruppen befruchten und sie anregen, sich in gegenseitiger Achtung für die Schwachen, Hilfsbedürftigen und Ausgestoßenen einzusetzen, Feindseligkeiten und Vorurteile zu überwinden sowie die Menschenrechte, besonders das Recht auf Religionsfreiheit, für jede Person und Gemeinschaft zu verteidigen.
An diesem umfangreichen Aktionsprogramm, zu dem wir Juden, Christen und alle Menschen guten Willens einladen, sind auch schon seit vielen Jahren die Katholiken in Österreich beteiligt, Bischöfe und Gläubige sowie verschiedene Vereinigungen. Erst in jüngster Zeit haben fruchtbare Begegnungen mit jüdischen Persönlichkeiten in Wien stattgefunden.

4. Die Eintracht und Einheit der verschiedenen Gruppen einer Nation bilden auch eine solide Voraussetzung für einen wirksamen Beitrag zur Förderung von Frieden und Verständigung unter den Völkern, wie es die Geschichte Österreichs selbst in den letzten Jahrzehnten gezeigt hat. Die Sache des Friedens liegt uns allen am Herzen, besonders im Heiligen Land, in Israel, im Libanon, im Mittleren Osten. Dies sind Regionen, mit denen uns tiefe biblische, geschichtliche, religiöse und kulturelle Wurzeln verbinden. Der Friede ist nach der Lehre der Propheten Israels eine Frucht der Gerechtigkeit und des Rechtes und zugleich ein unverdientes Geschenk der messianischen Zeit. Deshalb muß auch hier jegliche Gewalt beseitigt werden, die alte Irrtümer wiederholt und dadurch Haß, Fanatismus und religiösen Integralismus hervorruft, welche Feinde menschlicher Eintracht sind. Jeder prüfe diesbezüglich sein Gewissen entsprechend seiner Verantwortung und Zuständigkeit. Vor allem aber ist es notwendig, daß wir einen konstruktiven Dialog zwischen Juden, Christen und Moslems fördern, damit das gemeinsame Zeugnis des Glaubens an den „Gott Abrahams, Isaaks und Jakobs" (*Ex* 3,6) in der Suche nach gegenseitiger Verständigung und brüderlichem Zusammenleben wirksam fruchtbar wird, ohne die Rechte von jemandem zu verletzen.
In diesem Sinn muß jede Initiative des Heiligen Stuhles verstanden werden, wenn er sich darum bemüht, die Anerkennung der gleichen Würde für das jüdische Volk im Staate Israel und für das palästinensische Volk zu suchen. Wie ich im vergangenen Jahr vor Vertretern der jüdischen Gemeinden in den Vereinigten Staaten von Amerika betont habe, hat das jüdische Volk ein Recht auf ein Heimatland, wie es jede andere Nation gemäß dem internationalen Recht hat. Dasselbe aber gilt auch für das palästinensische Volk, aus dem viele Menschen heimatlos und Flüchtlinge sind. Durch gemeinsame Verständigungs- und Kompromißbereitschaft sind endlich jene Lösungen zu finden, die zu einem gerechten, umfassenden und dauerhaften Frieden in diesem Gebiet führen (vgl. *Ansprache* vom 11.09. 1987). Wenn nur Vergebung und Liebe in Fülle ausgesät werden, wird das Unkraut des Hasses nicht wachsen können; es wird erstickt werden. Sich an die Schoah erinnern heißt auch, sich jeder Aussaat von Gewalt zu widersetzen und jeden zarten Sproß von Freiheit und Frieden mit Geduld und Ausdauer zu schützen und zu fördern.
In diesem Geist christlicher Versöhnungsbereitschaft erwidere ich Ihnen von Herzen Ihr „Shalom" und erflehe für uns alle das Geschenk brüderlicher Eintracht und den Segen des allmächtigen und allgütigen Gottes Abrahams, Ihres und unseres Vaters im Glauben.

Einmalig und unwiederholbar: der Mensch

Predigt in Trausdorf, Diözese Eisenstadt am 24. Juni

Liebe Brüder und Schwestern!

1. „Herr, du hast mich erforscht, und du kennst mich ..., alle meine Wege sind dir bekannt" (*Ps* 139,1–2).
So beten wir mit dem Psalmisten in der heutigen Liturgie. Seine Worte drücken aus, was uns hier zutiefst vereint – unsichtbar zwar, aber dennoch wirklich und wesentlich: Wir sind hier versammelt im gemeinsamen Glauben an den gegenwärtigen Gott, an Gott, der uns alle erforscht und kennt. Gott weiß um uns schon immer, er kennt einen jeden von uns, wir alle sind in sein liebendes Herz geschrieben, seine Vorsehung umfängt die ganze Schöpfung. „In ihm leben wir, bewegen wir uns und sind wir" (*Apg* 17,28), so erklärt der Apostel Paulus den fragenden Athenern auf dem Areopag die Nähe Gottes zu uns Menschen.
Vor ihm sind wir hier versammelt – vor dem unsichtbaren Gott. In seinem ewigen Wort, dem eingeborenen Sohn, hat er uns beim Namen gerufen, damit wir durch ihn das Leben haben und es in Fülle haben (vgl. *Joh* 10,10).
Darum feiern wir nun Eucharistie. Wir kommen, um in Jesus Christus alles vom Vater zu empfangen, was uns zum Heile dient. Und wir bringen alles: unsere Freude, unseren Dank, unsere Bitten, ja uns selbst, um uns ganz in Christus dem Vater darzubringen: in ihm, der ja der Erstgeborene der ganzen Schöpfung ist (vgl. *Kol* 1,15). In und durch Christus wollen wir mit dem Psalmisten zu unserem Schöpfer und Vater beten: „Ich danke dir, daß du mich so wunderbar gestaltet hast; staunenswert sind deine Werke" (*Ps* 139,14).

2. In dankbarer Freude grüße ich Eisenstadt, den Sitz eurer Diözese, die ich dank der Freundlichkeit eures Bischofs schon vor etlichen Jahren besuchen durfte. Ich grüße von Herzen Bischof Stefan László und danke ihm für die vielen Jahre brüderlicher Freundschaft und Verbundenheit seit dem Konzil bis heute. Gern erinnere ich mich auch an unsere Begegnungen in Krakau und Rom. Ich freue mich, nun ein weiteres Mal hier sein Gast sein zu dürfen.
Herzlich grüße ich euch alle, die anwesenden Kardinäle, Bischöfe, Priester und Ordensleute, alle Gläubigen der Diözese Eisenstadt und aus den österreichischen Nachbardiözesen, ganz besonders aber die sehr zahlreichen Gäste aus Ungarn und aus Kroatien in Jugoslawien. Durch euch gilt unser gemeinsamer Segensgruß zugleich allen unseren Glaubensbrüdern und -schwestern in euren Heimatländern, mit denen wir uns heute über alle Grenzen hinweg auf das engste in der einen Kirche Jesu Christi verbunden fühlen.

3. „Herr, du hast, mich erforscht, und du kennst mich." Die Kirche wiederholt diese Worte des Psalmisten in der heutigen Festliturgie, am Geburtsfest Johannes des Täufers, des Sohnes des Zacharias und der Elisabet. „Vom Mutterschoß an" hat Gott ihn berufen. die „Taufe der Buße" am Jordan zu predigen und das Kommen seines Sohnes vorzubereiten (vgl. *Mk* 1,4).

Die besonderen Umstände der Geburt des Johannes sind uns durch den Evangelisten Lukas überliefert. Nach einer alten Überlieferung erfolgte sie in Ain-Karim, vor den Toren Jerusalems. Ihre Begleitumstände waren so ungewöhnlich, daß die Leute schon damals fragten: „Was wird wohl aus diesem Kind werden?"(*Lk* 1,66). Für seine gläubigen Eltern, für die Nachbarn und Verwandten war es offenkundig, daß seine Geburt ein Zeichen Gottes war. Ja, sie sahen deutlich, daß „die Hand des Herrn" auf ihm ruhte. Dies zeigte schon die Ankündigung seiner Geburt an seinen Vater Zacharias, während er den priesterlichen Dienst im Tempel von Jerusalem versah. Seine Mutter Elisabet war schon betagt und galt als unfruchtbar. Auch der Name „Johannes", den er erhielt, war außergewöhnlich für seine Umgebung. Sein Vater selbst mußte befehlen, daß er „Johannes" und nicht, wie es alle anderen wollten, „Zacharias" heißen sollte (vgl. *Lk* 1,59–63). Der Name Johannes bedeutet in der hebräischen Sprache „Gott ist gnädig". So wird schon im Namen ausgedrückt, daß der neugeborene Knabe einmal die Heilspläne Gottes ankünden soll. Die Zukunft sollte die Weissagungen und Erlebnisse um seine Geburt voll bestätigen: Johannes, der Sohn des Zacharias und der Elisabet, wurde die „Stimme eines Rufers in der Wüste" (*Mt* 3,3), der am Jordan zur Buße aufrief und Christus die Wege bereitete.
Christus selbst hat von Johannes dem Täufer gesagt, daß „unter den von einer Frau Geborenen keiner größer ist" (vgl. *Mt* 11,11). Darum hat auch die Kirche diesem großen Boten Gottes von Anfang an eine besondere Verehrung erwiesen. Ausdruck dieser Verehrung ist das heutige Fest.

4. Liebe Brüder und Schwestern! Diese Feier mit ihren liturgischen Texten lädt uns ein, über die Frage nach dem Werden des Menschen, nach seiner Herkunft und Bestimmung nachzudenken. Es scheint zwar, daß wir über dieses Thema bereits viel wissen, sei es aus der langen Erfahrung der Menschheit, sei es durch immer tiefere biomedizinische Forschungen. Das Wort Gottes aber stellt immer neu die wesentliche Dimension, der Wahrheit über den Menschen heraus: Der Mensch ist von Gott geschaffen und von ihm gewollt als sein Bild und Gleichnis. Keine rein menschliche Wissenschaft kann diese Wahrheit aufzeigen. Sie kann sich höchstens dieser Wahrheit annähern oder die Wahrheit über dieses „unbekannte Wesen", das der Mensch vom Augenblick seiner Empfängnis im Mutterschoß ist, intuitiv erahnen.
Zur selben Zeit aber sind wir Zeugen davon, wie vorgeblich im Namen der Wissenschaft der Mensch in einem dramatischen Prozeß „reduziert" und in einer traurigen Vereinfachung dargestellt wird; und so verdunkeln sich auch jene Rechte, die in der Würde seiner Person gründen, die ihn von allen Geschöpfen der sichtbaren Welt unterscheidet. Die Worte im Buch Genesis, die vom Menschen als einem Geschöpf sprechen, das nach Gottes Bild und Gleichnis geschaffen ist, bringen die volle Wahrheit über ihn in knapper und zugleich tiefer Weise treffend zum Ausdruck.

5. Diese Wahrheit über den Menschen ist auch in der heutigen Liturgie zu vernehmen, wo die Kirche mit den Worten des Psalmisten zu Gott, dem Schöpfer, betet: „Herr, du hast mich erforscht, und du kennst mich ... Du hast mein Inneres geschaffen, mich gewo-

ben im Schoß meiner Mutter ... Du kennst mich bis zum Grund. Als ich geformt wurde im Dunkel ... waren meine Glieder dir nicht verborgen ... Ich danke dir, daß du mich so wunderbar gestaltet hast“ (*Ps* 139,1.13–15).
Der Mensch ist sich also dessen bewußt, was er ist – was er von Anfang an, vom Mutterschoß an, ist. Er weiß darum, daß er ein Wesen ist, dem Gott begegnen und mit dem er ins Gespräch kommen möchte. Mehr noch: Im Menschen möchte er der ganzen Schöpfung begegnen.
Der Mensch ist für Gott ein „Jemand“: einmalig und unwiederholbar. Er ist, wie das II. Vatikanische Konzil sagt, jenes „einzige Geschöpf auf Erden, das Gott um seiner selbst willen erschaffen wollte“ (vgl. *Gaudium et spes*, Nr. 24). „Der Herr hat mich schon im Mutterleib berufen; als ich noch im Schoß meiner Mutter war, hat er meinen Namen genannt“ (*Jes* 49,1); so wie den Namen des Knaben, der in Ain-Karim geboren wurde: „Johannes“. Der Mensch ist jenes Wesen, das Gott beim Namen ruft. Er ist für Gott das geschaffene „Du“. Er ist inmitten der Geschöpfe jenes personale „Ich“, das sich an Gott wenden und auch ihn beim Namen rufen kann. Gott will im Menschen jenen Partner haben, der sich an ihn wendet als seinen Schöpfer und Vater: „Du, mein Herr und Gott“. An das göttliche „Du“.

6. Liebe Brüder und Schwestern! Wie antworten wir Menschen auf diese unsere göttliche Berufung? Wie versteht der heutige Mensch sein Leben? Wohl in keiner anderen Zeit sind bisher durch Technik und Medizin größere Anstrengungen unternommen worden, um menschliches Leben gegen Krankheit zu schützen, es immer mehr zu verlängern und vor dem Tod zu retten. Gleichzeitig aber hat kaum eine Zeit zuvor so viele Orte und Methoden der Menschenverachtung und Menschenvernichtung hervorgebracht wie die unsrige. Die bitteren Erfahrungen unseres Jahrhunderts mit der Tötungsmaschinerie zweier Weltkriege, die Verfolgung und Vernichtung ganzer Gruppen von Menschen wegen ihrer ethnischen oder religiösen Herkunft, der atomare Rüstungswettlauf bis zur Stunde, die Hilflosigkeit der Menschen angesichts des großen Elends in vielen Teilen der Welt könnten uns geradezu verleiten an Gottes Zuwendung und Liebe zum Menschen und zur gesamten Schöpfung zu zweifeln oder sie sogar zu leugnen.
Oder müssen wir uns nicht gerade angesichts der schrecklichen Geschehnisse, die durch Menschen über unsere Welt hereingebrochen sind, und angesichts der vielfältigen Bedrohungen unserer Zeit umgekehrt fragen: Hat sich nicht der Mensch von Gott, seinem Ursprung, entfernt, sich von ihm abgewandt und sich selbst zum Mittelpunkt und Maßstab seines Lebens gemacht? Drückt sich nicht in den Experimenten mit dem Menschem, die seiner Würde widersprechen, in der Einstellung vieler zu Abtreibung und Euthanasie ein beängstigender Verlust der Ehfrurcht vor dem Leben aus? Zeigt sich nicht auch in eurer Gesellschaft immer deutlicher im Schicksal vieler einzelner, welches durch innere Leere, Angst und Flucht bestimmt ist, daß sich der Mensch selbst von seiner Wurzel abgeschnitten hat? Müssen nicht Sexualisierung, Alkoholismus, Drogenkonsum als Alarmsignale verstanden werden? Deuten sie nicht auf eine große Vereinsamung des heutigen Menschen hin, auf eine Sehnsucht nach Zuwendung, einen Hunger nach Liebe, die eine nur auf sich selbst gerichtete Welt nicht stillen kann. In der Tat, ohne Verbundenheit mit

seiner Wurzel, die Gott ist, verarmt der Mensch an inneren Werten und erliegt allmählich den vielfältigen Bedrohungen. Die Geschichte lehrt uns, daß Menschen und Völker, die ohne Gott auszukommen glauben, stets der Katastrophe der Selbstzerstörung preisgegeben sind. Treffend hat dies der Dichter Ernst Wiechert in dem Satz formuliert: „Seid gewiß, daß niemand aus der Welt herausfällt, der nicht zuvor aus Gott herausgefallen wäre." Aus einer lebendigen Gottesbeziehung erwächst dem Menschen hingegen das Bewußtsein von der Einmaligkeit und Kostbarkeit seines Lebens und seiner personalen Würde. Inmitten seiner konkreten Lebenssituation weiß er sich von Gott gerufen, getragen und angespornt. Trotz herrschender Ungerechtigkeiten und persönlichen Leids versteht er sein Leben als ein Geschenk; er ist dafür dankbar und fühlt sich dafür vor Gott verantwortlich. Gott wird so für den Menschen zur Quelle der Kraft und der Zuversicht, aus der heraus er sein Leben menschenwürdig gestalten und auch selbstlos in den Dienst seiner Mitmenschen zu stellen vermag.

7. Gott hat Johannes den Täufer schon „im Mutterleib berufen", „Stimme eines Rufers in der Wüste" zu werden und dadurch seinem Sohn den Weg zu bereiten. Auf ähnliche Weise hat Gott auch auf einen jeden von uns „seine Hand gelegt". An jeden von uns geht ein besonderer Ruf, jedem von uns wird eine von ihm zugedachte Aufgabe übertragen. In jedem Anruf, der uns auf vielfältige Weise treffen kann, ist jene göttliche Stimme vernehmbar, die damals durch Johannes gesprochen hat: „Bereitet dem Herrn den Weg" (*Mt* 3,3).
Jeder Mensch sollte sich fragen, was er in seinem Beruf, in seinem Stand dazu beitragen kann, um dem Herrn Einlaß in diese Welt zu verschaffen. Wo immer wir uns dem Rufe Gottes öffnen, werden wir wie Johannes Wegbereiter Gottes unter den Menschen. Stellvertretend für die unzähligen Männer und Frauen, die sich in der Geschichte auf diese Weise dem Wirken Gottes beispielhaft geöffnet haben, möchte ich euch hier auf den hl. Martin hinweisen. Wenn uns auch Jahrhunderte von ihm trennen, so ist er uns doch durch sein Vorbild und seine zeitlose Größe in der Nachfolge Christi nahe. Er ist ja euer Diözesan- und Landespatron. Er wird verehrt als der große Heilige des gesamten panonischen Raumes: „Martinus natus Savariae in Pannonia".
Martin steht vor uns als ein Mensch der sich mit Gott eingelassen hat, der sein „Ja zum Glauben" als ein „Ja zum Leben" verstanden und praktiziert hat. Wozu er sich berufen wußte, das hat er mit letzter Konsequenz erfüllt. Noch bevor er Christ wurde, teilte er mit dem Armen seinen Mantel. Schon das Soldatenleben bot ihm gewiß manche Freuden; aber das genügte ihm nicht. Wie jeder Mensch war er auf der Suche nach einer Freude, die von Dauer ist, nach einem Glück, das nicht zerstört werden kann. Erst in reiferen Jahren begegnete er im Glauben Jesus Christus, in dem er die Fülle der Freude und das Glück gefunden hat. Durch den Glauben ist Martin nicht ärmer, sondern reicher geworden: Er wuchs in seinem Menschsein, er wuchs in der Gnade vor Gott und den Menschen.

8. Damit diese Wahrheit, daß der Mensch seine Erfüllung und sein wahres Heil nur in Gott findet, immer verkündet werden kann, dazu bedarf es vor allem der Priester und Ordensleute. Achtet deshalb auf eure Mitverantwortung für die Weckung geistlicher Berufe.

Mit Freude höre ich, daß in einigen Tagen in eurer Diözese sechs Neupriester geweiht werden. Dies ist ein großes Geschenk für die Kirche in eurer Heimat. Hört nicht auf zu beten, daß der Herr Arbeiter in seine Ernte sende!
In besonderer Weise wende ich mich an die jungen Menschen, die die Zukunft eures Landes und der Kirche sind. Sucht zu erkennen, liebe junge Freunde, was Gott von euch will. Seid offen für seinen Ruf! Prüft sorgfältig, ob er nicht auch euch in die besondere Nachfolge Christi als Priester, Ordensfrau oder Ordensmann einlädt, sei es hier in eurer Heimat oder draußen in der Weltmission. Ich bitte euch alle, für welchen Weg auch immer ihr euch entscheidet, laßt den Samen des göttlichen Wortes in die Furchen eures Herzens fallen; laßt es dort nicht vertrocknen, sondern pflegt es, damit es aufgeht und wächst und reiche Frucht bringen kann. Sagt „Ja zum Glauben" – sagt „Ja zum Leben", denn Gott lebt es mit euch! Mit ihm wird euer Leben zu einem Abenteuer; es wird schön, reich und erfüllt sein!

9. Liebe Christen der Diözese Eisenstadt! Im Geist des hl. Martin überschreitet ihr auch die Grenzen eurer Heimatdiözese. Diese ist sich mit ihrem Bischof der Brückenfunktion bewußt, die ihr gerade zu den Völkern Osteuropas hin habt. Ihr seid bereit, mit ihnen Kontakte zu pflegen und auch mit ihnen zu teilen, materiell und geistig. Die heutigen zahlreichen Gäste aus den Nachbarländern sind dafür ein neuer Beweis. Ebenso seht ihr auch eure Verantwortung für die Weltkirche, vor allem für jene Ortskirchen, die materiell in Not und Armut leben. Es ist mir bekannt, daß ihr fast in jedem Erdenteil ein Hilfsprojekt nach Kräften unterstützt und auch zu euren Partnerdiözesen in Afrika und Indien in lebendigem Austausch steht. Ihr helft euren Missionaren, Ordensschwestern und Entwicklungshelfern an vielen Orten. Und wie ich höre, wollt ihr auch durch eine großzügige Spende anläßlich meines Besuches in eurer Diözese das Haus für Obdachlose, das im Vatikan für die Armen in den Straßen Roms entstanden ist und von Schwestern von Mutter Teresa betreut wird, hochherzig unterstützen. Dafür und für alle Hilfe, die ihr Notleidenden zugute kommen laßt, danke ich euch von Herzen und ermutige euch, in diesem Geist eures Diözesanpatrons, des hl. Martin, beispielhaft weiterzuwirken.

10. „Bereitet dem Herrn den Weg ... damit mein Heil bis an das Ende der Welt reicht" (vgl. *Jes* 49,6). Wenn wir, liebe Brüder und Schwestern, als Christen, die durch die Taufe in Christus eingegliedert sind, auf unsere Berufung schauen, dann gewinnen diese Worte des Herrn aus dem Munde des Propheten Jesaja – aus dem heilsgeschichtlichen Advent vor dem ersten Kommen Christi – für uns am Ende des zweiten Jahrtausends nach Christi Geburt eine besondere Bedeutung. Stehen wir doch gleichsam in einem „neuen Advent" der Weltgeschichte, besonders hier auf dem alten Kontinent! Muß nicht das von Christus uns geschenkte „Heil" von neuem bis an die äußersten Grenzen Europas gelangen?
Wir alle spüren, wie sehr wir der Erneuerung, einer neuen Hinwendung zu Gott bedürfen. Erneuerung, Umkehr und Hinwendung zu Gott zu den Quellen des Glaubens, Besinnung auf den unverkürzten Glauben – das ist es, wozu uns das heutige Fest der Geburt Johannes des Täufers aufruft und wozu uns auch das Beispiel des hl. Martin anspornt. Ja,

wir wissen alle um die Notwendigkeit der Erneuerung in unserer Gesellschaft, der Neu-Evangelisierung unseres Kontinents: damit der europäische Mensch den Sinn für seine grundlegende Würde nicht verliert; damit er nicht den zerstörerischen Mächten des geistigen Todes verfällt, sondern das Leben hat und es in Fülle hat (vgl. *Joh* 10,10)!

11. Mit besonderer Freude möchte ich nun auch noch ein kurzes Grußwort an unsere anwesenden Brüder und Schwestern aus Ungarn und Kroatien in ihrer Muttersprache richten.
Liebe Mitchristen ungarischer Sprache! Von Herzen wiederhole ich noch einmal meinen schon eingangs ausgesprochenen Willkommensgruß. Mein brüderlicher Gruß gilt besonders den ungarischen Bischöfen mit dem Erzbischof von Gran und Primas von Ungarn Mons. László Paskai, den ich in Kürze mit der Kardinalswürde auszeichnen darf, sowie den Priestern und Ordensleuten. Ich grüße alle Gläubigen ungarischer Sprache in der Diözese Eisenstadt und, die aus Ungarn – unter ihnen auch Flüchtlinge aus Transsilvanien – oder von anderswo so zahlreich hierher gekommen sind, um dem Nachfolger des Petrus zu begegnen und diesen Gottesdienst mitzufeiern.
Die Begegnung mit euch schenkt mir eine große geistliche Freude. In euch grüße ich die ganze ungarische Kirche und Nation. Die Geschichte eures Volkes ist eng mit dem christlichen Glauben verbunden. Die Liebe zu Christus und zu seiner Mutter Maria war in den Herzen eurer Vorfahren tief verwurzelt. Dieselbe Liebe bewegt auch euch. Darum seid ihr hierher gekommen; darum macht ihr euch auch immer wieder als Wallfahrer auf den Weg nach Mariazell und zu den anderen Marianischen Gnadenorten.
In besonderer Verbundenheit nehme ich Anteil an der Jubiläumsfeier, mit der ihr in diesem Jahr eures hl. Königs Stephan in Verehrung gedenkt. Sein tiefer Glaube und seine Liebe zu den Mitmenschen mögen euch heute Vorbild und Ansporn sein. Ein großer Glaubenszeuge unserer Tage ist der Diener Gottes Ladislaus Batthyany, um dessen Seligsprechung ihr euch ja zur Zeit auch in Rom bemüht.
In diesem der Gottesmutter geweihten Jahr möchte ich euch das Wort mit in die Heimat und in euren Alltag geben, mit dem Maria bei der Hochzeit zu Kana uns auf ihren Sohn verweist: Was Jesus euch sagt, das tut! (vgl. *Joh* 2,5). Wenn ihr euch an dieses Wort haltet, dann seid ihr auf dem richtigen Weg. Es gibt in Dunkel und Unsicherheit Orientierung und Richtung. Mögen Maria, die Patrona Hungariae, und euer hl. König Stephan für euch und eure Angehörigen, für eure Kirche und das ganze ungarische Volk Fürsprecher beim Herrn sein, damit ihr den christlichen Glauben treu bewahrt und ihn auch als wahre Jünger Jesu Christi lebt und bezeugt.

12. Gelobt sei Jesus Christus! Ich grüße nun euch, liebe Gläubige kroatischer Sprache aus dem Burgenland und alle Kroaten, die von außerhalb des Burgenlandes mit ihren Oberhirten unter der Leitung des Herrn Kardinals Franjo Kuharić zu diesem Gottesdienst gekommen sind. Die Geschichte der kroatischen Kultur und besonders auch die Geschichte der kroatischen Sprache sind auch im Burgenland eng mit dem christlichen Glauben verbunden. Kostbare Früchte sind aus dieser Verbindung erwachsen. Als ein Beispeil dafür nenne ich die Person und das Werk des Priesters und Dichters Mate-Mersich Miloradić, der ebenso ein eifriger Verkünder des Wortes gewesen ist.

Durch die Jahrhunderte war der christliche Glaube die Seele eurer kroatischen Kultur. Möge er auch in Zukunft eine starke Stimme in dieser Kultur sein.
Die ersten Gebete die ihr gehört und nachgesprochen habt, wurden in der kroatischen Sprache eurer Vorfahren gesprochen. Die ersten geistlichen Lieder erklangen ebenfalls in dieser Sprache. Bewahrt den Glauben eurer Vorfahren. Schämt euch dieses Glaubens nicht. Der Glaube vermittelt euch die Gnade, „unter Guten stets ein Guter zu sein". Bewahrt und entfaltet in Dankbarkeit auch die Kultur eurer Vorfahren. Sie ist ein Geschenk für dieses Land und für die Kirche in diesem Land.
Und zum Schluß einen besonderen Gruß an die zahlreichen hier anwesenden Kroaten aus Jugoslawien, die unter nicht wenigen Opfern zu dieser Begegnung mit dem Papst gekommen sind. Euch und allen Euren Angehörigen in der Heimat, die Ihr dem Stellvertreter Christi so sehr ergeben seid, meinen apostolischen Segen – Gelobt sei Jesus Christus und Maria.

Europa, kannst du an ihm vorbeigehen?

Ansprache im Konzentrationslager Mauthausen am 24. Juni

1. Es ist schwer, ausdrucksstärkere Worte zu finden, als wir sie soeben aus den *Klageliedern* vernommen haben, die von der Überlieferung dem Propheten Jeremia zugeschrieben werden.
Mehr als vierzig Jahre sind vergangen seit jener Zeit, als die Todeslager, unter ihnen auch das von Mauthausen, Schaudern und Schrecken verbreiteten. Dies geschah im Herzen Europas. Dies geschah in der Mitte unseres Jahrhunderts, gegen Ende des zweiten Jahrtausends nach Christus.
Die Klagelieder des Jeremia künden den Messias und seine Leiden an. Sie sprechen von einem Menschen – einem Mann der Schmerzen –, dessen Kreuz auf Golgata, vor den Mauern der Heiligen Stadt Jerusalem, aufgerichtet worden ist. Sie sprechen von Ihm – und in gewissem Sinn tun sie uns sogar seine eigenen Worte kund. Der Mund des Propheten, sein persönliches Schicksal, vermitteln uns diese besondere Botschaft.

2. Gleichzeitig aber bringen diese Klagelieder eines Menschen auch die Leiden aller zum Ausdruck. Ja, von allen Menschen – besonders von denjenigen, die während der Jahre des fürchterlichen Weltkrieges in Europa durch die Qualen solcher Lager gegangen sind. Was der Prophet sagt, könnten die Lippen eines jeden von ihnen gesprochen haben. Und nicht nur ihre Lippen, sondern ihr ganzes inneres Menschsein, das hier so brutal getreten und unter den Lebensbedingungen des Lagers zur Vernichtung verdammt war.
Dies sind Worte jeder menschlichen Seele, des Menschen der Schmerzen, der im „Mann der Schmerzen" der Bibel und des Evangeliums sein bleibendes Urbild findet.

3. „Ich bin der Mann, der Leid erlebt hat durch die Rute des Grimms. Er hat mich getrieben und gedrängt in Finsternis, nicht ins Licht. Täglich von neuem kehrt er die Hand nur gegen mich" (*Klgl* 3,1–3). Wer ist dieser „Er"?

Der Mensch also – der Gefangene von Mauthausen – erzählt sein eigenes Leiden. Und dieser Bericht ist zugleich eine Frage. Eine große Frage des Menschen aller Zeiten nach dem Leid. Verwandelt sich diese Frage nicht sogar in eine Anklage?
Wer wird vom Mann der Schmerzen angeklagt? Wer wird von diesem gequälten Menschen, dem Gefangenen des Konzentrationslagers, unter Anklage gestellt? Oder ... klagt er etwa Gott selbst an? – „Ich bin der Mann, der Leid erlebt hat durch die Rute des Grimms."
„Er zehrte aus mein Fleisch und meine Haut, zerbrach meine Glieder" (*ebd.* 3,4). Hier, an diesem Ort, waren Menschen, die andere Menschen grausam mißhandelt haben ... buchstäblich so, wie es die Klagelieder ankündigen.
An diesem Ort, hier in Mauthausen, waren Menschen, die im Namen einer irrsinnigen Ideologie ein ganzes System der Verachtung und des Hasses gegen andere Menschen in Bewegung gesetzt haben. Sie unterzogen sie Folterungen, zerbrachen ihnen die Gebeine, mißhandelten grausam ihre Körper und Seelen: Sie verfolgten ihre Opfer in ihrer Grausamkeit. „Sie umschlossen sie mit Gift und Erschöpfung. Im Finstern ließen diese sie wohnen wie längst Verstorbene" (vgl. *ebd.* 3,5–6).
Auch hier haben sie jene „ummauert", die gefangengenommen und in diesem Lager eingesperrt waren. Sie haben sie „in schwere Fesseln gelegt", ihnen „mit Quadern den Weg verriegelt" (*ebd.* 3,7.9) in die Freiheit, zu ihrer Würde, zu den Grundrechten eines jeden Menschen, zum Leben ... Hier setzte man auf den Tod, auf die Vernichtung eines jeden, den man für einen Gegner hielt. Und nicht nur das ..., auch weil er nur „verschieden" war. Und vielleicht nur, weil er ein „Mensch" war?
Der irrsinnige Plan, Europa auf den Wegen anzuhalten, auf denen es seit Jahrtausenden gegangen war!

4. Sind wirklich „die Wege verriegelt" für die Völker, die Gesellschaft, für die Menschheit? Gewiß, Menschen sind zerschmettert worden. Sie sind – wie der Prophet sagt – „mit bitterer Kost gespeist, mit Wermut getränkt" und schließlich „in den Staub gedrückt" worden (vgl. *ebd.* 3,15.16).
Hier ... und an so vielen anderen Orten totalitärer Herrschaft.
Aus dieser Erfahrung, eine der schrecklichsten seiner Geschichte, ist Europa besiegt hervorgegangen, ... besiegt in dem, was sein Erbe, seine Sendung zu sein schien ... „Seine Wege sind verriegelt". Die Last des Zweifels hat sich schwer auf die Geschichte der Menschen, der Nationen, der Kontinente gelegt.
Sind die Fragen des Gewissens stark genug – die Gewissensbisse, die uns geblieben sind?

5. Ihr Menschen, die ihr furchtbare Qualen erfahren habt – welche der Klagelieder des Jeremia würdig sind!
Welches ist euer letztes Wort? Euer Wort nach so vielen Jahren, die unsere Generation vom Leiden im Lager Mauthausen und in vielen anderen trennen?
Mensch von gestern – und von heute, wenn das System der Vernichtungslager auch heute noch irgendwo in der Welt fortdauert, sage uns, was kann unser Jahrhundert an die nachfolgenden übermitteln?

Sage uns, haben wir nicht mit allzu großer Eile deine Hölle vergessen? Löschen wir nicht in unserem Gedächtnis und Bewußtsein die Spuren der alten Verbrechen aus?
Sage uns, in welcher Richtung sollten sich Europa und die Menschheit „nach Auschwitz", ... „nach Mauthausen" entwickeln? Stimmt die Richtung, in die wir uns von den furchtbaren Erfahrungen von damals entfernen?
Sage uns, wie sollte der Mensch sein und wie die Generation der Menschen, die hier auf den Spuren der großen Niederlage der Menschheit leben? Wie müßte der Mensch sein? Wieviel müßte er von sich selber fordern?
Sage uns, wie müßten die Nationen und die Gesellschaften sein? Wie müßte Europa fortfahren zu leben?
Rede, denn du hast das Recht dazu – du, der Mensch, der gelitten und das Leben verloren hat ... Und wir müssen dein Zeugnis anhören.

6. Haben nicht der Mensch und das von Menschen errichtete System mit dem Zorn Gottes Mißbrauch getrieben?
Hat er nicht im Bewußtsein der Generationen sein Bild verdunkelt?
Dennoch ruft der Prophet mit den Worten der Klagelieder: „Die Huld des Herrn ist nicht erschöpft; sein Erbarmen ist nicht zu Ende. Neu ist es an jedem Morgen; groß ist deine Treue" (*Klgl* 3,22–23).
Ja. Die Treue. Einer ist „der Mann der Schmerzen", der allen Menschen der Schmerzen treu gewesen ist, hier, in Mauthausen, und wo immer in der Welt sie durch ein unmenschliches System Verachtung erduldet haben oder noch erdulden.
Es hat einen solchen Mann der Schmerzen gegeben. Und es gibt ihn weiterhin. In der Geschichte der Welt bleibt sein Kreuz gegenwärtig.
Dürfen wir uns von diesem Kreuz entfernen? Können wir an ihm vorbei in die Zukunft geben?
Europa, kannst du an ihm vorbeigehen?
Mußt du nicht wenigstens bei ihm stehenbleiben, auch wenn die Generationen deiner Söhne und Töchter daran vorbeigehen und in die Vergangenheit entschwinden?

7. Christus! Christus so vieler menschlicher Leiden, Demütigungen und Verwüstungen. Christus, gekreuzigt und auferstanden. An einem Ort – einem von so vielen –, die aus der Geschichte unseres Jahrhunderts nicht ausgelöscht werden können –
Ich, der Bischof von Rom und Nachfolger deines Apostels Petrus, ich bitte dich inständig: Bleibe!
Bleibe und lebe fort in unserer Zukunft!
Bleibe und lebe fort!
Wohin sollen wir gehen? Du hast Worte des Lebens, die der Tod nicht verhüllt, nicht zerstört hat ... Du hast Worte ewigen Lebens (vgl. *Joh* 6,68).
Seliger Marcel Callo, Märtyrer von Mauthausen,
selige Schwester Theresia Benedikta vom Kreuz, Edith Stein,
und heiliger Pater Maximilian Kolbe,
ihr gepriesenen und verehrten Märtyrer von Auschwitz,

bittet für alle an diesen Orten des Todes Gequälten und Gemarterten!
Bittet für alle Opfer ungerechter Gewalt, gestern und heute –
bittet auch für ihre Henker!
Jesus Christus, Lamm Gottes, erbarme dich ihrer aller –
erbarme dich unser aller!

Weitergabe des Glaubens wichtigster Auftrag der Kirche

Ansprache an die Österreichische Bischofskonferenz in Salzburg am 24. Juni

Liebe Mitbrüder im Bischofsamt!

1. Wie ich in der kurzen Fernsehbotschaft vor Beginn meines jetzigen Pastoralbesuches gesagt habe, wollen unsere Begegnungen eine frohe Feier unseres Glaubens sein, in dem wir uns gegenseitig bestärken. Diese Feier erhält eine besondere Dichte in unserer heutigen brüderlichen Begegnung.

Das Leitwort, das Ihr für meinen zweiten Pastoralbesuch in Eurem Land gewählt habt: „Ja zum Glauben – Ja zum Leben", ist Bekenntnis und Aufruf zugleich. Es erhält in der Gemeinschaft der Bischöfe, die die göttliche Vorsehung zu Oberhirten des Volkes Gottes in Österreich bestellt hat, eine um so größere Aktualität und Bedeutung. Das II. Vatikanische Konzil hat ja unter den hauptsächlichsten Ämtern der Bischöfe gerade der Verkündigung des Evangeliums einen „hervorragenden Platz" zugewiesen. Denn, so sagt es, „die Bischöfe sind Glaubensboten, die Christus neue Jünger zuführen; sie sind authentische, das heißt mit der Autorität Christi ausgerüstete Lehrer. Sie verkündigen dem ihnen anvertrauten Volk die Botschaft zum Glauben und zur Anwendung auf das sittliche Leben und erklären sie im Licht des Heiligen Geistes" (*Lumen gentium*, Nr. 25).

Christus hat für das Oberhaupt des Bischofskollegiums – für Petrus und seine Nachfolger – eigens gebetet, daß sein „Glaube nicht erlischt" und ihm zugleich ausdrücklich aufgetragen: Du aber „stärke deine Brüder" (*Lk* 22,31 f.).

2. Von Herzen danke ich Euch, daß Ihr mir durch Eure freundliche Einladung zu diesem zweiten Besuch in Euren Ortskirchen eine weitere, vorzügliche Gelegenheit dafür bietet. Ich habe sie mit Freude angenommen und erwidere dadurch gern im Geist tiefer brüderlicher Verbundenheit Euren Ad-limina-Besuch, den Ihr mir im vergangenen Jahr gemeinsam in Rom abgestattet habt. Unsere heutige Begegnung will das damals begonnene Gespräch fortsetzen und vertiefen.

Ich danke Euch für alles, was Ihr zur Vorbereitung meines Besuches getan habt, damit es für alle Beteiligten Tage der Gnade und religiöser Erneuerung werden. Ich danke Euch für Euren Dienst an Gottes heiligem Volk, für Eure Treue zu Christus und für Eure Einheit mit dem Nachfolger Petri im gemeinsamen Auftrag der Glaubensverkündigung. Aus langjähriger eigener Erfahrung weiß ich nur zu gut, welchen Schwierigkeiten und Nöten ein Bischof als Zeuge der Frohen Botschaft Jesu Christi gerade in der heutigen säkularisierten Welt begegnet. In Euren täglichen Mühen versichere ich Euch meiner steten brüderlichen Solidarität im Wissen darum, daß Ihr Euch mit ganzer Hingabe in Liebe zu Christus und den Euch anvertrauten Gläubigen für den Aufbau des Reiches Gottes in Euren Diözesen und Gemeinden einsetzt. Diese Solidarität, die im gemeinsamen Auftrag und zutiefst im gemeinsamen Glauben gründet, ermöglicht uns auch Freimut und Offenheit zueinander. Ihr wißt, daß ich dankbar bin, wenn Ihr mir unbeschönigt, wie es sich unter Brüdern ziemt, Eure Fragen und Sorgen vorlegt. Wenn ich immer wieder mit gleicher Offenheit zu Euch spreche, so nehmt dies als Zeichen meines Vertrauens. Nur in solchem Geist können wir die großen Aufgaben bestehen, die auf uns zukommen. Wir alle kennen die Erfahrung der Apostel, die Nächte der Vergeblichkeit, von denen wir mit leeren Netzen zurückkommen. Gerade in solch einer Erfahrung der eigenen Grenze bereitet uns der Herr dafür, nicht uns, sondern ihm zu vertrauen, unbedingt und ohne Furcht. Die ehrliche Erkenntnis von Versagen und Mißerfolg hat daher nicht mit lähmendem Pessimismus oder mit Mutlosigkeit zu tun. Sie muß uns nur enger zum Herrn und so zueinander führen, um uns gegenseitig zu stärken, auf daß wir alle einmal als treue Knechte Jesu Christi befunden werden.

3. Das Leitwort des jetzigen Pastoralbesuches soll auch über unserer heutigen Begegnung stehen. Es läßt uns zuerst dankbar daran zurückdenken, daß in dieser geschichtsreichen Stadt, in diesem schönen Land im Herzen Europas, Eure Vorfahren einmal mit Gottes Gnade bereitwillig ihr „Ja zum Glauben“ gesprochen haben, als der Glaubensbote Rupert mit seinen Gefährten und seine Nachfolger ihnen den christlichen Glauben verkündeten und dieses Bistum errichteten. Das gläubige Volk ist selbst in schweren Zeiten zum weitaus größten Teil dem katholischen Glauben treu geblieben. Die Bischöfe von Salzburg waren zudem in den frühen Jahrhunderten auch eifrig darum bemüht, daß der christliche Glaube in die Länder Osteuropas weitergetragen wurde. Manche von ihnen haben durch ihr konsequentes Ja zum Glauben wie der hl. Rupert mit vielen ihrer Gläubigen gar den Ruf der Heiligkeit erlangt; unter ihnen der hl. Virgil, der hl. Vitalis und der hl. Arno. Euer ganzes Volk und Land ist tief geprägt vom christlichen Glauben und einem reichen religiösen Brauchtum.
Ein kostbares Erbe, das es immer wieder neu zu entdecken, sorgfältig zu hüten und neu mit Leben zu erfüllen gilt. Wir wollen Gott danken, daß in vielen Menschen dieses Landes noch ein tiefer, starker Glaube vorhanden ist und daß sich viele redlich darum bemühen, aus dem Glauben zu leben und ihn durch Werke der Liebe zu bezeugen. Ebenso wissen wir aber auch, daß bei nicht wenigen der Glaube bedauerlicherweise verflacht oder in Gewohnheit und Brauchtum erstarrt ist. Wieder andere sind in den letzten Jahren in nicht geringer Zahl sogar – aus welchen Gründen auch immer – aus der Kirche ausgetreten. Das Ausmaß der Säkularisierung als Folge von Wohlstand und religiöser Gleichgültigkeit ist auch bei Euch im Leben des einzelnen, der Familie und vor allem in der Öffentlichkeit weit fortgeschritten. Der Glaube hat im konkreten Leben des Alltags an Kraft verloren. Nicht nur einige vereinzelte pastorale Initiativen sind heute gefordert, eine umfassende Neu-Evangelisierung wird immer notwendiger, die bei den einzelnen, bei den Familien und Gemeinden beginnt und die verschütteten Quellen des Glaubens und einer überzeugten Christusnachfolge neu zum Fließen bringt. Fordern wir unsere Christen zu

einem neuen Ja zum Glauben auf, das zu einem neuen Ja zum Leben, zu einem Leben in der befreienden und beglückenden Freundschaft mit Gott werden kann.

4. Liebe Mitbrüder! Als Bischöfe sind wir vor allem Glaubensboten, Verkünder der Frohen Botschaft, die Christus neue Jünger zuführen und die lauen und ermüdeten in ihrem Glaubensleben erneuern sollen. Die lebendige Weitergabe des Glaubens ist heute eine der wichtigsten Aufgaben der Kirche. Es geht dabei nicht nur darum, den Glauben unverfälscht zu bewahren, sondern auch darum, ihn so zu vermitteln, daß die Herzen von der Frohen Botschaft entzündet werden und die Menschen erkennen, wie ihr Leben dadurch Klarheit und Kraft erhält für eine lebendige Verbundenheit mit Gott und auch für den Dienst an ihren Mitmenschen und eine christliche Gestaltung der Gesellschaft.
Als von Gott bestellte Hirten im Volke Gottes habt Ihr sorgfältig über das Euch anvertraute Gut des Glaubens zu wachen, damit der Glaube vollständig und unversehrt an die nachwachsende Generation weitergegeben wird. Seid Euch aber auch stets bewußt, daß die Kirche nicht eine Sammlung trockener, formelhafter Lehren zu hüten hat. Was die Kirche lehrt, ist nie nur Formel. Es ist Frucht einer lebendigen Begegnung mit dem Herrn und ist daher Türe zu ihm. Es ist Sichtbarwerden jener Wahrheit, die Weg ist. Wo Lehre veruntreut wird, wird Leben angegriffen, werden Wege verschüttet. Alle Lehren unseres Glaubens laufen zusammen in einer lebendigen Person, in Jesus Christus (vgl. *Catechesi tradendae*, Nr. 5). Wir lieben die Erkenntnis des Glaubens weil wir darin ihn selber lieben; Glaube ist Erkenntnis, die aus der Liebe geboren wurde. So geht es letztlich immer um die personale Begegnung mit Jesus Christus. Sie ist entscheidend, bei Euch selbst und auch bei den Euch anvertrauten Priestern und Lehrern und allen Gläubigen. Hüter des Glaubens sein heißt, Hüter des Lebens zu sein, das Christus bringt, das Lebens in Fülle (vgl. *Joh* 10,10).

5. Wie das II. Vatikanische Konzil uns erinnert, erscheint in dieser Aufgabe der Verkündigung der Botschaft Christi „besonders wertvoll jener Lebensstand, der durch ein besonderes Sakrament geheiligt wird, das Ehe- und Familienleben" (*Lumen gentium*, Nr. 35). Bemüht Euch darum um eine sehr intensive und zeitgemäße Familienpastoral. Die Eltern sind nicht nur die ersten, sondern in den allermeisten Fällen auch die wichtigsten Glaubenszeugen. Schon von früh an spüren die Kinder, ob diese Wert darauf legen, in lebendiger Verbindung mit Gott zu leben; im Vertrauen auf seine Führung, in Gemeinschaft mit Jesus Christus und im Bewußtsein, daß sie die Kraft des Heiligen Geistes nicht im Stich läßt. Schon früh spüren sie, ob die Eltern die Kirche lieben, den Gottesdienst und die Sakramente, vor allem aber, ob sie sich ernstlich darum bemühen, ihren Glauben zu leben. Ladet die Eltern ein, die vielen Gelegenheiten zu nützen, die sich ihnen glücklicherweise in diesem Land bieten, um ihren Glauben zu bilden und sie auf die wichtige Aufgabe vorzubereiten, die sie an ihren Kindern als erste Glaubenszeugen zu erfüllen haben. Gesprächsgruppen in der Gemeinde, Bildungshäuser, gute Bücher und vieles andere stehen ihnen zur Verfügung. Ihr werdet darauf achten, daß diese Einrichtungen von innen her dem Glauben der Kirche dienen, so daß Ihr sie wirklich uneingeschränkt allen als Wege der Begegnung mit dem Evangelium empfehlen könnt.

Bemüht Euch zugleich um eine wirksame Erwachsenenkatechese, die ja die „hauptsächliche Form der Katechese“ ist (*Catechesi tradendae*, Nr. 45). Denn erst ein Glaube, der ernsthaft von erwachsenen Menschen vertreten, durchdacht, besprochen und in die eigene Sprache übersetzt ist, und bei dem Erwachsene gemeinsam fragen, wie sie diesen Glauben unter den heutigen Verhältnissen leben können, erst ein solcher Glaube bietet den Rückhalt, den die nachwachsenden Generationen brauchen, um sich auf ihre Weise den Glauben aneignen zu können. Erfreulicherweise gibt es in Eurem Land zahlreiche entsprechende Bemühungen. Sie werden um so fruchtbarer sein, je mehr sie in enger Verbindung mit Papst und Bischöfen den Glauben aller Zeiten in das Heute dieser unserer Zeiten übertragen.
Sorgt Euch mit besonderer Aufmerksamkeit und Hingabe um eine angemessene katechetische Ausbildung der Priester und der anderen hauptamtlichen Mitarbeiter im pastoralen Dienst, Diakone, Ordensleute und Laien, Männer und Frauen. Durch den Dienst, den sie in den einzelnen Gemeinden oder auch an anderen Stellen des kirchlichen Lebens leisten, können sie viel und wesentliches beitragen zu einer lebendigen und zündenden Weitergabe des Glaubens an die Euch anvertrauten Kinder, Jugendlichen und Erwachsenen. Mit besonderer Freude höre ich, daß es auch in Euren Diözesen zahlreiche Frauen und Männer gibt, die sich ehrenamtlich im Rahmen der Gemeindekatechese um die Hinführung der Kinder zu einem frohen und innerlich befreienden Leben mit der Kirche bemühen, die sich bei der Vorbereitung der Kinder auf die erste hl. Kommunion und auf den Empfang der Firmung beteiligen. Hier wird sich bewahrheiten: Die wirksamsten Zeugen Jesu Christi sind immer diejenigen, die den betreffenden Menschen besonders nahe stehen: durch Verwandtschaft, durch den geringeren Altersunterschied, durch gemeinsames Leben in der Gemeinde und andere persönliche Bande.

6. Ein Wort der Anerkennung und der Ermutigung gebührt an dieser Stelle allen Pfarrseelsorgern für ihren umfasenden Dienst in den Gemeinden; in einer besonderen Weise aber auch den Religionslehrerinnen und Religionslehrern, die an den verschiedenen Schulen im Religionsunterricht der Weitergabe eines lebendigen Glaubens dienen. Ihr Dienst ist oft schwierig; denn sie gehören mit zu den am meisten exponierten Zeugen der Kirche. Manche ihrer Schüler sind ohne jede lebendige Verbindung mit der Kirche aufgewachsen; manchen fehlt jedes Interesse, auf religiöse Fragen einzugehen. Dies stellt umso größere Anforderungen an ihre pädagogischen Fähigkeiten und auch an ihr persönliches Glaubenszeugnis.
Alle Bemühungen um die verstandesmäßige Aneignung und Durchdringung der Glaubenswahrheiten dürfen aber nicht vergessen lassen, daß der Mensch nicht nur aus seinem Kopf besteht. Deshalb setzt gesunde Theologie das Mitglauben und Mitleben mit der Kirche voraus; sie braucht den Raum des Gebetes. Ein einseitig intellektualistisches Glaubensverständnis kann die Freudigkeit an der Nachfolge, statt zu fördern, sogar beeinträchtigen. Darum gilt es, gerade den jungen Menschen den Zusammenhang zwischen den wesentlichen Aussagen des Glaubens und ihren eigenen Lebenserfahrungen so nahezubringen, daß der Funke des Glaubens überspringen kann. So werden sie begreifen, daß sie zum Glauben den Erfahrungsraum der Kirche, der Gemeinschaft der Heiligen brau-

chen; ihre eigenen Erfahrungen werden aufgesprengt und ausgeweitet werden, und es wird ihnen aufgehen, daß das, was zuerst nur Formel schien, Wirklichkeit ist und Leben gibt.
Dabei muß von allen, die im Dienst der Verkündigung und Weitergabe des Glaubens stehen, zugleich bedacht werden, daß erst im lebendigen Tun die Wahrheit Gottes wirklich erfaßt wird. „Wer die Wahrheit tut, kommt zum Licht“ (*Joh* 3,21). Das gilt in gleicher Weise für den Verkünder wie für den Empfänger der Frohen Botschaft. Darüber hinaus ist jede Form der Glaubensverkündigung immer wesentlich ein „Werk des Heiligen Geistes“. Wer dies ernst nimmt, wird bedacht sein auf eine entsprechende Offenheit des Herzens für den Geist Gotts, auf einen ständigen vertrauten Umgang mit der Heiligen Schrift im Glauben der Kirche sowie auf jene Selbstlosigkeit, die dem Katecheten und Glaubensboten hilft, daß er nicht sich selbst verkündigt, sondern Jesus Christus. Er selbst muß in seinem Reden und Tun transparent werden für den Größeren, der durch sein Glaubenszeugnis wirkt.

7. Liebe Mitbrüder! Das „Ja zum Glauben“, zu dem Ihr anläßlich meines jetzigen Pastoralbesuches Eure Gläubigen neu aufruft, muß für Euch als von Gott bestellte Hirten und Lehrer des Volkes Gottes zu einem neuen Ja zu einer noch entschiedeneren und lebendigeren Glaubensverkündigung und -unterweisung werden. „Der Glaube gründet in der Botschaft“ sagt der Apostel und fügt sogleich hinzu: „Wie sollen sie an den glauben von dem sie nichts gehört haben? Wie sollen sie hören, wenn niemand verkündigt?“ (*Röm* 10,17.14).
Die Frohe Botschaft Christi, die nach einem Wort des Konzils „für alle Zeiten der Ursprung jedweden Lebens für die Kirche“ ist (*Lumen gentium*, Nr. 20), muß neu zur Grundlage aller Bemühungen um eine religiöse und kirchliche Erneuerung gemacht werden. Es gibt heute vergessene Glaubenswahrheiten, vergessene Gebote Gottes, eine fortschreitende Entchristlichung auch im Leben vieler unserer Gläubigen und Gemeinden. Gefordert ist eine Katechese und Glaubensverkündigung, die so radikal und tragend ist, daß man sie als eine Dauerevangelisierung bezeichnen könnte. Wir müssen unsere Gläubigen und uns alle ständig mit der Person und Botschaft Jesu Christi, mit der Fülle des Wortes Gottes herausfordern und dadurch allen Orientierung und Lebensinhalt vermitteln.
Aus der im lebendigen Glauben bewußt vollzogenen persönlichen Hingabe an Christus soll sich die religiöse Erneuerung im Leben der einzelnen Gläubigen und in den Gemeinden vollziehen, soll das kirchliche Leben in Euren Ortskirchen und in der ganzen Kirche in Österreich im Geist brüderlicher Einheit und Verständigungsbereitschaft gestaltet werden. Auf ein in diesem Geist erneuertes kirchliches Leben zielen alle jene Ausführungen und konkreten Hinweise ab, die ich Euch in meiner Ansprache zu Eurem letzten Ad-limina-Besuch gegeben habe. Ich möchte sie heute noch einmal Eurer besonderen pastoralen Sorge und Aufmerksamkeit anempfehlen.

8. Mit dankbarer Anerkennung erwähne ich die Erklärung Eurer Bischofskonferenz, durch die Ihr Euch die bei diesem Ad-limina-Besuch erörterten pastoralen Anliegen zu

eigen gemacht und sie mit einigen klärenden Worten Euren Gläubigen erläutert habt. Von besonderer Wichtigkeit davon scheint mir für heute Euer nachdrücklicher Hinweis auf die Verpflichtung zur Bildung des Gewissens zu sein. Das Gewissen ist jener geheimnis- und entscheidungsvolle Ort, wo die Brücke vom Glauben zum konkreten Leben geschlagen wird. Der tiefere Grund für die zunehmende Orientierungslosigkeit des heutigen Menschen liegt im Schwinden des Gottesbewußtseins und in der Krise des Gewissens. Das Gewissen ist, wie das Konzil es nennt, die „verborgenste Mitte und das Heiligtum im Menschen“ (*Gaudium et spes*, Nr. 16). Es ist die „erste Grundlage der inneren Würde des Menschen und zugleich seiner Beziehung zu Gott“ (*Ansprache zum ‚Angelus‘*, am 14. März 1982; vgl. Insegnamenti V, 1, 1982, S. 860). Wird die Wirklichkeit Gottes verdunkelt, verformt sich auch das Gewissen des Menschen; wird die Sünde geleugnet, wird auch Gott geleugnet.

Viele halten heute das Urteil des menschlichen Gewissens für etwas Relatives, für etwas bloß vom Menschen Gemachtes, für die Regel eines Humanismus ohne Gott. „Handle nach deinem Gewissen!“ ruft man dem Menschen zu, ohne ihm jedoch Orientierungshilfe zu geben. Das Gewissen des Menschen aber verwahrlost, wenn es allein gelassen wird und man ihm die Wahrheit vorenthält. So wenig wie das Auge auf das Licht, kann das Gewissen auf die Wahrheit verzichten. Das Gewissen hat ein unveräußerliches Recht auf Wahrheit und ist zuinnerst mit der Würde des Menschen verbunden. Wenn die Kirche die Lehre des Glaubens und der Sitten verkündet, so leistet sie einen unerläßlichen Dienst an eben dieser seiner Würde, da Gott den Menschen von Anfang an als sein Bild und Gleichnis geschaffen hat.

Der Würde des Menschen entspricht allein das richtig gebildete Gewissen, das Gewissen, das sich nach der Wahrheit ausrichtet und, von ihr erleuchtet, entscheidet. Darum ist der Mensch von der Würde seines Menschseins gehalten, sich mit seinem Gewissen an der vom Schöpfer gesetzten Ordnung zu orientieren; er muß die in Christus geoffenbarte Wahrheit befragen und die Lehre der Kirche „maß-gebend“ in seine Gewissensentscheidung einbeziehen. In diesem Sinn verlangt das Konzil von den Gläubigen ausdrücklich, daß sie „mit einem im Namen Christi vorgetragenen Spruch ihres Bischofs in Glaubens- und Sittenfragen übereinkommen und ihm mit religiös gegründetem Gehorsam anhangen. Dieser religiöse Gehorsam des Willens und Verstandes ist in besonderer Weise dem authentischen Lehramt des Bischofs von Rom, auch wenn er nicht kraft höchster Lehrautorität spricht, zu leisten; nämlich so, daß sein oberstes Lehramt ehrfürchtig anerkannt und den von ihm vorgetragenen Urteilen aufrichtige Anhänglichkeit gezollt wird, entsprechend der von ihm kundgetanen Auffassung und Absicht“ (*Lumen gentium*, Nr. 25). Ihr selbst habt in der genannten Erklärung gegenüber mißbräuchlichen Formen der Berufung auf das Gewissen deutlich gemacht, was dies zum Beispiel im Hinblick auf die Enzyklika *Humanae vitae* und das Apostolische Schreiben *Familiaris consortio* für das Leben des Christen konkret bedeutet.

9. Liebe Mitbrüder! Nur eine im Glauben gefestigte und aus dem Glauben lebende Kirche kann auch ihren Heilsauftrag in der Gesellschaft und für alle Menschen wirksam erfüllen. Selbst ihre eigene innere Erneuerung steht letztlich im Dienst ihrer missionari-

schen Sendung, „damit die Welt glaubt" (vgl. *Joh* 17,21). Durch eine umfassende Neu-Evangelisierung muß die Kirche versuchen, dem Prozeß der kirchlichen Entfremdung in ihren eigenen Reihen Einhalt zu gebieten und Mittel und Wege zu finden, um auch die der Kirche Fernstehenden wieder zurückzugewinnen und die ganze menschliche Gesellschaft mit dem Sauerteig des Evangeliums zu durchdringen. „Die Kirche evangelisiert", so sagt das Apostolische Schreiben *Evangelii nuntiandi*, „wenn sie versucht, ausschließlich durch die göttliche Kraft ihrer Botschaft, die sie verkündet, das persönliche und kollektive Gewissen der Menschen, ihr Handeln, ihr Leben und ihr Milieu zu verändern" (Nr. 18). Die Heilsbotschaft Christi ist universell. Sie muß der gesamten Menschheit und jeder Schicht der Gesellschaft verkündet werden.

„Ja zum Glauben – Ja zum Leben." Unser aus dem Glauben gesprochenes Ja zum Leben ist ein Ja zur ganzen geschöpflichen Wirklichkeit, die in Gott ihren Ursprung und ihr Ziel hat. Das Ja zum Schöpfer ist ein Ja zu seiner Schöpfung. Es lehrt daher auch, die Maßstäbe zu finden, wie Fortschritt und Bewahrung, Wissenschaft und Ehrfurcht, Freiheit des Menschen und Bindung an das innere Wort der Schöpfung in Einklang zu bringen sind. Die unbedingte Ehrfurcht vor dem Leben des Menschen von der Empfängnis bis zum Tod steht im Kontext der Ehrfurcht vor Gottes guter Schöpfung insgesamt und ist ohne Wenn und Aber deren eigentlicher Testfall. Eine neue Zuwendung zur sittlichen Botschaft des Seins wird sich auch fruchtbar erweisen für die so nötige Vertiefung einer zeitgemäßen Ethik des Friedens und des sozialen Fortschritts.

Unser Glaube hat die Kraft, zur Lösung der ungeheuren Probleme, die die Menschheit bedrücken, einen wirksamen Beitrag zu leisten. Mit Recht erwartet die Welt heute viel von uns Christen, auch von den Gläubigen in Eurem Land. Je mehr wir uns auf diese Herausforderungen einlassen, umso deutlicher werden wir erfahren: Dort, wo der Glaube nicht nur im Denken und Beten und im kleinen Lebensraum eine Rolle spielt, sondern auch in seiner weltweiten Bedeutung begriffen und wirksam wird, bis hin zu den drängenden Problemen der Menschen in aller Welt, wird in demselben Maße auch unser eigener Glaube an Lebendigkeit und Kraft und wohl auch an Anziehungskraft gewinnen. In diesem Zusammenhang möchte ich Euch auch in allem ermutigen, was gerade auch von den Christen Eures Landes für die notleidenden Mitmenschen in anderen Ländern, vor allem in der Dritten Welt, so großzügig geleistet wird.

Unser vom Glauben getragenes „Ja zum Leben" ist schließlich und vor allem natürlich ein Ja zur Fülle des Lebens, ein Ja zum Leben in der Gotteskindschaft, das nicht einmal der Tod zu besiegen vermag, da es die Verheißung ewigen Lebens in sich trägt.

Verkünden wir darum, liebe Mitbrüder, den Menschen unserer Zeit mit neuem Mut Jesus Christus, der das Leben selber ist und der gekommen ist, „damit sie das Leben haben und es in Fülle haben" (*Joh* 10,10). Dabei begleite und stärke Euch und alle, die Euch im Verkündigungsauftrag helfend zur Seite stehen, mein besonderer Apostolischer Segen.

Gemeinsam für eine lebendige Kirche Sorge tragen

Begegnung mit den Gläubigen aus Linz und St. Pölten in Lorch am 25. Juni

1. Euch allen ein herzliches „Grüß Gott“, die ihr aus Stadt und Land, vor allem aus den Diözesen Linz und St. Pölten, hierher gekommen seid. Hier in Lorch, dem alten Lauriacum, empfinden wir besonders deutlich die Verbundenheit mit der langen christlichen Geschichte dieses Landes; hier erinnern wir uns an die großen Heiligen Florian und Severin, beide Zeugen des Glaubens, in deren Gefolgschaft wir heute unser Ja zum Glauben und damit unser Ja zum Leben sprechen. Wir verneigen uns vor ihnen und allen anderen, die seither bis in unsere Tage als Glaubenszeugen, als Anwälte der Armen und als Friedensstifter in diesem Land gewirkt haben.
Zum ersten Mal in der Geschichte der beiden Diözesen versammeln sich Gläubige aus beiden Gebieten mit dem Nachfolger des Petrus an einem Ort, geeint in der Freude und Dankbarkeit darüber, Glieder der einen Kirche Christi zu sein. Die hellen und die dunkleren Wirklichkeiten in eurem Leben habt ihr im Herzen mitgebracht. In bedrängender Weise haben Sprecher aus beiden Bistümern geschildert, was euch besonders bewegt. Ebenso wissen wir um die vielfältigen Überlegungen und neuen Versuche, die ihr in den Pfarren, in apostolischen Gruppen und auf Diözesanebene unternommen habt, um euren Glauben lebendig zu erhalten und auch eurem Leben in der Gesellschaft und in der Welt der Arbeit Perspektiven der Hoffnung zu geben.

2. Unsere heutige Begegnung gilt allen Gläubigen in euren Diözesen, in einer besonderen Weise den von euch als christlichen Arbeitern und Bauern hier vertretenen Anliegen. Wie eure Bischöfe schon betont haben, ist die Kirche euch auch in euren sozialen und wirtschaftlichen Sorgen nahe. Durch ihre Soziallehre, darunter die großen Sozialenzykliken der Päpste, zeigt sie Mittel und Wege, um die sich stellenden Schwierigkeiten auf gerechte und menschenwürdige Weise zu lösen. Mit ihren vielfältigen pastoralen Initiativen steht sie immer solidarisch und hilfsbereit an eurer Seite. Darüber hinaus aber will die Kirche euch entsprechend ihrer religiösen Sendung vor allem helfen, auch in der Welt der Arbeit – auch inmitten zahlreicher und großer konkreter Schwierigkeiten – als wahre Christen im Geist des Evangeliums zu leben. Sie erschließt uns aus der Heiligen Schrift den tieferen Sinn unserer täglichen Mühe und Arbeit und deutet sie uns im Licht unserer christlichen Berufung.
Jesus selbst nimmt sich im Evangelium auf vielfältige Weise der leiblichen Nöte der Menschen an. Er führt sie jedoch zugleich immer darüber hinaus zu dem eigentlich Notwendigen, zum Anbruch des Reiches Gottes in unserer Mitte. So sehen wir zum Beispiel, wie der Herr, von Mitleid ergriffen, den Vielen, die ihm gefolgt waren, das nötige Brot gab. Dabei blieb er aber nicht stehen: Er sättigt die Hungernden und führt sie zugleich weiter zum wahren Brot des Lebens, das er selber ist. Beides ist nötig: hinreichende Speise für das irdische Leben und das Brot der Eucharistie auf unserer Pilgerschaft zum ewigen Leben. Ja, Christus fordert uns sogar auf, zuerst das Reich Gottes zu suchen; alles andere

werde uns dann hinzugegeben werden (vgl. *Mt* 6,33). Was auch immer wir sind und tun, wir sollen zuerst und vor allem wahre Jünger Jesu Christi sein!

3. Im Johannesevangelium sagt Jesus von sich selbst: „Ich bin das Brot des Lebens" (*Joh* 6,48). So spricht er, unser Bruder, der zugleich der Sohn Gottes ist. Christus ist mehr als nur „ein Mensch für andere". Er ist mehr als ein sozialer Wohltäter, mehr als ein Revolutionär, der die bestehende Ordnung verändern will. Er ist wahrer Sohn Gottes. Die erste Pflicht des Papstes ist es, in Gemeinschaft mit den Bischöfen der ganzen Welt diesen Glauben zu verkünden. Das ist die Wurzel und der Prüfstein für das ganze Volk Gottes: zu bezeugen, daß unsere Kirche auf Jesus Christus, den ewigen Sohn Gottes, gegründet ist. Dieser Glaube ist der Lebensatem eurer Pfarreien und der entscheidende Maßstab für jede kirchliche Organisation und für das Leben eines jeden Christen.
„Ich bin das Brot des Lebens!" – So verkünden wir Christus in einer Welt, die sich mit Recht Sorgen macht, wie sie morgen leben kann. Wir rufen es aus in einer Zeit, in der unzählige Menschen hungern und daran sterben, während andere im Überfluß leben. Wir betonen es gerade heute wieder, da viele Menschen erneut nach dem Geheimnis und der Hoffnung ihres Lebens fragen. Wir rufen es aus voll Zuversicht, daß der Herr auch uns aussendet, wie er seine Jünger mit dem Brot zu den Tausenden sandte und alle satt wurden.

4. Dieses Brot des Lebens bereitet uns heute die Kirche; sie selbst wird Brot für die Welt. In der Kirche finden wir den Herrn; er ist ja ihr innerstes Geheimnis, ihr Haupt. Wir finden ihn im Wort der Heiligen Schrift, in der Speise der Eucharistie, in der Gemeinschaft der Gläubigen.
Diese Kirche Christi hat einige unentbehrliche Kennzeichen: den wahren Glauben an Christus, die volle Einheit unter der Leitung der beauftragten Hirten, den gemeinsamen Willen, seinen Geboten treu zu bleiben.
Nur die Kirche im wahren und vollen Glauben an Christus gibt Brot des Lebens. Der Glaube aber kommt vom Verkünden und Hören. Ich grüße mit Dankbarkeit alle, die sich von der Kirche in verschiedenen Weisen der Sendung haben beauftragen lassen, von Christus zu reden, ihn anderen bekannt zu machen: Priester, Diakone, Religionslehrer, Pastoralassistenten und viele andere. Ihr habt eine hohe Verantwortung. Vertieft euch in seine Botschaft, bildet euch weiter. Werdet selbst zu seiner Botschaft.
Der vorrangige und tiefste Vollzug unseres Glaubens ist die Feier der Eucharistie und der anderen Sakramente. Wendet alle Sorgfalt dafür auf; gebt ihnen jene Würde und zugleich jene Wärme, die ihnen zukommen. Vor allem aber beherzigt, was ich auch euren Bischöfen im vergangenen Jahr gesagt habe: Die Messe „erhält ihre Größe nicht durch Gestaltungen, sondern durch das, was sie ist" (19. 6. 1987).
Nur eine Kirche in voller Einheit ist ferner wahrhaft Brot für die Welt. Der Herr selbst wußte sich in treuer und liebender Einheit mit dem Vater im Himmel. Aus ihm ist er hervorgegangen; aus ihm lebt er. Mit seinem Gehorsam vereinen wir uns in der Kirche. Es ist aber unmöglich, die Einheit mit dem Vater zu finden und dabei an den vom Herrn bestellten Aposteln und ihren Nachfolgern, den Bischöfen, vorbeizugehen. Mangel an Ein-

heit und Vertrauen, eine verletzende Anklage, aggressive Kritik: all das zeigt einen Mangel an Christi Gegenwart unter euch. Wenn in der Kirche Worte der Feindschaft gesagt und geschrieben werden, dann ist nicht mehr von Christus die Rede. Wer solche Worte immer neu wiederholt und sich auf sie festlegt, verhärtet sein Herz und reicht anderen Steine statt Brot.
Nur eine Kirche in voller Einheit und treuer Bereitschaft, den Willen des Herrn in seinen Geboten zu erfüllen, ist der Gabe seines Brotes würdig. Das Evangelium sagt uns, daß wir zuerst unser Leben ändern müssen, wenn wir am Altar opfern wollen. Ich komme aus Rom mit Gräbern von Märtyrern der ersten Zeit; ich komme nach Lorch, wo das Martyrium in euren Ländern bezeugt ist. Nicht weit von hier ist Mauthausen, wo Christen, Juden und andere auch um ihres Glaubens willen gelitten haben. Mit ihrem Leiden haben sie alle die Welt beschenkt. Für sie gilt Jesu Wort: Das Weizenkorn muß in die Erde fallen; dann erst bringt es reiche Frucht (vgl. *Joh* 12,24).
Der Herr hat die Erlösung durch die Hingabe seines Lebens am Kreuz gewirkt. Wir sind hier in der Mitte Europas, wo vor vielen Jahrhunderten das Kreuz des Glaubens aufgerichtet worden ist. Von diesem Kontinent, der sich in weiten Bereichen der Freiheit und eines gewissen Wohlstandes erfreuen darf, muß eine neue Saat der Liebe im Namen Christi aufgehen, kraftvoller als das Unkraut der Selbstsucht und des Neides, des Hochmuts und der Verschwendung, der Trägheit der Herzen und der Zerstörung des Lebens. Alle Gebote Gottes und der Kirche münden in das höchste Gebot der Liebe. Sie ist die Sprache Gottes und führt zum wahren Wohl des Menschen. Liebe aber wird konkret in der Erfüllung der Gebote. So sagt es der Herr: „Wer meine Gebote hat und sie hält, der ist es, der mich liebt" (*Joh* 14,21).

5. Liebe Brüder und Schwestern! Das Brot des Lebens gibt uns eine Kraft, die alles übersteigt, was wir an naturgegebenen Kräften in uns vermuten. Das Alte Testament erzählt von Elija, der, vom Brot gestärkt, das Gott ihm gab, vierzig Tage und Nächte lang bis zum Berg des Herrn wandern konnte. Beim Letzten Abendmahl gibt der Herr seinen Jüngern sich selbst zur Speise, und so immer wieder bis in unsere Tage. Kein Brot wird so oft auf der Erde gereicht und empfangen. Von ihm gestärkt, können wir zuversichtlich in die Zukunft aufbrechen.
Im Hinblick auf diesen christlichen Mut zur Zukunft rufe ich euch zu: Habt Freude an euren Kindern, nehmt das Geschenk eines neu entstandenen Lebens an, weigert euch, Leben abzubrechen! Geht mit ihm vom ersten Augenblick an voll Liebe und Ehrfurcht um! Kinder sind nicht Anschaffungen, die man nur finanziell kalkuliert und eventuell abstoßen könnte.
Habt ein Herz auch für die Jugendlichen. Sie stellen uns neue, scheinbar lästige Fragen und sind oft ungestüm und ungeduldig. Aber auch sie brauchen Ausrüstung und Hoffnung für ihre Zukunft; sie selbst sind ja unsere Hoffnung und Zukunft.

6. Wozu stärkt uns noch das Brot des Lebens? Mit seiner Kraft können wir dem Bösen standhalten.
Manchmal scheint uns die Stunde der Finsternis gekommen zu sein: Kriege, Unterdrückung, Rechtlosigkeit, Katastrophen beherrschen die Tagesnachrichten. Persönliche

Schmerzen, oft einsam erlitten und ertragen, bedrücken den einzelnen nicht weniger. Nichts davon ist unwichtig: In allem liegt ein Anruf Gottes, nach Kräften der Heilung und der Befreiung zu suchen, zunächst jeder bei sich selbst, dann aber auch in solidarischer Einheit.
Entdeckt wieder, Brüder und Schwestern, wie unersetzlich eigentlich das Sakrament der Buße ist. Es ist unersetzlich für die persönliche Würde des Menschen. Was er persönlich zu verantworten hat, muß er auch selber vor Gott bekennen dürfen. Die Beichte ist zugleich unersetzlich für die Zukunft des Glaubens in euren Ortskirchen. Denn nur dann kann ich wahrhaft an Gott als eine Person glauben, wenn ich weiß, daß ich vor ihm persönlich verantwortlich bin, daß ich zu ihm, dem barmherzigen Vater, heimkehren kann, weil Christus in seinem Kreuz die Ordnung der Liebe und der Versöhnung neu gegründet hat.

7. Eure beiden Diözesen haben beispielhafte Leistungen erbracht, um Hunger und Ungerechtigkeit auf der Welt zu lindern. Ich denke an die vielen Entwicklungshelfer, an die Werke der Caritas, an die Unterstützung der Mission. Jede Solidarität aber braucht ein Herz: die persönliche Bereitschaft, Christus darin ähnlich zu werden, ihm, der uns die Treue hält bis zum Kreuz.
Die verzweigte Organisation eurer Seelsorge bekommt vor allem dadurch innere Dynamik und Fruchtbarkeit, daß zum Beispiel Eheleute bei euch bereit sind, miteinander treu auf dem Weg zu bleiben und miteinander zu reifen, bis der Tod sie scheidet; daß hochherzige Menschen freiwillig neben Mühseligen, Armen, Unangenehmen aushalten; daß junge und auch ältere Menschen den Mut haben, die besondere Nachfolge als Priester oder Ordensleute anzutreten; daß Menschen ihr eigenes Schicksal von Krankheit und Enttäuschung im Namen Christi, des gekreuzigten, annehmen wollen auch unter Tränen und mit Zeiten der Dunkelheit.
Bei dieser Gelegenheit möchte ich an das kostbare Erbe und die großartigen Werke der Ordensgemeinschaften und Klöster in eurem Lande erinnern. Sie haben dem Glauben vor vielen Jahrhunderten die Wege bereitet. Ihnen ist auch heute die Berufung gemeinsam, prophetische Zeichen der Anwesenheit Gottes zu sein. Dazu brauchen sie gewiß ständige Erneuerung und Vertiefung, von der die ganze Kirche lebt und die auch Kräfte freisetzt für die Gesellschaft, wenn sie die Herausforderungen der Gegenwart bestehen will.

8. Die Jünger haben den Herrn beim Brechen des Brotes erkannt (*Lk* 24,3). Er teilt das Brot, teilt sich selbst, damit wir eins werden. Die Situation der heutigen Welt ist eine einzige Aufforderung zum Teilen. Teilen überwindet Spaltung. Die Zukunft braucht solche Solidarität; diese aber verlangt Rücksicht, Selbstbescheidung und Offenheit. Von wem sollte die Welt das lernen, wenn nicht von denen, die an Christus glauben und immer wieder seinen „Leib für das Leben der Welt" empfangen! Wenn wir uns vor allem am Sonntag um den Altar versammeln, dann ist dies der große Tag des gedeckten Tisches, auf daß wir teilen können. Hütet den Sonntag und die Feiertage zum Heil für euch selbst und für euer Land! Gebt dem ganzen Tag eine Atmosphäre der Freiheit des Herzens, damit ihr

aufmerksam und dankbar mit der Gabe Christi umgeht und sein Antlitz in vielen Mitmenschen an eurer Seite entdeckt.

Im Geist solcher Solidarität müßt ihr als Christen auch euren Beitrag zur Lösung der Schwierigkeiten in der Welt der Arbeit, in Industrie und Landwirtschaft, leisten. Setzt euch ein für eine gerechte Verteilung der vorhandenen Arbeit und für die Schaffung neuer Arbeitsmöglichkeiten. Ohne Opfer und Kompromisse aller Beteiligten kann die Arbeitslosigkeit kaum wirksam bekämpft werden. Tut alles, was an euch selbst liegt, damit am konkreten Ort eurer Arbeit das Licht der Wahrheit und der Liebe Gottes aufleuchtet. Wo du stehst und wirkst, sollen Ungerechtigkeit, Verleumdung oder Demütigung des Menschen nicht zum Zuge kommen. Um seines Glaubens willen ist der Christ ehrlich und sorgfältig bei der Arbeit, wenn andere sich ihrer Schlauheit rühmen; er achtet den Staat und seine Gesetze, wenn andere meinen, ihn ausnehmen zu dürfen; er ist hilfsbereit und arbeitet je nach Begabung in sozialen und gewerkschaftlichen Gremien mit, wenn andere die Tür hinter ihrem Egoismus zuschlagen. Ja, es gibt im Grunde keine unwichtigen Lebensorte, keine belanglose Arbeitsstelle, von wo aus das Reich Gottes nicht auch wachsen könnte.

So möge jeder den Platz, auf den ihn Gott geführt hat, in Dankbarkeit für seine Berufung ausfüllen: Wir alle sind ja Glieder an dem einen Leib Christi, ob Mann oder Frau, Arbeiter oder Bauer, Vater oder Mutter, Alleinstehender, Priester oder Ordenschrist. In Liebe wollen wir einer des anderen Last tragen, uns gegenseitig zur Lebensfreude verhelfen, und dies alles in Ehrfurcht vor der Eigenart und der Berufung des anderen. Fördert mit aller Kraft vor allem neue Priester- und Ordensberufungen in euren Diözesen! Sie sind ein untrügliches Zeichen für die innere Gesundheit der Kirche eines Landes.

9. Laßt uns so gemeinsam Sorge tragen für eine lebendige und vielfältige Kirche, voll des Glaubens, in untrennbarer Einheit und in der Kraft der Liebe, die von Christus kommt! Wir bitten dazu um die Fürsprache der Heiligen:

Heilige Severin und Florian, ihr seid Väter der Kirche, die sich in diesem Land so reich und weit entfaltet hat: Erbittet uns die Gnade einer treuen Liebe zu ihr, dem Leib Christ!

Unsere Mutter Maria, du hast auf den Ruf Gottes mit einem reinen Ja geantwortet: Erbitte uns in diesem dir geweihten Jahr die Gnade, die Botschaft des ewigen Gottes mit Herz und Verstand anzunehmen, seinen Geist zu empfangen und Christus nachzufolgen in einer wahrhaft christlichen Lebensgestaltung!

So können wir inmitten eures schönen Landes, an geheiligter Stätte, in der Gemeinschaft des Volkes Gottes ausrufen:

Wir sagen ja zu unserem Glauben, der uns vom Herrn übergeben ist. Wir sagen ja zum Leben, zu unserem Leben von heute und morgen in der Freiheit von Kindern Gottes, im Licht des Heiligen Geistes.

Wir sagen ja zur Zukunft, wenn wir glauben und bekennen: Ich glaube an die eine heilige, katholische und apostolische Kirche! Sie bewahrt das Brot Christi; sie ist das Brot Christi, damit die Welt leben kann! – Amen.

Priestermangel ist eine Herausforderung

Predigt bei der Eucharistiefeier in Gurk am 25. Juni

Liebe Brüder und Schwestern!

1. „Ich freute mich, als man mir sagte: ‚Zum Haus des Herrn wollen wir pilgern' " (*Ps* 122,1).
In der Tat, es ist für mich eine große Freude, im jetzigen Marianischen Jahr vor der Wende zum dritten christlichen Jahrtausend zusammen mit euch als Pilger zu diesem ehrwürdigen Dom von Gurk zu kommen, der seit seiner Erbauung vor 800 Jahren dem besonderen Gedenken der Gottesmutter geweiht ist. Wir haben uns hier versammelt, um gemeinsam in Verehrung der heiligen Hemma zu gedenken, die gegen Ende des ersten Jahrtausends in diesem Land segensreich gewirkt hat und hier, in der Krypta des Domes, bestattet ist.
Ja, ich freue mich, euer Land zu besuchen und die Schönheiten seiner Natur bewundern zu können: der Berge und Täler, der Wälder, Bäche und Wiesen. Wenn wir vor diesem erhebenden Hintergrund heute mit dem Psalmisten beten: „Schon stehen wir in deinen Toren, Jerusalem" (*Ps* 122,2), dann scheint sich die Natur selbst mit all ihrer Schönheit wie „ein Tor" zu öffnen, um uns in das tiefe Geheimnis der Welt eintreten zu lassen. Sie ist das „Tor", das uns den Zugang auf Gott hin, den Herrn der ganzen Schöpfung, erschließt. Darum gedenken wir an diesem Ort auch aller jener Generationen, die in diesem Land vor uns den Namen des Herrn gepriesen haben und so zum ewigen Jerusalem gepilgert sind: zum Ort der ewigen Gegenwart Gottes, wo sie ihn nun schauen „von Angesicht zu Angesicht".

2. In dieser Freude des Psalmisten grüße ich euch alle, die ihr bei dieser Eucharistiefeier zugegen seid oder durch Radio und Fernsehen daran teilnehmt: die Gläubigen der Diözesen Gurk/Klagenfurt und Graz mit ihren Bischöfen Egon Kapellari und Johann Weber; ebenso auch die Pilger aus der slowenischen Kirchenprovinz und aus der Erzdiözese Udine, die sich mit ihren Oberhirten, Priestern und Ordensleuten zur sechsten Dreiländerwallfahrt hier eingefunden haben. Ihr alle gebt dadurch Zeugnis von der Kraft des christlichen Glaubens, Grenzen zu überwinden: Grenzen des Herzens, Grenzen der Sprache und Kulturen. Aus mehreren Völkern kommend, sprecht ihr als das eine Volk Gottes die eine Sprache des gemeinsamen Glaubens.
Auf diesem Boden Europas treffen verschiedene Kulturen zusammen: die deutsche, die romanische und die slawische; sie bereichern und durchdringen sich. Sie alle sind vom christlichen Glauben tief geprägt; das war bis heute so und soll auch in Zukunft so bleiben. In der Verbundenheit unseres gemeinsamen Bekenntnisses zu Christus möchte ich heute an diesem Pilgerort meines jetzigen Pastoralbesuches auch mit euch das zweifache Ja sprechen: „Ja zum Glauben – Ja zum Leben".

3. Wie uns der Psalmist zum Hause Gottes einlädt, so sagt Christus von sich selbst: „Kommt alle zu mir, die ihr euch plagt und schwere Lasten tragt" (*Mt* 11,28). Ja, er selbst

ist das wahre Zelt Gottes unter den Menschen. In ihm, dem ewigen Wort des Vaters, das Mensch geworden ist, hat sich Gott den Menschen vollkommen offenbart. Denn, so bekennt Jesus, ihm ist alles von seinem Vater übergeben worden, und „niemand kennt den Vater als nur der Sohn und der, dem es der Sohn offenbaren will“ (*Mt* 11,27).
Kommt zu mir, ruft Christus auch uns heute zu. Und darum sind wir hier. Wir sind gekommen und haben uns versammelt unter dem Wort Gottes als die jetzige Generation seines Volkes, das durch den Glauben in die Tore Jerusalems eingetreten ist. Deshalb ruft uns der Apostel in der heutigen Liturgie zu: „Das Wort Christi wohne mit seinem ganzen Reichtum bei euch“ (*Kol* 3,16). Diesen Reichtum finden wir in der Kirche, wenn sie vor uns „den Tisch des Wortes Gottes“ bereitet. Entscheidend ist jedoch, daß wir die Schriftlesungen in der Liturgie nicht bloß anhören. Das Wort Gottes soll vielmehr in uns „Wohnung nehmen“, auf daß wir durch einen lebendigen und bewußten Glauben jener göttlichen Erkenntnis teilhaftig werden, mit der der Vater den Sohn und der Sohn den Vater kennt. Um diese Erkenntnis zu erlangen, fordert uns der Apostel heute auf: „Belehrt und ermahnt einander in aller Weisheit! Singt Gott in eurem Herzen Psalmen, Hymnen und Lieder!“ (*Kol* 3,16).

4. Liebe Brüder und Schwestern! Unsere Vorfahren und die Völker Europas sind schon vor vielen Jahrhunderten der Einladung Christi gefolgt und sind zu ihm gekommen. Unzählige Menschen haben sich seinem Wort geöffnet und ihr Leben und Sterben nach dem Evangelium ausgerichtet. Jedes unserer Völker hat Heilige hervorgebracht: Männer und Frauen, die sich ohne Vorbehalt von Christus haben erfassen und von seinem Licht durchdringen lassen.
Die Geschichte des christlichen Glaubens in Europa ist aber auch gekennzeichnet von Glaubenskrisen, durch Widerstand und Abfall vom Evangelium.
Das gilt auch heute. Viele Türen haben sich für Christus geschlossen. Darum braucht Europa, wie ich wiederholt gesagt habe, dringend eine neue Evangelisierung, sowohl in den großen Städten als auch in den ländlichen Regionen. Auch die Kirche in euren Diözesen und Ländern muß in verstärktem Maße wieder missionarisch werden. Wenn die Christen ihren Glauben nicht mehr durch das Beispiel ihres Lebens und durch das Wort bezeugen, dann wird das Licht von ihnen genommen (vgl. *Offb* 2,5). Andere werden kommen und den Platz in Anspruch nehmen, den die Christen nicht mehr ausfüllen.
Beherzigen wir darum wieder neu den Aufruf des Apostels: „Belehrt und ermahnt einander in aller Weisheit!“ Beginnt wieder, über den Glauben zu sprechen, den Glauben zu vermitteln im Gespräch der Generationen, der Ehepartner, der Arbeitskollegen und der Freunde. Wenn die Jünger Christi stumm werden, werden die Steine reden: die Steine verlassener und verfallener Kirchen. Ihr tut gut daran, eure schönen alten Kirchen zu erhalten. Noch wichtiger ist es aber, diese Kirchen Sonntag für Sonntag mit Leben zu erfüllen. Noch wichtiger ist es, selbst Kirche zu sein: ein Bauwerk aus lebendigen Steinen. Deshalb hat die außerordentliche Bischofssynode 1985 gefordert: „Alle Laien sollen ihr Amt in der Kirche und im täglichen Leben … erfüllen, damit sie so die Welt mit dem Licht und Leben Christi durchdringen und umgestalten.“

5. Der Auftrag zu „belehren“ und zu „ermahnen“ ist im Volke Gottes darüber hinaus in einer besonderen Weise den von Gott bestellten Hirten, den Bischöfen und Priestern, anvertraut. Sie sind die berufenen Boten, durch die Christus heute an die Menschen die Einladung richtet, zu ihm zu kommen. Sie sind zu ihnen gesandt, auf daß sein Wort mit seinem ganzen Reichtum in ihnen wohne. Darum braucht das Volk Gottes diese Hirten jederzeit und besonders auch heute.
Wir haben heute die Freude, die Neupriester der Diözesen Graz und Gurk in unserer Mitte zu haben. Wir beglückwünschen euch, liebe junge Brüder, zur Gnade eurer Berufung und empfehlen euch und euer künftiges priesterliches Wirken der besonderen Fürsprache der Gottesmutter. Bleibt immer Hörende, Horchende und Gehorchende auf Gottes Wort hin wie Maria es gewesen ist. Dann werdet ihr auch überzeugte und überzeugende Boten Jesu Christi in euren kommenden Gemeinden sein können.
Mein besonderer brüderlicher Gruß gilt auch den anwesenden Priesterjubilaren, vor allem denjenigen, die vor 50 Jahren hier im Dom von Gurk ihre Weihe empfangen haben. Ich danke euch und allen betagten Priestern in Österreich für die Treue zu ihrer Berufung in so langer und bewegter Zeit. Es wird euch gewiß nicht erspart worden sein, ganz persönlich zu erfahren, daß zur Jüngerschaft auch das Mittragen am Kreuz Christi gehört, so wie der Herr es uns vorhergesagt hat (vgl. *Lk* 9,23–24). Ebenso aber werdet ihr auch der österlichen Freude teilhaftig geworden sein, die uns unsere priesterliche Nähe zum auferstandenen Herrn schenkt.

6. Die Kirche in Österreich ist reich beschenkt durch Männer und Frauen, die bereit sind, das Leben und Wirken der Pfarrgemeinde aktiv mitzutragen. Sie hat auch den wertvollen Dienst der ständigen Diakone. Was aber die Kirche von der Stiftung durch den Herrn her zu allen Zeiten und an allen Orten besonders braucht, sind jene Männer, die ihr Leben ganz und vorbehaltlos Christus und seinem Heilswerk zur Verfügung stellen. Von ihnen sagt das II. Vatikanische Konzil: „Durch die Weihe und die vom Bischof empfangene Sendung werden die Priester zum Dienst für Christus, den Lehrer, Priester und König, bestellt. Sie nehmen teil an dessen Amt, durch das die Kirche hier auf Erden ununterbrochen zum Volk Gottes, zum Leib Christi und zum Tempel des Heiligen Geistes auferbaut wird“ (*Presbyterorum ordinis*, Nr. 1).
Der Dienst des Priesters, der durch das Sakrament der Priesterweihe übertragen wird, gehört zum Wesen der Kirche. Er ist unverzichtbar und nicht durch andere Dienste zu ersetzen. Durch ein besonderes Prägemal dem Ewigen Hohenpriester Christus gleichförmig, handelt der Priester in dessen Person. In der Feier der heiligen Eucharistie steht der Priester für Christus am Altar, er repräsentiert Christus, wie der heilige Thomas sagt. Bei der Spendung des Bußsakramentes spricht er im Namen Christi das Wort der Sündenvergebung. „Wer euch hört, hört mich“ (*Lk* 10,16), sagt Jesus von ihrer Glaubensverkündigung.
Der Mangel an Priestern, von dem auch die Kirche in Österreich und in den Nachbarländern betroffen ist, bedeutet eine große Herausforderung an alle Christen. Sie sollen ihre Mitverantwortung für die Kirche und das Leben in ihren Gemeinden erkennen und anerkennen. Durch seine Aufforderung, den Herrn der Ernte um Arbeiter zu bitten (vgl. *Mt*

9,36–38), sagt Jesus deutlich, daß die Berufung zum Dienst des Hirten eine Gabe Gottes ist, um die gebetet werden muß. Geistliche Berufe wachsen aus dem Gebet und aus dem Opfer, das in der Kirche zu ihrer Weckung und Entfaltung verrichtet wird. Jeder einzelne Gläubige ist hier angesprochen und gefordert – auch die Priester, die dazu durch ihr froh und erfüllt gelebtes Priestertum selbst zu der überzeugendsten Einladung für neue Priester- und Ordensberufe werden.
Ein herzliches Wort der Verbundenheit und brüderlicher Ermutigung richte ich von hier aus an alle Priester und Ordenschristen. Viele von euch, liebe Mitbrüder, tragen große Lasten. Aber die Existenz der Jünger Christi war schon immer geprägt durch den Ruf, die Herausforderung zu einer Lebensform, die dem natürlichen Menschenverstand oft als zu schwierig und unzumutbar erscheint. Und doch hat Jesus gesagt: „Mein Joch ist sanft, und meine Bürde ist leicht" (*Mt* 11,30). Dieses Wort Christi haben wir soeben in der Eucharistiefeier gehört. Nur wer dieses Wort in der Haltung Marias annimmt, wird seine Wahrheit erfahren und es auch in seinem eigenen Priesterleben bestätigt finden.

7. Liebe Brüder und Schwestern! Wir gedenken durch unsere Pilgerfahrt an diesem Ort heute besonders der heiligen Hemma. Ihr gilt das Lob aus dem biblischen Buch der Sprüche: „Eine starke Frau, wer findet sie? Sie übertrifft alle Perlen an Wert ... Sie öffnet ihre Hand für den Bedürftigen und reicht ihre Hände den Armen" (*Spr* 31,10–20). Hemma hat den Segen einer Ehe und Familie erfahren. Durch den gewaltsamen Tod ihrer nächsten Angehörigen wurde sie hart geprüft. Dennoch wuchs aus ihrem Leid weder Verzweiflung noch Haß. Der christliche Glaube hat ihr Leid in Mitleid, in Hilfe für die Armen verwandelt. Hemma hat Kirchen erbaut und Klöster gestiftet. Sie hat auch Häuser für notleidende Menschen errichtet.
Wenn wir uns in Dankbarkeit an eine solche Frau erinnern, dann verbinden wir damit das Gedenken an Unzählbares, das der Kirche durch Frauen geschenkt wurde und heute geschenkt wird. Wir denken an den Beitrag der Frauen zur Verkündigung des Glaubens und besonders zur Weitergabe des Glaubens an die nächste Generation. Wir denken auch an den Beitrag der Frauen zum Dienst am Menschen und zur gesamten Lebenskultur.
Herzlich grüße ich die hier anwesenden Ordensfrauen und alle Ordensfrauen in Österreich. Die von euch, liebe Schwestern, hochherzig angenommene und gelebte Berufung zu den evangelischen Räten ist ein großes Geschenk Gottes an die Kirche und an die ganze menschliche Gemeinschaft. Ich danke euch für euer Zeugnis und für euren Dienst.

8. Nun möchte ich ein besonderes Wort in ihrer jeweiligen Muttersprache an die hier anwesenden slowenischen Gläubigen mit ihren Bischöfen und an die Pilger aus Italien – vor allem aus Friaul – mit ihren Oberhirten richten.

Liebe Brüder im Bischofsamt, liebe Brüder und Schwestern!

Als Pilger seid ihr nach Gurk zu dieser ehrwürdigen Marienkirche und zum Grab der heiligen Hemma gekommen. Seit langer Zeit wird Hemma auch von den Slowenen verehrt, und viele slowenische Gläubige haben Wallfahrten nach Gurk unternommen. Ihr setzt heute diese Tradition fort. Ihr tut es im Rahmen der sechsten Dreiländerwallfahrt, die von den Bischöfen dreier Diözesen und dreier Regionen angeregt worden ist. Ihr steht treu zum Glauben, den ihr von euren Vätern und Müttern übernommen habt. Dieser Glaube hat eure Kultur seit Jahrhunderten geprägt und soll sie auch in Zukunft prägen. Helft euren Kindern, helft den jungen Menschen, die Kostbarkeit dieses Glaubens zu erkennen und sich seiner nicht zu schämen. Seid brüderlich auch zu den Menschen, die die Gnade des christlichen Glaubens noch nicht empfangen haben, damit sie durch euch die Güte und Menschenfreundlichkeit Gottes erkennen können. Laßt Christus die Mitte eurer Ehe und eurer Familie sein. Betet dafür, daß Gott euren Diözesen geistliche Berufungen in ausreichender Zahl schenkt. „Seid stark im Glauben, fröhlich in der Hoffnung und geduldig in der Drangsal." Die Fürsprache der Gottesmutter möge euch allezeit begleiten.

In italienischer Sprache sagte der Papst:

Ihr habt die Grenzen eurer Nation überschritten, um den Papst zu sehen und euch mit euren Glaubensbrüdern aus Österreich und Slowenien hier zu treffen, mit denen ihr durch eine langjährige gemeinsame Geschichte im Glauben vereint seid. Von Aquileja aus haben in der Tat die Glaubensboten den Völkern Friauls, Kärntens und Sloweniens die Frohe Botschaft gebracht. Das Patriarchat von Aquileja hat die drei Regionen auf der kirchlichen und kulturellen Ebene verbunden.
Leider sind die alten Wurzeln des Glaubens in Europa, auch in euren Gebieten, heute auf verschiedenste Weise gefährdet. Als Gemeinschaft müssen daher die Christen auf diese Herausforderung antworten. Sie müssen um so stärker und um so enger zusammenstehen. Dazu trägt diese Wallfahrt dreier Nationen bei und ist eine große Hilfe.
Ihr seid zum Heiligtum der Gottesmutter und der heiligen Hemma von Gurk gekommen, um neue Kraft für euer tägliches Leben zu empfangen. Bewahrt und stärkt euren Glauben, in dem ihr auf Maria schaut, zu der die heilige Elisabeth gesagt hat: „Selig bist Du, weil Du geglaubt hast" (*Lk* 1,45).

9. Liebe Brüder und Schwestern! Bei unseren gemeinsamen Überlegungen führte uns heute der Segenswunsch des Apostels Paulus, daß das Wort Christi mit seinem ganzen Reichtum in unseren Herzen wohne. Die Bischöfe eures Landes greifen das gleiche Anliegen durch das Leitwort meines Pastoralbesuches auf. Sie laden euch zu einem zweifachen Ja ein: „Ja zum Glauben – Ja zum Leben." Aus dem Reichtum des Wortes Christi, das in unserem Geist und Herzen wohnt, erwächst auch der Reichtum des göttlichen Lebens in den Menschen. Dieser erst gibt dem Menschen die endgültige Erfüllung seines eigenen Menschseins. Dieser vermittelt ihm die richtige Sicht der Werte, die „die Welt nicht geben kann". Die Werteskala des Menschen ist vielfach in Unordnung geraten, weil er die Beziehung zum endgültigen Wert, der Gott ist, verloren hat. Die tiefe Sehnsucht nach der Fülle des Lebens und nach Glück, die nur in Gott ihre wahre Erfüllung finden kann, sucht der Mensch durch vordergründige allzu vergängliche Werte zu befriedigen. Die Sehnsucht nach Glück wird so zur Sucht nach immer leichterem und flüchtigerem Genuß. Statt der erhofften Fülle erwartet den Menschen am Ende gähnende innere Leere und Verdruß am Leben.

Öffnen wir deshalb wieder neu unsere Herzen für die Frohe Botschaft von Jesus Christus, der allein der richtige Weg, die Wahrheit und das Leben ist. Seit vielen Jahrhunderten bereitet die Kirche auf dieser schönen Erde den Tisch des Wortes Gottes und den Tisch des eucharistischen Brotes: jenes Brotes, das zum Leib und Blut des Erlösers für das Heil der Welt wird. Christus ruft uns zu: „Nehmt mein Joch auf euch und lernt von mir; denn ich bin gütig und von Herzen demütig; so werdet ihr Ruhe finden für eure Seele" (*Mt* 11,29). Christus lädt uns ein, an seinem Ostergeheimnis teilzunehmen: am Geheimnis des Kreuzes. Dies ist sein „Joch": das „Joch für die Erlösung der Welt". Er hat es auf sich genommen und nach Golgota getragen und sich dort selbst zum Opfer hingegeben: „Er gab", seinen Leib und sein Blut. Er hat diese eingesetzt als Sakrament des Neuen und Ewigen Bundes Gottes mit den Menschen und sie als Eucharistie für seine Kirche gestiftet. Fortan sagt er zu uns: „Nehmt und esset, nehmt und trinket davon" (vgl. *Mt* 26,26–27). „Nehmen" heißt, daran wahrhaft Anteil erhalten. Wir dürfen nicht bloß äußerlich der Messe beiwohnen, wir sollen voll und ganz daran teilnehmen. Deshalb lädt uns Christus ein: Kommt mit eurem ganzen Leben, mit eurem Kreuz. Lernt von mir. Lernt mich kennen, und ihr werdet euch selber finden; ihr werdet euch selbst erkennen: euer wahres Menschsein.
Die Eucharistie ist Opfer – und das Opfer wird Kommunion, innige Lebensgemeinschaft. Kommunion bedeutet ein gegenseitiges Sich-schenken. Nehmt das Geschenk meines Lebens – jenes, das sich im österlichen Geheimnis voll offenbart hat – und gebt mir das Geschenk eures Lebens: so wie es ist, sagt uns der Herr. Und ihr werdet „Ruhe finden für eure Seelen". Denn unruhig ist das Herz des Menschen, bis es ruhet in Gott. – Amen!

Wir brauchen Euch!

Ansprache an die ältere Generation, Kranken und Behinderten in Salzburg am 26. Juni

Liebe Brüder und Schwestern!

1. Es ist mir eine große Freude, den heutigen Sonntag in Salzburg mit diesem gemeinsamen Morgengebet in eurer Mitte zu beginnen. Der Begegnung mit betagten, kranken und behinderten Menschen kommt bei meinen Pastoralbesuchen stets ein bevorzugter Platz zu. Ihr seid nicht die vergessenen Kinder Gottes. Im Gegenteil! Wenn schon einem Vater oder einer Mutter ein krankes Kind ganz besonders ans Herz wachsen kann, um wieviel mehr wird bei Gott Freude über euren Glauben und euren Lebensmut sein. Und Jesus Christus versichert uns, daß wir in euch auf besondere Weise ihm selber begegnen.
Es ist leider keine Selbstverständlichkeit, daß jemand, der unter Beschwerden von Alter, Krankheit oder Behinderung leidet, in unserer Gesellschaft als gleichwertiger Mensch anerkannt wird. Doch Gott fragt nicht nach eurer Leistungsfähigkeit im Produktionsprozeß, nicht nach der Höhe eures Bankkontos. Nicht auf das, was „ins Auge fällt", sieht der Herr, sondern auf das Herz.

Der liebende Blick Gottes, der auf jedem Menschen ruht, vermittelt ihm die Gewißheit, daß er – ob jung oder alt, krank oder gesund – ausnahmslos erwünscht und gewollt ist. Darin erfahren wir uns alle als Söhne und Töchter des gemeinsamen himmlischen Vaters. Die Liebe Gottes zu uns ist immer das Erste und Grundlegende. Dies zu erfahren und darum zu wissen, ist etwas Großes; und etwas Großes ist es, diese Erfahrung auch anderen mitzuteilen und sie gemeinsam mit ihnen zu leben.

2. Euer Los und eure Beschwerden lasten gewiß oft schwer auf euren Schultern. Wer von euch wird nicht schon versucht gewesen sein zu fragen, ob die Mühen und Plagen, die Müdigkeit, die ihn überfällt, sich noch lohnen und einen Sinn haben. In eurem Leid erfahrt ihr konkret die Hinfälligkeit und Begrenztheit des Geschöpfes. Gerade darin aber kann das Leid für euch auch zum besonderen Ort der Öffnung auf die Mitmenschen und auf Gott hin werden. Ein Leben, das allzu glatt und fraglos dahinläuft, verleitet uns allzu leicht zur Oberflächlichkeit, läßt uns satt und selbstgenügsam werden. Wo uns hingegen das Leid aufrüttelt mit den Fragen, die sich damit unausweichlich stellen, da bricht in uns die Sehnsucht auf. Wir beginnen erneut nach anderen und im tiefsten nach Gott Ausschau zu halten.

Um im Leid Hilfe und Heilung finden zu können, brauchen wir die Gemeinschaft mit den Mitmenschen und mit Gott. Wie im Glück, sollen wir uns auch im Leid nicht absondern, denn die Gemeinschaft ist der Ort, wo wir Leben teilen können. Es ist eine der schönsten Aufgaben der Kirche, das brüderliche Teilen als heilsam erleben zu lassen. Darin erfährt sich die Kirche wirklich als Gemeinschaft der Kinder Gottes und als Wohnung Gottes. Denn „wo die Liebe und die Güte ist, da ist Gott".

3. Der Mann mit der verdorrten Hand, von dem wir soeben im Evangelium gehört haben, lebt völlig unbeachtet am Rand der Gesellschaft. Jesus sieht ihn, wie die anderen ihn sehen, aber er allein übersieht ihn nicht. Er ruft ihn in der Synagoge vom Rand in die Mitte, um vor aller Augen auf ihn aufmerksam zu machen. „Steh auf", sagt er zu ihm, „und stell dich in die Mitte". Und „der Mann stand auf und trat vor" (*Lk* 6,8). Ohne daß der Mann Vertrauen zu Jesus gefaßt hätte, wäre es ihm nicht möglich gewesen, sein Leid hier in der Öffentlichkeit zu zeigen. Er verläßt sich auf Jesus – wie Petrus, der sich auf die Stimme des Herrn verläßt und über das Wasser geht. „Er stand auf": Mit diesem kleinen Wort sagt uns der Evangelist, daß der Kranke nicht einfach Objekt der Heilkraft des Herrn ist, sondern daß die Heilung sich in der persönlichen Begegnung und durch die Mitwirkung des Kranken ereignet. Jesus begegnet dem Kranken als einem vollwertigen, hilfebedürftigen Menschen, und der Kranke begegnet in Jesus dem verheißenen Messias, dem menschgewordenen Gottessohn; er erfährt Heilung aus dem glaubenden Ja zu Christus.

Wie heilsam die persönliche Begegnung mit Gott sein kann, sehen wir auch an den besonderen Orten der Gnade, an Orten des Gebetes und der Bekehrung wie zum Beispiel in Lourdes und Fatima oder wo immer sich Menschen von Gottes Liebe berühren lassen. Jedes Jahr kehren Unzählige reich beschenkt von dort in ihren Alltag zurück. Das Wunder, das dort geschieht, ist stets ein Wunder der Begegnung und des Glaubens. In der glaubenden Hinwendung zu Gott in Christus und durch Maria kommen die quälenden Fragen der Menschen nach dem „Warum“ des Leidens zur Ruhe. Sie erscheinen in einem neuen Licht, das Leid erhält von Gott her einen tieferen Sinn. Gott selbst hat auf die schwere Frage des Leidens eine Antwort gegeben, indem er ein Mensch, einer von uns, geworden ist. Die Antwort Gottes heißt Jesus Christus.

4. In seinem Namen, im Namen Jesu Christi, den wir auch unseren „Heiland“ nennen, komme ich heute zu euch. Das Wort Heiland verweist uns auf seine Sendung, zu „heilen“. Jesus Christus hat das Reich Gottes nicht nur durch Worte verkündet, sondern auch durch Taten. Dieses Reich hat mit ihm und seinem Wirken schon konkret begonnen, besonders dadurch, daß er Menschen an der Wurzel – an Leib und Seele – geheilt hat. Viele der Menschen, die sich um Jesus drängten, waren krank. Manche von ihnen waren dazu noch tief in Schuld verstrickt. Jesus hat ihnen die Schuld vergeben und sie oft auch durch äußere Heilung wieder ganz „heil“ gemacht. Die Tauben, die er heilte, konnten nun nicht nur die Stimme der Welt, sondern auch das Wort Gottes hören. Die Stummen konnten fortan nicht nur mit Menschen sprechen, sondern aus der Tiefes ihres Herzens heraus Gott loben. Und die Lahmen konnten nicht nur gehen, sondern sich auf Gott hin bewegen. Jesus hat ihnen nicht nur äußere Heilung, sondern das „Heil“ geschenkt, den Frieden mit Gott, den Frieden mit sich selbst und den Frieden mit den anderen Menschen.
Jesus Christus hat in der Tat nicht alle Menschen äußerlich geheilt, denen er begegnete. Aber er hat schließlich für sie alle – ohne Ausnahme – selbst auf das bitterste gelitten. Sein Weg wurde zum Kreuzweg nach Golgota. Er starb den furchtbaren Kreuzestod, der das Leid und die Schuld jedes einzelnen Menschen und der ganzen Menschheit zusammenfaßt und erlöst.

5. Seither steht das Bild des gekreuzigten Herrn in einer besonderen Weise vor den Augen jener Christen, die ein großes Leid, eine große Last tragen müssen. Der göttliche „Mann der Schmerzen“ geht auch an eurer Seite, liebe Brüder und Schwestern! Dieser von Leid und Kreuz gezeichnete Christus tritt aber zugleich als der Auferstandene mit verklärten Wunden vor Gottes Thron für uns ein. Leiden und Tod waren nicht das Letzte für Christus, und sie sind auch nicht das Letzte für den Menschen, der an Christus glaubt. Leid und Tod tragen fortan in sich die Verheißung endgültiger Auferstehung und ewiger Seligkeit.
Der christliche Glaube und die christliche Hoffnung blicken über den Tod hinaus. Sie sind aber nicht nur eine Vertröstung auf das Jenseits. Sie verändern auch schon unser irdisches Leben. Wem es geschenkt ist, an Christus zu glauben, dem wachsen Kräfte zu, eigene Leiden und Lasten anzunehmen und zu tragen. Er bekommt aber auch Kräfte, um die Leiden und Beschwerden seiner Mitmenschen mitzutragen und sie überwinden zu helfen. „Einer trage des anderen Last“, sagt der Apostel Paulus; „so werdet ihr das Gesetz Christi erfüllen“ (*Gal* 6,2). Darum muß gerade die Kirche sich als Ort erweisen, an dem sich betagte, kranke und behinderte Menschen geborgen, verstanden und mitgetragen fühlen, weil ihr Mittelpunkt Christus ist, der Schmerzensmann und der von Leiden und Tod auferstandene, verklärte Herr.

6. Liebe Brüder und Schwestern! Gewiß gibt es immer wieder Menschen, die achtlos und gleichgültig an euch vorbeigehen. Sie geben euch das Gefühl, überflüssig zu sein, nicht gebraucht zu werden. Aber seid davon überzeugt: Wir brauchen euch! Die ganze Gesellschaft braucht euch. Ihr seid für eure Mitmenschen eine aufrüttelnde Anfrage nach den tieferen Werten des menschlichen Lebens, ein Aufruf an ihre Mitmenschlichkeit, eine Prüfung ihrer Fähigkeit zu lieben. Besonders für die jungen Menschen seid ihr eine Herausforderung, das Beste in sich zu entwickeln: Solidarität und Hilfsbereitschaft mit denen, die besonders darauf angewiesen sind. Wo diese Mitmenschlichkeit verkümmert, da wird es kalt in der Gesellschaft. Es ist jedoch ermutigend, daß sich heute so viele junge Menschen für betagte, kranke und behinderte Mitmenschen einsetzen.
Aus eurer Mitte rufe ich allen in der Gesellschaft zu: Es darf keine Einteilung des menschlichen Lebens in lebenswertes und unwertes Leben geben! Diese Einteilung hat vor Jahrzehnten in die schlimmste Barbarei geführt. Jedes menschliche Leben – ob schon geboren oder nicht, ob voll entfaltet oder in seiner Entwicklung behindert –, jedes menschliche Leben ist von Gott mit einer Würde ausgestattet, an der sich niemand vergreifen darf. Jeder Mensch ist Bild Gottes.

7. Zum Schluß möchte ich euch dann auch noch sagen, wie sehr euch gerade die Kirche braucht. In euch erkennen wir Christus, der als der von Kreuz und Leid Gezeichnete in unserer Mitte fortlebt. Und wenn ihr jene Leiden annehmt, die euch unausweichlich auferlegt sind, so hat euer Gebet und Opfer vor Gott eine unerhörte Kraft. Laßt darum nicht nach in eurem Gebet! Betet und opfert für die Kirche, für das Heil der Menschen und betet auch für meinen apostolischen Dienst.
Zusammen mit euch danke ich schließlich allen jenen Menschen, die schwere und glückliche Stunden mit euch teilen, die durch ihre Nähe Brücken bauen, über die Abgründe von Traurigkeit und Verlassenheit. Sie sind es, die euch in der Prüfung durch Alter, Krankheit oder Behinderung Lebensmut geben und Hoffnung wecken können, so daß das Wunder der Begegnung und das Wunder des Glaubens immer wieder neu möglich werden.
Maria, die Hilfe der Christen, stehe euch bei mit ihrem mütterlichen Schutz. Und der dreifaltige Gott segne euch und alle eure Helferinnen und Helfer in seinem Frieden und erfülle euch stets mit tiefer geistlicher Freude! – Amen.

Welchem letzten Ziel dient alles?

Predigt während der Eucharistiefeier in Salzburg am 26. Juni

Liebe Brüder und Schwestern!

1. „Gott hat den Menschen zur Unvergänglichkeit erschaffen“ (*Weish* 2,23). Dieses frohe Glaubensbekenntnis aus dem Buch der Weisheit steht hoffnungsvoll über der festlichen Liturgie des heutigen Sonntags. Es ist die Antwort auf die bleibenden Grundfragen des Menschen, die heute wieder mit besonderer Schärfe gestellt werden. Das II. Vatika-

nische Konzil hat sie so formuliert: Was ist der Mensch? Was ist der Sinn des Schmerzes, des Bösen, des Todes, die trotz allen Fortschrittes noch immer weiterbestehen? Wozu jene Siege, die so teuer erkauft worden sind? Und was kommt nach diesem, irdischen Leben? (*Gaudium et spes*, Nr. 10). Im Vertrauen auf das Wort Gottes antworte ich „Gott hat den Menschen zur Unvergänglichkeit erschaffen." Und als Jünger Christi antworte ich weiter: Durch seinen Tod und seine Auferstehung hat der Herr den endgültigen Grund gelegt auch für unseren Sieg über die Mächte des Todes, für das Geschenk eines ewigen Lebens in Gott.

2. In der Kraft dieses gemeinsamen Glaubens und dieser Hoffnung, die uns alle verbindet, hat mich die katholische Kirche in Österreich zu einem neuen Pastoralbesuch eingeladen. Im Rahmen dieses Besuches, den ich voll Freude und Erwartung begonnen habe, befinde ich mich nun heute bei euch in dieser altehrwürdigen Stadt Salzburg, dem Sitz einer langen Reihe von Erzbischöfen, die seit Jahrhunderten sogar den Ehrentitel „Primas Germaniae" tragen. Ich bin froh und dankbar für diese Begegnung mit euch und eurer berühmten Stadt und Diözese. Von Herzen grüße ich euren verehrten Oberhirten, Erzbischof Karl Berg, den derzeitigen Vorsitzenden der Österreichischen Bischofskonferenz, die Mitbrüder im Bischofs- und Priesteramt sowie alle Brüder und Schwestern des Volkes Gottes, die hier versammelt sind oder sich über die Medien mit uns verbunden haben.

3. Ja, die Sehnsucht nach unzerstörbarem Leben, die in jedem von uns lebendig ist, findet ihre Erfüllung durch das Erlösungswerk Jesu Christi. Ihm begegnen wir im Evangelium der heutigen Festmesse bei deiner bewegenden Begebenheit. Ein Mann mit Namen Jairus, ein Synagogenvorsteher, wirft sich ihm zu Füßen und fleht ihn um Hilfe an: „Meine Tochter liegt im Sterben. Komm und leg ihr die Hände auf, damit sie gesund wird und am Leben bleibt" (*Mk* 5,23).
In dieser Bitte hören wir die tiefe Sehnsucht eines jeden Vaters, einer jeden Mutter, eines jeden Ehegatten, die sich um das Leben und Wohl ihrer Lieben sorgen. Zugleich aber wird darin der starke Glaube des Juden Jairus sichtbar, der Christus, dem Boten Gottes, zutraut, sein Kind vor dem Tod zu retten und ihm Leben und Gesundheit wiederzugeben. Als dann die Nachricht eintrifft, daß das Mädchen schon gestorben ist, braucht Jesus den Jairus nur an diesen Glauben zu erinnern: „Sei ohne Furcht; glaube nur!" (*Mk* 5,36). Darauf spricht der Herr zu seiner toten Tochter mit göttlicher, lebenspendender Macht: „Mädchen, ich sage dir, steh auf!" Und der Evangelist fügt hinzu: „Sofort stand das Mädchen auf und ging umher" (*Mk* 5,42). Wir dürfen annehmen, daß der Synagogenvorsteher für dieses unerhörte Geschenk dem allmächtigen Gott aus vollem Herzen gedankt hat, vielleicht sogar mit den Worten unseres heutigen Antwortpsalmes: Herr, du bist mein Helfer. Du hast mein Klagen in Tanzen – in Freude – verwandelt. Herr, mein Gott, ich will dir danken in Ewigkeit (vgl. *Ps* 30,11–13).

4. In diesem dramatischen Geschehen um Leben und Tod erkennen wir den Herrn, wie er in seiner Person die Worte aus dem Buch der Weisheit machtvoll bestätigt: „Gott hat den Tod nicht geschaffen und hat keine Freude am Untergang der Lebenden. Zum Dasein

hat er alles geschaffen ... Ja, Gott hat den Menschen zur Unsterblichkeit erschaffen und zum Bild seines eigenen Wesens gemacht" (*Weish* 1,13 f.; 2,23). Um diese Wahrheit zu bezeugen, hat Jesus dem toten Mädchen das Leben zurückgeschenkt. Ja, er ist bereit, sich selbst vom Unglauben der Menschen zu einem schmachvollen Tod verurteilen zu lassen und am Kreuz zu sterben, um dann in seiner Auferstehung die Macht des Lebens zu offenbaren, das er selbst ist. Der Herr ist, wie es in der heutigen zweiten Lesung aus dem Korintherbrief heißt, „arm" geworden, um uns reich zu machen, reich an ewigem Leben. In die Geschichte des Menschen, der sterben muß, wie es das Gesetz des Todes fordert, hat Christus die Antwort des Lebens eingepflanzt, sein eigenes göttliches Leben. Seine Auferstehung zu einem neuen, endgültigen Leben bleibt von da an im Weltgeschehen gegenwärtig und wirksam. Sie wird nun für immer zu einer unerschöpflichen Quelle der Hoffnung. Was verzweifelt ist und sterbensmüde, beginnt in der Nähe Jesu aufzuleben, angesteckt von seiner machtvollen Liebe zum Leben. Der Arme und der Blinde, der Besessenen und der Aussätzige: sie alle trauen sich wieder nach vorne, weil sie die lebenspendende Kraft spüren, die vom Herrn ausgeht. Wer meint, keinen Ausweg mehr zu sehen, wird von Christus ernstgenommen und durch sein heilendes Wort dem Leben zurückgegeben. Nun gilt uns allen seine Verheißung: Ich lebe und auch ihr werdet leben (vgl. *Joh* 14,19).

5. Liebe Brüder und Schwestern! Dieses Wort des Herrn deutet auf das Leben in seiner höchsten Form hin: auf die Beteiligung am Leben Gottes, der als schöpferische Wahrheit und Liebe allein Leben im uneingeschränkten Sinn ist. Wenn Christus sagt: „Ich lebe, und auch ihr werdet leben", ist dies also eine unerhörte Herausforderung und Verheißung zugleich. Sie bedeutet: Ihr sollt werden wie Gott – gottähnlich. Aber diesmal kommt das Wort nicht aus dem Mund des Verführers, sondern vom Sohn. Nichts vom Reichtum menschlichen Lebens wird dadurch aufgehoben. Was menschliches Leben in seiner Mühsal und in seiner Schönheit darstellt, ist vorausgesetzt: denken und verstehen können, Freude und Schmerz, Liebe und Trauer empfinden, Aufgaben übernehmen und sie gestaltend lösen; Gut und Böse unterscheiden. Und weiter gehört dazu: hinausschauen über sich selbst, auf die anderen hin. Dies alles aber würde ins Leere laufen wie eine verfließende Welle im Strom, wenn das Tiefste fehlen würde, worauf der Herr uns hinweist: Leben wird erst ganz und vollständig, wenn wir uns im Glauben berühren lassen von Gott und von ihm die Gnade der Liebe empfangen, die in die Ewigkeit hineinreicht und uns schon jetzt „Reich Gottes" werden läßt. Den meisten von uns ist jedoch schmerzlich bewußt, wie sehr das Leben in seinen vielfältigen Formen heute bedroht ist. Es zeichnet aber gerade den Menschen aus, daß er die Bedrohungen in den Blick nimmt und sich ihnen stellt. Vor allem wir Christen sind aufgerufen, uns der verbreiteten Lebensangst anzunehmen und sie einzudämmen, indem, wir das Ja Gottes zum Leben verkünden und bezeugen. Ich meine die Angst, zu kurz zu kommen; die Angst, alt zu werden und im Arbeitsrhythmus zu versagen; die Angst vor den gefährlichen Möglichkeiten des Menschen zu Gewalt und Zerstörung; die Angst auch vor der dunklen, abgrundtiefen Welt in uns selbst; die Angst vor dem Tod und vor dem Nichts. Diese Ängste warten darauf, von den positiven, hoffnungsvollen Werten unseres Glaubens aufgewogen oder sogar geheilt zu

werden. Gewachsen ist vor allem die Not des Menschen, den Sinn des Ganzen zu begreifen. Viele plagt die Furcht, vergeblich oder am wahren Leben vorbei zu leben. Der öde Kreislauf „Arbeiten – verdienen – verbrauchen – wieder arbeiten“ gibt ja noch keine Antwort auf die Fragen, welchem letzten Ziel denn dies alles dient. Und so fragen immer mehr jüngere Menschen: Ist das alles? Ältere Menschen fragen sich mit Bangen: Habe ich bei allem Jagen und Hetzen das Wichtigste für mein Leben vielleicht noch gar nicht entdeckt und vollzogen? Um diese Lebensfragen beantworten zu können, müssen wir immer wieder zur Quelle des Lebens zurückkehren, die Christus uns erschlossen hat. In ihm begegnen wir dem Bild Gottes, nach dem wir geschaffen sind und das sich auf unserem irdischen Lebensweg immer vollkommener ausprägen soll.

6. Eine solche Ausprägung des Abbildes Gottes im Menschenleben beginnt aber nicht erst heute. Sie hat in vielen christlich geprägten Ländern bereits eine lange Geschichte, so auch hier bei euch in Salzburg, umgeben vom Reichtum ihrer Bergwelt und zugleich berühmt wegen ihrer zahlreichen historischen Monumente, ihrer Kunstwerke, Architektur und Musik. Neben Handel und Kultur hat diese Stadt von Anfang an noch einen dritten Pfeiler ihres regen Lebens gehabt, den katholischen Glauben. Die Türme der Stadt, die Kapellen und Klöster auf den Höhen, die Kreuze an den Wegen, sie sind unübersehbare Zeugen dafür. Sie erinnern uns an eure Diözesanpatrone Rupert und Virgil, die beiden Gründerbischöfe, denen die heilige Äbtissin Erentrud hinzugefügt werden muß. Bekannt ist, daß von hier aus eine kraftvolle Missionierung nach Osten und Südosten gegangen ist. So ist das Salz, das eure Stadt und ihrem Umland den Namen gegeben hat, immer auch das „Salz der Erde“ im Sinne des Evangeliums (vgl. *Mt* 5,13) gewesen, das von hier weite Teile des Abendlandes durchdrungen hat. Auch die Geschichte dieser Stadt bezeugt die ewige Sehnsucht des Menschen nach Wahrheit, nach dem Guten, nach dem Schönen. Zugleich aber erhoben sich auch hier immer wieder die Fragen nach dem, was aus diesem, irdischen Leben für die Ewigkeit bleibt. Mit Pilatus haben sich auch eure Vorfahren zuweilen skeptisch gefragt: „Was ist Wahrheit?“ Und damals wie heute hat die Kirche den Menschen die Antwort Jesu vermittelt, der von sich sagt: „Ich bin der Weg, die Wahrheit und das Leben“ (*Joh* 14,6). So haben sich die Christen hier im Dom und in den vielen Kirchen eures Landes über ein Jahrtausend hin die Kraft zum Leben bei Christus geholt. An seinem Wort haben sie ihre Wege orientiert. An den Angelpunkten ihres Lebens haben sie in den Sakramenten der Kirche die bergende Hand Gottes ergriffen: wenn neues Leben die Augen aufschlug; wenn zwei Menschen im Ehebund ihr Geschick zusammenfügten zu lebenslanger Treue; wenn Bischöfe und Priester geweiht wurden zu Hirten des Volkes Gottes und authentischen Zeugen der Frohen Botschaft; wenn ein Leben auf dem Sterbebett zu Ende ging. Immer dann zeigten sich eure Kirchen wahrhaft als „Haus Gottes und Tor des Himmels“ (vgl. *Gen* 28,17).

7. Aber auch heute gehen bei euch noch viele Menschen – bewußt oder unbewußt – den Weg Christi und lassen sich von seiner Wahrheit prägen. Sie formen die eigentliche, die innere Geschichte eures Landes. Zu ihnen gehören die Heiligen, die unter uns wohnen, ohne daß wir es ahnen, die wie eine reine, klare Quelle in ihrer Umwelt wirken. Dazu ge-

hören die vielen, die täglich zuverlässig für die Mitmenschen wirken in Familie und Nachbarschaft, in Pfarrei und Bürgergemeinde, in Krankenhäusern und Altersheimen, im privaten und im öffentlichen Leben. Ich denke auch an die Eheleute, die sich trotz vieler Widerstände mühen, in Frieden zusammenzuleben und dem Geheimnis neuen Lebens in ihren Kindern Raum und Schutz zu geben. Gemeint sind auch all jene mit einem festen und reifen Gottesglauben, die es anderen leichter machen, über Schicksalsschläge und Versuchungen zur Verzweiflung hinwegzukommen. Durch solche Menschen und noch viele andere wächst unter uns das Reich Gottes heran, das Reich der Treue und der Liebe. Oft aber reicht nicht die stille Zuverlässigkeit der Guten; oft müssen diese sich auch zu erkennen geben, müssen sich zusammenschließen und mit denen ringen, die heute meist lautstärker und mächtiger sind: die die Ehrfurcht vor anderen als Schwäche bezeichnen; die Rücksichtslosigkeit Selbstverwirklichung nennen und ihre Verschlagenheit als Heldentat feiern; die alles bisher Wertvolle, die Frucht großer Herzen und Geister, für Abfall und Staub halten; die Ehe und Familie, Treue und Verzicht lächerlich machen. Die so denken und handeln, sind nicht eure Feinde; aber gegen ihr Verhalten müßt ihr euch stemmen und dabei nicht resignieren. Laßt euch nicht die Freude nehmen, Mensch und Christ zu sein, denken und lieben zu dürfen! Habt den Mut, zu versöhnen und aufzubauen, wo Streit und Selbstsucht herrschen! Seid als Eltern bereit, Kindern das Leben zu schenken und das Abenteuer ihrer persönlichen Entfaltung unter eurem Schutz und Beistand zu ermöglichen! Frauen umd Männer, tretet für das einmal gezeugte Leben ein, bei euch selbst und in eurem Umkreis und wertet es höher als jede materielle Einbuße oder eine eventuell notwendige Umstellung eures Lebensstils! Helft euren heranwachsenden Söhnen und Töchtern die Versuchung zu bestehen, in die Scheinwelt der Drogen zu flüchten. Dies lege ich euch heute besonders ans Herz, da an diesem Sonntag zum ersten Mal weltweit der „Internationale Tag gegen Mißbrauch und illegalen Handel von Drogen" begangen wird, wie ihn die Vereinten Nationen beschlossen haben. Nehmt also alle die gegenwärtigen Herausforderungen eurer besten Kräfte an und sagt „ja zum Glauben", sagt „ja zum Leben"!

8. Sagt ja zu Gott, der sich uns als guter Vater erwiesen hat, als unverrückbare Treue in allen Wechselfällen der Menschheitsgeschichte. Darum: „Liebe den Herrn, deinen Gott, höre auf seine Stimme und halte dich an ihm fest; denn er ist dein Leben" (*Dtn* 30,20). Zu wissen, daß Gott dich will und dir ein hohes Ziel zugedacht hat, ist eine gute Grundlage, um in seinem Namen aufzubrechen und den Lebensweg mit Realismus und Vertrauen zugleich zu beschreiten. Gott hat mit uns allen ein großes Werk begonnen; tun wir das Unsrige dazu, um es in die Scheunen Gottes einzubringen. Jedes „Grüß Gott", jedes „Gott sei Dank", das wir sprechen, will uns an diese Grundlage unseres Lebens erinnern. Im Danken nehmen wir ja die uns geschenkte Begabung wiklich an und öffnen sich uns die Augen für die reichen Möglichkeiten, zu leben und Leben zu teilen. Im Grüßen bejahen wir den Nächsten, geben wir ihm Anteil an unserem Leben, wünschen wir auch ihm das Geleit Gottes für einen gelungenen Lebensweg. Sagt ja zu Jesus Christus. In ihm ist die „Menschenfreundlichkeit" Gottes sichtbar geworden; er hat uns vielfältig gezeigt, was Leben heißt und was Liebe tut. Sein Vorbild macht weit und frei und furchtlos. Ver-

trauen wir seiner Zusage aus dem Johannesevangelium: „Ich bin gekommen, daß sie das Leben haben und es in Fülle haben" (*Joh* 10,10). Dann können wir es wagen, uns im Dienst an den Mitmenschen so sehr „loszulassen", daß sich auch an uns Jesu Wort erfüllt: „Wer sein Leben um meinetwillen verliert, wird es gewinnen" (*Mt* 16,25). Sagt ja zum Heiligen Geist, zum lebenspendenden Geist des Vaters und des Sohnes. Im Atem dieses Geistes lebt die Kirche seit fast zweitausend Jahren. Derselbe Geist ermutigt sie, bald ins dritte christliche Jahrtausend einzutreten. Wenn wir bereit sind, uns seiner Führung zu unterstellen, weckt er Schritt für Schritt alle unsere Energie, auch solche, die uns heute noch verborgen sind: Sie alle sollen dem Leben dienen.

9. Vor allem zur selbstlosen Liebe spornt der Heilige Geist uns ständig an. Gewiß ist sie ein Wagnis, vielleicht das größte im Menschenleben, und oft der Enttäuschung ausgesetzt. Aber gerade die Liebe ist das Merkmal Gottes. Wie könnte dann der Mensch sich „Abbild" Gottes nennen, wenn nicht auch er die Liebe wagen würde? „Die Liebe hört niemals auf", sagt Paulus (*1 Kor* 13,8); sie trägt hinüber in die Ewigkeit Gottes, wenn alles andere an der Schwelle des Todes zurückbleiben muß. Und von allen Energien, die aus dem Glauben hervorgehen und dem wahren Leben dienen, ist die reine Liebe am mächtigsten. Als kostbarste Möglichkeit des Menschen – das wißt ihr alle – ist die Liebe jedoch am meisten gefährdet, mit der Schlacke unseres Egoismus verunreinigt zu werden. Von Zeit zu Zeit bedarf unser Denken und Handeln deshalb der Prüfung und Vergebung im Bußsakrament der Kirche. Liebe braucht auch Nahrung und Stärkung; diese findet der Christ am Tisch des Wortes und des Brotes in der heiligen Messe: Das Opfer Christi bietet ja das tiefste Motiv unserer Nächstenliebe und den sichersten Maßstab für ihre Echtheit. Eine andere Weise, diese Liebe und Selbstlosigkeit zu prüfen, ist das Teilen, das konkrete, praktische Teilen unserer Güter mit denen, die darben und Mangel leiden. Caritasarbeit, christliche Sozialpolitik und Entwicklungshilfe: sie haben ihre letzte Wurzel in der Liebe Gottes, wie Christus sie uns in seinem Leben dargestellt hat: „Er, der reich war, wurde euretwegen arm, um euch durch seine Armut reich zu machen" (*2 Kor* 8,9).

Liebe Mitchristen! „Ja, Gott hat den Menschen zur Unsterblichkeit erschaffen und zum Bild seines eigenen Wesens gemacht" (*Weish* 2,23). Durch die Liebe, die niemals aufhört und die letztlich Gott selber ist, ist auch dem Menschen Ewigkeit, ewiges Leben in göttlicher Fülle verheißen. Um solcher Liebe willen hat der Vater Christus zum neuen, endgültigen Leben auferweckt. Als Haupt der Kirche, als Herr der Geschichte, als Begleiter unserer Wege sprechen sein Mund und sein Herz fortwährend zu uns: „Ich lebe, und auch ihr werdet leben." – Amen.

Maria geht voran

Einleitung zum „Engel des Herrn"-Gebet in Salzburg am 26. Juni

Liebe Brüder und Schwestern!

Das Ende unserer festlichen Eucharistiefeier ist gekommen. Gleich empfangt ihr den Segen des dreifaltigen Gottes und vernehmt das „Ite, missa est" – zu deutsch „Gehet hin in Frieden": Mit diesem Wort werdet ihr ausgesandt in die Welt, in eure Welt, damit ihr dorthin Christus tragt und dort seine Wahrheit, seine Gerechtigkeit in Wort und Tat bezeugt. Auf diesem Pilgerweg eines gelebten Glaubens geht uns Maria, die Mutter des Herrn, voran. Wie kein anderer kann sie uns immer wieder daran erinnern, wer Jesus Christus ist, welche zentralen Anliegen sein Herz zu unserem Heil bewegen, welches seine Maßstäbe für das Wachsen des Reiches Gottes sind. All dies hat Maria – wie die Schrift eigens hervorhebt – oft in ihrem Herzen bedacht. Sie lädt uns ein, auch unsere Wege und Umwege von Zeit zu Zeit im Licht des Glaubens neu zu bedenken, um immer mehr in allen unseren Schritten jene Richtung zu finden, in der wir und unsere Weggefährten näher zu Gott und so näher zu unserem wahren Glück gelangen.
So stimmt nun alle voll Vertrauen ein in unser gemeinsames Marienlob im „Engel des Herrn".

Notwendige Veränderungen sind nicht einfach machbar

Ansprache an die Jugendvertreter in Salzburg am 26. Juni

Liebe junge Mitchristen,
Brüder und Schwestern!

1. „Silber und Gold besitze ich nicht; doch was ich habe, gebe ich dir" (*Apg* 3,6). Mit diesen Worten wendet sich Petrus in der Apostelgeschichte dem gelähmten Mann an der Tempelpforte zu. Im gleichen Sinne möchte der Nachfolger des Petrus heute zu euch allen sprechen: Was ich habe, gebe ich euch: „Im Namen Jesu Christi ..., geh umher!" Der Name Christi, seine Person, seine Worte und Taten, sollen euch Kraft geben, sollen euch aufleben lassen gegen alle Trägheit und euch auf den Weg der Nachfolge senden: Im Namen Christi, steht auf, geht umher, packt zu, erweist euch als Jünger Christi!
Das sei euer Beitrag zum Leitwort meines zweiten Pastoralbesuches in eurem Land: Ja zum Glauben – Ja zum Leben. Auch ihr bekennt euch dazu, daß ein hochherziges Ja zum christlichen Glauben die reinste Quelle für die Fülle des Lebens ist, auch für ein junges, vorwärtsdrängendes Leben. Ich freue mich, in dieser Stunde zusammen mit euch diesen unseren gemeinsamen Glauben bekennen und stärken zu können. In euch grüße ich zugleich alle jungen Katholiken dieser Erzdiözese Salzburg und ganz Österreichs mit ihren Seelsorgern, von denen jetzt gewiß viele mit uns durch das Fernsehen oder durch den Hörfunk verbunden sind. Euch allen möchte ich Anteil geben an meinem Glauben,

an meinem Zeugnis. Im Namen Christi darf ich euch zurufen: Gott liebt euch; Gott liebt jeden einzelnen von euch. In Jesus Christus hat er euch erlöst und zu großem berufen.

2. Ihr seid erlöst! – Das wirkt zunächst wie eine Provokation. So vieles in der Welt und in eurer Umgebung scheint doch dieser Botschaft zu widersprechen. Manche bange Frage zu eurer Zukunft richtet ihr an Eltern und Priester, an Lehrer und Politiker. Die erste Antwort auf solche Fragen und Klagen könnt aber bereits ihr selbst geben: ja, ihr selbst! Wenn ihr euch mit Herz und Verstand bewußt macht, daß ihr von Gott geliebte Menschen seid, mit einer unverlierbaren Würde und Verantwortung, wenn ihr auch nach dieser Überzeugung lebt, dann bezeugt ihr bereits, daß ein Menschenleben nicht ein verlorener Tropfen im Meer ist, nicht eine zufällige Zahl in der Statistik, nicht ein belangloses Teilchen im Weltcomputer.
Wer sich durch Jesu Christi Tod und Auferstehung erlösen läßt, findet den tiefen, inneren Frieden mit Gott und mit sich selbst. Er hat die nötige Zuversicht und Ausdauer, die Schwierigkeiten in seinem eigenen Leben zu meistern. Weil er um seine ewige Berufung weiß, weil er den Mut und die Großherzigkeit des Glaubens in sich trägt, darum hat er auch die Maßstäbe und die Kraft, in der rechten Weise für den Frieden auf Erden zu wirken. Weil er den Menschen nicht als Zufallsprodukt, sondern als von Gott gewolltes und zur Freiheit berufenes Geschöpf kennt, darum versteht er Freiheit in ihrer ganzen Breite und kann sich für Befreiung ohne ideologische Verengungen einsetzen. Nur wer die Welt von Gott her sieht und lebt, hat einen Standort gefunden, der nicht zu neuen Parteiungen führt, sondern soziales Unrecht, Haß und Gleichgültigkeit wirksam bekämpfen läßt.

3. Erlöste Menschen seid ihr: Diese Wahrheit will sich in eurem Leben in verschiedenen Dimensionen entfalten. So seid ihr erlöst zum Glauben, zu vertrauensvoller Freundschaft mit Gott in Jesus Christus. Sorgt dafür, daß dieser Glaube bei euch wachsen kann, so wie ihr auch körperlich und seelisch wachst und reifer werdet. Das bewußte Ja zum gemeinsamen Glauben in der Kirche, zur Einheit mit Papst und Bischöfen wird euch helfen, in der verwirrenden Vielfalt und Gegensätzlichkeit heutiger religiöser Literatur die rechten Maßstäbe zu finden und das auszuwählen, was den Glauben wirklich aufbaut und vertieft. Der mündige Christ muß die wichtigsten Problemstellungen und Antworten der christlichen Glaubenslehre kennen. Der Glaube ist ja nicht ein blindes Gefühl, sondern eine bewußte und bedachte Zustimmung zum Anruf Gottes. In einem seiner Briefe fordert der Apostel Petrus auch uns auf: „Seid stets bereit, jedem Rede und Antwort zu stehen, der nach der Hoffnung fragt, die euch erfüllt“ (*1 Petr* 3,15).
Ja, wir sind auch erlöst zur Hoffnung. Vor einiger Zeit war es modern, Kleider mit der Aufschrift zu tragen: „No future“ – „Keine Zukunft“. Ein junger Christ lebt genau das Gegenteil: Er hat Zukunft, weil er mit Gott vorangeht, weil er auf Gott zugeht, der für ihn Liebe und Treue ist, auch da, wo der Horizont dunkel und verhangen erscheint. Er hat Zukunft, weil er darauf vertrauen kann, daß die kleinste Dosis guten Willens und jedes noch so unvollkommene gute Werk zur Ernte Gottes gehört und zu seinem Reich hinführt, das seine Allmacht bereits hier auf Erden beginnen und in der Ewigkeit sich vollenden läßt.

4. Vor allem aber seid ihr erlöst zur Liebe. Wie praktisch und konkret das werden kann, sagt uns der Apostel Paulus an einer berühmten Stelle seiner Briefe. Dort heißt es: „Die Liebe ist langmütig, die Liebe ist gütig. Sie ereifert sich nicht, sie prahlt nicht, ... sucht nicht ihren Vorteil, läßt sich nicht zum Zorn reizen, trägt das Böse nicht nach. Sie freut sich nicht über das Unrecht, sondern freut sich an der Wahrheit" (*1 Kor* 13,4–6). In ihrer reinsten Gestalt erkennen wir diese Liebe im gekreuzigten Herrn, der seine angenagelten Arme wie zu einer großen Einladung ausbreitet: Freund und Feind will er an sich ziehen, sogar jene, die ihn verurteilt haben. Jedes Kreuz, das wir erblicken, wird so zu einer stillen Mahnung: Der wahre Sieg, der den Haß in der Welt überwindet, ist der Selbsteinsatz in letzter Konsequenz, in bleibender Treue, aus der Kraft der Liebe.
„Wer sein Leben verliert, wird es gewinnen": Das ist das geheimnisvolle Gesetz wahrer Liebe. Wer neben sich Platz schafft für den Nächsten, wer sich zurücknimmt, daß auch andere atmen können und zu ihrem Recht kommen, wer seine eigene Enge öffnet und anderen selbstlos Freundschaft und Liebe anbietet, der findet dort zugleich auch die ersehnte Selbstverwirklichung. Diese Regel gilt auch für den Umgang von Mann und Frau im Kraftfeld ihrer gegenseitigen geschlechtlichen Beziehung. Widersetzt euch allem, was eure Geschlechtlichkeit von der Liebe trennen will. Das Einswerden zweier Menschen in der leiblich-seelischen Hingabe aneinander ist nur dann davor geschützt, ein gegenseitiges Überwältigen und Sich-Ausbeuten zu werden, wenn es eingebunden ist in lebendiger Ehrfurcht voreinander. Wer den anderen nur leiblich genießen will, beleidigt gerade durch eine solche Einengung die Seele seines Partners; er verletzt ein Du, eine Person, die respektiert und geliebt sein möchte.
Immer wieder, auch heute, lädt der Herr dazu ein, der liebenden Hingabe an Gott und die Mitmenschen eine ganz besonders intensive und zeugnishafte Form zu geben: Er ruft zum Dienst des Priesters, und er ruft zum Weg der Gelübde von Armut, Gehorsam und Ehelosigkeit in einer Ordensgemeinschaft. Wenn ihr diesen Ruf verspürt, dann folgt ihm großzügig und ohne Furcht. Die Welt braucht dieses ausdrückliche Zeugnis eines selbstlosen Einsatzes; ja, an vielen Stellen der Erde sehnen sich die Menschen geradezu nach solchen Boten der Liebe und Gerechtigkeit Gottes. Helft mit, diese Sehnsucht zu stillen!

5. Aber wie auch immer sich euer Lebensweg gestalten wird, an jedem Ort und in jeder Lage sollt ihr Zeugen der Frohen Botschaft der Erlösung sein: Ihr seid erlöst zur Freude. Diese Freude soll euch selbst durchdringen und prägen; sie will aber auch ausstrahlen auf die Umgebung, sie will mitreißen und begeistern. Ich meine dabei nicht eine oberflächliche, lärmende Lustigkeit, sondern jene tiefere Freude, die sich gerade dann bewährt, wenn Ängste, Trauer und Leid bestanden werden müssen. Solche Freude braucht auch die Kirche von heute. Damit ihre Wahrheit schmackhaft bleibt, ihre Liturgie auch den Leib erfaßt, ihre Sprache das Herz bewegt, damit sie die Menschenfreundlichkeit Gottes vermitteln kann.
Geht euren Weg als herzliche Menschen! In einer Zeit, da Verstand, Leistung und Erfolg eine fast absolute Führungsrolle beanspruchen, hungern viele Menschen nach mehr Menschlichkeit und Zuwendung. Gerade auch in unseren kirchlichen Gemeinschaften sollten sie die ersehnte Geborgenheit und Wärme finden können. Der Umgang der Gläu-

bigen vor allem mit verunsicherten und zweifelnden Mitmenschen braucht viel Einfühlung und Herzenstakt.
Geht euren Weg als Menschen, die auch verweilen können. Der Zeitgeist, dem wir alle ausgesetzt sind, will uns immer wieder nervös und hastig weitertreiben. Um aber wirklich verstehen und richtig werten zu können, müssen wir Oasen der Stille, des Innewerdens und auch des Gebetes schaffen. Dort lernen wir zu schauen, den Überblick zu gewinnen, Freude zu empfinden, unsere eigene Person einzubringen, unser Leben von Gott her zu betrachten.

6. Vor allem aber geht euren Weg als versöhnte Menschen, die zugleich Versöhnung schenken! Kehrt die Abfälle eures Versagens, eurer Schuld, eurer vergeblichen Vorsätze nicht einfach unter den Teppich; sie verseuchen sonst die geistige Umwelt oder lassen uns nach Sündenböcken unserer eigenen Fehler suchen. Niemand kann von sich aus Vergangenes ungeschehen machen; auch der beste Psychologe kann den Menschen nicht von der Last der Vergangenheit befreien. Nur die Vollmacht Gottes kann es, der in schöpferischer Liebe einen neuen Anfang mit uns setzt: Das ist das Große am Sakrament der Vergebung, daß wir Aug in Aug mit Gott, jeder einzelne als Person von ihm angenommen, von ihm erneuert werden; daß er selbst die verseuchte Erde unserer Seele in der Gnade der Vergebung reinigt und uns so auch die Kraft gibt, ohne kleinliches Aufrechnen und heimliches Nachtragen zu ehrlicher Versöhnung mit verletzten Mitmenschen zu kommen. Christus hat darüber keinen Zweifel gelassen, daß er die Umkehr des Sünders für einen der tiefsten und wertvollsten menschlichen Akte hält. Bereits der allererste Schritt zu solcher Bekehrung geschieht schon im Licht seiner Erlöserliebe. Wenn Gott bereit ist, uns an der Wurzel zu heilen, dann müssen auch wir die Kraft finden, unserem Nächsten Versöhnung anzubieten, wann immer wir meinen, von ihm getroffen worden zu sein.

7. Liebe junge Mitchristen! Wir wissen wohl alle, daß die großen Dinge des Lebens und die notwendigen Veränderungen in Gesellschaft und Kirche nicht einfach „machbar“ sind. Sie brauchen einen langen Atem und eine Geduld, die über den eigenen Lebensraum hinausschauen läßt. Unsere Vorfahren, darunter Heilige, Denker, Dulder und Kämpfer, haben uns schon ein wertvolles Gepäck mit auf den Weg gegeben, von dem wir bereits leben, ein Erbe, das wir gar nicht ausschöpfen können. Zugleich aber gehen wir voran auf eine Zukunft zu, die unseren heutigen Beitrag erwartet. Heute sind wir, die Lebenden, verantwortlich für die Kirche Christi. Gewiß, die Kirche ist immer mehr als das, was wir aus ihr machen. Selbst in der tiefsten Schwachheit der Menschen, die sie tragen sollten, bleibt sie unverrückbar Kirche des Herrn; in ihren Sakramenten, in der Gemeinschaft des Gebetes aller Heiligen diesseits und jenseits der Grenze des Todes ragt sie über alles menschliche Versagen hinaus. Auf die größere Kirche müssen wir unseren Blick stets gerichtet halten. Aus dieser Sicht erwachsen uns dann Auftrag und Ansporn, in der konkreten Lebensgemeinschaft der Kirche hier und heute so zu stehen und zu handeln, daß sie als Kirche der Fülle und des Teilens erlebt werden kann, daß ihr Wort erhellt bleibt von ihrem Hören auf Gott und die Menschen, daß sie Kirche für Freuden und Schmerzen ist und eine Tür wird für Freiheit und Frieden in der Welt: Je mehr sie ganz mit Gott ist, desto mehr wird sie ganz für die Menschen sein.

Viele junge Menschen aus eurem Jugendzentrum haben Assisi besucht. Ich erinnere sie und euch alle an das Wort Jesu Christi: „Franziskus, du mußt meine Kirche wieder aufbauen." Dieses Wort gilt auch euch, liebe Brüder und Schwestern. Die Kirche braucht euch, um in dieser und in der nächsten Generation jung zu bleiben. Eure Jugendlichkeit erinnert an den Sohn Gottes, dessen Antlitz ein jugendliches gewesen ist, um zu offenbaren, daß Gott ewig jung ist. Er begleitet euch stets mit seiner Liebe und mit seinem Segen!

Das Schöne wird die Welt retten

Ansprache vor Vertretern von Wissenschaft, Kunst und Publizistik in Salzburg am 26. Juni

Sehr geehrte Damen und Herren!

1. Es ist mir eine besondere Freude, Ihnen – den Vertretern von Wissenschaft und Kunst sowie den Repräsentanten von Presse, Rundfunk und Fernsehen – in dieser weltbekannten Stadt zu begegnen. Die Faszination Salzburgs erwächst aus einem vielfältigen Reichtum an kulturellem Schaffen seit Jahrhunderten bis in die Gegenwart inmitten einer Landschaft von außerordentlicher Schönheit.

Salzburg ist eine Weltstadt der Musik, besonders durch Wolfgang Amadeus Mozart. Auch sein architektonisches Profil ist weltbekannt und hat ihm den Namen „Das deutsche Rom" eingebracht. Der Name des Arztes Paracelsus, dessen Wanderleben hier zu Ende ging, hat in der Geschichte von Medizin und Naturwissenschaft einen bedeutsamen Platz. Und mitten im Dreißigjährigen Krieg, der Europa verwüstete, stiftete ein Salzburger Erzbischof die Universität als einen bevorzugten Raum zur Entfaltung der Wissenschaften.

Die Geschichte von Kultur und Kunst ist in Salzburg eng verbunden mit der Geschichte des Glaubens und der Kirche. Die räumliche Nähe, die den Dom, die beiden alten benediktinischen Abteien, die Universität und das Festspielhaus miteinander verbindet, ist dafür ein Symbol.

Unzählige Menschen aus aller Welt kommen jedes Jahr in diese Stadt. Die hier herrschende architektonische und musikalische Harmonie läßt manche Besucher für kurze Zeit die gewaltigen Disharmonien in der Welt von heute vergessen. Anderen wird durch diese Harmonie die moralische Kraft geschenkt, sich stärker als bisher für die Überwindung von Übel einzusetzen.

Mancher Besucher Salzburgs wird sich dabei an ein Wort Dostojewskijs erinnern. Es lautet: „Das Schöne wird die Welt retten!" Schönheit wird in diesem Zusammenhang verstanden als Abglanz der Schönheit, der Herrlichkeit Gottes. Angesichts der bedrängenden Wirklichkeit der Welt von heute, die uns allein schon durch die Medienberichte eines einzigen Tages ausreichend bekannt sind, sollte man freilich diesen Satz erweitern und sagen: „Das Gute, die Güte, die Liebe wird die Welt retten!" Der Christ versteht darunter die Liebe Gottes, die in Jesus Christus in ihrer erlösenden Vollgestalt erschienen ist und zur Nachfolge ruft.

2. Eine Allianz aller, die das Gute wollen und über besonders wirksame Motive wie Mittel zu seiner Realisierung verfügen, ist heute besonders dringlich: Es geht um den Menschen und um seine Welt, die auf nie dagewesene Weise gefährdet sind.
Vor fünf Jahren habe ich in Wien bei einer ähnlichen Begegnung mit Wissenschaftlern, Künstlern und Publizisten gesagt: „Übersehen und überhören Sie ihn nie: den hoffenden, liebenden, angsterfüllten, leidenden und blutenden Menschen. Seien Sie sein Anwalt, hüten Sie seine Welt: die schöne, gefährdete Erde."
Heute möchte ich diese Bitte vor Ihnen, meine Damen und Herren, wiederholen. Die seither erfolgte Entwicklung gibt ihr ein zusätzliches Gewicht. In meiner jüngsten Enzyklika *Sollicitudo rei socialis* habe ich die Notwendigkeit betont, „uns der furchtbaren Herausforderung des letzten Jahrzehnts des zweiten Jahrtausends zu stellen" (Nr. 47). Man denke an die unverminderte Notlage der Menschen im Süden der Erde. Man denke an den häufigen unverantwortlichen Umgang mit dem menschlichen Leben vor wie nach der Geburt: die Auslöschung so vieler Ungeborener, die Probleme, die sich aus der Entwicklung der Gen- und Informationstechnologie ergeben, und vieles andere mehr. Man denke schließlich an die Probleme des Weltfriedens, die Probleme bei der Nutzung der Atomkraft und an die zunehmende Bedrohung der Umwelt des Menschen in Vegetation, Tierwelt, Wasser und Luft.
Das ungeheure Anwachsen dessen, was die Menschheit heute weiß und technisch kann, hat auch die Ambivalenz dieses Fortschritts deutlich gemacht. Daraus ergibt sich für jeden Menschen je nach dem Grad seiner Teilhabe an Entscheidungsvorgängen eine unabweisbare Verantwortung, besonders aber für die Wissenschaftler und die Träger des politischen und kulturellen Lebens.
Die Heilige Schrift überliefert uns das düstere Bild des Menschen Kain, der solche Verantwortung mit der trotzigen Frage ablehnt: „Bin ich denn der Hüter meines Bruders?" (*Gen* 4,9). Die Bibel zeigt aber auch das positive Gegenbild: den Menschen als Hirten, als Hüter seines Bruders und als Hüter der ihm anvertrauten Schöpfung. Angesichts so vieler sozialer und ökologischer Verwüstungen wächst heute die Bereitschaft, sich erneut diesem Bild zuzuwenden, zu ihm umzukehren. Damit aber verbindet sich sogleich die entscheidende Frage: Wer hütet denn den Hirten?

3. Der Appell „Seid Hüter der Erde" leuchtet heute, so scheint es, allgemein ein. Über seine Begründung aber gibt es keine Einigkeit. Genügt die Angst vor möglichen Katastrophen zur Begründung einer neuen, verstärkten Verantwortung? Genügt es, darauf hinzuweisen, daß bereits individueller und nationaler Eigennutz dazu anleiten können, Frieden zu suchen und die Umwelt des Menschen zu schonen? Genügt es etwa, auf das Los künftiger Generationen zu verweisen, um Bereitschaft zur Verantwortung zu wecken? Kann der Mensch sich als Hüter der Erde und als Hüter seiner Mitmenschen voll verstehen, wenn er sich nicht auch selbst in seinem Dasein behütet weiß?
Was hält also den Menschen in seiner Verantwortung? Wer gibt ihm Halt? Diese Fragen sind auch in einer säkularisierten Gesellschaft unabweisbar. Daher nahmen in der jüngeren Vergangenheit selbst abstrakte Begriffe wie „Zukunft", „Menschheit" und „Natur" quasipersonale Züge an. Und es scheint so, als ob sogar deterministische Weltbilder noch

den untergründigen Wunsch des Menschen nach Geborgenheit, nach Behütetsein zum Ausdruck bringen; behütet wenigstens durch allgemeingültige Gesetzmäßigkeiten.
Die europäische Geistesgeschichte der letzten Jahrhunderte zeigt, wie sehr die Vorstellung, das Leben des einzelnen und die Existenz der Menschheit seien lediglich ein absurdes, unbedeutendes Zwischenspiel im Universum, die moralische Ordnung in Frage gestellt hat. Unvergeßlich ist die tragische Einsicht einer Romangestalt bei Dostojewskij: Wenn es keinen Gott gebe, dann sei alles erlaubt.
Schreckensbilder aus Vergangenheit und Gegenwart haben manche dazu verleitet, den Menschen mit einem gefährlichen Raubtier zu vergleichen, dessen Auslöschung in der postulierten Evolution der Materie kein Schaden wäre. Andere wieder sehen den Menschen als ein Wesen an, dessen Erbanlagen und leib-seelische Strukturen vollkommen neu geordnet werden müßten. Hinter diesen beiden extrem negativen Selbstauslegungen steht die tiefe Furcht, der Mensch sei wirklich dazu verdammt, sein Dasein gänzlich unbehütet und alleingelassen zu gestalten.
Der Appell „Seid Hüter der Erde" genügt auch angesichts heutiger neuartiger Bedrohungen nicht, um die Umkehr zu einer dafür tragfähigen Moral zu erreichen, wenn er nicht zugleich eine Quelle von Sinn, von moralischer Energie erschließt. Der drohende Hinweis auf eine mögliche oder sogar wahrscheinliche Katastrophe hat ja oft nur zu jenem Verhalten geführt, das schon für manche Zeitgenossen des Apostels Paulus charakteristisch war: „Laßt uns essen und trinken, denn morgen sind wir tot" (*1 Kor* 15,32).
Hoffnungslosigkeit kann den Menschen und große Teile einer Gesellschaft zur Mentalität und Praxis eines übersteigerten Konsumismus bringen, der alles Wissen und Können in seinen Dienst zwingt und nicht einmal vor der traurigen Idee zurückschreckt, sich selbst biotechnisch kopieren zu lassen, um vielleicht so dem Tod zu entgehen.
Der Suche nach einem Behütetsein des gefährdeten Menschen begegnet heute auch die vielstimmige Versuchung zu einer neuen Art von „Rückkehr zur Natur", zu einer gewollten Verschmelzung mit dem Kosmos. Unter dem Anspruch, diese Epoche sei eine Wendezeit und bedürfe eines Paradigmenwechsels, werden fundamentale Dimensionen des Menschen als Person vergessen oder in Frage gestellt. Einer solchen Sicht vom Menschen, die außer acht läßt, daß der Mensch nicht nur in der Natur und mit ihr lebt, sondern ihr auch in Verantwortung und unaufhebbarer Spannung gegenübersteht, widersetzen sich nicht nur die Kirche, sondern wohl auch viele Wissenschaftler.

4. Die Welt, die Dinge sind auch ein Wort, eine Botschaft an den Menschen. Er soll darauf eine Antwort geben. Sein Leben ist ein Dialog nicht nur mit seinen Mitmenschen, sondern auch mit seiner Welt, deren Wort ihm oft beglückend, oft aber auch dunkel und zweideutig erscheint. Wem es aber geschenkt ist zu glauben, daß die Welt sich dem schöpferischen Wort Gottes verdankt und daß sie ein Wort Gottes an uns Menschen ist, den führt die Verantwortung für diese Welt auch in ein Gespräch mit Gott.
Aus diesem Gespräch sind die folgenden Worte eines biblischen Psalms gewachsen: „Der Herr ist mein Hirte, nichts wird mir fehlen. Er läßt mich lagern auf grünen Auen und führt mich zum Ruheplatz am Wasser. Er stillt mein Verlangen; er leitet mich auf rechten Pfaden, treu seinem Namen. Muß ich auch wandern in finsterer Schlucht, ich

fürchte kein Unheil; denn du bist bei mir, dein Stock und dein Stab geben mir Zuversicht" (*Ps* 23,1–4).
Dem Menschen, der sich in der Natur und auf den verschlungenen Pfaden der Geschichte nicht selten allein und unbehütet erfährt, begegnet hier Gott nicht als bloße Idee, als abstraktes Prinzip, sondern als ein Hirt, der dem Menschen vorausgeht, ihn begleitet und ihm nachgeht, wenn er sich verlaufen hat.
Auf dem Areopag zu Athen hat der Apostel Paulus diesen Gott verkündet. Vor Ihnen, meine Damen und Herren, die Sie auch für mich eine Art von Areopag bilden, möchte ich Zeugnis geben für Jesus Christus, den guten Hirten, der dem Menschen bis in die Tiefe seiner Schuld in den Abgrund seines Todes nachgegangen und in ein ewiges Behütetsein vorausgegangen ist. Im Blick auf ihn, den Gekreuzigten und Auferstandenen, kann sich der Mensch als ein wirklich zur Liebe fähiges Wesen begreifen. Ein Mensch, der sein Maß von Christus herleitet, muß nicht aus Furcht, zu kurz zu kommen, versuchen, seiner Mitwelt ein Lebensglück abzuringen, das auf Kosten der anderen geht und sich schließlich doch als Illusion erweist.

5. Die gegenwärtige Lage läßt die Menschheit so auf jene großen alten Fragen stoßen, deren zeitweilige Suspendierung den wissenschaftlichen und technischen Fortschritt vielleicht beschleunigt, aber auch neue Probleme geschaffen hat: Was können wir wissen – was sollen wir tun – was dürfen wir hoffen? Bei der Suche nach den Antworten müssen Wissenschaft, Technik und Politik, aber auch Philosophie, Kunst und Religion erneut zusammenfinden, nachdem ihre Wege viele Male nebeneinander verlaufen sind oder sich voneinander getrennt haben. Wissen muß sich wieder mit Weisheit und mit Glauben verbinden. Die Resignation gegenüber der Wahrheitsfrage, die schon Pilatus geprägt hat, muß überwunden werden. Toleranz ist ein Raum zur Suche nach Antwort auf diese Frage, nicht aber zu ihrer Suspendierung. Kritische Anfragen an die bisher praktizierte Wertneutralität von Wissenschaft sind fällig. Das biblische Wort „Die Wahrheit wird euch freimachen" ist heute vielfach in die Meinung verkehrt, daß die Freiheit imstande sei, Wahrheit zu zeugen. Dies führt nicht selten zu jener Willkür, die den Menschen, der für manche Bereiche tatsächlich Herr der Erde geworden ist, aus einem Hirten und Hüter zu einem Despoten macht und sein Verhalten dem eines Wolfes im Schafstall angleicht.
In meiner schon erwähnten Rede in Wien habe ich gesagt: „Der Mensch und seine Welt – unsere Erde, die sich bei der ersten Weltraumfahrt als Stern in Grün und Blau gezeigt hat –, sie müssen bewahrt und entfaltet werden ... Die Erde ist im Horizont des Glaubens kein schrankenlos ausbeutbares Reservoir, sondern ein Teil des Mysteriums der Schöpfung, dem man nicht nur zugreifend begegnen darf, sondern Staunen und Ehrfurcht schuldet." Um diese Haltung zu erreichen, wird es einer Kultur der Askese bedürfen, die es dem Menschen und den verschiedenen menschlichen Gemeinschaften ermöglicht, Freiheit auch als Fähigkeit des Verzichts auf eigene Macht und eigene Größe zu vollziehen und so von innen her den Raum für den anderen, gerade auch für den Schwachen zu öffnen. Dieses Raumschaffen ist eine Gestalt der Liebe zum Menschen, aber auch zu Gott. Im Evangelium finden wir das darauf bezogene Wort Christi: „Wenn

einer mich liebt, wird er an meinem Wort festhalten; mein Vater wird ihn lieben, und wir werden zu ihm kommen und bei ihm wohnen" (*Joh* 14,23).
„Custos, quid de nocte" ... (*Jes* 21,11) lautet die Frage an einen der biblischen Propheten. Diese Frage ist heute von bedrängender Aktualität. Lassen Sie mich vor Ihnen, meine Damen und Herren, meine Überzeugung bekennen, daß es noch nicht zu spät ist für eine radikale Umkehr zum Menschen als Mitmenschen, zur Erde als einem Lebensraum, der Garten werden soll und nicht zur Wüste verkommen darf, auch wenn diese Welt für den Glauben nicht die letzte Heimat ist. Und es ist nicht zu spät, zu Gott umzukehren, der uns schon sucht, bevor wir begonnen haben, ihn zu suchen.
Ich danke Ihnen.

Stunde der Freude – Anlaß des Schmerzes

Ansprache beim Ökumenischen Gottesdienst in der ev. Christuskirche in Salzburg am 26. Juni

Liebe Brüder und Schwestern in Christus!

1. „Geht zu allen Völkern und macht alle Menschen zu meinen Jüngern; tauft sie auf den Namen des Vaters und des Sohnes und des Heiligen Geistes" (*Mt* 28,19).
So haben wir es eben im Evangelium vernommen, unter dessen Anspruch wir uns alle bei dieser brüderlichen Begegnung stellen wollen. Jener Auftrag des Herrn an die Apostel gilt für alle Zeit. Immer wieder geschieht ein Pfingstwunder: Menschen aus vielen Völkern und Kulturen können das Evangelium hören und verstehen und kommen zum Glauben. Sie bekehren sich zu Christus, der „unser Friede" ist, der den „neuen Menschen" schafft und durch sein Kreuz alles, was getrennt ist, „mit Gott in einem einzigen Leib versöhnt" (vgl. *Eph* 2,14.16). Als getaufte Christen dürfen wir uns „als Menschen begreifen, die für die Sünde tot sind, aber für Gott leben in Christus Jesus" (*Röm* 6,11).
Das ist unser gemeinsames Bekenntnis; aus diesem österlichen Auftrag leben wir in allen Kirchen und kirchlichen Gemeinschaften, denen wir durch unsere Taufe jeweils angehören. Wir sind berufen, Zeichen und Werkzeug jenes Friedens und jener Einheit unter den Menschen zu sein, die nur Gott selbst in Fülle schenken kann und die er in seinem Reich vollenden wird. Dies verpflichtet uns, auch unter uns Christen die Einheit – bis zu ihrer vollen sichtbaren Gestalt – zu suchen und zu erneuern.

2. Diese wertvolle Stunde unserer Begegnung ist selbst ein Zeichen jener Einheit, die uns im Hören auf das Wort Gottes, im Glauben an den dreieinigen Gott und im Leben aus der Taufgnade schon geschenkt ist: Als Söhne und Töchter des einen Vaters im Himmel sind wir im Heiligen Geist versammelt, um Gott in Jesus Christus die Ehre zu geben. Ich danke den evangelischen Glaubensbrüdern und -schwestern in Österreich für die freundliche Einladung in diese Christuskirche, die ich gern angenommen habe.
Besonderen Dank sage ich für den Willkommensgruß der Gemeinde dieser Kirche und das Grußwort des Vorsitzenden des Ökumenischen Rates der Kirchen in Österreich.

Ebenso danke ich Ihnen, hochwürdigster Herr Metropolit, für Ihr Wort und die Botschaft, die Sie uns allen von meinem geschätzten Bruder, dem Ökumenischen Patriarchen Dimitrios I. von Konstantinopel, überbracht haben. Sie erinnert mich mit Freude an unsere gemeinsame Begegnung im Dezember vorigen Jahres in Rom. Danken möchte ich auch Ihnen, Herr Superintendent, der Sie die Bedeutung der heutigen Begegnung herausgestellt haben, sowie Ihnen, Herr Bischof, für Ihre Predigt, in der Sie uns das Wort Gottes ausgelegt haben. Schließlich grüße ich herzlich auch Sie verehrter Herr Erzbischof Berg, und die Mitbrüder der katholischen Bischofskonferenz sowie alle, die in der Gesinnung Christi diesen denkwürdigen Gottesdienst mit uns begehen.

3. Ein ökumenischer Gottesdienst ist wohl immer beides: eine Stunde der Freude und ein Anlaß des Schmerzes. Freude, weil uns dabei unsere gemeinsame Verbundenheit mit dem Herrn und Erlöser eindringlich bewußt wird; Schmerz, weil diese bereits vorhandene Einheit an der Wurzel noch nicht in die volle kirchliche Gemeinschaft einmündet. Aber es ist bereits eine kostbare Frucht des Heiligen Geistes, wenn wir diese Freude miteinander teilen und diesen Schmerz gemeinsam tragen.

Freude und Schmerz empfinden wir auch bei einem kurzen Rückblick in die Geschichte dieser Stadt Salzburg, die uns heute Gastfreundschaft gewährt. Irische Mönche haben hier den Glauben verkündigt und die Grundlage für eine intensive Missionstätigkeit dieser Ortskirche bis weit in den Osten und Süden Europas gelegt. Jene Gründerbischöfe und ihre Gefährten waren ihrerseits geprägt von der aszetischen und monastischen Tradition des christlichen Orients. Diese fernen Wurzeln des Glaubens sind heute neu als Aufgabe erkannt worden und haben unter anderem zur Gründung der Stiftung PRO ORIENTE geführt, die sich inzwischen von Wien aus auch auf Salzburg, Linz und Graz ausgeweitet hat. Diese lobenswerte ökumenische Initiative hat bereits beachtliche Früchte erbracht, die zu weiterer Hoffnung berechtigen.

In Salzburg begegnen wir aber auch der Reformation. Wir werden hier an die unrechtmäßige Vertreibung der hiesigen Protestanten im 18. und 19. Jahrhundert erinnert, die man damals in Anwendung des unseligen Prinzips „Cuius regio – eius et religio" glaubte durchführen zu müssen. Schon vor Jahren hat der Salzburger Erzbischof im Namen der ganzen Diözese die evangelischen Brüder und Schwestern um Vergebung für dieses erlittene Unrecht gebeten. Daß wir heute hier, in der evangelischen Christuskirche, gemeinsam das Wort Gottes hören und miteinander im Namen Jesu beten, ist ein deutliches Zeichen dafür, daß diese Vergebungsbitte mit dem Herzen angenommen worden ist und zur Versöhnung geführt hat.

4. Einen besonderen ökumenischen Anstoß haben viele Christen auch in diesem Land auf ihrem gemeinsamen Leidensweg im letzten Weltkrieg erhalten. Obwohl von verschiedener kirchlicher Herkunft, haben sie, vor allem in der extremen Prüfung der Lager, ihre tiefe Verbundenheit im Kreuz Christi erfahren. Daraus sind ihnen in verstärktem Maße Einsicht und Bereitschaft zu gegenseitiger Verständigung und Wertschätzung erwachsen. Gemeinsam lebten sie damals die Botschaft, „daß alle, die auf Christus Jesus getauft wurden, auf seinen Tod getauft sind"; gemeinsam waren sie aber auch stark in der Hoff-

nung, daß sie „mit ihm auch in seiner Auferstehung vereinigt“ sein würden (vgl. *Röm* 6,3.5).
Nur die liebende Vereinigung mit dem Herrn in seiner Hingabe und Treue bis zum Tod am Kreuz kann uns näher zur Einheit der Kirche führen. An seiner Gestalt des dienenden Knechtes lernen wir die erforderliche Demut, um der ganzen Wahrheit Gottes innezuwerden und ihr Leuchten auch im getrennten Bruder wahrzunehmen. Dort wo Paulus uns das Ideal der Einheit vor Augen stellt: „Ein Leib und ein Geist, wie euch durch eure Berufung auch eine gemeinsame Hoffnung gegeben ist; ein Herr, ein Glaube, eine Taufe, ein Gott und Vater, der über allem und durch alles und in allem ist“, gerade dort mahnt er uns zuvor „Seid demütig, friedfertig und geduldig, ertragt einander in Liebe und bemüht euch, die Einheit des Geistes zu wahren durch den Frieden, der euch zusammenhält“ (*Eph* 4,2.4–6).

5. Liebe Brüder und Schwestern! Mein zweiter Pastoralbesuch in Österreich steht unter dem Leitwort: „Ja zum Glauben – Ja zum Leben.“ Auch dieses Wort hat seine Grundlage in Christus selbst; denn „in ihm ist das Ja verwirklicht. Er ist das Ja zu allem, was Gott verheißen hat ... und Gott ist treu“ (*2 Kor* 1,18–20). Dieses Ja Gottes will durch unser gemeinsames Ja zum Glauben, durch unser gemeinsames Ja zum Leben verkündigt werden. Ein solches gemeinsames Ja aller Kirchen und Gemeinschaften möglichst oft zu finden und zu sprechen, ist unsere ökumenische Aufgabe.
Um das gemeinsame „Ja zum Glauben“ zu finden, müssen wir über Stimmungen, Gefühle und noch so liebgewonnene Traditionen hinausgehen. Der Glaube an den dreifaltigen Gott und seine konkreten Heilswege kommen vom Hören und setzt Bekehrung voraus. Paulus ruft uns zu: „Wandelt euch und erneuert euer Denken!“ (*Röm* 12,2). Wir dürfen dankbar feststellen, daß in den letzten Jahren manche verheißungsvollen Schritte zu einem solchen neuen Denken zu verzeichnen sind. Ich nenne nur die Konvergenzerklärung über „Taufe, Eucharistie und Amt“, welche die Kommission für Glaube und Kirchenverfassung des Ökumenischen Rates der Kirchen erarbeitet und vorgelegt hat. Das vatikanische Sekretariat für die Einheit der Christen hat im Zusammenwirken unter anderem mit der Kongregation für die Glaubenslehre die katholische Antwort auf dieses bedeutende Dokument ökumenischer Annäherung gegeben. Konvergenz heißt jedoch noch nicht Konsens. Neben der Würdigung der erzielten Übereinstimmung sind dort auch manche weitere Fragen gestellt, denen wir uns in gläubiger Geduld noch zuwenden müssen.

6. So drängt die Eingliederung in den mystischen Leib Christi durch die Taufe gewiß auch hin zur Teilhabe an seinem eucharistischen Leib und Blut; die Frage nach der gemeinsamen Teilnahme an der Eucharistie hat aber auch eine ekklesiologische Dimension und kann nach katholischer Lehre nicht isoliert vom Verständnis des Geheimnisses der Kirche und ihres Amtes gesehen werden. Ich darf Ihnen versichern, daß es auch den Papst und die katholischen Bischöfe sehr schmerzt, wenn wir unsere Trennung unter Christen gerade am Tisch des Herrn so hart erfahren müssen. Besonders schmerzlich wird dieser Stachel in konfessionsverschiedenen Ehen empfunden, die ein gemeinsames

Zeugnis des christlichen Glaubens ablegen wollen. An sie geht meine herzliche Bitte, zusammen mit ihren Seelsorgern nach Wegen zu suchen, die ihnen in ihrer besonderen Lage heute offenstehen.
In diesem Zusammenhang möchte ich aber in Demut und mit brüderlichem Freimut auch einmal fragen: Hat sich die evangelische Kirche schon genügend der Möglichkeit geöffnet, sich der sakramentalen Gestalt des geistlichen Amtes anzunähern, wie es die Überlieferung der katholischen Kirche in Ost und West seit den Anfängen als apostolisches Erbe und als Form der apostolischen Nachfolge versteht? Jeder Schritt in diese Richtung würde auch ein Schritt auf die volle eucharistische Gemeinschaft zu sein. Das Dienstamt des Petrus und seiner Nachfolger weiß sich gewiß in besonderer Weise der Einheit der Kirche verpflichtet; es untersteht jedoch zugleich dem bleibenden Anspruch des Evangeliums und der fortwährenden Führung des Geistes Christi. Wie bei meiner jüngsten Begegnung mit dem Ökumenischen Patriarchen von Konstantinopel möchte ich auch hier den Heiligen Geist inständig bitten, „er möge uns, alle Hirten und die Theologen unserer Kirche, erleuchten, damit wir gemeinsam nach Formen suchen, in denen dieses Hirtenamt einen Dienst der Liebe verwirklichen kann, der von den einen und den anderen anerkannt wird".

7. Eine ökumenische Aufgabe ist auch das gemeinsame christliche „Ja zum Leben". Christus, das „Ja" Gottes, ist gekommen, damit wir das Leben haben und es in Fülle haben (vgl. *Joh* 10,10). Unser „Ja zum Leben" muß deshalb ebenso umfassend sein und sich auf alle Dimensionen des menschlichen Lebens erstrecken. Anerkennend möchte ich darauf verweisen, daß es in letzter Zeit häufiger auch zu gemeinsamen Stellungnahmen der Kirchen zu aktuellen sozialethischen Problemen der Gesellschaft gekommen ist. Diesen Weg möchte ich ermutigen, auch wenn er zuweilen noch schwierig ist wegen unserer unterschiedlichen Auffassungen vom kirchlichen Lehramt und seiner konkreten Zuständigkeit.
In diesen Zusammenhang gehört auch die „Ökumenische Weltversammlung für Gerechtigkeit, Frieden und Bewahrung der Schöpfung", zu der der Ökumenische Rat der Kirchen einlädt. Die katholische Kirche beteiligt sich, ohne selbst Mitveranstalterin zu sein, auf geeignete Weise durch sachkundige Vertreter an diesen Fragestellungen. Ich hoffe, daß das gemeinsame, gehorsame Hören auf das Wort der Heiligen Schrift ermöglicht wird, von ihr her miteinander unserer Zeit Worte der Weisung zu solch zentralen Fragen der Zukunft von Mensch und Schöpfung zu sagen.

8. Liebe Mitchristen! Die Begegnung der Jünger mit dem auferstandenen Herrn, wie sie uns heute im Evangelium verkündigt worden ist, endet mit der Zusage Christi: „Seid gewiß: Ich bin bei euch alle Tage bis zum Ende der Welt!" (*Mt* 28,20). So sind wir gesandt zu intensivstem Einsatz für Gottes Wahrheit und Gerechtigkeit sowie für eine lebendige, einige Kirche als sein Weg zu den Menschen. Zugleich aber dürfen wir gelassen und geduldig an diese Aufgabe herangehen. Der Herr selbst ist es, der Glauben weckt, der Leben schenkt, der Einheit wirkt. Sein Heiliger Geist wird das Antlitz der Erde erneuern. Der Herr sei gepriesen in seiner Kirche, heute und alle Tage unseres Lebens. Amen.

Lebendiger Glaube – menschenwürdige Heimat – Mut zum Morgen

Predigt bei der Eucharistiefeier in Innsbruck am 27. Juni

Liebe Brüder und Schwestern im Herrn!

1. „Bei dem Kreuz Jesu stand seine Mutter“ (vgl. *Joh* 19,25). Ja, dort stand Maria mit den anderen Frauen; dort stand auch der Jünger Johannes. Das II. Vatikanische Konzil deutet dieses ergreifende Geschehen beim Kreuzesopfer Christi und sagt: „Die selige Jungfrau Maria ging den Pilgerweg des Glaubens und bewahrte ihre Einheit mit dem Sohn in Treue bis zum Kreuz, wo sie nicht ohne göttliche Absicht stand“ (*Lumen gentium*, Nr. 58).
Die liebende Vorsehung Gottes hat Maria bis unter das Kreuz geführt, um ihren besonderen Platz im Geheimnis Christi und der Kirche voll zu offenbaren: Dort steht Maria mit Johannes und den anderen Frauen, um auch uns unter das Kreuz Christi zu rufen, damit auch wir aus diesen Quellen der Erlösung schöpfen. Die ganze Kirche ist eingeladen, sich unter Anleitung der Enzyklika *Redemptoris Mater* im jetzigen Marianischen Jahr nach diesem Wort des Konzils zu erneuern, indem sie Maria auf dem „Pilgerweg des Glaubens“ nachfolgt, der seinen entscheidenden Höhepunkt gerade in ihrer erschütternden Erfahrung zu Füßen des Kreuzes erreicht.

2. Hier sind wir nun gegen Ende meines Pastoralbesuches zusammen mit Maria unter dem Kreuz ihres geliebten Sohnes versammelt, um Eucharistie zu feiern. Aus allen Teilen Tirols und Vorarlbergs seid ihr hierher gekommen, um an dieser denkwürdigen Stätte ein Bekenntnis eures Glaubens abzulegen. Jesus Christus, der war, der ist und der kommen wird, ist in unserer Mitte, er, der von sich sagen konnte: „Ich bin der Weg, die Wahrheit und das Leben“ (*Joh* 14,6).
Ihr seid gekommen mit euren Bischöfen und Priestern, mit Vertretern der verschiedenen kirchlichen Vereinigungen in euren Diözesen Innsbruck und Feldkirch und darüber hinaus. Besonders grüße ich mit euch meine Mitbrüder im Bischofs- und Priesteramt, darunter vor allem die beiden verehrten Oberhirten Bischof Reinhold Stecher, glücklich genesen von schwerer Krankheit, und Bischof Bruno Wechner. Ich grüße die werten Vertreter aus dem zivilen und staatlichen Bereich, unter ihnen besonders den Herrn Bundespräsidenten und die beiden Landeshauptmänner dieses westlichen Teils Österreichs. Wir alle wollen hier unseren gemeinsamen Glauben bekennen und Gott in Gebet und Opfer preisen.

3. Dabei werden unsere Sinne tief berührt von diesem schönen und geschichtsreichen Ort unserer Begegnung: hoch über der vieltürmigen Stadt mit ihrem grandiosen Kranz von Bergen, in einem breiten Flußtal mit wichtigen Verkehrswegen; und hier der Berg Isel, gleichsam der Schicksalsberg eurer Heimat. Er hat die römischen Legionen gesehen, welche diese Gegend in das damalige Großreich einbanden. Mit ihnen sind die ersten Christen, Kaufleute und Soldaten, hierher gekommen. Vor 850 Jahren haben die

Söhne des heiligen Norbert die Abtei Wilten zu Füßen dieses Berges gegründet, von der kraftvolle Impulse für das kirchliche Leben dieser Gegend ausgegangen sind. Durch diesen Berg, an dem schon zweimal das olympische Feuer entzündet worden ist, führen heute Autobahnen und Schienenstränge von europäischer Bedeutung, welche die Völker miteinander verbinden, zugleich aber auch wachsende Umweltbelastungen für euch mit sich bringen. Auf diesem Berg Isel ist das Kreuz Christi aufgerichtet; hier steht ein Bildnis der Hohen Frau von Tirol. So erklingt auch an diesem Ort die tiefe Botschaft von Golgota: „Bei dem Kreuz Jesu stand seine Mutter" (*Joh* 19,25).

4. Liebe Mitchristen, mit Maria schauen wir auf ihn, „den sie durchbohrt haben" (*Joh* 19,37). Warum gerade mit Maria? Weil sie wie kein anderer Mensch ihr eigenes Leben mit dem Weg und Heilswerk Jesu verbunden hat. Nach ihrem ersten Jawort bei der Ankündigung ihrer Empfängnis führte sie die liebende Vorsehung des Vaters immer tiefer in das Lebensopfer des Sohnes hinein, bis zu ihrem Mit-Leiden auf Golgota. Hier erreichte ihr Jawort seine größte Dichte: Mit der ganzen Kraft ihres Mutterherzens durchlitt sie den Todeskampf ihres Sohnes und stimmte seiner Hingabe an den Vater zu, damit die Welt durch ihn ihre Erlösung finde. „Stabat Mater dolorosa" – „In Schmerzen stand die Mutter" unter dem Kreuz.
Diese erschütternde Erfahrung, die bis an die Wurzeln ihres eigenen Lebens ging, öffnet Maria den Blick für die befreiende Botschaft, die vom Kreuz Jesu ausgeht. Vordergründig betrachtet, schien Jesus vom „glühenden Zorn" Gottes (vgl. *Hos* 11,9) getroffen, als er im Gehorsam die ganze „Sünde der Welt" auf sich nahm. Maria aber schaute tiefer: Nein, es war nicht die „Hitze des Zornes", die ihren Sohn zu vernichten drohte; es war vielmehr die Glut der Liebe Gottes, die das Opferlamm verzehrte und so die Annahme seines Lebensopfers bestätigte. Diese radikale Bereitschaft zur Hingabe für uns kam nicht aus dem engen und schwachen Herzen eines bloßen Menschen; es ist vielmehr „der Heilige", „der Sohn Gottes" selbst, für den Maria auf das Wort des Engels hin Mutter geworden ist. Er ist es, der am Kreuz sein irdisches Leben dahingibt, um die Sündenschuld seiner Brüder und Schwestern aller Zeiten zu tilgen.

5. Maria erkennt im eigenen, vom „Schwert" durchbohrten Herzen das sterbende Herz des Sohnes und die Glut seiner göttlichen Liebe; nun weiß sie, was Johannes uns in seinem Evangelium mit den folgenden Worten verkünden wird: „Gott hat die Welt so sehr geliebt, daß er seinen einzigen Sohn hingab, damit jeder, der an ihn glaubt, nicht zugrunde geht, sondern das ewige Leben hat; ... nicht ..., damit er die Welt richtet, sondern damit die Welt durch ihn gerettet wird" (*Joh* 3,16 f.).
Auf diese Weise erfährt Maria unter dem Kreuz, daß Gottes Handeln unsere begrenzten Vorstellungen von Gerechtigkeit unendlich übersteigt. Sie versteht, was der Prophet Hosea uns heute in der 1. Lesung des Wortes Gottes verkündet hat: „Ich bin Gott, nicht ein Mensch, der heilige Gott in deiner Mitte. Darum komme ich nicht in der Hitze des Zornes" (*Hos* 11,9). Er ist wahrhaft „ein Gott voller Erbarmen", wie wir eben in der 2. Lesung aus dem Epheserbrief gehört haben (*Eph* 2,4).
Wir alle erkennen wie Maria im Glauben: Der dort am Kreuze leidet und sein Leben aufopfert, ist selbst „der heilige Gott in deiner Mitte":

in deiner Mitte, Jerusalem;
in deiner Mitte, du Volk des lebendigen Gottes;
in eurer Mitte, ihr Menschen aller Zeiten;
der heilige Gott in deiner Mitte, du Welt von heute.

6. Hier, mitten in unserer Welt, steht das Kreuz, an dem Jesus sein letztes Wort gesprochen hat: „Es ist vollbracht“ (*Joh* 19,30). Vollbracht ist das große Werk unserer Erlösung. Oder sagen wir es mit den Worten der heutigen Liturgie aus dem Epheserbrief: „Gott aber, der voll Erbarmen ist, hat uns, die wir infolge unserer Sünden tot waren, in seiner großen Liebe ... zusammen mit Christus wieder lebendig gemacht“ (*Eph* 2,4 f.). Ihm verdanken wir unser eigentliches, inneres Leben; in ihm sind wir „dazu geschaffen, ... gute Werke zu tun“ (*Eph* 2,10), in dieser Welt von heute.
Schauen wir also gemeinsam auf dieses unergründliche Geheimnis Gottes, der die Liebe selbst ist: Die Glut seiner Liebe schafft neues Leben, damit die Welt umgestaltet werden und zur Vollendung gelangen kann. Diese Glut, das ist der Heilige Geist, er, der die Kirche durchglühen will und sie vorwärtsdrängt zur gottgewollten Bewältigung der Zukunft, die vor uns liegt. Ihr möchtet diesen Weg im Licht des dreifachen Mottos gehen, das ihr für unsere heutige Glaubensfeier gewählt habt: Lebendiger Glaube – menschenwürdige Heimat – Mut zum Morgen.

7. „Lebendiger Glaube“: So lautet der erste Programmpunkt auf eurem Weg in die Zukunft. Ihr müßt leider feststellen, daß euer in der Geschichte oftmals gerühmter Glaube heute, wie in manchen anderen Ländern Europas, ernsthaft gefährdet ist. Wachsende Sprachlosigkeit zwischen den Generationen, zahlreiche Ehescheidungen, Selbstmorde – auch unter Jugendlichen –, Kampf mit allen Mitteln unter Parteien und Politikern, erbitterte Konfrontation unter den Christen selbst, zynische Kirchenkritik sogar in kircheneigenen Publikationen: das sind einige Alarmzeichen dafür, daß Gottes Gebot und die Frohe Botschaft Christi für sehr viele nicht mehr die Grundlage ihres Verhaltens sind. Wie sollen die Bischöfe euren Gemeinden Seelsorger schicken, wenn ihr ihnen aus euren Familien, aus den Jugendgruppen, aus den Pfarreien viel zu wenig junge Männer für den priesterlichen Dienst zur Verfügung stellt? Wie sollen Ordensobere weiterhin Schwestern für euer Krankenhaus, für den Kindergarten im Ort bereitstellen, wenn eure Gemeinden so wenig junge Mädchen zur besonderen Nachfolge des Herrn ermutigen und begleiten? Woran liegt es, daß heute die Entscheidung für einen geistlichen Beruf so schwer geworden ist?
Ein Baum lebt, wenn seine Wurzeln tief in die Erde reichen, bis dorthin, wo das Grundwasser fließt. Der Glaube eines Menschen lebt, wenn seine Wurzeln bis zu den Quellen des wahren Lebens reichen, bis zum Geheimnis Gottes selbst. Und das geht nicht ohne Gebet und Meditation, ohne ein treues Mitleben mit der Kirche in allen Vollzügen ihres Glaubens das ganze Jahr hindurch. Ein lebendiger Baum bringt seine Früchte; und auch euer Glaube, wenn aus gesunden, tiefen Wurzeln genährt, wird sich im täglichen Leben auswirken und euren Lebensstil prägen in Familie und Nachbarschaft, in der Gemeinschaft der Mitchristen, in der Gesellschaft der Mitbürger.

8. Der erste Ort solcher Glaubenserfahrung ist und bleibt für die meisten die Familie: Dort öffnet sich ein junges Herz für die Schönheit eines Weges mit Gott und der Kirche, oder es bleibt all dem verschlossen und gewöhnt sich an einen rein weltlichen Maßstab seines Lebens. Was aber in der Familie und vor allem durch die Eltern an Gottverbundenheit und liebevollem Umgang miteinander erlebt wird, das bleibt Fundament meist für das ganze Leben. Liebe Eltern, laßt eure Kinder aus eurem Glauben erfahren, wie befreiend und heilend wahre Gottes- und Nächstenliebe sind. Wenn sie im Alltag ebenso wie an festlichen Tagen als Krönung all unserer anderen Fähigkeiten erlebt wird, kann sie zum belebenden Mittelpunkt unserer ganzen Person werden und auch auf unsere Umgebung wohltuend und ermutigend übergreifen. Wie erlösend kann es auch für Kinder sein, wenn sie spüren, daß Vergebung und Versöhnung stärker sind als Haß und Streit.
Wie vorbildhafte Eltern und Geschwister in der Familie, so können auch die Heiligen und Seligen der Kirche in euch die Begeisterung für den Glauben wecken. Männer und Frauen, die in verworrener Zeit die Botschaft des Evangeliums klar und überzeugend gelebt haben und ihrem vom Geist Gottes geformten Gewissen gefolgt sind, treten heute wieder mehr in das Bewußtsein von Kirche und Gesellschaft und geben Orientierung für diese unsere Zeit. Schwester Edith Stein, die große Gottsucherin unseres Jahrhunderts, Pater Rupert Mayer, der Jesuit mit dem festen Gewissensurteil, Marcel Callo, der junge Arbeiter, der in Mauthausen sterben mußte, weil er den Mächtigen zu katholisch war: sie wurden im vergangenen Jahr unter die Seligen der Kirche aufgenommen.
Ganz nahe von hier hat Pfarrer Otto Neururer gewirkt. Sein klares Wort zur christlichen Ehe und die Spendung der Taufe an einen Mithäftling im KZ haben ihn zum Märtyrer werden lassen. Noch heute soll hier in der Stadt Innsbruck und in der ganzen Umgebung der Name des „Bruders von Tirol“ gerühmt werden, des Paters Thomas von Bergamo, dessen Grab sich im hiesigen Kapuzinerkloster befindet und der im 17. Jahrhundert Bauern und Fürsten im Glauben bestärkt hat.

9. Ein zweiter Ort gelebten Glaubens kann und soll die Pfarrgemeinde sein. Die Seelsorger und ihre Mitarbeiter tragen gemeinsam die Verantwortung, daß die Gemeinde als ganze wie in ihren Gruppen der Raum ist, in dem der Geist Christi immer wieder erbeten wird und wirken kann. Hier sollten die vielen, die allein oder vereinsamt oder gescheitert sind, die vielen, die Sinn und Orientierung suchen, die notwendige Annahme finden, um vielleicht sogar neue Kraft zur Selbsthilfe zu schöpfen. Das Wort des Herrn „Ich bin gekommen, damit sie das Leben haben und es in Fülle haben“ (*Joh* 10,10) könnte so seine konkrete Gültigkeit erweisen.
Für den Umgang miteinander erinnert euch an die Mahnung des Apostels Paulus an die Gemeinde in Rom – und an jede Pfarrgemeinde: „Wir müssen als die Starken die Schwäche derer tragen, die schwach sind, und dürfen nicht für uns selbst leben. Jeder von uns soll Rücksicht auf den Nächsten nehmen, um Gutes zu tun und (die Gemeinde) aufbauen“ (*Röm* 15,1 f.). Wie aktuell ist auch das folgende Wort des Völkerapostels an die Gemeinde zu Ephesus: „Über eure Lippen komme kein böses Wort, sondern nur ein gutes, das den, der es braucht, stärkt und dem, der es hört, Nutzen bringt. Beleidigt nicht den Heiligen Geist, dessen Siegel ihr tragt ... Jede Art von Bitterkeit, Wut, Zorn, Ge-

schrei und Lästerung verbannt aus eurer Mitte! Seid gütig zueinander, seid barmherzig, vergebt einander, weil auch Gott euch durch Christus vergeben hat" (*Eph* 4,29–32).

10. Liebe Brüder und Schwestern! Als zweites Anliegen für euren Weg in die Zukunft habt ihr eine „menschenwürdige Heimat" gewählt. Dieses Thema hat durch die vielleicht allzu starke Ausrichtung eurer Lebensbereiche auf den Tourismus und zugleich durch die ungeheuren Verkehrsströme in diesem europäischen Erholungs- und Durchgangsland eine brennende Aktualität erhalten. An dieser fühlbaren Bedrohung von Natur und Umwelt darf niemand, der in diesem Land gesellschaftliche Verantwortung trägt, vorbeigehen.
Menschenwürdige Heimat bedeutet jedoch wesentlich mehr als saubere Luft, klares Wasser und gesunden Boden. Heimat, nach der sich jeder von uns sehnt, wächst dort, wo Menschen einander gut sind und füreinander eintreten, wo sie einander ertragen auch in ihren Schwächen, wo man Zeit hat für ein vertrauensvolles Gespräch, wo man bereit ist zu vergeben. Heimat bedeutet verantwortungsbewußte Gestaltung der Wohngemeinde und der Arbeitsstätte, bedeutet die aufmerksame Sorge für Sonn- und Feiertage, bedeutet die Pflege der Gastfreundschaft, der Nachbarschaftshilfe, der politischen Kultur. Solche Erfahrung von Heimat kann unter gläubigen Menschen sogar schon zur Vorahnung unserer ewigen Heimat werden.
So tief verstandene Heimat umfaßt auch die Achtung vor der Menschenwürde aller. Sie beginnt bei der unbedingten Wertschätzung des menschlichen Lebens, und zwar von seiner Empfängnis an. Wenn eine Gesellschaft als ganze nicht mehr die Kraft und die geistige Klarheit dafür aufbringt, dann wird es eine vorrangige Aufgabe gläubiger Christen, im Namen Gottes und der Menschenwürde das Lebensrecht der Ungeborenen zu verteidigen. Am anderen Ende unseres irdischen Weges ist die Würde der Alten, der Kranken und Sterbenden unser aller Schutz und Verantwortung anvertraut. Aber auch Gastarbeiter und Ausländer, Behinderte und Randexistenzen, Gestrauchelte und Sünder haben Anspruch auf Anerkennung ihrer grundlegenden, bleibenden Würde. Schließlich muß das Problem der strukturellen Arbeitslosigkeit auch unter dem Gesichtspunkt einer „menschenwürdigen Heimat" gesehen werden und sollte die Solidarität der bessergestellten Mitmenschen erwarten dürfen.

11. Eure dritte Zielsetzung lautet „Mut zum Morgen". Eine gute Bewältigung der beiden ersten Aufgaben – lebendiger Glaube und menschenwürdige Heimat – führt bereits zu einer mutigen und überlegten Bereitschaft, mit Zuversicht in die Zukunft aufzubrechen. In den vergangenen Jahren hat sich bei vielen eine Grundstimmung der Angst festgesetzt, die ständig von politischen Erdbeben, von Umweltbedrohungen, von Erfahrungen scheinbarer Sinnlosigkeit bei euch und in aller Welt genährt wird. Der allzu naive Fortschrittsglaube vergangener Jahrzehnte ist den meisten unter Schmerzen vergangen. Manche hat diese neue Stimmung gelähmt; andere leben darum nur dem gegenwärtigen Augenblick, ohne an morgen zu denken.
In dieser Lage sind die Christen aufgerufen, die zukunftsgestaltenden Kräfte unseres Glaubens verstärkt wahrzunehmen und konkrete Folgerungen für unseren gemeinsamen

Weg daraus zu ziehen. Wahrhaftig, vieles auf unserer Erde bedarf der Erneuerung: das Verhältnis der politischen Kräfte zueinander, die Weltwirtschaftsordnung, die Verwirklichung von Religions- und Gewissensfreiheit, aber auch das Miteinander im persönlichen Bereich. Für die Zukunft der Welt – und auch eurer Heimat – ist es entscheidend, von welcher Kraft und in welchem Geist eine solche Erneuerung der Herzen und der Strukturen angestrebt wird: in irgendeinem modischen Zeitgeist oder in Gottes Heiligem Geist. Wer sich Gottes Geist öffnet, wird am ehesten fähig sein zu „Liebe, Freude und Friede, zu Langmut und Freundlichkeit, zu Güte und Treue, zu Sanftmut und Selbstbeherrschung" (*Gal* 5,22 f.), wie Paulus schreibt. Hier ist die klare Quelle, aus der wir den Mut zum Morgen schöpfen dürfen. Der Geist Jesu Christi ist die Kraft und der Weg, um eine neue Zivilisation der Liebe zu errichten, die ein menschenwürdiges Leben möglichst vieler auf dieser Erde sichern kann.

12. Liebe Brüder und Schwestern! Das heutige Festevangelium hat unseren Blick mit Maria auf das geöffnete Herz des Erlösers gelenkt. Wahrhaftig: „Aus seinem Innern werden Ströme von lebendigem Wasser fließen. Damit meinte er den Geist, den alle empfangen sollten, die an ihn glauben" (*Joh* 7,38 f.).
Als Gottes Geist am Pfingstfest über die versammelte Kirche von Jerusalem herabkam, war in ihrer Mitte auch Maria, die Mutter Jesu. Bis heute ist sie uns das Urbild christlichen Glaubens. In ihr hat der Glaube sein schönstes Antlitz gefunden, sein innigstes Lied. Mit ihr zusammen soll auch unser Leben zu einem stetigen Lobpreis Gottes werden: „Meine Seele preist die Größe des Herrn, und mein Geist jubelt über Gott, meinen Retter" (*Lk* 1,46 f.). – Amen.

Unser Leben sei ein Fest

Ansprache beim Kinderfest in Innsbruck am 27. Juni

Liebe Kinder, liebe junge und ältere Christen!

Euch alle grüße ich von Herzen. Am Ende meiner Pilgerreise durch euer schönes Österreich komme ich nun hier mit euch zusammen. Ich habe in diesen Tagen euer Heimatland ein wenig mehr kennengelernt und treffe jetzt euch, Jungen und Mädchen vor allem aus Tirol und Vorarlberg.
Ihr feiert ein Fest, ein fröhliches Fest! Ihr selbst habt gesungen: „Unser Leben sei ein Fest!". Aber ihr wißt auch, daß unser Leben nicht immer ein Fest sein kann. Es gibt frohe Zeiten, oft aber auch Tränen. Auf der weiten Erde sind viele Kinder, die Not leiden, die kein Essen, keine Wohnung, keine Familie haben. Vielen Kindern fehlt die Möglichkeit, einen Beruf zu erlernen. Ja, es gibt Länder, in denen sie schon als Kinder Soldat werden müssen; und gerade in den Kriegsgebieten kommen besonders viele Kinder ums Leben. Ich war vor wenigen Wochen in Südamerika, und bald werde ich wieder nach Afrika reisen. Überall treffe ich dort Kinder, die viel Not leiden. Aber auch bei euch wird es Kinder

geben, die wohl mitsingen „Unser Leben sei ein Fest!“, denen aber doch nicht danach zumute ist.
Und trotzdem ist das Lied richtig. Es stimmt, weil Gott selbst uns ein großes Fest geschenkt hat. Er sagt zu uns: Du darfst mein Kind sein. So nahe, so lieb bist du mir, wie es nur der beste Vater und die treueste Mutter sein können. Diese Freude, dieses Fest hat bei unserer Taufe begonnen. Gewiß haben sich eure Eltern und manche andere Menschen gefreut, als ihr auf die Welt gekommen seid. Aber zu dieser Freude der Menschen hat Gott seine Freude hinzugefügt: In der Taufe wurdet ihr sein Kind.
Ihr könnt euch meist nicht an eure eigene Taufe erinnern. Dabei gab es viel Freude, und alle waren fröhlich. Die Taufkerzen wurden angezündet: Hell und leuchtend wie ihr Licht sollte ja euer Leben werden, lebendig und warm: Daran erkennt man ja die Freunde Gottes: dem Täufling wurde ein schönes weißes Kleid gegeben. Damit sagt uns der Vater im Himmel: Bewahre dein Festkleid vor jedem Schmutz; bleibe treu in deiner Freundschaft zu mir!
Und oft gibt es bei der Taufe ein Festmahl; der Tisch wird gedeckt. Dieses Festmahl hört dann eigentlich gar nicht mehr auf: Jeder Getaufte ist ja zum Tisch des Herrn eingeladen – du selbst wirst einmal zur Erstkommunion zugelassen, und dein Leben lang darfst du immer wieder zum Tisch der Kirche kommen, wo sich Christus selbst dir schenken will. Immer wieder darfst du dich mit Gott im Bußsakrament versöhnen, wenn du vom guten Weg abgewichen bist oder ihm den Rücken zugekehrt hast. Ja wirklich: Unser Leben ist ein Fest, weil wir getauft sind.
Ein Fest kann man aber nicht allein feiern; das wäre ein trauriges Fest. Durch die Taufe gehören wir auch zur großen weiten Kirche mit Christen in den allermeisten Ländern. In dieser Kirche merken wir viel von der Freude des Festes, das Gott mit uns feiert: Wie prachtvoll können eure Kirchen im Festschmuck sein, wie festlich feiert ihr manchmal in der ganzen Pfarrei den Gottesdienst; und auch jetzt, hier an diesem Platz und in dieser Stunde, erleben wir neu, welche Freude es ist, zur Kirche Christi zu gehören.
Ein Fest kann man nicht allein feiern. Auch Gott selbst ist nicht allein: Es ist der dreifaltige Gott, eine enge, lebendige Einheit von Vater, Sohn und Heiligem Geist. In ihm ist soviel Freude und Liebe, daß möglichst viele an dieser Freude teilhaben sollen. Etwas von diesem großen Glück, in der Einheit mit Gott leben zu dürfen, können wir erahnen, wenn wir in einer guten Familie leben. Zur Familie gehören Vater und Mutter. Die meisten von euch haben auch Geschwister. Aber auch dann, wenn die Familien nicht beisammen sind, wollen wir dankbar an Vater und Mutter denken, die uns das Leben geschenkt haben. Wenn du getauft bist, gehörst du zur großen Gemeinschaft der Kirche und zugleich zu einer Familie, die für euch wie eine Kirche im Kleinen sein kann. Wenn ihr dort einander liebt und fest zueinander steht, dann wohnt Gott bei euch, und ihr wohnt mit Gott.
Ich möchte euch an dieser Stelle bitten: Grüßt von mir eure Eltern, grüßt eure Geschwister, ja überhaupt alle Menschen, die ihr gern habt. Und jeder von euch sollte eigentlich auch an den Priester denken, der euch getauft hat. Fragt eure Eltern danach! Vielleicht ist es euch möglich, ihn einmal zu besuchen oder ihm zu schreiben. Dann sagt ihm: Ich danke Dir, daß Du mich getauft hast! So hat ja in deinem Leben das große Fest begonnen, das Fest, das Gott mit uns ein ganzes Leben lang feiern will.

Nun wollen wir zunächst unser Fest hier in dieser Halle fortsetzen. Gern nehme ich dabei an euerer Freude teil.
Nun bin ich hier bei euch im Freien. Ich grüße euch im Freien. Ich grüße euch noch einmal ganz herzlich, denn jetzt sind wir viel näher beisammen. Ich freue mich, bei euch, den Kindern der Katholischen Jungschar, zu sein. Mit besonderer Anerkennung grüße ich alle Verantwortlichen der Jungschar, die soviel von ihrer Zeit, von ihrem Herzen und von ihrer gläubigen Freude an die jungen Menschen verschenken.
Vor einigen Wochen haben wir Pfingsten gefeiert. Dabei haben wir uns an das erste Pfingstfest der Kirche in Jerusalem erinnert. Damals waren die Apostel mit ihren Freunden im Abendmahlssaal versammelt. Sie waren noch ängstlich und hielten die Tür verschlossen. Dann hat Gott ihnen den Heiligen Geist geschenkt, den Geist der Wahrheit und der Gerechtigkeit, den Geist der Freude und der Liebe. Er hat sie entzündet wie mit Feier. In ihrer Begeisterung sind sie hinausgegangen zu den Leuten auf den Straßen und Plätzen. Und da ist etwas Wunderbares geschehen: Die Leute aus vielen Völkern und Ländern mit ihren verschiedenen Sprachen, sie alle konnten jetzt einander verstehen, als diese ersten Christen vor ihnen standen und zu ihnen sprachen. Die begeisterten Apostel riefen ihnen die großen Taten Gottes zu, und „alle gerieten außer sich". Dann begann Petrus, ihnen von unserem Herrn Jesus Christus zu erzählen. Da wurde ihnen das Herz weit. Sie spürten, daß Gott ihnen ganz nahe gekommen war. Er hat uns ja seinen Sohn geschenkt, der mit uns ist, der sogar für uns in den Tod gegangen ist. Und ihre Traurigkeit hatte ein Ende, als sie zu glauben begannen, daß er von den Toten auferstanden ist. Das ist unsere Frohe Botschaft! Eine bessere Botschaft gibt es nicht: Ob es dir jetzt gut oder schlecht geht – wenn du Jesus nachfolgst, ist er immer bei dir auf allen deinen Wegen.
Das konnten die Apostel nur deshalb den Leuten bis ins Herz sagen, weil sie den Heiligen Geist empfangen hatten. Auch ihr werdet bald das Sakrament des Heiligen Geistes, die Firmung empfangen. Andere unter euch sind bereits gefirmt. Firmung, daß heißt: Der Heilige Geist macht dich stark, den Glauben zu bewahren und die Frohe Botschaft weiterzugeben. Diese Botschaft brauchen alle: die Fröhlichen und die Traurigen, die Gesunden und die Kranken, die Alten und die Jungen. Die Apostel waren nur eine kleine Schar. Als sie aber an diesem Pfingsttag zu den Menschen von Christus redeten, wurden etwa dreitausend Menschen getauft.
Die Bischöfe sind Nachfolger dieser Apostel; ich selber bin der Nachfolger des heiligen Petrus. Wir sagen euch Kindern: Ihr müßt uns helfen. Wenn der Bischof oder ein von ihm Beauftragter die Firmung spendet, sagt er damit auch: Ich rechne auf dich, Christus braucht dich, seine Kirche braucht dich!
Am besten gebt ihr die Frohe Botschaft weiter, wenn ihr selbst ganz dahintersteht. Wie geht das? Ich nenne euch ein paar gute Beispiele: Feiert an jedem Sonntag die Messe mit – eure Kameraden werden das merken und darüber nachdenken. Seid hilfsbereit daheim, in der Schule und überall, ohne viel darüber zu reden, – dann seid ihr Boten Christi. Seid ehrlich, auch wenn es Nachteile bringt – dann seid ihr Apostel der Wahrheit Christi.
In eurem Land gibt es darüber hinaus noch eine besonders schöne Gelegenheit, die Frohe Botschaft weiterzugeben: Das ist das Sternsingen. Ich weiß, mit welcher Begeisterung

ihr da mitmacht. Ich kann mir aber vorstellen, daß es oft mühsam ist, über weite Wege von Haus zu Haus zu gehen und vor fremde Menschen zu stehen. Ich weiß aber auch, wie sehr sich die meisten Leute freuen, zu denen ihr kommt. Nur selten werdet ihr abgewiesen. Ich freue mich mit euch, daß ihr so viele Gaben zusammenbringt, mit denen unseren Missionaren und so vielen Menschen in Not auf der weiten Welt geholfen wird. Ich danke euch dafür.
Alle Menschen brauchen das Evangelium. Ihr wißt wieviel Krieg und Hunger es auf der Erde gibt. Auch in Ländern, in denen Wohlstand herrscht, gibt es so viele Menschen, die traurig sind, die mit ihrem Leben nichts Rechtes anzufangen wissen. Viele haben die Verbindung mit Gott verloren. Sie alle brauchen das Evangelium, genauso wie die Leute am ersten Pfingstfest vor der Tür der Apostel. Seid auch ihr Apostel! Ich rechne sehr auf euch. Ihr könnt es ruhig zu Hause sagen: Mutter, Vater! Unser Papst, unser Bischof, unsere Kirche brauchen mich! Ihr gehört zur Kirche; sie lebt von der Kraft des Heiligen Geistes. Er wird euch stärken!
Darüber freuen wir uns gemeinsam; dafür feiern wir heute unser Fest, drinnen und draußen.

Liebe Kinder, große und kleine Christen!

Nun muß ich mich bald von euch verabschieden. Ich kann dabei nicht allen die Hand reichen. Ich mache es beim Abschied deshalb so, wie es am Schluß der Messe eure Priester tun: Ich spende euch meinen Segen. Dabei mache ich mit der Hand ein Kreuz über euch. Warum aber gerade ein Kreuz? Weil es uns am meisten daran erinnert, daß Jesus Christus bis zum letzen für uns eintritt, daß er uns mit ganzer Treue liebt. Wenn ich jemanden segne, dann rufe ich gleichsam ein Leuchten von Gottes Güte für ihn herbei, und zugleich sage ich: Bleib in der Nähe der Güte Gottes! Sei glücklich, freue dich über die Liebe Christi, lebe aus ihrer Kraft! Du kannst nicht immer gesund sein, nicht immer erfolgreich; aber du kannst immer mit Christus sein und an seiner Seite Mut finden.
Unser Herr ist wegen seiner Gottestreue gekreuzigt worden. Das ist geschehen am Weg vor der Stadt, dort wo viele Menschen vorbeikamen. Über seinem Haupt wurde eine Tafel angebracht mit seinem Namen und, daß er der König der Juden sei. Wer diese Tafel ans Kreuz nagelte, wollte Jesus verspotten. Sie haben nicht gewußt, daß sie die Wahrheit schrieben: ja, er ist wie ein guter, starker König, ein König für die ganze Welt. Damals schüttelten viele den Kopf, als sie ihn voller Wunden und Schmerzen sahen. Diese Leute kannten Könige mit großer Macht, Könige, von denen man sich fürchten mußte. Doch solche Könige haben sie meist nicht geliebt. Immer mehr Menschen aber haben angefangen, Christus, diesen König am Kreuz, zu lieben, weil er gerade durch das Kreuz zeigte: Niemand liebt dich so wie er; niemand gibt soviel um dich. Der Segen mit dem Kreuzzeichen erinnert uns an all das.
Ich hoffe, daß ihr zu Hause ein Kreuz habt, vielleicht schon ein eigenes: Auf vielen eurer Berggipfeln steht ein Kreuz. Liebet dieses Zeichen des Kreuzes! Verehrt es! Wenn ich jemanden liebe und schätze, dann rede ich gern und vertrauensvoll zu ihm. Lernt so, mit eurem Freund und Vorbild Jesus Christus zu sprechen, lernt beten! Betet oft allein, vor allem am Anfang und am Ende eines jeden Tages. Es ist aber auch schön und wichtig,

wenn bei euch daheim gemeinsam gebetet wird. Wenn du all das tust, wirst du Jesus Christus immer besser kennenlernen; du wirst ihn besser verstehen und auch dein eigenes Leben mit seinen Augen zu sehen lernen.
Ein ganz tiefes, festliches „Gespräch“ mit Christus ist es, wenn wir gemeinsam die heilige Messe feiern. Das hat Jesus ja gemeint, als er sagte: „Tut dies zu meinem Andenken!“ In der Messe sind wir mit dem Leiden und Sterben, mit der Auferstehung und dem göttlichen Leben Christi ganz eng verbunden.
Ihr habt wunderschöne Kirchen. Sie wären aber tot, wenn wir sie nicht erfüllten mit unserem Beten und Singen, mit unserer großen Dankbarkeit für die Geschenke Gottes. Ein Mensch, der nicht denken kann, ist sehr arm, wenn er auch alle Reichtümer besäße. Und das schönste Land wird arm, wenn nicht in den vielen Kirchen, vor allem am Sonntag, dem Tag der Auferstehung, dieser gemeinsame Dank vor Gott erklingt.
Liebe Kinder, so will ich euch nun alle zum Abschied segnen mit dem Kreuz, dem Zeichen der Liebe Christi, im Namen des dreieinigen Gottes. Gott behüte und bewahre euch alle! Es segne euch der allmächtige Gott, der Vater und der Sohn und der Heilige Geist. Amen.

Ich werde euch nun ohne Text etwas sagen. Heute morgen hat man in Innsbruck probiert, ob der Papst noch Skierfahrung hat. Und jetzt nachmittags vielleicht sollte man probieren, ob er auch Schlittschuhläufer ist oder war. Diese Halle ist ja für Schlittschuhläufer. Natürlich nicht jetzt, sondern im Winter. Also ich sage euch, diese Erfahrung habe ich auch in meiner Jugend, in meiner Kindheit gemacht und ich bin sehr zufrieden, daß ich mich hier in dieser Halle mit euch an das erinnern kann. Als Kind war ich Schlittschuhläufer, als junger Mann, als Priester, als Bischof, als Papst bin ich ein bißchen Skiläufer geblieben.
Wenn es in der Welt eine Stadt gibt, in der man das sagen soll, ist es natürlich Innsbruck und Vorarlberg. Also ich sage euch, es ist für mich eine schöne Erinnerung aus der Zeit, in der ihr jetzt lebt. Ihr seid jetzt Kinder und jeder von uns war auch einmal ein Kind, ein Bube oder ein Mädchen. Natürlich jeder von uns, auch der Älteste. Ich weiß nicht, wer der Älteste unter uns ist. Aber jeder war einmal ein Kind. Diese Erinnerungen aus der Zeit der Kindheit sind für uns sehr wichtig. Und man kann sagen, daß alles im Leben abhängig ist von der Zeit der Kindheit, wie man diese Zeit, die erste Zeit des Lebens, gelebt hat. Das heißt, man ist auch abhängig von der Familie, von der Schule, d. h. die Eltern und Geschwister, die Kameraden in der Schule, das alles und natürlich auch (in der) Pfarrei, in verschiedene(n) Jugendorganisationen, die auch hier anwesend sind und für das ganze Programm gearbeitet haben. Ich danke ihnen für diese Begegnung. Und ich muß sagen, daß das sehr gut vorgeschlagen war, am Ende meines Besuches in Österreich so eine Begegnung zu organisieren.
Diese Begegnung mit den Kindern läßt uns am meisten über die Zukunft nachdenken. Wenn wir in die Zukunft schauen, dann müssen wir vor allem mit ihnen diese Zukunft sehen und vorschlagen. Die Zukunft ist immer in den Händen der Jüngsten. Deshalb, wenn die Kirche Österreichs und die Gesellschaft mit der Kirche über die Zukunft nachdenkt, dann muß man mit der Jugend und mit den Kindern stark in Kontakt bleiben. Und die Kir-

che der Zukunft zusammen mit ihnen bauen. Eure Kameraden draußen haben während dieser Zeit, in der wir hier sind, eine Kirche gebaut. Man soll die Kirche der Zukunft mit euch bauen, mit den Kindern! Und wenn ich sage: die Kirche, so denke ich natürlich an die Kirche in der Diözese Vorarlberg, in der Diözese Innsbruck, an alle Kirchen in Österreich. Aber nicht nur an sie. Ich denke an die Weltkirche, an die Kirche in der ganzen Welt. Und es freut mich sehr, daß die österreichischen Kinder so an die Kirche denken, daß sie an die Kirche in der ganzen Welt denken. Das sieht man und das spürt man. Das sieht man vielleicht am meisten in den „Sternsingern". Sie singen in Österreich in den Häusern, aber sie denken an die Weltkirche. Was sie von den guten Leuten bekommen, das alles spenden sie für die Missionen. Also so ist die Weltkirche in euch schon anwesend. Und ich bin mit euch. Ihr wißt sehr gut, daß der Papst in zwei, drei Stunden nach Rom zurückkehren muß. Ihr wißt aber auch, daß der Papst von Zeit zu Zeit verschiedene Kirchen in der ganzen Welt besucht, so wie jetzt in Österreich. Und beim Anlaß solcher Besuche in den verschiedenen Ländern, da begegne ich auch Kindern und Jugendlichen. Das letzte Mal bin ich den Kindern in Bolivien begegnet. Das war wunderschön. Ich kann nicht sagen, was schöner war, in Bolivien oder hier. Dort war es im bolivianischen Stil, hier natürlich im österreichischen. Wenn man hier Kinder sagt, dann sagt man in Bolivien und in Lateinamerika und sogar in Spanien „Los niños". Ein schönes Wort. Ihr könnt zuhause erzählen, was euch der Papst gesagt hat. Der Papst hat uns gesagt, daß wir „Los niños" und „Las niñas" sind. Im Namen dieser aller Kinder aus der ganzen Welt, denen ich bei meinen Papstbesuchen begegne, begrüße ich euch alle, Kinder von Österreich. Und im Namen der hier anwesenden Kinder von Österreich werde ich alle anderen Kinder in der Welt grüßen, weil wir alle der einen Kirche angehören, der Kirche Jesu Christi und in Jesus Christus sind wir alle eins, alle Christen und alle Kinder Gottes in der ganzen Kirche. Ich danke euch für diese Begegnung.

Maria lehrt die Freiheit und Würde des Dienens

Predigt bei der Marienvesper in der Basilika Wilten, Innsbruck am 27. Juni

Liebe Brüder und Schwestern!

Die Kirche beendet ihr Stundengebet jeden Tag mit einem Gruß an die Gottesmutter. So möchte ich nun auch meinen Pastoralbesuch in Österreich, gerade in diesem Marianischen Jahr, mit einem Gruß an Maria in eurer Gebetsgemeinschaft beschließen. Dazu haben wir uns vor dem ehrwürdigen Gnadenbild „Maria unter den vier Säulen" hier in Wilten versammelt. Die Verehrung der Gottesmutter steht nicht am Rande unseres Glaubens, sondern gehört zum Herzen der Erlösungsbotschaft. In Maria leuchtet die Sonne des Heils auf, das uns in Christus geschenkt ist. Betrachten wir nun gemeinsam den großen Reichtum dieses Heiles!

1. In Maria ist das Wunder der Wunder geschehen, die Menschwerdung Gottes. „Und das Wort ist Fleisch geworden und hat unter uns gewohnt" (*Joh* 1,14). Diese ent-

scheidende Botschaft des christlichen Glaubens ist von Maria nicht zu trennen. In ihr hat das Heil auf dieser Erde seinen Anfang genommen. Und so verweist Maria auf den Sohn Gottes, der ihr Kind und unser Bruder wurde, in dem allein unsere Hoffnung und unser Trost liegen.
Dieser Hinweis auf die Mitte des Glaubens, den uns Maria ständig gibt, ist stets zeitgemäß. Immer mehr Menschen suchen wieder nach der Mitte ihres Daseins. Dieses Suchen mag manchmal auf Irrwege geraten; aber es will ernstgenommen werden. Viele fragen neu nach den Wahrheiten des Glaubens. Ja, gerade junge Leute geben sich nicht zufrieden mit vordergründigen Auskünften. Vielmehr fragen sie hartnäckig nach Gott, nach Christus und dem Geheimnis der Kirche. Und damit fragen sie nach der Wahrheit ihres Lebens. Sprechen nicht gerade die Wallfahrten immer mehr Menschen an? Wallfahrten sind aber ein Teil der Pilgerschaft des Volkes Gottes. Sie sind eine betende Wanderung zur Mitte hin, zum Wesentlichen unseres Lebens.
Bitten wir die Mutter Gottes, die uns in ihrem Sohn diese Heimat, diese Mitte geschenkt hat, daß alle Glieder der Kirche von der Sehnsucht danach erfaßt werden und wir uns nicht in Nebensächlichkeiten verlieren. Diesem Ziel müßten alle unsere Einrichtungen, besonders jene der Katechese und der Bildung, dienen. Bitten wir auch die Mutter Gottes, daß die Kirche in der weiten Welt wie in Österreich und in Tirol die rechte Sprache im wahren Glauben finde, damit sie die Menschen tiefer hineinzuführen vermag in die Fülle der christlichen Botschaft von der Wahrheit, die frei macht. Marias letztes Wort im Evangelium stellt ein Vermächtnis für uns dar: „Was er euch sagt, das tut!“ (*Joh* 2,5).

2. In Maria sehen wir die Macht der Gnade.
Die Jungfrau und Mutter von Nazaret ist jener Mensch, in dem sich der Himmel auf die Erde neigt. Wie eine geöffnete Schale hat sich Maria der verschenkenden Liebe des Allmächtigen dargeboten. Aber was Maria tut, das tut sie bereits aus Gnade. Sie schenkt auch uns die Gewißheit, daß Gott uns liebt und beschenkt. Er ist der Erste, und wir empfangen. Er spricht zuerst, und wir hören. Er ist das Wort, und wir sind die Antwort. Darum sagt der Engel zu ihr: „Du bist voll der Gnade.“ Diese wunderbare Erinnerung, ein wesentlicher Teil unseres Glaubens, hat ebenso hohe Bedeutung für die Gegenwart:
Noch nie in seiner Geschichte hat der Mensch die Gestaltung der Erde so sehr in die Hand nehmen können wie heute. Noch nie war seine Macht so groß und so erfolgreich. Noch nie aber war ihm die Versuchung so nahe, alles machen zu wollen, was er kann, ohne zu fragen, ob wir es auch dürfen. Die uralte Stimme des Verführers von Anbeginn „Ihr werdet wie Gott“ (*Gen* 3,4) ist keineswegs verstummt.
Doch gerade am Ende dieses Jahrhunderts ahnen wir, daß unsere Fähigkeit zu großen Taten der Wissenschaft und Technik ebenso die Bereitschaft braucht, sich von Gott beschenken zu lassen. Sonst wird unser Können wegführen vom Menschen, ja ihn zerstören, weil wir unser Maß verlieren, das Urmaß, das wir nur in Gott, dem Schöpfer, finden können.
Bitten wir deshalb in dieser Stunde, daß wir dankbar die Gaben annehmen, die Gott uns schenkt: das Vertrauen auf ihn, die geduldige Treue in Ehe und Familie, die Tapferkeit, ein Kreuz zu tragen, die Bereitschaft, das Herz für andere einzusetzen. Wie sehr ist doch

dafür die Jungfrau Maria ein leuchtendes Vorbild! Sie hat die Liebe Gottes angenommen, und so wurde ihr Leben fruchtbar für das Heil der Welt.
Wer die Macht der schenkenden Gnade erfaßt hat, wird sich den Sinn für das Gebet bewahren. Wer nichts annehmen will, wird meinen, das Gebet sei überflüssig. Bei Maria, die schweigt, betet und alle Worte Gottes im Herzen erwägt, können wir heutige Menschen in die Schule des Gebetes gehen; dann wird sich auch in unserem Leben die Macht, die Größe und die Liebe Gottes entfalten.

3. Maria lehrt uns die Freiheit und Würde des Dienens.
„Siehe, ich bin die Magd des Herrn, mir geschehe nach deinem Wort." In dieser Antwort Marias ist wohl das Schönste gesagt, was ein Geschöpf zu seinem Schöpfer sagen kann. Sie ist voll hellhöriger Liebe, die auf das eingeht, was der Herr will. Sie steht in äußerstem Gegensatz zu jener stolzen Simme des gefallenen Engels, der sein rebellisches „Ich will nicht dienen" gegen Gott geschleudert hat. Maria dagegen hat mit ihrer Antwort den Gläubigen aller Zeiten das Tor zur wahren Freiheit und Würde geöffnet.
So viele Güter der Erde und des Lebens stehen uns zur Verfügung. Wirklich notwendig ist uns aber eine Zivilisation der Liebe, eine neue Kultur menschlicher Gemeinschaft. Sonst wird diese Welt nie wohnlich und menschenwürdig werden.
Maria hat ihrem Kind mit der Hilfe Josefs Wohnung und Schutz gegeben. Die ganze Kirche kann sich darin am Haus von Nazaret orientieren. In ihm herrscht Bereitschaft zum Dienen: Maria nannte sich eine „Magd", und ihr göttlicher Sohn hat den Seinen die Füße gewaschen. „Wer bei euch groß sein will, der soll euer Diener sein" (*Mt* 20,26). Und Josef hat durch seine Arbeit das tägliche Brot für sich und die anderen verschafft. In der Atmosphäre gegenseitiger Hilfe ist Jesus als Kind aufgewachsen und diesen Einsatz hat er fortgeführt bis zur letzten und größten Hingabe in seinem Tod am Kreuz.
Der ganze Mensch wird gesund, wenn er den rechten Geist des Dienens entwickelt. Er atmet die große innere Freiheit, die ein Zeichen seiner unauslöschlichen Würde ist.
Maria hat ein verborgenes, bescheidenes Leben geführt. Damit hat sie gerade den Menschen im Schatten, den Menschen ohne zählbaren Erfolg, den unauffälligen Menschen ihre wahre Größe vorgezeichnet.

4. So schauen wir mit Dankbarkeit auf das liebliche Bild unserer Mutter, der Jungfrau Maria. Wir wissen um die Macht ihrer Fürsprache. Sie nimmt alles, was uns bewegt und bedrückt, in ihre gütigen Hände und trägt es zu ihrem Sohn, so wie sie bei seinem ersten Wunder zur Dolmetscherin kleiner und großer menschlicher Sorgen wurde: „Sie haben keinen Wein mehr" (*Joh* 2,3). So spricht sie zu ihm auch heute, wenn uns der Mut, die Treue, die Hoffnung verlorengehen.
Nun muß ich mich von euch verabschieden, und ich bin dankbar, daß ich es zunächst hier an diesem geheiligten Ort tun kann. Ich weiß eure Sorgen und Anliegen und auch meine eigenen Bitten in den Händen der Gottesmutter gut aufgehoben. So empfehlen wir uns alle ihrer Fürbitte und der machtvollen Gnade ihres Sohnes Jesus Christus. Sein Name sei gelobt! Amen.

In den Nöten an Maria wenden

Engel des Herrn-Gebet in Innsbruck am 27. Juni

„Bei dem Kreuz stand seine Mutter“ – so berichtete uns das Evangelium der heutigen Eucharistiefeier.
Liebe Brüder und Schwestern, wir alle kennen das Bild der Mutter Jesu unter dem Kreuz ihres göttlichen Sohnes. In vielen Kirchen eures Landes ist diese Szene des Evangeliums dargestellt. Die gläubige Erinnerung an das Geschehen auf Golgota, an die tiefe Verbundenheit des göttlichen Sohnes mit seiner Mutter wird darin festgehalten. Maria ist dem Herrn auf seinem Weg bis unter das Kreuz gefolgt. Darin ist sie uns zum Vorbild geworden: Auch am Wegrand unseres Lebens steht bisweilen ein Kreuz dessen Schatten unser Leben sogar bis zur Anfechtung der Verzweiflung verdunkeln kann.
Wir können uns in den Nöten unseres Lebens stets an Maria wenden. Ja, stellen wir uns an ihre Seite, schauen wir mit ihr auf zu ihrem gekreuzigten Sohn, der für uns in die Nacht eines so bitteren Todes gegangen ist. Wenn wir mit ihr sein Leiden betrachten, werden wir erfahren, daß auch unser Leben geheimnisvoll im Kreuz des Herrn geborgen ist, daß Christus die Last unseres Lebens an sein Kreuz mitgenommen hat.
Das Bild der Gottesmutter unter dem Kreuz ihres Sohnes lehrt uns, daß ihr Ja zu Glauben, zum Willen Gottes, das Ja zu ihrem Leben, zu einem Leben aus Gott war. Bitten wir darum, daß Hoffnung und Liebe in uns wachsen und wir aus der Kraft unseres Glaubens immer wieder und deutlicher JA sagen können zu unserem Leben in der Nachfolge des Herrn, zum Nächsten und zu unserer Welt.

Hütet und vertieft das Gut der Einheit

Abschiedswort auf dem Flughafen in Innsbruck am 17. Juni

Sehr verehrter Herr Bundespräsident!
Liebe Brüder und Schwestern!

1. Schon ist der Augenblick des Abschieds gekommen. Voll neuer und eindrucksstarker Erlebnisse kehre ich aus diesem schönen Land der Berge, Täler und Seen, das zugleich reich ist an kunstvollen Kirchen und Klöstern und alten religiösen Bräuchen, wieder nach Rom zurück. Viele Begegnungen mit einzelnen Personen, mit Gruppen und vor allem dem gläubigen Volk Gottes bei den feierlichen Gottesdiensten in den verschiedenen Diözesen haben sich mir tief eingeprägt und werden unvergeßliche Erinnerungen an diesen meinen zweiten Pastoralbesuch in Österreich bleiben.
An erster Stelle danke ich Gott, dem Geber alles Guten, für diese intensiven Tage des geistigen Austausches, des gemeinsamen Gebetes und der Besinnung auf unsere christliche Sendung als einzelne und als Kirche in der Welt von heute. Ihnen, Herr Bundespräsident,

danke ich für Ihre freundlichen Abschiedsworte sowie für die herzliche Gastfreundschaft, die Ihr Land und seine Bürger mir und meiner Begleitung auch dieses Mal wieder so großzügig gewährt haben. Ein besonderes Wort des Dankes gilt meinen Mitbrüdern im Bischofsamt für ihren hingebungsvollen Dienst im Volke Gottes und ihre treue Verbundenheit mit dem Nachfolger des Apostels Petrus, die sie in diesen Tagen inmitten ihrer Gläubigen und Ortskirchen eindrucksvoll bekundet haben. Zusammen mit ihnen danke ich sodann auch den Vertretern des öffentlichen und kirchlichen Lebens, den Sicherheits- und Ordnungskräften sowie allen Helferinnen und Helfern, die es durch ihren großen Einsatz ermöglicht haben, daß diese Tage meines Pastoralbesuches wieder zu einem frohen Fest des Glaubens werden konnten. Eine besondere Freude hat es mir bereitet, daß sich auch Christen jenseits der Grenzen in so großer Zahl an unseren Begegnungen haben beteiligen können.

2. Im Auftrag Jesu Christi, als Zeuge seiner frohmachenden Botschaft, bin ich zu euch gekommen, liebe Brüder und Schwestern, um euch im Glauben zu bestärken und euch als Jünger Christi in eurer Sendung in Kirche und Gesellschaft zu ermutigen. Seid euch immer dessen bewußt: Die kostbare Schönheit eurer Heimat, die von so vielen Menschen gesucht und dankbar angenommen wird, bedarf dazu besonders eures lebendigen Glaubenszeugnisses. Die vielen religiösen Zeichen und Denkmäler in eurer Landschaft, die von gläubigen Menschen geschaffen wurden, Kirchen, Kapellen, Wegkreuze, sind ein verpflichtendes Erbe, das es immer wieder neu mit Leben zu füllen gilt. Die wahre Schönheit wird dem Menschen erst durch die Gnade des Glaubens geschenkt. Wir sehen das an der einfachen Frau aus dem Volk, in Maria. Und wenn gerade in eurem Land so viele „schöne Madonnen“ von Künstlerhand geschaffen worden sind, in Freude aufbewahrt und verehrt werden, so soll dies euch stets daran erinnern: Euer Land, das durch so viele natürliche Vorzüge ausgestattet ist, braucht dazu vor allem euren gelebten Glauben und euer Apostolat, damit die Gnade die Schöpfung vollende. Es braucht euer überzeugendes „Ja zum Glauben“, damit dann euer „Ja zum Leben“ um so echter und wirksamer wird.

Euer Zeugnis für Christus wird um so überzeugender sein, je mehr es in einmütiger Gemeinschaft zusammen mit anderen, in enger Verbindung mit euren Gemeinden und dem ganzen Volke Gottes geschieht. Hütet und vertieft unter euch darum vor allem das hohe Gut der Einheit und des gemeinschaftlichen Bekenntnisses in Aufrichtigkeit und gegenseitiger Liebe. Durch innere Einmütigkeit und aufrichtige Bruderliebe zeichnete sich die Urgemeinde der Christen aus: sie sind auch heute noch das überzeugendste Merkmal für die Jünger Jesu Christi, damit die Welt glaube. In derselben Großmut und Liebe, die ihr euch gegenseitig erweist, werdet ihr dann auch mit allen Schwestern und Brüdern in Not euren Reichtum an geistigen und materiellen Gütern teilen.

Ich möchte mich von euch verabschieden mit den ermutigenden Worten des Apostels Paulus an die Korinther und euch mit ihm zurufen:

„Seid wachsam, steht fest im Glauben, seid mutig, seid stark! Alles was ihr tut, geschehe in der Liebe!“ (*1 Kor* 15,13–14).

Gott segne und beschütze euch und euer Land! – Grüß Gott!

7. Pastoralbesuch in Südtirol (16./17. Juli)

Die Berge lassen die Allmacht Gottes erfahren

Predigt auf dem Adamello am 16. Juli

Preist den Herrn, Rauhreif und Schnee, lobt und rühmt ihn in Ewigkeit! Preist den Herrn, ihr Berge und Hügel! Preist den Herrn, ihr Quellen! (*Dan* 3,70.75.77).

Liebe Gebirgsjäger!

1. Es ist mir eine große Freude, gemeinsam mit euch hier, nahe der Spitze des Adamello, angesichts der majestätischen Gletscher des Pian di Neve ein Lob- und Danklied zum Herrn emporsteigen zu lassen. Hier, wo die Natur ein ständiger Hymnus an die Größe des Schöpfers ist, kann die Seele sich leicht erhebenden und stärkenden Gedanken öffnen und sich im Gebet sammeln.

Die Berge haben immer auf mich einen besonderen Zauber ausgeübt: sie laden ein, nicht nur physisch, sondern auch geistlich zu unvergänglichen Höhen emporzusteigen.

Ich bin daher der alpinen Sektion des Camonica-Tales für ihre Einladung dankbar, hier in Lobbia Alta dell'Adamello, auf dem kürzlich von den Gebirgsjägern dieses Tales und aus Carisolo errichteten Altar die heilige Messe zu feiern.

Mein herzlicher Gruß gilt allen, insbesondere den zivilen und militärischen Autoritäten, den führenden Persönlichkeiten und den Organisatoren und ich möchte meine Wertschätzung für diese freundschaftliche und bedeutsame Begegnung zum Ausdruck bringen, bei der des siebzigsten Jahrestages der Beendigung des ersten Weltkrieges und der fünfundzwanzigsten Pilgerfahrt der Gebirgsjäger des Camonica-Tales gedacht werden soll, die alljährlich dem Gedächtnis der Gefallenen aller Kriege und der Opfer der Berge gewidmet ist.

Hier, inmitten der grenzenlosen Weiten und des feierlichen Schweigens der Gipfel, nimmt man die Bedeutung des Unendlichen wahr! In dieser majestätischen und eindrucksvollen Umwelt fühlt sich der Mensch klein und zerbrechlich und erfährt leichter die Großartigkeit und Allmacht Gottes, des Schöpfers des Alls und Erlösers des Menschengeschlechtes.

Hier, bei der Betrachtung der Schöpfung, wird der Gedanke, der in die wunderbare Ordnung des Alls eindringt, zum Gebet der Verehrung und der vertrauensvollen Hingabe: „Herr, ich glaube an dich, ich bete dich an, ich liebe dich und setze meine Hoffnung auf dich!" Hier, vor dem Opferaltar, erhebt sich der Gedanke zum Heilsplan der Menschwerdung des Wortes und der Erlösung des Menschen durch Christi Leiden und Kreuz. Wenn wir auf diesen unberührten Höhen das Kreuzesopfer erneuern, sind wir wirklich mit Christus dem Herrn vereint, der uns geliebt und sich für uns hingegeben hat.

2. Von diesen Bergen aus geht der Blick hinunter in die sie umgebenden Täler, und der Gedanke gilt den Menschen, die sie bevölkern, den Männern und Frauen von starkem Charakter, mit den Tugenden der Gebirgsbewohner. Auch sie grüße und segne ich und erwarte von ihnen die Treue zu den Traditionen, die sie auszeichnen: Traditionen starken Glaubens und moralischer Rechtschaffenheit. Ich bete für sie, damit sie sich nicht von den Versuchungen der Wohlstandsgesellschaft, von Hedonismus und Indifferentismus übermannen lassen; damit sie auch zu den Bergspitzen nicht nur wie zu einem Ziel ihres harten Alltagslebens, sondern vielmehr wie zu einem Symbol eines möglichen, erhebenden und läuternden geistlichen Aufstieges emporblicken.
Es ist mir bekannt, daß im Camonica-Tal, in Bienno, zur Ehre und zum Gedächtnis meines verehrten Vorgängers Papst Paul VI. – dessen zehnten Todestag wir in Kürze begehen – von der Diözese Brescia zuerst die Errichtung eines Zentrums für Laienspiritualität – nämlich die Einsiedelei der Heiligen Petrus und Paulus – und dann die Gründung eines neuen, der hl. Klara geweihten Nonnenklosters mit Klausur in Angriff genommen wurde, das demnächst eingeweiht wird.
Es sind dies ermutigende Zeichen, die Beachtung und Solidarität verdienen, stellen sie doch angesichts der Säkularisierung eine Betonung der Spiritualität und angesichts der Oberflächlichkeit und Äußerlichkeit eine Hinwendung zur Meditation dar. Der Mensch muß fähig sein, in sich selbst das Wissen um seinen spirituellen Wert wiederzufinden.
So gilt denn mein besonderer Gruß all jenen, die sich für die Sache des Glaubens und die katholische Weiterbildung in der Einsiedelei von Bienno einsetzen; meine ganz speziellen Wünsche gelten auch den Klarissen, die bald in das neue Kloster, einen Ort des Gebetes und der Mystik, einziehen werden. Mancher wird vielleicht meinen, das beschauliche Leben spiele sich fern von der Gesellschaft ab, während hingegen diese betenden Seelen wirklich an dem Leben teilhaben, das sie umgibt und mit der geheimnisvollen, aber echten Kraft der Gnade die Brüder und Schwestern der gesamten Menschheit in den Mühen und Prüfungen des täglichen Lebens unterstützen.

3. Das Meßopfer, das diesem Altar gefeiert wird, der genau dort errichtet ist, wo zwischen 1915 und 1918 die Front verlief, ist auch eine Erinnerung und ein Gebet für alle Soldaten, die vor siebzig Jahren auf diesen rauhen Alpenpässen verwundet wurden oder, den Frieden herbeisehnend, dem Tod entgegengingen. Diese heute so friedliche und erholsame Landschaft war bekanntlich Schauplatz entsetzlicher Schlachten. Wenn man an die harten Kriegsereignisse und die zahllosen Opfer denkt, die in den Schluchten dieser von Haß und Gewalt aufgewühlten Berge tödliche Verletzungen erlitten, wird man von einer tiefen Beklemmung angesichts des Schicksals jener Menschen ergriffen, die den grausamen historischen Ereignissen ausgesetzt waren.
Wir müssen jedoch auch daran denken, daß inmitten dieser grenzenlosen Gletscher und Bergspitzen, wo man auch heute noch Schützengräben und Stacheldrahtverhaue, Granatsplitter und anderes Kriegsmaterial findet, trotz des himmelschreienden Kontrastes der nationalen Ansprüche auf beiden Seiten auch der Trost und die Freundschaft Christi, des Erlösers gegenwärtig waren, jenes Erlösers, der niemanden verläßt, der alle liebt und sie für das Leben jenseits von Zeit und Geschichte retten will.

Wie oft wurde der weiße Schnee vom Rot des Blutes verfärbt! Unser Gedenken gilt allen, die auf dem Adamello gefallen sind, allen Opfern der vergangenen und gegenwärtigen Kriege, ihren Familien, ihren zerbrochenen Idealen, und während wir ihrer im Gebet gedenken, bringen wir neuerlich unsere Sehnsucht nach dem Frieden, nach Brüderlichkeit und Eintracht unter den Völkern und Nationen zum Ausdruck. Möge in Zukunft der Friede die Schritte der Menschheit lenken. Der majestätische Friede dieser Berge ist eine Einladung und eine Verpflichtung zum Aufbau und zur Festigung einer von der Sklaverei des Krieges und des Hasses freien Gesellschaft.
Wir wünschen uns nicht nur den Frieden, der die Waffen zum Schweigen bringt – und der zweifellos schon ein hohes Gut darstellt – sondern auch den inneren, den Seelenfrieden, Frucht eines aufrechten Gewissens und des Sinnes für Gerechtigkeit und Nächstenliebe, gegründet auf die weltumspannende Väterlichkeit des Schöpfergottes und auf die Freundschaft Christi, des Gottessohnes, der gerade in der Absicht Fleisch angenommen hat, uns vom Übel zu befreien und uns unsere übernatürliche Bestimmung kundzutun.

4. Der letzte Gedanke schließlich, den ich euch, liebe Gebirgsjäger, vorlegen will, betrifft den Gedenktag der Gottesmutter vom Berg Karmel, den die Liturgie heute, am 16. Juli, begeht. Für eure fünfundzwanzigste Pilgerfahrt auf den Adamello habt ihr ein Marienfest gewählt und habt beschlossen, neben diesem Altar das Bild der Madonna vom Adamello anzubringen, das ich gerne am Ende dieser Eucharistiefeier segnen werde. Diese Geste, die sich gut in den Rahmen des Marianischen Jahres einfügt, sowie eure Verehrung für die himmlische Mutter, die jedem von uns überall und allzeit mit ihrer Liebe und ihrem Schutz nahe ist, erfreut mich sehr. Es ist hier nicht der Augenblick für eine Erläuterung des besonderen Kultes der Madonna vom Berg Karmel. Ich beschränke mich darauf, einige Worte Pius XII. zu zitieren, der sich in einem bedeutsamen Dokument folgendermaßen ausdrückte: „Sicher übersieht niemand, welch großen Beitrag die Liebe zur heiligen Gottesmutter zu einer Belebung des katholischen Glaubens und zur Erneuerung der Sitten leistet, und das vor allem durch jene Ausdrücke der Verehrung die, mehr als andere, den Geist mit übernatürlicher Lehre zu bereichern und die Herzen zu einer christlichen Lebenshaltung hinzuführen scheinen. In diesem Sinn möchte ich die Frömmigkeit erwähnen, die sich an das Skapulier des Karmels knüpft, die dank ihrer Einfachheit für alle Menschen geeignet ist, unter den christlichen Gläubigen weite Verbreitung gefunden hat und reiche Früchte des Geistes trägt“ (Apostolisches Schreiben *Neminem profecto*, 11. Februar 1950, *AAS* 42, 1950).
Immer, aber ganz besonders an diesem ihrem einzigartigen Fest erinnert uns Maria daran, daß der wesentliche Zweck des Lebens das ewige Heil ist; gleichzeitig versichert sie uns ihrer Fürbitte, damit wir im Glauben und in der Gnade bis zum Ende der irdischen Pilgerfahrt gelangen.
Die Jungfrau Maria, die „den Pilgerweg des Glaubens beschritt“, betrachtet auch von diesem Berg aus mit mütterlichem Wohlwollen die Bewohner der umliegenden Täler und hilft ihnen, mit ihrem Glauben den Herausforderungen unserer Zeit standzuhalten.
Jungfrau Maria, blicke liebevoll auf die Armen, die Leidenden und die Jugendlichen, unsere Hoffnung für die Zukunft. Stehe mütterlich allen Menschen, Familien und Nationen

bei. Unterstütze das christliche Volk in seinem Kampf gegen das Böse, o gütige, o erbarmungsvolle, o milde Jungfrau Maria!

Christus in die Mitte des Lebens stellen

Ansprache beim Besuch in der Diözese Belluno-Feltre am 16. Juli

1. Noch einmal richte ich einen ganz herzlichen Gruß an euch, liebe Gläubige der Diözese Belluno-Feltre, die schon seit den ersten Jahrhunderten der christlichen Zeit eine lebendige und tätige Kirche ist und sich nun mit großer Hoffnung auf die Zukunft ausrichtet.
Einen Gruß eurem Bischof Maffeo Ducoli und ebenso an Msgr. Gioacchino Muccin, der seit vielen Jahren eifriger Hirt dieser Gemeinde ist, an den Bischof von Vittorio Veneto, an die Autoritäten jeder Ordnung und Stufe, an die Kämpfer des ersten Weltkriegs und an die Urlauber und Touristen, die sich dieses so schöne Land für eine Erholungszeit ausgesucht haben.
Einen besonderen, ehrerbietigen Gruß an Professor Carlo Bernini, Präsident der Region Veneto, dem ich für die vornehmen Worte danke, die er an mich gerichtet hat. Diese herrlichen Berge, Schauplatz blutiger Konflikte im Krieg 1915–1918, sehen heute die Männer, die sich einmal feindlich gegenüberstanden, den Friedensgruß austauschen. Es ist eine von Hoffnung erfüllte Geste, die dem lebhaften Wunsch jedes Menschen entspricht: „Nie wieder Krieg!“ Von Christus, dem Friedensfürsten, erflehen wir heute wiederum diese Gnade und bieten nach dem Maß des uns Möglichen unseren Beitrag dazu an, damit der Friede ein fundamentales Gut unseres bürgerlichen Zusammenlebens sei.

2. Das heutige Treffen findet im zehnten Jahr nach der Erwählung meines unmittelbaren Vorgängers und eures Mitbürgers, des geliebten Johannes Paul I. zum Papst statt, der so unerwartet starb. Mit tiefer Bewegung denke ich an die unvergeßlichen dreiunddreißig Tage, die er – das muß gesagt werden – im Zeichen der Liebe zubrachte, der Hingabe seiner selbst an Christus, an die Kirche und durch sie an die ganze Menschheit.
„Die Liebe wird immer siegen, die Liebe vermag alles.“ Diese Worte aus seiner letzten Sonntagsansprache am 24. September (vgl. *O.R., dt.*, 29. 9. 1978, S. 3) bilden gleichsam sein geistliches Testament, den tiefsten Sinn seines Lebens als Priester, Bischof, Patriarch und Papst.
Heute, am Fest U. L. Frau vom Berge Karmel, scheint dieser Ausdruck, den er aus *Die begnadete Angst* (Dialoge der Karmelitinnen) von Georges Bernanos, entnommen hatte, in ein neues Licht getaucht. Die Liebe vermag alles, auch angesichts der unerbittlichen Gesetze von Zeit und Tod.
Ihr, liebe Brüder und Schwestern von Belluno-Feltre, habt den Plan, eures hervorragenden Zeitgenossen mit einer Reihe von geistlichen, seelsorglichen und kulturellen Darbietungen zu gedenken. Unter ihnen verdienen die Zeitschrift *Humilitas* und die Veröffentlichung von *Opera Omnia* aus seinen Schriften besondere Erwähnung. Die letztere wird,

gewissermaßen wie eine neue „Regula Pastoralis" eine äußerst wertvolle Quelle sein, aus der alle, vor allem die Seelsorger, das Geheimnis dessen schöpfen können, was das besondere Charisma Johannes Pauls I. war in der Verkündigung der unerschöpflichen Liebe Gottes an die Menschen unserer Zeit.

Mit dem Wunsch, eine Gedenkstätte für ihn zu errichten, habt ihr sehr passend daran gedacht, auf diesem Hügel, der das Bellunatal beherrscht und von dieser bezaubernden Bergkette umgeben ist, ein Zentrum für Spiritualität und Kultur zu begründen. Durch diese Initiative wird das Licht des Wortes Gottes, das Johannes Paul I. während seines Dienstes als Priester und Bischof viele Jahre hindurch den Menschen angeboten hat, weiterleuchten und Vertiefung erfahren. Es genügt, den Text *Catechetica in briciole* wieder zu lesen, um zu erfassen, mit welch leidenschaftlicher Liebe, Einfachheit und Weisheit Albino Luciani sich bemühte, die jungen Generationen die Botschaft Christi zu lehren, sie ihnen verständlich zu machen und anzupassen.

Dem Beispiel und den Weisungen eures berühmten Mitbürgers folgend, habt ihr euch auch durch ein wertvolles Pastoralprogramm mit dem Motto „Die Liebe Gottes verkündigen" dafür eingesetzt, daß Christus bekannt und geliebt wird. Das Bemühen wendet sich vor allem an die Jugendlichen in der Zeit nach der Firmung, an die Verlobten und an die jungen Familien. Ich freue mich auch über die Vorbereitung, die zu dem Kongreß der Drei Venetien im Gang ist, angeregt von der Bischofskonferenz Triveneta, mit dem Ziel, „nachzuprüfen, wie die christlichen Gemeinden heute den Glauben leben, wie sie dazu erziehen, ihn zu leben, und wie sie aus ihm die Seele der zeitgenössischen Kultur machen". Möge, das ist mein Wunsch, diese Besinnung dazu beitragen, das Verständnis für das Geheimnis Christi im Licht der Heiligen Schrift zu entwickeln, damit der ganze Mensch hiervon geprägt wird. Durch das Wirken der Gnade in ein neues Geschöpf umgewandelt, macht der Christ sich so für die Nachfolge Christi bereit und lernt in der Kirche immer besser, zu denken wie er, zu handeln nach seinen Geboten und zu hoffen, wie er uns einlädt" (*Catechesi tradendae*, Nr. 20).

Dieses Johannes Paul I. gewidmete Zentrum der Spiritualität möge ein dynamischer Bezugspunkt für die Jugendlichen, die Heranwachsenden und die Familien werden zum Wachsen im Glauben. Es möge sie fähig machen, mutig und konsequent ein glaubhaftes christliches Zeugnis und ein beständig wirkendes Ferment christlichen Lebens in die Gesellschaft hineinzutragen.

Der Glaube war eine Grundkomponente eurer Kultur und der Art, wie die Menschen der Berge lebten und Gemeinschaft miteinander hatten, ein Erbe, auf dem sich die Gesellschaft Venetiens aufgebaut hat. Seid stolz darauf! Bleibt fest und wachsam, bereit, zu handeln, um jene materialistische Mentalität zurückzuhalten, die die Werte des Geistes nicht zu schätzen versteht und die von Gott entfernt. Stellt Christus in die Mitte eures Lebens!

3. Um das alles zu erreichen, ist es wichtig, sich Zeiten des Schweigens, der Meditation, des längeren Gesprächs mit Gott vorzubehalten, das zum Lob, zur Anbetung, zur Danksagung wird. Heute gedenkt die Liturgie Marias, verehrt unter dem Titel der Jungfrau vom Berge Karmel. Die heiligste Jungfrau verherrlicht den Herrn mit dem Loblied des

Magnifikat, das zum Gebet der Christen aller Zeiten geworden ist, und sie ist im Abendmahlssaal anwesend und erwartet betend den Heiligen Geist. Seid wie sie vor allem Männer und Frauen des Gebetes!

Ich mache mich zum Echo Johannes Pauls I., der Priestern und Laien häufig zuredete, an Einkehrtagen und geistlichen Exerzitien teilzunehmen, und muntere euch auch meinerseits auf, diese kostbare Erfahrung zu machen. Die Ruhe der Zurückgezogenheit ist die ideale Umgebung, um sich der Stimme Gottes zu öffnen: So war es für Mose auf dem Sinai, für Elija auf dem Horeb, für Benedikt in Subiaco, für Franz von Assisi in La Verna, für Ignatius von Loyola in Manresa, für Paul vom Kreuz auf dem Monte Argentario.

Diese Askese wird sicher dazu beitragen, dem Geist ruhige Klarheit zu verleihen. Die Verbundenheit mit Gott, der die Liebe ist, bildet immer ein anspornendes Motiv, um das Band voller Gemeinschaft in der Ortskirche neu zu beleben. Die Gemeinschaft mit dem Hirten und allen, die die Kirche bilden, ist immer eine wichtige Gabe, besonders aber in unserem Sozialgefüge, in dem das Zeugnis der Liebe und der Zusammenarbeit zur unverzichtbaren Kraft werden für das Wachsen der christlichen Gemeinschaft. So werden gewiß auch die moralischen Werte wieder erstarken, wie Redlichkeit, Arbeitsamkeit, Achtung vor dem Leben, Familie und Solidarität, die das Erbe und das Fundament eines ruhigen Zusammenlebens sind.

4. Wie jedes Land, so hat auch das eure seine eigenen Nöte und Hoffnungen. Die Probleme der Gebirgsbevölkerung sind nicht klein, und es sind nicht wenige: die Versuchung zum Abwandern, die Überalterung der Bevölkerung, die Notwendigkeit, die mit dem Tourismus in Zusammenhang stehenden Tätigkeiten, das Handwerk und die Kleinindustrie weiterzuentwickeln, der Schutz der Natur. Die Landarbeit wird nicht immer gebührend geschätzt, und das begünstigt die Flucht vom Land in die Stadt.

Beifall gebührt daher den Verantwortlichen in der Region und der Provinz für das, was sie bereits zugunsten der Land- und Gebirgsbevölkerung getan haben, wie auch zum Schutz und zur Entfaltung dieses kostbaren Erbes, auch vom ökologischen Standpunkt aus.

Die Probleme dieser Zone, die auch die Sektoren Industrie und Handwerk einschließen, werden leichter gelöst, wenn die Institutionen und Personen, die auf allen Ebenen führende Rollen haben, keine Anstrengung scheuen, um jene Ziele, wenn auch nur stufenweise, zu verfolgen, die allen eine würdige Arbeit sichern als grundlegende Voraussetzung für eine ruhige und friedliche Zukunft.

5. In diesem Rahmen muß man sich die Entwicklung der Tätigkeiten vor Augen halten, die mit dem Tourismus verbunden sind, ein Gebiet, das in eurer Gemeinde nicht zu vernachlässigen ist. Die Schönheiten der Natur, womit der Herr euch so freigebig beschenkt hat, bilden in der Sommerzeit, aber auch im Winter einen starken Anziehungspunkt für viele Menschen, die nach aufreibender Arbeit in der Stadt Ruhe brauchen, um die seelischen und körperlichen Kräfte wieder zu erneuern.

Es gibt unter euch viele Gastwirte, Bergführer, Skilehrer, im Tourismus mannigfaltiger Art Beschäftigte, um die Urlauber aufzunehmen und ihnen den Aufenthalt angenehm zu gestalten. Den Gästen mit Liebe dienen und in ihnen den fremden Bruder sehen, in dem man das Antlitz Christi entdeckt, das gibt die Kraft, anstrengende Schichtarbeit mit spärlichen Augenblicken freier Zeit zugleich doch auch mit innerer Ruhe auf sich zu nehmen. Den Urlaubern und Touristen, die mir zuhören, und allen, die sich in diesen Tälern aufhalten, wünsche ich, sie mögen die Ferienzeit als Geschenk des Herrn annehmen, ihm dafür dankbar sein und diese Zeit gut zubringen.

6. Trotz der Entwicklung der Tätigkeiten auf dem touristischen Sektor, der Aufmerksamkeit hinsichtlich der Probleme der Landwirtschaft, des Gebirges und der Industrie gibt es in eurer Diözese immer noch das betrübliche Phänomen der auswärtigen Saisonarbeit. Es handelt sich oft um eine schmerzliche Notwendigkeit, dem ungenügenden Arbeitsangebot am Ort entgegenzutreten. Es ist nicht ohne Gefahr für die Aufrechterhaltung der christlichen Werte in der Familie, deren Mitglieder viele Monate hindurch getrennt bleiben, während einige von ihnen, die Arbeiter, nicht jene religiöse Hilfe haben, die sie in schwierigen Momenten unterstützen könnte.
Es ist eine besorgniserregende Erscheinung, weil von der Familie als grundlegender und erster Zelle der Gemeinschaft zum großen Teil die geistige und moralische Zukunft der kommenden Generationen abhängt. Ich weiß, daß das Problem der Vereinsamung euch durch den Einsatz der Kirche, der verschiedenen örtlichen und regionalen Verwaltungsstellen und auch durch die sehr verdiente „Associazione Bellunesi nel Mondo" euch immer präsent gehalten wird. Möge zu allen, die der Heimat fern sind, mein herzlicher Gruß gelangen mit dem Wunsch, daß sie nicht nur gute Arbeiter seien, wie es ihre von allen anerkannte Eigenschaft ist, sondern auch treue Christen.
Noch eine andere Erscheinung ist dabei, die Region Veneto mehr und mehr zu beschäftigen: die Einwanderung, sowohl die innere wie die von außerhalb. Euer Verhalten diesen Einwanderern gegenüber sei im Zeichen der Achtung, der aufrichtigen Aufnahmebereitschaft und der Liebe. Was ihr gerechterweise immer euren ausgewanderten Mitbürgern gegenüber im Ausland als Recht gefordert habt, das empfindet heute auch als Pflicht im Hinblick auf jene, die Arbeit suchend zu euch kommen: Verständnis und Solidarität gegen alle sind das Maß eurer menschlichen und christlichen Reife!
Der Apostolische Segen, den ich nachher erteile, sei Unterpfand und Zeichen für überreiche himmlische Gnaden auf eurem Lebensweg, für eure Arbeit, eure Familien und jeden von euch. Ich danke euch für die Gastfreundschaft, die ihr mir mit soviel Liebenswürdigkeit in diesem wunderschönen Winkel der Dolomiten – zur Zweihundertjahrfeier ihrer Entdeckung – geboten habt, und ich rufe den Herrn durch die Fürsprache U. L. Frau vom Berge Karmel an, der ganzen geliebten kirchlichen Gemeinschaft von Belluno-Feltre Wohlergehen, Ruhe und Frieden zu schenken.

In Gerechtigkeit und Frieden zusammenfinden

Predigt im Heiligtum von Weißenstein (Bozen) am 17. Juli

Der Papst begann in deutscher Sprache:

Verehrte Mitbrüder im Bischofs- und Priesteramt, liebe Brüder und Schwestern!

Das eben gehörte Evangelium stellt uns Jesus als Lehrer vor Augen. Es paßt zum heutigen Tag hier in Weißenstein. Wie die Jünger und die vielen Menschen damals, so sind wir heute um den Herrn und Maria, seine Mutter, versammelt.

1. Jesus als Lehrer

Wie die Menschen, von denen wir im Evangelium gehört haben, so seid auch ihr zahlreich an diesem „einsamen Ort" zusammengekommen. Ihr seid aus allen Orten und Städten des Bistums Bozen-Brixen und aus den benachbarten Diözesen hergepilgert, um Jesus Christus, dem guten Hirten und Lehrer zu begegnen. Ihr bemüht euch dabei, das Wort Gottes zu verstehen und seid bereit, Jesus als Lehrer anzuerkennen.

1.1 Jesus – Lehrer für unsere Zeit

Wir brauchen Jesus als Lehrer. Er sieht die große Volksschar und wird von Mitleid für diese Menschen erfüllt. Das erste, das Jesus tut, ist, daß er die Menschen ansieht und sie lehrt. Er bringt ihnen die Botschaft von Gott, dem Vater, der sich der Menschen annimmt und sich um sie kümmert. Zugleich macht Jesus deutlich, daß die Menschen Brüder und Schwestern sind und zusammen die große Familie Gottes bilden.

Dieser Familie der Kinder Gottes gibt Jesus auch heute eine Weisung, die zum Leben führt. Die Menschen – auch in diesem schönen Land – stehen vor Herausforderungen, die zum Teil ungleich drängender und bedrohlicher sind als früher. Wir suchen nach Lösungen und halten Ausschau nach Menschen, die uns helfen, die anstehenden Probleme zu bewältigen.

Viele bieten sich als „Lehrer" an. Auf welchen Lehrer wollen wir denn hören? Als Christen wissen wir, daß Jesus Christus unser wahrer Lehrer ist. Er ist der Lehrer, der uns allen wahrhaft leben hilft. Als seine Jünger wollen wir deshalb auf ihn hören.

„Als Jesus die vielen Menschen sah", hat er sicherlich auch die Kinder und Jugendlichen, die für jedes Volk ein Grund der Hoffnung sind, angeblickt und angesprochen. Er stellt ihnen, die auch heute das „Große" suchen, Ideale vor Augen: den Frieden, die Gewaltlosigkeit, den Einsatz für die Armen, die Bedeutung des Teilenkönnens. Vor allem: Er, Jesus, bietet sich selbst als Ideal an, als der Weg, der in Wahrheit zum Leben führt.

Jesus hat ein Wort – ein gutes Wort – für die Familien: Er verkündet die gleiche Würde von Mann und Frau, die Bedeutung der ehelichen Treue, die Liebe zu den Kindern und ermutigt zur Freude am Leben.

Jesus hat ein Wort für den arbeitenden Menschen. Er selbst hat durch seiner Hände Arbeit das körperliche Mühen aller Menschen geheiligt. Er steht auch auf Seiten jener, die in unserer Zeit eine Arbeit suchen und keine finden.
Jesus sieht auch jene, die in der damaligen und auch in der heutigen Gesellschaft leicht übersehen werden: die Armen, die Kranken und die geprüften Menschen. Den Armen verkündet Jesus die Liebe Gottes und uns alle ruft er auf, alle Kräfte einzusetzen, um die Formen der Not und des Unrechts zu überwinden. Wenn ein Land im Wohlstand lebt, ist es um so mehr verpflichtet, auch auf die Not der weiten Welt zu achten und entsprechend zu helfen.
Jesus ist aber auch der Lehrer der Völker. Er ruft immer wieder zu Gerechtigkeit und Frieden auf, Voraussetzung und Grundlage für eine glückliche Zukunft der Völker und Volksgruppen. Jesus gibt jedem Menschen seine Würde. Die christliche Botschaft fördert den Respekt der Menschen voreinander und erzieht zum gegenseitigen Verstehen und zur Toleranz. Es ist ein besonderer Auftrag für die Christen in diesem Land – wie Euer Bischof gesagt hat –, miteinander im Sinn Christi umzugehen: in Respekt vor der Identität und Eigenart der anderen und im Willen zur Zusammenarbeit in Gerechtigkeit und Frieden. Jesus ist ein Lehrer, der mit Gott und unter den Menschen Versöhnung und Frieden ermöglicht. Der hl. Paulus sagt dazu: Christus überwindet den Riß, der durch die Menschheit geht, er versöhnt Juden und Heiden. Wie damals, so ist auch heute noch Jesus Christus am Werk und schafft Versöhnung durch das Evangelium, das die Menschen zu einer einzigen Familie in Gerechtigkeit und Frieden zusammenführt.
So steht heute Jesus als Lehrer vor uns: die Situation hat sich geändert durch die geschichtliche Entwicklung, den gesellschaftlichen Wandel, die Kommunikationsmittel und die Begegnung mit vielen Menschen. Auch für diese neue Situation ist Jesus unser Lehrer: wenn wir unsere Auffassungen, Werte und Lebensformen vom Evangelium her prägen lassen, entsteht eine christliche und zugleich auch menschliche Welt. Wenn wir durch das Hören auf „das Wort des Lebens" (vgl. *1 Joh*) Jesus als Lehrer annehmen, entsteht eine Kirche von Brüdern und Schwestern.

1.2 Jesus nachfolgen

Jesus ist der gute Hirt. Er bringt nämlich eine Botschaft, die den Menschen wirklich leben hilft. Für diesen Lehrer haben sich die Jünger Jesu entschieden. Heute sind auch wir aufgerufen, Jesus, dem Lehrer, zu glauben.
In diesem Marienheiligtum wird uns vor allem Maria, die Mutter Jesu, als Vorbild der gehorsamen Entscheidung für Jesus vor Augen gestellt. Sie ist jene, die das Wort Gottes aufgenommen und befolgt hat (vgl. *Lk* 11,28). Sie sagt uns: „Was er euch sagt, das tut" (*Joh* 2,5).
Die Diözese Bozen-Brixen hat sich im letzten Jahr vor allem darum bemüht, das Wort Gottes in der Heiligen Schrift kennenzulernen. Für das kommende Jahr möchte ich euch das Leitwort bestätigen, das ihr als Diözese als Hilfe für euren Glaubensweg gewählt habt: „Selig, die das Wort Gottes hören und es befolgen" (*Lk* 11,28).
Gerade durch das Hören auf das Wort Gottes und das Leben nach dem Evangelium kommen wir Jesus nahe und werden mit ihm geradezu verwandt, sagt er doch: „Meine

Mutter und meine Brüder sind die, die das Wort Gottes hören und danach handeln" (*Lk* 8,21).

In Italienisch fuhr der Papst fort:

2. *Die Nachfolge Marias*

„Selig sind vielmehr, die das Wort Gottes hören und es befolgen" (*Lk* 11,28).
Vor Jesus, dem Lehrer, sind wir seine Jünger. Die Evangelien legen uns den Weg des Glaubens vor, den die Jünger, geführt vom Wort und von den Taten Jesu, gehen sollen.

2.1 Der Glaubensweg der Jungfrau Maria

An diesem Tag, und besonders an diesem Ort richten wir unsere Gedanken auch auf die Jungfrau Maria, die sich mehr als alle in die Schule des Wortes Gottes, in die Schule Jesu begeben hat. Das Evangelium beschreibt uns diesen Glaubensweg der Jungfrau. Dieser Weg beginnt mit dem „Ja", das sie im Augenblick der Verkündigung sprach und geht bis hin zu dem „Ja", das die hl. Jungfrau unter dem Kreuz sagte.
Das hier in Weißenstein verehrte Bild zeigt uns dieses Geheimnis der Jungfrau, die ihr Ja auch unter dem Kreuz spricht und den toten Sohn nach der Abnahme vom Kreuz empfängt. Es ist ein Glaube, der das eigene Leben voll Vertrauen in die Hände Gottes legt, sowohl in den frohen und glücklichen Augenblicken, wie in den traurigen und schwierigen. So ist die hl. Jungfrau für uns das Vorbild eines unbedingten Glaubens. Viele Pilger, und vor allem viele Mütter, haben sich hier, an diesem Ort, diesem Glaubensweg angeschlossen.
Die Diözese Bozen-Brixen hat sich als Programm für das nächste Jahr das Wort Jesu gestellt: „Selig sind die, die das Wort Gottes hören und es befolgen" (*Lk* 11,28). Dieses Wort wird euch helfen, das Gute, das das Marianische Jahr gewirkt hat, noch auszudehnen und zu vermehren. Mit diesen Worten wollte Jesus selbst das geheimnisvolle Band des Geistes unterstreichen, das sich im Hören und Befolgen des Wortes Gottes bildet. In diesem Zusammenhang wird Maria gelobt, nicht nur, weil sie die leibliche Mutter Jesu ist, sondern auch und vor allem als Vorbild für unseren Glaubensweg im Hören und Befolgen des Wortes Gottes. Das Wort Gottes war für die Jungfrau Maria das Licht. Es muß aber auch für unser Leben und unsere Probleme das Licht sein: für unsere Jugend, für die Familien, für die Welt der Arbeit, für die Alten und die Kranken. Das Wort Gottes ist Licht auch für die Völker. Das Wort Gottes ruft uns immer wieder neu auf zu Gerechtigkeit und Frieden als Voraussetzung und Fundament für eine glückliche Zukunft der Völker und der Volksgruppen. Jesus erkennt jedem Menschen seine Würde zu und bürgt dafür. Die Lehre des Evangeliums fordert und fördert die gegenseitige Achtung der Menschen, sie erzieht sie zu wechselseitigem Verständnis und zur Toleranz. Es ist, wie euer Bischof gesagt hat, eine besondere Aufgabe für die Christen dieses Landes, im Geist Christi zu handeln und die Eigenart und die Besonderheit des andern zu achten und sich so einzusetzen, daß Versöhnung und Friede mit Gott und unter den Menschen möglich werden. Zu diesem Thema sagt der hl. Paulus, daß Christus die trennende Wand zwischen den Völkern nieder-

reißt und Juden und Heiden versöhnt (vgl. *Eph* 2,14). Wie damals, so schafft Jesus Christus auch heute Versöhnung durch sein Evangelium, das die Menschen zu einer Familie in Gerechtigkeit und Frieden zusammenführt.
Das Evangelium zeigt uns eine Welt der Gerechtigkeit und des Friedens. Es zeigt uns auch den Weg, um zu diesen Zielen zu gelangen.

2.2 Die Mutter Jesu als Vorbild

Die Jungfrau und Gottesmutter ist also ein Vorbild für uns alle, die wir das Wort Gottes hören wollen und uns bemühen, es zu befolgen. Die Diözese Bozen-Brixen hat im Lauf des letzten Jahres über das Thema „In der Schule des Wortes Gottes" nachgedacht. Ich schlage der Diözese, aber auch euch allen vor, diese Überlegungen im Licht des Beispiels fortzusetzen, das Maria von Nazaret mit ihrer totalen inneren Verfügbarkeit gibt.
Dieses Wort Jesu, diese Seligpreisung derer, die das Wort Gottes hören und es befolgen, mögen für diese Diözese das Programm zum Glaubensweg im nächsten Jahr sein. Seid wirklich darauf bedacht, auf das Wort zu hören und setzt euch dafür ein, es zu befolgen nach dem Beispiel der hl. Jungfrau.

Gottes Erbarmen preisen

Angelus in Maria Weißenstein (Bozen) am 17. Juli

Zum Abschluß dieser Wallfahrt zum Heiligtum der Gottesmutter in Weißenstein beten wir miteinander den „Engel des Herrn", der euch allen von Kindheit an vertraut ist. Jeden Tag hört ihr in euren Pfarreien die Glocken, die zu diesem Gebet einladen.
Der „Engel des Herrn" ist eine besonders schöne Form der Marienverehrung. Wir besinnen uns bei diesem Gebet auf den Heilsplan Gottes und preisen seine Liebe, die er der ganzen Schöpfung erweist, da er Maria auserwählt hat, die Mutter des Erlösers zu werden.
Im „Engel des Herrn" wird uns die Mutter Jesu als die große Glaubende vor Augen gestellt: sie spricht ihr „Ja" und wird so zum Vorbild für alle Glaubenden. Maria, die in großer Bereitschaft dieses „Ja" gesagt hat, lebte es auch in den verschiedenen Situationen ihres Lebens. Auf diese Weise ist sie den Pilgerweg des Glaubens gegangen.
Im Angelus gedenken wir dankbar der Tatsache, daß Gott sich der Menschen annimmt: „Das Wort ist Fleisch geworden und hat unter uns gewohnt". Er ist wirklich der „Immanuel", der „Gott mit uns".
In diesem Land gibt es noch viele Heiligtümer, die aus Dankbarkeit und Verehrung der Gottesmutter errichtet sind: Ich nenne stellvertretend für alle Maria Trens, Riffian, Marienberg, Unsere Liebe Frau im Walde, Maria Saalen. Ebenso gehören dazu auch die Domkirchen von Brixen und Bozen und viele Kirchen im Land.
Viele Menschen pilgern und wallfahrten zu diesen Heiligtümern, um Gottes Erbarmen zu preisen und Maria, die Mutter Jesu, zu verehren. Bei euch ist es auch Brauch, daß man

von einer solchen Wallfahrt etwas mit nach Hause bringt, das an den Gnadenort erinnert. Das Gebet „Der Engel des Herrn“ könnte so ein Erinnerungszeichen sein, das uns täglich neu auf die Quelle der Gnade hinweist: auf Jesus Christus, den Sohn der Jungfrau Maria.

Danach wiederholte der Papst die gleichen Worte in italienischer Sprache und sagte abschließend in Ladinisch:

Die Ladiner ermutige ich, die Worte Jesu zu beherzigen: „Selig, die das Wort Gottes hören und es befolgen.“

Hinfällig und vorläufig ist das Erdenleben

Ansprache an die Bevölkerung von Tesero am 17. Juli

1. Gern habe ich die Einladung der Gemeinde Tesero, die Erzbischof Giovanni Maria Sortori an mich gerichtet hat, angenommen und begehe heute mit euch gemeinsam das Gedenken an das tragische Ereignis, das diese Gemeinde vor drei Jahren getroffen hat. Meine Anwesenheit hier will die Anteilnahme unterstreichen, die ich schon anläßlich des schmerzlichen Ereignisses vom 19. Juli 1985 und im vergangenen Jahr mit meinem Besuch in Longarone zum Ausdruck gebracht habe.
Während wir heute jene Tage unaussprechlichen Leids wiedererleben, spüren wir auch den Trost des Wortes Gottes, das uns versichert: „Der Herr richtet die Gebeugten auf“ „... und verbindet ihre schmerzenden Wunden“ (*Ps* 147,6.3). Heute kam ich zu euch, um euch in den Idealen des Glaubens, der Hoffnung und der Liebe zu bestärken, die euch in jener harten Prüfung Halt gaben, und um euch aufzufordern, dem Herrn weiterhin die Treue zu halten; denn in seiner fürsorgenden und geheimnisvollen Pädagogik des Leids ordnet er alles in einem weisen Plan der Liebe.
Wie ich im vergangenen Jahr auf dem Friedhof von Longarone ausführte, stellt das Problem des Bösen die ständige Frage dar, mit der sich die erlesensten Köpfe abmühen, ohne eine Erklärung dafür zu finden. Das Problem des Bösen im allgemeinen und das der Heimsuchung im besonderen bleibt ein undurchdringliches Geheimnis, für den menschlichen Verstand geradezu absurd. Der einzige Halt, an den sich der Mensch klammern kann, ist der Gedanke, daß Gott niemals gleichgültig ist angesichts des Leids seiner Kinder, vielmehr in dramatischer Weise daran teilnimmt durch seinen Eingeborenen Sohn Jesus Christus, der, mitfühlend mit unserer Schwäche, „in allem wie wir in Versuchung geführt worden ist“ (*Hebr* 4,15).

2. Wir haben darum gebetet, das Ewige Licht möge den Seelen der Opfer leuchten und seine Ausstrahlung möge auch jeden Augenblick unseres Lebens erhellen. Das Gedenken an die Opfer, die auf dem Friedhof von St. Leonhard und auf den Friedhöfen ihrer Heimatorte ruhen, ist uns eine Lehre. Ihre irdischen Reste zeigen uns die Hinfälligkeit

und Vorläufigkeit des Erdenlebens, während uns die Erinnerung an ihre Person, an ihre Verdienste, an die uns erwiesene Güte und der Gedanke an ihre unsterbliche Seele auf jene Güter verweisen, die wir in diesem Erdenleben besonders hochschätzen sollen. Vor allem der Gedanke an die Unsterblichkeit, mit der Gott unsere Seele ausgestattet hat, ist eine tröstliche Gewißheit, weil er den Sieg über den Tod bedeutet, jenes unabwendbare Ereignis, das zwar unser irdisches Leben beendet, doch nicht unsere Existenz zerstört. Der Glaube sagt uns, daß der Tod nur ein Einschnitt ist, auf den unsere endgültige Begegnung mit Christus folgt. Der Apostel Paulus drückt das so aus: „Leben wir, so leben wir dem Herrn, sterben wir, so sterben wir dem Herrn“ (*Röm* 14,8).

3. Doch können und müssen wir mit Dankbarkeit auch die Gegenwart Gottes, des Vaters, in Stunden der Prüfung erkennen; er gab uns Kraft, weckte Energien, öffnete Wege, wie es uns eben nur eine unendliche und liebevolle Macht zusichern kann und immer zusichert. Der Glaube und auch die Erfahrung verweisen uns auf eine Frucht des in christlichem Geist angenommenen und getragenen Unglücks: nämlich die wachsende gegenseitige Liebe zwischen den Angehörigen der Opfer und den übrigen Bewohnern von Tesero. Die schmerzliche Erfahrung der Hinfälligkeit des menschlichen Daseins und der Vergänglichkeit materieller Güter, die gemeinsam durchgestandene Angst, der plötzliche Verfall irdischer Sicherheiten tragen bei zur Überwindung des Sich-Fremdseins und eventueller Egoismen oder Nachträgereien und fordern auf zu neuer Herzlichkeit, gegenseitiger Achtung, besserem Verständnis sowie großzügigerer Bereitschaft zum Teilen. Das bezeugen alle die vielen, die in diesen Tagen Energie, Zeit und Herz bereitwillig gegeben haben. Und ihr habt bewiesen, daß ihr das versteht und lebt. Heute nehmt ihr euch das auch für die Zukunft vor, als positive Seite jener tragischen Stunde eurer Geschichte, der ihr in bewundernswerter Seelenstärke begegnet seid und die ihr aus der Kraft des Glaubens überwunden habt.
Das bezeugten auch alle, die den kommenden Generationen das ständige Gedenken ihrer Solidarität weitergeben wollten, wie die Gemeinde des Vajont, die von einer noch schrecklicheren ähnlichen Tragödie heimgesucht wurde, sowie die Nachbarn aus der prächtigen Gemeinde Fiemme, die mit Unterstützung anderer Institutionen zwei Denkmäler errichten ließen. Diese sind mit ihrer künstlerischen Symbolkraft eine überzeugende Botschaft der Hoffnung und gleichzeitig eine ernste Mahnung, vor allem anderen das höchste Gut des Lebens zu schützen. Um ein solches Kreuz versammelt, fühlen wir uns mehr denn je als Brüder, wieder angezogen von Christus und von ihm veranlaßt, in tröstlicher Einheit zu leben (vgl. *Joh* 12,32; 17,20–21).

4. Noch einen anderen Gedanken ruft dieser Ort wach. Im Glanz der Natur offenbart der Schöpfer seine Schönheit und gibt dem Menschen enorme Hilfsmittel in die Hand, die in geordneter Weise für die der menschlichen Natur innewohnenden Zielsetzungen eingesetzt werden müssen. Ein geordneter Gebrauch für die Entwicklung also. Und hier möchte ich gern daran erinnern, was ich in diesem Zusammenhang in meiner letzten Enzyklika *Sollicitudo rei socialis* geschrieben habe: „Der moralische Charakter der Entwicklung kann auch nicht von der Achtung vor den Geschöpfen absehen, welche die

sichtbare Natur bilden, die die Griechen in Anspielung auf die Ordnung, von der sie geprägt ist, ‚Kosmos' nannten. (...) Die vom Schöpfer dem Menschen anvertraute Herrschaft ist keine absolute Macht noch kann man von der Freiheit sprechen, sie zu ‚gebrauchen oder zu mißbrauchen' oder über die Dinge zu verfügen, wie es beliebt. Die Beschränkung, die der Schöpfer selbst von Anfang an auferlegt hat, ist symbolisch in dem Verbot enthalten, ‚von der Frucht des Baumes zu essen' (vgl. *Gen* 2,16–17); sie zeigt mit genügender Klarheit, daß wir im Hinblick auf die sichtbare Natur nicht nur biologischen, sondern auch moralischen Gesetzen unterworfen sind, die man nicht ungestraft übertreten darf" (Nr. 34).

5. Das Gebet, das sich mit diesen Gedanken verbindet, hilft uns, die – zwar immer noch herzzerreißende – Prüfung frei von den Emotionen des Augenblicks zu betrachten. Das Gebet hilft uns verstehen, daß dies nicht nur ein Ort des Leidens, des Zeugnisses und der Mahnung, sondern auch ein Ort der Hoffnung und des Wachstums ist: er projiziert unser Denken und Leben über den Zufall hinaus, ins Jenseits von Zeit und Raum, verankert es in Gott. „So spricht der Herr: ich habe Pläne des Heils und nicht des Unheils; wenn ihr mich ruft, dann erhöre ich euch; ich sammle euch aus allen Orten, wohin ich euch versprengt habe" (vgl. *Jer* 29,11.12.14).
Auf diesem Weg stärkt und stützt uns die Jungfrau Maria, die in dieser Gegend als Schmerzensmutter angerufen wird. Ihr Vorbild der Stärke im Schmerz erwirke uns vom Herrn die Hoffnung des Karsamstags, der mit der Freude des Ostersonntags der Auferstehung gekrönt wurde.
Mit diesen Wünschen erteile ich euch meinen Segen und dehne ihn aus auf eure Lieben, insbesondere auf die Kinder, die Alten und die Kranken.

8. Pastoralbesuch in Turin (2. bis 4. September)

Die Firmung ein persönliches Pfingstfest

Predigt bei der Feier der Firmung in Turin am 2. September

1. „Wenn ihr mich liebt, werdet ihr meine Gebote halten“ (*Joh* 14,15). Wir sind anläßlich des hundertsten Todestages des hl. Johannes Bosco hier in Turin zusammengekommen. Er erzog die Jugendlichen im Geist dieser Worte Christi. Er erzog zur Gottes- und Nächstenliebe, denn „das ist das wichtigste und erste Gebot“ (vgl. *Mt* 22,38) und zugleich „das Band, das alles zusammenhält“ (vgl. *Kol* 3,14). Er erzog zur Liebe, die im Leben, im Handeln und im Verhalten ihren Ausdruck fand. Er wußte aus eigener Erfahrung, daß eine solche Liebe fähig ist, den Menschen zu verwandeln, das in der Tiefe des Herzens Verborgene freizulegen und gleichzeitig das Übel zu überwinden, das sich dort einnistet. Don Bosco wußte das alles, und er verstand es, dies auch in die Tat zu übersetzen. Darin besteht die besondere „Fähigkeit der Heiligen“. In diesen Tagen werden wir zahlreiche, dem Gedenken des hl. Johannes Bosco geweihte Orte besuchen, um nochmals, aus dem Abstand eines Jahrhunderts auf dieses große Werk des Vaters der salesianischen Familie zu blicken und nochmals der allerheiligsten Dreifaltigkeit für diese Ausstrahlungskraft der Heiligen zu danken, mit der sie durch ihr ganzes Leben Gott verkünden. Diese Ausstrahlungskraft besaß der hl. Johannes Bosco während er hier lebte und wirkte – und sie ist noch heute hier fühlbar. Gepriesen sei Gott ... und heilig ist er in allen seinen Werken.

2. Mein erster Gruß gilt euch, den jungen Firmlingen, die ihr euch mit großem Eifer zum Empfang der Firmung, des Sakramentes der christlichen Reife und des Zeugnisses bereitmacht. Ich begrüße auch eure Paten, die euch als Garanten eures Glaubens und eurer Vorbereitung und als geistliche Führer bei diesem Schritt eurer Eingliederung als Christen in die Gesellschaft der Erwachsenen begleiten. Ich begrüße eure Eltern, von denen ihr, als ihr herangewachsen seid und euch die Frage nach Gott, nach Christus und den ewigen Wahrheiten stelltet, in den Glauben eingeführt wurdet. Ich grüße eure Katecheten, die euch tatkräftig in diesen Jahren eures Wachsens und Reifens im Glauben begleitet haben. Ganz besonders begrüße ich die Bischöfe aus Piemont, die hier zusammengekommen sind, um gemeinsam mit mir das Sakrament der Firmung zu spenden. Ich grüße die Priester und Ordensleute, die euch auf diesen wichtigen Schritt in eurem christlichen Leben vorbereitet haben, und auch die ganze Gemeinde, die euch heute in festlicher Weise aufnimmt. Schließlich grüße ich noch ganz besonders die bürgerlichen Autoritäten, die Turin, diese bedeutende Stadt, vertreten.

3. Das heutige Evangelium ruft uns die Worte ins Gedächtnis, die Jesus, unser Herr, beim letzten Abendmahl, am Tag vor seinem Leiden ausgesprochen hat: „Ich werde den

Vater bitten, und er wird euch einen anderen Beistand geben, der für immer bei euch bleiben soll. Es ist der Geist der Wahrheit" (*Joh* 14,16–17). Der Heilige Geist, der Geist der Wahrheit, sollte die Herzen der Apostel umwandeln und sie nach dem Weggang Jesu leiten und stärken.
An diesen Geist, den Christus den Tröster genannt hat, wollen auch wir, die wir das Erbe des hl. Johannes Bosco hochhalten, uns wenden.
Deshalb verbinden wir mit der Feier seines Jubiläums die des Sakramentes der Firmung. „Ein Herr, ein Glaube, eine Taufe" (*Eph* 4,5). Das Sakrament der Firmung ist gleichsam die Vollendung der Taufe, der Schritt zur Reifung auf dem Weg zum vollen Eingehen in das Geheimnis Christi und zur verantwortungsbewußten Annahme der Berufung in der Kirche.

4. Wenn wir die Bedeutung dieses Sakraments verstehen wollen, müssen wir zunächst über den Wert aller Sakramente nachdenken: sie lassen das Evangelium in uns aufleben, d. h., sie geben unserem Leben, unserer persönlichen Existenz Anteil an der Gestalt, dem Leben, den Geheimnissen, den Worten und den Ereignissen des Lebens Jesu. Jesus kommt uns gerade durch diese sakramentalen, konkreten und sichtbaren Zeichen nahe und tritt durch sie in unsere Geschichte ein. Mit diesen Zeichen ruft uns Jesus; er läßt uns an seiner Sendung und an allen Geheimnissen seines Lebens teilhaben.
Für die Sendung Jesu stellt das Pfingstfest einen fundamentalen Augenblick dar, da die Jünger Christi dank der Gabe des Heiligen Geistes zum Verständnis der ganzen Wahrheit des Herrn geführt werden und ihr Geist sich in der Fülle der Teilhabe am übernatürlichen Leben erneuert.
Die Firmung ist für euch, meine lieben Jugendlichen, euer persönliches Pfingstfest. Ihr empfangt heute den Heiligen Geist, den der auferstandene Herr am Pfingsttag auf seine Apostel herabsandte. Jeder Getaufte muß im Lauf seiner Geschichte als Glaubender den Augenblick erleben, in dem er das Pfingstgeheimnis in sich aufnimmt: es ist die Vollendung und Vervollkommnung der Gabe der Taufe.

5. Wie wir wissen, gingen die Jünger Christi von Pfingsten an in alle Welt hinaus, um das Evangelium zu verkünden. Die Gaben des Heiligen Geistes hatten sie zu überzeugenden und großmütigen Verkündern der Werke Jesu gemacht: „Geht zu allen Völkern und macht alle Menschen zu meinen Jüngern ... Lehrt sie, alles zu befolgen, was ich euch geboten habe. Seid gewiß: Ich bin bei euch alle Tage ..." (*Mt* 28,19–20). Gerade am Pfingstfest „begannen (sie) ... zu reden, wie es der Geist ihnen eingab" (*Apg* 2,4).
Durch das Sakrament der Firmung seid nun auch ihr, die ihr Christus erkannt habt und ihm durch die Taufe einverleibt worden seid, dazu berufen, von ihm zu „reden" und seine mutigen Zeugen bei der Verteidigung des Glaubens und in der Praxis des christlichen Lebens zu sein, und das in einer Welt, die dem religiösen und moralischen Problem oft gleichgültig gegenübersteht. Ihr steht nun mit der Sendung des Gottessohnes in engerer Verbindung; ihr seid vom Heiligen Geist erfaßt, der euch die Fähigkeit verleiht, zu reden und allen Völkern, allen Menschen und in allen Situationen, in denen ihr euch befindet, euren Glauben an Gott und an Jesus, seinen Sohn, im Heiligen Geist zu verkünden.

6. Seid also darauf bedacht, eure Berufung zu verstehen, Herolde eines neuen Lebens und Quelle kraftvoller Hoffnung für die ganze Kirche zu sein. Ihr sollt wissen, daß von heute an die Sendung der Kirche, der Apostel und der Jünger sich in euch fortsetzt und verwirklicht und durch euch ihren Weg findet. Mit euch wird die Kirche ihrer Verpflichtung gerecht, mit wachsendem Eifer Glauben und Liebe aufzubauen.
Gebt dem Heiligen Geist Raum! Laßt euch von seinem vielfältigen Wirken leiten! Er, der Geist Christi, weiß, was er aus euch machen will, und ihr, laßt euch von ihm führen! Das ganze außerordentliche Leben Don Boscos findet, wie ihr wißt, seine Erklärung gerade in seiner Verfügbarkeit für das Wirken des Heiligen Geistes.

7. „Ich ... ermahne euch, ein Leben zu führen, das des Rufes würdig ist, der an euch erging", lesen wir im Epheserbrief (*Eph* 4,1).
Das Sakrament der Firmung prägt der Seele eines jeden von uns ein besonderes Zeichen ein: sozusagen das Siegel des Heiligen Geistes. Christus selbst hat dieses Siegel zuerst den Herzen der Apostel eingeprägt, als er sie – während seiner Erscheinung am Tag der Auferstehung – anhauchte und zu ihnen sprach: „Empfangt den Heiligen Geist" (vgl. *Joh* 20,22). Diese Worte sind eine Art Vorbereitung auf das Pfingstfest, an dem, nach dem Heimgang Christi zum Vater, der Heilige Geist im gleichen Abendmahlssaal auf sie herabkam. In diesem Augenblick wurde den Herzen der Zwölf durch die Macht des Heiligen Geistes das Siegel der apostolischen Berufung und Sendung aufgeprägt.
Im Sakrament der Firmung erneuert sich das Pfingstfest: unseren Herzen wird das Siegel der christlichen Berufung aufgeprägt. Die christliche Berufung ist – wie uns das letzte Konzil lehrt – ihrer Natur nach Berufung zum Apostolat (vgl. Dekret *Apostolicam actuositatem*, Nr. 1).

8. Verhaltet euch also „des Rufes würdig, der an euch erging".
Beleidigt nie den Heiligen Geist (vgl. *Eph* 4,30); laßt euch nie entmutigen; verliert die Hoffnung nicht. Der hl. Johannes Bosco strahlte auch in den schwierigsten Momenten Hoffnung aus. So sucht auch ihr, die ihr durch eure Berufung eine gemeinsame Hoffnung habt (vgl. *Eph* 4,4), stets das Licht und die Kraft dieses Trösters, den Christus, der Herr, seiner Kirche geschenkt hat, damit er für alle Zeiten bei ihr bleibe. Amen!

Die Universität muß der Spezialisierung und Universalität des Wissens gerecht werden

Ansprache beim Besuch der Universität Turin am 3. September

Herr Minister, Herr Rektor, meine Herren Dekane und Professoren der verschiedenen Fakultäten, liebe Studenten und Mitarbeiter!

1. Mit Freude und Dankbarkeit nehme ich diese Gelegenheit wahr, um dem akademischen Lehrkörper, den Studenten und dem übrigen Personal der staatlichen Universität von Turin zu begegnen. Gemeinsam mit der Technischen Hochschule, die sich infolge ihrer wissenschaftlichen Erfolge verdienter Wertschätzung erfreut, kann sie ja auf eine große historische Tradition zurückblicken und genießt heute in der wissenschaftlichen Welt Italiens besonderes Ansehen.
Ich begrüße den Herrn Minister Giuliano Amato, dem ich für sein Kommen besonders erkenntlich bin, sowie den Rektor der Universität, Prof. Umberto Dinanzi und danke ihm für die höfliche Grußadresse, der ich nicht nur aufrichtige Ehrerbietung für meine Person, sondern auch das Zeugnis für seinen Einsatz zugunsten der Suche nach der Wahrheit entnehmen konnte, einer Suche, die das Gewissen jedes einzelnen achtet und von hohem Verantwortungsbewußtsein der akademischen Autoritäten und der Professoren in der täglichen Erfüllung ihrer erzieherischen Aufgaben begleitet ist.
Ich begrüße die Studenten, die durch ihre Vertreter sowohl die sie bedrückenden Probleme als auch ihre Hoffnungen und ihr Bemühen zum Ausdruck gebracht haben. Dieses zielt darauf hin, über die eigene Person hinauszugehen, kennzeichnend für eine freie, für die Unendlichkeit offene Jugend.
Die Universität ist in erster Linie für die jungen Menschen bestimmt, stehen diese doch seit ihrem Anfang im Mittelpunkt ihres Interesses und ihres eifrigen Wirkens. So begrüße ich also gerade die jungen Menschen besonders herzlich und mit all der Freude, mit der ich ihnen immer begegne und ihre Probleme, Ängste und Hoffnungen teile.

2. Die Universität wurde seit ihren Anfängen im Mittelalter als Gemeinschaft besonderer Art betrachtet, als Gemeinschaft von Professoren, Gelehrten und Studenten: diese beiden Gruppen waren damals eng miteinander verbunden. So konnte diese von innerer Solidarität getragene Körperschaft sich eines Regimes der von allen geteilten Selbstverwaltung erfreuen. Die Professoren fühlten sich für die Bildung der Studenten verantwortlich, während diese, den strengen akademischen Forderungen gehorchend, direkt am Leben der Universität Anteil hatten.
Dies war also seit dem Beginn für die Institution Universität kennzeichnend. Heute handelt es sich immer noch um das gleiche Anliegen: in der derzeitigen Phase großer Aufgeschlossenheit für gesellschaftliches Miteinander und für seine einigenden Möglichkeiten ist man auf die Wiederentdeckung der inneren Dynamik der universitären Gemeinschaft bedacht. Die Universität muß sich daher auch in unserer Zeit als Gemeinschaft von Personen auszeichnen, als Gemeinschaft, welche die akademischen Behörden, die Lehrer auf den verschiedenen Ebenen, die Studenten, das Verwaltungspersonal, die Angestell-

ten und all jene vereint, die direkt an ihrem Leben teilnehmen; auf diese Weise kann verhindert werden, daß die Universität als solche zu einem Unternehmen herabgesetzt wird, das die Beziehungen zu seinen Kunden vernachlässigt. Ganz im Gegenteil, alle Mitglieder der Universitätsgemeinschaft werden bestrebt sein, diese Institution im Geist der Teilhabe und der gemeinsamen Verantwortung mehr geeint, schöpferisch und wirklich im Interesse des Gemeinwohls zu gestalten.
All das gilt auch für die Universität Turin. Sie wurde 1404 gegründet, und zwar mit der Errichtung eines Studium generale „für den Unterricht in Theologie, kanonischem und bürgerlichem Recht und allen anderen erlaubten Disziplinen" *. Sie war immer eng mit der Geschichte der Stadt und der Region verbunden. Das ist ein Ausdruck für die fruchtbare Beziehung zwischen der alten Universität, die das menschliche Wissen in den verschiedenen Bereichen fördert und entwickelt, und dem Leben der Menschen im Rahmen der geschichtlichen, politischen und kulturellen Ereignisse und gleichzeitig für das nie unterbrochene Bemühen um die gegenseitige Ergänzung von Kirche und Gesellschaft im Einsatz für das Wohl des Menschen und sein kulturelles, moralisches, geistliches und staatsbürgerliches Wachstum.

3. Die Aufgaben, denen die Universität – heute ebenso wie in der Vergangenheit – in den Bereichen der Wissenschaft und der Lehrtätigkeit gerecht werden muß, betreffen die schwierige Synthese zwischen der Universalität des Wissens und der Notwendigkeit der Spezialisierung. So sagte das II. Vatikanische Konzil: „Die verschiedenen Wissenschaften und Künste in eine Synthese zu bringen, ist heute schwieriger als früher. Denn einerseits nimmt die Menge und Vielfalt der kulturellen Fakten zu, andererseits verringert sich die Fähigkeit der einzelnen, diese Fakten zu erfassen und zu ordnen, so daß die Vorstellung eines universal gebildeten Menschen immer mehr schwindet" (*Gaudium et spes*, Nr. 61).
Nun ist es gerade ein Kennzeichen der Universität, die schon ihrem Namen nach und im Gegensatz zu anderen Studien- und Forschungszentren universitas studiorum ist, das universale Wissen in dem Sinn zu fördern, daß jede Wissenschaft im Geist der Universalität gepflegt werden muß, d. h. in dem Bewußtsein einer so engen Bindung an die anderen, wenn auch verschiedenen Wissenschaften, daß es – zumindest was die Absicht anbelangt – unmöglich wäre, eine von ihnen ohne Bezugnahme auf die anderen zu lehren. Sich in sich selbst verschließen, käme früher oder später einer Verdammung zur Unfruchtbarkeit gleich, wobei man auch Gefahr liefe, eine ausgeklügelte Methode, die der Analyse und Erfassung eines spezifischen Teiles der Wahrheit dient, für eine Norm der gesamten Wahrheit zu halten (vgl. *Ansprache an die Studenten in Bologna*, 18. April 1982). Es ist daher erforderlich, daß die Universität zu einem Ort der Begegnung und der demütigen und mutigen geistlichen Auseinandersetzung werde, wo Menschen, die das Wissen lieben, es lernen, einander zu achten, die Meinung der anderen einzuholen und

---

* Vgl. das Gründungsdokument vom 27. November 1404, in T. Vallauri, *Storia delle Università degli Studi del Piemonte*, Turin 1845, I, S. 239–241; s. auch: *Feriis saecularibus R. Athenaei Taurinensis*, 1906, S. 12; E. Bellone, *Il Primo secolo di vita dell'Università di Torino* – sec. XV–CVI, Turin, Centro Studi Piemontesi, 1986.

im Zusammenspiel von aufnahmebereitem Wissen und der Fähigkeit zu gegenseitiger Ergänzung den Studenten zur Einheit des Erfaßbaren, d. h., zur gesuchten und vor jeder Manipulation sicheren Wahrheit hinzuführen.
In diesem Licht betrachtet, findet auch das Problem der Autonomie der Universitäten, d. h. das der Freiheit der Forschung, und das der Grenzen der Wissenschaft im Respekt vor der Berufung des Menschen ihre Lösung. In diesem Zusammenhang fühle ich mich verpflichtet, nochmals hervorzuheben, daß „die Freiheit seit jeher eine wesentliche Bedingung für die Entwicklung einer Wissenschaft darstellt, damit diese ihre innere Würde der Suche nach der Wahrheit behält und nicht zu einer reinen Funktion, zum Werkzeug einer Ideologie herabgesetzt wird, das ausschließlich der Befriedigung unmittelbarer Zwecke, materieller gesellschaftlicher Bedürfnisse oder wirtschaftlicher Interessen oder auch der nur von einseitigen oder nicht objektiven Kriterien getragenen Auffassung des menschlichen Wissens dient, Kriterien also, die tendenziösen Auslegungen entsprechen und daher die Wirklichkeit verkürzen" (*Ansprache an die Studenten in Bologna*, 18. April 1982).

4. Gleichzeitig muß die Aufmerksamkeit einem anderen, nicht weniger wichtigen und entscheidenden Bereich zugewandt werden: die Institution Universität muß der Erziehung des Menschen dienen. Das Vorhandensein selbst der hervorragendsten kulturellen Mittel und Werkzeuge ist wertlos, wenn diese nicht mit einer klaren Auffassung vom wesentlichen und teleologischen Zweck einer Universität einhergehen: dem der gesamtheitlichen Bildung und Ausbildung der menschlichen Person, in der ihrer Konstitution innewohnenden, ursprünglichen und ihrer Bestimmung entsprechenden Würde betrachtet. Die Gesellschaft erwartet von der Universität nicht nur die Ausbildung von Spezialisten, die Fachleute in ihren spezifischen Bereichen des Wissens, der Kultur, der Wissenschaft und Technik sind, sondern vor allem Gestalter der Menschheit, Diener an der Gemeinschaft der Brüder und Schwestern, welche die Gerechtigkeit fördern, weil sie auf die Wahrheit bedacht sind. Mit einem Wort, heute und zu allen Zeiten werden kulturell und wissenschaftlich gebildete Menschen benötigt, welche die Werte des Gewissens über alles andere stellen und auf den Vorrang des Seins vor dem Scheinen bedacht sind. Der Sache des Menschen wird dann gedient, wenn sich die Wissenschaft mit dem Gewissen verbündet. Der Wissenschaftler wird der Menschheit dann wirklich helfen, wenn er „den Sinn für die Transzendenz des Menschen über die Welt und die Transzendenz Gottes über den Menschen" (*Ansprache an die Päpstliche Akademie der Wissenschaften*, 10. November 1979, Nr. 4) bewahrt.
Was diese wesentliche Sendung betrifft, so begegnen die Pflichten der Universität denen der Kirche. Deshalb war die Förderung einer nicht vom Leben losgelösten Kultur zu allen Zeiten ein wichtiges Anliegen der Kirche. Im Lauf der Jahrhunderte hat sie Schulen aller Art gegründet und mit der Aussendung ihrer Missionare auch berühmte Universitäten ins Leben gerufen, wie eben die eure.
Kirche und Universität dürfen daher nicht einander fremd, sondern müssen vielmehr einander nahe, müssen Verbündete sein. Beide widmen sich – jede auf ihre Art und mit der ihr eigenen Methode – der Suche der Wahrheit, dem Fortschritt des Geistes, den univer-

salen Werten und der ganzheitlichen Entwicklung des Menschen. Größeres gegenseitiges Verständnis unter ihnen kann nur der Erreichung dieser edlen Zwecke dienen, die ihnen gemeinsam sind.
Dieses notwendige Zusammenspiel von Universität und Kirche findet auch hier in Turin seine alte und neue Ausprägung. Tatsächlich ist mir bekannt, daß die kirchliche Gemeinschaft der Diözese sich direkt mit diesen Problemen befaßt, insbesondere auch deshalb, weil 72 Prozent der Studenten der beiden Universitäten aus Turin stammen.
Darüber hinaus ist die Diözese aktiv an Initiativen der Solidarität, der Pastoral und der praktischen Unterstützung der Studenten in ihren vielfältigen Notwendigkeiten beteiligt; den Hochschullehrern obliegt die schwere Pflicht, mit ihrer gelebten Überzeugung und ihrer intellektuellen und didaktischen Tätigkeit für die Möglichkeit einer fruchtbaren Synthese von Glauben und Kultur einzutreten und Zeugnis abzulegen, und das jenseits aller Versuche ideologischer Ausnützung.
An eurer Universität gibt es in diesem Sinn großartige und erhabene Vorbilder: ich erwähne besonders den Diener Gottes Francesco Faá di Bruno, Professor für Höhere Analyse und Astronomie, und Jugendapostel; den Studenten der Technischen Hochschule Pier Giorgio Frassati; schließlich den verstorbenen Kardinal Michele Pellegrino, der vor seiner Ernennung zum Erzbischof von Turin Ordinarius für altchristliche Literatur an dieser Universität war.
Ich hoffe sehr, daß diese Ortskirche weiterhin ihren überzeugten Beitrag zur Förderung des Menschen und des Gemeinwohls leisten wird.

5. Meine Anwesenheit in Turin steht diesmal im Zusammenhang mit den Feierlichkeiten anläßlich des hundersten Todestages des hl. Johannes Bosco, wie der Rektor freundlicherweise hervorgehoben hat.
Freilich, dieser Heilige, auf den eure Stadt mit Recht stolz ist, hatte keine besonderen Beziehungen zur Universität. Dennoch verstand er es, sich trotz seiner unglaublich weitreichenden Tätigkeiten eine solide Bildung anzueignen, die es ihm, gemeinsam mit einem glücklichen Talent für literarische Darbietungen, gestattete, ein bemerkenswertes Apostolat auszuüben. Er fühlte sich sehr stark zur Erarbeitung einer Kultur gedrängt, die nicht ein Privileg weniger oder eine Abstraktion der in Entwicklung befindlichen gesellschaftlichen Wirklichkeit sein wollte. Deshalb förderte er eine solide Volkskultur, die imstande sein sollte, das Gewissen der in der Gesellschaft Engagierten im staatsbürgerlichen und beruflichen Bereich zu bilden.
Vor allem kann jedoch auch das Universitätsmilieu deshalb mit Sympathie und Vertrauen auf die Gestalt Don Boscos blicken, weil sein Leben und Wirken restlos der Jugenderziehung gewidmet waren. Der Heilige faßte sein Erziehungsprogramm in die drei berühmten Worte: „Vernunft, Religion, Liebenswürdigkeit."
Wie es im Schreiben *Iuvenum patris* heißt, hebt der Begriff Vernunft gemäß der echten Auffassung des christlichen Humanismus den Wert der Person, des Gewissens, der menschlichen Natur, der Kultur, der Arbeitswelt und des gesellschaftlichen Lebens hervor, d. h. jenen weiten Bereich von Werten, deren der Mensch in seinem familiären, staatsbürgerlichen und politischen Leben bedarf.

Die Vernunft lädt die jungen Menschen zur Anteilnahme an jenen Werten ein, die sie verstehen und denen sie zustimmen. Don Bosco bezeichnet die Vernunft auch als „Vernünftigkeit“ und meint damit den für Verstehen, Dialog und unwandelbare Geduld erforderlichen Raum, in dem sich die nicht leichte Ausübung der Vernunft abspielt.
All das setzt selbstverständlich heute eine den letzten Erkenntnissen entsprechende und vollständige Anthropologie ohne ideologische Verkürzungen voraus. Der moderne Erzieher muß imstande sein, aufmerksam die Zeichen der Zeit zu lesen, um die Werte herauszufinden, die die jungen Menschen besonders interessieren: Friede, Freiheit, Gerechtigkeit, Gemeinsamkeit und Teilnahme, Aufwertung der Frau, Solidarität, Entwicklung und ökologische Erfordernisse“ (*ebd.*, Nr. 10).
Don Bosco hat darüber hinaus außerordentliches Interesse für die Welt der Arbeit an den Tag gelegt. Mit Weitblick war er darauf bedacht, die jungen Generationen mit entsprechender beruflicher und technischer Kompetenz auszustatten, und das vor allem in einer Stadt wie Turin und einer Region wie Piemont, die dank hochentwickelter Zentren industrieller Produktion die genialen italienischen Entdeckungen und Schöpfungen der Wissenschaft in aller Welt verbreiteten. Groß war auch seine Sorge um eine immer nachhaltigere Erziehung zur sozialen Verantwortung, deren Grundlage eine vom christlichen Glauben nicht nur gutgeheißene, sondern auch mit unschätzbaren Energien ausgestattete persönliche Würde bildet (vgl. *ebd.*, Nr. 18).
In diesem Sinn fällt der Universität als Zentrum für die Zusammenfassung des Wissens und Institution für die Erarbeitung humanistischer und wissenschaftlicher Erkenntnisse durch die ständige Anwendung der Vernunft eine vorrangige und unveräußerliche Aufgabe zu. Wenn die Entwicklung auch notwendigerweise wirtschaftliche Dimensionen annimmt, darf sie sich doch nicht in diesen erschöpfen, soll sie sich nicht gegen jene wenden, denen man helfen wollte. Die Kennzeichen einer vollgültigen, „menschlichen“ Entwicklung die – ohne Außerachtlassung der wirtschaftlichen Notwendigkeiten – imstande ist, der wahren Berufung von Mann und Frau gerecht zu werden, sind in der kürzlich veröffentlichten Enzyklika *Sollicitudo rei socialis* (Nr. 28–30) dargelegt worden.
Das Unternehmen setzt die Achtung für die tiefsten Werte des Menschen voraus. Eine nicht nur wirtschaftliche Entwicklung läßt sich an dieser Wirklichkeit und Berufung des Menschen messen und nach ihr orientieren, wobei der Mensch als Ganzheit, d. h. seiner inneren Größe entsprechend betrachtet werden muß. Er bedarf sicher der geschaffenen Dinge und der Industrieprodukte, die sich infolge des wissenschaftlichen und technologischen Fortschritts ständig vermehren. Im Interesse einer echten Entwicklung darf man jedoch diese innere Größe, die in der spezifischen Natur des von Gott nach seinem Bild und Gleichnis geschaffenen Menschen gründet, nicht aus dem Auge verlieren (vgl. *Sollicitudo rei socialis*, Nr. 29).

6. Don Bosco erwies sich vor allem in seiner Liebe zur Jugend als erzieherisches Genie. Um erziehen zu können, muß man lieben.
Tatsächlich lautet das dritte Wort des vorhin erwähnten Erziehungsprogrammes Liebenswürdigkeit. „Es handelt sich dabei um eine Haltung im Alltag“ – erinnert wieder *Iuve-*

num patris – „die weder rein menschliche noch rein übernatürliche Liebe ist. Sie bringt eine komplexe Wirklichkeit zum Ausdruck und beinhaltet Verfügbarkeit, gesunde Richtlinien und ein entsprechendes Verhalten.

Die Liebenswürdigkeit überträgt sich in das Engagement des Erziehers und macht aus ihm einen ganz dem Wohl der Jugendlichen verpflichteten Menschen, der mitten unter ihnen ist, bereit, für die Erfüllung seiner Sendung Opfer und Mühen auf sich zu nehmen. All das erfordert echte Verfügbarkeit für sie, tiefe Sympathie und Dialogbereitschaft ...

... Ein wahrer Erzieher nimmt also am Leben der Jugendlichen teil, interessiert sich für ihre Probleme, versucht zu begreifen, wie sie die Dinge sehen, ... ist bereit, einzugreifen, um Probleme zu klären, Richtlinien anzugeben und mit Klugheit und liebevollem Nachdruck tadelnswerte Meinungen und Verhaltensweisen zu korrigieren. In diesem Klima der ‚pädagogischen Präsenz' wird der Erzieher nicht als Vorgesetzter, sondern als Vater, Bruder und Freund betrachtet" (Nr. 12).

All das hat, selbst wenn man den spezifischen Charakter der verschiedenen Milieus und Zielsetzungen in Betracht zieht, auch für die Erziehung an der Universität seine Bedeutung: wenn diese lehren und erziehen will, müssen in ihr die Energien der Liebe am Werk sein, wie im Leben, in der Sendung und in den Methoden Don Boscos.

So wünsche ich denn aus ganzem Herzen, daß diese berühmte Universität und alle anderen Turiner Institute für Spezialausbildung stets diesen höchsten Werten Aufmerksamkeit schenken und diesen Horizonten gegenüber aufgeschlossen seien. Soll die Intelligenz richtig eingeschätzt und das Herz von der Liebe bewegt werden, bedarf man sicher der Hilfe des Logos, denn – um es mit dem hl. Augustinus zu sagen – er ist das Licht: „ipse (Filius) est menti nostrae lumen" (Augustinus, *Quaest. Evang.*. I,1; *Patrologiae latina* 35,1323); er ist die Liebe: „amavit nos, ut redamaremus eum" (*Enarr. in Ps.* 127,8; *Corpus christianorum series latina* 40,1872). Alle, die dieses Licht und diese Liebe aufgenommen haben, werden sicher bei ihrer Studien-, Lehr- und Bildungstätigkeit von diese Wahrheiten unterstützt; ich denke jedoch, daß alle, welcher ideologischen Herkunft sie auch sein mögen, sich geeint und eines Herzens auf dieser gemeinsamen Ebene des intelligenten und hochherzigen Dienstes an den Menschen von morgen zusammenfinden können.

Deshalb rufe ich mit größter Wertschätzung auf euch alle den immerwährenden Beistand des göttlichen Wortes herab, dessen Unterpfand mein besonderer Segen sein will.

Trennung von Evangelium und Kultur eine Tragödie

Ansprache an die Priester und Ordensleute von Piemont am 3. September

Liebe Priester und Ordensleute von Turin und Piemont!

1. Unser Beisammensein in dieser marianischen Basilika, wo die sterblichen Überreste des hl. Johannes Bosco verehrt werden, weckt in mir Gedanken und Hoffnungen, die ich euch mitteilen möchte. Ihr seid eine Gruppe von auserwählten Jüngern Christi, um die Reichtümer seines Heilsgeheimnisses den anderen zu bezeugen und mitzuteilen. Eure

Berufung hat innerhalb des Volkes Gottes einen besonderen Charakter. Lebt ihr wirklich diese Berufung, so erfließen daraus überreiche Früchte für alle Gläubigen; durch eine Krise in eurem Beruf aber wären das Leben der kirchlichen Gemeinschaften ebenso wie der unerläßliche Sauerteig, den ihr für das soziale Zusammenleben bilden sollt, in Frage gestellt.

Gern richte ich meine herzlichsten Grüße an euch alle, die ihr hier anwesend seid, aber auch an alle Mitbrüder, die aus pastoralen Gründen nicht herkommen konnten. Ein besonders herzlicher Gruß gilt den kranken Priestern und denen, die sich in Schwierigkeiten befinden.

Ich möchte mit euch besonders über den Priesterberuf nachdenken und das, was wir über die Priester bedenken, dient auch den übrigen gottgeweihten Personen.

Das II. Vatikanische Konzil erinnert die Priester daran, daß „ihnen von Gott die Gnade verliehen wird, Diener Jesu Christi ... zu sein", das Ziel aber, auf das ihr Dienst und ihre ganze Existenz hingeordnet sind, ist „die Verherrlichung Gottes des Vaters" sowie „das Wachstum des göttlichen Lebens im Menschen" (*Presbyterorum ordinis*, Nr. 2).

Wollen sie dieses grundlegende Ziel erreichen, brauchen sie viele Tugenden und ein wirklich systematisches Streben nach Heiligkeit. Wir sehen es beschrieben in den feurigen Worten des Apostels Paulus an die Philipper: „Was immer wahrhaft, edel, recht, was lauter, liebenswert, ansprechend ist, was Tugend heißt und lobenswert ist, darauf seid bedacht" (*Phil* 4,8).

Aber kann eine derart hohe Aufgabe erfüllt werden? Gewiß: unser priesterlicher Dienst übersteigt die persönlichen Kräfte eines jeden von uns absolut; nicht nur einfach unsere menschlichen Fähigkeiten, die die Wirksamkeit unseres Dienstes erklären. Ein Trost ist für uns die Betrachtung der Tatsache, daß wir für diesen Dienst „geweiht" sind, daß also der Vater selbst die Initiative ergriffen und uns mit der Kraft des Geistes Christi weit über alle unsere Kräfte hinaus erfüllt hat, so daß wir wirkliche Diener des Wortes Gottes sind, durch die Eucharistie und die übrigen Sakramente heiligen können und im Volk der Gläubigen Erzieher zum Glauben zu sein vermögen.

All dies schließt verschiedene Aufgaben auch auf der Ebene der Kultur und der Werbung ein; die von Christus gebrachte Frohbotschaft tritt ja nicht künstlich von außen zur Wirklichkeit des Menschen hinzu; sie muß vielmehr in deren Innerem ausgestreut und gepflegt werden, und sie muß von innen her als konstitutiver Teil des integralen Menschen und als unerläßliche Wirkkraft der Geschichte wachsen. Die Trennung von Evangelium und Kultur wird für die Menschheit immer eine Tragödie sein.

Sind aber die zu erfüllenden Aufgaben so zahlreich und schwierig, muß man sich fragen, wie der Priester die vielfältigen Tätigkeiten seines Dienstamtes mit den Erfordernissen seines Zeugnisses für eine echte Einheit und Ganzheit seines Lebens auf hoher Ebene in Übereinstimmung bringen kann.

Das II. Vatikanische Konzil gibt darauf die Antwort: die Priester müssen ständig das Bewußtsein haben und sich klar machen, daß sie immer und überall „Diener Christi" sind, für den Willen des Vaters aufgeschlossen und gelehrig bereit. „Sie werden gerade in der Betätigung der Hirtenliebe das Band der priesterlichen Vollkommenheit finden, das ihr Leben und ihr Wirken zur Einheit verknüpft" (*Presbyterorum ordinis*, Nr. 14).

Bei der Vertiefung dieses Aspekts des priesterlichen Lebens hilft uns gewiß das Nachdenken; doch vor allem ermuntern uns dazu die lebendigen Vorbilder, deren Heiligkeit im Priesterleben durch die von der Kirche vollzogene Heiligsprechung offiziell anerkannt ist.

Damit stehen wir vor der großen Priestergestalt, dem hl. Johannes Bosco: Euer lieber Erzbischof hat euch bereits Gedanken über ihn als „Priester Christi und der Kirche“ vorgelegt. Tatsächlich war Don Bosco an erster Stelle und vor allem ein echter Priester. Das vorherrschende Kennzeichen seines Lebens und seiner Sendung war sein ganz ausgeprägter Sinn für seine eigene Identität als katholischer Priester nach dem Herzen Gottes. Nicht umsonst lautet der Name, mit dem er am geläufigsten genannt wird, wie zu seiner Zeit, immer noch „Don“ Bosco.

Aufschlußreich ist hier seine Erklärung vom Dezember 1866 vor dem Ministerpräsidenten Bettino Ricasoli, der ihn zum Palazzo Pitti gerufen hatte: „Exzellenz mögen wissen, daß Don Bosco Priester ist, am Altar und im Beichtstuhl, aber auch mitten unter seinen Jugendlichen. Und wie er in Turin Priester ist, so ist er es auch in Florenz. Er ist Priester im Haus des Armen, aber auch im Palast des Königs und der Minister“ (*Memorie Biografiche*, 8, S. 534).

Wir können nicht auf ihn schauen, ohne davon ergriffen zu sein, wie stark in ihm die Überzeugung war, daß Gott ihn als Priester gewollt hat. Wir können es nur bewundern, wie tief er die echten Werte der Hingabe des Priesters erkannt hat. Heute wie gestern spricht er wirksam zu uns Priestern, um uns zu sagen, wie groß unsere Dankbarkeit und zugleich unsere Verantwortung angesichts des unschätzbaren Geschenkes sein muß, das wir zum Wohl der Kirche und der Welt empfangen haben.

Sein Priesterbild war von solcher Art, daß ihm alle Lobsprüche und Auszeichnungen für seine Person unangenehm waren und er zu erkennen gab, solche Ehrenbezeigungen, die ihm manchmal von großen Massen dargebracht wurden, habe er nur dann gern, wenn sie nicht seiner Person, sondern seinem Priestertum galten.

2. Gewiß ist der priesterliche Dienst nicht einfach mit der Person des Priesters identisch, doch wir können in der Heilsgeschichte feststellen, daß die göttliche Erwählung einiger zu einer bestimmten Aufgabe Gesandten ihre Person mit dem erhaltenen Dienstauftrag innerlich und lebensmäßig verbindet. Mose spricht mit Gott „Auge in Auge, wie Menschen miteinander reden“ (*Ex* 33,11); für die Apostel und die Priester des Neuen Testamentes aber reicht die Intimität bis zur Identifizierung mit Christus. Der Grund für dieses tiefe gegenseitige Verhältnis liegt in der Tatsache, daß Gott nicht nur ruft und sendet, sondern auch weiht und Kraft für diese Sendung gibt. Die Weihe aber erfaßt und durchdringt die Person in ihrer ganzen Existenz.

Die eigene Person diesem Dienst angleichen, Tag für Tag klarer und intensiver diesen geistlichen Weg der Identifizierung fortsetzen, darin besteht im Grunde der Weg zur Lebenseinheit und Heiligkeit des Priesters in seinem Dienst.

Ich glaube, daß der erste große Gedanke von Don Bosco diesen Aspekt betrifft, der die volle Abhängigkeit des Priesterseins von der Initiative Gottes einschließt. Eine derart tiefe Einsicht erklärt sich bei ihm mit besonderen Erleuchtungen durch den Geist der Wahr-

heit und mit der Seelenführung und dem Beispiel eines weiteren bewundernswerten Heiligen aus Turin, Don Giuseppe Cafasso, dem großen Bildner hervorragender Priester. Durch göttliche Weihe Mitarbeiter der Apostel zu sein, ist die große Gewißheit, die Don Bosco in seiner Sendung so stark und entschieden machte und ihn immer besser verstehen ließ, daß die Aufgabe des Priesters, seiner Person und seines Lehrens in der Gegenwärtigsetzung und Verlängerung des Wirkens Christi selbst besteht: anbeten, erlösen, verkündigen und alle Mittel anwenden, um die zärtliche Liebe des Vaters bekannt zu machen, so daß sie angenommen wird.
Bei ihm gab es keinerlei Trennung zwischen der Zeit, die Gott zu schenken war und jener, die den Werken, den Jugendlichen und den Aufgaben des Apostolates galt. Er weihte sich selbst dem heiligenden Wirken Gottes durch die bedingungslose Hingabe an den Auftrag des Herrn und die Kontemplation, der man im Opfer nahekommt.

3. Die logische Folge der Weihe durch das Weihesakrament ist beim Priester ein klares und ständiges Bewußtsein, „Diener Christi" und damit „Ausspender der Geheimnisse Gottes zu sein" (*1 Kor* 4,1). Der Priester kann aber seine Weihe, die ihn zum Träger der Präsenz des Herrn in der Welt macht, nicht leben, wenn er nicht mit täglichem Eifer bei sich selbst und beim christlichen Volk den Primat des sakramentalen Lebens pflegt.
Heute muß man diese Wahrheit kräftig unterstreichen: der Priester übermittelt den Menschen das göttliche Leben. Er mag auch schwach und unvollkommen sein und wird gewiß nie dem großen Vertrauen gerecht werden, das Gott ihm geschenkt hat, als er ihn zu seinem Diener berief. Doch seine Kraft und sein Reichtum liegen gerade hier: die Menschen vergöttlichen, sie mit Gott nähren. „Ziel des wahren Priestertums ist – nach den Worten des hl. Maximus, des Bekenners – mit der Gottheit erfüllt zu werden und zu erfüllen" (*Ef* 31; *Patrologiae graeca* 91,626).
Mit der Gottheit erfüllt werden: voll werden von Gott in seinem inneren Leben, in der Eucharistie, in der häufigen Beichte, um den Verlockungen der Sünde, die auch uns mit ihrer schmeichlerischen Stimme erreichen, unverletzt zu entkommen.
Mit der Gottheit erfüllen: den dreifaltigen Gott dem Volk schenken, das sein ist; es zum Tisch des Wortes und dem der Eucharistie rufen in den sorgfältig vorbereiteten Feiern an Sonn- und Festtagen; es zur Praxis der Beichte ermuntern, dem göttlichen Werkzeug der Reinigung und der Aszese; ihm das Ideal der Heiligkeit im Familienleben vorstellen, wo die Achtung vor dem Leben, das Opfer und die Hingabe seiner selbst und die Kraft zum Widerstand gegen den bösen herrschenden Hedonismus ihren Platz finden; endlich in den Jugendlichen hochherzige Ideale wecken und die Berufungen pflegen.

4. Beim Amtspriestertum bilden Weihe an Gott und Sendung nicht zwei entgegengesetzte Pole; sie verbinden sich vielmehr in dem höheren Gleichgewicht der pastoralen Liebe, die von ihrem Wesen her eine wunderbare Gnade der Einheit mit sich bringt. Die Sendung ist für den Priester nämlich ein Element seiner Weihe an Gott; im seelsorglichen Wirken aber offenbart er konkret, was in seinem Inneren lebt. Der Herr weiht und sendet; das apostolische Wirken aber ist Frucht der pastoralen Liebe.
Don Bosco war lebhaft vom Wert der Sendung überzeugt und betonte daher unermüdlich durch sein Beispiel und durch sein Wort, daß der Priester für das Heil der Seelen gesandt

ist. „Jedes Wort des Priesters“ – so liebte er zu wiederholen – „muß Salz des ewigen Lebens sein, und dies überall und jeder beliebigen Person gegenüber. Wer immer einem Priester begegnet, muß ein Wort der Wahrheit mitnehmen, das seiner Seele Nutzen bringt“ (*Memorie Biografiche*, 6, S. 381; 3, S. 74). Nach seiner Auffassung kennt das Tun des Priesters keinen Ausschluß von Personen, es schließt vielmehr alle ein: das bezeugt die Weite seiner Aktionshorizonte, die von der männlichen Jugend über die weibliche Jugend in die Kreise des einfachen Volkes reichen, ohne die anderen auszuschließen, und die bis zu den Nichtchristen gehen.

Und doch bleibt sein Name unverwechselbar mit jenem besonderen Charisma des Erziehers verbunden, das ihm mit Recht den Namen „Jugendheiliger“ eingebracht hat. Diese Besonderheit aber bietet den Priestern Motive zum Nachdenken über ein heute äußerst dringlich gewordenes Thema.

Gewiß ist nicht jeder Priester von Gott zum Jugendapostel berufen und nicht jeder kann dieses Apostolat so intensiv wie Don Bosco ausüben. Doch jeder muß sich als Erzieher eines jeden verstehen, dem er begegnet, und jeder muß die Heranbildung der Jugend als eine für ihn unausweichliche persönliche Verantwortung ansehen. Der Priester stellt ja den Herrn dar, der die Jugendlichen liebt; er stellt auch die Kirche dar, deren Interesse für die Heranbildung der Jugend, wie das II. Vatikanische Konzil sagt, Gehorsam gegenüber „dem Auftrag ihres göttlichen Stifters“ bedeutet. „Sie soll das Heilsmysterium allen Menschen verkünden und alles in Christus erneuern“ (*Gravissimum educationis*, Einleitung).

5. Don Bosco war ein großer Marienverehrer; wie alle Turiner verehrte er mit kindlicher Liebe die Consolata; und in den schwierigen Zeiten der Angriffe auf die Kirche und ihre Hirten erneuerte er die Andacht zu Maria, der Hilfe der Christen, die er auch „Mutter der Kirche“ nannte (vgl. G. Bosco, *Meraviglie della Madre di Dio invocata sotto il titulo di Maria Ausiliatrice*, Turin 1868, S. 45). Er wollte dieses Gotteshaus gerade als Beweis seiner unbedingten Gewißheit, daß Maria in den Ablauf der Geschichte eingreift; ihr weihte er auch das Schwesterninstitut, das als „lebendiges Denkmal“ den Namen „Töchter von Maria Hilf“ erhalten hat.

Von seiner Kindheit an stand über seinem Priesterberuf wie der Polarstern die Mutter Gottes; seine Wirksamkeit im Dienst und seine apostolische Kühnheit aber hatten ihre tiefe und echte Wurzel an diesem festen Vertrauen auf sie.

Auf ihre Fürbitte und mit der Hilfe der allerseligsten Jungfrau, die uns von dem großen Bild hier zulächelt, auf dem sie von den Aposteln, den ersten Mitarbeitern und Dienern des Neuen Bundes umgeben ist, wollen wir also die erhabene Botschaft der Treue zu unserer priesterlichen Identität, zu der uns die Gestalt unseres großen zeitgenössischen Heiligen herausfordert, gelehrig entgegennehmen und voll Eifer hüten.

Möge uns Don Bosco zu Maria führen und uns helfen, unsere Weihe für den apostolischen Dienst als Priester des Herrn zu erkennen, zu schätzen und weiter zu entfalten.

Ihnen, Eminenz, danke ich für die Einführung zu dieser Begegnung mit den Priestern Ihrer Erzdiözese Turin und denen aus ganz Piemont, und ich lade Sie wie auch die anderen hier anwesenden Bischöfe ein, diesen unseren Brüdern in der Weihe an Gott im Priestertum als Ausdruck des Dankes, der Solidarität und der Ermunterung den Segen zu erteilen. Dieser Segen soll auch euren Pfarreien und Gemeinschaften gelten und allen, die euch anvertraut sind, nicht zuletzt euren Familien. Danke.

Sendungsauftrag ohne Gebet und Sakramente nicht erfüllbar

Ansprache an die Seminaristen und jungen Ordensleute im Dom von Chieri am 3. September

Liebe junge Seminaristen und Ordensleute!

1. Erfüllt von Freude bin ich zu dieser Begegnung gekommen und mit Dankbarkeit nehme ich das Geschenk an, das eure Anwesenheit mir bedeutet.
Meine Freude ist groß, weil ich mit euch all jene begrüße, die mit Mut und Bereitwilligkeit auf den besonderen Ruf des Herrn „ja“ gesagt haben und sich vorbereiten, auf dieser Antwort ihr ganzes Leben aufzubauen.
An euch, junge Ordensfrauen, Ordensmänner, Seminaristen, Mitglieder von Säkularinstituten und Gesellschaften apostolischen Lebens, möchte ich ein ermutigendes Wort im Namen Christi richten, der euch gerufen hat, sein Evangelium zur Mitte eures Lebens zu machen.
Bei dieser Aufgabe der Vorbereitung auf eure Zukunft wird euch der junge Johannes Bosco, der im vergangenen Jahrhundert durch diese Straßen ging und unter diesem Himmel lebte, sicher Anregung geben können.
Er verbrachte in dieser Stadt zehn Jahre seines Lebens (1831–1841), davon waren die sechs entscheidensten zweifellos jene im Seminar in Chieri (1835–1841).
Während der Jahre in Chieri legte er den Grundstein für seine Mission. Auch er, so wie ihr, verspürte ein dringendes Bedürfnis zum apostolischen Wirken, das er sofort in die Tat umsetzte, indem er sich der ärmsten und verlassenen Jugendlichen annahm. Aber er war sich auch dessen bewußt, daß kein Sendungsauftrag, und schon gar nicht jener, der ihm bestimmt war, ohne spirituelle und kulturelle Vorbereitung durchgeführt werden kann; auch kann er nicht andauern ohne die innere Kraft, die von einem Weg der Askese und von gemeinsamen aufbauenden Initiativen ausgeht; der Sendungsauftrag kann auch nicht vollendet werden ohne die innere Kraft, die aus dem Gebet und aus den Sakramenten kommt.
Wenn man die autobiographischen Erinnerungen Don Boscos nachliest (geschrieben im Auftrag von Papst Pius IX., meinem verehrten Vorgänger) und die Aussagen seiner Zeitgenossen betrachtet, ist es nicht schwer, einige Grundzüge seiner Formung und seines Wachstums zu erkennen, die in entscheidender Weise zur Entwicklung der Heiligkeit von Don Bosco beigetragen haben und die auch den Weg eurer Berufung erleuchten mögen.

2. Der Herr half Don Bosco, sich „ein Herz so weit wie die Strände des Meeres“ zu schaffen, aus der Eucharistie und der Buße die inneren Energien für die Liebe zu schöp-

fen, Kräfte, die die menschlichen Fähigkeiten nicht schwächen, sondern stärken, vervielfachen, umwandeln und verbreiten.

„Die Vorgesetzten liebten mich" – schreibt Don Bosco – „(...) die Mitbrüder mochten mich gerne. Man kann sagen, daß ich für sie lebte, sie lebten für mich."

Nach seinem Vorbild seid ihr jungen Ordensleute, die ihr euch aufmacht, einen kirchlichen Dienst mit einer besonderen Weihe auf euch zu nehmen, dazu aufgerufen, der tiefen Neigung eurer Jugend Gehör zu schenken, die euch drängt, zu lieben und zu dienen, anhaltende und fruchtbringende Freundschaften aufzubauen, euch des Leidenden, der in eurer Nähe lebt, fürsorglich anzunehmen und euren Altersgefährten besondere Aufmerksamkeit zu schenken, indem ihr euch, wie der hl. Johannes Bosco, für sie zu Verkündern des Evangeliums macht.

Auf diesem Weg der Öffnung und der Erziehung des Herzens fand der hl. Johannes Bosco in Maria eine unvergleichbare Hilfe und ein Vorbild.

Ihr wurde er seit den ersten Lebensjahren von seiner irdischen Mutter anvertraut; im Zwiegespräch mit ihr ist er, getreu der Gebetstradition seiner Familie, herangewachsen; gemeinsam mit ihr ging Don Bosco in einem unauflöslichen Sohnesverhältnis immer entschieden voran.

Am Tag der Einkleidung entwarf er einen Lebensweg, zu dem er sich mit einigen Versprechen verpflichtete. „Ich begab mich" – so schrieb er – „vor das Bild der Heiligen Jungfrau; ich habe die Versprechen gelesen und mich nach einem Gebet formell dieser himmlischen Wohltäterin verpflichtet, diese Versprechen einzuhalten, welches Opfer es auch immer kosten möge."

Und kurz danach, „zu Füßen des Marienaltars", legte er das Gelübde der Keuschheit ab, um die ganze Kraft seiner Liebe in den Dienst Christi zu stellen.

3. Gerade während der Jahre von Chieri wurde Johannes Bosco vom Herrn immer mehr zu einer neuen Denkweise geführt, auch in der Ordnung der spirituellen und kulturellen Formung.

Im Studienbereich – so gestand Don Bosco – hatte er eine falsche Vorstellung. „Ich war an die klassische Lektüre (...) gewöhnt und fand keine Vorliebe für die asketischen Dinge." Aber nach der Lektüre des Buches über die Nachfolge Christi bekam er Geschmack an geistlichen Dingen.

Man ist übrigens erstaunt, wenn man die Persönlichkeit des Studenten Johannes Bosco näher betrachtet, wie lebendig in ihm der Wunsch war, sich mit der Heiligen Schrift zu beschäftigen, mit den Kirchenvätern, den Meistern des geistlichen Lebens, der Geschichte des Christentums. Dadurch konnte er während der Jahre in Chieri die theologische und spirituelle Synthese zwischen Kultur und Evangelium herstellen, eine Verbindung, die charakteristisch ist für seine geistliche Ausstrahlung, und die in der heutigen Zeit eines der erstrangigsten Bedürfnisse darstellt, in einer Zeit, in der „der Bruch zwischen Evangelium und Kultur" (*Evangelii nuntiandi*, Nr. 20) eine der gefährlichsten Krankheiten zu sein scheint.

Liebe Jugend, diese eure Zeit ist zu kostbar, um sie nicht ganz für das Suchen und für den Dienst an der Wahrheit einzusetzen. Eure intellektuellen Fähigkeiten, die sich kräftig entwickeln, die Bereitschaft und die Großzügigkeit an Liebe, die Ausweitung eurer Aufmerksamkeit auf die Probleme der ganzen Welt, die innere Verfügbarkeit, euch vollkommen für etwas Großes hinzugeben, bedürfen einer angemessenen Nahrung, einer menschlichen und christlichen Kultur, die den Anforderungen der heutigen Zeit, so reich an Ermutigung und Hoffnungen, aber auch betroffen von furchtbaren Problemen, zu entsprechen vermag.

4. Im Seminar in Chieri bereitete sich der hl. Johannes Bosco mit Geduld darauf vor, ein „Überbringer des Evangeliums" zu werden. An dem Tag, an dem er seine erste Messe feierte – gestand der Heilige – bat er „sehnlichst um die Wirksamkeit des Wortes, um den Seelen Gutes tun zu können" und im fortgeschrittenen Alter fügte er hinzu: „Es scheint mir, als ob der Herr meine bescheidene Bitte erhört hätte."
Don Giovanni Bosco war in der Tat ein wirksamer Verkünder, weil er es verstand, gerade während der Jahre in Chieri jene Fähigkeiten einzusetzen, die ihm später so zugute kamen: das Talent, eine Vielfalt von Kommunikationsmitteln zu gebrauchen und den Gesprächspartner vollkommen miteinzubeziehen, Intelligenz und Willen und Phantasie. Besonders in Chieri setzte er den Grundstein für dieses entscheidende Element, die Glaubwürdigkeit des Überbringers, die in persönlicher Konsequenz besteht, in der Fähigkeit des Zuhörens, der Annahme und dem Glücklichmachen der anderen.
Wirklich bemerkenswert war seine Begabung zur Verkündigung der Frohen Botschaft, indem er Milieus, Verhaltensweisen und gemeinsame Erfahrungen, die Heiterkeit und Fröhlichkeit brachten, aufbaute.
Während der Jahre in Chieri erlangte der hl. Johannes Bosco außerdem jene Reife der Beziehungen, die zu einer fruchtbaren Quelle für sein Oratorium und zum Herzen jener Erfahrung in der Erziehung wurde, die er später „vorbeugendes System" nannte.
Er verstand es, daß das Evangelium nur von dem verkündet werden kann, der liebt und der es gelernt hat, die Liebe mit unmittelbar erkennbaren und wahrnehmbaren Zeichen zum Ausdruck zu bringen. Diese sind – so teilt uns Don Bosco mit – die Fähigkeit, ständig Vertrauen zu schenken, die Bereitschaft zum Gespräch mit jedem, die Kunst der Begegnung, die Vertrauen entwickelt.

5. Wie der hl. Johannes Bosco, so seid auch ihr junge Ordensleute, die ihr eure Taufweihe in einem vollkommeneren Zusammenwirken mit Christus verwirklicht, durch eine besondere Berufung dazu bestimmt, „die Einladung zur Berufung", die euch mit euren Altersgenossen verbindet, anzunehmen und für sie da zu sein. Teilt ihnen mit, so wie es Don Bosco mitzuteilen verstand, daß der Glaube eine Antwort gibt auf viele große Unklarheiten der Jugend und daß es wirklich nicht notwendig ist, das Evangelium zu vergessen, um jung zu sein, und nicht die Jugend auszulöschen, um Christ zu sein.
Sagt ihnen, daß der Glaube und das Glück nicht konkurrieren, sondern es sind verschiedene Bezeichnungen, die zum selben Ziel führen. Der Glaube ist dem Menschen zu seinem Glück offenbart! Und ein Glück, das man weit entfernt vom Wort des Evangeliums sucht, wird seine Versprechen nicht halten können.
Sagt ihnen, daß der Glaube im Dienst des Lebens steht und ihm einen Sinn gibt in den verschiedenen Ausdrücken der Liebe, des Schmerzes, der Arbeit, des Studiums, des fa-

miliären und sozialen Einsatzes, in der Suche nach Frieden und Solidarität zwischen den Völkern.
Seid glücklich über eure Berufung und über euren besonderen Dienst an Christus und an den Brüdern. Nährt euch von den kirchlichen Schätzen, die euch vom Lehramt der Kirche zur Verfügung gestellt werden, bleibt in tiefer Verbindung mit den Bischöfen und dem Nachfolger des hl. Petrus. Arbeitet jeden Tag nach dem Vorbild von Don Bosco, um das Reich Christi in euch und euren Brüdern aufzubauen.
Dies sind meine Betrachtungen, die sich mit der Person und der persönlichen Geschichte Don Boscos verbinden, und dies sind meine Wünsche für euch hier anwesenden jungen Leute, die Wünsche auch von den hier anwesenden Bischöfen, von eurem Kardinal, von den Ordensobern, von Don Viganó, dem Großrektor der Salesianer. Alle zusammen möchten wir euch den Segen erteilen und für eure Berufung und eure Ausbildung als Seminaristen, als Novizen und Novizinnen, für alle hier Anwesenden und für alle eure Altersgenossen beten. Beten wir auch für die Berufung der anderen, auf daß sie den rechten Weg finden mögen und daß sie die Gnade so annehmen mögen, wie Johannes Bosco und wie auch ihr es getan habt. Beten wir, indem wir das „Regina Caeli" singen, und dann erteilen wir euch unseren Segen.

Gottes Pläne sind immer geheimnisvoll

Predigt bei der Seligsprechung von Laura Vicuña am 3. September

1. „Ich preise dich, Vater, Herr des Himmels und der Erde, weil du all das den Weisen und Klugen verborgen, den Unmündigen aber offenbart hast" (*Lk* 10,21). Zu diesen Worten des Herrn Jesus bemerkt der Evangelist: „vom Heiligen Geist erfüllt, rief er – Jesus – voll Freude aus" ... (*ebd.*).
Wir möchten in unseren Herzen etwas von dieser Freude aufleuchten lassen, weil wir uns zur Hundertjahrfeier nach dem Tod des hl. Johannes Bosco zusammengefunden haben, auf den sich in besonderer Weise diese Worte unseres Meisters und Erlösers anwenden lassen.
Ebenso bezieht sich auch alles das auf ihn, was wir in der heutigen Liturgiefeier im ersten Brief des hl. Johannes lesen: „Ich schreibe euch, ihr Kinder, daß ihr den Vater erkannt habt ... der von Anfang an ist ... euch, ihr jungen Männer, daß ihr stark seid, daß das Wort Gottes in euch bleibt und daß ihr den Bösen besiegt habt" (*1 Joh* 2,14).
Nach dem Beispiel des hl. Apostels und Evangelisten Johannes hat auch der hl. Johannes Bosco im Lauf all der Jahre seines Lebens und seines Apostolates einen Brief geschrieben, einen lebendigen Brief ins Herz der Jugend. Er hat ihn in der Freude geschrieben, die den Kleinen und Demütigen im Heiligen Geist geschenkt wird.

2. Dieser lebendige Brief wurde schon während des Lebens und des priesterlichen Dienstes des hl. Johannes Bosco gelesen. Und der gleiche lebendige Brief wird immer noch weitergeschrieben in den Herzen der Jugend, zu denen das Erbe des hl. Erziehers von Tu-

rin gelangt. Dieser Brief spricht mit besonderer Klarheit, wenn aus jenem Erbe von Generation zu Generation immer neue Heilige und Selige erwachsen.
Wir kennen alle die leuchtende Schar auserwählter Seelen, die sich in der Schule Don Boscos herangebildet haben: der hl. Dominikus Savio, der sel. Michael Rua, sein erster Nachfolger, die sel. Märtyrer Ludwig Versiglia und Callistus Caravario, die hl. Maria Domenica Mazzarello, Mitbegründerin der Don Bosco-Schwestern, und heute auch die junge Laura Vicuña, die anläßlich des salesianischen Jubiläums zur Ehre der Altäre erhoben wird.

3. Die neue Selige, die wir heute ehren, ist insbesondere eine Frucht der von den Don Bosco-Schwestern empfangenen Erziehung und daher ein bedeutender Teil des Erbes des hl. Johannes Bosco. Darum ist es recht, unsere Gedanken auch auf das Institut der salesianischen Schwestern und ihre Gründerin zu richten, um die Verehrung der hl. Gründer zu vertiefen und um neuen apostolischen Eifer zu gewinnen, vor allem für die christliche Erziehung der Jugend.
Die Pläne Gottes sind für uns immer geheimnisvoll, erweisen sich aber am Ende als von der Vorsehung gelenkt. In der jungen Maria Domenica Mazzarello, die bescheidenen Verhältnissen in dem kleinen Dorf Mornese in der Diözese Acqui entstammte, war schon der Vorsatz gereift, sich einem Leben der Hingabe an den Herrn zu weihen. Als sie Don Bosco begegnete, entdeckte sie endgültig ihre Berufung: sie wollte dem Apostel der Jugend folgen, der auch eine Ordensgemeinschaft für Frauen gründen wollte. In dem geistlichen und apostolischen Kreis um Don Bosco sammelte Maria Domenica Mazzarello die erste Gruppe Schwestern in Mornese um sich und gründete mit der Einkleidung und Profeß am 5. August 1872 offiziell die Ordensgemeinschaft.
Von jenem Beginn an folgte in Italien in kurzer Zeit eine Gründung der anderen, dann ging es auch über den Ozean mit den ersten Gründungen in Uruguay und in Patagonien. Seit dem Tag, an dem die Gründerin sich mit vierzehn anderen jungen Frauen zusammen dem Herrn geweiht hatte, bis zu ihrem Tod am 14. Mai 1881 waren kaum neun Jahre vergangen, aber in dieser kurzen Zeit hatte die Heilige eine vielversprechende Ordensgemeinschaft grundgelegt, die sich dann in wirklich wunderbarer Weise entfalten sollte. „Ich habe mich dem Herrn zum Opfer angeboten“, hatte sie eines Tages einer jungen Missionarin anvertraut, und Don Bosco hatte dazu bemerkt: „Das Opfer war Gott wohlgefällig und wurde angenommen.“
Wir können sagen, daß dieser Geist der Gründerin in den Don Bosco-Schwestern weiterlebt und glüht: der tiefe und überzeugte Glaube, verbunden mit inniger und beständiger Andacht zu Maria, zum hl. Josef und zum Schutzengel, die Einfachheit des Lebens, die besonders in einem radikalen Abstandnehmen von weltlichen Genüssen und in intensiver und unaufhörlicher Arbeitsamkeit zum Ausdruck kommt, der große Eifer für die Erziehung und das Heil der Jugend nach den Richtlinien der „vorbeugenden Methode“ – das alles hat bewirkt, daß in etwas mehr als hundert Jahren des Bestehens die Tätigkeiten sich vervielfältigt haben in Oratorien, Schulen verschiedener Arten und Stufen, Hilfs- und Sozialwerken, Kinderheimen und Kindergärten, Altenfürsorge, Pfarrapostolat und Assistenz für Priester, in fünf Kontinenten, vielen Nationen und Sprachen, nach einem Programm von hoher Menschlichkeit, tief im Christlichen begründet.

4. In dieser Atmosphäre lebte und vervollkommnete sich die junge Laura Vicuña, eine „eucharistische Blume aus Junîn in den Anden, deren Leben ein Gedicht von Reinheit, Opfer und Kindesliebe war“, wie ihre Grabinschrift lautet. Verwaist von seiten des Vaters, eines durch Güte und Tapferkeit ausgezeichneten Offiziers, der aus Santiago in Chile nach Temuco ins Exil geflüchtet war, wohnte sie dann mit der Mutter und der Schwester im Dorf Quilquihué im argentinischen Gebiet von Neuquén. Das Milieu war bedauerlicherweise – nach Angaben der Historiker – moralisch verseucht; die ehelichen Verbindungen waren in der Mehrheit nicht geregelt, auch deshalb, weil unter der einheimischen Bevölkerung ein Gemisch von Abenteurern, Flüchtigen und Aussteigern lebte. Selbst die Mutter der kleinen Laura, die in den Dienst eines „estanciero“ getreten war, verelendete, sei es durch das unglückliche Zusammenleben, sei es durch die Grausamkeit des Mannes, an den sie sich gebunden hatte.

Die kleine Laura selbst fand sehr bald eine geistliche Zuflucht bei den Salesianerschwestern in dem kleinen Mädchenkolleg von Junîn de Los Andes. Dort bereitete sie sich auf die Erstkommunion und auf die Firmung vor. Und dort wurde sie von der Liebe zu Jesus entzündet, so sehr, daß sie sich entschloß, ihm ihr Leben in der Ordensgemeinschaft von Don Bosco zu weihen, bei den Schwestern, die sie so sehr liebten und ihr halfen. Im Alter von zehn Jahren formulierte sie nach dem Beispiel von Domenico Savio, von dem sie hatte sprechen hören, drei Vorsätze: „1. Mein Gott, ich will dich lieben und dir mein ganzes Leben lang dienen; darum schenke ich dir meine Seele, mein Herz, mein ganzes Sein. 2. Ich will lieber sterben als dich durch die Sünde beleidigen; darum will ich mich in allem, was mich von dir entfernen könnte, abtöten. 3. Ich nehme mir vor, zu tun, was ich kann, damit du gekannt und geliebt wirst, und um die Beleidigungen gutzumachen, die dir täglich von den Menschen zugefügt werden, besonders von Menschen aus meiner Familie.“

In ihrem jugendlichen Alter hatte Laura Vicuña vollkommen begriffen, daß der Sinn des Lebens darin besteht, Christus zu kennen und zu lieben: „Liebt nicht die Welt und was in der Welt ist! Wer die Welt liebt, hat die Liebe zum Vater nicht. Denn alles, was in der Welt ist, die Begierde des Fleisches, die Begierde der Augen und das Prahlen mit dem Besitz, ist nicht vom Vater, sondern von der Welt. Die Welt und ihre Begierde vergeht; wer aber den Willen Gottes tut, bleibt in Ewigkeit“ (*1 Joh* 2,15–17).

Laura hatte genau verstanden, daß das, was zählt, das ewige Leben ist, und daß das, was in der Welt und von der Welt ist, unerbittlich vorübergeht. Nach den Erklärungen des Katechismus begriff sie sodann auch die Gefahr, in der sich ihre Mutter befand, und als sie eines Tages aus dem Evangelium hörte, daß die wahre Liebe so weit geht, das Leben für den gebliebten Menschen hinzugeben, da bot sie dem Herrn ihr Leben an für das Heil ihrer Mutter.

Als das Haus auch für sie zu einer Gefahr wurde, hatte sie vom Beichtvater die Erlaubnis erhalten, einen Bußgürtel zu tragen, um ihre Unschuld zu verteidigen. Eines schlimmen Tages wurde sie von jenem Mann überfallen und mißhandelt. Von Leidenschaft geblendet, schlug er sie heftig und ließ sie vor Schrecken betäubt liegen. Aber sie, die junge Laura, hatte gesiegt. Aber von da an verschlechterte sich ihre Gesundheit schnell, verschiedene Krankheiten zehrten sie auf. Die Eucharistie und die Hoffnung auf die Bekehrung der Mutter stärkten sie. Am letzten Tag ihres Lebens, wenige Stunden vor ihrem Tod rief sie die Mutter zu sich und offenbarte ihr das große Geheimnis: „Ja, Mutter, ich sterbe ... Ich habe selbst Jesus darum gebeten und bin erhört worden. Es ist bald zwei Jahre her, daß ich ihm mein Leben für deine Rettung, für die Gnade deiner Rückkehr angeboten habe. Mama, werde ich vor dem Sterben nicht die Freude haben, deine Reue zu sehen?" Bei dieser klaren und vertrauensvollen Enthüllung zuckte das Herz der Mutter zusammen: nie hätte sie sich so viel Liebe in dieser ihrer Tochter vorstellen können! Erschüttert, zu erfahren, welches Leiden sie für sie angenommen hatte, versprach sie, sich zu bekehren und zu beichten. Sie tat es sofort und aufrichtig. Die Mission der jungen Laura war erfüllt! Nun konnte sie in die Seligkeit ihres Herrn eingehen!

5. Die zarte Gestalt der seligen Laura, in ihrer Reinheit ein großer Ruhm für Argentinien und Chile, möge einen erneuten geistlichen Aufschwung in beiden edlen Nationen wecken. Möge sie allen eine Lehre sein, daß man mit Hilfe der Gnade über das Böse triumphieren kann und daß das Ideal der Unschuld und der Liebe, auch wenn es in den Staub gezogen und gelästert wird, am Ende aufstrahlen und die Herzen erleuchten muß.

6. Der Ritus der Seligsprechung, den wir mit so viel Freude und Feierlichkeit hier an diesem Ort feiern, an dem eine Geschichte der Heiligkeit ihren Ursprung hat – ein Ort, der zu Recht „Hügel der Seligpreisungen der Jugend" genannt wird – muß uns auch nachdenken lassen über die Bedeutung der Familie in der Erziehung der Kinder und über deren Recht, in einer normalen Familie zu leben, die der Ort gegenseitiger Liebe und menschlicher und christlicher Ausbildung sein soll. Er ist ein Aufruf an die moderne Gesellschaft, mehr Rücksicht auf die Familie und auf die Erziehung der Jugend zu nehmen. Die selige Laura Vicuña möge euch, ihr Jugendlichen alle, erleuchten und anspornen, und sie unterstütze euch immer, ihr Don-Bosco-Schwestern, die ihr die Erzieherinnen der Jugend seid!

7. „Jesus jubelte auf im Heiligen Geist." Heute nimmt die Kirche Christi und besonders die salesianische Familie an dieser Freude teil. Wir freuen uns, weil eine geistliche Tochter des hl. Johannes Bosco, die in der Kongregation der „Töchter Mariens, der Hilfe der Christen" erzogen wurde, zur Ehre der Altäre erhoben wird. Wir freuen uns in besondere Weise mit eurer Mutter, der hl. Maria Domenica Mazzarello. Wir freuen uns mit euch, liebe Schwestern!
Ja, „die Welt und ihre Begierde vergeht; wer aber den Willen Gottes tut, bleibt in Ewigkeit" (*1 Joh* 2,17).
Die neue Selige, Laura Vicuña, hat in der salesianischen Familie gelernt, den Willen Gottes zu tun. Sie hat es von Christus gelernt durch diese Ordensgemeinschaft, die ihr den Weg zur Heiligkeit gezeigt hat. „Wer liebt ... bleibt im Licht!"

Den Weg der Heiligkeit gehen

Ansprache in Castelnuovo am 3. September

Liebe Brüder und Schwestern!

1. Nach der Eucharistiefeier mit den Bischöfen von Piemont, nach dem „Gute-Nacht“-Wunsch an die jungen Schüler der Salesianer, gemäß der liebenswerten Tradition, die in der Familie Don Boscos von der mütterlichen und erfahrenen Intuition Mamma Margheritas eingeführt wurde, und nach dem Gespräch mit dem Klerus und den Ordensleuten dieser Region, darf auf meinem Pilgerweg zu den Stätten des hl. Johannes Bosco eine Unterbrechung bei der Pfarrkirche und dem Baptisterium nicht fehlen, wo Johannes Bosco die Sakramente der Einführung ins christliche Leben empfing und begann, den Plan Gottes für sein Leben im Hinblick auf die christliche und priesterliche Berufung zu verstehen.

2. Ich begrüße euren Pfarrer und seine Mitarbeiter, ich begrüße den Herrn Minister und auch den Herrn Bürgermeister von Castelnuovo Don Bosco und besonders den Herrn Präsidenten und die offiziellen Vertreter der Provinz Asti. Ich begrüße euch, Eltern der in den Jahren 1987–1988 geborenen Kinder.
Meine Gedanken richten sich vor allem auf eure Kinder. Sie sind es, die, von euch christlich erzogen und gebildet, in Zukunft den Weg weiterzeichnen werden, den die Vorsehung für diese Pfarrgemeinde vorgesehen hat. Ich begrüße alle Gläubigen von Castelnuovo, die Anwesenden und die, die weiter weg sind, jene, die hier geboren wurden und jene, die wegen der Arbeit in diese Gegend eingewandert sind. Allen gilt mein Friedensgruß und der herzliche Wunsch für Gesundheit und Wohlergehen.

3. So nahe bei der Taufkapelle eurer St. Andreas-Pfarrkirche können wir es nicht unterlassen, über die große Schar von Heiligen und wahren Christen nachzudenken, die hier das Geschenk des christlichen Lebens erhalten haben. Außer an den hl. Johannes Bosco muß man auch an den hl. Josef Cafasso erinnern, den großen geistlichen Leiter und Erzieher der Priester, an den Kanoniker Josef Allamano, Gründer der Consolata-Missionare und Missionarinnen, an Kardinal Johannes Cagliero, einen der ersten Schüler Don Boscos und Begründer der salesianischen Missionen in Südamerika; an Johannes Baptist Bertagna, Rektor des Diözesankonvikts und Weihbischof von Turin. Dann dürfen wir nicht vergessen, daß der hl. Domenikus Savio in dieser Pfarrkirche im Alter von sieben Jahren die Erstkommunion empfangen hat und den hochherzigen Entschluß faßte, der ihn zu einem Lebensvorbild für so viele Heranwachsende werden ließ.

4. Wenn wir an diese wunderbare Familie von Gottesmännern denken, fragen wir uns, aus welcher Wurzel ihre Heiligkeit herrührt.
Das Zweite Vatikanische Konzil ruft uns in Erinnerung, daß die Berufung zur Heiligkeit ihren eigentlichen Ursprung in der Taufe hat. Alle Getauften werden, weil sie in Christus

eingepflanzt worden sind, von der göttlichen Gnade und vom Heiligen Geist angeleitet, den Weg der christlichen Vollkommenheit zu gehen.
Aber der außergewöhnliche Reichtum an Heiligkeit, der diese eure Pfarrgemeinde auszeichnet, erklärt sich auch so: Eure Väter wußten den Glauben persönlich und in Gemeinschaft zu leben, in der Überzeugung, daß die erzieherische Arbeit an den Kindern die erste und wesentliche Form des Apostolates ist. Dies ist eine starke und bedeutungsvolle Tradition bei euch, deren Wert immer noch, auch in unseren Tagen, aktuell ist. Die Gnade der Taufe hat das christliche Leben eurer Väter Tag für Tag getragen und hat aus ihnen Wächter des häuslichen Heiligtums und Eltern gemacht, die sich voll bewußt sind, daß das erste Apostolat darin besteht, wahrhafte Verkünder des Wortes Gottes für die eigenen Kinder zu sein.
Die Heiligen, die in dieser Pfarrgemeinde aufwuchsen, sind ohne Unterlaß Schritt für Schritt den Weg der Begegnung mit Gott gegangen in der Teilnahme an der hl. Messe und den Sakramenten, und sie haben sich mit dem Brot des Wortes Gottes genährt, das ihnen zuerst von den Eltern gebrochen wurde.
Einige Sätze, die der hl. Johannes Bosco an seine Schüler richtete, um an seine Erstkommunion zu erinnern, sind besonders bezeichnend für diesen bestimmten Weg zur Heiligkeit: „Meine Mutter bemühte sich, mich so gut vorzubereiten, wie sie es konnte und wußte. Während der Fastenzeit schickte sie mich jeden Tag zum Katechismusunterricht; dann führte sie mich dreimal zur Beichte; ich wurde geprüft und zugelassen. – Mein lieber Johannes, sagte sie mir immer wieder, Gott hat ein großes Geschenk für dich bereit; aber sorg', daß du dich gut vorbereitest, beichtest und in der Beichte nichts verschweigst. – An jenem Morgen begleitete sie mich zum heiligen Mahl und machte mit mir die Vorbereitung und die Danksagung; dabei gab sie mir die Ratschläge, die eine eifrige Mutter für ihre Kinder angebracht finden kann."

5. Diese Worte mögen für euch alle, Eltern und Gläubige von Castelnuovo Don Bosco, eine Erinnerung, eine Mahnung, eine Verpflichtung sein. Ich lade euch ein, über solche Erfahrungen nachzudenken, damit ihr immer mit Mut, Kraft und Hoffnung die christliche Erziehung eurer Kinder lenken könnt. Seid im persönlichen Leben wie in eurer Familie glaubwürdige Zeugen der Gegenwart Gottes. Habt volles Vertrauen in den Herrn, der versichert, daß man den Frieden und die Freude nur findet, wenn man seinen Willen befolgt.
In dieser eurer wertvollen Erziehungsarbeit beschütze euch die Jungfrau Maria, die ihr seit Jahrhunderten in der kleinen Kirche des Schlosses verehrt, das über dem Dorf emporragt.
Als Zeichen reicher himmlischer Gnaden erteile ich euch allen, die ihr hier anwesend seid, allen euren Pfarrangehörigen und Mitbürgern, den apostolischen Segen und lade euren Kardinal, den Vorsitzenden der italienischen Bischofskonferenz und die anwesenden Bischöfe dazu ein, mit mir zusammen der ganzen Gemeinde von Castelnuovo Don Bosco diesen Segen zu geben.

Don Bosco schätzte immer den Beitrag der Frau

Ansprache an die Ordensfrauen am 4. September

Liebe Schwestern!

1. Ich freue mich, euch anläßlich der Jahrhundertfeier des Todes des hl. Johannes Bosco zu begegnen. Schon eure Anwesenheit hier in der Zitadelle von Valdocco spricht für sich! In der Vielfalt eurer Charismen und Berufungen seid ihr ein leuchtendes Bild der Kirche, die vom Geist des Herrn so reich mit Gaben und Aufgaben beschenkt wird, um der Menschheit im Geist des Evangeliums zu dienen.
„Die Kirche bekundet euch Dankbarkeit für eure Weihe und die Profeß der evangelischen Räte, die ein besonderes Zeugnis der Liebe sind“ (*Redemptionis donum*, Nr. 14). Dieses Zeugnis wurde in der Tat seit Jahrhunderten nicht unterbrochen, ja es ist immer noch lichtvoller geworden.
Don Bosco, dem Mann, der eine scharfsichtige geistliche Unterscheidungsgabe besaß, war das zutiefst bewußt. Er hat stets den Beitrag der Frau, und insbesondere der gottgeweihten Frau, zum Aufbau einer menschlicheren und christlicheren Gesellschaft geschätzt. Nicht von ungefähr hat er von Anfang an seine Mutter Margarete an seinem Erziehungswerk beteiligt und dann in stets wachsender Zahl Frauen aus allen sozialen Schichten in sein intensives Apostolat einbezogen. Er hat eine weibliche Ordensgemeinschaft gegründet und darin die spezielle und schöpferische Mitwirkung vieler Frauen, namentlich der hl. Maria Domenica Mazzarello, aufgenommen.

2. Don Bosco, der Jünger Christi, hat in seinem ganzen Leben den Primat des inneren Lebens bezeugt. Diesen Vorrang hat er wunderbar mit der intensiven Tätigkeit im Dienst der Brüder verbunden, einem hochherzigen und fröhlichen, radikal sich ausliefernden Dienst, transparent für seine Verbundenheit mit dem Herrn.
Dem Ordensleben ist dieser Primat immer gegenwärtig, und ihr, liebe Schwestern, könnt gerade in dieser Hinsicht durch euer Sein, das in eurem Wirken ausstrahlt, einen kostbaren Beitrag leisten, wenn es sich darum handelt, eine neue Identität der Frau zu suchen und vorzulegen. „Durch euer Sein“, denn durch die Profeß der evangelischen Räte, die zu oft als bloßer Verzicht dargestellt werden, bezeugt ihr positiv und in Freude, wo das Absolute der menschlichen Person ist, und erklärt den Götzendienst der Gesellschaft des Habens, der Erfahrung und des Zufälligen als unwahr.
Durch die Profeß der evangelischen Räte nehmt ihr prophetisch die künftigen Güter voraus, weist also auf den Ursprung, den Sinn und das endgültige Ziel des menschlichen Geschicks hin. Vor diesem eschatologischen Horizont habt ihr also viel zu sagen, vor allem den Frauen von heute, als Antwort auf die Forderungen, die sich aus dem gegenwärtigen sozio-kulturellen Zusammenhang ergeben.

3. Eine erste Antwort konzentriert sich um die vielfältigen und komplexen „warum“, Fragen, die heute von einer säkularisierten Gesellschaft über den Sinn des Ordenslebens

gestellt werden, von einer Gesellschaft, die keine Beziehung zum Transzendenten hat und den Reichtum eines Lebens hinter Klostermauern nicht mehr zu schätzen weiß, die kein Verständnis hat für den Verzicht auf die Freuden einer eigenen Familie um einer tieferen und umfassenderen Mütterlichkeit willen, für die Entscheidung zu einer Liebe, die nicht enttäuscht, für die Bedeutung echten Frauseins in Jungfräulichkeit als Weg zu einer höheren Verwirklichung.

In dieser Gesellschaft, in der sich „ein theoretischer und praktischer Materialismus verbreitet, der die Horizonte des Geistes und der Transzendenz verschließt, seid ihr dazu berufen, die Zivilisation der Liebe und des Lebens hochzuhalten, dem christlichen Ferment Triebkraft zu geben, Führerinnen zu den Horizonten des Glaubens zu sein ... In der Kirche verkörpert ihr die Aufgabe Marias. Ihr habt eine unersetzliche Rolle besonders auf den Gebieten, die euren Charismen und eurer Feinfühligkeit entsprechen" (*Insegnamenti di Giovanni Paolo II*, 1986, II, 1097 f.).

Ihr seid dazu berufen, in der heutigen Welt die Transparenz für die unsichtbaren, aber realen Werte zu sein, die von allen gelebt werden können.

Ihr habt eine reiche Tradition als Erbe: In der Vergangenheit ist oft gerade von gottgeweihten Frauen wie eine Prophezeiung die Anregung zu einer neuen Identität der Frau ausgegangen, in der die jeweiligen Anforderungen und Appelle der Umwelt ihre Verwirklichung fanden. Turin und die hiesige Diözese waren immer ein Boden, der an solchen großmütigen und schöpferischen Frauen verschiedener sozialer Herkunft fruchtbar war. Im Geist des Evangeliums haben sie gedient und dienen weiterhin denen, die in Not und denen, die oft vergessen und verachtet sind.

So gebt ihr die Antwort mit eurem Sein, mit eurer Profeß der evangelischen Räte, mit eurer apostolischen Arbeit. „Die Welt bedarf des echten ‚Widerspruchs' der Ordensweihe als eines beständigen Sauerteiges heilsamer Erneuerung im Geist des Evangeliums" (*Redemptionis donum*, Nr. 14). Die Erfahrung sagt uns auch, daß keine Erneuerungsbewegung im Ordensleben Wert hat, wenn sie nicht zugleich eine Bewegung nach innen ist, in die Tiefe des Seins, in der Christus wohnt.

4. Im Lauf der Geschichte haben sich viele Ideologien als falsch erwiesen, die sexuelle Freiheit, Abschaffung der Sittengesetze, Emanzipation vom Religiösen als Fortschritt und persönliche Verwirklichung dargestellt haben. Die Identitätskrise von Personen und Institutionen ist ein schmerzliches Zeichen dafür und wird zum Hilferuf. Die christliche Offenbarung bietet jene rettende Antwort an, die aus der Wahrheit über den Menschen, aus einer an das Göttliche gebundenen Anthropologie stammt.

Ja, die Wahrheit über die menschliche Person verkünden, bedeutet einen spezifischen Beitrag zur Bestätigung der vollkommenen Gleichheit zwischen Mann und Frau als Abbild Gottes und als seine Gesprächspartner. Der Mann und die Frau machen als Ebenbild Gottes im Universum die Einheit Gottes sichtbar, die nicht Einsamkeit, sondern Gemeinschaft ist: Gott der Eine und Dreifaltige. Jesus führt in der Verwirklichung des Reiches Gottes gerade zu dieser ursprünglichen Gemeinschaft zurück, so daß es „nicht mehr Juden und Griechen, nicht Sklaven und Freie, nicht Mann und Frau (gibt); denn ihr alle seid ‚einer' in Christus Jesus" (*Gal* 3,28).

Vor allem der Frau gegenüber zeigt sich Jesus als Befreier und Retter. Er befreit sie vom Begehren des Mannes, sie zu besitzen und zu beherrschen (*Mt* 5,28), er bricht mit der Mentalität einer Umwelt, der auch seine Jünger noch verhaftet sind, einer Mentalität, die das anmaßende Verhältnis noch ausdehnen will (vgl. *Mt* 19,3–10). Durch sein Verhalten erklärt er sie als befreit von der gesetzlichen Unreinheit. Er weist es zurück, ihre Rolle mit der biologischen Mutterschaft gleichzusetzen und offenbart ihre Würde im Glauben in einer neuen Art der Verwandtschaft. Er stellt sie als Vorbild des Glaubens und der Liebe hin. Durch die Sünderin, der vergeben wurde, verkündigt er das Eigentliche der Frohen Botschaft: die Liebe ohne Grenzen (vgl. *Lk* 7,47.50); er weist hin auf die hochherzige Geste der Witwe, die im Opfern ihrer kleinen Spende für den Tempel alles gibt (vgl. *Lk* 21,1–4). Johannes legt auf die Lippen einer Frau eines der schönsten Glaubensbekenntnisse (vgl. *Joh* 11,27).

Die Frauen folgen spontan Jesus und machen sich zu Boten der messianischen Verkündigung (vgl. *Joh* 4,28.30; *Mt* 28,1–8).

Unter allen gebührt Maria, der Mutter Jesu, ein einzigartiger Platz. Durch ihr vorbehaltloses Ja, durch ihre Liebe ohne Grenzen, durch ihre Mütterlichkeit gegenüber den Jüngern Jesu zu allen Zeiten faßt sie in sich das Israel Gottes zusammen.

5. Die Kirche, Frucht des Heilswerkes Christi und Ort, an dem er fortfährt, jeden Menschen zu retten, stellt sich so, wenn man sie in ihrem tiefen, grundlegenden Geheimnis begreift, als Überwindung der Dialektiken dar. Vom Konzil wird sie ja auch beschrieben als „Sakrament, das heißt Zeichen und Werkzeug für die innigste Vereinigung mit Gott wie für die Einheit der ganzen Menschheit“ (*Lumen gentium*, Nr. 1).

Ihr, liebe Schwestern, seid durch das Leben und durch das Wort ein Zeugnis für diese Kirche, für dieses Geheimnis, so, wie es die selige Anna Michelotti war, die hier in Turin in jeder sozialen Gruppe, vor allem aber unter den Armen und den Kranken, die Botschaft des Evangeliums voranbrachte.

Wie sie, so leistet auch ihr euren kostbaren Beitrag, indem ihr den Primat des Absoluten verkündet, den Primat des einen und dreifaltigen Gottes, der uns zu seinen Gesprächspartnern macht. Ihr zeigt, daß die Gemeinschaft mit dem transzendenten Gott, die sich auch in der Einsamkeit des Gebetes ausdrückt, für den Glaubenden keine Flucht und keine Absonderung von seinen Brüdern und Schwestern sein kann. Wie in Maria, wie in der Kirche, so müssen die Frauen von heute auch in euch ein ganz konkretes, ganz einzigartiges Leben sehen, das nicht individualistisch selbstbezogen gelebt wird, sondern solidarisch mit der ganzen menschlichen Geschichte und der ganzen Schöpfung.

Das ist die Botschaft, die ihr heute in der Kirche und in der Gesellschaft verkünden könnt. Eine Botschaft, die aktuelle und dringende Verkündigung ist und unterstreichen will, daß die Lösung für die Probleme in einem Rahmen von umfassenderen und darum menschlicheren Werten zu suchen ist, der der Person als Subjekt der Gemeinschaft den Primat zuerkennt und der hinausgeht über Forderungen, Verabsolutierung der Rollen, Gegenüberstellungen in den Rechten, lauter Äußerungen, die noch Anzeichen von Sünde und nicht von Freiheit sind. Das Evangelium kennzeichnet die Straße der Befreiung, für unsere menschlichen Möglichkeiten unvorhersehbar: Jesus zeigt eine neue Art von Be-

ziehungen, die nicht unter der Vorherrschaft der Sünde, der „Härte des Herzens“ stehen, sondern in der barmherzigen und väterlichen Herrschaft Gottes, die den Triumph der Liebe ohne Grenzen feiert. So entsteht eine neue Verwandtschaft, nicht auf Fleisch und Blut, sondern auf den Glauben gegründet. Sie drückt sich in fruchtbarer und tiefer Gemeinschaft aus und geht über die biologische und irdische Dimension hinaus.
Maria, die Mutter Jesu und der Kirche ist deren Urbild; eure Weihe ist eine Prophezeiung dafür, die in die Zeit hinein weitergeht.

6. Seht, das ist nun eine Aufgabe: Zeichen sein für diese neue Art von Beziehungen, diese neue Art der Verwandtschaft, nicht in abstrakter Weise, sondern im konkreten Gewebe eures Daseins, als fortschreitende Entdeckung dessen, wie man jeden Augenblick und in jeder Lebenslage Jüngerin Jesu ist.
Der Geist des Herrn, der mütterliche Schutz Marias mögen euch leiten bei diesem wunderbaren Abenteuer zur Verwirklichung der Zivilisation der Liebe und des Lebens. In eurem evangelischen Zeugnis müßt ihr gleichsam der Sauerteig sein bei dieser Wanderung der Menschen und der Christen. So wird euer Sein zur Mission, und es könnte nicht anders sein, denn das ist die Struktur des Gläubigen nach dem Evangelium.
Eure Zusammenkunft hier, im Heiligtum Marias, der Hilfe der Christen, zum Gedächtnis an Don Bosco, ist eine Aufforderung, tief über eure Wirklichkeit nachzudenken und mutig praktische Konsequenzen daraus zu ziehen.
In meinem Brief an den Großrektor der Salesianischen Gemeinschaft habe ich auf einige dieser Konsequenzen hingewiesen. Gerade für euch, die ihr zu vielfältigen apostolischen Diensten berufen seid, sind sie ein Appell: Die Kirche „fühlt sich zu diesem Zeitpunkt der dem Jahr 2000 schon nahe ist, von ihrem Herrn aufgerufen, mit besonderer Liebe und Hoffnung auf die Jugend zu blicken und deren Erziehung als eine ihrer vorrangigen pastoralen Verantwortlichkeiten zu betrachten“ (*Juvenum Patris*, Nr. 1).
Ich möchte daher eure Aufmerksamkeit besonders auf eure Verantwortung für die jungen Generationen lenken, eurem besonderen Charisma entsprechend auf die Erziehungsaufgabe.
Euer prophetischer Auftrag, euer evangelisches Leben, der Ausdruck einer neuen verwandtschaftlichen Beziehung, das bedeutet eine Verkündigung besonders für sie, die die Zukunft der Gesellschaft und der Kirche sind. Heute noch, ja heute mehr als gestern, könnt und müßt ihr vor den jungen Menschen die Schönheit eines Lebens aufleuchten lassen, das sich ganz für den Herrn im Dienst der Brüder verzehrt.

7. Durch eure Keuschheit verkündet ihr den Jugendlichen die Schönheit der Liebe des Menschenherzens, die vom Evangelium befruchtet ist, ihr verkündet die zukünftige Auferstehung und das ewige Leben, jenes Leben in Gemeinschaft mit Gott, jene Liebe die alle möglichen Weisen der Liebe des menschlichen Herzens in sich schließt und vollkommen durchdringt, jene Befreiung, die Jesus allen gebracht hat (vgl. *Redemptionis donum*, Nr. 11).
In ihrem Magnifikat, das zum Lied der Kirche und der das Heil ersehenden Menschheit geworden ist, hat Maria diese Befreiung des Menschen und der Frau verkündet: Sie ist

„das vollkommenste Bild der Freiheit und der Befreiung der Menschheit und des Kosmos“ (*Redemptoris Mater*, Nr. 37).
Sie, die „in ihrem Leben das Beispiel jener mütterlichen Liebe (war), von der alle beseelt sein müssen, die in der apostolischen Sendung der Kirche zur Wiedergeburt der Menschen mitwirken“ (*Lumen gentium*, Nr. 65), lehre euch, sie führe euch in der Mütterlichkeit des Evangeliums, die eure Berufung kennzeichnet.
Sie erweist durch die Jahrhunderte hin immer ihre mütterliche Gegenwart nach dem Wort Jesu: „Frau, siehe, dein Sohn! “ ... „ Siehe, deine Mutter!“ (*Joh* 19,26 f.). „Wendet nie den Blick von Maria ab; hört auf sie, wenn sie sagt: ‚Was Jesus euch sagt, das tut!‘ (vgl. *Joh* 2,5). Bittet sie auch jeden Tag inständig, daß der Herr weiterhin hochherzige Seelen berufen möge, die auf seinen Ruf Ja zu sagen wissen. Ihr vertraue ich euch an, und zusammen mit euch vertraue ich ihr die ganze Welt der Jugend an, damit die jungen Menschen, von ihr angezogen, ermuntert und geführt, mit Hilfe eures Erziehungswerkes zu neuen Menschen für eine neue Welt gestaltet werden: für die Welt Christi, des Meisters und Herrn“ (*Juvenum Patris*, Nr. 20).
Ihr vertraue ich euch an, damit sie als die Neue Frau, die Mutter der Kirche und der neuen Menschheit euch Anregung gebe bei der Entdeckung einer neuen Identität der Frau in der Sicht des Evangeliums. Sie mache durch ihre mächtige Fürsprache jede eurer Initiativen fruchtbar und stehe euch bei mit ihrem mütterlichen Schutz.
Mit diesem Wunsch segne ich euch alle von Herzen.

Erzieher erfüllen wichtigste Aufgabe für Kirche und Gesellschaft

Ansprache an die Lehrer und Erzieher in Turin am 4. September

Liebe Brüder und Schwestern in Christus!

1. Es ist mir eine besondere Freude, euch in dieser wunderbaren Kathedrale von Turin zu begegnen. Sie bringt die Einheit dieser mir so teuren Erzdiözese symbolisch und real zum Ausdruck, einer Diözese reich an Geschichte, treu, eifrig und hochherzig für das Evangelium, Zeuge des Glaubens und der Liebe in der heroischen Nachfolge Christi und im selbstlosen Dienst an allen Brüdern und Schwestern, aber ganz besonders an den Ärmsten und Bedürftigsten. Ich möchte eurem Sprecher danken, der die Erziehung in Turin, berühmt durch die Namen vieler Erzieher, besonders den des hl. Johannes Bosco, in Geschichte und Gegenwart so realistisch und konkret dargestellt hat.
Ich betrachte diese Begegnung mit euch, liebe Erzieher, die ihr in der Welt der Schule tätig seid, als ein besonderes Vorrecht, erfüllt ihr doch eine der wichtigsten und heikelsten Aufgaben für die Zukunft der Kirche und der Gesellschaft.
Diese Begegnung findet heute im Rahmen der Feiern anläßlich des 100. Todestages des hl. Johannes Bosco statt, des „Vaters und Lehrers der Jugend“, des „Missionars der Jugend“ (*Botschaft zur Eröffnung des Generalkapitels*, 10. Januar 1984). Eine Hundertjahr-

feier ist von tiefer Bedeutung; sie bringt das Bewahren eines kostbaren geschichtlichen und geistlichen Erbes zum Ausdruck und zugleich auch die Gnade, die notwendig ist, um es neu zum Aufblühen zu bringen. Sie ist eine Einladung, zusammenzukommen, um gemeinsam den Spuren eines Menschen nachzugehen und sie tiefer zu erfassen, eines Menschen, der, von Christus inspiriert, es verstand, klar und eindringlich einen neuen, vom Licht des Evangeliums erleuchteten Lebensstil zu verwirklichen und zu verbreiten.
Nach einhundert Jahren möchte die Kirche neuerlich das Zeugnis des hl. Johannes Bosco in Erinnerung rufen und auf die Kraft seines Glaubens an den Wert der Erziehung hinweisen als notwendigen und unaufschiebbaren Dienst zur Überwindung des dramatischen Bruches zwischen Evangelium und Kultur (vgl. *Evangelii nuntiandi*, Nr. 20).

2. Ich weile heute in eurer Mitte, um meine ganz besondere Vorliebe für die Jugend hervorzuheben, um neu zu betonen, was ich bereits zu den Mitgliedern der Unesco sagte, nämlich daß „die erste und wesentliche Aufgabe der Kultur im allgemeinen und auch jeder einzelnen Kultur die Erziehung ist. Diese besteht darin, daß der Mensch immer mehr Mensch werden muß, daß er mehr ‚sein' und nicht nur mehr ‚haben' soll, und daß er infolgedessen durch alles, was er hat und besitzt, immer vollkommener Mensch zu sein verstehe« (*Ansprache an die Unesco* am 2. Juni 1980, Nr. 11).
Ja, ich bin gekommen, um euch zu sagen, daß ihr euch immer mehr der Sendung bewußt werden müßt, die euch von den Eltern zur Erziehung ihrer Kinder anvertraut wurde. Sie haben ihr Vertrauen in euch gesetzt. Andererseits betrachtet euch die Kirche als ihre Mitarbeiter in der Bildung und Ausbildung der Jugendlichen und als Gestalter der Würde der Person.
Euch obliegt es, den Schülern und Studenten die Wahrheit über den Menschen mitzuteilen und sie die kritische Beurteilung neuer Kenntnisse zu lehren. Wenige andere Herausforderungen sind so anregend wie der Unterricht, vor allem jener der Religion, und wenige stellen auch so hohe Anforderungen an die Weisheit und die prophetische Kreativität.

3. Als Erzieher und in der Schule Tätige macht ihr die Erfahrung der inneren Widersprüche und der ernsten Konflikte, welche die heutige Gesellschaft kennzeichnen. Wie ich bereits in meinem Schreiben zur Hundertjahrfeier feststellen konnte, ist „die Lage der Jugend in der Welt von heute, hundert Jahre nach dem Tod des Heiligen, eine andere und weist vielfältige Bedingungen und Aspekte auf, wie Erzieher und Hirten sehr wohl wissen" (*Iuvenum patris*, Nr. 6).
Die tiefgreifenden und zahlreichen wissenschaftlichen und technologischen Wandlungen, die weiterhin unsere Epoche kennzeichnen, haben die Stabilität durchbrochen, mit allen Vor- und Nachteilen, welche dieser Prozeß mit sich bringt. Im kurzen Zeitraum einer Generation konnten wir ungeheure Veränderungen in den gesellschaftlichen Werten und der wirtschaftlichen Lage wahrnehmen. Die Krise, der wir gegenüberstehen, ist die des Menschen, der gewaltsam aus seinem Kontext und seinen Bindungen gelöst wurde. Auch wenn „es heute unter den Jugendlichen in aller Welt nicht an Gruppen fehlt, die wirklich für die Werte des Geistes aufgeschlossen sind und Hilfe und Unterstützung im Prozess der Reifung ihrer Persönlichkeit wünschen" (*ebd.*, Nr. 6), fehlt es auch ihnen

nicht an inneren Gegensätzen, sichtbaren Konflikten und Widersprüchen, die vor allem dann in Erscheinung treten, wenn die Jugendlichen in einem gestaltlosen und entmenschlichenden Universum, das nur eine einzige Dimension kennt, versinken, sich von diesem bedroht und erdrückt fühlen; wenn die Werte des Evangeliums von der Beziehungslosigkeit auf allen Ebenen, vom Übermaß an widersprüchlichen Informationen ohne Wertordnung, vom fehlenden Lebenssinn, von der Angst angesichts der unsicheren Zukunft, vom Mangel an Idealen und von einer gewissen Unbekümmertheit überwältigt zu sein scheinen, die bis zur Kriminalität und zum schädlichen, jede Liebe zerstörenden Konsumismus führen kann, so daß das Leben unfruchtbar wird.
In diesem Licht betrachtet, findet auch das Problem der Autonomie der Universitäten, d. h. das der Freiheit der Forschung, und das der Grenzen der Wissenschaft im Respekt vor der Berufung des Menschen ihre Lösung. In diesem Zusammenhang fühle ich mich verpflichtet, nochmals hervorzuheben, daß „die Freiheit seit jeher eine wesentliche Bedingung für die Entwicklung einer Wissenschaft darstellt, damit diese ihre innere Würde der Suche nach der Wahrheit behält und nicht zu einer reinen Funktion, zum Werkzeug einer Ideologie herabgesetzt wird, das ausschließlich der Befriedigung unmittelbarer Zwecke, materieller gesellschaftlicher Bedürfnisse oder wirtschaftlicher Interessen oder auch der nur von einseitigen oder nicht objektiven Kriterien getragenen Auffassung des menschlichen Wissens dient, Kriterien also, die tendenziösen Auslegungen entsprechen und daher die Wirklichkeit verkürzen“ (*Ansprache an die Studenten in Bologna* am 5. Juni 1988).

4. Gleichzeitig muß die Aufmerksamkeit einem anderen, nicht weniger wichtigen und entscheidenden Bereich zugewandt werden: die Institution Universität muß der Erziehung des Menschen dienen. Das Vorhandensein selbst der hervorragendsten kulturellen Mittel und Werkzeuge ist wertlos, wenn diese nicht mit einer klaren Auffassung vom wesentlichen und teleologischen Zweck einer Universität einhergehen: dem der gesamtheitlichen Bildung und Ausbildung der menschlichen Person, in der ihrer Konstitution innewohnenden, ursprünglichen und ihrer Bestimmung entsprechenden Würde betrachtet. Die Gesellschaft erwartet von der Universität nicht nur die Ausbildung von Spezialisten, die Fachleute in ihren spezifischen Bereichen des Wissens, der Kultur, der Wissenschaft und Technik sind, sondern vor allem Gestalter der Menschheit, Diener an der Gemeinschaft der Brüder und Schwestern, welche die Gerechtigkeit fördern, weil sie auf die Wahrheit bedacht sind. Mit einem Wort, heute und zu allen Zeiten werden kulturell und wissenschaftlich gebildete Menschen benötigt, welche die Werte des Gewissens über alles andere stellen und auf den Vorrang des Seins vor dem Scheinen bedacht sind. Der Sache des Menschen wird dann gedient, wenn sich die Wissenschaft mit dem Gewissen verbündet. Der Wissenschaftler wird der Menschheit dann wirklich helfen, wenn er „den Sinn für die Transzendenz des Menschen über die Welt und die Transzendenz Gottes über den Menschen“ (*Ansprache an die Päpstliche Akademie der Wissenschaften*, 10. November 1979, Nr. 4) bewahrt.
Was diese wesentliche Sendung betrifft, so begegnen die Pflichten der Universität denen der Kirche. Deshalb war die Förderung einer nicht vom Leben losgelösten Kultur zu allen

Zeiten ein wichtiges Anliegen der Kirche. Im Lauf der Jahrhunderte hat sie Schulen aller Art gegründet und mit der Aussendung ihrer Missionare auch berühmte Universitäten ins Leben gerufen, wie eben die eure.
Kirche und Universität dürfen daher nicht einander fremd, sondern müssen vielmehr einander nahe, müssen Verbündete sein. Beide widmen sich – jede auf ihre Art und mit der ihr eigenen Methode – der Suche der Wahrheit, dem Fortschritt des Geistes, den universalen Werten und der ganzheitlichen Entwicklung des Menschen. Größeres gegenseitiges Verständnis unter ihnen kann nur der Erreichung dieser edlen Zwecke dienen, die ihnen gemeinsam sind.
Dieses notwendige Zusammenspiel von Universität und Kirche findet auch hier in Turin seine alte und neue Ausprägung. Tatsächlich ist mir bekannt, daß die kirchliche Gemeinschaft der Diözese sich direkt mit diesen Problemen befaßt, insbesondere auch deshalb, weil 72 Prozent der Studenten der beiden Universitäten aus Turin stammen.
Darüber hinaus ist die Diözese aktiv an Initiativen der Solidarität, der Pastoral und der praktischen Unterstützung der Studenten in ihren vielfältigen Notwendigkeiten beteiligt; den Hochschullehrern obliegt die schwere Pflicht, mit ihrer gelebten Überzeugung und ihrer intellektuellen und didaktischen Tätigkeit für die Möglichkeit einer fruchtbaren Synthese von Glauben und Kultur einzutreten und Zeugnis abzulegen, und das jenseits aller Versuche ideologischer Ausnützung.
An eurer Universität gibt es in diesem Sinn großartige und erhabene Vorbilder: ich erwähne besonders den Diener Gottes Francesco Faá di Bruno, Professor für Höhere Analyse und Astronomie, und Jugendapostel; den Studenten der Technischen Hochschule Pier Giorgio Frassati; schließlich den verstorbenen Kardinal Michele Pellegrino, der vor seiner Ernennung zum Erzbischof von Turin Ordinarius für altchristliche Literatur an dieser Universität war.
Ich hoffe sehr, daß diese Ortskirche weiterhin ihren überzeugten Beitrag zur Förderung des Menschen und des Gemeinwohls leisten wird.

5. Meine Anwesenheit in Turin steht diesmal im Zusammenhang mit den Feierlichkeiten anläßlich des hundersten Todestages des hl. Johannes Bosco, wie der Rektor freundlicherweise hervorgehoben hat.
Freilich, dieser Heilige, auf den eure Stadt mit Recht stolz ist, hatte keine besonderen Beziehungen zur Universität. Dennoch verstand er es, sich trotz seiner unglaublich weitreichenden Tätigkeiten eine solide Bildung anzueignen, die es ihm, gemeinsam mit einem glücklichen Talent für literarische Darbietungen, gestattete, ein bemerkenswertes Apostolat auszuüben. Er fühlte sich sehr stark zur Erarbeitung einer Kultur gedrängt, die nicht ein Privileg weniger oder eine Abstraktion der in Entwicklung befindlichen gesellschaftlichen Wirklichkeit sein wollte. Deshalb förderte er eine solide Volkskultur, die imstande sein sollte, das Gewissen der in der Gesellschaft Engagierten im staatsbürgerlichen und beruflichen Bereich zu bilden.

6. Die Jugendlichen werden heute von den Verlockungen, die von der Welt ausgehen, in Bann gezogen. Sie sind jedoch auch auf die Kenntnis solider und bleibender Werte be-

dacht, die ihrem Leben Sinn und Richtung geben. Die Heilsbotschaft des Evangeliums muß ihnen sagen können, wo sie im Lauf des Erziehungsprozesses diese Stütze und die gesuchte Richtung finden. Diese Sendung bringt sicher schwere Pflichten mit sich und erfordert von euch ein zweifaches Verantwortungsbewußtsein: einerseits müssen Gewissen und Erfahrung des Jugendlichen zum Geheimnis Christi hingeführt werden, andererseits müßt ihr selbst euch als echte Menschenbildner erweisen, die über einen tiefen Sinn für Spiritualität verfügen.
Diese Fähigkeit, den Blick auf Christus zu richten und dieser geistliche Sinn sind die geheime Triebfeder aller Erziehung und Kultur. Mit dieser Orientierung kann der Unterricht das Denken pflegen und gleichzeitig das Wirken bereichern und das innere Leben fördern.

7. Don Bosco ist ein heiliger Erzieher, der „die Heiligkeit als konkretes Ziel seiner Pädagogik vorstellt" (*Iuvenum patris*, Nr. 5). „Gerade diese Wechselbeziehung zwischen Erziehung und Heiligkeit ist für seine Person charakteristisch: er ist ein heiliger Erzieher, der einem heiligem Vorbild, dem hl. Franz von Sales, folgt; ist Schüler eines heiligen Lehrers des geistlichen Lebens, des hl. Josef Cafasso, und versteht es, aus einem seiner Jugendlichen einen heiligen Zögling zu machen: Dominikus Savio" (*ebd.*).
Welch hohe Anforderung wird an den Erzieher gestellt: er muß all seine Schüler davon überzeugen, daß sie zur Heiligkeit berufen sind! Seid also darauf bedacht, das Evangelium auch in eurem täglichen Leben sichtbar zu machen, denn nur auf diese Weise werdet ihr euren Schülern dessen Wirkkraft mitteilen.
Es ist heute notwendig, das große Thema der Heiligkeit neu darzulegen. Die spezifischen Ziele der christlichen Erziehung, die uns das II. Vatikanische Konzil vor Augen führt, weisen in diese Richtung. Sie stellen eine echte Herausforderung dar und beschreiben auf klare Weise die schwierige erzieherische Tätigkeit: „Christliche Erziehung ... zielt hauptsächlich darauf ab, daß die Getauften, indem sie allmählich in das Heilsmysterium eingeführt werden, den empfangenen Glauben immer bewußter vollziehen lernen; daß sie Gott den Vater im Geist und in der Wahrheit (vgl. *Joh* 4,23) vornehmlich durch die Mitfeier der Liturgie anbeten lernen; und daß sie ihr eigenes Leben in wahrer Gerechtigkeit und Heiligkeit (vgl. *Eph* 4,22–24) zu gestalten beginnen. So werden sie zur Mannesreife gelangen, zum Vollmaß des Lebens Christi (*Eph* 4,13) und sich um den Aufbau des mystischen Leibes mühen" (*Gravissimum educationis*, Nr. 2).
Ich kann nicht umhin, mit tiefer Dankbarkeit all jener Erzieher – der Priester, Ordensleute und qualifizierten Laien – zu gedenken, die, indem sie an oft nicht leichte Probleme herangehen und sie überwinden, ihr erzieherisches Wirken nachhaltig und erfolgreich zu machen verstehen.
Ich danke den hier Anwesenden. Ich grüße sie herzlich und ermutige sie zu dieser Initiative für einen erneuerten Einsatz.
Die Kirche mißt der katholischen Schule fundamentale Bedeutung bei. Es gibt heute keine anderen Formen der Erziehung, welche qualitativ die von einer katholischen Schule erwarteten und ihren spezifischen Zwecken entsprechenden wirksam ersetzen könnten, hat diese doch die Aufgabe, eine echte Werkstätte der Kultur zu sein, die sich am Evange-

lium inspiriert, um zu einem Weg für die Christen in der heutigen Welt zu werden. Angesichts eines beziehungsschwachen Milieus verbreitet und stärkt die katholische Schule den Sinn für Gemeinschaft, für soziales Empfinden und für weltweite Solidarität. Ihr Zweck ist es, durch ein ständiges Schöpfen aus den Quellen des Geheimnisses Christi die Jugendlichen darauf vorzubereiten, daß sie bewußt am menschlichen Heil mitwirken und sich konkret, mit apostolischer Dynamik, ihrem Lebensstand und den Erfordernissen der verschiedenen Situationen entsprechend, in diesem Sinn einsetzen.
Der erneuerte Dienst der katholischen Schule besteht heute mehr denn je darin, die Jugendlichen vom alles durchdringenden Materialismus und vom wahnwitzigen Hedonismus zu befreien, um sie mit Güte und Festigkeit zu den Höhen der vollen Wahrheit und der hingebenden Liebe emporzuführen.

8. Ich wende mich auch und vor allem an die Eltern, welche die ersten Erzieher und Lehrer ihrer Kinder sind.
Alle wissen, wie bedeutsam für das Leben des hl. Johannes Bosco seine Mutter Margarete war! Sie hat nicht nur im Jugendzentrum von Valdocco die charakteristische, familiäre Atmosphäre hinterlassen, die auch heute noch dort herrscht, sondern verstand es auch, im Herzen des kleinen Johannes jene Güte und Liebenswürdigkeit wachzurufen, die ihn zum Freund und Vater seiner armen Jungen machten.
Die Zeit ist reif für christliche Elternvereinigungen! Sie tragen zur Freundschaft unter den Familien und mit den Erziehern bei und helfen den Eltern die sozio-kulturellen Veränderungen besser verstehen und die geeignetsten Erziehungsmethoden anwenden.
Liebe Erzieher und Eltern, die christliche Bildung und Ausbildung der kommenden Generationen liegt zu einem guten Teil in euren Händen. Seid dessen bewußt!
Der Herr lädt euch ein, die vorrangige Dringlichkeit der Jugenderziehung zu erkennen. Möge Maria, eure Lehrerin und Führerin, euch beistehen; möge ihre mütterliche Hilfe euer Licht bei der Verbreitung der Wahrheit sein und euch helfen, Lehrer der Güte und mutige Zeugen des Glaubens zu sein.
Es begleite euch auch der Segen, den wir, arme Hirten der Kirche, euch am Ende dieser Begegnung erteilen wollen. Dank für eure gute Aufnahme! Als Bischof habe ich mich immer als Erzieher unter den Erziehern gefühlt. Und die Gruppen, mit denen ich bei meinen Pastoralbesuchen in den Pfarreien mehr Kontakt hatte, waren immer Erzieher. Sie kamen spontan, trotz der Verbote, Verbote der vorschreibenden Ideologie. Man sah, daß die Erziehung überlegen war über eine alles vorschreibende Ideologie: Erziehung läßt sich nicht auf administrative Vorschriften beschränken. Ich möchte nicht die Bedeutung der Administration auch in der Erziehung herabsetzen, sondern möchte sagen, daß Erziehung immer aus Väterlichkeit und Mütterlichkeit hervorgeht. Sie ist an die Familie, an Gott, den Vater gebunden. Was ist die Heilige Schrift? Ein großes Buch der Erziehung der Menschheit über die verschiedenen Stufen, die wir aus der Offenbarung kennen, und schließlich durch die Menschwerdung seines Sohnes. Beten wir also zu diesem Vater, dem Erzieher von uns allen!
Ich glaube, diese Ansprache war sehr auf das, wir könnten sagen, salesianische Ereignis konzentriert, die Hundertjahrfeier nach dem Tod des hl. Don Bosco. Sie war auch ein we-

nig auf die Realität Italiens konzentriert. Doch das Problem, das durch euch vertreten wird, ist universal. Ich sehe es und fühle es, wenn ich den Bischöfen aus aller Welt begegne, ob es sich um die reiche, amerikanische Welt des Nordens oder vor allem um die arme Welt, die „dritte Welt" handelt. Das Hauptproblem ist das der Erziehung. Vor allem das Problem der Erziehung auf Seminarebene. Wieviele Bischöfe sagen mir immer und immer wieder: „Es fehlen uns Erzieher, Erzieher, die die Jugend formen." Man ist um Erzieher verlegen. Es fehlt an solchen, die die Jugend formen, gerade die einheimische Jugend, die noch nicht zur vollen Reife gekommen ist. Natürlich hilft immer die grundlegende Formung, die durch die Familie geschieht. Aber um zu einer Inkulturation, zur Entfaltung der Kirche, zur Evangelisierung vor allem durch eine bodenständige Kirche voranzuschreiten, sind Seminare und die erforderlichen Erzieher notwendig. Es ist ein weltweites Problem und, wie ich glaube, nicht nur im kirchlichen, sondern auch im zivilen Bereich. Man kann nur in Wahrheit und in Liebe erziehen. Erzieher also sind jene, die fähig sind, diese Werte zu vertreten: Wahrheit und Liebe. Und wenn es solche Erzieher gibt, dann werden die jungen Menschen folgen. Nicht nur folgen: es ist nicht von Bedeutung, daß sie folgen, denn sie können auch jenen folgen, die falsche Ideale vertreten; wichtig ist, daß sie folgen, indem sie sich in ihrem Menschsein, in ihrem Christsein entwickeln. Das ist ein weltweites Problem. Und ihr, liebe Brüder und Schwestern, die ihr Erzieher seid, müßt viel für die Erzieher in der ganzen Kirche, in der ganzen Welt beten. Ich würde sagen, daß dies eines der Hauptprobleme der Kirche ist. Man spricht von der „sozialen Sorge", aber wenn ihr die Enzyklika über „die soziale Sorge" lest, seht ihr, daß das Problem der Erziehung darin enthalten ist. Denn der Fortschritt, von dem die Rede ist, ist letzten Endes der Fortschritt des Menschen selbst, der menschlichen Person. Und davon, nämlich von der Erziehung, spricht man jetzt. Fortschritt kommt nicht durch die Wirtschaft. Gewiß, die Wirtschaft kann helfen, aber sie kann auch Schaden hervorrufen, kann zerstören. Ich danke euch für eure Aufmerksamkeit. Und mein Segen, den ich euch jetzt von ganzem Herzen erteile, begleite euch!

Geheimnis des Kindes fest in die Botschaft eingeschrieben

Predigt auf dem Platz Maria Ausiliatrice (Turin) am 4. September

1. „Freut euch im Herrn zu jeder Zeit! Noch einmal sage ich: Freut euch!" (*Phil* 4,4). Diese Einladung des hl. Paulus zur Freude wird heute von der großen Familie der Salesianer, und mit ihr vereint von der ganzen Kirche aufgegriffen, in der das geistliche Erbe des Gründers der salesianischen Familie, des heiligen Johannes Bosco, fest verankert ist. Wir freuen uns in der feierlichen Liturgie hier vor der Basilika Maria Ausiliatrice, die von Don Bosco zu Ehren der Mutter Gottes, der großen Anregerin und Herrin seines ganzen Werkes als Erzieher und Gründer, errichtet wurde. Die Jungfrau Maria, die Don Bosco in seinen Träumen häufig sah, wie sie ihn auf ein besonderes Apostolat hinwies und an der Spitze der ihm vom Herrn anvertrauten Herde schritt, wurde von ihm oft als Gründe-

rin und Mutter seiner Werke bezeichnet. In der Helferin Maria sieht er zugleich die Antwort auf die Bedürfnisse der Kirche seiner Zeit.
Wir freuen uns gemeinsam über dieses Erbe. Im Geist echter Freude und herzlich dankbar gegen Gott feiern wir das salesianische Jubiläum. Vor 100 Jahren beendete Don Bosco sein irdisches Leben; sein Abschied von dieser Erde aber war ein Übergang zum neuen Leben in Gott. Er, der mit so großer Beharrlichkeit den Spuren des gekreuzigten und auferstandenen Christus gefolgt war, verließ diese Welt, um in Fülle am Paschamysterium seines Meisters teilzuhaben. Er verließ diese Erde im Ruf der Heiligkeit, und die Kirche hat diesen Ruf, den er in bezug auf die Heiligkeit seines Lebens hinterlassen hat, bald bestätigt.
Daher feiern wir jetzt die Erinnerung an den Tod des hl. Don Bosco im Geist der Freude. „Freut euch – Diese Freude werde allen Menschen kund. Der Herr ist nahe!“ (*Phil* 4,5).

2. Seine Gestalt und sein großes Lebenswerk sind allzu gut und allgemein bekannt, und wir brauchen sie daher heute nicht im einzelnen zu würdigen. Wir wollen vielmehr versuchen, die in der heutigen Liturgie enthaltene Botschaft der Kirche neu zu lesen, um in ihr die Charakteristik des heiligen Jugenderziehers zu finden.
Dabei hilft uns vor allem der Text des Matthäusevangeliums, der wie ein einzigartiger Kommentar zum Leben, zur Berufung, zum Werk und zur Heiligkeit Don Boscos erscheint. Ja, man könnte sagen, daß dieses Leben und diese Berufung, sein Werk und seine Heiligkeit gleichsam ein Kommentar zum heutigen Evangelium sind. War unser Heiliger in Valdocco nicht wirklich ein Mensch, der sich in diesem Text des Matthäus voll und ganz wiederfindet?
Jesus sagt zu den Aposteln: „Wenn ihr nicht umkehrt und wie die Kinder werdet, könnt ihr nicht in das Himmelreich kommen“ (*Mt* 18,3).
Und da die Jünger vorher gefragt hatten: „Wer ist im Himmelreich der Größte?“ (*Mt* 18,1), gibt ihnen Jesus jetzt die Antwort: „Wer so klein sein kann wie dieses Kind, der ist im Himmelreich der Größte“ (*Mt* 18,4).

3. Das Geheimnis des Kindes ist tief in die ganze Frohbotschaft Christi eingeschrieben, da sie das Evangelium, ja das lebendige Wort des Sohnes des ewigen Vaters ist.
Sie ist die Offenbarung der Gotteskindschaft und zugleich ein Aufruf, eine Berufung für die Menschen, an dieser Kindschaft, an der Würde der Kinder Gottes und Adoptivsöhne im eingeborenen Sohn teilzuhaben.
Das Geheimnis des Sohnes! Christus sagt zu den Aposteln: „Wer ein solches Kind um meinetwillen aufnimmt, der nimmt mich auf“ (*Mt* 18,5).
Beginnt nicht gerade hier, bei diesem Wort, mit diesem Schritt, die Berufung des hl. Don Bosco? Ein Kind im Namen Christi aufnehmen! War dies nicht wirklich der Inhalt seines ganzen Lebens, seines Apostolates und seines Werkes? „Wer ein solches Kind um meinetwillen aufnimmt, der nimmt mich auf.“

4. Wieviele Kinder hat dieser bescheidene und eifrige Priester aus Turin im Verlauf seines Lebens aufgenommen! Im Namen Christi aufgenommen!
Und was bedeutete es für ihn, ein Kind im Namen Christi aufzunehmen?

Für ihn als Erzieher bedeutete es, die Liebe Christi zu verkörpern und zu offenbaren, die beständige, nie auf Lohn bedachte Liebe Jesu zu den Kleinen und Armen zum Ausdruck zu bringen und in ihnen die Fähigkeit zum Empfangen und zum Erweisen von Zuneigung zu entfalten. Der heilige Johannes Bosco hatte Gott versprochen, er werde sich für die Jugendlichen bis zum letzten Atemzug einsetzen, und zu seiner „vorbeugenden Methode" schrieb er: „Die Praxis dieses Systems stützt sich ganz auf die Worte des hl. Paulus, der sagt: Die Liebe ist gütig, geduldig ... sie erträgt alles, sie hofft alles und erduldet alles (*1 Kor* 13,4–7)" (*Memorie biografiche di Don Bosco Giovanni*, XIII, 911–913).

5. „Jeder sorge dafür, daß man ihn liebt, wenn er wünscht, daß man ihn fürchtet. Er wird dieses hohe Ziel erreichen, wenn er durch seine Worte und mehr noch durch seine Taten zu erkennen gibt, daß seine Interessen ausschließlich dem geistlichen und irdischen Vorteil seiner Schüler gelten" (*Regel für die Häuser der Gesellschaft des hl. Franz von Sales*, Bosco, G., Opere edite, XIX, 111–113).
So war die tätige und weise Liebe als Frucht der Liebe Christi für den hl. Don Bosco die Goldene Regel, die geheime Triebkraft, die ihn zum Hinnehmen von Entbehrungen, Demütigungen, Widerständen und Verfolgungen befähigte, um den Jugendlichen Brot, ein Haus und Lehrer zu verschaffen, und zumal für das Heil ihrer Seelen zu sorgen; dies befähigte ihn ferner, den Kleinen zu helfen, „mit Begeisterung und Liebe" auch mühevolle Aufgaben auf sich zu nehmen, weil das für die Bildung ihrer Persönlichkeit notwendig war (vgl. *Brief aus Rom über den Zustand des Oratoriums*, in: Memorie biografiche di Don Bosco Giovanni, XVII, 107–114).

6. Ein großer Jugenderzieher!
War er nicht gerade deswegen so groß, weil er dem Geist Christi, dem Geist der Wahrheit und der Liebe, treu blieb?
„Alle Weisheit stammt vom Herrn, und ewig ist sie bei ihm", verkündet das Buch Jesus Sirach (*Sir* 1,1). Gerade diese göttliche Weisheit bildet das Programm des heiligen Erziehers von Valdocco.
Wenn man aber vom Programm spricht, denkt man unwillkürlich an die Worte des Apostels: „Was immer wahrhaft, edel, recht, was lauter, liebenswert, ansprechend ist, was Tugend heißt und lobenswert ist, darauf seid bedacht" (*Phil* 4,8).
All das aber sollt ihr tun! „Was ihr gelernt und angenommen, gehört und an mir gesehen habt, das tut! Und der Gott des Friedens wird mit euch sein" (*Phil* 4,9).

7. Tut all dies und laßt euch von einem großen Gottvertrauen leiten, denn, „wer hat auf den Herrn vertraut und ist dabei zuschanden geworden? Wer rief ihn an, und er erhörte ihn nicht?" (*Sir* 2,10).
Ein Mensch, der viel liebt, muß ein sehr großes Vertrauen haben. Ein Mensch, der viel arbeitet, muß ständig in der Gegenwart Gottes bleiben, denn „gnädig und barmherzig ist der Herr; er vergibt die Sünden und hilft zur Zeit der Not. Weh den mutlosen Herzen und den schlaffen Händen, dem Menschen, der auf zweierlei Wegen geht!" (*Sir* 2,11–12).

Ja, hier ist er vorbeigekommen, durch diese Stadt und dieses Land ist er gegangen, der demütige und vertrauensvolle, und daher auch starke Mann voll von göttlichem Mut, von heiligem Mut in seinem Leben.

8. In diesem Geist hat Don Bosco auch seine Mitarbeiter in der salesianischen Gemeinschaft erzogen, und er erzieht sie weiter.
„Mein Sohn, wenn du dem Herrn dienen willst, dann mach dich auf Prüfung gefaßt! Sei tapfer und stark, zur Zeit der Heimsuchung überstürze nichts! Hänge am Herrn und weiche nicht ab, damit du am Ende erhört wirst. Nimm alles an, was über dich kommen mag, halt aus in vielfacher Bedrängnis! Denn im Feuer wird das Gold geprüft, und jeder, der Gott gefällt, im Schmelzofen der Bedrängnis. Vertrau auf Gott, er wird dir helfen, hoffe auf ihn, er wird deine Wege ebnen“ (*Sir* 2,1–6).
Im Licht dieser Texte aus der Weisheitsliteratur möchte ich der ganzen salesianischen Familie empfehlen, mit hochherzigem Eifer die von Don Bosco als Erbe empfangene Sendung und den Dienst der Jugenderziehung aufzunehmen.
Es geht vor allem darum, mutig und bereitwillig die Opfer auf euch zu nehmen, die die Arbeit unter den Jugendlichen erfordert. Don Bosco sagte, man müsse bereit sein, Mühen, Enttäuschungen, Undankbarkeit und Störungen, Fehler und Nachlässigkeiten der Jugendlichen zu ertragen, um das geknickte Rohr nicht zu zerbrechen und den glimmenden Docht nicht auszulöschen (vgl. *Brief aus Rom über den Zustand des Oratoriums*, in: Memorie biografiche di Don Bosco Giovanni, XVII, 107–114).
Der salesianischen Familie ist in besonderer Weise die Aufgabe anvertraut, die Jugendlichen kennenzulernen, um in der Kirche ein besonderes Apostolat anzuregen, das vor allem dem Dienst der Katechese gewidmet ist. Daher gilt es, die Welt der Jugendlichen aufmerksam zu studieren, um die entsprechenden pastoralen Leitlinien ständig anzupassen und immer mit ebenso intelligenter wie liebevoller Aufmerksamkeit die Bestrebungen, Werturteile, besonderen Bedingungen und Lebenslagen, die Umweltverhältnisse, die Spannungen, Ansprüche und allgemeinen Vorschläge aus der Welt der Jugendlichen in ihrer ständigen Entwicklung herauszustellen (vgl. *Iuvenum Patris*, Nr. 12).
Es ist eine besondere Aufgabe der Söhne Don Boscos, eine Spiritualität der Sendung zu den Jugendlichen zu verkörpern und immer vor Augen zu haben, daß die Persönlichkeit des Jugendlichen sich nach der Gestalt ihres Erziehers formt. Jugendliche schauen immer aufmerksam auf ihre Lehrer: sie beobachten nicht nur ihr äußeres Verhalten, ihre Mahnungen und Forderungen; vor allem schauen sie auf ihr inneres Leben, auf den Reichtum ihrer übernatürlichen Weisheit und Liebe.

9. Im Verlauf des Gespräches mit den Aposteln über das Geheimnis des Sohnes im Reiche Gottes, formuliert Christus auch harte und drohende Worte.
Er sagt z. B.: „Wer einen von diesen Kleinen, die an mich glauben, zum Bösen verführt, für den wäre es besser, wenn er mit einem Mühlstein um den Hals im tiefen Meer versenkt würde“ (*Mt* 18,6).
Wir müssen ernsthaft über diese Worte nachdenken und uns den oft harten sozialen Zusammenhang vor Augen halten, in dem heute ein so großer Teil der Jugendlichen zu leben

hat. Wir alle sind bestürzt über den enormen Druck, den so viele Ideologien, zahlreiche Angebote und vielfältige Kräfte auf sie ausüben, die es darauf anlegen, schrittweise ein Klima des Denkens und des Lebens zu schaffen, in dem jede übernatürliche Verankerung fehlt, und das damit für alle möglichen intellektuellen und moralischen Abenteuer offensteht.
Neben so vielen Bemühungen um die Erziehung der Jugendlichen ist auch ständig eine Gegen-Erziehung am Werk, die das Schicksal der Jugendlichen aufs Spiel setzt, indem sie ihr verderbliche Erfahrungen anbietet.
Wir müssen daher dringend wachsam sein und dahin wirken, daß die Jugendlichen von den herrschenden Mythen, den ideologischen Drogen und von den verführenden Angeboten und den Medien, die sie verbreiten, frei werden.
Das ernste Wort Christi ruft uns auf einen schwierigen und vielleicht sehr langen Weg, den wir gehen müssen, um das moralische Gewissen der ganzen zivilen Gemeinschaft im Licht des Evangeliums zu bilden und zahlreichen Jugendlichen zu helfen in ihren Unsicherheiten und Spannungen und bei den Bestrebungen, die ihre Entscheidungen und Haltungen prägen.

10. Daher sagt Christus am Ende:
„Hütet euch davor, einen von diesen Kleinen zu verachten! Denn ich sage euch: Ihre Engel im Himmel sehen stets das Angesicht meines himmlischen Vaters“ (*Mt* 18,10).
Zuvor hat er gesagt: „Wer ein solches Kind in meinem Namen aufnimmt, der nimmt mich auf.“ Jetzt sagt er: „Hütet euch davor, einen von diesen Kleinen zu verachten.“
Es ist unter zwei verschiedenen Formen die gleiche Aufforderung; eine Aufforderung und zugleich eine Mahnung. Beide ergänzen sich gegenseitig. Gemeinsam weisen sie auf das Geheimnis des Kindes hin: ein Geheimnis, das nicht entsprechend ausgedrückt werden kann, wenn man das „Kind“, den Jugendlichen und den Menschen im allgemeinen von dem trennt, was seine endgültige Bestimmung ist. Gerade diese Berufung wird von den Engeln beschützt, die „im Himmel stets das Angesicht des himmlischen Vaters sehen“. Jedes Kind, jeder Jugendliche und jede menschliche Person aber soll zu dieser Schau gelangen, zur Schau Gottes „von Angesicht zu Angesicht“ (*1 Kor* 13,12).
Der hl. Johannes Bosco wußte das. Es war sein großes Charisma: er sah das „Kind“ in der Endgestalt der Berufung eines jeden menschlichen Wesens. Der Ruhm Gottes ist der lebendige Mensch (hl. Irenäus); der Ruhm Gottes besteht mit anderen Worten darin, daß der Mensch ewiges Leben gewinnt, das Leben, das von Gott kommt.
Das wußte unser Heiliger von Valdocco. Dies war sein großes Charisma und in diesem Wissen, in diesem Bewußtsein wurzelte sein Erziehungsprogramm.

11. Anders darf man den Menschen nicht erziehen. Man kann ihn auch nicht im Vollsinn erziehen, wenn man sein endgültiges Ziel und sein Schicksal nicht kennt.
Das wußte Don Bosco, und er hat dieses Wissen anderen vermittelt. In diesem Wissen nahm er jedes Kind und jeden Jugendlichen „im Namen Christi“ auf, und er nahm in ihnen Christus selber auf.
Hundert Jahre ... Was können wir nach hundert Jahren sagen, wenn wir uns an dem Ort versammeln, an dem unser Heiliger gelebt und gewirkt hat?

Ja, was sollen wir sagen?
Lieber Heiliger! Wie sehr brauchen wir dein großes Charisma! Wie sehr haben wir deine Begleitung und Hilfe nötig, um das Geheimnis des Kindes, das Geheimnis des Menschen und zumal des jungen Menschen zu verstehen!
Lieber heiliger Johannes! Obwohl du uns schon vor hundert Jahren verlassen hast, spüren wir noch deine Präsenz in unserem Heute und in unserem Morgen. Lieber heiliger Johannes, bitte für uns! Amen.

Erziehung zum Glauben intensiver empfinden

Angelus in Turin am 4. September

1. Wir befinden uns hier in Turin-Valdocco vor dem Heiligtum Mariens, der Hilfe der Christen, das der Liebe und dem Mut eines Heiligen zu verdanken ist.
Ehe er den Bau begann, hatte Don Bosco gesagt: „Unsere Liebe Frau wünscht, daß wir sie unter dem Titel ‚Maria, Hilfe der Christen‘ verehren. Die Zeiten sind so traurig, wir haben es wirklich nötig, daß die heilige Jungfrau uns hilft, den christlichen Glauben zu erhalten und zu verteidigen“ (*Memorie Biografiche* 7,334).
Und als die Kirche eingeweiht wurde, schrieb er: „Die Erfahrung von achtzehn Jahrhunderten zeigt uns aufs klarste, daß Maria ihre Sendung als Mutter der Kirche und Hilfe der Christen, die auf Erden begonnen hat, vom Himmel aus und mit größtem Erfolg weiterhin ausübt“ (G. Bosco, *Meraviglie della Madre di Dio invocata sotto il titolo di Maria Ausiliatrice*, Turin 1868, 45). Er lädt uns dazu ein, daß wir es verstehen, Maria gegenwärtig zu sehen als Verteidigung und Schutz, als Fürsprecherin und liebevolle Helferin.

2. Das Zweite Vatikanische Konzil stellt uns Maria in ihrer Gnadenfülle, ihrem unerschütterlichen Glaubenszeugnis, ihrer Mütterlichkeit und ihrer Sorge für das Heil der Menschen als Modell der Kirche vor. Was Maria persönlich in vollendeter Form darstellt in ihrer einzigartigen Verbundenheit mit Christus und in der Gemeinschaft mit der apostolischen Urgemeinde, das ist auch die Kirche auf ihrem jahrhundertelangen Pilgerweg als mystischer Leib Christi in allen Breiten der Welt.
Vor allem durch die Geburt Christi in den Herzen der Gläubigen und durch ihre eifrige Sorge für deren Wachsen im Glauben erweist die Kirche ihre marianischen Züge. Die Kirche ist wirklich Mutter, weil sie ihre Kinder zum Glauben gebiert und erzieht.
Als Mutter braucht die Kirche heilige, gelehrige und betende Ausleger des Glaubens wie Don Bosco, vor allem, wenn es sich darum handelt, die Jugend zum Glauben zu erziehen.

3. Von diesem für die Jugend so bedeutsamen Marienheiligtum aus richte ich einen Aufruf an die Eltern, die Priester, die Ordensleute und alle Erzieher und erinnere sie daran, daß sie berufen sind, in hochherziger Hingabe ihrer selbst ein Ausdruck der mütterlichen Sorge der Kirche für das Aufkeimen und Wachsen des Glaubens im Herzen der jungen Menschen zu sein.

Wie viele Schwierigkeiten findet die Jugend heute in dieser Hinsicht! Es ist eine besorgniserregende Herausforderung, eine der dringendsten und auch eine der schwierigsten und verwickeltsten. Es ist keine leichte Aufgabe, aber sie ist mehr als notwendig.
Darum lade ich euch ein, auf Maria, die mächtige Helferin und mütterliche Führerin der Glaubenserzieher, zu schauen. Wenn wir uns ihr wirklich anvertrauen, werden wir spüren, daß in uns eine Haltung vollen Vertrauens und eine pädagogische Fähigkeit wachsen und zugleich eine große, dankbare Liebe in Erwiderung ihrer Sorge für die Jugend. Geführt von ihr, „die geglaubt hat", werden wir dahin kommen, die Aufgabe der Erziehung zum Glauben intensiver zu empfinden und deutlicher wahrzunehmen, daß das Wirken der Kirche in der Welt gewissermaßen die Mütterlichkeit der gnadenvollen Jungfrau fortsetzt. Die Teilnahme an der Sendung der Kirche wird auf diese Weise Liebe zu Maria, dem Stern der Evangelisierung, und Dank für ihre mütterliche Hilfe.

9. Pastoralbesuch im südlichen Afrika (10. bis 20. September)

Maria – beschütze das Volk von Simbabwe

Angelus in Harare (Simbabwe) am 11. September

Zum Abschluß dieser heiligen Liturgie wollen wir uns in kindlicher Liebe an Maria, die Mutter Gottes, die Mutter des eucharistischen Christus, wenden.

Beim Wortgottesdienst der heutigen Messe riefen wir uns die Antwort des Petrus an Jesus in Erinnerung: „Du bist Christus, der Sohn des lebendigen Gottes" (*Mt* 16,16). Petrus war der Erste, der ein solches Glaubensbekenntnis ablegte. Aber Maria glaubte schon, lange vor dem Bekenntnis des Petrus.

Du, selige Jungfrau von Nazaret, du, Frau des Glaubens, hast auf die Botschaft des Engels Gabriel gehört. Du hast auf Gottes Wort dein Vertrauen gesetzt. Du hast im Glauben angenommen, daß der Sohn, den du empfangen und gebären solltest, „Sohn des Höchsten" (*Lk* 1,32) genannt werde.

Maria, Hilfe der Christen, am heutigen Tag vertraue ich dir in Liebe das Volk von Simbabwe an. Schau auf den Glauben derer, die hier im Gebet versammelt sind. Wir haben auch die einzigartige Gnade empfangen, Jesus, deinen einzigen Sohn und Sohn Gottes, zu kennen und an ihn zu glauben.

Maria, Unsere Liebe Frau vom Berge Karmel, sieh auch, wie unser Glaube auf die Probe gestellt wird und wie wir zeitweise wanken. Tritt ein für uns beim Vater. Bitte ihn, uns mit seinem Heiligen Geist zu überschatten. Laß den Geist unsere furchtsamen Herzen stärken und unsere zweifelnden Sinne erleuchten, damit wir so fest wie du glauben, daß „für Gott nichts unmöglich ist" (*Lk* 1,37).

Maria, Unbefleckte Empfängnis, du selbst hast nie gesündigt, und von Anfang an wurdest du vor den schmerzlichen Auswirkungen der Sünde in deiner Seele bewahrt. Doch du kanntest die Tiefen des menschlichen Leidens und das furchtbare Ausmaß des Bösen in der Welt, denn du standest am Fuß des Kreuzes und hattest mit dem durchbohrten Herzen einer Mutter teil am Leiden und Tod deines Sohnes.

Du weißt, gütigste Mutter, wie sehr diese Nation gelitten hat während des Unabhängigkeitskrieges und in den darauffolgenden Jahren durch die Gewaltakte an verschiedenen Orten. Du bist Unsere Liebe Frau vom Frieden, und am heutigen Tag wenden wir uns an dich unter Berufung auf diesen Namen.

Schau auf diese deine Söhne und Töchter, die ich dir heute voller Zuversicht anvertraue. Sie haben die Schrecken des Hasses und der Gewalt erfahren. Sie hungern nach Gerechtigkeit und Frieden. Sie streben nach Versöhnung und Harmonie unter den Stämmen und Rassen von Simbabwe, unter allen Völkern der Erde.

Dein geliebter Sohn starb am Kreuz, „um die versprengten Kinder Gottes wieder zu sammeln" (*Joh* 11,52). Wir sind ein Volk, das glaubt, daß Jesus für uns alle gestorben ist. Wir

glauben, daß Jesus für uns alle lebt. Wir glauben, daß er der Friedensfürst ist. Bitte für uns, heilige Gottesmutter. Erlange für uns die Gnade, immer fester an den Sieg des Kreuzes zu glauben und in liebender Gemeinschaft mit Jesus und all unseren Brüdern und Schwestern zu leben.
Und nun laßt uns mit den Worten des „Engel-des-Herrn" unsere Herzen und Stimmen im Gebet vereinen.

Die Laien haben eine wesentliche Berufung für die Kirche

Ansprache bei der Begegnung mit den Laien in Harara (Simbabwe) am 11. September

„Ihr seid das Salz der Erde .... das Licht der Welt" (*Mt* 5,13–14).

Liebe Brüder und Schwestern!

1. Es ist mir eine große Freude, euch alle, die Vertreter der Laien Simbabwes, hier begrüßen zu können. „Meine Liebe ist mit euch allen in Christus Jesus" (*1 Kor* 16,24).
In euch grüße ich eure Familien, eure Pfarreien, eure Organisationen und Bewegungen und alle Menschen in Simbabwe, die in der Gnade und im Frieden unseres Herrn Jesus Christus ihr Heil suchen.
Wir sind hier in der Herz-Jesu-Kathedrale versammelt; diese ist den Jesuiten anvertraut, die ich begrüße und zu dem bemerkenswerten Beitrag beglückwünsche, den die Gesellschaft Jesu im Lauf des letzten Jahrhunderts für das kirchliche Leben in Simbabwe geleistet hat. Diese Kathedrale ist das greifbare Zeichen der Zusammenarbeit zwischen den ersten Jesuitenmissionaren und den einheimischen Handwerkern und Arbeitern. Mit den Augen des Glaubens betrachtet, ist sie ein Hinweis darauf, daß in Jesus Christus, dem ewigen, fleischgewordenen Wort, die rettende Liebe Gottes in der Welt erschienen ist: „Gott war es, der in Christus die Welt mit sich versöhnt hat" (*2 Kor* 5,19).
Christsein bedeutet, daß man in der Taufe von dieser Liebe berührt und verwandelt worden ist; bedeutet, daß man geistlich als Kind Gottes wiedergeboren und so der Glaubensgemeinschaft, dem mystischen Leib Christi einverleibt wurde, als „Glieder seines Leibes" „miteinander verbunden" (*Eph* 5,30;4,25).
Die durch die Taufe vollzogene Weihe und unsere Zugehörigkeit zur Kirche sind es also, die uns zusammenschließen. Unsere Versammlung ist ein lebendiger Ausdruck des Themas meines Besuches in Simbabwe: In Christus vereint sein. Es kann für mich keine größere Freude geben als die, im Wissen um unsere erhabene Berufung diesen Augenblick der Gemeinsamkeit mit euch zu teilen! Gemeinsam erfreuen wir uns unserer Würde als Söhne und Töchter Gottes des Vaters, als Brüder und Schwestern in Christus, als ein mit dem Siegel des Heiligen Geistes gezeichnetes Volk.

2. Unsere heutige Besinnung betrifft eure Rolle als Männer und Frauen im Laienstand in Kirche und Gesellschaft. Was heißt es, in der zeitgenössischen Gesellschaft hier in Simbabwe christlicher Laie sein?

In einem Augenblick tiefer und weltumspannender Veränderungen hat das II. Vatikanische Konzil der ganzen Kirche geholfen, sich mehr und mehr der Tatsache bewußt zu werden, daß die Laien eine spezifische, für Leben und Sendung der Kirche wesentliche Berufung haben. Wie uns das Konzil lehrt, erfüllen sie diese durch ein Leben „in ... den gewöhnlichen Bedingungen des Familien- und Gesellschaftslebens“ und „in der Verwaltung und gottgemäßen Ordnung der zeitlichen Dinge“, also, mit einem Wort, indem sie „zur Heiligung der Welt gewissermaßen von innen her beitragen“ (*Lumen gentium*, Nr. 31).

Die Laien werden manchmal als „gewöhnliche Christen“ oder als „in der Welt lebende Gläubige“ bezeichnet. Diese Bezeichnungen sind keineswegs erniedrigend. Freilich gibt es andere Glieder der Kirche, die vom besonderen sakramentalen Charakter der heiligen Weihen gezeichnet sind oder eine besondere Weihe leben, indem sie öffentlich für die evangelischen Räte der Keuschheit, der Armut und des Gehorsams Zeugnis ablegen. Priester und Ordensleute nehmen im Leben der Kirche einen ganz besonderen und wichtigen Platz ein. Sie sind verpflichtet, für den Aufbau der Glaubensgemeinschaft einen Dienst zu leisten, der in erster Linie, wenn auch nicht ausschließlich, geistlicher und sakramentaler Natur ist. Sie verdienen und benötigen eure Achtung, Unterstützung und Freundschaft.

Die Laien sollten sich jedoch nicht als einen weniger bedeutenden Teil der Kirche betrachten. In der Glaubensgemeinschaft besitzen alle die gleiche christliche Würde. Das ganze Volk Gottes ist zur Heiligkeit in Glaube, Hoffnung und Liebe berufen. Alle haben am Aufbau des Reiches Christi in der Welt Anteil. Der hl. Paulus vergleicht die Kirche folgendermaßen mit dem menschlichen Leib: „Ihr aber seid der Leib Christi, und jeder einzelne ist ein Glied an ihm“ (*1 Kor* 12,27). In der Kirche gibt es viele verschiedene Ämter und Dienste und eine Vielfalt besonderer Gaben für den Aufbau und die Bereicherung der ganzen Gemeinschaft. In jedem Lebensstand, in jeder Beschäftigung und jedem Beruf habt ihr, die Laien Simbabwes, eure spezifische, echte und lebenswichtige christliche Aufgabe zu erfüllen.

3. Ihr seid das Licht der Welt ... das Salz der Erde.“

Eure Familien und euer wirtschaftliches, soziales und kulturelles Leben sind der natürliche Horizont eurer christlichen Bemühungen. Das Familienleben und die Arbeitswelt sind die speziellen Gebiete für den Einsatz der Laien im Dienst des christlichen Lebens und Zeugnisses!

Die Heilige Schrift enthält viele schöne und tiefe Aussagen über das familiäre Leben; über die Liebe von Mann und Frau und zwischen Eltern und Kindern; über die gegenseitige Unterstützung, die alle Familienmitglieder einander schulden und über das im Gebet verankerte Gottvertrauen in den großen und kleinen Schwierigkeiten des Familienlebens. Das Buch Genesis beschreibt die Reaktion des Mannes bei seiner ersten Begegnung mit der Frau: „Das endlich ist Bein von meinem Bein und Fleisch von meinem Fleisch!“ (*Gen* 2,23). Adams Ausruf legt den Beweggrund für den unauflöslichen und treuen Ehebund zwischen den Gatten frei: „Sie werden ein Fleisch“ (*ebd.* 2,24). Die Kinder sind die Frucht ihrer Liebe. „Kinder sind eine Gabe des Herrn, die Frucht des Leibes ist sein

Geschenk", heißt es im *Psalm* 127,3. Kinder und Enkel wiederum sollen nach den Worten des hl. Paulus „lernen, zuerst selbst ihren Angehörigen Ehrfurcht zu erweisen und dankbar für ihre Mutter oder Großmutter zu sorgen, denn das gefällt Gott" (*1 Tim* 5,4).

4. Heute gilt es, die moralischen Grundlagen von Ehe und Familienleben gegen die Spannungen und Verwirrungen zu verteidigen, die sich aus den Umformungen des gesellschaftlichen Lebens und der Verbreitung von Ideologien ergeben, deren Absicht es ist, die ethischen Werte des Christentums zu untergraben. Eine der wichtigsten Aufgaben der Kirche ist das Aussprechen jener Wahrheiten, welche die für den Aufbau einer gerechten und friedlichen Gesellschaft grundlegende Werte beseelen und begünstigen. Es ist wichtig für die Kirche, zu lehren – und das vor allem durch ihre Bischöfe, Priester, Ordensleute und Katechisten – daß die menschliche Person in der vollen Wahrheit ihres persönlichen und gesellschaftlichen Seins und nicht irgendeine Institution – weder der Staat, noch eine Partei, noch ein wirtschaftliches Unternehmen – der Maßstab des echten Fortschritts ist. Deshalb besteht die Kirche auf der Unverletzbarkeit und Würde jedes Menschen, vom Augenblick seiner Empfängnis an bis zum natürlichen Tod.
Die traditionelle afrikanische Kultur hat ihren Mittelpunkt in der Familie. Afrika kann nur dann blühen, wenn seine Familien die gegenwärtigen gesellschaftlichen Umwälzungen überleben. Die afrikanische Familie muß neue Kraft finden, sie muß sowohl die positiven Aspekte der Tradition neu hervorheben, wie auch einer persönlichen Dimension des Verstehens, der Verpflichtung und der Liebe sich öffnen.

5. Die Achtung vor dem Leben, von der wir sprechen, schließt das Angebot ein, Menschen Schutz zu bieten, die wegen Hunger oder Bürgerkrieg, Unterdrückung oder Terror die Flucht ergreifen. Jene unter euch, die sich der schwierigen Jahre vor der Unabhängigkeit erinnern, verstehen sehr gut die biblische Foderung aus dem Buch Levitikus: „Der Fremde, der sich bei euch aufhält, soll euch wie ein Einheimischer gelten, und du sollst ihn lieben wie dich selbst, denn ihr seid selbst Fremde ... gewesen" (*Lev* 19,34).
Leider ist die Gewalt in vielen Regionen dieses südlichen Afrika nur allzu sehr verbreitet. Es ist mein inständiges Gebet für Simbabwe, daß es durch einen erfolgreichen Prozeß der nationalen Versöhnung, durch seine menschliche Haltung angesichts des Flüchtlingsproblems in seinen Grenzen und durch das rechtliche und praktische Eintreten für die Menschenrechte anderen ein Beispiel gebe bei der Erfüllung der dringenden Aufgabe des Aufbaus einer Zivilisation des Friedens und der Gerechtigkeit, einer Zivilisation der Liebe, und daß es einen positiven Einfluß auf sie ausübe.

6. Dieses schöne, fruchtbare und an Bodenschätzen reiche Land ist ein Segen für euch, und seine Reichtümer sollen, dem Willen des Schöpfers gemäß, für das Gemeinwohl verwendet werden. Als Christen wißt ihr, daß die Arbeit für die Entwicklung eures Landes Teilnahme an Gottes Schöpfertat ist. Eure christliche Berufung besteht darin, die von Gott geoffenbarte und der menschlichen Natur eingeprägte Wahrheit über Leben, Liebe und menschliche Solidarität in das Gefüge der Gesellschaft Simbabwes sozusagen hineinzuweben. Ich lade euch ein, diesen Aufruf wirklich hochherzig anzunehmen.

Entwicklung ist mehr als ein technisches, wirtschaftliches oder finanzielles Problem. Sie ist vor allem eine menschliche Anstrengung, die ein hohes Maß an Intelligenz, Mitgefühl, Sinn für Ehrlichkeit und Gerechtigkeit, Selbstlosigkeit und Liebe erfordert. Sie ist „kein gradliniger, fast automatischer und von sich aus grenzenloser Prozeß" (*Sollicitudo rei socialis*, Nr. 27). Selbst wenn materielle Mittel und technische Fertigkeiten verfügbar sind, erfordert die Arbeit für einen echten Fortschritt Weisheit und moralische Energie, um Gottes Schöpfung in Achtung vor ihren inneren Gesetzen zu formen, damit sie reichlich für das Gemeinwohl vorsorge, wie es Gott von Anfang an gewollt hat (vgl. *Gen* 1,28). Entwicklung setzt die große moralische Anstrengung intelligenter Zusammenarbeit und Solidarität seitens aller Sektoren der Gemeinschaft voraus.
Die ganzheitliche Entwicklung eines Volkes muß von einer Geisteshaltung getragen sein, welche der im Evangelium als Umkehr – „metanoia" – bezeichneten ähnlich ist, d. h., „die dringende Notwendigkeit einer Änderung der geistigen Haltungen, welche die Beziehungen eines jeden Menschen mit sich selbst, mit dem Nächsten ... sowie mit der Natur bestimmen" (*Sollicitudo rei socialis*, Nr. 38). Was Afrika braucht, ist die Treue zu den ihm eigenen Traditionen gemeinsam getragener Verantwortung für gemeinschaftliche Aufgaben. Simbabwe bedarf dieser sozialen und moralischen, Solidarität genannten Haltung. Sie muß euren Einsatz als Laien „für das Wohl des Nächsten zusammen mit der Bereitschaft, sich im Sinne des Evangeliums für den anderen zu verlieren, anstatt ihn auszubeuten, und ihm zu dienen, anstatt ihn um des eigenen Vorteils willen zu unterdrücken" (*Sollicitudo rei socialis*, Nr. 38) motivieren. Solidarität ist „die feste und beständige Entschlossenheit, sich für das Gemeinwohl einzusetzen, d. h. für das Wohl aller und eines jeden, weil wir alle für alle verantwortlich sind" (*ebd.*).

7. Damit sind wir bei dem den christlichen Laien eigenen Bereich angelangt, in welchem ihr euch als „Salz der Erde" und „Licht der Welt" erweist. Wenn ihr vom Heiligen Geist, dem Geist der Liebe, des Mitleids und der Gerechtigkeit erfüllt seid, der euch befähigt, solidarisch mit allen, besonders mit den Ärmsten und Verlassensten, zu handeln, könnt ihr das Antlitz der Erde erneuern und wirksam für das neue Simbabwe arbeiten, auf das ihr hofft.
Die Kirche in Simbabwe hat sich sehr für die Entwicklung eures erst kürzlich unabhängig gewordenen Landes eingesetzt. Katholische Erziehungseinrichtungen, Krankenhäuser und medizinische Zentren sowie soziale Hilfsprogramme – an denen viele von euch großzügig mitarbeiten – leisten einen nennenswerten Beitrag zum Wohlergehen des Landes. In ländlichen Gegenden ist die katholische Entwicklungskommission besonders eifrig um Verbesserungen bemüht.
In gleicher Weise seid auch ihr, katholische Laien, Männer und Frauen, dazu berufen, für die Entwicklung zu arbeiten, nicht nur in den für gewöhnlich von der Kirche geleiteten Institutionen und Organisationen, sondern in allen Lebenslagen, wo immer ihr in eurem beruflichen und gesellschaftlichen Leben für die Werte des Evangeliums Zeugnis ablegt und die Soziallehre der Kirche zur Anwendung bringt. Als Landwirte, Fabrikarbeiter und Bergleute, Lehrer, im medizinischen Bereich Tätige; als Hausfrauen und Mütter ebenso wie als Arbeiterinnen, Sozialarbeiter, Gewerkschafter, Geschäftsleute, Politiker

und Intellektuelle aller Art müßt ihr restlos davon überzeugt sein, daß eure Anstrengungen und Mühen, eure Fähigkeiten und konkreten Leistungen, die mit Achtung für die moralische Ordnung und in dienstbereiter Geisteshaltung erzielt wurden, Bausteine für eine bessere Nation, eine bessere Heimat für euch, eure Familien und eure Landsleute sind. Mit einem Wort, ihr seid bestrebt, alles nach Gottes Willen zu ordnen: alles gehört euch, aber ihr gehört Christus (vgl. *1 Kor* 3,23). Das ist die Veränderung der Welt von innen hinaus, von der das Konzil spricht.
Ein passendes Ergebnis unserer Begegnung wäre sicherlich euer Entschluss, die kirchliche Soziallehre und Ethik sorgsam zu studieren und ihre Anwendung zu fördern. Auf allen Ebenen, in euren Schulen und religiösen Bildungsprogrammen, sollte die Lehre der Kirche zu sozialen und moralischen Fragen einen besonderen Platz einnehmen.

8. Brüder und Schwestern, Laien der Kirche in Simbabwe: große Aufgaben erwarten euch. Ein ungeheures Gewicht moralischer Verantwortung lastet auf euren Schultern. Die Quelle eurer Kraft ist jedoch Christus selbst. In ihm verwirklichte sich, was Jesaja vom leidenden Gottesknecht schreibt: „Er hat unsere Krankheit getragen und unsere Schmerzen auf sich geladen“ (*Jes* 53,4). Indem er Sünde und Tod besiegte, öffnete er uns den Weg zur endgültigen Freiheit. In ihm werden unser menschliches Tun und unsere Bemühungen um die Lösung der Probleme der Gesellschaft zum Weg, der zu unserer persönlichen und gemeinsamen Erlösung führt (vgl. *Lk* 21,19).
Christus erreicht man durch die Kirche, die auf dem Grundstein der Apostel erbaut ist. Viele von euch erfahren die Kirche in kleinen christlichen Gemeinschaften, in denen sie auf das Evangelium hören und lernen, seine Botschaft auf die konkreten Lebensumstände anzuwenden. Diese Gemeinschaften – lebendige Zellen der Kirche, harmonisch mit Priestern und Bischöfen vereint –, eure Pfarreien und Diözesen sollen euch helfen, der gesamten Gemeinschaft durch großmütige Mitarbeit beim Aufbau eurer Familien, eurer Institutionen, eures Landes und der ganzen Kirche zu dienen.
Ihr seid das „Licht der Welt“, besonders das Licht Simbabwes und des südlichen Afrikas. Habt stets den Mut, den Forderungen dieser Berufung zu entsprechen! „So soll euer Licht vor den Menschen leuchten, damit sie eure guten Werke sehen und euren Vater im Himmel preisen“ (*Mt* 5,16). Möge Gott euch für die Erfüllung dieser Aufgabe Kraft verleihen!

Förderer des Friedens und der Gerechtigkeit

Ansprache bei der Begegnung mit dem diplomatischen Korps in Harare (Simbabwe) am 11. September

Exzellenzen, meine Damen und Herren!

1. Es ist mir eine große Freude, mit Ihnen, den bei der Regierung von Simbabwe akkreditierten Missionschefs und dem diplomatischen Personal zusammenzutreffen. Ich danke Ihnen für ihr höfliches Kommen und grüße alle Nationen und Völker, die Sie vertreten.

Wie Sie wissen, führe ich meine Besuche in den verschiedenen Ländern als Bischof von Rom und Oberhaupt der katholischen Kirche bei den über alle Welt verstreuten katholischen Gemeinden durch. Aufgabe des Papstes ist es, das Evangelium Jesu Christi zu verkünden, den Glauben der Glieder der Kirche zu stärken und der Sache der katholischen Einheit zu dienen. Die Sendung, welche die göttliche Vorsehung dem Bischof von Rom anvertraut hat, umfaßt jedoch auch einen anderen Aspekt.

2. Der Heilige Stuhl, dessen Hoheitsgebiet aus einer kleinen, im Herzen Roms gelegenen und Vatikanstaat genannten, unabhängigen Enklave besteht, ist anerkannter und aktiver Teilnehmer in der internationalen Gemeinschaft. Er beschäftigt sich mit der internationalen Gemeinschaft und jedem einzelnen ihrer Mitglieder mit Achtung und aufrichtiger Sorge um das Wohl der Völker und mit Verständnis für die Vielschichtigkeit und den Ernst der Probleme, denen die für das öffentliche Leben Verantwortlichen gegenüberstehen. Die Besonderheit des Dienstes, den der Heilige Stuhl der Menschheitsfamilie leistet, entspricht der religiösen und moralischen Sendung der Kirche und erfordert, daß seine Rolle innerhalb der Familie der Nationen nicht technisch oder rein politisch sei. Sie ist vielmehr eine konkrete und feinfühlende Anteilnahme an den berechtigten Wünschen der Völker, an ihren Hoffnungen und Ängsten und ihren praktischen Bemühungen um die Förderung von Frieden und Gerechtigkeit und die Verteidigung der Menschenwürde und der grundlegenden Rechte des Menschen.
Tatsächlich ist der Heilige Stuhl bestrebt, die Menschheitsfamilie auf ihrem Weg zu einer humaneren und wahrhaftigeren Existenz zu begleiten. Er geht diesen Weg ohne leichtfertigen Optimismus, jedoch von dem Vertrauen beseelt, daß die Menschheitsfamilie fähig sein wird, auf die Wahrheit der Dinge einzugehen, bevor diese Wahrheit umgeändert und dem Spiel der Mächte oder der Ideologien unterworfen wird. Die Menschen sind imstande, die angeborene „Wahrheit der Dinge“, welche der Schöpfer in den Tiefen ihres Seins aufgezeichnet hat, wahrzunehmen und dieser Wahrheit auf rationaler Weise zu entsprechen. Hierin liegt die Hoffnung auf eine bessere Zukunft für die Welt.

3. Im Dienst der Menschheitsfamilie betrachtet der Heilige Stuhl die diplomatische Gemeinschaft als besonders qualifizierten Partner. Sie alle stehen im Dienst der Interessen Ihres Landes, doch gerade die Eigenart Ihres Berufes und ihre persönliche Erfahrung anderer Länder und Kulturen erweckt in Ihnen das Bewußtsein für weitere Horizonte, also für die Solidarität des Menschengeschlechtes, die einen unaufhaltsamen Prozeß der gegenseitigen Abhängigkeit offenlegt, demgemäß das Wohl der einzelnen vom Wohl aller abhängt. In diesem Punkt haben wir an einer gemeinsamen Herausforderung Anteil: wir müssen überall Baumeister des internationalen Friedens, Diener am Gemeinwohl und Förderer von Verständnis und Dialog sein.
Das ist heute keine leichte Aufgabe. Vielerorts herrschen Spannungen. Auf einem großen Teil der Menschheit lasten unerträgliche Lebensbedingungen. Während nun Zusammenarbeit und brüderliche Hilfe zwischen den einzelnen Ländern und durch internationale Organisationen sehr verbreitet sind, ist sicher noch Raum für eine allgemeinere, koordinierte und klar festgelegte Anstrengung mit dem Ziel der Ausmerzung tragischer Situa-

tionen des Hungers, der entwürdigenden Armut, der Krankheit und des Analphabetentums, die hunderte Millionen von Personen gefangenhalten. Die Gewissen vieler sind darüber zu Recht aufgebracht und in der öffentlichen Meinung macht sich mehr und mehr die Auffassung breit, daß zur Lösung dieser Probleme etwas getan werden muß.

4. Vor Ihnen, meine Damen und Herren, die Sie verschiedene Länder im Norden, Süden, Osten und Westen sowie internationale Organisationen im Dienst der weltweiten Gemeinschaft vertreten, erlaube ich mir, auf die dramatische Situation der von Trockenheit und Hungersnot betroffenen Länder Afrikas hinzuweisen. Hunger, andauernde Unterernährung und Tod beherrschen diese Regionen auf unerbittliche Weise.
Während meines ersten Pastoralbesuches in Afrika im Mai 1980 richtete ich von Ouagadougou aus einen eindringlichen Aufruf an die internationalen Organisationen und bat dringendst um Hilfe für die leidenden Menschen in der Sahelzone: diese Organisationen sollten ihre bemerkenswerten Hilfsaktionen für die Notleidenden fortsetzen und intensivieren und den Ursachen des Hungers abhelfen; die Staatsoberhäupter sollten dazu großzügig beitragen; die privaten Organisationen sollten Einzelpersonen und Gruppen zu weiterer Hochherzigkeit und Dienstbereitschaft anspornen; die in Wissenschaft und Forschung tätigen Männer und Frauen sollten mit ihrer Arbeit gegen die Ausbreitung der Wüsten und der Hungersnot kämpfen (vgl. *Homilie in Ouagadougou*, 10. Mai 1980, Nr. 7).
Allen, die sich mit dieser großen menschlichen Tragödie auseinandergesetzt haben, gebührt aufrichtiger Dank. Das Problem ist jedoch nicht verschwunden und auch heute noch ist das Leben zahlreicher Afrikaner vom Hunger bedroht. Neue Naturkatastrophen sind seither über Afrika hereingebrochen, deren letzte als ungeheures Verhängnis den Sudan heimgesucht hat. Nochmals ist die Welt zur Solidarität aufgerufen. Das Überleben von Millionen von Brüdern und Schwestern in aller Welt hängt von unserer Sorge für sie ab!

5. Auch fühle ich mich verpflichtet, Ihre Aufmerksamkeit auf eine weitere Ursache der Leiden einer großen Zahl von Menschen in verschiedenen Teilen der Welt und insbesondere hier in Afrika zu lenken: es handelt sich um das Problem der Flüchtlinge und Umsiedler. Aus verschiedenen Gründen – darunter Ungerechtigkeiten und Naturkatastrophen – sind diese unsere Brüder und Schwestern gezwungen, aus ihrer Heimat zu fliehen und alles zu verlassen, was ihnen vertraut und teuer war und materielle und mitmenschliche Sicherheit geboten hat. Als Flüchtlinge stehen sie, oft nur von ihrem Glauben an Gott unterstützt, einer unsicheren und ungewissen Zukunft gegenüber.
So sagte ich vor einigen Jahren, nach einem Besuch im Flüchtlingslager von Phanat Nikhom in Thailand: „Die internationale Gemeinschaft kann das traurige Los dieser mutigen und unglücklichen Menschen nicht ignorieren. Tatsächlich muß das Gewissen der Menschheit den Mißständen dieser Situation größere Aufmerksamkeit schenken, damit rasche Initiativen im Hinblick auf eine entsprechende und endgültige Lösung dieses Problems ergriffen werden (*Ansprache an die Regierung und an das diplomatische Korps*, 11. Mai 1984).

6. Das Thema meines Besuches lautet: „Die Menschenrechte, die Würde der menschlichen Person“. Das Problem des Hungers und die Notlage der Flüchtlinge stehen direkt mit der wesentlichen Frage der Menschenrechte in Verbindung. Alle Menschen haben ein grundlegendes Recht auf das für den Lebensunterhalt Notwendige. Dieses Recht praktisch ignorieren heißt, eine radikale Diskriminierung zu gestatten und unsere Brüder und Schwestern zum Aussterben oder zu einer menschenunwürdigenden Existenz zu verdammen.
Deshalb müssen die ständige Hungersnot in manchen Gegenden und die wachsende Zahl von Flüchtlingen in Afrika und in aller Welt für das Gewissen all jener, die diesen Situationen abhelfen können und sollten, eine Last darstellen. Der Hunger in der Welt und das vielschichtige Flüchtlingsproblem stellen nur zwei, wenn auch grundlegende und wichtige Aspekte einer ganzen Serie von Problemen dar, wenn die Welt in einer neuen internationalen, auf Gerechtigkeit, Solidarität und Frieden gegründeten Ordnung ihr Gleichgewicht finden soll.

7. In all diesen Bereichen hat die diplomatische Gemeinschaft eine lebenswichtige Rolle zu spielen. Sie und Ihre Kollegen können die Aufmerksamkeit der Regierungen und der öffentlichen Meinung auf die Nöte der leidenden Völker und auf den Ernst der ihnen zugrundeliegenden wirtschaftlichen, sozialen und politischen Bedingungen lenken, denen sie ihre Aufmerksamkeit zuwenden sollten. Durch ihre direkte, von Sympathie und Verständnis getragene Erfahrung in Afrika können Sie versuchen, auf Hilfsstellen einzuwirken, damit sie ihre Programme so gestalten, daß sie den wahren Bedingungen der afrikanischen Gesellschaft gerecht werden.
Auf ähnliche Weise können Sie der Überzeugung Nachdruck verleihen, daß die afrikanischen Länder selbst ihre Entwicklung und ihr Schicksal in die Hand nehmen müssen. Hilfe von außen ist dringend nötig, kann jedoch letzten Endes nur insoweit nützen, als die wesentliche, das Wachstum und die Entwicklung fördernde Kraft wahrhaft afrikanisch ist.
In diesem Sinn erscheint es mir durchaus richtig, die besondere Bedeutung der internationalen Anerkennung, die den Leistungen Simbabwes auf dem Gebiet der Nahrungsmittelproduktion zuteil wurde, entsprechend hervorzuheben. Gleichzeitig kann man eine wachsende weltweite Sorge um die Flüchtlinge und ihre ungewisse Lage sowie um die sozialen und politischen Zustände feststellen, welche die Menschen zum Verlassen ihrer Heimat bewegen. Diese Beispiele sind Quelle der Ermutigung und der Hoffnung.

8. Ich bitte den allmächtigen Gott, er möge in diesem südlichen Afrika und auf dem ganzen Erdteil Frieden herrschen lassen, damit seine Völker wirklich die große Herausforderung der Entwicklung ihres Kontinents aufgreifen können. Ich bin überzeugt, daß Sie als engagierte Diplomaten alles Ihnen mögliche tun werden, um das wahre Wohl der Menschheitsfamilie zu fördern. Auch werden Sie sicher bestrebt sein, der Sache des Friedens und der menschlichen Würde mit der ganzen Kraft Ihrer Intelligenz und Ihres guten Willens zu dienen.
Möge Gott Sie und Ihre Familien segnen! Möge er die Länder und Völker schützen, die Sie vertreten.

Für Versöhnung und Frieden arbeiten

Predigt in der Messe in Bulawayo (Simbabwe) am 12. September

„Kommt, wir ziehen hinauf zum Berg des Herrn und zum Haus des Gottes Jakobs. Er zeige uns seine Wege, auf seinen Pfaden wollen wir gehen“ (*Jes* 2,3).

Liebe Brüder und Schwestern in Christus!

1. Die Einladung des Propheten Jesaja, eine Einladung des Alten Bundes, findet ihre Erfüllung im Neuen Bund, dem neuen und ewigen Bund im Blut Christi, in seinem Kreuz und seiner Auferstehung.
Seht, die Apostel „gingen nach Galiläa auf den Berg, den Jesus ihnen genannt hatte“ (*Mt* 28,16).
Christus wird in Kürze zum Vater zurückkehren, sagt zu ihnen jedoch bevor er sie verläßt: „Mir ist alle Macht gegeben im Himmel und auf der Erde. Darum geht zu allen Völkern, und macht alle Menschen zu meinen Jüngern; tauft sie auf den Namen des Vaters und des Sohnes und des Heiligen Geistes, und lehrt sie, alles zu befolgen, was ich euch geboten habe. Seid gewiß: Ich bin bei euch alle Tage bis zum Ende der Welt“ (*Mt* 28,18–20).

2. „Macht alle Menschen zu meinen Jüngern; tauft sie“ (*Mt* 28,19).
Dieses Gebot Christi wurde bereits erfüllt, und es wird in der Tat weiterhin unter allen Nationen der Erde erfüllt.
Es wurde und wird ständig in eurer Mitte erfüllt – in dieser Nation des afrikanischen Kontinents, die Simbabwe heißt. Die ersten Versuche der Evangelisierung reichen hier mehr als vierhundert Jahre zurück; sie waren von großer Liebe zum auferstandenen Herrn beseelt, brachten jedoch nicht die Gründung einer lebensfähigen christlichen Gemeinde zustande. Erst 1879 konnte die katholische Kirche wieder mit einer nachhaltigen Missionierung beginnen, und von dieser Zeit an wurde euer Land zum Zeugen einer segensreichen und unermüdlichen Erfüllung des Gebotes Christi.
Während des letzten Jahrhunderts hat die Missionierung zahlreiche Wandlungen durchgemacht, Wandlungen bezüglich ihrer vordringlichen Aufgaben und ihrer Methoden. In jedem Augenblick jedoch spielte die Lehrtätigkeit eine Hauptrolle. Jesus sagte: „Macht alle Menschen zu meinen Jüngern; tauft sie ...“. Genau das habt ihr getan.
Die Kirche im modernen Simbabwe und diese Eucharistiefeier legen ein klares Zeugnis für die hervorragenden Ergebnisse der Evangelisierung ab. Ich versichere euch, Brüder und Schwestern in Christus, daß es mir eine große Freude ist, in eurer Mitte zu sein, persönlich all das Wunderbare kennenzulernen, das die göttliche Vorsehung in diesem Land wirkt, und gemeinsam mit euch diese heiligen Geheimnisse zu feiern.
Im heiligen Namen Jesu begrüße ich euch alle: in erster Linie Bischof Karlen von Bulawayo und mit ihm alle meine Mitbrüder im Bischofsamt, die mit mir, dem Bischof von Rom, die Verantwortung teilen, die Herde Christi zu weiden und die Frohbotschaft des

Heils zu verkünden. Ganz besonders begrüße ich Bischof Ignatius Prieto, der das fünfundzwanzigjährige Jubiläum seiner Bischofsweihe und auch das fünfundzwanzigjährige Bestehen der Diözese Hwange feiert. Ihm und allen Angehörigen seiner Diözese gelten meine Glückwünsche und meine Gebete.

Meinen brüderlichen Gruß richte ich auch an die Priester, Ordensleute und Laien, welche die Pfarrgemeinden dieser ausgedehnten, als Matabeleland bekannten Region Simbabwes vertreten. Die Botschaft Christi wird an erster Stelle in den christlichen Ortsgemeinden aufgenommen und gepflegt und muß auch dort Tag für Tag in die Praxis umgesetzt werden. In den Pfarrgemeinden sind Glaube, Hoffnung und Liebe die Leitmotive für euer Leben.

Ich weiß, daß viele nicht die Möglichkeit hatten, heute hierher zu kommen, obwohl sie es sehr gerne getan hätten. Deshalb bitte ich euch, meine Freunde in Christus, die sehr herzlichen Grüße des Papstes in eure Ortspfarreien zu tragen. Versichert sie meiner Hirtensorge im heiligsten Herzen unseres Herrn Jesus Christus.

3. Bei dieser Eucharistiefeier bitte ich euch, gemeinsam mit mir Gott für die Erfolge der Evangelisierung in Simbabwe zu danken und für deren Fortdauer zu beten.

Was ist Evangelisierung?

Wir könnten auf diese Frage mit den Worten des Apostels Paulus im Brief an die Römer antworten:

„Wenn du mit deinem Mund bekennst: ‚Jesus ist der Herr‘ und in deinem Herzen glaubst: ‚Gott hat ihn von den Toten auferweckt‘, so wirst du gerettet werden“ (*Röm* 10,9).

Evangelisierung ist die Annahme der Selbstoffenbarung Gottes in Jesus Christus. Diese schließt die glaubende Annahme dessen ein, was Gott der Menschheit geoffenbart hat; die Annahme der Wahrheit vom gekreuzigten und auferstandenen Christus (wie wir im *Glaubensbekenntnis* sagen: „Er wurde für uns gekreuzigt ... hat gelitten und ist begraben worden, ist am dritten Tag auferstanden“).

Christus ist „der Herr des Alls“. Als Herr, „dem alle Macht gegeben ist im Himmel und auf der Erde“, verteilt Christus an alle die Reichtümer des Heils, die er uns durch das Opfer seines Lebens am Kreuz erwirkt hat. Die Reichtümer des Heils sind die Reichtümer der Liebe und Gnade Gottes. Wir haben an ihnen durch unseren Glauben Anteil. Der hl. Paulus sagt: „Wer mit dem Herzen glaubt und mit dem Mund bekennt, wird Gerechtigkeit und Heil erlangen“ (*Röm* 10,10).

Es handelt sich also hier um einen mit dem Herzen (mit Verstand und Willen) angenommenen Glauben, der in unserem Innersten verwurzelt ist. „Denn jeder, der den Namen des Herrn anruft, wird gerettet werden“ (*Röm* 10,13).

4. Ein solcher Glaube hilft uns, die Welt auf neue Art und alles, was uns umgibt, in einem neuen Licht zu sehen; er macht uns fähig, die ganze Schöpfung als ureigenes Werk Gottes und als sein Geschenk zu betrachten. Dann können wir uns durch die Schöpfung an den Schöpfer wenden und ihn mit unseren Herzen und unseren Lippen preisen. Wir preisen ihn so, wie der herrliche Psalm der heutigen Liturgie:

„Die Völker sollen dir danken, o Gott,
danken sollen dir die Völker alle.
Das Land gab seinen Ertrag.
Es segne uns Gott, unser Gott.
Es segne uns Gott. Alle Welt fürchte
und ehre ihn“ (*Ps* 66/67,6–8).

Der Glaube an den gekreuzigten und auferstandenen Christus drängt uns auch dazu, die Welt nach dem Geist Gottes umzuwandeln. Das setzt jedoch eine Umwandlung des menschlichen Herzens voraus, mit allen Rückwirkungen auf die Gesellschaft und auf die Beziehungen zwischen den einzelnen Menschen und den Nationen.

Kommen wir nochmals auf die Worte des Propheten Jesaja zurück:

„Kommt, wir ziehen hinauf zum Berg des Herrn
und zum Haus des Gottes Jakobs.
Er zeige uns seine Wege,
auf seinen Pfaden wollen wir gehen.
Denn von Zion kommt die Weisung des Herrn,
aus Jerusalem sein Wort.
Er spricht Recht im Streit der Völker,
er weist viele Nationen zurecht.
Dann schmieden sie Pflugscharen aus ihren Schwertern
und Winzermesser aus ihren Lanzen.
Man zieht nicht mehr das Schwert, Volk gegen Volk
und übt nicht mehr für den Krieg.
Ihr vom Haus Jakob, kommt,
wir wollen unsere Wege gehen im Licht des Herrn“ (*Jes* 2,3–5).

5. Die Evangelisierung beginnt im menschlichen Herzen, im inneren Gespräch eines jeden von uns mit Gott. Dabei erkennen wir unsere Sünden und sehen, daß wir eines Erlösers bedürfen; wir kommen dazu, daß wir glauben und mit den Lippen bekennen, Jesus Christus ist der Herr.

Der Glaube kann jedoch nie reine Privatsache bleiben, da uns das Sakrament der Taufe zu Gliedern der christlichen Gemeinschaft macht. Es wird aktive Mitgliedschaft in einer Ortskirche von uns erwartet, aufmerksames Hören auf das Wort Gottes, Teilnahme an der Liturgie und ein Leben in geschwisterlicher Liebe. Unser Glaube an Christus öffnet uns auch die Augen, so daß wir über unsere Pfarrgemeinde hinaus den Blick auf die Weltkirche und die Bedürfnisse der Welt rings um uns richten können. Die Kirche ist um der Welt willen in der Welt gegenwärtig, und jedes ihrer Glieder teilt ihre Verantwortung, Gottes Liebe in die Welt hineinzutragen.

Hier in Simbabwe bedeutet das, daß ihr von Christus dazu berufen seid, auf die Nöte und Schwierigkeiten eurer Mitbürger einzugehen. Wir denken dabei gleich an das große Leid, das der Krieg verursacht hat. Euer Kampf für die nationale Unabhängigkeit ist erst vor acht Jahren zu Ende gegangen, und selbst nachher konnten viele Menschen im Matabeleland nicht den wahren Frieden finden. Wie sehr hat die Zivilbevölkerung noch wei-

terhin unter dem Guerillakrieg und anderen Formen der Gewalt gelitten! Noch im April dieses Jahres wurde Bruder Kilian Knoerl aus dieser Diözese ein Opfer der Gewalt.
Ich weiß, daß ihr nicht nur selbst gelitten, sondern auch versucht habt, den vielen Opfern der Gewalt zu helfen: den Krüppeln, den Verstümmelten, den Ausgeraubten und jenen, die auf ungerechte Weise um ihren Besitz und ihre Ersparnisse gebracht worden waren. Gleichzeitig mußtet ihr geduldig und unablässig für Versöhnung und Frieden arbeiten, also für ein Ziel, das nach Jahren des Konflikts nicht leicht zu erreichen war. Ihr habt euch um die Erfüllung der Weissagung Jesajas bemüht, wonach die Völker „Pflugscharen aus ihren Schwertern und Winzermesser aus ihren Lanzen (schmieden werden). Man zieht nicht mehr das Schwert, Volk gegen Volk, und übt nicht mehr für den Krieg" (*Jes* 2,4).
Ja, „man übt nicht mehr für den Krieg", sondern für Frieden und Entwicklung und ganz besonders für die Wahrheit. Deshalb ist Erziehung so wichtig, sowohl im Hinblick auf die Entwicklung als auch auf die Evangelisierung.
Dieses „Üben" schließt die Verpflichtung zum Apostolat des Unterrichts und der Tätigkeit in den Schulen – insbesondere für die Jugendlichen – ein. Die Zukunft Simbabwes hängt davon ab; die Zukunft der Kirche in Simbabwe wird durch dieses Apostolat gestaltet werden, ist doch die Erziehung für die menschliche Entwicklung wesentlich. So betonte auch Papst Paul VI.: „Zwischen Evangelisierung und menschlicher Förderung – Entwicklung und Befreiung – bestehen enge Verbindungen" (*Evangelii nuntiandi*, Nr. 31). Da alle Menschen sowohl soziale und wirtschaftliche als auch geistliche Bedürfnisse haben, kann die Kirche keinen Aspekt vernachlässigen, der zu einem vollen Menschsein gehört. Ihre Erziehungsprogramme zielen auf die Entwicklung des ganzen Menschen, des Leibes und der Seele ab.
Die Kirche sorgt sich sehr um die Familie: um die Familie als solche und um ihre einzelnen Mitglieder. In eurem Land ist, wie in den meisten Ländern der Welt, die Stabilität des Familienlebens ernsthaft durch Probleme wie sexuelle Unsittlichkeit und freies Zusammenleben einerseits und wirtschaftliche Unsicherheit und unzulängliche Wohnverhältnisse andererseits bedroht. Die Bemühungen, die auf die Stärkung des Familienlebens und eine bessere Kenntnis der wahren Natur der Ehe abzielen, müssen von den örtlichen Pfarrgemeinden ausgehen, wo die Einzelnen und ihre konkreten Lebensumstände am besten bekannt sind. Dementsprechend muß sich auch die Evangelisierung, welche der Daseinszweck der Kirche ist, für die Familie einsetzen und durch sie alle Glieder der Kirche zu eifrigen Aposteln machen.

6. Jesus hat seine Jünger um der Evangelisierung willen in alle Welt hinausgesandt, und er wollte, daß alle, die ihm nachfolgen, aktiv an der Evangelisierung teilnehmen. Diese Sendung muß so erfüllt werden, daß das Leben aller, die an Christus glauben, immer reich an guten Werken ist und sie so den einzelnen Menschen und den Nationen wahre Entwicklung und wahren Fortschritt vermitteln.
Wenn jedoch diese Sendung Erfolge zeitigen soll, müssen wir stets der Worte des hl. Paulus an die Römer eingedenk sein: „Wie sollen sie nun den anrufen, an den sie nicht glauben? Wie sollen sie an den glauben, von dem sie nichts gehört haben? Wie sollen sie

hören, wenn niemand verkündigt? Wie soll aber jemand verkündigen, wenn er nicht gesandt ist?" (*Röm* 10,14–15).

Und wer soll gesandt sein? Wer evangelisiert? Papst Paul VI. beantwortete diese Fragen sehr klar, indem er ausführte: „So ist es die ganze Kirche, die die Sendung zur Evangelisierung empfängt, und die Mitwirkung jedes einzelnen ist für das Ganze von Wichtigkeit ... Schließlich wird derjenige, der das Evangelium angenommen hat, es weiterzugeben suchen. Dies ist der Wahrheitstest, die Probe der Echtheit der Evangelisation: es ist undenkbar, daß ein Mensch das Wort Gottes angenommen hat und in das Reich eingetreten ist, ohne daß er darauf auch seinerseits Zeugnis gibt und verkündet" (*Evangelii nuntiandi*, Nr. 15.24).

So sind auch in euren christlichen Gemeinden in Simbabwe gerade jene, die selbst zu leiden hatten, am besten in der Lage, andere zu trösten und zu ermutigen. Wie der hl. Paulus sagt, „(Gott) tröstet uns in all unserer Not, damit auch wir die Kraft haben, alle zu trösten, die in Not sind, durch den Trost, mit dem auch wir von Gott getröstet werden" (*2 Kor* 1,4).

Die besten Apostel der Jugend sind oft die Jugendlichen selbst, junge Männer und Frauen, die sich ihres Glaubens an Christus freuen und um die Bedeutung des täglichen Gebetes wissen. Ehepaare, deren gegenseitige Liebe im Sakrament der Ehe besiegelt und im täglichen Opfer aufgebaut wurde, sind am besten in der Lage, anderen Eheleuten den Weg zum rückhaltlosen Eingehen in das Geheimnis der Liebe Christi zu seiner Kirche zu weisen. Familienrunden, Exerzitien für Ehepaare und Programme für die Bereicherung der ehelichen Gemeinschaft sind ebenfalls passende Methoden für dieses Ehe- und Familienapostolat.

Unsere Familien und unsere kleinen christlichen Gemeinschaften, unsere Pfarreien und Diözesen bedürfen jedoch auch der Hirten und Hüter, die sich ausschließlich dem Dienst an der Herde Gottes widmen. Wir brauchen, mit anderen Worten, gute Priester, Ordensmänner und Ordensfrauen. Ohne ihr Gebet und ihren aufopfernden Dienst könnte die Evangelisation ihre Orientierung einbüßen und vor allem ihr Wissen um die weltweiten Dimensionen der Kirche.

7. Heute kommt der Bischof von Rom – eingedenk seines apostolischen Erbes der hll. Petrus und Paulus – zu euch, um mit euch für die Früchte der Evangelisierung zu danken, die ihr bereits empfangen habt.

Ja, „das Land gab seinen Ertrag", und
„Gott, unser Gott, hat uns gesegnet".

Dennoch wissen wir, daß „nicht alle dem Evangelium gehorsam geworden (sind)" (*Röm* 10,16). Deshalb sagte und sagt Christus weiterhin: „Geht zu allen Völkern, und macht alle Menschen zu meinen Jüngern." Während ich hier, in diesem Land, in diesem Kontinent stehe, lade ich euch ein, eure Herzen zu ihm, dem „Herrn der Ernte" zu erheben und unablässig zu beten, er möge „Arbeiter für seine Ernte aussenden" (*Mt* 9,38).

Für diese Ernte!

Denn diese Ernte ist tatsächlich reich!

Dienst der Versöhnung Kampf gegen das Böse

Ansprache bei der Begegnung mit Priestern und Ordensleuten in Bulawayo (Simbabwe) am 12. September

Liebe Brüder und Schwestern in Christus!

1. Ich grüße euch mit den Worten des hl. Paulus: „Ich bin sehr stolz auf euch ... bin ... von Trost erfüllt und ströme über von Freude“ (*2 Kor* 7,4).
Es ist für mich in der Tat ein Augenblick großer Freude, euch, den Priestern, Ordensmännern, Ordensfrauen und Seminaristen von Simbabwe zu begegnen. In jedem von euch sehe ich das große Geheimnis der Liebe Gottes. Der Herr hat zu euch, wie im Buch Levitikus, gesagt: „Seid mir geheiligt; denn ich, der Herr, bin heilig, und ich habe euch von all den Völkern ausgesondert, damit ihr mir gehört“ (*Lev* 20,26). Euer Leben wurzelt in diesem göttlichen Ruf und euer Vertrauen ruht in Ihm, dem Einen, der euren Dienst und euer Zeugnis stützt. „Denn seine Huld währt ewig“ (*Ps* 118,1).
Hier in der Marienkathedrale in Bulawayo mit dem Westfenster über dem Altar, auf dem die Unbefleckte Empfängnis und Szenen aus dem Leben der Mutter Gottes dargestellt sind, möchte ich diese Augenblicke mit euch teilen im Geist des Lobgesangs Marias: „Sein Name ist heilig. Er erbarmt sich von Geschlecht zu Geschlecht“ (*Lk* 1,49–50).

2. Liebe Priester, meine Brüder! Das Thema meines Besuches in Simbabwe ist auch die Herausforderung eures priesterlichen Dienstes: „Zusammenkommen in Christus“, zusammenkommen in der christlichen Gemeinschaft, durch Versöhnung. Es ist eure Aufgabe, eure Pfarreien und jede Ortskirche in Treue zum Wort Gottes aufzubauen, vor allem, indem ihr das Lebensbrot für euer Volk brecht und es zu Werken des Glaubens und des Dienstes anregt (vgl. *Apg* 2,42).
Damit ihr dazu fähig seid, ergeht der Ruf zu inniger Verbundenheit mit dem Herrn zuerst an euch. Ihr müßt Männer Gottes sein, gewöhnt an Gebet und Hingabe eurer selbst, von Herzen demütig, aber mutig in der Verkündigung des Wortes, „ob man es hören will oder nicht“ (vgl. *2 Tim* 4,2). Ihr müßt wahre geistliche Väter und Führer eures Volkes sein. Ihr müßt in jeder Schwierigkeit einander Brüder sein.
Eine herausragende Eigenschaft afrikanischer Menschen ist, daß sie Familienbeziehungen schätzen. Dementsprechend muß die Kirche in diesem kulturellen Zusammenhang immer klarer als die Familie der geliebten Kinder Gottes erscheinen. Vor genau einem Jahr habe ich bei meinem Besuch in den Vereinigten Staaten von der Pfarrei als der „Familie der Familien“ gesprochen, als „unsere Familie in der Kirche ... in der es keine Fremden oder Ausländer gibt“ (*Ansprache in San Antonio, Our Lady of Guadalupe Plaza*, 13.9.1987). Eure Aufgabe ist es, meine Brüder, diesen Familiengeist euren Pfarreien und kleinen christlichen Gemeinschaften dadurch einzuflößen, daß ihr selbst ein Widerschein von Gottes Vaterliebe zu seinem Volk seid.
Die Gemeinschaft der Priester sollte auch eine Familie von vielen Brüdern unter dem Bischof sein, um „an demselben Werk gemeinsam zu arbeiten“ (*Presbyterorum ordinis*, Nr. 8). Gelegenheiten, um gemeinsam zu beten, gemeinsam zu studieren und die Erfah-

rungen eures Priesterlebens und eurer Arbeit auszutauschen, bilden einen wesentlichen Bestandteil eures Lebens. Wie schön ist es, wenn ihr euch gegenseitig in euren Häusern willkommen heißt mit dem Frieden Christi in euren Herzen! Wie wichtig ist es, daß ihr euch gegenseitig durch das Gebet und guten Rat unterstützt und einander helft, die rechten Entscheidungen zu treffen!

3. Die Erneuerung im kirchlichen Leben, für die das zweite Vatikanische Konzil eintrat, hat, trotz Schwierigkeiten und mancher Mißverständnisse, sicherlich überreiche geistliche Früchte im Leben der Kirche gezeigt. Diese Erneuerung muß deutlich sichtbar werden im Dienst der Priester, die dazu berufen sind, sie zu leiten und mit Leben zu erfüllen. Zu den bedeutenderen Gaben, die der Heilige Geist der Kirche durch das Konzil geschenkt hat, gehört das größere Bewußtsein von der allgemeinen Berufung zur Heiligkeit des Lebens. Getrennt von eurer eigenen Teilnahme am göttlichen Leben, getrennt von Gebet und Buße, getrennt von Selbsthingabe, Bruderliebe und Gerechtigkeit ist euer Dienst nicht zu verstehen. Und die Frucht eures Dienstes ist es, das alles im Leben der euch anvertrauten Menschen zu fördern. Ja, in eurem Dienst als Lenker und Hirten findet ihr Nahrung für euer eigenes geistliches Leben (vgl. *Presbyterorum ordinis*, Nr. 14).
Vom Konzil geleitet, gewinnen die Laien ein genaueres Verständnis von ihrer Taufgnade und ihrer Rolle im priesterlichen Gottesvolk. Sie zeigen einen zunehmenden Durst nach dem Wort Gottes und erwarten, daß die geistliche, theologische und Soziallehre der Kirche ihnen für ihr tägliches Leben Licht gibt. Viele von ihnen verlangen nach einer verantwortlicheren Rolle im Gemeindeleben, in der Liturgie, der Katechese und im Dienst an den Bedürftigen. Das alles ist ein Test für eure geistliche Führerrolle. Eure Verkündigung des Gotteswortes muß sie mit immer gediegenerer geistlicher Nahrung versorgen; sie sollte das Ergebnis eures eigenen Studiums, eures Gebetes und eurer Meditation sein. Euer Lehren muß die Antwort der Kirche auf die immer verwickelteren Fragen des modernen Lebens klar widerspiegeln. Im Evangelium des hl. Matthäus wird die Beschreibung, die Jesaja vom leidenden Gottesknecht gibt, auf Jesus angewandt, und sie kann auf jeden von euch angewandt werden: „Ich werde meinen Geist auf ihn legen, und er wird den Völkern das Recht verkünden ... Das geknickte Rohr wird er nicht zerbrechen und den glimmenden Docht nicht auslöschen, bis er dem Recht zum Sieg verholfen hat“ (*Mt* 12,18–20).

4. Das Volk von Simbabwe und vom ganzen südlichen Afrika strebt nach Versöhnung und Brüderlichkeit, und so bete ich, daß ihr als Priester das besondere Charisma ausüben mögt, fähig zu sein, die Menschen zu versöhnen und „sie in Christus zusammenzuführen“. Ihr wißt es gut, daß, ehe es eine echte und dauernde Versöhnung geben kann, Bekehrung, jene Umwandlung des Herzens notwendig ist, die dann zustandekommt, wenn man bereit ist, ihre echten Konsequenzen im persönlichen und sozialen Leben anzunehmen.
Der Dienst der Versöhnung ist vor allem ein Kampf gegen die Sünde und das Böse. Im Spenden des Bußsakramentes ist euch die geistliche Gewalt des Lösens und des Bindens anvertraut. Wenn ihr selbst den Segen dieses Sakramentes schätzt, werdet ihr besser im-

stande sein, diese tiefe Wertschätzung auf die Gläubigen zu übertragen, die heute oft mehr persönliche Aufmerksamkeit und mehr geduldiges Zuhören von seiten des Beichtvaters brauchen. In jedem Land, das ich besuche, rufe ich die Priester dazu auf, sich für die, die von der Sünde befreit, in der Gnade erneuert und mit dem Herrn – und der Kirche versöhnt werden wollen, so verfügbar wie nur immer möglich zu machen. Den gleichen Aufruf richte ich an euch: Liebt dieses Sakrament und empfangt es oft!
Liebe Priester, meine Brüder, die Gegenwart des Gottesreiches in Simbabwe wird vor allem erfahrbar durch die Kraft und Wahrheit eures Dienstes, dessen Mitte die Eucharistie ist. Darum ermutige ich euch ernstlich, euch immer mehr Christus gleichzugestalten und die geistlichen Hilfen, die ihr braucht, um „das heilige Amt des Evangeliums zu verwalten“ (*Presbyterorum ordinis*, Nr. 2), aus der täglichen Teilnahme am Paschamysterium Christi zu schöpfen. Liebt immer Maria als die Mutter eurer Berufung und als vollkommenes Beispiel der Jüngerschaft und des Dienstes.

5. Ordensmänner und Ordensfrauen von Simbabwe! Auch ihr seid in einer einzigartigen Beziehung mit Christus verbunden. Ihr habt einen besonderen Anteil an der Weihe Christi selbst an den Vater, für die Menschheit (vgl. *Joh* 17,19). Es ist eine Weihe, die er durch seinen Tod und seine Auferstehung vollzog, und die sich an euch in besonderer Weise verwirklicht, indem ihr seine Worte erfüllt: „Wer das Leben um meinetwillen verliert, wird es gewinnen“ (*Mt* 10,39).
In einem Brief, den ich im kürzlich zu Ende gegangenen Marianischen Jahr an alle gottgeweihten Menschen schrieb, suchte ich etwas hervorzuheben, was zum Zentrum des Ordenslebens gehört, nämlich die positive Bedeutung des Sterbens mit Christus, um Anteil zu haben an seiner Auferstehung. Ich sagte, daß für einen Menschen, Mann oder Frau, gerade das grundlegend ist: „In Christus zu sein, da Christus die Fülle Gottes (vgl. *Kol* 2,9) ist“ (*Schreiben an alle gottgeweihten Personen* vom 22. Mai 1988, III). In dem Maß, wie ihr „in Christus seid“, wird die Reife eures Glaubens und eurer Liebe euch zu seinen prophetischen Zeugen in jeder Ortskirche und vor der Welt machen. So werdet ihr den ewigen Wert der Erlösungsbotschaft Christi wirksam verkündigen.

6. Es ist eure besondere Berufung, durch eure Lebensweise öffentlich Zeugnis zu geben für die „Neuheit des Lebens“, die der menschgewordene Gottessohn in die menschliche Geschichte brachte (vgl. *Röm* 6,4). Ihr gebt dieses Zeugnis in den konkreten historischen Umständen des heutigen Simbabwe und des Afrikas unserer Zeit, die dringend eines erneuerten Humanismus bedürfen, der sich in einer Kultur ausdrückt, die das Leben verteidigt und die menschliche Solidarität fördert, aufgebaut auf den besten Traditionen dieses Kontinents im Dialog mit den ewigen und universalen Wahrheiten, die in Jesus Christus offenbart sind.
Eure Ordensweihe, die sich in der Beobachtung der evangelischen Räte der Keuschheit, der Armut und des Gehorsams kundtut und in den vielen Tätigkeiten eurer Ordensgemeinschaften fruchtbar wird, ist nicht von der evangelisierenden und heiligenden Sendung der Kirche zu trennen. Eure Weihe hat wenig Sinn ohne eine tiefe Liebe zur Kirche als dem Werkzeug, das Gott für die Rettung der Menschheit erwählt hat. Jesus sagt: „Ich

bin gekommen, damit sie das Leben haben und es in Fülle haben" (*Joh* 10,10). Wir alle, der Nachfolger des Petrus und jeder von euch, müssen uns in erster Linie als Apostel betrachten, die gesandt sind, das Leben zu verkündigen, das Gott in Christus Jesus anbietet. Die Frohe Botschaft zu verwässern in etwas, was weniger ist, würde bedeuten, die Macht zur Umwandlung einzuschränken, die der Heilige Geist in der Kirche hervorbringt und für die euer gottgeweihtes Leben ein deutliches Zeugnis und machtvolles Werkzeug ist.

7. Ordensleben ist ein Gegen-Zeugnis gegen jene Tendenzen zu selbstsüchtigem und übertriebenem Individualismus, zu mitleidsloser Konkurrenzsucht, die zu den Faktoren gehören, die hier in Afrika und anderswo die wahre menschliche Entwicklung behindern. Das Ordensleben erzieht euch dazu, für die Bedürfnisse der Armen, der Benachteiligten, der Kranken und Behinderten und der vom Fortschritt Vernachlässigten besonders feinfühlig zu sein. In eurem Dienst an anderen in Städten und ländlichen Bezirken, in Hospitälern und Schulen, in Sozialdienst und Werken der Liebe dient ihr nicht bloß der materiellen Entwicklung der Menschen, sondern ihr haltet auch ihre menschliche Würde hoch. Ihr behandelt sie als Gottes Söhne und Töchter, nach seinem Ebenbild erschaffen. Ihr dient ihnen als von Christus geliebten Brüdern und Schwestern.
An dieser Stelle möchte ich euch einladen, über die Tatsache nachzudenken, daß gewisse gut erprobte Formen des Apostolats, wie Erziehung und Gesundheitsfürsorge, ein höchst wirksamer Weg sind, die Menschenrechte zu verteidigen und zu fördern, denn sie verteidigen die menschliche Person gegen die tiefe Herabwürdigung in Unwissenheit und Verlassenheit. Ich möchte euch, besonders die Ordensschwestern, ermutigen, in diesen Bemühungen auszuharren, in Treue zu euren Charismen, die der Heilige Geist euren Instituten gewährt hat.

8. Meine lieben Schwestern, als gottgeweihte Frauen habt ihr eine tiefe Wirkmöglichkeit in der Art, wie das Evangelium in der örtlichen Kultur inkorporiert werden kann. Sehr oft belebt ihr eine christliche Gemeinschaft von den Wurzeln an, indem ihr das Wachstum anregt und begleitet in einer Art, die anderen nicht zugänglich ist. Die Arbeit der ersten tapferen Ordensfrauen hat der Kirche in dieser Region ein unauslöschliches Zeichen eingeprägt.
Laßt uns zusammen Gott danken für den selbstlosen Dienst vieler ausländischer Schwestern, die der Kirche in diesem Land unsagbaren Segen gebracht haben. Sie sind ein bedeutsames Zeichen für die Universalität der christlichen Liebe. Und in den Schwestern, die aus Simbabwe stammen, blüht die göttliche Gabe weiter, die die Kirche in diesem Land von ihrem Herrn empfangen hat: „Wie ein Baum, der aus einem von Gott gegebenen Keim wunderbar und vielfältig auf dem Ackerfeld des Herrn Zweige treibt" (*Lumen gentium*, Nr. 43). Diese besondere Saat wurde vor fast hundert Jahren ausgesät, als nach einer langen und gefahrvollen Reise die ersten Dominikanerinnen in dieses Gebiet kamen, und seitdem hat sie nicht aufgehört, die schönsten Früchte zu bringen.
Ein besonderes Wort der Ermutigung möchte ich den Armen Klarissinnen sagen, die in Harare eine Kommunität gegründet haben, die erste dieser Art in Simbabwe. Das kontemplative Leben ist ein wesentlicher Teil des Lebens jeder Ortskirche. Die Anwesenheit

dieser Schwestern ist ein Zeichen für eine im Glauben reifende Gemeinschaft, und sie verdienen die Achtung und Liebe, die ihrer besonderen Berufung gebührt. Ich bete um viele simbabwische Berufungen zum kontemplativen Leben, das das Konzil eine himmlische Gnaden verströmende „Zier der Kirche" nennt (vgl. *Perfectae caritatis*, Nr. 7).

9. Liebe Ordensbrüder! Eure Treue und euer Gebetsgeist sind von lebensnotwendiger Bedeutung für die Kirche, und der Dienst, den ihr leistet, ist unverzichtbar. Euer Beispiel als gewissenhafte Verwalter, technische Lehrmeister und tüchtige Handwerker, das die Würde der Arbeit sichtbar werden läßt, ist von ungeheurem Wert für ein Entwicklungsland, das keinen Fortschritt machen kann, wenn bei ihm die Arbeiten nicht hochgeachtet werden. Das Beispiel eurer freudigen Christusnachfolge und euer fleißiger Pastoraldienst sind für viele eine Quelle der Ermutigung. Ich fordere die Kirche in Simbabwe auf, Brüderberufungen zu fördern ohne zu befürchten, daß dies von Priesterberufungen abhalten würde. Es ist ja der Herr, der beruft, wo und wann er will.
Einen besonderen Gruß auch allen Seminaristen und Ordenskandidaten in Simbabwe! Dankt stets Gott, der euch diese Gelegenheit gibt, in Glauben und Vertrauen eure Berufung zu prüfen, die der Grund für eure besondere Stellung in der Kirche ist. Denkt daran: es ist eine Berufung zum Dienst und zur Heiligkeit des Lebens. Sie bedeutet Loslösung von materiellen Dingen, Übung aller christlichen Tugenden, besonders der Keuschheit, der Nächstenliebe und des Eifers für das Heil der Seelen. Setzt euer Vertrauen auf den Herrn: „Er ist euer Hirte, er leitet euch auf rechten Pfaden, treu seinem Namen" (vgl. *Ps* 22/23,1.3).

10. Liebe Priester und Ordensleute, der Preis der Jüngerschaft ist nie gering. Hier in Bulawayo erinnere ich an den ersten Bischof der Diözese, Adolph Schmitt, und an die anderen Priester, Ordensschwestern, Ordensbrüder und Laien, die in den schwierigen Jahren des Kampfes für die Unabhängigkeit ums Leben kamen oder durch nicht lange zurückliegende Akte der Gewalt. Möge ihr Opfer der ganzen Kirche in diesem Land Anregung sein, „vorwärtszuschreiten zwischen den Verfolgungen der Welt und den Tröstungen Gottes, das Kreuz und den Tod des Herrn verkündend, bis er wiederkommt" (vgl. *Lumen gentium*, Nr. 8). Ich vertraue euch alle Unserer Lieben Frau, der Königin des Friedens, an, deren nahes Heiligtum uns daran erinnert, daß wahrer Friede als Geschenk aus dem Herzen unseres liebenden Gottes kommt.
Der Friede Christi sei mit euch allen!

Gebet und Meditation wesentlich für den ökumenischen Dialog

Ansprache während des ökumenischen Gebetsgottesdienstes in Bulawayo (Simbabwe) am 12. September

Liebe Brüder und Schwestern in Christus!

1. „Wie gut und schön ist es, wenn Brüder miteinander in Eintracht wohnen ... Denn dort spendet der Herr Segen und Leben in Ewigkeit" (*Ps* 132/133,1.3). Diese Worte des Psalmisten drücken ein Urverlangen des menschlichen Herzens aus, das Verlangen nach Harmonie und Freundschaft mit anderen. Zugleich drücken sie die Sehnsucht von uns allen aus, die in Christus Jesus getauft wurden. In der Tat hat der Wunsch nach Einheit unter den Christen im Lauf dieses Jahrhunderts bedeutend an Tragweite gewonnen und vor allem seit der Einberufung des Zweiten Vatikanischen Konzils durch meinen Vorgänger Papst Johannes XXIII.
In Dankbarkeit gegen Gott für diese Bewegung hin zur vollen Einheit in Glauben und Liebe, die der Heilige Geist in unserer Zeit aufrechterhält, ist es für mich eine große Freude, heute Gelegenheit zu haben, euch zu begegnen, den Vertretern der christlichen Kirchen und kirchlichen Gemeinschaften in Simbabwe. Ich danke euch für den herzlichen Gruß, den ihr an mich gerichtet habt. Und ich bin dankbar für den Einsatz, den jeder von euch für die ökumenische Bewegung geleistet hat.

2. In meiner ersten Enzyklika zu Beginn meines Hirtenamtes in der Kirche als Nachfolger des Apostels Petrus gab ich meinem großen Wunsch Ausdruck, die vielen Bemühungen der katholischen Kirche um die Wiederherstellung der vollen Einheit unter denen, die Christus nachfolgen – einer Einheit, die nur dann vorankommt, wenn wir ständig auf das Antlitz Christi schauen – fortzusetzen und noch intensiver zu gestalten. Ich schrieb: „In Christus und durch Christus hat der Mensch ein volles Wissen um seine Würde, um seine Erhebung, um den transzendenten Wert des eigenen Menschseins und um den Sinn seiner Existenz erworben. Es ist notwendig, daß wir alle, die wir Jünger Christi sind, uns zusammenfinden und uns um ihn vereinigen. Diese Einheit in den verschiedenen Bereichen des Lebens, der Tradition, der Strukturen und Disziplinen der einzelnen Kirchen oder kirchlichen Gemeinschaften kann nicht verwirklicht werden ohne aufrichtiges Bemühen, das nach gegenseitigem Sichkennenlernen und nach Beseitigung der Hindernisse auf dem Weg zu einer vollkommenen Einheit strebt" (*Redemptor hominis*, Nr. 11).
Diese heutige Begegnung stellt gewiß einen weiteren Schritt in dem Bemühen dar, „sich gegenseitig kennenzulernen und die Hindernisse auf dem Weg zu beseitigen". Aber noch wichtiger als sich gegenseitig kennenzulernen ist es, daß wir unsern Herrn und Heiland Jesus Christus und die Fülle seiner Lehre tiefer kennen und aufnehmen lernen. Darum sind das tägliche Gebet und die Meditation über die Evangelien wesentlich für den Beginn und die Fortführung jeder ökumenischen Initiative.

Im Gebet erleuchtet der Heilig Geist unsere Gedanken und bewegt unsere Herzen zu einer tieferen Verbundenheit der heiligsten Dreifaltigkeit. Und in der Betrachtung der Evangelien sehen wir immer klarer das Erbarmen Gottes, der in Christus, dem Erlöser, die Welt mit sich versöhnt und uns in der Kirche das Werk der Versöhnung übertragen hat.

3. Christi eigenes Gebet zum Vater läßt uns sein großes Verlangen nach der Einheit all seiner Jünger erkennen: „Alle sollen eins sein", betet er, „Wie du, Vater, in mir bist und ich in dir bin, sollen auch sie in uns eins sein" (*Joh* 17,21).
Die Einheit, um die unser Erlöser betet, ist wirklich eine Gemeinschaft in Wahrheit und Liebe, eine Gemeinschaft wie die zwischen dem Vater und dem Sohn. Die Einheit, um die Christus gebetet hat, eine Einheit, für die er sein Leben hingegeben hat, die Einheit, nach der die Kirche unaufhörlich strebt, ist also nichts Oberflächliches. Und diese Einheit ist eng verbunden mit dem neuen Leben des Glaubens an Christus, das jeder von uns im Sakrament der Taufe empfangen hat.
Seit jenem Augenblick, in dem wir durch dieses Sakrament von der Sünde befreit und mit der Gabe des Heiligen Geistes erfüllt wurden, erfahren wir bis zu einem gewissen Grad die Gemeinschaft, um die Christus gebetet hat: „Wie du, Vater, in mir bist und ich in dir bin, sollen auch sie in uns eins sein" (*Joh* 17,21). Es ist eine Gemeinschaft mit der heiligsten Dreifaltigkeit und eine Gemeinschaft mit allen unseren Brüdern und Schwestern in Christus.

4. Aber diese wunderbare Gabe der Einheit, die in dem „einen Herrn, dem einen Glauben, der einen Taufe" (vgl. *Eph* 4,5) verwurzelt ist, hat durch die Sünden der Entzweiung Schaden gelitten. Gegensätzliche Lehrmeinungen, auseinanderlaufende Wege und viele Verfehlungen gegen die Liebe haben Uneinigkeit unter denen gesät, die „aus Wasser und Geist" (*Joh* 3,5) getauft sind. Als höchst bedauernswerte Folge nehmen Nichtglaubende oft Ärgernis an mangelnder Liebe, die bei den Jüngern Christi bemerkbar wird. Und dies wiederum hat die erstrangige Sendung der Kirche, nämlich die Verkündigung der Frohen Boschaft vom Gottesreich bis an die Enden der Erde, sehr behindert.
Aber die Macht der Sünde und der Zwietracht hatte nicht das letzte Wort. Sie wurde vielmehr von Christus durch sein Kreuzesopfer besiegt. Und der Geist der Wahrheit und der Liebe hat nie aufgehört in der Kirche zu wirken, damit Haß und Trennung, jahrhundertelange Mißverständnisse und Zwietracht überwunden werden. Vor allem in den letzten dreißig Jahren hat der Heilige Geist in den Herzen der Gläubigen Gewissensbisse über Fehler in der Vergangenheit aufkommen lassen und erneut den Wunsch angeregt, Trennungen zu überwinden und mit Eifer als Brüder und Schwestern im Weinberg des Herrn zusammenzuarbeiten.

5. Ich weiß, daß in Simbabwe zahlreiche Initiativen in dieser Hinsicht unternommen wurden. Sie fanden Unterstützung durch die traditionelle afrikanische Hochschätzung des Gemeinschaftslebens und der Familie als bedeutender Werte. Ihr geht nun, wie viele Christen in der ganzen Welt, miteinander den Weg, der zur vollen Gemeinschaft in Christus führen wird.

Eure zahlreichen gemeinsamen Unternehmungen auf dem Gebiet der menschlichen Entwicklung und ebenso die ökumenischen Dialoge sind empfehlenswerte Projekte und eine gute Grundlage für weitere ökumenische Zusammenarbeit. Das gleiche gilt, meine ich, von eurer brüderlichen Zusammenarbeit bei der Sorge für Auswanderer, Flüchtlinge und Opfer von Naturkatastrophen. Und ebenso ist da euer gemeinsames Interesse an der Arbeit für Gerechtigkeit und Frieden und für eine gerechtere Verteilung der natürlichen Hilfsquellen.

In all diesen gemeinsamen Bemühungen, die wir der Welt zeigen, gibt es die menschliche Dimension und die göttliche Dimension des großen Geheimnisses der Erlösung. Wie ich in meiner ersten Enzyklika schrieb, „können und müssen wir schon von jetzt an unsere Einheit leben und sie der Welt bekunden: in der Verkündigung des Geheimnisses Christi, im Aufzeigen der göttlichen und zugleich menschlichen Dimension der Erlösung, in dem mit unermüdlicher Ausdauer geführten Kampf für jene Würde, die jeder Mensch in Christus erreicht hat und beständig erreichen kann. Es ist die Würde der gnadenhaften Gotteskindschaft und zugleich die Würde der inneren Wahrheit des Menschseins“ (*Redemptor hominis*, Nr. 11).

6. Die Worte des Psalmisten erinnern uns an ein Grundelement der ökumenischen Bewegung: das beständige Gebet um die volle Einheit in Christus und der Lobpreis seines heiligen Namens. Der Psalmist sagt: „Ich will den Herrn allezeit preisen; immer sei sein Lob in meinem Mund... Verherrlicht mit mir den Herrn, laßt uns gemeinsam seinen Namen rühmen“ (*Ps* 33/34,2.3–4).

Wenn auch gemeinsame Gottesdienste in vielen Fällen nicht möglich sein mögen, so spielen doch Gebetsgottesdienste wie der unsrige heute eine bedeutende Rolle auf dem Weg zur Wiederherstellung der Einheit unter denen, die Christus nachfolgen. Die jährliche Gebetswoche für die Einheit der Christen ist in dieser Hinsicht eine Initiative, die besondere Empfehlung und Unterstützung verdient. Und in unseren eigenen Gemeinschaften haben wir die Pflicht, dem Beispiel Christi zu folgen, der gebetet hat: „Daß alle eins seien“ (*Joh* 17,21).

Vor allem dürfen wir nie aufhören, unser Vertrauen in das zu setzen, was Gottes Geist in unseren Tagen vollbringen kann. Ist doch, wie der Engel Gabriel zur Jungfrau Maria sagte, „für Gott nichts unmöglich“ (*Lk* 1,37). Laßt also unsere Herzen stets von lebendigem Glauben und unentwegter Hoffnung erfüllt sein. Und auf unseren Lippen sei immer der Lobpreis Gottes: „Verherrlicht mit mir den Herrn, laßt uns gemeinsam seinen Namen rühmen“ (*Ps* 33/34,4). Amen.

Zeugnis für das Gottesreich fruchtbar machen

Weihegebet in Gaborone (Botswana) am 13. September

Heilige Maria, Mutter der Kirche, Mutter der ganzen Menschheit! Ich, Johannes Paul II., vertraue deiner liebevollen Sorge das Land und Volk von Botswana an.
Durch deine mütterliche Fürsprache wachse diese Ortskirche in Heiligkeit und Gnade, und ihre Wohltäter seien gesegnet für ihre Freundlichkeit und Hochherzigkeit.
Ich vertraue dir Bischof Setlalekgosi sowie den ganzen Klerus und die Ordensleute der Diözese Gaborone an. Mögen sie voll des apostolischen Eifers und Mitgefühls sein, und mögen sie wachsen in ihrer Liebe zum Unsichtbaren, damit ihr Zeugnis für das Reich Gottes stark und fruchtbar sei. Bitte für diese Kirche, seligste Jungfrau, damit sie durch ein Anwachsen der Priester- und Ordensberufe bereichert werde. Hilf allen, die diese besonderen Berufe anstreben, fest zu bleiben, wenn Gott sie wirklich berufen hat.
Unsere Liebe Frau von der Immerwährenden Hilfe, dir vertraue ich alle Laien von Botswana an. Du weißt, wie sehr sie ihren Taufversprechen treu sein, die Sünde meiden und an das Evangelium glauben wollen. Führe sie zu immer größerer Liebe zu deinem Sohn, Jesus Christus. Stütze sie in ihren täglichen Bemühungen, „das Salz der Erde und das Licht der Welt" zu sein (vgl. *Mt* 5,13–14), damit sie andere zum Heil führen.
Sei gegenwärtig unter den Katecheten von Botswana. Mögen sie Erkenntnis und Verstehen von dir lernen, wenn sie den Glauben anderer zu vertiefen suchen. Richte deinen liebevollen Blick auf alle, die in den katholischen Schulen lehren; auf alle, die den Kranken dienen in den katholischen Gesundheits- und Fürsorgeeinrichtungen; auf alle Laien in ihrem täglichen Leben, die das Reich Gottes in diesem Land und in der ganzen Welt aufbauen wollen.
Unbefleckte Jungfrau Maria, ich vertraue dir in besonderer Weise alle Eheleute an. Ihr Ehe- und Familienleben sei für sie ein Weg zur Heiligkeit und Freude. Mögen ihre Söhne und Töchter, die Jugend, die die Zukunft der Kirche und von Botswana sind, frei sein von aller Versuchung und allem Leid, und mögen sie Christus immer treu bleiben.
Heilige Mutter unseres Erlösers, entflamme in den Herzen aller Gläubigen eine immer größere Liebe zum sakramentalen Leben der Kirche, besonders zum Sakrament der Buße und der Eucharistie. Führe diejenigen, die sich von der Glaubenspraxis entfernt haben, zur vollen Teilhabe am Ostergeheimnis deines Sohnes zurück.
Maria, Mutter der Barmherzigkeit, ich vertraue dir alle an, die harte Prüfungen und Leiden moralischer, geistlicher oder körperlicher Art in ihrem Leben erfahren haben. Ihr geduldiges Ausharren helfe, das Heilswerk deines Sohnes zu fördern. Schenke Hilfe und neuen Mut den Heimatlosen und Arbeitslosen, den Familien in Not und den Männern, Frauen und Kindern, die das Leid der Familienzerrüttung verspürt haben. Ich vertraue dir all diejenigen an, deren Leben besondere Achtung und Sorge verdient: die Ungeborenen, die Behinderten, die Kranken, die Alten und die Sterbenden.
Heilige Mutter, schau voll Liebe auf das ganze Volk von Botswana, das ich dir heute anvertraue. Hilf ihm, jene Entwicklung zu fördern, die wirklich dem Menschen, der Würde

und den Rechten jeder Person dient. Möge es nie seine Achtung vor der Religion und der religiösen Freiheit verlieren.
Königin des Friedens, erhalte diesem Land den inneren Frieden. Schenke den Verantwortlichen der Gesellschaft und Regierung Weisheit, damit alle Bürger von Botswana in Freiheit, Gerechtigkeit, Frieden und wahrem Wohlstand leben, jetzt und in Zukunft. Amen.

Lege Fürsprache für uns ein

Weihegebet in Roma (Lesotho) am 14. September

Maria, Mutter unseres Erlösers, Mutter der Kirche, am Ende dieser Eucharistiefeier wenden wir uns an dich voll Vertrauen und Liebe. Am Fest Kreuzerhöhung gedenken wir deiner eigenen Teilhabe am Leiden und Tod Christi, deines Sohnes.
Mutter der Schmerzen, genau in der Todesstunde deines Sohnes wurdest du auf neue Art unsere Mutter, die Mutter aller Gläubigen. Denn dein geliebter Sohn sagte zu dir, als du unter dem Kreuz standest: „Frau, siehe, dein Sohn!“ (*Joh* 19,26).
Von diesem Augenblick an und im Verlauf der ganzen menschlichen Geschichte bist du nicht nur die Mutter des Lieblingsjüngers, sondern jedes Gliedes der Kirche. Du bist unsere gütige Mutter. Du sorgst dich um uns als deine lieben Kinder. Denn du siehst in jedem von uns das Antlitz deines lieben Jesus. Und bei ihm legst du Fürsprache ein für uns, zu unserem Heil und zur Erlösung der Welt.
Heute, liebste Mutter, vertraue ich dir alle Teilnehmer dieses heiligen Meßopfers an und alle Menschen, die in diesem Königreich leben. Ich empfehle sie dir mit vollem Vertrauen und Liebe.
Mutter der Schmerzen, zu dir bringe ich alle Kranken und Alten und alle, die mit Sünden beladen sind. Ich weiß, daß sie in dir einen sicheren Hafen und tröstliche Hilfe finden. Du führst sie sanft, aber sicher unter das siegreiche Kreuz.
Unbeflecktes Herz Mariä, voll der Liebe zu deinem Sohn, dir vertraue ich die Jugend von Lesotho an, in deren Augen die Zukunft glänzt. Schütze sie vor dem Bösen. Befähige sie zu sehen, daß nur dein Sohn „der Weg und die Wahrheit und das Leben“ ist (*Joh* 14,6); daß es nur in ihm eine Zukunft voll Hoffnung und ein Leben gibt, das wahrhaft in der Liebe gründet.
Selige Jungfrau von Nazaret, ich stelle dir die Familien des Basuto-Volkes vor, alle Eheleute, die mit ihren Kindern berufen sind, eine lebenslange Gemeinschaft der Liebe zu bilden. Erhalte sie lauter und rein, immer einer dem anderen treu, immer gehorsam gegenüber dem lebenspendenden Wort Gottes, wie du es warst.
Maria, Vorbild der Heiligkeit und erste Jüngerin deines Sohnes, deiner liebevollen Sorge vertraue ich die Kirche in Lesotho an. Während sie sich freut über die 125 Jahre der Evangelisierung und die Seligsprechung von P. Joseph Gérard, führe deine Söhne und Töchter auf den Weg der Bekehrung, der geistlichen Erneuerung. Bitte für diese Ortskirche, die dem Nachfolger des Petrus und deinem eigenen Unbefleckten Herzen so lieb ist. Hilf un-

seren Brüdern und Schwestern mit Überzeugung zu glauben, was du unter dem Kreuz glaubtest: daß der Tod des Menschen nicht das letzte Wort ist, denn das letzte Wort gehört Gott, dem Gott der Liebe und des Erbarmens, dem Gott, der die Welt durch das siegreiche Kreuz deines Sohnes erlöst hat. Amen.

Das Kreuz erlöst die Menschen

Predigt bei der Messe in Roma (Lesotho) am 14. September

„Gott hat die Welt so sehr geliebt, daß er seinen einzigen Sohn hingab" (*Joh* 3,16).

Liebe Brüder und Schwestern!

1. Heute ist es meine große Freude, mit Euch, den Gläubigen der Kirche in Lesotho, am Fest der Kreuzerhöhung zusammenzusein und die Eucharistie zu feiern, die im Kreuz Christi ihren Anfang und Ursprung hat.
Ich danke Gott für das Vorrecht, hier in Roma zu sein, wo Pater Joseph Gérard Christus viele Jahre lang gedient hat. In der Liebe Jesu grüße ich meine Brüder, die Bischöfe und die Priester und Ordensleute dieses geliebten Landes und auch die aus anderen Ländern. Besonders grüße ich die Eltern und ihre Kinder, die Familien Lesothos, die die grundlegenden Gemeinschaften der Gesellschaft und der Kirche bilden. Ich heiße die Katecheten und Lehrer willkommen, die in diesem bergigen und rauhen Land eine so lebenswichtige Rolle in der Evangelisierungsarbeit spielen, und ich begrüße herzlich die zahlreichen Laiengemeinschaften: die Mitglieder der Legion Mariens, der Vereinigung der hl. Cäcilia, die Frauen der hl. Anna und die Männer vom Heiligsten Herzen Jesu.
Ein herzliches Willkommen auch an unsere Brüder und Schwestern in Christus von anderen Kirchen und kirchlichen Gemeinschaften und an alle Menschen guten Willens, die heute im Gebet mit uns zusammenkommen wollten.

2. Im Evangelium dieses Festtages werden wir Zeugen einer ungewöhnlichen Unterhaltung zwischen Jesus und Nikodemus. Die Unterhaltung findet nachts statt, denn Nikodemus, ein bekannter Jude, kommt im Schutz der Dunkelheit, um mit Christus zu reden. Christus führt diesen Mann, einen Lehrer, geradewegs ins Herz des von Gott offenbarten Geheimnisses. Es ist das Mysterium des Gottessohnes, der vom Himmel herabstieg, und als Menschensohn, die messianische Mission im Volk Israel erfüllte.
Diese Mission war auf das Erhöhen Christi am Kreuz ausgerichtet. Jesus sagt zu Nikodemus: „wie Mose die Schlange in der Wüste erhöht hat, so muß der Menschensohn erhöht werden" (*Joh* 3,14). Nikodemus kennt die Schrift gut; er kennt die inspirierte Botschaft des Alten Testaments. Er kann sich das Ereignis in Erinnerung rufen, das auf dem Weg des erwählten Volkes durch die Wüste geschah. Auf Anordnung Jahwes macht Mose „eine Schlange aus Kupfer und hängte sie an einer Fahnenstange auf" (*Num* 21,9).
Diese bronzene Schlange würde die Israeliten, die von Schlangen gebissen wurden, wieder gesund machen, und ihr Leben retten. Es waren giftige Schlangen, an ihrem Biß star-

ben viele Israeliten. Aber die bronzene Schlange auf der Fahnenstange würde ein Mittel der Rettung werden: wer immer sie anschaute, würde leben.

3. Jesus fährt fort: Der Menschensohn muß erhöht werden, „damit jeder, der an ihn glaubt, in ihm das ewige Leben hat" (*Joh* 3,15). Die Menschheitsfamilie bekam ganz zu Beginn der irdischen Geschichte einen tödlichen Biß von der „alten Schlange" (vgl. *Offb* 12,9). Sie brachte ein teuflisches Gift – das Gift der Erbsünde – in die Seelen des ersten Mannes und der ersten Frau. Und von dieser Zeit an war die Geschichte des Menschen auf der Erde von der Sünde belastet. Eine Neigung zur Sünde hat im Leben einzelner Menschen und der Gemeinschaften, zu denen sie gehören, in Familien, ganzen Völkern und Nationen, viele Übel hervorgebracht.
„Der Menschensohn muß erhöht werden", sagt Jesus zu Nikodemus. Und er sagt es mit einem Ausblick auf seine Kreuzigung: der Menschensohn muß am Kreuz erhöht werden. Wer immer an ihn glaubt, wer immer in diesem Kreuz und in dem Gekreuzigten den Erlöser der Welt sieht, wer immer im Glauben auf den erlösenden Tod Jesu am Kreuz sieht, findet in ihm die Kraft des ewigen Lebens. Durch diese Kraft ist die Sünde überwunden. Die Menschen erhalten Vergebung ihrer Sünden um den Preis des Opfers Christi. Sie finden das Leben Gottes wieder, das durch die Sünde verlorengegangen war.

4. Dies ist die Bedeutung des Kreuzes Christi. Dies ist seine Kraft. „Gott hat seinen Sohn nicht in die Welt gesandt, damit er die Welt richtet, sondern damit die Welt durch ihn gerettet wird" (*Joh* 3,17).
Das Fest, das wir heute feiern, spricht von dem wunderbaren und unaufhörlichen Wirken Gottes in der menschlichen Geschichte, in der Geschichte jedes Mannes, jeder Frau und jedes Kindes. Das Kreuz Christi auf Golgota ist für alle Zeit der Mittelpunkt dieses Heilswerkes Gottes geworden. Christus ist der Retter der Welt, denn in ihm und durch ihn wird die Liebe, mit der Gott die Welt so sehr geliebt hat, stetig offenbart: „Gott hat die Welt so sehr geliebt, daß er seinen einzigen Sohn hingab" (*Joh* 3,16).
- Der Vater gab ihn hin, so daß dieser Sohn, der im Wesen mit ihm eins ist, Mensch wurde, empfangen von der Jungfrau Maria.
- Der Vater gab ihn hin, damit er als Menschensohn das Evangelium, die Frohe Botschaft von der Erlösung, verkünde.
- Der Vater gab ihn hin, damit dieser Sohn, indem er mit seiner eigenen unendlichen Liebe auf die Liebe des Vaters antwortet, sich selbst am Kreuz hingebe.

5. Vom menschlichen Standpunkt aus gesehen ist Christi Hingabe am Kreuz ein Zeichen des Widerspruchs, eine undenkbare Schande. Tatsächlich war es die tiefste Erniedrigung, die möglich war.
In der heutigen Liturgie spricht der Apostel Paulus in Worten zu uns, die das Geheimnis des Kreuzes Christi einfangen: „Er war Gott gleich, hielt aber nicht daran fest, wie Gott zu sein, sondern er entäußerte sich und wurde wie ein Sklave und den Menschen gleich. Sein Leben war das eines Menschen; er erniedrigte sich und war gehorsam bis zum Tod, bis zum Tod am Kreuz. Darum hat ihn Gott über alle erhöht" (*Phil* 2,6–9).

Durch seine Selbstentäußerung auf Golgota, in der Schande des Kreuzes und der Kreuzigung (wenigstens nach dem menschlichen Verständnis dieser Ereignisse) empfängt Christus die größte Erhöhung. In Gottes Augen ist das Kreuz der größte Triumph. Die Art der menschlichen Beurteilung ist von der Gottes sehr verschieden. Gottes Urteil übersteigt unseres bei weitem. Was uns ein Versagen zu sein scheint, ist in Gottes Augen der Sieg der Liebe, die sich opfert.
Es ist gerade dieses Kreuz menschlicher Schmach, das den Beginn der Erhöhung Christi in Gott in sich birgt.
„Darum hat ihn Gott über alle erhöht und ihm den Namen verliehen, der größer ist als alle Namen, damit alle im Himmel, auf der Erde und unter der Erde ihre Knie beugen vor dem Namen Jesu und jeder Mund bekennt: „Jesus Christus ist der Herr – zur Ehre Gottes des Vaters“ (*Phil* 2,9–11).
Den Augen der Apostel wurde dieses durch die Auferstehung Christi offenbar. In jenem Moment verstanden sie, daß Christus der Herr ist, daß ihm alle Macht im Himmel und auf der Erde gegeben ist. In jenem Moment wurden ihre Augen und ihre Herzen geöffnet, so daß Thomas bekennen konnte: „Mein Herr und mein Gott!“ (*Joh* 20,28). Und nachdem sie einmal zum Glauben gekommen waren, waren sie durch die Kraft des Geistes der Wahrheit bereit, in die ganze Welt zu gehen, um alle Völker zu lehren und sie im Namen des Vaters und des Sohnes und des Heiligen Geistes zu taufen (vgl. *Mt* 28,19).

6. Ja, durch das Kreuz ist Christus erhöht worden. Das heutige Fest der Kirche spricht von diesem Mysterium zu uns. Und gleichzeitig spricht es zu uns von Christus, der durch das Kreuz die Menschheit, die ganze Menschheit und sogar die ganze Schöpfung erhöht.
„Denn Gott hat seinen Sohn nicht in die Welt gesandt, damit er die Welt richtet, sondern damit die Welt durch ihn gerettet wird“ (*Joh* 3,17). Gerettet zu sein bedeutet, daß jeder Mann und jede Frau von der Sünde geheilt werden kann, die die Menschheitsfamilie und die ganze Geschichte vergiftet hat. Jesus sagt nach der Auferstehung zu seinen Aposteln: „Wem Ihr die Sünden vergebt, dem sind sie vergeben“ (*Joh* 20,23). Und als er es sagt, zeigt er ihnen die Wunden seiner Kreuzigung, um ihnen zu zeigen, daß die Kraft, Sünden zu vergeben, die Kraft, Gewissen und menschliche Herzen zu heilen, gerade im Kreuz verborgen ist.
Eine Generation vergeht nach der anderen. Und mitten in diesem Vergehen bleibt das Kreuz Christi. Durch das Kreuz verkündet Gott der Welt immer wieder seine unendliche Liebe, die kein geschaffenes Übel überwinden kann. Ja, das Kreuz bleibt, so daß in ihm die Welt, ja jeder einzelne Mensch, den Weg der Erlösung finden kann. Denn durch dieses Kreuz wird die Welt erlöst!

7. Durch dieses eine heilige Kreuz werden die Menschen von Lesotho erlöst. Seit mehr als hundert Jahren wird die Botschaft vom Kreuz hier in eurem Land verkündet. Die Kraft des Kreuzes hat eure Kultur erhoben und bereichert, die menschliche Würde vergrößert, Sünde und Trennung überwunden, euer Leben wie das Leben eurer Vorfahren mit der heilenden Gnade Gottes berührt.
Das Kreuz Christi hat wirklich unter den Basothos den Sieg davongetragen. Der christliche Glaube hat Wurzel gefaßt und reiche Frucht hervorgebracht. Und doch muß die Evan-

gelisierung weitergehen. Die Frohe Botschaft von Christi Tod und Auferstehung muß immer von neuem verkündet werden, denn die Kirche muß immer in Glaube und Liebe aufgebaut werden. Ganz besonders müssen Ehe und Familie gestärkt werden, zunächst indem das wahre Wesen der christlichen Ehe gepredigt wird, und dann muß daran gearbeitet werden, die falschen Ideen und Praktiken der Gesellschaft zu überwinden, die die Menschenwürde verletzen und die Treue der Eheleute behindern. Dies ist in einer Gemeinschaft besonders dringend, die die Belastungen und Spannungen ertragen muß, welche die Abwesenheit vieler Familienväter mit sich bringt, die aus wirtschaftlichen Gründen gezwungen sind, außerhalb von Lesotho eine Arbeitsstelle zu suchen.
Erzieher und Katholische Laienorganisationen können zur Aufgabe der Evangelisierung einen unschätzbaren Beitrag leisten. Gerade als Laien erfüllen sie unter der Leitung und in Zusammenarbeit mit dem Klerus und den Ordensleuten eine lebenswichtige Rolle für die Weitergabe des großen Erbes der Lehre und der moralischen Weisungen der Kirche. Sie geben vom Evangelium Christi Zeugnis, indem sie den Armen dienen und für die Gerechtigkeit arbeiten. Und durch die besondere Rolle der Kirche auf dem Gebiet der Erziehung in diesem Königreich haben die Lehrer die einmalige Gelegenheit, ihre Schüler in der Liebe und in der Kenntnis Jesu Christi zu erziehen. Deshalb war die Universität von Roma, die von der katholischen Kirche gegründet wurde, so ein Segen für dieses Land. Viele von euch, die diese Universität besucht und eine höhere Bildung genossen haben, werden dieses kostbare Geschenk immer zu nutzen wissen, indem sie ihren Brüdern und Schwestern dienen und den Leib Christi aufbauen helfen.

8. Die Kirche Lesothos gedenkt heute dieses wunderbaren Geheimnisses der Kreuzerhöhung und verkündigt allen Menschen mit den Worten des Psalmisten:
„Mein Volk, vernimm meine Weisung; wendet Euer Ohr zu den Worten meines Mundes“ (*Ps* 78,1).
Und das größte Wort, das Gott je durch seinen eingeborenen Sohn der Menschheit gesagt hat, ist das Kreuz, das Wort vom Kreuz. In diesem Zeichen kam der Glaube in dieses Land, es ist ein Zeichen, das man am Rand der Bergstraßen und in den tiefsten Tälern trifft.
Menschen von Lesotho, meine Brüder und Schwestern in Christus: Laßt uns das Kreuz, das erhöhte Kreuz, nie vergessen.
Laßt uns nie die Taten des Herrn vergessen! (vgl. *Ps* 78,7). Amen.

Evangelisierung erfordert Zusammenwirken aller

Ansprache bei dem Treffen mit den Bischöfen von Lesotho am 14. September

Meine lieben Brüder im Bischofsamt!

1. Es ist eine große Freude, hier in eurem Heimatland bei euch zu sein. In diesen wenigen Stunden, die ich in Lesotho bin, habe ich schon begonnen, den lebenssprühenden Glauben der Ortskirchen, denen ihr dient, tiefer kennen- und schätzenzulernen. Ihr seid

„neue Kirchen“, wenigstens im Verhältnis zu denen mit alter Tradition. Als solche macht ihr der Weltkirche das große Geschenk neu bewußt, das Gott uns allen gewährt hat, indem er uns seinen einzigen Sohn kennenlehrte und uns an ihn glauben ließ, und indem er uns befähigte, sein eigenes göttliches Leben zu teilen. „Seht, wie groß die Liebe ist, die der Vater uns geschenkt hat: wir heißen Kinder Gottes und wir sind es“ (*1 Joh* 3,1). Das sind wir! Wir sind Kinder Gottes, nach seinem eigenen Bild geschaffen, mit einer unveräußerlichen Würde ausgestattet, die kein Hindernis von Stamm oder Rasse, Sprache oder Herkunftsort kennt. Denn wir sind alle „einer in Christus Jesus“ (*Gal* 3,28).
Unser Treffen heute abend ist nur ein weiterer Ausdruck für die Einheit und die Gemeinschaft der Nachfolger Jesu, und mehr noch des besonderen Bandes der Nächstenliebe und des Glaubens, das die Bischöfe untereinander und mit dem Nachfolger Petri verbindet. Gemeinsam mit euch und eurem gläubigen Volk preise ich die Vorsehung Gottes, die es mir ermöglicht hat, zu einem Pastoralbesuch in euer geliebtes Land zu kommen.

2. Ich bin besonders froh, daß ich heute bei euch sein kann, da ihr den 125. Jahrestag der Bemühungen der katholischen Kirche feiert, die Frohe Botschaft von Jesus Christus den Basotho zu verkünden. Und es ist wirklich angemessen, daß der Höhepunkt dieser Feier die Seligsprechung eines jener ersten Missionare, Pater Joseph Gérards von den Oblaten der Makellosen Jungfrau Maria, sein soll. Was er und seine Gefährten hier in diesem bergigen Königreich vor hundertfünfundzwanzig Jahren begannen, war die große Arbeit der Evangelisierung. Und diese Arbeit bleibt heute – sie ist es in der Tat in jedem Land zu jeder Zeit – die wichtigste Aufgabe der Kirche.
Wie der Sauerteig, über den Jesus in seinen eigenen Reden sprach, hatte die Verkündigung der Guten Nachricht von der Erlösung bei den Basothos einen sehr bescheidenen, fast versteckten Beginn. Der Same des Wortes Gottes mußte zunächst in den Boden von Verstand und Herz der Menschen gesät werden, bevor das neue Glaubensleben entstehen und wachsen konnte.
Die ersten katholischen Missionare waren nur zu dritt: Bischof Allard, Bruder Bernard und Pater Gérard. Aber wie es der große Apostel so gut aus seiner eigenen Erfahrung wußte, erweist sich Gottes Kraft in der Schwachheit (vgl. *2 Kor* 12,9). Diese Männer säten den Samen des Wortes Gottes, und der Geist Gottes ließ ihn wachsen. In kurzer Zeit gab es die ersten Bekehrten, durch die Gnade Gottes bewegt und angetrieben durch die Botschaft des Evangeliums und das heilige Leben der Verkünder. Sie waren voll Eifer, in der Kenntnis und Liebe des Namens, der Lehre, des Lebens, der Verheißungen, des Reiches und des Geheimnisses Jesu von Nazaret, des Sohnes Gottes, zu wachsen (vgl. *Evangelii nuntiandi*, Nr. 22). Seit diesen bescheidenen Anfängen ist die Kirche in Lesotho ständig gereift und hat Frucht getragen. Die Seligsprechung Pater Gérards setzt einen weiteren Markstein in der Geschichte der Evangelisierung dieses Landes.
Und doch ist die Aufgabe der Evangelisierung nie erfüllt, solange wir auf Erden weilen. Wie Papst Paul VI. in seinem Apostolischen Schreiben über die Evangelisierung in der modernen Welt sagte, muß die Kirche „unablässig selbst vernehmen, was sie glauben muß, welches die Gründe ihrer Hoffnung sind und was das neue Gebot der Liebe ist,… muß sie immer wieder die Verkündigung der Großtaten Gottes hören, die sie zum Herrn

bekehrt haben, muß von neuem von ihm gerufen und geeint werden. Das will mit einem Wort heißen, daß es die Kirche immer nötig hat, selbst evangelisiert zu werden, wenn sie ihre Lebendigkeit, ihren Schwung und ihre Stärke bewahren will, um das Evangelium zu verkünden" (*Evangelii nuntiandi*, Nr. 15).
Und dies bleibt unsere wichtigste Aufgabe als Bischöfe: in jedem Zeitalter dem Auftrag der unverkürzten Verkündigung der Frohen Botschaft von der Erlösung in unserem Herrn Jesus Christus Schwung zu geben.

3. Evangelisierung ist eine vielfältige Aufgabe. Sie bezieht Evangelisierung des Verstandes, Evangelisierung des Herzens und Evangelisierung der Kultur ein. Sie fordert die aktive Zusammenarbeit des gesamten Gottesvolkes, unter der tatkräftigen Führung von Priestern und Ordensleuten und mit dem besonderen Beitrag gut ausgebildeter Katecheten, die alle in Einheit mit dem Ortsbischof arbeiten.
Wenn unsere Bemühungen Frucht bringen sollen, ist es besonders wichtig, daß sie in der Liebe Christi verwurzelt sind. Wenn wir ihn wirklich lieben, werden wir darum bemüht sein, daß ihn auch andere kennen und lieben. Oder, um es anders zu sagen, unsere Bemühungen, Christus und das Evangelium zu verkünden, sind das Maß unserer Liebe zu ihm. Dies ist das Erfolgsgeheimnis von Pater Joseph Gérard: er war ein Mann, der vor Liebe zu Jesus brannte. Seine mehr als sechzigjährige missionarische Tätigkeit zeugt von der Tiefe und der Inbrunst dieser Liebe. Und ich hoffe, daß die Seligsprechung dieses Priesters, unseres Bruders, jeden ermutigen wird, der an der Predigt und der Lehre des Wortes Gottes beteiligt ist, vor allem hier in Lesotho.

4. Meine Brüder im Herrn, ich bete, daß dieses Ereignis im Leben eurer Ortskirchen in neuen Berufungen zum Ordensleben und zum Priestertum Frucht bringe. Es gibt keinen besseren Weg, die ständige Evangelisierung eures Volkes und eurer Kultur sicherzustellen; denn wenn auch jeder an der Weitergabe der Guten Nachricht von Jesus Christus beteiligt ist, so spielen Ordensleute und Priester doch eine besondere lebenswichtige Rolle. Ich weiß, daß ihr schon eine sehr ermutigende Zunahme an Ordens- und Priesterberufungen erfahrt. Möge Gott euch in dieser Beziehung weiterhin reichlich segnen! Ich bitte euch dringend, der Förderung von Berufungen einen hohen Vorrang zu gewähren. Ihr habt eurerseits natürlich großes Interesse und beteiligt euch aktiv an der Ausbildung dieser Mitarbeiter des Evangeliums. Und ich vertraue darauf, daß ihr regelmäßige Besuche in Seminaren und Bildungshäusern mit Überwachung ihrer ganzen Disziplin- und Studienprogramme auch weiterhin als einen wichtigen Aspekt eures Bischofsamtes betrachtet.
Da die Priester unsere engsten Mitarbeiter in der Kirche sind, in der Tat unsere Brüder und Söhne in Christus, ist es nur recht, daß ein Verhältnis gegenseitigen Respekts und brüderlicher Hilfe schon beginnen sollte, während sich junge Männer auf die Priesterweihe vorbereiten. Gleichzeitig bieten die Jahre der Ausbildung im Seminar euch als Bischöfe eine ausgezeichnete Gelegenheit, diesen zukünftigen Priestern Begeisterung für das Evangelium und für die Hirtensorge gegenüber dem ganzen Gottesvolk, besonders den Armen und Kranken, einzuflößen.

5. Wenn ich die Notwendigkeit einer besonderen Sorge um Priester und Ordensleute betone, möchte ich in keiner Weise die pastorale Hinwendung zu den Laien in der Kirche übersehen, zu der wir von unserem Erlöser aufgerufen sind. Die letzte Bischofssynode in Rom hat uns allen die Rolle des Laienstandes im Leben und im Auftrag der Kirche mehr bewußt gemacht. Die Synode richtete ihre Aufmerksamkeit auf das Bedürfnis einer gründlichen religiösen Ausbildung, die im Leben eines Menschen über die Zeit der Jugend hinaus fortdauern soll. Diese Erziehung ist sicher durch gutvorbereitete Sonntagspredigten gegeben, aber sie erfordert auch zusätzliche Initiativen, um unseren Brüdern und Schwestern zu helfen, ihre Verantwortung beim Aufbau des Reiches Gottes in ihren gewöhnlichen Tätigkeiten im Leben und bei der Arbeit zu erfüllen.
Es gibt viele Bedürfnisse, und viel muß getan werden, um den Anforderungen, denen wir uns gegenüber sehen, angemessen zu begegnen. Ich weiß zum Beispiel, daß die Probleme der Wanderarbeiter eine besondere Sorge der Kirche von Lesotho sind. Ich weiß von euren Bemühungen, sie und ihre Familien zu erreichen, sie des Interesses und der Liebe der Kirche zu versichern, ihnen Solidarität und Unterstützung in Christus anzubieten. Darin seid ihr dem großartigen Beispiel des hl. Paulus gefolgt, der seine pastorale Tätigkeit einmal mit den folgenden Worten beschrieb: „So waren wir euch zugetan und wollten euch nicht nur am Evangelium Gottes teilhaben lassen, sondern auch an unserem eigenen Leben; denn ihr wart uns sehr lieb geworden“ (*1 Thess* 2,8).
Ja, die irdischen Bedürfnisse der Menschen gehören zu den Sorgen der Kirche. Was immer unser tägliches Leben angeht, betrifft auch unser Verhältnis zu Gott und beeinflußt unsere Bereitschaft und Fähigkeit, mit Gnade und Erbarmen mitzuarbeiten. So lehrt uns die Kirche: „Der irdische Fortschritt ... hat ... große Bedeutung für das Reich Gottes, insofern er zu einer besseren Ordnung der menschlichen Gesellschaft beitragen kann (*Gaudium et spes*, Nr. 39). Eure Anstrengungen, Gerechtigkeit und wahre Entwicklung voranzubringen, sind ohne Zweifel eine echte Antwort auf die Forderungen des Evangeliums.

6. Ich möchte euch auch in euren Bemühungen unterstützen, Ehe und Familienleben zu stärken und zu bereichern. Das Zweite Vatikanische Konzil erinnert uns daran, daß die Familie das „häusliche Heiligtum der Kirche“ und die „Grund- und Lebenszelle der Gesellschaft“ ist (vgl. *Apostolicam actuositatem*, Nr. 11). Die Lebensfähigkeit und Stabilität unserer Familien ist also ein Maß für die Lebensfähigkeit und Stabilität der Gesellschaft, und ein bedeutender Faktor im täglichen Leben der Kirche. Was immer in der Gesellschaft der Familie schadet, schadet gleichzeitig der Kirche. Was immer in einer Kultur die Familie bereichert, bereichert auch die Kirche. Deshalb drängt uns als Hirten des Gottesvolkes eine tiefe Liebe zur Kirche immer, eine besondere Sorge für die Familien walten zu lassen.
Im Herzen der Familie liegt die lebenslange Gemeinschaft von Mann und Frau, eine Lebens- und Liebesgemeinschaft, die mit dem freien und erfahrenen Einverständnis beider, der Frau und des Mannes, beginnt. Wie Jesus seine Zuhörer erinnert, sind Mann und Frau durch den Ehebund „nicht mehr zwei, sondern eins“ (*Mt* 19,6). Sie sind eins durch ein freiwillig gemachtes Versprechen gegenseitiger Hingabe. Sie sind dazu berufen, diese

unauflösliche Gemeinschaft der Liebe jeden Tag zu vertiefen. Es ist ihre Freude und ihre Verantwortung, miteinander zu teilen, was sie haben und was sie sind, alle ihre Hoffnungen, ihre Kümmernisse und ihre Freuden.
Wir Hirten der Kirche dienen Ehepaaren, indem wir sicherstellen, daß die kirchliche Lehre über das Wesen der Ehe klar verstanden wird, und indem wir ihnen durch das Wort Gottes und den sakramentalen Dienst helfen, treu zu sein. Ebenso ist es unsere Aufgabe, die Familie vor Praktiken oder geläufigen Mißverständnissen zu schützen, die der ehelichen Treue und der Würde von Mann und Frau schaden.

7. Liebe Brüder in Christus, unser Bischofsamt ist wirklich eine ehrfurchtgebietende Verantwortung, die der Herr uns nicht gegeben hat, weil wir ihrer wert sind, sondern gemäß seiner eigenen Vorsehung und seinem Erbarmen. Wenn wir uns bemühen, ihm im Dienst an der Kirche, die wir lieben, treu zu sein, erkennen wir immer tiefer die Weisheit der Worte Marias im Magnifikat:
„Der Mächtige hat Großes ... getan und sein Name ist heilig. Er erbarmt sich von Geschlecht zu Geschlecht über alle, die ihn fürchten" (*Lk* 1,49–50).
Ja, „der Mächtige hat Großes getan". Seine Vorsehung brachte Pater Gérard und seine Gefährten nach Lesotho. Die gleiche Vorsehung hat unsere eigenen pastoralen Bemühungen als Bischöfe und das ganze Werk der Evangelisierung fruchtbar gemacht.
Auf diesem meinem Pastoralbesuch in Lesotho biete ich euch mit Freude meine brüderliche Ermutigung und meine Unterstützung im Gebet und ich möchte mit euch die Güte Gottes preisen:
„Heilig ist sein Name, und sein Erbarmen währet in Ewigkeit".

Von Gott zum Missionar berufen

Predigt bei der Messe bei der Seligsprechung von Joseph Gérard am 15. September

„Meine Seele preist die Größe des Herrn"
(*Lk* 1,46).

Liebe Brüder und Schwestern in Christus!

1. Am Tag nach dem Fest Kreuzerhöhung lenkt die Liturgie der Kirche unsere Aufmerksamkeit auf sie, die unter dem Kreuz stand, auf die Mutter Christi, auf Maria.
Sie stand unter dem Kreuz zusammen mit drei anderen Frauen und mit Johannes, dem Jünger, den Christus liebte. Das Zweite Vatikanische Konzil lehrt uns, daß sich Maria „in Erfüllung des göttlichen Planes" (*Lumen gentium*, Nr. 58) dort, zu Füßen des Kreuzes, befand. Tatsächlich war dies in gewissem Sinn der Höhepunkt der Pilgerschaft ihres Lebens, der Augenblick, auf den sie der Heilige Geist ihr ganzes Leben hindurch und besonders seit der Verkündigung vorbereitet hatte. Es war der Gipfel ihres Pilgerwegs des Glaubens, der Hoffnung und dieser besonderen Einheit mit Jesus, ihrem Sohn, dem Erlöser der Welt.

Am Beginn dieses Pilgerwegs spricht Maria von den großen Dingen, die der Allmächtige für sie getan hat, und wir hören sie im Haus ihrer Verwandten Elisabeth sagen: „Meine Seele preist die Größe des Herrn.“ Zu Füßen des Kreuzes „dringt ein Schwert durch die Seele“ Marias, in Erfüllung der Worte des Simeon (vgl. *Lk* 2,35).
Und dennoch hört Maria nicht auf zu glauben. Die Großtaten Gottes werden gerade durch dieses Kreuz, durch das Lebensopfer ihres Sohnes vollendet. Und verbunden mit dem Erlösungsopfer ihres Sohnes ist das mütterliche Opfer ihres Herzens.

2. Die Kirche führt uns heute mitten hinein in das Innerste des Herzens Marias, in das intimste Geheimnis ihrer Einheit mit ihrem Sohn, einer Einheit, die dort, unter dem Kreuz, ihre besondere Vollendung erreicht.
Im Hebräerbrief lesen wir, daß Christus, obwohl er der Sohn Gottes war, eines Wesens mit dem Vater, „durch Leiden den Gehorsam gelernt hat“ (*Hebr* 5,8). Und gerade durch diesen Gehorsam sogar bis zum Tod am Kreuz „ist er für alle, die ihm gehorchen, der Urheber des ewigen Heils geworden“ (*Hebr* 5,9).
Bei der Ankündigung des Engels sprach Maria zum ersten Mal ihr „Fiat“. Sie sagte: „Mir geschehe, wie du es gesagt hast.“ Und mit neuer Kraft des Glaubens und Vertrauens in Gott wiederholte sie dieses „Fiat“ unter dem Kreuz! Das war ihre mütterliche Teilhabe am erlösenden Gehorsam ihres Sohnes, als er am Kreuz sein Leben für die Sünden der Welt opferte.
Auch unter dem Kreuz hörte Maria nicht auf, das wunderbare Erbarmen Gottes zu preisen, das Erbarmen, das „von Geschlecht zu Geschlecht“ fortdauert. Und sie hörte nicht auf, die rettende „Macht seines Armes“ zu verkünden, der die Stolzen stürzt und die Niedrigen erhöht. Wie kein anderer Mensch auf Erden war Maria in der Lage, in das österliche Geheimnis Christi einzudringen; sie verstand es mit ihrem Herzen.

3. Und deswegen sieht die Kirche in der Muttergottes die einzige, die dem ganzen Volk Gottes auf Erden „auf dem Pilgerweg des Glaubens voranging“. In diesem Glauben wurde sie eine echte Tochter Abrahams; ja, sie übertraf ihn sogar, den der hl. Paulus „den Vater aller, die glauben“, genannt hat (*Röm* 4,11). Ihr Pilgerweg des Glaubens hat etwas Größeres bewirkt: Er hat uns in die Lage versetzt, immer tiefer in die unerforschlichen Geheimnisse Gottes einzudringen.
Die Kirche in eurem Land, in Lesotho, hier in Maseru, schreitet wie die Kirche auf der ganzen Erde auf diesem selben Pilgerweg des Glaubens voran, dem Pilgerweg, auf dem die Mutter Gottes uns vorangegangen ist. Heute trifft der Bischof von Rom auf diesem Pilgerweg mit euch zusammen. Er steht in eurer Mitte und feiert mit euch das eucharistische Opfer am Fest der Sieben Schmerzen Marias.

4. Mit großer Freude schließe ich mich heute eurem Gebet an, meine Brüder und Schwestern der Kirche in Lesotho. Ich weiß, daß viele von euch viele Opfer bringen mußten, um hier zu sein, und ich versichere euch: Ich bin glücklich und dankbar, daß ihr gekommen seid. Eure Anwesenheit bei dieser Liturgie ist ein Zeichen eurer Liebe zur Kirche und ein Ausdruck eurer Bereitschaft, Zeugnis für das Reich Christi abzulegen.

Ich weiß auch, daß viele gern bei uns sein möchten, aber dazu nicht in der Lage gewesen sind: die Kranken und Leidenden, diejenigen, die zu weit entfernt wohnen, die zu jung oder zu alt sind. Ihnen allen sage ich mit tiefer Zuneigung: Der Papst umarmt euch und liebt euch im heiligen Herzen Jesu Christi, unseres Erlösers.
Mein brüderlicher Gruß gilt Erzbischof Morapeli von Maseru und den Bischöfen der anderen Diözesen Lesothos. Mit ihnen grüße ich alle eure hingebungsvollen Priester und Ordensleute, eure Katechisten und alle Mitglieder eurer christlichen Familien.
Ich grüße unsere nichtkatholischen Brüder und Schwestern in Christus und alle Menschen guten Willens und danke ihnen, daß sie sich aus diesem historischen Anlaß uns angeschlossen haben. Sehr herzliche Grüße richte ich an alle, die von jenseits der Grenzen dieses Landes gekommen sind.
In ganz besonderer Weise grüße ich die Menschen Südafrikas, wo der sel. Joseph Gérard in Natal und im östlichen Freistaat gearbeitet hat. Besonders nahe fühle ich mich denen, die im Ellis-Park von Johannesburg zusammengekommen sind, um über Fernsehen an dieser Feier teilzunehmen.
Als Glieder der einen, in der Liebe Jesu geeinten Familie freuen wir uns heute im immerwährenden Erbarmen Gottes, der uns das Geschenk des Glaubens gewährt und uns zu einem Volk der Hoffnung, einem Volk auf der Pilgerschaft zum ewigen Reich Gottes gemacht hat.

5. Dieser Tag hat eine besondere Bedeutung für den Glaubensweg der Kirche in Lesotho. Denn heute feiern wir die Seligsprechung des Dieners Gottes Joseph Gérard.
In der ersten Lesung – sie ist aus dem Buch Genesis – hören wir, wie Gott den Abraham ruft, sich auf eine Glaubensreise zu machen, eine Straße einzuschlagen, die ihn von allem wegführen wird, was er bisher gekannt und geliebt hat, und sein ganzes Vertrauen auf den Herrn zu setzen.
Pater Gérard hörte, daß Gott einen ähnlichen Ruf an ihn richtete. Wie zu Abraham sagte der Herr zu dem jungen Franzosen namens Joseph: „Zieh weg aus deinem Land, von deiner Verwandtschaft und aus deinem Vaterhaus, in das Land, das ich dir zeigen werde" (*Gen* 12,1). Und er ging sofort, wie der Herr es ihm sagte. Er folgte dem Ruf Gottes. Er setzte sein ganzes Vertrauen in die Verheißung, die er von oben vernommen hatte.
Das Land, das Gott dem sel. Joseph zeigte, war Afrika, genauer das Gebiet Südafrikas, und dann einige Jahre später das Land des Basothovolkes. In dieses Land, dieses Königreich Lesotho, kam er als ein Mann des Glaubens. Er kam, weil er berufen und gesandt worden war, das Reich Gottes zu verkünden.

6. Von frühestem Alter an war Joseph Gérard überzeugt gewesen, daß Gott ihn rief, Missionar zu sein. Sein Herz strömte über vor Dankbarkeit für das Geschenk des christlichen Glaubens und er sehnte sich danach, diesen Schatz, diese unbezahlbare Perle, diesen unermeßlichen Reichtum, Jesus Christus zu kennen, mit anderen zu teilen. Und dieser beständige Eifer für die Verkündigung des Evangeliums formte jedes Stadium seines langen Lebens.
Bei seiner Ankunft in Lesotho zusammen mit Bischof Allard und Bruder Bernard machte er sich sofort daran, die Sprache und die Gebräuche des Basothovolkes kennezulernen.

Er suchte ihre Art zu denken und zu fühlen, ihre Hoffnungen und Wünsche zu verstehen. Er war bemüht, sie im Innersten ihrer Seele zu verstehen, um so über die besten Methoden entscheiden zu können, ihnen die Gute Nachricht der Erlösung zu predigen.
Pater Gérard und seine Gefährten begannen ihr apostolisches Wirken in der Missionsstation Roma. Sie gaben sich rückhaltlos und opferbereit dieser Aufgabe hin und vertrauten dabei vollkommen auf die Gnade des Heiligen Geistes. Und der Geist Gottes brachte bald seine Frucht. Nur wenige Jahre später, 1866, wurde eine zweite Missionsstation in Korokoro errichtet. Und 1868 wurde noch eine dritte, dem hl. Michael geweihte Missionsstation begonnen.
Seinem Obern gehorchend ging P. Gérard 1876 in den Norden des Landes, wo er die Mission St. Monica gründete. In den folgenden 20 Jahren und länger arbeitete er dort unermüdlich, errichtete einen Konvent und eine Schule und baute weitere Missionsstationen in der Umgebung. Bei allen seinen seelsorglichen Bemühungen und Planungen setzte er seine ganze Hoffnung auf Gott, da er sich der Worte erinnerte, die bei seiner Priesterweihe gesprochen wurden – nämlich, daß Gott das gute Werk, das er in ihm begonnen hatte, auch zur Vollendung bringen werde.
Wo der sel. Joseph Gérard auch hinging, lebte er seine missionarische Berufung mit außerordentlichem apostolischem Eifer. Seine Liebe zu Gott, die immer heftiger in seinem Herzen brannte, zeigte sich nach außen in praktischer Liebe zum Nächsten. Die Erinnerung an ihn hat ihren Grund vor allem in seiner besonderen Fürsorge für die Kranken und Leidenden. Durch häufige Besuche und durch seine freundliche Art schien er ihnen immer frischen Mut und neue Hoffnung zu bringen. Für diejenigen, die der Todesstunde nahe waren, fand er die richtigen Worte, um sie auf eine friedliche Begegnung mit Gott von Angesicht zu Angesicht vorzubereiten.
Das Geheimnis seiner Heiligkeit, der Schlüssel zu seiner Freude und zu seinem Eifer war die einfache Tatsache, daß er beständig in der Gegenwart Gottes lebte. Pater Josephs ganzes Leben war ergriffen von der Liebe zur Heiligsten Dreifaltigkeit. Die Leute wollten Pater Gérard nahe sein, weil er selbst stets Gott nahe zu sein schien. Er war erfüllt vom Geist des Gebetes, den er täglich durch das Stundengebet und durch häufige Besuche beim Allerheiligsten Sakrament stärkte. Er hatte eine glühende Verehrung für die Mutter Gottes und für die Heiligen. Während seiner langen und schwierigen Reisen zu entlegenen Missionstationen und den Häusern der Kranken war er ständig im Gespräch mit seinem geliebten Herrn. Ohne Zweifel erklärt dieses lebendige Gespür, stets in der Gegenwart Gottes zu sein, auch seine lebenslange Treue zu seinen Ordensgeblübden der Keuschheit, der Armut und des Gehorsams und zu seinen Verpflichtungen als Priester.
Gott segnete Pater Gérard mit einem langen Leben apostolischen Dienstes. Er schenkte ihm die Gnade, über ein halbes Jahrhundert lang zu sehen, wie sich die Verkündigung des Evangeliums in Lesotho entfaltete. Pater Gérard freut sich heute sicher über die Vitalität der Kirche in diesem Land, das er so sehr liebte: Ihre Bischöfe sind Söhne des Landes; die Zahl der Berufungen zu Priestertum und Ordensleben wächst; die aktiven Laien zählen mehr als 600.000 einschließlich der 140.000, die katholische Schulen besuchen. Spornt sein Missionsgeist uns heute nicht an, mit neuer Begeisterung die vielseitige Aufgabe der Verkündigung des Evangeliums Christi voranzutreiben?

7. Ihr habt hier in Lesotho einen traditionellen Gruß: Khotso, Pula, Nala – Friede, Regen und Überfluß. Der sel. Joseph Gérard muß oft um diese Segnungen gebetet, muß oft diesen Gruß in diesem Land ausgesprochen haben. Er strebte ja vor allem immer danach, ein Diener der Versöhnung und des Friedens zu sein, denn dies ist ein wesentlicher Teil der Verkündigung des Evangeliums.
Evangelisieren heißt, die Gute Nachricht unseres Herrn Jesus Christus, des Erlösers der ganzen Welt, zu verkünden, aufs Neue die Geschichte zu erzählen, wie „Gott mit seiner ganzen Fülle in ihm wohnen wollte, um durch ihn alles zu versöhnen. Alles im Himmel und auf Erden wollte er zu Christus führen, der Friede gestiftet hat am Kreuz durch sein Blut“ (*Kol* 1,19–20).
Der erste Schritt der Evangelisierung ist es, die Gnade der Umkehr bei uns selbst in Geist und Herz aufzunehmen, uns selbst mit Gott versöhnen zu lassen. Zuerst müssen wir Gottes gnädiges Erbarmen selbst erfahren, die Liebe Christi, die „uns mit ihm versöhnt“ und uns „den Dienst der Versöhnung aufgetragen“ hat (*2 Kor* 5,18).
Während das 20. Jahrhundert seinem Ende entgegengeht und euer Land erwartungsvoll in die Zukunft blickt, ist dies das besondere Geschenk und die größte Verantwortung, die die Angehörigen der Kirche ihren Mitbürgern anbieten: Diener der Versöhnung und des Friedens nach dem Beispiel des sel. Joseph Gérard zu sein.
Glaubt immer an die Kraft der Liebe und der Wahrheit: der Liebe zum Nächsten, die in der Liebe zu Gott wurzelt, und der Wahrheit, die die Menschen frei macht. Weist die Gewalt als Lösung für jedwede Situation zurück, gleichgültig wie ungerecht diese sein mag. Setzt euer Vertrauen in die Methoden, die die Rechte aller respektieren und voll im Einklang mit dem Evangelium stehen. Vertraut vor allem auf den Gott der Gerechtigkeit, der alles erschaffen hat, der alle menschlichen Ereignisse sieht und der das Schicksal jedes Menschen und jeder Nation in seinen Händen hält.

8. Liebe Brüder und Schwestern, ich freue mich mit euch an diesem festlichen Tag. Es ist ein Tag von großer Bedeutung auf eurem Pilgerweg des Glaubens und der Hoffnung, ein Tag des Jubels auf der Reise zur Vereinigung mit Christus, die das Volk Gottes in diesem Land unternimmt. Laßt uns Gott, dem Allmächtigen, danken für diesen Tag. Laßt uns zusammen mit Maria singen: „Meine Seele preist die Größe des Herrn, und mein Geist jubelt über Gott, meinen Retter“ (*Lk* 1,46–47).
Möge zusammen mit Maria und dem sel. Joseph Gérard das ganze Volk Lesothos jubeln über Gott, unseren Retter. Ja, ihr alle: die Jungen und die Alten, die Kinder und die Eltern, die Arbeiter und die Lehrer, die Priester und die Ordensleute, die Behinderten und die Kranken. Laßt uns alle den Herrn mit dankbarer Stimme loben, denn der Allmächtige hat Großes für uns getan. Heilig ist sein Name!

9. Doch verlieren wir auch nie das Kreuz auf dem Kalvarienberg aus den Augen! Im Evangelium lesen wir: „Als Jesus seine Mutter sah und bei ihr den Jünger, den er liebte, sagte er zu seiner Mutter: Frau, siehe, dein Sohn! Dann sagte er zu dem Jünger: Siehe, deine Mutter! Und von jener Stunde an nahm sie der Jünger zu sich“ (*Joh* 19,26–27).

Mein glühender Wunsch für euch alle, meine Brüder und Schwestern, ist es, daß das Wort des Johannesevangeliums in euch seine Erfüllung finde. Möge jeder von euch Maria als seine Mutter entdecken.
Möge jeder und jede von euch danach streben, ein Sohn, eine Tochter Marias zu sein, die unter dem Kreuz in besonderer Weise für uns die „Mutter der göttlichen Gnade“ wird. Möge jeder von euch „einen Platz für sie in seinem Heim bereiten“ und mehr noch in seinem Herzen. Jeden Tag und euer ganzes Leben lang, besonders in den Zeiten der Prüfung und des Leidens.
Möge das Andenken an diesen gesegneten Tag für immer eingeschrieben bleiben in die Geschichte dieser Stadt und dieses Landes, in die Geschichte des ganzen Kontinents Afrika.
Seliger Joseph Gérard, bitte für uns; führe uns zu Jesus durch das Unbefleckte Herz Marias, unserer Mutter im Glauben. Amen.

Auf alle Formen von Gewalt und Haß verzichten

Ansprache beim Treffen mit der Jugend in Maseru (Lesotho) am 15. September

1. Bacha ba Lesotho, kea le rata!
(Junge Leute aus Lesotho, ich liebe Euch!)
Bacha ba Lesotho, kea le rata!
(Junge Leute aus Lesotho, ich liebe Euch!)
Bacha ba Lesotho, kea le rata!
(Junge Leute aus Lesotho, ich liebe Euch!)

Meine lieben jungen Leute aus Lesotho!

Ich bin sehr froh, heute nachmittag bei euch zu sein. Vielen Dank für euren herzlichen Empfang. Danke für eure Liebe zu Jesus und zur Kirche. Ich bin dankbar für diese Gelegenheit, euch zuzuhören und zu euch zu sprechen, zu hören, was ihr mir in euren Worten, in euren Liedern und in unserem Zusammensein sagen wollt.
Meine Zeit in Lesotho war wirklich eine Zeit des Feierns: eine Zeit, um Gott für das Geschenk eures Glaubens an Christus zu danken, eine Zeit, um Gott für das gläubige Zeugnis des seligen Joseph Gérard zu preisen, eine Zeit, um Gottes Segen auf die Zukunft der Kirche in diesem Land herabzubitten. Und ich sehe diese Zukunft in euch, eine Zukunft voller Hoffnung. Es ist eine Zukunft, die auf dem wunderbaren Segen gegründet ist, den Herrn Jesus Christus zu kennen und zu lieben.
Durch eure Taufe wurde euch das Geschenk des Glaubens gemacht, desselben Glaubens, der die Seele des seligen Joseph Gérard nährte, desselben Glaubens, den euch eure Vorfahren weitergaben und den ihr eurerseits weitergeben müßt.
Der Glaube ist euer großer Schatz, der Glaube an Christus den Herrn, und gerade dieser Schatz birgt den Schlüssel zur Zukunft. Und so laßt uns nun zu Beginn uns die Worte des Psalms zu eigen machen, den wir gerade gemeinsam gebetet haben: „Ich will hören, was Gott der Herr zu sagen hat“. Ja, laßt uns Gott zuhören, der uns alle liebt.

2. Liebe junge Freunde, der Glaube kommt durch das „Gott zuhören". Und er wächst durch ständiges Zuhören – auf das Wort Gottes hören, auf seinen Leib, die Kirche hören. Deshalb ist es so wichtig, daß ihr euch im Leben schon früh daran gewöhnt, zuzuhören, vor allem dem, „was Gott zu sagen hat". Wie der selige Joseph Gérard sollte jedes Glied der Kirche sein Leben lang das Wort Gottes studieren. Viele junge Leute heute finden es hilfreich, das Evangelium in kleinen Gruppen zusammen zu lesen. Auf diesem Weg können sie gegenseitig von ihren Einsichten profitieren und lernen, das eingegebene Wort auf das tägliche Leben und seine Probleme anzuwenden. Und doch kann nichts jemals den Platz der persönlichen Meditation über das Wort Gottes einnehmen, nichts kann den Platz des persönlichen Gesprächs zwischen mir und dem Herrn einnehmen.
Wenn ihr auf das Wort Gottes hört, werdet ihr eure eigene Identität entdecken, ihr werdet euch selbst kennenlernen, wie Gott euch kennt. Die Schrift sagt: „Ihr seid von Gott geliebt, seid seine auserwählten Heiligen" (*Kol* 3,12). Das seid ihr in Gottes Augen. Ihr werdet jeder beim Namen gerufen und seid von Gott mit einer immerwährenden Liebe geliebt. Das ist die Wahrheit, die wir im Glauben erfahren.

3. Wenn ihr auf das Wort Gottes hört, werdet ihr eine Stimme hören, „die vom Frieden spricht". Ja, zu seinem gläubigen Volk spricht Gott Worte des Friedens. Denn er ist die Quelle der Versöhnung.
Er ist das lebende Fundament des Friedens, vor allem des Friedens, der durch Gottes Geschenk der Bekehrung kommt.
Wir Menschen könnten Frieden und Versöhnung nie durch unsere eigenen Bemühungen und Pläne erreichen. Wir müssen damit beginnen, auf das zu hören, „was Gott der Herr zu sagen hat, eine Stimme, die von Frieden spricht". Und dann müssen wir nach dem, was wir hören, handeln. Denn Zuhören führt zur Handlung. Weit davon entfernt, etwas rein Passives zu sein, spornt uns das Zuhören dazu an, den Bedürfnissen anderer zu dienen, Barrieren aus Vorurteilen und Feindseligkeiten einzureißen, Diener der Versöhnung und des Friedens zu werden. Und das beginnt ganz konkret, wie der hl. Paulus uns in der Lesung zu bedenken gibt, die wir gerade gehört haben: „Darum bekleidet euch mit aufrichtigem Erbarmen, mit Güte, Demut, Milde, Geduld" (*Kol* 3,12). Um für andere Diener des Friedens zu sein, müssen wir in unserem Herzen diese vom Apostel empfohlenen Tugenden erstarken lassen.

4. Vor allem müßt ihr, wenn Friede in euren Herzen herrschen soll, auf alle Formen von Gewalt und Haß verzichten. Gewalt zeugt nur weitere Gewalt. Haß verschließt uns für andere, indem er Kommunikation und Versöhnung unmöglich macht. Der Zunahme der Gewalt in der Welt kann nicht dadurch Einhalt geboten werden, daß man mit mehr des gleichen antwortet. Aber sie kann durch die Antwort der Liebe entwaffnet werden, nicht einer sentimentalen Liebe, die nichts weiter ist als Gefühl, sondern einer Liebe, die in Gott verwurzelt ist, einer Liebe, wie der Liebe Christi, einer Liebe, die gewaltlos bleibt. Einige Leute mögen euch sagen, daß die Wahl der Gewaltlosigkeit letzten Endes eine passive Annahme ungerechter Zustände ist. Sie mögen behaupten, daß es feige ist, gegen das, was falsch ist, keine Gewalt anzuwenden oder zu verweigern, die Unterdrückten mit

Gewalt zu verteidigen. Aber nichts könnte weiter von der Wahrheit entfernt sein. Nichts an der Gewaltlosigkeit ist passiv, wenn sie aus Liebe gewählt wird. Sie hat nichts mit Gleichgültigkeit zu tun. Es hat alles mit dem aktiven Bemühen zu tun, sich nicht vom Bösen besiegen zu lassen, sondern das Böse durch das Gute zu besiegen (vgl. *Röm* 12,21), wie uns der hl. Paulus drängt. Gewaltlosigkeit wählen, heißt in Liebe eine mutige Wahl treffen, eine Wahl, die die aktive Verteidigung der Menschenrechte und die feste Verpflichtung zu Gerechtigkeit und geordneter Entwicklung beinhaltet. Wenn man diese Entscheidung trifft, ist die erste Handlung das Gebet. Denn wenn nicht der Herr unsere Schritte leitet, verlieren wir bald den Weg. Wenn unsere Bemühungen nicht in Gott und seinem Willen verwurzelt sind, ist alles, was wir tun, nutzlos. Wie der Psalmist sagt: „Wenn nicht der Herr das Haus baut, müht sich jeder umsonst, der daran baut. Wenn nicht der Herr die Stadt bewacht, wacht der Wächter umsonst" (*Ps* 127,1). Das Gebet hält uns im Herrn verwurzelt, das Gebet erhält unseren Glauben hell und glühend, das Gebet führt zu einem Handeln im Einklang mit den Plänen Gottes.

5. Wenn Friede in euren Herzen herrschen soll, müßt ihr gewillt sein zu vergeben, vollständig und aufrichtig zu vergeben. Keine Gemeinschaft kann ohne Vergebung überleben. Ohne wiederholte Vergebung kann keine Familie in Harmonie leben, kann keine Freundschaft überdauern. Vergebung ist ein freies und unverdientes Geschenk, das Gott uns schenkt, damit wir es unsererseits anderen schenken können. Vergeben heißt die Tür zu einem neuen Anfang öffnen. Es ermöglicht eine Gemeinschaft in Liebe auf der Grundlage von Wahrheit und Mitgefühl. Vergebung läßt schmerzhafte Erinnerungen der Vergangenheit vergessen und hofft auf eine Zukunft, die auf dem gründet, was recht und gut ist. Sie ermöglicht Versöhnung und Frieden.
Ich lege euch also dringend nahe, in eurem persönlichen Leben, in eurer Familie und in der Gesellschaft den Rat des hl. Paulus zu befolgen. Er ermahnt uns mit folgenden Worten: „Ertragt euch gegenseitig, und vergebt einander, wenn einer dem anderen etwas vorzuwerfen hat. Wie euch der Herr vergeben hat, so vergebt auch ihr!" (*Kol* 3,13). Ja, laßt euren Glauben, der von der Gnade Gottes und dem Geschenk seiner Vergebung abhängt, in euren Herzen eine ständige Bereitschaft zur Vergebung nähren.

6. Wenn Friede in euren Herzen herrschen soll, braucht es noch etwas mehr: Ihr müßt euren Glauben in die Praxis umsetzen, indem ihr für die Gerechtigkeit und für das Wohl anderer arbeitet, besonders für das Wohl der Familie.
In Lesotho ist die Berufung zur Ehe wie in anderen Ländern heute mit einer steigenden Anzahl von Hindernissen konfrontiert. Ungeordnete Verbindungen steigen in alarmierendem Ausmaß, oft als Ergebnis von üblen Dingen wie „chobelo" oder „chobeliso", Entlaufen oder Entführung. Solche Praktiken widersprechen der christlichen Moral und den Forderungen der Menschenwürde. Sie führen weder zu dauerhaftem persönlichem Glück, noch zur Beständigkeit in der Ehe; sie sind ein Rezept, das Unheil bringt.
Eines der grundlegenden Probleme ist der Verlust an Wertschätzung der Keuschheit. Wie wichtig ist es in unserer Zeit, diese Tugend wiederzuerlangen. Denn die Keuschheit hilft uns, alle Dimensionen unserer Sexualität in Einklang zu bringen und so freudig in Über-

einstimmung mit Gottes Willen zu leben. Keuschheit erfordert die Gewohnheit der Selbstdisziplin, ist aber auch ein Geschenk des Heiligen Geistes, der in unserem Leib wie in einem Tempel lebt.
Christliches Familienleben spiegelt das Leben der heiligsten Dreifaltigkeit wider in der die drei göttlichen Personen einander Liebe schenken und voneinander Liebe empfangen. Die Familie ist eine Art kleine Kirche, in der man diese Liebe der heiligsten Dreifaltigkeit und die Nächstenliebe erlernt und wo sie stark werden können. Die christliche Berufung wird, wenn ihr erwachsen seid, von euch fordern, daß ihr Opfer bringt, um die göttliche Einrichtung der Familie zu schützen und zu versuchen, alle gesellschaftlichen Krankheiten zu heilen, die ihre Integrität bedrohen. Deshalb ermuntere ich euch, euch während eurer Jugendzeit gut auf die ernsten Verantwortungen des Familienlebens vorzubereiten.
Es bedarf einer Vorbereitung, die das beständige Gespräch mit Christus zur Grundlage hat. In seiner Kirche will Christus euch über das Sakrament der Ehe belehren, über die intime Lebens- und Liebesgemeinschaft, die ein Bild der liebenden Gemeinschaft zwischen Christus und der Kirche ist (vgl. *Eph* 5,21–33). Die christliche Ehe gründet auf einem freien und reifen Einverständnis der Frau und des Mannes, und so ist jede Art der Entführung oder des Zwanges deutlich gegen den Willen Gottes und die gleiche Würde von Mann und Frau.
Liebe junge Freunde, laßt den Herrn Jesus euch über die Liebe belehren, denn er ist selbst die Quelle aller Liebe. Der Mensch kann nicht ohne Liebe leben, und doch kann unser Verständnis von Liebe so leicht verzerrt werden, besonders durch Selbstsucht und Stolz, und ebenso durch leere Sprüche und falsche Attraktionen der materialistischen Gesellschaft. Deshalb bitte ich euch nochmals dringend, wie ich es in meinem *Apostolischen Schreiben an die Jugend* tat: „Habt keine Angst vor der Liebe, die dem Menschen bestimmte Forderungen stellt. Diese Forderungen, wie ihr sie in der ständigen Lehre der Kirche findet, sind gerade geeignet, eure Liebe zu einer wahren Liebe zu machen“ (Nr. 10).
Ich möchte auch die unter euch ermutigen, die der Herr dazu ruft, ihm im Priesteramt oder im Ordensleben zu folgen. Ich sage euch: seid hochherzig. Die Worte Jesu sind nur zu wahr: „Die Ernte ist groß, aber es gibt nur wenig Arbeiter“ (*Mt* 9,37). Ich habe keinen Zweifel, daß Christus einige von euch, vielleicht viele von euch, beruft, ihm und seinem Volk als seine Priester und Ordensleute zu dienen. Seid eifrig und willens, seinen Ruf zu beantworten! Erinnert euch an das Beispiel des seligen Joseph Gérard. Seht all das Gute, das ihr tun könnt und die Freude, die euer sein wird, wenn ihr den Spuren Christi des Herrn folgt.

7. Liebe junge Leute aus Lesotho, wie gut ist es, in eurem schönen Land mit euch zusammenzusein. Wenn ich dieses Land verlasse, werde ich viele frohe Erinnerungen an dieses Treffen mit den zukünftigen Führern Lesothos mitnehmen: und ich werde alle besonderen Momente dieses Pastoralbesuches in Erinnerung behalten, besonders die Seligsprechung von Pater Joseph Gérard. Bevor ich schließe, möchte ich mich mit einem letzten Aufruf von euch verabschieden: laßt Christus euer Vorbild im Leben sein! Ja, laßt ihn eu-

er einziges Vorbild, euren einzigen Maßstab sein, Christus, der „der Weg, die Wahrheit, und das Leben" ist (*Joh* 14,16). Verschreibt euch nichts weniger als Christus. Er möge euch führen, beschützen und sicher in seiner Liebe halten. Möge Christus eure Freude und eure Krone sein. „In eurem Herzen herrsche der Friede Christi; dazu seid ihr berufen als Glieder des einen Leibes" (*Kol* 3,15). Gelobt sei Jesus Christus!

Freudevolle Boten des Evangeliums sein

Ansprache an die Priester, Ordensleute und Seminaristen in Maseru (Lesotho) am 15. September

„Ho rorisoe Jesu Kriste!"
Liebe Brüder und Schwestern in unserem Herrn Jesus Christus!

1. Es bereitet mir große Freude, diesen schönen Gruß an euch zu richten, den der selige Joseph Gérard seinen ersten Bekehrten lehrte und der unter den Katholiken dieses Landes zu einer hochgehaltenen Überlieferung wurde. Ja, gelobt sei unser Herr Jesus Christus! Und gepriesen sei seine heilige Mutter, vor allem heute, da wir uns in dieser herrlichen Kirche versammelt haben, die ihr unter dem Titel „Unsere Liebe Frau von den Siegen" geweiht ist.

Liebe Priester, meine Brüder, liebe Ordensbrüder und Ordensschwestern und meine lieben Seminaristen, nachdem wir heute morgen die Messe zur Seligsprechung gefeiert haben, freut es mich, zu einer späteren Stunde des gleichen Tages bei euch sein zu können, die ihr meinem Herzen so teuer seid. Die Seligsprechung des Priesters und Ordensmannes Joseph Gérard ist gewiß ein Markstein in der Geschichte von Lesotho, der das Wirken von Gottes liebender Vorsehung unter euch erkennen läßt. Ja, dies ist die rechte Stunde, um zu feiern und dem Herrn der Geschichte und dem Gott der Liebe Dank zu sagen, der jeden von euch beim Namen gerufen und euch Anteil an seinem eigenen Leben geschenkt hat. Eine bedeutende Art, Gott Dank zu sagen, besteht darin, Ereignisse der Vergangenheit ins Gedächtnis zu rufen, die Kanäle für seinen Segen gewesen sind.

An erster Stelle gedenken wir all der Missionare der Vergangenheit, Priester und Ordensleute, jener Männer und Frauen, die mit einem starken Glauben und einer glühenden Liebe an ihre Aufgabe hingegeben, ihre Familie und ihre Freunde, ihre Heimat und ihre eigene Kultur zurückließen, um dem geliebten Volk dieses Landes das Evangelium Christi zu bringen. Diese Missionspioniere zogen durch das Bergland dieses schönen Königreichs, streuten die Saat des christlichen Glaubens aus und legten feste Fundamente für eine starke, lebendig pulsierende Kirche. Die Erinnerung an diese Priester und Ordensleute läßt uns an die Worte des Propheten Jesaja denken: „Wie willkommen sind auf den Bergen die Schritte des Freudenboten, der Frieden ankündigt, der eine frohe Botschaft bringt und Rettung verheißt" (*Jes* 52,7).

Ja, „wie willkommen sind die Schritte des Freudenboten"! Und gerade das zu sein, sind Priester und Ordensleute berufen. Wir müssen freudevolle Boten der Frohen Botschaft von unserem Herrn Jesus Christus sein. Das ist das reiche Erbe, das von den Missionaren, die diesem Land gedient haben, an euch Heutige weitergegeben wurde. Angefangen mit P. Joseph Gérard und seinen Gefährten, wurde die Tradition, Gottes Wort zu predigen und für die volle menschliche Entwicklung und Befreiung zu arbeiten, hochherzig weitergeführt von Generationen von Priestern und Ordensleuten, die meist aus anderen Ländern kamen. All diesen Männern und Frauen im Dienst Gottes zollen wir heute unsere besondere Anerkennung. Durch ihre Mühen erfuhr die Kirche in Lesotho ein erstaunliches Wachstum an Zahl und an Werken. Die Geschichte eures Landes legt Zeugnis ab für den bedeutenden Beitrag, den Priester, Ordensmänner und Ordensfrauen leisteten, die mit Eifer in vielen Lebensbereichen tätig waren: sie verkündeten die Frohe Botschaft, waren Boten des Friedens, brachten Freude und die Ankündigung des Heils.

2. Und nun beginnt ein neuer Abschnitt im Leben der Kirche in Lesotho, eine neue Stufe in der großen Aufgabe der Evangelisierung. Es ist ein Zeitabschnitt, den der Dank für die Vergangenheit kennzeichnet und ebenso die Bereitschaft, neuen Anforderungen der Gegenwart und der Zukunft entgegenzutreten, eine Zeit, in der nun die Söhne und Töchter Lesothos den Platz vieler ausländischer Missionare einnehmen als Antwort auf den Ruf Christi, die Hirtensorge der Kirche zu übernehmen in Fortführung dessen, was vorausgegangen ist. Wie es beim hl. Paulus war, so ist es bei den Missionaren: „Wie ein guter Baumeister habe ich den Grund gelegt, ein anderer baut darauf weiter" (*1 Kor* 3,10). Die Missionare sind noch notwendig, da sie eine äußerst bedeutsame Rolle spielen, doch es ist recht, daß in wachsendem Maß die Verantwortung von den einheimischen Söhnen und Töchtern dieses Landes übernommen wird. Zugleich freue ich mich, daß die hiesige Kirche nun Missionare in andere Länder sendet, vor allem Ordensfrauen. Auch das spricht von der überreichen Fruchtbarkeit der Liebe Christi mitten unter euch.
Das zweite Vatikanische Konzil lehrte: „Die Einpflanzung der Kirche in eine bestimmte Gesellschaft erreicht einen gewissen Abschluß, wenn die Gemeinschaft der Gläubigen im gesellschaftlichen Leben verwurzelt und der örtlichen Kultur in etwa angepaßt ist und so schon Stetigkeit und Festigkeit besitzt. Das heißt: es steht ihr schon eine wenn auch noch nicht genügend große Zahl von einheimischen Priestern sowie von Ordensleuten und Laien zur Verfügung ..." (*Ad gentes*, Nr. 19). Die Kirche in Lesotho hat mit der Hilfe der Gnade Gottes und der Bemühungen vieler Menschen diese Stufe erreicht. Und die Seligsprechung P. Joseph Gérards zeigt an, daß ein gewisser Grad christlicher Reife da ist, einer Reife, die die Größe der liebevollen Vorsehung Gottes verkündet und die Fruchtbarkeit der göttlichen Gnade, wirksam in den gläubigen Herzen; eine Reife, die darauf hinweist, daß die Ortskirche bereit ist für einen neuen Zeitabschnitt des Wachstums in Christus.
Die Kirche in Lesotho, die in diesem Land so wunderbar Wurzeln geschlagen hat, muß nun die Gabe des Glaubens vertiefen und die nie endende Aufgabe der Evangelisierung fortsetzen, vor allem in den Gebieten, die das Evangelium noch nicht erreicht hat. Den Laien muß Hilfestellung gegeben werden, damit sie das Reich Gottes in den gewöhnlichen Dingen des Alltags voranbringen. Die Familie muß in ihrer Einheit und in ihrer unersetzlichen Sendung von Leben und Liebe gestärkt werden. Die Gesellschaft muß durch das Evangelium gehoben und geläutert werden. Soziale Mißstände müssen behoben,

Recht und Gerechtigkeit fest begründet und durch das Gesetz sichergestellt werden. Da gibt es ferner die besonderen Bedürfnisse der jungen und der älteren Menschen, der Kranken und Behinderten. Die Verantwortung für dieses große Unternehmen fällt in einer besonderen Weise auf eure Schultern, meine Brüder und Schwestern in Christus, Priester und zukünftige Priester, Ordensmänner und Ordensfrauen, die Gott berufen hat, ihm und seinem Volk in diesem Land zu dienen.

3. Denkt an die Worte unseres Heilands: „Nicht ihr habt mich erwählt, sondern ich habe euch erwählt und dazu bestimmt, daß ihr euch aufmacht und Frucht bringt und daß eure Frucht bleibt“ (*Joh* 15,16).

Christus hat euch dazu berufen, seine Freunde zu sein. Christus hat euch gesandt. Christus hat euch das Werk der Evangelisierung anvertraut. Gewiß, jeder Getaufte empfängt diesen Auftrag und hat eine Rolle dabei zu spielen. Aber in besonderer Weise erwartet der Herr von euch Priestern und Ordensleuten, daß ihr bei der Verkündigung der Frohen Botschaft von der Erlösung und dem öffentlichen Zeugnis für das Evangelium die Führung übernehmt. Er sagt zu euch, wie zu den Aposteln: „Lehrt sie, alles zu befolgen, was ich euch geboten habe. Seid gewiß: Ich bin bei euch alle Tage bis zum Ende der Welt“ (*Mt* 28,20).

Ja, der Herr ist immer bei euch. Vergeßt nie diese beruhigenden Worte. Mögen sie euer Trost und eure Kraft sein, euer Ansporn und eure Freude. Der Herr ist stets bei euch, was auch immer für einen Dienst ihr in der Kirche ausübt: beim Gebet, beim Apostolat und in all euren Anstrengungen im Hinblick auf die Gerechtigkeit. Vor allem ist der Herr bei euch in der liturgischen Versammlung. Darum müßt ihr alle Männer und Frauen der Eucharistie sein. Denn die Kirche lehrt: „Mit der Eucharistie stehen die übrigen Sakramente im Zusammenhang; auf die Eucharistie sind sie hingeordnet; das gilt auch für die anderen kirchlichen Dienste und für die Apostolatswerke. Die Heiligste Eucharistie enthält ja das Heilsgut der Kirche in seiner ganzen Fülle, Christus selbst“ (*Presbyterorum ordinis*, Nr. 5).

In eurer Verbundenheit mit Christus findet ihr die Kraft für eure Sendung in der Kirche. In Lesotho bedeutet dies, wie in jedem anderen Land, eine Evangelisierung eurer Kultur, das heißt, eine Evangelisierung eurer Bräuche und Überlieferungen, eurer Künste, eurer Musik, all jener natürlichen Eigenarten und Werte, die eure Gesellschaft bilden. Das alles sollte durch das Licht und die Kraft des Evangeliums geläutert und bereichert werden. Wie aber evangelisiert man eine Kultur? Wie unterstützt man das Wirken des Heiligen Geistes unter euch? Man beginnt mit der Evangelisierung der Menschen, denn Kultur wird vom Menschen hervorgebracht, und sie erhält ihre Gestalt durch die Eigenart der Beziehungen der Menschen untereinander und zu Gott. Und so besteht der erste Schritt darin, so zu evangelisieren, wie Jesus selbst es tat, nämlich: die Menschen zur Bekehrung aufzufordern. Erinnert euch an die ersten Worte Jesu in seinem öffentlichen Dienst, wie sie im Markusevangelium wiedergegeben werden: „Die Zeit ist erfüllt“, sagt er, „das Reich Gottes ist nahe. Kehrt um, und glaubt an das Evangelium!“ (*Mk* 1,15). Das christliche Leben erfordert in der Tat eine beständige Bekehrung. Eine besondere Hilfe dazu ist der regelmäßige Empfang des Bußsakramentes. Jeder Aspekt unseres persönlichen und sozialen Lebens muß geläutert und belebt werden von der Wahrheit und Liebe Christi. Nur dann können die Gesetze und Institutionen der Gesellschaft den Forderungen der Gerechtigkeit und der Menschenwürde entsprechend gestaltet werden. Es braucht Zeit, Haltungen und Praktiken umzuwandeln, aber sie können wirklich umgewandelt werden. Mit Hilfe der Gnade Gottes und in der Kraft des Todes und der Auferstehung Christi kann jeder von uns seine Gedanken und sein Herz nach den Gedanken und dem Herzen Gottes gestalten.

4. Liebe Brüder und Schwestern in Christus! Die Sendung, die ihr von Gott empfangen habt, ist wirklich lebenswichtig für die Kirche und für die Welt, eine Sendung, die ohne Zweifel einen Anteil am Kreuz Christi in sich schließt, zugleich aber auch die Teilnahme an seinem Leben der Auferstehung. Der hl. Paulus erinnert uns: „Das alles kommt von Gott, der uns durch Christus mit sich versöhnt und uns den Dienst der Versöhnung aufgetragen hat“ (*2 Kor* 5,18).
Wir dürfen diese Wahrheit nie vergessen: „Gott hat uns mit sich versöhnt.“ Unsere Berufung hat als Werk Gottes begonnen, als Gottes Geschenk der Versöhnung und der Gemeinschaft mit ihm. Gebt euch in dankbarer Hochschätzung dieses Geschenkes alle Mühe, diese Verbundenheit mit Gott zu erhalten und zu vertiefen, vor allem durch das tägliche Gebet und die freudige Nachfolge Jesu in Keuschheit, Armut und Gehorsam. Das ist das Geheimnis eines fruchtbaren Dienstes in der Kirche. Es ist der Weg, den der selige Joseph Gérard in seinem langen Leben priesterlichen Dienstes gegangen ist. Jesus selbst hat zu uns gesagt: „Wer in mir bleibt und in wem ich bleibe, der bringt reiche Frucht; denn getrennt von mir könnt ihr nichts vollbringen“ (*Joh* 15,5).
Unsere Verbundenheit mit Christus kann nicht anders als überströmen in liebender Verbundenheit untereinander. Jesus gab seinen Jüngern das Gebot: „Liebt einander, so wie ich euch geliebt habe“ (*Joh* 15,12). Unter Priestern besteht eine besondere Brüderlichkeit, die in ihrer sakramentalen Weihe ihre Wurzeln hat. So ist es nur natürlich, daß sie einander wie Brüder lieben, einander im Dienst des Wortes und des Sakramentes unterstützen und sich beständig bemühen, durch Gebet, Liebe und gegenseitige Hilfe einander zu ermutigen. Dieser Geist priesterlicher Brüderlichkeit sollte schon im Seminar gepflegt werden. Eines der Ziele der priesterlichen Ausbildung besteht ja darin, in jedem Seminaristen die menschlichen und geistlichen Qualitäten zu stärken, die ihn befähigen sollen, den Dienst der Versöhnung wirksam auszuüben und für die anderen Priester seiner Diözesangemeinschaft ein echter Bruder in Christus zu sein.
Das Ordensleben bietet natürlich zahllose Möglichkeiten, in der Liebe nicht nur zu Gott, sondern auch zueinander zu wachsen. Das gemeinsame Gebet und das gemeinschaftlich unternommene Apostolat sind nur zwei Beispiele dafür, daß Ordensleute ein Gemeinschaftsleben führen, das in gegenseitiger Liebe wurzelt. Von noch größerer Bedeutung für einen tiefgründenden Geist der Brüderlichkeit und Schwesterlichkeit ist die „Einheit von Geist und Herz“, die begünstigt wird durch ihr gemeinsames Streben nach Heiligkeit, ihr gemeinsames Charisma und ihre lebenslange Verpflichtung, Christus in Übereinstimmung mit dem Evangelium und den Konstitutionen ihrer einzelnen Gemeinschaften nachzufolgen.

Als „Auserwählte Gottes“ und als Diener der Kirche seid ihr alle, Priester, Seminaristen, Ordensschwestern und Ordensbrüder berufen, die Einheit all derer, die an Christus glauben, aufzubauen und zu stärken. Manchmal sind besondere Bemühungen nötig, um die fruchtbare Zusammenarbeit zwischen Priestern und Ordensleuten oder zwischen verschiedenen Ordensgemeinschaften zu festigen. Die Laien müssen als wahre Brüder und Schwestern in Christus angenommen werden; sie haben eine lebenswichtige Rolle in der Sendung der Kirche und ein Recht auf unsere Freundschaft und unsere Ermutigung. Und kein Dienst in der Kirche kann bleibende Frucht bringen, wenn er nicht in aufrichtiger Zusammenarbeit mit dem Ortsbischof und in Gemeinschaft mit der Universalkirche getan wird.

Meine Brüder und Schwestern, ich möchte diese Bemerkungen abschließen, indem ich mir die Aufforderung des hl. Paulus an Timotheus zu eigen machen: „Entfache die Gnade Gottes wieder, die dir ... zuteil geworden ist. Denn Gott hat uns nicht einen Geist der Verzagtheit gegeben, sondern den Geist der Kraft, der Liebe und der Besonnenheit. Schäme dich also nicht, dich zu unserem Herrn zu bekennen ... sondern leide mit mir für das Evangelium. Gott gibt dazu die Kraft“ (*2 Tim* 1,6–8). Schämt euch nie, euch zu unserem Herrn zu bekennen!

Gebt in Wort und Tat vor der Welt Zeugnis für die Frohe Botschaft unseres Herrn Jesus Christus!

Und die heilige Jungfrau Maria und der selige Joseph Gérard mögen euch mit ihrem Gebet und ihrem himmlischen Schutz helfen.

Gott segne euch alle.

In brüderlicher Liebe miteinander reden

Ansprache beim ökumenischen Gebetsgottesdienst in Maseru (Lesotho) am 15. September

Liebe Brüder und Schwestern in Christus!

1. „Gnade sei mit euch und Friede von Gott, unserem Vater, und dem Herrn Jesus Christus“ (*2 Kor* 1,2).

Es ist mir eine Freude, daß ich die Gelegenheit habe, mit Vertretern anderer kirchlicher Gemeinschaften in Lesotho zusammenzutreffen. Wie Sie wissen, war ein ganz besonderer Anlaß, weswegen ich in Ihr Land zu kommen wünschte, hier die Seligsprechung des sel. Joseph Gérard zu feiern, einer der ersten katholischen Missionare beim Basotho-Volk. Doch gleichzeitig spürte ich, daß es wichtig war, diesem Pastoralbesuch eine ökumenische Dimension zu geben. Denn noch bevor die ersten katholischen Missionare nach Lesotho kamen, hatten andere Christen hier bereits das Werk der Evangelisierung begonnen. Und alle die Jahre hindurch bis zum gegenwärtigen Augenblick haben Sie und Ihre katholischen Brüder und Schwestern danach gestrebt, dem Herrn in diesem Land zu dienen. Gleichzeitig jedoch haben Sie hier, wie überall auf der Welt, das traurige Phänomen der Uneinigkeit unter den Christen erfahren. Doch haben Sie auch ein immer größe-

res Verlangen gespürt, die Hindernisse und Spaltungen der Vergangenheit zu überwinden und in der Zukunft diese vollkommene Einheit zu erreichen, um die Christus selbst gebetet hat.
Ich vertraue darauf, daß dieser Gebetsgottesdienst heute allen jenen Ermutigung geben wird, die in der ökumenischen Bewegung engagiert sind, und ich bete darum, daß er den Tag rascher herbeiführen möge, an dem wir vollkommen eins in Christus sein werden, in einer Einigkeit, wie Jesus sie von seinem Vater erbat, als er sagte: „So sollen sie vollendet sein in der Einheit, damit die Welt erkennt, daß du mich gesandt hast und die Meinen ebenso geliebt hast wie mich" (*Joh* 17,23).

2. Im ersten Brief des hl. Paulus an die Korinther sagt der große Heidenapostel den Leuten: „Es wurde mir berichtet, daß es Zank und Streit unter euch gibt" (*1 Kor* 1,11). Uneinigkeiten waren in dieser Ortskirche entstanden, Uneinigkeiten, die den Glauben und die Gemeinschaft der Mitglieder bedrohten. Der hl. Paulus wollte alles tun, was er konnte, um diese überwunden zu sehen. Und so schrieb er: „Ich ermahne euch aber, Brüder, im Namen Jesu Christi, unseres Herrn: Seid alle einmütig, und duldet keine Spaltungen unter euch; seid ganz eines Sinnes und einer Meinung" (*1 Kor* 1,10).
Was der hl. Paulus von den Christen von Korinth wünschte, war, daß sie ihre Spaltungen überwinden und nach der Gnade aufrichtiger Bekehrung streben sollten. Denn ohne diese persönliche Umkehr des Herzens können Konflikte und Meinungsverschiedenheiten niemals überwunden, kann Einheit in Glauben und Praxis niemals wiederhergestellt werden.
Auf dem Zweiten Vatikanischen Konzil sprachen die Bischöfe der katholischen Kirche von demselben Bedürfnis nach Bekehrung, um ökumenische Fortschritte zu machen. Sie lehrten: „Es gibt keinen echten Ökumenismus ohne innere Bekehrung. Denn aus dem Neuwerden des Geistes" (vgl. *Eph* 4,23), „aus der Selbstverleugnung und aus dem freien Strömen der Liebe erwächst und reift das Verlangen nach Einheit" (*Unitatis redintegratio*, Nr. 7).
Für uns beginnt also das ökumenische Bemühen mit dem demütigen Gebet; darin bitten wir unseren Gott, der reich ist an Erbarmen, uns unsere Sünden zu vergeben, unseren Geist zu erleuchten und uns die Gnade der Umkehr des Herzens zu schenken.

3. Eine solche Umkehr bedeutet Abkehr von der Sünde und Hinwendung zur Wahrheit, zur Fülle der Wahrheit, die Christus offenbart. Mit den Worten des Psalms sprechen wir zu Gott: „Lauterer Sinn im Verborgenen gefällt dir, im Geheimen lehrst du mich Weisheit" (*Ps* 51,8). Diese persönliche Suche nach der Wahrheit, begonnen im Gebet und unterstützt durch das Studium, macht eine der wichtigsten Aktivitäten der ökumenischen Bewegung möglich, nämlich den Dialog.
Der Dialog hat das Ziel, jene Gemeinschaft des Geistes und des Herzens herbeizuführen, die nach dem inneren Leben der heiligsten Dreifaltigkeit gestaltet ist. Die ersten Schritte, die oft mühselig langsam sind, erfordern Geduld und Ausdauer. Mißverständnisse aus der Vergangenheit müssen überwunden und ein besseres Verständnis füreinander muß gefestigt werden. Wir müssen lernen, miteinander ehrlich und in brüderlicher Liebe zu

reden, getragen von dem Wunsch, die Fülle der Wahrheit Gottes anzustreben und zu erreichen. In diesem Bemühen ist Deutlichkeit ein Ausdruck der Liebe, wie das Zweite Vatikanische Konzil weise nahelegte: „Es ist ...wesentlich, daß die gesamte Lehre klar vorgelegt wird. Nichts ist dem ökumenischen Geist so fern wie ein falscher Irenismus“ ... (*Unitatis redintegratio*, Nr. 11).
Wir müssen also fortschreiten in der Kunst des Dialogs und dabei dem treu bleiben, was der Geist Gottes bereits in unserem Leben und in unseren Gemeinschaften bewirkt hat, und darauf vertrauen, daß Gott, wenn wir ihn im Glauben darum bitten, „im Geheimen uns Weisheit lehrt“ (*Ps* 51,6).

4. Im Christenrat von Lesotho versuchen Sie, ein Forum für die Weiterführung dieses ökumenischen Dialogs und auch für die Förderung brüderlicher Zusammenarbeit bei Projekten, die dem Gemeinwohl dienen, zu schaffen. Diese Zusammenarbeit macht die wirkliche, wenn auch unvollkommene Einheit in Christus deutlich, die wir bereits erreicht haben. Und sie kann unsere Wirksamkeit im Dienst für die Armen und Bedürftigen nach dem Beispiel unseres Herrn Jesus verbessern, der uns sagt: „Was ihr für einen meiner geringsten Brüder getan habt, das habt ihr mir getan“ (*Mt* 25,40).
Besonders wichtig sind jene Anlässe, in denen Christen verschiedener Traditionen im Namen Christi zusammenstehen, um die Würde und die Rechte der menschlichen Person ohne Rücksicht auf Rasse oder Stammeszugehörigkeit oder gesellschaftlichen Status zu verteidigen und zu fördern. Eine solche gemeinsame Aktion im Namen der Gerechtigkeit und der Gleichheit ist ein Zeugnis für das Evangelium und dient der Menschheitsfamilie als ganzer.
Viele andere Gebiete gemeinsamer Zusammenarbeit stehen uns noch offen, wie etwa die direkte Hilfe für die Kranken und Leidenden, die Unterstützung des Familienlebens und die Bemühungen zur Förderung von Versöhnung und Frieden. In einem Entwicklungsland wie Lesotho ist gewiß auch die Arbeit für die Förderung der ganzheitlichen menschlichen Entwicklung ein fruchtbares Feld, um als Brüder und Schwestern in unserem einzigen Herrn und Erlöser zusammenzuarbeiten.

5. Liebe Freunde in Christus, halten wir uns zu jeder Zeit das Kreuz unseres Herrn und Erlösers vor Augen, denn im gekreuzigten Heiland sind diejenigen, die „einst in der Ferne waren durch Christus Jesus, nämlich durch sein Blut, in die Nähe gekommen“ (*Eph* 2,13). Gewiß, der Weg zur vollen Einheit in Glauben und Liebe ist lang und schwierig. Wir können nicht erwarten, das Ende ohne viel Gebet und Buße zu erreichen. Durch die Gnade Gottes jedoch haben wir schon einen langen Weg zurückgelegt. Echter Fortschritt ist gemacht worden.
In Gottes guter Zeit wird Christi Gebet um die vollkommene Einheit volle Erfüllung finden. Christus hat bereits die Macht der Sünde überwunden, die die Ursache aller Spaltung ist. Wir dürfen nicht müde werden oder den Kampf aufgeben, bis das ersehnte Ziel erreicht ist. Vor allem laßt uns nie aufhören, mit freudiger Hoffnung zu beten und unsere Herzen zu öffnen in dem Vertrauen, die vielfältigen Gaben des Geistes zu empfangen. Was der Geist uns bringen wird, sind all die Gaben, die die volle Gemeinschaft in Christus begleiten, die Gaben von „Liebe, Freude, Friede, Langmut, Freundlichkeit, Güte,

Treue, Sanftmut und Selbstbeherrschung“ (*Gal* 5,22–23). Und wie uns der hl. Paulus versichert: „Dem allem widerspricht das Gesetz nicht.“... Wenn wir aus dem Geist leben, dann wollen wir dem Geist auch folgen“ (*ebd.* 5,23.25).
Ja, laßt uns der Führung des Geistes folgen, des Heiligen Geistes, der uns in der Taufe geschenkt wurde, des „Fürsprechers“, der immer unser Anliegen vertritt, des „Geistes der Wahrheit, den die Welt nicht empfangen kann“ (*Joh* 14,17), des Geistes, den Jesus sendet, um uns „in die ganze Wahrheit“ zu führen (vgl. *Joh* 16,13).
Meine Freunde in Christus, ich sage Ihnen Lebewohl mit den Worten des hl. Paulus: „Im übrigen, liebe Brüder, freut euch, kehrt zur Ordnung zurück, laßt euch ermahnen, seid eines Sinnes und lebt in Frieden! Dann wird der Gott der Liebe und des Friedens mit euch sein (*2 Kor* 13,11).

Christi Versöhnungswerk verwandelt uns von innen heraus

Ansprache bei der Messe im „Somhlolo“-Stadion in Mbabano (Swaziland) am 16. September

„Du wirst ein Kind empfangen, einen Sohn wirst du gebären: dem sollst du den Namen Jesus geben ... seine Herrschaft wird kein Ende haben“ (*Lk* 1,31.33).

Liebe Brüder und Schwestern,

1. Wir kommen heute zusammen im Namen Jesu Christi, des ewigen Königs, dessen Herrschaft kein Ende haben wird.
„Gerechtigkeit geht vor ihm her, und Heil folgt der Spur seiner Schritte“ (*Ps* 85,14).
Wir treten vor ihn, den König des Friedens. Sein Reich des Friedens ist auch ein Reich der Gnade und der Wahrheit, der Gerechtigkeit und der Liebe. Und seine Mutter, die Jungfrau von Nazaret, sagt bei der Verkündigung zu dem Engel: „Ich bin die Magd des Herrn“ (*Lk* 1,38). Gerade als die Magd des Herrn hat sie Anteil am Königtum ihres Sohnes. Deswegen ist sie die Königin des Friedens.

2. Ich weiß, daß die Kirche hier in Swaziland eine besondere Verehrung für Maria unter dem Ehrentitel der „Königin des Friedens“ entfaltet hat. In meiner Freude, bei euch zu sein, möchte auch ich mich dieser Verehrung der Mutter Christi anschließen.
Während ich mich mit der ganzen Kirche in Swaziland vereine, möchte ich in diesem Geist euch grüßen, die ihr euch zu dieser denkwürdigen Feier hier versammelt habt, wie auch alle Menschen eures schönen Landes in diesem Jahr, in dem ihr den 20. Jahrestag eurer nationalen Unabhängigkeit gefeiert habt.
Ich grüße mit größter Ehrerbietung Seine Majestät, König Mswati III., und Ihre Majestät, die Königinmutter. Mit ihnen grüße ich gleichermaßen die ehrenwerten Mitglieder eurer Regierung. Ich richte brüderliche Grüße in Christus an Bischof Ndlovu, an die Priester und Ordensleute in Swaziland und an alle Angehörigen der katholischen Kirche in eurem

Land. Ich grüße auch alle Anwesenden, die anderen kirchlichen Gemeinschaften oder nichtchristlichen Religionen angehören. Euch allen gelten meine Grüße in der Liebe Gottes.

3. Die heutige erste Lesung aus der Heiligen Schrift hilft uns, besser zu verstehen, was es heißt, wenn wir Christus den König des Friedens nennen. Der heilige Paulus sagt uns, daß „Gott es war, der in Christus die Welt mit sich versöhnt hat“ (*2 Kor* 5,19).
Diese Versöhnung wurde vollbracht durch Christi erlösendes Opfer am Kreuz, und das ist die Grundlage des Friedens, der das Königreich Christi erfüllt. Diese Versöhnung kann nicht mehr zerstört werden. Sie bleibt für immer fruchtbar als Quelle der Versöhnung und des Friedens für das ganze Menschengeschlecht.
Christi Versöhnungswerk verwandelt uns von innen heraus. Es befreit uns von Selbstsucht und Sünde und verleiht uns ein neues Leben in ihm. Wie uns der heilige Paulus sagt: „Gott war es, der in Christus die Welt mit sich versöhnt hat, indem er den Menschen ihre Verfehlungen nicht anrechnete“ (*2 Kor* 5,19); „er (Christus) ist aber für alle gestorben, damit die Lebenden nicht mehr für sich leben, sondern für den, der für sie starb und auferweckt wurde“ (*2 Kor* 5,15); „wenn also jemand in Christus ist, dann ist er eine neue Schöpfung“ (*2 Kor* 5,17).
Christus ist König des Friedens, weil er eine neue Schöpfung einführt und dem menschlichen Leben auf Erden die Dimension der Brüderlichkeit zurückgibt. Alle Menschen sind untereinander Brüder und Schwestern, weil Gott ihr gemeinsamer Vater ist. Christus offenbarte uns das, als er uns lehrte, Gott „Vater unser“ zu nennen. Das ist die Grundlegung des Friedens des Reiches Gottes.

4. Das ist sicher: Gott allein ist die Quelle des Friedens. In ihm finden wir die Quelle aller Versöhnung – mit den Menschen und mit Gott. Der heilige Paulus verkündet das, wenn er sagt: „Das alles kommt von Gott“ (*2 Kor* 5,18). Und doch wissen wir im Glauben, daß das Geschenk des Friedens zugleich eine menschliche Verantwortung ist, die jedem und jeder von uns aufgegeben ist. Wiederum sagt uns der heilige Paulus: „Die Liebe Christi drängt uns“ (*2 Kor* 5,14). Gott, der „in Christus die Welt mit sich versöhnt hat, ... vertraute uns das Wort von der Versöhnung (zur Verkündigung) an“ (*2 Kor* 5,18). Und so „sind wir Gesandte an Christi Statt, und Gott ist es, der durch uns mahnt. Wir bitten an Christi Statt: Laßt euch mit Gott versöhnen!“ (*2 Kor* 5,20). Es ist ganz deutlich: Der heilige Paulus wußte, daß er eine „Botschaft der Versöhnung“ weitergab. Sie ist ein Auftrag nicht nur für seine Zeitgenossen sondern für die Kirche durch alle Jahrhunderte.

5. Viele Jahrhunderte später hat dieser im 2. Korintherbrief beschriebene und in der heutigen Liturgie verkündete Auftrag dieses Land in der Südregion des afrikanischen Kontinents erreicht. Was bedeutet dieser Auftrag für uns, die wir hier versammelt sind, für die Kirche in Swaziland und für alle Menschen eures Landes? Wie ist die apostolische „Botschaft der Versöhnung“ hier mit neuer Kraft zu vernehmen?
Ein Botschafter wird anerkannt aufgrund seines Beglaubigungsschreibens. Er muß den glaubwürdigen Beweis liefern, daß er gesandt worden ist. Als Gesandte Christi müssen

auch wir den Beweis für unseren Auftrag liefern. Und der größte Beweis ist unsere eigene Treue zur christlichen Lebensführung. Wenn wir mit Gott, mit uns selbst und mit unseren Mitmenschen versöhnt sind und wenn wir unsererseits diese Versöhnung in der Gesellschaft fördern, können wir den überzeugenden Anspruch erheben, Gesandte des Königs des Friedens zu sein. Auf diese Weise wird die gute Nachricht, daß Gott in Christus die Welt mit sich versöhnt hat, für diejenigen glaubwürdig sein, die uns sehen und hören.

6. Eine wichtige Herausforderung in unserem persönlichen Leben und im Leben der Gesellschaft ist es heute, die Familie, diese „intime Lebens- und Liebesgemeinschaft" (*Gaudium et spes*, Nr. 48), die die Urzelle der Gesellschaft ist, zu unterstützen und zu stärken. Das Evangelium von heute erinnert uns daran, daß Christus, „der unser Friede ist" (*Eph* 2,14), selbst Mitglied einer Familie war. Er war der Sohn Marias. Durch Marias Ja zu Gott, durch ihre liebende Ergebenheit in Gottes Willen, kam Jesus als Mensch in unsere Welt und wurde Mitglied einer menschlichen Familie, der heiligen Familie von Nazaret. Und indem er das tat, bekräftigte er die Würde und den Wert des Familienlebens.

Wie die heilige Familie von Nazaret ist jede Familie in Swaziland, jede Familie auf der Welt auf der Liebe aufgebaut und besteht durch die Liebe. Wie ich in meinem Apostolischen Mahnschreiben über die Rolle der Familie in der modernen Welt feststellte, hat „die Familie den Auftrag, die Liebe zu beschützen, zu offenbaren und mitzuteilen" (*Familiaris consortio*, Nr. 17).

Im Leben der Familie ist die Liebe zwischen Ehemann und Ehefrau von erstrangiger Bedeutung. Denn wenn eine Familie ihrer eigenen Natur als intime Lebens- und Liebesgemeinschaft treu sein soll, müssen Ehemann und Ehefrau eine liebende Gemeinschaft totaler gegenseitiger Selbsthingabe bilden. Gott, unser Schöpfer, hat gewollt, daß Mann und Frau aufeinander hin geschaffen sind und gleiche Würde besitzen, und das erleichtert und begünstigt diese Gemeinschaft. Darüber hinaus hat Christus als besondere Gnadenquelle das Sakrament der Ehe eingesetzt, in welchem der Heilige Geist über das Paar ausgegossen wird, damit er sein Licht und seine Weisheit sei und ihm die Kraft gebe, dem Ehegelübde das ganze Leben lang treu zu bleiben. Christliche Ehe ist darum durch ein besonderes Band der Einheit und Unauflöslichkeit gekennzeichnet, denn Christus gibt jedem Ehepaar die Gnade, alle Hindernisse für eine lebenslange und ausschließliche Einheit in der Liebe zu überwinden.

Aus diesem Grund sind Christen der Ansicht, daß eine monogame Eheverbindung die Grundlage für den Aufbau einer stabilen Familie in Übereinstimmung mit dem ursprünglichen Plan Gottes schafft. „Im Anfang" begründete Gott den Ehebund auf der gleichen Personenwürde von Männern und Frauen, „die sich in der Ehe einander mit einer Liebe hingeben, die total und darum einmalig und ausschließlich ist" (*Familiaris consortio*, Nr. 19). Daher muß jede Form von Mißachtung der gleichen Würde von Mann und Frau als ernster Widerspruch gegen die Wahrheit betrachtet werden, die Christus, der König des Friedens, in die Welt gebracht hat.

Gleichzeitig ist es wichtig, die positiven Praktiken und Werte anzuerkennen, die die Ehe und das Familienleben stärken und unterstützen. Darin eingeschlossen sind die gültigen traditionellen Werte und Bräuche der Swazi, die ihr ererbt habt. Es ist eine ständige Tradition der Kirche gewesen, aus den verschiedenen Kulturen alles zu übernehmen, was dazu beiträgt, die unergründlichen Reichtümer Christi besser auszudrücken. Eure Kultur kann die ganze Kirche in einem solchen Maße bereichern, daß sie mit menschlicher Weisheit erfüllt und durch sittliche Werte belebt wird (vgl. *Familiaris consortio*, Nr. 10).

7. Die Liebe Christi und die Wahrheit des Evangeliums drängen euch auch, denjenigen in euren Gemeinschaften zu helfen, deren Ehe und Familienleben gestört ist durch eheliche Untreue und Promiskuität, durch Rauschgift- und Alkoholmißbrauch und durch den unkontrollierten Gebrauch moderner Technologie in einer Weise, die nicht immer die Würde des menschlichen Lebens respektiert. Diese und andere soziale Mißstände sind keineswegs nur auf Swaziland beschränkt. Sie sind Symptome für das Fehlen der Versöhnung mit Gott und mit den Mitmenschen, die wir in der Welt von heute im individuellen Menschenherzen und in ganzen Gesellschaften finden.
Trotz dieser sozialen Übel und des Leides, das sie verursachen, gibt es für uns Christen niemals irgend einen Grund, uns von Entmutigung übermannen zu lassen; wir sollten eher übermannt sein von der Freude über die Treue Gottes, über die Gute Nachricht vom Sieg des Kreuzes, über die wunderbare Liebe unseres himmlischen Vaters. In diesem Zusammenhang erinnern wir an jene Großmütter, die angesichts zerbrochener Familien und verlassener Kinder liebevoll ihre Enkel großgezogen und sie in den christlichen Glauben und das sakramentale Leben eingeführt haben. Lernen wir die Kraft der Liebe von diesen guten Frauen, die so hochherzig für die Jugend, die Zukunft Swazilands, sorgen.

8. Liebe Brüder und Schwestern, die Suche nach Versöhnung und Frieden, die in euren Familien beginnt, muß sich auch auf eure Gemeinschaften, euer Land und die ganze menschliche Rasse ausdehnen. Der Friede ist das Geschenk Christi an uns (vgl. *Joh* 14,27), aber als Sünder müssen wir unaufhörlich nach Frieden suchen und um seine Bewahrung kämpfen. Mein Vorgänger Paul VI. machte auf einen wichtigen Aspekt dieser Suche aufmerksam, als er zu uns sagte: „Wenn du den Frieden willst, arbeite für die Gerechtigkeit" (*Botschaft zum Weltfriedenstag*, 1. Januar 1972).
Als Katholiken haben wir einen bedeutenden Beitrag zum Aufbau einer gerechteren Gesellschaft für unsere Mitbürger zu leisten. Der traditionelle Sinn der Gerechtigkeit, den eure Vorfahren euch überliefert haben, kann durch die christliche Offenbarung so bereichert werden, daß er ein neues und tieferes Engagement für die authentische menschliche Entwicklung aller bewirkt. In diesem Zusammenhang möchte ich euch die derzeit in Swaziland unternommenen Bemühungen empfehlen, die Harmonie unter den Rassen, die Religionsfreiheit, die soziale Wohlfahrt und eine gastfreundliche Aufnahme für Flüchtlinge zu gewährleisten. Es hat auch eine seit langer Zeit bestehende Offenheit für die Ansichten anderer Nationen gegeben. All das dient dazu, eine gerechtere und menschlichere Gesellschaft und eine friedlichere Welt voranzubringen.

9. Der apostolische Auftrag, Botschafter der Versöhnung zu sein, bedeutet für alle Christen die besondere Verpflichtung, nach Versöhnung untereinander zu suchen. Mit euch

allen begrüße ich die von ökumenischen Organisationen auf nationaler Ebene unternommenen Initiativen ebenso wie die mehr spontane Zusammenarbeit unter Christen im örtlichen Bereich. Echter ökumenischer Geist wird nicht die tatsächlichen Unterschiede in der Lehre außer Acht lassen, die unter den Christen bestehen, und sollte auch nicht zur Gleichgültigkeit gegenüber unserer katholischen Identität oder in der Glaubenspraxis führen. Aber wir können und sollten uns über jede Bemühung zur Förderung der Einheit der Christen freuen, besonders wenn wir für mehr Gerechtigkeit und Frieden zusammenarbeiten.

10. Meine Brüder und Schwestern! Der Engel Gabriel wurde von Gott zur Jungfrau Maria gesandt, um ihr die Erlösung der Welt anzukündigen: „Du wirst ein Kind empfangen, einen Sohn wirst du gebären: dem sollst du den Namen Jesus geben. Er wird groß sein und Sohn des Höchsten genannt werden ... und seine Herrschaft wird kein Ende haben" (*Lk* 1,31–33).

Ja, die Herrschaft Christi wird kein Ende haben, auch wenn die Mächte dieser Welt vergehen, auch wenn Himmel und Erde vergehen. Sein Wort wird nicht vergehen: Das Wort Christi wird für immer bestehen, weil es das Wort der Wahrheit und der Liebe ist, das Wort der Gerechtigkeit und der Gnade, das Wort der Versöhnung und des Friedens.

Was der Psalmist vorhersagte, ist damit erfüllt:

„Es begegnen einander Huld und Treue;
Gerechtigkeit und Friede küssen sich ...
Auch spendet der Herr dann Segen,
und unser Land gibt seinen Ertrag.
Gerechtigkeit geht vor ihm her,
und Heil folgt der Spur seiner Schritte"
(*Ps* 85,11–14).

Der Engel Gabriel verkündete: „Fürchte dich nicht, Maria; denn du hast bei Gott Gnade gefunden. Du wirst ein Kind empfangen, einen Sohn wirst du gebären: dem sollst du den Namen Jesus geben" (*Lk* 1,30–31): Jesus, einen Namen, der „Gott rettet" bedeutet, einen Namen, der „Erlöser" bedeutet.

11. Und sie, die wir hier in Swaziland als die Königin des Friedens verehren, antwortete mit den Worten: „Ich bin die Magd des Herrn; mir geschehe, wie du es gesagt hast" (*Lk* 1,38).

Die Königin des Friedens ist eine, die dienen will – die vor allem der Versöhnung und dem Frieden dienen will, die Christus, ihr Sohn, der Welt bringt. Sie – die Mutter des Königs des Friedens – wünscht vor allem, zu dienen und Fürbitte einzulegen, damit „unser Land seinen Ertrag gibt", die Frucht des Friedens mit Gott und unter allen Menschen.

Maria, die Königin des Friedens, wünscht vor allem zu dienen, weil „Gott dienen herrschen heißt". Amen.

Das Reich des Friedensfürsten erkennen

Weihegebet in Mdbabane (Swaziland) am 16. September

Maria, Mutter unseres Herrn Jesus Christus! Am Ende dieser Eucharistiefeier, bei der wir das Geheimnis der Verkündigung betrachtet und dich unter dem Titel „Königin des Friedens“ geehrt haben, wenden wir uns vertrauensvoll an dich.

Blick voll Liebe auf das zum Gebet versammelte Volk Gottes. Sieh, wie sie sich mit dir über die Frohe Botschaft deines Sohnes freuen. Du weißt, wie fest sie an das Evangelium glauben. Du weißt, wie tief ihre Liebe zu ihm ist. Mutter des Erlösers, sei immer bei ihnen, hilf ihnen auf ihrem Glaubensweg. In Gemeinschaft mit dem Leib Christi in der ganzen Welt versucht die Kirche in Swaziland der großen Aufgabe der Evangelisierung zu entsprechen: die Lehre der Kirche treu weiterzugeben, die Würde und Rechte jeder Person zu verteidigen und die Heiligste Dreifaltigkeit unablässig zu loben und zu preisen.

Liebste Mutter unseres Heilands, deiner liebevollen Sorge vertraue ich alle Glieder der Kirche dieses Landes an, ihre Bischöfe und Priester, ihre Ordensmänner und -frauen und alle Laien, die Christus in der Welt dienen. Ich vertraue sie dir mit großer Hoffnung an und bin gewiß, daß du sie lehrst, wie sie jeden Tag in der Erkenntnis und Liebe deines göttlichen Sohnes wachsen können.

Selige Jungfrau Maria, in besonderer Weise vertraue ich dir die Jugend dieses Landes an: die Kinder in ihrer Unschuld und Freude und die jungen Menschen, die jetzt ihre Lebenswahl treffen. Führe sie auf dem Weg der Wahrheit und Liebe in eine hoffnungsvolle Zukunft. Mögen ihre Sinne und Herzen, wie deine eigenen, von der Weisheit des Heiligen Geistes geführt werden.

Maria, Mutter des Erbarmens, dir vertraue ich die Kranken und Alten an und alle, die für sie Sorge tragen. Dein eigenes Herz wurde von Leid und Trauer durchbohrt, als du Zeugin des heilbringenden Leidens deines Sohnes warst. Hilf jenen, denen eine hochherzige Teilhabe am Kreuz Christi gegeben wird, auch an der Verheißung der Auferstehung teilzuhaben. Mögen die Familien von Swaziland in Christi Liebe vereint und ihre Wohnungen wie deine Wohnung in Nazaret sein, ein Ort des herzlichen Willkommens und der Liebe. Maria, Königin des Friedens, deiner zärtlichen Sorge vertraue ich alle geliebten Bewohner dieses Landes an. Ich stelle dir ihre Hoffnungen und Wünsche vor, besonders ihr Bemühen um Gerechtigkeit und Frieden. Als dein Sohn in Betlehem geboren wurde, sangen die Engel im Chor: „Verherrlicht ist Gott in der Höhe, und auf Erden ist Friede bei den Menschen seiner Gnade“ (*Lk* 2,14).

Ja, der Sohn Gottes, dein Sohn, kam, um Frieden zu bringen, Frieden zu den Männern und Frauen guten Willens, Frieden zu jeder Rasse und Nation, Frieden zu „den Menschen seiner Gnade“, den Frieden, der in Gerechtigkeit und Erbarmen gründet. Königin des Friedens, bitte bei deinem Sohn um das Geschenk des Friedens für die ganze Welt und um die Fülle des Friedens in den Herzen aller. Möge das Reich des Friedensfürsten hier in Swaziland immer fester erbaut werden. Amen.

Sorge um das materielle und geistige Wohlergehen aller

Ansprache an die Priester und Ordensleute in Manzini (Swaziland) am 16. September

Lieber Bischof Ndlovu, liebe Brüder und Schwestern!

1. Es ist für mich eine große Freude, euch alle im Namen unseres Herrn Jesus Christus zu begrüßen, der für uns sein Leben am Kreuz hingegeben hat und zu unserer Erlösung auferstanden ist. In seinem Namen kommen wir in dieser Kathedrale zusammen, um Gott zu loben und ihm für das Geschenk des Lebens und der Erlösung zu danken, das wir durch seinen Sohn empfangen haben.
Unser Herz freut sich über die „gute Botschaft", die wir vor wenigen Augenblicken gehört haben: Selig, die arm sind vor Gott, die keine Gewalt anwenden, die Barmherzigen, die ein reines Herz haben, die Frieden stiften. Selig, die Trauernden, die nach Gerechtigkeit streben, die verfolgt werden (vgl. *Mt* 5,1–22).
Wir sind voll Vertrauen und Hoffnung wegen dieser Worte, die Gottes eigener Sohn gesprochen hat. Die Seligkeiten proklamieren Gottes Liebe zu den Wehrlosen dieser Welt, zu denen, die von einigen als zweitklassige Mitglieder der menschlichen Familie oder als unfähig zu einem vollwertigen Leben betrachtet werden. Die Seligkeiten kündigen Gottes Liebe zu denen an, die allen Hindernissen zum Trotz am Evangelium festhalten.
Die Seligkeiten führen überdies die Welt in eine tiefere Weisheit ein, die auf dem Glauben aufgebaut ist. Sie sind untrennbar vom Kreuz. Wenn menschliche Bemühungen die Verwüstungen der Sünde nicht ungeschehen machen können, blicken wir im Glauben zu Gott auf um eine Antwort, und die Antwort ist der gekreuzigte Christus. Wie uns der heilige Paulus sagt. „Die Juden fordern Zeichen, die Griechen suchen Weisheit. Wir dagegen verkündigen Christus als den Gekreuzigten: für Juden ein empörendes Ärgernis, für Heiden eine Torheit, für die Berufenen aber, Juden wie Griechen, Christus, Gottes Kraft und Gottes Weisheit" (*1 Kor* 1,22–24).
Diese Botschaft gilt für alle Christen, doch ich weiß, daß sie für viele von euch heute in dieser Kathedrale eine besondere Bedeutung hat. Wer von den Kranken und Behinderten kann sagen, sein Herz sei nicht umgestaltet worden durch die Erfahrung des Kreuzes? Der Weg des Leidens, der Weg des Dienstes kann durch Gottes Gnade in eine von erlösender Liebe erfüllte Selbsthingabe verwandelt werden. Das ist der Weg der Seligkeiten; es ist der in Christus geoffenbarte Weg Gottes.

2. Liebe Brüder und Schwestern, die ihr krank oder behindert seid: Die Welt wird inspiriert, wenn ihr eure körperlichen Begrenztheiten überwindet, anstatt von ihnen überwältigt zu werden. Doch das Volk Gottes schätzt euch alle noch mehr, weil es in euch eine ungeheure Quelle spiritueller Kraft im Herzen der Menschheit erkennt. Gott versichert uns, daß seine Kraft sich am besten in menschlicher Schwachheit erweist (vgl. *2 Kor* 12,9). Ihr könnt ein gewaltiges Reservoir der Liebe zum Wohle all derer freisetzen, die in besonderer Weise Gottes Erbarmen und Hilfe brauchen. Ihr baut den Leib Christi in der Gemeinschaft der Heiligen auf, jenes geheimnisvolle Band, das Himmel und Erde und Reini-

gungsort (Fegefeuer) in dem einen Wunsch vereint, daß Gott „über allem und in allem“ sei (*2 Kor* 15,28).
Ihr habt auf besondere Weise Anteil am Erlösungswerk Christi. Er hat die Übel der Sünde, des Leidens und des Todes durch die Liebe besiegt, die er am Kreuz zeigte. Indem ihr in Liebe eure Leiden zu den seinen hinzufügt, helft ihr, die Welt spirituell von innen heraus zu verwandeln. Ihr schafft im Herzen der Menschheit eine breitere Öffnung für den Eintritt der erlösenden Liebe Gottes. Aus diesem Grunde schätzt euch die Kirche hoch und bittet um eure Gebete, wie ich es heute tue: Betet um mehr Verzeihen und Frieden in der Welt. Betet für die, die Gott suchen und sein Erbarmen brauchen. Betet für die Kirche.
Ich weiß, daß ihr – wie die übrige Menschheit – Augenblicke der Trauer und der Mutlosigkeit erlebt. Auch ihr müßt kämpfen, um Versuchungen zu überwinden, um euer Leben nach dem Evangelium zu gestalten und vor allem um im Glauben standhaft zu sein. Ihr dürft es euch selber nie gestatten, an Gottes Liebe oder an der Wahrheit seiner Verheißungen zu zweifeln. Ihr seid nicht vergessen. Ihr könnt euch trösten am Beispiel des heiligen Paulus, der mitten in seiner heldenmütigen Missionsarbeit schrieb: „Wenn auch unser äußerer Mensch aufgerieben wird, der innere wird Tag für Tag erneuert“ (*2 Kor* 4,16).

3. Ein besonderes Wort des Grußes und der Ermutigung möchte ich auch den heute hier anwesenden Priestern und Ordensleuten aus Swaziland wie auch denen, die aus anderen Ländern zu Besuch gekommen sind, entbieten. Zu den Serviten, die als erste die Saat des Evangeliums mit Geduld und Liebe in Swaziland ausgestreut haben, sind nun andere Ordensgemeinschaften hinzugekommen. Laßt uns heute nicht die Pioniere des Reiches Gottes in diesem Königreich Swaziland vergessen, diejenigen, die das Werk begonnen und die es weitergeführt haben, darunter natürlich die ersten Bischöfe von Manzini und der erste Swazi-Bischof, Mandlenkosi Zwane. Ich fühle mich ermutigt durch die wachsende Zahl von Swazi-Berufungen sowohl zum Diözesanpriestertum als auch zu den Scharen der Ordensmänner und -frauen. Für euch alle danken wir Gott! Auch ihr könnt euch in der Wahrheit der Seligpreisungen freuen, die in eurem Leben und eurem Dienst immer am Werk ist, so wie sie es die ganze Geschichte der Missionstätigkeit in Südafrika hindurch gewesen ist.
Wie Christus, der angesichts der vielen Menschen begann, sie den wahren Weg zum Glück zu lehren (vgl. *Mt* 5,1), erfüllt auch ihr Priester und Ordensleute eine prophetische Mission. Ihr ladet die Menschen ein, weltliche Denkweisen beiseite zu legen und das Reich Gottes zu suchen. Ihr ladet sie ein, ihren Glauben auf etwas Unsichtbares zu setzen. Die in den Seligpreisungen gesegnet genannt werden, kosten schon in diesem Land „die Güte des Herrn“, doch ihre vollkommene Rechtfertigung ist dem kommenden Reich vorbehalten.
Deswegen sagt uns der heilige Paulus, daß wir „als Glaubende, nicht als Schauende“ unseren Weg gehen (*2 Kor* 5,7). Und dies gilt für uns selbst ebenso wie für unser Volk. Als Priester und Ordensleute lernen wir Geduld und Demut aus unserer Arbeit. Wie die, „die arm sind vor Gott“, wissen wir, daß ohne Gott unser Bemühen vergebens ist. Indem wir auf seine Hilfe vertrauen, können wir in der Erfüllung des apostolischen Auftrags aushar-

ren: „Verkünde das Wort, tritt dafür ein, ob man es hören will oder nicht; weise zurecht, tadle, ermahne, in unermüdlicher und geduldiger Belehrung" (*2 Tim* 4,2).

4. Unsere Glaubenserfahrung lehrt uns alle – Priester, Ordensleute und Laien – wie abhängig wir von Gott sind, doch die Lektion ist damit nicht zu Ende. Wenn uns der Glaube die feste Überzeugung gibt, daß „wir nicht vergessen sind", so lehrt er uns auch, daß wir unsererseits die anderen nicht vergessen dürfen, ganz besonders die Bedürftigen. Wir könnten versucht sein, nur den Großen der Erde Respekt zu zeigen, unsere Liebe denen vorzubehalten, die unsere Familie und unsere Freunde sind. Aber Christus lehrt uns, daß wir das, was wir an Gutem oder Bösem dem oder der geringsten unserer Brüder und Schwestern tun, daß wir es ihm tun (vgl. *Mt* 25,40).
Sicherlich muß unsere Liebe, wie die Liebe Gottes, die menschliche Person in jeder ihrer Dimensionen umfassen. Unsere Sorge gilt dem materiellen und dem spirituellen Wohlergehen jedes Mitglieds der menschlichen Familie. Die spirituell Bedürftigen schließen jene ein, die das Evangelium noch nicht gehört haben oder die, nachdem sie es gehört haben, von der Ausübung ihres Glaubens abgefallen sind, diejenigen, die Katechese oder moralische Ermutigung und Führung brauchen, besonders junge Menschen und Ehepaare. Christliche Liebe umfaßt gleicherweise alle in körperlicher oder materieller Not: die Kranken und die Behinderten, die Armen und die Arbeitslosen, die Obdachlosen und die Hungrigen, die Unterdrückten, die Verfolgten und die Eingekerkerten.
Dazu gehört auch die ernste Lage der Flüchtlinge. Wie ich in meiner kürzlich veröffentlichten Enzyklika über soziale Fragen schrieb, ist das Flüchtlingsproblem eine „eiternde Wunde", die Millionen von Menschen „Heim, Arbeit, Familie und Vaterland" raubt und die „typisch und bezeichnend ist für die Ungleichgewichte und Konflikte der heutigen Welt" (*Sollicitudo rei socialis*, Nr. 24). Ich weiß, daß in Swaziland die Kirche ebenso wie die staatlichen Behörden und die Nicht-Regierungs- und die internationalen Organisationen hart gearbeitet haben, um den Bedürfnissen der Flüchtlinge zu entsprechen. Regierung und Volk von Swaziland müssen gelobt werden für die Gastfreundschaft und Freundlichkeit, die sie diesen Menschen erwiesen haben, und für alles, was für ihre Wiederansiedlung getan wird – trotz der beschränkten Ressourcen und des Problems der Arbeitslosigkeit. Dieses nationale Verhalten ist ein Tribut zum Gedenken an euren verstorbenen und verehrten König Sobhuza II., der es begann, und an euren Regierenden Monarchen, König Mswati III., der dem Beispiel seines Vaters folgte.

5. Liebe Brüder und Schwestern, wir haben über die Seligpreisungen und ihre Verheißung künftiger Rechtfertigung für die Armen und Niedrigen nachgedacht. Wir haben das Kreuz Christi betrachtet und seine Macht, der Welt Heilung und Erlösung zu bringen. Es ist nur passend, daß wir das in dieser Kathedrale getan haben, die zu Ehren der Aufnahme Marias mit Leib und Seele in die Glorie des Himmels ihren Namen trägt.
Als niedrige „Magd des Herrn" (vgl. *Lk* 1,38) war die Jungfrau von Nazaret ein Vorbild aller der Seligpreisungen. Als „Schmerzensreiche Mutter" hatte sie auf die einzigartige Weise am erlösenden Tod ihres Sohnes am Kreuz Anteil. Von ihrem Platz am Himmel aus bezeugt sie nun die Erfüllung aller Verheißungen Gottes: „Selig preisen mich alle Geschlechter, denn der Mächtige hat Großes an mit getan" (*Lk* 1,48–49).

Als Pilger, die noch „als Glaubende, nicht als Schauende“ auf dem Weg sind, wollen wir uns um Hoffnung und Trost an die Mutter Gottes wenden. Laßt uns unsere Freuden und Sorgen mit ihren vereinigen. Sie wird uns die Bedeutung der Seligpreisungen lehren. Sie wird uns in das Geheimnis der Erlösung einführen – in das Geheimnis der erlösenden Liebe.

Nein zur Gewalt und Ja zum Frieden

Ansprache an den Präsidenten der Republik Mosambik und die übrigen Repräsentanten von Staat und Regierung am 16. September

1. Zunächst möchte ich für die herzlichen und freundlichen Begrüßungsworte danken, die der Herr Präsident soeben an mich gerichtet hat – in seinem Namen sowie im Namen der Regierung und des mosambikanischen Volkes. Danken möchte ich auch dafür, daß Eure Exzellenz und die höchsten Repräsentanten der Nation bei meiner Ankunft auf dem Flughafen anwesend waren. Mit großer Freude komme ich nach Mosambik und besuche dieses Volk, dessen Gastfreundschaft und Herzlichkeit mir schon bekannt waren und jetzt schon offenkundig sind.

In Ihrer Person, Exzellenz, möchte ich von Herzen alle Menschen in Mosambik begrüßen, von Rovuma bis Maputo, insbesondere die Ärmsten und diejenigen, die am meisten an Leib und Seele leiden.

Meine Anwesenheit hier, Herr Präsident, geht zurück auf die liebenswürdige Einladung Eurer Exzellenz und meiner Mitbrüder im Bischofsamt. Ich möchte mich ganz einfach, aber aufrichtig bedanken mit einem „Muitoobrigato! Muitoobrigado a todos!“ („Vielen Dank! Vielen Dank Ihnen allen!“)

2. Ich komme zu euch als Bischof von Rom, als Stellvertreter des Friedensfürsten, Jesus Christus, für den jeder Mensch ein Bruder ist und geliebt, geachtet und unterstützt werden muß. Es ist folglich ein Pastoralbesuch, wie ich ihn bei vielen anderen Völkern gemacht habe, die ich mit und in der Liebe Christi liebe.

Meine Worte und Ansprachen werden sich in erster Linie an die Gläubigen der katholischen Kirche richten, um sie zu stärken und anzuspornen im bewußten Bemühen, als Kinder Gottes zu leben und sich in dieser Gesellschaft zu engagieren. Meine Worte richten sich aber auch an alle Menschen in Mosambik – ohne Unterschied –, um für sie die Botschaft zu wiederholen: Es gibt die Liebe; keiner kann richtig leben ohne Liebe; die Gesellschaft im Zeichen der Liebe ist möglich.

Reich an ihrer Erfahrung in Menschlichkeit sieht die Kirche im Menschen ihren Weg. Und im Namen und in der Treue zu Christus, dem Erlöser, will sie zur ganzheitlichen und echten Entwicklung desselben Menschen ihren Beitrag leisten, auch hier in Mosambik, wie sie es in allen Ländern der Welt getan hat, augenblicklich tut und weiterhin tun wird. Und dieser Beitrag ist zum Nutzen aller und jedes einzelnen, weil die Kirche jeden Menschen als einen Wert betrachtet und jede Gemeinschaft als lebendigen Organismus wie einen Leib; und beide müssen frei sein, niemals unterdrückt. Dieselbe Kirche schöpft die Begründung und die Beharrlichkeit dazu aus der Gottesebenbildlichkeit des Menschen und aus seiner Berufung zur Unsterblichkeit (vgl. *Sollicitudo rei socialis*, Nr. 29).

3. Ich weiß, Herr Präsident, daß in Ihrer Heimat Mosambik der Krieg fortdauert mit allen Konsequenzen von Leid, Trauer und Verheerung; darüber haben Sie, Exzellenz, mich bei Ihrem Besuch im Vatikan im April vergangenen Jahres unterrichtet wie auch mein Sondergesandter im August desselben Jahres – auch von Ihrem bekannten und unvergeßlichen Vorgänger, Präsident Samora Machel, war ich darüber schon informiert worden. Viele Männer, Frauen und Kinder leiden, weil sie kein Haus haben, in dem sie wohnen können, keine ausreichende Nahrung, keine Schulen zum Lernen, keine Krankenhäuser zur Gesundheitspflege, keine Kirchen, in denen man zum Gebet zusammenkommen kann, und keine Felder, auf denen man die Arbeitskraft einsetzen kann. Viele Tausende von Personen sind auf der Suche nach Sicherheit und Mitteln zum Überleben zum Ortswechsel gezwungen; andere flüchten in die Nachbarländer. Im Hinblick auf diese bedauerlichen Zustände habe ich, so oft sich Gelegenheit bot, wiederholt: „Nein zur Gewalt und Ja zum Frieden!" Und die Maßnahmen meiner Mitbrüder, der Bischöfe von Mosambik, zugunsten des Friedens konnten immer auf meine Unterstützung zählen.
An dieser Stelle möchte ich meinem Wunsch Ausdruck verleihen, daß das tief menschliche Empfinden, ein Wert, der die afrikanischen Völker auszeichnet, alle Beteiligten im Interesse der Menschen zu einer Einigung kommen lassen möge, so daß die schweren aktuellen Probleme sich auf friedliche Weise lösen lassen.

4. Die besonderen Werte des mosambikanischen Volkes umfassen als bezeichnenden Charakterzug die Hochschätzung der geistigen Dimension des Menschen als Person. Die katholische Kirche wie auch die anderen religiösen Bekenntnisse begegnen in den Menschen Mosambiks einer großen und tiefen Offenheit für das Transzendente, einem vitalen Bedürfnis, zu glauben, und der Fähigkeit, sein moralisches Verhalten und sein Leben an universalen ethischen Werten auszurichten. Dies ist ein Zug, den sie in harten Prüfungen behauptet haben. Es wurde mir berichtet, daß viele Christen – stark verwurzelt in ihrem Glauben – eindeutige Beweise der Festigkeit in ihrem Glauben und der Hingabe an das Gemeinwohl gegeben haben; und daß eine große Zahl von anderen, Männern und Frauen – im Gehorsam gegenüber der Stimme ihres Gewissens und treu ihrem Glauben wirkliches Heldentum bewiesen haben in der Redlichkeit ihres Lebens und in brüderlicher Solidarität.

5. Die Geschichte Mosambiks – soweit bekannt – ist zuinnerst verbunden mit der Kirche. Wenn auch mit Begrenztheiten, wollte und und will die Kirche ihren Beitrag dazu leisten, diese Geschichte mitzugestalten. Auf Grund ihres Wesens achtet sie die Institutionen und die staatliche Ordnung (vgl. *1 Petr* 2,13). Sie hat nicht den Wunsch, die irdischen Angelegenheiten zu besorgen und erhebt auch nicht den Anspruch, eine bestimmte Politik zu vertreten. Ihr spezifischer Beitrag ist immer der, die geistlichen und moralischen Grundlagen der Gesellschaft zu stärken: dies ist ein Dienst, der darauf gerichtet ist, be-

wußt zu machen und zu bilden, aufzuklären und hinzuweisen auf die ethischen Gebote und, wenn es nötig ist, die Abweichungen und Verstöße gegen die Würde des Menschen aufzudecken.

6. Aber die Sendung der Kirche wird nicht begrenzt und kann auch nicht beschränkt werden auf ein menschliches Vorhaben für Wohlergehen und irdisches Glück. Es ist ihre spezifische und vorrangige Aufgabe, das Evangelium zu verkünden: ein Bemühen um Befreiung von der Sünde unter allen ihren Erscheinungsformen, individuell und kollektiv, für die Gemeinschaft mit Gott in Jesus Christus. Sie erkennt es als ihre Pflicht, die legitimen Wünsche nach Frieden und Gerechtigkeit zu unterstützen; Zeichen der Versöhnung und Liebe gegen alle Formen des Hasses zu sein; in ihrem Bereich als Gemeinschaft zu handeln, förderndes Ferment gegen alle Formen von Trennung und Spaltung zu sein; eine Gesellschaft im Zeichen der Liebe zu fördern. Dieser Zivilisation der Liebe ist jede Diskriminierung fremd, die sich bewußt auf politische, philosophische oder religiöse Überzeugungen gründet, auf die unterschiedlichen Vermögens- und Machtverhältnisse, auf die Hautfarbe oder auf Rasse. Ihr Gesetz heißt lieben, wie Christus geliebt hat, und sie bemüht sich um die Befolgung dieses Gesetzes in der Gewißheit, daß nur die Liebe aufbaut. Diese Stellung der Kirche gestattet es ihr nicht, sich der Wirklichkeit, die sie umgibt, zu entfremden. Nichts, was menschlich ist, kann ihr fremd sein. Sie legt jedoch kein politisches, ökonomisches oder soziales Modell vor und nicht einmal einen „dritten Weg“ zwischen gegensätzlichen Systemen, von denen keines so beschaffen ist, daß es vollständig der Personenwürde des Menschen oder dem Wesen und der Kultur eines Volkes entspricht (vgl. *Sollicitudo rei socialis*, Nr. 4). Das bewirkt, daß sie sich in keiner Hinsicht als außenstehend betrachtet; dementsprechend ist sie es auch nicht für das mir so liebe Volk von Mosambik.

7. Die Existenz und die Tätigkeit der Kirche in einer bestimmten Gesellschaft sind niemals eine Mitarbeit oder ein Mitwirken, das „von draußen“ stammt. Die Kirche bemüht sich dagegen, „von innen“ die Beteiligung des Menschen selbst und seiner Kräfte in gemeinsamen Vorhaben bei der Suche nach dem Gemeinwohl zu fördern. Auch wenn andere Hilfsquellen die unzureichenden Kräfte der Ortskirche stärken – mit Menschen und Sachmitteln – ist es immer eine Tätigkeit, die von den Ortskirchen selbst ausgeht, und niemals eine Überlagerung oder ein Ersatz. Die Kirche in Mosambik braucht noch Priester und Ordensleute aus anderen Ländern, die hierher kommen, um die geringe Zahl von Mosambikanern zu verstärken, die sich total den spezifischen Aufgaben der Evangelisierung widmen. Es besteht auch noch weiterhin die Notwendigkeit zu materieller Hilfe von den Christen aus anderen Nationen, um Maßnahmen durchzuführen, die Förderung, Entwicklung und Mitwirkung in dem zur Folge haben, was die katholischen Gemeinden allein noch nicht zum Gemeinwohl leisten können.
Aber es ist immer dieselbe und einzige Kirche, die vor Ort wirkt. Hier wie überall ist die Kirche in der Gesellschaft durch ihre Organisationen präsent, aber ganz besonders durch ihre Gläubigen. Diese engagieren sich im gesellschaftlichen Leben – inspiriert von Grundsätzen des Glaubens und der christlichen Liebe – und setzen sich mit dem eigenen

Leben für den Aufbau der Gesellschaft ein. So ist also die Verantwortung der Christen groß – und hier denke ich an die katholischen Laien, Männer und Frauen –, das moralische Niveau und das gesellschaftliche Leben der Mitbürger zu festigen und zu verbessern. Sie sind mit ihrem Beispiel und mit ihrem Tun effektiv die Träger der Kraft des Evangeliums, die dazu bestimmt ist, „die Urteilskriterien, die bestimmenden Werte, die Interessenpunkte, die Denkgewohnheiten, die Quellen der Inspiration und die Lebensmodelle" der Menschheit zu durchdringen, die vielleicht im Gegensatz stehen zum wahren Wohl des Menschen und zum Heilsplan Gottes (vgl. *Evangelii nuntiandi*, Nr. 19).

8. Aber es gibt auch Menschen, die sich ganz dem Dienst der Kirche widmen: die Priester, die Ordensleute und andere geweihte Personen; diese möchten den Erfordernissen der konkreten Situation entsprechen, wie der, die man zur Zeit in Mosambik durchlebt, im Wissen darum, daß zwischen der Evangelisierung und der Förderung des Menschen, zwischen der richtig verstandenen Befreiung und der Entwicklung tiefe Beziehungen bestehen – nicht nur theologischer, sondern auch anthropologischer Art.
In der Tat – der Mensch, der evangelisiert werden und im Sinne der Entwicklung Hilfe erhalten soll, ist kein abstraktes Wesen: er ist ein konkreter Mensch. Und wie könnte man diesem Menschen das „neue Gebot" bezeugen und verkünden, ohne auf den Wegen des Friedens und der Gerechtigkeit seinen wahren Fortschritt zu fördern (vgl. *Evangelii nuntiandi*, Nr. 31).
Im Hinblick darauf sind zur Hilfe bereit sowohl diejenigen, die aus ihren Heimatländern gekommen sind, „alles verlassend" was ihnen am liebsten war (vgl. *Mk* 10,28), um sich diesem Volk zu schenken, wie auch diejenigen, die – in ständig steigender Zahl – unter den Mosambikanern bereit sind, sich Gott und dem Dienst an den Brüdern und Schwestern zu weihen: nicht nur im Gesundheitsbereich, im Erziehungswesen, in der Kinder- und Altenfürsorge, der Förderung der Frau und der Hilfe für die, die leiden; sondern auch auf der Ebene der menschlichen und kulturellen Förderung und Bekräftigung der ethischen Werte unter Übernahme dessen, was im Erbe der einheimischen Kultur wirksam ist. Die Ordensleute und Missionare brauchen Freiräume für ihre so hochherzige Arbeit mit allen und für das Wohl aller.

9. An dieser Stelle möchte ich meiner Genugtuung Ausdruck geben, daß es zwischen den staatlichen Behörden und den Repräsentanten der katholischen Kirche einen Dialog gibt, der ausgeweitet und vertieft wurde; das ist schon ein ermutigendes und hoffnungsvolles Zeichen gemeinsamen Bemühens in der Absicht, allen zu helfen, die physisch oder moralisch in schwieriger Lage sind. Dieser Dialog – dessen bin ich sicher – wird es gestatten, den legitimen Wünschen und Erwartungen der Mosambikaner in einem gewissen Maße zu entsprechen. Im übrigen sind der Friede, die Förderung der Rechte und die Entwicklung der Werte des Menschen als Person die Ziele, die alle – Gläubige und Menschen guten Willens – aufgerufen sind anzustreben, mit einer Teilnahme, die Übereinstimmung anstrebt, Unterschiede respektiert und so brüderlich wie möglich ist. Es ist dringend notwendig, daß alle vor allem anderen sich um die Sache des Menschen annehmen und den Weg der Nächstenliebe gehen und der Achtung all dessen, was dies in mate-

rieller wie geistiger Hinsicht einschließt. Danach sehnen sich die, die leiden; aber es wird allen zugute kommen, daß das Leiden ein Ende hat, das Leiden der heimatlosen Kinder, das Umherirren der Frauen ohne Heim, die Einsamkeit der alten Leute ohne Kinder, die sie am Ende ihres Lebens unterstützen. Es ist also an der Zeit, daß die Spaltungen, die Gefühlskälte und die Lieblosigkeit im Herzen der Menschen aufhören, damit die Spirale der Gewalt unterbrochen wird und die Werkzeuge von Krieg und Tod in Werkzeuge des Friedens und des Lebens verwandelt werden.

10. Die Geschichte ist nicht ein bloßes Ergebnis von Verhängnis und Unglück; sie ist auch das Resultat menschlicher Vorkehrungen. Die Geschichte dieser Zeit wird geprägt bleiben durch das, was wir – Kirche, politische Institutionen, religiöse Kräfte, gesellschaftliche Kräfte und internationale Gemeinschaft – tun oder nicht tun für den Frieden und für die Entwicklung in Mosambik. Heute ist die Kirche – hier wie überall – bereit, auf die Herausforderungen von heute zu antworten und mit all denen zusammenzusarbeiten, die sich entscheiden für die Wege des Friedens, dessen neuer Name Entwicklung heißt, nicht nur wirtschaftlich, sondern auch sozial gesellschaftlich, kulturell und geistig. Der Mensch und die Gesellschaft begnügen sich nicht damit, wenn der Leib ernährt wird; sie brauchen auch Nahrung für die Seele; und das ist viel anspruchsvoller, als man sich vorstellen kann, denn es setzt den Takt der Liebe und den Respekt vor dem anderen voraus. Es ist also folglich eine Botschaft der Hoffnung und zur gleichen Zeit eine Ermahnung, die ich an dieser Stelle dem ganzen Volk von Mosambik hinterlasse, indem ich mich an Sie, Exzellenz, Herr Präsident, wende und an ihre unmittelbaren Mitarbeiter; ihnen stellt sich eine ebenso schwierige wie bedeutende und schöne Aufgabe. Es sind außerdem die Wünsche eines „homo religiosus", eines Dieners Jesu Christi, der als Freund gekommen ist, euch zu begegnen: Es sind Wünsche für Frieden, Fortschritt und Glück!
In dieser Einstellung flehe ich zum Allmächtigen, daß er mich bei meinem Dienst in eurer Mitte mit seinem Segen begleite; daß er jedem Menschen in Mosambik beistehe in seiner Not und Mosambik segne.
Hosi Katekisa Mocambique!

Den Geist der Gerechtigkeit und des Friedens entfalten

Predigt bei der Messe in Beira (Mosambik) am 17. September

„Die Völker sollen dir danken, o Gott, danken sollen dir die Völker alle" (*Ps* 67,6).

1. Wir wiederholen heute diese Worte des Psalmisten auf mosambikischer Erde. Ich wiederhole sie hier zusammen mit euch, liebe Brüder und Schwestern, Söhne und Töchter des Volkes, das dieses gastfreundliche und hoffnungsvolle Land bewohnt: hier, in Beira, dem Zentrum der Ausbreitung des Christentums in eurem Land.
„Die Völker sollen dir danken, o Gott", für die Gnade, daß ich mit der Kirche zusammentreffen kann, die hier lebt – auch sie die eine, aus allen Nationen zusammengerufene

Herde, die als Pilgerin in der Hoffnung das Evangelium des Friedens anbietet (vgl. *Unitatis redintegratio*, Nr. 2); auch sie ist bemüht, all das Wahre, Gute und Schöne in dieser Gemeinschaft von Menschen zu fördern und zu erheben (vgl. *Gaudium et spes*, Nr. 76).
Mit Liebe grüße ich die hier versammelte Kirche im Namen des Herrn. Und in den Anwesenden – Priestern wie Gläubigen – grüße ich die ganze Kirche von Mosambik. Ich grüße im besonderen den Oberhirten dieser Erzdiözese, Dom Jaime Pedro Gonçalves und seinen Weihbischof sowie die übrigen Bischöfe, besonders die der Suffraganbistümer Quelimane und Tete, die Priester, die Ordensmänner und Ordensfrauen, die geweihten Personen, den Priester- und Ordensnachwuchs, die Katechisten und die Gemeindevorsteher und alle anwesenden Gläubigen.
Gleichzeitig grüße ich diese junge Nation; ich beglückwünsche sie zu ihrer Unabhängigkeit; ich grüße die ganze Bevölkerung mit den für ihre Zukunft Verantwortlichen. Ich möchte die Verdienste derer anerkennen, die hierher gekommen sind, um unter Opfern diese nationale Gemeinschaft aufzubauen; und ich möchte den vielen Missionaren Ehre erweisen, die in ganz Mosambik hart für den Aufbau dieser lebendigen Kirche gearbeitet haben und arbeiten.

2. Es ist für mich Anlaß zu großer Freude, heute hier zu sein, um in dieser Eucharistie die Gnade der Evangelisierung zu feiern und zugleich den Petrusdienst in eurem Lande zu leisten. Ich komme als Pilger des Evangeliums und als Missionar, ausgesandt vom Vater und von Jesus Christus. In dieser missionarischen Kirche bin ich mir bewußt, kraft des päpstlichen Dienstamtes, das ein geheimnisvoller Plan Gottes mir anvertraut hat, der Erstverantwortliche für die Verkündigung des Evangeliums zu sein. Deswegen – komme ich als Oberhirte der Weltkirche im Gehorsam gegenüber dem Guten Hirten, um die Schafe seiner Herde „kennenzulernen“ und zu „weiden“ und um ihnen die Gelegenheit zu geben, „Petrus zu sehen“ in der Person seines demütigen Nachfolgers als Bischof von Rom, der hier den Auftrag erfüllt, „die Brüder zu stärken“; – komme ich als Stellvertreter Christi, um das Reich Gottes zu verkünden und mit dem Wunsch, all seinen Segen und seinen Frieden zu bringen.

3. Ich komme also im Namen Jesu Christi nach Mosambik – und heute nach Beira. Er versicherte, nachdem er seinen Messiasauftrag auf Erden erfüllt hatte: „Mir ist alle Macht gegeben im Himmel und auf der Erde“; und er gab seinen Aposteln diesen Auftrag: „Darum geht zu allen Völkern, und macht alle Menschen zu meinen Jüngern; tauft sie auf den Namen des Vaters, des Sohnes und des Heiligen Geistes, und lehrt sie, alles zu befolgen, was ich euch geboten habe“ (*Mt* 28,18–20).
Die Apostel gehorchten sofort. Seit damals sind in Erfüllung dieses Auftrages des Herrn Jesus viele Missionare über die Wege der ganzen Welt gegangen. Und es kam die Zeit, da begann man den Befehl des Erlösers des Menschen auch unter den Völkern auszuführen, die den afrikanischen Kontinent längs der Küste des Indischen Ozeans bewohnten. Und es begann hier die Kirche zu wachsen, die aus dem Ostergeheimnis geboren ist und die sich kraft der von Jesus Christus, dem ersten Evangelisator, oder anders: dem „Evangelium Gottes“, gegebenen Sendung ausbreitet.

4. Die Geschichte berichtet uns, daß am Ende des 15. Jahrhunderts mit den Karavellen der portugiesischen Seefahrer, die die Insel Mosambik anliefen, einige Missionspriester kamen, die das Evangelium als Gepäck und das Kreuz als Kennzeichen mitbrachten. Unter diesen verzeichnet die Geschichte auch den Namen des heiligen Franz Xavier, der nach einigen Monaten Aufenthalt auf der Insel Mosambik seine Reise nach Indien fortsetzte. In der Folgezeit kamen neue Missionare aus dem Dominikanerorden und aus der Gesellschaft Jesu, die hier mit der Evangelisierungsarbeit begannen.
Nach dieser Pionierarbeit stießen andere Ordensfamilien zu den ersten, die hier „das Wort eingeschärft und Kirchen gezeugt hatten“ (hl. Augustinus, *Enarrat. in Ps* 44,43; *CCL* 38,510): von den Augustinern bis zu den Brüdern des heiligen Johannes von Gott, von den Franziskanern bis zu den Cernache-Patres, den Steyler Missionaren und den Monfortianern, ohne die Jüngsten zu erwähnen.
Bei ihrer Evangelisierungsarbeit unterließen sie es nicht, auch zur sozialen und kulturellen Förderung der Völker dieses Territoriums, die heute die mosambikische Nation bilden, beizutragen. Gehorsam den Worten des Meisters – „wer glaubt und sich taufen läßt, wird gerettet“ (*Mk* 16,16) – leisteten die Missionare umfassende und verdienstvolle Arbeit trotz der Beschränkungen durch die Bedingungen der verschiedenen Epochen. Das beweist eure Anwesenheit hier an diesem Tag.

5. Bekannt sind die nicht leichten Bedingungen, in denen in der Gegenwart hier der Weg des Evangeliums verläuft, und die Behinderungen für die Dynamik des Gottesreiches bei der vollen Verwirklichung des Auftrags, „Jünger zu machen“ und sie zu lehren, „alles“ zu befolgen, was der Herr geboten hat. Und das kommt kaum von den Fehlern der Vergangenheit, sondern aus einer Gesamtsituation der Suche nach neuen Wegen in dieser jungen Nation.
Das Bild, das die bei euch lebenden Missionare häufig zeichnen, ist nicht ohne Schatten. Das liegt an der vorherrschenden Situation der Unsicherheit infolge der Gewalt, die – wie immer – Gewalt, Angst und Tod hervorbringt und die Räume der Freiheit einschränkt. Diese Situation verdüstert sich noch mehr, wenn man sieht, wie wie sich die Menschen als einzelne und als Kollektiv immer mehr gegenüber der Transzendenz, gegenüber Gott verschließen, und diese Haltung sich in die Gesellschaft hinein ausbreitet. Ich möchte jedoch nicht unterlassen, hier die Bemühungen anzuerkennen, die man in diesem Moment zur Überwindung dieser Schwierigkeiten unternimmt.
Eine Gesellschaft – das wissen wir – hängt vom Typus der Menschen ab, aus denen sie sich zusammensetzt; und ihre authentische und ganzheitliche Entwicklung kann nicht über die Realität und die Berufung des Menschen, über die fundamentale Gleichheit der Personen mit allen ihren Rechten und Pflichten hinwegsehen. Und wenn sie darüber hinwegsieht, wird das auch Rückwirkungen auf die Familie, auf die Schule, auf die legitimen intermediären Gruppierungen und letztlich auf die Gesellschaft als solche haben.
In der Tat: Wenn Einzelmenschen und Gemeinschaften nicht die moralischen, geistigen und kulturellen Erfordernisse gewissenhaft respektiert sehen, die auf die Würde der Person und auf die Identität einer jeden Gemeinschaft gründen, dann werden sich alle übrigen Güter als ungenügend erweisen. Das bestätigt schließlich der Herr selbst im Hinblick

auf die Rangfolge der Werte: „Was nützt es einem Menschen, wenn er die ganze Welt gewinnt, dabei aber seine Seele verliert?“ (*Mt* 16,26; vgl. *Sollicitudo rei socialis*, Nr. 29–33).

6. Ungeachtet der angetroffenen Schwierigkeiten schreitet die Kirche Christi, die gerufen ist, auf dem Wege zu folgen, den er bei der Verwirklichung seines Erlösungswerkes in Armut und Verfolgung vorausgegangen ist, weiter voran. Sie findet dafür Kräfte in der Macht des auferstandenen Herrn (vgl. *Lumen gentium*, Nr. 8). Hören wir noch einmal die Worte des Psalms und wiederholen wir die inständige Bitte: „Gott sei uns gnädig ... er lasse über uns sein Angesicht leuchten“ (*Ps* 67,2).
Dieses „Leuchten des Angesichtes Gottes“ strahlt unter den Menschen, wenn sich das gesellschaftliche Leben dem Geist der Gerechtigkeit und des Friedens entsprechend entfaltet. Wahrheit und Gerechtigkeit verbinden den Himmel und die Erde in vollkommener Harmonie seit dem Augenblick, in dem „die Erde den Gerechten hervorbrachte“: Jesus Christus, der unser Friede ist. Er ist die „Frucht“ einer Erde, die durch den Heiligen Geist wieder fruchtbar geworden ist; er wurde Mensch und vollbrachte unsere Erlösung, die sich öffnet in Richtung auf eine Vollendung der Erde der Menschen und damit unsere Hoffnung weckt und trägt. Deswegen fährt das Gebet des Psalmisten fort: „Die Nationen sollen sich freuen und jubeln. Denn du richtest den Erdkreis gerecht. Du richtest die Völker nach Recht und regierst die Nationen auf Erden“ (*Ps* 67,5).

7. Die gute Nachricht vom Gottesreich zu predigen, „das kommt und das schon begonnen hat“, ist „bis ans Ende der Welt“ der fortdauernde Auftrag der Kirche als Gemeinschaft der Hoffnung und der brüderlichen Liebe: „Damit auf Erden sein Weg erkannt wird und unter allen Völkern sein Heil“ (*Ps* 67,3). Auch in diesem Land und in diesem Volk von Mosambik.
Evangelium predigen, das „bedeutet vor allem, Zeugnis zu geben von Gott, der durch Jesus Christus im Heiligen Geist geoffenbart ist“ (*Evangelii nuntiandi*, Nr. 26); heißt bezeugen, daß „Gott die Welt so sehr geliebt hat, daß er seinen einzigen Sohn hingab“ (*Joh* 3,16); daß Gott der Vater ist, reich an Erbarmen, der den Menschen beständig die Möglichkeit anbietet, in den Bereich der Erlösung einzutreten und in ihm zu leben. Evangelium predigen, das ist auch, sich zu engagieren, damit die Vaterunser-Bitte Wirklichkeit werde: „Dein Reich komme“.
In dieses Reich tritt man ein durch die Taufgnade: „Tauft sie auf den Namen des Vaters und des Sohnes und des Heiligen Geistes“ (*Mt* 28,19); und in ihm bleibt man und lebt man durch das ständige Bemühen um Bekehrung und die Zuflucht zum sakramentalen Leben, um „alles befolgen“ zu können, was der Erlöser uns geboten hat und wollte, daß uns gelehrt werde von dem Augenblick an, da wir in der Taufe von der Kirche das Geschenk des Glaubens für das ewige Leben erbitten.

8. Die Erlösung steht als prophetische Verkündigung des Jenseits und als tiefste Berufung des Menschen zugleich in Verbindung und in Distanz zu ihrer gegenwärtigen historischen Situation auf dem Schauplatz dieser Welt, die vergeht (vgl. *1 Kor* 7,3). Aber sie

muß den Menschen, seine Werte, sein gesellschaftliches Zusammenleben und sein Bewußtsein von sich selbst prägen. In Christus und durch Christus wurde der „neue Mensch“ geboren mit jener Neuheit der „Gerechtigkeit“ und „Heiligkeit“, die ihm durch das Ostergeheimnis zuteil geworden sind. Und mit solchen „neuen Menschen“ müssen die neuen Gesellschaften entstehen.
Aber damit die Heilsbotschaft, das Evangelium tatsächlich Einfluß ausübt auf das Leben des Menschen in Mosambik, ist es notwendig, daß er sie versteht und sie als ein Gut an sich, als einen Wert sieht, der ihm Bereicherung bringt. Es stellt sich das Problem der Inkulturation.

9. Das ist eine wichtige und heikle Aufgabe, die Unterscheidungsvermögen, Ernst, Sachkunde und Respekt erfordert, um die ganze Botschaft des Evangeliums ohne Verrat an seiner wesentlichen Wahrheit in eine „Ausdrucksweise“ umzusetzen, die zur „Sprache“ dieses mosambikischen Menschen in seinem „Zwiegespräch“ mit Gott und mit den Brüdern werden kann. Ich möchte hier ein zweifaches Vertrauen aussprechen:

– auf Gott, dessen Wort Mensch geworden ist in Jesus Christus: „Das Wort ist Fleisch geworden und hat unter uns gewohnt“ (*Joh* 1,14). Indem er so die Dimensionen unserer Geschichte und das Antlitz unserer Welt annahm, legte er „unsere“ Kultur an und nahm die Last unserer Situationen auf sich. Er nahm Anteil und ließ sich zum Anteil machen. Das ist das Beispiel das wir nachahmen müssen, damit die Verkündigung des Evangeliums in jeder Hinsicht Verlängerung der Selbstoffenbarung Gottes genannt werden kann.
– auf die Oberhirten und ihre direkten Mitarbeiter auf dieser mosambikischen Erde, die Beweise der Weisheit und des Taktgefühls bei dem Bemühen abgelegt haben, die Forderungen des Evangeliums unter Berücksichtigung der Weltkirche in harmonischer Weise mit den Charakterzügen der örtlichen Kultur zu verbinden.
  Die Kirche muß mit allen Völkern und allen Kulturen Kontakt aufnehmen und will sich selbst bereichern mit den wahren Werten, die sie dabei vorfindet. Die Erfahrung hat sie gelehrt, daß es seelsorglich von Nutzen ist, eigentümliche kulturelle Ausdrucksweisen eines Volkes als Beispiel für das System der Beziehungen innerhalb der Gemeinschaft, für die Predigt, für die Katechese und die Liturgie zu übernehmen. Doch muß sie auf diesem Gebiet mit liebevoller und totaler Treue diejenigen Texte und Riten respektieren, die die legitime Autorität dem Bereich der Kreativität von Personen und Gruppen entzogen hat.

10. In diesem Augenblick erfährt Mosambik die Kirche als Hort der Nächstenliebe in der Hoffnung auf die Versöhnung des Menschen mit Gott, mit sich selbst und mit seinen Mitmenschen. Das Evangelium ist Versöhnung und ist Glaubensgemeinschaft. Und ich freue mich zu erfahren, daß sich die Kirche wohl bewußt ist, daß das, was sie als Kirche den Menschen sagen muß, nicht einfach aus einer besonderen Situation heraus geboren wurde und nicht bloß Ergebnis menschlichen Nachdenkens ist: Es hat seine Quelle in Jesus Christus, und er „ist derselbe gestern, heute und in Ewigkeit“ (*Hebr* 13,8).
Das Evangelium ist Zuhören und Zwiegespräch, und beides erfordert Tapferkeit und apostolischen Mut. Gott spricht und will durch die Bedingungen der Gegenwart zum mosam-

bikischen Volk sprechen. Es ist Aufgabe der Hirten, diese Rede den christlichen Gemeinden verständlich zu machen. Vieles haben sie trotz Schwierigkeiten getan. Doch vieles bleibt noch zu tun.
Dieses Volk, das sich selbst befragt, wird gewiß Träger von Botschaften sein, die die Vorankündigung einer menschlicheren Zukunft für die Mosambiker sind. Der von Gefühlen der Nächstenliebe und der Solidarität getragene Kampf um die Rettung des eigenen Lebens und des Lebens der Mitmenschen wird früher oder später die große Familie der Nation prägen.

11. Die umfassende Verkündigung des Evangeliums muß ohne Bruch und ohne Nachlassen weitergehen. In diesem Augenblick, da häufig traurige Nachrichten in Mosambik und über Mosambik im Umlauf sind, ist es notwendig, allen den Heilsplan Gottes deutlich zu machen, der in der Bibel niedergeschrieben ist: Die Gute Nachricht der Freude über den Erlöser, der gekommen ist, das Reich der Brüderlichkeit und des Friedens unter allen Menschen aufzurichten.
Möge der Dialog der Verantwortungsträger der Kirche mit denen weitergehen, die rechtmäßig für das Leben und die Freiheit und für die Schaffung der zur Evangelisierung notwendigen Infrastrukturen verantwortlich sind, als ein Dienst an der ganzheitlichen Aufwertung des Menschen und der Gesellschaft. Das Wort und der Geist der Wahrheit können nur das Ziel haben, zur Achtung zu erziehen, in der Liebe wachsen zu lassen, von Zweitdeutigkeit zu reinigen und zu befreien und auf diese Weise den Personen ihre Würde und ihre Freiheit zurückzugeben: „Die Wahrheit wird euch frei machen“ (*Joh* 8,32).

12. Nach seiner Auferstehung – und bevor er an die Seite des Vaters zurückkehrte – blieb Christus, der Herr, bei seinen Jüngern, um sie auf den Pfingsttag vorzubereiten: „Ihr werdet die Kraft des Heiligen Geistes empfangen, der auf euch herabkommen wird; und ihr werdet meine Zeugen sein in Jerusalem und in ganz Judäa und Samaria und bis an die Grenzen der Erde“ (*Apg* 1,8).
Ihr werdet meine Zeugen sein auch in den Gebieten Mosambiks. Die Zeugen des auferstandenen Christus in Mosambik seid heute ihr: alle, die das Wort Gottes hören und aufnehmen und sich bemühen, christlich zu leben, jeder nach seiner Berufung, und die – auch im stillen – Zeugnis für die Gute Nachricht der Erlösung ablegen. Das ist eine Verpflichtung für alle Getauften, die das Geschenk des Glaubens empfangen haben und sich als Erwachsene in der Kirche, als Verantwortliche in der Gemeinde fühlen und sich bewußt sind, dem Reich des Königs und Dieners, des Priesters und Propheten Jesus Christus anzugehören.
Es ist eine Verpflichtung, die auf den Bischöfen und den Priestern, auf den Angehörigen der Ordensinstitute und auf den Laien liegt; und unter diesen besonders auf den im Apostolat Engagierten, auf den Familienvätern, auf den Paten, auf den Katechisten, auf den Gemeindevorstehern; aber auch auf den Jugendlichen, auf den alten Menschen, auf den Leidenden und letztlich auf dem ganzen Volk Gottes (vgl. *Ad gentes*, Nr. 35–41).
Die Verkündigung des Evangeliums ist ein Werk des Glaubens, aber sie ist auch eine Kunst. Und als solche braucht sie Schulung und Anwendung geeigneter Hilfsmittel. Ich

kenne die Anstrengungen und Opfer, die ihr in dieser Hinsicht vollbringt, damit das Evangelium sich ausbreitet und Wurzeln in eurem Volke schlägt. Ich ermutige euch zum Weitermachen in der Gewißheit, daß vorrangig allein das Engagement des Evangeliumsverkünders das für das Evangelium ist; alles übrige, so dringlich es sein mag, ist subsidiär (vgl. *Mt* 6,33).

13. Zusammen mit euch flehe ich noch einmal mit den vom Psalmisten inspirierten Worten. „Gott sei uns gnädig!“ Gott sei eurem Lande gnädig! Er gebe euch seinen Segen, damit ihr die Verkündigung des Evangeliums weiterführt, die euch dazu drängt, allen, den Kleinen wie den Großen, „jenes Geheimnis, das seit ewigen Zeiten und Generationen verborgen war“, zu offenbaren (vgl. *Kol* 1,26). Und möge über euch sein Angesicht leuchten!
Ja, möge Gott das Licht seines Angesichts strahlen lassen und die Wege erleuchten, die Mosambik in Richtung auf die Zukunft einschlagen muß – die Gesellschaft ebenso wie die Kirche!
Kurz bevor Jesus, der Herr, die Apostel in die ganze Welt aussandte, sagte er: „Mir ist alle Macht gegeben im Himmel und auf der Erde“ (*Mt* 28,18). Offensichtlich handelt es sich dabei weder um eine irdische noch um eine politische Macht. Es ist die Macht, über das zu entscheiden, was das Reich Gottes auf Erden betrifft; es ist die Macht über die Sünde und über das Gewissen aller Menschen und jedes einzelnen von ihnen.
Es ist die Macht, die durch das Opfer am Kreuz gesichert und die in der Auferstehung geoffenbart wurde durch den Sieg über den Tod.
Es ist die Macht, die nicht menschlichen, sondern wirklich und wahrhaftig göttlichen Ursprungs ist.
Jesus ist Träger der Autorität, die diese Macht ihm verleiht, wenn er im Augenblick der sichtbaren Trennung zu ihnen spricht; und anstelle der Apostel spricht er durch alle Generationen hindurch zur Kirche: Er spricht zu uns, hier und jetzt, zu uns in Mosambik. „Ich bin bei euch alle Tage bis zum Ende der Welt“ (*Mt* 28,20). Auch hier, mit den Missionaren, vor uns. Und heute mit uns!
Mögen inmitten aller Leiden und Prüfungen unserer Zeit diese Worte für uns immer mehr zu einer Quelle der Kraft werden und uns als Halt dienen.
Ruhm dir, König der Ewigkeit! Amen.

Die Einheit der Kirche bewahren

Predigt beim Wortgottesdienst in Nampula (Mosambik) am 17. September

Liebe Brüder und Schwestern!

Es gibt verschiedene Gnadengaben, aber nur den einen Geist“ (*1 Kor* 12,4). Er war es, der euch hier im Herrn Jesus Christus versammelt hat.

1. Vor allem möchte ich euch meine Freude darüber mitteilen, daß ich hier unter euch weilen kann. Empfangt den herzlichen Gruß des Bischofs von Rom, des Nachfolgers Petri, der euch als Pilger des Evangeliums und des Friedens besucht. Gott ist mir Zeuge für die Liebe, die ich, wie Jesus Christus, für euch hege (vgl. *Phil* 1,8). Diesen Worten entnehmt ihr bereits meinen Wunsch, euch zu begegnen, zu ermutigen und alle zu segnen. Auch weiß ich, daß ihr mir euren Glauben und eure Ergebenheit bezeugen wollt.
Hier, in der Nähe des Ortes, wo der Name Mosambik entstand – heute der Name einer souveränen Nation – danke ich Gott gemeinsam mit euch für das Wachstum der Kirche in eurer Heimat, in dieser Erzdiözese Nampula, in den Nachbardiözesen und im ganzen Land. Sehr herzlich begrüße ich Erzbischof Manuel Vieira Pinto, der mich hier empfangen hat, alle Mitbrüder im Bischofsamt, die Autoritäten und alle lebensvollen Kräfte dieser kirchlichen Gemeinschaft und der Suffraganbistümer Lichinga und Pemba; ich begrüße die geliebten Missionare und die anwesenden Gläubigen sowie alle, die wegen verschiedener Schwierigkeiten nicht kommen konnten, jedoch im Geist mit uns vereint sind.
Ein spezieller Gruß gilt den Priesteramtskandidaten dieses interdiözesanen Seminars und allen anderen in ganz Mosambik: eure Gemeinden, eure Hirten und der Papst, liebe Jugendliche, setzen ihre Hoffnung auf euch. Seid hochherzige Freunde Christi, der seinen liebevollen Blick auf euch gerichtet hat (vgl. *Mk* 10,21).

2. Die ersten Missionen, die hier vor fast fünf Jahrhunderten gegründet wurden, schenkten diesem Land die ersten Christen. Mit der Zeit entwickelten sich aus diesen bescheidenen Anfängen eure Gemeinden. In diesem Augenblick möchte ich hier mit euch der Missionare gedenken, die mit Großmut und Selbstverleugnung und manchmal auch mit dem Opfer ihres Lebens die Grundsteine der Kirche in diesem schönen Land gelegt haben. Ihre Namen, von denen viele unbekannt blieben, sind im Buch des Lebens eingetragen und ihre Gräber – oder ihre sterblichen Überreste ohne jedes Grab – irgendwo in eurem Land verborgen.
Knien wir im Geist vor den Gräbern all dieser Missionare nieder und gedenken wir ihrer im Gebet, haben sie doch durch ihre Selbsthingabe zum Wachstum der Missionen beigetragen. Für sie und für euch, die Christen von heute, danke ich Gott!

3. Mein missionarischer Besuch in diesem Land macht hier ganz besonders die Kirche von Rom gegenwärtig. In der Weltkirche – wie wir dem eben verkündeten Wort Gottes entnehmen – bilden wir alle, die wir in dem einen Geist getauft wurden, einen einzigen

Leib (vgl. *1 Kor* 12,13); der römische Papst und die mit ihm vereinten Bischöfe sind das sichtbare Fundament der wahren und einzigen Kirche Jesu Christi. Diese Tatsache ist in den Herzen der Christen, in den Gemeinden, den Diözesen und schließlich in der Gesamtheit des Volkes Gottes in aller Welt lebendig. Auch eure Gemeinden sind Zweige dieses großen Baumes, von dem ihr eure Lebenskraft empfangt, und selbst wenn die Gemeinden innerlich gespalten sind und großen Schwierigkeiten begegnen, sind sie von einem einzigen Geist beseelt.

Anläßlich der beiden Ad-limina-Besuche eurer Bischöfe war es für mich tröstend, sie zum Fortschritt der Evangelisierung, zur Reifung des Glaubens und zur Mitarbeit der Gemeinden beglückwünschen zu können, welche die Kirche in Mosambik auszeichnen. Heute, im Augenblick meiner Anwesenheit in eurer Mitte, beglückwünsche ich auch euch, während wir zusammen die Gemeinschaft des Lebens in der Kirche, hier und jetzt, feiern.

4. Gemeinschaft leben, auf der Ebene der lokalen Gemeinschaften, als lebendige Kirche, die den in diesem Augenblick in Mosambik vorherrschenden Herausforderungen aufgeschlossen gegenübersteht, das war die Option, welche die 1977 in Beira zusammengetretene Nationalversammlung für die Pastoral getroffen hat. Aus ihren Berichten ergaben sich einige der Herausforderungen, die sich für die Kirche in jenem Augenblick stellten. Es erwies sich als dringend, für die Lebenskraft der christlichen Gemeinden trotz des Priestermangels Sorge zu tragen.

Somit war die Notwendigkeit für den Einsatz sorgsam ausgewählter und gut vorbereiteter christlicher Laien gegeben, welche in den Gemeinden die mit ihrem Stand vereinbarten Dienste leisten sollten; es galt, in ihnen das Kirchenbewußtsein und das Wissen um ihre Mitverantwortung als Getaufte zu wecken. Auch ohne Kirchen, in denen sich die Gemeinden hätten zum Gebet versammeln können, war es notwendig, die einzelnen im Glaubensleben zu stützen und Gemeinschaftssinn zu schaffen: unter euch Christen, in eurer eigenen Gemeinde; unter den verschiedenen Gemeinden und unter allen, als „ein Herz und eine Seele“ (*Apg* 4,32); in der Ortskirche, unter dem Vorsitz des Bischofs. Diese – das wissen wir – atmet auch in örtlichen Dimensionen und mit afrikanischen Kennzeichen stets mit den „Lungen“ der Weltkirche und wird vom gleichen Geist getragen.

5. In einer Umwelt wie jene, in der ihr lebtet, waren das Bild und die Sendung der Kirche als Faktor der Gemeinschaft sehr wichtig. So trugen die Umstände – durch das Glaubensleben der einzelnen Glieder auf den verschiedenen Ebenen, auf die Gott sie gestellt hatte – zu eurem Fortschritt als Kirche bei. Es gibt nur einen Glaubensinhalt, für alle die gleichen Sakramente und ein gleiches Band der Liebe, denn „alles bewirkt ein und derselbe Geist“ (*1 Kor* 12,11). Es ist also „ein Leib und Geist, wie euch durch eure Berufung auch eine gemeinsame Hoffnung gegeben ist“ (*Eph* 4,4). In dieser Gemeinschaft nun haben wir alle, in verschiedenem Grad, Anteil an der priesterlichen, prophetischen und königlichen Sendung Jesu Christi.

Der Heilige Geist verteilt seine Gaben und „einem jeden teilt er seine besondere Gabe zu, wie er will“ (*1 Kor* 12,11); einige Gläubige sind nach dem Willen Christi dazu berufen, ihren Brüdern im Priesteramt zu dienen; andere zum Zeugnis für das ewige Leben und für die Absolutheit Gottes im Stand der Gottgeweihten, vor allem im Ordensleben; der Mehrzahl der Christen hat Gott jedoch die Erfüllung ihrer kirchlichen Sendung als Laien inmitten der Welt anvertraut, wo durch ihr Handeln das Heilswirken der Kirche alle Menschen erreichen und ihr ganzes Milieu durchdringen muß. So erklärt der hl. Paulus: „Es gibt verschiedene Gnadengaben, aber nur den einen Geist. Es gibt verschiedene Dienste, aber nur den einen Herrn. Es gibt verschiedene Kräfte, die wirken, aber nur den einen Gott: Er bewirkt alles in allem“ (*1 Kor* 10,4–6).

6. In der Blickrichtung des II. Vatikanischen Konzils ist die Wirklichkeit der „Gemeinschaft Kirche“, einer organischen, geistlichen und hierarchischen Gemeinschaft, sehr wohl anzutreffen; das gilt besonders für die in der Konstitution *Lumen gentium* dargelegten Lehren: die Kirche ist Gemeinschaft mit dem Vater, durch Jesus Christus, im Heiligen Geist, und diese Gemeinschaft findet im Wort Gottes und in den Sakramenten ihre Verwirklichung. Die Taufe ist Eingangstor und Fundament dieser Gemeinschaft, die Buße das immer verfügbare Mittel zur Wiederversöhnung, die Eucharistie „Ursprung und Brennpunkt des christlichen Lebens“ und der Einheit: „Darum sind wir viele ein Leib; denn wir alle haben teil an dem einen Brot“ (*1 Kor* 10,17).
So ist die Kirche für alle Glaubenden Gegenstand des Glaubens und der Liebe. Eines der Kennzeichen echten Einsatzes für die Kirche ist die ehrliche Zustimmung zu ihrer Lehre, welche die Gemeinschaft zusammenhält. Unzulässig ist aber die manchmal geübte Gegenüberstellung von offizieller, „institutioneller“ Kirche und der Kirche als Gemeinschaft: diese beiden Wirklichkeiten sind keineswegs voneinander getrennt und können es auch nicht sein. Der wahre Christ weiß, daß die Kirche das eine und einzige, von Jesus Christus versammelte Volk Gottes ist (vgl. *Lumen gentium*, Nr. 13).
Dieses Kennzeichen der katholischen Einheit des Volkes Gottes ist eine Gabe des Herrn, dank der die Kirche, indem sie den weltweiten Frieden vorlebt und fördert, unablässig und auf wirksame Weise bestrebt ist, in Christus die ganze Menschheit zu vereinen, mit allem Guten, das ihr eigen ist. Der gleiche Herr wollte, daß sie eine sichtbare Gesellschaft sei, und er leitet sie „durch den Papst und die Bischöfe“ (*Lumen gentium*, Nr. 14). Somit ist also die Gemeinschaft Kirche in erster Linie Gemeinschaft im Glauben und in den Werken, zusammen mit der Hierarchie.

7. Ein auf diese Weise, in der geschwisterlichen Gemeinschaft, in der Einheit des gleichen Geistes und unter der Führung der Hirten gelebter Glaube verleiht der Gemeinde den Aspekt einer Familie, der im Namen Christi vereinten Familie. Ich weiß nun, daß der Familiengedanke vom afrikanischen Volk sehr geschätzt wird; es ist daher durchaus verständlich, daß es euer Wunsch ist, eure christlichen Gemeinden wie eine einige Familie leben zu sehen, in der alle ihren Platz finden und keiner sich fremd fühlt; in der alle das tun, was sie können, jeder seinen Möglichkeiten und seiner Großmut entsprechend.
Hören wir auf das Wort des hl. Paulus: „Dem einen wird vom Geist die Gabe geschenkt, Weisheit mitzuteilen, dem anderen durch den gleichen Geist die Gabe, Erkenntnis zu vermitteln … einem anderen … die Gabe, Krankheiten zu heilen, einem anderen Wunder-

kräfte ... das alles bewirkt ein und derselbe Geist" (*1 Kor* 12,8–11). Diese Wahrheit von den Charismen – ohne Anachronismen und übertriebene Vereinfachung – auf die heutige Kirche in Mosambik übertragend, weiß ich, daß eure Bischöfe in ihren Hirtenbriefen sich bemüht haben, euch im richtigen Zusammenhang zu erklären, wie jeder von euch die von Gott empfangenen Gaben (die selbstverständlich andere als die vom hl. Paulus angeführten sind) richtig nützen und in den Dienst der Gemeinden stellen kann; darüber hinaus wollten sie euch lehren, wie die verschiedenen nicht-ordinierten Ämter überzeugungstreu gelebt werden können.
Was einige Glieder des mystischen Leibes der Kirche auszeichnet, ist, auch wenn es zusätzliche Würde mit sich bringt, der Berechtigung zum „amtlichen Dienst", zum Beitrag, den jeder für das organische Wachstum des ganzen Leibes leisten muß (vgl. *Eph* 4,16), untergeordnet.

8. Die letzte Bischofssynode wandte sich in ihren abschließenden Vorschlägen an die kleinen, lebendigen Gemeinden und forderte sie auf, immer echtere Abbilder des evangelisierten und evangelisierenden Antlitzes der Kirche zu werden. So scheint sich also unter euch der Weg der „Amtskirche" zu bewahrheiten. Die Bemühungen um das Leben und den Dienst an euren christlichen Gemeinden geht weiter und alle sind bestrebt, sich den Notwendigkeiten anzupassen, auch die Hirten und Missionare: die geweihten Amtsträger.
Ich weiß, geliebte Brüder, daß euer Kontakt mit den Gemeinden manchmal, ja oft unmöglich ist. Hochherzig und unter großen Opfern tut ihr, was ihr nur könnt, und leistet äußerst wichtige Dienste in den Bereichen der Evangelisierung, des sakramentalen Lebens, der geistlichen Assistenz und der seelsorglichen Liebe. Wievielen Gefahren geht ihr entgegen, um diese Dienste und die übrigen Pastoralpläne in so ausgedehnten und vom Krieg heimgesuchten Gebieten zu verwirklichen!
Diese Schwierigkeiten entmutigen euch nicht, und ihr seid entschlossen, die Gemeinden nicht eures Amtes zu berauben. Angesichts der Herausforderungen, vor denen die sozio-karitativen Aktivitäten stehen, dürft ihr auf keinen Fall nachgeben: die Ehre dafür gebührt immer und überall an erster Stelle dem Herrn; erstickt die Stimme dieses Volkes nicht, das Hunger nach Gott hat, und das heute – wie einst die Jünger – sagt: „Lehre uns beten" (*Lk* 11,1).

9. Die apostolische und karitative Tätigkeit der „Animatoren", die in allen christlichen Gemeinden geleistet wird, ersetzt keineswegs den Dienst des hierarchischen Amtes und dispensiert auch nicht von ihm. Dieses Amt, sakramentales Symbol Christi, des Hirten und Hauptes der Kirche, trägt die erste Verantwortung für den Aufbau der Kirche selbst, als dynamische, evangelisierende Gemeinschaft (vgl. *Puebla*, 659).
Wenn wir auf den Ursprung der Kirche zurückgreifen, erfahren wir, daß das ordinierte und hierarchische Amt nach dem Willen Jesu Christi wesentlich zur Struktur der Kirche gehört; es gehört für immer nur ihrer sichtbaren Gestalt und garantiert das Fortbestehen der „Sendung" sowie das Band zwischen Christus und der Gemeinde. Wir dürfen auch nicht vergessen, daß die Strukturen des kirchlichen Amtes – deren Aufgaben die Heili-

gung, die Lehrtätigkeit und die Führung sind – ihrer Natur nach gemeinschaftlichen Charakter haben.

10. Noch eine kurze Bemerkung zur wichtigen Rolle des Leiters der Sonntagsliturgie in Abwesenheit des Priesters. Diese Feier stellt für viele Christen die einzige Möglichkeit dar, die Gemeinschaft mit Christus liturgisch zu erleben. Dennoch handelt es sich hier um eine „Form des Kultes, die nicht dazu bestimmt ist – das möchte ich hier wiederholen – die Messe zu ersetzen, sondern vielmehr zu dieser hinführen muß". (vgl. *Notitiae*, 23 (1987), 1012).
Es ist dies für jene Gläubigen, denen zwar die Bedeutung des Sonntags bewußt ist, die jedoch den Priester entbehren müssen, die beste Art, den Tag des Herrn zu feiern (vgl. *Direktorium der Kongregation für den Gottesdienst*, 2. Juni 1988).
Deshalb möchte ich euch – gemeinsam mit euren Bischöfen – meiner Wertschätzung für das „großmütige Wirken" versichern, das ihr auf diesem Gebiet sowie bezüglich anderer Sakramente und Sakramentalien entfaltet (vgl. Conferência Episcopal Portugesa, *Vida cristá no momento presente*, Maputo, 1980).

11. Die Kirche, geliebte Brüder, ist ein lebendiger Leib, dem viele Funktionen innewohnen (vgl. *1 Kor* 12,13). Um sie auszuüben, genügt nicht eine Einzelperson, selbst wenn es sich um einen Priester handelt; vielmehr ist die Mitwirkung vieler erforderlich, die sich voll und ganz als Mitglieder der Familie Gottes betrachten und gemeinsam mit ihren Brüdern und Schwestern ihre Fähigkeiten in den Dienst aller stellen. Ihr habt hier in diesem Sinn guten Willen und Einsatz- und Opferbereitschaft bewiesen.
Es ist jedoch notwendig, weiterhin an das Amtspriestertum zu denken, ohne das keine Gemeinde all das empfangen kann, dessen sie ihrer Natur nach bedarf. In Mosambik besteht ein ungeheures Mißverhältnis zwischen den Bedürfnissen der Christen und der kleinen Anzahl der geweihten und der in nächster Zeit zu weihenden Priester. Wann werden wir endlich genügend mosambikanische Diözesan- und Ordenspriester haben?
Hier sei es mir gestattet, zu unterstreichen: Die Festigung und die gesicherte Zukunft einer Ortskirche hängen vor allem vom örtlichen Diözesanklerus – und auch vom örtlichen Ordensleben – ab. Deshalb können uns der Rhythmus und die Aussichten für die Weihe von Diözesanpriestern in Mosambik nicht gleichgültig sein. Mehr Gebet für die Priesterberufungen ist erforderlich und – unter Rücksichtnahme auf die Entscheidungsfreiheit der Berufenen – auch die Schaffung eines Milieus in der Familie und der Gemeinde, das die Berufung fördert.

12. Zuletzt, liebe Brüder und Schwestern, möchte ich euch auffordern:
- euch als pilgerndes Volk Gottes dafür einzusetzen, daß die Kirche hier immer mehr Zeichen des Heiles werde, die Gott „im Geist und in der Wahrheit" anbetet und auch anderen hilft, das gleiche zu tun;
- die Frohbotschaft Jesu, des Retters, den Gemeinden, den Familien, den Jugendlichen und den Kindern zu verkünden und dabei seine heiligende Kraft besonders hervorzuheben, die von Sünde und Übel befreit und zur Vereinigung mit Gott führt;

- christliche Familien zu gründen und gründen zu helfen, in denen Friede, Liebe und Freude herrschen, zur Ehre Gottes des Herrn;
- die Würde und die unveräußerlichen und heiligen Rechte jedes Menschen in jedem Augenblick seiner Existenz zu verteidigen, also die Rechte der Männer und Frauen, der Kinder und der Betagten;
- mutig und ausdauernd, aber ohne Gewaltanwendung, und den im Evangelium verkündeten Seligpreisungen gemäß die prophetische Dimension eures Christseins zur Anwendung zu bringen, bis hin zur Anklage dessen, was zerstört, unmenschlich macht und die Mitmenschen entwürdigt (vgl. *Jes* 62,1–2);
- Versöhnung und Einheit zu fördern und überall der Hoffnung und dem Leben Platz zu machen: inmitten der Schrecken der Gewaltanwendung und des Skandals des Elends und des Hungers;
- den Dialog für ein immer menschenwürdigeres Mosambik, einen Dialog für die Entwicklung in Gerechtigkeit und Frieden zu fördern und zu diesem Dialog euren Beitrag zu leisten;
- zur Einigung der Kräfte im Interesse der Förderung der kulturellen und nationalen Einheit eures Landes aufzurufen, wobei die „Samen des Wortes", die der Herr hier ausgestreut hat, im Dienst des Reiches Gottes und seiner Gerechtigkeit (vgl. *Mt* 6,33) sichergestellt werden müssen.

In all dem möchte Jesus, der Herr, durch uns, seinen sichtbaren Leib, durch die Kirche, die wir bilden, seine Sendung als Erlöser der Menschheit fortsetzen: als Erlöser des ganzen Menschen und aller Menschen. Ich bin hierher gekommen, um euch im Glauben zu stärken und zum Dienst an dieser Sendung einzuladen, denn „dienen ist herrschen"!
Mit Maria, der Mutter Jesu, des Gottesknechtes; mit Maria, unserer Mutter, der „Magd des Herrn"; mit Maria, der Königin der Welt und Königin des Friedens erflehen wir den Frieden für Mosambik: „Salve Regina ..."

Alle ersehnen den Frieden

Predigt bei der Messe zum Thema „Gerechtigkeit und Friede" in Maputo (Mosambik) am 18. September

„Hilf mir, Gott, durch deinen Namen, verschaff mir Recht mit deiner Kraft" (*Ps* 54,3).

Geliebte Brüder und Schwestern!

1. Heute hier in dieser Stadt – der Hauptstadt eures Landes – vereint, wollen wir gemeinsam für Gerechtigkeit und Frieden beten.
Alle ersehnen wir den Frieden: den Frieden in unserem Inneren, den Frieden in den Familien, den Frieden in der Gemeinschaft der Nation und den Frieden außerhalb ihrer Grenzen. Da jedoch der Friede eine Gabe Gottes ist, müssen wir ihn im Gebet erflehen; andererseits ist es unerläßlich, ihm gegenüber aufgeschlossen zu sein, ihn in gewisser

Hinsicht auf dem Weg der Gerechtigkeit und des aktiven Einsatzes für das Gemeinwohl zu verdienen. Wo die Gerechtigkeit fehlt, kann auch das Gemeinwohl nicht bestehen, und der Friede der Gesellschaft ist von innen her bedroht.
Es ist mir eine große Freude, heute in dieser schönen Stadt Maputo unter euch weilen zu können. Mit brüderlicher Liebe begrüße ich den Erzbischof, Kardinal Alexandre José Maria dos Santos – den ersten aus Mosambik stammenden Kardinal – der mich aufgenommen hat, sowie die anderen anwesenden Erzbischöfe und Bischöfe, besonders die der Suffraganbistümer Xai Xai und Inhambane; ich begrüße die Autoritäten und die aktiven Kräfte der Kirche – Priester, Ordensleute, Priesteramtskandidaten und Laien – sowie alle Bewohner von Maputo. Ich weiß, daß hier aus allen Provinzen des Landes stammende Bevölkerungsgruppen zusammenkommen, um arbeiten, studieren oder überleben zu können. Allen wünsche ich „Gnade und Frieden“: die Frucht der Gerechtigkeit ist der Frieden (Vgl. *Jak* 3,18).

2. Erheben wir unsere Stimme zu Gott mit den Worten des Psalmisten in der heutigen Liturgie:
„Gott, höre mein Flehen, vernimm die Worte meines Mundes!
Denn es erheben sich gegen mich stolze Menschen, freche Leute trachten mir nach dem Leben, sie haben Gott nicht vor Augen“ (*Ps* 54,4–5).
In diesen Worten des Psalmisten kommt eine Überzeugung zum Ausdruck: Gerechtigkeit und Friede können nur dann im Herzen des Menschen wohnen, wenn er Gott vor Augen hat und diese beiden Wirklichkeiten – Gerechtigkeit und Friede – können sich nur dann unter den Menschen und den Nationen entfalten, wenn sowohl die einen als auch die anderen Gott vor Augen haben, „der die Welt erschaffen hat und alles in ihr, er, der Herr über Himmel und Erde“ (*Apg* 17,24).

3. Diese Wahrheit findet ihre Bestätigung in erster Linie gerade in Jesus Christus.
Christus hat unter der menschlichen Ungerechtigkeit gelitten.
Er, der die Frohbotschaft verkündete und allen Wohltaten erwies, wurde zum Kreuzestod verurteilt, und dieser Tod war entehrend und grausam.
Dieser ungerechte Tod wurde zu einem endgültigen Beweis seiner Gerechtigkeit und Heiligkeit, wie die bereits im Buch der Weisheit (erste Lesung) erhaltenen Worte bezeugen. Hören wir noch einmal, was soeben gelesen wurde: „Wir wollen sehen, ob seine Worte wahr sind, und prüfen, wie es mit ihm ausgeht. Ist der Gerechte wirklich Sohn Gottes, dann nimmt sich Gott seiner an und entreißt ihn der Hand seiner Gegner. Roh und grausam wollen wir mit ihm verfahren, um seine Sanftmut kennenzulernen, seine Geduld zu erproben. Zu einem ehrlosen Tod wollen wir ihn verurteilen, er behauptet ja, es werde ihm alle Hilfe gewährt“ (*Weish* 2,17–20).
Jesus Christus wußte sehr wohl um diese letzte Prüfung, der ihn die Menschen, zu denen er gesandt worden war, unterwerfen wollten. Tatsächlich sagte er mehrmals zu seinen Jüngern: „Der Menschensohn wird den Menschen ausgeliefert, und sie werden ihn töten, doch drei Tage nach seinem Tod wird er auferstehen“ (*Mk* 9,31).

4. Die Kirche betet um Gerechtigkeit und Frieden, überall und für alle, und während sie es tut, sind ihre Augen auf das Kreuz und die Auferstehung Christi geheftet. Die Kirche beschränkt sich jedoch nicht auf das Gebet in diesem Sinn; sie ist auch bestrebt, den Frieden zu lehren und für Gerechtigkeit und Frieden zu wirken.
Die Prüfung, der Christus sich unterworfen und die er siegreich bestanden hat, indem er sein Leben für die Sünden der Welt opferte, läßt zu allen Zeiten und in allen Ländern der Hoffnung Raum, daß die zahlreichen Übel, die sich der Gerechtigkeit und dem Frieden entgegenstellen, überwunden werden können, in den einzelnen Menschen und zwischen den Menschen auf den verschiedenen Ebenen und in den verschiedenen sozialen Milieus. Die Prüfung, die Christus auf sich nahm – die Ungerechtigkeit, deren Opfer er werden wollte, und der Sieg, den er durch die Kraft Gottes errang – läßt uns hoffen, daß die Menschen und die Gesellschaft durch die gleiche Kraft in die Lage versetzt werden, Gerechtigkeit und Frieden in ihrem Leben und in der ganzen Welt zu erbauen und wieder aufzubauen.

5. Wir stehen jedoch einer Wirklichkeit gegenüber, die ständige Anstrengungen erfordert. Es gilt, über das zu wachen, was sich in dem von der Begierlichkeit verderbten Herzen des Menschen verbirgt und ihn zur Sünde verleitet.
Ein Beispiel dafür haben wir heute im Markusevangelium vernommen: die Jesus am nächsten Stehenden, nämlich die Apostel, sprechen miteinander darüber, „wer (von ihnen) der Größte sei" (*Mk* 9,34) in jenem Reich, das zu verkünden er gekommen war.
Von dieser Diskussion ausgehend, lehrt Christus die Jünger, wie in der Kirche die Autorität ausgeübt wird und somit auch, wie man Kirche sein muß: nicht herrschend, sondern dienend. Dann bezeichnet er sich als Vorbild für die Sendung, das Reich Gottes aufzubauen und die Kirchen zu gründen: er ist gekommen um zu dienen und nicht um bedient zu werden (vgl. *Mt* 20,28); er will sich nicht durchsetzen, sondern dient in Liebe und geht dabei so weit, daß er sein Leben hingibt (vgl. *Joh* 15,13). Dies ist seine Art, der Erste zu sein.
Der gleichen Meinung werden später – in Wort und Tat – der hl. Petrus (vgl. *1 Petr* 5,1) und der hl. Paulus sein, der „von niemand abhängig war ... (und sich) für alle zum Sklaven gemacht" (*1 Kor* 9,19 ff.) hat, aus Liebe zu Jesus; das gleiche taten die anderen Apostel. Wer nicht diese Haltung bedingungslosen Dienstes annimmt, entbehrt nicht nur einer der Grundbedingungen für die Ausübung von Autorität, sondern läuft auch Gefahr, sich von der Neigung zu Machthunger, Überheblichkeit und Tyrannei mitreißen zu lassen.
Letzten Endes ist jede Autorität, insofern sie auf der menschlichen Natur beruht, Teilnahme an der von Gott festgesetzten Ordnung (vgl. *Gaudium et spes*, Nr. 74) und somit auch Teilnahme an der von Jesus Christus gewollten Ordnung: „Wer der Erste sein will, soll der Letzte von allen und der Diener aller sein" (*Mk* 9,35).

6. Auch die zweite Lesung, die dem Brief des hl. Apostels Jakobus entnommen ist, bezieht sich auf die gleiche Frage. Dieser Brief enthält eine kurze, aber vollständige Darlegung von zwei Arten von Weisheit: eine, die imstande ist, den Menschen Gott gegenüber

gehorsam und dem Nächsten gegenüber wohlwollend zu machen und eine andere, völlig entgegengesetzte, die das menschliche Herz für Gott und die Mitmenschen verschließt. Diese beiden Arten von Weisheit sind selbstverständlich verschiedenen Ursprungs, kommen auf verschiedene Weise zum Ausdruck und tragen verschiedene Früchte. Der hl. Augustinus wollte das in der Apologie der beiden Arten von Liebe gewissermaßen zusammenfassen: die bis zur Verachtung Gottes hochgespielte Eigenliebe, welche die irdische „Stadt“ aufbaute, und die bis zur Selbstverleugnung sich durchringende Liebe, welche die himmlische „Stadt“ errichtete (vgl. *De civitate Dei*, XIV, 28; *Patrologiae latina* 41,436).

7. Ein unduldsamer Eifer, dessen Ursache das übertriebene Festhalten an den eigenen Ideen ist und der bis zum Fanatismus führen kann, kommt oft in Härte, Unverträglichkeit und dem Geist der Zwietracht zum Ausdruck, der den Ehrgeiz kennzeichnet, Gegensätze hervorruft und die anderen zu beherrschen sucht. Wer Trennungen verursacht, stellt sich der Wahrheit entgegen und mißachtet die Erfordernisse der Wahrheit Gottes – eines Gottes des Friedens und nicht der Betrübnis – dessen Plan das Wohlergehen und eine hoffnungsvolle Zukunft für alle ist (vgl. *Jer* 29,11). Im übrigen ist Gott – wie seinerzeit die Bischöfe Mosambiks geschrieben haben – „der wahre Friede und die Quelle des Friedens“. Gott und die übernatürliche Welt ausschalten heißt, „all das ignorieren, was eines der Grundelemente der Kultur der afrikanischen Völker ausmachte“ (C. E. M., *Viver a Fé no Mocambique de hoje*, 1976).
Die Spaltungen und Gegensätze sind Früchte, die der „irdische“ Mensch hervorbrachte, der noch von der dreifachen Begierlichkeit beherrscht und von ihr zum Übel verleitet wird: es ist dies der noch nicht vom Heiligen Geist verwandelte Mensch (vgl. *1 Kor* 2,14; *Röm* 8,7), eben der noch nicht in der Freiheit, zu der „uns Christus befreit“ (*Gal* 5,1) hat, verwurzelte Mensch. Deshalb gehorcht er Gott nicht, kehrt ihm weiterhin den Rücken und nimmt die Herrschaft des Vaters der Lüge (vgl. *Joh* 8,44), des Dämons an, der als „Macht der Finsternis“ (*Kol* 1,13) durch die Sünde zum „Herrscher dieser Welt“ (*Joh* 12,31; 14,30; 16,11) geworden ist (und es immer mehr wird).
Wenn nun der Mensch Gott nicht gehorcht und die Unterwerfung unter seine Macht verweigert, lehnt sich die Natur gegen ihn auf und anerkennt ihn nicht mehr als ihren Herrn, weil er „das göttliche Abbild in sich verdunkelt hat“ (*Sollicitudo rei socialis*, Nr. 30), so daß er neuerlich zum Sklaven der ungeordneten Leidenschaften wird (vgl. *Tit* 3,3).

8. Der Autor der heiligen Schriften führt einige dieser ungeordneten Leidenschaften an, die Quelle von Spaltungen und Kontrasten sind:
– die Habgier, die oft zum Verbrechen führt und die geschwisterliche Gemeinschaft sowie das wirksame Gebet behindert;
– die den ungeordneten Wünschen entspringende Unzufriedenheit, die zu einem auch tödlich werdenden Haß führen kann (vgl. *1 Joh* 3,15), oder der Neid, der das Wohl der anderen nicht erträgt und heftige Auseinandersetzungen hervorruft;
– die Kriege und Konflikte, die sich in diesem Abschnitt anscheinend direkt auf die Auseinandersetzungen unter den Gläubigen als Folge einer an das kirchliche Leben gebun-

denen gesellschaftlichen Situation beziehen (vgl. *Gal* 5,15) – sie finden sich im Kontext einer Lehraussage, deren Inhalt für die Beziehungen innerhalb einer nationalen Gemeinde und auch im internationalen Bereich gelten.

Die Unausgeglichenheiten und Übelstände, unter denen die ganze Welt leidet, stehen im Zusammenhang mit der inneren Unausgeglichenheit, die in den Herzen der Menschen verwurzelt ist (vgl. *Gaudium et spes*, Nr. 10). Im Licht des Glaubens betrachtet, heißt diese Unausgeglichenheit Sünde, Mißbrauch der persönlichen Freiheit von der Ursünde an. Auf der Ebene der zwischenmenschlichen Beziehungen fällt nach der Heiligen Schrift die Sünde, die ein Bruch mit Gott ist, immer mit Egoismus, Stolz, Ehrgeiz, Neid und Haß zusammen, die wiederum Korruption, Hedonismus und Oberflächlichkeit in den gegenseitigen Beziehungen hervorrufen, woraus Ungerechtigkeiten, Unterdrückungen und Gewalttaten auf allen Ebenen und konfliktgeladene Situationen hervorgehen, welche Einzelpersonen, Gesellschaftsgruppen und ganze Völker betreffen (vgl. *Gal* 14,21).

In diesen Gedankengang fügt sich ein, was ich bereits im Apostolischen Schreiben *Reconciliatio et paenitentia* (Nr. 10) ausführte und in der kürzlich veröffentlichten Enzyklika *Sollicitudo rei socialis* (Nr. 36) bezüglich jener Situation wiederholte, welche die Kirche als „soziale Sünde“ anprangert, da sie eine soziale Dimension einschließt.

9. Wir sind zusammengekommen, um zu beten, damit auch in Mosambik die „Gerechtigkeit eine Frucht des Friedens“ sei; um zu beten, damit die Mißstände, welche man in dieser nationalen Gemeinschaft wahrnimmt, dem Einsatz für die Entwicklung „des ganzen Menschen und aller Menschen“ weichen.

Tatsächlich erfahren wir von Situationen, die trotz aller anerkennenswerten Bemühungen und der Aussicht auf Besserungen in wirtschaftlicher Hinsicht alarmierend sind. Ihre Ursachen liegen freilich nicht nur in den Unzulänglichkeiten der Verwaltung, die, im Gegenteil, sogar positive Aspekte aufweist; sie liegen auch in den Naturkatastrophen und in einigen Gebieten in der Geißel des Krieges. Unter den Folgen dieser Situation leiden am meisten die Schutzlosesten; ihr Elend ist ein Mangel an allem. „Das ruft ein Gefühl von Frustration hervor und bringt die Menschen dazu, sich aus dem Leben der Nation zurückzuziehen, indem viele zur Auswanderung gedrängt werden und ebenso eine Form von ‚innerer‘ Emigration gefördert wird“ (*Sollicitudo rei socialis*, Nr. 15). In sozialer Hinsicht ist anscheinend noch immer die Frage des Unterrichts und der Erziehung der jungen Generationen offen, und gerade hier steht die Zukunft der Nation und der Kirche auf dem Spiel. Darüber hinaus beeinflussen Mittellosigkeit, Arbeitslosigkeit, Willen und Intelligenz der Menschen lähmende Angst und Trostlosigkeit – schlechte Ratgeber, welche das mosambikanische Volk so sehr bedrücken – das menschliche Verhalten sicher auf negative Weise. Die Unmöglichkeit, sich durch ruhige Arbeit zu erhalten und die ernsten Schwierigkeiten, denen die Verteilung der wenigen vorhandenen Lebensmittel und des sonstigen Materials begegnet, beweisen, daß man mit der Gewalt nichts aufbauen, aber viel zerstören kann. Infolge der Notwendigkeit, an anderen Orten und in anderen Ländern Zuflucht zu suchen, um so der Gewalt zu entrinnen, sowie infolge des Krieges ist die Familie zerrüttet und in ihren Grundfesten bedroht und leidet unter verheerenden

Einflüssen, die wiederum andere Übel nach sich ziehen: Alkoholismus, Kriminalität und Sittenlosigkeit.

10. All das wirkt sich negativ auf eine junge Nation aus, in der selbstverständlich auch Wachstumsprobleme spürbar sind und der Mangel an staatsbürgerlicher und politischer Erziehung, die noch vervollkommnet werden muß. Das II. Vatikanische Konzil bestand auf der Dringlichkeit, „die heute dem Volk und besonders der Jugend so notwendige staatsbürgerliche und politische Erziehung ... eifrig zu pflegen“ (*Gaudium et spes*, Nr. 75).
Die Jugend ist die Zukunft der Nation, sie kann das aufbauen und festigen, was die Kirche als sehr notwendig erachtet: menschlichere und gerechtere Strukturen, die mehr auf die Rechte des Menschen – die Grundlage für eine kraftvolle Nation – bedacht sind. Im Augenblick ist „die Kirche sich dessen bewußt, daß ... die idealsten Systeme schnell unmenschlich werden, wenn nicht die unmenschlichen Neigungen im Herzen des Menschen geläutert werden, wenn nicht bei jenen, die in diesen Strukturen leben oder sie bestimmen, eine Bekehrung des Herzens und des Geistes erfolgt“ (*Evangelii nuntiandi*, Nr. 36).

11. Politische Erziehung und die hier aufgezeigte Bekehrung werden sicher imstande sein, Erneuerungsprogramme vorzuschlagen, die sich aber auf ein politisches Programm beziehen müssen, das gut verständlich ist und den sozialen Fortschritt der Bevölkerung fördert. Eine unerläßliche Voraussetzung für die Erstellung klarer politischer Programme scheint jedoch die Aufnahme des Dialogs zu sein, der zur Versöhnung führt, dem Blutvergießen unter Brüdern und Schwestern Einhalt gebietet und Haß und Lieblosigkeit aus dem Lebensmilieu verbannt. Ich lasse nicht davon ab, respektvoll die in diesem Sinn unternommenen Bemühungen zu unterstützen.
Der Mensch vermag Schmerzen, Entbehrungen und zeitweilig sogar das Elend zu ertragen, wenn er von der Hoffnung gestützt wird, nicht jedoch, wenn er einer ausweglosen Situation gegenübersteht und keine erfolgversprechenden Lösungen wahrnimmt. In dieser hl. Messe zum gemeinsamen Gebet vereint, wollen wir Gott, den gütigen Vater, anflehen, es mögen sich solche Lösungen ergeben, daß es möglich werde, für die zahlreichen Kinder zu sorgen, denen es an Nahrung, Unterricht und Erziehung mangelt; für die verzweifelten und entfremdeten Jugendlichen; für die Landwirte ohne Boden oder ohne Möglichkeit, ihn zu bebauen; für die arbeitswilligen Kräfte ohne Beschäftigung, ohne Bezahlung und ohne Zukunft; für die zerstreuten Familien, denen oft die Möglichkeit fehlt, all ihre Mitglieder aufzunehmen; für die Menschen, denen die Gesetze, die doch alle schützen sollten, keinen Schutz bieten. Wir können hoffen, daß diese wirksamen Lösungen dann aufscheinen, wenn die Menschen menschlicher sein werden mit den Menschen und für die Menschen, erleuchtet von der Gerechtigkeit, als Saat ausgestreut für die Menschen, die Frieden stiften (vgl. *Jak* 3,18).
Seit Beginn der neuen Lage, die sich aus der Unabhängigkeit ergab, waren die Bischöfe Mosambiks um die Lage des Landes besorgt. Sie waren bereit, durch Dokumente und Kontaktaufnahme die Erfahrungen der katholischen Kirche in den Dienst der Gemein-

schaft zu stellen, bestrebt, auf jede nur mögliche Weise ihre Verfügbarkeit zu bezeugen und ihren Beitrag zum Gemeinwohl zu leisten. Ich bin überzeugt, daß sie das Schicksal der Nation verfolgen und weiterhin in Demut in Einfachheit in diesem Sinne wirken und einen konstruktiven Dialog sowohl untereinander als auch mit all jenen aufrechterhalten werden, die sich ebenfalls für das Gemeinwohl und für den moralischen und staatsbürgerlichen Fortschritt einsetzen.

12. Ich bitte Gott, daß sich hier weiterhin Horizonte der Hoffnung auftun mögen, und denke dabei auch an die gesamte internationale Gemeinschaft. Das wachsende Wissen um die gegenseitige Abhängigkeit unter den Menschen und den Völkern, das als etwas Positives betrachtet wird, muß die Hindernisse überwinden, die sich der Solidarität entgegenstellen. Diese sind nicht nur wirtschaftlicher und politischer Art, sondern hängen von tiefer verwurzelten Haltungen ab, die für den Menschen absolute Werte darstellen.
Wer immer jedoch auf irgendeine Weise für seine Mitmenschen Verantwortung trägt, muß ihre Lebensbedingungen – unabhängig von jeder religiösen Überzeugung – menschlicher gestalten; er muß sich bewußt werden, daß eine Änderung der geistigen Haltung notwendig ist, muß begreifen, wie dringend es ist, die gegenseitige Abhängigkeit anzunehmen als eine ethische Kategorie, welche Solidarität erfordert, eine Solidarität, die nicht nur ein unbestimmtes Gefühl des Mitleids ist, sondern „die feste und beständige Entschlossenheit, sich für das ‚Gemeinwohl' einzusetzen, das heißt, für das Wohl aller und eines jeden, weil wir alle für alle verantwortlich sind" (*Sollicitudo rei socialis*, Nr. 38). Und hier erneuere ich nun meinen Aufruf an die internationale Solidarität und für Mosambik: Diese Solidarität muß vom äußeren, ideologischen, militärischen und wirtschaftlichen Frieden ausgehen, denn heute gehört auch der Friede allen, oder er gehört niemandem. Er erfordert Gemeinsamkeit der Absichten; er erfordert eine neue Philosophie der internationalen Beziehungen, von Solidarität und Hoffnung beseelt, damit die Entwicklung in Gerechtigkeit und Frieden Wirklichkeit werde.

13. Wir setzen unser Gebet fort und bitten, es möge den Menschen beschieden sein, sich jener Weisheit entsprechend zu verhalten, die von Gott kommt (vgl. *1 Kor* 1,4) und alle moralischen und sozialen Mißstände ausmerzt. Für die Transzendenz und die Menschenwürde offen, führt sie zu gerechten und wohlwollenden Verhaltensweisen allen Menschen gegenüber: „Die Weisheit von oben ist erstens heilig, sodann friedlich, freundlich, gehorsam, voll an Erbarmen und reich an guten Früchten, sie ist unparteiisch, sie heuchelt nicht" (*Jak* 3,17).
Diese Weisheit wurde schon im Alten Testament (vgl. *Weish* 7,22) beschrieben und in den Seligpreisungen (vgl. *Mt* 5,1 ff.) sowie in den Briefen des hl. Paulus erläutert. Es handelt sich dabei um die Weisheit der Friedensstifter, die sich für die Herstellung und die Stärkung des Friedens einsetzen und die Gerechtigkeit – den Gegenpol der moralischen und sozialen Mißstände – fördern: „Selig, die Frieden stiften, denn sie werden Söhne Gottes genannt werden" (*Mt* 5,9).
Zum Abschluß dieser Betrachtung möchte ich auf die Worte des Evangeliums zurückkommen, die wir heute vernommen haben. Der göttliche Erlöser „stellte ein Kind in ihre

Mitte" – mitten unter seine Jünger, die miteinander diskutierten – umarmte es und sagte zu ihnen: „Wer ein solches Kind um meinetwillen aufnimmt, der nimmt mich auf; wer aber mich aufnimmt, der nimmt nicht nur mich auf, sondern den, der mich gesandt hat" (*Mk* 9,36–37).
So möchte auch ich in diesem Augenblick mit den Augen und dem Herzen alle hier anwesenden und alle Kinder in Mosambik umarmen.
Insbesondere möchte ich jene umarmen, die aus verschiedenen Gründen und in verschiedenen Situationen leiden. Viele von ihnen sind Opfer der schmerzlichen Lage des Landes und der Gesellschaft.
Dem Beispiel Christi folgend, möchte ich zu allen sagen: Seht diese unschuldigen Geschöpfe an! Seht eure Kinder an! Nehmt sie im Namen Christi auf! Setzt euch im Namen Christi nachhaltig für Gerechtigkeit und Frieden ein, damit diese Kinder nicht länger Opfer der Ungerechtigkeit und des Hasses seien! Arbeitet für die Gerechtigkeit und den Frieden, um euren Kindern und den Kindern in ganz Mosambik eine bessere Zukunft zu bereiten!
Ja, nehmt diese Kinder im Namen Christi auf, oder, besser gesagt, nehmt in ihnen Christus selbst auf! Nehmt den auf, den der Vater in die Welt gesandt hat, damit durch ihn die Welt gerettet werde. Nehmt Christus auf! Möge er euch die Wahrheit und das Leben bringen, die auf den Wegen der Gerechtigkeit und des Friedens alle Menschen mit wahrhaft aufnahmebereitem Herzen geleiten.
Öffnet die Türen eurer Herzen immer weiter für Christus! Amen!

Wir vertrauen Dir – Mutter

Weihegebet in Maputo (Mosambik) am 18. September

1. „Unter deinen Schutz und Schirm fliehen wir, heilige Mutter Gottes!"
„Spiegel der Gerechtigkeit": „Selig bist du, weil du geglaubt hast", „siehe da, deine Söhne und Töchter" in Mosambik, „Königin des Friedens"!
„Verschmähe nicht unser Gebet", denn wir sind in Not. Mutter der Kirche, weil du „Mutter des menschgewordenen Sohnes Gottes" bist: Nach seiner Auferstehung und Himmelfahrt bist du bei ihr geblieben, bei der Kirche, die ihre Geburtsstunde auf Golgota hatte, als „alles vollbracht" war, und am Tag von Pfingsten; diese Kirche offenbarte sich als Kirche aller Zeiten. In der Herrlichkeit des Himmels, zur Seite deines Sohnes, der der Herr ist, bist du, Unsere Liebe Frau, und es ist, als ob du uns beständig besuchtest. Du möchtest von allen immer im „Haus ihres Inneren" aufgenommen werden ... Höre uns gnädig an in unserer Not.

2. Du hörst nicht auf, die „Zuflucht der Sünder" zu sein, Mutter unseres Erlösers und Heilands; du hörst nicht auf, den Menschen – Regierungen und Völkern – deinen Sohn „vorzustellen", Frucht des Heiligen Geistes und „Zeichen des Widerspruchs". Und nur das eine ist dein Bestreben, Mutter der Barmherzigkeit, daß wir – alle Menschen – tun,

„was Er uns sagen wird", die Frohe Botschaft annehmen, die Erlösung, Christus, „unseren Frieden".
„Trösterin der Betrübten", die Menschen leiden in dieser jungen Nation ..., sie sehnen sich nach der gesellschaftlichen Ordnung, nach dem Fortschritt und nach einer Gerechtigkeit, die in Freiheit immer mehr menschlich wird: um den Frieden zu finden, der in der Wahrheit gründet, errichtet in Gerechtigkeit und belebt von der Liebe.
Die Menschen wünschen wie du, „unsere Hoffnung", daß eines Tages ihr „Magnificat" ein Gesang der Freiheit im Geist der Wahrheit sei", „denn auf die Niedrigkeit seiner Magd hat er geschaut ..., die Hungernden beschenkt er mit seinen Gaben", auch die, die unstillbaren Hunger nach Würde und Hunger nach Gott haben.

3. Die ganze Kirche ist an diesem Tag durch den Nachfolger des Petrus mit dem leidgeprüften Volk von Mosambik verbunden und betet mit ihm: „Verschmähe nicht unser Gebet, o glorreiche und gebenedeite Jungfrau!" Wir wissen, daß als „Stern der Evangelisierung" deine Sorge das pilgernde Gottesvolk begleitet im stetigen Bemühen um die eigene Evangelisierung und die der anderen ... auch in Mosambik, wo viele „das, was an den Leiden Christi noch fehlt", ergänzen „für den Leib Christi, die Kirche" (vgl. *Kol* 1,24). Auch unser „Geist jubelt über Gott", unseren Retter. „Er erbarmt sich von Geschlecht zu Geschlecht", über die, die hier dem „Wort" der ewigen Liebe gehorsam sind und Tag für Tag hier Zeugnis ablegen von den Seligpreisungen. „Errette sie jederzeit aus allen Gefahren, o du glorwürdige und gebenedeite Jungfrau!"

4. Voll Vertrauen stelle ich die gesamte Kirche in Mosambik unter deinen Schutz – Bischöfe, Priester, Ordensleute und Laien; alle, die sich mühen um das Werk der Evangelisierung: Katecheten, engagierte Laien und in den Gemeinden Tätige; alle, die mit lauterem Herzen das Reich Gottes und seine Gerechtigkeit suchen, die die Entwicklung und das Glück dieses Volkes suchen, das nach Gerechtigkeit, Friede und Liebe dürstet.
Heute, hier auf dem Boden Mosambiks, vertrauen wir Dir, Unserer Lieben Frau und unserer Mutter, im Blick auf Afrika und die Welt jene Völker an, die der mütterlichen Fürsprache deines unbefleckten Herzens am meisten bedürfen, auf daß sich das Reich Gottes, deines Sohnes Jesus Christus, festige, läutere und ausbreite.

Trennungen verhindern die Durchschlagkraft der Verkündigung

Ansprache bei der ökumenischen Begegnung in der „Igreja da Polana“ in Maputo (Mosambik) am 18. September

Liebe Brüder und Schwestern, Vertreter der christlichen Kirchen und Gemeinschaften von Mosambik!

1. „Gnade sei mit euch und Friede von Gott, unserem Vater, und dem Herrn Jesus Christus“ (*Eph* 1,2). Dies sind meine Wünsche und das Gebet, das mir spontan auf die Lippen kommt, während ich heute im Namen des Herrn und in Liebe zu den Menschen von Mosambik mit Ihnen zusammentreffe. Gleichzeitig mit Ihnen, die Sie hierhergekommen sind, begrüße ich Ihre Kirchen und Gemeinschaften, die über Mosambik verstreut sind. Herzlich begrüße ich auch die Delegation des Südafrikanischen Rates der Kirchen, unter der Führung ihres Präsidenten. Während ich für Ihre brüderliche Anwesenheit danke, möchte ich auch meiner Wertschätzung für diese Geste der Solidarität mit den christlichen Gemeinschaften und dem Volk dieses Landes Ausdruck verleihen.
Die gemeinsame Taufe ist es, die uns als Christen verbindet. Vom Apostel Paulus lernen wir diese wichtige Wahrheit: „Denn ihr alle, die ihr auf Christus getauft seid, habt Christus (als Gewand) angelegt ... ihr alle seid ‚einer‘ in Christus Jesus“ (*Gal* 3,27–28). Aufgrund dieser einzigen Taufe tragen wir auch eine gemeinsame Verantwortung für die Welt; diese entspringt unserem Gehorsam Christus gegenüber, der den Vater inständig angefleht hat: „Wie du, Vater, in mir bist und ich in dir, sollen auch sie in uns sein, damit die Welt glaubt, daß du mich gesandt hast“ (*Joh* 17,21).

2. Diese gemeinsame Verantwortung ist so wahr und so wichtig, daß sie uns drängen muß, alles in unserer Macht Stehende zu unternehmen – und zwar sehr rasch – um die noch immer unter uns bestehenden Trennungen zu überwinden. Auf diese Weise wird es uns möglich sein, den Wunsch Christi bezüglich der vollkommenen Einheit seiner Jünger zu verwirklichen.
Tatsächlich besteht eine wesentliche Beziehung zwischen der Einheit der Christen und der Verkündigung des Evangeliums. Letzten Endes handelt es sich um eine Frage der Treue zur gemeinsamen christlichen Berufung und zur Bedeutung unseres Glaubens – einer unverdienten Gabe Gottes – der eine Antwort von seiten des Menschen und ein überzeugungstreues Verhalten erfordert. Der Glaube fordert vom Menschen, sich der Aufgabe klar zu werden, daß er die Welt dem göttlichen Schöpfungsplan gemäß neu ordnen muß. Somit ist die Glaubwürdigkeit der Botschaft des Evangeliums an die Einheit der Christen gebunden (vgl. *Unitatis redintegratio*, Nr. 1).

3. Die noch unter uns bestehenden Trennungen beeinträchtigen daher die Lebens- und Durchschlagskraft unserer Verkündigung und werden sogar zum Skandal für die Welt, speziell für die jungen Kirchen in Afrika. Dennoch und trotz der Trennungen ist aufgrund dessen, was wir gemeinsam haben, ein aufrichtiges, wenn auch begrenztes Zeugnis mög-

lich angesichts der Welt, die eine Botschaft der Liebe und der Hoffnung hören möchte, wie sie eben die von Christus an alle Menschen gerichtete Frohbotschaft des Heils ist. Mit Ihrer Anwesenheit am heutigen Tag drücken sie Ihr Verlangen aus, ein gemeinsames Zeugnis vor dem geliebten Volk Mosambiks abzulegen, vor einem Volk, das hungert und dürstet nach Gott. Seine Erwartungen können nur in Christus volle Erfüllung finden.

4. Als Christen können wir auf vielerlei Weise ein gemeinsames Zeugnis ablegen: z. B. durch gemeinsame Arbeit im Bereich der biblischen Studien; mit Diensten der Nächstenliebe und der Förderung der Menschenrechte; durch den ökumenischen Dialog und das gemeinsame Gebet, wenn sich dazu die Gelegenheit ergibt, und schließlich durch die Verkündigung Jesu Christi an jene, die ihn noch nicht kennen. „Durch die Zusammenarbeit der Christen kommt die Verbundenheit, in der sie schon untereinander vereinigt sind, lebendig zum Ausdruck und das Antlitz des Knechtes Christus tritt in hellerem Licht zutage" (*Unitatis redintegratio*, Nr. 12).
Gleichzeitig können die ehrlichen ökumenischen Bemühungen im sozialen Bereich zur Linderung der Leiden jener beitragen, denen es an lebenswichtigen Dingen mangelt. Sie können zur Verteidigung und Aufwertung der Männer und Frauen – vor allem der schutzlosesten – beitragen, welche die heutige Gesellschaft nicht selten und vielerorts oft sich selbst überläßt und an den Rand drängt, als ob es sie nicht gäbe oder als ob ihr Leben wertlos wäre. Im Interesse einer besonders wirksamen Zusammenarbeit „müssen alle Christen entdecken, was sie bereits vereint, noch bevor sich ihre volle Gemeinschaft verwirklicht" (*Redemptor hominis*, Nr. 12).
Unser gemeinsames Zeugnis gibt der Welt kund, daß die Menschen, die an Christus glauben und nach seinem Geist leben, danach streben, sich als Kinder eines gemeinsamen Vaters für die Überwindung der menschlichen Divergenzen und nach und nach auch der unter den Christen bestehenden Trennungen einzusetzen. Durch die Zusammenarbeit können die Menschen, die an Christus glauben, einander besser kennen und höher achten lernen und auch herausfinden, wie der Weg zur Einheit der Christen bereitet wird (vgl. *Unitatis redintegratio*, Nr.12).

5. Es ist bedauernswert, daß einerseits so ernsthafte Anstrengungen unternommen werden, um ein gemeinsames Zeugnis geben zu können, während andererseits unsere Trennungen durch das Auftreten neuer Kirchen und die Zunahme der Sekten wiederum kompliziert werden; dieses letztere Phänomen läßt sich leider auch in Ihrem Land feststellen. Aus den Sekten spricht manchmal ein mit dem Evangelium unvereinbarer Geist, der Ihre christlichen Führerpersönlichkeiten zum Nachdenken, zum Eifer und zum Gebet anregen muß.

6. Liebe Brüder und Schwestern in Christus!
Ich hoffe, daß diese meine Worte bei Ihnen gute Aufnahme finden, sind mir doch Ihre Interessen und die Schritte bekannt, die Sie bereits auf dem Weg des gemeinsamen Zeugnisses für Christus und seine Botschaft hier in Mosambik unternommen haben. Gott sei Dank bestehen schon verschiedene, zur Gewohnheit gewordene Arten der Begegnung und Zusammenarbeit. Möge Gott diese Initiativen segnen!

Dennoch bleibt ein langer Weg zu gehen. Möge weiterhin die Wahrheit in der Liebe gepflegt werden, damit das gemeinsame Engagement, zur Einigung des mosambikanischen Volkes und zum Aufbau der Nation beizutragen, immer reichere Früchte hervorbringe. Ich hoffe und bitte Gott, daß Ihrer Sehnsucht nach Einheit und Ihrem Bemühen um gemeinsames Arbeiten weiteres Wachstum beschieden sei, wie es dem Wunsch Christi entspricht. „Er aber, der durch die Macht, die in uns wirkt, unendlich viel mehr tun kann, als wir erbitten oder uns ausdenken können, er werde verherrlicht durch die Kirche und durch Christus Jesus in allen Generationen, für ewige Zeiten. Amen." (*Eph* 3,20–21).

Evangelisierung leidet durch Gewalttätigkeit

Ansprache bei der Begegnung mit den Bischöfen in Maputo (Mosambik) am 18. September

Herr Kardinal, verehrte Mitbrüder im Bischofsamt!

1. Es ist immer „gut und schön, ... wenn Brüder miteinander in Eintracht wohnen" (*Ps* 133,1). Tatsächlich ist es für mich eine besondere Freude, nach diesen ereignisreichen Tagen und vor meiner Rückkehr nach Rom euch brüderlich begegnen zu können. Vor allem ist dies ein Augenblick gemeinsamen Dankes, indem wir, in Übereinstimmung mit den Gedanken Gottes, auf die bedeutsamsten Augenblicke des Zusammentreffens des Nachfolgers Petri mit den Brüdern und Schwestern in Christus und dem Volk von Mosambik zurückkommen: „Dank sei Gott, der durch uns den Duft der Erkenntnis Christi an allen Orten verbreitet" (*2 Kor* 2,14).
Auch möchte ich euch, geliebte Brüder im Bischofsamt, die ihr dazu erwählt seid, die Ortskirchen des pilgernden Volkes Gottes in Mosambik im Glauben zu führen und ihnen in der Liebe zu dienen, meinen Dank aussprechen. Ich bin dieser Bischofskonferenz zutiefst dafür verpflichtet, daß sie mich – gemeinsam mit den Autoritäten des Landes – hierher eingeladen und daß sie diesen Besuch mit großmütiger Bemühung, mit Eifer und Opfern so eingehend vorbereitet hat. Voll Zufriedenheit stelle ich fest, daß ihr mit Weitblick auch die Fortführung ins Auge gefaßt habt, damit dieser Besuch reiche Früchte der Erneuerung des christlichen Lebens trage und einen wachsenden Beitrag zum Wohl des mosambikanischen Volkes leiste.

2. Während ich im voraus betend an die verschiedenen Begegnungen dachte, die ich während dieser kurzen Pilgerfahrt und im Lauf der persönlichen Teilnahme am Leben der Kirche eures Landes in diesem heiklen Augenblick des Wiederaufbaus und des Wachstums haben sollte, erschien mir dieses Zusammentreffen mit euch als das wichtigste unter allen, die mir die Vorsehung gestatten würde – und auch das wichtigste aller erhofften Zusammentreffen überhaupt, von denen sich ja leider nicht alle durchführen ließen. Seine Bedeutung entspringt der zweifachen Verantwortung, die in diesem Augenblick auf euch lastet: der Verantwortung für die Kirche in Mosambik und für die Gesell-

schaft und die menschlichen Institutionen, in denen die Kultur – als Gesamtheit des Lebens des geliebten mosambikanischen Volkes betrachtet – zum Ausdruck kommt.
Tatsächlich hat das letzte Vatikanische Konzil neben der Evangelisierung und als Teil von ihr folgende Aufgaben als Pflicht der Bischöfe bezeichnet:
- Bei der Verkündigung des Geheimnisses Christi in seiner Fülle gilt es, zu zeigen, daß die irdischen Dinge und die menschlichen Einrichtungen nach den Plänen des Schöpfergottes ebenfalls auf das Heil der Menschen hingeordnet sind.
- Der Lehre der Kirche gemäß muß Unterweisung gegeben werden über den Wert der menschlichen Person in ihrer Freiheit und ihrer leiblichen Dimension, über die Familie als gefestigte Einheit und die Zeugung und Erziehung der Kinder, über die bürgerliche Gesellschaft mit ihren Gesetzen und Berufszweigen, Arbeit und Ruhe, Kunst und Technik und schließlich über Armut und Reichtum.
- Es sind Grundsätze aufzuzeigen im Hinblick auf die Lösung der ernsten Probleme des Eigentums, der Förderung und der gerechten Verteilung der materiellen Güter, des Friedens und des Krieges und des geschwisterlichen Zusammenlebens unter den Völkern (vgl. Dekret *Christus Dominus*, Nr. 12; Johannes XXIII. Enzyklika *Pacem in Terris*, 1963, passim).

Von diesen Dimensionen unseres Amtes als Glaubenserzieher des Volkes Gottes ausgehend und die Ideen weiter ausführend, die ich euch vor einigen Monaten in Rom anläßlich eures Ad limina-Besuches vorlegte und vor einigen Tagen bei der Versammlung der IMBISA in Erinnerung rief, möchte ich euch zu einigen Entschlüssen ermutigen, die euch als unmittelbare Hirten des pilgernden Volkes Gottes zustehen.

3. Da mir jetzt nicht genügend Zeit bleibt, um mit euch die ersten Eindrücke über die Begegnung mit der lebendigen Wirklichkeit der Kirche in Mosambik auszutauschen – ich will nur sagen, daß sie mir einen ausgezeichneten Eindruck machte – beschränke ich mich darauf, euch erneut zu versichern, daß wir alle sehr wohl um die Schwierigkeit eurer Aufgabe wissen, habt ihr doch bei eurer täglichen Arbeit Hindernisse zu überwinden, deren Ursachen in die fernere oder nähere Vergangenheit zurückreichen oder der gegenwärtigen Situation eurer jungen Nation entspringen.
Angesichts der neuen und in vieler Hinsicht schwierigen Bedingungen, welche die Unabhängigkeit mit sich brachte, sah sich die Kirche in eurem Land gezwungen, verschiedene Einschränkungen auf sich zu nehmen. Diese Einschränkungen erfuhren infolge der nicht neuen, aber verschiedenen Probleme eine Verschärfung, welche die sofort in ganz Mosambik ausgebrochene Welle der Gewalttätigkeit – und damit der physischen, moralischen und sozialen Übel – mit sich brachte.

4. Um nur einige der Herausforderungen anzuführen, denen eure Hirtensorge gegenüberstand, möchte ich die Isolierung der christlichen Gemeinden – neben der durch die Ausweisung der Missionare verursachten unzulänglichen geistlichen Assistenz – erwähnen. Diese Gemeinden konnten jedoch mit der Hochherzigkeit und den großen Opfern rechnen, die gemeinsam mit euch auch die Animatoren, eure direkten Mitarbeiter bei der Erfüllung eures heiligen Amtes, brachten, so daß ein Mindestmaß an geistlicher Hilfe

und die Verbindung zu den Missionszentren und mit euch, den Garanten der Einheit mit der Weltkirche, gewährleistet werden konnte.
Eine andere Quelle der Sorgen für die Pastoral sind die Bevölkerungsverschiebungen, auf der Suche nach Schutz und nach Möglichkeiten des Überlebens in sichereren Gebieten innerhalb und außerhalb der Landesgrenzen. Tausende und Abertausende von Flüchtlingen und Umsiedlern sind hiervon betroffen. Auf diese Weise werden die Familien zerrüttet, die Gemeinden auseinandergerissen, und die Evangelisierung leidet aufgrund der Gewalttätigkeiten, die Schrecken und Tod verbreiten, die Herzen entmenschlichen und das Leben und Zusammenleben erschweren. Ihr habt euch mit viel Geschick, unterstützt von der Hilfsbereitschaft der Kirche in den Nachbarländern, um eine besondere Flüchtlingsseelsorge bemüht, die einen überzeugenden Beweis für die Einheit in der Liebe Christi geliefert hat und immer noch liefert.

5. Da ich nicht alle Initiativen aufzählen kann, die euer seelsorglicher Eifer konkret hervorgebracht hat, möchte ich eure Freude über die hoffnungsvollen Zeichen teilen, die am Horizont aufscheinen und die Lebenskraft der Kirche in Mosambik bezeugen: Männer und Frauen, die wiederum die Kirchen füllen, den christlichen Glauben praktizieren und die Sakramente empfangen; zahlreiche Jugendliche, die in ihre Pfarrgemeinden zurückkehren; die ansehnliche Zahl derer, die an die Pforten der Institute gottgeweihten Lebens pochen und derer, die eure Knabenseminare zu füllen beginnen, um den Weg zum nationalen Priesterseminar einzuschlagen. Diese Anzeichen des Lebens müssen aufgenommen, geläutert, geheiligt und organisiert werden, um immer reichere Früchte tragen zu können. Eure, der Hirten Herzen werden sicher angesichts dieser Gewißheiten und Aussichten für den „Weinberg des Herrn" von Freude erfüllt sein, und wie könnten sie sich nicht gedrängt fühlen, den Erwartungen dieser Menschenmenge zu entsprechen, die an Leib und Seele hungert und bei den Hirten das Mitempfinden des Guten Hirten (vgl. *Mk* 8,2) sucht?
In euren Herzen werden jedoch auch die Fragen des Apostels laut, der hervorhob, daß der Herr aller großmütig ist gegenüber all denen, die ihn anrufen: Wie aber können sie ihn anrufen, ohne zu glauben, ohne von ihm gehört zu haben, ohne daß jemand betet, ohne daß Abgesandte dieses Herrn für sie verfügbar wären? (vgl. *Röm* 10,14 ff.). Ich berühre diesen Punkt, liebe Brüder, weil die wichtigste eurer dringenden seelsorglichen Aufgaben die Förderung der Priesterberufungen ist. „Euer Herz beunruhige sich nicht und verzage nicht" (*Joh* 14,27); seid ausdauernd und geduldig wie der Bauer (vgl. *Jak* 5,7).
Ich weiß, daß ihr im Interesse einer immer stärkeren Ortskirche aufmerksam und eifrig alle unterstützt, die zum Priestertum und zum gottgeweihten Leben berufen sind; ebenso weiß ich, daß ihr die klare, vom II. Vatikanischen Konzil hervorgehobene Unterscheidung zwischen den beiden Arten von Berufung im Auge behaltet, die man respektieren muß, wobei den Betreffenden völlige Entscheidungsfreiheit zu gewähren ist. Es handelt sich hier um eine Gabe und Initiative Gottes zur Bereicherung der Kirche.

6. Der göttliche Meister wollte uns, von Gedanken über die Jüngerschaft ausgehend, über die Notwendigkeit belehren, am eucharistischen Mahl teilzunehmen. Er wollte uns

dazu anleiten, die Kräfte zu messen, über die wir für den Aufbau und die Verteidigung des Reiches Gottes verfügen, und das in einer zweifachen Absicht: damit das Salz seinen Geschmack bewahre (vgl. *Mt* 5,13) und damit die menschliche Vorsorge nie der Vorsehung des himmlischen Vaters vorgreife (vgl. *Mt* 6,25 ff.).
In der festen Überzeugung, daß er der Herr und daß auch er es ist, der „in uns das Wollen und das Vollbringen bewirkt" (*Phil* 2,13), müssen wir unsere Pastoralpläne so gestalten und die zur Verfügung stehenden Mittel und Kräfte so einsetzen, wie es unserer von Organisation und Weitblick gekennzeichneten Zeit entspricht. In diesem Sinn möchte ich euch auffordern, als Schwerpunkte eurer Pastoral weiterhin die folgenden Punkte zu betrachten und auch weiterhin eure Pastoral in den folgenden Bereichen zu intensivieren:

- in der auf Vertrauen und Verantwortungsbewußtsein ausgerichteten, klar umschriebenen, ganzheitlichen und ständigen Bildung und Ausbildung der Priester und der engagierten Laien, wobei besonderes Gewicht auf die doktrinären, spirituellen und liturgischen Aspekte sowie auf die Führerqualitäten zu legen ist;
- in der fortgesetzten Katechese, welche die Familien lehrt, die Jugendlichen zu verstehen, anzunehmen und zu begleiten, als Antwort auf das Vertrauen, welches ihnen die Kirche entgegenbringt.
- in der Neugestaltung der Familien, dem Plan Gottes gemäß, in ihrer unersetzlichen Rolle, mit ihren vorzüglichen Aufgaben der Pflege und Weitergabe des Lebens und der echtesten Werte, einschließlich jener des christlichen Glaubens;
- in der Ökumene und im klaren und passenden Dialog mit den christlichen Brüdern und Schwestern und den Anhängern anderer Religionen;
- im Gebet, in viel Gebet um den Frieden in Mosambik.

7. Die Worte, welche der Vorsitzende dieser Bischofskonferenz anläßlich eures kürzlich stattgefundenen Ad limina-Besuchs an mich gerichtet hat, haben mich zutiefst berührt, haben sie mir doch eure Freuden und Sorgen und die eures Volkes mitgeteilt: „Wir stellen mit Schmerz fest – sagte Bischof Paulo Mandlate – daß der Krieg mehr und mehr unser Land bedrückt und die für die Entwicklung Mosambiks unerläßlichen Infrastrukturen zerstört. Dieser Krieg tötet unterschiedslos Tausende von schutzlosen Menschen, vor allem Kinder, Frauen und alte Leute. Die Anzahl der Flüchtlinge, die infolge des Krieges in menschenunwürdigen Verhältnissen leben müssen, nimmt ständig zu. Viele Missionare und Missionarinnen mußten ihre Arbeitsgebiete verlassen; viele christliche Gemeinden wurden auseinandergerissen oder in den als Kriegsgebiete betrachteten Zonen des priesterlichen Beistands beraubt. Das Problem des Hungers hat sich verschärft."
Am Ende meines Pastoralbesuches kann ich feststellen, daß man das tiefe Leid, das dieses verletzte und ausgeblutete Land heimgesucht hat, nur dann verstehen kann, wenn man es selbst sehen konnte. So danke ich also euch, meinen Brüdern, und allen, die mir die Möglichkeit geboten haben, dem geliebten mosambikanischen Volk zu begegnen, das viel zu leiden hat, jedoch Vertrauen und Mut beweist und die Hoffnung nicht verliert.
Ich kann sagen, daß man den Glauben dieser Menschen an eine bessere Zukunft sehr wohl wahrnimmt. Eurem Land mangelt es nicht an Reichtümern, und es hat bei der Entwicklung dieser Zone des südlichen Afrika eine besondere Rolle zu spielen; eine bessere

Zukunft scheint daher nicht ferne zu sein. Zuerst muß jedoch all das Elend überwunden werden, unter dem euer von der Gewalttätigkeit verwüstetes Land leidet.

8. Der Ursprung dieser Gewalttätigkeit ist sehr wohl bekannt. Nach vielen Jahren des Unabhängigkeitskrieges konntet ihr eine kurze Zeit hindurch das Glück des erreichten Zieles genießen, das, wie man weiß, kein Selbstzweck ist.
Will man ein Volk kulturell und rechtlich zu einer echten Nation zusammenschließen, sind Ideen und Vorbilder nötig, an denen man sich orientieren kann. Die Erfahrung auf dem afrikanischen Kontinent lehrt, daß es sich hier um ein Problem handelt, das nicht geringgeschätzt werden darf. Ebenso darf auch das Problem der Auseinandersetzung mit den Ideologien nicht unterbewertet werden, wobei dieses Wort verstanden wird als organische Gesamtheit von Ideen mit praktischen Auswirkungen.
Vorbedingung für eine solche Auseinandersetzung ist ein sozio-politisches Gewissen, das sich auf die spezifischen Werte und die für ein bestimmtes Volk oder eine Gruppe von Völkern charakteristische Identität erstreckt. Dieses Gewissen wird das Verhalten bestimmen und den gemeinsamen Einsatz für den Aufbau einer mit Eigenpersönlichkeit begabten Nation ins rechte Licht rücken.
Erfahrungen dieser Art sind selbstverständlich nicht immer positiv. Grundsätzlich, sagen die Forscher, glaubt Afrika, daß die Entwicklung vom Menschen und vom Volk abhängt, wenn sie in voller Freiheit die Hauptrollen übernehmen.

9. Wie immer auch die Dinge liegen mögen, bei euch haben nach und nach breite Schichten der Bevölkerung Unzufriedenheit und Ungeduld an den Tag gelegt angesichts der Art und Weise, auf welche die öffentlichen Angelegenheiten verwaltet wurden, und einige unpopuläre Entscheidungen, die damals getroffen wurden, widersprachen dem Empfinden der Mosambikaner.
Wie immer bei derartigen Gelegenheiten, wenn es an Solidarität fehlt und der „andere" nicht mehr „meinesgleichen" bedeutet – das gilt sowohl für den Einzelnen als auch für das Volk oder die Nation – konnten von außen kommende, neue Kräfte eingreifen, sich der jungen Nation als eines Werkzeuges bedienen und so ihre ersten und noch unsicheren Schritt erschweren, womit sie für lange Zeit vom Festmahl des Lebens ausgeschlossen wurde (vgl. *Sollicitudo rei socialis*, Nr. 39). Die regierungsfeindlichen Kundgebungen und die Auflehnung gegen die Strukturen des neuen Staates nahmen immer größere Ausmaße an, bis sie die der offenen Gewalttätigkeit erreichten, zu der noch die wirtschaftlichen Schwierigkeiten und schließlich auch die Naturkatastrophen jenes Augenblicks hinzukamen.
Und da jede Gewalt neue Gewalt hervorruft, entsprangen den extremen Haltungen schließlich Fanatismus und gegenseitiger Haß der einander entgegengesetzten Gruppen, deren Endergebnis die traurige Lage ist, die nunmehr hier vorherrscht: ein Land, das zu großen Hoffnungen berechtigt, ist geteilt und wird von Bewaffneten durchzogen, die den Instinkten der Gewalt freien Lauf lassen und Rachehandlungen und Totschlag vollziehen.

10. Aus dem Gesagten, das euch sehr wohl bekannt ist, ergibt sich für das geliebte mosambikanische Volk die dringende Notwendigkeit, die Einheit und Eintracht der Herzen

auf nationaler Ebene wiederzufinden. Wenn die Kirche auf diese Notwendigkeit hinweist und Wege zur Versöhnung aufzeigt, will sie damit nur zum größtmöglichen Wohl der Nation beitragen. Es ist auch bekannt, daß ihr, geliebte Mitbrüder, nichts unterlassen habt, was zur Ausmerzung der Ursachen dieser bedauerlichen Situation hätte beitragen können, unter deren Folgen so viele Unschuldige leiden.
Selbstverständlich war es die konkrete Situation, die eure Sorge als Bischöfe wachrief; ihr habt euch verpflichtet gefühlt, angesichts der Leiden eures unschuldigen Volkes, das auf diese Weise seine wesentlichen, natürlichen und traditionellen Werte der Güte und des friedlichen Zusammenlebens einbüßte, einen Aufruf an jene zu richten, die für die Wiederherstellung des Friedens in Mosambik verantwortlich sind. Da ihr den Schrei der Leidenden vernommen hattet, war es berechtigt, daß ihr, dem Beispiel des Guten Hirten folgend, eurer moralischen Verantwortung entsprechend gehandelt habt; im übrigen ist die Tugend der Solidarität im Interesse des Gemeinwohls eine Pflicht aller und jedes einzelnen, weil wir wirklich alle für alle verantwortlich sind (vgl. *Sollicitudo rei socialis*, Nr. 38).

11. Heute möchte ich euch an diesem Ort nochmals meiner Unterstützung für euren nachdrücklichen Einsatz versichern, indem ich aus tiefstem Herzen einen Aufruf an alle Menschen richte, die auf irgendwelche Art in diesen Krieg verstrickt sind:

- an alle Söhne und Töchter dieses geliebten, geduldigen und tapferen mosambikanischen Volkes, die das Wohl aller wünschen und von humanitären Gefühlen beseelt der Zukunft der Nation entgegengehen: mögen sie auf alle zerstörenden Handlungen verzichten und bestrebt sein, das zu respektieren, was als Grundlage für die Heilung der offenen Wunden und die Rettung zahlreicher Brüder und Schwestern vor einem frühen Tod und vor der Ungerechtigkeit übrig geblieben ist; mögen sie in erster Linie an die Entwicklung und den Fortschritt aller in einem geschwisterlichen und friedlichen Zusammenleben denken;
- an alle Söhne und Töchter dieses geliebten mosambikanischen Volkes, deren Aufgabe die Förderung des Gemeinwohls ist und die sicher nur den wahren Fortschritt der Nation und das Glück ihrer Brüder und Schwestern wünschen: mögen sie auf konstruktive Art ihre Bemühungen vereinen, was dringend und wichtig ist, sind sie doch beauftragt, ethischen Verpflichtungen gemäß zu dienen.

Allen ohne Ausnahme möchte ich mit den Worten meiner Mitbrüder im Bischofsamt sagen: seid eurer Verantwortung der Menschheitsfamilie und der Geschichte gegenüber eingedenk! Die Waffen sind kein Weg zum echten, menschlichen und dauerhaften Frieden. Der Krieg ruft nur neuen Krieg hervor und der Friede, der dem bewaffneten Krieg entspringt, wird immer ein erzwungener, illusorischer und unsicherer Friede sein. Mögen alle die Wege der Gewalttätigkeit und der Rache verlassen und auf die der Gerechtigkeit, der Würde, des Rechtes und der Vernunft zurückkehren; wenn sie morgen ein friedfertiges, solidarisch und geschwisterlich eingestelltes Volk vorfinden wollen, mögen sie das Töten unterlassen und schon heute den Weg der Versöhnung und des Dialogs einschlagen (vgl. *CEM, A Paz é possível*, Fastenzeit 1985).

12. Nochmals rufe ich – im Namen des Friedensfürsten Jesus Christus und vom mosambikanischen Boden aus – die internationale Völkergemeinschaft auf: Möge sie alles nur irgendwie Mögliche unternehmen, um zu verhindern, daß in diesem Land weiterhin Uneinigkeiten geschürt werden; vielmehr soll man mit allen Kräften danach streben, die menschliche Solidarität hier wirklich wirksam werden zu lassen. Die Gesellschaft steht ja hier tatsächlich an der Überlebensgrenze und die Menschen kommen durch Gewalt und Hunger um ihr Leben. Diese Nation bedarf der Unterstützung durch andere Völker und durch die internationale Gemeinschaft, wenn sie in die Lage versetzt werden soll, ihrerseits mittels ihres Reichtums an Humanität und Kultur einen Beitrag zum Gemeinwohl zu leisten, der sonst für immer verloren ist (vgl. *Sollicitudo rei socialis*, Nr. 39).
Es sei mir gestattet, die Dringlichkeit dieser Solidarität hervorzuheben, die auf eine rasche und vollständige Herstellung des Friedens abzielen und Soforthilfe leisten muß, um zahlreiche Menschenleben zu retten; sie muß auf die Erarbeitung kurzfristiger Hilfspläne und auf den unerläßlichen Wiederaufbau der für das Überleben erforderlichen Infrastrukturen und daher auf die ganzheitliche Entwicklung des geliebten mosambikanischen Volkes hingeordnet sein.
Ich weiß, daß die internationale Gemeinschaft durch die Regierungs- und Privatorganisationen ihre Solidarität bereits im Rahmen ihrer Möglichkeiten unter Beweis gestellt hat; es handelt sich jedoch hier um eine Solidarität, die nicht unterbrochen, sondern vielleicht sogar intensiviert werden muß. „Mehr noch als einer materiellen Hilfe – sagte Kardinal Roger Etchegaray nach einem Besuch, den er in meinem Namen in diesem Land gemacht hatte – bedarf Mosambik einer Unterstützung in seinen Bemühungen um die Neugestaltung der zerstörten gesellschaftlichen Strukturen: die moralischen Wunden sind viel schwerer zu heilen als die körperlichen. Der Augenblick ist gekommen, in dem dieses mutige Volk seine Sicherheit und Eintracht wiederfinden muß, ohne die es weder Fortschritt noch Wohlstand verwirklichen kann."

13. Euch, den Bischöfen einer Kirche inmitten eines leidgeprüften Volkes, vertraue ich alles an, was mir auf dem Herzen liegt, steht es doch euch aufgrund eurer spezifischen Sendung zu, direkt dazu beizutragen, daß den Unschuldigen Leiden erspart bleiben und die Hungernden das Lebensnotwendige erhalten, damit zugleich mit der Geißel des Krieges auch die des Hungers bekämpft werde.
Ohne Frieden gibt es für dieses Land keine Entwicklung und keinen Weg in die Zukunft, den es hingegen erhobenen Hauptes mit den anderen Nationen gehen sollte, welche die Menschheitsfamilie bilden. Ohne Frieden können die authentischen, traditionellen Werte dieses Volkes, zu denen vor allem der Sinn für die Großfamilie und die Liebe zum Leben zählen, nicht wiederhergestellt und ins rechte Licht gerückt werden. Ohne Frieden kann die Lebensqualität nicht verbessert und der nötige Raum nicht geschaffen werden, damit Jesus Christus durch die Evangelisierung weiterhin sein Versprechen halte: „Ich bin gekommen, damit sie das Leben haben und es in Fülle haben" (*Joh* 10,10).
Die katholische Kirche hat, ebenso wie die anderen christlichen Kirchen, es nie unterlassen, das Evangelium des Friedens in Mosambik zu verkünden und ist, wie ich wiederholt habe, ernsthaft entschlossen, zur Eintracht, Einheit und Entwicklung dieses Volkes bei-

zutragen. In diesen Rahmen fügen sich auch das eben Gesagte sowie der pastorale Dienst ein, den zu leisten ich hierher gekommen bin.
Ja, geliebte Brüder, ich habe das Herz dieses Volkes bluten gesehen. Laßt uns, dem Kreuz und der Auferstehung zugekehrt, vertrauensvoll weiterschreiten. Ich habe die Kirche, die hier auf der Pilgerfahrt ist, in der Liebe geführt, damit jedes ihrer Glieder auf dem Weg eines lebendigen Glaubens, der die Hoffnung weckt und durch Liebe wirksam ist, ohne Zögern vorangehen (könne)" (*Lumen gentium*, Nr. 41), und damit die eine Herde Gottes weiterhin Symbol sei und das Evangelium des Friedens dem ganzen geliebten mosambikanischen Volk anbiete.

14. Wenn die Kirche ihrem Herrn treu sein will, kann sie sich nicht auf die Verkündigung einer innerweltlichen Hoffnung beschränken und kann sich auch nicht für eine partielle Befreiung einsetzen, die nur die zeitliche Ordnung betrifft. Sie lebt im Wissen um die göttliche Verheißung, die ihr versichert, daß die gegenwärtige Geschichte nicht in sich selbst geschlossen bleibt, sondern auf das Reich Gottes hin geöffnet ist (vgl. *Sollicitudo rei socialis*, Nr. 46). Deshalb sind ihr immer, wenn sie sich an den Menschen – an den leidenden Menschen – wendet, die Dimensionen dieses Reiches gegenwärtig und sie ist bestrebt, diesen Menschen zur übernatürlichen Hoffnung hinzuführen.
Die Kirche vertraut dem Menschen, obwohl sie um alle Verirrungen weiß, deren er fähig ist, ist es ihr doch bekannt, daß jeder Mensch über ausreichende Qualitäten und Energien verfügt, um seine Würde zu bewahren oder wiederzuerlangen. Diese besteht in dem fundamentalen „Gutsein" (Vgl. *Gen* 1,31), insofern der Mensch Abbild des Schöpfergottes ist und unter dem erlösenden Einfluß Jesu Christi steht – der sich mit der Menschwerdung auf bestimmte Weise mit jedem Menschen vereinigt hat –, und da überdies das fruchtbare Wirken des Heiligen Geistes „den Erdkreis erfüllt" (*Weish* 1,7).
Im Namen der Gottesmutter Maria, die Vorbild ist für die Weise, wie der göttliche Heilsplan gesehen und angenommen werden muß, bringe ich nochmals mein Vertrauen zum mosambikanischen Volk zum Ausdruck und erflehe für euch, geliebte Mitbrüder, und für eure christlichen Gemeinden die Treue in der Hoffnung, die Kühnheit in der Liebe und den Mut des Glaubens, wie sie im Magnifikat, dem Hmynus an den Gott des Erbarmens, aufscheinen.
Mit meinem Apostolischen Segen.

10. Pastoralbesuch in Frankreich (8. bis 11. Oktober)

Die Menschenrechte sind ein gemeinsamer Besitz

Ansprache an den Gerichtshof und die Kommission für Menschenrechte in Straßburg am 8. Oktober

Meine Herren Präsidenten,
Exzellenzen,
meine Damen und Herren!

1. Wenn wir den Sitzungssaal der Parlamentarischen Versammlung verlassen und uns wiederum in diesem Palais der Menschenrechte einfinden, bringen wir gewissermaßen sichtbar die organische Beziehung zum Ausdruck, die den Europarat und die beiden hohen Institutionen, die Sie darstellen, miteinander verbinden. Die Europäische Kommission und der Europäische Gerichtshof für Menschenrechte sind in der Tat ein Sinnbild der hohen Ideale und der vornehmen Gesinnung, die die Europäische Menschenrechtskonvention inspirierten, die 1950 in Rom unterzeichnet worden ist.
In Ihnen, meine Herren Richter, Männer und Frauen der Rechtsberufe, grüße ich die Hingabe Ihrer Völker an die geistigen und moralischen Werte, die ihr gemeinsames Erbe sind. Ich begrüße einen jeden von Ihnen und zolle der Rekordleistung des Gerichtshofes und der Kommission meinen Respekt dafür, daß sie der Stärkung einer Zivilisation von Freiheit und Gerechtigkeit in unserer Zeit dienen.

2. Der Gerichtshof und die Kommission sind in der Tat eine einzigartige Gerichtsform im internationalen Recht; sie sind zu einem Modell geworden, das andere regionale Organisationen in der Welt nachahmen möchten. Diese beiden Institutionen zeugen davon, daß die Mitgliedsstaaten des Europarates nicht nur anerkennen, daß die Menschenrechte und Grundfreiheiten den Staaten vorgegeben sind, die dafür verantwortlich sind, daß diese respektiert werden, sondern auch, daß diese Rechte die nationalen Grenzen selbst übersteigen. Dieser Fortschritt im Rechtswesen ist das Ergebnis eines Reifens des Begriffs Menschenrechte und der Art und Weise, in der sie befolgt werden. In der Tat, die Idee von Menschenrechten beinhaltet nicht nur einen Katalog von positiven Rechten, sondern eine Gesamtheit von Grundwerten, die die Konvention zu Recht das „gemeinsame Erbe" an Idealen und Grundsätzen der Nationen Europas nennt.
Ohne Zweifel ist der Begriff „Menschenrechte", insbesondere seit er 1948 in der „Allgemeinen Erklärung" der Vereinten Nationen niedergelegt wurde, eine Art gemeinsamen Besitzes der ganzen Menschheit geworden. Aber dieser Begriff, der auf einem bestimmten Bild vom Menschen und auf seiner Beziehung zum Staat beruht, bedarf institutioneller und rechtlicher Sicherungen, um seine tatsächliche Anwendung sicherzustellen.

3. Konkret gesagt, es kann dort keine sichere Geltung von Menschenrechten geben, wo die Gesetzesnorm nicht ausschlaggebend ist. Ihr Gerichtshof ist sozusagen die Zusammenfassung eines Gerichtssystems, das den Vorrang der Gesetzesnorm garantiert. Die Tatsache, daß eine Einzelperson gegen eine Regierung klagen kann, muß sicherlich als eine positive Entwicklung der Geltung des Rechts betrachtet werden.
Regierungen, die die Herrschaft des Rechts respektieren, erkennen tatsächlich eine Grenze ihrer Macht und ihrer Interessensphären an. Denn diese Regierungen räumen ein, daß sie selbst dem Recht unterworfen und nicht Herren des Rechts sind. Weil diese Regierungen zugeben, daß sie selbst dem Recht unterworfen und nicht Herr des Rechts sind, können sie wirksam die legitime Unverletzlichkeit der Privatsphäre im Leben ihrer Bürger anerkennen und diese gegen Zwang von außen verteidigen.
Staatliche Stellen und für das bürgerliche Leben Verantwortliche können kein höheres Ziel haben, als wirksam jene wesentlichen Rechte und Freiheiten zu schützen, die Ausdruck der unveräußerlichen Würde des Menschen sind.

4. Die Herrschaft des Rechts ist überdies nicht zu trennen von der Ausübung bürgerlicher und politischer Rechte, die historisch die ersten waren, die definiert wurden. Die tragische Erfahrung von zwei Weltkriegen auf europäischem Boden hat gelehrt, daß Menschenrechte nur dann gesichert sind, wenn diejenigen, die Macht ausüben, ihren Mitbürgern rechenschaftspflichtig sind und ihre Amtsführung irgendeiner Form von öffentlicher Kontrolle unterliegt. Fortschritt in der Förderung der Menschenrechte erfordert auch eine freie öffentliche Debatte über politische und gesellschaftliche Prioritäten sowie Ziele, die angestrebt werden sollten. Immer wieder hat es sich gezeigt, daß die Teilhabe eines Volkes an der Entscheidung über sein eigenes Schicksal Gewähr bietet für ein öffentliches Leben, das menschlichen Werten und unveräußerlichen Menschenrechten förderlich ist – die Rechte von Minderheiten, Armen und „Machtlosen" eingeschlossen.
Wirtschaftliche, soziale und kulturelle Rechte, die die Mitgliedsstaaten des Europarates außerordentlich erfolgreich kodifiziert haben – insbesondere mit der „Europäischen Sozialcharta" –, garantieren den äußeren strukturellen Rahmen für Menschenrechte und persönliche Grundfreiheiten. Aber diese Rechte selbst können nur dort wirksam angewendet werden, wo sie frei diskutiert und definiert werden können.
Das Europa, das Sie vertreten, hat wohlweislich die Illusion aufgegeben, daß der Staat den Anspruch erheben kann, den sozialen Belangen des Staatsvolkes konkrete Form zu geben, während er gleichzeitig dieses Volk seiner bürgerlichen und politischen Rechte beraubt.

5. Die geistigen und moralischen Werte, die der Europarat als das gemeinsame Erbe seiner Völker anerkennt, stellen eine fast unerschöpfliche Quelle neuer Entwicklungen im Bereich des Rechts dar. Daher spricht man heute von „einer dritten Generation von Menschenrechten", darunter zum Beispiel das Recht auf eine sichere und gesunde natürliche Umwelt.
Es ist eine der hohen Aufgaben Ihres Gerichtshofes, derartige Entwicklungen insbesondere dadurch zu fördern, daß Sie eine Rechtslehre schaffen, die zur Beseitigung jeglicher

Willkür in den Beziehungen zwischen Menschen und Staaten beiträgt. In der Tat, nur wenn es einem Menschen möglich ist, rechtlich Achtung für ein spezielles Freiheitsrecht zu beanspruchen, kann man von Menschenrechten sprechen, die wirksam gewährleistet sind.

6. Meine sehr verehrten Damen und Herren, bei dieser Festsitzung kann ich nicht umhin, erneut das große sorgende Interesse der Kirche für all das zu bekräftigen, was sich auf die Rechte und Freiheiten des Menschen bezieht. Das Engagement der Kirche in diesem Bereich entspricht völlig ihrem religiösen und moralischen Auftrag. Die Kirche verteidigt die Menschenrechte mit Nachdruck, weil sie diese als notwendigen Teil der Anerkennung betrachtet, die dem Menschen, der nach dem Bild Gottes geschaffen und von Christus erlöst ist, gezollt werden muß. Ihre spezifische Sorge für Menschenrechte geht aus von einem Sachverhalt und beruht auf einer Überzeugung.
Der Sachverhalt ist der, daß die Menschenrechte, von denen wir sprechen, ihre Kraft und ihre Wirkung aus einem Rahmen von Werten beziehen, die tief im christlichen Erbe verwurzelt sind, das so viel zur europäischen Kultur beigetragen hat. Diese begründenden Werte gehen dem positiven Recht voraus, das ihnen Ausdruck verleiht und dessen Grundlage sie sind. Sie gehen ebenso dem philosophischen Grundprinzip voraus, das die verschiedenen Denkschulen ihnen geben können.
Die Überzeugung besteht darin, daß im Bereich der Gewissens- und Religionsfreiheit, die das Recht garantieren sollte, die Kirche nicht auf ihren Auftrag verzichten kann, die Botschaft, die ihr anvertraut wurde, zu lehren. Ihre Lehre hält überdies gerade die Werte hoch, die die Substanz dessen bilden, was die Menschenwürde darstellt. Der Auftrag der Kirche trägt dazu bei sicherzustellen, daß diese Werte weiterhin bekräftigt und gelebt werden. Mit einem Wort, die Kirche ist die Verbündete all derer, die echte menschliche Freiheiten verteidigen. Denn die Freiheit ist nicht zu trennen von der Wahrheit, die jeder Mensch sucht und die die Menschen wahrhaft frei macht. In den Worten des Johannesevangeliums: „Dann werdet ihr die Wahrheit erkennen, und die Wahrheit wird euch befreien“ (*Joh* 8,32).
Vielen Dank für Ihre Aufmerksamkeit.

Die Kathedrale im Herzen des Elsaß ein Ort der Versöhnung

Predigt bei der Messe im Straßburger Münster am 8. Oktober

1. „Deinen Tod, o Herr, verkünden wir und deine Auferstehung preisen wir bist du kommst in Herrlichkeit“.
Wir alle, die wir hier in der Kathedrale von Straßburg versammelt sind, sprechen diese Worte im zentralen Augenblick der Eucharistiefeier; die Kirche spricht sie auf der ganzen Welt in gleicher Weise, an vielen wichtigen Orten des Erdballs, soweit die eucharistische „Geographie“ reicht.

Wir sprechen diese Worte hier, in der Kathedrale von Straßburg aus, in der Hauptstadt des Elsaß, in der die Nationen einander begegnen und die auch in den letzten Jahren zu einer der Hauptstädte Europas geworden ist.
Mit der liturgischen Akklamation an den Herrn in seinem Tod und seiner Auferstehung, die wir in dieser Messe singen werden – nach der Erhebung der konsekrierten Hostie und des Kelches vor den Augen des Volkes – werden wir die unerforschlichen Gaben Gottes verkünden, die dem Menschen, zuteil geworden sind.
Die Gabe des Vaters: „Gott hat die Welt so sehr geliebt, daß er seinen einzigen Sohn hingab, damit jeder, der an ihn glaubt, nicht zugrunde geht, sondern das ewige Leben hat" (*Joh* 3,16).

2. Die Eucharistie ist das Sakrament dieser Gabe.
Sooft sie gefeiert wird, spricht die Eucharistie vom Sohn Gottes, der mit dem Vater wesensgleich ist und den der Vater „hingab". Sie spricht vom Sohn, der sich unaufhörlich dem Vater im Heiligen Geist hingibt.
Er gibt sich dem Vater „für uns" und „mit uns" hin. Er hat sich einmal, am Kreuz, als Opfer, als Sühneopfer für die Sünden der Welt hingegeben. Ja, das Opfer des Sohnes Gottes ist einzig und unersetzlich; es wurde ein einziges Mal im Lauf der Menschheitsgeschichte dargebracht.
Dieses einzige und unersetzliche Opfer dauert fort. Das Ereignis von Golgota gehört der Vergangenheit an. Die trinitarische Wirklichkeit ist ein ewiges, göttliches Heute. Die ganze Menschheit hat daher an diesem Heute des Opfers des Sohnes Anteil. Die Eucharistie ist das Sakrament des unerforschlichen Heute.
Sie ist das Sakrament – das größte der Kirche – durch das das göttliche Heute der Erlösung der Welt unserem menschlichen Heute auf immer neue Art begegnet.

3. Für uns, die wir hier versammelt sind und für jene, die in aller Welt am heiligen Messopfer teilnehmen, ist die Eucharistie eine ständige Antwort auf den Ruf des Psalmisten: „Du bist unser Gott und wir sind dein Volk, führe uns auf dem Weg des Lebens".
Die Eucharistie ist die Antwort. Sie ist das sakramentale „Ich bin" des Gottes des neuen und ewigen Bundes, das Mose aus dem brennenden Dornbusch auf dem Berg Horeb erschallen hörte (vgl. *Ex* 3,2), und vor allem das von Golgota, das Jesus, wie wir aus dem Johannesevangelium erfahren, im vorhinein ausgesprochen hatte: „Wenn ihr den Menschensohn erhöht habt, dann werdet ihr erkennen, daß Ich es bin" (*Joh* 8,28).
„Ich bin" bedeutet die Fülle: die Fülle Christi. Christus die Fülle der Bestimmung des Menschen in Gott, wie wir es im Epheserbrief lesen: er ist die Fülle des Lebens für uns alle, die wir von ihm das Leben – das göttliche Leben – empfangen.

4. „Jeder von uns empfing die Gnade in dem Maß, wie Christus sie ihm geschenkt hat" (*Eph* 4,7). Christus ist die Fülle. Er ist das Geschenk des Vaters für alle: für die ganze Menschheit und für jeden Menschen. Von dieser Fülle kommt jede „Gabe" her; jedes Gut und jede Gabe sind verliehen „nach dem Maß der Gabe Christi". Diese Gaben sind verschieden und vielfältig, wie wir soeben vernommen haben, und wirken zugleich mit

bei der Schaffung der Einheit, weil jede Gabe nach dem Maß der einen Gabe Christi zugeteilt wird.
Es ist dies die Einheit des Leibes Christi, wie der Apostel sie verkündet. Christus ist das Haupt dieses Leibes. Die Einheit des Leibes ist zugleich die Einheit aller nach dem Maß der Gabe Christi: „So sollen wir alle zur Einheit im Glauben und in der Erkenntnis des Sohnes Gottes gelangen, damit wir zum vollkommenen Menschen werden und Christus in seiner vollendeten Gestalt darstellen" (*Eph* 4,13).

5. Wenn wir die heilige Eucharistie feiern, wenn wir an ihr teilnehmen, bekennen wir, daß diese Fülle nunmehr durch Christus in der Geschichte der Welt gegenwärtig ist. Gleichzeitig werden wir uns der ständigen Notwendigkeit bewußt, nach dieser Einheit in der Kirche, und durch die Kirche nach der Einheit in der großen Menschheitsfamilie zu streben.
So begegnet in der Eucharistie das göttliche Heute des Erlösungsgeheimnisses unserem menschlichen Heute, das wie ein Atom aus der großen Sehnsucht nach der Fülle, die in Christus ist. Eine Sehnsucht, die in der Kirche und für die Kirche gelebt wird: „Wir wollen uns, von der Liebe geleitet, an die Wahrheit halten und in allem wachsen, bis wir ihn erreicht haben. Er, Christus, ist das Haupt" (*Eph* 4,15).
Die Kirche erscheint in dieser zweifachen Dimension: Nach dem Maß der Gabe Christi sind alle gemeinsam in sie eingegliedert, und gleichzeitig ist es jeder persönlich. Jeder nimmt an der Gemeinschaft teil, deren Wachstum in Christus fortschreitet und Empfängt die „Kraft, die ihm zugemessen ist. So wächst der Leib und wird in Liebe aufgebaut" (*Eph* 4,16).

6. Ihr habt alle gemeinsam an dieser Fülle Anteil. Als Getaufte lebt ihr, Priester und Laien, das Wachstum in der Liebe in erster Linie, wenn ihr das Opfer feiert und der Liturgie in ihrer Reinheit und ihrem Reichtum besondere Sorge angedeihen laßt. Empfangt und achtet den Schatz der Liturgie, den die Kirche euch schenkt und den besser zum Ausdruck zu bringen das Konzil gestattet hat mit der Einladung zu einer Mitfeier, die von immer lebendigerem Glauben getragen ist!
Im Lauf des liturgischen Jahres entfaltet die Kirche den Reichtum des Wortes Gottes. Nährt euch an diesem Wort und nehmt es in der Reflexion und im Gebet mehr und mehr in euch auf! Folgt in euren Bemühungen um die intellektuelle und spirituelle Bildung und Ausbildung, welche die in der Liturgie gemachte Erfahrung fortsetzt, dem Ausmaß der empfangenen Gaben entsprechend, dem großartigen Beispiel eurer Vorgänger: des hl. Albert des Großen, des Meisters Ekkehart, Taulers und vieler anderer!

7. Bischöfe, Priester und Gläubige Straßburgs! Ich bin glücklich, euch in eurer Kathedrale begrüßen zu können, in der im Lauf eurer Geschichte, welche heilige und von euch verehrte Bischöfe – Amandus, Arbogast und Florentius – geprägt haben, die Eucharistie gefeiert wurde. Sie ist der strahlenden, in den Himmel aufgenommenen und heute von den zwölf Sternen Europas gekrönten Gottesmutter geweiht.
Eure Kathedrale ist das Wahrzeichen eurer Stadt, die wiederum selbst zu einem Wahrzeichen für Europa geworden ist. Um die Kontinuität zwischen der glorreichen Vergangen-

heit dieser Ortskirche und ihrer Zukunft in dieser zentralen Region des Kontinents hervorzuheben, habe ich sie in den Rang einer Erzdiözese erhoben. Meinerseits ist es eine Einladung zum Wachstum in Glaube, Hoffnung und Liebe und zu einem Zeugnis, das den Dimensionen der Verantwortung eurer Stadt und eurer Region entspricht.
Ich begrüße euch in dieser Kathedrale, von den Händen eurer Väter als Antwort des Glaubens, die ein Volk auf die Gabe Gottes gibt, erbaut. Sie ist im Herzen des Elsaß ein Ort der Versöhnung; sie hat die Konflikte der Geschichte gekannt, wie die Feuer- und Bombenschäden beweisen, die ihr wiedergutzumachen wußtet.
Ich begrüße das „Werk Unserer Lieben Frau“, das ununterbrochen und seit Jahrhunderten diese Kathedrale am Leben erhält, und auch alle, die als Architekten und deren Kollegen unter dem Vorsitz des Bürgermeisters der Stadt über ihren Fortbestand und ihre Schönheit wachen.
Ja, dieses Gebäude spricht durch seine aufstrebenden Formen und durch die Botschaft seiner Skulpturen und Glasfenster. Ihr selbst stellt es vor als ein „aus den Gemeinden sich erhebendes Wort, damit heute die Zukunft ihren Anfang nehmen könne“ als „Wohnstatt des Lichtes und des Erbarmens“ und „Wohnstatt des Lobes“. Der hohe Turm ist gleichsam ein Signal für alle elsässischen Pfarreien. Laßt heute den von euren Vätern überlieferten Eifer lebendig werden! Nehmt treu am Sonntagsgottesdienst teil! Mögen die Einmütigkeit eurer Gesänge und der Klang eurer schönen Orgeln Zeichen eurer Einheit im Gebet sein, ist doch die Messe der vorrangige Ort der Begegnung mit dem Erlöser, eine unersetzliche Quelle!

8. Ihr alle, die ihr hier anwesend seid, tragt einen Teil der Verantwortung für die Sendung, welche der Herr der Kirche anvertraut hat, die im Elsaß ist, in erster Linie Sie, Msgr. Brand, mein Mitbruder im Bischofsamt, nunmehr erster Erzbischof von Straßburg, unterstützt von Ihrem Weihbischof. In der Fülle des Priestertums sind Sie Zeichen der Einheit aller Getauften, sind Nachfolger der Apostel für diese Ortskirche. An Ihrer Seite begrüße ich auch Altbischof Elchinger, der sich der Liebe seiner Diözesanen erfreut.
Ihr Priester, die ihr mit dem Hirten der Diözese vereint seid, versammelt das Volk Gottes, verkündet ihm Gottes Wort und feiert die Sakramente. Ihr seid Tag für Tag jene, die Einheit schaffen und die Evangelisierung leiten, und ermöglicht allen, die zum Leben der Gemeinde beitragen, Gemeinsamkeit in der Verantwortung. Ich ermutige euch: euer Amt stellt hohe Anforderungen. Ich vertraue eurer Großmut und eurer Treue zur Selbsthingabe im Dienst des Leibes Christi.
Ihr, Ordensmänner und Ordensfrauen, seid die bevorzugten Zeugen der Absolutheit Gottes, der Selbsthingabe und des Gebetes. In der Erfüllung eurer Aufgaben als Animatoren des Apostolats und als Erzieher, im Dienst der Armen und der Kranken sowie als Begleiter im geistlichen Leben leistet ihr einen unersetzlichen Dienst und führt das Volk Gottes auf den Wegen des Evangeliums.
Ihr, getauften Männer und Frauen, die ihr euren Teil an Verantwortung in den Pastoralräten, den verschiedenen kirchlichen Diensten und den Bewegungen auf euch genommen habt, tragt das Zeugnis des Glaubens, mit der Kraft der Hoffnung und dem von der Liebe

Christi inspirierten, geschwisterlichen Geist in eure Familien, eure Berufswelt, euer Milieu und überall dorthin, wohin euch die Wege des Lebens führen.
Wir haben den Apostel Paulus von der Verschiedenheit der Gaben sprechen gehört, die Gott den Menschen geschenkt hat; er kam zum folgenden Schluß: „Er gab den einen das Apostelamt, andere setzte er als Propheten ein, andere als Evangelisten, andere als Hirten und Lehrer, um die Heiligen für die Erfüllung ihres Dienstes zu rüsten, für den Aufbau des Leibes Christi" (*Eph* 4,11 – 12). Seinem Beispiel folgend, wende ich mich an jeden von euch. Nehmt euch eure Berufung zu Herzen! Laßt die Talente, die euch anvertraut sind, Früchte tragen! Stellt eure Gaben einander zur Verfügung! Seid die mutigen Zeugen der Gegenwart des Erlösers im Herzen der Welt!
Arbeitet gemeinsam im Weinberg des Herrn; sorgt für die Entwicklung eurer Aktivitäten in euren Bewegungen der Katholischen Aktion, der Spiritualität und des Apostolats, in den Gruppen für die Bildung und Ausbildung der Jugendlichen und der Erwachsenen, in den Organisationen der gegenseitigen Hilfe und der Solidarität mit den Ärmsten bei euch und in der Ferne, damit in allem der mystische Leib Christi wachse.
Ich möchte unter euch den Dekan, die Professoren und die Studenten der katholisch-theologischen Fakultät der Universität Straßburg begrüßen. Möge diese Fakultät, nicht nur für das Elsaß, sondern auch für andere Ortskirchen Priester und Laien vorbereiten, die gut ausgebildet sind für die Pastoral, den Religionsunterricht, und alle Formen des Apostolats, in die sie heute gerufen werden, um für ihren Glauben Zeugnis abzulegen.

9. Ganz besonders möchte ich den Familien und allen jenen Mut zusprechen, die ihnen helfen, die Erfordernisse und die Gnade des Ehesakramentes zu leben: die vollkommene und rückhaltlose Hingabe der Ehegatten in einer unauflöslichen, von Gott gewollten Bindung; eine gemeinsame, für die Aufnahme des Lebens bereite Existenz in der hochherzigen Treue zu den von der Kirche gelehrten moralischen Normen; die unersetzliche Erzieherrolle der Eltern, die den Kindern die Behauptung ihrer Persönlichkeit und eine den christlichen Werten gemäße Entscheidung für ihre Zukunft erlaubt. In einer Umgebung, welche die Gültigkeit der moralischen Prinzipien in Frage stellt und die Stabilität der Familie bedroht, soll euch die diözesane Familienpastoral erleuchten und unterstützen, damit die christliche Gemeinde zu einem Ort werde, an dem die Familien Liebe und Glauben ausstrahlen. Die Lebenskraft der Kirche und die Treue zu ihrer Sendung hängen weitgehend von der christlichen Qualität der Hauskirchen – der Familien – ab.

10. Zu euch, Christen dieser Diözese, sage ich nochmals im Namen des Herrn: „Ihr seid das Salz der Erde" (*Mt* 5,13). Verfälscht es nicht: Gebt vielen Brüdern und Schwestern den Geschmack am Leben nach dem Evangelium zurück! Vereinigt euch und helft einander, eure Treue zu festigen! Trennt keinen Aspekt eures Lebens von eurem Glauben!
Im Namen des Herrn sage ich euch: „So soll euer Licht vor den Menschen leuchten" (*Mt* 5,16). Laßt das Licht Christi in eurem geliebten Elsaß und in der Welt, in die ihr hinausgeht, aufleuchten! Strahlt ohne Furcht das Licht aus, das euch bei eurer Taufe geschenkt wurde! Dann wird es euch beglücken, Jünger Christi zu sein, ist er doch „das wahre Licht, das jeden Menschen erleuchtet" (*Joh* 1,9), indem es in die Welt kam.

Danken wir Gott im Gebet für seine Gaben, für die durch das Opfer Christi erwirkte Erlösung.
„Deinen Tod, o Herr, verkünden wir
und deine Auferstehung preisen wir,
bis du kommst in Herrlichkeit".

Wir sind die Kirche

Ansprache an die Jugend Europas in Straßburg am 8. Oktober

I.

Liebe Jugendliche, liebe Freunde!

Danke für das Bühnenspiel, das eure Erwartungen ausdrückt. Danke für euer Vertrauen. Ihr stellt gute Fragen, und ihr bittet mich „Sag uns die Hoffnung, die von Gott kommt." Ihr wißt, wie gerne ich in jedem Land, das ich besuche, die Jugend treffe. Heute abend ist meine Freude groß. Eure Gruppe ist in sich selbst ein Symbol; sie bringt die Jugendlichen zahlreicher Regionen zusammen: zunächst aus dem Elsaß und anderen Provinzen Frankreichs, aber auch aus fast allen Ländern Europas.

Der Papst begrüßt die verschiedenen Gruppen in ihrer Sprache:

Ein Willkommen den zahlreichen deutschen Jugendlichen! Ein Willkommen den Jugendlichen Österreichs, Luxemburgs, der Schweiz, Belgiens, der Niederlande, Italiens, Spaniens, Polens ...

Straßburg ist wirklich ein Ort der Begegnung für die Jugendlichen Europas, wie auch für die politischen und juristischen europäischen Institutionen. Bravo!
Euer Bühnenspiel zeigt zuerst das, was euch schmerzt. Und daher ergibt sich eure Frage: Warum? Was tut die Kirche? Wie ist es möglich, da herauszukommen?
Ich achte euer Leiden. Ich greife die Fragen auf, die es euch stellt. Denn es ist eine Erfahrung, die viele von euch oder zumindest manche eurer Freunde in ihrem eigenen Leben machen. Ihr habt es in euren Antworten auf den Fragebogen gesagt. Zweifellos gibt es noch schlimmere, umfassendere Übel. Die Armen der anderen Kontinente könnten es euch sagen. In gewissem Sinne hat Europa noch eine bevorzugte Stellung. Doch ihr wollt mit den anderen solidarisch sein. Und das ist gut so. Zugleich gibt es sicherlich überall positive Aspekte, Zeichen der Hoffnung, vor allem bei den Ärmsten dieser Welt. Auch dies müssen wir hervorheben.
Ihr erwartet von mir keine technische Lösung für jede Situation. Im übrigen gibt es auch keine allgemeine einfache Antwort, kein Wundermittel. Selbst der Papst hat keins! Doch gibt es ein Wort Gottes, das die Wege zum Nachdenken, zum Handeln erhellt.

Dieses Wort ist euch nicht fremd. Ich glaube, daß ihr fähig seid, in euch selbst den Weg wiederzufinden, um nach und nach die Unordnung zu überwinden, die euch Sorgen macht. Euer Herz ist voller Großmut. Euer Gewissen ist geradlinig. Eure Vorsätze bringen schon einen Glauben, eine Hoffnung zum Ausdruck. Selbst eure Unzufriedenheit hat einen versteckten Sinn: sie offenbart, daß diese Erde niemals unseren Menschenherzen Erfüllung bringen wird, daß uns Gott eine andere Hoffnung öffnet.
Ja, ihr seid auf dem Weg, der zum Licht führt. Zweifellos deshalb, weil ihr die Erben einer christlichen Kultur seid, die ganz Europa geprägt hat. Ohne es recht zu wissen, lebt ihr davon. All eure Ideale haben ihre Wurzeln im Glauben, selbst dann, wenn Gott aus eurer Sichtweite zu treten scheint. Heute morgen habe ich in diesem Sinne vor den Mitgliedern der Parlamentsversammlung des Europarates gesprochen. Das von ihnen begonnene Werk ist schön und neu; durch ihre Vertreter suchen einundzwanzig Länder die Grundlagen für ein neues Europa. Ich habe sie aufgefordert, die Wurzeln Europas und die christliche Dynamik, die seine Entwicklung gestaltet hat, in Betracht zu ziehen, um den Weg eines neuen Humanismus zu finden, der für transzendente Werte offen ist.
Und auch ihr müßt – persönlich und unter euresgleichen – darüber nachdenken. Menschen, die älter sind als ihr, können euch dabei helfen. Ihr habt Priester und Bischöfe, die euch zur Seite stehen. Der Papst ist kein Ersatz für sie. Und vor allem habt ihr den Heiligen Geist, der in euch ist.
Meinerseits gebe ich gern Zeugnis von dem, was ich glaube, was ich gesehen und was ich erlebt habe. Dies ist zugleich das Zeugnis der Kirche, der Gesamtheit der Christen, die den Gedanken Gottes aufnehmen. Ich bin Zeuge dieser Tradition, die vom Herrn kommt. Und der Herr hat mir den Auftrag gegeben, diesen Schatz nicht für mich zu behalten, sondern ihn zu teilen, um meine Brüder und Schwestern zu bestärken.
Ich antworte daher ganz besonders auf euer „Warum“? Was ist nun im Plan Gottes der verborgene Sinn dieser Welt, die oft chaotisch erscheint? Was hat Gott gewollt? Ich lasse mich vom Buch des Wortes Gottes leiten, das den Anfang, die Genesis, enthüllt und das die Botschaft Christi übermittelt.

1. Als erstes ist zu sagen, daß Gott weder das Böse, noch die Unordnung, noch die Demütigung des Menschen, noch die Verunstaltung der Natur und auch nicht die Mißachtung der Armen will.
Er hat die Welt erschaffen, um sie bewohnbar zu machen. Sie sollte gut, schön und harmonisch sein. Er hat die Natur für den Menschen erschaffen. Gott ist die Liebe an sich. Dies ist das Geheimnis Jesu, das von seinem Jünger Johannes überliefert wird. Ihr geht richtig in der Annahme, daß die Welt diese Liebe des Schöpfers widerspiegelt. Der Kehrreim im Bericht über die Erschaffung der Gestirne, der Erde, der Pflanzen, der Tiere und des Menschen ist: „Gott sah, daß es gut, sehr gut war“ (vgl. *Gen* 1).
Mehr noch: Gott hat, obschon er der Unendliche, der alle Geschöpfe weit Übertreffende bleibt, die Menschen dazu berufen, in persönliche Verbindung mit ihm zu treten, an seinem göttlichen Leben teilzuhaben, als Kinder Gottes zu leben. Dies ist im Plane Gottes sicher.

In deutscher Sprache sagte der Papst:

2. Wenn alles von Gott herkommt: was muß dann unsere erste Antwort darauf sein? Die Welt annehmen als ein Geschenk Gottes. Sie nicht verachten. Sie nicht für sich allein in Beschlag nehmen. Sondern dafür danken. Bewußt bleiben, daß wir ohne Gott nichts wären.

3. Und außerdem: die Natur achten. Eure Generation versteht es nicht, wenn man die Natur zerstört, sie sinnlos verunstaltet, wenn man sie verschmutzt und maßlos ausbeutet. Und ihr habt recht damit.

4. Aber der Mensch kann vor der Natur nicht in passivem Respekt und in Furcht verharren. Gott hat ihn dazu berufen, Herr über die Natur zu sein. Er hat ihm den Verstand gegeben, um ihre Gesetze und Geheimnisse aufzuspüren und sie zu gestalten. Das ist der Sinn der Arbeit. Das ist auch der Sinn eures Lernens. Die Welt ist den Händen des Menschen anvertraut, seinem Erfindergeist, seinem Mut. Das menschliche Wirken hat keine andere Grenze als die Achtung vor Gott und die Achtung vor dem Leben und der Würde der Menschen, dazu die Klugheit, nicht die Zerstörung der Gleichgewichte der Natur zu riskieren. Das ist die Größe des Menschen! Sein Wirken sei jedoch ohne Stolz, nicht gegen Gott – wie bei den Erbauern des Turmes von Babel oder bei Prometheus –, sondern mit ihm! Mann und Frau schaffen mit Gott zusammen, indem sie das Leben weiterschenken und indem sie arbeiten: „Seid fruchtbar und vermehrt euch, bevölkert die Erde, unterwerft sie euch“ (*Gen* 1,28). Die Arbeit ist sehr wichtig wegen ihrer objektiven Ergebnisse, vor allem aber für die Entfaltung des arbeitenden Menschen selbst (vgl. Enzyklika *Laborem exercens*, Nr.6). Und darauf hat er ein Recht.

In französischer Sprache sagte der Papst:

5. Doch gibt es noch ein anderes Schöpfungsgesetz, nämlich das der Solidarität. Die Menschen sind in Adam solidarisch erschaffen worden, im Guten wie im Bösen aneinander gebunden. Diese Solidarität hat eine wunderbare Seite: wir sind die Erben der Weisheit und des Fortschrittes von den Generationen, die uns vorausgehen; doch erben wir auch ihre Fehler. Man kann nicht das eine wollen und dem anderen ausweichen. Dieses Gebiet Europas ist wesentlich von den verheerenden Konflikten der beiden Weltkriege geprägt worden. Ihr habt diese Kriege nicht kennengelernt. Aber sie haben eure Eltern geprägt und prägen euch in eurem Unterbewußtsein. Jetzt ist es an euch, den Frieden zu festigen.

6. Die Erde ist Eigentum Gottes, doch ist sie der Gesamtheit der Menschen zugeteilt worden. Gott will nicht, daß die einen verschwenderisch mit ihr umgehen, die anderen hingegen Hunger erleiden müssen. Er will weder den Überfluß der einen, weil ihr Boden viel hergibt, noch will er das Elend der anderen, weil sie nicht dieses Glück haben. Es darf keine Vorrechte für die Reichen und Starken geben, und den Armen und Behinderten soll kein Unrecht geschehen. Alle sind gleich an Würde. Die einen können ohne die ande-

ren nicht leben; und alles, was wir empfangen, empfangen wir durch die anderen. Gewiß ist es gut, daß ein jeder persönliche Verantwortung hat, seine Begabungen entwickelt, sich ein Teil der Natur zu seinem Eigentum macht, um ihm Wert zu verleihen. Doch hat Gott eine Welt des Teilens, der Solidarität und der gegenseitigen Hilfe gewollt.
Sagt die Kirche dies eindringlich genug? Vielleicht nicht. Die Mitglieder der Kirche haben auch ihre Schwächen. Wir sind die Kirche, ihr und ich. Und die Kirche gestaltet diese Welt nicht allein. Sie möchte jene, die den Menschen mißbrauchen, zur Umkehr führen, doch nicht durch Haß und Gewalt. Was mich angeht, so liegt mir die soziale Frage so sehr am Herzen, daß ich ihr eine Enzyklika gewidmet habe: *Sollicitudo rei socialis*: „Der Friede ist die Frucht der Solidarität" (Nr. 39).

7. Im Plan Gottes ist auch die Partnerschaft von Mann und Frau enthalten. Beiden hat Gott die Welt anvertrauen wollen. Beide sind nach seinem Ebenbild geschaffen. Die Frau hat die gleiche Abstammung wie der Mann, sie ist nach dem Bild der Bibel „Fleisch von seinem Fleisch." Ihr Los hängt, wie Jesus sagt, in hohem Maße von der Wertschätzung ab, die der Mann ihr entgegenbringt. Niemals darf sie zum Objekt erniedrigt werden. Sie hat dieselbe Würde, dieselben Rechte. Doch haben Mann und Frau jeweils spezifische Veranlagungen. Der eine kann dem anderen nicht angeglichen werden. Ihr habt hervorgehoben, welcher Anteil am Aufblühen des Lebens, des Traumes, der Liebe der Frau eigen ist. Auch der Mann erlebt diese Dinge, doch auf eine andere Weise. Die Frau leistet in der Gesellschaft ihren eigenen Beitrag. Und sie tut dies ebenso in der Kirche. Ich habe soeben ein Dokument über die Stellung der Frau im Plane Gottes veröffentlicht.

8. Es bleibt ein letzter sehr wichtiger Aspekt der Schöpfung. Und zwar die Freiheit des Mannes und der Frau auf der Suche nach dem Guten. Gott hat das Böse nicht geschaffen. Doch hat er dem Menschen die Freiheit gelassen. Was wäre der Mensch ohne die Freiheit? Gott hat, wie es euer Dichter Péguy sagt, diese Freiheit den Demütigungen eines Sklaven vorgezogen. Nun haben sich der Mann und die Frau jedoch Gott verschlossen. Sie haben geglaubt, nach ihrer eigenen Einschätzung des Guten und des Bösen handeln zu können. Doch können sie die Folgen ihrer Entscheidung nicht umgehen. Deshalb besteht im Herzen des Menschen ein geheimnisvoller Bruch in bezug auf Gott und das Gute, der sich auf die gesamte Schöpfung, auf die Beziehung zwischen den Menschen, zwischen Mann und Frau, der Natur und dem Menschen auswirkt. Dies ist eine Gewißheit der Offenbarung. Und es ist auch die Erklärung für viele unserer Nöte. Denn der Mensch von heute tut dasselbe. Er stellt sich mit Gott auf die gleiche Stufe. Er wird den Frieden erst dann wiederfinden, wenn er den Gehorsam Gott gegenüber wiederfindet. Ja, wir alle sind Sünder. In uns ist der Grund für das Unglück.
Aber können wir mit eigener Kraft dorthin gelangen? Das ist etwas anderes. Wir brauchen einen Retter, der uns Klarheit gibt, der uns befreit. Ich habe Jesus Christus genannt. Er kommt von uns, der Sohn Marias. Er kommt von Gott, der Sohn Gottes. Er zeigt uns von neuem den Weg Gottes, den Weg der Selbstbeherrschung und der Beherrschung der Welt, den Weg des Guten, des Teilens und der Liebe.
Die Liebe ... aber auch ihr legt ein neues Zeugnis davon ab.

II.

1. Liebe Freunde, Christus ist gekommen. Er hat das Wort Gottes in Form von Gleichnissen in die Herzen der Jünger gesät, damit das Reich Gottes auf Erden beginne, in Erwartung seiner Vollendung im Jenseits.
Doch hat Christus sich nicht damit begnügt, zu sprechen oder zu heilen. Er hat sein Leben gegeben. Er selbst ist in die Erde gesät worden wie das Weizenkorn, das stirbt, um Frucht zu bringen (vgl. *Joh* 12,24). Er ist auferstanden. Er hat seinen Geist gesandt, seinen „Hauch". Die Kirche wurde geboren. Er hat ein neues Gebot gegeben: „Wie ich euch geliebt habe, so sollt auch ihr einander lieben. Daran werden alle erkennen, daß ihr meine Jünger seid: wenn ihr einander liebt" (*Joh* 14,34–35).

2. Ihr seid seine Erben. Euch ist zuteil geworden, die Geheimnisse des Gottesreiches kennenzulernen, an ihnen teilzuhaben und sie der Welt zu verkünden. Doch was könnt ihr angesichts der großen Probleme ausrichten, denen ihr gegenübersteht, und angesichts der Massen von Menschen, die auf der Suche nach dem Glück und nach dem Heil sind? Jesus spricht zu euch wie zu den Aposteln: „Fürchte dich nicht, kleine Herde", so, als wäret ihr allein in eurem Handeln. Das, was Christus in seiner Kirche, in euch gesät hat, sieht zunächst, so wie das Senfkorn, das kleinste von allen Samenkörnern, bescheiden und schwach aus. Aber es enthält in sich etwas, das wächst und sich zu einem Baum entwickeln kann. Jesus sichert uns zu: sein Reich wird niemals aufhören zu wachsen, auszustrahlen und die aufzunehmen, die – wie die Vögel – zu ihm kommen. Nichts kann das Gute aufhalten, das aus der Gnade Christi, aus dem in die Tat umgesetzten Evangelium entsteht.

3. Es wird die Welt aufgehen lassen, so wie ein Sauerteig eine große Menge Mehl aufgehen läßt. Liebe Jugendliche, habt ihr die Kraft des Evangeliums begriffen?
Doch muß der Sauerteig unter das ganze Mehl gemischt werden, damit der ganze Teig durchsäuert wird; und er muß ein echtes Ferment bleiben, das mit der unverfälschten Kraft eines Gärstoffes wirkt. Dies sind auch die Voraussetzungen für die apostolische Ausstrahlung der Kirche in die Welt. Die Christen müssen auf allen Baustellen der Welt gegenwärtig sein, da, wo sich die Gesellschaft von morgen formt, da wo die Einsatzstellen Europas sind, da wo die Menschen studieren, forschen, arbeiten, sich abmühen, leiden und da, wo sie ihre immer umfangreicher werdende Freizeit verbringen. Doch müssen sie zugleich ihren ursprünglichen Glauben bewahren, ohne ihn den jeweils aufkommenden Meinungen und Ideologien anzupassen und ohne sich den Gebräuchen und Sitten anzugleichen, die dem Evangelium fremd sind. Deshalb muß die Verbindung mit Christus stets in der Meditation der Bibel, im Gebet, im Sakrament der Versöhnung, der Eucharistie und im kirchlichen Leben vertieft werden. Sie müssen in der Welt sein ohne von der Welt zu sein.

4. Ihr verfügt über einen Schatz, über eine kostbare Perle. Ja, Jesus vergleicht das Himmelreich mit einem Menschen, der einen versteckten Schatz entdeckt, und einem Perlenhändler. Der Schatz und die Perle werden begehrt und allem anderen vorgezogen. Man

hält sich an ihnen fest wie an einem Absoluten und ist bereit, alles andere für sie zu opfern. Sie werden zum Ziel und Beweggrund des Lebens.
Für uns ist Jesus Christus der verborgene Schatz. Er wird vom Glauben entdeckt. Man schließt sich ihm an, angezogen vom Geheimnis seiner Person. Und auch sein Geist, sein Hauch treibt uns an und gibt uns Kraft. Seine Botschaft fordert uns zum Glauben und zum Handeln auf. Dies ist sein Gesetz. Dies sind die Güter, die Werte seines Reiches. Viele Jugendliche haben von einer solchen Hingabe an Christus Zeugnis abgelegt. Ich denke hierbei an den jungen Franzosen Marcel Callo. Ich denke an den jungen Deutschen Karl Leisner, der, bevor er in das Lager von Dachau geschickt wurde, schrieb: „Das Geheimnis der Kraft Europas ist Christus." Liebe Freunde, wie sieht es nun mit eurer Hingabe an Christus aus?

5. Ihr fragt mich, ob allein die Kirche Gesetze über das Leben, den Tod und die Liebe gibt. Andere folgen ihrer eigenen Weisheit, ihrer Vernunft, und zuweilen ihrem Instinkt, um ihr Verhalten in diesen sehr ernstzunehmenden Bereichen festzulegen. Überall, wo sich Kulturen, Religionen, juristische oder politische Instanzen nach dem rechten Gewissen entscheiden und die menschliche Würde achten, freuen wir uns darüber. Doch bin ich sicher, daß nichts mit dem Reich zu vergleichen ist, von dem Jesus spricht. Er weiß, was Gott ist. Er weiß, was im Menschen ist. Er, der Schöpfer des Lebens, weiß, was das Leben ist. Er, der von den Toten auferstanden ist, weiß, was der Tod ist. Er weiß, was die Liebe ist, und daß niemand mehr liebt als der, der sein Leben für seine Freunde hingibt.

6. Was sind nun tatsächlich die Werte, die Christus in die Welt eingeführt hat, um sie zu retten? Vor allem sind es die Seligpreisungen. Sie bilden das Grundgesetz des Gottesreiches (*Mt* 5,1–12). Mag sein, daß sie paradox klingen, doch erneuern sie alles menschliche Verhalten.
Jesus sagt uns: „Selig, die Frieden stiften". Derjenige, der Frieden stiftet, lehnt gewiß jedwede Form von Terrorismus ab. Er tut alles, um den Wahnsinn des Krieges abzuwehren, und er hat den Mut, einen Angreifer, der im Unrecht ist, daran zu hindern, unsere Brüder in die Knechtschaft zu führen. Man lebt nicht im Frieden, wenn einem gleichgültig ist, was dafür aufs Spiel gesetzt wird.
Frieden stiften, heißt auch, sich darum bemühen, an allen Grenzen die Brüderlichkeit zu errichten. Ihr könnt es kaum erwarten, die Grenzen fallen zu sehen, die ganze Welt um einen universalen Tisch zu versammeln, um vom selben Brot zu essen. Dies ist das Endziel des Gottesreiches. Doch sind die Grenzen auch in uns. Der brüderliche Zusammenschluß besteht nicht so sehr darin, die gesetzmäßigen Unterschiede zu beseitigen, als vielmehr darin, das Andersartige anzunehmen und zu lieben. So bietet Europa eine Herausforderung, die die Neue Welt weniger gut kennt: es ist ein Schmelztiegel edler und alter Kulturen, Sprachen und geschichtsträchtiger Nationen. Es geht darum, daß wir es verstehen, einander zu lieben und in gegenseitiger Achtung zusammenzuarbeiten. Es geht, um ein Beispiel zu nennen, weniger darum, die ganze Welt dazu zu verpflichten, dieselbe Sprache zu sprechen, als vielmehr um das Bemühen, die der anderen zu erlernen.

In deutscher Sprache sagte der Papst:

7. Jesus sagt uns: „Selig die Sanftmütigen, die keine Gewalt anwenden."
Die Sanftmütigen ertragen Streit und Eifersucht, die Rivalitäten, die in den Familien und unter Nachbarn entstehen. Sie nehmen aber auch nicht Unrechtssituationen passiv hin. Sie sind alles andere als gleichgültig. Aber auf Gewalt antworten sie nicht mit Gewalt, auf Haß nicht mit Haß. Das ist auch eure Überzeugung. Den Jugendlichen in Lesotho, die vom System der Apartheid umgeben sind, habe ich kürzlich gesagt: Gewaltverzicht ist eine mutige Wahl der Liebe zugunsten der Rechte des Menschen.
Jesus sagt uns: „Selig, die hungern und dürsten nach der Gerechtigkeit ... die um der Gerechtigkeit willen verfolgt werden".
Das bedeutet: Trachtet zu allererst danach, gerecht in den Augen Gottes zu sein; setzt euch dafür ein, daß jeder Mensch gerecht behandelt wird, nach seiner Würde als Kind Gottes, nach seinen Grundrechten, die Gott ihm garantiert.
Das ist eine eurer Anfragen. Ihr kennt gut den Einsatz der Kirche für alle Rechte des Menschen. Für Christus ist es selbstverständlich, daß niemand verachtet, unterdrückt, mißhandelt werden darf, weil er zu einer anderen Rasse, einer anderen Kultur oder zu einer anderen Religion gehört. Achtung gebührt der Unverletzlichkeit des Lebens auf allen seinen Stufen, und ihr habt recht, wenn ihr gegen diejenigen eure Stimme erhebt, die töten und foltern! Achtung gebührt auch den grundlegenden Freiheiten, wie jener, nach dem eigenen Gewissen zu denken und zu handeln.
Jesus sagt uns: „Selig die Barmherzigen."
Das sind diejenigen, die mit dem Elend der anderen mitfühlen, sich mit offenem Herzen ihnen zuwenden, die sich entgegenkommend verhalten, die verzeihen können.

In französischer Sprache sagte der Papst:

8. Ihr selbst habt gesagt, daß die Liebe zwischen Mann und Frau, zwischen einem jungen Mann und einer jungen Frau, heißt, den anderen in seiner Körperlichkeit, seinem Herzen und in seiner Freiheit zu achten, ihn mit Bewunderung als Gabe Gottes zu empfangen; ihn in seinem Anderssein zu lieben, mit der Absicht, alles zu tun, um ihn glücklich zu machen und zu bessern; sich zusammenzuschließen, um eine Familie zu gründen. Der andere muß um seiner selbst willen geliebt werden und darf kein Lustobjekt sein. Eine solche Liebe läßt sich mit Geduld erlernen; sie verlangt Opfer und ist dauerhaft. Ihr sagt, einige von euch seien in diesem Punkt sehr unsicher und ließen sich von den Gepflogenheiten der Jugendlichen und Erwachsenen in Verwirrung bringen, die für das Zusammenleben von unverheirateten Jugendlichen und für die Scheidung sind. Ich verstehe ihre Verwirrung. Auch zur Zeit Jesu dachten einige, die Zugeständnisse des Mose ausnutzen zu können, die er aufgrund der Wankelmütigkeit der Herzen gemacht zu haben schien. Doch hat Jesus den ursprünglichen Plan Gottes wieder in Erinnerung gerufen! „Was aber Gott verbunden hat, das darf der Mensch nicht trennen" (*Mk* 10,9). Wenn Gott absolute Treue verlangt, so tut er das deshalb, weil sie möglich ist. Wenn Jesus nach dem Bild seiner unauflöslichen Liebe zur Kirche ein Sakrament daraus gemacht hat, so deshalb, weil es niemals an seiner Gnade fehlen wird. Der Akt, der Mann und Frau in einem einzigen

Fleisch vereint, ist so groß und stark, daß er Ausdruck für die absolute Verbindung zweier Personen ist; außerhalb dieser Verbindung, die im Sakrament versiegelt ist, verliert er seinen Sinn. Ebenso kann man auch nicht auf Probe leben oder auf Probe sterben und man kann wahrlich nicht auf Probe lieben. Denn dies hieße, die verfrühte Erfahrung der Lust verwechseln mit der Hingabe seiner selbst in der Liebe, die mit klarem Blick für immer zugestanden wird. Schwierig ist hierbei nur, sich auf diese Hingabe seiner selbst auf der Ebene des Herzens und des Willens vorzubereiten.

9. Jesus sagt uns vor allem: „Selig, die arm sind vor Gott."
Ihr denkt an diejenigen, die sich um die Armen sorgen, die sich darum bemühen, ihnen ganz besonders zu dienen. Auch die Kirche würde dies gern tun. Doch Jesus hat die im Blick, die, so wie Maria, die Magd des Herrn, selbst in ihren Herzen arm, d. h. demütig sind und sich Gott hingeben, indem sie seinen Willen suchen. Jene Menschen wehren sich gegen Selbstgefälligkeit, Hochmut, Intoleranz und Fanatismus. So betete ich vor den jungen Islamiten in Casablanca: „Laß nicht zu, Gott, daß wir, indem wir deinen Namen anrufen, die Zwietracht unter den Menschen rechtfertigen!" Die, die arm sind vor Gott, sind wirklich frei.
Liebe Jugendliche, ein Mann und eine Frau, die nach diesen Seligpreisungen leben und ihren absoluten Wert anerkennen, haben den Schatz gefunden. Sie selbst sind für die Welt zu einem Schatz geworden. Sie tragen dazu bei, die Welt zu verändern. Sie verkünden das Paradies. Ihr habt gefragt: was kann die Religion denn im Jahre 2000 noch ausrichten? Sie wird große Dinge bewirken, wenn die Jugend von heute sich furchtlos auf diesen Weg begibt. Alles ist möglich mit dem Hauch, der von Jesus kommt, dem Hauch seines Geistes. Dies ist die Liebe, die von Gott kommt!

III.

1. Liebe Freunde, aufmerksam habe ich eurer Charta zugehört. Sie enthält sehr positive Aspekte. Ich würde sie voll und ganz unterschreiben! Doch ist dies vielleicht denjenigen vorbehalten, die noch jugendlichen Alters sind. Möge sich euer Leben Tag für Tag an diesem hohen Ideal inspirieren!
Ihr bittet mich darum, Zeugnis von der Lebendigkeit der Kirche zu geben, wie sie sich bei den Jugendlichen zeigt, die ich getroffen habe. Ja, ich bin im Osten wie im Westen, im Süden wie im Norden vielen von ihnen begegnet. Doch vor allem in Rom. Ich muß mich aber kurz fassen und eine gewisse Auswahl treffen. Überall sichere ich den Jugendlichen zu, daß die Kirche sie so liebt, wie Christus sie liebt. Und zugleich nehme ich ihre Zeugnisse und ihre Frage an, die die Zeichen ihrer Erwartungen und ihrer Hoffnungen sind. Es ist wunderbar zu sehen, wie Christus ihnen entgegenkommt, ihr Leben verändert, sie in Einheit mit ihm leben und sie ihre Mission entdecken läßt. Durch den Glauben ermuntert, ergreifen sie in ihrer Umgebung und in allen Bereichen, die ihr erwähnt habt, Initiativen zur Stärkung des Friedens, der Gerechtigkeit, der Versöhnung, der gerechten Verteilung der Güter auch an die Ärmeren. Heute Abend bleiben mir vor allem drei

Erfahrungen, denen ich sehr oft begegnet bin, im Gedächtnis, welche als Zeichen des Glaubens und des kirchlichen Lebens unter den Jugendlichen vielsagend und unmittelbar sind.

2. Wie könnte man, und dies ist der erste Punkt, beim neuen Aufblühen der Wallfahrten der Jugendlichen in den letzten Jahren ungerührt bleiben? Ich erinnere mich an die Universitätswallfahrten nach Tschenstochau, die seit dem Jahre 1936 stattfanden: oft habe ich mit meinen Kommilitonen daran teilgenommen und manchmal halb im Geheimen; wir besuchten das Heiligtum der Muttergottes von Jasna Gora, ein bedeutendes geistliches Zentrum in Polen. Doch geht die Erfahrung weit über den Rahmen meines Heimatlandes hinaus. Nach einer Periode geringeren Eifers hat man die Wallfahrten wieder aufgenommen: zahlreiche Jugendliche pilgern von Paris nach Chartres, von Macerata nach Loreto, von Buenos Aires nach Luján. Wir können sagen, daß unsere Begegnung hier in Straßburg schon eine Vorbereitung auf den Weltjugendtag ist, der 1989 stattfinden wird. Dieser Tag wird seinen Höhepunkt in Santiago de Compostela in Spanien am 19. und 20. August nächsten Jahres finden. Die Jugend der ganzen Welt ist dazu eingeladen. Ich selbst werde dorthin pilgern. Ich möchte euch dazu ermutigen, diese Wallfahrt zum Grab des Apostels Jakobus zu unternehmen. Auf diese Weise wird das alte Europa mit euch, den jungen Verkündern des Evangeliums des Jahres 2000, auf den Straßen, die seit dem Mittelalter so viele Pilger nach Santiago geführt haben, seine Wurzeln noch besser begreifen. Die Wallfahrt ist in der Tat von großer Bedeutung. Sie symbolisiert euer Leben. Sie bedeutet, daß ihr euch nicht niederlassen wollt, daß ihr all dem widersteht, was eure Energien abstumpfen, eure Fragen ersticken, eure Sichtweite verkürzen könnte. Man muß sich auf den Weg machen, es mit den Unbilden der Witterung aufnehmen, mit Hindernissen – zuerst mit dem unserer Schwäche – fertig werden und bis zum Ende durchhalten. Jesus ist unser Weg. Er begleitete uns, wie er die Emmausjünger begleitet hat. Er zeigt uns den Sinn unserer Wanderung. Er führt uns auf den rechten Weg zurück, wenn wir uns verirrt haben. Er hebt uns auf, wenn wir fallen. Er erwartet uns am Ende des Weges, wenn der Augenblick der Ruhe und der Freude gekommen ist. Die Heiligtümer sind wie ein „Winkel des Himmels", wo Christus uns mit seiner und unserer Mutter und den Heiligen empfängt; wo er uns vom Geheimnis der Gemeinschaft kosten läßt, zu dem wir bestimmt sind.

3. Eine weitere Erfahrung, die ich euch mitteilen will, ist das Aufblühen von christlichen Gemeinschaften und kirchlichen Bewegungen. Sie erwachsen aus dem Aufruf, den Christus an jeden von uns richtet. Wenn wir nicht gerade schlafen oder zerstreut sind, erkennen wir seine Gegenwart.
Den Wegen entsprechend, die die Vorsehung für jeden von uns bestimmt hat, setzen wir uns „in Bewegung". Seit der letzten Bischofssynode in Rom ist viel von den kirchlichen Bewegungen gesprochen worden. Sie stellen gewiß eine der überraschendsten Offenbarungen des Heiligen Geistes im Leben der Kirche von heute dar. Es ist nicht angebracht sie den traditionellen Vereinigungen oder den Bewegungen der Katholischen Aktion entgegenzustellen, die stets das Verdienst gehabt haben und es immer noch haben, an der

Evangelisierung unterschiedlichster Milieus teilzunehmen und einen christlichen Einfluß auf die Gesellschaft auszuüben. Doch sind die neuen Gemeinschaften vielversprechende Zeichen, die Bekehrung und Früchte der Heiligkeit hervorbringen; es wird hier ein tiefer Sinn für die Gemeinschaft und den missionarischen Eifer im Dienst an den anderen entdeckt. Im Zusammenschluß von geistlichem Suchen und weltlichem Handeln bieten sie eine katholische Synthese.

Doch ist es gewiß nötig, bei diesen Bewegungen das Wesentliche vom Unwesentlichen zu unterscheiden. Die objektiven Grenzen werden sich mit der Zeit im Gewebe der Gemeinschaft abklären können, wobei vor allem die pastorale Führung der Bischöfe und ein geduldiges Bemühen um die Liebe behilflich sind. Wesentlich ist, daß sie uns dazu führen, all unsere Energie und unser Vertrauen in Christus zu setzen. So können wir zu freien Menschen werden, ohne uns von dem uns umgebenden Materialismus ersticken zu lassen oder uns an die Knechtschaft seiner Idole – Macht, Konsum, Vergnügen – zu binden, ohne dem Konformismus zu weichen; ohne von den subtileren Verfolgungen oder Widerständen eingeschüchtert zu werden, die dahin tendieren, die Christen an den Rand der Gesellschaft zu stellen. Die Pädagogik dieser Bewegungen liegt darin, daß sie die Jugendlichen dazu anleiten, das Evangelium durch Wort und Tat als eine Botschaft der Befreiung zu verkünden, die das Leben voll menschlich macht und es in das ewige Leben mit Gott einführt.

4. Abschließend möchte ich mit euch über eine dritte Erfahrung der Jugendlichen sprechen, die ein eindeutiges Zeichen der Lebendigkeit der Kirche ist: die Berufungen. Jesus richtet seinen Blick auf uns wie auf den reichen jungen Mann: „Komm und folge mir nach!" Die Wege seiner Nachfolge sind sehr unterschiedlich und achten die Persönlichkeit eines jeden einzelnen. Viele sind dazu aufgerufen, vorbildliche christliche Familien zu bilden; sie setzen sich daher auf dem Weg des Ehesakramentes ein, das eine schöne und große Berufung ist. Viele tun es auch durch ihre Arbeit oder ihren sozialen, politischen, kulturellen oder gewerkschaftlichen Einsatz. Doch wie können wir uns unserer Bewunderung erwehren, wenn wir Jugendlichen begegnen, die wie die Jünger der ersten Stunden fähig sind, alles aufzugeben, um Christus im Priesteramt oder in der radikalen Verwirklichung der evangelischen Räte zu folgen? Nach schweren Zeiten nehmen nun die Priester- und Ordensberufungen zu. Eine große Zahl finden wir in Indien, Korea und in vielen Ländern Afrikas als Frucht des missionarischen Eifers. Ebenso ist diesbezüglich auch in den seit fünfhundert Jahren evangelisierten christlichen Gemeinschaften in Lateinamerika und den Philippinen eine Erneuerung zu vermerken; und selbst – doch immer noch in nicht ausreichendem Maße – in unserem alten Europa. Und dabei hat es nie an der Gnade Gottes gefehlt; der Herr der Ernte ruft stets Arbeiter für seine Ernte. Doch müßten sich die Herzen vieler hochherziger Jugendlicher öffnen. Das wird ein Zeichen der Lebendigkeit der Kirchen sein – und es ist das bereits.

Ich bin gern der Freund der Jugendlichen. Doch wie ihr seht, bin und bleibe ich ein anspruchsvoller Freund. Denn Christus ist anspruchsvoll: er verlangt alles. Er ruft euch dazu auf, die selbstgefälligen Demagogien abzulehnen. Euer Herz ist dem allesfordernden Eifer, der das ganze Leben zum Einsatz hat, gewachsen. Das, was Wert hat, kann nicht

umhin, teuer zu sein. So ist es auch mit den Seligpreisungen. Wenn man Christus nachfolgt, trägt man das Kreuz, empfängt aber auch bereits in diesem Leben die Freude einer hundertfachen Belohnung.
Bevor ich meinen Weg wieder aufnehme, um die Frohbotschaft anderswo zu verkünden, lade ich euch ein, euch die Hände zum Zeichen des Friedens zu reichen, und dann, sie zu erheben, um Gott gemeinsam mit Maria dankzusagen. Er hat in ihr Wunder gewirkt und er wirkt in euch Wunder!

Den Werten Europas treu bleiben

Ansprache an die Parlamentarische Versammlung des Europarates in Straßburg am 8. Oktober

Herr Präsident,
Exzellenzen, meine Damen, meine Herren!

1. Es ist mir eine Freude, heute dem Europarat einen Besuch abzustatten und mich an seine Parlamentarische Versammlung wenden zu können, hier in Straßburg, einer Stadt, deren Geschichte die europäische Berufung bezeugt. Von Herzen danke ich dem Herrn Präsidenten, Louis Jung, für seine Begrüßungsworte; ich weiß ihm ebenso Dank wie dem Herrn Generalsekretär, Marcelino Oreja, daß sie die Einladung, die ich vor einigen Jahren erhalten hatte freundlichst erneuerten. Sie geben mir außerdem Gelegenheit, erneut der Wertschätzung der katholischen Kirche für eine Institution Ausdruck zu geben, deren Tätigkeit die katholische Kirche durch eine Ständige Vertretung aufmerksam begleitet. Ihr Rat hat die schöne und hohe Berufung, die Nationen dieses Kontinentes einander näherzubringen, um den „Frieden, der sich auf die Gerechtigkeit gründet", zu festigen, „zum Schutz der menschlichen Gesellschaft und der Zivilisation", in einem unerschütterlichen Engagement für „die geistigen und moralischen Werte, die das gemeinsame Erbe ihrer Völker sind," um nur einige wesentliche Stellen aus der Präambel Ihres Statuts zu zitieren. Der Europarat wird im nächsten Jahr den 40. Jahrestag seiner Gründung begehen. Das wird für Ihre Versammlung, die die demokratischen Instanzen von 21 Ländern repräsentiert, Gelegenheit bieten, die Bilanz der umfassenden Arbeit zu ziehen, die geleistet wurde, um der Hoffnung der Völker eine Antwort zu geben, um dem Ideal von Freiheit, Toleranz und Achtung vor dem Recht zu dienen.

2. Unmittelbar nach dem Zweiten Weltkrieg, der in Europa ausgebrochen war, empfanden die Menschen zutiefst die Notwendigkeit, die Antagonismen unter den Völkern, die sich gerade gegenübergestanden hatten, zu überwinden. Es kam der Wille zum Ausdruck, die kriegführenden Parteien von gestern in Solidarität untereinander zu verbinden und ihrer Zusammenarbeit eine institutionelle Gestalt zu verleihen. Ich kann nicht übergehen, daß sich inmitten der Wirren die Stimme von Papst Pius XII. erhob und die „unverletztliche Würde des Menschen", „die wahre Freiheit des Menschen" (vgl. *Radiobotschaft* Weihnachten 1944) öffentlich hervorhob. Anerkennung gebührt den klarsehenden

und weitblickenden Männern, die es verstanden haben, über die Grenzen hinweg zusammenzukommen und die alten Feindschaften zu überwinden, um das Projekt „Europarat" anzuregen und zum Abschluß zu bringen; ein Rat, der aufgerufen ist, zu einer Stätte zu werden, an der Europa sich seiner selbst bewußt wird, an der es die Aufgaben ermißt, die es erfüllen muß, um eine Antwort zu geben auf die Ängste und Hoffnungen seiner Bürger, eine Stätte, an der Europa sich die notwendige Zusammenarbeit auf zahlreichen schwierigen Sachgebieten zur Aufgabe macht. Ich weiß, daß Sie dem Andenken derjenigen treu sind, die Sie die „Väter Europas" nennen, wie Jean Monnet, Konrad Adenauer, Alcide de Gasperi, Robert Schumann. Von letzterem möchte ich eine Formulierung übernehmen, die die Kernidee der Gründer beschreibt: „Der Menschheit dienen, die endlich vom Haß und der Furcht befreit ist, und die nach allzu langer Zerrissenheit die christliche Brüderlichkeit wieder lernt." (*Pour l'Europe*, S. 46).

3. Es ist wahr, daß die Männer und Frauen dieses alten Kontinentes mit den Stürmen seiner Geschichte sich dessen wieder bewußt werden müssen, was ihre gemeinsame Identität begründet, was als ihr weites gemeinsames Gedächtnis Bestand hat. Gewiß, die europäische Identität ist keine leicht erfaßbare Wirklichkeit. Die weit zurückliegenden Quellgründe dieser Zivilisation sind vielfältig, sie stammen aus Griechenland und aus Rom, aus keltischem, germanischem und slawischem Boden, aus dem Christentum, das sie tief geprägt hat. Und wir wissen, welche Verschiedenheit an Sprachen, Kulturen, Rechtstraditionen die Nationen, die Regionen und auch die Institutionen kennzeichnen. Aber im Hinblick auf die anderen Kontinente erscheint Europa wie eine einzige Einheit, auch wenn der innere Zusammenhang von denen, die zu Europa gehören, weniger klar erfaßt wird. Dieser Blick kann Europa helfen, sich selbst besser wiederzufinden.
In fast zwanzig Jahrhunderten hat das Christentum dazu beigetragen, eine Sicht der Welt und des Menschen zu entwickeln, die heute ein grundlegender Beitrag bleibt – jenseits der Zerrissenheiten, der Schwächen, ja sogar der Versäumnisse der Christen selbst. Sie werden mir gestatten, an dieser Stelle einige wesentliche Züge in Erinnerung zu rufen. Die christliche Botschaft offenbart eine so enge Beziehung des Menschen zu seinem Schöpfer, daß sie alle Aspekte des Lebens zur Geltung bringt, angefangen beim physischen Leben: der Leib und der Kosmos sind das Werk und das Geschenk Gottes. Der Glaube an Gott, den Schöpfer, hat den Kosmos entmythifiziert und ihn der rationalen Erforschung durch den Menschen anheimgegeben. Wenn der Mensch als Person sich selbst in der Gewalt hat und die Erde beherrscht, entfaltet er Fähigkeiten, die ihrerseits „schöpferisch" sind: nach christlicher Sicht verfügt der Mensch in Freiheit und ohne Scheu über das physikalische Universum – weit davon entfernt es zu verachten. Diese positive Sicht hat in großem Ausmaß zur Entwicklung von Wissenschaft und Technik durch die Europäer beigetragen.
Im Frieden mit dem Kosmos hat der Christ ebenfalls gelernt, den unschätzbaren Wert jedes Menschen zu achten, der nach dem Bild Gottes geschaffen und durch Christus erlöst ist. Die Menschen in ihren Gemeinschaftsformen – den Familien, den Städten, den Völkern – leben und leiden nicht vergeblich: das Christentum lehrt sie, daß die Geschichte kein unbestimmter Zyklus in unaufhörlichem Neubeginn ist, sondern daß sie einen Sinn

findet in dem Bund, den Gott den Menschen anbietet, um sie einzuladen, sein Reich in Freiheit anzunehmen.

4. Das biblische Menschenbild hat es den Europäern gestattet, eine große Vorstellung von der Würde des Menschen als Person zu entwickeln, die einen wesentlichen Wert auch für diejenigen bedeutet, die keinen religiösen Glauben haben. Die Kirche bekräftigt, daß es im Menschen ein Gewissen gibt, das nicht auf die Umweltbedingungen, denen es unterliegt, zurückgeführt werden kann, ein Gewissen, das imstande ist, seine eigene Würde zu erkennen und sich zum Absoluten hin zu öffnen, ein Gewissen, das die Quelle grundlegender Entscheidungen ist, die geleitet werden von der Suche nach dem Guten für die anderen wie für sich selbst, ein Gewissen, das der Ort einer verantworteten Freiheit ist. Es ist wahr, daß es zu Abweichungen gekommen ist und die Christen daran ihren Anteil gehabt haben. Der Mensch als Person, als einzigartiges Subjekt von Rechten und Pflichten, hat oft dem Individuum Raum gegeben, Gefangener seines Egoismus zu sein in der Meinung, er selbst sei sein eigentliches Ziel. Aus einer anderen Richtung hat die Verherrlichung der Gruppe, der Nation oder der Rasse zu den totalitären und tödlichen Ideologien führen können. Der praktische oder theoretische Materialismus hat fast überall das geistige Wesen des Menschen verkannt und seine Lebensrechte dramatisch reduziert. Es gereicht den Demokratien zur Ehre, daß sie die Gesellschaft so zu organisieren versuchen, daß der Mensch nicht nur in allem, was er ist, geachtet wird, sondern daß er am öffentlichen Leben unter Ausübung seines freien Willens teilnimmt.

5. Ihr Rat ist dem Erbe des europäischen Bewußtseins treu geblieben, indem er sich die öffentliche Darstellung und den Schutz der Menschenrechte als wichtige Aufgabe gestellt hat. Durch die Ratifizierung der Konvention zum Schutz der Menschenrechte und der Grundfreiheiten wollten die Mitgliedsstaaten ihre Verbindung enger gestalten im Hinblick auf die Grundsätze und die höchsten Werte der europäischen Tradition. Um deren Beachtung überall sicherzustellen hat man den Menschenrechtsgerichtshof und die Europäische Menschenrechtskommission gegründet, indem man ihnen eine juristische Zuständigkeit und Autorität zuerkannte, die in den internationalen Organisationen einzigartig ist.
Wie in dieser Hinsicht die Überlegungen Ihrer Versammlung zu den zahlreichen Aspekten des Lebens in der Gesellschaft beweisen, geht die Berücksichtigung der Menschenrechte und der Würde des Menschen als Person weit über das hinaus, was die spezifischen Texte bezüglich der Menschenrechte bestimmen. Die Kirche ist der Überzeugung, daß der Mensch das Recht auf Freiheit und Sicherheit hat, das notwendig ist, um sein Leben nach den Forderungen seines richtig informierten Gewissens, seiner geistigen Offenheit auf das Absolute hin und seiner Berufung zum brüderlichen Leben zu führen. Unter den Bereichen, die an das rühren, was es im tiefsten Inneren des Menschen gibt, sind mehrere, bei denen die Kirche Wert darauf legt, zum Fragegegenstand ihren Standpunkt darzulegen.

6. Die Familie ist ohne Zweifel die Wirklichkeit, in der die Interaktion zwischen der persönlichen Verantwortung und den gesellschaftlichen Bedingungen am stärksten hervor-

tritt. Die Entwicklung der europäischen Gesellschaft in letzter Zeit, hat das Gleichgewicht und die Stabilität in den Familien schwieriger werden lassen. In dieser Hinsicht spielen Faktoren aus dem wirtschaftlichen Bereich in Verbindung mit der Arbeit insbesondere jener der Frau, eine Rolle, die Wohnung, die Versetzung und Umsiedlung von Menschen, die freiwillige Auswanderung und der erzwungene Weg ins Exil. Andererseits sieht man, wie sich Vorstellungen ausbreiten, die die Liebe entwerten, die Sexualität trennen von der Lebensgemeinschaft, der sie Ausdruck verleiht, und die festen Bindungen schwächen, zu denen eine wahrhaft menschliche Liebe verpflichtet. Dort liegt eine reale Gefahr, denn die Familie verliert ihre Stabilität und löst sich auf. Die abfallenden demographischen Kurven sind ein Zeichen für die Krise der Familie, das Unruhe auslöst.

In dieser Lage müssen sich die Europäer wieder besinnen und der Familie ihren Wert als ursprüngliches Element im gesellschaftlichen Leben wieder zuerkennen. Daß sie doch die Bedingungen zu schaffen vermögen, die für die Stabilität der Familie günstig sind, die es gestatten, dort das Leben mit Großmut zu empfangen und weiterzugeben! Daß man sich doch wieder der Würde der Verantwortung bewußt werden möge, die jeder Mensch in seinem Heim für den Unterhalt und das Wohl der anderen trägt! Die Familie als solche ist ein Rechtssubjekt – das muß deutlicher anerkannt werden. An dieser Stelle kann ich nur in Kürze diese Sorgen in Erinnerung rufen. Sie wissen, wieviel Bedeutung die katholische Kirche diesem Thema zumißt, so daß sie eine „Charta der Familienrechte“ vorgelegt hat. Alles, was die Familie betrifft, ist ein Anliegen, das die christlichen Gemeinden im Lichte ihres Glaubens vertiefen, das sie aber teilen mit jedem Menschen, dem die Würde des Menschen ein Anliegen ist.

7. Einer der beeindruckendsten Aspekte der wissenschaftlichen Entwicklung betrifft die beiden Wissenschaftsdisziplinen der Biologie und Medizin. In Ihrer Arbeit müssen Sie sich oft mit Fragestellungen vertraut machen, die ausgelöst werden von den neuen Möglichkeiten, in die verschiedenen Phasen des Lebens unter Überschreitung der gewöhnlich praktizierten Therapien einzugreifen. Die genetischen Prozesse können positiv, aber auch negativ beeinflußt werden. Biogenetische Prozesse zerstören die natürliche Abstammung. Die Diagnose einer pränatalen Pathologie führt allzu leicht zur Abtreibung, während ihr legitimes Ziel therapeutischer Natur ist. Die an menschlichen Embryonen vorgenommenen Experimente eröffnen die Möglichkeit zu mißbräuchlichen Manipulationen. Es kommt auch vor, daß schwerwiegende Eingriffe nur auf Grund der bloßen Tatsache hingenommen werden, daß die wissenschaftlichen Fortschritte sie möglich machen.

Ihre Versammlung ist häufig mit der Erörterung dieser Fragestellungen befaßt, die fundamental ethischer Natur sind. Es ist unabdingbar, daß die Achtung vor der Würde des Menschen niemals aus dem Blickfeld gerät – schon vom Zeitpunkt der Empfängnis an bis zu den letzten Stadien der Krankheit oder den gravierendsten Erscheinungsformen der Trübung der geistigen Fähigkeiten. Sie werden verstehen, daß ich hier erneut die Überzeugung der Kirche wiederhole: Der Mensch behält für immer seinen Wert als Person, denn das Leben ist ein Geschenk Gottes. Die Schwächsten haben das Recht auf

Schutz, auf Betreuung, auf Zuneigung – von seiten ihrer Verwandten und von seiten der solidarischen Gesellschaft. Das Drängen der Kirche auf den Schutz allen Lebens von der Empfängnis an ist von nichts anderem geleitet, als von einer ethischen Forderung, die sich aus dem ergibt, was der Mensch selbst ist und was keinem freien und aufgeklärten Gewissen fremd sein dürfte. Die Kirche kennt die schwerwiegenden Dilemmata, die sich zahlreichen Paaren stellen wie auch Ärzten oder den verschiedenen in der Gesundheitsberatung Tätigen; sie ignoriert ihr Leiden und ihre Zweifel nicht; sie möchte jedoch darum bitten, daß man dabei nicht unversehens die Gewissen verbildet und daß die wirklich menschliche Brüderlichkeit niemals fehlt. Die Kirche begrüßt die Fortschritte, die zustande gebracht wurden, um das Leben des Kindes vor der Geburt zu schützen, um die Unversehrtheit seines natürlichen Erbgutes zu schützen, um wirksame Therapien zu entwickeln. Wenn Ihre Institution der Macht des Menschen über den Menschen Schranken ethischer Art setzt, wird sie ihre Rolle als kritisches Gewissen im Dienst der Gemeinschaft erfüllen.

8. Es wird Ihnen selbstverständlich erscheinen, meine Damen und Herren, daß ich die Bedeutung der Arbeit betone, die von Ihrem Rat geduldig im Bereich des sozialen Lebens geleistet wird. Sie haben den Ländern Europas den Vorschlag einer Sozialcharta unterbreitet, die die Würde aller Arbeiter zu fördern sucht, harmonische menschliche Beziehungen in der Arbeitswelt, die Möglichkeit für alle, ihren Lebensunterhalt auf anständige Weise zu bestreiten durch eine Beschäftigung, die ihren Fähigkeiten angemessen ist. Die Aufgabe ist beachtlich, auch wenn Ihre Länder im Vergleich zu vielen anderen Regionen der Welt eher begünstigt sind.
Das dringlichste Problem, das alle Formen der Zusammenarbeit mobilisieren muß, ist zunächst der Zugang zur Beschäftigung selbst; seit zu langer Zeit ist dieser Kontinent von einer Beschäftigungskrise geschlagen, die diejenigen Männer und Frauen hart trifft, die daran gehindert sind, den Lebensunterhalt für sich persönlich und für ihre Familien zu bestreiten, indem sie den Beruf ausüben, für den sie ausgebildet sind. Ist es utopisch zu verlangen, daß man – wenn Entscheidungen wirtschaftlicher Art vorbereitet werden – das Leid derjenigen berücksichtigt, die mit ihrer Arbeit einen Teil ihrer Würde und mitunter sogar die Kraft, zu hoffen, verlieren? Auch die Kirche möchte zu allen Bemühungen ermutigen, die unter den Bürgern einer Nation zur Sicherstellung einer wirklichen Solidarität unternommen werden, die als menschliche und christliche Tugend sich nicht bloß zum Ziel setzt, den Verlust von Ressourcen auszugleichen, sondern zugleich auch die Entschiedenheit und den Mut zeigt, die notwendig sind, um zu einer besseren Verteilung der Arbeit zu kommen.
Die Zonen der Armut in den Ländern, die den Rat bilden, darf man ebenfalls nicht vergessen. Beachtliche Anstrengungen wurden unternommen, um sie zu erfassen und den Versuch zu machen, der „Existenz am Rande“ abzuhelfen, in der sich die am meisten Benachteiligten befinden.

9. In dem Zusammenhang, den ich gerade behandelt habe, denkt man selbstverständlich an die Jugend. Es hängt von ihr ab, der Gemeinschaft der Nationen Energie und Großmut

für den Frieden und die Solidarität einer Welt zu geben, die fähig ist, die unaufhörlich neuen Probleme anzugehen. Das werde ich den Tausenden junger Europäer sagen, die ich heute Abend sehen werde.
Ich weiß, daß es der Wunsch Ihres Rates ist, den Fortschritt im Erziehungswesen zu fördern, um allen Gelegenheit zu geben, ihre intellektuellen Fähigkeiten zu entwickeln und ihren Wunsch, zu arbeiten, in die Tat umzusetzen.
Welche Bildung und Ausbildung bieten wir den jungen Menschen? Ich stimme den Studien und Initiativen, die im Rahmen der Arbeit Ihres Rates durchgeführt werden, zu und möchte einfach einen wesentlichen Aspekt unterstreichen. Die Bildung und Ausbildung der Jugend gewinnt ihre vollständige menschliche Dimension, wenn der Wissenserwerb und das Erlernen der Techniken sich im Rahmen der umfassenden Wahrheit über den Menschen vollziehen. In einer Zeit, in der die materiellen Güter und Technologien Gefahr laufen, den Forderungen des Geistes vorzugehen, muß man da nicht mit einem Wort daran erinnern, daß es keine „Wissenschaft ohne Gewissen" gibt? Wenn eine Einführung ins Wissen vorgeschlagen wird, so geschieht das, um den jungen Menschen die Größe seiner Bestimmung als Mensch erkennen zu lassen.

10. Häufig wird Bedauern darüber geäußert, daß den jungen Leuten in gewisser Weise die Erinnerung an das kulturelle Erbe fremd bleibt, das von den Völkern Europas in mehr als zwei Jahrtausenden geschaffen wurde. Man spürt auch eine Besorgnis um die Bewahrung dieses Erbes selbst. Wenn ich diese Frage kurz erwähne, nachdem ich von der Erziehung gesprochen habe, so geschieht das in der Überzeugung, daß das unvergleichliche kulturelle Erbe dieses Kontinents nicht einfach bewahrt werden muß, um für den distanzierten oder gleichgültigen Blick zur Verfügung zu stehen, den man Überresten entgegenbringt. Es ist wichtig, daß man die Zeugen einer lebendigen Kultur von einer Generation zur anderen weitergibt, sie anvertraut – die Werke, die Entdeckungen und die Erfahrungen, die fortschreitend dazu beigetragen haben, den Menschen in Europa zu formen. Daher lege ich großen Wert darauf, nicht nur die bemerkenswerten Bemühungen zu unterstützen, die unternommen wurden, um den Reichtum der Vergangenheit vor dem Untergang zu retten, sondern aus ihnen den Reichtum von heute zu machen. Diese Aufgabe wird um so besser der Realität dieses Kontinents entsprechen, als die große Tradition des gegenseitigen Austauschs zwischen einer Region und der anderen sich entwickeln wird mit der Folge, daß ein Künstler oder ein Intellektueller sich ebenso zuhause fühlt in Flandern wie in Italien, in Portugal wie in Schweden, an den Ufern des Rheins wie an denen der Donau. Insbesondere die jungen Menschen sind für den Kulturaustausch disponiert – laßt es uns ihnen ermöglichen, die besten Errungenschaften ihrer Väter sich zu eigen zu machen, die Vergangenheit kennenzulernen, um sie besser darauf vorzubereiten, daß sie ihrerseits die Initiative ergreifen und ihre schöpferischen Fähigkeiten fruchtbringend entfalten.

11. Meine Damen, meine Herren, wenn Europa sich selbst treu sein will, muß es alle lebendigen Kräfte dieses Kontinents zu sammeln wissen, indem es die ursprüngliche Eigenart jeder Region achtet, aber in ihren Wurzeln einen gemeinsamen Geist wiederfindet. Die Mitgliedsstaaten Ihres Rates sind sich bewußt, nicht das ganze Europa zu sein; wenn

ich den brennenden Wunsch nach einer Intensivierung der Zusammenarbeit mit den anderen Nationen – besonders aus der Mitte und dem Osten Europas – zum Ausdruck bringe, habe ich das Empfinden, die Sehnsucht von Millionen von Männern und Frauen zu beschreiben, die sich in einer gemeinsamen Geschichte miteinander verbunden wissen und auf eine Zukunft in Einheit und Solidarität nach dem Maßstab dieses Kontinentes hoffen.

Durch die Jahrhunderte hat Europa eine bedeutende Rolle in den anderen Teilen der Welt gespielt. Man muß einräumen, daß Europa nicht immer sein Bestes in seine Begegnung mit den anderen Zivilisationen eingebracht hat; niemand aber kann bestreiten, daß es auf glückliche Weise an vielen Werten teilhaben ließ, die es lange Zeit hatte ausreifen lassen. Seine Söhne und Töchter hatten wesentlichen Anteil an der Verbreitung der christlichen Botschaft. Wenn Europa heute eine Rolle zu spielen wünscht, muß es in Einheit sein Handeln eindeutig gründen auf das, was es an äußerst Humanem und Großmütigem in seinem Erbe gibt.

Gute Beziehungen zwischen den Ländern der verschiedenen Weltregionen können es nicht bewenden lassen bei Geschäften politischer oder wirtschaftlicher Art. Mit der starken Zunahme der Begegnung von Menschen aus allen Kontinenten empfindet man auf neue Weise, wie sehr es für menschliche Gemeinschaften aus verschiedenen Traditionen notwendig ist, sich untereinander zu verstehen. Ich bin sicher, daß sich gerade in diese Sichtweise das Programm einordnet, das kürzlich aufgelegt wurde, um die Nord-Süd-Beziehungen zu beleben und zu fördern. Es gibt in der Tat im Rahmen der universalen Solidarität eine Verantwortung Europas im Hinblick auf diesen Teil der Welt.

Man wird schon ein bedeutsames Zeichen für die Ernsthaftigkeit dieses Willens zu Verständigung und Frieden in der Art und Weise der Aufnahme finden, die im eigenen Land für jeden vorgesehen ist, der von woandersher kommt und anklopft – sei es, daß er zugleich Partner ist, oder sei es, daß er gezwungen ist, eine Zuflucht zu suchen. Die Christen ihrerseits, die sich selbst bemühen, ihre Einheit wieder zu errichten, haben auch den Wunsch, ihre Achtung vor den Gläubigen der anderen Religionen die in ihren Regionen wohnen, zum Ausdruck zu bringen; die Christen wünschen, mit diesen in aller Klarheit und Deutlichkeit einen brüderlichen Dialog zu unterhalten.

Der Friede kostet diese Achtung vor der kulturellen und geistigen Identität der Völker. Könnten doch die Europäer ihren selbstlosen Beitrag zum Wohl aller Nationen auf diese Überzeugung gründen!

12. Herr Präsident, meine Damen, meine Herren!

Wenn ich heute vor die erste internationale Parlamentarische Versammlung trete, die in der Welt geschaffen wurde, bin ich mir bewußt, daß ich mich an die qualifizierten Vertreter der Völker wende, die sich in Treue zu ihren lebendigen Ursprüngen begegnen wollten, um ihre Einheit zu festigen und sich den anderen Nationen aller Kontinente zu öffnen in der Achtung vor der Wahrheit über den Menschen. Ich kann Zeugnis ablegen von der Bereitschaft der Christen, einen aktiven Anteil an den Aufgaben Ihrer Institutionen zu übernehmen. Ihrem Rat wünsche ich fruchtbringende Arbeit, um die Seele Europas ständig lebendiger und großmütiger zu machen.

Straßburg – ein Symbol für europäische Identität

Grußadresse an den französischen Staatspräsidenten auf dem Flughafen Straßburg-Entzheim am 8. Oktober

Herr Präsident,

zum vierten Mal seit dem Beginn meines Pontifikates habe ich die Ehre und die Freude, heute wiederum auf dem Boden der französischen Republik empfangen zu werden. Ich bin sehr dankbar für Ihre Worte des Willkommens und insbesondere dafür, daß Sie es sich nicht haben nehmen lassen, mich persönlich zu dem Augenblick willkommen zu heißen, in dem ich diesen kurzen Besuch bei den Europäischen Institutionen, die in Straßburg ihren Sitz haben, und in den Diözesen von Straßburg, Metz und Nancy beginne.
In Ihrer Person, Herr Präsident, möchte ich hier das ganze französische Volk begrüßen; dabei denke ich zurück an meine früheren Besuche, die mich namentlich nach Paris, nach Lourdes und nach Lyon geführt haben. Die Beziehungen zwischen Frankreich und dem Hl. Stuhl sind so eng und so alt, daß ich mich nur freuen kann über diese erneute Begegnung heute und in den nächsten Tagen.
Frankreich genießt das Privileg, in Straßburg zwei der wichtigsten Institutionen, die sich die europäischen Nationen nach dem letzten Weltkrieg geschaffen haben, Gastrecht zu gewähren: dem Europarat mit der Kommission und dem Gerichtshof für die Menschenrechte, der 21 Länder Westeuropas umfaßt, und dem Europäischen Parlament, das von den Bürgern der zwölf Länder der Europäischen Gemeinschaft in allgemeinen direkten Wahlen gewählt wurde.
Die alte Stadt Straßburg, die in diesem Jahr die 2000-Jahrfeier ihrer Gründung begeht, ist aufgrund ihrer Geschichte ein Symbol für den Willen, die europäische Identität in der Versöhnung der Nationen dieses Kontinents und der Arbeit für eine Zukunft in Frieden und Zusammenarbeit zu fördern.
Universal aufgrund ihrer Natur, kann die katholische Kirche, die in derselben geistig-geistlichen Familie Männer und Frauen aus allen Völkern und allen Kulturen vereint, nur mit Genugtuung die Anstrengungen begrüßen, die die europäischen Länder unternehmen, um ihre Beziehungen noch enger zu gestalten und die Zukunft gemeinsam ins Auge zu fassen. Um dieses Vorhaben zu festigen, das nach so vielen Jahrhunderten der Spaltung wieder Wirklichkeit wird, ist es dringlich – wie mir scheint –, daß diese Völker aus den gemeinsamen Quellen desselben Glaubens und derselben Werte schöpfen, die ihr kostbarstes Erbe darstellen. Aus diesem Grund habe ich die Einladung der europäischen Institutionen von Straßburg gerne angenommen, um vor ihnen die Wertschätzung und die Ermutigung von seiten der katholischen Kirche zum Ausdruck zu bringen.
Es wird mir auch gegönnt sein, der europäischen Jugend – der Trägerin der Zukunft – unmittelbar zu begegnen, den Leitern der protestantischen Gemeinschaften und der Juden, dem Klerus und den Gläubigen der zwei Diözesen Straßburg und Metz wie auch der Diözese Nancy. Im voraus freuen ich mich, meine Brüder (vgl. *Lk* 22,32) im Glauben und in den Bemühungen, die sie entfalten im Dienst der Sendung der Kirche heute, stärken zu

können. Allen werde ich sagen, daß Europa auf sie wartet, denn es braucht das freie und mutige Zeugnis, das sie für die Werte des Evangeliums ablegen müssen.
Herr Präsident, bei der großen Aufgabe, die die europäischen Länder gemeinsam angehen, bin ich überzeugt, daß die ethischen und geistig-geistlichen Perspektiven, die die Kirche ihrer Sendung gemäß vorlegt, einen wesentlichen Beitrag zur Sicherung des Humanen im gesellschaftlichen Leben beitragen. Ich wünsche mir einen vollen Erfolg für die Festigung der europäischen Strukturen, eine Aufgabe, bei der sich von Anfang an Ihr Land mit Entschiedenheit engagiert hat.
Ihnen persönlich und Frankreich gelten alle meine guten Wünsche. Daß Gott Ihr Land segne und es in Frieden schütze!

Maria stärke den Glauben in ganz Europa

Angelus in Straßburg am 9. Oktober

Liebe Brüder und Schwestern!

In der Mitte des Tages grüßen wir die heilige Jungfrau Maria. Wir grüßen sie mit den Worten des Engels, der die Menschwerdung verkündet. Wir grüßen die Magd des Herrn in ihrem vorbehaltlosen Glauben an das Wort Gottes. Wir grüßen die selige Jungfrau, die einwilligte, Mutter des Erlösers, des Sohnes Gottes, zu werden. Wir grüßen die bewundernswerte Mutter, der Jesus seinen Lieblingsjünger anvertraut hat. Wir grüßen in Maria, die im Abendmahlssaal unter den Aposteln war, die Mutter der Kirche.
Wir ehren die Gottesmutter und rufen sie gemeinsam an mit allen Generationen ihrer Söhne und Töchter vom Elsaß, die ihr so viele Heiligtümer erbaut haben.

- Wir rufen zu Unserer Lieben Frau von Neukirch, zur Gnadenmutter von Maria-Eich in Coersdorf, in Sélestat: ihr vertrauen wir die Familien und die Jugend an.
- Wir rufen zur Schmerzhaften Muttergottes von Dusenbach, von Marienthal, von Thierenbach, von Trois-Epis: ihr vertrauen wir die Kranken und die Behinderten an.
- Wir rufen zu Unserer Lieben Frau vom Trost in Aspach, in Hattisheim, in Illfurt: ihr vertrauen wir unsere Brüder an, die benachteiligt sind, unsere Brüder, die unter einer moralischen Prüfung leiden.
- Wir rufen zu Unserer Lieben Frau von Altbronn, von Grunenwals, von Monswiller: ihr vertrauen wir die Priester, die Ordensmänner und -frauen, die jungen geistlichen Berufe an.
- Wir rufen zu Unserer Lieben Frau von der Immerwährenden Hilfe in Oderen, in Altkirch: ihr vertrauen wir die Verantwortlichen für das Gemeinwohl in den Städten und Dörfern an.
- Wir rufen zu Unserer Lieben Frau der Barmherzigkeit von Bischenberg: ihr empfehlen wir unsere verstorbenen Brüder und Schwestern.
- Wir rufen zu Unserer Lieben Frau von Frankreich, Unserer Lieben Frau von Europa: Wir bitten sie, den Glauben ihrer Söhne und Töchter in ganz Europa zu stärken, und wir vertrauen ihr das Leben der Kirche auf diesem Kontinent an.

„Wir sind zu neuen Bemühungen aufgerufen“

Ansprache beim ökumenischen Gebetsgottesdienst in Straßburg am 9. Oktober

Liebe Brüder und Schwestern in Christus!

1. Soeben haben wir eine anspruchsvolle Botschaft vernommen, die jedoch auch voll Hoffnung und Freude ist.
Durch das Geschenk des Glaubens und der Taufe sind wir zu Reben an jenem wahren Weinstock geworden, der Christus ist. Wenn wir von diesem Weinstock losgetrennt sind, können wir keine Frucht bringen. Wenn wir aber begonnen haben, Frucht zu tragen, läutert uns das im Glauben empfangene Wort Gottes unablässig, damit wir noch mehr Frucht bringen. Die Forderungen Christi führen jedoch zu Hoffnung und Freude: „Wenn ihr in mir bleibt und wenn meine Worte in euch bleiben, dann bittet um alles, was ihr wollt: Ihr werdet es erhalten.“ „Wenn ihr meine Gebote haltet, werdet ihr in meiner Liebe bleiben ... Dies habe ich euch gesagt, damit meine Freude in euch ist und damit eure Freude vollkommen wird“ (*Joh* 15,7.10–11).

2. Anforderung, Hoffnung und Freude: diese drei Worte können das ökumenische Engagement zusammenfassen, das heute in fast allen christlichen Kirchen eine Tatsache geworden ist.
Nach einer Zeit der Gegnerschaft, des Mißtrauens und der gegenseitigen Nichtbeachtung sind wir einander durch die Gnade Christi nähergekommen. Aufgrund des fundamentalen Bandes, welches – wie soeben Herr Pastor Hoeffel in Erinnerung gerufen hat – das Sakrament der Taufe zwischen uns herstellt, sind wir alle Reben an jenem wahren Weinstock, der Christus ist. Unsere Einheit kommt von ihm und kann durch ihn wachsen, denn ohne ihn können wir nichts tun (vgl. *Joh* 15,16). Ohne unsere persönliche Bindung an Christus und unsere Verwurzelung im Glauben an ihn; ohne eine regelmäßiges Hören und Annehmen des Wortes Gottes wären unsere Dialoge einfache Verhandlungen und unsere Zusammenarbeit ein rein taktisches Projekt. Das Gebet, die Bekehrung des Herzens und die Erneuerung der Kirche sind unerläßliche Mittel, um die Gnade der Einheit der Christen zu empfangen (vgl. *Unitatis redintegratio*, Nr. 6–8).

3. Heute sind die christlichen Kirchen und Gemeinschaften aus verschiedenen Gründen der Gefahr ausgesetzt, sich in sich selbst zu verschließen und so die Schritte, die zur Einheit führen, zu vernachlässigen. Durch die geringen Fortschritte manchmal enttäuscht oder überrascht durch das Auftreten neuer Schwierigkeiten, sind wir zu neuen Bemühungen aufgerufen, um einander besser zu verstehen. Nach den Worten des hl. Paulus müssen wir bemüht sein, die Einheit des Geistes durch das Band des Friedens zu wahren, indem wir einander mit Geduld und in Liebe, Demut und Friedfertigkeit ertragen (vgl. *Eph* 4,2–3). Diese Haltungen lassen gegenseitiges Vertrauen entstehen und vertreiben das Mißtrauen, sie befähigen uns, auch dann nicht zu verzweifeln, wenn es uns noch nicht gelingt, unsere Stellungnahmen in Einklang zu bringen, obwohl wir uns alle bemühen, dem Willen Christi treu zu sein. Es ist „ein und derselbe Geist“ (*1 Kor* 12,11), der uns „in die

ganze Wahrheit" führt (*Joh* 16,13). Er hat uns auch bereits hinsichtlich einiger wichtiger Lehraussagen, die uns einst trennten, einander nähergebracht. Wenn wir treu und von ihm erleuchtet das Wort Gottes betrachten, können wir überzeugt sein, daß er unsere Bemühungen um die Einheit der Christen weiterhin unterstützt.

4. In diesem Sinn und mit dieser Versicherung danke ich Herrn Pastor Hoeffel für die Offenheit, mit der er die ungeduldigen Erwartungen unserer gemeinsamen Teilnahme an der Eucharistie und die evangelische Stellungnahme zu dieser Frage vorgetragen hat. Diese Erwartung und diese Ungeduld empfinde auch ich und da unsere Stellungnahmen noch nicht übereinstimmen, müssen wir unermüdlich und mit vollem Vertrauen auf den Heiligen Geist den begonnenen Dialog sowohl auf nationaler und regionaler Ebene sowie mit dem Lutherischen Weltbund und dem Reformierten Weltbund und ebenso im Rahmen des multilateralen Austausches in der Kommission „Glaube und Kirchenverfassung" des Weltrates der Kirchen fortsetzen. Als Katholiken wollen wir nicht den Eindruck erwekken, als ob die derzeitige Unmöglichkeit einer gemeinsamen Teilnahme an der Eucharistie eine einfache Frage der kirchlichen Disziplin sei, die je nach Personen und Umständen verschieden gelöst werden könne. Es handelt sich für uns um eine Glaubensfrage. Die katholische Kirche glaubt, daß die Eucharistiefeier ein Bekenntnis des bestehenden Glaubens darstellt und daß eine vollständige Übereinstimmung im Glauben die Voraussetzung für eine gemeinsame Eucharistiefeier ist, wenn diese wirklich treu und wahr sein soll. Freilich werden unsere Stellungnahmen manchmal nicht richtig verstanden, aber ich lebe in der Hoffnung – ich wiederhole es –, daß Gott uns, wenn wir ehrlich bemüht sind, seinen Willen zu tun, und ihn unablässig anflehen, sein Licht schenken, und eines Tages erfüllen wird, was uns heute unmöglich erscheint.

5. Die zentrale Wirklichkeit, welche die Eucharistie im Leben der Kirche darstellt und die heute so schmerzliche Unmöglichkeit, sie gemeinsam zu feiern, dürfen uns jedoch nicht die zahllosen – und vielleicht nicht genügend genützten – Gelegenheiten zum gemeinsamen Gebet und zum gemeinsamen, fruchtbaren Wirken zur Ehre Gottes und für das Heil der Menschheit übersehen lassen. Wenn wir uns auch noch nicht gemeinsam der Gegenwart Christi im Sakrament seines Leibes und Blutes erfreuen können, so können und müssen wir doch schon gemeinsam seine Gegenwart in allen schwachen, bedürftigen oder unterdrückten Männern und Frauen wahrnehmen (vgl. *Mt* 25,35–40). Wir, die wir noch nicht imstande sind, das eucharistische Brot zu teilen, sind von Christus zum Teilen des Brotes in der Not der Armen berufen. Wir wissen, daß die Evangelisierung der Armen eines der Zeichen des kommenden Reiches ist und daß Jesus auf geheimnisvolle Weise im geringsten seiner Brüder wohnt. Der Kampf gegen das Leid und Elend des Menschen nimmt somit eine unvergleichliche Würde an. Im Laufe der Geschichte unserer Gemeinden haben sich zahlreiche Männer und Frauen, vom christlichen Glauben erfüllt und angespornt, hochherzig ans Werk gemacht, um den Unterdrückten zu helfen, sie zu befreien und ihnen das Antlitz und die Botschaft des wahren Befreiers zu offenbaren! Wie könnte man in diesem Gotteshaus, in dem so vieles an ihn erinnert, es unterlassen, des großen Zeugen der Liebe Christi unter den Armen, des bedeutenden Theologen und Arztes Albert Schweitzer zu gedenken?

6. Liebe Brüder und Schwestern, ich danke Ihnen für diese Begegnung. Ohne die Leiden der Welt und die Meinungsverschiedenheiten zu übersehen, die immer noch unter uns bestehen, haben wir auf das Wort Christi gehört, damit seine Freude in uns sei und unsere Freude vollkommen werde (vgl. *Joh* 15,11).
Sie wissen, daß ich hierher gekommen bin, um die europäischen Behörden mit Sitz in Straßburg und die katholischen Gemeinden dieser Gegend zu besuchen. Unser Zusammensein an diesem Ort ist auch Ursache der Freude und der Hoffnung für das heutige und das morgige Europa. Wenn sie zur Einigung Europas beitragen und dem Kontinent auf neue Art das Evangelium Jesu Christi verkünden wollen, müssen die Christen immer einiger werden, damit „das Reich Gottes komme", wie vor einigen Tagen die Teilnehmer an einer wichtigen Begegnung zwischen den Vertretern der Konferenz der Europäischen Kirchen und dem Rat der Bischofskonferenzen Europas in Erfurt hervorgehoben haben. Die Tatsache, daß sowohl die europäischen Behörden als auch das vielbeachtete ökumenische Studienzentrum des Lutherischen Weltbundes in Straßburg ihren Sitz haben, ist ein Aufruf und ein Zeichen für die Berufung der Christen, gemeinsam für das Evangelium in Europa und in der ganzen Welt Zeugnis abzulegen.

7. Das reiche christliche Erbe, das Sie in Straßburg, im Elsaß und in Lothringen Ihr eigen nennen können, kann auch zur Quelle für ein neues Engagement im Dienst Gottes und der Menschen werden. In diesem Jahr, in dem Sie den 450. Jahrestag der Gründung Ihrer evangelisch-katholischen Fakultät feiern, kann Sie der Gedanke an die christliche Vergangenheit Ihrer Stadt nicht gleichgültig lassen. Nach dem Zeugnis des Mutes und der Selbstlosigkeit der Mönche, die als Glaubensboten von den britischen Inseln gekommen waren, verliehen die theologische Lehrtätigkeit des hl. Albert des Großen und seiner Schüler und die mystische Tiefe von Meister Ekkehart und Johannes Tauler Ihrer Stadt und Ihrer Region besonderen Glanz. Dann kam der Augenblick unserer schmerzlichen Auseinandersetzungen, die zu unserer Trennung führten. Kirchliche Persönlichkeiten wie Jean Calvin, Martin Bucer und Jakob Sturm haben sich in die Geschichte dieser Stadt und weit darüber hinaus tief eingesprägt, nicht nur auf theologischem, sondern auch auf kulturellem, sozialem und politischem Gebiet.
Heute, im Augenblick des mühsamen Fortschreitens auf dem Weg der Ökumene, sind die Sendung und die Zusammenarbeit zwischen den Fakultäten der evangelischen und der katholischen Theologie und den verschiedenen Instituten Ihrer Universität, die Präsenz von Christen auf Posten hoher Verantwortung und alle Formen des Zeugnisses der christlichen Gemeinden – ihr gemeinsames Zeugnis eingeschlossen – Gelegenheiten und Mittel, die der Herr Ihnen bietet, damit Straßburg in seiner christlichen Berufung gestärkt werde.
Möge die Gnade Gottes Ihnen helfen, ihm durch diese Mittel zu dienen! Dann wird „der Friede Gottes, der alles Verstehen übersteigt, … eure Herzen und eure Gedanken in der Gemeinschaft mit Christus Jesus bewahren" (*Phil* 4,7).

Dem gemeinsamen Erbe verpflichtet

Ansprache bei der Begegnung mit der israelitischen Gemeinde in Straßburg am 9. Oktober

Herr Großrabbiner,
Herr Präsident des israelitischen Konsistoriums des Departements Bas-Rhin,
Herr Präsident der israelitischen Gemeinde von Straßburg,
Meine Herren!

Ihre herzliche Begrüßung und die geistliche Reflexion über den Sinn der Geschichte, die Sie mir soeben vorgetragen haben, veranlassen auch mich zu Wünschen des Friedens und des Wohlstandes für Sie und Ihre ganze israelitische Gemeinde.

1. Ich danke Ihnen für so viele Beweise der Aufmerksamkeit und möchte Ihre Überlegungen fortsetzen. Dabei gehe ich vom Bibelvers des Propheten Maleachi aus, der auf Ihrer schönen „Synagoge des Friedens" geschrieben steht und der gleichzeitig den Kern Ihrer Grußadresse bildete: „Ha-lo 'av 'Ehad le-Kullànu" (*Mal* 2,10): „Haben wir nicht alle denselben Vater?" Das ist also die Botschaft des Glaubens und der Wahrheit, deren Träger und Zeugen Sie durch die Geschichte hindurch sind, im Licht des Wortes und des Bundes Gottes mit Abraham, Isaak und Jakob und seiner ganzen Nachkommenschaft. Ihr Zeugnis ist bis zum Martyrium gegangen und hat das lange Dunkel des Unverständnisses, den entsetzlichen Abgrund der Shoah überlebt.

2. Nach dem II. Vatikanischen Konzil und auch dank des Wirkens der Kommission für die religiösen Beziehungen mit dem Judentum und des internationalen katholisch-jüdischen Verbindungskomitees wurden und werden die schon soliden Grundlagen unserer brüderlichen Beziehungen erweitert und Folgen im Bereich der Zusammenarbeit auf allen Ebenen gezogen. Vor allem im Rahmen dieser Organisationen ermutige ich zum jüdisch-christlichen Dialog und freue mich mit Ihnen über die Fortschritte, die dank Ihrer Mitwirkung bei dieser Aufgabe erzielt wurden in gegenseitiger Achtung, in einem Klima des Gebetes, der Bekehrung, der Bereitschaft zum Zuhören und des Gehorsams dem Wort Gottes gegenüber, das uns zu Liebe und Verzeihung aufruft.

3. Ja, durch meine Worte anerkennt die katholische Kirche, in Treue zu den Erklärungen des II. Vatikanischen Konzils, den Wert des religiösen Zeugnisses Ihres von Gott auserwählten Volkes, wie der hl. Paulus schreibt: „Von ihrer Erwählung her gesehen sind sie von Gott geliebt, und das um der Väter willen. Denn unwiderruflich sind Gnade und Berufung" (*Röm* 11,28–29, zitiert in *Lumen gentium*, Nr. 16). Es handelt sich um eine Auserwählung – wie Sie soeben gesagt haben – im Hinblick auf die „Heiligung des Namens" und für einen Dienst an der gesamten Menschheit. Diese Berufung zur Heiligung des Namens bringen Sie in Ihrem täglichen Gebet des *Qaddish* zum Ausdruck: „Gepriesen und geheiligt werden dein großer Name!". Oder Sie sagen mit den Worten Jesajas: „Heilig, heilig, heilig ist der Herr der Heere. Von seiner Herrlichkeit ist die ganze Erde

erfüllt" (*Jes* 6,3). In den Gebeten der Freude oder der Buße, welche für die vor einigen Tagen gefeierten Feste Rosh ha-Shanah, Kippur und Sukkot charakteristisch sind, flehen und rufen Sie den Ewigen an: „Unser Vater, unser König, vergib uns unsere Sünden", „Hosha 'na", „Rette uns!"

4. Alle Heiligen Schriften – denen Sie als Lebensquellen tiefe Verehrung zollen – feiern den herrlichen Namen Gottes, des Vaters, des Felsens, der Yeshouroun gezeugt hat, den „Gott, der dich geboren hat", wie Mose in seinem Lied sagte (*Dtn* 32,18). „Denn ich bin Israels Vater", sagt der Herr durch den Spruch des Jeremia, und weiterhin: „Efraim ist mein erstgeborener Sohn" (*Jer* 31,9). Jesaja wendet sich an ihn und sagt: „Du, Herr, bist unser Vater" (*Jes* 64,7). Die Psalmen verherrlichen seinen Namen: „Mein Vater bist du, mein Gott, der Fels meines Heiles" (*Ps* 89,27). In seinem Erbarmen hat er auch seinen Namen geoffenbart, der an seine mütterliche Liebe, seinen mütterlichen Schoß erinnert, aus dem ein Sohn hervorgegangen ist: „Der Herr ging an ihm (Mose) vorbei und rief: Jahwe ist ein barmherziger und gnädiger Gott, langmütig und reich an Huld und Treue" (*Ex* 34,6).

5. Durch Ihr Gebet, Ihre Geschichte und Ihre Glaubenserfahrung bestätigen Sie also fortdauernd die fundamentale Einheit Gottes, seine Väterlichkeit und sein Erbarmen gegenüber jedem Mann und jeder Frau, das Geheimnis seines allumfassenden Heilsplanes und die Folgen, die sich nach den von den Propheten ausgesagten Grundsätzen daraus ergeben im Engagement für die Gerechtigkeit, den Frieden und die anderen ethischen Werte.

6. Mit größter Achtung für die religiöse Identität der Juden möchte ich auch betonen, daß für uns Christen die Kirche – Volk Gottes und mystischer Leib Christi – während ihres ganzen Weges durch die Geschichte dazu berufen ist, allen die Frohbotschaft des Heils in der Tröstung des Heiligen Geistes zu verkünden. Nach der Lehre des II. Vatikanischen Konzils wird sie ihre Bindung an Sie sicher dank des brüderlichen Dialogs, aber auch durch die Betrachtung ihres eigenen Geheimnisses besser verstehen können (vgl. *Nostra aetate*, Nr. 4). Dieses Geheimnis aber ist in der Person Jesu Christi verwurzelt, der Jude war und gekreuzigt und verherrlicht wurde. In seinem Brief an die Epheser schrieb der hl. Paulus: „Dieses Geheimnis war ... den Menschen früherer Generationen nicht bekannt; jetzt aber ist es seinen heiligen Aposteln und Propheten durch den Geist offenbart worden: daß nämlich die Heiden Miterben sind, zu demselben Leib gehören und an derselben Verheißung in Christus Jesus teilhaben durch das Evangelium" (*Eph* 3,5–6). Schon vorher hatte der Apostel, indem er sich „an alle, die von Gott geliebt sind" (*Röm* 1,7) wandte, betont: „Ihr habt nicht einen Geist empfangen, der euch zu Sklaven macht, so daß ihr euch immer noch fürchten müßtet, sondern ihr habt den Geist empfangen, der euch zu Söhnen macht, den Geist, in dem wir rufen: Abba, Vater!" (*Röm* 8,15). Deshalb anerkennen und feiern auch wir die Herrlichkeit Gottes, den Vater und Herrn aller jener, die ihn „im Geist und in der Wahrheit anbeten" (*Joh* 4,24).

7. Die europäische Zivilisation ist also tief neben jener Quelle lebendigen Wassers verwurzelt, welche die Heiligen Schriften sind: der eine Gott offenbart sich in ihnen als un-

ser Vater und verpflichtet uns durch seine Gebote, ihm in Liebe und Freiheit zu antworten. Während ein neues Jahrtausend heraufdämmert, entdeckt die Kirche, indem sie Europa das Evangelium Jesu Christi verkündet, immer besser und mit Freude die den Christen und Juden gemeinsamen Werte, dank derer wir uns als Brüder und Schwestern erkennen, auf die sich die Geschichte, die Sprache und die Kultur der Völker und Nationen dieses Kontinents beziehen.

8. Worauf könnten wir unsere Hoffnung setzen, um sie mit allen zu teilen, die sich nach einer brüderlichen Tröstung, nach einer Botschaft des Lebens und nach dauerhafter und ehrlicher Solidarität sehnen? Was könnten wir gemeinsam verkünden, um Europa einen geistlichen Dienst zu leisten, diesem an Besitz reichen Erdteil, den jedoch gleichzeitig die Frage nach dem Sinn bedrückt, der diesem Besitz im Rahmen weltweiter Entwicklung zu geben ist? Gestatten Sie mir, Ihnen dazu drei Erwägungen vorzulegen:

- Die europäischen Völker dürfen nicht vergessen, daß wir von einem gemeinsamen Vater abstammen und daß dieser gemeinsamen Abstammung unsere Verpflichtung zu gegenseitiger und geschwisterlicher Verantwortung entspricht, die jedem Menschen als dem Abbild Gottes und allen Völkern gegenüber gleich schwerwiegend sein muß.
- Wir Christen müssen uns mehr und mehr der besonderen Aufgabe bewußt werden, die wir in Zusammenarbeit mit den Juden zu erfüllen haben, sind wir doch Träger eines gemeinsamen Erbes, das uns zur Förderung von Gerechtigkeit und Frieden und zum Widerstand gegen jede Diskriminierung sowie zu einem Leben nach den Geboten Gottes verpflichtet, in Treue zu seinem Wort und in der Achtung für alle Geschöpfe. Mein großer Wunsch ist es, daß es in vielen Bereichen zu einer echten Zusammenarbeit auf sozialer Ebene komme, entsprechend den Grundsätzen, auf die ich in meiner Enzyklika *Sollicitudo rei socialis* hingewiesen habe.
- Treu zur Berufung, die der Gott des Friedens und der Gerechtigkeit an uns – und mit uns an alle Völker Europas – richtet, wiederhole ich also mit Ihnen aufs entschiedenste die Verurteilung jedes Antisemitismus und Rassismus, die mit den Grundsätzen des Christentums unvereinbar sind und für die es in den Kulturen, die sich auf das Christentum beziehen, keinerlei Rechtfertigung gibt. Aus den gleichen Gründen müssen wir alle religiösen Vorurteile ablehnen, die, historisch betrachtet, auf einen stereotypen Antisemitismus zurückgehen oder der Würde jedes Menschen widersprechen.

Möge Gott uns in diesen Vorsätzen und im Glauben stärken und uns beistehen, wie der Psalm sagt:

„Auch spendet der Herr dann Segen
und unser Land gibt seinen Ertrag.
Gerechtigkeit geht vor ihm her
und Heil folgt der Spur seiner Schritte“
(*Ps* 85,13–14).

Keiner soll ausgeschlossen bleiben

Gruß an die Stadt Straßburg zu ihrem zweitausendjährigen Bestehen am 9. Oktober

Herr Bürgermeister,
liebe Straßburger Freunde!

1. Ihr seht euch an einem Zeitpunkt, an dem eure Stadt ihr zweitausendjähriges Bestehen begeht. Es geht den zweitausend Jahren der christlichen Geschichte nur wenig voraus. Mehr als neun Jahrhunderte nachdem mein Vorgänger, der hl. Leo IX., der aus dieser Provinz stammte, ins Elsaß reiste, bin ich glücklich, in eurer Mitte zu sein. Ich danke euch für den wunderbaren Empfang, den ihr mir bereitet habt. Ganz besonderen Dank möchte ich eurem Bürgermeister, Herrn Senator Marcel Rudloff sagen, der, zusammen mit den Beamten der Stadtverwaltung und allen Autoritäten, mich mit soviel Takt und Großmut in dieser Stadt aufnimmt, daß ich tief davon berührt bin. So fühle ich mich als Teilhaber an eurem Familienfest.
Zweitausend menschliche Jahre haben eurer Stadt ihren wahren Reichtum geschenkt. Auf jede Generation überträgt sich eine ganze Erfahrung, und sie erneuert sich zugleich. Eine Stadt ist wie ein lebendiger Leib, gebildet aus zahllosen Bürgern, berühmten und unbekannten. Ein gleiches Erbe eint sie. Und in jeder Epoche werden neue Beiträge empfangen und verarbeitet. So empfängt das alte Argentoratum die Botschaft des Evangeliums und wird christlich. Im Lauf der Zeiten sieht der Zusammenfluß von Ill und Rhein Völker herbeiströmen, die von allen vier Enden der Erde kommen. Als Festung an der Rheinstraße reifte Straßburg zu seiner Berufung heran, ein Ort der Begegnung für Passanten der Stadt zu werden, und gleichzeitig baute es damit seine wahre Gestalt auf, gefestigt durch die kollektive Erinnerung, die in seiner Gemeinschaft lebendig bleibt.

2. Frohe und schmerzliche Stunden sind vorübergezogen, wie auf eurer berühmten Uhr, die die Tage gliedert. Die Träger der Frohen Botschaft zogen vorbei, und der Tod zog vorbei. Die Tage folgen hier einander nach dem Rhythmus der Welt, wie die Uhr die Stunde der Stadt mit der Stunde des Planeten und der Gestirne in Einklang bringt.
In keiner Epoche haben die Kämpfe der Kaiserreiche und der Königreiche eure Stadt verschont. Aber die Stadt Straßburg wußte sie selbst zu bleiben, wie der schöne Rechtstitel „Freie Stadt“ bezeugt, den sie erworben hat. Sie schwingt ihre Seele sehr hoch zum Himmel hinauf, indem sie dieses Münster als Zeichen ihres Glaubens und Symbol ihrer Einheit errichtet.
Euer Münster, erbaut mit allem Edelmut eines in der Kirche geeinten Volkes, ist der Zeuge für den Eifer der Gläubigen. Es weiß auch, das darf man nicht vergessen, um Zeiten der Zwietracht unter den Christen, manchmal sogar hat es die Leugnung des Glaubens kennengelernt. Dieser Schmelztiegel der Prüfungen im Lauf der Geschichte läßt um so lebhafter den Durst nach Einheit empfinden. Er bereitet die Versöhnung zwischen Völkern, zwischen Brüdern vor, für die eure Stadt ein bevorzugter Ort und dieses Münster ein kraftvolles Symbol ist.

3. Seit den Straßburger Eiden, dem Friedensbündnis zwischen zwei Herrschern und ihren Völkern, in althochdeutscher und altfranzösischer Sprache formuliert, wißt ihr um die Begegnung zweier Kulturen. Man muß die Fruchtbarkeit bewundern, die sich im Werk ihrer Söhne für das Geistesleben dieser Stadt daraus ergab. Sie gestalteten ihr eigenes kulturelles Erbe im Kontakt mit hervorragenden Männern des Geistes, die durch die offene und schöpferische Atmosphäre angezogen wurden. Theologen, im geistlichen Leben Erfahrene, Dichter, Humanisten, Redner und Gelehrte wußten einen Gedankenaustausch anzubahnen, der sich auf ganz Europa erstreckte. Hier bildeten sie ein wunderbares, leuchtendes Gestirn, auf das ihr mit Recht stolz sein könnt.
In der Gegenwart gibt die Universität Zeugnis von der fortdauernden Vitalität der Studien und von Forschungen auf hohem Niveau. Unter den Universitätsinstituten, die alle Disziplinen vertreten, kennzeichnet die Anwesenheit der theologischen Fakultäten auf glückliche Weise die Bedeutung der religiösen Kultur im intellektuellen Leben. Ich grüße unter euch die Lehrer und die Studenten, die, auf den Spuren ihrer berühmten Vorgänger, zum Ansehen eurer Stadt beitragen.
Als ich durch die Straßen der Stadt fuhr, die sich rings um das Münster entfalten, konnte ich auch sehen, welch ein reiches künstlerisches Erbe ihr lebendig haltet. Im Mittelalter, in der Renaissancezeit und in der klassischen Epoche haben Bauherren und Künstler Straßburg ein anziehendes Gesicht gegeben. Seine Denkmäler und seine Wohnhäuser spiegeln das Beste einer Kultur und einer Lebenskunst wider. Und heute fahrt ihr fort zu bauen, das künstlerische Schaffen und auch die musikalische Tradition, auf die ihr Wert legt, weiterzuentwickeln. Mögen alle, die dabei am Werk sind, bewußt daran arbeiten, daß die ganze Stadt ein lebendiger Organismus bleibt!

4. Liebe Freunde in Straßburg, eure Zweitausendjahrfeier läßt die gemeinsame Erinnerung wieder lebendig werden, läßt das Andenken an die großen Augenblicke eurer Vergangenheit wieder aufleben, läßt euch die Männer und Frauen feiern, die ihre Spuren in eurer Geschichte zurückgelassen haben. Ich teile eure Dankbarkeit denen gegenüber, die die Stadt aufgebaut und ihre Gestalt geprägt haben. Eine so reiche Vergangenheit, so vielfältige Erfahrungen, die Erinnerung an schwierige Zeiten, das alles stellt euch Aufgaben. Ihr müßt darüber wachen, daß niemand von euch mittellos oder isoliert, vom Wohlstand der Stadt ausgeschlossen bleibt. Ihr müßt euch der Berufung Straßburgs treu zeigen, des Kreuzungspunktes in Europa, des aktiven Zentrums wirtschaftlichen, kulturellen und geistigen Austauschs. In diesem Sinn spreche ich meine besten Wünsche aus für eure Stadt im Herzen dieses Kontinents, der seine Einheit auf die Erfahrung und die Vitalität von Lebenszentren zu gründen hofft, die so fruchtbar sind wie das eure.

In elsässischem Dialekt sagte der Papst:

Ihr Elsässer hán die Chance, so e Bruck ze sen. Bliiwe der Bestimmung trejj! Gott beschütze diese Stadt!
Als Nachfolger des Petrus heute zu euch gekommen, rufe ich zusammen mit eurem Erzbischof über Straßburg den Schutz seiner Patronin, Unserer Lieben Frau, der strahlenden

Jungfrau, herab. Ich rufe auf euch alle die Gnade Christi herab, auf daß er eure Stadt treu und lebendig im Frieden erhalte.

Die Frage nach der letzten Wirklichkeit bleibt

Predigt bei der Messe im Meinau-Stadion in Straßburg am 9. Oktober

1. „Unsere Tage zu zählen lehre uns ...“ (*Ps* 90,12). So betet der Psalmist in der heutigen Liturgie. Wir fügen uns in den Rhythmus seines Gebetes ein. Wir folgen ihm hier, in dieser Stadt, die auf eine so reiche Geschichte zurückblicken kann. Zweitausend Jahre sind seit der Gründung Straßburgs, des römischen Argentoratum verstrichen. Wieviele Tage sind über die Stadt hinweggegangen!

Wir alle haben dieses menschliche Zeitmaß, dieses historische Datum im Sinn, wenn wir uns heute zur eucharistischen Versammlung als Jünger unseres Herrn Jesus Christus zusammenfinden.

Als Befestigung am Rhein – wie ihr Name Straßburg besagt – hat eure Stadt schon im christlichen Altertum die Taufe empfangen. Um ihren Bischof geschart, bildet sie im Lauf des Hochmittelalters ihre Wesenszüge als europäischer Verkehrsknotenpunkt heraus.

Der Rhythmus der Zeit war auch der der Konflikte und Prüfungen. Straßburg und das Elsaß haben gelitten, sind jedoch in ihrer Treue zu dieser fruchtbaren Erde gereift. Die Bevölkerung der Provinz verstand es, ihre Tradition zu gestalten, dank der zähen Arbeit ihrer Hände Städte und Dörfer zu erbauen und dabei den Zivilisationen des Ostens und des Westens mit offener Geisteshaltung zu begegnen.

Wir gedenken dieser weit zurückreichenden christlichen Geschichte, die vom Glauben der Familien und der Pfarreien, von Spaltungen und Versöhnungen, vom Streben nach Heiligkeit und von missionarischer Kühnheit gekennzeichnet ist.

Anläßlich der Zweitausend-Jahr-Feier Straßburgs wollte die ganze Erzdiözese den Nachfolger Petri als Apostel des Evangeliums hier aufnehmen. Ich begrüße dich im Namen des Herrn, Volk Gottes, Kirche im Elsaß! Und ich begrüße auch euch, Brüder und Schwestern vom anderen Rheinufer.

Mein brüderlicher Gruß gilt eurem Hirten, Erzbischof Charles-Amarin Brand und seinem Weihbischof Léon Hégelé, eurem Altbischof Léon-Arthur Elchinger sowie den Bischöfen aus Frankreich, Deutschland und anderen Ländern, die gekommen sind, um an dieser Eucharistiefeier teilzunehmen.

Mit Ehrerbietung begrüße ich die regionalen und örtlichen Behördenvertreter, deren Anwesenheit ein Zeugnis für vertrauensvolle Beziehungen zur Kirche im Elsaß darstellt. Ich begrüße die Mitglieder des Parlaments die regionalen und lokalen Abgeordneten, die Bürgermeister und die Vorsitzenden der Räte für den Kirchenbau in den Pfarreien.

Schließlich begrüße ich alle, die unsere Feier am Fernsehen oder Radio in Europa und ganz besonders in den französischen Überseegebieten verfolgen.

2. Liebe Brüder und Schwestern, hören wir das Gebet, das der Psalmist an Gott richtet:
„Unsere Tage zu zählen lehre uns!
Dann gewinnen wir ein weises Herz“ (*Ps* 90,12).

Der Mensch ist dem Gesetz der Zeiten unterworfen, dem Gesetz eines vorübergehenden Aufenthalts in der sichtbaren Welt der Schöpfung. Gleichzeitig jedoch überschreitet er diese Notwendigkeit in der „Weisheit des Herzens“.

Die Weisheit überschreitet das Maß dieses Weges durch die Zeiten; sie bildet auch eine andere Dimension der menschlichen Existenz in der Welt, ist eine andere Wertskala.

Der Autor des Buches der Weisheit bringt diese Tatsache in folgenden Worten zum Ausdruck: „Ich zog sie Zeptern und Thronen vor, Reichtum achtete ich für nichts im Vergleich mit ihr ... Ich liebte sie mehr als Gesundheit und Schönheit und zog ihren Besitz dem Lichte vor, denn niemals erlischt der Glanz, der von ihr ausstrahlt. Zugleich mit ihr kam alles Gute zu mir, unzählbare Reichtümer waren in ihren Händen“ (*Ps* 7,8.10–11).

Die Weisheit ist größer als alles Vergängliche in der Welt, und dieses verdankt ihr seinen neuen Wert. Dank der Weisheit entdeckt sich der Mensch in der Kultur, die er im Lauf der Zeit erwirbt, als Abbild Gottes selbst. Die menschliche Existenz hat als Maßstab dieses Abbild.

Mit der Tagesliturgie um die „Weisheit des Herzens“ beten, heißt auch um die Erfüllung des zutiefst Menschlichen, des Menschenwürdigen in der Geschichte beten.

„Zeig deinen Knechten deine Taten
und ihren Kindern deine erhabene Macht ...
Laß das Werk unserer Hände gedeihen!“ (*Ps* 90,16–17).

3. Das Werk Gottes hat sich den Gedanken des Menschen kundgetan. Die ewige Weisheit ist durch das Wort Gottes selbst zum Menschen gekommen.

Das Wort Gottes ist dem Werk der menschlichen Hände entgegengekommen, ist in die Arbeit des Menschen eingetreten, hat den Ablauf der Menschheitsgeschichte durchdrungen und sich in der Kultur des Menschen kundgetan.

Hier, in dieser Stadt, im Herzen des europäischen Kontinents sind wir unablässig Zeugen dieser Begegnung des ewigen Wortes Gottes, in dem sich Gott als Weisheit und Liebe offenbart: der Begegnung mit dem Wort des Menschen und mit seiner Arbeit; mit der Kultur der Völker und der Geschichte der Menschheit.

Der Autor des Briefes an die Hebräer verkündet die Transzendenz des göttlichen Wortes: die Liebe und die Weisheit, die mit Gott identisch sind. Er schreibt: „Vor ihm (dem Wort Gottes) bleibt kein Geschöpf verborgen, sondern alles liegt nackt und bloß vor den Augen dessen, dem wir Rechenschaft schulden“ (*Hebr* 4,13).

Der Mensch lebt im Ausblick auf das Gericht des lebendigen Gottes. Die Völker, die Nationen und die ganze Menschheit ziehen über die Erde und gehen dabei der endgültigen Wahrheit über sich selbst entgegen, die im Wort Gottes enthüllt werden wird. Diese Enthüllung ist zugleich die endgültige Dimension der Geschichte, der endgültigen Vollendung jeder Kultur, in der die Geschichte des Menschen auf der Erde sich auszudrücken sucht.

„Denn lebendig ist das Wort Gottes, kraftvoll und schärfer als jedes zweischneidige Schwert; es dringt durch bis zur Scheidung von Seele und Geist, von Gelenk und Mark; es richtet über die Regungen und Gedanken des Herzens“ (*Hebr* 4,12).

In deutscher Sprache sagte der Papst:

4. Das Wort Gottes dringt durch ... es geht nicht am Menschen vorbei, nicht vorbei an seinem Wirken und Arbeiten, an seiner Kultur und Geschichte.
Nachdem es einmal geoffenbart ist, hineingesprochen in unsere Geschichte, spricht es dort fortwährend weiter. Es wirkt noch immer. Es schafft die tiefste Dimension des menschlichen Handelns. Es hört nicht auf, den Menschen anzufordern. Solche Anforderungen gehören zur Wirklichkeit des Bildes und Gleichnisses Gottes, das der Mensch darstellt. Gott selbst als Schöpfer und Erlöser richtet sie an den Menschen. Zugleich sind die Anforderungen Gottes so, daß der Mensch sie an sich selbst richten muß. Das Gewissen des Menschen muß sie als die eigenen ansehen, wenn es recht geformt und der Wahrheit treu ist.
Die Botschaft der heutigen Liturgie ist dicht und zugleich sehr reich. Sie läßt uns die wesentlichen Probleme deutlich erkennen, gerade jene, die man sich an diesem europäischen Ort bewußt machen und mit denen jeder Mensch auf diesem Kontinent und in diesem Land rechnen muß.

In französischer Sprache sagte der Papst:

5. Jeder Mensch ... der Mensch ... in diesem Land, auf diesem Kontinent ... wem ist er ähnlich?
Ist er nicht dem reichen jungen Mann ähnlich, von dem das heutige Evangelium berichtet?
Wenn wir hören, daß dieser junge Mann auf Christus zulief, vor ihm in die Knie fiel und ihn fragte: „Was muß ich tun, um das ewige Leben zu gewinnen?“ (*Mk* 10,17), dann kann man in dieser Haltung und dieser Frage die gesamte Jugend der Menschheit, der Völker, der Nationen und der Gesellschaft unseres Kontinents wahrnehmen.
Sie haben sich an Christus gewandt und die gleiche Frage wie der junge Mann des Evangeliums an ihn gerichtet, haben ihn „guter Meister“ genannt, und Christus hat ihnen geantwortet: „Niemand ist gut außer Gott, dem Einen“ (*Mk* 10,18). Auf diese Art führte er sie zum Vater, der ihn gesandt hatte. Die Menschen, die Völker und Nationen unseres alten Kontinents haben zur Zeit ihrer historischen Jugend die Wahrheit über Gott, der gut, der die Liebe ist, angenommen.
Daraufhin erinnerte Christus durch die Stimmen der Apostel Petrus und Paulus – Meister und Erzieher – unsere Ahnen und Väter an die Gebote: „Du sollst nicht töten, du sollst nicht die Ehe brechen, du sollst nicht stehlen, du sollst nicht falsch aussagen, du sollst keinen Raub begehen, ehre deinen Vater und deine Mutter“ (*Mk* 10,19): unveränderliche Prinzipien der göttlichen Weisheit, ohne die das menschliche Leben nicht mehr wahrhaft menschlich ist.

6. Diese gleichen Prinzipien ruft Christus uns am Ende des zweiten Jahrtausends in Erinnerung. Können wir, wie der junge Mann des Evangeliums, antworten: „Alle diese Gebote habe ich von Jugend an befolgt" (*Mk* 10,20)? Befolge ich alle diese Gebote?
In Europa, dem „christlichen" Kontinent, verflacht das moralische Bewußtsein und selbst das Wort „Gebot" wird oft abgelehnt. Im Namen der Freiheit werden Normen zurückgewiesen, wird die von der Kirche gelehrte Moral ignoriert.
Als Christus den jungen Mann an die Gebote erinnert, spricht er ein Wort der Weisheit aus. Wie könnten wir wahrhaft frei sein, ohne unser Verhalten von diesem Wort der Wahrheit herzuleiten? Wie könnten wir unserem Leben seinen vollen Sinn geben, ohne unser Handeln mit der Weisheit in Einklang zu bringen und uns für das Gute zu entscheiden?
Eine Freiheit, welche die Grundsätze des Wortes Gottes und die von der Kirche festgelegten Verhaltensweisen ablehnen würde, wäre nicht imstande, ihr Handeln auf unbestreitbare moralische Werte zu gründen.
Die Wahrheit der Liebe, der Gerechtigkeit und der Würde des Lebens ist in Gott, dem Schöpfer, offenbart durch seinen Sohn, der gekommen ist, um dem Menschen das Wort seines Vaters mitzuteilen, der allein gut ist (vgl. *Mk* 10,18).
Die heutigen Jünger Christi können die Gebote nicht ignorieren, wenn es sich um wesentliche Forderungen, wie die Reinheit und Treue der ehelichen Liebe, die Achtung vor dem Leben, die Gerechtigkeit und das geschwisterliche Teilen, die Aufnahme des Fremden, die Ablehnung jeglichen Hasses und jeder Lüge und die Solidarität mit den Armen und Leidenden handelt.

7. Als der junge Mann des Evangeliums zu Christus sagte: „Alle diese Gebote habe ich von Jugend an befolgt", blickte ihn Jesus liebevoll an.
Wie oft war und ist der liebevolle Blick Christi auf den Menschen, den Menschen dieses Landes, den Menschen Europas gerichtet!
Dieser liebevolle Blick ist ein Aufruf: „Komm und folge mir nach!" „Verkaufe, was du hast, gib das Geld den Armen, und du wirst einen Schatz im Himmel haben" (*Mk* 10,21).
Christus ruft im Namen der Liebe.
Er ruft jeden Mann und jede Frau auf, seine Jünger zu sein und dort, wohin sie ihre Berufung führt, für seine erlösende Liebe Zeugnis zu geben.
Christus ruft im Namen der Liebe Männer und Frauen zum Verzicht auf jede andere Bindung als den Dienst für Gott und ihre Mitmenschen im gottgeweihten Leben.
Christus ruft heute junge Männer, ihr Leben dem priesterlichen Dienst zu weihen.
Die Priester sind mitten unter euch und für euch die Verwalter der Gaben Gottes. Sie versammeln euch, teilen euch das Wort des Lebens mit, feiern in der Gemeinde das Opfer Christi und teilen das Brot des Lebens aus. Ich grüße sie in euer aller Namen und danke ihnen dafür, daß sie auf den Ruf Christi geantwortet haben und treu das Amt erfüllen, das infolge ihres zahlenmäßigen Rückgangs schwerer geworden ist.
Christen des Elsaß, euer Bischof lädt euch ein, aufzuhorchen, damit der Ruf zum priesterlichen Dienst vernommen werde. Das hängt zu einem großen Teil von euch, den Priestern und Gläubigen, ab; es hängt von eurem Gebet, eurer geschwisterlichen Gemein-

schaft, eurem apostolischen Eifer und eurem gelebten und mit Begeisterung gefeierten Glauben ab. Der liebevolle Blick Christi ruht auf allen Gemeinden. Eure gemeinsame Antwort auf die Liebe Christi ist erforderlich, um junge Männer, die persönlich zum Priestertum berufen wurden, zu ermutigen und zu unterstützen.
Manche unter euch werden sich in den Dienst der Diözese stellen; andere, so hoffen wir, werden die große missionarische Tradition des Elsaß fortsetzen, werden auf allen Kontinenten dem bewundernswerten Beispiel so vieler elsässischer Missionare – Ordensmänner und Ordensfrauen – folgen, die hinausgezogen sind, um die Frohbotschaft Christi zu verkünden.
Priester- und Ordensberufe für die Sendung der Ortskirche oder für ferne Missionen keimen in einem lebendigen Volk Gottes. So vertraue ich euch also den Aufruf Christi an mit der Hoffnung, zahlreiche junge Männer Priester für das Elsaß und Priester für die Welt werden zu sehen.

8. Wem ist also der Mensch unserer Zeit, unseres Jahrhunderts, hier in eurem Land und in Europa ähnlich?
Ist er nicht mehr und mehr dem jungen Mann des Evangeliums ähnlich, der „traurig weg(ging), denn er hatte ein großes Vermögen" (*Mk* 10,22)?
Auch der heutige Mensch hat – in Europa – ein „großes Vermögen": materielle Güter, die zwar ungleich verteilt sind, ihm aber reichlicher zur Verfügung stehen als vielen seiner Mitmenschen in aller Welt. An diesen Gütern hängt er und setzt einen guten Teil seiner Kräfte für ihre Vermehrung ein. Er besitzt auch die Güter seines Empfindungsvermögens; nur allzu oft wendet er sich von Gott und dem Nächsten ab, um Wünsche zu befriedigen, die ihn in sich selbst verschließen. Er hat die Güter des Wissens und glaubt, die Wahrheit zu besitzen; so bleibt er der Weisheit Gottes gegenüber taub, welche die Wahrheit über den Menschen spricht. Er hat die Güter seiner Macht und beherrscht oder mißachtet seine Mitmenschen, statt sich, dem Beispiel Christi folgend, in ihren Dienst zu stellen.
Der Mensch behält sich für sich selbst und wird zum Geben unfähig.
Wie der junge Mann des Evangeliums ist er traurig, denn letzten Endes ist er allein.
So spricht denn Jesus die Worte: „Wie schwer ist es, in das Reich Gottes zu kommen! Eher geht ein Kamel durch ein Nadelöhr, als daß ein Reicher in das Reich Gottes gelangt" (*Mk* 10,24–25).
Das Bild ist eindrucksvoll. Man muß die Botschaft verstehen. Wenn ihr an euch selbst und an euren vergänglichen Gütern genug habt, könnt ihr nicht in das Reich Gottes kommen, denn ihr erkennt es nicht als eine unverdient und in Fülle geschenkte Gabe. Wenn ihr arm seid und euer Herz für die Mitmenschen offen ist; wenn eure Hände zum Teilen frei sind und der Wille sich von der Liebe leiten läßt; wenn ihr Christus nachfolgt, der sich selbst für das Heil der Menge – jedes einzelnen von uns – hingegeben hat, dann könnt ihr in das Reich Gottes kommen und in vollkommener Freude in die Gemeinschaft seiner Liebe eintreten!

9. „Lebendig ist das Wort Gottes, ... schärfer als jedes zweischneidige Schwert", lesen wir im Brief an die Hebräer. Ja, das ist es wirklich!

So ist das Wort Gottes, das Wort des Evangeliums, das wir heute vernehmen. So ist das Wort der göttlichen Weisheit, das Wort des ewigen Lebens, das Wort des Heiles.
Die Zuhörer Jesu fragten: „Wer kann dann noch gerettet werden?“ (*Mk* 10,26), und er antwortete: „Für Menschen ist das unmöglich, aber nicht für Gott; denn für Gott ist alles möglich“ (*Mk* 10,27).
Wer wirklich auf das Wort Christi hört, muß sich die Frage nach der Möglichkeit des Heiles stellen.
Die beängstigende Frage nach der letzten Wirklichkeit bleibt für den Menschen unseres Zeitalters bestehen. Hat nicht der materielle Reichtum den Horizont der Ewigkeit des Menschen, den Ausblick auf das Reich Gottes verdunkelt?

10. Die Hirten der Kirche in Europa – und nicht nur in Europa – stellen ausdrücklich die Frage nach einer „neuen Evangelisierung“ unserer Gesellschaft und der verschiedenen Milieus, mit einem Wort, die Frage nach der Evangelisierung des Menschen.
Die Analyse der liturigischen Texte des heutigen Tages beweist, daß das Problem nicht nur darin besteht, auf die Frage des heutigen Menschen zu antworten. Das erste Problem ist vielmehr jenes der Fragen selbst, die der Mensch stellt oder nicht stellt, der Fragen, die er vielleicht nicht stellen will, deren Nutzen, deren Zweckmässigkeit und ständige Aktualität er vielleicht nicht erfaßt.
Was kann man tun, damit die Frage gestellt wird, die der junge Mann des Evangeliums Christus stellt? Was kann man tun, damit der Mensch „Trauer“ empfinde, wenn er den moralischen Anforderungen nicht zu entsprechen und auf die Liebe, mit der er von Ewigkeit her geliebt wird, nicht zu antworten weiß?
Was kann man tun, damit er die Perspektive eines des Menschen würdigen Lebens auf Erden nicht aus den Augen verliert, damit sich in ihm die wahre Wertordnung nicht verdunkelt, damit er dem Leben den richtigen Sinn gibt, bis zu seiner Vollendung vor dem Antlitz Gottes?
Was tun?
Wir stellen diese Frage im Namen der neuen Evangelisierung. Wenn all das menschlich unmöglich erscheint, hören wir auf die Antwort Christi.
Die Antwort Christi lautet: „Für Menschen ist das unmöglich, aber nicht für Gott!“
„Denn für Gott ist alles möglich!“

Der Mensch erhielt die Sendung Erde und Gewalten zu beherrschen

Ansprache an die Rheinschiffer und Hafenarbeiter in Straßburg am 11. Oktober

Herr Präsident des autonomen Hafens von Straßburg,
liebe Rheinschiffer und Hafenarbeiter!

1. Mit großer Freude begrüße ich euch alle, die ihr hier auf euren Arbeitsplätzen versammelt seid, am Ende der schönen Rundfahrt, die es mir erlaubt hat, die Größe der Installationen der Hafenzone zu ermessen und die Kraft dieses Flusses zu bewundern, von dem eure Tätigkeit abhängt. Ich danke den Verantwortlichen des autonomen Hafens, mir so die Gelegenheit geboten zu haben, den Rhein besser kennenzulernen.
In herzlicher Verbundenheit grüße ich die große Familie der Rheinschiffer aus Straßburg sowie aus den schweizerischen, deutschen und niederländischen Häfen. Dankbar und anerkennend bin ich mir bewußt, daß einige von euch ihre Schiffe für diese Tage hier angehalten haben, um an diesem europäischen Knotenpunkt bei dieser festlichen Begegnung mit dem Nachfolger des Petrus dabeisein zu können.
Ich begrüße alle, die eine Tätigkeit im unmittelbaren Dienst der Flußschiffahrt oder in den Unternehmen der Hafenzone ausüben.

2. Da ich mich mit euch an den Gestaden des Rheins befinde, gehen meine Gedanken zu den Männern und Frauen, welche auf diesem Fluß, der eines der stärksten Bindeglieder zwischen den Ländern des Kontinents darstellt, von Rheinfelden bis Rotterdam, arbeiten und fahren. Man hat vom Rhein gesagt, er sei gleichsam die Schlagader Europas; denn er durchquert mehrere Länder und erlaubt Verbindungen, die sich durch Main und Mosel verästeln sowie durch die Kanäle, welche immer weitere Gebiete mit ihm verbinden.
Ja, dieser Fluß hat für die Europäer eine große symbolische Bedeutung. Im ewigen Schnee liegt seine Quelle; durch zahlreiche Zuflüsse vergrößert, durchquert er dichtbesiedelte Gebiete und spendet ihnen reichlich Wasser, das Grundelement für das Leben. Seit dem Altertum ist er für die Uferbewohner wohltätig oder feindlich gewesen, eine Grenze oder ein Bindeglied, eine Schaubühne von Konflikten oder ein Ort der Begegnung und der gegenseitigen Hilfeleistung.

3. Der Mensch hat von Gott die Macht und die Sendung erhalten, die Erde und ihre Elemente zu beherrschen. Wenn man all das betrachtet, was längs des Rheins geleistet worden ist, dann gerät man in Staunen vor dem Einfallsreichtum und der Wirksamkeit der menschlichen Tat. Der Wasserlauf ist reguliert worden, um das Erdreich vor Überschwemmungen zu schützen und die Schiffahrt zu erleichtern. Man hat aus dem Wasserreichtum für die Städte, die Landwirtschaft und die Industrie Nutzen gezogen. Die früher gefürchtete Kraft des Stromes wird zu nützlicher und produktiver Energie.
Es ist wahr, daß das Eigenleben des Flusses und die Qualität seines Wassers unter dem manchmal unklugen oder übermäßigen Gebrauch gelitten haben. Man muß aus den verderblichen Wirkungen gewisser industrieller Aktivitäten die Lehren ziehen. Ich wün-

sche, daß man die positiven Anstrengungen zur Bekämpfung der Verschmutzung des Rheins fortsetze. Die Natur steht uns zur Verfügung, seien wir die klugen und ehrfürchtigen Verwalter eines Gutes, das seine Fruchtbarkeit für die künftigen Generationen bewahren muß.

4. Der Rhein beschreibt durch Europa eine im Laufe der Zeiten von den Kriegern und den Händlern der verschiedenen Länder benutzte Straße. Wie das rechtliche Statut es ausdrücklich anerkennt, bleiben die Wasser des Flusses in hervorragender Weise gemeinsames Eigentum. Es gibt nichts, was eindeutiger international wäre, wie ein solcher Fluß, mit dem Erfolg, daß die Nationen sehr früh übereingekommen sind, um die gesamte Schiffahrt zu regeln und die historisch älteste internationale europäische Organisation zu gründen. Indem sie mit dieser Aktivität fortfahren, geben sie ein schönes Beispiel der Aktivität auf diesem Kontinent, der dabei ist, auf dem Weg zur Einheit voranzuschreiten. Durch die Arbeit der Rheinschiffer, die lange Zeit unter sehr gefährlichen Umständen stattfand, stellt der Rhein für zahlreiche Länder eine Quelle vielfältiger materieller und kultureller Reichtümer dar. Der Warentransport und der Handel sind natürlich vom intellektuellen, künstlerischen und geistigen Austausch begleitet. Gibt es nicht eine wirkliche Verwandtschaft unter den Städten des Rheins, selbst wenn die Geschichte sie oft in Gegensatz zueinander gebracht hat?

5. Liebe Rheinschiffer und Hafenarbeiter, ihr seid jene, welche diese internationalen Bande, die der große Fluß ermöglicht, knüpfen. Eure vielfältigen Aufgaben ergänzen und bedingen sich gegenseitig, um ein großes wirtschaftliches Netz am Leben zu erhalten. Indem ihr ihnen nachkommt, bildet ihr ein lebenswertes menschliches Milieu und bekundet eine wertvolle Solidarität, welche die Grenzen nicht aufhalten.
Ihr steht auch unter den zahlreichen Zwängen der Schiffer: euer Familienleben ist von dem ständigen Ortswechsel, den Trennungen, den Schwierigkeiten, welche die Erziehung eurer Kinder mit sich bringt, gezeichnet. Die Modernisierung der Schiffe und ihres Unterhalts verkürzt die Transportdauer. Außerdem nimmt die Zahl der Arbeitsplätze ab, und ihr könnt einer regelmäßigen Arbeit nicht sicher sein. Die durch die Technik erreichten Fortschritte kommen den Menschen nicht immer im selben Rhythmus zugute.

6. Darum möchte ich die Überzeugung der Kirche ins Gedächtnis rufen. Es gibt keinen wirtschaftlichen Fortschritt ohne sozialen Fortschritt. Eure Tätigkeiten werden oft als Dienstleistungen bezeichnet; sie sind in der Tat Dienstleistungen für jene, die Materialien und Waren erhalten. Aber denkt man auch genügend an die Menschen, welche diese Dienstleistungen erbringen, die Rheinschiffer und Hafenarbeiter?
Die Soziallehre der Kirche spricht von der „Zivilisation der Arbeit". Das erfordert eine Solidarität aller, die am wirtschaftlichen Kreislauf teilnehmen, im Hinblick auf das Gemeinwohl. Und es ist gut, daran zu erinnern, daß das Wort „Gemeinwohl" nicht eine abstrakte oder unpersönliche Entität bezeichnet. Es geht vielmehr um das solidarisch von der ganzen Gemeinschaft erstrebte wirkliche Wohl aller Personen. Das Gemeinwohl verlangt gewiß Opfer und einen großen Sinn für Zusammenarbeit; jedoch müßte dies immer

im Verein mit der lebendigen Sorge für die Gerechtigkeit und die gleiche Würde aller bewerkstelligt werden.
Der Bischof von Rom möchte heute noch einmal die Hochschätzung der Kirche für alle Formen der Arbeit in euren Berufen kundtun sowie sein tiefes Verlangen, daß die menschliche Dimension in ihr geachtet werde. Wie ihr wißt, verlangt die Soziallehre, daß das vorrangige Ziel der Wirtschaft die umfassende Verwirklichung des Menschen sei, unter Bedingungen, die eine Vereinbarkeit des Berufslebens mit der persönlichen Entfaltung eines jeden und mit seinem Familienleben gewährleisten. Das setzt voraus, daß man sich nicht in einem praktischen Materialismus einschließen lasse und daß die Verantwortlichen der Wirtschaft auf allen Ebenen das Ideal einer solidarischen Gesellschaft verfolgen, in der man den Werten des Dienstes am Nächsten, der Offenheit des Menschen für die Transzendenz in der persönlichen Bindung an Gott, den Schöpfer und Erlöser, den Vorrang gibt.

7. Liebe Brüder und Schwestern! Die geistige Dimension eures Lebens wächst und festigt sich, je mehr ihr am Leben der kirchlichen Gemeinschaften teilnehmt, die im besonderen Milieu eurer Arbeitswelt entstanden sind. Die Bischöfe der verschiedenen Länder senden Priester zu euch, um euch zusammenzuführen und euch so weit wie möglich zu helfen, die frohe Botschaft des Evangeliums aufzunehmen und die Sakramente zu empfangen. Von Herzen möchte ich diese Seelsorger in ihrem Dienst ermutigen, ebenso wie die Ordensleute und Laien, die mit ihnen zusammenarbeiten, um die Kirche jedem Menschen nahezubringen. Ich danke auch den Lehrern, die bei der religiösen Erziehung eurer Kinder helfen.
Unter dem Schutz eures Patrons, des heiligen Nikolaus, bleibt eurem Glauben treu, der euch überliefert worden ist! Haltet zusammen und seid bereit, eure Sorgen und eure Freuden mit anderen Kinder zu teilen! Gebt eure besten Ideale weiter! Laßt die Gaben, die ihr empfangen habt, sich fruchtbar auswirken: an erster Stelle nenne ich da die Gnade der Taufe und der christlichen Ehe! Legt eure Erfolge und eure Schmerzen auf den Altar der Eucharistiefeier als Zeichen eurer Einheit mit Christus!
Gern wiederhole ich noch einmal das Motto eures Pfarrers: „Ergreift das Steuer des Glaubens, lichtet den Anker der Hoffnung, fahrt auf der Route der Liebe!“.
Von ganzem Herzen erbitte ich die Gnade des Herrn für die Rheinschiffer und alle Werktätigen dieses Hafens mit ihren Familien und vor allem mit ihren alten Menschen. Euch allen erteile ich meinen Apostolischen Segen.

Wir vermögen alles in dem, der uns stark macht

Ansprache im Zentrum „Louis Braille“ für taubstumme und behinderte Kinder am 9. Oktober

Liebe Brüder und Schwestern!

1. Zu Beginn dieses Sonntags, da sich in der ganzen Welt die Christen versammeln, um den Sieg des auferstandenen Christus über das Böse zu feiern, mache ich gern einen Besuch bei euch. Behinderte Brüder und Schwestern, ich begrüße euch herzlich im Namen Jesu. Ich begrüße die Kreuzschwestern, und ich danke lebhaft der Generaloberin dieser spezialisierten elsässischen Kongregation, daß sie mich im Zentrum Louis Braille willkommen heißen. Ich begrüße die Eltern und Freunde der Behinderten, wie auch die Vertreter des staatlichen Gesundheitsdienstes. Ich danke Gott für den wohltätigen Beitrag, den ihr im Zeichen Christi, des Erlösers der Menschen leistet, damit für jeden Gast dieses Hauses die Entfaltung eines voll menschlichen Lebens möglich wird.
Einen besonderen Gruß möchte ich auch an die muslimischen Kinder, die hier herangebildet werden, sowie an ihre Familien richten. Ihre Präsenz in den christlichen Instituten bezeugt den Willen der katholischen Kirche, Achtung und Willkommen für die gläubigen Muslime zu fördern. An einem für Begegnungen so günstigen Kreuzungspunkt wie Straßburg erkenne ich die Bemühungen um Dialog und Zusammenarbeit zwischen den christlichen und muslimischen Gemeinschaften an und wünsche, daß diese Bemühungen es möglich machen, auf dem Weg des gegenseitigen Verständnisses zum Wohl und zur Eintracht aller jener, die hier leben und den einen Gott verehren, ständig voranzukommen.

2. Ich habe häufig in Rom oder bei meinen Pastoralreisen Gelegenheit, behinderte Menschen zu treffen, und ich muß sagen, daß mir an diesen Kontakten viel liegt. Sie gestatten mir, eure Leiden und Freuden besser kennenzulernen und auch eure Mühen und Erfolge beim Bestreben, mit anderen euch austauschen zu können und bereichernde Beziehungen zur Welt, die euch umgibt, anzuknüpfen. Diese Begegnungen erlauben mir ferner, die aktive Rolle festzustellen, die ihr in der Gesellschaft spielt, und die ihr mit dem ganzen Reichtum eurer Persönlichkeit auch spielen wollt. In der Tat hat jeder Mensch das angeborene Recht auf volle Einfügung in das lebendige Gewebe der gegenseitigen sozialen Beziehungen.

3. Uns allen ist eins gemeinsam, nämlich die Liebe zum Leben, doch ein jeder von uns durchläuft diesen Weg auf verschiedene Weise. Oft hat man bei Personen, die, wie ihr, behindert sind, eine besondere Feinheit der ihnen von Gott geschenkten Gaben festgestellt, die bei anderen durch die Umgebung einer materialistischen Gesellschaft leicht abgestumpft werden. Ihr gebt oft Zeugnis von einer strahlenden Liebe, um die euch Bessergestellte beneiden. Bei euch kommt oft ein größerer Weitblick vor, mit dem ihr die Wirklichkeiten des Geistes und des Glaubens erfaßt, deren Größe und Schönheit oder auch einfach deren Existenz jene kaum ahnen, die ein normales Leben führen können.

Schließen wir im übrigen nicht unsere Augen, um unserem Geist und Herzen eine bessere Verbindung mit dem lebendigen Gott zu gestatten? Ihr erinnert die Menschen von heute daran, wenn sie oft in einem unermeßlichen Durcheinander von Informationen, Bildern und Lärm leben, daß sich das wahre Leben im Inneren abspielt, und daß, wer das Wort Gottes hören möchte, sich mit Schweigen umgeben muß, denn die Botschaft des Herrn läßt sich nicht immer in menschlichen Worten ausdrücken.

4. Endlich hat eine Begegnung wie diese in meinem Herzen immer einen besonderen Platz, weil sie etwas sichtbar macht, das zur innersten Mitte der geheimnisvollen Wirklichkeit der Kirche gehört, wie sie Gott dem hl. Paulus mit den Worten geoffenbart hat: „Meine Gnade genügt dir; denn sie erweist ihre Kraft in der Schwachheit“ (*2 Kor* 12,9). Kein Wesen auf dieser Erde ist von Schwachheit physischer, affektiver oder geistiger Art ausgenommen. So müssen wir alle in Demut von unseren Behinderten Kenntnis nehmen. Nach dem Willen der Vorsehung Gottes bedeutet eine Behinderung keine geringere Befähigung zur Heiligkeit oder zum Dienst an der Welt. Im Gegenteil vermögen wir alles in dem, der uns stark macht, Jesus Christus. Jedesmal dann, wenn wir Versuchungen zur Entmutigung überwinden, jedesmal, wenn wir ein frohes, hochgemutes und geduldiges Herz zeigen, geben wir Zeugnis von jenem Reich, das in seiner ganzen Fülle noch aussteht, von dem Reich, in welchem jede Schwäche von uns genommen sein wird.
Ich spreche euch erneut meine Hochachtung und Zuneigung aus und segne einen jeden von euch und die, die sich eurer annehmen.

Arbeitslosigkeit und Unterbeschäftigung sind menschliche Dramen

Ansprache beim Wortgottesdienst in Nancy am 10. Oktober

1. „Warum habt ihr solche Angst, ihr Kleingläubigen?“
So redete Jesus zu seinen Jüngern. Ja, so spricht er ohne Unterlaß zu seiner Kirche; so spricht er auch zu euch, liebe Brüder und Schwestern der Diözese Nancy.
An jenem Tag hatten die Apostel sich einem gewaltigen Sturm entgegenstellen müssen, wie dies auf dem Galiläischen Meer zuweilen vorkommt. Sie selbst, die erprobten Fischer, glaubten sich verloren. Jedoch war Jesus in dem Boot; und er sollte inmitten der Prüfung das Geheimnis seiner Person enthüllen: er ist der Heiland, dem selbst der Wind und die See gehorchen.
Wir denken über die Wut der Wellen hinaus an alle Gewalten des Bösen, der Sünde, der Verderbnis, des Todes, die manchmal wider die Kirche, die Gemeinschaft der Jünger Christi, losbrechen und gleichzeitig die Menschen dieser Welt in ihrem Leben und ihrer Würde bedrohen. Das Schifflein der Kirche ist inmitten der Welt; Jesus ist an Bord, oder vielmehr: es ist sein Schiff.

2. Dieses Schifflein hat standgehalten und hat sich inmitten der turbulenten Ereignisse der Geschichte einen Weg gebahnt. Viele Geschehnisse und Übel vermochten seinen Frieden zu stören, von außen und selbst von innen: die ersten Verfolgungen in Jerusalem, sodann in Rom, seit Nero, als Petrus das Beispiel der Standhaftigkeit im Zeugnis (für Christus) gab; dann die theologischen Streitigkeiten, welche die Christen getrennt haben; die Barbareneinfälle, die es mit sich gebracht haben, daß man die Evangelisierung von vorne beginnen mußte; die Bedrohungen des Schal-Werdens des religiösen und moralischen Sinnes, bzw. die Verderbnis, welche ständig Reformen verlangt, wie zu Zeiten meines Vorgängers Leo IX., des ehemaligen Bischofs von Toul.
Man könnte auch aus der Profangeschichte viele Umwälzungen und Wenden herausgreifen, die das Leben der Christen ebenfalls beeinflußt haben. Namentlich hat dieses Gebiet seit vier Jahrhunderten zahlreiche Kriege mit ihren Begleiterscheinungen mannigfachen Elends erlebt. Indem ich die Abordnung der Diözese Verdun, die hierher zu uns gekommen ist, begrüße, denke ich unter anderem an den ersten Weltkrieg, der den Boden im wörtlichen Sinne umgepflügt und mit unzähligen Opfern übersät hat.
Aber Gott hat immer erlaubt, daß das Schifflein sich wieder auf den Weg mache. Eine unüberwindliche Hoffnung hat die Lothringer beseelt. Der christliche Glaube hat seit den Jahrhunderten der Christenheit, in denen er das soziale Geflecht kennzeichnete, zum Durchhalten oder zum Neubeginn inspiriert. Ihr habt von dieser Kraft geerbt. Die Gestalten von Heiligen, von Missionaren, sind die Meilensteine dieser Geschichte, wie derjenige, den ich kürzlich in Lesotho seliggesprochen habe: P. Joseph Gérard und derjenige, der zu den Vietnamesischen Märtyrern gehört: der hl. Augustin Schoeffler. Noch viele andere Christen haben bei euch leuchtende Spuren des Glaubens, der Gerechtigkeit, des Friedens hinterlassen; das ist die Erinnerung, die König Stanislaus und seine Gemahlin neben vielen anderen zurückgelassen haben. Danket Gott für all diese Glaubenszeugnisse!

3. Heute verdunkeln bedeutende wirtschaftliche, soziale, religiöse Veränderungen den Horizont, wie ihr selbst sie erwähnt habt; sie schaffen neue Schwierigkeiten, ohne daß zur Zeit Lösungen in Sicht wären; manche menschliche Hoffnung scheint dahinzuschwinden. Die Gruben und die Schwerindustrie, die einstmals so sehr blühten, daß man fremde Arbeitskräfte ins Land holen mußte, haben ihre Tätigkeit einschränken müssen. Viele tausend Arbeitsplätze sind verloren gegangen. Das Familienleben leidet schwer hierunter, und die Krise wirkt sich natürlich auch auf die anderen Wirtschaftszweige aus. Arbeitslosigkeit und Unterbeschäftigung sind menschliche Dramen, welche die Christen wie die anderen in Betracht ziehen müssen; dieses Phänomen ist leider sowohl in den Industriestaaten als auch in den Entwicklungsländern weit verbreitet: die Enzyklika *Sollicitudo rei socialis* hat dies hervorgehoben (Nr. 18; vgl. auch die Enzyklika *Laborem exercens*, Nr. 18). Das ist schlimm, denn es kann zum Niedergang oder gar zum Verlust der Selbstachtung, die sich ein jeder Mensch schuldet, führen. Die Lage der Einwanderer ist in diesem Fall besonders brenzlig. Das Fehlen einer beruflichen Zukunft ist schrecklich für die Jugend. Neue Formen der Armut stellen sich ein.

Ihr seid euch ebenfalls vieler anderer Bedrohungen bewußt. Der Mensch lebt nicht vom Brot allein. Die Säkularisierung kennzeichnet euer Gebiet mit ihrer Tendenz die Religion vom Rest des Lebens zu trennen. Die Schwächung des Glaubens zeigt sich auch in der Abnahme der religiösen Praxis. Religiöse Gleichgültigkeit setzt sich durch und macht für geistliche Anrufe unempfänglich. Die Abnahme des moralischen Sinnes macht sich vor allem im Leben der Familien bemerkbar, sei es daß es sich um die Vorbereitung auf das Ehesakrament, sei es daß es sich um die Treue oder um die Annahme (menschlichen) Lebens handele. Die Seltenheit der Priester-, Ordens- und Missionsberufe ist ein weiteres Zeichen der Stürme, die um euch toben. So ist diese Erzählung des Evangeliums hier von ergreifender Aktualität.

4. Nun schlief Jesus aber in dem Boot. Das war physisch ganz normal nach dem erschöpfenden Tag, den er mit Begegnungen, mit Lehren und Heilungen zugebracht hatte. Aber die Apostel sind ratlos. Diese scheinbar unwirksame Gegenwart genügt ihnen nicht. Sie fürchten sich. Sie zweifeln und verzweifeln.
Wieviele Menschen verlieren heute, von ihren Problemen und Ängsten geschüttelt, nicht den Mut oder ziehen sich auf sich selbst zurück? Sie reden vom Schweigen Gottes, als ob Gott sie dem Leid und dem Tod übergeben hätte, indem er sie ihren eigenen Kräften und ihrer menschlichen Gebrechlichkeit überließe. In Wirklichkeit sind sie in der Gefahr, innerlich ganz von ihrer Prüfung in Anspruch genommen, wie Hiob nur noch diese Seite der Dinge zu sehen. Es gibt in der Tat in der Welt eine dunkle Seite als geheimnisvolle Folge des Bösen seit dem ersten Bruche mit Gott; das Böse findet sich vor allem in den Herzen, denen es an Glauben gebricht. Aber die Gläubigen sind auch berufen, Gott in den staunenerregenden Möglichkeiten der Schöpfung, in den Kräften, mit denen er Verstand und Herz der für ihr Schicksal mitverantwortlichen Menschen ausgestattet hat, am Werke zu sehen und die verborgene Wirksamkeit des Heiligen Geistes zu entdecken, den Jesus gesandt hat.

5. Die Apostel weckten Jesus. Diese Handlung der Ungeduld verrät einen Zweifel an seiner Heilsmacht, aber ihre Bitte drückt ein aus ihren verängstigten Herzen aufsteigendes Vertrauen aus: „Herr, rette uns, wir gehen zugrunde!“.
Und wir, müssen wir Jesus oder seinen Heiligen Geist „wecken“? Gott hat, um die Wahrheit zu sagen, nie aufgehört, in unserem Leben gegenwärtig zu sein, über uns zu wachen, wobei er unsere Freiheit achtet. Sein Heiliger Geist bleibt in den Seelen von uns Getauften, Gefirmten, Diakonen, Priestern, Bischöfen. Aber seine Macht kommt zuerst in den Herzen jener Menschen zur Entfaltung, die aufmerksam für seine Gegenwart sind. Gott erwartet, daß wir uns ihm zuwenden, die religiöse Gleichgültigkeit, die uns zu lähmen droht, abschütteln, den schlummernden Glauben wecken, die Liebe, welche der Heilige Geist in unseren Herzen ausgegossen hat, entfachen. Sodann erhalten das aufrichtige an den Heiland gerichtete Gebet, die Sakramente, die uns das von ihm herkommende Leben mitteilen, die Vertiefung seiner Offenbarungsbotschaft durch Katechese und Weiterbildung sowie die mannigfaltigen Anstrengungen, um seine Liebe in die Tat umzusetzen, eine entscheidende Bedeutung: Wer die Wahrheit tut, kommt ans Licht. Dieser Zuwachs

an Glauben, der alles möglich macht, ist schon die Frucht der Gnade. Liebe Brüder und Schwestern, betet ihr genug zum Herrn, daß er in euch den Glauben wecke, ihn vermehre? „Warum habt ihr solche Angst, ihr Kleingläubigen?“

6. Da stand Jesus auf und beruhigte den Wind und die See. „Was ist das für ein Mensch?“ Dieses Ereignis kündigte den einzigartigen Ostertag an, an dem Christus nach seinem sterblichen Leben aus dem Grabe erstand, gleich wie er sich im Boot aufgerichtet hatte. Die Mächte des Bösen haben sich gegen ihn aufs höchste, wie ein unaufhaltbarer Sturm verschworen. Seine Gegner haben ihn zum Tod durch das Kreuz verurteilen lassen. Seine Freunde waren machtlos. Die Sünde schien ihn besiegt zu haben, wie so viele Unschuldige in der Weltgeschichte. Er schien von Gott verlassen. Man hat ihn zu den Toten gezählt. In Wirklichkeit aber hat er sein Leben in äußerster Liebe hingegeben. Er hat die Sünde in ihren Wurzeln des Hasses und des Stolzes vernichtet. Er hat dem Tod seinen Stachel genommen. Er hat seine Brüder von der Herrschaft des Bösen befreit.
Gott hat es nicht zugelassen, daß sein Sohn die Verwesung schaue. Er hat ihn zu neuem, zu ewigem Leben erweckt. Seitdem ist nichts mehr wie vorher. Die Macht dieses (neuen) Lebens ist in verborgener Weise im ganzen Universum durch den Heiligen Geist am Werk. Christus, der zur Rechten Gottes sitzt, tritt für uns ein (vgl. *Röm* 8,34). Das ist die Gewißheit, welche uns die Apostel als Auferstehungszeugen überliefert haben. Dies ist unser Glaube. Dies ist die Erfahrung, welche die Gläubigen ohne Unterlaß in der Kirche machen. Mit dem heiligen Paulus können wir sagen: „... all das überwinden wir durch den, der uns geliebt hat ... (nichts kann) uns scheiden von der Liebe Gottes, die in Christus Jesus ist, unserem Herrn“ (*Röm* 8,37.39). Dieser Liebe wird das letzte Wort gehören. Die Osterkerze in unserer Mitte erinnert an diesen österlichen Sieg. Wir werden unseren Glauben an Christus verkünden. Was ist das für ein Mensch? Für Petrus, wie für den Nachfolger Petri und für euch, ist er der Sohn des lebendigen Gottes (vgl. *Mt* 16,16), von Anbeginn am ganzen Werk der Schöpfung beteiligt, Herr über See und Winde. Er ist der zu unserem Heile Mensch gewordene Gott, der treue Zeuge Gottes des Vaters, der uns durch sein Wort und alle seine Taten den Weg weist. Er ist der Erlöser, der Heiland, der die Menschen vom Tode und von der Sünde zurückkauft. Er ist der Erstgeborene der ganzen Schöpfung, er ist das Haupt des Leibes, nämlich der Kirche (vgl. *Kol* 1,18).

7. Aber dieser Glaube bedeutet nicht, daß alle menschlichen Probleme in unserer Welt gelöst, die menschlichen Anstrengungen unnütz wären. Die gesamte Schöpfung seufzt bis zum heutigen Tag und liegt in Geburtswehen, und wir selbst, obwohl wir als Erstlingsgabe den Geist haben, sind gerettet, doch in der Hoffnung (vgl. *Röm* 8,22–24).
Das Heil, das Christus uns erworben hat, die Gnade, die er uns mitteilt, befreien uns keineswegs davon, das Elend und die Möglichkeiten unserer Gesellschaft sowie auch die Schwierigkeiten und Kräfte unseres kirchlichen Lebens zu erwägen, mit allen Mitteln unseres Verstandes und unseres Herzens nach den besten Heilmitteln unserer Übel zu suchen und sie voll Mut und Solidarität ins Werk zu setzen. Gott hebt unsere menschliche Verantwortung nicht auf: er weckt und unterstützt sie, er richtet sie an Prinzipien aus, welche auf lange Sicht den echt menschlichen Fortschritt gewährleisten. Dieser Fort-

schritt ist auch für das Reich Gottes von großer Bedeutung, gleichsam als umrißhafter Entwurf der verklärten Welt, die Gott jenseits dieser Zeit bereitet (vgl. *Gaudium et spes*, Nr. 39).

Es ist nicht so für die Arbeitslosigkeit. Unmittelbar sind die technischen Lösungen schwer zu finden. Eine ganze wirtschaftliche Umstrukturierung muß ausgedacht und verwirklicht werden. Auch wenn der Glaube keine fertigen Antworten liefert, so gibt er doch den Mut zu Unternehmungen, um die passende Art der Entwicklung zu suchen, unter Berücksichtigung der neuen Gegebenheiten einer europäischen und weltweiten Solidarität; er regt dazu an, die menschliche Arbeit in Übereinstimmung mit der Würde der Person zu bewerten; er lädt dazu ein, diejenigen, welche heute in den verschiedenen sozialen Schichten am härtesten getroffen sind, die benachteiligten aller Art, die neuen Armen, zu unterstützen. Mit anderen Worten: der Glaube erweckt die Hoffnung und die Liebe, die es ermöglichen, eine neue Welt zu schaffen.

Ebenso inspiriert der Glaube die Art und Weise, die Fremden aufzunehmen, die eingewanderten Arbeitskräfte zu respektieren, ihnen einen angemessenen Platz im Gesellschafts- und Berufsleben einzuräumen.

Der Glaube bewegt dazu, eine neue Präsenz der Kirche in der Welt der in Nancy stets zahlreicheren Gebildeten, in der Welt der hohen Technologie und den entsprechenden Dienstleistungen anzustreben, damit die geistigen Werte diesem kulturellen und wirtschaftlichen Fortschritt einen Sinn geben.

Der Glaube nimmt den Verfall der Sitten nicht hin: Er tut alles, damit die Familie ihre unerläßliche Sendung der Erziehung zu Glauben und Liebe erfüllen könne, wie es das Schreiben *Familiaris consortio* in Erinnerung gerufen hat.

Das Arbeitsfeld ist sehr weit. Es wartet auf die Mitarbeit aller Glieder der Kirche. Ihr verfügt übrigens über bewundernswerte Kraftquellen, welche die Diözesansynode anspornen wird, nämlich die Zunahme der Berufungen, die immer größere Teilnahme der Laien am Leben der Kirche, die Initiativen in den Bereichen der Katechese, der sozialen Kommunikationsmittel, des Dienstes an den Armen, der Einsatz der Bewegungen der katholischen Aktion und der geistlichen Erneuerung.

8. Die Mittel werden euch nicht fehlen. Aber entscheidend ist der Unternehmungsgeist, der Atem, die Geduld, die Hoffnung. Das sind die Gnaden des Geistes Gottes. Der Atem Gottes ist der Heilige Geist. Bittet um ihn ohne Unterlaß. Bittet um ihn mit der Jungfrau Maria, die am Pfingsttag anwesend war und in eurer Diözese als „Notre-Dame de Bon Secours“ so große Verehrung genießt. Habt den Glauben; der auferstandene Herr bleibt inmitten seiner Kirche in euch. Er ist in eurem Boot. Er schläft nicht. Er wacht. Und ihr, weckt euren Glauben an seine Macht. Weckt ihn in eurer Umgebung. Erhebt euch! Christus spricht zu euch, wie zu Petrus und seinen Brüdern: Habt keine Angst. Fahrt hinaus und werft eure Netze aus (vgl. *Lk* 5,4). Ein neuer Fischfang wartet auf euch; eine Neuevangelisierung eurer Gegend, ja Europas wartet auf euch. Gemeinsam mit dem Herrn werdet ihr eine neue Welt nach dem Plan Gottes aufbauen, bewegt vom Atem der Liebe, die von Gott kommt. Amen.

Synode nicht einfach nur Situationsanalyse

Ansprache an die Delegierten der Diözesansynode in Nancy am 10. Oktober

1. „Ihr aber seid der Leib Christi, und jeder einzelne ist ein Glied an ihm" (*1 Kor* 12,27).

Liebe Brüder und Schwestern!

An all diejenigen, die Ihre Dienste und ihr Charisma in der christlichen Gemeinde von Korinth ausübten, hat der Apostel Paulus seine Worte gerichtet. Heute freue ich mich, auf ähnliche Weise Msgr. Jean Bernard und die ganze Kirche der Diözese Nancy und Toul zu begrüßen, die sich um ihn versammelt und die von den Mitgliedern der Diözesansynode vertreten werden. Viele andere Diözesen Frankreichs – es sind nahezu zwanzig – haben die Erfahrung einer ähnlichen Synode gemacht oder machen sie derzeit: ich grüße ihre Bischöfe und alle Delegierten, die hier anwesend sind, und ganz besonders die der Nachbardiözese Saint-Dié. Wenn ich nachher auf der Place Carnot mit der gesamten christlichen Bevölkerung dieser Stadt bete, werde ich die Herausforderungen und Hoffnungen der Diözese, die mich empfängt, noch ausführlicher besprechen. Nun aber möchte ich mit euch über das nachdenken, was den synodalen Vorgang, die Methode und die Ziele der Synode sowie die Verbindung der Teilkirche mit der Weltkirche angeht.

2. Die Diözesansynode ist, wie der Pastoralrat, der selbst eine Frucht des Konzils ist, Teil der Mitverantwortlichkeit aller Diözesen um den Bischof. Der Codex des Kanonischen Rechts hat hieraus eine wesentliche Struktur der Teilkirche gemacht (*CIC* can. 460 ff.). Im Gegensatz zum bisher Bestehenden ist die Diözesansynode Delegierten offen, die die verschiedenen Elemente der Diözese, Priester, Ordensleute und Laien vertreten. Eine solche Versammlung kann alle Fragen ansprechen, die das Wohl der Diözesangemeinschaft betreffen, wenn die Umstände es dem Urteil des Bischofs gemäß nahelegen. Wie ich am 18. Februar der Priesterschaft von Rom gesagt habe, ist stets die große Gemeinschaft des Gottesvolkes mit seinen Rechten, seinen Pflichten, seiner Mission gemeint, und dies in einer pastoralen, ökumenischen Sicht, die für die geistigen Bedürfnisse der Welt offen ist (vgl. *Ansprache an den römischen Klerus* vom 18.2.).
Die außerordendliche Bischofssynode, die 1985 in Rom abgehalten wurde, hat gewisse Hauptpunkte des Konzils hervorgehoben, die durch die Einführung der Diözesansynode eine bedeutsame Anwendung finden: das Geheimnis der Kirche als Volk Gottes (vgl. *Schlußdokumente* II,A,3), die Gemeinschaft aller Gläubigen im Leib Christi (*ebd.* II,C,1), die alle Ebenen umfassende Teilhabe und Mitverantworlichkeit der Männer und Frauen, die die Kirche darstellen (*ebd.* II,C,6), ohne Nachteil für die hierarchische Einheit. Die Diözesansynode ist wirklich ein wichtiger Ort und Zeitpunkt für das Leben der Teilkirche, die sich durch sie auf ganz besondere Weise kundtut.

3. Der Codex des Kanonischen Rechts (*CIC* can. 460–468) gibt Normen, die den Ablauf der Diözesansynode regeln. Innerhalb dieses Rahmens kann die praktische Vorgehensweise variieren, und neu gewonnene Erfahrungen können diese Einrichtung berei-

chern. Die Synoden, die zur Zeit abgehalten werden, erfordern eine gewisse Dauer: die eure hat vor drei Jahren begonnen; zwei größere Zusammenkünfte im nächsten Jahr stehen in Aussicht. Es muß ernsthafte Arbeit geleistet werden, angemessene Vertretungen müssen gesichert sein, man muß klar vorgehen nach den jeweiligen Phasen der Beratung, der Umfragen, des gegenseitigen Zuhörens, der Diskussionen, der Vertiefung und schließlich der pastoralen Richtlinien und Entscheidungen, deren Erlaß dem Bischof zukommt, denn die Abstimmungen sind beratender Natur. Wichtig ist, daß sie zu einer Erklärung führt, die den Einsatz der Gemeinschaft bestimmt. Ihre Bedeutung beruht jedoch auch in der Dynamik, die sie schafft und unterhält. Sie ist wie ein Anhalten auf dem Weg, den die Teilkirche gehen muß, um die gewonnenen Erfahrungen zu überprüfen, die apostolischen Prioritäten neu zu definieren und gemeinsam in missionarischer Perspektive den Weg wieder aufzunehmen. Der synodale Vorgang wird um so besser gelingen, je aktiver das Christenvolk bleibt und sich an die eindeutig gekennzeichneten Bezugspunkte hält.

4. Ein anderer Wert der Diözesansynode besteht in der Gegenüberstellung von unterschiedlichen Erfahrungen und im Ineinandergreifen von Funktionen und Ämtern in der Kirche. Die Laien, Männer und Frauen, Jugendliche und Erwachsene sind dazu aufgerufen, das voll in die Tat umzusetzen, wozu ihre Taufe und ihre Firmung sie befähigt, um von innen her an der Heiligung der Welt zu arbeiten und um an der evangelisierenden Mission der Kirche teilzunehmen. Sie können den spezifischen Charakter des Priesteramtes besser verstehen, das Christus in seiner Rolle als Haupt, als Quelle aller Gnade und als den zum Ausdruck bringt, der die Herde versammelt. Die Ordensleute erinnern in besonderer Weise an die fundamentale Bereitschaft und Freiheit, die für das Himmelreich und seine transzendente und eschatologische Dimension notwendig sind. Zwischen ihnen allen baut sich eine Art Partnerschaft auf, deren Reichtum aus all diesen Beiträgen besteht und deren Kraft in der Aufgliederung liegt, die notwendig ist für den Dienst, der vom Hirten der Diözese und seinen Mitarbeitern zugeteilt wird. Möge diese gemeinsame Verantwortlichkeit stets auf bestmögliche Weise das Geheimnis der Gemeinschaft der Kirche zum Ausdruck bringen, das seine tiefe Quelle in den Sakramenten der Taufe, der Eucharistie und der Priesterweihe, im Wort Gottes, in der Liebe des Vaters, der Gnade Christi und der Gabe des Heiligen Geistes hat (vgl. *Synode* 1985, *Schlußdokument* II,C,1; und *1 Kor* 12,4–6)!

5. Genauer gesagt – und Msgr. Bernard hat dies sehr wohl unterstrichen – ist die Synode vor allem eine große Versammlung von Gläubigen, von verantwortungsbewußten Gläubigen, kein Forum, das alle möglichen Meinungen oder Diskussionen annimmt. Die Mitglieder der Synode müssen zunächst dem Glauben, der Offenbarung, und dem Geheimnis der Kirche Rechnung tragen. Sie müssen ihre christliche Identität vertiefen oder wiederfinden. Und daher müssen sie aus den Quellen schöpfen: aus dem Wort Gottes, aus dem Lehramt und besonders aus dem Beitrag des letzten Konzils. Dieses Konzil hatte in seinen Arbeiten das Nachdenken über die Kirche an die erste Stelle gesetzt; das Ergebnis war die dogmatische Konstitution *Lumen gentium*. Die Synode, die ich in Krakau einleitete, als ich dort Erzbischof war, hatte zum Hauptziel, das Konzil besser zu verarbeiten

und anzuwenden. Ich freue mich zu erfahren, daß die Diözese Nancy in den kommenden sechs Monaten eine Katechese über die Kirche in Angriff nehmen wird. Eine solche Vertiefung des Glaubens umfaßt Studien, Austausch und Aneignung von Lehrstoff; sie erfordert ferner ein Gebetsklima. Eine Synode ist eine Feier, die mit einem großen Glaubensbekenntnis beginnt. Insgesamt betrachtet geht es darum, auf das zu hören, was der Heilige Geist der Kirche sagt, und es gemeinsam mit Maria, der Mutter der Kirche, zu tun. „Im Glauben verwurzelt" werdet ihr den Herausforderungen der Welt voll Hoffnung begegnen.

6. Aus diesen Voraussetzungen über die Natur der Diözesansynode ergeben sich ihre Methode und ihre konkreten Zielsetzungen.
Mit dem Blick des Glaubens liegt es euch am Herzen, das tatsächlich Leben der Menschen und Gruppen in der Diözese zu erforschen, um den Einsatz für die Evangelisierung besser bestimmen zu können. Was euch zunächst erstaunt, sind die Lebensbedingungen eurer Zeitgenossen und in vielen Fällen die menschliche Not, die dadurch verursacht werden. In der Tat legt ihr besonderen Nachdruck auf die dramatischen Situationen, die durch Arbeitslosigkeit und Unterbeschäftigung entstehen. Das Evangelium gibt den Christen die dringende Pflicht auf, allen Formen der Armut aufmerksam und solidarisch entgegenzugehen.
Andere, mehr positive Aspekte kennzeichnen das Leben eurer Region und bilden ebenfalls die Herausforderungen an die Evangelisierung, wie zum Beispiel die Ankunft zahlreicher Immigranten. Sie müssen auf eine brüderliche Aufnahme zählen können. Die Entwicklung der Universitätsstudien und der wissenschaftlichen Forschung und der Anstieg fortschrittlicher Technologien laden die Christen dazu ein, die Botschaft des Evangeliums im Dialog mit der zeitgenössischen Kultur zu vertiefen.

7. Wenn auch die sozialen Umwälzungen tiefe geistige Rückwirkungen haben, so sind sie doch nicht direkt der Grund für die Entchristlichung. Diese entsteht vielmehr aus einem Mangel an geistlicher Kraft, einem Mangel an Glaubensbildung. Ihr müßt daher mit Sorgfalt die Tatsachen im kirchlichen Leben erforschen und ihre Gründe erfassen: diejenigen, die religiöse Gleichgültigkeit, Glaubensschwund, Mangel an religiöser Praxis, Gebetsentfremdung, Absinken im Verständnis der moralischen Werte und in der Wertschätzung von Berufungen erkennen lassen; aber auch diejenigen, die auf eine neue geistige Dynamik, auf neue Möglichkeiten hinweisen.
Was das ethische Verhalten angeht, so bietet das Zweite Vatikanische Konzil in der Konstitution *Gaudium et spes* (vgl. auch *Synode* 1985, *Schlußdokument* II,D,1) einen wertvollen Rahmen für die Lektüre und die Analyse. Wichtige Bereiche des menschlichen Lebens werden hier im Hinblick auf den Plan Gottes untersucht: die eheliche Liebe, die Ehe, die Familie; die Förderung der Kultur; die Würde der Arbeit und die Beteiligung am wirtschaftlich-sozialen Leben; die Verantwortlichkeiten, die das Allgemeinwohl in den politischen Tätigkeiten, die Probleme des internationalen Austausches, der Gerechtigkeit und des Friedens betreffen. Es geht in der Tat darum, mit Gott, dem Schöpfer, eine neue Welt aufzubauen.

8. Eine Synode darf sich nicht mit einer einfachen Situationsanalyse zufriedengeben. Sie muß mit Hilfe der Frohbotschaft eine Umkehr der Einstellungen und Kulturen vorbereiten (vgl. *Evangelii nuntiandi*. Nr. 20; und auch die *Synode* 1985, *Schlußdokument* II,D,4). Ihr müßt daher vor allem nach Mitteln suchen, das Evangelium besser zu verkünden und es in konkreten Lebenssituationen zu verankern. Dieses Evangelium muß allen Gläubigen wie Ungläubigen, als eine Frohe Botschaft erscheinen (vgl. *Lk* 4,18), als eine Offenbarung der Liebe unseres Gottes, der seinen Sohn gesandt hat, um die Welt zu retten, nicht, um sie zu verdammen, sondern um denjenigen Hoffnung zu geben, die arm, unterdrückt, entmutigt sind, die keinen Sinn im Leben sehen und Gefangene ihrer Schwäche oder ihrer Sünde sind. Diese Liebe stellt natürlich ihre Forderungen. Die den Seligpreisungen entsprechende Erneuerung schließt Demut, Reinheit, Durst nach Gerechtigkeit, Teilen, Frieden, Vergebung, Nächstenliebe, Suche nach dem Willen Gottes und nach dem Heil ein, das Gott uns anbietet.

9. Es gibt weder eine Umkehr in der Mentalität noch eine christliche Erneuerung der Strukturen ohne eine persönliche Umkehr. Eine Synode sucht nach den seelsorglichen Möglichkeiten, um zu einer solchen Umkehr aufzurufen; sie zieht die Sprache in Betracht, die die Herzen bewegen kann, die einzigartige Stellung des Gebets und der Sakramente, insbesondere des Sakraments der Versöhnung. Sie sieht die geduldige Begleitung der passiveren und weniger praktizierenden Christen vor. Sie vergißt diejenigen nicht, die fern, gleichgültig oder sogar feindselig sind, damit sie Nutzen ziehen können aus der missionarischen Präsenz und dem Zeugnis das sie in Hochachtung vor ihrem Gewissen aufruft. Die Synode muß die Arbeiter auch zur Ernte rufen. Ihr seid die „Kirche, die Gott sendet“.

10. Ihr werdet einen Hauptaspekt im Sinn behalten: eure Verbindung mit der Weltkirche. Eine Teilkirche kann in der Tat niemals eine in sich geschlossene Gemeinschaft sein. Sie stellt die Weltkirche dar, oder besser, sie verkörpert die Weltkirche: „Die Teilkirchen sind nach dem Bild der Gesamtkirche gestaltet. In ihnen und aus ihnen besteht die eine und einzige katholische Kirche“ (*Lumen gentium*, Nr. 23). Dies ist eine Ehre und eine Verantwortung. Gewiß habt ihr eure ganz besonderen Probleme; und müßt daher euren Pastoralweg planen und verwirklichen. Doch nehmt ihr euren Platz in einer großen Tradition ein, die auf die Apostel zurückgeht. Dieser Weg ist keine heutige Erfindung. Eure katholische Identität legt Wert auf eure Eigenarten; doch hängt sie zugleich von eurer Gleichförmigkeit mit der Weltkirche ab, denn ihr müßt eine Einheit bilden und identisch sein in all dem, was den Glauben, die sittlichen Normen die Disziplin betrifft, die der Gesamtheit der Kirche gemein ist. Die Ortskirchen müssen sich stets an dieser wesentlichen Einheit inspirieren, sie sich zu eigen machen und ihre Pläne daran ausrichten. Jede Teilkirche ist ein Leib mit ihrem Bischof, der für die Einheit und Treue dieses Teils der Kirche und für ihre Verbindung mit der Gesamtkirche verantwortlich ist. Und alle Teilkirchen sind ein Leib mit ihren Bischöfen und dem Nachfolger Petri. Der Dienst, den der Herr mir anvertraut hat, und den ich eurem Gebet empfehle, besteht darin: meine Brüder im Glauben zu stärken und ihnen zu helfen, in der Gemeinschaft der Kirche, dem Leib Christi, zu leben.

11. Diese Gemeinschaft ist zugleich Gehorsam, Austausch, Teilhabe und Solidarität. Die Gesamtkirche ermuntert eure Tätigkeit und ihr laßt ihr euer Zeugnis, eure Lebendigkeit und eure gegenseitige Hilfe zukommen. Euer synodales Nachdenken muß euch dazu anleiten, mit den großen Missionsplänen anderer christlicher Gemeinschaften in der Welt Schritt zu halten, und für ihre ergänzenden Reichtümer sowie ihre materiellen und geistigen Bedürfnisse offen zu sein. Dies hatten die Missionare, die aus euch hervorgegangen sind – und hier wäre der selige Pater Gérard zu nennen – sehr wohl verstanden. Eine Synode ist ein missionarischer Einsatz.
Dies wären meine Wünsche für eure Synode, liebe Delegierte von Nancy und den anderen Diözesen – und dies ist mein Gebet. Ihr seid ausgewählt worden, doch seid ihr da, um die größtmögliche Zahl an Brüdern und Schwestern der Diözese an der Synode teilhaben zu lassen. Möge der Herr die Schritte segnen, die ihr in der Kirche unternehmt. Unsere Liebe Frau von der immerwährenden Hilfe mache euch eins im Hören auf den Heiligen Geist! Und der Heilige Geist stärke euch in eurer Hoffnung!

Jeder Tempel Gottes ein Zeichen seiner Gegenwart

Predigt in der Kathedrale in Metz am 10. Oktober

Liebe Brüder und Schwestern!

1. „Der Herr ist mein Hirte“ (*Ps* 23,1).
In dieser Kathedrale erheben sich unsere Gedanken und unsere Herzen zu Gott. Die Architektur dieses wunderbaren gotischen Schiffes lädt uns zu diesem auf Gott ausgerichteten Höhenflug ein. Wir dringen zutiefst in das ewige Geheimnis Gottes vor, für welches die Ausdrucksweise der Offenbarung das Bild des Hirten verwendet.
„Jetzt will ich meine Schafe selber suchen, und mich selber um sie kümmern“ (*Ez* 34,11). In der Gestalt des Hirten offenbart sich Gott als der „Immanuel“: derjenige, der in unserer Mitte ist, der über seine Geschöpfe wacht und sich um den Menschen sorgt.
Jeder Tempel Gottes, jede von Menschenhand erbaute Kirche – und ganz besonders die Kathedrale – ist ein Zeichen des göttlichen Hirten, ein Zeichen für seine Gegenwart unter uns, ein Zeichen für seine Sorge als Erlöser.
Die heutige Liturgie lädt uns ein, hier über das Geheimnis Gottes nachzudenken, den uns die Sprache der Offenbarung unter dem Bild des Hirten vor Augen führt. In der Kathedrale scharen sich die Gläubigen der Diözese um den Bischof. Er ist der Stellvertreter Christi, des Hirten, der die Herde – Lämmer und Schafe – zusammenführt, um sie zu den Quellen des Lebens zu geleiten.

2. In diesem Sinne danke ich euch für die Aufnahme, die ihr dem Bischof von Rom bereitet habt, und grüße alle hier Versammelten, vor allem meine Mitbrüder im Bischofsamt, Bischof Pierre Raffin, der erst kürzlich mit der Hirtensorge der Diözese Metz betraut wurde und dabei Bischof Paul-Joseph Schmitt nachfolgte, dessen ich ebenfalls gedenke. Meine Achtung, mein Dank und meine Wünsche gelten auch den offiziellen Persönlich-

keiten: den Vertretern der Stadt, des Departements, des Parlaments und der Regierung; den Autoritäten des Militärs und des Gerichtswesens und allen gewählten Volksvertretern dieser Stadt, die sich freundlicherweise mit uns zusammenfinden wollten. Mit liebevoller Ermutigung grüße ich die zahlreichen Priester, Diakone und Priesteramtskandidaten, die sich dem Dienst in der Diözese Metz weihen, sowie die anderen Priester der Region, vor allem jene von der Maas, die von Bischof Marcel Heriot begleitet sind. Die Ordensleute und alle, die sich für das gottgeweihte – aktive und beschauliche – Leben entschieden haben, sind in unserer Mitte ein besonderes Zeichen der Seligpreisungen des Evangeliums. Unser Gruß schließt alle Getauften ein, die aus den verschiedenen Regionen der Diözese, aus den Pfarreien, von den Bewegungen und Vereinigungen gekommen sind: sie alle sind dazu berufen, das Evangelium Tag für Tag zu leben und zu bezeugen. Ein Familientreffen wie dieses muß unseren ausgewanderten Brüdern und Schwestern und allen, die von Krankheit oder anderen Prüfungen – z. B. von der Arbeitslosigkeit – heimgesucht wurden, einen besonderen Platz einräumen. Vom Herzen dieser Diözese aus tragen der Papst, der Bischof von Metz und alle anderen hier anwesenden Bischöfe die Hirtensorge um alle Bewohner dieser Region, auch um jene, die sich als der Kirche Fernstehende betrachten, denn die Liebe Christi, des Hirten, vernachlässigt keinen von ihnen.

Der Papst richtete nun Grußworte an die Anwesenden deutscher, spanischer, italienischer, polnischer, portugiesischer, slowenischer, ukrainischer und vietnamesischer Sprache; auf Deutsch sagte er:

3. Wir sind noch heute mit all denen eng verbunden, die uns seit siebzehn Jahrhunderten in diesem Gebiet von Lothringen vorausgegangen sind. Die Kathedrale bleibt ein beredter Ausdruck der Heilsgeschichte für die Bewohner dieser Gegend. Sie erhebt sich in die Höhe wie ein Zeuge für den Glauben ihrer Erbauer und der Künstler, die sie mit Skulpturen, mit Gemälden und kunstvollen Glasfenstern ausgeschmückt haben. Sie bezeugt den katholischen Glauben der Christen, die sich inmitten der Wechselfälle der Geschichte um sie geschart haben. Diese Gegend am Schnittpunkt von Kulturen und Reichen ist in der Tat von Prüfungen nicht verschont geblieben. Ich denke da unter anderem an die Kriege, die hier seit vier Jahrhunderten aufeinander gefolgt sind, vor allem an den von 1870, dann an die beiden Weltkriege. Aber bei all dem hat die Bevölkerung mit Treue und Mut ihre Identität bewahrt.

Eure religiöse Geschichte, liebe Brüder und Schwestern, hat ihre Wurzeln in der frühesten Geschichte des Christentums, seit dem ersten Bischof, dem hl. Klemens, in gallisch-römischer Zeit. Metz ist nach der Kaiserstadt Trier die erste Kirche gewesen, die an den Ufern der Mosel im ehemaligen belgischen Gallien (Gallia Belgica) gegründet worden ist. Die Stadt hat immer eine europäische Dimension besessen, und die Diözese hat eine große christliche Lebenskraft bewahrt, die sich trotz Zeiten der Schwäche noch immer in einem starken Glauben und einer kraftvollen religiösen Praxis, durch Treue zur Tradition und Bereitschaft zu zeitgemäßer Erneuerung zeigen, wie diese Treue sie heute fordert. Das Gebet mit Maria, besonders das Rosenkranzgebet, das die Kartäuser von Marienfloß zu Ehren gebracht haben, hat diese Treue gewiß unterstützt.

Der Papst sprach in Französisch weiter:

Ja, zahlreiche große christliche Gestalten haben diese Geschichte in ihrem Verlauf gekennzeichnet. Auf den hl. Reformator Chrodegang folgten weitere Heilige dieses Landes, die ihm zur Ehre gereichen: der selige Missionar Jean Martin Moyé, der selige Bruder Arnold, der heilige Augustin Schöffler!
Diese wenigen Namen dürfen nicht die von Tausenden überzeugter christlicher Laien vergessen lassen, wie etwa den eures berühmten Landsmannes Robert Schumann, dessen Andenken und Grab sein Heimatdorf Scy-Chazelle bewahrt.
Ja, auf dieser Erde haben viele ihrer Berufung gemäß Zeugnis dafür abgelegt, daß der Heilige Geist unablässig die Kirche Christi aufbaut und erneuert, indem er verschiedene Gaben verteilt. Heute ruft euch Gott alle in gleicher Weise zur Heiligkeit: mögt ihr, wie diese Kathedrale, ein lebendiges Zeichen Gottes unter den Menschen, ein transparentes Zeichen sein!

4. Der heute verkündete Text des Johannesevangeliums berichtet über den fundamentalen Dialog Christi mit Simon Petrus nach der Auferstehung.
Man hat sich oft gewundert, warum der Herr den Apostel dreimal fragt: „Liebst du micht?“, warum er dreimal die Antwort erhält: „Herr, du weist ...“ und warum er Petrus dreimal auffordert: „Weide meine Lämmer, weide meine Schafe“?
Die in diesem Dialog enthaltenen Ausdrücke haben selbstverständlich ihren genauen Sinn. Man kann jedoch ihren eigentlichen Sinn weder verstehen noch aussprechen, wenn man nicht die ganze, im Alten ebenso wie im Neuen Bund beheimatete Tradition des Hirten in Erinnerung ruft. Im Gleichnis vom Guten Hirten hat Christus diese Tradition auf sich selbst angewandt. Das Gespräch mit Simon Petrus nimmt auf dieses Gleichnis, auf die in ihm enthaltene, wesentliche Wahrheit Bezug.

5. Um welche Wahrheit handelt es sich?
Wieso stellen der Prophet Ezechiel und die Psalmen Gott in der Gestalt des Hirten dar?
Gott wacht über sein Volk wie ein Hirte, der sich um seine Herde sorgt; er kennt die Nöte dieses Volkes, das in einem fremden Land verstreut ist, den Heimweg nicht mehr findet und wie in Nebel und Finsternis nach dem Sinn seines Lebens sucht, in den Abgründen des Todes, als Beute aller Art von Sklaverei.
Gott hat Mitleid mit diesem Volk, er liebt es. Wie ein Vater und ein Führer möchte er es befreien, versammeln und anführen und es auf den Weg des Heiles – den rechten Weg – geleiten, wo es Sicherheit, Frieden und die kraftvolle Nahrung findet, deren es bedarf, mit einem Wort, wo es Gnade und Glück findet. Er bewahrt es in der Gerechtigkeit und sichert ihm neues Leben; er begleitet sein Volk: „Ich fürchte kein Unheil, denn du bist bei mir.“
Diese seine Sorge hat Gott auf hervorragende Weise dem ganzen Volk Israel zur Zeit des Mose bewiesen, als er es aus Ägypten hinaus und durch die Wüste führte. Dann zur Zeit Ezechiels, als er es aus dem babylonischen Exil zurückkehren ließ. Gott wacht über jedes einzelne Schaf, vor allem wenn es verloren, verirrt, verwundet und geschwächt ist. Er er-

greift die Initiative und macht sich, unverdiente Liebe schenkend, auf die Suche nach den gefährdeten Schafen.
Ezechiel weiß sehr wohl, daß Gott seine Herde seinen Dienern anvertraut. Viele dieser Hirten haben sich jedoch ihrer Sendung gegenüber treulos erwiesen. Deshalb nimmt er seine Herde wieder selbst in die Hand: er bezeichnet sich selbst als den wahren Hirten, der darauf wartet, seinem Volk Hirten nach seinem Herzen geben zu können.

6. In der Lehre Christi finden wir fast wörtlich die Ausdrücke des Alten Testaments wieder, die den Hirten betreffen, vor allem die Worte Ezechiels über die Auffindung des verlorenen und verirrten Schafes, über die Hilfe für das verwundete und die Sorge um das kranke Schaf (vgl. *Ez* 34,16; *Lk* 15,4–7).
Im Gleichnis vom guten Hirten, wie wir es im Johannesevangelium finden, sagt uns Jesus jedoch, daß er selbst der „gute Hirte" ist und fügt hinzu: „Der gute Hirt gibt sein Leben hin für die Schafe" (*Joh* 10,11).
Diese Worte führen uns direkt in das Ostergeheimnis ein. Die Selbstoffenbarung Gottes erreicht in dieser Gestalt des guten Hirten ihren Höhepunkt und ihre Fülle: er gibt sein eigenes Leben hin für seine Schafe.
Die Kathedrale, in der wir versammelt sind, verkündet diese Wahrheit über Gott, der „in unserer Mitte" ist und über den Hirten, der sein Leben für uns hingegeben hat. Wie jede christliche Kirche hat sie Daseinsberechtigung aufgrund der Geheimnisse des Kreuzes und der Auferstehung Christi. Christus hat das Opfer seines Lebens dargebracht, um die verstreuten Kinder Gottes zu sammeln und ihnen Vergebung zu erlangen. Als Auferstandener teilt er ihnen durch die Sakramente und das Geschenk des Glaubens sein göttliches Leben mit. Er macht aus ihnen lebendige Steine einer Kirche, deren Eckstein er ist. Er vertraut sie jenen an, die er als Hirten einsetzt. Dieser Tempel ist der heilige Ort, an dem sein Opfer gegenwärtig gemacht wird, wo die Gnade seiner Auferstehung am Werk ist, wo sich die Kirche gestaltet, die in Metz ist, und wo alle christlichen Gemeinden der Diözese ihren Bezugspunkt und das Zentrum ihrer Einheit finden.

7. Und nun sagt Christus nach seiner Auferstehung und vor der Rückkehr zu seinem Vater zu Simon Petrus: „Sei der Hirte". Vorher aber fragt er ihn: „Liebst du mich?" Er fragt nicht: „Liebst du meine Herde?", sondern „liebst du mich?" Das ist die entscheidende Frage des ganzen Dialogs. Warum?
„Liebst du mich?" heißt auch: „Hast du meine Liebe verstanden?": meine Liebe zum Vater und meine Liebe zu den Menschen „im Vater", die Liebe, die mich bis ans Kreuz geführt hat, um dort mein Leben für die Schafe hinzugeben.
Verstehst du nunmehr diese Liebe? (Tatsächlich hatte Petrus den Meister vorher mehr als einmal seiner Liebe zu ihm persönlich versichert, er war jedoch nicht imstande, das Geheimnis des Kreuzes anzunehmen.) Hast du jetzt diese Liebe erfaßt, die sich am Kreuz kundgetan hat? Ja, noch mehr: bist du bereit, sein Zeuge, sein Apostel zu werden und selbst Anteil daran zu nehmen?

8. Somit befinden wir uns im Mittelpunkt der aus dem Ostergeheimnis Christi geborenen Kirche: der Kirche, die, auf den Apostel, auf Petrus aufgebaut, die Offenbarung des

Heilswillens des guten Hirten ist. Das II. Vatikanische Konzil hat es uns besonders klar zum Bewußtsein gebracht, daß die Kirche gemeinsam mit all jenen aufgebaut wird, die an der messianischen Sendung Christi Anteil haben. Es handelt sich dabei um eine vielfältige Anteilnahme, den verschiedenen Ämtern und Charismen entsprechend: um die der Hirten – Bischöfe und Priester –, der Gottgeweihten und der christlichen Laien.
Die Kathedrale ist als Kirche des Bischofs, des Hirten der Diözese, ebenfalls auf ihre Art Zeichen der Heilsmission Christi und unserer Teilnahme an ihr.

9. Eure Kathedrale ist nicht nur ein Zeichen: sie ist eine Wirklichkeit und trägt ein Lebensprogramm für heute in sich.
Christus stellt auch an euch die Frage, die er einst an Petrus stellte: liebst du mich? Hast du wohl die Liebe begriffen, die mich drängte, mein Leben hinzugeben, damit meine Schafe das Leben im Überfluß haben? Bist du bereit, dafür Zeugnis abzulegen? In deinem eigenen Leben daran Anteil zu nehmen?
Ja, das ist ein ganzes Programm; ihr, liebe Brüder und Schwestern aus Metz, habt es bereits in die Praxis umgesetzt, müßt das jedoch auch weiterhin tun.
Eure Bindung an Christus ist Frucht eines soliden christlichen Erbes und einer jahrhundertealten Tradition; sie muß aber gleichzeitig eine persönliche Entscheidung sein. Das Ja zum christlichen Geheimnis kann keine ungefähre Zustimmung sein: es setzt vielmehr einen starken, bewußten und erleuchteten Glauben voraus. Der Glaube wird kaum den Infragestellungen unserer Zeit und den vielfältigen Veränderungen standhalten, wenn er nicht durch eine regelmäßige und vollständige Katechese der Jugendlichen und eine weiterführende Bildung und Ausbildung der erwachsenen Laien genährt und auch bei den Priestern ständig vertieft wird. Das tägliche Gebet, die Erfüllung der Sonntagspflicht und der regelmäßige Empfang der Sakramente der Wiederversöhnung und des Altars sind der normale Ausdruck des Glaubens an Christus den Erlöser, und ich ermutige euch gerne zu euren Bemühungen um die liturgische und sakramentale Pastoral.

10. Wenn man Christus nachfolgen will, sollte man sich jedoch nicht mit einer subjektiven Bindung und mit der Teilnahme an der Liturgie begnügen: vielmehr handelt es sich darum, die Forderungen des Evangeliums und die großen ethischen Werte des Christentums, wie sie uns das kirchliche Lehramt verkündet, loyal anzunehmen und in allen Bereichen des persönlichen, familiären und gesellschaftlichen Lebens in die Praxis umzusetzen. Es geht um den Zusammenhalt und die Ausstrahlungskraft der christlichen Familie, um die Eheleute, die zur ehelichen Treue, zur Weitergabe und zur Achtung des Lebens, zum Respekt vor den Zeichen der Liebe und zur Glaubenserziehung der Kinder berufen sind nach den im Apostolischen Schreiben *Familiaris consortio* vorgegebenen Richtlinien. Es handelt sich um den Aufbau einer gerechteren und geschwisterlichen Gesellschaft, die mit den Armen und den Fremden solidarisch ist. Ihr habt es verstanden, mit großer Herzlichkeit nach und nach die Einwanderer aufzunehmen, die in den Bergwerken und in der Stahlindustrie arbeiten. Mögt ihr imstande sein, dieser Tradition der Gastfreundschaft den Ausländern gegenüber treu zu bleiben! Der wirtschaftliche Rückschlag hat heute viele Lothringer in Bedrängnis gebracht und zur Arbeitslosigkeit verur-

teilt. Das ist ein schwieriges Problem. Ihr seid aufgefordert, alles nur Mögliche zu einem Umbau der Wirtschaft zu unternehmen, der allen die Möglichkeit gibt, zu arbeiten und ein angemessenes Leben zu führen.
Infolge eurer Lage am Schnittpunkt der Zivilisationen seid ihr auf ganz besondere Art mit den europäischen Ländern solidarisch. Eure Diözese unterhält im kirchlichen Bereich enge Beziehungen zu den Diözesen Namur, Luxemburg, Trier, Speyer und anderen. Möge die aus dem Evangelium geschöpfte, allumfassende Liebe euch veranlassen, diese erweiterte Solidarität im Sinn der Enzyklika *Sollicitudo rei socialis* zu leben, auf der Suche nach Brot, Würde und Freiheit für alle! Zu den Gütern, die man mit allen teilen möchte, zählt die Verkündigung der Frohbotschaft: möge der apostolische Eifer in euren Regionen, die so viele missionarische Berufungen hervorgebracht haben, lebendig bleiben! Mögen die jungen Menschen, die ihre Kräfte und ihr Herz in den Dienst des Evangeliums stellen wollen, bei den älteren Generationen Unterstützung finden! Ich fordere Hirten und Gläubige dringend auf, die unerläßliche Pastoral der Berufungen zu entfalten.

11. Es handelt sich darum, eine menschlichere Zukunft und gleichzeitig eine göttlichere Menschheit vorzubereiten, nach dem Bild dieser von Licht erfüllten Kathedrale. Die Liebe, die Christus von den Priestern, den Ordensleuten und von allen fordert, denen in Gesellschaft und Kirche Verantwortungen auferlegt sind, schließt diese Dynamik des Glaubens und der Liebe ein. Vor allem jedoch möchte ich angesichts der großen Herausforderungen unserer Tage – angesichts des Arbeitsmangels, der allgemeinen Krisen der Gesellschaft und der drohenden Entchristlichung – eure Hoffnung stärken. Laßt den Mut nicht sinken! Ihr tragt, mit der Gnade Christi, alles in euch, was zum Aufbau der Kirche notwendig ist, um den Preis einer neuen Evangelisierung. Keines der angeführten Übel ist unausweichlich. Freilich, Gott wird es euch nie ersparen, nach neuen sozialen und pastoralen Lösungen zu suchen, auf die ich hier nicht näher eingehen kann. Er erspart es euch nicht, diese unverzagt und heute ebenso wie während der Umwälzungen der Vergangenheit in die Praxis umzusetzen. Der Glaube stärkt, unterstützt und orientiert euer Verantwortungsbewußtsein. Er gibt euch die nötige Energie. Das Arbeitsgebiet ist ebenso unermeßlich wie jenes, das sich dem Amt des Apostels Petrus auftat. Aber Gott verläßt euch nicht. Wie der Hirte zeigt er euch die Richtung, die eure Arbeit einschlagen muß. Er hat für euch sein Blut vergossen. Er teilt euch seinen Geist mit. Er ist mit euch. Ihr könnt mit seiner Liebe rechnen wenn ihr ihm, wie Petrus, rückhaltlos die eure schenkt, denn seine erste Frage lautet: „Liebst du mich wirklich?“

12. „Herr, du weißt, daß ich dich liebe“ (*Joh* 21,17). „Muß ich auch wandern in finsterer Schlucht, ich fürchte kein Unheil; denn du bist bei mir“ (*Ps* 23,4).
Du, der die Verlorenen suchst … du, der du die Verirrten zum Schafstall zurückführst … du, der du die Wunden der Verletzten verbindest und dich um die Schwachen und Kranken sorgst (vgl. *Ez* 34,16):
Laß nicht zu, daß sich der Mensch auf verfehlten und ausweglosen Straßen verirre, indem er nur sich selbst, seine eigenen Möglichkeiten und Errungenschaften im Auge hat!
Laß den Menschen verstehen, daß du der Hirt, der gute Hirt bist, der sein Leben für jeden von uns hingegeben hat!

Laß den Menschen deine führende Hand suchen und gib, daß er in dir den Weg, die Wahrheit und das Leben finde!

Der innere Friede ist ein Sieg

Ansprache an die Ordensleute in St. Odilienberg am 11. Oktober

Liebe Brüder und Schwestern!

1. „Jetzt sind wir hier alle vor Gott zugegen" (*Apg* 10,33).
Mit großer Freude komme ich hier auf dem St. Odilienberg mit euch zusammen, dem bedeutenden Ort des Gebetes und der christlichen Liebe, in einer zauberhaften Landschaft des Elsaß, der im Lauf der Jahrhunderte so viele Besucher und Pilger gesehen hat. Sie alle waren ergriffen von der Schönheit dieses großartigen Rundblicks und erhielten durch die geistliche Atmosphäre neue Spannkraft.
Wie sollte man sich nicht frei fühlen, sich nicht öffnen und weit werden vor diesem unermeßlichen Horizont? Wie sollte man sich nicht angerufen fühlen, dort in der Stille des Herzens Gott zu begegnen, wo Odilia, die großen Äbtissinnen, die ihr folgten, und so viele Ordensfrauen die vertraute Erfahrung seiner Gegenwart gemacht haben? In großer Zahl haben sie sich die Wahrheit und die Schönheit der Weisheit zum Ziel gesetzt, wie es das berühmte Werk der Herrad von Landsberg, der *Hortus deliciarum*, bezeugt. Ich danke dem Herrn, daß ich heute hierherkommen durfte, um zusammen mit euch Atem zu schöpfen; ich danke der Vorsehung, daß ich den Fußspuren meines fernen Vorgängers, des hl. Leo IX., folgen durfte, der aus dieser Provinz stammte, und dem es vergönnt war, diesen herrlichen Berg zu weihen.
Ich begrüße euch alle herzlich. Ich begrüße euch, ihr kontemplativen Nonnen des Elsaß, euch Ordensschwestern, die ihr in der Schule, im Gesundheitsdienst, in Pfarreien und in den Missionen eingesetzt seid.
Ich begrüße euch, Diözesan- und Ordenspriester. Ich begrüße euch, ihr Laien, die ihr euch seit fast fünfundsiebzig Jahren Tag und Nacht in ununterbrochener Anbetung ablöst.
Ich begrüße euch, ihr Einwohner der benachbarten Pfarreien.

2. Das Buch der Apostelgeschichte, aus dem wir einen Abschnitt gelesen haben, berichtet über die Anfänge der Kirche mit der Frische und der Dynamik, die kennzeichnend sind für Werke, die im Entstehen begriffen sind.
Auch ihr, Schwestern und Brüder, die ihr Ordensgemeinschaften angehört, habt euch mit Begeisterung auf den Weg der Nachfolge Christi gemacht, und wie jene, die die Träger der ersten Evangelisierung in der Welt waren, heftet ihr euren Blick auf die Person des auferstandenen Herrn, der für jeden Menschen der Weg, die Wahrheit und das Leben ist. Wie die Apostel Petrus und Paulus, wie der Diakon Philippus verkündet ihr Jesus, und zwar als den Lebenden. Ihr tut das durch das Zeugnis eures kontemplativen Gebetslebens, durch eure Pfarrarbeit, durch eure Hingabe an die Kranken und Behinderten, durch

den Dienst der christlichen Unterweisung der Jugend, der ihr eine christliche Sicht der Welt vermittelt. In eurer Gebetsbewegung bezeugen auch die Beter, die hier Tag und Nacht Anbetung halten, daß Jesus der Herr ist, und daß ihm das Lob und die Ehre gebühren.
Wie der hl. Apostel Petrus, so verkündet ihr auf eure Weise, „was im ganzen Land der Juden geschehen ist, angefangen in Galiläa, nach der Taufe, die Johannes verkündet hat: wie Gott Jesus von Nazaret gesalbt hat mit dem Heiligen Geist und mit Kraft" (*Apg* 10,37–38).
Ich danke dem Herrn, daß er dem Evangelisierungswerk der Söhne und Töchter des Elsaß Fruchtbarkeit verliehen hat. Es strahlt weit hinaus über die Grenzen des europäischen Kontinents und erstreckt sich auf zahlreiche Diözesen überall in der Welt. Ich ermutige euch dazu, diese Verkündigung der Frohen Botschaft mit der gleichen klaren Entschiedenheit wie der Apostel Paulus fortzusetzen, von dem es im letzten Vers der Apostelgeschichte heißt: „Er verkündete das Reich Gottes und trug ungehindert und mit allem Freimut die Lehre über Jesus Christus, den Herrn, vor" (*Apg* 28,31).

3. Am Ostertag hat Christus, als er sich den im Abendmahlssaal versammelten Jüngern zeigte, seiner Kirche diese volle Zusicherung zum Geschenk gemacht, er erklärte: „Friede sei mit euch! Wie mich der Vater gesandt hat, so sende ich euch" (*Joh* 20,21).
Wir haben die Sendung, diesen Frieden Christi der Welt anzubieten, die ihn so dringend nötig hat und ihn besonders von gottgeweihten Menschen erwartet. Ihr gebt in der Tat das Zeugnis eines wirklich persönlichen Lebens, wie es der Wunsch eines jeden Menschen ist, das aber in einer Gesellschaft der Masse immer schwieriger wird. Ihr gebt auch das Zeugnis eines befriedeten Lebens, das Menschen anzieht, die nach einer durch den Glauben geordneten, geeinten und gefestigten Existenz auf der Suche sind. Bei euch entdeckt man die Freude, die Hingabe seiner selbst, den Gehorsam, die Freiheit und die Kunst, die irdischen Güter gut zu nützen. Das alles macht aus euren Ordensfamilien kleine Gesellschaftsgruppen, in denen der Geist des Evangeliums herrscht mit dem tiefen Frieden, der aus der Praxis der Seligpreisungen entspringt.

4. Dieser innere Friede, das Geschenk des auferstandenen Christus, ist zugleich ein Sieg, den ihr gewinnt, wenn ihr euch auf den anspruchsvollen Weg der Keuschheit, der Armut und des Gehorsams begebt. Was dieser Lebensweise das Zeichen des Evangeliums aufprägt, ist eben dies, daß ihr sie wählt, um Christus nachzufolgen. Die Entscheidung für die Ehelosigkeit und die vollkommene Keuschheit ist nicht zu trennen vom Glauben an das ewige Leben. In einer Welt, der es schwer fällt, an die Auferstehung der Toten zu glauben, verkündet ihr, daß uns nach dem Durchgang durch den Tod die Fülle des Lebens geschenkt wird, und daß dieses irdische Leben nur das Vorspiel dazu ist. Hat nicht der hl. Augustinus in der gottgeweihten Ehelosigkeit eine Art beständiger Meditation über das ewige Leben gesehen, zu einer Zeit, in der man noch in einem vergänglichen Leib lebt?
Wir stellen fest, daß der Reichtum die Aufnahmefähigkeit für die Botschaft Christi abstumpft. Hatte nicht Jesus die Schwierigkeit für die Reichen, in das Gottesreich zu gelan-

gen, vorausgesagt? Durch die gewollte Einfachheit eurer Lebensweise, die euch auf gewisse vergängliche Güter, die unsere Zeitgenossen faszinieren, verzichten läßt, erinnert ihr jeden Christen an die Loslösung, die notwendig ist, um sich ganz für die Gottes- und Nächstenliebe im Sinn des Evangeliums einsetzen zu können.
Schließlich entwickelt der Gehorsam, um den Preis des Verzichts auf den eigenen Willen, in euch jene annahmebereite Haltung, die zum Zuhören und Entgegenkommen befähigt oder hören läßt auf jemand, der uns begegnet. Nach dem Bild und Gleichnis Gottes geschaffen, hält der Mensch es durchaus nicht für frustrierend, sich so zu verhalten, sondern es wird ihm im Gegenteil zur Freude.
Wenn ihr den Weg der Gelübde geht, der zum Osterfrieden führt, seid ihr euch bewußt, daß ihr am Kreuz Christi Anteil habt, am Weg, der unbedingt zur Auferstehung führt.

5. Ihr bietet der christlichen Gemeinschaft Lebensmodelle an, die insgeheim deren Zustimmung finden. Die Christen haben die Treue eurer Institute nötig, um selbst treu sein zu können. Sie haben eure weitgespannte Brüderlichkeit und eure Gastfreundschaft nötig, um selbst brüderlich und gastfreundlich sein zu können. Sie brauchen das Beispiel eurer Liebe, innerhalb und außerhalb eurer Gemeinschaft, um die Schranken der Verständnislosigkeit zu überwinden. Sie haben euer Beispiel der Hingabe an die Werte des Gottesreichs nötig, um den Gefahren des praktischen Materialismus zu entgehen. Sie bedürfen eurer Sicht der kirchlichen Universalität, um für die Dimension der Welt offen zu bleiben.

6. Liebe Brüder und Schwestern, ihr stellt ansehnliche lebendige Kräfte für die Kirche und für die Welt dar. Ihr seid die Zeugen des Gebets. Ihr verkündet das Evangelium und bringt durch die Sakramente die Menschen in Kontakt mit Gott. Ihr unterstützt den Dienst des Priesters in der Pfarrei. Ihr erfüllt Aufgaben der Erziehung, des Gesundheits- und Sozialdienstes, die so sehr der kirchlichen Liebestätigkeit entsprechen! Ihr begleitet die Gläubigen in der Katechese, in den kirchlichen Bewegungen und den Missionswerken. Ihr tut das mit großer Verfügbarkeit, die sich bis auf den Grund für die Liebe Gottes öffnet, macht euch nützlich. Mit Hilfe der Gelübde, die euch noch mehr zum Aufnehmen befähigen, werdet ihr mehr und mehr capaces Dei, empfänglich für Gott, und das gerade ist die Berufung des Menschen.

7. Im Herzen eures Lebens schließlich hat die Eucharistie ihren Platz, die hier auf diesem Berg Tag und Nacht angebetet wird. Sie ist es, die euer Gebet und euer Tun nährt. Hier findet ihr die Kraft für euer Gott geweihtes Leben. Hier findet ihr die Bürgschaft der wirklich umgestaltenden Gegenwart des auferstandenen Christus, der bis ans Ende der Welt bei uns ist.
Ihm vertraue ich euch von ganzem Herzen an durch Unsere Liebe Frau, jeden und jede von euch sowie alle eure Gemeinschaften, und ich segne euch im Namen des Vaters und des Sohnes und des Heiligen Geistes.

Eine neue Evangelisierung braucht das alte Europa

Predigt bei der Messe im Illstadion von Mülhausen am 11. Oktober

1. „Von den Taten deiner Huld, Herr, will ich ewig singen" (*Ps* 89,2).
Das Wort erinnert uns an zweitausend Jahre christlichen Lebens in Europa. Jahrhunderte des Christentums hier, in Mülhausen. Tiefe Wurzeln für das Leben der Völker, die sich an diesem Begegnungsort von Nationen treffen.

„Bis zum fernsten Geschlecht (will ich)
laut deine Treue verkünden.
Denn ich bekenne: Deine Huld
besteht für immer und ewig" (*Ps* 89,2–3).

Die Gemeinschaft der Getauften und eine Tradition im Glauben zu errichten, das ist das Werk der Liebe, die das Evangelium Christi offenbart hat. Dies ist das Werk Gottes, der seinem Bund treu ist, und das Werk, das unseren Händen und unserem Herzen anvertraut ist.

Und doch haben sich diejenigen, die sie errichteten, im Laufe der Geschichte gespalten. Heute möchten einige auf anderem Grund bauen als auf der Frohbotschaft der Apostel. Deshalb braucht das alte Europa eine neue Evangelisierung. Es muß den Herrn von neuem empfangen, der ihm auf ewig seine Liebe bewahrt (vgl. *Ps* 89,29).

Brüder und Schwestern, ich bin zu euch gekommen, um euch dazu zu ermuntern, das Werk der Evangelisierung fortzusetzen, das eure Väter begonnen haben. Ich begrüße euch, die ihr in der Taufe die Gnade des Neuen Bundes empfangen habt!

Ich begrüße euch, ihr christlichen Gemeinschaften aus dem Süden des Elsaß, und sage zu den Kindern, die zahlreich zur Teilnahme an diesem Fest des Glaubens gekommen sind, daß ich mich freue, sie hier bei uns zu sehen. Ich begrüße die hier anwesenden Bischöfe und die Delegationen aus Basel, aus Baden, aus den Diözesen Saint-Diè und aus Belfort-Montbéliard.

Ich begrüße euren Erzbischof Brand und seinen Weihbischof Hégelé, die mich in euer aller Namen empfangen haben. Ich danke ihnen für all die Sorgen, mit der sie meinen Pastoralbesuch organisiert haben.

Ich richte auch einen ehrerbietigen Gruß an die Autoritäten der Region, die an dieser Feier teilnehmen wollten. Ich danke besonders dem Herrn Bürgermeister von Mülhausen für seine aktive Mitarbeit, die diese Versammlung ermöglicht hat.

In deutscher Sprache sagte der Papst:

2. Liebe Brüder und Schwestern! In der ersten Lesung der Liturgie haben wir heute gehört, wie der Apostel Paulus von der brüderlichen Verbindung zwischen den Christen von Thessalonich und denen in Mazedonien spricht. Das sind die ersten Europäer, die das Evangelium empfangen haben. Die Botschaft, die ihnen Paulus übermittelte, hat einen einzigen Ausgangspunkt: Das Wort Gottes, der Sohn des lebendigen Gottes, ist unser Osterlamm, unsere Erlösung: In ihm hat sich Gott mit dem Menschen aller Zeiten in ei-

nem neuen und ewigen Bund durch das Kreuz und die Auferstehung Christi verbunden.

Auch der Ausgangspunkt einer neuen Evangelisierung ist und bleibt Christus, der Erlöser des Menschen. Die Völker von heute warten auf die Frohe Botschaft, die so lautet: Gott steht treu zu seinem Bund mit der Menschheit durch den Sohn, der für die Vielen ausgeliefert wurde, am dritten Tage aber von den Toten auferstanden ist und nun bei uns bleibt bis ans Ende der Zeiten. Sein Licht durchdringt das Dunkel des Zweifels. Die Mauern des Hasses hat er beseitigt. Der sündige Mensch ist erlöst. Vergebung wird angeboten bis zum letzten Tag. Der Tisch ist gedeckt für Einheit in der Liebe.

An diesem Ende des zweiten Jahrtausends richtet sich der Aufruf des Evangeliums an jeden Menschen, der wohl eine reiche Kultur und Geschichte besitzen mag, aber unsicher ist über die Richtung seines Weges. Möge er sich doch der ganzen Wahrheit öffnen! Möge er den Weg der Bekehrung einschlagen:

Mit Christus, der ihm ein neues Leben erschließt, wird er sagen: „Mein Vater bist du, mein Gott, der Fels meines Heiles" (*Ps* 89,27).

Im Folgenden kehrte der Papst zur französischen Sprache zurück:

3. Im Mittelpunkt der Botschaft des Evangeliums hören wir noch einmal die acht Seligpreisungen. Die Seligpreisungen zeichnen dem Menschen von heute den Weg des Gottesreiches vor. Dem Menschen von heute, der von der Technik und den Medien geprägt ist, dem Menschen, der unter den Ungleichheiten leidet und der sich vor Konflikten fürchtet, dem Menschen, der glaubt, die Welt und sein eigenes Leben zu beherrschen, sich aber doch von den Illusionen einer falsch verstandenen Freiheit verführen läßt.

Die Seligpreisungen geben ihm eine Antwort. Sie versprechen Barmherzigkeit, eine Welt des Friedens und der Gerechtigkeit, Tröstung der Herzen, die Freude, Kinder Gottes genannt zu werden, und die Schau Gottes in seiner Herrlichkeit. Jede Seligpreisung verkündet die Fülle des ewigen Lebens, sie zeigt die Berufung des Menschen.

„Im Geist und in der Wahrheit" (*Joh* 4,23), zeichnen die acht Seligpreisungen das Bild des Christen, denn sie zeigen die Gestalt Christi selbst. Er ist arm und frei unter die Menschen gekommen. Er hat die Sanftmut derjenigen, die die Wunden der anderen zu heilen wissen. Er weint über das Schaf ohne Hirten und die Sünde der Welt. Er hat Hunger nach einer Gerechtigkeit nach dem Maßstab Gottes, der Gerechtigkeit des Herrn, der den Arbeiter der elften Stunde nicht verachtet. Er ist so barmherzig, daß er auch denen vergibt, die ihn töten wollen. Mit reinem Herzen erfüllt er unablässig den Willen des Vaters. Als Stifter des Friedens, der die Seinen bis zum Äußersten geliebt hat, hinterläßt er ihnen seinen Frieden und seine Freude. Um des Friedens willen verfolgt und verhöhnt, öffnet er dem das Reich, der mit ihm stirbt.

Selig bist du, Mensch, der du einen solchen
Retter hast!
Selig bist du, Mensch, der du in dem Wasser
getauft wurdest, das aus der geöffneten Seite
des gekreuzigten Christus fließt!

Du kannst mit dem Psalm sagen: „Von den Taten deiner Huld, Herr, will ich ewig singen" (*Ps* 89,2).

4. Durch die acht Seligpreisungen führt das Wort Gottes den Christen zur Nachahmung Christi. Wenn er in ihrem Geiste lebt, kann er den Forderungen der Gerechtigkeit, der Reinheit und Uneigennützigkeit, die Jesus in der Bergpredigt lehrt, entsprechen. Das Gesetz Christi ist demnach kein Zwang, sondern es enthüllt dem Menschen die Wahrheit seiner Berufung, es erneuert in ihm sein Sohnsein nach dem Ebenbild Gottes.
Jesus sagt uns: „Selig, die arm sind vor Gott ... Selig, die keine Gewalt anwenden ... Selig, die ein reines Herz haben." Dies sind die Qualitäten des Christseins. Er preist hierbei nicht die Armut, und die Barmherzigkeit steht nicht für Schwäche. Er lädt uns vielmehr zu der Freude ein, frei von den Fesseln unserer materiellen oder affektiven Besitztümer zu sein und gern das zu teilen, was wir sind und was wir haben, unser Herz der unendlich liebenden Gegenwart Gottes und der Hoffnung auf das Leben im Himmelreich zu öffnen, das uns versprochen ist.
Jesus sagt uns: „Selig die Trauernden ... Selig die Barmherzigen ... Selig, die um der Gerechtigkeit willen verfolgt werden." Er resigniert nicht vor dem Bösen, das alles Leiden verursacht und auch nicht vor der Sünde, die spaltet und zerstört. Angesichts des Leidens und der Sünde verlangt er, Mitleid zu haben und die Vergebung zu leben. Er verlangt, der Gerechtigkeit Gottes und der Wahrheit des Evangeliums treu zu sein, so sehr, daß Widersprüche und Verfolgung angenommen werden. Er will, daß man alle Formen des menschlichen Leidens als eine Gabe der Liebe aufzuopfern versteht.
Jesus sagt uns: „Selig, die hungern und dürsten nach Gerechtigkeit ... Selig, die Frieden stiften." Selig, wenn wir mit all unseren Kräften, mit all unserer Hochherzigkeit daran arbeiten, daß jeder unserer Brüder die Chance hat, nach seiner Würde behandelt zu werden, und daß alle gemeinsam die erhoffte Kultur aufbauen, in der „es keine größere Liebe gibt, als wenn einer sein Leben für seine Freunde hingibt" (*Joh* 15,13)!

5. Im Laufe der anderen Etappen dieser Reise habe ich von verschiedenen Aspekten des kirchlichen Lebens im Lichte des Evangeliums gesprochen. Hier bei euch in Mülhausen möchte ich sagen, daß der Geist der Seligpreisungen auch die Arbeit des Menschen umfaßt.
Mülhausen ist, wie es das Rad auf dem Wappen symbolisiert, eine Stadt der Arbeit. Ihr Bewohner von Mülhausen, der „Stadt mit den hundert Schornsteinen", ihr wißt, was es heißt, nach Gerechtigkeit zu hungern und zu dürsten, wenn ihr in den Fabriken oder in den Gruben seid, wenn die Arbeit beschwerlich ist und wenn man Angst davor hat, die Möglichkeit zur Arbeit selbst zu verlieren.
Im letzten Jahrhundert seid ihr, ermuntert von Priestern wie Landolin Winterer und Henri Cetty unter den Vorläufern des Sozialkatholizismus gewesen. Eure Väter haben die Würde der Arbeiter bewahren und die Gemeinschaft der „Arbeiterfamilie" fester zusammenschweißen wollen, indem sie zum einen die berufliche Solidarität organisiert haben und zum anderen die Erziehung gefördert haben. Dies war die Zeit, da Papst Leo XIII. der Soziallehre der Kirche durch die Enzyklika *Rerum novarum* den neuen Aufschwung der Moderne gab.

Auch unter den veränderten Umständen von heute ist es immer noch notwendig, den Menschen in den Vordergrund zu stellen und die Arbeit nicht auf die Ebene einer Ware zu setzen. Durch das Werk seines Verstandes und seiner Hände wird der Mensch Mitarbeiter im Schöpfungsplan Gottes. Die Arbeit schafft zwar durch die andauernde Mühe und die Last der Anstrengung Leiden, doch ist es menschlich, diese Form des Kreuzes zu tragen, wenn daraus neues Wohl entsteht: denn durch seine Arbeit verwirklicht der Mensch sich selbst. Die Arbeit ist eine Quelle seines Lebens – sie versorgt ihn mit dem, was zum Leben notwendig ist – zum Leben seiner Familie. Sie erlaubt ihm zugleich, seine Begabungen und seine Fähigkeiten zu entwickeln. Sie gibt ihm die Möglichkeit, zu dienen, einen Beitrag zum kulturellen und wirtschaftlichen Fortschritt der Gesellschaft zu leisten und die Erde zum Nutzen aller bewohnbar zu machen. Die Arbeit ist eine Quelle des sozialen Fortschritts: ihr ist es zu verdanken, daß sich die Bande der Gemeinschaft der Menschen festigen, die derselben Aufgabe nachgehen. Für die Christen ist die Arbeit die Teilhabe am Leben Christi, der mit seinen Händen gearbeitet hat, und an seinem erlösenden Opfer. Mögen die Arbeiter alle Dimensionen der Arbeit entdecken, ohne dabei auch nur einen ihrer Werte zu entbehren!

Wir werden nun das Brot darbringen. Es ist die Frucht der Erde, der Schöpfung Gottes. Es ist auch das Werk der menschlichen Hände, die das Korn mit dem Mühlrad gemahlen haben. Indem ich es in eurer Mitte darbringe, bitte ich den Herrn, daß er die Arbeiter in einem „sozialen Raum" versammle, wo jeder seinen rechten Platz findet, wo niemand mißachtet wird, wo es niemandem an Arbeit fehlt. Ich bitte ihn, auf der Erde nicht nur die „Früchte unserer Tätigkeit", sondern auch die Würde des Menschen, die brüderliche Gemeinschaft und die Freiheit zu mehren (vgl. *Laborem exercens*, Nr. 27; *Gaudium et spes*, Nr. 39).

6. Eure Lage hat euch – in dem, was ihr das „Dreieckland" nennt – stets zu aktivem Austausch mit den Nachbarregionen der Schweiz, Deutschlands und, in Frankreich, mit denen der Vogesen und der Franche-Comté geführt. Außerdem haben Industrie und Bergwerke von Mülhausen und dem Südelsaß zahlreiche Ausländer angezogen, die in eure Arbeitsgemeinschaft eingetreten sind.

Ich möchte hier diejenigen begrüßen, die aus den europäischen Ländern gekommen sind, meine Landsleute aus Polen, die Italiener, die Portugiesen und euch alle, die aus anderen Gebieten der Welt gekommen sind.

Mülhausen bewahrt eine antike und erfreuliche Tradition der Gastfreundschaft, die andersartige Kulturen und andersgeartetes geistiges Erbe respektiert. Die Regel für die Aufnahme des anderen finden wir im Brief des hl. Apostels Paulus: „Gott selbst hat euch schon gelehrt, einander zu lieben" (*1 Thess* 4,9).

Die brüderliche Liebe kennt keine Grenzen. Wer Frieden stiftet, erkennt in jedem Menschen ein Wesen, das von Gott geliebt wird, wie auch immer seine Herkunft sei. Durch eine gute Aufnahme bemüht sich der Jünger des Herrn, denen ihr Los zu erleichtern, die die harte Prüfung der Auswanderung bestehen müssen. Er achtet das Leben der Familie, die an ihren Gebräuchen hängen und sich darum sorgen, sie ihren Kindern zu vermitteln.

Ich weiß, daß diese tiefmenschliche und friedliche Haltung in hohem Maße dem entspricht, was ihr seit Generationen lebt. Von seiten der Christen dient dieses Zusammenleben – selbst wenn es auf der bescheidenen Ebene des Stadtviertels oder des Dorfes gelebt wird – tatsächlich dem Frieden und der Einheit innerhalb Europas und auch zwischen den Europäern und ihren Brüdern der anderen Gebiete der Welt. Man darf sich nicht mit einer Art gegenseitiger Toleranz zwischen Fremden begnügen, sondern muß viel tiefere Bande knüpfen: das, was uns jedem Menschen näherbringt, ist der Geist der Seligpreisungen, der Durst nach Gerechtigkeit und Frieden, nach der brüderlichen Liebe, die wir von Gott gelernt haben.

7. Mögen wir den heiligen Paulus, den ersten Boten der Evangelisierung in Europa anhören: „Ihr habt von uns gelernt, wie ihr leben müßt, um Gott zu gefallen, und ihr lebt auch so; werdet darin noch vollkommener" (*1 Thess* 4,1).
Die Apostel haben Europa die ganze Wahrheit verkündet. Die Taufe hat Millionen von Menschen mit dem Erlöser vereint. In der Kirche sind sie dazu aufgerufen, einen lebendigen und einigen Leib zu bilden. Und die Kirche selbst muß für alle Menschen ein Zeichen der Brüderlichkeit sein.
„Brüder, wir ermuntern euch dazu, nach noch mehr Fortschritt zu streben", indem ihr mit euren Händen arbeitet und die Einheit errichtet. Wie könnte man diesen innigen Wunsch nicht gerade in eurer Region äußern, die in der Vergangenheit von Spaltungen unter den Christen geprägt worden ist.
„Ihr wißt ja, welche Ermahnungen wir euch im Auftrag Jesu, des Herrn gegeben haben" (*1 Thess* 4,2). Die neue Evangelisierung, die Europa braucht, findet in der Botschaft der Seligpreisungen einen zentralen Bezugspunkt. Setzt ihre Forderungen nicht herab!
Denkt über das lebendige Wort Gottes nach. Seid bereit, über die Hoffnung, die in euch ist, Rechenschaft abzulegen (vgl. *1 Petr* 3,15).
Vermittelt euren Kindern die ganze Wahrheit durch die Lehre und das Zeugnis des christlichen Lebens in euren Familien und euren Gemeinschaften.
Mit Petrus sage ich euch: „Wie er, der euch berufen hat, heilig ist, so soll auch euer ganzes Leben heilig werden" (*1 Petr* 3,15).
Bleibt dem Bund treu! Laßt euch jeden Tag, bei jeder Begegnung von Christus ergreifen!
Und so werdet ihr mit dem Psalmisten singen können:
„Von dem Taten deiner Huld, Herr,
will ich ewig singen.
Bis zum fernsten Geschlecht
laut deine Treue verkünden" (*Ps* 89,2).

Europa steht an der Schwelle eines neuen Wachstums

Ansprache an das Europäische Parlament in Straßburg am 11. Oktober

Herr Präsident, meine Damen und Herren Abgeordnete!

1. Lassen Sie mich zunächst ein Wort des Dankes sagen für die Worte des Willkommens und der Hochachtung, die Sie mir so freundlich gewidmet haben. Ich möchte Ihnen herzlich dafür danken, Herr Präsident, daß Sie persönlich die bereits im Jahr 1980 ausgesprochene Einladung zu einer Ansprache an diese Hohe Versammlung erneuert haben. Die Hoffnung, der ich vor mehr als drei Jahren vor den Vertretern der europäischen Institutionen Ausdruck gegeben habe, wird nun Wirklichkeit; mir ist die ganze Bedeutung dieser Begegnung mit den Repräsentanten von zwölf Ländern, die die Europäische Gemeinschaft bilden, sehr deutlich bewußt, das heißt mit den Vertretern von etwa 330 Millionen Bürgern, die Ihnen das Mandat anvertraut haben, ihr gemeinsames Schicksal zu bestimmen.

Nun, da Ihr Hohes Haus – Hauptelement der europäischen Integration seit den Anfängen der „Europäischen Gemeinschaft für Kohle und Stahl“ und der Unterzeichnung des Vertrags von Rom – aus allgemeinen direkten Wahlen hervorgegangen ist und folglich sich einer Zunahme an Ansehen und Autorität erfreut, erscheint es Ihren Landsleuten zu Recht als die Institution, die Trägerin ihrer Zukunft ist als einer demokratischen Gemeinschaft von Ländern, die den Wunsch haben, ihre Wirtschaft stärker zu integrieren, ihre Gesetzgebung in mehreren Punkten zu harmonisieren und allen ihren Bürgern einen einzigen Freiheitsraum zu bieten in der Perspektive gegenseitiger Kooperation und kultureller Bereicherung.

Unsere Begegnung vollzieht sich in einem bevorzugten Augenblick der Geschichte dieses Kontinents, zumal ein langer Weg – nicht frei von Schwierigkeiten – bereits zurückgelegt ist und neue entscheidende Etappen sich ankündigen, die mit dem Inkrafttreten der „Europäischen Einheitsakte“ den Integrationsprozeß beschleunigen werden, der in den zurückliegenden Jahrzehnten geduldig vorangetrieben wurde.

2. Seit dem Ende des letzten Weltkrieges hat der Hl. Stuhl unablässig dazu Mut gemacht, Europa zu schaffen. Gewiß, die Kirche hat den Auftrag, allen Menschen ihr Heil in Jesus Christus zu verkünden, was auch immer die Gegebenheiten ihrer geschichtlichen Situation heute sein mögen, denn es gibt nichts, was dieser Aufgabe jemals vorgehen könnte. Zudem betrachtet es die Kirche als ihre Pflicht – ohne die Kompetenz, die ihr eigen ist, zu überschreiten –, die Initiativen zu erhellen und zu begleiten, die von den Völkern unternommen werden und die den Werten und Grundsätzen entsprechen, die die Kirche zu verkünden hat. Dabei beachtet sie die Zeichen der Zeit, die dazu auffordern, die bleibenden Ansprüche des Evangeliums in die sich ändernden Realitäten der Existenz umzusetzen.

Wie könnte die Kirche gleichgültig bleiben angesichts des europäischen Einigungswerkes? Sie, die seit Jahrhunderten verwurzelt ist in den Völkern, aus denen Europa besteht und die sie einmal aus der Taufe gehoben hat, Völker, für die der christliche Glaube eines der Elemente ihrer kulturellen Identität ist und bleibt.

3. Das Europa von heute kann mit Sicherheit als ein Zeichen der Zeit den Zustand von Frieden und Zusammenarbeit auffassen, der endgültig hergestellt ist unter seinen Mitgliedsstaaten, die durch Jahrhunderte ihre Kräfte in Kriegen und in der Suche nach Vorherrschaft des einen über den anderen erschöpft hatten.
Zeichen der Zeit sind weiterhin die gewachsene Sensibilität für die Menschenrechte und den Wert der Demokratie; dies verkörpert Ihr Parlament und dafür will es auch Garant sein. Dieses Engagement bedarf im übrigen immer der Bekräftigung, damit unter allen Umständen sich die Achtung vor dem Recht und der Würde des Menschen Geltung verschafft.
Ein Zeichen der Zeit – glauben wir – ist auch die Tatsache, daß dieser Teil Europas, der bisher so viel in den Bereich seiner wirtschaftlichen Zusammenarbeit investiert hat, immer stärker seine Seele sucht und einen Geist, der in der Lage wäre, den geistigen Zusammenhalt Europas zu gewährleisten. In diesem Punkt scheint mir, steht das Europa, das Sie vertreten, an der Schwelle einer neuen Phase seines Wachstums – für Europa selbst wie in seiner Beziehung mit der übrigen Welt.

4. Der Binnenmarkt, der Ende 1992 in Kraft tritt, wird den europäischen Integrationsprozeß beschleunigen. Eine gemeinsame politische Struktur aus dem freien Willen der europäischen Bürger wird – weit davon entfernt, die Identität der Völker der Gemeinschaft zu gefährden – besser imstande sein, die Rechte, namentlich die kulturellen, aller Regionen Europas angemessen zu gewährleisten. Diese vereinigten europäischen Völker werden nicht die Herrschaft einer Nation oder einer Kultur über die andere zulassen, sondern werden das gleiche Recht für alle behaupten, sich gegenseitig durch ihre Verschiedenheit reicher zu machen.
Die Reiche der Vergangenheit, die ihre Vormachtstellung auf Zwang und Assimilation zu gründen versuchten, sind alle gescheitert. Ihr Europa wird der freie Zusammenschluß aller seiner Völker sein und die Verbindung des vielfältigen Reichtums seiner Verschiedenheit.

5. Andere Völker werden sich mit Sicherheit denjenigen anschließen können, die heute hier vertreten sind. Mein Wunsch als oberster Hirte der Universalkirche, der aus Osteuropa gekommen ist und der die Wünsche der slawischen Völker kennt – dieser anderen „Lunge" unserer europäischen Heimat –, mein Wunsch ist es, daß Europa sich souverän freie Institutionen gibt und eines Tages sich in die Dimensionen entfalten kann, die die Geographie und mehr noch die Geschichte ihm gegeben haben. Wie könnte ich das nicht wünschen, da die vom christlichen Glauben inspirierte Kultur die Geschichte aller Völker unseres einen Europa zutiefst geprägt hat, der Griechen und der lateinischen Völker, der germanischen und der slawischen – allen Wechselfällen zum Trotz und jenseits gesellschaftlicher und ideologischer Systeme?

6. Die europäischen Nationen haben sich in ihrer Geschichte alle ausgezeichnet durch ihre Weltoffenheit und den lebenswichtigen Austausch, den sie mit den Völkern anderer

Kontinente unterhalten. Niemand vermag sich vorzustellen, daß ein vereintes Europa sich in seinen Egoismus verschließen könnte. Wenn Europa mit einer einzigen Stimme spricht und seine Kräfte bündelt, wird es in der Lage sein – mehr noch als in der Vergangenheit – neue Ressourcen und Energien der großen Aufgabe der Entwicklung der Länder der Dritten Welt zu widmen, besonders der Länder, die schon traditionelle Beziehungen mit Europa unterhalten. Die „Konvention von Lomé", die eine institutionalisierte Zusammenarbeit zwischen Mitgliedern Ihres Hohen Hauses und Repräsentanten von 66 Ländern Afrikas, der Karibik und des pazifischen Raumes vorsieht, ist in vieler Hinsicht beispielhaft. Die europäische Zusammenarbeit wird um so glaubwürdiger und fruchtbarer sein, als sie sich ohne Hintergedanken an Macht in der Absicht weiterentwickeln wird, den armen Ländern dabei zu helfen, ihr Schicksal selbst in die Hand zu nehmen.

7. Herr Präsident, die Botschaft der Kirche betrifft Gott und die letzte Bestimmung des Menschen – Fragen, die in höchstem Maße die europäische Kultur durchtränkt haben. In der Tat, wie könnten wir Europa verstehen ohne diese transzendente Dimension? Seitdem in der Neuzeit auf europäischem Boden sich die geistigen Strömungen entwickelt haben, die Gott allmählich aus dem Verständnis der Welt und des Menschen ausgeschlossen haben, erzeugen zwei entgegengesetzte Weltanschauungen eine ständige Spannung zwischen dem Standpunkt des gläubigen Menschen und demjenigen, der einen agnostischen und gelegentlich sogar „atheistischen" Humanismus vertritt.
Der Gläubige ist der Auffassung, daß der Gehorsam gegen Gott die Quelle der wahren Freiheit ist, der Freiheit, die niemals willkürlich und ohne Ziel und Zweck ist, sondern Freiheit für die Wahrheit und das Gute – diese beiden Größen, die immer die Fähigkeit des Menschen übersteigen, sie vollkommen zu besitzen. Auf ethischem Gebiet äußert sich diese grundlegende Haltung in der Annahme von Prinzipien und Verhaltensnormen, die sich der Vernunft aufdrängen oder die der Autorität von Gottes Wort entstammen, über das der Mensch – individuell oder kollektiv nicht auf seine Weise – nach Moden und wechselnden Interessen – verfügen kann.

8. Die zweite Haltung ist diejenige, die jede Unterordnung der Kreatur unter Gott oder eine transzendente Ordnung der Wahrheit und des Guten ausschließt und den Menschen allein als Prinzip und Zweck aller Dinge betrachtet sowie die Gesellschaft mit ihren Gesetzen, ihren Normen, ihren Leistungen als das absolut unumschränkte Werk des Menschen. Die Ethik hat dann kein anderes Fundament als den sozialen Konsens, und die individuelle Freiheit keine andere Bremse als diejenige, die die Gesellschaft als notwendig erachtet, um die Freiheit anderer zu schützen.
Von manchen wird die bürgerliche und politische Freiheit, die einst durch einen Umsturz der alten, auf den religiösen Glauben gegründete Ordnung errungen wurde, immer noch so aufgefaßt, als bedinge sie die Verdrängung der Religion an den Rand der Gesellschaft, ja sogar ihre Unterdrückung, da man in ihr ein System der Entfremdung zu sehen geneigt ist. Für manche Gläubige wäre umgekehrt ein Leben nach dem Glauben nur möglich durch eine Rückkehr zu dieser alten – übrigens oft idealisierten – Ordnung. Diese beiden entgegengesetzten Haltungen führen nicht zu einer mit der christlichen Botschaft und

dem Genius Europas vereinbaren Lösung. Denn wenn bürgerliche Freiheit herrscht und die religiöse Freiheit voll gewährleistet ist, kann der Glaube nur an Kraft gewinnen, indem er die Herausforderung annimmt, die der Unglaube an ihn richtet; und der Atheismus kann seine Grenzen nur vor der Herausforderung ermessen, die der Glaube an ihn richtet.

Im Hinblick auf diese Verschiedenheit der Standpunkte besteht die höchste Funktion des Gesetzes darin, für alle Bürger in gleicher Weise das Recht zu gewährleisten, in Übereinstimmung mit ihrem Gewissen zu leben, und nicht den Normen der sittlichen Ordnung zu widersprechen, die von der Vernunft erkannt werden.

9. An dieser Stelle erscheint mir der Hinweis wichtig, daß das moderne Europa dem Nährboden des Christentums das Prinzip entnommen hat, das in den Jahrhunderten christlicher Herrschaft oft aus den Augen verloren wurde, aber auf ganz grundsätzliche Weise das öffentliche Leben Europas beherrscht: Ich meine damit das von Christus erstmals verkündete Prinzip der Unterscheidung zwischen dem „was des Kaisers" und dem „was Gottes" ist (vgl. *Mt* 22,21). Diese wesentliche Unterscheidung zwischen dem Bereich der Gestaltung der äußeren Ordnung des irdischen Staates und der Autonomie der Person wird jeweils deutlich vom Wesen der politischen Gemeinschaft her, zu der notwendigerweise alle Bürger gehören, und vom Wesen der religiösen Gemeinschaft her, zu der die Gläubigen freiwillig gehören.

Nach Christus ist es nicht mehr möglich, die Gesellschaft als kollektive, den Menschen und sein unerbittliches Schicksal verschlingende Größe zu vergöttern. Die Gesellschaft, der Staat, die politische Macht gehören zur sich ändernden und stets vervollkommnungsfähigen Ordnung dieser Welt. Kein gesellschaftliches Projekt wird jemals das Reich Gottes, das heißt die eschatologische Vollendung auf dieser Erde errichten können. Die politischen Messianismen münden meist in die schlimmsten Tyranneien. Die Strukturen, die die Gesellschaften sich geben sind niemals endgültig; sie können auch nicht durch sich selbst dem Menschen alle Güter verschaffen, nach denen er strebt. Insbesondere können sie nicht das Gewissen des Menschen und auch nicht seine Suche nach der Wahrheit und nach dem Absoluten ersetzen.

Das öffentliche Leben, die gute Ordnung des Staates beruhen auf der Tugend der Bürger, die dazu anhält, die Einzelinteressen dem Gemeinwohl unterzuordnen, sich nur für das objektiv Gerechte und Gute zu engagieren und nur das Gesetz anzuerkennen, was objektiv gerecht und gut ist. Schon die alten Griechen hatten erkannt, daß es keine Demokratie gibt ohne Unterwerfung aller unter das Gesetz, und kein Gesetz, das nicht gegründet ist auf eine transzendente Norm des Wahren und des Gerechten.

Zu sagen, daß es der religiösen Gemeinschaft und nicht dem Staat zusteht, sich dessen, „was Gottes ist", anzunehmen, heißt der Macht des Menschen eine heilsame Grenze setzen; diese Grenze ist der Bereich des Gewissens, der letzten Ziele, des letzten Sinns der Existenz, der Offenheit für das Absolute, der Anspannung auf eine nie erreichte Erfüllung hin, die zum Bemühen anspornt und zu richtigen Entscheidungen anregt. Alle Geistesrichtungen unseres alten Kontinents sollten darüber nachdenken, zu welchen düsteren Aussichten der Ausschluß Gottes aus dem öffentlichen Leben führen könnte, der

Ausschluß Gottes als letzter Instanz der Ethik und der höchsten Garantie gegen alle Mißbräuche der Macht des Menschen über den Menschen.

10. Unsere europäische Geschichte zeigt in reichem Maß, wie oft die Grenze zwischen dem, „was des Kaisers ist", und dem „was Gottes ist", in beiden Richtungen überschritten wurde. Die lateinische Christenheit des Mittelalters – um nur sie zu erwähnen – ist der integralistischen Versuchung nicht immer entgangen, aus der irdischen Gesellschaft diejenigen auszuschließen, die nicht den wahren Glauben bekannten – und dies, obwohl die lateinische Christenheit der damaligen Zeit unter Wiederaufnahme der großen aristotelischen Tradition die Idee vom Staat als natürlicher Größe theoretisch entwickelt hatte. Der religiöse Integralismus ohne Unterscheidung zwischen dem Bereich des Glaubens und dem des bürgerlichen Lebens, der heute noch in anderen Gegenden praktiziert wird, erscheint mit dem eigentlichen Genius Europas, so, wie ihn die christliche Botschaft geformt hat, unvereinbar.
Im übrigen aber sind zu unserer Zeit die größten Bedrohungen entstanden, wenn Ideologien die Gesellschaft selbst oder eine vorherrschende Gruppe unter Geringschätzung des Menschen und seiner Freiheit verabsolutiert haben. Dort, wo der Mensch sich nicht mehr auf eine Größe stützt, die ihn transzendiert, läuft er Gefahr, sich der hemmungslosen Macht von Willkür und von Pseudo-Absolutem auszuliefern, die ihn zerstören.

11. Andere Kontinente kennen heute eine mehr oder weniger tiefe Symbiose zwischen dem christlichen Glauben und der Kultur, eine Symbiose, die viel verspricht. Seit bald zwei Jahrtausenden aber bietet Europa ein sehr bezeichnendes Beispiel für die kulturelle Fruchtbarkeit des Christentums, das auf Grund seiner Eigenart nicht in die Privatsphäre verbannt werden kann. Das Christentum hat in der Tat die Berufung zu öffentlichem Bekenntnis und aktiver Präsenz in allen Lebensbereichen. So ist es auch meine Pflicht, folgendes mit Nachdruck zu unterstreichen: Wenn die religiöse und christliche Grundlage dieses Kontinents in ihrer Funktion als inspirierende Quelle der Ethik und in ihrer gesellschaftlichen Wirksamkeit an den Rand gedrängt werden sollte, dann würde nicht nur das gesamte Erbe der europäischen Vergangenheit geleugnet, sondern – mehr noch – wäre eine Zukunft für den europäischen Menschen – ich sage, für jeden europäischen Menschen, gläubig oder ungläubig – schwer gefährdet.

12. Zum Abschluß möchte ich drei Bereiche in Erinnerung rufen, in denen – wie mir scheint – das integrierte Europa von morgen – offen zum Osten des Kontinents hin, großzügig gegenüber der anderen Hemisphäre – wieder die Funktion eines Leuchtturms in der Weltzivilisation einnehmen sollte:
- Zunächst die Versöhnung des Menschen mit der Schöpfung, indem er darauf achtet, die Unversehrtheit der Natur zu bewahren, ihre Fauna und ihre Flora, ihre Luft und ihre Flüsse, ihre subtilen Gleichgewichte, ihre begrenzten Ressourcen, ihre Schönheit, die die Herrlichkeit des Schöpfers preist;
- ferner die Versöhnung des Menschen mit seinesgleichen, indem die Europäer aus verschiedenen kulturellen Traditionen und geistigen Familien sich untereinander gegen-

seitig akzeptieren, aufgeschlossen gegenüber dem Fremden und dem Flüchtling, in Offenheit gegenüber dem geistigen Reichtum der Völker anderer Kontinente;
- schließlich die Versöhnung des Menschen mit sich selbst: ja, die Bemühung, eine umfassende und vollständige Sicht des Menschen und der Welt wiederherzustellen, gegen die Kulturen der Verdächtigung und der Entmenschlichung, eine Sichtweise, bei der die Wissenschaft, die technische Kapazität und die Kunst den Glauben an Gott nicht ausschließen, sondern dazu herausfordern.

Herr Präsident, meine Damen und Herren Abgeordnete, bei meiner Antwort auf Ihre Einladung zu einer Ansprache an Ihre Hohe Versammlung habe ich die Millionen Männer und Frauen in Europa vor Augen, die Sie vertreten. Gerade Ihnen haben diese Europäer die große Aufgabe anvertraut, die menschlichen Werte zu wahren und zu entwickeln – kulturelle und geistige – die dem Erbe Europas entsprechen und die der beste Schutz seiner Identität, seiner Freiheit und seines Fortschritts sein werden. Ich bete zu Gott, daß er Sie bei diesem großen Vorhaben inspiriere und Ihnen Kraft und Stärke verleihe.

Europa ist vor allem eine Gemeinschaft von Menschen

Ansprache beim Abschied auf dem internationalen Flughafen von Mülhausen-Basel am 11. Oktober

Herr Ministerpräsident,
Exzellenzen, meine Damen und Herren!

Am Ende meiner apostolischen Reise zum Sitz der europäischen Institutionen in der Hauptstadt des Elsaß sowie zu den drei Diözesen Straßburg, Metz und Nancy möchte ich aus ganzem Herzen ein Wort des Dankes an alle richten, die in Ausübung ihrer hohen Aufgaben oder durch ihre diskrete Mitarbeit zum guten Ablauf dieser Tage beigetragen haben.

Dieser Dank gilt erneut in ganz besonderer Weise dem Herrn Präsidenten der französischen Republik und der Regierung, die Sie, Herr Ministerpräsident, leiten. Ich schließe in meinen Dank alle Autoritäten der Regionen, Regierungsbezirke und Stadtverwaltungen mit ein, ebenso die französischen und schweizerischen Autoritäten dieses internationalen Flughafens von Mülhausen-Basel. Herr Ministerpräsident, ich bin sehr beeindruckt von Ihrem herzlichen Entgegenkommen, das mir Gelegenheit zu einem Gespräch mit Ihnen geboten hat.

Noch einmal grüße ich den Europarat mit der Kommission und dem Gerichtshof für Menschenrechte, ebenso das europäische Parlament. Ich grüße ferner die Stadt Straßburg, deren Vergangenheit sie vorbereitet hat, heute als Symbol des demokratischen Europas, des versöhnten Europas und des Europas des Dialogs der Kulturen dazustehen. Ich hielt es persönlich für wichtig, die Bedeutung Straßburgs auch auf kirchlicher Ebene durch die Erhebung dieser Diözese zur Erzdiözese zu unterstreichen. Es ist nun Aufgabe dieser Ortskirche, beim geistigen Aufbau Europas immer besser ihrer Rolle gerecht zu werden.

Mit Freude und Vertrauen habe ich die Begeisterung der europäischen Jugend und ihre Aufgeschlossenheit für moralische Werte ermessen können. Möge es ihr nicht an der geistlichen Nahrung fehlen, die sie braucht! Ich konnte ferner die Lebenskraft des Glaubens trotz aller Herausforderungen von heute und der wachsenden Säkularisierung des Lebens in den Gemeinden des Elsaß und von Lothringen feststellen. Es war mein Anliegen, sie im Glauben und in der Hoffnung zu befestigen.

Gern schließe ich die Reise gerade hier, im Süden des Elsaß, ab. Ich verlasse nun Mülhausen, die Stadt am Kreuzungspunkt dreier europäischer Länder, das Industriezentrum der ersten Stunde, wo sich sehr bald auch der spezifische Beitrag des Elsaß zum sozialen Christentum entwickelt hat. Ich sehe darin ein Zeichen für ein Europa, das sich der Notwendigkeit einer Verwurzelung der ethischen Werte im fruchtbaren Nährboden des religiösen Glaubens bewußt geworden ist.

Europa ist kein abstraktes Gebilde und auch nicht lediglich ein Markt oder ein Raum für freien Austausch von Waren, es ist vor allem eine Gemeinschaft von Menschen. Es gibt aber keine Gemeinschaft ohne das Empfinden für Schicksalsgemeinschaft. Die Kirche möchte zur Gestaltung des Schicksals Europas, das zugleich das des Menschen und der menschlichen Zivilisation ist, ihren spezifischen Beitrag leisten.

Ihnen, Herr Erzbischof, den Priestern und Gläubigen ihrer großen Diözese, dem christlichen Elsaß und allen Menschen guten Willens vertraue ich diese Aufgabe an, dem übrigen Europa die volle Übereinstimmung eures Glaubens mit eurer Berufung sichtbar zu machen, für den Aufbau Europas zu arbeiten.

Indem ich mich von Ihnen, Herr Ministerpräsident, verabschiede, versichere ich Sie meines Gebetes und meiner guten Wünsche für das Wohlergehen des ganzen französischen Volkes!

Ich bete zu Gott, er möge euch allen seinen Segen schenken.

III.

Ansprachen, Predigten, Botschaften und Rundschreiben

Religionsfreiheit, Bedingung für friedliches Zusammenleben

Botschaft zur Feier des Weltfriedenstages am 1. Januar

Am ersten Tag des Jahres freue ich mich, einer nunmehr bereits zwanzigjährigen Initiative treu zu bleiben und mich wieder an die Verantwortlichen der Nationen und der internationalen Organisationen und an alle Brüder und Schwestern in der Welt wenden zu können, denen die Sache des Friedens am Herzen liegt. Davon bin ich tief überzeugt, daß ein gemeinsames Nachdenken über den unschätzbaren Wert des Friedens in gewisser Weise bereits bedeutet, damit zu beginnen, ihn zu schaffen.

Das Thema, das ich dieses Jahr unserer gemeinsamen Aufmerksamkeit empfehlen möchte – Religionsfreiheit, Bedingung für friedliches Zusammenleben –, ergibt sich aus einer dreifachen Überlegung.

Zunächst ist die Religionsfreiheit als unauslöschliche Forderung aus der Würde jedes Menschen der Grundstein des Gebäudes der Menschenrechte und darum ein unersetzlicher Faktor für das Wohl der Personen und der ganzen Gesellschaft wie auch für die personale Verwirklichung eines jeden. Daraus folgt, daß die Freiheit der einzelnen und der Gemeinschaften, die eigene Religion zu bekennen und auszuüben, ein wesentliches Element des friedlichen Zusammenlebens der Menschen darstellt. Der Friede, der auf allen Ebenen des gesellschaftlichen Lebens der Menschen geschaffen und gefestigt werden will, ist mit seinen Fundamenten tief in der Freiheit und in der Offenheit der Gewissen für die Wahrheit verankert.

Der Sache des Friedens schaden also, und zwar in schwerwiegender Weise, alle offenen oder versteckten Formen einer Verletzung der Religionsfreiheit ebenso wie jene Übergriffe, welche die anderen Grundrechte der Person beeinträchtigen. Vierzig Jahre nach der Allgemeinen Erklärung der Menschenrechte, deren wir im Dezember des kommenden Jahres gedenken werden, müssen wir feststellen, daß Millionen von Personen in verschiedenen Teilen der Welt immer noch wegen ihrer religiösen Überzeugung leiden; sie sind Opfer von einschränkenden und unterdrückenden Gesetzgebungen, manchmal sogar von offenen Verfolgungen, meistens jedoch von einer hinterhältigen Praxis der Diskrimination der Gläubigen und ihrer Gemeinschaften. Diese Zustände, für sich allein schon untragbar, stellen auch eine negative Belastung für den Frieden dar.

Schließlich möchte ich das Gebetstreffen vom 27. Oktober 1986 in Assisi in Erinnerung rufen und die dort gemachte Erfahrung auswerten. Diese große Begegnung von Brüdern, die im Gebet um den Frieden vereint waren, ist ein Zeichen für die Welt gewesen. Ohne synkretistische Vermengung oder Anpassung haben Vertreter der hauptsächlichen Religionsgemeinschaften der ganzen Welt gemeinsam ihrer Überzeugung Ausdruck geben wollen, daß der Friede ein Geschenk des Himmels ist; sie wollten ihre Verpflichtung, diesen Frieden zu erbitten, ihn anzunehmen und fruchtbar zu machen, in konkreten Entscheidungen für Achtung, Solidarität und Brüderlichkeit, tatkräftig bekunden.

1. Würde und Freiheit der menschlichen Person

Der Friede ist nicht nur das Fehlen von Streit und Krieg, sondern die „Frucht der Ordnung, die ihr göttlicher Gründer selbst der menschlichen Gesellschaft eingestiftet hat" (*Gaudium et spes*, Nr. 78). Sie ist das Werk der Gerechtigkeit und fordert darum die Achtung vor den Rechten wie auch die Erfüllung der eigenen Pflichten eines jeden Menschen. Es besteht eine innere Verbindung zwischen den Forderungen der Gerechtigkeit, der Wahrheit und des Friedens (vgl. *Pacem in terris*, Nr. 35).

Dieser vom Schöpfer gewollten Ordnung entsprechend ist die Gesellschaft dazu aufgerufen, sich für den Dienst am Menschen und am Gemeinwohl einzurichten und zu wirken. Die tragenden Elemente dieser Ordnung können von der Vernunft entdeckt und in der geschichtlichen Erfahrung erkannt werden; und die heutige Entwicklung der Sozialwissenschaften hat das Bewußtsein, daß die Menschheit hiervon hat, noch bereichert, trotz aller ideologischen Entstellungen und Konflikte, welche dieses Wissen zuweilen zu verdunkeln scheinen.

Während die katholische Kirche ihre Sendung, das allein von Christus kommende Heil (vgl. *Apg* 4,12) zu verkünden, in Treue erfüllen will, wendet sie sich darum ohne Unterschied an jeden Menschen und lädt ihn ein, die Gesetze der Naturordnung anzuerkennen, die das Zusammenleben der Menschen lenken und die Bedingungen des Friedens bestimmen.

Fundament und Ziel der sozialen Ordnung ist die menschliche Person als Subjekt unveräußerlicher Rechte, die sie nicht von außen empfängt, sondern die aus ihrer Natur selbst entspringen: nichts und niemand können sie zerstören, kein äußerer Zwang kann sie auslöschen, weil sie ihre Wurzel im tiefsten Wesen des Menschen haben. Entsprechend erschöpft sich die menschliche Person nicht in ihren gesellschaftlichen, kulturellen und geschichtlichen Bedingungen; denn es ist dem Menschen, der eine Geistseele besitzt, zu eigen, einem Ziel zuzustreben, das die wechselnden Bedingungen seiner Existenz übersteigt. Keine menschliche Macht darf sich der Verwirklichung des Menschen als Person entgegenstellen.

Aus dem ersten und grundlegenden Prinzip der sozialen Ordnung, der Ausrichtung der Gesellschaft auf die Person, leitet sich die Forderung ab, daß sich jede Gesellschaft so gestalten soll, daß sie es dem Menschen ermöglicht und ihm sogar dabei hilft, seine Berufung in voller Freiheit zu verwirklichen.

Freiheit ist die vorzüglichste Auszeichnung des Menschen. Angefangen von ihren innersten Entscheidungen muß jede Person sich in einem Akt bewußter Selbstbestimmung, vom eigenen Gewissen beseelt, ausdrücken können. Ohne Freiheit sind die menschlichen Akte leer und wertlos.

Die Freiheit, mit der der Mensch vom Schöpfer ausgestattet ist, ist die ihm fortwährend gegebene Fähigkeit, mit dem Verstand die Wahrheit zu suchen und mit dem Herzen dem Guten anzuhangen, zu dem er von Natur aus hinstrebt, ohne irgendeiner Art von Druck, Zwang oder Gewalt ausgesetzt zu sein. Es gehört zur Personwürde, dem moralischen Anspruch des eigenen Gewissens bei der Suche nach der Wahrheit entsprechen zu können. Und weil die Wahrheit – wie das II. Vatikanische Konzil unterstrichen hat – „auf eine

Weise gesucht werden muß, die der Würde der menschlichen Person und ihrer Sozialnatur eigen ist" (*Dignitatis humanae*, Nr. 3), „erhebt sie nicht anders Anspruch als kraft der Wahrheit selbst" (*ebd.*, Nr. 1).
Damit die Freiheit des Menschen bei der Suche nach der Wahrheit und bei dem hiermit verbundenen Bekenntnis seiner religiösen Überzeugungen vor jeglichem Zwang durch einzelne, durch gesellschaftliche Gruppen oder irgendwelche andere menschliche Gewalt geschützt sei, muß sie in der rechtlichen Ordnung der Gesellschaft eindeutig garantiert werden, das heißt, vom bürgerlichen Gesetz als unveräußerliches subjektives Recht anerkannt und festgesetzt werden (vgl. *ebd.*, Nr. 2).
Ganz gewiß bedeuten Gewissens- und Religionsfreiheit nicht eine Relativierung der objektiven Wahrheit, die zu suchen jeder Mensch moralisch verpflichtet ist; sie sind in einer geregelten Gesellschaft lediglich die institutionelle Übersetzung jener Ordnung, in der es Gottes Wille ist, daß seine Geschöpfe sein ewiges Bundesangebot als freie und verantwortliche Personen erkennen, annehmen und leben können.
Insofern das bürgerliche und soziale Recht auf Religionsfreiheit den innersten Bereich des Geistes berührt, erweist es sich als Bezugspunkt und in gewisser Weise als Maßstab der anderen Grundrechte. Es geht ja darum, den empfindlichsten Bereich der Autonomie der Person zu achten und ihr Raum zu geben, damit sie sowohl in ihren privaten Entscheidungen als auch im gesellschaftlichen Leben nach dem Spruch ihres Gewissens handeln kann. Der Staat kann nicht eine direkte oder indirekte Kompetenz über die religiösen Überzeugungen der Personen beanspruchen. Er kann sich nicht das Recht anmaßen, das Bekenntnis und die öffentliche Ausübung der Religion einer Person oder Gemeinschaft aufzuerlegen oder zu unterbinden. In diesem Bereich ist es Pflicht der zivilen Autoritäten sicherzustellen, daß die Rechte der einzelnen und der Gemeinschaften in gleicher Weise geachtet werden, und zugleich eine gerechte öffentliche Ordnung zu wahren.
Auch im Falle, daß ein Staat einer bestimmten Religion eine besondere Rechtsstellung zuspricht, ist es seine Pflicht, das Recht auf Gewissensfreiheit aller Bürger gesetzlich anzuerkennen und wirksam zu achten, wie auch der Ausländer, die dort der Arbeit wegen oder aus anderen Gründen, wenn auch nur zeitweise, wohnen.
Keinesfalls darf sich der staatliche Apparat an die Stelle des Gewissens der Bürger setzen noch den religiösen Gemeinschaften den Lebensraum entziehen oder deren Platz einnehmen. Die rechte gesellschaftliche Ordnung fordert, daß alle – einzeln oder in Gemeinschaft die eigene religiöse Überzeugung in Achtung vor den anderen bekennen können.
Als ich mich am 1. September 1980 an die Staatsoberhäupter wandte, die die *Schlußakte von Helsinki* unterzeichnet haben, wollte ich unter anderem betonen, daß die authentische Religionsfreiheit fordert, daß auch die Rechte, die sich aus der sozialen und öffentlichen Dimension des Glaubensbekenntnisses und der Zugehörigkeit zu einer entfalteten religiösen Gemeinschaft herleiten, garantiert werden.
Hierzu habe ich in einer Ansprache vor der Generalversammlung der Vereinten Nationen der Überzeugung Ausdruck gegeben, daß „gerade die Achtung vor der Personwürde zu fordern scheine, daß auch die Institutionen, die von ihrem Wesen her dem religiösen Leben dienen, mitbeteiligt werden, wenn der gerechte Umfang der Ausübung von Religionsfreiheit im Blick auf nationale Gesetze oder internationale Konventionen erörtert

oder beschlossen wird“ (vgl. *Insegnamenti di Giovanni Paolo II*: 1979, Bd. II, 2, S. 538).

2. Ein gemeinsames Erbe

Man muß anerkennen, daß die Prinzipien, von denen gerade die Rede gewesen ist, heute gemeinsames Erbe des größten Teils der zivilen Rechtsordnungen wie auch der Organisation der internationalen Gemeinschaft sind. Letztere hat hierzu entsprechende normative Dokumente erlassen. Sie sind inzwischen Bestandteil der Kultur unserer Zeit, wie es die immer ernsthaftere und eingehendere Erörterung zeigt, die besonders in diesen Jahren in Versammlungen und Kongressen von Wissenschaftlern und Experten über jeden konkreten Aspekt der Religionsfreiheit herangereift ist. Trotzdem geschieht es häufig, daß das Recht auf Religionsfreiheit nicht richtig verstanden und genügend geachtet wird.

Da gibt es vor allem mehr oder weniger zufällige Formen spontaner Intoleranz, Frucht mitunter von Unwissenheit und Anmaßung, die Personen und Gemeinschaften verletzen, indem sie Polemiken, Spannungen und Auseinandersetzungen verursachen und dadurch den Frieden und einen solidarischen Einsatz für das Gemeinwohl beeinträchtigen.

In verschiedenen Ländern beschränken oder annullieren gesetzliche Vorschriften und administrative Praktiken im konkreten Handeln die Rechte, welche die Konstitutionen den einzelnen Gläubigen und religiösen Gruppen formell zuerkennen.

Schließlich gibt es auch heute noch Gesetzgebungen und Regelungen, die das Grundrecht auf Religionsfreiheit nicht berücksichtigen oder für dieses völlig unbegründete Einschränkungen vorsehen, ganz zu schweigen von den Fällen wirklich diskriminierender Maßnahmen und mitunter offener Verfolgung.

Vor allem in den letzten Jahren sind verschiedene öffentliche und private, nationale und internationale Vereinigungen entstanden, um diejenigen zu verteidigen, die in vielen Teilen der Welt wegen ihrer religiösen Überzeugungen Opfer von Situationen sind, die unrechtmäßig und beschämend für die ganze Menschheit sind. Auf verdienstvolle Weise verschaffen diese gegenüber der öffentlichen Meinung den Klagen und den Protesten der Brüder und Schwestern Gehör, die dafür oft selbst keine Stimme mehr besitzen.

Für ihren Teil hört die katholische Kirche nicht auf, denen, die wegen ihres Glaubens Diskriminierungen und Verfolgungen erdulden, ihre Solidarität zu bekunden, indem sie sich beständig, mit Geduld und Ausdauer dafür einsetzt, daß diese Situationen überwunden werden. Dazu sucht der Heilige Stuhl seinen spezifischen Beitrag in den internationalen Versammlungen zu leisten, in denen der Schutz der Menschenrechte und der Friede erörtert werden. Auf der gleichen Linie liegt der konkrete Einsatz, den der Heilige Stuhl und seine Vertreter im Kontakt mit den politisch Verantwortlichen in aller Welt unternehmen und der notwendigerweise diskreter, aber nicht weniger intensiv ist.

3. Die Religionsfreiheit und der Friede

Es kann keinem entgehen, daß die religiöse Dimension, die im Gewissen des Menschen ihre Wurzel hat, eine besondere Bedeutung für das Thema des Friedens besitzt und daß jeder Versuch, ihre freie Bekundung zu verhindern oder einzuengen, unweigerlich und mit schwerwiegenden Nachteilen auf die Möglichkeit des Menschen zurückwirkt, mit seinesgleichen friedlich zusammenzuleben.

Eine erste Überlegung drängt sich auf. Wie ich in dem schon erwähnten Brief an die Staatsoberhäupter, die die *Schlußakte von Helsinki* unterzeichneten, geschrieben habe, stützt die Religionsfreiheit, insofern sie die innerste Sphäre des Geistes berührt, die anderen Freiheiten und ist gleichsam deren Seinsgrund. Obgleich das Bekenntnis einer Religion zuallererst in inneren Akten des Geistes besteht, bezieht es den gesamten Erfahrungsbereich des menschlichen Lebens ein und somit auch alle seine Ausdrucksformen.

Ferner trägt die Religionsfreiheit auf entscheidende Weise zur Formung von wahrhaft freien Bürgern bei, insofern sie gestattet, die Wahrheit über den Menschen und die Welt zu suchen und sich zu ihr zu bekennen und so in jedem Menschen ein volles Bewußtsein von seiner Würde und eine motiviertere Übernahme seiner eigenen Verantwortlichkeiten fördert. Ein ehrliches Verhältnis zur Wahrheit ist wesentliche Voraussetzung für authentische Freiheit (vgl. *Redemptor Hominis*, Nr. 12).

In diesem Sinne kann man gewiß sagen, daß die Religionsfreiheit ein Faktor von großer Bedeutung ist, um das sittlich kohärente Verhalten eines Volkes zu stärken. Die bürgerliche Gesellschaft kann sich auf die Gläubigen verlassen, da sie sich wegen ihrer tiefen Überzeugungen nicht nur nicht von Ideologien und totalitären Strömungen leicht vereinnahmen lassen, sondern sich auch darum bemühen, im Einklang mit ihren Grundanliegen zu handeln, die auf all das ausgerichtet sind, was wahr und gerecht ist, eine unerläßliche Vorbedingung für die Verwirklichung des Friedens (vgl. *Dignitatis humanae*, Nr. 8).

Aber mehr noch. Der religiöse Glaube, der den Menschen veranlaßt, sein Menschsein auf neue Weise zu verstehen, führt ihn dazu, sich in aufrichtiger persönlicher Hingabe ganz auf die Seite der anderen Menschen zu stellen (vgl. *Dominum et vivificantem*, Nr. 59). Er bringt die Menschen zusammen und eint sie, er macht sie zu Brüdern, er läßt sie aufmerksamer, verantwortungsbewußter und eifriger in ihrem Einsatz für das Gemeinwohl werden. Es handelt sich nicht nur darum, sich bereiter zur Mitarbeit mit den anderen zu fühlen, weil man in den eigenen Rechten bestärkt und beschützt ist, sondern eher darum, aus den unerschöpflichen Quellen des rechten Gewissens höhere Beweggründe zu gewinnen, um sich für die Schaffung einer gerechteren und menschlicheren Gesellschaft einzusetzen.

Im Innern eines jeden Staates – oder besser gesagt, im Innern eines jeden Volkes – wird diese Notwendigkeit einer solidarischen Mitverantwortung heute besonders stark empfunden. Doch, so fragte sich schon mein verehrter Vorgänger Papst Paul VI., wie kann ein Staat volles Vertrauen und volle Mitarbeit fordern, wenn er sich – in der Weise eines „negativen Konfessionalismus" – als atheistisch bekennt und, während er erklärt, in einem gewissen Umfang die persönlichen Glaubensüberzeugungen zu achten, in Wirklichkeit gegen den Glauben eines Teils seiner Bürger Stellung bezieht? (vgl. *Ansprache an das Diplomatische Korps*, 14. Januar 1978). Man sollte sich statt dessen darum bemühen, daß die Konfrontation zwischen der religiösen und der agnostischen oder atheistischen Weltanschauung, die eines der „Zeichen der Zeit" unserer Epoche ist, redliche und achtbare menschliche Dimensionen bewahrt, ohne den Grundrechten des Gewissens jedes Mannes und jeder Frau auf der Erde zu schaden (vgl. *Ansprache von Johannes Paul II. vor den Vereinten Nationen*, 2. Oktober 1979, Nr. 20).

Wir erleben heute – jenseits der noch andauernden Situationen von Krieg und Ungerechtigkeit – eine Entwicklung zu einer fortschreitenden Einheit der Völker und Nationen auf verschiedenen Ebenen in Politik, Wirtschaft, Kultur usw. Dieser Dynamik, die anscheinend nicht aufzuhalten ist, doch immer wieder schweren Hindernissen begegnet, verleiht die religiöse Überzeugung einen tiefreichenden Impuls von nicht geringer Bedeutung. Indem sie nämlich verbietet, für die Beilegung von Konflikten auf Methoden der Gewalt zurückzugreifen, und zu Brüderlichkeit und Liebe erzieht, trägt sie dazu bei, Verständigung und Versöhnung zu fördern, und kann sie neue sittliche Energien für die Lösung von Fragen vermitteln, denen gegenüber die Menschheit heute schwach und ohnmächtig erscheint.

4. Die Verantwortung des religiösen Menschen

Den Pflichten des Staates hinsichtlich der Ausübung des Rechtes auf Religionsfreiheit entsprechen bestimmte schwere Verantwortlichkeiten der Männer und Frauen, sei es im persönlichen religiösen Bekenntnis, sei es in der Organisation und im Leben der jeweiligen Gemeinschaften.

An erster Stelle sind die Verantwortlichen der religiösen Konfessionen gehalten, ihre Lehre darzulegen, ohne sich von persönlichen, politischen und sozialen Interessen beeinflussen zu lassen, und auch in einer Art und Weise, die den Erfordernissen des Zusammenlebens entspricht und die Freiheit eines jeden achtet.

Entsprechend müßten alle Mitglieder der verschiedenen Religionen – einzeln und als Gemeinschaft auf jeden Fall ihre Überzeugung bekunden und ihren Kult und jede andere ihnen eigene Aktivität gestalten in Achtung vor den Rechten der anderen, die nicht jener Religion angehören oder gar keinen Glauben bekennen.

Gerade im Bereich des Friedens, jener tiefsten Sehnsucht der Menschheit, kann jede religiöse Gemeinschaft und jeder einzelne Gläubige die Echtheit des eigenen Bemühens um Solidarität mit den Brüdern ermessen. Wie vielleicht niemals zuvor in der Vergangenheit schaut die Welt heute, was den Frieden anbelangt, mit einer besonderen Erwartung auf die Religionen.

Man kann im übrigen mit Freude feststellen, daß sich bei den Verantwortlichen der religiösen Bekenntnisse wie bei den einfachen Gläubigen ein immer wacheres Augenmerk, ein immer lebendigeres Verlangen findet, für den Frieden zu wirken. Diese guten Vorsätze verdienen ermutigt und in geeigneter Weise miteinander verbunden zu werden, um sie immer wirksamer zu machen. Um dies zu erreichen, muß man bis zur Wurzel vordringen.

Genau das ist im vergangenen Jahr geschehen: Die Verantwortlichen der wichtigsten Weltreligionen sind meinem brüderlichen Aufruf gefolgt und zusammengekommen, um miteinander – jeder freilich in Treue zu seiner eigenen religiösen Überzeugung – ihre gemeinsame Verpflichtung bei der Errichtung des Friedens zu bekräftigen.

Von Assisi aus gesehen handelt es sich in der Tat um eine verbindliche und verpflichtende Gabe, um ein Geschenk, daß es zu pflegen und zur Reife zu bringen gilt: in gegenseitiger Annahme und Achtung, im Verzicht auf ideologische Drohung und Gewalt, in der Förderung von Institutionen und Regeln für Übereinkunft und Zusammenarbeit unter den Völkern und Nationen, vor allem aber in der Erziehung zu einem Frieden, der auf einer weit höheren Ebene zu sehen ist als nur in der gewiß notwendigen und erwünschten Reform der Strukturen, zu einem Frieden also, der die Umkehr der Herzen voraussetzt.

5. *Die Verpflichtung der Jünger Christi*

Mit Freude erkennen wir an, daß unter den christlichen Kirchen und kirchlichen Gemeinschaften dieser Prozeß bereits glücklich begonnen ist. Ich möchte wünschen, daß er einen neuen Impuls empfängt und sich zu einer noch breiteren Beteiligung aller religiösen Menschen der Welt an der großen Herausforderung des Friedens ausweitet.
Als Hirte der universalen Kirche würde ich meinen Auftrag verraten, wenn ich meine Stimme nicht für die Beachtung des unveräußerlichen Rechtes des Evangeliums erhöbe, „allen Geschöpfen" (*Mk* 16,15) verkündet zu werden, und nicht daran erinnerte, daß Gott die staatliche Gemeinschaft auf den Dienst an der menschlichen Person hingeordnet hat, der die Freiheit zusteht, nach der Wahrheit zu suchen und an ihr festzuhalten. Der Einsatz für Wahrheit und Freiheit, für Gerechtigkeit und Frieden kennzeichnet die Jünger des Herrn. Wir tragen ja in unserem Herzen die aus der Offenbarung stammende Gewißheit, daß Gott, der Vater, durch den gekreuzigten Sohn, der „unser Friede ist" (*Eph* 2,14), uns zu einem neuen Volk gemacht hat, das als Lebensbedingung die Freiheit von Kindern Gottes und als Verfassung das Gebot der Bruderliebe hat.
Als Volk des Neuen Bundes wissen wir, daß unsere Freiheit ihren höchsten Ausdruck in der vollen Annahme des göttlichen Rufes zum Heil findet, und bekennen mit dem Apostel Johannes: „Wir haben die Liebe, die Gott zu uns hat – und die sich im menschgewordenen Sohn gezeigt hat – erkannt und gläubig angenommen" (*1 Joh* 4,16). Aus diesem freien und befreienden Akt des Glaubens entspringen eine neue Sicht der Welt, eine neue Art der Begegnung mit den Brüdern, eine neue Weise, in der Gesellschaft wie ein Sauerteig zu leben. Es ist das „neue Gebot" (*Joh* 13,34), das uns der Herr gegeben hat; es ist „sein Friede" (*Joh* 14,27) – nicht jener stets unvollkommene der Welt –, den Er uns hinterlassen hat.
Ich weiß gut, daß diese gewaltige Aufgabe unsere armen Kräfte übersteigt. Bei wie vielen Spaltungen und Verständnislosigkeiten tragen wir Christen unseren Anteil an Verantwortung, und wie viel gilt es in unserem eigenen Herzen, im Innern der Familien und der Gemeinschaften unter dem Zeichen der Versöhnung und der brüderlichen Liebe noch zu tun! Auch müssen wir erkennen, daß die Bedingungen der Welt diese Aufgabe nicht erleichtern. Die Versuchung zu Gewalt ist immer in der Nähe. Egoismus, Materialismus und Stolz machen den Menschen immer weniger frei und die Gesellschaft immer weniger offen für die Forderungen der Brüderlichkeit. Wir dürfen uns aber nicht entmutigen lassen: Jesus, unser Herr und Meister, ist bei uns alle Tage bis zum Ende der Welt (vgl. *Mt* 28,20).

Meine Gedanken wenden sich in besonders mitfühlender Weise an die Brüder und Schwestern, denen die Freiheit genommen ist, ihren christlichen Glauben zu bekennen; an die vielen, die um Christi Namen willen verfolgt werden; an jene, die seinetwegen verstoßen und erniedrigt werden. Zutiefst wünsche ich, daß diese Brüder und Schwestern unsere geistige Nähe, unsere Solidarität und die Stärkung durch unser Gebet erfahren mögen. Wir wissen, daß ihr Opfer, wenn es mit demjenigen Christi vereint wird, Früchte wahren Friedens hervorbringt.
Brüder und Schwestern im Glauben, der Einsatz für den Frieden stellt ein Zeugnis dar, das uns heute in den Augen der Welt glaubwürdig macht, vor allem in den Augen der Generationen, die heranwachsen. Die große Herausforderung an den Menschen von heute, der Einsatz seiner wahren Freiheit, ist in der Seligpreisung des Evangeliums enthalten: „Selig, die Frieden stiften“ (*Mt* 5,9).
Die Welt braucht den Frieden, die Welt ersehnt den Frieden brennend. Beten wir darum, daß allen, Männern und Frauen, Religionsfreiheit gewährt werde, damit sie diesen Frieden leben können.

Aus dem Vatikan, am 8. Dezember 1987.

Joannes Paulus PP. II

Das Erbe der Freiheit

Predigt in St. Peter am 1. Januar

1. „Als aber die Zeit erfüllt war“ (*Gal* 4,4). Heute begrüßen wir das Neue Jahr: das Jahr 1988 hat den üblichen Lauf begonnen, den Ablauf der Stunden, der Tage, der Wochen, der Monate. Wir begrüßen diese neue Phase der menschlichen Zeit und richten den Blick auf das Geheimnis, das die Fülle der Zeit anzeigt.
Dieses Geheimnis verkündet der Apostel im Brief an die Galater mit folgenden Worten: „Als aber die Zeit erfüllt war, sandte Gott seinen Sohn, geboren von einer Frau“ (*Gal* 4,4).
Die Kirche grüßt das neue Jahr des menschlichen Kalenders und geht dabei vom inneren Kern dieses Geheimnisses aus: Gottes Sohn, geboren von einer Frau, die göttliche Geburt Christi. Heute schließt sich der Kreis von acht Tagen, der mit dem Hochfest begann, das uns in besonderer Weise die Menschwerdung des Wortes vergegenwärtigt hat.
Die Fülle der Zeit. Die Zeit des menschlichen Kalenders hat in sich keine Fülle. Sie bedeutet nur Vorübergehen. Gott allein ist Fülle – Fülle auch der menschlichen Zeit. Das wird Wirklichkeit, da Gott in die Zeit des irdischen Vorübergehens eintritt.

2. Neues Jahr, wir grüßen dich im Licht der göttlichen Geburt! Dieses Geheimnis hat bewirkt, daß du, vergängliche menschliche Zeit, teilhast an dem, was nicht vergeht, an dem, was die Ewigkeit als Maß hat.

Der Apostel hat das alles in seinem Brief auf eindringliche Weise und in vielleicht kürzester Zusammenfassung verkündet. „Gott sandte seinen Sohn ... damit wir die Sohnschaft erlangen“ (*Gal* 4,4–5). Das ist die erste Dimension des Geheimnisses, das die Fülle der Zeit anzeigt. Die zweite Dimension ist organisch mit der ersten verbunden: „Weil ihr aber Söhne seid, sandte Gott den Geist seines Sohnes in unser Herz, den Geist, der ruft: Abbá, Vater“ (*Gal* 4,6).

Gerade dieses „Abbá, Vater“ – dieser Ruf des Sohnes, der dem Vater wesensgleich ist, diese Anrufung, die der Heilige Geist den Herzen der Söhne und Töchter dieser Erde eingibt, ist ein Zeichen der Fülle der Zeit. Das Reich Gottes tut sich schon in diesem Ruf kund, in diesem Wort „Abbá, Vater“, das aus der Tiefe des Menschenherzens in der Kraft des Geistes Christi ausgesprochen wird.

3. Heute, am ersten Tag des neuen Jahres, weiten wir den Blick: wir suchen in Gedanken und mit unserem Herzen alle Menschen zu umarmen, die auf unserem Planeten leben. Diejenigen, zu denen dieses Geheimnis nunmehr gedrungen ist, und diejenigen, die es noch nicht kennen. Alle.

Und allen wollen wir auch an dieser Schwelle der menschlichen Zeit sagen: Brüder und Schwestern, wir sind nicht nur das „Menschengeschlecht“, das die Erdoberfläche bevölkert –, wir sind eine Familie!

„Gott sandte den Geist seines Sohnes in unser Herz, den Geist, der ruft: „Abbá, Vater.“ Die so sprechen können, jene, die den gleichen Vater haben, bilden sie denn nicht eine einzige Familie?

Der Schöpfer hat uns aus dem „Staub der Erde“ erhoben in einem solchen Maß, daß wir sein „Bild und Gleichnis“ sind. Und er bleibt diesem „Hauch“ treu, der den Anfang des Menschen im Kosmos bezeichnete.

Und wenn wir in der Kraft des Geistes Christi zu Gott rufen „Abbá, Vater“, dann drückt die Kirche in diesem Ruf an der Schwelle des neuen Jahres durch uns auch den Friedenswunsch auf der Erde aus. Sie betet: „Der Herr wende sein Angesicht dir zu und gewähre dir Frieden“ (vgl. *Num* 6,26).

4. „Gott sandte seinen Sohn, geboren von einer Frau.“ Seit dem Beginn der irdischen Geschichte des Menschen geht die Frau über diese Erde. Ihr erster Name ist Eva, Mutter der Lebendigen. Ihr zweiter Name bleibt an die Verheißung des Messias im Protoevangelium gebunden.

Der zweite Name, jener der ewigen Frau, durchzieht die Wege der geistlichen Geschichte des Menschen und wird erst in der Fülle der Zeit offenbart. Es ist der Name „Myriam“, Maria, die Jungfrau von Nazaret. Braut eines Mannes aus dem Hause Davids mit dem Namen Josef. Maria, mystische Braut des Heiligen Geistes! Denn „nicht aus dem Willen des Fleisches, nicht aus dem Willen des Mannes“ (vgl. *Joh* 1,13), sondern aus dem Heiligen Geist geht ihre Mutterschaft hervor. Die Mutterschaft Marias ist die göttliche Mutterschaft, die wir während der ganzen Weihnachtsoktav, in besonderer Weise aber heute, am ersten Januar feiern.

5. Wir sehen diese Mutterschaft Marias durch „das Kind, das in der Krippe lag" (*Lk* 2,16), in Betlehem, beim Besuch der Hirten, der ersten, die dazu berufen waren, dem Geheimnis, das die Fülle der Zeit bezeichnet, zu nahen.
Der Säugling, der in der Krippe lag, sollte den Namen Jesus erhalten. Mit diesem Namen hatte ihn der Engel bei der Verkündigung genannt, „noch ehe das Kind im Schoß seiner Mutter empfangen wurde" (*Lk* 2,21). Und mit diesem Namen wird er heute, am achten Tag nach der Geburt genannt, in dem Augenblick, den das israelitische Gesetz vorschrieb. Denn der Sohn Gottes wurde ja „geboren ... dem Gesetz unterstellt, damit er die freikaufe, die unter dem Gesetz stehen", schreibt der Apostel (vgl. *Gal* 4,4–5). Diese Unterwerfung unter das Gesetz, das Erbe des Alten Bundes, sollte den Weg öffnen zur Erlösung durch das Blut Christi, zum Erbe des Neuen Bundes.

6. Maria steht im Zentrum dieser Ereignisse. Sie bleibt im Herzen des göttlichen Geheimnisses. Ganz eng mit jener Fülle der Zeit verbunden, die mit ihrer Mutterschaft verknüpft ist, bleibt sie gleichzeitig das Zeichen für alles das, was menschlich ist. Wer ist mehr ein Zeichen für das, was menschlich ist, als die Frau? In ihr wird der Mensch empfangen, und durch sie kommt er zur Welt. Sie, die Frau, trägt durch alle Generationen hindurch das Andenken an jeden Menschen in sich, denn jeder Mensch ist aus ihrem Mutterschoß gekommen.
Ja, die Frau ist das Gedächtnis der Menschenwelt. Der menschlichen Zeit, die die Zeit des Geborenwerdens und des Sterbens ist, die Zeit des Vorübergehens.
Auch Maria ist Gedächtnis. Der Evangelist schreibt: „Maria aber bewahrte alles, was geschehen war, in ihrem Herzen und dachte darüber nach" (*Lk* 2,19). Sie ist das ureigene Gedächtnis, das jene Probleme bewahrt, mit denen die Menschenfamilie in der Fülle der Zeit lebt. Sie ist das Gedächtnis der Kirche. Und die Kirche übernimmt von ihr die Anfänge dessen, was sie unaufhörlich in ihrem Gedächtnis bewahrt ... und vergegenwärtigt. Die Kirche lernt von der Gottesmutter, der „großen Werke Gottes" zu gedenken, die in der Geschichte des Menschen vollbracht wurden. Ja. Kirche lernt von Maria, Mutter zu sein: Mutter Kirche!

7. Das Jahr 1988 bringt im Gedächtnis der Kirche eines dieser Werke Gottes in besonderer Weise erneut in Erinnerung. Es ruft dieses Werk in Erinnerung und vergegenwärtigt es. Schon seit einiger Zeit beten wir, die Gottesmutter möge ganz besonders bei uns sein in diesem Jahr, in dem wir der Heiligsten Dreifaltigkeit danken für die Taufe, die vor tausend Jahren in Kiew an den Ufern des Dnjepr stattfand. Diese Taufe öffnete den Weg, auf dem das Licht Christi bei den vielen Völkern und Nationen Osteuropas Eingang finden konnte zu einem langen Weg des Glaubens und christlicher Kultur.
Alle diese Völker finden den Beginn ihrer Geschichte wieder, wenn sie der Taufe gedenken, die vor tausend Jahren zuerst die Prinzessin Olga, die erste russische Heilige empfing. Dann wurde sie vom heiligen Fürsten Wladimir angenommen und ihr Empfang unter dem Volk der Rus gefördert und gefestigt.
Wir werden die Freude über diesen Anfang mit allen Söhnen und Töchtern des russischen, des ukrainischen, des weißrussischen Volkes und noch anderer Völker teilen. Und

schon heute, am Tag ihrer Mutterschaft, wenden wir uns an sie, die Gottesmutter, daß sie auch alle Probleme dieser Völker, dieser Brüder und Schwestern „in ihrem Herzen bewahren und darüber nachdenken“ möge.

8. Gott sandte seinen Sohn, „geboren von einer Frau“. Durch die Geburt Gottes auf Erden haben wir Anteil an der Fülle der Zeit. Diese Fülle vollbringt in unseren Herzen unaufhörlich der Geist des Sohnes, den der Vater gesandt hat ... der Geist des Sohnes, der in uns die Gewißheit unseres Angenommenseins als Söhne bestätigt. Und seht, aus der Tiefe dieser Gewißheit, aus der Tiefe der – wie die reiche Tradition der Ostkirche ausruft und bekennt – in der „Vergöttlichung“ erneuerten Menschheit, aus dieser Tiefe rufen wir nach dem Beispiel Christi: „Abbá, Vater.“ Und jeder von uns stellt, wenn er so ruft, fest, daß er „nicht mehr Sklave, sondern Sohn“ ist. „Wenn aber Sohn, dann auch Erbe, Erbe durch Gott“ (vgl. *Gal* 4,7).

9. Weißt du, menschliche Familie, weißt du, Mensch aller Länder und Kontinente, aller Sprachen, Nationen und Rassen ..., weißt du um dieses Erbe? Weißt du, daß es sich am Grund deines Menschseins findet? Weißt du um das Erbe der Freiheit als Sohn und Tochter?
Was haben wir in unserer Geschichte aus diesem Erbe gemacht? Welche Gestalt haben wir ihm gegeben im Leben der Personen und der Gemeinschaften? Im Leben der Gesellschaft, im internationalen Leben? Haben wir nicht etwa das Erbe der Freiheit, die wir vom Schöpfer empfangen haben und die durch das Blut seines Sohnes wiedererkauft wurde, entstellt? Haben wir nicht in verschiedener Weise vielleicht Mißbrauch damit getrieben? Haben wir von dieser Freiheit nicht vielleicht in einer Weise Gebrauch gemacht, daß wir den Schöpfer, der sie uns gegeben hat, dabei außer acht ließen? Und gebrauchen wir sie vielleicht sogar gegen ihn?

10. Jesus Christus! Sohn des ewigen Vaters, Sohn der Frau, Sohn Marias, überlaß uns nicht unserer Schwäche, nicht der Herrschaft unseres Stolzes! Du menschgewordene Fülle Gottes! Sei Du im Menschen, in jeder Phase seiner irdischen Zeit! Sei Du unser Hirte! Sei unser Friede!

Jesu Armut hat uns reich gemacht

Ansprache bei der Armenspeisung im Hospiz Sánta Marta am 3. Januar

Ich begrüße euch herzlich in diesem Raum nahe bei St. Peter zu dieser Begegnung, die durch die Initiative des Circolo San Pietro ermöglicht wurde, dem ich dafür danke. Ich danke auch für euer Kommen, für eure Anwesenheit, für euren – wir können sagen – Besuch im Vatikan.
Jedem einzelnen von euch habe ich versucht nahezusein, und ich wollte wenigstens kurz mit jedem sprechen. Ich habe von der schwierigen Lage erfahren, in der sich jeder von

euch befindet, besonders aufgrund der Arbeitslosigkeit: das ist ein großes Problem unserer Zeit, ein soziales Problem, das gewiß von der gesamten Gesellschaft in Angriff genommen werden muß; aber auch die Kirche wird von sich aus das Möglichste tun. Bei der Begegnung mit diesen Menschen ohne Arbeit und oftmals nicht nur ohne Arbeit, sondern auch ohne den nötigen Lebensunterhalt und obdachlos, habe ich kurz nachgefragt, und es kamen die Grundanliegen des menschlichen Lebens zum Vorschein. Natürlich konnte ich nicht gleich entsprechend antworten und noch weniger eine Lösung für diese schwierigen Situationen anbieten, aber ich wollte vor allem Näheres erfahren. Wir werden dann mit unseren Mitarbeitern, besonders denen, die bisher soviel Hochherzigkeit gezeigt haben, sehen, wie zu helfen ist. Man kann keine allgemeine Lösung finden, denn jede Person befindet sich in einer anderen Lage, hat andere Probleme; deshalb muß man für jede Person, Fall für Fall, eine Lösung finden.

Gott sei gedankt, daß wir uns hier in einem Speisesaal treffen können, um gemeinsam ein Abendessen in der Weihnachtszeit einzunehmen. Die Kirche und die ganze Menschheit gedenken in dieser Zeit des neugeborenen Jesus in Betlehem. Die Tatsache, daß auch er, der Sohn Gottes, außer Haus geboren wurde, der erste ohne Obdach war, tröstet und ermutigt uns. Ein einfacher Stall mußte für seine Geburt auf Erden dienen. Wenn wir daran denken, können wir sagen, daß wir uns auf derselben Linie – oder vielmehr – daß er, Jesus, sich auf derselben Linie befunden hat wie alle, die obdachlos und ohne Lebensunterhalt sind. Und daran wollte ich bei meiner heutigen Begegnung mit euch erinnern.

Andererseits muß man sich immer vor Augen halten, daß die Armut, in der Jesus geboren wurde, er als Armer, uns einen überaus großen Reichtum gebracht hat, den größten, den der Mensch und die Menschheit je gehabt haben: dieser Reichtum kommt von Gott und ist die Gnade Gottes, der Glaube. Ich bin unter euch verschiedenen Personen begegnet, die mir ihren tiefen Glauben und ihr großes Vertrauen in die göttliche Vorsehung gestanden haben. Gewiß, der Mensch kann mit seinen Kräften allein nicht alles in diesem Leben lösen. Aber dieser tiefe Glaube an die Vorsehung ist ein echter Reichtum, eine Kraft, die uns erlaubt, auch unter mißlichen, schwierigen Umständen weiterzuleben. Zu Beginn unserer Begegnung, unseres gemeinsamen Mahles will ich euch meine besten Wünsche dafür aussprechen, daß sich eure Lebenslage bessere und daß die Kirche von Rom ihrerseits zu dieser Verbesserung beitrage. Aber zugleich wünsche ich euch die Kraft, die aus dem Glauben, aus der Gnade Gottes kommt, die Kraft, die uns ein Armer gebracht hat: ein Armer den Armen, Jesus, der arm war, zu jedem einzelnen Armen in der Welt, in Rom, überall.

Diese beiden Dinge wünsche ich euch, und mit diesen Wünschen, die mir jetzt am angemessensten erscheinen, lade ich euch ein, mit mir das Mahl zu beginnen.

Oft fehlt die wahre Mitmenschlichkeit

Ansprache an die Armen am 3. Januar

„Ihr habt mir Augenblicke der Brüderlichkeit geschenkt!"

Ich freue mich sehr über diese Begegnung und darüber, daß ich an diesem Mahl zu Beginn des neuen Jahres teilnehmen konnte. Ich wiederhole: es ist nicht leicht, die verschiedenen Probleme und Schwierigkeiten, in die ihr verwickelt seid, zu lösen, aber es ist zumindest nützlich, sie zu kennen. Darum müssen Wege gesucht werden, das Leben zu verbessern, denn wir alle sind uns dessen bewußt, was Jesus Christus bedeutet: Gott-Mensch, Gott, der sich zu einem von uns, zu unserem Bruder, gemacht hat. Wir wissen auch, daß er am Ende der Welt als Bruder unser Richter sein wird. Und dieses Urteil wird die Weise betreffen, in der wir füreinander Brüder gewesen sind. Wenn wir für die anderen, die verschiedenen Menschen, besonders die Leidenden, die Armen, Brüder gewesen sind, dann sind wir auch für ihn Brüder gewesen. Er identifiziert sich mit jedem Menschen, besonders mit dem Menschen, der leidet, mit dem armen Menschen. Das ist sein Programm. Deshalb ist es für mich, der ich sein Diener und sein Apostel sein will, sehr wichtig, diese Wirklichkeit wenigstens teilweise zu kennen.
Ich danke allen, die diesen Geist brüderlicher Hochherzigkeit gegenüber dem Mitmenschen in Not haben, aber ich glaube, daß diese Hochherzigkeit immer weiterwachsen muß, denn sie genügt nie. Es scheint, daß uns die Nöte und Bedürfnisse unserer Mitmenschen überholen, daß sie größer sind als die Mittel, die wir vor allem in unseren Herzen mitbringen. Ich bin davon überzeugt, daß die materiellen Mittel in der gesamten Welt, in Italien, in Rom, überall, vorhanden wären. Oftmals fehlt das grundlegende Mittel, das sich menschliches Herz, menschliche Empfindsamkeit nennt, das, was auch das Antriebszentrum der Brüderlichkeit, der Mitmenschlichkeit, ist; das, was uns Jesus mit seinem Herzen, mit seiner Liebe gebracht hat. Ich danke für eure Anwesenheit, dafür, daß ihr mir die Gelegenheit zu einer neuen Erfahrung, zu neuen Überlegungen, zu einem neuen Sinn pastoraler Verantwortung gegeben habt, vor allem aber, daß ihr mir Augenblicke der Brüderlichkeit geschenkt habt.
Ich habe mich wohlgefühlt unter euch und hoffe, euch noch weitere Male begegnen zu können. Es ist wahr, daß es zahlreiche und vielfältige Verpflichtungen im Leben des Papstes gibt, aber wird Jesus den Papst nicht einmal fragen: „Du hast mit Ministern, mit Präsidenten, vielleicht mit Kardinälen und Bischöfen gesprochen. Hast du keine Zeit gefunden, dich mit den Armen, mit den Notleidenden, zu treffen?" Dann wird diese Begegnung wichtiger sein als viele andere. So wünsche ich euch trotz allem ein gutes neues Jahr. Die Bedingungen scheinen nicht sehr gut zu sein, die äußeren, die wirtschaftlichen, materiellen Lebensbedingungen. Aber diese Bedingungen bedeuten noch nicht alles; sie sind wichtig, aber wichtiger ist das, was der Mensch in seinem Inneren hat: sein Herz und seinen Glauben und sein Vertrauen in die göttliche Vorsehung. Ich wünsche euch und uns allen, der römischen Gesellschaft und der Kirche von Rom, allen, eine Verbesserung für alle: daß das Leben in dieser Stadt, in dieser modernen Hauptstadt eines

modernen Staates und zugleich in diesem Zentrum der Christenheit der ganzen Welt, der Kirche, das Leben nach Möglichkeit menschenwürdiger werde.
Dies sind meine Wünsche für euch und für uns alle. Ich gebe euch den Segen im Namen der Heiligsten Dreifaltigkeit.

Menschliche Logik genügt nicht

Predigt am Fest der Erscheinung des Herrn, am 6. Januar

1. „Jerusalem ... die Herrlichkeit des Herrn geht leuchtend auf über dir“ (*Jes* 60,1). Am Hochfest der Erscheinung des Herrn liest die Liturgie die Ereignisse des Tages im Licht der Worte des Jesaja. Das Ereignis dieses Tages aber finden wir im Matthäusevangelium: „Sterndeuter aus dem Osten (kamen) nach Jerusalem und fragten: Wo ist der neugeborene König der Juden? Wir haben seinen Stern aufgehen sehen und sind gekommen, um ihm zu huldigen“ (*Mt* 2,1–2).
Wenn sie nach dem König fragten, dem neugeborenen König, dann mußte diese Frage sie nach menschlicher Logik an den Königshof führen, zum Haus des Herodes.
Menschliche Logik genügt hier jedoch nicht. Die Sterndeuter, die aus dem Osten kamen, bleiben im Bereich einer anderen Logik, eines anderen Lichtes, das in ihrer Seele wirkt.

2. Heute verkündet die Kirche dieses Licht. Jesaja ist sein Prophet, wenn er sagt: „Auf, werde Licht, denn es kommt dein Licht, und die Herrlichkeit des Herrn geht leuchtend auf über dir“ (*Jes* 60,1).
Seit Generationen hatte Israel teil an diesem Licht. Von Abraham an über die Patriarchen, Mose und die Propheten. Dieses Licht ist insbesondere auf den Seiten des Buches Micha zu finden, da, wo der Prophet schreibt: „Aber du Betlehem, so klein unter den Gauen Judas, aus dir wird mir einer hervorgehen, der über Israel herrschen soll“ (vgl. *Mi* 5,1).
Betlehem ist es also. Das Licht des Buches und das Licht des Sterns weisen die Sterndeuter genau auf den Ort hin. Sie folgen diesem Licht. Und als sie am Ort, in Betlehem angekommen, das Kind mit der Mutter sehen, haben sie nicht den geringsten Zweifel. Genau Er ist es, zu dem hin sie gepilgert sind.
Die menschliche Logik würde sie vielleicht anweisen, sich zurückzuziehen. Der neugeborene König der Juden? Wieso gerade hier? Warum nicht im königlichen Palast in Jerusalem?
Die Sterndeuter jedoch befinden sich im Bereich einer anderen Logik. Sie folgen dem Licht des göttlichen Geheimnisses. Durch den Glauben haben sie teil an diesem Licht. Und sie haben die Gewißheit, auf Du und Du Dem gegenüberzustehen, der kommen sollte. Genau nach den Worten des Propheten.

3. Dieses Ereignis ist der Anfang. Es ist darin schon eingeschlossen, was Jesaja und Jeremia verkündet haben: „Völker wandern zu deinem Licht und Könige zu deinem strahlen-

den Glanz ... Zahllose Kamele bedecken dein Land, Dromedare aus Midian und Efa. Alle kommen von Saba, bringen Weihrauch und Gold" (*Jes* 60,3.6).
Die Sterndeuter, die aus dem Osten kamen, haben es geradeso gemacht. Der Text des Matthäusevangeliums bezeugt es: „... da fielen sie nieder und huldigten ihm. Dann holten sie ihre Schätze hervor und brachten ihm Gold, Weihrauch und Myrrhe als Gaben dar" (*Mt* 2,11). In wunderbarer Weise stimmen die Worte des Propheten und der Text des Evangeliums überein.

4. Seit Jahrhunderten bezeichnet die Kirche die Begebenheit des heutigen Tages als Erscheinung des Herrn. Die Sterndeuter aus dem Osten befinden sich am Beginn eines langen Weges, der in der Vergangenheit zurückreicht in die Geschichte des auserwählten Volkes im Alten Bund – und dessen Zukunft hinführt zu allen Völkern und Nationen der Erde.
Mit dem Kommen der Sterndeuter aus dem Osten wird zu gleicher Zeit sichtbar, daß das Licht, das Jerusalem in sich birgt, nicht nur für Israel bestimmt ist. Im Licht der neuen Epiphanie offenbart Gott sich in Jesus Christus allen Völkern und allen Nationen der Erde. Für alle ist das göttliche Licht bestimmt, das das Dunkel der menschlichen Existenz durchdringt.
Der gleiche Jesus, der heute in Betlehem als Kind die Huldigung der Sterndeuter empfängt, wird später, am Ende seiner messianischen Sendung zu den Aposteln sagen: „Darum geht zu allen Völkern, und macht alle Menschen zu meinen Jüngern" (*Mt* 28,19).
„Auf, werde licht, Jerusalem ..."

5. Herzlich grüße ich euch, liebe Brüder, die ihr am heutigen Hochfest im Petersdom die Bischofsweihe empfangt. Ihr kommt aus fast allen Kontinenten und drückt so die Katholizität der Kirche aus. Ihr vertretet das Heilige Land, Polen, Zaire, Brasilien, Nigeria, Mexiko, Jugoslawien, Italien und die Vereinigten Staaten von Amerika. An alle diese edlen Nationen richte ich mein Gedenken und wünsche ihnen alles Gute in geistiger und materieller Hinsicht.
Ihr gehört zur Generation unserer Zeit, zur Generation jener, denen durch „Offenbarung das Geheimnis mitgeteilt wurde" (*Eph* 3,3), und die durch den Glauben der Universalkirche teilhaben an der göttlichen Epiphanie. Es ist das gleiche Geheimnis, das „seinen heiligen Aposteln und Propheten durch den Geist offenbart worden" ist (*Eph* 3,5). Das gleiche Geheimnis, das am Anfang den Sterndeutern aus dem Osten offenbart wurde. Ihr seid aus ihrem Geschlecht. Ihr tragt das gleiche Licht in euch, das damals diese ausgezeichneten Persönlichkeiten nach Betlehem führte.

6. Heute empfangt ihr die Bischofsweihe. Ihr nehmt den Stab der Hirten des Gottesvolkes in die Hand und steckt seinen Ring an den Finger als Zeichen der Vermählung mit der Kirche, zu der ihr gesandt seid.
Ihr empfangt das Evangelium: das göttliche Buch der Erscheinung des Herrn. In der Kraft des Geistes Christi geht ihr in alle Welt. Allen werdet ihr predigen, daß sie in Christus Jesus „Miterben sind", daß sie „zu demselben Leib gehören und an derselben Ver-

heißung teilhaben", wie der Apostel schreibt (*Eph* 3,6). Geht also und predigt das Evangelium! Das Licht der Epiphanie Christi begleite euch überall hin! „Auf, Jerusalem ... auf, werde licht!"

Trennung behindert Mission der Kirche

Ansprache an die Mitglieder der gemischten internationalen Kommission der katholischen Kirche und des Reformierten Weltbundes am 7. Januar

Liebe Freunde in Christus!

1. Es ist mir eine große Freude, Sie heute anläßlich der fünften Begegnung im zweiten Abschnitt des Gesprächs der „Internationalen Kommission zum Dialog zwischen Reformierten und Katholiken" zu treffen. Durch den Dialog, der vom Gebet gestützt wird, suchen Sie nach Lösungen für die Probleme, die unsere Gemeinschaften seit Jahrhunderten spalten. Mit Gottes Hilfe wird es Ihnen gelingen, einen wertvollen Beitrag zur Wiederherstellung der Einheit unter den Christen zu leisten. Deshalb heiße ich Sie in dieser Stadt, in der die Apostel Petrus und Paulus zum Zeugnis für Christus ihr Blut vergossen, herzlich willkommen. Ich versichere Sie meiner Unterstützung im Gebet.
Die Arbeit, für die Sie sich engagieren, ist wichtig, denn Entzweiungen unter den Christen stehen im Gegensatz zum Willen Christi. Der ökumenische Dialog ist ein Mittel, das die göttliche Vorhersehung benutzt, um diese tragische Situation zu überwinden. Was auch immer die Gründe dafür sein mögen, Uneinigkeit unter den Christen behindert die Mission der Kirche, das Evangelium zu verkünden und zu verbreiten, und setzt der vollständigen Erfahrung der Wiederversöhnung, die den Kern der Erlösungsgeheimnisse Christi bildet, Hindernisse entgegen. Ich möchte wiederholen, was ich in der früheren Phase des Dialogs zwischen Reformierten und Katholiken an Dr. James McCord im Jahr 1982 geschrieben habe, als er Präsident des Weltbunds der Reformierten Kirchen war: „Der Weg, den wir miteinander gegangen sind, erlaubt keinen Schritt zurück, sondern nur den weiteren Fortschritt" (26. Juli 1982).

2. Ihr Dialog findet nicht in einem luftleeren Raum statt, sondern wird von vielen Faktoren unterstützt, die die wirkliche, wenn auch nicht vollständige Gemeinschaft aufzeigen, die bereits zwischen uns besteht. Die Taufe „begründet also", wie das Dekret über den Ökumenismus sagt, „ein sakramentales Band der Einheit zwischen allen, die durch sie wiedergeboren sind" (*Unitatis redintegratio*, Nr. 22). Es ist auch unser gemeinsamer Glaube, daß „einer Gott ist, einer auch Mittler zwischen Gott und den Menschen: der Mensch Christus Jesus, der sich als Lösegeld hingegeben hat für alle" (*1 Tim* 2,5–6). Jesus Christus allein ist „der Weg und die Wahrheit und das Leben" (*Joh* 14,6), der Eckstein, das Haupt der Kirche, die sein Leib ist. Das Zweite Vatikanische Konzil wies auf die vielen Elemente hin, die die Katholiken mit anderen Christen gemeinsam haben, ebenso wie auf die Unterschiede zwischen uns (vgl. *Unitatis redintegratio*, Nr. 19–23; *Lumen gentium*, Nr. 15). Es gibt also vieles, worauf wir bei unseren Bemühungen um

eine tiefere Gemeinsamkeit und bei der Arbeit für die vollkommene Einheit im Glauben aufbauen können.
Das Gespräch hilft uns, voneinander zu lernen und tiefer in die Wahrheit einzudringen (vgl. *Unitatis redintegratio*, Nr. 4). Aber während dieser Entwicklung müssen wir immer offen sein für den Geist, der uns, wie die Heilige Schrift lehrt, in die ganze Wahrheit führt (vgl. *Joh* 15,26). All unsere Bemühungen um Versöhnung – Gebet, Dialog, Zusammenarbeit, gemeinsame Zeugnisabgabe – müssen verbunden sein mit der Überzeugung, daß der Heilige Geist uns aus dem Ärgernis der Trennung herausführen kann, wenn wir für seine Anregungen offen sind. Unsere Verpflichtung gegenüber der ökumenischen Aufgabe verlangt von uns einen Glauben, tief genug, um zu gestatten, daß wir uns von ihm zur Aussöhnung führen lassen.

3. Das Zweite Vatikanische Konzil sprach über den Ökumenismus in diesem Zusammenhang des Glaubens. Die Bewegung zur Wiederherstellung der Einheit ist, wie das Konzil sagt, „unter der Einwirkung der Gnade des Heiligen Geistes“ entstanden (*Unitatis redintegratio*, Nr. 1). Dies drückt auch die Hoffnung aus, daß unsere ökumenischen Initiativen fortschreiten, „ohne den Wegen der Vorsehung irgendein Hindernis in den Weg zu legen und ohne den künftigen Anregungen des Heiligen Geistes vorzugreifen“ (*ebd.*, Nr. 24).
Diese Worte des Konzils fangen etwas ein von der grundlegenden Bedeutung des Bemühens der Christen um die Überwindung der Spaltungen. Wenn wir die Wiederversöhnung suchen, antworten wir aufrichtig auf Gottes Willen.
Ich spreche Ihnen meinen Dank aus für das, was Sie bisher getan haben, und ich bitte Gott darum, Sie zu seiner eigenen Ehre in der Sache der christlichen Einheit zu unterstützen: „Er aber, der durch die Macht, die in uns wirkt, unendlich viel mehr tun kann, als wir erbitten oder uns ausdenken können, er werde verherrlicht durch die Kirche und durch Christus Jesus in allen Generationen für ewige Zeiten. Amen“ (*Eph* 3,20–21).

Ein Klima wachsenden Vertrauens

Ansprache beim Neujahrsempfang des diplomatischen Korps am 9. Januar

Exzellenzen!
Meine Damen und Herren!

1. Mein tiefempfundener Dank gilt Ihrem Doyen, Seiner Exzellenz Herrn Joseph Amichia. Er hat Ihre Wünsche mit großem Feingefühl mir gegenüber und mit großem Vertrauen auf den Nachfolger des Petrus zum Ausdruck gebracht. Mit der Empfindsamkeit, die der Glaube schenkt, wußte er einige große Ereignisse der Kirche wachzurufen und das Band aufzuzeigen, das sie mit der gegenwärtigen Geschichte der Menschheit verbindet. Als kluger Beobachter, besorgt um das Wohl aller Länder, besonders derer, die am meisten Mangel leiden, hat er auch die menschlichen Probleme hervorgehoben, die für zahlreiche Völker noch immer quälend sind. Diese Schwierigkeiten sind in der Tat

gleichsam ebensoviele Schatten und Behinderungen, die es zu überwinden gilt, damit die betroffenen Völker dieses Jahr in Frieden leben können. Im übrigen wissen wir sehr wohl, daß es sich um ein solidarisches Werk handelt, das alle Völker angeht.
Ich möchte meinerseits ebenfalls die Wünsche, die ich hege, in den Rahmen dieser aktuellen Realitäten einschreiben. Zuerst aber möchte ich herzliche Wünsche für jedes einzelne hier anwesende Mitglied des diplomatischen Korps zum Ausdruck bringen. Insbesondere heiße ich die Botschafter, die zum ersten Mal an dieser Begegnung teilnehmen, willkommen und rufe dabei in Erinnerung, daß der erste Botschafter von Guinea-Bissau erst kürzlich seine Mission angetreten hat. Weihnachten und am ersten Tag des Jahres habe ich im Gebet an Sie alle, an Ihre Familien und an die Nationen, die Sie vertreten, gedacht. Ihre Regierungen wünschten feste diplomatische Beziehungen mit dem Hl. Stuhl anzuknüpfen, dessen Sendung wesentlich geistiger Art, das heißt, auf das vollkommene Wohl der Personen und der Völker hin orientiert ist. Gott bewahre alle, Sie und Ihre Landsleute, im Frieden.

2. Ich werde in dieser jährlichen Ansprache beim Austausch der Wünsche einige Ereignisse aus dem internationalen Leben erörtern, unter anderem die Abrüstungsverhandlungen in Washington, die das Ende des letzten Jahres kennzeichneten, und den vierzigsten Jahrestag der allgemeinen Erklärung der Menschenrechte, der dieses Jahr begangen wird. Abrüstung, Gerechtigkeit hinsichtlich des Schutzes der Rechte der Personen und der Völker und Entwicklung sind ja drei Bedingungen für den Frieden.
Aber diese hervorspringenden Punkte könnten uns nicht die harten Konflikte vergessen lassen, die noch ganze Völker und Regionen zerreißen. Niemand kann gleichgültig bleiben angesichts dieser Kämpfe, die täglich Menschenleben bedrohen oder auslöschen, das soziale und kulturelle Erbe eines ganzen Volkes zerstören, es unterdrücken oder seine freie Weiterentwicklung behindern. Gewiß, die Hauptverantwortung liegt bei den Regierungen, die unmittelbar darin verwickelt sind; aber sie müssen wissen, daß die ganze Menschheit leidet und gedemütigt wird durch die Übel, die einen Teil ihrer Glieder niederdrücken, und daß sie mit ihnen zusammen nach einem günstigen, menschlichen Ausweg sucht.
Einige der betreffenden Völker können sich auf die Gründe berufen, die sie haben, um mit den Waffen auf Angriffe zu antworten, und sie greifen dabei zurück auf die moralisch annehmbare Unterscheidung zwischen legitimer Verteidigung und nicht zu rechtfertigendem Angriff. Aber die Beweggründe sind oft sehr verwickelt und, wie dem auch sei, schließlich kommt es so weit, daß der Kampf ins Maßlose gesteigert wird und sich als ungerecht, weil für die verschiedenen Parteien mörderisch und zum Zusammenbruch führend erweist.
Wir alle denken an den Konflikt zwischen dem Irak und dem Iran, wo es dringend geboten erscheint, einem unmenschlichen, entsetzlich verheerenden, ja absurden Kampf ein Ende zu setzen. In Wirklichkeit betrifft dieser Kampf noch viele andere Länder. Es ist höchste Zeit, daß sie aufrichtig zusammenarbeiten, um die Feindseligkeiten zu beenden, besonders mit Hilfe der Institutionen der internationalen Gemeinschaft.

Afghanistan gebührt ebensolche Aufmerksamkeit. Seit acht Jahren erleben wir das Drama einer Bevölkerung mit, deren ehemals friedliches Leben unglaubliche Umwälzungen und beträchtliche menschliche Verluste erlitten hat, während der Friede der ganzen Region davon beeinträchtigt wird. Wie sollte man nicht den wiederholten Aussichten auf Verhandlungen ein endliches Gelingen wünschen, damit es zu einer gerechten Lösung kommt, wie es dem Wunsch der Bevölkerung entspricht!
Wir denken ferner an Mittelamerika, wo die blutigen Widerstände andauern und den Frieden in mehreren Ländern ernstlich gefährden. Vorschläge zur Wiederherstellung des Friedens bilden den Gegenstand eines präzisen Planes. Die unterschriebenen Verpflichtungen wären solcher Art, daß sie endlich eine Hoffnung bieten könnten: Mögen sie doch bei allen Vertragspartnern rechtmäßige Zustimmung finden und wirklich so durchgeführt werden, daß keines der Elemente vernachlässigt wird, einschließlich des Rechtes der Bevölkerung, in einer frei gewählten Regierungsform zu leben!
Wir dürfen auch nicht länger den Nahen Osten vergessen: die Bevölkerung, die auf dem Boden Palästinas beständig in einem politisch und sozial schwierigen Gefüge lebt. Der Libanon, wo zu den Zwistigkeiten und der Unsicherheit noch der wirtschaftliche Zusammenbruch hinzukam, bedürfte nunmehr der absoluten Sicherstellung seiner Souveränität und Integrität.
Ebenso denken wir an die internen Konfliktsituationen, die so viele Länder mit blutigen Auseinandersetzungen heimsuchen, wie Äthiopien, Angola, Mozambique und Sri Lanka, und die oft so weit gehen, daß sie es unmöglich machen, der Bevölkerung, die vor Hunger stirbt oder der primitivsten Fürsorge entbehrt, zu Hilfe zu kommen. Andere Länder leiden weiterhin schweigend unter einer ungerechten Situation, die – wie in Kambodscha – das Sehnen und Trachten einer Mehrheit der Bürger oder sehr oft auch das einer Minderheit verletzt.
Wir müssen uns immer daran erinnern, daß es vor allem die Zivilbevölkerung ist, die unter diesen sich hinziehenden Krisen leidet, mit all den menschlichen Dramen, die daraus folgen. Darum möchte ich noch einmal an alle appellieren, die zur Beilegung der Konflikte beitragen können, namentlich auf diplomatischem Weg. Der Hl. Stuhl ist weiterhin überzeugt, daß es in all diesen Fällen möglich ist, zu einer Lösung zu kommen, ohne daß die Kriegführenden sich deshalb gedemütigt finden. Mögen sie mit der friedlichen Unterstützung derer, die im internationalen Leben die Handelnden sind, ihren Mut beweisen, um die Wege zu finden, die ohne Verzug zu einem wahren Frieden führen, für den ich sogleich gewisse Bedingungen in Erinnerung rufen werde!

3. Der Wille, dem Rüstungswettlauf ein Ende zu setzen, oder noch besser, die tatsächliche Abrüstung, ist offensichtlich eine der Bedingungen für den Frieden.
Im internationalen Geschehen des vergangenen Jahres hat man vor allem die Verhandlungen und die Unterzeichnung eines Vertrags zur Abschaffung der Mittelstrecken-Kernwaffen durch die Vereinigten Staaten von Amerika und die Sowjetunion hervorgehoben. Dieses Ereignis – bereits am vergangenen 8. Dezember habe ich Wert darauf gelegt, seine Bedeutung zu unterstreichen (vgl. *Worte zum Angelusgebet* am 8. Dezember, Nr. 87) – ist allgemein mit Befriedigung und Erleichterung aufgenommen worden, denn es ist

das Ergebnis beharrlicher Anstrengungen und eröffnet zugleich ermutigende Perspektiven für die Festigung des Abrüstungsprozesses und die Zukunft des Friedens. Dank ihres politischen Willens wußten die beiden Großmächte eine neue Situation zu schaffen, in der sie übereingekommen sind, eine ganze Waffengattung nicht nur zu begrenzen, sondern tatsächlich zu vernichten.
Die Anhäufung dieser Waffen stellt in sich schon eine Bedrohung für den Frieden dar und ebenso eine Herausforderung für die Völker, denen es am Notwendigen fehlt, um zu überleben und sich zu entwickeln. Einen Teil dieser Waffen zu vernichten, ist heute eine verdienstliche Tat. Sie unterstreicht nur noch besser die wahnwitzige Spirale, in die man sich hatte hineinziehen lassen, so sehr, daß man den Maßstab verlor und in diesen Sektor die Mittel abzog, die dazu hätten dienen sollen, den Hunger in der Welt zu beseitigen und durch Nutzung der positiven Möglichkeiten in Wissenschaft und Technologie zahlreiche humanitär notwendige Aktionen voranzubringen, namentlich im Gesundheits- und Erziehungswesen.
Das Zurückziehen der Atomwaffen, das zur Stunde noch nicht mehr als einen sehr begrenzten Teil der diesbezüglichen Arsenale betrifft, kann jetzt, ohne daß die globalen militärischen Gleichgewichte mit in die Sache verwickelt würden, fortgesetzt werden, bis das niedrigste Niveau erreicht ist, das mit der Sicherheit der einen wie der anderen vereinbar ist. Die einzelnen Kontrollmaßnahmen, die durch den Vertrag eingesetzt wurden, offenbaren den realistischen Wunsch, sich mit den notwendigen Garantien zu versehen, damit die unterschriebenen Verpflichtungen wirklich beachtet werden. Diese gegenseitige, in freier Zustimmung gewollte Überwachung kann helfen, das Stadium des Argwohns zu überwinden, und zu der langen und notwendigen Lehrzeit des Vertrauens beitragen. Nur ein Klima wachsenden Vertrauens kann den Erfolg des Abrüstungsprozesses garantieren und neue Möglichkeiten für die Zukunft eröffnen.

4. Tatsächlich werden von allen weitere Schritte erwartet. Ihr Doyen hat sie soeben unterstrichen. Nach den Worten der Urheber ist der Vertrag über die Mittelstrecken-Kernwaffen mehr noch ein Ausgangspunkt als ein Schlußpunkt. Er war für die beiden Unterzeichner die Gelegenheit, bei der sie ihre Entschlossenheit bekräftigen konnten, die laufenden Verhandlungen über die Atomraketen, von allen Waffen die am meisten bedrohenden, zu beschleunigen. Es ist wichtig, die Bedrohung durch die nukleare Katastrophe nicht nur zu verringern, sondern sie endgültig zu beseitigen. Es ist sicherlich der Wunsch der ganzen internationalen Gemeinschaft, daß solche Unterhandlungen möglichst schnell dadurch zu Ende geführt werden, daß sie sich von den gleichen Grundsätzen inspirieren lassen.
Nicht minder dringend erforderlich erschienen, weitere Schritte zur Beseitigung einer anderen besonders grausamen und der Menschheit unwürdigen Waffengattung zu unternehmen, deren einige Kriegführende sich noch kürzlich bedient haben: ich meine die chemischen Waffen. Ich flehe die betreffenden verantwortlichen Politiker an, dieses Kapitel unter die Ziele einzutragen, die sich unverzüglich erreichen lassen. So wäre ein dringender Schritt getan, um die internationalen Beziehungen moralisch zu heben, ein Schritt, der dazu beitragen würde, das Klima des Dialogs zu verbessern, in dem zu leben die Großmächte und ihre Verbündeten sich jetzt gewöhnen müssen.

Noch schwieriger wird wahrscheinlich die Diskussion über das Thema der Verminderung der konventionellen Waffen werden sowie der sogenannten taktischen Kernwaffen, die damit verbunden sind. Auch da muß die Sicherheit gewährleistet werden können auf dem geringsten Niveau der Rüstung und der Streitkräfte, das mit den vernünftigen Forderungen der Verteidigung vereinbar ist, und auf der Basis des Gleichgewichts zwischen den Parteien, die sich gegenüberstehen. Man versteht, daß die verantwortlichen Politiker hinsichtlich dieses letzten Punktes mit Klugheit und Realismus vorgehen, um nicht ohne genügende Garantie die Zukunft ihrer Landsleute aufs Spiel zu setzen. Aber es handelt sich darum, um jeden Preis eine neue Form von Hochrüstung mit konventionellen Waffen, die gefährlich und ruinierend wäre, zu vermeiden.

5. Man möchte ebenso hoffen, alle Länder und besonders die Großmächte mögen immer besser spüren, daß die Furcht vor der „sicheren gegenseitigen Vernichtung", die den Kern der Lehre von der atomaren Abschreckung bildet, auf die Dauer keine zuverlässige Basis für Sicherheit und Frieden darstellen kann. Was den Hl. Stuhl betrifft, so hat er bekräftigt, daß eine Maßnahme, die auf dem Gleichgewicht des Schreckens gründet, nicht als Ziel in sich selbst ins Auge gefaßt werden kann, sondern nur als eine Teilstrecke auf dem Weg zur fortschreitenden Abrüstung (vgl. Botschaft an die 2. Sondersitzung der Generalversammlung der Vereinten Nationen über die Abrüstung vom 7. Juni 1982, Nr. 8, *AAS* 74, 1982, S. 880). Nur unter der Bedingung, daß sie grundsätzlich vorübergehend bleibt und hingeordnet ist auf die Suche nach einer anderen Art der internationalen Beziehungen darf diese Strategie ins Auge gefaßt werden. Wenn eine solche Strategie in einem Kontext der Entspannung und Zusammenarbeit angewandt wird, müßte sie dazu führen, in zunehmendem Maß nach einem neuen Gleichgewicht zu suchen auf dem geringsten Rüstungsniveau, das möglich ist, um von da aus in einer weiteren Etappe zur Abschaffung der Atomwaffe selbst zu kommen; denn auf diesem Gebiet muß die totale Abrüstung angestrebt werden. Mögen die Hauptverantwortlichen begreifen, daß ihre gegenseitige Sicherheit immer mehr auf einer beiderseitigen Durchdringung der Interessen und lebendigen Beziehungen beruht!

6. Wenn der kurz zurückliegende Abrüstungsvertrag geschlossen werden konnte, dann auch dank der intensiven internationalen Arbeit, die seit Jahren von den Vereinten Nationen geleistet wird, vor allem in der Kommission für die Abrüstung und in der Genfer Abrüstungskonferenz. Diese Arbeiten gestatten eine Würdigung all der Elemente, die zur Festigung des Friedens unter den Nationen zusammenwirken, wie auch des langen Weges, der noch durchlaufen werden muß. Wenn der Vertrag von Washington einen Beginn zum Vorteil der internationalen Gemeinschaft bildet, so möge er für sie auch einen Punkt des Nicht-mehr-zurück darstellen! Eine Rückkehr zum Wettrüsten wäre zweifellos für alle verhängnisvoll. Die Nationen, die in verschiedenen politischen oder sozialen Systemen leben, berücksichtigen jetzt mehr, daß sie lernen müssen, miteinander zu leben, Gelände zur Zusammenarbeit zu finden und ihre friedlichen Beziehungen zu vertiefen. Und es gereicht Ihnen zur Ehre, meine Damen und Herren Diplomaten, Ihre Kompetenz der Vorbereitung dieser Beziehungen zu widmen und sie aufrechtzuerhalten.

Um dahin zu gelangen, müssen gewisse ethische Werte und gewisse Rechtsnormen respektiert werden.

7. Abrüstung bedeutet noch nicht den vollen Frieden. Sie ist nicht einmal ein Ziel in sich. Sie ist eines der Elemente im Prozeß des Suchens nach einer stabilen Sicherheit, die schließlich darauf abzielt, gegenseitige Beziehungen herzustellen, die auf einem loyalen Dialog beruhen, auf einer intensiven Zusammenarbeit und auf einem größeren Vertrauen.
In diesem Sinn wurzelt der Friede in einer Erneuerung der moralischen und geistigen Überzeugungen. Die Menschheit ist zu einem Wandel der Mentalität aufgerufen. Sie muß glauben, daß der Friede möglich ist, daß er wünschenswert ist, daß er notwendig ist. Um zu überleben, ist sie zu einer Umkehr aufgerufen, zu einer Bekehrung, bereit, sich von einem Teil ihrer Geschichte loszusagen, von ihrer kriegerischen Geschichte voll von Gewalttätigkeiten und Unterdrückungen, in der die Menschen und Nationen der Willkür des Stärkeren ausgeliefert waren ohne Rücksicht auf die Gerechtigkeit und die von Gott gewollte sittliche Ordnung.
Der Friede ist nicht nur Nicht-Vorhandensein von Konflikten, sondern die friedliche Lösung von Zwistigkeiten zwischen den Nationen und die Dynamik einer sozialen und internationalen Ordnung, gegründet auf Recht und Gerechtigkeit. Genauer gesagt, die Fundamente des Friedens müssen gesichert werden, indem man sie auf die Wahrung der Menschenrechte und der Völkerrechte stützt.

8. Die Gerechtigkeit kommt ja aus der Achtung vor dem Recht der Völker und der Nationen, über sich selbst zu verfügen. Ein dauerhafter Friede unter den Völkern kann nicht durch den Willen des Stärkeren auferlegt werden, sondern alle müssen darin einwilligen in Achtung der Rechte einen jeden, insbesondere jener der Schwachen und der Minderheiten.
Es gibt noch Völker, die ihr Recht auf Unabhängigkeit nicht anerkannt sehen. Es gibt auch solche, die unter Bevormundung stehen, ja sogar unter einer Besatzung gehalten werden, welche ihrem Recht, sich in Übereinstimmung mit ihren kulturellen Werten und ihrer Geschichte zu regieren, Abbruch tut. Von diesen einhellig mißbilligten Extremen abgesehen, muß man Rücksicht nehmen auf den mehr und mehr verbreiteten und legitimen Wunsch jeder Nation, selbst jener, die am wenigsten über Macht verfügt, für ihre eigenen Angelegenheiten selbst verantwortlich zu sein, Subjekt ihres Werdens zu sein und nicht nur ein Objekt, mit dem die anderen Nationen eigennützig oder in herablassender Fürsorge umgehen.
Im Osten wie im Westen kann das Recht der Völker, über ihr Geschick zu verfügen und zum gemeinsamen internationalen Wohl frei zusammenzuarbeiten, den Frieden nur begünstigen, und zwar in dem Maß, in dem jeder sich besser respektiert und folglich als vollgültiger Partner im Dialog zwischen den Nationen fühlen wird.

9. Das gleiche Prinzip gilt für die Nord-Süd-Beziehungen. Die Ungleichheit im Zugang zum wirtschaftlichen und sozialen Fortschritt hat ebenfalls tiefliegende Ursachen, die

mit Sorgfalt geprüft zu werden verlangen. Die Zustände handgreiflichen Ungleichgewichts zwischen dem Überfluß und der Armut können Keime für zukünftige Konflikte sein. Eine große Anzahl von Ländern – etwa sechzig – befindet sich heute in einer kritischen, sich verschärfenden Situation. Die ganze Menschheit muß sich im Gewissen klar werden über ihre Verantwortung vor dem ernsten Problem des Hungers, das zu lösen ihr noch nicht gelungen ist. Das ist von bedrängender Dringlichkeit!

Die Anstrengungen, die seit Jahrzehnten zugunsten der Entwicklung unternommen werden, müssen immer wieder neu auf ihr ursprüngliches Ziel hin ausgerichtet werden, nämlich: den wenig bemittelten Ländern zu ermöglichen, daß sie in wachsendem Maß ihre Angelegenheiten selbst in die Hand nehmen, ihre eigenen Hilfsquellen auswerten, ihre Rohstoffe zu einem gerechten Preis austauschen, Zugang zur Technologie und zu den Weltmärkten haben und sich in angemessener Weise von ihren Schulden freimachen, wie es Ihr Doyen unterstrichen hat. Dieser Prozeß appelliert an die Verantwortung der wohlhabenderen Nationen, aber auch an die Führungsspitzen der betreffenden Länder: diesen kommt es zu, die verfügbaren Ressourcen auf die beste Weise zu verwalten, indem sie auf einen gewissen Aufwand, der nur dem Prestige dient, verzichten, oligarchischen Strukturen, die soziale Unbeweglichkeit zum Dauerzustand machen, Anstoß zu einer neu ausgerichteten Weiterentwicklung geben, die Initiative zur Produktion fördern und bei alledem die Rechte der Personen und ihrer Gemeinschaften achten.

Ja, eine der tiefgründenden Bedingungen für den Frieden ist, langfristig betrachtet, die Entwicklung, verstanden als Übergang von einem Wenigersein zu einem Mehrsein, das den ganzen Menschen umfaßt, und zwar in seiner wirtschaftlichen, gewiß, aber auch in seiner kulturellen, moralischen und geistigen Dimension. Man wird nicht oft genug sagen können, daß „Entwicklung der neue Name für Frieden ist“, nach dem schönen Ausdruck meines Vorgängers Paul VI. Ich werde auf dieses höchst bedeutsame Thema in einer Enzyklika zurückkommen, die demnächst aus Anlaß des zwanzigsten Jahrestages von *Populorum progressio* veröffentlicht wird.

Die beiden Vorgänge der Abrüstung und der Entwicklung müssen weiterlaufen, bis sie zusammentreffen und sich gegenseitig stützen. Es wäre insbesondere ein Irrweg, wenn die Entwicklungshilfe eine Hilfe zur Aufrüstung der Länder der dritten Welt würde, selbst wenn diese Verteidigungsmittel nötig haben. Die Machtpolitik der Industrieländer darf nicht mit der einen Hand den Beitrag zunichtemachen, den sie mit der anderen für die echte Entwicklung der Völker bewilligt.

10. Die Unabhängigkeit und die Freiheit der Staaten untereinander genügt noch nicht, um in der Welt ein Klima des Friedens herzustellen. Der Friede ist auch sozialer Friede, Ordnung, die auf Gerechtigkeit im Innern der unabhängigen Staaten gegründet ist. Diesen kommt es zu, durch gerechte Gesetze die Bedingungen für ein menschliches Leben, das dieses Namens würdig ist, für alle ihre Bürger zu garantieren. Es scheint mir, daß heute das, was die Lehre der Kirche „die natürliche Ordnung“ des Zusammenlebens, „die von Gott gewollte Ordnung“ kennt, teilweise seinen Ausdruck findet in der Kultur der Menschenrechte, wenn man eine Kultur, die in der Achtung des transzendenten Wertes der Person gründet, so charakterisieren kann. Die Person ist ja das Fundament und

das Ziel der Sozialordnung; sie ist das Subjekt mit unveräußerlichen Rechten und Gewissenspflichten, die vom Schöpfer garantiert sind, und nicht zuerst das Objekt von „Rechten", die nach dem Gutdünken des öffentlichen Interesses vom Staat, so, wie er es bestimmt, gewährt werden. Die Person muß sich in Freiheit und Wahrheit verwirklichen können.

Wir werden dieses Jahr den vierzigsten Jahrestag der „Allgemeinen Erklärung der Menschenrechte" begehen. Wenn sie auch Gegenstand verschiedener Interpretationen ist, so verdienen doch die erhabenen Prinzipien, die sie enthält, allgemeine Aufmerksamkeit. Dieses Dokument kann als „ein Meilenstein auf dem langen und schwierigen Weg des Menschengeschlechts" betrachtet werden (*Ansprache an die Vereinten Nationen*, 2. Oktober 1979, Nr. 7). Die Grundsätze, die die Erklärung enthält, können, wenn sie in der Gesetzgebung der verschiedenen Länder redlich zur Anwendung kommen, die Nationen zu einem wirklichen Fortschritt führen, wobei dieser natürlich vor allem mit dem „Primat der geistigen Werte und dem Fortschritt des sittlichen Lebens" gleichzusetzen ist (vgl. *ebd.*).

11. Die Erklärung ist in unseren Augen um so mehr von Bedeutung als sie über die rassischen, kulturellen und institutionellen Verschiedenheiten der Völker hinausgeht und jenseits der Grenzen aller Art die gleiche Würde aller Glieder der menschlichen Gemeinschaft bestätigt, die von jeder konstituierten Gesellschaft gebührend zu respektieren, zu schützen und zu fördern ist.

Es geht hier um das Wohl der Personen, aber auch um den Frieden der Welt. Der Friede ist in der Tat ungeteilt. Er kann nicht auf der internationalen Ebene zugesichert werden, wenn er seine Wurzeln nicht im sozialen Frieden innerhalb der Nationen hat. Jede Situation der Ungerechtigkeit, die einer menschlichen Gemeinschaft auferlegt wird, läuft Gefahr, eines Tages zu explodieren und sogar internationale Ausmaße anzunehmen, die niemand mehr kontrollieren kann. „Der Geist des Krieges in seiner ersten und fundamentalen Bedeutung – sagte ich 1979 vor der Generalversammlung der Vereinten Nationen – erhebt sich und reift dort, wo die unveräußerlichen Rechte des Menschen verletzt werden" (*ebd.*, Nr. 11).

Diese Menschenrechte sind individuelle und auch soziale Rechte, wie jene, die eine aktive Beteiligung am öffentlichen Leben sicherstellen. Im Zusammenhang mit der Gewaltanwendung von heute erachte ich es als meine Pflicht, das Recht der absoluten Achtung des Menschenlebens in Erinnerung zu rufen, des Menschenlebens in all seinen Stadien und jedwedem Gesundheitszustand, von der Empfängnis an bis zu den letzten Augenblicken. Ich klage auch alle Formen des Terrorismus an, die das Leben Unschuldiger angreifen, ebenso wie die Staatsterrorismen, die die grundlegenden Freiheiten unterdrücken.

In besonderer Weise denke ich an die Gewissensfreiheit. Sie wissen, daß ich die letzte Botschaft zum Weltfriedenstag diesem so höchst bedeutsamen Thema gewidmet habe. Das Recht auf religiöse Freiheit, das heißt, die Befugnis, dem zu folgen, was das eigene Gewissen bei der Wahrheitssuche gebietet, und öffentlich seinen Glauben in der freien Zugehörigkeit zu einer organisierten religiösen Gemeinschaft zu bekennen, stellt so et-

was wie den Existenzgrund für die anderen fundamentalen Freiheiten des Menschen dar. In dem Maß wie das Bekenntnis einer Überzeugung an das Innerste des Gewissens rührt, muß diese die Entscheidungen und den Einsatz des Menschen beeinflussen.
Diese Tatsache bewirkt, daß die Gläubigen nachhaltig zur öffentlichen Moral, zur Solidarität unter den Menschen und zum Frieden unter den Völkern beitragen. Darum hat die katholische Kirche nicht aufgehört darüber zu wachen, daß alles getan wird, damit die Verfolgungen und Diskriminierungen der Gläubigen und ihrer Gemeinschaften aufhören. Wenn sie dies tut, hat sie das Bewußtsein, der Menschheit zu dienen, indem sie die Würde der Person verteidigt.

12. Kurz, der Friede ist nicht von der Gerechtigkeit, der wohl verstandenen Freiheit und der Wahrheit zu trennen. Er setzt ein Klima des Vertrauens voraus. Er ist ein viel komplexeres Werk als die bloße Abrüstung, wenn auch diese ein sehr bedeutsamer Prozeß ist, um eine Welt des Friedens aufzubauen, und ein Test des Friedenswillens.
In diesem Zusammenhang möchte ich hier meine aufrichtigen Wünsche aussprechen für einen guten Abschluß der Versammlung der Konferenz für Sicherheit und Zusammenarbeit in Europa, die in Wien tagt. Das Schlußdokument, das in Vorbereitung ist, sollte einen Beitrag dazu darstellen, daß die militärischen und die humanitären Aspekte des Friedens gesichert werden und zusammen voranschreiten.
Die Kirche ihrerseits weiß um ihre Verantwortung beim Aufbau des Friedens. Sie erinnert nicht nur an die Grundsätze, die sie aus dem Evangelium schöpft, sondern sucht auch Menschen heranzubilden, die fähig sind, an ihrem Platz echte Erbauer des Friedens zu sein.
Die Absicht Gottes ist eine Absicht des Friedens für die ganze Menschheit. Die meisten der Gläubigen wissen, daß Gott der Schöpfer, die Quelle des Lebens, der Garant der Gerechtigkeit, der Verteidiger der Unterdrückten ist. Daß er jener ist, der unaufhörlich die Menschen aufruft, in Brüderlichkeit zu leben, sich zu versöhnen, einander zu verzeihen, in Frieden das aufzubauen, was von nicht klar bewußten und sündigen Menschen zerstört wurde. Die wahren Gläubigen müßten in der vordersten Linie derer sein, die für den Frieden arbeiten und ihn, auf der Suche nach dem Willen Gottes, zugleich als Geschenk von ihm erwarten.
Exzellenzen, meine Damen und Herren, als so viele Diplomaten haben Sie ebenfalls einen auserlesenen Anteil beim Aufbau des Friedens, beim Abbau von Vorurteilen, Argwohn und Verhärtungen, bei der Milderung von Spannungen, bei der Suche nach friedlichen Lösungen, bei der Bildung eines Klimas von Vertrauen und Zusammenarbeit, mit der nötigen Klugheit.
Möge der Gott des Friedens Ihre Mission inspirieren und jeden von Ihnen, jede Ihrer Familien und eines jeden Vaterland mit seinem Segen erfüllen!

Wahre Vertreter der Kirche und des Hl. Stuhls

Ansprache an die Priester-Alumnen der Päpstlichen Diplomatenakademie am 14. Januar

Liebe Priester-Brüder!

Mit Freude empfange ich euch am Tag nach dem Fest des hl. Abtes Antonius, eines hervorragenden Beispiels der Heiligkeit in der Kirche Gottes, den ihr als Patron der Päpstlichen Diplomatenakademie verehrt.

Vor einer Woche hat die Kirche bei der Feier der Taufe des Herrn über seine prophetische, priesterliche und königliche Sendung nachgedacht, eine Sendung, die der Vater Christus anvertraut hat. Durch das Wirken des Heiligen Geistes führt sie ihn bis auf Golgota, wo er den höchsten Akt seiner Liebe vollbringt.

Die ganze Kirche ist in die Heilssendung Christi einbezogen. Jesus, der Heiland der Welt, will, daß seine Kirche ihm immer zur Seite sei, und so seid auch ihr, meine Lieben, von Christus berufen, an seiner Heilsmission teilzunehmen. Das ist der Sinn eurer Taufe und eurer Priesterweihe, das fordern sie von euch.

Darüber hinaus hat der Hl. Stuhl euch in die Päpstliche Diplomatenakademie berufen zu einer angemessenen Vorbereitung auf die Teilnahme an seiner besonderen Sendung, der Sendung des Petrus, dem Evangelium und der Kirche zu dienen. Euch wird eine besondere Form der Teilnahme an der Heilssendung Christi anvertraut. Für euch muß das Bewußtsein, ganz an die Sendung Christi und der Kirche hingegeben, dem Dienstamt des Petrus enger verbunden zu sein, die bedeutendste Motivierung des Lebens sein. Um diese Sendung und die Weise, wie sie am angemessensten zu verwirklichen ist, begreifen zu können, müßt ihr zu jedem Zeitpunkt eurer Ausbildung auf Christus, den Priester, blicken.

Gern nehme ich diese Gelegenheit wahr, um euch zu danken, daß ihr eure Jugend der Kirche und dem Hl. Stuhl zur Verfügung gestellt habt. Gerade weil eure Antwort auf den empfangenen Ruf für das Leben der Kirche so wichtig ist, möchte ich euch ermutigen, auf dem eingeschlagenen Weg mit wachsendem Eifer und immer größerer Einsatzfreude weiterzugehen.

Um was für einen Weg handelt es sich? Es ist der Weg des Opfers, der Weg der opferbereiten Liebe. Vor etwa zwei Jahren habe ich, als ich zu den Alumnen der Akademie sprach, daran erinnert, daß eure Priesterberufung zugleich die Berufung ist, „Opfer der Liebe mit dem gekreuzigten Christus" zu sein, und daß ihr, wenn ihr so lebt, das Geheimnis eures Erfolgs nicht nur im geistlichen, sondern auch im diplomatischen Bereich als wahre Vertreter der Kirche und des Hl. Stuhls findet" (*Ansprache an die Priester-Alumnen der Päpstlichen Diplomatenakademie* vom 2. Juni 1986).

Die Berufung in den Dienst des Hl. Stuhls verlangt die volle und totale Hochherzigkeit der vollkommenen Hingabe an den Willen des Vaters in der Nachfolge des göttlichen Vorbildes Christus: „Ich tue immer das, was ihm gefällt" (vgl. *Joh* 8,29). Und der Wille des Vaters ist das durch die sich hinopfernde Liebe Christi verwirklichte Heil der Welt. Das menschliche Beispiel solcher Hochherzigkeit aber ist jenes, das Maria uns gibt: eine grenzenlose Großmut, sowohl im Dunkel wie im strahlenden Licht des Glaubens. Die Berufung erfordert also ein „Ja", das nach dem Beispiel Christi und seiner Mutter gelebt wird und großmütige, totale Liebe verlangt.

Das ist, liebe Priester, das Ideal der Kirche. Das ist das Ideal des Hl. Stuhls. Und das muß das grundlegende Programm der Päpstlichen Diplomatenakademie sein. Der Hl. Stuhl erwartet von euch, diese Liebe in euch zu finden. Diese Liebe wird für euch zur Quelle einer großen geistigen Freiheit, die sich in freudiger Treue gegenüber den Pflichten des täglichen Lebens äußert. Wenn ihr, von dieser Liebe und dieser geistigen Freiheit hochgehalten, an das Ende eurer Vorbereitungszeit in der Akademie gelangt seid, werdet ihr bereit sein, überallhin zu gehen, wo eure Anwesenheit nötig ist, und mit der Hilfe Gottes alles zu tun, was die Kirche für das Reich Christi von euch verlangt. Diese Liebe und diese geistige Freiheit bilden die notwendigen Bedingungen, damit ihr in rechter Absicht und wirksam bei der besonderen Aufgabe des Hl. Stuhls mitarbeiten könnt, ohne persönliche Ehren und Vorteile zu suchen.

Der Stil eures Priesterlebens muß immer die Würde und den Adel eurer Mission und auch die enge Beziehung, die ihr zum Hl. Stuhl habt, zum Ausdruck bringen. Auf uns alle können die Worte des hl. Paulus angewandt werden: „Ich ermahne euch, ein Leben zu führen, das des Rufes würdig ist, der an euch erging ... bemüht euch, die Einheit des Geistes zu wahren durch den Frieden, der euch zusammenhält" (*Eph* 4,1.3).

Liebe Priester-Brüder, das Maß eures Erfolgs ist wirklich übernatürlich. Eure Teilnahme an der Mission Christi wird, auch in dem besonderen Bereich, der die Sendung des Hl. Stuhls ist, in dem Maß gelingen, in dem ihr in Christus verwurzelt lebt. Das trifft um so mehr zu, als der Hl. Stuhl von seinem Wesen her die Aufgabe hat, die erhabensten Geheimnisse der Kirche zu schützen, nämlich ihre Einheit und ihre Liebe.

Diese Aussicht auf euren Dienst eröffnet sich vor euch. Ein übernatürlicher Blick und übernatürliche Mittel sind dazu notwendig und eine totale Hingabe eurerseits. Diese Hingabe zeigt sich heute in dem Ernst, mit dem ihr an eure menschliche, geistliche, kulturelle und seelsorgliche Vorbereitung geht.

Eine eurer größten Freuden wird immer in dem Bewußtsein bestehen, unter dem Schutz Marias, der Mutter der Kirche, zu arbeiten. Von Maria erbitte ich für euch, die reichste Frucht dieses Marianischen Jahres, das ihr in der Akademie verbringt, möge in der Erneuerung eurer Gemeinschaft in ihrer inneren Verbundenheit mit Christus bestehen und in ihrer lebendigen Teilnahme am Heilsgeheimnis, in besonderer Weise an der Eucharistie, in der sich „die Mitte eures Lebens und Tuns" findet. Als Zeichen meines Vertrauens und meiner Liebe in Christus segne ich euch alle in seinem Namen.

Eine Kultur der Liebe und Wahrheit fördern

Ansprache an die Vollversammlung des Päpstlichen Rates für die Kultur am 15. Januar

1. Ich freue mich, Sie hier aus Anlaß der Jahresversammlung des Päpstlichen Rates für die Kultur zu empfangen. Nach den ersten fünf Jahren, die reich an Leistungen und vielversprechend waren, eröffnet sich Ihrem jungen Dikasterium eine neue Wegstrecke, und ich bin glücklich, die kürzlich ernannten Mitglieder unter Ihnen zu begrüßen. In Ihnen allen bezeugen Nordamerika, Lateinamerika, Afrika, Asien und Europa die Vitalität und die Vielfalt der Kulturen und ebenso die Präsenz der Kirche in den weiten Bereichen, in denen sich die menschliche Tätigkeit entfaltet. Die Dynamik des Evangeliums ist unter den größten Leistungen der Kultur am Werk: in der Philosophie und der Theologie, der Literatur und der Geschichte, in Naturwissenschaft und Kunst, Architektur und Malerei, Poesie und Gesang, in Gesetzen, Schule und Universität. Liebe Freunde, es kommt Ihnen zu, in der Kirche aktive Zeugen der zeitgenössischen Kulturen und zugleich in aller Welt sichtbare und tätige Vertreter des Päpstlichen Rates für die Kultur zu sein.

2. Die letzte Bischofssynode über die Berufung und Sendung der Laien in Kirche und Welt zwanzig Jahre nach dem Zweiten Vatikanischen Konzil hat unterstrichen, wie dringend notwendig es ist, die Laien auszubilden, damit sie das Evangelium mehr hineintragen in das lebendige Gewebe der Kulturen, in die Umweltbereiche, die morgen die Denkweisen kennzeichnen und die Verhaltensweisen inspirieren werden: die Familie, der Betrieb, die Schule, die Universität, die sozialen Kommunikationsmittel. Einige von Ihnen haben einen sehr geschätzten Beitrag geleistet und unterstrichen, wie wichtig es ist, an die Arbeit zu gehen und die Welt der Intellektuellen und der Universität den Werten des Evangeliums zu öffnen.
Die Arbeiten der Synode haben noch klarer zum Bewußtsein gebracht, daß die Herausforderung an alle Getauften darin besteht, mit Intelligenz und Mut von ihrem Glauben so Zeugnis zu geben, daß das Heil und die Hoffnung in die Kulturen unserer Zeit hineingetragen werden. Ich lade Sie erneut ein, unseren Zeitgenossen besser begreiflich zu machen, was es bedeutet, die Kulturen konkret und mit Lebenskraft zu evangelisieren. Die Aufgabe ist komplex und schwierig, aber meine Ermutigung, meine Unterstützung und mein Gebet begleiten Sie in dieser Mission, der ich eine erstrangige Bedeutung beimesse.

3. Damit das Evangelium die Kulturen dieser Welt, die sich mitten in einem Umwandlungsprozeß befindet, befruchten könne, muß ein neuer Impuls von allen Komponenten der Kirche ausgehen, ebenso von den Organen des Hl. Stuhls und den Bischofskonferenzen, den internationalen katholischen Organisationen, den Ordensgemeinschaften und Säkularinstituten und den Laien, die sich in der reichen Vielfalt der Apostolatsbewegungen wie auch in staatlichen Institutionen einsetzen.
Der Präsident Ihres Exekutivkomitees hat mich über die seit langem vorbereiteten Pläne informiert, in denen Sie Begegnungen vorsehen, die Ihnen erlauben werden, mit der Kirche in ihrer lebendigen Realität in den verschiedenen Kontinenten in Kontakt zu kommen.

Ich denke besonders an das nahe bevorstehende afrikanische Gespräch, das Ihnen, dank der Initiative von Frau Victoria Okoye, gestatten wird, von Onitsha ausgehend den bemerkenswerten Einsatz der afrikanischen Frauen für die Weitergabe des Glaubens und der Kultur kennenzulernen, ihr Bemühen, die Werte des Evangeliums in die kommenden Generationen zu inkarnieren, die das Afrika des nächsten Jahrtausends sein werden.
Im Rahmen der Tätigkeiten des Hl. Stuhls bei den internationalen Institutionen, angefangen bei der Unesco und dem Europarat, haben Sie Ihrer jeweiligen Kompetenz gemäß einen speziellen Beitrag zu leisten, um der Präsenz der Christen und ihrer Organisationen bei den großen Treffen, wo über die Probleme der Erziehung, der Wissenschaft, der Information und der Kultur verhandelt wird, ein schärferes Gepräge zu geben. Ich ermutige Sie lebhaft zur Beteiligung an den Initiativen, die von den römischen Dikasterien unternommen werden, um jene Ziele zu verwirklichen, die dem Verlangen unserer Zeit entsprechen, einer Zeit, so ansprechbar für den Aufbau einer solidarischen und brüderlichen Kultur.

4. Am Abschluß der ersten Periode von fünf Jahren habe ich die Freude, all denen meine Anerkennung auszusprechen, die sich selbstlos für die Schaffung des Päpstlichen Rates für die Kultur eingesetzt und ihn über die ganze Welt hin präsent, lebendig und wirksam gemacht haben. Der liebe Kardinal Garonne und die Mitglieder des Präsidentenkomitees, Kardinal Poupard und das Exekutivkomitee, der internationale Rat, Sie alle haben unermüdlich daran gearbeitet, den Auftrag zu verwirklichen, den ich Ihnen am 20. Mai 1982 mit der Errichtung Ihres Rates gegeben habe. Wie Ihr Bulletin und Ihre verschiedenen Veröffentlichungen bezeugen, hat dieses neue Dikasterium des Heiligen Stuhls mit dem ihm eigenen Stil in Rom wie in der ganzen Welt ein aktives Korrespondentennetz herzustellen und eine feinverzweigte Tätigkeit zu unternehmen gewußt, die schon anfangen, Früchte zu tragen. Gern hebe ich vor allem den Nutzen der Zusammenarbeit mit den anderen Organen des Heiligen Stuhls, mit den Bischofskonferenzen, den internationalen katholischen Organisationen und den Konferenzen der Ordensleute hervor. Liebe Freunde, setzen Sie mit Ihrem neuen Stab diese fruchtbare Arbeit fort in enger Verbundenheit auch mit der Päpstlichen Akademie der Wissenschaften, wie ich es schon wiederholt unterstrichen habe.
Ich schätze auch Ihre Zusammenarbeit mit der internationalen theologischen Kommission. Die den Glauben und die Inkulturation betreffenden Probleme, die Sie gemeinsam zu erforschen begonnen haben, verdienen sicherlich eine vertiefte Studie zur Klarstellung einer angemessenen Pastoral der Kultur.

5. Auch das Projekt „Kirche und Universitätskultur", das gemeinsam mit der Kongregation für das katholische Bildungswesen und dem Päpstlichen Rat für die Laien durchgeführt wird, kann ein ausgezeichnetes Mittel der Zusammenarbeit der Kirche für die christliche Förderung einer Kultur der Liebe und der Wahrheit am Vorabend des neuen Jahrtausends werden. Die Universitätswelt stellt für die Kirche ein bevorzugtes Feld für ihre Evangelisierungsarbeit und ihre kulturelle Präsenz dar. Welche menschlichen und religiösen Werte werden die Universitätskultur von morgen kennzeichnen? Wer sieht

nicht den Ernst dieser Fragen im Hinblick auf die intellektuelle und moralische Gesundheit der kommenden Generationen? Der Einsatz dafür ist sehr komplex und verlangt eine aktive Zusammenarbeit aller in der Kirche. Ich freue mich auch über die Studie und die gemeinsamen Überlegungen, die der Päpstliche Rat für die Kultur und die beiden erwähnten Dikasterien in Zusammenarbeit mit den Bischöfen, den Laienorganisationen und den Ordensgemeinschaften unternommen haben, damit die Tätigkeit der Kirche im Umfeld der Universitätskultur wirklich den Anforderungen unserer Zeit entspricht.

6. In diesem Marianischen Jahr möge Unsere Liebe Frau Ihr Stern und Ihr Vorbild sein! Indem sie uns ihren Sohn gab, hat sie uns alles gegeben. In ihrer Person wurden die menschlichen Werte aufgenommen und verklärt zu einem Geheimnis, in dem sich Innerlichkeit mit Transzendenz verbindet. Möge nach ihrem Beispiel Ihre Kultur der Widerschein dessen sein, was Sie empfangen haben, und der Prüfstein dessen, was Sie der Kirche und der Welt anbieten, das heißt, das Zeugnis, daß das vom Evangelium angekündigte Gottesreich in Ihrer eigenen Kultur gelebt wird!
Mit meinen guten Wünschen für Sie und Ihre Familien versichere ich Sie auch meines Gebetes, damit Ihre mühevolle Arbeit, auf die ich überreiche göttliche Gnade herabrufe, fruchtbar sei, und ich erteile Ihnen von Herzen meinen Apostolischen Segen.

Jedes Kind ist von Gott

Ansprache an den Verband italienischer Kindergärten am 16. Januar

1. Euch, den Leitern und Mitarbeitern katholischer Kindergärten, die ihr zum 5. Kongreß des Verbandes italienischer Kindergärten (FISM) nach Rom gekommen seid, einen aufrichtigen und herzlichen Gruß.
Durch euch möchte ich alle Erzieher ansprechen, Ordensleute und Laien, die Priester und alle, die auf diesem erlesenen Gebiet tätig sind. Ein besonderes Gedenken auch allen Familien, die in wirklich beträchtlicher Zahl, selbst unter mancherlei Schwierigkeiten, ihre Kinder euren Schulen anvertrauen und mit wahrer Hingabe an der Tätigkeit der Erziehungs- und Leistungsorgane Anteil nehmen.
Bei anderer Gelegenheit habe ich bereits ein Wort herzlicher Ermunterung an euch gerichtet zu dem wichtigen Dienst, den ihr mit Hochherzigkeit und Fachkenntnis euren Kindern und deren Familien erweist, vor allem jenen jungen Menschen, die immer die Unterstützung und der Hilfe bedürfen. Auch heute gebe ich euch einige, wenn auch kurze Anregungen zum steten und aufmerksamen Bedenken.

2. Vor allem möchte ich erneut die Würde des Kindes bestätigen, da man heute nicht selten dazu neigt, es auszuschließen oder sein Dasein nur zu „ertragen“, es instrumentalisiert für zweitrangige Zwecke oder gar seine natürliche Schwachheit direkt mißbraucht. Das Kind ist eine Person, es ist ein Mensch. Als solcher muß es angenommen und geliebt werden, man muß ihm in seiner körperlichen und moralischen Entwicklung helfen, da-

mit es seinen unwiederholbaren Platz in der Gesellschaft und in der kirchlichen Gemeinschaft einnehmen kann.

Jedes Kind ist von Gott, dem Vater, gewollt von Christus erlöst und in der Taufe Tempel des Heiligen Geistes geworden. Wenn dies die Würde des Kindes ist, dann müssen alle es als Vorrecht betrachten, es aufzunehmen, zu schützen und zu lieben, wie der Herr uns gelehrt hat.

Aus dem Evangelium entnehmen wir, wie sehr Jesus die Kinder geliebt hat, welche harten Worte er denen gegenüber gebrauchte, die sie ihm fernhalten wollten, und wie er das Kind zum Vorbild für die Erwachsenen gemacht hat: „Wenn ihr nicht umkehrt und wie die Kinder werdet (einfach – klar – verfügbar), könnt ihr nicht in das Himmelreich kommen. Und wer ein solches Kind um meinetwillen aufnimmt, der nimmt mich auf. Wer aber eines von diesen Kleinen, die an mich glauben, zum Bösen verführt, für den wäre es besser, wenn er mit einem Mühlstein um den Hals im tiefen Meer versenkt würde" (vgl. *Mt* 18,3–6).

3. Die Kirche hat, ihrem Herrn folgend, immer die Kinder verteidigt, sie bevorzugt, ihnen gedient und ihre Würde gefördert. Man braucht nur an die zweitausend Jahre ihrer Geschichte zu denken, an die Ordensgemeinschaften, die im Lauf der Zeit einander folgten, an das Leben von Seelsorgern und von Heiligen, um daraus das leuchtendste Zeugnis zu entnehmen.

Diese bevorzugende Liebe der Kirche zum Kind hat in Institutionen aller Art Gestalt angenommen und am Anfang des vorigen Jahrhunderts in Schulen für die Kinder, als noch niemand sich einen derartigen Dienst auch nur vorstellen konnte. So wollten dann die christlichen Gemeinden, die Familien, unser Volk in jedem, auch dem verlorensten Dorf, wie in den großen Städten, diese Schule, die aus dem sozialen und kirchlichen Gefüge entstanden und immer tief mit ihm verbunden geblieben ist. Mit einem Wort: Die Kindergärten haben ihren Ursprung und sind gewachsen, tief verwurzelt im klaren Willen unseres Volkes und wurden im allgemeinen Ordensschwestern anvertraut oder von diesen gefördert.

Das Zweite Vatikanische Konzil hat seinerseits den ganz besonderen Platz hervorgehoben, der unter den Erziehungsmitteln der Schule und besonders der katholischen Schule gebührt. Die Konzilserklärung über die christliche Erziehung bestätigt: „Unter allen Erziehungsmitteln hat die Schule eine ganz besondere Bedeutung ..." (*Gravissimum educationis*, Nr. 5).

„Die Präsenz der Kirche im schulischen Bereich zeigt sich in besonderer Weise durch die katholische Schule. Diese verfolgt nicht weniger als andere Schulen die Bildungsziele und die menschliche Formung der Jugend. Ihre besondere Aufgabe aber ist es, eine Schulgemeinschaft zu schaffen, in der der Geist des Evangeliums ... lebendig ist" (*ebd.*, Nr. 8).

Und das Dokument unterstreicht die Bedeutung der Erzieher: „Schön, freilich auch schwer ist darum die Berufung all derer, die als Helfer der Eltern und Vertreter der menschlichen Gesellschaft in den Schulen die Erziehungsaufgabe übernehmen. Ihre Berufung erfordert besonders Gaben des Geistes und des Herzens, eine sehr sorgfältige Vorbereitung und die dauernde Bereitschaft zur Erneuerung und Anpassung" (*ebd.*, Nr. 5).

Diese Aussagen des hohen Lehramts wurden bekräftigt durch meine verehrten Vorgänger. Die italienischen Bischöfe machten sie sich zu eigen und wollten sie in das Dokument über die katholische Schule im heutigen Italien übertragen sowie in den von der Italienischen Bischofskonferenz herausgegebenen Katechismus für Kinder, worin die besonderen Elemente, die den Erziehungsplan im christlichen Kindergarten betreffen, einzeln darstellen werden.

4. Ich kenne die Schwierigkeiten, die ihr zur Zeit auf der Ebene des pastoralen Einsatzes und der Verwaltung habt, und ich freue mich herzlich mit euch, über das, was ihr in eurem Verband in dieser Zeit geleistet habt. Aufs neue möchte ich die verschiedenen Mitarbeiter ermutigen, wie ich es schon bei anderer Gelegenheit getan habe, und ich bitte jeden um größte Hochherzigkeit.
Vor allem wende ich mich an die Priester, besonders die Pfarrer, die mit großer Opferbereitschaft und Klugheit neben der Kirche einen Kindergarten haben wollten. Sie mögen diesen weiterhin als einen bevorzugten Ort der Seelsorge betrachten.
Sodann möchte ich den Ordensfrauen, die auf diesem Sektor der Pastoral noch so zahlreich mit dem Reichtum an Charismen einer jeden ihrer Kongregationen vertreten sind, sagen: Laßt euch durch die Schwierigkeiten nicht entmutigen, und gebt der Versuchung nicht nach, dieses Arbeitsfeld zu verlassen, um euch anderen apostolischen Tätigkeiten zu widmen. Und auch ihr Laien, die ihr als Erzieher tätig seid, betrachtet es als Ehre, euch einen Kindergarten als Ort der Evangelisierung und der menschlichen Förderung zu wählen.
Den Eltern, aber auch allen Gläubigen empfehle ich, den Kindergarten als die geeignete Umwelt anzusehen, in der die Kinder eine christliche Erziehung finden können, die mit der, die sie in der Familie empfangen haben, im Einklang steht. Auch sie selbst können dort Elemente finden, die ihnen zum Wachstum als wahre Erzieher und echte Christen verhelfen.
Schließlich noch ein Wort an die verantwortlichen Persönlichkeiten aus dem zivilen und politischen Bereich: Mögen sie ihrer Aufmerksamkeit nicht den sozialen Dienst von mehr als achttausend freien Schulen entgehen lassen, die in eurem Verband zusammengeschlossen sind. Mögen sie sich bemühen, baldigst gesetzliche Lösungen zu finden, die von echter Gerechtigkeit geprägt sind, und die diesen Schulen, die von allen als fähig anerkannt sind, den italienischen Familien bis ins kleinste zu dienen, nicht zu große Härten auferlegen, Lasten, die zuweilen unüberwindlich erscheinen.

5. Es ist mir bekannt, daß ihr am 25. März, am Fest der Verkündigung in diesem Marianischen Jahr, einen Tag besonderer kirchlicher Erfahrung begehen wollt: „Mit Maria dem Jahr 2000 entgegen." Das Gebet so vieler Unschuldiger wird von der Muttergottes und unserer Mutter nicht unerhört bleiben.
Ihr vertraue ich euch alle an und ebenso eure katholischen Kindergärten, die ihr vertretet. Mit ihrer Fürsprache rufe ich auf euch und auf alle, die in den Kindergärten arbeiten, die Fülle der Gaben des Herrn herab, und allen erteile ich von Herzen meinen Apostolischen Segen.

Unabhängigkeit im Dienst an der Wahrheit

Ansprache an die Journalisten im ausländischen Pressezentrum in Rom am 17. Januar

Verehrter Herr Minister,
geehrte Herren Generaldirektoren,
liebe Journalistenfreunde!

1. Euch gilt mein herzlicher Gruß! Ich bin ausgesprochen dankbar für die Begrüßungsworte eures Präsidenten und für die Einladung, euer Zentrum zu besuchen und wende mich namentlich an die Journalisten, die in der Vereinigung der Ausländischen Presse in Italien zusammengeschlossen sind.
Heute, bei der Begegnung mit den Gläubigen der benachbarten Pfarrei San Lorenzo in Lucina, hat sich mir die Möglichkeit geboten, eure Einladung anzunehmen. Sie steht im Zusammenhang mit dem 75. Jahrestag eurer Vereinigung, die im Jahre 1912 gegründet wurde. Meine Anwesenheit in eurem Zentrum, soll vor allem Ausdruck meiner ehrlichen Wertschätzung für eure Arbeit sein, der ihr eure Kräfte widmet.

2. Während meiner Pastoralreisen wollte ich in verschiedenen Teilen der Welt mit euren Kollegen zusammentreffen und mit denjenigen von euch, die mehr als einmal mit mir die Beschwerden der Reisen geteilt haben. Unter solchen Umständen hat sich meine Wertschätzung für alle Bereiche des komplizierten Phänomens der sozialen Kommunikation erwiesen, deren Kern letztlich in der Übermittlung von Werten und Informationen unter euch Journalisten liegt und in der Wahl der Mittel, mit denen ihr arbeitet.
Die technische Kompliziertheit der Übertragungen und der Bildherstellung kann nicht folgenden wesentlichen Tatbestand bei den Medien verbergen: eine Beziehung in zwei Richtungen, zwischen dem Macher der öffentlichen Meinung und dem Publikum, an welches er sich wendet.
Bei einem Gespräch mit einer Gruppe eurer Kollegen hatte ich Gelegenheit, ihnen zu sagen, Journalisten müssen „als Kommunikatoren nicht nur sprechen, sondern auch zuhören“. Hören auf die Bedürfnisse und Nöte der Menschen; vor allem die Stimme hören, mit der sich die Würde jedes Menschen, jeder Frau, jedes Mannes, jedes Kindes in jeder Lebenslage kundtut. Der Journalismus als Zeuge der täglichen Tätigkeit des Menschen kann nicht versäumen, für eine angeborene Würde einzutreten, er kann den Menschen nicht von der Würde, die ihm eigen ist, trennen. Der Journalismus, der den Menschen nicht hört, wird ihn schließlich verachten.
Den Menschen „hören“ heißt ihn achten, wenn man die Probleme des Einzelnen und der Gesellschaft behandelt. Es heißt außerdem, seine Erziehung und Bildung und seine Freizeit fördern. Aber vor allem heißt es, ihm durch eure Arbeit eine Information liefern, die über persönliche oder parteiische Interessen hinausgeht und, weil sie unabhängig ist, sich weder ideologischen Auffassungen noch Machtkompromissen beugt. Der Mann, der den Beruf, zu informieren, gewählt hat, muß leidenschaftlich die Wahrheit um ihrer selbst willen suchen, denn sie aus einem anderen Grund zu lieben, hieße bereits, auf sie zu ver-

zichten. Auf dieser Grundlage der Unabhängigkeit und Ernsthaftigkeit im Dienst an der Wahrheit kann eure Arbeit einen unschätzbaren Beitrag zur Gesellschaft leisten. Die Gesellschaft braucht wahre und in den Grenzen der Gerechtigkeit und Liebe vollständige Information. Und ihr seid dafür verantwortlich, an euch ist es, sie ihr anzubieten.

3. Ich kenne zumindest einige eurer Probleme, denen ihr in eurem täglichen Mühen begegnet. Ihr spürt den Druck der Macht, die in ihren verschiedenen ideologischen oder wirtschaftlichen Spielarten auf euch zukommt, um eure Information den Umständen wunschgemäß anzupassen. Ihr müßt gewöhnlich, vielleicht wie kein anderer Berufsträger, in einem ziemlich eng begrenzten Zeitraum eure Arbeit leisten. Manchmal wird von euch verlangt, über Gegenstände und Themen zu schreiben, die euren Grundsätzen fernliegen oder direkt entgegengesetzt sind. Oft erfordert es die Arbeit von euch, eurer Familie und eurem Heim fernzusein, ihr seid häufigem Wohnungswechsel unterworfen und müßt von einem Land ins andere ziehen.
Wie sollte man gegenüber solchen Situationen nicht daran erinnern, daß ihr selbst wichtiger seid als eure Arbeit? Eure persönliche menschliche Würde steht höher als ein voraussichtlicher „Erfolg" oder eine versprochene Beförderung. Wenn ihr euch von einer übersteigerten rein professionellen Dynamik beherrschen laßt, wird es sich zeigen, daß euer Leben „exzentrisch", seiner eigenen Mitte entfremdet wird, und ihr werdet euch innerlich, im Kern eurer Person leer finden. Das Produkt eurer Arbeit trägt für die andern zu Ruhe und Entspannung bei. Ist es darum nicht gerecht, daß auch ihr euch in eurem Leben einen Freiraum für euch selbst, für eure Familien, für jenes Klima der Ruhe vorbehaltet, das dem Menschen die Öffnung für das Transzendente und das Hören auf die Stimme Gottes erleichtert?
Die Kirche steht, wie ich bei verschiedenen Gelegenheiten zu euren Kollegen gesagt habe, auf eurer Seite. Ob ihr Christen seid oder nicht, in der Kirche werdet ihr immer die rechte Achtung für eure Arbeit und die Anerkennung der Pressefreiheit finden. Die Kirche geht aber noch weiter, denn sie besteht darauf, daß es neben den Rechten auch Pflichten gibt. Die Pflicht der Wahrheit. Die Pflicht zur Unabhängigkeit von Manipulationen, die die Wahrheit entstellen. Die Pflicht, den Menschen zu achten, jeden Menschen, überall, in seiner Würde als Gotteskind.
Liebe Journalisten der Auslandspresse, ich danke euch nochmals für die Einladung, die ihr zu diesem Jahrestag an mich gerichtet habt. Ich mache von der Gelegenheit Gebrauch und bitte euch, euren Familien einen besonderen Gruß des Papstes zu überbringen. Auch an eure Mitarbeiter in diesem Haus richte ich einen Gruß, an die für die Post- und Telefondienste Verantwortlichen, die eure tägliche Arbeit so sehr erleichtern. Allen meinen herzlichsten Gruß, verbunden mit einem besonderen Gebet zu Gott für euch und für eure Lieben.

Massenmedien erleben atemberaubende Entwicklung

Botschaft zum 22. Welttag der sozialen Kommunikationsmittel vom 24. Januar

Brüder und Schwestern, liebe Freunde auf dem Gebiet der Information und Kommunikation!

1. Wenn man eines Tages in Wahrheit sagen könnte, Kommunikation komme auf Verbrüderung hinaus und bezeichne menschliche Solidarität, wäre das für die Massenmedien nicht das schönste Ergebnis? Über dieses Thema möchte ich euch daher am XXII. Welttag der sozialen Kommunikationsmittel zum Nachdenken auffordern.
Wenn ich von Brüderlichkeit spreche, meine ich den vollen Sinn dieses Ausdrucks. Christus ist nämlich „der Erstgeborene von vielen Brüdern" (*Röm* 8,29), und er läßt uns in jeder menschlichen Person, ob Freund, ob Feind, einen Bruder oder eine Schwester entdecken. Da er „nicht gekommen ist, um die Welt zu richten, sondern damit die Welt durch ihn gerettet wird" (*Joh* 3,17), ruft Christus alle Menschen zur Einheit auf. Der Geist der Liebe aber, den er der Welt schenkt, ist ebenfalls ein Geist der Einheit. Der heilige Paulus schildert uns den gleichen Geist, der die verschiedenen Gaben aufeinander abstimmt und in den verschiedenen Gliedern des gleichen Leibes wirkt: „Es gibt verschiedene Gnadengaben ... aber nur den einen Gott: Er bewirkt alles in allen" (*1 Kor* 12,4–6).

2. Wenn ich gleich das geistliche Fundament der Brüderlichkeit und Solidarität anspreche, dann weil dieser christliche Sinn der ursprünglichen menschlichen Bedeutung dieser Ausdrücke keineswegs fremd ist. Die Kirche betrachtet Brüderlichkeit und Solidarität nicht als Werte, die ihr allein vorbehalten wären. Im Gegenteil denken wir immer daran, wie Jesus den barmherzigen Samariter gelobt hat, weil er im geschundenen Menschen besser als der Priester und der Levit einen Bruder erkannt hat (vgl. *Lk* 10,29–37). Ebenso fordert uns der Apostel Paulus auf, die Gaben anderer nicht zu verachten, sondern sich über das Werk des Geistes in jedem unserer Brüder zu freuen (vgl. *1 Kor* 12,14–30).
Brüderlichkeit und Solidarität sind grundlegend und dringend, und sie müßten heute die Völker und Kulturen kennzeichnen. Ist nicht die freudenvolle Entdeckung ihrer glücklichen Beziehungen das schönste Fest, das die Massenmedien in ihren am besten gelungenen Darstellungen diesen Werten im besten Sinne bieten?
Die Massenmedien erleben heute eine atemberaubende Entwicklung, und die Bande, die sie zwischen Völkern und Kulturen knüpfen, stellen ihren kostbarsten Beitrag dar. Doch weiß ich, daß ihr selber, die Kommunikatoren, euch auch der perversen Wirkungen bewußt seid, die diese Beziehungen zwischen den Völkern und Kulturen entarten lassen können. Selbstgefälligkeit und Verachtung oder Abweisung jener, die anders sind, können Spannungen oder Spaltungen verschärfen. Aus solchen Haltungen entsteht Gewaltanwendung, sie verfälschen und zerstören echte Kommunikation und machen alle brüderlichen Beziehungen unmöglich.

3. Soll es zu einer wirklichen Brüderlichkeit und menschlichen Solidarität kommen, erst recht, wenn ihre christliche Dimension tiefer bewußt wird, muß man die elementaren

Werte anerkennen, die ihnen zugrundeliegen. Gestattet mir, hier einige von ihnen in Erinnerung zu rufen: Achtung des anderen, Sinn für den Dialog, Gerechtigkeit, Frieden in der Einheit, Förderung der Würde der menschlichen Person, die Fähigkeit zum Teilnehmen und Teilen. Brüderlichkeit und Solidarität übersteigen jeden Kastengeist, alles Korporationsdenken, jeden Nationalismus und Rassismus, endlich jeden Mißbrauch der Macht, jeden individuellen, kulturellen oder religiösen Fanatismus.
Es ist Aufgabe der Operatoren der Massenkommunikation, die ihnen zur Verfügung stehenden Techniken und Mittel einzusetzen, indem sie sich stets ein klares Bewußtsein dieser erstrangigen Werte bewahren. Ich schlage hier nur einige Anwendungen vor:

- Die Informationsagenturen und die gesamte Presse zeigen ihre Achtung vor den anderen durch eine vollständige und ausgewogenen Information.
- Die Verbreitung des Wortes über Radio erreicht ihr Ziel noch besser, wenn die Möglichkeit zum gegenseitigen Austausch wirklich allen geboten wird.
- Medien, die die Auffassung einzelner Gruppen vorlegen, tragen zur Förderung der Gerechtigkeit bei, wenn sie der Stimme jener Gehör verschaffen, die sonst nicht zum Zuge kommen.
- Die Fernsehprogramme behandeln fast alle Aspekte des Lebens, und ihre Netze machen unzählige Verbindungen untereinander möglich: betrachtet man ihren Einfluß, so ergibt sich eine noch größere ethische Verantwortung ihrer Verantwortlichen dafür, den Menschen und Gemeinschaften Bilder anzubieten, die eine gegenseitige Durchdringung der Kulturen gestatten, doch ohne Intoleranz und Gewaltanwendung, vielmehr im Dienst der Einheit.
- Die Möglichkeiten der persönlichen Kommunikation über Telefon, ihre Erweiterung auf Textübertragung sowie ihre immer weitere Verbreitung durch Satelliten legt die Sorge für die Gleichheit der Personen nahe, indem man den Zugang zu diesen Medien möglichst vielen Personen erleichtert, um echten Austausch zu gestatten.
- Die Informatik schließt immer mehr wirtschaftliche und kulturelle Vorgänge ein, und die Datenbanken vereinen eine bisher unvorstellbare Menge von unterschiedlichen Informationen. Man weiß, daß ihre Benutzung sämtliche Formen des Druckes oder der Gewaltanwendung auf das private oder kollektive Leben möglich macht. So wird eine weise Benutzung dieser Medien zu einer echten Vorbedingung des Friedens.
- Beim Entwurf der Berichte, die die verschiedenen audiovisuellen Beiträge begleiten, muß die Achtung vor dem Gewissen der unzähligen Zuschauer gewahrt werden.
- Werbesendungen wecken oder bekräftigen Wünsche, schaffen aber auch Bedürfnisse. Jene, die sie in Auftrag geben oder gestalten, müssen auch an die vielen nicht Privilegierten denken, für die solche angepriesenen Güter unerreichbar sind.

Wie immer sie eingreifen, müssen die Kommunikatoren notwendig einen Ehrenkodex achten, so daß sie wirklich die Wahrheit über den Menschen zu vermitteln bemüht sind und zu einer neuen Weltordnung der Information und Kommunikation beitragen.

4. In dem immer dichteren und aktiveren Netz der sozialen Kommunikationen in der ganzen Welt möchte die Kirche lediglich als „Expertin in Menschlichkeit“ unablässig an die Werte erinnern, die die Größen des Menschen ausmachen. Sie hegt freilich auch die

Überzeugung, daß diese nicht angeeignet und konkret durchgeführt werden können, wenn man das geistliche Leben des Menschen vergißt. Für die Christen bildet die Offenbarung Gottes in Christus eine Erleuchtung über den Menschen selber, und der Glaube an die Heilsbotschaft bildet das intensivste Motiv für den Dienst am Menschen. Die Gaben des Heiligen Geistes aber regen dazu an, dem Menschen in brüderlicher Solidarität zu dienen.

Man fragt sich vielleicht: sind wir beim Eröffnen solcher Perspektiven nicht zu vertrauensselig? Erlauben uns die im Bereich der Massenkommunikationen festellbaren Tendenzen solche Hoffnungen?

Allen, die durch die Risiken der neuen Technologien der Kommunikation unsicher geworden sind, antworte ich: Seid ohne Furcht! Weit entfernt davon, die Realität, in der wir leben, zu ignorieren, brauchen wir sie nur tiefer zu betrachten. Erkennen wir im Licht des Glaubens die wirklichen Zeichen der Zeit! Die Kirche weiß in ihrer Sorge um den Menschen um das tiefe Sehnen des Menschengeschlechtes nach Brüderlichkeit und Solidarität – ein Sehnen, das oft verleugnet und entstellt wird, aber unzerstörbar bleibt, weil es im Herzen des Menschen durch Gott selber grundgelegt ist, der in ihm das Bedürfnis nach Kommunikation und die Fähigkeit, es weltweit zu entfalten, geschaffen hat.

5. An der Schwelle des 3. Jahrtausends erinnert die Kirche den Menschen daran, daß Brüderlichkeit und Solidarität nicht nur Bedingungen des Überlebens sein können; sie sind vielmehr Züge seiner Berufung, und die soziale Kommunikation gestattet es ihm, sie frei auszuüben.

Laßt mich daher euch allen sagen, und zumal in diesem Marianischen Jahr. „Habt keine Furcht!" War Maria selbst nicht bestürzt angesichts der Verkündigung, die doch nur Zeichen des Heilsangebotes an die ganze Menschheit war? Elisabeth wird es bezeugen (*Lk* 1,45). Dank ihres Glaubens nimmt die Jungfrau Maria den Plan Gottes an und tritt in das Geheimnis der trinitarischen Kommunikation ein, und indem sie Mutter Christi wird, eröffnet sie innerhalb der Geschichte eine neue Brüderlichkeit.

Selig jene, die glauben, die der Glaube von Furcht befreit unf für die Hoffnung öffnet, die er zum Aufbau einer Welt antreibt, wo in Brüderlichkeit und Solidarität auch noch Raum ist für eine Weitergabe der Freude.

Von dieser tiefen Freude über die Gaben der Kommunikation erfüllt, die wir zur Erbauung aller empfangen haben, rufe ich im Geist dieser Brüderlichkeit auf jeden von euch den Segen des Allerhöchsten herab.

Aus dem Vatikan, am 24. Januar 1988
am Fest des heiligen Franz von Sales.

PAPST JOHANNES PAUL II.

Euntes in mundum

Apostolisches Schreiben zur Tausendjahrfeier der Taufe der Rus' von Kiew
vom 25. Januar 1988

I. Geeint in der Gnade des Sakramentes

1. Geht in alle Welt und lehrt alle Völker; tauft sie im Namen des Vaters und des Sohnes und des Heiligen Geistes (vgl. *Mt* 28,19; *Mk* 16,15). Von den Gräbern der heiligen Apostel Petrus und Paulus in Rom aus möchte die katholische Kirche dem einen und dreifaltigen Gott ihre tiefe Dankbarkeit dafür bekunden, daß diese Worte des Erlösers vor eintausend Jahren an den Ufern des Dnjepr in Erfüllung gegangen sind, in Kiew, der Hauptstadt der Rus', deren Bewohner – nach dem Beispiel der Fürstin Olga und des Fürsten Wladimir – durch das Sakrament der Taufe in Christus „eingepflanzt" worden sind.
In der Nachfolge meines verehrten Vorgängers Pius XII., der den 950. Jahrestag der Taufe der Rus' feierlich hat begehen wollen,[1] möchte ich mit diesem Schreiben dem unermeßlichen Gott, Vater, Sohn und Heiligen Geist, Lob und Dank dafür aussprechen, daß er die Söhne und Töchter vieler Völker und Nationen, die das christliche Erbe der in Kiew gespendeten Taufe angenommen haben, zum Glauben und zum Gnadenleben berufen hat. Sie gehören vor allem zur russischen, ukrainischen und weißrussischen Nation in den östlichen Regionen des europäischen Kontinents. Durch den Dienst der Kirche, der in der Taufe zu Kiew begonnen hat, ist dieses Erbe über den Ural hinaus zu vielen Völkern Nordasiens vorgedrungen, ja bis an die Küsten des Pazifiks und noch weiter darüber hinaus. In der Tat, bis an die Enden der Erde ist ihre Stimme gedrungen (vgl. *Ps* 19,5; *Röm* 10,18).
Indem wir dem heiligen Pfingstgeist für eine solche Ausdehnung eines christlichen Erbes, das bis auf das Jahr des Herrn 988 zurückgeht, danksagen, wollen wir zuallererst unsere Aufmerksamkeit auf das Heilsgeheimnis der Taufe selbst richten. Diese ist – wie uns der Herr Jesus Christus lehrt – das Sakrament der Wiedergeburt aus Wasser und Heiligem Geist (vgl. *Joh* 3,5) und führt den Menschen, den Gott an Kindes Statt angenommen hat, in das ewige Gottesreich ein. Und der heilige Paulus spricht von einem „Eintauchen in den Tod" des Erlösers, um zusammen mit ihm zu einem neuen Leben in Gott „aufzuerstehen" (vgl. *Röm* 6,4). Als daher die ostslawischen Völker, die im Großfürstentum der Rus' von Kiew wohnten, in das Wasser der heiligen Taufe stiegen, vertrauten sie sich so – als für sie die Fülle der Zeit gekommen war (vgl. *Gal* 4,4) – dem Heilsplan Gottes an. So gelangte zu ihnen die Kunde von den „Großtaten Gottes" und, wie einst in Jerusalem, kam auch zu ihnen das Pfingstereignis (vgl. *Apg* 2,37–39): indem sie in das Taufwasser eintauchten, erfuhren sie die „Waschung zur Wiedergeburt" (vgl. *Tit* 3,5).
Wie reich an Inhalt ist doch im Byzantinischen Ritus das alte Gebet zur Segnung des Taufwassers, das die orientalische Theologie gern mit den Wassern des Jordans vergleicht, in die der Erlöser der Menschen stieg, um nach der Gewohnheit der Bewohner von Judäa und Jerusalem die Bußtaufe zu empfangen: „Schenke ihm (dem Taufwasser)... den Se-

gen des Jordans; mache es zu einer Quelle der Unvergänglichkeit... mache aus diesem erlösenden Wasser ein Wasser der Heiligung, das Reinigung von Leib und Geist, Befreiung von den Fesseln, Vergebung der Sündenschulden, Erleuchtung der Seelen, Waschung zur Wiedergeburt, Erneuerung des Geistes, Gabe der Gotteskindschaft, Kleid der Unvergänglichkeit, Lebensquelle sei... Gib, daß der Getaufte den neuen Menschen anziehe, erneuert nach dem Bild dessen, der ihn erschaffen hat; auf daß er, der mit ihm in der Ähnlichkeit seines Todes innig vereint ist, durch die Taufe auch seiner Auferstehung teilhaft werde und, indem er das Geschenk des Heiligen Geistes treu bewahre,... den Preis der himmlischen Berufung erlange und den Ersterlösten zugezählt werde, die im Himmel aufgezeichnet sind...".[2] Die in der Ferne gelebt hatten, fanden sich nun durch die Taufe eingetaucht in jenen Kreislauf des Lebens, in dem sich die Heiligste Dreifaltigkeit – Vater, Sohn und Heiliger Geist – dem Menschen schenkt und in ihm ein neues Herz schafft, das aus der Sünde befreit ist und fähig wird, dem ewigen Plan göttlicher Liebe in kindlichem Vertrauen zu folgen. Zur gleichen Zeit sind jene Völker und ihre einzelnen Mitglieder in den Bereich der großen Familie der Kirche eingetreten, in der sie an der Eucharistiefeier teilnehmen, das Wort Gottes hören und es bezeugen, ein Leben in brüderlicher Liebe führen und in gegenseitigem Austausch an den geistlichen Gütern teilhaben können. Dies fand seinen symbolischen Ausdruck in den alten Riten der heiligen Taufe, wenn sich die Neugetauften in weißen Kleidern in einer Prozession von der Taufkirche zur Gemeinschaft der Gläubigen begaben, die in der Kathedrale versammelt waren. Diese Prozession war der liturgische Einzug und zugleich das Symbol ihres Eintritts in die eucharistische Gemeinschaft der Kirche, des Leibes Christi.[3]

2. In diesem Geist und mit solchen Empfindungen möchten wir an den Festfeiern und an der Freude zum Tausendjahrgedenken der Taufe der Rus' von Kiew teilnehmen. Wir erinnern uns dieses Ereignisses in der Sehweise, wie sie der Kirche Christi zu eigen ist, das heißt, im Geist des Glaubens. Es war gewiß ein Ereignis von sehr großer Bedeutung. Die Worte des Herrn bei Jeremias: „Mit ewiger Liebe habe ich dich geliebt; darum habe ich dir so lange die Treue bewahrt" (*Jer* 31,3) haben ihre volle Verwirklichung gefunden im Blick auf jene neuen Völker und ihre Heimatländer.

Die Rus' von Kiew ist in den Bereich der Erlösung eingetreten und selbst ein Teil dieses Bereiches geworden. Ihre Taufe löste eine neue Welle der Heiligkeit aus. Sie wurde eine bedeutsame Stunde für den missionarischen Einsatz der Kirche, eine neue wichtige Etappe in der Entwicklung des Christentums: Die gesamte katholische Kirche schaut darum auf dieses Ereignis und nimmt geistig an der Festfreude der Erben jener Taufe Anteil.

Wir sagen Dank dem barmherzigen Gott, dem einen Gott in der Heiligsten Dreifaltigkeit, dem lebendigen Gott, dem Gott unserer Väter; wir sagen Dank dem Vater Jesu Christi und dem Herrn Jesus Christus selbst, der im Sakrament der heiligen Taufe dem Geist des Menschen den Heiligen Geist schenkt. Wir sagen Gott Dank für seinen Heilsplan der Liebe; wir danken ihm für den Glaubensgehorsam, den ihm die Völker und Nationen, die Länder und Kontinente entgegengebracht haben. Natürlich hat dieser Glaubensgehorsam seine geschichtlichen, geographischen und menschlichen Bedingungen gehabt. Es ist Aufgabe der Wissenschaftler, all jene politischen, sozialen, kulturellen und wirt-

schaftlichen Aspekte zu untersuchen und zu vertiefen, die sich dort aus der Annahme des christlichen Glaubens ergaben. Ja, wir wissen und betonen es, daß Früchte auf allen Feldern menschlicher Existenz heranwachsen, wenn man Christus im Glauben annimmt und seine Gegenwart in der Gemeinde wie im Leben des einzelnen erfährt. Die lebenspendende Verbindung mit Christus ist ja nicht irgendein Anhängsel des Lebens noch eine überflüssige Verzierung daran, sondern seine endgültige Wahrheit. Jeder Mensch ist bereits von seiner Menschennatur selbst her dazu berufen, an den Früchten der Erlösung Christi und sogar an dessen eigenem Leben teilzuhaben.
In höchster Verehrung beugen wir uns, nachdem 1000 Jahre vergangen sind, vor diesem Geheimnis und betrachten seine Tiefe und Kraft, zunächst bei denen, die an der Taufe der Rus' in eigener Person teilgenommen haben und danach bei jedem und bei allen, die ihrem Beispiel gefolgt sind und in ihrer Taufe die heiligmachende Kraft des Tröstergeistes empfangen haben.

II. „Als aber die Zeit erfüllt war ...“

3. „Als aber die Zeit erfüllt war, sandte Gott seinen Sohn, geboren von einer Frau“ (*Gal* 4,4).
Die Fülle der Zeit kommt von Gott; aber die Menschen bereiten sie vor: sie kommt für die Menschen und durch die Menschen. Das gilt für die „Fülle der Zeit“ in der allgemeinen Heilsordnung, die auch selbst ihre menschliche Bedingtheit und ihre konkrete Geschichte hat. Das gilt aber auch für den Augenblick, da sich die einzelnen Völker dem Hafen des Glaubens und des Heils nähern: für ihre „Fülle der Zeit“ also. Auch die 1000 Jahre der Taufe und Bekehrung der Rus' haben ihre Vorgeschichte. Der Prozeß der Christianisierung der einzelnen Völker und Nationen ist eine komplexe Wirklichkeit und erfordert eine lange Zeit. Im Land der Rus' wurde er durch die Versuche vorbereitet, welche die Kirche von Konstantinopel im 9. Jahrhundert unternommen hat.[4] Danach, im Verlauf des 10. Jahrhunderts, begann der christliche Glaube dank jener Missionare in die Region vorzudringen, die nicht nur von Byzanz her kamen, sondern auch aus den Ländern der benachbarten Westslawen – welche die Liturgie in slawischer Sprache und nach dem Ritus der heiligen Cyrill und Methodius feierten – sowie aus den Ländern des lateinischen Westens. Wie die alte sogenannte Nestor-Chronik („Povest' Vremennykh Let“) bezeugt, gab es im Jahre 944 zu Kiew eine christliche Kirche, die dem Propheten Elija geweiht war.[5] In diesem schon bereiteten Umfeld ließ sich die Fürstin Olga um das Jahr 955 aus freiem Entschluß und öffentlich taufen und blieb danach ihren Taufversprechen immer treu. An sie habe der Patriarch Polyeuktos im Verlaufe ihres Besuches in Konstantinopel vom Jahre 957 einen gleichsam prophetischen Gruß gerichtet: „Gesegnet seist du unter den russischen Frauen, weil du das Licht geliebt und die Finsternis vertrieben hast. Darum werden dich seligpreisen die russischen Söhne bis zur letzten Generation“.[6] Olga hatte allerdings nicht die Freude, ihren Sohn Swjatoslaw als Christen zu sehen. Ihr geistliches Erbe wurde von ihrem Enkel Wladimir übernommen, der Hauptperson bei der Taufe von 988; er nahm den Christenglauben an und förderte die bleibende und endgültige Bekehrung des Volkes der

Rus'. Wladimir und die Neubekehrten verspürten die Schönheit der Liturgie und des religiösen Lebens der Kirche von Konstantinopel.[7] So übernahm die neue Kirche der Rus' von Konstantinopel das gesamte Erbe des christlichen Ostens und alle ihm eigenen Schätze auf dem Gebiet der Theologie, Liturgie und Spiritualität, des kirchlichen Lebens und der Kunst.

Der byzantinische Charakter dieses Erbes wurde allerdings von Anfang an in eine neue Dimension übertragen: Die slawische Sprache und Kultur wurden ein neuer Rahmen für das, was bisher seinen byzantinischen Ausdruck in der Hauptstadt des Ostreiches und auch auf dem gesamten Gebiet, das über Jahrhunderte hin mit ihm verbunden war, gefunden hatte. Zu den Ostslawen gelangten so das Wort Gottes und die damit verbundene Gnade in einer Form, die ihnen in kultureller und geographischer Hinsicht näherstand. Jene Slawen, die das Wort des Evangeliums durchaus mit ganzem Glaubensgehorsam angenommen hatten, wünschten doch zugleich, ihm einen Ausdruck in den eigenen Denkformen und mit der eigenen Sprache zu geben. Auf diese Weise kam es zu jener besonderen „slawischen Inkulturation" des Evangeliums und des Christentums, die an das große Werk der heiligen Cyrill und Methodius anknüpft, die von Konstantinopel aus das Christentum in slawischer Form nach Großmähren und durch ihre Schüler zu den Völkern des Balkans gebracht hatten.

Auf diesem Wege empfingen der hl. Wladimir und die Bewohner der Rus' von Kiew ihre Taufe von Konstantinopel aus, dem größten Zentrum des christlichen Ostens, und dadurch fand diese junge Kirche Zugang zum reichen byzantinischen Patrimonium, zu seinem Erbe an Glauben, kirchlichem Leben und Kultur. Dieses Patrimonium wurde den großen Scharen von Ostslawen sofort zugänglich und konnte von ihnen leichter in ihr Leben aufgenommen werden, weil seine Übermittlung von Anfang an durch das Wirken der beiden heiligen Brüder von Thessalonich begünstigt war. Die Heilige Schrift und die liturgischen Bücher kamen aus den kulturellen und religiösen Zentren der Slawen, die jene Liturgiesprache angenommen hatten, die von den beiden Heiligen eingeführt worden war.

Dank seiner Weisheit und Intuition und aus Sorge für das Wohl der Kirche und des Volkes stimmte Wladimir in der Liturgie anstelle des Griechischen der altslawischen Sprache zu und „benützte sie als wirksames Werkzeug, um die göttlichen Wahrheiten allen Menschen dieser Sprache näherzubringen".[8] Wie ich in meinem Rundschreiben *Slavorum Apostoli* geschrieben habe,[9] hatten die heiligen Cyrill und Methodius, auch wenn sie sich des kulturellen und theologischen Vorranges des griechisch-byzantinischen Erbes, das sie in sich trugen, bewußt waren, dennoch den Mut, sich zum Wohl der slawischen Völker einer anderen Sprache und auch einer anderen Kultur zu bedienen, um den Glauben zu verkünden.

Auf diese Weise stellte die altslawische Sprache bei der Taufe der Rus' ein wichtiges Mittel dar: zunächst für die Evangelisierung selbst und dann für die eigenständige Entwicklung des zukünftigen kulturellen Erbes dieser Völker – eine Entwicklung, die in vielen Bereichen ein Reichtum für das Leben und die Kultur der ganzen Menschheit geworden ist. Man muß in der Tat mit aller Gewißheit und in Treue zur geschichtlichen Wahrheit unterstreichen, daß nach der Vorstellung der beiden heiligen Brüder von Thessalonich mit der slawischen Sprache in der Rus' der Stil der byzantinischen Kirche eingeführt worden ist, die zu jener Zeit noch in voller Gemeinschaft mit Rom stand; danach aber ist diese Tradition in eigenständiger und vielleicht einmaliger Weise auf der Grundlage der angestammten Kultur und auch durch Kontakte mit den Nachbarvölkern des Westens weiterentwickelt worden.

4. Die Fülle der Zeit für die Taufe des Volkes der Rus' kam also gegen Ende des ersten Jahrtausends, als die Kirche noch ungeteilt war. Wir müssen dem Herrn gemeinsam danken für diese Tatsache, die heute eine Sehnsucht und eine Hoffnung darstellt. Es war Gottes Wille, daß die Mutter Kirche in sichtbarer Einheit und zu einer Zeit missionarischer Ausdehnung im Westen wie im Osten diese ihre neue Tochter, die an den Ufern des Dnjepr geboren wurde, in ihren Schoß aufnahm, der schon so reich war an Nationen und Völkern. Es gab die Ostkirche, und es gab die Westkirche, jede nach einer Entwicklung entsprechend den je eigenen theologischen, rechtlichen und liturgischen Traditionen und mit sogar bedeutenden Unterschieden; aber es herrschte volle Gemeinschaft zwischen Ost und West, zwischen Rom und Konstantinopel, mit gegenseitigen Beziehungen. Und es ist die ungeteilte Kirche des Ostens und des Westens gewesen, welche die Kirche von Kiew aufgenommen und unterstützt hat. Bereits die Fürstin Olga hatte von Kaiser Otto I. einen Bischof erbeten – und im Jahre 961 auch erhalten -, „der ihnen den Weg zur Wahrheit zeige"; es war der Mönch Adalbert von Trier, der sich auch tatsächlich nach Kiew begeben hat, wo allerdings das fortdauernde Heidentum ihn daran hinderte, seine Mission zu erfüllen. [10]

Fürst Wladimir war sich dieser Einheit der Kirche und Europas bewußt; darum unterhielt er Beziehungen nicht nur mit Konstantinopel, sondern auch mit dem Westen und mit Rom, dessen Bischof als derjenige anerkannt war, der der Gemeinschaft der ganzen Kirche vorstand. Nach der Chronik des Nikon habe es Gesandtschaften zwischen Wladimir und den Päpsten jener Zeit gegeben: mit Johannes XV. (der ihm als Geschenk gerade zum Taufjahr 988 einige Reliquien vom heiligen Papst Klemens gesandt habe als deutliche Anspielung auf die Mission der heiligen Cyrill und Methodius, die jene Reliquien von Cherson nach Rom gebracht hatten) und mit Silvester II. [11] Bruno von Querfurt, von demselben Silvester II. zur Missionspredigt ausgesandt mit dem Titel „Erzbischof der Völker" (archiepiscopus gentium), besuchte um das Jahr 1007 Fürst Wladimir, genannt „König der Russen" (rex Russorum). [12] Später gab auch der heilige Papst Gregor VII. den Fürsten von Kiew den Königstitel, und zwar in seinem Brief vom 17. April 1075, der an „Demetrius (Isjaslaw), König der Russen, und seine Gattin, die Königin" (Demetrio regi Ruscorum et reginae uxori eius) adressiert war; diese hatten nämlich ihren Sohn Jaropolk auf Pilgerfahrt zu den Apostelgräbern (ad limina apostolorum) gesandt und damit erreicht, daß ihr Reich unter den Schutz des heiligen Petrus gestellt wurde. [13] Diese Anerkennung der vom Fürstentum Wladimirs erworbenen staatlichen Souveränität durch einen römischen Papst verdient hervorgehoben zu werden; denn dank der Taufe von 988 hatte jener seinen Staat auch politisch gefestigt, wobei er seine Entwicklung und die Integration der Völker, die zu jener Zeit innerhalb seiner damaligen wie auch späteren Grenzen wohnten, förderte. Diese prophetische Tat, in die Kirche einzutreten und das eigene

Fürstentum in den Kreis der christlichen Nationen einzuführen, trug ihm den ehrenvollen Titel eines Heiligen und eines Vaters derjenigen Nationen ein, die in der Folge aus jenem Fürstentum hervorgingen.
So wurde Kiew mit dieser Taufe ein besonderer Kreuzungspunkt verschiedener Kulturen, ein Gebiet religiöser Einflüsse auch für den Westen, wie der Kult einiger in der lateinischen Kirche verehrter Heiligen bezeugt, und im Laufe der Zeit ein wichtiger Mittelpunkt kirchlichen Lebens und missionarischer Ausstrahlung mit einem sehr weiten Einflußgebiet: nach Westen bis zu den Karpathen, von den südlichen Ufern des Dnjepr bis nach Nowgorod und von den nördlichen Ufern der Wolga – wie schon gesagt bis hin zu den Küsten des Pazifischen Ozeans und darüber hinaus. Kurz gesagt, durch das neue Zentrum kirchlichen Lebens, zu dem Kiew vom Augenblick an wurde, als es die Taufe empfing, gelangten das Evangelium und die Glaubensgnade zu jenen Völkern und Gebieten, die heute mit dem Patriarchat von Moskau, was die orthodoxe Kirche betrifft, und mit der ukrainischen katholischen Kirche verbunden sind, deren volle Gemeinschaft mit dem Bischofssitz von Rom in Brest erneuert worden ist.

III. Glaube und Kultur

5. Die Taufe der Rus' von Kiew bezeichnet also den Anfang einer langen geschichtlichen Entwicklung, in der sich das ursprüngliche byzantinisch-slawische Profil des Christentums im Leben der Kirche, der Gesellschaft und all jener Nationen weiterentfaltet und verbreitet, welche in ihm die Jahrhunderte hindurch und auch heute das Fundament ihrer eigenen geistigen Identität finden.
Als im Verlauf der Geschichte stürmische Ereignisse diese Identität wiederholt tief getroffen haben, wurden gerade die Taufe und die christliche Kultur – empfangen von der Universalkirche und auf der Grundlage der eigenen geistigen Reichtümer weiterentwickelt – die Kräfte, die über ihr Fortbestehen entschieden haben.
Wladimir empfing die Taufe, indem er sich zusammen mit seinem Volk der erlösenden Macht Christi öffnete gemäß den Worten des Petrus, die in der Apostelgeschichte von ihm berichtet werden: „In keinem anderen ist das Heil zu finden. Denn es ist uns Menschen kein anderer Name unter dem Himmel gegeben, durch den wir gerettet werden sollen" (*Apg* 4,12). Als er diesen Namen annahm, der „größer ist als alle Namen", und die Missionare der Kirche einlud, diesen Namen in das Herz der Slawen der Rus' von Kiew einzusenken, damit „jeder Mund bekennt: ‚Jesus Christus ist der Herr' – zur Ehre Gottes, des Vaters" (*Phil* 2,9.11), sah er darin auch ein entscheidendes Element für jenen zivilen und menschlichen Fortschritt, der für die Existenz und die Entwicklung jeder Nation und jedes Staates von sehr großer Bedeutung ist. Darum griff er eine Entscheidung seiner Großmutter, der heiligen Olga, wieder auf und gab ihrem Werk eine endgültige und feste Form. Die Taufe von Wladimir dem Großen und danach des von ihm beherrschten Landes war von großer Bedeutung für die gesamte geistige Entwicklung dieses Teils von Europa und der Kirche wie auch für die ganze byzantinisch-slawische Kultur und Zivilisation.
Die Annahme des Evangeliums besagt nicht nur die Einführung eines neuen und kostbaren Elements in die Struktur jener konkreten Kultur; sie war vielmehr die Aussaat eines

Samens, der dazu bestimmt war, zu keimen und sich auf der Erde zu entfalten, in die er eingesenkt worden war, und sie nach dem Maß seiner Entwicklung umzuformen, indem er sie befähigte, neue Früchte hervorzubringen. Das ist die Dynamik des Himmelreiches: Es ist mit ihm „wie mit einem Senfkorn, das ein Mann auf seinen Acker säte. Es ist das kleinste von allen Samenkörnern; sobald es aber hochgewachsen ist, ist es größer als die anderen Gewächse und wird zu einem Baum, so daß die Vögel des Himmels kommen und in seinen Zweigen nisten" (*Mt* 13,31–32).

Auf diese Weise wurde also das geistige Erbe der byzantinischen Kirche, das durch die slawische Sprache als Sprache der Liturgie in die Rus' von Kiew eingeführt worden war, auch selbst immer reicher auf der Grundlage des örtlichen kulturellen Erbes und dank der Kontakte mit den angrenzenden christlichen Ländern und glich sich fortschreitend den Bedürfnissen und der Mentalität der Völker an, die jenes Großfürstentum bewohnten.

6. Der Gebrauch der slawischen Sprache als Mittel für die Weitergabe der Botschaft Christi und für die gegenseitige Verständigung hatte auch positive Auswirkungen auf ihre eigene Verbreitung und Weiterentwicklung. Sie erhielt von daher den Anstoß für eine Umwandlung von innen heraus und für eine fortschreitende Vervollkommnung, indem sie Schriftsprache wurde und somit einer der wichtigsten Faktoren, die in der Lage sind, über die Kultur einer Nation, über ihre Identität und geistige Kraft zu entscheiden. Auf dem Gebiet der Rus' hat sich dieser Prozeß als besonders dauerhaft erwiesen und sehr reiche Früchte hervorgebracht. Das Christentum ist auf diese Weise der Sehnsucht der Menschen nach Wahrheit, nach Wissen und autonomer Entwicklung entgegengekommen auf der Grundlage der Inspiration des Evangeliums und der Dynamik der Offenbarung.

Dank des Erbes von Cyrill und Methodius ist es dort zur Begegnung des Ostens mit dem Westen, zur Begegnung der ererbten Werte mit jenen neuen gekommen. Die Elemente des christlichen Erbes sind in das Leben und in die Kultur jener Nationen eingedrungen. Sie haben die literarische, philosophische, theologische und künstlerische Kreativität angeregt und dadurch eine ganz eigenständige Form der europäischen Kultur, ja der menschlichen Kultur als solcher geschaffen.

Auch heute weckt die universale Dimension der Probleme der einzelnen Menschen und der Gesellschaften, wie sie von der Literatur und der Kunst jener Nationen dargeboten wird, in der Welt eine bleibende Bewunderung. Diese Dimension, die aus der christlichen Lebensauffassung entsteht und daraus erwächst, findet darin einen festen Bezugspunkt für die Art und Weise, über den Menschen, seine Probleme und sein Schicksal zu denken und zu sprechen.

Zu diesem gemeinsamen Erbe, zu diesem gemeinsamen Gut haben die Ostslawen im Lauf der Jahrhunderte ihren eigenen ursprünglichen Beitrag geleistet, besonders was ihr geistliches Leben und ihre Frömmigkeit betrifft. Diesem Beitrag bekundet die Kirche von Rom die gleiche Achtung und Liebe, wie sie sie für das reiche Erbe des ganzen christlichen Ostens hegt. Die Ostslawen haben eine Geschichte, eine Spiritualität, liturgische Traditionen und rechtliche Gewohnheiten geschaffen, die ihrer Eigenart entsprechen, und das im Einklang mit der Tradition der Ostkirchen; ferner auch einige Formen der theologischen Reflexion über die offenbarte Wahrheit, die sich von den im Westen gebräuchlichen unterscheiden, diese aber zugleich ergänzen.

7. Diese Tatsache ist vom II. Vatikanischen Konzil aufmerksam beachtet worden. Denn das *Dekret über den Ökumenismus* sagt unter anderem: „Es darf ebenfalls nicht unerwähnt bleiben, daß die Kirchen des Orients von Anfang an einen Schatz besitzen, aus dem die Kirche des Abendlandes in den Dingen der Liturgie, in ihrer geistlichen Tradition und in der rechtlichen Ordnung vielfach geschöpft hat“. [14] Zur Reflexion anregende Hinweise werden uns auch aus dem geboten, was dasselbe Konzilsdekret über den Reichtum der Liturgie und der geistlichen Tradition der Ostkirche sagt: „Es ist allgemein bekannt, mit welcher Liebe die orientalischen Christen die liturgischen Feiern begehen, besonders die Eucharistiefeier, die Quelle des Lebens der Kirche und das Unterpfand der kommenden Herrlichkeit, bei der die Gläubigen, mit ihrem Bischof geeint, Zutritt zu Gott, dem Vater, haben durch den Sohn, das fleischgewordene Wort, der gelitten hat und verherrlicht wurde, in der Ausgießung des Heiligen Geistes, und so die Gemeinschaft mit der allerheiligsten Dreifaltigkeit erlangen, indem sie der göttlichen Natur teilhaftig“ (*2 Petr* 1,4) geworden sind. So baut sich auf „und wächst durch die Feier der Eucharistie des Herrn in diesen Einzelkirchen die Kirche Gottes, und durch die Konzelebration wird ihre Gemeinschaft offenbar“. [15]

Ferner sind die theologischen Traditionen der Christen des Ostens „in ganz besonderer Weise in der Heiligen Schrift verwurzelt“ und „werden durch das liturgische Leben gefördert und zur Darstellung gebracht, genährt von der lebendigen apostolischen Tradition und von den Schriften der Väter und geistlichen Schriftsteller des Orients“ und führen hin „zur rechten Gestaltung des Lebens, überhaupt zur vollständigen Betrachtung der christlichen Wahrheit“. [16]

Die Spiritualität der Ostslawen, die ein besonderes Zeugnis für die Fruchtbarkeit der Begegnung des menschlichen Geistes mit den christlichen Mysterien ist, übt weiterhin einen heilsamen Einfluß auf das Bewußtsein der ganzen Kirche aus. Besonders erwähnenswert ist die für sie charakteristische Verehrung für das Leiden Christi, die Empfänglichkeit für das Geheimnis des Leidens, verbunden mit der erlösenden Wirkkraft des Kreuzes. Vielleicht war für die Verbreitung dieser Spiritualität nicht ganz unbedeutend die Erinnerung an den unschuldigen Tod von Boris und Gleb, den Kindern Wladimirs, die von ihrem Bruder Svjatopolk getötet worden sind. [17] Diese Spiritualität findet ihren vollkommensten Ausdruck im Lobpreis unseres „gütigen“ (sladcajsi) Herrn Jesus Christus im Geheimnis des Leidens und der „kenosis“, die er in seiner Menschwerdung und in seinem Tod am Kreuz vollzogen hat (vgl. *Phil* 2,5–8). Gleichzeitig wird sie aber in der Liturgie auch vom Licht des auferstandenen Christus erhellt, das in gewissem Maße vom Glanz der Verklärung auf dem Berg Tabor vorausgenommen wird, in der Herrlichkeit des Auferstehungstages (voskresienie) voll hervortritt und vom Heiligen Geist zu Pfingsten in Form von feurigen Zungen über den Aposteln der Welt offenbart wird. An dieser Erfahrung erhalten fortwährend diejenigen Anteil, die die Taufe empfangen. Wie könnten wir in diesem Zusammenhang nicht auf die Christen hinweisen, die in all jenen Gebieten leben und gelebt haben und im Tod und in der Auferstehung Christi im Laufe dieses Jahrtausends oft Kraft und Stütze gefunden haben, um ihre Treue zum Evangelium nicht nur mit einer kohärenten täglichen Lebensführung, sondern auch mit mutig ertragenen Leiden nicht selten bis zur äußersten Probe des Blutvergießens zu bezeugen? Diese Form der „kenosis" Christi in der Sicht der Kirche von Kiew hat sich dem Herzen der Ostslawen tief eingeprägt; sie war und ist für sie Quelle großer Kraft in den vielfältigen Widerwärtigkeiten, denen sie auf ihrem Weg begegnet sind.

8. Im Werk der Festigung der Kirche und der „Inkulturation" des Christentums unter den Ostslawen – wie übrigens in der ganzen Ostkirche – ist der Einfluß des monastischen Lebens unermeßlich gewesen. Kiew hat sich relativ früh durch die berühmte „Pecerskaja Lavra" (Kloster der Grotten) ausgezeichnet, die von den heiligen Antonius († 1073) und Theodosius († 1074) gegründet worden ist.
Es ist also kein Zufall, daß der Mönch, vor allem der sogenannte „starec" (Ältester), sowohl von den großen Schriftstellern als auch von den einfachen Leuten als geistlicher Führer angesehen worden ist. Die Klöster wurden Zentren des liturgischen, geistlichen, sozialen und sogar wirtschaftlichen Lebens. Die Herrscher wandten sich an die Mönche als Ratgeber, Richter, Diplomaten und Lehrmeister.
Die Worte „Kult" und „Kultur" haben die gleiche Wurzel. Der christliche Kult hat auch bei den Ostslawen eine außergewöhnliche Entwicklung der Kultur in allen ihren Formen bewirkt.
Die religiöse Kunst ist von tiefer Spiritualität und hoher mystischer Inspiration durchdrungen. Wer in der Welt kennt nicht heute die berühmten und verehrten Ikonen der Ostkirchen, die herrlichen Kathedralen der hl. Sophia von Kiew und von Nowgorod aus dem 11. Jahrhundert, die Kirchen und Klöster, die für die Landschaft jener Länder so charakteristisch sind? Die Literatur von Kiew ist zum größten Teil religiöser Art. Die neuen Hymnen und kirchlichen Gesänge sind fast ein Ausfluß der heimatlichen Formen der musikalischen Tradition. Noch darf vergessen werden, daß die ersten Schulen in der Rus' genau im 11. Jahrhundert entstanden sind. Dies alles, wenn es hier auch nur kurz erwähnt werden kann, stellt ein unauslöschbares Zeugnis für die außerordentliche religiöse und kulturelle Blüte dar, die von der Taufe der Rus' von Kiew ausgegangen ist.
Wie zutreffend erscheint also die Bemerkung des II. Vatikanischen Konzils: „Die Kirche entzieht ... nichts dem zeitlichen Wohl irgendeines Volkes. Vielmehr fördert und übernimmt sie Anlagen, Fähigkeiten und Sitten der Völker, soweit sie gut sind; zugleich reinigt, kräftigt und hebt sie diese". [18]

IV. Auf die volle Gemeinschaft hin

9. Die Taufe der Rus' vollzog sich – wie ich unterstrichen habe – zu einer Zeit, in der sich schon die beiden Formen des Christentums entwickelt hatten: die östliche, verbunden mit Byzanz, und die westliche, verbunden mit Rom, während die Kirche weiterhin einig und ungeteilt blieb. Diese Überlegung entzündet in uns, die wir das Jahrtausend der von den ostslawischen Völkern von Kiew empfangenen Taufe feiern, nur noch mehr den Wunsch nach der vollen Einheit in Christus dieser Schwesterkirchen und drängt uns, neue Anstrengungen und Schritte zu unternehmen, um diese zu fördern. Dieser Jahrestag

ist nicht nur eine geschichtliche Erinnerung und eine Gelegenheit, um wissenschaftliche Arbeiten und Wertungen zu erstellen, sondern ist auch und vor allem eine Einladung, unsere pastorale und ökumenische Aufmerksamkeit von der Vergangenheit auf die Zukunft zu lenken, unsere Sehnsucht nach der Einheit zu vertiefen und unser Gebet dafür zu verstärken.

In der Tat, beide Kirchen, die katholische und die orthodoxe, die heute mehr denn je entschlossen sind, trotz der durch jahrhundertelange Mißverständnisse entstandenen Schwierigkeiten die Einheit um den eucharistischen Tisch wiederzufinden, schauen mit besonderer Aufmerksamkeit und Hoffnung bei dieser Jahrtausendfeier auf alle geistlichen Söhne und Töchter des heiligen Wladimir.

Auf der anderen Seite kann sich eine schrittweise Rückkehr zur Eintracht zwischen Rom und Konstantinopel wie auch zwischen den Kirchen, die in voller Gemeinschaft mit diesen Zentren bleiben – wie könnten wir hier nicht an die vielen bilateralen Begegnungen denken, die wegen des intensiven Austausches der jeweiligen von den verschiedenen fruchtbaren Traditionen genährten Güter so reich an Anregungen waren? – besonders heute nur positiv auf die orthodoxen und katholischen Erben der Taufe von Kiew auswirken. Vielleicht wird die Erinnerung an dieses Ereignis, das am Anfang ihres neuen Lebens im Heiligen Geist steht, dazu beitragen, mit Gottes Hilfe die Stunde ihrer vollen Versöhnung zu beschleunigen, die Stunde des „Friedenskusses", gegenseitig ausgetauscht als Frucht einer reifen Entscheidung, die in Freiheit und mit gutem Willen dem ursprünglichen Geist entspringt, der die noch ungeteilte und vom christlichen Genius der heiligen Cyrill und Methodius gekennzeichnete Kirche beseelt hat. Welch einen Nutzen würde es für das ganze Volk Gottes bedeuten, wenn die orthodoxen und katholischen Erben der Taufe von Kiew, tief bewegt von einem erneuerten Bewußtsein ihrer anfänglichen Gemeinschaft, die darin liegende Herausforderung aufzugreifen verständen und den Christen unserer Zeit die sich daraus ergebende ökumenische Botschaft neu in Erinnerung zu bringen wüßten, indem sie diese dazu antreiben, die Schritte auf das Ziel der von Christus gewollten vollen Einheit zu beschleunigen! Dies würde vor allem auch einen günstigen Einfluß auf jenen Entspannungsprozeß im zivilen Bereich ausüben, der in allen, die für ein friedliches Zusammenleben in der Welt arbeiten, so viele Hoffnungen weckt.

10. Die universale und die partikulare Dimension stellen im Leben der Kirche zwei gleich wesentliche Quellen dar: die Gemeinschaft und die Verschiedenheit, die Tradition und die neuen Zeiten, die alten christlichen Länder und die neuen Völker, die zum Glauben gelangen! Die Kirche hat es verstanden, geeint und zugleich differenziert zu sein. Während sie die Einheit als erstes Prinzip annahm (vgl. *Joh* 17,21f.), blieb sie zugleich vielförmig in den einzelnen Teilen der Welt. Dies gilt in besonderer Weise für die abendländische und die orientalische Kirche von ihrer gegenseitigen Entfremdung. Zu jener Periode bemerkt das II. Vatikanische Konzil: „Die Kirchen des Orients und des Abendlandes sind Jahrhunderte hindurch je ihren besonderen Weg gegangen, jedoch miteinander verbunden in brüderlicher Gemeinschaft des Glaubens und des sakramentalen Lebens, wobei dem Römischen Stuhl mit allgemeiner Zustimmung eine Führungsrolle zukam, wenn Streitigkeiten über Glaube oder Disziplin unter ihnen entstanden". [19]

Und auch als die volle Gemeinschaft unterbrochen wurde, bewahrten beide Kirchen grundsätzlich unversehrt den Schatz des apostolischen Glaubens. Die Universalität und die Vielförmigkeit haben trotz der bestehenden Spannungen nicht aufgehört, sich gegenseitig unschätzbar reich zu beschenken.
Im Bewußtsein dieser Tatsache hat das II. Vatikanische Konzil auf dem Gebiet des Ökumenismus eine neue Phase eingeleitet, die verheißungsvolle Früchte hervorbringt. Das Konzilsdekret über den Ökumenismus, schon mehrere Male hier zitiert, ist Ausdruck der Wertschätzung und der Liebe, die die katholische Kirche für das reiche Erbe des christlichen Orients hegt, dessen Originalität, Verschiedenheit und zugleich Legitimität es herausstellt. Es sagt unter anderem: „Schon von den ältesten Zeiten her hatten die Kirchen des Orients ihre eigenen Kirchenordnungen, die von den heiligen Vätern und Synoden, auch von ökumenischen, sanktioniert worden sind. Da nun eine gewisse Verschiedenheit der Sitten und Gebräuche, wie sie oben erwähnt wurde, nicht im geringsten der Einheit der Kirche entgegensteht, sondern vielmehr ihre Zierde und Schönheit vermehrt und zur Erfüllung ihrer Sendung nicht wenig beiträgt, so erklärt das Heilige Konzil feierlich, um jeden Zweifel auszuschließen, daß die Kirchen des Orients, im Bewußtsein der notwendigen Einheit der ganzen Kirche, die Befugnis haben, sich nach ihren eigenen Ordnungen zu regieren, wie sie der Geistesart ihrer Gläubigen am meisten entsprechen und dem Heil der Seelen am besten dienlich sind“.[20]
Aus dem Dekret ergibt sich deutlich die charakteristische Autonomie in der Disziplin, der sich die orientalischen Kirchen erfreuen: sie ist nicht Folge von Privilegien, die die Kirche von Rom ihnen gewährt hätte, sondern des Grundgesetzes selbst, das diese Kirche seit den apostolischen Zeiten besitzen.

11. In dieser Stunde des Dialogs, der sich zwischen den Kirchen und kirchlichen Gemeinschaften anläßlich der Jahrtausendfeier der Taufe der Rus' entfaltet und ständig voranschreitet – ein Vorgang, der uns mit großer Sehnsucht an die ungeteilte Kirche, die alle Ortskirchen des Ostens und des Westens umfaßt, denken läßt wie auch an das innige Gebet des Herrn für die Einheit aller Christen im Abendmahlssaal (vgl. *Joh* 17,20 ff.) –, müssen wir uns bewußt machen, daß die volle Gemeinschaft ein Geschenk ist und nicht allein Frucht rein menschlicher Anstrengungen und Wünsche sein wird, auch wenn diese unersetzlich sind und vieles beeinflussen.
Die Sünde ist durch den Menschen in die Welt gekommen, aber „die Gnade Gottes und die Gabe, die durch die Gnadentat des einen Menschen Jesus Christus bewirkt worden ist, (ist) den vielen reichlich zuteil geworden“ (vgl. *Röm* 5,12.15). Das treue Verharren „in der Lehre der Apostel und in der brüderlichen Einheit, im Brechen des Brotes und in den Gebeten“ (*Apg* 2,42) ist ein Geschenk Gottes, weil es eine neue Seinsweise des Menschen darstellt. Es ist ein volles „Zusammensein“ in der Heiligsten Dreifaltigkeit. Die erste Quelle solcher Gemeinschaft ist die Taufgnade: Durch die Taufe treten wir in die Gemeinschaft der Kirche ein, die über die ganze Welt ausgebreitet ist, in die von Christus gewollte und begründete Einheit, die im wesentlichen, trotz der Unterschiede und Schwierigkeiten, im Laufe der ersten zehn Jahrhunderte bestanden hat, in jene Einheit also, von der uns heute die Taufe der Rus' spricht. Mögen alle Christen zu ihr zurückkehren

und eine Gemeinschaft von Menschen werden, die den Reichtum ihrer vollen Einheit mit Christus allen Gliedern der ganzen Menschheit anbieten. Dies erbitten wir vom Heiligen Geist, dem Spender der unzähligen Gaben, dank derer die Einzelpersonen und die menschlichen Gemeinschaften in Einheit mit Christus treten. In Ihm und durch den Heiligen Geist erreicht das Leben der Kirche eine unerwartete Tiefe und Dimension. Das Hören und Erleben der Gegenwart des Tröster-Geistes und seiner Gaben ist besonders charakteristisch für die ostkirchliche Tradition, deren tiefe pneumatologische Lehre einen kostbaren Reichtum für die ganze Kirche darstellt.

In diesem Licht sehen wir die vielfältigen, unterschiedlichen und fruchtbaren Kontakte sich entfalten, in denen sich in dieser nachkonziliaren Zeit unser gemeinsames Bemühen tätigen Gehorsams gegenüber dem Willen Gottes ausdrückt, den wir aus seinem Geist vernehmen.

Die reiche Erfahrung vollkommener Einheit, wie sie im ersten Jahrtausend gelebt, aber während so vieler Jahrhunderte von beiden Seiten vergessen wurde, soll für uns und unsere ökumenischen Anstrengungen ein Licht, eine Ermutigung und ein ständiger Bezugspunkt sein.

V. Die Einheit der Kirche und die Einheit des europäischen Kontinents

12. Auf dem Weg der Ökumene richtet die katholische Kirche den Blick auf die Mission der heiligen Brüder von Thessalonich, wie ich im Rundschreiben *Slavorum Apostoli* gesagt habe.

Ihre Mission zeichnet sich durch eine besondere „ökumenische Weitsicht“ aus, obgleich beide in der Epoche gewirkt haben, da die Christenheit noch geeint war. Ihre Missionstätigkeit begann im Osten; aber deren Fortschritte erlaubten es ihnen, auch die Verbindung und Einheit mit Rom, mit dem Sitz des Petrus, hervorzuheben. Ihre apostolische Sicht kirchlicher Koinonia wird heute immer tiefer verstanden, in dieser Zeit wachsender Sehnsucht nach der Einheit aller Christen und nach ökumenischem Dialog. Sie haben geahnt, daß die neuen Kirchen – angesichts von immer deutlicher hervortretenden Unterschieden und Auseinandersetzungen – die volle und sichtbare Einheit der einen Kirche Christi bewahren und stärken müssen. Entstanden sind sie ja auf dem Boden der Eigenheit der verschiedenen Völker und ihrer entsprechenden kulturellen Bereiche; gleichzeitig aber mußten sie die wesentliche Einheit nach dem Willen des göttlichen Stifters untereinander bewahren. Darum sollte diese Kirche, die aus der Missionstätigkeit der heiligen Cyrill und Methodius hervorgegangen ist, ein besonderes Siegel jener ökumenischen Berufung in sich tragen, die die beiden heiligen Brüder in so tiefer Weise gelebt hatten. Aus demselben Geist ging auch, wie schon gesagt, die Kirche von Kiew hervor.

Gegen Anfang meines Pontifikats im Jahre 1980 hatte ich die Freude, die heiligen Cyrill und Methodius neben dem heiligen Benedikt zu Patronen Europas zu erklären.

Europa ist in seinen Wurzeln christlich. Die beiden Formen der großen Tradition der Kirche, die westliche und die östliche, diese beiden Kulturformen also, gehören zusammen wie die beiden „Lungen“ eines Organismus.[21] Das ist die klare Aussage ihrer Geschichte. Das ist das Erbe der Völker, die auf unserem Kontinent leben. Man könnte sagen, daß die beiden Ströme, der östliche und der westliche, gleichzeitig die ersten bedeutenden Formen einer Inkulturation des Glaubens geworden sind, in deren Bereich die eine und ungeteilte Fülle, die der Kirche von Christus anvertraut ist, ihren geschichtlichen Ausdruck gefunden hat. In den verschiedenen Kulturen der europäischen Nationen des Ostens wie des Westens, in Musik und Literatur, in den bildenden Künsten und der Architektur wie auch in den Denkformen, strömt ein gemeinsamer Lebenssaft, der aus einer einzigen Quelle geschöpft ist.

13. Zugleich aber wird dieses Erbe im gegenwärtigen Abschnitt des 20. Jahrhunderts eine besonders dringende Herausforderung, um die Einheit der Christen zu erreichen. Eine aufrichtige Sehnsucht nach Einheit lebt heute in den Seelen als Voraussetzung für jenes friedliche Zusammenleben unter den Völkern, in dem das Wohl aller liegt. Es ist eine Sehnsucht, die das Gewissen aller bewegt und Politik und Wirtschaft durchdringt. Die Christen müssen sich der religiösen und moralischen Wurzeln einer solchen Herausforderung bewußt sein: Christus „ist unser Friede. Er vereinigte die beiden Teile (Juden und Heiden) und riß durch sein Sterben die trennende Wand der Feindschaft nieder“ (*Eph* 2,14). „Gott ... hat uns durch Christus mit sich versöhnt und uns den Dienst der Versöhnung aufgetragen“ (*2 Kor* 5,18). Diese Wirklichkeit, dieses Werk Christi hat heute seine besondere Bedeutung für die lebendige Sehnsucht der Menschheit nach Einheit und weltweiter Brüderlichkeit. Der Wunsch nach Einheit und Frieden, nach Überwindung der verschiedenen Barrieren und nach Ausgleich der Kontraste – wie auch der Appell selbst, den die Vergangenheit Europas an uns richtet – wird ein bewegendes Zeichen unserer Zeit.
Es gibt keinen echten Frieden, wenn nicht auf der Grundlage eines Einigungsprozesses, in welchem jedes Volk in Freiheit und Wahrheit die Wege der eigenen Entwicklung selbst wählen kann. Andererseits ist ein solcher Prozeß nicht möglich, wenn kein Einklang über die ursprüngliche und grundlegende Einheit besteht, die sich in verschiedenen, nicht gegensätzlichen, sondern sich ergänzenden Formen zeigt, die einander brauchen und sich gegenseitig suchen. Wir sind deshalb zutiefst davon überzeugt, daß der Weg zu einem wahren Frieden in Geist, Herz und Gewissen der Menschen auf unvergleichliche Weise durch die Gegenwart und den Dienst jenes Friedenszeichens geebnet werden kann, das die Kirche ihrer Natur nach ist, wenn sie Christus gehorsam und ihrer Berufung treu bleibt.
Wir bekunden volles Vertrauen in alle menschlichen Anstrengungen, die darauf abzielen, Anlässe für Spannungen und Konflikte auf dem friedlichen Weg des geduldigen Dialogs, der Übereinkünfte, des gegenseitigen Verständnisses und der Achtung zu beseitigen.
Eine besondere Sorge für den Frieden auf der ganzen Welt ist die Berufung Europas, das aus christlichen Fundamenten hervorgegangen ist. In vielen Gebieten der Welt herrscht kein Friede oder ist er äußerst bedroht. Eine beständige und einträchtige Zusammenarbeit des europäischen Kontinents mit allen Nationen zugunsten des Friedens und des Gemeinwohls, auf das jeder Mensch und jede menschliche Gemeinschaft ein heiliges Recht haben, ist daher notwendig.

VI. In der Freude der Jahrtausendfeier mit Maria, der Mutter Jesu, vereint

14. Die Ereignisse und Geheimnisse, die wir in diesem Brief kurz in Erinnerung gebracht, im Licht der Hinweise des II. Vatikanischen Konzils und im Blick auf die Geschichte des Milleniums betrachtet und meditiert haben, werden für uns eine Quelle der Freude und des Trostes im Heiligen Geist.
Wenn man die Bedeutung der Taufe der Rus' von Kiew in der Geschichte der Evangelisation und der menschlichen Kultur berücksichtigt, ist gut zu verstehen, daß ich die Aufmerksamkeit der gesamten katholischen Kirche darauf lenken wollte, indem ich alle Gläubigen zu gemeinsamem Gebet einlade. Die Kirche von Rom, errichtet auf dem Fundament des apostolischen Glaubens von Petrus und Paulus, freut sich über diese Jahrtausendfeier und über alle Früchte, welche die Generationen hindurch herangereift sind: Früchte des Glaubens und des Lebens, der Einheit und des Zeugnisses bis zur Verfolgung und zum Martyrium, wie Christus selbst es angekündigt hat. Unsere geistige Teilnahme an den Feierlichkeiten zum Millenium bezieht sich auf das ganze Volk Gottes: auf die Gläubigen und Hirten, die auf jenem vor tausend Jahren durch das Bad der Taufe geheiligten Boden leben und wirken. In dieser Festesfreude vereinen wir uns dann aber auch mit all jenen, die in der Taufe, die sie von ihren Vorfahren empfangen haben, die Quelle der eigenen religiösen, kulturellen und nationalen Identität erkennen; wir vereinen uns mit allen Erben dieser Taufe, unabhängig von ihrem religiösen Bekenntnis, ihrer Nationalität und ihres Wohnortes; mit allen orthodoxen und katholischen Brüdern und Schwestern. Besonders vereinen wir uns mit allen geliebten Söhnen und Töchtern der russischen, ukrainischen und weißrussischen Nation; mit jenen, die in ihrem Vaterland, wie auch mit jenen, die in Amerika, in Westeuropa und in anderen Teilen der Welt leben.

15. Gewiß ist dies in besonderer Weise das Fest der russisch-orthodoxen Kirche, die ihr Zentrum in Moskau hat und die wir mit Freude „Schwesterkirche" nennen. Gerade sie hat einen Großteil des Erbes der alten christlichen Rus' übernommen, indem sie sich der Kirche von Konstantinopel verband und dieser treu blieb. Diese Kirche hat wie die anderen orthodoxen Kirchen wahre Sakramente, vor allem – kraft apostolischer Sukzession – die Eucharistie und das Priesteramt, durch die sie ganz eng mit der katholischen Kirche verbunden bleibt.[22] Zusammen mit den erwähnten Kirchen bemüht sie sich sehr, „jene brüderlichen Bande der Gemeinschaft im Glauben und in der Liebe zu bewahren, die zwischen Lokalkirchen als Schwesterkirchen bestehen müssen".[23]
Die katholische Glaubensgemeinschaft nimmt in diesem feierlichen geschichtlichen Augenblick an Gebet und Betrachtung der „Großtaten Gottes" (vgl. *Apg* 2,11) teil und sendet der tausendjährigen Schwesterkirche durch den Bischof von Rom den Friedensgruß als Ausdruck des innigen Wunsches nach jener vollkommenen Gemeinschaft, die von Christus gewollt und der Natur der Kirche eingeschrieben ist.
Die Jahrtausendfeier aller Erben der Taufe des Wladimir und unsere Teilnahme an ihrer Freude und ihrem Dank, die einem Herzensbedürfnis entspringt, werden allen – das ist unsere tiefe Überzeugung – ein neues Licht bringen, das die Finsternisse der vergangenen schwierigen Jahrhunderte zu durchdringen vermag: jenes Licht selbst, das immer

neu aus dem österlichen Geheimnis, aus dem Ostermorgen und dem Pfingsttag, hervorbricht.

16. Ein besonderer Ausdruck unserer Einheit und Teilnahme an der Jahrtausendfeier der Rus' wie auch des innigen Wunsches, zur ganzen und vollkommenen Gemeinschaft mit den orientalischen Schwesterkirchen zu gelangen, ist gerade auch in der Verkündung des Marianischen Jahres gegeben, wie in der Enzyklika *Redemptoris Mater* ausdrücklich gesagt wird: „Auch wenn wir noch immer die schmerzliche Auswirkung der Trennung erfahren, die wenige Jahrzehnte später erfolgte ..., können wir doch sagen, daß wir uns vor der Mutter Christi als wahre Brüder und Schwestern innerhalb jenes messianischen Volkes fühlen, das dazu berufen ist, eine einzige Gottesfamilie auf der Erde zu sein".[24]
Das menschgewordene göttliche Wort, das Maria geboren hat, bleibt für immer in ihrem Herzen, wie die berühmte Ikone Znamenie zeigt, welche die betende Jungfrau mit dem göttlichen Wort auf dem Herzen darstellt. Das Gebet Marias schöpft in besonderer Weise aus der Macht Gottes: es ist eine Hilfe und eine Kraft höherer Ordnung für das Heil der Christen. „Warum also nicht alle zusammen auf sie als unsere gemeinsame Mutter schauen, die für die Einheit der Gottesfamilie betet und die allen ‚vorangeht' an der Spitze des langen Zuges von Zeugen für den Glauben an den einen Herrn, der Sohn Gottes ist und durch den Heiligen Geist in ihrem jungfräulichen Schoß empfangen wurde?".[25]
Unseren Brüdern und Schwestern im Glauben wünschen wir, daß das tausendjährige Erbe des Evangeliums, des Kreuzes, der Auferstehung und des Pfingstgeistes nicht aufhöre, „Weg, Wahrheit und Leben" (vgl. *Joh* 14,6) für alle künftigen Generationen zu sein. Richten wir hierfür unser Gebet mit ganzem Herzen an die Heiligste Dreifaltigkeit, an den Vater, den Sohn und den Heiligen Geist. Amen.

Gegeben zu Rom, bei St. Peter, am 25. Januar, dem Fest der Bekehrung des hl. Apostels Paulus, des Jahres 1988, im 10. Pontifikatsjahr.

Joannes Paulus PP. II

Anmerkungen:

1 Vgl. *Brief an Kard. Eugenio Tisserant*, Sekretär der Kongregation für die Orientalischen Kirchen (12. Mai 1939): *AAS* 31, 1939, S. 258–259.

2 *Gebet zur Weihe des Taufwassers*, dessen ältestes Zeugnis sich im griechischen Cod. Vat. Barberini 336, S. 201, findet. Siehe ferner im *Trebnik* (éd. synodale, Moskau 1906, 2. Teil, Blatt 209–220; vgl. Blatt 216) die feierliche Segnung des Taufwassers zur Epiphanie.

3 Vgl. das *Typikon der Großen Kirche*, Ed. J. Mateos in „Orientalia Christiana Analecta" 116 (Rom 1963) 86–88.

4 Vgl. das Rundschreiben, mit dem der Patriarch Photius im Jahre 867 verkündet, daß das Volk mit dem Namen Rhos einen Bischof angenommen hat: *ep.* I, 13: *PG* 102, 736–737; vgl. auch *Les regestes des actes du patriarcat de Constantinople I, II* (Les regestes von 715–1043), herausgegeben durch V. Grumel (Paris 1936), Nr. 481, S. 88–89.

5 *Povest' Vremennykh Let*, Ed. d. Likhacev (Moskau-Leningrad 1950) 235 ff.

6 Vgl. Filaret Gumilevskyj, *Leben der Heiligen*, Juli-Band (Petersburg 1900) 106 (auf Russisch).

7 Vgl. hierzu den Bericht der *Povest' Vremennykh Let* (siehe Anm. 5).

8 Johannes Paul II., Rundschreiben *Slavorum Apostoli*, Nr. 12: *AAS* 77, 1985, S. 793.

9 Vgl. *ebd.*, Nr. 11–13: *AAS* 77, 1985, S. 791–796.

10 Die Angabe stammt von einigen deutschen Quellen: z. B. *Lamperti Monachi Hersfeldensis opera*, Ed. O. Holder-Egger (1894) 38.

11 Vgl. *Nikonovkaja Letopis* ad 6494, in „Polnoe sobranie russkich letopisej", IX (Petersburg 1862) 57.

12 Vgl. *Petri Damiani Vita beati Romualdi*, c. XXVII: *PL* 144, 978 (Kritische Ausgabe von G. Tabacco, in „Fonti per la storia d'Italia", 94 [Rom 1957] 58).

13 Vgl. *Gregorii VII registrum*, II, 74: Ed. E. Caspar, 236–237, in „Epistulae selectae in usum scholarum ex Monumentis Germaniae Historicis separatim editae", t. II (Neudruck 1955) 236–237.

14 II. Vatikanisches Konzil, Dekret über den Ökumenismus *Unitatis redintegratio*, Nr. 14.

15 *Ebd.*, Nr. 15.

16 *Ebd.*, Nr. 17.

17 Vgl. *Acta Sanctorum*, unter dem 2. September (Venedig 1756) 633–644.

18 II. Vatikanisches Konzil, Dogmatische Konstitution über die Kirche *Lumen gentium*, Nr. 13.

19 II. Vatikanisches Konzil, Dekret über den Ökumenismus *Unitatis redintegratio*, Nr. 14.

20 *Ebd.*, Nr. 16.

21 Vgl. Enzyklika *Redemptoris Mater*, Nr. 34: *AAS* 79, 1987, S. 406.

22 II. Vatikanisches Konzil, Dekret über den Ökumenismus *Unitatis redintegratio*, Nr. 15.

23 *Ebd.*, Nr. 14.

24 Enzyklika *Redemptoris Mater*, Nr. 50: *AAS* 79, 1987, S. 429.

25 *Ebd.*, Nr. 30: *AAS* 79, 1987, S. 402.

Amt des Ehebandverteidigers ist unersetzbar

Ansprache an die Mitglieder der Rota Romana am 25. Januar

1. Ich danke Ihnen, Hochwürdigster Herr Dekan, von ganzem Herzen für die erhabenen Worte, mit denen Sie die Wünsche aller zum Ausdruck gebracht haben. An Sie richte ich meinen herzlichen Gruß und ebenso an das Kollegium der Prälaten-Auditoren der Rota Romana, ihre Offiziale, die Mitglieder des „studio rotale" und die Rota-Anwälte, die ich so zahlreich vertreten sehe.
Die jährliche Begegnung mit euch stellt für mich einen willkommenen Anlaß dar, die Bedeutung eures hohen kirchlichen Dienstes zu würdigen und euch meine Wertschätzung und Dankbarkeit zum Ausdruck zu bringen. Sie gibt mir auch die Möglichkeit, mit euch allen bestimmte Themen der gerichtlichen Tätigkeit in der Kirche näher zu erörtern.

2. In der heutigen Begegnung möchte ich an die im Vorjahr gehaltene Ansprache anknüpfen (*Ansprache an die Rota Romana*, 5.2.87) und eure Aufmerksamkeit auf die Stellung des Ehebandverteidigers in den Ehenichtigkeitsprozessen lenken, die die psychische Eheunfähigkeit zum Klagegrund haben.
Die Aufgabe des Ehebandverteidigers besteht, wie Papst Pius XII. (*Ansprache an die Rota Romana*: 2.10.44, in *AAS*, 1944, 281) lehrte, in der Mitarbeit an der objektiven Wahrheitsfindung hinsichtlich der Nichtigkeit oder Gültigkeit der Ehe in den einzelnen Fällen. Dies bedeutet nicht, daß es ihm zusteht, Argumente für oder gegen die Ehenichtigkeit abzuwägen und von sich aus in der Sache selbst ein Urteil zu fällen, sondern, daß er keine „künstliche Verteidigung aufbauen darf, ohne darauf zu achten, ob seine Bemerkungen tatsächlich begründet sind oder nicht" (*ebd.*).
Seine besondere Stellung bei der Mitarbeit an der objektiven Wahrheitsfindung erschöpft sich in der Verpflichtung, „all das vorzubringen und darzulegen, was vernünftigerweise gegen die Nichtigkeit ins Feld geführt werden kann" (*CIC* can. 1432).
Weil sich die Ehe auf das kirchliche Allgemeinwohl bezieht und sich daher „der Rechtsgunst erfreut" (*CIC* can. 1060), ist das Amt des Ehebandverteidigers unersetzbar und von höchster Bedeutung. Seine Abwesenheit hat deshalb in den Ehenichtigkeitsprozessen die Nichtigkeit der Verfahrensakte zur Folge (*CIC* can. 1433).
Wie ich in letzter Zeit schon in Erinnerung rufen konnte, „sind mitunter Tendenzen zu bemerken, die seine Rolle leider zu beschränken trachten" (*Ansprache an die Rota Romana*, 28.1.82, *AAS* 74, 1982, 449), bis zur Verwechslung seiner Stellung mit jener, die andere Prozeßteilnehmer innehaben, oder sein Amt auf irgendeine unbedeutende, rein formelle Tätigkeit zu reduzieren, so daß das Einschreiten jener qualifizierten Person, die ernstlich all das, was vernünftigerweise gegen die Nichtigkeit der Ehe angeführt werden kann, erforscht, vorbringt und zu klären versucht, praktisch aus der Prozeßdialektik ausgelöscht wird, wodurch der ordentlichen Rechtspflege großer Schaden zugeführt wird.
Ich sehe es daher als meine Pflicht an, daran zu erinnern, daß der Ehebandverteidiger „tenetur" (*CIC* can. 1432), d. h. „verpflichtet" – nicht nur befugt – ist, sein besonderes Amt sorgfältig auszuüben.

3. Die Notwendigkeit einer solchen Pflichterfüllung ist gerade in den an sich schwierigen Ehesachen, die die psychische Eheunfähigkeit der Ehepartner behandeln, von besonderer Bedeutung. In diesen Fällen kann es tatsächlich im Dialog zwischen dem Psychiater oder Psychologen und dem kirchlichen Richter leicht zu Verwirrung und Mißverständnissen – die ich im Vorjahr erwähnt habe – führen, die den unrichtigen Gebrauch psychiatrischer und psychologischer Gutachten zur Folge haben. Daher ist es notwendig, daß das Einschreiten des Ehebandverteidigers tatsächlich in qualifizierter und deutlicher Form geschieht, so daß er wirksam zur Klärung der Fakten und verschiedenen Bezeichnungen beiträgt und so in einzelnen Fällen auch zur Verteidigung der christlichen Sicht der menschlichen Natur und Ehe wird.

Ich will mich nun darauf beschränken, zwei Punkte hervorzuheben, auf die der Ehebandverteidiger in den erwähnten Ehesachen seine besondere Aufmerksamkeit wenden muß – und zwar das richtige Verständnis der Normalität des Ehepartners und die kirchenrechtlichen Schlußfolgerungen, die angesichts psychopathologischer Erscheinungen zu ziehen sind – um am Ende die verschiedenen Aufgaben dessen hervorzuheben, der das Eheband zu verteidigen hat.

4. Es ist bekannt, daß sich im Bereich der psychologischen und psychiatrischen Wissenschaften selbst die Fachmänner bei einer allgemein befriedigenden Definition des Begriffes der Normalität in Schwierigkeiten befinden. Wie nun immer die von den psychologischen und psychiatrischen Wissenschaften gegebene Definition sein mag, in jedem Fall muß sie immer anhand der Begriffe der christlichen Anthropologie überprüft werden, die die kirchenrechtliche Wissenschaft übernimmt.

In den heute vorherrschenden, psychologischen und psychiatrischen Strömungen beziehen sich die Versuche, eine annehmbare Definition der Normalität zu finden, nur auf den irdischen und natürlichen Bereich der Person, nämlich auf jenen, der mit denselben Humanwissenschaften als solchen erkennbar ist, ohne den gesamten Begriff der Person in seiner ewigen Ausrichtung, seiner Berufung zu den überirdischen Werten religiöser und moralischer Natur in Betracht zu ziehen. In einer solch verkürzten Sicht der menschlichen Person und ihrer Berufung wird man schließlich leicht die Normalität des Menschen in Bezug auf die Ehe mit der Fähigkeit, dem Ehepartner die volle Erfüllung in der Ehe zu gewähren und von ihm zu erhalten, gleichsetzen.

Sicherlich hat auch der Begriff der Normalität, der auf natürlichen Werten beruht, eine Bedeutung für die Fähigkeit, überirdische Werte anzustreben, und zwar in dem Sinn, daß bei schwereren Formen der Psychopathologie auch die Fähigkeit der Person, allgemeine Werte anzustreben, beeinträchtigt ist.

5. Die christliche Anthropologie, die durch den Beitrag der nun auch im psychologischen und psychiatrischen Bereich gemachten Entdeckungen bereichert ist, erfaßt die menschliche Person in allen ihren Bereichen: dem irdischen und überirdischen, dem natürlichen und übernatürlichen. In dieser vollen Sicht erscheint der geschichtlich konkret existierende Mensch in seinem Inneren durch die Sünde verwundet und zugleich durch das Opfer Christi in unverdienter Weise erlöst. Der Mensch trägt daher den Keim des

ewigen Lebens und die Berufung, sich übernatürliche Werte anzueignen, in sich; er bleibt jedoch innerlich verwundbar und in erschütternder Weise dem Risiko ausgesetzt, die eigene Berufung aufgrund von Widerständen und Schwierigkeiten, denen er auf seinem irdischen Weg begegnet, zu verfehlen, sei es auf bewußter Ebene, auf der er moralisch verantwortlich ist, oder auf unbewußter Ebene, und zwar sowohl im gewöhnlich psychischen Leben, wie in jenem, das mit leichten oder mäßigen Psychopathologien, die die Freiheit der Person, übernatürliche und verantwortlich gewählte Ideale zu erreichen, nicht wesentlich beeinflussen, behaftet ist.
So ist der Mensch – wie der hl. Paulus sagt – zwischen dem Geist und dem Fleisch geteilt, „denn das Begehren des Fleisches richtet sich gegen den Geist, das Begehren des Geistes aber gegen das Fleisch" (*Gal* 5,17), und zugleich ist er dazu berufen, das Fleisch zu besiegen und „aus dem Geist zu leben" (*Gal* 5,16.25). Er ist sogar berufen, „das Fleisch und damit (seine) Leidenschaften und Begierden" zu kreuzigen (*Gal* 5,24), indem er diesen unausweichlichen Kampf und den Leiden, die er mit sich bringt – daher auch den erwähnten Grenzen seiner tatsächlichen Freiheit –, eine erlösende Bedeutung gibt (vgl. *Röm* 8,17–18). In diesem Kampf „nimmt sich der Geist unserer Schwachheit an" (*Röm* 8,26).
Während also für den Psychologen oder Psychiater jede Form der Psychopathologie bereits gegen die Normalität sprechen kann, schließt der Kanonist, der sich an der genannten vollen Sicht der Person orientiert, in den Begriff der Normalität – im Sinn der normalen Verfassung des Menschen in dieser Welt – auch mäßige Formen psychologischer Schwierigkeiten ein sowie die sich daraus ergebende Berufung, auch inmitten von Versuchungen und um den Preis von Verzicht und Opfern aus dem Geist zu leben. Wenn diese volle Sicht der menschlichen Person fehlt, wird die Normalität auf theoretischer Ebene leicht zu einem Mythos und auf praktischer Ebene schließlich der Mehrheit der Menschen die Fähigkeit, einen gültigen Ehewillen abzugeben, verneint.

6. Der zweite Punkt, den ich näher erörtern möchte, hängt mit dem ersten zusammen und bezieht sich auf die Schlußfolgerungen, die im kirchenrechtlichen Bereich zu ziehen sind, wenn psychiatrische Gutachten in den Ehepartnern bestimmte psychopathologische Anzeichen feststellen.
Wenn wir daran festhalten, daß nur sehr schwere Formen der Psychopathologie imstande sind, die wesentliche Freiheit der Person zu beeinträchtigen, und daß die psychologischen Begriffe nicht immer mit jenen des Kirchenrechts übereinstimmen, ist es von grundlegender Bedeutung, daß einerseits die Ermittlung solcher schwerster Formen und ihre Abgrenzung von leichteren psychopathologischen Erscheinungen anhand einer wissenschaftlich sicheren Methode vollzogen wird, und daß andererseits die der psychiatrischen oder psychologischen Wissenschaft eigenen Aussageweisen nicht automatisch in den Bereich des kirchlichen Rechtes übertragen werden, ohne die vorher notwendige Anpassung, die der besonderen Kompetenz jeder einzelnen Wissenschaft Rechnung trägt.

7. In diesem Zusammenhang darf weiterhin nicht vergessen werden, daß selbst im Inneren der psychiatrischen oder psychologischen Wissenschaft Schwierigkeiten und Mei-

nungsverschiedenheiten hinsichtlich der Definition der „Psychopathologie" bestehen. Es gibt sicher Beschreibungen und Eingliederungen, die auf größere Zustimmung stoßen, so daß sie wissenschaftlich verbreitet werden können. Aber gerade in Bezug auf diese Eingliederungen und Beschreibungen der wichtigsten psychischen Störungen können im Dialog zwischen dem Sachverständigen und dem Kanonisten große Gefahren aufkommen.

Es kommt nicht selten vor, daß psychologische und psychiatrische Analysen, die an den Ehepartnern durchgeführt wurden, anstatt „die Natur und den Grad der psychischen Prozesse" zu beurteilen, „die den Ehekonsens betreffen sowie die Fähigkeit der Person, die wesentlichen Verpflichtungen der Ehe auf sich zu nehmen" (*Ansprache an die Rota Romana*, 5.2.87, Nr. 2), sich lediglich darauf beschränken, das Verhalten der Ehepartner in ihren jeweiligen Lebensaltern zu beschreiben und daraus die abnormen Erscheinungen herauszugreifen, die dann in diagnostische Formen eingereiht werden. Es muß offen gesagt werden, daß eine solche, an sich wertvolle Arbeitsmethode trotzdem nicht ausreicht, jene klärende Antwort zu geben, die sich der kirchliche Richter vom Gutachter erwartet. Er muß daher verlangen, daß sich der Sachverständige weiterhin bemüht, seine Analyse auf die Beurteilung der Ursachen und der darunterliegenden dynamischen Vorgänge auszudehnen, ohne sich lediglich bei den daraus hervorgehenden Symptomen aufzuhalten. Nur solch eine vollständige Analyse der Person, ihrer psychischen Fähigkeiten und ihrer Freiheit, Werte anzustreben, in denen sie sich selbst verwirklichen kann, ist geeignet, durch den Richter in kirchenrechtliche Aussageweisen übertragen zu werden.

8. Außerdem müssen alle für das Scheitern der Ehe, deren Nichtigkeitserklärung beantragt wird, möglichen Erklärungen in Betracht gezogen werden, nicht nur jene, die aus der Psychopathologie kommen. Wenn man nur eine beschreibende Analyse der verschiedenen menschlichen Verhaltensweisen macht, ohne nach ihrer dynamischen Erklärung zu suchen und ohne sich auf eine Gesamtbewertung der die Persönlichkeit des Subjektes ergänzenden Elemente einzulassen, ist die sachverständige Analyse auf eine einzige Schlußfolgerung hin ausgerichtet: Es ist wirklich nicht schwierig, in den Ehepartnern infantile und widerstreitende Komponenten zu entdecken, die in einer solch beschreibenden Methode unweigerlich zum „Beweis" ihrer Abnormität werden, während es sich vielleicht um durchaus normale Menschen handelt, die aber mit Schwierigkeiten behaftet sind, welche zu überwinden gewesen wären, wenn sie nicht Kampf und Opfer zurückgewiesen hätten. Der Irrtum ist um so eher möglich, wenn man in Betracht zieht, daß die Sachverständigengutachten oft davon ausgehen, die Vergangenheit eines Menschen trage nicht nur dazu bei, die Gegenwart zu erklären, sondern bestimme diese unweigerlich, so daß ihm jede Fähigkeit der freien Wahl genommen wird. Auch in diesem Fall ist die Schlußfolgerung schon vorausbestimmt, und sie hat schwerwiegende Folgen, wenn man sich vergegenwärtigt, wie leicht es ist, in der Kindheit oder Jugend jedes einzelnen Menschen traumatisierende und hemmende Faktoren aufzuspüren.

9. Ein anderer, gar nicht seltener Grund zu Mißverständnissen bei der Beurteilung der psychopathologischen Erscheinungen besteht nun nicht in der allzu großen Ausdehnung

der Pathologie, sondern, im Gegenteil, in der unzulässigen Überbewertung des Begriffes der Ehefähigkeit. Wie ich im Vorjahr sagte (*ebd.*, Nr. 6), kann die Täuschung daraus entstehen, daß der Gutachter die Unfähigkeit des Ehepartners nicht in Bezug auf die minimal ausreichende Fähigkeit, einen gültigen Ehekonsens abzugeben, feststellt, sondern in Bezug auf das Wunschbild der vollen Reife hinsichtlich eines glücklichen Ehelebens.

10. Der Ehebandverteidiger muß daher in den Fällen, die die psychische Eheunfähigkeit betreffen, ständig die richtige anthropologische Sicht vor Augen haben, um die Ergebnisse der Gutachten mit ihr zu vergleichen. Er hat die Pflicht, etwaige Irrtümer, die beim Übergang von der psychologischen und psychiatrischen Kategorie in jene des Kirchenrechts entstehen, aufzudecken und dem Richter mitzuteilen.
So wird er dazu beitragen, daß die Spannungen und Schwierigkeiten, die unweigerlich mit der Wahl und der Verwirklichung der ehelichen Ideale verbunden sind, nicht mit den Anzeichen einer schweren Pathologie verwechselt werden; daß der unbewußte Bereich des gewöhnlichen psychischen Lebens nicht als abhängig machende Bedingung ausgelegt wird, die die wesentliche Freiheit des Menschen zunichte macht; daß nicht jeder Fehltritt und jede Form von Unerfülltheit in der Zeit der persönlichen Formung des Menschen für einen Umstand gehalten wird, der notwendig auch die Fähigkeit, das Objekt des Ehekonsenses zu wählen und zu verwirklichen, zerstört.

11. Der Ehebandverteidiger muß weiterhin darauf achten, daß Sachverständigengutachten, die wissenschaftlich nicht stichhaltig sind oder sich nur auf die Suche nach abnormen Erscheinungen beschränken, ohne die erforderliche existentielle Analyse des Ehepartners in allen seinen Bereichen durchzuführen, nicht für ausreichend gehalten werden, um eine Diagnose zu begründen.
Wenn daher zum Beispiel in dem Gutachten kein Hinweis auf die Verantwortlichkeit der Eheleute, noch auf ihre möglichen Irrtümer in der Wertbestimmung aufscheint oder wenn die ihnen zur Verfügung stehenden Hilfen, um Schwächen und Fehler wieder gutzumachen, nicht beachtet werden, ist zu befürchten, daß das Gutachten eine beschränkte Ausrichtung erfährt, die seine Schlußfolgerungen vorausbestimmt.
Das gilt auch für den Fall, wo das Unbewußte oder die Vergangenheit zu Faktoren erklärt werden, die das bewußte Leben des Menschen nicht nur beeinflussen, sondern auch bestimmen, indem sie die Möglichkeit der freien Entscheidung unterdrücken.

12. Der Ehebandverteidiger muß bei der Ausübung seines Amtes seine Tätigkeit an die verschiedenen Phasen des Prozesses anpassen. Es steht ihm vor allem zu, im Interesse der objektiven Wahrheitsfindung dafür zu sorgen, daß dem Sachverständigen die Fragen in klarer und sachkundiger Weise gestellt werden, daß seine Kompetenz beachtet wird und von ihm nicht Antworten kirchenrechtlicher Natur gefordert werden. In der Phase der Sacherörterung muß er dann die Gutachten, sofern sie dem Eheband entgegenstehen, richtig zu beurteilen verstehen und dem Richter gelegentlich die Risiken ihrer unrichtigen Interpretation angeben, indem er sich auch des ihm vom Gesetz eingeräumten Rechtes der Erwiderung bedient (*CIC* can. 1603 § 3). Er wird schließlich im Fall eines positi-

ven Ehenichtigkeitsurteils der ersten Instanz nicht vergessen, Berufung einzulegen und diese zu begründen, wenn er Beweismängel, auf die sich das Urteil stützt, oder Mängel in der Beweiswürdigung wahrnimmt.
Der Ehebandverteidiger muß jedenfalls im engen Bereich seiner besonderen Kompetenz bleiben, ohne je mit dem Gutachter zu wetteifern oder, was die psychologische und psychiatrische Wissenschaft betrifft, ihn ersetzen zu wollen.
Dennoch muß er gemäß *CIC* can. 1435, der von ihm „Klugheit und Eifer für die Gerechtigkeit" fordert, imstande sein, sowohl in der Vorgeschichte wie in den Schlußfolgerungen der Sachverständigengutachten jene Punkte, die mit der christlichen Sicht der menschlichen Natur und der Ehe in Einklang zu bringen sind, hervorzuheben und darauf zu achten, daß die korrekte Methodologie der interdisziplinären Erörterung mit der notwendigen Einhaltung der jeweiligen Rollen gewahrt bleibt.

13. Die besondere Aufgabe des Ehebandverteidigers in der Prozeßdynamik macht ihn zu einem unentbehrlichen Garanten, daß Mißverständnisse bei der Urteilsfällung vermieden werden, besonders dort, wo sich die vorherrschende Kultur der Bewahrung des von den Ehepartnern zum Zeitpunkt der Heirat übernommenen Ehebandes widersetzt.
Wenn sich die Teilnahme des Ehebandverteidigers am Prozeß in der Vorlage ritueller Bemerkungen erschöpft, wäre dies ein hinreichender Grund, um daraus eine unzulässige Ignoranz und/oder eine schwere Nachlässigkeit abzuleiten, die sein Gewissen belasten würde, indem sie ihn gegenüber der Rechtsprechung der Gerichte haftbar macht, da seine Haltung die ehrliche Suche nach Wahrheit, die immer „Fundament, Mutter und Gesetz der Gerechtigkeit" sein muß (*Ansprache an die Rota Romana*, 4.2.80, *AAS* 72, 1980, 173), schwächen würde.

14. Indem ich für den bewährten und treuen Dienst der Ehebandverteidiger an der Rota Romana und an vielen anderen kirchlichen Gerichten dankbar bin, möchte ich die Wiederbelebung und Stärkung dieses besonderen Amtes anregen und wünsche, daß es immer mit Sachkenntnis, Klarheit und persönlichem Einsatz ausgeübt werde, vor allem, weil wir einer wachsenden Mentalität gegenüberstehen, die wenig Rücksicht auf die Heiligkeit der übernommenen Bande nimmt.
Euch und allen, die in der kirchlichen Rechtspflege tätig sind, erteile ich meinen Segen.

Neue Begegnung mit dem christlichen Osten

Predigt zum Abschluß der Weltgebetswoche um die Einheit der Christen in St. Paul vor den Mauern am 25. Januar

1. „Ich bin ein Jude, geboren in Tarsus in Zilizien ... ein Eiferer für Gott, wie ihr alle es heute seid" (*Apg* 22,3).
Die Kirche hört heute wieder die außergewöhnliche Rede, die eines Tages ein Gefesselter von der Höhe der Freitreppe zwischen dem Turm und dem Tempel von Jerusalem aus

(*Apg* 21,35) in hebräischer Sprache (*Apg* 22,2) an eine lärmende Volksmenge hielt. Es ist eine Rede, die uns die erschütternde Neuheit unseres Glaubens in ihrem Charakter als unvorhersehbares Ereignis begreifen hilft, als blitzartigen Einbruch in unsere Existenz, die davon in Frage gestellt und dazu gebracht wird, alle Sicherheiten, auf die sie sich bis dahin gestützt hat, neu zu überdenken.
„Ich habe den neuen Weg bis auf den Tod verfolgt ..." (*Apg* 22,4), sagt Paulus. Es ist erschütternd festzustellen, wie manchmal die Gewalt der menschlichen Leidenschaften selbst im Eifer für Gott Nahrung zu finden scheint. Die Erklärung dafür ist in der Anfälligkeit eines seelischen Gleichgewichts zu suchen, das den Menschen in jeder Neuheit eine Bedrohung sehen läßt, die umso mehr zu fürchten ist, je weniger sie in den Sinnzusammenhang paßt, der bis dahin seinem Leben eine feste Grundlage gegeben hat. Dann kommt es vor, daß er in einem so zerbrechlichen, weil innerlich unsicheren Gleichgewicht dahin neigt, sich in einem Gewaltausbruch zu verlieren, der, wenn es sich um eine religiöse Frage handelt, mit dem Eifer für die Religion begründet wird. Aber es handelt sich um einen „Eifer ohne die rechte Einsicht" (*Röm* 10,2), wie Paulus selbst sagen wird, wenn er im Licht seiner eigenen Erfahrung das Verhalten seiner Landsleute beurteilt.

2. In der Apostelgeschichte finden wir ein Gegenbeispiel von einsichtigem Eifer, das umso bedeutsamer ist, als es gerade dann geboten wird, als sich bereits die Spannung zwischen der Synagoge und der entstehenden Kirche abzeichnet. Es ist das Beispiel des Gesetzeslehrers Gamaliel (*Apg* 5,34), der zu den Israeliten sprach und sie ermahnte: „Laßt von diesen Männern ab, und gebt sie frei; denn wenn dieses Vorhaben oder dieses Werk von Menschen stammt, wird es zerstört werden; stammt es aber von Gott, so könnt ihr es nicht vernichten" (*Apg* 5,38–39). Das ist die Stimme eines Menschen, der wahrhaft im Mysterium verwurzelt ist, fähig, die Geduld, die Gott in der Geschichte hat, auch in sich selbst zu tragen. Die Haltung Gamaliels ist nicht Nachgiebigkeit an einen bequemen Pazifismus ohne wirklich starke innere Überzeugungen und daher weder des Einsatzes bewußt, um den es geht, noch der Gefahr, die ihn ständig bedroht. Gamaliel ist ein Mann voll Eifer für Gott. Er weiß unvermeidlichen Krisen in der Geschichte mit jenem festen und ruhigen Vertrauen zu begegnen, das dem Menschen eigen ist, der wirklich im Licht und in der Liebe des Ewigen verwurzelt ist.

3. Der „Eifer ohne die rechte Einsicht", von dem der Apostel spricht, ist das Ergebnis der ungeduldigen Unsicherheit der blinden Liebe, die nicht im Wissen um das Geheimnis zu reifen weiß. Der Fanatismus, der daraus hervorgeht, ist das Scheitern in der Gottesliebe. Wie oft hat in der Geschichte dieses schmerzliche Scheitern seine Wunden im unsichtbaren Gefüge der Einheit der Kirche zurückgelassen!
Wie oft überwog auch unter den Christen anstelle der ruhigen Unterscheidung eines festen, weil für das Mysterium wirklich offenen Glaubens die ängstliche Scheu, die zur Absage – selbst zur gewaltsamen Absage – bereit ist, ein unverkennbares Anzeichen von Unsicherheit und Krisis!
Die Erfahrung des Paulus von Tarsus muß uns Licht geben und unsere Hoffnung neu beleben. Sein ungestümer und unduldsamer Eifer prallt mit dem Licht zusammen, das ihn er-

blinden läßt und zu Boden wirft. Die Augen seines Geistes öffnen sich diesem Licht Stufe um Stufe bis zu den Höhen einer völlig neuen Sicht aller Dinge, so daß sich dem glühenden Eifer seines Herzens die grenzenlose Räume der Liebe erschließen.
Bei dieser Eucharistiefeier rufen wir in Erinnerung an die in der Geschichte gemachten Erfahrungen dieses Licht auf die ganze Kirche herab.

4. Wir rufen es herab und stützen uns dabei auf die Hoffnung. Dazu lädt uns der Prophet Jesaja mit den Worten der heutigen Liturgie ein: „Der Herr der Heere wird auf diesem Berg für alle Völker ein Festmahl geben mit den feinsten Speisen, ein Gelage mit erlesenen Weinen ...“ (*Jes* 25,6).
Die Hoffnung der Völker und besonders jene des Volkes, das Gott sich erwählt hat, drückt sich in dem ganz und gar menschlichen Symbol eines Gastmahls am Ende der Geschichte, „auf dem Berg“, aus. Auf jenem Berg wird das Essen und Trinken des Menschen schließlich zur eucharistia, zur Danksagung. Es wird bewußt gelebt in jener dauernden und spontanen Danksagung, in der der Mensch sich am Ende befinden wird, wenn er die durch dieses Mahl dargestellte Wahrheit annimmt.
Der Glaube ist die Morgendämmerung dieses Endzustandes, der durch den Menschen, der in der Liebe seine Wahrheit als Geschöpf voll verwirklicht, zum Durchbruch kommt.
Das Gastmahl, von dem der Prophet zu uns spricht, findet in einem Licht statt, von dem der Glaube in seinem Halbdunkel faszinierende Vorwegnahme ist und auf die er zugleich seine sehnsüchtige Erwartung und sein unaufhörliches Bitten richtet.
In diesem Licht wird der Mensch am Ende sich selbst und die Dinge als Geschenk zu empfangen wissen und wird die höchste Freiheit leben, die Freiheit des Lobpreises. Der Herr „zerreißt auf diesem Berg die Hülle, die alle Nationen verhüllt, und die Decke, die alle Völker bedeckt“ (*Jes* 25,7).
Die Liebe des Menschen ist, wie die Erfahrung des hl. Paulus uns begreifen hilft, Gefangene dieser „Decke“. Vergeblich verzehrt er sich in Angst und Mißtrauen, im Gebrauch der Gewalt, die aus der Angst hervorgeht, solange er nicht wenigstens einen Strahl des göttlichen Lichtes empfängt.
Dieses Licht, auf das „die Inseln warten“, hat sich am Kreuz enthüllt, im Geheimnis des leidenden und verlassenen Messias, „Ärgernis für die Juden, Torheit für die Heiden“, in dem der Blick des Glaubens die unermeßliche Tiefe der Liebe Gottes erkennt.
Der Berg, auf dem Gott die Hülle zerrissen und das Gastmahl hergerichtet hat, ist nach dem Glauben der Kirche jener, auf dem das Kreuz des Herrn aufgepflanzt wurde.

5. Die Kirche weiß, daß sie von ihrem Herrn dazu bestellt wurde, dieses Gastmahl auszurufen: „Geht hinaus in die ganze Welt und verkündet das Evangelium allen Geschöpfen!“ (*Mk* 16,15). In der Gestalt des Paulus ruft sie in Verehrung das größte Beispiel eines apostolischen Lebens in Erinnerung, das sich in der Erfüllung dieses Auftrags des Herrn verschwendet hat, ein Leben, verzehrt in missionarischer Leidenschaft, genährt von der einzigartigen Offenbarung des „Geheimnisses, das von Ewigkeit her verborgen war“, nämlich des Planes, alle Völker in das Erbe der Verheißung einzusetzen, in tätiger Erwartung des Gastmahls der Endzeit, das im Gedächtnis des Todes des Herrn schon seinen Anfang genommen hat.

Im Lauf der Jahrhunderte hat die Kirche wunderbare Beispiele missionarischen Eifers auf den Spuren des Paulus kennengelernt, Beispiele des Eifers für Gott, der in einer reifen Liebe wurzelt; Beispiele des Eifers für die Verheißung, die auf dem Weg der Erfüllung ist. Im Lauf dieses Jahres werden wir der Bekehrung des Fürsten Vladmir von Kiew und seine Volkes gedenken, durch die das großartige Missionswerk der heiligen Kyrillos und Methodios die ideale Erfüllung fand mit dem Eintritt der Ostslawen in die Kirche. Das Gedächtnis dieses Ereignisses, so reich an Früchten für die Sache des Evangeliums, aber auch, so können wir wohl sagen, für die Kultur der Menschheitsfamilie, wird uns Gelegenheit geben, über die Aufgaben nachzudenken, die die Kirche in unseren Tagen erwarten, und über den Sinn ihrer vergangenen Geschichte und ebenso Gelegenheit, den Anruf, der sich daraus für die Gegenwart ergibt, im Glauben tiefer zu erfassen.

6. Im Zusammenhang mit dieser Feier zum Abschluß der Gebetswoche um die Einheit der Christen wenden sich die Gedanken vor allem hin zur Schwesterkirche des Moskauer Patriarchats, die viel aus dem christlichen Erbe der alten Rus von Kiew aufgenommen hat. In dieser feierlichen Stunde ihrer Geschichte möchte die ganze katholische Gemeinschaft in der Person des Bischofs von Rom sie mit dem Friedensgruß des Herrn umarmen.

Möge das Gedächtnis der Taufe des hl. Wlademir das Bewußtsein von den sehr engen Banden der Gemeinschaft wachwerden lassen, die uns schon mit unseren orthodoxen Brüdern verbinden, um ebenso die Erkenntnis ihrer Bedeutung im Hinblick auf das Ziel, die sichtbare Einheit aller Getauften wiederherzustellen. Niemandem kann es ja entgehen, bis zu welchem Punkt die Evangelisierung unserer Welt in entscheidendem Maß von der Einheit aller Christen des Ostens und des Westens abhängt als sichtbares Zeichen der Liebe Gottes, die in der Geschichte wirksam ist.

Darum freue ich mich – mit Dank gegen Gott – über die beständigen Fortschritte im gegenseitigen Verständnis mit allen Kirchen und kirchlichen Gemeinschaften, mit denen wir im Dialog stehen. Das beständige Fortschreiten der ökumenischen Bewegung trotz der Hindernisse einer schwierigen Geschichte ist in sich selbst schon ein klarer Hinweis auf den Willen des Herrn. Ihm versprechen wir erneut unbedingten Gehorsam.

7. Ich möchte in besonderer Weise an die Brüder und Schwestern der katholisch-ukrainischen Kirche erinnern, die aufgebaut ist aus den lebendigen Steinen ihres Glaubens, der mit dem Erbe des hl. Wlademir verbunden ist. Sie sind im Gehorsam gegenüber der Stimme ihres Gewissens in voller katholischer Gemeinschaft und bewahren dabei das ostkirchliche Erbe. Das Zweite Vatikanische Konzil hat dank seiner Vertiefung der Ekklesiologie einen neuen Weg zur Begegnung mit dem christlichen Osten eröffnet, mit dem wir heute in nicht ferner voller Gemeinschaft zu stehen hoffen.

8. Ich möchte meinen Wunsch für Frieden und Wohlergehen auch auf alle die geliebten Völker – die Russen, die Ukrainer, die Weißrussen – ausweiten, in denen als wesentlicher Teil ihrer Geschichte und ihrer Kultur die Gemeinschaften der orthodoxen und katholischen Gläubigen leben, die in der Jahrtausendfeier des Anfangs ihrer christlichen Geschichte gedenken.

Schließlich vertraue ich Maria, die das lebendige Gedächtnis der großen Ereignisse der Kirche im ganzen Verlauf ihrer Geschichte ist, diese Überlegungen an, mit denen ich etwas vom Inhalt der beiden Dokumente vorwegnehmen wollte, die demnächst veröffentlicht werden. Es ist mein lebhafter Wunsch, daß wir uns alle darauf vorbereiten, im Geist an dem großen Fest unserer orthodoxen und katholischen Brüder, die Erben des hl. Wladimir sind, teilzunehmen und in angemessener Weise die große kirchliche, ökumenische und kulturelle Bedeutung des Ereignisses zu würdigen. Möge diese bedeutungsvolle Gedächtnisfeier die volle Verwirklichung des Gebetes Jesu im Abendmahlssaal beschleunigen: „Ut omnes unum sint ...“ „Daß alle eins seien!“ Amen.

Entwicklung ein neuer Name für Frieden

Ansprache an die Teilnehmer bei den Feierlichkeiten zum 10. Jahrestag des internationalen Fonds für landwirtschaftliche Entwicklung (FIDA) in Rom am 26. Januar

Herr Präsident,
Herr Ministerpräsident der italienischen Republik,
meine Herren Minister,
meine Herren Delegierten und ständige Vertreter der Mitgliedsstaaten,
meine Damen und Herren!

1. Sehr gern habe ich die Einladung angenommen, die Sie, Herr Präsident, im Namen der Vertreter der 142 Mitgliedsstaaten des internationalen Fonds für landwirtschaftliche Entwicklung (FIDA) mir zukommen ließen, an der Feier zum 10. Jahrestag der Schaffung einer Organisation zwischen den Regierungen teilzunehmen.
Obgleich der Fonds erst kürzlich geschaffen wurde, spielt er eine wichtige Rolle im umfangreichen Bemühen um Solidarität, das die Nationen in dieser zweiten Hälfte des 20. Jahrhunderts unternommen haben. Ihre Organisation nimmt einen besonderen Platz unter den internationalen Institutionen ein, die nun das Leben der Völker kennzeichnen. Wenn man in Zukunft an die heutige Zeit zurückdenkt, wird man sich vielleicht an die Probleme und vielfachen Gegensätze erinnern, oder an die allzu zahlreichen Konflikte, oder auch an die erheblichen Entwicklungen der Wissenschaft und Technik; doch man wird auch betonen, daß unsere Zeit die der internationalen Solidarität war, dank der unternommenen Bemühungen, die der ganzen Menschheit gestellten Probleme aufzugreifen und zu lösen, dank auch der zahllosen Organisationen, die im Verlauf dieser Zeit geschaffen wurden. Man hat viel getan auf dem Gebiet des Friedens, der Gerechtigkeit, der wirtschaftlichen, kulturellen und wissenschaftlichen Zusammenarbeit, der Menschenrechte, der öffentlichen Gesundheit und der Bekämpfung des Hungers. Solche Bemühungen können nicht vergeblich sein. Wie könnten zukünftige Generationen sie vergessen?

2. Der internationale Fonds für landwirtschaftliche Entwicklung hat vor fünf Jahren zu seinem definitiven Sitz die Stadt Rom erwählt, die der ganzen Welt wegen ihres außergewöhnlichen Reichtums an religiöser und menschlicher Tradition teuer ist. Dieser Fonds

gehört zum System der spezialisierten Institutionen der Vereinten Nationen, die zum Ziel haben, die finanziellen Mittel zu vereinen und für Projekte und Programme im Dienste der Landwirtschaft und Ernährung einzusetzen.

Der Heilige Stuhl, der der friedlichen und solidarischen Entwicklung der internationalen Gemeinschaft eine besondere Bedeutung beimißt, hat von Anfang an das Projekt einer Institution, die sich besonders mit der finanziellen Unterstützung individueller oder kollektiver Initiativen der Zusammenarbeit in den am meisten zurückgebliebenen Regionen beschäftigt, ermutigt; und er verfolgt ihre Entwicklung weiter, denn diese Initiative schien in der Lage, in hohem Maß zum Kampf gegen Hunger und Unterernährung beizutragen.

3. Das schwere Problem des Hungers, das heute noch so viele Gebiete der Welt quält, kann nämlich nicht nur durch Vermittlung der Länder gelöst werden, die Lebensmittel produzieren. Eine wirksame Lösung läßt sich nur finden, wenn man die erheblichen Hilfsmittel neu belebt, die die menschlichen Kräfte darstellen: Landarbeiter, Fischer und Züchter, denen die notwendigen wirtschaftlichen und technischen Mittel fehlen. Daher muß die Verteilung der Hilfen und die Entlohnung produktiver Arbeit bei den Forderungen der sozialen Gerechtigkeit am meisten berücksichtigt werden und die Zusammenarbeit aller begünstigen.

Tatsächlich kann niemand allein gegen ökologische Faktoren ankämpfen, die, wie z. B. ungünstige atmosphärische Bedingungen, längere Trockenheit und Parasiten, ihre negativen Auswirkungen haben, oder gegen die unglaubliche Verschlechterung des Bodens infolge unüberlegter oder nachlässiger menschlicher Eingriffe ankommen.

Doch die Unterstützung des Heiligen Stuhles für FIDA ist auch moralischer Art, denn für zahlreiche Länder stellt diese Organisation eine konkrete Möglichkeit dar, eigene Verantwortung zu übernehmen, wenn es um die Entwicklung der ärmsten Länder geht: man verschafft ganzen Einheiten von Arbeitern die Mittel, daß sie selber gegen Hunger und Unterernährung ankämpfen können. So setzen diese Männer und Frauen ihre Fähigkeiten besser ein und bestätigen ihre Würde.

4. In der gleichen Ordnung der Ideen bildet FIDA eine Institution mit ganz besonderem Charakter aufgrund der Kriterien, die sie sich auferlegt hat, um die finanziellen Beiträge in Funktion der realen wirtschaftlichen Möglichkeiten und der Entwicklung eines jeden Mitgliedslandes zu bemessen, wozu man diese in drei verschiedenen Gruppen eingeteilt hat. Ebenso ist die Verwendung der finanziellen Mittel den Nutzungsmöglichkeiten der bedachten Länder zugeordnet. Treten akute Not auf oder eigentliche Krisen, sind Kreditmöglichkeiten oder Spenden vorgesehen.

Die Ziele des Fonds beschränken sich aber nicht auf die Gewährung von Krediten oder Spenden, sie umfassen auch das Studium der wirtschaftlichen Weltlage. Wir sind alle überzeugt, daß trotz aller Anstrengungen der internationalen Organisationen und der bereits erreichten Ergebnisse, ganze Kontinente vor der gebieterischen Notwendigkeit stehen, die Lebens- und Arbeitsbedingungen von Hunderten von Millionen Menschen zu verbessern. Im Dezember 1986 betonte der Präsident bei der 10. Sitzung des FIDA-Direktionsrates die Tatsache, daß z. B. in Asien viele Millionen von Personen weiter Hunger leiden und ohne Hoffnung auf Besserung dahinleben. In Afrika hat das Problem des Überlebens katastrophale Ausmaße angenommen, und in Lateinamerika bleibt ein bedeutender Teil der Bevölkerung in erschütternden Elendszonen von der Entwicklung ausgeschlossen. Und diese Situationen breiten sich aus, trotz einer erheblichen Vermehrung der Nahrungsmittelproduktion auf der Welt im Verlauf der letzten Jahre.

5. Im Jahre 1967 nannte mein Vorgänger Paul VI. in seiner Enzyklika über die Entwicklung der Völker unter den anzustrebenden Zielen „den Übergang für jeden einzelnen und für alle von weniger menschlichen zu mehr menschlichen Verhältnissen“ (*Populorum progressio*, Nr. 20); er erinnert an die materiellen Mangelzustände und die Ausbeutung der Arbeiter; er nannte weitere Ziele: allen den Besitz des Notwendigen garantieren, die sozialen Geißeln überwinden, arbeiten im Dienst des Gemeinwohls (vgl.ebd. Nr. 21). Angesichts solcher Aufgaben kann man sich nicht mit individuellen Initiativen begnügen oder mit dem freien Spiel der Konkurrenz: Johannes XXIII. hatte bereits in der Sozialenzyklika *Mater et Magistra* die Notwendigkeit von konzentrierten Programmen betont, um die Aktionen von Einzelnen und Mittelinstanzen zu ermutigen, anzuregen und zu koordinieren (vgl. *AAS* 53 (1961 /, S. 414).

6. Heute gewinnt neben der bilateralen Zusammenarbeit die multilaterale Zusammenarbeit eine besondere Bedeutung, denn damit lassen sich die Gefahren eines Neokolonialismus oder die Furcht vor strategischer Hegemonie in Situationen ausschalten, in denen politische, militärische, wirtschaftliche oder ideologische Interessen zum Schaden der menschlichen Bedürfnisse der Bevölkerungen den Vorrang haben.
Die Freiheit, die gegenseitige Achtung und das Prinzip der Gleichheit ebenso wie die Entwicklung der internationalen Zusammenarbeit bilden einen Teil der von den Mitgliedern der Vereinten Nationen anerkannten Ziele. Diese müssen immer verfolgt und geschützt werden. Ihre Verwirklichung hängt von der Vitalität der internationalen Beziehungen ab. Sie macht Krisen durch und wird aufgehoben unter den Wirkungen von Gewaltanwendungen; doch sie schreitet voran bei Achtung und gegenseitigem Vertrauen, sie wird begünstigt durch den gemeinsamen Willen zum Einsatz; sie zieht Nutzen aus einem Klima der Entspannung zwischen den verschiedenen Ländern.

7. Der heute begangene 10. Jahrestag der Gründung des FIDA bietet eine besondere Gelegenheit, das Geleistete zu überprüfen und zugleich für die Zukunft neue Ziele abzustecken. Tatsächlich wird die Rolle, die der Fonds zu spielen gedenkt, sich desto dynamischer auswirken, je mehr der gemeinsame Wille bekräftigt wird, die vor 10 Jahren aufgestellten Ideale zu verwirklichen.
Wir stehen heute in einem Prozeß internationaler Entspannung, der durch eine erste Abmachung zu wirksamer Abrüstung zwischen den Vereinigten Staaten und der Sowjetunion gekennzeichnet ist, und wir wollen hoffen, daß es sich hier um die Einleitung einer radikaleren Abrüstung handelt. Doch verliert das Ganze seinen Sinn, wenn man nicht zu einem höheren Grad wirtschaftlicher Zusammenarbeit gelangt, die den ärmsten Gegen-

den der Welt zugute kommt. Es erscheint daher logisch, die unermeßlichen, in den Aufbau von Arsenalen für Atomwaffen oder für die Beschaffung sogenannter konventioneller Waffen investierten Mittel nun massiv für die Entwicklung der ärmsten Länder zu verwenden.

Was ich kürzlich zu dem beim Heiligen Stuhl akkreditierten diplomatischen Korps gesagt habe, möchte ich hier wiederholen: der Prozeß des Friedens und der internationalen Entspannung erfordert Gerechtigkeit, Wahrung der Rechte der Personen und Völker und Entwicklung. Daher bleibt das vor 20 Jahren von Papst Paul VI. formulierte Schlagwort gültig: „Entwicklung ist der neue Namen für Frieden.“ Das zeigt, in welche Richtung die Bemühungen aller in den kommenden Jahren gehen müssen.

Von diesem Forum aus und in Anwesenheit von hervorragenden Vertretern der zahlreichen Mitgliedsstaaten des Fonds möchte ich an alle Regierungen den Aufruf richten, jede möge im Rahmen ihrer politischen und wirtschaftlichen Möglichkeiten an diesem großen Werk mitarbeiten, dem Frieden den Namen Entwicklung zu geben. Eine Entwicklung, die die Wachstumsrhythmen und die Werte eines jeden Volkes und einer jeden Kultur achtet. Eine Entwicklung, die den Sieg über die endemischen Krankheiten bedeutet, den Sieg über Formen der Armut, die die Menschheit plagen, den Sieg über den Hunger, „die Dringlichkeit aller Dringlichkeiten“ (*Ansprache an das diplomatische Korps* am 9. Januar 1988). Eine Entwicklung, die in Wahrheit dem Menschen gemäß ist und seiner Würde entspricht.

Es ist keine Utopie, sondern eine Hoffnung, nicht länger ganze Bevölkerungskreise sterben zu sehen, weil ihnen das Notwendige fehlt. Wir sind für die Erreichung eines Zieles verantwortlich. Man muß den Verzicht auf übertriebene militärische Ausgaben wagen, um ein Maximum der Mittel in die wirtschaftliche, soziale, landwirtschaftliche, gesundheitliche, kulturelle und wissenschaftliche Zusammenarbeit zu investieren. Entwicklung hängt von der Möglichkeit der Arbeiter, zumal der am meisten an den Rand gedrängten ab, sich zu Produktionsgenossenschaften zu vereinen und die Früchte ihrer Arbeit zu vermarkten. Sie hängt von dem Maß ab, in dem wir das Erstreben von Profit der Achtung vor der gleichen Würde der gesamten Menschheitsfamilie nachordnen, damit der Mensch nicht als bloßes Werkzeug betrachtet wird, noch die ärmsten Völker als bloße Lieferanten von Rohstoffen dastehen. Die Achtung, die wir für die Menschheit aufbringen, die heute durch Not und Elend gedemütigt ist, kann nur dann ehrlich sein, wenn die am meisten entwickelten Gesellschaften konkret den am meisten zurückgebliebenen bei ihrer Entwicklung helfen.

Es ist also notwendig, daß die Großherzigkeit der reichsten Länder nicht abnimmt; daß ein neues Vertrauen aufgebaut wird zwischen den am meisten entwickelten Ländern und denen auf dem Weg der Entwicklung; daß man auf alle hegemonistischen Versuche verzichtet; daß die betreffenden Verwaltungen größte Strenge bei der Verwendung der finanziellen Mittel und Kredite zeigen; daß der wirkliche Wille wächst, eine soziale und menschliche Entwicklung der Völker zu erreichen.

8. In dieser Perspektive möchte die Kirche ihre Unterstützung und ihren Beitrag für jene anbieten, die sich zu Förderern des Fortschritts der sozialen Gerechtigkeit machen und

das internationale Wirtschaftsleben verbessern wollen. Die Kirche bietet auf diesem Gebiet keine theoretischen oder technischen Lösungen an. Sie fühlt sich aber verpflichtet, daran zu erinnern, daß alle angestrebten Lösungen den konkreten Situationen ihrer Anwendung entsprechend angepaßt sein müssen. Gerade um der Achtung vor diesem Grundsatz willen habe ich 1984, als die Stiftung für die Sahelzone geschaffen wurde, es als wesentlich bezeichnet, daß die Ortskirche die vorgesehenen Entwicklungsprojekte in einer von Naturkatastrophen so hart geprüften Zone studieren und verwalten. Sie nehmen damit komplementär an den Bemühungen der Bevölkerung teil, indem sie der Heranbildung der Afrikaner selbst die Priorität geben, damit sie in mehr unmittelbarer Weise gegen die Trockenheit und die fortschreitende Verwandlung des Landes in Wüste ankämpfen können. Obwohl diese Initiative bescheiden und jung ist, so beginnt sie doch bereits Früchte zu zeigen; ganze Gemeinschaften bekamen wieder Hoffnung und übernehmen wieder selbst die Verantwortung für die Zukunft ihres Landes. Ich wünsche, daß eure Organisation, deren Ziel die Begünstigung der internationalen Entwicklung ist, sich nicht mit der Zuweisung der ihr zur Verfügung stehenden finanziellen Mittel begnügt, sondern daß sie zugleich allen Bevölkerungskreisen, die durch endlose Leiden geprüft sind, die Hoffnung zurückschenkt.

9. Herr Präsident, ich wollte in meinem Beitrag an die Ziele und den Geist der Aktion erinnern, die die Organisation unter ihrem Vorsitz durchführt und zugleich einige wesentliche Kriterien nennen für die wichtige Arbeit, die der internationale Fonds für landwirtschaftliche Entwicklung zu erfüllen hat.

Ich bin sicher, daß FIDA dank seiner nun ein Jahrzehnt währenden Erfahrung seinem Wirken neuen Antrieb geben wird in dem klaren Bewußtsein der humanitären und sozialen Ziele, die mit seiner eigenen Aufgabe verbunden sind. Dieses Wirken wird aber unmöglich sein ohne den finanziellen und technischen Beitrag der beteiligten Länder. Ich möchte daher diese Gelegenheit ergreifen, um den Regierungen meine volle Hochachtung auszusprechen, die bereits ihren hochherzigen Beitrag leisten und das auch weiter tun werden.

Die Verantwortung für die menschliche Entwicklung der am meisten notleidenden Regionen, zumal jener, die eine ausreichende Nahrungsmittelproduktion erreichen möchten, fällt allen zu. Keiner von uns darf sich als dispensiert betrachten, solange es noch Männer und Frauen gibt, denen das Notwendigste fehlt. FIDA kann unter diesen Umständen wirklich ein lebendiges Zeichen des gemeinsamen Willens sein, der menschlichen Gemeinschaft auf der ganzen Erde eine mehr gesicherte Zukunft zu geben.

Herr Präsident, ich wünsche, daß die von ihrer Organisation in diesem Gebiet geleistete Tätigkeit im Verlauf der kommenden Jahre glückliche Ergebnisse bringt. Und ich bitte den Allerhöchsten, ihr Bemühen im Dienst der Menschen zu segnen.

Don Bosco ein Freund der Jugend

Brief an den Großrektor der Salesianer, Egidio Vigano, zur Jahrhundertfeier des Todes des heiligen Giovanni Bosco vom 31. Januar

Lieber Sohn, Gruß und Apostolischen Segen!

1. Die geliebte Gesellschaft der Salesianer schickt sich an, mit entsprechenden Initiativen das erste Jahrhundert seit dem Tod des heiligen Giovanni Bosco, des Vaters und Lehrers der Jugendlichen zu begehen. So ergreife ich gern die Gelegenheit, erneut über das Problem der Jugendlichen nachzudenken und besonders die Verantwortung zu betrachten, die die Kirche für ihre Vorbereitung auf die Zukunft hat.
Die Kirche liebt nämlich die Jugendlichen sehr: schon immer, zumal aber heute, da wir dem Jahr 2000 nahe sind, fühlt sie sich von ihrem Herrn aufgefordert, auf sie mit besonderer Liebe und Hoffnung zu schauen und ihre Erziehung als eine ihrer vorrangigen pastoralen Aufgaben anzusehen.
Das II. Vatikanische Konzil hat hellsichtig klargestellt: „Heute steht die Menschheit in einer neuen Epoche ihrer Geschichte“[1]; es hat zugleich anerkannt, daß „überall Versuche unternommen (werden), das Erziehungswerk mehr und mehr zu fördern“[2]. In einer Zeit des kulturellen Übergangs stellt die Kirche auf dem Gebiet der Erziehung mit Sorge die dringende Notwendigkeit fest, das Drama eines tiefreichenden Bruchs zwischen Evangelium und Kultur[3] zu überwinden, der die Heilsbotschaft Christi unterbewertet und an den Rand drängt.
In der Ansprache an die Mitglieder der UNESCO hatte ich Gelegenheit auszuführen: „Es besteht kein Zweifel, daß das erste und grundlegende kulturelle Faktum der geistig reife Mensch ist, d. h. der vollerzogene Mensch, der Mensch, der fähig ist, sich selbst und andere zu erziehen“[4]. Ich betonte eine gewisse Tendenz zu einer „einseitigen Verlagerung auf den Unterricht“, woraus sich Manipulationen ergeben, die zu einer „echten Entfremdung der Erziehung“ führen können[5]. Ich erinnerte deshalb daran, daß „die erste und wesentlichste Aufgabe der Kultur im allgemeinen und auch jeder Kultur die Erziehung ist. Diese besteht doch darin, daß der Mensch immer mehr Mensch wird, daß er mehr „sein“ kann und nicht nur mehr „haben“ kann; daß er versteht, mehr und mehr voll Mensch zu sein“[6].
Bei den zahlreichen Begegnungen mit Jugendlichen aus verschiedenen Kontinenten sowie in den Botschaften, die ich an sie gerichtet habe, zumal im Brief von 1985 „An die Jugendlichen in der Welt“ habe ich meine Überzeugung ausgesprochen, daß die Kirche bei ihnen ist und mit ihnen ihren Weg geht und gehen muß[7].
Hier möchte ich auf die gleichen Gedanken zurückkommen bei Gelegenheit der Hundertjahrfeier des Heimgangs eines großen Sohnes der Kirche, des heiligen Priesters Giovanni Bosco, den mein Vorgänger Pius XI. ohne Zögern als „Fürst der Erzieher“[8] bezeichnet hat.
Dieser glückliche Gedenktag bietet mir Gelegenheit zu einem willkommenen Gespräch, nicht nur mit Ihnen und Ihren Mitbrüdern sowie allen Mitgliedern der Familie der Sale-

sianer, sondern auch mit den Jugendlichen, die die Adressaten des erzieherischen Bemühens sind und mit den christlichen Erziehern und den Eltern, die aufgerufen sind, einen so edlen menschlichen und kirchlichen Dienst auszuüben.
Willkommen ist mir auch die Feststellung, daß dieses Gedenken an den Heiligen ins Marianische Jahr fällt, das unsere Gedanken auf jene richtet, „die geglaubt hat“: im hochherzigen Ja ihres Glaubens entdecken wir die fruchtbare Quelle ihres erzieherischen Wirkens [9], erst als Mutter Jesu, dann als Mutter der Kirche und Helferin aller Christen.

I. Der hl. Giovanni Bosco als Freund der Jugendlichen

2. Giovanni Bosco starb in Turin am 31. Januar 1888. In den fast 73 Jahren seines Lebens war er Zeuge tiefreichender und komplexer politischer, sozialer und kultureller Wandlungen: von revolutionären Bewegungen, Kriegen und der Auswanderung der Bevölkerung vom Land in die Städte, lauter Faktoren, die sich auf die Lebensverhältnisse der Menschen, zumal auf die ärmeren Kreise auswirkten. Zusammengedrängt an den Peripherien der Städte, werden die Armen und zumal die Jugendlichen zu Objekten der Ausbeutung oder Opfer der Arbeitslosigkeit: bei ihrem menschlichen, religiösen und beruflichen Wachsen werden sie nur ungenügend betreut, und oft kümmert man sich überhaupt nicht um sie. Empfindsam für jeden Wandel, bleiben die Jugendlichen oft unsicher und verloren. Angesichts dieser entwurzelten Masse bleibt die traditionelle Erziehung überfordert: aus verschiedenen Gründen bemühen sich Menschenfreunde, Erzieher und Männer der Kirche, sich der neuen Bedürfnisse anzunehmen. Unter ihnen ragt in Turin Don Bosco hervor wegen seiner klaren christlichen Prägung, wegen seines mutigen Vorgehens und wegen der raschen und weiten Ausbreitung seines Werkes.

3. Er spürte, daß er eine besondere Berufung erhalten habe, und daß er bei der Durchführung seiner Sendung vom Herrn begleitet, ja gleichsam an der Hand geführt wurde sowie durch die mütterliche Fürbitte der Jungfrau Maria. Seine Antwort war so, daß die Kirche ihn offiziell den Gläubigen als Vorbild der Heiligkeit vor Augen gestellt hat. Als am Osterfest 1934 beim Abschluß des Jubiläums der Erlösung mein Vorgänger unsterblichen Andenkens, Pius XI., ihn ins Buch der Heiligen eintrug, hielt er ihm zugleich eine unvergeßliche Lobrede.
Der kleine Giovanni verlor im zarten Alter seinen Vater und wurde mit tiefem menschlichen und christlichen Gespür von der Mutter erzogen. Die Vorsehung hatte ihn mit Begabungen ausgestattet, die ihn von Anfang an zum hochherzigen und eifrigen Freund seiner Altersgenossen machten. Seine Jugend ist die Vorwegnahme einer außergewöhnlichen erzieherischen Sendung. Als Priester in einem in voller Entwicklung stehenden Turin kam er in direkten Kontakt mit Jugendlichen im Gefängnis und mit anderen dramatischen menschlichen Situationen.
Mit einer glücklichen Intuition der Wirklichkeit begabt, und als aufmerksamer Kenner der Kirchengeschichte gewann er aus der Kenntnis solcher Situationen und aus der Erfahrung anderer Apostel, zumal des hl. Philipp Neri und des hl. Karl Borromäus, die Formel des „Oratoriums“. Dieser Name war ihm besonders teuer. Das Oratorium kennzeichnet

sein ganzes Werk, und er wird es nach einem seiner ursprünglichen Aspekte gestalten, angepaßt an die Umwelt, an seine Jugendlichen und an ihre Bedürfnisse. Als Hauptpatron und als Vorbild für seine Mitarbeiter wählte er den hl. Franz von Sales, den Heiligen des vielfältigen Eifers und einer äußerst menschlichen Güte, die vor allem in der Milde seines Verhaltens zum Ausdruck kam.

4. „Das Werk der Oratorien" beginnt 1841 mit einem „einfachen Katechismus" und verbreitet sich nach und nach, um auf dringende Situationen und Erfordernisse zu antworten: das Hospiz zur Unterbringung der Obdachlosen, Werkstatt und Schule für Künste und Handwerke, um den Jungen eine Arbeitsmöglichkeit zu geben, so daß sie sich selber in Ehren ihren Lebensunterhalt verdienen konnten, die humanistische Schule, die für das Ideal der geistlichen Berufung offen war, die gute Presse, Initiativen und Methoden zur Freizeitgestaltung, wie sie der Zeit eigen waren (Theater, Musikkapelle, Gesang und herbstliche Spaziergänge).
Der glückliche Ausdruck: „Es genügt, daß ihr Jugendliche seid, dann liebe ich euch herzlich"[10], ist ein grundlegendes Wort, und vorher noch der grundlegende erzieherische Schwerpunkt des Heiligen. „Ich habe Gott versprochen, daß ich bis zum letzten Atemzug für meine armen Jugendlichen da sein will[11]. Und gerade für sie entfaltet er eine eindrucksvolle Tätigkeit durch seine Worte und Schriften, die Institutionen und Reisen, die Begegnungen mit zivilen und religiösen Persönlichkeiten; für sie vor allem offenbart er eine wache Aufmerksamkeit, die ihnen als Personen gilt, denn in seiner Liebe als Vater sollten die Jugendlichen das Zeichen einer erhabeneren Liebe entdecken können.
Die Dynamik seiner Liebe wird universal und drängt ihn, auch den Ruf ferner Nationen aufzugreifen, bis zu den überseeischen Missionen, um dort eine Evangelisierung zu leisten, die nie von einem echten Wirken zur Förderung des Menschen getrennt wird.
Nach den gleichen Grundsätzen und im gleichen Geist sucht er auch eine Lösung für die Probleme der weiblichen Jugend zu finden. Der Herr erweckt neben ihm eine Mitgründerin, die heilige Maria Domenica Mazzarello mit einer Gruppe von jungen Kolleginnen, die auf Pfarrebene bereits mit der christlichen Formung der Mädchen beschäftigt sind.
Seine pädagogische Haltung weckt weitere Mitarbeiter – Männer und Frauen – die sich mit festen Gelübden Gott weihen, aber auch „Mitarbeiter", die seine pädagogischen und apostolischen Ideale teilen. Ferner zieht er die ehemaligen Schüler heran und leitet sie ihrerseits zum Zeugnis und zur Förderung der erhaltenen Erziehung an.

5. Ein solcher Geist zur Initiative ist die Frucht einer tiefen Innerlichkeit. Seine Gestalt als Heiliger reiht ihn mit seiner Originalität unter die großen Gründer von Ordensinstituten in der Kirche ein. Er ragt in vielfacher Hinsicht heraus: er ist der Initiator einer wahren Schule neuer und anziehender apostolischer Spiritualität; er ist der Förderer einer besonderen Verehrung Marias als Hilfe der Christen und Mutter der Kirche; er ist der Zeuge für einen mutigen und loyalen Sinn für die Kirche, der sich in heiklen Vermittlungen bei den damals schwierigen Beziehungen zwischen Kirche und Staat zeigt; er ist der zugleich realistische und praktische Apostel, offen für das, was die neuen Entdeckungen

erbrachten; er ist der eifrige Organisator der Missionen mit wahrhaft katholischem Gespür; er ist ganz besonders das Beispiel für eine bevorzugte Liebe zu den Jugendlichen, zumal den am meisten bedürftigen, zum Wohl der Kirche und der Gesellschaft; er ist der Meister einer wirksamen und genialen pädagogischen Praxis, die er als kostbares, zu hütendes und zu entfaltendes Geschenk hinterlassen hat.
In diesem Brief möchte ich bei Don Bosco vor allem die Tatsache bedenken, daß er seine persönliche Heiligkeit im erzieherischen Bemühen verwirklicht, wobei er sich eifrig und mit apostolischem Herzen einsetzt, und das zugleich die Heiligkeit als konkretes Ziel seiner Pädagogik sichtbar macht. Gerade dieser Austausch zwischen Erziehung und Heiligkeit ist der charakteristische Aspekt seiner Gestalt: er ist ein heiliger Erzieher, der sich an einem Vorbild der Heiligkeit – Franz von Sales – inspiriert; er ist Schüler eines heiligen Seelenführers – Guiseppe Cafasso – und versteht es, unter seinen Jugendlichen einen heiligen Schüler heranzubilden – Domenico Savio.

II. Die prophetische Botschaft des hl. Giovanni Bosco als Erzieher

6. Die Situation der Jugendlichen in der Welt von heute hat sich ein Jahrhundert nach dem Tode des Heiligen sehr gewandelt und bietet vielfältige Situationen und Aspekte, wie die Erzieher und Seelsorger wohl wissen. Und doch bleiben auch heute die gleichen Fragen, die der Priester Giovanni Bosco von Anfang seines Dienstes an meditierte in dem Wunsch zu verstehen, und weil er handeln wollte. Wer sind die Jugendlichen? Was wollen sie? Wohin streben sie? Was haben sie nötig? Dies sind damals wie heute die schwierigen, aber unausweichlichen Fragen, mit denen jeder Erzieher sich auseinandersetzen muß.
Es fehlen unter den Jugendlichen aus der ganzen Welt heute nicht die Gruppen, die für die Werte des Geistes echt aufgeschlossen sind und beim Reifen ihrer Persönlichkeit nach Hilfe und Halt ausschauen. Auf der anderen Seite ist evident, daß die Jugend negativen Einflüssen und Strömungen ausgesetzt ist, eine Frucht von anderen ideologischen Ansichten. Der aufmerksame Erzieher wird sich die konkrete Situation der Jugend klar machen und mit solider Fachkenntnis und Weisheit auf weite Sicht eingreifen.

7. Dabei weiß er sich angeregt, erleuchtet und unterstützt von der unvergleichlichen erzieherischen Tradition der Kirche.
In dem Bewußtsein, ein Volk zu sein, dessen Vater und Erzieher Gott ist, wie die Heilige Schrift ausdrücklich lehrt (vgl. *Dtn* 1,31; 8,5; 31,10–12; *Hos* 11,1–14; *Jes* 1,3; *Jer* 3,14–15; *Spr* 3,11–12; *Hebr* 12,5–11; *Offb* 3,19), kann die Kirche als „Expertin in Menschlichkeit“ sich mit gutem Recht auch als „Expertin im Erziehen“ bezeichnen. Das bezeugt die lange und ruhmvolle zweitausendjährige Geschichte, geschrieben von Eltern und Familien, Priestern und Laien, Männern und Frauen, Ordensinstituten und kirchlichen Bewegungen, die im erzieherischen Dienst ihrem eigenen Charisma Ausdruck gegeben haben, die göttliche Erziehung, die ihren Gipfel in Christus hat, zu verlängern. Dank des Wirkens so vieler Erzieher und Seelsorger, zahlreicher Orden und Ordensinstitute, die Institutionen von unschätzbarem menschlichem und kulturellem Wert aufgebaut

haben, fällt die Geschichte der Kirche in nicht geringem Umfang mit der Geschichte der Erziehung der Völker zusammen. Wie das II. Vatikanische Konzil festgestellt hat, gehorcht die Kirche, wenn sie sich für die Erziehung interessiert, „dem Auftrag ihres göttlichen Stifters, (nach dem sie) das Heilsmysterium allen Menschen verkünden und alles in Christus erneuern" soll[12].

8. Als er vom Wirken der Ordensleute sprach und ihren Unternehmensgeist betonte, stellte Papst Paul VI. verehrten Andenkens fest, ihr Apostolat sei „oft von einer Originalität und Genialität gekennzeichnet, die Bewunderung abnötigen" [13]. Für den hl. Giovanni Bosco, den Gründer einer großen geistlichen Familie, kann man feststellen, daß der besondere Zug seiner Genialität sich mit jener Erziehungspraxis verbindet, die er das „vorbeugende System" nannte. Dies stellte in gewisser Weise den Kern seiner pädagogischen Weisheit dar und bildet die prophetische Botschaft, die er den Seinen und der ganzen Kirche hinterlassen hat, und für die er auch von seiten zahlreicher Erzieher und Fachpädagogen Aufmerksamkeit und Anerkennung fand.
Der Ausdruck „vorbeugend", den er verwendet, wird weniger in seinem strengen linguistischen Sinn verstanden als vielmehr in dem Reichtum der typischen Eigenart der Erziehungskunst des Heiligen. Betont werden muß vor allem der Wille, dem Hochkommen von negativen Erfahrungen zuvorzukommen, die die Kräfte des Jugendlichen aufs Spiel setzen oder ihn zu langen und mühsamen Bemühungen um Wiederaufholen zwingen würden. Doch enthält der Ausdruck auch besonders intensiv empfundene Intuitionen, klare Optionen und methodische Kriterien wie: die Kunst, zum Positiven zu erziehen, indem man das Gute in entsprechenden und überwältigenden Erfahrungen anbietet, die wegen ihres Adels und ihrer Schönheit Anziehungskraft ausüben; die Kunst, die Jugendlichen von innen her wachsen zu lassen durch Ansprechen ihrer inneren Freiheit im Gegensatz zu den von außen kommenden Zwängen und Formalismen; die Kunst, das Herz der Jugendlichen zu gewinnen, um sie mit Freude und Befriedigung dem Guten entgegenzuführen, die Abweichungen dabei zu korrigieren und sie auf das Morgen durch eine solide Charakterbildung vorzubereiten.
Natürlich setzt diese pädagogische Botschaft beim Erzieher die Überzeugung voraus, daß sich in jedem Jugendlichen, wie sehr er an den Rand geraten oder auf Abwege gekommen sein mag, Kräfte des Guten finden, die, entsprechend angeregt, die Entscheidung für Glauben und Ehrenhaftigkeit bestimmen können.
Wir wollen also kurz über das nachdenken, was als providentieller Widerhall des Wortes Gottes einen der kennzeichnendsten Aspekte des Heiligen bildet.

9. Als vielfältig und unermüdlich tätiger Mensch hat Don Bosco mit seinem Leben die wirksamste Lehre angeboten, so daß er schon von seinen Zeitgenossen als hervorragender Erzieher gesehen wurde. Die wenigen Seiten, die er der Darstellung seiner pädagogischen Erfahrungen widmete[14], gewinnen nur dann ihre volle Bedeutung, wenn man sie zusammenschaut mit dem Ganzen der langen und reichen Erfahrung, die er durch sein Leben unter den Jugendlichen erworben hatte.
Für ihn verlangt Erziehen eine besondere Haltung beim Erzieher und eine Fülle von Vorgehensweisen, die sich auf Überzeugungen der Vernunft und des Glaubens gründen und

das erzieherische Wirken lenken. Im Mittelpunkt seiner Schau steht die seelsorgliche Liebe, die er wie folgt beschreibt: „Die Praxis des Systems der Vorbeugung stützt sich voll auf die Worte des hl. Paulus, wenn er sagt: „Die Liebe ist gütig und geduldig; sie duldet alles, hofft alles, und erträgt alles" [15]. Sie ist geneigt, den Jugendlichen zu lieben, in welchem Zustand auch immer er sich befindet, um ihn zur Fülle des Menschlichen, wie sie in Christus offenbar wurde, hinzuführen, um ihm das Bewußtsein und die Möglichkeit zu geben, als ehrenhafter Bürger und Kind Gottes zu leben. Die Liebe läßt die Energien ahnen und nährt sie, die der Heilige in der schon berühmten Formel zusammenfaßt: „Vernunft, Religion, Liebenswürdigkeit" [16].

10. Der Ausdruck „Vernunft" betont nach der echten Sicht des christlichen Humanismus den Wert der Person, des Gewissens, der menschlichen Natur, der Kultur, der Welt der Arbeit, des sozialen Zusammenlebens oder jenen weiten Bereich von Werten, der wie das notwendige Rüstzeug des Menschen in seinem familiären, bürgerlichen und politischen Leben dasteht. In der Enzyklika Redemptor hominis habe ich daran erinnert, daß „Jesus Christus der Hauptweg der Kirche (ist); und dieser Weg führt von Christus zum Menschen" [17].

Bezeichnend ist die Feststellung, daß bereits vor über 100 Jahren Don Bosco den menschlichen Aspekt des Subjektes und seiner geschichtlichen Lage große Bedeutung beimaß: seiner Freiheit, seiner Vorbereitung auf das Leben und einen Beruf, seiner Übernahme von bürgerlicher Verantwortung, und zwar in einem Klima der Freude und des hochherzigen Einsatzes für den Nächsten. Er drückte diese Ziele mit knappen und einfachen Worten aus, wie Freude, Studium, Frömmigkeit, Weisheit, Arbeit und Menschlichkeit. Sein erzieherisches Ideal ist von Mäßigung und Realismus gekennzeichnet. In seinem pädagogischen Entwurf stellen wir eine gut gelungene Einheit zwischen dem Festhalten am Wesentlichen und dem Wandelbaren des Geschichtlichen fest, zwischen dem Traditionellen und dem Neuen. Der Heilige stellt den Jugendlichen ein einfaches und zugleich anspruchsvolles Programm vor Augen, das in einer glücklichen und einprägsamen Formel zusammengefaßt ist: ehrenhafter Bürger, weil guter Christ.

Zusammenfassend weist die Vernunft, an die Don Bosco als ein Geschenk Gottes und eine unerläßliche Aufgabe des Erziehers glaubt, auf die Werte des Guten sowie auf die anzustrebenden Ziele hin, dazu auf die Mittel und Weisen, die anzuwenden sind. Diese Vernunft lädt die Jugendlichen zu einem Verhältnis der Beteiligung an den verstandenen und übernommenen Werten ein. Er definiert sie auch als Vernünftigkeit und weist damit auf den notwendigen Raum für Verständnis, Dialog und unwandelbare Geduld hin, in dem die nicht leichte Anwendung des Vernunftgemäßen stattfindet.

All dieses setzt heute gewiß die Kenntnisse einer der Zeit entsprechenden und integralen Anthropologie voraus, die frei ist von ideologischen Verkürzungen. Der moderne Erzieher muß aufmerksam die Zeichen der Zeit zu lesen verstehen, um die heraufkommenden Werte zu erkennen, die Jugendliche anziehen: Frieden, Freiheit, Gerechtigkeit, Gemeinschaft und Beteiligung, Förderung der Frau, Solidarität, Entwicklung und die dringenden ökologischen Notwendigkeiten.

11. Der zweite Begriff „Religion“ zeigt an, daß die Pädagogik Don Boscos grundlegend transzendent ist, insofern das letzte erzieherische Ziel, das er sich vorstellt, die Bildung des Gläubigen ist. Für ihn ist der gebildete und reife Mensch der Bürger, der glaubt, der in den Mittelpunkt seines Lebens das Ideal des neuen Menschen stellt, den Jesus Christus verkündet hat, und der ein mutiger Zeuge für seine eigenen religiösen Überzeugungen ist.
Man sieht, es handelt sich nicht um eine spekulative und abstrakte Religion, sondern um einen lebendigen Glauben, der in der Wirklichkeit verwurzelt ist, Präsenz und Gemeinschaft übt, der auf die Gnade hört und für sie gelehrig ist. Wie er zu sagen liebte, „sind die Säulen des Erziehungsgebäudes“ [18] die Eucharistie, die Buße, die Marienverehrung, endlich die Liebe zur Kirche und ihren Hirten.
Seine Erziehung ist ein Weg des Gebetes und der Liturgie, des sakramentalen Lebens und der Seelenführung: für einige auch Antwort auf die Berufung zu einer besonderen Weihe an Gott (wieviele Priester und Ordensleute gingen aus den Häusern des Heiligen hervor!); für alle der Weg zum Erreichen der Heiligkeit.
Don Bosco ist der eifrige Priester, der stets alles, was er empfängt, lebt und schenkt, auf das Fundament der Offenbarung bezieht.
Dieser Aspekt der religiösen Transzendenz, die tragende Säule der Erziehungsmethode Don Boscos, läßt sich nicht nur auf alle Kulturen anwenden, er ist fruchtbar auch auf die nichtchristlichen Religionen anwendbar.

12. Endlich die Liebenswürdigkeit vom methodischen Standpunkt aus betrachtet. Es geht um eine tägliche Haltung, die nicht einfach menschliche Liebe und auch nicht nur übernatürliche Liebe ist, sondern eine komplexe Realität ausdrückt und Verfügbarkeit, gesunde Grundsätze und entsprechende Verhaltensweisen einschließt.
Die Liebenswürdigkeit zeigt sich im Einsatz des Erziehers als Person, die ganz dem Wohl der zu Erziehenden hingegeben ist, unter ihnen weilt, bereit, Opfer und Mühen in Erfüllung ihrer Sendung auf sich zu nehmen. All das erfordert eine echte Verfügbarkeit für die Jugendlichen, tiefe Sympathie und die Fähigkeit zum Dialog. Typisch und sehr aufschlußreich ist der Ausdruck: „Hier bei euch fühle ich mich wohl: mein ganzes Leben besteht darin, unter euch zu weilen“ [19]. Und er fügt mit glücklicher Intuition hinzu: Worauf es ankommt, ist, daß „die Jugendlichen nicht nur geliebt werden, sondern selber wissen, daß sie geliebt sind“ [20].
Der echte Erzieher nimmt also am Leben der Jugendlichen teil, interessiert sich für ihre Probleme und sucht sich darüber klar zu werden, wie sie die Dinge sehen. Er nimmt an ihren sportlichen und kulturellen Veranstaltungen teil und an ihren Unterhaltungen; als reifer und verantwortlicher Freund zeigt er gute Wege und Ziele auf, ist bereit, zur Klärung von Problemen einzugreifen, Kriterien anzubieten, mit Klugheit und liebenswürdiger Festigkeit zweideutige Bewertungen und Verhaltensweisen zu korrigieren. In diesem Klima pädagogischer Präsenz wird der Erzieher nicht als Oberer angesehen, sondern als Vater, Bruder und Freund [21].
In dieser Hinsicht zählen dann vor allem die persönlichen Beziehungen. Don Bosco liebte es, den Ausdruck „familienhafte Vertrautheit“ zu verwenden, um das richtige Verhältnis

zwischen Erziehern und Jugendlichen zu umschreiben. Seine lange Erfahrung hat ihn überzeugt, daß man ohne diese Familienhaftigkeit nicht die Liebe sichtbar machen kann, und ohne das kann dann auch nicht jenes Vertrauen wachsen, das unerläßliche Voraussetzung für das Gelingen des erzieherischen Bemühens ist. Die zu erreichenden Ziele insgesamt, das Programm und die methodischen Wege werden konkret und wirksam, wenn sie von echtem Familiengeist geprägt sind, d. h. in ruhiger, fröhlicher und anregender Umgebung gelebt werden.

Hier sei wenigstens kurz darauf hingewiesen, welch breiten Raum und welche Würde der Heilige der Erholung zuwies, dem Sport, der Musik, dem Theater, oder – wie er gern sagte – dem Innenhof. In der Spontaneität und Freude der Beziehungen hier findet der weise Erzieher Wege zum Eingreifen, die ebenso leicht im Ausdruck wie wirksam für die Dauer und das Freundschaftsklima sind, in dem sie sich abspielen[22]. Soll eine Begegnung erzieherisch wirken, müssen ein ständiges und tieferes Interesse da sein, das zur Kenntnis der Einzelnen persönlich führt, und die Elemente der kulturellen Verhältnisse, die ihnen gemeinsam sind. Es geht um eine intelligente und liebevolle Aufmerksamkeit für die Bestrebungen, die Werturteile, die Verhältnisse und Lebenslagen, die Umweltbedingungen, Spannungen, Ansprüche und Vorschläge kollektiver Art. Es gilt die Dringlichkeit der Gewissensbildung zu erfassen, des Sinns für die Familie, das Soziale und Politische, für das Reifen in der Liebe und der christlichen Sicht der Sexualität; der Kritikfähigkeit und der richtigen Fügsamkeit bei der Entwicklung des Alters und der Mentalität, wobei immer klar bleiben muß, daß die Jugend nicht nur eine Zeit des Übergangs ist, sondern für den Aufbau der Persönlichkeit eine wirkliche Zeit der Gnade.

Wenn auch in gewandelten kulturellen Verhältnissen und angesichts von Jugendlichen auch nichtchristlicher Religion, bildet diese Eigenart auch heute noch eine der vielen gültigen und originellen Gedanken der Pädagogik Don Boscos.

13. Ich möchte nämlich betonen, daß diese pädagogischen Kriterien nicht nur für die Vergangenheit gegolten haben: die Gestalt dieses Heiligen und Freundes der Jugend zieht mit ihrer Anziehungskraft weiterhin die Jugend der verschiedensten Kulturen in allen Teilen der Welt an. Gewiß muß seine pädagogische Botschaft weiter vertieft angepaßt und ebenso intelligent wie mutig erneuert werden, gerade wegen der gewandelten sozio-kulturellen, kirchlichen und seelsorglichen Verhältnisse.

Hier wäre es auch angebracht, die Öffnungen und Errungenschaften auf vielen Gebieten zu bedenken, die Zeichen der Zeit und die Hinweise des II. Vatikanischen Konzils. Doch die Substanz seiner Lehre bleibt, und die Besonderheit seines Geistes, seine Gedanken und sein Stil sowie sein Charisma haben nicht geringere Bedeutung, weil sie geprägt sind von der transzendenten Pädagogik Gottes.

Der hl. Giovanni Bosco ist aktuell noch aus einem anderen Grund: er lehrt die bleibenden Werte der Tradition mit den neuen Lösungen zu verbinden, um schöpferisch den neu aufkommenden Problemen und Fragen zu begegnen; in unserer schwierigen Zeit bleibt er ein Meister, der uns eine „neue Erziehung“ vorschlägt, die ebenso kreativ wie treu ist.

„Don Bosco kehrt wieder“, ist ein altes Lied der Familie der Salesianer: es drückt den Wunsch nach einer Rückkehr Don Boscos aus und den nach einer Rückkehr zu Don Bosco, um als Erzieher zu altehrwürdiger Treue und zugleich wie er aufmerksam zu sein für die tausend Bedürfnisse der Jugendlichen von heute, um in seinem Erbe die Voraussetzungen für eine auch heute gültige Antwort auf ihre Schwierigkeiten und Erwartungen zu finden.

III. Die Dringlichkeit der christlichen Erziehung heute

14. Die Kirche fühlt sich durch die Frage der Erziehung direkt angesprochen, weil sie dort ist, wo es um den Menschen geht, ist doch der „Mensch der erste Weg, den die Kirche bei der Erfüllung ihres Auftrags beschreiten muß“[23]. Dazu aber gehört offensichtlich eine echte und bevorzugte Liebe zur Jugend.
Gehen wir zu den Jugendlichen: dies ist das erste und grundlegende erzieherische Anliegen. „Der Herr hat mich zu den Jugendlichen gesandt“: in diesem Ausspruch des hl. Giovanni Bosco erkennen wir seine apostolische Grundoption, die den armen Jugendlichen gilt, denen aus den unteren Volksschichten und den am meisten gefährdeten.
Ich möchte hier an die herrlichen Worte erinnern, die Don Bosco an seine Jugendlichen richtete, und die eine echte Synthese seiner Grundentscheidung bilden: „Denkt daran: was ich bin, das bin ich für euch, Tag und Nacht, am Morgen und am Abend, jederzeit. Ich habe kein anderes Anliegen als euren moralischen, intellektuellen und physischen Vorteil anzustreben“[24]. „Für euch studiere und arbeite ich, für euch lebe ich, und für euch bin ich auch bereit, mein Leben hinzugeben“[25].

15. Zu einer solchen Selbsthingabe für die Jugendlichen, mitten in manchmal extremen Schwierigkeiten, gelangt Don Bosco dank einer einzigartigen und intensiven Liebe bzw. dank einer inneren Kraft, die in ihm unzertrennbar die Liebe zu Gott und zum Nächsten eint. Es gelingt ihm so, eine Synthese zu schaffen zwischen evangelisierendem und erzieherischem Tun.
Sein Bemühen um die Evangelisierung der Jugendlichen beschränkt sich nicht auf die Katechese oder die Liturgie bzw. jene religiösen Akte, die einen ausdrücklichen Glaubensakt erfordern und zu ihm hinführen; es erfüllt vielmehr den ganzen Lebensraum der Jugendlichen. Sie erfolgt also innerhalb der menschlichen Bildung im Bewußtsein der Mängel, aber auch optimistisch für die fortschreitende Reife in der Überzeugung, daß der Same des Evangeliums in der lebendigen täglichen Wirklichkeit Frucht tragen muß, so daß sich die Jugendlichen im Leben hochherzig einsetzen. Da sie ein für ihre Erziehung besonders wichtiges Alter durchmachen, muß die Heilsbotschaft des Evangeliums sie beim Erziehungsvorgang unterstützen, und der Glaube muß für ihre Persönlichkeit das einende und erhellende Element werden.
Daraus folgen einige Grundsätze. Der Erzieher muß ein besonderes Empfinden für die Werte und die kulturellen Institutionen haben und sich eine vertiefte Kenntnis der anthropologischen Wissenschaften aneignen. So wird die gewonnene Fachkundigkeit zu einem guten Werkzeug für ein Programm wirksamer Evangelisierung werden. Zweitens muß der Erzieher einen besonderen pädagogischen Weg verfolgen, der einerseits die sich entwickelnde Dynamik der menschlichen Fähigkeiten betont und andererseits die Jugendlichen zu einer freien und schrittweisen Antwort befähigt.

Er wird sich ferner bemühen, den ganzen Erziehungsprozeß auf das religiöse Ziel des Heiles hinzulenken. All das erfordert weit mehr als das Einfügen gewisser für die religiöse Unterweisung und kultischen Veranstaltungen reservierter Stunden in den Erziehungsablauf; notwendig ist ein weit tiefer reichendes Bemühen, den zu Erziehenden zu helfen, daß sie sich den absoluten Werten öffnen sowie Leben und Geschichte nach der Tiefe und dem Reichtum des Geheimnisses zu deuten lernen.

16. Der Erzieher muß daher einen klaren Begriff vom letzten Ziel haben, denn in der Erziehungskunst üben die Ziele einen entscheidenden Einfluß aus. Sieht man sie unvollständig oder falsch oder vergißt sie überhaupt, so kommt es zu Einseitigkeiten und Abweichungen, ganz abgesehen vom fachlichen Halbwissen.
Bei der UNESCO habe ich ausgeführt: „Die zeitgenössische Zivilisation versucht, dem Menschen eine Reihe scheinbarer Imperative aufzulegen, die ihre Befürworter durch den Rückgriff auf das Prinzip der Entwicklung und des Fortschritts rechtfertigen. So z. B. wird anstelle der Achtung vor dem Leben der Imperativ gesetzt, es wegzuschaffen und zu zerstören; an die Stelle der Liebe, die verantwortliche Gemeinschaft von Personen ist, wird der Imperativ größtmöglichen sexuellen Vergnügens außerhalb jedes Sinnes für Verantwortung gesetzt; anstelle des Primats der Wahrheit im Handeln wird der Primat des modischen, des subjektiven und des unmittelbaren Erfolgs gesetzt“[26].
In der Kirche und in der Welt ist die integrale Sicht der Erziehung, wie wir sie in Giovanni Bosco leibhaftig vor uns sehen, eine realistische Pädagogik der Heiligkeit. Es ist dringend nötig, den echten Begriff von Heiligkeit wiederzugewinnen, nämlich als Lebensbestandteil bei jedem Gläubigen. Die ursprüngliche und kühne Forderung einer Heiligkeit im Jugendalter ist der Erziehungskunst dieses großen Heiligen innerlich zu eigen, den man mit Recht als „Meister der Spiritualität für Jugendliche“ bezeichnen kann. Sein besonderes Geheimnis lag darin, daß er die tiefen Sehnsüchte der Jugendlichen (nach Leben, Liebe, innerer Weite, Freude, Freiheit und Zukunft) nicht enttäuschte und sie zugleich schrittweise und realistisch erfahren ließ, daß nur im Leben der Gnade, also in der Freundschaft mit Christus, die echtesten Ideale voll zu verwirklichen sind.
Eine solche Erziehung fordert heute, daß man den Jugendlichen ein kritisches Bewußtsein vermittelt, das die echten Werte zu erkennen, die ideologischen Herrschaftsansprüche aber, die sich der Medien der sozialen Kommunikation bedienen, die öffentliche Meinung für sich gewinnen und die Geister verwirren, zu entlarven versteht.

17. Die Erziehung, die nach der Methode Don Boscos ein ursprüngliches Zusammenwirken von Evangelisierung und Förderung des Menschen vorsieht, fordert Herz und Geist des Erziehers zu besonderer Aufmerksamkeit auf: er muß pädagogisches Gespür pflegen, eine zugleich väterliche und mütterliche Haltung annehmen, sich um eine gute Bewertung dessen bemühen, was sich beim Wachsen des Einzelnen und der Gruppe gemäß einem Erziehungsprogramm ereignet, das in weiser und kräftiger Einheit das erzieherische Ziel und den Willen verbindet, dafür die geeignetsten Mittel zu suchen.
In der modernen Gesellschaft müssen die Erzieher besonders aufmerksam auf die historisch bedeutsamsten erzieherischen Gehalte menschlicher und sozialer Art achten, die sich größtenteils mit der Gnade und den Forderungen des Evangeliums verbinden.

Vielleicht ist Erziehen niemals von derart zugleich vitaler und sozialer Bedeutung gewesen wie heute, und erfordert Stellungnahme und den entschiedenen Willen, reife Persönlichkeiten heranzubilden. Vielleicht hat die Welt noch nie so sehr wie heute Einzelne, Familien und Gemeinschaften nötig gehabt, die die Erziehung zu ihrem eigenen Daseinszweck machen und sich ihr mit Vorrang widmen, ihr vorbehaltlos alle Kräfte schenken sowie Mitarbeit und Hilfe suchen, um schöpferisch und verantwortungsbewußt zugleich neue Wege der Erziehung zu erproben und einzuführen. Heute Erzieher sein, bedeutet eine echte und eigentliche Lebensentscheidung, die deshalb auch von seiten aller, die in der kirchlichen und bürgerlichen Gemeinschaft Autorität besitzen, Anerkennung und Hilfe verdient.

18. Die Erfahrung und die pädagogische Weisheit der Kirche erkennen der Familie, der Schule, der Arbeit und den verschiedenen Verbandsformen oder Gruppen eine außerordentliche erzieherische Bedeutung zu. Es ist heute die Zeit für eine neue Förderung der Erziehungsinstitute gekommen, eine Zeit der neuen Betonung der unersetzlichen erzieherischen Rolle der Familie, wie ich es in dem Apostolischen Schreiben *Familiaris consortio* näher ausführen konnte. Es bleibt nämlich im Guten und leider zuweilen auch im Bösen die Erziehung (oder Nicht-Erziehung) in der Familie entscheidend; andererseits bleibt immer unerläßlich, die jungen Generationen dahin zu erziehen, daß sie schon vom Familienkreis an die Verantwortung übernehmen, das tägliche Leben gemäß der bleibenden Lehre des Evangeliums zu deuten, ohne dabei die Erfordernisse notwendiger Erneuerung zu vernachlässigen.
Die zentrale Stellung der Familie im Erziehungswerk ist heute eins der schwersten sozialen und moralischen Probleme. Vor der UNESCO habe ich daran erinnert. „Was läßt sich für die Erziehung des Menschen, vor allem in der Familie tun?... Die Ursachen des Erfolgs und Mißerfolgs bei der Erziehung des Menschen durch seine Familie liegen immer gleichzeitig im fundamental-schöpferischen Milieu der Kultur, das die Familie ist, und auch auf höherer Ebene, nämlich der Zuständigkeit des Staates und seiner Organe, von denen die Familie abhängig ist“[27].
Neben dem erzieherischen Wirken der Familie ist das der Schule zu betonen, die in der Lage ist, weitere und universalere Horizonte zu eröffnen. In der Sicht Don Boscos muß die Schule über die Förderung und Entwicklung der kulturellen, sozialen und beruflichen Dimension der Jugendlichen hinaus ihnen eine wirksame Struktur von Werten und moralischen Grundsätzen vermitteln. Geschieht das nicht, wird es ihnen unmöglich, folgerichtig, positiv und ehrenhaft zu leben in einer Gesellschaft, die von Spannungen und Konflikten gekennzeichnet ist.
Zum großen erzieherischen Erbe des Heiligen aus Piemont gehört ferner sein bevorzugtes Interesse für die Welt der Arbeit, auf die er die Jugendlichen sorgfältig vorbereitet. Das wird gerade heute als dringlich empfunden, auch wenn sich die Gesellschaft tiefgreifend gewandelt hat. Wir teilen mit Don Bosco das Anliegen, die jungen Generationen mit einem entsprechenden beruflichen und technischen Fachwissen auszustatten, wie es lobenswerterweise über 100 Jahre hindurch die Kunst- und Fachschulen sowie die Werkstätten unter der ruhmvollen Fachkenntnis der salesianischen Mitarbeiter getan haben.

Wir teilen ferner sein Anliegen, eine immer gründlichere Erziehung zu sozialer Verantwortung auf der Grundlage einer gewachsenen persönlichen Würde anzubieten[28], die vom christlichen Glauben nicht nur legitimiert, sondern auch mit Kräften von unermeßlicher Tragweite ausgestattet wird.
Endlich ist die Wichtigkeit zu betonen, die der Heilige den Verbänden und Gruppen beigemessen hat, wo die Dynamik und der Initiativgeist der Jugend sich entwickelt und wächst. Indem er vielfältige Tätigkeiten anregte, schuf er Lebensräume, wo man die Freizeit gut verwenden und Apostolat, Studium, Gebet, Spiel und Kultur pflegen konnte, wo die Jugendlichen sich wiederum begegnen und wachsen konnten. Die erheblichen Wandlungen unserer Zeit im Verhältnis zum 19. Jahrhundert entbinden den Erzieher nicht davon, Lebenslagen und Lebensverhältnisse zu überprüfen, um dem für Jugendliche typischen Geist der Kreativität den notwendigen Raum zu lassen.

19. Betrachtet man dann die Bedürfnisse der Jugend von heute und denkt zugleich an die prophetische Botschaft Don Boscos, des Freundes der Jugendlichen, kann man nicht vergessen, daß über jede Erziehungsstruktur hinaus – ja mitten darin – die typischen erzieherischen Augenblicke des Gesprächs und der persönlichen Begegnung unerläßlich sind: korrekt eingesetzt, werden sie zur Gelegenheit zu echter Seelenführung. Und wieviel hat der Heilige vollbracht, wenn er besonders wirksam den Dienst des Sakramentes der Versöhnung ausübte. In einer so bruchstückhaften Welt voll von einander widerstreitenden Botschaften ist es ein echtes pädagogisches Geschenk, dem Jugendlichen die Möglichkeit der Erkenntnis und Erarbeitung des eigenen Lebensentwurfes zu bieten in der Suche nach dem Schatz der eigenen Berufung, von der ja der ganze Lebensentwurf abhängt. Unvollständig bliebe das Erziehungswerk eines Menschen, der die Erfüllung der sehr wohl berechtigten Notwendigkeiten des Berufes, der Kultur und auch der erlaubten Zerstreuung für ausreichend halten und nicht darin wie einen Sauerteig die Ziele anbieten würde, die Christus selber dem Jüngling im Evangelium vorgelegt hat und mit denen er sogar die Freude des ewigen Lebens oder die Traurigkeit des egoistischen Besitzens verglich (vgl. *Mt* 19,21 f.).
Der Erzieher liebt und erzieht die Jugendlichen dann in Wahrheit, wenn er ihnen Lebensideale vorstellt, die sie übersteigen, und es auf sich nimmt, mit ihnen das mühevolle tägliche Reifen ihrer Entscheidung mitzumachen.

20. An diesem hundertsten Gedenktag des hl. Giovanni Bosco, „des Vaters und Lehrers der Jugend“, kann man voll überzeugt sagen, daß die göttliche Vorsehung euch alle, die Mitglieder der großen Familie der Salesianer, wie auch die Eltern und Erzieher einlädt, immer mehr die unausweichliche Notwendigkeit der Bildung der Jugendlichen anzuerkennen und mit neuer Begeisterung die Aufgaben ihrer Erfüllung zu übernehmen in einer erleuchteten und großherzigen Hingabe, wie sie dem Heiligen eigen war. Ich bin mir sehr der Schwierigkeiten bewußt, vor denen ihr, hochverdiente Erzieher, steht, auch der Enttäuschungen, die ihr manchmal erlebt. Laßt euch dadurch nicht entmutigen, diesen bevorzugten Weg der Liebe, der die Erziehung ist, weiterzugeben. Stärken möge euch die unerschöpfliche Geduld Gottes in seinem pädagogischen Bemühen mit der Menschheit,

sein unablässiges Vatersein, wie es in der Sendung Christi, des Meisters und Hirten offenbar wurde, endlich die Präsenz des Heiligen Geistes, der gesandt wurde, um die Welt umzugestalten.

Die verborgene und mächtige Wirksamkeit des Geistes soll die Menschheit nach dem Vorbild Christi reifen lassen. Er ist der Anreger der Geburt des neuen Menschen und der neuen Welt (vgl. *Röm* 8,4–5). So steht euer erzieherisches Bemühen da als ein Dienst der Zusammenarbeit mit Gott, dem die Fruchtbarkeit nicht fehlen kann.

Euer und unser Heiliger pflegte zu sagen, daß „die Erziehung eine Sache des Herzens“ ist[29], und daß man „Gott in den Herzen der Jugendlichen nicht nur durch die Tür der Kirche, sondern auch durch die der Schule und der Fabrik Einlaß verschaffen“ soll[30]. Gerade im Herzen des Menschen aber ist der Geist der Wahrheit präsent als Tröster und Umgestalter: er tritt unaufhörlich in die Geschichte der Welt durch das Herz des Menschen ein. Und wie ich in der Enzyklika *Dominium et vivificantem* geschrieben habe: „Der Weg der Kirche geht durch das Herz des Menschen ... ja, sie ist das Herz der Menschheit... Die Kirche bittet mit ihrem Herzen, das alle menschlichen Herzen in sich faßt, den Heiligen Geist um ... Gerechtigkeit, Friede und Freude im Heiligen Geist, worin nach dem heiligen Paulus das Reich Gottes besteht“[31]. Durch euer Wirken, liebe Erzieher, vollzieht ihr einen ausgezeichneten Dienst kirchlicher Mutterschaft[32].

Haltet euch immer die selige Jungfrau Maria vor Augen, die erhabenste Mitarbeiterin des Heiligen Geistes, die für seine Einsprechungen gelehrig war und daher Mutter Christi und Mutter der Kirche wurde. Sie fährt durch die Jahrhunderte hin fort, „mütterlich zugegen zu bleiben, wie die am Kreuz gesprochenen Worte anzeigen: Frau, siehe, dein Sohn – Siehe deine Mutter“[33].

Wendet nie den Blick von Maria weg; hört sie, wenn sie sagt: „Tut alles, was Jesus euch sagt“ (vgl. *Joh* 2,5). Bittet sie auch täglich innig, der Herr möge ständig hochherzige Seelen erwecken, die, von ihm berufen, mit Ja antworten.

Ihr vertraue ich euch an und zusammen mit euch die ganze Welt der Jugendlichen, damit sie, von ihr angezogen, begeistert und geführt, durch die Vermittlung eures Erziehungswerkes als neue Menschen für eine neue Welt dastehen können: für die Welt Christi, des Meisters und Herrn.

Mit meinem Apostolischen Segen.

Gegeben zu Rom bei St. Peter, am 31. Januar, dem Gedenktag des hl. Giovanni Bosco im Jahre 1988, dem zehnten unseres Pontifikates.

JOANNES PAULUS PP II.

Anmerkungen:

[1] Pastoralkonstitution über die Kirche in der Welt von heute *Gaudium et spes*, Nr. 4.

[2] Erklärung über die christliche Erziehung *Gravissimum educationis*, Vorwort.

[3] Vgl. Paul VI. Apostolisches Schreiben *Evangelii nuntiandi* (8. Dezember 1975), Nr. 20: *AAS* 68 (1976), S. 19.

[4] *Ansprache an die UNESCO* (2. Juni 1980), Nr. 12: *AAS* 72 (1980), S. 743.

[5] *Ebd.*, Nr. 13; l.c. S. 743.

[6] *Ebd.* 11; l.c. S. 742.

[7] Brief an die männlichen und weiblichen Jugendlichen der Welt *Parati semper* (31. März 1985): *AAS* 77 (1985), S. 579–628.

[8] Pius XI. Brief-Dekret *Geminata laetitia* (1. April 1934), *AAS* 27 (1935), S. 285.

[9] Vgl. Enzyklika *Redemptoris mater* (25. März 1987), Nr. 12–19: *AAS* 79 (1987), S. 374–384.

[10] *Il Giovane Provveduto*, Turin 1847, S. 7.

[11] *Memorie biografiche di S. Giovanni Bosco*, Band 18, Turin 1937; S. 258.

[12] Erklärung über die christliche Erziehung *Gravissimum educationis*, Vorwort.

[13] Apostolisches Schreiben *Evangelii nuntiandi* (8. Dezember 1975), Nr. 69: *AAS* 68 (1976) S. 59.

[14] Vgl. *Il Sistema Preventivo*, in „Regolamento per le case della Società S. Francesco di Sales“, Turin 1877, in Giovanni Bosco, Scritti pedagogici e spirituali (A cura di AA.VV.), LAS Rom, 1987, S. 192 ff.

[15] *Ebd.* S. 194–195.

[16] Vgl. *Il Sistema Preventivo*, in „Regolamento per le case della Società di S. Francesco di Sales“, Turin 1877, in Giovanni Bosco, Scritti pedagogici e spirituali (a cura di AA.VV), LAS Rom 1987, S. 166.

[17] Enzyklika *Redemptor hominis* (4. März 1979), Nr. 13.14: *AAS* 71 (1979), S. 282.284–285.

[18] Vgl. Giovanni Bosco, *Scritti pedagogici e spirituali* (a cura di AA.VV), LAS Rom 1987, S. 168.

[19] *Memorie biografiche di S. Giovanni Bosco*, Band 4, S. Benigno Canavese 1904, S. 654.

[20] *Lettera da Roma*, 1884, in Giovanni Bosco, Scritti pedagogici e spirituali (a cura di AA.VV.), LAS Rom 1987, S. 294.

[21] *Ebd.*, S. 296.

[22] Zum Verhältnis zwischen Zerstreuung und Erziehung nach Denken und Praxis von Giovanni Bosco ist bekannt, daß sich die salesianischen Oratorien durch den großen Zeitraum auszeichnen, den sie dem Sport, dem Theater, der Musik und jeder Initiative im Dienst einer gesunden und bildenden Erholung einräumen.

[23] Vgl. Enzyklika *Redemptor hominis* (4. März 1979), 14: *AAS* 71 (1979), S. 284–285.

[24] *Memorie biografiche di S. Giovanni Bosco*, Band 7, Turin 1909, S. 503.

[25] Ruffino Domenico, *Cronache dell'Oratorio di S. Francesco di Sales*, Rom, Archivio Salesiano Centrale, quad. 5, S. 10.

[26] *Ansprache an die UNESCO* (2. Juni 1980), Nr. 13: *AAS* 72 (1980), S. 744.

[27] *Ebd.*, Nr. 12: l.c. S. 742–743.

[28] Vgl. Enzyklika *Laborem exercens* (14. September 1981), Nr. 6: *AAS* 73 (1981), S. 589–592.

[29] *Memorie biografiche di S. Giovanni Bosco*, Band 16, Turin 1935, S. 447.

[30] *Ebd.*, Band 6, S. Benigno Canavese 1907, S. 815–816.

[31] Enzyklika *Dominum et vivificantem* (18. Mai 1986), Nr. 67: *AAS* 78 (1986), S. 898.900.

[32] Erklärung über die christliche Erziehung *Gravissimum educationis*, Nr. 3.

[33] Enzyklika *Redemptoris mater* (25. März 1987), Nr. 24: *AAS* 79 (1987), S. 393.

Wiederbelebung der übernatürlichen Kräfte

Ansprache an das Zentralkomitee für das Marianische Jahr am 1. Februar

Liebe Brüder und Schwestern!

1. Ich war erfreut über eure Bitte um eine Begegnung mit mir. Vor allem danke ich Kardinal Dadaglio, dem Präsidenten des Zentralkomitees für das Marianische Jahr, für die liebenswürdigen und ergebenen Worte, die er im Namen aller an mich hat richten wollen. Er wies dabei hin auf das, was bereits getan wurde, sowie auf die laufenden und die noch beabsichtigten Initiativen.

Der Überblick, der sich unseren Augen darbietet, drängt uns dazu, der heiligen Jungfrau für ihre „aktive Gegenwart" unter uns zu danken. Es ist diese mütterliche und besorgte, geheimnisvolle und wirksame Gegenwart, von der ich in der Enzyklika *Redemptoris Mater* gesprochen habe (Nr. 1), womit ich gerade die grundlegenden pastoralen und geistlichen Orientierungen für das Marianische Jahr vorlegen wollte.

Mein Dank erstreckt sich weiter auf euch alle, liebe Brüder und Schwestern, für die Verfügbarkeit und den Eifer, mit dem ihr ans Werk gegangen seid, und für die Sachkenntnis, mit der ihr dabei vorgeht. Auch ihr habt den „Appell" Marias gehört und euch gewissermaßen zu ihren gelehrigen Werkzeugen gemacht, zu wahrnehmbaren Zeichen dieser ihrer aktiven Präsenz in der Geschichte unserer Zeit, wie im übrigen in jeder Zeit der Geschichte der Kirche, der einzelnen Seelen und der Menschheit.

2. Unser Jahrhundert hat ein besonderes Bedürfnis nach dieser Gegenwart Marias, dieses Jahrhundert, über dem dunkle Schatten liegen, in dem aber auch einzigartige Hoffnungslichter aufleuchten. Und Maria läßt es für den, der es zu begreifen und zu schätzen weiß, ihrerseits nicht an ihrer mütterlichen Fürsprache und ihrer kräftigen Unterstützung fehlen, damit wir gelassen und mutig den Prüfungen dieses Lebens, den täglichen Kreuzen und den Pflichten unseres christlichen Zeugnisses gegenübertreten. Maria ist uns bei unserem Einsatz für den Aufbau einer auf den Werten der Solidarität, der Gerechtigkeit und des Friedens gegründeten Welt mit ihrer Hilfe zur Seite.

Wir sollen daher dieses Marianische Jahr als eine Hoffnung ansehen, eine Kraft zur Wiederbelebung der übernatürlichen Energien des Glaubens und der Liebe, eine Art „Gegenmittel" gegen die zahlreichen Gifte, die, wenn wir nicht achtgeben, die einzelnen Menschen wie die Gesellschaft zu vergiften drohen, indem sie sie Christus und daher ihrem Heil entfremden. Maria ist wie ein Kompaß, ein leuchtender Stern, der uns beständig auf die „Sonne der Gerechtigkeit", Jesus, hin orientiert.

Die liebenswürdige Anziehungskraft Marias führt uns zur Wahrheit und wendet uns ab von den Verführungen dieser Welt. Sie zeigt uns eine höhere Schönheit, in der unser Herz den wahren Frieden findet. Sie läßt uns die Welt, jenseits von all ihrem Schmutz, in ihrer Wirklichkeit und in ihrer ursprünglichen Unschuld wiederentdecken, so, wie sie aus den Händen ihres Schöpfers hervorgegangen und wie sie durch das Blut des Erlösers heilgemacht wurde.

3. Diese Gedanken könnten zu einer weiteren Vertiefung unseres geistlichen Eifers in diesem besonders Maria geweihten Jahr dienen.
Das erste, was zu tun ist, wird immer darin bestehen, die Marienverehrung intensiver zu gestalten und tiefer ins Leben einzubringen, sie zu veredeln auf der Basis liturgischer Kriterien, der Kriterien einer gediegenen und zuverlässigen Frömmigkeit und in der Treue zur Tradition der Kirche und zu den Weisungen ihres derzeitigen Lehramts.
Es ist auch nötig, auf einer theologischen Vertiefung der Mariologie in ihren verschiedenen Aspekten zu bestehen: dem anthropologischen und ekklesiologischen Aspekt im Kontext der wesentlich christologischen Dimension.
Im übrigen ist es gut, weiterhin die heilsamen Auswirkungen zu beachten, die von der Marienverehrung auf die großen Anliegen des Friedens, der Gerechtigkeit, der Versöhnung, der Bekehrung, der Evangelisierung und des Missionsgeistes der Kirche ausgehen. Wir müssen mehr Vertrauen in Maria setzen hinsichtlich des ökumenischen Anliegens, für die Förderung der Einheit und der gegenseitigen Liebe unter den Christen. Ich denke besonders an die Gelegenheiten, die in diesem Sinn durch die Feiern zum tausendjährigen Gedächtnis der Taufe der Rus' angeboten werden können.
Das, liebe Brüder und Schwestern, sind die Gedanken, die mir bei dieser Gelegenheit spontan gekommen sind. Ich danke euch noch einmal für eure Mitarbeit, und ich vertraue, daß durch die Fürsprache der heiligen Jungfrau eure Bemühungen zu Ergebnissen führen, die jene noch übertreffen, die sie jetzt schon so reichlich und lobenswert erbringen.
Unter dem huldvollen Schutz der heiligen Gottesmutter erteile ich euch allen einen besonderen Segen, der auch euren Angehörigen und all denen gilt, mit denen ihr in Liebe verbunden seid.

Die Botschaft des Evangeliums in der chinesischen Kultur inkarnieren

Botschaft an die Chinesische Bischofskonferenz anläßlich des Symposions über Evangelisierung in Taipei vom 2. Februar

An meine ehrwürdigen Brüder,
die Mitglieder der regionalen Bischofskonferenz von China
und an die Teilnehmer am Symposion über Evangelisierung

Nach vier Jahren intensiver Vorbereitung nehmt ihr an einem Symposion über Evangelisierung teil, das in der Geschichte eurer Ortskirchen einen wichtigen Meilenstein bildet. Schon die Vorbereitung dieses Ereignisses hat überreiche Früchte christlichen Lebens bei eurem Volk gebracht. Es sind zahlreiche Gebets- und Studiengruppen entstanden, Pfarreien und Ordensgemeinschaften haben sich geistlich erneuert, Laien sind in pastoralen und missionarischen Tätigkeiten geschult worden, Katechumenen wurden zusammengefaßt und geschult, das Apostolat unter den Studenten wurde gefördert, es wurden

Vorträge und Seminare über Evangelisierung abgehalten, und es geschah noch vieles mehr.

Wenn nun das Symposion selbst zu Ende geht, beginnt der eher noch wichtigere Abschnitt der Durchführung seiner Entschließungen und Weisungen. In dieser besonderen Stunde möchte ich geistlich unter euch anwesend sein, um euch im Herrn Jesus Christus zu grüßen und euch in eurer hochherzigen und mutigen Antwort in der Kraft des Heiligen Geistes auf den Willen des Vaters für die eurem Dienst anvertraute Kirche ermuntern.

Euer Symposion hat ein doppeltes Anliegen, ein pastorales oder nach innen gerichtetes und ein missionarisches oder nach außen gerichtetes. Beide Aspekte sind innerlich miteinander verbunden. Vor euch liegt die Aufgabe, christliche Gemeinden voll Glauben, Hoffnung und Liebe aufzubauen, die gerne beten, in der Freude und dem Frieden der Familie Gottes leben, ihre Mitglieder zusammenhalten und andere für die Heilsbotschaft gewinnen, die ihr klar und mutig den Nahen und den Fernen verkündet. Um dieses pastorale Ziel zu erreichen, hat euer Symposion zahlreichen bedeutsamen Aspekten im Leben eurer Gemeinden seine Aufmerksamkeit geschenkt und eine sowohl geistliche als auch organisatorische Erneuerung jener Kräfte versucht, die bei euch bereits tätig sind. Es hat ferner neue pastorale Programme und Energien angeregt, die neben anderen Zielsetzungen die Familie heiligen und die Ortskirche in ihrer Verbindung mit der universalen Kirche festigen sollen.

Auf lange Sicht will euer Symposion nichts anderes, als die chinesische Gesellschaft mit Werten des Evangeliums zu durchdringen und das Heil in Christus vielen weiteren Angehörigen eures Volkes zu vermitteln.

Die Kirche steht überall im Dienst der Person des Menschen. Sie bemüht sich, ihre Achtung und Liebe für die Familie der Menschen durch hochherzige Solidarität mit jedem einzelnen und jeder Gruppe zum Ausdruck zu bringen. Niemand darf von der Liebe ausgeschlossen werden, „die durch den Heiligen Geist in unsere Herzen ausgegossen ist, der uns gegeben ist“ (*Röm* 5,5). Ihr von Liebe getragener Dienst gilt der ganzen Person, ihrem Leib und ihrer Seele, ferner jeder Person und Gruppe ohne irgendeine zurückzuweisen.

Neben dem Dienst der Bischöfe und Priester innerhalb der Gemeinschaft der Kirche hat euer Symposion mit Recht der Sendung und Verantwortung der Laien in Kirche und Welt seine Aufmerksamkeit geschenkt, dem Thema der Bischofssynode vom Oktober letzten Jahres. Die Laien haben bei der Evangelisierung ihre eigene spezifische und aktive Rolle zu spielen. Wenn sie für die Werte des Evangeliums echtes Zeugnis geben, lassen sie die Wahrheit des Evangeliums in jeden Bereich der Gesellschaft eindringen, so daß alle Berufe und Tätigkeiten und alle Schichten des Volkes erfaßt werden. Es wird den Christen mehr und mehr bewußt, daß sie gerade durch ihren Glauben zu einem reichen und wirksamen Dienst für die Gesellschaft, in der sie leben, befähigt werden. Das II. Vatikanische Konzil sagt dazu: „Sie müssen sich als Glieder der Menschengruppe, in der sie leben, betrachten; durch die verschiedenen Beziehungen und Geschäfte des menschlichen Lebens müssen sie an den kulturellen und sozialen Angelegenheiten teilnehmen“ (*Ad gentes*, Nr. 11).

In eurem Fall geht es darum, Christus bekannt zu machen sowie die Botschaft des Evangeliums und die Kirche in der chinesischen Kultur, eine der reichsten Vermittlerinnen geistiger und moralischer Werte in der Geschichte der Menschheit, zu inkarnieren. In diesem Zusammenhang wird eine gut inkulturierte Liturgie zum sichtbaren Zeichen und Ausdruck für den Dialog zwischen Glauben und kulturellen Überlieferungen. Eure Ortskirche ist aufgerufen, sowohl katholisch als auch echt chinesisch in ihrer Liturgie zu sein, die „in höchstem Maße dazu beiträgt, daß das Leben der Gläubigen Ausdruck und Offenbarung des Mysteriums Christi und des eigentlichen Wesens der wahren Kirche wird" (*Sacrosanctum Concilium*, Nr. 2).

Angesichts dieser Anliegen, für die ihr in der Kirche Verantwortung tragt, seid ihr euch eurer Grenzen als einzelne und als Mitglieder eurer Ortskirche bewußt. Es könnte euch die Versuchung, zu zögern, befallen. Wie oft lesen wir dagegen in den Evangelien die Aufforderung des Herrn: „Fürchtet euch nicht"! Seine Gegenwart und Kraft geben uns den Mut, voranzuschreiten und Zeugnis zu geben.

Vor euch steht die große Familie der Chinesen. Der bekannte Jesuitenmissionar Matteo Ricci und seine ersten Gefährten pflegten zu sagen: „Wir sind Chinesen geworden, um die Chinesen für Christus zu gewinnen." Ihr dagegen seid bereits Chinesen und als solche die normalen Verkünder des Evangeliums für die große Familie der Chinesen, die bevorzugten Zeugen der Botschaft des Christentums für sie. Ja, ihr zeigt durch eure eigene Lebenserfahrung, daß die Annahme Christi und seines Evangeliums in keiner Weise ein Aufgeben der eigenen Kultur oder geringere Loyalität gegenüber der eigenen Nation bedeutet. Für euch besteht die wichtige Aufgabe darin, für alle eure Brüder und Schwestern im Glauben zu beten, daß nach Beseitigung aller Hindernisse die Einheit voll in der Gemeinschaft mit Petrus zum Ausdruck kommt, den der Herr selbst als „immerwährendes und sichtbares Prinzip und Fundament der Glaubenseinheit und der Gemeinschaft eingesetzt hat" (*Lumen gentium*, Nr. 18).

Auch Ihr seid aufgerufen, mit einem von Gebet getragenen Vertrauen zu Maria, der Mutter der Kirche, auf eine euch entsprechende Weise den Befehl des auferstandenen Herrn zu hören und durchzuführen: „Darum geht zu allen Völkern, und macht alle Menschen zu meinen Jüngern; tauft sie auf den Namen des Vaters und des Sohnes und des Heiligen Geistes, und lehrt sie, alles zu befolgen, was ich euch geboten habe. Seid gewiß: Ich bin bei euch alle Tage bis zum Ende der Welt" (*Mt* 28,19–20).

Euer jetziges Symposion über Evangelisierung leitet sich letztlich von diesem Befehl her. Was dies von euch und euren Ortskirchen verlangt, bleibt untrennbar mit der Verheißung des Herrn verbunden. In ihm gründet euer Vertrauen und eure Kraft. Möge die gesamte Gemeinschaft der Katholiken in Taiwan daher durch diese Versammlung getröstet, ermutigt und gestärkt werden!

Als Zeichen meiner brüderlichen geistigen Teilnahme erteile ich euch allen gern meinen besonderen Apostolischen Segen.

Aus dem Vatikan, 2. Februar 1988

Papst Johannes Paul II.

Der Libanon will leben

Ansprache während der Messe im syrisch-maronitischen Ritus in St. Peter am 2. Februar

„Dann kam für sie der Tag der vom Gesetz des Mose vorgeschriebenen Reinigung. Sie brachten das Kind nach Jerusalem hinauf, um es dem Herrn zu weihen“ (*Lk* 2,22).

1. Jesus Christus, der Emanuel, tritt heute in den von Menschenhand erbauten Tempel ein. Das Suchen nach Gott, das Verlangen, seine Größe und Herrlichkeit zu loben, haben ein Haus erbaut, in dem das göttliche Geheimnis inmitten der Menschen wohnen kann. Der Gläubige weiß, daß nichts den Schöpfer des Lebens einschränken kann. So wiederholen alle Geschlechter die Worte des Salomon: „Wohnt denn Gott wirklich auf der Erde? Sie, selbst der Himmel und die Himmel der Himmel fassen Dich nicht, wieviel weniger dieses Haus, das ich gebaut habe (*1 Kön* 8,27). Der Tempel wird also der Ort des inständigen Gebets und des Hinhörens, in dem das Menschenherz, das Zeichen braucht, um im Übernatürlichen einen Halt finden zu können, seine Lebensängste und -erwartungen in folgendem Gebet an den Barmherzigen ausschüttet: „Halte Deine Augen offen über diesem Haus bei Tag und Nacht, über der Stätte, von der Du gesagt hast, daß Dein Name hier wohnen soll ... Höre sie (die Israeliten, Anm. d. R.) im Himmel, dem Ort, wo Du wohnst. Höre sie und verzeih“ (*1 Kön* 8,29–30). Heute tritt dieser Gott selbst, der unendlich größer als der Tempel ist, in den Tempel ein: auf die Bemühung des Menschen, eine Wohnung für Gott zu bauen, antwortet die göttliche „Menschwerdung“: heute tritt Gottes Unermeßlichkeit in die Armseligkeit einer menschlichen Wohnung ein, und das göttliche Kind wird dem ewigen Vater dargeboten.

2. Liebe Brüder und Schwestern, Söhne und Töchter der ruhmreichen antiochenischen Überlieferung, die Syrer und Maroniten vereint und in den Malankaren die Fruchtbarkeit eines Christentums zeigt, das fähig ist, auch entfernte Kulturen aufzunehmen und aufzuwerten: Ihr feiert heute mit uns dieses Heilsereignis. Die maronitische Liturgie preist mit hochherzigen Worten das heutige erhabene Geheimnis: „Ewiger Gott, mit Deiner Geburt im Fleisch hast Du von den Menschen den Fluch genommen, dann bist Du eingetreten in den Tempel, getragen von den Armen der Jungfrau, Deiner Mutter ... Gewähre uns, Tempel zu sein, in dem Du verweilst“ (aus dem *Abendgebet der maronitischen Liturgie*). „Du bist die Hoffnung, die die Gerechten ersehnt, sie zu sehen verlangt haben; Du bist eingetreten in unseren Tempel als Gabe für uns Menschen; Simeon sah Dich, erkannte Dich, hielt Dich in den Armen und pries Dich. Gewähre uns nun, Dich in jedem Menschen zu sehen und Dich in jedem Ereignis wiederzuerkennen“ (aus dem *Morgengebet*).

Liebe Brüder und Schwestern, ihr seid heute hier, um die geistlichen Schätze einer alten und sehr lebendigen Überlieferung zu bezeugen. Einer Tradition, die zutiefst im Libanon verwurzelt ist, in einem Land, das der Kirche und dem Papst besonders teuer ist. Eine biblische Landschaft, Garten der Freuden, besungen als Ort des Segens, der in dieser Zeit unter einem Kriegszustand leidet, der kein Ende zu kennen scheint. Ein schrecklicher Sturm der Zerstörung sucht dieses kleine Land heim, das, tausendmal geschlagen, tausendmal versucht hat, zu neuem Leben aufzuerstehen.

Ja, der Libanon will leben und zu den Zivilwerten und einem Zusammenleben und Zusammenarbeiten der verschiedensten Kulturen und Traditionen zurückkehren – seiner eigentlichen geschichtlichen Berufung.

Wir wünschen alle nachdrücklichst, daß die Libanesen das ursprüngliche Gesicht ihres geliebten und gequälten Landes wiederherzustellen vermögen.

Hoffen wir auch, daß die Länder, denen das Schicksal des Libanon am Herzen liegt, wie all jene, die dazu ihren Beitrag leisten können, zusammenarbeiten wollen, um die ersehnte Lösung in Frieden und Gerechtigkeit zu erlangen. Eine Lösung, die um so dringender wird in einem Zeitabschnitt, der immer mehr gezeichnet ist von unermeßlichen Leiden, die keine Gemeinschaft verschonen und alle Bürger in Gefahr bringen.

Ich rufe die Libanesen auf, alle gläubigen Libanesen, von unterschiedlicher Kultur und Tradition, sie mögen sich bewußt sein, daß Frieden und Versöhnung Frucht des Strebens nach Gerechtigkeit, nach Verständigung und Liebe unter den Beteiligten ist.

Heute will ich als Zeichen der Anteilnahme mit euch diese Eucharistie in eurem Ritus feiern. Daran nehmen auch die Ordensmänner und -frauen der Diözese Rom teil. Beten wir mit euren Worten, damit jedes Volk in der Kirche seinen Tempel und seine Wohnung habe. Die Kirche von Rom und die Kirchen der syrisch-antiochenischen Überlieferung, vereint in der Gemeinschaft des Glaubens und des Brotbrechens, kündigen der Welt das Pfingstfest des Geistes an, an dem alle Sprachen das einzigartige Geheimnis der göttlichen Liebe besingen.

3. „Dir selbst aber wird ein Schwert durch die Seele dringen“ (*Lk* 2,35). Maria, die Bundeslade Gottes, bringt ihren Sohn im Tempel dar. Die Prophezeiung des greisen Simeon verbindet auch sie mit der Sendung des Sohnes: Das Licht, das die Heiden erleuchtet, wird zum Schwert der Wahrheit, durchdringend und voll hoher Anforderung. Weder Unwahres, noch Doppelzüngigkeit, noch Ausflüchte können mit dem Glauben an dieses heilige Kind zugleich bestehen. Es ist „ein Zeichen, dem widersprochen wird. Dadurch sollen die Gedanken vieler Menschen offenbar werden“ (*Lk* 2,34 f.).

Im Hintergrund erscheint schon das Kreuz, das Zeichen des Widerspruchs. Auch die syrische Tradition umgibt dieses Zeichen gern mit sieghaftem Licht und macht es zum Werkzeug für den Eintritt ins Gottesreich. Das Kreuz wird zur Brücke über das Feuermeer; die diese Welt verlassen haben, schreiten darüber: „Dein Kreuz – so singt eure maronitische Liturgie – möge die Brücke sein, über welche die verstorbenen Gläubigen, mit dem Gewand der Taufe bekleidet, zum Hafen des ewigen Lebens geführt werden“ (*mazmoro* vor den Lesungen in der Liturgiefeier für die Verstorbenen).

Maria ist in diesem ihr geweihten Jahr, in das sich unsere heutige Liturgiefeier so sinnvoll einfügt, besonders gegenwärtig bei dem Geheimnis, das wir feiern. Sie ist gegenwärtig, da ihre Mutterhände Gott das menschgewordene Wort darbieten; und sie ist in dieser Liturgiefeier, die wir erleben, durch jenes innere Band gegenwärtig, das sie mit der Eucharistie verbindet. „Maria hat uns das Brot der Ruhe geschenkt anstelle des Brotes der

Mühsal, das Eva uns bereitet hat", singt der hl. Ephrem, die „Harfe des Heiligen Geistes" (*Hymnus auf das ungesäuerte Brot*, Nr. 6).
Und dieses glänzende Zeugnis der Liebe zur Jungfrau-Mutter wird uns in der Tradition der Syrer überliefert! Eurem feinen Empfinden, das so sehr Anteil nahm am Kampf zwischen Finsternis und Licht und so hingerissen war in der Betrachtung des himmlischen Lichtes, gibt sich auch Maria als die zu erkennen, in der das göttliche Licht wohnt, das die lastende Dunkelheit im Menschen zu verklären und zu reinigen vermag. „Wie in einem Auge – so sagt wiederum der hl. Ephrem – hat das Licht in Maria Wohnung genommen. Es hat ihren Geist hell und ihre Gedanken leuchtend gemacht, es hat ihr klare Einsicht gegeben und ihre Jungfräulichkeit aufstrahlen lassen" (*Hymnus auf die Kirche*, Nr. 36). Eure Liturgie, die immer danach trachtet, das göttliche Licht zu erfassen, das aus der Höhe kommt, sieht in der Muttergottes wirklich den brennenden Dornbusch, in dem sich der göttliche Lichtglanz verhüllt und zugleich offenbart.

4. Liebe Ordensmänner und Ordensfrauen, die ihr zu diesem traditionellen Gebetstreffen zusammengekommen seid, wie solltet ihr nicht aus einem so eindrucksvollen Ritus voll geistlicher Tiefe Nutzen ziehen und aus der Überlieferung der syrischen Christen Anregung empfangen zur Meditation über das Ordensleben? Zeichnet sich die syrische Welt nicht besonders aus durch die Kraft und Tiefe ihres monastischen Lebens? In Treue gegenüber der Heiligen Schrift als der Quelle alles geistlichen Lebens strebt der syrische Mönch nach der Radikalität des Gottsuchens in der ganzen phantasiereichen Vielgestaltigkeit seiner Natur, die in beständigem Aufgebot beharrt in der Erwartung des Herrn Jesus. In ihrem „Marana tha", „Komm, Herr!" verkündet diese Sensibilität ein verzehrendes Heimweh nach Gott, ein tiefes Verlangen, sich auf die Begegnung mit ihm vorzubereiten, mit unbeschwerten Füßen und gegürteten Lenden, in aufmerksamer Nachtwache, weil er, der auferstandene Herr, nahe ist und bald kommt. In beständiger Spannung im Dunkel des oft mühevollen irdischen Daseins, in eine Existenz gebunden, deren Grenze in dramatischer Weise erfahren wird, nimmt die syrische Seele den Aufschwung in den Himmel der Freiheit, auf jener kompromißlosen Suche nach dem Absoluten, die immer das Bundesvolk ausgezeichnet hat, bis hin zur Strenge des Charbel und Rafqa.
Liebe Brüder und Schwestern, liegt der Ordensberufung nicht gerade diese Spannung zugrunde, um der Endzeit würdig zu sein?
Möge aus dieser alten Tradition, die so sehr gekennzeichnet ist von der liebeerfüllten Vorbereitung auf die Begegnung mit dem Bräutigam, ein neues Bemühen hervorgehen, die Radikalität eures Glaubenszeugnisses, das Besondere eures Daseins in der Kirche und in der Welt als Sakrament des kommenden Gottesreiches neu zu entdecken.

5. Aus der Geistesgeschichte des östlichen Mönchtums möchte ich, ganz kurz zusammengefaßt, aus vielen möglichen Anregungen nur drei entnehmen, die mir für das Ordensleben heute von besonderer Bedeutung zu sein scheinen. Ordenschrist sein bedeutet, Tag für Tag mit Treue und Zähigkeit nach innerer Ausgeglichenheit trachten. Das Mönchtum war in dieser Hinsicht eine anspruchsvolle Schulung; vor allem das syrische hat mit einem ausgereiften Scharfblick die Tiefen des Herzens ausgelotet und zeigte dabei

eine wirklich bewunderswerte Kenntnis dessen, was im Innern des Menschen wohnt. Diese Suche nach dem inneren Frieden wird geradezu als die „wahre Philosophie" bezeichnet und hat eine ausgeprägt praktische Note: Es handelt sich darum, fortschreitend und mit Geduld zu erkennen, was in uns lebt, die verschiedenen Komponenten unserer Person, die uns einmalig und unwiederholbar machen, zu harmonischer Übereinstimmung zu bringen. Heiligkeit kommt aus der „Versöhnung der Seele und des Leibes", wie Theodoretos versichert (*Therap.* XII,53). Das führt zu jener maßvollen inneren Haltung, die Theodoretos als Sanftmut kennzeichnet. Ist das nicht ein tief menschlicher Aspekt der Askese? Und entspringt die Heiligkeit nicht einem wahrhaft versöhnten Herzen, das in seiner inneren Klarheit die volle Verwirklichung der Person offenbart?

6. Ferner ist in dieser Hinsicht die geistliche Vaterschaft ein Element von großer Bedeutung. Das Mönchtum hat nicht aufgehört, im geistlichen Vater den wahren Führer auf dem Weg zur Heiligkeit zu sehen.
Zur Bekehrung des Herzens hilft nicht so sehr die kalte Regel, sondern helfen das Beispiel und der Rat, die umso leichter angenommen werden, je mehr sie einen persönlichen Charakter haben und der besonderen Veranlagung jedes einzelnen entsprechen. Es ist besorgniserregend, zu beobachten, wie diese Schule der Menschlichkeit in der Kirche bisweilen aus dem Gebrauch kommen konnte. Es ist aber sehr wichtig, daß die Ordensmänner und Ordensfrauen diese beständige Bezugnahme zum menschlichen und geistlichen Wachstum pflegen, denn es ist schwierig, die anfordernden Verpflichtungen des gottgeweihten Lebens zu erfüllen, ohne einen Führer, der unser Herz kennt, der uns mit der Weisheit, die ihm vom Heiligen Geist kommt, stützt und der uns stärkt mit der Großmut, die er aus der Quelle aller Vaterschaft schöpft, aus Gott, der uns berufen hat. Und können nicht gerade die Ordensmänner und Ordensfrauen, wenn sie einmal in der Schule des Geistes geformt wurden, eine kostbare Quelle der geistlichen Führung für die Laien werden, die ebenfalls nach Gott dürsten und eines zuverlässigen Bezugspunktes auf ihrem geistlichen Weg bedürfen? Ist das nicht eine Perspektive von großem Wert für die Zukunft des Ordenslebens?

7. Schließlich ist der Mönch der Mann des Vertrauens in Gott, das so weit geht, daß es in den Augen der Menschen verwegen erscheinen kann. So gelangt er zur „parrhesia", der Kühnheit, die in der innigen Verbundenheit mit Gott ihren Ursprung hat. Sie weiß angesichts jedweder Ungerechtigkeit ihre Stimme im Namen jener Wahrheit zu erheben, die die Gewalttätigen und die Unterdrücker so sehr fürchten. Ein reines Herz wird dieser waffenlosen inneren Freiheit die Kraft geben, die Radikalität eines kompromißlosen Evangeliums zu bezeugen.

8. So spricht heute die Schar der Mönche des Ostens zu uns, sie, die – wie die Engel – die „Nicht-Schlafenden", die „Wachenden" genannt werden. Aus den syrischen Kirchen, aus den Gemeinschaften des Lichtes und der Erwartung dringt die Stimme des Feuers und des Geistes zu uns, die einmal in Maria gesprochen hat und die heute in den Sakramenten der Kirche spricht. Noch einmal wollen wir Ephrem hören: „Im Schoß, der

dich getragen hat, bist du Feuer und Geist; Feuer und Geist strömen in dem Wasser, in dem du getauft wurdest; Feuer und Geist sind auch in unserer Taufe, und im Brot und im Kelch sind Feuer und Geist" (*Hymnus auf den Glauben*, Nr. 10).
„Marana tha!" Herr, du Hoffnung der Welt, komm!

Ökumenische Bemühungen verdoppeln

Ansprache an die Teilnehmer der Vollversammlung des Sekretariates für die Förderung der Einheit der Christen am 5. Februar

Liebe Brüder und Söhne in Christus!

1. Das Herz voll Freude, danke ich Kardinal Johannes Willebrands für die Worte, mit denen er mir die Arbeit der Vollversammlung des Sekretariates für die Einheit der Christen vorgestellt hat.
Ich möchte vor allem aus ganzem Herzen denen danken, die aus verschiedenen Teilen der Welt hergekommen sind, ihre Aufgaben hinter sich gelassen und der katholischen Kirche ihre ganze Erfahrung, ihre Fachkenntnis und ihr Bemühen um die Förderung der vollen Einheit aller Christen zur Verfügung gestellt haben. Dieser gemeinsame Einsatz, der in der Tat eine der Prioritäten des pastoralen Wirkens unserer Zeit ist, geht direkt auf den Willen Christi für seine Kirche zurück, soll sie doch Zeichen und Werkzeug der Einheit der ganzen Menschheit sein (vgl. *Joh* 17,21; *Lumen gentium*, Nr. 1). Der neue Codex des Kirchenrechtes nimmt ausdrücklich darauf Bezug: „Aufgabe des ganzen Bischofskollegiums und besonders des Apostolischen Stuhles ist es, die ökumenische Bewegung bei den Katholiken zu pflegen und zu leiten; Ziel der ökumenischen Bewegung ist die Wiederherstellung der Einheit unter allen Christen; sie zu fördern, ist die Kirche kraft des Willens Christi gehalten" (*CIC*, can. 755,1). Will man diese Aufgabe wirksam durchführen, dann braucht es wegen ihres Umfangs den Beitrag vielfältiger Sachkenntnis und genaues Wissen um die unterschiedlichen örtlichen Situationen.
Ich bin euch daher zutiefst dankbar für die gemeinsame Überlegung, die ihr im Licht der Imperative des Evangeliums und in brüderlichem und loyalem Austausch der Meinungen angestellt habt, um Weisungen zu finden und zu formulieren, die lehrmäßig wohlbegründet sind und den aktuellen, auf die Zukunft hin offenen Problemen entsprechen.

2. Die Berichte über die wichtigsten Arbeiten des Sekretariates für die Einheit seit seiner letzten Vollversammlung haben euch eine Gesamtsicht der derzeitigen ökumenischen Lage verschafft, mit ihren positiven Ergebnissen und mit ihren Problemen und Schwierigkeiten. Es ist in der Tat ein weitgespannter Überblick, der die Beziehungen mit den Kirchen des Ostens ebenso umfaßt wie die mit den Kirchen und kirchlichen Gemeinschaften im Westen. Diese Beziehungen besitzen gewiß gemeinsame Aspekte, aber auch spezifische und unterschiedliche, denn es geht um theologische Themen, um Fragen historischer und kultureller Art, um soziologische und politische Situationen, um psycho-

logische Haltungen und pastorale Auswirkungen, also um ein sehr verschiedenartiges Panorama. In diesem Zusammenhang bieten eine genaue Kenntnis der Probleme und die feste Hoffnung, die jene, die für das Reich Gottes im Gehorsam gegen den Willen des Herrn arbeiten, nicht täuscht, die Möglichkeit, neue und geeignete Wege zu finden zur Lösung der aus der Geschichte überkommenen Fragen; die die Christen noch trennen.
Bedenkt man all das, was unter den Christen mit Gottes Gnade geworden ist, sei es durch theologischen Dialog, sei es durch brüderliche Beziehungen, so fühlen wir uns zu einer Verdoppelung unserer Bemühungen innerhalb der katholischen Kirche und mit den anderen Christen veranlaßt, um einer Übereinstimmung im Glauben immer näher zu kommen. Der Herr hat die Anfänge dieser Bewegung gesegnet; er hat uns bis heute geholfen und eine ganz neue Situation in den Beziehungen unter den Christen geschaffen; er wird uns weiter seine Hilfe schenken, um seinen Plan zu erfüllen, dessen bin ich gewiß.

3. Ihr habt im Verlauf dieser Sitzung besonders den Entwurf zu einer Neuausgabe des ökumenischen Direktoriums studiert.
Das II. Vatikanische Konzil hatte gewünscht, die Weisungen für die Praxis des Ökumenismus sollten in einem Direktorium zusammengestellt werden im Hinblick auf die Anwendung der Grundsätze des Dekretes über den Ökumenismus und anderer Konzilsdokumente mit ökumenischer Bedeutung.
Das Direktorium erschien in zwei Teilen 1967 und 1970 und hat kostbare Dienste zur Orientierung, Koordinierung und Entfaltung der ökumenischen Bemühungen geleistet. Nach seiner Veröffentlichung haben weitere Dokumente direkt oder indirekt ökumenische Probleme behandelt, wie das Motu proprio *Matrimonia mixta* (1970), die *Instruktion über Sonderfälle der Zulassung anderer Christen zur Eucharistiefeier in der katholischen Kirche* (1972), das *Dokument über die ökumenische Zusammenarbeit auf nationaler, regionaler und lokaler Ebene* (1975), die Apostolische Konstitution *Sapientia christiana* über die Universitäten und die kirchlichen Fakultäten (1979), das Apostolische Schreiben *Catechesi tradendae* (1979) und noch andere; ferner hat der *Codex des Kirchenrechtes* von 1983 eine neue Situation geschaffen.
All dies erforderte eine Reaktion des Direktoriums, die das Ganze berücksichtigt, so daß die pastorale Aufgabe einer organischen Förderung der Einheit dadurch erleichtert und konsequent weitergeführt wird.
Der erste Teil des ökumenischen Direktoriums (1967, 2) hatte bereits die Orientierung gegeben, ständig auf die Entwicklung der ökumenischen Situation zu achten. Ebenso werden die neuen Weisungen eine Förderung der Einheit anzielen, „ohne den Wegen der Vorsehung irgendein Hindernis in den Weg zu legen und ohne den künftigen Anregungen des Heiligen Geistes vorzugreifen" (*Unitatis redintegratio*, Nr. 24). Man kann ferner sagen: Das neue Direktorium selbst müßte ein Mittel der Vertiefung sein und einen geordneten Fortschritt der ökumenischen Situation fördern.
Es ist daher mein Wunsch, die von euch in dieser Woche geleistete Arbeit möge der Vollversammlung das solide lehrmäßige Fundament und zugleich die geeignete pastorale Ausrichtung bieten, damit das neue Projekt unverzüglich seine Endfassung bekommen und bald veröffentlicht werden kann.

Der Umfang der ökumenischen Bewegung, die immer größere Zahl der Dokumente des Dialogs, die dringend empfundene Notwendigkeit einer größeren Beteiligung des ganzen Volkes Gottes an dieser Bewegung und folglich auch einer genauen lehrmäßigen Information hinsichtlich des rechten Mittuns, alles das verlangt, daß die Weisungen unverzüglich auf den heutigen Stand gebracht werden.

4. Wenn ihr zu euren pastoralen Aufgaben in euren Ortskirchen zurückkehrt, werden sicher die Überlegungen in euch nachklingen, die ihr aus diesen Tagen vertiefter, konkreter Sorge und Bemühung um die Wiederherstellung der vollen Einheit mitnehmt.
Ich vereinige mich mit euch im Gebet und bitte den Herrn, euch zu segnen, ferner all jene, die mit euch im Dienst der Einheit zusammenarbeiten.

Den Alten, Vergessenen und Armen dienen

Ansprache an die Gemeinschaft Sant' Egidio zum 20. Jahrestag ihrer Gründung am 6. Februar

Liebe Brüder und Schwestern der Gemeinschaft Sant' Egidio!

1. Seid willkommen! Ich begrüße euren Präsidenten, Prof. Andrea Riccardi, und den Assistenten Don Vincenzo Paglia, und ich begrüße euch alle mit Freude und beglückwünsche euch zum zwanzigsten Jahrestag eurer Gründung.
Ich erinnere mich an die vielen Begegnungen mit eurer Gemeinschaft. Am Beginn meines Amtes als Bischof von Rom habe ich euch im Dezember 1978 bei meinem Pastoralbesuch im Stadtteil Garbatella in einem eurer karitativen Werke getroffen. Nach diesem ersten Mal bin ich euch noch oft bei meinen Pastoralbesuchen vor allem an der Peripherie der Diözese begegnet, aber auch in der Kirche S. Egidio und in Castel Gandolfo. Und dann habe ich euch in Italien und in verschiedenen Teilen der Welt getroffen. Während dieser zehn Jahre hatte ich oft Gelegenheit, euren Weg zu verfolgen und euch anzuhören. Es war für euch eine Zeit des inneren Wachsens und der Entwicklung auch außerhalb Roms, und in dieser Zeit habt ihr am Pfingstfest 1986 von seiten des Heiligen Stuhls die Anerkennung als öffentliche Laienvereinigung erhalten.

2. Es ist kein Zufall, daß ihr euch zum zwanzigsten Jahrestag in Rom versammelt habt und den Papst besucht, der der Bischof dieser Kirche ist. Eure Gemeinschaft ist hier 1986 aus einer Studentengruppe entstanden. Sie ist in dieser Kirche Roms, „die dem Liebesbund vorsteht“, gewachsen. Ihr habt euch auch anderswo entfaltet und euch in andere Ortskirchen eingefügt, aber immer einen ausgeprägten Sinn für die „Romanität“ eures Ursprungs bewahrt. 1986 habe ich in Castel Gandolfo zu euch gesagt: „Wo es die Gemeinschaft Sant' Egidio gibt, da bin ich – auch außerhalb Roms – immer in Rom.“
Dieses Merkmal will aber kein Grund zum Stolz oder zu einer Bevorzugung sein. Es drückt sich darin vielmehr jener Primat der Liebe aus, den Jesus so nachdrücklich im Evangelium eingeschärft hat: „Wer bei euch der Erste sein will, soll der Sklave aller sein“ (*Mk* 10,44). Nach ihren Statuten hat die Gemeinschaft Sant' Egidio diesen Dienst

gelebt in der Evangelisierung, in der Option für die Armen, in Freundschaft und Gastfreundschaft, die in ökumenischem Geist und im Dialog gepflegt werden.

3. Aus der Evangelisierung sind auch eure Gemeinschaften in verschiedenen europäischen Ländern und in Lateinamerika entstanden. Von Anfang an habt ihr dem Wort des Apostels Paulus an die Korinther, das wir morgen, an eurem Jahrestag, in der Liturgiefeier lesen, Gehör geschenkt: „Weh mir, wenn ich das Evangelium nicht verkünde!" Aber der Apostel fügt hinzu: „Was ist nun mein Lohn? Daß ich das Evangelium unentgeltlich verkünde ... " (*1 Kor* 9,16.18). Das ist der Lohn, den ihr heute verkostet. Und wenn ich die Früchte des Evangeliums sehe, teile ich gern eure Freude.
Wem ihr begegnet, den lehrt ihr die Armen lieben, jene, die Jesus, „meine geringsten Brüder" nennt (*Mt* 25,40). Die Liebe zu den Armen ist ein grundlegender Aspekt bei der Ausbildung, die ihr den Jugendlichen zuteil werden laßt. Fahrt fort, sie auf diese tägliche Aufgabe im Leben hin auszurichten. Wer in Schwierigkeiten ist, muß bei der Gemeinschaft Sant' Egidio eine Hilfe finden können. Fehlt es an Mitteln, so sei der Einsatz ein engagiertes, hochherziges Leben.
Als ich euch 1982 zusammen mit alten Menschen empfangen habe, konnte ich selbst sehen, wie ihr versöhnend bei ihnen gewirkt habt, den alten Menschen, die zu oft am Rand der Gesellschaft leben müssen und dazu verurteilt sind, in der Isolierung zu verlöschen. Wie damals, so spüre ich auch jetzt, daß die Liebe zu den Alten wesentlich zum Schutz des Lebens gehört: Man darf das Ärgernis nicht hinnehmen, daß eine Gesellschaft den alten Menschen abseits stellt, weil er unnütz ist, und daß sie das Geschenk eines langen Lebens verwünscht.

4. Eine Frucht eurer bevorzugten Hinwendung zu den Armen ist der Dienst an den Sinti und an den Ausländern. Die Aufnahme von mittellosen Ausländern bildet in unserer Gesellschaft, die versucht ist, sich nur mit ihrem eigenen Reichtum und ihren eigenen Problemen zu beschäftigen, ein Element, das die Züge des Evangeliums trägt. Die „Philoxenie", die Liebe zum Fremden, hat seit Abraham, der in Mamre drei Fremde aufnahm und daraus einen großen und fruchtbringenden Segen empfing, tiefe Wurzeln in der Glaubenserfahrung.
Dieser Sinn für Gastfreundschaft und allgemeine Brüderlichkeit findet sich auch in dem Einsatz für Ökumene und Dialog, der in Sant' Egidio als Teilnahme an der Berufung der Kirche Roms in seiner lokalen und universalen Dimension gepflegt wird. Die kleine Gemeinschaft, die ihr am Anfang wart, hat sich keine Grenzen gesetzt, wenn nicht die der Liebe.
Die Welt ist heute eine Erde der Angst. Die Menschen, die auf ihr wohnen, haben Furcht voreinander. Aus dieser Angst entstehen gegenseitige Unkenntnis, Feindschaft und Gewalttaten. Diese Angst mit ihren traurigen Folgen muß überwunden werden. Euer Einsatz allgemeiner Brüderlichkeit zielt darauf hin, Beziehungen des Vertrauens und der Freundschaft herzustellen, die Furcht und Feindschaft mit der Wurzel beseitigen.

5. In diesem Geist widmet ihr euch auch der Förderung des Dialogs zwischen Christen und Gläubigen verschiedener Religionen. Durch freundschaftliche Verbindungen, Rei-

sen, Begegnungen habt ihr Brüderlichkeit mit Vertretern und Situationen der Ostkirchen gepflegt, und kürzlich habt ihr in S. Maria in Trastevere mit der Jugend der Diözese Rom den Ökumenischen Patriarchen Dimitrios I. empfangen können. Der Abstand zwischen den Menschen erscheint noch sehr groß. Aber die freundschaftlichen, brüderlichen und gemeinschaftlichen Beziehungen schaffen Annäherung und bauen die Furcht ab. Auf diese Weise leistet Sant' Egidio einen wichtigen Beitrag dazu, Männer und Frauen, auch von verschiedenen Religionen, einander brüderlich näherzubringen.
Der Primat der Bruderliebe, Quelle der Evangelisierung, des Dienstes an den Armen und jeden Dialogs, ist das Herz eures Einsatzes. Er ist auch ein Erbe der römischen Kirche, das ihr wieder zum Aufblühen bringt. Um euch darin zu bestärken stützt ihr euch durch das Gebet auf Christus. Es ist mir eine Freude zu hören, daß ihr an eurem täglichen Abendgebet in der Kirche Sant' Egidio und an vielen Orten in Rom und anderswo festhaltet. An diesem zwanzigsten Jahrestag möchte ich euch daran erinnern, daß das Geheimnis eures Einsatzes in jeder Richtung hier liegt: in Christus, der sich im Gebet und in der Liebe als Fundament eines jeden Bauwerks erweist (vgl. *1 Kor* 3,10).
Bleibt Christus treu! Seid in eifriger Hingabe beharrlich im Gebet! Mit dieser Empfehlung, die zugleich ein Glückwunsch und ein Auftrag ist, segne ich euch von Herzen.

Christliche Einheit und Sendung untrennbar verknüpft

Ansprache beim Treffen mit den Teilnehmern am Seminar des ökumenischen Instituts von Bossey am 8. Februar

Liebe Freunde vom ökumenischen Institut Bossey!

Mit großer Freude heiße ich euch heute im Vatikan während eurer Pilgerfahrt nach Rom willkommen. Ich grüße euch mit den Worten des Apostels Paulus: „Gnade sei mit euch und Friede von Gott, unserem Vater, und dem Herrn Jesus Christus“ (*Phil* 1,2). In den letzten fünf Monaten habt ihr euch in eurem Seminar mit dem Thema „Die Einheit und Sendung der Kirche“ befaßt. Ihr habt dies getan, indem ihr über die verschiedenen Bemühungen nachgedacht habt, die die christlichen Kirchen und kirchlichen Gemeinschaften auf der Suche nach der von Christus für seine Jünger gewollten Einheit unternommen haben.
Ihr seid euch bestimmt bewußt geworden, daß es eine wesentliche und tiefe Beziehung zwischen der christlichen Einheit und der Verkündigung des Evangeliums gibt. Denn christliche Einheit und Sendung sind untrennbar miteinander verknüpft, wie man aus Jesu eigenem Gebet für die Einheit ersehen kann: „Alle sollen eins sein: Wie du, Vater, in mir bist und ich in dir bin, sollen auch sie in uns sein, damit die Welt glaubt, daß du mich gesandt hast“ (*Joh* 17,21).
Die Aufgabe, auf eine volle Gemeinschaft hin zu arbeiten, ist daher dringlich, denn sie ist das Mittel für ein immer volleres Zeugnis für Christus vor der Welt. Unsere gemeinsame Taufe ist bereits ein Aufruf und eine Aufforderung, auf jede nur mögliche Weise zu-

sammenzuarbeiten, Trennungen zu überwinden und das auszudrücken, was uns schon in Jesus Christus vereint.
Möge euer Besuch bei den Gräbern der Apostel Petrus und Paulus eine geistlich bereichernde Erfahrung und eine Anregung für eure ökumenische Arbeit sein, wenn ihr in eure eigenen Länder zurückkehrt. Ich bete dafür, daß der Herr in euren Herzen die erneuerte Schau und Sehnsucht nach christlicher Einheit, die ihr erhalten habt, lebendig halte, so daß ihr einen wirksamen Beitrag zu der Einheit leistet, die Christi Willen entspricht.
Gemeinsam können wir unsere ökumenische Hoffnung mit den Worten des Briefes an die Epheser ausdrücken: „Er aber, der durch die Macht, die in uns wirkt, unendlich mehr tun kann, als wir erbitten oder uns ausdenken können, er werde verherrlicht durch die Kirche und durch Christus Jesus in allen Generationen, für ewige Zeiten. Amen."

Vatikan lebendiger Mittelpunkt der Katholizität

Ansprache an das Inspektorat für Öffentliche Sicherheit am Vatikan am 8. Februar

Lieber Chefinspektor,
liebe Angestellten des Inspektorats für Öffentliche Sicherheit am Vatikan!

1. Euer Besuch ist mir sehr willkommen, und ich danke jedem von euch herzlich für die Glückwünsche, die ihr mir zu Beginn des neuen Jahres mit einer freundlichen Geste der Ehrerbietung entgegengebracht habt.
Darüber hinaus gibt mir eure Anwesenheit die Gelegenheit, euch meine Gefühle der Wertschätzung und Anerkennung für das Werk zu erneuern, das ihr mit Eifer und Hochherzigkeit für den Papst und die Vatikanstadt ausführt. Euer Einsatz ist wirklich unauffällig und steht nahezu im Schatten; dennoch ist er wichtig, notwendig und sehr wertvoll, damit auf diesem so einzigartigen und bedeutungsvollen Territorium alles in gebührender Ordnung verläuft – zur Erbauung der Gläubigen, die aus allen Teilen der Welt herbeieilen.
Ich kenne die Unannehmlichkeiten und Schwierigkeiten, die euch euer Einsatz ständig auferlegt, denn er macht euch für die Überwachung sowohl des ordnungsgemäßen Ablaufs der Audienzen und liturgischen Feiern als auch für die Unversehrtheit der Personen verantwortlich. Obgleich diese Arbeit, die ihr gewissenhaft und sorgfältig ausübt, sicherlich anstrengend ist, so ist sie auch Ehre und Verdienst. Denn der Vatikan ist, wie euch einst mein Vorgänger Papst Paul VI. sagte, „mehr als nur ein monumentaler Komplex, der den Studierenden, den Touristen, den Gelehrten interessieren kann; der Vatikan ist der Sitz des Stellvertreters Christi, der lebendige und wirkende Mitelpunkt der Katholizität" (*Insegnamento di Paolo VI.*, Bd. XI, 27. Januar 1973).

2. Hier seht ihr einen ununterbrochenen Pilgerzug von Menschen jeder Nationalität, jeden Standes und jeder Kultur, die am Grab des hl. Petrus beten und das Wort seines Nachfolgers hören möchten; hier seid ihr Zeugen des Leidens und der Sehnsucht, die viele Menschen, Gläubige und Ungläubige, Christen und Nichtchristen, auf ihrem Weg zum

Sitz Petri begleiten. Von diesem Mittelpunkt des katholischen Glaubens aus wird in der Tat die wahre Religion verkündet, die von Gott selbst durch Jesus Christus, den Begründer der Kirche, offenbart wurde; hier wird der Gottesdienst gefeiert, der von Gott selbst gewollt ist und ihm von Jesus Christus dargebracht wurde mit seinem Leben und seinem Kreuzestod, der sich im heiligen Meßopfer fortwährend verwirklicht. Nun habt ihr, wenn auch indirekt, mit eurem Ordnungs- und Aufsichtsdienst an diesem geheimnisvollen Plan der Vorsehung teil, von dem alle Völker angezogen und nach Rom, zur Vatikanstadt, zum Grab Petri, zum Apostolischen Stuhl gerufen werden. Möge euch dies ein Anreiz sein, eure Aufgabe stets mit Eifer auszuüben und zugleich auch aus dem Licht der Wahrheit, das der in der Kirche stets lebendige Christus ist, mit persönlicher Überzeugung und einer konsequenten Lebensführung in Fülle zu schöpfen, damit auch ihr aufrichtige und mutige Zeugen des Evangeliums seid.

Dies ist der Wunsch, den ich zum neuen Jahr an euch alle richte, während ich Marias mütterlichen Schutz für euch und eure Angehörigen erflehe und euch meines Gedenkens im Gebet versichere. Und nun erteile ich euch mit großer Zuneigung den Apostolischen Segen, den ich gern auf alle Menschen ausdehne, die euch lieb sind.

Teilen im Geiste der Brüderlichkeit

Botschaft zur Fastenzeit 1988 vom 9. Februar

Liebe Brüder und Schwestern!

Mit dieser Botschaft zur Fastenzeit möchte ich euch in froher Hoffnung zur Buße aufrufen, die in euch reiche geistliche Früchte für ein noch lebendigeres christliches Leben und eine tätige Nächstenliebe hervorbringen möge.

Die Fastenzeit, die das Leben aller christlichen Gemeinschaften zutiefst prägt, fördert den Geist der Sammlung, des Gebetes und des Hörens auf das Wort Gottes. Sie regt dazu an, hochherzig auf jenen Anruf des Herrn zu antworten, den der Prophet mit den Worten ausdrückt: „... das ist ein Fasten, wie ich es liebe ...: an die Hungrigen das Brot auszuteilen, die obdachlosen Armen ins Haus aufzunehmen ... Wenn du dann rufst, wird der Herr dir Antwort geben, und wenn du um Hilfe schreist, wird er dir sagen: Hier bin ich!" (*Jes* 58,6.7.9).

Die Fastenzeit 1988 ist im Zusammenhang mit der Feier des Marianischen Jahres zu sehen, mit dem wir uns der Feier des zweiten Jahrtausends der Geburt Jesu, unseres Erlösers, nähern. Bei der Betrachtung der göttlichen Mutterschaft Mariens, die den Sohn Gottes in ihrem Schoß getragen und die Kindheit Jesu mit besonderer Sorge umgeben hat, drängt sich mir das schmerzliche Drama so vieler Mütter auf, deren Freuden und Hoffnungen mit dem allzu frühen Tod ihrer Kinder zerbrechen.

Ja, liebe Brüder und Schwestern, ich möchte euch einladen, über diesen Skandal der Kindersterblichkeit nachzudenken, der Tag für Tag Zehntausende von Opfern fordert. Kinder sterben, bevor sie das Licht der Welt erblicken, anderen ist nur ein kurzes und leidvolles Leben beschieden, abgebrochen durch Krankheiten, die doch leicht zu vermeiden

nn werdet ihr zu diesem Berg
Und er wird wegrücken. Nichts
ich hat der Herr hinzugefügt,
ssetzung sind.

unseres Glaubens steht Jesus
nd alle seine Worte quellen aus
. Und für uns alle gilt sein
'ater gesehen". Wer also Christus
t den Vater gesehn, weiß von ihm
es Glaubens. Der christliche
lhabe an der Schau, am Wissen
, das uns die Kirche verkündet.

wären. Zuverlässige Untersuchungen zeigen, daß in Ländern, die am schlimmsten unter der Armut leiden, die größte Zahl der Toten bei den Kindern zu finden ist: Aufgrund von akutem Wassermangel, von parasitären Infektionen, von unreinem Wasser, von Hunger, wegen fehlender Impfungen gegen Epidemien und auch wegen fehlender liebender Zuwendung. Unter solchen Elendsbedingungen stirbt eine große Zahl von Kindern frühzeitig, andere sind dadurch sehr geschwächt, daß ihre körperliche und seelische Entwicklung gefährdet ist. Ihr einfaches Überleben bleibt bedroht, und sie sind auch sehr benachteiligt, um einen Platz in der Gesellschaft zu finden.
Die Opfer dieser Tragödie sind die Kinder, die in ärmlichen Verhältnissen geboren werden, welche oft auf sozialen Ungerechtigkeiten beruhen; ferner jene Familien, denen die notwendigen Mittel fehlen und die durch den frühen Tod ihrer Kinder für immer geschädigt sind.
Erinnern wir uns, mit welcher Bestimmtheit unser Herr Jesus Christus seine Solidarität mit den Kindern ausgedrückt hat: „Da rief er ein Kind herbei, stellte es in ihre Mitte und sagte: ... Und wer ein solches Kind um meinetwillen aufnimmt, der nimmt mich auf!" Und er befahl: „Lasset die Kinder zu mir kommen!" (*Mt* 18,2.5; 19,14).
In dieser liturgischen Fastenzeit ermahne ich euch aufrichtig, euch vom Heiligen Geist erfassen zu lassen, der die Kette der Ichsucht und der Sünde zu zersprengen vermag. Teilt im Geiste der Brüderlichkeit mit jenen, die weniger haben als ihr! Schenkt nicht nur von eurem Überfluß, sondern auch von dem, was euch vielleicht notwendig ist, um so alle Aktionen und Projekte in eurer Ortskirche zu unterstützen und besonders den weniger begüterten Kindern eine gerechte Zukunft zu sichern.
Auf diese Weise wird, liebe Brüder und Schwestern in Christus, eure hilfsbereite Liebe hell erstrahlen: „... damit sie eure guten Werke sehen und euren Vater im Himmel preisen" (*Mt* 5,16).
Möge so in dieser Fastenzeit nach dem Beispiel Mariens, die ihren Sohn bis zum Kreuz begleitet hat, unser Glaube an den Herrn tiefer und stärker werden und unser hochherziges Leben von unserem Gehorsam zu seinem Gebot Zeugnis geben.
Von Herzen segne ich euch: Im Namen des Vaters und des Sohnes und des Heiligen Geistes. Amen.

In Lourdes wird das Leiden leichter

Predigt in der Eucharistiefeier für die Kranken am Gedächtnistag U. L. Frau von Lourdes am 11. Februar

1. „Der Tod wird nicht mehr sein, keine Trauer, keine Klage, keine Mühsal. Denn was früher war, ist vergangen" (*Offb* 21,4).
Die Vision der Hoffnung, die sich durch diese Worte öffnet, liebe Brüder und Schwestern, fügt sich in den weiten Rahmen der großartigen Prophezeiung der Offenbarung des Johannes ein, die wir soeben gelesen haben: die zukünftige Erneuerung des Universums

in der endzeitlichen Fülle des Gottesreiches, im Augenblick der glorreichen Wiederkehr Christi.
Auf dieser „neuen Erde“ und unter diesem „neuen Himmel“ wird, wie der Text sagt, „das Meer“ verschwunden sein. In der Sprache der Bibel bedeutet das Meer alles das, was sich Gott widersetzt und was sich nicht seinem wohltätigen Handeln fügt. Das alles zusammen wird also aus der neuen Welt der Kinder Gottes, die vom Tod, von der Sünde und vom Übel aller Art befreit sind, ausgeschlossen sein.
Johannes bietet uns auch die Vision eines „neuen Jerusalem“, das nicht das Ergebnis menschlichen Bemühens ist, sondern „vom Himmel herabsteigt“, also ein Geschenk Gottes ist. Und dieses Jerusalem, die versammelte Gemeinde der Auferstandenen, wird durch eine geheimnisvolle weibliche Gestalt dargestellt, eine Braut. Sie ist „die Wohnung Gottes unter den Menschen“ (*Offb* 21,3).
Durch diese weibliche Gestalt wird Maria, die „neue Frau“ – wie wir im Alleluiavers gesungen haben – angedeutet, die wahre „Wohnung Gottes unter den Menschen“, denn von ihr wurde „der neue Mensch, Jesus Christus, geboren“.

2. Heute, liebe Brüder und Schwestern, gedenken wir einer bedeutungsvollen Anwesenheit dieser neuen Frau in unserer Geschichte. Wir feiern das liturgische Gedächtnis der ersten Erscheinung der seligen Jungfrau Maria von Bernadette Soubirous in der Grotte von Massabielle.
Wir erinnern uns also daran, daß, wie ich in meiner Enzyklika *Redemptoris Mater* sagte, „Maria zugegen (ist) in der Sendung der Kirche, zugegen im Wirken der Kirche, die das Reich ihres Sohnes in die Welt einführt“ (Nr. 28). Dieses Zugegensein wird unter anderem offenkundig „durch die werbende und ausstrahlende Kraft der großen Heiligtümer, in denen nicht nur einzelne oder örtliche Gruppen, sondern bisweilen ganze Nationen und Kontinente die Begegnung mit der Mutter des Herrn suchen“.
Lourdes ist, wie viele andere Orte, ein besonderes Zeichen dieses Wirkens Marias im Lauf unserer Geschichte. Maria hat ja, wie das Zweite Vatikanum sagt (*Lumen gentium*, Nr. 62), „in den Himmel aufgenommen, diesen heilbringenden Auftrag nicht aufgegeben, sondern fährt durch ihre vielfältige Fürbitte fort, uns die Gaben des ewigen Heils zu erwirken. In ihrer mütterlichen Liebe trägt sie Sorge für die Brüder ihres Sohnes, die noch auf der Pilgerschaft sind und in Gefahren und Bedrängnissen weilen, bis sie zur seligen Heimat gelangen“.
In Lourdes entfaltet Maria ihre Sendung darin, Leiden zu lindern und die Seelen mit Gott und mit dem Nächsten zu versöhnen. Die Gnaden, die diese Mutter der Barmherzigkeit den ungezählten Scharen einer leidenden und verlorenen Menschheit erwirkt, haben alle das Ziel, die Menschen zu Christus zu führen und ihnen die Gabe seines Geistes zu erlangen.

3. In Lourdes hat sich Maria durch die hl. Bernadette in herausragender Weise als „Sprecherin für den Willen des Sohnes“ kundgetan (vgl. *Redempt. Mater*, Nr. 21). In allem, was die Muttergottes zu der Seherin sagte, in allem, was sie sie zu tun anwies, in allem, was dann in Lourdes geschah und noch geschieht, kommt, wenn wir so sagen wollen, der

Wille Marias zum Ausdruck. Aber in wessen Namen, durch wessen Gnade konnte sie das alles bewirken, wenn nicht durch ihren göttlichen Sohn? Lourdes, das können wir also wohl sagen, gehört noch mehr Christus als seiner heiligen Mutter. In Lourdes lernen wir durch Maria Christus kennen. Die Wunder von Lourdes sind Wunder Christi, die durch Maria erlangt werden.
Darum ist Lourdes ein bevorzugter Ort christlicher Erfahrung. In Lourdes lernt man leiden, wie Christus gelitten hat. Man nimmt das Leiden an, wie er es angenommen hat. In Lourdes wird das Leiden leichter, weil man es mit Christus trägt. Und nur dann, wenn man es mit ihm trägt. Gestützt durch Maria.

4. In Lourdes lernt man, daß der Glaube das Leiden leichter macht, nicht so sehr im Sinn körperlicher Verminderung des Leidens. Das ist die Aufgabe der Medizin, oder es kann in Ausnahmefällen auf wunderbare Weise geschehen. In Lourdes lernt man, daß der Glaube das Leiden erleichtert, insofern er dazu führt, es als Mittel der Sühne und als Ausdruck der Liebe anzunehmen. In Lourdes lernt man, sich nicht nur der göttlichen Gerechtigkeit, sondern auch, wie die hl. Therese von Lisieux sagte, der erbarmenden Liebe dessen anzubieten, der, nach den Worten meines Apostolischen Schreibens *Salvifici doloris* (Nr. 18) „freiwillig und unschuldig" gelitten hat.
Der Christ hat, wie jeder verständige und gewissenhafte Mensch, die Pflicht, sich für eine wirksame Linderung des Schmerzes einzusetzen, um für sich oder die anderen die Heilung zu erreichen. Aber seine Hauptsorge ist darauf gerichtet, jenes tiefere Übel, nämlich die Sünde, wegzuschaffen. Es würde ja nichts nützen, sich der, selbst blühendsten, Gesundheit zu erfreuen, wenn die Seele nicht im Frieden mit Gott wäre. Wenn sie hingegen in der Gnade Gottes ist, können auch die schrecklichsten Schmerzen erträglich werden, weil sie deren Nutzen für das ewige Heil, das eigene und das der Brüder, begreift.

5. Liebe Brüder und Schwestern der UNITALSI und des Römischen Pilgerwerkes! Liebe Kranken und deren Angehörige und Freunde, die ihr hier anwesend seid! Ihr seid tiefer in das Erleben dieser Heilsgeheimnisse einbezogen. Manche von euch, sind als Organisatoren, Assistenten, Ordensmänner, Ordensfrauen, Krankenpflege- und Begleitpersonal dazu berufen, euch für die Linderung des menschlichen Leidens einzusetzen. Wie der barmherzige Samariter aus dem Gleichnis des Evangeliums empfindet ihr Mitleid mit den Leiden des Nächsten, ihr fühlt sie wie eure eigenen, ihr haltet ein bei denen, die davon betroffen sind und helft ihnen hochherzig nach dem Maß des euch Möglichen und eurer Zuständigkeit. Als Gläubige begleitet ihr den leidenden Nächsten zur Begegnung, durch Maria, mit Christus, dem Gekreuzigten und Auferstandenen.
Und ihr, liebe Kranken, ihr seid dazu berufen, das Geheimnis Christi auf tiefere und entscheidendere Weise zu leben, nämlich durch die Erfahrung des Leidens selbst.
„Auf tiefere und entscheidendere Weise", habe ich gesagt. In der Tat, welches war der entscheidende und wichtigste Augenblick in dem Christus unser Heil gewirkt hat? Als er die Wege der Verkündigung ging? Als er lehrte? Als er Kranke heilte und Dämonen austrieb? Als er sich mit den Schriftgelehrten und Pharisäern auseinandersetzte? Als er den

Jüngern Anweisungen gab? Nein. Es war der Augenblick des Kreuzes. Gewißt, alles Handeln Christi während seines Lebens war heilbringend. Aber der Akt, der jedem anderen seine Wirksamkeit und seinen Sinn gegeben hat, war das Kreuzesleiden.
Darum ist es an euch, liebe Kranken, auf besondere Weise nicht nur euer eigenes Heil, sondern auch das der andern zu wirken, in dem Maß, in dem ihr nach dem Beispiel Christi unschuldig leidet und in einem Akt großmütiger Liebe eure Leiden für das Heil der Welt aufopfert.

6. Maria, die heilige Jungfrau spielt eine wesentliche Rolle, wenn es darum geht, uns das Geheimnis des Kreuzes begreifen und annehmen zu lehren. Sie führt uns mit mütterlicher Weisheit in dieses Geheimnis ein und macht unsere Schwachheit dazu bereit, indem sie uns die unterstützende Kraft ihres Sohnes spüren läßt, auch in unserem gewöhnlichen Alltag.
Das ist die Bedeutung der Anwesenheit Marias bei der Hochzeit von Kana, wie wir im Evangelium unserer heutigen Liturgiefeier gelesen haben. Bei diesem so tief menschlichen Anlaß führt uns Maria zu Christus und läßt uns spüren, daß er unseren gewöhnlichsten und natürlichsten Freuden nahe ist. Sie erwirkt uns eine fühlbare Gnade. Diese außerordentlich feinfühlige Geste Marias aber hat ihr Ziel nicht in sich selbst. Sie zielt auf viel Höheres ab. In Kana läßt Maria uns nur den ersten Schritt tun. Er soll uns weiterführen zum Geheimnis des Kreuzes und der Auferstehung.

7. Maria führt uns nicht nur als Lehrerin zum Geheimnis des Kreuzes, sondern auch als jene, die an diesem Geheimnis Anteil hat. Sie leidet mit Jesus und leidet mit uns. Auch sie tritt mit Jesus den Mächten des Bösen entgegen und besiegt sie. Auch sie trifft, mit ihrem Sohn zusammen, „die Schlange am Kopf“ (vgl. *Gen* 3,15).
Maria lehrt uns nach dem Beispiel Jesu alle Tugenden, die wir notwendig haben, um dem Bösen jeder Art entgegenzutreten und es zu besiegen: Mut, Stärke, Geduld, Opfergeist und heilige Ergebung in den Willen Gottes. „Gesegnet bist du, Tochter, von Gott, dem Allerhöchsten, mehr als andere Frauen! ... Die Erinnerung an dein Vertrauen soll in Ewigkeit nicht aus den Herzen der Menschen entschwinden. ... In der Not unseres Volkes hast du dein Leben nicht geschont; nein, du hast entschlossen unseren Untergang von uns abgewehrt“ (*Jdt* 13,18–20). „Siehe, die Wohnung Gottes unter den Menschen“ (*Offb* 21,3).
Wir wollen noch einmal der heiligen Jungfrau Maria von Lourdes danken. Wir danken ihr für das Vertrauen, für den Mut, mit dem sie durch die kleine, arme Bernadette dem Unglauben, den Widerständen und dem Sarkasmus der Menschen, die im Gefängnis eines engen Rationalismus eingeschlossen waren, entgegenzutreten wußte. Wir danken ihr, daß sie sich allen Seelen anbietet, die nach Wahrheit, nach Befreiung, nach Erlösung und Heil dürsten. Wir danken der heiligen Jungfrau für das, was sie heute noch in Lourdes wirkt. Wir wollen ihre Aufrufe hören, ihren Erwartungen entsprechen und den Weg gehen, den sie uns zeigt: hin zu Christus und dem Gottesreich.
Wir wollen bewundern. Wir wollen danken. Wir wollen preisen.

Maria, Vorbild der Vollkommenheit

Grußwort an die Bischöfe, Freunde der Fokolarbewegung am 11. Februar

Liebe Brüder im Bischofsamt, Freunde der Fokolarbewegung!

1. Das Thema, das ihr euch für euer jährliches Treffen gewählt habt, ist reich an Bedeutung und an Anregungen für unser tägliches Leben: „Maria, Vorbild der Vollkommenheit." Auf die Einladung von Bischof Klaus Hemmerle habt ihr euch aus verschiedenen Teilen der Welt hier versammelt, um zusammen über das umfangreiche Thema nachzudenken und noch einmal – wie in einem neuen „Abendmalssaal" mit Maria um die Gabe des Geistes zu rufen, damit die Fürsprache der Königin der Apostel eurem Zeugnis jene mütterliche Klangfarbe gebe, die es haben muß, um in der Welt wahrhaft wirksam zu sein. „Diese Jungfrau war in ihrem Leben", so lehrt uns das Konzil (*Lumen gentium*, Nr. 65), „das Beispiel jener mütterlichen Liebe, von der alle beseelt sein müssen, die in der apostolischen Sendung der Kirche zur Wiedergeburt der Menschen mitwirken." Ich freue mich daher sehr über diese eure Initiative, liebe Brüder, ich begrüße euch aus ganzem Herzen und habe den Wunsch, aus diesen Tagen priesterlicher Brüderlichkeit mögen sich im Licht Marias neue und schöpferische Pläne für den hochherzigen Dienst an den euch anvertrauten Seelen ergeben.

2. Maria ist das Vorbild der Vollkommenheit, weil sie „im Hinblick auf die Verdienste ihres Sohnes auf erhabenere Weise erlöst, ... die bevorzugt geliebte Tochter des Vaters und das Heiligtum des Heiligen Geistes (ist). Durch dieses hervorragende Gnadengeschenk hat sie bei weitem den Vorrang vor allen anderen himmlischen und irdischen Kreaturen" (*Lumen gentium*, Nr. 53). Und Papst Pius IX. ehrwürdigen Andenkens erklärte in seinem Apostolischen Schreiben *Ineffabilis Deus*, Maria zeige „eine solche Fülle von Unschuld und Heiligkeit, daß man sich, nach Gott, keine größere denken kann, und niemand außer Gott sie in Gedanken erreichen kann".
Maria ist ein unerschöpfliches Vorbild der Vollkommenheit. Wie sehr wir uns auch anstrengen, sie nachzuahmen, sie wird uns immer noch etwas zu lehren haben. Ihre Heiligkeit und Reinheit gehen absolut über die der ganzen übrigen Menschheit hinaus, die die Folgen der Sünde an sich trägt und sich durch einen Weg der Bekehrung und Buße davon befreien muß. Maria hatte es im Gegensatz zu uns Sündern allen nicht nötig, Buße zu tun oder besondere Werke der Askese zu üben, denn da sie vollkommen unschuldig war, hatte sie nichts zu bereuen. Ihre Leiden dienten, wie die ihres göttlichen Sohnes, nicht dazu, eigene Sünden zu sühnen, sondern die der Menschheit, das Erbe Adams.
Maria ist so zu gleicher Zeit ein überragendes und durchaus einzigartiges Glied der Kirche (*Lumen gentium*, Nr. 53) und ein Modell, das von allen nachgeahmt werden kann. Wie mein verehrter Vorgänger Paul VI. sagte, nimmt Maria in der hl. Kirche „nach Christus den höchsten Platz ein und den, der uns am nächsten ist" (*Ansprache*, 4. Dez. 1963, *AAS* 56 (1964), 37).

3. Sie lehrt uns, jene „gute Erde“ zu sein, von der Jesus im Gleichnis vom Sämann spricht. Das heißt: „Auf guten Boden ist der Samen bei denen gefallen, die das Wort mit gutem und aufrichtigen Herzen hören, daran festhalten und durch ihre Ausdauer Frucht bringen“ (*Lk* 8,15). Ohne Zweifel hat diese Haltung der Verfügbarkeit und der Offenheit nichts von der müßigen Passivität jemandes an sich, der keine Initiative und kein Verantwortungsbewußtsein besitzt. Im Gegenteil, sie setzt im Menschen, in Maria, wie in uns allen, den Einsatz einer beständigen Anspannung voraus, die bemüht ist, sich Tugenden anzueignen und darin fortzuschreiten. Maria, so sagte ich, mußte bestimmt nicht, wie wir, Neigungen zum Bösen korrigieren. In diesem Bereich müssen wir uns in die Schule der anderen Heiligen begeben. Sie zeigt uns hingegen den Weg, um vom Guten zum Besseren voranzuschreiten, um Prüfungen und Versuchungen zu überwinden und in der Vollkommenheit voranzukommen. Maria lehrt uns, wie man im Glauben, in der Hoffnung und in der Liebe weiterkommt.

4. Maria ist uns Vorbild der Volkommenheit nicht nur deshalb, weil sie unserem Geist ein absolutes und ganz reines Ideal vor Augen stellt, sondern auch, weil sie uns führt, uns lehrt und uns konkret und, ich möchte sagen, fast täglich Rat gibt hinsichtlich der fortschreitenden Verwirklichung des Ideals im Lauf des gegenwärtigen Lebens. Maria „geht uns voraus“, möchte ich sagen, nicht nur im seinsmäßigen, sondern auch im historischen Sinn. Sie führt uns auf unserem Pilgerweg zum himmlischen Vaterland, zeigt uns den Weg, schützt uns vor Angriffen aus dem Hinterhalt und vor Gefahren, hilft uns den Bösen besiegen, stärkt uns in Ermüdung und Leiden. „Ihr außergewöhnlicher Pilgerweg stellt“, wie ich in der Enzyklika *Redemptoris Mater* (Nr. 6) gesagt habe, „einen bleibenden Bezugspunkt dar für die Kirche, für die einzelnen und für die Gemeinschaften, für die Völker und Nationen und in gewissem Sinne für die ganze Menschheit. Es ist fürwahr schwierig, seinen ganzen Umfang zu erfassen und zu ermessen.“ Maria ist daher ein hervorragendes Vorbild für uns Hirten, das uns zeigt, wie die Seelen geführt werden müssen. Sie ist das Vorbild dafür, wie die Kirche selbst, die Mutter und Lehrerin, die Seelen führen muß. Sie erhebt sicher nicht den Anspruch, das Charisma zu ersetzen, das den Nachfolgern der Apostel eigen ist. Maria ist nicht Priester. Aber sie leistet einen unverzichtbaren und ergänzenden Beitrag, der mit dem Geheimnis ihrer Mutterschaft und ihres Frauseins verbunden ist.

Hören wir hin auf diesen Beitrag Marias! Suchen wir ihn mit der Weisheit und Klugheit des Hirten zu unterscheiden, suchen wir ihn auszuwerten und für uns selbst Segen daraus zu ziehen! Es wird zu unserer eigenen Heiligung und zu der vieler Seelen gereichen.

Mit diesen Gedanken und Wünschen bringe ich nochmals meine Freude über diese brüderliche Begegnung zum Ausdruck, und unter dem Schutz der heiligen Jungfrau von Lourdes, deren Gedächtnis wir heute in der Liturgie begehen, erteile ich euch allen einen besonderen Segen, der auch allen eurer Hirtensorge anvertrauten Ortskirchen gilt.

Feier der Liturgie Ausdruck des Glaubens

Ansprache an die Teilnehmer eines liturgischen Erneuerungskurses für Bischöfe am 12. Februar

Liebe Brüder im Bischofsamt!

Seid willkommen! Euch allen gilt mein herzlicher Gruß. Ihr seid aufgrund einer Initiative der Liturgischen Kommission der Italienischen Bischofskonferenz in Rom zusammengekommen, um einen Erneuerungskurs zum Thema „Heute feiern" mitzumachen. Ich freue mich mit den Organisatoren und mit einem jeden von euch.

1. Ohne alle Punkte aufzugreifen, die im Verlauf dieser Woche behandelt wurden, möchte ich die Wichtigkeit der Liturgie unter dem Vorsitz des Bischofs und in seinem eigenen Leben betonen. In der Feier der heiligen Liturgie, die er zusammen mit den Priestern und dem Volk vollzieht, tritt die Aufgabe des Bischofs, in seiner Kirche zu lehren, zu heiligen und zu leiten, besonders deutlich hervor (*Caer. Ep.* 11). Mit Recht hat das II. Vatikanische Konzil betont: „Daher sollen alle das liturgische Leben des Bistums, in dessen Mittelpunkt der Bischof steht, besonders in der Kathedralkirche, aufs höchste wertschätzen; sie sollen überzeugt sein, daß die Kirche auf eine vorzügliche Weise dann sichtbar wird, wenn das ganze heilige Gottesvolk voll und tätig an denselben liturgischen Feiern, besonders an derselben Eucharistiefeier, teilnimmt: in Einheit des Gebets und an dem einen Altar und unter dem Vorsitz des Bischofs, der umgeben ist von seinem Presbyterium und den Dienern des Altars" (*Sacrosanctum Concilium*, Nr. 41).
Wenn der Bischof inmitten des ihm anvertrauten Volkes feiert, offenbart sich in der rechtmäßigen Feier der Eucharistie das Geheimnis der Kirche selbst (vgl. *Caer. Ep.* 7); er ist der Hohepriester seines Volkes. „Durch die Predigt des Evangeliums ruft er in der Kraft des Geistes die Menschen zum Glauben oder bestärkt sie in diesem Glauben" (*Caer. Ep.* 6), und durch die Sakramente heiligt er die Gläubigen (vgl. *ebd.* 7). Der Bischof muß daher notwendig von der Wichtigkeit dieser Feiern für das christliche Leben seiner Gläubigen überzeugt sein. Sie müssen ein Beispiel für die ganze Diözese sein.

2. Damit alles sich so vollzieht, daß dabei zugleich die Einheit der Ortskirche und die Verschiedenheit der Aufgaben sichtbar werden, bleibt es wichtig, daß der Bischof von Priestern, Diakonen und anderen Dienern umgeben ist, die jeweils ihre eigene Funktion ausüben. Daher muß die Kirche, in der der Bischof zelebriert, zumal seine Kathedralkirche, ein würdiges und angemessenes Vorbild sein „und den anderen Kirchen der Diözese beispielhaft zeigen, was die liturgischen Dokumente und Vorschriften für die Anlage und den Schmuck der Kirche vorsehen" (*Caer. Ep.* 46).
Wichtig ist, daß die Aufgabe der Schola und die des Organisten harmonisiert werden und die ausgeführten Gesänge wirklicher Ausdruck des Glaubens sind, sowohl den liturgischen Regeln als auch den künstlerischen Normen entsprechend, und daß sie den universalen Charakter der Feier unter dem Vorsitz des Bischofs zeigen sowie die Beteiligung des Volkes gestatten (*Caer. Ep.* 40).

Damit jeder weiß, was er zu tun oder zu sagen hat und alles geordnet, einfach und schön zugleich verläuft, ist die Präsenz des Zeremonienmeisters unerläßlich, der diskret auf alles achtet (*Caer. Ep.* 34–35).
Dies sind einige Hinweise, die ihr ausführlicher in dem 1984 veröffentlichten Caeremoniale für die Bischöfe finden könnt, das gerade für euch bestimmt ist. Es enthält alles das, was im Verlauf des liturgischen Jahres zu tun ist, um zu einer bischöflichen Liturgie zu kommen, die einfach und edel und zugleich pastoral voll wirksam und in der Lage ist, für alle übrigen Feiern als Beispiel zu dienen.

3. Das alles ist wichtig. Will man jedoch den Wert der Liturgie voll verstehen, muß man noch mehr in die Tiefe gehen (vgl. *Außerordentliche Bischofssynode 1985, Schlußbericht*).
An erster Stelle ist es die Liturgie, die uns heute in Berührung mit dem Heilsgeheimnis kommen läßt. Wenn der Bischof das eucharistische Opfer darbringt und die Sakramente feiert, gibt er das weiter, was er selbst durch die Überlieferung vom Herrn empfangen hat (vgl. *1 Kor* 11,25) und erbaut damit die Kirche. Diese hat ihren Ursprung nicht im Willen der Jünger, als ob diese entschieden hätten, den Riten des alten Bundes eine neue Form zu geben. Die Kirche wurde als das neue Volk Gottes um den Tisch des letzten Abendmahles geschaffen, wie der Brief *Dominicae Cenae* (vgl. Nr. 4) betont hat. Sie wird ständig durch die Handlungen Christi gegründet, die von den geweihten Dienern in seinem Namen vollzogen werden: so kann sie sich mit dem Geheimnis des Todes und der Auferstehung des Herrn verbinden und seinen lebenspendenden Geist empfangen.
Deswegen hat das II. Vatikanische Konzil festgestellt: „Die Liturgie ist der Höhepunkt, dem das Tun der Kirche zustrebt, und zugleich die Quelle, aus der all ihre Kraft strömt" (*Sacrosanctum Concilium*, Nr. 10). Das erklärt die Wichtigkeit der liturgischen Feier, denn dort wird in Worten und Gesten die außerordentliche Gnade ausgedrückt, die uns zuteil geworden ist, die Gabe Gottes, die Christus selbst ist, vernehmbar und offenbar zu machen.
Die liturgische Feier ist an zweiter Stelle Nahrung für ein echt christliches persönliches und gemeinschaftliches Leben. Wenn wir die Liturgie feiern, nehmen wir an den Geheimnissen der Erlösung teil, die unser Herr gewirkt hat, und nehmen zugleich mit allen Brüdern und Schwestern, die wie wir, erlöst sind, am Leben des Vaters teil: wir stellen das mit Gott versöhnte Universum dar. Das, was wir im Geist und in der Wahrheit feiern, leben wir auch und verkosten im Geist im voraus das, was wir einmal ewig sein werden. Wenn die Liturgie gefeiert wird, kommt die Kirche zum eigenen Selbstverständnis, und jeder von uns wird sich auch über sich selbst klar. Es sind Momente der Fülle und der Gnade.
Will man diese echte Erfahrung der Bekehrung zu Gott machen, muß sich die Feier an den ganzen Menschen wenden, nicht nur an seinen Verstand, sondern auch an seine Sinne. Von hier her gewinnen alle Elemente der Schönheit ihre Bedeutung: Gesang und Musik, Licht und Weihrauch. Von daher auch die Notwendigkeit einer gewissen Dauer der Feier und ihres wohlgeordneten inneren Aufbaus.

4. Schließlich bildet die Feier auch die Quelle der Sendung der Kirche und jedes einzelnen Christen.

Diese missionarische Dynamik kommt nicht vom Willen der Menschen, die sich etwa selber entscheiden, Verbreiter ihres Glaubens zu werden. Sie kommt vom Geist, der die Kirche zur Ausbreitung treibt. Sie wird stärker durch den Glauben in der Liebe Gottes. Die liturgische Feier ist der Augenblick, da die Christen in Christus und der Kirche das Antlitz Gottes und seine unaussprechliche Gabe entdecken; sie ist der Augenblick, in dem sie entdecken, daß sie bis ans Ende geliebt sind. Wird die Feier so gestaltet, dann können aus dieser Gewißheit nur Zeugnis und Sendung folgen.

Möge die Art, wie ihr feiert, Ausdruck eures Glaubens sein. Das wird dann für eure Priester, Diakone und Gläubigen zum Zeugnis und Beispiel. So wird man in jeder eurer Ortskirchen das feststellen können, was der hl. Ignatius von Antiochien der Kirche von Philadelphia gewünscht hat: „Es gibt nur ein Fleisch unseres Herrn Jesus Christus und nur einen Kelch, um uns mit seinem Blut zu vereinigen, nur einen Bischof mit seiner Priesterschaft und den Diakonen. So vollzieht alles, was ihr tut, Gott gemäß“ (*Ignatius v. Antiochien an die Kirche von Philadelphia* 1).

Mit diesem Wunsch und der erneuten Versicherung meiner brüderlichen Gemeinschaft, die mich mit euch und durch euch mit den Gläubigen eurer Kirchen verbindet, erteile ich euch von Herzen meinen Apostolischen Segen.

Magnum baptismi donum

Botschaft an die ukrainischen Katholiken zur Tausendjahrfeier der Taufe der Rus' von Kiew vom 14. Februar 1988

An den verehrten Mitbruder
Myroslav Ivan Kardinal Lubachivsky,
Großerzbischof von Lemberg (Lviv der Ukrainer),
an die ukrainischen katholischen Mitbrüder im Bischofsamt,
Priester und Ordensleute
sowie an alle ukrainischen Katholiken

1. Mit dem großen Geschenk der Taufe, die vor eintausend Jahren zu Kiew empfangen wurde, nahmen der Glaube und das christliche Leben unter den Völkern der Rus' ihren Anfang. Zu Recht stimmen darum die Kirche der heiligen Apostel Petrus und Paulus und die ganze katholische Kirche zu diesem denkwürdigen Jubiläum einen Lobgesang zur Heiligsten Dreifaltigkeit an, um ihr für dieses unschätzbare Geschenk zu danken und sie dafür zu preisen. Sie bekunden ihre große Freude darüber, daß die damals empfangene Taufe die Evangelisierung der Völker einleitete, die im Ostteil des europäischen Kontinents und sogar jenseits des Urals wohnten. In diesem Ereignis haben sowohl die christliche als auch die kulturelle Identität des ukrainischen, russischen und weißrussischen Volkes und so auch deren Geschichte ihren Ursprung. Der Nachfolger des Petrus teilt die Freude dieser Tausendjahrfeier, und wie er zu diesem Anlaß ein Apostolisches Schreiben

an alle katholischen Gläubigen für eine angemessene geistliche Vorbereitung auf dieses Jubiläum gesandt hat, so möchte er sich mit dieser Botschaft in besonderer Weise an die ukrainischen Katholiken wenden, um mit ihnen die wunderbaren Werke zu feiern, die Gott in diesem langen Zeitraum gewirkt hat.
Vor eintausend Jahren umfing der allmächtige Gott, der Herrscher der Welt und Herr der Geschichte aller Völker, mit seiner unendlichen Liebe das Volk der Rus' von Kiew und führte es zum Licht des Evangeliums seines Sohnes Jesus Christus, des Heilands der Welt. Von den Ufern des Jordans gelangte das Werk der Erlösung nach fast zehn Jahrhunderten in der Kraft des heiligen Geistes an die Ufer des Dnjepr-Flusses, wo der Herr sich Olga und Wladimir als seine Diener erwählte, um ihrem Volk die Gnade der heiligen Taufe zu schenken. Seit damals singen die Kirchen, die aus jener Taufe zu Kiew hervorgegangen sind, voll Dankbarkeit ihren Lobpreis zu Ehren der Heiligsten Dreifaltigkeit. Im selben Geist der Anerkennung für dieses Geschenk dankt heute die ukrainische katholische Gemeinschaft, die aus dem tausendjährigen Erbe des heiligen Wladimir erwachsen ist.

2. Diese innige Freude hat ihre tiefen Wurzeln im Geheimnis der heiligen Taufe, durch das der Mensch in den Erlösertod des Heilandes der Welt „eingetaucht“ und zugleich in das „neue Leben“ eingeführt wird, das sich in der Auferstehung Christi voll kundgetan hat. Durch die Taufe wird der Mensch „eine neue Schöpfung und Kind Gottes“; er wird in das österliche Geheimnis Christi einbezogen: „Wenn also jemand in Christus ist, dann ist er eine neue Schöpfung“ (*2 Kor* 5,17). An den Ufern des Dnjepr hat der Vater das Werk begonnen, das der Sohn vollendet und der Heilige Geist gekrönt hat. Dort ist die Wiedergeburt „aus Wasser und Geist“ (*Joh* 3,5) eines ganzen Volkes geschehen. Der Heilige Geist hat dem Taufwasser übernatürliche Kraft verliehen, so daß es Gnade vermitteln konnte. So können wir, angewandt auf den Dnjepr, die Worte wiederholen, die der heilige Cyrill von Jerusalem über den Jordan gesprochen hat: „Der Geist Gottes schwebte über den Wassern: aus dem Wasser der Anfang der Welt – aus dem Jordan der Anfang der Evangelien“. [1]
Für die Völker der Rus' war die Taufe vom Jahre 988 das geschichtliche Ereignis, das sie in den gekreuzigten und verherrlichten Leib Christi eingliederte und ihnen die Wiedergeburt zum Leben Gottes selbst schenkte: „Mit Christus wurdet ihr in der Taufe begraben, mit ihm auch auferweckt, durch den Glauben an die Kraft Gottes, der ihn von den Toten auferweckt hat“ (*Kol* 2,12; vgl. *Röm* 6,4). „Die Taufe begründet also ein sakramentales Band der Einheit zwischen allen, die durch sie wiedergeboren sind“; sie ist „hingeordnet auf das vollständige Bekenntnis, auf die volle Eingliederung in das Heilswerk, wie Christus es gewollt hat, und schließlich auf die vollständige Einfügung in die eucharistische Gemeinschaft“. [2]

3. Unter denen, die berufen wurden, an diesem neuen Leben in der Einheit mit Christus, dem gekreuzigten und auferstandenen Herrn, teilzuhaben, sind Eure Vorfahren aus der Rus' von Kiew. Mit ihnen wurde in dieser Gegend das heilige Feuer des Evangeliums entzündet und begannen dort die „Großtaten Gottes“ (*Apg* 2,11) verkündet zu werden. Das

ukrainische Volk ist geographisch und historisch mit der Stadt Kiew verbunden und hat deshalb besondere Gründe, diese Tausendjahrfeier mit Freude zu begehen. Zugleich hat es das frohe Bewußtsein, zur großen Familie der christlichen Völker Europas und der ganzen Welt zu gehören.

Dem Eintritt der Rus' von Kiew in die Zahl der christlichen Völker ging derjenige anderer slawischer Völker voraus. Wir denken hierbei an die Christianisierung der Südslawen, unter denen schon um das Jahr 650 Missionare wirkten. In diesem Zusammenhang erinnere ich daran, daß ich Gelegenheit hatte, in der Petersbasilika dem kroatischen Volk für die 1300 Jahre seiner Treue zum Apostolischen Stuhl zu danken.[3]

Wie ich im Rundschreiben *Slavorum Apostoli* hervorgehoben habe, traten in der Folge weitere slawische Völker in die christliche Familie Europas ein durch das missionarische Wirken und die ökumenische Berufung der heiligen Brüder von Thessalonich, Cyrill und Methodius, die mit vollem Recht dem heiligen Benedikt als Patrone Europas zur Seite gestellt worden sind. Auf dem von ihnen bereiteten Boden „hat das Christentum im folgenden Jahrhundert seinen endgültigen Einzug in die Geschichte der Slawen gehalten".[4]

Ein Ergebnis dieses gottbegnadeten Wirkens war, daß das byzantinische Glaubenserbe für Wladimir und die Bewohner der Rus' von Kiew, denen die Botschaft des Evangeliums hauptsächlich von Missionaren aus Konstantinopel vermittelt wurde, sogleich zugänglich wurde und so leichter aufgenommen werden konnte. Seine Weitergabe war ja von Anfang an durch schon vorhandene Übersetzungen der Heiligen Schrift und der liturgischen Bücher in altslawischer Sprache begünstigt; denn die heiligen Brüder und ihre Schüler hatten „keinerlei Bedenken, die slawische Sprache für die Liturgie zu gebrauchen, sondern benutzten sie als wirksames Werkzeug, um die göttlichen Wahrheiten allen Menschen dieser Sprache näherzubringen".[5]

In jener Zeit, da zwischen den Kirchen von Rom und Konstantinopel noch volle Gemeinschaft herrschte, entstand so die Kirche von Kiew auf der Grundlage geistlicher Gemeinschaft mit diesen beiden Kirchen und mit den Nachbarkirchen Europas, in dem sie mit diesen die eine Kirche Christi bildete. Wladimir fügte Kiew in den reichgegliederten Bau der Universalkirche ein und bewahrte dabei die östliche Tradition und das Bewußtsein von der eigenen Identität seines Volkes.

Mit der Verkündigung der Frohen Botschaft in der Rus' entwickelte sich dort ein Prozeß der „Inkulturation" des Glaubens, der seine Geschichte tief prägen sollte. Wie ich bereits an anderer Stelle gesagt habe, „verdanken alle Kulturen der slawischen Völker ihren ‚Anfang' oder ihre Entwicklung dem Werk der Brüder aus Saloniki".[6] Ihr mutiges Wirken zusammen mit ihren Schülern „hat der altslawischen Liturgiesprache Kraft und kulturelle Würde verliehen: Sie wurde für viele Jahrhunderte nicht nur die Kirchensprache, sondern auch die offizielle und literarische, ja sogar die allgemeine Sprache der gebildeteren Schichten des Großteils der slawischen Völker und insbesondere aller Slawen des orientalischen Ritus".[7]

Diese Sprache, die bis heute in der Liturgie verschiedener Völker benutzt worden ist, hat auch einen grundlegenden Einfluß auf die Schriftsprache Eures ukrainischen Volkes, auf die Entwicklung seiner reichen Kultur und auf die Bildung seiner Identität ausgeübt.

4. Die Gründung der neuen Kirche von Kiew geschah, wie schon gesagt, zu einer Zeit, da die Christenheit noch nicht von der schmerzlichen Spaltung heimgesucht war. Erst später führten die traurigen Streitigkeiten und die Vertiefung der Divergenzen zwischen der Kirche von Rom und der Kirche von Konstantinopel auch die Kirche von Kiew zur Trennung von der kirchlichen Gemeinschaft mit dem Sitz des Petrus.
Für lange Zeit aber blieb die Kirche von Kiew noch in Kontakt mit den benachbarten katholischen Brüdern und mit dem Apostolischen Stuhl; und auch als darauf eine Situation praktischer Spaltung folgte, fehlte es von der einen und der anderen Seite nicht an ernsthaften Versuchen, die volle Gemeinschaft wiederherzustellen.
Eure Kirche ist in ihrem orientalischen Charakter aus dem Erbe der Taufe des heiligen Wladimir erwachsen und hat die Jahrhunderte hindurch ihre Eigenart entfaltet mit einer eigenen Kultur, mit Kultstätten und einer Vielzahl von Gläubigen, die zusammen mit ihren Oberhirten aufgeschlossen waren für die Notwendigkeit der Einheit im eigenen Bereich wie auch der Gemeinschaft mit den anderen Kirchen und besonders mit jener von Rom. Dies alles fand seinen vollen Ausdruck im Unionsakt von Brest (1596), als ein Teil der Bischöfe des Metropolitansitzes von Kiew die Gemeinschaft mit dem Apostolischen Stuhl erneuerte. In diesem Versuch, die sichtbare Einheit wiederherzustellen und so die volle Gemeinschaft (communio) zwischen dem Osten und Westen neu zu leben, erkennen wir die Grundintention der Union von Brest in der dem kirchlichen Bewußtsein jener Zeit gemäßen Ausdrucksweise. Dieser Einigung gingen aber, wie schon erwähnt, andere Versuche voraus, die von Menschen unternommen wurden, welche von tief kirchlichem Geist beseelt waren. Unter diesen möchte ich besonders an den Metropoliten Isidor von Kiew erinnern, der am Konzil von Florenz teilgenommen hat (1439): Er war ein bedeutender Theologe und überzeugter Verfechter des Dialogs mit der Kirche von Rom, die ihn ihrerseits durch die Erhebung zur Kardinalswürde ehrte und später seine Gebeine in die ehrwürdige Petersbasilika aufnahm.[8]
Die Union von Brest war in der Absicht derer, die sich inmitten von Unverständnis und Widerwärtigkeiten jeglicher Art für sie einsetzten – wobei sie mitunter, wie im Fall des heiligen Josaphat, die sie beseelende tiefe und unwandelbare Überzeugung auch mit ihrem Blut besiegelten –, gegen niemanden gerichtet. Sie zielte auf die Auferbauung einer Kirche, die sich im Osten wie im Westen jener vollen und sichtbaren Einheit erfreuen sollte, welche ihre Wurzel in dem einen Glauben und der einen Taufe hat.

5. In diesem Sinne müssen auch die anderen Versuche gedeutet werden, die im Lauf der Jahrhunderte unter dem Einfluß konkreter geschichtlicher Situationen unternommen worden sind, um die volle Gemeinschaft wiederherzustellen. Nicht immer sind diese Versuche richtig verstanden und anerkannt worden. Mitunter hatten sie, ohne es vorherzusehen oder gar zu wünschen, neue Risse im Innern der christlichen Gemeinschaft zur Folge. Heute befinden wir uns auf der Grundlage einer neuen und vertieften theologischen Reflexion und des wiederaufgenommenen Dialogs zwischen Katholiken und Orthodoxen auf der Suche nach neuen Wegen, die zum ersehnten Ziel führen sollen. Doch haben die Gemeinschaften der Gläubigen, die aus den genannten Versuchen entstanden sind und die Jahrhunderte hindurch ihre Gemeinschaft mit dem römischen Stuhl bewahrt

haben, indem sie einem tiefen Antrieb ihres Gewissens gehorchten, eindeutig Anrecht auf die Solidarität der katholischen Gemeinschaft und besonders des Bischofs von Rom.

6. In unserem Jahrhundert verspüren die Kirche und die ganze Christenheit unter dem Wirken des Heiligen Geistes auf neue Weise den brennenden Wunsch nach dieser Einheit, um die Christus kurz vor seinem Leiden und Kreuzesopfer gebetet hat. Dieser ökumenischen Neuorientierung hat das II. Vatikanische Konzil Ausdruck gegeben, das von Papst Johannes XXIII. einberufen und von Paul VI. fortgesetzt und zu Ende geführt worden ist. An ihm haben in Vertretung der anderen christlichen Brüder zahlreiche Delegierte als Beobachter teilgenommen.

Die Konzilsdekrete „über die katholischen Ostkirchen“ (*Orientalium Ecclesiarum*) und „über den Ökumenismus“ (*Unitatis redintegratio*) erscheinen als ein wahres Geschenk der göttlichen Gnade an unsere Zeit, die so sehr von Spaltungen gekennzeichnet, aber auch von dem immer lebhafteren Wunsch nach der Einheit aller Christen geprägt ist. Denn jede Spaltung unter den Christen „widerspricht ganz offenbar dem Willen Christi, sie ist ein Ärgernis für die Welt und ein Schaden für die heilige Sache der Verkündigung des Evangeliums vor allen Geschöpfen“.[9]

Das II. Vatikanische Konzil ermahnt diejenigen, „die sich um die so erwünschte Wiederherstellung der vollen Gemeinschaft zwischen den orientalischen Kirchen und der katholischen Kirche bemühen wollen, daß sie diese besonderen Umstände der Entstehung und des Wachstums der Kirchen des Orients sowie die Art der vor der Trennung zwischen ihnen und dem Römischen Stuhl bestehenden Beziehungen gebührend berücksichtigen und sich über dies alles ein rechtes Urteil bilden“.[10] Dasselbe Konzil unterstreicht die großen Werte der liturgischen, geistlichen, rechtlichen und theologischen Traditionen, die sich in diesen Kirchen finden, wie auch ihr Recht und ihre Pflicht, diese Traditionen zu leben, die zur vollen Katholizität und Apostolizität der Kirche gehören. Die Konzilsväter danken ferner Gott dafür, daß die katholischen Ostkirchen „dieses Erbe bewahren und den Wunsch haben, es noch reiner und vollständiger zu leben“.[11] Folglich sehen sie in diesen Kirchen kein Hindernis auf dem Weg zur vollen Gemeinschaft mit den orthodoxen Brüdern; im Gegenteil, in dem Maße, wie in ihnen die ursprüngliche Intuition, die zu ihrer Entstehung geführt hat, in ihrer ganzen Tiefe aufleuchtet, können sie die neue ökumenische Perspektive besonders lebendig begreifen, die der Heilige Geist der ganzen Kirche im Konzil ans Herz gelegt hat. Darum sind diese Kirchen heute mehr denn je dazu berufen, in diesem Geist ihre Aufgabe zur Herbeiführung der sichtbaren Einheit der Kirche wahrzunehmen; denn es gibt nur „einen Herrn, einen Glauben, eine Taufe“ (*Eph* 4,5).

7. Gerade in diesem Augenblick der Heilsgeschichte, der so voller Hoffnungen ist, dürfen wir das Millennium mit der ukrainischen katholischen Gemeinde feiern, die für immer den ihr von der Vorsehung zugewiesenen Platz in der Gesamtkirche an der Seite der vielen Ortskirchen in Ost und West eingenommen hat.

Ich grüße die gesamte ukrainische katholische Gemeinde, die in der Taufe der Bevölkerung von Kiew die Wurzeln ihrer eigenen Existenz sieht und heute in voller Glaubens- und Sakramentsgemeinschaft mit dem Bischof von Rom lebt.

Mein herzlicher Gruß gilt Euch, den Mitbrüdern im Episkopat mit dem Großerzbischof von Lemberg, Kardinal Myroslav Ivan Lubachivsky, an Eurer Spitze; ich grüße Euch, Priester, Ordensmänner und Ordensfrauen, und alle Gläubigen, die Ihr die Tausendjahrfeier der Geburt Eures Volkes zum Leben der Gnade in der Taufe der Rus' von Kiew begeht. Euch allen entbiete ich den Friedensgruß als Euer Bruder und erster Papst slawischer Herkunft in der Geschichte der Kirche.

In dieser Stunde Eures großen Jubiläums bin ich Euch geistig verbunden und möchte Euch vom Herzen der Kirche aus vor allen Gläubigen in Christus brüderlich umarmen. Im Namen der Heiligsten Dreifaltigkeit, des Vaters, des Sohnes und des Heiligen Geistes, neigt sich die Kirche von Rom mit besonderem Verständnis und mit Liebe vor allen geistlichen Söhnen und Töchtern des heiligen Wladimir, besonders vor jenen, die für die Einheit mit der Weltkirche beten und leiden.

In einem so außerordentlichen Augenblick Eurer Kirche, die in den vergangenen Jahrzehnten von großen Nöten heimgesucht wurde, möchte ich Euch noch einmal versichern, daß ihre katholische Dimension sowie ihre konkrete Ausprägung alle Achtung verdienen. Dies gebietet die Bruderliebe, dies verlangt die ökumenische Berufung der heiligen Brüder Cyrill und Methodius, die uns mit ihrem Beispiel an das Recht jedes Gläubigen erinnern, in seiner Tradition, in seinem Ritus, in der Identität des Volkes, dem er angehört, respektiert zu werden.

Möge uns die Zukunft – das wünschen wir von ganzem Herzen – die Freude schenken, die Mißverständnisse und das gegenseitige Mißtrauen überwunden und das volle Recht eines jeden auf die eigene Identität und das eigene Glaubensbekenntnis anerkannt zu sehen. Die Zugehörigkeit zur katholischen Kirche sollte von niemandem als unvereinbar mit dem Wohl des eigenen Vaterlandes und mit dem Erbe des heiligen Wladimir angesehen werden. Mögen die Scharen eurer Gläubigen sich echter Gewissensfreiheit und der Beachtung ihrer religiösen Rechte in der Abhaltung des öffentlichen Gottesdienstes nach ihrer vielfältigen Tradition und ihrem Ritus sowie mit den eigenen Hirten erfreuen.

8. Der Apostolische Stuhl hat eine besondere Zuneigung zu Eurer Kirche, weil sie die Geschichte hindurch viele Beweise ihrer Anhänglichkeit an Rom gegeben hat, die auch die letzte Prüfung des Martyriums einschließen. Daher soll die Hauptfeier des Millenniums Eurer Kirche, soweit sie in der Diaspora lebt, in Rom stattfinden. Versammelt beim Grab des heiligen Petrus, in dessen Nähe die sterbliche Hülle des heiligen Josaphat ruht, der Euch so teuer ist, danken wir gemeinsam für alle Früchte, die aus der Teilnahme an den göttlichen Geheimnissen in der Gemeinschaft desselben Glaubens und der gegenseitigen Liebe erwachsen sind.

Eure Kirche kann bei der Feier dieses außerordentlichen Anlasses im Chor der ganzen katholischen Kirche nicht fehlen, ebensowenig, wie der Bischof von Rom, der innig wünscht, zusammen mit allen Bischöfen und Gläubigen in der Basilika von St. Peter, in Eurer Sprache das Te Deum des Dankes zu singen, bei dieser Jahrtausendfeier fehlen darf.

Ich vertraue das Geschehen vor tausend Jahren, das in die Geschichte Eurer Kirche und Eures Volkes tief eingeschrieben ist, dem einen und dreifaltigen Gott an. In die Hände des

Herrn der menschlichen Geschicke lege ich voll Vertrauen die Feier dieses Millenniums. Ich möchte sie beginnen zusammen mit allen ukrainischen katholischen Bischöfen, Priestern, Ordensleuten und Gläubigen, die in aller Welt verstreut leben, und sie dann mit ihnen unter den Augen der heiligen Jungfrau Maria fortsetzen, die in der gesamten Geschichte Eurer Kirche so sehr zugegen ist.
Ihr verdanken wir die Geburt Christi. Sie war auch bei der Geburt der Kirche der Rus' von Kiew zugegen. Deshalb begebe ich mich in geistlicher Pilgerschaft vor das Bild der Gottesmutter von Wladimir, „die den Glaubensweg der Völker der alten Rus' stets begleitet hat".[12] Ich begebe mich in die Kathedrale der heiligen Sophia, zum Bild der betenden Madonna, der „unzerstörbaren Schutzwand", der vor 950 Jahren Fürst Jaroslaw der Weise die Stadt Kiew und die ganze Rus' anvertraut hat.

9. Ich knie vor dir, liebste Mutter, und vertraue dir alle Geschicke der ukrainischen katholischen Gemeinde an.
Mutter der Einheit der Christen! Zeige uns die sicheren Wege, die zu diesem Ziel führen. Gib, daß wir uns auf dem Weg zu diesem großen Werk immer öfter mit unseren Glaubensbrüdern treffen und gemeinsam die gottgewollten Züge jener Einheit wiederfinden, für die Christus selbst gebetet hat.
Mutter des Trostes, in deine Hände lege ich alle Schmerzen und Leiden der Jahrhunderte, die Gebete und die Lebenszeugnisse so vieler deiner Kinder; dir vertraue ich die Hoffnungen und Erwartungen der Erben der Taufe der Rus' an, die von deiner Fürsprache erwarten, daß der alte christliche Wurzelstock die Pracht einer neuen Blüte erfahren möge. Umfange, o Mutter, voller Liebe das Volk, das in Schmerzen daran denkt, was es verloren hat, das aber nicht aufhört, auf bessere Zeiten zu hoffen. Hilf diesen deinen treuen Jüngern, damit sie mit ihren Hirten und in geistlicher Gemeinschaft mit dem Nachfolger des Petrus, in Freude die Jahrtausendfeier begehen und mit ganzem Herzen das Danklied auf Gott und auf dich, heilige Mutter des Erlösers und Gottesgebärerin, anstimmen können.

10. Indem ich die Fürsprache der heiligen Apostel Petrus und Paulus, der heiligen Cyrill und Methodius, Apostel der Slawen, der heiligen Olga und des heiligen Wladimir, des heiligen Josaphat und aller Heiligen erbitte, vertraue ich Euch, liebe Brüder im Bischofsamt, angeführt vom Großerzbischof von Lemberg, Euch Priester, Ordensleute und Gläubige dem Schutz der Heiligsten Dreifaltigkeit an und erteile Euch allen und jedem einzelnen den Apostolischen Segen im Namen des Vaters und des Sohnes und des Heiligen Geistes. Amen.

Gegeben zu Rom, bei St. Peter, am 14. Februar, dem Fest der heiligen Cyrill und Methodius, des Jahres 1988, im 10. Pontifikatsjahr.

Anmerkungen:

[1] Cyrill von Jerusalem, *Katechesen III, Über die Taufe*, 5: *PG* 33, 434 A.
[2] II. Vatikanisches Konzil, Dekret über den Ökumenismus *Unitatis redintegratio*, Nr. 22.
[3] Ansprache vom 30. April 1979: *Insegnamenti*, I/1, 1979, S. 1024–1027.
[4] Rundschreiben *Slavorum Apostoli*, Nr. 25: *AAS* 77, 1985, S. 806.
[5] *Ebd.*, Nr. 12: *AAS* 77, 1985, S. 793.
[6] *Ebd.*, Nr. 21: *AAS* 77, 1985, S. 803.
[7] *A.a.O.*
[8] Vgl. T Alpharani, *De Basilicae Vaticanae antiquissima et nova structura*, Ed. M. Cerrati (Rom 1914) 71 u. 189.
[9] II. Vatikanisches Konzil, Dekret über den Ökumenismus *Unitatis redintegratio*, Nr. 1.
[10] *Ebd.*, Nr. 14.
[11] *Ebd.*, Nr. 17; vgl. auch Nr. 14–16.
[12] Enzyklika *Redemptoris Mater*, Nr. 33: *AAS* 79, 1987, S. 405.

Laßt euch mit Gott versöhnen

Predigt beim Gottesdienst am Aschermittwoch in der Basilika Santa Sabina am 17. Februar

1. „Mach mich wieder froh mit deinem Heil" (*Ps* 51,14).
So betet die Kirche heute mit dem Psalmisten. Zu Beginn der Fastenzeit legt sie unseren Häuptern Asche auf und sagt zu jedem: „Gedenke, Mensch, daß du Staub bist und zu Staub zurückkehrst!" Zugleich bittet sie um die Freude des Heils.
Im gesamten Verlauf des liturgischen Jahres trachtet die Kirche ständig nach der Freude des göttlichen Heils. Aber während der Fastenzeit verstärkt sich dieses Bestreben ganz besonders: „Zur Zeit der Gnade erhöre ich dich, am Tag der Rettung helfe ich dir" (*2 Kor* 6,2).
Die Kirche vernimmt aus dem Mund Christi die ersten Worte der Botschaft des Evangeliums: „Kehrt um und glaubt an das Evangelium!" (*Mk* 1,15), und sie spricht sie während der Aschenauflegung über unseren Häuptern.

2. „Mach mich wieder froh mit deinem Heil." Der Psalmist ist sich dessen voll bewußt, daß die „Freude des Heils" aus der Befreiung von der Sünde erwächst: „Denn ich erkenne meine bösen Taten, meine Sünde steht mir immer vor Augen" (*Ps* 51,5).
Die Sünde ist ein Makel. Sie befleckt den Menschen in seinem innersten geistlichen Leben. Deshalb ruft der Psalmist: „Wasch meine Schuld von mir ab, und mach mich rein von meiner Sünde!" (*Ps* 51,4). Er ist sich dessen voll bewußt, daß die Sünde ein Übel ist, das die Seele des Menschen behindert und auf seinem Gewissen lastet. Deshalb sagt er: „Ich erkenne meine bösen Taten, meine Sünde steht mir immer vor Augen."
Er weiß auch, daß die Sünde, dieses Übel, das im Innern die Seele des Menschen belastet und behindert, ein Hindernis zwischen dem Menschen und Gott ist: „Gegen dich allein habe ich gesündigt, ich habe getan, was dir mißfällt" (*Ps* 51,6).

3. Das so gezeichnete Bild der Sünde ist sehr ausdrucksvoll. In ihm begegnen einander die beiden Dimensionen, die das Ausmaß der Schuld bestimmen. Auf der einen Seite der Mensch mit seinem für Gut und Böse empfindlichen Gewissen. Auf der anderen Seite die Größe und Heiligkeit Gottes. Der Mensch lebt vor seinem Angesicht. Gott ist von Anfang an derjenige, der den Menschen nach der Wahrheit seines Gewissens fragt: Adam, „wo bist du?" (*Gen* 3,9). Er ist auch der einzige, dem der Mensch die gesamte Wahrheit enthüllen kann, um sie ihm zu bekennen.
Aber Gott ist nicht nur der Richter, der alles weiß. Er ist zugleich der einzige, zu dem der Mensch rufen kann: „Gott, sei mir gnädig nach deiner Huld, tilge meinen Frevel nach deinem reichen Erbarmen!" (*Ps* 51,3).
„Tilgen" heißt: „Mach, daß das, was meine Seele behindert, was auf meinem Gewissen lastet, dieses Übel, zunichte gemacht wird! Nur du kannst es tun. Nur du!"
Nur du kannst „zunichte machen", denn nur du kannst erschaffen. In mir, dem Menschen, kann die Sünde nicht verschwinden, wenn du mich nicht neu erschaffst.

So ruft also der Psalmist: „Erschaffe mir, Gott, ein reines Herz, und gib mir einen neuen, beständigen Geist!“ (*Ps* 51,12). „Mach mich wieder froh!“

4. Es ist notwendig, daß jeder von uns, jeder Mensch der Gesellschaft von heute, diese Worte des alten Psalms wieder liest. Sie sind einfach, tief, beeindruckend. Sie sind imstande, immer wieder die einzigartige Welt zu enthüllen, die der Mensch in sich selbst birgt und von der der zeitgenössische Mensch – vor allem vielleicht der westliche Mensch mit seiner eindimensionalen Zivilisation – sich gewissermaßen losgelöst hat. Er hat den Sinn dafür verloren.
Und damit hat er auch die grundlegende Dimension seiner menschlichen Identität, seiner christlichen Identität, verloren.
Indem er um jeden Preis die Sünde aus seinem Gewissen, die Wahrheit von der Sünde, „tilgen“ will, hat er auch die großen Güter verloren, zu denen diese Wahrheit den Zugang eröffnet: die volle Dimension seines menschlichen Ichs, die wahre Empfindsamkeit des Gewissens und schließlich die einzigartige Würde, die vom Leben im Angesicht Gottes herrührt, vom Leben im Lichtstrahl, der von seinem „Angesicht“ ausgeht.
Wie bedeutungsvoll sind die Worte des Psalmisten: „Verwirf mich nicht von deinem Angesicht, und nimm deinen heiligen Geist nicht von mir!“ (*Ps* 51,13).

5. „Mach mich wieder froh mit deinem Heil.“ Hinzuzufügen ist, daß der heutige Mensch auch die Freude verloren hat, jene Dimension der Freude, die ihm von Gott bestimmt wurde. Die Fastenzeit eröffnet uns den Weg zu einer solchen Freude. Sie hilft uns, sie wiederzufinden oder zu vertiefen.
Dieser Weg läßt uns durch die inspirierten Worte des Psalmisten fortschreiten. Mehr noch, er läßt uns durch das Ostergeheimnis Christi fortschreiten. Dazu schreibt der hl. Paul die aufrüttelnden Worte: „Laßt euch mit Gott versöhnen! Er hat den, der keine Sünde kannte, für uns zur Sünde gemacht, damit wir in ihm Gerechtigkeit Gottes würden“ (*2 Kor* 5,20–21).
Er ist die Fülle der heiligmachenden Gnade. Empfangt sie nicht vergebens als seine Mitarbeiter! (vgl. *2 Kor* 6,1).

6. Heute, am Aschermittwoch, bitten wir, daß die Fastenzeit für jeden einzelnen und für alle die Zeit der Wiederentdeckung des durchdringenden Geheimnisses Christi werde, auf das sich der Apostel bezieht.
Die Zeit einer besonderen Mitarbeit mit ihm, dem Gekreuzigten und Auferstandenen. Ja, Kreuz und Auferstehung.
Am Ende der Fastenzeit, am Tag des Osterfestes, des größten Festtages, erfüllt Gott Jahr für Jahr die Worte des Psalmisten: „Mach mich wieder froh mit deinem Heil!“ Es ist die österliche Freude in Christus.

Konziliare Erneuerung weiterführen

Ansprache an den römischen Klerus am 18. Februar

1. Für mich ist diese Begegnung, diese im Laufe des Jahres gewissermaßen einmalige Audienz sehr wertvoll, während der ich die Stimmen der Pfarrer, der Hirten von Rom zu hören bekomme: der Diözese, der Pfarreien, der Gemeinschaften. Was die römische Synode betrifft, glaube ich, daß der rechte Augenblick gekommen ist, sie zu beginnen. Vielleicht wurde uns der entscheidende Impuls zu dieser Feier von der außerordentlichen Versammlung der Bischofssynode 1985 gegeben. Diese hat, als sie zwanzig Jahre nach dem II. Vatikanum über die konziliare Problematik sprach, die Bedeutung der Regional- oder Diözesansynoden unterstrichen, um die konziliare Erneuerung weiterzuführen.
Soviel in bezug auf den Zeitpunkt. Was hingegen die Thematik und die Organisationsstruktur betrifft, müssen diese in einer nachkonziliaren Synode einander zugeordnet sein. Dies wird nicht so sehr von den juristischen Vorschriften bestimmt, sondern vielmehr von der konziliaren Lehre. Wir können sagen, daß das Konzil bereits weitgehend bekannt ist, aber es läßt sich immer noch daraus lernen, es läßt sich vertiefen. In diesem Konzil gibt es eine große Neuheit, gibt es viele Neuheiten. Manchmal erscheinen diese Neuheiten des Konzils beinahe zu schwer, zu schwierig für einige, die konservativen oder auch progressiven Geistes sind. Deshalb muß man das Konzil immer wieder studieren, um zu wissen, was der Heilige Geist uns durch diese bevorzugte Versammlung sagt, in der das höchste Lehramt der Kirche Ausdruck findet. Die Synode muß deshalb aus dem Konzil als Lehre, aber auch als Ereignis hervorgehen. Die beiden Dinge gehören zusammen.

2. Unter den verschiedenen Wendungen, die im Zweiten Vatikanischen Konzil bewirkt wurden, war vielleicht eine der wichtigsten Entscheidungen, beim Entwurf der Dogmatischen Konstitution über die Kirche nach dem Geheimnis der Kirche das Volk Gottes und dann die hierarchische Struktur der Kirche zu behandeln. Das war eine wichtige, ja entscheidende Wende; ich möchte sagen, vor allem entscheidend im Hinblick auf die Weise, die verschiedenen Orts-, Diözesan- und Regionalsynoden zu betrachten und zu organisieren. Wenn wir uns fragen, wo der Kernpunkt des pastoralen Bemühens des II. Vatikanums liegt, glaube ich, daß wir ihn an dieser Wende finden, in diesem Augenblick der konziliaren Lehre. Nach einer solchen Festlegung der ekklesiologischen Problematik konnte das Konzil nicht anders als pastoral sein, wie es auch nicht anders als ökumenisch sein konnte, offen für die anderen christlichen Bekenntnisse und alle anderen Weltreligionen, offen für die Welt. Der große Initiator des II. Vatikanums, Johannes XXIII., bestand noch in den letzten Augenblicken seines Lebens darauf, das dieses Problem Kirche und Welt, behandelt würde.
All dies führt uns auf das pastorale Merkmal auch unserer Synoden hin. Es bedeutet gewisse organisatorische Schwierigkeiten, bringt aber auch voraussichtlich reiche Ergebnisse mit sich. Gewiß war eine kurzfristig angesetzte Synode wie jene in früheren Zeiten leichter, wo alles aufgrund des Kirchenrechts festgelegt und im Bereich der Grundsätze

dieses Rechts einseitig klerikal war: Die einzigen Beteiligten an dieser althergebrachten Synode waren die Priester, der Klerus, eine Vertretung des Klerus – vielleicht wurde manchmal ein Laie als Berater zugezogen. Nach dem II. Vatikanum hingegen, mit der grundlegenden Wende, die sich vor allem in *Lumen gentium* und dann in *Gaudium et spes* sowie in anderen Dokumenten findet, kann man nicht anders handeln. Man muß so vorgehen, wie man es bei der römischen Synode tun will. Die Schwierigkeit ist die, daß diese römische Synode natürlich bereits in Gang gesetzt ist, aber die Arbeiten wurden bis jetzt im organisatorischen und juristischen Zentrum der Diözese abgewickelt. Vorgesehen ist, wie der Kardinalvikar zu Beginn gesagt hat, daß die Synode sich jetzt auf der Ebene der Pfarreien ausbreitet. Das heißt, daß in diesen synodalen Vorgang die große Gemeinschaft, die Gemeinschaft des Volkes Gottes einbezogen wird, die gewiß ihre Rechte, ihre Pflichten, aber vor allem ihre Sendung hat. Sie hat ihre Sendung, und die heißt Apostolat: ein sehr hohes Wort, das vielleicht früher zu ausschließlich auf die Priester, die Bischöfe, den Klerus bezogen wurde. Im Evangelium sieht man dagegen – wenn wir das Verhalten Jesu und danach die Vorgehensweise der Apostel studieren –, daß die Christengemeinde von Anfang an im Umfeld der Apostel ihre apostolische Verantwortung zu tragen hatte. Das wiederholt sich immer in der Kirche, von einem Jahrhundert auf das andere. Auch in den Zeiten, in denen die Kirche zu klerikal zu sein schien, wurde dieses Apostolat immer verwirklicht. Aber das II. Vatikanum hat diesen Aspekt stärker herausgestellt, wir können auch sagen, mehr verbreitet. Aber er ist, unabhängig von der Verbreitung, eine Wirklichkeit.

3. Deshalb muß die römische Synode auf die Ebene des Volkes Gottes herabsteigen, das vor allem in den Pfarreien, aber nicht ausschließlich in den Pfarreien lebt. Hier sehe ich ein Problem, kein lehrmäßiges Problem, denn das wurde bereits verdeutlicht – vom lehrmäßigen Standpunkt aus, vom Standpunkt der Lehre des II. Vatikanums aus, konnte es nicht anders sein –, aber ich sehe ein Problem in pastoraler, praktischer Hinsicht. Wenn wir diese Synode im Pfarrbereich veranstalten müssen, mit all unseren lieben Brüdern und Schwestern, die in den einzelnen Pfarreien zusammengefaßt sind, müssen wir eine rechte Arbeitsmethode planen. Diese Methode muß in ihren Hauptlinien gemeinsam im Zentrum ausgearbeitet werden; aber sie muß dann im einzelnen in jedem Bereich, in jeder Pfarrei vorbereitet werden, denn jede Pfarrei hat besondere Merkmale; vielleicht können auch die Methoden, die vorgesehen sind, diesen Schritt im Gesamt des synodalen Prozesses zu tun, einander ähneln, müssen aber nicht identisch sein. Ich möchte diese Notwendigkeit besonders unterstreichen.
Man muß an die Methode denken, wie man jetzt die Synode in den verschiedenen Bereichen, in den Pfarreien, abhalten kann. Aber hier ist noch zu beachten, daß die Kirche von Rom sehr reichhaltig ist. Ihre Reichhaltigkeit rührt nicht nur von der Tatsache her, daß sie die Kirche von Rom, die apostolische Kirche ist, sondern von der Tatsache, daß der Stuhl Petri, das Petrusamt, im spezifischen und einmaligen Sinn universal ist. Deshalb gibt es in Rom verschiedene Institute, verschiedene Gemeinschaften aufgrund des Petrusamtes, seiner universalen Eigenschaft. Wir denken z. B. an all die Generalhäuser der Kongregationen und der Ordensgemeinschaften; wir denken an die römischen Hochschulen. Wir

müssen uns also die Frage stellen: Sollen diese Gemeinschaften, die mehr mit der Universalität der Kirche von Rom als mit ihrer Ortsdimension verbunden sind, in die Synode Eingang finden oder nicht? Ich glaube, daß sie auf ihre Weise Eingang finden sollen. Sie sollen miteinbezogen werden, denn obwohl sie im Ausblick auf die ganze Welt arbeiten, leben sie in Rom und gehören zur Kirche Roms. In irgendeiner Weise müssen sie beteiligt werden, und dazu bedarf es wieder einer anderen Methode.

4. Wenn wir von Methode sprechen, meine ich, ist das Hauptproblem, das ich auch in vielen Wortmeldungen der lieben Mitbrüder gefunden habe, das der modernen Gesellschaft, der Mentalität des heutigen Menschen, alles das, was der Begriff „Welt" einschließt. Wir wissen, daß diese Kategorie, die Welt, in der Bibel selbst, in der Heiligen Schrift, zwei verschiedene Bedeutungen hat. Einmal bedeutet die Welt all das, was von Gott geschaffen und von Christus erlöst worden ist. So, können wir sagen, ist alles in die Kategorie des Volkes Gottes eingeschlossen; im gewissen Maß sehen wir dies auch, wenn wir *Lumen gentium* eingehend lesen, besonders das zweite Kapitel, und dann die verschiedenen anderen Dekrete und Dokumente des Konzils. Aber es gibt noch eine andere Bedeutung des Begriffes „Welt": die Gott entfremdete, gleichgültige oder feindliche Welt, die oftmals mit dem Wort „Säkularisation" bezeichnet wird. Die Säkularisation ist vor allem etwas, was der Gleichgültigkeit nahekommt: d. h. die Existenz Gottes nicht verneinen, auch die Bedeutung der Religion, der Kirche nicht verneinen, aber lieber leben, als existiere Gott nicht; obwohl getauft, nicht in der Kirche leben; im sakramentalen Sinn – wir können sagen – im formalen Sinn zum Volk Gottes gehören, aber praktisch leben, als gäbe es Gott nicht, als gäbe es nicht diese ganze geoffenbarte Wirklichkeit, diese ganze andere, größere Welt als diese, in der unsere Bestimmung liegt; also ein wenig außerhalb dieser Dimension der letzten Bestimmung des Menschen, der eschatologischen Bestimmung, leben. Hier kommen natürlich die verschiedenen Ideologien, die verschiedenen kulturellen, philosophischen und politischen Programme, die diesen Entwurf vorantreiben, hinzu. Die Wirklichkeit der Stadt Rom und aufgrund dessen auch die Wirklichkeit der Kirche von Rom und schließlich der römischen Synode ist diese. Hier bedarf es wiederum einer Methode. Man muß eine Methode planen, wie auf diese säkularisierte, ganz irdisch eingestellte, aber von den christlichen Wurzeln nicht ganz abgetrennte Welt zuzugehen ist. Gewiß gibt es auch völlig abgetrennte Elemente und Bereiche, aber das ist nicht der Durchschnitt. Der Durchschnitt ist nicht abgetrennt, sondern hat kein Interesse, sucht einfach ein leichteres Leben, ohne an das Jenseits zu denken.

5. All das, was ich gesagt habe, spiegelt – glaube ich – die Besorgnisse der Anwesenden wider. Man konnte es bereits in euren Wortmeldungen hören.
Abschließend sei gesagt: Die Synode ist gewiß Ausdruck der Gemeinschaft der Kirche, der schon bestehenden, schon realisierten Gemeinschaft, und jener, die man verwirklichen möchte und die man als eine große Möglichkeit, eine Herausforderung betrachtet, die zu verwirklichen ist. Das II. Vatikanum war tatsächlich ein genialer Ausdruck der Lehre und Seelsorge zusammen, als es uns diese zentrale Kategorie der Gemeinschaft hinterlassen hat, indem es ihr verschiedene Bedeutungen gegeben hat, denn die Dimen-

sionen dieser Gemeinschaft, die sich beispielhaft in Gott selbst findet, sind verschieden. In der menschlichen Wirklichkeit, in der kirchlichen Wirklichkeit besteht sie in unterschiedlichen Weisen, einige sind bereits realisiert, andere sind realisierbar, nach ihnen muß man suchen. Im Apostolat der Kirche sucht man nach immer größerer Gemeinschaft, Gemeinschaft auch mit denen, die abseits stehen – abseits im formellen Sinn, weil sie nicht getauft oder nicht katholisch sind, oder abseits, weil sie nicht glauben, weil sie gleichgültig oder der Kirche feindlich gesinnt sind.
Wenn ich noch eine Dimension zum Aspekt der Methode hinzufügen kann: Wir dürfen nicht vergessen, daß Rom eine Großstadt, eine Hauptstadt mit all den besonderen Eigenschaften eines kulturellen Mittelpunktes ist. Hier gibt es die Universitäten, die verschiedenen Bereiche menschlicher, professioneller Tätigkeit. Vielleicht könnte man, immer auf dem hauptsächlichen Boden der Pfarrei, auch eine bestimmte Methode planen, um zu dieser Welt Zugang zu finden, die gewiß auch in den Pfarreien vorhanden ist. In den Pfarreien können wir einer Auswahl aller begegnen, auch großen Denkern, berühmten Künstlern, bedeutenden Gelehrten, den Persönlichkeiten aus Kultur und Politik. Aber wir können sagen, daß für sie der eigentliche Begegnungsort nicht so sehr die Pfarrei ist. Die Pfarrei muß aus sich herausgehen. Und die Kirche von Rom muß aus sich herausgehen. So wie eines der Hauptelemente aus dem Erbe des II. Vatikanums der zweite Teil von *Gaudium et spes* ist, in dem die Hauptprobleme, die dringendsten Probleme aufgezeigt werden, d. h. die dringendsten Lebensdimensionen, angefangen bei der Familie – Ehe und Familie –, dann der Kultur bis zur gesamten Dimension der sozialen, politischen und internationalen Beziehungen.
Soviel in bezug auf die Vorgehensweise in der Phase, die jetzt beginnt, d. h. in der kommenden Phase, in der die ganze Kirche Roms, nicht nur ihr Zentrum, Synode wird und alle bis zu einem gewissen Grad aufgerufen, berechtigt sind, an dieser Synode teilzuhaben und einen beratenden Beitrag zu leisten. Vielleicht können auch diejenigen, die sich nicht als Katholiken fühlen, manchmal einen Rat – und nicht immer einen schlechten Rat – geben.
Gewiß sieht es nicht nach einem kurzen Zeitraum aus. Vielmehr ist mit einem längeren Zeitraum zu rechnen. Aber ich glaube, die Vorgehensweise muß sich auch auf die Zeiträume beziehen. Wenn wir überall ein wenig auf der Suche nach uns selbst, nach unserer römischen Kirche sind, wenn wir überall ein wenig Eingang suchen, müssen wir auch den Modus und den Zeitraum planen, um uns nicht ganz überrollen zu lassen, indem wir die Sicht auf das Ganze, den Hauptplan der Synode, verlieren.

6. Eine letzte Sache. Ich hatte bereits die letzte Sache angekündigt, bin aber dann bei der vorletzten stehengeblieben. Jetzt komme ich auf die letzte zurück und hoffe, daß ich nicht noch einmal der Versuchung erliege. Wenn wir die Geschichte der Apostel, der christlichen Urgemeinde, lesen, sehen wir, daß diese eifrig auf das Wort der Apostel und das Wort Gottes durch die Apostel hörte, das Brot brach und inständig im Gebet verharrte. Man kann mit der Synode, mit dem großen Werk der Selbstsuche der römischen Kirche nicht ohne regelmäßiges Gebet vorankommen. Zu planen ist auch ein systematisches Gebet mit der Synode und für sie, für ihre Früchte. Es gibt so viele Personen, die uns viel-

leicht nicht so sehr Ratschläge erteilen können, sondern nur auf eine Bitte warten. Auch das ist zu berücksichtigen. Und unter den vielen Möglichkeiten des Vorgehens, die zu planen sind, ist diese die wichtigste.
Der Kardinalvikar hat sich mir gegenüber, so möchte ich sagen, sehr verständnisvoll gezeigt. Er hat nicht das Klingelzeichen gegeben. Vielleicht hätte er es tun sollen. Aber es gab auch ein anderes, weniger offizielles System der Zeichengebung: den Applaus. Aber auch dieses System hat nicht funktioniert. Wenn ich also zu viel und zu lange gesprochen habe, sind auch die Glocke und der Beifall dafür mitverantwortlich.

Maria geht auf dem Pilgerweg voran

Ansprache zum Abschluß der Exerzitien im Vatikan am 27. Februar

In diesem Jahr ist die ganze Kirche eingeladen, sich noch mehr in das Geheimnis der Anwesenheit Marias im Geheimnis Christi und der Kirche zu vertiefen, wie das II. Vatikanische Konzil es im Text und im Titel des letzten Kapitels von *Lumen gentium* formuliert hat. Die ganze Kirche ist zu dieser Meditation eingeladen, auch um Kenntnis zu nehmen von dem Reichtum der Lehraussagen und der Hirtensorge des Konzils, durch die der Heilige Geist die Kirche, das Gottesvolk, seinem Ziel entgegenführt, besonders gegen Ende dieses Zweiten Jahrtausends nach Christus.
Ich möchte meiner großen Freude darüber Ausdruck geben, daß diese an die ganze Kirche gerichtete Einladung auch in unserer Gemeinschaft der römischen Kurie während dieser geistlichen Übungen ein Echo, eine Antwort gefunden hat.
Wir sind dem Geist des Herrn dankbar, daß er uns Gelegenheit gegeben hat, das marianische Geheimnis tiefer zu erfassen, so, wie es durch die Worte unseres Predigers und dann durch unsere persönliche Besinnung und Meditation sowie auch durch unsere gemeinsamen Gebete erleuchtet wurde. Es ist ein großer Reichtum, ein großes Geschenk, und für dieses Geschenk danken wir dem Heiligen Geist und danken wir Maria selbst, die sich gewiß zur Vermittlerin dieses Geschenkes für uns alle gemacht hat. Wir danken unserem Exerzitienmeister, der uns das Zeugnis seiner Kirche überbracht hat, eines marianischen Zentrums in den Vereinigten Staaten mit einer großen Basilika, dem Nationalheiligtum der Unbefleckten Empfängnis in Washington. Unser lieber Exerzitienmeister ist als Erzbischof Hirte dieser Erzdiözese. Wir danken ihm für sein Zeugnis, wir danken ihm für den Leitgedanken, von dem er ausgegangen ist, den Worten des großen Pater Olier, Worte, die mir und, wie ich glaube, vielen von uns teuer sind: „Jesus, der du in Maria lebst, komm und lebe in mir durch die Gemeinschaft mit deinem Geheimnis.“ Das ist der Kern der Mariologie in ihrem doktrinären und ihrem spirituellen Aspekt, der Kern auch der Meditationen, durch die uns unser Exerzitienmeister geführt hat.
Geleitet von seinen Worten und unseren inneren Anregungen haben wir versucht, über die Worte nachzudenken: „Jesus, der du in Maria lebst.“ Ja, in Maria lebend, durch Maria bringt er uns seinen Geheimnissen nahe. Und dieses tiefer leben, dieses Erfahren des Geheimnisses Christi und der Kirche kommt uns durch sie zu, durch ihre Vermittlung,

durch ihre Anwesenheit in der Welt. Jesus, vivens in Maria, veni et vive in me, in omnibus servis tuis" – „Jesus der du in Maria lebst, komm und lebe in mir in all deinen Dienern." Wir danken für dieses Geschenk.
Ich möchte meine Freude über die Tatsache zum Ausdruck bringen, daß eine andere Ortskirche, eine große Ortskirche, nämlich die amerikanische der Vereinigten Staaten, hierher in den Vatikan kommt, um uns in den geistlichen Exerzitien ein Zeichen der brüderlichen Gemeinschaft, der christlichen Gemeinschaft, der Glaubensgemeinschaft zu geben. Den Dank an unseren Exerzitienmeister füge ich den Dank an alle Anwesenden hinzu, an alle Teilnehmer. Sich beteiligen heißt auch beitragen, vielleicht ohne vernehmbare Stimme beitragen, aber auf andere Weise gehört werden. Es gibt ja verschiedene Weisen, das wahrzunehmen, was man von anderen geschenkt bekommt. Und darum danke ich allen für ihre Beteiligung, denn sie hat dazu beigetragen, unsere Gemeinschaft aufzubauen, eine Gemeinschaft, die sich darauf konzentriert, Maria, der „Theotokos" nachzufolgen, der heiligen Jungfrau auf dem Weg zu folgen, auf dem sie uns vorangeht, wie es in *Lumen gentium* heißt, und wie es die Enzylika vom vorigen Jahr wiederholt. Maria geht uns voran auf dem Pilgerweg des Glaubens, der Hoffnung und der vollkommenen Vereinigung mit Christus.
Ich wünsche allen die aus unserer Gebetsverbundenheit, aus unserer Gemeinschaft in der Meditation und unserem Verbundensein im Zuhören erwachsenden Früchte, geistliche Früchte, zu denen Maria uns hinführt und uns vorangeht.
Dem ganzen Gottesvolk, den verschiedenen Gemeinschaften, auch jener unserer römischen Kurie, der ganzen Kirche unter den verschiedenen Völkern, in den verschiedenen Kontinenten, auf der ganzen Erde möchte ich als Zeichen der Gnade des Herrn und seiner Gegenwart unter uns den Segen erteilen.

Ein Verteidiger der Rechte der Kirche und der Menschen

Schreiben an Kardinalstaatssekretär Casaroli zum 100. Geburtstag von Kardinal Domenico Tardini vom 27. Februar

An den ehrwürdigen Bruder
Kardinal Agostino Casaroli,
Staatssekretär

Der bevorstehende Gedenktag der Geburt von Kardinal Domenico Tardini vor hundert Jahren gibt dem Staatssekretariat und dem Rat für die Öffentlichen Angelegenheiten der Kirche Gelegenheit, seine Priestergestalt und sein Wirken als treuer Diener der Kirche und des Apostolischen Stuhls in einem feierlichen Gedächtnis zu ehren.
Dieser glücklichen Initiative haben sich die Diözese Rom und ihr Seminar, die Päpstliche Lateranuniversität und die Urbaniana, die Katholische Aktion Italiens, die Christlichen Schulbrüder und die Villa Nazareth angeschlossen in dem Wunsch, dem ein dankbares Zeugnis zu geben, der zu verschiedenen Zeiten und in verschiedenen Ämtern Lehrer und Führer in der Jugenderziehung und im apostolischen Dienst war.

Das Leben und Wirken des betrauerten Kardinals war in Wahrheit reich und fruchtbar. Geboren im Zentrum Roms in einer Familie in einfachen Verhältnissen und mit tiefem Glauben, war er immer von dem Geist durchdrungen, der die großen Gestalten des römischen Klerus auszeichnet: dem Sinn für die Universalkirche und der kindlichen Anhänglichkeit und unbedingten Treue gegenüber den Päpsten.

Von seinen ersten Priesterjahren an wußte Domenico Tardini den Lehrauftrag, der ihm am Seminar und am Collegio Urbano der Propaganda Fide anvertraut war, mit der Zusammenarbeit in der Pfarrseelsorge im Zentrum und an der Peripherie der Stadt zu verbinden. Das pastorale Feingefühl und der Eifer für die Seelsorge nahmen nicht ab, sondern wuchsen noch, als er nach und nach zunehmend an verantwortliche Stellen im Dienst des Heiligen Stuhls berufen wurde. Und noch mehr: Sie wurden ihm zur beständigen und lichtvollen Anregung.

Diese Eigenschaften sollten ihm wenige Jahre später die Zuneigung der Männer und der Jugend der Katholischen Aktion gewinnen, deren Assistent er 1923 bis 1929 war. Er war bemüht, ihnen eine solide und anspornende Ausbildung zukommen zu lassen, verwurzelt in eifrigem Empfang der Sakramente, in der Treue zum Papst und in einem ernsten sittlichen Streben.

Nach der 1929 erfolgten Ernennung zum Untersekretär der Kongregation für die Außerordentlichen Kirchlichen Angelegenheiten und in der Folge zum Substituten im Staatssekretariat und daher Sekretär der vorgenannten Kongregation, war Msgr. Tardini ganz von der diplomatischen Tätigkeit des Hl. Stuhls in Anspruch genommen, in die er seine großen intellektuellen Gaben und die Gaben seines Herzens einbrachte in einem begeisterten, aufrichtigen und äußerst treuen Dienst für meine verehrten Vorgänger Pius XI. und Pius XII. In jenen Jahren ging die Welt durch eine ungeheuer weitreichende Krise, hervorgerufen von wachsenden Spannungen und dann vom Weltkrieg und der darauffolgenden leidvollen Periode der Nachkriegszeit. Die Dokumente und die Tätigkeit des Hl. Stuhls tragen in jenem Zeitabschnitt das ganz persönliche Gepräge von Msgr. Tardini. Sie sind gekennzeichnet von der unermüdlichen Sorge um das Wohl der Kirche und der Menschheit und einem echt priesterlichen Empfinden für die sehr ernsten Probleme der Kirche und in gleicher Weise von der Rücksicht auf die großen internationalen Fragen und auf das Los der Geringsten. Ebenso leidenschaftlich verteidigte er die Rechte der Kirche und der religiösen Freiheit, besonders in den Jahren, in denen zahlreiche Hirten – deren Gestalten der ganzen Kirche in dankbarer Erinnerung bleiben – und katholische Gemeinschaften im östlichen Mitteleuropa Verfolgungen und lange, schmerzvolle Prüfungen durchzustehen hatten.

Die Treue, die Aufrichtigkeit und Selbstlosigkeit, womit Msgr. Tardini seinen Dienst verrichtete, brachten ihm von Papst Johannes XXIII. am Tag nach dessen Wahl die Ernennung zum hohen Amt des Staatssekretärs ein. Die unvergleichliche Erfahrung als Mann der Kirche und die Vitalität des Geistes und des Herzens zusammen mit dem bewußten Einsatz seiner körperlichen Kräfte bis zur Hingabe des Lebens gestatteten es Kardinal Tardini, den ganzen Reichtum seiner Tugenden und seiner Gaben zur Auswirkung zu bringen. An der Seite Johannes XXIII. erlebte er die verheißungsvolle Zeit der Vorbereitung des II. Vatikanischen Konzils, während die Welt im Zeichen der Entwicklung der jungen Nationen stand, die ihrer Unabhängigkeit entgegengingen.

Nach dem Krieg reifte in den Gedanken des Kardinals auch der Plan, der ihm besonders teuer war, dem er sich als Priester verpflichtete, dem er mit seinem Hab und Gut diente, und der bis heute seine Ideale aufrecht hält und weiter entwickelt: die Villa Nazareth. Zwischen den Verwüstungen des Krieges und den uneingeschränkten Hoffnungen, mit denen man den Wiederaufbau erwartete, erfaßte er mit intuitiver Schärfe die dringende Notwendigkeit, für die religiöse und kulturelle Bildung besonders begabter Jugendlicher Vorsorge zu treffen, damit sie sich zu bewußten Gläubigen und vorbildlichen Bürgern entwickeln könnten. Sie sollten ihre Talente ihrer persönlichen Berufung gemäß entfalten und im Dienst an den Brüdern fruchtbar machen.
Herr Kardinal, zur Stunde, in der viele ausgezeichnete Persönlichkeiten der Kirche wie auch aus dem politischen und akademischen Bereich und viele Freunde, unter ihnen eine große Schar Jugendlicher, sich anschicken, dem hervorragenden römischen Priester und seinem Werk ein Gedenken zu widmen, habe ich den lebhaften Wunsch, in dankbarer und ergebener Hochachtung dazu beizutragen. Gleichzeitig wünsche ich von Herzen, daß die Erinnerung, die wir diesem großen Sohn und Diener der Kirche schulden, eine wertvolle Unterweisung zum Guten sei für alle jene, die, in unterschiedlichen persönlichen Verhältnissen, vom Herrn dazu berufen sind, am Aufbau seines Reiches mitzuarbeiten.
Mit diesen Empfindungen erteile ich gern Ihnen, Herr Kardinal, und allen, die an der hl. Messe am Grab des verstorbenen Kardinals Tardini im Karmelitenkloster von Ventralla, wie auch an der Gedächtnisfeier in der Lateranuniversität teilnehmen, meinen Apostolischen Segen.

Aus dem Vatikan, 27. Februar 1988

PAPST JOHANNES PAUL II.

Medien müssen Würde des Menschen verteidigen

Ansprache an die Mitglieder der Päpstlichen Kommission für die Instrumente der sozialen Kommunikation am 3. März

Liebe Brüder im Bischofsamt,
Brüder und Schwestern in Christus!

„Der Herr sei mit euch!“

1. Dieser Gruß ist ein uns vertrauter Teil unserer Liturgiefeiern. Er ist als solcher ein schönes Gebet, die Bitte, daß diejenigen, an die wir uns wenden, wirklich mit dem Geist Gottes erfüllt werden und daß in ihrem Leben wirklich die Gnade Jesu Christi widerstrahle.
Der liturgische Gruß erinnert uns an einen anderen Gruß. Er wurde der hl. Jungfrau Maria vom Engel Gabriel entboten: „Sei gegrüßt, du Begnadete, der Herr ist mit dir!“

(*Lk* 1,28). Gabriels Gruß war kein hoffnungerfülltes Gebet, sondern die Feststellung einer Tatsache: daß der Herr wirklich mit Maria war.
In diesem Marianischen Jahr ist es angemessen, mit den Mitgliedern, den Konsultoren und dem Personal der Päpstlichen Kommission für die Instrumente der sozialen Kommunikation bei ihrer Jahresvollversammlung die Erinnerung daran wachzurufen, daß eine der bedeutendsten Mitteilungen aller Zeiten vom Patron des Kommunikationswesens, dem Engel Gabriel, Maria überbracht wurde: die Nachricht, daß Gott, der Vater, sie zur Mutter seines Sohnes erwählt hatte.
Laßt uns den Zusammenhang und den Inhalt dieser Botschaft prüfen und sehen, was wir für unsere eigene Arbeit als Medienfachleute daraus lernen können.

2. Der Engel sagte: „Sei gegrüßt, du Begnadete!" Mit diesem Gruß erkannte er die einzigartige Würde Marias als derjenigen an, die in besonderer Weise von Gott gesegnet worden war. Wie es wahr ist, daß nur Maria den Vorzug hatte, ohne Sünde und voll der Gnade empfangen worden zu sein, so ist es ebenso wahr, daß jeder Mensch ein Kind Gottes mit einer besonderen Würde und einer besonderen Bestimmung ist. Sollte nicht unsere und tatsächlich jede Kommunikation die Würde und die transzendente Bestimmung jedes Menschen anerkennen?
Das bedeutet, daß wir in all unserer Medienarbeit unermüdlich die Würde jeder menschlichen Person als eines zum ewigen Leben bestimmten Gotteskindes verkündigen und verteidigen sollten. Wir müssen uns mit allen Männern und Frauen guten Willens verbinden in der Verteidigung der Rechte und der Würde jedes Menschen, des Rechtes auf Leben vom Augenblick der Empfängnis an bis zum natürlichen Tod, des Rechtes auf eine geziemende Wohnung, auf Erziehung und auf gerechten Lohn für eine sinnvolle Arbeit, des Rechtes, den religiösen Glauben auszuüben und offen zu bekennen.
Beim Bekennen des Glaubens aber müssen wir noch hinausgehen über die Nachrichten, die von anderen übermittelt werden, die nicht unseren Glauben teilen, denn wir müssen öffentlich die gute Nachricht von Jesus Christus, unserem Erlöser und Herrn, verbreiten. Es hat immer viel gekostet, diese Botschaft zu verkündigen. Selbst als Jesus noch ein Kind war, sprach Simeon schon von ihm als von einem „Zeichen, dem widersprochen wird" (*Lk* 2,34). Ebenso sagte Simeon zu Maria: „Dir selbst aber wird ein Schwert durch die Seele dringen" (*Lk* 2,35). Die Apostel Petrus und Paulus zahlten den Preis des Martyriums für die Verkündigung der Botschaft von Jesus, und damit wurden sie zu Vorbildern für Tausende von Nachfolgern Christi, die im Lauf der Zeiten ihr Leben im Zeugnis für das Evangelium hingegeben haben. In unserer Zeit opferte der selige Titus Brandsma als Priester und Journalist sein Leben in der Verteidigung der Rechte und der Würde eines jeden Menschen und im Zeugnis für seinen Glauben an Jesus Christus.

3. Wie sollten katholische Medienfachleute die hl. Jungfrau Maria, die Apostel und die Martyrer in ihrem Glaubenszeugnis nachahmen?
Erstens sollte jeder Katholik, der in den Medien arbeitet, wie auch jedes Glied der Kirche, ein Vorbild persönlicher Rechtschaffenheit sein. Jeder von uns sollte im täglichen Leben das Evangelium verkündigen durch das Bemühen, tatsächlich „voll der Gnade" zu

sein. Jeder katholische Medienarbeiter sollte ebenso ein Beispiel beruflicher Kompetenz sein, denn ohne diese Sachverständigkeit läßt sich in der anfordernden und an Konkurrenz reichen Welt der Medien wenig Positives erreichen.
Zweitens möchte ich auch hoffen, daß jeder Katholik in den Kommunikationsmedien furchtlos ist in der Darstellung und Verteidigung der Wahrheit, selbst wenn diese Wahrheit zu bestimmten Zeiten oder in einer bestimmten Gegend unpopulär ist. Die Anzahl der vor der Geburt bewußt getöteten Kinder bleibt ein furchtbares Ärgernis in einer Welt, die vorgibt, zivilisiert zu sein. Es ist ein Skandal, der leicht unbemerkt bleiben kann, wenn es bei den Medien niemand gibt, der diese fortgesetzte Tragödie bekanntmacht. Der Tod und das Leiden so vieler unschuldiger Menschen infolge Gewaltanwendung, Hunger und Krankheit: das sind Situationen, die ebenfalls durch die Kommunikationsmedien bekanntgemacht werden müssen, damit denen, die in Not sind, geholfen wird. Die unentwegte Verweigerung wesentlicher Menschenrechte, einschließlich des Rechtes, die Religion öffentlich zu bekennen und zu praktizieren, auch das ist ein Gegenstand, der es verdient, daß er der Aufmerksamkeit der Welt vorgestellt wird, damit die Macht der öffentlichen Meinung dazu beitragen kann, die Ketten der Unterdrückung zu sprengen.
Drittens können Katholiken in den Kommunikationsmedien mithelfen, die Frohe Botschaft zu verkünden, so, wie sie von Millionen Menschen auf der ganzen Welt gelebt wird. Die mitfühlende Liebe der hl. Jungfrau Maria, die ihre Kusine Elisabeth besuchte, als sie ihrer Hilfe bedurfte, spiegelt sich immer und immer neu wider im Leben derer, die für die Kranken und Sterbenden sorgen, die Arme und Behinderte ausbilden und die versuchen, in einer gequälten Welt Friedensbringer zu sein. Es gibt ebenso viele interessante Berichte, wie es heroische, aber bescheidene Menschen auf der Welt gibt. Ihr selbstloses Leben wird nicht verborgen bleiben, wenn es Medienschaffende gibt, die ihre Geschichte mit Phantasie und Geschick einer Welt vorstellen, die Beispiele von Heroismus und Hoffnung nötig hat.

4. Ende dieses Jahres werden wir den fünfundzwanzigsten Jahrestag jenes Dokumentes des Zweiten Vatikanischen Konzils hervorheben, das einen Wendepunkt darstellte: *Inter mirifica*. Die Kommunikationsmedien werden darin beschrieben als zu den Wundern der Technik gehörend, die Gott dazu bestimmte, daß der menschliche Geist sie in der Schöpfung entdecke. Die Kommunikationsmittel haben die wunderbare Macht, die Menschen auf der Welt einander näherzubringen. Die Medien können Boten der Frohen Botschaft von Jesus Christus sein, wie der Engel Gabriel es für Maria war. Sie können diese Botschaft nicht nur einem einzelnen Menschen, sondern großen Massen verkünden. Die Macht der Kommunikationsmedien ist ohne Zweifel sehr groß, und es hängt von uns ab, dafür zu garantieren, daß sie immer Instrumente sind, die im Dienst der Wahrheit, der Gerechtigkeit und des moralisch Anständigen stehen.
Die Aufgabe stellt in der Tat große Anforderungen. Doch der Engel Gabriel sagte zu Maria: „Der Herr ist mit dir!“ (*Lk* 1,28). Wir haben die Zusicherung der dauernden Gegenwart und Hilfe Jesu bei allem, was wir tun, um seine Wahrheit und seine Liebe zu verkünden, bei allem, was wir zusammen mit seiner heiligen Mutter tun, um die Größe des Herrn zu verkünden.

Als Zeichen dieser beständigen Hilfe des Herrn und indem ich die Fürbitte seiner jungfräulichen Mutter anrufe, erteile ich euch gern meinen Apostolischen Segen, euch, euren Lieben und all denen, die mit euch zusammen in dieser wichtigen Aufgabe der sozialen Kommunikation arbeiten.

Bedeutsame Arbeit wurde geleistet

Ansprache in der Audienz für die Delegation des Lutherischen Weltbundes am 4. März

Liebe Freunde!

1. Es ist mir eine große Freude, Sie heute im Lauf Ihres Rombesuches, den Sie zur Begegnung mit dem Sekretariat für die Einheit der Christen und anderen Abteilungen des Hl. Stuhls unternommen haben, im Vatikan zu begrüßen. Ihr Romaufenthalt wird zweifellos auch einen Besuch an den Gräbern der Apostel Petrus und Paulus einschließen, die in dieser Stadt ihr Blut für Christus vergossen haben und deren Zeugnis einen Teil des gemeinsamen Erbes aller Christen ausmacht. Die standhafte Treue, mit der sie Christus bekannt haben, erinnert alle Jünger des Herrn an die Pflicht, Jesus Christus zur Mitte und zum Kennzeichen unseres Lebens zu machen.
Das Zweite Vatikanische Konzil stellt einen grundlegenden Bezugspunkt für die Verpflichtung der katholischen Kirche zum Ökumenismus dar. Seit der Zeit des Konzils haben Lutheraner und Katholiken große Fortschritte gemacht in der Überwindung der trennenden Schranken zwischen uns und in der Herstellung sichtbarer Bande der Einheit. Im theologischen Dialog wurde bedeutsame Arbeit geleistet im Hinblick auf die Dinge, in denen wir die Einheit im Glauben erreichen müssen, zum Beispiel die Eucharistie, das kirchliche Amt und die Rechtfertigung im Glauben; ferner auch im Hinblick auf andere Themen, einschließlich der gegenseitigen Bannsprüche, die im sechzehnten Jahrhundert ausgesprochen wurden. Es wurden Wege gefunden, in drängenden sozialen Belangen gemeinsam Zeugnis abzulegen. Solch ein Dialog und solch eine Zusammenarbeit müssen fortgesetzt werden. Ich sehe den Rombesuch des Präsidenten, des Generalsekretärs und anderer Mitglieder des Lutherischen Weltbundes als ein Zeichen Ihres Einsatzes für die Vertiefung unserer Beziehungen an, und dafür bin ich sehr dankbar.

2. In unserer Arbeit für die Einheit ist es wesentlich, daß unsere Bemühungen tiefe geistige Wurzeln haben. Sie müssen vor allem christozentrisch sein. Christus ist der Erlöser, der „eine Mittler zwischen Gott und den Menschen“ (*1 Tim* 2,5). Sein Kreuz ist unsere Quelle der Kraft, seine Auferstehung unsere Hoffnung. Wenn wir fortfahren, Bande der Einheit herzustellen, dann tun wir es als Mitarbeiter mit Christus. Denn „wenn nicht der Herr das Haus baut, müht sich jeder umsonst, der daran baut“ (*Ps* 127,1).
Ferner müssen unsere Bemühungen auf Bekehrung hin ausgerichtet sein, die innere Bekehrung zu einem tieferen Leben in Christus, eine Bekehrung, die uns dazu befähigt, daß wir uns gegenseitig in einem neuen Licht sehen. Nach dem Konzilsdekret über den Ökumenismus ist Bekehrung jene „Bekehrung des Herzens und Heiligkeit des Lebens“, die

„in Verbindung mit dem privaten und öffentlichen Gebet für die Einheit der Christen als die Seele der ganzen ökumenischen Bewegung“ betrachtet werden sollte (*Unitatis redintegratio*, Nr. 8).

3. Nur wenn wir unsere ökumenischen Hoffnungen auf diese tiefere Beziehung zu Christus setzen, können wir wahrhaft nach dem Ziel der vollen Gemeinschaft streben. Weil wir schon die Bande der Einheit in Christus durch die Taufe teilen, können wir uns nie zufriedengeben mit weniger als der vollen Gemeinschaft. In der katholischen Kirche hat uns die Außerordentliche Bischofssynode 1985 daran erinnert, daß „die Communio-Ekklesiologie die zentrale und grundlegende Idee“ der Dokumente des Zweiten Vatikanischen Konzils (*Relatio finalis*, II C,1) und daher die Basis ist, von der aus die katholische Kirche „ihre ökumenische Verantwortung voll wahrgenommen“ hat (*ebd.*, II C,7). Das tiefere Erfassen dieses biblischen und kirchlichen Sinnes von Gemeinschaft innerhalb unserer einzelnen Traditionen ist lebensnotwendig für den weiteren Fortschritt hin zur Einheit zwischen Lutheranern und Katholiken. Möge der Heilige Geist uns auf diesem Weg führen!
In dieser Fastenzeit ist im Blick auf Ostern eine Stelle aus dem ersten Petrusbrief eine angemessene Weise, uns das Große, das Gott für uns getan hat, ins Bewußtsein zu rufen, wenn wir für die Ehre seines Namen arbeiten: „Gepriesen sei der Gott und Vater unseres Herrn Jesus Christus: Er hat uns in seinem großen Erbarmen neu geboren, damit wir durch die Auferstehung Jesu Christi von den Toten eine lebendige Hoffnung haben und das unzerstörbare ... Erbe“ (*1 Petr* 1,3). Möge dies unser Gebet sein und die Überzeugung, die uns Kraft gibt!

Das Evangelium allen Völkern verkünden

Ansprache an die Direktoren, Delegierten und Verantwortlichen der Päpstlichen Missionswerke in Italien am 4. März

Liebe Direktoren, Delegierte und Verantwortliche der Päpstlichen Missionswerke in Italien!

1. Ich freue mich, euch am Ende eures Nationalkongresses, der in der Stadt Pescara stattgefunden hat, in Sonderaudienz zu empfangen. Indem ich voll Freude einen herzlichen Gruß an den Nationaldirektor, Msgr. Enzo Serenelli, seine verschiedenen Mitarbeiter sowie an euch alle richte, die ihr, von euren Bischöfen gesandt, vier Tage lang das wichtige und stets aktuelle Problem der Missionen behandelt habt, möchte ich euch meine Genugtuung über eure Anwesenheit aussprechen.
Gemäß den Anleitungen der verschiedenen Berichte habt ihr in Studiengruppen über die Ursprünglichkeit des Charismas der Päpstlichen Missionswerke, ihre Eingliederung in den Pastoralplan der Ortskirche, die Gesamtheit des Plans und die Qualifikation der dafür engagierten Mitarbeiter nachgedacht und diskutiert und dabei versucht, die Spiritualität, Aktualität und Verantwortlichkeit der Päpstlichen Missionswerke gemäß der Evan-

gelisierung der Völker und der Belebung der Diözesen und der Pfarrgemeinden zu vertiefen.
Ich danke Gott für eure Feinfühligkeit und Bereitschaft, liebe Priester und Laien, und ich hege den lebhaften Wunsch, daß eure von neuem missionarischen Eifer belebte Tätigkeit in den zahlreichen pastoralen Gruppen die Sorge um die Verkündigung des Evangeliums stets aufrechterhalte.
Möge der Herr eure Anstrengungen und eure Opfer segnen und sie für die Missionen, die ihr liebt und denen ihr mit Begeisterung und Hingabe dient, fruchtbar machen.

2. Das Thema „Mitarbeit bei der Evangelisierung der Völker – Pädagogik der universalen Werte", das ihr während des Kongresses behandelt habt, hat euch gewiß weiterhin sowohl über den missionarischen Einsatz – der jede Diözese und jede Pfarrgemeinde auszeichnen muß – als auch über die wirksame Einsatzbereitschaft aufgeklärt, die es aufrechtzuerhalten und einzuschärfen gilt und die auf unterschiedliche Weise alle Gläubigen miteinbezieht.
In der Tat bleiben trotz des Wandels der Zeiten und Denkweisen die Worte Jesu an die Apostel stets gültig und aktuell: „Ich habe noch andere Schafe, die nicht aus diesem Stall sind; auch sie muß ich führen, und sie werden auf meine Stimme hören; dann wird es nur eine Herde geben und einen Hirten" (*Joh* 10,16). „Wie mich der Vater gesandt hat, so sende ich euch" (*Joh* 20,21). Darum geht zu allen Völkern, und macht alle Menschen zu meinen Jüngern; tauft sie auf den Namen des Vaters, des Sohnes und des Heiligen Geistes, und lehrt sie, alles zu befolgen, was ich euch geboten habe" (*Mt* 28,19–20). Dies ist der bestimmte Wille Gottes, der im Gebot Christi Ausdruck findet, der hinzufügt: „Seid gewiß: Ich bin bei euch alle Tage bis zum Ende der Welt" (*Mt* 28,20). Ausgehend von Pfingsten, hat die Kirche nicht aufgehört, das Evangelium allen Völkern zu verkünden, und das Christentum hat sich in der ganzen Welt ausgebreitet und allen Nationen die Frohbotschaft Jesu Christi gebracht: „Das wahre Licht, das jeden Menschen erleuchtet, kam in die Welt" (*Joh* 1,9). Auch das Zweite Vatikanische Konzil hat mit Autorität und Feierlichkeit bekräftigt, daß „die pilgernde Kirche ihrem Wesen nach missionarisch" ist, „da sie selbst ihren Ursprung aus der Sendung des Sohnes und der Sendung des Heiligen Geistes herleitet gemäß dem Plan Gottes des Vaters" (*Ad gentes*, Nr. 2). „Die missionarische Tätigkeit", so heißt es weiter im Konzil, „ist nichts anderes und nichts weniger als Kundgabe oder Epiphanie und Erfüllung des Planes Gottes in der Welt und ihrer Geschichte, in der Gott durch die Mission die Heilsgeschichte sichtbar vollzieht. Durch das Wort der Verkündigung und die Feier der Sakramente, deren Mitte und Höhepunkt die heilige Eucharistie darstellt, läßt sie Christus, den Urheber des Heils, gegenwärtig werden" (*Ad gentes*, Nr. 9).

3. Es besteht kein Zweifel darüber, daß das Missionswerk in der heutigen Zeit aus vielen Gründen beschwerlicher geworden ist. Dennoch bleibt das Gebot Christi, das den wirklichen und endgültigen Willen Gottes zum Ausdruck bringt, immer noch gültig, und euer Werk ist in den Diözesen und Pfarrgemeinden wertvoll und nützlich. In der Tat sagte Paul VI. im Apostolischen Schreiben *Evangelii nuntiandi*: „Evangelisieren ist in der Tat die Gnade und eigentliche Berufung der Kirche, ihre tiefste Identität. Sie ist da, um zu evan-

gelisieren, d. h. um zu predigen und zu unterweisen, Mittlerin des Geschenkes der Gnade zu sein, die Sünder mit Gott zu versöhnen, das Opfer Christi in der heiligen Messe immer gegenwärtig zu setzen, welche die Gedächtnisfeier seines Todes und seiner glorreichen Auferstehung ist" (Nr. 14).

Der Hauptgrund der Evangelisierung und daher auch der Mission ist indessen, den Menschen nahezubringen, daß Gott sich in Christus verkörpert hat, der zu unserem Heil am Kreuz gestorben ist: „Christus ist für unsere Sünden gestorben, gemäß der Schrift, und ist begraben worden. Er ist am dritten Tag auferweckt worden, gemäß der Schrift" (*1 Kor* 15,3–4). Die Forderung des Menschen geht mit der Evangelisierung einher: der Sozialeinsatz entsteht – wie die Geschichte der Missionen ausgiebig zeigt – notwendigerweise aus dem religiösen Einsatz. Ich denke mit Bewegung an die ungefähr 18 000 italienischen Missionare – Priester, Ordensbrüder, Ordensschwestern und freiwillige Laien –, die über die ganze Welt verstreut sind, und ich gebe meiner tiefen Freude über den „Tag der Solidarität in der Welt" Ausdruck, der von allen kirchlichen Gemeinschaften angeregt wird, um die ärmsten Kirchen in ihren pastoralen und sozialen Bedürfnissen zu unterstützen und ihnen Beistand zu leisten.

4. Verharrt also mit Begeisterung in eurer Einsatzbereitschaft innerhalb der jeweiligen Diözesen, und versucht dabei, den Geist der Missionare in allen Personengruppen, den Familien, den Schulen, den Seminaren, innerhalb der Lainenbewegungen, lebendig zu erhalten. Betet intensiv zum Herrn und zur heiligen Jungfrau, damit sie euch erleuchten und helfen, kirchliche Gemeinschaften mit tief missionarischem Geist zu fördern und aufzubauen.

Möge euch die heilige Theresia vom Kinde Jesus, die himmlische Schutzherrin der Missionen, in eurer Arbeit beistehen. Sie, die vor hundert Jahren, am 9. April 1888, mit dem vorwiegend apostolischen Ziel, durch Gebet, Opfer und beständige Vereinigung mit Christus Seelen zu retten, in den Karmeliterorden eintrat, verbrauchte ihr kurzes Leben in der verzehrenden Sorge um die Verherrlichung Gottes auf Erden. Lobet auch ihr, durch euren missionarischen Einsatz, den Herrn auf Erden, indem ihr den Spuren der Heiligen von Lisieux, eurer Schutzherrin, folgt, mit der Hilfe und der Eingebung der heiligsten Maria, der Königin der Mission. Mein Gebet und mein Segen begleiten euch allezeit!

Weniger Atheisten – viele Nicht-Glaubende

Ansprache an die Vollversammlung des Sekretariats für die Nichtglaubenden am 5. März

Meine Herren Kardinäle, liebe Brüder im Bischofsamt, liebe Freunde!

1. Ich freue mich, euch anläßlich der Vollversammlung des Sekretariats für die Nichtglaubenden unter dem Vorsitz von Kardinal Paul Poupard zu empfangen.

Ihr habt das Thema gewählt: „Ideologien, Mentalitäten und christlicher Glaube" und wolltet das komplexe Phänomen des Atheismus, des Nicht-Glaubens und der religiösen

Gleichgültigkeit näher betrachten und die Faktoren aufspüren, die den heutigen Menschen dahin bringen.

2. Wenn die Ideologien, die aus den sozialen Kämpfen und den atheistischen Utopien des 19. Jahrhunderts hervorgegangen sind, in gewissen Gebieten der Erde noch Lebenskraft zeigen, so zeigen sie hingegen selbst da, wo sie offiziell bevorzugt werden, die Tendenz, an Überzeugungskraft zu verlieren oder schwächer zu werden. Andererseits hat sich eine Woge der Säkularisation über die Welt ausgebreitet. Sie zeigt sich in den Konsumgesellschaften in Hedonismus, Pragmatismus und Leistungsstreben ohne Rücksicht auf ethische Normen und in der Verkennung der Heiligkeit des Lebens. Das alles führt nur zu oft zu moralischem Relativismus und religiöser Gleichgültigkeit. Im wesentlichen kann man sagen – wie es aus euren Untersuchungen gut zu ersehen ist –, daß es weniger ausgesprochene Atheisten, aber viele Nicht-Glaubende gibt, viele Menschen, die so leben, als ob Gott nicht existierte, und die außerhalb der Problematik Glaube – Unglaube stehen, da Gott gewissermaßen aus ihrem Existenzhorizont verschwunden ist.
Außerdem tritt eine neue neo-positivistische Denkweise in Erscheinung, die dazu neigt, den Einsatz der Vernunft auf die bloß wissenschaftliche Rationalität zu beschränken. In dieser verkürzten Perspektive würde infolgedessen die übrige menschliche Tätigkeit nur vom Gefühl abhängen. Auch der Akt des Glaubens wäre nur eine willkürlich getroffene, nicht in der Vernunft verankerte Wahl. Die vernunftgemäße Struktur des Glaubensaktes wird auf diese Weise in der Sicht einer Rationalität, die sich als die einzige streng „wissenschaftliche“ Geisteshaltung betrachtet, zu einer belanglosen symbolischen Erkenntnis.

3. Diese Sicht, die in wissenschaftlichen Kreisen sehr weit verbreitet war und weiterhin das durch die Medien beeinflußte Denken der Menschen durchdringt, scheint jedoch etwas von ihrer Überzeugungskraft zu verlieren. Denn immer zahlreicher werden jene, die vom technischen Fortschritt enttäuscht sind. Läuft das Verhalten des Menschen im Hinblick auf die Natur nicht Gefahr, mit zunehmender Häufigkeit ökologische Katastrophen heraufzubeschwören, wie jene, über die die Medien uns in den letzten Jahren berichtet haben? Ganz zu schweigen von der Gefahr eines thermonuklearen Weltbrandes und den drohenden Risiken genetischer Manipulationen.

4. Vor diesen beängstigenden Fragen, die die Postulate der wissenschaftlichen und technologischen Mentalität in Frage stellen, öffnen sich neue Gebiete für den Dialog zwischen der Kirche und dem, was einige schon die Post-Moderne nennen. Wegen ihrer unvergleichlichen Erfahrung, ihrer universalen Botschaft, ihrer jahrtausendalten Weisheit, die sie aus den Quellen der Offenbarung schöpft, ist die Kirche mehr und mehr dazu aufgerufen, im Namen der ihr eigenen Anthropologie ihre integrale Sicht des Menschen als freier und verantwortlicher Person nach dem Bild und Gleichnis Gottes darzustellen. Sie ist bemüht, in die zahlreichen Initiativen aus dem beunruhigten Gewissen unserer Zeitgenossen, Initiativen zugunsten des Friedens, der Achtung vor der Natur, der integralen und solidarischen Entwicklung und der Menschenrechte, Licht zu bringen. Sie bemüht sich, dem kulturellen Wandel im Bereich des Denkens, des künstlerischen Schaffens und der

wissenschaftlichen Forschung eine Seele zu geben. Angesichts der Umwälzungen in einer Welt, die durch eine nie dagewesene wissenschaftliche und technische Revolution aufgewühlt ist, und angesichts des Unglaubens und des anthropologischen Immanentismus, die tatsächlich oft deren Folgen sind, hört die Kirche nicht auf, die Perspektiven der Transzendenz zu öffnen. Von dort her bietet sie wirkliche Werte an und verhindert, daß der technische Fortschritt sich gegen den Menschen kehrt.
Darin besteht das Interesse eurer Begegnungen mit den Nichtglaubenden im Geist des II. Vatikanischen Konzils (vgl. *Gaudium et spes*, Nr. 12), um mit ihnen zu diskutieren über das, was der Mensch wirklich ist und was ihm wirklich zum Wohl dient, über die Forderungen des wahren menschlichen Fortschritts, über die Bedingungen seines persönlichen und sozialen Lebens in Übereinstimmung mit dem Innersten seiner Natur. Ihr habt das in Ljubljana und in Budapest getan, und ihr werdet es in Zukunft noch an anderen Orten tun.

5. Was den Atheismus, das Nichtglauben und die religiöse Gleichgültigkeit betrifft, so ist die Kirche sich dieses größten Dramas unserer Zeit und der Herausforderung, die es darstellt, schärfer bewußt geworden. Wenn eure Untersuchungen aber ohne Nachsicht das Ansteigen des praktischen Atheismus aufzeigen – und das Gefühl von Einsamkeit und Angst, das ihn oft begleitet, dann decken sie gleichzeitig das anhaltende religiöse Bedürfnis des Menschen auf, das oft selbst dort wieder auflebt, wo diese grundlegende Dimension der Existenz endgültig verdeckt und wie begraben schien unter den überhandnehmenden Sorgen eines ganz auf das Materielle ausgerichteten Lebens.

6. Sogar mitten in den am meisten säkularisierten Gesellschaften wächst eine neue Generation von Glaubenden heran, die nach ethischen Bezugspunkten und bleibenden religiösen Werten dürstet und neue Formen sucht, um ihren Glauben auszudrücken: kleine Gemeinschaften und große Versammlungen, Feiern, Wallfahrten, solide biblische und theologische Schulung, Gebets- und Meditationsgruppen.
Diese Männer und Frauen, die sich aus Liebe zu Christus zusammenfinden, geben Tag für Tag ein lebendiges Zeugnis dafür, daß jeder Mensch, in welcher Lage er auch immer sein mag, persönlich von Gott geliebt ist und persönlich dazu berufen, an seinem Leben Anteil zu haben. Das ist der Dialog des Lebens der Glaubenden mit den Nichtglaubenden. Und dieser Dialog ist lebenswichtig.

7. Für den modernen Menschen, der, in den Dunst irdischer Ideologien eingehüllt und seine Wünsche auf das Sichtbare und Greifbare beschränkend, vielfach nicht mehr an das Leben nach dem Tod glaubt, sind diese Christen das lebendige Zeugnis und der experimentelle Beweis für die Liebe und die Hoffnung, die sich in Jesus Christus, dem gestorbenen und auferstandenen, offenbart haben. Diese Liebe und diese Hoffnung müssen im Herzen und im täglichen Leben der Christen eingeschrieben sein, die in ihrer Verschiedenartigkeit die befreiende Botschaft der Seligpreisungen in die Praxis umsetzen müssen. Die lebendigen christlichen Gemeinschaften sind es ja, die Laien, die Ordensmänner und Ordensfrauen, mit den Priestern um ihre Bischöfe geschart, die zu dem säkularisierten

Menschen von heute in glaubwürdiger Weise von einem anderen Licht sprechen als dem Glanz der sichtbaren Dinge, von einer anderen Freude als der des irdischen Glücks. In dieser Welt des Nihilismus, der Einsamkeit und der Frustration ist das Zeugnis der Seligpreisungen äußerst wichtig: Durch die brüderliche Erfahrung von heute macht es aufgeschlossen für die Hoffnung auf ein anderes Leben, für die Zusicherung einer Zukunft ohne Grenzen: die neue Erde und der neue Himmel, wo „der Tod nicht mehr sein wird, keine Trauer, keine Klage, keine Mühsal. Denn was früher war, ist vergangen... Wer will, empfange umsonst das Wasser des Lebens“ (*Offb* 21,4; 22,17).

8. Brüder und Freunde, Mitglieder und Konsultoren des Sekretariats für die Nichtglaubenden, nicht zu vergessen die Mitarbeiter des Sekretariats in San Calisto, ich danke euch für die schwierige Arbeit, die ihr leistet. Sie ist heute für die Kirche notwendig. Fahrt fort, diese komplexe, eindrucksvolle und in Bewegung befindliche Wirklichkeit, den zeitgenössischen Atheismus, in all seinen Formen und Ausdrucksweisen zu erforschen. Es ist ein Werk intellektueller Klärung und pastoraler Sensibilisierung. Die Vollversammlung läßt euch die Besorgnis der Kirche in der verschiedenartigen kulturellen Umwelt, in der sie sich dem Nicht-Glauben stellen muß, besser begreifen. Ihr seid hier versammelt, die vielfältigen Dialog-Erfahrungen gegenüberzustellen. Ich möchte, daß dieser Austausch eine Anregung für alle darstelle und es dem Sekretariat ermögliche, seine Koordinations- und Initiativfunktion besser zu erfüllen.
Setzt euren Dialog mit den Nichtglaubenden und mit denen, die sich dem Anschein nach gleichgültig geben, fort. Habt vor Augen und tragt im Herzen, was ich in der Enzyklika *Dominum et vivificantem* bekräftigt habe (vgl. Nr. 56–57). In jedem Menschen spielt sich ein Drama ab: entweder nimmt er Gott an, oder er weist ihn zurück und gibt den Anstiftungen des „Vaters der Lüge“ nach. Der Atheismus ist im Herzen des Menschen nicht zuerst die Auswirkung einer mehr oder weniger verfänglichen Theorie, der Atheismus ist eine getroffene Wahl. Eine Gewissensentscheidung in diesem oder jenem Augenblick des Lebens. Wer kann sagen, wie jemand, der sich als gleichgültig ausgibt, dahin kommen konnte, für den Sinn seines Lebens und das Geheimnis seines Todes kein Interesse mehr zu haben? Ich denke mit Beklemmung an diese Millionen von Männern und Frauen und mit Hoffnung an den Dialog, den die Christen weiterhin mit ihnen führen.
Liebe Freunde, unser christlicher Glaube zeigt uns in jedem Menschen einen Bruder, zu welcher Überzeugung auch immer er sich bekennt, einen Menschen, den Gott bei seinem Namen nennt und den er zur Teilnahme an seinem Leben einlädt, einen Menschen, dem Gott unaufhörlich auf jede Weise seine Liebe anbietet. Damit ist der ernste, dramatische Charakter des Dialogs mit dem Nichtglaubenden ausgesprochen. Der Herr gebe euch, diese schwierige und notwendige Aufgabe zu erfüllen und den Gliedern der Kirche, die damit befaßt sind, zu helfen. In diesem Marianischen Jahr vertraue ich diese ernste Sorge der Jungfrau Maria an, ihr, „die geglaubt hat“ (*Lk* 1,45).
Und ich erteile euch meinen Apostolischen Segen.

Den Glauben lebendig erhalten

Ansprache an eine bulgarische Pilgergruppe am 10. März

Liebe Brüder und Schwestern der Diözesen Nicopoli und Sofia-Plovdiv und des Exarchats Sofia!

1. Ich freue mich aufrichtig, euch in Sonderaudienz anläßlich eurer Wallfahrt zu den Gräbern der heiligen Apostel Petrus und Paulus und der anderen Märtyrer der Kirche von Rom empfangen zu können. Wenn ich euch, die ihr aus einer Nation alter christlicher Traditionen, aus Bulgarien, hergekommen seid, so voll Begeisterung vor mir sehe, kann ich nicht umhin, mich zu freuen. Ich grüße euch alle, und durch euch möchte ich der gesamten Nation, die ihr hier vertretet, meinen herzlichen Gruß übermitteln.
Insbesondere begrüße ich den lieben Msgr. Samuel Djoundrine, Bischof von Nicopoli, der euch zu dieser familiären Begegnung geführt hat.
Ich weiß, daß der Grund für euren Besuch in der Ewigen Stadt durch die 300-Jahr-Feier eines Ereignisses gegeben ist, das ihr in diesem Jahr zusammen mit euren anderen Landsleuten in Erinnerung rufen wollt: die Erhebung von Ciprowec im Jahr 1688, die mit Recht als Beginn eurer nationalen Wiedergeburt angesehen wird. Ihr betrachtet dieses Ereignis mit gutem Recht als entscheidend für die Geschichte der katholischen Kirche eures Landes, denn es liegt zwischen den bedeutenden Geschehnissen, die im 17. Jahrhundert den Grund zur heutigen bulgarischen katholischen Gemeinschaft des lateinischen Ritus gelegt und diese bis in die heutige Zeit geprägt haben.

2. Ihr wolltet diese Wallfahrt im Lauf des Marianischen Jahres unternehmen, in dem die ganze katholische Kirche in besonderer Weise der Mutter des Erlösers gedenkt. Ihr habt die nationalen und patriotischen Beweggründe mit der religiösen Motivierung der Marienverehrung zu verbinden gewußt, die eure Kirche immer ausgezeichnet hat. Nicht umsonst trugen eure Vorfahren vor dreihundert Jahren die Fahne Unserer Lieben Frau von Ciprowec hoch, die sie in den Kampf und ins Exil begleitete.
Maria ist wirklich in der pilgernden Kirche präsent. Wie ich in der marianischen Enzyklika Gelegenheit hatte zu schreiben, „ist Maria ... zugegen in der Sendung der Kirche, zugegen im Wirken der Kirche, die das Reich ihres Sohnes in die Welt einführt. Diese Gegenwart Marias findet heute wie in der ganzen Geschichte der Kirche vielfältige Ausdrucksweisen. Sie hat auch einen vielseitigen Wirkungsbereich: durch den Glauben und die Frömmigkeit der einzelnen Gläubigen, durch die Traditionen der christlichen Familien oder der, der Pfarr- und Missionsgemeinden, der Ordensgemeinschaften, der Diözesen, durch die werbende und ausstrahlende Kraft der großen Heiligtümer ...“ (*Redemptoris Mater*, Nr. 28). Die katholische Kirche Bulgariens hat kein eigenes Heiligtum mit nationaler Ausstrahlungskraft, sie verehrt jedoch die heilige Jungfrau in all ihren Kirchen, wo wenigstens einer der Altäre ihr geweiht ist. Sie spürt auch die Anziehungskraft der großen Heiligtümer der orthodoxen Schwesterkirche, besonders das, in dem seit fast tausend Jahren die wundertätige Ikone der Gottesmutter aufbewahrt wird, die den Weg

zum Kloster Batchevo weist, das mitten zwischen den katholischen Gemeinden der Region von Plovdiv und jenen des orientalischen Ritus des Sakar-Massivs liegt.
Dies lenkt unsere Gedanken auch auf die orthodoxen Christen eures Landes, bei denen die liebevolle Verehrung der Gottesmutter, der „Bogorodiza", Unterpfand guter Vorsätze und christlicher Lebensführung ist. „Warum also nicht alle zusammen auf sie als unsere gemeinsame Mutter schauen, die für die Einheit der Gottesfamilie betet und die allen vorangeht an der Spitze des langen Zuges von Zeugen für den Glauben an den einen Herrn, der Sohn Gottes ist und durch den Heiligen Geist in ihrem jungfräulichen Schoß empfangen wurde?" (*ebd.*, Nr. 30).

3. Im weiteren Verlauf eurer Pilgerfahrt werdet ihr noch dem Andenken eurer Glaubensväter begegnen, den heiligen Brüdern Cyrill und Method aus Saloniki. Am Grab des hl. Cyrill habt ihr noch einmal Gelegenheit, den ererbten Glauben zu bekennen, der vor vier Jahrhunderten von den Franziskanern aus Bosnien gefestigt wurde. Ihrem Werk entstammt die heutige katholische Kirche des lateinischen Ritus in Bulgarien.
Wenn ihr in euer Land zurückkehrt, bitte ich euch, euren anderen Brüdern zu versichern, daß ich sie alle in der Liebe Christi umarme und ständig mit Interesse das Schicksal eurer eifrigen Gemeinde verfolge.
Ich vertraue euch der heiligen Jungfrau an: Sie liebt euch, sie schützt euch, sie erleuchtet euch und sie erwartet euch. Sie möge in euren Gebeten und euren Entscheidungen anwesend sein. Sie erhalte in euch den christlichen Glauben lebendig und wirksam, den ihr von euren Vorfahren empfangen habt.
Mein liebevolles Gedenken begleite euch zusammen mit dem Apostolischen Segen, den ich jetzt euch, den hier Anwesenden, und allen euren Lieben erteile.

Kirchenpresse von gesellschaftspolitischer Bedeutung

Sonderaudienz für die Mitglieder der Arbeitsgemeinschaft Katholische Presse am 11. März

Sehr geehrte Damen und Herren!

1. Als Redakteure und Verleger der katholischen Presse in der Bundesrepublik Deutschland nehmen Sie an einem Rom-Seminar der Arbeitsgemeinschaft Katholische Presse teil. Diese Initiative soll Ihnen Gelegenheit bieten, Ihren Wissensstand zu erweitern, persönlichen Kontakt mit jenen zu pflegen, die mir bei der Wahrnehmung des Petrusdienstes unermüdlich helfen, und Ihre Verbundenheit mit dem Apostolischen Stuhl zu vertiefen. Ich beglückwünsche Sie zu dieser Initiative und entbiete Ihnen meinen herzlichen Willkommensgruß.

2. Die kirchliche Presse versteht sich als Instrument im Konzert der Medienkommunikation, vor allem der öffentlichen Meinungsbildung. Mancher mag ihre Stimme für schwach halten, weil sie eher in der Stille wirkt und im allgemeinen selten Schlagzeilen macht, keine spektakulären Ereignisse signalisiert. Dennoch ist sie von großer gesell-

schaftspolitischer Bedeutung. Ich erinnere nur an die kirchlichen Hilfswerke Misereor, Adveniat und Missio, für die wesentlich durch den Einsatz der Kirchenpresse ein öffentliches Bewußtsein geschaffen werden konnte. Nur dadurch ist es möglich, daß diese Werke ihre weltweite Information und so segensreiche Wirkung entfalten.
Auch für den Dienst, den die Kirche mit der Verkündigung der Frohen Botschaft an den Menschen zu leisten hat, ist die Kirchenpresse ein bedeutsames Mittel. Nur in ihren Publikationen kann die Kirche ihre Lehre und ihren Standpunkt zu Ereignissen unverkürzt darlegen und sich in angemessener Weise an den Diskussionen beteiligen, die wichtige Fragen der Ethik, des Friedens und der Gerechtigkeit betreffen. Die ständig notwendige Erneuerung der Kirche mit dem Ziel, ihren Verkündigungsauftrag zeitgerecht zu erfüllen, bedarf der Begleitung und Deutung durch die Kirchenpresse. Sie bringt nicht nur das Licht der Wahrheit Christi, sondern auch die Wärme der Liebe Christi zu den Armen, den Kranken, den Verfolgten, den jungen Menschen, die Orientierung suchen und nach dem Sinn des Lebens fragen, sowie zu den Alten, die Trost und Hoffnung erwarten.

3. Der starke Aufschwung, den die kirchliche Presse nach dem Krieg erlebte, wurde von einer inneren und äußeren Krise abgelöst, die zweifellos mit dem Rückgang des kirchlichen Lebens in der Bundesrepublik Deutschland zusammenhängt. Die Arbeitsgemeinschaft Katholische Presse hat neue Konzeptionen entwickelt und konstruktive Ideen für ein tragfähiges Konzept der Weiterentwicklung eingebracht. Dafür möchte ich Ihnen allen – den Verlegern und Redakteuren und ihren Mitarbeitern – herzlich danken. Die Grundlage für die Arbeit des katholischen Journalisten und Verlegers sind in der Pastoralinstruktion *Communio et Progressio* zutreffend beschrieben. In dieser Instruktion wird auch darauf hingewiesen, daß die Kirche die Eigenständigkeit und Eigengesetzlichkeit der Medien respektieren muß, um ihnen ein Höchstmaß an publizistischer Wirkung zu ermöglichen.
Trotz manchen Fortschritts bedarf es noch mancher Geduld miteinander. Jeder muß auf den anderen hören, ohne ihm unlautere Motive zu unterstellen. Ich möchte Ihnen Mut machen, den beschrittenen Weg fortzusetzen und bei allen Enttäuschungen, die es auch in Zukunft geben wird, zuversichtlich und mit dem Einsatz aller Kräfte dazu beizutragen, daß die Menschen in einer Zeit, in der es zunehmend schwerer wird, den Weg des Heiles zu finden, hilfreich begleitet werden.
Mit besten persönlichen Wünschen für Ihre wichtige katholische Medienarbeit in Ihrer Heimat, für Ihre Mitarbeiter und Angehörigen erteile ich Ihnen und allen, die Ihnen in Familie und Beruf eng verbunden sind, von Herzen meinen besonderen Apostolischen Segen.

Christus – unser Friede

Ansprache an die Nationaldelegierten zum 44. Internationalen Eucharistischen Kongreß am 11. März

Liebe Herren Kardinäle Rossi und Kim, ehrwürdige Brüder und liebe Freunde!

1. Ich freue mich, euch alle zu begrüßen, vor allem die Nationaldelegierten zu Internationalen Eucharistischen Kongressen. Aus vielen verschiedenen Teilen der Welt seid ihr in Rom zusammengekommen zu einem Treffen mit dem Päpstlichen Komitee für Internationale Eucharistische Kongresse und mit Mitgliedern des Gastgeberkomitees für den 44. Internationalen Eucharistischen Kongreß, der vom 5. bis 8. Oktober 1989 in Seoul, Korea, stattfinden soll. Anlaß eures Treffens ist es, Wege für die pastorale Vorbereitung dieses großen kirchlichen Ereignisses in allen Ortskirchen zu erschließen.
Der Eucharistische Weltkongreß in Seoul wird in der Tat ein sehr bedeutendes Ereignis – eine „Statio Orbis" – für die ganze katholische Kirche sein, sowohl durch die bedeutungsvollen Feiern und Äußerungen eucharistischer Frömmigkeit, die beim Kongreß stattfinden, wie auch wegen der geistigen Teilnahme aller Ortskirchen rund um die Welt.

2. Das Thema des Kongresses ist: „Christus pax nostra". Solch ein Thema ist von tiefer Bedeutung – nicht nur für die Kirche in Korea, dem Gastland, sondern für die Kirche in jedem Kontinent und natürlich auch für alle Gläubigen. Das tiefe Verlangen nach Frieden, das die Herzen aller Männer und Frauen religiösen Glaubens erfüllt, hat sich klar und eindrucksvoll kundgetan bei dem Gebetstreffen für den Frieden, das am 27. Oktober 1986 in Assisi stattfand. Diese Versammlung hörte auch den Ausspruch, daß „der Friede den Namen Jesu Christi trägt".
Es ist also völlig angemessen, daß dem kommenden Kongreß eine intensive geistige Vorbereitung durch Besinnung und Gebet vorausgeht, und daß die Herzen sich aufrichtig öffnen, um das Geschenk des Friedens Christi aufzunehmen. Ich möchte die Gelegenheit unseres heutigen Treffens benutzen, um mit einigen Gedanken zu dieser Vorbereitung beizutragen, Gedanken, über die die einzelnen Gläubigen und die kirchlichen Gemeinschaften vielleicht mit Nutzen nachdenken könnten.

3. Für Christen ist Jesus Christus die einzige Quelle wahren Friedens. Getrennt von Christus kann es in der Welt keine Hoffnung auf wirklichen Frieden geben. Jesus selbst hat das klargemacht, als er beim Letzten Abendmahl sagte: „Frieden hinterlasse ich euch, meinen Frieden gebe ich euch; nicht einen Frieden, wie die Welt ihn gibt, gebe ich euch" (*Joh* 14,27). Der Friede, den er gibt, ist nicht oberflächlich. Er reicht vielmehr in die Tiefen des menschlichen Herzens. Darum fügt Christus sogleich hinzu: „Euer Herz beunruhige sich nicht und verzage nicht." Sein Friede bringt Gelassenheit; er bringt jenen inneren Seelenfrieden, der sich dem ganzen Verhalten des Menschen mitteilen sollte. Wie gewährleistet Christus diesen Frieden? Er hat ihn durch sein Opfer verdient. Er gab sein Leben hin, um die Versöhnung zwischen Gott und Menschen herbeizuführen. Während Feindseligkeit die Haltung des Sünders Gott gegenüber kennzeichnete, hat der Erlö-

ser uns von der Sklaverei der Sünde befreit und eine tiefgründende Harmonie zwischen unserem Gewissen und dem Willen des Vaters wiederhergestellt.
Durch das gleiche Opfer hat er ferner Versöhnung unter den Menschen erlangt. Nach dem hl. Johannes mußte Jesus sterben, „um die versprengten Kinder Gottes wieder zu sammeln“ (*Joh* 11,52). Der hl. Paulus unterstreicht diese Wahrheit noch stärker, wenn er versichert, daß Christus dadurch, daß er den Menschen mit Gott versöhnte, er auch die Menschen untereinander versöhnte: er hat Haß und Feindschaft aufgehoben und hat die ganze Menschheit in „einem neuen Menschen“ wieder vereint. Durch die Herstellung einer vollkommeneren Einheit also „ist er unser Friede“ (vgl. *Eph* 2,14–16). Er hat ja „Friede gestiftet am Kreuz durch sein Blut“ (*Kol* 1,20).

4. Das Opfer, das die Menschheitsfamilie zur Einheit zusammenführt, ist gegenwärtig in der Eucharistie. Und so ist jede Eucharistiefeier Quelle eines neuen Friedensgeschenkes. Vor allem, wenn Christus in der eucharistischen Kommunion sich selbst als Speise und Trank schenkt, teilt er seine eigene Liebe mit und befähigt die, die ihm folgen, einander zu lieben, wie er sie geliebt hat. Infolgedessen befähigt er sie, kraft dieser Liebe zu einem vollständigen, echten Frieden zu gelangen. Christi Hingabe seiner selbst ist mächtiger als alle Kräfte der Entzweiung, die die Welt bedrücken. Einige Aspekte des Friedens, der aus der Eucharistie strömt, verdienen im Zusammenhang des für das nächste Jahr geplanten Kongresses besondere Erwähnung.
Unsere erste Erwägung ist die, daß sich als Folge des Lebens Christi, das die Seele durchdringt, ein Friede ergibt, der sich auf alle Aspekte im Leben des Menschen und auf sein tiefstes Wesen auswirkt. Dank der wachsenden Annahme, die der Mensch dem Willen Gottes entgegenbringt, wird ein Friede begründet, der alle Ängste und Befürchtungen überwindet.
In der Folge greift dieser Friede auf die sozialen Beziehungen über. Die Einheit der Kirche erneuernd und nährend, stärkt die Eucharistie den Frieden und das gegenseitige Verstehen, wie auch den Geist der Zusammenarbeit zwischen allen Gliedern der christlichen Gemeinde. Nicht umsonst wird in jeder Eucharistiefeier ein Gebet um die Einheit und den Frieden der Kirche an Christus gerichtet. Durch die grenzenlose Liebe, die er Menschenherzen mitteilt, drängt Christus in der Eucharistie die Gläubigen, herzliche und konstruktive Beziehungen mit jedem zu fördern und unermüdlich für die Ausbreitung des Friedens in der Welt zu arbeiten. Die Liebe, die die Eucharistie in Menschenherzen nährt, treibt die Christen an, für den Frieden in der Gesellschaft zu arbeiten. Wer immer von dieser Liebe lebt, ist überzeugt, daß Konflikte gelöst werden können und daß soziale Gerechtigkeit sich durchsetzen kann. Schließlich trägt die gleiche Liebe dazu bei, die Nationen einander näher zu bringen, indem sie den Entschluß stärkt, den Frieden zu erhalten sowie die Bereitschaft zu gerechten Zugeständnissen und den Wunsch nach mehr Verständnis und Harmonie unter allen Völkern der Erde.

5. Die Christen sind aufgerufen, fest an die friedenstiftende und einigende Macht der Eucharistie zu glauben. Die Eucharistie macht es möglich, in immer größerem Maß die von Jesus verkündigte Seligpreisung zu verwirklichen: „Selig, die Frieden stiften; denn

sie werden Söhne Gottes genannt werden" (*Mt* 5,9). In der Eucharistie empfangen die Kinder des Vaters das Leben Christi, das kein anderes ist als das Leben des Vaters selbst (vgl. *Joh* 6,57), das Leben der Liebe, das sie zu ihrer eigenen Freude und zur Freude all derer, für die dieses göttliche Geschenk bestimmt ist, den Frieden ausbreiten läßt.
Unter diesem Gesichtspunkt können wir gut verstehen, wie ein Eucharistischer Kongreß auch neue ökumenische Initiativen und Bemühungen herbeiführen sollte. Von getrennten Christen sprechen heißt, sich auf etwas Widersprüchliches berufen, denn der Christ ist Jünger Christi, der starb, „um die versprengten Kinder Gottes wieder zu sammeln" (*Joh* 11,52). Die Vorbereitung eines Eucharistischen Weltkongresses kann deshalb eine Zeit sein, in Verbundenheit mit unseren christlichen Brüdern und Schwestern Zeugnis für unseren gemeinsamen Glauben an Christus, den einen Heiland und Friedensbringer, zu geben.

6. Die weitergeführte Besinnung über das Thema „Christus – unser Friede" sollte – auch durch die eucharistische Anbetung – uns mehr Kenntnis und Wertschätzung der zentralen Stellung der Eucharistie in der Kirche vermitteln.
Das große kirchliche Ereignis, das der 44. Internationale Eucharistische Kongreß in Seoul darstellt, sollte also jede Ortskirche, jede Pfarrei, jede Ordensgemeinschaft und jede kirchliche Bewegung einbeziehen. Alle sollten sich aufgerufen fühlen, am Kongreß teilzunehmen durch eine intensivere Katechese über die Eucharistie, eine besser erkennbare und aktivere Teilnahme an der eucharistischen Liturgie und einen Geist der Anbetung, der die Feier des Paschamysteriums zu verinnerlichen weiß durch ein Gebet, das das ganze Leben in eine Hingabe für das Leben der Welt nach dem Beispiel Christi umgestaltet (vgl. *Joh* 10,10–11).
Zum Abschluß dieses Treffens möchte ich dem Päpstlichen Komitee für die Internationalen Eucharistischen Kongresse und den Mitgliedern des Gastgeberkomitees von Seoul, die gemeinsam dieses Treffen der Nationaldelegierten mit Sorgfalt vorbereitet haben, meinen Dank aussprechen. Auch an die Nationaldelegierten, die nicht nach Rom kommen konnten, und eure Mitarbeiter überall, besonders in Korea und ganz Asien, möchte ich ein Wort herzlicher Aufmunterung senden. Die bei früheren Eucharistischen Weltkongressen gemachte Erfahrung zeigt, daß die Aufmerksamkeit und Beteiligung der Ortskirchen zum großen Teil vom Einsatz der Nationaldelegierten und ihrer Mitarbeiter abhängt. Ich fordere die ganze Kirche auf, für das gute Gelingen des 44. Internationalen Eucharistischen Kongresses zu beten. Möge Maria, die hl. Jungfrau, die Königin des Friedens, uns allen Anregung und Licht schenken, damit als Auswirkung dieser „Statio Orbis" 1989 in Seoul diese wesentliche Bedeutung der Eucharistie für die Einheit und den Frieden in der Welt besser begriffen wird. Allen hier Versammelten und allen, die in den Ortskirchen an der Vorbereitung des Kongresses beteiligt sind, erteile ich mit Freude meinen besonderen Apostolischen Segen.

„Humanae Vitae“ schützt eheliche Liebe

Ansprache an die Teilnehmer des Internationalen Familien-Kongresses 20 Jahre nach der Veröffentlichung der Enzyklika Papst Pauls VI. am 14. März

Sehr verehrte Damen und Herren!

1. Mit lebhafter Freude heiße ich Sie in dieser Sonderaudienz willkommen, die ich Ihnen, den besonders profilierten Teilnehmern an dem internationalen Kongreß gewähre, der veranstaltet wurde aus Anlaß der Veröffentlichung der Enzyklika *Humanae Vitae* vor 20 Jahren. Ich grüße Sie herzlich, insbesondere Herrn Prof. Bausola, dem ich für seine Grußansprache danken möchte; meine lebhafte Genugtuung möchte ich den Verantwortlichen des „Studien- und Forschungszentrums für die naturgemäße Regulierung der Fruchtbarkeit“ an der Katholischen Herz-Jesu-Universität zum Ausdruck bringen, die diese Initiative ergriffen haben, die in einigen Tagen in Bologna eine Neuauflage erfährt.

2. Der 20. Jahrestag der Veröffentlichung der Enzyklika *Humanae Vitae* gibt der ganzen Kirche eine günstige Gelegenheit, über die in dieser Enzyklika dargestellte Lehre ernsthaft nachzudenken, eine Lehre, die ich in meinem Apostolischen Mahnschreiben *Familiaris Consortio* und bei zahlreichen anderen Gelegenheiten wieder aufgegriffen habe. Es handelt sich in der Tat um eine Lehre, die zum beständigen dauernden Bestand der Sittenlehre der Kirche gehört.
Die ununterbrochene Kontinuität, mit der die Kirche sie vorgelegt hat, ergibt sich aus ihrer Verantwortung für das wahre Wohl des Menschen als Person, der Ehegatten an erster Stelle. Die eheliche Liebe ist ihr kostbarstes Gut. Die zwischenmenschliche Gemeinschaft, die sich kraft dieser Liebe festigt, ist das reale Zeichen der Liebe Christi zu seiner Kirche. Die in der Enzyklika *Humanae Vitae* entfaltete Lehre stellt daher die notwendige Verteidigung der Würde und Wahrheit ehelicher Liebe dar. Wie im Hinblick auf jeden ethischen Wert, besteht auch hinsichtlich der ehelichen Liebe eine große Verantwortlichkeit des Menschen. In erster Linie verantwortlich für ihre eheliche Liebe sind die Ehegatten, das heißt, daß sie aufgerufen sind, diese Liebe in ihrer vollständigen Wahrheit zu leben. Die Kirche hilft ihnen bei dieser Aufgabe, indem sie das Gewissen schärft und durch die Sakramente die notwendige Kraft des Willens stärkt, das Gute zu wählen und das Böse zu meiden.

3. Ich kann jedoch nicht die Tatsache verschweigen, daß nicht wenige heute den Eheleuten in dieser ihrer schweren Verantwortung nicht behilflich sind, sondern neue nennenswerte Schwierigkeiten für sie heraufbeschwören.
In dieser Hinsicht kann kein Mensch, der die Schönheit und Würde der ehelichen Liebe erfaßt hat, gleichgültig bleiben gegenüber den Versuchen, die man unternimmt, die eheliche Bindung auf jeden Fall mit bloß faktischem Zusammenleben gleichzustellen. Eine unangemessene Gleichstellung, die einen der grundlegenden Werte jeden gesellschaftlichen Zusammenlebens – die Wertschätzung der Ehe – zerstört und eine negative Wir-

kung auf die Erziehung der jungen Generationen ausübt, die so der Versuchung ausgesetzt sind, einen Begriff von Freiheit zu bekommen und eine Erfahrung von Freiheit zu machen, die sich schon im Ursprung als verfehlt erweisen.

Zudem können die Ehepaare in ihrer Verpflichtung, die eheliche Liebe in der richtigen Art und Weise zu leben, von einer gewissen hedonistischen Mentalität – die modisch ist – ernsthaft behindert werden, von den Massenmedien, den Ideologien und Praktiken, die im Gegensatz zum Evangelium stehen; aber dies kann auch geschehen – und zwar mit wirklich schwerwiegenden und zersetzenden Konsequenzen –, wenn die von der Enzyklika entfaltete Lehre in Frage gestellt wird, wie es bisweilen auch von einigen Theologen und Seelsorgern geschehen ist. Dieses Verhalten kann in der Tat zu Zweifel an einer Lehräußerung der Kirche führen, die für die Kirche feststeht, und die Aufnahme einer Wahrheit verdunkeln, über die nicht diskutiert werden kann. Dies ist kein Zeichen „pastoralen Verstehens“, sondern von fehlendem Verständnis für das wahre Wohl der Menschen. Die Wahrheit kann nicht gemessen werden an der Meinung der Mehrheit.

Das Anliegen, das Sie während Ihres Kongresses bewegte, die mehr technischen und wissenschaftlichen Überlegungen bezüglich der naturgemäßen Regulierung der Fruchtbarkeit in den Zusammenhang breiter theologischer, philosophischer und ethischer Überlegungen einzuordnen, ist hervorzuheben und zu begrüßen. Eine andere Methode zur Schwächung des Verantwortungsgefühls der Eheleute im Hinblick auf ihre eheliche Liebe besteht in der Tat darin, Informationen über die natürlichen Methoden zu verbreiten, ohne daß diese von der notwendigen Gewissensbildung begleitet werden. Die Technik löst nicht die ethischen Probleme, ganz einfach deshalb, weil sie nicht in der Lage ist, den Menschen besser zu machen. Die Erziehung zur Keuschheit ist ein Moment, das nichts ersetzen kann. Eheliche Liebe ist für Mann und Frau nur möglich, wenn sie eine wirkliche Harmonie im Innersten ihrer Persönlichkeiten gefunden haben.

4. Zwanzig Jahre nach der Veröffentlichung der Enzyklika ist deutlich zu sehen, daß die sittliche Norm, die sie darlegt, nicht nur Wert und Würde ehelicher Liebe schützt und daher das Wohl der Eheleute in ihrer Personalität. Sie hat noch eine umfassendere ethische Tragweite. Die tiefe innere Logik des empfängnisverhütenden Aktes, seine letzte Wurzel, die Paul VI. schon prophetisch erkannt hatte, sind heute offenkundig. Welche Logik? Welche Wurzel?

Die gegen das Leben gerichtete Logik: in diesen zwanzig Jahren haben zahlreiche Staaten durch ihre Gesetzgebung zur Abtreibung auf ihre Würde, das unschuldige menschliche Leben zu schützen, verzichtet. Ein wahres Massaker an Unschuldigen wird jeden Tag in der Welt verübt. Welche Wurzel? Die Auflehnung gegen Gott, den Schöpfer, den einzigen Herrn über Leben und Tod der Menschen: das ist die Anerkennung Gottes als Gott; es ist der innerlich absurde Versuch, eine Welt zu schaffen, die mit Gott überhaupt nichts zu tun hat.

In der Enzyklika *Humanae Vitae* gab Papst Paul VI. der Gewißheit Ausdruck, mit der Verteidigung der Ehemoral einen Beitrag zur Wiederherstellung einer wirklich humanen Zivilisation zu leisten (vgl. Nr. 18). Im Abstand von 20 Jahren seit der Veröffentlichung des Dokumentes mangelt es wirklich nicht an Bestätigungen dafür, daß diese Überzeu-

gung begründet ist. Und es sind Bestätigungen, die nicht nur von Gläubigen überprüft werden können, sondern von jedem Menschen, der über das Schicksal der Menschheit nachdenkt, da jedermann sehen kann, bei welchen Konsequenzen man im Ungehorsam gegenüber dem heiligen Gesetz Gottes angelangt ist.
Ihr Engagement – wie auch das so vieler anderer Menschen guten Willens – ist ein Zeichen der Hoffnung nicht nur für die Kirche, sondern für die ganze Menschheit.
Ich lade jeden von Ihnen herzlich ein, großzügig auf dem eingeschlagenen Weg voranzuschreiten, und erteile Ihnen allen meinen Segen für die Hilfe des Himmels.

Europa trägt Verantwortung für die Menschheitsfamilie

Ansprache an die Mitglieder eines Ausschusses des Europarates am 17. März

1. Es ist mir eine große Freude, Sie – Mitglieder des Ausschusses des Europarates für die Beziehungen zu den Parlamenten und zur Öffentlichkeit – willkommen heißen zu können. Im Zusammenhang mit Ihren übrigen Gesprächsterminen hier in Rom wollten Sie diese Begegnung in Ihr Programm aufnehmen; ich kann Ihnen versichern, daß ich mich glücklich schätze, Ihnen mein persönliches Interesse bekunden zu können und die aus Überzeugung geleistete Unterstützung des Hl. Stuhls für die Ziele und Aufgaben, die den Auftrag des Europarates darstellen. Gerne erinnere ich daran, daß Papst Paul VI. die Mitglieder Ihres Ausschusses vor dreizehn Jahren am 5. Mai 1975 empfangen hat; ich selbst freue mich sehr auf meinen Besuch in Straßburg im kommenden Oktober. Bei dieser Gelegenheit – so hoffe ich – werde ich mich in einer Rede an das Plenum der Parlamentarischen Versammlung des Europarates wenden.

2. Schon eine summarische Aufzählung der Aufgaben Ihres eigenen Ausschusses gestattet es, die hohen, aber auch dringlichen Ideale hervorzuheben, die die Intentionen und das Vorgehen des Europarates bestimmt haben seit seiner Gründung in der Folge der dramatischen Erfahrungen des Zweiten Weltkrieges. Eine Ihrer Hauptaufgaben besteht darin, die öffentliche Meinung zu informieren und zu bestärken im Hinblick auf die europäische Einheit, die Verteidigung der Menschenrechte und die Stärkung demokratischer Prinzipien und Verhaltensweisen in den Mitgliedsstaaten des Europarates. Außerdem stehen Sie in Verbindung mit den gewählten parlamentarischen Volksvertretern aus den 21 Ländern, die dem Europarat angehören und sich darum bemühen, eine abgestimmte Auffassung zu den Problemen in die politische Diskussion einzubringen, die Europas soziale, politische und kulturelle Entwicklung betreffen. Sie bemühen sich ebenfalls, die Freiheiten und Rechte von Einzelpersonen und Gruppen zu schützen im Zusammenhang mit den komplexen und schnell sich entwickelnden Strukturen und Beziehungen der Mitgliedsstaaten.
Fast 40 Jahre sind vergangen seit der Gründung des Europarates im Jahre 1949. Vieles, was große Bedeutung hat, ist in diesen Jahren erreicht worden. Um nur eine dieser Errungenschaften zu nennen: die Unterzeichnung der Europäischen Menschenrechts-Konven-

tion mit ihrer konsequenten und fortschrittlichen Aufmerksamkeit der Öffentlichen Meinung für die Notwendigkeit, die Würde jedes Menschen überall zu verteidigen und hochzuhalten, sowie dem Bewußtsein von der unveräußerlichen Würde des Menschen als Person, als dem Fundament, auf dem jede Gesellschaft errichtet sein muß, die zivilisiert und gerecht genannt werden möchte. Die Notwendigkeit, die Rechte und Würde des Menschen zu verteidigen, nimmt nicht ab mit den Jahren. Sie gewinnt in der Tat größere Dringlichkeit angesichts neuer Situationen und im Hinblick auf Fortschritte in den wissenschaftlichen und technologischen Bereichen. In dieser Hinsicht sind der Europarat und seine Parlamentarische Versammlung der ursprünglichen Idee, aus der sie entstanden sind, treu geblieben. Es ist ein Zeichen großer Hoffnung und Ermutigung, daß dies so sein sollte im Herzen Europas, des „alten" Kontinentes, dessen historisches Schicksal es war, dem Rest der Welt so viel zu bringen – im guten wie im bösen.

3. Mit seinen Leistungen und seinem Versagen hat Europa im Lauf seiner Geschichte unzerstörbare Spuren hinterlassen und deshalb hat Europa eine Verantwortung, die die Repräsentanten seiner Völker nicht umhin können, zu übernehmen und weiterzutragen. In der Stärkung eines europäischen Bewußtseins unter all seinen Völkern – jene, die nicht in Ihrer Organisation vertreten sind, eingeschlossen – erfährt Europa ein vages, fast unbewußtes Gefühl von Verpflichtung gegenüber seinen Völkern und gegenüber dem Rest der Menschheitsfamilie. Um die Herausforderung zu bestehen, dieser Verpflichtung Genüge zu tun, braucht Europa die Wiederentdeckung seiner tiefsten Identität. Europa braucht, um jedweden Widerstand, den es geben mag, zu überwinden, die Anerkennung des gemeinsamen Erbes und der gemeinsamen Zivilisation seiner Völker und Nationen, getrennt wie sie sind durch physikalische, politische und ideologische Grenzen, aber vereint durch die Bande einer Kultur, die wahrhaft alle umfaßt.
Die Anomalie befestigter Grenzen in Europa ist noch weiter gesteigert, wenn man vergißt, daß die europäische Einheit viel mehr geistiger als politischer Natur ist. Sie gründet zum größten Teil in christlichen Werten und im Humanismus, der aus ihnen stammt. Vor einigen Jahren habe ich es in einer Ansprache an eine Gruppe von Bischöfen aus meinem Heimatland so formuliert: „Ohne Rücksicht auf Unterschiede der Tradition, wie sie im europäischen Raum zwischen seinem östlichen und seinem westlichen Teil bestehen, ist es doch dasselbe Christentum ... Dieses Christentum findet sich an der Wurzel der Geschichte Europas. Dieses Christentum bestimmt seine geistige Herkunft" (*Ansprache an polnische Bischöfe in Jasna Gora* am 5. Juni 1979). Diese Erwägung ist ein äußerst wichtiger Faktor zum Verständnis der Rolle Europas heute. Es ist meine tiefe Überzeugung, daß Europa – wenn es seine ursprüngliche Einheit wiedergewinnen möchte – zu den Werten zurückkehren muß, die das Christentum von Anfang an in der europäischen Gesellschaft und Kultur sich entwickeln ließ.

4. Mit besonderer Freude möchte ich bei dieser Gelegenheit meine Unterstützung zum Ausdruck bringen für die öffentliche Kampagne in Europa über die Nord-Süd-Interdependenz und Solidarität, die der Europarat durchführt, um ein öffentliches Bewußtsein der komplexen Beziehung zwischen den Völkern Europas und der Dritten Welt zu bilden.

Der ganze Fragenkomplex von Interdependenz und notwendiger Solidarität zwischen entwickelten und unterentwickelten Ländern bildet einen wesentlichen Teil meiner jüngsten Enzyklika über die soziale Sorge der Kirche. Die Kirche geht derartige Fragen von einem in hohem Maße moralischen und religiösen Gesichtspunkt an; aber wenn es sich um eine Frage der Gerechtigkeit, des Friedens, der Brüderlichkeit und Solidarität der Völker untereinander handelt, dann gibt es einen weiten Raum für wechselweise Zusammenarbeit all der Kräfte, die für das echte Wohl der Menschheitsfamilie sich einsetzen.

Möge Gott uns allen helfen, unsere Brüder und Schwestern zu lieben und ihnen immer mehr in Klugheit und Großzügigkeit zu dienen. Ich erbitte seinen Segen für jeden von Ihnen und Ihre Kollegen in der Parlamentarischen Versammlung. Möge Gott wachen über Ihnen und Ihren Familien sowie über den Nationen, die Sie vertreten!

Recht auf Leben und Gesundheit verteidigen

Ansprache an die Laienmitarbeiter des Krankenpflegeordens des hl. Johannes von Gott am 18. März

Liebe Brüder und Schwestern!

1. Ich freue mich über dieses Treffen mit euch, Mitarbeiter des Krankenpflegeordens des hl. Johannes von Gott, die ihr als Vertreter von vierzigtausend im Kankendienst Tätigen aus zwanzig Ländern in Rom zu einem Treffen zusammengekommen seid zu dem Thema: „Eine andere Weise, dem Kranken und Hilfsbedürftigen nahe zu sein."
Ich danke euch herzlich für diesen bedeutungsvollen Besuch, der in mir den Gedanken an die ernsten Probleme der Krankheit und des Schmerzes wachruft, die für die Kirche einen Gegenstand größten Interesses und wacher Aufmerksamkeit sind, ebenso wie aber auch euer Bemühen und eure Hingabe, die ihr einsetzt, um als Ärzte, Krankenpfleger, Techniker, Verwaltungsfachleute und Hilfskräfte das Leiden zu lindern.
Ich danke vor allem Br. Pier Luigi Marchesi, dem Generalprior der Barmherzigen Brüder, für seine einführenden Worte zu dieser familiären Begegnung. Allen gilt der Ausdruck meiner Zuneigung und dankbarer Wertschätzung.

2. Ich möchte wünschen, daß euer römisches Treffen nicht nur zu eurem gegenseitigen Kennenlernen von Nutzen sei, sondern auch zu einem Gedankenaustausch und einer vertieften Kenntnis der ethischen Aspekte eurer verschiedenen Aufgaben nach christlicher Sicht. Mehr denn je scheint heute die Wiederentdeckung der moralischen und christlichen Identität eines jeden im Krankendienst Tätigen dringend notwendig in einer säkularisierten Welt, die den Sinn für die Heiligkeit des Lebens verliert und daher auch für die Achtung, die jedem Mann und jeder Frau gebührt vom Augenblick der Empfängnis an bis zu ihrem natürlichen Tod. Dieses christliche Zeugnis ist in der Welt des Krankenhauses gefragt und geschätzt, denn es bildet eine andere, das heißt dem Evangelium gemäße Art, den, der in Not ist, zu betrachten und ihm zu helfen. Es erfordert den Stil des guten Samariters, der nicht nur die Wunden des Mannes versorgte, der unter die Räuber gefallen war,

sondern sich auch zu seinem Nächsten machte: „Er ging zu ihm hin, goß Öl und Wein auf seine Wunden ... und sorgte für ihn" (*Lk* 10,34). Dieser Geist des Evangeliums muß das ganze Milieu durchdringen, in dem ihr eure verschiedenen Aufgaben erfüllt, so daß es wirklich mit der Idee und der Haltung des Dienens im Einklang steht, die der Gründer des Krankenpflegeordens, der hl. Johannes von Gott, an die Mitglieder seiner Kongregation und deren Mitarbeiter weitergegeben hat.

3. Bei diesem Erneuerungskurs seid ihr dazu aufgerufen, eure Erfahrungen, eure Aufgaben, eure Untersuchungen und Methoden zu überprüfen und einander gegenüberzustellen. All das muß aber von einer sicheren Orientierung beseelt sein: der Bezugspunkt für eure Arbeit ist im Wort Gottes zu finden und in der Lehre der Kirche, die, von der christlichen Offenbarung unterwiesen, nie aufgehört hat, die geheiligten Rechte auf das Leben und Gesundheit, die jedem Menschen eigen sind, zu verkünden und zu verteidigen. In dieser Sache hat das Alte Testament ein endgültiges Wort gesagt: „Wenn aber euer Blut vergossen wird, fordere ich Rechenschaft, und zwar für das Blut eines jeden von euch ... Für das Leben des Menschen fordere ich Rechenschaft von jedem seiner Brüder. Wer Menschenblut vergießt, dessen Blut wird durch Menschen vergossen. Denn: Als Abbild Gottes hat er den Menschen gemacht" (*Gen* 9,5–6).
Diese Achtung vor dem Leben des Menschen spricht auch das Neue Testament in aller Klarheit, mit neuen Akzentsetzungen, aber nicht weniger verpflichtend, wiederum aus. Dem reichen jungen Mann, der fragt, welches die Hauptgebote seien, um ins Leben einzugehen, antwortet Jesus, indem er als erste Verpflichtung nennt: „Du sollst nicht töten" (*Mt* 19,18).
In Treue zu dieser biblischen Tradition hat die Kirche sich die Jahrhunderte hindurch immer dafür eingesetzt, das menschliche Leben zu verteidigen. Das Zweite Vatikanische Konzil mahnte: „Gott, der Herr des Lebens, hat den Menschen die hohe Aufgabe der Erhaltung des Lebens übertragen, die auf eine menschenwürdige Weise erfüllt werden muß" (*Gaudium et spes*, Nr. 51).
Meine Lieben, wenn ich diese christlichen Prinzipien unterstreiche, ist es mir ein Trost zu wissen, daß das Werk, das ihr ausübt, sich an diesen hohen Idealen inspiriert. Ich möchte wünschen, daß eure Begegnungen euch dazu dienen, eure Verantwortlichkeiten gegenüber dem Geheimnis des Lebens, das vor jeglicher Bedrohung zu schützen ihr berufen seid, mit noch größerer Klarheit zu erkennen und euch darin zu bestärken.
Mögen euch die Schwierigkeiten, denen ihr ohne Zweifel begegnet, nicht entmutigen. Macht, daß das Leben in jedem Menschen zur Blüte kommt. Gebt, soviel an euch liegt, jedem, der sich eurer Behandlung anvertraut, strahlende Lebensfreude zurück. In diesem eurem Bemühen stärke euch das Versprechen meines Gebetes für euch, ein Gebet, das ich mit meinem Segen bekräftige, den ich jetzt euch und allen euren Lieben erteile.

Familie und Arbeit bestimmen das Leben

Ansprache an die städtischen Verkehrsbetriebe ATAC, Rom, am 19. März

1. Maria, „von der Jesus geboren wurde, der der Christus genannt wird" (*Mt* 1,16). Mit diesen Worten endet der Stammbaum Jesu in Nazaret im Matthäusevangelium. Im gleichen Abschnitt wird Josef, der Sohn Jakobs, aus dem Stamm Davids, „der Mann Marias" genannt (*ebd.*).
Wer war Josef?
Die gleiche Seite der Hl. Schrift berichtet über ihn jene Tatsache, die die Mitte seines Lebens und seiner Berufung bildet: Josef ist der Mann, dem in besonderer und außergewohnlicher Weise „das große Geheimnis" Gottes selbst anvertraut wurde: das Geheimnis der Menschwerdung.
Josef ist der, der geglaubt und sich Gott anvertraut hat, wie Maria es getan hat. Man kann sagen, daß ihm auf einzigartige und unmittelbare Weise Anteil am Glauben Marias geschenkt wurde. Wenn er unter dem Volk und vor dem Gesetz Israels ihr Ehemann im gewöhnlichen Sinn des Wortes war, so blieb er doch vor Gott und dem eigenen Gewissen der jungfräuliche Bräutigam der Gottesmutter, ganz und gar hingegeben an das Geheimnis jener Mutterschaft, die der Heilige Geist in wunderbarer Weise in ihr bewirkt hatte.

2. Von all dem spricht der Evangelist Matthäus. Mit dem folgenden Worten empfing auch Josef jene Verkündigung, ähnlich wie Maria: „Josef, Sohn Davids, fürchte dich nicht, Maria als deine Frau zu dir zu nehmen; denn das Kind, das sie erwartet, ist vom Heiligen Geist. Sie wird einen Sohn gebären, ihm sollst du den Namen Jesus geben; denn er wird sein Volk von seinen Sünden erlösen" (*Mt* 1,20–21).
Der Text der Verkündigung an Maria im Lukasevangelium ist uns gut bekannt. Dort ist die Rede vom Erschrecken der Jungfrau von Nazaret, hier aber von Josefs innerer Unruhe. Dort läßt Maria vor dem himmlichen Bote ihre Bestürzung erkennen. Hier kommt der Engel gewissermaßen der Frage Josefs zuvor und antwortet auf seine Bestürzung. Dort antwortet Maria: „Mir geschehe, wie du es gesagt hast" (*Lk* 1,38), hier „tat Josef, was der Engel des Herrn ihm befohlen hatte" (vgl. Mt 1,24).
„Für Gott ist nichts unmöglich" (*Lk* 1,37).
Im Wesentlichen besteht kein Unterschied in der Botschaft. Es gibt keine Verschiedenheit zwischen dem, was zuerst Maria und dann Josef aus dem Mund des Boten hören: Es ist die Ankündigung, daß der Sohn Gottes Mensch werden wird, von der Jungfrau Maria geboren.
In diesem Punkt verdient der Glaube Josefs es, mit dem Glauben Abrahams verglichen zu werden, dem im Brief an die Römer mit folgenden Worten Lob gezollt wird: „Gegen alle Hoffnung hat er voll Hoffnung geglaubt" (*Röm* 4,18).

3. Liebe Brüder und Schwestern! Wir treffen uns am Fest des hl. Josef im Marianischen Jahr. Gerade aus diesem Anlaß verdient die Gestalt dieses gerechten Mannes ein besonderes Gedenken, mit dem unsere Verehrung verbunden sein soll. Im Marianischen Jahr

wird die Muttergottes uns vorgestellt als diejenige, die „uns vorangeht auf dem Pilgerweg des Glaubens“ und so dem ganzen Gottesvolk auf seinem irdischen Pilgerweg ein Beispiel gibt.
Im Hinblick auf das Geheimnis der Menschwerdung nahm niemand so unmittelbar am Gauben Marias teil wie Josef. Diese Tatsache ist ausschlaggebend, wenn wir seine geistige Größe vor Gott und vor den Menschen betrachten. Der Mann, dem Gott selbst ein so großes Vertrauen geschenkt hat – und er hat dieses Vertrauen nicht enttäuscht – verdient auch ein großes Vertrauen von seiten der Menschen.
Und solch ein Vertrauen ist ihm tatsächlich auch geschenkt worden. Die ganze Kirche vertraut sich Josef ja in besonderer Weise an. Für zwei Bereiche im menschlichen Leben beruft sich die Kirche gern auf das Zeugnis des hl. Josef: für die Familie und für die Arbeit. Zwei außerordentlich umfassende und grundlegende Gebiete für die ganze menschliche Existenz! Bei diesem Treffen, an dem ihr Arbeiter aus einem besonderen Sektor, nämlich dem des Transportwesens, teilnehmt, möchte ich zusammen mit euch die Grundprobleme eurer Arbeit betrachten.

4. Familie und Arbeit sind die menschlichen Bereiche, innerhalb derer sich euer Leben abspielt. Zusammen betrachtet, rufen sie den Gedanken an Gemeinschaft, Freundschaft und Brüderlichkeit wach. In der Familie und bei der Arbeit müssen ja die Menschen einer neben dem andern leben ohne einander zu übersehen, vielmehr beständig auf der Suche nach aufrichtiger Zusammenarbeit, gegenseitigem Dienst und Solidarität.
Gerade diesen Geist der Brüderlichkeit habe ich aus euren Worten herausgehört, aus denen des Betriebsleiters wie auch aus denen des Vertreters der Arbeit. Ich danke euch für den herzlichen Empfang, den ihr mit bereitet habt, und ich entbiete allen meinen herzlichen Gruß.
Mein Gedenken gilt auch den Arbeitsseelsorgern. Ich danke ihnen für ihren Dienst und fordere sie zur Fortsetzung ihrer pastoralen Initiativen auf, um euch nahe zu sein und, in euren Mühen euch zur Seite stehend, konkret die Aufmerksamkeit zu bezeugen, die die Kirche für die Arbeit hegt. Mit ihnen werdet ihr die Soziallehre studieren können, die die Kirche , vom Evangelium angeleitet, beständig allen Menschen verkündet.
Überdies möchte ich meiner Freude Ausdruck geben über den Dienst, der, wie gesagt wurde, seit nunmehr siebzig Jahren das Netz der öffentlichen Verkehrsmittel in entsprechend zunehmendem Maß in das Wachstum der Stadt Rom einbindet. Ich bin mir der Schwierigkeiten bewußt, denen ihr begegnet, wenn ihr, in der Absicht, der gesamten Bevölkerung in angemessener Weise Verkehrsmittel zur Verfügung zu stellen, der intensiven, fieberhaften Ausweitung der Stadt in den letzten Jahrzehnten nachkommen wollt.
Über all dieses noch hinaus ist Rom eine einzigartige Stadt durch das Band, das sie mit der ganzen Welt verbindet. Ihr seid Zeugen des beständigen Zustroms zahlreicher Pilger und Besucher, deren Aufmerksamkeit den kulturellen und religiösen Werten der Stadt Rom gilt. Oft lernen sie auch durch euch das Gesicht dieses wunderbaren Mittelpunktes christlicher und künstlerischer Zeugnisse erfassen.
Gewiß, eure Hauptarbeit besteht darin, dem beträchtlichsten Teil der Einwohnerschaft entgegenzukommen, der großen Masse, Arbeiter, wie ihr es seid, die sich ohne Unterbre-

chung der öffentlichen Verkehrsmittel bedienen, um zum Büro, zur Fabrik, zu den Geschäften und zu ihrer Wohnung zu kommen. Dies ist sozusagen die populäre Dimension eurer Arbeit. Sie verbindet euch in besonderer Weise mit der städtischen Bevölkerung und regt zu einem ganz einzigartigen moralischen Einsatz der Solidarität mit den anderen Bürgern an.
Diese direkte Beziehung muß das Bemühen um die Überwindung der Schwierigkeiten unterstützen, die sich gerade aus eurer Arbeit ergeben: die Spannung, mitten in der Hitze des fieberhaften, nervösen Treibens einer von rapidem Wachsstum getriebenen Stadt zu stecken, unvorhersehbaren und nicht leichten Situationen gegenübergestellt zu sein, und dazu die Last manchmal besonders anstrengender Arbeitsschichten. Ich fordere euch auf, diesen Situationen in solidarischer Haltung gegenüber all denen zu begegnen, die zu ihrer Beförderung von euch abhängen. Dient hochherzig jedem Menschen in dem Wissen, daß jede Handlung, durch die man zum Wohl des Nächsten beitragen und einem Bruder helfen will, eine Quelle reiner Freude für den ist, der sie vollbringt.

5. Ich möchte euch allen Mut machen, mit ehrlichem Bemühen die Versuchungen zur Gleichgültigkeit gegeneinander oder zu systematischem Widerspruch und allgemeiner Beängstigung zu überwinden. Sie verschaffen sich so leicht Eingang in einen Arbeitsbereich und sehen es darauf ab, ihn zum Feind des Menschen selbst zu machen, der dort arbeitet.
Nach dem Wort des Evangeliums müssen wir bedenken, daß jemand, der sich weigert, im Bereich des Dienstes, den er zu erfüllen hat, die Hilfe des Verstandes, die technischen Hilfsmittel und die Befugnisse, die ihm übertragen sind, zum Gemeinwohl einzusetzen, sich gegen eine klare moralische Pflicht verfehlt. Es ist sicherlich gerechtfertigt, für die Verbesserung der eigenen Lage und jener der Gruppe, zu der man gehört, zu arbeiten. Entwicklung aber vollzieht sich nicht dadurch, daß man erbittert bloß nach Gewinn sucht. Alles Wachsen kommt durch Zusammenarbeit aller mit allen zustande, wobei man immer die Auswirkungen vor Augen hat, die die Ansprüche der einzelnen auf das ganze Sozialgefüge haben. Heute sind die Menschen sich mehr denn je bewußt, daß gemeinsame Probleme und Hoffnungen sie miteinander verbinden, und sie begreifen, daß sie gemeinsam, im Gleichgewicht, in echter Beteiligung, in Redlichkeit und Wahrheit das gemeinsame Wohl, das sie alle betrifft, aufbauen müssen.

6. Bekanntlich habe ich im Gedenken an den 20. Jahrestag der Veröffentlichung der Enzyklika von Papst Paul VI. *Populorum progressio* an alle Christen ein Schreiben gerichtet, das mit den Worten beginnt: *Sollicitudo rei socialis*. Darin suchte ich den Wert der Solidarität hervorzuheben. Sie besteht in einer inneren Haltung, die in der Berücksichtigung der immer engeren Bande gründet, die die Menschen und die Nationen unserer heutigen Welt tatsächlich miteinander verbinden. Aber die Solidarität ist auch eine sittliche Tugend. Sie leitet sich ab aus dem Bewußtsein der natürlichen gegenseitigen Abhängigkeit, die jeden Menschen in den verschiedenen Bereichen seines Daseins mit seinesgleichen verbindet: in Wirtschaft, Kultur, Politik und Religion. Solidarität darf sich also nicht auf eine unbestimmte Haltung gefühlsmäßiger Anteilnahme oder auf Worte ohne

praktische Nachwirkung beschränken. Sie fordert aktiven moralischen Einsatz, feste und ausdauernde Entschiedenheit, sich dem gemeinsamen Wohl zu widmen, das heißt dem Wohl aller und eines jeden: wir alle sind allen verantwortlich.

7. Der Grundsatz der Solidarität erfordert also Anwendung in den verschiedenen Bereichen, in denen der Mensch zu wirken berufen ist, ausgehend von der Familie, der Gemeinschaft am Arbeitsplatz, der bürgerlichen und der religiösen Gemeinde. Auch unter euch muß also die Zusammenarbeit vom Grundsatz der Solidarität geprägt sein: sie muß jeden betriebsinternen moralischen Einsatz lenken wie auch bei der Lösung der Probleme führend sein, die im Umfeld des öffentlichen Dienstes entstehen.
Es ist klar, daß es sich dabei um einen Weg handelt, den man beständig in dem Willen gehen muß, sich an die gegebenen Situationen anzupassen und weniger günstige Umstände mit Verstand, Scharfsinn, Geschick und vor allem mit dem Gefühl menschlichen Verstehens zu überwinden.
Das Schaffen von Beziehungen der Solidarität ist in der Tat eine Aufgabe, die die besten Eigenschaften eines jeden auf den Plan ruft. Ich lade euch darum ein, euer tägliches Bemühen dafür einzusetzen.

8. Kehren wir in Gedanken zurück zur Familie von Nazaret. Dort leben Maria und Josef ihr Leben aus dem Glauben, einer erhabenen Berufung folgend, die ihr Dasein an das Geheimnis Gottes bindet, der in ihrem Sohn, dem menschgewordenen Wort Gottes selbst, unter den Menschen gegenwärtig ist. In der Hingabe an ihn finden sie den Grund für eine gegenseitige Solidarität, der keine Schwierigkeit Schaden zuzufügen vermag. Der Glaube an ihn, von dem sie wissen, daß er gekommen ist, „sein Volk zu erlösen" (vgl. *Mt* 1,21), gibt ihnen den Antrieb, sich einer unerschöpflichen Solidarität gegen die andern zu öffnen. Und diese Solidarität leben sie in der Verborgenheit der täglichen Arbeit, in dem Bewußtsein, auch auf diese Weise am allgemeinen Heilsplan mitzuwirken.
So vollbringen sie ihren „Pilgerweg des Glaubens", von dem der Evangelienbericht, den wir gehört haben, uns nur den Ausgangspunkt zeigt. Der Rest des Weges – vor allem des Weges Josefs – ist wie in Schweigen eingeschlossen. Wir wissen nur, daß er sein Leben in der täglichen mühsamen Zimmermannsarbeit verausgabt, an der Seite Jesu, des Gottessohnes, der neben ihm heranwachsend, Tag für Tag mehr sein tüchtiger Mitarbeiter wurde; ein Zimmermann neben dem Zimmermann.
Jeder arbeitende Mensch ist von Gott berufen, in täglicher Mühe und in hochherziger Solidarität seine Existenz aufzubauen und beharrlich seinen Weg voranzugehen. Der Glaube wirft einen hellen Lichtstrahl auf diesen Weg. Er lehrt, jeden Menschen in Christus als Bruder zu lieben, er hilft, den Teil des täglichen Kreuzes zu tragen, das sich in jeder Art Tätigkeit verbirgt, er fordert dazu auf, das eigene Leben im Rahmen eines viel umfassenderen Planes der Vorsehung zu erkennen, dessen Ziel das Heil der Menschheit und dessen endgültige Aussicht der Sieg der Gerechtigkeit und der Liebe bei der glorreichen Wiederkunft Christi ist.
Meine lieben Arbeiter, das sind keine abstrakten Wahrheiten. Das Beispiel der Mitglieder der Heiligen Familie macht sie äußerst konkret. Es sind Wahrheiten, die die anstren-

gende Hausarbeit Marias durchziehen, die vom täglichen Schweiß Josefs durchtränkt sind, und die so fest sind wie die Werkzeuge, die die schwieligen Hände des Gottessohnes handhabten.

Versteht es, auf sie zu schauen, auf Maria, auf Josef, auf Jesus, um jeden Tag neu den Sinn für eure Würde und die Achtung vor eurer Arbeit wiederzugewinnen. Fühlt euch ihnen nahe in der Erfüllung eurer täglichen Pflichten. Im Marianischen Jahr, das wir erleben, ist euch besonders die heilige Jungfrau nahe, der ihr als aufmerksamer und besorgter Mutter eure Probleme anvertrauen könnt, die Probleme der Arbeit und die der Familie. Ihr vertraue ich euch an, denn ich weiß, daß sie Verständnis für euch hat, ist sie doch die Frau eines Arbeiters gleich euch. Und ich weiß, daß sie euch helfen kann, ist sie doch die Mutter des Allmächtigen.

Dienst am Kranken ein Dienst des Evangeliums

Ansprache bei seinem Besuch des internationalen Krankenhauses „Salvator Mundi" am 20. März

Ehrwürdige Schwestern,
meine Herren Ärzte, Krankenpfleger und Angestellte,
liebe Kranken!

1. Ich fühle mich sehr geehrt durch diese Begegnung. Ja, ich betrachte es als ein Privileg, mitten unter Kranken und denen zu sein, die ihnen in brüderlicher Liebe und mit großer Fachkenntnis beistehen, in einer Klinik, in deren Namen schon ein ganzes Programm anklingt.

Ich danke von Herzen für den Empfang und richte meinen liebevollen Gruß an alle, die teilnehmen. Dabei denke ich besonders auch an Kardinal Ugo Poletti, meinen Generalvikar für die Diözese Rom, und Msgr. Brandolini, Delegat für die religiöse Betreuung in den Krankenhäusern Roms. Eurem Leiden, meine lieben Kranken, fühle ich mich nahe und ebenso auch eurer hingebungsvollen Arbeit, liebe Ärzte mit euren Mitarbeitern in den verschiedenen Abteilungen und auf den verschiedenen Ebenen.

Ich wünschte, meine Stimme könnte über die Umfriedung dieser Mauern hinweg zu allen Kranken und allen im Krankendienst Tätigen dringen und ihnen nahebringen, was das Herz Christi für sie empfindet. Ich bin hierhergekommen, um euch, die ihr leidet, ein Wort des Trostes und euch, die ihr Hilfe leistet, ein Wort der Ermutigung zu sagen, vor allem aber, um euch daran zu erinnern, welchen Wert der Schmerz und das Helfen im Ganzen des Erlösungswerkes des „Heilands der Welt" haben.

2. Der Dienst an den Kranken, der sich auf den Schutz, die Wiederherstellung und die Entfaltung der psychophysischen Dimension der menschlichen Person richtet, ist nicht nur ein humanes und soziales Werk, sondern vor allem eine Tätigkeit, die ganz besonders dem Evangelium entspricht, so sehr, daß sie nicht vom christlichen Leben getrennt werden kann.

Das maßgebende Beispiel hat Jesus selbst, der „Salvator Mundi“, der Heiland der Welt, gegeben, der nach dem Grundsatz, erst zu handeln und dann zu lehren, vom Beginn seines öffentlichen Lebens an seine außergewöhnliche Macht zur Wiederherstellung der körperlichen Gesundheit als Teil seiner Heilssendung ausübte.“ Er zog in ganz Galiläa umher, lehrte in den Synagogen, verkündete das Evangelium vom Reich und heilte im Volk alle Krankheiten und Leiden ... Man brachte Kranke mit den verschiedensten Gebrechen und Leiden zu ihm, Besessene, Mondsüchtige und Gelähmte, und er heilte sie alle“ (*Mt* 4,23–24). Bei ihm werden Blinde wieder sehend, auch wenn es sich um angeborene Blindheit handelt; Gelähmte gehen wieder, Taube erhalten das Gehör zurück, der Stumme spricht, das Fieber verschwindet (vgl. *Mt* 8,11). Bei ihm kann die abgestorbene Hand sich wieder ausstrecken, der Blutfluß kommt zum Stillstand, die Lähmung wird geheilt. Vor der barmherzigen Macht Jesu verschwindet eine unheilbare, weit verbreitete Krankheit wie die Lepra, die selbst von der modernen Medizin noch nicht bezwungen ist. Seine Absicht zu heilen, ist ganz offensichtlich: „Ich will es – werde rein!“ (*Lk* 5,13). Und auf die Worte folgt die Heilung. Sodann beschränkt er sich nicht darauf, denen Heilung zu schenken, die zu ihm kommen, er eilt auch persönlich ans Krankenbett Sterbender: „Ich will kommen und ihn gesund machen“ (*Mt* 8,7; 9,19).
Bei mehr als einer Gelegenheit hat Jesus sogar die Macht ausgeübt, zum Leben zurückzurufen: die Tochter des Jaîrus, der junge Mann von Naîn, der Freund Lazarus, dessen Fall von einem Augenzeugen in Einzelheiten beschrieben wird, sie alle sollen kundtun, daß Er, der Auferstandene, der Heiland der Welt gekommen ist, um uns das Geschenk eines neuen Lebens zu machen, das nicht mehr dem Tod unterworfen ist. „Ich bin die Auferstehung und das Leben. Wer an mich glaubt, wird leben, auch wenn er stirbt“ (*Joh* 11,25). Und wer an ihn glaubt, weiß: „Bedrängnis bewirkt Geduld, Geduld aber Bewährung, Bewährung Hoffnung. Die Hoffnung aber läßt nicht zugrunde gehen“ (*Röm* 5,3–5). Die körperliche Heilung ist das Zeichen für dieses wiedererstandene Leben.

3. Wenn der Glaube aufrichtig angenommen und gelebt wird, wirkt er in der Tat das Wunder einer persönlichen und tiefen Umwandlung des Glaubenden und gibt ihm seinen Platz in der Kategorie der neuen Menschen, die der Heiland der Welt gewollt und in der Gestalt des Guten Samariters beispielhaft vorgestellt hat. Gegenüber dem verbreiteten Mangel an Mitgefühl für das Leiden zeichnet er sich durch die Hochherzigkeit aus, mit der er auf den Kranken und Niedergedrückten in der Liebe des Bruders zugeht (vgl. *Lk* 10,30 ff.).
Die Kirche hat, vom Heiligen Geist angeregt, von ihren Ursprüngen an diese ihre Pflicht und ihr Privileg, dem Leidenden zur Seite zu bleiben, begriffen. Schon der erste Stellvertreter Jesu handelte nach Pfingsten wie der Meister. Bei der „schönen Pforte“ des Tempels brachte Petrus den von Geburt an Gelähmten zum Gehen (*Apg* 3,2–5). Und sobald das bekannt wurde, „trug man die Kranken auf die Straßen hinaus und legte sie auf Betten und Bahren, damit, wenn Petrus vorüberkam, wenigstens sein Schatten auf einen von ihnen fiel“. Und es geschahen viele Heilungen (vgl. *Apg* 5,15–16).
Ähnliche Szenen wiederholten sich im Lauf der Kirchengeschichte, und auch heute kann man sie auf den Plätzen bei den großen Heiligtümern der Mutter Jesu und unserer Mutter sehen.

Das Gleichnis ist zur täglichen und überall verbreiteten Wirklichkeit geworden. Schon in den ersten Jahrhunderten des christlichen Zeitalters, als man noch sehr weit entfernt war von der Praxis der öffentlichen Dienste, gab es schon ein Heer von guten Samaritern, deren Lebensaufgabe es war, sich den Schwächsten zu widmen und zwar durch ein feinverzweigtes Netz von Hilfsdiensten.

4. Auch heute leistet die Kirche einen beständigen und unverzichtbaren Einsatz in der Welt des Leidens, das noch nicht besiegt, sondern oft von der Konsum- und Wohlstandsgesellschaft noch vervielfältigt ist.

Vor drei Jahren habe ich eine Kommission für die Seelsorge im Gesundheitswesen errichtet mit dem Ziel, die konkreten Initiativen auf dem Sektor des Gesundheitswesens zu verfolgen, die mit der Verkündigung des Evangeliums verflochten sind, und darin präsent zu sein. Und im außerordentlichen Jubiläumsjahr der Erlösung wollte ich mit der Enzyklika *Salvifici doloris* an die bedeutungsvolle Lehre der Kirche über das Leiden im Licht der Wahrheit des Gotteswortes erinnern.

Indem Jesus den Schmerz auf sich nahm, hat er den Sinn und den Wert des Leidens radikal umgewandelt. Es ist nicht mehr nur das Zeichen der menschlichen Gebrechlichkeit und des menschlichen Ungenügens, sondern er ist der Weg zur Wiederherstellung des Menschen und zu seiner vollen Verwirklichung geworden. Durch das Opfer des Gottmenschen hat sich die Erlösung der Menschheit erfüllt. Er hat an Stelle des Menschen und für den Menschen gelitten (*Salvifici dololoris*, Nr. 19). So hat das körperliche und das moralische Leiden, eingefügt in das Leiden Christi, die Macht, uns in neue Menschen umzuwandeln. Es hört auf, etwas Indifferentes oder Übles zu sein, es wird zur unerschöpflichen Quelle von Gutem. In jenen, die es im Glaubensgeist anzunehmen wissen und mit Christus zusammen leiden, wird das Leiden zur Teilnahme am erlösenden Leiden Christi und Mitwirkung am Heilswerk zum Wohl aller.

Und seht nun die wunderbare Folge daraus: der Leidende wird selbst zum guten Samariter. Er, der der Hilfe bedarf, kommt dahin, daß er andern und der Welt Hilfe anbieten kann. Der hl. Paulus sagte: „Für den Leib Christi, die Kirche, ergänze ich in meinem irdischen Leben das, was an den Leiden Christi noch fehlt“ (*Kol* 1,24).

5. Liebe Brüder und Schwestern, ich bin gekommen, um den Leidenden und denen, die sich um das Leiden anderer Sorge machen, meine Hochachtung zu bezeigen. Ich komme zu euch, den leitenden Gremien der Klinik und allen im Krankendienst Tätigen, die ihr im Namen Christi die Gestalt des Guten Hirten euch als Beispiel gewählt habt, um euch zu ermutigen, in diesem hochherzigen Entschluß ausdauernd zu sein. Ich bin hier, um euch, meine lieben Kranken, zu bitten, diesen Einsatz von außerordentlichem religiösen und sozialen Wert, der euch mit eurem Leiden aufgegeben ist, und auch das Beispiel des Mutes, mit dem ihr ihm begegnet, in den Dienst der Kirche und der Welt zu stellen. Nur im Licht und in der Kraft des Glaubens könnt ihr die segenbringenden Möglichkeiten, die in der Krankheit stecken, recht bewerten und zugleich die moralische Kraft finden, die ihr braucht, um in der Prüfung nicht zu unterliegen, sondern bis zu ihrer siegreichen Überwindung zu kämpfen.

In den Texten des Zweiten Vatikanischen Konzils kann man zu unserem Thema eine sehr bezeichnende Seite lesen. Das Konzil betont dort, daß die Bischöfe, die für das Heil der ganzen Welt geweiht sind, die Pflicht haben, das Missionswerk zu fördern und zu lenken. Es empfiehlt ihnen eindringlich, bei den Kranken und Leidenden Hilfe zu suchen, die großmütigen Herzens Gott ihr Gebet und ihre Buße „für die Evangelisierung der Welt" aufopfern (*Ad gentes*, Nr. 38).
Darum bitte ich euch, durch euer Gebet, das durch euer Leiden noch wirksamer wird, mitzuhelfen, damit das ganz missionarische Ziel der Evangelisierung der Welt und der Re-Evangelisierung der christlichen Länder – ein Werk, mit dem die Kirche sich heute mehr denn je befaßt – erreicht wird.
Meinerseits rufe ich auf jeden und jede von euch den Segen Gottes in Fülle herab, damit ihr bald gesund werdet, eure gewohnte Beschäftigung wieder aufnehmen und mit euren Talenten und Kräften in euren Familien und in der Gesellschaft euren Beitrag leisten könnt.
Allen meine herzlichen Wünsche mit einem besonderen Segen!

Das Heil der Welt bringen

Ansprache an die Salvatorianerinnen anläßlich der Hundertjahrfeier ihrer Kongregation am 20. März

Liebe Schwestern!

1. Ich freue mich, daß ich in diesem hundertsten Jahr seit der Gründung eurer Kongregation das internationale Krankenhaus „Salvator Mundi" und euer Generalatshaus besuchen kann. Es ist für mich eine besondere Freude, bei euch zu sein. Ich habe bereits über die Mission eurer medizinischen Einrichtungen gesprochen und habe nun die Freude, einige Worte an euch, die Schwestern vom Göttlichen Heiland, zu richten.
Die Hundertjahrfeier eurer Kongregation ist eine Gelegenheit, die in unser aller Herzen tiefe Dankbarkeit weckt und Lobpreis der liebenden Vorsehung Gottes. Zugleich läßt es uns der besonderen Aufgabe bewußt werden, die ihr in der Kirche erfüllt.

2. „Zur Völkerwelt von Gott gesandt, soll die Kirche „das allumfassende Sakrament des Heils" sein. So müht sie sich gemäß dem innersten Anspruch ihrer eigenen Katholizität und im Gehorsam gegen den Auftrag ihres Stifters (vgl. *Mk* 16,15), das Evangelium allen Menschen zu verkünden (*Ad gentes*, Nr. 1)." Diese Worte des Zweiten Vatikanischen Konzils, entnommen dem Dekret über die Missionstätigkeit der Kirche, drücken gut die universale Natur der Sendung der Kirche in der Welt aus, die eines der Hauptanliegen des Konzils war.
Natürlich hat diese Sorge um die Verkündigung des Evangeliums an alle Nationen nicht erst mit dem Konzil begonnen. Sie war von Anfang an die Hauptaufgabe der Kirche. Die letzten Worte Jesu, die das Evangelium nach Matthäus berichtet, zeigen klar, was er von denen erwartet, die ihm nachfolgen: „Darum geht zu allen Völkern, und macht alle Men-

schen zu meinen Jüngern, tauft sie auf den Namen des Vaters und des Sohnes und des Heiligen Geistes“ (*Mt* 28,19).

3. Die Gründer der Schwestern vom Göttlichen Heiland waren von eben diesem apostolischen Eifer und universalen Geist inspiriert. Von Anfang an hielten Pater Franziskus Maria vom Kreuz und die selige Maria von den Aposteln ihren Blick beständig auf die Person Jesu gerichtet. Die Taten und Worte unseres göttlichen Heilands betrachtend, wurden sie von dem brennenden Wunsch erfüllt, dafür zu wirken, daß er in jedem Land der Erde bekannt und geliebt werde.
Mit dieser universalen Liebe und in dieser klaren Blickrichtung hat am 8. Dezember 1888 eure Kongregation ihren Anfang genommen. Einige Jahre nach der Gründung in Tivoli waren verschiedene eurer Schwestern schon in Indien, in der Apostolischen Präfektur Assam. Und bald gingen sie in andere Kontinente und viele Länder, dienten in einer Vielfalt von apostolischen Tätigkeiten, aber immer mit demselben letzten Ziel: daß unser göttlicher Erlöser gekannt und geliebt werde.

4. Liebe Schwestern, wie klar ist zu erkennen, daß die Hand der göttlichen Vorsehung eure Kongregation im Verlauf der letzten hundert Jahre geführt hat. Es war ein Jahrhundert der Ausbreitung und des Wachsens, ein Jahrhundert hochherziger Hingabe, ein Jahrhundert ungezählter Taten durch Gottes reiche Gnade und überströmende Barmherzigkeit. Mit Schwestern aus fünfundzwanzig Nationen, die eine Vielfalt von Sprachen und Kulturen vertreten, seid ihr, wie die Kirche selbst, eine Art Sakrament der universalen Liebe Gottes. Ihr gebt ein öffentliches Zeugnis für die Gnade Gottes, die in Fülle offenbar geworden ist im Kreuz und in der Auferstehung Christi.
Jede von euch hat im innersten Herzen den Herrn sagen hören: „Fürchte dich nicht, denn ich habe dich erlöst; ich habe dich beim Namen gerufen, du gehörst mir“ (*Jes* 43,1).
Und aufgrund der Erfahrung, von Christus mit ewiger Liebe geliebt zu sein, seid ihr fähig, ja ihr seid bereit und brennt darauf, diese Frohe Botschaft anderen mitzuteilen. Dies ist die verborgene Quelle des Ordenslebens. Es ist das Fundament jener besonderen Hingabe, die ihr durch die Gelübde der Keuschheit, der Armut und des Gehorsams vollzogen habt. Es ist die Erfahrung der überragenden Liebe Christi, die vor hundert Jahren eure Gründer mit Mut und Begeisterung erfüllt und seitdem eure Schwestern und euch selbst getragen hat. Möge die Liebe Christi immer das Zentrum eures Lebens sein.
Darf ich schließen mit den Worten, die ich vor fünf Jahren an die Mitglieder eures Generalkapitels gerichtet habe? Sie sind der Ausdruck meiner Hoffnung und meines Gebetes für euch in diesem Jubiläumsjahr: „Vergeßt nicht die Ehre, die euch zuteil geworden ist: den Namen des göttlichen Heilands zu tragen. In Vereinigung mit Jesus tut alles, was euch möglich ist, um dieses Heil der Welt zu bringen“ (*Ansprache an die Mitglieder des Generalkapitel der Salvatorianerinnen* am 2. November 1983). Euch und allen Mitgliedern eurer Kongregation erteile ich von Herzen meinen Apostolischen Segen.

Der Soldat muß sich am Guten orientieren

Ansprache an italienische Heeresoffiziere am 24. Mai

1. Es ist mir eine Freude, Ihnen, meine Herren Offiziere aus dem italienischen Heer, hier zu begegnen aus Anlaß Ihrer Teilnahme an dem Seminar "Humanistische Wissenschaften in christlicher Prägung", das an der Augustiner-Akademie stattfand.
Ihnen allen möchte ich meinen herzlichen Gruß entbieten. Insbesondere begrüße ich den Militärbischof, Msgr. Gaetano Bonicelli und den Chef des Generalstabs, Generalleutnant Ciro De Martino; für die freundlichen Worte, die sie an mich gerichtet haben, möchte ich danken. Mein Gruß gilt auch den für das Seminar Verantwortlichen und den beteiligten Dozenten.
Meine überzeugte Wertschätzung findet diese Initiative, eine solche Zeit des Studiums und des Nachdenkens in den Kontext der vielfältigen Themenbereiche einzuplanen, mit denen Sie sich beschäftigen müssen im Rahmen der technischen und wissenschaftlichen Vorbereitung auf Ihre zukünftigen Verantwortlichkeiten. Daher möchte ich Sie ermuntern, die fundamentalen Themen der Kultur im Hinblick auf den Menschen mit umsichtigen Überlegungen aus dem Blickwinkel des christlichen Glaubens zu vertiefen. Dies wird dazu beitragen, Ihre Sensibilität zu erhöhen und Sie dazu befähigen, Ihren Auftrag mit größerem Erfolg zu erfüllen – in dem Licht, das die humanistischen Wissenschaften auf die unvergänglichen Werte der Person und des gesellschaftlichen Lebens werfen.

2. Der Dienst des Soldaten ist verbunden mit Momenten großer Verantwortung für die Gesellschaft. Ihnen, meine Herren Offiziere, ist in der Tat die Verwaltung der Mittel und der Strukturen der Verteidigung anvertraut, die von hoher Bedeutung für die Nation ist; gleichzeitig bringt Sie Ihre Rolle als Offiziere ständig in Kontakt mit jungen Menschen, denen die Wehrpflicht eine interessante und oft entscheidende Lebenserfahrung bietet. Beide Aufgaben verpflichten Sie zu einem gewissenhaften Verhalten, das geprägt ist von einer lebendigen Erfahrung der menschlichen Werte, das bewußte Entscheidungen trifft, die sich am Guten orientieren. Es ist Ihre Aufgabe, die jungen Generationen zu formen und ihnen dabei behilflich zu sein, sich selbst zu Persönlichkeiten zu entwickeln, die durch gesunde Prinzipien geprägt sind, die die Wahrheit über den Menschen, über seine Bestimmung und seine Aufgabe widerspiegeln.

3. Die Kirche ist Ihnen in dieser Verantwortung nahe. Die Studien, denen Sie sich gerade unter der kundigen Leitung der Dozenten des Augustinianums widmen, entsprechen einem Auftrag, den die Kirche immer als eine dringende Pflicht angesehen hat. Die Kirche geht, „zugleich sichtbare Versammlung und geistliche Gemeinschaft, den Weg mit der ganzen Menschheit gemeinsam und erfährt das gleiche irdische Geschick mit der Welt und ist gewissermaßen der Sauerteig und die Seele der in Christus zu erneuernden und in die Familie Gottes umzugestaltenden menschlichen Gesellschaft" (*Gaudium et spes*, Nr. 40).

Insbesondere die Kirche möchte heute mit Ihnen die Besorgnis teilen hinsichtlich einiger typischer Zustände der Kultur unserer Zeit, die Ratlosigkeit hervorrufen. Die Kirche bittet Sie, diese Zustände mit Objektivität zu beobachten, um die Ansprüche und Forderungen zu begreifen – mit ihren Licht- und Schattenseiten –, die den modernen Menschen und den Gläubigen herausfordern. Dies ist eine der Zielsetzungen Ihrer Initiative.

4. Dort, wo die Versuchung, Gott zu leugnen, andauert, dort, wo Haltungen der Areligiosität, des Unglaubens, des Desinteresses für die Transzendenz sich zeigen, begibt sich der Mensch in Gefahren. Sie führen in die vom Zauber der Macht und des Neuen hervorgerufene Versuchung, zu leugnen, daß objektive moralische Prinzipien für alles menschliche Handeln gelten, um es nach einer klaren Werteskala zu ordnen.
Es erscheint jedoch notwendig zu bekräftigen, daß die moralischen Werte nicht zurücktreten können, ohne damit dem Menschen selbst Gewalt anzutun, in dessen seinsmäßige Struktur diese Werte vom Schöpfer eingeschrieben sind. Nur die Annahme derartiger Werte gestattet es zu hoffen, daß die technische Entwicklung dem Wohl aller zugute kommt und nicht im Gegenteil unerträgliche Zustände herbeiführt. Die Technik hat bekanntlich immer und ausschließlich einen instrumentalen Wert. Unverantwortlich angewendet wird sie eine gefährliche Waffe, die selbst zu schwerwiegendsten Verletzungen der Rechte des Menschen als Person führen kann.

5. Nachdem Sie die unvergleichliche Würde des Menschen in seiner irdischen und transzendenten Dimension vertieft reflektiert haben, wünsche ich Ihnen von Herzen, daß Sie Ihre Befähigung ständig weiterentwickeln können für den Auftrag, die Werte der Gerechtigkeit und der Freiheit zu fördern in einer Nation wie Italien, die darin die höchste Synthese ihrer ganzen Geschichte findet. Und so erteile ich Ihnen allen, Ihren Mitarbeitern und Freunden sowie allen Ihren Familienangehörigen meinen Segen.

Wachen in der Freundschaft mit Christus

Schreiben an die Priester zum Gründonnerstag 1988 vom 25. März

Liebe Brüder im Priesteramt!

1. Heute gehen wir alle zum Abendmahlssaal. Wenn wir an so vielen Orten der Erde an den Altar treten, feiern wir inmitten der Gemeinde des Gottesvolkes, der wir dienen, in besonderer Weise das Gedächtnis des Letzten Abendmahles. In der Abendliturgie des Gründonnerstags erklingen auf unseren Lippen die Worte Christi vom „Abend vor seinem Leiden“ so wie an jedem Tage und doch auch wieder in einer anderen Weise: unmittelbarer als sonst beziehen sie sich heute auf jenen einzigartigen Abend, den die Kirche gerade heute in Erinnerung ruft.
Wie unser Herr – und zugleich an seiner Statt (in persona Christi) – sprechen wir die Worte: „Nehmet und esset alle davon: Das ist mein Leib ... Nehmet und trinket alle dar-

aus: Das ist der Kelch des neuen und ewigen Bundes, mein Blut." So hatte es uns ja der Herr selbst aufgetragen, als er zu den Aposteln sagte: „Tut dies zu meinem Gedächtnis" (*Lk* 22,19).

Bei diesem Tun muß in unserem Geist und in unserem Herzen das ganze Geheimnis der Menschwerdung lebendig gegenwärtig sein. Christus, der am Gründonnerstag ankündigt, daß sein Leib wird „hingegeben" und sein Blut wird „vergossen" werden, ist der ewige Sohn, der „bei seinem Eintritt in die Welt" zum Vater spricht: „Einen Leib hast du mir geschaffen ..., um deinen Willen, Gott, zu tun" (*Hebr* 10,5–7).

Eben jenes Pascha steht nahe bevor, an dem der Sohn Gottes als Erlöser der Welt den Willen des Vaters durch die Hingabe und Aufopferung seines Leibes und Blutes auf Golgota erfüllen wird. Durch dieses Opfer „ist er mit seinem eigenen Blut ... ein für allemal in das Heiligtum hineingegangen und hat so eine ewige Erlösung bewirkt" (*Hebr* 9,12). Das ist das Opfer des „neuen und ewigen Bundes". Es ist mit dem Geheimnis der Menschwerdung eng verbunden: Das „Wort", das „Fleisch" geworden ist (vgl. *Joh* 1,14), opfert seine Menschennatur als homo assumptus, als Mensch, der in die Einheit der göttlichen Person aufgenommen worden ist.

Gerade in diesem Jahr, das von der ganzen Kirche als Marianisches Jahr begangen wird, erinnern wir uns im Zusammenhang mit der Einsetzung der Eucharistie wie auch des Priesteramtes zu Recht an diese Wirklichkeit der Menschwerdung. Der Heilige Geist hat sie gewirkt, indem er auf die Jungfrau Maria herabkam, als diese auf die Ankündigung des Engels antwortete und ihr „Fiat" sprach (vgl. *Lk* 1,38).

„Wahrer Leib, sei uns gegrüßet,
den Maria uns gebar,
der am Kreuz für uns gebüßet,
das Versöhnungsopfer war."

Ja, es ist derselbe Leib! Während wir die heilige Eucharistie feiern, wird durch unseren priesterlichen Dienst das Geheimnis der Menschwerdung des ewigen Wortes gegenwärtig: Als göttlicher Sohn, dem Vater wesensgleich, ist er als Mensch, „von einer Frau geboren"; der Sohn der Jungfrau Maria.

2. Während des Letzten Abendmahles war die Mutter Christi anscheinend nicht im Saal. Sie war jedoch zugegen auf Kalvaria, zu Füßen des Kreuzes, „wo sie" – wie das II. Vatikanische Konzil lehrt – „nicht ohne göttliche Absicht stand (vgl. *Joh* 19,25), heftig mit ihrem Eingeborenen litt und sich mit seinem Opfer in mütterlicher Gesinnung verband, indem sie der Darbringung der Opfergabe, die sie geboren hatte, liebevoll zustimmte."[1]

So weit reichte jenes „Fiat", das Maria bei der Verkündigung gesprochen hatte.

Wenn wir im Namen und Auftrag Christi das Sakrament feiern, das sich auf dasselbe und einzige Opfer bezieht, bei dem Christus der eine Priester und die eine Opfergabe ist und bleibt, dürfen wir dabei nicht dieses Mitleiden der Mutter vergessen, bei dem sich die Worte erfüllen, die Simeon im Tempel von Jerusalem gesprochen hat: „Dir selbst aber wird ein Schwert durch die Seele dringen" (*Lk* 2,35). Diese Worte werden vierzig Tage nach Jesu Geburt direkt an Maria gerichtet. Auf Golgota, unter dem Kreuz, sind diese Worte in ihrer ganzen Tiefe in Erfüllung gegangen. Als sich ihr Sohn am Kreuz im vollen

Sinne als ein „Zeichen“ erwies, „dem widersprochen wird“, erreichte dieser Opferakt, dieser Todeskampf des Sohnes, zugleich auch das Mutterherz Marias.
So hat auch das Herz Marias gleichsam einen Todeskampf zu bestehen; sie leidet zusammen mit ihm, „indem sie der Darbringung der Opfergabe, die sie geboren hatte, liebevoll zustimmte“ (*Lumen gentium*, Nr. 58). Wir treffen hier auf den Höhepunkt der Gegenwart Marias im Geheimnis Christi und der Kirche auf Erden. Dieser Höhepunkt gehört zum Weg der „Pilgerschar des Glaubens“, auf die wir uns im Marianischen Jahr in besonderer Weise beziehen.[2]
Liebe Brüder, wer hätte mehr einen tiefen und unerschütterlichen Glauben nötig als gerade wir, die wir kraft apostolischer Nachfolge, wie sie im Abendmahlssaal begonnen hat, das Sakrament des Opfers Christi feiern? Darum muß sich unsere geistliche Verbindung mit der Muttergottes beständig vertiefen; sie geht ja auf der Pilgerschaft des Glaubens dem ganzen Volk Gottes voran. Gerade wenn wir jeden Tag in der Eucharistiefeier auf Golgota stehen, muß an unserer Seite diejenige sein, die ihre Einheit mit dem Sohn eben dort, auf Golgota, durch einen heroischen Glauben zur höchsten Vollendung gebracht hat.

3. Hat uns übrigens nicht Christus selbst einen besonderen Hinweis darauf hinterlassen? Während seines Todeskampfes am Kreuz hat er doch Worte gesprochen, die für uns die Bedeutung eines Testamentes haben: „Als Jesus seine Mutter sah und bei ihr den Jünger, den er liebte, sagte er zu seiner Mutter: Frau, siehe, dein Sohn! Dann sagte er zu dem Jünger: Siehe, deine Mutter! Und von jener Stunde an nahm sie der Jünger zu sich“ (*Joh* 19,26 f.).
Dieser Jünger, der Apostel Johannes, war mit Christus zusammen beim Letzten Abendmahl. Er war einer jener „Zwölf“, an die der Meister mit den Einsetzungsworten auch die Aufforderung richtete: „Tut dies zu meinem Gedächtnis“ (*Lk* 22,19). So empfing der Jünger die Vollmacht, das eucharistische Opfer zu feiern, das am Tag vor dem Leiden im Abendmahlssaal als heiligstes Sakrament der Kirche eingesetzt wurde.
Im Augenblick seines Todes vertraut Jesus dann diesem Jünger seine eigene Mutter an. Und Johannes „nahm sie zu sich“: Er nahm sie zu sich als erste Zeugin des Geheimnisses der Menschwerdung. Als Evangelist gab darum gerade er der Wahrheit vom „Wort“, das „Fleisch“ geworden ist und „unter uns gewohnt hat“ (*Joh* 1,14), der Wahrheit also von der Menschwerdung und vom Immanuel, den tiefsten und zugleich knappsten Ausdruck. Indem er die Mutter, die unter dem Kreuz des Sohnes stand, zu sich nahm, nahm er zugleich all das zu sich, was auf Golgota in ihr vorging: daß sie nämlich tief mit ihrem Eingeborenen mitlitt und sich in mütterlicher Gesinnung seinem Opfer anschloß, indem sie der Darbringung der Opfergabe, die sie selbst geboren hatte, liebevoll zustimmte. Dies alles – das gesamte übermenschliche Erleben des Opfers unserer Erlösung, wie es sich dem Herzen gerade der Mutter Christi, des Erlösers, eingeprägt hat – wurde dem Menschen anvertraut, der im Abendmahlssaal die Vollmacht erhielt, durch seinen priesterlichen Dienst in der Eucharistiefeier dieses Opfer gegenwärtig zu setzen.
Liegt darin nicht eine besondere Botschaft für jeden von uns? Wenn Johannes unter dem Kreuz in gewissem Sinne alle Menschen, Männer und Frauen, vertritt, für die die Mut-

tergottes in geistlicher Weise Mutter wird, wie sehr betrifft dies dann jeden von uns, die wir im Weihesakrament zum priesterlichen Dienst an der Eucharistie in der Kirche berufen worden sind!

Das Geschehen von Golgota, das Opfer Christi für die Erlösung der Welt, ist wahrlich überwältigend! Und überwältigend ist dieses Geheimnis Gottes, dem wir in der sakramentalen Ordnung dienen (vgl. *1 Kor* 4,1). Droht uns aber nicht die Gefahr, Diener zu sein, die dafür nicht hinreichend würdig sind? Die Gefahr, uns nicht treu genug unter das Kreuz Christi zu stellen, wenn wir die Eucharistie feiern?

Suchen wir dieser Mutter nahe zu sein; denn ihrem Herzen ist in einzigartiger und unvergleichlicher Weise das Geheimnis der Erlösung der Welt eingeprägt.

4. Das Konzil erklärt: „Die selige Jungfrau ist aber durch das Geschenk und die Aufgabe der göttlichen Mutterschaft, durch die sie mit ihrem Sohn und Erlöser vereint ist,... auch mit der Kirche auf das innigste verbunden. Die Gottesmutter ist, wie schon der heilige Ambrosius lehrte, der Typus der Kirche für den Bereich des Glaubens, der Liebe und der vollkommenen Einheit mit Christus; im Geheimnis der Kirche, ist die selige Jungfrau Maria, die ja auch selbst mit Recht Mutter und Jungfrau genannt wird, vorangegangen, da sie in herausragender und einzigartiger Weise das Urbild sowohl der Jungfrau wie der Mutter darstellt."[3]

Kurz danach entwickelt der Konzilstext folgenden typologischen Vergleich: „Nun aber wird die Kirche, indem sie Marias geheimnisvolle Heiligkeit betrachtet, ihre Liebe nachahmt und den Willen des Vaters getreu erfüllt, durch die gläubige Annahme des Wortes Gottes auch selbst Mutter. Durch die Predigt und Taufe nämlich gebiert sie die vom Heiligen Geist empfangenen und aus Gott geborenen Kinder zu neuem und unsterblichem Leben. Auch sie ist Jungfrau, da sie das Treuewort, das sie dem Bräutigam gegeben hat, unversehrt und rein bewahrt." Deswegen bewahrt die Kirche „in Nachahmung der Mutter ihres Herrn in der Kraft des Heiligen Geistes jungfräulich einen unversehrten Glauben, eine feste Hoffnung und eine aufrichtige Liebe."[4]

Zu Füßen des Kreuzes auf Golgota „nahm der Jünger (Maria) zu sich", die ihm von Christus mit den Worten anempfohlen worden war: „Siehe, deine Mutter." Die Lehre des Konzils zeigt, wie sehr dabei die ganze Kirche Maria „zu sich genommen hat" und wie tief das Geheimnis dieser Jungfrau und Mutter zum Geheimnis der Kirche, zu ihrer innersten Wirklichkeit, gehört.

Das alles hat grundlegende Bedeutung für alle Söhne und Töchter der Kirche. Das alles hat eine besondere Bedeutung für uns, die wir durch das sakramentale Zeichen des Priestertums geprägt sind, das uns zwar in die „Hierarchie" eingliedert, uns zugleich aber nach dem Beispiel Christi zum „Dienst" bestimmt: Er ist ja der erste Diener der Erlösung der Welt.

Wenn alle in der Kirche – Männer und Frauen, die durch die Taufe an der Sendung des Priesters Christus teilhaben – das gemeinsame „königliche Priestertum" besitzen, von dem der Apostel Petrus spricht (vgl. *1 Petr* 2,9), müssen alle die soeben angeführten Worte der Konzilskonstitution auf sich beziehen; in einer besonderen Weise aber beziehen sich die Worte auf uns.

Das Konzil sieht die Mutterschaft der Kirche – nach dem Vorbild der Mutterschaft Marias – in der Tatsache, daß sie „die vom Heiligen Geist empfangenen und aus Gott geborenen Kinder zum neuen und unsterblichen Leben gebiert". Wir vernehmen hier gleichsam ein Echo der Worte des heiligen Paulus über die „Kinder, für die er Geburtswehen erleidet" (vgl. *Gal* 4,19), wie eben eine Mutter gebiert. Wenn wir im Epheserbrief vom Bräutigam Christus lesen, der die Kirche wie seinen Leib „nährt und pflegt" (vgl. *Eph* 5,29), so liegt es nahe, diese bräutliche Sorge Christi vor allem mit dem Geschenk des eucharistischen Brotes zu verbinden, eine Sorge, die mit den vielen mütterlichen Sorgen für die „Ernährung und Pflege" des Kindes verglichen werden kann.
Es lohnt sich, diese biblischen Ausdrücke ins Gedächtnis zu rufen, damit uns als Priestern die Wahrheit von der Mutterschaft der Kirche nach dem Beispiel der Gottesmutter bewußter wird. Auch wenn jeder von uns diese geistliche Mutterschaft eher auf männliche Weise als „Vaterschaft im Geiste" lebt, hat Maria, als „Vorbild" der Kirche, in dieser Erfahrung ihren besonderen Anteil. Die angeführten Textstellen zeigen, wie tief ihre Teilnahme zur Mitte unseres priesterlichen und pastoralen Dienstes gehört. Ist der Vergleich des heiligen Paulus von der „Geburt unter Schmerzen" nicht vielleicht auf uns alle anwendbar in den vielen Situationen, bei denen auch wir in den geistigen Prozeß der „Zeugung" und der „Wiedergeburt" des Menschen in der Kraft des Geistes, des Lebensspenders, einbezogen sind? Die stärksten Erfahrungen davon machen wohl die Beichtväter an den verschiedensten Orten der Welt – und nicht nur sie.
Zum Gründonnerstag müssen wir die geheimnisvolle Wahrheit unserer Berufung neu vertiefen: die Wahrheit dieser „Vaterschaft im Geist", die auf personaler Ebene der Mutterschaft gleicht. Hat übrigens nicht Gott selbst, der Schöpfer und Vater, seine Liebe mit der einer menschlichen Mutter verglichen (vgl. *Jes* 49,15; 66,13)? Es handelt sich also hier um ein Merkmal unserer priesterlichen Persönlichkeit, das gerade ihre apostolische Reife und geistige Fruchtbarkeit ausdrückt. Wenn die ganze Kirche von Maria ihr eigenes Muttersein erlernt[5], müssen es dann nicht auch wir tun? Darum muß ein jeder von uns sie „zu sich nehmen", so wie sie der Apostel Johannes auf Golgota zu sich genommen hat; das heißt, jeder von uns soll es Maria gestatten, „im Hause" seines sakramentalen Priestertums als Mutter und Mittlerin jenes „großen Geheimnisses" (vgl. *Eph* 5,32), dem wir alle mit unserem Leben dienen wollen, Wohnung zu nehmen.

5. Maria ist Jungfrau und Mutter und auch die Kirche, die sich an sie als ihr eigenes Vorbild wendet, erkennt sich darin wieder, weil auch sie „Mutter und Jungfrau" genannt wird. Sie ist Jungfrau, weil „sie das Treuewort, das sie dem Bräutigam gegeben hat, unversehrt und rein bewahrt". Nach der Lehre des Epheserbriefes (vgl. *Eph* 5,32) ist Christus der Bräutigam der Kirche. Die bräutliche Bedeutung der Erlösung drängt jeden von uns, die Treue zu dieser Berufung zu bewahren, durch die wir an der erlösenden Sendung Christi, des Priesters, Propheten und Königs, Anteil erhalten haben.
Die Analogie zwischen der Kirche und der Jungfrau Maria hat eine besondere Aussagekraft für uns, die wir unsere priesterliche Berufung mit dem Zölibat verbinden, wodurch wir uns „um des Himmelreiches willen zur Ehe unfähig gemacht haben". Wir erinnern uns an das Gespräch, in dem Christus den Aposteln die Bedeutung dieser Entscheidung

erklärt (vgl. *Mt* 19,12) und wollen uns darum bemühen, die Motive dafür voll zu begreifen. Wir verzichten freiwillig auf die Ehe und auf die Gründung einer eigenen Familie, um Gott und den Brüdern dienen zu können. Man kann sagen, daß wir auf die Vaterschaft „nach dem Fleisch" verzichten, damit in uns die Vaterschaft „nach dem Geist" heranreift und sich entfaltet, die, wie schon gesagt, zugleich mütterliche Merkmale aufweist. Die bräutliche Treue zum Bräutigam, die in dieser Lebensform ihren besonderen Ausdruck findet, läßt uns am innersten Leben der Kirche teilnehmen, die sich nach dem Beispiel der Jungfrau Maria darum bemüht, „das Treuewort, das sie dem Bräutigam gegeben hat, unversehrt und rein" zu bewahren.

Auf Grund dieses Modells, ja, des Prototyps, den die Kirche in Maria findet, muß unsere priesterliche Entscheidung für den lebenslangen Zölibat auch in ihrem Herzen hinterlegt werden. Wir müssen zu dieser Jungfrau-Mutter unsere Zuflucht nehmen, wenn wir auf unserem gewählten Lebensweg Schwierigkeiten begegnen. Mit ihrer Hilfe müssen wir uns um ein immer tieferes Verständnis dieses Weges und seine immer vollkommenere Bejahung in unseren Herzen bemühen. Schließlich muß sich in unserem Leben diese Vaterschaft „im Geist" entfalten, die eine der Früchte davon ist, daß wir uns „um des Himmelreiches willen für die Ehe unfähig gemacht haben".

Bei Maria, die die einzigartige Erfüllung jener biblischen „Frau" des Protoevangeliums (vgl. *Gen* 3,15) und der Offenbarung des Johannes (vgl. *Offb* 12,1) darstellt, wollen wir auch die rechte Kontaktfähigkeit zu den Frauen erlernen, jene Haltung ihnen gegenüber, wie sie uns Jesus von Nazaret selber gezeigt hat und die an vielen Stellen des Evangeliums zum Ausdruck gebracht wird. Dies ist ein wichtiges Thema im Leben eines jeden Priesters, und das Marianische Jahr hält uns dazu an, es besonders aufzugreifen und zu vertiefen. Der Priester muß aufgrund seiner Berufung und seines Dienstes in neuer Weise die Würde und Berufung der Frau, sei es in der Kirche oder in der Welt von heute, entdecken. Er muß zutiefst begreifen, was Christus uns allen sagen wollte, als er mit der Samaritanerin sprach (vgl. *Joh* 4,7–42) und die von der Steinigung bedrohte Ehebrecherin verteidigte (vgl. *Joh* 8,1–11), als er sich zu jener Frau bekannte, der „ihre vielen Sünden vergeben wurden, weil sie so viel Liebe gezeigt hat" (vgl. *Lk* 7,36–50) und mit Maria und Marta in Betanien sprach (vgl. *Lk* 10,41–42; *Joh* 11,1–44), und der schließlich vor allen anderen den Frauen die Osterbotschaft von seiner Auferstehung (vgl. *Mt* 28,1–10) anvertraut hat.

An der Sendung der Kirche haben von den apostolischen Zeiten her Männer und Frauen in verschiedener Weise aktiven Anteil genommen. In unserer Zeit, nach dem II. Vatikanischen Konzil, bedeutet diese Tatsache einen neuen Anruf, der an jeden von uns ergeht, wenn unser Priestertum, das wir in den verschiedenen Gemeinschaften der Kirche ausüben, ein wirklicher Dienst und gerade dadurch apostolisch wirksam und fruchtbar sein will.

6. Indem wir uns heute, am Gründonnerstag, am Ort der Entstehung unseres Priestertums begegnen, möchten wir seine Bedeutung im Licht der Lehre des Konzils von der Kirche und ihrer Sendung neu und tief erkennen. Die Gestalt der Gottesmutter gehört zu dieser Lehre in ihrer Gesamtheit. Dies ist ja auch die Grundlage für die Gedanken der vorliegenden Meditation.

Vom Kreuz auf Golgota herab sprach Christus zu dem Jünger: „Siehe, deine Mutter“. Und der Jünger „nahm sie zu sich“ als seine Mutter. Führen auch wir Maria als Mutter in das innere „Gemach“ unseres Priestertums. Auch wir gehören ja zu den Gläubigen, „bei deren Geburt und Erziehung“ die Gottesmutter „in mütterlicher Liebe mitwirkt“.[6] Ja, in einem gewissen Sinne haben wir sogar ein besonderes „Recht“ auf diese Liebe, wenn wir auf das Geheimnis des Abendmahlssaals schauen. Christus sagte dort: „Ich nenne euch nicht mehr Knechte ...; vielmehr habe ich euch Freunde genannt“ (*Joh* 15,15). Ohne diese „Freundschaft“ wäre es schwierig zu denken, daß er uns nach den Aposteln das Sakrament seines Leibes und Blutes, das Sakrament seines Erlösertodes und seiner Auferstehung, anvertraut habe, damit wir dieses unaussprechliche Geheimnis in seinem Namen, ja sogar „in persona Christi“ feiern. Ohne diese besondere Freundschaft wäre es auch schwer, an den Osterabend zu denken, als der Auferstandene inmitten der Apostel erschien und ihnen sagte: „Empfangt den Heiligen Geist! Wem ihr die Sünden vergebt, dem sind sie vergeben; wem ihr die Vergebung verweigert, dem ist sie verweigert“ (*Joh* 20,22–23).

Eine solche Freundschaft verpflichtet. Eine solche Freundschaft müßte in uns heilige Ehrfurcht wecken, ein höheres Verantwortungsbewußtsein, eine größere Bereitschaft dafür, mit der Hilfe Gottes alles zu geben, was wir vermögen. Im Abendmahlssaal hat diese Freundschaft durch die Verheißung des Heiligen Geistes ein tiefverankertes Fundament erhalten: „(Er) wird euch alles lehren und euch an alles erinnern, was ich euch gesagt habe ... – Dann wird er Zeugnis für mich ablegen. Und auch ihr sollt Zeugnis für mich ablegen“ (*Joh* 14,26; 15,26–27).

Wir spüren, daß wir dieser Freundschaft mit Christus eigentlich immer unwürdig sind. Es ist aber gut, wenn uns heilige Furcht davor ergreift, wir könnten dieser Freundschaft nicht treu bleiben.

Die Mutter Christi weiß um all das. Sie selbst hat vollkommen verstanden, was die Worte bedeuteten, die ihr Sohn beim Sterben am Kreuz gesprochen hat: „Frau, siehe, dein Sohn ... Das ist deine Mutter.“ Sie bezogen sich auf sie und auf den Jünger, auf einen von jenen, zu denen Christus im Abendmahlssaal sagte: „Ihr seid meine Freunde“ (*Joh* 15,14): zu Johannes und zu allen, die durch das Geheimnis des Letzten Abendmahls an der gleichen „Freundschaft“ teilhaben. Die Muttergottes, die, wie das Konzil lehrt, mit mütterlicher Liebe an der Wiedergeburt und Heranbildung aller mitwirkt, die Brüder ihres Sohnes und seine Freunde werden, wird alles tun, damit sie diese heilige Freundschaft nicht enttäuschen und sich ihrer würdig erweisen.

7. Mit dem Apostel und Evangelisten Johannes richten wir noch den Blick unseres Herzens auf jene „Frau“, die, „mit der Sonne bekleidet“, am eschatologischen Horizont der Kirche und der Welt im Buch der Offenbarung erscheint (vgl. *Offb* 12,1 ff.). Man kann in ihr leicht die gleiche Gestalt erkennen, die am Anfang der Geschichte des Menschen, nach dem Sündenfall, als Mutter des Erlösers angekündigt worden ist (vgl. *Gen* 3,15). In der Offenbarung des Johannes sehen wir sie als eine in der sichtbaren Schöpfung herausragende Frau wie auch als jene, die fortwährend am geistigen Kampf für den Sieg des Guten über das Böse teilnimmt. Dies ist der Kampf, den die Kirche in Einheit mit der Gottes-

mutter als ihrem „Modell" „gegen die Beherrscher dieser finsteren Welt, gegen die bösen Geister" führt, wie wir im *Epheserbrief* (6,12) lesen. Der Beginn dieses geistigen Kampfes geht auf den Augenblick zurück, da der Mensch „unter dem Einfluß des Bösen durch Auflehnung gegen Gott und durch den Willen, sein Ziel ohne Gott zu erreichen, seine Freiheit mißbraucht".[7] Man kann sagen, daß der Mensch, geblendet von der Aussicht, über das Maß eines Geschöpfes, das er ist, hinausgehoben zu werden (nach den Worten des Versuchers: „Ihr werdet sein wie Gott": *Gen* 3,5), aufgehört hat, die Wahrheit der eigenen Existenz und seiner Entwicklung in demjenigen zu suchen, der „der Erstgeborene der ganzen Schöpfung" ist (*Kol* 1,15); er hat aufgehört, diese Schöpfung und sich selbst in Christus an Gott, von dem alles ausgeht, zurückzuschenken. Der Mensch hat das Bewußtsein dafür verloren, „Priester" der ganzen sichtbaren Welt zu sein, wenn er diese ausschließlich auf sich selbst bezieht.

Die Worte des Protoevangeliums am Anfang und die Worte der Offenbarung des Johannes am Schluß der Heiligen Schrift sprechen von demselben Kampf, in den der Mensch verwickelt ist. Im Rahmen dieses geistigen Kampfes, der sich in der Geschichte abspielt, ist jener Sohn der Frau der Erlöser der Welt. Die Erlösung geschieht durch das Opfer, in welchem Christus, der Mittler des neuen und ewigen Bundes, „ein für allemal in das Heiligtum hineingegangen ist ... mit seinem eigenen Blut", indem er im Haus des Vaters – im Herzen der Heiligsten Dreifaltigkeit – den Raum für alle öffnete, die „das verheißene ewige Erbe erhalten" (vgl. *Hebr* 9,12,15). Aus diesem Grunde ist der gekreuzigte und auferstandene Herr der „Hohepriester der künftigen Güter" (*Hebr* 9,11), und sein Opfer bedeutet eine neue Ausrichtung der geistigen Geschichte des Menschen auf Gott hin, den Schöpfer und Vater, zu dem der Erstgeborene der ganzen Schöpfung alle im Heiligen Geist führt.

Das Priestertum, das beim Letzten Abendmahl beginnt, erlaubt uns, an dieser tiefgreifenden Umformung der geistigen Geschichte des Menschen teilzunehmen. In der Eucharistie vergegenwärtigen wir ja das Opfer der Erlösung, dasselbe, das Christus am Kreuz „mit seinem eigenen Blut" dargebracht hat. Durch dieses Opfer berühren auch wir, die Ausspender dieses Sakramentes, zusammen mit allen, denen wir durch seine Feier dienen, immer wieder den entscheidenden Augenblick jenes geistigen Kampfes, der nach dem Buch der Genesis und der Offenbarung des Johannes mit der „Frau" verbunden ist. Sie führt diesen Kampf in völliger Einheit mit dem Erlöser. Und deshalb schließt sich auch unser priesterlicher Dienst ihr an, der Mutter des Erlösers und dem „Modell" der Kirche. Auf diese Weise bleiben ihr alle in diesem geistigen Kampf, der sich die gesamte menschliche Geschichte hindurch abspielt, verbunden. An diesem Kampf haben wir durch unser Weihepriestertum einen besonderen Anteil. Wir erfüllen einen besonderen Dienst im Werk der Erlösung der Welt.

Das Konzil lehrt, daß Maria, indem sie auf der Pilgerschaft des Glaubens in vollkommener Einheit mit dem Sohn bis zum Kreuz fortschreitet, dem ganzen Volk Gottes, das auf dem gleichen Weg ist, wenn es Christus im Heiligen Geist nachfolgt, in einzigartiger und herausragender Weise vorangeht. Müßten wir Priester uns nicht in besonderer Weise mit ihr verbinden, die wir als Hirten die uns anvertrauten Gemeinden auf dem Weg führen müssen, der vom Pfingstsaal aus auf den Spuren Christi durch die ganze Geschichte des Menschen führt?

8. Liebe Brüder im Priesteramt, während wir uns heute mit den Bischöfen an so vielen Orten der Erde versammeln, wollte ich in diesem jährlichen Brief gerade dieses Thema entwickeln, das, wie mir scheint, auch mit dem Inhalt des Marianischen Jahres in besonderer Weise verbunden ist.

Wenn wir die heilige Eucharistie an den vielen Altären in der ganzen Welt feiern, wollen wir dem Ewigen Hohenpriester für das Geschenk danken, das er uns im Sakrament des Priestertums gegeben hat. In diesem Dank sollen die Worte aufklingen, die der Evangelist Maria beim Besuch bei ihrer Verwandten Elisabet sprechen läßt: „Großes hat an mir getan der Mächtige, sein Name ist heilig“ (*Lk* 1,49). Danken wir auch Maria für das unaussprechliche Geschenk des Priestertums, durch das wir in der Kirche jedem Menschen dienen können. Möge die Dankbarkeit auch unseren Eifer wieder neu wecken! Erfüllt sich nicht durch unseren priesterlichen Dienst all das, wovon die folgenden Verse des Magnifikats Marias sprechen? Wahrhaftig, der Erlöser, der Gott des Kreuzes und der Eucharistie, „erhöht die Niedrigen“ und “beschenkt die Hungernden mit seinen Gaben“. „Er, der reich war, wurde unseretwegen arm, um uns durch seine Armut reich zu machen“ (*2 Kor* 8,9); er hat das wunderbare Geheimnis seiner Armut, die reich macht, der demütigen Jungfrau von Nazaret anvertraut. Dasselbe Geheimnis vertraut er auch uns an im Sakrament des Priestertums.

Danken wir ohne Unterlaß dafür! Danken wir mit unserem ganzen Leben. Danken wir mit allem, was uns gegeben ist. Danken wir zusammen mit Maria, der Mutter der Priester: „Wie kann ich dem Herrn all das vergelten, was er mir Gutes getan hat? Ich will den Kelch des Heils erheben und anrufen den Namen des Herrn“ (*Ps* 116,12.13).

Allen meinen Brüdern im Priester- und Bischofsamt sende ich zu unserem gemeinsamen Festtag in brüderlicher Liebe meinen herzlichen Gruß und Apostolischen Segen.

Aus dem Vatikan, am 25. März, dem Fest der Verkündigung des Herrn des Jahres 1988, im 10. Pontifikatsjahr.

Joannes Paulus PP. II

Anmerkungen

[1] Dogmatische Konstitution *Lumen gentium*, Nr. 58.

[2] Vgl. Johannes Paul II., Enzyklika *Redemptoris Mater*, Nr. 30: AAS 79, 1987, S. 402.

[3] Dogmatische Konstitution *Lumen gentium*, Nr. 63.

[4] *Ebd.*, Nr. 64.

[5] Vgl. Johannes Paul II., Enzyklika *Redemptoris Mater*, Nr. 43: AAS 79, 1987, S. 420.

[6] Dogmatische Konstitution *Lumen gentium*, Nr. 63.

[7] Vgl. Pastoralkonstitution *Gaudium et spes*, Nr. 13.

Maria – Ruhm der menschlichen Geschichte

Ansprache bei der Matutin im byzantinisch-slawischen Ritus am Fest der Verkündigung des Herrn, 25. März

Der Heerführer der Engelsmächte wurde vom allmächtigen Gott zur reinen Jungfrau gesandt, um ein unerhörtes und unaussprechliches Geheimnis zu verkünden: „ohne Mannessamen wird Gott in ihr Kind und bildet das ganze Geschlecht der Sterblichen neu."

1. Mit diesen Worten besingt das Expostilarion des heutigen Hochfestes das Staunen des Kosmos vor dem Wunder der göttlichen Liebe: Die Natur scheint in ihren Grundgesetzen überwältigt zu sein, eine Jungfrau empfängt einen Sohn, und dieses Kind ist der unendliche Gott. Überwältigte Natur, oder nicht eher Fülle der Natur, wenn sie nichts anderes ist als der Garten, in dessen Mitte Gott den Menschen stellen wollte, sein Bild und Gleichnis, ein Mikrokosmos und zugleich Herr über die Dinge, weil teilhaft der göttlichen Herrschaft?

Der christliche Osten liebt es, an die Natur als an eine Entfaltung des göttlichen Liebesplanes zu denken. Und weil sich im Zentrum der Geschichte des Menschen das Ereignis der Menschwerdung vollzog, bleibt die östliche Tradition nicht dabei stehen, vornehmlich die Armut, die Schwächen und Grenzen zu sehen, die das Los der vom Worte Gottes angenommenen menschlichen Natur mühselig machen, sondern sie betrachtet die überaus hohe Vollkommenheit, zu der die Gande die Menschheit berufen hat, und zusammmen mit ihr die ganze Schöpfung, die Zeuge und in gewisser Weise auch selbst Teilnehmer am stets sich erneuernden Heilsgeschehen ist. Diese Natur, die heute ihre „uralten Pforten" nach oben hebt, damit „der König der Herrlichkeit einziehe" (*Ps* 23,7.9), ist wirklich, wie die Liturgie singt, eine neue Schöpfung: in Christus, im Schoß der Jungfrau gebildet, wird eine neue Menschheit geboren, für die „ein neuer Himmel und eine neue Erde" (*Offb* 21,1) bestimmt sind, weil im Geheimnis der Erlösung der durch den Stolz der Sünde verbotene Garten entsiegelt wird, und der Engel mit dem Flammenschwert, der den Eingang bewachte, wird dem Erzengel des Lichtes seinen Platz einräumen. Dieser Engel aber verkündet Maria, daß die Fülle der Zeit anbricht.

Das Exapostilarion schließt mit einer kraftvoll klingenden Einladung an alle Völker: die Verkündigung Gabriels verlängert sich wie in einem unendlichen Echo in der Verkündigung einer Menschheit, daß die Fülle der Zeit anbricht.

Das Exapostilarion schließt mit einer kraftvoll klingenden Einladung an alle Völker: die Verkündigung Gabriels verlängert sich wie in einem unendlichen Echo in der Verkündigung einer Menschheit, die eine unerhörte Hoffnung ausruft. Nicht zufällig verwendet das griechische Original hier das Wort „evangelismos", das wir die „Verkündigung" übersetzen, sondern es paßt sich auf diese Weise eng an die frohe Botschaft an, die uns das Heil bringt: der Gruß des Engels ist wahrhaftig das Vorwort zum Evangelium!

Liebe Brüder und Schwestern, die ihr euch heute hier eingefunden habt, um mit der ruhmreichen und feierlichen Stimme der byzantinischen Kirchen das Lob der heiligen

Gottesmutter zu singen, heute ertönt die Verkündigung des Heils, die Gabriel Maria gebracht hat, für uns. Während wir die Schönheit der strahlendsten Frucht besingen, die die menschliche Geschichte hervorgebracht hat, fühlen wir, wie im Herzen die gleiche Hoffnung wach wird, eine Hoffnung voll Staunen, aber auch voll zuversichtlicher, vertrauensvoller Verfügbarkeit. Das „Fiat“ der Jungfrau sei unsere geistige Opfergabe an den Herrn des Lebens, auf daß aus dem Schoß der Menschheit weiterhin die Hoffnung auf einen Gott, der Mensch wird, aufblühe.

2. Die heutige Feier der Matutin im byzantinischen Ritus überflutet diese Kirche mit hellstem Licht. Im Rahmen des Gebetes, das diesen Abschnitt der Tageszeit heiligt, haben wir den herrlichen Hymnus Akathistos an die Gottesmutter gehört. Es bestand der Wunsch, daß in dem ihr geweihten Jahr in allen Kathedralen der Welt in den verschienen Sprachen, aber in der Einheit der katholischen Gemeinschaft ein einzigartiges Lob sich in dem unnachahmlichen Gesang dieses Hymnus zu Gott erheben.
Das Gotteshaus, das uns heute aufnimmt, weitet also in geheimnisvoller Weise seinen Raum, um die ganze Welt zu umfagen und sie zu einer einzigen Stimme zu vereinen, die Maria, der Ruhm der menschlichen Geschichte, Gott darbringt. „Christus, was können wir dir als Geschenk anbieten dafür, daß du in unserer Menschheit auf Erden erschienen bist?“ – so singt die byzantinische Liturgie im Lucernarium des Weihnachtsfestes – „Jedes deiner Geschöpfe bringt dir ja etwas zum Dank dar: die Engel ihren Gesang, der Himmel einen Stern, die Weisen ihre Geschenke, die Hirten das Staunen, die Erde eine Grotte, die Wüste eine Krippe und wir eine Jungfrau-Mutter.“
Wir möchten, daß dieses universale Lied, dieser machtvolle und liebliche Hymnus die Prophezeihung einer neuen Menschheit sei, jener der Erlösten, die sich im Lobgesang als Brüder erkennen. Während die tägliche Erfahrung uns den vielgestaltigen Formen des Bösen gegenüberstellt, das aus der Armut unserer menschlichen Grenzen entspringt, ist die erneute Betrachtung des gemeinsamen Heils im göttlichen Wort, das im Schoß der Jungfrau Mensch geworden ist, die beständige Verkündigung einer neuen Brüderlichkeit in jenem einen Herrn, dem Bruder und Meister, Fleisch von unserem Fleisch, in welchem das Geschaffene seine trübe Undurchsichtigkeit überwindet und für das Unsichtbare durchscheinend wird.
In ihrem Innern von der Tiefe dieses Geheimnisses erfüllt, verkündet die Kirche den Menschen ihre unermeßliche Würde. Sie weiß, daß sie dabei schon auf deren vollkommene Verwirklichung hinweisen kann, die durch das unendliche Geschenk der Gnade in der Muttergottes geschehen ist. Dem geplagten und geschlagenen Menschen, der in seinen Rechten verletzt und in seiner Freiheit niedergetreten wird, verkündet die Kirche heute, wie der Engel es Maria verkündet hat, daß er ein Bild des lebendigen Gottes ist, Tempel des Heiligen Geistes, und daß alle Gewalt, die gegen ihn angewendet wird, Gewalttätigkeit gegen Gott ist, der ihn erschaffen und aus Liebe sein Los auf sich genommen hat, und zwar in einer Weise, daß er sogar das Schicksal des Todes mit ihm teile.

3. Die Sprache des Akathistoshymnus erinnert uns alle daran, wie unlösbar das Leben der Gottesmutter mit dem gesamten Heilsplan verbunden ist. Und nichts scheint so ge-

eignet, den überströmenden Reichtum Gottes auszudrücken, wie das manchmal kühne Wagnis der Poesie.

Was der Geist nicht zu fassen vermag, vollzieht sich in ihr, „unvereinbare Dinge in eins zusammenbringen“ (*Ikos* 8). „Die vielrednerischen Rhetoren sehen wir vor dir stumm werden wie Fische, O Gottesmutter. Unfähig sind sie, zu sagen, wie du Jungfrau bliebst und gebären konntest. Wir aber, das Geheimnis bestaunend, rufen gläubig: Gegrüßt, du Gefäß der Weisheit Gottes; gegrüßt, du Schatzkammer seiner Vorsehung“ (*Ikos* 9). Mit solchem Staunen, voll dankbarer Verehrung, betrachtet dieser erhabene Hymnus den Lebensweg Marias: die Verkündigung, die Geburt Jesu, den Gruß der Hirten, das Kommen der Weisen, die Flucht nach Ägypten. Und zu jedem Ereignis entdeckt er geheimnisvolle Vorbilder in der Schrift, wie er in der theologischen Bedeutung jedes einzelnen Geschehens schon die verhüllten Symbole der Erlösung erkennt: „Gegrüßt, du Vorspiel der Wunder Christi; gegrüßt, du Inbegriff von allem, was über ihn gelehrt ist“ (*Ikos* 2). Und so offenbart die Heilsgeschichte in dieser ungewöhnlichen Art der Darstellung ungeahnte Tiefen und kühne Entsprechungen.

Die Geburt des Wortes Gottes im Fleisch ruft zusammen mit dem Menschen das ganze Universum, das ebenfalls von unwiderstehlicher Freude erfüllt ist, zu festlicher Feier auf: „Gegrüßt, denn der Himmel frohlockt mit der Erde; gegrüßt, denn die Erde tanzt im Reigen mit dem Himmel“ (*Ikos* 4). Nie war die Freude vollkommener und umfassender. Die Kirche ist dazu eingeladen, das neue Jerusalem, wo das Festmahl für alle Völker bereitet ist. Es ist in Maria dargestellt und vorgebildet, denn die Geschichte der Jungfrau ist die Geschichte der Erlösten, die Geschichte eines jenes Geschöpfes: so wird die Menschheit betrachtet, die aus den Sakramenten das Heil empfängt: „Gegrüßt, die du darstellt, was im Bild des reinigenden Bades verkündet war; gegrüßt, die du den Schandfleck der Sünde auslöschst; ... gegrüßt, du Duft des Wohlgeruches Christi; gegrüßt, du Leben des mystischen Mahles“ (*Ikos* 11). In den Wassern des Heils, im heiligen Chrisam, im Mahl des Lammes zeichnet sich das Leben der Menschheit ab, die unterwegs ist im täglichen Suchen des göttlichen Willens. Maria wird dabei „der Apostel nie schweigender Mund“, „der Märtyrer unbeugsamer Mut“ (*Ikos* 4); „Säule der Jungfräulichkeit“ (*Ikos* 10), „Ehrendiadem heiliger Herrsche?“; „hehrer Ruhm gottesfürchtiger Prieste?“; „uneinnehmbarer Schutzwall der Kirche“ (*Ikos* 12).

So entfaltet sich das Geheimnis der heiligen Jungfrau Mutter, beginnend mit den Vorbildern im ewigen Gedanken Gottes bis zur leidenschaftlichen Teilnahme an der Geschichte einer in der Zeit pilgernden Kirche, mit bewegender Schönheit und überwältigender Kraft. Nie von ihrem Sohn getrennt, ist Maria die Menschheit, die offen ist, den Geist zu empfangen, „der das Leben gibt“. Zugleich ist sie die Vorwegnahme, das strahlende Sinnbild der allgemeinen menschlichen Berufung zur Fülle des Lebens in Gott.

4. Und ihr slawischen Völker, die ihr zur byzantinischen Tradition gehört, zu einer Kultur, die sich nach dem Unermeßlichen ausstreckt und Grenzen schlecht erträgt, die es liebt, den großen Rhythmus der Jahreszeiten und die unbegrenzten Weiten von Zeit und Raum, wie auch die unendliche Sehnsucht des Menschenherzens darzustellen, ihr habt diesen Hymnus an die Gottesmutter, den wir heute mit euch gesungen haben, bei euch

aufgenommen und ihr liebt ihn. Euch gelten mein Friedensgruß und meine brüderliche Umarmung.

Der Glanz der byzantinischen Liturgie, der in eure Kultur eingesenkt ist, hat aus dem Herzschlag der tiefen slawischen Seele Töne besonderer Menschlichkeit angenommen. In die feierliche Würde der Pantokrator-Darstellung habt ihr die Züge des Gekreuzigten eingezeichnet, des „Mannes voller Schmerz, mit Krankheit vertraut" (*Jes* 53,3), und ihr habt seine Nähe erfahren in der leidvollen Geschichte eures Volkes, von den großen gemeinsamen Prüfungen bis zum Todeskampf des bescheidensten Landmanns, von dem man gesagt hat, er wisse mit Würde zu sterben.

Ihr habt mit seltener Schärfe das Universale des menschlichen Geschicks erfaßt, die Begrenztheit des Unwesentlichen und die Radikalität der Berufung zum Gottesreich, doch in zärtlicher und tiefer Bindung an eure Erde, die ihr wie eine Mutter empfindet, die euch mit warmem Herzen empfängt.

Und wir, die wir heute unsere Stimme mit der euren verbindend, gemeinsam gebetet haben, wir sagen euch unseren tiefempfundenen Dank für die kostbaren Schätze, mit denen ihr die Menschheitsfamilie und die Gemeinschaft der an Christus Glaubenden bereichert habt.

Ihr liebt die Mutter Gottes mit zärtlicher und vertrauensvoller Liebe. Eure Marienikonen in ihrer nicht auszuschöpfenden Typologie lassen die heilige Jungfrau mit ihrem liebevollen Schutz in euren Städten, euren Familien und im Herzen eines jeden von euch gegenwärtig sein. Ihr, die uns auf der Straße des Gottesreichs vorangegangen ist, uns unaufhörlich den Weg zeigt und uns in den Mantel ihrer Güte hüllt, vertrauen wir uns an, und von ihr ermutigt, richten wir unsere Bitte an Gott: Vater, erhöre unser Flehen, erhöre das Gebet, das heute durch die Fürsprache der heiligen Gottesmutter aus jedem Land und jedem Volk zu dir aufsteigt. Wir sind gewiß, daß du sie erhörst, denn in ihr hast du uns die Kühnheit der Liebe geschenkt. Darum hören wir nicht auf, zu ihr zu singen: „Gegrüßt du, Gottes Huld zu den Sterblichen; gegrüßt du, der Sterblichen Fürsprache bei Gott" (*Ikos* 3).

Theologische Ausbildung muß ökumenisch offen sein

Ansprache an die Mitglieder des katholischen Komitees für kulturelle Zusammenarbeit bei Gelegenheit des 25. Jahrestags der Gründung am 25. März

Liebe Freunde!

Vor 25 Jahren wurde auf Anregung der Abteilung des Sekretariats für die Einheit der Christen, die für den Osten zuständig ist, das katholische Komitee für kulturelle Zusammenarbeit gegründet. Unsere heutige Begegnung soll diesen Jahrestag hervorheben. Ich bin glücklich, euch empfangen und persönlich sagen zu können, daß ich die Arbeit eures Komitees schätze und wünsche, es möge sich weiter entwickeln und wirksam zum Fortschritt auf dem Weg zur vollen Einheit zwischen der katholischen Kirche und den Kirchen des Ostens beitragen.

Das Komitee ist mit diesem Ziel gegründet worden, Formen der kulturellen Zusammenarbeit zu fördern, die unsere Beziehungen zur orthodoxen Kirche und zu den übrigen Kirchen des Ostens festigen und sie zur gleichen Zeit vertiefen. Ich möchte vor allem die Bereitstellung von Stipendien in den kirchlichen Fächern für orthodoxe Studenten betonen, die so ihre Ausbildung durch den Aufenthalt an einer katholischen Universität oder an einem katholischen Institut vervollständigen können. Seit der Gründung des Komitees haben zahlreiche Studenten Nutzen daraus gezogen und die Möglichkeit bekommen, die religiöse Ansicht der katholischen Kirche besser kennenzulernen. Sie haben sich auch mit dem Leben unserer Kirche vertraut gemacht, denn ihr legt großen Wert darauf, daß sie an Kollegien oder Seminarien aufgenommen werden, in denen sie am Leben der katholischen Studenten teilnehmen können. Die gemeinschaftliche Erfahrung ermöglicht so ein gegenseitiges Verständnis aufgrund gegenseitiger Achtung und Liebe. Ich bezweifle nicht, daß die Anwesenheit orthodoxer Studenten an unseren Universitäten, Seminarien und Kollegien auch für die katholischen Studenten ein Vorteil ist, da deren geistliche und intellektuelle Ausbildung immer durch Offenheit für die ökumenische Dimension gekennzeichnet sein muß.

Ich möchte daher den Rektoren und Oberen dieser Universitäten, Institute, Kollegien und Seminarien danken, die Studenten mit Stipendien des katholischen Komitees für kulturelle Zusammenarbeit aufnehmen. Ich grüße die Rektoren und Oberen aus Rom, die hier anwesend sind, vergesse aber auch nicht jene aus anderen Ländern, die nicht zu dieser Begegnung kommen konnten. Ich ermuntere sie alle, ihren Beitrag am Wirken des Komitees weiterzuführen durch ihre Verfügbarkeit, Studenten von den Kirchen des Orients aufzunehmen und durch die hochherzige Unterstützung, die sie ihnen zukommen lassen. Diese Unterstützung wird zugleich durch mehrere Werke sichergestellt, die finanzielle Hilfe bereitstellen, ohne die das Komitee seine Aufgabe nicht erfüllen könnte. Die Verantwortlichen dieser Werke haben die Dringlichkeit und Notwendigkeit einer gegenseitigen Kenntnis zwischen den Kirchen des Westens und denen des Ostens erkannt, die vor allem durch kulturellen Austausch in den Formen geschieht, die das Komitee zu fördern sucht. Ich weiß, daß wenn die Werke, denen sie Leben verleihen, Hilfe anbieten können, dies auf die gesammelten Opfergaben der Gläubigen zurückgeht, die meist unbekannt und oft arm, aber hochherzig sind und nach ihren Möglichkeiten zur Annäherung zwischen den Kirchen des Ostens und des Westens beitragen möchten. Ich danke den Verantwortlichen und den Wohltätern dieser Werke. Ich lade sie dazu ein, in ihrer großzügigen Beteiligung fortzufahren unter Berücksichtigung der neuen Situation in den Beziehungen zwischen den Kirchen.

Dank eines Dialogs der Liebe und der ersten Früchte des theologischen Dialogs ist die brüderliche Beziehung, die die katholische Kirche mit der orthodoxen Kirche und den alten Kirchen des Orients verbindet, eine neu erlebte und sich ständig erweiternde Wirklichkeit geworden, in der sie sich täglich mehr bewußt werden, Schwesterkirchen zu sein, die sich bei der ihnen vom Herrn aufgetragenen Sendung gegenseitig unterstützen.

Im Verlauf seines Besuches beim Bischof von Rom im vergangenen Dezember hat der ökumenische Patriarch Dimitrios I. in der Lateranuniversität die Delegationen der Professoren und Studenten unserer Universitäten und Kollegien empfangen. Indem er auf die

neue Entfaltung der biblischen, patristischen und liturgischen Studien hinwies, erinnerte er daran, daß die Entfaltung keine Frucht bringen kann, „wenn sie einseitig erfolgt, d. h. ohne eine direkte Kenntnis der einzelnen Traditionen von innen her. Es ist daher ein gutes Zeichen unserer Zeit, fuhr der Patriarch fort, daß sich der Austausch von Lehrern und Studenten innerhalb unserer Kirchen ständig mehrt“. Ich schließe mich diesen Worten Seiner Heiligkeit Dimitros I. voll an und möchte sie vor euch wiederholen, da sie ganz besonders die seit 25 Jahren vollbrachte Arbeit der Mitglieder des katholischen Komitees für kulturelle Zusammenarbeit sowie all jener betreffen, denen die gegenseitige Annäherung und das wechselseitige Kennenlernen der Kirchen des Ostens und des Westens ein Anliegen ist.
Liebe Freunde, indem ich euch meine Zufriedenheit über eure Teilnahme am ökumenischen Einsatz der katholischen Kirche ausspreche, wünsche ich zugleich, daß die Arbeit eures Komitees in enger Verbindung mit dem Sekretariat für die Einheit der Christen weitergeht. Wie mein Vorgänger Paul VI. es bei der Gründung getan hat, empfehle auch ich „meinen Brüdern im Bischofsamt und all denen, die der Kirche dienen möchten, die Befürwortung des Komitees und seine entsprechende, hochherzige und wertvolle Unterstützung“ (*Brief Papst Pauls VI. an Kardinal Bea* vom 27. Juli 1964).
Auf die Mitglieder und Führungskräfte des Komitees, seine Wohltäter sowie seine heutigen und künftigen Mitarbeiter rufe ich aus ganzem Herzen den Segen Gottes herab.

Erziehung der Jugend eines der schönsten Werke

Ansprache an die Mitglieder des Generalkapitels der christlichen Schulbrüder von Ploërmel am 25. März

Lieber Bruder Generalsuperior!
Liebe Brüder Delegierte des Kapitels!

1. Indem ich euch hier willkommen heiße, habe ich das schöne Bild von über 160 Jahren Geschichte des Unterrichts und der Evangelisierung von Kindern und Jugendlichen vor Augen. Wieder einmal mehr dankt die Kirche herzlich den Brüdern von Ploermel. Im Geheimnis des Jenseits freuen sich eure geliebten Gründer, die Priester Jean-Marie de la Mennaie und Gabriel Deshayes, über die Lebenskraft ihres Instituts. Gewiß, ich kenne eure Sorgen um die Berufungen. Ich weiß auch, daß Afrika euch Hoffnung macht: ich denke an die dort eingepflanzten Zweige in Uganda, Rwanda und Zaire, die bereits schöne Früchte gebracht haben.
Ich freue mich, euch alle willkommen zu heißen und möchte insbesondere den lieben Bruder Bernard Gaudeul begrüßen, den ihr eben als Generalsuperior wiedergewählt und dem ihr erneut euer Vertrauen geschenkt habt. Ich versichere ihn meiner aufrichtigen guten Wünsche und Gebete für eine fruchttragende Erfüllung seines Auftrags zum Dienst und zur Autorität.
Lieber Bruder Bernard, da ich Ihren Geburtsort Cancale in der Bay des Mont-Saint-Michel kenne, weiß ich, daß Sie auf die Fürbitte Ihrer bewundernswerten Landsmännin, der Dienerin Gottes Jeanne Jugan, zählen können, die über Sie wachen wird.

2. Während dieses Generalkapitels, das bald zu Ende geht, habt ihr euch mit großer Sorgfalt eurer Lebensregel gewidmet, die früher schon auf neuen Stand gebracht und 1955 von der Kongregation für die Ordensleute approbiert wurde. Es ist wahr: auch wenn die Texte das Charisma, das euch eigen ist, gut ausdrücken, so bedarf es doch immer der geistlichen Vertiefung, um eure Weise, nach ihnen euer Leben zu gestalten, Tag für Tag zu erneuern. Das ganz besondere Geschenk eurer Gründer ist die brennende Suche nach und die innerliche Begegnung mit dem Herrn Jesus, über den ihr nachsinnt, zu dem ihr betet und den ihr über alles liebt. So und nur so werden die Brüder den Weg finden, den Christus ihnen zeigt und auf den er alle eure Gemeinschaften und das Institut selber zu seiner Nachfolge ruft.

3. Diese Form der persönlichen und gemeinschaftlichen Heiligung erlaubt euch in ihrer immer besseren Verwirklichung, jenen ein leuchtendes und anregendes Zeugnis zu geben, die euch als Männer des Gebetes und des inneren Lebens vor Augen haben. Teilt anderen eure Liebe zu Christus, den Reichtum eures Glaubens, eurer Hoffnung und eurer übernatürlichen Liebe ebenso begeistert wie demütig mit und lebt sie konkret, zusammen mit allen Jugendlichen, die eurer Sorge anvertraut sind, mit deren Eltern und den christlichen Laien, die gewissenhaft am Erziehungsziel eurer Schulen und Kollegien mitwirken. Ihr tragt damit zur Lebenskraft und zur Heiligung des Volkes Gottes bei – nach der ursprünglichen Form, die der Geist des Herrn euren Gründern eingegeben hat. Der Herr hat euch auf unerforschliche Weise für das schönste aller Werke auserwählt: die Jugend auf die bestmögliche Weise auf ihre Zukunft und die verschiedenen Dienste an der Gesellschaft im Hinblick auf die Botschaft des Evangeliums vorzubereiten, das immer aktuell, unerschöpflich und lebenspendend ist.

4. Als Zeugen des Reiches Gottes durch eure Weihe als Ordensleute lebt ihr diese völlige Hingabe in euren Aufgaben als Lehrer und Erzieher. Euer Institut wurde innerhalb der Kirche für diese erstrangige Aufgabe ins Leben gerufen: Christus und seine Frohbotschaft durch die Schule bekanntzumachen. Unsere Zeit, die durch bedeutsame soziokulturelle Veränderungen gekennzeichnet ist, benötigt dringend eine verständnisvolle Evangelisierung auf allen Stufen des Wissens. Daher darf bei euch keinerlei Zweifel daran aufkommen, daß ihr eurem Charisma völlig treu bleiben müßt, wie auch an einem einfühlsamen Urteilsvermögen für die Anpassung an die Lebensverhältnisse und Kulturen, in denen ihr euer Apostolat ausübt. Die Kirche erwartet von euch ein entschlossenes Festhalten an eurer erzieherischen Aufgabe, und zwar sowohl in den Ländern aller christlicher Zivilisation wie in jenen Gegenden, in denen das Christentum noch nicht sehr alt ist.

5. Nach über 150 Jahren haben die Brüder von Ploermel mit beispielhaftem Mut die Schwierigkeiten des Missionsapostolats in klimatisch sehr harten Verhältnissen auf sich genommen. Die Kirche ruft euch heute auf, an dieselben Aufgaben in anderen Bereichen heranzutreten. Ich denke an den praktischen Materialismus, der sich ausbreitet und vieles reduziert, an soziopolitische Situationen der Unterdrückung.

Liebe Brüder, mit der allmächtigen Hilfe des Herrn und dank eures theologischen, geistlichen, intellektuellen und technologischen Bildungsniveaus seid ihr in der Lage, auf die tiefgreifenden und wichtigen Anliegen der Jugend zu antworten und dem zu entsprechen, was sie von euch, vielleicht nur unbewußt, in der Katechese, im geistlichen Leben und im gesamten Bereich der menschlichen Kultur in all ihren Formen erwartet.

6. Endlich muß eure erhabene Aufgabe in der Erziehung und für die Heiligung der Menschen im Geist vollkommener Einheit untereinander und mit dem ganzen Volk Gottes erfolgen. Ich weiß um die unverbrüchliche Treue eures Instituts zum Stuhl des Petrus und zum Lehramt der Päpste. Dies ist ein kostbares Erbe eurer Gründer. Ich ermuntere euch, mit Entschlossenheit und Vertrauen, eure wirksame Zusammenarbeit mit den Bischofskonferenzen und den Hirten der Diözesen oder Pfarreien, die euch gerufen haben, weiterzuentwickeln – auch die mit den jungen und erwachsenen christlichen Laien. Dieser Sinn für die Kirche wird immer eure große Kraftquelle und das unumstößliche Zeichen sein für euren kirchlichen Einsatz zugunsten der Menschen unserer Zeit.
Am Ende dieser Begegnung bitte ich um die Fülle des göttlichen Segens für die ganze Kongregation, ihre Führungskräfte, die alten oder kranken Brüder, die in der Berufungspastoral Tätigen und für alle Laien, die bei eurer großartigen Aufgabe mitarbeiten, endlich auch für alle Jugendlichen und ihre Familien. Alle vertraue ich dem mütterlichen Schutz der Mutter Christi, des Erlösers, an.

Österreich kann wesentlich zum internationalen Dialog beitragen

Ansprache an österreichische Parlamentarier am 26. März

Verehrter Herr Vorsitzender,
sehr geehrte Damen und Herren!

Es ist mir eine besondere Freude, daß eine so große Zahl von Parlamentariern aus dem Bundesrat und dem Nationalrat der Republik Österreich mit Familienangehörigen, Freunden und Mitarbeitern in die Ewige Stadt gekommen ist. Sie geben damit ein Beispiel, das Ihnen und Ihrem Land zur Ehre gereicht. Gern erinnere ich mich an meinen Pastoralbesuch im Jahre 1983 in Wien und Mariazell und freue mich auf meine bevorstehende zweite Reise in die anderen Diözesen Ihrer schönen österreichischen Heimat.
Zu Ihrem heutigen Besuch im Vatikan heiße ich Sie alle herzlich willkommen und danke Ihnen für die dadurch bekundete Wertschätzung für die Kirche und den Nachfolger des Apostels Petrus auf dem Bischofssitz hier in Rom. Ihren derzeitigen Romaufenthalt und Ihre verantwortungsvolle Tätigkeit in Ihrem Land begleite ich mit meinen besten Segenswünschen.
Österreich gedenkt gerade in diesem Monat der tragischen geschichtlichen Umstände, durch die es vor fünfzig Jahren schon vor Beginn des unseligen Zweiten Weltkrieges seine

Selbständigkeit verloren hat. Nach dessen Beendigung hat es einen bemerkenswerten Wiederaufbau erlebt, an dem es in Not geratene Mitmenschen, auch aus meiner polnischen Heimat, durch Asylgewährung teilnehmen läßt. Im Herzen Europas gelegen, kann Österreich an einem Schnittpunkt der Welt, über die Grenzen der politischen Systeme hinaus, zum Dialog zwischen den Staaten und damit im letzten zwischen Menschen maßgeblich beitragen. „Die Welt spürt lebhaft" – so betont das Zweite Vatikanische Konzil in der Pastoralkonstitution *Gaudium et spes* – „ihre Einheit und die wechselseitige Abhängigkeit aller von allen in einer notwendigen Solidarität und wird doch zugleich heftig von einander widerstreitenden Kräften auseinandergerissen. Denn harte politische, soziale, wirtschaftliche, rassische und ideologische Spannungen dauern an; selbst die Gefahr eines Krieges besteht weiter, der alles bis zum letzten zerstören würde" (*Gaudium et spes*, Nr. 4). Zu deren friedlicher Überwindung durch Dialog und Verständigungsbereitschaft zwischen den Menschen und Völkern wirksam beizutragen, ist Ihre vornehmste Aufgabe.

Als Politiker können Sie im öffentlichen Leben Ihres Landes in einer besonderen Weise ein für andere wegweisendes Vorbild an sozialer Verantwortung geben. Erst vor wenigen Wochen habe ich zum zwanzigjährigen Jubiläum der Enzyklika *Populorum progressio* meines verehrten Vorgängers Paul VI. in meiner Enzyklika *Sollicitudo rei socialis* auf diese soziale Verantwortung hingewiesen, welche uns die Entwicklung und eine weltweite Solidarität als geforderte Wege zum Frieden in Erinnerung ruft. Eine solche solidarische Entwicklung muß sich auf die ganze internationale Völkergemeinschaft erstrecken; sie umfaßt die notwendige Entwicklungshilfe bis zur Überprüfung der vorherrschenden weltweiten Wirtschaftssysteme.

Die soziale Verantwortung beginnt mit der Achtung der Freiheit und Würde jedes Menschen, einschließlich des ungeborenen Lebens. Sie bezieht sich auf den Schutz von Ehe und Familie, auf die Beachtung des Gemeinwohls und damit auch der partnerschaftlichen Ordnung von Arbeitgebern und Arbeitnehmern sowie von manuell und intellektuell Tätigen im Wirtschafts- und Sozialleben. Überall kann ein Beitrag zu einer menschlicheren und gerechteren Welt geleistet werden. Als Christen sind Sie noch besonders dazu aufgerufen, darin Ihrer christlichen Verantwortung für eine sittliche Gestaltung der Gesellschaft und des menschlicheren Zusammenlebens nachzukommen. Durch Ihren Einsatz im Geist des Evangeliums geben Sie im öffentlichen Leben Zeugnis für Christus, dessen Lebens- und Leidensweg wir in dieser vorösterlichen Zeit wieder neu betrachten und verehren. Sein Opfergang zum Heil der Menschen und seine Auferstehung zeigen uns die Prüfungen und die Hoffnung unseres eigenen Christseins in dieser Welt.

Möge Ihnen der Aufenthalt in dieser Stadt Rom, die auch die Stadt der Apostel Petrus und Paulus sowie vieler anderer Märtyrer und Glaubenszeugen ist, Kraft und Stärkung für Ihren weiteren Lebensweg und Ihr verantwortungsvolles Wirken schenken. Die Christen unter Ihnen bestärke er in ihrem Glauben und ihrer Liebe zu Christus und zur Kirche.

Mit besten Osterwünschen für Sie und Ihre Familie erbitte ich Ihnen und allen, die Ihnen verbunden sind, Gottes besonderen Schutz und Beistand und erteile Ihnen von Herzen meinen Apostolischen Segen.

Religionsfreiheit – ein Grundrecht der Menschen

Ansprache an die Teilnehmer des Kolloquiums „Glaubende in der UdSSR heute“ am 26. März

1. Es freut mich, die Teilnehmer am Kolloquium über das Thema „Glaubende in der UdSSR heute“ zu empfangen. Das Kolloquium wurde vom Russischen Ökumenischen Zentrum, der Internationalen Vereinigung für die Menschenrechte und dem Italienischen Komitee von Helsinki gemeinsam veranstaltet.
Sie kommen aus verschiedenen Teilen der Welt, gehören verschiedenen religiösen Bekenntnissen an und bringen unterschiedliche Lebenserfahrungen mit. Aber hier verbinden Sie die Reflexion und der Einsatz für einen Wert, der jeden geographischen und kulturellen Raum übersteigt, einen Wert von großer menschlicher und gesellschaftlicher Bedeutung: der Glaube an Gott und die Freiheit, ihn in allen seinen Erfordernissen zu bekennen und auszuüben.
Die Grundrechte des Menschen sind heute Allgemeingut des größten Teils der zivilen Einrichtungen; das Prinzip, sie zu achten und zu schützen, ist in den Grundgesetzen wie auch in wichtigen internationalen Dokumenten anerkannt. Es ist ein Gut, das an erster Stelle und vor allem die Gewissen von Millionen Männern und Frauen zu eigen haben, die danach streben, ein freieres, menschlicheres Leben in Gerechtigkeit und Frieden zu führen.

2. Unter diesen Grundrechten, unter diesen Bestrebungen, die den Brüdern und Schwestern in aller Welt gemeinsam sind, spielt die Religionsfreiheit eine besondere Rolle. Sie entspricht den tiefsten Anforderungen des persönlichen Gewissens, rührt an das Herz im Innern des Menschen, der in seinem Glauben den höchsten Sinn seines persönlichen Lebens und der Beziehungen zu den anderen findet. Wir können sagen, daß diese Freiheit für das Leben des Geistes das ist, was die Luft für den Atem des Körpers ist.
Es erscheint unglaublich, daß ein so edles, so tief menschliches Recht auf Freiheit in verschiedenen Teilen der Welt – oft im Gegensatz zur konstitutionellen Verfassung – falsch interpretiert oder ganz offen verletzt wird. Auf diese Weise werden die Glaubenden Gegenstand des Verdachtes, des Mißtrauens, als seien sie gleichsam weniger vertrauenswürdig als die anderen Bürger. Und doch ist das Gegenteil wahr: Gerade weil er sein Leben unter das Zeichen Gottes stellt, wird der Glaubende zu einem Leben in Güte, Gerechtigkeit und Wahrheit angespornt. Seiner inneren Beziehung zu Gott entspringt eine neue Beziehung zu den anderen, die auf den Werten der Brüderlichkeit und Solidarität gründet, den Werten des Verantwortungsbewußtseins, der Sorge für das Gemeinwohl, der Achtung vor der bürgerlichen Ordnung. Für die Jünger Christi ist das alles in dem neuen Gebot zusammengefaßt, dem Gebot der Liebe, das uns der Herr gegeben hat.
Sie richten Ihre Aufmerksamkeit auf die Glaubenden in Not aus einem Sinn menschlicher Solidarität heraus und, so glaube ich, auch von brüderlicher Liebe bewegt, die aus der religiösen Überzeugung jedes einzelnen herrührt: der brüderlichen Liebe, die – wie ich in dem Apostolischen Schreiben *Euntes in mundum* gesagt habe – uns solidarisch teilhaben

läßt auch an der Freude der Schwesterkirche des Patriarchats von Moskau, die sich anschickt, die Tausendjahrfeier des großen christlichen Ereignisses der Taufe der Rus‘ zu begehen.

Die Dimension der Solidarität, die weder Entfernungen noch Grenzen kennt, ist gerade der religiöse, insbesondere der christliche Glaube. Der Glaubende begnügt sich nicht damit, als einzelner das Geschenk des Glaubens zu leben. Der Glaube, wenn er echt und lebendig ist, setzt ihn in enge Beziehung mit den anderen Glaubenden, mit denen er zusammen eine Gemeinschaft bildet. Wer das Gut eines Glaubens an Gott hat, wird notwendigerweise angespornt, ihn im Leben zu bezeugen, ihn mit den anderen zu teilen, ihn in den Herzen wachsen zu lassen.

Die in voller Freiheit, allen persönlichen und gemeinschaftlichen Erfordernissen entsprechend gelebte Religion trägt zur Ausgewogenheit der Geister und einer stärkeren Einheit unter den Menschen bei. Sie ist deshalb ein Faktor des Friedens, der Entwicklung, der Zusammenarbeit zugunsten des Gemeinwohls, wie ich in der Botschaft zum Weltfriedenstag vom 1. Januar d. J. und erst kürzlich in der Enzyklika *Sollicitudo rei socialis* betont habe.

Ich bin überzeugt, daß jede Initiative, die dieses Thema vertiefen möchte, jede Anstrengung zur Verteidigung der Religionsfreiheit, jede Geste der Solidarität gegenüber den Brüdern und Schwestern, die sich nach ihr sehnen, ohne sie voll genießen zu können, ein Beitrag zum Frieden und zu einem besseren Zusammenleben der Menschen und Völker ist. Deshalb wünsche ich jedem von Ihnen, Baumeister des wahren, heiß ersehnten und erhofften Friedens zu sein, der zuallererst in den Herzen und Gewissen geboren wird.

Mit meinem Apostolischen Segen.

Die europäischen Völker einander näherbringen

Ansprache an eine Gruppe Jugendlicher Pilger aus Kroatien am 26. März

Liebe Seminaristen, liebe Jugendliche aus Zagreb und Dubrovnik!

Ich bin sehr glücklich darüber, daß ihr zusammen mit den Jugendlichen verschiedener Länder hergekommen seid, um in Rom mit dem Papst den dritten Welttag der Jugend zu begehen. Herzlich willkommen in der Ewigen Stadt, im Haus des gemeinsamen Vaters und der Heimat aller Christen!

Mittelpunkt des Tages der Jugend ist in diesem Marianischen Jahr die selige Jungfrau Maria, und Leitmotiv sind ihre Worte: „Was er euch sagt, das tut!“ In diesen wenigen Worten ist das ganze Lebensprogramm enthalten, das im Verlauf der Geschichte zahlreiche junge und erwachsene Nachfolger Jesu vewirklicht haben. Diese Worte der Mutter Gottes, also auf Jesus hören und ihm nachfolgen, gelten für jeden Jungen und für jedes Mädchen, weil sie Unterpfand eines wahrhaft glücklichen Lebens sind. Wo und wie aber spricht Jesus heute zu uns? Wir finden sein Wort vor allem im heiligen Evangelium, das für jeden von euch das liebste Buch sein sollte. Jesus spricht ständig auch durch das Lehramt der Kirche zu uns, vor allem durch seinen Stellvertreter, den Bischof von Rom.

Wie ihr bereits wißt, spricht der Papst unter anderem sehr oft von den Bemühungen um die Vereinigung Europas. Zu diesem gehört auch euer kroatisches Volk, das im Verlauf der Jahrhunderte mit nicht geringen Opfern den europäischen Kontinent verteidigt, sowie den christlichen Glauben und die christliche Kultur bewahrt hat. Sich für Friede und Eintracht und Zusammenarbeit unter den Völkern einsetzen ist schließlich eine maßgebende Weisung des Evangeliums. In letzter Zeit sind verschiedene Initiativen mit dem Ziel aufgebrochen, Europa zu einen. Ich wünsche euch, daß ihr, gemeinsam mit den anderen Jugendlichen unseres Kontinents, zu dieser großen Bewegung beitragen und die europäischen Völker einander näherbringen könnt, indem ihr ihnen die Werte unseres christlichen Glaubens und die Werte von ganz Jugoslawien vermittelt.
Ich grüße alle Jugendlichen eures Vaterlandes, vor allem jene, die im Geist mit euch bei der Feier des Welttags der Jugend vereint sind. Die selige Jungfrau Maria begleite euch auf eurem Lebensweg, damit ihr als künftige Priester Christi und gläubige Laien das vollbringen könnt, was Jesus von euch wünscht. Euch und allen euren Lieben erteile ich meinen Apostolischen Segen. Gelobt seien Jesus und Maria!

Was er euch sagt, das tut!

Botschaft an die Jugendlichen in aller Welt anläßlich des III. Welttages der Jugend am Palmsonntag, 27. März 1988, vom 13. Dezember 1987

Liebe Jungen und Mädchen!

1. Auch dieses Jahr wende ich mich an euch, um euch den nächsten Welttag der Jugend anzukündigen, der in den Ortskirchen am Palmsonntag 1988 gefeiert wird. Diesmal wird dieser Welttag jedoch ganz besonderen Charakter haben, da die Kirche derzeit das Marianische Jahr begeht, das ich am Pfingstfest eröffnet habe und am 15. August des nächsten Jahres, also am Hochfest der Aufnahme Mariens in den Himmel, abschließen werde.
Am Ende des zweiten Jahrtausends des christlichen Zeitalters, in einem kritischen Augenblick der Geschichte dieser von so vielen ernsten Problemen aufgewühlten Welt ist das Marianische Jahr für uns alle eine ganz besondere Gnadengabe. In diesem Jahr erscheint uns Maria in einem neuen Licht: als liebevolle und verstehende Mutter und als Lehrmeisterin, die uns auf dem Weg des Glaubens voranschreitet und uns den Pfad des Lebens weist.
Das Marianische Jahr ist also ein Jahr besonderen Hörens auf Maria. Ebenso muß der nächste Welttag der Jugend sein. Diesmal ist es Maria, die euch, liebe junge Menschen, aufruft. Sie erwartet euch, weil sie euch viel zu sagen hat. Ich bin überzeugt, daß ihr wie in den vergangenen Jahren es nicht versäumen werdet, euch unter der Führung eurer Hirten aktiv für die Feier des Welttages der Jugend einzusetzen.

2. Der Welttag der Jugend 1988 wird also Maria, die Jungfrau und Mutter Gottes, zum Mittelpunkt haben und ein Tag des Hörens sein. Was wird euch Maria, eure Mutter und Lehrmeisterin sagen? Im Evangelium finden wir einen Satz, den sie während der Hoch-

zeit in Kana in Galiläa ausgesprochen hat. Nachdem sie sich mit den Worten „Sie haben keinen Wein mehr" an ihren Sohn gewandt hatte, sagte sie zu den Dienern: „Was er euch sagt, das tut!" (*Joh* 2,5).

Gerade diese Worte habe ich als Leitfaden für den Welttag 1988 gewählt. Sie schließen eine sehr bedeutsame, für die Menschen aller Zeit gültige Botschaft in sich: „Was er euch sagt, das tut ..." heißt nämlich: Hört auf Jesus, meinen Sohn. Lernt es, in allen Lebenslagen ein „Ja" zum Herrn zu sagen. Es ist dies eine sehr trostreiche Botschaft, deren wir alle bedürfen.

„Was er euch sagt, das tut ...". Mit diesen Worten hat Maria vor allem das tiefste Geheimnis ihres eigenen Lebens zum Ausdruck gebracht. Hinter diesen Worten steht sie mit ihrer ganzen Persönlichkeit. Ihr Leben war ja tatsächlich ein großes „Ja" zum Herrn, ein mit Freude und Vertrauen erfülltes „Ja". Maria, die unbefleckte Jungfrau voll der Gnaden, hat ihr Leben in einer rückhaltlosen Offenheit Gott gegenüber gelebt, in vollkommener Übereinstimmung mit seinem Willen – und das auch in den schwierigsten Momenten, die ihren Höhepunkt auf dem Gipfel des Kalvarienberges, unter dem Kreuz erreichten. Sie zieht ihr „Ja" nie zurück, weil sie ihr ganzes Leben in Gottes Hände gelegt hat: „Ich bin die Magd des Herrn, mir geschehe, wie du es gesagt hast" (*Lk* 1,38). In der Enzyklika *Redemptoris Mater* habe ich hierzu geschrieben: „Bei der Verkündigung hat Maria sich ja vollkommen Gott überantwortet, indem sie demjenigen den Gehorsam des Glaubens entgegenbrachte, der durch seinen Boten zu ihr sprach, indem sie sich ihm mit Verstand und Willen voll unterwirft. Sie hat also mit ihrem ganzen menschlichen, fraulichen ‚Ich' geantwortet. In dieser Glaubensantwort waren ein vollkommenes Zusammenwirken mit der zuvorkommenden und helfenden Gnade Gottes und eine vollkommene Verfügbarkeit gegenüber dem Wirken des Heiligen Geistes enthalten" (Nr. 13).

„Was er euch sagt, das tut ..." In diesem kurzen Satz ist das ganze Lebensprogramm eingeschlossen, das Maria, die Lehrmeisterin, als erste Jüngerin des Herrn verwirklichte und das sie heute auch uns lehrt. Es ist dies ein Lebensprogramm, das auf dem soliden und sicheren Grund mit dem Namen Jesus Christus beruht.

3. Die Welt, in der wir leben, wird von verschiedenen Krisen erschüttert, zu denen als eine der gefährlichsten der Verlust des Lebenssinnes zählt. Viele unserer Zeitgenossen haben den wahren Sinn des Lebens verloren und suchen einen Ersatz dafür im ungezügelten Konsumismus, in den Drogen, im Alkohol und im Erotismus. Sie suchen das Glück, finden jedoch nur tiefe Traurigkeit, eine Leere im Herzen und nicht selten die Verzweiflung.

In dieser Situation stellen sich viele junge Menschen grundlegende Fragen: Wie muß ich mein Leben leben, um es nicht zu verlieren? Auf welcher Grundlage muß ich mein Leben aufbauen, damit es ein wirklich glückliches Leben wird? Wie muß ich mich in oft vielschichtigen und schwierigen Lebenssituationen verhalten – in der Familie, in der Schule, auf der Universität, bei der Arbeit, im Freundeskreis? ... Es sind dies manchmal dramatische Fragen, die sich heute sicher viele von euch stellen.

Ich bin überzeugt, daß ihr alle euer Leben auf einem soliden Fundament aufbauen wollt, das euch in die Lage versetzt, den Prüfungen zu widerstehen, die niemals fehlen werden

– also auf einem Felsen. Und so steht Maria vor euch, die Jungfrau aus Nazaret, die demütige Magd des Herrn, die auf ihren Sohn zeigt und sagt: „Was er euch sagt, das tut!“, d. h., hört auf Jesus, folgt seinen Geboten und habt Vertrauen in ihn. Es ist dies das einzige Programm für ein Leben, das erfolgreich und glücklich sein will und auch die einzige Quelle des tiefsten Lebenssinnes.
Im vergangenen Jahr habt ihr während des Welttages der Jugend über die Worte des hl. Johannes nachgedacht. „Wir haben die Liebe, die Gott zu uns hat, erkannt und gläubig angenommen“ (*1 Joh* 4,16). Dieses Jahr erklärt Maria euch, den jungen Menschen, was es heißt, an Gott zu glauben und ihn zu lieben. Glauben und Liebe sind keine leeren Worte und keine unklaren Gefühle. An Gott glauben und ihn lieben heißt vielmehr, ein überzeugungstreues, vom Licht des Evangeliums erhelltes Leben führen; heißt Verpflichtung, immer das zu tun, was Jesus sagt, sei es in der Heiligen Schrift, sei es durch das Lehramt der Kirche. Ja, das ist nicht leicht, erfordert doch der Widerstand gegen die Strömungen der Moden und Meinungen dieser Welt oft großen Mut. Dennoch ist dies – ich wiederhole es – tatsächlich das einzige Programm für ein wirklich erfolgreiches und glückliches Leben.
Wir wollen also während des Welttages der Jugend 1988 das vertiefen und in ums aufnehmen, was uns Maria bei der Hochzeit zu Kana gelehrt hat.
Liebe Jugendlichen! Ich lade euch alle zur Teilnahme an diesem wirklich wichtigen Ereignis ein. Kommt und hört auf Maria, die Mutter Jesu, eure Mutter und Lehrmeisterin!

4. Jeder Welttag der Jugend erfordert, soll er nicht ein rein äußerliches und formelles Ereignis werden, eine gezielte Vorbereitung in der Pastoral der Diözese und der Pfarrei, im Leben der Gruppen, der Bewegungen und der Jugendverbände, und das vor allem während der Fastenzeit.
Ich lade euch alle ein, diesen Weg der geistlichen Vorbereitung zu beschreiten, um so besser die Gnade des Marianischen Jahres aufnehmen zu können, das das Geschenk des Welttages 1988 ist. Betrachtet das Leben Mariens. Betrachtet es vor allem ihr, Mädchen der verschiedenen Altersstufen! Für euch stellt die unbefleckte Jungfrau das erhabene Vorbild einer ihrer Würde und ihrer hohen Berufung bewußten Frau dar. Betrachtet ihr Leben auch ihr, größere und kleinere Jungen! Hört auf die Worte, die Maria in Kana in Galiläa gesprochen hat: „Was er euch sagt, das tut!“, und seid in allem darauf bedacht, euer Leben von Anfang an auf jenem soliden Fundament aufzubauen, das Jesus ist. Ich wünsche euch, daß eure Betrachtung des Geheimnisses Mariens zur Nachahmung ihres Lebens führen möge. Lernt von ihr, wie man zuhört und dem Wort Gottes folgt (vgl. *Joh* 2,5). Lernt von ihr, wie man dem Herrn nahe ist, auch wenn das manchmal schwer sein kann (*Joh* 19,25). Ich wünsche euch darüber hinaus, eure Betrachtung des Geheimnisses Mariens möge euch das vertrauensvolle marianische Gebet lehren. Seid bestrebt, die Schönheit des Rosenkranzgebetes zu entdecken, das euch ein treuer Begleiter durch das ganze Leben werden soll.
Zum Schluß dieser kurzen Botschaft möchte ich alle jungen Menschen der Welt sehr herzlich grüßen. Ihr sollt wissen, daß der Papst jedem von euch mit seinen Gebeten nahe

ist. Mein Apostolischer Segen möge euch auf dem Weg der geistlichen Vorbereitung und bei der Feier des Welttages der Jugend 1988 in eurer Diözese begleiten.

Aus dem Vatikan, 13. Dezember 1987

IOHANNES PAULUS PP II

Dem Ruf Christi folgen

Predigt am Palmsonntag, 27. März

1. „Herr, zu wem sollen wir gehen? Du hast Worte des ewigen Lebens" (*Joh* 6,68).
Wir feiern die Palmsonntagsliturgie auf dem Petersplatz. Zugleich ist es der Internationale Tag der Jugend. Am Palmsonntag strömen alljährlich auf diesem Platz viele junge Menschen zusammen, die sich von dem Ereignis, dessen heute gedacht wird, angesprochen fühlen. In der Tat haben beim messianischen Einzug Christi in Jerusalem unter denen, die „Hosanna dem Sohn Davids" riefen, die Jugendlichen nicht gefehlt.
Im Kehrvers heißt es: „Pueri Hebraeorum portantes ramos olivarum obviaverunt Domino." – „Die Kinder von Jerusalem trugen Zweige in den Händen. Sie zogen dem Herrn entgegen ..."
Pueri: d. h. junge Juden. Obviaverunt: d. h., sie zogen Christus entgegen. Sie riefen: „Hochgelobt sei der da kommt im Namen des Herrn" (*Mt* 21,9). Jedes Jahr am Palmsonntag geschieht dasselbe: die Jugendlichen ziehen Christus entgegen, schwenken Palmzweige, singen den messianischen Lobgesang, um den zu grüßen, der im Namen des Herrn kommt. So geschieht es hier in Rom, so an anderen Orten in der Welt. Im vergangenen Jahr war es so in Buenos Aires, wo ich den Jugendwelttag vor allem mit den Jugendlichen Lateinamerikas feiern konnte.
Ihr jungen Menschen alle, wo immer ihr seid und an welchem Tag auch immer ihr euch versammelt, um euer Fest zu feiern, werdet das Bedürfnis verspüren, die Worte Petri zu wiederholen: „Herr, zu wem sollen wir gehen? Du hast Worte des ewigen Lebens." Du allein.

2. Die „Worte des ewigen Lebens" beschreiben uns heute das Leiden und den Tod Christi nach dem Evangelium von Markus.
Wir haben diesen Bericht gehört. Wir haben auch die Worte des Propheten Jesaja gehört, der aus der Tiefe der Jahrhunderte den Messias als Schmerzensmann ankündigt: „Ich hielt meinen Rücken denen hin, die mich schlugen, und denen, die mir den Bart ausrissen, meine Wangen. Mein Gesicht verbarg ich nicht vor Schmähungen und Speichel" (*Jes* 50,6).
Es war wirklich so, wie es der Prophet vorhergesehen hatte. Und es war auch so, wie es der Psalmist verkündet hatte – auch er aus der Tiefe der Jahrhunderte: „Sie durchbohren mir Hände und Füße. Man kann all meine Knochen zählen ... sie verteilen unter sich mei-

ne Kleider und werfen das Los um mein Gewand" (*Ps* 21/22,17–19). Es war so. Und noch mehr. Die Worte, mit denen der Prophet (David) seinen Psalm beginnt, waren auf den Lippen Christi in seiner Todesnot am Kreuz: „Mein Gott, mein Gott, warum hast du mich verlassen?" (Elî Elî, lemá sabactáni?) (*Mt* 27,46; *Ps* 21/22,2).
Leiden und Sterben Christi gehen aus den Texten des Alten Testamentes hervor, um sich als die entscheidende Wirklichkeit des neuen und ewigen Bundes Gottes mit der Menschheit zu erweisen.

3. Wir haben schließlich die erschütternden Worte des Apostels Paulus im Brief an die Philipper gehört. Sie fassen das ganze Ostergeheimnis zusammen. Der Text ist kurz, hat aber zugleich, dem Geheimnis entsprechend, einen unauslotbaren Gehalt. Der hl. Paulus führt uns an die Grenze dessen, was in der Schöpfungsgeschichte zwischen Gott und dem Menschen begonnen und seinen Höhepunkt und seine Fülle in Jesus Christus gefunden hat – letztendlich im Kreuz und in der Auferstehung.
Jesus Christus „war Gott gleich, hielt aber nicht daran fest, wie Gott zu sein, sondern er entäußerte sich und wurde wie ein Sklave und den Menschen gleich. Sein Leben war das eines Menschen; er erniedrigte sich und war gehorsam bis zum Tod, bis zum Tod am Kreuz. Darum hat ihn Gott über alle erhöht ..." (*Phil* 2,6–9).
So wurden „die Worte des ewigen Lebens" durch das Kreuz und den Tod ausgesprochen. Sie waren nicht bloße Theorie. Sie sind Wirklichkeit geblieben zwischen dem, der von Ewigkeit „ist", der nicht vergeht, und dem, der vergeht, dem es bestimmt ist, daß er ein einziges Mal sterben muß. Gleichzeitig aber erwartet der Mensch als Wesen, das nach dem Bild und Gleichnis Gottes erschaffen ist, die Worte des ewigen Lebens. Er findet sie im Evangelium Christi. Sie bestätigen sich auf endgültige Weise in seinem Tod und seiner Auferstehung. Zu wem sollen wir gehen?
Christus ist der, der „in der Offenbarung des Geheimnisses des Vaters und seiner Liebe dem Menschen den Menschen selbst voll kundmacht und ihm seine höchste Berufung erschließt". So sagt das II. Vatikanische Konzil in der Pastoralkonstitution *Gaudium et spes* (Nr. 22).

4. Warum ist also gerade dieser Tag, der Palmsonntag, in der Kirche seit einigen Jahren der „Festtag der Jugend" geworden? Dieser Tag wird zwar in den einzelnen Ländern und Bereichen zu verschiedener Zeit gefeiert, aber der Palmsonntag bleibt für ihn immer ein Hauptbezugspunkt.
Warum? Scheinbar ist es die Jugend selbst, die auf diese Frage spontan antwortet. Eine solche Antwort gebt ihr alle, die ihr seit Jahren nach Rom pilgert, um diesen Tag zu feiern (und das ist besonders im Heiligen Jahr der Erlösung und im Internationalen Jahr der Jugend geschehen).
Wollt ihr nicht selbst mit dieser Tatsache vielleicht andeuten, daß ihr Christus in der Mitte seines Geheimnisses sucht? Ihr sucht ihn in der Fülle dieser Wahrheit, die er selbst in der Geschichte des Menschen ist – „Ich bin dazu geboren und dazu in die Welt gekommen, daß ich für die Wahrheit Zeugnis ablege" (*Joh* 18,37). Ihr sucht Christus in dem endgültigen Wort des Evangeliums, so wie der Apostel Paulus es getan hat: im Kreuz, das „Gottes Kraft und Gottes Weisheit" ist (vgl. *1 Kor* 1,24), wie die Auferstehung bestätigt hat.

In dem gekreuzigten und auferstandenen Christus sucht ihr eben diese Kraft und Weisheit.

5. Dem Menschen, jedem von uns, macht Christus den Menschen voll kund. Könnte er ihn „voll“ kundmachen, wenn er nicht auch durch dieses Leiden, diese grenzenlose Entäußerung hindurchgegangen wäre? Wenn er schließlich am Kreuz nicht gerufen hätte: „Warum hast du mich verlassen?“ (vgl. *Mt* 27,46)?
Die Lebenserfahrungen des Menschen sind unendlich. Unbeschreiblich sind auch seine Leidensstufen. Derjenige, der „Worte des ewigen Lebens“ hat, hat nicht gezögert, diese Worte in alle Dimensionen der menschlichen Zeitlichkeit einzubringen.
„Darum hat ihn Gott über alle erhöht.“ Deshalb ist „Jesus Christus der Herr – zur Ehre Gottes, des Vaters“ (vgl. *Phil* 2,9.11). Und auf diese Weise gibt er Zeugnis von seiner „höchsten Berufung“ (vgl. *Gaudium et spes*, Nr. 22): keine Bedrängnis, keine Not oder Verfolgung können uns von der Liebe Gottes scheiden (vgl. *Röm* 8,35): von der Liebe, die in Jesus Christus ist.

6. So ist dieser „Tag der Jugend“ in der Kirche ein eindrucksvoller Augenblick auf eurem „Pilgerweg im Glauben“.
In diesem Jahr richten wir unseren Blick auf die Gottesmutter, anwesend im Geheimnis Christi und der Kirche, anwesend auch im Todeskampf auf Golgota. Gerade dort findet sich der Höhepunkt des Pilgerwegs von Maria; in bezug auf sie lehrt das Konzil, den Weisungen der Tradition folgend, daß sie uns allen vorangeht: sie geht auf dem Pilgerweg „des Glaubens, der Liebe und der vollkommenen Einheit mit Christus“ voran (vgl. *Lumen gentium*, Nr. 63).
Allen Jugendlichen wünsche ich im Marianischen Jahr, daß sie, indem sie sich Maria zum Vorbild nehmen, in die im Geheimnis Christi verborgenen Tiefen eindringen. Denn Christus sagt immer wieder von neuem zu den jungen Menschen, wie er im Evangelium gesagt hat: „Folge mir nach!“ (*Lk* 18,22). Erläutert wird dieser Ruf in dem *Schreiben an die Jugend der Welt von 1985*.
Es ist notwendig, daß ihr diesen Ruf hört. Es ist notwendig, daß ihr ständig reifer werdet, um auf ihn zu antworten. „Herr, zu wem sollen wir gehen? Du hast Worte des ewigen Lebens.“

Die Wurzeln des Glaubens wiederentdecken

Ankündigung des Weltjugendtreffens 1989 in Santiago di Compostela am 27. März

Liebe Jugend!

Ich danke euch, daß ihr auch in diesem Jahr zur Feier des Palmsonntags, dem alljährlichen Treffen der Jugend aus aller Welt, gekommen seid.
Im nächsten Jahr wird der Weltjugendtag am Palmsonntag in den Ortskirchen gefeiert und soll in der Wallfahrt der Jugendlichen nach Santiago di Campostela in Spanien am

19./20. August seinen Höhepunkt finden. Auch ich werde mich dorthin begeben, um mit ihnen zusammenzutreffen.
Das Leitwort des Welttages 1989 lautet: „An der Schwelle des Jahres 2000 entdecken die jungen Christen die apostolischen Wurzeln ihres Glaubens wieder und arbeiten tatkräftig für die Evangelisierung der Welt von heute."
In diesem Jahr haben wir gemeinsam die Einladung Marias: „Tut, was er euch sagt!" angenommen und bedacht. Am Schluß dieser Feier danken wir gemeinsam der erhabenen Mutter des Erlösers für alles, was sie uns während dieser Begegnung eingegeben hat, und schon jetzt empfehlen wir ihr das Treffen im nächsten Jahr in Santiago di Campostela.
Unsere Stimmen, die im Gesang des „Hosanna dem Sohne Davids" auf diesem Platz widerhallten, beschließen jetzt diesen feierlichen Ritus mit dem Angelusgebet.

Auf deutsch sagte der Papst:

Auch die jungen Menschen aus den deutschsprachigen Ländern grüße ich noch einmal von Herzen am Ende dieser feierlichen Liturgie zum Palmsonntag, die ich zusammen mit euch gefeiert habe. Möge auf eurem weiteren Lebensweg die Mutter Christi euch mit ihrer Fürbitte und ihrem Beispiel allzeit begleiten!

Teilhabe am priesterlichen Dienst Christi

Predigt in der Chrisam-Messe am Gründonnerstag, 31. März

1. „In Wahrheit ist es würdig und recht, dir, Herr, heiliger Vater, allmächtiger ewiger Gott, immer und überall zu danken. Du hast deinen eingeborenen Sohn gesalbt mit dem Heiligen Geist und ihn bestellt zum Hohenpriester des Neuen und Ewigen Bundes; du hast bestimmt, daß dieses eine Priestertum fortlebe in deiner Kirche" (Präfation).
Ehrwürdige und liebe Brüder im Bischofsamt und im Priesteramt! Wir sind hier zur Danksagung vereint. Unsere Gedanken und unsere Herzen öffnen sich dem Geisteshauch, von dem das Letzte Abendmahl am Beginn des heiligen Ostertriduum erfüllt ist.

2. „Christus hat" – so fährt die Liturgie fort – „dein ganzes Volk ausgezeichnet mit der Würde seines königlichen Priestertums, aus ihr hat er in brüderlicher Liebe Menschen erwählt, die durch Auflegung der Hände teilhaben an seinem priesterlichen Dienst."
In seinem Namen feiern sie immer neu das Opfer, durch das er die Menschen erlöst hat, und bereiten deinen Söhnen und Töchtern das Ostermahl. Sie sind eifrige Diener deines Volkes, nähren es durch das Wort und heiligen es durch die Sakramente. „Ihr Leben sollen sie einsetzen für dich und das Heil der Menschen, dem Vorbild Christi folgen und dir ihre Liebe und ihren Glauben in Treue bezeugen" (aus der Präfation der Chrisam-Messe).

3. Schauen wir mit dem Auge des Glaubens auf das Ostergeschehen, das heute beginnt, beim Letzten Abendmahl. Es fehlen uns die Worte, um die Tiefe des Geheimnisses auszudrücken, das sich vor uns auftut.

Da ist Er, der uns geliebt hat, und der uns durch sein Blut von unseren Sünden erlöst hat. Da ist er, „der aus dem ganzen Volk des Neuen Bundes Priester für seinen Gott und Vater gemacht hat“ (vgl. *Off* 1,6).
Da ist der Sohn, der vom Vater gekommen ist: „Der Geist Gottes, des Herrn, ruht auf mir ... Er hat mich gesandt, damit ich den Armen eine frohe Botschaft bringe“ (*Jes* 61,1). Heute kommt er nun an das Ende seiner Sendung auf Erden. Die frohe Botschaft muß sich in das Wort vom Pascha, vom Hinübergehen Christi, kleiden. In das Wort vom Kreuz und von der Auferstehung. „Und jedes Auge wird ihn sehen, auch alle, die ihn durchbohrt haben; und alle Völker der Erde werden seinetwegen jammern und klagen“ (*Offb* 1,7).

4. Wie groß sind die Geheimnisse Gottes! Wir sind ihre Diener zusammen mit dem ganzen erlösten Volk. Wir sind Priester für den Dienst an all denen, die in Christus und durch Christus ein „Reich von Priestern“ des Neuen Bundes sind.
Die ganze Liturgie an diesem Morgen muß uns zum Bewußtsein bringen, wie die Kirche lebt. Wie sie sich durch die Kraft des Heiligen Geistes aus dem Ostergeheimnis des Erlösers entfaltet. Wie sie dieses Gesalbtsein lebt, in dem die ganze Macht des Heiligen Geistes, des Beistandes, sich in Christus, dem Messias konzentriert und den Menschen immer neu durch das Wort und die Sakramente unseres Glaubens mitgeteilt wird. Gerade darum hat die Liturgie des Gründonnerstagmorgens den Namen Chrisam-Messe.

5. Sie ist für alle bestimmt. In besonderer Weise ist sie für uns bestimmt, die wir durch die Priesterweihe einen besonderen Anteil am Priestertum Christi selbst empfangen haben. Die Teilnahme an seinem Amt.
Wir schauen also auf Den, „den sie durchbohrt haben“: „Alle Völker der Erde werden seinetwegen jammern und klagen.“ Wir schauen auf Den, „der war, und der ist, und der kommt“ (*Offb* 4,8). Wir schauen auf Den, der sich zu Beginn des Ostermahls vor den Aposteln niederbeugte, um ihnen zu dienen und ihnen die Füße zu waschen.
Er ist wahrhaft dienender Knecht zur Erlösung der Welt. Im Dienst an der ewigen Bestimmung des Menschen in Gott. Gott-Knecht! Im Abendmahlssaal sagt er: „Ich habe euch ein Beispiel gegeben“ (*Joh* 13,15).
Richten wir also während des Ostertriduums unseren Blick auf unseren Herrn, der Knecht wurde – und fragen wir uns: wissen wir uns wirklich zu Knechten zu machen?

6. Wir haben uns zu dieser Konzelebration versammelt, um unsere Verfügbarkeit zu priesterlichem Dienen zu erneuern.
„Christus war für uns gehorsam“ (*Phil* 2,8).

Das Blut des Paschalammes fand im Blut Christi seine Erfüllung

Predigt in der Abendmahlsmesse am Gründonnerstag, 31. März

1. „Niemals sollst du mir die Füße waschen!" (*Joh* 13,8).
So sagte Petrus im Abendmahlssaal, als Christus sich anschickte, seinen Aposteln die Füße zu waschen. Christus wußte, daß „seine Stunde gekommen war" (*Joh* 13,1). Sein Pascha.
Aber Petrus wußte es noch nicht. Bei Cäsarea Philippi hatte er als erster bekannt: „Du bist der Messias, der Sohn des lebendigen Gottes!" (*Mt* 16,16). Doch er wußte nicht, daß sich unter dieser Bezeichnung Christus-Messias auch die Bedeutung „Knecht", Knecht Gottes, verbarg. Er wußte es nicht! Er wollte gewissermaßen die Wahrheit dessen nicht zur Kenntnis nehmen, was nach der Aussage des Meisters „seine Stunde" bedeutete: die Stunde, „aus dieser Welt hinüberzugehen zum Vater" (vgl. *Joh* 13,1).
Er wollte sich nicht dazu verstehen, daß Christus Knecht sein sollte, so, wie ihn Jahrhunderte zuvor der Prophet Jesaja geschaut hatte: den Knecht Jahwes, den leidenden Gottesknecht.

2. Und doch zeichnet sich jetzt am Horizont der Geschichte endgültig die Bedeutung des Blutes ab: Das Blut des Paschalammes sollte seine Erfüllung im Blute Christi finden, das den Neuen und Ewigen Bund besiegelte.
Für die, die sich im Abendmahlssaal in Jerusalem auf das Paschamahl vorbereiteten, verband sich das Blut des Lammes mit der Erinnerung an den Auszug aus Ägypten. Es erinnerte an die Befreiung aus der Sklaverei in Ägypten, nach der zur Zeit des Mose der Bundesschluß Jahwes mit Israel erfolgte.
„Man nehme etwas von dem Blut und bestreiche damit die beiden Türpfosten und den Türsturz an den Häusern, in denen man das Lamm essen will ... Es ist die Paschafeier für den Herrn! ... Wenn ich das Blut sehe, werde ich an euch vorübergehen, und das vernichtende Unheil wird euch nicht treffen, wenn ich in Ägypten dreinschlage" (*Ex* 12,7.11.13).
Das Blut des Lammes bildete eine Schwelle, vor der der strafende Zorn Jahwes zum Stillstand kam. In der Erinnerung derer, die sich im Abendmahlssaal auf das Ostermahl vorbereiteten, war der Gedanke an die Befreiung Israels durch dieses Blut lebendig.

3. Sie alle – und mit ihnen Petrus – waren sich nicht bis auf den Grund der Tatsache bewußt, daß diese Befreiung durch das Blut des Osterlammes zugleich auch eine Vorausverkündigung war. Sie war ein Vorbild, das auf seine Erfüllung in Christus wartete.
Als die Apostel zum Letzten Abendmahl im Saal zu Jerusalem zusammengekommen waren, stand diese Erfüllung nahe bevor. Christus weiß, daß „seine Stunde gekommen ist", die Stunde, in der er selbst die Voraussage zur Erfüllung bringen und die Wirklichkeit, auf die seit Jahrhunderten im Vorbild des Osterlammes hingewiesen wurde, vollständig enthüllen wird: die Befreiung durch sein Blut.

Christus geht dieser „Fülle“ entgegen, er tritt in diese Wirklichkeit ein. Er ist sich dessen bewußt, was die nächste Nacht und der folgende Tag bringen werden.

4. Und da nimmt er das Brot in seine Hände, sagt Dank und spricht: „Das ist mein Leib für euch“ (*1 Kor* 11,24). Und nach dem Mahl (so lesen wir in dem ersten Korintherbrief) nimmt er den Kelch und spricht: „Das ist der Neue Bund in meinem Blut“ (*1 Kor* 11,25). Wenn der Leib Christi auf dem Kreuz geopfert sein wird, dann wird dieses beim Leiden vergossene Blut den Anfang zum Neuen Bund Gottes mit der Menschheit setzen.
Der Alte Bund – im Blut des Pascha-Lammes, das Blut der Befreiung von der Knechtschaft in Ägypten.
Der Neue und Ewige Bund – im Blut Christi.
Christus geht dem Opfertod entgegen, der Heilsvollmacht besitzt: die Vollmacht, den Menschen aus der Knechtschaft der Sünde und des Todes zu befreien. Die Vollmacht, den Menschen vor dem Abgrund des geistlichen Todes und der Verdammnis zu bewahren.
Jesus reicht den Jüngern den Kelch des Heiles, das Blut des Neuen Bundes, und spricht: „Tut dies, sooft ihr daraus trinkt, zu meinem Gedächtnis!“ (*1 Kor* 11,25).

5. „Da er die Seinen, die in der Welt waren, liebte, erwies er ihnen seine Liebe bis zur Vollendung“ (*Joh* 13,1).
Das ist die tiefste Wahrheit vom Letzten Abendmahl. Der Leib und das Blut, das Leiden und der Tod am Kreuz bedeuten genau das: „Er erwies ihnen seine Liebe bis zur Vollendung.“
Das Blut des Lammes am Türsturz der Häuser in Ägypten hatte von sich aus keine befreiende Kraft. Die Kraft kam von Gott. Lange Zeit hatte man nicht gewagt, diese Kraft beim Namen zu nennen.
Christus hat sie beim Namen genannt. Der Leib und das Blut, das Leiden und der Tod – der Opfertod, sind die Liebe, die bis zu den Grenzen seiner Heilsvollmacht reichen.
Christus hat sie beim Namen genannt. Christus hat sie verwirklicht. Christus hat uns diese Vollmacht in der Eucharistie hinterlassen. Das ist „seine Stunde“: er geht aus der Welt zum Vater mit Hilfe des Blutes des Neuen Bundes; er geht aus der Welt zum Vater mit Hilfe der Liebe, die bis an die Grenzen seiner Heilsvollmacht reicht.

6. Er spricht: „Tut dies zu meinem Gedächtnis.“ Und zuvor sagt er noch: „Ich habe euch ein Beispiel gegeben, damit auch ihr so handelt, wie ich an euch gehandelt habe“ (*Joh* 13,15).
„Liebt einander! Wie ich euch geliebt habe, so sollt auch ihr einander lieben“ (*Joh* 13,34).
Das Letzte Abendmahl. Der Beginn des Neuen Bundes im Blut Christi! Erleben wir es von neuem mit einem Herzen voll des Glaubens und der Liebe!

Maria ging als erste den Kreuzweg

Ansprache am Ende der Feier des Kreuzweges am 1. April

1. „Bei dem Kreuze Jesu standen seine Mutter und die Schwester seiner Mutter, Maria, die Frau des Kolpas, und Maria von Magdala. Als Jesus seine Mutter sah und bei ihr den Jünger, den er liebte, sagte er zu seiner Mutter: Frau, siehe, dein Sohn! Dann sagte er zu dem Jünger: Siehe, deine Mutter! Und von jener Stunde an nahm sie der Jünger zu sich (*Joh* 19,25–27).

2. Stabat Mater … Christi Mutter stand mit Schmerzen … Sie ist als erste den Kreuzweg gegangen, dessen vierte Station, die Begegnung der Mutter mit dem Sohn, wir soeben betrachtet haben. Das Konzil lehrt: „So ging auch die selige Jungfrau den Pilgerweg des Glaubens. Ihre Vereinigung mit dem Sohn hielt sie in Treue bis zum Kreuz, wo sie nicht ohne göttliche Absicht stand" (*Lumen gentium*, Nr. 58)

3. Diese göttliche Absicht ist Maria bereits 40 Tage nach der Geburt Jesu offenbart worden. Während der Darstellung im Tempel von Jerusalem sind die prophetischen Worte des greisen Simeon zu hören: „Dieser ist dazu bestimmt, daß in Israel viele durch ihn zu Fall kommen und viele aufgerichtet werden, und er wird ein Zeichen sein, dem widersprochen wird" (*Lk* 2,34).
Diese Worte sind im Blick auf den Sohn gesprochen. Dann, an die Mutter gewandt: „Dadurch sollen die Gedanken vieler Menschen offenbar werden. Dir selbst aber wird ein Schwert durch die Seele dringen" (*Lk* 2,35).

4. So ist sie also „nicht ohne göttliche Absicht" unter das Kreuz gestellt. Ein Schwert hat ihre Seele durchdrungen und einen unsäglichen Schmerz verursacht, das größte für Maria vorgesehene Leiden auf diesem Glaubensweg, auf dem sie, Christus nachfolgend, ging.
Leiden – Mitleiden
Das Konzil lehrt, daß Maria der göttlichen Absicht entsprochen hat, „indem sie heftig mit ihrem Eingeborenen litt und sich mit seinem Opfer im mütterlichem Geist verband" (*Lumen gentium*, Nr. 58).
Das Mitleiden vereint die Mutter mit dem Sohn, wie nur die unbefleckte Mutter mit dem Sohn Gottes am Kreuz vereint sein konnte.
„Das Schwert des Leidens" durchdrang ihre Seele gerade wegen dieser Vereinigung.

5. Das Konzil lehrt ferner: Maria stand unter dem Kreuz, „indem sie heftig … litt (und) der Darbringung des Schlachtopfers, das sie geboren hatte, liebevoll zustimmte"(*Lumen gentium*, Nr. 58).
Jedes Wort hat hier ein besonderes Gewicht.
Bei der Verkündigung hatte Maria ausgerufen: „Mir geschehe, wie du es gesagt hast" (*Lk* 1,38).

Im Augenblick des größten Schmerzes erneuert sie nun die gleiche Bereitschaft: „Liebevoll stimmte sie zu“, daß er, den sie durch das Wirken des Heiligen Geistes empfangen hatte, der „Heilige Gottes“, sein eingeborener Sohn, die Selbstentäußerung als Opfer am Kreuz erlitten hat.

6. Einmal rief eine Frau aus der Menge Jesus ein Segenswort über seine Mutter: „Selig die Frau, deren Leib dich getragen und deren Brust dich genährt hat!“ (*Lk* 11,27).
Jesus gibt darauf eine wunderbare Antwort: „Selig sind vielmehr die, die das Wort Gottes hören und es befolgen!“ (*Lk* 11,28).
Es scheint gewiß, daß er hier die Seligpreisung seiner Mutter nicht angenommen hat. Unter dem Kreuz wird jedoch verständlich, daß Christus die hier offenbarte Seligpreisung für die Zukunft deutet.
Wer ist in diesem Augenblick seine Mutter?
Sie ist es, die unter dem Kreuz steht, die mit heroischem Glaubensgehorsam das Wort Gottes hört, die mit allem mütterlichen Leiden Ihres Herzens zusammen mit dem Sohn „den Willen des Vaters erfüllt.“

7. Ja, Johannes, so ist dir im Todeskampf Christi am Kreuz deine Mutter gegeben worden!
Und so haben wir, liebe Brüder und Schwestern, Maria als Mutter erhalten.
Stabat Mater ...
Von jenem Augenblick an hat Maria „mit mütterlicher Liebe an der Wiedergeburt und Heranbildung“ von uns allen mitgewirkt.
Gott, der Vater, hat von Ewigkeit her festgesetzt, daß Christus, der Sohn Marias, „der Erstgeborene von vielen Brüdern sei“ (*Röm* 8,29).
„Die Mutterschaft Marias in der Gnadenökonomie dauert unaufhörlich fort, von der Zustimmung an, die sie bei der Verkündigung gläubig gab und unter dem Kreuz ohne Zögern festhielt, bis zur ewigen Vollendung aller Auserwählten“ (*Lumen gentium*, Nr. 62).

8. Liebe Gläubige hier bei dieser Feier des Kreuzweges Christi am römischen Kolosseum!
Der Betrachtung der Passion des Erlösers sei dieses Wort über das „Schwert des Leidens“, das das unbefleckte Herz der Mutter zu Füßen des Kreuzes auf Golgota durchstoßen hat, angefügt.
Durch ihr Mitleiden mit dem Sohn „sollen die Gedanken vieler Menschen offenbar werden“ (vgl. *Lk* 2,35)!
Unsere Herzen vereinen sich mit dem Geheimnis der Erlösung der Welt und durch die Gottesgebärerin bleiben wir in Einheit mit Christus auf dem Weg des Glaubens, der Hoffnung und der Liebe! Amen.

Der Tag, den der Herr gemacht hat

Predigt bei der Feier der Osternacht am 2. April

1. „Lumen Christi!"
In dem weiten Raum der ganz in Dunkel getauchten Petersbasilika sind die Worte des Diakons wie eine prophetische Ankündigung der Osternacht erklungen: Lumen Christi!
Nach und nach hat sich der äußere Raum erhellt, um das auszudrücken, was diese Nacht nach dem Sabbat gegen Morgengrauen gebracht hat.
Alle treten wir in diese Nacht ein und sind noch erschüttert von den gestrigen Ereignissen, vom Tode Jesu von Nazaret und seiner Bestattung nicht weit vom Kreuz auf Golgota entfernt.
Wir gehen wie die beiden Jünger auf dem Weg von Jerusalem nach Emmaus (vgl. *Lk* 24,13 ff.).

2. Und nun tritt die Kirche zu uns – wie der Unbekannte, der sich den Jüngern anschloß und mit ihnen nach Emmaus ging. Sie entwickelt vor uns in einer Reihe von Lesungen ihre erleuchtete „Pädagogik".
Sie weist auf den ewigen Plan Gottes hin, der sich die ganze Menschheitsgeschichte hindurch entfaltet, beginnend mit der Schöpfung, über die Berufung Abrahams und dann des Volkes, das von ihm ausgegangen ist. Die Patriarchen und die Propheten sprechen, die Ereignisse sprechen; sie alle führen zu dem endgültigen Ereignis dieser Osternacht hin: Licht Christi!

3. Da ist das Licht, das die ganze Vergangenheit erhellt, das den tiefen Sinn aller Bücher des Alten Testamentes – und aller Lesungen dieser Liturgie – erhellt.
Das Licht Christi ging dem Menschen vom Beginn seiner Geschichte auf Erden voran.
Von der Schöpfung, vom „Baum der Erkenntnis des Guten und des Bösen", von der Versuchung und der Sünde an ... ging dieses Licht voran!
Seine Kraft ist so groß, daß die Kirche in dieser feierlichen nächtlichen Liturgie nicht zögert zu rufen: „O felix culpa, quae talem se tantum meruit habere Redemptorem." – „O glückliche Schuld, welch großen Erlöser hast du gefunden!"
Glückliche Schuld!
Wir haben diese Worte in der österlichen Ankündigung des „Exsultet" vernommen, das der Diakon gesungen hat. Ja, diese Feier lädt uns zur größten Freude ein, zur Osterfreude Christi: Lumen Christi!
So mächtig ist dieses Licht, daß es imstande ist, die Finsternis, die äußere und die innere, zum Tag zu machen: „Haec est Dies." Das ist der Tag, den der Herr gemacht hat!
Mit der österlichen Nacht Christi kann überall, „wo die Sünde, d. h. der Tod, mächtig wurde", die Gnade, d. h. das Leben, übergroß werden (vgl. *Röm* 5,20).

4. Bevor die drei Frauen, von denen das Evangelium in dieser Osternacht erzählt, am Grab Christi den Stein weggewälzt finden, steigt die Kirche zusammen mit uns in die Tiefe dieses Todes hinab, der eine solche Überfülle des Lebens gebracht hat.
O Mors – ero mors tua!
Den Worten des Apostels im Römerbrief folgend, steigen wir in die Geschichte der menschlichen Sünde bis zu ihrer Wurzel hinab. Durch die Sünde kam der Tod in die Welt (vgl. *Röm* 5,12).
Christus ist wahrhaft auferstanden. „Er ist ... gestorben für die Sünde, sein Leben aber lebt er für Gott" (*Röm* 6,10).
Unser alter Mensch, der Mensch der Sünde, muß „mit ihm gekreuzigt werden", mit Christus, damit wir durch die Teilhabe an seinem Tod, an seinem erlösenden Tod, von der Sünde befreit werden.

5. Liebe Brüder und Schwestern, die ihr während dieser Osternachtfeier die Taufe empfangt, die in den Tod Christi eintaucht! Die ganze Kirche und das Volk Gottes, das diese ehrwürdige Petersbasilika füllt, grüßen euch, während ihr euch anschickt, das neue Leben Christi zu empfangen. Durch euch möchte ich meinen achtungsvollen Gruß an die Länder richten, aus denen ihr herkommt: Korea, Deutschland, Japan, Indien, Indonesien, Kapverdische Inseln, Italien, Peru, Vereinigte Staaten von Amerika, Ungarn und Vietnam.
Weil ihr aus den verschiedenen Teilen der Welt stammt, spiegelt ihr die Universalität der Kirche wider, die weltumspannende Reichweite der Erlösung. Eure Wiedergeburt durch die Taufe zum neuen Leben in Christus ist für uns alle eine besondere Quelle österlicher Freude. „Danket dem Herrn, denn er ist gütig, denn seine Huld währt ewig" (*Ps* 118,1).

6. Wir alle nehmen zusammen mit euch eine brennende Osterkerze in die Hand. Sie ist das Zeichen unserer Taufe, unseres Glaubens, unserer Hoffnung und Liebe. Sie ist Zeugin dieser Nachtwache, in der die Kirche nicht zögert zu singen: „O glückliche Schuld, welch großen Erlöser hast du gefunden!"
Die Stunden dieser Nachtwache gehen dahin. Bald kommt der Morgen. Die drei Frauen, die das Grab Christi leer und den Stein weggewälzt vorfinden, hören die Worte:
„Er ist auferstanden; er ist nicht hier ... geht und sagt seinen Jüngern, vor allem Petrus" (*Mk* 16,6–7).
„Das ist der Tag, den der Herr gemacht hat!"
Wir alle treten in diesen Tag, das Ostern Christi, ein, und die brennenden Kerzen der nächtlichen Feier werden bis zum Ende unseres Lebens bezeugen:
Lumen Christi! Ja, Christus ist das Licht! Amen.

Den du getragen – er ist auferstanden

Botschaft vor dem Segen „Urbi et orbi" am Ostersonntag, 3. April

1. „Regina caeli, laetare!" – Freu Dich, Du Himmelskönigin! Denn heute, am ersten Tag nach dem Sabbat, begaben sich die Frauen zum Grab, wo der Leib Deines Sohnes beigesetzt worden war, nachdem man ihn vom Kreuz abgenommen hatte. Sie fanden den Stein weggewälzt und das Grab leer. Aus dem Inneren des Grabes hörten sie eine Stimme: „Erschreckt nicht! Ihr sucht Jesus von Nazaret, den Gekreuzigten. Er ist auferstanden; er ist nicht hier" (*Mk* 16,6).
Frohlocke, Himmelskönigin! Freue Dich, Mutter Christi! Regina caeli, laetare!

2. „Nun aber geht und sagt es seinen Jüngern vor allem dem Petrus!" (*Mk* 16,7). Da lief Maria aus Magdala, um den Aposteln zu berichten: „Man hat den Herrn aus dem Grab weggenommen, und wir wissen nicht, wohin man ihn gelegt hat!" (*Joh* 20,2). Petrus und Johannes gingen sofort zu der Stelle und fanden sie so, wie ihnen die Frauen gesagt hatten.
Er ist nicht hier!
Er ist nicht dort, wo man ihn beigesetzt hatte, im Grab. Dort ist er nicht; denn er ist auferstanden.
Freu Dich, o Himmelskönigin! Regina caeli, laetare!

3. Regina caeli, laetare; denn er, den Du zu tragen würdig warst, ist erstanden, wie er sagte. Halleluja.
Was jetzt der Mund der ersten Zeugen verkündet, das hatte er selbst vorhergesagt: „Reißt diesen Tempel nieder, in drei Tagen werde ich ihn wieder aufrichten ... Er aber meinte den Tempel seines Leibes" (*Joh* 2,19.21).
Sein Leib, geschlagen, gepeinigt, gekreuzigt; sein Haupt, von Dornen verletzt; seine Seite, von der Lanze durchbohrt. Dieser Leib „ist nicht hier" ... Regina caeli, laetare! Denn er, den Du zu tragen würdig warst, ist erstanden, wie er sagte.

4. Juble, Maria, freue Dich, Mutter!
Du hast seinen Leib in Deinem jungfräulichen Schoß getragen; den Gottmenschen hast Du in Dir getragen. Ihn hast Du in der Nacht von Betlehem zur Welt gebracht und ihn als Kind im Arm gehalten. Du hast ihn am Tag seiner Darstellung zum Tempel gebracht. Deine Augen haben mehr als die eines jeden anderen das menschgewordene Wort gesehen. Deine Ohren haben seine Stimme vom ersten Anfang an gehört. Deine Hände haben das Wort des Lebens berührt (*1 Joh* 1,1). Regina caeli, laetare! Den Du getragen, er ist auferstanden.

5. Mehr noch als auf Deinen Armen hast Du ihn in Deinem Herzen getragen, vor allem in jenen letzten Stunden, als Du unter dem Kreuz stehen mußtest, zu Füßen des göttlichen

Verurteilten. Dort ist Dein Herz vom Schwert der Leiden durchbohrt worden, nach den Worten des greisen Simeon.
Und Du hast sein Leiden geteilt und bist in mütterlicher Liebe dem Opfer des Sohnes verbunden gewesen. O Mutter, Du hast der Darbringung der Opfergabe zugestimmt, die Du selbst geboren hast (vgl. *Lumen gentium*, Nr. 58).
Aus Liebe hast Du diese Zustimmung gegeben, der gleichen Liebe, die er selbst Dir ins Herz gegeben hatte. Jene Liebe, die stärker ist als der Tod und stärker als die Sünde, und dies die ganze Geschichte des Menschen auf Erden hindurch.

6. Und als er dann seinen Geist aufgegeben und man ihn vom Kreuz abgenommen hatte, ruhte er noch einmal auf Deinen Armen, wo er als Kind so oft geruht hatte. Dann haben sie ihn ins Grab gelegt; sie haben ihn aus den Armen der Mutter genommen und ihn der Erde übergeben; mit einem Stein haben sie das Grab verschlossen.
Und siehe, jetzt ist der Stein weggewälzt, und das Grab ist leer. Christus, den Du getragen, er ist auferstanden. Halleluja! Regina caeli, laetare!
Das ist der Tag der Osterfreude auch für die Kirche; wir alle nehmen teil an Deiner Freude, o Mutter: wir alle, die gesamte Kirche Deines Sohnes, die Kirche des menschgewordenen ewigen Wortes.

7. Christus, den Du getragen hast, ist auferstanden! Bitte für uns, Maria! Denn Du bist am tiefsten zugegen im Geheimnis Christi. Und so schaut heute die gesamte Kirche auf Dich, Maria. Auch wenn wir Dich nicht unter den Personen erblicken, von denen die Berichte vom Ostertag sprechen, schauen wir doch alle auf Dich.
Wir schauen auf Dein Herz. Wäre denn je ein Bericht in der Lage gewesen, den Augenblick wiederzugeben, als die Auferstehung des Sohnes im Herzen der Mutter bewußt wurde? Und doch richten wir unseren Blick auf Dich. Die gesamte Kirche weiß, daß Du an diesem „Tag, den der Herr gemacht hat", in einzigartiger Weise auf jenem Weg „vorangehst", auf dem wir im Glauben an das Ostergeheimnis als Pilger unterwegs sind. Maria, bitte für uns!
In diesem Jahr, das in besonderer Weise Dir geweiht ist, in diesem Marianischen Jahr also, erfülle die Kirche mit Deiner besonderen Gegenwart; sei zugegen auf allen Wegen des Volkes Gottes, die von Christi Licht erleuchtet werden. Möge dieses Licht niemandem je fehlen, dieses Licht des neuen Lebens, das er selbst ist, er, der Auferstandene!
Bitte für uns in unserer österlichen Freude dringen wir darauf und wiederholen eindringlich: Bitte für uns! Bitte für die ganze Welt, für die ganze Menschheit, für alle Völker, an die wir jetzt einen Ostergruß in den verschiedenen Sprachen richten wollen. Bitte für den Frieden in der Welt, für die Gerechtigkeit! Bitte für die einzelnen Rechte des Menschen, besonders für die Religionsfreiheit jedes Menschen, jedes Christen und Nichtchristen an jedem Ort. Bitte für uns! Bitte für Solidarität der Völker aller Welten: der ersten und der dritten, der zweiten und der vierten, aller Welten! Siehe, in Deiner und unserer österlichen Freude tragen wir von neuem diese Last der Menschheit, diese Last so vieler menschlicher Herzen, unserer Brüder und Schwestern. Und wir wiederholen: Bitte für uns! Regina caeli, laetare!

Die Einheit der Gesamtkirche im Blick

Schreiben an Kardinal Ratzinger zum Fall Lefebvre vom 3. April

In dieser liturgischen Zeit, da wir in den Feiern der heiligen Karwoche das Ostergeschehen nachvollzogen haben, erlangen für uns jene Worte eine besondere Aktualität, mit denen unser Herr Jesus Christus den Aposteln das Kommen des Heiligen Geistes verheißen hat: „Ich werde den Vater bitten, und er wird euch einen anderen Beistand geben, der für immer bei euch bleiben soll. Es ist der Geist der Wahrheit ..., den der Vater in meinem Namen senden wird; er wird euch alles lehren und euch an alles erinnern, was ich euch gesagt habe“ (*Joh* 14,16–17.26).

Zu allen Zeiten hat sich die Kirche vom Glauben an diese Worte ihres Herrn und Meisters leiten lassen und ist davon überzeugt gewesen, daß sie dank der Hilfe und des Beistandes des Heiligen Geistes stets in der göttlichen Wahrheit bleibe, wenn sie durch das mit seinem Haupt, dem Nachfolger des hl. Petrus, geeinte Kollegium der Bischöfe die Apostolische Sukzession bewahre.

Die Kirche hat eine solche Glaubensüberzeugung auch beim jüngsten Konzil bekundet, das ja zusammengetreten war, um die Glaubenslehre der Kirche zu bestätigen und zu bekräftigen, eine Lehre, die sie von der seit fast zwanzig Jahrhunderten bestehenden Tradition ererbt hat und die eine lebendige Wirklichkeit darstellt, welche sich im Hinblick auf die Probleme und Notwendigkeiten einer jeden Zeit weiterentwickelt, indem sie tiefer verstehen läßt, was bereits in dem ein für allemal überlieferten Glaubensschatz enthalten ist. (vgl. *Jud* 3). Wir sind zutiefst davon überzeugt, daß der Geist der Wahrheit, der zur Kirche spricht (vgl. *Offb* 2,7.11.17 u. a.), auch durch das II. Vatikanische Konzil gesprochen hat, um die Kirche darauf vorzubereiten, in das dritte Jahrtausend nach Christi Geburt einzutreten. Wenn das Werk des Konzils insgesamt eine Bestätigung derselben Wahrheit darstellt, wie sie die Kirche von Anfang an gelebt hat, so bedeutet es zur gleichen Zeit eine „Erneuerung“ dieser selben Wahrheit (oder, nach dem bekannten Ausdruck von Papst Johannes XXIII., ein „aggiornamento“), um sowohl die Art und Weise, Glauben und Moral zu lehren, als auch das gesamte apostolische und pastorale Wirken der Kirche der großen Menschheitsfamilie der heutigen Welt näherzubringen. Und es ist bekannt, wie vielfältig und sogar gespalten diese „Welt“ ist.

Durch den Dienst des ganzen mit dem Papst vereinten Bischofskollegiums an Glaubensverkündigung und Pastoral stellt sich die Kirche der Aufgabe, all das zu verwirklichen, was das spezifische Erbe des II. Vatikanischen Konzils geworden ist. Dieses kollegiale Anliegen findet seinen Ausdruck unter anderem in den Versammlungen der Bischofssynode.

Eine besondere Erwähnung verdient in diesem Zusammenhang die außerordentliche Versammlung der Synode vom Jahre 1985, die zum zwanzigjährigen Jubiläum des Abschlusses des Konzils durchgeführt worden ist; sie hat die wichtigsten Aufgaben hervorgehoben, die mit der Verwirklichung des II. Vatikanischen Konzils verbunden sind, und hat festgestellt, daß die Lehre dieses Konzils der Weg bleibt, auf dem die Kirche in die Zukunft gehen muß, wobei sie ihr Bemühen dem Geist der Wahrheit anvertraut. Im Hinblick auf solche Anstrengungen erhalten die Verpflichtungen des Heiligen Stuhles für die Universalkirche eine besondere Bedeutung, sei es, daß sie durch das „Petrusamt" des Bischofs von Rom oder auch durch die Organe der römischen Kurie, die er zur Verwirklichung seines universalen Dienstes einsetzt, wahrgenommen werden. Unter diesen Organen ist die von Ihnen, Herr Kardinal, geleitete Kongregation für die Glaubenslehre besonders wichtig.

In dieser nachkonziliaren Zeit sind wir Zeugen, wie die Kirche stark daran arbeitet, daß das vom II. Vatikanischen Konzil dargestellte „Neue" in rechter Weise in Bewußtsein und Leben der einzelnen Gemeinden des Volkes Gottes Eingang finde. Allerdings machen sich neben diesen Bemühungen Tendenzen bemerkbar, die auf dem Weg, das Konzil zu verwirklichen, eine gewisse Schwierigkeit bereiten. Eine dieser Tendenzen ist vom Verlangen nach Änderungen gekennzeichnet, die nicht immer im Einklang stehen mit Lehre und Geist des II. Vatikanischen Konzils, auch wenn sie sich auf das Konzil zu beziehen suchen. Diese Änderungen möchten einen Fortschritt ausdrücken; darum wird diese Tendenz mit dem Namen „Progressismus" bezeichnet. Der Fortschritt ist in diesem Falle ein Streben nach der Zukunft, das mit der Vergangenheit bricht und nicht die Funktion der Tradition berücksichtigt, die grundlegend ist für die Sendung der Kirche, damit diese in der Wahrheit bleiben kann, die ihr von unserem Herrn Jesus Christus und den Aposteln überliefert ist und von ihrem Lehramt sorgfältig gehütet wird.

Die entgegengesetzte Tendenz, die gewöhnlich als „Konservatismus" oder auch als „Integralismus" bezeichnet wird, bleibt bei der Vergangenheit selbst stehen, ohne das berechtigte Streben nach der Zukunft zu berücksichtigen, das sich gerade im Werk des II. Vatikanischen Konzils gezeigt hat. Während die erstere Tendenz nur das als recht anzuerkennen scheint, was „neu" ist, erblickt die andere das Rechte nur in dem, was „alt" ist, wobei sie dieses mit der Tradition gleichsetzt. Weder das „Alte" als solches noch das „Neue" in sich allein entsprechen jedoch dem richtigen Begriff von Tradition im Leben der Kirche. Dieser Begriff bedeutet nämlich das treue Verbleiben der Kirche in der von Gott empfangenen Wahrheit während des wechselvollen Verlaufes der Geschichte. Die Kirche holt – wie jener Hausherr im Evangelium – mit Augenmaß aus ihrem reichen Vorrat Neues und Altes hervor (vgl. *Mt* 13,52) und bleibt so dem Geist der Wahrheit völlig treu, den Christus der Kirche als göttlichen Führer auf dem Weg geschenkt hat. Und diese schwierige Aufgabe der Unterscheidung vollzieht die Kirche mit Hilfe ihres authentischen Lehramtes (vgl.*Lumen gentium*, Nr. 25).

Die Position, die einzelne Personen, Gruppen oder Gesinnungsgemeinschaften zu der einen oder der anderen Tendenz einnehmen, mag bis zu einem bestimmten Maße verständlich sein, vor allem im Gefolge eines so bedeutenden Ereignisses,wie es das letzte Konzil in der Geschichte der Kirche gewesen ist. Wenn es auf der einen Seite ein Verlangen nach Erneuerung freigesetzt hat (und darin liegt gewiß auch ein Element von „Neuheit"), so können und müssen sogar andererseits einige Mißbräuche im Verlaufe der Verwirklichung dieses Verlangens – insofern sie wesentliche Werte der katholischen Glaubens- und Morallehre und anderer Bereiche des kirchlichen Lebens, wie zum Beispiel des liturgischen Bereichs, vergessen – berechtigte Einwände hervorrufen. Wenn man allerdings wegen solcher Übertreibungen jegliche gesunde „Erneuerung" nach

Lehre und Geist des Konzils zurückweist, dann kann eine solche Haltung zu einer anderen Verirrung führen, die ebenfalls dem Prinzip einer lebendigen und dem Geist der Wahrheit gehorchenden Tradition der Kirche widerspricht.

Die Aufgaben, die sich in dieser konkreten Situation dem Apostolischen Stuhl stellen, verlangen in besonderem Maße Klarheit, Klugheit und Weitblick. Die Notwendigkeit, zu unterscheiden zwischen dem, was die Kirche wahrhaft „auferbaut“, und dem, was sie zerstört, wird in diesem Zeitabschnitt ein besonderes Bedürfnis unseres Dienstes für die gesamte Gemeinschaft der Gläubigen.

Die Kongregation für die Glaubenslehre hat im Bereich dieses Dienstes eine entscheidende Bedeutung, wie gerade die Dokumente beweisen, die Ihr Dikasterium in den letzten Jahren zum Gegenstand von Glauben und Moral veröffentlicht hat. Zu den Themen, mit denen sich die Kongregation für die Glaubenslehre in jüngster Zeit hat befassen müssen, gehören auch die Probleme, die mit der „Fraternité Pius X.“ verbunden sind, die Erzbischof M. Lefebvre gegründet hat und anführt.

Eure Eminenz wissen sehr gut, wie sehr sich der Apostolische Stuhl seit dem Entstehen dieser „Fraternité“ darum bemüht hat, die kirchliche Einheit im Hinblick auf deren Wirken zu sichern. Die letzte solcher Bemühungen ist die kanonische Visitation gewesen, die Kardinal E. Gagnon vorgenommen hat. Sie, Herr Kardinal, befassen sich mit diesem Kasus in besonderer Weise, wie dies bereits Ihr verehrter Vorgänger, Kardinal Fr. Seper, getan hat. All das, was der Apostolische Stuhl in ständiger Verbindung mit den betroffenen Bischöfen und Bischofskonferenzen tut, richtet sich auf das gleiche Ziel: Auch in diesem Falle mögen sich die Worte erfüllen, die der Herr im Hohenpriesterlichen Gebet für die Einheit aller seiner Jünger und Anhänger gesprochen hat. Alle Bischöfe der katholischen Kirche, denen ja durch göttlichen Auftrag die Einheit der Gesamtkirche am Herzen liegt, müssen mit dem Heiligen Stuhl zum Wohl des ganzen mystischen Leibes, der auch der Leib der Kirchen ist, zusammenarbeiten (vgl. *Lumen gentium*, Nr. 23).

Aufgrund all dieser Gesichtspunkte möchte ich Ihnen, Herr Kardinal, meinen Willen bestätigen, daß solche Bemühungen fortgesetzt werden: Wir lassen nicht ab zu hoffen, daß sie unter dem Schutz der Mutter der Kirche ihre Frucht bringen zur Ehre Gottes und zum Heil der Menschen.

Herr, zu wem sollen wir gehen?

Ansprache an belgische Studenten am 8. April

Die jedes Jahr wiederkehrende Begegnung mit den jungen Menschen, die an der Osterpilgerfahrt teilnehmen, die vom St. Hubertuskolleg in Neerpelt organisiert wird, ist ein charakteristisches und traditionelles Moment der gesamten Feierlichkeiten der Osterwoche geworden, und für mich ist es eine echte Freude, auch dieses Jahr wieder so viele Studenten und Lehrer verschiedener Bildungsinstitute aus Flandern empfangen zu können. Sie sind auch deshalb nach Rom gekommen, um dem Nachfolger des hl. Petrus zu begegnen, dem Nachfolger des Apostels, der zu Jesus gesagt hat: „Herr, zu wem sollen wir gehen? Du hast Worte des ewigen Lebens" (*Joh* 6,68). Jesus hat nicht nur Worte ewigen Lebens gesprochen. Er ist selbst das Wort des ewigen Lebens, das Wort, das Gott der Vater von Ewigkeit spricht und das Mensch geworden ist, als die Fülle der Zeit gekommen war. Als Wort des ewigen Lebens bringt er so die Offenbarung über Gott und zugleich über den Menschen: „Christus ... macht eben in der Offenbarung des Geheimnisses des Vaters und seiner Liebe den Menschen selbst voll kund und erschließt ihm seine höchste Berufung", erklärte das Zweite Vatikanische Konzil (*Gaudium et spes*, Nr. 22). „Er war Gott gleich ... und den Menschen gleich ... Er ... war gehorsam bis zum Tod, bis zum Tod am Kreuz. Darum hat Gott ihn über alle erhöht" (*Phil* 2,6–9). So hat Christus mithin den Menschen voll kundgemacht: Durch Leiden und Kreuz hin zur Erhöhung.

Ihr seid junge Menschen, der Frühling der Gesellschaft und der Kirche. Durch Studium und auf andere Weise bereitet ihr euch vor auf eure zukünftige Aufgabe in der Gesellschaft. Darauf richten sich eure Hoffnungen und Erwartungen. Durch seine Menschwerdung hat Christus kundgetan, daß dies gut und wertvoll ist. Aber durch sein Leiden und seinen Tod hat er auch kundgemacht, daß dies relativ ist. Die menschlichen Hoffnungen und Erwartungen dürfen sich nicht in das irdische Leben verschließen, sondern müssen dessen Grenzen überschreiten und sich auf das ewige Leben richten. Und wie der Mensch sich darauf vorbereiten muß, hat Jesus so beschrieben: „Liebt einander! Wie ich euch geliebt habe, so sollt auch ihr einander lieben" (*Joh* 13,34). Mehr noch hat er gelehrt durch sein Leben, durch sein Leiden und seinen Tod: „Es gibt keine größere Liebe, als wenn einer sein Leben für seine Freunde hingibt" (*Joh* 15,13).

Liebe junge Menschen, möge eure Vorbereitung auf das Leben als Erwachsene in der Gesellschaft nicht nur ein Bemühen sein, um in der Zukunft eine möglichst angenehme Position zu bekommen, sondern möge es vor allem ein Engagement sein, um später bestmöglich dem Nächsten dienen zu können, vor allem den am meisten Bedürftigen, den leidenden Mitmenschen nach dem Vorbild Christi, der sein Leben hingegeben hat für seine Freunde. Und auch nach dem Vorbild seiner Mutter Maria, die „den Pilgerweg des Glaubens" (ging). Ihre Vereinigung mit dem Sohn hielt sie in Treue bis zum Kreuz ... (*Lumen gentium*, Nr. 22). Gerade deshalb hat Gott auch sie erhöht und mit Leib und Seele in seine himmlische Herrlichkeit aufgenommen. Möge für euer Leben Leitwort sein, was sie bei der Hochzeit von Kana empfohlen hat: „Was er euch sagt, das tut" (*Joh* 2,5).

Mit Optimismus auf die tröstlichen Wirklichkeiten schauen

Ansprache an die Vereinigung der Höheren Oberinnen Italiens am 9. April

Liebe Mütter Oberinnen!

1. Ihr habt eure Tagung mit einem Gebetsgottesdienst in der Basilika Santa Maria Maggiore begonnen, vor dem kostbaren Gnadenbild Marias, der Mutter der Kirche, das am Sitz der USMI verehrt wird. Dann habt ihr über das Thema „Gottgeweihte Frauen in der Kirche für das Heil der Welt" nachgedacht, und nachdem ihr es den verschiedenen Ge-

sichtspunkten der Glaubenslehre gemäß entfaltet habt, nachdem ihr auch Informationen ausgetauscht und Wahlen vollzogen habt, schließt ihr heute eure wichtige Versammlung mit dieser Audienz.

Es freut mich sehr, euch empfangen zu dürfen, und ich grüße euch alle von ganzem Herzen und danke euch für diese eure freundliche Präsenz, hinter der, wie ich weiß, ein tiefer Glaube und ein lebendiger Sinn für die Kirche stehen. Mein herzlicher und dankbarer Gruß möge durch euch auch alle eure Mitschwestern erreichen.

Wenn ich auf euch schaue und in euch alle eure religiösen Gemeinschaften erblicke, denke ich spontan an das viele Gute, das die verschiedenen Kongregationen zum Wohl der Seelen und der Gesellschaft vollbracht haben und weiter vollbringen. Tatsächlich hat jede Kongregation eine lange Geschichte ihrer Tätigkeiten und Unternehmungen hinter sich, die von den Gründern und Gründerinnen her durch Jahrzehnte und auch Jahrhunderte ein Zeugnis für die Präsenz und Liebe Gottes in den so unterschiedlichen Schicksalen des irdischen Pilgerwegs der Menschen geworden ist. Es ist nicht schwer und ist zugleich ergreifend, sich die bewundernswerten Scharen von Ordensschwestern vorzustellen, die früher wie heute in ständiger und gänzlicher Hingabe, voll Liebe und Aufgeschlossenheit in Schulen und Heimen, Hospitälern und Gefängnissen, in Zeiten des Friedens und des Krieges unter den Armen, Behinderten und Alten gelebt haben und leben, im Dienst der Pfarreien, der Priester und Seminare. Wieviel haben sie starkmütig und freundlich, unerschrocken und immer hingeopfert, weil Gott geweiht, manchmal müde und doch hochherzig als Schwestern im Namen Christi und um seiner Liebe willen geleistet! Wenn es in dieser Hinsicht einen Grund gibt, traurig zu sein, dann wegen der Feststellung, daß viele Werke heute leider aufgegeben sind und viele Häuser wegen Mangels an jungen Kräften und neuen Berufungen geschlossen werden. Doch wollen wir nicht mutlos werden, sondern weiter auf den Herrn vertrauen und inständig zu ihm beten, damit sein Ruf zur gänzlichen Hingabe, der gewiß weiter erfolgt, von einer wachsenden Zahl Jugendlicher gehört wird und die Priester bei ihrem Wirken in der Ausbildung und geistlichen Leitung weise und erleuchtet vorgehen.

Im Licht so zahlreicher früherer Erfahrungen kann man wohl sagen, daß die Schwestern in jeder Kongregation wahrhaft „gottgeweihte Frauen in der Kirche für das Heil der Welt“ sind, die immer das Zeugnis des eigenen christlichen Glaubens mit der Übung der Liebe gemäß den Weisungen des jeweiligen Charismas verbunden haben. Ich wünsche von Herzen, daß durch das Wirken der USMI die Schwesterlichkeit im Verfolgen der Ziele und im gegenseitigen Verstehen unter den verschiedenen Gemeinschaften weitergeht und wächst, auch in der Verschiedenheit der Charismen, damit sie sich ergänzen und koordinieren in gegenseitiger Liebe und Erbauung.

2. Was soll man heute, in den Schwierigkeiten der modernen Welt tun, um den Einsatz der gottgeweihten Menschen neu zu beleben und die Berufungen zum Ordensstand in den einzelnen Kongregationen zu vermehren? Die Frage kann zuweilen beängstigend und quälend werden. Und doch hat das II. Vatikanische Konzil im Dekret „*Perfectae caritatis*“ schon die einzig mögliche und gültige Antwort gegeben: „Inmitten der Vielfalt der Gnadengaben weihen sich alle, die von Gott zum Leben der evangelischen Räte berufen

werden und dieses aufrichtig geloben, in besonderer Weise dem Herrn, indem sie Christus nachfolgen, der selbst jungfräulich und arm gelebt hat (vgl. *Mt* 8,20; *Lk* 9,58) und durch seinen Gehorsam bis zum Tod am Kreuz (vgl. *Phil* 2,8) die Menschen erlöst und geheiligt hat. Von der Liebe gedrängt, die der Heilige Geist in ihre Herzen ausgegossen hat (vgl. *Röm* 5,5), leben sie mehr und mehr für Christus und seinen Leib, die Kirche (vgl. *Kol* 1,24). Je inniger sie also durch solche Selbsthingabe, die das ganze Leben umfaßt, mit Christus vereinigt werden, desto reicher wird das Leben der Kirche und desto fruchtbarer deren Apostolat" (Nr. 1).

Das sind einfache und klare Worte, von denen man sich ständig anregen lassen muß, um aus ihnen Licht und Trost zu gewinnen. Sie sagen uns, daß es im Ordenschristen eine „sakramentale Weihe" gibt, die durch die Taufe und die Firmung geschah, und eine „Ordensweihe", die durch die Gelübdeablegung vollzogen wird als Ja zur Berufung. Beide Weihen sind ein Werk Gottes, sie erfordern aber auch die Mitarbeit des Menschen: die Ordensweihe hat ihre tiefen Wurzeln in der sakramentalen Weihe, doch sie stellt auch einen neuen und besonderen Titel dar, weil sie sich in der Ganzhingabe seiner selbst an Gott ausdrückt, nach dem Beispiel des keuschen, gehorsamen und armen Jesus, und sich ausprägt im Dienst der Kirche für die Verkündigung des Evangeliums, für das Heil der Seelen und die gänzliche und ständige Treue zur Wahrheit. Für all das findet die Ordensfrau in Maria das unübertreffliche Vorbild, und vor allem Hilfe und Kraft in schwierigen Augenblicken und in der Gefahr.

Im Lärm so vieler Stimmen, die unter sich uneins sind, verspürt man heute dringender die Notwendigkeit der Klarheit, um Lebensentscheidungen wie die eure zu stützen, die eine vorbehaltlose Hingabe des eigenen Lebens an das christliche Ideal voraussetzt. Das II. Vatikanische Konzil bekräftigt nachdrücklich, daß das, was in der Vergangenheit für das Ordensleben gültig war, es auch heute bleibt und immer bleiben wird, weil es auf einem unvergänglichen Fundament basiert: dem Heil der Welt nach dem Plan der Vorsehung in der Schöpfung und der Erlösung, die Jesus geoffenbart hat und die die Kirche ständig lehrt.

Ich möchte hier an einen Gedanken der seligen Theresia Benedikta a Cruce, der Karmelitin und Martyrin von Auschwitz erinnern: „Sich Gott hinschenken, sich leidenschaftlich selbst vergessen, nicht auf das persönliche Leben bedacht sein, um dem Leben in Gott voll Raum zu geben: Darin liegt das tiefe Motiv, das Prinzip und Ziel des Ordenslebens. Je vollkommener dies verwirklicht wurde, desto reicher wird das göttliche Leben, das die Seele erfüllt. Doch dieses göttliche Leben ist Liebe; überströmende Liebe, die keine Grenzen kennt und sich in Freiheit hinschenkt; Liebe, die sich barmherzig jedem Bedürftigen zuneigt; Liebe, die den Kranken gesund macht und das, was tot war, wieder zu geistigem Leben erweckt; Liebe, die schützt, verteidigt und nährt, lehrt und bildet; Liebe, die mit den Betrübten betrübt wird und fröhlich mit den Fröhlichen; die zum Dienst an jedem bereit ist, um den vom Vater gewollten Plan zu erfüllen; mit einem Wort: die Liebe des göttlichen Herzens.

Dies müssen die Schwestern in den einzelnen Kongregationen auch heute verwirklichen; mit einem lebendigen Sinn für gemeinschaftliches apostolisches Wirken am Ort und in der ganzen Welt. Tragt daher in eure Häuser Hoffnung und Vertrauen! Habt Vertrauen

zur Kirche, denn das bedeutet, zu Christus, der gestorben und auferstanden ist, Vertrauen haben, der der Kirche in dieser Zeit Treue und in der Lehre Unfehlbarkeit verheißen hat; es bedeutet, zum Heiligen Geist Vertrauen haben, der anwesend ist, um die Geister zu erleuchten und die Seelen zu heiligen durch die Gnade, die im Geheimnis der Herzen wirkt: das Wirken der Gnade ist gewiß, wirklich und sicher, auch wenn es erfordert, daß das in die Erde gefallene Korn stirbt, um Frucht bringen zu können. Das Ostern der Auferstehung setzt die Todesangst von Getsemani voraus und die Qualen des Kreuzes. Und schaut mit Augen voll Optimismus und Hoffnung auf die tröstlichen Wirklichkeiten, die es auch heute in Kirche und Gesellschaft gibt: sie sind großartig und im Überfluß da und zeigen, daß am Ende die Liebe, das heißt Gott, siegt.
Die Jungfrau Maria, die euch immer begleitet, und die ihr immer voll Liebe und Vertrauen anruft, erhalte in euch den lebendigen und glühenden Eifer, euch hinzugeben, damit heute wie immer die Ideale triumphieren – die einzig tröstlichen – die Ideale eines in Glaube, Liebe, Güte und Heiligkeit hingeschenkten Lebens!
Trost sei euch der Apostolische Segen, den ich euch nun von Herzen spende und gern auch auf alle eure Mitschwestern ausdehne.

Jedes Leben mit höchster Sorgfalt schützen

Ansprache an die Teilnehmer des 11. Europäischen Kongresses über vorgeburtliche Medizin am 14. April

Sehr geehrte Herren!

1. Ich freue mich über diese Begegnung mit Ihnen anläßlich des 11. europäischen Kongresses über vorgeburtliche Medizin. Ich begrüße Sie und entbiete meinen Gruß und meine Wertschätzung auch den Veranstaltern und Referenten des Symposions.
Ihre Anwesenheit, sehr verehrte Herren, lenkt meine Gedanken auf die wissenschaftliche und therapeutische Arbeit, die vor allem in den letzten zehn Jahren ihren Fachbereich gekennzeichnet hat. Die vorgeburtliche Medizin gründet auf ständigem qualifiziertem Bemühen und konzentriert sich darauf, das Leben und die Gesundheit des ungeborenen und des neugeborenen Kindes zu retten, zu schützen und zu fördern, gleichzeitig mit dem Leben und der Gesundheit der Mutter. Ihr Fachgebiet ist ganz durchdrungen von diesem Ethos zugunsten des werdenden Lebens. Diese Zielsetzung hat zu den wissenschaftlichen Fortschritten des Fachbereiches geführt und die medizinische Versorgung vor, bei und nach der Geburt qualitativ verbessert.

2. Das ausgedehnte Programm Ihres internationalen Symposions führt auch dem, der nicht Ihre Sachkenntnis besitzt, den wissenschaftlichen Wert und die ermutigenden Ergebnisse Ihrer Arbeit vor Augen. Ich denke jetzt an all die Kinder, denen Sie zu Licht und Leben verholfen haben, trotz der Schwierigkeiten einer gefährdeten Schwangerschaft, und die sie den Blicken, den Armen und der angstvollen Erwartung ihrer Eltern und Angehörigen darbieten konnten.

Ich möchte Ihnen zusammen mit all denen danken, die sich über das Leben dieser Neugeborenen gefreut und sie mit tiefer und immer neuer Liebe aus Ihren erfahrenen und wohlwollenden Händen entgegengenommen haben. Ich möchte sagen, daß dieser Dienst am Leben und an der Mutterschaft vor dem Schöpfer selbst spricht und auf Sie, auf Ihre Familien und Ihre Arbeit den Segen des Schöpfers herabruft.
Ich will auch die Stimme der Kirche, der Mutter und Lehrerin, zum Ausdruck bringen und Sie dazu ermutigen, Ihre Berufserfahrung, Ihre medizinische Kunst rein und unberührt zu bewahren vor gewissen sozialen oder ideologischen Pressionen, vor den Versuchungen menschlicher Schwäche und dem Mißbrauch moderner Technologien. Damit stehen Ihr medizinisches Ethos, das auf eine lange Tradition der Menschheit zurückgeht, und Ihre Gewissen immer im Einklang mit der moralischen Richtlinie und dem väterlichen Willen des Schöpfers.

3. Leider ist bekannt, daß sich in dieser äußerst heiklen Phase des werdenden Lebens die unheilvolle Versuchung eingeschlichen hat, unschuldiges Leben, besonders wenn es Unvollkommenheiten aufweist und nicht ganz gesund ist, zu töten, manchmal auch aus noch fadenscheinigeren und jedenfalls nie berechtigten Gründen.
Deshalb betont zu diesem Zweck die jüngste Instruktion der Kongregation für die Glaubenslehre, *Donum vitae*: „Jedes menschliche Wesen muß – als Person – vom ersten Augenblick seines Daseins an geachtet werden“ (I., 1). Das ist die Lehre des Konzils: „Das Leben ist daher von der Empfängnis an mit höchster Sorgfalt zu schützen. Abtreibung und Tötung des Kindes sind verabscheuenswürdige Verbrechen“ (*Gaudium et spes*, Nr. 51). Und das ist die ständige Lehre und Praxis der Kirche.
Die von mir zitierte Instruktion bietet außerdem wertvolle Hinweise hinsichtlich der erforderlichen Bedingungen, die die vorgeburtliche Diagnostik und therapeutische Eingriffe an Embryonen und Föten vor ihrer Geburt erlauben; hingegen betont sie ausdrücklich das moralische Verbot von Experimenten an Föten und Embryonen.
Die hohe Achtung vor dem werdenden Leben in allen seinen Lebensphasen im Mutterschoß ist die Voraussetzung zur Achtung, die in der Geburtsphase weiterbestehen muß, auch und besonders den gefährdeten Frühgeborenen und mißgebildeten Neugeborenen gegenüber. Es ist das Gesetz des Todes, das der Legalisierung der Abtreibung innewohnt und das heute mancherorts einige dazu drängt, die Legalisierung der Euthanasie an Neugeborenen zu fördern und diese Praxis gegen mißgebildete Föten und jene in Gang zu setzen, deren Existenz aufgrund ihrer Frühgeburt zwar möglich, aber nicht ohne Schwierigkeiten und Risiken erscheint.

4. Von seiten einiger wird das angebliche „Recht auf ein gesundes Kind“ angestrebt, und man setzt als entscheidendes Kriterium die sogenannte „Lebensqualität“ fest, damit das Leben angenommen wird.
Es ist notwendig, mit Klarheit zu bekräftigen, daß jedes Leben heilig ist und daß das Bestehen einer möglichen Mißbildung kein Grund zu einem Todesurteil sein kann, auch dann nicht, wenn die Eltern selbst, in ihren Gefühlen und Erwartungen erschüttert, die Euthanasie durch Absetzung der medizinischen Versorgung und der Ernährung fordern.

Die Lebensqualität ist, so weit wie möglich, durch entsprechende und angemessene Behandlungen zu fördern, aber sie setzt das Leben und das Recht auf Leben für alle und für jeden einzelnen voraus, ohne Diskriminierung und ohne Ausschlüsse.
Die Geschichte Ihres Fachbereiches selbst, so vielfältig und bewundernswürdig durch die Hilfsmittel und Fortschritte, steht im Gegensatz zur Annahme von tödlichen Absichten, wie es die Abtreibung und die Euthanasie der Neugeborenen sind.
Die Kinder, die durch Ihre Hände gehen und aus der Wiege Ihrer Kliniken und Stationen hervorkommen, und ihre Eltern werden Sie segnen; aber vor allem segnet Sie der Herr Jesus, das fleischgewordene Wort, der sich aus freiem Willen für die Menschen geopfert hat und am dritten Tag auferstanden ist, um allen Menschen das Leben und die Auferstehung zu schenken.
In seinem Namen und als Unterpfand des Lobes und Zeichen seiner Anerkennung für das, was Sie tun und in Zukunft tun und lehren werden zum Schutz des werdenden Lebens, erteile ich Ihnen mit dem Friedensgruß des auferstandenen Herrn meinen Segen.

Freiheit und Würde des Menschen schützen

Ansprache an die österreichische Delegation des Arbeiter- und Angestelltenbundes am 16. April

Herr Bundesminister,
sehr geehrte Damen und Herren!

Durch Arbeit soll sich der Mensch sein tägliches Brot verschaffen.“ Mit diesen Worten beginnt die Sozialenzyklika *Laborem exercens* und mit ihnen möchte ich Sie als christliche Arbeitnehmervertreter hier im Vatikan herzlich begrüßen. Es freut mich, daß Sie unter der Führung Ihres Bundesobmannes, des Herrn Bundesministers Dr. Lichal, diese Fahrt in die Ewige Stadt unternommen haben und dabei auch dem Nachfolger des Apostels Petrus begegnen können.
Die anfangs zitierten Worte haben eine wichtige Fortsetzung, die so lautet: Der Mensch soll durch die Arbeit zugleich „beitragen zum Fortschritt von Wissenschaft und Technik, vor allem zur sittlichen und kulturellen Hebung der Gesellschaft, in der er mit seinen Brüdern und Schwestern lebt“. Arbeit als Notwendigkeit zum täglichen Leben, Arbeit als Motor des Fortschritts und als Ort, wo die Gesellschaft sittlich und kulturell reifen kann. Diese abgestuften Ziele menschlicher Arbeit streben auch Sie durch Ihr Wirken als Christen und Gewerkschaftler an. Dafür danke ich Ihnen; denn so knüpfen Sie an eine lange Tradition katholischer Sozialverantwortung in Österreich an, in deren Zusammenhang ich nur an den Namen von Johannes Messner und seinen bleibenden Beitrag für die katholische Soziallehre erinnern möchte.
In der Zeit eines allgemeinen Strebens nach Fortschritt kommt es darauf an, diesen mit den Erfordernissen und Zielsetzungen von Freiheit und Würde des Menschen zu verbinden. Der Christ ist hierzu von der Grundlage seines Glaubens her besonders befähigt und beauftragt. Auch in Ihrem Vaterland, auf dessen baldigen erneuten Besuch im kommen-

den Sommer ich mich schon freue, haben Sie vielfache Gelegenheit, in die oft vorliegende Beliebigkeit und Richtungslosigkeit das christliche Verantwortungsdenken einzubringen und in konkreten Modellen darzustellen. So können in Ihrem Land Gegensätze durch sachgerechte Lösungen ausgeglichen und Menschen unterschiedlicher Denk- und Lebensart immer wieder zu dem unerläßlichen Grundkonsens staatlichen Zusammenlebens geführt werden. Zugleich wird damit den Nachbarstaaten im Herzen Europas ein wegweisendes Beispiel gegeben.
Sehr geehrte Damen und Herren! Möge Ihnen auch in Zukunft bei Ihrem gesellschaftlichen und sozialen Einsatz als katholische Laien ein guter Erfolg beschieden sein. Ihr Aufenthalt in Rom und das Erleben seiner aussagestarken Orte schenke Ihnen dafür neue Kraft und Ermutigung. Mit diesem Wunsch verbinde ich von Herzen meinen Apostolischen Segen für Sie und Ihre Familien.

Die gespaltene Welt sehnt sich nach Einheit

Ansprache bei der Audienz für eine Gruppe anglikanischer Bischöfe und Gäste des Anglikanischen Zentrums in Rom am 22. April

Liebe Brüder in unserem Herrn Jesus Christus!

1. Ich möchte euch in Rom und im Vatikan willkommen heißen und durch euch allen Mitgliedern der Anglikanischen Gemeinschaft meine herzlichen Grüße aussprechen.
Im Verlauf eures Aufenthaltes in Rom habt ihr viele heilige und historische Monumente besucht, die diese Stadt in so reichlichem Ausmaß besitzt. Ihr seid auf den Spuren der ältesten Christen und Märtyrer gewandelt und habt über die Lehre nachgedacht, die ihr Leben und ihr Tod uns erteilt. Ich bete, daß ihr in eurem eigenen Leben und Wirken gestärkt und ermutigt werdet durch die in der Stadt der Heiligen Petrus und Paulus verbrachten Tage.
Ich freue mich über euren Wunsch, dem Nachfolger des Petrus einen Besuch abzustatten. Dabei bin ich mir der Arbeit bewußt, die von Anglikanern und Katholiken auf der Suche nach einem gemeinsamen Verständnis des universalen Dienstes an der Einheit, wie er zum Amt des Bischofs von Rom gehört, schon geleistet wurde. Ich bete darum, daß diese Arbeit Frucht bringe und den Weg ebnen helfe für jene Fülle der Einheit, die dem Willen Christi für seine Nachfolger entspricht.

2. In Kürze werdet ihr mit den anderen Bischöfen der Anglikanischen Gemeinschaft zur Lambeth Konferenz zusammentreffen. Diese Begegnung findet zu einem sowohl für die Entwicklung der ökumenischen Bewegung als auch das Leben der Anglikanischen Gemeinschaft selbst wichtigen Zeitpunkt statt. Bei euren Überlegungen in Lambeth werdet ihr schwierige und heikle Themen zu besprechen haben, die wesentliche Aspekte eures Verhältnisses zur katholischen Kirche wie auch zu unseren orthodoxen Brüdern und Schwestern betreffen. Ich bete, daß ihr bei diesem Treffen der Bedeutung eines Aufrechterhaltens und einer Verstärkung der Bande in dieser authentischen, wenn auch unvoll-

kommenen Gemeinschaft volles Gewicht beimeßt, in der Anglikaner und Katholiken bereits vereint sind. Die Vertiefung dieser Gemeinschaft und das Suchen nach voller Gemeinschaft sind für die Sendung grundlegend, die Christus seinen Jüngern gegeben hat. Was die katholische Einheit schädigt, schwächt auch die Wirkkraft des christlichen Zeugnisses. Unsere gespaltene Welt schaut aus nach jenem Bild echter Einheit und tiefreichender Versöhnung, die zu bezeugen wir berufen sind.
Laßt uns diesem Zeugnis treu bleiben, so daß die Welt immer klarer den Charakter der Einheit sehe, zu der alle Menschen aufgerufen sind. Möge gerade unser Streben nach der Einheit selbst als ein Zeichen des versöhnenden Werkes Gottes anerkannt werden.
Liebe Brüder: ich grüße euch erneut im auferstandenen Herrn. Möge er euch immer segnen und behüten!

Wir beten für die Kirche in der Tschechoslowakei

Predigt bei der Messe zu Ehren des hl. Adalbert am 23. April

Liebe Brüder und Schwestern, meine Landsleute!

Wir haben für das Glaubensbekenntnis gedankt, das vor fast tausend Jahren am Ufer des Baltischen Meeres gesprochen worden ist. Wir haben für die Worte des hl. Paulus gedankt: „Denn für mich ist Christus das Leben, und Sterben Gewinn“ (*Phil* 1,21), die gleichen Worte, die unser Patron, der hl. Adalbert, Bischof von Prag, Märtyrer, gesprochen hat: Er steht am Beginn der Geschichte der Kirche unseres Vaterlandes und am Beginn der Geschichte unserer Nation, die sich damals zur Zeit der ersten Mitglieder der Piasten-Dynastie zu vereinen begann und ihre nationale Struktur nach verschiedenen Richtungen hin ausbreitete. Der hl. Adalbert war ein Missionar. Jeder Missionar hat zwei Vaterländer, und auch er trug in seinem Herzen das Andenken, die schmerzliche Erinnerung an sein Heimatland, denn er war Bischof von Prag in Böhmen. Wenn er nach Polen gegangen ist, heißt das, daß er seinen Bischofssitz hatte verlassen müssen. Er hatte also sein Geburtsland und dann sein zweites, sein Missionsland, das Land der Polanen, Gnesen. Von dort aus ging er zur Mission in Richtung Baltikum, wo er dann den Märtyrertod erlitt. Heute, am 23. April, dem Gedenktag seines Martyriums, rufen wir uns den ältesten Patron Polens in Erinnerung und folgen den Etappen seiner Biographie, seines Lebens hier auf Erden, von seiner Heimat bis zu seinem Bischofssitz. Wie wir es schon bei der Eucharistiefeier getan haben, wollen wir für unsere Brüder und Schwestern, unsere Nachbarn beten, für die Kirche in ihrem Vaterland, für den Bischof von Prag, Kardinal Frantisek Tomasek, eine außerordentliche Persönlichkeit. Wir wollen Gott bitten, daß er ihm viel geistliche und körperliche Kraft gebe, damit er sein Zeugnis als Nachfolger des hl. Adalbert auf dem Bischofsstuhl von Prag weiterführen kann.
Als Abschluß und Krönung unserer Reflexionen und der Eucharistiefeier segnen wir ganz besonders das erste und dann das zweite Vaterland unseres heiligen Patrons. Wir empfehlen Gott, dem Vater und dem Sohn und dem Heiligen Geist, alles, alle Dinge unse-

res heiligen Patrons. Wir empfehlen Gott, dem Vater und dem Sohn und dem Heiligen Geist, alles, alle Dinge unseres Alltags in Polen und in der Tschechoslowakei. Möge sich unter uns das Geheimnis des Weizenkorns erfüllen, das wenn es in die Erde fällt und stirbt, reiche Frucht bringt.

Die Seligen legen Zeugnis für das besondere Kennen Christi ab

Predigt zur Seligsprechung von Don Pietro Bonilli, Francisco Palau y Quer, Kaspar Stanggassinger und Savina Petrilli am 24. April

1. „Seht, wie groß die Liebe ist, die der Vater uns geschenkt hat" (*1 Joh* 3,1). Am vierten Sonntag der Osterzeit heftet die Kirche den Blick auf das Geheimnis der Liebe, das der Vater uns enthüllt hat in der Gestalt des guten Hirten.
„Ich bin der gute Hirt. Der gute Hirt gibt sein Leben hin für die Schafe" (*Joh* 10,11). So sagt Christus, und seine Worte spiegeln ganz das Ostergeheimnis wider, das wir in dieser österlichen Zeit leben. Wann hätte es sich je so sehr bestätigt, daß der gute Hirte sein Leben für die Schafe hingibt, wie im Kreuz und in der Auferstehung Christi? In seinem Leiden und in seinem Tod, der zum Opfer für die Erlösung der Welt wurde?
Ja, wenn wir die Augen auf Christus heften, sehen wir in seinem Ostergeheimnis auf noch viel vollständigere Weise, „wie groß die Liebe ist, die der Vater uns geschenkt hat" – dieser Vater, der seinen eigenen Sohn nicht verschont, sondern ihn für uns alle hingegeben hat zum Tod am Kreuz (vgl. *Röm* 8,32).

2. „Ich bin der gute Hirt; ich kenne die Meinen, und die Meinen kennen mich" (*Joh* 10,14).
Wir sind heute aus einem besonderen Anlaß im Petersdom zusammengekommen. Er ist eine weitere Bestätigung dieser Worte. Geben nicht die Diener Gottes, die heute durch die Seligsprechung zur Ehre der Altäre erhoben werden, Zeugnis für dieses besondere Kennen Christi, der dem ganzen Leben, der ganzen irdischen Berufung von Pietro Bonilli, Francisco Palau y Quer, Kaspar Stanggassinger und Savina Petrilli Gestalt gegeben hat? Sie haben auf besonders tiefe Weise die persönliche Liebe erfahren, die der Vater einem jeden von ihnen in Christus erwiesen hat. Aber sie haben auch auf besondere Weise auf das Geschenk dieser Liebe geantwortet, auf das Geschenk des Lebens, das der gute Hirt für jeden von ihnen – und zugleich für jeden Menschen auf Erden – hingegeben hat.
Heute freut sich die Kirche über das Zeugnis dieses „Kennens", das im Leben jedes unserer Seligen Früchte der Heiligkeit hervorgebracht hat. Diese Freude der Kirche am heutigen Sonntag ist wirklich eine Osterfreude.

3. „Ich bin der gute Hirt ... Ich habe noch andere Schafe, die nicht aus diesem Stall sind" (*Joh* 10,14.16). Dieses Verlangen des Hirten: alle Schafe zu erreichen und ihnen seine

Sorge zuzuwenden, ihnen sein Leben zu schenken, kann auch als der charakteristische apostolische Zug an Don Pietro Bonilli bezeichnet werden.
Er verstand, daß man vor allem unter der Herde weilen müsse, selbst bis zur Hingabe des Lebens, daß man ihr nachgehen und ihr in jeder Situation Nahrung geben müsse, auch auf das Wagnis hin, mit ihr zusammen Gefahren auf sich zu nehmen, an ungesunde Orte und in die ärmsten, am wenigsten geschätzten Gebiete zu gehen. 35 Jahre blieb er in einer Pfarrei im Notstandsgebiet seiner Diözese Spoleto, unter außerordentlichen und entmutigenden religiösen und moralischen Verhältnissen, wo Fluchen, Zügellosigkeit, Spielleidenschaft und Trunksucht an der Tagesordnung waren.
In hochherziger Nachahmung Christi, des guten Hirten, schenkte Don Bonilli seine Liebe allen, die Hilfe brauchten. Da er von Kindheit an das Leid und Elend, die Demütigungen und Bedrängnisse der Landbevölkerung kennengelernt hatte, ließ er es sich angelegen sein, seinem Volk die rechte Nahrung zu verschaffen, es auf ergiebige Weiden zu führen (vgl. *Ps* 22,2). Er, der „seine Herde kannte", wollte die zuträgliche Speise für sie finden.
Er begann ein intensives Werk der Katechese und der religiösen Unterweisung, zu dessen Förderung er sich, gleichsam als Wegbereiter, der Information und der Presse bediente: „Die Presse ist die Waffe der Zeit", sagte er. Er begriff, daß er Laien zu seinem Werk heranziehen müsse und verstand es, sie in seine Initiativen einzubeziehen, indem er ihnen, wie ein Vater, klug und großmütig verantwortliche Aufgaben übertrug, sie aber auch in seine eigene Gebetserfahrung einführte, damit sie in der Begegnung mit Gott und in der Eucharistie „Weide fänden". Vor allem sah er in der Familie das Fundament für die Wiedergeburt der Gesellschaft und des kirchlichen Lebens.
Die Familie, jede Familie, sollte ihre Berufung und Sendung nach dem Beispiel der hl. Familie von Nazaret neu beleben. Die hochherzige, hingabebereite und opferfreudige Liebe Christi, Marias und Josefs war das Modell, das er der Liebe innerhalb der Familie, wie auch der Sendung der Familie vor Augen stellen wollte. Die Familie ist ja der Ort, an dem jeder Mensch berufen ist, die Aufforderung zu vielfältigen Werken der Liebe zu hören und sich großmütig für den sozialen Dienst zu öffnen, vor allem zugunsten der Armen, der Geringen und Letzten. Die Familie ist eine Schule der Liebe, in der die heranwachsenden Kinder lernen, nach dem Evangelium zu leben, und wo sie in den Eltern die liebevollen Züge Gottes, des Vaters und Hirten jedes Menschen wahrnehmen. Das Beispiel von Nazaret steht im Brennpunkt der Sendung, die die von ihm gegründeten Schwestern von der Heiligen Familie seit nunmehr hundert Jahren mit bewundernswürdigem Eifer und feinem Pastoralempfinden erfüllen.

4. Eine andere kirchliche Persönlichkeit, die in ihrer apostolischen Tätigkeit darauf bedacht war, Jesus, den guten Hirten nachzuahmen, ist der neue Selige Francisco Paulau y Quer. Dieser unbeschuhte Karmelit machte aus seinem Priesterleben eine hochherzige Opfergabe an die Kirche, die Herde Christi. In den ausgedehnten Stunden seines beschaulichen Gebetes und in seinem Apostolat konzentrierte er sich auf das Geheimnis der Kirche. Von ihr sagte er: „An dem Tag, an dem ich zum Priester geweiht wurde, wurde ich für deinen Dienst geweiht, dir, Kirche, übergeben. Und seit jenem Tag gehöre ich nicht mehr mir; ich bin dein mit all dem, was ich tue, was ich bin und was ich habe" (*Mis*

Relaciones con la Iglesia, 503). Mit begeisterter Hingabe diente er ihr, denn er empfand sie als liebevolle, zärtliche Mutter und liebte sie als heilige und reine Braut.
Als die Religionsverfolgung ihn zwingt, das Karmelitenkloster in Barcelona zu verlassen, führt er ein beschauliches Leben in der Einsamkeit von Eivissa und denkt nach über die Geheimnisse der Gemeinschaft, die im mystischen Leib Christi besteht. Dabei kommt er zu dem Schluß, daß in der Liebe zur Kirche das große christliche Gebot erfüllt wird: die Liebe zu Gott und zu den Brüdern.
Von dieser Liebe angetrieben, ruft Francisco Palau aus: „Meine Aufgabe besteht darin, den Völkern zu verkünden, daß du, Kirche, unendlich schön und liebenswürdig bist und zu predigen, daß sie dich lieben müssen. Liebe zu Gott und Liebe zu den Nächsten: darin besteht meine Sendung (*Mis Relaciones con la Iglesia*, 341). Diese Arbeit des guten Hirten erfüllt er in Predigten und Volksmissionen und ebenso durch die Katechese und die Gründung der „Tugendschule". Er fördert auch die Marienverehrung und stellt Maria dar als „Typus und vollkommenes Vorbild der heiligen Kirche" (*Mis Relaciones con la Iglesia*, 331).
Das Lieblingswerk Pater Palaus aber ist die Gründung des „Missionarischen Karmels", der sich an Teresa, der hl. Ordensreformerin, und am hl. Johannes v. Avila inspiriert. Seine geistlichen Töchter, die Missionskarmelitinnen und die Theresianischen Missionskarmelitinnen verkörpern in der Kirche den Geist dieses Apostels und setzen ihn fort. Seinem Charisma getreu suchen sie dort anwesend zu sein, „wo die Liebe am Werk ist".

5. „Der gute Hirt gibt sein Leben für die Schafe" (*Joh* 10,11). Christus ruft auch uns dazu auf, unser Leben nach seinem Vorbild für die Mitmenschen einzusetzen. Christus denkt dabei nicht so sehr an den Heroismus der großen Stunde, von dem dann die Menschen reden, sondern an die stille, treue Hingabe in den kleinen Hilfen und Diensten des Alltags. Für diese mehr verborgene, aber nicht weniger heroische Form der Christusnachfolge stellt uns die Kirche heute im Seligen Kaspar Stanggassinger ein nachahmenswertes Beispiel vor Augen. Geprägt von der tiefen Religiosität der Familie und schon früh zum Priestertum berufen, war sein Leben ganz auf Gott ausgerichtet. Er wurde Ordensmann, Redemptorist, nicht um sich von den Menschen abzusondern, sondern um in engerer Gefolgschaft mit Christus die Menschen zu Gott zu führen. Bei der Priesterweihe nahm er sich vor: Ich will mit Gottes Gnade allen alles werden.
Der selige Pater Kaspar hat diesen Vorsatz in der treuen Erfüllung seiner täglichen Pflichten verwirklicht. Er suchte nicht das Außergewöhnliche, sondern wollte „tun, was der Tag verlangt". Als Erzieher und Lehrer junger Menschen, die sich auf das Priestertum vorbereiteten, war er immer für seine Schüler da. Er sagte sich: „Ich will jeden gerne aufnehmen, als hätte ich sonst nichts zu tun. Gott schickt sie alle." Pater Stanggassinger wurde für seine jungen Mitchristen zum „guten Hirten" nach dem Vorbild des Herrn, der seine Schafe kennt und mit Umsicht führt. Bei der Erziehung ging es unserem Seligen um den ganzen Menschen, um die harmonische Entfaltung seiner geistigen und sittlichen Fähigkeiten, und das stets in Hinordnung auf seine religiöse Berufung. Er ist zutiefst davon überzeugt: „Nur der Mensch, der betet, kann sich erkennen." Darum war es ihm so wichtig, daß seinen Schülern der Glaube an Gott und an Jesus Christus zur zentralen Wirklichkeit ihres Lebens wurde.

Als „guter Hirt" ging der selige Kaspar Stanggassinger seinen jungen Freunden auf dem Weg der christlichen Berufung zur Heiligkeit beispielhaft voran. Er lebte ihnen vor, was er sie lehrte und von ihnen verlangte. Mit Entschlossenheit hat er Gott zur Mitte seines Lebens und Wirkens gemacht. Ihm wollte er ganz gehören und in allem – gerade auch im Kleinen und Unscheinbaren – Gottes Willen tun. Durch seine Treue in den Pflichten des Alltags zeigt uns der selige Pater Kaspar den Weg, den wir alle gehen können: den Weg der Heiligkeit in der Nachfolge Christi im alltäglichen Leben. Den Priestern und Ordensleuten, den Eltern und Erziehern sei er Vorbild und Ansporn durch seine große Liebe zur Jugend. Seliger Pater Kaspar, bitte für die Jugendlichen unserer Zeit und führe auch sie den Weg zu Christus!

6. „Du bist mein Gott, dir will ich danken, mein Gott, dich will ich rühmen" (*Ps* 117,28). In diesem Vers des Antwortpsalmes ließe sich die Mitte des geistlichen Lebens von Savina Petrilli, Gründerin der Schwestern der Armen von der hl. Katharina v. Siena zusammenfassen. „Du bist mein Gott." Savina brachte es fertig, sich ganz dem Willen Gottes zu überlassen und machte das Gelübde, Gott nichts bewußt zu verweigern. In dieser Verpflichtung zu völliger Hingabe ihrer selbst an Gott und seinen Willen, im Gelübde vollkommener Hingabe fand sie die Kraft, ihr impulsives Temperament zu beherrschen und sich die schwierigen Tugenden der Sanftmut und Milde anzueignen. Sie fand auch den Frieden in der Erkenntnis, daß ihr Seeleneifer den Weg der Annahme des Kreuzes gehen müsse, ohne daß sie sich je beklage, auch nicht in den schwersten seelischen und körperlichen Leiden.
„Ich danke dir, Herr, ... du bist für mich zum Retter geworden", haben wir im Antwortpsalm gesungen (*Ps* 117,21). Die Rettung für Savina war die Erkenntnis, durch ein Dienen in Liebe, im Namen Jesu, der Priester und Opfergabe zugleich ist, in der Kirche hochherzig eine Berufung erfüllen zu müssen. Die Entdeckung ihrer Berufung ist in einem Satz enthalten: „Wo die Liebe ist, da ist Gott." Die Kraft der Liebe fürchtet keine Hindernisse, kennt keine Grenzen, und in der unterschwelligen Feindseligkeit gegen religiöse Einrichtungen, in politischen Wirren, die den Glauben beiseitedrängen wollten, mitten in bedrückenden wirtschaftlichen Schwierigkeiten konnte Savina ihr Lied des Vertrauens zu Gott singen: „Besser sich zu bergen beim Herrn, als auf Fürsten zu bauen" (*Ps* 117,8–9). In der gleichen Glaubenskraft wußte Mutter Savina fast unübersteigbare Hindernisse zu überwinden, sich klug, energisch, praktisch zu zeigen und war bereit, viele, auch harte Prüfungen durchzustehen. In diesem Vertrauen wußte sie „das Werk des Herrn zu vollbringen, ein Wunder in unseren Augen" (vgl. *Ps* 117,23).
„Du bist mein Gott, dich will ich rühmen" (*Ps* 117,28). Dich will ich rühmen mit meinem Leben, mit allen meinen Kräften, scheint Mutter Savina zu sagen. Ich will dich rühmen, indem ich die verlassensten Brüder um dich sammle, mein Gott, auf den Wegen der Welt will ich die suchen, die der Mensch geringschätzt, um jeden Armen zur Freude des himmlischen Gastmahls zu führen. Ich rühme dich, indem ich das Wirken der Schwestern der Armen bis an die verlassensten Enden der Erde ausdehne, bis in die schwierigsten Gebiete des Apostolats, damit jeder Mensch Freude und Frieden finden und „dem Herrn danken könne, denn er ist gütig, denn seine Huld währt ewig" (vgl. *Ps* 117,29).

7. Dies, liebe Brüder und Schwestern, ist das Zeugnis, das wir heute im Leben der neuen Seligen betrachten. Sie führen uns dazu, die Zeichen der Liebe Gottes in Christus und der Berufung, die aus dieser Liebe zu uns allen entspringt, deutlicher zu erkennen: daß wir Kinder Gottes heißen und es auch wirklich sind (vgl. *1 Joh* 3,1). Im Zeugnis der neuen Seligen können wir die Gestalt Christi, des guten Hirten widerscheinen sehen, seinen Seeleneifer, seine Hingabe bis zum Opfer des Lebens, um jeden Menschen zum Vater zu führen. Mit Freude stellen wir fest, daß die neuen Seligen im Namen Christi, des Gekreuzigten und Auferstandenen, die Kraft und Macht gefunden haben, viele festgefahrene, von materiellem und moralischem Elend niedergedrückte menschliche Verhältnisse wieder „in Gang zu bringen". Sie haben es akzeptiert, daß auch sie vor den Menschen erschienen wie „der Stein, der verworfen war", aber von Gott zum Eckstein erwählt wurde (vgl. *Apg* 4,11).

8. Wir dürfen heute den vierten Ostersonntag im Petersdom feiern und heften den Blick auf die Gestalt des guten Hirten. Er offenbart die Macht seiner Erlöserliebe. Sie bietet sich jedem Menschen auch durch die Seligsprechung der Söhne und Töchter der Kirche: Pietro, Francisco, Kaspar und Savina an.
Christus, der gute Hirt, den der Vater kennt, und der den Vater kennt (vgl. *Joh* 10,15), gibt sein Leben hin für die Schafe seiner Herde, um alle zu jener Liebe zu führen, die der Vater uns in seinem ewigen Sohn geschenkt hat. Kraft dieser Liebe „werden wir Kinder Gottes genannt" und sind es wirklich geworden: im eingeborenen Sohn Gottes angenommene Kinder.

9. Christus, dem Hirten unserer Seelen folgend, gehen wir dem entgegen, was noch nicht offenbar geworden ist, aber offenbar werden wird dann, wenn, wie der Apostel Johannes in seinem Brief lehrt, „er sich offenbart haben wird" (*1 Joh* 3,2).
Und das, was offenbar werden wird, ist die endgültige Wirklichkeit des geschaffenen Kosmos, die überfließende, alles Maß übersteigende Verwirklichung alles dessen, was zeitlich, was nur menschlich und geschöpflich ist.
Nach dem Maß Gottes selbst und der Liebe, die er uns in Christus geschenkt hat. Ja: „Wir werden ihm ähnlich sein, denn wir werden ihn sehen, so, wie er ist" von Angesicht zu Angesicht.

Bittet den Herrn der Ernte, Arbeiter für seine Ernte auszusenden

Botschaft zum 25. Weltgebetstag für geistliche Berufe am 24. April 1988
vom 16. Oktober 1987, veröffentlicht am 29. Januar

Verehrte Brüder im Bischofsamt! Geliebte Brüder und Schwestern in aller Welt!

1. Am 24. April werden wir voll Freude und österlicher Hoffnung den Weltgebetstag um geistliche Berufe begehen.
Es sind 25 Jahre vergangen, seitdem der unvergeßliche Papst Paul VI. die ganze Kirche einlud, an einem besonderen Tag um geistliche Berufe zu beten. Dabei bezog er sich auf

die Lehre (*Mt* 9,38; *Lk* 12,2) und auf das Beispiel des Herrn (*Lk* 6,12). Er bedachte aber auch, daß die Berufung ein Geheimnis bildet, das ein Geschenk Gottes und zugleich Frucht des Gebetes ist.
Es ist tröstlich festzustellen, daß seitdem die Zahl der Neupriester und derer, die Christus auf den Weg der Evangelischen Räte folgen wollen, in einigen Teilen der Welt spürbar gewachsen ist. Das Bemühen um geistliche Berufe trägt also reiche Frucht, wenn es nur beharrlich und unermüdlich bleibt. Die Krise wird dort langsam überwunden, wo der Glaube intensiv gelebt, die Neuevangelisierung verwirklicht wird und das Ostergeheimnis Christi Gestalt annimmt.

2. Heute empfindet man überall die Dringlichkeit neuer Berufe für das Priestertum, für die Missionen, für die geistlichen Orden und die Säkularinstitute.
Wie eindringlich spricht der Herr: „Erhebt eure Augen und schaut die Felder: sie sind schon gelb zur Ernte“ (*Joh* 4,35), und „Bittet also den Herrn der Ernte, daß er Arbeiter auf sein Erntefeld sende!“ (*Mt* 9,38). Diese Einladung sollen wir gläubig und hoffnungsfroh annehmen. Eine Pastoral der geistlichen Berufe ist undenkbar ohne beständiges und drängendes Gebet. Dieses soll vor allem die Bereitschaft zur eigenen Mitarbeit ausdrücken. Das Gebet muß aber nicht nur um die Berufung selbt, sondern auch um die Ausdauer, um die Selbstheiligung und um fruchtbares Wirken der Berufenen bitten.

3. Der Weltgebetstag um geistliche Berufe erhält seinen besonderen Akzent durch die Feier des Marianischen Jahres, das Seelsorger und Gläubige um die Mutter des Erlösers als Vorbild und Mittlerin geistlicher Berufe versammelt.
Jeder, der selbst berufen ist, und seinen Blick auf Maria richtet, findet dort ein verläßliches Vorbild dafür, daß man die Pläne Gottes erkennt, indem man ihnen entschieden folgt, und die Opfer, die diese Berufsentscheidung fordert, demütig und freudig annimmt (vgl. *Lk* 1,28–38; *Joh* 19,25).
Die Gläubigen sollen bei ihrer Sorge um geistliche Berufe bedenken, daß die selige Jungfrau „durch ihre vielfältige Fürbitte die Gabe des ewigen Heiles erschließt“ (*Lumen gentium*, Nr. 62), daß sie das Geschenk der geistlichen Berufe vermittelt und als Mutter aller geistlichen Berufe angerufen werden kann. Sie wirkt mit mütterlicher Liebe bei der Erneuerung und Festigung der Söhne und Töchter der Kirche mit. Jene Worte, die Jesus am Kreuze zu ihr sprach: „Frau, siehe da, dein Sohn„ und zum Jünger: „Siehe da, deine Mutter“ (*Joh* 19,26) beschreiben die Bedeutung Mariens für das Leben der Jünger Christi. Sie bringen zugleich ihre geistliche Mutterschaft zum Ausdruck, indem sie um die Gabe des Hl. Geister bittet, der neue Kinder Gottes erweckt (vgl. *Redemptoris Mater*, Nr. 44).

4. Laßt uns also auf Maria schauen, die nicht nur besser als alle anderen dem Ruf Gottes entsprach, sondern die auch mehr als alle anderen darür Sorge trägt, daß die Heilspläne Gottes jeden erfassen gemäß der wunderbaren Botschaft Gottes, der alle dazu beruft, mit ihm zu wirken (vgl. *1 Tim* 2,4).

Ich rufe die Brüder im Bischofsamt, die Priester als ihre Mitarbeiter, die Orden und Kongregationen und insbesondere die Beauftragten für die Weckung geistlicher Berufe, ferner die Katecheten und Lehrenden sowie alle, die in irgendeiner Weise beim Apostolat der geistlichen Berufe mitwirken, dazu auf, daß sie am Sonntag des „guten Hirten" und im Laufe dieses Marianischen Jahres auf die Rolle Mariens für die Weckung geistlicher Berufe hinweisen.

Die Marianischen Heiligtümer in der ganzen Welt mögen bevorzugte Zentren für die Weckung geistlicher Berufe und eindringlicher Gebete um Berufe sein, damit unser Flehen zum Herrn der Ernte auf Mariens Fürbitte Erhörung finde.

Auch die christlichen Familien, die die ersten Seminare und die unersetzliche Quelle geistlicher Berufe bilden (vgl. *Optatam totius* Nr. 2), rufe ich dazu auf, eine christliche und besonders marianische Gebetskultur zu schaffen, die es ihren Kindern ermöglicht, die Stimme des Herrn zu vernehmen und großmütig und mit freudiger Ausdauer darauf zu antworten.

In ganz besonderer Weise richtet sich meine Botschaft an die jungen Menschen. Ich möchte, daß die Jugend in aller Welt sich stärker Maria zuwende. Sie trägt ja selbst unzerstörbare Züge der Jugend und unvergänglicher Schönheit. Ich wünsche, daß die jungen Menschen ihr immer mehr vertrauen und ihr ihr eigenes Leben anvertrauen.

Maria, der Mutter der göttlicher Berufe, ihr Anwachsen in aller Welt, seien ein Unterpfand ihrer mütterlichen Mitwirkung beim Geheimnis Christi in unserer Zeit und im Geheimnis der Kirche auf der ganzen Welt.

Lasset uns Beten:

„Du Mutter der Kirche, höre unser Gebet. Du hast mit Deinem ‚Ja' dem Herrn das Tor zur Welt, in die Geschichte und zu den Seelen der Menschen geöffnet, indem Du demütig und in voller Hingabe den Ruf des Höchsten angenommen hast.

Gib, daß viele Männer und Frauen auch heute den einladenden Ruf Deines Sohnes begreifen: ‚Folge mir!' Gib ihnen den Mut, ihre Familien, ihren Beruf und ihre irdischen Hoffnungen zu verlassen und Christus nachzufolgen.

Halte Deine mütterliche Hand über die Missionare in aller Welt, über die Ordensleute, die den Alten, Kranken, Behinderten und Waisen beistehen; über alle, die andere unterrichten, über die Mitglieder der Säkularinstitute, die so viele gute Werke anregen; über alle, die in strenger Klausur in Glaube und Liebe leben und um das Heil der Welt beten. Amen!"

Zugleich erbitte ich euch, ehrwürdige Brüder im Bischofsamt, den Priestern, den Ordensmännern und Ordensfrauen, und dem ganzen Volke Gottes, besonders aber den jungen Menschen, die großmütig die Einladung Jesu zur Nachfolge annehmen, von ganzem Herzen den Apostolischen Segen.

Aus dem Vatikan, am 16. Oktober 1987

IOANNES PAULUS PP.II

Katechist muß treuer Diener des Evangeliums sein

Ansprache an den Nationalkongreß italienischer Katechisten am 25. April

1. „Wie sind die Freudenboten willkommen, die Gutes verkündigen!“ (*Röm* 10,5). Dies sind die einleitenden und anerkennenden Worte, mit denen ich euch, Katechisten der Kirche Gottes in Italien, begrüße, die hier anwesenden Bischöfe, die Vertreter der italienischen Bischofskonferenz, die Leiter der nationalen und diözesanen katechetischen Büros, eure Priester und die Vertreter der Katechisten kirchlicher Gemeinschaften aus anderen Ländern. Wie ich von Kardinal Ugo Poletti und anderen Äußerungen hier erfahren konnte, ist euer Kongreß gut gelungen. Ihr habt dabei den ehrlichen und mutigen Vorsatz gefaßt, euren hochherzigen Dienst nach den Weisungen der Kirche und den Bedürfnissen der Menschen unserer Zeit zu erneuern.

Ich gratuliere euch und danke mit euch dem Herrn Jesus, unserem gemeinsamen und unübertrefflichen Meister und Katechisten. Mit euch und für euch rufe ich in diesem Marianischen Jahr die mütterliche Fürsprache jener an, die in der Fülle des Glaubens das Wort des Lebens aufgenommen hat.

Die Geschichte der Katechese in Italien hat in diesem Jahrhundert wichtige Abschnitte aufzuweisen: vom grundlegenden Katechismus des hl. Pius X. und der fortschreitenden katechetischen Erneuerung, die zumal seit dem II. Vatikanischen Konzil das christliche Leben eurer Gemeinschaften geprägt hat, besonders dank des Dokumentes „Erneuerung der Katechese“, auch „Grunddokument“ genannt, bis zu den nationalen Katechismen für die verschiedenen Altersstufen und zum lebhaften und hochherzigen Aufblühen von Katechisten in bisher unerhörter Zahl. Auf diesem Weg gilt es mit immer hochherzigem Einsatz weiterzumachen.

2. In dem Apostolischen Schreiben *Catechesi tradendae* bemerkte ich: „Die Katechese wurde von der Kirche immer als eine ihrer wichtigsten Aufgaben betrachtet; denn bevor der auferstandene Christus zu seinem Vater zurückkehrte, gab er den Aposteln einen letzten Auftrag, alle Völker zu Jüngern zu machen und sie alles befolgen zu lehren, was er ihnen geboten hatte“ (vgl. *Mt* 28,19–20) (Nr. 1).

Wir machen mit diesem Dienst in Wahrheit Christus die Freude, daß er dem Menschen begegnen kann, um ihm wie einst in Palästina das Wort des Heiles zu verkünden. Der hl. Paulus bemerkt dazu: „Die Schrift sagt: Wer an ihn glaubt, wird nicht zugrunde gehen. Darin gibt es keinen Unterschied zwischen Juden und Griechen. Alle haben denselben Herrn; aus seinem Reichtum beschenkt er alle, die ihn anrufen. Denn jeder, der den Namen des Herrn anruft, wird gerettet werden. Wie sollen sie nun den anrufen, an den sie nicht glauben? Wie sollen sie an den glauben, von dem sie nichts gehört haben? Wie sollen sie hören, wenn niemand verkündigt? Wie soll aber jemand verkündigen, wenn er nicht gesandt ist? Darum heißt es in der Schrift: „Wie sind die Freudenboten willkommen, die Gutes verkündigen!“ (*Röm* 10,11–15).

Der Katechist ist daher ein Mensch unterwegs, der, vom auferstandenen Herrn gesandt und von seinem Geist getragen, wie Jesus Menschen aufsucht, um ihnen die entscheidende Nachricht des Evangeliums zu bringen.

Der Katechist ist eine missionarische Gestalt, die zwar normalerweise inmitten der Gemeinschaften von Christen arbeitet, aber in gewisser Weise kehrt er immer zu den Wurzeln des Glaubens zurück und verkündet das Evangelium so, als ob es das erstemal wäre. Tatsächlich ist heute der Katechist in Italien und in Europa zur Verwirklichung dessen aufgerufen, was ich auf dem kirchlichen Kongreß in Loreto „fast eine neue Einpflanzung des Evangeliums" genannt habe (*Insegnamenti*, VIII/1, 1985, 996).
Mit Recht habt ihr daher unter der Führung eurer Hirten auf eurem Kongreß das Thema behandelt: „Katechisten für eine missionarische Kirche."
Das Missionarische der Katechese ergibt sich aus der geheimnisvollen, frei geschenkten und begeisternden Anteilnahme an der Sendung Christi und der Kirche, die darin besteht, dem Menschen den unerhört großartigen Plan grenzenloser Liebe bekanntzumachen, den Gott mit ihm hat, so daß er ihn bejaht und durchführt: aus jedem Menschen ein Kind Gottes zu machen, frei und fähig zu lieben und eifrig im Eintreten für Gerechtigkeit und Frieden.
Bewahrt eurem katechetischen Wirken daher immer jenen großen Atem und jene missionarische Offenheit, die Jesus in jedem Augenblick seines Lebens gezeigt hat. Dies wird euch dahin führen, wie Jesus auf all jene zu schauen und sie aufzusuchen, die sich fern fühlen und es sind, oder die sich in ihrem Leben an den Rand gedrängt vorkommen. So werdet ihr weiter eine aufmerksame, erfindungsreiche, fachkundige und glaubwürdige Sorge für die Welt der Erwachsenen und der Jugendlichen aufbringen. In *Catechesi tradendae* habe ich betont, daß die Erwachsenenkatechese die Hauptform der Katechese ist, denn sie wendet sich an Personen mit größerer Verantwortung und der Fähigkeit, die christliche Botschaft in ihrer voll entfalteten Form zu leben (vgl. Nr. 43).
Die Katechistenbewegung wird bei euch ihr Reifealter erreichen, wenn und soweit sie für die Erwachsenen Glaubenswege aufzeigen und in großer Zahl Katechisten für die Erwachsenen erwecken wird.

3. Die Katechisten in Italien und in der Welt sind zahlreich, und ihre Zahl wächst, zumal unter den Laien. Wir müssen darin einen Segen Gottes für seine Kirche sehen und eine kraftvolle Bestätigung des Wertes dieses Laienapostolates, mit dem sich die kürzliche Bischofssynode beschäftigt hat.
Doch wie bei allen Dingen, die die Erziehung von Personen, zumal ihre Glaubenserziehung betreffen, muß zur Zahl die Qualität hinzukommen. Ein qualifizierter Katechist sein, dahin muß heute jeder streben, der sich für diese wichtige Aufgabe entscheidet: es sein mit jenen Kennzeichen, die die Kirche authentisch vorlegt. Der Katechist muß vor allem ein überzeugter Vertreter der sicheren Botschaft des Evangeliums sein. „Wir leben in einer schwierigen Welt, in der die Furcht, die besten Schöpfungen des Menschen könnten diesem entgleiten und sich gegen ihn wenden, ein Klima der Unsicherheit schafft. In dieser Welt muß die Katechese den Christen helfen, zu ihrer Freude und zum Dienst aller Licht und Salz zu sein. Das erfordert gewiß, daß sie diese in ihrer eigenen Identität bestärkt und sich selber unablässig von den Zweifeln, Ungewißheiten und der sie umgebenden Gleichgültigkeit befreit" (*Catechesi tradendae*, Nr. 56).
Der Katechist muß ferner ein treuer Diener des Evangeliums sein, so wie es Jesus der Kirche anvertraut hat. Diese aber hat es aufgenommen und im Verlauf einer zweitausend-

jährigen Überlieferung weitergegeben. Das Angebot dieses Glaubens ist echt, befreiend und fruchtbar, wenn es in sich klar den echten Sinn Christi und das Zeugnis der Apostel offenbart. Daher habe ich im Verlauf dieser Jahre meines apostolischen Dienstes wiederholt davon gesprochen, daß „eine systematische Katechese“ notwendig ist (vgl. *Catechesi tradendae*, Nr. 21) und „die Vollständigkeit der Botschaft“ gesichert sein muß (*ebd.*, Nr. 30). Es wäre wirklich ein schwerer Fehler gegen die Treue zum Evangelium, doch auch gegen die Kultur, wenn das unermeßliche Glaubenserbe, wie es in der Quelle der Bibel enthalten ist und von daher durch die vom Geist geleitete Kirche im Verlauf dieser 20 Jahrhunderte entwickelt, verdeutlicht und verteidigt wurde, irgendwie verfälscht würde. Und gerade um die Übermittlung der unvergleichlichen Reichtümer des Glaubens zu erleichtern, die für unsere Zeit durch das II. Vatikanische Konzil erneut authentisch vorgelegt wurden, wollte die außerordentliche Bischofssynode die Zusammenstellung eines „Katechismus für die ganze Kirche“.

Der Katechist muß sodann auch ein Lehrer der Menschlichkeit sein, d. h. tief besorgt um das Empfinden und die Probleme derer, die er katechetisch unterweist. Es nützt nichts, eine schöne Vorlesung gehalten zu haben, wenn diese nicht auf die Fragen und Erwartungen jener antwortet, an die sie sich wendet.

Hier muß die Katechese über das Systematische und die Unverkürztheit hinaus einen intensiven pädagogischen Charakter zu entwickeln wissen, das heißt, die Haltung Jesu weiterführen, der, während er das Wort des Lebens schenkte, jeden in der Konkretheit seiner Bedürfnisse, Erwartungen und Verständnisfähigkeiten ansprach.

Der Katechist muß endlich seinen Unterricht an den sozialen Zusammenhang anpassen, in dem die zu Katechisierenden leben. Er darf also seinen Dienst am Wort Gottes nicht auf die rein innerliche Glaubenszustimmung und den Gottesdienst beschränken; er muß sich vielmehr den großen moralischen und sozialen Fragen unserer Zeit öffnen, an die ich jüngstens in der Enzyklika *Sollicitudo rei socialis* erinnert habe. Derjenige verkündet das Evangelium an die Menschen von heute, der ihnen in einer kraftvollen und intensiv gelebten Moral zu wachsen hilft, die sich an der Achtung vor der menschlichen Person, zumal der Ärmsten in jedem Teil der Welt, und ihrer Hebung messen läßt, wobei sie immer Solidarität und Freiheit verbindet (vgl. *Sollicitudo rei socialis*, Nr. 33).

Wenn ihr diese Kennzeichen folgerichtig anwendet, könnt ihr das verwirklichen, was ein „für das ganze Leben der Kirche fundamentaler Grundsatz (ist): die Treue zu Gott und die Treue zum Menschen aus der selben Haltung der Liebe“ (*Catechesi tradendae*, Nr. 55).

4. Es ist klar, daß sich das alles nicht durchführen läßt ohne ein ernsthaftes Bemühen um Vorbereitung, zu dem sich die ganze Gemeinschaft der Kirche aufgerufen fühlen muß: „Die Ausbildung der Katechisten ist ein wesentliches Element des gemeinsamen Einsatzes für die Entfaltung und Lebenskraft der Kirche. Sie ist überall notwendig“ (*Insegnamenti*, VIII/1, 1985, 595). Daher habt ihr dies auch mit Recht als erstes Anliegen eures Kongresses betrachtet. Unerläßlich sind Bildungswege für Katechisten des Grundunterrichtes, die klar, organisch und gut geordnet angeboten werden. Sie bilden eine Priorität innerhalb des Pastoralplans der Einzelkirchen. Notwendig sind auch Bildungswege für Animatoren von Katechisten und für spezialisierte Katechisten.

Der immer noch gültige Bezugspunkt hier bleibt das Grunddokument „Die Erneuerung der Katechese“, das in voller Übereinstimmung mit den Dokumenten des Lehramtes der universalen Kirche euch allen sichere Führung bietet. Im Licht dieses Dokumentes werden auch die Katechismen für die verschiedenen Altersstufen, derzeit in der Phase der Vorbereitung, euch weiter bei jenem Dienst unterstützen, den euch eure theologische und pädagogische Ausbildung und euer missionarischer Eifer möglich machen.

5. Wenn ich euch, liebe Brüder und Schwestern, ermuntere, bei eurer so edlen Aufgabe auszuharren, rufe ich über euch den besonderen Schutz Marias, der Mutter Jesu und der Kirche herab, die Katechetin in Wort und Tat war, „lebendiger Katechismus“, „Mutter und Vorbild der Katecheten“, wie die Synodenväter sie nennen (*Catechesi tradendae*, Nr. 73).
Geht zusammen mit ihr dem großen Jubiläum des Beginns des 3. Jahrtausends entgegen in dem Bewußtsein, daß gerade ihr mit eurem katechetischen Dienst dem lebendigen Wort Gottes Stimme verleiht, damit es bei all jenen lebendig und aktuell wird, die Gott auf euren Weg gestellt hat, und die offen oder verschwiegen von euch seine Verkündigung erwarten, die befreit und ins Heil führt.
Mein Segen soll euch begleiten, und ich dehne ihn gern aus auf alle Katechisten und Katechistinnen Italiens.

Jeder Mensch hat Anspruch auf menschenwürdiges Dasein

Ansprache an die Abgeordneten der CDU-Fraktion des badenwürttembergischen Landtags am 30. April

Sehr geehrte Damen und Herren!

Sie alle, Abgeordnete der CDU-Fraktion im Landtag von Baden-Württemberg und ihre Ehegatten, heiße ich herzlich willkommen. Es freut mich, daß bei Ihrem Besuch in der Ewigen Stadt auch eine Begegnung mit dem Bischof von Rom und Nachfolger Petrus möglich wurde. Ich danke Ihnen für diesen Ausdruck der Verbundenheit sowie für die freundlichen Worte Ihres Fraktionsvorsitzenden.
Sie sind Mitglieder der Christlich-Demokratischen Union. Dieser Name ist eine große Verpflichtung. Im Rahmen einer repräsentativen Demokratie verpflichtet er zum uneigennützigen Dienst an den Bürgern und zu einer Politik aus christlicher Verantwortung. Als Parlamentsabgeordneter vertreten Sie nicht lediglich Gruppeninteressen, sondern sind auch aufgerufen, anzuführen, zu inspirieren und unabdingbare Werte auch gegen die Zeitmode zu verteidigen.
Die Rechte der Menschen und die Wahrung ihrer Würde sind oberstes Prinzip für Ihre Arbeit. Der Mensch ist von Gott geschaffen nach seinem Bilde. Er hat Rechte, die nicht aus dem Wohlwollen des Staates, sondern aus der Hand Gottes stammen. Hier wurzelt die Menschenwürde; hier haben politische Freiheit und Glaubensfreiheit ihren gemeinsamen Ursprung.

Jeder Mensch hat einen Anspruch auf ein menschenwürdiges Dasein. Ihre Sorge wird deshalb besonders denen gelten, die in Not sind und sich aus eigener Kraft nicht helfen können. Gerade deswegen trägt ja auch das in Ihrer Heimat bestehende System für Produktion und Handel den Namen „Soziale Marktwirtschaft“. Gleichzeitig aber reicht Ihre Verantwortung über die Grenzen Ihres Landes hinaus. Das Elend und die soziale Ungerechtigkeit, in der viele Menschen in Asien, Afrika und Lateinamerika leben, ist eine große Herausforderung für die reicheren Völker Europas, die zu konkreten Verpflichtungen führen muß. Brüderliches Teilen ist eine sittliche Pflicht; Entwicklungshilfe ist zugleich Friedensdienst.

Jeder Mensch hat ein Recht auf Leben. Dieses Recht hat das ungeborene Kind von Anfang an genauso wie ein geborenes Kind, ein alter und siecher Mensch genauso wie ein gesunder. Ich sage auch Ihnen als Politikern, was ich Ihren Bischöfen gesagt habe, als sie mich vor wenigen Wochen besuchten: „Tut alles, was ihr könnt, um die Gewissen der Menschen zu wecken und das Leben der ungeborenen Kinder zu retten. An diesem Zeugnis für das Lebensrecht aller menschlichen Wesen am Anfang und am Ende unseres irdischen Weges entscheidet sich die Glaubwürdigkeit unserer Hoffnung für alle Menschen, ganz besonders in eurem Land, das doch so viele Lebenschancen bietet.“

Mit Genugtuung sehe ich, daß Sie sich in ihrer Politik besonders auch der Förderung der Familie annehmen. Die Familie ist die wichtigste menschliche Gemeinschaft. Sie ist die Wiege des Lebens und der erste Hort der Menschlichkeit. Weil in der Familie Wesentliches grundgelegt wird für das spätere Leben eines Menschen, haben Kinder auch einen Anspruch auf die Zuwendung ihrer Eltern und müssen Zeit und Kraft dieser Zuwendung auch sozialpolitisch und ökonomisch hinreichend gewertet werden.

Ihr Dichter Ernst Wiechert hat den Satz geprägt: „Es fällt niemand aus der Welt heraus, der nicht zuvor aus Gott herausgefallen ist.“ Unsere heutige Zivilisation erschwert oft durch ihre einseitige Hinwendung zu den irdischen Wirklichkeiten das Verständnis und den Einsatz für die tieferen, sittlich-religiösen Werte des Lebens und letztlich auch den Zugang zu Gott. Öffnen Sie als christliche Politiker den Horizont Ihres Wirkens auf das ganzheitliche Wohl des Menschen hin. Setzen Sie Ihr Vertrauen auf Gott, den Herrn der Geschichte und Ziel unseres Lebens, sowie auf unseren Erlöser Jesus Christus, der für uns Weg, Wahrheit und Leben ist. Die Treue Gottes ist jedem Menschen nahe und gibt niemanden auf; er wird auch einmal das Bruchstückhafte und Unvollkommene an unserer Arbeit ausgleichen und vollenden.

Ich erbitte Ihnen und Ihren Familien, Ihrem Volk und Ihrem schönen Land von Herzen den Segen des dreifaltigen Gottes.

Ortskirchen brauchen ausgebildete Katecheten

Ansprache an die Pilger aus der süditalienischen Provinz Foggia am 30. April

Verehrte Brüder im Bischofsamt,
sehr geehrte Behördenvertreter,
liebe Gläubige aus der Provinz Foggia!

1. Eure so zahlreiche Pilgergruppe erfüllt mich mit Freude, denn sie läßt in meiner Erinnerung meinen vorjährigen Besuch bei euch noch einmal ganz lebendig werden. Gerne empfange ich euch anläßlich eures Besuches in Rom, den ihr hier in der Petersbasilika begonnen habt und danke euch aus ganzem Herzen sowohl für euer Gebet als auch für diese Begegnung. Ich begrüße alle Anwesenden sehr herzlich, insbesondere meine Mitbrüder im Bischofsamt, die diese großartige Versammlung organisieren wollten, sowie die Autoritäten und den Vorstand der „Casa Sollievo della Sofferenza" mit den Ärzten und dem Sanitätspersonal.
Eure Anwesenheit ist ein Zeichen jenes tiefen und hochherzigen Glaubens, von dessen Vorhandensein ich mich zu meiner großen Beruhigung während meines Pastoralbesuches überzeugen konnte. Jene Tage des Gebetes und der Katechese, die ich in eurer Mitte verbrachte, werden mir unvergeßlich bleiben: mit innerer Bewegung gedenke ich auch der Eucharistiefeiern in San Giovanni Rotondo und in Foggia; des Besuches der Heiligtümer des Erzengels Michael auf dem Gargano und der gekrönten Madonna von Valleverde; des Gebetes an den Gräbern von Pater Pio da Pietrelcina und Bischof Antonio Pirotto; der Begegnungen mit den Kranken in der „Casa Sollievo della Sofferenza" und in der „Casa della Divina Provvidenza"; mit den Jugendlichen in Foggia und den Arbeitern in Cerignola. Ich erinnere mich des herzlichen Empfanges, den mir die Bevölkerung in Monte Sant'Angelo, Manfredonia, San Severo, Lucera, Troia, Bovino und Ascoli Satriano bereitete. Diese Erinnerungen trage ich stets in meinem Herzen.

2. Euch, den Teilnehmern an dieser Pilgerfahrt, möchte ich jetzt folgendes sagen: seid bestrebt, eure christliche Identität überzeugungstreu zu leben; seid insbesondere bestrebt, euch nicht in euch selbst zu verschließen, sondern euch innerlich offen zu halten für das Leben der Kirche – insbesondere der in Italien.
Unter den Ereignissen, welche dieses Jahr das Leben der Kirche in Italien ganz besonders kennzeichnen, ist vor allem das nationale Katechistentreffen anzuführen, das, von der italienischen Bischofskonferenz einberufen, vor einigen Tagen in Rom stattgefunden hat und an dem eure Katechisten sicher teilgenommen haben. Dieses Ereignis hat unterstrichen, wie aktuell weiterhin die Notwendigkeit ist, daß Katechisten in den Pfarreien und Schulen arbeiten. Gleichzeitig hat es die beruhigend große Anzahl jener in Erscheinung treten lassen, die sich für die Weitergabe des Glaubens an die neuen Generationen zur Verfügung stellen. All das muß euch zum Nachdenken anregen: Die Ortskirchen bedürfen heute unbedingt gut ausgebildeter Katechisten, die über solides und vollständiges religiöses Wissen verfügen und selbst mutig und hochherzig den Glauben leben, den sie bekennen. Das erfordert Opferbereitschaft und echtes Engagement, sich um eine gründliche

Kenntnis der Heiligen Schrift und der kirchlichen Lehre anzueignen und auch die Schwierigkeiten wahrzunehmen, denen der heutige Mensch in den Bereichen der Glaubenslehre und der Moral begegnet. Wir wissen sehr wohl, daß die Botschaft Christi befreit und das Heil erwirkt; sie stellt jedoch auch hohe Anforderungen, und nicht selten steht sie in offenem Gegensatz zur Mentalität der Welt. Deshalb ist es nötig, ihre Kenntnis zu vertiefen, um bereit zu sein, „jedem Rede und Antwort zu stehen, der nach der Hoffnung fragt, die euch erfüllt" (*1 Petr* 3,15). Als sehr zweckdienlich haben sich hier die theologischen Kurse für Laien erwiesen, die im Lauf dieser Jahre in den verschiedenen Diözesen ein erfolgreiches Wirken entfalteten. Ich fordere alle auf, die dazu die Möglichkeiten haben, diese Gelegenheit zu einem gründlichen Kennenlernen der Quellen der Offenbarung, zu einer Stärkung des Glaubens und zur Wahrnehmung einer Möglichkeit, in der heutigen Welt ein nachdrückliches Zeugnis abzulegen, nicht zu versäumen.

3. Ein zweites Ereignis, auf das ich eure Aufmerksamkeit lenken möchte, ist der nationale eucharistische Kongreß, der im Juni in Reggio Calabria stattfinden wird. Auch diese dem Glaubenszeugnis und dem Gebet gewidmete Versammlung ist für das Leben der Kirche in Italien von großer Bedeutung.
Die Idee und die Durchführung der eucharistischen Kongresse wollen ja den Glauben an die wirkliche Gegenwart Jesu in der Eucharistie und an den Wert der heiligen Messe als Akt der Gottesverehrung wachhalten und neu beleben. Diese Kongresse stellen einen besonderen Augenblick im Leben einer Nation oder einer Diözese dar: sie sind eine Gnade Gottes, die man mit Ernst annehmen muß, mit Sorgfalt darauf bedacht, daß sie ihren aufbauenden und gewissensbildenden Zweck auf individueller, familiärer und gemeinschaftlicher Ebene erreicht. Leider rufen die Statistiken über den Sakramentenempfang der Christen und ihren Besuch der Sonn- und Feiertagsmesse manchmal ernste Besorgnis hervor. Viele vergessen auch ihre Taufe und vergessen auch die Eucharistie. Der eucharistische Kongreß muß von allen als Aufforderung Gottes verstanden werden, ihre eigene eucharistische Frömmigkeit zu überprüfen, den Wert der Liturgie für das Leben immer besser zu verstehen, die heilige Messe immer mehr zu schätzen und an allen Sonn- und Feiertagen, wenn möglich auch an Wochentagen, daran teilzunehmen mit Empfang der heiligen Kommunion.
Nur wenn die Eucharistie als zentralstes und kostbarstes Sakrament der Kirche, als moralische Kraft, geistliche Tröstung für jede Seele, Unterpfand der künftigen Auferstehung und Beweggrund für Mitmenschlichkeit und Nächstenliebe betrachtet wird, kann man auf zahlreiche und heilige Priester- und Ordensberufungen hoffen.

4. Schließlich möchte ich eurem Gebet auch die Versammlung der italienischen Bischöfe empfehlen, die in einigen Tagen in Rom stattfinden wird. Wie ihr wißt, tritt die italienische Bischofskonferenz alljährlich vollzählig zusammen, um einen Blick auf die religiöse Lage der Nation in ihrer Gesamtheit zu werfen, besonders schwierige Fragen zu besprechen und die dringendsten Richtlinien im Bereich der Pastoral zu erlassen.
Ihr, die ihr für die religiöse Problematik und für die Erfordernisse des Glaubens aufgeschlossen seid, werdet verstehen, wie heikel und besorgniserregend die Aufgabe jener

geworden ist, die den einzelnen Ortskirchen vorstehen! Die moderne Gesellschaft, in der wir leben, befindet sich in ständiger Bewegung und stellt einer Durchdringung mit dem Sauerteig des Evangeliums starken Widerstand entgegen. Die Sorgen der Hirten, denen die Verantwortung für die Führung und Bildung der Gläubigen auferlegt ist, sind daher bedrückend und jeden Tag neu. Ihr kollegiales Zusammentreffen muß von euch als passende Gelegenheit betrachtet werden, den Vorsatz loyalen Gehorsams, großmütiger Mitarbeit und ständiger Gebetshilfe zu erneuern.

5. Liebe Gläubige aus der Provinz Foggia! Möge der Besuch in der vatikanischen Basilika und am Grab des heiligen Petrus euren Glauben stärken und ihm Unerschütterlichkeit in allen Situationen des modernen Lebens verleihen.
Der Monat Mai, den wir morgen beginnen, sei euch eine geeignete Gelegenheit zur Erneuerung der guten Vorsätze, die ihr im Lauf dieses Marianischen Jahres gefaßt habt: das tägliche Gebet des Rosenkranzes, allein oder in der Familie; eine besondere Übung der Frömmigkeit an jedem Samstag und an Marienfesten, insbesondere die Teilnahme an der Eucharistiefeier; ein besonders eifriger und mehr methodischer Einsatz im Studium der Glaubenslehre; schließlich Werke der Nächstenliebe. Auch das Marianische Jahr ist eine Gnade des Herrn und darf nicht umsonst verstreichen, sondern muß tiefe Spuren in eurem Leben hinterlassen.
Habt Vertrauen in die Gegenwart und die Kraft der göttlichen Gnade! Gebt nie der Versuchung der Müdigkeit und der Mutlosigkeit angesichts der Schwierigkeiten der heutigen Welt nach! Pater Pio da Pietrelicna schrieb: Ich kenne aus Erfahrung das wahre Heilmittel, das vor dem Fallen bewahrt: sich auf das Kreuz Jesu stützen und auf ihn allein vertrauen, der um unseres Heiles willen an das Kreuz geheftet werden wollte“ (26. März 1914). Diesen Gedanken hinterlasse ich euch als Andenken an eure Pilgerfahrt.
Der Hinweis auf Pater Pio veranlaßt mich, noch ein besonderes Wort des Grußes und der Ermutigung an die Gebetsgruppen zu richten, die er wünschte und unterstützte. Schon zu seinen Lebzeiten sind sie zahlreich geworden, und nach seinem Tod haben sie sich über die ganze Welt verbreitet. Nach dem Inkrafttreten ihrer neuen Statuten verfügen diese Gruppen nunmehr über sichere Richtlinien, welche die Mitglieder hinsichtlich ihrer Spiritualität und ihrer Teilnahme am pfarrlichen und diözesanen Leben orientieren. Eng mit dem authentischen Lehramt der Kirche verbunden und unter den Weisungen des zuständigen Bischofs können die Gebetsgruppen jetzt besser die persönliche Bildung und Ausbildung durch Teilnahme am liturgischen und pastoralen Leben und Werke der Nächstenliebe verwirklichen. Eure Gebetsversammlungen, liebe Brüder und Schwestern, sollen immer eine Gelegenheit zu gründlicher Katechese bieten und zu ausgeglichener und mutiger christlicher Überzeugungstreue auffordern.
In diesem Sinn erteile ich euch und allen Teilnehmern an dieser Pilgerfahrt sowie den Gläubigen der gesamten Provinz Foggia aus ganzem Herzen meinen Segen.

Evangelisierung und Katechese Missionsauftrag der Kirche

Ansprache an die italienischen Bischöfe am 3. Mai

1. „Grüßt einander mit dem Kuß der Liebe! Friede sei mit euch allen, die ihr in Christus seid!" (*1 Petr* 5,14).
Gern wende ich mich an euch, verehrte und liebe Brüder, mit diesen Worten des Apostels Petrus, um euch gleich zu Anfang dieser Begegnung die Zuneigung auszusprechen, die ich für euch empfinde und die solidarische Gemeinschaft, mit der ich euer Wirken als Hirten in dem Bewußtsein begleite, daß ein besonderes Band den Bischof von Rom mit den übrigen Bischöfen Italiens und den Kirchen in Italien verbindet, wie es ja auch das Statut eurer Konferenz sagt (vgl. *Statut der italienischen Bischofskonferenz* Art. 4, § 2). Ich grüße Kardinal Poletti, den Präsidenten, sowie Msgr. Runi, den Sekretär. Ich begrüße von Herzen einen jeden von euch und danke dem Herrn für die mir gebotene Gelegenheit, euch in kollegialer Verbundenheit zu begegnen, während ihr den Arbeiten eurer XXIX. Versammlung nachgeht. Sie findet in diesem Marianischen Jahr statt, und daher empfehlen wir sie in besonderer Weise der mütterlichen Fürsprache Marias.
Ich kenne den Eifer, mit dem das Marianische Jahr in euren Diözesen begangen wird, wobei ihr die tiefe Frömmigkeit, die schon immer das christliche Volk Italiens mit der Jungfrau, unserer Mutter verbindet, neu belebt und theologisch fundiert. Ich weiß um den Eifer, mit dem ihr als Hirten und eure Priester auf dieses Ziel hingearbeitet habt, unterstützt auch durch die wertvollen Hilfen, die die Bischofskonferenz dafür bereitgestellt hat. Ich danke euch herzlich für dies alles, und mit euch danke ich dem, von dem „jedes vollkommene Geschenk" kommt (*Jak* 1,17).

2. Das Marianische Jahr wurde von euch mit Recht im Hinblick auf die Evangelisierung aufgegriffen, die im Zentrum des pastoralen Bemühens der Kirchen in Italien steht. Ihr habt auf die Verehrung Marias hingewiesen, jener, die selig ist, weil sie geglaubt hat (vgl. *Lk* 1,45; *Redemptoris Mater*, Nr. 12–19). So nämlich kann man unser Volk leichter dahin führen, daß es die Freude des Glaubens an die Fülle des Geheimnisses Christi neu entdeckt.
Einen bedeutenden Abschnitt auf diesem Weg der Evangelisierung stellte zweifellos der kürzliche Nationalkongreß „Katechisten für eine missionarische Kirche" dar. Mit Freude habe ich noch die lebendige Wirklichkeit einer katechetischen Bewegung vor Augen und im Herzen, die eine Gabe Gottes, aber zugleich der berechtigte Stolz der Bischöfe und Kirchen Italiens ist. Die von diesem Kongreß ergangenen Weisungen bilden ein kräftiges und wohlbegründetes Motiv der Hoffnung für eine Evangelisierung und Katechese, die keineswegs die Kinder und Jugendlichen übergeht, und sich doch wirksam an die Heranwachsenden und Erwachsenen wendet. In echt missionarischer Haltung geht sie ihnen entgegen und bietet ihnen die christliche Botschaft in einer Formulierung an, wie sie für Gesprächspartner geeignet ist, die das Leben von heute erfahren haben, seine Fragen,

Schwierigkeiten und Versuchungen kennen, aber auch die Werte, Möglichkeiten und für die Zukunft offenen Aussichten sehen.

3. Gleichsam als familiäre Fortsetzung des mit euch, geliebte Brüder, auf dem kirchlichen Kongreß von Loreto begonnenen Gesprächs möchte ich über die Bedingungen dieser Evangelisierung und Katechese der Erwachsenen nachdenken, deren erstrangige Bedeutung ich schon damals betont habe (vgl. *Insegnamenti* VIII/1 1985, 996).
Der Schwung der Evangelisierung und der ganzen missionarischen Dynamik kann nur aus der Wurzel einer reifen „Kenntnis der Wahrheit" kommen, das heißt, der im Geist der Evangelisierer und Katechisten fest gegründeten Überzeugung, daß die Wahrheit Christi, der Kirche als getreuer Interpretin und unermüdlichen Verkünderin anvertraut, die einzige Wahrheit bildet, in der für die Menschen von heute und morgen das Heil liegt, wie es schon bei den ersten Generationen von Gläubigen der Fall war.
Dieses „Bewußtsein von der Wahrheit" muß von den Evangelisierern an die Evangelisierten weitergegeben werden: dies ist der heute vielleicht kostbarste Dienst, den wir unseren Mitmenschen leisten können. Wenn es nämlich in unserem Volk noch Sinn für das Religiöse und Bedürfnis nach Gott gibt, ja wenn sie eine neue und wachsende Lebenskraft zeigen, so weisen sie zugleich darauf hin, welch weiter Raum der Evangelisierung noch offensteht. Wir dürfen ja nicht vergessen, daß der Glaube unserer Christen oft recht schwach, weil unterernährt und vielfältigen Versuchungen und Hindernissen ausgesetzt ist, auch bei solchen, deren religiöse Praxis ziemlich konstant ist.
Die negativen und auflösenden Aspekte einer gewissen heute vorherrschenden Kultur, wie die Hervorhebung und fast Absolutsetzung einer Freiheit, die sich selbst Ziel ist und daher unbeständig und unfähig, sich zu übersteigen, die Sklaverei des Besitzes und des unmittelbaren Genießens der materiellen Güter in wachsendem Maß und zunehmender Vielfalt (vgl. *Sollicitudo rei socialis*, Nr.28), machen eine Lebensentscheidung im Sinn des christlichen Glaubens schwierig, eine Entscheidung, bei der Gott nicht nur einen vagen Bezugspunkt bildet, sondern Mittelpunkt und Fundament der Existenz ist, und bei der die Freiheit aufgerufen wird, sich durch Hingabe seiner selbst zu verwirklichen, um das Endgültige und Ewige anzustreben.

4. Soll der Glaube gebildet sein und in Christus zu einer umfassenden Lebensentscheidung werden, sind neben dem Gebet und dem Zeugnis der Caritas eine Evangelisierung und eine Katechese notwendig, die sämtliche Dimensionen des Lebens erfassen. Ausgangspunkt ist immer die Verkündigung Christi, der für uns gestorben und auferstanden ist.
In der heutigen Situation ist auch besonders notwendig das Bemühen, die moralischen Gehalte des Glaubens hervorzuheben, zu motivieren und verständlich zu machen, sowie die Auswirkungen, die sie für das persönliche, das Familienleben und das soziale Leben haben. Man muß unseren Gläubigen helfen, sich klar zu werden, daß die Wahrheit Christi, in ihrer Ganzheit dargestellt und angenommen, zugleich einen Lebensentwurf und ein Beispiel der Menschlichkeit enthalten, die gleichermaßen erheben und befreien.
Der soziale und kulturelle Zusammenhang, in dem wir uns befinden, der immer komplizierter wird und ebenso raschen wie tiefen Wandlungen unterliegt, erfordert eine ständige

Aufmerksamkeit für die sich ändernden Zeichen der Zeit und eine erhebliche Verständnisfähigkeit. Ohne sie kann es uns nicht gelingen, den Bruch zwischen Evangelium und Kultur zu überwinden, um die Inkarnation des Glaubens in unserer Zeit zu erreichen.
Doch damit uns dies nicht auf Abwege führt, müssen wir uns notwendig leiten lassen von einer echten Unterscheidung im Sinn des Evangeliums, die die ganze Wahrheit Christi berücksichtigt, ohne die tiefreichenden Unterschiede und oft radikalen Gegensätze auf dem Gebiet der Ideen und der praktischen Weisungen zu übersehen, bei den ideellen und kulturellen Grundlagen und Lebensentwürfen, die heute weitverbreitet sind und oft vorherrschen.
In einer Gesellschaft wie der italienischen, die durch einen eingewurzelten Pluralismus gekennzeichnet ist, wird von den Gläubigen eine erhebliche Fähigkeit zum Hören und zum Dialog mit anderen verlangt: eine von Liebe und Achtung genährte Fähigkeit. Das bedeutet freilich nicht, sie dürften auf ein klares und unverfälschtes Zeugnis für das ihnen anvertraute Wort und die sich daraus ergebenden ethischen Forderungen verzichten. Es wäre eine Illusion mit möglicherweise verderblichen Folgen für den Glauben unseres Volkes, zu meinen, man könne die Evangelisierung durchführen, indem man die tragenden Grundlagen des Glaubens, der christlichen Ethik und der Soziallehre der Kirche abschwächt und an die erste Stelle nicht die offene und organische Darstellung der Wahrheit Christi setzt, sondern die kulturelle Auseinandersetzung und den Versuch, einen gemeinsamen Nenner zu finden für unterschiedliche Ansichten, die tatsächlich oft unvereinbar sind.

5. Evangelisierung und Katechese sind ein kirchlicher Vorgang, denn der Kirche, und in ihr zumal den Hirten, hat der auferstandene Herr den Missionsauftrag anvertraut: „Geht und macht alle Menschen zu meinen Jüngern“ (vgl. *Mt* 29,19). Die kirchliche Gemeinschaft, das Band der Einheit und Brüderlichkeit, das die an Christus Glaubenden verbinden muß, bildet daher die notwendige Voraussetzung für die Evangelisierung und ist zugleich das große Zeichen für die Glaubwürdigkeit der Botschaft: „Wie du, Vater, in mir bist und ich in dir bin, sollen auch sie in uns eins sein, damit die Welt glaubt, daß du mich gesandt hast“ (*Joh* 17,21).
Gerade die verschiedenen Gruppen der katholischen Laien dürfen es nicht als ihr Ziel und Anliegen betrachten, einseitig einen bestimmten Gesichtspunkt oder seinen Vorzug gegenüber anderen Gesichtspunkten herauszustellen, sondern es muß ihnen um den aufrichtigen Dienst an der Gemeinschaft gehen, in voller Offenheit und gelehriger Verfügbarkeit für die Führung durch ihre Hirten in Glaubenslehre und Seelsorge. Diese für alle gültige Forderung wird um so dringlicher, je direkter und organischer die Verbindung und das Verhältnis der Zusammenarbeit mit der Hierarchie ist.
Liebe Brüder, ich weiß, daß ihr ständig darauf hinarbeitet, die Einheit und die missionarische Dynamik der Kirchen, die euch anvertraut sind, sicherzustellen. Tut es vertrauensvoll weiter, gestärkt durch die Freude der vollen Gemeinschaft mit dem Nachfolger des Petrus.

6. Im Rahmen des Einsatzes für die Evangelisierung und den Aufbau der Gemeinschaft gewinnen viele Themen und Argumente eurer Versammlung ihre volle Bedeutung.

Ich wünsche vor allem der Initiative guten Erfolg, die ihr zum Thema „Kultur des Lebens“ studiert, und all eurem pastoralen Wirken zur Stützung der Familie. Die Anerkennung des sakralen Charakters des menschlichen Lebens in jedem Augenblick seiner Existenz und der entscheidenden Rolle der Familie sind wesentliche Elemente der Evangelisierung und tragen bedeutsam zur echten Entwicklung der Gesellschaft bei.
Der katholische Religionsunterricht in den öffentlichen Schulen bildet mit Recht seit Jahren ein besonderes Anliegen eurer pastoralen Sorge. Während ich mit euch wünsche, die noch mit der italienischen Regierung verhandelten Themen mögen eine schnelle und gerechte Lösung finden, ermahne ich die Gemeinschaft der Kirche, die Lehrkräfte, Eltern und Kinder zu eifrigem Einsatz, damit sich auch in diesem Jahr bestätigt, daß der Religionsunterricht ein kostbarer Dienst zum geistlichen und kulturellen Wachstum sowie zur moralischen Erziehung der Kinder und Jugendlichen ist, ein von der überwiegenden Mehrheit der Familien und der Studenten geschätzter und gewünschter Dienst.
Die Wiederaufnahme der „Sozialen Woche“, die nahe bevorsteht, stellt ihrerseits eine große Gelegenheit dar, die Soziallehre der Kirche – die einen Teil ihrer Sendung zur Evangelisierung bildet (vgl. *Sollicitudo rei socialis*, Nr.41) – mit den vielfältigen Problemen im Leben der italienischen Nation zu konfrontieren, das reich an Dynamik, aber auch von den negativen Folgen einer Entwicklung gekennzeichnet ist, die nicht immer ausgewogen war und die ganzheitlichen Dimensionen der Person nicht immer beachtet hat.
Ein weiteres sehr wichtiges Thema, das eure Aufmerksamkeit gefunden hat, ist die katholische Zeitung. Ihre Wichtigkeit ist bekannt, sei es für die Kommunikation innerhalb der Kirche, sei es für eine zuverlässige und glaubwürdige Präsenz der Christen in der Auseinandersetzung um Ideen, wie bei der ständigen Aufeinanderfolge der Ereignisse. Jedes Bemühen um ihre Qualität und Verbreitung ist daher ein Dienst an der Evangelisierung und ein Beitrag zum Wachstum des Kirchenbewußtseins.
Das Dokument über kirchliche Einheit, Gemeinschaft und Disziplin, dessen Vorbereitung ihr begonnen habt, und das den Pastoralplan für die 80er Jahre „Gemeinschaft und Gemeinde“ abschließen wird, kann seinerseits immer mehr den geordneten Zusammenhalt des kirchlichen Lebens fördern und daher auch den missionarischen Einsatz der Katholiken in Italien. Eine Verstärkung der kirchlichen Disziplin behindert ja nicht die Entfaltung der Charismen, garantiert sie vielmehr und festigt sie, weil sie sicherstellt, daß jede Gabe des Geistes dem Aufbau der Kirche dient und zum gemeinsamen Vorteil wird, weil sie sich dem Ziel zuordnet, für das sie gegeben wurde (vgl. *1 Kor* 12,7; *Lumen gentium*, Nr. 12).

7. Verehrte Brüder, der Aufbau der Kirche und die Evangelisierung haben, wie wir gut wissen, in der Eucharistie ihre Quelle und ihren Höhepunkt (vgl. *Presbyterorum ordinis*, Nr. 5.6). Der nationale Eucharistische Kongreß von Reggio in Kalabrien, dessen abschließende Feiern bevorstehen, kann daher unserem apostolischen Weg die kostbarste und entscheidende Nahrung bieten, „das wahre Brot, das vom Himmel herabkommt und der Welt das Leben schenkt (vgl. *Joh* 6,33).
Wir treffen uns also zum Abschluß des Kongresses in Reggio in Kalabrien: Wer nicht persönlich anwesend sein kann, wird gewiß mit seinem Gebet und in der brüderlichen Gemeinschaft dasein.

Legen wir unsere Freuden und Hoffnungen, unsere Mühen und Sorgen in die Hände Marias, der Mutter des Erlösers und Mutter des Erlösten, weil wir wissen, daß wir durch ihre mütterliche Vermittlung dem Herzen unseres Gottes besonders nahe sind.
In seinem Namen und mit herzlicher Zuneigung erteile ich einem jeden von euch und den euch anvertrauten Kirchen den Apostolischen Segen.

Eucharistie – Mittelpunkt des christlichen Lebens

Schreiben an Kardinal Salvatore Pappalardo, Erzbischof von Palermo, vom 4. Mai

Unserem Ehrwürdigen Bruder
Salvatore Cardinal Pappalardo,
Erzbischof von Palermo

Schon bald werden sich die Herzen und die Augen aller italienischen Katholiken der Stadt Reggio-Calabria zuwenden, und Scharen gläubiger Pilger werden dahin ziehen. Nachdem nämlich die Zwischenzeit rasch verstrichen ist, soll dort der XXI. Nationale Eucharistische Kongreß stattfinden. Es läßt sich kaum in Worte fassen, wie reiche Gnaden, wie große Wohltaten des Heiles von hier aus in die Kirche Italiens strömen werden, und welch mächtige Kräfte der Erneuerung und vermehrten apostolischen Eifers man von ihm erwartet.
Nie haben Wir aufgehört, ebenso wie Unsere Vorgänger, für die Eucharistischen Welt- und Landeskongresse aufmerksame Sorge zu tragen; steht doch das Sakrament der Eucharistie – so bezeugt es vielfältig die gesamte katholische Tradition und auch die in den Dokumenten des II. Vatikanischen Konzils enthaltene Lehre –, im Mittelpunkt des christlichen Lebens, und enthält es doch zugleich die nächste Quelle der Heiligkeit und des Heils, des Trostes und der Stärkung auf dieser irdischen Pilgerschaft des Menschen ins himmlische Vaterland, Christus nämlich, der in Ewigkeit lebt und wirkt. Die Päpste haben darum alles getan, was ihnen möglich war, damit diese freudigen Ereignisse der Gemeinschaft der Gläubigen in leuchtendem Glanze erstrahlten und ihrer in höchstem Glaubenseifer gedacht würde.
Sooft sich Zeit und Gelegenheit bieten, versuchen Wir, entweder selbst an jenen Feiern teilzunehmen, oder Wir beauftragen einen engen Mitarbeiter in Unserem apostolischen Dienstamt mit der Vertretung und Repräsentation Unserer Person, damit nichts mangele, was Unserer Sorge Ausdruck geben und zu größerer Feierlichkeit und tieferer Wirksamkeit beitragen kann. Obwohl Wir am 12. Juni auf diesem Kongreß zugegen sein und ihn abschließen, die Teilnehmer in eigener Person begrüßen und entlassen werden, so ist es dennoch unser fester Wille, daß schon von Beginn des Kongresses an jemand, der Unsere Gedanken über die Größe dieses himmlischen Sakramentes, ja über dessen Notwendigkeit passend auszudrücken und gelehrt darzulegen versteht, an Unserer Statt auf demselben anwesend sei, ihm vorstehe und an den Feierlichkeiten teilnehme. Mit Zuversicht und Freude ernennen und proklamieren Wir also Dich, Unseren Ehrwürdigen Bruder, durch dieses Schreiben zu Unserem Außerordentlichen Legaten beim XXI. Eucharisti-

schen Kongreß des italienischen Volkes, der vom 5. bis zum 11. Juni in Reggio-Calabria stattfinden wird.

Indem Wir Dir die Aufgabe des Außerordentlichen Legaten übertragen, empfehlen Wir Dir besonders, das Hauptthema des Kongresses durch deine Worte allen sorgfältig einzuprägen. Es lautet: „Die Eucharistie – Sakrament der Einheit." Ein Brot ist es. Darum sind wir viele ein Leib; denn wir alle haben Teil an dem einen Brot." (*1 Kor* 10,17) – ein passenderes Thema ließe sich kaum denken. Denn angesichts einer Welt, die, wie es scheint, täglich mehr von Zwietracht zerrissen, von Streit, Kriegen und Schrecken des Menschengeschlechtes beunruhigt wird, bietet sich allen zweifellos ein Heilmittel im Lichte des wahren Glaubens, im Sinn für die wahre Religion, im Ursprung der wahren Frömmigkeit und aller Wahrheit; all diese fruchtbaren Grundlagen fester Einheit sind aber letztlich in Fülle im erhabenen Sakrament des Altares enthalten.

Genährt mit der eucharistischen Speise, finden die Gläubigen neue Kraft; diese befähigt sie dazu, im häuslichen Zusammenleben wie auch in der bürgerlichen Gesellschaft Zeugen und Hüter des Friedens Christi zu sein, wodurch sie täglich viel zur Festigung der wahren Einheit der menschlichen Gemeinschaft beitragen können. Aus diesem Grunde erwarten Wir von jedem Eucharistischen Kongreß eine reiche Ernte geistlicher Frucht, insbesondere nun von demjenigen des italienischen Volkes. So rufen wir flehentlich zu Gott, daß die Katholiken dieser Stadt durch die Teilnahme am Geheimnis der Eucharistie gleichsam zu Bannerträgern der erneuerten Einheit unter den Menschen werden.

Dir, Ehrwürdiger Bruder, und allen Teilnehmern am Kongreß erteilen Wir schließlich von ganzem Herzen Unseren Apostolischen Segen; er sei Dir Beistand in Deinem Amt, ihnen aber eine wirksame Hilfe.

Aus dem Vatikan, am 4. Mai des Jahres 1988, dem zehnten Unseres Pontifikates.

JOHANNES PAUL II.

Volle Religionsfreiheit – ein Recht für alle Völker der Rus

Ansprache an die Teilnehmer des Internationalen Symposions über „Ursprung, Entwicklung und Auswirkung des slawisch-byzantinischen Christentums" am 5. Mai

Meine Damen und Herren!

1. Ich richte meinen herzlichsten Gruß an alle in Rom versammelten Teilnehmer am internationalen Kolloquium über den Ursprung und die Entwicklung des slawisch-byzantinischen Christentums in der langen Zeit seit der Taufe der Rús von Kiew im Jahre 988 bis zum 17. Jahrhundert. Zwei römische Institutionen organisieren das Kolloquium, das „Italienische Historische Institut für das Mittelalter" und das „Polnische Institut für christliche Kultur". Zahlreiche Wissenschaftler nehmen an Ihren Debatten teil, unter ihnen eine Anzahl von hervorragenden Historikern, die Länder vertreten, welche die slawisch-byzantinische Tradition besonders betrifft. Sie schließen sich den Gelehrten zahl-

reicher anderer Länder Europas und Amerikas an, in enger Zusammenarbeit zwischen Historikern verschiedener Nationalitäten und Konfessionen, was besonders wichtig ist für ein tieferes Verständnis des geistlichen und kulturellen europäischen Erbes. Ich bin umso mehr erfreut, Sie zu empfangen, da ich selbst bei verschiedenen Gelegenheiten an dieses gemeinsame Erbe erinnert habe; und ich habe in aller Form die Teilnahme der römischen Kirche an den 1000-Jahr-Feierlichkeiten des Ereignisses von Kiew zu verstehen gegeben.
Meine Damen und Herren, ich möchte heute meiner Hoffnung Ausdruck geben, daß Ihr Zusammentreffen sowie andere gleichwertige Initiativen, die zur Tausendjahrfeier der Taufe der Rús organisiert wurden, ein konkreter Beitrag nicht nur der wissenschaftlichen Kenntnis der christlichen Wurzeln Europas, sondern auch zu weiteren Fortschritten hinsichtlich der Wiederherstellung seiner kulturellen Einheit seien.

2. Am Anfang des slawisch-byzantinischen Christentums findet sich die berühmte Mission der hll. Kyrill und Method, die das Verständnis und die Unterstützung meiner Vorgänger im 9. Jahrhundert gewonnen hatten. Die Taufe des Prinzen Wladimir im Jahr 988 bildete eine wichtige Etappe in der Entwicklung des Christentums auf dem europäischen Kontinent. Im 11. Jahrhundert festigte sich unter Jaroslaw dem Weisen, dem Sohn Wladimirs, das slawische Christentum, und das sollte bis in unsere heutige Zeit von großer Bedeutung sein. Das Werk Wladimirs und Jaroslaws ist vor der Trennung zwischen Orient und Okzident vollbracht worden.
Das ist eine Tatsache, die wir uns immer vor Augen halten müssen, da heute die Frage der Einheit besonders dringend geworden ist.

3. Die Taufe des hl. Wladimir und der Rús von Kiew vor 1000 Jahren wird zu Recht heute als ein ungeheuer großes Geschenk Gottes an alle orientalischen Slawen angesehen, beginnend beim ukrainischen Volk und den Weißrussen. Auch nach der Trennung der Kirche von Konstantinopel betrachteten diese zwei Völker die Kirche von Rom als einzige Mutter der ganzen christlichen Familie. Darum ist Isidor, der Metropolit von Kiew und der ganzen Rús, nicht von den ältesten Traditionen seiner Kirche abgewichen, als er im Jahr 1439 beim ökumenischen Konzil von Florenz das Unionsdekret zwischen der griechischen Kirche und der lateinischen Kirche unterschrieb.
Die Erinnerung an diese glückliche Union hat in den darauffolgenden Jahren ebensowenig aufgehört wie das Bemühen, die Bande der Einheit mit der Kirche von Rom wiederherzustellen. Der gelungene Unionsakt wurde im Jahr 1596 in Brest Litovsk geschlossen. Die Freude der Kirche von Rom, als sie die Ukrainer und die Weißrussen umarmen konnte, tritt in dem Apostolischen Schreiben *Benedictus sit Pastor* meines Vorgängers Papst Clemens VIII. klar zutage.

4. Das wunderbare Geschenk der Taufe, des Glaubens selbst, hat die Kirche von Kiew, die Mutter des ukrainischen Volkes und des weißrussischen Volkes, eifersüchtig bewahrt. Die Bekenner und die Märtyrer bezahlten den Preis für diese Treue, unter ihnen die leuchtende Gestalt des hl. Josaphat.

Im Jahr 1905 erhielten die Ukrainer und die Weißrussen im Zarenreich eine gewisse Freiheit zurück, während in den Regionen, die außerhalb dieses Reiches blieben, die katholische ukrainische Kirche sich bis zu den bekannten Ereignissen nach dem letzten Krieg ihrer Freiheit erfreute. Auch die orthodoxe Kirche in der Ukraine bemühte sich, sich zu organisieren und zu leben oder zu überleben. Die autokephale Kirche der Ukrainer hatte, wie man weiß, im Jahr 1925 Bischöfe, zahlreiche Priester und viele Pfarreien mit mehreren Millionen Gläubigen.
Die festliche Jahrtausendfeier müßte deshalb eine Gelegenheit zur gemeinsamen Freude für alle Söhne und Töchter des hl. Wladimir und der hl. Olga sein, in voller religiöser Freiheit, Gewissensfreiheit und Glaubensfreiheit. Diese religiöse Freiheit ist ein volles Recht für die Völker der alten Rús von Kiew – das ukrainische, das weißrussische und das russische Volk –, die damals, als die Kirche im Glauben an Christus noch als eine und ungeteilte bestand, in den heilbringenden Wassern des Dnjepr getauft wurden.

5. Alle Differenzen, die der Historiker wahrheitsgemäß zugeben muß, dürfen uns die Wurzeln des slawisch-byzantinischen Christentums nicht vergessen lassen, nämlich die des Christentums insgesamt. Die grundlegenden Werte, deren Vorhandensein während der „langen Zeit“ Sie feststellen, wie das Thema Ihres Symposions unterstreicht, sind in unseren Tagen für die Christen und für alle Europäer, weit über den slawisch-byzantinischen Rahmen hinaus, von besonderer Bedeutung.
Meine Damen und Herren, obwohl sie auf eine gewisse Geschichtsperiode zeitlich beschränkt sind, haben Ihre wissenschaftlichen Forschungen über die Reichweite der Taufe der Rús von Kiew nichtsdestoweniger eine große Bedeutung für die Zukunft. Sie zeigen uns, daß wir alle vom gleichen Stamm sind, der universalen, ungeteilten Kirche, für die der Herr gebetet hat. Sie zeigen uns auch, daß die echte große Kultur von Ost- und Mitteleuropa christliche Wurzeln hat und daß sie ein wesentlicher Faktor für die Einheit zwischen den Völkern bleibt.

6. Die christlichen Werte und die christliche Anthropologie inspirieren die Kunst, alles kulturelle Erbe und ganz allgemein das Leben des Menschen in persönlicher, sozialer und wirtschaftlicher Hinsicht. Je mehr die Erben der christlichen Tradition des Ostens und des Westens sich Christus zuwenden, um so näher kommt die Zeit eines wahren Friedens in Europa.
In diesem Sinne wünsche ich Ihnen vollen Erfolg für Ihre Arbeit und bitte Gott, Sie mit seinen Gaben zu erfüllen und Sie zu segnen.

Treueversprechen mit in das Opfer Christi nehmen

Ansprache bei der Messe zur Vereidigung der neuen Schweizer Gardisten am 6. Mai

Rekruten der Schweizergarde, liebe Brüder und Schwestern!

Wieder sind wir um den Altar versammelt, um am Tag der Vereidigung eines neuen Jahrgangs der Garde zuerst Gott die Ehre zu geben und euer Treueversprechen mit in das Opfer Christi hineinzunehmen. Ihr werdet ja keinem weltlichen Herrscher dienen, sondern dem Nachfolger des Petrus auf dem Bischofssitz in Rom, dem die Sorge für die Gesamtkirche in einer besonderen Weise anvertraut ist. Und diese Kirche lebt wesentlich aus der Kraft und nach dem Maßstab des Lebens Christi: Dieser will gerade dadurch der „Herr" der Kirche sein, daß er der „Diener aller" ist.

Liebe Rekruten, stellt euch für euren Dienst auch unter den Schutz und das Vorbild eures verehrten Landespatrons, des heiligen Nikolaus von der Flüe. Von ihm lernt ihr, wie ein erwachsener Mensch neben seiner Verpflichtung für Familie und Beruf auch Gemeinschaftsaufgaben in der Nachbarschaft und in der Bürger- und Kirchengemeinde übernimmt, gemäß den Gaben, die ihm geschenkt sind. Und als sich Bruder Klaus zu intensiverem Gebet in den Ranft zurückzog, nahm sein Gemeinschaftsbezug keineswegs ab, sondern weitete sich sogar noch aus bis zu jenen berühmten Friedensvermittlungen in damaligen Auseinandersetzungen unter seinen Mitbürgern.

Die Geschichte hat den katholischen jungen Männern in der Schweiz die Aufgabe zugewiesen, für die Sicherheit des Papstes zu sorgen und dafür die angesehene Schweizergarde zu bilden. Seid euch der Bedeutung dieser traditionsreichen und zugleich aktuellen Gemeinschaftsaufgabe voll bewußt und erfüllt sie mit euren besten Kräften! Dankbar nehme ich immer wieder eure Belange und euer Wohlergehen in mein Beten auf. Der notwendigen äußeren Distanz, die unsere Begegnungen im Dienst erfordern, entspricht – das möchte ich euch versichern – eine umso größere innere Wertschätzung für jeden von euch und für euren anspruchsvollen Dienst.

Dies zu wissen, macht es euch, liebe Eltern und Angehörige, gewiß leichter, diese jungen Männer für eine bestimmte Zeit zu entbehren und in der Fremde zu wissen. Je mehr ein Christ seinen Glauben versteht und lebt, umso schneller wird ihm ein fremdes Land sogar wieder zur Heimat in der einen weltweiten Kirche Christi.

So laßt uns nun zusammen mit den Gaben von Brot und Wein auch die Gabe unseres Lebens, unsere Fähigkeiten, unsere Hochherzigkeit auf den Altar legen. Der Herr nehme alles in Güte entgegen und lasse euren und meinen Dienst sich auswirken zum Besten der Kirche und der Menschen.

Die Religion ist ein Garant der Solidarität

Ansprache an eine Gruppe von Exil-Albanern am 6. Mai

Liebe Brüder und Schwestern!

1. Mit großer Freude begrüße ich euch, liebe albanische Söhne und Töchter, die ihr aus Anlaß des Marianischen Jahres aus verschiedenen Ländern Europas und Amerikas hierher gekommen seid. Auf eurer Pilgerfahrt zum Heiligtum in Genezzano, wo nach der Überlieferung das Bild Unserer Lieben Frau von Shkodér, der Patronin Albaniens, verehrt wird, war es euer Wunsch, am Grab des Apostels Petrus eine Pause einzulegen und seinen Nachfolger zu treffen, um „im Glauben gestärkt“ zu werden (vgl. *Lk* 22,32). Natürlich seid ihr hier willkommen!
Diese Begegnung bewegt unsere Herzen sehr. In euren Gesichtern sehe ich den alten Stolz des albanischen Volkes; aber ich sehe auch euer Heimweh nach eurem Vaterland, dem „Land der Adler“, einer aufgrund ihrer sehr weit zurückreichenden Erinnerungen, ihrer berühmten Traditionen und ihrer langdauernden Freiheitskämpfe sehr edlen Nation. Dieses Land, das uns geographisch so nahe liegt, ist mir besonders teuer. Wie könnte es auch anders sein, bewahrt es doch das Andenken an die Gegenwart der Apostel Andreas und Paulus, an den apostolischen Ursprung von Durrés, dem ersten Bischofssitz, an das Martyrium des hl. Astius und dann, durch die Jahrhunderte hin, an eine lange Reihe von Martyrern und Bekennern. Wie sollte mir eine Nation, deren katholische Gemeinde immer, auch in den schwierigsten und schmerzlichsten Umständen, treu zur Gemeinschaft mit dem Apostolischen Stuhl gestanden hat, nicht besonders liebenswert sein?

2. Liebe Brüder und Schwestern, heute möchte ich in euch das ganze Volk Albaniens mit großer Hochachtung und in herzlicher Freundschaft grüßen. Ich kenne eure oft von schwerem Leid heimgesuchte Geschichte. Ich weiß, daß ihr zu Recht auf eure schönen Traditionen und Gebräuche stolz seid. Jede Phase eurer jahrhundertelangen Geschichte ist geprägt durch euren Entschluß, eure geistige und kulturelle Identität zu behaupten und zu verteidigen.
Die katholischen Gläubigen waren zusammen mit den anderen Gruppen der völkischen Gemeinschaft an diesem leidenschaftlichen Einsatz beteiligt, der gleichsam die einigende Motivierung der nationalen Gemeinschaft bildet. Heute legt ihr dafür ein überzeugendes Zeugnis ab, denn obgleich ihr fern von eurer Heimat lebt, versucht ihr das Erbe eurer Tradition unversehrt und echt zu erhalten, um es an die jüngere Generation weiterzugeben. Mit dem, was ihr, auch in unterschiedlichster Umgebung, für die Erhaltung der albanischen Sprache und Kultur und eures Brauchtums tut, leistet ihr einen wertvollen Beitrag für eure Nation.
Er wird von Katholiken geleistet, die wissen, daß sie zu ein und derselben Zeit der hl. Mutter Kirche und ihrem Land als Kinder treu und in herzlicher Liebe zugetan sind. Und es wird von der Kirche getan, die keinem Volk fremd, sondern in jedes inkarniert ist, die seine Werte zu ihren eigenen macht und sie durch das Licht des Evangeliums Christi zum

Aufleuchten bringt. Denn der Glaubensgehorsam findet einen spontanen Ausdruck in allem, was an Wahrem, Gutem und Rechtem zum Erbe eines jeden Volkes gehört.

3. In meiner diesjährigen Botschaft zum Weltfriedenstag legte ich Wert darauf, zu erwähnen, daß die Religion, wenn sie in voller Freiheit und nach allen persönlichen und gemeinschaftlichen Erfordernissen gelebt wird, einen Faktor geistiger Gemeinschaft, der Zusammenarbeit für das Gemeinwohl und des Friedens bildet. Religion kann nicht indifferent, noch weniger dem Wachstum der menschlichen Person und der bürgerlichen Gemeinschaft feindlich sein. Denn sie bietet den Beitrag eines Glaubens an, der in Liebe, in Solidarität, in gegenseitigem Verstehen, im Zeugnis für die Wahrheit und in der Suche nach dem Frieden gelebt wird.
In den verschiedenen Zeitaltern der Geschichte eures Landes hat es nicht an beredten Beispielen für diese wirksame Beteiligung von seiten der katholischen Gemeinschaft und ihrer einzelnen Mitglieder am Leben, am Fortschritt und an der Unabhängigkeit der Nation gefehlt. Von ganzem Herzen teile ich mit euch die Hoffnung, daß die Kirche, die seit zweitausend Jahren im albanischen Boden verwurzelt ist, sich wieder der Freiheit erfreuen dürfe, damit sie weiterhin ein Element nationalen Zusammenhalts und ein Faktor der Einheit und des Friedens im Herzen eures Volkes sein könne.

4. Liebe Brüder und Schwestern, in eurer Treue zu Christus und zur Kirche sehe ich den Beweis dafür, daß in den Söhnen und Töchtern Albaniens die Sehnsucht nach religiöser Freiheit lebendig ist. In ihrer aller Namen, im Namen der ganzen Kirche rufe ich erneut auf zur Anerkennung dieses grundlegenden Bedürfnisses des Geistes.
In diesem Marianischen Jahr und im Zusammenhang mit eurer Pilgerfahrt wird dieser Ruf zum Gebet. Jungfrau von Shkodér, Patronin Albaniens, unsere liebe Mutter! Du trägst das Leben der Völker in deinem Herzen. Blicke auf diese Nation, welche die erste Glaubensverkündigung von den Aposteln empfing und die dich stets mit zärtlicher Kindesliebe verehrt hat. Auch heute nimmt dieses Volk im Dunkel der schweren Prüfung vertrauensvoll Zuflucht zu deiner mütterlichen Hilfe.
Du gehst der Kirche auf dem Pilgerweg des Glaubens voran: Schaue auf deine albanischen Söhne und Töchter, die den Weg harter Prüfung und Trübsal gehen. Stütze die Schwachen, tröste die Betrübten, halte in den Herzen aller den Glauben lebendig!
Mutter des Erlösers, segne die christlichen Familien, die in der Kirche deines göttlichen Sohnes von grundlegender Bedeutung sind.
Mutter der Hoffnung, beschleunige das Kommen jenes Tages, an dem dieses edle Volk das tiefste Verlangen seines Geistes anerkannt sieht und an dem alle seine Söhne und Töchter wieder in Übereinstimmung verbunden eine Zukunft der Gerechtigkeit und des Friedens aufbauen.
Mit meinem Apostolischen Segen.

Missionarische Sensibilisierung muß alle ergreifen

Ansprache an den Obersten Rat der Päpstlichen Missionswerke am 6. Mai

1. Ich danke dem Herrn Kardinalpräfekten der Kongregation für die Glaubensverbreitung für das ergebene Grußwort, das er an mich gerichtet hat, und begrüße mit ihm den Präsidenten der Päpstlichen Missionswerke, die Generalsekretäre, die Räte und euch nationale Leiter, die ihr diese Werke in der ganzen Welt vertretet.
Diese alljährliche Begegnung ist für mich ein Anlaß der Freude und des Trostes und bestätigt mir euren Einsatz für die Ausbreitung des Reiches Gottes.
Der Apostel Petrus vergleicht die Christen mit „lebendigen Steinen" (*1 Petr* 2,5), die sich zu einem geistigen Haus aufbauen lassen. Ja, es ist eure Aufgabe, die Aufgabe der Päpstlichen Missionswerke, als bevorzugte Einrichtung der missionarischen Zusammenarbeit im Dienst des Nachfolgers Petri und der Bischöfe jeder Ortskirche wirkungsvoll beizutragen zum herrlichen Aufbau des Reiches des Herrn, dank dessen ihr hervorgeht als „ein auserwähltes Geschlecht, eine königliche Priesterschaft, ein heiliger Stamm, ein Volk, das ein besonderes Eigentum wurde, damit ihr die großen Taten Gottes verkündet" (*1 Petr* 2,9).
Wir wissen wohl, daß die äußerst wertvolle Unterstützung des missionarischen Einsatzes der Kirche seitens der Päpstlichen Werke nicht nur ökonomischer, sondern in erster Linie geistlicher Ordnung ist: in der Tat, so steht es in euren Statuten, „wurden sie für jede Diözese gegründet als spezifische und vorrangige Einrichtung der Erziehung zum weltweiten, missionarischen Geist, der Einheit und der innerkirchlichen Zusammenarbeit, im Dienst der Verkündigung des Evangeliums" (*Statuten der PP.OO.MM.* , Rom, 1980, I,6).
So sind sie dank ihrer Verbindung mit dem Missionsdikasterium mehr als jede andere Organisation wirklich in der Lage, weltweit diese organische Arbeit zur Formung und Anregung eines authentischen und tief katholischen Geistes anzuspornen und zu erfüllen, der ihr Daseinsgrund ist; eine solche Arbeit erleichtert die Öffnung der einzelnen Ortskirchen auf Horizonte des weltweiten apostolischen Wirkens hin und damit das Wachsen des missionarischen Bewußtseins in ihnen, von dem allein eine wirksame Zusammenarbeit mit der Evangelisierungstätigkeit ausgehen kann.

2. Wenn auch die bereits geleistete Arbeit sehr wertvoll gewesen ist, so ist es doch notwendig, eine weitere Anstrengung zu vollbringen: denn die Bedürfnisse der Welt der Mission sind so geartet und zahlreich und der Evangelisierungsauftrag ist so schwer, daß noch mehr getan werden muß, um auf vielfache und eindringliche Weise den Werken in immer größerem Rahmen neuen Auftrieb zu geben, unter allgemeiner Einbeziehung aller Kategorien der Gläubigen: der Kinder, Jugendlichen, Erwachsenen, Priester, Ordensleute, Seminaristen, Schwestern, Kranken, Männer und Frauen. So kann die spontane und verstärkte Mitarbeit aller sich wie eine wohltuende und heilsame Welle über das Missionswerk der Kirche ergießen.
Leider sind die „Steine" noch sehr zahlreich, die darauf warten, zum wirklichen Leben berufen zu werden, um das himmlische Reich aufzubauen. Aber wir vertrauen auf die

Kraft der Botschaft des Evangeliums: es ist das Wort Gottes! Es ist das Wort der Wahrheit und des Lebens! Es ist das Wort, das durch die Gnade des Heiligen Geistes auch den unwirksamen „Steinen" Leben verleiht! Die Evangelisierung, deren Kern die Verkündigung der Frohen Botschaft ist, birgt in sich eine übernatürliche, unendliche und unerschöpfliche Kraft!

Die Päpstlichen Missionswerke arbeiten auf ihre eigene Weise an diesem göttlichen Unternehmen mit durch eine erleuchtete, organische und geistliche Strategie, die dahin zielt, die Gewissen aller Christen zu informieren, zu formen, anzutreiben und im Innersten aufzurütteln, um sie zu leidenschaftlichen „Mitarbeitern Gottes" (*1 Kor* 3,9) und Verkündern für ihre Brüder zu machen.

Information und Formung sind übrigens nicht nur ausschließlich im Bereich der Mission, sondern in der allgemeinen christlichen Erziehung unentbehrliche Mittel zur Beseitigung der zahlreichen und schweren Hindernisse, die sich der Verbreitung des Evangeliums entgegenstellen, und auch zur Förderung des Aufbaus des Reiches Gottes.

Deshalb ist es notwendig, daß die Verantwortlichen der Missionswerke unter Mitwirkung von hochherzigen Helfern, besonders von freiwilligen Laien, deren Zahl begrüßenswerterweise ansteigt, die Gläubigen vor allem in ihrem Glauben „stärken", damit der Böse nicht das zerstört, was der Heilige Geist gesät hat.

Dies ist, liebe Brüder und Schwestern, für die Päpstlichen Missionswerke der „besondere Auftrag", an den ich im vergangenen Jahr in meiner Botschaft zum Weltmissionssonntag erinnern wollte: Sie, die vom Zentrum der evangelisierenden Kirche aus handeln, müssen diese außerordentliche Arbeit der missionarischen Formung und Animation weiter entfalten, damit jeder Christ den echten, unverfälschten „sensus ecclesiae" erlangt und für die anderen durch Wort und Zeugnis zum Überbringer des Lichtes wird, indem er seinen Möglichkeiten und seinem Stand entsprechend an der Verbreitung des Evangeliums mitarbeitet.

3. Es ist natürlich, daß sich euer Einsatz vor allem an jene wendet, die Führer und Lehrer des Volkes Gottes sind: die Priester und Ordensleute. Sie müssen in diese weitreichende Sensibilisierungsbewegung der Gewissen miteinbezogen werden; beginnend bereits in den Seminarien, denn hier werden die Priester geformt. Mein verehrter Vorgänger Pius XII. schrieb: „Wir wünschen, daß die Priesteramtskandidaten in den Seminarien eine tiefe Kenntnis der missionarischen Probleme erlangen, eine Kenntnis, die mehr denn je geeignet ist, ihre Formung zu Priestern zu stärken und die außerdem der Vorbereitung der Seminaristen auf die verschiedenen Aufgaben und Tätigkeiten, zu denen jeder von ihnen gemäß der göttlichen Vorsehung berufen ist, dient" (*Saeculo exeunte*, *AAS* 32, 1940, 254).

Nun gut, es ist dafür zu sorgen, daß jedes Seminar wirklicher Abendmahlssaal des missionarischen Eifers wird; dort lerne der Priesteramtskandidat, auch durch die in diesem Sinne ausgerichtete Lehre der Theologie, daß das Priestertum ihn Christus, dem hohen und ewigen Priester, der vom Vater gesandt ist, die gesamte Menschheit zu retten, nachbildet und ihn deshalb selbst zum Missionar im Dienst am ganzen mystischen Leib macht (vgl. *Lumen gentium*, Nr. 28; *Presbyterium Ordindis*, Nr. 10). Mit dieser Aufgabe befaßt sich vor allem die Missionsunion des Klerus.

Aber dieses Werk der missionarischen Sensibilisierung muß sich auf das ganze Volk Gottes hin öffnen. Dazu ist besonders das Päpstliche Werk der Glaubensverbreitung aufgerufen, das sich als Ziel gesetzt hat, die Ordenskongregationen, die Familien, die Basisgemeinschaften, die Pfarreien, die Schulen, die kirchlichen Bewegungen und Vereinigungen für die Evangelisierung zu interessieren und sie in diese miteinzubeziehen, so daß in der ganzen Diözese das Bewußtsein von ihrer universalen missionarischen Berufung geweckt wird (vgl. *Statuten*, Art. II, n. 9/a).
Es ist dann ein Grund außerordentlicher Genugtuung, daß das Apostel-Petrus-Werk, das im nächsten Jahr den 100. Jahrestag seiner Gründung feiert, bereits sehr tatkräftig am Aufbau neuer Seminare in den Missionskirchen mitgeholfen und dadurch die einheimischen Priester und Ordensberufe, die der kostbarste Beitrag zur „Einpflanzung der Kirche" sind, gefördert hat.
Das Missions-Kinder-Werk schließlich befaßt sich damit, den katholisch-missionarischen Sinn in den Kindern, den Bevorzugten des Herrn, zu wecken, die dahingehend erzogen werden müssen, alle ihre Altersgenossen in der Welt, besonders aber jene, die leiden, kennenzulernen, ihnen zu helfen und sie zu lieben.

4. Jeder Christ kann bei dieser Zusammenarbeit auf vielerlei Weise und seinen eigenen Möglichkeiten entsprechend mitwirken, besonders durch Gebet und durch das Opfer der eigenen Leiden, um nicht zu sprechen von der höchsten Form der Mitarbeit, die darin besteht, das eigene Leben dem missionarischen Ideal zu widmen, sei es immer – durch die vollkommenste Hingabe – sei es „auf Zeit", wie die „Fidei-donum"-Priester oder zahlreiche freiwillige Laien, die in ständig wachsender Zahl sich entschließen, eine bestimmte Zeit in den Missionsgebieten zu verbringen.
In besonderer Weise möchte ich erneut die Notwendigkeit der Aufwertung des Leidens hervorheben, d. h. man lehre die Gläubigen, den unermeßlichen Wert jeden Leidens für die Ausbreitung des Reiches Gottes in der Welt zu verstehen; den Wert jeden körperlichen wie auch moralischen Schmerzes, der dem himmlischen Vater in Einheit mit den Verdiensten des Erlösers geopfert wird.
Helft den Kranken und Leidenden im allgemeinen, diese außerordentliche, erhabene Wahrheit zu vertiefen: daß das Leiden nicht vergeblich ist! Daß sogar, wer leidet, wenn er es will, einen unersetzlichen Dienst entfalten und erfüllen kann, wie ich es in meinem Apostolischen Schreiben *Salvifici doloris*, (Nr. 27) hervorgehoben habe. Denn er ergänzt das, „was an den Leiden Christi noch fehlt" (*Kol* 1,24) und arbeitet an der Rettung seiner Brüder mit; er bewahrt in seinem Leiden einen ganz besonderen Teil des unendlichen Schatzes der Erlösung der Welt und kann ihn mit den anderen teilen" (*ebd.*).
Ja, jeder Augenblick unseres Daseins, und besonders unseres Leidens, kann auf wundersame Weise den mystischen Leib bereichern. Die Kirche bedarf in ganz besonderer Weise dieser unermeßlichen Schar von leidenden und betenden Brüdern, die den auserwählten Teil aller Kräfte der Evangelisierung bilden und die, im Fleisch oder im Herzen eingeprägt, die Wunden des gekreuzigten Erlösers tragen. Dadurch werden sie auch zu einem enormen „Vorrat" an geistlicher Kraft, der unter entsprechender Nutzung zu

einem mächtigen Aufschwung in der Verbreitung des Evangeliums von einem Ende der Welt bis zum anderen beitragen kann.

Liebe Brüder, am Schluß dieser freudvollen Begegnung, möchte ich den Wunsch aussprechen, daß euer apostolischer Eifer, genährt durch die Verehrung der heiligsten Jungfrau Maria, die mit den Aposteln am Pfingsttag im Abendmahlssaal anwesend war, euch immer hochherziger in der Vermittlung und Verwirklichung der „missionarischen Idee“ werden läßt, die die dynamische Antriebskraft in all euren geistlichen und pastoralen Initiativen ist. Der Schatz des katholischen Glaubens wird so immer mehr euren Brüdern, die ihn noch nicht besitzen und ein Anrecht auf ihn haben, zuteil werden.

Mein Apostolischer Segen, den ich euch von Herzen erteile und in den ich alle einschließe, die eure Initiativen und Tätigkeiten großherzig unterstützen, stärke euch.

In die Zukunft Afrikas vertrauen

Botschaft an den Generalsekretär der Organisation der Afrikanischen Einheit, Ide Oumarou, vom 19. Mai

Beim bedeutungsvollen Anlaß des 25. Jahrestages seit der Gründung der Organisation der Afrikanischen Einheit ist es mir eine große Freude, den geschätzten Vertretern der Mitgliedsstaaten und all denjenigen, denen die Zielsetzungen der Organisation am Herzen liegen und die an ihrer Verwirklichung mithelfen, meine wärmsten Glückwünsche entgegenzubringen.

Bei vielen Gelegenheiten haben meine Vorgänger und ich unser großes Interesse und die Sorge der katholischen Kirche um die friedliche und vollständige Entwicklung Afrikas ausgedrückt. Die Kirche tritt ernsthaft dafür ein, daß der gesamte afrikanische Kontinent auf dem Weg einer allesumfassenden Entwicklung fortschreite, die das soziale, politische, wirtschaftliche, kulturelle und geistige Wohlergehen seiner Völker einschließt. Die Sorge der Kirche ist nicht auf die Bedürfnisse ihrer eigenen Mitglieder beschränkt. Vielmehr ist sie sich, dem Beispiel ihres Gründers folgend und in Antwort auf die Lehren des Zweiten Vatikanischen Konzils, voll ihrer Berufung bewußt, den Menschen, ohne Rücksicht auf ihre Rasse oder ihren Glauben, zu dienen.

Der Einsatz der Kirche in der Entwicklung der Völker Afrikas ist kein kürzlich entstandenes Phänomen. Dies bezeugt ihre langwährende Arbeit zugunsten der bodenständigen Kultur und zur Sicherung lokaler Werte in Gesundheitshilfe und Erziehung und so vielen großen und kleinen Unternehmungen, die die soziale Entwicklung zum Ziel haben. In dieser Hinsicht wird die Kirche es nicht versäumen, jenen Weg fortzusetzen, besonders auch durch den wirksamen Beitrag ihrer afrikanischen Mitglieder, zum Fortschritt ihrer eigenen Länder und dem Gesamtafrikas.

Insofern sie heute in Afrika lebt, hat die Kirche Anteil an den Anstrengungen und Spannungen, für die sich Ihre Organisation interessiert und um die sie sich sorgt. Wie kann man den Spannungen gleichgültig gegenüberstehen, die aus Situationen der Ungerechtigkeit, des Rassismus und des Konflikts zwischen gegensätzlichen Ideologien hervorgehen, die den großen Traditionen der Toleranz so fremd sind, die die Erfahrung Ihrer Völker prägen? Wie sollte man nicht traurig sein über die Situationen des bewaffneten Kampfes, von dem so viele Gebiete des Kontinents, innerhalb und zwischen den Nationen, betroffen sind? Wie kann man denn anders, als tief von der tragischen Lage von Millionen von Menschen betroffen zu sein, die unter Dürre und Hungersnot leiden, Krankheit und Schwäche ausgesetzt sind, belastet von Unterentwicklung und Arbeitslosigkeit, zum Flüchtlingslos gezwungen und von den schweren Folgen der äußeren Verschuldung ihres Landes niedergedrückt sind.

Aber es ist wichtig, trotz solcher Schwierigkeiten nicht den Blick für Afrikas enorme Fähigkeit zum Fortschritt zu verlieren. Auf der Grundlage der menschlichen Leistungsfähigkeit und seiner ihm zur Verfügung stehenden Hilfsquellen, sowie mit angemessener und wirksamer internationaler Solidarität kann Afrika einer Entwicklung entgegenblicken, die wirklich die Fähigkeit hat, den Bedürfnissen und Bestrebungen seiner Völker entgegenzukommen.

Durch ihre in den letzten fünfundzwanzig Jahren gewonnene Erfahrung kommt der Organisation der Afrikanischen Einheit weiterhin eine wesentliche Rolle in der Ermutigung und Koordinierung der Entwicklung und des Fortschritts zu. Der Einsatz, der Sinn für die Verantwortung und das Vertrauen in die Zukunft Afrikas auf seiten aller Betroffenen, die die Organisation der Afrikanischen Einheit in hohem Maße unterstützen kann, sind wesentliche Bestandteile einer besseren Zukunft, die alle Völker Afrikas zu Recht anstreben.

Die große Hoffnung, die ich anläßlich dieses Jahrestages zum Ausdruck bringe, ist, daß Afrika der Anwalt seines eigenen Fortschritts sein möge; daß die Nationen Afrikas, frei von unverantwortlichem äußerem Druck und stark im Sinn von Solidarität und gegenseitiger Hilfe, zusammen für das gemeinsame Wohl aller arbeiten mögen. Die katholische Kirche unterstützt ihrerseits dieses Ziel und wird weiterhin auf eine Weise, die ihrer religiösen und menschlichen Sendung eigen ist, zum Fortschritt Afrikas beitragen.

All denjenigen, die am 25. Mai 1988 an den Gedenkfeiern in Addis Abeba teilnehmen, drücke ich von neuem meine Freundschaft und mein Wohlwollen aus.

Aus dem Vatikan am 19. Mai 1988

JOHANNES PAUL II.

Ein Haus für die Armen und Obdachlosen

Ansprache bei der Einweihung des Obdachlosenheims „Dono di Maria“ im Vatikan am 21. Mai

Meine Herren Kardinäle und ehrwürdige Brüder im Bischofsamt, verehrte Obrigkeiten, liebe Brüder und Schwestern!

1. Sie können die Freude und innere Bewegung verstehen, die ich in diesem Augenblick empfinde, da ich endlich ein Projekt verwirklicht sehe, das mir seit längerer Zeit am Herzen lag: ein Aufnahmeheim für die Ärmsten hier, innerhalb der Mauern der Stadt, wo das Zentrum der Kirche selbst ist.
Am 17. Juni des vergangenen Jahres habe ich den Grundstein zu diesem Bau gesegnet; nun ist er fertiggestellt und eröffnet. Er bietet – in den Grenzen des Möglichen – Aufnahme für alle, die in Rom nachts keine Unterkunft haben und denen es vor allem an einem Minimum familiärer und menschlicher Zuwendung fehlt, die sie im harten Lebenskampf begleitet und stützt.
Ich danke dem Herrn und der heiligen Jungfrau, daß sie mir so offensichtlich geholfen haben und ich in so kurzer Zeit die Vollendung eines so notwendigen und bedeutsamen Werkes sehen kann. Es entspricht wenigstens teilweise meinem Wunsch, irgendeine Antwort, eine Lösung für das so schwerwiegende Obdachlosenproblem in Rom anzubieten, wie ich am 3. Januar d. J. beim Abendessen mit den Armen im Circolo San Pietro andeutete. Damals sagte ich: „Bei der Begegnung mit diesen Menschen ohne Arbeit und oftmals nicht nur ohne Arbeit, sondern auch ohne den nötigen Lebensunterhalt und obdachlos, habe ich kurz nachgefragt, und es kamen die Grundanliegen des menschlichen Lebens zum Vorschein“ (*Ansprache bei der Armenspeisung im Hospitz Santa Marta*, 3.1.1988).

2. Jetzt ist etwas getan worden. Das Haus steht. Deshalb empfehle ich dem Herrn von Anfang an diese Initiative, die ich in seinem Namen und um seiner Liebe willen begonnen habe. Denn die Liebe zu Christus kann nicht umhin, uns tief in die Liebe zu den Brüdern zu verwickeln. Das, und nur das besagt das ganze Evangelium. Keine Worte, sondern Taten.
„Christus selbst (ruft) in den Armen mit lauter Stimme seine Jünger zur Liebe auf“ (*Gaudium et spes*, Nr. 88). Das muß uns anspornen, seinem Beispiel zu folgen und es nachzuahmen, denn „er, der reich war, wurde unsertwegen arm, um uns durch seine Armut reich zu machen“ (vgl. *2 Kor* 8,9). Eben in Erinnerung daran, daß das ganze Leben Jesu sich im Zeichen dieser Armut entfaltet hat, angefangen vom Stall in Betlehem bis zur Entäußerung am Kreuz, bekräftigte ich bei der schon genannten Gelegenheit: „Wir können sagen, daß wir uns auf derselben Linie oder vielmehr daß er, Jesus, sich auf derselben Linie befunden hat wie alle, die obdachlos und ohne Lebensunterhalt sind“ (*Ansprache bei der Armenspeisung im Hospitz Santa Marta*, 3.1.1988).

3. Und in diesem Marianischen Jahr vertraue ich das Obdachlosenheim auch ihr, der Jungfrau Maria, an, die in allem die Armut des Gottessohnes, der in ihr Mensch wurde,

und ebenso die Bedürftigkeit der entstehenden Kirche geteilt hat. Es ist sehr schön, daß sich dieses Heim „Geschenk Marias" nennt: nicht nur zur Erinnerung an das Jahr, das wir feiern, sondern auch damit die Gäste in dieser Umgebung vor allem das Herz Mariens finden, deren Leben ein einziges Geschenk der Liebe, ein Licht herzlicher und rücksichtsvoller Nächstenliebe war.

4. Pflichtgemäß danke ich jetzt allen, die an der Verwirklichung dieser Initiative mitgeholfen haben. Vor allem den Wohltätern, die mit ihrer Hilfe der Nächstenliebe des Papstes entgegengekommen sind.
Weiter danke ich den Verantwortlichen der Güterverwaltung des Apostolischen Stuhls, des Governatorats des Staates der Vatikanstadt und den Arbeitern, die in knapp einem Jahr einen so festen und gut hergestellten Bau errichtet haben.
Ein besonderes Dankeswort richte ich zum Schluß an Mutter Teresa von Kalkutta, die von Anfang an mit Interesse und Hingabe die Verwirklichung des Projektes verfolgt hat. Ihren Töchtern sind die Leitung und Betreuung anvertraut, die mit der Aktivität des Werkes verbunden sind. Ihre wohlbekannte Sorge um die Ärmsten der Armen berechtigt zu großen Hoffnungen für den Beginn dieser neuen Tätigkeit.
Indem ich allen Anwesenden meinen herzlichen Gruß entbiete, erteile ich den besonderen Segen.

Den Herausforderungen sich stellen

Ansprache an die Katholische Studentenverbindung „Rauracia zu Basel" am 21. Mai

Sehr geehrte Damen und Herren von der katholischen Studentenverbindung Rauracia zu Basel!

Anläßlich der Festfeiern zum 125jährigen Bestehen Ihrer akademischen Vereinigung haben Sie darum gebeten, bei Ihrer Jubiläumsfahrt nach Rom auch dem Bischof dieser Stadt als dem Nachfolger des Apostels Petrus hier im Vatikan begegnen zu können. Ich freue mich, daß Ihr Wunsch heute in Erfüllung geht, und begrüße Sie alle ganz herzlich.
Ich bin soeben aus Lateinamerika zurückgekehrt. Vor meinem inneren Auge stehen noch die eindrucksvollen und zugleich bedrängenden Bilder von der Lebensfreude und vom Überlebenskampf der Menschen in vier ganz unterschiedlichen Staaten: überall dramatische Lebensbedingungen, wie wir sie kaum jemals uns hier vorstellen können. Ich möchte Ihnen allen einmal ähnliche Erfahrungen wünschen. Solche Erlebnisse, mit wachem Geist und offenem Herzen aufgenommen, können die gewohnten Maßstäbe unseres Wohlergehens, unserer Ansprüche, unserer Werteskala hier in Mitteleuropa beträchtlich verändern.
Sie haben mich freundlicherweise unterrichtet über die historischen Verdienste der Rauracia, als es im neunzehnten Jahrhundert darum ging, die Verbindung zu den frühen gemeinsamen christlichen Wurzeln Ihrer Heimatstadt Basel wieder anzuknüpfen und den Katholiken den berechtigten Zugang zum akademischen und politischen Bereich zu ver-

schaffen. Möge ein ähnlicher Einsatz für das Gemeinwohl in Kirche und Staat die Mitglieder Ihrer Vereinigung auch heute auszeichnen, wenn es gilt, die besonderen Herausforderungen unserer Tage zu bestehen. Ich denke dabei gerade jetzt an den Lebensstil der reicheren europäischen Länder angesichts der nunmehr gegebenen weltweiten Verflochtenheit mit den Lebensbedingungen anderer Kontinente und so auch mit dem dort herrschenden schreienden Elend. Wird es uns gelingen, unsere hiesigen Wirtschaftsvorteile auch unter dem moralischen Maßstab der Solidarität zu sehen? Erkennen wir, daß bei uns zahlreiche menschliche Werte im Leben der Familien und unter Freunden verblassen, während der materielle Lebensstandard immer noch wächst?

Sucht man wirklich ernsthaft und hörbereit den Dialog mit der kritischen Jugend in Ihrer Heimat? Und schließlich die Herausforderungen, die unser Christenglauben an jeden einzelnen stellt: Dieser Glaube braucht das ganze Leben hindurch Vertiefung und Bestärkung; er will im Sakramentenempfang gelebt werden; er soll sich auswirken in einer konsequenten Lebenspraxis in Familie und Nachbarschaft, am Arbeitsplatz und in der Freizeit.

Ich wünsche Ihnen, daß Ihre Vereinigung und deren Mitglieder solche heutigen Herausforderungen gut bestehen. Die Gnade Gottes begleite und stärke dabei allen, die guten Willens sind, und vollende, was an unseren Initiativen hinter den Anforderungen zurückbleibt. Dazu erteile ich Ihnen von Herzen meinen Apostolischen Segen.

Die integrale Persönlichkeit des Blinden heben

Ansprache an die Delegierten der Apostolischen Blindenbewegung am 21. Mai

Liebe Brüder und Schwestern!

1. Sehr gern komme ich eurem Wunsch nach dieser Begegnung bei Gelegenheit des Kongresses nach, den ihr zum 60. Jahrestag der Gründung eurer Bewegung und 20 Jahre nach dem Beginn ihrer missionarischen Tätigkeit begeht. Ihr habt damit seinerzeit auf die Empfehlungen der Enzyklika *Populorum progressio* meines Vorgängers Paul VI. geantwortet.

Der Erfolg eurer missionarischen Initiative wird durch die Präsenz der Bewegung in über 500 Missionszentren bezeugt, die sich auf etwa 50 Nationen Asiens, Afrikas und Lateinamerikas verteilen. Ein greifbares Zeichen dafür ist die Anwesenheit von Delegierten aus diesen Ländern hier in unserer Mitte.

Der Beitrag, den ihr euch in diesem Sinn vorgenommen habt, ist sehr lobenswert, weil hier christliche Hochherzigkeit und das Ja zu den aktuellen Weisungen des kirchlichen Lehramtes auf ein schweres und drängendes menschliches und soziales Problem antwortet, das mit der Existenz von weit über 40 Millionen Blinden in der Welt von heute gegeben ist, die oft im Elend leben und ein leidvolles Randdasein führen müssen.

Eure Arbeit macht einen wichtigen Aspekt jener „bevorzugten Option für die Armen" sichtbar, auf die ich öfter hingewiesen habe, und auf die ich noch kürzlich in der Enzyklika *Sollicitudo rei sozialis* zu sprechen gekommen bin (Nr. 42).

2. Ihr seid euch der Werte der gegenseitigen Abhängigkeit und der internationalen Solidarität bewußt, auf die ich in meiner Enzyklika ebenfalls eingegangen bin, und eure Anliegen und Werke beschränken sich daher nicht auf eine bloß materielle Hilfe, die freilich gelegentlich am meisten drängt; ihr möchtet die integrale Persönlichkeit des Blinden heben, um ihn von jeder Benachteiligung und allem Randdasein zu befreien und ihn statt dessen dahin führen, daß er sich im Vollsinn als aktives Mitglied der Gruppe oder Gesellschaft, in der er lebt, fühlen kann.
Euer Wirken zielt daher vor allem darauf hin, den Aufbau oder die Verstärkung der schulisch-erzieherischen Strukturen zu fördern und zu organisieren, und ihr gebt damit ein Beispiel des Wirkens für die echte Förderung des Menschen. Zugleich bietet ihr damit den übrigen kirchlichen und staatlichen Institutionen, die auf dem gleichen Gebiet arbeiten, Anregung und Ermutigung.
Aus diesen Gründen ergreife ich diese Gelegenheit, euch für eurer Apostolat meine Glückwünsche auszusprechen, das in vielen Werken durch das Zeugnis einer aufrichtigen und selbstlosen Liebe zu den Leidenden zum Ausdruck kommt und damit im Vollsinn des Wortes überzeugend glaubwürdig ist.
Letztlich liegt der tiefste Sinn eures Wirkens und eurer opferbereiten Hingabe gerade hier: ihr wollt nicht nur die Person des Menschen physisch und kulturell höher führen, vielmehr als Jünger Christi durch das Zeugnis eures Glaubens den Menschen helfen, in das Reich Gottes einzutreten. Ihr fördert die Würde des Menschen, um die Menschen zu Gotteskindern zu machen.

3. Ich wünsche mir daher, daß eure Bewegung mit der Hilfe des Herrn und auf die Fürbitte Mariens, die wir in diesem ihr geweihten Jahr besonders anrufen, auf diesem Weg fortschreiten kann, sowie neue Kräfte und Mitarbeiter gewinnt, so daß sie ihr wohltuendes Wirken und ihr christliches Zeugnis noch weiter ausweiten kann.
Möge eure Stimme – mit der ich die meine verbinde – noch überzeugender und wirksamer die öffentliche Meinung und zumal die politische Einstellung der ganzen Welt auf die Dringlichkeit des Problems so vieler Millionen unserer Mitmenschen aufmerksam machen, die ein so kostbares Gut wie das Augenlicht entbehren und doch bei entsprechender Hilfe die noch viel wertvolleren moralischen und geistigen Gaben, die sie von Gott empfangen haben, in den Dienst des Gemeinwohls stellen können und müssen. Mögen sich vor allem viele Jugendliche, ob sie sehen können oder nicht, durch euer Zeugnis angeregt fühlen, hochherzig und begeistert in eurer Bewegung mitzuarbeiten in der frohen Sicherheit, daß sie damit eine einzigartige Gelegenheit bekommen, ihrem Leben vollen Sinn zu geben.
Ich wünsche ferner zumal den Arbeiten des jetzigen Kongresses guten Erfolg: in einem Klima brüderlicher und schwesterlicher Freundschaft möge sich eure gegenseitige Zusammenarbeit festigen, eure kirchliche Gemeinschaft wachsen und eure Hochherzigkeit weiter zunehmen, die sich vom Beispiel des Erlösers bestimmen läßt.
Mit diesen Gedanken und Wünschen segne ich euch alle, die Führungskräfte und die Mitarbeiter, zugleich mit euren Familien, euren Lieben und all jenen, für die ihr im Zeichen der christlichen Liebe dasein wollt.

Gottes große Taten verkünden

Predigt bei der Pfingstmesse am 22. Mai

1. „Alle wurden mit dem Heiligen Geist erfüllt“ (*Apg* 2,4).
Das ist der Tag (haec est dies), an dem die Kraft des Ostergeheimnisses durch die Geburt der Kirche offenbar wird.
Das ist der Tag, an dem vor ganz Jerusalem, vor den Bewohnern der Stadt und den Pilgern, sich die Worte erfüllen, die Jesus nach der Auferstehung an die Apostel gerichtet hatte: „Empfangt den Heiligen Geist“ (*Joh* 20,22).
Wir lesen in der Apostelgeschichte: „Alle wurden mit dem Heiligen Geist erfüllt und begannen, in fremden Sprachen zu reden, wie es der Geist ihnen eingab“ (*Joh* 20,22).
In dieser Rede, die von allen, die sie hörten, sofort verstanden wurde, obwohl sie aus den verschiedenen Ländern der damaligen Welt stammten, wird der Beginn der Sendung ausgedrückt: „Wie mich der Vater gesandt hat, so sende ich euch“ (*Joh* 20,21) – „Darum geht zu allen Völkern, und macht alle Menschen zu meinen Jüngern“ (*Mt* 28,19).
Von ihrer Geburtsstunde an trägt die Kirche die Sendung des Sohnes und des Heiligen Geistes in sich, und kraft des Geistes der Wahrheit, des Beistandes des Geistes, dauert in ihr die Mission des Sohnes an: das Evangelium des ewigen Heils.

2. „... wir hören sie in unseren Sprachen Gottes große Taten verkünden“ (*Apg* 2,11), rufen die Teilnehmer am Pfingstfest von Jerusalem voll Staunen aus.
„Herr, wie zahlreich sind deine Werke! ... die Erde ist voll von deinen Geschöpfen ... Sendest du deinen Geist aus, so werden sie alle erschaffen, und du erneuerst das Antlitz der Erde“ (*Ps* 104,24.30). So der Psalmist.
„Gottes große Tat“, die die Apostel am Pfingsttag durch Petrus verkünden, trägt nur einen Namen: „Jesus Christus“. Und es gibt nur einen Ausdruck für die Macht Gottes, die sich unter uns geoffenbart hat: „Jesus ist der Herr“ (*1 Kor* 12,3).
Diese große, ja größte Tat Gottes in der Schöpfungs- und Menschheitsgeschichte ist mit dem Namen des Jesus von Nazaret, des Sohnes Gottes, verbunden, der „sich entäußerte und wie ein Sklave wurde; der gehorsam war bis zum Tod, bis zum Tod am Kreuz; den Gott über alle erhöht und dem er den Namen verliehen hat, der größer ist als alle Namen: Jesus Christus ist der Herr, zur Ehre Gottes, des Vaters“ (vgl. *Phil* 2,7–9.11).
Herr – Kyrios – bedeutet Gott (Adonai).
Eben diese Wahrheit, diese „große, ja größte Tat Gottes“ wird von Petrus am Pfingsttag verkündet. Er spricht durch die Kraft des Heiligen Geistes „... keiner kann sagen: Jesus ist der Herr!, wenn er nicht aus dem Heiligen Geist redet“ (*1 Kor* 12,3).

3. Seit dem Pfingsttag in Jerusalem spricht die Kirche diese Heilswahrheit aus: „Jesus ist der Herr.“ Sie wird von den Aposteln verkündet und von den Zuhörern aus den verschiedenen Völkern und Nationen der Erde aufgenommen. Sie bekennen: „Jesus Christus, der gekreuzigte und auferstandene, ist der Herr!“

Vom Pfingsttag an beginnt kraft des Heiligen Geistes, der lebendig macht, der Pilgerweg des Glaubens des neuen Israel, des messianischen Volkes.
Die Würde von Kindern Gottes, in deren Herzen der Heilige Geist wie in einem Tempel wohnt, ist zum Erbe dieses Volkes geworden. Das neue Gebot, zu lieben, wie Christus uns geliebt hat (vgl. *Joh* 13,34), ist sein Gesetz geworden. Das von Gott selbst auf Erden begonnene Reich Gottes ist seine Bestimmung. Hier lehrt das Zweite Vatikanische Konzil: „So ist denn dieses messianische Volk, obwohl es tatsächlich nicht alle Menschen umfaßt und gar oft als kleine Herde erscheint, für das ganze Menschengeschlecht die unzerstörbare Keimzelle der Einheit, der Hoffnung und des Heils" (*Lumen gentium*, Nr. 9). „Die Kirche ist ja in Christus gleichsam das Sakrament ... für die innigste Vereinigung mit Gott (*Lumen gentium*, Nr. 1).

4. Am Pfingstfest des vergangenen Jahres 1987 haben wir einen besonderen Abschnitt auf dem Pilgerweg der Kirche, des Volkes Gottes, auf dem ganzen Erdkreis begonnen. Er wurde „Marianisches Jahr" genannt, um gleichsam auf eine Adventszeit vor dem Beginn des 3. Jahrtausends nach Christus hinzuweisen.
Unter allen, die kraft des Heiligen Geistes imstande waren, den Namen „Jesus" („Jesus ist der Herr") auszusprechen, war Maria die erste. Und das geschah am Tag der Verkündigung, als der Heilige Geist auf sie herabkam in der Verborgenheit des Hauses in Nazaret. Indem sie in ihrer Jungfräulichkeit kraft dieses Geistes Mutter des Sohnes Gottes wurde, nahm sie sein ganzes Geheimnis im Glauben an, wie es von Anfang an, vom Protoevangelium im Buch Genesis und während der Geschichte des Volkes Gottes im Alten Bund von den Propheten, verheißen worden war: „Der Heilige Geist wird über dich kommen, und die Kraft des Höchsten wird dich überschatten. Deshalb wird auch das Kind heilig und Sohn Gottes genannt werden" (*Lk* 1,35).

5. Vom Augenblick der Verkündigung in Nazaret an ging Maria – wie das Konzil sagt – „den Pilgerweg des Glaubens. Ihre Vereinigung mit dem Sohn hielt sie in Treue bis zum Kreuz, wo sie nicht ohne göttliche Absicht stand, heftig mit ihrem Eingeborenen litt und sich mit seinem Opfer in mütterlichem Geist verband, indem sie der Darbringung des Schlachtopfers, das sie geboren hatte, liebevoll zustimmte" (*Lumen gentium*, Nr. 58).
Unter dem Kreuz hat Marias „fiat" („Mir geschehe"), das sie im Augenblick der Verkündigung gesprochen hatte, seinen Höhepunkt kraft des Heiligen Geistes erreicht: Das „fiat" der Menschwerdung war in der ganzen Glaubensreife der Mutter Gottes im Mittelpunkt des Geheimnisses der Erlösung der Welt vernehmbar geworden. „Selig bist du, die du geglaubt hast" (vgl. *Lk* 1,45).
Dieses durch die Kraft des Heiligen Geistes ausgelöste „fiat" stellt auch sozusagen die letzte Vorbereitung auf die volle Offenbarung derselben Kraft dar, die durch die Geburt der Kirche gewirkt worden ist.
Hier sehen wir „die Apostel vor dem Pfingsttag " (*Lumen gentium*, Nr. 59). Wir sehen also „Maria mit ihren Gebeten die Gabe des Geistes erflehen, der sie schon bei der Verkündigung überschattet hatte" (*ebd.*).

6. Das Zweite Vatikanische Konzil drückt mit diesen Worten die wesentliche Verbindung aus, die zwischen der Herabkunft des Heiligen Geistes auf die Jungfrau bei der Verkündigung in Nazaret und seiner Herabkunft auf die Apostel am Pfingsttag besteht.
Wenn die Kirche auf die Jungfrau als ihr „Modell" schaut, dann tut sie es deshalb, weil an ihr als erster vom Heiligen Geist die „großen Taten Gottes" gewirkt wurden, die vom Pfingsttag an Teil der Kirche, ihres Glaubens- und Sendungsbewußtseins, geworden sind. Marias Glaube ist für die Kirche sozusagen der „Leitstern" auf dem Weg geworden, den sie geht, angefangen vom Abendmahlssaal in Jersualem, durch Generationen und Jahrhunderte. Deshalb ist auch das Pfingstfest als Beginn des Marianischen Jahres der Kirche gewählt worden.

7. Heute möchten wir nicht nur an diesen Beginn erinnern, sondern daran anknüpfend, wollen wir gleichzeitig die Verbindung gegenwärtig setzen, die zwischen der Geburtsstunde der Kirche und dem Glauben der Gottesmutter besteht. „Indem die Kirche ... Maria ... im Licht des menschgewordenen Wortes betrachtet, dringt sie verehrend in das erhabene Geheimnis der Menschwerdung tiefer ein und wird ihrem Bräutigam mehr und mehr gleichgestaltet" (*Lumen gentium*, Nr. 65). Man könnte hinzufügen: Die Kirche dringt zugleich immer tiefer in ihr eigenes Geheimnis ein, in diese göttlich-menschliche Wirklichkeit, die der Heilige Geist, der göttliche Beistand, durch den Kreuzestod und die Auferstehung Christi immer neu in den Herzen der Menschen und gleichzeitig im Innern der Geschichte des Menschen auf Erden schafft, mag diese auch noch so verwickelt und manchmal verworrren sein und dem Einfluß des „Fürsten dieser Welt" und den vielfachen Schwächen jedes einzelnen und aller ausgesetzt.

8. Auch deshalb spricht die Kirche auf ihrem Weg durch die Menschheitsgeschichte heute und alle Tage die folgenden Worte: „Komm! Komm herab, o Heiliger Geist ... Komm, der alle Armen liebt ... Komm, der jedes Herz erhellt ... Höchster Tröster in der Zeit ... Komm, o du glückselig Licht, fülle Herz und Angesicht ... Wärme du, was kalt und hart, löse, was in sich erstarrt, lenke, was den Weg verfehlt ... Ohne dein lebendig Wehn, kann im Menschen nichts bestehen, kann nichts heil sein noch gesund ...

9. So betet die Kirche, heute und alle Tage. Maria betet zusammen mit der Kirche, so wie im Abendmahlssaal vor dem Pfingstfest.
Der Heilige Geist hat dahin gewirkt, daß sie in besonderer Weise im Geheimnis Christi und der Kirche gegenwärtig ist. Während des ganzen Pilgerweges des Glaubens des Volkes Gottes, unter allen Nationen auf Erden. Diesem Volk „leuchtet sie ... als Zeichen der sicheren Hoffnung und des Trostes" voran (*Lumen gentium*, Nr. 68). Und deshalb fühlen wir die Gottesmutter besonders vereint mit der Kirche in den lobpreisenden Worten des Magnifikat: „... der Mächtige hat Großes an mir getan, und sein Name ist heilig" (*Lk* 1,49).
„Großes" ... „Gottes große Taten" ...
Maria und die entstehende Kirche am Pfingsttag: die Apostel, die Jünger, die Frauen, sind im Abendmahlssaal versammelt ...
Sagten die Teilnehmer an diesem Ereignis in Jersusalem nicht: „... wir hören sie in unseren Sprachen Gottes große Taten verkünden"? ... magnalia Dei!

Apostolisches Schreiben an alle gottgeweihten Personen in den Ordensgemeinschaften und Säkularinstituten zum Marianischen Jahr vom 22. Mai 1988

„Euer Leben ist mit Christus verborgen in Gott“ (*Kol* 3,3)

Liebe Brüder und Schwestern im Herrn!

I. Einleitung

Die Enzyklika *Redemptoris Mater* erläutert die Bedeutung des Marianischen Jahres, das wir zusammen mit der ganzen Kirche vom vergangenen Pfingstfest bis zum kommenden Fest Mariä Himmelfahrt begehen. In diesem Zeitraum wollen wir uns der Unterweisung des II. Vatikanischen Konzils anschließen, das uns in der Dogmatischen Konstitution über die Kirche die Gottesmutter als diejenige vor Augen stellt, die dem gesamten Gottesvolk auf dem Pilgerweg des Glaubens, der Liebe und der vollkommenen Einheit mit Christus vorangeht.[1]

Deshalb sieht die ganze Kirche in Maria ihr vollkommenes „Urbild“. Was das Konzil hier in Anlehnung an die Vätertradition über die Kirche als universale Gemeinschaft des Gottesvolkes aussagt, sollten alle, welche diese Gemeinschaft bilden, im Hinblick auf die eigene Berufung zum Gegenstand ihrer Meditation machen.

Gewiß suchen viele von Euch, liebe Brüder und Schwestern, in diesem Marianischen Jahr sich erneut das Band bewußt zu machen, das zwischen der Gottesmutter und ihrer besonderen Berufung in der Kirche besteht. Das vorliegende Schreiben, das ich zum Marianischen Jahr an Euch richte, möchte eine Hilfe bieten für Eure Betrachtungen zu diesem Thema; ich beziehe mich dabei auch auf die Überlegungen, welche die Kongregation für die Ordensleute und die Säkularinstitute bereits früher erarbeitet hat.[2]

Durch diesen Text möchte ich zugleich der Liebe Ausdruck geben, die die Kirche für Euch, für Eure Berufung sowie für die Sendung hegt, die Ihr inmitten des Volkes Gottes an so zahlreichen Orten und in so vielfältiger Weise ausübt. All dies ist ein großes Geschenk für die Kirche. Und weil die Muttergottes wegen ihres Anteils am Geheimnis Christi auch im Leben der Kirche ständig gegenwärtig ist, sind Eure Berufung und Euer Dienst gleichsam ein Widerschein dieser Gegenwart. Man muß sich also fragen, welche Beziehung zwischen diesem „Urbild“ und der Berufung der gottgeweihten Personen besteht, die in den verschiedenen Orden, Kongregationen und Instituten ihre Hingabe an Christus leben wollen.

II. Zusammen mit Maria betrachten wir das Geheimnis unserer Berufung

Während ihrer Begegnung preist Elisabet, die Verwandte Marias, diese selig wegen ihres Glaubens: „Selig ist die, die geglaubt hat, daß sich erfüllt, was der Herr ihr sagen ließ“

(*Lk* 1,45). In der Tat, jene Botschaft, die Maria bei der Verkündigung erhielt, war ungewöhnlich. Ein aufmerksames Lesen des Textes bei Lukas zeigt, daß darin bereits die Wahrheit von Gott enthalten ist, wie sie im übrigen Evangelium und im gesamten Neuen Testament enthalten ist. Die Jungfrau von Nazaret ist in das unergründliche Geheimnis einbezogen, das der lebendige Gott darstellt, der dreifaltige Gott: Vater, Sohn und Heiliger Geist. In diesem Rahmen ist der Jungfrau die Berufung offenbart worden, Mutter des Messias zu werden, eine Berufung, die sie mit ihrem „Fiat" beantwortet hat: „Mir geschehe, wie du es gesagt hast" (*Lk* 1,38).

Wenn wir das Verkündigungsgeschehen betrachten, denken wir auch an unsere eigene Berufung. Diese stellt ja stets einen Wendepunkt dar auf dem Weg unserer Beziehung zum lebendigen Gott. Damals eröffnete sich für jeden und für jede von Euch eine neue Perspektive und erhielt Eure christliche Existenz einen neuen Sinn und eine neue Dimension.

Das geschieht im Hinblick auf das zukünftige Leben einer konkreten gottgeweihten Person, auf ihre Wahl und das Heranreifen ihrer Entscheidung. Der Akt der Berufung betrifft jeweils in direkter Weise eine menschliche Person; zugleich aber bedeutet er – wie bei der Verkündigung in Nazaret – ein gewisses Offenbarwerden des Geheimnisses Gottes. Die Berufung verweist noch bevor sie sich im Herzen einer Person auswirkt und bevor sie die Form einer persönlichen Wahl und Entscheidung annimmt – auf eine andere Entscheidung, die von Gott her der menschlichen Wahl und Entscheidung vorausgeht. Hiervon sprach Christus vor den Aposteln bei seiner Abschiedsrede: „Nicht ihr habt mich gewählt, sondern ich habe euch erwählt" (*Joh* 15,16).

Diese Erwählung drängt uns – wie es ja auch für Maria bei der Verkündigung gewesen ist -, daß wir uns in das ewige Geheimnis Gottes vertiefen, das die Liebe ist. Wenn Christus uns erwählt, wenn er uns sagt: „Folge mir", dann ist es „der Gott und Vater unseres Herrn Jesus Christus", wie der *Epheserbrief* verkündet, der durch ihn erwählt: „Denn in ihm hat er uns erwählt vor der Erschaffung der Welt ..., im voraus dazu bestimmt, seine Söhne zu werden ... zum Lob seiner herrlichen Gnade, die er uns in seinem geliebten Sohn geschenkt hat ... Er hat uns das Geheimnis seines Willens kundgetan, wie er es gnädig im voraus bestimmt hat" (*Eph* 1,4.6.9).

Diese Worte gelten ganz allgemein; sie sprechen von der ewigen Erwählung aller und eines jeden in Christus, von der Berufung zur Heiligkeit, wie sie denen zu eigen ist, die Gott an Kindes Statt angenommen hat. Zugleich aber lassen sie uns das Geheimnis der einzelnen Arten von Berufung vertiefen, insbesondere jener, wie sie den gottgeweihten Personen zu eigen ist. Auf diese Weise kann jeder und jede von Euch, liebe Brüder und Schwestern, sich bewußtmachen, wie tief und gnadenhaft die Wirklichkeit ist, die man erlebt, wenn man der Aufforderung Christi „Folge mir" nachkommt. Dann wird uns die Wahrheit der Worte des Paulus: „Euer Leben ist mit Christus verborgen in Gott" (*Kol* 3,3) vertraut und einsichtig. Unsere Berufung ist im ewigen Geheimnis Gottes verborgen, bevor sie in uns eine geistige Wirklichkeit wird: unser menschliches Ja, unsere Wahl und Entscheidung. Zusammen mit der Jungfrau Maria bei der Verkündigung in Nazaret wollen wir das Geheimnis der Berufung bedenken, die unser „Anteil" an Christus und an der Kirche geworden ist.

III. Zusammen mit Maria betrachten wir das Geheimnis unserer Weihe

Der Apostel schreibt: „Ihr seid ja gestorben, und euer Leben ist mit Christus verborgen in Gott" (*Kol* 3,3). Wenden wir uns von der Verkündigung hin zum Geheimnis der Auferstehung. Der Ausdruck des Paulus „Ihr seid gestorben" enthält denselben Inhalt, wie ihn der Apostel im *Römerbrief* zum Ausdruck bringt, wenn er von der Bedeutung jenes Sakramentes schreibt, das uns in das Leben Christi einfügt: „Wißt ihr denn nicht, daß wir alle, die wir auf Christus getauft wurden, auf seinen Tod getauft worden sind?" (*Röm* 6,3). Der zitierte Ausdruck aus dem Kolosserbrief „Ihr seid gestorben" hat so die folgende Bedeutung: „Wir wurden mit ihm begraben durch die Taufe auf den Tod; und wie Christus durch die Herrlichkeit des Vaters von den Toten auferweckt wurde, so sollen auch wir als neue Menschen leben" (*Röm* 6,4).
Von Ewigkeit her hat Gott uns in seinem geliebten Sohn, dem Erlöser der Welt, erwählt. Unsere Berufung zur Gnade der Annahme an Sohnes Statt durch Gott entspricht der ewigen Wahrheit dieses mit Christus in Gott Verborgenseins. Diese allen Christen gemeinsame Berufung verwirklicht sich in der Zeit durch die Taufe, die uns in den Tod Christi hinein „begräbt". In diesem Sakrament beginnt auch unser mit Christus in Gott Verborgensein, und ein solches Geschehen wird dann zu einem Teil der Geschichte einer konkreten getauften Person. Indem wir im Zeichen des Sakramentes am Erlösertod Christi teilhaben, werden wir mit ihm auch in der Auferstehung verbunden (vgl. *Röm* 6,5); wir haben dann auch Anteil an jenem vollkommen „neuen Leben" (vgl. *Röm* 6,4), das Christus – eben durch seine Auferstehung – in der Geschichte des Menschen begonnen hat. Dieses „neue Leben" bedeutet in erster Linie die Befreiung vom Erbe der Sünde und ihrer Knechtschaft (vgl. *Röm* 6,1–11).
Zugleich aber bedeutet es die „Heiligung in der Wahrheit" (vgl. *Joh* 17,17), durch die sich die ganze Breite der Einheit mit Gott offenbart, des Lebens in Gott. So ist unser menschliches Leben auf sakramentale und zugleich reale Weise „mit Christus in Gott verborgen". Dem Sakrament entspricht dabei die lebendige Wirklichkeit der heiligmachenden Gnade, die unser Menschenleben mit der Teilhabe am dreifaltigen Leben Gottes durchdringt.
Die Worte des Paulus, besonders jene des Römerbriefes, zeigen, daß dieses ganze „neue Leben", an dem wir an erster Stelle durch die Taufe Anteil erhalten, den Anfang aller Berufungen in sich schließt, die im Lauf des Lebens eines Christen oder einer Christin diese zu einer Wahl und zu einer bewußten Entscheidung in der Kirche veranlassen. In jeder Berufung eines getauften Menschen spiegelt sich nämlich ein Aspekt jener „Heiligung in der Wahrheit" wider, die Christus in seinem Tod und seiner Auferstehung vollzogen und in sein Ostergeheimnis einbezogen hat: „Ich heilige mich für sie, damit auch sie in der Wahrheit geheiligt sind" (*Joh* 17,19).
Die Berufung einer Person zur Weihe ihres ganzen Lebens steht in einer besonderen Beziehung mit der Weihe Christi für die Menschen. Sie geht aus der sakramentalen Wurzel der Taufe hervor, welche die erste und grundlegende Weihe der menschlichen Person an Gott enthält. Die Weihe durch die Profeß der evangelischen Räte – das heißt durch Gelübde oder durch Versprechen – ist eine organische Entfaltung jenes Anfangs, den die

Taufe darstellt. In der Weihe ist die reife Entscheidung für Gott enthalten, die bräutliche Antwort auf die Liebe Christi. Wenn wir uns selbst ihm ganz und ungeteilt schenken, dann wollen wir „ihm folgen" mit dem Entschluß, im Geist der evangelischen Räte die Keuschheit, die Armut und den Gehorsam zu beobachten. Wir möchten Christus möglichst ähnlich werden, indem wir unser eigenes Leben im Geist der Seligpreisungen der Bergpredigt gestalten. Vor allem aber möchten wir die Liebe besitzen, die alle Bereiche des geweihten Lebens durchdringt und sie wie ein wirkliches „Band der Vollkommenheit" untereinander verbindet.[3]

Dies alles ist in der Bedeutung jenes paulinischen „Sterbens" enthalten, das sakramental in der Taufe beginnt. Ein Sterben mit Christus, das uns an Früchten seiner Auferstehung teilnehmen läßt, ähnlich dem Weizenkorn, das in die Erde fällt und für ein neues Leben „stirbt" (vgl. *Joh* 12,24). Die Weihe einer Person mit ihren religiösen Bindungen entscheidet über eine solche „Neuheit des Lebens", die nur dadurch Wirklichkeit werden kann, daß wir alles, was unser menschliches Leben ausmacht, in Christus „verbergen": Unser Leben ist mit Christus verborgen in Gott.

Wenn die Weihe einer Person, menschlich gesehen, mit einem „Verlieren des Lebens" verglichen werden kann, so ist dies doch zugleich der direkteste Weg, um es zu „gewinnen". Christus sagt ja: „Wer das Leben um meinetwillen verliert, wird es gewinnen" (*Mt* 10,39). Diese Worte drücken gewiß die Radikalität des Evangeliums aus. Gleichzeitig wird deutlich, wie sehr sie sich auf den Menschen beziehen, wie einzigartig ihre anthropologische Dimension ist. Was ist für ein menschliches Wesen – Mann oder Frau – grundlegender als das: sich selbst zu finden; sich selbst in Christus wiederzufinden, weil Christus die „ganze Fülle" ist (vgl. *Kol* 1,19; 2,9)?

Diese Überlegungen über das Thema der Weihe der Person durch die Profeß der evangelischen Räte lassen uns ständig im Bereich des Ostergeheimnisses verweilen. Zusammen mit Maria suchen wir an diesem Tod teilzuhaben, der in der Auferstehung Früchte eines „neuen Lebens" hervorgebracht hat: Dieser Tod am Kreuz war schändlich und war der Tod ihres eigenen Sohnes! Aber hat Maria nicht vielleicht gerade dort, unter dem Kreuz, „wo sie nicht ohne göttliche Absicht stand",[4] alles, was sie schon am Tag der Verkündigung gehört hatte, auf eine neue Weise verstanden? Hat Maria nicht gerade dort durch das „Schwert, das ihre Seele durchdrang" (vgl. *Lk* 2,35), durch die unvergleichliche „kenosis (Entäußerung) des Glaubens"[5] die volle Wahrheit über ihre Mutterschaft bis in die Tiefe erkannt? Hat sie sich nicht gerade dort auf endgültige Weise mit dieser Wahrheit identifiziert, indem sie das Leben „wiedergefunden" hat, das sie im Erlebnis von Golgota auf die schmerzlichste Weise für Christus und für das Evangelium „verlieren" mußte?

Genau in dieses volle „Finden" der Wahrheit über die göttliche Mutterschaft, die Maria vom Augenblick der Verkündigung an zuteil geworden war, fügen sich die Worte Christi ein, die er vom Kreuz herab gesprochen hat und die auf den Apostel Johannes, auf einen Menschen, hinweisen: „Siehe, dein Sohn!" (vgl. *Joh* 19,26).

Liebe Brüder und Schwestern! Kehren wir ständig mit unserer Berufung, mit unserer Weihe in die Tiefe des Ostergeheimnisses zurück. Stellen wir uns zum Kreuz Christi neben seiner Mutter. Lernen wir von ihr unsere Berufung. Hat nicht Christus selber gesagt:

„Wer den Willen meines himmlischen Vaters erfüllt, der ist für mich Bruder und Schwester und Mutter" (*Mt* 12,50)?

IV. Mit Maria betrachten wir euer besonderes Apostolat

Die österlichen Geschehnisse verweisen uns auf Pfingsten, auf den Tag, an dem „der Geist der Wahrheit kommen wird", um die Apostel und die ganze Kirche, die auf ihnen als ihrem Fundament erbaut ist,[6] „in die ganze Wahrheit" im Verlauf der Menschheitsgeschichte einzuführen (vgl. *Joh* 16,13).

Maria bringt in den Abendmahlssaal des Pfingstfestes die „neue Mutterschaft", die ihr unter dem Kreuz zuteil geworden ist. Diese Mutterschaft muß in ihr bleiben, und gleichzeitig muß sie von ihr als dem „Urbild" auf die ganze Kirche übergehen, welche sich am Tag der Herabkunft des Tröstergeistes der Welt offenbaren wird. Die im Abendmahlssaal Versammelten sind dankbar, daß vom Augenblick der Rückkehr Christi zum Vater ihr Leben mit ihm verborgen in Gott ist. Maria lebt mehr als jeder andere in diesem Bewußtsein. Gott kam in die Welt, von ihr geboren als der „Menschensohn", um den ewigen Ratschluß des Vaters zu erfüllen, der „die Welt so sehr geliebt hat" (vgl. *Joh* 3,16). Indem das ewige Wort zum Immanuel (Gott mit uns) wurde, haben der Vater, der Sohn und der Heilige Geist andererseits noch tiefer offenbart, daß die Welt „in Gott ist" (vgl. *1 Joh* 3,24). „Denn in ihm leben wir, bewegen wir uns und sind wir" (*Apg* 17,28). Gott umfängt alles Geschaffene mit seiner Schöpfermacht, die sich durch Christus vor allem als Macht der Liebe offenbart hat. Die Menschwerdung des Wortes, das unaussprechliche und unauslöschliche Zeichen für die „Immanenz" Gottes in der Welt, hat auf neue Weise seine „Transzendenz" enthüllt. Alles das hat sich schon im Rahmen des Ostergeheimnisses erfüllt und ist darin enthalten. Der Abschied des Sohnes, „des Erstgeborenen der ganzen Schöpfung" (*Kol* 1,15), hat eine neue Erwartung dessen hervorgerufen, der alles erfüllt: Denn „der Geist des Herrn erfüllt den Erdkreis" (*Weish* 1,7).

Die zusammen mit Maria im Abendmahlssaal von Jerusalem den Pfingsttag erwarteten, haben jene „neuen Zeiten" schon konkret erfahren. Unter dem Antrieb des Geistes der Wahrheit müssen sie aus dem Abendmahlssaal hinausgehen, um in Einheit mit diesem Geist Zeugnis für den gekreuzigten und auferstandenen Christus zu geben (vgl. *Joh* 15,26–27). Dadurch müssen sie Gott offenbaren, der als Liebe die Welt umfängt und durchdringt; sie müssen alle davon überzeugen, daß sie zusammen mit Christus berufen sind, in der Kraft seines Todes zu „sterben", um zum Leben aufzuerstehen, das mit Christus verborgen ist in Gott.

Genau das ist der Kern der apostolischen Sendung der Kirche. Die Apostel, die am Pfingsttag aus dem Abendmahlssaal heraustraten, wurden der Ausgangspunkt für die Kirche, die ganz und gar apostolisch ist und ständig missionarisch bleibt (in statu missionis). In dieser Kirche empfängt jeder schon im Taufsakrament und dann in der Firmung die Berufung, die – wie das Konzil in Erinnerung gerufen hat – von ihrem Wesen her eine Berufung zum Apostolat ist.[7]

Das Marianische Jahr hat am Pfingstfest begonnen, damit sich alle zusammen mit Maria zum Abendmahlssaal eingeladen fühlen, wo der gesamte apostolische Weg der Kirche von Generation zu Generation seinen Anfang nimmt. Unter den Eingeladenen seid natürlich Ihr, liebe Brüder und Schwestern, die Ihr unter dem Wirken des Heiligen Geistes Euer Leben und Eure Berufung auf der Grundlage einer besonderen Weihe, einer Ganzhingabe an Gott, gestaltet habt. Diese Einladung zum pfingstlichen Abendmahlssaal besagt, daß Ihr das Bewußtsein von Eurer Berufung in zwei Richtungen erneuern und vertiefen sollt. Die erste besteht in der Stärkung jener Sendung, die in der Weihe selber enthalten ist, die zweite in der Verlebendigung der vielfältigen apostolischen Aufgaben, die sich im Rahmen der Spiritualität und Zielsetzung Eurer Gemeinschaften und Institute oder auch Eurer jeweiligen Person von dieser Weihe herleiten.

Sucht Euch im Abendmahlssaal von Pfingsten mit Maria zu treffen. Niemand wird Euch mehr als sie an diese Heilssicht der Wahrheit über Gott und über den Menschen, über Gott und die Welt heranführen, die in den Worten des Paulus enthalten ist: „Ihr seid gestorben, und euer Leben ist mit Christus verborgen in Gott". Es sind Worte, die das Paradox und zugleich den Kern der Botschaft des Evangeliums beinhalten. Ihr, liebe Brüder und Schwestern, habt als gottgeweihte Personen eine besondere Eignung, um dieses Paradox und diese Botschaft des Evangeliums den Menschen nahezubringen. Ihr habt auch die besondere Aufgabe, zu allen – im Geheimnis des Kreuzes und der Auferstehung – davon zu sprechen, wie sehr die Welt und alles Geschaffene „in Gott" sind und wie sehr „wir in ihm leben, uns bewegen und sind", wie sehr dieser Gott, der die Liebe ist, alle und alles umfängt, wie sehr „die Liebe Gottes ausgegossen ist in unsere Herzen durch den Heiligen Geist, der uns gegeben ist" (*Röm* 5,5).

Christus hat Euch „aus der Welt erwählt", und die Welt braucht Eure Erwählung, auch wenn sie bisweilen den Eindruck erweckt, als sei sie ihr gegenüber gleichgültig und messe ihr keine Bedeutung bei. Die Welt braucht Euer „Verborgensein mit Christus in Gott", auch wenn sie bisweilen die Formen klösterlicher Klausur in Frage stellt. Ja, kraft dieses „Verborgenseins" könnt Ihr Euch zusammen mit den Aposteln und mit der ganzen Kirche das Besondere der Botschaft des Hohenpriesterlichen Gebetes unseres Erlösers zu eigen machen: „Wie du mich in die Welt gesandt hast, so habe auch ich sie in die Welt gesandt" (*Joh* 17,18). Ihr nehmt an dieser Sendung, an der apostolischen Sendung der Kirche, teil.[8] Ihr nehmt auf Eure besondere, ausschließliche Weise und gemäß Eurer „eigenen Gnadengabe" daran teil (vgl. *1 Kor* 7,7). Jeder und jede von Euch nimmt daran teil, und dies umso mehr, je mehr Euer Leben „mit Christus in Gott verborgen ist". Hier ist die Quelle Eures apostolischen Lebens.

Diese grundlegende Struktur Eures Apostolates darf nicht überstürzt verändert werden, indem man sich der Haltung der Welt angleicht (vgl. *Röm* 12,2). Es ist wohl wahr: Oft erfahrt Ihr, daß die Welt „das Ihrige liebt": „Wenn ihr von der Welt stammen würdet, würde die Welt euch als ihr Eigentum lieben" (*Joh* 15,19). Ja, Christus hat Euch „aus der Welt erwählt", er hat Euch erwählt, damit „die Welt durch ihn gerettet wird" (vgl. *Joh* 3,17). Gerade darum aber dürft Ihr Euer „Verborgensein mit Christus in Gott" nicht aufgeben, weil es unersetzliche Bedingung dafür ist, daß die Welt an die heilschaffende Kraft Christi glaubt. Dieses „Verborgensein", das sich von Eurer Weihe ableitet, macht aus jedem und aus jeder von Euch eine glaubwürdige und reine Persönlichkeit. Und dies verschließt nicht etwa, sondern öffnet im Gegenteil „die Welt" vor Euch. Die evangelischen Räte dienen ja – wie ich Euch im Apostolischen Schreiben *Redemptionis donum* sagte – in ihrer wesentlichen Zielsetzung der Erneuerung der Schöpfung: „Die ‚Welt‘ soll durch sie dem Menschen unterworfen und ihm in der Weise anheimgegeben werden, daß der Mensch sich selbst vollkommen an Gott übergeben kann“.[9]

Die Teilhabe am Werk des marianischen Wachsens der ganzen Kirche als Erstlingsfrucht des Marianischen Jahres wird gemäß der besonderen Berufung eines jeden Instituts verschiedene Weisen und Ausdrucksformen haben und um so fruchtbarer sein, je mehr die Institute in Treue zu ihrer besonderen Gnadengabe wirken. Im einzelnen bedeutet dies:

a) Die gänzlich auf die Kontemplation hingeordneten Institute, deren Mitglieder in Einsamkeit und Schweigen, in stetigem Gebet und starker Entsagung für Gott allein da sind, nehmen, mag die Notwendigkeit zum tätigen Apostolat auch noch so sehr drängen, – daran erinnert sie das II. Vatikanische Konzil – im Mystischen Leib Christi immer eine hervorragende Stelle ein.[10]

Ja, indem die Kirche in diesem außerordentlichen Gnadenjahr auf Maria schaut, weiß sie sich mit besonderer Aufmerksamkeit und in Hochachtung der reichen Tradition kontemplativen Lebens verbunden, welches Männer und Frauen in Treue zu diesem Charisma zum Nutzen der kirchlichen Gemeinschaft und zum Wohl der ganzen menschlichen Gesellschaft einzurichten und zu pflegen verstanden. Die heilige Jungfrau Maria war in so intensiver Weise geistlich fruchtbar, daß sie zur Mutter der Kirche und des Menschengeschlechtes wurde. Im Schweigen, im beständigen Hören des Gotteswortes und in der innigen Einheit mit dem Herrn wurde Maria an der Seite ihres göttlichen Sohnes Jesu Christi zum Werkzeug des Heiles. Darum sollen alle dem kontemplativen Leben Geweihten Mut fassen; denn die Kirche und die Welt, der sie die Frohe Botschaft bringen soll, empfangen durch ihr verborgenes Leben im Gebet viel Licht und Kraft vom Herrn. Indem sie der Magd des Herrn in ihrem Beispiel der Demut, des Verborgenseins und der ständigen Einheit mit Gott folgen, mögen sie wachsen in der Liebe zu ihrer Berufung als Ordensleute, die sich der Kontemplation hingeben.

b) Alle Ordensmänner und Ordensfrauen die sich dem apostolischen Leben, der Evangelisierung oder den Werken der Caritas und der Barmherzigkeit widmen, haben in Maria ihr Vorbild der Liebe zu Gott und zu den Menschen. Indem sie diesem Vorbild mit hochherziger Treue folgen, verstehen sie den Nöten der Menschheit, die am Mangel an Gewißheit, Wahrheit und Offenheit zu Gott leidet, eine Antwort zu geben; eine Antwort auch für die Menschheit, die von Ungerechtigkeit, Diskriminierung, Unterdrückung, Krieg und Hunger bedrängt ist. Mit Maria wissen sie das Schicksal ihrer Brüder zu teilen und der Kirche in ihrer Verfügbarkeit zum Dienst am Heil des Menschen, dem sie auf ihrem Weg begegnet, zu helfen.

c) Die Mitglieder der Säkularinstitute, die ihr tägliches Leben inmitten der verschiedenen sozialen Gruppen verbringen, haben in Maria das Beispiel und die Hilfe, um den Menschen, mit denen sie die Lebensbedingungen in der Welt teilen, den Sinn für Harmonie und Schönheit menschlicher Existenz anzubieten, die umso wertvoller und herrlicher ist, je mehr sie sich zu Gott hin öffnet, sie haben ein Lebenszeugnis zu bieten, um Gemeinschaften, die des Menschen möglichst würdig sind, im Guten zu fördern; sie erbringen den Beweis, daß die zeitlichen Wirklichkeiten, wenn sie aus der Kraft des Evangeliums gelebt werden, die Gesellschaft verlebendigen können, indem sie sie zum Wohl aller Kinder Gottes, des Herrn der Schöpfung und Geber alles Guten, freier und gerecht machen. Diesen Lobpreis kann der Mensch zusammen mit Maria auf Gott anstimmen, wenn er ihn als allmächtig und barmherzig anerkennt.

Die vermehrte Entschlossenheit, Eure Weihe voll und ganz zu leben und dabei auf das hohe Vorbild jener vollkommen gottgeweihten Frau zu blicken, wie die Mutter Jesu und der Kirche sie darstellt, wird die Wirksamkeit Eures evangelischen Zeugnisses verstärken, so daß auch die Pastoral der Berufungen daraus gewinnt.

Gewiß erleben zahlreiche Institute einen schweren Mangel an Berufungen, und vielerorts verspürt die Kirche die Notwendigkeit, mehr Ordensleute zu haben. In dieser Lage kann das Marianische Jahr ein Erwachen im Bereich der Berufungen bewirken, indem wir uns mit stärkerem Vertrauen an Maria wenden wie an eine Mutter, die für die notwendigen Belange ihrer Familie sorgt, und alle kirchlichen Bereiche sich in erhöhtem Maße verantwortlich wissen für die Förderung des Ordenslebens in der Kirche.

V. Schluß

Im Marianischen Jahr sind alle Christen aufgerufen, im Einklang mit dem Denken der Kirche, die Gegenwart der Gottesmutter und Jungfrau im Geheimnis Christi und der Kirche[11] zu meditieren. Das vorliegende Schreiben will hierfür eine Ermutigung sein, damit Ihr diese Gegenwart in Eurem Herzen meditiert, in der Geschichte Eurer Seele, Eurer persönlichen Berufung und zugleich in Euren religiösen Gemeinschaften, Orden, Kongregationen und Säkularinstituten.

Das Marianische Jahr ist, so können wir wohl sagen, die Zeit einer einzigartigen „Pilgerschaft" auf den Spuren jener geworden, die dem ganzen Gottesvolk auf der Pilgerschaft des Glaubens vorangeht: Sie geht allen zusammen und zugleich jedem einzelnen voran. Diese Pilgerschaft hat viele Dimensionen und Bereiche: Ganze Nationen und sogar Kontinente vereinen sich bei den marianischen Heiligtümern, ohne zu vergessen, daß die einzelnen Christen ihre „inneren" Heiligtümer haben, in denen Maria ihnen Leitstern auf dem Weg des Glaubens, der Hoffnung und der liebevollen Einheit mit Christus ist.[12]

Oftmals haben Orden, Kongregationen und Institute mit ihren Erfahrungen, die sich bisweilen über Jahrhunderte erstrecken, auch ihre eigenen Heiligtümer, „Orte" der Gegenwart Marias, mit denen ihre Spiritualität und sogar die Geschichte ihres Lebens und ihrer Mission in der Kirche verbunden sind. Diese „Orte" erinnern an die einzelnen Geheimnisse der jungfräulichen Mutter, an die Werte und Ereignisse ihres Lebens, an die Zeugnisse der geistlichen Erfahrungen der Gründer oder an die Offenbarungen ihres Charismas, das dann auf die ganze Gemeinschaft überging.

Trachtet in diesem Jahr danach, solche „Orte", solche „Heiligtümer", vermehrt zu besuchen. Sucht in ihnen neue Kraft und Wege einer authentischen Erneuerung Eures geweihten Lebens sowie die rechte Ausrichtung und Methode für das Apostolat. Sucht in ihnen Eure Identität, wie jener Hausvater, jener weise Mann, der „aus seinem reichen Vorrat Neues und Altes hervorholt" (vgl. *Mt* 13,52). Ja, sucht durch Maria geistliche Vitalität, verjüngt Euch mit ihr! Betet um Berufungen! Schließlich „tut das, was er euch sagt", wie die Jungfrau zu Kana in Galiläa geraten hat (vgl. *Joh* 2,5).

Das wünscht Maria von euch, und das wünscht Maria für euch, sie, die mystische Braut des Heiligen Geistes und unsere Mutter. Ja, ich fordere Euch auf, diesem Wunsch Marias mit einem gemeinschaftlichen Akt der Übereignung zu entsprechen, der die beste „Antwort auf die Liebe der Mutter" wäre.[13]

Auch ich vertraue in diesem Marianischen Jahr jeden einzelnen von Euch wie auch alle Eure Gemeinschaften von ganzem Herzen ihr an und segne Euch im Namen des Vaters, des Sohnes und des Heiligen Geistes.

Gegeben zu Rom bei St. Peter am Pfingstfest, dem 22. Mai 1988, im zehnten Jahr meines Pontifikats.

Anmerkungen

[1] Vgl. Dogmatische Konstitution über die Kirche *Lumen gentium*, Nr. 58; 63.

[2] Vgl. *I religiosi sulle orme di Maria*, Vatikan 1987.

[3] Vgl. II. Vatikanisches Konzil, Dogmatische Konstitution über die Kirche *Lumen gentium*, Nr. 44; Dekret über die zeitgemäße Erneuerung des Ordenslebens *Perfectae caritatis*, Nr. 1; 6; *CIC* can. 573 § 1; 607 § 1; 710.

[4] II. Vatikanisches Konzil, Dogmatische Konstitution über die Kirche *Lumen gentium*, Nr. 58.

[5] Enzyklika *Redemptoris Mater* (25.3.1987), Nr. 18: *AAS* 79, 1987, S. 383.

[6] Vgl. II. Vatikanisches Konzil, Dogmatische Konstitution über die Kirche *Lumen gentium*, Nr. 19.

[7] Vgl. Dekret über das Apostolat der Laien *Apostolicam actuositatem*, Nr. 2.

[8] Vgl. *CIC* can. 574 § 2.

[9] Apostolisches Schreiben *Redemptionis donum* (25.3.1984), Nr. 9: *AAS* 76, 1984, S. 530.

[10] Dekret über die zeitgemäße Erneuerung des Ordenslebens *Perfertae caritatis*, Nr.7.

[11] Vgl. II. Vatikanisches Konzil, Dogmatische Konstitution über die Kirche *Lumen gentium*, Kap. VIII, Nr. 52–69.

[12] Vgl. *ebd.*, Nr. 63; 68.

[13] Enzyklika *Redemptoris Mater* (25.3.1987), Nr. 45: *AAS* 79, 1987, S. 423.

Maria Vorbild für die Kirche

Schreiben an den Präsidenten des Zentralkomitees für das Marianische Jahr, Kardinal Luigi Dadaglio, vom 22. Mai

Dem verehrten Mitbruder
Herrn Kardinal Luigi Dadaglio
Präsident des Zentralkomitees
für das Marianische Jahr

1. „Die Zeit ist erfüllt, das Reich Gottes ist nahe. Kehrt um und glaubt an das Evangelium" (*Mk* 1,15). Mit diesen Worten, die Jesus am Anfang seines öffentlichen Auftretens sprach, wende ich mich an Sie und an die geliebten Söhne und Töchter, die an der internationalen Tagung zum Studium des lehramtlichen Inhalts und der seelsorglichen Ausblicke der Enzyklika *Redemptoris Mater* teilnehmen. Diese von der Päpstlichen Internationalen Marianischen Akademie veranstaltete und vom Zentralkomitee für das Marianische Jahr gewollte Begegnung reiht sich in die zahlreichen Initiativen zur Vorbereitung der Kirche und der Menschheit auf das christologische Jubiläum des Jahres Zweitausend ein, die es sich zur Aufgabe gemacht haben, die Kenntnis des Geheimnisses Marias immer mehr zu vertiefen (vgl. Enz. *Redemptoris Mater*, Nr. 4).

2. Im neutestamentlichen Sprachgebrauch fällt die „Fülle der Zeit" zusammen mit dem Kommen des Reiches Gottes in der Person und im Werk Jesu Christi, dem das gesamte Gottesvolk mit gläubiger Treue entsprechen muß. Diese vielstimmige Antwort findet ihren Bezugs- und Höhepunkt in Maria, die mit dem „fiat" der Verkündigung und ihres ganzes Lebens zum Vorbild eines vollkommen frei gegebenen „Ja" und einer bedingungslosen Verfügbarkeit wurde. Ohne ihre Annahme der göttlichen Initiative hätte die Heilsgeschichte nicht den Lauf genommen, den wir kennen.
Auf dem Weg der Gemeinschaft der Gläubigen durch die Geschichte kommt der Mutter des Herrn eine besondere Rolle zu; sie war berufen, den ewigen Sohn Gottes in die Zeit zu gebären. Sie stellt jedoch kein Parallelprinzip zu Christus und der Kirche dar, sie ist vielmehr mit Christus und mit der Kirche Zeugnis des Heilswirkens Gottes in der Geschichte, Ort der Begegnung von Göttlichem und Menschlichem, von Gnade und Glaube; sie ist das Musterbeispiel menschlichen Verhaltens Gott gegenüber: Mit ihrer Lebensgeschichte – obwohl einzigartig und unwiederholbar – lädt Maria uns ein zu Verhaltensweisen der Kindschaft, der Jüngerschaft und der Öffnung gegenüber dem Geist.

3. Auf diese Weise wird sie zu einer „gelebten Exegese" des Evangeliums. Ihr Geheimnis könnte auch erklärt werden, indem man von dem schon erwähnten programmatischen Ausspruch Jesu ausgeht: „Die Zeit ist erfüllt, das Reich Gottes ist nahe. Kehrt um und glaubt an das Evangelium" (*Mk* 1,15).
„Kehrt um" – In der Unbefleckten Empfängnis Marias wirkt Gottes Heilswille, um den ursprünglichen Zustand der Gerechtigkeit wieder herzustellen. Vom Anfang ihres Seins an war die Mutter des Erlösers in der erlösenden und heiligenden Liebe Gottes geborgen.

Ihre Erwählung ist Gnadengabe: in ihr manifestiert sich auf einmalige Weise die wunderbare Initiative des Vaters, das heiligende Wirken des Heiligen Geistes und die vollkommene, von Christus vollbrachte Erlösung. Wenngleich auch sie zu der Schar der Erlösten gehört, heilsbedürftig wie alle Menschen (vgl. *Lumen gentium*, Nr. 53), kannte sie keinen Augenblick der Gottesferne. So wurde sie duch die Gnade zum Abbild der neuen Menschheit, zum Bild der künftigen Kirche „ohne Flecken und Falten" (*Eph* 5,26) geläutertes und durchscheinendes Geschöpf vor Gott. Alles an ihr ist nichts als Gnade, nur Gnade („sola gratia").

„Glaubt an das Evangelium" – als Jungfrau sprach Maria ihr „Ja" zur Mutterschaft. Der Glaube ist der tiefe Grund ihrer Jungfräulichkeit: aus dem jungfräulichen Glauben und dem jungfräulichen Schoß trat der Sohn Gottes in die Geschichte der Menschheit. Durch diesen Glauben empfing Maria den „Sohn der Verheißung" und ihr Schoß wurde der Ort, wo die menschliche Armseligkeit befähigt wurde, sich dem Göttlichen zu öffnen und so am eigenen Heil mitzuwirken. Ihr Glaube ist gleichzeitig verantwortliche Zustimmung und vertrauende Hingabe an das göttliche Wirken. „Für Gott ist nichts unmöglich" (*Lk* 1,37): Ein aktiver Glaube in seiner Passivität, passiv in seiner Aktivität („sola fides").

Wenn Glauben bedeutet, sich dem Wort Gottes zu „überantworten", wohl wissend, „wie unergründlich seine Entscheidungen, wie unerforschlich seine Wege sind" (*Röm* 11,23), „verhält sich Maria, die sich nach dem ewigen Willen des Höchsten sozusagen im Mittelpunkt jener „unerforschlichen Wege" und jener „unergründlichen Entscheidungen" Gottes befindet, im Halbdunkel des Glaubens entsprechend, indem sie mit offenem Herzen alles voll und ganz annimmt, was in Gottes Plan verfügt ist" (*Redemptoris Mater*, Nr. 14).

„Das Reich Gottes ist nahe" – Als Gebärerin des Sohnes Gottes schenkt Maria der Welt Ihn, der das Reich Gottes in Person ist. Der Gottessohn wird Menschensohn auch dank dem Mitwirken einer Frau, die Mutter wird, Mutter des Sohnes Gottes, „geboren von einer Frau und dem Gesetz unterstellt" (*Gal* 4,4). In der zeitgebundenen Ordnung der Vorsehung ist der fleischgewordene Gott nicht ohne die Jungfrau Maria denkbar. Aber ihre Mutterschaft geht über die rein biologische Sphäre hinaus, weil es eine durch den Glauben möglich gewordene Mutterschaft ist, eine geheimnisvolle Mutterschaft, in der Gott sich der Menschheit als Vater offenbart. Maria schenkt der Menschheit den Erlöser, von dessen Erlösung sie selbst abhängig ist, weil niemand sich aus eigener Kraft erlöst: Christus ist der Erlöser aller („solus Christus").

„Die Zeit ist erfüllt" – In Jesus Christus hat Gott die Fülle aller Dinge gelegt, und er hat zu seiner Zeit alle Zeiten und alle Generationen an sich aufgenommen. Auch in der in den Himmel aufgenommenen Jungfrau begegnet sich das „schon jetzt" des Heils mit dem „noch nicht" der Fülle; die Erwählung durch den Gott bedeutet das vollkommene Heil. Dort, wo die Fülle der Gnade ist, ist auch die Fülle des Heils: In Maria begegnen sich so die Gnade und die Herrlichkeit. Und weil Gnade und Glaube überreich waren, so war auch die Verherrlichung überreich. Das Leben Marias war die vollkommene Antwort auf den Heilsplan Gottes und gerade durch diese gänzliche und bedingungslose Verfügbarkeit Marias ist das Wort in die Geschichte getreten, die so Heilsgeschichte wurde („totus Christus").

4. Maria – im Licht des programmatischen Wortes Jesu (vgl. *Mk* 1,15) betrachtet, stellt sich uns dar als die gläubige Frau, die beispielhafte Jüngerin Christi. Maria ist das vollkommene Bild des Antlitzes Gottes nicht der Natur nach, wie ihr Sohn (vgl. *Kol* 1,15), sondern der Gnade nach als „Magd des Herrn" (*Lk* 1,38). In Maria, der unbefleckt Empfangenen und in den Himmel Aufgenommenen besingt die Kirche den umfassenden Sieg der Gnade, und in ihrer einzigartigen Heiligkeit erkennt sie sich wieder als unbefleckte Braut des Lammes (vgl. *Apg* 19,7). Mit ihr, Jungfrau und Mutter, feiert die Gemeinschaft der Christen den Sieg des Glaubens und manifestiert sich als Sakrament, Zeichen und Werkzeug des Heils, Berührungspunkt zwischen Gott und Menschheit.
Sowohl die Kirche wie Maria stehen im Dienst des Heils, doch nicht Seite an Seite, sondern in einer Wechselbeziehung. Und da die Kirche von dem gerechten Abel an besteht (vgl. *Lumen gentium*, Nr. 2) so stand auch Maria nie außerhalb von ihr. Die Kirche versteht sich als Gemeinschaft der Gläubigen, und im Neuen Testament erscheint die Mutter des Herrn als Gläubige im vollsten Sinn des Wortes: „Selig ist die, die geglaubt hat" (vgl. *Lk* 1,45). Die Kirche als messianische Heilsgemeinschaft findet in Maria ein hervorragendes Beispiel des Glaubens und der Liebe, und von Maria wird ihr Auftrag inspiriert: „Wie Maria im Dienst des Geheimnisses der Menschenwerdung steht, so bleibt die Kirche im Dienst des Geheimnisses der Annahme an Kindes Statt durch die Gnade" (*Redemptoris Mater*, Nr. 43).
Das vorbildliche Leben der Mutter Jesu wird zum Musterbeispiel für die Kirche, die in ihr ein Modell des Glaubens, der Hoffnung und der vollkommenen Einheit mit Christus findet (vgl. *Lumen gentium*, Nr. 58). Die bedingungslose Verfügbarkeit Marias zur Erfüllung des göttlichen Willens ist Vorbild für die eschatologische Gemeinschaft, die berufen ist, kompromißlos Christus auf seinem ganzen Lebensweg nachzufolgen: von der Krippe bis Golgotha, zur Auferstehung, zur Herrlichkeit.
So ist Maria für alle Christen eine Gestalt, die Hoffnung erweckt und erneuert, die die befreiende Kraft der Gnade zusichert, die den Zustand des Menschen erleuchtet und ihn anregt, sich vertrauensvoll Gott zu schenken und sich von seiner unendlichen Liebe aufnehmen zu lassen.
Diese Gedanken möchte ich allen Gelehrten vorlegen, die zu diesem internationalen Treffen versammelt sind, und wünsche von Herzen, daß ihre Überlegung für die gesamte Kirche einen wirksamen Beitrag zur immer tieferen Kenntnis des Geheimnisses Marias, der Mutter des Erlösers und Vorbildes der Treue für die Gläubigen, erbringt.
Mit diesen Wünschen erteile ich Ihnen, Herr Kardinal, und allen Teilnehmern an dieser Begegnung den Apostolischen Segen.

Aus dem Vatikan, 22. Mai 1988

JOHANNES PAUL II.

Maria lebte in höchster Weise das Königliche Priestertum

Ansprache an die Priester der Fokolar-Bewegung am 26. Mai

Liebe Brüder im Priesteramt!

Die tiefe und innige Freude, die ich bei der Begegnung mit euch empfinde, weckt in mir die Erinnerung an das Zusammentreffen am 30. April 1982 mit einigen Tausend Diözesanpriestern und Ordensleuten der Fokolar-Bewegung. Im Klima des Pfingstfestes, der Herabkunft des Heiligen Geistes auf die mit Maria im Abendmahlssaal betend versammelten Apostel, kann ich es nicht unterlassen, mich an euch mit dem österlichen Gruß des auferstandenen Christus zu wenden: „Der Friede sei mit euch!" (vgl. *Joh* 20,21).

1. Das Thema, über das ihr in diesen Tagen nachgedacht habt: „Gemeinsam für die Menschheit: Priester und Laien auf dem Weg zu einer Gemeinschaftskirche", beleuchtet zweifellos eine Wirklichkeit, die in der Botschaft des II. Vatikanischen Konzils an die Kirche und an die Menschheit in unserer Zeit zum Ausdruck kommt. Das große Geschenk, das der Geist Christi der Kirche mit dem Konzil machte, indem er ihr Wesen, als das von der Einheit des Vaters und des Sohnes und des Heiligen Geistes her geeinte Volk" (*Lumen gentium*, Nr. 4) wieder aufstrahlen ließ, und ihr den Auftrag gab, in Christus „Sakrament zu sein, Zeichen und Werkzeug für die innigste Vereinigung mit Gott wie für die Einheit der ganzen Menschheit" (*ebd.*, Nr. 1). Das ist für uns und für die gesamte Kirche, die an der Schwelle des dritten Jahrtausends des christlichen Zeitalters steht, eine verpflichtende und faszinierende Aufgabe, ein echter Auftrag des Heiligen Geistes. In diesem Anruf ist sowohl unsere Berufung als Getaufte als auch die tiefste Bedeutung des Priesteramtes, mit dem wir ausgezeichnet wurden, enthalten.
Das Konzil sagt, daß „das höchste Vorbild und Urbild" jenes Geheimnisses der Kirche in „der Einheit des einen Gottes, des Vaters und des Sohnes im Heiligen Geist in der Dreiheit der Personen" liegt (*Unitatis redintegratio*, Nr. 2; *Gaudium et spes*, Nr. 24). Deshalb müssen wir immer wieder von neuem unseren Blick erheben zur unerschöpflichen Quelle der dreifaltigen Liebe, um jene göttliche Liebeskraft zu schöpfen, die uns „Anteil an der göttlichen Natur" verleiht (*2 Petr* 1,4), die uns eins sein läßt untereinander, Priester und Laien, durch die gegenseitige Liebe (vgl. *Joh* 13,34); in ihm werden wir zu Zeugen der Liebe des Vaters, entsprechend seinem Gebet beim Letzten Abendmahl: „Wie du, Vater, in mir bist und ich in dir bin, sollen auch sie in uns sein, damit die Welt glaubt, daß du mich gesandt hast" (*Joh* 17,21).

2. Es ist kein Zufall, daß diese Vertiefung, die noch vor unserem Amt als Seelsorger, vor allem unser persönliches Sein berührt, sich in besonderem Zusammenhang mit dem Marianischen Jahr, und – für euch Diözesanpriester – in engem und persönlichen Kontakt mit der „Spiritualität der Einheit" der Fokolar-Bewegung abspielt, die ein ausgeprägtes und eigenständiges marianisches Merkmal besitzt, wie schon ihr Name sagt: „Opera die Maria".
In der Enzyklika *Redemptoris Mater* wies ich darauf hin, daß die Jungfrau Maria, Mutter Gottes und der Kirche, das pilgernde Gottesvolk auf seinem Glaubensweg leitet. Wie sie

im Geheimnis der Menschwerdung gewissermaßen dem Kommen Christi „vorausging“, so geht sie noch heute der Kirche auf ihrem Weg „voraus“, damit diese in der Kraft und im Licht des Geistes einen an der Gnade und Wahrheit Christi immer reicheren „Advent“ unter den Menschen bewirke (vgl. *Redemptoris Mater* 3; 5; 27).

Diese innige Verknüpfung Marias mit dem Geheimnis Christi und dem der Kirche, liegt auch dem marianischen Profil der Braut Christi zugrunde, das – wie ich schon früher feststellte – „ebenso grundlegend und charakteristisch für die Kirche ist, wie das apostolische und von Petrus geprägte Profil, mit dem es zutiefst verbunden ist“ (*Anspr. an die Römische Kurie*, 22. Dez. 1987). Diese marianische Dimension der Kirche kommt in besonderer Weise dadurch zum Ausdruck, daß auch die Kirche „getreu und beständig wie Maria in der Gnade lebt, fügsam gegenüber dem Heiligen Geist, in dessen Licht sie die Zeichen und Erfordernisse der Zeit deutet, und in voller Gelehrigkeit gegenüber der Stimme des Geistes auf dem Weg des Glaubens voranschreitet“ (*ebd.*).

Wie könnte man daher das klare und providentielle Erscheinen dieses „marianischen Profils“ der Kirche im Aufblühen von Spiritualität und kirchlichen Charismen übersehen, wie es das der Fokolar-Bewegung ist, die Gott wenige Jahre vor dem Konzil ins Leben gerufen hat, und die in Übereinstimmung mit dem Konzilsgeist den Erfordernissen unserer Tage entspricht?

3. Meine Lieben, in dem Brief, den ich am Gründonnerstag dieses Jahres, das Bild des gekreuzigten Christus vor Augen, der seine Mutter Maria dem Apostel Johannes anvertraut, an alle Priester der Welt richtete, habe ich jeden eingeladen, soweit als möglich dieses Geschehen nachzuvollziehen und ebenso wie Johannes, Maria „in sein Haus“ aufzunehmen. „Jeder von uns“, sagte ich damals, „soll Maria gestatten, »im Hause« seines sakramentalen Priestertums Wohnung zu nehmen« (*Schreiben an die Priester zum Gründonnerstag 1988*, Nr. 6). Das ist letztlich das, was ihr in diesen Tagen versucht habt. Wie der Apostel Johannes wolltet ihr euch sozusagen „in die Schule Marias“ begeben. Und was hat euch Maria gelehrt? Was lehrt sie uns Priester heute unaufhörlich im Hinblick auf unseren Dienst für die Kirche und für die Menschheit?

Maria lehrt uns vor allem, in unserem Leben und in unserem Apostolat, das Priesteramt, mit dem wir durch die Gnade für den Dienst an den Menschen ausgezeichnet wurden, zu verbinden mit dem königlichen Priestertum, das uns zu Brüdern der einen Familie der Kinder Gottes, der Kirche, macht.

Maria, die nicht die Gnadengabe des Priesteramtes empfing, ist diejenige, die durch ihr ganzes Leben hindurch in höchster und reinster Weise dieses königliche Priestertum gelebt hat, das darin besteht, sich selbst als Liebesopfer dem Vater darzubringen (vgl. *Röm* 12,1). Die ganzheitliche Teilnahme am Priestertum Christi bedeutet also auch für uns vor allem die vollständige Selbsthingabe nachzuvollziehen, die Maria, verbunden mit Christus in seiner Entäußerung, vollzog (*Redemptoris Mater*, Nr. 18), und auf dieser Grundlage das Gnadengeschenk des Priestertums anzunehmen und auszuüben.

Außerdem ist es gerade diese in inniger Verbundenheit mit dem Sohn erfahrene Entäußerung Marias, die uns anleitet, mit dem Apostel Johannes ihr innerstes Geheimnis als Mutter Gottes und Mutter der Kirche zu betrachten, und die tiefe Bedeutung unseres priesterlichen Dienstes in der Kirche und für die Kirche zu begreifen. Es ist in der Tat das „fiat“ Marias, gesprochen bei der Verkündigung des Engels und zur Fülle gereift zu Füßen des Kreuzes, das uns sozusagen das Geheimnis ihrer göttlichen Mutterschaft enthüllt.

4. Indem wir Maria betrachten, können wir klarer und tiefer Sinn und Zweck des priesterlichen Opfers Christi erfassen, in dem sein Auftrag und somit auch die Bedeutung unserer dienenden Teilnahme daran besteht.
Maria ist uns Vorbild in dem, was die wesentliche Berufung der Kirche, und also auch die unsere ist: Jesus der Welt bringen. Die Kirchenväter lehren, daß, wenn Christus aus der Jungfrau geboren wurde, niemand als Maria ihn hervorbringen kann (vgl. Origenes, *Frag. Matth.* 281). Aber um wie Maria zu sein, um irgendwie an ihrer Mutterschaft der Evangelisierung der Welt teilzuhaben, ist es notwendig, vor allem die Fülle jenes königlichen Priestertums zu leben, dessen unnachahmliches Vorbild sie ist. Mit anderen Worten, es ist notwendig, jene Liebe zu leben, die bis zur Hingabe des eigenen Lebens reicht (vgl. *Joh* 15,13), die, wenn sie gegenseitig ist, Christus in unserer Mitte gegenwärtig macht und ihn der Welt darbietet: „Wo zwei oder drei in meinem Namen versammelt sind, da bin ich mitten unter ihnen (*Mt* 18,20).

5. Wollte ich in einem Wort die reiche und lebendige Belehrung zusammenfassen, die von Maria ausgeht für unseren Dienst am Aufbau der Gemeinschaftskirche und am Zeugnis für Christus in der Welt, womit sich eure vertiefenden Studien dieser Tage befaßten, so könnte ich schwerlich einen umfassenderen und prägnanteren Ausdruck finden, als den des heiligen Augustinus: „Vides Trinitatem, si caritatem vides“ – „Du siehst die Dreifaltigkeit, wenn du die Liebe siehst“ (*De Trinitate* 8,8,12). Eine Kirche, die von gegenseitiger Liebe belebt wird, ist eine Kirche, die, wie Maria und in Maria, die Dreifaltigkeit, das Heil und die Heimat der Menschheit bezeugt.
Mein Wunsch für euch ist, daß Maria, Ikone der Dreifaltigkeit und deshalb Mutter der Einheit der Menschen, euch zu immer tieferer und innigerer Teilnahme am einzigen Priestertum Christi führe, für den Dienst an den Brüdern, entsprechend ihrem mütterlichen Herzen. Mit meinem Segen.

Rassische Diskriminierung ist unannehmbar

Grußwort an die gemischte Delegation der Südafrikanischen katholischen Bischofskonferenz und des Südafrikanischen Rats der Kirche am 27. Mai

Liebe Freunde!

1. Ich freue mich, euch im Vatikan zu begrüßen, und ich grüße euch mit den Worten des Apostels Paulus: „Gnade sei mit euch und Friede von Gott, unserem Vater, und dem Herrn Jesus Christus“ (*1 Kor* 1,3).

Die ökumenische Natur eurer Gruppe läßt an die Worte des Zweiten Vatikanischen Konzils denken, daß „durch die Zusammenarbeit der Christen die Verbundenheit, in der sie schon untereinander vereinigt sind, lebendig zum Ausdruck kommt und das Antlitz Christi, des Gottesknechtes, in hellerem Licht zutage tritt" (*Unitatis redintegratio*, Nr.12). Das Band, das uns verbindet, ist nichts weniger als die Ausgießung des Heiligen Geistes in unsere Herzen (vgl. *Röm* 5,5), durch unsere Gleichgestaltung mit Christus in der Taufe. Es muß unser inständiges Gebet sein, daß das zunehmende Bewußtsein von der Natur und der Bedeutung dieses Bandes unser Zeugnis vor der Welt echter und überzeugender macht. Wesentlich für dieses Zeugnis ist der Geist des Dienstes, mit dem wir auf die Bedürfnisse unserer Brüder und Schwestern antworten.

2. Ich bin mir klar bewußt, wie sehr ihr euch als Führer der christlichen Kirchen und Gemeinschaften in eurem Land dafür einsetzt, die Heilsbotschaft des Evangeliums zu verkündigen und in den geschichtlichen und sozialen Verhältnissen eurer Völker die Worte zu bekräftigen, die dieser Botschaft innewohnen und nicht von ihr zu trennen sind, wie Friede, Solidarität, Gerechtigkeit und die gleiche menschliche Würde aller. In dem einen „Haus Gottes" (vgl. *Hebr* 3,6) ist Raum für jeden, vor allem aber für die schwächsten und ärmsten und besonders verwundbaren Brüder.
Ich weiß um den Schmerz, den ihr aussteht, wenn ihr Tag für Tag seht, welch einen schrecklichen Tribut das System der Apartheid weiterhin vom Leben einzelner, von Familien und der Gesellschaft selbst fordert. Ihr wißt, daß der Heilige Stuhl sich unentwegt für die Verteidigung der Menschenwürde und der Menschenrechte ausspricht, und daß er sich gegen alle Formen rassischer Diskriminierung stellt. Ich zögere nicht, erneut zu wiederholen, daß „jede Form rassischer Diskriminierung, sei sie nur gelegentlich oder systematisch praktiziert, ob sie sich auf Einzelpersonen oder ganze rassische Gruppen bezieht, durchaus unannehmbar ist" (*Ansprache an das Komitee der Vereinten Nationen gegen die Apartheid*, 7. Juli 1984). Denn wir glauben, daß das, was in der Heiligen Schrift gelehrt wird, sich auf jeden Mann und jede Frau bezieht, nämlich daß „Gott den Menschen als sein Abbild erschaffen hat" (*Gen* 1,27) und daß wir alle „mit Gott versöhnt wurden durch den Tod seines Sohnes" (*Röm* 5,10).

3. Da die Versöhnung das Herzstück des Evangeliums ist, können Christen Strukturen rassischer Diskriminierung, die Menschenrechte verletzen, nicht annehmen. Aber sie müssen sich auch darüber klar sein, daß eine Umwandlung von Strukturen gebunden ist an die Umwandlung der Herzen. Die Änderungen, nach denen sie verlangen, wurzeln in der Macht der Liebe, der göttlichen Liebe, aus der alles christliche Handeln und alle christliche Umwandlung entspringt. Die Christen in Südafrika sind zur Zusammenarbeit aufgerufen, um unter allen Volksgruppen in eurer Gesellschaft den Sinn für eine wirksame Solidarität zu fördern, wie ich sie kürzlich in anderem Zusammenhang beschrieben habe als „die feste und beständige Entschlossenheit, sich für das Gemeinwohl einzusetzen, das heißt, für das Wohl aller und eines jeden, weil wir alle für alle verantwortlich sind" (*Sollicitudo rei socialis*, Nr.38).

Ich bete, daß die christlichen Gemeinschaften in Südafrika sich weiterhin nur für friedliche Mittel einsetzen, wenn es gilt, den Schwierigkeiten der augenblicklichen Situation zu begegnen. Die Ermahnung im Jakobusbrief ist sehr passend: „Wo Frieden herrscht, wird (von Gott) für die Menschen, die Frieden stiften, die Saat der Gerechtigkeit ausgestreut" (*Jak* 3,18). Laßt uns miteinander hoffen, daß in Südafrika mitten in soviel Leid, von dem die ganze Welt Zeuge ist, eure ökumenischen Bemühungen die Saat der Gerechtigkeit und des Friedens ausstreuen, die mit Gottes Hilfe bald zum Erfolg führen möge.
Gott segne alle seine Söhne und Töchter in Südafrika!

Das Recht der Jugend auf Freude respektieren

Ansprache an die Jugendlichen der Katholischen Aktion Italiens am 28. Mai

Liebe jungen Freunde der Katholischen Aktion!

Ihr habt es wirklich verdient, daß der Papst zu euch kommt, in diese römische Hochburg des Sports, zum Abschluß eures großen Landestreffens unter dem Motto: „Der Freude Ausdruck geben". Auch ihr habt euch auf den Weg gemacht, viele von euch sogar auf einen langen Weg, um an dieser Begegnung teilzunehmen.

1. Ihr wißt, daß ich euch erwartet habe. Euer Kommen war mir vor einigen Monaten von euren Kameraden angezeigt worden, die mich besuchten; um die Weihnachtsglückwünsche auszurichten. Damals lud ich euch ein – obwohl es Winter war –, Freude zu säen und immer mehr davon zu säen bis zum Frühjahr, in dem ich euch alle zu sehen hoffte; jetzt ist es soweit (vgl. O.R. ital., 23.12.87).
So sind wir also hier beisammen in einer großartigen farbenfrohen Versammlung der Jugend, ein Lobgesang auf das Leben und Ausdruck der Freude. Ja, für den Papst und auch für die Stadt Rom, die euch heute – etwas überrascht – beherbergt, seid ihr tatsächlich Ausdruck der Freude. Die Freude gibt es wirklich – und ihr kennt sie, ihr nehmt sie in eure Wohnungen auf und ihr hütet sie mit euren Festgebräuchen.
Aber ich möchte noch mehr sagen und zwar mit den Worten des Apostels Paulus: Ihr seid meine Freude (vgl. *1 Thess* 2,20). Weil ihr die Jugend seid, die Jesus selbst bevorzugte (vgl. *Lk* 18,15–17; *Mt* 19,13–15; *Mk* 10,13–16). Er wollte unter den Kindern seiner Zeit und der Orte sein, die er aufsuchte. Neben der Beanspruchung durch seinen göttlichen Auftrag fand er Zeit, die Kinder zu sich zu rufen und mit ihnen ein geheimnisvolles und faszinierendes Einvernehmen zu schaffen: Es sollten vor allem sie sein, die Jesus festlich empfingen und ihm zujubelten, als er vor seinem Leiden in Jerusalem einzog (vgl. *Mt* 21,15–16).
Auch heute ist er mit den jungen Menschen, er zieht sie an sich, spricht zu ihrem Herzen, hört ihre Bitten an, schaut ihnen in die Augen und schließt mit ihnen eine unüberwindliche Freundschaft.
Was Jesus tat, das möchte auch ich in eurer Mitte tun. Umso mehr, als ihr die Jugendlichen der Katholischen Aktion seid, für die die früheren Päpste, meine Vorgänger – aber damals waren es eure Väter und Großväter –, immer eine ganz besondere Aufmerksam-

keit, Bereitschaft und Vertrauen gehabt haben. Ich bin also glücklich, heute unter euch zu sein und ich wiederhole es euch noch einmal: ihr seid meine Freude! Ihr seid die Freude, die Hoffnung der Kirche.

2. Überall in der Welt, wohin mich mein Dienstamt führt, begegne ich vielen Jugendlichen. Und ich kann euch sagen, sie sind euch ähnlich, weil sie in ihrem Gesicht die gleiche Freude wie ihr tragen. In jedem Erdteil, auf jedwedem Breitengrad ist das Merkmal der Jugend, ihr Erkennungszeichen, die „Uniform" ihrer Eroberungen die Freude.
Wie wünsche ich, die Freude möge nie – auch nicht für einen Augenblick – auf dem Antlitz der Jugend der Welt, verlöschen; wie gerne möchte ich, daß ihnen die bitteren Erfahrungen erspart blieben, die das Lächeln verdunkeln und vorzeitig altern lassen! Und wie sehr möchte ich, daß die Erwachsenen dieses Recht der Jugend auf die Freude respektieren. Wenn sie es nicht tun, bestehlen sie nicht nur euch, sondern machen sich selbst und die ganze Gesellschaft elend. Kein Erwachsener glaube, verantworten zu können, die eurem Alter wesensgemäße Freude zu verderben, die Freude eurer Reinheit, die Freude eurer Unschuld.
Der törichte Hedonismus einer bestimmten Geisteshaltung, die sich selbst für modern hält, geht zuweilen so weit, das Leben der Kleinen und sogar der Kleinsten zu schänden. Deshalb ist es notwendig, mit lauter Stimme das harte Wort des Evangeliums zu wiederholen: „Wer einen von diesen Kleinen, die an mich glauben, zum Bösen verführt, für den wäre es besser, wenn er mit einem Mühlstein um den Hals ins Meer geworfen würde" (*Mk* 9,42).
Desgleichen belade keine Regierung schmale Kinderschultern mit Waffen. Keine der kriegsführenden Parteien richte ihr vernichtendes Kriegsgerät auf die neuen Generationen, in welchem Teil der Welt sie auch leben. Die Kinder sind heilig. Sie sind von Gott. Sie gehören der gesamten Menschheit, sie sind der Frühling, dazu bestimmt, die kalte Jahreszeit abzulösen und zu besiegen.
Zusammen mit der Jugend aller Welt, die ihr hier vertretet, seid ihr das Lächeln und die Hoffnung dieser Erde; ihr könnt die Welt menschlicher machen. Ihr habt die Gabe, nicht aufzugeben, mit Begeisterung stets neu anzufangen, und auch die Gabe, den Erwachsenen Mut zu machen, mit euren Worten, mit eurer Unternehmungslust, eurer natürlichen Haltung der Hoffnung.

3. Es könnte jemand einwenden: die Freude ist schnell vorbei, sie ist ein Gefühl von kurzer Dauer. Der Papst ist jedoch gekommen, um euch zu sagen, daß, wenn ihr es wollt, euch die Freude, die in euch ist, niemand nehmen kann (vgl. *Joh* 16,22). Es ist eine Freude, die, während ihr heranwachst, mit euch wachsen kann. Eure Freude kommt aus einem Schatz, der immer bei euch ist, er ist sogar in euch. Dieser Schatz ist, wie ihr wißt, Jesus: er ist eure Freude, eine Freude, die nicht altert und sich nicht verbraucht. Ihr habt ihn vielleicht ohne große Anstrengung gefunden, weil er euch entgegenkam, weil er euch sucht und weil andere – eure Eltern, eure Erzieher, eure Gemeinschaft – euch halfen, ihm zu begegnen. Ihr müßt jedoch bedenken, daß es auf der Welt viele Jugendliche gibt, die es weniger gut haben, die erst nach langen Jahren und nach Überwindung von Gefahren und Widerwärtigkeiten den geliebten Namen des Freundes Jesus finden.

Vergeudet also dieses Glück nicht. Vergeudet euch nicht, vergeudet nicht das Vermögen an Freude, das sich in euch ansammelt. Laßt euch nicht verführen von den falschen Freuden, die trügerisch flimmern. Trotz allem äußeren Anschein finden wir ferne von Gott nur jene „Futterschoten", mit denen sich auch der verlorene Sohn nicht sättigen konnte, wie es im Evangelium heißt (vgl. *Lk* 15,16).

Ich weiß, daß die persönliche Begegnung mit Jesus das Ziel eurer Arbeitsweise und der Erziehungsmethode eurer Vereinigung ist. Ich rufe euch auf, mit immer mehr Energie auf diesem Weg weiter zu gehen, Jesus anzunehmen und zu lieben, wie ihn seine Mutter Maria uns darstellt. Die Begegnung dieser Tage im Zeichen des Marianischen Jahres bedeutet, daß ihr ernst machen wollt, daß ihr auf Maria schauen wollt, sie immer mehr lieben und ihr einen Ehrenplatz in euren Herzen einräumen wollt, um Jesus nicht aus den Augen zu verlieren, diesen Jesus, der unsere ganze Freude ist. Maria bleibe im Mittelpunkt eures Lebens, wie sie es für die Jünger Jesu in der ersten Zeit der Kirche war: ihr habt es wieder gehört in der Lesung aus der Apostelgeschichte (vgl. *Apg* 1,12–14). Sie schickt euch immer wieder zu ihrem Sohn Jesus: „Was er euch sagt, das tut!" (*Joh* 2,5).

Liebe jungen Freunde, das persönliche Gebet, sowie das Gebet mit euren Familien oder in der Gruppe und vor allem die Sakramente der Eucharistie und der Buße, die Christenlehre in der Pfarrei und der Religionsunterricht in der Schule, das sind die großen Gelegenheiten, Jesus zu begegnen, um sich nie der Freude zu berauben, die nur er gibt.

Bedenkt, ihr werdet morgen nicht glückliche Erwachsene sein, wenn ihr heute nicht, während ihr heranwachst, das Geheimnis der Freude zu bewahren wißt.

4. Es gibt einen Weg, der euch zeigt, wie ernst Jesus eure Freude nimmt. Wißt ihr welchen? Es ist das Gebot Jesu, diese Freude den anderen zu bringen. Sie ist zu wichtig, als daß ihr sie für euch alleine zurückbehalten könnt. Wenn sie nicht mitgeteilt wird, verdorrt sie und vergeht. Hier also der Auftrag, den die Kirche im Namen Jesu euch anvertraut: Seid Apostel der Freude unter allen Jugendlichen eurer Städte und Dörfer: Der Papst scheut sich nicht, euch, junge Freunde, Apostel zu nennen: ihr seid es als Getaufte, als Teilnehmer an der Eucharistie; viele von euch sind es auch als Gefirmte, darüber hinaus wollt ihr ja selbst als Mitglieder der Katholischen Aktion Apostel sein.

Auch das Zweite Vatikanische Konzil hat euch als Apostel anerkannt und euch „wahre Zeugen für Christus unter euren Kameraden" (*Apostolicam actuositatem*, Nr. 12) genannt. Unter euren Freunden könnt ihr tatsächlich wirken, was niemandem anderen in derselben Weise möglich ist; ihr könnt mit Worten überzeugen, die Erwachsene oft nicht finden können; ihr könnt einladen und unwiderstehlich mitreißen. Auch bei der letzten Bischofssynode war die Rede von euch Jugendlichen. Mit eurem Leben erinnert ihr an die immer neue und immer junge Realität Christi und die Notwendigkeit für die Kirche, sich immer wieder zu verjüngen, indem sie die Kräfte mobilisiert, deren besonders die Jugend fähig ist.

5. Heute möchte ich noch mehr von euch: ihr sollt Zeugen und Apostel der Freude sein nicht nur als einzelne, sondern auch als Jugendgruppe. Es ist wieder das Konzil, das uns hilft, diesen Punkt besser zu verstehen, wenn es erklärt, daß die kleinen Gruppen „der

normale Weg zu einer ausgewogenen apostolischen Bildung“ sind (vgl. *Apostolicam actuositatem*, Nr. 30). Aber dann ergänzt das Konzil weise, daß das Apostolat nicht nur innerhalb der Gruppen und Vereinigungen ausgeübt werden soll. Es ist nötig, wirklich aus der Sicherheit hinaus und den anderen entgegenzugehen, die anderen zu suchen, einzuladen, an euren Spielen zu beteiligen, ihnen vorzuschlagen bei unseren neuen Unternehmungen mitzumachen, einfach ihre Freunde zu sein und zusammen auch die Lasten des Lebens zu tragen.

Der Papst hat für euch einen Traum: er sieht die Gruppen der Jugendlichen der Katholischen Aktion ganz Italiens sich öffnen und sich strahlenförmig in die Wohnblocks und in die Wohnviertel verbreiten, bis sie die einsamsten und fernsten ihrer Gleichaltrigen erreichen und in den verschiedenen Lebensbereichen eine leuchtende Präsenz, die Freude Christi, bringen. So seid ihr auch Missionare und leistet in der Kirche einen unverzichtbaren Beitrag. Mit der Öffnung für die Missionsarbeit, mit der Fähigkeit, die materiellen und die geistlichen Bedürfnisse der anderen zu den euren zu machen, wachst auch ihr, in Kirche und Gesellschaft (vgl. *Apostolicam actuositatem*, Nr. 30).

Die höchste Freude könnt ihr gerade in dem gleichen Maß erfahren, in dem ihr mitarbeitet, die Freude in den Herzen eurer Freunde wachsen zu lassen.

Seid ihr in der Lage, diesen Wunsch zu verwirklichen? Ich bin dessen sicher. Die ganze Geschichte der Katholischen Aktion Italiens und besonders der Anwärter, ist Missionsgeschichte, Geschichte einer unerschrockenen Laienschaft, welche die Kirche in jedem Lebensbereich hat präsent werden lassen. Eure Erzieher, die von früher und von heute, bezeugen es. Ihnen gilt die Anerkennung des Papstes und der Kirche.

Merkt euch: das größte Anliegen der Mitglieder der Katholischen Aktion war stets, den Erwartungen der Kirche zu entsprechen, die durch die Stimme des Papstes, der Bischöfe und eurer Geistlichen Beiräte formuliert wurden.

Meine Lieben, seid immer gewiß, daß ich den schönsten Wunsch für euch im Herzen trage, nämlich, daß ihr wie eure besten Vorbilder „junge und mutige Bürger der Kirche und der Welt, Brüder einer neuen Menschheit, freie und gewaltlose Erbauer einer ganz menschlichen Kultur, prophetisches Zeichen für die Kirche des dritten Jahrtausends“ seid (*Predigt bei der Seligsprechung von Marcel Callo, Pierina Morosini und Antonio Mesina*).

Von Herzen erteile ich euch meinen Apostolischen Segen.

Solidarisch mit allen, die den Unbilden der Migration ausgesetzt sind

Ansprache an die Teilnehmer des Kongresses „Italien außerhalb Italiens“ am 28. Mai

Ehrwürdige Brüder im Bischofsamt,
sehr geehrte Herren Minister,
meine Damen und Herren!

1. Allen gilt mein herzlicher Gruß, und ich freue mich über diese Begegnung, mit der ihr eine arbeitsreiche Woche beschließen wolltet, die euch in die verschiedenen Hauptstädte der Abruzzen geführt hat.
Ich danke für die edlen Begrüßungsworte, die im Namen der zahlreichen örtlichen, nationalen und internationalen hier anwesenden Vertretungen an mich gerichtet wurden. Die Initiative für solche Kongresse ging ja von den Provinzen der Abruzzen aus und wollte eine wirksamere Verbindung zwischen den eigenen Gruppen von Auswanderern schaffen, hat sich dann aber allmählich ausgeweitet und umfaßt heute sowohl die italienischen Regionen als auch die Stadtverwaltungen der Hauptstädte der Provinzen, die Auswanderungskomitees und die Journalisten, die in den verschiedenen Bereichen der sozialen Kommunikationen auf allen fünf Kontinenten arbeiten.
Auf diese Weise hat die Veranstaltung ein ganz besonderes Gesicht erhalten und konnte für die nächste Zukunft die Probleme auf diesem Gebiet gründlicher bedenken, denn sie haben sich in den achtziger Jahren derart ausgeweitet und verschränkt, daß sie die Möglichkeiten einer Analyse und Lösung durch eine einzige Region überschreiten. Sie erfordern heute die direkte Zusammenarbeit aller Kräfte auf sämtlichen Gebieten und über die regionalen und nationalen Grenzen hinaus.

2. Die Migration ist ein Aspekt des viel weiter reichenden Problems der Entwicklung des Menschen, auf die ich in der Enzyklika *Sollicitudo rei socialis* eingegangen bin (Nr. 24–25). Auch die Migrationen haben heute ein weltweites Ausmaß angenommen, so daß man es ohne die Zusammenarbeit aller nicht angemessen behandeln kann, denn es müßte hier ja eine internationale Rechtsordnung geschaffen werden (vgl. *ebd.*, Nr. 43), und dafür ist der Beitrag örtlicher Initiativen notwendig.
Schon das Thema, das ihr für euren Kongreß gewählt habt: „Italien außerhalb Italiens“ ist recht bezeichnend. Es erinnert uns an die große Auswanderung einer Gruppe von über 30 Millionen Landsleuten, die seit Beginn der politischen Einigung bis heute ihr Mutterland verlassen haben, um die Wege der Welt aufzusuchen. Hier steht ein anderes Italien vor uns, wie ein Fluß, der durch all seine Nebenflüsse ein Vielfaches der ursprünglichen Größe erreicht hat, in der Zahl der Kinder, Neffen und Großneffen.
Ihr wollt auch diese anderen ursprünglichen Italiener in der dritten und vierten Generation erreichen, um in ihnen die Verbindungen zu den alten Wurzeln mit neuem Leben zu erfüllen und das Erbe der Sprache und die großen kulturellen Werte des Landes zu verbreiten, das Dante „das schöne Land“ genannt hat. Ihr wollt das soziale Niveau des Mi-

granten heben, seine volle Einfügung in das ihn aufnehmende Land erleichtern, seine bessere menschliche Förderung erreichen und aus ihm einen vom eigenen Vaterland beauftragten Botschafter machen.

3. Heute besitzt die Emigration aus Italien nicht mehr die Gestalt von früher. Heute verläßt nicht mehr wie früher nur der Arbeiter seine Heimat, der lediglich seine eigene Arbeitskraft besitzt; immer häufiger überschreiten die Grenzen des Vaterlandes heute der Techniker, der Unternehmer, der Künstler und der Spezialist eines der vielen Zweige heutiger Tätigkeit.

In der Betreuung der Migranten wurden große Fortschritte erzielt, doch zahlreiche Fragen bleiben weiter offen. Es sind geeignete Initiativen notwendig, zum Beispiel auf dem Gebiet des Schutzes der Rechte der Arbeiter, des sozialen und kulturellen Lebens, der gesundheitlichen Betreuung und der Information, der freien Ausübung seiner bürgerlichen Rechte und der Gleichberechtigung der Frau. Es haben sich auf diesen Gebieten neue Probleme ergeben, deren Lösung die aktive Mitarbeit von Institutionen und Gruppen diesseits und jenseits der Grenzen erfordert.

Geehrte Damen und Herren, verbunden mit meiner Wertschätzung jeder Initiative, die der echten Förderung des Menschen dient, ermuntere ich lebhaft alle, die hochherzig ihre eigenen Kräfte hier einsetzen.

4. Ich möchte euch vor allem der Mitarbeit der Ortskirche innerhalb und außerhalb Italiens versichern.

Die Kirche weiß, wie komplex diese Probleme sind, und sie ist gern zur Mitarbeit bei ihrer gerechten Lösung bereit. Sie denkt an die Familie von Nazaret, die zur Flucht in die Fremde gezwungen war und fühlt sich mit allen solidarisch, die den Unbilden der Migration ausgesetzt sind.

Die italienische Kirche hat sich ferner würdig in die vorderste Linie eingereiht, seit es überhaupt die große moderne Migration gibt. Sie blieb den Italienern im Ausland immer nahe; ich möchte hier unter vielen, auch bedeutsamen Namen, unbedingt zwei außerordentliche Persönlichkeiten erwähnen, die ihr Leben dem Dienst für die Migranten geweiht und eigene Ordensgemeinschaften zur Weiterführung ihres eigenen Wirkens gegründet haben. Es sind der Bischof von Piacenza, Msgr. Giovanni Battista Scalabrini und die heilige Francesca Saverio Cabrini, die Mutter der italienischen Auswanderer.

Nach dem Konzil hat die Kirche in ihrer weltweiten Offenheit für das ganze komplexe Gebiet der Migration die „Päpstliche Kommission für die seelsorgliche Betreuung der Migranten und Menschen unterwegs“ eingerichtet, um allen beizustehen, die aus welchem Grund auch immer fern der eigenen Heimat weilen. Auf nationaler Ebene arbeitet das „Zentralbüro für die Emigration“, das mit den kirchlichen Organisationen der Aufnahmeländer verbunden ist.

Eine aufrichtige und fruchtbare Mitarbeit aller ist heute mehr denn je für die Verwirklichung einer neuen Phase echter Entwicklung notwendig, und ich wünsche sie mir von Herzen. Mit diesem Wunsch vertraue ich eure Arbeit dem ständigen Beistand Gottes an, von dem ich auf euch und eure Lieben meinen väterlichen Segen herabrufe.

Erben der Sendung der Apostel

Predigt bei der Priesterweihe am Dreifaltigkeitsfest, 29. Mai

1. „Mir ist alle Macht gegeben im Himmel und auf der Erde“ (*Mt* 28,18). Heute spricht Jesus das letzte Wort seiner Sendung auf Erden.
Heute verkündet er den Namen des lebendigen Gottes, der Vater, Sohn und Heiliger Geist ist.
Den Namen des unendlichen Gottes, der allein alles umfaßt. „Denn in ihm leben wir, bewegen wir uns und sind wir“ (*Apg* 17,28).
Sein Name ist Ewigkeit. Und auch wenn das Buch der Geheimen Offenbarung Gott als den verkündet, „der ist und der war und der kommt“ (*Offb* 1,8), so sind diese Worte dennoch eine Offenbarung des Geheimnisses Gottes angesichts alles dessen, was vergeht und der Zeit unterworfen ist. Sein Eigenname ist Ewigkeit.
Sein Name ist Liebe.
Liebe bedeutet zugleich vollkommene Einheit. Gott ist einer, Einheit kommt ihm allein zu als Einheit des Vaters, des Sohnes und des Heiligen Geistes. Die Einheit der Dreifaltigkeit. Wir sind nicht in der Lage, im Bereich der Geschöpfe, die uns zugänglich sind, etwas dieser Wirklichkeit entsprechendes zu finden und sie damit zu bestätigen. In Gott aber ist die vollkommene Einheit Dreifaltigkeit.
Gerade deswegen ist er Liebe.
Nur unser Gott, der Einheit in der Dreifaltigkeit ist, kann ein Gott der Liebe sein.
Ohne dies könnte es nur Gott als Allmacht geben. Doch Allmacht, die nicht Liebe wäre, ist auch keine vollkommene Allmacht. Gerade von dieser Wirklichkeit hat Jesus Christus die Menschheit durch seine Sendung überzeugt, als er an ihrem Ende den Aposteln sagte: „Mir ist alle Macht gegeben, im Himmel und auf der Erde ... Macht alle Menschen zu meinen Jüngern; tauft sie auf den Namen des Vaters und des Sohnes und des Heiligen Geistes!“ (*Mt* 28,18–19) – er sagt damit: taucht das Menschenwesen ein in Gott, der die Liebe ist. Führt es ein in das tiefste Geheimnis der Einheit Gottes.
Der menschliche Geist muß für die Begegnung mit diesem Geheimnis reifen. Die Fülle des Allmächtigen ist die Liebe. Gott ist Liebe. Ich habe euch den Weg zu ihm gezeigt. Ich habe euch den Heiligen Geist eingehaucht. Er ist als Gott in eure Herzen ausgegossen.

2. „Herr, unser Herrscher, wie gewaltig ist dein Name auf der ganzen Erde“ (*Ps* 8,2.10), singt der Psalmist. Mit ihm singt jeder Mensch, wenn er die Spuren Gottes in der Schöpfung entdeckt, die Spuren des Allmächtigen.
Christus zeichnet eine neue Spur. Es ist die Spur des Gottes, der die Liebe ist: „Gott hat die Welt so sehr geliebt, daß er seinen einzigen Sohn hingab“ (*Joh* 3,16).
Am Ende seiner Sendung lädt Christus alle ein: „Folgt diesen Spuren“. Der untilgbaren Spur, die ich in der Geschichte der Welt, in der Geschichte des Menschen hinterlassen habe.
Wenn ihr zu Gott gelangen wollt, zu dem, der ist, und euch mit ihm vereinen möchtet, so wie er ist, dann folgt dieser Spur, meiner Spur.

Es ist die Spur des ganzen Evangeliums. Es ist am Ende die Spur des Kreuzes und der Auferstehung, und sie führt durch Wort und Sakrament. Diese Spur führt durch die Taufe. Ja, wenn ihr im Wasser untertaucht, aus dem Wasser neu geboren werdet – das wird ein sakramentales Zeichen sein – dann taucht ihr vor allem in meinen Tod ein, um euch in der Tiefe des Geheimnisses Gottes wiederzufinden: dessen der ist. Sich aber in der Tiefe des Geheimnisses wiederfinden bedeutet am Ende, Gott schauen „wie er ist" (*1 Joh* 3,2).

3. Christus sagt den Aposteln: „Geht" (*Mt* 28,19). Dieses Wort bedeutet Sendung. Sie werden gesandt, um alle in die Heilssendung Christi, des Priesters, Propheten und Königs einzuführen, damit alle in der Vereinigung mit ihm das Reich gewinnen, zu dem Christus den Weg vorgezeichnet hat. Er hat den Weg auch eröffnet. Und dieser Weg bleibt für immer offen.

4. Liebe Neupriester! Das Sakrament der Priesterweihe, das ihr heute empfangt, hat seine Wurzeln in der heiligen Taufe. Es stellt eine Entfaltung dessen dar, was die Taufe in einem jeden von uns begonnen hat.
Ihr erbt die Sendung der Apostel – die Sendung derer, die Christus in die ganze Welt gesandt hat.
Der Heilige Geist „bezeugt es unserem Geist" (vgl. *Röm* 8,16), damit ihr euren Dienst treu erfüllt.
Möge jeder von euch durch Maria Hilfe erfahren, der Christus in Johannes, seinem Apostel und seinem Priester, den Menschen anvertraut hat.
Möge sich in jedem von euch die Macht Christi festigen: „Ihm allein ist alle Macht gegeben im Himmel und auf der Erde". Möge in euch immer sein Evangelium leben, sein Kreuz und seine Auferstehung.
Verliebt euch in das Evangelium. Jeder von euch wird um so mehr Frucht bringen – Frucht, die „bleibt" (vgl. *Joh* 15,16) – je mehr der Mensch durch euch Gott, der die Liebe ist, nähergebracht wird. Gott, der Allmacht in der Liebe ist.
Ist der heutige Mensch fähig, diese Wahrheit zu verstehen? Hat er sich nicht allzu sehr von ihr entfernt? Immer noch sagt Christus, der euch sendet: „Mir ist alle Macht gegeben im Himmel und auf der Erde."
Habt also keine Furcht! Ihr seid gesandt in der Macht Christi; von seiner Macht im Himmel und auf der Erde. Habt keine Furcht!

Den Rüstungswettlauf beendigen

Botschaft an die Generalversammlung der Vereinten Nationen zur Dritten Außerordentlichen Sitzung über Fragen der Abrüstung vom 31. Mai

Herr Präsident,
meine Damen und Herren Vertreter der Mitgliedsstaaten!

1. Die dritte außerordentliche Sitzung der Generalversammlung, die sich mit der Abrüstung befaßt und an die diese Botschaft zu richten ich die Ehre habe, tritt zu einem Zeitpunkt zusammen, zu dem mehrere Anzeichen des internationalen Lebens auf einen positiven Abschluß der Bemühungen schließen lassen, die unternommen wurden, um – durch eine tatsächliche Abrüstung – auf dem Weg der Zusammenarbeit und des Friedens weiterzukommen.
Die internationale Gemeinschaft scheint zu Recht heute zu schwanken zwischen der Unruhe über die lokalen Konflikte, die festgefahren sind, und der Hoffnung, die namentlich die Entschlossenheit der beiden großen Mächte der nördlichen Hemisphäre hervorruft, neue Abrüstungsvereinbarungen zu erreichen. Aber das Abrüstungsvorhaben würde nicht an sein Ziel gelangen, wenn der Wunsch nach Frieden nicht von allen Nationen geteilt würde und wenn diese nicht den Wunsch hätten, sich alle in einem gemeinsamen Prozeß der Reduzierung von Spannungen und Kriegsgefahren zu engagieren. Nun verlangt der Friede auf Grund seiner ureigenen Natur eine Vertiefung der ethischen Werte, die den Beziehungen zwischen den Völkern und Staaten Zusammenhalt geben. Damit der Friede Wirklichkeit werde, ist es wichtig, daß die Menschheit sich ihrer tiefsten und universalsten geistigen Quellen erinnert.
Die Einladung Ihres hochgeschätzten Generalsekretärs an mich, vor Ihrer Versammlung zu sprechen, eine Erneuerung jener Einladungen an meinen Vorgänger Paul VI. im Jahre 1978 und an mich selbst im Jahre 1982, beweist im übrigen die Bedeutung, die Sie diesen Aspekten beimessen, wodurch der Hl. Stuhl einen allgemein anerkannten Anspruch hat, seine Stimme vernehmbar zu machen. Es ist natürlich, daß ein Thema, das so eng wie die Abrüstung mit der Sache des Friedens verbunden ist, seit jeher die Aufmerksamkeit des Hl. Stuhls gefunden hat. Die moralischen Prinzipien, die die Kirche aus dem Evangelium schöpft und die ihre Wurzel im Gewissen aller Menschen haben, sind in ihren Augen für alle menschlichen Gemeinschaften und alle Umstände gültig. Der Friede ist ein Gut, wonach sich jeder Mensch sehnt, was auch immer seine kulturellen Wurzeln seien oder das Gesellschaftssystem, dem er angehört.

2. Die Abrüstung ist kein Selbstzweck. Das Ziel ist der Friede, und einer seiner wesentlichen Faktoren ist die Sicherheit. Nun, die Entwicklung der internationalen Beziehungen läßt heute die Abrüstung als eine wesentliche, wenn nicht als die erste Bedingung der Sicherheit erscheinen, denn sie öffnet durch ein Synergie-Phänomen den Weg zur Entstehung anderer Faktoren der Stabilität und des Friedens. In der Tat, es dürfte niemandem entgehen, daß die Art von Sicherheit, auf die sich seit mehreren Jahrzehnten unser Planet verläßt – das Gleichgewicht des Schreckens durch nukleare Abschreckung – eine

Sicherheit mit zu hohen Risiken darstellt. Dieses Bewußtwerden muß die Nationen drängen, mit Vorrang eine neue Phase ihrer Beziehungen zu beginnen, eben jene, an der Sie arbeiten im Hinblick auf die endgültige Eliminierung des Schreckbilds eines Nuklearkrieges und jedes bewaffneten Konflikts.
Die fortschreitende, gleichgewichtige und kontrollierte Abschaffung von Massenvernichtungswaffen und die Stabilisierung der Verteidigungssysteme der verschiedenen Länder auf möglichst niedrigem Niveau ist ein Ziel, worüber die notwendige Übereinstimmung erzielt werden müßte als ein erster Schritt hin zu mehr Sicherheit.

3. Die zweite außerordentliche Sitzung, die der Abrüstung galt, konnte nicht zu den erwarteten Ergebnissen kommen, zum großen Teil – so scheint es – auf Grund der Spannungen, die damals in den Ost-West-Beziehungen herrschten. Die Verbesserung dieser Beziehungen, die wir miterleben, kann sich nur günstig auswirken auf die Bemühungen der internationalen Gemeinschaft insgesamt. Die Unterzeichnung des Vertrags von Washington im vergangenen Dezember ist als etwas Neues von großer Bedeutung zu begrüßen, vor allem, weil die Parteien selbst erklärt haben – wie ihre gegenwärtige Begegnung beim Gipfeltreffen in Moskau bestätigt – daß es nur ein Anfang war und kein Schlußpunkt auf dem Weg tatsächlicher Abrüstung.
Wenn auch die Verhandlungen zwischen den beiden Supermächten auf den Abschluß neuer Abrüstungsvereinbarungen binnen kurzer Zeit hoffen lassen, so lassen diese Erfolge nicht die Wichtigkeit eines ergänzenden multilateralen Ansatzes für die Frage der Abrüstung vergessen: im Gegenteil, sie heben das noch hervor. Diesem Ansatz verdankt man die Intensivierung der Bemühungen im Hinblick auf die Abrüstung in dreifacher Weise, die es erlaubt,
- alle untereinander in Zusammenhang stehenden Aspekte der Abrüstung zu überprüfen, nicht nur hinsichtlich nuklearer, sondern auch chemischer und konventioneller Waffen;
- alle Nationen zu verpflichten, ihre Verantwortung zu übernehmen in der Erarbeitung und Anwendung von Abrüstungsmaßnahmen;
- die Übereinstimmung in den ethischen Prinzipien, die beachtet werden müssen, und den Prioritäten, die man einem konkreten internationalen Vorgehen einräumen muß, zu verstärken.

Obwohl dies nicht leichter durchzuführen sein wird als bilaterale Verhandlungen, gestattet nur der multilaterale und globale Dialog, das Unternehmen Abrüstung in seiner ganzen Komplexität erkennbar werden zu lassen. Es wird sehr schnell offenkundig werden, daß der Abrüstungsprozeß – wenn er Sicherheit und Frieden zum Ziel hat – die tiefen Gründe nicht ignorieren darf, die Bedingungen des Friedens sind.
Das Bemühen um Abrüstung kann daher nicht nur einige Länder angehen oder sich nur auf eine einzige Art von Rüstung konzentrieren. Es muß darauf abzielen, alle Bedrohungen zu beseitigen, die eine Belastung für Sicherheit und Frieden darstellen auf regionaler wie auf weltweiter Ebene.

4. Ein globaler Abrüstungsentwurf muß ohne Einschränkungen vereinbart werden in der Absicht, wenigstens von einer gefährlichen Lage offensiver Überrüstung zu einer La-

ge ausgewogener Defensivrüstung überzugehen auf dem niedrigsten Niveau, das mit der gemeinsamen Sicherheit vereinbar ist.

a) Die erste Entscheidung, die geboten ist, ist offenkundig die Beendigung des Rüstungswettlaufs. Diese Forderung betrifft ebenso die Waffenherstellung wie die Käufer von Waffen. Gewiß, so lange die verschiedenen Länder sich angemessene Mittel zur Verteidigung beschaffen müssen, um einen eventuellen Angriff abzuhalten oder ihn zurückzuschlagen, so lange wird es unvermeidlich sein, daß man diese Mittel modernisiert und erneuert. Aber jenseits dieser Schwelle würde jede Steigerung oder Perfektionierung der Rüstung die Möglichkeit belasten, an das erwünschte Ziel zu gelangen, und muß daher entschieden verhindert werden.

b) Es handelt sich vielmehr darum, zu einer ausgewogenen Reduzierung überzugehen oder zur Abschaffung der heute existierenden Waffen. Das ist es, was die beiden Supermächte erklärtermaßen tun wollen, wenn sie sich vornehmen, ihre strategischen Arsenale um die Hälfte zu verringern. Man muß wünschen, daß die eingeleitete Bewegung stärker wird, sich auf alle Länder ausdehnt und schnell den Bedrohungen Rechnung trägt, die noch die taktischen, konventionellen und andere Ungleichgewichte zu einer Belastung machen.

c) Die Diskussionen, die bei der Abrüstungskonferenz zum Thema der Abschaffung der chemischen Waffen stattfinden, haben einen gewissen Fortschritt zu verzeichnen, von dem man sich nur wünschen kann, daß er zu einer neuen internationalen Konvention führt. Wenn es ein Gebiet gibt, auf dem sich eine multilaterale Vereinbarung aufdrängt, dann gewiß bei diesem Waffentyp, der der Menschheit unwürdig ist. Die Tatsache, daß diese Waffe kürzlich von neuem angewandt werden konnte, beweist die Notwendigkeit durchschlagenderer Untersuchungen für mehr Präzision in den Methoden der internationalen Kontrolle, die nicht nur sicherstellen werden, daß chemische Waffen nicht mehr hergestellt werden, sondern auch daß die bestehenden Arsenale zerstört werden. Es ist wichtig, daß alle Staaten ohne Ausnahme eine derartige Konvention korrekt beachten. Für alle ist der Verzicht auf die Chemiewaffe, wie übrigens auch auf die bakteriologischen Waffen und alle Massenvernichtungswaffen, zunächst eine moralische Frage.

d) Ich kann hier nicht mit Schweigen die Bedrohung übergehen, die der Waffenhandel darstellt, dessen schändliche Konsequenzen sich in den Kriegen zeigen, die sich zwischen Entwicklungsländern hinziehen. Wenn das Recht nicht imstande ist, die schwachen Länder zu verteidigen, dann obliegt es der internationalen Gemeinschaft, sich in Übereinstimmung mit der Charta Ihrer Organisation wirksam zu engagieren, damit die entsprechenden Maßnahmen ergriffen werden, die geeignet sind, potentiellen Aggressionen zuvorzukommen.

5. Alles internationale Bemühen um Abrüstung muß seine Wirksamkeit schöpfen aus den grundlegenden Prinzipien des friedlichen Zusammenlebens. So wie ich mit Genugtuung am 1. Januar 1985 die Wiederaufnahme der Abrüstungsverhandlungen durch die beiden großen Mächte begrüßt habe, so möchte ich vorschlagen, einer „neuen Philosophie der internationalen Beziehungen" Gestalt zu verleihen, die das Vorgehen in doppelter Richtung bestimmen könnte:

- zuerst eine Aufforderung an die Staaten, ihre nationalen Egoismen und ihre expansionistischen Ideologien in Frage zu stellen, die sie dazu drängen, sich selbst zu bestätigen in der Leugnung des Unterschiedes und in der Furcht vor den anderen;
- zweitens die solidarische Annahme der grundlegenden Bedingungen für den Frieden, d. h. die Achtung der Menschenrechte und die Entwicklung.

Reduzierung und Abschaffung der Waffen sind in der Tat nur das sichtbare Ergebnis eines anderen Kurses, wie es schon meine Vorgänger formuliert haben.

Niemand zweifelt übrigens mehr daran, daß mit der Abrüstung ein verstärktes Bemühen um Entwicklung einhergehen muß. Die internationale Konferenz über die Beziehung zwischen Abrüstung und Entwicklung, die am Sitz Ihrer Organisation 1987 stattfand, hatte als Ergebnis festzustellen, daß die tatsächliche Abrüstung ein neues Klima schaffen kann, das den Transfer von Ressourcen und Technologien in die Entwicklungsländer begünstigt. Kapital und Wissen zu transferieren, was Beschäftigung schafft und die Lebensbedingungen der Menschen verbessert, trägt wirksamer zur Sicherheit bei als der Verkauf von Waffen.

Die Abrüstung zugunsten der Entwicklung ist eine Frage ethischer Wahl und abgestimmten politischen Willens. Es ist mein lebhafter Wunsch, daß die internationale Gemeinschaft diese Wahl treffe, denn Abrüstung um der Entwicklung willen würde – dadurch, daß sie eine Verringerung der Disparitäten zwischen Nord und Süd mit sich bringt – gleichzeitig einen der Gründe für das Ungleichgewicht in der Welt, die gewichtigsten Bedrohungen für den Frieden mildern.

6. Die Sache des Friedens erfordert also heute mit Priorität nicht nur eine Ergänzung des strategischen oder technologischen Wissens, sondern einen Zuwachs an Gewissen und moralischen Kräften. Die größten religiösen und philosophischen Traditionen, nach denen sich die Völker, die Sie vertreten, richten, enthalten viele geistliche Quellen, um all denen Anstoß und Ermutigung zu geben, die unaufhörlich das friedliche Zusammenleben unter den Nationen gestalten und wiederherstellen. Die „neue Philosophie der internationalen Beziehungen“, auf die ich angespielt habe, ist kein Synonym für Utopie, sondern wird belebt vom höchsten Realismus der Solidarität und der Hoffnung. Gott möge Ihre Arbeit segnen, um der Welt den Frieden zu sichern!

Aus dem Vatikan, 31. Mai 1988

JOHANNES PAUL II.

Die Kirche birgt die Verpflichtung zur Einheit in sich

Schreiben an den Direktor der Vatikanischen Sternwarte, Hochw. P. George V. Coyne, S.J., vom 1. Juni

„Gnade sei mit euch und Friede von Gott, unserem Vater, und dem Herrn Jesus Christus" (*Eph* 1,2).

Da Sie sich anschicken, die Akten der vom 21. bis 26. September 1987 in Castel Gandolfo abgehaltenen Studienwoche zu veröffentlichen, nehme ich die Gelegenheit wahr, um Ihnen und durch Sie auch allen anderen Teilnehmern an dieser wichtigen Initiative meinen Dank auszusprechen. Ich hoffe sehr, daß die Veröffentlichung dieser Akten die Ergebnisse der erwähnten Studienwoche noch fruchtbarer machen wird.

Der dreihundertste Jahrestag der Veröffentlichung von Newtons *Philosophiae Naturalis Principia Mathematica* bot dem Hl. Stuhl eine günstige Gelegenheit zur Veranstaltung dieser Studienwoche, die sich mit den zahlreichen Beziehungen der Theologie zur Philosophie und zu den Naturwissenschaften beschäftigen sollte. Der auf solche Weise Geehrte, Sir Isaac Newton, hat einen guten Teil seines Lebens dieser Problematik gewidmet und seine sie betreffenden Reflexionen sind in seinen wichtigsten Werken, seinen unvollendeten Manuskripten und seiner reichhaltigen Korrespondenz zu finden. Die Veröffentlichung der Akten Ihrer Studienwoche gibt mir, da sie neuerlich einige der schon von diesem bedeutenden Genie untersuchten Fragen aufgreift, die Gelegenheit, Ihnen für die Mühe zu danken, die Sie für ein Thema von solcher Bedeutung aufgewendet haben. Der Titel Ihrer Studienwoche lautete: „Unsere Kenntnis von Gott und Natur: Physik, Philosophie und Theologie"; dabei handelt es sich zweifellos um Fragen, die für die Welt von heute grundlegend sind. Wegen ihrer Bedeutung möchte ich einige Überlegungen bezüglich der wechselseitigen Beziehungen aufgreifen, die zwischen Naturwissenschaften, Philosophie und Theologie bestehen und für die Kirche und die menschliche Gesellschaft im allgemeinen von besonderer Bedeutung sind.

Kirche und Akademien sind zwar zwei voneinander sehr verschiedene Institutionen, haben jedoch beide ihre Verpflichtungen in den Bereichen der menschlichen Zivilisation und der weltweiten Kultur. Wir tragen Gott gegenüber enorme Verantwortungen für die Situation des Menschen, da wir, historisch betrachtet, großen Einfluß auf die Entwicklung der Ideen und der Werte nehmen konnten und immer noch nehmen können. Beide haben wir eine Geschichte hinter uns, die mehrere Jahrtausende zurückreicht: die gelehrten, akademischen Gemeinschaften lassen sich von den Anfängen der Kultur, von den Städten, den Bibliotheken und den Schulen herleiten, während die Kirche ihre historischen Wurzeln im alten Israel hat. Im Lauf dieser Jahrhunderte hat es zwischen uns zahlreiche Kontakte gegeben; manchmal dienten sie der gegenseitigen Unterstützung, in anderen Augenblicken handelte es sich dabei um unnötige Konflikte, welche die Geschichte beider Institutionen belasten. Anläßlich Ihrer Studienwoche kam es zu einer neuen, höchst wünschenswerten Begegnung, war es doch, während wir der Jahrtausendwende entgegengehen, angebracht, eine Reihe gemeinsamer Reflexionen über jene Welt anzustellen, mit der wir in Berührung sind und die unser Handeln bedingt und herausfordert.

Viel von unserer Welt ist anscheinend in die Brüche gegangen und zersplittert. So viel menschliches Leben verläuft in Einsamkeit oder in Feindschaft. Der Abstand zwischen reichen und armen Nationen vergrößert sich weiterhin und der Gegensatz zwischen der nördlichen und der südlichen Hemisphäre wird immer augenscheinlicher und auch immer unhaltbarer. Der Antagonismus zwischen Rassen und Religionen macht Nationen zu Schlachtfeldern; historisch bedingte Animositäten dauern ungeschwächt an. Selbst innerhalb der akademischen Gemeinschaft besteht weiterhin die Trennung zwischen Wahrheit und Werten und der Abstand zwischen den verschiedenen Kulturen – der naturwissenschaftlichen, der humanistischen und der religiösen – macht gemeinsame Aussagen schwierig und manchmal sogar unmöglich.

Gleichzeitig jedoch können wir in weiten Bereichen der menschlichen Gemeinschaft eine wachsende kritische Offenheit Menschen anderer Kultur und Herkunft, verschiedener Kompetenzen und verschiedener Standpunkte gegenüber feststellen. Immer häufiger sind die Menschen auf der Suche nach intellektueller Überzeugungstreue und Zusammenarbeit und entdecken Werte und Erfahrungen, die ihnen selbst innerhalb ihrer Verschiedenheiten gemeinsam sind. Diese Offenheit und dieser dynamische Austausch sind ein hervorragendes Kennzeichen der internationalen wissenschaftlichen Gemeinschaften selbst; sie beruhen auf gemeinsamen Interessen, gemeinsamen Zielen und gemeinsamen Unternehmungen und gehen mit der tiefen Überzeugung Hand in Hand, daß die Einblicke und Errungenschaften der einen oft für den Fortschritt der anderen von Bedeutung sind. Auf ähnliche, aber unauffälligere Weise fand und findet eine solche Entwicklung zwischen den verschiedenen Gruppen und Gemeinschaften statt, die innerhalb der Kirche bestehen, und sogar zwischen der Gemeinschaft der Wissenschaftler und der Kirche selbst. Diese Tendenz weist wesenhaft in die Richtung einer Art von Einheit, die der Vereinheitlichung widersteht und die Verschiedenheit achtet. Eine solche Gemeinschaft wird von einer gemeinsamen Absicht und gemeinsamen Interessen bestimmt, die zu gemeinsamem Handeln führen. Zwei Gruppen, die zunächst anscheinend nichts Gemeinsames aufweisen, können beginnen, miteinander in Verbindung zu treten, indem sie ein gemeinsames Ziel entdecken, und diese Entdeckung kann wieder in weitere Bereiche gemeinsamen Verständnisses und gemeinsamen Interesses führen.

Wie nie zuvor in ihrer Geschichte hat sich die Kirche in die Bewegung für die Einheit aller Christen eingefügt, indem sie gemeinsame Studien, Gebete und Diskussionen fördert, „denn sie sollen eins sein" (*Joh* 17,22). Sie ist bemüht, sich von jedem Rest von Antisemitismus zu befreien und ihre Abstammung von Judentum sowie ihre religiöse Verpflichtung diesem gegenüber zu betonen. In Reflexion und Gebet hat sie sich an die großen Weltreligionen gewandt, indem sie die Werte, die wir alle gemeinsam haben, sowie unsere allumfassende und restlose Abhängigkeit von Gott anerkannte.

Innerhalb der Kirche selbst nimmt das Wissen um ihre weltumspannende Natur zu, die während des letzten ökumenischen Konzils – an dem einheimische Bischöfe aller Kontinente und nicht mehr vorwiegend europäischer oder westlicher Herkunft zum ersten Mal ihre gemeinsame Verantwortung für die gesamte Kirche auf sich nahmen – so klar in Erscheinung trat. Die Dokumente dieses Konzils und des kirchlichen Lehramtes spiegelten sowohl inhaltlich als auch in ihrem Bemühen, sich an alle Menschen guten Willens zu wenden, dieses neue, weltweite Verantwortungsbewußtsein wider. Während dieses Jahrhunderts waren wir Zeugen einer dynamischen Tendenz zur Versöhnung, die innerhalb der Kirche vielerlei Formen angenommen hat.

Eine solche Entwicklung sollte nicht überraschen. Die christliche Gemeinschaft, die sich so klar in diese Richtung bewegt, nimmt mit größerer Intensität das Wirken Christi in sich selbst wahr: „Gott war es, der in Christus die Welt mit sich versöhnt hat“ (*2 Kor* 17,20). Wir sind dazu berufen, innerhalb der Menschheit dieses Versöhnungswerk – der Menschen untereinander und aller Menschen mit Gott – fortzusetzen. Unsere Natur als Kirche bringt ja schon diese Verpflichtung zur Einheit mit sich.

Wenn wir uns neuerlich den Beziehungen zwischen Religion und Naturwissenschaft zuwenden, können wir das Vorhandensein einer klaren, wenn auch noch unsicheren Tendenz zu einem neuen und nuancierteren wechselseitigen Austausch feststellen. Wir haben begonnen, miteinander zu sprechen, und das auf grundsätzlicheren Ebenen als vorher und mit größerer Aufgeschlossenheit für die Perspektiven des anderen. Wir haben begonnen, uns gemeinsam um ein besseres Verständnis für die Disziplinen beider – mit ihren Kompetenzen und Beschränkungen und insbesondere mit ihren Gemeinsamkeiten – zu bemühen. Dabei haben wir wichtige Fragen aufgegriffen, die uns beide betreffen und die für die große menschliche Gemeinschaft, der wir beide dienen, lebenswichtig sind. Es ist unerläßlich, nicht nur für die Fortführung dieses wechselseitigen Austausches, sondern auch für seine Ausdehnung und Vertiefung Sorge zu tragen, sowohl was seine Qualität, als auch was seine Zielsetzung betrifft.

Der gegenwärtige und zukünftige nachhaltige Einfluß von Religion und Naturwissenschaft auf die Entwicklung der Zivilisation und auch der Welt als solcher kann nicht zu hoch eingeschätzt werden und beide können einander viel bieten. Die Idee der Einheit aller Dinge und aller Völker in Christus – der immer in unserer Mitte und im alltäglichen Leben mit seinen Schwierigkeiten, seinen Leiden, seinen Freuden und seinem Suchen unter uns gegenwärtig ist – stellt selbstverständlich den Brennpunkt des Lebens und des Zeugnisses der Kirche dar. Diese Auffassung läßt in die größere menschliche Gemeinschaft tiefe Verehrung für alles Seiende sowie Hoffnung und die Gewißheit eindringen, daß die zerbrechliche Güte und Schönheit und das unsichere Leben, das wir im Weltall antreffen, einer Vervollkommnung und Erfüllung entgegengehen, die von den Kräften der Zerstörung und des Todes nicht überwältigt werden; diese Auffassung stellt auch einen starken Rückhalt für die Werte dar, die unserer Kenntnis und unserem Verständnis sowohl der Schöpfung als auch unserer Person – Frucht, Kenner und Hüter der Schöpfung – entspringen.

Es ist klar, daß uns auch die naturwissenschaftlichen Disziplinen ein Verständnis und eine Wertschätzung sowohl unseres gesamten Universums als auch seiner so unglaublich vielfältigen und verstrickten Prozesse sowie der vielschichtigen Strukturen vermitteln, die den belebten und leblosen Elementen dieses Universums zugrundeliegen. Dieses Wissen hat uns ein umfassenderes Verständnis für uns selbst und unsere bescheidene, aber einzigartige Rolle innerhalb der Schöpfung geschenkt. Dank der Technologie hat es uns auch die Möglichkeit geboten, zu reisen, Mitteilungen zu machen, aufzubauen, zu heilen und auf eine Art und Weise Versuche anzustellen, die für unsere Vorfahren fast undenkbar gewesen wären. Dieses Wissen und diese Macht, die wir entdeckt haben, können positiv, zur Förderung und Verbesserung unseres Lebens genützt oder zur Verschlechterung und Zerstörung menschlichen Lebens und des Lebensraumes auf weltweiter Ebene mißbraucht werden. Die Einheit in der Schöpfung, die wir auf der Grundlage unseres Glaubens an Jesus Christus als den Herrn des Universums erkennen, sowie die ihr entsprechende Einheit, die wir innerhalb unserer menschlichen Gemeinschaften aufbauen möchten, scheint sich in den Entdeckungen der zeitgenössischen Naturwissenschaft zu spiegeln und durch diese verstärkt zu werden. Wenn wir die unglaubliche Entwicklung der wissenschaftlichen Forschung betrachten, nehmen wir eine ihr zugrundliegende Tendenz wahr, die auf die Entdeckung von Gesetzen und Prozessen hingeordnet ist, die die geschaffene Wirklichkeit einen, obwohl sie gleichzeitig die große Verschiedenheit der sowohl die physische und biologische als auch die psychologische und soziologische Welt bildenden Strukturen und Organismen hervorgerufen haben.

Die zeitgenössische Physik bietet dafür ein eindrucksvolles Beispiel. Die Forschungen, die der Einigung der vier grundlegenden physischen Kräfte – Schwerkraft, Elektromagnetismus, Zusammenspiel der starken und schwachen Kernkräfte – gelten, werden immer erfolgreicher. Diese Einigung ist imstande, Entdeckungen auf subatomarem und kosmologischem Gebiet so miteinander in Verbindung zu bringen, daß sie Licht sowohl auf den Ursprung des Univesums als auch der Gesetze und Konstanten werfen können, die seine Entwicklung bestimmen. Die Physiker verfügen über eine detaillierte, wenn auch unvollständige und provisorische Kenntnis der Elementarteilchen und der Grundkräfte, mittels derer sie bei schwachen und mittleren Energien aufeinander einwirken. Sie besitzen jetzt eine annehmbare Theorie, welche die elektromagnetischen und die schwachen Kernkräfte vereinheitlicht; viel weniger zufriedenstellend, aber dennoch vielversprechend sind die sogenannten Feldtheorien, die versuchen, auch das Zusammenspiel der starken Kernkräfte miteinzubeziehen. Im Verlauf dieser Entwicklung begegnen wir bereits mehreren detaillierten Vorschlägen für eine letzte „Über-Einigung" aller vier Grundkräfte, einschließlich der Schwerkraft. Ist es nicht wichtig für uns, feststellen zu können, daß auf einem Gebiet so weitgehender Spezialisierung, wie es die zeitgenössische Physik ist, diese Tendenz zur Vereinheitlichung in Erscheinung tritt?

Auch in den biologischen Wissenschaften geht Ähnliches vor sich. Die Molekularbiologen haben die Struktur der lebenden Gewebe, ihre Funktion und ihre Vermehrungsprozesse erforscht. Sie haben entdeckt, daß alle auf der Erde existierenden Organismen letzten Endes aus den gleichen Grundelementen bestehen, die sowohl die Erbeinheiten als auch die Proteine bilden, welche diese Erbeinheiten kodieren. Das ist also ein weiterer bemerkenswerter Ausdruck der in der Natur vorhandenen Einheit.

Wenn wir für die gegenseitige Aufgeschlossenheit von Kirche und naturwissenschaftlichen Gemeinschaften eintreten, so heißt das nicht, daß wir für einen Zusammenschluß der theologischen und naturwissenschaftlichen Disziplinen sind, wie er etwa innerhalb eines bestimmten naturwissenschaftlichen oder theologischen Bereiches möglich ist. Wenn der Dialog und die gemeinsame Forschung fortgesetzt werden, gehen damit ein wachsendes gegenseitiges Verstehen und eine allmähliche Entdeckung gemeinsamer Anliegen Hand in Hand, die den Grund für weitere Forschung und Diskussion legen werden. Wie diese genau aussehen werden, muß der Zukunft überlassen bleiben. Wichtig ist, wie wir bereits betont haben, daß der Dialog weitergeführt und vertieft und zielbewußter wird. In diesem Prozeß müssen wir alle rückläufigen Tendenzen überwinden, die zu einseitiger Verkürzung, Furcht und selbstgewählter Isolierung führen. Von entscheidender Wichtigkeit ist, daß jede Disziplin weiterhin die anderen bereichert, unterstützt und herausfordert, damit sie mehr und mehr zu dem werden, was sie sein können und so einen Beitrag zu unserer Auffassung von dem, was wir sind und was wir werden, leisten mögen.

Wir können uns jedoch die Frage stellen, ob wir bereit sind, diese schwerwiegende Anstrengung zu unternehmen. Ist die Gemeinschaft der Weltreligionen – einschließlich der Kirche – bereit, einen tieferschürfenden Dialog mit der Gemeinschaft der Wissenschaftler aufzunehmen, einen Dialog, der sowohl die Integrität der Religion als auch die der Naturwissenschaft aufrechterhält und gleichzeitig den Fortschritt beider fördert? Ist die wissenschaftliche Gemeinschaft jetzt bereit, der Christenheit, ja, allen großen Weltreligionen mit Aufgeschlossenheit zu begegnen und mit uns allen für den Aufbau einer menschlicheren und auf diese Weise göttlicheren Kultur zusammenzuarbeiten? Wagen wir es, ehrlich und mutig das Risiko auf uns zu nehmen, das diese Aufgabe erfordert? Wir müssen uns fragen, ob Naturwissenschaft und Religion zur Integrierung der menschlichen Kultur oder zu ihrer Zersplitterung beitragen. Wir stehen hier vor einer einmaligen Entscheidung, die uns alle betrifft.

Eine einfache Neutralität ist nämlich nicht länger annehmbar. Wenn die Völker wachsen und reifen sollen, können sie nicht weiterhin voneinander abgeschlossen leben und völlig verschiedenartige Interessen verfolgen, denen entsprechend sie ihre Welt bewerten und beurteilen. Eine gespaltene Gemeinschaft bringt ein zersplittertes Weltbild hervor; eine Gemeinschaft, in der Austausch gepflegt wird, veranlaßt ihre Mitglieder zur Erweiterung ihrer begrenzten Horizonte und führt sie zu einem neuen, vereinheitlichten Weltbild.

Die Einheit, nach der wir streben, ist jedoch nicht – wie wir bereits betont haben – Identität. Die Kirche ist nicht der Meinung, daß die Naturwissenschaft Religion oder die Religion Naturwissenschaft werden sollte. Ganz im Gegenteil, die Einheit setzt immer Verschiedenheit und Integrität ihrer einzelnen Elemente voraus, deren Eigenheiten sich nicht verringern, sondern vielmehr in einem wechselseitigen, dynamischen Austausch vermehren sollten, fehlt doch einer Einheit, deren einzelne Elemente einander angeglichen sind, ihre harmonische Voraussetzung, während sie gleichzeitig die Integrität ihrer Elemente zerstört. Wir sind aufgefordert, zu einer Einheit zusammenzuwachsen, aber nicht dazu, ein anderes Element dieser Einheit zu werden.

Um es genauer zu sagen: sowohl die Religion als auch die Naturwissenschaft müssen ihre Autonomie und ihre Kennzeichen aufrechterhalten. Die Religion gründet nicht auf der Wissenschaft und diese wiederum ist keine Ausweitung der Religion. Beide sollten über ihre eigenen Grundsätze verfügen, ihre eigenen Vorgangsweisen und ihre verschiedenen Erklärungen haben und zu den für sie spezifischen Schlußfolgerungen gelangen. Das Christentum trägt die Quelle seiner Rechtfertigung bereits in sich und erwartet von der Naturwissenschaft nicht, daß sie seine Apologetik unterstütze. Die Wissenschaft muß für sich selbst Zeugnis geben. Während Religion und Naturwissenschaft einander stützen können und sollten, da sie verschiedene Dimension der gemeinsamen Kultur des Menschen sind, sollte keine von beiden den Anspruch erheben, eine notwendige Voraussetzung für die andere zu sein. Wir stehen heute vor der noch nie dagewesenen Gelegenheit, eine gemeinsame Beziehung wechselseitigen Wirkens herzustellen, die jeder Disziplin ihre Integrität beläßt, sie aber für die Entdeckungen und Intuitionen der anderen rückhaltlos offenhält.

Warum aber sind kritische Offenheit und wechselseitiger Austausch für beide wertvoll? Die Einheit trägt das Verlangen des menschlichen Geistes nach Verständnis und sein Sehnen nach Liebe in sich. Wenn die Menschen versuchen, die Vielfalt der Dinge zu verstehen, welche sie umgibt, und wenn sie bestrebt sind, den Sinn ihrer Erfahrungen zu verstehen, so tun sie das, indem sie zahlreiche Tatsachen auf einen gemeinsamen Nenner bringen. Zum Verständnis kommt es, wenn viele Aussagen in einer gemeinsamen Struktur zusammengefaßt werden. Jede einzelne Aussage wirft Licht auf die anderen und macht sie in ihrer Gesamtheit sinnvoll. Die reine Vielfalt ist ein Chaos; eine Intuition und ein einziges Modell können dem Chaos eine Struktur verleihen und es verständlich machen. Jedes Bemühen, unserem Leben seinen Sinn zu geben, ist ein Schritt der Einheit entgegen. Diese ist auch eine Folge der Liebe. Wenn die Liebe echt ist, drängt sie nicht zur Assimilierung des anderen, sondern zur Einheit mit ihm. Die menschliche Gemeinschaft geht vom Verlangen nach dieser noch nicht verwirklichten Einheit aus und findet ihre Vollendung in der Freude, das vorher Getrennte nunmehr vereint zu sehen.

In den ältesten kirchlichen Dokumenten wurde die Verwirklichung der Gemeinschaft – im radikalen Sinn des Wortes – als Verheißung und Ziel des Evangeliums betrachtet: „Was wir gesehen und gehört haben, das verkünden wir euch, damit auch ihr die Gemeinschaft mit uns habt. Wir aber haben die Gemeinschaft mit dem Vater und mit seinem Sohn Jesus Christus. Wir schreiben dies, damit unsere Freude vollkommen ist" (*1 Joh* 1,3–4).

Später wandte sich die Kirche an die Wissenschaften und Künste, gründete große Universitäten und errichtete Monumente von überwältigender Schönheit, von der Absicht beseelt, alles in Christus zu vereinen (vgl. *Eph* 1,10).

Was unterstützt nun die Kirche in diesen auf Einheit ausgerichteten Beziehungen zwischen Naturwissenschaft und Religion? Zuerst und in erster Linie das gegenseitige Verständnis, das sie anstreben sollten, haben sie doch allzu lange einander vom Leibe gehalten. Die Theologie wurde als das Bemühen des Glaubens definiert, das Wissen zur Vollendung zu bringen, als *fides quaerens intellectum*. In dieser Eigenschaft muß sie heute einen lebendigen Austausch mit der Naturwissenschaft pflegen, wie sie ihn immer mit der Philosophie und mit anderen Wissenszweigen gepflegt hat. Infolge ihres vorrangigen Interesses für die menschliche Person, die Dimensionen der Freiheit, die der christlichen Gemeinschaft offenstehenden Möglichkeiten, die Natur des Glaubens und die Verständlichkeit von Natur und Geschichte wird sie sich in größerem oder geringerem Ausmaß auf die Entdeckungen der Naturwissenschaften berufen müssen. Die Lebenskraft der Theologie und ihre Bedeutung für die Menschheit werden sich zutiefst in ihrer Fähigkeit, diese Entdeckungen in sich aufzunehmen, widerspiegeln.

Dieser heikle und wichtige Punkt muß nun genau erläutert werden. Die Theologie soll sich nicht unterschiedslos jede neue philosophische oder naturwissenschaftliche Theorie aneignen. Da jedoch diese Errungenschaften zu einem Teil der intellektuellen Kultur der Epoche werden, müssen die Theologen sie verstehen und ihre Fähigkeit, dem christlichen Glauben innewohnende und bisher nicht wahrgenommene Möglichkeiten ins Licht zu rücken, auf die Probe stellen. Der Hylomorphismus der aristotelischen Naturphilosophie wurde z. B. von den mittelalterlichen Theologen als Hilfe zur Erklärung der Natur der Sakramente und der hypostatischen Union übernommen: Das heißt jedoch nicht, daß die Kirche die Auffassung des Aristoteles als richtig oder falsch betrachtete; für ein solches Urteil war sie nicht zuständig. Es handelte sich hier einfach um eine der reichen Intuitionen der griechischen Kultur, die verstanden und ernst genommen werden und deren Fähigkeit, auf verschiedene Gebiete der Theologie Licht zu werfen, geprüft werden mußte. Die Theologen können sich sehr wohl die Frage stellen, ob sie, was die zeitgenössische Naturwissenschaft, die Philosophie und die anderen Gebiete menschlichen Wissens betrifft, diesen außerordentlich schwierigen Prozeß ebenso gut vollzogen haben wie die mittelalterlichen Meister.

Wenn es möglich war, die Kosmologien des antiken Nahen Ostens in geläuterter Form in die ersten Kapitel der Genesis aufzunehmen, könnte dann nicht die zeitgenössische Kosmologie unseren Reflexionen über die Schöpfung etwas zu bieten haben? Kann eine evolutionistische Perspektive dazu beitragen, Licht auf die theologische Anthropologie, auf die Bedeutung der menschlichen Person als *imago Dei*, auf das Problem der Christologie und selbst auf die Entwicklung der Glaubenslehre als solcher zu werfen? Welche eschatologischen Zusammenhänge bringt die zeitgenössische Kosmologie, insbesondere im Licht der unermeßlichen Zukunft unseres Universums, mit sich – sofern sie überhaupt solche mit sich bringt? Kann sich die theologische Methode mit Erfolg Intuitionen der naturwissenschaftlichen und naturphilosophischen Systemkunde aneignen?

Fragen dieser Art können in großer Zahl aufgeworfen werden. Ihre Fortführung würde jenen intensiven Dialog mit der zeitgenössischen Wissenschaft erfordern, der im großen und ganzen unter den theologischen Forschern und Lehrern gefehlt hat; sie würde auch die Notwendigkeit zumindest einiger naturwissenschaftlich gut ausgebildeter Theologen mit sich bringen, die in der Lage sind, die von den am besten unterbauten Theorien gebotenen Möglichkeiten tatsächlich und auf kreative Art zu nützen. Solche Kenntnisse würden sie vor einer unkritischen und übereilten Ausnützung neuester kosmologischer Theorien – wie etwa der Theorie vom „Big Bang" (Urknall) – zu apologetischen Zwecken bewahren. Gleichzeitig würden solche Kenntnisse sie von einer gemeinsamen Abwertung der potentiellen Relevanz solcher Theorien für eine Vertiefung der Kenntnisse in den traditionellen Bereichen theologischer Forschung abhalten.

In diesem Prozeß beiderseitigen Lernens könnten jene Glieder der Kirche, die entweder aktive Naturwissenschaftler oder, wie in einigen speziellen Fällen, sowohl Naturwissenschaftler als auch Theologen sind, eine Schlüsselstellung einnehmen. Sie könnten auch anderen, die um die Integration der Welt der Naturwissenschaft und der Religion in ihr eigenes geistliches Leben ringen oder schwierigen ethischen Entscheidungen auf den Gebieten der technologischen Forschung und ihrer Anwendung gegenüberstehen sehr wertvolle Hilfe leisten. Vermittelnden Diensten dieser Art müssen Unterstützung und Ermutigung zuteil werden. Die Kirche hat längst die Bedeutung einer solchen Verkettung erkannt, in dem sie die Päpstliche Akademie der Wissenschaften gründete, in deren Rahmen führende Naturwissenschaftler aus aller Welt regelmäßig zusammenkommen, um ihre Forschungsarbeiten zu besprechen und einer größeren Gemeinschaft mitzuteilen, in welche Richtung sie gehen. Die Erfordernisse reichen jedoch viel weiter.

Die Sache ist dringend. Die in den zeitgenössischen Naturwissenschaften vor sich gehenden Entwicklungen richten an die Theologie eine viel tiefer greifende Herausforderung als die Einführung Aristoteles' in Westeuropa im 13. Jahrhundert. Darüber hinaus bieten diese Entwicklungen der Theologie potentiell bedeutsame Möglichkeiten. Wie die aristotelische Philosophie dank des Werkes großer Gelehrter – wie etwa des hl. Thomas von Aquin – letzten Endes einigen der tiefsten Ausdrücke der Theologie Form verlieh, können wir vielleicht auch hoffen, daß die heutigen Naturwissenschaften, gemeinsam mit allen Formen menschlichen Wissens, jenen Gebieten der theologischen Forschung neue Kraft und neues Licht schenken werden, die sich mit den Beziehungen zwischen Natur, Menschheit und Gott befassen.

Kann auch die Naturwissenschaft aus diesem Zusammenspiel Nutzen ziehen? Anscheinend schon, entwickelt sie sich doch dann am besten, wenn ihre Konzepte und Schlußfolgerungen in einer weiter gespannten menschlichen Kultur und ihrem Interesse für den letzten Sinn und letzte Werte Platz finden. Die Naturwissenschaftler können daher die von Philosophen und Theologen behandelten Themen nicht vollständig ignorieren. Wenn sie diesen Themen einen Bruchteil der Energie und des Interesses zuwenden, mit denen sie ihre Forschungen durchführen, können sie anderen helfen, die ihren Entdeckungen innewohnenden, den Menschen betreffenden Möglichkeiten weitgehender zu erfassen. Sie können auch selbst zu der Erkenntnis kommen, daß diese Entdeckungen keinen echten Ersatz für das Wissen um wirklich letzte Wahrheiten darstellen. Die Naturwissenschaft kann die Religion von Irrtum und Aberglauben befreien; die Religion kann die Naturwissenschaft vom Götzendienst und von Pseudo-Absolutem befreien. Beide können einander den Weg in eine größere Welt auftun, in der sie auch beide aufblühen können.

Es ist nämlich Tatsache, daß Kirche und wissenschaftliche Gemeinschaft gegenseitige Kontakte nicht vermeiden können; sie haben nicht die Möglichkeit, ein isoliertes Dasein zu wählen. Die Christen nehmen, das ist unvermeidlich, die vorherrschenden Ideen über die Welt in sich auf und diese Ideen sind heute zutiefst von der Naturwissenschaft geprägt. Die einzige Frage ist dabei, ob sie das kritisch oder unkritisch, auf tiefgründige und ausgeglichene Weise oder mit einer Oberflächlichkeit tun, die des Evangeliums unwürdig ist und uns angesichts der Geschichte erröten läßt. Die Naturwissenschaftler entscheiden – ebenso wie alle anderen – was letzten Endes ihrem Leben und Handeln Sinn und Wert verleihen soll. Sie können diese Entscheidung auf gute oder schlechte Art treffen, mittels tiefer Reflexion – wobei ihnen die theologische Weisheit behilflich sein kann – oder durch eine Absolutsetzung ihrer Entdeckungen, die über deren vernünftige Grenzen hinausgeht.

Sowohl die Kirche als auch die wissenschaftliche Gemeinschaft stehen solchen unausweichlichen Alternativen gegenüber. Wir werden viel bessere Entscheidungen treffen, wenn wir jene gegenseitige Zusammenarbeit Wirklichkeit werden lassen, zu der wir mehr und mehr verpflichtet sind. Nur ein dynamisches Verhältnis von Theologie und Na-

turwissenschaft kann die Grenzen offenlegen, welche die Integrität der beiden Disziplinen aufrechterhalten, damit die Theologie sich nicht als Pseudo-Naturwissenschaft ausgebe und die Naturwissenschaft nicht unabsichtlich zur Theologie werde. Die gegenseitige Kenntnis wird beide Disziplinen zu einer größeren Authentizität führen. Niemand kann, wenn er auf die Geschichte des vergangenen Jahrhunderts blickt, die Krise übersehen, für die beide verantwortlich sind. Die Anwendung der Naturwissenschaft hat sich bei mehr als einer Gelegenheit als zerstörend erwiesen und auch die Reflexionen über die Religion waren oft unfruchtbar. Wir brauchen einander, um sein zu können, was wir sein müssen.
So spricht nun die Kirche anläßlich der Dreihundertjahrfeier für Newton durch mein Amt und ruft sich selbst und die Naturwissenschaftler auf, ihre wechselseitigen positiven Beziehungen gemeinsam zu intensivieren. Kirche und Naturwissenschaft müssen voneinander lernen, den Rahmen der wissenschaftlichen Forschung zu erneuern und die Inkulturation, die eine lebensnahe Theologie erfordert, zu unterstützen. Beide können aus einem gemeinsamen Wirken dieser Art Nutzen ziehen und die menschliche Gemeinschaft, der wir beide dienen, hat das Recht, einen solchen Austausch von uns zu fordern.
Auf alle Teilnehmer an dieser vom Apostolischen Stuhl unterstützten Studienwoche und auf alle, welche die hier veröffentlichen Texte lesen und durcharbeiten werden, rufe ich Weisheit und Frieden in unserem Herrn Jesus Christus herab und erteile ihnen meinen Apostolischen Segen.

Aus dem Vatikan, 1. Juni 1988

IOANNES PAULUS PP. II

Die Eucharistie führt auf die neue Schöpfung zu

Predigt beim Fronleichnamsgottesdienst vor der Lateranbasilika am 2. Juni

1. „So ging auch die selige Jungfrau den Pilgerweg des Glaubens. Ihre Vereinigung mit dem Sohn hielt sie in Treue bis zum Kreuz“ (*Lumen gentium*, Nr. 58).

2. Am Hochfest des Leibes und Blutes Christi geht auch die Kirche jedes Jahr ihren besonderen Pilgerweg des Glaubens, der in der eucharistischen Prozession symbolischen Ausdruck findet.
Dieser Pilgerweg führt uns zunächst zum Abendmahlssaal, dorthin, wo Christus mit seinen Aposteln das Paschamahl gehalten hat.
Es war das Pascha Israels, das an den Auszug aus der Knechtschaft von Ägypten erinnerte.
An jenem Abend, dem Vortag des Leidens Christi, wurde das Pascha des Alten Bundes Sakrament des Leibes und Blutes Christi: das Pascha des Neuen und Ewigen Bundes.

Es wurde – Eucharistie. In ihr ist ein für allemal der endgültige „Auszug" eingeschrieben und gegenwärtig gesetzt worden, zu dem die gesamte Menschheit in Christus und seinem Opfertod berufen ist.

3. Der Richtung folgend, mit der Christus die Einsetzungsworte spricht, führt uns der Pilgerweg des Glaubens vom Abendmahlssaal zum Kreuz, nach Kalvaria.
In der Tat finden dort die Worte zur Einsetzung der Eucharistie ihre Verwirklichung. Christus gibt den Aposteln das Pascha-Brot und setzt gleichzeitig das Sakrament seines Leibes ein, der im Kreuzestod hingegeben wird.
Christus reicht den Aposteln den Kelch mit dem Pascha-Wein und setzt gleichzeitig das Sakrament seines Blutes ein, das zum Opfer „für viele" vergossen wird (vgl. *Mt* 26,28).
Deshalb ist es notwendig, auf dem Pilgerweg des Glaubens bis zum Kreuz, auf Kalvaria, zu gelangen und wieder in den Abendmahlssaal zurückzukehren.
Die Apostel sind als erste zu einem solchen „Durchgang" im Glauben gerufen worden, und mit ihnen die ganze Kirche.
Das Sakrament des Abendmahlssaals bezieht sich auf die neue österliche Wirklichkeit, die von Christus in seinem Leib und Blut ganz neu geschaffen wurde. Das eucharistische Sakrament ist Ausdruck dieser Wirklichkeit. Sie beinhaltet sie und setzt sie von neuem gegenwärtig.

4. Können wir diesen Pilgerweg des Glaubens, zu dem uns das Letzte Abendmahl ruft, zusammen mit der Gottesmutter gehen?
Es geht nirgendwo hervor, daß die heilige Jungfrau im Abendmahlssaal Zeugin der Einsetzung des eucharistischen Sakramentes gewesen ist und daran teilgehabt hat.
Aber sie ist außergewöhnliche Zeugin der Wirklichkeit geworden, die das eucharistische Sakrament in Erinnerung ruft, gegenwärtig setzt, beinhaltet und immer wieder neu realisiert.
Das Konzil lehrt: „So ging auch die selige Jungfrau den Pilgerweg des Glaubens. Ihre Vereinigung mit dem Sohn hielt sie in Treue bis zum Kreuz, wo sie nicht ohne göttliche Absicht stand ... und sich mit seinem Opfer in mütterlichem Geist verband, indem sie der Darbringung des Schlachtopfers, das sie geboren hatte, liebevoll (fiat!) zustimmte" (*Lumen gentium*, Nr. 58).
„Wahrer Leib, sei uns gegrüßet, den Maria uns gebar; der am Kreuz für uns gebüßet, das Versöhnungsopfer war!"

5. Die Realität des Opfers – „res sacramenti" – und das Herz der Mutter, vom „Schwert des Schmerzes durchbohrt" unter dem Kreuz! Die Kirche hat diese tiefe Verbindung immer gefühlt und die Gottesmutter neben sich auf ihrem eucharistischen Pilgerweg im Glauben gewollt.
Dieser Glaube vereint jeden von uns mit Christus und fügt uns in die Mitte seiner erlösenden Liebe selbst ein.
Und wer ist dieser Mitte näher, wer ist mit dem Erlöser inniger vereint als die Mutter? Das Herz der Mutter?

6. Der eucharistische Pilgerweg des Glaubens führt uns dann aus dem Abendmahlssaal heraus. Unter dem Kreuz, auf Kalvaria, müssen wir uns die ganze Wirklichkeit des Neuen und Ewigen Bundes bewußt machen, wie sie in dem Brief an die Hebräer ausgedrückt ist: „Christus, ... Hoherpriester der künftigen Güter, ... ist ... ein für allemal in das Heiligtum hineingegangen ... mit seinem eigenen Blut, und so hat er eine ewige Erlösung bewirkt" (*Hebr* 9,11 – 12). Christus hat „sich selbst kraft des ewigen Geistes Gott als makelloses Opfer dargebracht" (*Hebr* 9,14). „Und darum ist er der Mittler eines neuen Bundes, ... damit die Berufenen das verheißene ewige Erbe erhalten" (*Hebr* 9,15).
Das ist die Realität, die dem am Gründonnerstag eingesetzten Sakrament entspricht. Der eucharistische Pilgerweg des Glaubens führt uns auf den Ewigen Bund, die neue Schöpfung, den Kosmos zu, der seine Vollendung erreichen wird, wenn Gott „über alles und in allem" herrschen wird (vgl. *1 Kor* 15,28).

7. Wir müssen heute davon zur Welt sprechen! Die eucharistische Prozession, die heute durch die Straßen Roms (und anderer Orte, Städte und Dörfer der Welt) führt, weist auf diese Vollendung der Welt in Gott hin, die mit der Menschwerdung begonnen hat.
„Wahrer Leib, sei uns gegrüßet, den Maria uns gebar."
Es ist notwendig, daß wir in dieser alljährlichen Fronleichnamsprozession, vom Glauben erfüllt, nicht nur durch die Straßen der römischen Altstadt gehen. Wir müssen, geleitet von der Kraft der Eucharistie, bis an die Grenzen der eucharistischen Hoffnung des Menschen und der Schöpfung vorstoßen, bis zu den Ausblicken, die das Geheimnis Christi uns eröffnet.
In der Tat sind wir berufen, „das verheißene ewige Erbe zu erhalten" (vgl. *Hebr* 9,15), das in Ihm Wirklichkeit geworden ist.
Die Gottesmutter sei mit uns, auf allen Wegen, die zur Vereinigung mit ihrem Sohn führen.

Fremdenverkehr stärkt Bande der Solidarität

Schreiben an den Vorsitzenden und die Delegierten der 90. Generalversammlung des internationalen Fremdenverkehrsverbandes vom 8. Juni

Mein Pastoralbesuch beim österreichischen Volk trifft zeitlich mit der in Wien abgehaltenen Generalversammlung des Fremdenverkehrsverbandes zusammen, und es ist mir eine große Freude, bei dieser Gelegenheit meinen guten Wünschen Ausdruck zu geben.
Im Internationalen Fremdenverkehrsverband stellen Sie Millionen von Menschen, die im Fremdenverkehr beschäftigt sind und mit Reisen zu tun haben, Ihre Dienste bereit. Als nichtbehördliche Organisation innerhalb der internationalen Gemeinschaft arbeiten Sie für die allgemeinen Interessen der Menschheit in solch wichtigen Aspekten des täglichen Lebens wie Verkehrssicherheit, Erziehung, Umwelt und Gesundheitswesen.
Der Fremdenverkehr macht es den Menschen verschiedener Kulturen, Religionen und Rassen möglich, einander zu begegnen und Gedanken auszutauschen, die der gegenseiti-

gen Bereicherung dienen. Er hilft ihnen, sich gegenseitig besser kennenzulernen und ihre gegenseitige Abhängigkeit zu schätzen und dabei die Bande der Solidarität zu festigen, die der Grundstock sind, auf dem wahrer Friede und echte menschliche Entwicklung aufgebaut werden können (vgl. *Sollicitudo rei socialis*, Nr. 38–39). In diesem Sinne möchte ich Sie in Ihrem Austausch als Einzelpersonen und als Gruppen dazu ermuntern, nach jenen Lösungen zu suchen, die die Begegnung zwischen Völkern erleichtern und den wahren Dialog fördern.

Ein Bereich Ihrer Organisation, der Bereich der „Open-Air-Aktivitäten", der für Fahrradtouren, Spielgruppen und Aktivitäten für die Jugend zuständig ist, ist besonders interessant. Meine persönliche Erfahrung hat mir gezeigt, wie lohnend solche Tätigkeiten sein können. Gewöhnlich sind sie nicht mit der Ausgabe großer Geldsummen verbunden, bringen die Menschen in Kontakt mit der Schönheit der Natur und lassen sie die natürliche Umgebung kennenlernen, die der ganzen Menschheit als ein wertvolles Erbe anvertraut wurde. Sie bieten auch Gelegenheit zum persönlichen Wachstum und zur Stärkung von Freundschaften.

Eine so einflußreiche Organisation wie die Ihre offenbart dann die gesunde Natur ihrer Dynamik, wenn sie sich um die Rechte aller Einzelpersonen und insbesondere der schwächsten Mitglieder der Gesellschaft sorgt. Ich war daher erfreut, von Ihrem Vorschlag des Einschlusses in die öffentlichen Versicherungsstatute zu hören, die die Tätigkeiten der Beschlüsse Ihrer Mitgliedsvereine gegen die Ausbeutung von Menschen und für die volle Achtung der grundlegenden Menschenrechte regeln.

Ihre Organisation hat zwei Weltkriege und viele andere Nöte überlebt, die die Menschheit erschüttert und gespalten haben. In einer solchen geschichtlichen Phase geben ihre Ziele und Absichten eine Antwort auf die Bedürfnisse einer stets anwachsenden Zahl unserer Zeitgenossen. In diesem Sinne wünsche ich Ihnen Erfolg dabei, dem Menschen der heutigen, in hohem Maße ineinandergreifenden und motorisierten Gesellschaft weiterhin zu dienen. Möge Ihr Einsatz und Mut, von Gottes Hilfe gelenkt, im Blick auf die vor Ihnen liegenden enormen Aufgaben anwachsen. Wenn Sie die Interessen Ihrer Vereinsmitglieder pflegen, so möge Ihr Blick auch weitere Horizonte umschließen, die dem Wohl der ganzen Menschheit dienen. Helfen Sie, unseren Planeten, auf dem entfernte Orte heute durch schnelle und wirksame Verkehrsmittel miteinander verbunden sind, zu einer immer friedvolleren, fruchtbareren und glücklicheren Heimat für all ihre Einwohner zu machen.

JOANNES PAULUS PP. II.

Die Familie Keimzelle der Gesellschaft

Ansprache an die Vollversammlung des Päpstlichen Rates für die Familie am 10. Juni

Herr Kardinal, liebe Brüder im Bischofsamt, liebe Freunde!

1. Ich schätze mich glücklich, Sie hier in diesen Tagen empfangen zu können, in denen Sie zur Vollversammlung zusammengekommen sind. Mein Gruß gilt allen Mitgliedern, insbesondere denen, die zum ersten Mal an den Arbeiten des Päpstlichen Rates für die Familie teilnehmen und die auf diese Weise eine neue Form von Verantwortung für die Familie übernommen haben.
Sie haben als zentrales Thema Ihrer Überlegungen „Die Familie in der Sendung der Laien“ gewählt unter besonderer Bezugnahme auf eine „Kultur im Zeichen des Lebens“. Dieses Thema schafft eine Verbindung zwischen der letzten Bischofssynode und der von 1980 über die Familie. Für meinen Teil möchte ich die Bedeutung der Familie in der weltlichen Gesellschaft ebenso wie in der Kirche unterstreichen, die Familie, die von Laien gebildet und verteidigt wird, die Familie, die verantwortlich ist für die Evangelisierung neuer Generationen.

2. Bei den Überlegungen über die Berufung und über den Sendungsauftrag der Laien in der Kirche und in der Welt hat die letzte Versammlung der Bischofssynode die Lehre des II. Vatikanischen Konzils vertieft und die Erfahrungen in der Kirche überprüft, die man im Lauf dieser beiden Dekaden seither gemacht hat. Zwei wichtige Aspekte der Berufung der Laien wurden hervorgehoben: die aktive und verantwortliche Zugehörigkeit des Laien zur gemeinsamen Sendung der Kirche und der persönliche Aufruf zur Heiligkeit, der sich an jeden richtet.
Viel ist getan worden in diesen Jahren, um die Lehre des Konzils bekanntzumachen: man wird sie weiter studieren müssen und damit abschließen, daß alle Gläubigen sich der wesentlichen Aspekte ihrer Berufung klar bewußt werden. Unsere Aufnahme in den Leib Christi – die Tatsache, daß wir getauft worden sind und alle Kinder Gottes sind – ist das gemeinsame Fundament der verschiedenen Funktionen, die den Gliedern des Gottesvolkes zukommen unter Einwirkung des Heiligen Geistes. Die Sendung der Laien vollzieht sich nicht nur im Inneren der kirchlichen Strukturen. Die gläubigen Laien, Salz der Erde und Licht der Welt, tragen dazu bei, die Existenz im ganzen umzuwandeln durch die Dynamik der Gnade und der Freiheit (vgl. *Angelus* vom 1. März 1988).
Die Familie ist ein privilegierter Bereich, in dem die christlichen Laien „kraft der ihnen eigenen Berufung in der Verwaltung und gottgemäßen Regelung der zeitlichen Dinge das Reich Gottes suchen“ (*Lumen gentium*, Nr. 31) müssen. Die Familie ist die natürliche Quelle, aus der eine Kultur des Lebens hervorströmt, der Mittelpunkt, in dem alle Werte zusammenkommen, die sie schützen, und der fundamentale soziale Kernpunkt jeder Kultur im Dienst des Lebens.

3. Auf Grund der Tatsache, daß die Familie die ursprüngliche Keimzelle der Gesellschaft und der Kirche ist, haben alle Christen auf die eine oder andere Weise Anteil an dieser

Institution. Mehr noch, das Sakrament der Ehe heiligt das gegenseitige eheliche Sich-Schenken der Christen und stärkt sie in der ihnen eigenen Rolle als Väter und Mütter. Dabei handelt es sich um Realitäten der Schöpfung, die das Lehramt der Kirche im Licht der christlichen Offenbarung erhellen muß. Diese Ausübung des Lehramtes in einem für das Leben der Gesellschaft und der Kirche Christi selbst so wichtigen Bereich stellt eine dauernde pastorale Sorge der Bischöfe dar. Die Stellung, die das Zweite Vatikanische Konzil der Ehe und der Familie zuerkannt hat, gibt davon Zeugnis. Für den darauffolgenden Zeitraum ist es angebracht, in Erinnerung zu rufen, was für die Kirche die Überlegungen der Synode von 1980 gewesen sind und die Lehre, die in dem Apostolischen Mahnschreiben *Familiaris consortio* dargestellt ist. Eine besondere Aufmerksamkeit ist der Enzyklika *Humanae vitae* Pauls VI. zu schenken, deren Erscheinen vor 20 Jahren man in diesem Jahr feiert und die damals ein entschiedenes Ja zum Leben darstellte und weiterhin darstellt, ein Ja zum Schöpfer, eine positive Annahme der Gesetze, die er dem Menschen zur Weitergabe und zum Schutz des Lebens gegeben hat.

4. Ehe und Familie sind jedoch nicht ausschließlich christliche Institutionen; sie sind Teil des Erbes, das Gott der Menschheit hinterlassen hat: „Gott schuf also den Menschen als sein Abbild; als Abbild Gottes schuf er ihn. Als Mann und Frau schuf er sie" (*Gen* 1,27). Diese natürlichen Wirklichkeiten sind begründet und strukturiert worden nach solchen Gesetzen und Werten, die – weit entfernt davon, die Freiheit der Menschen einzuschränken oder zu behindern – den persönlichen und gesellschaftlichen Fortschritt gestatten.
In dem Bewußtsein, daß das Sakrament der Ehe die natürlichen Realitäten erhöht und heiligt, müssen die Christen die Werte schützen und anerkennen, die die Grundlage des großen Geheimnisses der ehelichen Liebe sind. In der Tat, wie es das Zweite Vatikanische Konzil in Erinnerung ruft: „Alles, was die zeitliche Ordnung ausmacht, die Güter des Lebens und der Familie, Kultur, Wirtschaft, Kunst ... sind nicht nur Hilfsmittel zur Erreichung des letzten Zieles des Menschen, sondern haben ihren Eigenwert, den Gott in sie gelegt hat ... (*Apostolicam actuositatem*, Nr. 7). Die Güter Leben und Familie sind also Bestandteil der zeitlichen Ordnung, die die gläubigen Laien nicht nur verteidigen müssen, sondern auch pflegen und entwickeln müssen zusammen mit allen anderen Menschen guten Willens. Die Gesellschaft selbst hat davon ihren Nutzen.
Diese Güter gehören zur Schöpfungsordnung selbst; auch das Herz des Menschen müßte sie von Natur aus suchen und sich an ihnen erfreuen. Der Stolz jedoch, der Egoismus und alle Unordnung, die von der Sünde herrührt, bilden oft ein Hindernis, die moralischen Gesetze, die diese Güter schützen, zu erkennen und vor allem anzunehmen und zu beachten. Der Christ aber erfaßt sie im Licht der Offenbarung, und die Gnade hilft ihm, sich danach zu richten.

5. In diesem Sinn können die christlichen Laien ein Apostolat evangelischer Vorbereitung ausüben. Indem sie ihre Kompetenzen in den Dienst der Werte stellen, die vom Lehramt hervorgehoben werden, tragen sie dazu bei, daß diese Werte von den Menschen und den sozialen Gruppen besser erkannt werden. Das Verhalten der Christen wird dar-

auf aus sein, diesen essentiellen Werten Achtung zu verschaffen, damit sie bekräftigt werden durch die Institutionen selbst, die die Völker regieren.

Das Zeugnis des Familienlebens, das die christlichen Eheleute geben, kann einen kostbaren Beitrag darstellen, wenn es in der gesamten Gesellschaft das Verständnis dessen ermöglicht, was die Famile wirklich ist „mit ihrem Sein und Handeln als innnige Liebes- und Lebensgemeinschaft" (Apostolisches Mahnschreiben *Familiaris consortio*, Nr. 50). Die Kostbarkeit einer Gemeinschaft von Menschen in Treue wird besser verständlich werden lassen, daß Ehescheidung und die Unbeständigkeit des Geschenks seiner selbst in Wahrheit „Keime des Todes" sind, während die unauflösliche personale Verbindung Quelle des Lebens ist.

Die gegen das Leben gerichteten Mentalitäten, gegen seine Annahme und seine Weitergabe, führen zu Abtreibung, Sterilisierung oder Empfängnisverhütung. Das hat eine entstellte Sicht der Ehe zur Folge; es schränkt den Sinn der gegenseitigen Hingabe der Eheleute ein. „Letzte Ursache dieser Haltungen ist die Abwesenheit Gottes im Herzen der Menschen, dessen Liebe allein alle Ängste der Welt überwiegt und überwindet" (*Familiaris consortio*, Nr. 30). Wenn das Kind nicht als ein Geschenk Gottes angesehen wird, wenn die eheliche Liebe zu einer egoistischen Rückwendung auf sich selbst wird, wenn die Gesetze der Ehe betrachtet werden als eine unerträgliche Fessel, wenn die staatlichen Autoritäten die Familie in ihrer Struktur und in ihren Bedürfnissen nicht unterstützen, dann wird es besonders notwendig, eine echte Kultur des Lebens zu pflegen. Es sind die Laien, Männer und Frauen aller Generationen, die durch ein tägliches Apostolat, das mit der Erziehung beginnt, in ihrer Umgebung die Werte und den Reichtum erkennen lassen können, die die menschlichen Ansprüche beinhalten.

„Die Familie ist die erste und grundlegende Schule sozialen Verhaltens ... Die täglich zu Hause erlebte und gelebte Gemeinschaft und Anteilnahme in Freud und Leid bildet die konkreteste und wirksamste Schule für die aktive, verantwortliche und erfolgreiche Eingliederung der Kinder in den größeren Raum der Gesellschaft" (*Familiaris consortio*, Nr. 37).

6. Durch Sie, liebe Freunde, wende ich mich an alle christlichen Eheleute. Laßt die gesellschaftliche Bedeutung Ihrer Berufung als christliche Eheleute und Eltern erkennbar werden! Ihr Tun gehört nicht zu einem Bereich außerhalb des Wohls der ganzen Gesellschaft. Die Achtung vor dem Leben, die Sorge um die menschliche und christliche Bildung, die Tugenden des Anstands, der Mäßigung und der Gastfreundschaft, die Erziehung zur Keuschheit und zur Selbstkontrolle, die Fähigkeit, zu lieben unter Überwindung des eigenen Egoismus, die Aufmerksamkeit gegenüber alten und kranken Menschen, all dies ist Teil eines Ensembles von Werten, das die Menschen brauchen, um ihre vollständige Würde leben zu können.

Daher möchte ich alle hier anwesenden Gruppen ermutigen, die in Treue zum Lehramt der Kirche den christlichen Eheleuten helfen, ihre Spiritualität zu stärken und ihr Apostolat zu entwickeln.

Die Familie zu fördern, damit sie voll ihrer Berufung gerecht werde, ist eine gemeinsame apostolische Sorge für alle Christen. Jeder muß auf das achten, was die Werte von Ehe,

Vaterschaft und Mutterschaft aufleuchten läßt und stärkt. Als Ort der Begegnung der Generationen gewinnt die Familie eine besondere missionarische Dimension in der Kirche. Lebendig und stark ist sie eine ursprüngliche Stätte für eine weitere Verbreitung des Evangeliums und den Aufbau des Gottesreiches in der heutigen Zeit.

7. Ich möchte Ihnen meine besten Wünsche für die Beratungen aussprechen, für Ihre gesamte Tätigkeit in Verbindung mit allen denen, die die Aufgabe der Familienpastoral in den Ortskirchen wahrnehmen. Und ich bitte den Herrn um seinen überreichen Segen für Sie wie auch für die Familien, denen Ihre Arbeit und Hingabe gilt.

Vertrauen in das Bekenntnis der Armut haben

Ansprache in der Sonderaudienz für die Mitglieder des Generalkapitels des Franziskanerordens in der Welt am 14. Juni

1. Gerne bin ich eurer Bitte nach einer Begegnung bei Gelegenheit eures Generalkapitels nachgekommen, das der Ausarbeitung der neuen Konstitutionen dienen soll, die dann vom Apostolischen Stuhl gebilligt werden müssen.
Sie ersetzen jene von 1957, die noch in die vorkonziliare Zeit zurückreichen und daher gemäß den Weisungen des II. Vatikanischen Konzils und den darauf folgenden Dokumenten des Lehramtes zur Erneuerung des christlichen Lebens der Laien und in der Welt einer Vervollständigung bedürfen.
Doch die Erneuerung des III. Ordens der Franziskaner hatte schon vor dem Konzil einen kräftigen Antrieb erfahren, als Pius XII. am 1. Juli 1956 mit einem Weitblick, den man gewiß prophetisch nennen darf, die den Werten des Weltstandes innewohnende Vollkommenheit betonte. Dieser mein Vorgänger nahm damit voraus, was die dogmatische Konstitution *Lumen gentium* über die Würde der Berufung der Laien (Kap. IV) und über die universale Berufung zur Heiligkeit – also zur Vollkommenheit – in der Kirche lehrt (Kap. V).
Unter Hinweis auf das Beispiel des hl. Franziskus hatte der Papst ausgesprochen, daß alle „nach der Vollkommenheit ihres Standes streben und sie erreichen können, ohne in den Stand der Vollkommenheit eintreten zu müssen", also in den Ordensstand mit seiner Praxis der evanglischen Räte. Das Gebot, vollkommen und heilig zu sein, gilt nicht nur für die Ordensleute und Priester, sondern für alle Christen und für alle Jünger des Herrn. Die Vollkommenheit ist kein Luxus und auch kein zweitrangiger, erst recht kein überflüssiger Aspekt des christlichen Lebens, sondern ruft alle Getauften zu einer klaren Antwort auf, die sogar zu einer Frage des ewigen Heiles wird.

2. Doch ihr seid auch ein „Orden", wie der Papst sagte: „ein Orden aus Laien, aber ein echter Orden", im übrigen hatte schon Benedikt XV. vom „Orden im eigentlichen Sinn" gesprochen. Dieser alte – wir können sagen mittelalterliche – Ausdruck „Orden" bedeutet nichts anderes als eure enge Zugehörigkeit zur großen franziskanischen Familie

und eure brüderliche, ja ich möchte sagen, fast „kindliche“ Bindung an den Kapuzinerorden, einen kräftigen Zweig der Spiritualität des Armen von Assisi. Das Wort „Orden“ bedeutet die Teilhabe an der Disziplin und Strenge, die jener Spiritualität, wenn auch innerhalb der Selbständigkeit, wie sie zu eurem Stand als Laien und Weltleute gehört, eigen ist, zu dem freilich oft keine geringeren Opfer als jene gehören, die im Ordens- und Priesterleben gefordert werden.

3. Die Zeit seit der Approbation der früheren Konstitutionen war gekennzeichnet durch ein besonderes Interesse der Päpste für euren Orden, und sie verfolgten gleichsam mit väterlicher und ständiger Sorge dessen schrittweise Erneuerung in einer Zeit, die, wie wir gut wissen, nicht leicht war. Keine Vorgänger haben euch den Weg der echten Erneuerung aufgezeigt, und ihr habt euch bemüht, diesem Weg treu zu folgen.
Ich möchte hier kurz an Pius XII. seligen Angedenkens und Johannes XXIII. erinnern, der 1959 an euch die liebenswürdigen Worte richtete: „Ich bin Joseph, euer Bruder.“ Wichtig war der Beitrag von Papst Paul VI. – den ich mir hier zu eigen mache –; er mahnte euch, ein „dreifaches Vertrauen“ zu haben: Vertrauen in das Bekenntnis zur Armut, die ihr als besondere Tugend mit Vorzug erwählt habt, die euch frei macht von der „ständigen Versuchung des Reichtums“ und euch auf der anderen Seite zur „vollkommenen Freude“ führt: zur Armut also, nicht nur als Loslösung vom Reichtum, sondern auch als Demut und Hingabe an die göttliche Vorsehung; dann das Vertrauen auf die Liebe zum Kreuz: „Es gilt, eine große Versuchung zu überwinden: nämlich die Seiten, die vom Kreuz sprechen, aus dem Evangelium zu entfernen“; endlich das Vertrauen auf die Aktualität der franziskanischen Spiritualität: „Wir vertrauen darauf“ – sagte Papa Montini weiter – „daß die kräftige und geduldige Schulter des heiligen Fanziskus die sichtbare und menschliche Kirche weiter stützen wird“ (19. Mai 1971; *Insegnamenti di Paolo VI*, IX, (1971), S. 445–450).

4. Auch ich hege dieses Vertrauen. Erinnert euch daran, daß eine der ersten Handlungen meines Pontifikates der Besuch am Grab des heiligen Franziskus war. Und ein bezeichnender Beweis, unter vielen anderen, für die Aktualität der franziskanischen Spiritualität war auch der weltweite Erfolg des Gebetstreffens vom Oktober 1986 in Assisi: wie sollte man in diesem Ereignis nicht gleichsam den „Stil“ des unermüdlichen und mutigen Predigers des Friedens erkennen, der Franziskus war?
Daher erinnere ich gerne an die Begegnung, die ich im gleichen Jahr mit den Mitgliedern der Präsidentschaft des internationalen Rates eures Ordens hatte, die in Rom zur gründlichen Besprechung des Entwurfs für die neuen Konstitutionen versammelt waren. Bei dieser Gelegenheit forderte ich euch auf, im täglichen Leben und bei den weltlichen Pflichten sowie in den Beziehungen zu allen Menschen den Geist der Seligpreisungen zu pflegen, der das „Salz der Erde“ ist, das der Welt echten Geschmack gibt und sie zum Vorgeschmack des Paradieses macht.

5. Ich weiß, daß die Vertiefung und Durchführung der Lehren der letzten Bischofssynode und meiner Enzyklika *Sollicitudo rei socialis* auf eurem Programm stehen. Es sind zwei

sehr gute Gelegenheiten, um eurem guten Willen Gelegenheit zu geben, sich weiterhin in treuer Anhänglichkeit an das Lehramt der Kirche in Taten umzusetzen. Er hat sich auf der genannten Synode schon durch eure aktive Beteiligung bewährt; denn ihr habt eigene Vorschläge und Wünsche eingereicht.

Ich ermuntere euch, auf dieser Linie weiterzumachen, und spreche euch gleichzeitig meine Zufriedenheit über die Arbeit aus, die ihr gerade ausführt. Ich wünsche mir im besonderen einen glücklichen Abschluß der Vervollkommnung eurer Konstitutionen und bete in dieser Meinung.

Wie ihr wißt, erlebt unser Jahrhundert ein unermeßliches Aufblühen der den Laien eigenen Charismen. Wie oft hieß es nicht, zumal nach der Synode: „Dies ist die Stunde der Laien.“ Und das stimmt. In Treue zu ihrer eigenen Sendung und in treuer Zusammenarbeit mit den geweihten Hirten leisten heute zahlreiche Laien, Gruppen, Bewegungen, Verbände und Institutionen, vom Geist getrieben und geleitet, unermeßlich viel Gutes für die Kirche. Sie sind eine große Hoffnung. Und wie ihr wißt, zählt hier nicht so sehr die Zahl, sondern die Qualität. Mag es sich auch um kleine und, menschlich gesprochen, arme Gruppen handeln: wichtig ist ihr guter Wille und ihre Treue zur Kirche. Wie es Jacques Maritain einmal treffend formulierte, sind sie leuchtende Sterne in der Nacht der Welt.

Die allerseligste Jungfrau, die in sich sozusagen die Berufung der Ordensperson, des Laien und der Familie vereint, wird euch zutiefst verstehen. Gerade wegen dieser Verschmelzung von Spiritualität und Weltcharakter, die sich in ihr verwirklichte, ist sie dazu befähigt, euch den tiefen Sinn eurer besonderen Berufung verstehen zu lassen und auch anzuleiten, sie voll zu verwirklichen. Vertraut euch gänzlich ihr an, und laßt euch, eure Mitbrüder und Mitschwestern mit allen Familienangehörigen und Personen, die ihnen teuer sind, von Herzen segnen.

Die Kirche muß wieder ganz mit beiden Lungen atmen

Ansprache an die Mitglieder des Hilfswerkes für die Kirche des Ostens am 16. Juni

Herr Kardinal,
Brüder im Bischofs- und Priesteramt,
liebe Mitglieder und Freunde der Vereinigung Hilfswerke für die Kirche des Ostens!

1. Ich danke aufrichtig dem Herrn Kardinal D. Simon Lourdusamy, Präfekt der Kongregation für die Orientalische Kirchen und Präsident der Vereinigung Hilfswerke für die Kirchen des Ostens (R.O.A.C.O.), für die herzliche Begrüßung, die er auch im Namen von euch allen an mich gerichtet hat. Ich grüße den Sekretär, Msgr. Miroslav Marusyn, und die Mitarbeiter dieses Dikasteriums, wie auch euch alle, die ihr dieser verdienten Vereingung angehört, die durch ihren Namen bekannt ist und die ihr unterstützt in ihrem weiten Atem der Liebe und des Interesses zugunsten von Personen und Institutionen der ehrwürdigen ostkirchlichen Gemeinschaften.

Eure Jahresversammlungen geben Zeugnis von eurem intensiven Einsatz für die Festigung und das Wachsen des Gottesreiches in jenen Gebieten; und darum sind sie für mich ein Grund zu Genugtuung, Freude und Trost, was ich bei dieser Gelegenheit gern zum Ausdruck bringe. Wenn wir zurückblicken, müssen wir dem Herrn danken für das, was wir in dieser letzten Zeit an kirchlichen Ereignissen von wahrhaft außergewöhnlichem Charakter erleben durften. Ja wir dürfen wohl sagen, daß es für die christliche Welt, um die ihr euch besonders annehmt, ein Jahr besonderer Gnade war: es hat Ereignisse von großer geschichtlicher und religiöser Bedeutung gegeben, und sie sind noch im Gang, ihre Spur wird im Herzen der Gläubigen tief eingezeichnet bleiben.

2. Und wir konnten in diesem Marianischen Jahr vor allem die Riten der verschiedenen östlichen Traditionen in all ihrem Reichtum an theologischem Gehalt, an Feinfühligkeit und Gemütstiefe, wieder lebendig werden lassen, um so echter, da sie in die liturgische Feier eingefügt waren, die das Geheimnis der Erlösung gegenwärtigsetzt. In sie eingetaucht war es uns nicht schwer, Gott dem Vater unser Lob und unsere Anbetung darzubringen durch Jesus Christus, das geopferte Lamm, im Heiligen Geist.
Im übrigen zeigen solche Feiern mit durchsichtiger Klarheit und mit der erhabenen Feierlichkeit ihrer Zeremonien, wie das liturgische und geistliche Erbe des Ostens beispielhaft dazu geeignet ist, die Verehrung der ganzen Kirche zur Mutter Gottes zum Ausdruck zu bringen und zu vertiefen: Marias Rolle in der Heilsgeschichte, ihre Haltung als betende und anbetende Jungfrau, ihre Fürbitte, die den Glaubensweg der Kirche begleitet bis zum zweiten Kommen ihres Sohnes.

3. Ich kann im übrigen nicht umhin, ein zweites Ereignis zu erwähnen, das auch im Zeichen der heiligen Jungfrau stattfand im Lauf des ihr geweihten Jahres: Anfang Dezember letzten Jahres meine Begegnung mit Seiner Heiligkeit Dimitrios I., dem Ökumenischen Patriarchen von Konstantinopel, der zum ersten Mal in diese Stadt Rom und zur Kirche Roms gekommen ist, die den „Vorsitz in der Liebe" führt und die als kostbare Reliquien die Gräber der Apostelführer Petrus und Paulus bewahrt.
Als ich den Ökumenischen Patriarch willkommen hieß, begrüßte ich ihn mit den Worten des Psalmisten: „Gesegnet sei er, der kommt im Namen des Herrn!" (*Ps* 118/117,26).
Es ist so, wie ich beim Austausch der Weihnachtswünsche zum Kardinalskollegium und zur Römischen Kurie gesagt habe: „Das Ereignis hat voll und ganz wiedergegeben, wie weit die Empfindungen zwischen Katholiken und Orthodoxen seit dem Konzil gereift sind, und es hat auch die Ergebnisse des positiven theologischen Dialogs erkennen lassen, der im Gang ist": Was die gemeinsame Verehrung der Theotokos, der Gottesgebärerin, betrifft, hat der Patriarch – so habe ich hinzugefügt – „den Vorschlag machen wollen, daß das Thema Mariologie einen zentralen Platz im theologischen Dialog, aber auch im anthropologischen und besonders im ekklesiologischen Dialog einnehme zur vollen Wiederherstellung unserer kirchlichen Gemeinschaft, um die wir beten, für die wir uns einsetzen und der wir mit großer Erwartung entgegensehen. Dieser Gedanken entspricht genau der Linie der Enzyklika *Redemptoris Mater*. Mit tiefer Freude gebe ich meiner Überzeugung Ausdruck, daß der Besuch des Patriarchen auch in diesem Punkt den

Beziehungen zwischen Katholiken und Orthodoxen einen tiefgreifenden positiven Anstoß gegeben hat. Die Begegnung in Liebe läßt die Wahrheit besser erkennen und läßt in Hoffnung leben. Ehre sei Gott."

Bei dieser Gelegenheit haben wir bebenden Herzens und voll heiliger Freude zusammen den gemeinsamen Herrn gebeten, unseren beiden Kirchen die Gnade der vollen Gemeinschaft im Glauben und in der Liebe zu schenken. Ich fordere auch euch zu diesem Gebet auf, damit sich erfülle, was mehr denn je unabdingbar ist für die Wirksamkeit der christlichen Botschaft.

Euer Gebet sei immer begleitet vom Werk der menschlichen Solidarität und von christlicher Liebe, die ihr dem Willen des Herrn gemäß in Treue zu euren Statuten ausübt, offen für die Erleuchtung durch den Heiligen Geist. Mit Gottes Hilfe werdet ihr weiterhin gemeinsam den Brüdern im christlichen Osten, die in Not sind, die notwendige Hilfe zukommen lassen. So ahmt ihr mit allen euch möglichen Kräften Jesus von Nazaret nach, der unter uns einherging und „Gutes tat" (vgl. *Apg* 10,38).

4. Wie könnte aber in diesem Augenblick der Gedanke sich nicht hinwenden zu jenem Land Jesu, wo seit Monaten für eine große Menge Menschen das Los unsicher und das Leben schwierig und hart geworden ist! Es ist mein lebhafter Wunsch, daß es immer der Mittelpunkt eurer karitativen und sozialen Tätigkeit bleibe. Handelt so, daß im Bewußtsein der Universalkirche das dauernde Band zwischen „der Geschichte und der Geographie des Heils" – nach einer glücklichen Definition meines verehrten Vorgängers Paul VI. (Apost. Schreiben *Nobis in animo*, 1974) – ganz wach bleibe.

Auch dieses Bemühen wird zu den besonderen Früchten des Marianischen Jahres gezählt werden können.

5. Schließlich halte ich es für meine Pflicht, noch auf ein drittes Ereignis hinzuweisen, das Gott für uns vorgesehen hat: die Tausendjahrfeier der Taufe der Rus von Kiew.

Die Sorge, die ihr für die Kirchen der alten östlichen Tradition hegt, im weitesten Umkreis, in welchem sie, getreu ihrem von den Vätern und den früheren Generationen empfangenen Erbe leben und arbeiten, veranlaßt mich, hier an dieses Ereignis zu erinnern, das die öffentliche Meinung weltweit beeindruckt hat.

In Vorausschau auf dieses feierliche Jubiläum wollte ich meine teilnehmenden Empfindungen am vergangenen 25. Januar im Apostolischen Schreiben *Euntes in mundum* zur Tausendjahrfeier und der Botschaft *Magnum Baptismi donum* vom darauffolgenden 14. Februar, gerichtet an die katholischen Ukrainer zu der großen Gedächtnisfeier, die sie so nah angeht, zum Ausdruck bringen.

Diese beiden Dokumente vertraue ich auch euch an, da ich weiß, daß die R.O.A.C.O. großmütig offen ist für die Völker, die Erben der Taufe Wladimirs sind, und daß sie sich auf verschiedene Weise dafür einsetzt, den Glauben in jenen fernen Ländern zu stärken und zu fördern. Es ist mir ein Trost zu wissen, daß auch durch euch die östliche Tradition in ihren tiefen und vielfältigen Bedeutungen aufgewertet wird. Darum möchte ich hier gern jenen Wunsch wiederholen, der mir so sehr am Herzen liegt: „daß die Kirche wieder ganz mit zwei Lungen atmet; mit Orient und Okzident .. Es wäre für die pilgernde

Kirche auch der Weg, ihr Magnifikat vollkommener zu singen und zu leben" (*Redemptoris Mater*, Nr. 34).

6. Ich darf euch noch meinen aufrichtigen und lebhaften Dank zum Ausdruck bringen für alles, was die R.O.A.C.O. für die Ostkirche getan hat und tut. Der Herr läßt nicht ohne Lohn, was in Seinem Namen getan wird.
Und so vertraue ich euch alle, in der Freude dieser Tausendjahrfeier mit Maria, der Mutter Christi und Mutter der Kirche vereint, unter Anrufung der Fürsprache der hll. Apostel Petrus und Paulus, der hll. Kyrill und Method, Aposteln der Slawen, der hll. Olga und Wladimir, des hl. Josaphat und aller Heiligen dem Schutz der Heiligsten Dreifaltigkeit an.
Von Herzen erteile ich euch meinen Segen.

Sendung und Berufung des Laien

Ansprache an die Vollversammlung des Rates des Generalsekretariats der Bischofssynode am 17. Juni

Ehrwürdige Brüder!

1. Voll Freude begrüße ich euch und komme mit euch zu dieser Arbeitsaudienz zusammen, anläßlich der zweiten Vollversammlung des Rates des Generalsekretariats der Bischofssynode.
Wie ich selbst der Tagesordnung entnehme, stehen zwei hauptsächliche Programmpunkte im Mittelpunkt eurer Versammlung: die Vorbereitung des auf die Synode folgenden Dokumentes über „Berufung und Sendung der Laien in Kirche und Welt" und die Bewertung der Antworten und Vorschläge bezüglich der Wahl des Themas der nächsten ordentlichen Vollversammlung.
Zweifellos dachten die Väter der siebten Versammlung, indem sie eine nun mehr als zwanzigjährige Erfahrung in Rechnung stellten, schon an eure jetzige Aufgabe, als sie euch zu Mitgliedern des Rates des Generalsekretariates der Bischofssynode bestellten, als Ausdruck des pastoralen Einsatzes des Weltepiskopates. In der Tat sehe ich, indem ich, wenngleich etwas eilig, Kenntnis von eurer Arbeit nehme, mit welcher Kompetenz und Wirksamkeit die Vorschläge der Bischöfe im Hinblick auf die Wahl des Themas der nächsten Synode untersucht worden sind und welch synodale Hilfe ihr mir bei der Vorbereitung des auf die Synode folgenden Dokumentes leistet, das von der ganzen Kirche so sehnlichst erwartet wird.

2. Indem ich über eure Arbeit und eure so richtigen Bemerkungen nachdenke, kann ich Gott nur für die zunehmende Entwicklung der Wirklichkeit der Kollegialität und der Institution der Synode danken, welche vom II. Vatikanischen Konzil gewollt und von meinem verehrten Vorgänger Paul VI. eingesetzt wurde, mit dem Ziel, „die Zusammenarbeit des Papstes mit den Bischöfen in aller Welt zu fördern" (*Apostolica Sollicitudo*, II).

Eure so geschätzte Mitarbeit bei dieser zweiten Vollversammlung ist die reiche Frucht der vielen Arbeit, die in der Synode über Jahre hinweg herangereift ist.
Inzwischen nimmt man diese Institution auf allen Ebenen wahr, und sie übt einen wohltuenden Einfluß auf alle Schichten der Kirche aus. Wie ich ein anderes Mal zu sagen Gelegenheit hatte, ist „die Communio nichts anderes als die Einheit in ihrem dynamischen Sinn“ – unitas in sua dynamica significatione (*Synodenbeitrag am 15. Oktober 1969*).
Ich werde mir immer mehr bewußt, daß die Arbeit der Synode gerade dank dieser ihrer inneren Dynamik von stark einendem Charakter in alle Zellen des lebendigen Leibes der Kirche eindringt, um das ganze Gottesvolk in einen wahrhaft kirchlichen Einsatz miteinzubeziehen. Ich denke an die Arbeitsweise der Synode: von der Phase der Beratung zwecks Wahl des Themas zum Informationsaustausch in der Vorbereitungsphase sowie in der Synodenversammlung selbst; ich denke insbesondere an den lebhaften Impuls direkter, persönlicher Reaktionen, die aus dem Nachdenken über das *Instrumentum laboris* jeder Synode und über die auf die Synode folgenden Weisungen hervorgehen.
Das ist ein lebendiger, dynamischer und komplexer Prozeß, wie denn jeder lebende Organismus lebendig, komplex undd dynamisch ist. Wenn die Vorgänge und Phasen des Ablaufs einem bewährten Rhythmus und einer bewährten Ordnung folgen, so wiederholen sich die Ideen und Reaktionen jedoch nicht in der gleichen Weise. In diesem Prozeß, der die ganze Kirche betrifft, schließen unterschiedliche Meinungen einander nicht aus, für die Verkündigung der Botschaft Christi, für den Dienst an den Brüdern und das Wohl der gesamten Gemeinschaft der Kirche.

3. Die Väter der siebten Generalversammlung haben den Wunsch ausgesprochen, daß auf der Grundlage der Arbeit der Synode, nämlich der *Lineamenta*, des *Instrumentum laboris*, der Stellungnahmen nach den Diskussionen in der Aula, der Berichte der *Circuli minores* und der *Propositiones*, welche die Synode mir anvertraut hat, für die Kirche ein päpstliches Dokument über „Berufung und Sendung der Laien in Kirche und Welt“ erstellt werde.
Ich habe auf diesen Wunsch schon in meiner Schlußansprache geantwortet und den Mitgliedern der zu Ende gehenden Versammlung versprochen, diese Arbeit mit Hilfe des Rates des Generalsekretariates der Synode zu übernehmen (*Ansprache zum Abschluß der Bischofssynode* am 30. Oktober 1987).
Ich werde das Material, das aus eurer Vollversammlung hervorgeht, aufmerksam prüfen, damit mein auf die Synode folgendes Dokument deren ganzen Reichtum widerspiegele und den pastoralen Erwartungen, den apostolischen und geistlichen Hoffnungen der gläubigen Laien und der Kirche als ganzer, die anläßlich der vorigen ordentlichen Versammlung geäußert wurden, entsprochen werde.

4. Jedoch möchte ich schon jetzt einige Punkte hervorheben, welche die Aufmerksamkeit der Synodenväter in besonderer Weise auf sich gezogen haben. Indem ich den Vorschlägen des Rates des Generalsekretariates folgte, habe ich einer eigens hierzu berufenen Kommission den Auftrag gegeben, im Licht der Erfahrungen der letzten Zeit, der Überlegungen der Synode sowie der theologischen Forschungen, den Bitten der Synode

entgegenzukommen, hinsichtlich der an Laien zu übertragenden „ministeria, munera und officia“. Diese Kommission arbeitet unter großem Einsatz, unter dem Vorsitz des Generalsekretärs der Synode, und ich erwarte bald das Resultat ihrer Arbeit.
Die zweite Bitte der Synodenväter betrifft die Erarbeitung von Kriterien, nach denen der Heilige Stuhl verschiedenen katholischen Bewegungen, Vereinigungen und Gruppen seine formale Approbation gewähren könnte. Ich freue mich, euch diesbezüglich mitteilen zu können, daß ich den Päpstlichen Rat für die Laien beauftragt habe, solche Approbationskriterien zu prüfen, damit man geeignete Vorschläge erarbeite. Dieses Organ bemüht sich aktiv um die genannte Aufgabe.
Die dritte Entscheidung, welche die Aufmerksamkeit der Synodenväter auf sich gezogen hat, betrifft die Rolle und Würde der Frau in Kirche und Welt. Die Synodenväter haben im Bewußtsein der allzeit aktiven und wirksamen Rolle, welche die Frauen in der Geschichte der Kirche, der Kulturen und der verschiedenen Völker gespielt haben, und beseelt von dem Verlangen, diese Teilnahme an der Sendung der Kirche und in der Gesellschaft immer mehr zu fördern, unter anderem den Wunsch ausgedrückt, daß die notwendigen anthropologischen und theologischen Grundlagen vertieft werden, die zur Lösung der die wirkliche Bedeutung und die Würde der Frau und des Menschen betreffenden Probleme erforderlich sind.
Dieses Thema liegt mir besonders am Herzen, zumal in diesem Marianischen Jahr, in dem wir der Mutter Gottes als „hervorragender Zeugin des Geheimnisses Christi“ gedenken (*Redemptoris Mater*, Nr. 27). Darum habe ich mich in besonderer Weise für das Studium dieses Gegenstandes interessiert.
Noch vor der Publikation des auf die Synode folgenden Dokumentes will ich demnächst ein umfangreiches Dokument über Würde und Berufung der Frau veröffentlichen, wie ich in der Enzyklika *Redemptoris Mater* schon angekündigt habe. So möchte ich auf den Wunsch, den die Synodenväter diesbezüglich ausgesprochen haben, antworten und gleichzeitig das Nachdenken über die Rolle der Frau in den Zusammenhang des Marianischen Jahres stellen, das sich nunmehr seinem Ende zuneigt.

5. Diese konkreten Punkte habe ich ausdrücklich erwähnt, weil sie zu den Sorgen und Empfehlungen der Synodenväter gehörten und weil sie auch den Wünschen und Erwartungen vieler gläubiger Laien, die ihre Berufung und Sendung in der Wirklichkeit der gegenwärtigen Welt leben, entsprechen. Man muß sie in das Gesamt der Arbeit der Synode von 1987 einfügen, die für die ganze Kirche ein providentielles Ereignis war, bestimmt, während der kommenden Jahre einen immer tieferen Einfluß auszuüben.
Erneut spreche ich euch allen, ehrwürdige Brüder, meinen Dank für die wertvolle Hilfe aus, die ihr mir leistet und die dazu beitragen wird, daß die in wahrhaft kollegialem Geist verrichtete Arbeit der Synode auf allen Ebenen der Kirche in konkrete und dauerhafte pastorale Aktivitäten münde, damit das ganze Gottesvolk seiner Sendung immer mehr bewußt werde.
So gebe ich euch meinen Apostolischen Segen.

Decessores nostri

Apostolisches Schreiben „Motu proprio“ zur Reform der Päpstlichen Kommission für Lateinamerika vom 18. Juni

In der täglichen Sorge für alle Kirchen haben unsere Vorgänger und wir selber einen Großteil unserer Arbeit und unserer festen Hoffnung dem Geschick der Kirche in den Ländern Lateinamerikas geschenkt. Das bezeugt die Errichtung einer eigenen Päpstlichen Kommission durch Papst Pius XII. am 21. April 1958, die die Hauptprobleme des katholischen Lebens, der Bewahrung des Glaubens und der Verbreitung der Religion in Lateinamerika gemeinschaftlich studieren sollte, um zugleich eine größere Zusammenarbeit zwischen den Organen der Römischen Kurie, die mit ihrer Lösung befaßt sind, zu fördern und mit den pastoral am besten geeigneten Mitteln dem lateinamerikanischen Bischofsrat (CELAM) zur Seite zu stehen.
Dazu kam der Generalrat der Päpstlichen Kommission für Lateinamerika, den Paul VI. am 30. November 1963 mit dem ausdrücklichen Ziel eingesetzt hat, Themen und Probleme von größerem Interesse, die den lateinamerikanischen Kontinent betreffen, zu studieren und entsprechende Empfehlungen zu formulieren.
Die Früchte und die heilsamen Wirkungen, die aus den beiden eng miteinander verbundenen Organen hervorgegangen sind, sowie die Wichtigkeit der Funktion, die sie in den vergangenen Jahren lobenswerterweise ausgeübt haben, machen es heute dringend ratsam, sie weiter zu verstärken, sowie ihnen eine solide und klare Struktur zu geben, auch in Übereinstimmung mit der neuen Organisation der Römischen Kurie.
Daher erklären wir Motu proprio in vollem Wissen und nach reiflichem Nachdenken, daß die Päpstliche Kommission für Lateinamerika und der Generalrat der Päpstlichen Kommission für Lateinamerika ein einziges Organ werden sollen. Das so geschaffene Organ wird weiter den Namen „Päpstliche Kommission für Lateinamerika“ behalten.
Die Kommission ist eng mit der Kongregation für die Bischöfe verbunden und soll nach folgenden Normen arbeiten.

I. Die Päpstliche Kommission für Lateinamerika hat an erster Stelle die Aufgabe, einheitlich die lehrmäßigen und pastoralen Probleme zu studieren, die Leben und Entwicklung der Kirche in Lateinamerika betreffen, ferner den Organen der Kurie, die in eigener Autorität und Zuständigkeit mit der Lösung dieser spezifischen Probleme hauptsächlich beschäftigt sind, Beistand und Hilfe zu leisten. Durch ihren Präsidenten soll die Kommission regelmäßig den Papst informieren und ihm auch alle Empfehlungen für eventuelle Initiativen und Leitungsmaßnahmen vorlegen, die sie für ratsam und angemessen hält.

II. Die Kommission übernimmt ferner die Aufgabe einer besonderen Verbindung zwischen dem Heiligen Stuhl und den verschiedenen übernationalen oder nationalen Organen für Lateinamerika. Konkret steht sie in regelmäßigem Kontakt:

a) mit dem Lateinamerikanischen Bischofsrat und seinem Generalsekretariat, indem sie ständige Beziehungen mit ihnen pflegt und aufmerksam alles verfolgt, was ihre Arbeit und ihre Initiativen angeht; sie interessiert sich zumal, nach Absprache mit den zuständigen Organen der Römischen Kurie, für die Prüfung der Entschließungen und Entscheidungen, die CELAM bei seinen Versammlungen getroffen hat;
b) mit den nationalen bischöflichen Organen und anderen Hilfsorganisationen Lateinamerikas;
c) mit dem Lateinamerikanischen Verband der Ordensleute (CLAR), wobei sie sich mit der künftigen Kongregation für die Institute des gottgeweihten Lebens und die Gesellschaften des apostolischen Lebens berät, zumal was die Einfügung und Teilnahme der Ordensleute an der Pastoral der Kirche in Lateinamerika angeht und daher die Beziehungen des genannten Verbandes zu den Diözesanbischöfen, den Bischofskonferenzen und CELAM selbst;
d) mit den internationalen katholischen Verbänden sowie den anderen Verbänden und Bewegungen, die in Lateinamerika arbeiten. Dabei berücksichtigt sie passend die Stellungnahme des Rates für die Laien.

III. Präsident der Päpstlichen Kommission ist der Präfekt der Kongregation für die Bischöfe, dem ein Bischof als Vizepräsident zur Seite steht. Als Ratgeber helfen ihnen einige Bischöfe, die der Römische Papst aus der Römischen Kurie und aus dem Episkopat Lateinamerikas auswählt.

IV. Vom Papst ernannte Mitglieder der Kommission sind:
- die Sekretäre der hauptsächlich interessierten Dikasterien;
- zwei Bischöfe aus dem lateinamerikanischen Bischofsrat;
- drei Diözesanbischöfe aus Lateinamerika.

V. Die Kommission hat eigene Offiziale.

VI. Die Kommission für Lateinamerika (CAL) tritt in der Regel alle drei Monate zusammen, um alle gewöhnlichen und außergewöhnlichen Fragen zu prüfen, die in der Zuständigkeit der Kommission liegen (vgl. Art. I und II).

VII. Für das Studium allgemeiner Fragen von besonderer Wichtigkeit beruft die Päpstliche Kommission für Lateinamerika wenigstens einmal jährlich eine Vollversammlung ein, zu der außer den Mitgliedern der Kommission eingeladen werden:
- der Präsident des Lateinamerikanischen Bischofsrates;
- die Präsidenten und Sekretäre der nationalen bischöflichen Hilfsorgane für die Kirche Lateinamerikas und anderer Institutionen, die nach dem Urteil des Heiligen Stuhles eingeladen werden sollen;
- die Präsidenten der Union der Generalobern, der Internationalen Vereinigung der Generaloberinnen und des Lateinamerikanischen Verbandes der Ordensleute.

VIII. In Statuten, die unserer Approbation vorzulegen sind, werden die Normen für die Leitung und die Arbeit dieser Päpstlichen Kommission weiter verdeutlicht und im einzelnen dargelegt.
Was wir in diesem Schreiben Motu proprio festgelegt haben, soll Geltung haben und Gesetzeskraft besitzen, ohne daß etwas entgegenstehen könnte.

Gegeben in Rom bei St. Peter am 18. Juni 1988, im zehnten Jahr unseres Pontifikates.

JOHANNES PAULUS PP. II.

Blut der Märtyrer – Quelle der Gnade

Predigt bei der Heiligsprechung der vietnamesischen Märtyrer in St. Peter am 19. Juni

1. „Wir verkündigen Christus als den Gekreuzigten" (*1 Kor* 1,23). Mit diesen Worten des hl. Apostels Paulus grüßt die Kirche von Rom heute die Kirche von Vietnam, die trotz ihrer geographischen Ferne unserem Herzen so nahesteht; sie grüßt zugleich die ganze vietnamesische Nation, der sie aus ganzem Herzen alles Gute wünscht.
Mein erster herzlich inniger Gedanke gilt dem lieben Bruder, Kardinal Joseph Marie Trinh Van Can, Erzbischof von Hanoi, sowie dem ganzen Bischofskollegium der Kirche in Vietnam, das ich mit Freude in dieser Stunde geistig um mich versammelt sehe. Zugleich mit ihnen grüße ich die Priester, die Ordensleute und die missionarisch tätigen Laien, alle Christgläubigen jener Nation, der ich mich in dieser Stunde besonders tief verbunden fühle.

In spanischer Sprache fuhr der Papst fort:

Grüßen möchte ich auch die lieben Brüder im Episkopat und die Gläubigen, die aus Spanien, Frankreich und den Philippinen gekommen sind, aus Nationen, die seit dreihundert Jahren miteinander verbunden sind. Sie sind hergekommen, um sich der zahlreichen Missionare zu erinnern, Brüder, die aus ihren Nationen stammen.
Mein Gruß gilt ferner den Dominikanerpatres der Rosenkranzprovinz, die vor 400 Jahren gegründet wurde, sowie dem Institut für auswärtige Missionen von Paris; diesen beiden Ordensfamilien gehört ein Großteil der Bischöfe und Priester an, die wir heute als Märtyrer des Glaubens und der Predigt verehren.

In französischer Sprache fuhr der Papst fort:

2. In der großen Gemeinschaft der Kirche grüße ich besonders euch, liebe Brüder und Schwestern aus Vietnam, die ihr aus allen Teilen der Welt, aus Amerika und Asien, aus Australien und allen Ländern Europas hergekommen seid. Ich weiß, daß ihr von dem

Wunsch erfüllt seid, Brüder, die Märtyrer zu ehren, aber auch von dem Bedürfnis, rings um sie her jene Brüderlichkeit, Freundschaft und Zuneigung aufzubauen, von der eure Herzen voll sind, weil ihr alle aus dem gleichen Vaterland stammt. Wenn ihr eure Erinnerungen auffrischt, kehrt ihr dorthin zurück, mit Liebe und Heimweh und dem Verlangen, daß ihr, die ihr euch in der Diaspora befindet, jetzt hier eine Stunde hoffnungsvoller Gemeinschaft erleben dürft.

Wenn wir gemeinsam mit euch Christus, den Gekreuzigten, verkündigen, wollen wir alle heute Gott für das besondere Zeugnis danken, das ihm die heiligen Märtyrer eurer Kirche gegeben haben, seien es die zahlreichen Söhne und Töchter Vietnams oder Missionare, die aus Ländern stammten, in denen der Glaube an Christus bereits Wurzeln geschlagen hatte.

Eure Überlieferung erinnert uns daran, daß die Geschichte des Martyriums der vietnamesischen Kirche seit ihren Anfängen noch viel reicher und komplexer ist. Seit 1533, das heißt seit dem Beginn der christlichen Predigt in Südostasien, hat die Kirche in Vietnam drei Jahrhunderte lang immer neue Verfolgungen durchgemacht, dazwischen nur wenige Zeiten der Ruhe, ähnlich den Verfolgungen, unter denen die Kirche im Westen in den ersten drei Jahrhunderten zu leiden hatte. Es hat Tausende von gemarterten Christen gegeben, und zahlreich sind jene, die in den Bergen und Wäldern oder in ungesunden Gegenden gestorben sind, wohin man sie in die Verbannung geschickt hatte.

Wie könnte man sie alle in der Erinnerung wachrufen? Und auch wenn wir uns auf die heute heiliggesprochenen Märtyrer beschränken, können wir nicht bei jedem einzelnen verweilen. Es sind ja 117, davon 8 Bischöfe, 50 Priester und 59 Laien, darunter auch eine Frau, Agnes Le Thi Thanh, Mutter von sechs Kindern.

Es genüge, an die eine oder andere Gestalt zu erinnern, wie etwa an die des Paters Vincent Liem, eines Dominikaners, der 1773 gemartert wurde; er ist nämlich der erste der 96 Märtyrer vietnamesischer Nationalität. Dann ein weiterer Priester, André Dung-Lac, dessen heidnische Eltern sehr arm waren; seit seiner Kindheit einem Katechisten anvertraut, wurde er 1823 Priester, Pfarrer und Missionar in verschiedenen Orten des Landes. Mehr als einmal aus dem Gefängnis befreit, weil die Gläubigen hochherzig das Lösegeld aufgebracht hatten, verlangte er brennend nach dem Martyrium. Er sagte: „Jene, die für den Glauben sterben, kommen in den Himmel; wir aber verbergen uns ständig und zahlen noch Geld, um uns den Verfolgern zu entziehen! Es wäre besser, uns verhaften zu lassen und zu sterben." Getragen von großem Eifer und Gottes Gnade erlitt er das Martyrium durch Enthauptung in Hanoi am 21. Dezember 1839.

3. Das heutige Evangelium hat uns an die Worte erinnert, mit denen Jesus Christus seinen Jüngern die künftigen Verfolgungen angekündigt hat: „Sie werden euch vor die Gerichte bringen und in ihren Synagogen auspeitschen. Ihr werdet um meinetwillen vor Statthalter und Könige geführt, damit ihr vor ihnen und den Heiden Zeugnis ablegt" (*Mt* 10,17–18). Jesus hat dies für seine Apostel und seine Jünger zu allen Zeiten gesagt; er hat sehr offen gesprochen! Er hat ihnen nie falsche, glänzende Versprechungen gemacht, er hat sie vielmehr in der Fülle der Wahrheit, die seine Worte stets begleitete, auf das Schlimmste vorbereitet: „Brüder werden einander dem Tod ausliefern und Väter ihre

Kinder, und die Kinder werden sich gegen ihre Eltern auflehnen und sie in den Tod schicken. Und ihr werdet um meines Namens willen von allen gehaßt werden; wer aber bis zum Ende standhaft bleibt, der wird gerettet" (*Mt* 10,21–22).

In spanischer Sprache fuhr der Papst fort:

4. Natürlich hat der göttliche Meister seine Jünger und Nachfolger in den großen Verfolgungen nicht schutzlos gelassen. „Wenn man euch vor Gericht stellt, macht euch keine Sorgen, wie und was ihr reden sollt; denn es wird euch in jener Stunde eingegeben, was ihr sagen sollt. Nicht ihr werdet dann reden, sondern der Geist eures Vaters wird durch euch reden" (*Mt* 10,19–20).
Der Heilige Geist. Der Geist der Wahrheit. Er wird die Kraft in eurer Schwachheit sein. Mit seiner Kraft werdet ihr Zeugnis ablegen.
Erfordert nicht schon die Tatsache selbst, daß ihr für den gekreuzigten Christus Zeugnis ablegen sollt, eine Weisheit und Kraft, die menschliche Kräfte übersteigen?
Und schreibt der Apostel nicht gerade von Christus, daß er „für Juden ein empörendes Ärgernis, für Heiden eine Torheit" ist? (*1 Kor* 1,23).
So geschah es in den apostolischen Zeiten. So hat es sich in den verschiedenen Epochen der Geschichte zu verschiedenen Zeiten und an verschiedenen Orten wiederholt. So geschah es auch in den Zeiten der religiösen Verfolgung gegen die vietnamesischen Christen.
Es war also die Kraft und Weisheit Gottes nötig, um dieses Geheimnis der Liebe Gottes, das heißt die Erlösung der Welt durch das Kreuz: das größte und zugleich menschlich unbegreifliche Geheimnis, zu verkünden.
„Denn das Törichte an Gott ist weiser als die Menschen, und das Schwache an Gott ist stärker als die Menschen" (*1 Kor* 1,25).
Gerade deswegen schreibt der Apostel: „Wir verkündigen Christus als den Gekreuzigten", Christus, der konkret in seinem Paschamysterium „Gottes Kraft und Gottes Weisheit" ist (*ebd.* 1,23–24).

5. So haben wir heute auch die vietnamesischen Märtyrer als jene Säleute Gottes vor Augen, auf die sich der Psalm bezieht:
„Die mit Tränen säen, / werden mit Jubel ernten. / Sie gehen hin unter Tränen / und tragen den Samen zur Aussaat. / Sie kommen wieder im Jubel / und bringen ihre Garben ein" (*Ps* 126 5–6).
Im Licht dieser geheimnisvollen Worte können wir die wahre Bedeutung des historischen Zeugnisses der Märtyrer in der Kirche Vietnams verstehen. Durch ihre Tränen wurde jener Same des Evangeliums und der Gnade ausgestreut, aus der in Fülle das Geschenk des Glaubens hervorquillt: „Wenn das Weizenkorn nicht in die Erde fällt und stirbt, bleibt es allein; wenn es aber stirbt, bringt es reiche Frucht" (*Joh* 12,24).

6. Die Märtyrer von Vietnam haben „unter Tränen gesät", aber in Wirklichkeit einen tiefreichenden und befreienden Dialog mit der Bevölkerung und Kultur ihrer Nation einge-

leitet, indem sie vor allem die Wahrheit und Universalität des Glaubens an Gott verkündeten und dazu eine Hierarchie von Werten und Pflichten vorlegten, die der religiösen Kultur der östlichen Welt besonders angemessen ist. Unter Anleitung des ersten vietnamesischen Katechismus gaben sie Zeugnis von der Notwendigkeit der Anbetung eines einzigen Herrn und des einen persönlichen Gottes, der Himmel und Erde gemacht hat. Angesichts der Zwangsmaßnahmen der Autoritäten gegen die Praxis des Glaubens betonten sie ihre Glaubensfreiheit und vertraten mit bescheidenem Ernst, daß die christliche Religion das einzige sei, was sie nicht aufgeben könnten, da sie dem obersten Herrn, nämlich Gott, nicht ungehorsam sein dürften. Sie sprachen ferner nachdrücklich ihren Willen aus, den Autoritäten des Landes gegenüber loyal zu sein und nichts von dem abzulehnen, was gut und richtig war; sie lehrten auch die Achtung und Verehrung der Vorfahren gemäß den Gewohnheiten ihres Landes im Licht des Geheimnisses der Auferstehung. Die vietnamesische Kirche konnte mit ihren Märtyrern und durch ihr Zeugnis ihrem Willen und Entschluß Ausdruck geben, die kulturelle Überlieferung und die rechtmäßigen Institutionen des Landes nicht abzulehnen; sie erklärte im Gegenteil und bewies, daß sie sich in ihnen inkarnieren konnte, um so in Treue zum wahren Aufbau des Vaterlandes beizutragen.

Daher bildeten die Konflikte und politischen Spannungen, die in den Beziehungen der Christen zu den Autoritäten, den Interessen anderer religiöser Konfessionen, den wirtschaftlichen und sozialen Ansprüchen und dem Unverständnis für die Transzendenz und Universalität des Glaubens auftraten, den irdischen Prüfstein, an dem sich die Reinheit und Kraft dieses außerordentlichen Zeugnisses erwies und verbreitete.

7. „Das Blut der Märtyrer ist Same für neue Christen“. Same für neue Christen. Über die Tausende von Gläubigen hinaus, die in den vergangenen Jahrhunderten auf den Spuren Christi gegangen sind, gibt es auch heute noch solche, die oft in Ängsten und Selbstvergessenheit arbeiten, erfüllt von dem einzigen Wunsch, im Weinberg des Herrn als getreue Verwalter der Güter des Reiches Gottes aushalten zu dürfen.

Same für neue Christen sind alle jene, die sich auch heute noch um der Sache Gottes willen und unter ihren Landsleuten bemühen, den Sinn des Evangeliums Christi und seines Kreuzes zu verstehen und die damit verbundene Pflicht, für das Kommen des Reiches unseres Vaters in allen Herzen und zumal in dem Land, wo der Herr sie zu leben gerufen hat, zu arbeiten und zu beten.

Diese Pflicht und diese beständige und ernsthafte innerliche Arbeit erfordern die Geduld und das vertrauensvolle Warten von Menschen, die wissen, daß die Vorsehung Gottes mit ihnen wirkt, um ihre Bemühungen und ebenso ihre Leiden wirksam zu machen.

In spanischer Sprache fuhr der Papst fort:

8. „Das Leben der Gerechten liegt in Gottes Hand“ (*Weish* 3,1). Das Buch der Weisheit verkündete diese herrliche Wahrheit, die das Ereignis, das wir heute feiern, mit soviel Licht überströmt.

Ja, „das Leben der Gerechten liegt in Gottes Hand und keine Qual kann sie berühren". Es könnte scheinen, daß diese Worte nicht der historischen Wirklichkeit entsprechen: tatsächlich haben die Märtyrer ja die Qual erlitten, und welche Qual!
Doch der inspirierte Verfasser entfaltet seinen Gedanken weiter:

In französischer Sprache sagte der Papst:

9. Aber aus der langen Heerschaft der Märtyrer, aus ihren Leiden und Tränen ist die „Ernte des Herrn" emporgewachsen. Sie bieten mir als unsere Lehrer die willkommene Gelegenheit, der ganzen Kirche die Lebenskraft und Größe der vietnamesischen Kirche vorzustellen, ihre Kraft und Geduld und ihre Fähigkeit, Schwierigkeiten aller Art auf sich zu nehmen und doch Christus zu verkünden. Danken wir dem Herrn alles Guten für das, was der Geist im Übermaß unter uns wirkt!
Wieder einmal können wir sagen, daß für euch Christen von Vietnam das Blut der Märtyrer eine Quelle der Gnade für den Fortschritt im Glauben ist. In euch lebt der Glaube unserer Väter weiter und wird durch euch den neuen Generationen weitergegeben. Dieser Glaube bleibt das Fundament der Beharrlichkeit für alle jene, die sich als echte Vietnamesen, treu ihrer Heimat fühlen, im übrigen aber auch weiter wahre Jünger Jesu sein möchten. Jeder Christ weiß, daß das Evangelium uns auffordert, aus Liebe zum Herrn uns menschlichen Obrigkeiten zu unterwerfen, Gutes zu tun, uns als freie Menschen zu verhalten, alle zu achten, die Brüder zu lieben und Gott zu fürchten, die öffentlichen Autoritäten und Institutionen zu ehren (vgl. *1 Petr* 2,13–17). Das Streben nach dem Gemeinwohl des Vaterlandes ist daher für den christlichen Bürger eine erste Pflicht, unter Wahrung freilich der Freiheit, die Wahrheit Gottes in Gemeinschaft mit den Hirten und den Brüdern im Glauben zu verkündigen, in dem Wunsch, mit den anderen Menschen in Frieden zu leben, um bewußt das Wohl aller aufzubauen.
„In den Augen der Toten sind sie gestorben, / ihr Heimgang gilt als Unglück, / ihr Scheiden von uns als Vernichtung; / sie aber sind in Frieden. / In den Augen der Mensch wurden sie gestraft; / doch ihre Hoffnung ist voll Unsterblichkeit" (*Weish* 3,2–4).
Heilige Märtyrer! Märtyrer von Vietnam! Zeugen des Sieges Christi über den Tod! Zeugen der Berufung des Menschen zur Unsterblichkeit!
Das Buch der Weisheit fährt fort: „Ein wenig nur werden sie gezüchtigt; doch sie empfangen große Wohltat. Denn Gott hat sie geprüft und fand sie seiner würdig. Wie Gold im Schmelzofen hat er sie erprobt und sie angenommen als ein vollgültiges Opfer" (*Weish* 3,5–6).
Ja, als Ganzopfer, vereint mit dem Kreuzopfer Christi. Gerade ihr Märtyrer von Vietnam habt bis in die letzten Konsequenzen hinein Christus als Gekreuzigten, als Weisheit und Kraft Gottes verkündet. Christus, durch den wir in Gott das Heil erlangen.

In italienischer Sprache sagte der Papst abschließend:

10. „Alle, die auf ihn vertrauen – auf Christus, den Gekreuzigten und Auferstandenen – werden die Wahrheit erkennen und die Treuen werden bei ihm bleiben in Liebe. Denn Gnade und Erbarmen wird seinen Erwählten zuteil" (vgl. *Weish* 3,9).
Euch Märtyrern – euch Erwählten!

Hört bis zum Ende, was das Buch der Weisheit über euch sagt: „Beim Endgericht werden sie aufleuchten wie Funken, die durch ein Stoppelfeld sprühen“ (*ebd.* 3,7). Wie Funken, wie Flammen des Lichtes, das erleuchtet und entzündet.
Hört bis zum Ende, was das Buch der Weisheit über euch sagt: „Sie werden Völker richten und über Nationen herrschen, und der Herr wird ihr König sein in Ewigkeit“ (*ebd.* 3,8). Der Herr ... Christus, der Gekreuzigte und Auferstandene. Er, der in die Welt gekommen ist, nicht, „damit er die Welt richtet, sondern damit die Welt durch ihn gerettet wird“ (*Joh* 3,17).
Dieser Christus! Wie ihr an seinem Leiden, an seinem Kreuz Anteil gehabt habt, so sollt ihr auch teilhaben am von ihm gewirkten Heil der Welt.
Eure Ernte soll in Freude von Dauer sein!

Verbunden mit dem Nachfolger des Petrus

Ansprache im Geheimen Konsistorium am 28. Juni

Liebe ehrwürdige Brüder Kardinäle der heiligen römischen Kirche!

Drei Jahre sind rasch dahingegangen, seit wir bei einem ähnlichen geheimen Konsistorium die Ernennung und öffentliche Bekanntgabe von Kardinälen der Kirche vorgenommen haben. So sind wir auch heute unter dem Schutz und Schirm der heiligen Mutter Jesu, Maria, zu deren Ehre die Kirche gern und mit offensichtlichen geistlichen Früchten in der ganzen Welt das Marianische Jahr feiert, versammelt, um die gleiche hochwichtige Angelegenheit in einer für die Gemeinschaft der Kirche nicht leichten und gewiß nicht ruhigen Zeit zu vollziehen.
Während wir voll Freude an unsere Mitbrüder denken, die bald ins Kardinalskollegium eintreten werden, müssen wir uns zugleich auch die Apostelfürsten Petrus und Paulus vor Augen stellen, deren gemeinsames Fest wir alle morgen feiern werden. Wir dürfen von ihrem Gebet einen starken Antrieb erbitten und empfangen, um unsere Treue zum Evangelium Christi, zur römischen Kathedra des Petrus und damit zum zuverlässigen Lehramt der Gesamtkirche zu bezeugen und zu bekräftigen.
Jene, die in Kürze zu Kardinälen kreiert werden, verbinden sich neu und noch enger nicht nur mit dem Nachfolger des Petrus, sondern auch mit der gesamten Gemeinschaft der Gläubigen in der ganzen Welt. Zusammen mit dem Bischof von Rom wird es ihre Aufgabe sein, gemäß der ihnen eigenen Autorität die Probleme, Angelegenheiten und Aufgaben zu erwägen und zu erforschen, die die Leitung der ganzen Kirche betreffen. Bei dieser Aufgabe aber werden ihnen die Apostel Petrus und Paulus äußerst wirksame Beispiele bieten; sie sind Christus, der sie berief, nachgefolgt – nicht sich selber, als sie das erste Konzil der Kirche in Jerusalem einberiefen und es schließlich nicht ohne gewisse menschliche Schwierigkeiten durchführten. Sie haben ihr ganzes Leben bis zum Vergießen ihres Blutes für die äußerst wichtige Aufgabe eingesetzt, die Gläubigen und Anhänger Christi zu lehren, zu heiligen und zu leiten, bis zum vollen Trost des Glaubens und zum Hafen des Heiles innerhalb der sicheren und klaren Grenzen der katholischen Kirche und Gemeinschaft.

Ebenso werden die Kardinäle die Apostel Petrus und Paulus nachahmen; einige von ihnen, indem sie in Rom bleiben und von hier aus allen katholischen Gläubigen, die unter den Völkern verstreut leben, dienen; andere werden, ein jeder innerhalb seiner eigenen Herde, nach dem Willen Christi und in bewußter Achtung vor den Apostelfürsten als Ordinarien für ihre Einzelkirchen sorgen. Einige werden mit glühender Begeisterung für den Glauben und dem Vorsatz neuer Treue in nach Namen und Alter bereits berühmte Städte und Sitze zurückkehren; einige werden jetzt zum erstenmal ihren Gemeinschaften die Würde des Kardinalstitels mitbringen. Doch alle werden sich, vereint mit dem Hirten von Rom und untereinander sowie mit den anderen Bischöfen einträchtig weiter darum bemühen, das Evangelium zu predigen, „sei es gelegen oder ungelegen", auch zur Ehre und zum Wohl der Kirche selber.

Bei diesem feierlichen Ereignis der Kirche möchten wir ferner gern in euerer Anwesenheit, ehrwürdige Brüder, die ihr hier zum Konsistorium versammelt seid, unseren Namen feierlich unter die Apostolische Konstitution *Pastor bonus* setzen, mit der wir erreichen möchten, daß die Römische Kurie – das unerläßliche Werkzeug für unseren apostolischen Dienst – immer mehr der ekklesiologischen Sicht des II. Vatikanischen Konzils entspricht und zugleich sicherer ihren pastoralen Zielsetzungen gerecht wird. Zu dieser Reform haben der kollegiale Sinn und der weise Rat der Kardinäle erheblich beigetragen; sie haben nicht nur kollegial in drei allgemeinen Konsistorien, sondern auch einzeln ihren wichtigen Beitrag für dieses Anliegen geleistet; es fehlte auch nicht die Hilfe der Bischöfe, die durch die Präsidenten ihrer Konferenzen zu diesem Thema befragt wurden und sich auch der Hilfe weiterer Fachleute bedient haben. So können wir nun jene Erneuerung der Gesetze der Kirche vollenden, die mit der Veröffentlichung des neuen Kodex des Kirchenrechtes eingeleitet wurde und auch bei der Reform des Kodex für das orientalische Kirchenrecht durchgeführt werden soll. Gemeinsam mit euch danken wir also Gott, der allerseligsten Jungfrau Maria und den hl. Aposteln Petrus und Paulus für die heutigen, für das Leben der ganzen Kirche frohen Ereignisse.

Sehr betrübt uns aber die Nachricht, die euch allen bereits bekannt ist, daß einer unserer Brüder im Bischofsamt, nachdem er bereits viele Jahre hindurch dem Heiligen Stuhl den geschuldeten Gehorsam verweigert hat und der Strafe der Suspension verfiel, nun zwar ein Einvernehmen anzustreben schien, aber doch bald ohne apostolischen Auftrag Bischöfe weihen, damit die Einheit der Kirche zerbrechen und nicht wenige seiner Anhänger in die gefährliche Situation eines Schismas ziehen wird. Da es heute scheint, daß weder der Wille noch das Vorhaben dieses unseres Bruders sich ändern werden, können wir nur die Güte unseres Heilandes anrufen, damit er jene erleuchte, die zwar sagen, sie müßten die wahre Glaubenslehre gegen ihre Entstellungen verteidigen, aber die Gemeinschaft mit dem Nachfolger des Petrus aufgeben und bereit sind, sich von der Einheit der Herde Christi, die dem Apostel Petrus anvertraut ist, zu trennen. Wir bitten und ermahnen sie aus ganzem Herzen, im Haus des Vaters zu bleiben und zu verstehen, daß jede Glaubenswahrheit und jede richtige Lebensweise innerhalb der Kirche ihren Platz findet aber in ihr nichts unterstützt wird, was dem Glauben offenbar zuwider ist. Es gibt viele Wohnungen, auch in diesem irdischen Haus Gottes, das die Kirche Christi in dieser Welt ist. Wir hoffen sehr, daß im Verlauf dieses Marianischen Jahres der allmächtige Gott, dessen Güte keine Grenzen kennt, uns auf die Fürbitte der allerseligsten Jungfrau die Wege zeige, auf denen wir größere Übel vermeiden und erneut die Einheit zurückgewinnen können.

Doch nachdem wir das alles pflichtgemäß vorausgeschickt haben, möchten wir nun gern ohne Verzug die Namen jener einzelnen Diener und treuen Hirten bekanntgeben, von denen wir mit Recht glauben, sie als Zeichen der Verehrung in die Liste der Kardinäle einschreiben zu dürfen.

Wie ihr alle bereits mit tiefem Schmerz vernommen habt, hat Gott der Herr inzwischen nach dem geheimen Plan seiner Vorsehung leider Hans Urs von Balthasar zu sich gerufen, einen berühmten Mann und angesehenen Theologen, den wir gern heute unter die Kardinäle eingereiht gesehen und zum Zeichen unserer Hochachtung beglückwünscht hätten. Da er uns durch einen unvorhergesehen Tod entrissen wurde, empfehlen wir ihn daher der Güte des barmherzigen Erlösers, damit er ihm zum Lohn für seine irdischen Verdienste, für seine jahrelangen Studien der Theologie und seine Lehre, als Entgelt auch für die Kardinalswürde, die besseren, reicheren und gewisseren Freuden des Himmels schenke.

Doch nun habe ich die große Freude, zu Kardinälen zu ernennen:

1) Eduardo Martinez Somalo, Titularerzbischof von Tagora.
2) Achille Silvestrini, Titularerzbischof von Novaliciana.
3) Angelo Felici, Titularerzbischof von Cesariana und Apostolischer Nuntius in Frankreich.
4) Paul Grégoire, Erzbischof und Metropolit von Montréal.
5) Anthony Padiyara, Erzbischof und Metropolit von Ernakulam.
6) José Freire Falcao, Erzbischof und Metropolit von Brasilia.
7) Michele Giordano, Erzbischof und Metropolit von Neapel.
8) Alexandre José Maria dos Santos, Erzbischof und Metropolit von Maputo.
9) Giovanni Canestri, Erzbischof und Metropolit von Genua-Bobbio.
10) Antonio Maria Javierre Ortas, Titularerzbischof von Meta.
11) Simon Ignatius Pimenta, Erzbischof und Metropolit von Bombay.
12) Mario Revollo Bravo, Erzbischof und Metropolit von Bogotá.
13) Edward Bede Clancy, Erzbischof und Metropolit von Sydney.
14) Lucas Moreira Neves, Erzbischof und Metropolit von Sao Salvador da Bahia.
15) James Aloysius Hickey, Erzbischof und Metropolit von Washington.
16) Edmund Casimir Szoka, Erzbischof und Metropolit von Detroit.
17) Laszlo Paskai, Erzbischof und Metropolit von Esztergom.
18) Christian Wiyghan Tumi, Erzbischof und Metropolit von Garoua.
19) Hans Hermann Groer, Erzbischof und Metropolit von Wien.
20) Jacques Martin, Titularerzbischof von Neapoli di Palestrina und emeritierter Präfekt des Päpstlichen Hauses.
21) Franz Hengsbach, Bischof von Essen.
22) Vincentas Sladkevicius, Titularbischof von Abora und Apostolischer Administrator „ad nutum Sanctae Sedis" von Kaisiadorys.
23) Jean Margeot, Bischof von Port-Luis (Mauritius).
24) John Baptist Wu Cheng-Chung, Bischof von Hong-Kong.

Mit der Autorität des allmächtigen Gottes, der heiligen Apostel Petrus und Paulus und unserer eigenen kreieren wir und ernennen feierlich zu Kardinälen der heiligen Römischen Kirche alle einzelnen Persönlichkeiten, deren Namen wir eben genannt haben. Von ihnen sollen zur Ordnung der Kardinal-Diakone gehören:
- Edoardo Martinez Somalo
- Achille Silvestrini
- Angelo Felici
- Antonio Maria Javierre Ortas
- Jacques Martin.

Alle übrigen aber sollen nach unserem Willen zur Ordnung der Kardinal-Priester gehören. Wir verfügen dazu alle notwendigen und angebrachten Dispensen, Tilgungen und Klauseln. Im Namen des Vaters und des Sohnes und des Heiligen Geistes. Amen.

Kardinalswürde Zeichen besonderer Teilhabe am Dienst

Ansprache beim öffentlichen Konsistorium am 28. Juni

Ehrwürdige und liebe Brüder!

1. Zu uns spricht Petrus, der erste unter den Ältesten und Zeuge der Leiden Christi. Er spricht zu uns hier beim heutigen Konsistorium Versammelten.
Seine Worte sind voller Hirtensorge um die Herde, die der Heilige Geist ihm anvertraut hat – in Jerusalem, in Antiochien und hier in Rom, der Hauptstadt der damaligen Welt. Er spricht zu den Mit-Ältesten und teilt mit ihnen dieselbe Hirtensorge, an der auch sie Anteil bekommen haben.
Die Worte Petri hören nicht auf, ein Programm für die immer wieder neuen Generationen der Hirten der Kirche zu sein.
Der Apostel sagt: Übt euer Hirtenamt „freiwillig“ aus, werdet lebendige „Vorbilder“ für jene, die Christus euch anvertraut hat. „Beugt euch also in Demut unter die mächtige Hand Gottes ... Werft alle eure Sorge auf ihn ... Seid nüchtern und wachsam“ (*1 Petr* 5,6–7).
Das sind die Schlüsselworte in dem Brief des Apostels Petrus.

2. Das Hirtenamt erfüllen – hier in Rom, an diesem Ort, wo Petrus der erste Zeuge des Kreuzes und der Auferstehung Christi war, und mit Petrus auch Paulus. Beide zusammen bilden das zweifache Fundament der ganzen Kirche.
Das Hirtenamt an dem Ort eines solchen Erbes auszuüben, ist eine so große Sorge und zugleich Verantwortung, daß ein Mann sie nur ertragen kann, „während die Gemeinde inständig für ihn zu Gott betet“ (vgl. *Apg* 12,5).
Das heutige Fest birgt eine glühende Aufforderung zu einem solchen Gebet in sich, zu einem solchen „sentire cum Ecclesia“, damit der unwürdige Nachfolger der Bischöfe von

Rom auf dem Stuhl Petri und mit ihm die ganze Kirche „von den Taten deiner Huld, Herr, ewig singen“ (*Ps* 89,1).

3. Heute hat sich das mit diesem römischen Stuhl verbundene Kardinalskollegium durch das Hinzukommen neuer Mitglieder erweitert.
Auch Hans Urs von Balthasar hätte an diesem Tag in das Kardinalskollegium eingegliedert werden sollen. Zu dem Zeitpunkt, an dem er mit der Erhebung zur Kardinalswürde eine wohlverdiente irdische Auszeichnung für den kirchlichen Dienst hätte empfangen können, den er in den heiligen Wissenschaften geleistet hat, hat der Herr ihn zu einer anderen Erhöhung berufen, zu der des ewigen Lebens. Diese Hoffnung auf seine Herrlichkeit im Himmel lindert unsere Trauer darüber, daß wir ihn heute hier nicht in das Kollegium der anderen neuen Kardinäle einreihen können.
Unter ihnen sind Bischöfe, die ihre Kräfte im unmittelbaren Dienst des Apostolischen Stuhls eingesetzt haben; Hirten alter und junger Kirchen in den verschiedenen Teilen der Welt; Personen, die seit langen Jahren um Studium und Verteidigung der Lehre der Kirche bemüht sind; Väter christlicher Gemeinschaften, die in Not sind oder verfolgt werden.
Im Kardinalskollegium spiegelt sich in noch reichhaltigerer Weise das Geheimnis des pilgernden Volkes Gottes in der Welt wider. Es ist ein aus der ganzen Welt zusammengerufenes Volk und schließt Menschen aller Rassen und Kulturen ein und ist offen für jeden Beitrag, der wahrhaft menschlich ist.

4. Zugleich ist es notwendig, diese Verschiedenheit und Vielfalt auf die gemeinsame Wurzel zu beziehen, die in der Einheit mit dem römischen Bischofsstuhl besteht.
Die Kardinäle gehören aufgrund eines besonderen Titels zum Klerus von Rom. Diese Verbindung mit der Stadt und der Diözese des Papstes wird auch heute noch deutlich durch die Verleihung einer Titelkirche dieser Stadt oder einer suburbikaraischen Diözese an jeden einzelnen Kardinal. Nach alter Tradition waren die Wähler des Bischofs von Rom bekanntlich Mitglieder des Klerus dieser Stadt. Die Verleihung einer Kirche der Stadt an jeden Kardinal erinnert auch heute noch an die Bedeutung dieses alten Brauches und erhält sie aufrecht: die Kardinäle werden so Wähler des Bischofs von Rom, des Nachfolgers Petri, und seine Berater und Mitarbeiter in der Leitung der Gesamtkirche.
So offenbart die Kirche ihr Wesen auch im Kardinalskollegium. Als Familie Gottes ist die Kirche allen Menschen zugewandt, sie sammelt aus allen Stämmen Bürger für das Reich und vereint sie im Band des einen Glaubens und der Liebe zur Gemeinschaft mit dem sichtbaren Fundament und Prinzip der Einheit, dem Petrusamt.

5. Die Tradition der ersten Jahrhunderte hat in unterschiedlicher Weise die Bedeutung des römischen Stuhls, der an das apostolische Erbe von Petrus und Paulus gebunden ist, hervorgehoben: er führt den Vorsitz in der Liebe in der Gesamtkirche und ist zugleich mit ihr im Band derselben Sendung vereint (vgl. *Lumen gentium*, Nr. 13).
„Diener der Diener Gottes“ pflegte Gregor der Große sich zu nennen, und dieser Ausdruck des Bewußtseins von seiner Sendung als Bischof von Rom scheint den Grundsatz des Evangeliums angemessen wiederzugeben: „Wer bei euch groß sein will, der soll euer Diener sein“ (*Mt* 20,26).

Auch die Kardinalswürde ist Zeichen einer besonderen Teilhabe an diesem Dienst des Römischen Stuhls und seines Bischofs. Dies findet überall Ausdruck, an allen Bischofssitzen der Welt, wo die Oberhirten Kardinäle sind, und in Rom selbst, durch die Kardinäle, die in den vielfachen Aktivitäten eingesetzt sind, die der Apostolische Stuhl zum Wohl der ganzen Kirche leistet.

6. Heute wird das Dokument *Pastor bonus* veröffentlicht, das in neuer Weise die Aufgaben der Römischen Kurie beschreibt, die bereits in Übereistimmung mit den Entscheidungen des Konzils in der von Paul VI. im Jahr 1967 promulgierten Konstitution *Regimini* festgelegt worden sind.
Die neue, bereits von meinem Vorgänger vorgesehene Regelung entspricht der Veröffentlichung des Codex des kanonischen Rechtes. Sie ist auch das Ergebnis langer Beratungen, an denen das Kardinalskollegium, die Bischofskonferenzen durch ihre Vorsitzenden und natürlich die betreffenden Dikasterien der Römischen Kurie beteiligt waren.
Bei der Abfassung des Dokumentes wollte ich vor allem, daß das Bild der Kurie den Erfordernissen unserer Zeit entspricht, unter besonderer Berücksichtigung der in den vergangenen Jahren erfolgten Veränderungen.
An zweiter Stelle war es notwendig, die Kurie entsprechend den neuen Codices des westlichen und östlichen kanonischen Rechtes neuzuordnen. Der Zuständigkeitsbereich der einzelnen Dikasterien wurde mit größerer Folgerichtigkeit umschrieben, um sie für die Erfüllung ihrer Zielsetzungen geeigneter zu machen; dabei wurde vor allem die Aktivität und die juristische Form der „nachkonziliaren“ Organismen der Kurie berücksichtigt im Licht ihres Hauptzweckes, der ist: in der Kirche besondere Pastoraltätigkeiten und das Studium der damit verbundenen Probleme zu fördern.
Deshalb schien es auch notwendig, neue und dauerhafte Strukturen für eine bessere Übereinstimmung und Zusammenarbeit unter allen Dikasterien vorzuschlagen.
„Mit einem Wort, meine Sorge war die, entschlossen vorzugehen, damit der Aufbau und die Tätigkeit der Kurie immer mehr der Ekklesiologie des Zweiten Vatikanischen Konzils entsprechen, immer eindeutiger für die Erfüllung der pastoralen Zielsetzungen des Aufbaus der Kurie geeignet sind und den Bedürfnissen der Gesellschaft im zivilen und kirchlichen Bereich immer konkreter entgegenkommen“ (*Pastor bonus*, Nr. 13).

7. Die Kreierung neuer Kardinäle ruft uns die einzigartige Tradition des Martyriums „usque ad effusionem sanguinis“ (bis zum Blutvergießen) in der Kirche in Erinnerung. Deshalb ist es notwendig, daß in unserer Versammlung die Worte, die wir im heutigen Evangelium gehört haben, dementsprechend widerhallen: „Seht, ich sende euch wie Schafe mitten unter die Wölfe ... Füchtet euch nicht vor denen, die den Leib töten, die Seele aber nicht töten können, sondern fürchtet euch vor dem, der Seele und Leib ins Verderben der Hölle stürzen kann ... Wer sich nun vor den Menschen zu mir bekennt, zu dem werde auch ich mich vor meinem Vater im Himmel bekennen“ (*Mt* 10.16 ff.).
In diesen Worten Christi ist die Einladung zur Gottesfurcht enthalten und zugleich zum Starkmut, den nur die Gottesfurcht dem Menschen eingeben kann.

8. Liebe und ehrwürdige Brüder!
Wir sind zu einem außerordentlichen Zeugnis berufen: Christus in einzigartiger Weise vor den Menschen zu bekennen: „Was ich euch im Dunkeln sage, davon redet am hellen Tag, und was man euch ins Ohr flüstert, das verkündet von den Dächern" (*Mt* 10,27).
Wir sind berufen, diese Kraft des Glaubens zu verwirklichen, durch die wir den verschiedenen Kräften und Mächten dieser Welt widerstehen können – und vor allem ihm, der der „Fürst dieser Welt", der „Vater der Lüge" ist und „wie ein brüllender Löwe umhergeht und sucht, wen er schlingen kann" (*1 Petr* 5,8).

9. Wir müssen stark sein im Glauben Marias, der demütigen Magd des Herrn.
In diesem Marianischen Jahr fühlt die Kirche, die ihren Pilgerweg in der Welt geht, um den Glauben zu bezeugen, die Gottesmutter neben sich, in der sie den „Typus der Kirche in bezug auf den Glauben, die Liebe und die vollkommene Einheit mit Christus" sieht (vgl. *Lumen gentium*, Nr. 63). In diesem Marianischen Jahr lernt die Kirche von Maria mit größerer Klarheit und Liebe die mütterliche Dimension der eigenen Berufung, „denn wie Maria im Dienst des Geheimnisses der Menschwerdung steht, so bleibt die Kirche im Dienst des Geheimnisses der Annahme an Kindes Statt durch die Gnade" (*Redemptoris Mater*, Nr. 43). In diesem Marianischen Jahr ist die Kirche unter dem Druck so vieler sozialer und kultureller Probleme unserer Zeit bemüht, den von Christus empfangenen Glauben zu bewahren „nach dem Beispiel Marias, die alles bewahrte und in ihrem Herzen erwog, was ihren göttlichen Sohn betraf" (*ebd.*, Nr. 43).
Gerade sie – zusammen mit der ganzen Kirche – lobpreist Gott und verkündet sein Erbarmen von Geschlecht zu Geschlecht.
Sie, die erste „Zeugin der Leiden Christi", hat auch als erste an der Herrlichkeit teil, die durch Christus „sich auch an uns offenbaren wird".
Seien wir standhaft in kindlicher Verbundenheit mit ihr, damit Gott, der uns zu seiner ewigen Herrlichkeit in Christus berufen hat, in allem verherrlicht werde.
Ihm sei Ehre in alle Ewigkeit.

Iusti iudicis

Apostolisches Schreiben in Form eines Motu proprio über die gänzliche Neuordnung der Tätigkeit der Prozeßbevollmächtigten und Anwälte bei den Dikasterien der Römischen Kurie und der Vertretung der Rechtssachen des Hl. Stuhles selbst vom 28. Juni

Nach dem Beispiel und den Worten Jesu Christi, des gerechten Richters (*2 Tim* 4,8), nahm sich die Kirche vom Beginn ihres Bestehens besonders der Probleme der Rechtspflege an und zwar sowohl in ihrem eigenen Bereich, wie im Verkehr mit den staatlichen Rechtsordnungen, in denen sie selbst und ihre Gläubigen zu leben und ihre Heilssendung durchzuführen berufen sind. Deshalb wurde auch in der kirchlichen Gemeinschaft, die eine eigene Rechtsordnung besitzt, von frühester Zeit an darauf geachtet, daß physische und juristische Personen bei der Verteidigung ihrer geistlichen oder mit diesen verbunde-

nen Güter, die ihnen kraft göttlichen und menschlichen Rechtes zustanden, in kirchlichen Prozessen durch Anwälte vertreten werden. Darüber hinaus sah sich die Kirche selbst in ihrem eigenen Verband geradezu genötigt, die Anerkennung und Einhaltung ihrer Rechte auch auf gerichtlichem Weg einzuklagen.
In der eifrigen Nachfolge dessen, der „reich war, aber arm wurde“ (*2 Kor* 8,9) hat sich die Kirche das Bedürfnis der Armen und Schwachen zu eigen gemacht, ihre Rechte auch vor Gericht durch einen Rechtsbeistand zu verteidigen. Die Ausübung dieses Amtes, das eine kirchliche Verantwortung beinhaltet, haben die Parteienbeistände oder Anwälte übernommen. Beim Hl. Stuhl wurde dieses Amt von zwei wohlverdienten Institutionen ausgeübt.
Bereits der Hl. Gregor der Große hat sieben Verteidiger der Kirche eingesetzt, von denen sich wahrscheinlich die Konsistorialanwälte herleiten.
Im Jahre 1130 übertrug Papst Innozenz II. den Prokuratoren der Apostolischen Paläste das Amt, Rechtsfälle vor dem Hl. Vater zu verteidigen und Arme unentgeltlich zu vertreten. Papst Benedikt XII. errichtete dann mit der Apostolischen Konstitution *Decens et Necessarium* vom 26. Oktober 1340 zwei verschiedene Kollegien, nämlich das der Konsistorialanwälte und das der Prokuratoren der Apostolischen Paläste.
Im Verlauf der Geschichte haben die beiden erwähnten Kollegien ihr hohes und bedeutendes Amt hervorragend erfüllt, so daß sie von den Päpsten viele Anerkennungen und Privilegien erhielten.
Anläßlich der Überprüfung der Apostolischen Konstitution über die Römische Kurie und gleichsam in Ausführung jener zeitlichen Anpassung („aggiornamento“), deren Grundsätze und Richtlinien das II. Vatikanische Konzil aufgestellt hat und die der *Kodex iuris canonici* auf juridischer Ebene zum Ausdruck gebracht hat, schien es jedoch zweckmäßig, unter Berücksichtigung der Fortschritte und Forschungsergebnisse, die die Kirche auch im Bereich der Rechtspflege, dem Willen ihres Gründers gehorchend, bei der Ausübung des Amtes der Verteidigung und der Förderung der Menschenrechte machte, diese Materie von Grund auf neu zu ordnen.

Die Anwälte bei der Römischen Kurie

Art. 1

Neben den Rotaadvokaten und den bei den Heiligsprechungsprozessen tätigen Anwälten, die wie früher ihre Tätigkeit nach den Vorschriften des allgemeinen Rechts und der jedem Dikasterium eigenen Gesetze fortsetzen, wurde bei der Römischen Kurie eine allgemeine Liste der Anwälte aufgestellt, die auf Verlangen der Parteien den Rechtsschutz der Fälle beim Höchsten Gericht der Apostolischen Signatur übernehmen sowie in den Dikasterien der Römischen Kurie bei hierarchischen Beschwerden ihren Beistand leisten.

Art. 2

Der Kardinalstaatssekretär verfügt, nach Anhören der dafür ständig errichteten Kommission, daß die Namen jener Anwälte in die allgemeine Liste eingetragen werden, die alle im folgenden Artikel erwähnten Voraussetzungen besitzen.

Art. 3

Damit jemand in die allgemeine Liste eingetragen werden kann, muß er:

1. – sich durch eine beispielhafte christliche Lebensführung und durch aktive Beteiligung am Leben der Gemeinschaft der Kirche, entsprechend seiner eigenen besonderen Berufung auszeichnen;
2. – eine entsprechende theologische Vorbildung besitzen;
3. – sich in der Rechtslehre auszeichnen, die durch akademische Titel belegt und mit einer entsprechenden beruflichen Erfahrung verbunden ist.

Art. 4

Die in die Liste eingetragenen Anwälte sind verpflichtet, neben den diesbezüglichen Vorschriften des allgemeinen Rechts, die Normen der beruflichen Pflichtenlehre (Deontologie) einzuhalten.

Art. 5

§ 1. – Wenn jemand die ethischen Normen seines Amtes schwer verletzt, soll der Fall vor das Höchste Gericht der Apostolischen Signatur gebracht werden, das von Amts wegen vorgeht und auf Grund des Rechts, je nach der Schwere der Rechtsverletzung, Strafen verhängt, wobei die Streichung aus der Liste nicht ausgeschlossen ist.

§ 2. – Wenn gegen einen Anwalt ein kirchlicher oder weltlicher Strafprozeß eingeleitet wurde, wird er für die Dauer des Prozesses zur Vorsicht von der Ausübung des Amtes enthoben.

Art. 6

Aus der Liste werden ferner jene gestrichen,

1. – die offenkundig vom katholischen Glauben abgefallen sind;
2. – die im Konkubinat leben oder nur zivil verheiratet sind oder in anderer Weise in einer offenkundigen schweren Sünde verharren;
3. – die Vereinigungen, jedweder Art, beigetreten sind, die gegen die Kirche Machenschaften betreiben;
4. – die Vereinigungen oder Bewegungen beigetreten sind oder mit solchen zusammenarbeiten, die mit der Lehre des christlichen Glaubens und der christlichen Moral unvereinbaren Ideologien folgen oder politische Programme oder Gesetzesentwürfe verfechten, die den Vorschriften des Naturrechts und des christlichen Gesetzes entgegenstehen;

5. – die sich öffentlich den lehrmäßigen und pastoralen Weisungen der rechtmäßigen kirchlichen Autorität widersetzen.

§ 2. – In diesen Fällen muß die Angelegenheit vor das Höchste Gericht der Apostolischen Signatur gebracht werden, die von Amts wegen vorgeht und nach den Normen des Rechts die Streichung aus der Liste verfügt.

Die Anwälte des Heiligen Stuhles

Art. 7

Aus den vornehmlich in der allgemeinen Liste eingetragenen Anwälten wurde ein Gremium der Anwälte des Hl. Stuhles errichtet, die befähigt sind, Rechtssachen im Namen des Hl. Stuhles oder der Dikasterien der Römischen Kurie vor den kirchlichen oder staatlichen Gerichten zu verteidigen.

Art. 8

Die Anwälte des Hl. Stuhles werden vom Kardinalstaatssekretär nach Anhören der in Art. 2 erwähnten Kommission für fünf Jahre ernannt: aus schwerwiegenden Gründen können sie jedoch entfernt werden.
Mit Vollendung des 75. Lebensjahres scheiden sie aus dem Amt aus.

Art. 9

Die Anwälte des Hl. Stuhles sind verpflichtet, ein vorbildliches Leben gemäß den Geboten Gottes und der Kirche zu führen und die ihnen übertragenen Aufgaben mit größtem Pflichtbewußtsein zu erfüllen.
Sie sind überdies an die Wahrung der Geheimhaltung in den Fällen und Angelegenheiten gehalten, die unter Geheimhaltung behandelt werden müssen.

Art. 10

Die Anwälte des Hl. Stuhles treten bei der Ausübung ihrer Ämter, vor den Gerichten der Römischen Kurie und des Staates der Vatikanstadt, an die Stelle der Mitglieder des Kollegiums der Konsistorialadvokaten und des Kollegiums der Prokuratoren der Apostolischen Paläste. – Diese Kollegien hören daher zu bestehen auf.

§ 2. – Die gegenwärtigen Konsistorialadvokaten und Prokuratoren der Apostolischen Paläste behalten neben dem Titel, die Rechte und persönlichen Privilegien, die ihnen auf Grund besonderer Gesetze zustanden, in vollem Umfang bei.

Alles, was in diesem Schreiben in Form eines Motu proprio festgelegt wurde, ordnen wir an, daß es Gesetzeskraft habe ohne die geringste Einschränkung durch wie immer geartete entgegenstehende Bestimmungen.

Gegeben zu Rom bei St. Peter am 28. Juni 1988, dem zehnten Jahr unseres Pontifikates.

IOANNES PAULUS PP. II.

Zeugen der Einheit und Treue zu Petrus

Predigt bei der feierlichen Messe mit den neuernannten Kardinälen auf dem Petersplatz am Fest St. Peter und Paul, 29. Juni

1. O Roma felix! Glückliches Rom!
Die Kirche in Rom blickt heute zurück auf ihre Anfänge. Der Beginn ihres Daseins ist mit den Namen der Apostel Petrus und Paulus verbunden, mit dem besonderen Erbe, das sie nach Rom gebracht und hier hinterlassen haben. Sie haben es nicht nur der Kirche von Rom, sondern der ganzen Welt hinterlassen.
Apostolisches Zeugnis – apostolisches Erbe.
Heute ist der Tag, an dem dieses apostolisches Zeugnis mit dem Tod, dem Martyrium, besiegelt wurde. Gerade dieser Tod der Apostel als endgültiges Zeugnis ist die Besiegelung des Erbes.
Auf dieses kommen wir ständig zurück, denn aus ihm leben und entfalten wir uns. Heute bekunden wir es in besonderer Weise hier in Rom wie auch in der ganzen Welt.
O Roma felix!

2. Das apostolische Zeugnis war das Zeugnis von Menschen, von durch Christus berufenen Menschen.
Ihre Geschichte ist genügend bekannt, sei es in bezug auf Simon Petrus, sei es im Hinblick auf Paulus von Tarsus.
Die Geschichte der Menschen hat ihr „menschliches“ Merkmal, ihre menschliche Authentizität. Die Texte des Neuen Testamentes, die Evangelisten und die Briefe erlauben es uns, diese menschliche Glaubwürdigkeit des Simon, Sohn des Jona, wie auch des Saulus von Tarsus kennenzulernen.
Auf diese Weise wird die von Christus gewirkte Erwählung in der Berufung eines jeden von ihnen noch transparenter. Mit der Erwählung des Simon hat Jesus einen hochherzigen, aber auch impulsiven Mann berufen, der imstande war, zum Meister zu sagen: „Und wenn alle an dir Anstoß nehmen – ich niemals!“ (*Mt* 26,33), aber kurz danach sein Gelöbnis in betrüblicher Weise brach. Wie bekannt, war es der Augenblick der Verleugnung und danach der bitteren Reuetränen.
Trotzdem wählte Christus eben diesen Mann – und er bekräftigte diese Entscheidung auch nach der Verleugnung von seiten des Petrus.

Seine Kerkerhaft in Jerusalem, an die in der ersten Lesung aus der Apostelgeschichte erinnert wird, zeigt, wie sehr dieser Apostel, der später der Verfolgung und dem Tod ausgesetzt war, in sich die Überzeugung festigen mußte, daß er von der Kraft Gottes selbst gestützt werde.
Weil Christus einmal zu ihm gesagt hatte: „Du bist der Fels" (vgl. *Mt* 16,18), mußte er aufgrund der eigenen Lebenserfahrung die feste Gewißheit erwerben, ein solcher „Fels" zu sein, nicht aus sich selbst, sondern allein und ausschließlich durch die Kraft Gottes.

3. Wir kennen auch Paulus von Tarsus gut. In der Apostelgeschichte und den Briefen zeichnet sich das geistliche Profil dieses Apostels sehr klar ab.
Saulus, Pharisäer, Gegner des Namens Christi, Verfolger der Jünger und Anhänger des Nazoräers, wird von Christus persönlich bekehrt. Das heißt, er hat sein mit Ausdauer verfolgtes Lebensziel in ein genau entgegengesetztes Leben umgewandelt. Vom Verfolger zum Apostel. Und denselben Eifer, den er bewies, als er Christus bekämpfte, überträgt er darauf, ihn zu bekennen und zu predigen, so daß er mit der Verkündigung des Evangeliums die entferntesten Winkel des Römischen Weltreiches erreicht.
Ein Mann großer geistlicher Kämpfe und Auseinandersetzungen. Wir hören den Nachhall dieser Kämpfe und Auseinandersetzungen auch in den Worten der zweiten Lesung von heute aus dem zweiten Brief an Timotheus: „Beeil dich, komm bald zu mir! ... Der Herr stand mir zur Seite und gab mir Kraft, damit durch mich die Verkündigung vollendet wird und alle Heiden sie hören; und so wurde ich dem Rachen des Löwen entrissen ... Ich habe den guten Kampf gekämpft, den Lauf vollendet, die Treue gehalten. Schon jetzt liegt für mich der Kranz der Gerechtigkeit bereit, den mir der Herr, der gerechte Richter, an jenem Tag geben wird" (*2 Tim* 4,9.17.7–8).

4. Die Kirche in Rom kehrt zu diesen beiden Gestalten zurück, zu den beiden Aposteln, mit denen ihr apostolisches Erbe verknüpft ist.
Am gleichen Tag tun es auch die anderen Kirchen, denn dieses apostolische Erbe von Petrus und Paulus ist wichtig und grundlegend für alle. Für die ganze Kirche in West und Ost.
Mit großer Freude begrüße ich die Delegation der so teuren Kirche von Konstantinopel, an ihrer Spitze den Metropoliten Damaskinos aus der Schweiz. Mit dieser Anwesenheit und der erwiderten Teilnahme der katholischen Kirche am Fest des hl. Andreas im Phanar wird der gemeinsame Wunsch ausgedrückt, die brüderlichen Beziehungen zu festigen, die sich für Schwesterkirchen ziemen, die die volle Einheit widerherzustellen versuchen. Das von den Aposteln überlieferte Erbe, das von den Anfängen an in verschiedenen Formen und Weisen angenommen wurde, verbindet uns im Geist hoher Achtung, der Zuneigung, des gegenseitigen Verständnisses und der Liebe.
Ich begrüße auch die jüngst ernannten Metropolitanerbischöfe, denen heute das Pallium verliehen wird. Dieser Ritus, der am Grab des Petrus durch die Hand seines Nachfolgers vollzogen wird, ist immer als eine Manifestation des „Weide meine Schafe" verstanden worden, das Jesus zu Petrus gesagt hat (vgl. *Joh* 21,15–17). Das Pallium ist deshalb ein

Zeichen besonderer Verbundenheit mit dem Bischof von Rom, dem „immerwährenden und sichtbaren Prinzip und Fundament der Glaubenseinheit und der Gemeinschaft" (*Lumen gentium*, Nr. 18). Es ist zugleich ein Aufruf zu einem hochherzigerem Geist des Dienstes und der Treue in der täglichen Hingabe an die Herde Christi. Ich wünsche euch, ehrwürdige Brüder, daß die heutige Feier in jedem von euch den Vorsatz festige, für das Reich Christi zu arbeiten, damit nach einem alten Wort dort, „wo die sichtbare Würde hinkommt die unsichtbare Liebe erblühe".

Durch den Beitrag aller wird so in wirksamer Weise das gemeinsame und universale Erbe bewahrt. Petrus hat mit sich das hierhergebracht, was der Vater selbst ihm über Christus geoffenbart hatte und was für die Kirche aller Zeiten zum Glaubensbekenntnis wurde: „Du bist der Messias, der Sohn des lebendigen Gottes" (*Mt* 16,16). Er hat auch die Antwort Christi gebracht, eine Verheißung für die ganze Kirche: „Du bist Petrus, und auf diesen Felsen werde ich meine Kirche bauen, und die Mächte der Unterwelt werden sie nicht bewältigen" (*Mt* 16,18).

Paulus hat mit sich nach Rom eine für die damalige Zeit reifere Auslegung der universalen Sendung der Kirche gebracht. Er war unter den Aposteln derjenige, der in größerem Maß die verschiedenen Teile der Welt bereiste und alle Völker lehrte (vgl. *Mk* 16,15, *Mt* 28,19). Auf diese Weise wurde er eine lebendige Vorankündigung der universalen Sendung selbst, von Generation zu Generation.

5. Heute gedenken wir voll Verehrung beider Apostel, und wir erneuern auch das Bewußtsein dieses apostolischen Erbes, das durch sie mit Rom verbunden wurde. Seit jener Zeit hat dieses sichere Bewußtsein von Generation zu Generation angehalten, indem es von seiten der höchsten geistlichen Autoritäten der christlichen Geschichte bekräftigt wurde.

Bekannt ist die Stelle von Irenäus, die über die Kirche von Rom spricht, „der ältesten, euch allen bekannten, gegründet und gebildet von den beiden ruhmreichen Aposteln Petrus und Paulus". Mit dieser Kirche, bestätigt der heilige Kirchenlehrer des 2. Jahrhunderts, müsse jede andere Kirche, ja die gesamte Gemeinschaft der Gläubigen aus allen Teilen der Welt konvergieren (vgl. *Adversus haereses*, L. 1, cap. 10). Bekannt ist auch, abgesehen von anderen, die Reflexion des hl. Cyprian, der im 3. Jahrhundert gelebt hat: „Der Herr spricht zu Petrus: Ich aber sage dir: ‚Du bist Petrus, und auf diesem Felsen werde ich meine Kirche bauen' (*Mt* 16,18). Auf eine einzige Person baut er die Kirche, und obwohl er nach der Auferstehung allen Aposteln gleiche Vollmacht verliehen hat, ... verfügte er mit seiner Autorität – um die Einheit kundzutun -, daß der Ursprung eben dieser Einheit von einem einzigen Prinzip ausgehe" (*Liber de unitate Ecclesiae*, cap. IV, *Patrologiae latina* 4, 499 f.).

6. Seit dem Tag des Martyriums der Apostel Petrus und Paulus bittet die Kirche in Rom im Bewußtsein dieses besonderen Erbes, das sie ihnen verdankt, inständig und demütig den Heiligen Geist, den Geist der Wahrheit, den Beistand, er möge ihr – trotz aller menschlichen Schwachheit – gewähren, ihren Glauben und die Treue zu diesem ganzen Erbe zu bewahren.

Das besondere Amt (das Petrusamt), das mit dem Dienst des Bischofs von Rom verbunden ist, bewirkt, daß es von einzigartiger Bedeutung für die ganze Kirche ist.
Als Verantwortlicher dieses Dienstes wird der Bischof von Rom traditionsgemäß von den Vertretern der Ältesten seiner Kirche gewählt, die seit Beginn des zweiten Jahrtausends in einem besonderen, sogenannten Kardinalskollegium zusammengefaßt sind, dem die ausschließliche Befugnis zur Papstwahl vorbehalten ist.
In dem Maße, in dem die Kirche unter den verschiedenen Nationen der Erde wächst, haben auch die Vertreter der vielfältigen kirchlichen Gemeinden in der Welt an diesem Kollegium teil. Obwohl sie als Kardinäle Mitglieder des Klerus der Kirche von Rom werden, bringen sie doch ebenfalls die weltweite Ausdehnung des Petrusamtes zum Ausdruck. Und zugleich manifestieren sie jenen bezeichnenden missionarischen Zug des „paulinischen Amtes“, das von Anfang an dem apostolischen Erbe der Kirche in Rom aufgeprägt wurde.

7. An unserer Feier nehmen heute die neuen Kardinäle teil. Und sie konzelebrieren mit dem Papst diese feierliche Eucharistie zum Gedächtnis der heiligen Apostel Petrus und Paulus.
Alles – das liturgische Fest, der Gottesdienst, der Ort, wo die Feier stattfindet – spricht von der Größe der Aufgabe, zu der sie berufen sind. Alles mahnt sie nachhaltig an die Pflicht zu einem mutigen Zeugnis der Einheit unter ihnen und der Treue zum Stuhl Petri. Sie sind Mitarbeiter des Papstes in ihrer besonderen Eigenschaft als Zeugen „usque ad effusionem sanguinis“ (bis zum Blutvergießen) für den Glauben, das geoffenbarte Wort, der verkündeten Wahrheit in der Kirche. Von ihnen erwartet man, daß sie wie Petrus unermüdliche Verkünder und Baumeister des Friedens und der inneren Eintracht des Volkes Gottes sind, wie Paulus Vorbilder hochherziger und unaufhörlicher Hingabe an die Verkündigung des Evangeliums in allen Teilen der Welt.

8. Im Marianischen Jahr werden wir uns von neuem bewußt, daß die Mutter Gottes, die Mutter Christi, in besonderer Weise im Geheimnis der Kirche gegenwärtig ist. Begonnen hat diese Anwesenheit zuerst im Augenblick der Verkündigung und Menschwerdung, dann am Pfingsttag im Augenblick der Geburt der Kirche durch den Heiligen Geist. Maria war an jenem Tag mit den Aposteln, sie war inmitten der entstehenden Kirche. Und sie ist immer mit ihr geblieben.
„Im Geheimnis der Kirche, die ja auch selbst mit Recht Mutter und Jungfrau genannt wird, ist die selige Jungfrau Maria vorangegangen, da sie in hervorragender und einzigartiger Weise das Urbild sowohl der Jungfrau wie der Mutter darstellt“ (*Lumen gentium*, Nr. 63). Auch die Kirche bewahrt „in Nachahmung der Mutter ihres Herrn in der Kraft des Heiligen Geistes jungfräulich einen unversehrten Glauben, eine feste Hoffnung und eine aufrichtige Liebe“ (*Lumen gentium*, Nr. 64).
Diese Worte seien für euch, ehrwürdige und liebe Brüder, Kardinäle des Marianischen Jahres, eine besondere Quelle der Inspiration während eures gesamten Dienstes.

9. „Verherrlicht mit mir den Herrn, laßt uns gemeinsam seinen Namen rühmen. Ich suchte den Herrn, und er hat mich erhört, er hat mich all meinen Ängsten entrissen“ (*Ps* 34,4–5).

Die Liturgie des heutigen Festes scheint die Worte des Psalmisten beiden Aposteln, Petrus und Paulus, in den Mund zu legen. Nehmen wir sie in demselben Geist an. Unsere Schwachheit und Unwürde erfordern es.
Und doch: die Gnade „erweist ihre Kraft in der Schwachheit“ (*2 Kor* 12,9). Der Herr befreit uns von allem Bösen und rettet uns für sein ewiges Reich. Ihm sei die Ehre in alle Ewigkeit (vgl. *2 Tim* 4,18). Amen.

Die Schwierigkeiten zur vollen Gemeinschaft überwinden

Grußwort an die Delegation des Ökumenischen Patriarchats, die zum Fest der hll. Petrus und Paulus nach Rom kam, vom 29. Juni

Eminenz und liebe Brüder im Herrn!

Seid willkommen, die ihr euch im Namen der Schwesterkirche von Konstantinopel eingefunden habt, um mit der Kirche von Rom zu beten und euch mit ihr zu freuen, die ihre himmlischen Patrone, die glorreichen Apostel Petrus und Paulus feiert. Ich danke euch für eure Teilnahme an unserem Fest, und ich danke besonders – seiner Heiligkeit dem Patriarchen Dimitrios I. und der heiligen Synode, die euch gesandt haben.
Die heiligen Apostel und Märtyrer Petrus und Paulus „haben, jeder seiner Gnade entsprechend, gearbeitet, um die eine Familie Christi zusammenzuführen; gemeinsam empfingen sie die Krone des Lebens“ (*Präfation der Messe von den hl. Petrus und Paulus*). Mit der Gnade Gottes haben unsere Kirchen durch den apostolischen Dienst, den sie und die anderen Apostel uns überliefert haben, die Sendung, die Männer und Frauen unserer Zeit zum Eintritt in die Familie Christi zusammenzurufen, und sie verehren gemeinsam jene, die ihnen eine so große Verantwortung und ein so kostbares Erbe hinterlassen haben. In dieser Wirklichkeit liegt der tiefe Grund für die Besuche, die die Kirche von Konstantinopel und die von Rom anläßlich ihrer Patronatsfeste einander abstatten.
Eure Anwesenheit, Eminenz und liebe Brüder, ruft die Erinnerung an einen anderen Besuch wach, der ebenfalls reich war an Bedeutung, an Gnade und an Verheißungen. Im vergangenen Dezember hatte ich die Freude, meinen geliebten Bruder, den Patriarchen Dimitrios, begleitet von ehrwürdigen Metropoliten eurer Kirche, zu empfangen. Ich trage noch die lebendige Erinnerung an diese brüderliche Begegnung im Glauben und in der Liebe in meinem Herzen. Ihre Bedeutung für die Gegenwart und die Zukunft darf nicht vergessen werden. Ich hoffe von ganzem Herzen, daß das gläubige Volk und ganz besonders die Bischöfe und die Theologen in dem, was ihre Verantwortlichkeit und ihre Kompetenz betrifft, es verstehen werden, unseren Kirchen zu helfen, die Gnade zu vertiefen, die allen bei dieser Gelegenheit geschenkt wurde. Die Begegnung zwischen dem Ökumenischen Patriarchen und dem Papst von Rom fand statt mit Gebeten, Gesprächen und Gesten, die den augenblicklichen Zustand unserer kirchlichen Beziehungen zum Ausdruck brachten, die auch an die Schwierigkeiten mahnten, die auf unserem Weg zur vollen Gemeinschaft noch zu überwinden sind, und die ein Aufruf zur Hoffnung, zur Fürbitte und zum Einsatz an alle Gläubigen sein wollten, auf daß endlich

der gesegnete Tag komme, an dem wir von neuem zusammen die Sakramente des Herrn feiern können.

Die Bischöfe und die katholischen und orthodoxen Theologen, die beauftragt waren, sichern ihrerseits weiterhin den notwendigen und unverzichtbaren Beitrag des Dialogs im Hinblick darauf, daß unsere Kirchen sich in einer gleichen Gemeinschaft des Glaubens und der Liebe mögen finden können. Dieser Dialog macht, Gott sei Dank, positive Fortschritte.

Kardinal Willebrands, der vor zwei Tagen von Valamo zurückgekehrt ist, wo die fünfte Vollversammlung der gemischten internationalen Kommission für den theologischen Dialog zwischen der katholischen Kirche und der orthodoxen Kirche stattgefunden hat, brachte mir die gute Nachricht, daß die Mitglieder der Kommission einstimmig ein Dokument über „das Sakrament der Priesterweihe in der sakramentalen Struktur der Kirche" gebilligt haben. Sie haben auch das Thema für die nächste Session der Kommission bestimmt. Kardinal Willebrands hat mich auch über die geistliche Atmosphäre informiert, die das Treffen beseelt hat, und über den großzügigen und brüderlichen Empfang, der den Mitgliedern der Kommission durch die orthodoxe Kirche von Finnland zuteil wurde.

Danken wir dem Herrn, der uns durch seinen Geist der Verwirklichung unseres so sehr ersehnten Ziels entgegenführt: der vollen Einheit zwischen Orthodoxen und Katholiken!

Da sie immer besser dem Willen Christi für seine Kirche zu entsprechen suchen, ziehen die Katholiken und die Orthodoxen sich nicht in sich selbst zurück. Sie empfangen von Gott „diese schöpferische Liebe, die uns dazu führt, für die Gerechtigkeit und den Frieden sowohl auf Weltebene wie auf regionaler und lokaler Ebene zusammenzuarbeiten", wie Patriarch Dimitrios und ich in unserer gemeinsamen Erklärung am Ende unseres ersten Treffens in Erinnerung bringen wollten.

Ich möchte schließlich noch hinzufügen, daß ihre Anwesenheit, Eminenz, mich auch noch an einen anderen Besuch erinnert: jenen, den ich am orthodoxen Zentrum des ökumenischen Patriarchats in Chambesy zu machen das Glück hatte. Ich sage Ihnen Dank für den herzlichen Empfang und die Atmosphäre des Gebets und der Brüderlichkeit, die die Augenblicke dieser Begegnung im Zentrum des Patriarchats gekennzeichnet hat, das auch im Dienst aller orthodoxen Kirchen steht, da es gleichzeitig der Sitz des Sekretariats der orthodoxen Konferenzen zur Vorbereitung des orthodoxen Konzils ist, des Sekretariats, für das Ihnen Eminenz, die Verantwortung übertragen wurde. Indem sich die orthodoxen Kirchen auf den Weg der Konzilserfahrung begeben, öffnen sie sich der Gnade des Heiligen Geistes, der unaufhörlich die Kirche zusammenführt und erneuert, um sie in der Treue zur geoffenbarten Wahrheit zu festigen. Damit dieses Werk der Erneuerung der Kirche immer besser ihrer Berufung entspreche, berührt es die verschiedenen Formen ihres Lebens und trägt unmittelbar zur großen Sache der Einheit der Christen bei. Die katholische Kirche verfolgt mit Hoffnung und Interesse die Arbeiten der panorthodoxen Konzils-Vorbereitungskommissionen, und ich versichere Sie meines Gebets, damit sich das heilige Vorhaben der orthodoxen Kirchen verwirkliche.

Eminenz und liebe Brüder, an diesem Festtag sind wir inniger vereint durch „die Liebe, die aufbaut" (*1 Kor* 8,1). Mögen wir sie Frucht bringen lassen in jedem von uns und in unseren Kirchen zur Ehre Gottes und zum Wohl der ganzen Menschheit.

Ecclesia Dei

Apostolisches Schreiben „Motu proprio“ vom 2. Juli

1. Die Kirche Gottes hat mit großer Betrübnis von der unrechtmäßigen Bischofsweihe Kenntnis genommen, die Erzbischof Marcel Lefebvre am vergangenen 30. Juni vorgenommen hat. Dadurch wurden alle Anstrengungen zunichte gemacht, die in den in letzten Jahren unternommen worden waren, um der von Msgr. Lefebvre gegründeten Priesterbruderschaft St. Pius X. die volle Gemeinschaft mit der Kirche sicherzustellen. In der Tat blieben alle, besonders in den letzten Monaten sehr intensiven, Bemühungen, in denen der Apostolische Stuhl Geduld und Nachsicht bis an die Grenzen des Möglichen gezeigt hat[1], ohne Erfolg.

2. Diese Trauer empfindet besonders der Nachfolger Petri, dem es an erster Stelle zukommt, die Einheit der Kirche zu schützen[2]. Wie klein auch immer die Anzahl derer sein mag, die direkt in diese Ereignisse verwickelt sind: Jeder Mensch wird um seiner selbst willen von Gott geliebt und wurde durch das Blut Christi erlöst, das zum Heil aller am Kreuz vergossen wurde.
Die besonderen Umstände, sowohl objektiv wie subjektiv, unter denen die Tat des Erzbischofs Lefebvre vollzogen wurde, geben allen Gelegenheit, über die Sache gründlich nachzudenken und die Pflicht zur Treue gegenüber Christus und seiner Kirche zu erneuern.

3. Die Tat als solche war Ungehorsam gegenüber dem Römischen Papst in einer sehr ernsten und für die Einheit der Kirche höchst bedeutsamen Sache, wie es die Bischofsweihe ist, womit die apostolische Sukzession sakramental aufrechterhalten wird. Darum stellt dieser Ungehorsam, der eine wirkliche Ablehnung des Römischen Primats in sich schließt, eine schismatische Tat[3] dar. Da sie diese Tat trotz des offiziellen Monitums vollzogen, das ihnen durch den Kardinalpräfekten der Kongregation für die Bischöfe am vergangenen 17. Juni übermittelt wurde, sind Msgr. Lefebvre und die Priester Bernard Fellay, Bernard Tissier de Mallerais, Richard Williamson und Alfonso de Galarreta der schweren Strafe der Exkommunikation verfallen, wie sie die kirchliche Disziplin vorsieht[4].

4. Als Wurzel dieser schismatischen Tat läßt sich ein unvollständiger und widersprüchlicher Begriff der Tradition erkennen: unvollständig, da er den lebendigen Charakter der Tradition nicht genug berücksichtigt, die, wie das Zweite Vatikanische Konzil sehr klar lehrt, „von den Aposteln überliefert, ... unter dem Beistand des Heiligen Geistes einen Fortschritt kennt: es wächst das Verständnis der überlieferten Dinge und Worte durch das Nachsinnen und Studium der Gläubigen, die sie in ihrem Herzen erwägen, durch innere Einsicht, die aus geistlicher Erfahrung stammt, wie auch durch die Verkündigung derer, die mit der Nachfolge im Bischofsamt das sichere Charisma der Wahrheit empfangen haben“[5].

Vor allem aber ist ein Traditionsbegriff unzutreffend und widersprüchlich, der sich dem universalen Lehramt der Kirche widersetzt, das dem Bischof von Rom und dem Kollegium der Bischöfe zukommt. Denn niemand kann der Tradition treu bleiben, der die Bande zerschneidet, die ihn an jenen binden, dem Christus selbst in der Person des Apostels Petrus den Dienst an der Einheit in seiner Kirche anvertraute[6].

5. Das Geschehene vor Augen, fühlen wir uns verpflichtet, alle Gläubigen auf einige Gesichtspunkte aufmerksam zu machen, die durch dieses traurige Geschehen besonders deutlich werden.

a) Der Ausgang, den die Bewegung Bischof Lefebvres nun wirklich genommen hat, kann und muß für alle katholischen Gläubigen ein Anlaß zu einer gründlichen Besinnung über die eigene Treue zur Tradition der Kirche sein, der Tradition, die unversehrt vorgelegt wird durch das ordentliche und außerordentliche kirchliche Lehramt, besonders durch die Konzilien, vom Konzil von Nizäa bis zum Zweiten Vatikanischen Konzil. Diese Besinnung muß alle erneut und wirksam von der Notwendigkeit überzeugen, daß die Treue noch vertieft und gefestigt werden muß und vor allem irrige Interpretationen sowie willkürliche und ungerechtfertigte Erweiterungen in Dingen der Glaubenslehre, der Liturgie und der Disziplin zurückzuweisen sind.

Besonders die Bischöfe haben aufgrund ihres Hirtenamtes die schwere Pflicht, mit klarem Blick, mit Liebe und Unerschrockenheit darüber zu wachen, daß diese Treue überall bewahrt wird[7].

Es ist aber auch erforderlich, daß alle Hirten und übrigen Gläubigen aufs neue nicht nur die Autorität, sondern auch den Schatz der Kirche anerkennen, die sich auf die Vielfalt der Charismen sowie der Traditionen der Spiritualität und des Apostels stützen, und auch die Schönheit der Einheit in der Vielgestaltigkeit bewirken (jener Harmonie, die die irdische Kirche, vom Heiligen Geist dazu angeregt, zum Himmel emporsteigen läßt).

b) Wir möchten ferner auch die Theologen und Fachgelehrten der anderen kirchlichen Wissenschaften auffordern, daß auch ihr Wort von den augenblicklichen Umständen gefordert ist. Die Breite und Tiefe der Lehren des Zweiten Vatikanischen Konzils machen nämlich neue und vertiefte Untersuchungen notwendig, in denen der stete Zusammenhang des Konzils mit der Tradition im ganzen beleuchtet wird, vornehmlich in jenen Bereichen der Lehre, die, weil sie vielleicht neu sind, von einigen Teilgruppen der Kirche noch nicht recht verstanden wurden.

c) Vor allem möchten wir unter den vorliegenden Umständen einen feierlichen und leidenschaftlichen, wie auch väterlichen und brüderlichen Aufruf an all jene richten, die bisher in irgendeiner Weise mit der Bewegung des Erzbischofs Lefebvre in Verbindung standen, daß sie ihre ernste Pflicht erfüllen, mit dem Stellvertreter Christi in der Einheit der katholischen Kirche verbunden zu bleiben und in keiner Weise jene Bewegung weiter unterstützen zu wollen. Alle müssen wissen, daß die formale Zustimmung zu einem Schisma eine schwere Beleidigung Gottes ist und die Exkommunikation mit sich bringt, wie im Kirchenrecht festgesetzt ist[8].

All jenen katholischen Gläubigen, die sich an einige frühere Formen in der Liturgie und Disziplin der lateinischen Tradition gebunden fühlen, möchte ich auch meinen Willen kundtun – und wir bitten, daß sich der Wille der Bischöfe und all jener, die in der Kirche das Hirtenamt ausüben, dem meinen anschließen möge –, es ihnen leicht zu machen, in die kirchliche Gemeinschaft zurückzukehren, durch die notwendigen Maßnahmen, welche die Berücksichtigung ihrer gerechtfertigten Wünsche sicherstellen.

6. Im Hinblick auf die Bedeutung und Komplexität der in diesem Dokument angesprochenen Fragen setzen wir Folgendes fest:
a) Es wird eine Kommission eingesetzt, die die Aufgabe hat, mit den Bischöfen, den Dikasterien der Römischen Kurie und betreffenden Gruppen zusammenzuarbeiten, um die volle kirchliche Gemeinschaft mit den Priestern, Seminaristen, Gemeinschaften oder einzelnen Ordensleuten herzustellen, die bisher auf verschiedene Weise mit der von Erzbischof Lefebvre gegründeten Bruderschaft verbunden waren und mit dem Nachfolger Petri in der katholischen Kirche eins zu bleiben wünschen unter Wahrung ihrer geistlichen und liturgischen Traditionen, gemäß dem Protokoll, das am vergangenen 5. Mai von Kardinal Ratzinger und Erzbischof Lefebvre unterzeichnet wurde.
b) Diese Kommission besteht aus einem Kardinalpräsidenten und anderen Mitgliedern der Römischen Kurie, in einer Anzahl, die je nach den Umständen für sachlich und angemessen gehalten wird.
c) Ferner muß überall das Empfinden derer geachtet werden, die sich der Tradition der lateinischen Liturgie verbunden fühlen, indem die schon vor längerer Zeit vom Apostolischen Stuhl herausgegebenen Richtlinien zum Gebrauch des Römischen Meßbuchs in der Editio typica vom Jahr 1962 weit und großzügig angewandt werden[9].

7. Während sich das in besonderer Weise der heiligsten Jungfrau geweihte Jahr schon seinem Ende zuneigt, möchte ich alle auffordern, sich mit dem unaufhörlichen Gebet zu vereinen, das der Stellvertreter Christi durch die Fürsprache der Mutter der Kirche mit den Worten des Sohnes an den Vater richtet: Daß alle eins seien!

Gegeben in Rom, bei St. Peter, am 2. Juli 1988 im zehnten Jahr unseres Pontifikats.

JOHANNES PAUL II. PP

Anmerkungen

[1] Vgl. *Bekanntmachung des Hl. Stuhls* vom 16.6.1988.

[2] Vgl. 1. Vatik. Konzil, Konstitution *Pastor aeternus*, Kap. 3, *Denzinger/Schönmetzer* 3060.

[3] Vgl. *Codex Iuris Canonici*, can. 751.

[4] Vgl. *ebd.*, can. 1382.

[5] II. Vatik. Konzil, Konstitution *Dei Verbum*, Nr. 8, vgl. I. Vatik. Konzil, Konstitution *Dei Filius*, Kap. 3, *Denzinger/Schönmetzer* 3020.

[6] Vgl. *Mt* 16,18; *Lk* 10,16; 1. Vatik. Konzil, Konstitution *Pastor aeternus*, Kap. 3, *Denzinger/Schönmetzer* 3060.

[7] Vgl. *Codex Iuris Canonici*, can. 386; Paul VI., Apostol. Schreiben *Quinque iam anni*, 8.12.1970, *AAS* 63 (1971), 97–106.
[8] Vgl. *Codex Iuris Canonici*, can. 1364.
[9] Vgl. Kongregation für den Gottesdienst, Schreiben *Quattuor abhinc annos*, 3.10.1964, *AAS* 76 (1964), 1088–1089.

Von der Liebe Gottes durchdrungen

Predigt bei der Heiligsprechung von Simon de Rojas und Rose Philippine Duchesne am 3. Juli

1. »Der Geist des Herrn ruht auf mir« (*Jes* 61,1).
Wir kommen auf diese Worte des Jesaja zurück, die von der Sendung des Messias handeln.
Gerade auf diese Worte bezog sich auch Jesus in Nazaret an dem Tag, da er nach Ablauf der dreißig Jahre seinen messianischen Dienst in Israel begann. Der Vater hat ihn gesandt, den Armen die Frohbotschaft zu bringen, alle zu heilen, deren Herzen zerbrochen sind, den Gefangenen die Entlassung zu verkünden und den Gefesselten die Befreiung, ein Gnadenjahr des Herrn auszurufen, einen Tag der Vergeltung unseres Gottes (es wird der Tag des Opfers für die Sünden der ganzen Welt sein), um alle Trauernden zu trösten (vgl. *Jes* 61,1–2).
All das begann Jesus zu „tun“ und zu „lehren“ (vgl. *Apg* 1,1), indem er die Frohbotschaft verkündete und zugleich die Jünger für den Tag seines Paschaopfers vorbereitete.
Er kam voll der Kraft Gottes. Gott hat ihn mit seinem Geist gesalbt. Die messianische Verheißung des Jesaja hat sich vor den Augen jener Generation erfüllt, der es gegeben war, die Werke Jesu von Nazaret zu sehen und seine Worte zu hören.

2. Deswegen liefen ihm die Leute zu. Es kamen nicht nur die Söhne und Töchter Israels, sondern auch die Fremden, wie z. B. die Griechen, von denen das Evangelium heute spricht.
„Wir möchten Jesus sehen“ (*Joh* 1,21).
Sie bitten die Apostel um Vermittlung, um Jesus sehen zu können. Jesus aber gibt den Aposteln eine Antwort, die auf den ersten Blick befremdet. Er sagt: „Die Stunde ist gekommen, daß der Menschensohn verherrlicht wird“ (*Joh* 12,23).
Man könnte daran denken, daß die erwähnte „Verherrlichung“ sich auf das menschliche Ansehen bezieht, das Christus allmählich bei den Seinen und auch bei den Fremden umgab. Doch läßt Jesus uns im weiteren Verlauf seiner Ausführungen verstehen, daß er nicht an menschliches Ansehen, sondern an seinen Tod denkt. Jesus spricht von seinem Tod und nimmt das Weizenkorn als Gleichnis: „Wenn das Weizenkorn nicht in die Erde fällt und stirbt, bleibt es allein; wenn es aber stirbt, bringt es reiche Frucht“ (*Joh* 12,24).

Die Erhöhung Christi, des Messias Gottes, erfolgt gerade in diesem Tod, der Frucht bringt: im lebenspendenden Tod. Diese Erhöhung gehört zum Paschamysterium, das sich zu seiner Zeit an Christus, in Christus und durch Christus vollziehen wird.

3. Das Paschamysterium, das den Gipfel der messianischen Sendung Jesu von Nazaret bildet, bleibt der zentrale Kern der Botschaft des Evangeliums.
Jesus sagt: „Wer an seinem Leben hängt, verliert es; wer aber sein Leben in dieser Welt geringachtet, wird es bewahren bis ins ewige Leben" (*Joh* 12,25).
Und er fährt fort: „Wenn einer mir dienen will, folge er mir nach; und wo ich bin, dort wird auch mein Diener sein. Wenn einer mir dient, wird der Vater ihn ehren" (*Joh* 12,26).
Hier nennt uns das Evangelium den Weg der Berufung zur Heiligkeit. Die heutige Liturgie ruft uns diese Worte in Erinnerung, denn in ihrem Licht können wir die beiden Gestalten betrachten, die heute durch die Heiligsprechung zur Ehre der Altäre erhoben werden: Simón de Rojas und Rose Philippine Duchesne.
„Wenn einer mir dient, wird der Vater ihn ehren." In dem, was sie heute tut, will die Kirche wie bei jeder Heiligsprechung ein getreues und empfindsames Echo jener Liebe sein, die die Diener und Nachfolger Christi in Gott empfangen.

In spanischer Sprache fuhr der Papst fort:

4. Das Paschamysterium als Vorbild der Berufung zur Heiligkeit bildete im Leben von Fray Simón de Rojas, des bedeutenden Ordensmannes aus dem Orden der Heiligsten Dreifaltigkeit, der heute zur Ehre der Altäre erhoben wird, den Mittelpunkt. Er hat sich die Worte Christi, die wir in der Lesung des Evangeliums gehört haben, zu eigen gemacht: „Wer an seinem Leben hängt, verliert es; wer aber sein Leben in dieser Welt geringachtet, wird es bewahren bis ins ewige Leben" (*Joh* 12,25).
Der heilige Simón de Rojas gab seinem Leben als Christ und Priester vollen Sinn in der Kontemplation des Geheimnisses Gottes, der Liebe ist.
Getreu dem von Erlösung und Barmherzigkeit geprägten Charisma seines Ordens war „Padre Rojas", wie er vom Volk familiär genannt wurde, für jede Art von Bedürfnissen des Nächsten sehr aufgeschlossen, vor allem für jene der Ärmsten und am meisten Abgeschobenen, wie auch für jene der Christen, die um ihres Glaubens willen in Gefangenschaft waren. Die Armen sahen ihrerseits in ihm ihren Beschützer, Verteidiger und Vater. Sie erblickten an ihm soviel Schlichtheit und ein derart greifbares Zeugnis der Armut, daß sie ihn wie einen der Ihren betrachteten, der sich gänzlich ihren Leiden und Nöten angeglichen hatte.
Er arbeitete unermüdlich dafür, daß die von ihm gegründete „Kongregation der Diener des süßen Namens Mariens" ihr karitativ-soziales Wirken immer noch intensiver gestaltete. Die Mitglieder, zum großen Teil Laien, hatten sich dazu entschlossen, die eigenen Güter mit anderen zu teilen und den Armen zu helfen.
Viel Aufmerksamkeit fand der unermüdliche priesterliche Eifer des neuen Heiligen. Dazu bildete sein nachdrückliches und ständiges apostolisches Wirken kein Hindernis für

sein kontemplatives Gebetsleben, dem er „tagsüber breiten Raum ließ und noch mehr während der Nacht nach dem Chorgebet um Mitternacht".
Ein Zug, den man bei unserem Heiligen unbedingt hervorheben muß, ist ohne Zweifel seine ganz einzigartige und vertrauensvolle Liebe, die er von Kindheit an zur Jungfrau Maria hegte. Dieses intensive marianische Leben steigerte sich ständig in ihm. Und nachdem er Ordensmann und Priester geworden war, wurde er nicht müde, die Marienverehrung mit allen ihm zur Verfügung stehenden Mitteln zu verbreiten und sie all jenen einzuschärfen, mit denen er in Beziehung kam. Eine ihm besonders teure Weise, diese Andacht vorzuleben und zu verbreiten, war die völlige Übergabe oder kindliche Hingabe seiner selbst an die Mutter Gottes. Ununterbrochen wiederholte er die Anrufung und den Gruß „Ave Maria", so daß man ihn häufig liebevoll den „Pater Ave Maria" nannte. Er verbreitete auch sehr das Rosenkranzgebet.
So ist der neue Heilige für uns wirklich ein eindrucksvolles und providentielles Vorbild marianischen Lebens. Seinen Willen, Maria anzugehören, sprach er vollkommen in einem seiner bevorzugten Stoßgebete aus: „Herrin, laß mich ganz dein sein, dann habe ich nichts zu fürchten." Die Vorsehung hat es so gefügt, daß seine Heiligsprechung die letzte in diesem Marianischen Jahr ist. Es ist, als bitte und beschwöre sie uns, froh und dankbar die Botschaft anzunehmen, die unser neuer Heiliger so oft wiederholt hat: „Nichts tun und denken wollen, was unserer Herrin nicht angenehm wäre."
Der Gesellschaft seiner Zeit erschien der heilige Simón de Rojas als ein besonders vom Heiligen Geist erfüllter und gesalbter Mensch, äußerst gelehrig für seine Anregungen und in allen seinen Lebensäußerungen tief vom Evangelium geprägt: wie ein zweiter Christus!

In englischer Sprache fuhr der Papst fort:

5. Was aber sollen wir von der zweiten Heiligen sagen, die wir heute heiliggesprochen haben, Rose Philippine Duchesne, der Frau, die ihre Weihe an Gott in der Mission lebte? Aufgrund einer Vision, die sie in der Jugend gehabt hatte, verließ Rose Philippine die Annehmlichkeiten ihrer kulturellen Umwelt und ihrer Sprache und entschloß sich, der Kirche Christi in der Neuen Welt zu dienen. Sie dachte nicht so sehr an das, was sie verließ, als an jene, zu denen sie gesandt war, und zumal an Christus, von dem sie gesandt war. Rose Philippines ganzes Leben wurde umgestaltet und erhellt durch ihre Liebe zu Christus in der Eucharistie. Während der langen Stunden, die sie vor dem allerheiligsten Sakrament verbrachte, lernte sie, ständig in der Gegenwart Gottes zu leben. Sie legte alle ihre Hoffnungen und Wünsche bei Ihm nieder. Die Worte des heutigen Antwortpsalms drücken gut die Innigkeit ihrer Liebe zu Christus aus: „Du, Herr, gibst mir das Erbe und reichst mir den Becher; du hältst mein Los in deinen Händen" (*Ps* 16,5).
Mit missionarischem Mut blickte diese große Pioniergestalt in die Zukunft mit den Augen des Herzens – eines Herzens, das von Liebe zu Gott brannte. Sie blickte über die Bedürfnisse des nachrevolutionären Frankreichs hinaus auf die Nöte der Neuen Welt ihrer Zeit. Sie machte sich den Befehl des Evangeliums zu eigen, „hinzugehen und alle Völker zu lehren", und erinnert uns daran, daß die Berufung zur Heiligkeit universal ist und keine Grenzen der Nation, des politischen Systems, der Kultur oder Rasse kennt.

In französischer Sprache fuhr der Papst fort:

6. Mehr und mehr von der Liebe Gottes durchdrungen, die sie aus der erleuchteten und glühenden Verehrung der heiligen Eucharistie schöpfte, fühlte sich Rose Philippine Duchesne unwiderstehlich zu den armen Kindern und den mittellosen Familien hingezogen. Um deren Sorgen zu lindern und sie zu bilden, gab sie sich während der letzten vierunddreißig Jahre ihres Lebens im Gebiet des mittleren Westens so hochherzig hin. Sie unternahm sogar einen erfolgreichen Versuch apostolischer Arbeit unter den Indianern. Durch Sprachschwierigkeiten behindert, vermittelte sie doch all diesen armen Menschen durch ihr ganzes Wesen und ihr Verhalten etwas von der zärtlichen Liebe Gottes. Alle Mittel, die sie sammeln konnte, waren unzureichend, wurden aber unverzüglich verteilt. Dabei hätte sie so sehr gewünscht, daß die Reichen ihr Herz weiter öffnen und einfacher leben würden!
Das radikale Engagement von Mutter Duchesne für die Armen und Randexistenzen bleibt eine lebendige Quelle der Anregung für ihre eigene Kongregation, wie für alle Ordensschwestern heute. Ja, ihr ganz ungewöhnliches Beispiel gilt für alle Jünger Christi, zumal für jene, die in den wohlhabenden Gebieten der Erde leben. Ja, möchten sich doch mehr Christen vom Heiligen Geist ergreifen und begeistern lassen für den Dienst an den Ärmsten der dritten und der vierten Welt! Jünger Christi können sich hier vollzeitlich einsetzen. Noch zahlreicher sind jene, die die Möglichkeit und Pflicht haben, an den soziokaritativen Tätigkeiten am Ort teilzunehmen auf der Ebene der Pfarrei oder der Diözese. Oft warten sie aber auch auf zahlreiche und hochherzige Beiträge.

In italienischer Sprache fuhr der Papst fort:

7. Rose Philippine Duchesne und Simón de Rojas ... betrachten wir ihr geistliches Profil, so sehen wir die Worte des hl. Paulus bestätigt: „Die Liebe Christi drängt uns“ (vgl. *2 Kor* 5,14).
Die Liebe Christi drängt die neue Heilige und den neuen Heiligen: denn „Er starb für alle“ (*ebd.*), und daher müssen alle in Ihm jenen Teil des Geheimnisses vom Weizenkorn im Evangelium entdecken, der einem jeden zukommt: vom Weizenkorn, das stirbt, um Frucht zu bringen.
Der Apostel schreibt: „Er ist für alle gestorben, damit die Lebenden nicht mehr für sich leben, sondern für den, der für sie starb und auferweckt wurde“ (*2 Kor* 5,15).
Nicht für sich, sondern für Christus – und in Christus für die anderen, für die Brüder und Schwestern, die Nahen und die Fernen, für alle. Dies ist das Modell der Heiligkeit im Evangelium.
Daher gilt: „Wenn jemand in Christus ist, dann ist er eine neue Schöpfung. Das Alte ist vergangen, Neues ist geworden“ (*2 Kor* 5,17).
Im Zusammenhang mit der Gemeinschaft der Heiligen grüßt die Kirche heute das Geheimnis der neuen Schöpfung. Dank jener Menschen, die den Ruf des Evangeliums zur Heiligkeit verwirklicht haben, leben wir in der Hoffnung. Und unsere „Hoffnung ist voll Unsterblichkeit“ (*Weish* 3,4).

Die Taufe der Rus' – ein verbindendes Band

Predigt bei der göttlichen Liturgie im ukrainisch-byzantinischen Ritus am 10. Juli

1. Gloria Tibi Trinitas!
Vor tausend Jahren wurden die Worte, die Jesus zum Abschluß seiner messianischen Sendung auf Erden an die Apostel gerichtet hatte, am Ufer des Dnjepr, in der Kiewer Rus', Wirklichkeit: „Geht zu allen Völkern, und macht alle Menschen zu meinen Jüngern; tauft sie auf den Namen des Vaters und des Sohnes und des Heiligen Geistes“(*Mt* 28,19).
Ehre sei dir, Vater, Sohn, Heiliger Geist! Ehre sei dir, Heiligste Dreifaltigkeit, ein einziger Gott!
Allmächtiger Gott, Herrscher des Weltalls und Herr der Geschichte aller Völker, Ruhm und Ehre und Dank sei dir für die Gnade der heiligen Taufe der Vorfahren dieser Nation, die heute das große Millennium feiert.
Ehre und Dank sei dir für den Prinzen Wladimir, Herrscher dieses Landes, für seine Großmutter Olga und für alle, die ihnen im Glauben und in dem neuen Leben in Christus folgten, in ihm, dem Gekreuzigten und Auferstandenen für die Erlösung der Welt von den Sünden.

2. In gewisser Weise wiederholten sich so die Wunderzeichen des Jordan, der Tag, an dem dein eingeborener Sohn die Taufe empfing. Damals, so singt die byzantinische Liturgie, „wallte der Jordan auf, als er das Feuer der Gottheit sah, das leibhaftig herniederstieg und in ihn eintrat. Der Jordan wallte auf, als er den Unsichtbaren sichtbar gemacht sah, den menschgewordenen Schöpfer, den Herrn in Knechtsgestalt. Der Jordan wallte auf, und die Berge bebten, als sie Gott im Fleisch sahen; und aus den Wolken brach eine Stimme hervor, und sie bewunderten den, der kam, Licht von Licht, wahrer Gott vom wahren Gott“ (*Segnung des Wassers*).
Auch die Wasser des Dnjepr und die Hügel der Rus' erbebten vor Freude, als das große Ereignis der Wiedergeburt eines Volkes zum neuen Leben der Taufgnade geschah. Diese Freude brachte die russisch-orthodoxe Kirche bereits zum Ausdruck durch die Feierlichkeiten, die in Moskau im vergangenen Juni stattfanden. Zu diesem Anlaß sandte ich eine Delegation mit dem Kardinalstaatssekretär und dem Kardinal-Präsidenten des Sekretariats für die Einheit der Christen, um dieser Schwesterkirche den Ausdruck meiner Teilnahme und die der gesamten katholischen Kirche zu überbringen.
Heute ist es die ukrainische katholische Gemeinschaft, die zusammen mit der Kirche der heiligen Apostel Petrus und Paulus an Gott einen Hymnus des Lobes und Dankes für das historische Ereignis richtet, von dem die Evangelisierung der Völker ausging, die im östlichen Teil des europäischen Kontinentes und sogar hinter dem Ural lebten. Sie tat es am 950. Jahrestag dieses Ereignisses, als Papst Pius XII. in der gleichen Basilika einer Eucharistiefeier im slawisch-byzantinischen Ritus beiwohnte, an der eine große Schar von Katholiken eurer Nation teilnahm (vgl. *AAS*, 31, 1939, 258f.). Sie tut es heute durch diese

herrliche Repräsentation des Klerus und der Gläubigen, die in ihrer Sprache Gott für das preisen, was vor tausend Jahren an den Ufern des Dnjepr Wirklichkeit wurde.
Ich möchte gern die allgemeine Freude mit den Worten ausdrücken, die nach der alten Liturgie die Bischöfe und Priester bei der feierlichen Wassersegnung lasen: „Wesenseine Dreifaltigkeit, erleuchte auch uns, deine unwürdigen Diener, damit wir dein unermeßliches Werk und deine Allmacht lobpreisen können. Heute ist die Zeit des Festes gekommen, und der Chor der Heiligen vereinigt sich mit uns, und die Engel feiern zusammen mit den Menschen. Heute lassen die Wolken des Himmels auf die Menschheit den Tau der Gerechtigkeit niederfallen. Heute wird die Schuld der Menschen getilgt mit den Wassern des Jordan. Heute öffnet sich den Menschen das Paradies, und die Sonne der Gerechtigkeit hüllt uns in ihren Glanz. Groß bist du, Herr, und wunderbar sind deine Werke, und Worte reichen nicht aus, deine Wundertaten zu rühmen" (*Wassersegnung*).

3. Heute dankt die Kirche der heiligen Apostel Petrus und Paulus zusammen mit der ukrainischen Gemeinschaft Gott für alles, was er durch seinen Diener, den hl. Wladimir, den Großfürsten von Kiew, getan, der, nachdem er die kostbare Perle des Glaubens gefunden hatte, sie sich wie der Kaufmann im Evangelium zu eigen machte und auch sein Volk an ihr teilhaben ließ. Mit Recht sagte deshalb der bekannte Kiewer Metropolit Ilarion von ihm: „Die Erde Roms lobpreist Petrus und Paulus, durch die sie an Jesus Christus, den Sohn Gottes, glaubte; Asien, Ephesus und Patmos loben Johannes den Theologen; Indien preist Thomas; Ägypten lobt Markus. Alle Länder, Städte und Menschen ehren und rühmen die eigenen Lehrer im Glauben. Auch wir ehren unseren Kräften gemäß mit Lobliedern unseren großen und unvergleichlichen Lehrer und hervorragenden Führer, den Großfürsten unseres Landes, Wladimir, den Neffen des ehrwürdigen Igor, Sohn des ruhmreichen Swjatoslaw" (*Rede über das Gesetz und die Gnade*, 38,5–12).

4. Liebe Brüder und Schwestern! Ihr habt euch hier zusammen mit dem Bischof von Rom um das heilige Erbe der Apostel Petrus und Paulus versammelt, seid herzlich willkommen! Ich grüße euch im Herrn! Empfangt den Friedenskuß!
Die Gnade dieses heiligen Tages des Millenniums werde euch zuteil und sei für jeden Quelle neuer Freude. Das wünscht euch der Nachfolger Petri beim Gedenken dieses Ereignisses, das eure Geschichte in unauslöschlicher Weise gekennzeichnet hat.
Welches unerforschliche Geheimnis Gottes erfüllte sich damals in der Seele eurer Vorfahren und in ihrem ganzen Menschsein! Durch die Taufe wurden sie eingetaucht in den Tod Christi, wurden mit ihm begraben als Erben der Sünde Adams, um an seiner Auferstehung teilzuhaben und von ihm, dem Auferstandenen, als Adoptivkinder Gottes ein neues Erbe zu empfangen: das Erbe des Lebens in Gott.
Das gleiche Geheimnis Gottes hat sich durch das Sakrament der Taufe von Generation zu Generation bis auf den heutigen Tag immer wiederholt.
Lob sei dir, Heiligste Dreifaltigkeit! Lob sei dir, heilige Kirche; du bist für uns die Pforte zum neuen Leben in Christus.

5. Bei dem festlichen Anlaß der Tausendjahrfeier sind die geistlichen Söhne und Töchter des hl. Wladimir aufgerufen, in sich die Gnade des Sakramentes zu erneuern, von dem ihre religiöse und nationale Identität Ausgang genommen hat. Durch die Taufe wird der „neue Mensch" geboren, der in der Gnade des Geistes die Quelle eines „neuen Lebens" und im Gebot der Liebe das „neue Gebot" besitzt, aus dem die eine Familie der Kinder Gottes hervorgeht, die zur „neuen Hoffnung" der ewigen Glückseligkeit berufen sind.
Das ist die unvergleichliche Bedeutung der Taufe: sie ist das Fundament für das neue Sein des Christen und der Stützpunkt seiner Geschichte, sei es als Einzelner, sei es als Glied eines Volkes.
Mit der Taufe der Rus' begann der langsame und vielfältige Prozeß der kulturellen und gesellschaftlichen Reifung, der so tief die Entwicklung der ukrainischen, weißrussischen und russischen Völker beeinflussen sollte. Die Nachkommen dieser Nationen können, wenn sie voll Freude ihrer Herkunft gedenken, nicht umhin, die ermutigende Botschaft aufzunehmen, die ihnen aus diesem geschichtlichen Ereignis zukommt.

6. Wie könntet besonders ihr, Söhne und Töchter der ukrainischen Nation, vergessen, daß ihr das Erbe der Taufe eurer Vorfahren gemeinsam mit den orthodoxen Brüdern eures Volkes besitzt? Und wie könntet ihr das geschichtliche Band außer acht lassen, das eure Nation mit der weißrussischen und der russischen Nation verbindet?
Die Taufe hat aus euch wie aus ihnen Glieder derselben Kirche gemacht. Als eure Ahnen vor etwa tausend Jahren die Taufe empfingen, hatte die Spaltung in der Kirche noch nicht stattgefunden. Der hl. Wladimir veranlaßte sein Volk, die Taufe zu empfangen, in jener gesegneten Zeit, als die Kirche Christi sich ungeteilt vom Osten bis zum Westen erstreckte. Er übernahm die liturgischen Riten und die heiligen Zeremonien von Byzanz, beharrte aber zugleich, seiner Stellung und seiner Aufgabe bewußt, bis ans Ende in der Einheit der katholischen Kirche und pflegte mit Sorgfalt freundschaftliche Beziehungen mit dem Apostolischen Stuhl. Nicht wenige Fürsten nach ihm empfingen weiterhin mit gebührenden Ehren die Legaten der Römischen Päpste.
Unter dem Wirken des Heiligen Geistes, des Parakleten, kam der Wunsch nach der vollen kirchlichen Einheit in den folgenden Jahrhunderten nicht zur Ruhe. Wie sollte man nicht an Isidor, den berühmten Metropoliten von Kiew, denken, der am Konzil von Florenz teilnahm und dort das Unionsdekret unterzeichnete? Die Kirche von Rom erwies ihm ihrerseits große Ehren, übertrug ihm während seines Lebens die höchsten Aufgaben und nahm nach seinem Tod seine sterblichen Überreste in diese Vatikanische Basilika auf.

7. Das Ende des 16. Jahrhunderts war für die Kirche in der Ukraine eine schwierige Zeit. Überall entstand, weithin aufgegriffen in den verschiedenen kirchlichen Bereichen, ein tiefgreifender Wunsch nach Erneuerung. In dieser Situation sahen viele Bischöfe und ein Teil des Volkes die praktische Möglichkeit für die ersehnte Wiederbelebung in der Wiederherstellung der vollen Gemeinschaft mit der Kirche Roms. Allen ist im übrigen bekannt, wie diejenigen, die in Brest die Union unterzeichneten, nie die Vorstellung hatten, durch diesen Akt einen Bruch mit ihrer Vergangenheit zu vollziehen. Im Gegenteil: die Union mit Rom war in ihren Augen die Wiederherstellung der kirchlichen Situation der

alten Kirche von Kiew vor der unglückseligen Entfremdung zwischen den Kirchen des Ostens und des Westens.
Ihr kirchlicher Standpunkt wurde, wie wir wissen, nicht vom ganzen Volk begriffen, ja er wurde sogar in seiner eigentlichen Bedeutung mißverstanden. Ist es nun aber nicht ein Akt der Gerechtigkeit – vor allem denen gegenüber, die, als Folge dieses Schrittes, die Bitterkeit des Unverständnisses erfuhren und den Preis ihres eigenen Lebens zahlten – ist es nicht ein Akt der Gerechtigkeit, anzuerkennen, daß jenes Heimweh nach der Einheit der Kirche dabei im Spiel war, das wir heute, nach einigen Jahrhunderten, immer lebhafter und drängender in uns wahrnahmen im Zusammenhang mit einem vertieften Verständnis des Geheimnisses der Kirche und in anderen geschichtlichen Umständen?
Als Papst Clemens VIII. die Vertreter der Kirche von Kiew umarmte, die nach Rom gekommen waren, um den Unionsvertrag zu unterzeichnen, war sicherlich die Hoffnung groß, daß diese Geste der Liebe ein bedeutendes Ereignis in der Geschichte der Wiederherstellung der vollen kirchlichen Einheit bekräftige. Was sie damals durch diese Umarmung sagen wollten, das drängt heute auch uns zum Austausch der gleichen Geste der Brüderlichkeit und des Friedens.

8. Der Heilige Geist, der mit so großer Kraft während des II. Vatikanischen Konzils gesprochen hat und weiterhin seine Stimme durch die Zeichen der Zeit vernehmen läßt, spornt uns alle an, mit erneutem Aufschwung die Wege des ökumenischen Dialogs zu verfolgen, und er gibt uns ein, brennend danach zu verlangen, daß doch der Tag des Friedenskusses zwischen der katholischen und der orthodoxen Kirche nahe sein möge.
Der Apostolische Stuhl hat es seinerseits immer lebhaft als Pflicht empfunden, die katholischen ukrainischen Gläubigen zu unterstützen in ihrem Recht, in der katholischen Einheit zu bleiben und ihrem eigenen Ritus und ihren eigenen Traditionen zu folgen. Darum wurden für die ukrainischen Gläubigen, die in der Diaspora leben, Metropolitansitze, Eparchien und Exarchate mit eigener kirchlicher Hierarchie geschaffen.

9. Liebe Brüder im Bischofsamt, liebe Brüder und Schwestern in Christus, unserem Herrn! Hier, beim Grab des hl. Apostels Petrus, in dessen Nähe die sterblichen Überreste des euch so teuren hl. Märtyrers Josaphat ruhen, danken wir gemeinsam der heiligsten Dreifaltigkeit für das unschätzbare Geschenk der Taufe und für die reichlichen geistlichen Früchte der Teilnahme an den göttlichen Geheimnissen in der Gemeinschaft desselben Glaubens und im Band der gleichen Liebe.
Die Tausendjahrfeier muß in allen Christen den ökumenischen Einsatz neu beleben und die katholische und die orthodoxe Kirche anspornen, in der Ukraine die alten historischen Bande wiederzuentdecken und mit frischem Schwung für die Sache der Einheit zu arbeiten. Wir wollen gemeinsam beten, daß zwischen Katholiken und Orthodoxen bald die volle Gemeinschaft wiederhergestellt werden könne, in der die Vorfahren jahrhundertelang lebten. Und zugleich wollen wir dafür beten, daß eure Kirche, die auch in diesem Jahrhundert viel Widriges durchzustehen hatte, in ihrer Eigenart geachtet werde.
Ich wiederhole hier den Wunsch, den ich schon in der Botschaft *Magnum Baptismi Donum* zum Ausdruck gebracht habe, nämlich, in Zukunft „die Mißverständnisse und das

gegenseitige Mißtrauen überwunden und das volle Recht eines jeden auf die eigene Identität und das eigene Glaubensbekenntnis anerkannt zu sehen. Die Zugehörigkeit zur katholischen Kirche sollte von niemanden als unvereinbar mit dem Wohl des eigenen Vaterlandes und mit dem Erbe des heiligen Wladimir angesehen werden. Mögen die Scharen eurer Gläubigen sich echter Gewissensfreiheit und der Beachtung ihrer religiösen Rechte in der Abhaltung des öffentlichen Gottesdienstes nach ihrer vielfältigen Tradition und ihrem Ritus sowie mit den eigenen Hirten erfreuen" (Nr. 7) und auf solche Weise sich durch die gemeinsame Freude eine neue Epoche brüderlicher ökumenischer Zusammenarbeit eröffnen.

10. Liebe Brüder und Schwestern, heute blickt die katholische Kirche mit besonderer Liebe auf euch alle, katholische Ukrainer, die ihr in der Diaspora oder in eurer Heimat lebt. Sie schaut auf euch und singt mit euch das „Te Deum" der Danksagung für das Geschenk des Glaubens und des jahrhundertelangen Ausharrens in ihm.
Ihre Freude aber ist von Wehmut überschattet, da sie so viele eurer Brüder und Schwestern sieht, die sich nicht der religiösen Freiheit erfreuen, obgleich dieses Recht viele Male in den Verfassungen der Staaten und in bedeutenden internationalen Dokumenten bekräftigt wurde.
Meine Lieben, die katholische Kirche und der Nachfolger Petri sind euch nahe, ja sie sind solidarisch mit euch und beten für euch. Von ganzem Herzen umarme ich euch als euer Bruder und erster Papst slawischer Herkunft in der Geschichte der Kirche.
Gemeinsam mit euch begebe ich mich geistlich mit euch auf die Wallfahrt zum Hügel von Kiew, auf dem sich, weithin den Dnjeprfluß beherrschend, die Statue des hl. Wladimir erhebt. Ich knie vor der Ikone der betenden Gottesmutter in der Sophienkathedrale in Kiew nieder und vertraue ihr alle Wechselfälle im Leben der ukrainischen katholischen Gemeinschaft an. Muttergottes, breite deinen heiligen Mantel über uns aus und schütze uns vor allem Unheil!
Ihr hll. Apostel Petrus und Paulus, ihr hll. Fürsten Wladimir und Olga, ihr hll. Väter Antonius und Theodosius Pecerski, ihr hll. Boris und Hlib und hl. Märtyrer Josaphat, bittet stets für uns, eure treuen Söhne und Töchter! Jesus Christus, erbarme dich unser und rette uns, Du, der Du gut und ein Freund der Menschen bist!
Heiligste Dreifaltigkeit, die Du Leben und Heiligkeit schenkst, Vater, Sohn und Heiliger Geist, Dir sei Ruhm und Ehre in Ewigkeit! Amen.

Brüderlich im Sinn des Evangeliums leben

Ansprache an die Mitglieder des Generalkapitels der Kapuziner am 12. Juli

Liebe Brüder!

1. Mit besonderer Freude bin ich nun bei euch, den Mitgliedern des Generalkapitels des Kapuzinerordens. In euch sehe ich eure ganze Ordensfamilie vertreten, und in euch als Kapitularen sehe ich zugleich ein bedeutsames Zeichen der Einheit in der Liebe, in der alle Brüder in eurem Orden verbunden sind.
Gern erwidere ich euren Besuch, den Ausdruck des „Gehorsams und der Ehrfurcht", die Bruder Franziskus „dem Papst und seinen Nachfolgern sowie der römischen Kirche" versprochen hat (*RB*1 : FF 76). Ich versichere euch meiner Verbundenheit mit euch und meiner Erwartungen hinsichtlich eures Lebens und eures spezifischen Dienstes für die Kirche und den Menschen von heute. Ich möchte meine Verbundenheit und meine Erwartungen zum Ausdruck bringen durch einige Gedanken, die euch bei euren Überlegungen und für praktische Entscheidungen helfen mögen.

2. Ihr habt während dieser Tage die für die zentrale Leitung des Ordens während der nächsten sechs Jahre verantwortlichen Brüder gewählt. Ihnen allen – zumal dem Generalminister P. Falvio Roberto Carraro, der wiedergewählt worden ist – spreche ich meine wärmsten Glückwünsche aus. Doch ihr habt euch über dieses juridisch und pastoral bedeutsame Ereignis hinaus mit einigen Themen beschäftigt, die heute in eurer kapuzinischen Bruderschaft besonders wichtig sind, und das mit Recht, denn „die Abhaltung eines Generalkapitels soll eine Stunde der Gnade und des Wirkens des Heiligen Geistes sein und das geistliche Erbe des Institutes erneuern und schützen" (CRIS, Wesentliche Elemente der Lehre der Kirche über das Ordensleben, 31. Mai 1983).
Ich bin sicher, daß eure Arbeiten beim Kapitel ein grundlegendes Ziel hatten: nämlich „die dynamische Treue zu eurer Berufung" zu sichern, um die Worte meiner Botschaft an die 14. Generalversammlung der Konferenz der Ordensleute Brasiliens (11. Juli 1986) zu gebrauchen. Und gerade um diese Treue zu eurer Berufung zu sichern, möchte ich euch ein dreifaches Bemühen empfehlen.

3. An erster Stelle das Bemühen um Bewußtmachung. Es soll euch immer die entsprechende Aufgeschlossenheit und Frische gegenüber der typischen Identität des Kapuziners sichern, nämlich dem Primat des brüderlichen Lebens im Sinn des Evangeliums, lebendig gehalten durch eine starke kontemplative Erfahrung und vorgelebt in radikaler Armut, Strenge und Einfachheit, in freudig geübter Buße und in der vollen Verfügbarkeit für den Dienst an allen Menschen. Das ständige tiefere Hineinwachsen in das Bewußtsein der eigenen religiösen Identität setzt eine dauernde Aufmerksamkeit hinsichtlich der im Evangelium gebotenen, grundlegenden Motive für das eigene Charisma und den eigenen Orden voraus.
In diesem Zusammenhang teile ich euch gerne mit, daß ich mit großer Freude und Wertschätzung die Widmung des ersten Bandes des Werkes „I Frati Cappuccini – Documenti

e testimonianze del primo secolo“ (Die Kapuziner – Dokumente und Zeugnisse aus dem ersten Jahrhundert), der kürzlich veröffentlicht worden ist, entgegengenommen habe; ein monumentales Werk über die Quellen eures Ordens. Es kann euch zweifellos eine gute Hilfe bieten und es euch erleichtern, euren Einsatz im Licht der Quellen der echten kapuzinischen Inspiration zu betrachten.
Bemüht euch ferner um Realismus im Sinn praktischer Konsequenz und einer entsprechenden Inkarnierung in den heutigen geschichtlichen Verhältnissen. Ihr habt seit dem Konzil mehrere Jahre hindurch vertieft über eure religiöse Identität nachgedacht; diese Überlegungen haben ihren entsprechenden Ausdruck in euren erneuerten Konstitutionen gefunden, wie auch in den Weisungen der Vollversammlungen des Ordens und einiger Generalkapitel. Ein entscheidender Schritt wird immer die noch eifrigere Nachahmung des heiligen Franziskus sein in seinem Bestreben, es nicht bei Worten zu belassen, sondern Taten zu setzen.
Bemüht euch ernsthaft und realistisch auf diesem Weg der praktischen Anwendung auf sämtlichen Ebenen, nach den Kriterien des Lebens und der Hoffnung, die ihr bereits besitzt; sucht demütig und aufrichtig und bis zu den letzten Konsequenzen jene Werte zu inkarnieren, die euer Charisma ausmachen.

4. Endlich geht es um das Bemühen um Unterscheidung; das heißt, ihr müßt die richtigen und vorrangigen Entscheidungen auf der Ebene des Lebens, eurer Präsenz und eurer Dienste zu fällen wissen.
In diesem Sinn beschränke ich mich darauf, eure Aufmerksamkeit auf die Notwendigkeit der Ausbildung zu richten.
Bei kürzlichen Anlässen hatte ich Gelegenheit, die äußerste Wichtigkeit der anfänglichen Ausbildung und der Weiterbildung der Brüder zu unterstreichen, damit eine wirkliche Erneuerung des Ordens gewährleistet wird, wie es das Konzil ja gewollt hat. Wie ich den Ordensleuten Brasiliens gesagt habe, hängt die Lebenskraft einer Ordensfamilie zum guten Teil von der Ausbildung der Mitglieder des Institutes ab. Eine praktische Pflicht ist hier die Vorbereitung von fachkundigen Erziehern, trotz der vielfältigen apostolischen Aufgaben und Nöten, die auf den Ordensfamilien lasten (vgl. die Botschaft an die 14. Generalversammlung der Konferenz der Ordensleute Brasiliens, 11. Juli 1986).
Schenkt also der integralen Förderung eurer Mitbrüder ganz besondere Aufmerksamkeit und stellt für alle einen ständigen Reifungsprozeß sicher, der vor allem durch die spezifischen Züge der Kapuzinerspiritualität gekennzeichnet ist.

5. Ein Bereich, den ihr mit Recht in euren Programmen für die Evangelisierung hervorhebt, ist die Option für die Armen. Als echte Söhne des heiligen Franziskus müßt ihr euch glücklich fühlen, wenn ihr „unter Menschen leben könnt, die wenig zählen und verachtet sind, unter den Armen und Schwachen, den Kranken und Bettlern …“ (*RnB* 9: FF 30); doch wie der hl. Franziskus ein Bruder aller war, ein friedfertiger und Frieden stiftender Mensch und unermüdlicher Vollbringer des Guten, so müßt auch ihr alle auf den Weg der Versöhnung, der Liebe und der Hoffnung führen.

Wie ich bei meiner kürzlichen apostolischen Reise nach Bolivien in Erinnerung gerufen habe, „ist die bevorzugte, aber weder exklusive noch jemanden ausschließende Option für die Armen eine Frucht der Liebe und damit Quelle moralischer Energie, die dazu befähigt, den edlen Kampf für die Gerechtigkeit auszuhalten ..." (Oruro, 11. Mai 1988).
Die beim edlen Kampf für die Gerechtigkeit anzuwendenden Kriterien dürfen niemals die der gewaltsamen Auseinandersetzung sein; sie müssen sich vielmehr jederzeit anregen und tragen lassen von den Grundsätzen des Evangeliums, nämlich von Zusammenarbeit und Dialog, gegebenenfalls auch mit aller nötigen Festigkeit, die keinen Widerspruch fürchtet.

6. Liebe Brüder, wie meine Vorgänger auf den hl. Franziskus und seine Söhne gebaut haben, so rechne auch ich mit euch: bleibt eurer ganz bestimmten Berufung in der Kirche treu und nährt euer Leben und das Volk Gottes prophetisch mit dem, was der Heilige Geist euch heute durch das Lehramt der Kirche sagt.
Euer Generalkapitel verläuft im letzten Abschnitt des Marianischen Jahres, das unsere Gedanken auf die Jungfrau Maria richtet. In ihr, der Mutter Gottes und Mutter der Kirche, versteht sich euer Ordensleben selbst am tiefsten und findet zugleich das sichere Zeichen der Hoffnung. Wenn ihr über die Gestalt der Jungfrau nachdenkt, denkt an eure Berufung, die einen Umschwung auf dem Weg eures persönlichen Verhältnisses zum lebendigen Gott bedeutet hat.
Die unbefleckte Jungfrau, Königin und Patronin eures Ordens, erwirke euch die Gabe, immer nach ihrem Beispiel das Wort des Heiligen Geistes zu hören und es in die Praxis auf den Spuren eures seraphischen Vaters umzusetzen.
Euch allen und jedem Mitbruder eures Ordens, zumal denen, die um das Evangeliums willen Verfolgung leiden, erteile ich meinen Apostolischen Segen.

Der Dienst am Menschen ein Geschenk des Herrn

Ansprache an das Generalkapitel der Brüder der Nächstenliebe am 12. Juli

Lieber Bruder Generalsuperior,
liebe zum Generalkapitel delegierten Brüder!

Es ist gewiß eine Freude und ein Trost für den Papst, im Lauf des Jahres eine Anzahl Generalkapitel von Ordensleuten zu empfangen, wenn sie ihre Zusammenkünfte im Herzen der Kirche selbst halten. Alle diese vom Evangelium inspirierten und von ihren Gründern und Gründerinnen in ihrem jeweiligen besonderen Charakter ins Leben gerufenen Institute sind ein kostbares Geschenk des Herrn an seine Kirche, zum Dienst und zum Heil der Menschheit.
Es sind nun bald zwei Jahrhunderte, daß der Kanoniker Pierre-Joseph Triest aus der Diözese Gand, den man sehr bald „den belgischen hl. Vinzenz von Paul" nannte, das Fundament zu einer Ordensgemeinschaft legte, die nach seinem Wunsch für die am meisten

benachteiligten Menschen da sein sollte. Wir wollen gemeinsam den Herrn preisen, der die Kräfte seiner Kirche immer wieder durch das Zeugnis des Glaubens und der Liebe so vieler seiner Jünger stärkt (vgl. *2. Präfation von den Heiligen*).

Im Lauf eures Generalkapitels habt ihr wiederum stark den Aufruf empfunden und ihn auch sehr klar zum Ausdruck gebracht, dem Charisma der Nächstenliebe eures Gründers treu zu bleiben: dem Dienst an den Geringsten, den Schwächsten, den Verlassensten. Diese neu entfachte Begeisterung der einzelnen und der Gemeinschaft ist für die Kirche eine Freude und eine Hoffnung.

Genauer gesagt möchte ich, um euch in eurer Sendung als Brüder der Nächstenliebe zu bestärken, im Namen der Kirche hervorheben, daß euer Ordensleben als Brüder im Dienst der Armen, der Kranken und der Behinderten aller Art – in der Tiefe der durch die Taufe vollzogenen und durch die Gelübde der evangelischen Räte noch voller zum Ausdruck gebrachten Weihe an Gott – vor allem eine Teilhabe an der Liebe Gottes selbst ist: „Gott ist die Liebe" (*1 Joh* 4,16). Kurz: das Charisma eurer Kongregation hat seinen Ursprung im Geheimnis der heiligsten Dreifaltigkeit, und jeder Bruder der Nächstenliebe darf – abgesehen davon, daß er seine fachlichen Aufgaben mit den nötigen Sachkenntnissen erfüllen muß – nur einen Wunsch haben: in das Geheimnis der göttlichen Liebe eingetaucht zu bleiben.

Konkret gesprochen ist das göttliche Wort, das in seiner Sendung der Liebe zum Wohl der Menschheit aller Zeiten und aller Orte Mensch geworden ist, das vollkommene Vorbild für den Stil eures Ordenslebens. Wir erinnern uns alle an die ergreifenden Gleichnisse von der zärtlichen Liebe Gottes zu den Menschen, die im Leben Wunden davongetragen haben, vor allem an die Gleichnisse vom barmherzigen Samariter, vom verlorenen Schaf und dem vom verlorenen Sohn. Wir alle haben das Handeln Jesu betrachtet, der sich von den Kranken, den Siechen und den Hoffnungslosen umringen und bestürmen ließ. Diese Zeichen der Güte und Macht, die er – immer diskret – zum Besten einer Menge von Menschen wirkte, lassen erkennen, daß Jesus der göttliche Befreier ist, der Sieger über das Böse und den Tod. Seine Auferstehung wird im ganz ausgesprochenen Sinn das Zeichen für seine Gottheit und seine heilbringende Macht sein, an der er alle seine Brüder, die Menschen teilnehmen lassen will. Liebe Brüder, eure konkrete und tägliche Sendung muß unbedingt von dieser liebenden Betrachtung des auferstandenen Christus durchdrungen sein, damit ihr imstande seid, soweit wie möglich den Glaubensblick eurer Kranken und Behinderten auf dieses geschichtliche und geheimnisvolle Ereignis der Auferstehung zu lenken, als Unterpfand dafür, daß sie in ihren Prüfungen siegreich sein und sie als Weg zur Heiligung annehmen können. Wenn ihr wieder, wie ihr es getan habt, für tiefreichende Motivierungen sorgt, wie sie dem Geist und dem täglichen praktischen Leben eurer Berufung entsprechen, dann habt ihr das Werk des Herrn vollbracht. Er hat diese Vertiefung und diesen neuen Aufschwung vom achtzehnten Generalkapitel erwartet. Und als Delegierte eurer achthundert Brüder werdet ihr ihnen die geistlichen Schätze, die ihr während dieser Wochen des Nachdenkens und des Gebetes noch besser entdeckt habt, zu überbringen wissen.

Wie mir scheint, bestand eine Sorge eures Kapitels darin, eurer Mission der Nächstenliebe auch christliche Laien anzuschließen, die geeignet wären, das Ideal eures Instituts hochherzig zu leben. Ein wohlbedachter Appell an solche, die sich eurem Werk anschließen wollen, ist ohne Zweifel eine Eingebung des Heiligen Geistes. Bewahrt und entfaltet mit Eifer und Demut das Charisma von Pater Triest, in einer Weise, daß ihr schließlich, wie in einer vom Evangelium ausgehenden Osmose, zusammen mit euren Laien-Mitarbeitern Gemeinschaften bildet, die nicht nur beruflich besser ausgestattet sind, sondern vor allem für die physisch oder psychisch verwundeten Menschen die Liebe Gottes durchscheinen lassen.

So werden die Brüder der Nächstenliebe ihrerseits, nach dem schönen Ausdruck meines Vorgängers Paul VI., die Kultur der Liebe mitaufbauen. Hinsichtlich eures Plans zum Anschluß von Laien an die vielfältigen karitativen Dienste eurer Kongregation wünsche ich, es möge euch gelingen, zahlreiche junge Menschen, die eure Schulen besuchen, wahrnehmen zu lassen, wie sehr die Aufmerksamkeit gegenüber allem Leiden, die Achtung und der hochherzige Dienst für die Schwachen und Begrenzten eine Pädagogik des Evangeliums darstellen, die sie immer mehr befähigt zu begreifen, daß das in Verbundenheit mit Christus angenommene und aufgeopferte Leiden sinnvoll wird und dazu beitragen kann, daß das Heil Gottes im Leben der Menschen zur Entfaltung kommt.

Liebe Brüder, der Herr Jesu ist mit euch, er geht mit euch, er leidet mit euch, er arbeitet mit euch. Habt keine Angst, welche Schwierigkeiten auch immer sich erheben mögen! Es gehört zu jedem Getauften und Gefirmten, in der Hoffnung zu leben; um wieviel mehr müssen die Ordensleute diese übernatürliche Hoffnung ausstrahlen! Und Jesus hat seine Mutter allen Menschen gegeben, in besonderer Weise denen, die auf seinen Ruf geantwortet haben und ihm enger nachgefolgt sind. Maria möge euch lehren, die Jugend, die Erwachsenen und die alten Menschen, die an Krankheiten leiden oder in ihren menschlichen Fähigkeiten verwundet sind, so zu lieben wie Jesus, unser Herr.

Um euch auf den Wegen der Nächstenliebe zu unterstützen, erteile ich euch und all denen, die ihr vertretet, in Liebe meinen Apostolischen Segen.

Maria – wirklich universale Mutter

Predigt beim Abendgottesdienst in alexandrinisch-koptischem Ritus (Gebet zum Ritus des Weihrauchs) in S. Maria Maggiore an der Vigil des Hochfestes der Aufnahme Marias in den Himmel am 14. August

„Wie ein Rauchopfer steige mein Gebet vor dir auf; als Abendopfer gelte vor dir, wenn ich meine Hände erhebe“ (*Ps* 140/141,1)

1. Mit diesen Worten macht der Psalmist das symbolische Band deutlich, das zwischen dem Abendgebet und dem Aufsteigen des Weihrauchs besteht.

Der aufsteigende Weihrauch erinnert mit großer Ausdruckskraft an die Sehnsucht des menschlichen Geistes, sich zur Höhe aufzuschwingen, die Enge des Alltags hinter sich zu lassen, um den Sinn des eigenen Daseins zu erkennen und sich wieder mit Gott zu vereinigen. In der Menschwerdung wollte das Wort Gottes die menschliche Natur annehmen und ist auch zum Kosmos in eine neue Beziehung getreten, um ihn Gott, dem Vater, als ihm wohlgefällige Opfergabe darzubringen.

Mit dem sicheren Blick des Glaubens betrachtet, ist das Verlangen nach dem Unendlichen, nach Vollkommenheit, nach tiefer innerer Verbundenheit des Geschöpfes mit dem Schöpfer kein bloßes Heimweh oder das Erträumen von Unmöglichem. Es ist vielmehr eine ununterbrochene Pilgerfahrt, ein fortwährendes Angespanntsein des Menschen auf sein Ziel hin, das sich unaufhörlich in Haltungen der Fügsamkeit ausdrückt.

„Auf dich hin hast du uns erschaffen, und unruhig ist unser Herz, bis es ruht in dir", erinnert uns der hl. Bischof Augustinus (*Bekenntnisse* 1,1).

Dieser Weihrauch, der ohne Pause zum Himmel steigt, nimmt das tiefe Sehnen unseres Herzens nach Gott, das in dem Verlangen des Gebetes zum Ausdruck kommt, mit hinauf. Der Weihrauch hebt sich also zusammen mit unseren Händen zum Himmel, um Gott unseren Durst nach Ihm und zugleich auch Menschen und Dinge, unsere Wünsche und unsere Sehnsucht darzubringen.

Eure große geistliche Tradition, liebe Brüder und Schwestern der koptischen Kirche von Ägypten, erkennt diesem Gebet beim Aufsteigen des Weihrauchs eine besondere Feierlichkeit und einen ganz eigenen Wert zu. Ich freue mich darum, daß ich mich heute dem Chor eurer Liturgie beigesellen darf, um meinem Dank an den lebendigen Gott mit so nachhaltig schwingendem Akzent Ausdruck zu geben.

2. Ich möchte Gott in besonderer Weise für dieses Marianische Jahr danken, das sich jetzt seinem Ende zuneigt, und für die Gnaden, die der Kirche von der Vorsehung in diesem besonders der Gottesmutter geweihten Jahr angeboten wurden! Die zahlreichen marianischen Initiativen in allen Teilen der Welt sind ein Zeugnis dafür. Auf diese Weise konnten wir mit tröstlicher Unmittelbarkeit feststellen, daß die Jungfrau Maria wirklich die universale Mutter ist.

Morgen, am Fest der Aufnahme Marias in den Himmel, werden wir feierlich diese heilige Zeit abschließen. Gerade zur Vorbereitung auf einen solchen Augenblick der Gnade wollte ich, daß noch einmal die ruhmvolle Stimme des christlichen Ostens ertöne.

In diesem Marianischen Jahr hat sich mehrmals gerade hier in der Stadt Rom das alte und so kostbare Gebet der Ostkirchen zum Himmel erhoben. Die Teilnahme des Bischofs von Rom, der dem Liebesbund vorsteht, an diesen Gebeten wollte ein Zeichen für den wunderbaren Austausch sein, durch den eure geistlichen Schätze, liebe Söhne und Töchter des christlichen Ostens, der Universalkirche zugute kommen. Diese geistlichen Reichtümer sind ein unschätzbares Geschenk für die ganze Kirche. Sie sind in einer langen Geschichte der Treue zu Christus auch durch dramatische Ereignisse hindurch zur Blüte gekommen. Sie sind angereichert von einer wunderbaren Synthese zwischen Theologie und Spiritualität, wodurch das Glaubensgeheimnis zum Lobgesang wird, der in die Tiefen des Menschenherzens dringt.

Wenn wir heute am Gebet zum Weihrauchopfer teilnehmen, so möchten wir uns in Gedanken die vielfältigen und verschiedenen Töne aller Liturgien der östlichen Traditionen zu eigen machen, auch jener, die wir in dieser ehrwürdigen Stadt nicht feiern konnten.

Die koptische Liturgie, die so geeignet ist, die wachsame Erwartung des Mönches auszudrücken, der gegürtet und mit brennender Lampe den Herrn in seinem noch zurückhaltenden, aber sicheren Kommen aufnimmt –, diese Liturgie ist die wunderbare Stimme, mit der die Kirche heute ihre glühende Erwartung des kommenden Herrn ausdrückt.

3. Willkommen also, ehrwürdige Brüder, und liebe Söhne und Töchter der koptischen Kirche, die ihr mit der Zusammenkunft in dieser Kirche uns eure kindliche Liebe zur Mutter Gottes bekunden wolltet durch ein Gebet, das die charakteristischen Merkmale einer so ursprünglichen und alten Tradition an sich trägt.
Eure Glaubenserfahrung erschöpfte sich nicht in gelehrter Forschung und in verstandesmäßigem Aufsteigen zu dem Himmel eines unzugänglichen Gottes. Sie ließ sich vielmehr gewinnen und erziehen durch das einfache Leben des Volkes, das durchwoben ist von Unmittelbarkeit und Edelmut, von spontaner und mitreißender Phantasie. In euer überliefertes Erbe ließen der gebildete Gelehrte und der hochherzige Bauer das Beste ihres Gottsuchens und ihre gemeinsame Erfahrung als von Gott geliebte und erlöste Menschen einfließen.
In diese eure reiche Erfahrung wurden sowohl der unbezwungene Mut der Märtyrer wie die leidenschaftliche Askese unzähliger Scharen von Mönchen eingepflanzt. Einzig von der Weisheit des Wortes Gottes geführt, wußten eure Märtyrer und Asketen eine wunderbare Radikalität in der Suche nach dem Gottesreich zu bezeugen, eine unübertroffene Meisterschaft darin, in die verborgenen Geheimnisse des Menschenherzens einzudringen.
Die Botschaft jener Gottbegeisterten klingt noch heute mehr denn je aktuell für die Kirche. Sie ist eine Aufforderung, treu und mutig zu sein, und im Lärm der modernen Zivilisation Gelegenheiten zu schöpferischer Einsamkeit zu entdecken, um den Weg der Wahrheitssuche ohne Maske, ohne Ausreden und Vortäuschungen in den Blick zu nehmen. Diese Meister, diese großartigen Athleten des Glaubens übten einen bestimmten Einfluß auf eure Liturgie aus. Sie machten sie reich an Erwartungen, von Einfachheit erfüllt und durchdrungen von der Weisheit des Gotteswortes.

4. Liebe Brüder und Schwestern, liebt diese eure Liturgie, in der und mit der heute der Bischof von Rom mit euch betet. Erfahrt sie als lebendigen Ausdruck eures religiösen und kulturellen Empfindens. Seht sie als ursprüngliche Frucht, auf die die Universalkirche stolz ist. Verteidigt ihr Erbe, damit sie weiterhin der Ort sei, an dem euer Herzschlag spontaner zum Gebet wird. Bleibt stets mit dem glorreichen Zeugnis eurer Väter im Glauben verbunden, die sich von der Liturgie nährten und so den Prüfungen des Martyriums standzuhalten und mit Mut und Festigkeit anfordernde Lebensentscheidungen zu erfüllen wußten. Gebt euch nicht daran, mit übertriebener Improvisation Kulturen und Traditionen nachzuahmen, die nicht die euren sind. So würdet ihr das Feingefühl, das eurem Volk eigen ist, verraten.
Meine Vorgänger haben oft auf diesem so wichtigen Punkt bestanden. Unter allen möchte ich hier an zwei große Päpste erinnern, die sehr um den christlichen Orden verdient waren: Benedikt XIV., dem wir die Konstitution *Demandatum* vom 24. Dezember 1743 ver-

danken, und Leo XIII., der am 30. November 1894 das berühmte Apostolische Schreiben *Orientalium dignitas Ecclesiarum* erließ.
Ihnen pflichtet das Zweite Vatikanische Konzil bei, das nachdrücklich unterstreicht, daß „Änderungen nur aus Gründen des eigenständigen und organischen Fortschritts eingeführt werden sollten" (*Orientalium Ecclesiarum*, Nr. 6). Das bedeutet, daß jede etwaige Anpassung eurer Liturgie sich auf ein aufmerksames Quellenstudium stützen muß, auf eine objektive Kenntnis der Besonderheiten eurer Kultur, auf die Aufrechterhaltung der Tradition, die der ganzen koptischen Christenheit eigen ist.

5. Bei dieser Gelegenheit des Gebetes zum Weihrauchritus möchte ich der koptischen orthodoxen Kirche meinen brüderlichen Gruß senden. Im Licht des gemeinsamen Weges in einem Glauben, der in Christus seinen Ursprung und sein Ziel findet, müssen wir fest glauben, daß wir berufen sind, ein Herz und eine Seele zu werden. Das Gebet möge unaufhörlich dieser gemeinsamen Sehnsucht Nahrung geben.
Die Fürsprache der hl. Jungfrau Maria, die in den Himmel aufgenommen wurde, möge die Zeit der vollen Einheit aller Kirchen in der einen Kirche Christi näherrücken lassen. Möge die Jungfrau Mutter, die in Ägypten das Drama des Exils kennenlernte, deren ihr gedenkt und die ihr verehrt an den Orten, die nach der Überlieferung berühmt wurden durch die Gegenwart der Heiligen Familie –, möge die Jungfrau Mutter der koptischen Kirche beistehen, sie stützen und ihr Schutz gewähren.
Sie, die eure Liturgie mit ergreifender Poesie in den herrlichen „Theotokien" besingt, möge ihre Hände im Gebet und in der Fürbitte über euch erheben, über euer Land, über eure Familien, über eure Kirchen und über eure Klöster. Sie erlange euch den Segensblick des Vaters; das erlösende Erbarmen des Sohnes, der über die Straßen eures Landes gegangen ist; die heiligende Liebe des Geistes, der nicht aufhört, Früchte der Heiligkeit und der Gnade hervorzurufen. Amen.

Mulieres dignitatem

Apostolisches Schreiben über die Würde und Berufung der Frau anläßlich des Marianischen Jahres vom 15. August

Verehrte Mitbrüder,
geliebte Söhne und Töchter,
Gruß und Apostolischen Segen!

I. Einleitung

Ein Zeichen der Zeit

1. Die Würde der Frau und ihre Berufung – ständiges Thema menschlicher und christlicher Reflexion – haben in den letzten Jahren eine ganz besondere Bedeutung gewonnen. Das beweisen unter anderem die Beiträge des kirchlichen Lehramtes, die sich in verschiedenen Dokumenten des II. Vatikanischen Konzils wiederfinden, das dann in seiner Schlußbotschaft sagt: „Die Stunde kommt, die Stunde ist schon da, in der sich die Berufung der Frau voll entfaltet, die Stunde, in der die Frau in der Gesellschaft einen Einfluß, eine Ausstrahlung, eine bisher noch nie erreichte Stellung erlangt. In einer Zeit, in welcher die Menschheit einen so tiefgreifenden Wandel erfährt, können deshalb die vom Geist des Evangeliums erleuchteten Frauen der Menschheit tatkräftig dabei helfen, daß sie nicht in Verfall gerät“.[1] Die Worte dieser Botschaft fassen zusammen, was bereits in der Lehre des Konzils, insbesondere in der Pastoralkonstitution *Gaudium et spes*[2] und im Dekret über das Laienapostolat *Apostolicam actuositatem*,[3] Ausdruck gefunden hatte.

Ähnliche Stellungnahmen hatte es in der Zeit vor dem Konzil gegeben, zum Beispiel in einer Reihe von Ansprachen Papst Pius' XII.[4] und in der Enzyklika *Pacem in terris* von Papst Johannes XXIII.[5] Nach dem II. Vatikanischen Konzil hat mein Vorgänger Paul VI. die Bedeutung dieses „Zeichens der Zeit“ zum Ausdruck gebracht, als er die heilige Theresia von Avila und die heilige Katharina von Siena zu Kirchenlehrerinnen erhob[6] und außerdem auf Ersuchen der Bischofssynode vom Jahre 1971 eine eigene Kommission einrichtete, deren Zweck die Untersuchung der Probleme unserer Zeit im Zusammenhang mit der „Förderung der Würde und der Verantwortung der Frauen“ war.[7] In einer seiner Ansprachen sagte Paul VI. unter anderem: „Im Christentum besaß die Frau mehr als in jeder anderen Religion schon von den Anfängen an eine besondere Würdestellung, wofür uns das Neue Testament nicht wenige und nicht geringe Beweise bietet ...; es erscheint ganz offenkundig, daß die Frau dazu bestimmt ist, an der lebendigen, tätigen Struktur des Christentums so stark teilzunehmen, daß vielleicht noch nicht alle Kräfte und Möglichkeiten dafür freigelegt worden sind“.[8]

Die Synodenväter der letzten Vollversammlung der Bischofssynode (Oktober 1987), die der „Berufung und Sendung der Laien in der Kirche und in der Welt zwanzig Jahre nach dem II. Vatikanischen Konzil“ gewidmet war, haben sich erneut mit der Würde und Berufung der Frau beschäftigt. Sie haben unter anderem die Vertiefung der anthropologischen und theologischen Grundlagen verlangt, die für die Lösung der Probleme in bezug auf die Bedeutung und Würde des Menschseins als Frau und als Mann notwendig sind. Es geht darum, den Grund und die Folgen der Entscheidung des Schöpfers zu verstehen, daß der Mensch immer nur als Frau oder als Mann existiert. Erst von diesen Grundlagen her, die ein tiefes Erfassen von Würde und Berufung der Frau erlauben, ist es überhaupt möglich, von ihrer aktiven Stellung in Kirche und Gesellschaft zu sprechen.

Das alles möchte ich im vorliegenden Dokument behandeln. Das nachsynodale Apostolische Schreiben, das danach veröffentlicht werden soll, wird Vorschläge pastoralen Charakters zur Stellung der Frau in Kirche und Gesellschaft vorlegen, zu denen die Synodenväter, auch unter Berücksichtigung der von den Laien-Auditoren – Männern und Frauen – aus den Teilkirchen aller Kontinente vorgetragenen Zeugnisse, wichtige Überlegungen angestellt haben.

Das Marianische Jahr

2. Die letzte Synode wurde während des Marianischen Jahres abgehalten, das einen besonderen Anstoß zur Auseinandersetzung mit diesem Thema bietet, worauf auch die Enzyklika *Redemptoris Mater* hinweist.[9] Diese Enzyklika entwickelt und aktualisiert die im VIII. Kapitel der Dogmatischen Konstitution über die Kirche *Lumen gentium* enthaltene Lehre des II. Vatikanischen Konzils. Dieses Kapitel trägt einen bedeutsamen Titel: „Die selige jungfräuliche Gottesmutter Maria im Geheimnis Christi und der Kirche". Maria – jene „Frau" der Bibel (vgl. *Gen* 3,15; *Joh* 2,4; 19,26) – gehört eng zum Heilsmysterium Christi und ist daher in besonderer Weise auch im Mysterium der Kirche gegenwärtig. Da „die Kirche in Christus gleichsam das Sakrament (...) für die innigste Vereinigung mit Gott wie für die Einheit der ganzen Menschheit" ist,[10] denken wir bei dieser besonderen Gegenwart der Gottesmutter im Geheimnis der Kirche an die einzigartige Beziehung zwischen dieser „Frau" und der ganzen Menschheitsfamilie. Es handelt sich hier um jeden einzelnen und jede einzelne, um alle Söhne und alle Töchter des Menschengeschlechts, in denen sich im Laufe der Generationen jenes grundlegende Erbe der ganzen Menschheit verwirklicht, das an das Geheimnis des biblischen „Anfangs" gebunden ist: „Gott schuf den Menschen als sein Abbild; als Abbild Gottes schuf er ihn. Als Mann und Frau schuf er sie" (*Gen* 1,27).[11]

Diese ewige Wahrheit über den Menschen als Mann und Frau – eine Wahrheit, die auch in der Erfahrung aller fest verankert ist, – stellt gleichzeitig das Geheimnis dar, das sich nur im fleischgewordenen Wort wahrhaft aufklärt. „Christus macht dem Menschen den Menschen selbst voll kund und erschließt ihm seine höchste Berufung", so lehrt das Konzil.[12] Dürfen wir dann nicht in diesem „dem Menschen den Menschen Kundmachen" einen besonderen Platz für jene „Frau" entdecken, die die Mutter Christi wurde? Hat nicht vielleicht die im Evangelium – dessen Hintergrund die ganze Schrift, Altes und Neues Testament, ist – enthaltene „Botschaft" Christi der Kirche und der Menschheit Wesentliches zu sagen über Würde und Berufung der Frau?

Genau dies soll denn auch das Thema des vorliegenden Dokumentes sein, das sich in den weiten Rahmen des Marianischen Jahres einfügt, während wir uns dem Ende des zweiten und dem Beginn des dritten Jahrtausends seit der Geburt Christi nähern. Und es scheint mir das beste zu sein, diesem Text den Stil und Charakter einer Meditation zu geben.

II. Frau – Gottesmutter (Theotókos)

Verbundenheit mit Gott

3. „Als aber die Zeit erfüllt war, sandte Gott seinen Sohn, geboren von einer Frau". Mit diesen Worten aus seinem *Brief an die Galater* (4,4) verbindet der Apostel Paulus die für die Erfüllung des „von Gott im voraus bestimmten" Geheimnisses (vgl. *Eph* 1,9) ausschlaggebenden Momente miteinander. Der Sohn, das Wort, gleichen Wesens mit dem Vater, wird als Mensch von einer Frau geboren, als „die Zeit erfüllt ist". Dieses Geschehen führt zum Schlüsselereignis der als Heilsgeschichte verstandenen Geschichte des Menschen auf Erden. Es ist bezeichnend, daß der Apostel die Mutter Christi nicht mit ihrem Namen „Maria" nennt, sondern von ihr als „Frau" spricht: Dies stellt eine Übereinstimmung mit den Worten des Protoevangeliums im *Buch Genesis* her (vgl. 3,15). Eben jene „Frau" ist in dem zentralen Heilsereignis gegenwärtig, das die „Fülle der Zeit" bestimmt: In ihr und durch sie wird dieses Ereignis Wirklichkeit.

So beginnt das zentrale Ereignis, das Schlüsselereignis in der Heilsgeschichte, das Pascha des Herrn. Doch ist es wohl auch der Mühe wert, dieses Ereignis von der im weitesten Sinne verstandenen geistlich-religiösen Geschichte des Menschen her, wie sie in den verschiedenen Religionen der Welt zum Ausdruck kommt, zu erwägen. Wir berufen uns hier auf die Worte des II. Vatikanums: „Die Menschen erwarten von den verschiedenen Religionen Antwort auf die ungelösten Rätsel des menschlichen Daseins, die heute wie von jeher die Herzen der Menschen im tiefsten bewegen: Was ist der Mensch? Was ist Sinn und Ziel unseres Lebens? Was ist das Gute, was die Sünde? Woher kommt das Leid, und welchen Sinn hat es? Was ist der Weg zum wahren Glück? Was ist der Tod, das Gericht und die Vergeltung nach dem Tode? Und schließlich: Was ist jenes letzte und unsagbare Geheimnis unserer Existenz, aus dem wir kommen und wohin wir gehen?".[13] „Von den ältesten Zeiten bis zu unseren Tagen findet sich bei den verschiedenen Völkern eine gewisse Wahrnehmung jener verborgenen Macht, die dem Lauf der Welt und den Ereignissen des menschlichen Lebens gegenwärtig ist, und nicht selten findet sich auch die Anerkennung einer höchsten Gottheit oder sogar eines Vaters".[14]

Vor dem Hintergrund dieses weiten Panoramas, das die Bestrebungen des menschlichen Geistes auf der Suche nach Gott – manchmal, „als ob sie ihn ertasten und finden könnten" (vgl. *Apg* 17,27) – hervorhebt, macht die „Fülle der Zeit", von der Paulus in seinem Brief spricht, die Antwort Gottes selbst offenkundig, die Antwort dessen, „in dem wir leben, uns bewegen und sind" (vgl. *Apg* 17,28). Es ist der Gott, der „viele Male und auf vielerlei Weise einst zu den Vätern gesprochen hat durch die Propheten; in dieser Endzeit aber hat er zu uns gesprochen durch den Sohn" (vgl. *Hebr* 1,1–2). Die Entsendung dieses Sohnes, gleichen Wesens mit dem Vater und als Mensch „von einer Frau geboren",

stellt den endgültigen Höhepunkt der Selbstoffenbarung Gottes an die Menschheit dar. Diese Selbstoffenbarung besitzt Heilscharakter wie das II. Vatikanum an anderer Stelle lehrt: „Gott hat in seiner Güte und Weisheit beschlossen, sich selbst zu offenbaren und das Geheimnis seines Willens kundzutun (vgl. *Eph* 1,9): daß die Menschen durch Christus, das fleischgewordene Wort, im Heiligen Geist Zugang zum Vater haben und teilhaftig werden der göttlichen Natur (vgl. *Eph* 2,18; *2 Petr* 1,4)“.[15]
Die Frau befindet sich am Herzen dieses Heilsereignisses. Die Selbstoffenbarung Gottes, der unerforschlichen Einheit in Dreifaltigkeit, ist in ihren wesentlichen Zügen in der Verkündigung von Nazaret enthalten. „Du wirst ein Kind empfangen, einen Sohn wirst du gebären: dem sollst du den Namen Jesus geben. Er wird groß sein und Sohn des Höchsten genannt werden“. – „Wie soll das geschehen, da ich keinen Mann erkenne?“ – „Der Heilige Geist wird über dich kommen, und die Kraft des Höchsten wird dich überschatten. Deshalb wird auch das Kind heilig und Sohn Gottes genannt werden (...). Denn für Gott ist nichts unmöglich“ (*Lk* 1,31–37).[16]
Es ist naheliegend, wenn wir dieses Ereignis betrachten aus der Sicht der Geschichte Israels, des auserwählten Volkes, dem Maria entstammte; aber es fällt auch nicht schwer, im Hinblick auf all jene Wege daran zu denken, auf welchen die Menschheit seit jeher Antwort sucht auf die grundlegenden und zugleich entscheidenden Fragen, die sie bedrängen. Ist nicht in der Verkündigung von Nazaret der Anfang jener endgültigen Antwort gesetzt, mit der Gott selber der Unruhe des menschlichen Herzens begegnet?[17]
Hier handelt es sich nicht nur um Worte Gottes, die durch Propheten offenbart wurden, sondern mit dieser Antwort wird tatsächlich „das Wort Fleisch“ (vgl. *Joh* 1,14). Maria erlangt auf diese Weise eine solche Verbundenheit mit Gott, daß sämtliche Erwartungen des menschlichen Geistes übertroffen werden. Diese Antwort übertrifft sogar die Erwartungen ganz Israels und insbesondere der Töchter dieses auserwählten Volkes, die auf Grund der Verheißung hoffen konnten, eine von ihnen würde eines Tages Mutter des Messias werden. Wer von ihnen konnte jedoch ahnen, daß der verheißene Messias der „Sohn des Höchsten“ sein würde? Vom alttestamentlichen Monotheismus her gesehen war das kaum vorstellbar. Allein kraft des Heiligen Geistes, der „sie überschattete“, vermochte Maria anzunehmen, was „für Menschen unmöglich, aber für Gott möglich ist“ (vgl. *Mk* 10,27).

Theotókos

4. So macht „die Fülle der Zeit“ die außerordentliche Würde der „Frau“ offenbar. Diese Würde besteht einerseits in der übernatürlichen Erhebung zur Verbundenheit mit Gott in Jesus Christus, die das tiefste Ziel der Existenz jedes Menschen sowohl auf Erden wie in der Ewigkeit ausmacht. In diesem Sinne ist die „Frau“ Vertreterin und Urbild der ganzen Menschheit: Sie vertritt das Menschsein, das zu allen Menschenwesen, Männern wie Frauen, gehört. Andererseits jedoch stellt das Ereignis von Nazaret eine Form der Verbundenheit mit dem lebendigen Gott dar, die nur der „Frau“, Maria, zukommen kann: die Verbundenheit zwischen Mutter und Sohn. Die Jungfrau aus Nazaret wird tatsächlich die Mutter Gottes.

Diese vom christlichen Glauben von Anfang an angenommene Wahrheit wurde auf dem Konzil von Ephesus (431) feierlich als Dogma formuliert.[18] Im Gegensatz zur Auffassung des Nestorius, der in Maria ausschließlich die Mutter des Menschen Jesus sah, hob dieses Konzil die wesentliche Bedeutung der Mutterschaft der Jungfrau Maria hervor. Als Maria im Augenblick der Verkündigung mit ihrem „Fiat" antwortete, empfing sie einen Menschen, der Sohn Gottes und gleichen Wesens mit dem Vater war. Sie ist daher wahrhaft die Mutter Gottes; denn ihre Mutterschaft betrifft die ganze Person und nicht nur den Leib und auch nicht nur die menschliche „Natur". Auf diese Weise wurde der Name Theotókos – „Gottesgebärerin", Gottesmutter – zum eigentlichen Namen für die der Jungfrau Maria gewährte Verbundenheit mit Gott.
Die besondere Verbundenheit der „Theotókos" mit Gott, welche die jedem Menschen geschenkte übernatürliche Bestimmung zur Verbundenheit mit dem Vater (filii in Filio) in überragendster Weise verwirklicht, ist reine Gnade und als solche ein Geschenk des Geistes. Gleichzeitig jedoch bringt Maria durch ihre im Glauben gesprochene Antwort ihren freien Willen zum Ausdruck und damit die volle Teilnahme ihres personalen, fraulichen „Ich" am Ereignis der Menschwerdung. Mit ihrem Fiat wird Maria zum wahren Subjekt jener Verbundenheit mit Gott, die sich im Geheimnis der Menschwerdung des mit dem Vater wesensgleichen Wortes verwirklicht hat. Das gesamte Handeln Gottes in der Geschichte der Menschen achtet immer den freien Willen des menschlichen „Ich". Das war auch bei der Verkündigung in Nazaret der Fall.

„Ihm zu dienen bedeutet herrschen"

5. Dieses Ereignis hat einen klaren interpersonalen Charakter: Es ist ein Dialog. Wir begreifen das nicht ganz, wenn wir nicht das gesamte Gespräch zwischen dem Engel und Maria von dem „Sei gegrüßt, du Begnadete" her betrachten.[19] Der ganze Dialog enthüllt die wesentliche Dimension des Geschehens: die übernatürliche Dimension (κεχαριτωμένη). Aber die Gnade schiebt niemals die Natur beiseite, noch hebt sie sie auf; sie trägt vielmehr zu ihrer Vervollkommnung und Veredelung bei. Daher bedeutet jene „Gnadenfülle", die der Jungfrau aus Nazaret im Hinblick darauf, daß sie Theotókos werden sollte, gewährt worden ist, zugleich die Fülle der Vollkommenheit all dessen, „was kennzeichnend für die Frau ist", was „das typisch Frauliche ist". Wir befinden uns hier gewissermaßen am Höhepunkt und beim Urbild der personalen Würde der Frau.
Als Maria auf die Worte des himmlischen Boten mit ihrem „Fiat" antwortet, empfindet die „Begnadete" das Bedürfnis, ihre persönliche Einstellung zu dem Geschenk, das ihr geoffenbart wurde, zu bekennen, und sagt: „Ich bin die Magd des Herrn" (*Lk* 1,38). Dieser Satz darf nicht dadurch seiner tiefen Bedeutung beraubt oder geschmälert werden, daß man ihn aus dem Gesamtzusammenhang des Geschehens und aus dem Gesamtinhalt der über Gott und über den Menschen offenbarten Wahrheit künstlich herauslöst. Im Ausdruck „Magd des Herrn" wird deutlich, daß sich Maria voll bewußt ist, vor Gott ein Geschöpf zu sein. Doch wird das Wort „Magd" vom Ende des Verkündigungsdialogs dann in die Gesamtperspektive der Geschichte der Mutter und des Sohnes einbezogen. In der Tat wird dieser Sohn, der wahrer und wesensgleicher „Sohn des Höchsten" ist, oft –

besonders auf dem Höhepunkt seiner Sendung – von sich sagen: „Denn der Menschensohn ist nicht gekommen, um sich dienen zu lassen, sondern um zu dienen“ (*Mk* 10,45). Christus trägt immer in sich das Bewußtsein, der „Gottesknecht“ nach der Prophezeiung des Jesaja zu sein (vgl. *Jes* 42,1; 49,3.6; 52,13), wo der Inhalt seiner messianischen Sendung im wesentlichen schon enthalten ist: das Bewußtsein, der Erlöser der Welt zu sein. Maria fügt sich vom ersten Augenblick ihrer Gottesmutterschaft, ihrer Verbundenheit mit dem Sohn, den „der Vater in die Welt gesandt hat, damit die Welt durch ihn gerettet wird“ (vgl. *Joh* 3,17), in den messianischen Dienst Christi ein.[20] Dieser Dienst ist es, der das Fundament zu jenem Reich legt, in dem „dienen (...) herrschen bedeutet“.[21] Christus, der „Knecht des Herrn“, wird allen Menschen die königliche Würde des Dienens offenbaren, mit der die Berufung jedes Menschen eng verknüpft ist.
So beginnen wir mit der Betrachtung der Wirklichkeit „Frau – Gottesmutter“ auf sehr passende Weise die vorliegende Meditation des Marianischen Jahres. Diese Wirklichkeit bestimmt auch den wesentlichen Horizont der Betrachtung über Würde und Berufung der Frau. Wenn etwas zur Würde und Berufung der Frau gedacht, gesagt oder getan werden soll, dürfen sich Geist, Herz und Handeln nicht von diesem Horizont abwenden. Die Würde jedes Menschen und die ihr entsprechende Berufung finden ihr entscheidendes Maß in der Verbundenheit mit Gott. Maria – die Frau der Bibel – ist der vollkommenste Ausdruck dieser Würde und dieser Berufung. Denn jeder Mensch, Mann oder Frau, kann sich, da nach dem Bild und Gleichnis Gottes geschaffen, in der Tat nur in der Dimension dieser Ebenbildlichkeit verwirklichen.

III. Abbild und Gleichnis Gottes

Buch der Genesis

6. Wir müssen uns in den Bereich jenes biblischen „Anfangs“ begeben, wo die über den Menschen als „Abbild und Gleichnis Gottes“ offenbarte Wahrheit die unveränderliche Grundlage der gesamten christlichen Anthropologie darstellt.[22] „Gott schuf also den Menschen als sein Abbild; als Abbild Gottes schuf er ihn. Als Mann und Frau schuf er sie“ (*Gen* 1,27). Dieser knappe Text enthält die anthropologischen Grundwahrheiten: Der Mensch ist die Spitze der gesamten Schöpfungsordnung in der sichtbaren Welt – das Menschengeschlecht, das damit seinen Anfang nimmt, daß Mann und Frau ins Dasein gerufen werden, ist die Krönung des ganzen Schöpfungswerkes – beide, Mann und Frau in gleichem Grade, sind Menschenwesen, beide nach dem Abbild Gottes geschaffen. Diese für den Menschen wesentliche Gottebenbildlichkeit geben Mann und Frau als Eheleute und Eltern an ihre Nachkommen weiter: „Seid fruchtbar und vermehrt euch, bevölkert die Erde, unterwerft sie euch“ (*Gen* 1,28). Der Schöpfer vertraut die „Herrschaft“ über die Erde dem Menschengeschlecht an, allen Menschen, allen Männern und allen Frauen, die aus dem gemeinsamen Anfang ihre Würde und Berufung schöpfen.
In der *Genesis* findet sich noch eine andere Darstellung der Erschaffung des Menschen, von Mann und Frau (vgl. 2,18–25), auf die wir später noch eingehen werden. Sogleich gilt es jedoch festzuhalten, daß sich aus der biblischen Darstellung der personale Charak-

ter des Menschenwesens ergibt. Der Mensch ist eine Person: das gilt in gleichem Maße für den Mann und für die Frau; denn beide sind nach dem Bild und Gleichnis des personhaften Gottes geschaffen. Was den Menschen Gott ähnlich macht, ist die Tatsache, daß – zum Unterschied von der gesamten Welt der übrigen Lebewesen, einschließlich der mit Sinnen ausgestatteten (animalia) – der Mensch auch ein Vernunftwesen (animal rationale) ist.[23] Dank dieser Eigenschaft können Mann und Frau über die anderen Lebewesen der sichtbaren Welt „herrschen" (vgl. *Gen* 1,28).

Im zweiten Bericht von der Erschaffung des Menschen (vgl. *Gen* 2,7.18–25) ist die Sprache, in der die Wahrheit über die Erschaffung des Mannes und besonders der Frau mitgeteilt wird, anders, in gewissem Sinne weniger klar und – so könnte man sagen – eher beschreibend und bildhaft: Sie erinnert an die Sprache der damals bekannten Mythen. Dennoch läßt sich kein wesentlicher Widerspruch zwischen den beiden Texten feststellen. Der Text von *Gen* 2,18–25 ist eine Hilfe, um das in dem dichten Text von *Gen* 1,27–28 Ausgesagte gut zu verstehen, und verhilft zugleich, wenn wir ihn zusammen mit diesem zweiten Text lesen, zu einem noch tieferen Erfassen der darin enthaltenen grundlegenden Wahrheit über den Menschen, der nach dem Bild und Gleichnis Gottes als Mann und Frau geschaffen ist. In der Darstellung von *Gen* 2,18–25 wird die Frau von Gott „aus der Rippe" des Mannes geschaffen und als ein anderes „Ich", als eine Partnerin, dem Mann an die Seite gestellt, der in der ihn umgebenden Welt der Lebewesen allein ist und in keinem von ihnen eine ihm entsprechende „Hilfe" findet. Die auf diese Weise ins Dasein gerufene Frau wird vom Mann sogleich als „Fleisch von seinem Fleisch und Gebein von seinem Gebein" erkannt (vgl. *Gen* 2,23) und eben deshalb „Frau" genannt. In der Sprache der Bibel weist dieser Name auf die wesentliche Identität gegenüber dem Mann hin: iš – iššah, was die modernen Sprachen im allgemeinen leider nicht ausdrücken können („Frau – iššah – soll sie heißen, denn vom Mann – iš – ist sie genommen": *Gen* 2,23).

Der biblische Text liefert ausreichende Grundlagen, um die wesentliche Gleichheit von Mann und Frau im Menschsein zu erkennen.[24]

Beide sind von Anfang an Personen, zum Unterschied von den anderen Lebewesen der sie umgebenden Welt. Die Frau ist ein anderes „Ich" im gemeinsamen Menschsein. Von Anfang an erscheinen sie als „Einheit von zweien", und das bedeutet die Überwindung der ursprünglichen Einsamkeit, in welcher der Mensch „keine Hilfe fand, die ihm entsprach" (*Gen* 2,20). Handelt es sich hier nur um die „Hilfe" bei der Arbeit, beim „Unterwerfen der Erde" (vgl. *Gen* 1,28)? Mit Sicherheit handelt es sich um die Lebensgefährtin, mit der sich der Mann als mit seiner Ehefrau verbinden kann, so daß er „ein Fleisch" mit ihr wird und deshalb „Vater und Mutter verläßt" (vgl. *Gen* 2,24). Die Darstellung der Bibel spricht also im selben Zusammenhang der Erschaffung des Mannes und der Frau von der Einsetzung der Ehe durch Gott als unerläßlicher Voraussetzung für die Weitergabe des Lebens an die neuen Generationen der Menschen, zu der Ehe und eheliche Liebe ihrer Natur nach bestimmt sind: „Seid fruchtbar und vermehrt euch, bevölkert die Erde, unterwerft sie euch" (*Gen* 1,28).

Person – Gemeinschaft – Hingabe

7. Wenn wir die Darstellung von *Gen* 2,18–25 als ganze bedenken und im Licht der Wahrheit über die Gottebenbildlichkeit und Gottähnlichkeit des Menschen (vgl. *Gen* 1,26–27) auslegen, sind wir in der Lage, noch vollständiger zu begreifen, worin das Personsein des Menschen besteht, durch das beide – der Mann und die Frau – Gott ähnlich sind. Jeder einzelne Mensch ist nämlich das Abbild Gottes, insofern er ein vernunftbegabtes und freies Geschöpf ist und in der Lage, diesen zu erkennen und zu lieben. Wir lesen dort ferner, daß der Mensch „allein" nicht existieren kann (vgl. *Gen* 2,18); er kann nur als „Einheit von zweien", in Beziehung also zu einer anderen menschlichen Person, existieren. Es handelt sich hier um eine gegenseitige Beziehung: des Mannes zur Frau und der Frau zum Mann. Personsein nach dem Abbild Gottes bedeutet also auch Existenz in Beziehung, in Beziehung zum anderen „Ich". Das läßt uns die endgültige Selbstoffenbarung des dreieinigen Gottes vorausahnen: lebendige Einheit in der Gemeinschaft von Vater, Sohn und Heiligem Geist.

Am Anfang der Bibel wird dies noch nicht direkt ausgesprochen. Das ganze Alte Testament ist ja vor allem die Offenbarung der Wahrheit über die Einzigkeit und Einheit Gottes. In diese grundlegende Wahrheit über Gott wird das Neue Testament die Offenbarung des unerforschlichen Geheimnisses vom inneren Leben Gottes einführen. Gott, der sich den Menschen durch Christus zu erkennen gibt, ist Einheit in Dreifaltigkeit: Einheit in Gemeinschaft. Damit fällt auch neues Licht auf jenes Abbild und Gleichnis Gottes im Menschen, von dem das *Buch Genesis* spricht. Daß der als Mann und Frau geschaffene Mensch Gottes Abbild ist, bedeutet nicht nur, daß jeder von ihnen einzeln als vernunftbegabtes und freies Wesen Gott ähnlich ist. Es bedeutet auch, daß Mann und Frau, als „Einheit von zweien" im gemeinsamen Menschsein geschaffen, dazu berufen sind, eine Gemeinschaft der Liebe zu leben und so in der Welt jene Liebesgemeinschaft widerzuspiegeln, die in Gott besteht und durch die sich die drei göttlichen Personen im innigen Geheimnis des einen göttlichen Lebens lieben. Der Vater, der Sohn und der Heilige Geist, ein einziger Gott durch die Einheit des göttlichen Wesens, existieren als Personen durch die unergründlichen göttlichen Beziehungen. Nur auf diese Weise wird die Wahrheit begreifbar, daß Gott in sich selbst Liebe ist (vgl. *1 Joh* 4,16).

Das Abbild und Gleichnis Gottes in dem als Mann und Frau geschaffenen Menschen (in der Analogie, wie man sie zwischen Schöpfer und Geschöpf annehmen darf) besagt also auch „Einheit der zwei" im gemeinsamen Menschsein. Diese „Einheit der zwei", ein Zeichen der Gemeinschaft von Personen, weist daraufhin, daß zur Erschaffung des Menschen auch eine gewisse Ähnlichkeit mit der göttlichen Gemeinschaft („communio") gehört. Diese Ähnlichkeit ist dort enthalten als Eigenschaft des personenhaften Seins beider, des Mannes und der Frau, und zugleich als Berufung und Aufgabe. Im Bild und Gleichnis Gottes, welches das Menschengeschlecht seit dem „Anfang" in sich trägt, ist das gesamte „Ethos" des Menschen begründet: Altes und Neues Testament werden dieses „Ethos" entfalten, dessen Gipfel das Liebesgebot darstellt.[25]

In der „Einheit der zwei" sind Mann und Frau von Anfang an gerufen nicht nur „nebeneinander" oder „miteinander" zu existieren, sondern sie sind auch dazu berufen, gegenseitig „füreinander" dazusein.

So erklärt sich auch die Bedeutung jener „Hilfe“, von der in *Gen* 2,18–25 die Rede ist: „Ich will ihm eine Hilfe machen, die ihm entspricht“. Im biblischen Zusammenhang dürfen wir das auch in dem Sinne verstehen, daß die Frau dem Mann und dieser ihr vor allem deshalb „helfen“ sollen, weil sie „menschliche Personen“ sind: Das läßt ihn und sie gewissermaßen immer wieder von neuem den vollständigen Sinn des eigenen Menschseins entdecken und bestätigen. Es ist leicht erkennbar, daß es sich – auf dieser fundamentalen Ebene – um eine „Hilfe“ beider Seiten und zugleich um eine gegenseitige „Hilfe“ handelt. Menschsein bedeutet Berufensein zur interpersonalen Gemeinschaft. Der Text von *Gen* 2,18–25 weist darauf hin, daß die Ehe die erste und gewissermaßen grundlegende Dimension dieser Berufung ist. Allerdings nicht die einzige. Die gesamte Geschichte des Menschen auf Erden vollzieht sich im Rahmen dieser Berufung. Auf Grund des Prinzips, daß in der interpersonalen „Gemeinschaft“ einer „für“ den anderen da ist, entwickelt sich in dieser Geschichte die Integration dessen, was „männlich“ und was „weiblich“ ist, in das von Gott gewollte Menschsein. Die Texte der Bibel, angefangen bei der *Genesis*, lassen uns ständig den Grund wiederentdecken, in dem die Wahrheit über den Menschen ihre Wurzeln hat, den festen und unzerstörbaren Grund inmitten so vieler Veränderungen der Existenz des Menschen.

Diese Wahrheit betrifft auch die Heilsgeschichte. Dazu eine besonders deutliche Aussage des II. Vatikanischen Konzils. Im Kapitel über die „menschliche Gemeinschaft“ der Pastoralkonstitution *Gaudium et spes* lesen wir: „Wenn der Herr Jesus zum Vater betet, ‚daß alle eins seien … wie auch wir eins sind‘ (*Joh* 17,20–22), und damit Horizonte aufreißt, die der menschlichen Vernunft unerreichbar sind, legt er eine gewisse Ähnlichkeit nahe zwischen der Einheit der göttlichen Personen und der Einheit der Kinder Gottes in der Wahrheit und der Liebe. Dieser Vergleich macht offenbar, daß der Mensch, der auf Erden die einzige von Gott um ihrer selbst willen gewollte Kreatur ist, sich selbst nur durch die aufrichtige Hingabe seiner selbst vollkommen finden kann“.[26]

Mit diesen Worten stellt der Konzilstext in zusammenfassender Form die Wahrheit über Mann und Frau – eine Wahrheit, die sich schon in den ersten Kapiteln der *Genesis* abzeichnet – insgesamt als die tragende Struktur der biblischen und christlichen Anthropologie dar. Der Mensch – sowohl der Mann wie die Frau – ist unter den Kreaturen der sichtbaren Welt die einzige, die der Schöpfergott „um ihrer selbst willen gewollt hat“; er ist also eine Person. Personsein bedeutet: nach der Selbstverwirklichung (der Konzilstext spricht von „Selbstfindung“) streben, die nur „durch eine aufrichtige Hingabe seiner selbst“ zustandekommen kann. Vorbild für eine solche Deutung der Person ist Gott selbst als Dreifaltigkeit, als Gemeinschaft von Personen. Die Aussage, der Mensch sei nach dem Bild und Gleichnis dieses Gottes geschaffen, bedeutet auch, daß der Mensch dazu berufen ist, „für“ andere dazusein, zu einer „Gabe“ zu werden.

Diese Berufung gilt für jeden Menschen, ob Mann oder Frau, die sie wohl in ihrer je besonderen Eigenart verwirklichen. Im Rahmen der vorliegenden Meditation über die Würde und Berufung der Frau stellt diese Wahrheit vom Menschen den unerläßlichen Ausgangspunkt dar. Schon das *Buch Genesis* läßt, gleichsam in einem ersten Entwurf, diesen bräutlichen Charakter der Beziehung zwischen den Personen erkennen, eine Grundlage, auf der sich dann ihrerseits die Wahrheit über die Mutterschaft sowie über die

Jungfräulichkeit als zwei einzelne Dimensionen der Berufung der Frau im Licht der göttlichen Offenbarung entwickeln wird. Diese zwei Dimensionen werden ihren erhabensten Ausdruck beim Kommen der „Fülle der Zeit" (vgl. *Gal* 4,4) in der Gestalt der „Frau" aus Nazaret finden: Mutter und Jungfrau.

Anthropomorphe Sprache der Bibel

8. Die Vorstellung des Menschen als „Abbild und Gleichnis Gottes" sofort zu Beginn der Heiligen Schrift hat noch eine andere Bedeutung. Diese Tatsache ist der Schlüssel zum Verständnis der biblischen Offenbarung als Selbstmitteilung Gottes. Wenn Gott von sich spricht – sei es „durch die Propheten", sei es „durch den Sohn" (vgl. *Hebr* 1,1.2), der Mensch geworden ist -, spricht er in menschlicher Sprache, gebraucht er menschliche Begriffe und Bilder. Wenn diese Ausdruckweise von einem gewissen Anthropomorphismus gekennzeichnet ist, hat das seinen Grund darin, daß der Mensch Gott „ähnlich" ist: geschaffen nach seinem Bild und Gleichnis. Dann ist auch Gott in gewissem Maße „dem Menschen ähnlich" und kann eben auf Grund dieser Ähnlichkeit von den Menschen erkannt werden. Zugleich aber ist die Sprache der Bibel klar genug, um die Grenzen dieser „Ähnlichkeit", die Grenzen der „Analogie" anzuzeigen. Tatsächlich sagt die biblische Offenbarung, daß zwar die „Ähnlichkeit" des Menschen mit Gott, aber noch wesentlicher die „Nicht-Ähnlichkeit" zutrifft, welche die ganze Schöpfung vom Schöpfer trennt.[27] Für den nach dem Bild Gottes geschaffenen Menschen hört ja Gott schließlich nicht auf, derjenige zu sein, „der in unzugänglichem Licht wohnt" (*1 Tim* 6,16): Er ist der wesenhaft „Verschiedene", der „ganz Andere".

Diese Feststellung über die Grenzen der Analogie – Grenzen der Gottähnlichkeit des Menschen in der Sprache der Bibel – müssen wir auch vor Augen haben, wenn wir in verschiedenen Abschnitten der Heiligen Schrift (besonders im Alten Testament) Vergleiche finden, die Gott „männliche" oder „weibliche" Eigenschaften zuschreiben. Wir finden in solchen Vergleichen die indirekte Bestätigung der Wahrheit, daß beide, sowohl der Mann wie die Frau, nach dem Bild und Gleichnis Gottes geschaffen sind. Wenn es Ähnlichkeit zwischen Schöpfer und Geschöpfen gibt, ist verständlich, daß die Bibel, was ihn betrifft, Formulierungen gebraucht, die ihm sowohl „männliche" als auch „weibliche" Eigenschaften zuschreiben. Wir führen hier einige charakteristische Abschnitte aus dem Buch des Propheten *Jesaja* an: „Doch Zion sagt: Der Herr hat mich vergessen. Kann denn eine Frau ihr Kind vergessen, eine Mutter ihren eigenen Sohn? Und selbst wenn sie ihr Kind vergessen würde: Ich vergesse dich nicht" (49,14–15). Und an einer anderen Stelle: „Wie eine Mutter ihren Sohn tröstet, so tröste ich euch; in Jerusalem findet ihr Trost" (*Jes* 66,13). Auch in den *Psalmen* wird Gott mit einer fürsorglichen Mutter verglichen: „Ich ließ meine Seele ruhig werden und still; wie ein kleines Kind bei der Mutter ist meine Seele still in mir. Israel, harre auf den Herrn" (*Ps* 131,2–3). An verschiedenen Stellen wird Gottes Liebe und Sorge für sein Volk mit denen einer Mutter verglichen: Wie eine Mutter hat Gott die Menschheit und insbesondere sein auserwähltes Volk in seinem Schoß „getragen"; er hat es unter Schmerzen geboren; er hat es genährt und getröstet (vgl. *Jes* 42,14; 46,3–4; *Jer* 31,20). Die Liebe Gottes wird an vielen Stellen als

„männliche" Liebe eines Gatten und Vaters (vgl. *Hos* 11,1–4; *Jer* 3,4–19), zuweilen aber auch als „frauliche" Liebe einer Mutter dargestellt.

Dieses Merkmal der biblischen Sprache, ihre anthropomorphe Redeweise von Gott, ist auch ein indirekter Hinweis auf das Geheimnis des ewigen „Zeugens", das zum inneren Leben Gottes gehört. Dieses „Zeugen" an sich besitzt allerdings weder „männliche" noch „weibliche" Eigenschaften. Es ist ganz und gar göttlicher Natur. Es ist in vollkommenster Weise ein geistiges Zeugen – denn „Gott ist Geist" (*Joh* 4,24) – und besitzt keine, weder „weibliche" noch „männliche", leibgebundene Eigenschaft. Darum ist auch die „Vaterschaft" in Gott ganz göttlicher Art, frei von den „männlichen" Körpermerkmalen, die für die menschliche Vaterschaft typisch sind. In diesem Sinne sprach das Alte Testament von Gott als einem Vater und wandte sich an ihn als einen Vater. Jesus Christus, der sich als Gottes eingeborener und wesensgleicher Sohn mit dem Anruf: „Abba-Vater" (*Mk* 14,36) an diesen wenden wird und der diese Wahrheit als Norm christlichen Betens in den Mittelpunkt seiner Frohen Botschaft gestellt hat, wies auf die Vaterschaft in diesem überleiblichen, übermenschlichen, ganz und gar göttlichen Sinn hin. Er sprach als Sohn, der durch das ewige Mysterium der göttlichen Zeugung mit dem Vater verbunden ist, und er tat das, während er zugleich der wahrhaft menschliche Sohn seiner jungfräulichen Mutter war.

Auch wenn der ewigen Zeugung des Wortes Gottes keine menschlichen Eigenschaften zugeschrieben werden können und die göttliche Vaterschaft keine „männlichen" Merkmale im leiblichen Sinne aufweist, muß man doch in Gott das absolute Vorausbild jeder „Zeugung" in der Welt der Menschen suchen. In diesem Sinne, so scheint es, lesen wir im *Epheserbrief*: „Daher beuge ich meine Knie vor dem Vater, nach dessen Namen jedes Geschlecht im Himmel und auf der Erde benannt wird" (3,14–15). Jede „Zeugung" im kreatürlichen Bereich findet ihr erstes Vorbild in jener vollkommen göttlichen, das heißt geistigen, Zeugung in Gott. Diesem absoluten, nicht geschaffenen Vorausbild wird jede „Zeugung" in der geschaffenen Welt ähnlich. Daher trägt alles, was bei der menschlichen Zeugung in typischer Weise zum Manne gehört, wie auch alles, was typischer Anteil der Frau ist, das heißt die menschliche „Vaterschaft" und „Mutterschaft", in sich eine Ähnlichkeit oder Analogie mit dem göttlichen „Zeugen" und mit der „Vaterschaft", die in Gott „ganz anders" ist: vollkommen geistig und ihrem Wesen nach göttlich. In der menschlichen Ordnung dagegen gehört das Zeugen zur „Einheit der zwei". Beide, der Mann wie die Frau, sind Eltern („Erzeuger").

IV. Eva-Maria

Der „Anfang" und die Sünde

9. „Obwohl in Gerechtigkeit von Gott begründet, hat der Mensch unter dem Einfluß des Bösen gleich von Anfang der Geschichte an durch Auflehnung gegen Gott und den Willen, sein Ziel außerhalb Gottes zu erreichen, seine Freiheit mißbraucht".[28] Mit diesen Worten erinnert das letzte Konzil an die über die Sünde und im besonderen über jene erste Sünde, die „Ursünde", offenbarte Lehre. Der biblische „Anfang" – die Erschaffung der

Welt und des Menschen in der Welt – enthält auch die Wahrheit über diese Sünde, die auch die Sünde vom „Anfang“ des Menschen auf Erden genannt werden kann. Auch wenn das, was im *Buch Genesis* geschrieben steht, die Form einer symbolhaften Erzählung hat, wie die Darstellung der Erschaffung des Menschen als Mann und Frau (vgl. *Gen* 2,18–25), so enthüllt es darin doch, was man „das Geheimnis der Sünde“, und noch vollständiger „das Geheimnis des Bösen“, in der von Gott geschaffenen Welt nennen muß.

Ohne Bezugnahme auf die ganze Wahrheit von der „Gottebenbildlichkeit“ des Menschen, die der biblischen Anthropologie zugrunde liegt, kann man „das Geheimnis der Sünde“ unmöglich verstehen. Diese Wahrheit zeigt die Erschaffung des Menschen als ein besonderes Geschenk des Schöpfers, in dem nicht nur Grund und Quelle der wesenhaften Würde des Menschen – von Mann und Frau – in der geschaffenen Welt, sondern auch der Anfang der Berufung beider am inneren Leben Gottes selbst teilzuhaben, enthalten sind. Im Lichte der Offenbarung bedeutet Schöpfung zugleich Anfang der Heilsgeschichte. Gerade in diesen Anfang drängt sich die Sünde ein und tritt dort als Gegensatz und Verneinung auf.

Man kann also paradoxerweise sagen: Die in *Gen* 3 dargestellte Sünde ist die Bestätigung der Wahrheit über das Abbild und Gleichnis Gottes im Menschen, wenn diese Wahrheit die Freiheit, das heißt den freien Willen bedeutet, von dem der Mensch Gebrauch machen kann, indem er sich für das Gute entscheidet, den er aber auch mißbrauchen kann, indem er sich gegen den Willen Gottes für das Böse entscheidet. In ihrer eigentlichen Bedeutung ist Sünde jedoch die Verneinung dessen, was Gott – als Schöpfer – in Beziehung zum Menschen ist und was Gott von Anfang an und für alle Zeiten für den Menschen will. Durch die Erschaffung von Mann und Frau nach seinem eigenen Bild und Gleichnis will Gott für sie die Fülle des Guten, das heißt die übernatürliche Glückseligkeit, die aus der Teilhabe an seinem Leben erwächst. Dadurch daß der Mensch sündigt, weist er dieses Geschenk zurück und will zugleich werden „wie Gott und Gut und Böse erkennen“ (*Gen* 3,5), das heißt, er will unabhängig von Gott, seinem Schöpfer über Gut und Böse entscheiden. Die Sünde des Anfanges hat also ihr menschliches „Maß“, ihre innere Weise im freien Willen des Menschen, und zugleich hat sie etwas „Diabolisches“ an sich,[29] wie in *Gen* 3,1–5 deutlich hervorgehoben wird. Die Sünde bewirkt das Zerbrechen der ursprünglichen Einheit, deren sich der Mensch im Stand der anfänglichen Gerechtigkeit erfreute: die Verbundenheit mit Gott als Quelle der Einheit innerhalb des eigenen „Ichs“, in der gegenseitigen Beziehung zwischen Mann und Frau („communio personarum“) und schließlich gegenüber der Außenwelt, der Natur.

Die biblische Darstellung des Sündenfalls in *Gen* 3 nimmt gewissermaßen eine Verteilung der „Rollen“ vor, die der Mann und die Frau dabei hatten. Darauf wird später noch die eine oder andere Bibelstelle Bezug nehmen, wie zum Beispiel der Brief des Paulus an Timotheus: „Zuerst wurde Adam erschaffen, danach Eva. Und nicht Adam wurde verführt, sondern die Frau ließ sich verführen“ (*1 Tim* 13–14). Es besteht jedoch kein Zweifel, daß unabhängig von dieser „Rollenverteilung“ im biblischen Bericht jene erste Sünde die Sünde des Menschen ist, der von Gott als Mann und Frau erschaffen wurde. Sie ist auch die Sünde der „Voreltern“, womit ihr Erbcharakter verbunden ist. In diesem Sinne nennen wir sie „Erbsünde“.

Diese Sünde kann, wie schon gesagt, ohne Bezug auf das Geheimnis der Erschaffung des Menschen – als Mann und Frau – nach dem Ebenbild Gottes nicht richtig verstanden werden. Dieser Bezug macht auch das Geheimnis jener „Nicht-Ähnlichkeit“ mit Gott begreiflich, die in der Sünde gegeben ist und sich in dem in der Geschichte der Welt vorhandenen Bösen äußert: jene „Nicht-Ähnlichkeit“ mit Gott, der „allein ‚der Gute‘ ist“ (vgl. *Mt* 19,17) und die Fülle des Guten. Wenn diese „Nicht-Ähnlichkeit“ der Sünde mit Gott, der die Heiligkeit selber ist, die „Ähnlichkeit“ auf dem Gebiet der Freiheit, des freien Willens, voraussetzt, dann kann man sagen, daß gerade aus diesem Grund die in der Sünde enthaltene „Nicht-Ähnlichkeit“ um so dramatischer und schmerzlicher ist. Man muß auch zugeben, daß hierbei Gott als Schöpfer und Vater getroffen und „beleidigt“ wird, ja ganz offensichtlich beleidigt im innersten Grunde jener schenkenden Hingabe, die zum ewigen Plan Gottes für den Menschen gehört.

Gleichzeitig wird jedoch auch der Mensch – Mann und Frau – vom Übel der Sünde, deren Urheber er ist, getroffen. Der biblische Text von *Gen* 3 zeigt das mit den Worten, die die neue Lage des Menschen in der geschaffenen Welt klar beschreiben. Er zeigt vorausschauend die „Mühsal“, mit der sich der Mensch um seinen Lebensunterhalt kümmern wird (vgl. *Gen* 3,17–19), und er spricht von den großen „Schmerzen“, unter denen die Frau ihre Kinder gebären wird (vgl. *Gen* 3,16). Das alles ist schließlich gezeichnet von der Notwendigkeit des Todes, der das Ende des menschlichen Lebens auf Erden darstellt. So wird der Mensch als Staub „zurückkehren zum Ackerboden, von dem er ja genommen ist“: „Denn Staub bist du, zum Staub mußt du zurück“ (vgl. *Gen* 3,19).

Diese Worte bestätigen sich von Generation zu Generation. Sie bedeuten nicht, daß das Bild und Gleichnis Gottes im Menschen, im Mann wie in der Frau, von der Sünde zerstört worden ist; sie bedeuten jedoch, daß es „getrübt“[30] und in gewissem Sinne „gemindert“ ist. In der Tat „mindert“ die Sünde den Menschen, wie auch das II. Vatikanische Konzil sagt.[31] Wenn der Mensch schon durch seine Natur als Person das Ebenbild Gottes ist, dann verwirklichen sich seine Größe und Würde eben im Bund mit Gott, in der Verbundenheit mit ihm, im Streben nach jener fundamentalen Einheit, die zur inneren „Logik“ des Geheimnisses der Schöpfung gehört. Diese Einheit entspricht der tiefen Wahrheit aller mit Verstand ausgestatteten Geschöpfe und insbesondere des Menschen, der von Anfang an durch die ewige Erwählung von seiten Gottes in Christus über alle Geschöpfe der sichtbaren Welt erhoben wurde: „In Christus hat er uns erwählt vor der Erschaffung der Welt (...); er hat uns aus Liebe im voraus dazu bestimmt, seine Söhne zu werden durch Jesus Christus und nach seinem gnädigen Willen zu ihm zu gelangen“ (vgl. *Eph* 1,4–6). Auf Grund der biblischen Lehre insgesamt dürfen wir sagen, daß diese Vorherbestimmung alle menschlichen Personen, Männer und Frauen, ausnahmslos jeden einzelnen und jede einzelne, betrifft.

„Er wird über dich herrschen“

10. Die biblische Darstellung im *Buch Genesis* umreißt die Wahrheit über die Folgen der Sünde des Menschen, so wie sie außerdem auf die Störung jener ursprünglichen Beziehung zwischen Mann und Frau hinweist, die der Würde jedes von ihnen als Person ent-

spricht. Der Mensch, sowohl der Mann wie die Frau, ist eine Person und daher „die einzige von Gott um ihrer selbst willen gewollte Kreatur auf Erden“; und zugleich kann eben diese einzige und unwiederholbare Kreatur „sich selbst nur durch die aufrichtige Hingabe ihrer selbst vollkommen finden“.[32] Hier nimmt die Gemeinschaftsbeziehung ihren Anfang in der die „Einheit von zweien“, und die Würde des Mannes wie der Frau als Person Ausdruck finden. Wenn wir daher in der biblischen Darstellung die an die Frau gerichteten Worte lesen: „Dennoch verlangt dich nach dem Mann, doch er wird über dich herrschen“ (*Gen* 3,16), entdecken wir darin einen Bruch und eine ständige Bedrohung eben dieser „Einheit der zwei“, die der Würde des Ebenbildes Gottes in beiden entspricht. Diese Bedrohung erweist sich jedoch als schwerwiegender für die Frau. Denn an die Stelle einer aufrichtigen Hingabe und daher eines Lebens „für“ den anderen tritt das Beherrschen: „Er wird über dich herrschen“. Dieses „Herrschen“ zeigt die Störung und Schwächung jener grundlegenden Gleichheit an, die Mann und Frau in der „Einheit der zwei“ besitzen: Und das gereicht vor allem der Frau zum Nachteil, während nur die Gleichheit, die sich aus der Würde der beiden als Personen ergibt, den gegenseitigen Beziehungen den Charakter einer echten „communio personarum“ (Personengemeinschaft) zu geben vermag. Wenn die Verletzung dieser Gleichheit, die ein vom Schöpfergott selber stammendes Geschenk und Recht ist, sich zum Nachteil der Frau auswirkt, mindert sie gleichzeitig aber auch die wahre Würde des Mannes. Wir rühren hier an einen äußerst empfindlichen Punkt im Bereich jenes „Ethos“, das der Schöpfer schon von Anfang an mit der Tatsache verbunden hatte, daß er beide nach seinem Bild und Gleichnis erschaffen hat.

Die in *Gen* 3,16 gemachte Aussage ist von großer Bedeutung und Tragweite. Sie schließt einen Hinweis auf die gegenseitige Beziehung zwischen Mann und Frau in der Ehe ein. Es handelt sich hier um das im Bereich bräutlicher Liebe entstandene Verlangen, die bewirkt, daß „die aufrichtige Hingabe“ von seiten der Frau in einer ähnlichen „Hingabe“ von seiten des Gatten Antwort und Vervollständigung findet. Nur auf Grund dieses Prinzips können alle beide und besonders die Frau sich als wahre „Einheit von zweien“ der Würde der Person entsprechend, „selbst finden“. Die eheliche Vereinigung verlangt die Achtung und die Vervollkommnung des echten personalen Subjektseins beider. Die Frau darf nicht zum „Objekt“ männlicher „Herrschaft“ und „Besitzes“ werden. Die Worte des Bibeltextes betreffen aber direkt die Erbsünde und ihre im Mann und in der Frau fortdauernden Auswirkungen. Sie sind von der erblichen Sündhaftigkeit belastet und tragen den ständigen „Sündenkeim“ in sich, das heißt die Neigung zur Verletzung jener sittlichen Ordnung, die der Vernunftnatur und moralischen Würde des Menschen als Person entspricht. Diese Neigung kommt in der dreifachen Begierde zum Ausdruck, die der apostolische Text als Begierde der Augen, Begierde des Fleisches und Prahlen mit dem Besitz angibt (vgl. *1 Joh* 2,16). Die vorhin angeführten Worte der *Genesis* (3,16) machen deutlich, auf welche Weise diese dreifache Begierde als „Sündenkeim“ das gegenseitige Verhältnis von Mann und Frau belasten wird.

Die Worte der *Genesis* beziehen sich direkt auf die Ehe; indirekt aber berühren sie die verschiedenen Bereiche des sozialen Zusammenlebens: Situationen, wo die Frau deshalb benachteiligt oder diskriminiert wird, weil sie Frau ist. Die offenbarte Wahrheit über die

Erschaffung des Menschen als Mann und Frau stellt das Hauptargument gegen alle Zustände dar, die schon rein objektiv schädlich, das heißt ungerecht sind und dabei das Erbe der Sünde enthalten und zum Ausdruck bringen, das alle Menschen in sich tragen. Die Bücher der Heiligen Schrift bestätigen an verschiedenen Stellen das tatsächliche Vorhandensein solcher Zustände und verkünden zugleich die Notwendigkeit umzukehren, das heißt, sich vom Bösen zu reinigen und von der Sünde zu befreien: von dem, was den anderen beleidigt, was den Menschen „mindert" und herabsetzt, und nicht nur den, dem die Beleidigung zugefügt wird, sondern auch den, der sie zufügt. Das ist die unveränderliche Botschaft des von Gott geoffenbarten Wortes. Darin kommt das biblische „Ethos" mit ganzer Radikalität zum Ausdruck.[33]

In unserer Zeit hat die Frage der „Rechte der Frau" im weiten Rahmen der Rechte der menschlichen Person eine neue Bedeutung erlangt. Indem die Botschaft der Bibel und des Evangeliums dieses Programm, das ständig durch Erklärungen verschiedenster Art in Erinnerung gehalten wird, erhellt, bewahrt sie die Wahrheit über die „Einheit der zwei", das heißt über jene Würde und Berufung, die sich aus der spezifischen Verschiedenheit und personalen Eigenart von Mann und Frau ergeben. Daher darf auch der berechtigte Widerstand der Frau gegen die Aussage der biblischen Worte: „Er wird über dich herrschen" (*Gen* 3,16) unter keinen Umständen zur „Vermännlichung" der Frauen führen. Die Frau darf nicht – im Namen der Befreiung von der „Herrschaft" des Mannes – danach trachten, sich entgegen ihrer fraulichen „Eigenart" die typisch männlichen Merkmale anzueignen. Es besteht die begründete Furcht, daß sich auf einem solchen Weg die Frau nicht „verwirklichen" wird, sondern vielmehr das entstellen und einbüßen könnte, was ihren wesentlichen Reichtum ausmacht. Es handelt sich um einen außerordentlichen Reichtum. Im biblischen Schöpfungsbericht ist der Ausruf des ersten Menschen beim Anblick der soeben geschaffenen Frau ein Ausruf der Bewunderung und Verzauberung, wie er die ganze Geschichte des Menschen auf Erden durchzieht.

Die persönlichen Möglichkeiten des Frauseins sind gewiß nicht geringer als die Möglichkeiten des Mannseins; sie sind nur anders. Die Frau muß also – wie übrigens auch der Mann – ihre „Verwirklichung" als Person, ihre Würde und Berufung auf der Grundlage dieser Möglichkeiten anstreben, entsprechend dem Reichtum des Frauseins, das sie am Tag der Erschaffung empfangen und als den ihr eigenen Ausdruck des „Bildes Gottes" ererbt hat. Nur auf diese Weise kann auch jene Erbschaft der Sünde überwunden werden, die von den Worten der Bibel angedeutet wird: „Dennoch verlangt dich nach dem Mann, doch er wird über dich herrschen". Die Überwindung dieses schlimmen Erbes ist von Generation zu Generation Aufgabe jedes Menschen, sowohl der Frau wie des Mannes. In der Tat handelt der Mann in allen Fällen, in denen er für die Verletzung der persönlichen Würde und Berufung der Frau verantwortlich ist, auch gegen die eigene persönliche Würde und Berufung.

Protoevangelium

11. Das *Buch Genesis* gibt Zeugnis von der Sünde, die das Böse des menschlichen Anfangs ist, und von ihren Folgen, die seither die ganze Menschheit belasten, und enthält

zugleich die erste Verkündigung des Sieges über das Böse, über die Sünde. Das beweisen die Worte von *Gen* 3,15, die gewöhnlich als „Protoevangelium" bezeichnet werden: „Feindschaft stifte ich zwischen dir und der Frau, zwischen deinem Nachwuchs und ihrem Nachwuchs. Er trifft dich am Kopf, und du triffst ihn an der Ferse". Von Bedeutung ist, daß die in diesen Worten enthaltene Ankündigung des Erlösers, des Retters der Welt, die „Frau" betrifft. Sie wird im Protoevangelium an erster Stelle als Stammutter dessen genannt, der der Erlöser des Menschen sein wird.[34] Und wenn sich die Erlösung durch den Kampf gegen das Böse, durch die „Feindschaft" zwischen der Nachkommenschaft der Frau und der Nachkommenschaft dessen vollziehen soll, der als „Vater der Lüge" (*Joh* 8,44) der erste Urheber der Sünde in der Menschheitsgeschichte ist, wird diese auch die Feindschaft zwischen ihm und der Frau sein.

In diesen Worten eröffnet sich der Ausblick auf die gesamte Offenbarung, zunächst als Vorbereitung auf das Evangelium und sodann als Evangelium selbst. In diesem Ausblick verbinden sich unter dem Namen der Frau die beiden weiblichen Gestalten: Eva und Maria.

Im Licht des Neuen Testaments gelesen, bringen die Worte des Protoevangeliums in angemessener Weise die Sendung der Frau in dem heilbringenden Kampf des Erlösers gegen den Urheber des Bösen in der Geschichte des Menschen zum Ausdruck.

Die Gegenüberstellung Eva – Maria kehrt in der Betrachtung über das in der göttlichen Offenbarung empfangene Glaubensgut immer wieder und ist eines der Themen, die von den Vätern, den kirchlichen Schriftstellern und den Theologen häufig aufgegriffen werden.[35] Für gewöhnlich meinen wir auf den ersten Blick in diesem Vergleich einen Unterschied oder gar Gegensatz zu erkennen. Eva ist als „Mutter aller Lebendigen" (*Gen* 3,20) Zeugin des biblischen „Anfangs", in dem die Wahrheit über die Erschaffung des Menschen nach dem Bild und Gleichnis Gottes und die Wahrheit über die Erbsünde enthalten sind. Maria ist Zeugin des neuen „Anfangs" und der „neuen Schöpfung" (vgl. *2 Kor* 5,17). Ja, sie selbst ist, als die Ersterlöste in der Heilsgeschichte, „eine neue Kreatur": Sie ist die „Begnadete". Es ist kaum zu verstehen, warum die Worte des Protoevangeliums die „Frau" so nachdrücklich hervorheben, wenn man nicht zugibt, daß in ihr der neue und endgültige Bund Gottes mit der Menschheit, der Bund im erlösenden Blut Christi, seinen Anfang hat. Er beginnt mit einer Frau, der „Frau", bei der Verkündigung in Nazaret. Das ist das absolut Neue des Evangeliums: Verschiedene Male hatte sich Gott im Alten Testament an Frauen gewandt, wie zum Beispiel an die Mutter des Samuel und des Samson, um in die Geschichte seines Volkes einzugreifen; um aber seinen Bund mit der Menschheit zu schließen, hatte er sich nur an Männer gewandt: Noach, Abraham … Am Anfang des Neuen Bundes, der ewig und unwiderruflich sein soll, steht die Frau: die Jungfrau aus Nazaret. Es handelt sich um ein deutliches Zeichen dafür, daß es „in Jesus Christus" „nicht mehr Mann und Frau gibt" (*Gal* 3,28). In ihm wird der wechselseitige Gegensatz zwischen Mann und Frau – als Erbe der Ursünde – im wesentlichen überwunden. „Denn ihr alle seid einer in Christus Jesus", wird der Apostel schreiben (*Gal* 3,28).

Diese Worte handeln von jener ursprünglichen „Einheit der zwei", die zusammenhängt mit der Erschaffung des Menschen, als Mann und Frau, nach dem Bild und Gleichnis

Gottes, nach dem Vorbild jener vollkommenen Personengemeinschaft, die Gott selber ist. Die Worte des Paulus stellen fest, daß das Geheimnis von der Erlösung des Menschen in Jesus Christus, dem Sohn Marias, das wieder aufgreift und erneuert, was im Schöpfungsgeheimnis dem ewigen Plan des Schöpfers entsprach. Es heißt ja gerade deshalb am Tag der Erschaffung des Menschen als Mann und Frau: „Gott sah, daß alles, was er gemacht hatte, sehr gut war“ (*Gen* 1,31). Die Erlösung stellt nun gewissermaßen das Gute, das durch die Sünde und ihr Erbe in der Geschichte des Menschen wesentlich „gemindert“ worden ist, an seiner Wurzel selbst wieder her.

Die „Frau“ des Protoevangeliums ist einbezogen in die Perspektive der Erlösung. Die Gegenüberstellung Eva – Maria läßt sich auch in dem Sinne verstehen, daß Maria das Geheimnis der „Frau“, dessen Anfang Eva, „die Mutter aller Lebendigen“ (*Gen* 3,20), ist, in sich aufnimmt und umfängt: Sie nimmt es vor allem auf und umfängt es im Geheimnis Christi – „des neuen und letzten Adam“ (vgl. *1 Kor* 15,45) -, der in seiner Person die Natur des ersten Adam aufgenommen hat. Das Wesen des Neuen Bundes besteht darin, daß der Sohn Gottes der wesensgleich ist mit dem ewigen Vater, Mensch wird: Er nimmt die Menschennatur in die Einheit der göttlichen Person des Wortes auf. Der die Erlösung vollbringt, ist zugleich wahrer Mensch. Das Geheimnis von der Erlösung der Welt setzt voraus, daß Gott-Sohn das Menschsein als das Erbe Adams angenommen hat, indem er ihm und jedem Menschen in allem gleich geworden ist „außer der Sünde“ (vgl. *Hebr* 4,15). So „macht er ... dem Menschen den Menschen selbst voll kund und erschließt ihm seine höchste Berufung“, wie das Zweite Vatikanische Konzil lehrt.[36] Er hilft gewissermaßen, neu zu entdecken, „was der Mensch ist“ (vgl. *Ps* 8,5).

In allen Generationen geht in der Überlieferung des Glaubens und der christlichen Glaubensreflexion der Vergleich Adam – Christus häufig Hand in Hand mit jenem Eva – Maria. Wenn Maria auch als „neue Eva“ beschrieben wird, welche Sinngehalte kann dann eine solche Analogie haben? Sie sind sicher vielfältig. Man muß insbesondere jene Bedeutung im Auge behalten, die in Maria die volle Offenbarung all dessen sieht, was das biblische Wort „Frau“ umfaßt: eine Offenbarung, die an Tiefe dem Geheimnis der Erlösung entspricht. Maria bedeutet in gewissem Sinne das Überschreiten jener Grenze, von der das *Buch Genesis* (3,16) spricht, und das Zurückgehen zu jenem „Anfang“, an dem wir die „Frau“ so vorfinden, wie sie im Schöpfungswerk, also im ewigen Plan Gottes, im Schoß der Heiligsten Dreifaltigkeit, gewollt war. Maria ist „der neue Anfang“ der Würde und Berufung der Frau, aller Frauen und jeder einzelnen.[37]

Ein Schlüssel zum Verständnis dieses Geheimnisses können in besonderer Weise die Worte sein, die der Evangelist Maria nach der Verkündigung, während ihres Besuches bei Elisabet, in den Mund legt: „Der Mächtige hat Großes an mir getan“ (*Lk* 1,49). Sie beziehen sich gewiß auf die Empfängnis des Sohnes, der der „Sohn des Höchsten“ (*Lk* 1,32) und der „Heilige“ Gottes ist; zugleich aber können sie auch die Entdeckung des eigenen Menschseins als Frau bedeuten. „Der Mächtige hat Großes an mir getan“: Das ist die Entdeckung des ganzen Reichtums, der ganzen personalen Möglichkeiten des Frauseins, der ganzen von Ewigkeit her gegebenen Eigenart der „Frau“, so wie Gott sie gewollt hat, als eigenständige Person, die zugleich „durch eine aufrichtige Hingabe“ sich selbst findet.

Diese Entdeckung verbindet sich mit dem klaren Bewußtsein von der Gabe, dem Gnadengeschenk Gottes. Die Sünde hatte gleich am „Anfang" dieses Bewußtsein getrübt, es gewissermaßen unterdrückt, wie die Worte der ersten Versuchung durch den „Vater der Lüge„ (vgl. *Gen* 3,1–5) anzeigen. Als sich mit dem Herannahen der „Fülle der Zeit" (vgl. *Gal* 4,4) in der Menschheitsgeschichte das Geheimnis der Erlösung zu vollziehen beginnt, fließt dieses Bewußtsein mit seiner ganzen Kraft in die Worte der „Frau" aus Nazaret ein. In Maria entdeckt Eva wieder, was die wahre Würde der Frau, des fraulichen Menschseins ist. Diese Entdeckung muß ständig das Herz jeder Frau erreichen und ihrer Berufung und ihrem Leben Gestalt geben.

V. Jesus Christus

„Sie wunderten sich, daß er mit einer Frau sprach"

12. Die Worte des Protoevangeliums im *Buch Genesis* erlauben uns den Übergang in den Bereich des Evangeliums. Die dort angekündigte Erlösung des Menschen wird hier Wirklichkeit in der Person und Sendung Jesu Christi, an denen wir auch erkennen, was die Wirklichkeit der Erlösung für die Würde und Berufung der Frau bedeutet. Diese Bedeutung wird uns noch stärker erhellt durch die Worte Christi und durch sein ganzes Verhalten zu den Frauen, das äußerst schlicht und gerade darum außergewöhnlich ist, wenn man es vor dem Hintergrund seiner Zeit sieht: ein Verhalten, das von großer Klarheit und Tiefe gekennzeichnet ist. Auf dem Weg der Sendung des Jesus von Nazaret treten verschiedene Frauen auf, und die Begegnung mit jeder von ihnen ist eine Bestätigung des „neuen Lebens" aus dem Geist des Evangeliums, von dem bereits die Rede war.

Es wird allgemein zugegeben – sogar von solchen Menschen, die der christlichen Botschaft kritisch gegenüberstehen -, daß Christus seinen Zeitgenossen gegenüber zum Förderer der wahren Würde der Frau und der dieser Würde entsprechenden Berufung geworden ist. Das löste bisweilen Befremden und Verwunderung aus und ging oft bis an die Grenze eines Skandals: „Sie wunderten sich, daß er mit einer Frau sprach" (*Joh* 4,27); denn dieses Verhalten unterschied sich von dem seiner Zeitgenossen. Ja, „es wunderten sich" sogar die Jünger Christi. Der Pharisäer, in dessen Haus die Sünderin ging, um Jesus die Füße mit wohlriechendem Öl zu salben, dachte: „Wenn er wirklich ein Prophet wäre, müßte er wissen, was das für eine Frau ist, von der er sich berühren läßt; er wüßte, daß sie eine Sünderin ist" (*Lk* 7,39). Noch größere Bestürzung oder geradezu „heilige Empörung" mußten bei den selbstzufriedenen Zuhörern die Worte Christi auslösen: „Zöllner und Dirnen gelangen eher in des Reich Gottes als ihr" (*Mt* 21,31).

Der so sprach und handelte, gab damit zu verstehen, daß er „die Geheimnisse des Reiches" zutiefst kannte. Ebenso „wußte er, was im Menschen ist" (*Joh* 2,25), in seinem Innersten, in seinem „Herzen". Er war Zeuge des ewigen Planes Gottes für den von ihm nach seinem Ebenbild als Mann und Frau geschaffenen Menschen. Er wußte auch zutiefst um die Folgen der Sünde, jenes „Geheimnis der Bosheit", das als die bittere Frucht der Trübung der Gottebenbildlichkeit in den Menschenherzen wirksam ist. Wie bedeutungsvoll ist es doch, daß Jesus in dem grundlegenden Gespräch über die Ehe und ihre

Unauflöslichkeit gegenüber seinen Gesprächspartnern, den „Schriftgelehrten", die von Amts wegen Kenner des Gesetzes waren, auf den „Anfang" Bezug nimmt! Es geht um die Frage, ob „dem Mann" das Recht zustehe, „seine Frau aus jedem beliebigen Grund aus der Ehe zu entlassen" (*Mt* 19,3); und damit geht es auch um das Recht der Frau, um ihre gerechte Stellung in der Ehe, um ihre Würde. Die Gesprächspartner Jesu sind der Meinung, das in Israel geltende mosaische Gesetz auf ihrer Seite zu haben: „Wozu hat dann Mose vorgeschrieben, daß man (der Frau) eine Scheidungsurkunde geben muß, wenn man sich trennen will?" (*Mt* 19,7). Darauf antwortet Jesus: „Nur weil ihr so hartherzig seid, hat Mose euch erlaubt, eure Frauen aus der Ehe zu entlassen. Am Anfang war das nicht so" (*Mt* 19,8). Jesus beruft sich auf den „Anfang", auf die Erschaffung des Menschen als Mann und Frau und auf jene Ordnung Gottes, die sich darauf gründet, daß alle beide „nach seinem Bild und Gleichnis" erschaffen sind. Wenn also der Mann „Vater und Mutter verläßt" und sich an seine Frau bindet, so daß die zwei „ein Fleisch werden", bleibt daher das von Gott selbst stammende Gesetz in Kraft: „Was aber Gott verbunden hat, das darf der Mensch nicht trennen" (*Mt* 19,6).
Der Grundsatz dieses „Ethos", der von Anfang an der Wirklichkeit der Schöpfung eingeschrieben ist, wird nun von Christus gegen jene Tradition, welche die Diskriminierung der Frau mit sich brachte, bestätigt. In dieser Tradition „herrschte" der Mann, ohne genügend auf die Frau und jene Würde Rücksicht zu nehmen, die das „Ethos" der Schöpfung den gegenseitigen Beziehungen zweier in der Ehe verbundener Personen zugrunde gelegt hat. Dieses „Ethos" wird von den Worten Christi in Erinnerung gerufen und bekräftigt: Es ist das „Ethos" des Evangeliums und der Erlösung.

Die Frauen des Evangeliums

13. Wenn wir die Seiten des Evangeliums durchgehen, ziehen eine Vielzahl von Frauen verschiedenen Alters und Standes an uns vorüber. Wir begegnen Frauen, die von Krankheit oder körperlichen Gebrechen befallen sind, wie jene, die „von einem Dämon geplagt wurde; ihr Rücken war verkrümmt, und sie konnte nicht mehr aufrecht gehen" (vgl. *Lk* 13,11), oder die Schwiegermutter des Simon, die „mit Fieber im Bett lag" (*Mk* 1,30), oder die Frau, die, „weil sie schon zwölf Jahre an Blutungen litt", niemanden berühren konnte, weil man meinte, ihre Berührung würde den Menschen „unrein" machen (vgl. *Mk* 5,25–34). Jede dieser Frauen wurde geheilt, und die letzte (die an Blutungen litt), die „in dem Gedränge" das Gewand Jesu berührte (*Mk* 5,27), wurde ihres großen Glaubens wegen von Jesus gelobt: „Dein Glaube hat dir geholfen" (*Mk* 5,34). Da ist sodann die Tochter des Jaïrus, die Jesus ins Leben zurückruft, indem er sie liebevoll auffordert: „Mädchen, ich sage dir, steh auf!" (*Mk* 5,41). Und da ist die Witwe in Naïn, deren einzigen Sohn Jesus ins Leben zurückruft und dabei sein Tun mit dem Ausdruck herzlichen Mitleids begleitet: „Er hatte Mitleid mit ihr und sagte zu ihr: Weine nicht!" (*Lk* 7,13). Und schließlich die Frau aus Kanaa, eine Frau, die wegen ihres Glaubens, ihrer Demut und jener geistigen Größe, zu der nur das Herz einer Mutter fähig ist, von Christus Worte besonderer Anerkennung verdient: „Frau, dein Glaube ist groß! Was du willst, soll geschehen" (*Mt* 15,28). Die kanaanäische Frau hatte um die Heilung ihrer Tochter gebeten.

Die Frauen, denen Jesus begegnete und die von ihm so große Gnaden empfingen, begleiteten ihn bisweilen, wenn er mit den Jüngern durch Stadt und Land zog und das Evangelium vom Reich Gottes verkündete; und „sie unterstützten ihn mit dem, was sie besaßen". Das Evangelium nennt unter diesen Frauen Johanna, die Frau eines Beamten des Herodes, Susanna und „viele andere" (vgl. *Lk* 8,1–3).
Manchmal kommen Frauen in den Gleichnissen vor, mit denen Jesus von Nazaret seinen Zuhörern die Wahrheit über das Reich Gottes erläuterte. So in den Gleichnissen von der verlorenen Drachme (vgl. *Lk* 15,8–10), vom Sauerteig (vgl. *Mt* 13,32), von den klugen und törichten Jungfrauen (vgl. *Mt* 25,1–13). Besonders eindrucksvoll ist die Erzählung vom Scherflein der armen Witwe. Während „die Reichen ihre Gaben in den Opferkasten legten (...), warf eine arme Witwe zwei kleine Münzen hinein". Da sagte Jesus: „Diese arme Witwe hat mehr hineingeworfen als alle anderen (...); denn sie, die kaum das Nötigste zum Leben hat, hat ihren ganzen Lebensunterhalt hergegeben" (*Lk* 21,1.4). Auf diese Weise stellt Jesus sie als Vorbild für alle hin und tritt zugleich für sie ein; denn im damaligen Gesellschafts- und Rechtssystem waren die Witwen völlig schutzlos (vgl. auch *Lk* 18,1–7).
In der gesamten Lehre Jesu wie auch in seinem Verhalten stoßen wir auf nichts, was die zu seiner Zeit übliche Diskriminierung der Frau widerspiegeln würde. Im Gegenteil, seine Worte und Taten bringen stets die der Frau gebührende Achtung und Ehrfurcht zum Ausdruck. Die verkrümmte Frau wird sogar „Tochter Abrahams" genannt (*Lk* 13,16), während dieser Titel (in der Form „Sohn Abrahams") in der ganzen Bibel immer nur Männern beigelegt wird. Auf seinem Leidensweg nach Golgota wird Jesus zu den Frauen sagen: „Ihr Frauen von Jerusalem, weint nicht über mich!" (*Lk* 23,28). Diese Art und Weise, von den Frauen und mit den Frauen zu sprechen, sowie die Art des Umgangs mit ihnen stellt angesichts der damals herrschenden Gepflogenheiten etwas völlig „Neues" dar. Das wird noch deutlicher gegenüber jenen Frauen, die die öffentliche Meinung mit Verachtung als Sünderinnen, Dirnen und Ehebrecherinnen bezeichnete. Da ist die Samariterin, zu der Jesus selbst sagt: „Fünf Männer hast du gehabt, und der, den du jetzt hast, ist nicht dein Mann". Und als sie sieht, daß er um die Geheimnisse ihres Lebens weiß, erkennt sie in ihm den Messias und beeilt sich, es ihren Landsleuten zu verkünden. Das dieser Erkenntnis vorausgehende Gespräch gehört wohl zu den schönsten im Evangelium (vgl. *Joh* 4,7–27).
Und dann ist da die bekannte Sünderin, die trotz der allgemeinen Verurteilung das Haus des Pharisäers betritt, um Jesus die Füße mit wohlriechendem Öl zu salben. Zu dem Gastgeber, der sich darüber entrüstete, sagte Jesus über diese Frau: „Ihr sind ihre vielen Sünden vergeben, weil sie (mir) so viel Liebe gezeigt hat" (vgl. *Lk* 7,37–47).
Und schließlich die vielleicht deutlichste Szene all dieser Begegnungen: Eine Frau, die beim Ehebruch ertappt worden ist, wird zu Jesus gebracht. Auf die herausfordernde Frage: „Mose hat uns im Gesetz vorgeschrieben, solche Frauen zu steinigen. Nun, was sagst du?" antwortet Jesus: „Wer von euch ohne Sünde ist, werfe als erster einen Stein auf sie". Die in dieser Antwort enthaltene Wahrheit ist so mächtig, daß „einer nach dem anderen fortging, zuerst die Ältesten". Jesus und die Frau bleiben allein zurück. „Wo sind sie geblieben? Hat dich keiner verurteilt?" – „Keiner, Herr" -. „Auch ich verurteile dich nicht. Geh und sündige von jetzt an nicht mehr" (vgl. *Joh* 8,3–11).

Diese Episoden geben ein sehr klares Gesamtbild ab. Christus ist derjenige, der „wußte, was im Menschen ist" (vgl. *Joh* 2,25), im Mann und in der Frau. Er kennt die Würde des Menschen, seinen Wert in den Augen Gottes. Er selbst, der Erlöser, ist die endgültige Bestätigung dieses Wertes. Alles, was er sagt und tut, findet im Ostermysterium der Erlösung seine endgültige Erfüllung. Das Verhalten Jesu zu den Frauen, denen er auf den Wegen seines messianischen Dienstes begegnet, spiegelt den ewigen Plan Gottes wider, der eine jede von ihnen erschafft und sie in Christus erwählt und liebt (vgl. *Eph* 1,1–5). Daher ist jede von ihnen jene „einzige von Gott um ihrer selbst willen gewollte Kreatur". Eine jede erbt auch vom „Anfang" her die Würde einer Person als Frau. Jesus von Nazaret bestätigt diese Würde, ruft sie in Erinnerung, erneuert sie und macht sie zum Inhalt des Evangeliums und der Erlösung, um deretwegen er in die Welt gesandt wurde. Man muß also jedes der von Christus im Umgang mit einer Frau gebrauchten Worte und jede solche Geste in das Licht des Ostergeheimnisses stellen. Auf diese Weise finden alle ihre vollständige Deutung.

Die beim Ehebruch ertappte Frau

14. Jesus begibt sich in die konkrete, geschichtliche Situation der Frau, eine Situation, die vom Erbe der Sünde belastet ist. Dieses Erbe kommt unter anderem in den Gewohnheiten zum Ausdruck, die die Frau zugunsten des Mannes diskriminieren, und ist auch in ihr selbst verwurzelt. Unter diesem Gesichtspunkt scheint die Episode von der Frau, „die beim Ehebruch ertappt wird" (vgl. *Joh* 8,3–11), besonders ergiebig zu sein. Zuletzt sagt Jesus zu ihr: „Sündige von jetzt an nicht mehr"; vorher aber weckt er das Schuldbewußtsein in den Männern, die sie anklagen, um sie zu steinigen, und offenbart so seine tiefe Fähigkeit, das Gewissen und die Werke der Menschen der Wahrheit gemäß zu sehen. Jesus scheint den Anklägern sagen zu wollen: Ist diese Frau mit ihrer ganzen Sünde nicht vielleicht auch und vor allem eine Bestätigung eurer Übertretungen, eurer „männlichen" Ungerechtigkeit, eurer Mißbräuche?

Diese Wahrheit ist für das ganze Menschengeschlecht gültig. Die im Johannesevangelium berichtete Begebenheit kann man in unzähligen ähnlichen Situationen in jeder Geschichtsepoche vorfinden. Eine Frau wird allein gelassen und mit „ihrer Sünde" der öffentlichen Meinung ausgesetzt, während sich hinter „ihrer" Sünde ein Mann als Sünder verbirgt, der „an der Sünde anderer" schuld, ja mitverantwortlich für sie ist. Seine Schuld entzieht sich jedoch der Aufmerksamkeit und wird stillschweigend übergangen: Für „fremde Schuld" erscheint er nicht verantwortlich! Manchmal macht er sich auch noch zum Ankläger, wie in dem geschilderten Fall, und vergißt dabei die eigene Schuld. Wie oft büßt in ähnlicher Weise die Frau für ihre Sünde (es kann durchaus sein, daß sie in gewissen Fällen schuld ist an der Sünde des Mannes); doch nur sie büßt und zahlt allein. Wie oft bleibt sie mit ihrer Mutterschaft verlassen zurück, wenn der Mann, der Vater des Kindes, die Verantwortung dafür nicht übernehmen will? Und neben den so zahlreichen „unverheirateten Müttern" in unserer Gesellschaft müssen wir auch an all jene Frauen denken, die sich sehr oft unter mancherlei Druck, auch von seiten des schuldigen Mannes, von ihrem Kind noch vor dessen Geburt „befreien". Sie „befreien sich": aber um welchen Preis? Die heutige öffentliche Meinung versucht auf verschiedene Weise das Übel dieser Sünde „wegzureden“; normalerweise jedoch vermag das Gewissen der Frau nicht zu vergessen, daß sie dem eigenen Kind das Leben genommen hat; denn sie ist nicht imstande, die ihrem Ethos am „Anfang“ eingeschriebene Bereitschaft zur Annahme des Lebens auszulöschen.

Das Verhalten Jesu bei der im *Johannesevangelium* (8,3–11) beschriebenen Begebenheit ist bezeichnend. Wohl nur an wenigen Stellen wird seine Macht – die Macht der Wahrheit – gegenüber dem menschlichen Gewissen so wie hier offenbar. Jesus ist ruhig, gefaßt, nachdenklich. Besteht hier wie auch im Gespräch mit den Pharisäern (vgl. *Mt* 19,3–9) nicht vielleicht eine Verbindung zwischen seinem Bewußtsein und dem Geheimnis des „Anfangs“? Als der Mensch als Mann und Frau erschaffen wurde und die Frau mit ihrer fraulichen Eigenart, auch mit ihrer Fähigkeit zur Mutterschaft, dem Mann anvertraut wurde? Auch der Mann wurde vom Schöpfer der Frau anvertraut. Sie wurden einander als Personen anvertraut, die nach dem Bild und Gleichnis Gottes selbst erschaffen waren. In diesem Anvertrauen liegt das Maß der Liebe, einer bräutlichen Liebe. Um zu einer „aufrichtigen Hingabe“ füreinander zu kommen, muß sich jeder der beiden für diese Hingabe verantwortlich fühlen. Dieses Maß ist allen beiden – Mann und Frau – vom „Anfang“ an bestimmt. Nach der Ursünde sind im Mann und in der Frau Gegenkräfte am Werk, auf Grund der dreifachen Begierde, dem „Sündenkeim“. Sie wirken aus der Tiefe des Menschen. Darum wird Jesus in der Bergpredigt sagen: „Wer eine Frau auch nur lüstern ansieht, hat in seinem Herzen schon Ehebruch mit ihr begangen“ (*Mt* 5,28). Diese direkt an den Mann gerichteten Worte beweisen die grundlegende Wahrheit von seiner Verantwortung gegenüber der Frau: für ihre Würde, für ihre Mutterschaft, für ihre Berufung. Indirekt gehen diese Worte auch die Frau an. Christus hat sein Möglichstes getan, damit die Frauen – im Rahmen der Gewohnheiten und sozialen Verhältnisse jener Zeit – in seiner Lehre und seinem Handeln ihre eigene Selbständigkeit und Würde wiederfinden. Auf Grund der gottgewollten „Einheit der zwei“ hängt diese Würde direkt von der Frau selbst als für sich verantwortliches Subjekt ab und wird gleichzeitig dem Mann zur Aufgabe gestellt. Dementsprechend appelliert Christus an die Verantwortung des Mannes. In der vorliegenden Meditation über Würde und Berufung der Frau heute müssen wir uns so unbedingt auf den Ansatz beziehen, dem wir im Evangelium begegnen. Die Würde der Frau und ihre Berufung – wie auch jene des Mannes – haben ihre ewige Quelle im Herzen Gottes und hängen unter den zeitlichen Bedingungen des menschlichen Daseins eng mit der „Einheit der zwei“ zusammen. Daher muß sich jeder Mann darauf besinnen, ob diejenige, die ihm als Schwester im selben Menschsein, als Braut und Ehefrau anvertraut ist, nicht in seinem Herzen Objekt eines Ehebruchs, ob diejenige, die in unterschiedlicher Weise Mitträgerin seines Daseins in der Welt ist, nicht für ihn zum „Objekt“ geworden ist: Objekt des Genusses, der Ausbeutung.

Hüterinnen der evangelischen Botschaft

15. Die Handlungsweise Christi, das Evangelium seiner Taten und Worte, ist ein durchgehender Protest gegen die Verletzung der Würde der Frau. Deshalb entdecken die Frau-

en der Umgebung Christi in den Wahrheiten, die er „lehrt" und „tut", sich selbst, auch wenn es sich bei dieser Wahrheit um ihre eigene „Sündhaftigkeit" handelt. Sie fühlen sich durch diese Wahrheit „befreit", sich selbst zurückgegeben: Sie fühlen sich geliebt mit „ewiger Liebe", einer Liebe, die in Christus selbst ihren direkten Ausdruck findet. Im Wirkungskreis Christi verändert sich ihre soziale Stellung. Sie nehmen wahr, daß Jesus mit ihnen über Fragen spricht, die man in der damaligen Zeit nicht mit einer Frau erörterte. Das in diesem Zusammenhang bezeichnendste Beispiel ist wohl das Gespräch mit der Samariterin am Jakobsbrunnen bei Sychar. Jesus – der weiß, daß sie eine Sünderin ist und ihr gegenüber das auch erwähnt – erörtert mit ihr die tiefsten Geheimnisses Gottes. Er spricht mit ihr von dem unermeßlichen Geschenk der Liebe Gottes, das wie eine „sprudelnde Quelle ist, deren Wasser ewiges Leben schenkt" (*Joh* 4,14). Er spricht zu ihr von Gott, der Geist ist, und von der wahren Anbetung im Geist und in der Wahrheit, auf die Gott Vater ein Recht habe (vgl. *Joh* 4,24). Schließlich enthüllt er ihr, daß er der an Israel verheißene Messias ist (*ebd.* 4,26).
Das ist ein Ereignis, das ohne Beispiel dasteht: Jene Frau, und dazu noch eine „Sünderin", wird „Jüngerin" Christi; ja, nachdem sie unterwiesen worden ist, verkündet sie den Bewohnern von Samarien Christus, so daß auch diese ihn gläubig annehmen (vgl. *Joh* 4,39–42). Ein beispielloses Geschehen, wenn man bedenkt, wie die Frauen gerade von den Lehrern in Israel allgemein behandelt wurden, während in der Handlungsweise Jesu von Nazaret ein solches Geschehen normal ist. In diesem Zusammenhang verdienen auch die beiden Schwestern des Lazarus eine besondere Erwähnung: „Jesus liebte Marta, ihre Schwester (Maria) und Lazarus" (*Joh* 11,5). Maria „hörte den Worten" Jesu zu: Als er die Schwestern in ihrem Haus aufsuchte, bezeichnete er selbst das Verhalten Marias als „das bessere" im Vergleich zu Martas Sorge um die häuslichen Angelegenheiten (vgl. *Lk* 10,38–42). Bei einer anderen Begegnung – nach dem Tod des Lazarus – wird auch Marta zur Gesprächspartnerin Christi: In jenem Gespräch geht es um die tiefsten Wahrheiten der Offenbarung und des Glaubens. „Herr, wärst du hier gewesen, dann wäre mein Bruder nicht gestorben" – „Dein Bruder wird auferstehen" – „Ich weiß, daß er auferstehen wird bei der Auferstehung am Letzten Tag". Jesus erwiderte ihr: „Ich bin die Auferstehung und das Leben. Wer an mich glaubt, wird leben, auch wenn er stirbt, und jeder, der lebt und an mich glaubt, wird auf ewig nicht sterben. Glaubst du das?" – „Ja, Herr, ich glaube, daß du der Messias bist, der Sohn Gottes, der in die Welt kommen soll" (*Joh* 11,21–27). Nach diesem Glaubensbekenntnis erweckt Jesus den Lazarus. Auch das Gespräch mit Marta ist eines der wichtigsten des Evangeliums.
Christus spricht mit den Frauen über Gott, und sie verstehen ihn: ein echter Widerhall des Geistes und Herzens, eine Antwort des Glaubens. Und Jesus zollt dieser unverkennbar „fraulichen" Antwort Anerkennung und Bewunderung, wie im Fall der kanaanäischen Frau (vgl. *Mt* 15,28). Bisweilen stellt er diesen lebendigen, von Liebe durchdrungenen Glauben als Beispiel hin: Er nimmt also diese Antwort, die aus dem Geist und Herzen einer Frau stammt, zum Ausgangspunkt für seine Unterweisung. So geschieht es im Fall jener „Sünderin" im Hause des Pharisäers, deren Handeln von Jesus als Ausgangspunkt für die Erläuterung der Wahrheit über die Sündenvergebung genommen wird: „Ihr sind ihre vielen Sünden vergeben, weil sie (mir) so viel Liebe gezeigt hat.

Wem aber nur wenig vergeben wird, der zeigt auch nur wenig Liebe" (*Lk* 7,47). Bei Gelegenheit einer anderen Salbung verteidigt Jesus gegenüber den Jüngern, besonders gegenüber dem Judas, die Frau und ihr Tun: „Warum laßt ihr die Frau nicht in Ruhe? Sie hat ein gutes Werk an mir getan (...) Als sie das Öl über mich goß, hat sie meinen Leib für das Begräbnis gesalbt. Amen, ich sage euch: Überall auf der Welt, wo dieses Evangelium verkündet wird, wird man sich an sie erinnern und erzählen, was sie getan hat" (*Mt* 26,6–13).
In der Tat beschreiben die Evangelien nicht nur, was jene Frau von Betanien im Hause Simons, des Aussätzigen, getan hat, sondern heben auch hervor, daß bei der endgültigen und für die ganze messianische Sendung Jesu von Nazaret entscheidenden Prüfung, unter dem Kreuz, sich vor allen anderen die Frauen eingefunden haben. Von den Aposteln ist nur Johannes treu geblieben. Die Frauen hingegen sind zahlreich. Da waren nicht nur die Mutter Christi und die „Schwester seiner Mutter, die Frau des Klopas, und Maria von Magdala" (*Joh* 19,25), sondern auch „viele Frauen waren dort und sahen von weitem zu; sie waren Jesus seit der Zeit in Galiläa nachgefolgt und hatten ihm gedient" (*Mt* 27,55). In dieser härtesten Bewährungsprobe des Glaubens und der Treue haben sich, wie man sieht, die Frauen als stärker erwiesen als die Jünger; in diesen Augenblicken der Gefahr gelingt es denen, die „sehr lieben", auch, die Furcht zu besiegen. Schon zuvor auf dem Kreuzweg waren es die Frauen gewesen, „die um ihn klagten und weinten" (*Lk* 23,27). Vorher schon hatte die Frau des Pilatus ihren Mann gewarnt: „Laß die Hände von diesem Mann, er ist unschuldig. Ich hatte seinetwegen heute nacht einen schrecklichen Traum" (*Mt* 27,19).

Erste Zeugen der Auferstehung

16. Vom Beginn der Sendung Christi an zeigt die Frau ihm und seinem Geheimnis gegenüber eine besondere Empfänglichkeit, die einem Wesensmerkmal ihrer Fraulichkeit entspricht. Ferner muß gesagt werden, daß sich das besonders beim Ostergeheimnis bestätigt, nicht nur unter dem Kreuz, sondern auch am Morgen der Auferstehung. Die Frauen sind als erste am Grab. Sie sind die ersten, die es leer finden. Sie sind die ersten, die vernehmen: „Er ist nicht hier; denn er ist auferstanden, wie er gesagt hat" (*Mt* 28,6). Sie sind die ersten, die „seine Füße umfassen" (vgl. *Mt* 28,9). Ihnen wird als ersten aufgetragen, den Jüngern diese Wahrheit zu verkünden (vgl. *Mt* 28,1–10; *Lk* 24,8–11). Das *Johannesevangelium* (vgl. auch *Mk* 16,9) hebt die besondere Rolle der Maria aus Magdala hervor. Sie ist die erste, die dem auferstandenen Christus begegnet. Zunächst hält sie ihn für den Gärtner: Sie erkennt ihn erst, als er sie bei ihrem Namen nennt. „Jesus sagte zu ihr: Maria! Da wandte sie sich ihm zu und sagte auf hebräisch zu ihm: Rabbuni!, das heißt: Meister. Jesus sagte zu ihr: Halte mich nicht fest; denn ich bin noch nicht zum Vater hinaufgegangen. Geh aber zu meinen Brüdern und sag ihnen: Ich gehe hinauf zu meinem Vater und zu eurem Vater, zu meinem Gott und zu eurem Gott. Maria von Magdala ging zu den Jüngern und verkündete ihnen: Ich habe den Herrn gesehen. Und sie richtete aus, was er ihr gesagt hatte" (*Joh* 20,16–18).
Sie wurde darum auch „Apostel der Apostel" genannt.[38] Maria aus Magdala war früher als die Apostel Augenzeugin des auferstandenen Christus und hat deshalb auch als erste

den Aposteln gegenüber von ihm Zeugnis gegeben. Dieses Geschehen stellt gewissermaßen die Krönung all dessen dar, was wir zuvor darüber gesagt haben, daß den Frauen – ebenso wie den Männern – die göttlichen Wahrheiten von Christus anvertraut worden sind. Man kann sagen, daß sich auf diese Weise die Worte des Propheten erfüllt haben: „Danach aber werde ich meinen Geist ausgießen über alle Menschen. Eure Söhne und Töchter werden Propheten sein“ (*Joël* 3,1). Am fünfzigsten Tag nach der Auferstehung Christi finden diese Worte im Abendmahlssaal von Jerusalem, bei der Herabkunft des Heiligen Geistes, des „Beistandes“, noch einmal ihre Bestätigung (vgl. *Apg* 2,17).
Alles bisher zum Verhalten Christi gegenüber den Frauen Gesagte bestätigt und klärt im Heiligen Geist die Wahrheit über die „Gleichheit“ der beiden – Mann und Frau. Man muß von einer wesenhaften „Gleichberechtigung“ sprechen: Da beide – die Frau wie der Mann – nach dem Abbild und Gleichnis Gottes erschaffen wurden, sind beide in gleichem Maße empfänglich für das Geschenk der göttlichen Wahrheit und der Liebe im Heiligen Geist. Beide empfangen seine heilbringenden und heiligmachenden „Heimsuchungen“.
Die Tatsache, Mann oder Frau zu sein, führt hier zu keinerlei Einschränkung, ebensowenig wie, nach den bekannten Worten des Apostels, jenes Heilswirken des Geistes im Menschen dadurch eingeschränkt wird, daß einer „Jude oder Grieche, Sklave oder Freier“ ist: „Denn ihr alle seid einer in Christus Jesus“ (*Gal* 3,28). Diese Einheit hebt die Verschiedenheit nicht auf. Der Heilige Geist, der in der übernatürlichen Ordnung der heiligmachenden Gnade eine solche Einheit bewirkt, trägt in gleichem Maße dazu bei, daß „eure Söhne Propheten werden“, wie dazu, daß auch „eure Töchter“ es werden. „Prophetsein“ heißt, unter Wahrung der Wahrheit und Eigenart der je eigenen Person, sei es Mann oder Frau, mit Wort und Leben „die großen Taten Gottes verkünden“ (vgl. *Apg* 2,11). Die „Gleichheit“ nach dem Evangelium, die „Gleichberechtigung“ von Frau und Mann vor den „großen Taten Gottes“, wie sie im Wirken und Reden Jesu von Nazaret mit solcher Klarheit offenkundig geworden ist, bildet die deutlichste Grundlage für Würde und Berufung der Frau in Kirche und Welt. Jede Berufung hat ihren tief persönlichen und prophetischen Sinn. In der so verstandenen Berufung erreicht das Frauliche in einer Person ein neues Maß: Es ist das Maß der „großen Taten Gottes“, zu deren lebendigem Träger und unersetzlicher Zeugin die Frau wird.

VI. Mutterschaft – Jungfräulichkeit

Zwei Dimensionen der Berufung der Frau

17. Wir müssen unsere Meditation jetzt der Jungfräulichkeit und der Mutterschaft zuwenden als zwei besonderen Dimensionen bei der Verwirklichung der Persönlichkeit einer Frau. Im Licht des Evangeliums erlangen sie in Maria, die als Jungfrau Mutter des Gottessohnes geworden ist, die Fülle ihrer Bedeutung und ihres Wertes. Diese zwei Dimensionen der Berufung der Frau sind sich in ihr begegnet und haben sich einzigartig verbunden, so daß die eine die andere nicht ausschloß, sondern sie auf wunderbare Weise vervollständigte. Die Darstellung der Verkündigung im *Lukasevangelium* zeigt deutlich,

daß dies der Jungfrau aus Nazaret unmöglich erschien. Als sie die Worte vernimmt: „Du wirst ein Kind empfangen, einen Sohn wirst du gebären: dem sollst du den Namen Jesus geben", fragt sie sogleich: „Wie soll das geschehen, da ich keinen Mann erkenne?" (*Lk* 1,31.34). In der allgemeinen Ordnung der Dinge ist die Mutterschaft Ergebnis des gegenseitigen „Erkennens" von Mann und Frau in der ehelichen Vereinigung. Unter entschiedener Betonung ihrer Jungfräulichkeit stellt Maria dem göttlichen Boten die Frage und erhält die Erklärung: „Der Heilige Geist wird über dich kommen"; deine Mutterschaft wird nicht Folge eines ehelichen „Erkennens", sondern Werk des Heiligen Geistes sein und die „Kraft des Höchsten" wird ihren „Schatten" über das Geheimnis der Empfängnis und der Geburt des Sohnes breiten. Als Sohn des Höchsten wird er dir in der von Ihm gewußten Weise ausschließlich von Gott geschenkt. Maria hat also an ihrem jungfräulichen „Ich erkenne keinen Mann" (vgl. *Lk* 1,34) festgehalten und ist zugleich Mutter geworden. Jungfräulichkeit und Mutterschaft bestehen in ihr zugleich: Sie schließen sich nicht gegenseitig aus und behindern sich nicht. Ja, die Person der Gottesmutter hilft allen – besonders allen Frauen – wahrzunehmen, wie diese beiden Dimensionen und diese beiden Wege der Berufung der Frau als Person sich gegenseitig erklären und ergänzen.

Mutterschaft

18. Um an diesem „Wahrnehmen" teilzuhaben, müssen wir noch einmal die Wahrheit über die menschliche Person vertiefen, die uns das Zweite Vatikanische Konzil in Erinnerung gerufen hat. Der Mensch – sowohl der Mann wie die Frau – ist auf Erden die einzige von Gott um ihrer selbst willen gewollte Kreatur: Er ist eine Person, ein Subjekt, das über sich entscheidet. Zugleich kann der Mensch „sich selbst nur durch die aufrichtige Selbsthingabe vollkommen finden".[39] Es wurde schon gesagt, daß diese Beschreibung, in gewissem Sinne eine Definition der Person, der biblischen Grundwahrheit über die Erschaffung des Menschen – als Mann und Frau – nach dem Bild und Gleichnis Gottes entspricht. Das ist keine rein theoretische Deutung oder abstrakte Definition; denn sie gibt im wesentlichen den Sinn des menschlichen Daseins an, indem sie den Wert der Selbsthingabe der Person betont. In dieser Sicht der Person ist auch das Wesen jenes „Ethos" enthalten, das in Verbindung mit der Wahrheit der Schöpfung von den Büchern der Offenbarung und besonders von den Evangelien voll entfaltet werden wird.

Diese Wahrheit über die Person eröffnet darüber hinaus den Weg zu einem vollen Verständnis der Mutterschaft der Frau. Die Mutterschaft ist das Ergebnis der ehelichen Vereinigung zwischen einem Mann und einer Frau, jenes biblischen „Erkennens", von dem es in der *Genesis* heißt: „Die zwei werden ein Fleisch" (vgl. *Gen* 2,24); sie verwirklicht auf diese Weise – von seiten der Frau – eine besondere „Selbsthingabe" als Ausdruck jener bräutlichen Liebe, in der sich die Eheleute so eng miteinander vereinigen, daß sie „ein Fleisch" werden. Das biblische „Erkennen" wird nur dann gemäß der Wahrheit der Person Wirklichkeit, wenn die gegenseitige Selbsthingabe weder dadurch entstellt wird, daß sich der Mann zum „Beherrscher" seiner Frau machen will („Er wird über dich herrschen"), noch dadurch, daß sich die Frau auf ihre triebhafte Veranlagung zurückzieht („Nach dem Mann wird dich verlangen": *Gen* 3,16).

Die gegenseitige Hingabe der Personen in der Ehe öffnet sich bereits für das Geschenk eines neuen Lebens, eines neuen Menschen, der auch eine Person nach dem Abbild seiner Eltern ist. Die Mutterschaft aber schließt von Anfang an eine besondere Aufnahmebereitschaft für diese neue Person ein: und eben das ist der Anteil der Frau. In dieser Bereitschaft, im Empfangen und Gebären eines Kindes, „findet die Frau durch ihre aufrichtige Selbsthingabe sich selbst". Die Gabe der inneren Bereitschaft zum Empfangen und Gebären eines Kindes ist mit der ehelichen Vereinigung verbunden, die – wie schon gesagt – einen besonderen Augenblick der gegenseitigen Hingabe von seiten der Frau und des Mannes darstellen sollte. Empfängnis und Geburt des neuen Menschen werden nach der Bibel von den folgenden Worten der „Frau" und Mutter begleitet: „Ich habe einen Mann vom Herrn erworben" (*Gen* 4,1). Dieser Ausruf Evas, der „Mutter aller Lebendigen", wiederholt sich jedesmal, wenn ein neuer Mensch zur Welt kommt; er ist Ausdruck der Freude und des Bewußtseins der Frau, teilzuhaben an dem tiefen Geheimnis des ewigen Zeugens. Die Ehegatten haben teil an Gottes Schöpferkraft!

Die Mutterschaft der Frau im Zeitraum zwischen der Empfängnis und der Geburt des Kindes ist ein biophysiologischer und psychischer Prozeß, über den wir heutzutage besser Bescheid wissen als in der Vergangenheit und der Gegenstand zahlreicher tiefreichender Untersuchungen ist. Die wissenschaftliche Analyse bestätigt voll und ganz, daß bereits die physische Konstitution und der Organismus der Frau die natürliche Veranlagung zur Mutterschaft, zur Empfängnis, zur Schwangerschaft und zur Geburt des Kindes, als Folge der ehelichen Vereinigung mit dem Mann enthalten. Gleichzeitig entspricht das alles auch der psycho-physischen Struktur der Frau. Alles, was die verschiedenen Wissenschaftszweige zu diesem Thema sagen, ist wichtig und nützlich, insofern sie sich nicht auf eine rein biophysiologische Interpretation der Frau und ihrer Mutterschaft beschränken. Ein solches „verkürztes" Bild entspräche nämlich völlig der materialistischen Menschen- und Weltsicht. In diesem Falle ginge bedauerlicherweise das wirklich Wesentliche verloren: Die Mutterschaft als menschliches Faktum und Phänomen läßt sich nur auf der Grundlage der Wahrheit über die Person voll erklären. Die Mutterschaft steht im Zusammenhang mit der personalen Struktur des Frauseins und mit der personalen Dimension der Hingabe: „Ich habe einen Mann vom Herrn erworben" (*Gen* 4,1). Der Schöpfer schenkt den Eltern ein Kind. Von seiten der Frau ist dies in besonderer Weise mit „einer aufrichtigen Hingabe ihrer selbst" verbunden. Die Worte Marias auf die Verkündigung hin: „Mir geschehe, wie du es gesagt hast", bedeuten die Bereitschaft der Frau zur Hingabe und zur Annahme des neuen Lebens.

In der Mutterschaft der Frau, die an die Vaterschaft des Mannes gebunden ist, spiegelt sich das in Gott selber, dem dreieinigen Gott, gelegene ewige Geheimnis der Zeugung wider (vgl. *Eph* 3,14–15). Das menschliche Zeugen ist Mann und Frau gemeinsam. Und wenn die Frau in Liebe zu ihrem Mann spricht: „Ich habe dir ein Kind geschenkt", so bedeuten ihre Worte zugleich: „Das ist unser Kind". Doch obwohl beide gemeinsam Eltern ihres Kindes sind, stellt die Mutterschaft der Frau einen besonderen Anteil dieser gemeinsamen Elternschaft, ja deren anspruchsvolleren Teil dar. Die Elternschaft gehört zwar zu beiden; sie verwirklicht sich jedoch viel mehr in der Frau, besonders in der vorgeburtlichen Phase. Die Frau muß unmittelbar für dieses gemeinsame Hervorbringen neuen Lebens „bezahlen“, das buchstäblich ihre leiblichen und seelischen Kräfte aufzehrt. Der Mann muß sich daher voll bewußt sein, daß ihm aus dieser gemeinsamen Elternschaft eine besondere Schuldverpflichtung gegenüber der Frau erwächst. Kein Programm für die „Gleichberechtigung“ von Frauen und Männern ist gültig, wenn man diesem Umstand nicht ganz entscheidend Rechnung trägt. Die Mutterschaft enthält eine besondere Gemeinschaft mit dem Geheimnis des Lebens, das im Schoß der Frau heranreift: Die Mutter steht staunend vor diesem Geheimnis, und mit einzigartiger Intuition „erfaßt“ sie, was in ihr vor sich geht. Im Licht des „Anfangs“ nimmt die Mutter das Kind, das sie im Schoß trägt, als Person an und liebt es. Diese einmalige Weise des Kontaktes mit dem neuen Menschen, der sich formt, schafft seinerseits eine derartige Einstellung zum Menschen – nicht nur zum eigenen Kind, sondern zum Menschen als solchem -, daß dadurch die ganze Persönlichkeit der Frau tiefgeprägt wird. Man ist allgemein überzeugt, daß die Frau mehr als der Mann fähig ist, auf die konkrete Person zu achten und daß die Mutterschaft diese Veranlagung noch stärker zur Entfaltung bringt. Der Mann befindet sich – trotz all seiner Teilhabe an der Elternschaft – immer „außerhalb“ des Prozesses der Schwangerschaft und der Geburt des Kindes und muß in vielem von der Mutter seine eigene „Vaterschaft“ lernen. Das gehört, so kann man sagen, zum normalen menschlichen Ablauf der Elternschaft, auch in ihrer weiteren Entwicklung nach der Geburt des Kindes, vor allem in der ersten Zeit. Die Erziehung des Kindes sollte, umfassend verstanden, den doppelten Beitrag der Eltern enthalten: den mütterlichen und den väterlichen Beitrag. Doch jener der Mutter ist entscheidend für die Grundlagen einer neuen menschlichen Persönlichkeit.

Die Mutterschaft in Beziehung zum Bund

19. Das vom Protoevangelium übernommene biblische Urbild der „Frau“ kehrt nun in unsere Überlegungen zurück. Die „Frau“ besitzt als Mutter, als erste Erzieherin des Menschen (die Erziehung ist die geistige Dimension der Elternschaft), einen besonderen Vorrang vor dem Mann. Wenn auch ihre Mutterschaft, vor allem im biophysischen Sinn, vom Mann abhängt, drückt sie doch dem ganzen Prozeß der Personwerdung der neuen Söhne und Töchter des Menschengeschlechts ein entscheidendes „Zeichen“ auf. Die Mutterschaft der Frau im biophysischen Sinn zeigt eine scheinbare Passivität: der Prozeß der Ausformung eines neuen Lebens „geschieht“ in ihrem Organismus, wobei der diesen allerdings tief einbezieht. Gleichzeitig drückt die Mutterschaft im personalen und ethischen Sinn eine sehr bedeutende Kreativität der Frau aus, von der das Menschsein des neuen Menschen hauptsächlich abhängt. Auch in diesem Sinne wird die Mutterschaft der Frau als ein besonderer Ruf und eine besondere Herausforderung für den Mann und seine Vaterschaft offenbar.

Seinen Höhepunkt findet das biblische Urbild der „Frau“ in der Mutterschaft der Gottesmutter. Die Worte des Protoevangeliums: „Feindschaft stifte ich zwischen dir und der Frau“ finden hier eine neue Bestätigung. Ja, in ihr, in ihrem mütterlichen „Fiat“ („Mir geschehe, wie du gesagt hast“), stiftet Gott einen Neuen Bund mit der Menschheit. Es ist der ewige und endgültige Bund in Christus, in seinem Leib und Blut, in seinem Kreuz und seiner Auferstehung. Eben weil dieser Bund „in Fleisch und Blut" vollzogen werden soll, hat er seinen Anfang in der Mutter. Der „Sohn des Höchsten" kann allein durch sie, durch ihr jungfräuliches und mütterliches „Fiat", zum Vater sagen: „Einen Leib hast du mir geschaffen. Ja, ich komme, um deinen Willen, Gott, zu tun" (vgl. *Hebr* 10,5.7).

In die Ordnung des Bundes, den Gott mit dem Menschen in Jesus Christus geschlossen hat, ist die Mutterschaft der Frau eingefügt. Und jedesmal, wenn sich in der Geschichte des Menschen auf Erden die Mutterschaft der Frau wiederholt, steht sie nun immer in Beziehung zu dem Bund, den Gott durch die Mutterschaft der Gottesmutter mit dem Menschengeschlecht geschlossen hat.

Wird diese Wirklichkeit nicht vielleicht von der Antwort Jesu an jene Frau bewiesen, die ihm aus der Menge zurief und ihn für die Mutterschaft seiner Mutter seligpries: „Selig die Frau, deren Leib dich getragen und deren Brust dich genährt hat!"? Jesus erwidert: „Selig sind vielmehr die, die das Wort Gottes hören und es befolgen" (*Lk* 11,27–28). Jesus bestätigt die Bedeutung von Mutterschaft im leiblichen Sinn; zugleich verweist er jedoch auf ihre noch tiefere Bedeutung, die mit der Ordnung des Geistes in Zusammenhang steht: Sie ist Zeichen des Bundes mit Gott, der „Geist" ist (vgl. *Joh* 4,24). Das gilt vor allem für die Mutterschaft der Gottesmutter. Aber auch die Mutterschaft jeder anderen Frau ist, im Licht des Evangeliums verstanden, nicht nur „aus Fleisch und Blut": In ihr kommt das innere „Hören des Wortes des lebendigen Gottes" und die Bereitschaft zur „Bewahrung" dieses Wortes, das „Wort des ewigen Lebens" ist (vgl. *Joh* 6,68), zum Ausdruck. Es sind ja in der Tat die von den irdischen Müttern geborenen Kinder, die Söhne und Töchter des Menschengeschlechts, die vom Sohn Gottes die Macht erhalten, „Kinder Gottes zu werden" (*Joh* 1,12). Die Dimension des Neuen Bundes im Blute Christi durchdringt das menschliche Zeugen und macht es zur Wirklichkeit und zum Auftrag „einer neuen Schöpfung" (vgl. *2 Kor* 5,17). Die Mutterschaft der Frau ist aus der Sicht der Geschichte jedes Menschen gleichsam die erste Schwelle, deren Überwindung auch Vorbedingung für „das Offenbarwerden der Söhne Gottes" ist (vgl. *Röm* 8,19).

„Wenn die Frau gebären soll, ist sie bekümmert, weil ihre Stunde da ist; aber wenn sie das Kind geboren hat, denkt sie nicht mehr an ihre Not über der Freude, daß ein Mensch zur Welt gekommen ist" (*Joh* 16,21). Die Worte Christi nehmen in ihrem ersten Teil Bezug auf jene „Geburtswehen", die zum Vermächtnis der Erbsünde gehören; gleichzeitig weisen sie jedoch auf den Zusammenhang hin, der zwischen der Mutterschaft der Frau und dem Ostergeheimnis besteht. Denn in diesem Geheimnis ist auch der Schmerz der Mutter unter dem Kreuz enthalten – der Mutter, die im Glauben am erschütternden Geheimnis der „Entäußerung" ihres Sohnes teilnimmt. „Dies ist vielleicht die tiefste ‚kenosis' (Entäußerung) des Glaubens in der Geschichte des Menschen".[40]

Beim Anblick dieser Mutter, der „ein Schwert durch die Seele drang" (vgl. *Lk* 2,35), gehen die Gedanken zu allen Frauen in der Welt, die leiden, leiden im physischen wie im moralischen Sinn. Bei diesem Leiden spielt auch die der Frau eigene Sensibilität eine Rolle, auch wenn sie dem Leiden oft besser zu widerstehen vermag als der Mann. Es ist kaum möglich, alle diese Leiden aufzuzählen, sie alle beim Namen zu nennen: Man kann an die mütterlichen Sorgen um die Kinder denken, besonders wenn sie krank sind oder auf Abwege geraten; an den Tod geliebter Menschen; an die Einsamkeit der von ihren

erwachsenen Kindern vergessenen Mütter oder an die Einsamkeit der Witwen; an die Leiden der Frauen, die im Lebenskampf alleinstehen, und der Frauen, die Unrecht und Kränkung erlitten haben oder ausgebeutet werden. Schließlich gibt es die Leiden des Gewissens wegen der Sünde, die die menschliche oder mütterliche Würde der Frau verletzt hat, Wunden des Gewissens, die nur schwer verheilen. Auch mit diesen Leiden muß man sich unter das Kreuz Christi stellen.
Aber die Worte des Evangeliums über die Frau, die bekümmert ist, wenn ihre Stunde da ist, da sie gebären soll, drücken gleich darauf Freude aus. Es ist „die Freude, daß ein Mensch zur Welt gekommen ist". Und auch diese Freude steht in Beziehung zum Ostergeheimnis, das heißt zu jener Freude, die den Aposteln am Tag der Auferstehung Christi zuteil wird: „So seid auch ihr jetzt bekümmert" (diese Worte hatte Jesus am Tag vor seinem Leiden und Sterben gesprochen); „aber ich werde euch wiedersehen; dann wird euer Herz sich freuen, und niemand nimmt euch eure Freude" (*Joh* 16,22).

Die Jungfräulichkeit um des Himmelreiches willen

20. In der Lehre Christi wird die Mutterschaft mit der Jungfräulichkeit verbunden, aber auch von ihr unterschieden. Der hierfür grundlegende Satz bleibt jener, den Jesus im Gespräch über die Unauflöslichkeit der Ehe gesprochen hat. Nachdem die Jünger seine Antwort an die Pharisäer gehört hatten, sagten sie zu Christus: „Wenn das die Stellung des Mannes in der Ehe ist, dann ist es nicht gut zu heiraten" (*Mt* 19,10). Unabhängig vom Sinn, den die Worte „es ist nicht gut" im damaligen Verständnis der Jünger hatten, nimmt Christus ihre falsche Auffassung zum Anlaß, um sie über den Wert der Ehelosigkeit zu belehren: Er unterscheidet die Ehelosigkeit infolge natürlicher Mängel, auch wenn diese vom Menschen verursacht sind, von der „Ehelosigkeit um des Himmelreiches willen". Er sagt: „Und manche haben sich selbst zur Ehe unfähig gemacht – um des Himmelreiches willen" (*Mt* 19,12). Es handelt sich also um eine freiwillige Ehelosigkeit, die um des Himmelreiches willen, im Hinblick auf die eschatologische Berufung des Menschen zur Gemeinschaft mit Gott, gewählt wird. Und er fügt hinzu: „Wer das erfassen kann, der erfasse es", wobei diese Worte wieder aufnehmen, was er zu Beginn seines Gespräches über die Ehelosigkeit gesagt hatte (vgl. *Mt* 19,11). Deswegen ist die Ehelosigkeit um des Himmelreiches willen nicht nur Frucht einer freien Entscheidung von seiten des Menschen, sondern auch einer besonderen Gnade von seiten Gottes, der eine bestimmte Person zu einem Leben in Ehelosigkeit beruft. Wenn diese ein besonderes Zeichen des Reiches Gottes ist, das kommen soll, so dient sie zugleich dazu, auch schon während des Erdenlebens alle Kräfte der Seele und des Leibes ausschließlich für das endgültige Reich Gottes einzusetzen.
Die Worte Jesu sind die Antwort auf eine Frage der Jünger. Sie sind direkt an die Fragesteller gerichtet: in diesem Fall an Männer. Nichtsdestoweniger gilt die Antwort Christi an sich für Männer wie für Frauen. In diesem Zusammenhang weist sie auf das evangelische Ideal der Jungfräulichkeit hin, ein Ideal, das im Vergleich zur alttestamentlichen Tradition etwas völlig „Neues" darstellt. Diese Tradition hing gewiß auch irgendwie mit der Erwartung Israels und besonders der israelitischen Frau zusammen, daß der Messias

komme und daß er als „Sohn der Frau“ kommen solle. Das Ideal der Ehelosigkeit und der Jungfräulichkeit um einer größeren Gottnähe willen war zwar gewissen jüdischen Kreisen nicht völlig fremd, vor allem in der Zeit unmittelbar vor dem Kommen Jesu. Doch ist die Ehelosigkeit um des Himmelreiches willen, also die Jungfräulichkeit, eine unbestreitbare Neuheit, die unmittelbar mit der Menschwerdung Gottes zusammenhängt. Vom Augenblick des Kommens Christi an soll sich die Erwartung des Gottesvolkes auf das ewige Reich richten, das kommt und in das er selbst „das neue Israel“ einführen soll. Für eine derartige Wende und einen solchen Wertewandel ist tatsächlich ein neues Glaubensbewußtsein unerläßlich. Christus unterstreicht das zweimal: „Wer das erfassen kann, der erfasse es“ – „Das können nur die erfassen, denen es gegeben ist“ (*Mt* 19,11.12). Maria ist die erste Person, in der sich dieses neue Bewußtsein offenbart hat; denn sie fragt den Engel: „Wie soll das geschehen, da ich keinen Mann erkenne?“ (*Lk* 1,34). Obwohl sie „mit einem Mann namens Josef verlobt ist“ (vgl. *Lk* 1,27), hält sie entschlossen an ihrer Jungfräulichkeit fest, und die Mutterschaft, die sich in ihr erfüllt, kommt ausschließlich aus der „Kraft des Höchsten“ und ist Frucht der Herabkunft des Heiligen Geistes auf sie (vgl. *Lk* 1,35). Diese göttliche Mutterschaft ist also die völlig unerwartete Antwort auf die menschliche Erwartung der Frau in Israel: Sie widerfährt Maria als Gnadengabe Gottes selbst. Diese Gabe ist zum Anfang und Urbild einer neuen Erwartung aller Menschen im Rahmen des Ewigen Bundes, im Rahmen der neuen und endgültigen Verheißung Gottes geworden: Sie ist Zeichen eschatologischer Hoffnung.

Auf der Grundlage des Evangeliums kam es zu einer Entwicklung und zugleich Vertiefung des Sinngehaltes der Jungfräulichkeit als Berufung auch für die Frau, in der ihre Würde nach dem Vorbild der Jungfrau aus Nazaret ihre Bestätigung findet. Das Evangelium legt das Ideal von der Weihe der Person vor, worunter ihre ausschließliche Hingabe an Gott kraft der evangelischen Räte, vor allem der Keuschheit, der Armut und des Gehorsams, zu verstehen ist. Ihre vollkommenste Verkörperung ist Jesus Christus selber. Wer ihm auf radikale Weise nachfolgen will, entscheidet sich für ein Leben nach diesen Räten. Sie unterscheiden sich von den Geboten und weisen dem Christen den Weg evangelischer Radikalität. Seit den Anfängen des Christentums schlagen Männer und Frauen diesen Weg ein, da sich nun das evangelische Ideal an den Menschen, ohne Unterschied des Geschlechts, wendet.

In diesem weiteren Zusammenhang muß die Jungfräulichkeit als ein Weg auch für die Frau gesehen werden, ein Weg, auf dem sie anders als in der Ehe ihre Persönlichkeit als Frau verwirklicht. Um diesen Weg zu verstehen, müssen wir noch einmal auf die Grundidee der christlichen Anthropologie zurückkommen. In der freiwillig gewählten Jungfräulichkeit bestätigt sich die Frau als Person, das heißt als jenes vom Schöpfer von Anfang an um seiner selbst willen gewollte Wesen,[41] und gleichzeitig realisiert sie den personalen Wert ihres Frauseins, indem sie zur „aufrichtigen Hingabe“ an Gott wird, der sich in Christus offenbart hat, zu einer Hingabe an Christus, den Erlöser der Menschen und Bräutigam der Seelen: zu einer „bräutlichen“ Hingabe also. Ohne Bezug auf die bräutliche Liebe läßt sich die Jungfräulichkeit, die Weihe der Frau in der Jungfräulichkeit, nicht richtig begreifen: Denn in einer solchen Liebe wird die Person zur Hingabe an den anderen.[42] Im übrigen ist auch die Weihe des Mannes im priesterlichen Zölibat oder im Ordensstand ähnlich zu verstehen.

Die natürliche bräutliche Veranlagung der fraulichen Persönlichkeit findet in der so verstandenen Jungfräulichkeit eine Antwort. Die Frau, vom „Anfang" an dazu berufen, geliebt zu werden und zu lieben, findet in der Berufung zur Jungfräulichkeit vor allem Christus als den, der als Erlöser durch seine Hingabe „den Menschen seine Liebe bis zur Vollendung erwies" (vgl. *Joh* 13,1), und sie erwidert dieses Geschenk mit einer „aufrichtigen Hingabe" ihres ganzen Lebens. Sie schenkt sich also dem göttlichen Bräutigam, und diese ihre persönliche Hingabe strebt nach Vereinigung, die einen wesentlich geistlichen Charakter hat: Durch das Wirken des Heiligen Geistes wird sie „ein Geist" mit Christus, dem Bräutigam (vgl. *1 Kor* 6,17). In diesem evangelischen Ideal der Jungfräulichkeit verwirklichen sich auf besondere Weise die Würde und die Berufung der Frau. In der so verstandenen Ehelosigkeit zeigt sich der sogenannte Radikalismus des Evangeliums: Verlaßt alles und folgt Christus nach (vgl. *Mt* 19,27). Das alles läßt sich nicht mit dem einfachen Ledigsein oder Unverheiratetbleiben vergleichen; denn die Jungfräulichkeit um des Himmelreiches willen beschränkt sich nicht auf das bloße „Nein", sondern enthält ein tiefes „Ja" im bräutlichen Sinne: die vollkommene und ungeteilte Hingabe aus Liebe.

Geistige Mutterschaft

21. Die Jungfräulichkeit im Sinne des Evangeliums schließt den Verzicht auf die Ehe und damit auf die leibliche Mutterschaft ein. Doch der Verzicht auf diese Art der Mutterschaft, die sogar ein großes Opfer für das Herz der Frau mit sich bringen kann, macht bereit für die Erfahrung einer Mutterschaft anderer Art: der Mutterschaft „nach dem Geist" (vgl. *Röm* 8,4). Die Jungfräulichkeit nimmt der Frau in der Tat nicht ihre besonderen Eigenschaften. Geistige Mutterschaft kennt vielfältige Formen. Im Leben der gottgeweihten Frauen, die zum Beispiel nach dem Charisma und den Regeln der verschiedenen Gemeinschaften apostolischen Charakters leben, wird sie sich als Sorge für die Menschen, besonders für die am meisten Bedürftigen, äußern: Kranke, Behinderte, Ausgesetzte, Waisen, alte Menschen, Kinder, Jugendliche, Gefangene und, allgemein, Existenzen am Rand der Gesellschaft. Eine Ordensfrau findet auf diese Weise in allen und in jedem einzelnen den Bräutigam, den einen mit immer anderem Angesicht, wie er selbst gesagt hat: „Was ihr für einen meiner geringsten Brüder getan habt, das habt ihr mir getan" (*Mt* 25,40). Die bräutliche Liebe enthält eine besondere Bereitschaft, sich all jener anzunehmen, die in ihrem Umkreis leben. In der Ehe besteht diese Bereitschaft, obwohl offen für alle, insbesondere in der Liebe der Eltern zu ihren Kindern. In der Jungfräulichkeit ist diese Bereitschaft offen für alle Menschen, die von der Liebe des Bräutigams Christus umfangen sind.

Im Blick auf Christus, den Erlöser aller und jedes einzelnen, ist die bräutliche Liebe, deren mütterliche Veranlagung sich im Herzen der Frau – der jungfräulichen Braut – verbirgt, ebenfalls bereit, sich für alle und jeden einzelnen zu öffnen. Das findet in den Ordensgemeinschaften apostolischen Lebens seine Bestätigung und ebenso, wenn auch

anders, in den Gemeinschaften beschaulichen Lebens oder den Klausurorden. Es gibt zudem noch weitere Formen der Berufung zur Jungfräulichkeit um des Himmelreiches willen, wie zum Beispiel die Säkularinstitute oder die Gemeinschaften von gottgeweihten Menschen, die innerhalb von Bewegungen, Gruppen und Vereinigungen entstehen und in denen dieselbe Wahrheit über die geistige Mutterschaft der in Jungfräulichkeit lebenden Personen eine vielgestaltige Bestätigung findet. Es handelt sich aber nicht nur um gemeinschaftliche, sondern auch um private Formen. Schließlich ist die Jungfräulichkeit als Berufung der Frau immer die Berufung einer Person, einer konkreten und unwiederholbaren Person. Zutiefst persönlch ist darum auch die geistige Mutterschaft, die in dieser Berufung spürbar wird.
Auf dieser Grundlage kommt es denn auch zu einer besonderen Annäherung zwischen der Jungfräulichkeit der unverheirateten Frau und der Mutterschaft der verheirateten Frau. Eine solche Annäherung geht nicht nur von der Mutterschaft zur Jungfräulichkeit, wie soeben herausgestellt wurde; sie verläuft auch von der Jungfräulichkeit zur Ehe, verstanden als Form der Berufung der Frau, in welcher diese Mutter der aus ihrem Schoß geborenen Kinder wird. Ausgangspunkt für diese zweite Analogie ist die Bedeutung der Vermählung. In der Tat ist die Frau „vermählt" entweder durch das Ehesakrament oder geistlich durch die Vermählung mit Christus. Im einen wie im anderen Fall zeigt die Vermählung die „aufrichtige Hingabe" der Person der Braut gegenüber dem Bräutigam an. Auf diese Weise, so kann man sagen, ist das Profil der Ehe geistig in der Jungfräulichkeit wiederzufinden. Und wenn es sich um die leibliche Mutterschaft handelt, muß dann nicht vielleicht auch sie zugleich eine geistige Mutterschaft sein, um der Gesamtwahrheit über den Menschen, der eine Einheit aus Leib und Geist darstellt, zu entsprechen? Es gibt also viele Gründe, um in diesen beiden verschiedenen Wegen – zwei verschiedenen Lebensberufungen der Frau – eine tiefe Komplementarität und geradezu eine tiefe Einheit im innersten Wesen der Person zu entdecken.

„Meine Kinder, für die ich von neuem Geburtswehen erleide"

22. Das Evangelium offenbart eben diese Möglichkeit der menschlichen Person und macht sie begreiflich. Das Evangelium hilft jeder Frau und jedem Mann, sie zu leben und sich so zu verwirklichen. Hinsichtlich der Gaben des Heiligen Geistes und „der großen Taten Gottes" (vgl. *Apg* 2,11) besteht in der Tat vollständige Gleichheit. Nicht nur das. Gerade im Hinblick auf „Gottes große Taten" empfindet der Apostel – als Mann – das Bedürfnis, das, was wesenhaft zum fraulichen Sein gehört, zu Hilfe zu nehmen, um die Wahrheit über seinen apostolischen Dienst auszudrücken. Genau das tut Paulus von Tarsus, als er sich an die *Galater* mit den Worten wendet: „Meine Kinder für die ich von neuem Geburtswehen erleide" (*Gal 4,19). Im ersten Korintherbrief* (vgl. 7,38) verkündet der Apostel den Vorrang der Jungfräulichkeit gegenüber der Ehe, eine ständige Lehre der Kirche im Geist der im *Matthäusevangelium* (19,10–12) wiedergegebenen Worte Christi, ohne jedoch die Bedeutung der leiblichen und geistigen Mutterschaft zu verdunkeln. Um die grundlegende Sendung der Kirche zu veranschaulichen, findet er sogar keinen treffenderen Vergleich als den Bezug auf die Mutterschaft.

Einen Anklang an dieselbe Analogie – und dieselbe Wahrheit – finden wir in der *Dogmatischen Konstitution über die Kirche*. Maria ist dort das „Bild" der Kirche.[43] „Im Geheimnis der Kirche, die ja auch selbst mit Recht Mutter und Jungfrau genannt wird, ist (...) Maria vorangegangen, da sie in hervorragender und einzigartiger Weise das Urbild sowohl der Jungfrau wie der Mutter darstellt (...) Sie gebar (aber) einen Sohn, den Gott gesetzt hat zum Erstgeborenen unter vielen Brüdern (*Röm* 8,29), den Gläubigen nämlich, bei deren Geburt und Erziehung sie in mütterlicher Liebe mitwirkt".[44] „Nun aber wird die Kirche, indem sie Marias geheimnisvolle Heiligkeit betrachtet, ihre Liebe nachahmt und den Willen des Vaters treu erfüllt, durch die gläubige Annahme des Wortes Gottes auch selbst Mutter: Durch Predigt und Taufe nämlich gebiert sie die vom Heiligen Geist empfangenen und aus Gott geborenen Kinder zu neuem und unsterblichem Leben."[45] Es handelt sich hier, was die Söhne und Töchter des Menschengeschlechts betrifft, um eine geistige Mutterschaft. Eine solche Mutterschaft wird – wie schon gesagt – der Frau auch in der Jungfräulichkeit zuteil. Auch die Kirche „ist Jungfrau, da sie das Treuewort, das sie dem Bräutigam gegeben hat, unversehrt und rein bewahrt".[46] In Maria findet dies seine vollkommenste Erfüllung. Die Kirche „bewahrt (also) in Nachahmung der Mutter ihres Herrn in der Kraft des Heiligen Geistes jungfräulich einen unversehrten Glauben, eine feste Hoffnung und eine aufrichtige Liebe".[47]

Das Konzil hat bekräftigt, daß sich das Geheimnis der Kirche, ihre Wirklichkeit, ihre wesentliche Lebenskraft, ohne den Bezug auf die Gottesmutter unmöglich begreifen läßt. Indirekt finden wir hier den Bezug zum biblischen Urbild der „Frau", wie es sich bereits in der Beschreibung des „Anfangs" (vgl. *Gen* 3,15) und dann im ganzen Verlauf von der Schöpfung über die Sünde bis zur Erlösung klar abzeichnet. Auf diese Weise wird die tiefe Verbundenheit zwischen dem, was menschlich ist, und dem, was den göttlichen Heilsplan in der Geschichte des Menschen darstellt, bestätigt. Die Bibel überzeugt uns davon, daß es ohne eine entsprechende Berufung auf das „frauliche" Element keine zutreffende Hermeneutik des Menschen und seines Menschseins geben kann. Ähnliches gilt auch für Gottes Heilsplan: Wenn wir ihn für die ganze Geschichte des Menschen voll begreifen wollen, dürfen wir das Geheimnis der „Frau" – Jungfrau, Mutter, Braut nicht aus dem Blickfeld unseres Glaubens ausschließen.

VII. Die Kirche – Braut Christi

Das „tiefe Geheimnis"

23. Von grundlegender Bedeutung sind hierbei die Worte aus dem *Epheserbrief*: „Ihr Männer, liebt eure Frauen, wie Christus die Kirche geliebt und sich für sie hingegeben hat, um sie im Wasser und durch das Wort rein und heilig zu machen. So will er die Kirche herrlich vor sich erscheinen lassen, ohne Flecken, Falten oder andere Fehler; heilig soll sie sein und makellos. Darum sind die Männer verpflichtet, ihre Frauen so zu lieben wie ihren eigenen Leib. Wer seine Frau liebt, liebt sich selbst. Keiner hat je seinen eigenen Leib gehaßt, sondern er nährt und pflegt ihn, wie auch Christus die Kirche. Denn wir sind Glieder seines Leibes. Darum wird der Mann Vater und Mutter verlassen und sich

an seine Frau binden, und die zwei werden ein Fleisch sein. Dies ist ein tiefes Geheimnis; ich beziehe es auf Christus und die Kirche" (5,25–32).

In diesem Brief spricht der Verfasser die Wahrheit über die Kirche als Braut Christi aus und weist außerdem darauf hin, daß diese Wahrheit in der biblischen Wirklichkeit von der Erschaffung des Menschen als Mann und Frau ihre Wurzel hat. Nach dem Bild und Gleichnis Gottes als „Einheit von zweien" erschaffen, sind beide zu einer bräutlichen Liebe berufen. Man kann, wenn man dem Schöpfungsbericht in *Gen* 2,18–25 folgt, auch sagen, daß diese grundlegende Berufung zugleich mit der Erschaffung der Frau offenbar und vom Schöpfer der Institution der Ehe eingeschrieben wird, die nach *Gen* 2,24 von Anfang an den Charakter einer Personengemeinschaft (communio personarum) besitzt. Wenn auch nicht direkt, weist die Darstellung des „Anfangs" (vgl. *Gen* 1,27 und 2,24) darauf hin, daß das ganze „Ethos" der gegenseitigen Beziehungen zwischen Mann und Frau der personalen Wahrheit ihres Seins entsprechen muß.

Dies alles wurde bereits früher behandelt. Der Text des *Briefes an die Epheser* bekräftigt noch einmal die oben dargelegte Wahrheit und vergleicht dabei den bräutlichen Charakter der Liebe zwischen Mann und Frau mit dem Geheimnis Christi und der Kirche. Christus ist der Bräutigam der Kirche, die Kirche ist die Braut Christi. Diese Analogie ist nicht ohne Vorläufer: Sie überträgt, was bereits im Alten Testament, besonders bei den Propheten Hosea, Jeremia, Ezechiel und Jesaja,[48] enthalten war, auf das Neue Testament. Die entsprechenden Abschnitte verdienten eine eigene Darlegung. Wenigstens einen Text wollen wir hier anführen. So spricht Gott durch den Propheten zu seinem auserwählten Volk: „Fürchte dich nicht, du wirst nicht beschämt; verzage nicht, du wirst nicht enttäuscht. Daß man deine jugendliche Schönheit verachtet hat, wirst du vergessen, an die Schande deiner Witwenschaft wirst du nicht mehr denken. Denn dein Schöpfer ist dein Gemahl. ‚Herr der Heere' wird er genannt. Der heilige Gott Israels ist dein Befreier. ‚Gott der ganzen Erde' wird er genannt (...) Kann man denn die Frau verstoßen, die man in der Jugend geliebt hat?, spricht dein Herr. Nur eine kleine Weile habe ich dich verlassen, doch voller Erbarmen hole ich dich zurück. Einen Augenblick nur verbarg ich vor dir mein Gesicht in grollendem Zorn; aber in meiner ewigen Gnade habe ich Erbarmen mit dir, spricht der Herr, dein Befreier (...). Auch wenn die Berge von ihrem Platz weichen und die Hügel zu wanken beginnen – meine Gnade wird nie von dir weichen und der Bund meines Friedens nicht wanken, spricht der Herr, der Erbarmen hat mit dir" (*Jes* 54,4–8.10).

Wenn der Mensch – Mann und Frau – als Abbild und Gleichnis Gottes erschaffen wurde, kann Gott durch den Mund des Propheten von sich selbst sprechen, indem er sich der ihrem Wesen nach menschlichen Sprache bedient: In dem zitierten Text des Jesaja ist die Art, wie die Liebe Gottes ausgedrückt wird, „menschlich"; aber die Liebe selbst ist göttlich. Als Liebe Gottes hat sie einen in göttlicher Weise bräutlichen Charakter, auch wenn sie mit der Analogie der Liebe des Mannes zur Frau ausgedrückt wird. Diese Frau und Braut ist Israel als das von Gott erwählte Volk, und diese Erwählung hat ihre Quelle ausschließlich in der spontanen Liebe Gottes. Eben durch diese Liebe läßt sich der oft als Ehe dargestellte Bund erklären, den Gott immer wieder neu mit seinem auserwählten Volk schließt. Dieser Bund ist von Gottes Seite her eine bleibende „Verpflichtung": Gott

bleibt seiner bräutlichen Liebe treu, auch wenn sich seine Braut wiederholt als untreu erwiesen hat.
Dieses Bild von der bräutlichen Liebe zusammen mit der Gestalt des göttlichen Bräutigams – ein sehr klares Bild in den prophetischen Texten – findet im *Epheserbrief* (5,23–32) seine Bestätigung und Krönung. Christus wurde von Johannes dem Täufer als Bräutigam begrüßt (vgl. *Joh* 3,27–29); ja, Christus selbst wendet diesen aus den Propheten genommenen Vergleich auf sich an (vgl. *Mk* 2,19–20). Der Apostel Paulus, der das Erbe des Alten Testaments in sich trägt, schreibt an die Korinther: „Denn ich liebe euch mit der Eifersucht Gottes; ich habe euch einem einzigen Mann verlobt, um euch als reine Jungfrau zu Christus zu führen" (*2 Kor* 11,2). Die vollständigste Formulierung der Wahrheit über die Liebe Christi, des Erlösers, nach der Analogie einer bräutlichen Liebe findet sich jedoch im *Epheserbrief*: „Christus hat die Kirche geliebt und sich für sie hingegeben" (5,25); damit wird voll bestätigt, daß die Kirche die Braut Christi ist: „Der heilige Gott Israels ist dein Befreier" (*Jes* 54,5). Im Text des Paulus zielt die Analogie der bräutlichen Beziehung gleichzeitig in zwei Richtungen, die zusammen das „tiefe Geheimnis" (sacramentum magnum) bilden. Der Bund der Eheleute „erklärt" den bräutlichen Charakter der Verbundenheit Christi mit der Kirche; und diese Verbundenheit als „tiefes Geheimnis" und „Sakrament" entscheidet ihrerseits über die Sakramentalität der Ehe als eines heiligen Bundes der beiden Brautleute, des Mannes und der Frau. Beim Lesen dieses reichen und vielschichtigen Textes, der als Ganzes eine große Analogie ist, müssen wir unterscheiden zwischen dem, was darin die menschliche Wirklichkeit der interpersonalen Beziehungen und dem, was in symbolischer Sprache das tiefe göttliche „Geheimnis" ausdrückt.

Die evangelische „Neuheit"

24. Der Text wendet sich an die Eheleute als konkrete Frauen und Männer und erinnert sie an das „Ethos" der bräutlichen Liebe, das auf die Einsetzung der Ehe durch Gott „im Anfang" zurückgeht. Der Wahrheit dieser Einsetzung entspricht die Aufforderung: „Ihr Männer liebt eure Frauen"; liebt sie aufgrund jenes besonderen und einzigen Bandes, durch welches der Mann und die Frau in der Ehe „ein Fleisch" werden (*Gen* 2,24; *Eph* 5,31). In dieser Liebe haben wir eine grundlegende Bejahung der Frau als Person, eine Bejahung, dank derer sich die frauliche Persönlichkeit voll entfalten und vertiefen kann. Genauso handelt Christus als Bräutigam der Kirche, wenn er sie „herrlich, ohne Flecken oder Falten" sehen will (*Eph* 5,27). Man kann sagen, hier ist alles voll aufgenommen, was den „Stil" Christi im Umgang mit der Frau ausmacht. Der Gatte müßte sich die Elemente dieses Stils gegenüber seiner Ehefrau zu eigen machen; und ähnlich sollte es der Mann in jeder Lage der Frau gegenüber tun. So leben alle zwei, Mann und Frau, die „aufrichtige Selbsthingabe".
Der Verfasser des *Epheserbriefes* sieht keinen Widerspruch zwischen einer so formulierten Aufforderung und der Feststellung, daß „sich die Frauen ihren Männern unterordnen sollen wie dem Herrn (Christus); denn der Mann ist das Haupt der Frau" (vgl. 5,22–23). Der Verfasser weiß, daß diese Auflage, die so tief in der Sitte und religiösen

Tradition der Zeit verwurzelt ist, in neuer Weise verstanden und verwirklicht werden muß: als ein „gegenseitiges Sich-Unterordnen in der gemeinsamen Ehrfurcht vor Christus“ (vgl. *Eph* 5,21). Um so mehr, da der Ehemann „Haupt“ der Frau genannt wird, wie Christus Haupt der Kirche ist, und das ist er eben, um „sich für sie“ hinzugeben (vgl. *Eph* 5,25); und sich für sie hinzugeben bedeutet, sogar das eigene Leben hinzugeben. Aber während die Unterordnung in der Beziehung Christus – Kirche nur die Kirche betrifft, ist diese „Unterordnung“ in der Beziehung Gatte – Gattin nicht einseitig, sondern gegenseitig. Das stellt im Verhältnis zum „Alten“ ganz offensichtlich ein „Neues“ dar: Es ist das „Neue“ des Evangeliums. Wir begegnen mehreren Stellen, wo die apostolischen Schriften dieses „Neue“ zum Ausdruck bringen, auch wenn in ihnen das „Alte“, das, was auch in der religiösen Tradition Israels, in seiner Weise des Verständnisses und der Auslegung der heiligen Texte, wie zum Beispiel von *Gen* 2, verwurzelt ist, durchaus noch spürbar ist.[49]

Die Briefe der Apostel sind an Personen gerichtet, die in einem Milieu leben, wo alle in gleicher Weise denken und handeln. Das „Neue“, das Christus bringt, ist eine Tatsache: Es bildet den eindeutigen Inhalt der evangelischen Botschaft und ist Frucht der Erlösung. Zugleich aber muß sich das Bewußtsein, daß es in der Ehe die gegenseitige „Unterordnung der Eheleute in der gemeinsamen Ehrfurcht vor Christus“ gibt und nicht nur die Unterordnung der Frau gegenüber dem Mann, den Weg in die Herzen und Gewissen, in das Verhalten und die Sitten bahnen. Dieser Appell hat seit damals nicht aufgehört, auf die einander folgenden Generationen einzuwirken; es ist ein Appell, den die Menschen immer wieder von neuem annehmen müssen. Der Apostel schreibt nicht nur: „In Jesus Christus gibt es nicht mehr Mann und Frau (...)“, sondern auch: „Es gibt nicht mehr Sklaven und Freie“ (*Gal* 3,28). Und doch, wie viele Generationen hat es gebraucht, bis sich ein solcher Grundsatz in der Menschheitsgeschichte in der Abschaffung der Sklaverei verwirklicht hat! Und was soll man zu so vielen Formen sklavenhafter Abhängigkeit von Menschen und Völkern sagen, die bis heute nicht aus dem Weltgeschehen verschwunden sind?

Die Herausforderung des „Ethos“ der Erlösung hingegen ist klar und endgültig. Sämtliche Gründe für die „Unterordnung“ der Frau gegenüber dem Mann in der Ehe müssen im Sinne einer „gegenseitigen Unterordnung“ beider „in der Ehrfurcht vor Christus“ gedeutet werden. Das Maß der echten bräutlichen Liebe hat seine tiefste Quelle in Christus, dem Bräutigam der Kirche, seiner Braut.

Die symbolische Dimension des „tiefen Geheimnisses“

25. Im Text des *Epheserbriefes* begegnen wir einer zweiten Dimension jener Analogie, die als ganze der Offenbarung des „tiefen Geheimnisses“ dienen soll. Es handelt sich um ihre symbolische Dimension. Wenn die Liebe Gottes zum Menschen und zum auserwählten Volk Israel von den Propheten als die Liebe des Gemahls zu seiner Frau dargestellt wird, bringt eine solche Analogie die „bräutliche“ Qualität und den göttlichen und nicht menschlichen Charakter von Gottes Liebe zum Ausdruck: „Dein Schöpfer ist dein Gemahl (...). Gott der ganzen Erde wird er genannt“ (*Jes* 54,5). Dasselbe gilt auch von der

bräutlichen Liebe Christi, des Erlösers: „Denn Gott hat die Welt so sehr geliebt, daß er seinen einzigen Sohn hingab" (*Joh* 3,16). Es handelt sich also um die Liebe Gottes, die durch die von Christus vollbrachte Erlösung zum Ausdruck kommt. Nach dem Paulusbrief ist diese Liebe der bräutlichen Liebe menschlicher Eheleute „ähnlich", aber natürlich nicht „gleich". Denn die Analogie weist auf eine Ähnlichkeit hin, läßt aber zugleich der Nicht-Ähnlichkeit angemessenen Raum.

Sie ist leicht festzustellen, wenn wir die Gestalt der „Braut" betrachten. Nach dem *Epheserbrief* ist jene Braut die Kirche, so wie für die Propheten die Braut Israel war: Sie ist also ein kollektives Subjekt, nicht eine Einzelperson. Dieses kollektive Subjekt ist das Volk Gottes, das heißt eine aus vielen Personen, Frauen wie Männern, zusammengesetzte Gemeinschaft. „Christus hat die Kirche geliebt" gerade als Gemeinschaft, als Volk Gottes; und zuleich hat er in dieser Kirche, die im selben Abschnitt auch sein „Leib" genannt wird (vgl. *Eph* 5,23), jede einzelne Person geliebt. Denn Christus hat alle ohne Ausnahme, jeden Mann und jede Frau, erlöst. In der Erlösung drückt sich gerade diese Liebe Gottes aus und gelangt ihr bräutlicher Charakter in der Geschichte des Menschen und der Welt zur Vollendung. Christus ist in diese Geschichte eingetreten und bleibt in ihr als der Bräutigam, der „sich (für sie) hingegeben hat". „Hingeben" heißt hier, auf vollkommenste und radikalste Weise „zu einer aufrichtigen Hingabe werden": „Es gibt keine größere Liebe als diese" (*Joh* 15,13). In dieser Auffassung sind durch die Kirche alle Menschen – Frauen wie Männer – berufen, „Braut" Christi, des Erlösers der Welt, zu sein. So wird das „Braut-Sein" und damit das „Frauliche" zum Symbol alles „Menschlichen", wie Paulus sagt: „Es gibt nicht mehr Mann und Frau; denn ihr alle seid einer in Christus Jesus" (*Gal* 3,28).

Vom sprachlichen Standpunkt her kann man sagen, daß die Analogie der bräutlichen Liebe nach dem *Epheserbrief* das, was „männlich" ist, auf das zurückführt, was „fraulich" ist, da als Glieder der Kirche auch die Männer in den Begriff der „Braut" einbezogen werden. Und das darf uns nicht wundern; spricht doch der Apostel, um seine Sendung für Christus und an der Kirche zu formulieren, von den „Kindern, für die er von neuem Geburtswehen erleidet" (vgl. *Gal* 4,19). Im Bereich des „Menschlichen", dessen, was den Menschen als Person ausmacht, unterscheiden sich das „Mannsein" und das „Frausein", und zugleich ergänzen und erklären sie sich gegenseitig. Das ist auch in der großen Analogie von der „Braut" im *Epheserbrief* gegenwärtig. In der Kirche ist jeder einzelne Mensch – Mann und Frau – die „Braut", weil sie die Liebe Christi, des Erlösers, als Hingabe erfährt und ihr durch die Hingabe der eigenen Person zu antworten sucht.

Christus ist der Bräutigam. Darin drückt sich die Wahrheit über die Liebe Gottes aus, der „zuerst" geliebt hat (vgl. *1 Joh* 4,19) und mit der von dieser bräutlichen Liebe zum Menschen bewirkten Hingabe alle menschlichen Erwartungen übertroffen hat: „Er erwies ihnen seine Liebe bis zur Vollendung" (*Joh* 13,1). Der Bräutigam – der mit Gott Vater wesensgleiche Sohn – ist der Sohn Marias geworden, „Menschensohn" und wahrer Mensch, ein Mann. Das Symbol des Bräutigams ist männlichen Geschlechts. In diesem männlichen Symbol ist der menschliche Charakter jener Liebe dargestellt, in der Gott seiner göttlichen Liebe zu Israel, zur Kirche, zu allen Menschen Ausdruck gegeben hat. Aus unserer Betrachtung dessen, was die Evangelien über das Verhalten Christi gegenüber den Frauen berichten, können wir schließen, daß er als Mann, als Sohn Israels, die Würde der „Töchter Abrahams“ (vgl. *Lk* 13,16), die Würde, welche die Frau am „Anfang“ ebenso besessen hat wie der Mann, offenbar gemacht hat. Und zugleich hat Christus die ganze Eigenart, die die Frau vom Mann unterscheidet, den ganzen Reichtum, der ihr im Schöpfungsgeheimnis geschenkt wurde, hervorgehoben. Im Verhalten Christi gegenüber der Frau findet sich in vorbildlicher Weise verwirklicht, was der *Epheserbrief* mit dem Begriff „Bräutigam“ ausdrückt. Gerade weil die göttliche Liebe Christi die Liebe eines Bräutigams ist, wird sie zum Vorbild und Beispiel jeder menschlichen Liebe, insbesondere aber der Liebe der Männer.

Die Eucharistie

26. Vor dem weiten Hintergrund des „tiefen Geheimnisses“, das in der bräutlichen Beziehung zwischen Christus und der Kirche zum Ausdruck kommt, ist es möglich, in entsprechender Weise auch die Berufung der „Zwölf“ zu begreifen. Wenn Christus nur Männer zu seinen Aposteln berief, tat er das völlig frei und unabhängig. Er tat es mit derselben Freiheit, mit der er in seinem Gesamtverhalten die Würde und Berufung der Frau betonte, ohne sich nach den herrschenden Sitten und nach der auch von der Gesetzgebung der Zeit gebilligten Tradition zu richten. Daher entspricht die Hypothese, er habe Männer zu Aposteln berufen, indem er der damals verbreiteten Mentalität folgte, ganz und gar nicht der Handlungsweise Christi. „Meister, wir wissen, daß du immer die Wahrheit sagst und wirklich den Weg Gottes lehrst (...), denn du siehst nicht auf die Person“ (*Mt* 22,16). Diese Worte beschreiben vollständig das Verhalten Jesu von Nazaret. Darin liegt auch eine Erklärung für die Berufung der „Zwölf“. Sie sind während des Letzten Abendmahles bei Christus; sie allein empfangen im Zusammenhang mit der Einsetzung der Eucharistie den sakramentalen Auftrag: „Tut dies zu meinem Gedächtnis!“ (*Lk* 22,19; *1 Kor* 11,24). Sie empfangen am Abend des Auferstehungstages den Heiligen Geist, um die Sünden zu vergeben: „Wem ihr die Sünden vergebt, dem sind sie vergeben; wem ihr die Vergebung verweigert, dem ist sie verweigert“ (*Joh* 20,23).

Wir befinden uns hier mitten im Ostergeheimnis, das Gottes bräutliche Liebe zutiefst offenbart. Christus ist der Bräutigam, weil er „sich hingegeben hat“: Sein Leib wurde „hingegeben“, sein Blut wurde „vergossen“ (vgl. *Lk* 24,19.20). So hat er „seine Liebe bis zur Vollendung erwiesen“ (*Joh* 13,1). Die „aufrichtige Hingabe“, die im Kreuzesopfer enthalten ist, hebt endgültig den bräutlichen Sinn der Liebe Gottes hervor. Christus ist als Erlöser der Welt der Bräutigam der Kirche. Die Eucharistie ist das Sakrament unserer Erlösung. Sie ist das Sakrament des Bräutigams und der Braut. Die Eucharistie vergegenwärtigt und verwirklicht auf sakramentale Weise aufs neue den Erlösungsakt Christi, der die Kirche als seinen Leib „erschafft“. Mit diesem „Leib“ ist Christus verbunden wie der Bräutigam mit der Braut. Alle diese Aussagen sind im *Brief an die Epheser* enthalten. In dieses „tiefe Geheimnis“ Christi und der Kirche wird die seit dem „Anfang“ von Mann und Frau gebildete bleibende „Einheit der zwei“ eingefügt.

Wenn Christus nun die Eucharistie bei ihrer Einsetzung so ausdrücklich mit dem priesterlichen Dienst der Apostel verbunden hat, darf man annehmen, daß er auf diese Weise die gottgewollte Beziehung zwischen Mann und Frau, zwischem dem „Fraulichen" und dem „Männlichen", sowohl im Schöpfungsgeheimnis wie im Geheimnis der Erlösung ausdrücken wollte. Vor allem in der Eucharistie wird ja in sakramentaler Weise der Erlösungsakt Christi, des Bräutigams, gegenüber der Kirche, seiner Braut, ausgedrückt. Das wird dann durchsichtig und ganz deutlich, wenn der sakramentale Dienst der Eucharistie, wo der Priester „in persona Christi" handelt, vom Mann vollzogen wird. Diese Deutung bestätigt die Lehre der im Auftrag Papst Pauls VI. veröffentlichten Erklärung *Inter Insigniores*, die Antwort geben sollte auf die Frage nach der Zulassung der Frauen zum Priesteramt.[50]

Die Hingabe der Braut

27. Das II. Vatikanische Konzil hat in der Kirche das Bewußtsein des allgemeinen Priestertums erneuert. Im Neuen Bund gibt es nur ein Opfer und nur einen Priester: Christus. An diesem einen Priestertum Christi haben alle Getauften, Männer wie Frauen, teil, denn sie sollen „sich als lebendige, heilige, Gott wohlgefällige Opfergabe darbringen (vgl. *Röm* 12,1), überall von Christus Zeugnis geben und allen, die es fordern, Rechenschaft ablegen von ihrer Hoffnung auf das ewige Leben (vgl. *1 Petr* 3,15)".[51] Die allgemeine Teilhabe am Opfer Christi, in dem der Erlöser dem Vater die ganze Welt und insbesondere die Menschheit dargebracht hat, bewirkt, daß alle in der Kirche „Könige und Priester" sind (*Offb* 5,10; vgl. *1 Petr* 2,9), das heißt, nicht nur an der priesterlichen, sondern auch an der prophetischen und königlichen Sendung Christi, des Messias, teilhaben. Diese Teilhabe bestimmt ferner die organische Verbundenheit der Kirche als Volk Gottes mit Christus. In ihr kommt zugleich das „tiefe Geheimnis" des *Epheserbriefes* zum Ausdruck: die mit ihrem Bräutigam vereinte Braut; vereint, weil sie sein Leben lebt; vereint, weil sie an seiner dreifachen Sendung (tria munera Christi) teilhat; vereint in einer Weise, daß sie mit ihrer „aufrichtigen Hingabe" das unermeßliche Geschenk der Liebe des Bräutigams, des Erlösers der Welt, erwidert. Das betrifft alle in der Kirche, Frauen ebenso wie Männer, und es betrifft natürlich auch jene, die am Amtspriestertum teilhaben, das Dienstcharakter besitzt.[52] Vor dem „tiefen Geheimnis" Christi und der Kirche sind alle aufgerufen, wie eine Braut mit der Gabe ihres Lebens auf die unermeßliche Hingabe der Liebe Christi zu antworten, der als Erlöser der Welt allein der Bräutigam der Kirche ist. Im „königlichen Priestertum", das allgemein ist, drückt sich zugleich die Hingabe der Braut aus.
Das ist von grundlegender Bedeutung, um die Kirche in ihrem eigentlichen Wesen zu begreifen und dabei die Übertragung von Verständnis- und Bewertungskriterien, die nichts mit ihr zu tun haben, auf diese Kirche – auch als eine aus Menschen bestehende und in die Geschichte eingegliederte „Institution" – zu vermeiden. Sie besitzt zwar eine „hierarchische" Struktur;[53] doch diese ist ganz für die Heiligkeit der Glieder Christi bestimmt. Diese Heiligkeit wird aber an dem „tiefen Geheimnis" gemessen, in dem die Braut mit der Hingabe der Liebe die Hingabe des Bräutigams erwidert, und das tut sie „im Heiligen Geist"; „denn die Liebe Gottes ist ausgegossen in unsere Herzen durch den Heiligen Geist, der uns gegeben ist" (*Röm* 5,5).

Das II. Vatikanische Konzil hat, indem es die Lehre der gesamten Überlieferung bestätigte, daran erinnert, daß in der Hirarchie der Heiligkeit gerade die „Frau", Maria aus Nazaret, das „Bild" der Kirche ist. Sie geht allen auf dem Weg zur Heiligkeit voran; in ihrer Person hat die Kirche bereits ihre Vollkommenheit erreicht, dank derer sie „herrlich, ohne Flecken, Falten oder andere Fehler erscheint (vgl. *Eph* 5,27)".[54]

In diesem Sinne, so kann man sagen, ist die Kirche zugleich „marianisch" und „apostolisch-petrinisch".[55]

In der Geschichte der Kirche gab es seit den frühesten Zeiten – neben den Männern – zahlreiche Frauen, in denen die Antwort der Braut auf die erlösende Liebe des Bräutigams ihre volle Ausdruckskraft erlangte. Als erste sehen wir jene Frauen, die Christus persönlich begegnet und ihm gefolgt waren und nach seinem Abschied zusammen mit den Aposteln im Abendmahlssaal von Jerusalem „einmütig im Gebet verharrten" bis zum Pfingsttag. An jenem Tag redete der Heilige Geist durch „Söhne und Töchter" des Gottesvolkes und erfüllte so, was der Prophet Joël vorausgesagt hatte (vgl. *Apg* 2,17). Jene Frauen und später noch andere hatten durch ihre Gnadengaben und ihren vielfältigen Dienst einen aktiven und wichtigen Anteil am Leben der Urkirche, an der Grundlegung der ersten und der nachfolgenden christlichen Gemeinden. Die apostolischen Schriften nennen ihre Namen, wie z. B. „Phöbe, die Dienerin der Gemeinde von Kenchreä" (vgl. *Röm* 16,1), Priska mit ihrem Gatten Aquila (vgl. *2 Tim* 4,19), Evodia und Syntyche (vgl. *Phil* 4,2), Maria, Tryphäna, Persis, Tryphosa (vgl. *Röm* 16,6.12). Der Apostel spricht von ihren „Mühen" um Christi willen: Diese weisen auf die verschiedenen Bereiche des apostolischen Dienstes der Kirche hin, angefangen bei der „Hauskirche". In ihr nämlich geht der „aufrichtige Glaube" von der Mutter auf die Kinder und Enkel über, genauso wie es im Haus des Timotheus der Fall ist (vgl. *2 Tim* 1,5).

Dasselbe wiederholt sich im Laufe der Jahrhunderte von Generation zu Generation, wie die Kirchengeschichte bezeugt. In der Tat hat die Kirche, indem sie für die Würde der Frau und ihre Berufung eintrat, Verehrung und Dankbarkeit für jene zum Ausdruck gebracht, die – in Treue zum Evangelium – zu allen Zeiten an der apostolischen Sendung des ganzen Gottesvolkes teilgenommen haben. Es handelt sich um heilige Märtyrerinnen, Jungfrauen, Mütter, die mutig ihren Glauben bezeugt und dadurch, daß sie ihre Kinder im Geist des Evangeliums erzogen, den Glauben und die Überlieferung der Kirche weitergegeben haben.

In jedem Zeitalter und in jedem Land finden wir zahlreiche „tüchtige" Frauen (vgl. *Spr* 31,10), die trotz Verfolgungen, Schwierigkeiten und Diskriminierungen an der Sendung der Kirche teilgenommen haben. Es seien hier nur erwähnt: Monika, die Mutter des Augustinus, Makrina, Olga von Kiew, Mathilde von Toscana, Hedwig von Schlesien und Hedwig von Krakau, Elisabeth von Thüringen, Birgitta von Schweden, Jeanne d'Arc, Rosa von Lima, Elisabeth Seton und Mary Ward.

Das Zeugnis und die Taten christlicher Frauen haben sich prägend auf das Leben von Kirche und Gesellschaft ausgewirkt. Selbst unter schweren gesellschaftlichen Diskriminierungen haben die heiligen Frauen, durch ihre Verbundenheit mit Christus gestärkt, „frei" gehandelt. Aus einer ähnlichen Verbundenheit und in Gott verwurzelten Freiheit erklären sich zum Beispiel das große Wirken der hl. Katharina von Siena im öffentlichen Leben der Kirche und der hl. Theresia von Avila im kontemplativen Ordensleben. Auch in unseren Tagen wird die Kirche noch immer durch das Zeugnis zahlreicher Frauen bereichert, die ihre Berufung zur Heiligkeit verwirklichen. Heiligmäßige Frauen sind eine Verkörperung des weiblichen Ideals; sie sind aber auch ein Vorbild für alle Christen, ein Vorbild der „Nachfolge Christi", ein Beispiel dafür, wie die Braut die Liebe des Bräutigams in Liebe erwidern soll.

VIII. Am größten ist die Liebe

Angesichts von Veränderungen

28. „Die Kirche aber glaubt: Christus, der für alle starb und auferstand, schenkt dem Menschen Licht und Kraft durch seinen Geist, damit er seiner höchsten Berufung nachkommen kann".[56] Diese Worte aus der Konzilskonstitution *Gaudium et spes* können wir auf das Thema der vorliegenden Überlegungen beziehen. Der besondere Hinweis auf die Würde der Frau und ihre Berufung in unserer heutigen Zeit kann und muß in dem „Licht" und mit der „Kraft" aufgenommen werden, die der Geist Christi dem Menschen schenkt: auch dem Menschen unserer an vielfältigen Wandlungen so reichen Zeit. Die Kirche „glaubt (...), daß in ihrem Herrn und Meister der Schlüssel, der Mittelpunkt und das Ziel" des Menschen, ja „der ganzen Menschheitsgeschichte gegeben ist", und sie „bekennt überdies, daß allen Wandlungen vieles Unwandelbare zugrunde liegt, was seinen letzten Grund in Christus hat, der derselbe ist gestern, heute und in Ewigkeit".[57]
Mit diesen Worten weist uns die *Konstitution über die Kirche in der Welt von heute* den Weg, der einzuschlagen ist, wenn wir uns den Aufgaben bezüglich der Würde der Frau und ihrer Berufung vor dem Hintergrund der für unsere Zeit bedeutsamen Veränderungen stellen. Wir können uns mit diesen Wandlungen nur dann auf korrekte und angemessene Weise auseinandersetzen, wenn wir auf den Grund zurückgehen, der in Christus gegeben ist zu jenen Wahrheiten und „unwandelbaren" Werten, deren „treuer Zeuge" (vgl. *Offb* 1,5) und Meister er selbst ist. Eine andere Vorgehensweise würde zu zweifelhaften, wenn nicht sogar zu falschen und trügerischen Ergebnissen führen.

Die Würde der Frau und die Ordnung der Liebe

29. Der bereits angeführte Abschnitt aus dem *Epheserbrief* (5,21–33), wo die Beziehung zwischen Christus und der Kirche als Band zwischen dem Bräutigam und der Braut dargestellt wird, nimmt auch Bezug auf die Einsetzung der Ehe nach den Worten der *Genesis* (vgl. 2,24). Er verbindet die Wahrheit über die Ehe als Sakrament des „Anfangs" mit der Erschaffung von Mann und Frau nach dem Bild und Gleichnis Gottes (vgl. *Gen* 1,27; 5,1). Durch diesen bedeutsamen Vergleich des *Epheserbriefes* gewinnt seine volle Klarheit, was für die Würde der Frau sowohl in den Augen Gottes – des Schöpfers und Erlösers – als auch in den Augen des Menschen – des Mannes und der Frau – entscheidend ist. Auf der Grundlage des ewigen Planes Gottes ist die Frau diejenige, in der die

Ordnung der Liebe in der geschaffenen Welt der Personen das Erdreich für ihr erstes Wurzelfassen findet. Die Ordnung der Liebe gehört zum inneren Leben Gottes selbst, zum Leben des dreifaltigen Gottes. Im inneren Leben Gottes ist der Heilige Geist die personhafte Verkörperung der Liebe. Durch den Geist, die ungeschaffene Gabe, wird die Liebe zu einer Gabe für alle geschaffenen Personen. Die Liebe, die von Gott ist, teilt sich den Geschöpfen mit: „Die Liebe Gottes ist ausgegossen in unsere Herzen durch den Heiligen Geist, der uns gegeben ist" (*Röm* 5,5).

Die Berufung der Frau zur Existenz neben dem Manne („eine Hilfe, die ihm entspricht": *Gen* 2,18) in der „Einheit der zwei" bietet in der sichtbaren Welt der Geschöpfe besondere Voraussetzungen, damit „die Liebe Gottes ausgegossen wird in die Herzen" der nach seinem Bild geschaffenen Wesen. Wenn der Verfasser des *Epheserbriefes* Christus einen Bräutigam und die Kirche eine Braut nennt, bestätigt er mit dieser Analogie indirekt die Wahrheit über die Frau als Braut. Der Bräutigam ist der Liebende. Die Braut wird geliebt: Sie empfängt die Liebe, um ihrerseits zu lieben. Der Abschnitt der *Genesis* – neu gelesen im Licht der bräutlichen Symbolik des *Epheserbriefes* – läßt uns eine Wahrheit schauen, die für die Frage der Würde der Frau und so auch für ihre Berufung entscheidend zu sein scheint: Die Würde der Frau wird von der Ordnung der Liebe bestimmt, die im wesentlichen eine Ordnung von Gerechtigkeit und Nächstenliebe ist.[58]

Nur die Person kann lieben, und nur die Person kann geliebt werden. Das ist zunächst eine ontologische Feststellung, aus der sich dann eine Feststellung ethischen Charakters ergibt. Die Liebe ist ein ontologisches und ethisches Bedürfnis der Person. Die Person muß geliebt werden; denn allein die Liebe entspricht dem, was eine Person ist. So erklärt sich das Liebesgebot, das bereits im Alten Testament bekannt ist (vgl. *Dtn* 6,5; *Lev* 19,18) und von Christus in den Mittelpunkt des evangelischen Ethos gestellt wird (vgl. *Mt* 22,36–40; *Mk* 12,28–34). So erklärt sich auch jener Vorrang der Liebe, der von Paulus im *ersten Korintherbrief* ausgesprochen wird: „Am größten ist die Liebe" (vgl. *1 Kor* 13,13).

Ohne Anwendung dieser Ordnung und dieses Vorranges ist eine vollständige und zutreffende Antwort auf die Frage nach der Würde und Berufung der Frau gar nicht möglich. Wenn wir sagen, die Frau empfängt Liebe, um ihrerseits zu lieben, meinen wir nicht nur oder vor allem die der Ehe eigene bräutliche Beziehung. Wir meinen damit etwas Universaleres, das sich auf die Tatsache selbst des Frauseins in den interpersonalen Beziehungen gründet, die dem Zusammenleben und -wirken der Personen, von Männern und Frauen, die verschiedenste Gestalt verleihen. In diesem weiten und differenzierten Zusammenhang stellt die Frau einen Eigenwert dar als menschliche Person und gleichzeitig als jene konkrete Person in ihrem Frausein. Das trifft auf alle Frauen und auf jede einzelne von ihnen zu, unabhängig von dem kulturellen Rahmen, in dem jede sich befindet, und unabhängig von ihren geistigen, psychischen und körperlichen Merkmalen, wie zum Beispiel Alter, Bildung, Gesundheit, Arbeit, verheiratet oder ledig.

Der Abschnitt des *Epheserbriefes* läßt uns an eine Art von besonderem „Prophetentum" der Frau in ihrer Fraulichkeit denken. Die Analogie des Bräutigams und der Braut spricht von der Liebe, mit der jeder Mensch, jeder Mann und jede Frau, von Gott in Christus geliebt wird. Doch im Rahmen der biblischen Analogie und auf Grund der inneren Logik des Textes ist es gerade die Frau, die diese Wahrheit allen offenbar macht: die Braut.

Dieses „prophetische" Merkmal der Frau in ihrer Fraulichkeit findet seinen erhabensten Ausdruck in der Jungfrau und Gottesmutter. Bei ihr wird auf vollkommenste und unmittelbarste Weise die innige Vereinigung der Ordnung der Liebe – die durch eine Frau in die Welt der menschlichen Personen einzieht – mit dem Heiligen Geist deutlich. Maria vernimmt bei der Verkündigung: „Der Heilige Geist wird über dich kommen" (*Lk* 1,35).

Das Bewußtsein von einer Sendung

30. Die Würde der Frau ist eng verbunden mit der Liebe, die sie gerade in ihrer Fraulichkeit empfängt, und ebenso mit der Liebe, die sie ihrerseits schenkt. So wird die Wahrheit über die Person und über die Liebe bestätigt. Was die Wahrheit über die Person betrifft, müssen wir noch einmal auf das II. Vatikanische Konzil zurückkommen: „Der Mensch, der auf Erden die einzige von Gott um ihrer selbst willen gewollte Kreatur ist, kann sich selbst nur durch die aufrichtige Hingabe seiner selbst vollkommen finden".[59] Das gilt für jeden Menschen als nach Gottes Bild geschaffene Person, für den Mann ebenso wie für die Frau. Die hier enthaltene ontologische Aussage weist auch auf die ethische Dimension der Berufung der Person hin. Die Frau kann sich nicht selbst finden, wenn sie nicht den anderen ihre Liebe schenkt.

Am „Anfang" ist die Frau – wie der Mann – von Gott geschaffen und in diese Ordnung der Liebe „hineingestellt" worden. Die Ursünde hat diese Ordnung nicht zerstört und nicht rettungslos aufgehoben. Das beweisen die Bibelworte des Protoevangeliums (vgl. *Gen* 3,15). Wir haben in den vorliegenden Betrachtungen gesehen, welchen einmaligen Platz die „Frau" in diesem entscheidenden Text der Offenbarung einnimmt. Es sei außerdem betont, daß dieselbe „Frau", die zum biblischen „Urbild" wird, auch in der von der *Offenbarung des Johannes* zum Ausdruck gebrachten eschatologischen Perspektive der Welt und des Menschen ihren Platz hat.[60] Sie ist dort „eine Frau, mit der Sonne bekleidet", den Mond unter ihren Füßen und einen Kranz von zwölf Sternen auf ihrem Haupt (vgl. *Offb* 12,1). Man kann sagen: eine Frau in kosmischer Dimension, auf das gesamte Schöpfungswerk bezogen. Zugleich aber „ist sie schwanger und schreit unter ihren Geburtswehen" (*Offb* 12,2) wie Eva, die „Mutter aller Lebendigen" (vgl. *Gen* 3,20). Sie leidet auch, weil „vor der Frau, die gebären soll, der Drache steht" (vgl. *Offb* 12,4), „der große Drache, die alte Schlange" (vgl. *Offb* 12,9), die wir schon aus dem Protoevangelium kennen: der Böse als der „Vater der Lüge" und der Sünde (vgl. *Joh* 8,44). Die „alte Schlange" will „ihr Kind (das Kind der Frau) verschlingen" (vgl. *Offb* 12,4). Wenn wir in diesem Text einen Widerschein des Kindheitsevangeliums (vgl. *Mt* 2,13.16) sehen, können wir meinen, daß zum biblischen „Urbild" der „Frau" vom Beginn der Geschichte bis zu ihrem Ende der Kampf gegen das Böse und den Bösen in Person gehört. Es ist dies auch der Kampf um den Menschen, um sein wahres Wohl, um sein Heil. Will uns die Bibel damit nicht sagen, daß die Geschichte gerade in der „Frau", in Eva und Maria, einen dramatischen Kampf um jeden Menschen verzeichnet? Den Kampf um sein grundlegendes „Ja" oder „Nein" zu Gott und zu seinem ewigen Plan für den Menschen?

Wenn die Würde der Frau von der Liebe zeugt, die sie empfängt, um ihrerseits zu lieben, scheint das biblische Urbild der „Frau" auch die rechte Ordnung der Liebe zu enthüllen, welche die eigentliche Berufung der Frau darstellt. Es handelt sich hier um die Berufung in ihrer fundamentalen und geradezu universalen Bedeutung, die dann konkrete Gestalt annimmt und in den vielfältigen „Berufungen" der Frau in Kirche und Welt zum Ausdruck kommt.

Die moralische Kraft der Frau und ihre geistige Kraft verbinden sich mit dem Bewußtsein, daß Gott ihr in einer besonderen Weise den Menschen anvertraut. Natürlich vertraut Gott jeden Menschen allen und jedem einzelnen an. Doch dieses Anvertrauen betrifft in besonderer Weise die Frau – eben wegen ihrer Fraulichkeit -, und es entscheidet in besonderer Weise über ihre Berufung.

Die aus diesem Bewußtsein und diesem Anvertrauen geschöpfte moralische Kraft der Frau findet in zahlreichen Frauengestalten aus dem Alten Testament, aus der Zeit Christi und aus den folgenden Epochen bis herauf in unsere Tage ihren Ausdruck. Die Frau ist stark im Bewußtsein der ihr anvertrauten Aufgabe, stark, weil Gott „ihr den Menschen anvertraut", immer und überall, selbst unter den Bedingungen gesellschaftlicher Diskriminierung, unter der sie vielleicht leben muß. Dieses Bewußtsein und diese grundlegende Berufung erinnern die Frau an die Würde, die sie von Gott selber empfängt, und das macht sie „stark" und festigt ihre Berufung. So wird die „tüchtige Frau" (vgl. *Spr* 31,10) zu einer unersetzlichen Stütze und einer Quelle geistiger Kraft für die anderen, die der großen Kräfte ihres Geistes gewahr werden. Diesen „tüchtigen Frauen" haben ihre Familien und oft ganze Nationen viel zu verdanken.

In unserer Zeit ermöglichen die Erfolge von Wissenschaft und Technik einen materiellen Wohlstand in bisher ungeahntem Ausmaß, der einige begünstigt, andere aber an den Rand abdrängt. So kann dieser einseitige Fortschritt auch zu einem schrittweisen Verlust der Sensibilität für den Menschen, für das eigentlich Menschliche, führen. In diesem Sinne erwartet vor allem unsere Zeit, daß jener „Genius" der Frau zutage trete, der die Sensibilität für den Menschen, eben weil er Mensch ist, unter allen Umständen sicherstellt und so bezeugt: „Die Liebe ist am größten" (vgl. *1 Kor* 13,13). Ein aufmerksames Bedenken des biblischen Urbildes der „Frau" – vom *Buch der Genesis* bis zur Offenbarung des Johannes – bestätigt also, worin Würde und Berufung der Frau bestehen und was an ihnen unwandelbar und immer aktuell ist, weil es seinen „letzten Grund in Christus hat, der derselbe ist gestern, heute und in Ewigkeit".[61] Wenn der Mensch von Gott in besonderer Weise der Frau anvertraut ist, bedeutet das etwa nicht, daß Christus von ihr die Verwirklichung jenes „königlichen Priestertums" (*1 Petr* 2,9) erwartet, jenes Reichtums, den er den Menschen zum Geschenk gemacht hat? Christus, der oberste und einzige Priester des Neuen und Ewigen Bundes und Bräutigam der Kirche, hört nicht auf, dem Vater dieses Erbe im Heiligen Geist darzubringen, damit Gott „alles in allen" (*1 Kor* 15,28) sei.[62]

Dann wird sich die Wahrheit, daß „am größten die Liebe ist" (vgl. *1 Kor* 13,13), endgültig erfüllen.

IX. Schluß

„Wenn du wüßtest, worin die Gabe Gottes besteht“

31. „Wenn du wüßtest, worin die Gabe Gottes besteht“ (*Joh* 4,10), sagt Jesus zu der Samariterin in einem jener wunderbaren Gespräche, die beweisen, wieviel Achtung er der Würde jeder Frau und ihrer Berufung, die ihr die Teilnahme an seiner messianischen Sendung erlaubt, entgegenbringt.

Die vorliegende Betrachtung, die nun zum Schluß kommt, ist darauf ausgerichtet, innerhalb des „Geschenkes Gottes“ zu erkennen, was er als Schöpfer und Erlöser der Frau, jeder Frau, anvertraut. Im Heiligen Geist kann diese tatsächlich die gesamte Bedeutung ihres Frauseins entdecken, sich auf diese Weise für ihre eigene „aufrichtige Hingabe“ an die anderen bereit machen und so auch sich selbst finden.

Im Marianischen Jahr möchte die Kirche der Heiligsten Dreifaltigkeit für das „Geheimnis der Frau“ und für jede Frau Dank sagen – für das, was das ewige Maß ihrer weiblichen Würde ausmacht, für „Gottes große Taten“, die im Verlauf der Generationen von Menschen in ihr und durch sie geschehen sind. Hat sich schließlich nicht in ihr und durch sie ereignet, was zum Großartigsten in der Geschichte des Menschen auf Erden gehört die Menschwerdung Gottes selbst?

Die Kirche sagt also Dank für alle Frauen und für jede einzelne: für die Mütter, die Schwestern, die Ehefrauen; für die Frauen, die sich in der Jungfräulichkeit Gott geweiht haben; für die Frauen, die sich den unzähligen Menschen widmen, die die selbstlose Liebe eines anderen Menschen erwarten; für die Frauen, die in ihrer Familie, dem grundlegenden Zeichen menschlicher Gemeinschaft, über das menschliche Dasein wachen; für die Frauen, die berufstätig sind und oft schwere soziale Verantwortung zu tragen haben; für die „tüchtigen“ und für die „schwachen“ Frauen – für alle: so wie sie aus dem Herzen Gottes in der ganzen Schönheit und im vollen Reichtum ihres Frauseins hervorgegangen sind; wie sie von seiner ewigen Liebe umfangen wurden; wie sie, zusammen mit dem Mann, Pilgerinnen auf dieser Erde sind, die die irdische „Heimat“ der Menschen ist und sich bisweilen in ein „Tal der Tränen“ wandelt; wie sie, zusammen mit dem Mann, eine gemeinsame Verantwortung übernehmen für das Geschick der Menschheit, was die täglichen Bedürfnisse betrifft, wie auch hinsichtlich jener endgültigen Bestimmung, welche die Menschheitsfamilie in Gott selber, im Schoß der unergründlichen Dreifaltigkeit, besitzt.

Die Kirche sagt Dank für alle Äußerungen der weiblichen „Begabung“, die sich im Laufe der Geschichte bei allen Völkern und Nationen gezeigt haben; sie sagt Dank für alle Gnadengaben, mit denen der Heilige Geist die Frauen in der Geschichte des Gottesvolkes beschenkt, für alle Siege, die sie dem Glauben, der Hoffnung und der Liebe von Frauen verdankt: Sie sagt Dank für alle Früchte fraulicher Heiligkeit.

Gleichzeitig bittet die Kirche darum, daß diese unschätzbaren „Offenbarungen des Geistes“ (vgl. *1 Kor* 12,4ff.), mit denen die „Töchter“ des ewigen Jerusalem in großer Freigebigkeit beschenkt wurden, sorgfältig anerkannt und gewertet werden, damit sie gerade in unserer Zeit der Kirche und der ganzen Menschheit „zum gemeinsamen Nutzen“ gereichen. Während sie das biblische Geheimnis der „Frau“ betrachtet, betet die Kirche darum, daß alle Frauen in diesem Geheimnis sich selbst und ihre „höchste Berufung" finden.

Maria, die der ganzen Kirche „auf dem Weg des Glaubens, der Liebe und der vollkommenen Einheit mit Christus" vorangeht,[63] möge in dem Jahr, das wir ihr geweiht haben, an der Schwelle zum dritten Jahrtausend seit dem Kommen Christi, uns allen auch diese „Frucht" erwirken.

Mit diesen Wünschen erteile ich allen Gläubigen und in besonderer Weise den Frauen als Schwestern in Christus den Apostolischen Segen.

Gegeben zu Rom, bei St. Peter, am 15. August, dem Hochfest der Aufnahme Marias in den Himmel des Jahres 1988, im 10. Jahr meines Pontifikates.

Johannes Paulus II.

Anmerkungen

1 *Botschaft des Konzils an die Frauen* (8.12.1965): *AAS* 58 (1966) 13–14.

2 Vgl. II. Vatikanisches Konzil, Pastoralkonstitution über die Kirche in der Welt von heute *Gaudium et spes*, Nr. 8; 9; 60.

3 Vgl. II. Vatikanisches Konzil, Dekret über das Apostolat der Laien *Apostolicam actuositatem*, Nr. 9.

4 Vgl. Pius XII., *Ansprache an die italienischen Frauen* (21.10.1945): *AAS* 37 (1945) 284–295; *Ansprache an die Weltunion der Katholischen Frauenorganisationen* (24.4.1952): *AAS* 44 (1952) 420–424; *Ansprache an die Teilnehmer des XIV. Internationalen Kongresses der Weltunion der Katholischen Frauenorganisationen* (29.9.1957): *AAS* 49 (1957) 906–922.

5 Vgl. Johannes XXIII., Enzyklika *Pacem in terris* (11.4.1963): *AAS* 55 (1963) 267–268.

6 Erhebung der hl. Theresia von Avila zur „Kirchenlehrerin" (27.9.1970): *AAS* 62 (1970) 590–596; Erhebung der hl. Katharina von Siena zur „Kirchenlehrerin" (4.10.1970): *AAS* 62 (1970) 673–678.

7 Vgl. *AAS* 65 (1973) 284f.

8 Paul VI., *Ansprache an die Teilnehmer des Nationaltreffens des Italienischen Frauenzentrums* (6.12.1976): *Insegnamenti di Paolo VI*, XIV (1976) 1017.

9 Vgl. Enzyklika *Redemptoris Mater* (25.3.1987), Nr. 46: *AAS* 79 (1987) 424f.

10 II. Vatikanisches Konzil, Dogmatische Konstitution über die Kirche *Lumen gentium*, Nr. 1.

11 Eine breitere Darstellung der anthropologischen und theologischen Bedeutung jenes „Anfangs" kann man im ersten Teil der Mittwochsansprachen des Papstes finden, die der „Theologie des Leibes" gewidmet sind, beginnend mit dem 5. September 1979: *Insegnamenti II*, 2 (1979) 234–236.

12 II. Vatikanisches Konzil, Pastoralkonstitution über die Kirche in der Welt von heute *Gaudium et spes*, Nr. 22.

13 II. Vatikanisches Konzil, Erklärung über das Verhältnis der Kirche zu den nichtchristlichen Religionen *Nostra aetate*, Nr. 1.

14 *Ebd.*, Nr. 2.

15 II. Vatikanisches Konzil, Dogmatische Konstitution über die göttliche Offenbarung *Dei Verbum*, Nr. 2.

[16] Schon nach den Kirchenvätern geschah die erste Offenbarung der Dreifaltigkeit für das Neue Testament bei der Verkündigung. In einer dem hl. Gregor dem Wundertäter zugeschriebenen Homilie heißt es: „Du, Maria, bist Abglanz des Lichtes im hohen Reich des Geistes! In dir wird der Vater verherrlicht, der ohne Ursprung ist und dessen Macht dich überschattet hat. In dir wird der Sohn angebetet, den du dem Fleische nach im Schoß getragen hast. In dir wird der Heilige Geist gefeiert, der in deinem Leib die Geburt des großen Königs gewirkt hat. Deinetwegen, du Begnadete, konnte die heilige und wesensgleiche Dreifaltigkeit in der Welt erkannt werden" (*Hom. 2 in Annuntiat. Virg. Mariae*: *PG* 10, 1169). Vgl. auch den hl. Andreas von Kreta, *In Annuntiat. B. Mariae*: *PG* 97, 909.

[17] Vgl. II. Vatikanisches Konzil, Erklärung über das Verhältnis der Kirche zu den nichtchristlichen Religionen *Nostra aetate*, Nr. 2.

[18] Die theologische Lehre über die Gottesmutter (Theotókos), wie sie von vielen Kirchenvätern vertreten und von den Konzilien von Ephesus (*DS* 251) und Chalzedon (*DS* 301) abgeklärt und definiert worden ist, ist vom II. Vatikanischen Konzil im VIII. Kapitel der Dogmatischen Konstitution über die Kirche *Lumen gentium*, Nr. 52–69, erneut vorgelegt worden. Vgl. Enzyklika *Redemptoris Mater*, Nr. 4; 31–32 und die Anmerkungen 9; 78–83: *a.a.O.*, 356; 402–404.

[19] Vgl. Enzyklika *Redemptoris Mater*, Nr. 7–11 und die dort in der Anmerkung 21 zitierten Vätertexte: *a.a.O.*, 367–373.

[20] Vgl. *ebd.*, Nr. 39–41: *a.a.O.*, 412–418.

[21] Vgl. II. Vatikanisches Konzil, Dogmatische Konstitution über die Kirche *Lumen gentium*, Nr. 36.

[22] Vgl. Irenäus, *Adv. haer*, V, 6, 1; V, 16, 2–3: *S. Ch.* 153, 72–81 und 216–221; Gregor von Nyssa, *De hom. op.*, 16: *PG* 44, 180; *In Cant. cant. hom.*, 2: *PG* 44, 805–808; Augustinus, *In Ps.*, 4, 8: *CCL* 38, 17.

[23] „Persona est naturae rationalis individua substantia": M. S. Boethius, *Liber de persona et duabus naturis*, III: *PL* 64, 1343; vgl. Thomas von Aquin, *Summa Theologiae*, Ia, q. 29, a. 1.

[24] Unter den Kirchenvätern, die die grundlegende Gleichheit von Mann und Frau vor Gott vertreten, vgl. Origenes, *In Iesu nave*, IX, 9: *PG* 12, 878; Klemens von Alexandrien, *Paed.*, I, 4: *S. Ch.* 70, 128–131; Augustinus, *Sermo* 51, III,3: *PL* 38, 334–335.

[25] Gregor von Nyssa sagt: „Gott ist ferner Liebe und Quelle der Liebe. Dies sagt der große Johannes: ‚Die Liebe ist aus Gott' und ‚Gott ist die Liebe' (*1 Joh* 4,7.8). Der Schöpfer hat uns auch dieses Merkmal eingeprägt. ‚Daran werden alle erkennen, daß ihr meine Jünger seid: wenn ihr einander liebt' (*Joh* 13,35). Wenn das also nicht geschieht, wird das ganze Abbild entstellt" (*De hom. op.*, 5: *PG* 44, 137).

[26] II. Vatikanisches Konzil, Pastoralkonstitution über die Kirche in der Welt von heute *Gaudium et spes*, Nr. 24.

[27] Vgl. *Num* 23,19; *Hos* 11,9; *Jes* 40,18; 46,5; vgl. ferner IV. Laterankonzil (*DS* 806).

[28] II. Vatikanisches Konzil, Pastoralkonstitution über die Kirche in der Welt von heute *Gaudium et spes*, Nr. 13.

[29] „Diabolisch" vom griechischen „dia-bállo" = „ich teile, trenne, verleumde".

[30] Vgl. Origenes, *In Gen. hom.*, 13,4: *PG* 12,234; Gregor von Nyssa, *De virg.*, 12: *S. Ch.* 119, 404–419; *De beat.*, VI: *PG* 44,1272.

[31] Vgl. II. Vatikanisches Konzil, Pastoralkonstitution über die Kirche in der Welt von heute *Gaudium et spes*, Nr. 13.

[32] Vgl. *ebd.*, Nr. 24.

[33] Indem sich die Väter des 4. Jahrhunderts gerade auf das göttliche Gesetz beriefen, reagierten sie scharf auf die noch weiterbestehende Diskrimination der Frau in der allgemeinen Sitte wie in der bürgerlichen Gesetzgebung ihrer Zeit. Vgl. Gregor von Nazianz, *Or.* 37,6: *PG* 36, 290; Hieronymus, *Ad Oceanum ep.* 77,3: *PL* 22, 691; Ambrosius, *De instit. virg.*, III, 16: *PL* 16, 309; Augustinus, *Sermo* 132,2: *PL* 38, 735; *Sermo* 392,4: *PL* 39, 1711.

[34] Vgl. Irenäus, *Adv. haer.* III, 23,7: *S. Ch.* 211, 462–465; V, 21,1: *S. Ch.* 153, 260–265; Epiphanius, *Panar.* III, 2,78: *PG* 42,728–729; Augustinus, Enarr. in Ps. 103. s. 4, 6: *CCL* 40, 1525.

[35] Vgl. Justinus, *Dial. cum Thryph.* 100: *PG* 6, 709–712; Irenäus, *Adv. haer.*, III, 22, 4: *S. Ch.* 211, 438–445; V, 19,1: *S. Ch.* 153, 248–251; Cyrill von Jerusalem, *Catech.*, 12,15: *PG* 33,741; Johannes Chrysostomus, In Ps. 44,7: *PG* 55, 193; Johannes Damaszenus, *Hom. 2 in dorn. B.M.V.*, 3: *S. Ch.* 80, 130–135; Hesychius, *Sermo 5 in Deiparam*: *PG* 93, 1464f.; Tertullian, *De carne Christi*, 17: *CCL* 2, 904f.; Hieronymus, *Epist.*, 22,21: *PL* 22, 408; Augustinus, *Sermo* 51,2–3: *PL* 38, 335; *Sermo* 232,2: *PL* 38, 1108; J. H. Newman, *A Letter to the rev. E. B. Pusey*, Longmans (London 1865); M. J. Scheeben, *Handbuch der Katholischen Dogmatik*, V/1 (Freiburg 1954²) 243–266; V/2 (Freiburg 1954²) 306–499.

[36] II. Vatikanisches Konzil, Pastoralkonstitution über die Kirche in der Welt von heute *Gaudium et spes*, Nr. 22.

[37] Vgl. Ambrosius *De instit. virg.*, V, 33: *PL* 16, 313.

[38] Vgl. Rhabanus Maurus, *De vita beatae Mariae Magdalenae*, XXVII: „Der Heiland ... hat sie (Maria Magdalena) für die Apostel zum Apostel seiner Auferstehung eingesetzt" (*PL* 112, 1474). „Sie ist dadurch Apostel der Apostel geworden, daß ihr die Aufgabe zuteil wurde, den Jüngern die Auferstehung des Herrn zu verkünden": Thomas von Aquin, *In Joannem Evangelistam Expositio*, c. XX, L. III, 6 (Sancti Thomae Aquinatis Comment. in Matthaeum et Joannem Evangelistas), Ed. Parmens. X, 629.

[39] II. Vatikanisches Konzil, Pastoralkonstitution über die Kirche in der Welt von heute *Gaudium et spes*, Nr. 24.

[40] Enzyklika *Redemptoris Mater.* Nr. 18: *a.a.O*, 383.

[41] Vgl. II. Vatikanisches Konzil, Pastoralkonstitution über die Kirche in der Welt von heute *Gaudium et spes*, Nr. 24.

[42] Vgl. Johannes Paul II., *Mittwochsansprachen* vom 7. und 21. April 1982: *Insegnamenti V*, 1 (1982) 1126–1131 und 1175–1179.

[43] Vgl. II. Vatikanisches Konzil, Dogmatische Konstitution über die Kirche *Lumen gentium*, Nr. 63; Ambrosius, *In Lc.*, II, 7: *S. Ch.* 45, 74; *De instit. virg.*, XIV, 87–89: *PL* 16, 326–327; Cyrill von Alexandrien, *Hom.*, 4: *PG* 77, 996; Isidor von Sevilla, *Allegoriae* 139: *PL* 83, 117.

[44] II. Vatikanisches Konzil, Dogmatische Konstitution über die Kirche *Lumen gentium*, Nr. 63.

[45] *Ebd.*, Nr. 64.

[46] *Ebd.*, Nr. 64.

[47] *Ebd.*, Nr. 64. Zur Beziehung Maria – Kirche, einem fortwährenden Thema in der Reflexion der Kirchenväter wie der gesamten christlichen Tradition, vgl. Enzyklika *Redemptoris Mater.* Nr. 42–44 und die Anmerkungen 117–127: *a.a.O.*, 418–422. Vgl. ferner: Klemens von Alexandrien, *Paed.*, 1, 6: *S. Ch.* 70, 186f.; Ambrosius, *In Lc.*, II, 7: *S. Ch.* 45, 74; Augustinus, *Sermo* 192,2: *PL* 38, 1012; *Sermo* 195,2: *PL* 38, 1018; *Sermo* 25,5: *PL* 54, 211; *Sermo* 26,2: *PL* 54, 213: Beda, *In Lc.*, I,2: *PL* 92, 330. Isaac von Stella, Schüler des hl. Bernhard, schreibt: „Beide sind Mutter, beide Jungfrau; beide empfangen durch die Kraft des Heiligen Geistes (...). Maria (...) hat dem Leib sein Haupt gezeugt; die Kirche (...) schenkt diesem Haupt ihren Leib. Die eine wie die andere ist Mutter Christi: Aber keine der beiden zeugt ihn vollständig ohne die andere. Darum gilt, was im allgemeinen von der Jungfrau und Mutter Kirche gesagt ist zu Recht auch von der Jungfrau und Mutter Maria persönlich; und was man im besonderen von der Jungfrau und Mutter Maria sagt, bezieht sich im allgemeinen auf die Jungfrau und Mutter Kirche; und was man von einer der beiden sagt, kann unterschiedslos von der einen wie von der anderen verstanden werden" (*Sermo* 51,7–8: *S. Ch.* 339, 202–205).

[48] Vgl. zum Beispiel *Hos* 1,2; 2,16–18; *Jer* 2,2; *Ez* 16,8; *Jes* 50,1; 54,5–8.

[49] Vgl. *Kol* 3,18; *1 Petr* 3,1–6; *Tit* 2,4–5; *Eph* 5,22–24; *1 Kor* 11,3–16; 14,33–35; *1 Tim* 2,11–15.

[50] Kongregation für die Glaubenslehre, Erklärung zur Frage der Zulassung der Frauen zum Priesteramt *Inter Insigniores* (15.10.1976): *AAS* 69 (1977) 98–116.

[51] Vgl. II. Vatikanisches Konzil, Dogmatische Konstitution über die Kirche *Lumen gentium*, Nr. 10.
[52] Vgl. *ebd.*, Nr. 10.
[53] Vgl. *ebd.*, Nr. 18–29.
[54] Vgl. *ebd.*, Nr. 65; auch 63; Enzyklika *Redemptoris Mater*; Nr. 2–6: *a.a.O.*, 362–367.
[55] „Dieses marianische Profil ist ebenso – wenn nicht noch mehr – grundlegend und charakteristisch für die Kirche wie das apostolische und von Petrus geprägte Profil, mit dem es zutiefst verbunden ist (...) In diesem Sinn geht die marianische Dimension der Kirche der Petrusdimension voraus, wenn sie mit dieser auch eng verbunden ist und sie ergänzt. Maria, die Makellose, hat den Vortritt vor jedem anderen, selbstverständlich auch vor Petrus und den Aposteln: nicht nur, weil Petrus und die Apostel der unter der Sünde geborenen Schar des Menschengeschlechtes entstammen und zur Kirche gehören, die ‚aus Sündern geheiligt ist', sondern auch, weil ihr dreifaches Amt auf nichts anderes abzielt als darauf, die Kirche nach jenem Ideal der Heiligkeit zu formen, das in Maria bereits vorgeformt und vorgestaltet ist. Ein zeitgenössischer Theologe hat es gut ausgedrückt, wenn er sagt: Maria ist ‚Königin der Apostel', ohne apostolische Vollmachten für sich in Anspruch zu nehmen. Sie hat anderes und mehr' (H. U. von Balthasar, *Neue Klarstellungen*, Einsiedeln 1979, S. 114)" (Johannes Paul II., *Ansprache an die Kardinäle und Prälaten der Römischen Kurie*, 22.12.1987: *L'Osservatore Romano*, 23.12.1987).
[56] II. Vatikanisches Konzil, Pastoralkonstitution über die Kirche in der Welt von heute *Gaudium et spes*, Nr. 10.
[57] *Ebd.*, Nr. 10.
[58] Vgl. Augustinus, *De Trinitate*, L. VIII, VII, 10-X, 14: *CCL* 50,284–291.
[59] II. Vatikanisches Konzil, Pastoralkonstitution über die Kirche in der Welt von heute *Gaudium et spes*, Nr. 24.
[60] Vgl. im Anhang zu den Werken des Ambrosius, *In Apoc.*, IV, 3–4: *PL* 17, 876; Pseudo-Augustinus, *De symb. ad catech. sermo* IV: *PL* 40, 661.
[61] II. Vatikanisches Konzil, Pastoralkonstitution über die Kirche in der Welt von heute *Gaudium et spes*, Nr. 10.
[62] Vgl. II. Vatikanisches Konzil, Dogmatische Konstitution über die Kirche *Lumen gentium*, Nr. 36.
[63] Vgl. *ebd.*, Nr. 63.

Wir preisen dich selig

Predigt in der Messe zum Abschluß des Marianischen Jahres am Fest der Aufnahme Marias in den Himmel am 15. August

1. „Alle Geschlechter preisen mich selig" (vgl. *Lk* 1,48).
Mutter Gottes und Jungfrau! In diese von allen Geschlechtern ausgerufene Seligpreisung nimm auch unsere Stimmen auf: Das Menschengeschlecht, das am Ende des zweiten Jahrtausends nach Christus lebt, preist dich selig.
Wir preisen dich selig, weil du es bist, die der Ewige Vater, „als die Zeit erfüllt war" (*Gal* 4,4), auserwählt hat, die Mutter des ewigen Sohnes zu sein.
Wir preisen dich selig, weil du es bist, die der Ewige Sohn, der Erlöser der Welt, im Geheimnis der Unbefleckten Empfängnis als Erste erlöst hat.
Wir preisen dich selig, weil du es bist, über die der Heilige Geist kam und welche die Kraft des Höchsten überschattete (vgl. *Lk* 1,35). So wurde von dir der Ewige Sohn Gottes als Mensch geboren.
Wir preisen dich selig. So haben dich alle Geschlechter selig gepriesen. So preist dich unser Geschlecht am Ende des zwanzigsten Jahrhunderts selig.
Zum besonderen Ausdruck dafür wurde in der ganzen Kirche das Marianische Jahr gefeiert, das heute, am Hochfest deiner Aufnahme in den Himmel, zu Ende geht.

2. Wir grüßen dich, Maria! „Gesegnet bist du mehr als alle anderen Frauen, und gesegnet ist die Frucht deines Leibes" (*Lk* 1,42). Mit diesen Worten grüßt dich heute die Liturgie. Es sind die Worte deiner verwandten Elisabet bei deinem Besuch, den du ihr, wie die Überlieferung sagt, in Aim-Karim machtest.
Wir grüßen dich, Maria! Selig bist du, die du an die Erfüllung der Worte des Herrn geglaubt hast (vgl. *Lk* 1,45).
Im Marianischen Jahr sind wir dir auf dem Weg deines Besuches gefolgt. Die ganze Kirche ist dir, Gottesmutter, gefolgt und hat die Worte Elisabets wiederholt. Die ganze Kirche hat ja im Zweiten Vatikanischen Konzil gelernt, auf dich als auf ihr lebendiges und vollkommenes Bild zu schauen.
Sie hat es nach dem Maß unserer Zeit und unserer Generation neu gelernt und erinnerte sich dabei, daß schon in alter Zeit die Generationen der Jünger, die Christus folgten, so auf dich geblickt haben. Die hervorragenden Kirchenväter der ersten Jahrhunderte haben dich Typus der Kirche genannt.
Die Kirche unserer Zeit hat es neu gelernt. Sie hat noch einmal bekannt, daß du, heilige Jungfrau, allen Generationen des Gottesvolkes auf Erden auf dem Pilgerweg des Glaubens vorangehst (vgl. *Lumen gentium*, Nr. 58). Gesegnet bist du, die du geglaubt hast! Auf dem Pilgerweg des Glaubens, der dein Leben auf Erden war, hast du deine Vereinigung mit Christus treu durchgehalten bis zum Kreuz, unter dem du nach Gottes Absicht standest (vgl. *ebd.*).

3. Diesen gleichen Pilgerweg des Glaubens, den du bis in die Tiefen des Geheimnisses Christi, deines Sohnes, von der Verkündigung bis nach Kalvaria vollkommen gegangen

bist, hast du dann zusammen mit der Kirche wieder aufgenommen. Du hast ihn am Pfingsttag wieder aufgenommen mit der Kirche der Apostel und der Zeugen, die im Abendmahlssaal in Jerusalem unter dem Wehen des Tröstergeistes, des Geistes der Wahrheit, ihren Anfang nahm.

Darum haben auch wir unsere Pilgerfahrt des Marianischen Jahres am Pfingstfest 1987 begonnen – in Rom und in der ganzen Kirche bis an die Grenzen der Erde. Wir haben unseren Pilgerweg des Glaubens zusammen mit dir begonnen, wir, die Generation, die dem Beginn des dritten Jahrtausends nach Christus entgegengeht. Wir haben uns aufgemacht und gehen mit dir, wir, die Generation, die eine gewisse Ähnlichkeit mit jenem ersten Advent aufweist; damals, als am Horizont der auf das Kommen des Messias gerichteten menschlichen Erwartungen ein geheimnisvolles Licht aufleuchtete: der Morgenstern, die Jungfrau aus Nazaret, von der heiligsten Dreifaltigkeit dazu vorbereitet, die Mutter des Sohnes Gottes zu werden: Alma Redemptoris Mater.

4. Wir haben dir, Maria, diesen Abschnitt der menschlichen Zeit und auch der liturgischen Zeit der Kirche geweiht: das Jahr, das Pfingsten 1987 begann und das heute, am Fest deiner Aufnahme in den Himmel, im Jahr 1988 endet.

Wir haben es dir geweiht! In dich haben wir unser Vertrauen gesetzt. In dich, der Gott selbst sich in der menschlichen Geschichte anvertraut hat. In dich, der dein gekreuzigter Sohn den Menschen anvertraute wie in einem letzten Testament des Erlösungsgeheimnisses. Dieser Mensch am Fuß des Kreuzes war der Apostel Johannes, der Evangelist. Und in ihm, dem einen Menschen, war jeder Mensch vertreten.

In diesem österlichen Geist, in dem wir dir anvertraut sind, und der zu einer besonderen Frucht des Glaubens, der Hoffnung und der Liebe wurde, als das Schwert des Schmerzes in dein Herz drang, folgen dir die Menschen und die menschlichen Gemeinschaften in der ganzen Welt. Es folgen dir die Völker und die Nationen. Es folgen dir die Generationen. Von der Höhe des Kreuzes aus hat Christus selbst sie zu deinem Mutterherzen geschickt – und dein Herz gibt sie, ganz einfach, Christus zurück: es führt sie ins Geheimnis der Erlösung ein. Wahrhaftig, Redemptoris Mater!

5. Wie in allen Geschlechtern, die uns vorausgingen, singt die Kirche auch in dem unsern eine Antiphon mit der folgenden Bitte: „Surgere qui curat, populo!“ – „Hilf deinem Volk, das sich müht, vom Falle aufzustehn!“ In den Worten dieses Gebetes der Hingabe finden wir auch die Wahrheit über unsere Generation. Lebt nicht auch sie, wie die früheren Generationen, und vielleicht sogar noch mehr als sie, zwischen dem „Fallen“ und dem „Aufstehen“, zwischen der Sünde und der Gnade?

Mutter, du kennst uns, sei immer mit deinen Kindern! Hilf dem Menschen, den Völkern, den Nationen, der Menschheit, sich zu erheben. Das Echo eines solchen Rufes aus dem Marianischen Jahr ertönt an den verschiedenen Orten der Erde, aus den verschiedenen Erfahrungen unserer Zeit, die sich zwar eines bis dahin unbekannten Fortschritts rühmt, aber auch besonders scharf die Bedrohungen empfindet, denen sich die ganze große Menschheitsfamilie gegenübersieht. Um so dringender wird die „soziale Sorge“.

6. Heute ist das Fest der Aufnahme Marias in den Himmel! Heute erscheint am Horizont des Kosmos – nach den Worten der Apokalypse des Johannes – die Frau, mit der Sonne bekleidet (vgl. *Offb* 12,1). Von dieser Frau sagt das Konzil: „Die Kirche ist in der seligsten Jungfrau schon zur Vollkommenheit gelangt, in der sie ohne Makel und Runzel ist (vgl. *Eph* 5,27)", und zugleich „bemühen sich die Christgläubigen noch, die Sünde zu besiegen und in der Heiligkeit zu wachsen. Daher richten sie ihre Augen auf Maria" (*Lumen gentium*, Nr. 65).
Dieses ganze Jahr, das nun zu Ende geht, war eine Zeit, in der die Augen zu dir, Jungfrau, Mutter Gottes, erhoben waren, die du immer im Geheimnis Christi und der Kirchen zugegen bist. Das Marianische Jahr ist heute beendet. Aber nicht zu Ende geht die Zeit der zu Maria erhobenen Augen.

7. Auf unserer irdischen Pilgerfahrt dir, Mutter, im Glauben folgend, sehen wir uns heute an der Schwelle deiner Verherrlichung in Gott.
Pilgerfahrt des Glaubens – Weg des Glaubens. Dein Glaubensweg führt von der Schwelle deines Besuches in Ain-Karim an die Schwelle der Verherrlichung. So zeigt es uns die heutige Liturgie.
Und an der Schwelle der Verherrlichung, an der Schwelle der Vereinigung mit dem Vater, dem Sohn und dem Heiligen Geist im Himmel hören wir noch einmal die Worte des Magnificat: „Meine Seele preist die Größe des Herrn, und mein Geist jubelt über Gott, meinen Retter ... Denn der Mächtige hat Großes an mir getan" (*Lk* 1,46–47.49).
Großes: magnalia! Magnalia Dei! Selig bist du, die du geglaubt hast! Amen.

Bollwerk der gesamten Christenheit

Botschaft an Kardinal László Paskai, den Episkopat und die Gläubigen in Ungarn anläßlich des 950. Todestages des hl. Stephan, König von Ungarn, vom 16. August

Am Ende des Marianischen Jahres 1988, am gleichen Tag an dem die Kirche daran erinnert, daß „die Jungfrau Maria am Ende ihres irdischen Lebens mit Leib und Seele in die himmlische Herrlichkeit aufgenommen wurde", gedenkt ihr, liebe ungarische Mitbrüder, Söhne und Töchter, des 950. Todestages des hl. Stephans, des Gründers eurer Nation; gleichzeitig feiert ihr die wirksame Gegenwart Marias, der „Magna Domina", in eurer tausendjährigen Geschichte. Am 15. August 1038 starb nämlich König Stephan, der die Christianisierung eures Volkes zu Ende geführt hatte und ihm als geistliches Erbe die Marienverehrung hinterließ.
In diesem Jahr wird auch das 50jährige Jubiläum der Feier des 34. Eucharistischen Weltkongresses vom Mai 1938 begangen; eines kirchlichen Ereignisses, das nicht nur in der Stadt Budapest und in eurem Vaterland, sondern in der ganzen katholischen Welt ein außerordentliches Echo fand. Bekanntlich wurde der damalige Kardinalstaatssekretär

Eugenio Pacelli als Päpstlicher Legat dorthin entsandt, der im darauffolgenden Jahr zum obersten Hirten der Kirche aufstieg und den Namen Pius XII. annahm.
Eure Vorfahren waren sich immer dessen bewußt, daß der christliche Glaube eng mit der Marienverehrung verbunden ist. Diese Wahrheit wurde durch den apostolischen Eifer der Bischöfe und Glaubensboten, besonders von Adalbert und Gerhard, sowie der Priester und Mönche eingepflanzt, die euer Volk in der christlichen Religion unterwiesen.
Die Annahme der Wahrheit des Evangeliums, die unter dem Fürsten Gèza begann, fand ihren Hauptförderer in dessen Sohn Stephan, so daß Papst Silvester II. am Ende des Jahres 1000 ihm durch Abt Astrik-Anastasius die Königskrone überbringen ließ und so auch formell die volle Unabhängigkeit Ungarns anerkannte.
Der heilige König dankte für das Wohlwollen des Stellvertreters Christi in lobenswerter Weise. Er gründete zehn Diözesen und baute dort Bischofskirchen; er förderte das Mönchstum; er erließ umsichtige Gesetze, auf deren Achtung er bestand. Er entwickelte mit den Nachbarvölkern ein harmonisches Zusammenleben, gegründet auf gegenseitigem Respekt und der Beobachtung der katholischen Grundsätze. Er förderte und verstärkte die Beziehungen mit den Hauptzentren der christlichen Welt, indem er Hospize für ungarische Pilger errichten ließ. Mit einem Wort, er machte aus der Nation einen wahren christlichen Staat.
Sein Privat- und Familienleben dient in gleicher Weise zum Vorbild. Er war der fürsorgliche Ehemann der sel. Gisela von Bayern, der Schwester des heiligen Kaisers Heinrich II. Als tiefgläubiger Mann gründete er neben dem königlichen Palast ein Nonnenkloster zu dem Zweck, daß für seine Familie und sein ganzes Land ununterbrochen Fürbitte gewährleistet werde. Als gütiger und um das Geschick seines Erben und seines Reiches besorgter Vater erzog er seinen Sohn Emmerich zu Heiligkeit – dieser wurde am 20. August 1083 heiliggesprochen – und in der schwierigen Aufgabe der Staatsverwaltung. Beispielhaft sind diesbezüglich die Ermahnungen, die sich in dem Büchlein finden, das den Titel trägt: „De morum institutione ad Americum ducem" (Verhaltensmaßregeln für Herzog Emmerich). Leider erfüllten sich Stephans Hoffnungen hinsichtlich der Dynastie nicht: Emmerich starb, wie die Reichschronik berichtet, während einer Jagd am 2. September 1031. Trotz seines Schmerzes darüber, keinen direkten Nachkommen für die Führung der Nation zu haben, verankerte sich Stephan noch fester im Glauben und vertraute sein Volk dem Schutz der „Magna Domina Hungarorum", der „Großen Herrin der Ungarn", an.
Das geistliche Erbe des Heiligen erwies sich im Laufe der schmerzlichen Geschichte des ungarischen Volkes als wirksam, dank der ständigen, fortdauernden und schützenden Anwesenheit Marias vermochte es die eigene Identität zu wahren und erwies sich oft als äußerstes Bollwerk der gesamten Christenheit.
Im Laufe dieses Jahres wurde euch in den verschiedenen Kathedralen eures Landes eine kostbare Reliquie des herausragenden Verbreiters der katholischen Wahrheit in eurer Nation zur Verehrung dargeboten. Seine „Manus Dextera Sancta" wurde segnend durch eure Wohnviertel getragen und erweckte heilsame Empfindungen und Vorsätze geistlicher und moralischer Erneuerung. Jeder von euch nehme das Jubiläum des heiligen Königs zum Anlaß, über dessen Glaubenstiefe, die Vorbildlichkeit seines öffentlichen und priva-

ten Lebens nachzudenken und das eigene Leben sowie das moralische und soziale Verhalten nach ihm auszurichten.
Ehrwürdige Brüder und liebe Söhne und Töchter! Dieses Jubiläum und das Marianische Jahr werden in Budapest am 20. August mit einer feierlichen eucharistischen Konzelebration beendet, in deren Verlauf die vom hl. Stephan vollzogene Weihe eurer Nation an die hochheilige Gottesmutter erneuert wird. Das katholische Ungarn, dessen sind wir gewiß, wird diesen Akt der gemeinsamen Weihe an die Jungfrau in jedem einzelnen umwandeln in ein Band der Treue zu ihr und ihrem Sohn.
Auch wir sind mit euch geistig vereint. Und wir begleiten euch nicht nur mit dem Gebet und unserem Apostolischen Segen, sondern erachten es als unsere Pflicht als Hirte der Gesamtkirche, zusammen mit euch, meinen Mitbrüdern im Bischofsamt, den Weiheakt eures Landes an die „Magna Domina Hungarorum" zu erneuern, damit sie, durch die Fürsprache des heiligen König Stephan, es schütze und ihm Wohlergehen und unerschütterliche Treue zu Christus erlange.

Aus dem Vatikan, am 16. August 1988, im zehnten Jahr meines Pontifikats.

PAPST JOHANNES PAUL II.

Baumeister der Geschichte

Botschaft an den Bischof von Rimini, Giovanni Locatelli, anläßlich des IX. „Meeting der Freundschaft unter den Völkern" vom 18. August

Anläßlich des IX. „Meeting für die Freundschaft unter den Völkern", das in Rimini stattfindet, möchte ich auch in diesem Jahr durch Sie den Veranstaltern, Referenten und allen Teilnehmern meinen herzlichen Gruß übermitteln und gleichzeitig viel Erfolg für dieses bedeutende Treffen wünschen, zu dem sich zahlreiche Jugendliche und Erwachsene versammeln, die eifrig Gott suchen und alles, was den Menschen fördert.
Die Initiative will den Teilnehmern eine Erfahrung vermitteln, bei der man zum Menschen von Gott und dem Menschen sprechen kann mit dem Ziel, das Wissen um die dem Menschen innewohnende Würde zu vertiefen und Augenblicke des gegenseitigen Verstehens zu schaffen, um echte Geschichte aufzubauen, die wirklich die menschliche Person respektiert.
Der Mensch stand auch im Mittelpunkt der Veranstaltungen in den vergangenen Jahren. Von ihm, von seiner Geschichte, seiner Kunst, seiner Arbeit hat das Treffen Zeugnis gegeben sowohl in Ausstellungen und Veranstaltungen als auch durch die Anwesenheit bedeutender Persönlichkeiten. Das Ergebnis zeigte, daß es auf die unablässige und dramatische Frage nach dem Menschen eine friedenstiftende und höhere Antwort gibt, die vom Erlöser des Menschen kommt.

Dieses Treffen will nämlich in qualifizierter und respektvoller Weise das Wort der Glaubenden anbieten, die, dem Lehramt der Kirche getreu, die Freude der Begegnung mit Christus mitteilen, der im Leben des einzelnen und der gesamten Menschheit gegenwärtig ist.

Die Teilnehmer des Treffens wissen, daß das fleischgewordene Wort mit einem „fiat" aufzunehmen, das dem der Jungfrau Maria ähnlich ist, die Verpflichtung bedeutet, demütige, aber ausdauernde Mitarbeiter des Herrn des Lebens zu sein, der für das Heil der Welt und des Menschen wirkt.

In gewissem Sinn führt das Thema dieses Jahres: „Erforscher des Unendlichen, Baumeister der Geschichte" die in den vergangenen Jahren verfolgten Leitlinien auf einem einzigen Weg zusammen. Dieses Thema ist eine Einladung, die Aufmerksamkeit auf das Geheimnis der Erlösung zu lenken, das sich dem Menschen in Christus voll offenbart, der jede menschliche Hoffnung bekräftigt, stärkt und zur Wirklichkeit werden läßt.

Angesichts des philosophischen und religiösen Relativismus, der häufig die zeitgenössische Gesellschaft beherrscht, bringt der Erlöser das einzige und unwiederholbare Antlitz des Heilsgeheimnisses zum Ausdruck: „Niemand hat Gott je gesehen. Der Einzige, der Gott ist und am Herzen des Vaters ruht, er hat Kunde gebracht" (*Joh* 1,18). „Allen aber, die ihn aufnahmen, gab er Macht, Kinder Gottes zu werden" (*Joh* 1,12).

Der Mensch ist berufen, in der Kirche im ständigen Dialog mit Gott, dem Unermeßlichen, zu leben, der nicht als eine abstrakte und ferne Realität empfunden werden soll, sondern durch Christus als sorgender Vater, der seinen Kindern immer nahe ist, erkannt werden muß.

Die Gewißheit, daß der Herr in das menschliche Leben eingetreten ist und es begleitet, möge den Willen stärken zum Aufbau einer Geschichte, in der der Glanz der göttlichen Wahrheiten transparent wird. Ich bete, damit jeder der Teilnehmer des Treffens seinen eigenen Lebensweg zu gehen weiß, indem er in Christus seinen brüderlichen Freund erblickt und in der Erkenntnis und der Liebe Gottes wächst.

Zur Bekräftigung dieser Wünsche und im Vertrauen auf ein hochherziges Echo sende ich Ihnen, hochwürdigster Mitbruder, und allen, die an dem Treffen teilnehmen, meinen Segen als Unterpfand reicher Gaben der Erkenntnis und Weisheit.

Castel Gandolfo, 18. August 1988

PAPST JOHANNES PAUL II.

Weltweite Solidarität verstärken

Botschaft zum Internationalen Tag der Alphabetisierung vom 20. August

Herrn Frederico Mayor Zaragoza
Generaldirektor der UNESCO

Der jährliche Internationale Tag der Alphabetisierung ist zu einer vorzüglichen Gelegenheit geworden, eine Bilanz der Ergebnisse zu ziehen, die im Kampf gegen das Analphabetentum erzielt wurden, und den Ernst und das Ausmaß dieser Geißel trotz der erheblichen Anstrengungen in Erinnerung zu rufen.
Dieser Tag erlaubt es auch, die Aufmerksamkeit der Regierungen und der Verantwortlichen auf allen Ebenen, sowie der öffentlichen Meinung auf die Schuldigkeit zu lenken, ihre moralischen Verpflichtungen einzuhalten und die materiellen Mittel zur Verfügung zu stellen, die notwendig sind, um des Analphabetentums Herr zu werden. In einem Aufschwung verbesserter und verstärkter weltweiter Solidarität muß man gleichzeitig die direkten und indirekten Ursachen bekämpfen, die einen sehr besorgniserregenden Zustand verlängern und immer noch verhindern, daß befriedigendere Ergebnisse erzielt werden.
Der Internationale Tag der Alphabetisierung 1988 liegt am Beginn des weltweiten Jahrzehnts für kulturelle Entwicklung. Er stellt sich in die Perspektive des Internationalen Jahres der Alphabetisierung, das von den Vereinten Nationen für das Jahr 1990 ausgerufen wurde. Dieses Internationale Jahr der Alphabetisierung, dessen Vorbereitung und Durchführung der UNESCO anvertraut worden sind, will sich als dringendere Aufforderung zum solidarischen Handeln aller verstanden wissen, um das Analphabetentum bis zum Jahr 2000 ausmerzen zu können.
In meiner jüngsten Enzyklika *Sollicitudo rei socialis*, mit der ich der Enzyklika *Populorum progressio* meines Vorgängers Paul VI. zwanzig Jahre nach ihrer Erscheinung gedenken wollte, habe ich die Notwendigkeit betont, für eine ganzheitliche Entwicklung, die vor allem die menschliche Person betrifft, die rein wirtschaftlichen Gesichtspunkte mit den gesellschaftlichen und kulturellen zu verbinden: „Wichtig ist ferner, daß gerade auch die Entwicklungsländer die Selbstverwirklichung eines jeden Bürgers durch den Zugang zu einer höheren Kultur (...) fördern. Alles, was der Alphabetisierung und der Grundausbildung, die jene vertieft und vervollständigt, (...) dienen kann, (...) ist ein unmittelbarer Beitrag zu einer echten Entwicklung." (*Sollicitudo rei socialis*, Nr. 44) Die Enzyklika forderte jedes Land auf, „nach seinen eigenen Verantwortlichkeiten (zu) handeln, ohne alles von den bessergestellten Ländern zu erhoffen, und in Zusammenarbeit mit den anderen, die in derselben Lage sind" (*ebd.*). Es scheint mir gut, daß Ihre Organisation in den verschiedenen Teilen der Erde eine regionale Zusammenarbeit fördert, die geeignet ist, noch intensiver jede Menschengruppe in einer ihrer Eigenart angepaßten Weise zur Kenntnis des Lesens und Schreibens zu führen, jener beiden wesentlichen Formen des Zugangs zu Kultur und Kommunikation. In dem bereits erwähnten Dokument habe ich auch die notwendige Zusammenarbeit aller nachdrücklich betont, damit die Entwicklung, in der die Alphabetisierung ein wesentliches Element ist, fortschreitet:

„Das hier Ausgeführte kann nicht verwirklicht werden ohne die Zusammenarbeit aller, besonders der internationalen Gemeinschaft, und im Rahmen einer Solidarität, die alle umfaßt“ (*ebd.*, Nr. 45).
Diese soeben wieder aufgenommenen Gedanken möchten nicht nur Wünsche für den vollen Erfolg des Internationalen Tages der Alphabetisierung 1988 sein: sie möchten ein Aufruf dazu sein, die Pflicht zu Initiative und Solidarität im Bereich der Alphabetisierung noch stärker bewußt zu machen. Jeder Frau und jedem Mann „muß man helfen; man muß sie überzeugen, daß sie selbst ihr Vorankommen in die Hand nehmen und schrittweise die Mittel dazu erwerben müssen“, gemäß den Worten Pauls VI. in seiner Enzyklika über die Entwicklung (*Populorum progressio*, Nr. 55).
Diese Bitten trage ich im Gebet vor Gott und rufe seinen Segen auf alle herab, die in der UNESCO und in der Welt mit unermüdlicher Hingabe für die Alphabetisierung und die kulturelle Entwicklung aller unserer Brüder und Schwestern der Menschheit arbeiten.

Aus dem Vatikan, am 20. August 1988

JOHANNES PAUL II.

Mit der Kirche verbunden in der Einheit der Liebe

Ansprache des Papstes an die Teilnehmer am IV. Weltkongreß der Säkularinstitute vom 26. August

Liebe Brüder und Schwestern
der Säkularinstitute!

1. Mit großer Freude heiße ich euch anläßlich eures IV. Weltkongresses willkommen und danke euch für eure zahlreiche und bedeutungsvolle Anwesenheit. Ihr seid qualifizierte Vertreter einer kirchlichen Wirklichkeit, die besonders in diesem Jahrhundert zum Zeichen besonderen Wirkens des Heiligen Geistes in der Kirche Gottes geworden ist. Die Säkularinstitute haben ja klar den Wert der religiösen Weihe auch für jene ins Licht gerückt, die in der Welt tätig sind, d. h. für alle, die als Weltpriester und vor allem als Laien in weltlichen Bereichen wirken. Gerade für die Laien stellt die Geschichte der Säkularinstitute einen bedeutsamen Schritt in der Entwicklung der Lehre über die spezifische Natur des Laienapostolats und in der Anerkennung der allgemeinen Berufung der Gläubigen zur Heiligkeit und zum Dienst Christi dar.
Eure Sendung wird heute in einer Perspektive gesehen, die sich auf eine theologische Tradition stützt, d. h., sie besteht in der „consecratio mundi“, also in der Rückführung aller Dinge zu Christus, als dem einzigen Haupt (vgl. *Eph* 1,10), und zwar durch ein Wirken mitten in den irdischen Wirklichkeiten.
Das von dieser Versammlung gewählte Thema, „Die Sendung der Säkularinstitute in der Welt des Jahres 2000“ findet meinen Beifall. Tatsächlich handelt es sich hier um ein viel-

schichtiges Thema, das den Hoffnungen und Erwartungen der Kirche in ihrer nächsten Zukunft entspricht.
Dieses Programm ist für euch außerordentlich anregend, eröffnet es doch eurer spezifischen Berufung und geistlichen Erfahrung die Horizonte des dritten christlichen Jahrtausends. Es will euch helfen, immer bewußter eure Berufung zur Heiligkeit in einem Leben inmitten der Welt zu verwirklichen und eure religiöse, innerlich und wahrhaftig gelebte Weihe in den Dienst des Heilswerkes und der Evangelisierung des ganzen Volkes Gottes zu stellen.

2. Ich begrüße Kardinal Jean Jéróme Hamer, den Präfekten der Kongregation für die Ordensleute und Säkularinstitute, der zu euch über die Beschlüsse der kürzlich stattgefundenen Bischofssynode und über die Folgen gesprochen hat, die sich aus diesen Beschlüssen für eure Gemeinschaft ergeben. Mein Gruß gilt auch allen Mitarbeitern, den Organisatoren und euch allen sowie den Brüdern und Schwestern der Institute, die ihr vertretet: euch allen wünsche ich aus ganzem Herzen, diese Versammlung möge euch Gelegenheit zu einer tiefen Erfahrung der kirchlichen Gemeinschaft, der Solidarität und der Gnade geben, euch für euren Weg stärken und besonderes Licht auf eure spezifische Berufung werfen.

3. Der Vorstoß ins dritte christliche Jahrtausend ist zweifellos ein Ansporn für all jene, die ihr Leben dem Wohl und dem Fortschritt der Menschheit weihen wollen. Alle wollen wir, daß das neue Zeitalter dem Bild entspreche, das sich der Schöpfer von der Menschheit gemacht hat. Er ist es, der die Geschichte als Heilsgeschichte für die Menschen aller Zeiten aufbaut und lenkt. Deshalb sind alle dazu berufen, sich für die Verwirklichung eines neuen Kapitels der Geschichte der Erlösung im dritten Jahrtausend einzusetzen.
Eure Absicht ist es, zur Heiligung der Welt von innen heraus beizutragen, „in saeculo viventes“, im Herzen der irdischen Wirklichkeiten am Werk, „praesertim ad intus“, wie es im Kirchenrecht (vgl. *C.I.C.* can. 710) heißt.
Auch in eurer Weltlichkeit seid ihr Gottgeweihte und daraus ergibt sich die Originalität eurer Aufgabe: Ihr seid voll und ganz Laien, seid jedoch Gottgeweihte, habt euch in einer besonderen Berufung an Christus gebunden, um ihm aus der Nähe nachzufolgen und seine Existenz als „Gottesknecht“ in der Demut der Gelübde der Keuschheit, der Armut und des Gehorsams nachzuahmen.

4. Es ist euch bewußt, daß ihr mit allen Christen die Würde der Kinder Gottes, der lebendigen Glieder Christi teilt, der Kirche einverleibt und durch die Taufe mit dem allgemeinen Priestertum der Gläubigen ausgezeichnet seid. Ihr habt jedoch auch eine Botschaft angenommen, die zutiefst an diese Würde gebunden ist: die Botschaft der Verpflichtung zur Heiligkeit, zur Vollkommenheit in der Liebe; die Botschaft, die der Berufung zu den evangelischen Räten entspricht. In ihnen wird die Hingabe an Gott und an Christus mit ungeteiltem Herzen und rückhaltlosem Eingehen auf den Willen und die Führung des Heiligen Geistes verwirklicht. Dieser Verpflichtung werdet ihr gerecht, indem ihr euch nicht von der Welt trennt, sondern innerhalb der komplexen Wirklichkeit der Welt, der

Kultur, des Berufes und der sozialen Dienste aller Art am Werk seid. Daraus ergibt sich, daß eure beruflichen Tätigkeiten und das Teilen der irdischen Sorgen mit anderen Laien für euch Prüfstein, Herausforderung und Kreuz, aber auch Aufruf, Sendung und Augenblick der Gnade und des Einswerdens mit Christus sind, in dem sich eure Spiritualität aufbaut und entwickelt.

Das erfordert, wie ihr sehr wohl wißt, einen ständigen geistlichen Fortschritt, der in eurem Verhalten den Menschen, den Dingen und den geschichtlichen Wirklichkeiten gegenüber zum Ausdruck kommt. Ihr müßt fähig sein, in den großen und kleinen Ereignissen des Lebens in der Welt eine Gegenwart wahrzunehmen: die Gegenwart Christi, des Erlösers, der zu allen Zeiten dem Menschen zur Seite ist, auch wenn dieser ihn ignoriert oder verneint. Darüber hinaus müßt ihr fähig sein, mit unablässiger Aufmerksamkeit die heilswirkende Bedeutung der täglichen Ereignisse zu verfolgen, um sie im Licht des Glaubens und der christlichen Prinzipien auszulegen.

Deshalb sind von euch tiefe Verbundenheit mit der Kirche und Treue zu ihrem Lehramt gefordert, liebevolle und rückhaltlose Zustimmung zu ihren Anschauungen und ihrer Botschaft, in dem Bewußtsein, daß die Grundlage dieser Haltung eure besondere Bindung an die Kirche ist.

All das bedeutet keineswegs eine Verminderung der berechtigten Autonomie der Laien im Bereich der Heiligung der Welt; es handelt sich hier vielmehr darum, diese Autonomie in das rechte Licht zu stellen, um sie nicht zu schwächen oder zu isolieren. Die Dynamik eurer Sendung, so, wie ihr sie seht, entfremdet euch keineswegs dem Leben der Kirche, sondern verwirklicht sich in der Einheit der Liebe mit ihr.

5. Eine andere grundlegende Notwendigkeit ist die hochherzige und bewußte Annahme des Geheimnisses des Kreuzes.

Jedes kirchliche Wirken ist, objektiv gesehen, im Heilswerk, in der Erlösungstat Christi verwurzelt und gewinnt seine Kraft aus seinem Opfer, aus seinem am Kreuz vergossenen Blut. Das Opfer Christi, im Wirken der Kirche allzeit gegenwärtig, ist ihre Kraft, ihre Hoffnung und die geheimnisvollste und größte Gnadengabe. Die Kirche weiß sehr wohl, daß ihre Geschichte eine Geschichte der Selbstverleugnung und Selbsthingabe ist. Als gottgeweihte Laien erfahrt ihr Tag für Tag, wie sehr das auch für den Bereich eurer Tätigkeiten und eurer Sendung gilt. Ihr wißt, welchen Einsatz der Kampf gegen sich selbst, gegen die Welt und gegen ihre Begierden erfordert; nur auf diese Weise jedoch gelangt man zu jenem wahren inneren Frieden, den einzig Christus schenken kann.

Gerade dieser evangelische Weg, oft in Einsamkeit und Leid beschritten, ist der Weg, der euch Hoffnung schenkt, habt ihr doch im Kreuz die Gewißheit der Vereinigung mit unserem Erlöser und Herrn.

6. Der Kontext des Kreuzes darf euch nicht entmutigen. Es wird eure Hilfe und Stütze sein, wo es gilt, das Werk der Erlösung auszubreiten und die heiligende Gegenwart Christi euren Brüdern und Schwestern mitzuteilen. Eure Haltung wird das vorsorgliche Wirken des Heiligen Geistes kundtun, der „weht, wo er will“ (*Joh* 3,8). Nur er kann Kräfte, Initiativen und kraftvolle Zeichen wachrufen, durch die er das Werk Christi zur Vollendung führt.

Die Aufgabe, das Geschenk der Erlösung in allen Werken des Menschen zu verbreiten, ist die Sendung, die ihr vom Heiligen Geist empfangen habt, eine erhabene Sendung. Sie erfordert Mut, wird aber für euch, wenn ihr in liebender Einheit mit Christus und mit euren Brüdern und Schwestern lebt, zur Quelle innerer Freude.
Die Kirche des Jahres 2000 erwartet daher von euch kraftvolle Mitarbeit bei der schwierigen Aufgabe der Heiligung der Welt.
Von dieser eurer Begegnung erhoffe ich, daß sie eure Vorsätze stärkt und eure Herzen immer mehr erleuchtet.
Mit diesen Wünschen erteile ich euch allen mit Freude meinen Apostolischen Segen, der auch den Menschen und Initiativen gilt, die eurem Dienst für die Kirche anvertraut sind.

Die Verpflichtungen bewältigen

Ansprache bei der Messe mit einer Gruppe polnischer Pilger in Castel Gandolfo am 26. August

O Mutter des Gottmenschen, Unsere Liebe Frau von Jasna Góra, an deinem heutigen Festtag versammeln wir uns hier in Castel Gandolfo in geistlicher Verbundenheit mit der ganzen Kirche in Polen und mit der ganzen Nation. Dein Bild von Jasna Góra begleitet und führt uns durch die Geschichte. Wie das Lied „Bogurodzica" unsere Vorfahren leitete, so führt uns seit mehr als sechs Jahrhunderten dein Bild von Jasna Góra. Indem wir dieses Bild betrachten, folgen wir dir auf dem Pilgerweg des Glaubens, der Hoffnung und der Einheit mit Christus; auf dem Weg, den du selbst in deinem irdischen Leben gegangen bist bis zum Kreuz, bis zur leiblichen Aufnahme in den Himmel. Das Marianische Jahr erneuert in uns das Bewußtsein dieses Weges: deines Weges mit jedem Menschen, deines Weges mit unserer Nation. Heute wollen wir alle dir in besonderer Weise dafür danken.
Der geschichtliche Weg unseres Volkes war schwierig, vor allem in den letzten Jahrhunderten. Er war es auch aufgrund unserer Schwächen, unsere Fehler, der sozialen Sünden, die von ganzen Generationen und Gesellschaftsklasse begangen wurden. Wir danken dir, weil du, gütige Mutter, ohne dich von unseren Sünden entmutigen zu lassen, uns immer geholfen hast, den Weg der Wahrheit, des Guten, wiederaufzunehmen, indem du die Herzen der Söhne und Töchter unseres Volkes bereit gemacht hast zu hochherzigen Taten und Opfern, die häufig großen Heroismus erforderten. Wir danken dir für alle moralischen Siege, für die Befreiung von der Fremdherrschaft vor siebzig Jahren und für das Wunder an der Weichsel, für die Unabhängigkeit, für alles, was Ausdruck der Tatsache ist, daß wir als Gesellschaft unabhängig leben und unser Leben selbst bestimmen wollen; wir wollen uns weiterentwickeln und uns nicht abkehren von den Wegen des sozialen Fortschritts.

Wir wissen, daß ein Staat nur dann wahrhaft souverän sein kann, wenn er auf der Souveränität der Gesellschaft, der Nation, gründet, indem er für sie angemessene Bedingungen schafft. In einem Staat kann nicht eine Gruppe oder eine Partei allein auf Kosten des ganzen Volkes und seiner Rechte herrschen. In dem gegenwärtigen Augenblick der Geschichte, in dem die Erfahrungen der ganzen Nachkriegszeit uns diese Tatsache noch stärker ins Bewußtsein gebracht haben, hilf uns, Liebe Frau von Jasna Gorá, die Verpflichtungen zu bewältigen, die uns dieses Bewußtsein vor Augen stellt. Führe uns auf dem Weg des Glaubens, der Vaterlandsliebe, der Solidarität und des Starkmuts. Im Millennium der Taufe vertrauten wir dir „all das an, was Polen ist“. Heute erneuern wir diesen Weiheakt, unsere Versprechen von Jasna Góra.

Maria – unsere Weggefährtin

Ansprache an Pilger aus Altötting am 1. September

Liebe Brüder und Schwestern!

Herzlich grüße ich euch als Pilger aus Altötting hierher in die Ewige Stadt, vom Gnadenort der Gottesmutter zu den Gräbern der Apostel Petrus und Paulus. Ich empfange euch mit der gleichen Gastfreundschaft und Liebe, mit der ihr mich bei meinem Pastoralbesuch im November 1980 in eurer Mitte aufgenommen habt.

Euer heutiger Gegenbesuch steht im Zeichen der geistlichen Vorbereitung des 500jährigen Jubiläums eures Marienheiligtums. Zugleich findet er noch statt im engen Zusammenhang mit dem soeben abgeschlossenen Marianischen Jahr. Eure Wallfahrt in das Zentrum der katholischen Christenheit sei vor allem Ausdruck eurer Dankbarkeit für die unablässigen Gnaden, die geistigen und materiellen Hilfen, die Gott in fünf Jahrhunderten durch die mütterlichen Hände Marias, „Unserer Lieben Frau von Altötting“, unzähligen Gläubigen und der Kirche geschenkt hat. Betet aber auch darum, daß ihr selbst, die Bewohner dieses marianischen Gnadenortes, euch immer mehr von Maria ergreifen laßt, von ihr, die alle Gläubigen näher zu Christus, ihrem Sohn, führen möchte. Durch Maria zu Christus!

Maria ist die Mutter Jesu, die das Leben, das alles erneuert, der Welt geboren hat. Darum ist sie, die Christus auch uns zur Mutter gegeben hat, eure beste Weggefährtin in eurem „Geistlichen Jahr der Gemeindeerneuerung“, im Bemühen um die religiöse Erneuerung eurer Familien und eures persönlichen Lebens. Wie ich in meiner Enzyklika *Redemptoris Mater* betont habe, ist Vertrauen die Antwort auf die Liebe einer Person und im besonderen auf die Liebe der Mutter. „Die marianische Dimension im Leben eines Jüngers Christi kommt in besonderer Weise durch ein solches kindliches Vertrauen zur Muttergottes zum Ausdruck ... Indem der Christ sich, wie der Apostel Johannes, Maria kindlich anvertraut, nimmt er die Mutter Christi auf und führt sie ein in den gesamten Bereich seines inneren Lebens“ (Nr. 45).

Zu einem solchen großen Vertrauen zu Maria möchte ich euch heute ermutigen. Schenkt ihr euer ganzes Herz und folgt darum auch ihrer mütterlichen Einladung: „Was er (Christus) euch sagt, das tut“ (*Joh* 2,5). Tut es mit lebendigem Glauben, in Treue und Liebe zu Christus und seiner Kirche. Möge so euer bevorstehendes Wallfahrtsjubiläum für euch alle in eurer Ortskirche zu einem neuen geistlichen Aufbruch werden, auf daß Christus in eurem Leben immer mehr Gestalt gewinnt. Das erbitte ich euch als besondere Gnade dieser eurer Romwallfahrt. Zugleich erteile ich euch, euren Familien und Gemeinden in der Heimat dafür von Herzen meinen Apostolischen Segen.

Leiden und Schmerzen unvermeidlicher Teil des Menschen

Ansprache an die Teilnehmer am Kongreß der Europäischen Akademie für Anästhesie am 8. September

Meine Damen und Herren!

1. Es freut mich, heute die Teilnehmer an der zehnten Jahresversammlung der Europäischen Akademie für Anästhesie begrüßen zu können. Daß Sie diese Audienz auf das Programm Ihres Treffens in Rom setzen wollten, ist eine Freude für mich, denn sie gibt mir Gelegenheit, meiner Hochachtung für Ihren verdienstvollen Beruf Ausdruck zu geben und Ihnen zu versichern, daß die Kirche mit ihrem Gebet alle unterstützt, die der Menschheit durch die medizinische Wissenschaft und die Heilkunst dienen.
In besonderer Weise möchte ich meine Wertschätzung für die Ziele Ihrer Akademie zum Ausdruck bringen, wie zum Beispiel Ihren Einsatz für die Verbesserung der praktischen und theoretischen Ausbildung derer, die sich darauf vorbereiten, ihren Dienst auf dem Gebiet der Anästhesiologie zu leisten. Ferner denke ich an Ihre Förderung der wissenschaftlichen Forschung auf diesem und verwandten Gebieten der Medizin und an Ihren Wunsch, den fruchtbaren Dialog mit Sachverständigen und Behörden über Themen von Bedeutung und wechselseitigem Interesse zu erleichtern. Ein weiterer Beitrag von besonderer Bedeutung wären Ihre Bemühungen um bessere Zusammenarbeit zwischen dem medizinischen Personal aller Länder Europas. Dadurch würde ein reicherer kultureller Austausch gewährleistet und eine bessere Nutzung der medizinischen Hilfsquellen und der jüngsten Forschungsergebnisse.

2. Die medizinische Berufung stellt sich, wie die Kirche, in den Dienst der Menschheitsfamilie, insbesondere in den Dienst kranker und leidender Menschen. Im Licht dieser Ihrer hohen Sendung möchte ich mit Ihnen einige Überlegungen über die ethische Natur ihres Berufes teilen. Als Anästhesisten suchen Sie die Schmerzen jener Menschen zu lindern, die bei einem Unfall verletzt wurden oder sich aus irgendeinem anderen Grund einer Operation oder einer anderen medizinischen Behandlung unterziehen müssen.
Bei Ihren Aufgaben arbeiten Sie immer mit anderen Spezialisten zusammen und machen auf diese Weise operative Eingriffe und andere Formen ärztlicher Behandlung möglich.

In jedem Fall stellen Sie Ihre Talente und Ihre Fachkenntnis in den Dienst von Menschen, die krank und leidend sind.
Wie Sie wissen, können Sie aber – mit welcher Hingabe und welchem Erfolg auch immer Sie sich bemühen – die Realität von Schmerz und Leiden nie völlig überwinden. Sie können sie für eine gewisse Zeit ausschalten, in manchen Fällen können Sie die Intensität des Schmerzes bis zu einem bedeutenden Grad mindern; doch Leiden und Schmerz bleiben ein unvermeidlicher Teil der irdischen Erfahrung jedes Menschen. Das bedeutet, daß Ihre Berufsarbeit Sie zwingt, immer wieder dem Geheimnis des Schmerzes gegenüberzutreten.

3. In meinem Apostolischen Schreiben über den christlichen Sinn des menschlichen Leidens legte ich dar, wie Christus dadurch, daß er Mensch wurde und besonders dadurch, daß er Leiden auf sich nahm, dem Schmerz und Leiden des menschlichen Lebens Sinn und erlösenden Wert gab. Denn gerade durch sein Leiden hat Christus unsere ewige Erlösung vollbracht. Leiden war das Mittel, das Gott wählte, um seine ewige Liebe zu uns zum Ausdruck zu bringen und uns das Geschenk der Erlösung anzubieten.
Durch sein eigenes Beispiel lehrte Jesus uns, für unsere leidenden Brüder und Schwestern zu sorgen, und als er seine Jünger aussandte, sagte er zu ihnen: „Heilt die Kranken … und sagt den Leuten: Das Reich Gottes ist euch nahe“ (*Lk* 10,9). Schmerzen lindern und für die Kranken sorgen, ist also ein Beruf von großem moralischen Wert. Es ist zugleich ein Beruf, der sowohl hohe moralische Anforderungen stellt, wie auch eine mutige ethische Verhaltensweise erfordert, besonders in einer Geschichtsperiode, in der grundlegende moralische Wahrheiten in Frage gestellt werden. Manche unserer Zeitgenossen befürworten zum Beispiel die Beendigung des menschlichen Lebens durch Euthanasie als eine angeblich mitfühlende Lösung für das Problem des menschlichen Leidens.

4. Sie, die Sie auf dem Gebiet der Anästhesiologie arbeiten, haben vielleicht ein besonders geschärftes Empfinden gegenüber den Bitten derer, die für die sogenannte mitfühlende Lösung der Euthanasie eintreten, gerade weil Ihr Beruf darauf hinzielt, den Schmerz, den andere erleiden, zu mindern. Das gilt vor allem in Fällen, bei denen es sich um sehr heftiges und langes Leiden handelt. Während Sie dem subjektiven Empfinden, aus dem heraus solche Gesuche um Euthanasie vielleicht vorgebracht werden, Ihr Mitgefühl entgegenbringen, dürfen Sie die objektiven Tatsachen und letzten Wahrheiten, die notwendigerweise mit der Frage verbunden sind, nicht aus dem Blick verlieren.
In dieser Hinsicht möchte ich Ihre Aufmerksamkeit auf die Richtlinien in der *Erklärung zur Euthanasie* lenken, die von der Kongregation für die Glaubenslehre mit meiner Zustimmung herausgegeben wurde. In diesem Dokument wird die betreffende Frage in gut verständlicher Weise behandelt. Es erklärt: „Es kann vorkommen, daß wegen langanhaltender und fast unerträglicher Schmerzen, aus psychischen oder anderen Gründen jemand meint, er dürfe berechtigterweise den Tod für sich selbst erbitten oder ihn anderen zufügen. Obwohl in solchen Fällen die Schuld des Menschen vermindert sein oder gänzlich fehlen kann, so ändert doch der Irrtum im Urteil, dem das Gewissen vielleicht guten Glaubens unterliegt, nicht die Natur dieses todbringenden Aktes, der in sich selbst immer

abzulehnen ist. Man darf auch die flehentlichen Bitten von Schwerkranken, die für sich zuweilen den Tod verlangen, nicht als wirklichen Willen zur Euthanasie verstehen; denn fast immer handelt es sich um angstvolles Rufen nach Hilfe und Liebe“ (Nr. II).
Wenn wir diesem schwerwiegenden moralischen Übel und anderen ernsten Bedrohungen der Würde der menschlichen Person gegenübergestellt werden, müssen wir festbleiben in der Überzeugung, daß keine medizinische Lösung, die das Naturgesetz verletzt und die zu der durch das Wort Gottes offenbarten Wahrheit in Gegensatz steht, wirkliches Mitgefühl darstellen kann. Wir müssen uns schließlich in Erinnerung rufen, daß kein Arzt, kein Krankenpfleger, kein medizinisch-technischer Assistent, ja kein Mensch der letzte Schiedsrichter über das menschliche Leben ist, weder über das eigene noch über das eines anderen. Dieser Bereich gehört Gott allein, dem Schöpfer und Erlöser von uns allen.

5. Es gibt noch viele andere schwierige ethische Fragen, denen Sie in Ihrem hochgeschätzten Beruf unausweichlich begegnen, Fragen, die zusätzlich zu Ihren gut unterrichteten medizinischen Einsichten auch sorgfältige Gewissensentscheidungen erfordern.
Darum macht sich ein wachsendes Bedürfnis nach einer ernsthaften ethischen Ausbildung all jener bemerkbar, die auf dem Gebiet der Medizin tätig sind. Eine solche Ausbildung ist angemessen und notwendig im Hinblick auf die Tatsache, daß es nicht nur Ihr Ziel ist, jedem Patienten durch Ihre berufliche Sorgfalt und fachliche Kompetenz zu dienen, sondern ihm eine „vollmenschliche“ Sorge angedeihen zu lassen, die den Bedürfnissen der ganzen Person entspricht. In diesem ganzen Bereich möchte ich Sie des Interesses und der Sorge der Kirche versichern, die darauf bedacht ist, Ihnen durch die Richtschnur ihrer Morallehre und den Reichtum ihres geistlichen Erbes Hilfe anzubieten. In gegenseitiger Zusammenarbeit können wir denen, die leiden, am besten dienen.
Auf der gleichen Linie möchte ich an einen Punkt erinnern, den ich vor einigen Jahren in einer Ansprache an die World Medical Association betont habe: „Man kann dem ungeheuren Fortschritt, den die Medizin im neunzehnten und zwanzigsten Jahrhundert zu verzeichnen hat, nur Hochachtung entgegenbringen. Aber wie Sie wissen, ist es heute mehr denn je notwendig, die Trennung zwischen Wissenschaft und Ethik zu überwinden und ihre tiefe Einheit wieder neu zu entdecken. Der Mensch ist es, dessen Würde gerade darin besteht, das Gebiet der Ethik zu schützen“ (29. Oktober 1983).
Meine Worte heute abend, liebe Freunde, möchten vor allem ein Ausdruck der Hochachtung und der Ermutigung sein in Ihren hochherzigen Anstrengungen, denen zu helfen, die Schmerzen leiden. Ich empfehle Sie und Ihre Arbeit dem Herrn des Lebens, dem Gott und Vater aller. Möge er seinen reichen Segen Ihnen und all ihren Lieben zuteil werden lassen.

Eintracht und Versöhnung wiederfinden

Schreiben an den maronitischen Patriarchen von Antiochien, Nasrallah Pierre Sfeir, vom 20. September

Die Zuneigung und das Interesse, die ich für den Libanon und seine Bevölkerung hege, lassen mich Eurer Seligkeit und Ihren Landsleuten besonders nahe sein in diesen Stunden, in denen die gute Abwicklung der Wahl des Präsidenten der Republik gefährdet werden könnte, mit den ernsten Rückwirkungen, die ein derartiges Handeln für die Zukunft der Nation selbst nach sich ziehen würde.
Ich möchte Eurer Seligkeit und jeden Libanesen meines inständigen Gebetes versichern, daß der Herr diesem Land neue und dramatische Prüfungen ersparen möge. Möge er den Verantwortlichen, denen so drängende Aufgaben obliegen, Klarsicht und Mut eingeben, damit sie nur dem Gemeinwohl dienen! In einem so entscheidenen Augenblick ist es ja vor allem wesentlich, daß keine andere Rücksicht dem Respekt vor der Legalität vorgezogen werde, zum Schutz der Prinzipien, die zum kostbaren Erbe ihrer Tradition gehören.
Meine Gedanken wenden sich schließlich allen Christen des Libanon zu, besonders den Söhnen und Töchtern der katholischen Kirche. Der Herr wolle ihnen die Gnade gewähren, daß sie unter der klugen Leitung ihrer Hirten für die Werte des Evangeliums Zeugnis zu geben wissen! Ich bete von ganzem Herzen, daß sie „in der Liebe verwurzelt und auf sie gegründet“ (*Eph* 3,17), sich bemühen, dem Mißtrauen und der Zwietracht abzusagen, um mit allen ihren Landsleuten den Weg der Eintracht und der Versöhnung wiederzufinden.
Alle diese Brüder und Schwestern vertraue ich der mütterlichen Fürsprache Unserer Lieben Frau von Harissa an und bitte Gott, ihnen Licht und Kraft zu geben. Zugleich möchte ich als Zeichen meiner beständigen Zuneigung Eurer Seligkeit und allen Söhnen und Töchtern des Libanon meinen Apostolischen Segen erteilen.

Aus dem Vatikan am 20. September 1988

PAPST JOHANNES PAUL II.

Die Nächstenliebe bringe Trost und Hilfe

Aufruf zur Solidarität mit den vom Wirbelsturm „Gilbert“ betroffenen Ländern vom 21. September

Ich bringe meine tiefe Anteilnahme an den großen Schwierigkeiten und Leiden so vieler Personen zum Ausdruck, die in einigen Ländern der Karibik und in ausgedehnten Zonen des Golfes von Mexico vom Wirbelsturm „Gilbert“ heimgesucht wurden. Ich bitte Jesus,

den Erlöser und Bruder der Leidenden, er möge der betroffenen Bevölkerung starke Hoffnung und vollen Trost schenken.
Diesen Wunsch vereine ich mit den Stimmen der an Christus Glaubenden und auch derer, die ein teilnehmendes Herz haben. An alle richte ich einen dringenden Appell, damit sie den Leidtragenden dieser unheilvollen Naturkatastrophe hochherzig beistehen.
Diese solidarische Nächstenliebe wird gewiß den geistlichen Trost und die materielle Hilfe bringen, derer so viele Brüder und Schwestern bedürfen, um zu einem ausgewogenen, frohen Leben zurückfinden zu können, das sich immer an den vom Evangelium verkündeten Prinzipien wahrer Menschlichkeit inspiriert.
Allen erteile ich von Herzen meinen Segen.

Dienende Hingabe an die anderen

Predigt bei der Seligsprechung am 25. September

1. „Dein Wort ist Wahrheit; heilige sie in der Wahrheit" (vgl. *Joh* 17,17).
Die Liturgie des heutigen Sonntags bekennt und ehrt die Wahrheit, die das Wort des lebendigen Gottes einschließt. Durch die Lesungen aus dem Alten und dem Neuen Testament erinnert sie uns daran, daß diese Wahrheit sich den Menschen angeboten hat. So lesen wir im Buch Numeri: „Der Herr ... nahm etwas von dem Geist, der auf ihm ruhte, und legte ihn auf die siebzig Ältesten" (*Num* 11,25). Und Mose sagt als Zeuge der Tatsache, daß jene „in prophetische Verzückung gerieten" vgl. *ebd.*): „Wenn nur das ganze Volk des Herrn zu Propheten würde, wenn nur der Herr seinen Geist auf sie alle legte!" (*Num* 11,29).
Dieses Ereignis und die Worte des Mose sind eine Vorankündigung der messianischen Sendung Jesu von Nazaret. Kraft seines Paschaopfers, kraft des Kreuzes und der Auferstehung hat Christus den Heiligen Geist über die Apostel ausgegossen und ihn seiner Kirche gesandt. Kraft der Taufe nehmen alle in der Kirche an der Sendung Christi, des Großen Propheten, des Sohnes Gottes auf dem „Thron des Vaters", teil. Die Anteilnahme an dieser Sendung tritt in besonderem Maß im Leben der Heiligen hervor, im Leben derer, die durch das Wort des lebendigen Gottes „geheiligt sind in der Wahrheit".

In spanischer Sprache fuhr der Papst fort:

2. Ein Grund zur Freude für die ganze Kirche und besonders für die Kirche Mexikos ist die Seligsprechung von P. Miguel Agustin Pro, Priester aus der Gesellschaft Jesu, dessen Tugenden wir heute preisen und dem Gottesvolk vor Augen stellen. Er ist eine neue Ehre für die geliebte mexikanische Nation und für die Gesellschaft Jesu.
Sein opfervolles und unerschrockenes Apostelleben war stets von einem unermüdlichen Eifer für die Evangelisierung beseelt. Weder die Leiden seiner schweren Krankheiten noch sein aufreibender priesterlicher Dienst, den er oft unter schwierigen und gefährli-

chen Bedingungen ausübte, konnte die Freude zum Erlöschen bringen, die aus ihm strahlte und sich mitteilte. Sie kam aus seiner Liebe zu Christus, und niemand konnte sie ihm nehmen (vgl. *Joh* 16,22).

In der Tat, die tiefste Wurzel seiner selbstlosen Hingabe an die anderen war seine leidenschaftliche Liebe zu Jesus Christus und sein glühender Wunsch, ihm gleichgestaltet zu werden, eingeschlossen in seinen Tod. Dieser Liebe gab er vor allem bei der Eucharistiefeier Ausdruck. Die tägliche Feier der heiligen Messe war das Zentrum seines Lebens wie auch Quelle der Kraft und des Eifers für die Gläubigen. Pater Pro organisierte die sogenannten „eucharistischen Stationen" in den verschiedenen Wohnungen, in denen man während der Jahre der Verfolgung täglich insgeheim den Leib des Herrn empfangen konnte.

Angesichts des herausragenden Beispiels der priesterlichen Tugenden von Pater Pro möchte ich meine lieben Brüder, die Priester, noch einmal zur vollen Hingabe an Jesus Christus auffordern, zur freudig gelebten Hingabe in der Ehelosigkeit um des Himmelreiches willen und im hochherzigen Dienst an den Brüdern, vor allem an den ärmsten und verlassensten.

3. „Wer euch auch nur einen Becher Wasser zu trinken gibt, weil ihr zu Christus gehört – amen, ich sage euch: er wird nicht um seinen Lohn kommen" (*Mk* 9,41). Über diese Worte des Evangeliums hat Kardinal Josef Benedikt Dusmet sicherlich lange im Gebet nachgedacht während der 27 Jahre seines erzbischöflichen Dienstes in Catania, nachdem er ungefähr zehn Jahre lang Abt des historischen Benediktinerklosters „San Nicolò de arenis" in dieser Stadt gewesen war. Er ragt hervor als Zeuge der Nächstenliebe nach dem Evangelium in Zeiten, die für die Kirche besonders peinigend waren, mitten in Parteikonflikten, die im Land entbrannt waren, in tiefgreifenden politischen und sozialen Umwälzungen, und in einer Region, die geschüttelt war von einander folgenden furchtbaren Naturkatastrophen: Choleraepidemie, Erdbeben, Überschwemmungen, vulkanische Ausbrüche des Ätna, und zu alldem noch die ständige, ausgebreitete Heimsuchung: das Elend der Armen.

Obschon er im Wohlstand einer adligen und begüterten Familie aufgewachsen war, machte er die Armut zu seinem Lebensprogramm und lebte sie in dienender Hingabe an die anderen, eine derart radikale Armut, daß sich bei seinem Tod nicht einmal ein Leintuch finden ließ, in das man ihn hüllen wollte. Er hatte sich buchstäblich von allem entäußert, um sich den Armen zuzuwenden, als deren demütigen Diener er sich betrachtete.

Von großer Bedeutung wurde auch sein Werk im Dienst des Benediktinerordens, dem er angehörte. Im besonderen Auftrag von Papst Leo XIII. führte er die Wiedererrichtung des internationalen Kollegs S. Anselmo auf dem Aventin durch, die vor gerade einem Jahrhundert ihre Vollendung fand, sowie die Bildung jener Konföderation der Benediktiner, die heute hier auf dem Petersplatz durch mehr als 200 Benediktineräbte aus allen Teilen der Welt vertreten ist. Kardinal Dusmet, eine Zier und Ehre des Mönchtums, des Episkopats und des Kardinalkollegiums übermittelt uns so die prophetische Botschaft einer echten evangelischen Solidarität und einer gelehrigen und tatkräftigen Treue gegenüber dem Charisma der eigenen Berufung, gelebt und zum Ausdruck gebracht durch die totale Hingabe seiner selbst auf dem Weg, den Christus, der Erlöser, vorausgegangen ist.

4. Wenn wir auf den anderen Seligen blicken, dem die Kirche heute die Ehre der Altäre zuerkennt, Francesco Faà di Bruno, denken wir spontan an den Ausruf des Mose: „Wenn nur das ganze Volk des Herrn zu Propheten würde!" Der neue Selige war wahrhaft ein Prophet inmitten des Gottesvolkes, dem er einen guten Teil seines Lebens als Laie angehörte.

Mit einer klaren, praktischen intuitiven Erkenntnisfähigkeit ausgestattet und mit feinem Empfinden für die Spannungen und die Probleme des Augenblicks, wußte er positive Antworten auf die Forderungen seiner Zeit zu finden. Dabei widerstand er den Versuchungen zum Übereilen, zu kultureller Oberflächlichkeit und zur Berücksichtigung persönlicher Interessen. Ob er über Bücher gebeugt saß, ob er sich auf dem Lehrstuhl mühte oder ob er sich auf verschiedenste Weise dafür einsetzte, die Leiden der Armen zu lindern, immer war der Leitstern für die eifrige Tätigkeit des Seligen eine große Liebe zu Gott, die er beständig nährte durch Gebet und Kontemplation. Er pflegte zu sagen: „Sich Gott hingeben heißt, sich einer höheren Tätigkeit hingeben, die uns mit sich fortträgt wie die Flut eines hochgeschwollenen Sturzbaches ..."

Aus der Liebe zu Gott entsprang jene Liebe zum Nächsten, die Francesco Faà di Bruno auf die Straße der Armen hinausdrängte, auf die Wege der Demütigen, der Wehrlosen, und die ihn zu einem ganz Großen im Glauben und in der Nächstenliebe machte. So entstand eine ganze Reihe von Hilfswerken, von denen sich nicht leicht eine Liste aufstellen läßt. Auch auf wissenschaftlichem Gebiet wußte er zu einer Zeit, in der die Hingabe an die Wissenschaft mit einem engagierten Glaubensleben unvereinbar schien, als gläubiger Mensch ein konsequentes Zeugnis zu geben.

Unter den sozialen Initiativen verdient das Werk von der hl. Zita zur sozialen und geistigen Förderung der Frau (Hausgehilfinnen, Arbeitslose, Lehrlinge, ledige Mütter, Kranke, Alte) besondere Erwähnung: der Selige rief eine ganze „Stadt der Frau" ins Leben. Sie war mit Schulen, Werkstätten, Heimen und einer Krankenstation ausgestattet mit je eigenen Regeln. In diese mutige und prophetische Initiative investierte er sein Familiengut, seine Einkünfte und sich selbst ganz und gar.

Hundert Jahre nach seinem Tod zeigt sich die Botschaft des Lichtes und der Liebe, die vom sel. Francesco Faà di Bruno ausgeht – weit davon entfernt, sich erschöpft zu haben –, so aktuell wie nur je. Sie treibt jene zum Handeln an, denen die Werte des Evangeliums am Herzen liegen.

5. In Bruder Junipero Serra, einem Priester aus dem Orden der Minderbrüder, finden wir ein leuchtendes Beispiel christlicher Tugend und missionarischen Geistes. Sein hohes Ziel war es, das Evangelium den eingeborenen Völkern Amerikas zu bringen, damit auch sie „geheiligt würden in der Wahrheit". Viele Jahre lang widmete er sich dieser Aufgabe in Mexiko, in Sierra Gorda und in Kalifornien. Er streute die Saat des christlichen Glaubens mitten in den folgenschweren Umwälzungen aus, die durch die Ankunft europäischer Ansiedler in der Neuen Welt ausgelöst wurden. Es war ein Feld missionarischer Mühen, das Geduld, Ausdauer und Demut erforderte, ebenso aber auch Weitblick und Mut. Er verließ sich auf die göttliche Kraft der Botschaft, die er verkündigte, und so führte Pater Serra die einheimischen Völker zu Christus. Er wußte sehr wohl um ihre heroi-

schen Tugenden – wie sie sich etwa im Leben der sel. Kateri Tekakwitha gezeigt haben –, und er suchte auf der Grundlage ihres neugefundenen Glaubens als Personen, die von Gott geschaffen und erlöst sind, ihre echte menschliche Entwicklung zu fördern. Er mußte auch die Mächtigen im Geist unserer zweiten Lesung aus dem Jakobusbrief mahnen, die Armen und Schwachen nicht zu mißbrauchen und auszubeuten. In der Erfüllung dieses Dienstes erwies sich Pater Serra als ein echter Sohn des hl. Franziskus. Heute inspiriert sein Beispiel auf besondere Weise die vielen „Serra Clubs" in der ganzen Welt, deren Mitglieder so viel lobenswerte Arbeit in der Förderung von Berufungen leisten.

In der auf Mallorca gesprochenen Muttersprache des Seligen Junipero fügte der Papst hinzu:

Bruder Junipero Serra ist das Vorbild eines Missionars, er ist eine Ehre für die große franziskanische Familie und für Mallorca, seine Heimat, die ihn als einen berühmten Sohn in Ehren hält. Möge die Verehrung der Jungfrau und Gottesmutter Maria, die er dem franziskanischen Geist entsprechend pflegte und die überall auf Mallorca verbreitet ist, das christliche Leben des gläubigen Volkes auf dieser Insel stärken.

Folgendes sagte der Papst in Französisch:

6. Von Kindheit an hat der neue Selige Frédéric Janssoone das Leiden gekannt, und er hat auch sehr bald arbeiten müssen. Nach diesen Erfahrungen, durch die er gereift ist, entschloß er sich hochherzig für das Ideal des hl. Franz von Assisi. Ins Heilige Land gesandt, lebte er dort den franziskanischen Geist mit großem Eifer in der Betrachtung des Geheimnisses Christi in seinem Leiden und seiner Auferstehung. Besonders beeindruckend war es, ihn mit großem Glauben die Gegenwart des Erlösers im Sakrament der Eucharistie feiern zu sehen, es war ein Zeugnis seiner innigen Verbundenheit mit dem Herrn.
Als echter Sohn des hl. Franziskus gibt uns Pater Frédéric das Beispiel eines kontemplativen Gebetes, das die Werke der Schöpfung, die Ereignisse des täglichen Lebens, die Begegnung mit den Menschen einzubeziehen versteht. Könnten wir so schlicht wie er den Geist aufnehmen, den der Herr über sein Volk ausgießt (vgl. *Num* 11,29)!
Der „gute Pater Frédéric" zeigt uns, daß der Geist der Kontemplation, weit davon entfernt, den apostolischen Eifer zu hemmen, ihm vielmehr Kraft verleiht. Gott nah, ist er auch den Menschen nah. Im Heiligen Land und in Kanada leitete er unermüdlich diejenigen, die auf ihn hörten, an zu einem Leben nach dem Evangelium auf dem Weg des Dritten Ordens des hl. Franziskus und zugleich zum sehr konkreten Apostolat der Familie und des Berufslebens. Aufmerksam und brüderlich gegenüber den einfachsten Menschen, „die zu Christus gehören" (vgl. *Mk* 9,41), brachte er seine Zeitgenossen dazu, konsequente und eifrige Zeugen für das Evangelium zu sein. Möge die Ehre, die ihm die Kirche erweist, im Franziskanerorden und in der Kirche zu einem neuen Aufschwung der Heiligkeit und des apostolischen Eifers beitragen!

In Spanisch fuhr der Papst fort:

7. Die Kirche stimmt ein Jubellied an und preist Gott aus Anlaß der Seligsprechung von Josefa Naval Girbés, die in der Welt jungfräulich lebte und sich dem Apostolat unter der Bevölkerung ihrer Heimat Algemesí in der Erzdiözese Valencia in Spanien widmete. Als einfache Frau, gelehrig gegenüber den Eingebungen des Heiligen Geistes, erreichte sie in ihrem langen Leben den Gipfel der christlichen Vollkommenheit im Dienst am Nächsten in der nicht leichten Zeit des 19. Jahrhunderts, in der sie ihre intensive apostolische Tätigkeit entfaltete. Mit 18 Jahren legte sie mit Erlaubnis ihres geistlichen Leiters das Gelübde der Jungfräulichkeit ab. Im Alter von 30 Jahren eröffnete sie im Haus ihrer Familie eine Lehrwerkstätte, in der viele junge Mädchen eine menschliche und geistliche Ausbildung fanden. Dieses Apostolat wurde in den sogenannten „Plaudereien im Garten“ fortgesetzt, in denen die besser vorbereiteten Schülerinnen eine vertiefte und sorgfältigere geistliche Formung erhielten.
Josefa war sich bewußt, daß, wie später das Zweite Vatikanische Konzil hervorhob, „die christliche Berufung ihrer Natur nach auch Berufung zum Apostolat (ist)“ (*Apostolicam actuositatem*, Nr. 2), und so wurde sie, wie der Apostel Paulus, alles für alle, um alle zu retten (vgl. *1 Kor* 9,22). Darum hinterließ ihre Liebestätigkeit eine unauslöschliche Spur. Mit Sorgfalt widmete sie sich den Sterbenden und half ihnen, in der Gnade Gottes zu sterben. Ihre heroische Hingabe an die Cholerakranken im Jahre 1885 ist eines der eindrucksvollsten Beispiele der Liebe, das diese bevorzugte Frau uns gab. Daß sie Laie war, ist ein charakteristisches Merkmal an Josefa. Sie, die Klausurklöster mit ihren Schülerinnen füllte, blieb ehelos in der Welt und lebte so die evangelischen Räte als Beispiel christlicher Tugenden für alle jene Kinder der Kirche, die „durch die Taufe Christus einverleibt ... zu ihrem Teil die Sendung des ganzen christlichen Volkes in der Kirche und in der Welt ausüben“ (*Lumen gentium*, Nr. 31).

8. „Die Weisung des Herrn ist vollkommen, sie erquickt den Menschen“, verkündet der Psalm der heutigen Liturgiefeier (*Ps* 18/19,8). Der Lebenslauf eines jeden unserer neuen Seligen weist viele schwierige Momente auf, so sehr, daß man es, menschlich gesprochen, deprimierend nennen könnte. Dessen ungeachtet sind sie Zeugen für eine große geistliche Freude. Sie finden ihre Freude in den Geboten Gottes, in der Weisung des Herrn. Der Psalmist verkündet ja, daß die Weisung des Herrn den Menschen erquickt. Und so ist es wirklich. Der Mensch findet die Stärke des Geistes, die innere Kraft und die Freude des Herzens in dem, was recht ist, in dem, was der Wahrheit entspricht.
Der Weg der Heiligkeit ist immer der Weg der „Heiligung in der Wahrheit.“ Auf diesem Weg vollzieht sich die Teilnahme am Leben Gottes selbst, an den unerschöpflichen Reichtümern, die sein Geist dem menschlichen Geist mitteilt: Wahrheit, Stärke und Freude.

9. Seid gegrüßt unter den Seligen der Kirche: Miguel Pro, Giuseppe Benedetto Dusmet, Francesco Faà di Bruno, Juniper Serra, Frédéric Janssoone und Maria Josefa Naval Girbés!

„Ihr gehört zu Christus“ ... geheiligt in der Wahrheit. Selig seid ihr, denn ihr dürft Gott schauen. Steht uns zur Seite, um uns auf dem Weg der Wahrheit zur beseligenden Anschauung Gottes zu führen!

Die Bücher der Hl. Schrift und der Kirchenväter erforschen

Ansprache an die zum Äbtekongreß versammelten Äbte und Prioren der Konföderation der Benediktiner am 26. September

Hochwürdiger Abtprimas,
hochwürdige Benediktineräbte und -prioren!

Wie wahrhaft gut und schön ist es, nicht nur, wenn Brüder zusammen wohnen, wie euer Vater Benediktus es in wunderbarer Weisheit für euch bestimmt hat, sondern auch, wenn diese Brüder einmütig sind im Streben: im gleichen Bestreben, ihren Lebensinhalt besser zu verstehen, kraftvoller zu lieben und vollkommener zu erfüllen!
Doch nicht weniger angenehm und erfreuend ist es für mich, jeden von euch hier vor mir zu sehen und aufs freundlichste zu begrüßen, weiß ich doch gut, mit wie großer Liebe zu eurem Orden und mit wie großem Eifer für eure gesunden Traditionen ihr in diesen Tagen eure Meinungen und Erfahrungen über das benediktinische Leben auf der ganzen Welt offen unter euch ausgetauscht habt.
Lobenswert und mutig habt ihr im Heiligen Geist nach Wegen geforscht und klug die Art und Weise untersucht, wie eure herrliche benediktinische Berufung und das jahrhundertealte Mönchtum in unserer Zeit möglichst wirksam vor allem der Botschaft des Evangeliums Christi und einer erleuchteten Durchführung der Weisungen des letzten Konzils und ferner auch den täglich zunehmenden pastoralen Notwendigkeiten unserer Zeit dienen könnte.
Ich begreife gut und bin mit euch einig darüber, wie schwierig dieser Weg und diese Aufgabe ist und wieviel Geschick dieses vortreffliche Werk erfordert. Doch meine ich auch, daß man dennoch nicht davon ablassen darf, unter Führung des Heiligen Geistes beständig auf das Rechte hinzuarbeiten. Die von eurem weitblickenden Vater und Gesetzgeber Benediktus euch empfohlene und mit Sorgfalt und Liebe euch anvertraute „lectio divina“ wird euren Geist erleuchten und euren Willen ermutigen bei der Interpretation eures benediktinischen Lebens heute und der entsprechenden Nutzanwendung.
Die Gemeinschaft der katholischen Kirche erwartet und erbittet von euch und den Mitgliedern dieser Konföderation auf der ganzen Welt das leuchtende Beispiel der brüderlichen monastischen Gemeinschaft, die sorgfältige Pflege der heiligen Liturgie nach dem wahren Geist der Kirche und die unermüdliche Sorge für die humanistischen Studien. Die Bücher der Heiligen Schrift und die Kirchenväter des Ostens wie des Westens in griechischer und lateinischer Sprache sind es, die ihr vor allem erforschen sollt. Fahrt fort, zum Nutzen der ganzen Kirche gediegene Lehren und Überlieferungen daraus zu schöp-

fen. Von daher wird auch euer apostolisches Wirken in Pfarreien, Schulen und anderen heiligen Aufgaben eurer benediktinischen Berufung nicht fremd, sondern gesegnet und erfüllt sein, wenn ihr aus den Quellen eurer gesunden Überlieferungen täglich Nahrung und Licht, Ansporn und Trost empfangt.
Diese meine Gedanken und Überlegungen wollte ich euch bei dieser so einzigartigen Gelegenheit kurz und aufrichtig mitteilen. Ich vertraue euch von Herzen; aus der Ferne werde ich euch auch künftig zu Gebote stehen. Eurem Abtprimas, der hier bei uns ist, gratuliere ich zu seiner verlängerten Amtszeit und wünsche und erbitte ihm einen gesegneten Verlauf seiner Tätigkeit. Jeden einzelnen von euch aber grüße ich noch einmal mit Freude und erbitte euren Gemeinschaften große geistliche Lebenskraft.
Wollte Gott, daß unsere Herzen immer in jenem gregorianischen Gesang, dessen täglichen Gebrauchs ihr euch mit Recht rühmt, „Te Deum laudamus" singen könnten wegen des guten Erfolges dieser eurer Kongresse! Dazu helfe auch mein Apostolischer Segen, den ich sowohl euch hier Anwesenden als auch allen euren Häusern mit großer Liebe im Herrn erteile.

Das wahre Bild der Kirche sichtbar machen

Predigt in der Messe zum 10. Jahresgedächtnis des Todes von Papst Paul VI. und Papst Johannes Paul I. am 28. September

„... Wo ich bin, dort wird auch mein Diener sein. Wenn einer mir dient, wird der Vater ihn ehren" (*Joh* 12,26).

1. Diese Worte spricht Jesus zu Beginn der Heiligen Woche. Sie sind gewissermaßen der Prolog zu seiner Passion. In sein unmittelbar bevorstehendes Opfer der Hingabe aus Liebe zum Vater für das Heil der Menschen, das zugleich seine Verherrlichung beim Vater darstellt, nimmt er seine treuen Diener mit hinein, die ihm im Lauf der Jahrhunderte mit ihrer Liebe und ihrem Zeugnis nachfolgen. Sie werden dort sein, wo er ist. Auch sie werden, wie er, vom Vater geehrt werden.
Wenn wir diese eucharistische Liturgie zum Gedächtnis an meine verehrten und geliebten Vorgänger Paul VI. und Johannes Paul I. als zehntes Jahresgedächtnis ihres Heimgangs in den Himmel feiern, spüren wir, daß ihre Gestalt sich unserem Geist sehr deutlich darstellt und in unserem Herzen wieder lebendig wird. Auch sie, und vor allem sie, waren Diener Christi. Auch sie wurden berufen, an jener Herrlichkeit Anteil zu haben, an die man nur durch das Kreuz gelangt.
„Wo ich bin, dort wird auch mein Diener sein. Wenn einer mir dient, wird der Vater ihn ehren." In diesem Augenblick, in dem wir uns anschicken, das göttliche Opferlamm des einzigen und ewigen Opfers darzubringen, versichert uns der Glaube, daß sie bei Christus sind, denn sie haben ihm mit allen Fasern ihres Seins gedient, bis hin zum letzten Ganzopfer. Der Glaube versichert uns, daß sie deshalb vom Vater „geehrt" worden sind.

Für sie hat sich sicherlich das größte Verlangen ihres ganzen Daseins erfüllt: Gott zu lieben, Gott zu schauen. Auch für sie – und darum gedenken wir ihrer stets und ganz besonders heute im Gebet – hat sich also das Wort Gottes erfüllt, das wir in der prophetischen Glut Ijobs gehört haben: „Ohne meine Haut, die so zerfetzte, und ohne mein Fleisch werde ich Gott schauen; meine Augen werden ihn sehen, nicht mehr fremd" (*Hiob* 19,26–27).

2. Vor zehn Jahren rief der Herr an diesem 28. September meinen Vorgänger Johannes Paul I. in einem so unerwarteten und – menschlich betrachtet – vorzeitigen Tod zu sich: gleichsam „mehr gezeigt als gegeben". Der Herr hat ihn uns in jenem unvergeßlichen Pontifikat von dreiunddreißig Tagen gezeigt und ihn dann hinweggenommen.
Er hat in dieser kurzen Zeit eine ungewöhnliche Anziehungskraft ausgeübt: mit seinem „kirchlichen Sinn", in seiner Persönlichkeit als Hirte und seinem Lebensstil, mit seinen demütigen, sympathischen Zügen, seinem Lächeln, seiner Art zu sprechen, die ihn in freundlicher und familiärer Weise mit allen ins Gespräch brachte, so, als ob er mit jedem auf du und du gestanden hätte. Das Geheimnis dieser Ausstrahlung, die immer noch lebendig ist, besteht in der Tatsache, daß „Johannes Paul I. innerlich stets ergriffen war von der überragenden Wirklichkeit der Liebe, die von Gott kommt", wie ich im August 1979 zu den Gläubigen von Vittorio Veneto sagte (*Insegnamenti*, II, 2 (1979), S. 192).
Nach zehn Jahren ist die Erinnerung an diesen Gottesmann noch lebendig, ja sie zieht noch weitere Kreise, ebenso wie sein Einfluß, der seine tiefe, einzig von der Liebe beseelte Hingabe an Gott und an die Brüder bewies.

3. In dieser Gedächtnisfeier erinnern wir uns auch an den zehnten Jahrestag des Hinscheidens von Paul VI. am 6. August, dem Fest der Verklärung Christi – zwei Todesfälle in so kurzer Zeit! In diesen zehn Jahren seit seinem Tod ist er in der Erinnerung und in der allgemeinen Verehrung immer noch größer geworden.
Der Herr hatte Paul VI. unvergleichliche Gaben geschenkt, und er, Paul VI., hatte sie – wenn auch in seiner feinen Bescheidenheit – zu erstaunlicher Fruchtbarkeit heranreifen lassen: das Herz voll Verständnis und Langmut, den scharfen, klaren, zusammenfassend schauenden Verstand, den lebhaften, durchdringenden Blick, den festen, lauteren Willen, der keine Kompromisse kannte, die Kraft und Schönheit des mündlichen und schriftlichen Ausdrucks, die unvergeßlichen Werke seiner Enzykliken und Ansprachen, die Kühnheit seiner Reisen, mit denen er als erster in diesem Jahrhundert auf internationaler Ebene den Anfang machte, von dem inneren Drang getrieben, die Wahrheit zu verkündigen, Christus zu predigen, Maria, die Mutter der Kirche, lieben zu lehren und die Kirche selbst bekannt zu machen.
Wirklich, Paul VI. war, wie ich im September 1982 in Brescia sagte, „ein Geschenk des Herrn an die Kirche". Dann aber sagte ich weiter: „Paul VI. war ein Geschenk des Herrn auch an die Menschheit. Er verstand den Menschen unserer Zeit und liebte ihn mit übernatürlicher Liebe. Er sah ihn mit den erbarmungsvollen Augen Christi ... Seine Intelligenz und seine Kultur ließen ihn die Größe und das Elend des Menschen in einer widersprüchlichen Situation wie der unserer Generation scharf erkennen. Aber sein Glaube

und seine Liebe inspirierten ihn zu jener „Zivilisation der Liebe", ohne die – heute oder wann auch immer – die Menschheit schwerlich die Lösung für die sie zutiefst erschütternden Probleme wird finden können" (*Insegnamenti*, V, 3 (1982), S. 588–89).
Auch für Paul VI. war also die Liebe die höchste und Einheit schaffende Wirklichkeit seines Dienstes an der Kirche und am Menschen: eine Liebe, die mit Weitblick auf die drängenden Probleme von heute schaute, um zum „Fortschritt der Völker" beizutragen; seine Liebe, die, wie Abraham, „an die Hoffnung und gegen alle Hoffnung" (vgl. *Röm* 4,18) geglaubt hat, die geduldig war, die Mißverständnisse und Beleidigungen verzieh, die die Kirche wunderbar vorangebracht hat in fester und milder Führung hin zu jener Umgestaltung, die das Zweite Vatikanische Konzil auf allen Ebenen verlangt hatte, eine Umgestaltung, die, wie ich am ersten Jahrestag seines Todes sagte, das besondere Charisma, aber auch die besondere Mühsal seines Lebens war (vgl. *Insegnamenti*, II, 2 (1979), S. 98).

4. Der Tod zweier Päpste vor zehn Jahren war ein Zusammenspiel von Ereignissen voll Schmerz und voll Hoffnung. Er verursachte eine ungewöhnliche Erschütterung. Die Kirche und die Welt waren beunruhigt, ja tief erschüttert über diese beiden Todesfälle, die allen in Erinnerung riefen, wie zerbrechlich und vergänglich das menschliche Leben ist, und daß, wie man wohl sagen kann, der Herr in einer für uns unbegreiflichen Weise handelt, um uns erfahren zu lassen, daß Er der Urheber des Lebens und des Todes ist und nur Er die Geschichte lenkt.
Über die rein menschliche Dimension solcher Ereignisse kann man nur dann hinauskommen und auf die Fragen, die sich in dieser Dimension ergeben, kann man nur dann antworten, wenn man sich auch hier zum Glauben führen läßt.
Und aus dem Glauben empfangen wir die Fähigkeit, die irdischen Ereignisse zu lesen und die Botschaft Gottes zu entziffern, die er in sie eingeschrieben hat.

5. In dieser Sicht möchte ich mich heute, nach zehn Jahren, auf den fundamentalen Gehalt jenes reichen Erbes beziehen, das die beiden letzten Päpste der Kirche von heute hinterlassen haben. Ich tue es, indem ich kurz das streife, was ich ausführlicher in meiner ersten Enzyklika *Redemptor hominis* behandelt habe.
Dieses Erbe besteht vor allem in dem „immer noch festeren Zusammenhalt des ganzen Volkes Gottes, das sich seiner Heilssendung bewußt ist" (vgl. Nr. 3). Dieses Bewußtsein, eine Frucht des Wirkens des Heiligen Geistes im und nach dem Konzil, war das „Hauptthema der grundlegenden Enzyklika" Pauls VI., *Ecclesiam suam*: „Das Bewußtsein der Kirche, das erleuchtet und getragen ist vom Heiligen Geist und das sich im Blick auf ihr göttliches Geheimnis wie auch auf ihre Sendung in der Welt bis hin zu ihren menschlichen Schwächen stets vertieft: genau dies ist und soll die erste Quelle bleiben für die Liebe zu dieser Kirche, so wie diese Liebe auch ihrerseits dazu beiträgt, das Bewußtsein der Kirche zu festigen und zu vertiefen. Paul VI. hat uns das Zeugnis eines solchen außerordentlich wachen Bewußtseins von der Kirche hinterlassen" (*ebd.*).
Es war der entschiedene und feste Wille Pauls VI., der auch von seinem unmittelbaren Nachfolger in seiner so kurzen Regierungszeit übernommen wurde, das wahre Bild der Kirche sichtbar zu machen, sowohl nach außen hin, *ad extra*, mit der bemerkenswerten

Konsequenz, daß „ein großer Teil der Menschheitsfamilie in den vielschichtigen Lebensbereichen sich dessen bewußter geworden ist, wie notwendig für sie die Kirche Christi, ihre Sendung und ihr Dienst wirklich sind“; wie von innen her *ab intra*, manchmal nicht ohne schmerzliche Spannungen und kritische Haltungen (vgl. Nr. 4).

Ein anderer Teil aus diesem Erbe, das wir von den beiden Päpsten erhalten haben, ist sodann eine „größere Einheit der Gemeinschaft des Dienstes und dem Bewußtsein vom Apostolat“, das sich im Prinzip der Kollegialität ausdrückt, das Christus gewollt hat und das vom II. Vatikanum nachdrücklich vertreten wurde. „Das Konzil hat dieses Prinzip der Kollegialität der Bischöfe aber nicht nur in Erinnerung gebracht, sondern hat es zugleich auf sehr intensive Weise neu belebt, indem es u. a. die Einrichtung eines ständigen Organes anregte“ (Nr. 5), nämlich die Bischofssynode. Aber das Bewußtsein der Kraft, das dieses Prinzip für die ganze Kirche darstellt, hat sich nicht nur in der gemeinsamen Einstellung der Bischöfe und in ihrem gemeinsamen Handeln gezeigt, sondern auch in der Zunahme und Ausbreitung des „Geistes der Zusammenarbeit und der gemeinsamen Verantwortung“ (vgl. *ebd.*).

Ferner müssen die Entwicklungen in der neuen ökumenischen Ausrichtung in Erinnerung gerufen werden, von Johannes XXIII. „in evangelischer Klarheit“ entworfen, vom Konzil programmiert, von Paul VI. und Johannes Paul I. weiterverfolgt. Auf diesem heiklen und schwierigen Weg ist man zusammen mit den Vertretern anderer Kirchen und christlichen Gemeinschaften gegangen, und es wurden „wahre und bedeutende Fortschritte“ erzielt (Nr. 6). Und ebenso ist man vorangeschritten, wenn auch „auf andere Weise und mit den notwendigen Unterscheidungen“ in der Tätigkeit, die „auf eine Annäherung mit den Vertretern der nichtchristlichen Religionen abzielt und im Dialog, in Kontakten, im gemeinschaftlichen Gebet und in der Suche nach den Schätzen der menschlichen Spiritualität ... ihren konkreten Ausdruck findet“ (*ebd.*).

6. Dieses Erbe zeichnet sich heute noch klarer ab, und in diesen zehn Jahren hat es eine immer deutlichere und konkretere Form angenommen. Wir müssen die Spuren, die von den beiden Päpsten begonnen wurden, weiterverfolgen. Das Leben der Kirche „von innen her“ erfordert von uns allen das stete Bewußtsein, daß der Heilswille des Vaters, am Kreuz Christi, des Herrn, unter Mitwirkung des Heiligen Geistes verwirklicht, der Kirche anvertraut wurde. Die Kirche muß in der Welt die gleiche messianische Sendung des Gottessohnes fortsetzen, der Mensch wurde, um den Menschen zu erheben.

Diese Verantwortung, die jede menschliche Kraft und Fähigkeit übersteigt, schlägt von Jahr zu Jahr tiefere Wurzeln in der Ausübung des genannten Prinzips der Kollegialität, in der hochherzigen Zusammenarbeit aller Kräfte der Kirche, die in den großen Themen, die in diesen Jahren von den verschiedenen Versammlungen der Bischofssynoden behandelt wurden, neue Impulse gefunden haben.

Schließlich ruft ihre Bestimmung zur Öffnung auf die Welt hin die Kirche als „Ecclesia in statu missionis“ dazu auf, die Wege der Evangelisierung, der Katechese, des Dialogs „opportune, importune“ – „ob man es hören will oder nicht“ (*2 Tim* 4,2) zu gehen, um dem Wunsch Christi am Vorabend seines Leidens zu entsprechen: „Alle sollen eins sein“ (*Joh* 17,21; 19,28).

7. Paul VI. und Johannes Paul I. sind unermüdlich auf dem Weg des Glaubens und der Liebe gegangen, im Geschlecht derer, die das Antlitz Gottes suchen (vgl. *Ps* 23/24,6). Sie haben als Hirten andere geführt. Sie waren das lebendige Abbild des Guten Hirten unter den Menschen in diesem dramatischen und erhebenden Abschnitt unseres Jahrhunderts.
Beten wir, daß sich an ihnen die Verheißung bewahrheite, die Gott denen gab, die ihn im Glauben suchen. Sie waren unter uns wie „die zwei Zeugen ..., die zwei Ölbäume und die zwei Leuchter, die vor dem Herrn der Erde stehen“ (*Offb* 11,3.4).
Im Licht der Liebe und des Glaubens sprechen die beiden Päpste zu uns mit den Worten des Apostels Paulus, die wir in der zweiten Lesung dieser Eucharistiefeier gehört haben: „Keiner von uns lebt für sich selber, und keiner stirbt sich selber: Leben wir, so leben wir dem Herrn, sterben wir, so sterben wir dem Herrn. Ob wir leben oder ob wir sterben, wir gehören dem Herrn“ (*Röm* 14,7–8).
Ja, Paul VI. und Johannes Paul I. bleiben gesegnet, weil sie uns diese Lehre hinterlassen haben, die uns bis auf den Grund der Seele geht: das, was zählt, ist, leben für den Herrn, ihm gehören, arbeiten, beten und auch leiden, damit die Menschen lernen, welches die wahre Weisheit ist: die Liebe. Die Liebe, die Gott ist (vgl. *1 Joh* 4,8). Die Liebe, die die Welt erschaffen hat und die die Kirche allen Menschen verkündet. Die Liebe, die das Leben der Kirche und der Menschheit ist.
An diesem zehnten Jahrestag nehmen wir noch einmal dieses Zeugnis in uns auf. Wir wollen daraus leben. Wir wollen es weitergeben. Mögen sie für uns eintreten, die wir ihrem Erbe treu bleiben wollen.
Dazu helfe uns Gott! Amen.

Christus in den Armen dienen

Predigt bei der Heiligsprechung der seligen Maddalena di Canossa am 2. Oktober

1. Verherrlicht mit mir den Herrn, laßt uns gemeinsam seinen Namen rühmen“ (*Ps* 33/34,4). Die Kirche ruft uns an diesem Sonntag dazu auf, Gott zu ehren, indem wir die selige Maddalena di Canossa im feierlichen Akt der Heiligsprechung auf die Altäre erheben.
„Die Ehre Gottes ist der lebendige Mensch“, lehrt uns der hl. Irenäus, einer der größten Kirchenlehrer der nachapostolischen Zeit. „Die Ehre Gottes ist der lebendige Mensch“ in jener Fülle des Lebens, die ihm durch Christus, den Gekreuzigten und Auferstandenen, in Gott zuteil wird. Darum ist der Tag, an dem die Kirche neue Namen ihrer Töchter und Söhne ins „Buch der Heiligen“ einträgt, der Tag einer besonderen Ehrung Gottes.

2. Diese Ehrung stellt auch eine einzigartige Teilnahme an jener Ehre dar, die der Sohn, Jesus Christus, seinem ewigen Vater erwies. „Er war Gott gleich ... aber entäußerte sich und wurde wie ein Sklave und den Menschen gleich ...“ (*Phil* 2,6–7), er „war gehorsam

bis zum Tod, bis zum Tod am Kreuz. Darum hat ihn Gott ... erhöht ..." (*Phil* 2,8–9). Der Weg, den der Sohn zu seiner Erhöhung in Gott ging, ist das größte, unerreichbare Beispiel für alle, die die Berufung zur Heiligkeit annehmen.

3. Christus selbst sagt es mit inhaltsschweren Worten voll durchdringender Kraft: „Amen, amen, ich sage euch: Wenn das Weizenkorn nicht in die Erde fällt und stirbt, bleibt es allein; wenn es aber stirbt, bringt es reiche Frucht ..." (*Joh* 12,24).
Ein wunderbarer Vorgang, ein Lebensprozeß, so offensichtlich und zugleich so geheimnisvoll! Wessen wir in der Natur Zeugen sind, das wiederholt sich in einer anderen Ordnung: in der Ordnung des geistlichen und übernatürlichen Lebens. Wahrhaftig: „Wer an seinem Leben hängt, verliert es; wer aber sein Leben in dieser Welt gering achtet, wird es bewahren bis ins ewige Leben" (*Joh* 12,25).

4. Heute denkt die Kirche nach über die Weise, wie dieses wunderbare Gesetz des Lebens, das Gesetz der Heiligkeit sich wiederum bestätigt hat in der Person der heiligen Maddalena di Canossa.
Sie hat es verstanden, „ihr Leben gering zu achten" um Christi willen. Als sie sich der furchtbaren Wunden bewußt wurde, mit denen das materielle und moralische Elend die Bevölkerung ihrer Stadt heimsuchte, begriff sie, da sie den Nächsten nicht als „Dame" lieben konnte, das heißt, daß sie sich nicht weiterhin der Privilegien ihres sozialen Standes erfreuen und sich damit begnügen dürfe, von ihrem Besitz mitzuteilen, ohne sich selbst zu geben. Das verwehrte ihr der Anblick des Gekreuzigten: „Seid untereinander so gesinnt, wie es dem Leben in Christus Jesus entspricht ... (*Phil* 2,5). „Gott allein und Jesus, der Gekreuzigte" das wurde ihre Lebensregel.
Es folgten Entscheidungen, die – in den Augen von Menschen, die ihr nahestanden – wie ein Skandal und eine Torheit erscheinen (vgl. *1 Kor* 1,23). Selbst ihre eigene Familie, die doch reich war an christlichem Erbe, hatte große Mühe, sie zu verstehen. Doch denen, die ihre Verwunderung zeigten, gab sie zur Antwort: „Darf ich aufgrund der Tatsache, daß ich als Markgräfin geboren bin, vielleicht nicht die Ehre haben, Jesus Christus in den Armen zu dienen?"

5. Wenn man das Leben Maddalenas di Canossa erwägt, möchte man sagen, die Liebe habe sie wie ein Fieber verzehrt: die Liebe zu Gott, die sie bis zu den höchsten Gipfeln mystischer Erfahrung trug; die Liebe zum Nächsten bis den zu äußersten Konsequenzen der Selbsthingabe an die anderen. Die hl. Maddalena liebte Christus, den gekreuzigten, leidenschaftlich, ohne aber die Augen von den Mitmenschen abzuwenden (vgl. *Jes* 58,7). Sie hatte begriffen, daß die echte Frömmigkeit, die an das Herz Gottes rührt, darin besteht, „die Fesseln des Unrechts zu lösen, die Stricke des Jochs zu entfernen, die Versklavten freizulassen, jedes Joch zu zerbrechen" (*Jes* 58,6).
Deshalb setzte sie sich mit all ihrer Energie – nicht nur mit ihrem Besitz – dafür ein, jeder Form der Armut zu begegnen: der wirtschaftlichen nicht weniger als der moralischen, jener der Krankheit nicht weniger als jener der Unwissenheit. So sah man also diese junge Frau, von einer zarten und zugleich starken Liebe getrieben, den Kranken in

ihren Häusern und – im Anschluß an die „Hospitalbruderschaft" – in den Krankenhäusern beistehen, für Katechesen und Predigten in den Kirchen sorgen, die Verehrung der Eucharistie in den Pfarreien fördern, geistliche Einkehrtage für die Priester anregen, einer Vielzahl armer Familien, verlassener Jugendlicher und junger Gefängnisinsassen Hilfe bringen, die Armen, die täglich an ihre Tür klopften, unterstützen und die Bewohner von Baracken und Elendshütten besuchen.

6. Das Vorbild, das sie leitet und anregt, ist Christus selbst, der, wie der Apostel sagt, „sich entäußerte und wie ein Sklave wurde" (*Phil* 2,7). Dieses Vorbild stellt sie beständig den jungen Menschen vor Augen, die in zunehmender Zahl kommen und sich ihr anschließen, um an ihrem apostolischen Einsatz teilzunehmen. Ihr „Aktionsstil" muß einfach sein, fern von Machtmitteln und Menschenweisheit, frei vom Suchen nach Entgelt, nach Belohnung und Befriedigung. Er muß „Gott allein" und „seine Ehre" im Auge haben. Sie schreibt: „Wir sind vier arme kleine Frauen, die Letztberufenen in der Kirche Gottes, ungelehrt, ohne Ansehen, nur mit dem Namen: Dienerinnen der Armen ..." Ferner: „Die Schwestern sollen nicht das Geringste zum Geschenk oder zur Vergütung erhalten ... sie müssen alles unentgeltlich tun, nur aus Liebe zum Herrn."
Nichts anderes stellt sie den „Söhnen der Nächstenliebe" in Aussicht, der Männerkongregation, mit deren Hilfe ihr großmütiges Herz der nicht weniger großen und dringenden Not der heranwachsenden Jungen und jungen Männer begegnen will. Ihre Mitglieder müssen, „von glühender Nächstenliebe entzündet", in der Demut und der Verborgenheit des Kreuzes verharren. Eingedenk dessen, daß sie „zu Füßen des Kreuzes geboren sind", sollen sie sich verpflichtet fühlen, „im Geist höchsten Edelmutes" das Gesetz des Weizenkorns zu leben, das, wenn es nicht stirbt, allein bleibt" (vgl. *Joh* 12,24).

7. In Maddalena von Canossa erhält so das Gesetz des Evangeliums vom Tod, der das Leben gibt, eine neue, lichtvolle Aktualität. Einem alten, vornehmen Haus entstammend, verzichtet sie auf alles, was ihr gestattet hätte, in der Gesellschaft ihrer Zeit ihre Persönlichkeit voll zur Geltung zu bringen, und verbirgt sich in der Anonymität des Elends; sie versagt sich die Sicherung einer ruhigen Zukunft; sie unterwirft ihren gebrechlichen Leib allen möglichen Entbehrungen und Mühen ... Mit einem Wort: Sie stirbt sich selbst in all dem, was, menschlich gesehen, verlockend und vielversprechend erscheint. Was daraus folgt, ist aber nicht der Tod, sondern das Aufblühen eines neuen Lebens. Vor allem in ihr selbst, die aus all dem Schweren als die Persönlichkeit einer außergewöhnlichen Frau hervorgeht, auch rein menschlich betrachtet. Dann aber auch in den Initiativen, die sich rings um sie her entfalten und immer größere Scharen hochherziger Menschen einbeziehen. „Wenn das Weizenkorn in die Erde fällt und stirbt, ... bringt es reiche Frucht" (vgl. *Joh* 12,24).

8. „Kommt, ihr Kinder, hört mir zu! Ich will euch in der Furcht des Herrn unterweisen" (*Ps* 33/34,19). Vom Himmel her, wo sie in der Herrlichkeit Gottes lebt, spricht Maddalena di Canossa zu uns, um uns auf den gleichen Weg einzuladen, den sie gegangen ist.
„Nahe ist der Herr den zerbrochenen Herzen, er hilft denen auf, die zerknirscht sind"

(*Ps* 33/34,19). Die neue Heilige, die wir heute an der Seite Christi erhöht sehen, wird zum Zeichen der Freude und der Hoffnung für alle, die durch Krankheit, Armut oder als sozial an den Rand Gedrängte oder Ausgebeutete vom Leid gezeichnet sind. Sie wird es auch für alle jene, die den Dienst am Nächsten, der in Not ist, zum Ziel ihres Lebens gemacht haben.

9. „Jesus Christus ist der Herr – zur Ehre Gottes, des Vaters" (*Phil* 2,11). Der „Hymnus" des Paulus im Brief an die Philipper zeigt uns den Weg der Erhöhung Jesu Christi. Er ist zugleich der Weg, den er allen aufgetan hat, die ihm folgen: der Weg der Nachfolge Christi, der Weg der Heiligkeit. Der Weg Maddalenas von Canossa. „Wenn jemand mir dienen will, folge er mir nach; und wo ich bin, dort wird auch mein Diener sein. Wenn einer mir dient, wird der Vater ihn ehren" (*Joh* 12,26).
Ja, Christus ist immer der Herr – zur Ehre des Vaters. „Die Ehre Gottes ist der lebendige Mensch", der Mensch, der aus der Fülle des Lebens lebt, die in Christus ist.
Wir danken dir, Christus Jesus, unser Herr, daß heute vor deiner ganzen Kirche Maddalena von Canossa geehrt worden ist. Der Vater hat sie in Dir, der Du sein Sohn bist, geehrt. Wo Du bist, da ist auch sie, deine Dienerin.

Mitwirkung des Menschen ist notwendig

Botschaft zum Welttag des Migranten vom 4. Oktober

Ehrwürdige Brüder,
liebe Söhne und Töchter!

1. Wieder einmal möchte ich bei Gelegenheit des „Welttags des Migranten" meine Gedanken all jenen zuwenden, die irgendwie von diesem Phänomen berührt sind, das in der zeitgenössischen Welt so große Bedeutung gewonnen hat. In noch lebhafter Erinnerung an das Echo des Marianischen Jahres, das kürzlich zu Ende ging, möchte ich die Migranten im Lichte Mariens betrachten, die „in die Heilsgeschichte eingegangen ist und gewissermaßen die größten Glaubensgeheimnisse in sich vereint" (*Lumen gentium*, Nr. 65).
Wegen der Art, wie sie ihr menschliches Schicksal lebte, bildet die heilige Jungfrau in der Tat für die Migranten und Flüchtlinge einen Bezugspunkt, ist doch ihr irdisches Leben eine ständige Pilgerschaft von einem Ort zum anderen gewesen: wie sie in großer Eile ihrer Kusine Elisabeth zu Hilfe kam; wie sie sich zur Volkszählung nach Bethlehem begab, wo sie ihren Sohn, weil kein anderer Platz zur Verfügung stand, in einem Stall gebar; die Reise nach Jerusalem zur Darstellung Jesu im Tempel; die eifrige, diskrete Begleitung Jesu bei seiner apostolischen Tätigkeit in Palästina; die leidvoll Anteil nehmende Präsenz endlich auf Kalvaria.
Außerdem lernte Maria aus direkter Erfahrung die Härten des Exils und der Auswanderung in ein fremdes Land kennen; sie war dazu durch die Bedrohung des Lebens Jesu ge-

zwungen. „Ein Engel des Herrn erschien dem Josef im Traum und sagte: Steh auf, nimm das Kind und seine Mutter, und flieh nach Ägypten ... denn Herodes wird das Kind suchen, um es zu töten" (*Mt* 2,13). Es handelte sich um eine unvorhergesehene Flucht mitten in der Nacht, in einem dramatischen Klima, wo gewiß jene Ängste und Drangsale nicht fehlten, die ihr Migranten und Flüchtlinge leider nur allzu gut kennt: der Schmerz der Trennung von Personen und Dingen, das Aufgeben der liebsten Hoffnungen, das Wandern durch unbekannte Gegenden, das schwierige Suchen nach einer Unterkunft in der Fremde, wo ja alles unbekannt ist, die Ungewißheit, eine Arbeit zu finden, die den Erwerb des Lebensunterhalts gestattet, die Atmosphäre der Verdächtigung, der Diskriminierung und Abweisung, die ihr nicht selten in eurer Umgebung bemerkt, das Prekäre der Verhältnisse, die jedes Lebensprogramm für euch selber und die Familienangehörigen, zumal für die Kinder, unsicher macht.

Im Schicksal der heiligsten Jungfrau erscheinen damit nicht wenige Aspekte eures persönlichen Schicksals vorweggenommen und widergespiegelt. Im Blick auf sie könnt ihr gewiß ein einzigartiges Verhältnis zwischen eurer Erfahrung und der Heilsgeschichte erkennen.

2. Das Zweite Vatikanische Konzil stellt bekanntlich eine Analogie auf zwischen der Kirche als Volk Gottes unterwegs und dem Volk Israels auf dem Weg durch die Wüste (vgl. *Lumen gentium*, Nr. 9). Doch dieser Weg hatte schon mit der Weisung Gottes an den Stammvater Abram begonnen, in ein unbekanntes Land aufzubrechen: „Zieh weg aus deinem Land, von deiner Verwandtschaft und aus deinem Vaterhaus in das Land, das ich dir zeigen werde ... Da zog Abram weg, wie der Herr ihm gesagt hatte" (*Gen* 12,1.4). Sein Weg ist sein Glaube: der Gehorsam macht aus ihm den Vater der Glaubenden. Auf den Fußspuren Abrahams bewegen sich die Patriarchen, getragen von der Hoffnung, einem neuen Volk, dem Volk des Bundes, Leben zu geben. An den Weg der Patriarchen schließt sich später der des Exodus an, dessen Ziel das verheißene Land ist.

Mit der Zeit nimmt freilich die Sprache des geographischen Weges die Bedeutung eines geistigen Weges an: das Hin und Her auf den Straßen der Erde wird als ein Zeichen des Glaubensweges, des sittlichen Verhaltens und des Gottsuchens betrachtet.

Die Kirche, die sich gern als neues Volk Gottes bezeichnet, das in der Geschichte unterwegs ist, greift diese Bedeutung auf und wendet sie auf sich an, und sie verwendet dabei die gleiche Sprache. Für den hl. Paulus sind die Christen Heimatlose auf dem Weg zum Vaterhaus: in ihrem Leben gewinnen die Ereignisse des Exodus ein neues Licht: die Wolke, der Durchzug durch das Meer, das Wasser aus dem Felsen, die eherne Schlange (*1 Kor* 10). Der hl. Petrus spricht die Christen als Fremdlinge und Wanderer an, die die Zeit ihrer irdischen Pilgerschaft in der Furcht Gottes verbringen müssen (*1 Petr* 2,11).

So zeichnen die Ausführungen der Bibel das Leben des Glaubenden als einen Weg der Hoffnung, der zu Gott hinführt und sich gerade deswegen als Pilgerfahrt erweist weil man beharrlich gegen die Schwierigkeiten kämpfen, den Versuchungen widerstehen und mutig im Bekenntnis des Glaubens aushalten muß.

Aus allen Erfahrungen des Menschen wollte Gott die der Wanderung auswählen, um seinen Heilsplan für den Menschen zu erklären. Der Weg erscheint als der am besten geeignete Hintergrund im Blick auf die Rettung des Menschen innerhalb der Grenzen seiner Gefährdungen und für das Verständnis seiner Ausspannung auf die endgültige Befreiung hin.

3. Die Gestalt Mariens ist sozusagen mit den Fäden der Heilsgeschichte verwoben. Sie faßt in sich alle Erwartungen und gerade die reifste Bereitschaft ihres Volkes zusammen. Sie stammt aus einem Volk, und sie setzt sich ein für ein Volk: So zeigt sie sowohl die Kontinuität des Bundes Gottes mit den Menschen als auch den Unterschied und die Neuheit, die Christus gebracht hat. Sie gehört zu den Kleinen und Armen des Herrn, die vertrauensvoll auf ihn zugehen, um das Heil zu empfangen. In der Enzyklika *Redemptoris Mater* habe ich geschrieben: „Sie ging den Pilgerweg des Glaubens ... Das doppelte Band, das die Mutter Gottes mit Christus und mit der Kirche verbindet, erhält damit eine gesamtgeschichtliche Bedeutung. Es geht hierbei nicht nur um die Lebensgeschichte der jungfräulichen Mutter, um ihren persönlichen Glaubensweg ..., sondern um die Geschichte des ganzen Gottesvolkes, von allen, die am selben Pilgerweg des Glaubens teilnehmen" (Nr. 5). Der Pilgerweg des Volkes Gottes führt über gewundene Pfade, deren Verlauf oft schlecht erkennbar und unklar ist, und zuweilen verliert er sich gar im dunklen Tunnel von unterdrückerischen Situationen, aus denen man keinen Ausweg erblickt. Der einzige Führer bleibt dann der Glaube und die einzige Stütze das Gebet. So war auch der Glaubensweg, den Maria gegangen ist. Es wurde ihr verkündet, sie solle ohne Zutun eines Mannes ihren Sohn Jesus gebären, den Erlöser seines Volkes und Erben des Thrones Davids, den Sohn des Allerhöchsten. Doch solche Versicherungen machen die Erfüllung ihrer Aufgabe nicht leichter und sind auch kein Schutz gegen Widerwärtigkeiten. Im Gegenteil, mit diesen Verheißungen beginnt ihr Glaubensweg. In Betlehem ist für diesen Sohn kein Platz. Dann wird ihr enthüllt, daß die Umstände, unter denen er seine Sendung erfüllen wird, Widerspruch und Unverständnis sein werden, und daß in dieses Leidensgeschick auch sie einbezogen werden soll: ein Schwert soll ihre Seele durchdringen. Weitere schmerzliche Abschnitte ihres Weges sind die Flucht nach Ägypten und der Verlust Jesu im Tempel. Doch vom Glauben an die Erfüllung der Verheißungen des Herrn gestützt, lebt sie diese Ereignisse im Vertrauen und in Gleichförmigkeit mit dem Willen des Herrn. „Maria aber bewahrte alles, was geschehen war, in ihrem Herzen und dachte darüber nach" (*Lk* 2,19).

4. Die Seligpreisung ihres Glaubens erreicht bei Maria ihre volle Bedeutung zu Füßen des Kreuzes, wo sie sich mit dem Opfer Jesu in mütterlicher Gesinnung vereinigte: „So ging die selige Jungfrau den Pilgerweg des Glaubens. Ihre Vereinigung mit dem Sohn hielt sie in Treue bis zum Kreuz" (*Lumen gentium*, Nr. 58). Hier bekräftigt Jesus die Funktion Mariens als Mutter, die sich um ihre Kinder sorgt, wie sie es schon bei der Hochzeit zu Kana gezeigt hatte. Hier finden wir „den Abglanz und die Fortsetzung ihrer Mutterschaft über den Sohn Gottes" (*Redemptoris Mater*, Nr. 24). Maria wird als Bezugspunkt dargestellt für die Kirche und für die einzelnen auf dem Weg des Glaubens dem Herrn entgegen. Deswegen leuchtet sie „als Zeichen der sicheren Hoffnung und des Trostes dem wandernden Gottesvolk voran" (*Lumen gentium*, Nr. 68).

Habt also Vertrauen zu ihr, liebe Migranten. Vertraut euch ihr in allem Leid, das mit eurem Geschick verbunden ist, an. Glaubt an die Liebe Gottes zu euch, auch wenn es schwierig ist, sie zu sehen und sie in den Ereignissen oder im Verhalten der Menschen festzustellen. Nehmt immer zu Maria Zuflucht, wendet euch mit festem Vertrauen an sie! Und wißt, daß dies nicht heißt, bei ihr Verständnis suchen nur für die Zeit der Not, in der Erwartung, bald wieder menschlich gesichert zu sein, um sich dann in dieser Sicherheit einzurichten aber blind zu bleiben für ein höheres Geschick und taub für die Begegnung mit Gott. Im Gegenteil! Zu Maria Zuflucht nehmen, bedeutet, die Hoffnung in jene Räume hinein ausweiten, in die Gott eintreten und wo er wirken kann. Maria ist der Beginn eines Volkes, das den Erlöser aufnimmt. Sie kennt das Elend und die Schwäche der Menschen, doch sie weiß auch, daß kein Übel, die Sünde eingeschlossen, das letzte Wort über den Menschen hat. Sie hat die Erfahrung des Kreuzes gemacht und weiß, daß man zu seinen Füßen aufrecht stehen kann. Deshalb singt sie auch die Freude jener hinaus, die Gott in ihrem Leben einen Platz gegeben haben. Seliggepriesen, weil sie an die Erfüllung der Verheißungen des Herrn geglaubt hat, spricht sie sich in jenem Lied des Jubels und der Freude aus, das wir als Magnifikat kennen, ein wunderbares Bekenntnis des Glaubens an die Macht des treuen und barmherzigen Gottes. Das Magnifikat ist eine Zusammenfassung des Evangeliums, von dem es gleichsam die Einleitung bildet: es ist die den Armen verkündete Frohbotschaft. Wenn er in der Geschichte der Menschen wirkt, widersetzt sich Gott der Aufgeblasenheit der Stolzen, die die Armen an den Rand drängen, der Arroganz der Mächtigen, die die Schwachen unterdrücken, und der Begehrlichkeit derer, die Reichtümer zum Schaden der Armen aufhäufen; und er greift ein, um die Unglücklichen zu trösten, die Kleinen aufzurichten und die Hungernden mit Gütern zu erfüllen. Er ist „der Gott der Schwachen und der Helfer der Geringen, der Beistand der Armen und Beschützer der Verachteten und der Retter der Hoffnungslosen“ (*Jdt* 9,11).

5. In Maria ist ferner das ganze gläubige Volk symbolisiert, das in den Schicksalen dieser Welt seinen Pilgerweg geht. In ihr prägt sich zugleich die Gemeinschaft aus, die die Wirklichkeit des Reiches verkündet und seine Dynamik anzeigt. Daher wird ihr Lied zur Prophetie. Was in ihr Wirklichkeit geworden ist, wird sich auch in all jenen verwirklichen, die an die Ankunft des Reiches Gottes glauben. In der Welt von heute besitzen die Stolzen, die Mächtigen und die Reichen noch das Übergewicht über die Schwachen und Armen, die das Elend des Randdaseins durchmachen. Aber das Wirken dafür, diese Situation nach der Logik des Evangeliums umzukehren, bildet für die Glaubenden ein echtes ethisches Programm.

Die Verheißung Gottes wird freilich nicht ohne die Mitwirkung des Menschen zum Heilsereignis. Es genügt nicht, an die gute Sache der Migranten zu glauben, notwendig ist der Einsatz, um sie zu verteidigen und zu unterstützen.

Dieses Aktionsprogramm hat viele Einzelzüge, angefangen bei den persönlichen inneren Haltungen bis hin zu den kollektiven und sogar strukturellen Verbesserungen. Die Erfahrung von heute sagt uns sogar, daß die letzteren auf dem Pilgerweg der Menschheit zu ihrer Fülle hin eine große Bedeutung haben. In meiner kürzlich veröffentlichten Enzyklika *Sollicitudo rei socialis* habe ich jene negativen Faktoren als „sündhafte Strukturen“

bezeichnet, die gegen das Gemeinwohl wirken und den Weg der Menschheit zu ihrer Entwicklung behindern, die endlich die Würde der menschlichen Person schmälern. Ihre Beseitigung gehört zur ständigen Pflicht des Christen, sich zu bekehren. „Im Magnifikat steht Maria als Beispiel für jene da, die nicht einfach passiv die widrigen Umstände des persönlichen und sozialen Lebens hinnehmen, die auch keine Opfer der Entfremdung sind, wie man heute sagt, die vielmehr mit ihr verkünden, daß Gott die Niedrigen erhebt und, wenn es notwendig ist, die Mächtigen vom Thron stürzt." So habe ich am 30. Januar 1979 im Heiligtum von Zapopan in Mexiko gesagt; und in der zitierten Enzyklika *Sollicitudo rei socialis* habe ich hinzugefügt: „Die mütterliche Sorge Mariens gilt den persönlichen und sozialen Aspekten des menschlichen Lebens auf dieser Erde" (Nr. 49). Maria, die ihr Loblied auf den Herrn anstimmt, wird zum außerordentlichen Vorbild für die Menschheit von heute. Sie spannt alle Menschen guten Willens für dieses Werk der Überwindung sündhafter Situationen ein. „Indem die Kirche aus dem Herzen Marias schöpft, aus ihrem tiefen Glauben, wie er in den Worten des Magnifikat zum Ausdruck kommt, wird sie sich immer wieder neu und besser bewußt, daß man die Wahrheit über Gott, der rettet, über Gott, die Quelle jeglicher Gabe, nicht von der Bekundung seiner vorrangigen Liebe für die Armen und Niedrigen trennen kann" (*Redemptoris Mater*, Nr. 37).

6. Ich möchte die schwierige persönliche Lage so vieler Migranten Maria anvertrauen, damit sie fürbittend bei ihrem Sohn für ihre Erlösung und Hilfe eintritt. Ich vertraue ihr die schwierige internationale Lage an, deren wirtschaftliches und soziales Ungleichgewicht so viele Menschen zwingt, im Ausland würdigere Lebensbedingungen zu suchen. Ein besonderer Aspekt der Migrationen heute sind ja gerade die „Millionen von Flüchtlingen, denen Kriege, Naturkatastrophen, Verfolgungen und Diskriminierungen aller Art Heim, Arbeit, Familie und Vaterland geraubt haben" (*Sollicitudo rei socialis*, Nr. 24). Ich fordere alle zum Nachdenken auf und zum aktiven Einsatz für die Beseitigung der Ursachen der Entwurzelung so vieler Millionen Menschen aus ihrem Ursprungsland; und jeder möge, soweit es von ihm abhängt, den Flüchtlingen und Migranten gegenüber christliche Gastfreundschaft üben als wirksame Erfüllung des Gebetes der Liturgie: „Gott, unser Vater, dir ist kein Mensch fremd, keiner ist dir so fern, daß deine Hilfe ihn nicht erreichen könnte. Schau gnädig auf die Flüchtlinge, die Heimatvertriebenen, die Ausgestoßenen und die auseinandergerissenen Familien. Schenke ihnen Heimat und Geborgenheit wieder, uns aber gib ein Herz für alle Notleidenden" (*Tagesgebet aus der Messe für Flüchtlinge und Heimatvertriebene*).
Euch allen, ehrwürdige Brüder und liebe Söhne, gilt mein Gruß und mein Segen in Jesus Christus, unserem Herrn. Amen.

Aus dem Vatikan, den 4. Oktober des Jahres 1988, dem zehnten Jahre meines Pontifikates.

PAPST JOHANNES PAUL II.

Die Zukunft Ungarns sicherstellen

Ansprache an ungarische Pilger bei der Sonderaudienz am 6. Oktober

1. Es freut mich, euch alle, ungarische Pilger, hier zu empfangen und zu begrüßen. Ihr seid anläßlich der Feier des 950. Todesjahres des hl. Stephans nach Rom gekommen, um der Übergabe der Königskrone an diesen Heiligen von seiten Papst Silvesters II. zu gedenken.
Insbesondere begrüße ich den Erzbischof von Esztergom, Kardinal László Paskai, der zusammen mit den anderen Prälaten diese herzliche Begegnung anführen und einleiten wollte.
In diesem Jubiläumsjahr wolltet ihr eines großen Mannes gedenken, der der Gründer der edlen ungarischen Nation war. Gleichzeitig wolltet ihr an einen Heiligen erinnern, der durh das Geschenk der Taufe sein Volk in die Gemeinschaft der Kirche und in die der christlichen Nationen von Europa eingegliedert hat. Dieses Mannes gedenken bedeutet, zu den Anfängen der Geschichte eurer Nation zurückkehren und die Menschen von heute ermutigen, in Treue zu den vom hl. Stephan getroffenen geschichtlichen Entscheidungen zu stehen, das heißt, daß Ungarn dem katholischen Glauben und der europäischen christlichen Tradition immer treu bleibt.
Der hl. Stephan öffnete die Nation für die universalen Werte der Religion und der christlichen Kultur, weil er wußte, daß keine Gemeinschaft in der Geschichte lange bestehen kann, wenn sie sich selbst einschließt. Die Nation mußte damals von anderen die Kultur, die staatliche Struktur und die europäische Kunst lernen. Stephan war ein weitblickender Führer und Heiliger und konnte seine Untertanen von der Notwendigkeit dieser Öffnung für die universalen Werte überzeugen. Die Fähigkeit, von anderen, von anderen Nationen, anderen Kulturen, Gutes zu lernen, ist immer das Geheimnis der Lebenskraft einer Nation.

2. Ein Vorrecht der Heiligen ist es; daß der Zeitpunkt des Todes eine besondere Bedeutung hat, weil er ihre zweite und wahre Wiedergeburt für das Reich Gottes ist. Stephan hat seiner Nation den christlichen Ausblick auf die menschliche Geschichte eröffnet, die das ewige Leben zum Ziel hat. So ruft sein Tod immer das Gedenken an diese geschichtliche Entscheidung, die er der Nation vorlegte, in Erinnerung. Wenn die Menschheit heute mit der Verunsicherung der Gewissen und der Überzeugungen, mit Glaubenszweifeln oder -verneinungen zu kämpfen hat, ist dieses Zeugnis noch viel wichtiger. Die Berufung der Christen ist so zu leben, daß ihr Leben auf Erden eine Vorbereitung auf das ewige Leben ist und sie wahre Glaubenszeugen für das Reich Gottes sind.
Die Feierlichkeiten in Ungarn hatten als Bezugspunkt die Reliquie der rechten Hand des heiligen Königs. Diese Hand, diese der Nation und der Kirche von Ungarn so teure Reliquie, ist das kostbare Zeichen der starken Autorität und des festen Willens, der eurer Nation den Weg in der Geschichte vorgezeichnet hat. Die Reliquie der rechten Hand erinnert uns zugleich an die allmächtige Hand Gottes, der durch die Erwählung auserlesener

Menschen die Geschichte der Menschheit einer ewigen Bestimmung entgegenführt. Beten wir darum, daß Ungarn immer Menschen mit einer sicheren und gerechten Hand habe, die die Zukunft Ungarns sicherstellen.

3. Eure Wallfahrt freut uns auch ganz besonders wegen der Anwesenheit zahlreicher Jugendlicher, die aus ihrer Heimat und aus der ganzen Welt gekommen sind. Ihre Anwesenheit, ihre Andacht bei den Feiern, ihr geordneter Gesang lassen uns hoffen, daß die ungarische Nation in der Geschichte immer lebendig und aktiv sein wird. Wir wünschen, diese Jugend möge immer gute Erzieher und Lehrer haben, wie sie der hl. Emmerich in der Person seines Vaters Stephan und des Märtyrers Gerhard hatte.
Das Fest der „Großen Herrin der Ungarn" wurzelt im Denken des hl. Stephan, der das Volk dem Schutz der Gottesmutter anvertraute. Durch die Verehrung dieser Großen Herrin wird der Willen Stephans, daß die ungarische Nation wirklich das „Marianische Reich" sei, bekräftigt.
Euch allen ist bekannt, daß am Ende des Jubiläumsjahres des hl. Stephans an mich die herzliche Einladung ergangen ist, euer Land zu besuchen. Ich vertraue der Gottesmutter diese Einladung an. Beten wir alle, daß der Besuch – wenn es möglich sein wird, ihn durchzuführen – Gott zur Ehre und dem teuren ungarischen Volk zum Wohl gereiche.
Mit diesen Gedanken und diesen Wünschen erteile ich von Herzen euch allen hier Anwesenden und der ganzen ungarischen Nation meinen besonderen Apostolischen Segen als Unterpfand reicher himmlischer Gnaden.

Den Versuchungen der Zeit nicht erliegen

Ansprache an die Kapitulare der Passionistenkongregation am 14. Oktober

1. Mit großer Freude empfange und begrüße ich euch alle, die Patres, die Mitglieder des Generalkapitels der Kongregation vom Leiden Jesu Christi sind. Ich begrüße besonders den Generaloberen, P. Paul Boyle, dem ich zugleich für die Worte danke, die er an mich gerichtet hat. Ihr seid in Rom zu eurem Generalkapitel versammelt. Das ist ein besonders wichtiger Abschnitt für das Leben eurer Kongregation. Daher begleite ich eure Arbeiten mit meinem Gebet, daß der Herr euch erleuchte und ihr in der Lage seid, auf die Fragen und Grunderfordernisse der Identität des Institutes zu antworten, so wie es vom Gründer gewollt war und wiederholt von der Kirche anerkannt worden ist. Ihr geht an diese Aufgabe im Licht der Lehren des II. Vatikanums heran, das im Dekret *Perfectae caritatis* allen ein maßgebendes Mittel an die Hand gibt, sich zu prüfen und klarzuwerden, zu korrigieren und zu entfalten. Dort schließen die allgemeinen Prinzipien für eine „Erneuerung des Ordenslebens" von vornherein jede mögliche Zweideutigkeit als Folge einer relativistischen Mentalität, wie sie für die derzeitige zuweilen agnostische und historizistische Kultur kennzeichnend ist, aus: die Kirche erkennt Fortschritt nur dann an und ermutigt ihn, wenn er bestimmt wird durch „ständige Rückkehr zu den Quellen jedes christlichen

Lebens und zum Geist des Ursprungs der einzelnen Institute" (*Perfectae caritatis*, Nr. 2). Der Grund ist einleuchtend, wenn man bedenkt, daß für den mystischen Leib das, was hauptsächlich gilt, weder „Vergangenheit" noch „Zukunft" Maßstab für jedes menschliche Vorkommnis ist, sondern vielmehr die Gegenwart des unüberholbaren Lebens Christi, das über allen Zeiten steht, weil er „das Alpha und das Omega, der Erste und der Letzte, der Anfang und das Ende" (*Offb* 22,13) ist.

2. Ich kenne den Ernst, mit dem ihr seit Jahrhunderten eifersüchtig das Erbe eures Instituts hütet: das beweist die unbedingte Wertschätzung der Gläubigen, die euch immer in Ehren gehalten haben wegen der Strenge eures Lebens und der Hochherzigkeit eurer missionarischen Tätigkeit. Eindeutig ist übrigens auch die Bestätigung durch die relativ große Zahl und wunderbare Gestalt der Männer, die getreu dem Beispiel des Gründers zur Ehre der Altäre erhoben wurden. Darum bin ich glücklich darüber, daß ich am nächsten Sonntag gleich zwei Passionistenpatres in das Verzeichnis der Seligen einschreiben kann: Bernardo Maria von Jesus und Karl vom hl. Andreas.

3. Eure Kongregation gehört zu den Orden mit gemischtem Leben, zu jenen also, die nach einem Hinweis des Konzils „aufgrund ihrer Regel oder ihrer Satzungen die apostolische Tätigkeit eng mit dem Chordienst und monastischem Brauchtum verbinden" (*Perfectae caritatis*, Nr. 9).

Nach dem Charisma der Söhne des hl. Paul vom Kreuz wird die Kontemplation durch eine auch geographische Einsamkeit begünstigt, die jedem Haus den Charakter eines Exerzitienhauses gibt und den Ordensleuten ein Gemeinschaftsleben sichert, das spezifisch monastische Elemente aufweist und in Schweigen und Frieden gelebt wird, so daß nach einem Wort eures heiligen Gründers „die höchste Loslösung von allem Geschaffenen" möglich wird.

Doch noch mehr. Was euer inneres Leben mit seiner Betonung von Einsamkeit, Armut und Buße auszeichnet, ist jene Vereinigung mit Gott, die von einer intensiven Anteilnahme am sühnenden und erlösenden Leiden vermittelt wird. In der gekreuzigten Menschheit des Erlösers und durch sie gelangt ihr zu vollen Loslösung von den Geschöpfen und zum „Schoß des Vaters", um euch dort in das Geheimnis seiner unermeßlichen Liebe zu versenken.

Dieses „mit Christus in Gott verborgene" (*Kol* 3,3) Leben macht das kontemplative Dasein des Passionisten aus und bildet gleichsam die Seele seines Wirkens in der Kirche, sowie das anregende Motiv für seine Beziehungen zur Welt. Hier stehen wir bei der apostolischen Dimension eures Charismas, das wiederum vom Geheimnis einer nicht nur zu betrachteten und gelebten Passion gekennzeichnet ist, sondern auch von einer der Welt als „das Wunder aller Wunder der Liebe Gottes" (Paul vom Kreuz) gepredigten Passion.

4. Bei dieser Gelegenheit eures Generalkapitels möchte ich euch an diese für die Passionisten-Spiritualität typischen Aspekte erinnern, weil sie unersetzliche Voraussetzung für jede Besinnung auf die Vergangenheit und ebenso für jedes Erneuerungsbemühen für die Zukunft der Kongregation sind.

Es ist euch allen bekannt, wie sehr eure „Persönlichkeit“ als Kontemplative und „Apostel des Gekreuzigten“ heute mit Strömungen des Denkens und Verhaltens zusammenstößt, die auflösenden Charakter haben. Es handelt sich um Triebkräfte, die auch die aufmerksamsten Menschen verwirren können, weil sie dem Anschein nach gerade von den für die Natur des Institutes wesentlichen Elementen gerechtfertigt werden, wenn man diese verkürzt versteht und häufiger noch losgelöst vom Zusammenhang, der die Synthese der besonderen Weise zu denken und zu handeln beim Gründer und vielen Heiligen war, die eurer Kongregation Ehre bereitet haben.
Ich ermahne euch daher, den Versuchungen unserer Zeit nicht zu erliegen.
Besonders denke ich an die schwierige Verbindung des kontemplativen und des aktiven Elementes, denn Paul vom Kreuz hat ein Institut von kontemplativen Aposteln gegründet, die gerade aus dem Reichtum einer größeren Konzentration auf Gott die Kraft zur Ausbreitung in der Welt schöpfen.
Das Geheimnis der Passion gibt euch den Namen und unterscheidet euch auch durch das eindrucksvolle Ordenskleid von allen anderen Orden. Es soll daher niemandem von euch erlaubt sein, einen Beruf wie andere Menschen auszuüben oder auch eigene Formen der Spiritualität zu entwerfen oder Erfahrungen zu fördern, die nicht von der spezifischen Form der Berufung, die euer Institut hat, gestattet sind: es wäre ein Verrat am ursprünglichen Charisma des Gründers!

5. Einsamkeit, Armut und Buße, die zur Vereinigung mit Christus in Gott bereit machen und in euch die Gestalt des Kontemplativen ausprägen, der eifrig um seine persönliche Heilung bemüht ist, müssen in euch einen Eifer entzünden, der in einer nicht allgemeinen, sondern spezifischen Missionstätigkeit mündet, weil sich diese auf den Dienst des Wortes beschränkt und eine „Weisheit des Kreuzes“ anbietet, die man sich im Schweigen der Zurückgezogenheit, in der Strenge des gemeinschaftlichen Lebens und in der entschiedenen Zurückweisung jeder weltlichen Zerstreuung zu eigen macht.
Von hier fällt Licht auf „die gesunde Tradition“, die Zeiten der Sammlung und der Ruhe „zu Füßen des Gekreuzigten“ abwechseln zu lassen mit den Zeiten der apostolischen Arbeiten in den klar umschriebenen Formen der „außergewöhnlichen Predigt“, die ihre unwiderstehliche Durchschlagskraft aus der kontemplativen Fülle schöpft, die sich in der Ruhe des monastischen Lebens angesammelt hat.
Gewiß könnt ihr den vielfältigen Bedürfnissen der Kirche und den verschiedenen Bitten neuer sozialer Schichten gegenüber nicht gleichgültig bleiben. Doch das erfordert nur eine Anpassung, nicht eine Unterdrückung des traditionellen Dienstes am Wort, um ihn etwa durch Formen der Aktivität zu ersetzen, die zum Aufgeben des kontemplativen Elementes eurer Berufung, dem einzig wahren Geheimnis jedes missionarischen Wirkens, zwingend würde.
Für euch noch mehr als für andere Ordensleute wiederholt das Konzil, daß „auch die besten Anpassungen an die Erfordernisse unserer Zeit ohne geistliche Erneuerung unwirksam bleiben; diese hat darum auch bei aller Förderung äußerer Werke immer das Wesentliche zu sein“ (*Perfectae caritatis*, Nr. 2 c).

6. Ich wünsche mir, daß diese Gedanken euch Anregung bieten für einen Erneuerungsprozeß, der die bleibende Lebenskraft des Institutes einer Welt sichtbar macht, die auf Menschen wartet, die unerschrocken die „Weisheit des Kreuzes" verkünden und ihr Wort zugleich mit ihrem Leben bezeugen.
Mit diesen Wünschen im Herzen erteile ich euch meinen Segen, der auch sämtlichen Mitgliedern eurer Kongregation gelten soll.

Einhundert Jahre Evangelisierung in Mali

Schreiben an Kardinal Tomko vom 14. Oktober

Unserem verehrten Bruder
Joseph Kardinal Tomko

Unsere zahlreichen bisherigen apostolischen Reisen in Missionsländer beweisen deutlich, wie sehr uns das ganze Missionswerk der Kirche, zumal unter den geliebten Völkern Afrikas und Südamerikas, am Herzen liegt, ja Gegenstand unserer täglichen Sorge ist. Dieses notwendige Missionswerk suchen wir auf jede uns mögliche Weise durch Rat, Unterstützung und Ermunterung anzuregen und zugleich nachdrücklich zu bekräftigen, sei es durch wiederholte Anwesenheit in jenen Ländern, sei es in unserer Abwesenheit durch Ansprachen und Briefe, die unsere Gedanken wiedergeben. Wir wissen auch sehr gut, mit wieviel Eifer und Sorgfalt du bei den Angelegenheiten und Unternehmungen, die die Missionen betreffen, den Vorsitz führst.
In der christlichen Evangelisierung in Afrika jährt sich bald der denkwürdige Tag, da im Staat Mali hundert Jahre vergangen sind, seit der Same für die Kirche sorgfältig ausgestreut und die Grundlagen der katholischen Gemeinschaft dort fest verankert wurden. Über dieses herrliche und frohe Ereignis haben wir schon früher mit unseren Brüdern, den Bischöfen von Mali gesprochen, als sie im vergangenen März ihren „ad-limina"-Besuch machten. Zu unserer größten Freude wissen wir daher nicht nur um den religiösen Eifer und um die tiefe Frömmigkeit, mit der die Veranstalter dieser Jahrhundertfeier seit langem die liturgischen und religiösen Feierlichkeiten vorbereiten, sondern auch um den Eifer und das Wohlwollen, mit dem das ganze Volk von Mali und seine öffentlichen Autoritäten dieses Fest der katholischen Kirche zu einem Festtag für das ganze Volk machen wollen.
Diese Feierlichkeiten und bürgerlichen Veranstaltungen zur Hundertjahrfeier sollen vom kommenden 15. November bis zum 21. November andauern, und wenn auch aus der Ferne, werden wir in väterlicher Zuneigung, brüderlicher Liebe und seelsorglicher Verbundenheit daran teilnehmen. Damit diese unsere herzliche Anteilnahme aber den Bischöfen und Priestern, den Ordensleuten und Gläubigen von Mali um so deutlicher wird, sollst du, unser verehrter Bruder, an unserer Statt teilnehmen, in unserem Namen zu allen Anwesenden sprechen und bei den liturgischen Feiern in unserer Autorität den Vorsitz führen. Durch diesen Brief ernennen wir dich daher gern und vertrauensvoll zu unserem außerordentlichen Gesandten für die erwähnte Jahrhundertfeier der Kirche in Mali.

Du wirst also unsere Empfindungen für die ehrwürdigen Hirten und ihre Helfer sowie für alle einzelnen Christgläubigen dort bei dieser Gelegenheit zum Ausdruck bringen; du wirst den Veranstaltern und Leitern aller an den Feierlichkeiten beteiligten Kreise herzlichste Glückwünsche aussprechen; du wirst eifrig mit ihnen um ein weiteres Jahrhundert fruchtbarer Evangelisierung, um tätigen Eifer der einzelnen Gemeinden im Dienst für Christus und sein Evangelium sowie für den Fortschritt des ganzen Volkes von Mali beten, und du wirst allen Teilnehmern an den Feierlichkeiten mitteilen, daß wir ihnen voll Liebe den Apostolischen Segen erteilt haben, als Unterpfand für ein immer weiteres Aufblühen des katholischen Glaubens in Mali sowie für das irdische Wohlergehen und die himmlische Seligkeit aller Menschen des uns so lieben Volkes von Mali.

Aus dem Vatikan, am 14. Oktober, dem Jahr des Herrn 1988, im zehnten Jahr unseres Pontifikates.

IOANNES PAULUS PP. II.

Maria – Stern der Evangelisierung

Botschaft zum Weltmissionssonntag am 16. Oktober 1988 vom 22. Mai

Liebe Brüder und Schwestern!

Ich richte meine Botschaft zum nächsten Weltmissionssonntag an euch, während das Marianische Jahr, das ich zur Vorbereitung des Jubiläums des Jahres Zweitausend ausrief, sich seinem Ende zuneigt. So möchte ich alle Mitglieder des Gottesvolkes einladen, über einen besonderen Aspekt der Evangelisierung nachzudenken: die Gegenwart Marias im weltweiten Sendungsauftrag der Kirche.
Diese Sendung besteht in der Verkündigung der Frohen Botschaft des Heils, das man durch den Glauben an Christus erlangt, wie es der auferstandene Herr selbst den Aposteln aufgetragen hat: „Darum geht zu allen Völkern und macht alle Menschen zu meinen Jüngern“ (*Mt* 28,19): „Wer glaubt und sich taufen läßt, wird gerettet; wer aber nicht glaubt, wird verdammt werden“ (*Mk* 16,16).

I. Maria – Stern der Evangelisierung und Mutter aller Völker

Maria, die Mutter Jesu war die Erste, die an ihren Sohn geglaubt hat und wurde selig gepriesen wegen ihres Glaubens (vgl. *Lk* 1,45). Ihr Leben war ein Voranschreiten und Pilgern im Glauben an Christus; hierin ist sie den Jüngern vorangegangen und geht der Kirche stets voran (vgl. *Redemptoris Mater*, Nr. 6; 26).
Deswegen ist, wo immer die Kirche ihre Missionstätigkeit unter den Völkern ausübt, Maria zugegen: sie ist zugegen als Mutter, die mitarbeitet an der Wiedergeburt und Erziehung der Gläubigen (vgl. *Lumen gentium*, Nr. 63); sie ist gegenwärtig als „Stern der Evangeli-

sierung", wie mein Vorgänger Paul VI. bezeugte (vgl. *Evangelii nuntiandi*, Nr. 82), um die Boten des Evangeliums zu leiten und zu stärken und um die neuen christlichen Gemeinden, die durch die Verkündigung der Missionare in der Macht des Wortes und der Gnade des Heiligen Geistes ins Leben gerufen wurden, im Glauben zu erhalten.
Die Gegenwart und die Einwirkung der Mutter Jesu haben stets die Missionstätigkeit der Kirche begleitet. Die Boten des Evangeliums haben bei der Verkündigung des Geheimnisses Christi und der Glaubenswahrheiten an die nichtchristlichen Völker auch Person und Aufgabe Marias erläutert; „denn (sie) vereinigt, da sie zuinnerst in die Heilsgeschichte eingegangen ist, gewissermaßen die größten Glaubensgeheimnisse in sich und strahlt sie „wieder", und „daher ruft ihre Verkündigung und Verehrung die Gläubigen hin zu ihrem Sohn, und seinem Opfer und zur Liebe des Vaters" (*Lumen gentium*, Nr. 65). Jedes Volk, das Maria als seine Mutter annimmt, bereichert die Marienverehrung um neue Titel und Anrufungen, die dem jeweiligen Bedürfnis und dem jeweiligen religiösen Empfinden entsprechen. Viele dieser christlichen Gemeinden, Früchte des Evangelisierungswerkes der Kirche, fanden in der kindlichen Liebe zur Mutter Jesu die Hilfe und den Trost, um in den Zeiten der Prüfung und Verfolgung auszuharren.

II. Maria – Vorbild der Hingabe an die Mission

Die Kirche findet in ihrer Berufung zur Evangelisierung und ihrer Sorge hierfür Vorbild und Ansporn in Maria, der als Erster das Evangelium verkündet wurde (vgl. *Lk* 1,26–38) und in ihr als dessen erster Verkünderin (vgl. *Lk* 1,39–56). Sie hat gläubig die Frohe Botschaft des Heils aufgenommen und sie in Verkündigung, Gesang, Prophezeiung verwandelt. Sie hat allen Menschen die beste geistliche Weisung erteilt, die sie je bekamen: „Was er (Jesus) euch sagt, das tut!" (*Joh* 2,5). In der Schule Marias lernt die Kirche, sich der Mission zu widmen.
Das Wissen, daß mehr als zwei Drittel der Menschheit den Glauben an Christus, den Erlöser, noch nicht kennt oder teilt, drängt die Kirche dazu, immer wieder neue Generationen von Aposteln heranzubilden und Gebet und Einsatz zu verstärken, damit in jeder christlichen Gemeinschaft die missionarischen Berufungen zahlreicher werden.
„Obwohl" – wie das Konzil sagt – „jedem Jünger Christi die Pflicht obliegt, nach seinem Teil den Glauben auszusäen", so sind doch vor allem jene damit betraut, in deren Herzen der Herr durch den Heiligen Geist die Berufung zum Missionar anregt, gleichzeitig erweckt er in der Kirche Institute, welche die Pflicht der Evangelisierungsverkündigung gewissermaßen als ihre ureigene Aufgabe auf sich nehmen (vgl. *Ad gentes*, Nr. 23).
Grund zu neuem Mut, zu Hoffnung und zu Dankbarkeit gegenüber dem Herrn gibt die Tatsache, daß sich der Missionseinsatz der Teilkirchen vervielfacht mit der Aussendung von Diözesanpriestern, die so verdienstvollen „Fidei donum", von Laien und freiwilligen Helfern, sei es um den bedürftigsten Schwesterkirchen zu helfen, sei es um die Erstverkündigung des Evangeliums und die Solidarität der christlichen Liebe unter die nichtchristlichen Völker und Menschengruppen zu tragen.
Besondere Freude bereitet die Feststellung, daß neben den in alter Zeit gegründeten Kirchen, die Kirchen Afrikas, Asiens, Lateinamerikas sich immer mehr an der weltweiten

Mission der Kirche beteiligen. Die Aussendung von Missionaren „ad gentes" (zu den Völkern) seitens der Kirchengemeinschaften, die sich selbst noch im Entwicklungsstadium befinden, zeugt von dem wahrhaft katholischen und missionarischen Geist, von dem die jungen Kirchen beseelt sein müssen, „indem sie selbst Missionare ausschicken, die überall in der Welt das Evangelium verkünden sollen, auch wenn sie an Priestermangel leiden" (*Ad gentes*, Nr. 20).

Die oft so unbekannten, vergessenen oder verfolgten Boten des Evangeliums, die ihr Leben auf den Vorposten der kirchlichen Mission verbringen, finden ein vollkommenes Vorbild der Hingabe und Treue in Maria, die „sich als Magd des Herrn ganz der Person und dem Werk ihres Sohnes hingab" (*Lumen gentium*, Nr. 56).

Deshalb liegt es mir am Herzen, am Weltmissionssonntag, der über alle Kontinente verstreuten Missionare und Missionsschwestern und ihres großmütigen und manchmal auch in unseren Tagen bis zum Martyrium reichenden heroischen Einsatzes ehrend zu gedenken. Sie und alle religiösen Gemeinschaften und Säkularinstitute, männliche und weibliche, die sich der Mission als grundlegendem Bestandteil ihrer Lebensweihe widmen, möchte ich in Liebe grüßen und im Namen der Gesamtkirche lebhaft ermuntern; ich eifere sie an, sich von den Schwierigkeiten ihres Apostolats nicht entmutigen zu lassen, sondern auf Maria zu vertrauen und in ihre Fußstapfen zu treten.

Euch allen, Missionare und Missionarinnen, die ihr für die Ausbreitung der Mutterschaft der Kirche durch Gründung und Erziehung neuer christlicher Gemeinschaften arbeitet, wiederhole ich von Herzen die Ermahnung, die ich an die Priester in meinem Brief vom Gründonnerstag dieses Marianischen Jahres richtete: „Es ist also notwendig, daß jeder von uns ‚Maria in sein Haus aufnimmt' wie sie der Apostel Johannes auf Golgota aufnahm, ... als Mutter und Vermittlerin jenes »tiefen Geheimnisses« (*Eph* 5,32), dem wir alle mit unserem Leben dienen wollen" (*In Cenaculum Nos*, Nr. 4).

III. Einen neuen missionarischen Advent mit Maria bereiten

Um sich auf die Feier des Jubiläums des Jahres Zweitausend vorzubereiten und das dritte Jahrtausend christlichen Glaubens mit der Hoffnung und dem Engagement eines neuen Advents zu beginnen, nimmt sich die Kirche vor, ihren Missionseifer zu erneuern und zu vermehren, damit das Evangelium jenen Völkern wirksamer werde, die es bis jetzt noch nicht vernommen oder angenommen haben. Maria, die die erste Ankunft des Herrn vorbereitet hat, vertraue ich diese Hoffnung an: Möge sie kraft ihrer mütterlichen Mittlerschaft dem gesamten Gottesvolk ein immer wacheres und tätigeres Bewußtsein der eigenen Verantwortung für das Kommen des Reiches Gottes durch die missionarische Verkündigung erwirken.

Ich wende mich vor allem an die Hirten der Teilkirchen, an die Priester – ihr Mitarbeiter –, und an alle, die mit der Seelsorgsarbeit beauftragt sind: Erzieht die euch anvertrauten Gläubigen durch Wort, Glaubensunterweisung und Beispiel zu wahrem Missionsgeist, zu jenem Bewußtsein ihrer Verantwortung, die sie als Glieder Christi für alle Menschen tragen (vgl. *Ad gentes*, Nr. 21). Die christlichen Gemeinschaften bringen unter eurer Leitung die Reife und Lebendigkeit ihres Glaubens und kirchlicher „communio" zum Ausdruck, indem sie sich offen zeigen für die weltweite Sendung der Kirche – durch Gebet, durch Förderung der Missionsberufe, durch Solidarität und Teilen der Güter, der spirituellen wie auch der materiellen mit den Ärmsten der Welt. Vor allem die Familien seien sich bewußt, welchen „besonderen Beitrag sie dem Missionsanliegen der Kirche leisten … indem sie unter ihren Söhnen und Töchtern missionarische Berufungen fördern" (*Familiaris consortio*, Nr. 54).

Wenn man von der Belebung des Missionsgedankens in den christlichen Gemeinden spricht, dann muß auch an die Päpstlichen Missionswerke erinnert werden, die in der Kirche für ihren Unternehmungsgeist und ihre Ausdauer bekannt sind, mit denen sie es verstehen, die missionarische Zusammenarbeit durch vielfache und treffsichere Anregung, Information und Bildung zu einem wirklich universalen und missionarischen Geist zu führen. Da sie das weite Feld der christlichen Liebe und der materiellen Hilfe betreuen, rufe ich alle auf, großzügig für den Unterhalt der Seminaristen, für die Bildung der Laien, besonders der Katecheten, und für den Bau von Kirchen, Schulen, Krankenhäusern und Sozialwerken zu spenden.

Doch die Hauptaufgabe dieser Werke ist die Belebung des Missionsgedankens, angefangen mit dem Wichtigsten, der Verbreitung des Glaubens. Sie wiederum hat die Erziehung und Unterweisung sowie die Sensibilisierung für die Mission zur Aufgabe.

Allen liegen die Berufungen für die Missionskirche am Herzen. Diese Aufgabe – von grundlegender Wichtigkeit für die Wirksamkeit der Mission „ad gentes" – ist besonders dem Päpstlichen Werk des hl. Apostels Petrus für die Priester- und Ordensberufe in den jungen Kirchen anvertraut und dem Päpstlichen Missionsverein der Priester, Ordensmänner und Ordensfrauen, der den Auftrag hat, diejenigen zu missionarischem Geist zu erziehen, die in der Kirche das Hirtenamt ausüben oder die Aufgaben der Seelsorgshelfer wahrnehmen. Das Päpstliche Kinder-Missionswerk schließlich bemüht sich darum, die Kinder schon ab dem frühesten Alter zur Begeisterung für die Missionen zu erziehen.

Ich komme auf den Grundgedanken dieser Botschaft zurück: Ich kann nicht umhin, nochmals zu betonen, daß diejenigen, welche in der Kirche den Missionsgedanken und die entsprechenden Berufe fördern, in Maria eine Mutter und ein Vorbild finden, die ihren Einsatz inspiriert und unterstützt. Man kann sie – wie ich schon eingangs hervorhob – getrost „die erste Missionarin" nennen, weil sie die Mutter Jesu ist, des Gesandten des Vaters, des ersten und größten Verkünder des Evangeliums, seinem Auftrag schloß sie sich an und nahm daran mit mütterlicher Liebe teil. In der Schule dieser Mutter erlernen alle Söhne und Töchter der Kirche den Missionsgeist, von dem ihr christliches Leben und ihre apostolische Begeisterung beseelt sein müssen.

Ich kann diese Botschaft nicht beenden, ohne insbesondere euch jungen Menschen mein Herz zu öffnen, die ihr das Zeichen der Lebenskraft und die große Hoffnung der Kirche seid. Die Zukunft der Mission und der Missionsberufe hängt von der Hochherzigkeit ab, mit der ihr dem Ruf Gottes, seiner Aufforderung, euer Leben der Verkündigung des Evangeliums zu weihen, antwortet. Lernt von Maria „ja" sagen zur vollen, freudigen und treuen Zustimmung zum Willen des Vaters und seinem Liebesplan.

Die selige Jungfrau, die wir als die Mutter der Kirche und aller Völker anrufen, bitte für uns bei ihrem Sohn, damit ein neuer Pfingstgeist alle belebe, die in der Taufe das

unschätzbare Geschenk des Glaubens erhielten. Sie bringe ihnen immer mehr ihre missionarische Verantwortung zu Bewußtsein, damit auch durch ihre Ausdauer und Großzügigkeit allen Völkern das Evangelium verkündet werde und der Glaube an Christus der Welt Licht und Heil bringe.
Allen erteile ich von Herzen den Apostolischen Segen mit dem Wunsch reicher himmlischer Gaben.

Aus dem Vatikan am Pfingstfest, dem 22. Mai des Jahres 1988, dem zehnten unseres Pontifikates.

JOHANNES PAUL II.

Sie haben auf Gott gehofft

Predigt bei der Seligsprechung am 16. Oktober

1. „Laß deine Güte über uns walten, o Herr, denn wir schauen aus nach dir" (*Ps* 33,22). In der Liturgie dieses 29. Sonntags im Jahreskreis betet die Kirche mit diesen Worten des Psalmes. Wir alle finden in ihnen den Inhalt unseres persönlichen Gebetes. Was kann sich der Mensch auch Besseres wünschen als auf Gott zu hoffen, auf seine Güte und auf das Wirken der Gnade, die von ihm kommt und das ganze menschliche Leben durchdringt, so daß es eine neue Dimension erhält? Die von Gott gewollte Dimension, die Dimension des Heiles.
Die legt diese Worte des Psalmes heute in den Mund jener Menschen, deren Leben und Wirken den Gläubigen zur Bewunderung und Nachahmung vorgestellt werden. Es sind die neuen Seligen:
- Bernardo Maria von Jesus
- Karl vom hl. Andreas
- Honoratus von Biala Podlaska.

2. Sie waren wie die Apostel bereit, den Kelch, den ihr Meister getrunken hat, bis auf den Grund zu leeren. Jeder von ihnen war bereit zum Dienen, ja zum „Diener aller" (*Mk* 10,44) zu werden, im Blick auf den Menschensohn, der „nicht gekommen (ist), um

sich dienen zu lassen, sondern um zu dienen" (*Mk* 10,45), und der dienend „sein Leben als Lösepreis für viele hingegeben" hat (*Mk* 10,46).
Jene, die die Kirche von heute an als Selige verehrt, haben mit den Augen des Glaubens auf Christus, den Mann der Schmerzen, geschaut, so wie ihn Jesaja in seiner prophetischen Schau viele Jahrhunderte vor dem Leiden erblickte: „Er wurde verachtet und von den Menschen gemieden ... mit Krankheit vertraut. Wie einer, vor dem man das Gesicht verhüllt, war er verachtet, wir schätzen ihn nicht" (*Jes* 53,3).
„Doch der Herr fand Gefallen an seinem zerschlagenen Knecht" (*Jes* 53,10).
Hier steht die Wahrheit des Karfreitags vor uns, auf den der Ostermorgen folgt, denn mit der Wahrheit von der Kreuzigung ist unlöslich die unleugbare Wahrheit der Auferstehung verbunden:

„Er gab sein Leben als Sühneopfer hin und wird Nachkommen sehen ...
Nachdem er so vieles ertrug, erblickt er das Licht.
Er sättigt sich an der Erkenntnis.
Mein Knecht, der gerechte, macht die vielen gerecht;
er lädt ihre Schuld auf sich" (*Jes* 53,10–11).

3. Jede von den Personen, die die Kirche heute selig spricht, hat in der Tiefe den vollen Gehalt des Paschamysteriums Christi gelebt. Sie hat dieses Geheimnis durch die Erfahrung des eigenen Glaubens und des eigenen Herzens, des Verstandes und des Willens, kennengelernt. Sie hat daraus die Grundlage und Quelle des eigenen Paschamysteriums gewonnen, für das eigene Zeugnis im täglichen Bemühen „am Bekenntnis des Glaubens festzuhalten" (*Hebr* 4,14), um „voll Zuversicht zum Thron der Gnade„ (*ebd.*) 16) hingehen zu können.

4. Mit beispielhafter Kraft und Großherzigkeit hat am Bekenntnis des Glaubens der selige Bernardo Maria Silvestrelli festgehalten, als er in seiner für das kirchliche Leben in dieser Stadt Rom schwierigen und an Gegensätzen reichen historischen Stunde trotz der Widerstände seiner Familie und der politischen Gesellschaft seiner Zeit sich Gott weihen wollte und geweiht hat, indem er das Ordensleben als Passionist wählte, also das Leben des treuen und ergebenen Jüngers des Gekreuzigten und der Schmerzensmutter.
Er hatte Vertrauen auf das Wirken der Gnade, als Gesundheitsprobleme seine Schritte zu behindern schienen. Er erfuhr so, daß der Reichtum dieser Gnade in der Lage ist, den Glaubenden bei der Überwindung jedes Hindernisses zu unterstützen, denn „das Auge des Herrn ruht auf allen, die ihn fürchten und ehren, die nach seiner Güte ausschauen; denn er will sie dem Tod entreißen und in der Hungersnot ihr Leben erhalten" (*Ps* 33,18–19). Von der Gnade getragen, durfte Bernardo Maria sogar sehr eifrige Freunde und Mitbrüder kennenlernen, wie den hl. Gabriel von der Schmerzensmutter, und mit ihnen zusammen den Weg der religiösen Vollkommenheit beschreiten.

Die Vorsehung fügte es, daß er selbst zum Werkzeug der Barmherzigkeit und der Gnade wurde, als man ihn für die Heranbildung der Jugendlichen in seiner Gemeinschaft und dann für die Leitung seiner Passionisten-Kongregation für lange Jahre erwählte, in denen er diese gegen die laizistischen Bestrebungen seines Jahrhunderts verteidigte, ihre Entwicklung förderte, und die Mitbrüder in der anspruchsvollen Nachfolge des gekreuzigten Christus bestärkte, des Hohenpriesters, Vorbild und Meister für jeden Priester, „der in allem wie wir in Versuchung geführt worden ist, aber nicht gesündigt hat" (*Hebr* 4,15).
Der neue Selige ermutigt vor allem die Mitbrüder seiner Kongregation, mit hochherzigem Sinn in der strengen Lebensführung als Passionisten fortzufahren, um vor der Welt ein lebendiges Andenken an das Leiden Christi zu sein. An alle Gläubigen aber richtet er erneut den Aufruf, im Herzen ein festes Vertrauen auf die Hilfe Gottes, auch in den schwierigen Stunden des Lebens, zu hegen, weil der Herr immer Hilfe und Schild für den bleibt, der auf ihn vertraut (vgl. *Ps* 33,20).

In englischer Sprache fuhr der Papst fort:

5. In P. Karl vom hl. Andreas, einem weiteren Priester aus der Kongregation der Passionisten, haben wir ein eindrucksvolles Beispiel für Gottes Macht vor uns, mit der er sein Volk durch den Dienst seiner treuen Diener tröstet, versöhnt und heilt. Das priesterliche Leben des seligen Karl verlief im ständigen Dienst für andere. Es ist gekennzeichnet durch jene demütige und beispielhafte Hingabe an den Dienst, die die wahre Größe eines Jüngers ausmacht. So sagt Jesus seinen Jüngern auch im heutigen Evangelium: „Wer unter euch groß sein will, werde zum Diener aller; und wer der Erste unter euch sein möchte, mache sich zum Diener für alle".
Echte Heiligkeit übt ihren Einfluß auf andere aus, einen Einfluß, der über alle rein natürlichen Erklärungen hinausgeht. Die Tausende von Menschen, die durch die priesterliche Heiligkeit von P. Karl zu Gott hingezogen wurden, bezeugen diese Wahrheit. Die Macht von Gottes Gnade, die in seinem Dienst am Werk war, trug reiche geistliche Frucht im Leben zahlloser einzelner. Er arbeitete unermüdlich im Dienst des Herrn in England und Irland. Im Passionistenkloster von Mount Argus in Dublin gewann er großes Ansehen durch seine Heiligkeit, und viele kamen zu ihm, um Rat und das Bußsakrament zu empfangen. Er vergab ihre Sünden im Namen Christi und führte sie zu einem besseren Verständnis der Botschaft des Evangeliums von der Versöhnung.
Von den ersten Tagen im Noviziat der Passionisten in Ere in Belgien an, betrachtete er andächtig das Geheimnis des Leidens des Herrn. Zuvor hatte er die Spaltung der Christen in seiner Heimat, den Niederlanden, kennengelernt und er sah diesen Mangel an Einheit unter den Christen als Anteil am Leiden des Herrn an. Dies wurde ihm immer mehr klar aus den Worten des Gebetes Christi an den Vater am Abend vor seinem Leiden: „Alle sollen eins sein; wie du, Vater, in mir bist und ich in dir bin, so sollen auch sie in uns eins sein, damit die Welt glaubt, daß du mich gesandt hast."
Nach der Ablegung seiner Ordensgelübde und der Vollendung seiner theologischen Studien wurde der selige Karl zunächst nach England gesandt, um den geistlichen Bedürf-

nissen der Katholiken zu dienen und für die Einheit der Christen zu wirken. Fünf Jahre später sandte man ihn nach Dublin, um bei der neuen Gründung der Passionisten dort mitzuhelfen. In Dublin wurde ihm klar, daß er sich vor allem dem Dienst der Versöhnung im Bußsakrament widmen sollte. Er wollte die geistig verwirrten Menschen trösten und ihnen helfen, und Gott segnete seinen Dienst überreich, indem er einige Kranke, die um seinen Segen baten, heiligte. Täglich war er mit den Schwierigkeiten anderer beschäftigt. Mit einem Wort, er folgte dem Beispiel Jesu, der kam, „nicht um sich dienen zu lassen, sondern um zu dienen und sein Leben als Lösegeld für viele hinzugeben".
Das hervorragende Beispiel von P. Karl sollte als Anregung für alle geistlichen Söhne des hl. Paul vom Kreuz dienen. Seine Hingabe an den Dienst der Versöhnung im Bußsakrament ermuntert alle Priester, dieses Sakrament weiter für die Gläubigen leicht zugänglich zu machen. Sein Beispiel hilft ihnen, großes Vertrauen auf Gottes Macht zu pflegen, die in ihrem Dienst am Werke ist. Alle Christen aber ruft der selige Karl auf, in jener Einheit eins zu sein, für die Christus beim letzten Abendmal gebetet hat; er ruft sie „im Namen Christi auf, sich mit Gott versöhnen zu lassen".

In polnischer Sprache fuhr der Papst fort:

6. Vom seligen Honoratus von Biala Podlaska können wir sagen: „Schaut auf den, dem der Herr seine Gnade geschenkt hat" (Antwortpsalm). Er war als Ordensmann hochherzig und gänzlich seinem Ideal als Kapuziner-Minderbruder verschrieben. Ein echter geistlicher Sohn des hl. Franziskus, Priester und Apostel, eifriger Verwalter des Sakraments der Buße und Versöhnung. Sein heroischer Dienst im Beichtstuhl wurde zu echter Seelenführung. Er besaß die große Gabe, die Wege der Berufung durch Gott zu entdecken und aufzuzeigen. Er war ein Mann ständigen Gebets, zumal in der Anbetung des allerheiligsten Sakramentes. Er war in Gott versenkt und doch für die irdischen Wirklichkeiten offen. Ein Augenzeuge sagte, „er wandelte immer mit Gott".
Bekanntlich lebte er in schwierigen Zeiten: schwierig für sein Vaterland und für die Kirche. Polen hatte seine Teilung erlebt. Im sogenannten Königreich Polen war nach dem Januaraufstand der Kriegszustand erklärt worden. Alle religiösen Orden waren unterdrückt, und es waren nur wenige Klöster übrig geblieben, die praktisch zum Tode verurteilt waren, weil man die Noviziate geschlossen hatte. Im ganzen Schulbereich herrschte der Polizeiterror. Damals formulierte unser Seliger den Grundsatz, der zum Leitmotiv seiner apostolischen Tätigkeit wurde: „Der Stand der Ordensmänner uns Ordensfrauen ist göttlichen Rechtes, er darf also nicht verschwinden, denn ohne ihn könnte man das Evangelium nicht verwirklichen, er darf und muß nur die äußere Form ändern" *(Nachrichten über die neue religiösen Kongregationen,* Krakau 1980, S. 45).
Er suchte bedeutende Persönlichkeiten auf und trug seine Sorgen um das Schicksal des Vaterlandes, der Kirche und der Ordensinstitute in Polen vor.
Wie beredt ist sein Bekenntnis: „Ich muß eifrig beten, der Herr will etwas von mir... immer häufiger kommen Menschen verschiedener Herkunft und Bildung in Freiheit zu mir und bitten um Wegweisung. Sie möchten in ein Kloster eintreten und vor allem die Erlaubnis erhalten, das Gelübde der Keuschheit ablegen zu dürfen. Es gibt aber keine Klö-

ster. Wohin und wie diese Menschen also führen? Vor allem ist nicht gestattet, sie ins Ausland zu schicken, denn sie sind eine Frucht dieses Landes und müssen bleiben, weil man dieses Land nicht der reifen und schönsten Früchte berauben darf, die es gebracht hat. Wenn wir die heiligen Menschen, die Berufungen fortschicken, was bleibt uns dann? Gott will etwas, und daher wird er sorgen ... Betet auch ihr, damit wir von Gott Licht empfangen, daß Gott uns zeigt, was er will, und was wir für diese Menschen tun sollen" (J. Chudzynska, *Tagebuch*, S. 10 – 11).

So dachte und wirkte der selige Honoratus, dem der Herr seine Gnade gab, und der von einer inneren Kraft getrieben war. Er zeigte den Weg der Vollkommenheit auf, der mit der Lektüre des Evangeliums und der Kontemplation begann. Er ermunterte dazu, in dieser Umgebung zu bleiben und das Leben Jesu und Marias von Nazaret nachzuahmen, die evangelischen Räte auch im Verborgenen und ohne äußere Zeichen zu üben. Er wurde zum Erneuerer des Ordenslebens und zum Gründer einer seiner neuen Formen, die den heutigen Säkularinstituten ähnlich ist. Durch seine geistlichen Söhne und Töchter suchte er in der Gesellschaft den Eifer der ersten Christen neu zu erwecken, und er erreichte durch sie sämtliche Schichten. Noch heute arbeiten 17 Kongregationen, die aus dem Umkreis seiner Spiritualität hervorgingen, in 19 Ländern auf 4 Kontinenten. „Wer bei euch groß sein will, der soll euer Diener sein, und wer bei euch der Erste sein will, soll der Sklave aller sein" *(Mk* 10,43 – 44).

Der selige Honoratus pflegte zu sagen: „Täglich komme ich von Christus her, gehe zu Christus hin und kehre immer zu ihm zurück."

Er hatte sich Christus übergeben, der menschgewordenen Weisheit, und war im Sinn des hl. Ludwig Grignon von Montfort sein Sklave geworden. Oft wiederholte er: „totus tuus" (ganz dein). Er betete, Maria möge für ihn „Schützerin, Mittlerin, Helferin und Lehrerin für seine Predigten sein, Ratgeberin bei seinem Beichthören, Garantin seiner Keuschheit, seine Trösterin und Retterin".

Der Priester Honoratus wurde dabei von zahlreichen physischen und geistigen Leiden erprobt. „Der Herr fand Gefallen an seinem zerschlagenen Knecht" *(Jes* 53,10).

Als er die Entscheidung der Kirche erfuhr, die ihm die Leitung der Kongregation nahm und deren Charakter änderte, schrieb er: „Der Stellvertreter Christi hat uns den Willen Gottes offenbart, und ich führe diese Verfügung mit größtem Glauben durch ... Denkt daran, ehrwürdige Brüder und Schwestern, daß sich euch die Gelegenheit bietet, heroischen Gehorsam seiner Kirche gegenüber zu üben" (P. Honoratus, *Die Rundbriefe an die Kongregationen).*

Nach den inneren Leiden aber sah er das Licht und konnte sich an Erkenntnis sättigen (vgl. *Jes* 53,11). Heute empfängt er von der Kirche die Ehre der Altäre. Er zeigt uns, wie man die Zeichen der Zeit lesen muß. Wie man nach dem Willen Gottes in schwierigen Zeiten aushält und wirkt. Er lehrt uns, wie man schwierige Probleme im Geist des Evangeliums löst, und wie man für die menschlichen Bedrüfnisse Heilung schafft an der Schwelle des dritten Jahrtausends, seitdem der „Menschensohn nicht gekommen ist, um sich dienen zu lassen, sondern um zu dienen und sein Leben hinzugeben als Lösegeld für viele" (vgl. *Mk* 10,45).

In italienischer Sprache fuhr der Papst fort:

7. „Herr, laß deine Gnade über uns leuchten, denn wir hoffen auf dich".
Wir danken heute der heiligsten Dreifaltigkeit für jene Gnade, von der das irdische Leben der neuen Seligen durchdrungen und geleitet war:
- Bernardo
- Karl
- Honoratus.

Sie haben auf Gott gehofft, und als Diener Christi sind sie im Geiste groß geworden.
Beim heutigen feierlichen Akt ihrer Seligsprechung verlängert der Herr in einem gewissen Sinn die Tage ihres Lebens und gestattet ihnen, die „Nachkommenschaft" zu sehen, die aus der Gnade des Heiligen Geistes auch durch ihren Dienst entstanden ist.
Wir aber, die wir hier versammelt sind, vereinen uns mit der heiligen Gottesmutter und wiederholen in der Gemeinschaft der Heiligen das Gebet des Psalmisten:
„Herr, laß deine Gnade über uns leuchten, denn wir hoffen auf dich."
Möge diese Gnade uns helfen, den Brüdern und Schwestern in der Nachfolge des Beispiels Christi zu dienen, der „nicht gekommen ist, um sich dienen zu lassen, sondern um zu dienen und sein Leben hinzugeben als Lösegeld für viele" (*Mk* 10,45).

Die Wahrheit muß zur Wirkkraft werden

Predigt bei der Messe in St. Peter zu Beginn des Akademischen Jahres 1988/89 am 21. Oktober

1. „Der Geist der Wahrheit wird euch in die ganze Wahrheit führen" (*Joh* 16,13).
„Der Geist der Wahrheit ..."
Zu Beginn dieses neuen Arbeitsjahres an den Hochschulen von Rom haben wir uns in dieser Basilika versammelt. Vereint mit allen anderen Hochschulen außerhalb Roms wenden wir uns an den Geist der Wahrheit.
Christus spricht von ihm im Abendmahlssaal, am Vorabend des Leidens und Sterbens.
Er spricht wie einer, der noch vieles zu sagen hat (vgl. *Joh* 16,12), aber er ist sich dessen bewußt, daß alle Worte dem einzigen, endgültigen Wort weichen müssen, dem des Kreuzes und der Auferstehung. Dieses Wort enthält alles übrige, das ganze Evangelium des Reiches Gottes, und setzt den Anfang zu allem.
Und diesen Anfang setzt es gerade im Heiligen Geist.

2. „Wenn der Geist der Wahrheit kommt, wird er euch in die ganze Wahrheit führen. Denn er wird nicht aus sich selbst heraus reden, sondern er wird sagen, was er hört, und euch verkünden, was kommen wird" (*Joh* 16,13).
Christus hatte bereits das gesagt, was er von Gott gehört hatte (vgl. *Joh* 8,40). Der Geist wird dasselbe tun. Aber gleichzeitig wird das, was der Geist sagen wird, der Kraft des Kreuzesopfers Christi als erste „Frucht" der Erlösung der Welt gesandt wurde, auch von Christus kommen: „Er wird von dem, was mein ist, nehmen und es euch verkünden" (*Joh* 16,14).
Das, was „pneumatologisch" ist, ist tief „christologisch". Und insgesamt ist es „trinitarisch".
Die Ansprache Christi im Abendmahlssaal ist ein Bekenntnis und eine Offenbarung. Er sagt zu den Aposteln, zu den Nächststehenden: Ich habe euch vom Heiligen Geist gesagt, daß er „von dem, was mein ist, nehmen und es euch verkünden wird". Und weiter: „Alles, was der Vater hat, ist mein" (*Joh* 16,15).
Darum liegt die Zukunft des Wortes Gottes, das durch die menschliche Sprache Christi geoffenbart wurde, für die Kirche im Wirken des Geistes der Wahrheit. Dieses Wirken bestimmt die Identität der geoffenbarten Botschaft in der Zeit. Und obwohl die Zeit eine Wandelbarkeit im Bereich dessen mit sich bringt, was menschlich und geschöpflich ist, stellt das Wirken des Geistes der Wahrheit die Identität von dem sicher, was göttlich ist: dem, was von Gott den Aposteln, der Kirche und in der Kirche und durch sie der Menschheit geoffenbart wurde.

3. Die Worte des Johannesevangeliums haben für die Apostel, für Petrus, eine grundlegende Bedeutung.
An dem Tag, als sie diese Worte hörten, waren sie noch eine Ankündigung. Nach fünfzig Tagen sollten sie eine Wirklichkeit werden, im gleichen Abendmahlssaal. Petrus war der

erste, der in sich selbst die Kraft des Geistes der Wahrheit spürte. Der erste, der dank dieser Kraft am Pfingsttag das Wort ergriff.

4. In der Liturgie, die für den heutigen Beginn des Akademischen Jahres gewählt wurde, spricht vor allem der Apostel Johannes, der letzte Evangelist.
Die Worte, die wir heute lesen, wurden an die erste Christengeneration geschrieben. Aber zugleich beziehen sie sich auf die nachfolgenden Generationen. Sie beziehen sich auch auf uns im Jahr des Herrn 1988/89.
Der Text ist lehrmäßig sehr „konzentriert" und gleichzeitig klar in der „Pastoral".
„Ich schreibe euch, ihr Kinder, ... Ich schreibe euch, ihr Väter ... Ich schreibe euch, ihr jungen Männer" (*1 Joh* 2,12–13).
Väter? ... Vielleicht seid ihr, Obern, Professoren, Erzieher, Forscher und Lehrer, gemeint.
Junge Männer? ... Vielleicht seid es ihr, Studenten und Studentinnen, Priester und Seminaristen, Ordensschwestern und -kandidatinnen, Novizinnen, und schließlich auch ihr, Laien, die vom Theologiestudium und vom Leben „nach dem Geist" angezogen werden.

5. Wovon spricht der Apostel?
Er spricht vor allem von der Erkenntnis: vom Erkennen dessen, „der von Anfang an ist" (*1 Joh* 13–14), vom Erkennen des Vaters. Und zugleich spricht er von der Kraft, die dieses Erkennen mit sich bringt. Er spricht vom Sieg über den Bösen (vgl. *1 Joh* 2,14), von der Sündenvergebung im Namen Christi.
Ihr jungen Männer, seid stark, „daß das Wort Gottes in euch bleibt und daß ihr den Bösen besiegt habt" (*1 Joh* 2,14). Für diese zusammenfassende Lehre hinsichtlich der christlichen Anthropologie und Ethik bieten die Worte des 8. Psalms einen guten Hintergrund; sie beziehen sich auf den Menschen, den Gott nur wenig geringer als die Engel gemacht hat (vgl. *Ps* 8,6).
„Was ist der Mensch, daß du dich seiner annimmst? ... Du hast ihn als Herrscher eingesetzt über das Werk deiner Hände, hast ihm alles zu Füßen gelegt" (*Ps* 8,5.7).
Finden wir hier nicht in einem knappen Entwurf den Lehrplan für alle katholischen Hochschulen der Welt? Im Mittelpunkt all dessen, was wir auch durch die verschiedenen Formen der Erkenntnis der sichtbaren Welt, des Universums, vertiefen müssen, bleibt nicht doch das „noverim te, noverim me" des Augustinus?

6. Hier ist das Studienprogramm: „Seid stark, und das Wort Gottes bleibt in euch."
Und hierin besteht zugleich das Erziehungsprogramm, denn es handelt sich um die Formung des ganzen Menschen. Die Wahrheit muß zur Wirkraft werden. Der vom Apostel verkündete Sieg ist der Sieg durch die Liebe.
Er schreibt deshalb: „Liebt nicht die Welt und was in der Welt ist! Wer die Welt liebt, hat die Liebe zum Vater nicht" (*1 Joh* 2,15).
Der Apostel ist hier radikal. Aber ist sein Radikalismus nicht besonders aktuell in einer Epoche der Säkularisierung, in der die Welt den Menschen Gott verhüllt, anstatt ihn zu offenbaren und sie näher zu ihm hinzuführen?

„Liebt nicht die Welt und ... was in der Welt ist, die Begierde des Fleisches, die Begierde der Augen und das Prahlen mit dem Besitz, ist nicht vom Vater, sondern von der Welt" (*1 Joh* 2,15–16).
Deshalb liebt nicht nach dem Maß der dreifachen Begierde mit dem Ziel, jene Liebe der Welt, der Schöpfung, des Menschen finden zu können, die von Gott kommt!
Denn „die Welt und ihre Begierde vergeht; wer aber den Willen Gottes tut, bleibt in Ewigkeit" (*1 Joh* 2,17).

7. Das ist das Studienprogramm. Es ist aber auch das Programm eurer Askese, das heißt der Erziehung des Menschen, den Gott nach seinem Bild und Gleichnis geschaffen hat.
Die Worte des Evangeliums und des Johannesbriefes sind von grundlegender Bedeutung für die Apostel, für ihre Nachfolger auf der ganzen Erde, für den Nachfolger des Petrus in Rom.
Sie sprechen von unserer Verantwortung, die wir mit euch allen teilen: mit den Rektoren, Professoren, Erziehern – und mit euch, Studenten.
Es ist die Verantwortung für die Fundamente selbst und die Quellen dieser Vollmacht, die die Kirche vom Vater, vom Sohn und vom Heiligen Geist empfängt – durch Christus.
Die Welt bedarf dieser Vollmacht. Die Welt wartet auf den Geist der Wahrheit, den Christus der Kirche gegeben hat.
Inmitten der vielfältigen Wahrheiten, die der Mensch aus der Erkenntnis der Welt schöpft – und das sind Teil- und keine endgültigen Wahrheiten –, wirkt dieser Geist, der euch „in die ganze Wahrheit" führt.
Komm, Heiliger Geist!"

Ein Zeuge für die Wahrheit, die Wissenschaft und den Willen Gottes

Ansprache an die Pilger bei der Seligsprechung von Niels Stensen am 22. Oktober

Liebe Brüder und Schwestern!

Mit großer Freude heiße ich euch heute hier am Vorabend der liturgischen Feier der Seligsprechung von Niels Stensen willkommen, der als Mensch, als Christ und als Bischof gleich bewundernswert war. Ich begrüße euch alle, die ihr zusammen mit meinem lieben Bruder, Bischof Hans Martensen von Kopenhagen, hergekommen seid, um einen berühmten Landsmann, einen Bruder im Glauben und einen Seelenhirten aus eurem Land zu ehren.
Der selige Niels Stensen gehört in der Tat zu eurer Geschichte und zu eurem geistlichen Erbe, das euer Leben nährt, ob ihr euch dessen bewußt seid oder nicht. Die beste Verehrung des neuen Seligen der Kirche würde für euch also darin bestehen, daß ihr den einen oder anderen der zahlreichen Aspekte seines beispielhaften Lebens in eurem Leben nachahmt.

Vor der Universitätsbibliothek in Kopenhagen befindet sich eine Bronzestatue von Niels Stensen mit der Inschrift: „Anatom – Begründer der Geologie – Knecht Gottes". Sein Leben folgte einer doppelten Richtung: er war ein aufmerksamer Beobachter des menschlichen Körpers und der unbelebten Natur und zugleich ein tief gläubiger Christ, der sich demütig, entschlossen und furchtlos in den Dienst des göttlichen Willens stellte. Die Inschrift nennt ihn „Knecht Gottes", mit anderen Worten Diener Gottes und verbindet ihn auf diese Weise mit dem Gottesknecht des Alten Testaments, diesem Messiastitel, der in unserem Herrn Jesus Christus voll erfüllt wurde. Niels Stensen, ein Diener Gottes, das bedeutet: durch sein Leben und Wirken, durch seine Treue und Beharrlichkeit wurde er dem Herrn selbst ähnlich. So ist er Beispiel und Anregung für uns alle, und deswegen rufen wir seine Hilfe und Fürbitte an.

Gestattet mir, daß ich eure Aufmerksamkeit kurz auf einige Aspekte des Lebens dieses großen Christen aus dem 17. Jahrhundert lenke, Aspekte, die unsere Herzen als Fragen an unser Gewissen erfassen sollten. Methodisch und objektiv erforschte Niels Stensen die Gesetze, die unser biologisches Leben sowie einige Bereiche der unbelebten Natur bestimmen. Im Verlauf dieser Studien korrigierte er sich selbst und seine Kollegen aufrichtig und offen hinsichtlich von Vorstellungen, die bis dahin gültig gewesen waren, wenn immer eine gründlichere Forschung sie als falsch erwies. Sind auch wir wie Niels Stensen bereit, ohne Vorurteile die Ordnung der Natur anzuerkennen und ihre Gesetze zu achten, ohne sie zu vergöttlichen oder unsere Augen furchtsam vor ihnen zu verschließen? Verwenden wir die zahlreichen Instrumente, die die Technik uns zur Verfügung stellt, gemäß ihren eigenen Gesetzen und Zielen? Erkennen wir ihre Grenzen an? Was aber unseren Leib angeht, dessen gute Gesundheit wir alle wünschen, befolgen wir auch das, was Ärzte und Wissenschaftler uns über eine gesunde Lebensführung sagen, die Mißbrauch und Übertreibungen vermeidet?

Doch Niels Stensen fordert uns vor allem als Europäer, als Gläubiger, als Christ, als Konvertit, als Seelenhirte und als Missionar heraus. Mit der dem Evangelium gemäßen Sprache des Herzens fand dieser berühmte Sohn Dänemarks seinen Weg nach Amsterdam, Leyden, Paris und Florenz, seiner zweiten Heimat. Sein Dienst als Bischof führte ihn nach Hannover, Münster, Hamburg und Schwerin. An all diesen Orten war er ein Zeuge für die gleiche Wahrheit, die gleiche Wissenschaft und den gleichen Willen Gottes. An all diesen Orten ging es ihm um die Begegnung mit der Person des Menschen, des am meisten dramatischen und wunderbaren Geschöpfes auf Erden. Blicken auch wir auf die heutigen Bemühungen um die Einheit Europas in dieser Weise, oder beschäftigen wir uns lediglich mit den wirtschaftlichen Anliegen des Marktes und des freien Handels? Und was unser persönliches Leben angeht: seid ihr als Christen, die vielleicht in sehr jungem Alter getauft wurden, bereit, nach einem immer tieferen und reiferen Glauben zu streben, der eventuell sogar zu einem radikalen Wandel des Lebens führen könnte, wie Stensen es in seiner Konversion, in seiner Priester- und Bischofsweihe erfuhr, wobei er seine wissenschaftliche Tätigkeit um der Sache des Reiches Gottes willen aufgab?

Das sind einige Wege, auf denen die klare und anspruchsvolle Stimme des neuen Seligen uns auch heute noch erreichen kann, wenn wir bereit sind, unser Leben mit seinem Beispiel zu vergleichen. Vielleicht ist das einigen von euch bereits bei der Vorbereitung auf diese freudenvolle Seligsprechung widerfahren, und es wird noch intensiver während dieser Feiertage geschehen. Doch es ist eine Aufgabe, die man ein Leben lang meistern muß. Dazu rufe ich die reichen Gaben des Heiligen Geistes auf euch herab. Ich denke dabei auch an eure Lieben daheim und an euer Land, zumal an eure Priester, die überall in Nordeuropa die Flamme der Frohbotschaft hüten, oft isoliert wie Niels Stensen. Ich versichere euch gern meines Gebetes und erteile euch meinen Apostolischen Segen.

Ein leuchtendes Beispiel für Offenheit und Dialog

Ansprache bei der Seligsprechung von Niels Stensen am 23. Oktober

„Seht, ich bringe sie heim aus dem Nordland" (*Jer* 31,8).

Die Worte des Propheten beziehen sich auf Israel, das Volk des Alten Bundes. In ihnen lesen wir auch die Wahrheit über das Volk des Neuen Bundes – über die Kirche in Christus, in der sich die Söhne und Töchter aller Nationen versammeln, von einem Ende der Erde bis zum andern. Sie gehen den Pilgerweg des Glaubens und haben das himmlische Jerusalem zum Ziel, die große Versammlung der Gemeinschaft der Heiligen, wo Gott alles in allen ist.

Diesen Weg ist der gegangen, den die Kirche heute ins Verzeichnis der Heiligen einschreibt. Das ganze Leben Niels Stensens war ein unermüdlicher Weg auf der Suche nach der Wahrheit, der wissenschaftlichen und religiösen, in der Überzeugung, daß jede noch so bescheidene Entdeckung ein weiterer Schritt zur absoluten Wahrheit ist, zu Gott, von dem das ganze Universum abhängt.

Wir kennen diesen wunderbaren geistlichen Weg, der das Leben Niels Stensens gewesen ist, und wir können uns gut vorstellen, daß er sich viele Male mit dem Blinden identifiziert hat, von dem das Evangelium der heutigen Liturgie spricht, und daß er mit ihm den Meister darum bat, sehen, klarer sehen zu können. Gewiß nicht im körperlichen Sinn. Wir wissen, daß er ein aufmerksamer Beobachter der Eigenschaften von Edelsteinen war, die der Vater in seinem Goldschmiedladen bearbeitete. Und er war auch ein scharfer Beobachter der Wunder der Pflanzen- und Tierwelt, die die Natur ihm in Fülle bot.

Aber der Mensch ist nicht nur mit physischem Erkenntnisvermögen ausgestattet. Er besitzt auch das verstandesmäßige Erkennen, das viel höher ist, weil es auf die tiefste Wahrheit der Dinge hin ausgerichtet ist. Der Mensch hat außerdem die Fähigkeit, die in der Schrift „Weisheit des Herzens" genannt wird, das heißt jene Sichtweise, die aus dem Innersten des Menschen kommt und seine ganze Wirklichkeit – Verstand, Willen, Gefühl – umfaßt, indem sie sie auf die transzendentale Erfahrung der persönlichen Begegnung mit Gott hin öffnet.

Sowohl in der einen wie auch in der anderen Wissensform zeigte Niels Stensen sich mit besonderen Gaben ausgestattet: ein leidenschaftlicher Forscher und herausragender Wissenschaftler, nie mit reinen Hypothesen zufrieden und immer auf der Suche nach der vollen Gewißheit, war er jedoch vor allem von der Sehnsucht beseelt, den tiefsten Grund aller

Dinge zu entdecken: Gott, den man nicht einmal mit den feinsten Instrumenten der Experimentalwissenschaft finden kann; Gott, mit dem man nur durch die „Weisheit des Herzens" vertraut werden kann.

Der Papst hatte seine Predigt in Italienisch begonnen und sprach nun in Englisch weiter:

Von frühester Kindheit an war er von seinen frommen lutheranischen Angehörigen in der „Weisheit des Herzens" unterwiesen worden. Er machte in diesem Wissen Fortschritte während seines Studiums an der Lateinischen Schule und an der Universität, wo er eine Umgebung gefunden hatte, in der die Religion mit Überzeugung und Aufrichtigkeit ausgeübt wurde. Wir können uns ein Bild von seinen Fortschritten machen anhand der ganzen Art seiner wissenschaftlichen Forschung wie auch der praktischen Entscheidungen, die sein Leben formten.

Die einzigartigen Schönheiten der Schöpfung zu bewundern und von diesen zum Ursprung aller Schönheit aufzusteigen war das grundlegende Fundament seiner Spiritualität. Er enthüllt dies in der Einleitung zu seinen „Demonstrationes Anatomicae", die die Ergebnisse seiner Forschungen beinhalten: „Das wahre Ziel der Anatomie ist, den Beobachter zu befähigen, durch das Meisterwerk des Leibes zur Würde der Seele aufzusteigen und durch die Wunder beider zur Kenntnis und Liebe des Urhebers zu gelangen" (*Opera Philosophica*, t. II, 254). Denn Stensen war tief überzeugt, daß „die sichtbaren Dinge schön sind, noch schöner die Dinge, die erkannt worden sind, aber weit schöner jene, die nicht erkannt werden können" (*ebd.*).

Angespornt von dieser Sehnsucht, über die rein phänomenologische und wissenschaftliche Erkenntnis hinauszugehen, um in den grenzenlosen Bereich der Wahrheit vorzudringen, die nur der Erkenntnis im Glauben offensteht, erweiterte und vertiefte Niels Stensen sein Studium der Theologie. Durch seine scharfe Beobachtungsgabe und seine ausgewogene Objektivität gelang es ihm allmählich, sich von gewissen Vorurteilen gegenüber dem katholischen Glauben zu befreien, die ihn, unbewußt und im guten Glauben, von Jugend an beeinflußt hatten.

Wir können hier nicht im einzelnen seinen langen, geistlichen Weg darstellen, der ihn schließlich dazu veranlaßte, den katholischen Glauben anzunehmen. Wir halten hier nur den Augenblick fest, in dem er nach Überwindung aller Zweifel und Verwirrungen von innerer Freude erfüllt wurde und ja sagte zu dem, was Gott ihm klar zu verstehen gegeben hatte.

Wie der blinde Bettler im Evangelium hatte er gerufen: „Sohn Davids, hab Erbarmen mit mir!" „Meister, ich möchte wieder sehen können." Und Jesus sagte zu ihm: „Geh! Dein Glaube hat dir geholfen." Im gleichen Augenblick konnte er wieder sehen, und er folgte Jesus auf seinem Weg (vgl. *Mk* 10,48–52).

In deutscher Sprache sagte der Papst:

Der selige Niels Stensen war ein großer Wissenschaftler, der Gott als den obersten Herrn anerkannte. Bereitwillig folgte er dem inneren Ruf, sich Christus ganz hinzugeben und die

eigenen Kräfte ausschließlich in den Dienst des Evangeliums zu stellen. Darum war er auch mit dem apostolischen Einsatz, der dem Laien bereits zukommt, nicht zufrieden, sondern wollte Priester werden. Er war überzeugt, daß dies in seinem Leben und in seiner ganzen Entwicklung keinen Bruch bedeutete. Es war vielmehr ein weiterer Schritt nach vorn, hin zu einer noch vollkommeneren persönlichen Hingabe zum Teil der Menschen.
Kurz danach empfing er durch den hl. Gregorio Barbarigo sogar die Bischofsweihe und begann auf Geheiß des Papstes seine priesterliche und bischöfliche Sendung als Apostolischer Vikar in Nordeuropa. Sein Pilgerweg führte ihn als Seelsorger und missionarischen Glaubensboten nach Hannover, Münster, Paderborn, Hamburg und schließlich nach Schwerin. An all diesen Orten widmete er sich vorbehaltlos dem Dienst am Nächsten, ohne Rücksicht auf sich selbst und tief beseelt von apostolischem Eifer und glühender Liebe, wobei ihm auch Leid und Prüfungen nicht erspart blieben. In allem fühlte er sich zutiefst verbunden mit Christus, dem Gekreuzigten, dem Hohenpriester, der „aus den Menschen auserwählt und für die Menschen eingesetzt" ist, um denen beizustehen, die sich in Unwissenheit und Irrtum befinden (vgl. *Hebr* 5,1–3).
Das von ihm gewählte Bischofswappen – ein Herz, über dem sich ein Kreuz erhebt – versinnbildlicht deutlich und faßt zusammen, worauf sein Leben und Wirken ausgerichtet war. Er wollte seine ganze Existenz in den Dienst des Kreuzes Christi stellen, in dem er den höchsten Ausdruck der Liebe Gottes für die Menschheit erblickte.
„Ich bin das Licht der Welt. Wer mir nachfolgt, wird nicht in der Finsternis umhergehen, sondern das Licht des Lebens haben" (*Joh* 8,12). Die tiefe Überzeugung, daß Christus das „Licht der Welt" ist und daß nur in der Begegnung mit ihm der Mensch das „Licht des Lebens" empfangen kann, war die Triebkraft, die Niels Stensen dazu drängte, sich mit allen Kräften für die Verkündigung des Evangeliums einzusetzen. Der missionarische Eifer des neuen Seligen hat hier seine Erklärung und seinen Ursprung.
Gerade am heutigen Weltmissionssonntag ist es besonders angebracht, auf diese Eigenschaft in seinem Leben und Wirken hinzuweisen. Unsere Gedanken richten sich heute auf den heroischen Einsatz so vieler Menschen, die ihr Leben großmütig in den Dienst der Verbreitung der Frohen Botschaft gestellt haben. Ihre Mühen und Opfer, ihre Freuden und Hoffnungen finden brüderliches Mitgefühl und dankbare Anerkennung im Herzen des Papstes und in dem der ganzen Kirche. Mögen sie sich in ihrer apostolischen Arbeit ermutigt und getragen fühlen vom Gebet und von der wirksamen Hilfe der Gläubigen, so daß durch ihren unermüdlichen Einsatz „das Wort des Herrn sich ausbreitet und verherrlicht wird" in der ganzen Welt (*2 Thess* 3,1). Das Beispiel des neuen Seligen sei für sie Ansporn und Ermutigung.
Niels Stensen wurde von seinem vertrauten Freund Francesco Redi zu Recht ein „Pilger der Welt" genannt. In Dänemark geboren, wurde er von seiner Begabung als Forscher und Wissenschaftler dazu gedrängt, die Straße der Länder Europas zu durchziehen, bis er schließlich nach Florenz gelangte, das er wie seine zweite Heimat liebte. Nach seiner Priester- und Bischofsweihe begab er sich erneut auf den Weg, diesmal in Richtung Norden, nach Deutschland, wo er sich gänzlich im Dienst für die Mitmenschen verzehrte. Er wollte ihnen helfen, jenen Gott zu erkennen, dem er über die Wissenschaft und im Glauben begegnet war.

Das Leben des neuen Seligen ist darum ein leuchtendes Beispiel für Offenheit und Dialog: Seine Sendung in einem Land mit vorwiegend protestantischen Christen hilft uns verstehen, wie mit Geradheit, verbunden mit Vornehmheit und Einfühlungsvermögen, mit vorbildlichem Umgang und heiligmäßigem Leben Beziehungen geknüpft werden können, die das gegenseitige Verstehen, die Liebe zueinander und die Gemeinsamkeit erleichtern.
Das Geheimnis seines ganzen Lebens liegt hier: Wenn er berühmt ist wegen seiner Entdeckungen auf dem Gebiet der Anatomie, so ist jedoch weit bedeutsamer, was er uns mit seinen Lebensentscheidungen zeigt. Niels Stensen hat durch die „Wissenschaft des Herzens" Gott gefunden, den Schöpfer von allem, was existiert, und den Erlöser der Welt und ist inmitten der Brüder zu seinem leidenschaftlichen Herold geworden.
Mit der heutigen Seligsprechung geht ein Wunsch vieler in Erfüllung. Ich grüße alle sehr herzlich, die an dieser Feier teilnehmen: aus Dänemark, der Bundesrepublik Deutschland, der Deutschen Demokratischen Republik und aus Italien, wo Niels Stensen gelebt und gewirkt hat. Zugleich gilt mein Gruß allen in seinem Heimatland Dänemark sowie den anderen nordischen Ländern. Ferner grüße ich die anwesenden Wissenschaftler und Forscher, wo immer und auf welchem Gebiet sie auch tätig sind.
Alle, die Niels Stensen begegnen – seine Zeitgenossen und auch uns im ausgehenden 20. Jahrhundert – lädt er ein, sich die „Augen des Geistes" für Gottes Herrlichkeit öffnen zu lassen, ihre Würde als Menschen in Gottes Schöpfung zu erkennen und sich vom Licht der Gnade beschenken zu lassen. Durch die Seligsprechung stellt die Kirche diese leuchtende Gestalt unserer Zeit beispielhaft vor Augen. Wir alle sind durch den Zeugen Christi Niels Stensen angesprochen. Er zeigt uns, daß die Welt mit all ihrer Schönheit nicht in sich selbst ihr letztes Ziel hat. Er ruft uns heraus aus einer bürgerlichen Lebenswelt der Indifferenz. Er führt uns aus geschlossenen Systemen und Ideologien in den Raum der Wahrheit und der Freiheit der Kinder Gottes. Er sagt uns, daß der demütige Christenglaube nicht auf verlorenem Posten steht. Besonders die Gläubigen in der Diaspora wissen sich durch sein Vorbild ermutigt und bestärkt. Und der getrennten Christenheit tritt er als leidenschaftlicher Mahner zur Einheit vor Augen.

In dänischer Sprache sagte der Papst:

Es freut mich besonders, durch die heutige Seligsprechung einen neuen Stern in die Schar der Heiligen einreihen zu können, die die Geschichte Skandinaviens erhellen: der hl. Ansgar, Bischof von Hamburg-Bremen und Apostel Nordeuropas; der hl. Knud, König und Märtyrer, Patron von Dänemark; der hl. Knud Lavard, Herzog und Märtyrer; der hl. Erich, König und Märtyrer, Patron von Schweden zusammen mit der hl. Brigida, der großen Mystikerin und Gründerin einer heute noch bestehenden Ordensgemeinschaft; der hl. Olav, König und Märtyrer, Patron von Norwegen; der hl. Henrik, Bischof und Märtyrer, Patron von Finnland; der hl. Thorlak, Bischof und Patron von Island.
Im nächsten Jahr, so Gott will, werde ich diese Länder besuchen, und die heutige Seligsprechung gewinnt auch in dieser Sicht eine besondere Bedeutung.

Der Papst sprach in Italienisch weiter:

Jetzt, nach jahrhundertelanger Ferne erreicht uns aus dem Norden gleichsam ein Ruf all dieser Heiliger, der Männer und Frauen, deren Tod ins Buch des Lebens eingeschrieben worden ist. Alle, durch ihr Leben im Geist Christi mit seinem Ostergeheimnis vereint, „gehen hin unter Tränen und tragen den Samen zur Aussaat. Sie kommen wieder mit Jubel und bringen ihre Garben ein“ (*Ps* 126,6).
Zu all diesen gesellt sich heute – nach Jahrhunderten – der selige Niels Stensen.
„Ja, Großes hat der Herr an uns getan“ (*Ps* 126,3). So lautet der Ruf der Heiligen und Seligen, der Söhne und Töchter Nordeuropas. In diesem Ruf erklingt das Echo des marianischen Magnifikats: „Der Mächtige hat Großes an mir getan, und sein Name ist heilig“ (*Lk* 1,49). Dieser Ruf bleibt im Herzen der Kirche. Er kehrt auf ihren Lippen wieder in besonders feierlichen Augenblicken, wie es diese heutige Seligsprechung ist.
Seliger Sohn des dänischen Vaterlandes! Du belebst den Chor der Großen, die dir auf dem Weg der Heiligkeit vorangegangen sind. Zusammen mit ihnen rufst du:
„Ja, Großes hat der Herr an uns getan.“ Dein Ruf möge im Himmel und auf der Erde gehört werden. Er möge im Herzen deiner Brüder und Schwestern von heute angenommen werden und in ihnen eine reiche Ernte an Gutem im Glauben, in der Liebe, in der Gemeinschaft bringen.
„Sie kommen wieder mit Jubel und bringen ihre Garben ein.“ Amen.

Den Einwanderern Hilfe im Glaubensleben geben

Ansprache an die Mitglieder der Vollversammlung der Päpstlichen Kommission für die Seelsorge am Menschen unterwegs am 25. Oktober

1. Es freut mich, euch, Mitglieder und Berater der Päpstlichen Kommission für die Seelsorge am Menschen unterwegs, anläßlich der Vollversammlung zu empfangen und zu begrüßen. Ich danke Kardinal Bernardin Gantin für die freundlichen Worte, mit denen er diese Begegnung, einen sehr bedeutsamen Augenblick im Leben der Kommission, eingeleitet hat. Mit eurer Erfahrung, sei es als Oberhirten von Bistümern, die durch die menschliche Wanderungsbewegung besonders gekennzeichnet sind, sei es als Erforscher dieses Phänomens, sucht ihr in diesen Tagen die Seelsorge an den Menschen unterwegs in den Griff zu bekommen, indem ihr dem gewählten Thema folgt: „Pastorale Richtlinien des Hl. Stuhls für den Schutz und die Förderung des religiösen und kulturellen Erbes der Flüchtlinge, Einwanderer und aller vom Phänomen der menschlichen Wanderungsbewegung Betroffenen.“
Das Wort „Kultur“ ist grundlegend, um die besondere Stellung des Migranten innerhalb der Kirche zu verstehen, weil christlicher Glaube und menschliche Kultur eng miteinander verbunden sind: Der eine Glaube muß wirklich in den verschiedenen Kulturen gelebt und eingewurzelt werden. Dieses Verhältnis zwischen Glaube und Kultur ist lebenswich-

tig; es muß die ausgedehnte und oftmals dramatische Wirklichkeit der Migration tief beseelen und kennzeichnen. Deshalb kann es sich nicht auf ein lebloses Wissen beschränken, sondern muß in einem konkreten und lebendigen Kontext Ausdruck finden und die geistige und leibliche Förderung jedes Menschen bedeuten, besonders des schwächsten und am meisten benachteiligten. Es muß zu einer solidarischen und brüderlichen Annahme führen.

2. Deshalb sorgt sich die Kirche nicht nur darum, den Christen, die durch ihre Emigration außerhalb ihrer angestammten Umwelt leben, eine Hilfe im Glaubens-, Gebets- und sakramentalen Leben zu geben, sondern sie sucht auch zu verhindern, daß ihre Empfindungs- und Ausdrucksweise des Glaubens zu einer Entfremdung in der christlichen Umwelt und folglich in der lebensnotwendigen Erfahrung von Gemeinschaft führt; das heißt, sie sucht zu vermeiden, daß der Emigrant sich im kirchlichen Kontext entwurzelt fühlt. Die Wanderungsfrage appelliert besonders an die Verantwortung der Bischöfe, denen zusammen mit den Priestern die Aufgabe obliegt, „die verschiedenen Meinungen so in Einklang zu bringen, daß niemand sich in der Gemeinschaft der Gläubigen fremd fühlt" (*Presbyterorum ordinis*, Nr. 9).
Zur Lösung dieser Probleme muß sowohl die Kirche am Herkunftsort als auch die am Aufnahmeort beitragen. Die Vorbereitung der Kirchen in den Herkunftsländern muß darauf abzielen, den Sinn der kirchlichen Einheit und Gemeinschaft einzuprägen. Die Bischöfe können ein echtes Zeugnis bieten, indem sie entsprechend ausgebildete Priester zur Verfügung stellen, die bereit sind, selbst Emigranten mit den Emigranten zu werden.
Aber jede angemessene strukturelle Lösung findet zweifellos ihren Angelpunkt in der Kirche am Aufnahmeort, wie es die zur Zeit geltende Ordnung unterstreicht. Diese Kirche ist aufgerufen, die Einwanderer in das Gemeinschaftsleben aufzunehmen und einzugliedern sowie ihnen bei der Überwindung der Schwierigkeiten zu helfen, die mit der Ortsgemeinschaft entstehen könnten.
Um die spezifischen Unterschiede der Einwanderer im Bereich der Einheit der Ortskirchen angemessen ins Licht zu stellen, regen die Bischöfe geeignete Strukturen an, indem sie sich die Mitarbeit von Priestern sichern, „die die Sprache der Einwanderer beherrschen und alle Kräfte einsetzen, damit ihre neuen Söhne und Töchter den schweren Gefahren jeder Art in ihrer christlichen Lebensführung entgehen" (*De pastorali migratorum cura*, Nr. 31,2).

3. Die Instruktion *De pastorali migratorum cura* beschreibt vier von der Erfahrung gelehrte strukturelle Beispiele, die die Diözesanbischöfe unterschiedlich je nach Besonderheit der Situationen anwenden können: Personalpfarreien, Mission mit fester Seelsorge, Mission mit Angliederung an eine Territorialpfarrei und Mitarbeit von Kaplänen oder Vikaren. Unter diesen Formen ist die Personalpfarrei die für die obengenannten pastoralen Zwecke nützlichste, auch deshalb, weil durch die neue Kodifizierung die juristischen Unschlüssigkeiten entfallen sind.
Ich möchte hier in Erinnerung rufen, was ich bei Gelegenheit des *ad-limina-Besuches der Bischöfe von Kalabrien* im Jahr 1981 sagte: „Wieder einmal ist der Mensch Mittel-

punkt und häufig Opfer des komplexen und schwerwiegenden Phänomens der Wanderungen. Die Kirche, die den Menschen führt, die Kirche, die auf den Menschen blickt, kann nicht umhin, auf die Emigration zu blicken, wie sie es bereits getan hat und weiter tut, seit dieses Problem in seinem ganzen Gewicht und seiner Schwierigkeit aufgetaucht ist ... Aus diesem Grund hat der Hl. Stuhl im Jahr 1970 eine Päpstliche Kommission errichtet, die für diese Probleme zuständig ist, um sie zu erforschen, zu verfolgen und um den Seelsorgern nützliche Anregungen zu geben."

4. Mit dem Wunsch, daß eure Arbeit Frucht trage, segne ich herzlich euch alle und die Emigranten, die ihr hier vertretet. Der Heilige Geist stärke euch mit seinem Licht und seiner Kraft! Die Jungfrau Maria wache über euch und alle, die unterwegs sind.

Die Verpflichtung von Assisi vertiefen

Ansprache an die Teilnehmer des 2. Internationalen Gebetstreffens für den Frieden am 28. Oktober

Liebe Freunde aus den verschiedenen christlichen Kirchen und kirchlichen Gemeinschaften und aus den Weltregionen!

Es ist mir eine große Freude, Sie heute hier willkommen zu heißen und mit Ihnen persönlich zusammenzutreffen, um Sie meiner Freundschaft und Achtung zu versichern. Sie beschließen Ihr zweites Treffen „Mensch und Religion", dessen Thema „Menschen des Gebetes auf der Suche nach Frieden" lautete. Während dieser in Rom verbrachten Tage haben Sie in brüderlicher Harmonie in Seminarien und Vorträgen die Rolle des Friedens in den verschiedenen Religionen behandelt. Vor allem aber haben Sie als Männer und Frauen der Religion und des Gebetes um Frieden gebetet. Der Höhepunkt Ihres Treffens war ja tatsächlich der Gebetstag in der Basilika Santa Maria in Trastevere und auf dem Platz vor dieser Kirche.
Zwei Jahre nach dem Weltgebetstag für den Frieden in Assisi, an dem einige von Ihnen teilgenommen haben, sind Sie zusammengekommen, um dieses Ereignisses zu gedenken und seinen Geist mit seinen Verpflichtungen zu vertiefen. Als ich mich damals an die Vertreter der Weltreligionen wandte, sagte ich: „Laßt uns weiterhin die Friedensbotschaft verbreiten. Laßt uns weiterhin im Geist von Assisi leben." Ich beglückwünsche daher die Gemeinschaft Sant' Egidio, die neuerlich dieses Treffen in Rom organisiert hat, im gleichen Geist der Gastlichkeit und Freundschaft, der jene auszeichnet, die Dienstbereitschaft und Dialog zum Mittelpunkt ihres Lebens gemacht haben.
Das große Geschenk des Friedens erfordert unsere Ausdauer im Geist des Gebetes und der Hoffnung, dessen Erfahrung wir in Assisi gemacht haben. Die Gefahr von drohenden Konflikten ist immer noch vorhanden. Viele Menschen leiden noch immer unter den Folgen von Krieg und Streitigkeiten, viele setzen ihr Vertrauen noch auf die bewaffnete Ge-

walt und betrachten diese als Mittel zur Beseitigung der Konflikte unter den einzelnen Nationen.

Unsere Gebete und unsere Friedensbereitschaft erscheinen als etwas Geringfügiges, wenn man sie mit der weitverbreiteten Logik der Gewalt vergleicht. Dennoch stellten sie eine wunderbare Reserve an geistlichen Energien dar, welche die Welt vor gewaltsamen Angriffen schützt und die Baumeister des Friedens inspiriert und ermutigt.

Die Welt bedarf der Friedensstifter. Diese sollten sich unter jenen Menschen finden, die das Gebet und die Bezugnahme auf Gott zum Mittelpunkt ihres Lebens gemacht haben. Ihr Treffen bezeugt die Bereitschaft der Glaubenden, sich für die Sache des Friedens einzusetzen. Tatsächlich sind die Männer und Frauen des Gebetes, die Glaubenden, von ihrer Berufung her Friedensstifter. Sie fühlen „die innere Verbindung, die zwischen einer wahrhaft religiösen Haltung und dem großen Gut des Friedens besteht" (*Schlußansprache in Assisi*, 27. 10. 1986, Nr. 6). In diesem Jahr lautet Ihre Aufforderung: „Mögen alle religiösen Männer und Frauen, alle Glaubenden immer und in allem, was sie tun, Zeugen und Sucher des Friedens sein."

In meiner Freude, Sie alle willkommen zu heißen, grüße ich ganz besonders meine Brüder und Schwestern der verschiedenen christlichen Kirchen und Gemeinschaften. Für uns als Christen und für mich als Bischof von Rom ist der Einsatz für den Frieden zutiefst in unserem Glauben an Gott verwurzelt, den Jesus Christus geoffenbart hat. Von ihm sagt der Apostel Paulus: „Er ist unser Friede." In den Tiefen unseres Glaubens und nicht in einem seichten Gefühl ist auch die Entscheidung für Dialog und Freundschaft mit den Anhängern anderer Religionen verwurzelt, um – wie das II. Vatikanische Konzil lehrt – im Bemühen um die Förderung der Einheit der Menschheitsfamilie, zur Beendigung schmerzlicher Konflikte und in der Sorge um die Gerechtigkeit und das geistliche Wachstum der Menschheit zusammenzuarbeiten. Dieser Dialog, diese Freundschaft und diese Zusammenarbeit mit den Anhängern anderer Religionen verringern, weil in unserem christlichen Glauben verwurzelt, keineswegs die Treue unseres gemeinsamen Zeugnisses für Christus, der, wie wir glauben, der Retter aller ist. Dieses Zeugnis ist ein Erfordernis unseres Glaubens.

Liebe Brüder und Schwestern, die Sie sich zu den großen Weltreligionen bekennen: Sie wissen, daß ich im Lauf meines Pontifikats – in Assisi, hier in Rom und während meiner Besuche in verschiedenen Ländern der Welt – mit Exponenten vieler Religionen zusammengetroffen bin und Gelegenheit hatte, mit ihnen achtungsvolle Bezeugungen der Freundschaft auszutauschen. Ich konnte auch feststellen, daß trotz aller offensichtlichen Verschiedenheiten ein Klima des Dialogs und der immer größeren gemeinsamen Verantwortung anzutreffen ist. Die Anwesenheit qualifizierter Vertreter der Weltreligionen bekräftigt ebenso wie Ihre Anwesenheit hier in Rom diesen meinen trostvollen Eindruck.

Der geistliche Mensch wächst durch Gebet, Betrachtung und Loslösung von sich selbst und von nichtigen Interessen seiner Reife entgegen; er findet oder empfängt eine Weisheit, welche die Welt manchmal verspottet. Diese Weisheit macht ihn hinsichtlich der gewaltsamen Lösung von Konflikten und Schwierigkeiten kritisch und angesichts von Haßausbrüchen besorgt. Der geistliche Mensch ist ein Zeuge für den Frieden; er ist bestrebt, überall die aufbrechende Verbitterung auszumerzen, welche die Menschen zu

Konflikten und Gewaltanwendung verführen kann. So kann der geistliche Mensch für alle, die sich ihm nähern, eine Quelle moralischer Energie werden. Wir wissen auch, daß ein solcher Mensch dies nicht vollbringt, indem er menschliche Billigung sucht, sondern durch gehorsame Unterwerfung Gott gegenüber, der über und jenseits von ihm ist. Unser Vater Abraham, von dem die Bibel spricht und der ein Vorbild für viele Glaubende ist, wurde Freund Gottes genannt, weil er ihm rückhaltlos gehorchte; so konnte er für den Frieden und die Ruhe der Männer und Frauen der Welt eintreten.

Trotz der echten Verschiedenheiten, die zwischen den einzelnen Religionen bestehen – und die wir oftmals offen anerkannt haben – müssen wir sagen, daß Dialog, Freundschaft und Aufrufe an die Anhänger aller Religionen, ihr Engagement für das Gebet zu verstärken, tiefe geistliche Energien freilegen; Ihr Treffen ist dafür ein klarer Beweis. Man entdeckt eine neue Art, über den Frieden zu sprechen und neue Wege, um ihn greifbar zu machen. Dieses neue Klima zerbricht die fatale Kette von Spaltungen, die ein Erbe der Vergangenheit ist oder von modernen Ideologien geschaffen wurde, oder stellt diese Kette zumindest in Frage; es hat ein Zeitalter heraufgeführt, in dem sich die Stimme der Weisheit Gehör verschafft. Allen ist es klar, daß die katholische Kirche an diesem Zeitalter Anteil haben und es fördern will, indem sie diesbezüglich „das ökumenische Engagement und das Engagement für den interreligiösen Dialog (fortführt), das vom II. Vatikanischen Konzil begonnen und gefördert wurde“ (*Ansprache an die Kardinäle*, 22. 12. 1986).

Ich gebe der Hoffnung Ausdruck, daß Sie alle unter den Völkern und in den Ländern, aus denen Sie kommen, Baumeister des Friedens seien, und erlaube mir, die Worte in Erinnerung zu rufen, die mein Vorgänger Johannes XXIII. am Ende seines Lebens als Friedensbotschaft und als Gebet zu Gott an die Welt richtete. Die abschließenden Worte der Enzyklika *Pacem in Terris* sind eine Anrufung an den Einen, der allein den Willen zum Frieden wachrufen und stärken kann. „Möge er aus den Herzen der Menschen alles verbannen, was den Frieden gefährden könnte; möge er sie zu Zeugen für Wahrheit, Gerechtigkeit und brüderliche Liebe machen. Möge er jene erleuchten, die die Völker leiten, damit sie sich nicht nur für das Wohl ihrer Bürger einsetzen, sondern auch das große Geschenk des Friedens gewährleisten und verteidigen. Möge er den Willen aller entzünden, damit sie trennende Schranken überwinden, die Bande der gegenseitigen Liebe pflegen und lernen, einander zu verstehen und denen zu verzeihen, die ihnen Unrecht getan haben. Mögen durch sein Wirken alle Völker der Erde Brüder und Schwestern werden, und möge der Friede, nach dem sie sich sehnen, zu allen Zeiten unter ihnen herrschen und blühen.“

Verständnis und friedvolle Zusammenarbeit aufbauen

Ansprache an die Teilnehmer des Treffens von Christen und Muslimen am 28. Oktober

Liebe Freunde!

Es ist mir eine Freude, Sie zu begrüßen, die Teilnehmer des muslimisch-christlichen Treffens „Glaubende gehen und arbeiten zusammen“, das vom 25. – 28. Oktober in Assisi stattgefunden hat, und ich danke dem Sekretariat für die Veranstaltung dieses Kolloquiums. Die Tatsache, daß Ihr Treffen so eng mit den Themen gegenseitiger Annahme und Zusammenarbeit auf dem Weg zum Frieden verbunden ist und Ihre Wahl von Assisi als Ort Ihrer Betrachtungen verleihen Ihrem Unternehmen als Zeichen des zweiten Jahrestages des Friedensgebets in Assisi eine besondere Bedeutung.

Meine Absicht, als ich die Führer verschiedener Weltreligionen in diese kleine, von jeder Metropole weit entfernt gegelegene Stadt einlud, für den Frieden in der Welt zu beten, war es, daß wir in unserer gemeinsamen Menschennatur vor Gott anwesend seien und wir ihn um das Geschenk des Friedens bitten sowie zu einem tieferen Verständnis unserer Verantwortung als Glaubende gelangen, damit wir diesen Frieden tatkräftig und konkret unter Männern und Frauen aufbauen.

Damals sprach ich die Hoffnung aus, der Gebetstag in Assisi möge einen neuen Anfang setzen und zu vielen weiteren Treffen dieser Art inspirieren. Daß Sie, Muslime und Christen, diesen Ruf beachtet haben und gekommen sind, um über gemeinsame Wege des Zusammenlebens und -arbeitens zu sprechen, beweist, daß Sie diese Hoffnung und Verpflichtung mit mir teilen.

Sie sind als Muslime und Christen gekommen, die in sechs nordafrikanischen Ländern leben, die an das Mittelmeer grenzen: von Mauretanien, Marokko, Algerien, Tunesien, Libyen und Ägypten. Symbolisiert nicht die Zusammenstellung ihrer nationalen Gruppen – die diesen beiden Gemeinschaften des Glaubens an den einen Gott angehören, die dieses Treffen gemeinsam in Ihren eigenen Ländern vorbereitet haben, gemeinsam hierher gereist sind und in schlichter Weise, ohne Aufsehen zu erregen, diese Tage in Assisi zusammen verlebt haben und nun bereit sind, mit einem gemeinsamen Ziel nach Hause zurückzukehren – symbolisiert nicht all dies unser aller Hoffnungen für die eigene Beziehung zwischen Muslimen und Christen?

Vor drei Jahren hatte ich die große Freude, eines ihrer Herkunftländer, das Königreich Marokko, zu besuchen. König Hassan II. hatte mich aufgefordert, zur Jugend dieses schönen Landes zu sprechen. Eines der Dinge, worüber ich mit den jungen Menschen sprechen wollte, war der Frieden. Damals sagte ich zu ihnen: „Ihr wollt weder Krieg noch Gewalt. Ihr kennt den Preis, den diese die Unschuldigen zahlen lassen. Ihr wollt keinen Rüstungswettlauf mehr. Das will nicht sagen, daß ihr Frieden um jeden Preis wollt. Der Frieden geht Hand in Hand mit der Gerechtigkeit. Ihr wollt keine Unterdrückung der Person. Ihr wollt Frieden in Gerechtigkeit“ (*Ansprache an die muslimische Jugend in Casablanca* vom 19. August 1985, Nr. 7).

Frieden und Gerechtigkeit. Wenn Muslime und Christen durch ihre Begegnung, ihr Gespräch und ihre Zusammenarbeit der Welt einen Weg zu diesem Ziel zeigen können, er-

füllen wir gewiß den Willen des Gottes des Friedens. Das ist einer der schönsten Namen, mit dem Sie, meine muslimischen Brüder, Ihn anrufen und preisen: „Al-Salam“, der Frieden. Uns Christen offenbart Jesus den Weg zum wahren Frieden: die Versöhnung mit Gott, unserem Schöpfer, und die Versöhnung unter allen Einzelmenschen und Gruppen der Menschheitsfamilie.
Vor zwei Jahren sagte ich in meinem Grußwort an die Führer der Religionen, die zum Gebetstag gekommen waren: „In Assisi haben wir uns alle von neuem dazu verpflichtet, unseren eigenen Beitrag zum Aufbau des Friedens zu leisten. Wir wollen uns anstrengen, im Geist dieses feierlichen Versprechens zu leben. Wir wollen diese Botschaft weitertragen unter jene, die unseren Glauben teilen“ (*Grußwort an die Führer der Weltreligionen* vom 29. Oktober 1986, Nr. 2).
Von neuem sind Sie in Assisi zusammengetroffen, in gegenseitiger Achtung und brüderlicher Hochschätzung. Wenn sie nun in Ihre Heimatländer zurückkehren, ist es Ihre Aufgabe, nach den Worten des hl. Franz von Assisi, „Werkzeuge des Friedens“ zu sein. Die an Sie gestellte Herausforderung ist, die Botschaft des Friedens zu verbreiten, in Ihren Familien und in Ihrer Umgebung sowie am Arbeitsplatz Frieden zu schaffen, Frieden zu stiften, wo es keinen gibt, Verständnis und friedvolle Zusammenarbeit zwischen Muslimen und Christen in Ihren Ländern aufzubauen. Und die Gnade des Gottes des Friedens sei mit Ihnen!

Die christliche Botschaft glaubwürdig weitergeben

Ansprache an den Internationalen Rat für Katechese am 29. Oktober

1. Ich danke Ihnen, Herr Kardinal, sehr herzlich für die liebenswürdigen Worte, mit denen Sie diese Begegnung eröffnet und mir deren Teilnehmer vorgestellt haben: die Leiter und Beamten der Kongregation für den Klerus, insbesondere jene, die in der pastoralen und katechetischen Sektion tätig sind, sowie die Mitglieder des Internationalen Rates für die Katechese, die aus aller Welt hierher gekommen sind, um mit ihren Studien und Erfahrungen zu wichtigen katechetischen Problemen unserer Zeit dienlich zu sein. Ihnen allen gilt mein herzlicher Gruß.

2. Das für diese sechste Tagung eures Rates gewählte Studienthema ist von größter Bedeutung für die Kirche, da die Erwachsenenkatechese „sich an Personen richtet, welche die größte Verantwortung und Fähigkeit besitzen, die christliche Botschaft in ihrer voll entwickelten Form zu leben“ (*Catechesi tradendae*, Nr. 43).
Eine nicht zweitrangige Aufgabe dieser eurer Tagung ist es, die religiöse Situation des Erwachsenen klar in Erscheinung treten zu lassen, auch im Hinblick auf das sozio-kulturelle Milieu, in dem er lebt und tätig ist.
Tatsächlich ließen sich im Lauf dieses Jahrhunderts weitreichende gesellschaftliche Wandlungen feststellen, während dank der Errungenschaften der Wissenschaft und Tech-

nik, auch breite Volksschichten von der kulturellen Entwicklung erfaßt wurden. Die Gesellschaft, in welcher der Erwachsene von heute lebt, ist im allgemeinen von der Zivilisation des Bildes (Kino, Fernsehen und illustrierte Zeitschriften) und von der raschen Verbreitung von Nachrichten, Ideen und kulturellen und wissenschaftlichen Daten beherrscht, die in leicht verständlicher und einprägsamer Sprache weitergegeben werden. Im großen und ganzen ist in diesem Zusammenhang nie die Rede von Gott; die Religion wird als Privatangelegenheit betrachtet oder sogar unter einem kritischen oder negativen Gesichtspunkt dargestellt; darüber hinaus gibt es zahlreiche und einander widersprechende Lebensmodelle und Auslegungen der Wirklichkeit.

In diesem Rahmen ist der gläubige Erwachsene unserer Tage aufgewachsen, hat jedoch leider in den meisten Fällen nur den ersten Teil jenes Weges der Katechese zurückgelegt, der zu einem bewußten und gelebten Glauben führt. Im allgemeinen ist er nur bis zur Vorbereitung auf die Erstkommunion oder die Firmung gekommen oder bei Schulkenntnissen stehengeblieben, so daß sein Wachsen und Reifen im Glauben nicht das Anfangsstadium überschritten hat, während er gleichzeitig auf körperlichem, psychischem und beruflichem Gebiet herangereift ist. Dementsprechend ist sein Glaube oberflächlich und schwach, ja kaum mehr vorhanden.

Im Interesse wirksamer katechetisch-pastoraler Initiativen ist es notwendig, diese Typologie des Erwachsenen verantwortungsbewußt und aufmerksam zu betrachten, um seine Mentalität und seine Art, sich auszudrücken, sich mitzuteilen und privat und in der Öffentlichkeit zu leben, besser kennenzulernen.

3. Auch muß man sich fragen, wie beim heutigen Erwachsenen die tiefsten Erwartungen und Erfordernisse in religiöser Hinsicht aussehen.

Man kann sagen, daß der zeitgenössische Erwachsene im allgemeinen zutiefst nach dem lebendigen Gott und somit nach dem Heiligen hungert, und das aus verschiedenen Gründen: sowohl wegen des Drängens der menschlichen Natur nach dem Unwandelbaren, da sie das Zeichen und die Sehnsucht nach ihrer letzten Ursache in sich trägt; wie auch wegen einer kritischeren Haltung angesichts der zweifelhaften Ideologien und Praktiken der irdischen Gesellschaft und schließlich wegen der Unsicherheit, der Angst und der existentiellen Leere, die einer Kultur ohne Transzendenz entspringen.

Dem Erwachsenen von heute, der nur dem Anschein nach sorglos oder gleichgültig ist, müssen in erster Linie alle Gründe für die rationelle Glaubwürdigkeit neuerlich erklärt werden, über die das Christentum verfügt; gleichzeitig muß sein historischer Charakter hervorgehoben werden. Es ist ja tatsächlich möglich, aufzuzeigen, daß Gott sich dem Menschen durch Christus, den Erlöser, geoffenbart hat.

Was jedoch den Inhalt dieser Offenbarung betrifft, so muß die heutige Katechese lebensnah und aktuell sein.

Das Christentum ist ja in erster Linie eine „Frohbotschaft vom Heil" (*Catechesi tradendae*, Nr. 26), die in unseren Tagen ebenso freudig wie im Anfang verkündet und wiederholt werden muß: Jesus von Nazaret, der menschgewordene Sohn Gottes, ist gestorben und auferstanden um uns zu erlösen. „Im Geheimnis der Erlösung wird der Mensch 'neu bestätigt' (*Redemptor hominis*, Nr. 10).

Der zeitgenössische Erwachsene, von einer materialistischen und konsumistischen Gesellschaft seines Wertes beraubt, wird diesen ebenso wie seine Menschenwürde dank der Verkündigung des Evangeliums und einer den Erfordernissen unserer Zeit angepaßten Katechese allmählich und mit Befriedigung neu entdecken.
Zweck einer solchen Katechese ist es, den Erwachsenen auf den Weg einer grundlegenden und gesamtheitlichen Glaubenserziehung zu führen. Bei der Planung des Inhalts dieser Katechese ist jedoch der hierarchischen Ordnung der Wahrheiten und auch der konkreten Situation, in welcher die Katechese erfolgt, Rechnung zu tragen.
Auf keinen Fall darf die eingehende Behandlung der großen Themen vernachlässigt werden, die „Gott, reich an Erbarmen", Jesus Christus, „das lebendige, dem Vater wesensgleiche Wort" und die „vom Heiligen Geist mit Leben erfüllte" Kirche betreffen.

4. Bei der Darlegung der Wahrheiten, die Glauben und Moral betreffen, ist mit besonderer Aufmerksamkeit die dem heutigen Erwachsenen gegenüber gebrauchte Ausdrucksweise zu beachten. Diese muß so sein, daß sie lebhaftes Interesse im modernen Gläubigen hervorruft, dessen beste Kommunikationsformen – Zeichen, Gesten und Symbole eingeschlossen – respektiert werden müssen.
Die Katechese muß sich der großen Fortschritte der Kommunikations- und Sprachwissenschaft bedienen, um wirksam und unverfälscht den Inhalt ihrer Lehraussagen weiterzugeben, und das vor allem dann, wenn sie sich an spezielle Kategorien von Erwachsenen wendet, z. B. an Intellektuelle, Analphabeten, Behinderte, usw. (vgl. *Catechesi tradendae*, Nr. 59).
Die der Reife des Erwachsenen geschuldete Achtung erfordert, daß die in der Katechese enthaltenen Informationen immer auf den letzten Stand gebracht werden, daß die vorgebrachten Argumente logisch aneinander gebunden sind und daß auch auf Erfahrung, Kultur und Wissenschaft Bezug genommen wird, sind doch deren Daten für unsere Zeit besonders charakteristisch. Die Erwachsenenkatechese wird besonders erfolgreich sein, wenn sie – im Interesse einer gegenseitigen, die jeweiligen Kompetenzen achtenden Integration – für eine Begegnung zwischen Glaube, Kultur und Wissenschaft offen ist.

5. Zu meiner Zufriedenheit habe ich erfahren, daß ein Teil dieser eurer sechsten Tagung dem Studium des methodischen Vorgehens gewidmet ist, das in der heutigen Erwachsenenkatechese Verwendung finden kann. Die Erfordernisse in den verschiedenen Teilen der Welt und die unterschiedlichen Etappen der Katechese veranlassen zu einer Wahl oder auch zu einer Verschmelzung der einzelnen, für diese Katechese typischen Methoden. Bei jeder Vorgangsweise muß man jedoch bestrebt sein, dem Dialog und der aktiven Mitwirkung der Erwachsenen genügend Raum zu geben.
Schließlich muß man der Tatsache eingedenk sein, daß Katechese nicht nur die Verwendung der passendsten Methode mit allen zu ihr gehörenden Techniken und Werkzeugen bedeutet; die Katechese muß auch die Fähigkeiten der Erwachsenen bereitwillig annehmen und auswerten. So muß ihnen im Lauf des Jahres die Möglichkeit zu freundschaftlichen Begegnungen und zur Teilnahme an gut organisierten Kursen geboten werden; dabei ist als Rahmen eine kirchliche Gemeinschaft – z. B. die Pfarrei – zu bevorzugen, da

in dieser die katechetische Pastoral nicht auf die Lehrtätigkeit beschränkt bleibt, sondern auch den liturgischen sakramentalen und karitativen Bereich umfaßt.
Darüber hinaus ist es mein Wunsch, daß für die Erwachsenen die zahlreichen Kommunikationsmittel weitgehende Verwendung finden, da sie die Durchführung der verschiedenen Arten von Katechese erleichtern: von der einführenden bis zur vertiefenden, von der gelegentlichen bis zur systematischen und weiterführenden, deren Zweck es ist, den Erwachsenen zu einem überzeugten und gut ausgebildeten Christen zu machen.

6. Zuletzt möchte ich euch, die ihr in allen Teilen der Welt mit Tagungen und Veröffentlichungen für ein heilsames Neuerwachen des Interesses und der Studien für die Evangelisierung und die religiöse Bildung und Ausbildung des Erwachsenen sorgt, ein ermutigendes Wort sagen. Das weite und vielschichtige Arbeitsfeld bietet Raum und Arbeit für alle, im Namen der Nächstenliebe und der Menschlichkeit. Insbesondere müssen die verschiedenen kirchlichen Bewegungen und Gruppen, die katechetischen Zentren und Institute sowie die Schulen für Katechetik aufgrund ihrer Studientätigkeit und Funktion als Ausbildungsstätten für die Träger der Katechese entsprechend eingeschätzt und genützt werden.
Als Ansporn möge hier die Tatsache dienen, daß die Kirche die Erwachsenenkatechese als „zentrales Problem“ und „hauptsächliche Form der Katechese“ (*Catechesi tradendae*, Nr. 43) betrachtet. Es sind ja die Erwachsenen, die Familienväter und -mütter, die, wenn sie im Glauben erzogen sind, ihren Kindern im Heiligtum der „Hauskirche“ das erste und grundlegende religiöse Wissen vermitteln werden; es sind die Erwachsenen, die vor den Jugendlichen in ihrem Suchen und Reifen ein überzeugendes christliches Zeugnis ablegen können (vgl. *Apostolicam actuositatem*, Nr. 12); es sind schließlich die Erwachsenen, die, nachdem sie die in der Taufe verwurzelte Kraft der christlichen Berufung entdeckt haben, als wertvolle Aktivisten sowohl in den kirchlichen Gemeinschaften als auch „in den zeitlichen Wirklichkeiten, für die sie verantwortlich sind,“ (*ebd.*) an der Heilsmission der Kirche teilnehmen.
Maria, die Mutter des göttlichen Wortes, das in ihrem Schoß Fleisch angenommen hat, möge eure Arbeit und die Arbeit aller jener, die sich der Verbreitung und Erläuterung des lebensspendenden Wortes Gottes in unseren Tagen widmen, fruchtbar werden lassen! Euch allen erteile ich von Herzen den Apostolischen Segen.

Entwicklung erfordert politisches Wissen

Ansprache an die päpstliche Akademie der Wissenschaften am 31. Oktober

Herr Präsident,
meine Herren Kardinäle,
Exzellenzen!

1. Mit Freude begrüße ich die Mitglieder der päpstlichen Akademie der Wissenschaften bei dieser Gelegenheit der Vollversammlung, die das Thema der Verantwortung der Wissenschaft behandelt hat. Die Wichtigkeit dieser Begegnung wird durch die Präsenz der Kardinäle und der Chefs der beim Heiligen Stuhl akkreditierten diplomatischen Vertretungen unterstrichen. Ich danke ihnen für dieses besondere Interesse an den Arbeiten der Akademie.

Diese Vollversammlung findet am Ende der Studienwoche statt, in deren Verlauf zwei Gruppen von Fachleuten aus der ganzen Welt über „Landwirtschaft und Lebensqualität" und über „Struktur und Funktion des Gehirns" diskutiert haben.

Beim Thema Landwirtschaft konnten die Fachleute eine umfassende Bilanz aufstellen, in der die wissenschaftlichen und technischen Aspekte des Problems sich am Ende auch wieder mit den ethischen Aspekten verbinden. Auf der einen Seite hat die wissenschaftliche Forschung eine erhebliche Ausweitung der Produktion von Lebensmitteln in der Welt erreicht. Global betrachtet, wäre die landwirtschaftliche Produktion heute für die Bedürfnisse der ganzen Menschheit ausreichend. Diese Feststellung steht aber im Gegensatz zum dramatischen Problem des Hungers und der Unterernährung in der Welt. Gewiß muß man die physischen und materiellen Hindernisse, wie etwa die großen Unterschiede der Fruchtbarkeit der einzelnen Gebiete berücksichtigen. Doch die so ungleiche Verteilung der Lebensmittel hat bisher keine Politik des Zusammenwirkens gebracht, noch Projekte, die wirksam genug wären, daß die Lebensmittelproduktion allen Völkern und allen Menschen zugute käme. Wieder einmal müssen wir beobachten, daß das Problem der Entwicklung vor allem einen politischen Willen und ein Wirken ethischer und kultureller Art erfordert, wie ich es in der Enzyklika *Sollicitudo rei socialis* ausgeführt habe. Der Schlüssel für alle menschliche Entwicklung muß in einem hochherzigen Bemühen der Solidarität aller Gruppen, aller Männer und Frauen guten Willens, gesucht werden. Mit gutem Recht haben Sie betont, daß die notwendigen Eingriffe bei dieser schwerwiegenden Frage die Menschen und ihre eigenen Traditionen achten, also das streng wirtschaftliche und technische Gebiet überschreiten müssen, um Grundsätze der sozialen Gerechtigkeit und der echten Entwicklung der menschlichen Person zu berücksichtigen.

2. Eine zweite Gruppe von Wissenschaftlern hat eine Bilanz der Studien über das menschliche Gehirn und seine wunderbaren Funktionen gezogen. Die Forschungen gestatten heute eine bessere Kenntnis der Strukturen und der organischen Prozesse, die als Grundlage für die Erkenntnis- und Gemütsfunktionen des Wesens Mensch dienen. Doch jenseits aller empirischen Beobachtung zeigt sich das Geheimnis des Geistes, den man nicht auf biologische Unterlagen im Verhalten eines der Transzendenz geöffneten intelli-

genten Wesens reduzieren kann. Angesichts dessen, was man heute vom Gehirn weiß, darf der Gläubige nicht die Worte des Buches Genesis vergessen: „Gott formte den Menschen aus Erde vom Ackerboden und blies in seine Nase den Lebensatem. So wurde der Mensch zu einem lebendigen Wesen“ (*Gen* 2,7). In anthropomorpher Ausdrucksweise zeigt der alte Schöpfungsbericht gut das innere Band zwischen dem Organ und dem Geist beim Menschen auf. Es war ferner angebracht, daß die Wissenschaftler die Ergebnisse ihrer experimentellen Studien mit der Reflexion der Philosophen und Theologen über das Verhältnis zwischen Geist und Gehirn konfrontiert haben. Niels Stensen hatte in seinem „Traktat über die Anatomie des Gehirns“ bereits gesagt, das Gehirn sei das „schönste Meisterwerk der Natur“.

3. Sie wollten an der kürzlichen Feier der Seligsprechung von Niels Stensen, diesem großen Wissenschaftler teilnehmen, der in seinem ganzen Leben und seinem ganzen Werk die Versöhnung der verschiedenen Ordnungen der Erkenntnis versucht hat, die die Größe des Menschenwesens ausmachen. Ihre Akademie wollte, vereint mit Dänemark, daß das Andenken an dieses Ereignis bleibend in einer Tafel gewürdigt wird, die in einem der eigenen Räume angebracht ist. Ich möchte der dänischen Nation und der Akademie für diese Geste meine lebhafte Dankbarkeit aussprechen.

4. Heute möchte ich, den Weg vor Augen, den Niels Stensen im Verlauf seines Lebens gegangen ist, einige Elemente dieses Weges herausstellen, die zur Vertiefung von Sinn, Wert und Verantwortung der Wissenschaft beitragen. Dieser Gelehrte hat die Wunder der Natur erforscht, zumal auf dem Gebiet der Anatomie, der Physiologie und der Geologie. Bei seinen Studien über die natürlichen Phänomene verlor er nie aus den Augen, was die Natur selbst übersteigt, und während er seine Aufmerksamkeit auf das unendlich Kleine und die meßbaren Dinge lenkte, blieb er stets offen für die Herrlichkeiten, die jedes Maß überschreiten.

Für ihn verbindet die Synthese der Erkenntnis die Erfahrungen, die er experimentell aus der Natur gewonnen hat, und die Werte, die, dem feststellbaren Experiment entzogen, dennoch einen Teil der Wirklichkeit bilden. Stensen fühlte sich tief von der Schönheit des physischen Universums angezogen, doch noch mehr von den geistigen Werten und dem Adel des menschlichen Verhaltens. Er studierte sorgfältig die sicheren Ergebnisse mathematischer Ordnung, blieb aber ebenso von anderen Gewißheiten historischer, moralischer und geistiger Ordnung angezogen.

5. Die experimentelle Wissenschaft weckt mit Recht Bewunderung, und die Kirche ermuntert gern die Forschungen der Wissenschaftler, die uns die Rätsel des physischen und des biologischen Universums begreifen helfen. Doch die experimentelle Wissenschaft erschöpft nicht alle Erkenntnis der Wirklichkeit. Jenseits des Sichtbaren und Feststellbaren gibt es eine andere Dimension des Wirklichen, die durch unsere tiefste Erfahrung bestätigt wird: die Welt des Geistes, der moralischen und geistigen Werte. Über alles hinaus aber gibt es die Ordnung der Liebe, die uns untereinander und mit Gott verbindet, dessen Name Liebe und Wahrheit ist.

Selbst in der Gebrechlichkeit seines geschöpflichen Seins trägt der Mensch die Züge der ursprünglichen göttlichen Einheit, in der alle Reichtümer ohne Vermischung vereint sind. In der sichtbaren Welt erscheinen diese Reichtümer zerstreut und eingeschränkt, doch verweisen sie, zumal im Menschen, nicht weniger auf das Bild der wirklichen Einheit des Schöpfers. Es ist das Bild der Wahrheit selbst.
Dieses sind die Kennzeichen der globalen Synthese, die die Einheit des Wissens herstellt und folglich auch die Einheit und Konsequenz des Verhaltens anregt. Es handelt sich hier um eine Einheit, die ständig in Funktion der dynamischen Eigenheiten des Lebens auferbaut werden muß.

6. Mein Vorgänger Papst Pius XI. hat in einer seiner ersten Ansprachen an die päpstliche Akademie der Wissenschaften nach ihrer Wiedererrichtung ausführlich das Thema Wahrheit entfaltet. Er sagte, es sei zwar wichtig, die Wahrheit zu erkennen und auszusprechen, aber noch wichtiger, sich daran zu erinnern, daß „wer die Wahrheit tut, ans Licht kommt" (vgl. *Joh* 3,21). Hier haben wir die fundamentale Regel des Denkens und des Tuns vor uns, die jedes Werk zu einem sichtbaren Widerschein der Wahrheit macht. Von diesem Ideal geleitet, ernannte Pius XI. im Jahre 1936 die 70 ersten Mitglieder der neuen Akademie, die er angesichts der außerordentlichen Bedeutung ihrer wissenschaftlichen Studien und ihres hohen moralischen Ranges zur Mitgliedschaft, ohne irgendwelche völkische oder religiöse Diskriminierung eingeladen hatte. Das steht auch weiterhin in Ihren Statuten, und im gleichen Geist lade ich Sie zur Weiterführung Ihrer Arbeiten und Forschungen ein.

7. Der Papst bittet Ihre Akademie auch heute noch, zum „Tun der Wahrheit" beizutragen, d. h. die Einheit des Wissens in der internationalen wissenschaftlichen Solidarität, in der menschlichen Solidarität und in der Offenheit für alle Werte zum Wohl des Menschen anzustreben.
Gewiß haben Sie als Wissenschaftler streng die jedem Ihrer Fachgebiete eigenen Regeln anzuwenden, um zu gültigen Ergebnissen zu kommen, die von jedem anderen Spezialisten auf einem Ihrer Gebiete nachprüfbar sind. Aber in aller Achtung vor den Notwendigkeiten der methodischen Abstraktion und der Autonomie einer jeden Disziplin sind Sie aufgefordert, die Ergebnisse Ihrer Forderungen im Licht der anderen Wissenschaften zu prüfen. Jeder Wissenschaftler ist heute eingeladen, an der geduldigen neuen Zusammenfügung der Kenntnisse des Menschen mitzuwirken. Es geht hier um die Zukunft des Menschen und der Kultur.
Ihre Akademie, die international ist, hat eine besondere Eigenart: sie teilt einerseits die Pflicht der Arbeit in Verbindung mit der internationalen wissenschaftlichen Gemeinschaft, und sie ist andererseits aufgerufen, mit den Organen der Kirche zusammenzuarbeiten, um ihr nützliche Elemente aus dem jeweiligen Fachbereich zur Verfügung zu stellen.
In diesem Geist möchte ich an die illustren Mitglieder der Akademie erneut die Bitte richten, die ich schon in der Audienz zur 50-Jahrfeier ausgesprochen habe, und sie einladen, konkrete Vorschläge zu erarbeiten, um auf allen Ebenen die interdiziplinäre Zusammen-

arbeit zu fördern. Bei aller Weiterführung Ihrer Spezialprogramme wäre es doch auch nützlich, daß sie gemeinsame Forschungsprojekte in enger Abstimmung mit den anderen Organen des Heiligen Stuhles für Kultur und Wissenschaften und seinen Universitäten ausarbeiten würden. Die Kirche braucht Ihre Forschungen, um Ihre Kenntnis vom Menschen und vom Universum zu vertiefen. Sie baut ebenfalls auf Ihre Studien für die Auseinandersetzung mit den schweren technischen, kulturellen und geistigen Problemen, die die Zukunft der menschlichen Gesellschaft betreffen. Ich danken Ihnen im voraus für Ihren unerläßlichen Beitrag und Ihre gemeinsame Vertiefung in das Rätsel des Menschen und seiner Bestimmung in der Schöpfungs- und in der Heilsordnung.

8. Bevor ich schließe, möchte ich ganz besonders Herrn Professor Carlos Chagas begrüßen, der nach 16 Jahren Präsidentschaft die Verantwortung abgibt, der er so ausgezeichnet, hochherzig und selbstlos nachgekommen ist. Ich möchte ihm besonders danken angesichts des ansehnlichen Werkes, das unter seiner Leitung zustande gebracht wurde. Dank seines Einsatzes hat die Akademie eine wichtige Entwicklung genommen, sowohl was die Zahl der Mitglieder, als auch die verschiedenen Länder angeht, aus denen sie stammen: heute kann man von einer umfassenden Repräsentation sprechen. Unter seiner Initiative ist die Akademie zum Zentrum einer ständigen Tätigkeit geworden. Sie hat Kontakt mit den anderen Akademien und mit den Wissenschaftlern zahlreicher Länder aufgenommen und wichtige Themen aus dem Bereich der historischen Wissenschaften behandelt, z. B. die Studien über Galilei und Albert Einstein; auf dem Gebiet der grundlegenden Wissenschaften z. B. die Forschungen zur Kosmologie und Astronomie, über Mikrowissenschaften, die Struktur der Materie, den Ursprung des Lebens und die biologischen Prozesse; oder auch auf dem Gebiet der angewandten Wissenschaften Probleme der modernen Welt, zumal was Frieden und Abrüstung betrifft. Man kann sagen, daß die wichtigen Anliegen unserer heutigen Welt ihrer Aufmerksamkeit nicht entgangen sind. Heute dankt der Heilige Stuhl Herrn Professor Chagas für die Vitalität, die er der Akademie mitzuteilen verstand, für die Ausstrahlung, die er ihr gegeben hat, endlich für sein sehr geschätztes Wirken, dank dessen die Kirche weit mehr in der Welt der Wissenschaft präsent geworden ist. Und ich wäre ihm persönlich dankbar, wenn er uns weiter in den Genuß seines großen Fachwissens kommen ließe.
Ich habe Herrn Professor Giovanni Battista Marini-Bettolo gebeten, die Nachfolge von Professor Chagas anzutreten. Er hat an den Arbeiten der Akademie seit über 20 Jahren aktiv teilgenommen; in seiner neuen Verantwortung wünsche ich ihm eine fruchtbare Arbeit. Ich bin sicher, daß er mit Hilfe der Mitglieder der Akademie das von seinen Vorgängern unternommene Werk weiterführen wird.
Mit dem erneuten Ausdruck meiner Hochachtung für die Arbeiten der Akademie und meinem Dank für den Dienst, den sie dem Heiligen Stuhl leistet, rufe ich über Sie Gottes Segen herab.

Dem Herrn gehört der Mensch

Predigt bei der Messe auf dem römischen Zentralfriedhof am Fest Allerheiligen, 1. November

1. „Dem Herrn gehört die Erde und was sie erfüllt" (*Ps* 24,1).
Mit den Worten des Psalmisten bekennt die Kirche die Wahrheit, die im Geheimnis der Schöpfung und der Erlösung gründet.
„Dem Herrn gehört ... der Erdkreis und seine Bewohner" (*ebd.*).
Der Psalm der heutigen Liturgie findet seinen vollen Widerschein im Fest Allerheiligen. Anders klingt er hier, auf dem Friedhof, wohin wir heute nachmittag kommen und an den morgigen Tag denken: an den Gedenktag aller verstorbenen Gläubigen. In diesem Augenblick denken wir an unsere Toten. Und unter ihnen erinnere ich besonders an Papst Pius XII., dessen 30. Todestag in diesem Jahr begangen wird. Sein Denkmal auf dem Hauptplatz des Verano-Friedhofs erinnert an seinen Besuch hier aus einem sehr schmerzlichen und dramatischen Anlaß für die Bewohner des Stadtviertels San Lorenzo.
„Dem Herrn gehört ... der Mensch!"

2. Oft glaubt der Mensch, besonders der Mensch von heute, daß er nur sich selbst und die Welt ihm gehöre: die großen Früchte seines schöpferischen Denkens, die Früchte, die er nach seinem eigenen Plan und Nutzen umwandelt.
Der Mensch denkt oft so. Dem entspricht sein Lebensinhalt, sein Streben und Handeln ... bis zu der Grenze, die vom Tod gesetzt wird. Der Tod ist eine Grenze!
Heute und morgen besuchen wir die Friedhöfe: den römischen Friedhof „Verano" und die anderen in unserer Stadt, aber auch außerhalb dieser Stadt, in der ganzen Welt!
Pilgern wir vielleicht nur zu Stätten des Todes? Bezeugen diese Friedhöfe vielleicht nur das Ende des Lebewesens, das sich „Mensch" nennt? Bestätigen sie nur die Rückkehr ins Erdreich: „Denn Staub bist du, zum Staub mußt du zurück"? (*Gen* 3,19).

3. Die Liturgie sagt uns etwas anderes. „Dem Herrn gehört die Erde und was sie erfüllt."
Dem Herrn gehört der Mensch, der in so vielen bekannten und unbekannten Friedhöfen nach dem Tod seines Leibes der Erde anvertraut worden ist.
Dem Herrn gehört er!
Die Liturgie offenbart uns gleichsam eine neue Bewegung, eine andere Bewegung, die das durchdringt, was von der Macht des Todes festgehalten wurde. Das, was der Bewegungslosigkeit überlassen wurde. Eine andere Bewegung – und eine andere Anwesenheit.
Von dieser Bewegung sprechen alle Lesungen der heutigen Liturgie. Davon spricht der Antwortpsalm. Und davon spricht besonders die Offenbarung.
„Danach sah ich: eine große Schar aus allen Nationen und Stämmen, Völkern und Sprachen; niemand konnte sie zählen. Sie standen in weißen Gewändern vor dem Thron und vor dem Lamm" (*Offb* 7,9).

4. Wer sind die, deren Leben auf Erden mit dem zugedeckten Sarg und dem Grabstein abgeschlossen wurde?
Der Psalmist antwortet: „Das sind die Menschen, die ... dein Antlitz suchen, Gott Jakobs“ (*Ps* 24,6).
Wer sind die, deren sterbliche Überreste sich in den Gräbern befinden?
Die Offenbarung antwortet: Das sind die, die vor dem Lamm stehen und mit lauter Stimme rufen: „Die Rettung kommt von unserem Gott, der auf dem Thron sitzt, und von dem Lamm“ (*Offb* 7,10).
An vielen Orten, an denen wir die Abwesenheit unserer Brüder und Schwestern empfinden, die uns verlassen haben, enthüllt uns das Wort der heutigen Liturgie eine neue Anwesenheit.
Es ist die Anwesenheit vor Gott selbst, die Anwesenheit durch das Lamm.

5. Das Lamm Gottes steht im Mittelpunkt dieser Wirklichkeit, die im Licht des Glaubens den Friedhof umfaßt.
Das Lamm ist Er, der der Menschheit den Weg der acht Seligpreisungen eröffnet; der sagte: „Kommt alle zu mir, die ihr euch plagt und schwere Lasten zu tragen habt. Ich werde euch Ruhe verschaffen“ (*Mt* 11,28).
Das Lamm ist der, in dem der Vater uns die größte Liebe geschenkt hat: „Wir heißen Kinder Gottes, und wir sind es“ (*1 Joh* 3,1). Durch sein Kreuz, seinen Tod und seine Auferstehung.
Das Lamm: Jesus Christus!
Wir lesen im Buch der Offenbarung: „Wer sind diese, die weiße Gewänder tragen, und woher sind sie gekommen? ... Es sind die, die aus der großen Bedrängnis kommen; sie haben ihre Gewänder gewaschen und im Blut des Lammes weiß gemacht“ (*Offb* 7,13–14).

6. Auf den Gräbern und den Grabdenkmälern um uns herum steht das Zeichen des Kreuzes. Dieses Zeichen spricht von einem Tod, der christlich war. Aber nicht nur. Dieses Zeichen legt Zeugnis ab für das Lamm: für Jesus Christus, in dem die Rettung der Welt ist, die Rettung des Menschen.
Dieses Zeichen spricht zu jedem einzelnen und zu allen von der „heiligen Stätte“ Gottes (vgl. *Ps* 24,3), zu der der Mensch in Christus berufen ist.
Ja, „dem Herrn gehört die Erde und was sie erfüllt“.
Das Kreuz, das Zeichen des Lammes, gibt davon Zeugnis.

Ein herzliches „Vergelt's Gott!"

Dankschreiben an Kardinal Ratzinger vom 3. November

Meinem ehrwürdigen Bruder, Joseph Kardinal Ratzinger!

Anläßlich des zehnjährigen Gedenkens meines Dienstes im Amt des Nachfolgers des heiligen Petrus haben Sie am vergangenen Sonntag in Sankt Peter zusammen mit der deutschsprachigen Gemeinde in Rom einen Gottesdienst gefeiert, der von Chor und Orchester der Bayrischen Staatsoper München unter Leitung von Professor Wolfgang Sawallisch durch die Aufführung der Messe in C-Dur von Ludwig van Beethoven besonders festlich mitgestaltet wurde.
Dieses geistliche Ereignis hat mir tiefe Freude bereitet. Die dabei zum Ausdruck gebrachte Verbundenheit so vieler in Gebet und Opfer ist mir eine Quelle der Kraft und der Zuversicht in meinem Dienst, den mir der Herr für seine Kirche anvertraut hat.
So will ich Ihnen auf diesem Weg für alle Mühen ein herzliches „Vergelt's Gott" sagen, nicht zuletzt auch für die guten Worte der Predigt. Gleichzeitig darf ich Sie bitten, diesen Dank auch allen Ihren Landsleuten zu übermitteln, die mir durch Gebet und Mitwirken ihre Nähe bekundet haben, insbesondere den Konzelebranten, dem Dirigenten, dem Chor und dem Orchester sowie allen, die durch ihre Anwesenheit zu dieser schönen Feier beigetragen haben.
Meiner Dankesfreude will ich dadurch Ausdruck verleihen, daß ich Sie und Ihre Landsleute im Gebet der Güte Gottes empfehle und Ihnen allen in der Liebe des Guten Hirten von Herzen meinen besonderen Apostolischen Segen erteile.

Aus dem Vatikan, am 3. November 1988

IOANNES PAULUS PP. II.

Die eheliche Liebe als Geschenk neu bewußt machen

Ansprache an die Vertreter der Bischofskonferenzen zum 20. Jahresgedächtnis von *Humanae vitae* am 7. November

1. Mit tiefer Freude richte ich meinen herzlichen Gruß an euch alle, meine Brüder im Episkopat, und an die vielen anderen Brüder, die ihr vertretet. Mit dem Gruß verbinde ich meine dankbare Anerkennung dafür, daß ihr einen Teil eurer Zeit und eure ganze Hirtenliebe dafür bereitgestellt habt, über ein Thema nachzudenken, das für das Leben und die Sendung der Kirche von besonderer Bedeutung ist. Einen besonderen Dank schulde ich ferner dem Päpstlichen Rat für die Familie, der dieses Treffen organisiert hat und seine Arbeiten verfolgt.

2. Der Grund für dieses Treffen ist das zwanzigste Jahr nach dem Erscheinen der Enzyklika *Humanae vitae*, die Paul VI. am 25. Juli 1968 über das ernste Problem der rechten Geburtenregelung veröffentlichte. In der auf die Veröffentlichung folgenden Mittwochsansprache vertraute Paul VI. selbst den Gläubigen an, welche Empfindungen ihn zur Erfüllung seines apostolischen Auftrags veranlaßt hätten. Er sagte: „Das erste Empfinden ist das unserer sehr schweren Verantwortung. Es hat uns in den Kern der Sache eingeführt und unterstützt während der vier Jahre, die zum Studium und zur Ausarbeitung dieser Enzyklika notwendig waren. Wir sagen euch im Vertrauen, daß dieses Verantwortungsgefühl uns innerlich nicht wenig zu schaffen gemacht hat. Nie haben wir die Last unseres Dienstes so empfunden wie bei dieser Gelegenheit. Wir haben studiert, gelesen, diskutiert, soviel wir konnten, und wir haben auch gebetet ... Um das Licht des Heiligen Geistes flehend, haben wir unser Gewissen der Stimme der Wahrheit zu voller und freier Verfügung gestellt; wir suchten die göttliche Regel zu deuten, die – wie wir sehen – der inneren Anforderung der wahren menschlichen Liebe, den Wesensstrukturen der Ehe als Institution, der Personenwürde der Ehegatten, ihrem Auftrag zum Dienst am Leben wie auch der Heiligkeit des christlichen Ehebundes entspringt. Wir haben über die feststehenden Elemente der überlieferten und geltenden Lehre der Kirche nachgedacht und dann besonders über die Lehren des letzten Konzils. Wir haben die Folgen der einen oder der anderen Entscheidung erwogen, und wir hatten keinen Zweifel über unsere Pflicht, unser Urteil in den Aussagen darzulegen, wie es in der vorliegenden Enzyklika geschehen ist“ (vgl. *Insegnamenti di Paolo VI.*, vol. VI, 1968, S. 870–71).
Uns allen sind die manchmal scharfen und sogar abwertenden Reaktionen bekannt, die selbst hier und da in der kirchlichen Gemeinschaft, auf die Enzyklika folgten. Mein verehrter Vorgänger hatte sie klar vorausgesehen. In der Enzyklika schrieb er ja „Es ist vorauszusehen, daß vielleicht nicht alle diese überkommene Lehre ohne weiteres annehmen werden; es werden sich, verstärkt durch die modernen Kommunikationsmittel, zu viele Gegenstimmen gegen das Wort der Kirche erheben. Die Kirche aber, die es nicht überrascht, daß sie ebenso wie ihr göttlicher Stifter gesetzt ‚zum Zeichen, dem widersprochen wird‘ (vgl. *Lk* 2, 34), steht dennoch zu ihrem Auftrag, das gesamte Sittengesetz, das natürliche und evangelische, demütig, aber auch fest zu verkünden“ (*Humanae vitae*, Nr. 18).
Anderseits hegte Paul VI. immer ein tiefes Vertrauen in die Fähigkeit des heutigen Menschen, die Lehre der Kirche anzunehmen und zu verstehen, nämlich die „von Gott bestimmte unlösbare Verknüpfung der beiden Sinngehalte – liebende Vereinigung und Fortpflanzung – , die beide dem ehelichen Akt innewohnen“ (*ebd.*, Nr. 12). „Unserer Meinung nach – schrieb er – sind die Menschen unserer Zeit durchaus imstande, die Vernunftgemäßheit dieser Lehre zu erfassen“ (*ebd.*, Nr. 12).

3. In Wahrheit haben die auf die Enzyklika folgenden Jahre trotz des Weiterbestehens ungerechtfertigter Kritiken und unannehmbaren Schweigens mit zunehmender Klarheit zeigen können, wie das Dokument Pauls VI. nicht nur von lebendiger Aktualität, sondern sogar reich an prophetischer Bedeutung war.
Ein Zeugnis von besonderem Wert boten 1980 die Bischöfe in der Synode, die in der *Propositio* schrieben: „Diese heilige Synode, die in der Einheit des Glaubens mit dem Nach-

folger des Petrus versammelt ist, hält an dem fest, was im Zweiten Vatikanischen Konzil (vgl. *Gaudium et spes*, Nr. 50) und dann in der Enyzklika *Humanae vitae* vorgelegt wird, nämlich, daß die eheliche Liebe voll menschlich, ausschließlich und für neues Leben offen sein muß (*Humanae vitae*, Nr. 11, und vgl. Nr. 9 und Nr. 12)" (Proposito zur Bischofssynode 1980, Nr. 22)

Ich selbst habe dann in dem auf die Synode folgenden Schreiben *Familiaris consortio* im erweiterten Zusammenhang der Berufung und Sendung der Familie die anthropologische und moralische Sicht von *Humanae vitae* über die Weitergabe des Lebens wieder aufgenommen (vgl. Nr. 28–35). Ebenso habe ich bei den Mittwochsaudienzen die letzten Katechesen „über die menschliche Liebe im göttlichen Plan" gehalten, um das ethische Grundprinzip der Enzyklika Pauls VI. über die unlösbare Verknüpfung der beiden Sinngehalte des ehelichen Aktes: liebende Vereinigung und Fortpflanzung, verstanden im Licht der bräutlichen Bedeutung des menschlichen Leibes, zu bestätigen und zu erhellen.

Unter den Früchten der Bischofssynode über die Aufgabe der Familie in der heutigen Welt muß an die Errichtung von zwei bedeutenden kirchlichen Organen erinnert werden, von denen das eine dazu bestimmt ist, die Seelsorge für Ehe und Familie anzuregen, und das andere die Förderung der wissenschaftlichen Forschung zum Ziel hat. Im ersteren, dem Päpstlichen Rat für die Familie, erfuhr die vorausgehende, von Paul VI. gewünschte Kommission für die Familie eine grundlegende Neugestaltung. In meinem Schreiben *Familiaris consortio* habe ich Sinn und Ziel des neuen Organs aufgezeigt: Der Rat „soll die Bedeutung sichtbar machen, welche ich dem pastoralen Dienst an den Familien in der Welt beimesse, und zugleich ein wirksames Instrument zu ihrer Förderung auf jeder Ebene sein" (Nr. 73).

Das zweite Organ ist das „Institut Johannes Paul II. für Studien über Ehe und Familie". Es war mein Wunsch, „daß mit wissenschaftlicher Methodik die Wahrheit über die Familie immer mehr ins Licht gestellt werde und daß Laien, Ordensleute und Priester in diesem Bereich eine wissenschaftliche Ausbildung, sowohl philosophisch-theologisch wie auch in den Humanwissenschaften erhalten könnten und dadurch ihr pastoraler und kirchlicher Dienst in geeigneter und wirksamer Weise zum Wohl der Kirche ausgeübt werde" (Apostol. Konst. *Magnum matrimonii*, 7. Okt. 1982, Nr. 3). Als es nach seiner Gründung schon einige Jahre seine Tätigkeit an der Päpstlichen Lateran-Universität entfaltet hatte, erhielt das Institut 1982 seine rechtliche Anerkennung. Es setzte seinen lobenswerten Einsatz fort und hat seine Tätigkeit auch auf andere Länder ausgeweitet. Und eben in diesen Tagen hat es den Zweiten Internationalen Moraltheologischen Kongreß über das Thema „20 Jahre nach *Humanae vitae* veranstaltet mit Überlegungen und Analysen auf der Linie jener pastoralen Sorgen, die auch eure Versammlung beschäftigen.

Der Ernst der heute im Umfeld von Ehe und Familie aufgeworfenen Probleme macht es immer notwendiger, daß innerhalb der nationalen oder regionalen Bischofskonferenzen und manchmal auch in einzelnen Diözesen ähnliche Organe gebildet und wirksam werden wie die eben genannten. Nur so können die Probleme mit der ihnen zukommenden theoretischen Vertiefung gültige und mit den Initiativen der anderen kirchlichen Organe zweckmäßig koordinierte Antworten finden.

4. Die gegenwärtige Tagung hat eine besondere Bedeutung schon deshalb, weil an ihr Bischöfe als Vertreter der Bischofskonferenzen aus den verschiedenen Ländern teilnehmen, wo sie mit besonderen Aufgaben in diesem Pastoralbereich betraut sind. Die theologische und seelsorgliche Problematik, die sich aus der Enzyklika *Humanae vitae* und dem Apostolischen Schreiben *Familiaris consortio* ergeben hat, bildet, ehrwürdige Brüder, gewiß ein grundlegendes Kapitel eurer Sorge als Lehrer und Hirten der Wahrheit des Evangeliums und der menschlichen Wahrheit über Ehe und Familie.
Diese Begegnung kann eine wertvolle Gelegenheit für euch sein, da sich mit Hilfe des Erfahrungsaustauschs die augenblickliche Situation in der Kirche besser beschreiben und analysieren läßt, sowohl im Hinblick auf Entwicklungen, die mit der Thematik von *Humanae vitae* verbunden sind, als auch hinsichtlich der Information über die Antwort, die man in den verschiedenen sozialen und kulturellen Situationen darauf gegeben hat.
Die Methode dieser Arbeiten und die Ergebnisse, die sie zeitigen werden, könnten vielleicht die Möglichkeit empfehlen, auch in Zukunft ähnliche Treffen zu unternehmen. Sie gehen in der Tat in die Richtung einer bereits bestehenden Zusammenarbeit zwischen dem Päpstlichen Rat für die Familie und den Bischöfen der verschiedenen Länder, vor allem bei deren „ad-limina"-Besuchen. Die zahlreichen Schwierigkeiten, denen die Familie in unserer heutigen Welt begegnen muß, lassen uns weitere Festigung dieser Zusammenarbeit wünschen, damit wir den Eheleuten jede mögliche Hilfe zur besseren Erfüllung ihrer eigenen Berufung anbieten können.

5. Mancherseits verbindet sich der Hinweis auf die Enzyklika *Humanae vitae* fast automatisch mit dem Gedanken an die Krise, in die die Ehemoral geraten ist und weiterhin gerät. Man muß zweifellos die vielen und manchmal ernsten Schwierigkeiten anerkennen, die den Priestern und den Ehepaaren auf diesem Gebiet begegnen, den einen beim Verkünden der vollen Wahrheit über die eheliche Liebe und den anderen dabei, diese Liebe zu leben. Anderseits sind die Schwierigkeiten auf moralischer Ebene die Frucht und das Zeichen anderer ernsterer Schwierigkeiten, die die wesentlichen Werte der Ehe als „inniger Gemeinschaft des Lebens und der Liebe" (*Gaudium et spes*, Nr. 48) berühren. Der Verlust der Wertschätzung des Kindes als der „vorzüglichsten Gabe für die Ehe" (*ebd.*, Nr. 50), ja selbst die kategorische Weigerung, das Leben weiterzugeben, oft infolge einer falsch verstandenen verantworteten Elternschaft, ferner die in unserer Gesellschaft und unserer Kultur vielfach so verbreitete, ganz subjektive und relativierende Interpretation der ehelichen Liebe sind offensichtliche Zeichen der gegenwärtigen Krise in Ehe und Familie.
Das Apostolische Schreiben *Familiaris consortio* hat festgestellt, daß sich an der Wurzel dieser Krise eine Zersetzung der Vorstellung und Erfahrung der Freiheit findet, „die nicht als Fähigkeit aufgefaßt wird, den Plan Gottes für Ehe und Familie zu verwirklichen, sondern vielmehr als autonome Kraft der Selbstbehauptung – für das eigene, egoistisch verstandene Wohlergehen und nicht selten gegen die Mitmenschen" (Nr. 6). Noch radikaler zeigt sich eine innenwohnende und säkularisierte Sicht der Ehe, ihrer Werte und ihrer Anforderungen: Die Weigerung, die göttliche Quelle, aus der die Liebe und die Fruchtbarkeit der Eheleute hervorgehen, anzuerkennen, setzt Ehe und Familie, auch als menschliches Erleben, der Gefahr der Auflösung aus.

Gleichzeitig bietet die augenblickliche Lage aber auch positive Aspekte. Unter diesen zeigt sich deutlich die Wiederentdeckung der „Reichtümer", über die Mann und Frau verfügen, um die ganze Wahrheit der ehelichen Liebe zu leben. Der erste und grundlegende Reichtum ist das Ehesakrament, das heißt, Jesus Christus selbst, der gegenwärtig wird und durch seinen Geist wirkt, und der den christlichen Eheleuten Anteil gibt an seiner Liebe zur erlösten Menschheit. Dieses Sakrament offenbart vollkommen und führt zur höchsten Erfüllung jenes „Ursakraments der Schöpfung", durch das von Anfang an Mann und Frau von Gott erschaffen wurden nach seinem Bild und Gleichnis und berufen zur Liebe und zur Gemeinschaft. So sind Mann und Frau, wenn sie ihr „Menschsein" im Sinn der ehelichen Berufung vollziehen, in den Dienst nicht nur der Kinder, sondern auch der Kirche und der Gesellschaft gestellt.
Die nachkonziliare Zeit hat ein zunehmendes Bewußtsein der kirchlichen und sozialen Bedeutung von Ehe und Familie begünstigt: Sie sind für gewöhnlich und zugleich grundlegend der Ort, an dem die Berufung der Laien in der Kirche zur Auswirkung kommt. Die *Charta der Familienrechte*, die der Hl. Stuhl 1983 auf die Bitte der Bischofssynode herausgab, kennzeichnet einen besonders wichtigen Augenblick für das Bewußtsein von der sozialen und politischen Bedeutung von Ehe und Familie, die nicht nur Nutznießer, sondern wahre und eigentliche „Hauptdarsteller" einer „Politik" im Dienst des Gemeinwohls der Familie sind.

6. Angesichts der Schwierigkeiten und der Hilfen für die heutige Familie fühlt sich die Kirche aufgerufen, sich die von Christus empfangene Aufgabe hinsichtlich des kostbaren Gutes der Ehe und der Familie neu bewußt zu machen: die Aufgabe, dieses Gut in seiner Wahrheit zu verkündigen, es in seinem Geheimnis zu feiern und es ins tägliche Leben zu übertragen bei denen, „die Gott beruft, ihm in der Ehe zu dienen" (*Humanae vitae*, Nr. 25). Aber wie soll man diese Aufgabe unter den derzeitigen Lebensbedingungen der Kirche und der Gesellschaft erfüllen?
Der Austausch von Gedanken und Erfahrungen während dieses eures Treffens wird es gewiß möglich machen, einige wesentliche Antworten zu finden. Doch kann es angebracht sein, zu Beginn eurer Arbeiten einige Anregungen zu geben und einige Vorschläge zu formulieren.
Es ist dringender denn je, das Bewußtsein der ehelichen Liebe als Geschenk neu zu beleben: Sie ist das Geschenk, das der Heilige Geist, der im unaussprechlichen Geheimnis der Dreifaltigkeit die personhafte Liebe ist (vgl. *Dominum et vivificantem*, Nr. 10), durch das Sakrament der Ehe in das Herz der christlichen Eheleute eingießt. Diese Gabe ist das „neue Gesetz" ihrer Existenz, die Wurzel und die Kraft für das sittliche Leben des Ehepaares und der Familie. Und ihr Ethos besteht in Wahrheit darin, alle Dimensionen der Gabe zu leben:

- Die Dimension der Gattenliebe. Sie verlangt von den Eheleuten, immer mehr ein Herz und eine Seele zu werden und so in der Geschichte das Geheimnis der Gemeinschaft des einen und dreifaltigen Gottes offenbar zu machen.
- Die Dimension der Familie. Sie verlangt von den Eheleuten, daß sie bereit sind, „zur Mitwirkung mit der Liebe des Schöpfers und Erlösers, der durch sie seine eigene Fa-

milie immer mehr vergrößert und bereichert" (*Gaudium et spes*, Nr. 50), indem sie vom Herrn das Geschenk des Kindes annehmen (vgl. *Gen* 4,1).
Die kirchliche und soziale Dimension. Kraft dieser haben die christlichen Eheleute und Eltern aufgrund des Sakramentes „in ihrem Lebensstand und ihrer Ordnung ihre eigene Gabe im Gottesvolk" (*Lumen gentium*, Nr. 11) und übernehmen und entfalten zugleich als „Grund- und Lebenszelle der Gesellschaft" (*Apostolicam actuositatem*, Nr. 11) ihre Verantwortlichkeiten im gesellschaftlichen und politischen Bereich.

- Die religiöse Dimension. In ihr geben die Eheleute und die Familie in Glaube, Hoffnung und Liebe Antwort auf das Geschenk Gottes und machen aus ihrem ganzen Leben „durch Jesus Christus eine geistige Opfergabe, die Gott gefällt" (vgl. *1 Petr* 2,5).

Ohne Lehren zu vernachlässigen, die auch ihre Bedeutung haben, wie etwa jene, die die anthropologischen und psychologischen Aspekte der Sexualität und der Ehe betreffen, muß das pastorale Bemühen der Kirche die weitere Verbreitung und die Vertiefung des Bewußtseins, daß die eheliche Liebe ein Geschenk ist, das Gott der Verantwortung des Mannes und der Frau anvertraut hat, entschieden an die erste Stelle setzen. In diese Richtung müssen Katechese, theologische Reflexion und sittliche und geistliche Erziehung gehen.
Im übrigen ist es dringend notwendig, daß allen, Priestern, Ordensleuten und Laien, die absolute Notwendigkeit der Familienpastoral als integrierender Teil der Pastoral der Kirche, die „Mutter und Lehrerin" ist, neu zum Bewußtsein kommt. Mit Überzeugung wiederhole ich den Aufruf aus *Familiaris consortio*: „Jede Ortskirche und im besonderen jede Pfarrgemeinde (muß sich) der Gnade und der Verantwortung noch mehr bewußt werden, die sie vom Herrn empfängt, um die Familienpastoral zu fördern. Jeder Plan einer Gesamtpastoral muß auf allen Ebenen unbedingt auch die Familienpastoral einbeziehen" (Nr. 70).
Die nicht zu unterdrückende Forderung, daß der Glaube Kultur werden muß, muß den ersten und fundamentalen Ort ihrer Verwirklichung im Ehepaar und in der Familie finden. Das Ziel der Familienpastoral besteht nicht nur darin, die kirchlichen Gemeinschaften mehr besorgt zu machen um das christliche und menschliche Wohl der Eheleute und der Familien, vor allem der ärmeren und derer, die sich in Schwierigkeiten befinden, sondern es besteht auch und vor allem darin, das eigene und unersetzbare Handeln der Eheleute und der Familien selbst in der Kirche und in der Gesellschaft anzuregen.
Für eine wirksame und nachhaltige Familienpastoral ist es notwendig, auf die Ausbildung derer, die auf diesem Gebiet arbeiten, Wert zu legen und auch Berufungen zu diesem für die Kirche und für die Welt lebensnotwendigen Apostolat zu wecken. Die Worte Jesu: „Die Ernte ist groß, aber es gibt nur wenige Arbeiter" (*Lk* 10,2) gelten auch für das Feld der Familienpastoral. Es sind „Arbeiter notwendig, die nicht vor Schwierigkeiten und Unverständnis zurückschrecken, wenn sie den Plan Gottes über die Familie darlegen, und die bereit sind „mit Tränen zu säen", aber in der Gewißheit, „mit Jubel ihre Garben einzubringen" (vgl. *Ps* 125/126,5).

7. Gott will, daß jede Familie in Jesus Christus eine „Hauskirche" wird (vgl. *Lumen gentium*, Nr. 11). Von dieser „Kirche in Miniatur", wie der hl. Johannes Chrysostomus

sie oft gern nennt (vgl. z. B. *In Genesim Serm.* VI,2; VII,1), hängt größtenteils die Zukunft der Kirche und ihres Evangelisierungsauftrages ab.
Auch die Zukunft einer humaneren Gesellschaft, weil im Zeichen der Liebe und des Lebens inspiriert, hängt zum großen Teil von der moralischen und geistlichen Qualität der Ehe und der Familie, von ihrer Heiligkeit ab.
Dies ist das höchste Ziel der Pastoraltätigkeit der Kirche, wofür wir Bischöfe die Erstverantwortlichen sind. Der 20. Jahrestag von *Humanae vitae* stellt uns allen dieses Ziel mit der gleichen apostolischen Sorge Pauls VI. neu vor Augen, der seine Enzyklika mit folgenden Worten an seine Brüder im Bischofsamt abschloß: „Setzt euch, an der Spitze eurer Mitarbeiter, der Priester, und eurer Gläubigen restlos und unverzüglich ein für Schutz und Heiligkeit der Ehe; dafür, daß damit das Leben in der Ehe zu menschlicher und christlicher Vollendung kommt. Das sollt ihr als die größte und verantwortungsvollste Aufgabe ansehen, die euch heute anvertraut ist" (*Humanae vitae*, Nr. 30).
Diese Aufforderung mache ich mir zu eigen und erteile allen von Herzen den Apostolischen Segen.

Christen dürfen nicht nur auf sich schauen

Ansprache an die Mitglieder der Arbeitsgemeinschaft Christlicher Kirchen in der Schweiz am 10. November

Liebe Brüder und Schwestern!

1. Gepriesen sei der Gott und Vater unseres Herrn Jesus Christus: sein Geist der Liebe, der zur ganzen Wahrheit führt (vgl. *Joh* 16,13), hat uns gegeben, daß wir einander begegnen und einander helfen, seinen Willen zu erfüllen!
Ihr Besuch in Rom mit Zeiten des Gebetes, des Studiums und der brüderlichen Begegnungen war in mehr als einer Hinsicht bedeutsam. Ganz auf der Linie unseres Treffens in Kehrsatz am 14. Juni 1984 vollzog er sich in dem Geist, der den Einsatz der Arbeitsgemeinschaft christlicher Kirchen in der Schweiz leitet, nämlich: es annehmen, daß man sich gegenseitig über die Treue befragt, mit der man der höchsten Wahrheit dient, die uns in Jesus, dem Herrn selbst, offenbart wurde.
Ihre Arbeitstreffen mit mehreren Organen der Römischen Kurie werden, so hoffe ich, nützlich sein für Ihre ökumenische Sendung. Ich bin sicher, daß sie auch für meine engen Mitarbeiter, die Mitglieder dieser Organe, hilfreich waren im Hinblick auf ihre Aufgabe. Ich danke Ihnen, daß Sie gekommen sind, um mit ihnen zusammen nachzudenken, denn sie alle setzen sich schon „durch die Tatsache, daß sie Mitarbeiter des Papstes sind, für den Dienst an der Einheit der Kirche ein, der dem Bischof von Rom in einer einzigartigen Weise zukommt" (*Ansprache an die Römische Kurie*, 28.6.1985, Nr. 4). Ich bringe Ihnen auch meine Freude und meinen Dank zum Ausdruck für die Augenblicke des Gebets und des Dialogs, die wir miteinander erleben.

2. Die Christen der Schweiz haben aufgrund der religiösen Geschichte Ihres Landes eine ganz besondere ökumenische Sendung. Wenn man sich die Geschichte des Christentums in Erinnerung ruft, dann erscheinen die Namen Ihrer großen Städte zu gewissen Zeiten wie Orte des Mißverständnisses, der Entzweiung und des Mißtrauens: Genf, Zürich, Bern, Basel, Neuchâtel. Es ist Ihre gemeinsame Sendung, daraus Orte der Wiedervereinigung, des Vertrauens und der Hoffnung zu machen für die Ausstrahlung des Evangeliums und zur Freude derer, die dort leben. Ich weiß, daß zahlreiche örtliche Unternehmungen in diesem Sinn im Gang sind, und ich bitte den Herrn, er möge Ihnen die Gnade der Beharrlichkeit schenken, trotz der alten Schwierigkeiten, die noch nicht überwunden sind, und neuer, die sich erheben können. In Kehrsatz hatte ich der Hoffnung Ausdruck gegeben, daß die Katholiken und die Reformierten der Schweiz eines Tages imstande sein mögen, zusammen die Geschichte der Epoche ihrer Entzweiung schreiben zu können, „einer unruhigen und verwickelten Zeit“, und sie zu schreiben „mit der Objektivität, die einer tiefen brüderlichen Liebe entspringt“ (*Ansprache an die Mitglieder des Schweizerischen Evangelischen Kirchenbundes*, 14.6.1984, Nr. 2). Ich weiß, daß man begonnen hat, sich über diesen Plan Gedanken zu machen, und ich hoffe, daß man eines Tages an seine Verwirklichung gehen kann.

3. Im Lauf Ihres Besuches haben sich Ihre Arbeiten mit den Organen der Römischen Kurie nicht nur mit den Sorgen befaßt, die sich auf das interne Leben der Kirchen oder die ökumenische Bewegung beziehen. Christen, die nur auf sich selbst schauten, wären ja ihrer Sendung nicht mehr treu. Wir haben die Gnade des Glaubens empfangen, um die Liebe Gottes zu allen Menschen zu bezeugen. Sie haben über die Menschenrechte gesprochen und über das schreckliche Drama der Folterung. Die Verschuldung der Länder der Dritten Welt und der dringend notwendige ökumenische Einsatz für die Gerechtigkeit, den Frieden und die Bewahrung der Schöpfung waren Gegenstand Ihres Austauschs, denn dabei geht es um die Zukunft der Welt und um die Glaubwürdigkeit der Christen. Wenn in einem Land die Beziehungen zu den anderen Nationen intensiver werden und sich über die politischen Grenzen hinweg ein Austausch vollzieht, und wenn man sich weigert, sich nur von wirtschaftlichen Interessen leiten zu lassen, dann wird Friede aufgebaut. In der Schweiz arbeiten vielfältige Organe auf verschiedenen Ebenen daran. Ich denke besonders an die internationalen Institutionen, die ihren Sitz in Genf haben. Die Christen der Schweiz haben eine besondere Verantwortung, gemeinsam diese Bemühungen zugunsten des Friedens auf örtlicher und internationaler Ebene zu unterstützen.

4. Hinsichtlich der kirchlichen Situation im näheren Sinn wollen Sie Ihre Aufmerksamkeit auf die kleineren Gemeinschaften richten, die sowohl im eigenen Land wie in der ökumenischen Zusammenarbeit ihre Stimme nicht immer vernehmbar machen können, weil andere aufgrund der größeren Zahl ihrer Mitglieder und der ihnen zur Verfügung stehenden Mittel mehr in Erscheinung treten. Diese Gefahr besteht überall in der Welt. Die Bedeutung einer Kirche wird indessen nicht an der Zahl ihrer Gläubigen bemessen, sondern an der Kraft ihres Glaubenslebens. Auf der Suche nach der Einheit und im gemeinsamen Zeugnis muß jede Kirche oder kirchliche Gemeinschaft mit der Eigenart

ihrer Spiritualität, ihrer missionarischen Erfahrung und der Weise, wie sie das Geheimnis ihres Glaubens ausdrückt, angenommen werden können. Da ich diesen Punkt Ihrer Besorgnisse angesprochen habe, erlauben Sie mir, den Wunsch zum Ausdruck zu bringen, daß eines Tages auch die orthodoxe Kirche in der Schweiz als Mitglied Ihrer Arbeitsgemeinschaft mit Ihnen möge zusammenarbeiten können.

5. Unter den Gegebenheiten, die uns allen Sorge bereiten, sind die Teilnahme an der Eucharistie und die Mischehen. In dem, was das Mahl des Herrn betrifft, haben sich unsere Positionen noch nicht zusammengefunden, und trotz aller Schwierigkeiten und Leiden, die sich für das Leben der Gemeinden daraus ergeben, können wir nicht handeln, als ob diese unterschiedliche Auffassung, die einen wesentlichen Punkt des Glaubens berührt, nicht vorhanden sei. Nach unserem katholischen Glauben sind wir aus Treue zu dem, was die Apostel uns von Christus her überliefert haben, der Auffassung, daß eine gemeinsame Feier der Eucharistie die Einheit im Glauben voraussetzt und daß sie auch eng gebunden ist an das, wovon wir glauben, daß es den geweihten Priestern in der ihnen eigenen Rolle und Stellung in der Kirche vorbehalten ist. Kürzlich habe ich zu den Protestanten, die ich in Straßburg traf, gesagt: „Als Katholiken wollen wir nicht den Eindruck erwecken, als ob die derzeitige Unmöglichkeit einer gemeinsamen Teilnahme an der Eucharistie eine einfache Frage der kirchlichen Disziplin sei, die je nach Personen und Umständen verschieden gelöst werden könne“ (*Ansprache beim ökumenischen Gebetsgottesdienst in der Thomaskirche*, 9. 10. 1988, Nr. 4). Die Eucharistie und die Weiheämter der Kirche müssen also noch weiterhin Gegenstand des theologischen Dialogs sein. Wir hoffen, daß Gottes Gnade sich dieses Dialogs bedienen wird und daß sie – unser Gebet und die Bekehrung unseres Herzens vorausgesetzt – uns erlauben wird, eines Tages alle zusammen zu erfüllen, was wir Katholiken heute noch nicht für möglich halten.

6. Die Mischehen werden in der Schweiz immer zahlreicher. Diese Tatsache ist eine der bedeutendsten gemeinsamen Sorgen. Die besondere Seelsorge, deren glaubensverschiedene Paare bedürfen, macht eine geregelte, wirksame und vertrauensvolle Zusammenarbeit der Kirchen notwendig. Die Familien, die in der Herzmitte ihres Lebens die schmerzlichen Folgen unserer Trennung zu tragen haben, doch auch die Hoffnung und die Liebe, die uns schon einander näher bringen, diese Familien haben das Recht auf eine vorrangige Aufmerksamkeit. Ich kann mir in dieser Hinsicht vorstellen, daß es für die im Pastoraldienst Stehenden schwierig und heikel sein kann, Verlobten von zwei verschiedenen Konfessionen, die nur zu oft nicht mehr als nur gelegentliche Kontakte zu ihrer religiösen Gemeinschaft haben, das sowohl anfordernde wie zugleich auch mütterliche Gesicht der Kirche zu zeigen. Müßte man es nicht vermeiden, zu rasch zu sagen, eine Mischehe sei eine „Chance für den Ökumenismus“, wenn man feststellt, daß viele der betreffenden Familien schließlich in religiöser Gleichgültigkeit leben, aus Gründen, die übrigens sehr verschieden sind? Wie kann man den Ehegatten, die beide ihrer eigenen Kirche treu bleiben, ihre Kinder im Glauben erziehen und zur ökumenischen Bewegung beitragen wollen, wahrhaft helfen, wenn die Situationen dieser Paare so verschieden, das Milieu ihrer Pfarrei oft zu schwach und ein anspruchsvolles Zeugnis für das Evangelium

in einer ruhigen, reichen und blühenden Nation so schwierig ist? Das sind Fragen, die Sie sich oft stellen. Sie bezeichnen die Arbeitsgemeinschaft Christlicher Kirchen gern als eine „vorläufige, im Wachstum befindliche Gemeinschaft." Aus dieser Gemeinschaft sollten, wenn nicht endgültige Lösungen, so doch wenigstens aktivierende Antworten auf diese pastoralen Fragen hervorgehen, Antworten, die in beharrlicher, kühner und vertrauensvoller Zusammenarbeit ausgearbeitet und ins Werk gesetzt werden.

7. Liebe Brüder und Schwestern, Sie werden zu Ihren Gemeinschaften in der Schweiz zurückkehren. Sie werden mit ihnen die Hoffnungen teilen, die die Kontakte in Rom in Ihnen geweckt haben. Sie werden vielleicht auch Ihre Enttäuschung oder Ihre Unzufriedenheit über diesen oder jenen Punkt des Gedankenaustauschs zum Ausdruck bringen. Wie auch immer die unmittelbaren Ergebnisse sein mögen, ich bin überzeugt, daß es einen ökumenischen Fortschritt gegeben hat, denn ich teile voll und ganz die Zuversicht, die sie am Ende Ihrer gemeinsamen Erklärung vom 6. Mai 1986 ausgedrückt haben: „Es ist ein ökumenischer Fortschritt, wenn die Herzen sich gemeinsam Gott, unserem Vater aller, zuwenden, wenn sich Brüder und Schwestern, die noch getrennt sind, in der Liebe Jesu Christi einander zuwenden und wenn man schließlich seine Erwartung in die Verheißung der Gaben des Heiligen Geistes setzt, der die Treue Gottes bezeugt."

Die Jugend vor Ideologien warnen

Ansprache an die Priester des Rosmini-Instituts am 10. November

Liebe Priester des Instituto della Cariá!

1. Es ist für mich ein Grund zur Freude, euch bei Gelegenheit des besonderen Generalkapitels zu empfangen, das ihr in Rom, dieser eurem Gründer so teuren Stadt, abhaltet. Wie ihr wohl wißt, wollte er bei Gelegenheit der Approbation des Instituto della Cariá zusammen mit seinen ersten Mitbürgern in den Katakomben des hl. Sebastian das Gelübde des absoluten Gehorsams dem Papst gegenüber ablegen.
Mit großer Zuneigung richte ich daher meinen Gruß an euch alle, weil diese Audienz ja bezeugt, daß das ursprüngliche Kennzeichen der Treue zum Nachfolger des Petrus in eurer Kongregation nicht verdunkelt worden ist. Ich grüße den Generalsuperior, P. Giovanni Battista Zantedeschi und seine Mitarbeiter, und meine Gedanken gelten auch allen Mitgliedern des Institus in den verschiedenen Ländern, die in den Missionen, den Kollegien, den Pfarreien und in den Instituten für Erziehung und Betreuung arbeiten. Eure vielfältigen Arbeiten entsprechen wirklich dem Begriff der universalen Liebe, einer Liebe, die so weit reicht wie das Gute, und die dem Diener Gottes Antonio Rosmini besonders am Herzen lag.

2. Gern denke ich an die Worte, mit denen Papst Gregor XVI. handschriftlich auf dem Text der Konstitutionen das Programm eurer Ordensfamilie umschrieb. Er lobte den

Gründer für seine Gaben, für die Kenntnis der göttlichen und menschlichen Dinge und die Tugenden, zumal die bewunderswerte Liebe und Treue zur katholischen Religion und zum Heiligen Stuhl. Er schrieb: „Mit Gründung des Instituts von der Liebe zielte er vor allem dahin, daß die Liebe Christi sich immer weiter ausbreiten und alle vereinigen sollte, daß sie in der Kirche immer reichere Früchte bringen und die Völker zu immer eifrigerer Liebe zu Gott und den Mitmenschen hinführen sollte“ (vgl. *Pagine di una vita* – Note Biografiche su Antonio Rosmini, Rovereto, 1987, S. 150).
Mit diesem Ziel vor Augen habt ihr gearbeitet und tut es weiter, wobei ihr in der Kirche einer Form des demütigen und fast verborgenen Dienstes nach der Aufforderung des Gründers den Vorzug gebt. Er empfahl seinen Jüngern, in der Kirche nie „die Rolle von Lehrern“ anzunehmen, sich vielmehr „demütig in allem den von Jesus, dem Erlöser, aufgestellten Lehrern und Richtern, nämlich den Hirten der Kirche zu unterwerfen“ (*Konst.* n. 522). Ich möchte diesen hochherzigen Stil des Dienens ermuntern und wünsche, das jetzige Kapitel möge in euch den Eifer bestärken, dem für das Institut typischen Charisma zu entsprechen.

3. Allen ist der Einsatz gerade Rosminis für eine intensive intellektuelle Arbeit bekannt, die ganz der Bekanntmachung des Evangeliums dienen sollte. Sein Geist war besonders für das große Problem der Harmonie zwischen Glaube und Vernunft aufgeschlossen, und er wollte vor allem den bekanntesten Denkern seiner Zeit Aufmerksamkeit schenken – man sprach damals wie heute von einem neuen Abschnitt der Geschichte und des Denkens – um die besten Weisen einer Vermittlung der christlichen Lehre an die Menschen, zumal an die Welt der Kultur und des Wissens zu suchen. Dabei ging es ihm auch um eine Anpassung der Sprache und des Dialogs.
Ihr wißt gut, daß sich heute das Interesse für das Denken Rosminis neu belebt, gerade was sein Zeugnis und den Lebensstil des Denkers angeht. Männer der Kultur und der Wissenschaft, Kirchenmänner wie Laien, beschäftigen sich mit seinen Schriften, um die tiefsten Gründe des Wissens im Licht seines Beispiels als Glaubender und Philosoph wiederzufinden.
Sie schätzen seine Art, sich Gott durch die Wissenschaft und die Philosophie zu nähern, und erkennen die Aktualität seines Forschens an, um den Wert der Wahrheiten des Glaubens und der christlichen Botschaft über den Menschen und seine Aufgabe in der Welt zu bekräftigen.
Ich ermuntere euch, diese Sendung weiterzuführen, zumal in den von euch geleiteten Schulen und in den wohlbekannten Studienzentren von Stresa, Rovereto und Durham. Wißt der euch anvertrauten edlen Aufgabe in der Kirche zu entsprechen. Handelt mit Mut und sicherem Unterscheidungsvermögen, um die echten Werte klar darzulegen und seid zugleich fest und mutig, wenn es gilt, die Jugendlichen vor Ideologien zu warnen, die sich mit dem Glauben nicht vereinbaren lassen, auch wenn sie verlockend sind und eine gewisse Anziehungskraft selbst auf die Besten ausüben können.
So könnt ihr bestätigen, daß die wachsende Bewunderung und das Interesse für die Gestalt Antonio Rosminis und sein Denken in euch das Bedürfnis wecken, seine Tugenden herauszustellen sowie seine moralische und geistliche Gestalt in den unerhörten Prüfun-

gen, die ihn während seines Lebens heimsuchten. Gerade diese Prüfungen haben die Heiligkeit seines Lebens bezeugt und reifen lassen; gerade so hat er euch gelehrt, wie man die Kirche liebt, wie man für die Kirche arbeitet und wie man für ihr wahres Wohl leiden kann und muß. Denkt immer an seine Worte: „Der Christ muß in sich eine Zuneigung, Anhänglichkeit und Ehrfurcht ohne Grenzen an den Heiligen Stuhl des römischen Papstes bewahren; grenzenlos muß er den wahren und heiligen Ruhm lieben und fördern, die Ehre und Blüte dieses wesentlichen Teiles der unbefleckten Braut Jesu Christi" (*Massime di Perfezione cristina*, Opere die Antonio Rosmini, Bd. 49, S. 43).

4. Ich möchte die Arbeiten eurer derzeitigen Versammlung dem Schutz der Schmerzensmutter anvertrauen in dem Wissen, daß Rosmini ihr Bild besonders geliebt hat: ihr wollte er seine geistlichen Söhne anvertrauen. Wißt also diese „neue Mutterschaft Marias" gegenüber allen Menschen zu betrachten, die aus dem Glauben und der Frucht der neuen Liebe stammt und in ihr endgültig zu Füßen des Kreuzes durch ihre Teilhabe an der Erlöserliebe ihres Sohnes gereift ist (vgl. die Enzyklika *Redemptoris Mater*, Nr. 23), und wißt im Licht dieses Beispiels die Wege zu gehen, die der Heilige Geist eurem Geist eingeben wird.
Mit diesen Wünschen erteile ich von Herzen euch Anwesenden und der ganzen Familie der Rosminianer einen besonderen Apostolischen Segen.

Lebensqualität und Lebenserwartung müssen miteinander Schritt halten

Ansprache an die Teilnehmer der 3. internationalen Tagung über „Lebenserwartung und Lebensqualität" am 11. November

Sehr geehrte Herren!

1. Ihnen allen meinen achtungsvollen und herzlichen Gruß. Ich freue mich über diese Begegnung; erlaubt sie mir doch, wieder mit so vielen qualifizierten Medizinern zusammenzutreffen, die hierher gekommen sind, um an der internationalen Tagung teilzunehmen, die der Päpstliche Rat für das Krankenapostolat zu gegebener Zeit über das Thema „Lebenserwartung und Lebensqualität" veranstaltet hat.
Das Thema ist aktueller denn je angesichts des veränderten prozentualen Verhältnisses zwischen den verschiedenen Altersstufen der Weltbevölkerung. Heute verzeichnet man in der ganzen Welt wirklich eine ständige Zunahme der Anzahl der alten Menschen. Dies bringt eine verstärkte ethische, moralische, politische, soziale und organisatorische Verpflichtung aller mit sich, damit den Alten angemessene Sicherheit und wirksame Hilfe gewährleistet werden.
Gefragt ist nicht nur die Welt der Medizin, deren Aufgabe es ist, das Wohlergehen dieser besonderen Altersstufe des Lebens zu ermöglichen durch die Krankenvorsorge und För-

derung all dessen, was durchführbar ist, um die Selbständigkeit des alten Menschen sicherzustellen. Es ist Sache der Familie und der Gemeinschaft, denen es obliegt, sich dafür einzusetzen, damit der alte Mensch sich weiterhin als aktives, in den eigenen familiären und gesellschaftlichen Kontext eingefügtes Glied zum Ausdruck bringen kann. Nur der solidarische Einsatz aller kann es dem alten Menschen ermöglichen, die gebührende Anerkennung seiner aktiven Gegenwart in der Gesellschaft zu erlangen. Wenn auch das Problem der Aufwertung des dritten Lebensalters aufgrund seines Ausmaßes neu ist, so reicht der instinktive berechtigte Wunsch der alten Menschen, weiterhin aufbauend in den Lebensprozeß, nicht nur im Bereich der Familie, sondern als einzelner und als Gruppe eingegliedert zu sein, weit zurück.
Dieser Wunsch findet seine Antwort in der schwerwiegenden moralischen Pflicht, den alten Menschen entsprechende Hilfe zu leisten; in einer Pflicht, die sich im Gewissen jedes Menschen spürbar macht und die auch in der Heiligen Schrift bekräftigt wird. Unter den Zehn Geboten ist eines, das lautet: „Ehre deinen Vater und deine Mutter, wie es dir der Herr, dein Gott, zur Pflicht gemacht hat“ (*Dtn* 5,16). Die Bibel betont nicht nur die Achtung und den geschuldeten Gehorsam gegenüber den Eltern, sondern auch die gebührende Pflicht, sie zu unterstützen und zu pflegen, wenn sie nicht mehr in der Lage sind, für sich selbst zu sorgen: „Denk daran, daß sie dir das Leben gaben. Wie kannst du ihnen vergelten, was sie für dich taten?“ (*Sir* 7,28).

2. Die großen gesellschaftlichen und kulturellen Wandlungen der vergangenen fünfzig Jahre, die mit dem technologischen Fortschritt verbunden sind, der seinerseits das Ergebnis einer außerordentlichen Entwicklung im Bereich der Wissenschaften ist, haben die Beziehungen unter den Generationen tiefgreifend verändert. In den Entwicklungsländern haben die einheimischen Kulturen die Bindung an die Tradition stärker und die Rolle des alten Menschen, die ein Zeichen des Familienzusammenhalts war, dauerhafter bewahrt. Aber in den Industrienationen war die Entwicklung so rasch und einschneidend, daß sie den auf der patriarchalen Familie gegründeten sozialen Kontext tiefgreifend verändert hat. Die Situation der alten Menschen hat die Auswirkungen heftig verspürt.
Gleichzeitig haben in weniger als einem Jahrhundert die viel strenger befolgte Hygiene, die medizinische Vorsorge, die neuen Arzneimittel sowie eine bessere und angemessenere Ernährung in diesen Nationen das Durchschnittslebensalter des Menschen um etwa dreißig Jahre verlängert.

3. Soziologen und Mediziner unterscheiden zwei Gruppen von alten Menschen, die, die sich selbst versorgen, und die, die nicht dazu in der Lage sind. Sie vermeiden es jedoch, die reine motorische Unabhängigkeit als diskriminierenden Faktor zu betrachten, denn nicht wenige alte Menschen, die bewegungsbehindert sind, erfreuen sich voller psychischer Ausgeglichenhheit und lebendiger Geistesklarheit. Offensichtlich sind die Probleme der ersten Gruppe geringer; um so schwerer und dringender sind die, die von den auf fremde Hilfe angewiesenen Alten aufgeworfen werden, denen eine sichere, ihrer Würde entsprechende, fachgerechte Hilfe gewährleistet werden muß.

Die gegenwärtige internationale Tagung will sich mit diesen Problemen befassen, und sie unterstreicht den engen Zusammemhang, der zwischen der höheren Lebenserwartung und der Lebensqualität weiterhin bestehen bleiben muß. Es genügt nämlich nicht, die Grundbedürfnisse zu befriedigen, die mit der höheren Lebenserwartung verbunden sind; es ist notwendig, auch die von der personalen Würde des alten Menschen her gegebenen Anforderungen zu berücksichtigen, indem man ihm jene globalen Hilfeleistungen zur Verfügung stellt, die ihm erlauben, ein Leben und eine Aktivität zu führen, die seinem Alter entsprechen. Denn nur ein angemessener Einsatz der physischen und psychischen Kräfte kann in ihm ein festes Selbstbewußtsein und einen aufbauenden Lebenswillen sicherstellen. Es hängt deshalb von der Lebensqualität ab, die man dem alten Menschen gewährleisten kann, ob der Unterschied zwischen den verschiedenen Altersstufen weniger scharf sein wird und ob sich sogar die Aussicht auf ein Leben abzeichnet, das in gewisser Weise kein Alter kennt.

4. In der Tat hat heute die Ablehnung des patriarchalen Familienmodells besonders in den reichen Ländern das wachsende Phänomen begünstigt, die alten Menschen den öffentlichen oder privaten Einrichtungen zu überlassen. Diese sind, trotz guter Vorsätze, im allgemeinen nicht in der Lage, ihm voll zu helfen, die Schranke der psychologischen Isolierung und vor allem des Ausschlusses aus der Familie zu überwinden, denn er wird der Geborgenheit in der Familie, des Interesses für die Gesellschaft, der Liebe zum Leben beraubt. Deshalb ist es notwendig, Einrichtungen zu schaffen, die immer mehr diese psychologischen und geistigen Bedürfnisse des Menschen berücksichtigen, von deren Befriedigung in entscheidendem Maß die Lebensqualität dessen abhängt, der ein solches Stadium erreicht hat. Eine „humane“ Lösung kann dies dem alten Menschen bieten, der keine eigene Familie hat, auf die er zählen könnte, oder der nicht in der Lage ist, sich selbst zu versorgen oder der doch aus freien Stücken wünscht, sich einer dieser Einrichtungen zu bedienen, indem er glaubt, daß sie seiner eigenen Situation angemessen sei.
Trotzdem muß mit Nachdruck bekräftigt werden, daß dies nicht die ideale Lösung ist. Das Ziel, nach dem man sich ausrichten muß, ist, daß der alte Mensch in seinem eigenen Heim bleiben und gegebenenfalls auf entsprechende Formen häuslicher Hilfe zählen kann. Dem öffentlichen Einsatz kann darin die Tätigkeit der Freiwilligen zur Seite stehen durch den Beitrag von Initiativen, die sich an der Lehre der katholischen Kirche inspirieren wie auch an denen anderer religiöser und humanitärer Vereinigungen, denen Achtung und Dank gebühren.

5. Für die Verwirklichung einer solchen Ausrichtung, die dem Wesen nach nicht nur technisch, sondern moralisch und sozial ist, ist es notwendig, sich an einige Grundwerte zu erinnern – so die Heiligkeit menschlichen Lebens, die Personenwürde, die Unantastbarkeit seiner Freiheit –, die in dem Gewissen des einzelnen eingeschrieben sind und die Stützpfeiler jeder echten Zivilisation bilden. Dann, im Fall des alten Menschen, muß man auch an die Dankesschuld denken, die die Gesellschaft ihm gegenüber hat für das, was er zugunsten des Gemeinwohls während seiner aktiven Lebensjahre geleistet hat.

Diese Werte entfalten einen besonderen Inhaltsreichtum angesichts der biblischen Offenbarung, die von dem Menschen sagt, daß er als Bild und Gleichnis Gottes geschaffen wurde (vgl. *Gen* 1,26), und die empfiehlt: „Mein Sohn, wenn dein Vater alt ist, nimm dich seiner an, und betrübe ihn nicht, solange er lebt. Wenn sein Verstand abnimmt, sieh es ihm nach ... denn die Liebe zum Vater wird nicht vergessen" (*Sir* 3,12–14).

6. Die wissenschaftliche Entwicklung der letzten Jahre hat wesentliche Fortschritte auf therapeutischem Gebiet hinsichtlich der vom fortgeschrittenen Alter bedingten Krankheitserscheinungen gemacht. Aufgrund derzeitiger Errungenschaften ist es heute möglich, dem Auftreten einiger solcher Krankheitsbilder vorzubeugen oder sie wenigstens hinauszuschieben, indem man für ein angemessenes und gezieltes Altern sorgt, bei dem auch äußere Faktoren, wie Ernährung, Umwelt, Gesundheitserziehung und Hygiene, eine Rolle spielen.

Es gibt aber andere pathologische Erscheinungen, gegenüber denen die derzeit verfügbaren Kenntnisse noch nicht ausreichen, um eine Vorsorge und Heilung zu planen. Dies verpflichtet die Spezialisten dieses Zweiges der Medizin zu verstärktem Einsatz, um genauere Kenntnisse über die Ätiologie solcher Krankheitsformen und eine dementsprechende Heilung zu erlangen.

Aber ich kann nicht umhin, die Aufmerksamkeit aller auf die Notwendigkeit zu lenken, daß der gemeinsame Einsatz sich nicht in der Suche nach immer besseren und kostspieligeren Medikamenten erschöpft, praktisch nur zugunsten der alten Menschen in den reichen Ländern. Es ist notwendig, daß die Bemühungen der höher entwickelten Nationen auch auf die ausgedehnten Gebiete der Welt gerichtet werden, wo trotz des Fortbestehens einer bewundernswerten Familiensolidarität die endemische Armut, Krankheiten, ungenügende Mittel, Mangel an Strukturen und psychologische Konditionierung das Leben so vieler Brüder und Schwestern in dramatischer Weise abkürzen und die lange Lebenserwartung zu einem unwahrscheinlichen Ziel machen. Wenn tatsächlich das Bemühen um eine qualitativ schätzenswerte lange Lebenserwartung eine Pflicht ist, die der Wissenschaft und Technologie obliegt, so ist es nicht weniger die Bemühung, jedem Menschen eine Lebensspanne zu gewährleisten, die vom Augenblick der Empfängnis bis zum natürlichen Tod reicht, der nicht durch menschenunwürdige Lebensbedingungen beschleunigt oder beeinträchtigt wird. Die reichen Länder dürfen die weniger begünstigten Länder nicht vergessen, wo aufgrund der Bevölkerungsdichte nur wenigen eine angemessene Assistenz gewährleistet wird. Die großen pharmazeutischen Industrien dürften mittels einer humanitären Politik der entsprechenden Staaten diesen Ländern solche Medikamente nicht vorenthalten, die, schmerzlicherweise „Waisen" genannt, dort nicht mehr gebraucht werden, wo der Wohlstand größer ist, aber für weite Gebiete der Welt lebensnotwendig sein können. Wir sind denen zu Dank verpflichtet, die auf diesem Feld konkrete und uneigennützige Initiativen in Gang bringen.

7. Geehrte Herren! Die enge Verbindung, die Sie in Ihrem Tagungsthema zwischen Lebenserwartung und Lebensqualität hergestellt haben, gibt zu verstehen, daß die prozentuale Zunahme der Lebenserwartung als eine unangemessene Errungenschaft zu betrach-

ten wäre, wenn die Lebensqualität mit ihr nicht Schritt hielte. Um jedoch ein solches Ziel wirksam zu verfolgen, ist es notwendig, den gesamten Sozialkörper miteinzubeziehen, damit eine neue Sensibilität für dieses Problem heranreift. Die medizinische Vorsorge und Therapie müssen von einem weitgefächerten Einsatz begleitet werden, der Einrichtungen und Strukturen vorsieht, die imstande sind, den älteren Menschen die Bereiche der Kultur, der Fortbildung und der vielfältigen Aktivitäten zu erschließen. Die Möglichkeit, anregende Interessen weiter zu pflegen und nützliche Tätigkeiten zu verrichten, bewirkt, daß der alte Mensch nicht nur in seinem Lebensgefühl bestärkt wird, sondern sich auch seines Lebens freut. Jeder neue Lebenstag erscheint ihm dann im wahren Licht, nämlich daß er ein Geschenk der ständigen liebevollen Vorsehung Gottes ist.

Der Beitrag, den Sie als Wissenschaftler, Ärzte, Forscher und Gelehrte zur Verfolgung dieses Zieles leisten können, ist vorrangig. Deshalb wende ich mich an Sie mit dem Aufruf, Ihre Arbeiten in verstärktem Maß auf den Schutz, die Verteidigung und die Förderung der gesamten Persönlichkeit des älteren Menschen auszurichten, damit die natürliche Abnahme der körperlichen Kräfte nicht von einer Verminderung der psychischen und intellektuellen Fähigkeiten begleitet wird, die gerade bei der älteren Person die Vorzüge der vollen Reife und Weisheit annehmen können. Die Schrift sagt: „Graues Haar ist eine prächtige Krone, auf dem Weg der Gerechtigkeit findet man sie“ (*Spr* 16,31).

Sich in den Dienst am alten Menschen zu stellen bedeutet, sich um das Leben aller verdient zu machen, denn es heißt, die volle Entfaltung der Leistungsfähigkeiten des Menschen zu gewährleisten, die in ihrer Besonderheit dem jeweiligen Alter entsprechend ganz zum Wohl aller fruchtbar gemacht werden. Darin, verehrte Herren, liegt die Größe Ihrer Aufgabe, deren Würde und Unersetzbarkeit. Möge sie dazu beitragen, daß sich das Psalmwort immer mehr bewahrheitet: „Sie tragen Frucht noch im Alter und bleiben voll Saft und Frische; sie verkünden: Gerecht ist der Herr“ (*Ps* 92,15 f.).

Mit diesem Wunsch bitte ich Gott um seinen Beistand für Sie und Ihre Arbeit und erteile Ihnen zum Unterpfand von Herzen meinen Segen.

Keine unkritische Übernahme von Forderungen

Ansprache an die Teilnehmer am internationalen Kongreß für Moraltheologie am 12. November

1. Mit lebhafter Freude begrüße ich euch, die bedeutenden Dozenten und alle, die ihr am internationalen Kongreß für Moraltheologie teilgenommen habt, der nun zu Ende geht. Mein Gruß gilt ferner dem Herrn Kardinal Hans Hermann Groer, Erzbischof von Wien, sowie den Vertretern der Kolumbusritter, die mit ihrem hochherzigen Beitrag die Durchführung dieses Kongresses möglich gemacht haben. Ein Wort der Anerkennung gilt auch dem Institut für Studien über Ehe und Familie der päpstlichen Lateran-Universität und dem römischen akademischen Zentrum vom heiligen Kreuz, die ihn vorbereitet und durchgeführt haben.

Das Thema, das euch, liebe Brüder, in diesen Tagen beschäftigt und euer vertieftes Nachdenken angeregt hat, war die Enzyklika Humanae vitae und das komplexe Geflecht von Problemen, die mit ihr verbunden sind.
Wie ihr wißt, hat in den letzten Tagen ein vom Päpstlichen Rat für die Familie veranstalteter Kongreß stattgefunden, an dem in Vertretung der Bischofskonferenzen aus der ganzen Welt die für die Familienpastoral in den einzelnen Nationen verantwortlichen Bischöfe teilgenommen haben. Dieses nicht zufällige Zusammentreffen bietet mir gleich Gelegenheit, die Wichtigkeit der Zusammenarbeit zwischen Hirten und Theologen zu betonen und mehr allgemein zwischen den Hirten und der Welt der Wissenschaft, damit eine wirksame und entsprechende Hilfe für die Eheleute sichergestellt wird, die in ihrem Leben Gottes Plan mit der Ehe verwirklichen wollen.
Allen ist die ausdrückliche Aufforderung bekannt, die in der Enzyklika *Humanae vitae* an die Männer der Wissenschaft und zumal an die katholischen Wissenschaftler gerichtet wird, durch ihre Studien zur immer gründlicheren Klärung der verschiedenen Voraussetzungen beizutragen, die eine ehrenhafte Regelung der menschlichen Fortpflanzung fördern (vgl. Nr. 24). Diese Aufforderung habe auch ich bei verschiedenen Gelegenheiten erneut vorgetragen, denn ich bin überzeugt, daß das interdisziplinäre Bemühen um einen entsprechenden Zugang zur komplexen Problematik auf diesem delikaten Gebiet unerläßlich ist.

2. Die zweite Gelegenheit, die sich mir bietet, ist die Feststellung der ermutigenden, bereits erreichten Ergebnisse vieler Forscher, die im Verlauf dieser Jahre die Forschung auf diesem Gebiet vorangebracht haben. Dank auch ihres Beitrags war es möglich, den Reichtum der Wahrheit, ja den erhellenden und irgendwie prophetischen Wert der Enzyklika Pauls VI. herauszustellen, der sich mit wachsendem Interesse Menschen aus den verschiedensten Kulturräumen zuwendet.
Hinweise auf eine Besinnung lassen sich auch in jenen Kreisen der katholischen Welt bemerken, die anfänglich dem wichtigen Dokument gegenüber ein wenig kritisch eingestellt waren. Der Fortschritt der biblischen und anthropologischen Reflexion hat nämlich eine bessere Klärung der Voraussetzungen und Bedeutungen gestattet.
Insbesondere ist an das Zeugnis der Bischöfe der Synode von 1980 zu erinnern. Sie schrieben, „in der Einheit des Glaubens mit dem Nachfolger des Petrus" festhalten zu wollen an „dem, was beim II. Vatikanischen Konzil (vgl *Gaudium et spes*, Nr. 50) und dann in der Enzyklika *Humanae vitae* vorgelegt worden ist, nämlich daß die eheliche Liebe voll menschlich, ausschließlich und für das Leben offen sein muß (*Humanae vitae*, Nr. 11, vgl. auch Nr. 9 und 12)" (Prop. 22).
Dieses Zeugnis habe ich selbst dann in das nachsynodale Schreiben *Familiaris consortio* aufgenommen und im weiteren Zusammenhang der Berufung und Sendung der Familie die anthropologische und moralische Sicht von *Humanae vitae* sowie die daraus folgende ethische Norm für das Leben der Gatten erneut betont.

3. Es geht nämlich nicht um eine vom Menschen erfundene Lehre: sie ist vielmehr von der Schöpferhand Gottes in die Natur der menschlichen Person eingeschrieben und von

ihm in der Offenbarung bekräftigt worden. Sie zur Diskussion stellen, bedeutet daher, Gott selbst den Gehorsam unseres Verstandes verweigern. Es bedeutet, daß wir das Licht unserer Vernunft dem Licht der göttlichen Weisheit vorziehen und damit in die Finsternis des Irrtums fallen, um schließlich noch weitere grundlegende Eckpfeiler der christlichen Lehre anzugreifen.

Man muß hier bedenken, daß die Gesamtheit der Wahrheiten, die dem Verkündigungsdienst der Kirche anvertraut sind, ein einziges Ganzes, eine Art Symphonie bildet, in der sich jede Einzelwahrheit harmonisch mit den anderen verbindet. Die vergangenen zwanzig Jahre haben dieses innere Zusammenklingen vom Gegenteil her erwiesen: das Schwanken oder Zweifeln an der von *Humanae vitae* gelehrten moralischen Norm hat auch andere Grundwahrheiten der Vernunft und des Glaubens erfaßt. Ich weiß, daß diese Tatsache bei eurem Kongreß aufmerksam bedacht worden ist, und möchte darauf jetzt eure Aufmerksamkeit hinlenken.

4. Das II. Vatikanische Konzil lehrt: „Im Innern seines Gewissens entdeckt der Mensch ein Gesetz, das er sich nicht selbst gibt, sondern dem er gehorchen muß... Denn der Mensch hat ein Gesetz, das von Gott seinem Herzen eingeschrieben ist, dem zu gehorchen eben seine Würde ist und gemäß dem er gerichtet werden wird" (*Gaudium et spes*, Nr. 16).

Während dieser Jahre wurde im Anschluß an die Bekämpfung von *Humanae vitae* auch die christliche Lehre vom moralischen Gewissen in Frage gestellt und der Gedanke eines Gewissens angenommen, das sich selbst die sittliche Norm schafft. Auf diese Weise wurde das Band des Gehorsams gegen den heiligen Willen des Schöpfers radikal zerschnitten, in dem gerade die Würde des Menschen besteht. Das Gewissen ist nämlich der „Ort", an dem der Mensch von einem Licht erleuchtet wird, das nicht von seiner geschaffenen und immer fehlbaren Vernunft herkommt, sondern von der Weisheit des Wortes, in dem alles erschaffen wurde. Wunderbar schreibt das II. Vatikanum ferner: „Das Gewissen ist die verborgenste Mitte und das Heiligtum im Menschen, wo er allein ist mit Gott, dessen Stimme in diesem seinem Innersten zu hören ist" (*ebd.*).

Daraus ergeben sich einige Folgerungen, die ich betonen möchte.

Da das Lehramt der Kirche von Christus dem Herrn eingesetzt worden ist, um das Gewissen zu erleuchten, bedeutet die Berufung auf dieses Gewissen, gerade um die vom Lehramt verkündete Lehre zu bestreiten, eine Ablehnung der katholischen Auffassung sowohl vom Lehramt, als auch vom sittlichen Gewissen. Wer von der unverletzlichen Würde des Gewissens ohne weitere Verdeutlichungen redet, setzt sich der Gefahr schwerer Irrtümer aus. Sehr verschieden ist nämlich die Situation einer Person, die zunächst alle ihr verfügbaren Mittel zur Suche nach der Wahrheit eingesetzt hat und dann doch irrt, und die einer anderen Person, die sich entweder einfach mit der Meinung der Mehrheit abfindet, die oft bewußt von den Mächten dieser Welt geschaffen wurde, oder aus Nachlässigkeit sich wenig um das Finden der Wahrheit kümmert. Die klare Lehre des II. Vatikanischen Konzils erinnert uns daran: „Nicht selten geschieht es, daß das Gewissen aus unüberwindlicher Unkenntnis irrt, ohne daß es dadurch seine Würde verliert. Das kann man aber nicht sagen, wenn der Mensch sich zu wenig darum bemüht, nach dem Wahren und Guten zu suchen, und das Gewissen durch Gewöhnung an die Sünde allmählich fast blind wird" (*ebd.*).

Unter den Mitteln, die die Erlöserliebe Christi zur Vermeidung dieser Gefahr des Irrtums vorgesehen hat, befindet sich auch das Lehramt der Kirche; in seinem Namen besitzt es eine echte und eigene Lehrautorität. Man kann daher nicht sagen, ein Gläubiger habe sich sorgfältig um die Wahrheit bemüht, wenn er das nicht berücksichtigt, was das Lehramt sagt; wenn er es mit irgendeiner anderen Erkenntnisquelle auf eine Stufe stellt, und sich zum Richter über es macht; wenn er im Zweifelsfall lieber der eigenen Meinung oder der von Theologen folgt und diese der sicheren Lehre des Lehramtes vorzieht.

In einer solchen Situation noch von der Würde des Gewissens reden, ohne etwas hinzuzufügen, entspricht nicht der Lehre des II. Vatikanischen Konzils und dem, was die ganze Überlieferung der Kirche bezeugt.

5. Eng verbunden mit dem Thema des moralischen Gewissens ist das von der Verbindlichkeit der in *Humanae vitae* gelehrten sittlichen Norm.

Wenn Paul VI. den empfängnisverhütenden Akt als von seinem Wesen her unerlaubt bezeichnet hat, wollte er lehren, daß die sittliche Norm hier keine Ausnahmen kennt; kein persönlicher oder sozialer Umstand hat je vermocht und wird auch nie vermögen, einen solchen Akt zu einem in sich selbst geordneten zu machen. Die Existenz besonderer Normen für das innerweltliche Handeln des Menschen, die von so verpflichtender Kraft sind, daß sie immer und überall die Möglichkeit von Ausnahmen ausschließen, ist eine ständige Lehre der Überlieferung und des Lehramtes der Kirche gewesen, die von einem katholischen Theologen nicht in Zweifel gezogen werden darf.

Wir berühren hier einen Zentralpunkt der christlichen Lehre von Gott und Mensch. Wohl gemerkt, was hier in Frage gestellt wird, wenn man diese Lehre ablehnt, ist der Gedanke der Heiligkeit Gottes selbst. Indem er uns dazu vorausbestimmt hat, heilig und makellos vor ihm zu sein, hat er uns „in Christus dazu geschaffen, in unserem Leben die guten Werke zu tun, die er für uns im voraus bereitet hat" (*Eph* 2,10): jene sittlichen Normen sind einfach eine Erfordernis, von der kein geschichtlicher Umstand dispensieren kann, eine Erfordernis der Heiligkeit Gottes, die sich konkret und keineswegs abstrakt jeder einzelnen menschlichen Person mitteilt.

Nicht nur das, eine solche Ablehnung entleert auch das Kreuz Christi (vgl. *1 Kor* 1,17). Bei seiner Menschwerdung ist das Wort voll in unsere alltägliche Existenz eingetreten, die sich in konkreten menschlichen Akten äußert; als Jesus für unsere Sünden starb, hat Er uns in der ursprünglichen Heiligkeit neu geschaffen, die sich wiederum in unserem täglichen innerweltlichen Tun ausdrücken muß.

Weiter: zu jener Ablehnung gehört als logische Folge, daß es keine Wahrheit vom Menschen gibt, die dem Ablauf des geschichtlichen Werdens entzogen ist. Die Auflösung des Geheimnisses Gottes endet, wie immer, in der Auflösung des Geheimnisses des Menschen; und die Nicht-Anerkennung der Rechte Gottes endet, wie immer, in der Leugnung der Würde des Menschen.

6. Der Herr schenkt uns die Feier dieses Jahresgedächtnisses, damit jeder sich selbst vor Ihm prüfe, um sich in Zukunft – je nach seiner eigenen Verantwortung in der Kirche –

für die Verteidigung und Vertiefung der von *Humanae vitae* gelehrten ethischen Wahrheit einzusetzen.
Die Verantwortung, die auf diesem Gebiet euch, liebe Dozenten der Moraltheologie, auferlegt ist, ist groß. Wer kann den Einfluß ermessen, den eure Lehrtätigkeit auf die Bildung des Gewissens der Gläubigen und auf die Heranbildung der künftigen Hirten der Kirche hat? Im Verlauf dieser zwanzig Jahre hat es leider bei einer gewissen Zahl von Dozenten nicht an Formen offener Ablehnung dessen gefehlt, was Paul VI. in seiner Enzyklika gelehrt hat.
Unser Jahrestag kann daher Anlaß für ein mutiges Überdenken der Gründe sein, die diese Wissenschaftler dazu geführt haben, solche Standpunkte einzunehmen. Man wird wahrscheinlich herausfinden, daß an der Wurzel der Opposition gegen *Humanae vitae* ein irriges, oder wenigstens ungenügendes Verständnis der Fundamente liegt, auf die sich die Moraltheologie stützt. Die unkritische Übernahme von Forderungen einzelner philosophischer Richtungen sowie die einseitige Verwendung von Daten, die die Wissenschaft bietet, können trotz aller guten Absichten einige Ausleger des päpstlichen Dokumentes auf Abwege geführt haben. Daher ist ein hochherziges Bemühen aller notwendig, um die Grundprinzipien der Moraltheologie besser zu klären und sicherzustellen, wie das Konzil empfohlen hat, daß sie „reicher genährt aus der Lehre der Schrift, in wissenschaftlicher Darlegung die Erhabenheit der Berufung der Gläubigen in Christus und ihre Verpflichtung, in der Liebe Frucht zu tragen für das Leben der Welt, erhellen" (*Optatam totius*, Nr. 16).

7. Bei dieser Aufgabe kann ein beachtlicher Beitrag vom Päpstlichen Institut für Studien über Ehe und Familie kommen, dessen Aufgabe gerade darin besteht, „mit wissenschaftlicher Methodik immer mehr die Wahrheit über Ehe und Familie ins Licht zu stellen" sowie Laien, Ordensleuten und Priestern die Möglichkeit zu bieten, „auf diesem Gebiet eine wissenschaftliche Ausbildung philosophisch-theologischer Art und in den Humanwissenschaften zu erwerben", die sie befähigt, wirksam im Dienst der Familienpastoral zu arbeiten (vgl. Apost. Konst. *Magnum matrimonii*, Nr. 3).
Wünscht man jedoch, daß die mit *Humanae vitae* und Familiaris consortio verbundene Problematik auf diesem wichtigen Gebiet der Arbeit und Sendung der Kirche, nämlich in der Familienpastoral, ihren richtigen Platz bekommt und die verantwortliche Reaktion der Laien weckt als der Haupt-Handelnden in einem Wirken der Kirche, das sie derart nahe angeht, dann müssen notwendig in den verschiedenen Ländern weitere Institute wie dieses errichtet werden: Nur so wird die fortschreitende lehrmäßige Vertiefung der Wahrheit möglich sein und die Einleitung von pastoralen Initiativen, die den in den verschiedenen kulturellen und menschlichen Bereichen aufkommenden Bedürfnissen angepaßt sind.
Vor allem muß die Lehre der Moraltheologie in den Seminaren und Ausbildungsinstituten den Weisungen des Lehramtes entsprechen, so daß aus ihnen Diener Gottes hervorgehen, die „die gleiche Sprache sprechen" (*Humanae vitae*, Nr. 28), und „die heilsame Lehre Christi in keiner Weise verkürzen" (*ebd.*, Nr. 29). Hier geht es um den Verantwortungssinn der Dozenten, denn sie müssen die ersten sein, die ihren Schülern das

Beispiel „loyalen innerlichen und äußeren Gehorsams gegen das Lehramt der Kirche geben“ (*ebd.*, Nr. 28).

8. Im Blick auf die zahlreichen jungen Studenten – Priester oder nicht – die bei dieser Begegnung anwesend sind, möchte ich mit einem besonderen Gruß auch an sie schließen. Ein Kenner der Tiefen des menschlichen Herzens, der hl. Augustinus, schrieb: „Darin besteht unsere Freiheit, daß wir uns dieser Wahrheit unterwerfen“ (*De libero arbitrio*, 2,13,37). Sucht immer die Wahrheit: verehrt die gefundene Wahrheit; gehorcht der Wahrheit. Es gibt keine Freude ohne solches Suchen, ohne solche Verehrung und ohne solchen Gehorsam.
Bei diesem herrlichen Abenteuer eures Geistes ist euch die Kirche kein Hindernis, sie hilft euch vielmehr. Wenn ihr euch von ihrem Lehramt entfernt, setzt ihr euch der Vergeblichkeit des Irrtums und der Sklaverei der Meinungen aus. Dem Anschein nach mächtig, sind sie in Wirklichkeit aber schwach, weil nur die Wahrheit des Herrn in Ewigkeit bleibt.
Indem ich den göttlichen Beistand auf eure edle Arbeit als Erforscher und Apostel der Wahrheit herabrufe, erteile ich allen von Herzen meinen Segen.

Der Kult ist die ursprüngliche Quelle der Kultur

Ansprache an die Teilnehmer des Kongresses zur Taufe der Rus von Kiew am 12. November

1. Gern begrüße ich Sie, die bedeutenden Gelehrten von verschiedenen wissenschaftlichen Instituten in Ost- und Westeuropa, die Sie zum internationalen Kongreß über das Thema „Die Taufe der russischen Länder, Bilanz eines Jahrtausends“, veranstaltet von der Accademia Nazionale dei Lincei sowie der Stiftung Giorgio Cini, in Zusammenarbeit mit der Akademie der Wissenschaften der UdSSR und dem Verband der sowjetischen Schriftsteller hier zusammengekommen sind.
Das Ereignis, welches Gegenstand Ihrer gemeinsamen Reflexion war, hat im Verlauf dieses Jahres ein sehr weites Echo gefunden, weit über die Grenzen der unmittelbar betroffenen Völker hinaus. Die Herkunft vieler von Ihnen, geehrte Herren, gibt ein weiteres Zeugnis davon. Die Taufe des heiligen Wladimir und seines Volkes, die im Verlauf der Zeit vom Zentrum des alten Kiew aus weit ausgreifende Wellen geschlagen hat, erreichte bekanntlich die Völker eines sehr weiten geographischen Raumes.

2. Auch die Gemeinschaften, die sich später in den jungen Ländern jenseits des Ozeans festgesetzt haben, wollten nicht auf das geistige Band mit ihrer ursprünglichen Kultur verzichten. Im Gegenteil, in der Treue zu ihrer religiösen Geschichte haben sie die Möglichkeit gesehen, einen originellen und schöpferischen Beitrag für die kulturelle Entwicklung ihrer neuen Länder zu leisten. Aus diesen Gründen kann man sehr wohl sagen,

daß die Taufe des heiligen Wladimir nach tausend Jahren ihren Einfluß auch jenseits der Gebiete und Völker ausübt, mit denen sie eigentlich verbunden ist. Sie geehrte Herren, schauen unter verschiedenen Blickwinkeln auf das gleiche Objekt; und das nicht nur wegen der unterschiedlichen Interessen oder Methoden innerhalb der historischen Wissenschaft.

Es gibt unter Ihnen solche, die die Ereignisse um die Taufe von Kiew mit dem Blick des Gläubigen betrachten und darin jenes höchste Geschenk erblicken, in dem in Christus dem Menschen die Möglichkeit einer radikalen Erneuerung des Lebens in all seinen konstitutiven Dimensionen angeboten wird.

Daneben gibt es den Blick dessen, der die Vergangenheit ohne den Horizont des christlichen Glaubens betrachtet. Er wird mit der intellektuellen Redlichkeit, die von jedem Wissenschaftler, ob gläubig oder nicht, gefordert ist, innerhalb der verwickelten Komplexität alles dessen, was die Geschichte betrifft, die Fruchtbarkeit eines Ereignisses feststellen können, das sich – wie im übrigen jedes religiöse Phänomen – nicht ganz in ihm fremden Kategorien erfassen läßt.

3. In einem der Dokumente, in denen ich die Aufmerksamkeit der gläubigen Katholiken auf die Jahrtausendfeier der Bekehrung der Rus hinlenken wollte, habe ich unter anderem daran erinnert, daß „die Worte 'Kult' und 'Kultur' die gleiche Wurzel (haben). Der christliche Kult hat auch bei den Ostslawen eine außergewöhnliche Entwicklung der Kultur in allen ihren Formen bewirkt" (Apost. Schreiben *Euntes in mundum*, Nr. 8).

Natürlich konnten die an Christus Glaubenden diesem Jubiläum nicht nähertreten, ohne dem Lob- und Dankgebet Raum zu geben. Aus diesem Grund wollte die Schwesterkirche in Moskau bei den zentralen Danksagungsfeiern die ganze christliche Welt an ihrer Seite haben. Mit großer Freude und in lebhaftester geistiger Anteilnahme war die katholische Kirche durch eine zahlreiche Delegation unter Führung meines Staatssekretärs vertreten.

Aus dem gleichen Grund wollten die Söhne des hl. Wladimir aus der Kirche von Kiew, die sich in voller Gemeinschaft mit dem Nachfolger des Petrus befinden, das Ereignis mit mir in der Basilika des hl. Petrus feiern.

Die linguistische Tatsache, daß „Kult" und „Kultur" die gleiche Wurzel haben, prägt sich in einer grundlegenden Wahrheit aus: der Kult stellt die ursprüngliche und Quellform der Kultur dar. Ich bin sicher, daß Sie mit den Mitteln Ihrer Wissenschaft in Ihrer „Tausendjahresbilanz" es nicht versäumt haben, für diese Wahrheit Zeugnis zu geben.

4. Das Zentralproblem unserer weltumspannenden Zivilisation hat eminent kulturellen Charakter: man spürt die Notwendigkeit eines geistigen Gleichgewichtes der Völker, dank dem man die unermeßlichen vom technischen Fortschritt der letzten Jahrzehnte freigesetzten Kräfte kontrollieren kann.

Sucht man ein solches Gleichgewicht in einer fundamentalen kulturellen Leere, so führt das zu jenen unvermeidlich miteinander verbundenen Formen des Elends, die ich das Elend der Über- und das der Unterentwicklung genannt habe. Das Andenken an die Vergangenheit, das echte Männer der Wissenschaft methodisch und mit persönlichem Einsatz pflegen, bedeutet weit mehr als eine bloße akademische Übung. Es dient dem Ent-

wurf der Zukunft. Es geht um jene neue Kultur, deren Heraufkommen uns besonders klar wird, wenn wir uns in die Betrachtung der Vergangenheit versenken. Sie erfordert Grenzen, die noch vor dem Güteraustausch für den geistigen Austausch geöffnet sind.
Vor allem aber erfordert sie neue Aufmerksamkeit für das Geheimnis des Kultes, dessen unermeßlichen Reichtum man schließlich jenseits der verkürzenden, den Ideologien der letzten Jahrhunderte eigenen Betrachtungsweise, als hauptsächliche und grundlegende Quelle von Sinn und Erneuerung verstehen lernen muß.
Im Licht dieser Gedanken lenkt das Andenken an die Taufe des alten Rus, bei der wir uns zumal in diesem Jahr so lange aufgehalten haben, unseren Blick auf den heraufsteigenden Morgen des nächsten Jahrtausends.
Gebe Gott, daß dieses der Menschheit, und zumal den Völkern, in denen das geistige Erbe der Rus von Kiew weiterlebt, Frieden und Wohlergehen im Rahmen eines Humanismus bringt, der immer mehr offen ist für die bleibenden Werte des Evangeliums Jesu Christi.

Das Wollen des Konzils und die Überlieferung des Orients wahren

Ansprache an die Vollversammlung der Päpstlichen Kommission für die Revision des orientalischen Kirchenrechts am 12. November

1. Mit lebhafter Freude richte ich meinen Gruß an euch verehrte Brüder, die ihr an der Vollversammlung der Päpstlichen Kommission für die Überarbeitung des Codex des Orientalischen Kirchenrechtes teilnehmt. Ich tue es um so lieber, als ich mich von den höchsten Vertretern jener Kirchen umgeben sehe, die „mit ihren Einrichtungen und liturgischen Bräuchen, ihren Überlieferungen und ihrer christlichen Lebensordnung in der katholischen Kirche hochgeschätzt sind“, wie das wichtige Konzilsdekret „über die katholischen Ostkirchen“ sagt (*Orientalium Ecclesiarum*, Nr. 1). In ihnen leuchtet ja „in Werten von ehrwürdigem Alter eine Überlieferung auf, die über die Kirchenväter bis zu den Aposteln zurückreicht. Sie bildet ein Stück des von Gott geoffenbarten und ungeteilten Erbgutes der Gesamtkirche“ (*ebd.*). Obwohl diese Kirchen sich voneinander „durch ihre sogenannten Riten, d. h. durch ihre Liturgie, ihr kirchliches Recht und ihr geistiges Erbgut“ (*Orientalium Ecclesiarum*, Nr. 3) unterscheiden, stehen sie doch in „wunderbarer Verbundenheit“ untereinander, so daß „ihre Vielfalt in der Kirche keinesfalls der Einheit Abbruch tut, sondern im Gegenteil diese Einheit deutlich aufzeigt“ (*Orientalim Ecclesiarum*, Nr. 2), weil es sich um eine „einträchtige Vielfalt“ handelt, „die in besonders hellem Licht die Katholizität der ungeteilten Kirche zeigt“ (*Lumen gentium*, Nr. 23).
Nach dem ausdrücklichen Wunsch von Papst Paul VI. ehrwürdigen Angedenkens, spiegelt sich diese Vielfalt von Anfang an im Kollegium der Mitglieder dieser Kommission glücklich wider. Es ist für mich ein Anlaß zur Freude, euch heute in meinem Haus emp-

fangen zu dürfen und jedem den Friedenkuß zu geben in der Gemeinschaft, in der ist „ein Herr, ein Glaube, eine Taufe, ein Gott und Vater aller, der über allem und durch alles und in allem ist" (*Eph* 4,5).
Der Nachfolger des Petrus, der Bischof der Kirche von Rom, der nach einem Wort des hl. Ignatius von Antiochien den „Vorsitz in der Liebe" führt, weilt voll Freude inmitten derer, die den alten Patriarchatskirchen vorstehen. Von ihnen sagt die Konstitution *Lumen gentium*: „Dank der göttlichen Vorsehung sind die verschiedenen Kirchen, die an verschiedenen Orten von den Aposteln und ihren Nachfolgern eingerichtet worden sind, im Lauf der Zeit zu einer Anzahl von organisch verbundenen Gemeinschaften zusammengewachsen. Sie erfreuen sich unbeschadet der Einheit des Glaubens und der einen göttlichen Verfassung der Gesamtkirche ihrer eigenen Disziplin, eines eigenen liturgischen Brauches und eines eigenen theologischen und geistlichen Erbes. Darunter haben vorzüglich gewisse alte Patriarchatskirchen wie Stammütter des Glaubens andere Kirchen sozusagen als Töchter geboren, mit denen sie durch ein engeres Liebesband im sakramentalen Leben und in der gegenseitigen Achtung von Rechten und Pflichten bis auf unsere Zeiten verbunden sind" (Nr. 23)

2. Daher möchte ich erneut ein brüderliches und herzliches Willkommen aussprechen, zumal an Ihre Seligkeiten, die hier anwesenden Patriarchen, an den Großerzbischof und dann an die Metropoliten, Erzbischöfe und Bischöfe, die mit ihnen im gleichen Kollegium der Mitglieder dieser Kommission vereint sind. In ihren Personen grüße und umarme ich die Gläubigen der ihrer pastoralen Sorge anvertrauten Kirchen.
Ich begrüße ebenso den Kardinalstaatssekretär sowie die anderen Kardinäle und Bischöfe der Kurie, die bei dieser Begegnung anwesend sind, und ich danke ihnen für die Zusammenarbeit, die sie mir, je nach ihrer verschiedenen Zuständigkeit, bei der Wahrnehmung meiner pastoralen Verantwortung gegenüber den orientalischen Kirchen schenken.
Ich bin dem allmächtigen Gott, unserem Vater, von dem „jedes vollkommene Geschenk herkommt", aus tiefstem Herzen dankbar, daß er uns diese gemeinsame Zusammenkunft im Namen unseres Herrn Jesus Christus und unter dem Schutz der „Theotokos", der seligsten Jungfrau Maria geschenkt hat.
Ich muß betonen, daß die letzten, entscheidenden Schritte für die Einberufung dieser Versammlung unter dem besonderen Schutz der heiligsten Jungfrau während des Marianischen Jahres erfolgten. Ich erinnere mich, daß ich am 29. Januar dieses Jahres beim Empfang des Vizepräsidenten der Kommission, Msgr. Emilio Eid, und ihres Sekretärs, P. Evan Zuzek SJ, gesagt habe, die kommende Vollversammlung der Mitglieder dieser Kommission könne, auch wenn sie nach dem bereits abgeschlossenen Marianischen Jahr zusammentrete, doch als seine Fortsetzung betrachtet werden. Die „Theotokos" selbst führt mit ihrer mütterlichen Präsenz bei dieser Versammlung den Vorsitz, wie es am Pfingsttag im Abendmahlssaal der Fall war. Alles soll unter ihrem mütterlichen Blick, ihrer Führung und ihrem Schutz geschehen.
Mögen die Loblieder, die während des Marianischen Jahres hier in Rom unserer himmlischen Mutter in den orientalischen Riten aller fünf Überlieferungen – der alexandrinischen, antiochenischen, armenischen, chaldäischen und konstantinopolitanischen –

dargebracht wurden, das gute Gelingen eurer Arbeiten begünstigen. Sechsmal haben wir uns in diesem Jahr in andächtigem Gebet mit vielen von euch vor dem Bild der Gottesmutter versammelt, und es waren unvergeßliche Stunden großen Trostes.

3. Die Regelung der kanonischen Disziplin war immer eine Sorge der Kirche, schon seit den ersten ökumenischen Konzilien, die im Orient stattfanden.
Als sich die Kontakte mit den ehrwürdigen orientalischen Kirchen voller Gemeinschaft mit dem römischen Apostolischen Stuhl vermehrten, wurde auch die Sorge für die Kodifizierung des Rechtes der einzelnen orientalischen Kirchen intensiver.
Nach dem I. Vatikanischen Konzil dachte man an eine gemeinsame Kodifizierung des Rechtes. Damals wurden über die ausdrücklichen Bitten hinaus, ein Rechtsbuch für die ganze lateinische Kirche zu haben, wie sich aus dem Vorwort des „Codex Iuris Canonici“, der 1917 veröffentlicht wurde, ergibt, auch die ersten Stimmen laut, man möchte einen Codex des kanonischen Rechtes für die orientalischen Kirchen haben, „einen maßgebenden, vollständigen allgemeinen Codex“ („Congressus VI. Commissionis orientalis“, 4 dezembris 1868, *Mansi* t. 49, col. 1012).
Seitdem sind fast 120 Jahre vergangen, und es waren zahlreiche Wechselfälle und Schwierigkeiten zu überwinden, um die Redaktionsarbeiten für den gewünschten gemeinsamen Codex für alle orientalischen Kirchen einzuleiten und weiterzuführen. Das Ergebnis des II. Vatikanischen Ökumenischen Konzils mit seinem grandiosen Werk des „aggiornamento“ der gesamten kanonischen Disziplin der Kirche legte eine neue Pause zum Nachdenken nahe. Nach Abschluß des Konzils setzte mein Vorgänger seligen Andenkens, Paul VI., 1972 die derzeitige Kommission ein mit der Aufgabe, die „Reform des ‚Codex Iuris Canonici Orientalis‘ vorzubereiten, sei es in den bereits veröffentlichten Teilen … sei es in den übrigen schon fertiggestellten, aber noch nicht veröffentlichten Teilen“, wie dem Kardinal-Präsidenten der Kommission am 10. Juni des gleichen Jahres mitgeteilt wurde.
Der gleiche Papst hielt es für angebracht, den orientalischen Charakter der Kommission in seiner Ansprache an die erste Vollversammlung am 18. März 1974 mit folgenden Worten zu unterstreichen: „Die Einsetzung und Gestalt dieser unserer Kommission stellt weitmöglichst ihren orientalischen Charakter sicher, da wegen der Vielfalt der Kirchen feststeht und gleichzeitig offen zu Tage liegt, daß wir den Wunsch haben, die Orientalen sollen selbst den Codex zusammenstellen, der dann zu jener Liebe hinführen wird, die in der heutigen Welt ihre Kirchen immer mehr blühen läßt und sie zur Erfüllung der Ihnen übertragenen Sendung mit neuer apostolischer Kraft befähigt“ (*AAS* 66 (1974), 246–247).
In der gleichen Ansprache von Paul Vi. wurden maßgeblich die zu befolgenden Grundlinien für die schwierige Arbeit des „aggiornamento“ der orientalischen kanonischen Disziplin festgelegt, die immer noch als „Magna Carta“ der Kommission in Geltung sind. Unter den von Paul VI. ausgesprochenen Grundsätzen möchte ich besonders auf die „doppelte Sorge“ hinweisen, nämlich „die Übereinstimmung mit dem II. Vatikanischen Konzil und mit der Überlieferung des Orients zu wahren“, so daß die Revision des orientalischen Codex „im Geist der Väter des II. Vatikanischen Konzils und der echten orientalischen Tradition erfolgt“. Mit diesen Worten wurden klar die Zuständigkeiten der

Kommission umgrenzt, die sich bei ihrer Arbeit an das halten muß, was vom II. Vatikanischen Konzil festgelegt wurde, und zugleich an die echten orientalischen Überlieferungen, die das gleiche Konzil „unverletzt erhalten" sehen wollte (*Orientalium Ecclesiarum*, Nr. 2), so daß nur solche Änderungen zulässig sind, die für „den eigenständigen und organischen Fortschritt" (*Orientalium Ecclesiarum*, Nr. 6) der orientalischen Kirchen notwendig sind.

Was insbesondere die „Rechte und Privilegien" der Patriarchate betrifft, muß man sich notwendig den Willen des II. Vatikanischen Konzils vor Augen halten, sie „nach den alten Traditionen einer jeden Kirche und nach den Beschlüssen der Ökumenischen Konzilien wiederherzustellen", wobei es sich in einer beigefügten Anmerkung auf die verschiedenen ökumenischen Konzilien bezieht, angefangen mit can. 6 des ersten Konzils von Nizäa, und erklärt, daß diese „Rechte und Privilegien" jene sind, „die galten, als Ost und West noch geeint waren, mag auch eine gewisse Anpassung an die heutigen Verhältnisse notwendig sein" (*Orientalium Ecclesiarum*, Nr. 9). Daher bleibt es auch bei dieser Vollversammlung eine Pflicht, sich bei der Sichtung der einzelnen Vorschlage an die Verfügungen der ökumenischen Konzilien zu halten, zumal an die des II. Vatikanischen Konzils, vor allem an das, was es ausdrücklich in der dogmatischen Konstitution „Lumen gentium", im Dekret „Unitatis redintegratio" und im Dekret „Oreintalium Ecclesiarum" festgelegt hat.

Auf einem anderen, besonders aktuellen Gebiet, nämlich dem der Rechte der Ehegatten, werden die Väter es gewiß für angebracht halten, dem Grundsatz des Evangeliums von der „gegenseitigen Unterordnung der Ehegatten in der Ehrfurcht vor Christus" sein rechtes Gewicht zu geben, so daß sich dieser Grundsatz, auch dank einer entsprechenden Gesetzgebung, „den Weg in die Herzen und Gewissen, in das Verhalten und die Sitten bahnt" (*Mulieris dignitatem*, Nr. 24,4).

4. Als ich zu Beginn meines Dienstes auf der Kathedra des Petrus die Büroräume der Kommission besuchte und von Msgr. Miroslav Marusyn, dem damaligen Vizepräsidenten, über den Stand der Arbeiten der Kommission informiert wurde, habe ich micht tief über den gemachten Fortschritt gefreut. Man befand sich damals am Ende der sogenannten ersten Phase der Arbeiten am Entwurf der Schemata für die verschiedenen Teile des geplanten Codex, der zweifellos schwierigsten Phase, in der mit hochherziger Hingabe die verschiedenen Studiengruppen der Konsultoren der Kommission tätig waren. Beim folgenden zweiten Abschnitt der Arbeiten, der sogenannten „neuen Überarbeitung" der ersten Entwürfe, hat die gesamte Hierarchie der orientalischen Kirchen wirksam mitgearbeitet, vereint mit anderen Beratungsorganen, wie den Dikasterien der römischen Kurie, der Vereinigung der Ordensoberen, den kirchlichen Universitäten in Rom und einigen anderen, an denen sich Lehrstühle oder spezialisierte Abteilungen für orientalische Theologie und orientalisches Kirchenrecht befinden. Allen gilt unsere verdiente Anerkennung.

Gern stelle ich ferner fest, daß das für den „Codex Iuris Canonici" der lateinischen Kirche bei seiner Veröffentlichung Gesagte sich auch für den orientalischen Codex bewahrheitet, nämlich seine Ausarbeitung „in ausgesprochen kollegialem" Geist und in einer

Weise, die die einzelnen Schemata durch die Veröffentlichung in der Zeitschrift der Kommission, „Nuntia“, allen zugänglich macht.
Nach der Veröffentlichung des „Codex Iuris Canonici“ für die lateinische Kirche zu Beginn des Jahres 1983 wurde die Notwendigkeit immer dringender, das „aggiornamento“ der kanonischen Disziplin für die Gesamtkirche zu vervollständigen. Zu diesem Zweck wurden entsprechende Schritte unternommen, um den Arbeiten der Kommission für die Überarbeitung des Codex des kanonischen Rechts der orientalischen Kirchen besonderen Impuls zu geben, ferner der mit der Überarbeitung der die Römische Kurie betreffenden Apostolischen Konstitution „Regimini Ecclesiae universae“ beauftragten Kommission.
Mit der Veröffentlichung der Apostolischen Konstitution „Pastor bonus“ am 28. Juni dieses Jahres ist die Arbeit der letzteren Kommission zum Abschluß gekommen, eine Ergänzung nicht nur des „Codex Iuris Canonici“ der lateinischen Kirche, sondern auch des Codex der orientalischen Kirchen, insofern es sich um ein Gesetz handelt, das für die ganze Kirche gilt. Es ist daher natürlich, daß diese Apostolische Konstitution in den amtlichen Ausgaben beider Rechtsbücher veröffentlicht wird.
Was den orientalischen Codex angeht, ist freilich der Hafen noch nicht erreicht. Es bleibt aber notwendig, daß die Gesamtkirche voll mit „beiden Lungen“, der orientalischen und der okzidentalen, atmet und als ganze in der „Ruhe der Ordnung“ lebt, daß ferner auch die orientalischen Kirchen einen Codex besitzen, der „der Liebe, der Gnade und dem Charisma den Vorrang einräumt und zugleich ihren geordneten Fortschritt im Leben der kirchlichen Gesellschaft wie der einzelnen Menschen, die ihr angehören, erleichtert“, wie ich bei der Veröffentlichung des „Codex Iuris Canonici“ für die lateinische Kirche geschrieben habe.
Um den Arbeiten der Kommission für die Überarbeitung des Codex des Orientalischen Kirchenrechtes weiteren Antrieb zu geben, habe ich in der Schlußansprache bei der zweiten außerordentlichen Versammlung der Bischofssynode des Jahres 1985 den Wunsch nach einer „raschen Fertigstellung des Codex des kanonischen Rechtes für die Ostkirchen, entsprechend der Überlieferung dieser Kirchen und den Weisungen des Zweiten Vatikanischen Konzils“ ausgesprochen (*AAS* 78 (1986), 435). Um die Wichtigkeit des neuen Codex für Leben und Sendung der orientalischen Kirchen herauszustellen, habe ich zum gleichen Zweck in der Ansprache an die römische Kurie vom 28. Juni 1986 es als eine der drei vorrangigen besonderen Aufgaben bezeichnet, „in relativ kurzer Zeit den verehrten Kirchen des Orients einen Codex zu geben, in dem sie nicht nur ihre Überlieferungen und Rechtsordnungen erkennen können, sondern auch und vor allem ihre Rolle und Sendung für die Zukunft der universalen Kirche und für die Ausbreitung des Reiches Christi, des Allherrschers“ (*AAS* 79 (1987), 196).
Mit Freude habe ich die Bereitwilligkeit der Kommission festgestellt, auf diesen Appell zu antworten, als mir am 30. Oktober 1986 von Msgr. Emilio Eid, dem Vizepräsidenten der Kommission, das „Schema des Ostkirchenrechtes“ mit der Bitte überreicht wurde, es der Überprüfung durch euch, Mitglieder der Kommission, wenn möglich unter dem Datum des 17. Oktober, dem Fest des hl. Ignatius, Bischof von Antiochien und Kirchenvater, unterbreiten zu dürfen, wie es die Verfahrensordnung der Kommission vorsieht. Noch

mehr Freude hat es mir bereitet, als ich in der Audienz für den Vizepräsidenten und den Sekretär der Kommission am 29. Januar dieses Jahres erfahren habe, daß nach Erhalt eurer Bemerkungen zum Schema und ihrer Sichtung durch eine eigene „Gruppe für die Behandlung der Bemerkungen" die Zeit für die Einberufung dieser Vollversammlung gekommen sei und eine begründete Hoffnung bestehe, daß die Kommission die ihr aufgetragene Arbeit endgültig abschließen könne, wenn sie mir einen Codex überreicht, der es in jeder Hinsicht verdient, als gemeinsamer Codex aller katholischen Ostkirchen veröffentlicht zu werden, als „Träger der Liebe" für das Seelenheil aller Gläubigen, die diesen Kirchen angehören.
Mit diesem Wunsch, und indem ich erneut die Arbeiten dieser Versammlung der seligsten Jungfrau Maria, der „Theotokos", der Mutter Gottes und unserer Mutter, anvertraue, lade ich euch ein, auf dem vorgezeichneten Weg im Namen des Herrn und mit meinem Segen fortzufahren.

Den Frieden auf soliden Grundlagen aufbauen

Ansprache anläßlich des Symposiums zum Thema „Die Kirche und die Menschenrechte" am 15. November

Hochwürdigste Herren Kardinäle, liebe Mitbrüder im Bischofsamt, meine Damen und Herren!

1. Im Lauf dieses Symposiums zum Thema „Die Kirche und die Menschenrechte", an dem Sie zur Zeit teilnehmen, haben Sie den Wunsch geäußert, dem Bischof von Rom zu begegnen. Ich begrüße Sie hier mit Freude und danke Kardinal Etchegaray, daß er zu Beginn dieser Begegnung auf die Bedeutung dieser Tage hingewiesen hat. Ihre Arbeiten betreffen eine Problematik, welche die Ereignisse in zahlreichen Gegenden der Welt besonders aktuell machen. Da es sich um Rechte handelt, deren freie Ausübung den Frieden in der Achtung der menschlichen Person bedingt, schenkt ihnen die Kirche unablässig ihre Aufmerksamkeit und trägt zu ihrer Verteidigung bei. Schon die Existenz der Päpstlichen Kommission „Iustitia et Pax" – einer Dienststelle des Hl. Stuhles – ist dafür ein beredtes Zeichen.
Es ist mir daran gelegen, meine Zufriedenheit für die von dieser Kommission ergriffene Initiative zum Ausdruck zu bringen, und ich danke allen Persönlichkeiten, welche die an sie gerichtete Einladung annehmen wollten und Ihren Austausch durch ihre hohe Qualifikation und ihre Erfahrung in den internationalen, direkt mit der Sicherung der Menschenrechte betrauten Behörden bereichert haben. Diese Tagung, welche die Mitglieder der Päpstlichen Kommission, Hirten, Theologen, Philosophen, Juristen und Vertreter der auf diesem Gebiet spezialisierten kirchlichen Organisationen aus den verschiedenen Teilen der Welt versammelt, garantiert Ihren Arbeiten den Weitblick, den Ihr Thema verdient.

2. Zwei bedeutsame Jubiläen haben diese Initiative ins Leben gerufen, und es ist mir eine Freude, Sie daran teilnehmen zu sehen und ihre Bedeutung zu vertiefen. Vor 25 Jahren veröffentlichte Papst Johannes XXIII. die Enzyklika *Pacem in terris*; vor 40 Jahren nahmen die Vereinten Nationen die universale *Erklärung der Menschenrechte* an. Wie Sie wissen, bestehen zwischen diesen beiden Ereignissen tatsächlich Beziehungen verschiedener Art.
Mein Vorgänger Johannes XXIII. wollte der Welt, nachdem er das II. Vatikanische Konzil eröffnet hatte, mit einem letzten Einsatz seines pastoralen Eifers nahelegen, wie dringend es sei, den Frieden auf soliden menschlichen Grundlagen aufzubauen und wie sehr die katholische Kirche wünschte, an dieser die ganze Menschheit betreffenden Aufgabe mitzuarbeiten. Er erhob diesen Ruf in einem Augenblick, in dem die internationale Lage heftigen Spannungen ausgesetzt war: die Entwicklung der Kernwaffen gab bestimmten Krisen einen solchen Ernst, daß er als Bedrohung für die ganze Welt empfunden wurde. Gleichzeitig erlangten zahlreiche Nationen ihre Unabhängigkeit, das Wirtschaftswachstum schien vielversprechend zu sein und keine Grenzen zu kennen. Dennoch blieb eine himmelschreiende Ungleichheit in der Güterverteilung bestehen. Die Spaltung zwischen Ost und West vertiefte sich. Die Geister waren geteilt zwischen dem von der unerhörten technischen Entwicklung hervorgerufenen Optimismus und der Angst, weniger als zwanzig Jahre nach dem zweiten Weltkrieg den Ausbruch katastrophaler Konflikte zu erleben.

3. Mit klaren und überzeugenden Lehräußerungen sagte der Papst allen „Menschen guten Willens", sie müßten Frieden schließen, einen Frieden, den man nur im Respekt vor den Menschenrechten, in Wahrheit, Gerechtigkeit, Liebe und Freiheit verwirklichen kann. Er faßte die Bemühungen um Eintracht, die zur Gründung der Vereinten Nationen und zur universalen Erklärung der Menschenrechte geführt hatten, als positives Zeichen auf. Er gab der Zustimmung der Kirche zu den wesentlichen Punkten dieses Dokuments Ausdruck, sollte es doch einen echten Pakt im Interesse aller Menschen, insbesondere der schwächsten und der am meisten bedrohten, darstellen. Die Vereinten Nationen hatten ausdrücklich erklärt, daß „die Nichtbeachtung und die Mißachtung der Menschenrechte barbarische Handlungen zur Folge gehabt haben, die das Gewissen der Menschheit in Aufruhr versetzen" (*Vorwort zur Erklärung der Menschenrechte*). Man wollte gegen die Entwürdigung des Menschen und die Mißachtung seiner Freiheit und seines Gewissens reagieren, die kurz zuvor ärgstes Unglück nach sich gezogen hatten.
Johannes XXIII. legte, indem er vor allem die großen Inspirationen Leos XIII. und die Appelle der Päpste der beiden Weltkriege aufgriff, eine bemerkenswerte Synthese der Grundlagen und der Bedingungen für den Frieden dar, die weit über die katholischen Kreise hinaus außergewöhnlich günstige Aufnahme fand. Das II. Vatikanische Konzil setzte die Analyse fort, um die Sorgen und Aufgaben der Kirche in der Welt unserer Zeit besser zum Ausdruck bringen zu können. Die auf diese Weise geöffneten Wege erlaubten es den Christen, ihren Dialog mit allen zu vertiefen, die den Frieden in der Achtung der wesentlichen Wünsche und Ziele des Menschen zu festigen suchten.

4. Ein Vierteljahrhundert nach der Botschaft Johannes XXIII., die Paul VI. so nachdrücklich bekräftigte, ist Ihre Reflexion ein sehr nützlicher Beitrag zu einer immer weiter gehenden Klärung von Aussagen, deren Dringlichkeit der Kirche durchaus bewußt ist. Der Heilige Stuhl hat es nicht versäumt, sowohl mit seinem eigenen Lehramt als auch im internationalen Bereich seine Auffassungen hinsichtlich der Menschenrechte auszusprechen. Ich selbst konnte das bei zahlreichen Gelegenheiten tun, wie etwa vor den Vereinten Nationen in New York und vor einigen Wochen vor dem Europäischen Gerichtshof und der Europäischen Kommission für die Menschenrechte in Straßburg. Das Interesse, das der christlichen Reflexion über die Menschenrechte entgegengebracht wird, ist ein klares Zeichen für den bemerkenswerten Platz, den die internationalen Organisationen und die Staaten der Garantie dieser Rechte einräumen. Wir wissen jedoch sehr gut, daß noch ein langer Weg zurückzulegen bleibt.
Im Lauf dieser notwendigerweise kurzen Begegnung kann ich nicht alle Themen aufgreifen, die Sie im Rahmen dieses Symposiums behandeln. Ich möchte jedoch den universalen Charakter der Menschenrechte und ihren spirituellen Gehalt hervorheben, wofür auch die Verschiedenheit der hier anwesenden Teilnehmer Zeugnis gibt. In allen Kontinenten und allen kulturellen Milieus wird man sich des wertvollsten gemeinsamen Besitzes bewußt, den letzten Endes der Mensch selbst darstellt. Er ist Mensch, weil er der Freiheit fähig ist. Dank der allen Menschen gemeinsamen Natur können jede einzelne Gesellschaft und alle gemeinsam die Bedingungen für die Ausübung jenes fundamentalen Rechtes schaffen, das wir Relgionsfreiheit nennen. Sie sind dazu verpflichtet, entspringt doch die Größe jedes Menschen der besonderen Liebe, die ihm Gott, sein Schöpfer, erwiesen hat, indem er ihn zu „seines Glückes Schmied (und) seines Versagens Ursache" (Paul VI., Enzyklika *Populorum progressio*, Nr. 15) machte. Die Kirche ist der Auffassung, daß es wesentlich zu ihrer Sendung gehört, die Würde des nach Gottes Bild geschaffenen Menschen zu verkündigen, den sie von Gott so sehr geliebt weiß, daß er durch Christus erlöst wurde. Deshalb müssen die Christen unablässig daran arbeiten, die Würde, die der Mensch von seinem Schöpfer empfängt, besser zur Geltung zu bringen. Sie müssen ihre Energien mit denen der anderen vereinen, um diese Würde zu verteidigen und zu fördern.

5. Während ich dies sage, denke ich an die noch so zahlreichen Menschen, die sich nicht frei und ihrem Gewissen entsprechend äußern dürfen, die sich zutiefst höheren Werten verpflichtet fühlen, denen es jedoch versagt ist, ihre Überzeugungen auszusprechen, sie zu fördern, frei an ihre Kinder weiterzugeben und öffentlich gemeinsam Gott die Verehrung zu zollen, die ihren Wünschen entspricht. Ich möchte die brüderliche Sorge des Papstes und der ganzen Kirche um jene Menschen zum Ausdruck bringen, die um ihres Glaubens willen zu leiden haben, ja härtesten Verfolgungen ausgesetzt sind. In der heutigen Welt gibt es heldenhafte Glaubenszeugen, die uns dank ihres rückhaltlosen Einsatzes auf den Preis der Religionsfreiheit hinweisen. Ihr Zeugnis ist für uns eine Aufforderung, uns darüber klar zu werden, wie wesentlich diese Freiheit der Kinder Gottes für die Erhaltung ihrer Würde ist, die in erster Linie der geistlichen Ordnung angehört. Sind nicht alle, die sich der Religionsfreiheit erfreuen können, verpflichtet, die Erstrangigkeit dieses

Rechtes hervorzuheben? Wir sind nämlich fest davon überzeugt, daß die menschliche Person als solche in Gefahr ist, wenn ihr das Recht verweigert wird, sich frei zu geistlichen Werten zu bekennen und diese gemeinschaftlich zum Ausdruck zu bringen.

6. Im Lauf dieser letzten Jahrzehnte wurde glücklicherweise den Menschenrechten immer größere Aufmerksamkeit geschenkt. Sie wurden genauer festgelegt. Sie werden gewissermaßen ein wichtiger Maßstab für die Einschätzung der Entscheidungen einer Regierung oder der Grundlagen von Abkommen unter den einzelnen Nationen. Wichtige Institutionen wurden ins Leben gerufen, um die Rechte der Personen und auch die immer klarer erkannten Rechte der Gemeinschaften zu gewährleisten. Die Kirche nimmt diese umfassende Bewegung gerne zur Kenntnis, wohl wissend, daß in vielen Gebieten die begrenzten Wirkungsmöglichkeiten dieser Bewegung schmerzlich zur Kenntnis genommen werden müssen, selbst innerhalb von Gesellschaften, die man vor jeder Gewaltanwendung gegen Einzelpersonen für geschützt halten könnte.
Zahlreiche Christen leisten ihren Beitrag zur Verteidigung der Menschenrechte; sie sind oft in selbstlos arbeitenden Vereinigungen zusammengeschlossen und werden von der Lehrtätigkeit der Kirche und der Ermutigung ihrer Hirten unterstützt. In diesem Sinne haben Sie einen Teil Ihrer Arbeiten der Pastoral der Menschenrechte gewidmet. Es ist mir daran gelegen, mit Ihnen jene zu ermutigen, die sich für Dienste dieser Art einsetzen. Durch ihre Reflexion tragen sie dazu bei, Jugendliche und Erwachsene im Hinblick auf eine ausgewogene Auffassung von den Menschenrechten besser auszubilden; sie rückt die Brennpunkte des gesellschaftlichen und politischen Lebens klar ins Licht. Ihr Wirken erlaubt es oft, Menschen, die lebenswichtiger Rechte beraubt sind, brüderliche Hilfe zu leisten und so eine geschwisterliche, dem Evangelium entsprechende Liebe in Taten umzusetzen, die sehr wohl über Staatsgrenzen hinausreichen. Diese Art von Engagement fördert auch die ökumenische Zusammenarbeit und den konstruktiven Dialog zwischen Personen und Gruppen, die verschiedenen Glaubens, aber bereit sind, überall für die Förderung der Menschenwürde zusammenzuarbeiten, wo diese bedroht ist.
Es ist mein Wunsch, daß diese Pastoral – von den Bischöfen und ihren Delegierten unterstützt – konkret, in Liebe die Lehren der Enzyklika *Pacem in terris* und des II. Vatikanischen Konzils sowie die aufgrund der Erklärung von 1948 allgemein anerkannten Prinzipien zur Anwendung bringe. Es möge sich dabei, so wünsche ich, nicht um Aktivitäten handeln, die besonderen Gruppen vorbehalten sind, sondern um ein allen gemeinsames, solidarisches Anliegen.
Ich rufe den Segen Gottes auf Sie herab und bete für die Männer und Frauen in aller Welt, die infolge der Verletzung ihrer Würde zu leiden haben.

Rückhaltlos für das Leben eintreten

Ansprache an den Ministerpräsidenten der Republik Italien, Dr. Ciriaco de Mita, am 19. November

Herr Ministerpräsident!

Mit aufrichtiger Freude über diese Begegnung heiße ich Sie und Ihre Begleitung herzlich willkommen.

Ihr Besuch bietet mir die Möglichkeit, einen achtungsvollen Gruß an den Herrn Präsidenten der Republik und an die Mitglieder Ihres Kabinetts zu richten. Gleichzeitig gilt mein Gedenken der ganzen italienischen Nation, deren einzigartige und liebevolle Bindung an den Nachfolger Petri ich täglich hier in Rom sowie im Lauf meiner Pastoralbesuche in den verschiedenen Diözesen erfahre.

Die italienische Gesellschaft ist heute von einem auffallenden staatsbürgerlichen, kulturellen und wirtschaftlichen Wachstum gekennzeichnet; eine neue Dynamik der Teilnahme, des Dialogs und der Mitverantwortung ist feststellbar, als deren Ursachen man das Aufkommen eines empfindsameren ethischen Bewußtseins unter der Jugend, einen wiederaufblühenden Sinn für das Religiöse und eine wachsende Neigung zur Solidarität bezeichnen kann, die auch durch die Erfahrung der freiwilligen Dienste hervorgerufen wird. All das kann seitens der Kirche nur Wertschätzung und Ermutigung erfahren.

Trotzdem haben verschiedene alte und neue Probleme noch immer keine Lösung gefunden. Ein Großteil von ihnen berühren auch den Bereich der Hirtensorge der Kirche. Ich weiß um die Aufgeschlossenheit, die Aufmerksamkeit und den Einsatz der von Ihnen geleiteten Regierung für die Förderung des Gemeinwohls und die Überwindung der Spannungen und Mißstände; anderseits möchte ich auch den hochherzigen Eifer in Erinnerung rufen, mit dem die katholische Kirche in Italien ihren Beitrag zur Lösung dieser Probleme leistet, nicht selten in bedeutsamer Zusammenarbeit mit Bürgern anderer Überzeugung und mit Organisationen Andersdenkender.

Meine erste spontane Bemerkung betrifft das Schwinden des moralischen Bewußtseins bei einem großen Teil der Bevölkerung und die damit verbundenen Erscheinungen des Sittenverfalls, weshalb es immer weniger zu jenen Reaktionen kommt, die man sich von einem Land wie Italien mit seiner christlichen Tradition erwarten könnte.

In dem Bereich, der im allgemeinen als die „moralische Frage“ bezeichnet wird, erscheint als die vordringlichste Pflicht das rückhaltlose Eintreten für die Würde der Person und die Heiligkeit des menschlichen Lebens. In Treue zu dem von ihrem göttlichen Gründer empfangenen Auftrag verkündet und verteidigt die Kirche den Grundsatz der Unantastbarkeit des Lebens, das eine Gabe Gottes ist. Die Nicht-Annahme dieser Gabe sowie manche Manipulationen oder Versuche seitens einer Technologie ohne ethische Normen, die das menschliche Leben zum Gegenstand haben, können nur, weil mit dem göttlichen Gesetz und der Menschenwürde unvereinbar, entschieden abgelehnt werden.

Die Verteidigung des Lebens erstreckt sich auf den ganzen Erdentag des Menschen und findet in allen Initiativen ihren Ausdruck, die dem Schutz und der Förderung der Lebensqualität und der Sorge um die Sachen, Kranken und Alten gelten.

Nicht geringere Aufmerksamkeit verdienen sodann, vom Standpunkt der Moral aus betrachtet, verschiedene von Ungerechtigkeit und Leid gekennzeichnete Situationen, vor allem die sogenannte „neue Armut“, die Unzulänglichkeit der Fürsorgeeinrichtungen, die beunruhigende Verbreitung der Drogenabhängigkeit und der mit ihr verbundenen Kriminalität, schließlich die oft dürftigen Bedingungen, unter denen noch immer viele Einwanderer aus anderen Ländern, insbesondere aus den Entwicklungsländern leben. Es handelt sich hier um Fragen von großer Tragweite und Vielschichtigkeit, für die nicht leicht befriedigende und endgültige Lösungen gefunden werden können. Dennoch berechtigt die Tatsache zur Hoffnung, daß auf diesen Gebieten neben den öffentlichen Einrichtungen auch zahlreiche – zu einem guten Teil katholische – Vereinigungen am Werk sind, die Anerkennung und Unterstützung verdienen.

Darüber hinaus muß sich jedes Glied der Gesellschaft verantwortungsbewußt mit diesen Problemen befassen. Eine ganz besondere Rolle spielt hier die Familie, deren Wert das italienische Volk immer sehr hoch eingeschätzt hat und die eine unerschöpfliche Quelle moralischen und religiösen Reichtums war. Heute jedoch ist sie zerstörerischen Tendenzen ausgesetzt, die ihre Einheit, Unauflöslichkeit und erzieherische Sendung vor allem im Bewußtsein der jungen Menschen in Frage stellen möchten. Die Unterstützung, Förderung und Verteidigung der Familie auch mittels entsprechender sozialpolitischer Entscheidungen kommt daher einer Sicherung der Zukunft der Nation gleich.

Herr Ministerpräsident!

Das kürzlich getroffene konkordatarische Übereinkommen, das den Anfang einer neuen institutionellen Beziehung zwischen Kirche und Staat bedeutet, beginnt mit dem Hinweis auf die beiderseitige Verpflichtung zur Zusammenarbeit im Interesse des Menschen und für das Wohl des Landes.

Die heutige Begegnung gibt mir die Gelegenheit, Sie des festen Willens der Kirche zur loyalen und selbstlosen Fortführung dieser fruchtbaren Zusammenarbeit zu versichern. Die Kirche weiß ja sehr wohl um die aktive Rolle, die sie im Leben der Gesellschaft spielt, und um den spezifischen Beitrag an Werten, Ideen und Kräften, den sie aus der Botschaft des Evangeliums und aus der religiösen Tradition – den lichtvollsten Seiten in der Geschichte der Nation – herleitet.

Wichtige Schritte wurden bereits auf dem neuen Weg gemacht, und ich kann wohl mit Recht annehmen, daß trotz unvermeidlicher Schwierigkeiten beide Teile befriedigt sein können.

Erlauben Sie mir in diesem Zusammenhang, dankbar des Wirkens der italienischen Bischofskonferenz zu gedenken, der das genannte Übereinkommen besondere und direkte Verantwortungen auferlegt. Die italienischen Bischöfe haben, sowohl was die Anwendung der konkordatarischen Normen als auch im allgemeinen die Ermunterung und Führung ihrer Gemeinden zu einem neuen Einsatz für das Gemeinwohl betrifft, einen klaren Beweis für große Bereitwilligkeit und tiefes Verantwortungsbewußtsein gegeben, und das nicht nur auf pastoraler,sondern auch auf staatsbürgerlicher Ebene, einen Beweis, den zu verkennen niemand das Recht hätte.

Es ist im übrigen für sie befriedigend, mit einer immer bereitwilligeren Mitarbeit ihrer Gläubigen rechnen zu können. Ich möchte in diesem Zusammenhang insbesonders den

Religionsunterricht in der Schule erwähnen, den das Übereinkommen in Betracht zieht und die nachfolgende Vereinbarung regelt. Die Jugendlichen und ihre Familien haben sich frei und mit so starker Mehrheit für diesen Unterricht ausgesprochen, daß es kaum möglich ist, diese Entscheidung zufälligen Motivierungen zuzuschreiben.

Die Kirche respektiert in aller Ehrlichkeit die Anhänger eines anderen Glaubens oder einer anderen Ideologie; sie würde jedoch ihre Pflichten vernachlässigen, würde sie neben den ihr zustehenden Rechten nicht auch unbeirrbar und entschieden den berechtigten Wunsch der katholischen Eltern und jener Jugendlichen verteidigen, die ihre Ausbildung mit den Werten des Christentums – also eines Elementes des geistigen und kulturellen Reichtums der italienischen Nation – vervollkommnen möchten.

Was andere Punkte gemeinsamen Interesses betrifft, so werden die Kontakte zwischen Kirche und Staat fortgesetzt, wie ausdrücklich im Text des Übereinkommens erwähnt; in anderen, von diesem Text nicht berücksichtigten Bereichen wird ein positiver Dialog im Rahmen einer fruchtbaren Zusammenarbeit weitergeführt. Die Kirche verlangt nichts anderes als eine wirkliche Freiheit und ist um ein Klima loyaler Zusammenarbeit für einen gemeinsamen Dienst bemüht, der so gut als möglich den Erwartungen nicht nur ihrer Gläubigen, sondern aller Staatsbürger entsprechen soll.

Herr Ministerpräsident!

Der Hl. Stuhl verfolgt mit ständiger Aufmerksamkeit und lebhafter Sympathie das Eintreten Italiens vor verschiedenen internationalen Gremien für den Frieden und die Achtung der Rechte und der fundamentalen Freiheitsansprüche des Menschen – zu denen der Anspruch auf Gewissens- und Religionsfreiheit zählt – sowie für den Aufbau einer internationalen Ordnung, die den Forderungen der Gerechtigkeit und der Solidarität besser entspricht.

Unter den Problemen, die mit Recht die Aufmerksamkeit Italiens auch als Mittelmeermacht wecken, nimmt das des Mittleren und Nahen Ostens einen besonderen Platz ein. Die dort bereits endemisch gewordenen, schmerzlichen Konflikte säen Trauer und Trennungen, die die Zukunft ganzer Völker auf unerträgliche Art belasten und die Sicherheit und den Frieden der Welt aufs Spiel setzen. Der Beitrag der italienischen Regierung entspricht den Erwartungen und Forderungen zahlreicher Völker, die vertrauensvoll auch auf das geduldige Wirken Italiens für den Frieden blicken.

Auch kann ich nicht den konkreten Beitrag unerwähnt lassen, den Italien vom Anbeginn an zum Prozeß der Einigung Europas geleistet hat. In kurzer Zeit werden wichtige Schritte zur Vereinigung fällig. Über alle technischen Fragen und praktischen Bestimmungen hinaus halte ich es jedoch für meine Pflicht, der herzlichen Unterstützung des Hl. Stuhls für den Aufbau eines geeinten Europas Ausdruck zu geben. Die Katholiken Italiens haben, ebenso wie die der anderen Länder des Kontinents, bei der Erreichung dieses Ziels eine entscheidende Rolle gespielt, indem sie auf die seit alters bestehende Gemeinsamkeit der christlichen Wurzeln und das reiche Erbe der gemeinsamen kulturellen und moralischen Werte hinwiesen. Auf diesen Fundamenten kann das geeinte Europa zum Ausgangspunkt der Solidarität und des Friedens unter den Nationen werden.

Schließlich möchte ich an den verdienstvollen Einsatz erinnern, der Italien – vor allem während der letzten Jahre – unter den Hauptbeteiligten in der überzeugten Zusammenarbeit mit den Entwicklungsländern sieht. Es ist überflüssig, hervorzuheben, wie sehr diese Mitarbeit der katholischen Kirche am Herzen liegt, hat sie doch seit jeher den weniger begüterten Völkern besondere Aufmerksamkeit geschenkt. Im übrigen hat sich die Regierung bei zahlreichen Gelegenheiten der Mitarbeit der Missionare und der kirchlichen Organisationen für internationale, freiwillige Hilfeleistung bedient. Sein Wirken für die Förderung des Fortschritts der Völker im Geist der Solidarität ehrt Italien und die für sein Geschick Verantwortlichen.

Herr Ministerpräsident!

Der Bischof von Rom kann nicht umhin, Italien aufgrund der einzigartigen Bande, welche die Vorsehung zwischen diesem Land und dem Apostolischen Stuhl geknüpft hat, als ganz besonders zu ihm gehörend zu betrachten. Deshalb spreche ich mit vorzüglicher Liebe den ehrlichen Wunsch des Friedens, des Wohlstandes und des Fortschritts dieser Nation aus. Von ganzem Herzen schließe ich diesen Wunsch in mein Gebet ein und rufe auf das Staatsoberhaupt, auf Sie und auf alle Verantwortlichen des öffentlichen Lebens sowie auf alle Italiener die reichsten Gnaden Gottes herab.

Das eigene Leben als Zeugnis hingegeben

Predigt bei der Feier der Seligsprechung am Hochfest des Königtums Christi am 20. November

1. Jesus Christus ist „der treue Zeuge, der Erstgeborene der Toten, der Herrscher über die Könige der Erde" (*Offb* 1,5).

Das Buch der Geheimen Offenbarung führt uns in das heutige Hochfest vom Königtum Christi ein, das wie eine liturgische „Krönung" des ganzen Kirchenjahres ist. Während dieses Jahres konnten wir Tag für Tag die vom Apostel Johannes, dem Verfasser der Apokalypse, ausgesprochene Überzeugung vertiefen und bekräftigen: Jesus Christus ist der, „der uns liebt und uns durch sein Blut von unseren Sünden erlöst hat; er hat uns zu Königen gemacht und zu Priestern vor Gott, seinen Vater" (*Offb* 1,5–6).

Das Hochfest des Königs ist zugleich das Hochfest des Reiches. Dieses beginnt im Blut des gekreuzigten Königs, dem Blut der Erlösung der Welt. Durch das Opfer seines Lebens hat Christus aus uns ein Königreich von Priestern für seinen Gott und Vater gemacht.

2. Als Jesus von Nazaret vor das Tribunal des römischen Prokurators Pontius Pilatus geführt wurde, stellte ihm dieser die Frage: „Bist du der König der Juden?" (*Joh* 18,33). Diese Frage ist vom Gesichtspunkt des Menschen aus, der die Interessen des Kaisers und das Interesse des römischen Kaiserreiches vertritt, eine entscheidend wichtige Frage. Pilatus stellte sie, weil die Ankläger Jesu sie ihm als Anschuldigung vorgetragen hatten. Christus beantwortet die Frage negativ. Er ist kein König im dem Sinn, in dem er angeklagt wird: „Mein Königtum ist nicht von dieser Welt ... nicht von hier" (*Joh* 18,36).

Diese Antwort erklärt die neue Frage des Pilatus: „Also bist du doch ein König?“ (*Joh* 18,37).
Die Antwort Jesu aber lautet: „Du sagst es, ich bin ein König. Ich bin dazu geboren und dazu in die Welt gekommen, daß ich für die Wahrheit Zeugnis ablege. Jeder, der aus der Wahrheit ist, hört auf meine Stimme“ (*edb.*).

3. Heute beten wir in dieser Basilika des hl. Petrus Christus, den König an.
Ihn, der von Ewigkeit her „der treue Zeuge“ ist. Ihn, der „in die Welt gekommen ist, um von der Wahrheit Zeugnis zu geben“.
Wir ehren ihn, indem wir seine Jünger und Nachfolger zur Ehre der Altäre erheben: jene, die auf seine Stimme gehört haben. Und sie haben mit ihrem ganzen Leben bezeugt, daß sie „aus der Wahrheit“ sind.
Sie sind Zeugen für das geworden, war Er selbst ist: „der treue Zeuge“.
Hier ihre Namen: Liberat Weiss, Samuele Marzorati, Michele Pio Fasoli, sie alle Franziskaner-Minderbruder, und Mutter Katherine Drexel, die Gründerin der „Schwestern vom heiligsten Sakrament für die Indianer und Farbigen“.

4. Im ewigen Tempel des Herrn geben die neuen Seligen ihm die Ehre (vgl. *Ps* 92; 93,5). Unter ihnen die drei würdigen Nachfolger des heiligen Franziskus, die Christus über alles geliebt haben, und um seinetwillen das erlösende Kreuz und alle Menschen zu lieben verstanden.
Die Märtyrer Liberat, Samuele und Michele Pio haben für immer einen Platz beim „feststehenden Thron“ (*Ps* 93,2) des Königs des Weltalls verdient, der von herrlichem Licht umstrahlt und mit Macht umgürtet ist, denn sie haben alles hingegeben, auch das irdische Leben, um Ihm zu dienen.
Die Hingabe des eigenen Lebens bis zum Vergießen des Blutes war für sie die hochherzige Antwort auf die Berufung, in der Christus sie zur Teilhabe an der Opfergabe rief, als die er sich selbst dem Vater dargebracht hat. Ihr Märtyrium war das höchste Zeichen ihrer starken Liebe und ihres festen Glaubens, wodurch sie sich mit dem Zeugnis des geopferten Lammes vereint und die rettende Wahrheit bekräftigt haben, die fähig macht, Gott und den Nächsten mit der Liebe Jesu selbst zu lieben.

In deutscher Sprache fuhr der Papst fort:

5. Der Eifer und die Hingabe, mit der Liberat, Samuele und Michele Pio auf den Ruf des Erlösers geantwortet haben, ließ sie in der inneren Vertrautheit mit ihm wachsen. Sie erkannten immer deutlicher ihre Berufung, den anderen Menschen seine Frohe Botschaft zu verkünden. Dabei waren sie sich bewußt, daß sie in höchster Weise an der Königsherrschaft Christi teilnehmen, wenn sie sich selbst wie er zu Zeugen der Wahrheit und zu Dienern der Brüder und Schwestern machen.
Bei der Verkündigung der Frohen Botschaft bedienten sie sich nicht der „Überredung durch gewandte und kluge Worte“; sie war vielmehr verbunden „mit dem Erweis von Geist und Kraft“ (*1 Kor* 2,4). Darum zögerten sie nicht, ihre missionarische Sendung mit

dem Blut zu besiegeln. Die vorbehaltlose Selbsthingabe ist die überzeugendste Bekräftigung der mit den Lippen verkündeten Botschaft. Diese läßt das Zeugnis in seiner ganzen Reinheit erstrahlen, wodurch den Brüdern und Schwestern allein Christus vor Augen gestellt wird, der vom Kreuz herab über die Welt herrscht.
In Christus neigt sich die erhabene Macht der Liebe Gottes zu den Menschen hernieder. Sie lenkt ihren Willen und bereitet ihre Herzen zu gegenseitigem Verstehen, zu Eintracht und Frieden.
Tief davon überzeugt, nicht Herren von dem zu sein, was sie besaßen, verstanden sich die seligen Märtyrer als Verwalter und Boten der von Christus empfangenen Gaben. Von ihm wußten sie sich zu den Volksstämmen in Äthiopien gesandt. Im Geist brüderlicher Rücksichtnahme und Gesprächsbereitschaft, aber auch mit Festigkeit und absoluter Gewissenstreue verkündeten sie den Menschen den katholischen Glauben. Mit bewundernswerter Liebe und opferbereiter Hingabe wurden sie lebendige Zeugen für die Kirche und die durch Jesus Christus gewirkte Erlösung. In ihrem missionarischen Wirken, in ihrem Leiden und Sterben sind die Märtyrer Liberat, Samuele und Michele Pio leuchtende Beispiele dafür, wie die Wahrheit verkündet und gelebt werden kann, ohne dadurch die Liebe zu verletzen.

Zur italienischen Sprache zurückkehrend sagte der Papst:

6. Die Feier des Märtyriums dieser Franziskaner erinnert uns auch an die Zeiten, in denen die Beziehungen zwischen der katholischen und der äthiopischen Kirche schwierig waren. Die Brüderlichkeit, die zwischen zwei Schwesterkirchen hätte herrschen sollen, war damals durch schwere gegenseitige Mißverständnisse gestört infolge der gegenseitigen Unkenntnis der Sprache, der unterschiedlichen Kultur und weiterer Umstände. Die katholische Kirche hat nun auf dem II. Vatikanischen Konzil ihre Betrachtung des Planes Christi vertieft und sich entschlossen für das Beschreiten des ökumenischen Weges eingesetzt. Mit neuer lebendiger Liebe hat sie klar die Grundsätze dieses ihres Entschlusses im Konzilsdekret über den Ökumenismus dargelegt und ihr Verständnis für die Bande der Gemeinschaft erneuert, die sie mit den anderen Kirchen verbinden. Sie hat sich intensiv um die Zusammenarbeit mit den anderen Christen bemüht und dahin gewirkt, daß das Gebet Christi für seine Jünger erhört werde (vgl. *Joh* 17,21).
Mit Freude erwähne ich, daß die Bande der Brüderlichkeit unter den Christen Äthiopiens heute tiefer geworden sind und daß sie insbesondere zu einer Zusammenarbeit bei der Linderung der Nöte der Leidenden führen. Mögen die neuen Seligen und alle Heiligen des Himmels beim Herrn ihre Fürbitte einlegen, damit in diesem Land, wo die Christen seit vielen Jahrhunderten ihre Treue zu Christus bis zur Hingabe des Lebens für ihn bezeugt haben, alle in der Einheit des Glaubens und der Liebe leben.

Folgendes sagte Johannes Paul II. in Englisch:

7. „Jeder, der aus der Wahrheit ist, hört auf meine Stimme“ (*Joh* 18,37). Diese Worte Jesu beschreiben die Heiligen. Besonders deutlich beschreiben sie Katherine Drexel, die

ich heute seliggesprochen habe. Denn sie war eine Frau lebenigen Glaubens und setzte sich zutiefst für die von Christus geoffenbarte Wahrheit ein. Sie kannte die Wahrheit so gut, weil sie ständig auf die Stimme Christi hörte. Und zweifellos war sie deshalb fähig, grundlegende Wahrheiten zu begreifen, die viele von ihren Zeitgenossen nicht erfaßten, z. B. die Wahrheit von der gleichen Würde und dem gleichen Wert jedes Menschen, unabhängig von seiner Rasse oder seiner völkischen Herkunft. In ihren Tagen haben die amerikanischen Indianer und Farbigen in den Vereinigten Staaten infolge rassischer Vorurteile viel Unrecht erlitten. Da sie das Böse dieser Situation klar durchschaute, begann sie entschlossen den Kampf zu seiner Überwindung.
Das Hauptanliegen ihrer Bemühungen war die Evangelisierung, zumal durch die Einrichtung katholischer Schulen. Denn welchen besseren Weg könnte man finden, um die verheerenden Auswirkungen des Rassismus zu überwinden und wirksame Hilfe für diese benachteiligten Brüder und Schwestern anzubieten? Sie wollte ihnen eine ganzheitliche, integrale Erziehung vermitteln, die ihren Glauben, Ihre Hoffnung und ihre Liebe fördern und vertiefen und zugleich ihnen zum Erreichen ihrer berechtigten Stellung innerhalb der Gesellschaft helfen würde. Katherines Bemühungen waren von der tiefen Überzeugung getragen, daß die Wahrheit den Menschen frei macht, d. h. die Fülle der Wahrheit, wie sie sich in Jesus Christus findet. Und so war sie in ihrem eigenen Leben immer darauf bedacht, ihre Liebe zu Jesus zu vertiefen, den sie jeden Tag in der Eucharistie empfing und anbetete. Ihre Vereinigung mit Christus, dem König, gab ihr Zuversicht, daß alles, was in seinem Namen getan wurde, reiche Frucht für die Sache des Reiches Gottes bringen würde.

8. Die gleiche Liebe zu Jesus führte Katherine dazu, die Berufung zum Ordensleben anzunehmen, eine Berufung, auf die sie zuerst von meinem Vorgänger, Papst Leo XIII. hingewiesen wurde. Katherine war nach Rom gekommen, um den Papst um Missionare für die Schulen zu bitten, die sie unter den amerikanischen Indianern gründen wollte. Zu ihrer Überraschung bat Papst Leo sie, zu überlegen, ob sie nicht selbst Missionarin werden könne. Nach einiger Zeit und nachdem sie sich im Gebet darüber geprüft hatte, wurde ihr klar, daß der Herr tatsächlich sie einlud, ihr ganzes Leben und ihr beträchtliches Familienerbe in den Dienst des Evangeliums zu stellen, um eine der Eucharistie geweihte Ordenskongregation zu gründen, die sich für die Evangelisierung der amerikanischen Indianer und Neger einsetzte. Mutter Katherine Drexel war keine furchtsame Seele. Ihr Bräutigam war Christus der König, und sie suchte ihn eifrig nachzuahmen. Wenn Christus mutig vor Pilatus stand und von der Wahrheit sprach, dann wollte auch sie, seine geliebte Dienerin und Freundin, sich mutig für die Rechte der Unterdrückten einsetzen. Und sie wolle kräftige Initiativen ergreifen, um jenen, die die Gesellschaft vernachlässigt hatte, eine hochrangige Bildung zu vermitteln.
Wie ihr Erlöser sammelte auch sie viele Jünger um sich, die mit ihr bei ihrem missionarischen Bemühen zusammenarbeiteten. Am bedeutendsten unter diesen waren die Schwestern vom heiligsten Sakrament, die sie gründete, und die heute ihr Charisma und Erbe weiterführen. Durch ihr Beispiel aber drängt sie uns alle, auf die Stimme des eucharistischen Königs zu hören und in Liebe für die Wahrheit Zeugnis zu geben.

In italienischer Sprache fuhr der Papst fort:

9. Die Kirche steht heute vor Christus, dem König, und spricht: Sieh hier dein Reich! Sieh hier jene, aus denen du selbst „ein Königreich von Priestern vor Gott, deinem Vater“, gemacht hast!
Die Seligen! Und selig ist dein Reich, das durch sie kommt:
Christus, du herrschst in ihnen, und deine Lehren sind verläßlich (*Ps* 93,5).
In ihnen leuchtet deine Macht auf, die ewig ist und „unvergänglich“. Dein „Reich geht niemals unter“ (vgl. *Dan* 7,14).
In ihnen hast du „deine Wohnung“ aufgeschlagen, der „Heiligkeit gebührt für alle Zeiten“, Herr! (vgl. *Ps* 93,5).
Christus, Menschensohn nach den Worten des Propheten Daniel. Jeder wird dich sehen. Sehen werden dich jene, „die dich durchbohrt haben“ (vgl. *Offb* 1,7), als du uns mit deinem Blut von unseren Sünden befreitest und aus uns ein Königreich von Priestern für Gott, deinen Vater, machtest.
Du bist mit dem Vater und dem Heiligen Geist der lebendige Gott. „Der, der ist und der war und der kommt, der Allmächtige!“ (*Offb* 1,8).
Das Alpha und das Omega (*ebd.*)
Selig ist dein Reich!
Selig in den Seligen! Amen.

Die Verteilung des Guten ist grausam ungleich

Ansprache an die Vollversammlung des Päpstlichen Rates „Cor Unum“
am 21. November

Herr Kardinal,
Liebe Brüder im Bischofsamt,
Liebe Freunde, Mitglieder des Päpstlichen Rates „Cor Unum“

1. Wie jedes Jahr freue ich mich über die Begegnung mit euch anläßlich eurer Vollversammlung, und danke eurem Präsidenten, Herrn Kardinal Roger Etchegaray, der euch eben vorgestellt hat. Ich schätze eure treue Beteiligung an der gemeinsamen Arbeit des Rates, der aus eurer sich ergänzenden Fachkenntnis und der Frucht eurer Erfahrung, die ihr in den verschiedenen euch anvertrauten verantwortlichen Aufgaben gewonnen habt, Nutzen zieht.
Das Hauptthema, in das ihr euch vertieft habt, ist der Hunger in der Welt. Das ist ein wesentliches, ja, ich möchte sagen, elementares Problem, da hier das Leben von Millionen Menschen auf dem Spiel steht. Auf dieses Drama will ich auf euren Vorschlag hin in der nächsten Fastenzeit die Aufmerksamkeit der ganzen Kirche lenken, und zwar durch eine Botschaft, die ihr weit verbreiten wollt.

2. Gerade der Berufung eures päpstlichen Rates entsprechend, nimmt das Nachdenken über eine so wichtige Tatsache, eine in der Welt derart verbreitete Mangellage, eine Geißel, die Leiden und Tod verursacht, verschiedene Aspekte an. Ihr habt die Elemente einer Bilanz zusammenzutragen versucht, die ein realistisches, wissenschaftlich objektives Bild des Hungerproblems bieten soll. Zugleich ist euer Anliegen pastoral, denn ihr richtet auf die Kinder, die Erwachsenen und die Greise, die Hunger haben, den Blick Christi, des Hirten, den Blick der universalen Liebe des Evangeliums. Es ist gut, daß ihr euch die Hilfe einer genauen Analyse des Problems verschafft und dabei jene Sorgfalt aufwendet, die der Herr von seinen Jüngern für die Geringsten seiner Brüder verlangt hat. So könnt ihr der Kirche die notwendige Klärung bieten, damit alle ihre Glieder in der Solidarität als einer vorrangigen Pflicht Fortschritte machen.
Vor einigen Monaten habe ich durch die Enzyklika *Sollicitudo rei socialis* den Umfang der sozialen Frage klarzumachen versucht, zumal den der Entwicklungsprobleme. Es ist klar, daß euer Wirken sich unmittelbar in den Rahmen dieser Anliegen einfügt. Alle Christen und alle Menschen guten Willens müssen sich mehr Rechenschaft von der Dringlichkeit der Aufrufe zu menschlicher Solidarität geben. Die Güter, über die die Welt verfügt, sind unermeßlich, aber ihre Verteilung ist grausam ungleich. Die Würde des Menschen selbst steht auf dem Spiel: die Würde jener, die ein Recht auf das physisch zum Leben Notwendige besitzen, die Würde auch jener, die sich ihres Wohlstandes nicht zu erfreuen wüßten, wenn sie die ärmsten ihrer Brüder übersähen. Nur um diesen Preis kann man eine integrale Entwicklung des Menschen ins Auge fassen.

3. Eure Versammlung bemüht sich, wie die ständige Tätigkeit des Sekretariates von „Cor Unum“, um die Prüfung der Mittel, die zum Angehen des Hungerproblems nützlich sind. Diese sind mit Recht verschiedener Ordnung. Es geht um die Information der größtmöglichen Zahl von Männern und Frauen, um sie davon zu überzeugen, daß dieses Problem sie angeht, daß sie mitverantwortlich sind in dem echten Kampf, der hier zu führen ist, und bei dem es Ausdauer braucht, um Unterernährung und Hunger zu überwinden. Ihr bemüht euch vor allem, die Jugendlichen anzusprechen. Ihr versucht auf breitester Ebene eine Bekehrung der Herzen zu erreichen und die Einführung eines Lebensstils zu motivieren, der mit konkreter Solidarität vereinbar ist. Dabei sollen alle Personenkreise auf allen Ebenen der Verantwortung angesprochen werden. Eine ständige Mobilisierung der Hochherzigkeit wird dazu beitragen, wirtschaftliche und politische Entscheidungen zu erreichen, die dem akuten Problem des Hungers, das Hunderte von Millionen Menschen betrifft, gerecht werden.
Mit euch möchte ich die bereits zahlreichen nationalen und internationalen Organisationen in den entwickelten Ländern und in den Entwicklungsländern begrüßen, die dringende Hilfsprogramme zu fördern suchen, wenn das notwendig ist, ferner Programme, die ganzen Völkern gestatten sollen, sich selbst zu ernähren. Ich ermuntere besonders die katholischen Organisationen, die, von den Christen wirksam unterstützt, sich seit vielen Jahren bemühen, die Teilung der Güter wirklich und wohltuend durchzuführen.

4. Ich weiß im übrigen, daß ihr eine Gesamtbilanz der von „Cor Unum“ betreuten Aktivitäten zusammenstellt und die Arbeit von zahlreichen von euch vertretenen oder in Verbindung mit euch stehenden Organisationen koordiniert. Ich denke besonders an die Bemühungen im Kampf gegen die Geißel der Kindersterblichkeit, der ihr große Aufmerksamkeit schenkt, zumal nach der letzten Fastenkampagne über dieses Thema. Ich denke auch an die Koordinierung der zahlreichen Äußerungen guten Willens, die ein wirksames Eingreifen bei den im abgelaufenen Jahr so zahlreichen und für ganze Bevölkerungsgruppen so folgenreichen Katastrophen erlaubt hat. Ich möchte allen, die sich an diesen Aufgaben beteiligt haben, danken.

5. Euren Analysen und Aktionen kann man das Nachdenken über eine „Katechese der Liebe“ zugrundelegen. Diese theologale Tugend und dieses Gebot des Evangeliums, dieses Geschenk Gottes bildet den echten Antrieb für ein brüderliches Unternehmen, wie es die Welt braucht. Und auch wenn es selbstverständlich scheint, muß man den Christen doch helfen, daß sie immer lebendiger die Dimensionen der Liebe ermessen. Der Glaube an Jesus Christus, den Sohn Gottes und Retter der Welt, drängt uns, unser Leben in seinem Geist zu gestalten, und es wäre unbegreiflich, wollte man der Versuchung erliegen, den Glauben von einer konkreten Übung der Liebe zu trennen. Gewiß sind die Berufungen verschieden und die Möglichkeiten der einen und der anderen sehr unterschiedlich; aber alle müssen in die Dynamik der Liebe eintreten, die Herz und Hände dem Nächsten öffnet und in einen Austausch der Gaben verwickelt, bei dem der Gebende entdeckt, daß er seinerseits viel empfängt. Kann man wirklich von Gemeinschaft sprechen, ohne daß jene, die an der Eucharistie teilnehmen, das teilen, von dem sie täglich leben?
Es gilt auch, immer besser die Beziehung zu verstehen, die die Liebe mit der Gerechtigkeit verbindet. Gerechtigkeit kann Liebe nicht ersetzen. Wenn man in den sozialen Verhältnissen und in den internationalen Beziehungen mehr Gerechtigkeit schafft, dann entbindet das niemals davon, diese Gerechtigkeit mit echter Liebe zu prägen, die weit davon entfernt ist, ein bloßes Beruhigungsmittel für alle möglichen Fehler zu sein. Sie besteht am Ende darin, daß man seinen Nächsten mit dem Blick Gottes selbst sieht, der die Welt aus Liebe geschaffen und auch uns zur Liebe befähigt hat, und der uns aufruft, unablässig in selbstloser Bruderliebe Fortschritte zu machen. Dann hat die Gerechtigkeit der Menschen mehr Aussicht, nach dem Bild der Gerechtigkeit Gottes zu sein.
Ein weiterer wesentlicher Bezug besteht zwischen Liebe und Frieden. Zu einer christlichen Katechese über die Liebe gehören selbstverständlich die Barmherzigkeit, das Verzeihen und die Versöhnung. Man braucht es kaum weiter auszuführen, weil es klar ist, daß die Menschen den Frieden, nach dem sie sich sehnen, nur aufbauen können, wenn sie ihre Vorurteile überwinden, sich gegenseitig ihre Beleidigungen vergeben und sich von den gleichen Gefühlen leiten lassen, die Christus selbst hatte. Auf diesem Niveau versteht man vielleicht besser, daß man in einer echten Pastoral der Liebe das theologische Nachdenken und die geistige Anregung mit dem konkreten Handeln verbinden muß.

6. Abschließend möchte ich mit euch für die Hochherzigkeit danken, die so viele Männer und Frauen bewegt, konkret die Bruderliebe, die Christus fordert und durch sein Erlösungswerk möglich gemacht hat, ins Werk zu setzen. Ich ermuntere euch bei der Wei-

terführung eurer Überlegungen und eures Wirkens, die beide die integrale Entwicklung des Menschen zum Ziel haben. Ich bete zu Gott, daß er eure Bemühungen unterstützt, euch weiteren Fortschritt schenkt und euch ebenso segnet wie alle jene, die zum großen Werk der Liebe ihren Beitrag leisten.

Selig- und Heiligsprechung ein feierlicher Lobpreis Gottes

Grußwort bei der Sonderaudienz für die deutschsprachigen Pilger am 21. November

Einen brüderlichen Gruß richte ich an den verehrten Herrn Erzbischof von Wien, Kardinal Hans Hermann Groer; ebenso an alle Pilger deutscher Sprache, die zur Seligsprechung ihres Landsmannes, Pater Liberat Weiss, nach Rom gekommen sind.

Selig- und Heiligsprechungen sind ein feierlicher Lobpreis Gottes, der „wunderbar ist in seinen Heiligen". Zugleich sind sie ein kostbares Gnadengeschenk Gottes an die Kirche. Selige und Heilige sind ein immer neuer Anruf an die Gläubigen, nach ihrem Beispiel in Treue und Opferbereitschaft Christus nachzufolgen, für seine Frohe Botschaft durch unser Leben Zeugnis abzulegen und die Mitmenschen für ihn und sein Reich zu gewinnen. Gerade darin kann euch euer neuer Seliger Liberat ein überzeugendes Vorbild sein. Er ist dem göttlichen Ruf mit letzter Konsequenz bis zur Hingabe seines Lebens gefolgt. Seine Liebe zu Christus und zu den Menschen drängte ihn über die Grenzen seiner Heimat hinaus. Er hat keine Anstrengungen, Entbehrungen und auch Verfolgungen gescheut, um als Missionar das Reich Gottes auszubreiten. Er stand treu zu seiner Sendung auch in scheinbar ausweglosen Situationen, auch als sein ganzer Missionseinsatz menschlich gesehen ein völliger Fehlschlag zu werden schien. Als vollkommen wehrloses Opfer wurde er schließlich mit seinen beiden Gefährten gesteinigt. „Die Kraft kommt", wie Apostel Paulus sagt, „in der Schwachheit zur Vollendung" (*1 Kor* 12,9).

Die seligen Franziskanermissionare sind ein eindringlicher Anruf an uns alle, uns persönlich mitverantwortlich zu fühlen für die Verwirklichung und Ausbreitung des Reiches Gottes in der Welt: in unserem eigenen Leben, in unseren Familien, im Beruf, in der Gesellschaft. Christus, der König und Herr, bedarf unserer Mitarbeit, um seine Königsherrschaft auf alle Menschen auszudehnen, auf daß sein Reich immer mehr unter uns Wirklichkeit werde.

Folgen wir darum dem Beispiel unserer Seligen und Heiligen. Sie selbst seien uns hierbei Fürsprecher und treue Weggefährten. Zugleich stärke euch und begleite euch und alle Gläubigen in euren Heimatländern auf diesem Weg opferbereiter Nachfolge mein Apostolischer Segen.

Unversöhnliche Haltungen vermeiden

Botschaft an den Patriarchen der Maroniten von Antiochien, Seine Seligkeit Nasrallah Pierre Sfeir, Präsident der Versammlung der katholischen Patriarchen und Bischöfe im Libanon, vom 22. November

An diesem Jahrestag der nationalen Unabhängigkeit, den das Volk des Libanon im Leiden begeht, möchte ich mich an Eure Seligkeit und durch Sie an alle lieben Söhne und Brüder des Libanon wenden.

Ich möchte Ihnen wiederum sagen, wie sehr ich Ihnen nahe bleibe und Ihre Ängste und Ihre lebhafte Hoffnung, Ihr liebes Land vor neuen und noch tragischeren Prüfungen bewahrt zu sehen, mit Ihnen teile. Diese Besorgnisse und Hoffnungen leben gleichsam neu auf durch einen Jahrestag, der doch eine Gelegenheit frohen Feierns sein sollte.

Die Situation im Libanon ist in der Tat äußerst, und vielleicht dramatisch, besorgniserregend geworden. Daß wichtige Ereignisse ausblieben, auf die ich persönlich dringend hingewiesen hatte mit dem Wunsch, sie mögen gesetzmäßig, ohne Druck von außen verlaufen, ist unglücklicherweise zur Ursache für nachfolgende Probleme und neue Gefahren geworden. Mehr als ein Beobachter betrachtet die Rechte des Libanon auf seine Einheit und auf seine territoriale Integrität sowie auf seine Souveränität und seine Unabhängigkeit als ernstlich bedroht.

Ich bete inständig und vertrauensvoll zum allmächtigen Gott, er möge nicht zugeben, daß diese Rechte, die für das Wohl jeder Nation unbestreitbar sind, dem Libanon verweigert werden. Ich bin noch fest davon überzeugt, daß es in allen geistlichen Familien Ihres Landes zugleich mit einer tief verwurzelten Hoffnung einen leidenschaftlichen Willen und Mut genug gibt, um vor allem das Heil des Vaterlandes und das Wohl aller Libanesen zu erstreben. Darum wird es den einen und den anderen ein inneres Bedürfnis sein, unversöhnliche Haltungen oder nicht wieder gutzumachende Entscheidungen zu vermeiden im Hinblick auf die Wiedergewinnung ihrer nationalen Identität und den Wiederaufbau ihres Landes in Freiheit und Würde.

Zugleich glaube ich nicht, daß diese Überzeugung und dieses Vertrauen hinsichtlich der Libanesen aus dem Bewußtsein derer geschwunden sind, die im internationalen Milieu Freunde des Libanon und Verteidiger der fundamentalen Rechte der Völker sein wollen. Ich richte aufs neue einen sehr dringenden Appell an sie, den Libanesen in dieser schwierigen Periode weiterhin hochherzig und aufrichtig zu helfen.

Eure Seligkeit, ich möchte Sie wiederum ermutigen, in Ihrem geschätzten Einsatz zugunsten der Verständigung und des Übereinkommens fortzufahren. Zusammen mit Ihnen, mit allen Mitgliedern der christlichen Hierarchien des Landes und mit allen Ihren Landsleuten rufe ich den Schutz des allmächtigen und barmherzigen Gottes auf den geliebten Libanon herab.

Aus dem Vatikan, am 22. November 1988

JOHANNES PAUL PP. II.

Ziel des Dialogs: Wiederherstellung der Einheit

Botschaft an den ökumenischen Patriarchen zum Fest des hl. Andreas vom 23. November

Die brüderlichen Bande zwischen den Kirchen der Orthodoxie und der katholischen Kirche finden wenigstens zweimal im Jahr ihren sichtbaren Ausdruck: An den Festen der Patrone dieser Kirchen. So ist es inzwischen eine sehr gute Tradition, daß am Fest des hl. Andreas eine katholische Delegation nach Konstantinopel reist, um dabei zu sein, wenn die Kirche von Konstantinopel ihren Namenstag feiert. Umgekehrt kommt zum Fest Peter und Paul eine Delegation des ökumenischen Patriarchats nach Rom. Die Bande, die hierdurch immer stärker geknüpft werden, zeigen, daß der Dialog der Liebe, der seit jenem historischen Besuch Papst Paul VI. vor fast 25 Jahren in Jerusalem mit Patriarch Athenagor I. geknüpft wurden, nicht nur stärker werden, sondern das Fundament sind, auf dem der Dialog der Wahrheit, der vom Patriarch Dimitrios I. und Papst Johannes Paul II. so sehr gefördert wird, an sein Ziel gelangt.
Zum diesjährigen Fest des hl. Andreas war wiederum unter Leitung des Präsidenten des Sekretariates der Einheit der Christen, Kardinal Johannes Willebrands, eine Delegation nach Konstantinopel gereist. Ihr hatte der Papst eine Botschaft an den ökumenischen Patriarchen Dimitrios I. zum Fest des hl. Andreas mitgegeben. In dieser Botschaft sagte Johannes Paul II.:
An Seine Heiligkeit, den Ökumenischen Patriarchen von Konstantinopel, Erzbischof Dimitrios I.
„Für jetzt bleiben Glaube, Hoffnung und Liebe, diese drei; doch am größten unter ihnen ist die Liebe" (*1 Kor* 13,3).
Mit diesen Worten wendet sich der Apostel Paulus an die Gläubigen der Kirche von Korinth, als er zu ihnen über die Liebe spricht, welche die ganze christliche Gemeinschaft kennzeichnen soll, und die alle Ortskirchen zu einer in der Liebe geeinten Gemeinde zusammenschließt. Dieser Aufforderung des Apostels eingedenk und von der Absicht beseelt, die Bande der Liebe zu vertiefen, die unsere Schwesterkirchen von Rom und Konstantinopel vereinen, habe ich Ihnen anläßlich des Festes des hl. Andreas eine von Kardinal Willebrands geführte Delegation gesandt.
Das abgelaufene Jahr war von zwei Ereignissen gekennzeichnet, die auch gezeigt haben, in welchem Ausmaß sich die Liebe zwischen unseren Kirchen vertieft. Dabei denke ich zuerst an den unvergeßlichen Besuch Eurer Heiligkeit in Rom im Dezember 1987. Es war wirklich eine große Freude für mich und für die Kirche von Rom, Sie empfangen und mit Ihnen an den Gräbern der Apostel Petrus und Paulus den Bruderkuß austauschen zu können. Dieser Wille zum Fortschritt in der Gemeinsamkeit kam auch in der Arbeit der internationalen Dialogkommission hinsichtlich des Weihesakraments zum Ausdruck und insbesondere bezüglich der Frage der apostolischen Sukzession, im Zusammenhang mit der Heiligung und der Einheit des Volkes Gottes. Ich glaube, es handelt sich hier um einen neuen Schritt, welcher der Kommission erlauben wird, ihre Arbeiten fortzusetzen und an die Fragen heranzutreten, die unsere Kirchen trennen.

Wie wir bereits gemeinsam erklären konnten, ist der Zweck dieses Dialogs nur die Wiederherstellung der vollen Gemeinschaft zwischen unseren Kirchen. Wir haben dieses Ziel demütig festgelegt, voll Vertrauen zum Heiligen Geist, der ja der Geist der Einheit ist, der Geist, der uns in der Wahrheit führt und es uns ermöglichen wird, dieses Ziel zu erreichen, das der Wille Gottes unseren Bemühungen gesteckt hat. Mit seiner Hilfe und dem Wissen um die tiefe Gemeinsamkeit, die uns bereits eint, sind wir bestrebt, entschieden auf dem Weg fortzuschreiten, den er uns weist.
Wir sind noch nicht am Ende angelangt, und nicht wenige Anstrengungen stehen noch aus, sowohl auf örtlicher, als auch auf der internationalen Ebene unserer gemeinsamen theologischen Kommission. Leider haben die Jahrhunderte, während derer wir einander fremd waren, eine Verringerung der gegenseitigen Kenntnis und somit auch der gegenseitigen Liebe bewirkt. So konnten sich auf beiden Seiten Mißverständnisse und Zerrbilder des wirklichen Glaubens der Katholiken und Orthodoxen ausbreiten. Noch heute scheint in manchen Gebieten, wo Katholiken und Orthodoxe zusammenleben, eine genaue und tiefe gegenseitige Kenntnis zu fehlen. Diese Feststellung muß uns veranlassen, noch intensiver im christlichen Volk durch Predigt, Katechese und theologische Ausbildung ein Bild der anderen zu verbreiten, das den Geboten der Wahrheit und der Liebe gerecht wird und von der Polemik der Vergangenheit frei ist. Wir haben einander feierlich als in fast vollkommener Gemeinschaft stehende Schwesterkirchen anerkannt (Schreiben Papst Paul VI. vom 8. Februar 1971, *Tomos Agapis*, Nr. 283). Wir müssen daraus die praktischen Konsequenzen ziehen und sie in konkrete Haltungen übertragen, die in all unseren gegenseitigen Beziehungen sichtbar werden.
Eure Heiligkeit, die Bedeutung dieses Austauschens von Delegationen zum Hochfest unserer Kirchen, im Interesse einer engen Zusammenarbeit auf unserem gemeinsamen Weg zur vollen Einheit wird uns jedes Jahr besser bewußt. So schließe ich mich denn, geliebter Bruder, aus ganzem Herzen Ihrer Feier zu Ehren des hl. Andreas an und bitte ihn, er möge uns „vom Vater der Gestirne, bei dem es keine Veränderung und keine Verfinsterung gibt“ (*Jak* 1,17), sein Licht und seine Kraft erflehen, die es uns erlauben werden, mit immer tieferer brüderlicher Liebe unseren Weg fortzusetzen.

Aus dem Vatikan, 23. November 1988

PAPST JOHANNES PAUL II.

Entsprechende Form des Glaubens und Dienens finden

Ansprache an die Teilnehmer des Generalkapitels der Barmherzigen Brüder am 25. November

Liebe Brüder!

1. Ganz herzlich heiße ich euch, die Vertreter des Hospitalordens des hl. Johannes von Gott, während dieser kurzen Unterbrechung der Arbeiten eures Generalkapitels willkommen, das in einem für die Geschichte des Gesundheitswesens in der Welt, in der wir leben, wichtigen Augenblick stattfindet.
Ich danke eurem neuen Generalprior, Br. Brian O'Donnell, für die so bezeichnenden Worte, mit denen er diese Begegnung eingeleitet hat, und ich wünsche ihm bei der Erfüllung seines wichtigen Amtes, in das er berufen wurde, viel Erfolg.
Euch allen wünsche ich überreiche geistliche Früchte aus euren Tagungen für das Wohl eurer ganzen Kongregation, die entstanden ist, um Gott im Dienst an den kranken Brüdern Ehre zu erweisen. Bekanntlich ist jedes Generalkapitel ein Ereignis von großer Wichtigkeit, weil es nicht nur einen Blick auf den Gesamtzustand des Ordenslebens gemäß dem Charisma der Gründung gestattet, sondern auch dazu dient, neuen geistigen Eifer und eine hochherzigere Hingabe an das eigene Ideal zu wecken. Für euch als Angehörige eines wohlverdienten Ordens, der volkstümlich und bezeichnend „Barmherzige Brüder" genannt wird, geht es vor allem darum, den christlichen Krankendienst, zu dem sich jeder von euch mit einem eigenen Gelübde in der Kirche verpflichtet, seinem inneren Sinn entsprechend zu erfüllen. Dies schreiben auch eure Konstitutionen dort vor, wo sie ein besonderes Bemühen empfehlen, „das Recht der Person auf ihr Geborenwerden, auf ein würdiges Leben, auf Beistand in der Krankheit und auf einen würdigen Tod zu verteidigen und darüber zu wachen", damit „in jedem Augenblick klar bleibt, daß der Mittelpunkt des Interesses die bedürftige oder kranke Person ist" (*Konstitution der Barmherzigen Brüder* n. 23).

2. Es warten daher große Aufgaben auf euch, liebe Brüder, und die Kirche bittet euch, sie im Geist der Worte des Herrn zu erfüllen: „Was ihr für einen meiner geringsten Brüder getan habt, das habt ihr mir getan" (*Mt* 25,31–46). In diesen Worten muß eure Auffassung vom Dienst ihre Grundlage haben. Das Konzil hat zumal im ersten Teil von *Gaudium et spes* die Wichtigkeit und Würde des Dienstes an den Kranken ausführlich betont. Eine Theologie des Dienens läßt sich in dem Maße vorlegen, wie die Kirche sich als eine Gesellschaft von Jüngern Christi darstellt, die sich durch gegenseitige Hilfe und Liebe kennzeichnen und auszeichnen.
In der komplexen Gesellschaft von heute müßt ihr das Suchen nach einem Modell der Theologie des Dienens weiterführen und euch, wenn nötig, von alten Gewohnheiten trennen, wie um einen mutigen Sprung zu machen, der euch zur Erfindung von etwas Neuem bringt. Ihr seid aufgerufen, in einer immer mehr den Zeiten entsprechenden Form das grundlegende Verhältnis zwischen dem christlichen Glauben und den Formen des karitativen Dienstes zu überdenken.

Eure Art, den Glauben zu bezeugen, wird um so wirksamer sein, je mehr ihr die Fähigkeit zugrunde liegt, aus sich selbst herauszugehen, um sich dem Leiden, der Armut und der Not der anderen zu öffnen.
Nur in dieser Öffnung kann euer Dienst, der sich mehr auf die konkrete Hilfe für andere konzentriert als auf formale Hilfsprogramme, seinen Daseinsgrund finden. Ich meine, man darf die theologische Reflexion nicht mehr von der praktischen Organisation des Dienstes trennen.
So werden die Kranken, die Leidenden und Bedürftigen, die manche zuweilen als störend, ja fast als hinderlich betrachten, für den Glaubenden zu den liebsten Personen, weil sie lebendige Zeichen der Gegenwart Gottes sind. Dem anderen Raum gewähren, das Charisma des Krankendienstes üben, bedeutet dann in einem bestimmten Sinn, Christus Raum geben und ihn mit euch und in euch leben zu lassen.

3. Eure Brudergemeinschaft im Dienste der Kranken wird volle Wirklichkeit in der Diakonie des Evangeliums, die immer euer Leben bestimmen muß. Darauf gründet sich auch das Zeugnis gegenüber euren Laien-Mitarbeitern, die vom berufsmäßig ausgeübten Krankendienst zu einer Dienstauffassung gelangen können, die ihn als Ausdruck christlicher Liebe und Solidarität sieht.
Eure Gemeinschaften können und müssen dahin streben, jenen „sozialen Raum" aufzubauen, den die neuen Kranken brauchen, denen die Wunderwerke der Technik nicht mehr genügen und denen allzu große Institutionen nicht dienen. Ich denke z. B. an die AIDS-Kranken und die Tumorpatienten, oder auch an die psychiatrischen Dienste.
Eure Gemeinschaften müssen Bezugspunkte für die Wahrung der Rechte der menschlichen Person und der Achtung vor den individuellen Freiheiten werden. Euer Wirken im Dienst der am meisten Bedürftigen soll euch vor allem zu der wesentlichen Glaubenspraxis anregen, die sich auf das eine Notwendige richtet, von dem Jesus spricht, nämlich auf das Reich Gottes, in der Erwartung, daß euch alles andere hinzugegeben wird (*Mt* 6,33).
Die leidenden Menschen, denen gegenüber ihr euer „Mitleid" übt, können euch viel lehren für die Umwandlung eurer Existenz als Ordensleute: der Kranke sei eure Universität!
Ihr werdet wirksam eure Identität als Hospitalbrüder des hl. Johannes von Gott bezeugen, wenn ihr jedes Programm auf die wirklich bestehenden Bedürfnisse gründet: wenn ihr bereit seid, den Leidenden zu bevorzugen; wenn ihr euch davor hütet, einzig auf die eigenen individuellen Meinungen zu vertrauen, die nicht mit dem ursprünglichen Charisma in Übereinstimmung stehen. Dieses hat in euren Reihen edle Gestalten wahrer Diener der Kranken hervorgebracht, deren Namen wahrlich gesegnet bleiben.
Nicht vergessen kann ich, daß ihr unter diesem Ideal des Dienens und in Nachahmung der Hochherzigkeit eures Gründers bemüht seid, euer Modell christlichen Krankendienstes auch in die Entwicklungsländer zu tragen.
Mißachtet nicht ihre Kulturen, und bemüht euch, auf ihre realen Bedürfnisse einzugehen. Bringt über alle völkischen Unterschiede hinaus allen das gleiche Zeugnis von Christus, der gestorben und auferstanden ist.
Dann kann die Kirche auch dort geboren werden, wachsen und koexistieren, wo andere Religionen und Lebensweisen vorherrschen.

Mit diesem Auftrag der Liebe und Solidarität zu den schwächsten Brüdern spreche ich euch meine besten Wünsche aus für eine fruchtbare Weiterführung der Arbeiten eures Generalkapitels, damit von euren weisen Überlegungen der ganze Orden den nötigen Impuls bekommt, um seinen so licht- und verdienstvollen Weg fortzusetzen.
Ich segne von Herzen euch und eure ganze Ordensfamilie.

Ein frohes Fest des Glaubens

Ansprache an die Mitarbeiter des Vorbereitungskomitees des zweiten Pastoralbesuchs in Österreich am 26. November

Liebe Mitbrüder im Bischofs- und Priesteramt, sehr geehrte Damen und Herren!

Es war Ihr Wunsch, meinen diesjährigen Pastoralbesuch in Österreich mit dem verehrten Herrn Erzbischof Berg durch einen Gegenbesuch hier im Vatikan zu erwidern. Ich heiße Sie sehr herzlich willkommen.
Als Verantwortliche und Mitarbeiter des Vorbereitungskomitees waren Sie an der Planung und Durchführung dieser meiner zweiten Reise in Ihr Land maßgeblich beteiligt. Darum gelten noch einmal besonders Ihnen die Worte des Dankes, welche ich bei meinem Abschied in Innsbruck all denen ausgesprochen habe, „die es durch ihren großen Einsatz ermöglicht haben, daß diese Tage meines Pastoralbesuches wieder zu einem frohen Fest des Glaubens werden konnten“. Ihnen allen sage ich für Ihre persönlichen Bemühungen, für die effiziente Organisation und die Bereitstellung aller erforderlichen Dienste und Mittel ein aufrichtiges „Vergelt's Gott“.
Die festlichen Gottesdienste mit den Gläubigen, die zahlreichen Begegnungen mit Vertretern des kirchlichen, kulturellen und öffentlichen Lebens und nicht zuletzt die außerordentliche Schönheit Ihrer Heimat sind mir in lebhafter Erinnerung. Möge in gleicher Weise bei allen, die jene Tage miterlebt haben, unser gemeinsam erneuertes „Ja zum Glauben – Ja zum Leben“ für immer in ihren Herzen widerhallen und ihr christliches Zeugnis im Alltag befruchten und prägen. Aller menschlicher Einsatz, alle organisatorische Planung und Gestaltung haben auch bei Pastoralreisen nur den einen Sinn, der Frohen Botschaft Jesu Christi mit Hilfe der vielfältigen Möglichkeiten und Mittel unserer Zeit einen neuen Zugang zu den Herzen der Menschen zu bahnen. Darum erschöpft sich auch die pastorale Zielsetzung solcher gemeinsamer Glaubenstage nicht in ihrem erfolgreichen äußerlichen Verlauf; sie sollen vielmehr über den begrenzten zeitlichen Rahmen hinaus weiterwirken für eine tiefergehende religiöse Erneuerung bei den Gläubigen, in den Familien, Gemeinde und Diözesen.
„Gott allein kann uns“, so sagte ich am Beginn meines Pastoralbesuches, „für unseren christlichen Auftrag in der Welt von heute den erforderlichen Mut und die sichere Orientierung geben ... Nur ein entschlossenes Ja zum Glauben wird euch dazu befähigen, ein ebenso entscheidendes Ja zum Leben in allen seinen Formen und Phasen zu sagen und durchzuhalten.“

Möge in diesem Sinn meine auch durch Ihre Mithilfe so gut verlaufene zweite Pastoralreise in Ihr Land in den Gemeinden und Ortskirchen unter der umsichtigen Leitung ihrer Hirten weiterwirken und reiche geistliche Früchte hervorbringen zur Auferbauung des Reiches Gottes in unserer Mitte.
Von Herzen begleite ich Sie und Ihre Familien, die Gläubigen und die ganze Kirche in Österreich mit meinem besonderen Gebet und erteile Ihnen und allen in der Liebe Jesu Christi meinen Apostolischen Segen.

Jedem Volk ein eigenes Vaterland

Aufuf zum Frieden im Hl. Land am 27. November

Zu Beginn unserer geistlichen Vorbereitung auf das Weihnachtsfest können wir nicht umhin, unseren Blick auf das Land zu richten, wo Jesus geboren wurde.
Es ist das Heilige Land, aber auch das Land heftiger Leiden und Gegensätze und seit Jahrzehnten Schauplatz und Beweggrund tiefgreifender Konflikte, die in diesem Jahr von neuen und oft besonders schmerzlichen Formen gekennzeichnet waren.
Ich bitte euch, mit mir Gott den Allmächtigen inständig zu bitten, damit das israelische und das palästinensische Volk durch die aufrichtige gegenseitige Annahme des anderen und seiner berechtigten Bestrebungen eine Lösung finden können, die beiden erlaubt, in einem eigenen Vaterland in Freiheit, Würde und Sicherheit zu leben.
In zwei Tagen wird der von den Vereinten Nationen eingeführte „Tag der Solidarität mit dem palästinensischen Volk" begangen, und zu diesem Anlaß lade ich von neuem beide Seiten, ihre Freunde und alle internationalen Instanzen ein, den Weg zu suchen, um möglichst rasch den Leiden der Palästinenser in Cisjordanien und in Gaza wie auch denen Tausender ihrer geflüchteten Brüder und Schwestern ein Ende zu bereiten.
Gleichzeitig fordere ich dazu auf, mit ehrlichem und gutem Willen jede positive und konstruktive Geste zu erwägen, die von der einen oder der anderen Seite kommen mag. Der Weg des Dialogs auf der Suche nach dem Frieden ist gewiß schwierig und mühsam, aber jedes dort beseitigte Hindernis muß als ein wahrer Fortschritt betrachtet werden, der sicher wert ist, zu anderen entsprechenden Gesten und zum notwendigen Vertrauen zu inspirieren, um weiterzugehen.
Empfehlen wir der seligsten Jungfrau diese unsere Hoffnungen und Bitten.

Ich bin der Weg, die Wahrheit und das Leben

Botschaft zum IV. Weltjugendtag 1989 vom 27. November

Liebe Jugendliche!

1. Es ist mir eine große Freude, noch einmal unter euch zu sein, um die Feier des IV. Weltjugendtages anzukündigen. Mir liegt im Rahmen meines Dialogs mit euch viel an diesem Tag. Er bietet mir Gelegenheit, mich nicht nur an die Jugendlichen eines Landes, sondern an die Jugendlichen der ganzen Welt zu wenden, um allen und jedem einzelnen von euch zu sagen, daß der Papst in hoffnungsvoller Liebe auf euch schaut, aufmerksam auf euch hört und euren tiefsten Erwartungen entsprechen möchte.
In der Mitte des Weltjugendtages 1989 steht Jesus Christus, unser Weg, unsere Wahrheit und unser Leben (vgl. *Joh* 14,6). Dieser Tag soll für euch alle eine Gelegenheit zu einer neuen, reiferen und tieferen Entdeckung Jesu Christi in eurem Leben werden.
Jungsein ist an sich schon ein einzigartiger Reichtum, den jeder Junge und jedes Mädchen besitzt (vgl. *Apostolisches Schreiben an die Jugendlichen in der Welt*, 1985, Nr. 3). Dieser Reichtum besteht unter anderem darin, daß euer Alter eine Zeit vieler bedeutsamer Entdeckungen ist. Jeder von euch entdeckt sich selbst, seine Persönlichkeit, den Sinn seiner Existenz, die Realität des Guten und des Bösen. Ihr entdeckt die Welt, die euch umgibt, die Welt der Menschen und die Welt der Natur. Unter den vielen Entdeckungen darf aber nicht die eine fehlen, die für jeden Menschen entscheidend ist: *die persönliche Entdeckung Jesu Christi*. Ihn immer neu und tiefer zu entdecken, ist das schönste Abenteuer unseres Lebens. Darum möchte ich aus Anlaß des nächsten Weltjugendtages jedem und jeder von euch bestimmte grundlegende Fragen vorlegen und die jeweiligen Antworten andeuten.
– Hast Du Christus schon als den Weg entdeckt?
Jesus ist für uns ein Weg, der einzige Weg zum Vater. Wer zum Heil kommen will, muß sich auf diesen Weg machen. Ihr Jugendlichen, steht oft an einer Wegkreuzung und wißt nicht, welche Straße ihr einschlagen, wohin ihr gehen sollt. Vor euch öffnen sich viele Irrwege, bequeme Lösungen, zweideutige Antworten. Vergeßt in diesen Augenblicken nicht, daß Christus mit seinem Evangelium, mit seinem Beispiel, mit seinen Geboten immer und allein der sicherste Weg ist, der zu einem vollen und dauerhaften Glück führt.
– Hast du Christus schon als die Wahrheit entdeckt?
Die Wahrheit ist das tiefste Verlangen des menschlichen Geistes. Vor allem die Jugendlichen hungern nach der Wahrheit über Gott und den Menschen, über das Leben und die Welt. In meiner ersten Enzyklika *Redemptor hominis* habe ich geschrieben: „Der Mensch, der sich selbst bis in die Tiefe verstehen will – nicht nur nach unmittelbar zugänglichen, partiellen, oft oberflächlichen und sogar nur scheinbaren Kriterien und Maßstäben des eigenen Seins -, muß sich mit seiner Schwäche und Sündigkeit, mit seinem Leben und Tode Christus nahen“ (Nr. 10). Christus ist das Wort der Wahrheit, das Gott selbst als Antwort auf alle Fragen des Menschenherzens ausgesprochen hat. Er ist es, der uns das Geheimnis des Menschen und der Welt erhellt.

– Hast du Christus schon als das Leben entdeckt?
Jeder von euch möchte das Leben in Fülle leben. Ihr hegt große Hoffnungen, viele schöne Pläne für die Zukunft. Vergeßt aber nicht, daß ihr die wahre Fülle des Lebens nur in Christus finden könnt, der für uns gestorben und auferstanden ist. Christus allein kann zutiefst das Menschenherz erfüllen. Er allein schenkt Kraft und Lebensfreude, trotz aller Begrenztheiten und äußeren Schwierigkeiten. Ja, Christus entdecken ist das schönste Abenteuer eures Lebens. Aber es genügt nicht, ihn nur einmal zu entdecken. Jede Begegnung mit ihm wird uns zum Anlaß, ihn immer noch mehr zu suchen, ihn noch besser kennenzulernen durch das Gebet, die Teilnahme an den Sakramenten, die Betrachtung seines Wortes, die Katechese, das Hören auf die Weisungen der Kirche. Dies ist unsere wichtigste Aufgabe. Paulus hat das sehr gut begriffen, als er schrieb: „Denn für mich ist Christus das Leben“ (*Phil* 1,21).

2. Wenn die Wiederentdeckung Christi echt ist, weckt sie unmittelbar den Wunsch, ihn anderen bekannt zu machen. Und genau das, nämlich der apostolische Auftrag, ist der zweite Schwerpunkt des Weltjugendtages. Der Auftrag Christi: „Geht hinaus in die ganze Welt und verkündet das Evangelium allen Geschöpfen“ (*Mk* 16,15) ergeht an die ganze Kirche. Die ganze Kirche ist also missionarisch und auf die Evangelisierung ausgerichtet; sie lebt für die Verkündigung (vgl. *Ad gentes*, Nr. 2). Christ sein bedeutet, Missionar sein, Apostel sein (vgl. *Apostolicam actuositatem*, Nr. 2). Es genügt nicht, Christus zu entdecken, er muß zu den anderen gebracht werden!
Die heutige Welt ist ein großes Missionsfeld, selbst die Länder mit altüberkommener christlicher Tradition: Überall sind heute das Neuheidentum und die fortschreitende Säkularisierung eine große Herausforderung für die Botschaft des Evangeliums. Zugleich öffnen sich aber auch heute neue Möglichkeiten, das Evangelium zu verkünden: Man bemerkt z. B. eine wachsende Sehnsucht nach Heiligem, nach echten Werten, nach dem Gebet. Die heutige Welt braucht also viele Apostel, insbesondere junge und mutige Apostel. Euch Jugendlichen kommt in besonderer Weise die Aufgabe zu, den Glauben zu bezeugen und das Evangelium Christi, der der Weg, die Wahrheit und das Leben ist, in das dritte christliche Jahrtausend zu tragen und eine neue Zivilisation der Liebe, der Gerechtigkeit und des Friedens aufzubauen.
Jede Generation braucht neue Apostel. Und hier ergibt sich eine besondere Sendung für euch. Vor allem ihr Jugendlichen seid die Apostel und Evangelisatoren der Jugend, die heute so vielen Herausforderungen und Gefahren begegnet (vgl. *Apostolicam actuositatem*, Nr. 12). Hauptsächlich ihr könnt das sein, und niemand kann euch im Bereich des Studiums, der Arbeit und der Freizeit dabei ersetzen. Viele eurer Altersgenossen kennen Christus nicht oder nur ungenügend. Ihr dürft darum nicht schweigen und gleichgültig bleiben! Ihr müßt den Mut aufbringen, von Christus zu reden und euren Glauben durch einen Lebensstil zu bezeugen, der sich nach dem Evangelium ausrichtet. Der hl. Paulus schreibt: „Weh mir, wenn ich das Evangelium nicht verkünde!“ (*1 Kor* 9,16). Es ist wahr: die Ernte des Evangeliums ist groß und braucht viele Arbeiter. Christus vertraut auf euch und rechnet mit eurer Mitarbeit. Zum nächsten Weltjugendtag fordere ich euch auf, euren

apostolischen Einsatz zu erneuern. Christus braucht euch. Antwortet auf seinen Ruf mit dem Mut und dem Elan eurer Jugend.

3. Der berühmte Wallfahrtsort Santiago di Compostela in Spanien wird ein bedeutsamer Bezugspunkt für die Gestaltung des Weltjugendtages 1989 sein. Ich habe euch schon angekündigt, daß ich euch, zusätzlich zur Feier am Palmsonntag in den Teilkirchen, zu diesem Wallfahrtsort einlade. Wie ihr werde auch ich am 19. und 20. August 1989 als Pilger dorthin kommen. Ich bin sicher, daß ihr meiner Einladung nachkommen werdet, so wie ihr es zum unvergeßlichen Treffen in Buenos Aires 1987 getan habt.
Die Begegnung in Santiago wird die gesamte Kirche einbeziehen. Sie wird ein Moment der geistlichen Gemeinschaft sein, auch mit denen unter euch, die nicht physisch dabei sein können. Die Jugendlichen, die nach Santiago kommen werden, vertreten alle Ortskirchen der ganzen Welt; der „Weg nach Santiago" und der Neuaufbruch zur Evangelisierung gehen euch alle an.
Santiago di Compostela ist für die Geschichte des Christentums ein bedeutsamer Ort, und schon darum geht eine sehr lebhafte geistliche Botschaft von ihm aus. Dieser Ort war jahrhundertelang „ein Anziehungspunkt und Ort der Begegnung für Europa und die gesamte Christenheit ... An der ‚Memoria' des hl. Jakobus ist Europa sich selbst begegnet, und zwar genau in den Jahrhunderten, in denen es zum homogenen und geistig geeinten Kontinent wurde" (vgl. Ansprache bei der Europa-Feier in Santiago di Compostela am 9. November 1982 in: *Der Apostolische Stuhl 1982*, Köln 1984, S. 813).
Am Grab des hl. Jakobus wollen wir verstehen lernen, daß unser Glaube geschichtlich begründet, und nicht etwas Vages und Vorübergehendes ist: In der heutigen Zeit, die gekennzeichnet ist von einem schwerwiegenden Relativismus und einer großen Verwirrung der Werte, müssen wir uns immer daran erinnern, daß als Christen auf dem festen Fundament der Apostel aufgebaut sind und Christus selbst als Eckstein haben (vgl. *Eph* 2,20).
Am Grab des Apostels wollen wir auch aufs neue die Sendung Christi annehmen: „Ihr werdet meine Zeugen sein ... bis an die Grenzen der Erde" (*Apg* 1,8). Der hl. Jakobus, der als erster sein Zeugnis des Glaubens mit dem Blut besiegelt hat, ist für uns alle ein Beispiel und ein hervorragender Lehrer.
Santiago di Compostela ist nicht nur ein Wallfahrtsort, es ist auch ein Weg, d. h. ein dichtes Netz von Pilgerwegen. Der „Weg nach Santiago" war jahrhundertelang ein Weg der Bekehrung und des außerordentlichen Glaubenszeugnisses. An diesem Weg sind Kirchen und zahlreiche Herbergen als sichtbare Denkmäler des Glaubens der Pilger entstanden. Die Wallfahrt hat eine sehr tiefe geistliche Bedeutung und kann, schon allein für sich genommen, eine wichtige Katechese darstellen. Wie uns das II. Vatikanische Konzil erinnert hat, ist die Kirche Volk Gottes auf dem Weg, „... auf der Suche nach der bleibenden und kommenden Stadt" (vgl. Konstitution *Lumen gentium*, Nr. 9). Heute wird überall, vor allem unter den Jugendlichen, die Praxis der Wallfahrt wieder aufgenommen. Ihr gehört zu denen, die heute in besonderer Weise die Wallfahrt als „Weg" der inneren Erneuerung, der Glaubensvertiefung, der Stärkung des Gemeinschaftssinnes und der Solidarität mit den Brüdern und als Hilfe zur Entdeckung der persönlichen Berufung neu erleben.

Der „Weg nach Santiago“ wird durch euren jugendlichen Enthusiasmus in diesem Jahr sicherlich einen neuen Impuls erhalten.

4. Der diesjährige Weltjugendtag hat ein anspruchvolles Programm. Damit er Frucht bringen kann, müssen darum eure Hirten in Diözesen und Pfarreien, in Bewegungen und Verbänden den Palmsonntag und die Wallfahrt nach Santiago im August 1989 geistlich sehr gut vorbereiten. Zu Beginn dieser Vorbereitung richte ich an jeden von euch die Worte des Apostels Paulus: „Liebt einander ...; lebt als Kinder des Lichts!“ (*Eph* 5,2.8). Beginnt die Vorbereitung mit dieser Geisteshaltung!
Geht, sage ich also zu euch allen, jugendliche Pilger des „Weges nach Santiago“. Sucht in diesen Tagen der Wallfahrt den Geist der alten Pilger und mutigen Zeugen des christlichen Glaubens wiederzuentdecken, der für uns Weg, Wahrheit und Leben ist. Zum Schluß möchte ich an die Jugendlichen Spaniens ein besonderes Wort der Ermutigung richten. Ihr bietet euren Brüdern und Schwestern aus der ganzen Welt Gastfreundschaft an. Möge dieses Treffen von Santiago tiefe Spuren in eurem Leben hinterlassen und für euch alle zum Anlaß einer inneren Erneuerung werden. Liebe Jungen und Mädchen, ich schließe diese Botschaft mit einem Friedensgruß an euch alle, wo auch immer ihr euch befindet. Den Weg der Vorbereitung und der Feier des Weltjugendtages 1989 stelle ich unter den besonderen Schutz Marias, der Königin der Apostel, und des heiligen Jakobus, der seit Jahrhunderten in dem alten Heiligtum von Santiago di Compostela verehrt wird. Mein Apostolischer Segen begleite euch während des ganzen Weges, als Zeichen der Ermutigung und meiner besten Wünsche.

Aus dem Vatikan, 27. November 1988

Gesundheit für alle

Schreiben an den Generaldirektor der Weltgesundheitsorganisation vom 28. November

Als die internationale Völkergemeinschaft vor ungefähr vierzig Jahren die Weltgesundheitsorganisation gründete, setzte sie sich eines der höchsten Ziele, nach denen der heutige Mensch streben kann, nämlich: dank der Zusammenarbeit zwischen den Staaten im Bereich der Wirtschaft und den Gesundheitswesens, dank der wissenschaftlichen Forschung und der Bekämpfung jeder Art von Krankheiten in allen Völkern das größtmögliche körperliche und geistige Wohl der Menschen sicherzustellen.
Das Programm, das die Weltgesundheitsorganisation im Ausblick auf das kommende Jahrtausend aufgestellt hat: „Gesundheit für alle – alle für Gesundheit“ weist hin auf das Ziel dieses ersten Welttages des Dialogs und der Information über das Syndrom der erworbenen Immunschwäche (AIDS), der die öffentliche Meinung und die Regierungen für die Bekämpfung einer Krankheit sensibilisieren will, deren Ernst verständlicherweise auf allen Ebenen Besorgnis erregt. Gern schließe ich mich dieser Initiative an, und ich

möchte ihr meine moralische Unterstützung zum Ausdruck bringen, denn wir alle sind überzeugt, daß diese Krankheit nicht nur dem Körper, sondern der ganzen Person des Menschen Schaden zufügt, ebenso den zwischenmenschlichen Beziehungen und dem sozialen Leben. Von jeher sind die gesellschaflichen Organe, die mit der Überwachung der öffentlichen Gesundheit beauftragt sind, aufgerufen, deren Schutz mit allen nur möglichen Anstrengungen sicherzustellen. Das aber kann nur geschehen in der Achutng jeder Person und der ganzen Person, indem man der Ausbreitung der Krankheit zuvorkommt und durch die Pflege derer, die von ihr betroffen sind. Der Grad der Zivilisation einer Gesellschaft läßt sich ablesen an der Art und Weise, wie sie den Anforderungen des Lebens und den Leiden der menschlichen Person zu entsprechen weiß, denn gerade die Hinfälligkeit der menschlichen Beschaffenheit verlangt die umfassendste Solidarität, wo es sich darum handelt, die Heiligkeit des Lebens von dessen Beginn an bis zum natürlichen Ende in jedem Augenblick und jeder Phase seiner Entwicklung zu schützen.

Die katholische Kirche, die schon von ihrem Gründer Jesus Christus das Erbe empfangen hat, sich stets bevorzugt und aufmerksam der Leidenden anzunehmen, steht auch heute der Situation dieser neuen Gruppe von Kranken nicht gleichgültig gegenüber. Auch sie müssen als Brüder und Schwestern angesehen werden, deren menschliche Situation eine besondere Form der Solidarität und Hilfe auf den Plan ruft.

Es ist mein Wunsch, daß dieser erste Welttag über AIDS dazu beitrage, auf internationaler Ebene den gemeinsamen Einsatz gegen eine solche Krankheit und zugunsten der davon betroffenen Menschen zu verstärken. Ich möchte versichern, daß die katholische Kirche es nicht versäumen wird, mit Hilfe ihrer Institution diesem Teil der leidenden Menschheit besondere Sorge zuzuwenden. Ihm gelten auch meine Liebe und mein Segen.

Aus dem Vatikan am 28. November 1988

JOHANNES PAUL II.

Niels Stensen ein wahrer Europäer

Ansprache an dänische Vertreter des Europäischen Parlaments am 28. November

Sehr geehrte Damen und Herren!

Ich danke Ihnen, Frau Jepsen, für Ihre freundlichen Worte. Es freut mich, Sie, die dänischen Mitglieder des Europa-Parlamentes, mit Ihren Mitarbeitern und einigen Familienangehörigen zu begrüßen. Ihnen, Frau Toksvig, möchte ich mein Beileid zum Tod Ihres Herrn Gemahls aussprechen, der Ihre Gruppe bei diesem Besuch leiten sollte.

Ihre Anwesenheit hier und heute als Mitglieder der dänischen Vertretung im Europäischen Parlament bringt sofort die vor kurzem erfolgte Seligsprechung eines Ihrer Landsmänner in Erinnerung: des Wissenschaftlers und späteren Priesters und Bischofs Niels

Stensen aus dem 17. Jahrhundert. Sein Leben und Werk hatte eine entschieden europäische Ausrichtung in dem Sinn, daß er gewisse Aspekte der kulturellen Traditionen mit einzigartiger Klarheit verkörperte. Er war der Suche nach der Wahrheit tief verpflichtet, sei es der wissenschaftlichen Wahrheit in bezug auf den menschlichen Körper und die leblose Welt, sei es der moralischen und religiösen Wahrheit, die menschliches Leben in seinem tiefsten Sinn und Zweck beeinflußt.
Zu den dänischen Pilgern, die anläßlich der Seligsprechung nach Rom gekommen waren, sagte ich: „Niels Stensen fordert uns alle besonders als Europäer heraus ... Dieser berühmte Sohn Dänemarks ging seinen Weg nach Amsterdam, Leyden, Paris und Florenz, seiner zweiten Heimat. Sein Bischofsamt führte ihn nach Hannover, Münster, Hamburg und Schwerin. An all diesen Orten war er ein Zeuge der gleichen Wahrheit, der gleichen Wissenschaft, des gleichen Willens Gottes. An all diesen Orten galt seine Sorge dem Menschen, dem dramatischsten und wunderbarsten Geschöpf auf Erden. Betrachten auch wir die heutigen Anstrengungen, die europäische Einheit voranzutreiben, unter einem solchen Gesichtspunkt?“ (*Predigt vom 22. Oktober 1988*).
Meine liebe Freunde! Als Mitglieder des Europäischen Parlaments sind Sie sich dessen voll bewußt, daß größere Einheit und Zusammenarbeit auf diesem Kontinent nicht ein Zweck in sich selbst, sondern ein Mittel ist, um den Völkern Europas ein besseres Leben und weiteren Wohlstand zu gewährleisten. Die menschliche Person mit ihrer einzigartigen Würde, ihren unveräußerlichen Rechten und ihrer geistigen Berufung ist die Sache, der Sie dienen. Dies war ein wesentlicher Teil meiner Botschaft an die parlamentarische Versammlung in Straßburg, und ich freue mich, diesbezüglich einen Widerhall in der heutigen Grußadresse von Frau Jepsen zu finden. Sie können darin der Hilfe und Sorge der Kirche gewiß sein.
Gern rufe ich auf Sie und Ihre Familien Gottes Segen herab, ebenso auf Dänemark und seine Bevölkerung, die ich im Juni nächsten Jahres im Geist brüderlicher Liebe und Gemeinschaft zu besuchen hoffe.
Gott sei mit Ihnen!

Nur Weise können Weise heranbilden

Ansprache an die Vollversammlung der Kongregation für die Ordensleute und Säkularinstitute am 1. Dezember

Meine Herren Kardinäle, verehrte Brüder im Bischofsamt, hochwürdigste Generaloberen!

1. Euch allen gilt ein herzlicher Gruß. Ich danke euch für euren Besuch bei Gelegenheit eurer Vollversammlung, in der ihr die „Ausbildung in den religiösen Instituten“ behandelt.
Ich danke Herrn Kardinal Jerome Hamer für die einleitenden Worte zu dieser Begegnung. Mir gefällt das Thema, das ihr für eure Vollversammlung gewählt habt, denn es ist sehr wichtig. Man muß nämlich notwendig betonen, daß die Ausbildung der Ordensper-

son in besonderer Weise auf die Weisheit des Herzens abzielen muß, auf jene Weisheit, ein Geschenk des Geistes, die sie wahrhaft vertraut macht mit dem Herrn und sie seinen Willen tief erkennen läßt. Diese Weisheit trägt viel mehr zum Heil der Welt bei als das Zunehmen äußerer Tätigkeiten, die nicht von diesem übernatürlichen Geist geprägt sind. Viele von unseren Zeitgenossen blicken mit Recht auf die traurigen Lebensverhältnisse so vieler Menschen, denen das zum Leben notwendige Minimum fehlt, und drängen auf notwendiges Einschreiten, wie es die Gerechtigkeit und die Würde des Menschen fordern. Ohne nun in Abrede zu stellen, daß in besonders schwerwiegenden Situationen der Einsatz von Ordensleuten auf diesem weiten Feld menschlicher Solidarität angebracht und notwendig ist, muß man sich doch vor Augen halten, daß die charakteristische Eigenart der Sendung des gottgeweihten Menschen nach den Worten des Konzils jene ist, „mehr die himmlischen Güter, die schon in dieser Zeit gegenwärtig sind, auch allen Gläubigen kundzumachen, das neue und ewige, in der Erlösung Christi erworbene Leben zu bezeugen und die zukünftige Auferstehung und die Herrlichkeit des Himmelreiches anzukündigen“ (*Lumen gentium*, Nr.44).

2. Euch allen ist bekannt, wie wichtig und unersetzlich die Rolle der Ordensoberen, zumal der höheren Oberen bei der Ausbildung der Mitglieder ihrer Institute ist. Sie lassen ja die Kandidaten zu und wählen die qualifizierten Erzieher aus. Sie sind auch gehalten, die Redaktion des Ausbildungsprogramms (ratio institutionis) und des Studienplanes (ratio studiorum) nach Maßgabe des Rechtes in die Wege zu leiten. Sie nehmen die religiöse Profeß der Novizen und Professen entgegen und stellen den ewigen Professen „Hilfsmittel und Zeit“ zur Verfügung (*CIC*, can. 661), damit sie „ihre spirituelle, theoretische und praktische Ausbildung fortführen“ (*ebd.*).
Die Aufzählung dieser Aufgaben scheint mir in sich schon genügend beredt zu sein, so daß ich auf diese wichtigen Aspekte nicht weiter einzugehen brauche.

3. Daraus ergibt sich evident, daß die Aufgabe des Erziehers – und an erster Stelle des Oberen – eine entsprechende Vorbereitung verlangt. Mehr als das technische oder fachberufliche Können sind aber – wie ihr wißt – die geistlichen Werte zu betonen. Nur jene, die selbst erleuchtet und weise sind, können nämlich Weise heranbilden. Der Auftrag des Erziehers setzt ferner ungewöhnliche menschliche Haltungen und eine Gesamtheit von geistigen Fähigkeiten voraus, die sie geeignet machen, „eine brüderliche Gemeinschaft in Christus aufzubauen, in der Gott vor allem gesucht und geliebt wird“ (*CIC*, can. 619).
Wichtig ist ferner, Erzieher sorgsam auszuwählen und vorzubereiten, denn die Aufgabe, die sie zu erfüllen haben, ist besonders heikel. Sie erfordert Achtung vor den Personen, Aufmerksamkeit, Festigkeit und erleuchtetes Verständnis.
Euer Dikasterium hat hierzu bereits im Dokument über die kontemplative Dimension des Ordenslebens genaue Weisungen erlassen. Ich wünsche mir, daß die Oberen der Institute darüber nachdenken, damit sie daraus für ihre Aufgabe Nutzen ziehen können.

4. Im Verlauf der Ausbildung für das Ordensleben verdienen die Anfänge besondere Aufmerksamkeit, denn es sollen hier nur jene Kandidaten zugelassen werden, die die ge-

forderten Eigenschaften besitzen, um daraus vollen Nutzen ziehen zu können. Angesichts der Situation der Jugendlichen heute und der Lücken, wie sie sich nicht selten in den Unterweisungen von Familie und Schule finden, ist es nicht immer leicht, alle geforderten Qualitäten vereint vorzufinden. Es können daher ins Noviziat jene Jugendlichen aufgenommen werden, die vom Gesichtspunkt der religiösen Kenntnisse, der sakramentalen Praxis und des ethischen Verhaltens her eine gewisse Reife bewiesen haben.

Die Oberen der Institute werden es nicht daran fehlen lassen, auch für eine gute Organisation der ständigen Weiterbildung ihrer Ordensleute zu sorgen. Ich möchte daher wiederholen, was ich bereits den Ordensleuten in Brasilien gesagt habe: „Alle Ordensinstitute haben die Pflicht, für alle ihre Mitglieder ein entsprechendes Programm der ständigen Weiterbildung aufzustellen und durchzuführen. Dieses Programm soll nicht nur die intellektuelle Bildung, sondern die der ganzen Person, zumal in ihrer geistlichen Dimension, im Auge haben, damit jeder Ordensmann und jede Ordensfrau ihrer Weihe an Gott in der besonderen, ihnen von der Kirche anvertrauten Sendung, voll entsprechen können" (*Insegnamenti di Giovanni Paolo II*, IX,2, 1986, S. 251).

5. Ich darf ferner nicht die Ausbildung der Ordensleute des kontemplativen Lebens vergessen. Ihre geistliche und apostolische Fruchtbarkeit innerhalb der Kirche ist groß, je nach der Radikalität, mit der sie sich selbst ganz und gar dem Herrn schenken. Doch damit diese Fruchtbarkeit von ihnen allen verstanden und gelebt werden kann, ist eine entsprechende Ausbildung nötig, die zugleich theoretisch, liturgisch und asketisch ist, nicht zu reden von dem menschlichen, zumal psychologischen, Gleichgewicht, wie es die Stabilität ihres Lebens, ihre ständige Trennung von der äußeren Welt und die längeren Zeiten erfordern, die sie dem Gebet und dem Studium widmen müssen.

6. Schließlich weise ich noch auf die Gründung von neuen Instituten und die ihren Kandidaten vermittelte Ausbildung hin. Euer Dikasterium hat in Zusammenarbeit mit der Kongregation für die Bischöfe ein wichtiges Dokument veröffentlicht, das schon viele Früchte gebracht hat und einen dauerhaften Einfluß auf das gegenseitige Verhältnis von Bischöfen und Ordensleuten in einer Kirche haben soll, die als „organische Gemeinschaft" betrachtet wird (*Mutuae relationes*, Nr.5).

Dieses Dokument bietet für die Gründung neuer Institute sichere Kriterien und nützliche Weisungen, indem es in gewisser Weise die Vorschriften der Dekrete *Perfectae caritatis* (Nr. 19) und *Ad gentes* (Nr. 18) in Erinnerung ruft, die für jede Gründung die solide Grundlage eines echten und spezifischen Charismas zur Voraussetzung machen.

Ich betone daher für die Gründer und die verantwortlichen Hirten, „für die Ordenscharismen Sorge zu tragen, um so mehr als die Unteilbarkeit des Hirtenamtes sie für die Vervollkommnung der ganzen Herde verantwortlich macht" (*Mutuae relationes*, Nr.9c), und auf diese Kriterien und Weisungen zurückzugreifen.

Die Sendung des Ordenslebens in der Kirche hängt sehr davon ab.

Ich vertraue diese Gedanken und Wünsche der Jungfrau Maria an, „der ersten unter allen Personen, die sich vorbehaltlos Gott geweiht haben" (*Redemptionis donum*, Nr.17), und

ich fordere die Ordensmänner und Ordensfrauen auf, die Gnade „ihrer Ordensweihe nach dem Vorbild der Weihe der Mutter Gottes neu zu leben“ (*ebd.*).
Euch allen gilt mein besonderer Segen, den ich euch nun von Herzen erteile.

Die Tiefen der Liturgie

Ansprache an die Mitglieder der Consulta der Kongregation für den Gottesdienst am 2. Dezember

1. Ich freue mich, euch, den Oberen, Offizialen, Konsultoren und Fachleuten der Kongregation für den Gottesdienst, die zur Consulta versammelt sind, zu begegnen.
Ich begrüße alle Anwesenden; ein besonderer Gruß gilt Kardinal Edoardo Martinez Somalo, dem ich für die freundlichen Worte danke, die er mir gerade zum Ausdruck gebracht hat. Ich wünsche ihm weiterhin von Herzen alles Gute im Amt des Präfekten eurer Kongregation, zu dem ich ihn kürzlich berufen habe.
Unsere Begegnung findet anläßlich des 25. Jahrestages der Veröffentlichung der Konstitution *Sacrosanctum Concilium* statt, die genau am 4. Dezember 1963 erfolgte. Dieses Dokument bedeutet in der Geschichte der Kirche einen Meilenstein, weil es uns die tiefreichende christliche Tradition auf liturgischem Gebiet neu entdecken läßt. Gewiß hat es einige mißbräuchliche Deutungen gegeben, doch ihre wohltuende Ausstrahlung hat zweifellos neuen Eifer im gemeinschaftlichen Gebet angeregt. Die Früchte, die es für die Kirche gebracht hat, sind zahlreich, und es ist jetzt nicht der Augenblick, sie aufzuzählen. So Gott will, werde ich es in einem bald erscheinenden Dokument zu ihrem Andenken tun.

2. Die 25 Jahre, die uns von jenem Tag trennen, machen uns darauf aufmerksam, daß die Situation in Kirche und Gesellschaft Wandlungen mitgemacht hat. Neue Generationen sind aufgetreten und übernehmen jetzt ihre Verantwortung auch in der liturgischen Pastoral. Dies macht es notwendig, noch gründlicher die Liturgie der Kirche nach Geist und Buchstaben des richtig ausgelegten wichtigen Konzilsdokumentes auszuwerten und sie vor allem zu leben und leben zu lehren.
Die euch nun obliegende Arbeit besteht darin, die tiefen Aussagen des Dokumentes in die Tat umzusetzen, wenn es sagt, daß die Liturgie die wichtigste Lebensäußerung der Kirche ist (vgl. *Sacrosanctum Concilium*, Nr. 2,26,41). Und wenn, wie die Konstitution *Lumen gentium* (Nr. 4) bemerkt, die Kirche „das von der Einheit des Vaters und des Sohnes und des Heiligen Geistes her geeinte Volk“ ist, dann muß auch die Liturgie diese trinitarische Dynamik intensiv zum Ausdruck bringen.
Die Liturgie lebt vom Schöpfen aus dieser Quelle: In ihr wird ja das Paschamysterium Christi gefeiert, das immer im Mittelpunkt aller liturgischen Handlungen präsent und wirksam ist; sie feiert das Lob und den Dank an den Vater als „quellhafte Liebe“ (*Ad gentes*, Nr. 2); in ihr ruft die Kirche weiter den Heiligen Geist an, denn sie möchte ihr

Bewußtsein zum Ausdruck bringen, daß sie nicht nach menschlichem Vermögen handelt, sondern das tut, was nur die Gnade Gottes zu tun vermag.

3. Will man zur ganzen geistlichen Tiefe der Liturgiefeier gelangen, braucht es die „theologische und historische, wie auch die geistliche, seelsorgliche und rechtliche“ Einführung, von der *Sacrosanctum Concilium* in Art. 16 spricht. Dies war das Anliegen der Konstitution *Pastor bonus*, wenn sie die ganze zur Aufgabe der Heiligung gehörende Tätigkeit in einer einzigen Kongregation zusammenfassen wollte. Dort heißt es: „Die Kongregation befaßt sich mit all dem, was unbeschadet der Zuständigkeit der Kongregation für die Glaubenslehre, dem Apostolischen Stuhl für die Regelung und Förderung der heiligen Liturgie, an erster Stelle der Sakramente, obliegt“ (*Pastor bonus*, Nr. 62). Sie „fördert und schützt ihren Vollzug“ (*Pastor bonus*, Nr. 63).
Es handelt sich nicht um zwei verschiedene Dinge: die Liturgie auf der einen und die Sakramente auf der anderen Seite, vielmehr um eine einzige Wirklichkeit, die Liturgie der Kirche, innerhalb derer die Sakramente ihren Platz haben, und unter diesen wieder ist die Eucharistie von erstrangiger Bedeutung. Denn tatsächlich geht das Werk der Erlösung vor allem in den Sakramenten weiter und wird allen Gliedern des mystischen Leibes zuteil, zur Ehre Gottes und zum Heil der Welt.
Es eröffnet sich damit in der Römischen Kurie und in allen Einzelkirchen eine organischere Sicht des „munus sanctificandi“, und es wird Aufgabe der Kirche sein, in allen angedeuteten Dimensionen sich schöpferisch darum zu bemühen, daß dieser in der Konstitution *Pastor Bonus* zum Ausdruck gekommene Wille wirksam wird. Schon *Sacrosanctum Concilium* hat betont, und die außerordentliche Bischofssynode des Jahres 1985 hat es bekräftigt: „Damit dieses Vollmaß der Verwirklichung erreicht wird, ist es notwendig, daß die Gläubigen mit recht bereiteter Seele zur heiligen Liturgie hinzutreten, daß ihr Herz mit der Stimme zusammenklinge und daß sie mit der himmlischen Gnade zusammenwirken, um sie nicht vergeblich zu empfangen. Darum sollen die Seelsorger bei liturgischen Handlungen darüber wachen, daß nicht bloß die Gesetze des gültigen und erlaubten Vollzugs beachtet werden, sondern auch, daß die Gläubigen bewußt, tätig und mit geistlichem Gewinn daran teilnehmen“ (*Sacrosanctum Concilium*, Nr. 11).

4. Wenn dieser Konzilstext auf die Seelsorger hindeutet, weist er damit auf einen besonders wichtigen Aspekt hin, nämlich: den Diözesanbischöfen zu helfen, damit sie bei der immer mehr aktiven und geistlichen Teilnahme an der heiligen Liturgie ihren Gläubigen Führer sind (vgl. *Pastor bonus*, Nr. 64,1). Es war eine der großen Aussagen von *Sacrosanctum Concilium*, der Autorität des Bischofs die Vollmacht und Aufgabe zurückzugeben, in der eigenen Einzelkirche die Liturgie zu regeln (vgl. *Sacrosanctum Concilium*, Nr. 22,1; 41). Die Kongregation hat als Organ des Petrusdienstes die Aufgabe, der kirchlichen Gemeinschaft zwischen der Kirche Roms und den Ortskirchen in der ganzen Welt zu dienen. Auch hier gilt es, aufmerksam die Weise der persönlichen Zusammenarbeit und des Herausfindens der geistlichen und seelsorglichen Bedürfnisse, die sich in der ganzen Kirche äußern, zu studieren.

Die Liturgiereform hat überall großen und hochherzigen Eifer geweckt. Er muß weitergehen, unterstützt, und wenn nötig gereinigt werden. Auch dafür wird sich die Präsenz der Kongregation als Organ der Verbindung und Hilfe als nützlich erweisen, denn sie unterdrückt nicht die ursprüngliche Gestalt der einzelnen Organe, sondern gibt ihnen größeres Gewicht.
Euch, die ihr bei dieser Aufgabe eine höchst wichtige Rolle spielt, wünsche ich eine fruchtbare Arbeit.
Meinerseits begleite ich euch mit meinem Wohlwollen und meinem ständigen Gebet. Möge euch der Apostolische Segen unterstützen, den ich nun euch allen von Herzen erteile.

Neue Wege der Berufung der Frau finden

Ansprache an die Teilnehmerinnen des Nationalkongresses des Italienischen Frauenzentrums (CIF) am 2. Dezember

1. Ich freue mich sehr über dieses erneute Treffen mit euch, die ihr am 21. Nationalkongreß des Italienischen Frauenzentrums teilnehmt.
Ich richte meinen Gruß an die Vorsitzende, der ich für ihre freundlichen Worte danke, an den Nationalrat, an die Leiterinnen, an die aus allen Teilen Italiens stammenden Mitglieder und an all diejenigen, die aus den verschiedensten Gründen an euren Initiativen teilhaben und mit euch zusammenarbeiten, um sie zu verwirklichen.
Das Thema eures Nationalkongresses: „Die Frau und die sich wandelnden Ausdrucksformen" ist sehr bedeutsam, denn gerade heute scheinen die Kommunikation und das Leben in voller Achtung des anderen schwieriger zu werden.
Eure Vereinigung, die sich seit mehr als 40 Jahren an der christlichen Auffassung vom Menschen und der Gesellschaft inspiriert, ist auf einschneidende Weise in allen Bereichen des allgemeinen Zusammenlebens anwesend und bemüht sich, mit den öffentlichen Einrichtungen zusammenzuarbeiten, um diese zu verbessern.
Man kann sagen, daß die Geschichte eurer Vereinigung zusammengeht mit dem Bewußtwerden der sozialen und kulturellen Rollen, die neu zu entdecken viele christliche Frauen in einer Gesellschaft im Wandel aufgerufen sind.

2. Ihr seid der Ausdruck einer christlichen Frauenbewegung, die sich auf religiöser, kultureller und sozialer Ebene für die Anerkennung der Würde der Frau einsetzt und für ihre gleichwertige Eingliederung auf allen Ebenen, wo Entscheidungen getroffen werden und wo das Leben der bürgerlichen Gemeinschaft organisiert wird.
Dieser euer Kongreß weist euch in die Zukunft, denn ihr versucht, neue Möglichkeiten und Gelegenheiten für die Achtung der Frau, für die Erfüllung ihrer Berufung und ihrer Mission in allen Bereichen zu finden, in denen sie wirkt.

Eure Aufgabe als christliche Frauen ist es, in dieser schwierigen Zeit zu leben, ohne euch von Widersprüchen überwältigen zu lassen, ohne aufzugeben und ohne Kompromisse einzugehen.
Ihr seid euch bewußt, daß die komplexe Welt von heute kritische Einsicht und Weisheit des Herzens verlangt, damit die Ordnung des Zusammenlebens geregelt wird von Gesetzen, die dem menschlichen und christlichen Ethos entsprechen.
Wir müssen die Sprache unserer Zeit verstehen, denn die verschiedenen Ausdrucksweisen der gegenwärtigen Kultur vermitteln Botschaften, die das Denken und das Leben von Männern und Frauen beeinflussen.
Auch ihr müßt daher mit eurer Identität unbedingt in das Geflecht der Kommunikationsabläufe eintreten und somit mit eurer eigenen Verantwortung zu einer positiven Entwicklung der Gesellschaft beitragen.

3. Die Veränderungen, die vor allem die Welt der Wissenschaft und der Technik betreffen, bringen uns wertvolle Vorteile, doch zuweilen auch Gefahren und negative Folgen, die die Gesetze des Lebens selbst umwerfen können. In eurem Kongreß habt ihr die Ursachen ermittelt, die den Spannungen in der Familie selbst und in ihrer Beziehung zur Gesellschaft zugrundeliegen. Ihr sucht zu Recht nach neuen Mitteln, um der Sprache der Beziehungen in der Familie und zwischen den Eheleuten in der konkreten Bestätigung der Gleichheit von Mann und Frau ethischen Gehalt zu geben. Beide sind ja von Gott dazu berufen, „die Erde zu unterwerfen“ (*Gen* 1,28), sie bewohnbar zu machen und ein Geflecht von Beziehungen ins Leben zu rufen, die durch die Gnade des Erlösers immer freier werden von der Knechtschaft der Sünde, die die Quelle aller Diskriminierung ist.
Die sich immer weiter ausbreitende Kultur erfordert eine Kenntnis und eine tiefgehende Verkündung der grundlegenden und lebensnotwendigen Prinzipien, welche die heute mehr denn je umstrittene und bedrohte Familie betreffen. Ich danke euch für die verdienstvolle Tätigkeit, die ihr ausübt, um den christlichen Familien beizustehen und um ihre moralischen und geistigen Werte zu verteidigen. In einem so wichtigen und heiklen Bereich ist euer hochherziger Einsatz und euer klares und mutiges Zeugnis unentbehrlich.
Seid feinfühlig für alle menschlichen Dramen und schwierigen Situationen, in die viele Frauen verwickelt sein können. Wie ich in meinem Apostolischen Schreiben *Mulieres dignitatem* gesagt habe, „ist es kaum möglich, alle diese Leiden aufzuzählen, sie alle beim Namen zu nennen: Man kann an die mütterlichen Sorgen um die Kinder denken, besonders wenn sie krank sind oder auf Abwege geraten; an den Tod geliebter Menschen; an die Einsamkeit der von ihren erwachsenen Kindern vergessenen Mütter oder an die Einsamkeit der Witwen; an die Leiden der Frauen, die Unrecht und Kränkung erlitten haben oder ausgebeutet werden. Schließlich gibt es die Leiden des Gewissens wegen der Sünde, die die menschliche oder mütterliche Würde der Frauen verletzt hat, Wunden des Gewissens, die nur schwer verheilen“ (Nr. 19).
Laßt in diesen schmerzvollen Dingen die Teilhaben und den Trost eures freundschaftlichen Wortes hören, das aus dem christlichen Glauben Licht und Kraft schöpft.

4. Möge jene die volle Verwirklichung eures Einsatzes ermöglichen, die vor allen anderen Frauen die Bewahrerin der Hoffnung ist: Maria, eure Leiterin, euer Vorbild, eure Mutter.
Mein Segen, den ich euch und all euren Mitgliedern verleihe, ermutige euch.

Die Wirtschaft auf den Menschen ausrichten

Ansprache an die Teilnehmer der zweiten Nationalkonferenz über die Auswanderung am 3. Dezember

Sehr geehrte Herren!
Liebe Brüder und Schwestern!

1. Gern begrüße und empfange ich euch, die Vertreter der Nationalverbände für die Auswanderung, die ihr in Rom zu eurer zweiten Konferenz mit dem Thema: „Italiener in aller Welt" zusammengekommen seid.
Ich danke dem Herrn Senator Gilberto Bonalumi für die Worte der Verbundenheit, die er mir eben in eurem Namen zum Ausdruck gebracht hat, ferner euch allen für den Besuch, den ihr mir machen wolltet, und vor allem für die Arbeit, die ihr zur moralischen und sozialen Hebung der Emigranten leistet.
Mit euch und durch euch gilt ein dankbares Gedenken den Bischöfen der Ortskirchen in der ganzen Welt, zumal jenen der Kirche in Italien, die auch euch gegenüber pastoral sehr bemüht sind. Ich denke an die ausgewanderten Diözesan- und Ordenspriester sowie an die Schwestern, die sich für den Dienst an den Migranten entschieden haben. Meine aufrichtige Wertschätzung und mein zuversichtlicher Glückwunsch gilt endlich auch den Laien, die sich für die Förderung der Auswanderer einsetzen.

2. Die Kirche ist für die „Sendung" und für die Evangelisierung da: dies ist ihre grundlegende Aufgabe, die zugleich Dienst am Menschen wird.
Christus hat uns nämlich nicht nur den Vater geoffenbart und uns seinen Geist geschenkt; er zeigt uns auch die tiefe Wahrheit über den Menschen. So „ist das Evangelium seinem Wesen nach eine Botschaft, die keine Grenzen kennt" (vgl. die *Ansprache an die Missionare der Emigranten* vom 27. Juni 1986).
Die Kirche hat sich seit ihren ersten Anfängen für das Phänomen der Migration interessiert und verschiedene Dokumente und Stellungnahmen dazu veröffentlicht. Ich muß hier unbedingt die großen Gestalten von zwei italienischen Bischöfen erwähnen, die den neuen sozialen Bestrebungen Aufmerksamkeit geschenkt und sich der Bedürfnisse ihres Volkes angenommen haben. Sie haben sich damit große Verdienste jenen gegenüber erworben, die in anderen Ländern Europas und Amerikas ein nicht leichtes Auskommen für sich und ihre Lieben suchten. Ich denke – wie ihr schon verstanden habt – an Msgr. Geremia Bonomelli, Bischof von Cremona, und an den Diener Gottes, Msgr. Giovanni Battista Scalabrini, der eine apostolische Gemeinschaft gegründet hat, die wohlverdiente

Kongregation der Scalabriner, um den Migranten moralisch und materiell beizustehen. Vergessen sei auch nicht das hochherzige und solidarische Bemühen, zumal um die ausgewanderten Mädchen, das die heilige Francesca Saverio Cabrini, die „kleine Lehrerin von Sant'Angelo Lodigiano", ins Werk gesetzt hat.

3. Die Zeiten haben sich gewiß seit damals bis heute gewandelt. An die Stelle der Hilfe zum Schutz der Emigranten vor Übervorteilung ist mit der Zeit eine nationale und internationale Gesetzgebung getreten, die die grundlegenden Rechte der Arbeiter verbürgt, darunter das Recht zur Zusammenführung ihrer eigenen Familie, das Recht, am sozialen, gewerkschaftlichen und, wenigstens teilweise, am politischen Leben teilzunehmen. Es wurden auch zahlreiche Abmachungen zur Vorsorge und sozialen Sicherheit getroffen.
Und doch wollen wir nie müde werden, mit dem II. Vatikanischen Konzil zu wiederholen, daß „der Mensch Urheber, Mittelpunkt und Ziel aller Wirtschaft" ist (*Gaudium et spes*, Nr. 63) und daher „die Würde der menschlichen Person und ihre ungeschmälerte Berufung wie auch das Wohl der gesamten Gesellschaft zu achten und zu fördern" sind (*ebd.*).
Die Wirtschaft ist es also, die sich „auf die Bedürfnisse der menschlichen Person und ihrer Lebensverhältnisse auszurichten" hat (*Gaudium et spes*, Nr. 67), und nicht umgekehrt. Die Politik aber muß der Gemeinschaft der Menschen dienen, von denen sie ihren Auftrag erhalten hat, für die sie da ist, und nicht umgekehrt. Die Gesellschaft als ganze muß sich für alle Gruppen, völkische Einheiten und soziale Klassen, die sie ausmachen, einsetzen: Keine davon darf einfach dem einseitigen Vorteil weniger oder irgendeiner Einzelgruppe dienstbar gemacht werden. Dies habe ich in der Enzyklika über die menschliche Arbeit zum Ausdruck gebracht mit den Worten: „Die Arbeitsemigration darf in keiner Weise eine Gelegenheit zu finanzieller oder sozialer Ausbeutung werden" (*Laborem exercens*, Nr. 23). Auch in der jüngsten Enzyklika über die soziale Frage habe ich betont: Entwicklung ist umfassend, ein ethisches Faktum, und sie betrifft den Bereich der sittlichen Güter noch früher und mehr als den der materiellen Güter.
Bei den von euch behandelten Themen stelle ich mit Genugtuung fest, daß ihr diese Anliegen lebhaft spürt und daß ihr sie bei eurem sozialen, gewerkschaftlichen und politischen Wirken vor Augen habt. Ich ermuntere euch daher, weiter alles zu tun, um die Initiativen zu koordinieren und die Eingriffe immer besser ihrem Ziel anzupassen.

4. Historisch betrachtet, hat sich seit eurer ersten Konferenz vor 13 Jahren bei den Migrationen viel geändert. Das zeigt schon das Thema des jetzigen Kongresses: „Italiener in aller Welt". Wenn das so ist, dann müßt ihr den Atem der Welt spüren und eure Probleme ebenfalls im Geist der Erwartungen der Länder sehen, die euch aufgenommen haben und von denen ihr aus verschiedenen Gründen ein integraler Teil geworden seid. So schuldet ihr ihnen auch den Beitrag eurer tatkräftigen und loyalen Zusammenarbeit.
Das soll nicht heißen, die Bezirke des Elends wären völlig verschwunden, und es gäbe keine Ausbeutung der Migranten mehr. Doch Arbeitsamkeit und Ausdauer haben euch zweifellos eine Steigerung des allgemeinen Lebensniveaus gestattet. Auch deswegen wächst heute die Forderung nach einer verantwortlichen und aktiven Beteiligung an der gemeinsamen Vertretung der Interessen aller und dessen, was alle wollen.

Dazu kommt die Bitte der jungen Generationen nach Klärung ihrer eigenen individuellen und kollektiven Identität: um ein Forschen nach den Wurzeln, um sich in das neue kulturelle, geistige und soziale Geflecht einzufügen. Es ist auch die Überzeugung da, daß einige Probleme weltweit geworden sind und weitgespannte Solidarität brauchen, daß ferner viele Lösungen nur aufgrund einer Politik möglich sind, die die nationalen Grenzen überwindet, wenn sie der Sache der Migranten in erheblichem Maße nützen sollen. Arbeitet man in dieser Richtung, dann wird die menschliche Gesellschaft wirklich zu einer einzigen großen Familie.

Gestattet mir, daß ich bei dieser Gelegenheit im Namen Christi auch zur Stimme jener werde, die unter Diskriminierungen leiden, und erneut jede Form sozialer Ablehnung oder Zurückweisung jener verurteile, die kulturell anders sind, wie immer die Ausdrucksformen der Furcht vor Fremden und des Rassismus sein mögen. Die Botschaft von der Gotteskindschaft und unserem Brudersein in Christus, die wir als die Seele des Evangeliums bezeichnen können, gestattet hier keine Unklarheiten oder Kompromisse.

Ich erinnere an ein weiteres Phänomen, das seit einigen Jahren auch Italien interessiert: die Einwanderer aus der Dritten Welt und die Flüchtlinge. Eingedenk der massiven Auswanderung in der eigenen Vergangenheit, denkt Italien aufmerksam an den Verlauf der Geschichte und wird immer aufnahmebereiter, um im Rahmen seiner Möglichkeiten diesen Arbeitern, Studenten und Flüchtlingen gegenüber gastfreundlich zu sein. Vor den nach Deutschland ausgewanderten Arbeitern habe ich am 17. November 1980 betont: „Auf lange Sicht kann sich kein wohlhabendes Land gegen den Ansturm vieler Menschen schützen, die nur wenig oder nichts zum Leben haben“ (*Ansprache an die ausgewanderten Arbeiter*, 17.11.1980). Man muß sich auf ein geordnetes und achtungsvolles Zusammenleben der verschiedenen völkischen Gruppen und verschiedenen Rassen hinbewegen. Wir stehen vor einer epochalen Entscheidung, die Schritt für Schritt immer klarer und notwendiger wird. Dies bestätigt auch der Plan für das Europa des Jahres 1992. Die Verschiedenheit muß ein Sich-Ergänzen werden und sich als Reichtum erweisen, sie darf keine Gegensätze wecken.

5. Mit diesen Empfindungen wünsche ich euren Arbeiten, die bereits zu Ende gehen, guten Erfolg.

Die Adventszeit, in der wir uns befinden, möge euch erneut auf die Begegnung mit Christus vorbereiten, um ihn vor allem in den Armen und an den Rand Gedrängten zu erkennen.

Euch allen erteile ich meinen Segen.

Christus wählte das Leid, um es in Kraft zu verwandeln

Ansprache an die Kranken im Klinikzentrum Sant'Eugenio am 4. Dezember

1. Dann offenbart sich die Herrlichkeit des Herrn, alle Sterblichen werden sie sehen" (*Jes* 40,5). Mit diesen Worten des Propheten Jesaja lädt Johannes der Täufer – wie uns das Evangelium des zweiten Adventssonntags in Erinnerung ruft – seine Zeitgenossen und mit ihnen auch uns ein, den Weg Jesu, des Herrn und Erlösers der Welt (vgl. *Lk* 3,6), vorzubereiten, einen Weg, der in Gerechtigkeit und Liebe die krummen Pfade begradigen, die Berge senken und die Täler heben soll (vgl. *Jes* 40,1–4). Der Weg des Heils tut sich auf mit der Geburt Christi, des ewigen Wortes Gottes, das in der schwächsten menschlichen Gestalt Fleisch annehmen wollte, damit jeder Mensch das Leben habe und das Heil erfahre (vgl. *Phil* 2,4–9).
Im Namen Christi ist es mir eine Freude, heute die Patienten und die im Krankendienst und in der Verwaltung Tätigen sowie all jene zu begrüßen, die in diesem großen und modernen römischen Krankenhaus versammelt sind.
Mein herzlicher und ergebener Gruß gilt den anwesenden religiösen und bürgerlichen Obrigkeiten, den geehrten Vertretern der medizinischen Wissenschaften, dem Pflege- und Verwaltungspersonal und ganz besonders euch, meine lieben Kranken, die ich in erster Linie besuchen will.
Seit Christus Mensch werden wollte, wird in ihm „der Mensch in besonderer Weise zum Weg der Kirche, wenn in sein Leben das Leiden eintritt" (Apostolisches Schreiben *Salvifici doloris*, Nr. 3). Unter euch, Brüder und Schwestern dieser großen Krankenhausgemeinschaft, wird heute das Geheimnis der Begegnung zwischen Gott und Mensch Wirklichkeit, denn wo immer man sich im Namen des Herrn zusammenfindet, vollzieht sich das Wunder seiner Gegenwart, die Verheißung und Unterpfand des Heiles für Leib und Seele ist. Christus selbst hat das Leid gewählt, um es durch die Liebe in erlösende Kraft zu verwandeln.

2. Die Adventszeit und die Vorbereitung auf das Weihnachtsfest nehmen an einem Ort des Leidens und der Pflege ihre tiefste Bedeutung an. In diesen Mauern sind Wissenschaft und solidarische Liebe aufgerufen, das Leben zu schützen und zu fördern in Namen Jesu, des Herrn des Lebens, der als Gott das menschliche Leben annehmen wollte, um es auf den Weg des Heils zu führen. Im Geheimnis der Erlösung wird das Übel des Leidens zur befreienden Kraft, denn jedes menschliche Leid ergänzt, mit dem Leid des Erlösers vereint, was „für den Leib Christi, die Kirche, ... an den Leiden Christi noch fehlt" (*Kol* 1,24). Das Leid dient der Sache des Reiches Gottes und trägt dazu bei, dem Herrn, der kommt, den Weg zu ebnen.
Das ist also der Geist der bangen und freudigen Erwartung, welche den liturgischen Zeitabschnitt des Advents kennzeichnet. Er wird von der fürbittenden Gegenwart der jungfräulichen Mutter Gottes erleuchtet, die auch unsere Mutter ist und die uns in das wahre und letzte Verständnis des Leidens und des Dienstes an den Leidenden einführt. Nicht von ungefähr waren die Armen, die von Herzen Demütigen und die Einfachen auch die

ersten, die zur Grotte von Betlehem eilten und als erste – den Worten des Propheten gemäß – „das Heil Gottes“ schauten. Nicht menschliche Berechnung leitete sie, sondern ein Licht aus der Höhe: Die Härten eines von Mühe, Entbehrung und Schmerz gekennzeichneten Lebens hatten sie auf die Annahme dieses Lichtes vorbereitet.

3. Unsere heutige Begegnung findet in diesem weitläufigen Krankenhaus statt, das den Namen des heiligen Papstes Eugen trägt: Das ist eine direkte Bezugnahme auf einen anderen meiner Vorgänger, den großen und hochverehrten Pius XII., Eugenio Pacelli.
Als dieses Krankenhaus am 9. Juni 1957 eingeweiht wurde, wollten die Initiatoren, die dem „Pio Istituto Santo Spirito“ angehörten, hier eine Büste zu Ehren Pius XII. enthüllen. Heute, also dreißig Jahre später, ist die Erinnerung an diesen Papst von besonderer Aktualität. Das Krankenhaus Sant'Eugenio war errichtet worden, um einerseits den Erfordernissen eines rasch sich ausbreitenden römischen Bezirks gerecht zu werden und andererseits einem Papst den Dank für die mutige und einsichtsvolle Förderung der Krankenseelsorge in der Kirche von Rom auszusprechen. Pius XII. betrachtete sie zu einer Zeit, in der sie noch wenig entwickelt war, als unbedingte Pflicht seines Hirtenamtes.
Mit einer Sensibilität, die der Zeit vorauseilte, erkannte und bekräftigte der verehrte Papst, daß dort, wo Menschen leiden und wo Leidenden gedient wird, die Kirche ein vorrangiges, mit ihrer Sendung eng verbundenes Werk zu erfüllen hat. Und nicht nur das: Mit seinen Lehraussagen zu den verschiedensten Themen der naturwissenschaftlichen Forschung und der medizinischen Praxis – als Vorbeugung, Behandlung und Nachbehandlung – verstand es Pius XII., moralische Normen von so außerordentlicher Weisheit festzulegen, daß seine Ansprachen an die Ärzte zu einer Art moderner Texte der Bioethik wurden. Kennzeichen dieser Weisungen ist die ständige Bezugnahme auf die unerläßliche Bindung der Wissenschaft an das Gewissen und der Medizin an die Moral. So sagte er: „Der Arzt und seine gesamte Tätigkeit bewegen sich ständig innerhalb der moralischen Ordnung und unter den Forderungen ihrer Gesetze. In keiner Erklärung, keinem Rat, keiner Entscheidung und bei keinem Eingriff darf der Arzt den Bereich der Moral verlassen, losgelöst und unabhängig von den Grundprinzipien der Ethik und der Religion (Pius XII., *Discorsi ai medici*, Rom, Verlag „Orizzonte Medico“, 6, 1961, S. 49).

4. Heute sind in diesem Krankenhaus des Sanitätsbezirkes Rom 7 einige Lehrstühle der medizinischen Fakultät der Universität Rom II-Tor Vergata vertreten. Daher sind hier in erstrangiger und bevorzugter Weise die Studenten, Forscher, Ärzte, Krankenpfleger und -pflegerinnen sowie die freiwilligen Helfer aufgerufen, in gemeinsamem Einsatz mit Liebe und mit voller Achtung vor den Gesetzen Gottes dem Leben zu dienen. Je vollkommener die Kenntnis und die Mittel zur Vorbeugung und zur Behandlung werden, desto ernster wird auch die Verpflichtung, Wissenschaft und Gewissen sowie berufliche Kompetenz und menschliche Ethik gemeinsam, in konvergierender und konstruktiver Harmonie in den Dienst der leidenden Brüder und Schwestern zu stellen. Die Größe und der Rang und auch die wahre Geschichte eines Krankenhauses finden in der Dankbarkeit aller jener ihren Ausdruck, denen geholfen wurde – sei es geistig, sei es körperlich – ist doch das geistliche Wohlbefinden eine wesentliche Unterstützung für das leibliche.

Im Lauf der nur drei Jahrzehnte, die seit der Errichtung dieses Krankenhauses verstrichen sind, hat dieser Teil Roms eine unvorhergesehene Entwicklung erfahren. Gleichzeitig hat die gesetzliche Erweiterung der medizinischen Betreuung die Erfordernisse auf diesem Gebiet vervielfacht. Die Ärzte und das medizinische Hilfspersonal sind heute aufgerufen, immer neuen Anforderungen – vor allem in den Bereichen der vorbeugenden Medizin und der gesundheitsfördernden Erziehung – gerecht zu werden. Die berufliche Ausbildung muß von einer gediegenen, ziel- und verantwortungsbewußten moralischen Bildung begleitet sein. Die heute verbreitetsten Krankheiten berühren mehr und mehr das physische, psychische und seelische Gleichgewicht. Eine wahrhaft humane und menschengerechte Medizin muß mit neuer Sensibilität das Geheimnis des Lebens in all seinen Aspekten betrachten, denn gleichzeitig werden die Angriffe auf das Leben und seine Integrität immer hartnäckiger, hinterhältiger und unter vielfältigen Vorwänden geführt.

5. Dieses Krankenhaus, nach einem Heiligen benannt und als Zeichen der Dankbarkeit einem Papst gegenüber erbaut, der als Vorläufer seine Aufmerksamkeit den Problemen der medizinischen Forschung und Praxis schenkte, muß, den Leitgedanken seiner Gründung treu, seine Dienste auf sozialem Gebiet als eine Sendung betrachten, die Einsatzbereitschaft und Kompetenz verdient. Die Kirche bietet hier ihre Mitarbeit an. Wie ihr göttlicher Meister fühlt sie sich den Kranken und den für sie Tätigen besonders nahe. Die außerordentlichen Möglichkeiten, die der technische und wissenschaftliche Fortschritt heute der Medizin bieten, stellen eine Herausforderung für die Glaubenden dar und fordern von ihnen ein mutiges und überzeugungstreues Zeugnis, damit dieser Fortschritt als Mittel zum Aufbau einer Gesellschaft im Zeichen der Liebe wirklich im Dienst des Lebens stehe. Es ist der Kirche bewußt, daß sie mit der Verteidigung und Förderung des Lebens von der Empfängnis bis zu seinem natürlichen Ende einer vordringlichen Aufgabe sowohl im Bereich der Lehre als auch in dem der Praxis gerecht wird.
Ich erneuere meinen dringenden Aufruf an die Krankenseelsorger, die geistlichen Krankenschwestern, den Pastoralrat und die im Dienst der Kranken besonders engagierten Laien, sich für eine immer wirksamere Krankenseelsorge einzusetzen. Alle ihrer Sendung bewußten Krankenhäuser und die in ihnen Beschäftigten sind heute aufgerufen, den Herausforderungen zu begegnen, von denen die Zukunft der Menschheit abhängt.
Der Herr des Lebens, dessen Geburt wir in Kürze gedenken werden, möge eure Arbeit begleiten und leiten; er möge allen beistehen, die euch anvertraut sind und durch die Fürbitte der Jungfrau Maria – Heil der Kranken – dieses Hospital zu einem Tempel machen, aus dem jeden Tag ein Hymnus auf das Leben zu ihm emporsteigt.
Meinen herzlichsten Segen!

Apostolisches Schreiben zum XXV. Jahrestag der Konzilskonstitution Sacrosanctum Concilium über die heilige Liturgie

vom 4. Dezember 1988

An alle Brüder im Bischofs- und Priesteramt
Gruß und Apostolischen Segen!

1. Es sind fünfundzwanzig Jahre vergangen, seit Papst Paul VI. am 4. Dezember 1963 die Konstitution *Sacrosanctum Concilium* über die heilige Liturgie veröffentlicht hat. Sie war kurz zuvor von den Vätern, die im Heiligen Geist zum II. Vatikanischen Konzil versammelt waren, angenommen worden.[1] Dies war aus verschiedenen Gründen ein denkwürdiges Ereignis. Die Liturgiekonstitution war nämlich die erste Frucht des Konzils, das von Johannes XXIII. für die Erneuerung der Kirche einberufen worden war; sie war von einer breiten liturgischen und pastoralen Bewegung vorbereitet worden und galt als Träger der Hoffnung für das Leben und die Erneuerung der Kirche.
Durch die Reform der Liturgie verwirklichte das Konzil auf vorzügliche Weise das Grundanliegen, das es sich selbst gestellt hatte: „Das christliche Leben unter den Gläubigen mehr und mehr zu vertiefen, die dem Wechsel unterworfenen Einrichtungen den Notwendigkeiten unseres Zeitalters besser anzupassen, zu fördern, was immer zur Einheit aller, die an Christus glauben, beitragen kann, und zu stärken, was immer helfen kann, alle in den Schoß der Kirche zu rufen“.[2]

2. Von Beginn meines pastoralen Dienstes auf dem Stuhl Petri an habe ich mich darum bemüht, „die bleibende Bedeutung des II. Ökumenischen Vatikanischen Konzils zu unterstreichen“, und habe zugleich die formelle Verpflichtung übernommen, „dieses in der gebührenden Weise zu verwirklichen“. Und ich fügte damals hinzu, daß man „gemäß dem Rhythmus des Lebens die fruchtbaren Samen reifen lassen muß, die die Väter der ökumenischen Versammlung, gestärkt durch das Wort Gottes, auf das gute Erdreich ausgesät haben (vgl. *Mt* 13,8.23), gemeint sind ihre maßgeblichen Lehren und ihre pastoralen Entscheidungen“.[3] Mehrere Male habe ich dann die Lehre des Konzils über die Liturgie in verschiedenen Punkten weiterentfaltet[4] und auf die Bedeutung hingewiesen, welche die Konstitution *Sacrosanctum Concilium* für das Leben des Volkes Gottes hat: in ihr „kann man schon den Kern jener Lehre über die Kirche vorfinden, die später von der Konzilsversammlung vorgelegt wird. Die Konstitution *Sacrosanctum Concilium*, welche in der zeitlichen Folge das erste Konzilsdokument gewesen ist, antizipiert“[5] die Dogmatische Konstitution *Lumen gentium* über die Kirche und schöpft ihrerseits aus der Lehre dieser Konstitution.
Nach einem Vierteljahrhundert, in welchem die Kirche und die Gesellschaft tiefgreifende und schnelle Veränderungen erfahren haben, ist es angemessen, die Bedeutung dieser Konzilskonstitution, ihre Aktualität in bezug auf die neu entstehenden Probleme und die bleibende Gültigkeit ihrer Prinzipien herauszustellen.

I. Die Erneuerung auf der Linie der Tradition

3. Als Antwort auf die Bitten der Väter des Konzils von Trient, die sich um die Reform der Kirche in ihrer Zeit sorgten, nahm Papst Pius V. die Reform der liturgischen Bücher, vor allem des Breviers und des Meßbuches, vor. Dasselbe Ziel verfolgten die Päpste im Lauf der folgenden Jahrhunderte, indem sie sich um die Erneuerung oder die Festlegung der liturgischen Riten und Bücher bemühten und schließlich am Beginn dieses Jahrhunderts eine allgemeine Reform in Angriff nahmen.
Der hl. Pius X. setzte eine Sonderkommission ein und beauftragte sie mit dieser Reform, für deren Durchführung er mehrere Jahre für erforderlich hielt. Doch legte er selbst den Grundstein zu diesem Bauwerk, indem er die Feier des Sonntags wiederherstellte und das Römische Brevier erneuerte.[6] „Wahrlich, all das verlangt", so sagte er, „nach der Meinung der Experten eine ebenso große wie langwierige Arbeit; darum müssen erst viele Jahre vergehen, bevor dieses ‚liturgische Gebäude' in seiner Würde und Harmonie neu erstrahlt, wenn es einmal von der Verkrustung des Alters gereinigt sein wird".[7]
Pius XII. griff das große Projekt der Liturgiereform wieder auf, indem er die Enzyklika *Mediator Dei*[8] veröffentlichte und eine neue Kommission einsetzte.[9] Ferner fällte er Entscheidungen über einige wichtige Punkte, wie die Neuübersetzung des Psalters, um das Verständnis des Psalmengebetes zu erleichtern,[10] die Milderung der eucharistischen Nüchternheit, um einen leichteren Kommunionempfang zu fördern, den Gebrauch der Muttersprache im Rituale und vor allem die Reform der Ostervigil[11] und der Karwoche.[12]
Der Einführung zum Römischen Meßbuch von 1962 schickte man die Erklärung von Johannes XXIII. voraus, nach der „die Grundprinzipien bezüglich der allgemeinen Liturgiereform den Vätern des kommenden ökumenischen Konzils vorgelegt werden sollten".[13]

4. Diese Reform der gesamten Liturgie entsprach einer allgemeinen Erwartung der ganzen Kirche. Denn der liturgische Geist hatte sich in fast allen Bereichen immer mehr verbreitet, verbunden mit dem Wunsch nach einer „aktiven Teilnahme an den heiligen Geheimnissen und am öffentlichen und feierlichen Gebet der Kirche"[14] wie auch mit dem Verlangen, das Wort Gottes in reicherem Maße zu hören. In Verbindung mit der biblischen Erneuerung, der ökumenischen Bewegung, mit dem missionarischen Eifer, mit der ekklesiologischen Forschung sollte die Liturgiereform zu einer umfassenden Erneuerung der ganzen Kirche beitragen. Daran habe ich in meinem Schreiben *Dominicae Cenae* erinnert: „Es besteht in der Tat eine sehr enge und organische Verbindung zwischen der Erneuerung der Liturgie und der Erneuerung des ganzen Lebens der Kirche. Die Kirche handelt nicht nur in der Liturgie, sie drückt sich auch in ihr aus und schöpft aus der Liturgie ihre Lebenskraft".[15]
Die Reform der Riten und der liturgischen Bücher ist fast unmittelbar nach der Veröffentlichung der Konstitution *Sacrosanctum Concilium* in Angriff genommen worden und wurde in wenigen Jahren durchgeführt dank der beachtlichen und selbstlosen Arbeit einer großen Zahl von Experten und Hirten in allen Teilen der Welt.[16]

Diese Arbeit ist nach dem Leitprinzip des Konzils vorgenommen worden: Treue zur Tradition und Öffnung für einen legitimen Fortschritt.[17] Darum kann man sagen, daß die Liturgiereform streng traditionsgebunden nach der „Norm der Väter"[18] ist.

II. Die Leitprinzipien der Konstitution

5. Die Leitprinzipien der Konstitution, die der Reform zugrunde lagen, bleiben richtungweisend, um die Gläubigen zu einer aktiven Mitfeier der Geheimnisse zu führen, die die „erste und unentbehrliche Quelle ist, aus der die Christen wahrhaft christlichen Geist schöpfen sollen".[19] Nun, da der größte Teil der liturgischen Bücher veröffentlicht, übersetzt und im Gebrauch ist, müssen diese Prinzipien stets gegenwärtig bleiben und weiter vertieft werden.

a) Die Vergegenwärtigung des Pascha-Mysteriums

6. Das erste Prinzip ist die Vergegenwärtigung des Pascha-Mysteriums Christi in der Liturgie der Kirche, denn „aus der Seite des am Kreuz entschlafenen Christus ist das wunderbare Geheimnis der ganzen Kirche hervorgegangen".[20] Das ganze liturgische Leben ist auf das eucharistische Opfer und auf die anderen Sakramente hingeordnet, wo wir von den lebendigen Quellen des Heiles schöpfen (vgl. *Jes* 12,3).[21] Wir müssen uns deshalb hinreichend dessen bewußt sein, daß wir durch das „österliche Geheimnis ... mit Christus begraben worden sind, damit wir mit ihm auferstehen zu einem neuen Leben".[22] Wenn die Gläubigen an der Eucharistie teilnehmen, so müssen sie verstehen, daß wirklich, „sooft wir die Gedächtnisfeier dieses Opfers begehen, sich an uns das Werk der Erlösung vollzieht".[23] Zu diesem Zweck sollen die Hirten sie mit ständigem Eifer dazu anleiten, jeden Sonntag das wunderbare Werk feierlich zu begehen, das Christus mit seinem Pascha-Mysterium vollbracht hat, damit sie es auch ihrerseits der Welt verkünden.[24] In den Herzen aller – Hirten und Gläubigen – soll die Osternacht ihre einzigartige Bedeutung im liturgischen Jahr wiedererlangen, so daß sie wirklich das Fest der Feste wird. Da der Tod Christi am Kreuze und seine Auferstehung den Inhalt des täglichen Lebens der Kirche[25] und das Unterpfand ihres ewigen Ostern[26] bilden, hat die Liturgie als erste Aufgabe, uns unermüdlich auf den österlichen Weg zu führen, den uns Christus eröffnet hat und auf dem man es annimmt zu sterben, um in das Leben einzugehen.

7. Um sein Pascha-Mysterium zu vergegenwärtigen, ist Christus immer in seiner Kirche gegenwärtig, vor allem in den liturgischen Handlungen.[27] Die Liturgie ist darum der bevorzugte „Ort", an dem die Christen Gott und demjenigen begegnen, den er gesandt hat, Jesus Christus (vgl. *Joh* 17,3). Christus ist gegenwärtig in der Kirche, die in seinem Namen im Gebet versammelt ist. Gerade dieser Umstand begründet die hohe Würde der christlichen Versammlung mit den sich daraus ergebenden Forderungen nach brüderlicher Aufnahme – bis hin zur Vergebung (vgl. *Mt* 5,23–24) – und nach Würde im Verhalten, in den Gesten und in den Gesängen.

Christus ist gegenwärtig und handelt in der Person des geweihten Dieners, der zelebriert.[28] Dieser ist nicht nur mit einer Funktion betraut, sondern ist kraft der empfangenen Ordination dazu geweiht, „in persona Christi" zu handeln. Diesem muß die innere und äußere Haltung entsprechen, auch in den liturgischen Gewändern, im Platz, den er einnimmt, und in den Worten, die er spricht.
Christus ist gegenwärtig in seinem Wort, das in der Versammlung verkündet wird und das – durch die Predigt erläutert – im Glauben angehört und im Gebet angenommen werden muß. Dies alles soll ersichtlich sein aus der Würde des Buches und des Ortes, wo das Wort Gottes verkündet wird, sowie der Haltung des Lektors, und das im Bewußtsein, daß dieser der Künder Gottes gegenüber seinen Brüdern ist.
Christus ist gegenwärtig und wirkt kraft des Heiligen Geistes in den Sakramenten und auf besondere und herausragende Weise (sublimiori modo) im Meßopfer unter den eucharistischen Gestalten,[29] auch wenn diese außerhalb der Meßfeier für die Kommunion, vor allem der Kranken und zur Anbetung durch die Gläubigen im Tabernakel aufbewahrt werden.[30] Es ist die Aufgabe der Hirten, in der katechetischen Unterweisung häufig die Glaubenslehre über diese wirkliche und geheimnisvolle Gegenwart in Erinnerung zu rufen, aus der die Gläubigen leben und die die Theologen weiter vertiefen sollen. Der Glaube an diese Gegenwart des Herrn beinhaltet ein äußeres Zeichen der Achtung gegenüber der Kirche, dem heiligen Ort, an dem Gott sich in seinem Geheimnis manifestiert (vgl. *Ex* 3,5), vor allem während der Feier der Sakramente: Die heiligen Dinge müssen stets mit Ehrfurcht behandelt werden.

b) Die Lesung des Wortes Gottes

8. Das zweite Prinzip ist die Gegenwart des Wortes Gottes. Die Konstitution *Sacrosanctum Concilium* hat auch wiedereinführen wollen, daß „die Schriftlesung reicher, mannigfaltiger und passender ausgestaltet"[31] werde. Der tiefere Grund für diese Wiedereinführung ist in der Liturgiekonstitution selbst ausgedrückt, nämlich „daß in der Liturgie Ritus und Wort aufs engste miteinander verbunden sind".[32] Und in der Dogmatischen Konstitution über die göttliche Offenbarung heißt es: „Die Kirche hat die Heiligen Schriften immer verehrt wie den Herrenleib selbst, weil sie, vor allem in der heiligen Liturgie, vom Tisch des Wortes Gottes wie des Leibes Christi ohne Unterlaß das Brot des Lebens nimmt und den Gläubigen reicht".[33] Das Wachstum des liturgischen Lebens und folglich die Entfaltung des christlichen Lebens können nicht erfolgen, wenn nicht ständig bei den Gläubigen und vor allem bei den Priestern eine „innige und lebendige Vertrautheit mit der Heiligen Schrift" gefördert wird.[34] Das Wort Gottes ist jetzt in den christlichen Gemeinden mehr bekannt, doch stellt eine wirkliche Erneuerung noch weitere neue Forderungen: die Treue zum authentischen Sinn der Schrift, den man immer gegenwärtig haben muß, besonders wenn sie in die verschiedenen Sprachen übersetzt wird; die Weise der Verkündigung des Wortes Gottes, damit es als solches wahrgenommen werden kann; der Gebrauch der geeigneten technischen Mittel; die innere Verfassung des Dieners des Wortes, damit er in der liturgischen Versammlung seine Aufgabe gut zu erfüllen vermag;[35] die gründliche Vorbereitung der Predigt durch Studium und Meditation; die Be-

mühungen der Gläubigen am Tisch des Wortes teilzuhaben; das Gefallen am Psalmengebet; das Verlangen, Christus – wie die Jünger von Emmaus – beim Tisch des Wortes und des Brotes zu entdecken.[36]

c) Das Offenbarwerden der Kirche

9. Das Konzil hat schließlich in der Liturgie eine Epiphanie der Kirche selbst sehen wollen: Sie ist Kirche im Gebet. In der Feier des göttlichen Kultes bringt die Kirche zum Ausdruck, was sie ist: eine heilige, katholische und apostolische Kirche.
Sie offenbart sich als eine entsprechend jener Einheit, die ihr von der Dreifaltigkeit her zukommt,[37] vor allem wenn das heilige Volk Gottes „an derselben Eucharistiefeier teilnimmt: in der Einheit des Gebetes und an dem einen Altar und unter dem Vorsitz des Bischofs, der umgeben ist von seinem Presbyterium und den Dienern des Altars".[38] Nichts darf in der Liturgie diese Einheit der Kirche sprengen oder beeinträchtigen!
Die Kirche bringt die Heiligkeit zum Ausdruck, die sie von Christus empfängt (vgl. *Eph* 5,26–27), wenn sie – vom Heiligen Geist in einem einzigen Leib vereint,[39] der heiligt und lebendig macht[40] – durch die Eucharistie und die anderen Sakramente alle Gnade und allen Segen des Vaters den Gläubigen vermittelt.[41]
In der liturgischen Feier bekundet die Kirche ihre Katholizität, denn in ihr versammelt der Geist des Herrn die Menschen aller Sprachen im Bekenntnis desselben Glaubens[42] und bringt vom Osten und vom Westen Gott Vater das Opfer Christi dar und opfert sich selbst zusammen mit ihm.[43]
Schließlich erweist sich die Kirche in der Liturgie als apostolisch, weil der Glaube, den sie bekennt, auf dem Zeugnis der Apostel gründet; weil sie in der Feier der Geheimnisse, die vom Bischof, dem Nachfolger der Apostel, oder von einem in der apostolischen Sukzession geweihten Diener als Vorsteher geleitet wird, treu das weitergibt, was sie von der apostolischen Überlieferung empfangen hat; weil der Kult, den sie Gott erweist, sie in Pflicht nimmt, das Evangelium in der Welt auszubreiten.
So wird vor allem in der Liturgie das Geheimnis der Kirche verkündet, freudig erfahren und gelebt.[44]

III. Leitlinien für die Erneuerung des liturgischen Lebens

10. Von diesen Prinzipien leiten sich einige Normen und Leitlinien ab, die die Erneuerung des liturgischen Lebens regeln sollen. Wenn auch die Liturgiereform, die das II. Vatikanische Konzil gewollt hat, nunmehr als verwirklicht angesehen werden kann, stellt die Liturgiepastoral jedoch ein ständiges Bemühen dar, um aus dem Reichtum der Liturgie immer voller jene Lebenskraft zu schöpfen, die von Christus auf die Glieder seines Leibes überströmt, der die Kirche ist.
Da die Liturgie die Ausübung des Priestertums Christi ist, muß die Versicherung des Jüngers angesichts der geheimnisvollen Gegenwart Christi uns stets lebendig bleiben: „Es ist der Herr!" (*Joh* 21,7). Nichts von all dem, was wir in der Liturgie tun, kann wichtiger

erscheinen als das, was zwar unsichtbar, aber tatsächlich Christus selbst durch das Wirken seines Geistes tut. Der in der Liebe lebendige Glaube, die Anbetung, das Gotteslob und das kontemplative Schweigen werden immer die ersten Ziele sein, die es für eine Liturgie- und Sakramentenpastoral zu erreichen gilt.

Da die Liturgie ganz vom Wort Gottes durchdrungen ist, muß jedes andere Wort im Einklang mit ihm stehen, vor allem die Predigt, aber auch die Gesänge und die Hinweise. Auch darf das biblische Wort durch keine andere Lesung ersetzt werden; die Worte der Menschen müssen dem Wort Gottes dienen, ohne es zu verdunkeln.

Weil die liturgischen Handlungen nicht privater Natur sind, sondern „Feiern der Kirche, die das ‚Sakrament der Einheit' ist",[45] hängt ihre Regelung allein von der hierarchischen Autorität der Kirche ab.[46] Die Liturgie geht den ganzen Leib der Kirche an.[47] Deshalb ist es niemandem erlaubt, auch nicht dem Priester noch irgendeiner Gruppe, ihr etwas hinzuzufügen, wegzunehmen oder nach eigenem Gutdünken zu ändern.[48] Die Treue zu den Riten und den authentischen Texten der Liturgie ist eine Forderung der „Lex orandi", die mit der „Lex credendi" stets übereinstimmen muß. Die mangelnde Treue in diesem Punkt kann auch die Gültigkeit der Sakramente selbst berühren.

Als Feier der Kirche erfordert die Liturgie die aktive, bewußte und volle Teilnahme aller je nach Verschiedenheit von Stand und Aufgabe:[49] alle, Liturge oder Gläubiger, sollen in der Ausübung ihrer Aufgabe nur das und all das tun, was ihnen zukommt.[50] Deshalb gibt die Kirche der gemeinschaftlichen Feier den Vorzug, wenn die Art der Riten es zuläßt;[51] sie ermutigt die Ausbildung der Ministranten, Lektoren, Sänger und Kommentatoren, die einen wahrhaft liturgischen Dienst vollziehen;[52] sie hat die Konzelebration wiederhergestellt;[53] sie empfiehlt die gemeinschaftliche Feier des Stundengebetes.[54]

Da die Liturgie die große Gebetsschule der Kirche ist, wurde es für gut befunden, den Gebrauch der Muttersprache – ohne den Gebrauch der lateinischen Sprache abzuschaffen, die vom Konzil für die lateinischen Riten erhalten wurde[55] – einzuführen und zu entfalten, damit jeder die großen Taten Gottes in seiner Muttersprache hören und verkünden kann (vgl. *Apg* 2,11), wie auch die Zahl der Präfationen und Eucharistischen Hochgebete zu vermehren, die den Gebetsschatz und die Erkenntnis der Geheimnisse Christi bereichern.

Da die Liturgie von großer pastoraler Bedeutung ist, haben die liturgischen Bücher einen gewissen Raum für die Anpassung an die Gemeinde und die Gläubigen wie auch eine Möglichkeit der Öffnung für die Eigenart und die Kultur der verschiedenen Völker vorgesehen.[56] Die Revision der Riten hat eine edle Einfachheit[57] und leicht verständliche Zeichen gesucht, doch darf die gewünschte Einfachheit nicht zu einer Verarmung der Zeichen führen; im Gegenteil: die Zeichen, besonders die sakramentalen, müssen die größte Ausdruckskraft besitzen. Das Brot und der Wein, das Wasser und das Öl, auch der Weihrauch, die Asche, das Feuer und die Blumen und fast alle Elemente der Schöpfung haben ihren Platz in der Liturgie als Gabe an den Schöpfer und Beitrag zur Würde und Schönheit der Feier.

IV. Konkrete Anwendung der Reform

a) Schwierigkeiten

11. Man muß erkennen, daß die Anwendung der liturgischen Reform auf Schwierigkeiten gestoßen ist, bedingt durch wenig günstige Zeitumstände, die durch einen Rückzug des Religiösen in das Private, durch eine gewisse Ablehnung jeder Art von Institution, durch eine geringere sichtbare Gegenwart der Kirche in der Gesellschaft, durch ein Infragestellen des personalen Glaubens gekennzeichnet waren. Man kann auch vermuten, daß der Übergang von einem einfachen Beiwohnen der liturgischen Feier – häufig eher passiv und stumm – zu einer volleren und aktiveren Teilnahme für einige eine zu große Forderung war. Dadurch haben sich verschiedene und auch ablehnende Haltungen gegenüber der Reform ergeben: einige haben die neuen Bücher mit einer gewissen Indifferenz aufgenommen oder ohne die Gründe für die Veränderungen zu verstehen zu suchen und sie verständlich zu machen; andere sind leider in einseitiger und exklusiver Weise zu den vorhergehenden liturgischen Formen zurückgekehrt, die einige von ihnen als einzige Sicherheitsgarantie für den Glauben betrachten. Andere haben schließlich phantasievolle Erneuerungen eingeführt und sich von den durch die Autorität des Apostolischen Stuhles oder durch die Bischöfe gesetzten Normen entfernt, wodurch sie die Einheit der Kirche und die Frömmigkeit der Gläubigen gestört und manchmal auch direkt gegen den Glauben verstoßen haben.

b) Positive Ergebnisse

12. All das darf jedoch nicht vergessen lassen, daß die Hirten und das christliche Volk in ihrer großen Mehrheit die Liturgiereform in einem Geist des Gehorsams und sogar freudigen Eifers aufgenommen haben.
Darum müssen wir Gott für das Hindurchgehen seines Geistes durch die Kirche danken, welches in der liturgischen Reform geschehen ist;[58] für den Tisch des Wortes Gottes, der nun allen reichlich offensteht;[59] für die großen in der ganzen Welt unternommenen Anstrengungen, um dem christlichen Volk die Übersetzungen der Bibel, des Meßbuches und der anderen liturgischen Bücher zu bieten; für die durch die Gebete und die Gesänge, durch die Gesten und das Schweigen gewachsene Teilnahme der Gläubigen an der Eucharistie und an den anderen Sakramenten; für die Dienste, die von den Laien ausgeführt werden, und für die Verantwortungen, die sie kraft des gemeinsamen Priestertums übernommen haben, an dem sie durch die Taufe und die Firmung teilhaben; für die ausstrahlende Lebendigkeit vieler christlicher Gemeinschaften, die sie aus der Quelle der Liturgie schöpfen.
Auch dieses sind Gründe, um der Lehre der Konstitution *Sacrosanctum Concilium* und den Reformen, die durch sie ermöglicht worden sind, treu verbunden zu bleiben: „Die liturgische Erneuerung ist die sichtbarste Frucht des ganzen Konzilswerkes".[60] Die Botschaft des II. Vatikanischen Konzils ist von vielen vor allem durch die Liturgiereform wahrgenommen worden.

c) Irrige Anwendungen

13. Neben diesen guten Ergebnissen, die die liturgische Reform gebracht hat, sind bei ihrer Durchführung auch einige mehr oder weniger schwere Entgleisungen festzustellen und zu beklagen.
So findet man bisweilen Auslassungen oder unerlaubte Hinzufügungen, außerhalb der gesetzten Normen erfundene Riten, Haltungen oder Gesänge, die dem Glauben oder dem Sinn für das Heilige abträglich sind, Mißbräuche in der Praxis der Generalabsolution, Verwechslungen zwischen dem Amtspriestertum, das an die Weihe gebunden ist, und dem gemeinsamen Priestertum der Gläubigen, das sein eigenes Fundament in der Taufe hat.
Man kann es nicht hinnehmen, daß einige Priester sich das Recht anmaßen, eucharistische Hochgebete zusammenzustellen oder Texte der Heiligen Schrift durch profane Texte zu ersetzen. Initiativen dieser Art – weit davon entfernt, mit der Liturgiereform als solcher oder den aus ihr hervorgegangenen Büchern verbunden zu sein – widersprechen ihr direkt, entstellen sie und berauben das christliche Volk des authentischen Reichtums der Liturgie der Kirche.
Es ist die Aufgabe der Bischöfe, dies zu unterbinden, da die Regelung der Liturgie im Rahmen des Rechts vom Bischof abhängt[61] und „das Leben seiner Gläubigen in Christus gewissermaßen von ihm ausgeht“.[62]

V. Die Zukunft der Erneuerung

14. Die Konstitution *Sacrosanctum Concilium* hat die einmütige Stimme des Bischofskollegiums zum Ausdruck gebracht, das um den Nachfolger des Petrus und unter dem Beistand des Geistes der Wahrheit versammelt war, den Jesus Christus verheißen hat (vgl. *Joh* 15,26). Dieses Dokument wird die Kirche auch weiterhin auf den Wegen der Erneuerung und der Heiligkeit stützen, indem sie das genuine liturgische Leben fördert.
Die in diesem Dokument verkündeten Prinzipien sind auch für die Zukunft der Liturgie richtungweisend, auf daß die liturgische Reform immer mehr verstanden und verwirklicht wird. „Es ist also dringend notwendig und angemessen, erneut die Initiative für eine intensive Erziehung zu ergreifen, um die Reichtümer entdecken zu lassen, die die Liturgie in sich birgt“.[63]
Die Liturgie der Kirche geht über die liturgische Reform hinaus. Wir sind nicht in der gleichen Situation wie 1963: eine Generation von Priestern und Gläubigen, die die liturgischen Bücher vor der Reform nicht gekannt hat, wirkt heute mit Verantwortung in Kirche und Gesellschaft. Man kann daher nicht fortfahren, von Veränderung zu sprechen wie zur Zeit der Veröffentlichung des Dokumentes, sondern muß auf eine immer intensivere Vertiefung der Liturgie der Kirche hinweisen, die nach den heutigen Büchern gefeiert und vor allem als ein geistliches Geschehen gelebt wird.

a) Biblische und liturgische Bildung

15. Die dringendste Aufgabe ist die biblische und liturgische Bildung des Volkes Gottes, der Hirten und der Gläubigen. Die Konstitution hatte dies bereits unterstrichen: „Es besteht aber keine Hoffnung auf Verwirklichung dieser Forderung (die volle und aktive Teilnahme des ganzen Volkes), wenn nicht zuerst die Seelsorger vom Geist und von der Kraft der Liturgie tief durchdrungen sind und in ihr Lehrmeister werden".[64] Dies ist eine Arbeit, die langen Atem braucht und die in den Seminarien und den Bildungsstätten beginnen[65] und durch das ganze priesterliche Leben sich fortsetzen muß.[66] Dieselbe Bildung, ihrem Stand angemessen, ist auch unentbehrlich für die Laien,[67] um so mehr als diese in vielen Regionen dazu aufgerufen werden, immer höhere Verantwortungen in der Gemeinschaft zu übernehmen.

b) Anpassung

16. Eine weitere wichtige Aufgabe für die Zukunft ist die Anpassung der Liturgie an die verschiedenen Kulturen. Die Konstitution hat das Prinzip angegeben, indem sie die Verfahrensweise aufzeigt, die von seiten der Bischofskonferenzen zu befolgen ist.[68] Die Anpassung der Sprachen ist schnell geschehen, wenn sie auch bisweilen schwer zu verwirklichen war. Ihr folgte die Anpassung der Riten, ein etwas schwierigeres, aber gleichwohl notwendiges Anliegen. Beachtlich bleiben die Anstrengungen, um die Liturgie weiterhin in den verschiedenen Kulturen zu verwurzeln, indem man diejenigen Ausdrucksformen aufnimmt, die mit den Erfordernissen des wahren und authentischen Geistes der Liturgie in Einklang gebracht werden können, unter Beachtung der wesentlichen Einheit des römischen Ritus, wie sie in den liturgischen Büchern festgelegt ist.[69] Die Anpassung muß der Tatsache Rechnung tragen, daß es in der Liturgie, und vornehmlich in der Sakramentenliturgie, einen unveränderlichen Bestandteil gibt, weil er göttlichen Ursprungs ist, über den die Kirche zu wachen hat. Daneben gibt es Bestandteile, die verändert werden können und die die Kirche an die Kulturen der neuevangelisierten Völker anpassen kann und mitunter auch muß.[70] Dies stellt für die Kirche kein neues Problem dar: die Verschiedenheit in der Liturgie kann Quelle der Bereicherung sein, sie kann aber auch Spannungen, gegenseitiges Unverständnis und sogar Spaltungen hervorrufen. Es ist klar, daß auf diesem Gebiet die Verschiedenheit nicht der Einheit schaden darf. Sie kann sich nur in der Treue zum gemeinsamen Glauben, zu den sakramentalen Zeichen, die die Kirche von Christus erhalten hat, und zur hierarchischen Gemeinschaft ausdrücken. Die Anpassung an die Kulturen verlangt auch eine Bekehrung des Herzens und – falls notwendig – ebenso einen Bruch mit althergebrachten Gewohnheiten, die mit dem katholischen Glauben unvereinbar sind. Es erfordert eine ernsthafte theologische, geschichtliche und kulturelle Ausbildung wie auch ein gesundes Urteilsvermögen, um zwischen dem, was notwendig, nützlich oder auch unnütz und gefährlich für den Glauben ist, zu unterscheiden. „Eine zufriedenstellende Entwicklung auf diesem Gebiet kann nur die Frucht einer fortschreitenden Reifung im Glauben sein, die die geistige Unterscheidungsgabe, die theologische Klarheit und den Sinn der Universalkirche in einem umfassenden Zusammenklang vereint".[71]

c) Aufmerksamkeit für die neuen Probleme

17. Die Bemühungen um die liturgische Erneuerung müssen auch auf die Erfordernisse unserer Zeit Antwort geben. Die Liturgie ist nicht losgelöst von Raum und Zeit.[72] Während dieser fünfundzwanzig Jahre haben sich neue Probleme gestellt oder haben eine neue Bedeutung gewonnen, z. B. die Ausübung des Diakonats, das für verheiratete Männer zugänglich wurde; die liturgischen Aufgaben, die in den Feiern auch Laien, Männern und Frauen, anvertraut werden können; liturgische Feiern für die Kinder, die Jugendlichen und die Behinderten; die Bedingungen für die Erstellung von geeigneten liturgischen Texten für ein bestimmtes Land.
Die Konstitution *Sacrosanctum Concilium* nimmt noch keinen Bezug auf diese Probleme, aber es werden allgemeine Prinzipien aufgezeigt, um das liturgische Leben organisch zu ordnen und zu fördern.

d) Liturgie und Volksfrömmigkeit

18. Um die Reform zu bewahren und die Entwicklung der Liturgie zu sichern,[73] ist es schließlich notwendig, der christlichen Volksfrömmigkeit und ihrem Bezug zum liturgischen Leben Rechnung zu tragen.[74] Die Volksfrömmigkeit kann weder ignoriert noch mit Gleichgültigkeit oder Geringschätzung behandelt werden, da sie reich an Werten ist[75] und an sich schon die religiöse Einstellung zu Gott ausdrückt. Aber sie muß beständig evangelisiert werden, damit der Glaube, den sie ausdrückt, ein immer reiferer und authentischer Glaubensakt werde. Sowohl die Frömmigkeitsübungen des christlichen Volkes[76] als auch andere Andachtsformen werden angenommen und empfohlen, sofern sie nicht liturgische Feiern ersetzen oder sich mit ihnen vermischen. Eine authentische Liturgiepastoral wird es verstehen, sich an den Reichtum der Volksfrömmigkeit anzulehnen, ihn zu reinigen und als Beitrag der Völker auf die Liturgie auszurichten.[77]

VI. Die verantwortlichen Organe der liturgischen Erneuerung

a) Die Kongregation für den Gottesdienst und die Sakramentenordnung

19. Die Aufgabe, die Erneuerung der Liturgie zu fördern, obliegt vor allem dem Heiligen Stuhl.[78] Dieses Jahr sind es 400 Jahre, daß Sixtus V. die Heilige Kongregation für die Riten schuf und ihr die Aufgabe anvertraute, über den Vollzug des Gottesdienstes zu wachen, der nach dem Konzil von Trient erneuert worden war. Der hl. Pius X. errichtete die Kongregation für die Sakramentenordnung. Für die praktische Durchführung der liturgischen Konstitution des II. Vatikanischen Konzils gründete Paul VI. einen Rat[79] und später die Heilige Kongregation für den Gottesdienst,[80] die die ihnen anvertrauten Aufgaben mit Großmut, Kompetenz und Zügigkeit erfüllten.
Nach der neuen Verfassung der Römischen Kurie, wie sie von der Apostolischen Konstitution *Pastor Bonus* vorgesehen ist, wird das ganze Gebiet der heiligen Liturgie vereint und unter die Verantwortung eines einzigen Dikasteriums gestellt: der Kongregation für den

Gottesdienst und die Sakramentenordnung. Dieser obliegt es, abgesehen von der Zuständigkeit der Kongregation für die Glaubenslehre,[81] die Liturgie, deren wesentlicher Teil die Sakramente sind, zu ordnen und zu fördern, indem sie pastoral-liturgische Aktivitäten ermutigt,[82] die verschiedenen Gremien unterstützt, die sich dem liturgischen Apostolat, der Musik, dem Gesang sowie der sakralen Kunst widmen,[83] und über die Sakramentenordnung wacht.[84] Dies ist eine bedeutende Aufgabe, da es vor allem darum geht, treu über die großen Prinzipien der katholischen Liturgie, wie sie in der Konzilskonstitution aufgezeigt und entwickelt wurden, zu wachen und sich davon inspirieren zu lassen, um in der ganzen Kirche die Erneuerung des liturgischen Lebens zu fördern und zu vertiefen.
Die Kongregation wird darum den Diözesanbischöfen bei ihrer Aufgabe helfen, Gott den Kult der christlichen Religion darzubieten und ihn nach den Geboten des Herrn und den Gesetzen der Kirche zu ordnen.[85] Dies wird in enger und vertrauensvoller Verbindung mit den Bischofskonferenzen geschehen, soweit es ihre Zuständigkeit auf liturgischem Gebiet betrifft.[86]

b) Die Bischofskonferenzen

20. Die Bischofskonferenzen hatten die schwere Aufgabe, die Übersetzungen der liturgischen Bücher vorzubereiten.[87] Die Erfordernisse des Augenblicks haben mitunter dazu geführt, vorläufige Übersetzungen zu verwenden, die ad interim approbiert worden sind. Aber jetzt ist der Zeitpunkt gekommen, über gewisse im nachhinein entstandene Schwierigkeiten nachzudenken, für bestimmte Mängel und Ungenauigkeiten Abhilfe zu schaffen, die Teilübersetzungen zu vervollständigen, die Gesänge, die in der Liturgie zu verwenden sind, zu verfassen oder zu approbieren, über die Einhaltung der approbierten Texte zu wachen und schließlich die liturgischen Bücher in einem solchen Zustand zu veröffentlichen, der als bleibend angesehen werden kann, wie auch in einer äußeren Aufmachung, die der gefeierten Geheimnisse würdig ist.
Für die Übersetzungsarbeit, aber auch für eine umfassendere Abstimmung auf der Ebene eines ganzen Landes mußten die Bischofskonferenzen eine nationale Kommission einrichten und sich die Mitarbeit von Experten auf den verschiedenen Gebieten der Liturgiewissenschaft und des liturgischen Apostolates sichern.[88] Es ist jetzt sinnvoll, sich über die positive oder negative Bilanz dieser Kommission, über die Orientierungen und über die Hilfe zu beraten, die sie von der Bischofskonferenz in ihrer Zusammensetzung und Tätigkeit erhalten hat. Die Rolle dieser Kommission ist um so schwieriger, wenn sich die Konferenz mit gewissen Maßnahmen einer noch tieferen Anpassung oder Inkulturation befassen will:[89] dies ist ein weiterer Grund, darüber zu wachen, daß ihr Personen angehören, die wirkliche Experten sind.

c) Der Diözesanbischof

21. In jeder Diözese ist der Bischof der hauptsächliche Ausspender der Geheimnisse Gottes sowie auch der Leiter, Förderer und Wächter über das ganze liturgische Leben in der Kirche, die ihm anvertraut ist.[90] Wenn der Bischof inmitten des Volkes zelebriert, ist es das

Geheimnis der Kirche selbst, das sich hierbei kundtut. Es ist deshalb notwendig, daß der Bischof fest von der Bedeutung solcher Feiern für das christliche Leben seiner Gläubigen überzeugt ist. Sie müssen Modellcharakter für die ganze Diözese haben.[91] Viel bleibt noch zu tun, um den Priestern und den Gläubigen zu helfen, in das Verständnis der Riten und der liturgischen Texte tiefer einzudringen, um die Würde und die Schönheit der Feiern und der Stätten zu entwickeln sowie nach Art der Väter eine „mystagogische Katechese" der Sakramente zu fördern. Um diese Aufgabe einem guten Ende zuzuführen, soll der Bischof eine oder mehrere Diözesankommissionen einrichten, die ihm für die Förderung der liturgischen Arbeit sowie der sakralen Musik und Kunst in seiner Diözese hilfreich zur Seite stehen.[92] Die Diözesankommission ihrerseits wird nach den Absichten und Anweisungen des Bischofs handeln und muß auf seine Autorität und seine Ermutigung zählen können, um in angemessener Weise die ihr gestellte Aufgabe zu erfüllen.

Schluß

22. Die Tätigkeit der Kirche erschöpft sich nicht in der Liturgie, wie die Konstitution *Sacrosanctum Concilium* in Erinnerung gebracht hat.[93] Sie ist aber die Quelle und der Höhepunkt.[94] Sie ist eine Quelle, weil die Gläubigen vor allem in den Sakramenten reichlich vom Wasser der Gnade schöpfen, das aus der Seite Christi, des Gekreuzigten, fließt. Um ein für Papst Johannes XXIII. vertrautes Bild zu benutzen: die Liturgie ist wie die Quelle in einem Dorf, zu der jede Generation kommt, um immer lebendiges und frisches Wasser zu schöpfen. Sie ist auch ein Höhepunkt, weil alle Tätigkeit der Kirche hinzielt auf die Lebensgemeinschaft mit Christus. Es ist die Liturgie, in der die Kirche den Gläubigen das von Christus ein für allemal vollzogene Heilswerk offenbart und mitteilt.

23. Es scheint die Zeit gekommen zu sein, den starken Geistesantrieb wieder zu entdecken, den die Kirche in jenem Augenblick verspürte, da die Konstitution *Sacrosanctum Concilium* vorbereitet, diskutiert, abgestimmt und veröffentlicht wurde und diese die ersten konkreten Ausführungen erfuhr. Das Saatkorn wurde gesät: es hat die Strenge des Winters erlebt, aber der Samen ist aufgegangen, er ist ein Baum geworden. Es handelt sich in der Tat um das organische Wachstum eines Baumes, der um so kräftiger sein wird, je tiefer er die Wurzeln in das Erdreich der Tradition senkt.[95] Ich möchte wiederholen, was ich bei dem Kongreß der liturgischen Kommissionen im Jahre 1984 gesagt habe: im Werk der liturgischen Erneuerung, wie es vom Konzil gewollt war, muß man sich „mit großer Ausgeglichenheit" gegenwärtig halten „den Anteil Gottes und den des Menschen, die Hierarchie und die Gläubigen, die Tradition und den Fortschritt, das Gesetz und die Anpassung, den einzelnen und die Gemeinschaft, das Schweigen und den gemeinsamen Lobpreis. So wird sich die Liturgie der Erde mit der des Himmels verbinden, wo ... sich ein einziger Chor bilden wird ..., um mit einer Stimme den Vater durch Jesus Christus zu preisen".[96]

Mit diesem vertrauensvollen Wunsch, der sich im Herzen in Gebet verwandelt, erteile ich allen den Apostolischen Segen.

Aus dem Vatikan, am 4. Dezember 1988, im elften Jahre meines Pontifikates.

Joannes Paulus PP. II

Anmerkungen

1 *AAS* 56 (1964), SS. 97–134.
2 Konstitution *Sacrosanctum Concilium*, Nr. 1.
3 Die erste Botschaft an die Welt (17. Oktober 1978): *AAS* 70 (1978), SS. 920–921.
4 Vgl. insbesondere: Enzyklika *Redemptor hominis* (4. März 1979), Nr. 7.18–22: *AAS* 71 (1979), SS. 268–269, 301–324; Apostolisches Schreiben *Catechesi tradendae* (16. Oktober 1979), Nrn. 23.27–30.33.37.48.53–55.66–68: *AAS* 71 (1979), SS. 1296–1297, 1298–1303, 1305–1306, 1308–1309, 1316; Brief *Dominicae Cenae* über das Geheimnis und die Verehrung der hlst. Eucharistie (24. Februar 1980): *AAS* 72 (1980), SS. 113–148; Enzyklika *Dives in misericordia* (30. November 1980), Nr. 13–15: *AAS* 72 (1980), SS. 1218–1232; Apostolisches Schreiben *Familiaris consortio* (22. November 1981), Nrn. 13.15.19–21.33.38–39.55–59.66–-68: *AAS* 74 (1982), SS. 93–96, 97, 101–106, 120–123, 129–131, 147–152, 159–165; Nachsynodales Apostolisches Schreiben *Reconciliatio et paenitentia* (2. Dezember 1984): *AAS* 77 (1985), SS. 185–275, besonders die Nr. 23–33, SS. 233–271.
5 Ansprache an die Teilnehmer der Versammlung der Präsidenten und Sekretäre der Nationalen Liturgiekommissionen (27. Oktober 1984), Nr. 1: *Insegnamenti*, VII, 2(1984), S. 1049.
6 Apostolische Konstituion *Divino afflatu* (1. November 1911): *AAS* 3 (1911), SS. 633–638.
7 Motu proprio *Abbinc duos annos* (23. Oktober 1913): *AAS* 5 (1913), SS. 449–450.
8 20. November 1947: *AAS* 39 (1947), SS. 521–600.
9 Kongregation für die Riten, Historische Abteilung, Nr.71, Memorandum zur Liturgiereform (1946).
10 Pius XII., Motu proprio *In cotidianis precibus* (24. März 1945): *AAS* 37 (1945), SS. 65–67.
11 Kongregation für die Riten, Dekret *Dominicae Resurrectionis* (9. Februar 1951): *AAS* 43 (1951), SS. 128–129.
12 Kongregation für die Riten, Dekret *Maxima redemptionis* (16. November 1955): *AAS* 47 (1955), SS. 838–841.
13 Johannes XXIII., Apostolisches Schreiben *Rubricarum instructum* (25. Juli 1960): *AAS* 52 (1960), S. 594.
14 Pius X., Motu proprio *Tra le sollecitudini dell' officio pastorale* (22. November 1903): *Pii X Pontificis Maximi Acta*, I, S. 77.
15 Brief *Dominicae Cenae* (24. Februar 1980), Nr. 13: *AAS* 72 (1980), S. 146.
16 Vgl. Konstitution *Sacrosanctum Concilium*, Nr. 25.
17 Vgl. *ebd.*, Nr. 23.
18 Vgl. *ebd.*, Nr. 50; *Römisches Meßbuch*, Vorwort, Nr. 6.
19 Konstitution *Sacrosanctum Concilium*, Nr. 14.
20 Konstitution *Sacrosanctum Concilium*, Nr. 5; *Römisches Meßbuch*, Die Feier der Osternacht, Gebet nach der 7. Lesung.
21 Vgl. Konstitution *Sacrosanctum Concilium*, Nrn. 5–6.47.61.102.106–107.
22 *Römisches Meßbuch*, Die Feier der Osternacht, Erneuerung des Taufversprechens.
23 *Ebd.*, Abendmahlsgottesdienst „in cena Domini", Gabengebet.

[24] Vgl. *ebd.*, Präfation für die Sonntage im Jahreskreis, I.
[25] Vgl. Enzyklika *Redemptor hominis* (4. März 1979), Nr. 7: *AAS* 71 (1979), SS. 268–270.
[26] Vgl. Brief *Dominicae Cenae* (24. Februar 1980), Nr. 4: *AAS* 72 (1980), S. 119–121.
[27] Vgl. Konstitution *Sacrosanctum Concilium*, Nr. 7; vgl. Paul VI., Enzyklika *Mysterium fidei* (3. September 1965): *AAS* 57 (1965), SS. 762; 764.
[28] Vgl. Kongregation für die Riten, Instruktion *Eucharisticum Mysterium* (25. Mai 1967), Nr. 9: *AAS* 59 (1967), S. 547.
[29] Vgl. Paul VI., Enzyklika *Mysterium fidei* (3. September 1965): *AAS* 57 (1965), S.763.
[30] Vgl. *ebd.*, SS. 769–771.
[31] Konstitution *Sacrosanctum Concilium*, Nr. 35.
[32] *Ebd.*
[33] Dogmatische Konstitution *Dei Verbum*, Nr. 21.
[34] Konstitution *Sacrosanctum Concilium*, Nr. 24.
[35] Vgl. Brief *Dominicae Cenae* (24. Februar 1980), Nr. 10: *AAS* 72 (1980), SS. 134–137.
[36] Vgl. *Stundengebet*, Montag der IV. Woche, Gebet bei der Vesper.
[37] Vgl. *Römisches Meßbuch*, Präfation für die Sonntage im Jahreskreis, VIII.
[38] Konstitutiom *Sacrosanctum Concilium*, Nr. 41.
[39] Vgl. *Römisches Meßbuch*, Eucharistisches Hochgebet II und IV.
[40] Vgl. *ebd.*, Eucharistisches Hochgebet III; Nicaeno-Konstantinopolitanisches Glaubensbekenntnis.
[41] Vgl. *ebd.*, Eucharistisches Hochgebet I.
[42] Vgl. *ebd.*, Feierlicher Segen am Pfingstsonntag.
[43] Vgl. *ebd.*, Eucharistisches Hochgebet III.
[44] Vgl. Ansprache an die Teilnehmer der Versammlung der Präsidenten und Sekretäre der Nationalen Liturgiekommissionen (27. Oktober 1984), Nr. 1: *Insegnamenti*, VII, 2 (1984), S. 1049.
[45] Konstitution *Sacrosanctum Concilium*, Nr. 26.
[46] Vgl. *ebd.*, Nr. 22 und 26.
[47] Vgl. *ebd.*, Nr. 26.
[48] Vgl. *ebd.*, Nr. 22.
[49] Vgl. *ebd.*, Nr. 26.
[50] Vgl. *ebd.*, Nr. 28.
[51] Vgl. *ebd.*, Nr. 27.
[52] Vgl. *ebd.*, Nr. 29.
[53] Vgl. *ebd.*, Nr. 57; vgl. Kongregation für die Riten, Dekret *Ecclesiae semper* (7. März 1965): *AAS* 57 (1965), S. 410–412.
[54] Vgl. Konstitution *Sacrosanctum Concilium*, Nr.99.
[55] Vgl. *ebd.*, Nr. 36.
[56] Vgl. *ebd.*, Nr. 37–40.
[57] Vgl. *ebd.*, Nr. 34.
[58] Vgl. *ebd.*, Nr. 43.
[59] Vgl. Dogmatische Konstitution *Dei Verbum*, Nr. 21; Konstitution *Sacrosanctum Concilium*, Nr. 51.
[60] *Schlußbericht* der Außerordentlichen Vollversammlung der Bischofssynode (7. Dezember 1985), II, B, b, 1.
[61] Vgl. Konstitution *Sacrosanctum Concilium*, Nr. 22,1.
[62] *Ebd.*, Nr. 41.
[63] Brief *Dominicae Cenae* (24. Februar 1980), Nr. 9: *AAS* 72 (1980), S. 133.
[64] Konstitution *Sacrosanctum Concilium*, Nr. 14.
[65] Vgl. Kongregation für die Riten, Instruktion „Inter Oecumenici" (26. September 1964), Nr. 11–13: *AAS* 56 (1964), S. 879–880; Kongregation für das katholische Bildungswesen, *Ratio fundamentalis* über die Priesterausbildung (6. Januar 1970), Kap. VIII: *AAS* 62 (1970),

S. 351–361; Instruktion *In ecclesiasticam futurorum* über die liturgische Ausbildung der Priesteramtskandidaten (3. Juni 1979), Rom 1979.

66 Vgl. Kongregation für die Riten, Instruktion *Inter Oecumenici* (26. September 1964), Nr. 14–17: *AAS* 56 (1964), S. 880–881.

67 Vgl. Konstitution *Sacrosanctum Concilium*, Nr. 19.

68 Vgl. *ebd.*, Nr. 39.

69 Vgl. *ebd.*, Nr. 37–40.

70 Vgl. *ebd.*, Nr. 21.

71 Ansprache an eine Gruppe von Bischöfen der Bischofskonferenz von Zaire (12. April 1983), Nr. 5: *AAS* 75 (1983), S. 620.

72 Vgl. Ansprache an die Teilnehmer der Versammlung der Präsidenten und Sekretäre der Nationalen Liturgiekommissionen, (27. Oktober 1984), Nr. 2: *Insegnamenti* VII/2 (1984), S. 1051.

73 Vgl. Konstitution *Sacrosanctum Concilium*, Nr. 1.

74 Vgl. *ebd.*, Nr. 12–13.

75 Vgl. Paul VI., Apostolisches Schreiben *Evangelii nuntiandi* (8. Dezember 1975), Nr. 48: *AAS* 68 (1976), SS. 37–38.

76 Vgl. Konstitution *Sacrosanctum Concilium*, Nr. 13.

77 Vgl. Ansprache an die Bischofskonferenz der Abruzzen und von Molise anläßlich des Ad-limina-Besuches (24. April 1986), Nr. 3–7: *AAS* 78 (1986), SS. 1140–1143.

78 Vgl. Konstitution *Sacrosanctum Concilium*, Nr. 22,1.

79 Apostolisches Schreiben *Sacram Liturgiam* (25. Januar 1964): *AAS* 56 (1964), SS. 139–144.

80 Apostolische Konstitution *Sacra Rituum Congregatio* (8. Mai 1969): *AAS* 61 (1969), SS. 297–305.

81 Apostolische Konstitution *Pastor Bonus* (28. Juni 1988), Nr. 62: *AAS* 80 (1988), S. 876.

82 Vgl. *ebd.*, Nr. 64: l.c., SS. 876–877.

83 Vgl. *ebd.*, Nr. 65: l.c., S. 877.

84 Vgl. *ebd.*, Nr. 63 u.66: l.c., SS. 876 u. 877.

85 Vgl. Dogmatische Konstitution *Lumen gentium*, Nr. 26; Konstitution *Sacrosanctum Concilium*, Nr. 22,1.

86 Vgl. Apostolische Konstitution *Pastor Bonus*, Nr. 64,3: l.c., S. 877.

87 Vgl. Konstitution *Sacrosanctum Concilium*, Nr. 36 u. 63.

88 Vgl. *ebd.*, Nr. 44.

89 Vgl. *ebd.*, Nr. 40.

90 Vgl. Dekret *Christus Dominus*, Nr. 15.

91 Vgl. *Ansprache an die italienischen Bischöfe*, die an einem liturgischen Erneuerungskurs teilgenommen haben (12. Februar 1988), Nr. 1: L'Osservatore Romano, 13. Februar 1988, S. 4.

92 Vgl. Konstitution *Sacrosanctum Concilium*, Nr. 45–46.

93 Vgl. *ebd.*, Nr. 9.

94 Vgl. *ebd.*, Nr. 10.

95 Vgl. *ebd.*, Nr. 23.

96 Ansprache an die Teilnehmer der Versammlung der Präsidenten und Sekretäre der Nationalen Liturgiekommissionen (27. Oktober 1984), Nr. 6: *Insegnamenti*, VII/2 (1984), S. 1054.

Die Kirche verkündet die gleiche Würde aller

Botschaft zum 40. Jahrestag der universalen Erklärung der Menschenrechte vom 6. Dezember

Sr. Exzellenz,
Herrn Dante Caputo
Präsident der 43. Generalversammlung
der Organisation der Vereinten Nationen

Als die Vollversammlung der Vereinten Nationen am 10. Dezember 1948 die universale Erklärung der Menschenrechte annahm und veröffentlichte, wollte sie den Bedürfnissen einer Zeit entsprechen, da „die Mißachtung und Verachtung der Menschenrechte zu Akten der Barbarei geführt hatten, gegen die das Gewissen der Menschheit protestierte". Die Vollversammlung wollte damit zum Ausdruck bringen, daß eine der höchsten Bestrebungen des Menschen darin besteht, die Würde der menschlichen Person anerkannt zu sehen, und sie wünschte sich das Heraufkommen einer Welt, in der sich alle der Rede- und Glaubensfreiheit erfreuen könnten. In diesem Sinn spricht die Erklärung das gemeinsame, von allen Völkern und sämtlichen Nationen zu erreichende Ideal aus, und sie faßte zugleich fortschreitende Maßnahmen nationalen und internationalen Charakters ins Auge.

Die Feier des 40. Jahrestages der Erklärung bietet eine neue Gelegenheit, zu sehen, in welchem Maße die von der Mehrheit der internationalen Gemeinschaft der Völker von 1948 übernommenen Ideale respektiert worden sind, und ebenso, die Wirklichkeit der Förderung der Rechte und Freiheiten in den verschiedenen nationalen Gesetzen und mehr noch im Gewissen der einzelnen und der Gemeinschaften zu bewerten.

Ich weiß, daß im Verlauf der verflossenen 40 Jahre durch die Organisation der Vereinten Nationen wichtige Verfügungen getroffen und erhebliche Anstrengungen unternommen worden sind, um die Ideale der Erklärung zu stützen und geeignete juridische Maßnahmen zu ergreifen, die ihre grundlegenden Prinzipien durchführen helfen sollten. Hier liegt ein unbezweifelbares Verdienst der Vereinten Nationen. Doch ist man noch nicht ans Ende des vorgesehenen Weges gelangt, wie die zahlreichen Arbeiten der Kommissionen „ad hoc" zeigen, die zur genauen Durchführung der Prinzipien, zur Erarbeitung geeigneter juridischer Maßnahmen und zur Prüfung der Verletzungen der Menschenrechte, wo sie vorkommen, eingesetzt wurden.

In diesem Geist wird es unerläßlich, daß die für das öffentliche Leben Verantwortlichen mit neuer Entschiedenheit dahin wirken, daß die Staaten ihren Bürgern den wirksamen Schutz ihrer Menschenrechte garantieren. Nur um diesen Preis läßt sich ein höheres Niveau der Zivilisation erreichen, wie es sich die Verfasser der Erklärung gewünscht haben.

Wie sollte man nämlich übersehen können, daß auch heute noch Hunderte von Millionen Menschen ihre Rechte auf Leben, Freiheit und Sicherheit ständig bedroht sehen, daß man nicht die Gleichheit aller beachtet, noch die Würde eines jeden, daß sich neue Schranken erheben, aus Gründen der Rasse, der Farbe, des Geschlechts, der Sprache und Religion, oder aufgrund von politischen Auffassungen oder von anderen Überzeugungen nationalen oder sozialen Ursprungs? Und was soll man weiter von gewissen verborgeneren Verletzungen sagen, die ebenfalls die Rechte von menschlichen Personen und Gruppen bedrohen?

Der Kirche wurde ihrerseits von ihrem Stifter Jesus Christus die Pflicht auferlegt, die gleiche Würde aller Personen als Kinder Gottes zu verkünden. Sie hat es auch während dieser 40 Jahre nicht versäumt, die transzendenten Grundlagen der Menschenrechte herauszustellen und alles dynamische Wirken zu ermuntern, das in unserer Zeit im Dienst der Förderung dieser Rechte steht.

Nach der Lehre der Kirche sind die Menschenrechte in Gott dem Schöpfer begründet: Er hat jede Person mit Verstand und Freiheit ausgestattet; er hat gewollt, daß die Organisation der Gesellschaft im Dienst des Menschen steht.

Herr Präsident, ich freue mich, bei der heutigen Gelegenheit den Vereinten Nationen meine herzlichen Wünsche aussprechen zu dürfen, daß ihr Wirken im Dienst der Menschenrechte fruchtbar bleibe, denn diese Rechte bilden die Grundlage einer gerechten Sozialordnung und zugleich das gemeinsame zu erreichende Ideal. Ich bin überzeugt, daß dieses Wirken für die ganze Welt am wirksamsten die Wege eines solide gefestigten Friedens ebnet und zugleich die beste Antwort auf die wesentlichen Bestrebungen darstellt, die die universale Erklärung der Menschenrechte geweckt hat.

Aus dem Vatikan, am 6. Dezember 1988

JOHANNES PAULUS PP. II.

Rom kommt zu dir, Immakulata!

Gebet an der Mariensäule auf dem Spanischen Platz am 8. Dezember

1. „Alma Redemptoris Mater!“ Rom kommt heute zu dir, Immakulata, es kommt, um zu dir von deinem großen Geheimnis zu sprechen – „Tu, quae genuisti tuum sanctum Genitorem“ –, um zu dir von deiner wunderbaren Mutterschaft zu sprechen.

Ja, du bist Mutter: Du gibst dem das menschliche Leben, der allen Leben und Dasein schenkt.

Du selbst bist erschaffen und bist die Mutter dessen, der auch dich unter allen Geschöpfen erschaffen hat.

Durch den Willen des ewigen Vaters bist du die Mutter des Sohnes, der gleichen Wesens ist mit dem Vater und in dir Mensch wurde durch die Allmacht des Heiligen Geistes, der die Liebe ist. Du bist die Mutter des Erlösers, der in dir das Geschenk der Gnade dem Erbe der Sünde zuvorkommen ließ. Du bist seine Mutter und unsere Mutter, „Alma Redemptoris Mater“!

2. Rom kommt heute zu dir, Immakulata, um zu dir von deinem großen Geheimnis zu sprechen.
Und es kommt zugleich, um zu dir, Mutter, von sich selbst zu sprechen: von seiner ungewöhnlichen Geschichte, in welche die Vorsehung das Zeugnis der Apostel Petrus und Paulus einschreiben wollte und, verbunden mit ihnen, das Zeugnis des Glaubens und des Dienstes an der Kirche.
Rom spricht heute zu dir, Maria, von allen Völkern und Nationen, die durch dieses Erbe in besonderer Weise mit ihm verbunden sind.
„Gaudium et spes ...“ Wahrhaftig: Freude und Hoffnung, aber auch Trauer und Angst der Menschen, damals wie heute, sind Freude und Hoffnung, Trauer und Angst der Stadt Rom und des Apostolischen Stuhls – „und es gibt nichts wahrhaft Menschliches, das nicht in ihren Herzen seinen Widerhall fände“ (vgl. *Gaudium et spes*, Nr. 1).
So spricht denn aufgrund des apostolischen Erbes die Kirche, die auch Mutter sein will, zu dir, Mutter Christi, reinste Mutter, von den Leiden und Hoffnungen der Menschen und der Völker. Aus der Tiefe des zweiten Advents, der nach dem ersten Kommen Christi seinen Verlauf nimmt, ruft die Kirche zu dir:
„Alma Redemptoris Mater ... succurre cadenti surgere qui curat populo!“

3. Rom kommt heute zu dir, Immakulata, um zu dir von sich selbst zu sprechen:
- von den Menschen, die aus ihm eine Gemeinschaft von vier Millionen machen, von ihrem Leben und ihren Lebensverhältnissen,
- von denen, die geboren werden und denen, die sterben, von Hoffnungen und Enttäuschungen, von Heiligkeit und Sünde.
- von allen Generationen: den kaum geborenen Kindern bis zu den hundertjährigen Greisen, von Frauen und Männern; von den Familien, oft bedroht von den Krankheiten der Zivilisation unserer Zeit.
- von den Kämpfen und den Anstrengungen so vieler Laien, Priester, Ordensmänner, Ordensfrauen und Bischöfe, von den Pfarreien und der ganzen christlichen Gemeinschaft der Kirche hier in Rom.

Von der Höhe dieser Säule schau auf uns!
Stella maris! Morgenstern unseres Advents. Wir begegnen deinem Blick. Wie lieb ist uns dein mütterlicher Blick! Höre nicht auf, jeden von uns mit deiner Liebe zu umfangen!
Bleibe für uns alle die Pforte, die das menschliche Leben auf Christus hin öffnet!
Pforte des Himmels! Sei für uns die Pforte der Ankunft Gottes, die Pforte des Heils!
Amen.

Mit Maria in den Advent des 3. Jahrtausends

Predigt in Santa Maria Maggiore am Fest der Unbefleckten Empfängnis Marias am 8. Dezember

1. „Gegrüßet seist du, Maria, voll der Gnade" (Zwischengesang, vgl. *Lk* 1,28). Die Jungfrau hört in dem Städtchen Nazaret das Grußwort des Engels. Sie ist tief betroffen: „sie erschrak" – und zugleich tut sich ihr Geist auf: Was haben diese Worte für einen Sinn? (vgl. *Lk* 1,29).

Gott spricht zu ihr von seinem ewigen Geheimnis. Er sagt, daß er Vater ist. Und diese Vaterschaft, die Gott selbst ist, wird auf wunderbare Weise offenkundig im Sohn, im Sohn, der, eines Wesens mit dem Vater, auch selbst Gott ist. Gott von Licht. Licht vom Licht. Wahrer Gott vom wahren Gott. Gezeugt, nicht geschaffen.

Ja! Gezeugt, fortdauernd gezeugt von Ewigkeit her in der Einheit der Gottheit. In der Einheit des Vaters, des Sohnes und des Heiligen Geistes, der die Liebe ist.

2. In dem Städtchen Galiläas besucht Gott selbst durch seinen Engelsboten die Jungfrau. Und er spricht zu ihr von seinem ewigen Geheimnis. Er teilt ihr, einem Geschöpf, seiner demütigen Magd, das Geheimnis seiner ewigen Pläne mit. Es sind die Pläne des Vaters und des Sohnes und des Heiligen Geistes: in der Einheit der Gottheit, die Liebe ist. Gott, der die Liebe ist, umarmt alles Geschaffene, Sichtbares und Unsichtbares.

Die Liebe, die das Sein Gottes ist, das Sein der Dreifaltigkeit „gestern, heute und in Ewigkeit" (*Hebr* 13,8), konzentriert sich auf den Menschen. Sie möchte dem Menschen in freiem Geschenk Anteil geben an seinem Leben, an seiner Natur, an der Gottheit selbst. Und am Weg dieser Zuwendung ist nun sie, die Gnadenvolle. In ihr werden das Herz eines Geschöpfes und das geschichtliche Sein eines Menschenwesens zur ersten Wohnstätte des Emmanuel: „Der Herr ist mit dir" (*Lk* 1,28). „Gesegnet bist du mehr als alle anderen Frauen" (*Lk* 1,42).

3. Maria hört das Grußwort des Engels. Und zusammen mit ihr hört alles Geschaffene diese Worte. Die ganze Menschheit. In ihnen handelt es sich ja um die Sache des Menschen.

„Du wirst ein Kind empfangen, einen Sohn wirst du gebären" (*Lk* 1,31). Von der Frau wird der Mensch geboren. Sie empfängt ihn; sie trägt ihn unter ihrem Herzen; sie bringt ihn zur Welt. Maria, die Jungfrau ist und Jungfrau bleibt, soll dieselbe Erfahrung machen: sie soll Mutter werden. „Wie soll das geschehen, da ich keinen Mann erkenne? ... Der Heilige Geist wird über dich kommen" (*Lk* 1,34–35).

4. Der Heilige Geist, Er, die unerschaffene Liebe. Eines Wesens mit dem Vater und dem Sohn. Er selbst! Es gebührt ihm, der die Liebe ist, das Geheimnis der menschlichen Geburt des Gottessohnes zu verwirklichen: der menschlichen Geburt dessen, der, gleichen Wesens mit dem Vater, von Ewigheit her in der Einheit Gottes geboren wird.

Du fragst, Maria: „Wie soll das geschehen?" Das kann nicht anders geschehen – „nicht aus dem Willen des Fleisches, nicht aus dem Willen des Mannes" – als durch Gott. Nur aus Gott kann der geboren werden, der „heilig und Sohn Gottes genannt werden" wird (vgl. (*Lk* 1,35). „Der Heilige Geist wird über dich kommen, und die Kraft des Höchsten wird dich überschatten."
Nur aus dieser Kraft, die Liebe ist, kann der geboren werden, der Gott ist und auch Mensch sein wird; jener, der als Mensch auch Sohn Gottes sein wird. Dein Sohn, Maria! Fürchte dich nicht!

5. Zusammen mit der Jungfrau von Nazaret hört die Kirche beständig auf diese Worte. Und zusammen mit ihr denkt sie darüber nach, „was ein solcher Gruß zu bedeuten habe". Und indem sie darüber nachdenkt, geht sie den Worten nach, die Maria gehört hat, und dringt – nach dem Mißverhältnis menschlichen Maßes – in die unsagbaren Tiefen des Geheimnisses Gottes ein. Und in das Geheimnis seines Heilsplanes mit dem Menschen. Wenn darum die Kirche über die Worte des Grußes von Nazaret nachdenkt, blickt sie durch sie hindurch auf die Geschichte des Menschen in ihrem ganzen Umfang, bis hin zu ihren Anfängen.
Darum lesen wir in der heutigen Liturgie das Buch Genesis: den Text, der über die Wahrheit der Ursünde spricht. Und wir lesen diesen Text, um uns dann wieder ihr zuzuwenden, die der Bote Gottes „Begnadete" nannte.
Mußte nicht notwendig sie allein von der menschlichen „Ursünde" ausgenommen sein? Mußte sie nicht frei sein von diesem Erbe? Mußte sich nicht in ihr, die vorausbestimmt war, die Mutter des Erlösers zu werden, die ganze Fülle der Erlösung verwirklichen? Mußte sie nicht die Unbefleckte Empfängnis sein?

6. Heute, im Advent des Jahres des Herrn 1988, möchte die Kirche für alles das danken, was das Geschenk des Marianischen Jahres für alle und für jeden bedeutet hat. Für die einzelnen Menschen und für die Gemeinschaften des Gottesvolkes in der ganzen Welt. Für die wieder neu gelesene Botschaft des Zweiten Vatikanischen Konzils über die Anwesenheit der Mutter Gottes in der Sendung Christi und der Kirche. Für die Erneuerung und die Bekehrung der Menschenherzen. Für die Stärkung des Glaubens und der Hoffnung. Für das Gedenken der großen Werke Gottes in der Geschichte der einzelnen Nationen. Für das erneute Verständnis der Wahrheit über die Würde und Berufung der Frau. Für die Freude der geistlichen Mutterschaft, die jedem Menschen von Christus im Testament der Erlösung zugesprochen wurde.

7. Dem Geheimnis Marias zugewandt, die den Namen „Unbefleckte Empfängnis" trägt, treten wir in den Advent ein. Nicht nur in den Advent dieses liturgischen Jahres, sondern in den Advent des nächsten Jahrtausends.
Wir gehen der Weihnacht entgegen und der Osternacht des Kampfes zwischen dem Tod und dem Leben, das in Christus ist. In Ihm hat der ewige Vater die Jungfrau von Nazaret erwählt. In Ihm hat er jeden von uns erwählt, „vor der Erschaffung der Welt, damit wir heilig und untadelig leben vor Gott" (*Eph* 1,4), damit wir zum Lob seiner Herrlichkeit bestimmt seien, wir, die wir – zusammen mit Maria – auf Christus hoffen (vgl. *Eph* 1,12).

Die Schule ist ein Weg zur vollen menschlichen Reife

Ansprache an die Vertreter der italienischen Vereinigung der katholischen Mittelschullehrer (U.C.I.I.M.) am 9. Dezember

1. Unser heutiges Treffen anläßlich des 17. Nationalkongresses der italienischen Vereinigung der katholischen Mittelschullehrer (U.C.I.I.M.) knüpft an die vorhergehenden Begegnungen mit dem Nachfolger Petri zu anderen, für die Geschichte eurer Vereinigung bedeutsamen Zeitpunkten an. Sie ist ein Zeichen für den vorrangigen Wert, den ihr dem kirchlichen Charakter eurer Organisation beimeßt, und den ihr auch weiterhin in eurem Einsatz im Dienst an der italienischen Schule beibehalten wollt.

Dieser eurer Besuch bietet mir die Gelegenheit, euch zu grüßen und euch meine Teilnahme und mein Interesse an den Problemen der Schule zum Ausdruck zu bringen, denn es sind die Probleme der Kinder und Jugendlichen, der Frauen und Männer von morgen: Probleme, an die in hohem Maße die Bedeutung und Qualität des geistigen, kulturellen und bürgerlichen Lebens in Italien geknüpft sind.

Doch sind es auch die Probleme all derjenigen, die, wie ihr, auf ernste, überzeugte und kontinuierliche Weise ihr Leben der Schule widmen. Und dies in einem Maße, daß sich euer Leben tiefgehend an jene bindet, die euch Gott auf den Schulbänken treffen läßt.

Ich bin auch aus meiner persönlichen Erfahrung als Lehrer heraus überzeugt, daß, wenn man von den Jugendlichen spricht, gleichzeitig auch von den Lehrern sprechen muß und umgekehrt. Indem ich zu euch spreche, weiß ich, daß ich die Kinder und Jugendlichen erreiche, die eure Schüler sind. Und wenn dieses Wort in euch ein Echo findet, so bin ich sicher, daß es von euch auf sie übergeht. Es kommt mir daher von Herzen, aus einem Herzen voll Vertrauen, und möchte Trost und Aufmunterung sein.

2. Eure Vereinigung ist gewiß eine wertvolle und anerkannte Konzentration von Kompetenz, Initiative, erzieherischer Eingebung, Bereitschaft und hat eben aus diesem Grund die Aufmerksamkeit vieler verdient, die in der Schule arbeiten und sich an sie wenden, um Hilfe für ihre Berufsausbildung zu suchen.

Ich wünsche mir, daß die Lehrer der italienischen Schule auch die tiefer Dimension der UCIIM erfassen: das Zeugnis, das Christen in der Welt der Schule hinsichtlich echter erzieherischer und kultureller Arbeit geben hat, die für einen Christen nur aus einer lebendigen Synthese von intensiver Glaubenserfahrung und glaubwürdiger kompetenter Professionalität erwachsen kann.

Die Aufgabe, die ihr zu erfüllen habt, ist schwierig und ruft euch zu einer kontinuierlichen Prüfung eurer persönlichen Tätigkeit und eurer Tätigkeit als Vereinigung auf. Eine katholische Vereinigung schöpft ihre Bedeutung und ihr Licht aus der kirchlichen Erfahrung, deren Ausdruck sie ist. Daher müssen in ihr der Sinn und die Sorge des selbstlosen Dienstes aufleuchten: Nur ein höheres Prinzip kann einer Sache von höherem Wert dienen, wie es die des Unterrichtens und der Erziehung neuer Generationen ist. So scheint, gerade im Hinblick auf die Kontinuität der Vereinigung, die gegenseitige Ergänzung der

Mitglieder unter dem Gesichtspunkt des Austausches und des wechselseitigen Dienstes wesentlich zu sein, der sich aus dem Prinzip der christlichen Solidarität ergibt, ja den diese fordert:
Diese gegenseitige Ergänzung muß sich in der Verbundenheit zwischen den verschiedenen Lehrergenerationen zeigen, damit die Tradition der Vereinigung auch weiterhin lebendig und anziehend bleibt. Diese Aufgabe erscheint heute schwer, doch ist sie außerordentlich notwendig, um einem gewissen Individualismus bei den Lehrern entgegenzuwirken und um jene zu unterstützen und zu formen – ihre Zahl ist sehr groß -, die erst seit kurzem in die Schulwelt eingetreten sind.

3. Eine der wichtigen Aufgaben der UCIIM besteht darin, die rechte Auffassung von der Schule klarzulegen und zu begründen, die oft durch herabmindernde Diskussionen und Positionen verdunkelt wird. Einige beschränken die Probleme der Schule erschöpfend auf den Bereich der didaktischen Methodologie oder die Beschaffung neuer Technologien, oder sie sehen die Schule rein in bezug auf die Forderungen des Arbeitsmarktes. Andere wiederum haben das Bild einer Schule minderer Qualität vor Augen, die keine Werte anzubieten hat, und laufen durch dieses falsche Verständnis Gefahr, daß sie, die als Schule für alle erscheinen will, schließlich niemandes Schule ist.
Ich möchte unterstreichen, und bin mir dabei bewußt, einem in eurem Empfinden fest verankerten Gedankengang zu folgen, daß der angemessenste und verständlichste Begriff von Schule der ist, sie als Gemeinschaft zu verstehen: die Schule als eine Aufgabe, die sich Lehrer, Eltern, Schüler und Ortsgemeinschaften teilen. Auch die Gesetzgebung wird dieses neue Bewußtsein um die Schule zur Kenntnis nehmen und jene gesetzlichen und strukturellen Änderungen vornehmen müssen, die es ihr ermöglichen, einen entsprechenden Ausdruck zu finden. Das Thema eures Treffens „Die UCIIM für Qualität und Autonomie der höheren Schule“ ist daher außerordentlich angebracht.
Diesen Beitrag leistet ihr gemeinsam mit anderen katholischen Vereinigungen, die sich für dieselben Inhalte einsetzen, zur Entwicklung der italienischen Schule, damit diese schließlich instand gesetzt wird, ihre Berufung als vorrangiges Mittel zur Erziehung neuer Generationen bis ins letzte zu erfüllen.
Die Schule kann gewiß nicht alle Antworten geben und ist daher aufgerufen, mit den anderen „Schulen“, den anderen Organisationen und Erziehungswerken zusammenzuarbeiten und sich einzugliedern und dabei, stets auf ihre Spezifizität bedacht, doch auch der anderen eingedenk, die bei der Erziehung ihre Aufgabe zu erfüllen haben, vor allem der Eltern, denen das erste Recht darauf zukommt.
Ich weiß, wie sehr die UCIIM darum bemüht ist, die Spezifizität der Schule zu verteidigen, damit in ihr die Kultur den Platz einnimmt, der ihr zusteht. Sie ist ja wesentlich Vermittlungsfaktor zwischen der Erfahrung, die jeder Jugendliche durchlebt und den Errungenschaften derjenigen, die uns vorausgegangen sind und uns in den wundervollen Werken von menschlichem Erfindungsreichtum, Weisheit, Güte und Tugend einzelner und ganzer Gemeinschaften ihre Spuren hinterlassen haben.
Nur so wird die Schule zum Ort systematischer und kritischer Aneignung von Wissen, d. h. zum Weg zur vollen menschlichen Reife.

Auf diese Bejahung von Prinzipien und Werten folgt natürlich eine konkrete Tätigkeit, die darauf ausgerichtet ist, die wichtigsten Probleme des Schulsystems zu lösen.
Eines von diesen ist die korrekte Durchführung der Verlängerung der Schulpflicht. Sie muß die Möglichkeiten berücksichtigen, daß zu diesem Zweck auch Institutionen benutzt werden können, in denen zur Zeit die erste Berufsausbildung stattfindet.
Nicht weniger wichtig ist die Revision von Programmen und Strukturen der höheren Schule, damit sie der Zukunft angepaßt sind und den kulturellen Wurzeln, aus denen das italienische Volk auch weiterhin lebt, treu bleiben.
Ihrerseits setzt die Kirche ihren Einsatz zur Förderung und Unterstützung katholischer Schulen fort. Sie fordert dafür die gebührende konkrete Anerkennung des zugunsten der Schüler und Jugendlichen, der Familien und Gemeinschaften geleisteten Dienstes und damit auch die Durchführung des Prinzips der Schulgleichheit.
Mit nicht geringerem Eifer setzt die Kirche aber auch die Mitarbeit im Erziehungswerk in den staatlichen Schulen fort, vor allem durch das verdienstvolle Wirken der Lehrer für katholische Religion und aller Gläubigen, die in der Schule lehren und arbeiten: Ihnen gebühren die Achtung und Solidarität der ganzen christlichen Gemeinschaft.

4. Ihr seid dazu aufgerufen, die Jugendlichen und ihre Zukunft kennenzulernen und zu verstehen. Ihr seid in der Schule, um die Gründe für die Wahrheit und die Liebe zu bekräftigen.
In eurem Gesichtskreis gibt es daher Platz für Gründe zu vollem Menschsein als eine dem ganzen Menschen und allen Menschen angebotene Möglichkeit, zu wachsen nach dem Maß der Würde, mit der Gott jede Frau und jeden Mann ausgezeichnet hat.
Auf diesem Weg zum vollkommenen Menschsein leistet das Evangelium, für das in der Schule von den Gläubigen Zeugnis abgelegt wird, den eigenen originalen Beitrag, wie auch das Konzil sagt: „Der Sauerteig des Evangeliums hat im Herzen des Menschen den unbezwingbaren Anspruch auf Würde erweckt und erweckt ihn auch weiter" (*Gaudium et spes*, Nr. 26).
Ich ermuntere euch daher, eine aufrichtige, entschlossene und christliche Leidenschaft für den Menschen auf seinem Ausbildungsweg zu hegen. Ich bitte euch, den Schwierigkeiten, denen ihr begegnet, beharrlich entgegenzutreten und nicht nur die unmittelbare Wirkung eures Werkes zu betrachten. Ich wiederhole euch nun mit Überzeugung die trostreichen und prophetischen Worte des Konzils: „Mit Recht dürfen wir annehmen, daß das künftige Schicksal der Menschheit in den Händen jener ruht, die den kommenden Geschlechtern Triebkräfte des Lebens und der Hoffnung vermitteln können" (*Gaudium et spes*, Nr. 31).
An diesen Worten inspiriert sich auch der Wunsch, den ich an euch alle richte und insbesondere an euren Vorsitzenden, an den Berater des Nationalverbandes, an die Mitglieder des Nationalrates und alle Mitglieder der UCIIM sowie an all diejenigen, die euch nah sind: Seid Zeugen für das Leben und die Hoffnung!
Diesen Wunsch begleitet der Segen, den ich euch nun von Herzen verleihe.

Der Erlöser bestätigte das Naturrecht

Ansprache an die katholischen Juristen am 10. Dezember

1. Es ist mir eine Freude, heute mit den Mitgliedern des Verbandes der Katholischen Juristen Italiens zusammentreffen zu können und diese Freude ist besonders groß, weil es sich um eine Begegnung anläßlich des vierzigsten Jahrestages der Gründung Ihres Verbandes (1948–1988) handelt, den Sie mit der Besprechung eines wichtigen Themas begangen haben: „Das Naturrecht – neuen Perspektiven entgegen." Weite Horizonte tun sich vor Ihren Augen auf, die, davon bin ich überzeugt, mit den Anliegen des Nachfolgers Petri in Verbindung stehen und die grundlegenden Lehraussagen des II. Vatikanischen Konzils nicht übersehen können, wie sie vor allem in der Pastoralkonstitution *Gaudium et spes* und in den Dekreten *Dignitatis humanae*, *Nostra aetate* und *Gravissimum educationis* zum Ausdruck kommen.

2. Angesichts der Weitläufigkeit des zu behandelnden Stoffes mußten Sie eine wichtige und aufschlußreiche Wahl treffen. Sie zeigt die Bedeutung des „ungeschriebenen" internationalen Rechtes, das wir vielleicht schon als „Gewohnheitsrecht" bezeichnen könnten. Sie heben auch den Wert und die Qualität der Prozesse hervor, die zur Bekräftigung des Rechtes und zur Einhaltung der Gerechtigkeit erforderlich sind; das Prozeßrecht wird aus der Annahme von Normen, welche die Grundrechte des Menschen und die Würde der menschlichen Person besser respektieren, Vorteile ziehen. Es ist dies ein Problem, das sich auf die Strafgesetzgebung auswirkt, in der der Schutz der Person besser gewährleistet werden muß. Zu meiner Befriedigung stelle ich fest, daß Sie auf die Lehre der Kirche, auf das Kirchenrecht und seine Neufassung Bezug nehmen, die dank des kürzlich veröffentlichten Kodex – als letztes Konzildokument bezeichnet – Wirklichkeit wurde.

3. Um die wesentlichen Punkte Ihrer Untersuchungen festzulegen, ist es Ihre Absicht, eine grundlegende Reflexion zum Naturrecht – das wir als göttliches Recht betrachten – anzustellen, im Interesse seiner immer besseren Kenntnis und Darlegung und seiner ausgewogenen Anwendung in der Gesellschaft auf nationaler Ebene und in den heutigen internationalen Organisationen. Diese müssen Ausdrucksweisen eines Naturrechts vorfinden, das die Rechte und Pflichten dieser im Entstehen begriffenen weltumspannenden Gesellschaft darlegt, so daß sie darin die Rechte der menschlichen Person, die in einer immer offeneren und organisierteren Welt lebt, besser wahrnehmen. Eine Welt, die vor allem die Würde der menschlichen Person achten und deren persönliches Wohl, die echte Entwicklung des Menschen, das individuelle Leben und die Beziehung zu Gott im Bereich der Familie, der Nation, der Kultur, des Staates und der Staatengemeinschaft gewährleisten muß. Die Kirche kann in diesem Fall als Bezugspunkt dienen, da sie eine weltweite Gesellschaft mit ihrer Hierarchie, ihren Gesetzen, ihren Strukturen und ihrem Gesetzgeber – Christus – ist. Der Erlöser selbst hat das Naturrecht bestätigt und es auf eine höhere Ebene – die der sakramentalen Gemeinschaft – emporgehoben.

4. Es ist heute angezeigt, neuerlich darauf hinzuweisen, daß jede Rechtsordnung im Dienst der Person steht, das Gemeinwohl sichern und von der Achtung für die unveräußerlichen Rechte der Personen und der Gemeinschaften beseelt sein muß. Ein solches Rechtssystem verfügt über seine eigene Logik und hat die Würde der menschlichen Person zu schützen, die auf der fundamentalen Gleichheit aller Menschen beruht. Auf diese Weise kann es jederzeit das Vertrauen hervorrufen und verdienen, dessen es als Grundlage jeder menschlichen Beziehung bedarf. Gerade das fordert in der Kirche die „communio", und ruft in ihr die Gemeinsamkeit hervor, die jeder kirchlichen Gemeinschaft zugrundeliegt und ihre Strukturen beseelt. Diese „communio" ist durch die Einheit Gottes des Vaters, des Sohnes und des Heiligen Geistes gewährleistet und macht die Kirche zu einem versammelten Volk (vgl. Dogmatische Konstitution *Lumen gentium*, Nr. 4), in der Liebe der dreifaltigen Gemeinschaft Gottes (vgl. *1 Joh* 4,8.16).

5. Jede wahre und gesunde Rechtsordnung muß im Dienst der Person stehen. Es handelt sich dabei um einen schwierigen Dienst, der sich in einer pluralistischen Gesellschaft vollzieht, aber mehr denn je erforderlich ist, wenn man wirklich dem Menschen helfen und ihm ein ausgeglichenes, gerechtes und einer gesunden Moral entsprechendes Leben sichern will. Die internationale, weltweite Gesellschaft bedarf dieses Dienstes, wenn man aus ihr eine gerechte, ihres Namen würdige Gesellschaft machen will.
Für die Verwirklichung dieses Ideals ist die Kenntnis des Menschen, seiner Würde, seiner Rechte und Pflichten, seiner täglichen Bestrebungen, seiner Wünsche und Notwendigkeiten, seiner Wirkungs- und Entwicklungsmöglichkeiten erforderlich, wobei sein Lebensmilieu, die ihm zur Verfügung stehenden Mittel und die materielle und moralische Hilfe, die ihm gebührt, berücksichtigt werden müssen. Die objektive Norm, das positive Recht müssen diesem Menschenbild als Ausdruck des Naturrechtes entsprechen; sie müssen die immer wieder neuen Perspektiven vor Augen haben, welche sowohl die philosophische und wissenschaftliche Reflexion als auch das Urteil des individuellen Gewissens auftun; beiden wird es zum Vorteil gereichen, wenn sie von der göttlichen Offenbarung und, dem Willen Christi entsprechend, vom Lehramt der Kirche erleuchtet werden.

6. In all diesen Punkten muß der zeitgenössische Mensch Fortschritte machen. Ein tiefschürfenderes Studium des Naturrechtes, eine aufmerksamere Anwendung dieses göttlichen Rechtes und seine treuere Übertragung ins positive Recht sind Marksteine der Fortschritte, die Sie möglichst gut zu formulieren trachten. Ihr Treffen hat somit die Kraft einer Botschaft, die sich an die Menschen guten Willens richten und aus der Lehre der Kirche Vorteil ziehen muß.
Auch der neue Kodex hat neue Horizonte aufgetan, hat die Prozeßordnung vereinfacht, die Strafgesetzgebung gemildert und sich eine Haltung zu eigen gemacht, die nicht nur menschlicher ist, sondern besser dem Evangelium entspricht, indem er empfiehlt, die Prozesse nach Möglichkeit zu vermeiden und vielmehr nach Mitteln und Wegen für eine friedliche Beilegung der Konflikte zu suchen (vgl. *CIC* can. 1341, 1446, 1713–1714, 1733–1734).

Es wäre mir recht, wenn sich ein solcher Fortschritt auch in der staatlichen Gesetzgebung feststellen ließe. Dem Christen ist eine Wahrheit auferlegt: die wahre Gerechtigkeit ist von der Liebe beseelt; das Recht ist eine Struktur der Gemeinschaft; das positive Recht steht im Dienst des Menschen und seines Aufstiegs zu Gott!

7. Mit diesen Überlegungen wollte ich die Bedeutung Ihrer Tagung hervorheben. Ihre Aufgabe als Verband der Katholischen Juristen bekräftigen und die Hoffnung aussprechen, daß es in allen Nationen und auf der Ebene der weltweiten Strukturen zu gleichartigen Bemühungen kommen möge.
Es ist mir eine wahre Freude, Ihre Arbeiten mit dem Apostolischen Segen zu begleiten, mit dem ich Gnaden und geistliche Energien für Sie erflehe.

Ein kostbarer Dienst für die Kirche

Ansprache bei Gelegenheit des Besuches bei der päpstlichen Theologischen Fakultät „Marianum“ am 10. Dezember

1. Mit großer Genugtuung komme ich an diesem Nachmittag zu euch, liebe Oberen und Professoren des Servitenordens und liebe Studentinnen und Studenten der Päpstlichen Theologischen Fakultät „Marianum“. Die Adventsliturgie bildet einen freudvollen Rahmen für diese Begegnung bei der ich euch grüßen und meine Ermunterung aussprechen möchte.
Ich grüße besonders Kardinal William W. Baum und Erzbischof José Martins Saraiva, den Präfekten bzw. Sekretär der Kongregation für das katholische Bildungswesen, sodann P. Michael Sincerny, den Großkanzler und Generalprior des Ordens der Serviten, dem ich zugleich herzlich für die Begrüßungsworte danke, die er eben an mich gerichtet hat, sowie P. Salvatore Meo, den Präsidenten.

2. Die der päpstlichen Theologischen Fakultät „Marianum“ anvertraute Aufgabe besteht im vertieften Studium der Gestalt Marias von Nazaret und ihrer Sendung in der Heilsgeschichte.
Es ist mir bekannt, wie sehr sich die Professoren in Unterricht, Forschung und Veröffentlichungen engagieren. Mir ist ferner der Eifer der Studenten bekannt, die sich mit den verschiedenen theologischen Fächern, zumal mit der Mariologie beschäftigen. Ich weiß auch um die Bedeutung der hauptsächlichen Einrichtungen der Fakultät. Die Bibliothek z. B. ist wegen ihres Reichtums und ihrer Auswahlkriterien zu einem Ort der Begegnung für viele Fachleute der Mariologie und zugleich ein Zentrum für wertvolle bibliographische Informationen geworden; ferner die Zeitschrift „Marianum“, die unter den theologischen Zeitschriften einen wertvollen Beitrag leistet und mir die willkommene Gelegenheit bietet, jenes Mannes zu gedenken, der ihr weitblickender und mutiger Gründer war,

der verstorbene P. Gabriele M. Roschini; sodann die internationalen Symposien der Mariologie, die für viele Theologen eine anregende Veranstaltung bilden.
Ich weiß, daß der Unterhalt solcher Institute eine schwere Aufgabe bedeutet, doch sie ist verdienstvoll, weil sie der Kirche einen kostbaren Dienst leistet.

3. Ich bin als Bischof von Rom und Nachfolger des Petrus gekommen, dem der Herr die Aufgabe anvertraut hat, seine Brüder im Glauben zu stärken (vgl. *Lk* 22,31). Daher bin ich auch der Hüter des Depositums der Offenbarung und Förderer des theologischen Forschens, bei dem die Mariologie einen wichtigen Platz einnimmt.
Wer die Dogmengeschichte kennt, weiß, daß die Gestalt der Mutter Jesu in der Reflexion der Kirche kein Randdasein geführt hat: schon die ersten heiligen Väter haben ihr Seiten von hohem theologischen und geistlichen Wert gewidmet.
Das Lehramt hat ihr dann, zumal in Zeiten schwerer christologischer Krisen, große Aufmerksamkeit geschenkt: in den dogmatischen Aussagen der ökumenischen Konzilien von Konstantinopel (380), von Ephesus (431), und von Chalkedon (451), wobei diesem letzten der wichtige Tomus ad Flavianum vom hl. Leo dem großen voraufging (449); in den Canones des Laterankonzils von 649 (vgl. *Canones* 2–4: *Denzinger/Schönmetzer* 502–504), die weiten Widerhall in der Kirche fanden, und auf dem 2. Konzil von Nizäa (787). Aus der Lehre dieser Konzilien erhebt sich die Gestalt Marias als immer jungfräuliche Mutter Gottes, weil sie durch das Wirken des Heiligen Geistes und ohne Zutun eines Mannes Christus, unsern Heiland und Erlöser, empfangen hat. Ich erinnere ferner an die dogmatische Bulle *Ineffabilis Deus* (1854), mit der Pius IX. die Unbefleckte Empfängnis Marias definiert hat, und an die Apostolische Konstitution *Munificentissimus Deus* (1950), mit der Pius XII. feierlich den ständigen Glauben der Kirche an die Aufnahme der allerseligsten Jungfrau mit Leib und Seele in den Himmel bestätigt hat.
In unserer Zeit ist das wichtigste Lehrdokument ohne Zweifel das 8. Kapitel der Konstitution *Lumen gentium* des II. Vatikanischen Konzils. Es bildet, von der Lehre her betrachtet, eine „umfassende Synthese der katholischen Lehre über den Platz, den die allerseligste Jungfrau Maria im Geheimnis Christi und der Kirche einnimmt" (Paul VI., *Ansprache zum Abschluß der 3. Sitzungsperiode des II. Vatikanischen Konzils* am 21. November 1964), wie sie kein anderes Konzil bisher geboten hat. Eine zuverlässige, maßgebende, lebendige und aktuelle Synthese, die man zugleich mit den Entwicklungen der Lehre in der Zeit nach dem Konzil notwendig kennen, vertiefen, verbreiten und sich im Leben aneignen muß.
Methodisch betrachtet, ist das 8. Kapitel nicht nur wegen des grundlegenden Ansatzes bedeutsam, Maria im Blick auf die Heilsgeschichte zu behandeln, sondern auch wegen der ekklesiologischen Sicht, in der es die demütige und zugleich erhabene Gestalt der Magd des Herrn (vgl. *Lk* 1,38.48) betrachtet, die unzertrennlich mit Christus, aber zugleich „in der Nachkommenschaft Adams mit allen Menschen verbunden war, die des Heiles bedurften" (*Lumen gentium*, Nr. 53), immer verbunden mit der Kirche, die entweder noch auf Erden ihren Pilgerweg geht, oder schon verherrlicht im Himmel weilt.
All dies hat der Mariologie gestattet, nach Überwindung einer Zeit der Krise, zu einer neuen und vielversprechenden Blüte zu gelangen. An diese Synthese und Sicht hielt sich

mein Vorgänger ehrwürdigen Andenkens, Paul VI., in seiner mariologischen Lehre, und darauf habe auch ich in der Enzyklika *Redemptoris Mater* Bezug genommen (vgl. Nr. 1, 38, 42, 48).

4. Heute erneuert sich die Mariologie im Licht des II. Vatikanums, sie knüpft fruchtbare Kontakte zu anderen Disziplinen an, greift neue Probleme auf und weiß sich mit neuen Aufgaben betraut.
In den letzten Jahrzehnten sind bedeutsame Ergebnisse auf dem Gebiet der biblischen Mariologie erzielt worden: es wurden neue Themen entwickelt und andere neu im Licht einer vertieften Exegese dargestellt; es wurden verheißungsvolle Forschungsgebiete in Angriff genommen, wie die Literatur zwischen den beiden Testamenten; es wurde das Band herausgearbeitet, das harmonisch die biblischen Schriften mit der patristischen Literatur des 2. Jahrhunderts bis hin zu den mittelalterlichen Autoren verbindet: ein bedeutsames Faktum lebendiger Tradition über die heilige Mutter des Herrn. Doch muß das Studium der Präsenz Mariens in der Heiligen Schrift notwendig weitergeführt werden. Es ergeben sich daraus zahllose Vorteile nicht nur für die Mariologie selbst, sondern auch für das ökumenische Anliegen. Nach dem Apostel Petrus und Johannes dem Täufer ist die selige Jungfrau nämlich die in den kanonischen Evangelien am meisten zitierte Person.
Auf dem Gebiet der dogmatischen Theologie sind die Aufgaben, die auf die Mariologie warten, zahlreich und schwierig. Maria „vereinigt ... gewissermaßen die größten Glaubensgeheimnisse in sich" (*Lumen gentium*, Nr. 65). Die Kirche erwartet heute von den Gelehrten der Mariologie eine neue Anstrengung um die unveränderliche Substanz der dogmatisch definierten Wahrheiten harmonisch mit den Problemen zu verbinden, die im Zusammenhang damit von der Sprachwissenschaft oder den wissenschaftlichen Entdeckungen gestellt werden. Eine solche Harmonisierung ist, unbeschadet des transzendenten Charakters der Wirklichkeiten, die Objekt des Glaubens sind, und der besonderen Natur der theologischen Wissenschaft, wünschenswert, damit der Mensch von heute noch voller die Wundertaten des Heilsplanes Gottes erkennen kann. Unter anderem sind schwere und heikle Fragen und Themen wie die folgenden zu vertiefen:

- die Natur der Erbsünde und ihre Beziehungen zum Dogma von der unbefleckten Empfängnis Mariens;
- das Geheimnis der Menschwerdung des Wortes im Schoß der Jungfrau von Nazaret, die wegen ihrer gehorsamen und freien Stellungnahme zum höchsten und beispielhaften Ausdruck für das Zusammenwirken des Menschen mit der göttlichen Gnade geworden ist;
- das Problem der Bestimmung des Menschen, das im Licht des Paschamysteriums Christi in der vollen Verherrlichung Mariens eine volle Antwort findet;
- die Natur der vielfachen Präsenz der Jungfrau im Leben der Kirche;
- die Weisen des Zusammenwirkens zwischen dem Tun der Kirche und dem der Jungfrau, die beide in der Ordnung der Gnade Mutter sind, weil uns beide zum göttlichen Leben gebären;
- die ökumenische Frage, die, wie ich in der Enzyklika *Redemptoris Mater* dargelegt habe, den Weg der Kirche in unserer Zeit tiefreichend kennzeichnet (vgl. Nr. 29). Hier

müssen die inhaltlich vertieften und in der Darstellung achtungsvollen Forschungen den Brüdern der Kirchen der Orthodoxie und der Reformation zeigen, daß die katholische Lehre über die allerseligste Jungfrau eine biblische Wahrheit ist, eine alte Wahrheit, und daß sie daher kein Anlaß zur Spaltung sein kann.

Auf dem Gebiet der Spiritualität, das heute weites Interesse weckt, müssen die Vertreter der Mariologie ferner die Notwendigkeit einer harmonischen Einfügung der marianischen Dimension in die eine christliche Spiritualität aufzeigen, weil sie im Willen Christi ihre Wurzel hat.

5. Eure Theologische Fakultät „Marianum" ist ein qualifizierter Ausdruck für die Eigenart der Serviten, der „Diener Marias". Als Orden haben sie nicht viele Mitglieder, aber sie können auf ein reiches Erbe alter, ruhmvoller Traditionen an philosophischen, historischen, theologischen und vor allem mariologischen Studien zurückblicken, die ihrer Überlieferung entsprechen. In den neu formulierten *Konstitutionen des Servitenordens* heißt es ferner, ein grundlegender Aspekt eures Charismas sei es, „in besonderer Weise die Kenntnis der Rolle der Mutter Gottes im Geheimnis Christi und der Kirche zu vertiefen, um deren ganzen Reichtum den Gläubigen zu vermitteln und sie zu einer echten Marienverehrung hinzuführen" (Art. 161).

Dies erklärt, warum der Fakultät „Marianum" von den letzten Generalkapiteln eine beständige und überzeugte Unterstützung gewährt wurde. Stellt sicher, daß dieser Einsatz und diese Unterstützung nie nachlassen. Verliert nicht den religiösen Geist aus den Augen, der eure sieben heiligen Gründer beseelte, zumal ihre zärtliche und glühende Marienverehrung, als sie sich im Jahre 1249 auf den Monte Senario versammelten, um ein Leben des Gebetes und der Buße zu führen. Eine alte Quelle erzählt uns, daß sie „ihrer eigenen Unvollkommenheit bewußt und darüber in Furcht, nach reiflicher Überlegung sich demütig und mit gänzlicher Hingabebereitschaft zu den Füßen der Königin des Himmels, der glorreichen Jungfrau Maria, niederwarfen, damit sie als Mittlerin und Fürsprecherin sie mit ihrem Sohn versöhne, sie ihm empfehle, mit ihrer überströmenden Liebe ihre Unvollkommenheiten ergänze und in ihrer Barmherzigkeit ihnen reiche Verdienste erlange. Sie wollten sich infolgedessen zur Ehre Gottes dem Dienst der Jungfrau Maria, ihrer Mutter, weihen und von da an Serviten der heiligen Maria genannt werden, wozu sie ferner eine besondere Lebensregel übernahmen" (*III status*, Nr. 18, S. 73–74). Lebt immer bewußter nach diesen Idealen, während ihr euch auf die Feier des ersten Jahrhunderts seit der Heiligsprechung eurer heiligen Gründer vorbereitet.

Euch, dem ganzen Lehrkörper und den lieben Studentinnen und Studenten der päpstlichen Theologischen Fakultät „Marianum" – die ich aufrichtig wegen der spezifischen Ausrichtung ihres Studienprogrammes lobe – spreche ich gern aufrichtige gute Wünsche für weitere schöne Erfolge aus, wozu euch der ständige Schutz der Jungfrau stärken möge. Allen erteile ich als Zeichen der Ermunterung und Anregung meinen Segen.

Vereinigung der Sprachgestörten ein Zeichen der Hoffnung

Ansprache an die Vertreter der Vereinigung Sprachgestörter am 10. Dezember

1. Ich schätze mich glücklich, euch alle, zu empfangen und zu begrüßen, Vertreter der Vereinigung Sprachgestörter, die ihr zu einem Treffen nach Rom gekommen seid.
Ich gratuliere euch dazu, daß ihr diese Vereinigung von Menschen gründen wolltet, die mit Hemmungen der Sprache behaftet sind, die aber, ihrer Leistungsfähigkeit und ihrer Verantwortungen bewußt, entschlossen sind, dennoch ihren Platz in der Gesellschaft auszufüllen.
Daß ihr heute hier anwesend seid, ist schon in sich selbst ein konkretes Zeichen für die Überwindung jener Hindernisse, die ihr gut kennt und die nicht nur durch eure Unsicherheit bedingt sind, sondern auch durch äußere Faktoren, in erster Linie durch den Mangel einer entsprechenden Kenntnis des Problems, was folglich, sei es bei dem, der betroffen ist, sei es bei der Familie, der Schule, der Gesellschaft im allgemeinen, zu unangemessenen Haltungen führt.

2. Es wäre mein Wunsch, daß dieser euer Nationalkongreß entschieden dazu beitrüge, gewisse psychologische Hindernisse in euch und in den andern zu beseitigen, damit ihr euch immer freier und sicherer fühlt, euch gesellschaftlich ganz normal als Personen gleicher Würde zu zeigen. In eure unangenehme Lage, in eure Leiden und eure Frustrationen mich hineindenkend, habe ich den Wunsch, daß ihr immer geschätzt sein mögt als Menschen guten Willens und nicht wegen eurer sprachlichen Hemmungen unterschätzt werdet.
Ich weiß, daß viele von euch nunmehr gut sprechen, sei es, weil sie es sich persönlich erobert haben, sei es durch die äußere Hilfe von geeigneten psychophonen Techniken, die von Experten angewandt wurden, welche selbst an Stottern gelitten und daher eine unmittelbare Kenntnis von diesem Zustand hatten. Darum möchte ich allen Ex-Patienten und nunmehrigen Fachleuten gratulieren. Ich seid ein Zeichen der Hoffnung für alle, die, jetzt auf dem Weg zum Ziel, noch zu leiden haben in der Erwartung, von ihren Schwierigkeiten im Ausdruck frei zu werden.
In dieser Hinsicht wäre mein Wunsch, es würde freie Wahl und öffentliche Unterstützung der Therapie vorgesehen, und die Schulbehörden würden das Lehrpersonal an Kindergärten und Elementarschulen so ausbilden, daß vielen Kindern vorbeugend geholfen und damit eine leidvolle Zukunft erspart werden kann.

3. Auf allen Ebenen also mögen Vorbedingungen zur vollen Entfaltung eurer Fähigkeiten geschaffen werden. Man muß auf das Verständnis der Familie und der Gesellschaft zählen können, damit ihr spürt, daß euch geholfen wird, daß man euch anhört und euch achtet. Man darf von alledem nicht absehen, wenn man die Mentalität ändern und eine neue Kultur anregen will, die den Menschen mit seinen Schwierigkeiten in den Mittelpunkt stellt, und wenn man Vorsorge treffen und wirksame Mittel organisieren will.

Dieses Treffen mit dem Papst beweist eure Unternehmungsfreude. Sie wirft die allgemeine Vorstellung vom furchtsamen, verschlossenen, nervösen, aggressiven Stotterer um, kurz: von dem, der unfähig ist, sich in dem vielfältigen und schwierigen Netz der gesellschaftlichen Beziehungen zu bewegen. Und sehr gern leihe ich meine Stimme dafür und vereine sie mit der euren, um im Namen Christi und mit seinen eigenen göttlichen Worten dem, der noch unter seiner sprachlichen und emotionellen Unsicherheit leidet, zu sagen: „Effata! Öffne dich!“ (*Mk* 7,34). Ja, die Vereinigung Sprachgestörter ist ein Werkzeug, das sich voll und ganz in das Drama und die Leiden, die Hoffnungen, die Kämpfe und Siege hineindenken und den Wunsch nach Öffnung und nach vollem Leben unterstützen kann. Aus all diesen Gründen ist sie ein Motiv zur Hoffnung für die Kirche und für die Gesellschaft, die beide freie und verantwortungsbewußte Menschen nötig haben, Menschen, die fähig sind, ihre Pläne zu verwirklichen.

4. Eure Vereinigung, die darauf ausgerichtet ist, eine Kultur gegenseitiger Achtung und Solidarität zu verbreiten, hat sich hohe Ziele gesteckt. Darum sage ich euch: Vorwärts! Geht weiter auf dem eingeschlagenen Weg! Geht mit Eifer voran! Wachst als Personen, und wachst als Vereinigung, und mit Begeisterung und Überzeugung fundiert eure Präsenz und festigt euer Zeugnis!
Gern erteile ich euch meinen Segen.

Solidarität mit Armenien

Telegramm an den orthodoxen armenischen Patriarchen Vasken I. vom 11. Dezember

In diesen tragischen, leidvollen Umständen, von denen Ihre Kirche und Ihre Nation betroffen wurden, versichere ich Eure Heiligkeit meiner brüderlichen Solidarität und der Solidarität der katholischen Kirche. Ich vertraue der göttlichen Barmherzigkeit die Toten an, die Opfer des furchtbaren Erdbebens wurden, und ich bete für alle, über die diese Katastrophe großes Leid gebracht hat.
Mit dem Ausdruck tiefer Bruderliebe im Herrn
Papst Johannes Paul II.

Telegramm an den katholischen armenischen Patriarchen Jean Pierre XVIII. Kasparian vom 11. Dezember

Mit tiefstem Schmerz habe ich die Nachricht von der ungeheuren Tragödie zur Kenntnis genommen, die die ganze geliebte armenische Nation bei dem Erdbeben heimgesucht, ganze Regionen verwüstet und beträchtliche Verluste an Menschenleben hervorgerufen hat. Es ist mir ein tiefempfundenes Bedürfnis, in diesen Augenblicken einer so großen Prüfung Eure Seligkeit und alle Armenier meiner Nähe, meiner Teilnahme an den Leiden aller und meines inständigen Gebetes für die sehr zahlreichen Opfer und für die ihre Lieben beweinenden Überlebenden zu versichern. Auf Eure Seligkeit und die armenische Gemeinschaft rufe ich auch den besonderen und mütterlichen Beistand der Jungfrau Maria herab.

Papst Johannes Paul II.

Telegramm an den Präsidenten des Präsidiums des Obersten Sowjet in der UdSSR, Präsident Michail Gorbatschow vom 11. Dezember

Nachdem ich mit tiefem Schmerz die Nachricht von der schweren Katastrophe vernommen habe, die das Gebiet Armenien getroffen hat, bringe ich Eurer Exzellenz, den Völkern der UdSSR und insbesondere der ganzen armenischen Nation die Gefühle meiner geistigen Nähe und meiner tiefempfundenen Anteilnahme an dem traurigen Ereignis zum Ausdruck. Gleichzeitig bekunde ich den Angehörigen der zahllosen Todesopfer mein aufrichtiges Beileid und wünsche allen Trost, die in irgendeiner Weise durch das schwere Erdbeben verletzt worden sind. Mit diesem Gefühl rufe ich auf die Bevölkerung dieses Landes den himmlischen Schutz herab.

Papst Johannes Paul II.

Ein Leben für die Bedürftigen

Predigt bei der Heiligsprechung von Maria Rosa Molas y Vallvé am 11. Dezember

1. „Freue dich, und frohlocke von ganzem Herzen, Tochter Jerusalem ... Der Herr ist in deiner Mitte“ (*Zef* 3,14–15).

Die Liturgie spricht heute die Sprache der Freude, der Freude des Advents. Sowohl der Psalmist als auch der Apostel Paulus im Brief an die Philipper sprechen die Sprache der Freude.

Worin besteht die Freude des Advents?

Die Freude des Advents ist die angekündigte Gegenwart des Herrn.

„Der Herr, dein Gott, ist in deiner Mitte“ (*Zef* 3,17).

Das ganze Volk Israel erwartete diese Gegenwart. Für Johannes, der im Jordan taufte, war diese Gegenwart bereits nahe.

Johannes verkündete den Messias. Aber war nicht er der Messias? Er rief ihn aus, er verkündete ihn. Er wußte um seine Gegenwart mitten im Volk Israel. Er erwartete Tag für Tag den Augenblick seines Erscheinens am Ufer des Jordan.

Johannes sagte: ich bin nicht würdig, ihm die Riemen der Sandalen zu lösen. Er wird euch im Heiligen Geist und im Feuer taufen (vgl. *Lk* 3,16): im Feuer der Liebe.

2. Die Freude des dritten Adventssonntags wird uns heute auf besondere Weise durch diese Heiligsprechung kundgetan.
Die Kirche trägt einen neuen Namen in das Verzeichnis ihrer Heiligen ein: die selige Maria Rosa Molas y Vallvé.
Wir kommen vom Jordan, wo Johannes taufte, um in dieser Liturgie des Advents die Freude der Kirche, die Freude des neuen Jerusalem zu erleben.
„Freue dich und frohlocke von ganzem Herzen, Tochter Jerusalem! ... Fürchte dich nicht, Zion! ... Der Herr, dein Gott, ist in deiner Mitte, ein Held der Rettung bringt" (*Zef* 3,14.16–17).
Wir freuen uns, weil die Heiligkeit der Töchter und Söhne der Kirche die Fülle der Erlösung bedeutet.

3. Die Weltkirche und ganz besonders die Kirche Spaniens freut sich über die Erhebung der hl. Maria Rosa Molas y Vallvé zur Ehre der Altäre und damit über die Vermehrung der schon großen Anzahl von Frauen und Männern, die der katholischen Kirche und der edlen spanischen Nation zur Ehre gereichen.
Sie wurde in Reus geboren und besaß die gleichen charakterlichen Grundzüge wie ihre Landsleute, u. a. „den Sinn der Erde", der nicht aus Worten, sondern aus Werken und Wahrheit besteht (vgl. *1 Joh* 3,18). Sie lebte und starb in Tortosa; dort entwickelte sich ihre grenzenlose Liebe zur Kirche und zu ihren Mitmenschen und dort findet sie auch die Kongregation der Schwestern Unserer Lieben Frau vom Trost als Zeugnis ihrer Liebe und ihres Einsatzes für die Bedürftigsten.
Das Leben dieser Frau, die von Liebe erfüllt war und sich restlos ihren Mitmenschen schenkte, ist eine prophetische Verkündigung des tröstenden Erbarmens Gottes. So, wie wir im Buch *Jesaja* lesen, betrachtete auch Maria Rosa „die Trauer und die Ängste ihres Volkes" und machte sich seine Hoffnungen zu eigen, indem sie mit ihrem Leben bezeugte, daß Gott Vater ist, „der Vater des Erbarmens und der Gott allen Trostes" (*2 Kor* 1,3).
Ja, „die Welt der Menschen kann nur dann immer menschlicher werden, wenn wir in den vielgestaltigen Bereich der zwischenmenschlichen und sozialen Beziehungen zugleich mit der Gerechtigkeit jene „erbarmende Liebe" hineintragen, welche jene messianische Botschaft des Evangeliums ausmacht" (*Dives in misericordia*, Nr. 14).
Die neue Heilige entdeckt diese Berufung, nimmt sie an und gibt sie ihren Töchtern weiter. Sie tut das, überzeugt von ihrer eigenen Bedeutungslosigkeit, in grenzenlosem Vertrauen zum göttlichen Vater: „Wir dürfen das Vertrauen auf die Liebe Gottes nicht verlieren. Wir selbst bedeuten zwar wenig, aber wir können Werkzeuge seines Erbarmens sein", sagte sie zu ihren Töchtern. Sie wußte auch, daß sie selbst dieses Erbarmens bedurfte und wiederholte: „Wer Erbarmen hat, tut sich selbst Gutes", denn wer Erbarmen übt, empfängt es auch.

4. Das Leben Maria Rosas, das sie mit Wohltaten verbrachte, ist für die Menschen ihrer Zeit und auch für die Menschen von heute eine Botschaft des Trostes und der Hoffnung: „Tröstet, tröstet mein Volk, spricht euer Gott" (*Jes* 40,1), lesen wir beim Propheten Jesaja.

Dieses Charisma und diese Sendung wurden ihr durch eine innere Erfahrung der Einsamkeit, des Kreuzes und der Trostlosigkeit mitgeteilt. Die Tröstung, welche die hl. Maria Rosa Molas empfing, war – wie für den hl. Paulus – Christus selbst, der Gott-mit-uns, den die Propheten verkündet hatten und dessen Kommen wir in dieser Adventszeit in Sehnsucht erwarten. Es ist die Erfahrung seiner Liebe und die Teilnahme am Geheimnis seiner Trostlosigkeit am Kreuz und in Getsemani, die Angleichung an seine Empfindungen des Mitleids, der Güte und der Zärtlichkeit für den Menschen.

5. Mutter Molas lebte diese Tröstung in der Betrachtung und im Kreuz und ließ sie mit ihrem Leben zu einer konkreten Gabe für ihre Mitmenschen werden. Zeugen, die sie gekannt hatten, sagten aus, daß „es unmöglich ist, sich von ihrer Liebe eine richtige Vorstellung zu machen". Ihre Liebe befreite von Unwissenheit, Einsamkeit, Sündhaftigkeit und Verzweiflung.
Es war eine Liebe, die zu mütterlicher Sorge für die Menschen wurde: für die Alten, die Waisen, die Jugendlichen, die Kranken, die Häftlinge oder die Sterbenden in einem Lazarett, die Randexistenzen und die Ratlosen, die es immer nötig haben, das Erbarmen des göttlichen Vaters kennenzulernen und zu erfahren.
Unsere Heilige tröstete, „den Blick auf Jesus Christus gerichtet" und indem sie „Jesus Christus als Quelle allen Trostes erkennen lehrte" (vgl. *Allgemeine Regel der Schwestern der Frau vom Trost*, Nr. 3). Sie tröstete, indem sie die Hoffnung der Armen stärkte, das Leben und seine Rechte verteidigte und leibliche und seelische Wunden behandelte; sie tröstete, indem sie für die Gerechtigkeit kämpfte, Frieden stiftete und sich um die Aufwertung der Frau bemühte; sie tröstete mit Demut und Milde, mit Güte und Erbarmen; sie tröstete mit der Freiheit der Kinder Gottes, die keine Furcht kennen.

6. Unsere Welt bedarf der Tröstung Gottes; unsere Zeit bedarf der Propheten, die zum Herzen des Menschen sprechen und ihm sagen: „Fürchte dich nicht ... Der Herr, dein Gott ist in deiner Mitte, ein Held, der Rettung bringt" (*Zef* 3,16–17).
Mutter Maria Rosa zählte zu jenen Menschen, die dazu auserwählt sind, der Welt das Erbarmen des Vaters zu verkünden. Ihr Charisma war es, Werkzeug der Versöhnung und der geistlichen und menschlichen Förderung zu sein. Eine Episode aus ihrem Leben ist sehr bekannt: gemeinsam mit Schwester Estivill überschritt sie die Feuerlinie, um während eines Angriffs auf die Stadt Reus im Jahr 1843 den Waffenstillstand zu erflehen.
Besondere Erwähnung verdient auch die hervorragende Arbeit dieser spanischen Ordensfrau für die Aufwertung der Frau. Wie ich in meinem Apostolischen Schreiben *Mulieris dignitatem* erwähnte, haben sich „das Zeugnis und die Taten christlicher Frauen ... prägend auf das Leben von Kirche und Gesellschaft ausgewirkt" (Nr. 27).
Die Zeiten, in denen unsere Heilige lebte, waren schwierig, stellten doch die politischen und religiösen Umwälzungen des 19. Jahrhunderts eine harte Prüfung für die Gesellschaft Spaniens und für ihre Institutionen dar. Die erwähnte Epoche fällt jedoch in Katalonien mit einer Blütezeit heiliger und auserwählter Seelen zusammen, die eine bedeutsame kirchliche Erneuerung förderten. Unter ihnen wollen wir den hl. Antonio Maria Claret,

Pater Palau, Pater Goll und Mutter Vedruna nennen und, im Zusammenhang mit der Stadt Tortosa, Pater Enric d'Osó, Manuel Domingo y Sol und unsere neue Heilige.

7. Sie alle waren Männer und Frauen ihrer Zeit, wurden zur Ehre der Altäre erhoben, waren Freunde Gottes und vom Geheimnis des Menschen fasziniert, schenkten den Zeichen des Heiligen Geistes Aufmerksamkeit und wiesen der Gesellschaft ihrer Zeit neue Wege.
Wird es dem Heiligen Geist gelingen, auch in unseren Tagen eine ähnliche Blüte engagierter Christen hervorzurufen, die als Zeugen des Evangeliums der Gesellschaft Spaniens neue Wege weisen und der kirchlichen Erneuerung nachhaltigen Auftrieb geben? Sicher wird es dabei weder an der göttlichen Hilfe noch an der Fürbitte der Heiligen mangeln; sie unterstützen die großmütigen Seelen, die ihr Leben der Sache des Reiches Gottes weihen wollen.
Wir können nicht schließen, ohne einen besonderen Gruß an die zahlreiche Vertretung zu richten, die aus Katalonien, aus anderen Teilen Spaniens und aus Lateinamerika hierher gekommen ist, um ihrer Verbundenheit mit dem Stuhl Petri Ausdruck zu geben. Unser ergebener und herzlicher Gruß gilt der außerordentlichen Delegation der spanischen Regierung und unser brüderliches Willkommen den Brüdern im Bischofsamt, den Priestern, Ordensleuten und allen Pilgern und ganz besonders den Töchtern der hl. Maria Rosa Molas; ihr seid auf besondere Weise dazu berufen, die Botschaft des Erbarmens und des Trostes eurer Gründerin weiterzugeben.

8. Liebe Brüder und Schwestern, wir haben heute die Adventsfreude der Liturgie vom Jordan, wo Johannes taufte, hierher, in die Basilika von St. Peter, geholt. Der Psalmist und der Apostel sind wie ein lebhaftes Echo dessen, was sich in der Seele des Vorläufers Christi vollzog.
„Der Herr ist nahe ... Bringt in jeder Lage betend und flehend eure Bitten mit Dank vor Gott" (*Phil* 4,5–6).
Ja, dankt für das Kommen Christi, das im Leben der heute zur Ehre der Altäre erhobenen Maria Rosa Wirklichkeit geworden ist. Dankt Gott dafür!
„Und der Friede Gottes, der alles Verstehen übersteigt, wird eure Herzen und eure Gedanken in der Gemeinschaft mit Jesus Christus bewahren" (*Phil* 4,7).
Fürchte dich nicht, Zion ...
„Der Herr, dein Gott, ist in deiner Mitte ein Held, der Rettung bringt."

Gott ist die Zukunft des Menschen

Predigt bei der Eucharistiefeier mit Studenten und Professoren der römischen Hochschulen am 13. Dezember

1. Gott hat die Welt geliebt (vgl. *Joh* 3,16).
Diese Worte hat Christus im nächtlichen Gespräch mit Nikodemus gesprochen. Sie sind von außergewöhnlicher Bedeutung, stammen sie doch von dem, der Zeuge ist, „der treue Zeuge“ (vgl. *Offb* 1,5) des inneren Geheimnisses Gottes. Dieses Zeugnis gibt der Sohn, der „am Herzen des Vaters ruht“ (vgl. *Joh* 1,18). Unter den geschaffenen Wesen, den Menschen, bleiben die Fragen, ob Gott die Welt liebt, ob er den Menschen liebt, kontrovers. Wie soll man zugeben, daß Gott liebt, wenn es in der Welt das Böse gibt und die Menschheitsgeschichte mit Leid angefüllt ist? Doch „niemand hat Gott gesehen“, niemand ist in das innere Geheimnis Gottes eingedrungen. Folgt er dem Zeugnis der Geschöpfe, kann sich der Mensch Dem nahen, der absolut transzendent, der „anders“ ist – er kann unterwegs aber auch seine Spuren verlieren.
Der Sohn aber gibt Zeugnis. Er, der aus dem Vater hervorgeht, der aus dem innersten Geheimnis Gottes stammt. Und dieses Zeugnis des Sohnes ist eindeutig: Gott hat die Welt geliebt. Es findet sich im Zentrum des Evangeliums, also der Frohbotschaft. Es wirft Licht auf alle Wege menschlichen Forschens und auf alle Fragen des Menschen.

2. Das Wort gibt Zeugnis für den Vater. Doch in den Worten an Nikodemus ist zugleich das Zeugnis des Sohnes über sich selbst eingeschlossen. Christus sagt: „Gott hat die Welt so sehr geliebt, daß er seinen einzigen Sohn hingab“ (*Joh* 3,16). Christus ist Sohn, also der, der vom Vater als Ausdruck seiner Liebe zur Welt „hingegeben“ wurde: für die Geschöpfe und vor allem für den Menschen. Christus, der ewige Sohn, gleichen Wesens mit dem Vater, „hingegeben“ für das Heil der Welt. So finden wir zugleich auch den grundlegenden Sinn des Advents, des liturgischen Advents, den die Kirche gerade begeht. Das Wort „Advent“ bedeutet Kommen. Das Johannesevangelium spricht von diesem Kommen als einem Geschenk: Advent, das ist der vom Vater „hingeschenkte“ Sohn, „hingegeben“ im Heiligen Geist, wie es schon die Worte des Propheten Jesaja in seinem messianischen Text bezeugen.
Dies ist der erste Advent, der historisch mit der Berufung Israels zum Bundesvolk verbunden ist. Mit seiner Geschichte. Dieser Advent findet sein Ende in der Nacht der Geburt Gottes.
In dieser Nacht hat das ewige Wort das menschliche Fleisch angenommen. Es wurde als Sohn einer Jungfrau aus Nazaret, die Maria hieß, zur Welt gebracht. Es wurde der Welt „geschenkt“. Es gibt kein radikaleres Argument für die Wahrheit der Feststellung, daß Gott die Welt geliebt hat.
Die Nacht von Betlehem setzt dem Suchen des Menschen nach den Beziehungen Gottes zur Welt und zum Menschen ein Ende. Gleichzeitig ist sie ein Anfang. Der, der in dieser Nacht von Maria geboren wird, wird durch sein irdisches Leben und seine messianische

Sendung bis auf den Grund offenbaren, was es heißt: Gott hat die Welt geliebt. Worin diese Liebe besteht.

3. Der Ausdruck „Advent“ klingt wie eine Verheißung. Er spricht von der Zukunft. In der Sprache der Bibel und des Glaubens der Kirche besagt Advent, daß Welt und Menschheit ihre endgültige Zukunft in Gott haben.
Der historische Advent bekräftigt diese Wahrheit und kündet sie zugleich an. Er dehnt ihren Inhalt über das historische Kommen Christi hinaus in die weitere und endgültige Zukunft des Menschen (und der Welt) in Gott aus.
Der Christ ist daher aufgerufen, in den Kategorien des Advent zu denken, nicht nur während dieser vier Dezemberwochen, wenn wir uns auf das Weihnachtsfest vorbereiten. Der Christ ist aufgerufen, sein ganzes Leben hindurch in den Kategorien des Advents zu denken. Er ist aufgerufen, in dieser Dimension zu leben, von der das Kommen Gottes Zeugnis gibt.
Der Advent ist wie eine ungreifbare, doch zugleich sehr reale „Linie“ zwischen Gegenwart und Zukunft, zwischen dem konkreten Heute eines jeden von uns und eines jeden Menschen, der zur Welt kommt, und zugleich dem Heute der verschiedenen menschlichen Gemeinschaften und Gesellschaften: eine Linie zwischen diesem Heute und einem Morgen, das ständig fortschreitet und Symbol der Zukunft ist.
Der Advent bezeichnet die Berufung zum Glauben, um im Hinblick auf die Zukunft zu leben.

4. Ja, im Hinblick auf die Zukunft. Gott ist diese endgültige und absolute Zukunft des Menschen und der Welt.
Jeder von uns nähert sich dieser Zukunft, wenn er für die eigene Zukunft in der Welt arbeitet: in den Dimensionen des eigenen irdischen Lebens. Es ist aber zugleich ein Arbeiten „mit den anderen und für sie“ – innerhalb der Gemeinschaft und für sie; in den verschiedenen Gemeinschaften, in denen unser menschliches Dasein auf Erden abläuft.
Natürlich auch innerhalb der Gemeinschaft der Kirche.
Hier berühren wir nun ein Thema, das jeden einzelnen und jede einzelne von uns, die wir an dieser adventlichen Begegnung in der Petersbasilika teilnehmen, persönlich angeht. Es geht uns persönlich an und vereint uns zugleich mit den anderen – in immer weiter reichenden Gemeinschaften.

5. Hier fühle ich mich gedrängt, meinen Willkommensgruß an den Herrn Minister für das öffentliche Bildungswesen, Herrn Giovanni Galloni, zu richten, ferner an die Rektoren der römischen und italienischen Universitäten, die hier anwesend sind. Ihre Teilnahme läßt uns noch tiefer die Bedeutung dieser liturgischen Versammlung verstehen. Ich grüße die Vorsitzenden der Fakultäten, die Professoren und Forscher sowie die Vertreter des nicht unterrichtenden Personals.
In herzlicher Verbundenheit heiße ich auch euch, die Studenten der römischen Universitäten und höheren Schulen willkommen und möchte mich mit eurem Studium vereinen, das eine bessere und freiere, weil von den Werten des Glaubens erhellte Zukunft aufbau-

en soll. Wenn ich diese Meditation über die Zukunft anstelle, denke ich an alle, ja, ich bitte alle, dieses Thema auch in die eigene Reflexion und ins eigene Gebet hineinzunehmen.

6. Was ist die Zukunft eines jeden und einer jeden in der Dimension des eigenen irdischen Heute und Morgen? Welche Probleme stellen sich hier?
In der komplexen und dynamischen Gesellschaft von heute sind die Menschen nachdrücklich zur Übernahme von Mitverantwortung für die auf jedem Gebiet des sozialen Lebens zu erreichenden Ziele aufgerufen. Es besteht aber ein tiefes Unbehagen, zumal bei den Jugendlichen, wenn es darum geht, solche Ziele aufzuzeigen und Wege vorzuschlagen, wie sie erreicht werden können. Man ist heute im allgemeinen geneigt, unmittelbare und opportunistische Lösungen vorzuziehen. Die Universität bietet unter diesem Trend weithin die Einführung und den systematischen Zugang zu wissenschaftlicher Kenntnis unter Bevorzugung dessen, was sich empirisch kontrollieren und messen läßt, da man darin die Grundlage für den erstaunlichen technologischen, medizinischen und industriellen Fortschritt sieht, der unser Leben bestimmt. Sogar die humanistischen Studien zeigen eine allgemeine Tendenz, auf Kriterien des Urteils über die Wahrheit zu verzichten, um sich auf eine rein historische Darstellung der Themen zu beschränken, auch solcher Themen, die es klar mit dem Sinn, mit der Norm und dem Ziel des Lebens zu tun haben, und sie schließen alles Forschen aus, das ein Ethos begründen und auf geistiger Ebene den Sinn herausstellen möchte. Im Zusammenhang mit einer konsumorientierten Mentalität besteht ferner auch für die Universität die Gefahr, das Wissen zu vermarkten, indem sie es willkürlich auswählend anbietet und pragmatisch das aufgreift, was man möchte.

7. Hier gilt es, nachdrücklich zu betonen, daß man die Rolle der Universität nicht auf die reine Vermittlung von Kenntnissen und Informationen beschränken darf. Sie muß ein Ort intellektueller Konsequenz sein und zur Autonomie, zur Verantwortung und zu echtem Leben erziehen. Die Zukunft des Menschen hängt heute von der Fähigkeit ab, wie sich ein jeder von uns verantwortlich in das Bemühen um den Aufbau einer Zivilisation integrieren läßt, in der der Mensch, der ganze Mensch, gefördert wird.
Das ist eine schwierige Aufgabe, aber eine von unermeßlichem Wert. Dazu ist es nötig, daß jede Universitätsgemeinschaft bei der Verschiedenheit der Aufgaben einen ständigen zwischenpersönlichen Dialog fördert, ein nachdrückliches sittliches Streben, eine große Fähigkeit, Fragen aufzugreifen, sowie den unermüdlichen Einsatz im Suchen nach Antworten und bei ihrer Überprüfung.
Die christliche Gemeinschaft ist sich der historischen Rolle der Universität bewußt und möchte sich ihrem Bemühen anschließen, um es in Achtung vor den unterschiedlichen Forschungsbereichen und -methoden mit dem Licht des Ereignisses des Wortes Gottes, das Fleisch geworden ist, zu erhellen. Der Glaube behindert das kulturelle Forschen des Menschen nicht, wie ein berühmter Merksatz des hl. Thomas formuliert; er greift es vielmehr auf, erhebt, reinigt und einigt es.
Als Bischof der Kirche in Rom habe ich jetzt die komplexe Universitätssituation dieser Stadt vor Augen: die beiden staatlichen Universitäten La Sapienza und Tor Vergata, die Katholische Universität vom Heiligsten Herzen, und die Lehrerakademie Maria Assunta,

die Freie internationale Universität für Sozialwissenschaften und die zahlreichen Päpstlichen Universitäten. Ich möchte die Schaffung eines Netzes von Beziehungen und den Dialog zwischen all diesen Forschungszentren ermuntern, die in Rom ein umfangreiches kulturelles und theologisches Kapital darstellen, denn die Universität braucht die Theologie, wie die Theologie die Universität braucht. Es gilt, die Phantasie und Kreativität der Glaubenden anzuregen, um das Licht des Evangeliums über der Universitätskultur zum Leuchten zu bringen, damit sie menschengerechter wird.

Ich bin informiert über die pastorale Arbeit, die in verschiedener Form von Priestern, Ordensleuten und Laien in verschiedenen Universitätsbereichen geleistet wird. Ich weiß auch um die Existenz der Kommission für die Universitätspastoral, eine Vereinigung von Mitgliedern von Institutionen, Bewegungen, Verbänden und Pfarrgruppen, die sich auf dem weiten Gebiet der Evangelisierung der Kultur engagiert haben. Ich ermuntere sie alle, als Ausdruck der einen Kirche sich gegenseitig in Liebe zu unterstützen und gemeinsam zu studieren, wie man die Schwierigkeiten und Probleme der Universitätswelt lösen kann.

Einen besonderen Appell möchte ich an alle Dozenten richten: Ihr habt die Aufgabe, die künftigen Gestalter der Kultur wissenschaftlich und durch das Beispiel eures Lebens zu formen. Von euch erwartet die Gesellschaft Hilfe, um die eigene Vergangenheit zu verstehen, die Gegenwart zu meistern und die Zukunft zu entwerfen.

Doch vor allem möchte ich euch jungen Menschen die Botschaft der Hoffnung für diese eure Zeit verkündigen. Für euch Studenten ist jetzt die Zeit der großen Entscheidungen. Heute müßt ihr für eure Berufung einen Plan entwerfen, der für euer ganz irdisches Leben gilt, müßt euch für die Ehe, die Familie, den Beruf entscheiden, oder auch der Berufung zu voller Selbsthingabe im Dienst Gottes und der Mitmenschen folgen.

9. Gott hat die Welt geliebt ...

Es wäre schwierig, auch die irdische Zukunft ohne Bezug auf diese Wahrheit aufzubauen. Dank dieser Wahrheit hat alles, und an erster Stelle der Mensch und das menschliche Leben am Ende Sinn.

Doch die von Christus im Gespräch mit Nikodemus formulierten Worte führen noch weiter. Warum hat Gott seinen Sohn in die Welt gesandt? Christus sagt: Nicht, „damit er die Welt richtet, sondern damit die Welt durch ihn gerettet wird“ (*Joh* 3,17).

In seiner zeitlichen Dimension hat das menschliche Leben sein Ende in einer mehr oder weniger fernen Zukunft. Ein manchmal ruhiges, aber manchmal auch tragisches Ende. Und durch all das hindurch – durch Gut und Böse, auch durch das, was der Mensch an Gutem und Bösem tut, und wofür er verantwortlich bleibt – durch all das hindurch bleibt wahr, daß Gott die Zukunft des Menschen und durch den Menschen auch die Zukunft der Welt ist. Entweder findet der Mensch seine endgültige Zukunft in Gott, oder er findet sie überhaupt nicht. Er ist dann von der Macht der Natur zum „kosmischen Tod“ verurteilt.

„Gott hat seinen Sohn in die Welt gesandt, ... damit die Welt durch ihn gerettet wird.“ (*Joh* 3,17).

Der Advent, das Kommen des göttlichen Wortes im menschlichen Fleisch, die Nacht von Betlehem verneinen jedes Jahr neu den „kosmischen Tod“ des Menschen. Jedes Jahr gibt

Zeugnis von einer anderen Eschatologie als der materialistischen: es gibt Zeugnis von der absoluten Zukunft des Menschen in Gott.
Eben dies bedeutet „Heil".

10. Heute, an dem Tag, da die Kirche des Martyriums der heiligen Luzia in Syrakus zur Zeit der Verfolgungen im damaligen Römischen Reich gedenkt, wollen wir in uns den Glauben an die Berufung eines jeden von uns zum Heil in Jesus Christus erneuern.
Wie kurz war das Leben der heiligen Luzia! Wie kurz war für sie die irdische Zukunft in der Welt! Aber wie entschlossen und heroisch ist sie in Christus auf ihre endgültige Zukunft zugegangen!
Die Wege des Menschen sind verschieden. Es ändern sich auch die Zeiten und mit ihnen der Kulturhintergrund des menschlichen Lebens. Wir sind Bürger unserer Zivilisation und der heutigen Welt mit all ihren Erfolgen und Krisen, mit all ihren charakteristischen Widersprüchen und Spannungen.
Das Wort Gottes ist einfach: Die Worte Christi „werden nicht vergehen" (vgl. *MK* 13,31): Gott hat die Welt geliebt.
Folgen wir diesem Wort, öffnen wir unsere Gedanken, Worte und Werke diesem „Gericht", von dem Christus zu Nikodemus spricht: „Mit dem Gericht verhält es sich so: Das Licht kam in die Welt, und die Menschen liebten die Finsternis mehr als das Licht" (*Joh* 3,19).
Öffnen wir unser Gewissen für dieses Gericht, von dem Christus spricht. Dann mögen sich auch an jedem die letzten Worte des nächtlichen Gespräches mit Nikodemus erfüllen: „Wer die Wahrheit tut, kommt zum Licht, damit offenbar wird, daß seine Taten in Gott vollbracht sind" (*Joh* 3,21).

Österreich hat eine wichtige Mittlerfunktion

Ansprache an den neuen österreichischen Botschafter beim Heiligen Stuhl, Dr. Georg Hohenberg, am 17. Dezember

Sehr geehrter Herr Botschafter!

1. Mit besonderer Freude empfange ich Sie heute im Vatikan zu Ihrem Amtsantritt als neuer außerordentlicher und bevollmächtigter Botschafter der Republik Österreich beim Heiligen Stuhl. Ich heiße Sie wie schon Ihre geschätzten Vorgänger herzlich willkommen und beglückwünsche Sie zu Ihrer neuen ehrenvollen Aufgabe. Sie übernehmen damit die Verantwortung für ein wertvolles Erbe, das im Geist der Freundschaft und solidarer Partnerschaft zwischen Ihrem Land und dem Heiligen Stuhl durch die Jahrhunderte gewachsen ist und sich im gemeinsamen Bemühen um die großen Anliegen der internationalen Völkergemeinschaft bis in die Gegenwart auf vielfältige Weise bewährt hat.

2. Wie Sie in Ihrem Grußwort, für das ich Ihnen aufrichtig danke, hervorgehoben haben, steht unsere heutige Begegnung noch unter dem Eindruck meines diesjährigen zweiten Pastoralbesuches in Österreich. Sein guter Verlauf wurde nicht zuletzt durch das harmonische Zusammenwirken zwischen den zuständigen kirchlichen und staatlichen Stellen ermöglicht, wofür ich diesen auch hier noch einmal meine dankbare Anerkennung ausspreche. Möge die sehr positive Erfahrung jener Tage das freundschaftliche Verhältnis zwischen Staat und Kirche in Ihrem Land und den gemeinsamen Einsatz zum Wohl der Menschen und Völker noch weiter vertiefen.
In seiner fast zweitausendjährigen Geschichte hat das Christentum die kulturelle Entwicklung und die Geschicke in Österreich maßgeblich mitgestaltet. Wenn auch heute vielleicht weniger gefragt, so ist doch der besondere Beitrag der Kirche gerade in unserer Zeit und Gesellschaft um so dringlicher, je mehr durch eine fortschreitende Mißachtung der sittlichen Grundwerte die Voraussetzungen für ein menschenwürdiges Zusammenleben in Frage gestellt werden. Ordnung und Gemeinwohl im Staate gründen in der Tugend der Bürger, die sie dazu anhält, die Einzelinteressen dem Wohle aller unterzuordnen und sich nur für das objektiv Gerechte und Gute zu engagieren. Der christliche Glaube lehrt die Menschen, daß die Quelle wahrer Freiheit nur in der Bindung an die Wahrheit, im Gehorsam gegen Gott besteht. Auf ethischem Gebiet äußert sich diese Grundhaltung in der Annahme von Prinzipien und Verhaltensweisen, die im Gewissen ihren untrüglichen Mahner und von Gott her ihre letztgültige Autorität und Verbindlichkeit haben. Wie ich während meiner Pastoralreise des öfteren betont habe, umfaßt das „Ja zum Leben", das die Christen aus der Mitte ihres Glaubens sprechen, die Gesamtwirklichkeit des menschlichen und gesellschaftlichen Lebens auf der Grundlage jener in der Schöpfungsordnung gründenden, unveräußerlichen Rechte und Pflichten, die allein die öffentliche Ordnung menschenwürdig zu gestalten vermögen. Im Einsatz für deren Wahrung und Förderung findet auch Ihr Staat in der Kirche stets einen vertrauenswürdigen Partner.

3. Wie Sie in Ihrer Ansprache zu Recht unterstreichen, erstreckt sich die Zusammenarbeit zwischen Ihrem Land und dem Heiligen Stuhl in besonderer Weise auf den Bereich der internationalen Friedenssicherung, auf das gemeinsame Ringen um Gerechtigkeit und sozialen Ausgleich unter den Völkern sowie auf Europa, das aus seinen christlichen Wurzeln zu einer neuen solidarischen Einheit finden soll.
Bei verschiedenen Anlässen meines Pastoralbesuches habe ich auf die besondere Verantwortung und die vielfältigen Möglichkeiten hingewiesen, die Österreich für eine wichtige Mittlerfunktion zwischen den Völkern aus seiner geographischen Lage im Herzen Europas erwachsen. Entsprechend der spezifischen Sendung, die dem Heiligen Stuhl in der Völkergemeinschaft und vor allem in Europa zukommt, unterstützt dieser alle ernsthaften Initiativen für Gerechtigkeit und Frieden sowie alle Bemühungen, die mit den Werten und Grundsätzen im Einklang stehen, die die Kirche im Auftrag Jesu Christi zu verkünden hat. Der Heilige Stuhl bemüht sich besonders darum, eine Atmosphäre des Vertrauens zu fördern, welche trotz vorhandener, nicht geringer Schwierigkeiten konstruktive Verhandlungen und sachgerechte Lösungen zwischen den Völkern ermöglicht. Die Kirche fühlt sich zuständig nicht für technische Fragen, sondern für die geistigen und mora-

lischen Werte, die allein eine tragfähige Grundlage für eine dauerhafte nationale und internationale Friedensordnung bieten können. Von größter Bedeutung ist, daß im Mittelpunkt jeder Planung immer der Mensch stehen muß, weshalb die Strukturen, die es zu verbessern oder neu zu schaffen gilt, einen größtmöglichen Spielraum für die Freiheit und Würde der betroffenen Menschen und Völker zu gewährleisten haben. Eine besondere Aufmerksamkeit des Heiligen Stuhls gebührt dabei natürlich dem europäischen Kontinent, auf dem Völker leben, für die der christliche Glaube eines der Elemente ihrer kulturellen Identität ist und bleibt. Je mehr Europa die grundlegenden menschlichen und christlichen Werte seiner reichen Kultur pflegt und in zunehmendem Maße mit einer Stimme zu sprechen lernt, desto besser wird es auch seiner großen Aufgabe und Herausforderung für die Entwicklung der Länder der Dritten Welt entsprechen können.

4. Für die Verwirklichung dieser wichtigen Ziele zum Wohl der Menschen und Völker bietet die Kirche den Staaten – und so auch Ihrem Land Österreich – ihre loyale Mitarbeit an. Möge es Ihnen, sehr geehrter Herr Botschafter, in Ihrem neuen Amt, das Sie heute antreten, vergönnt sein, das vertrauensvolle Zusammenwirken zwischen Österreich und dem Heiligen Stuhl für die großen Anliegen der internationalen Völkergemeinschaft fruchtbar weiterzuentfalten und zu vertiefen.
Mit einem besonderen Wort des Dankes erwidere ich die mir von Ihnen überbrachten guten Wünsche Ihres Herrn Bundespräsidenten Dr. Kurt Waldheim. Zugleich erteile ich Ihnen und Ihrer werten Familie sowie allen Mitarbeitern Ihrer Botschaft von Herzen meinen besonderen Apostolischen Segen.

Herolde Jesu Christi sein

Ansprache an den Generalrat der Steyler Missionare am 18. Dezember

Liebe Brüder in Christus!

1. Mit besonderer Freude heiße ich euch, die Mitglieder des Generalrates der Gesellschaft des Göttlichen Wortes, willkommen. Durch euch grüße ich zugleich alle Mitglieder der Gesellschaft und rufe auf sie Gnade, Erbarmen und Frieden von Gott dem Vater, und von Jesus Christus, dem Sohn des Vaters herab (vgl. *2 Joh* 1,3).
Euer Institut hat kürzlich sein dreizehntes Generalkapitel abgehalten, und ihr schaut auch auf hundert Jahre Präsenz der Gesellschaft in der Ewigen Stadt zurück. Durch das Kapitel hat die Gesellschaft den von ihrer Gründung her gegebenen Einsatz für das Missionswerk im hauptsächlichen Sinn erneuert, nämlich im Gehorsam gegen Christi Auftrag: „Darum geht zu allen Völkern und macht alle Menschen zu meinen Jüngern“ (*Mt* 28,19).
Als derjenige, dem die besondere Sorge für alle Kirchen anvertraut ist, nehme ich mit Freude zur Kenntnis, daß die Mitglieder eurer Gesellschaft in so vielen Teilen der Welt aktiv missionarisch im eigentlichen Sinn tätig sind. Seid gewiß, daß die Unterstützung

durch mein Gebet und meine Ermunterung jedem Mitglied eurer Gemeinschaft gilt, unabhängig davon, wie nah oder fern sie sich befinden.

2. Durch euer Ordenscharisma habt ihr das Privileg, an der Heilssendung teilnehmen zu dürfen, die Christus der Kirche anvertraut hat. Als Missionare des Göttlichen Wortes legt ihr gerade auf die weltweite Dimension dieser Sendung einen besonderen Akzent. Ihr identifiziert euch mit den Frontsituationen der Ortskirchen, baut christliche Gemeinden auf, wo sie noch nicht vorhanden sind, und begleitet sie bei ihrem Wachstum, bis sie genug Kraft und Lebendigkeit besitzen, um auf eigenen Füßen stehen zu können. Eure Aufgabe ist es, die Wahrheit von Christus in einen Heils- und Erlösungsdialog mit den örtlichen Kulturen und Überlieferungen zu bringen.

Zweifellos stand diese Form des Apostolates an der Wurzel der großen Gesamtschau, die euren seligen Gründer Arnold zu Beginn eurer Existenz als Ordensleute und Missionare beseelte. Vom Heiligen Geist geleitet, erfaßte er gut die missionarische Natur der Kirche und zögerte nicht, dieses Missonsbewußtsein bei seinen Zeitgenossen zu fördern. Er zeigte sich offen für die verschiedenen Kulturen und gestattete seinen geistlichen Söhnen das Studium neuer Wissenschaften, die sich für eine wirksame Missionstätigkeit als äußerst nützlich erweisen. Ganz besonders durch die Bemühungen von P. Wilhelm Schmidt, einem Mitglied eures Institutes, steht der Kirche eine ausgedehnte Kenntnis der kulturellen Anthropologie zur Verfügung, die für eine wirksame Evangelisierung von Völkern mit unterschiedlichem kulturellen Hintergrund so notwendig ist. Diese Wissenschaften bilden wichtige Werkzeuge eures kirchlichen Dienstes.

3. Doch sind die Mitglieder der Gesellschaft des Göttlichen Wortes, wie euer Generalkapitel ebenfalls betont hat, an erster Stelle Herolde unseres Herrn Jesus Christus, und ihr könnt die Frohbotschaft nur dann wirksam verkünden, wenn ihr auf das Wort Gottes hört und täglich lebt. Das Wort Gottes – das göttliche Wort – muß weiter der Brennpunkt eurer Spiritualität bleiben und Inhalt eures täglichen Betens und Betrachtens, so daß es zur Quelle eurer Freude und Fruchtbarkeit werden kann. Um mit den Worten des Evangelisten Johannes zu sprechen: Das menschgewordene Wort muß für euch etwas werden, das ihr mit euren Augen gesehen habt, das ihr geschaut habt, und das eure Hände berührt haben (vgl. *1 Joh* 1,1).

Um diese Form der Einheit mit dem Wort zu erreichen, müßt ihr radikal für den Heiligen Geist offen sein. Dieser Geist Gottes hat die Propheten erfüllt, er war bei der Menschwerdung des Wortes präsent und er eröffnete am Pfingstfest den Weg des Evangeliums in die Welt. Der gleiche Geist treibt und leitet die Boten der Frohbotschaft vom Heil auch heute.

4. Mit großer Freude habe ich erfahren, daß die Gesellschaft in diesem Jahr 117 jungen, eben geweihten Missionaren ihre Missionsbestimmung geben konnte. Ihr seid mit zahlreichen Berufungen gesegnet, zumal in Polen, Indien, Indonesien und auf den Philippinen. Junge Missionare aus diesen Ländern werden in verschiedene Kontinente gesandt, um dort zu evangelisieren und neue christliche Gemeinschaften aufzubauen. Andere Länder, die in den letzten Jahren eine Krise der Berufungen durchgemacht haben, begin-

nen neue Zeichen der Hoffnung zu geben. Diese Tatsache drängt uns, dem Herrn für seine Güte zu danken und um so intensiver zu beten, er möge viele und würdige Arbeiter in seinen Weinberg senden.
Die Berufungen, die Gott euch sendet, stammen aus verschiedenen Kulturräumen und oft aus Kirchen, die bis vor kurzem selbst noch Missionsgemeinden waren. Nach Gottes Plan ist dies ein wichtiger Faktor im Leben eurer Gesellschaft, und er erfordert von eurer Seite große Aufmerksamkeit und viel Nachdenken. Als eine Gemeinschaft von Priestern und Brüdern aus verschiedenen Nationen und Sprachräumen könnt ihr immer mehr ein lebendiges Symbol der Einheit und Verschiedenheit der Kirche sein.

5. Bei der glücklichen Gelegenheit dieser Begegnung möchte ich euch und alle Mitglieder der Gesellschaft des Göttlichen Wortes einzeln und als Gemeinschaften ermahnen, eurer besonderen Berufung treu zu bleiben, indem ihr voll Freude an der Missionsaufgabe der Kirche mitarbeitet. Unter dem Schutz der allerseligsten Jungfrau Maria, die ihr als die unbefleckte Braut des Heiligen Geistes verehrt, und durch die Fürbitte eures seligen Stifters Arnold und des seligen Joseph Freinademetz arbeitet weiter in der Ernte des Herrn, weise beraten und mit hochherzigem Eifer. Von Herzen erteile ich allen meinen Apostolischen Segen.

Aus dem Geist der Hingabe erwächst Segen für die Kirche

Telegramm an Kardinal Joachim Meisner vom 21. Dezember

Seiner Eminzenz, Joachim Kardinal Meisner!

Zum Fest der Geburt des Herrn entbiete ich Dir, lieber Bruder in Christus, von Herzen kommende Segenswünsche. Mein besonderer Segenswunsch gilt den Priestern und Gläubigen im Bistum Berlin sowie den Mitgliedern der Berliner Bischofskonferenz und allen ihren Gläubigen, denen ich mich zutiefst verbunden weiß.
Eure Treue im Glauben und Eure Liebe zu unserer heiligen Kirche ist ein Zeugnis für das Wirken des Heiligen Geistes, der bei Euch ist und bei Euch bleibt.
Da ich nun Dir, lieber Bruder im Bischofsamt, die Erzdiözese Köln anvertraue, bin ich mir bewußt, Dir und den Gläubigen Deines Bistums Berlin sowie den Hirten und Gläubigen in der DDR ein schweres Opfer abzuverlangen. Ich weiß um Deine Bitte, bei Deiner Herde als Hirte bleiben zu können und sie in bewegter Zeit nicht zu verlassen. Doch aus Verantwortung für die Universalkirche habe ich es für angebracht gehalten, diese Entscheidung zu treffen.
Wir alle wissen, daß aus dem Geist der Hochherzigkeit und der Hingabe Segen für die Kirche erwächst.

Als Zeichen meiner Verbundenheit erteile ich Dir und allen Gläubigen im Bistum Berlin und in der DDR von Herzen meinen besonderen Apostolischen Segen.

Im Vatikan, am 21. Dezember 1988

IOANNES PAULUS PP. II

Dank für Freuden und Prüfungen

Ansprache an die Kardinäle und die römische Kurie beim Austausch der Glückwünsche zum Weihnachtsfest und zum Neuen Jahr am 22. Dezember

Meine Herren Kardinäle,
ehrwürdige und liebe Mitbrüder!

1. „Im Kreislauf des Jahres erneuert sich für uns wieder das erhabene Geheimnis unseres Heiles, das am Anfang verheißen und in der Fülle der Zeiten verwirklicht wurde, um ohne Ende anzudauern" (Hl. Leo der Große, *Homilie zum Geburtsfest des Herrn*, XXII,1). Diese Worte des hl. Leo des Großen kennzeichnen eindrucksvoll das Klima, das unsere Begegnung bestimmt, die nach schöner Gewohnheit in der Zeit der Erwartung stattfindet, während der die Kirche sich anschickt, das Ereignis der Geburt Jesu des für das Heil der Welt im reinsten Schoß der Jungfrau Maria menschgewordenen Wortes neu zu erleben.

Ich danke dem Herrn Kardinal-Dekan für seine Worte. Er hat darin zum Ausdruck gebracht, was jeder bei dieser Begegnung empfindet, die im Verlauf der anspruchsvollen Tätigkeiten eines jeden Tages eine Pause von familienhafter Intimität ist. Von Herzen erwidere ich die Glückwünsche für Sie, ehrwürdiger Bruder, für die Mitglieder des heiligen Kollegiums und für euch alle, meine Mitarbeiter der römischen Kurie, des Vikariates von Rom und des Governatorates der Vatikanstadt. Meine Gedanken gehen in diesem Augenblick auch in lebendiger Verbundenheit zu den Päpstlichen Vertretungen und dem Personal im diplomatischen Dienst, die in den verschiedenen Teilen der Welt die universale pastorale Sorge des Nachfolgers des Petrus präsent machen.

Allen fühle ich mich geistlich nahe; allen spreche ich Empfindungen aufrichtiger Anerkennung aus; über euch alle rufe ich reiche Gaben der Freude und des Friedens von Dem herab, den wir in der Krippe von Betlehem zu empfangen, uns vorbereiten.

Die Nähe des Weihnachtsfestes und das schon bevorstehende Ende des Jahres laden uns, ehrwürdige Brüder, ein, rückschauend wie in einem geistlichen Überblick die Hauptereignisse zu bedenken, die das Leben der Kirche während der vergangenen Monate gekennzeichnet haben. Der Glaube sagt uns, daß Gott die Geschichte der Menschen mit unendlicher Weisheit lenkt, die „von einem Ende bis ans andere reicht und alles stark und milde zugleich ordnet". Und wenn wir in Gedanken die verflossenen Ereignisse durchgehen, können wir nicht nur den Plan der Vorsehung, der sich in ihnen fortschreitend entfaltet hat, besser erkennen, sondern auch zu Vorsätzen für eine noch hochherzigere Antwort auf die immer wunderbaren Initiativen der barmherzigen Liebe Gottes für uns kommen.

2. Das erste Ereignis, dem sich die Erinnerung spontan zuwendet, ist der Abschluß des Marianischen Jahres. Es hat die Christen mit innigerem Vertrauen um die allerseligste Jungfrau geschart, um ihr immer näher auf dem Weg des Glaubens zu folgen, täglich bemüht um Treue zu Christus und zur Kirche, die sich schon jetzt auf die Feier des zweiten Jahrtausends seit der Geburt des Erlösers vorbereitet. Das rituell bereits abgeschlossene Jahr bleibt deswegen in den Herzen und Gewissen ein offener Weg.
Das Geschenk dieser, mit Maria erlebten Zeit der Gnade hat in den Einzelkirchen eine Fülle von Initiativen geweckt. Sie waren darauf ausgerichtet, die Kenntnis über die Sendung Marias im Heilsgeheimnis Christi zu vertiefen und die Gläubigen zu ermuntern, ihrem Beispiel noch hochherziger zu folgen, zum Dienst für die Kirche und die Gemeinschaft der Menschen, durch das Zeugnis der Liebe. Im Geist von Kapitel VIII der Konstitution *Lumen gentium* wurden nicht nur die Feste und liturgischen Zeiten ausgewertet, es wurden auch kulturelle und religiöse Initiativen durchgeführt, um die Gestalt Marias in allen Einzelaspekten herauszustellen: Initiativen von Bischofskonferenzen und einzelnen Bischöfen, Feiern, Wallfahrten, Kongressen, Tage des Studiums und der Reflexion, Veröffentlichungen sowie Förderung eines neuen Interesses für die Mariologie an den theologischen Fakultäten und Seminaren.
Die marianischen Heiligtümer waren geistliche Mittelpunkte des ganzen Eifers, der sich im Bereich dieses der heiligen Jungfrau geweihten Jahres entfaltet hat, und ihre Rolle bei der Durchführung seiner Zielsetzungen hat sich als außerordentlich wichtig erwiesen.
Vor allem war das Marianische Jahr eine Anregung zur Erneuerung der Katechese über die heilige Jungfrau, und es hat darüber hinaus eine größere Aufmerksamkeit für Maria in der biblischen, theologischen und anthropologischen Reflexion geweckt. In den Rahmen dieses vertiefenden Überdenkens gehört auch das Apostolische Schreiben *Mulieris dignitatem*, in dem ich versucht habe, die Botschaft der Offenbarung über Würde und Berufung der Frau in Kirche und Gesellschaft zusammenzufassen.
Die Hinweise, die sich im Verlauf dieser Monate ergeben haben, regen uns an, den eingeschlagenen Weg fortzusetzen und die Jahre, die uns noch vom großen Jubiläum trennen, mit Maria und wie Maria zu leben. An der Schwelle des dritten christlichen Jahrtausends muß sich jede Einzelkirche besonders um echte Erneuerung bemühen, und niemand kann dabei besser helfen als Maria. Sie hat als erste die Menschwerdung des Wortes in ihrem Schoß erfahren und kann daher dem Gläubigen aufzeigen, wie man Christus im eigenen Leben aufnimmt, und wie man ihn dann den Brüdern schenkt, um sie in seine Fülle einzuführen.

3. Das Marianische Jahr hat ferner zugleich eine besondere ökumenische Dimension gehabt, wie ich es ausdrücklich in der Enzyklika *Redemptoris mater* (vgl. Nr. 29–34) gewünscht hatte. An verschiedenen Orten wurden nämlich gemeinsame Feiern zwischen Katholiken und Orthodoxen veranstaltet. So hatte ich am Tag der Verkündigung des Herrn, am 25. März, an dem Tag, da die orthodoxen Kirchen den Akáthistos-Hymnus singen, die

Freude, mit Vertretern der katholischen orientalischen Kirchen am Gesang dieses herrlichen und uralten liturgischen Hymnus teilzunehmen. Mit lebhaftem ökumenischem Empfinden wurde auch das Jahrtausend seit der Taufe der Rus von Kiew begangen. Was sich in diesem Land vor tausend Jahren zutrug, war ein Ereignis von größter historischer Bedeutung: das bestätigen die daraus erfolgten Auswirkungen nicht nur auf dem religiösen Gebiet im engeren Sinn, sondern auch im kulturellen und sozialen Bereich. Wie ich in dem bei dieser Gelegenheit veröffentlichten Apostolischen Schreiben gesagt habe, wurde ja bei jenen Völkern ein Same ausgesät, „der dazu bestimmt war, zu keimen und sich auf der Erde zu entfalten, in die er eingesenkt worden war, und sie nach dem Maß seiner Entwicklung umzuformen, indem er sie befähigte, neue Früchte hervorzubringen“ (*Euntes in mundum*, Nr. 5). Daher habe ich in der an die katholischen Ukrainer gerichteten Botschaft betont, daß von der Taufe der Rus „nicht nur die christliche, sondern auch die kulturelle Identität des ukrainischen, russischen und bielorussischen Volkes und infolgedessen ihre Geschichte“ herstammen (*Magnum baptismi donum*, Nr. 1).

Das Bewußtsein von diesen Zusammenhängen mußte den Feiern eine besondere Gestalt geben: in ihnen galt es vor allem Gott für die wunderbaren Initiativen zu loben, mit denen er durch seine Dienerin Olga und Wladimir neue Völker zum Eintritt in sein Reich der Heiligkeit und der Liebe berufen hat. Daher kam der bezeichnendste Titel der Feiern im Gebet zum Ausdruck. So war es bei der Schwesterkirche des Patriarchates von Moskau, die bei ihrer Danksagung die ganze christliche Welt an ihrer Seite haben wollte. Ich bin auf die Einladung eingegangen und habe mit Freuden als Vertretung der katholischen Kirche eine große Gesandtschaft unter Führung von Kardinal-Staatssekretär Agostino Casaroli und Kardinal Johannes Willebrands, Präsident des Sekretariates für die Einheit der Christen, abgeordnet. Ich selbst habe ferner, vereint mit den Söhnen des hl. Wladimir der Kirche von Kiew, die sich in voller Gemeinschaft mit dem Nachfolger des Petrus befinden, das Ereignis in der Vatikanischen Basilika in einem feierlichen Dankgottesdienst begangen.

Bei dieser Gelegenheit wurde herausgestellt, daß die Taufe der Rus in einer Zeit erfolgte, da sich zwar die östlichen und die westlichen Formen des Christentums schon ausgebildet hatten, die Kirche aber weiter in ihrem ganzen Umfang ungeteilt blieb. Das Jahrtausendgedächtnis, das unsere Herzen in jene von Gott mit so reichen Gnaden gesegneten Ursprünge zurückversetzt hat, mußte daher in jedem echten Jünger Christi das Heimweh nach der ursprünglichen Gemeinschaft wecken und jeden zu neuem Eifer anspornen, im Bemühen die volle Einheit der beiden Schwesterkirchen möglichst bald wiederherzustellen.

Ein wichtiger Beitrag waren in diesem Sinn auch die eifrigen Studien, die das Jubiläum geweckt hat. Es wurden kulturelle Kongresse und andere Initiativen veranstaltet, an denen Gelehrte aus ganz Europa und Amerika in einer Art Ökumene der historischen Wissenschaften teilgenommen haben, und die gewiß zum Fortschritt nicht nur dieser Disziplinen, sondern auch zum gegenseitigen Kennenlernen der Personen und Kirchen beigetragen haben.

Indem ich Gott, dem Herrn der Geschichte, noch einmal für die Freude dieser Tausendjahrfeier danke, bitte ich ihn zugleich inständig, den Einsatz aller für die Religionsfreiheit zu stärken als Voraussetzung und Fundament zu einer ausgewogenen Lösung der Probleme, die jene Völker noch plagen.

4. In diesem Jahr fiel auch der zwanzigste Jahrestag seit der Veröffentlichung der Enzyklika *Humanae vitae*: Der Heilige Stuhl hat sich verpflichtet gefühlt, in Zusammenarbeit mit den Episkopaten der verschiedenen Länder das besondere Zeugnis über die Wahrheit vom Menschen und der menschlichen Liebe in Erinnerung zu rufen, das Papst Paul VI. im Juli 1968 der Welt mit diesem seinem mutigen Dokument gegeben hat. Der Päpstliche Rat für die Familie hat zu diesem Zweck eine Begegnung mit Vertretern der Bischofskonferenzen veranstaltet, bei der über die heute besonders dringliche Aufgabe nachgedacht wurde, die die eheliche Liebe als ein von Gott der Verantwortung von Mann und Frau anvertrautes Geschenk hat. Indem sie die Ehegatten an diese grundlegende Wahrheit erinnert, ruft sie ihnen nur den Sinn für ihre personale Würde und für die Gefahren in Erinnerung, denen diese ausgesetzt ist. Die außerordentlichen Fortschritte der Wissenschaften und die Ergebnisse, die auf ihrer Grundlage die Technik auf dem Gebiet der Biogenetik erzielt, bieten auf der einen Seite therapeutische Möglichkeiten, die gestern noch undenkbar waren. Sie bringen aber auch schwere Gefahren mit sich, die Person zu „degradieren“: Einige ihrer Anwendungen setzen nämlich die Überzeugung voraus, daß die Person nicht Frucht der Liebe zweier Menschen sein muß, die in der unauflöslichen Gemeinschaft der Ehe zur Teilhabe an Gottes Schöpfermacht berufen sind, sondern einfach von der Technik „produziert“ werden darf.
In diesem Zusammenhang hat sich mit steigender Deutlichkeit im Verlauf dieser Jahre der prophetische Wert der Enzyklika *Humanae vitae* gezeigt, und auf ihrer Linie wollte sich auch das Apostolische Schreiben *Familiaris consortio* bewegen. Es geht um die Verteidigung des Humanum in einer seiner wesentlichen Dimensionen. Es kann kein echter Fortschritt vorliegen, wenn das Humanum aufs Spiel gesetzt wird. Der Gläubige weiß im übrigen, daß der glaubwürdigste Garant der Würde der Person Gott selbst ist, der dem Menschen bei seiner Erschaffung sein eigenes Bild eingeprägt hat.
Der Mensch von heute vernimmt in dieser Hinsicht aber viele Stimmen. Die Deutungen, die ihm über seine Natur und seine Bestimmung vorgelegt werden, widersprechen sich oft gegenseitig. Das Ergebnis ist ein verbreitetes Empfinden der Verlorenheit, das normalerweise zum persönlichen Rückzug führt und zum Zufriedensein mit Verhaltensweisen, die von der Mode des Augenblicks verbreitet werden. Wenn diese aber grundlegende Aspekte des Humanum berühren, steht die Würde der Person selbst auf dem Spiel, wird gefährdet und oft auch mißachtet. Die Verhaltensweise dagegen, zu der *Humanae vitae* genaue Weisungen gegeben hat, ist eng mit einem dieser grundlegenden Aspekte des Humanum verbunden. Wenn die Enzyklika weiter auf Unverständnis und Kritik stößt, zeigt das, wie notwendig eine weitere Förderung des Verständnisses der substantiellen Tiefe des Problems ist. Daher das Bemühen der Kirche, die die ganze Schwere dieser Situation spürt und sich ihren Aufgaben als Mutter und Lehrerin nicht entzieht.

5. Sie entzieht sich tatsächlich auch auf keinem anderen Gebiet ihrer Pflicht, wo der Mensch mit seiner Zukunft auf dem Spiel steht: der Mensch als Person und der Mensch

als Gemeinschaft. Gerade deswegen wollte ich die Sorge der Kirche für die soziale Dimension des Menschen zum Ausdruck bringen und zur Feier des zwanzigsten Jahrestages einer weiteren Enzyklika Pauls VI., nämlich von *Popolorum progressio*, in einem besonderen Dokument des Lehramtes das Problem der Entwicklung behandeln. Die Enzyklika *Sollicitudo rei socialis* hat im Verlauf dieses Jahres ein weites Echo auch bei den Verantwortlichen der bürgerlichen Gesellschaften und bei internationalen Institutionen gefunden, ferner zahlreiche Studientagungen angeregt, bei denen die Fachleute in der Materie den Beitrag ihrer Überlegungen zu den verschiedenen Aspekten der zeitgenössischen Gesellschaft vorgelegt haben.
Ich spreche den Wunsch aus, daß Dank dem tatkräftigen Einsatz aller Menschen guten Willens eine Entwicklung der Gesellschaft stattfinden möge, die die menschliche Person in all ihren Dimensionen berücksichtigt. Hier steht das Humanum in der Dimension der Gesellschaft und der ganzen Menschheit auf dem Spiel.

6. Niemandem entgeht es, daß mehr als in jeder anderen Epoche die Kirche sich heute Aufgaben gegenübersieht, die eine vielleicht bisher nie gekannte Wichtigkeit, Ausdehnung und Vielfalt aufweisen. Es sind Herausforderungen, auf die sie antworten muß, und bei denen sich zumal der Heilige Stuhl kraft des petrinischen Dienstes angesprochen fühlt. Das hat eine Überarbeitung der Struktur der Römischen Kurie nahegelegt, um ihr Wirken entsprechend den heutigen Bedürfnissen der Kirche besser anzupassen. Im Konsistorium vom 28. Juni hatte ich die Freude, unter die Apostolische Konstitution *Pastor bonus* meine Unterschrift setzen zu können und damit eine lange Studien- und Beratungsarbeit abzuschließen. In der Einleitung habe ich geschrieben: „Mein Anliegen war ein resolutes Vorangehen, damit Ordnung und Tätigkeit der Kurie immer mehr der Ekklesiologie des II. Vatikanischen Konzils entsprechen und immer mehr in der Lage sind, die pastoralen Zielsetzungen der Kurie zu erreichen, um so immer konkreter den Bedürfnissen der kirchlichen und zivilen Gesellschaft entgegenzukommen" (Nr. 13). Die Kurie ist ihrer Natur nach mit dem Petrusdienst verbunden und als solche zum Dienst für die universale Kirche und die Einzelkirchen da, für das Bischofkollegium und die Bischofskonferenzen. Ihr Ziel ist daher eine Verstärkung der Einheit und Gemeinschaft des Volk Gottes und die Förderung der besonderen Sendung der Kirche in der Welt.
Aus dieser Zielsetzung ergibt sich die besondere Gestalt der Dikasterien und damit das besser umschriebene Typische eines jeden von ihnen bzw. der Organe. Daher wurden die neuen konziliaren und nachkonziliaren, zur Förderung bestimmter Anliegen geschaffenen Strukturen juridisch den alten Kongregationen gleichgestellt, die Regierungs-, Jurisdiktions- und Exekutivaufgaben haben. Aus der genannten Zielsetzung ergaben sich ferner die juridischen Neuerungen, die die gegenseitige Zusammenarbeit der Dikasterien fördern und verstärken sollen, endlich die Betonung der Beziehungen zum Episkopat als ganzem und zu den einzelnen Bischöfen, deren „Besuche ad limina" als besondere Momente der „Sorge für alle Kirchen" und als „kollegiale Verbundenheit" aufgefaßt werden, die zwischen dem Nachfolger des Petrus und seinen Mitbrüdern, den Nachfolgern der Apostel, besteht.
Wenn der Petrusdienst eine Diakonie der Liebe und deshalb der Papst zugleich „Diener der Diener Gottes" ist, dann kann die Kurie nur die konkrete Ausprägung dieser Diakonie und

dieses Dienstes sein, nach dem Beispiel Christi, des Guten Hirten, der für seine Schafe das Leben hingibt. Es war daher meine Ansicht, die pastorale Dimension der Kurie immer deutlicher und wirksamer zu machen, nicht nur in ihren Zielsetzungen, sondern auch in dem Geist, der jene beseelen muß, die dort arbeiten (vgl. Apost. Konst. *Pastor bonus*, Nr. 33). Während ich ihnen daher auch bei dieser Gelegenheit meine Dankbarkeit ausspreche, erinnere ich sie zugleich daran, daß ihre Arbeit eine kirchliche Verantwortung mit sich bringt, die man in einem tiefen und ständigen Glaubensgeist leben muß. Ihre Mitarbeit mit dem Apostolischen Stuhl – wie auch mit jenen, die in den verschiedenen Organen, die die Verwaltung des Apostolischen Stuhles bilden, tätig sind – erschöpft sich daher nicht in einem Verhältnis des Gebens und Nehmens, wie es bei den Organen der bürgerlichen Gesellschaft sein mag, sie ist vielmehr ein Dienst, der Christus in seinen Brüdern und Schwestern geleistet wird.

Die Erneuerung der Gesetze der Kirche, wie sie von Papst Johannes XXIII. und von Papst Paul VI. sowie vom II. ökumenischen Vatikanischen Konzil gewollt wurde, hat damit ihren Endabschnitt erreicht: Der Codex des Kirchenrechtes ist bereits in Kraft; der Codex des orientalischen Kirchenrechtes steht kurz vor der Veröffentlichung; und als wesentlicher Teil für beide gilt die Apostolische Konstitution *Pastor bonus*. Die Verbesserung, die sie für die juridischen Strukturen gebracht hat, genügt bei all ihrer Notwendigkeit freilich allein nicht, um die gewünschten Ziele zu erreichen. Alle, die dem Apostolischen Stuhl dienen, müssen sich an ihren verschiedenen Plätzen als verantwortlicher Teil einer besonderen Arbeitsgemeinschaft fühlen, die eine ganz bestimmte kirchliche Sendung hat und sich bei ihrer täglichen Arbeit unterstützt weiß durch den Geist gegenseitiger Liebe und ständigen missionarischen Eifer.

7. Andere Ereignisse, auf die ich nur kurz eingehen möchte, erfüllen mein Herz am Ende dieses Jahres mit Trost. Unvergeßlich sind mir meine apostolischen Besuche in Italien und außerhalb, zumal die Pastoralreisen nach Lateinamerika, ins südliche Afrika, nach Österreich und nach Straßburg.

Ebenso bleibt das große kirchliche Erlebnis in Erinnerung, das wir am vergangenen 28. und 29. Juni mit der Kreierung von 24 neuen Kardinälen erfahren durften.

Das Zeugnis der Heiligkeit der Kirche aber wurde erneut immer wieder durch die zahlreichen Heilig- und Seligsprechungen fortgesetzt, die im Verlauf dieses Jahres stattfanden und den Gläubigen aus aller Welt hervorragende Gestalten der Liebe zu Gott und der tatkräftigen, opferbereiten Liebe zum Nächsten vor Augen gestellt haben.

Für alles sei erneut dem Herrn und der seligen Jungfrau gedankt.

8. Ehrwürdige Brüder! In diesem Bild, so reich an lebhaften und anregenden Erfahrungen, die den Ablauf des zu Ende gehenden Jahres mit Licht erfüllt haben, fehlten leider nicht die Schatten, die dem Herzen Schmerz und Sorge bereiten.

a) Es ist vor allem der nicht gelungene Versuch, ein neues, objektives Schisma von seiten einer gut bekannten Gemeinschaft zu vermeiden. Die Verhandlungen wurden mit großer Geduld und Liebe geführt, in Achtung vor der Würde der Personen und im ständigen Bemühen, dem Heiligen Geist treu zu bleiben, der der Kirche immer beisteht und sie mit besonderer Liebe beim II. Vatikanischen Konzil geführt hat. Die katholische Kirche ist sich sicher, alle Wege gegangen zu sein, die ihr Wahrheitsbewußtsein zuließ. Sie hat auch immer das subjektive Empfinden und die Reaktionen gewürdigt, die bedauerliche Mißbräuche wecken konnten.

Doch das alles hat leider nicht den gewünschten Erfolg gehabt: es ließ sich daher der von tiefem Schmerz begleitete Rückgriff auf die schwerste kanonische Strafe nicht vermeiden. Ich wollte jedoch nicht, daß dies das letzte Wort bliebe. In dem Wunsch, allen zu helfen, die von rechter Absicht und Liebe zur Kirche geleitet, sich von einer solchen Geste des Bruches distanzieren wollten, habe ich die Aufstellung einer eigenen Kommission für angebracht gehalten, die den entsprechend eingestellten Gläubigen den Ausdruck der positiven Werte ihrer eigenen kulturellen und geistlichen Formung innerhalb der Kirche gestatten durfte.

Die ersten Ergebnisse der Anwendung des Motu Proprio Ecclesia Dei bieten Anlaß zur Hoffnung. So wünsche ich, daß dank des klugen Vorgehens dieses Organs und dank der hochherzigen und loyalen Mitarbeit von Bischöfen, Klerus und Gläubigen der Einzelkirchen, die mehr direkt interessiert sind, natürlich zusätzlich zum guten Willen der Adressaten der erlassenen Normen, die katholische Einheit gefestigt werden kann, entsprechend dem letzten Willen Christi, den er im Gebet beim letzten Abendmahl geäußert hat: „Alle sollen eins sein ...“ (vgl. *Joh* 7,21 ff.).

b) Zweitens ist der weite Widerhall der Lösung bekannt, die die anglikanische Kommission bei der Lambeth-Konferenz am vergangenen 1. August angenommen hat: „Jede Provinz soll die Entscheidung und die Haltungen anderer Provinzen hinsichtlich der Weihe von Frauen zu Priestern und Bischöfen achten.“

Leider – und ich spreche hier mit aufrichtigem Schmerz davon – handelte es sich um eine einseitige Initiative, die, wie ich kürzlich dem lieben Bruder Robert Runcie, dem Erzbischof von Canterbury, geschrieben habe, nicht gebührend die ökumenischen und ekklesiologischen Dimensionen des Problems beachtet hat, im Gegensatz zu dem Weg, dem die katholische Kirche immer klar gefolgt ist wie auch die orthodoxe Kirche und die alten orientalischen Kirchen.

Eine solche Entscheidung fördert gewiß nicht die im Gebet und Studium vereinten Bemühungen der Mitglieder der zweiten internationalen anglikanisch-römisch/katholischen Kommission; sie richtet vielmehr ernsthafte Hindernisse auf im Hinblick auf den Fortschritt in der gegenseitigen Versöhnung, die im Verlauf der letzten Jahrzehnte so viel versprechende Ergebnisse gebracht hat.

Daher lade ich die Verantwortlichen ein, jeden Versuch zu unternehmen, um schmerzliche und bedauerliche Folgen nicht nur für die ökumenischen Beziehungen, sondern auch innerhalb der anglikanischen Gemeinschaft in ihrer weltweiten Verbreitung zu vermeiden: Die ständige Linie der allen Kirchen gemeinsamen Tradition darf nicht so leichthin durch eine Vorgehensweise unterbrochen werden, die niemand von uns autorisieren kann und darf.

Das Verlangen Christi nach der Einheit seiner Kirche muß auch hier den guten Willen aller stützen, den Schatz der Orthodoxie und der Orthopraxie zu wahren, den Er selber uns anvertraut hat, und den der Heilige Geist uns beizubehalten hilft.

9. Damit, ehrwürdige Brüder, haben wir uns gemeinsam einige besonders wichtige Momente dieses Jahrs des Herrn, das sich seinem Ende nähert, vor Augen geführt. Wenn wir noch einmal vom Glauben her Menschen und Ereignisse betrachten, dann gewinnen wir neue Motive zu demütigem Dank gegen Den, der mit seinem Geist das All erfüllt (vgl. *Weish* 1,7). Wir danken ihm nicht nur für die Freuden, die er uns geschenkt, sondern auch für die Prüfungen, denen er uns unterworfen hat, denn wir glauben, daß Er in seiner Allmacht auch aus dem Bösen Gutes zu wirken weiß.
Das Geheimnis, zu dessen Feier wir uns anschicken, lädt uns zur Hoffnung ein. Gott ist ein Mensch wie wir geworden; er wollte bis auf den Grund unser menschliches Geschick mit uns teilen. Wie sollten wir da nicht vertrauensvoll auf unsere Zukunft schauen! „Gott steigt herab, der Mensch steigt empor; das Wort wird Fleisch, damit dieses Fleisch zur Rechten Gottes den Thron des Wortes beanspruchen kann“ (Hl. Ambrosius, *Expos. Ps.* CXVIII, 3,8). Von diesem Bewußtsein gestärkt, schicken wir uns an, voll Freude die kommenden Festlichkeiten zu begehen, um mit neuem Eifer unsere jeweiligen Aufgaben im Dienst der Kirche, der fortdauernden Epiphanie Christi in der Welt, zu erfüllen.
Mit meinem besonderen Segen.

Ich verkünde euch eine große Freude

Ansprache in der Mitternachtsmesse in St. Peter am 24./25. Dezember

1. „Ich verkünde euch eine große Freude ... Heute ist euch der Retter geboren“ (*Lk* 2,10–11).
Wir hören diese Stimme, die aus der Tiefe der Nacht von Betlehem kommt. Als erste haben sie die Hirten vernommen, „die in jener Gegend lagerten und Nachtwache bei ihrer Herde hielten“ (*Lk* 2,8). Deshalb wird auch bisweilen die Liturgiefeier der Mitternacht „Hirtenmesse“ genannt.
Wir sind hier in der Basilika von St. Peter versammelt, um erneut dieselben Worte zu hören:
„Ich verkünde euch eine große Freude.“ Zusammen mit uns – verbunden über Radio und Fernsehen – hören Menschen verschiedenster Sprachen, Nationen, Länder und Kontinente diese Botschaft. Die Hirten von Betlehem sind so jedes Jahr erneut an den verschiedensten Orten der Welt gegenwärtig.
Auch wenn die Worte, die wir in der Weihnachtsnacht hören, jedes Jahr die gleichen sind, sind sie dennoch von uns erhofft und für uns stets neu.

2. „Heute ist euch ... der Retter geboren, der Messias, der Herr.“ Einmal wurde er geboren. Einmal kam er in die Welt, in jener Nacht von Betlehem. Ja, jenes „Heute“ von einst, von vor 2000 Jahren, erleben wir als unser eigenes.
„Euch ist der Retter geboren.“

Es scheint, daß die Menschheit schon viel aufgewandt hat und damit fortfährt, sich selbst mit den eigenen Kräften „zu erlösen", weil der Mensch sich selber genüge. Jedenfalls überzeugt sich der Mensch immer mehr, daß er es nicht ist; daß alles, was man „Zivilisation", „Fortschritt", „Entwicklung" nennt, nicht die Wurzel des Bösen erreicht, das in der Geschichte der Menschheit da ist – und in einem gewissen Sinn sogar noch tiefer wächst und sich ausbreitet. Andererseits erreicht alles das, was der „Erhebung" der menschlichen Existenz dient, was sie „verbessert", nicht die Volkommenheit jenes Gottes, auf die der Mensch ausgerichtet ist.
Unterdessen fahren die Worte „Euch ist der Retter geboren" fort, das Bleibende und Wirkliche im Menschen zu berühren, das, was zutiefst wahr ist. Jedes Jahr werden diese Worte mit denselben Grundmotivierungen dieser unserer Menschheit erwartet, auch wenn wir deren oftmals nicht bewußt sind.

3. Die Hirten von Betlehem haben in jener Nacht ein großes Staunen erlebt. Was sie gehört haben, erfüllte sie zuerst mit Furcht. Der Engel aber sagt ihnen: „Fürchtet euch nicht, denn ich verkünde euch eine große Freude."
In dem Augenblick, in dem Gott – der Sohn, dem Vater wesensgleich – als Mensch geboren wird, er in die Welt als Menschensohn, als Sohn der Maria kommt, kann den Menschen nur Staunen erfassen. Das ganze Evangelium ist das Buch eines großen Staunens! Gott ist wirklich ewig und unsichtbar. Er umfaßt alles: „In ihm ... leben wir, bewegen wir uns und sind wir" (*Apg* 17,28). Gott ist allmächtig. Er ist der „ganz Andere": Anders als alles Geschaffene. Er ist die absolute Transzendenz.
Ist es möglich, daß er Mensch wird? Daß er in einem verlassenen Stall als Kind obdachloser Eltern geboren wird?
Warum? Cur Deus homo?
Die Nacht von Betlehem ist der Anfang dieses Staunens. Die ersten, die es erlebt haben, sind die Hirten gewesen. In diesem Staunen war zuerst eine Furcht, dann folgte die Freude. Sie dauert nicht nur einen Augenblick. Sie wird vom menschlichen Bewußtsein für das ganze Leben bewahrt.
Ist es nötig, daß jeder Mensch sich ständig fragt: Cur Deus homo? Suche stets nach der Antwort – du wirst sie stufenweise finden. Umfasse das Geheimnis, das sich in dieser Nacht offenbart hat, und durchdringe es immer tiefer.
Ja, es ist ein Geheimnis! Es ist gut, wenn der Mensch eine Furcht spürt, ein inneres Erschrecken, und es ist gut, wenn er die Freude findet. Aber es ist nicht gut, wenn das eine oder andere fehlt. Das ist nicht gut. Der Mensch kann angesichts des Geheimnisses der Nacht von Betlehem nicht gleichgültig sein. Er kann die Frage: „Cur Deus homo?" nicht zurückweisen.
Dieses würde einen „Riß" in der Tiefe seines Menschseins hervorrufen.

4. So sind alle Menschen aufgerufen, an dieser Nacht teilzunehmen ...
„Erzählt bei den Vökern von seiner Herrlichkeit, bei allen Nationen von seinen Wundern!" (Vgl. *Ps* 96,3)

Die Geschichte des Menschen – eines jeden und aller – ist im Geheimnis der Weihnacht aufgerufen, die Grenze zu überwinden, die Innerlich den Weg zum göttlichen Heil blockieren kann. Der Mensch kann diesen Ruf verkennen, kann ihn sogar ablehnen. Aber das „Heil“ kann den Menschen nur von Gott her erreichen. Dieses Heil ist gekommen! Genau in dieser Nacht.

Gott ist als Mensch geboren, der selber Schöpfung ist. Findet alles Geschaffene etwa nicht seinen Platz in diesem Geheimnis?

Welche Bedeutung hat die Tatsache, daß wir die Erde und das Meer einladen, an der Freude der Weihnacht teilzunehmen?

Der Himmel freue sich, die Erde frohlocke,
es brause das Meer und alles, was es erfüllt.
Es jauchze die Flur und was auf ihr wächst.
Jubeln sollen alle Bäume des Waldes“
(*Ps* 96,11 – 12).

5. Bet-lehem – heißt wörtlich das „Haus des Brotes“. Christus, der dort geboren ist, ohne ein Obdach zu finden, wird in der Weltgeschichte ein Haus gründen, das der Bedeutung dieses Namens entspricht: Betlehem.

Das Haus des Brotes: die Eucharistie.

Er selber, der Erlöser, wird in diesem Haus auf sakramentale Weise wohnen. Ja, er selber wird dieses Haus sein: sein Leib und sein Blut. Die ganze Menschheit, in der die göttliche Umwandlung des Menschen ihren Anfang nimmt.

Auf diese Weise wird der Mensch stets die Grenze überwinden, die dem Heil entgegensteht – dem ewigen Heil – das Gott selbst mit der Geburt des Ewigen Wortes seines Sohnes eröffnet hat.

Mit der menschlichen Geburt Gottes.

Wahrlich!

„Das Volk, das im Dunkel lebt,
sieht ein helles Licht;
über denen, die im Land der Finsternis wohnen, strahlt ein Licht auf“ (*Jes* 9,1).

Wahrlich!

„Fürchtet euch nicht, denn ich verkünde euch eine große Freude.“

Wie wunderbar ist Weihnachten

Weihnachtsbotschaft Urbi et Orbi am 25. Dezember

1. „Wie willkommen sind auf den Bergen die Schritte des Freudenboten“: (*Jes* 52,7) Wie wunderbar ist Weihnachten. Ja! Weihnachten ist voll menschlicher Armut, es trägt das Zeichen der Ablehnung an sich: als Josef und Maria einen Platz in der Herberge suchten, wurden sie abgewiesen. Es trägt das Zeichen menschlicher Gleichgültigkeit an sich – erstes Anzeichen der Herzenshärte, der der Freudenbote nicht nur in den Tagen seines irdischen Lebens begegnen wird, sondern durch alle Generationen hindurch. Genau – deswegen – ist Weihnachten wunderbar!

2. Dieser Glanz wurde von den Hirten von Betlehem wahrgenommen. Später bemerkte ihn der durchdringende Blick des greisen Simeon und der Prophetin Anna im Tempel. Die Augen der drei Magier, die aus dem Osten kamen, haben ihn wahrgenommen.
Dieser Glanz ist die Offenbarung des Geheimnisses des Neugeborenen. Er ist die Offenbarung der Wahrheit, des Guten und des Schönen, die in Ihm gegenwärtig sind und die Er sogar selbst ist. Der Glanz der Geburt Christi währt aber die Generationen. Er offenbart sich den Menschen und den Völkern: Überall geraten die vom Glauben erleuchteten Augen darüber in Erstaunen, die Künstler suchen ihn in menschlicher Weise darzustellen: Maler, Dichter Komponist ... aus seiner Gegenwart leben die Heiligen: wie sollten wir hier nicht wenigstens an Franz von Assisi, den „Poverello“, denken?

3. Die vom Glauben erleuchteten Augen entdecken den Glanz des Geheimnisses Gottes unter dem Schleier der Armut und der Verlassenheit. Oh, welche Schönheit haben die Augen Marias in jener Nacht gesehen! Es gibt keine Weise, sie auszudrücken! Der Blick Josefs folgte dem seiner Braut. In ihren Herzen hat sich die ganze äußere Armut in den größten Reichtum verwandelt, dem nichts zu vergleichen ist. Wahrlich, nur so konnte Christus geboren werden! Nur so konnte der Immanuel – Gott mit uns – eine Wohnstatt bei den Menschen nehmen! Der Freudenbote!

4. Der Glanz der Weihnacht breitet sich auf allen Straßen aus, auf denen Er – der Heilige Gottes gehen wird! Der Sohn ist der Abglanz der Herrlichkeit des Vaters und das Abbild seines Wesens (vgl. *Hebr* 1,3). Er zog umher und tat allen Gutes (vgl. *Apg* 10,38). Gott richtet in und durch Ihn sein endgültiges Wort an die Menschheit. Viele Male und auf vielerlei Weise hat Gott durch die Propheten gesprochen, zuletzt ... hat er ... durch den Sohn gesprochen, durch den er auch die Welt erschaffen hat. Ihn hat er zum Erben des Alls eingesetzt (vgl. *Hebr* 1,1–21). Er kam, um mit uns sein Sohneserbe zu teilen.

5. „Wie willkommen sind auf den Bergen die Schritte des Freudenboten“! Was ruft er aus? Er verkündet das Heil, er verkündet den Frieden die Versöhnung mit Gott, mit seinem Blut gründet er den Ewigen Bund, er verkündet jedem Menschen das Gute (vgl. *Jes* 52,7): das ewige Leben in Gott, das die Verwirklichung dessen ist, was der Mensch

immer schon als lebendiges Zeichen der Ähnlichkeit mit seinem Schöpfer und Vater in sich trägt ... Anmut ist ausgegossen über seine Lippen, über die Lippen des Freudenboten (vgl. *Ps* 45,3). Diese Anmut, der Glanz, nimmt die endgültige und unaussprechliche Schönheit vorweg; die Schönheit des göttlichen Antlitzes, die wir von Angesicht zu Angesicht schauen werden (vgl. *1 Kor* 13,12).

6. In der Nacht des Schweigens und der Ablehnung bringt der Künder der frohen Botschaft der Welt schon allein durch seine Gegenwart die unerwartete großartige Kunde: „So sehr hat Gott die Welt geliebt, daß er seinen einzigen Sohn dahingab" (*Joh* 3,16). Die Kirche schenkt das Geheimnis der Menschwerdung des ewigen Wortes weiter und verkündigt das Heil bis an die Grenzen der Erde, heute wie gestern. Sie setzt sich ein für die erste und für die zweite Evangelisierung, um die Sehnsucht zu stillen, die der Mensch in sich trägt.
Ich grüße heute diese missionarische Kirche: Ich grüße und ermutige die Priester, die Männer und Frauen im Ordensleben, die Katechisten, die Ärzte und Pfleger, die Lehrer und die Handwerker. Ich grüße und ermutige die Glaubensboten, die dort wirken, wo die Kirche die alten Straßen noch einmal durchzieht, um erneut die frohe Botschaft vom Heil zu bringen; ich danke diesen neuen Missionaren mit jungem Herzen und weitem Blick, mit dem Mut eines Petrus und Paulus. Künder der frohen Botschaft, laßt die Wüste wieder erblühen!

7. Die Geburt des Immanuel geschah im Zeichen der Verlassenheit und Armut; denn die Macht Gottes hat sich dabei entäußert und ist herabgestiegen bis zur Gestalt eines Knechtes. Im Geheimnis der Weihnacht finden deshalb ihren Platz die Armen mit den alten wie mit den neuen Namen: solche, die Hunger leiden und daran sterben, die Ausgestoßenen, die Entwurzelten, die Flüchtlinge, die Opfer von Haß und Krieg, von Natur- und Umweltkatastrophen. Ich denke dabei besonders an alle, die in Armenien von dem furchtbaren Erdbeben getroffen wurden und nun ihre unter den Trümmern begrabenen Angehörigen beweinen, an der Seite der Verletzten im Krankenhaus voller Sorge wachen und mit Kälte und Entbehrung kämpfen, ohne ein Dach über dem Kopf zu haben als Schutz für sich und ihre Kinder. Möge es ihnen vergönnt sein, in dieser tragischen Stunde das Verständnis und die Unterstützung aller guten Herzen zu verspüren. Es verstärke sich in der Welt die Bewegung von Hochherzigkeit, welche Regierungen, Organisationen und Einzelne in einer wunderbaren Kette der Solidarität erfaßt hat, und mit dem Beitrag aller gehe man an das Werk des Wiederaufbaus, auf daß in jenem so stark geprüften Land die Hoffnung wieder erblühe.

8. Meine Gedanken gehen auch zu den Armen im Bereich jenes wertvollen Gutes, das die Gesundheit darstellt, zu allen, die von Krankheit getroffen sind und damit in den Krankenhäusern, Pflegeheimen oder bei sich zu Hause ringen müssen. An sie alle denke ich, und allen rufe ich zu: Gebt die Hoffnung nicht auf! Vor allem richte ich mein Wort an die an AIDS erkrankten Mitmenschen, die nicht nur die Bedrohung durch diese Krankheit auf sich nehmen müssen, sondern auch das Mißtrauen einer gesellschaftlichen

Umgebung, die verängstigt ist und instinktiv zurückweicht. Ich bitte alle, die schlimme Lage dieser unserer Brüder und Schwestern mitzutragen, und während ich ihnen Anteilnahme und Mitgefühl bekunde, ermutige ich Wissenschaftler und Forscher zu vermehrter Anstrengung, um eine wirksame Therapie gegen dieses geheimnisvolle Übel zu finden. Wissenschaft und Nächstenliebe, eng miteinander verbunden, mögen bald in der Lage sein, das ersehnte Heilmittel zu entdecken. Dies ist mein Segenswunsch, den ich an der Krippe des neugeborenen Heilands niederlege.

9. Angesichts der Armut von Betlehem fühlt sich die Kirche als erste gerufen, dem armen Christus gleich zu werden. Zusammen mit ihm stellt sie sich auf die Seite der Armen und setzt sich dafür ein, daß ihre Würde geachtet und ihre Leiden gemildert werden. Mit neuem Vertrauen erhebt sie ihre Stimme zu ihrer Verteidigung und fordert: Alle Kräfte sollen sich miteinander verbinden, und noch mehr Initiativen sollen sich darauf richten, den Bedürftigen zur Hilfe zu kommen; denn Christus selbst hat sich mit ihnen gleichsetzen wollen!
Diese Aufforderung erreiche heute alle Orte der Welt und führe zu hochherzigen Antworten bei denen, die haben, bei denen, die können, vor allem unter den jungen Menschen. Ein jeder verstehe es, in den armen Mitmenschen den armen Christus selbst zu erblicken. An alle richte ich meine Stimme im Namen Jesu, des neugeborenen Kindes: Möge sie nicht fruchtlos verhallen!
Das ist der Inhalt meines Weihnachtswunsches, den ich jetzt in verschiedenen Sprachen ausspreche.

In deutscher Sprache sagte der Papst:

Ihnen allen ein gnadenreiches, schönes und frohes Weihnachtsfest.

Diözesansynode muß sich den Problemen der Berufungen stellen

Ansprache in der Kathedrale von Fermo am 29. Dezember

Lieber Herr Erzbischof von Fermo,
liebe Brüder aus den Marken,
sehr geehrte Herren Vertreter der Zivil-,
Verwaltungs- und Militärbehörden,
liebe Priester und Ordensleute,
meine Brüder und Schwestern!

1. Es ist mir eine Große Freude, hier in diesem Gotteshaus – sozusagen dem Herzen der alten und erhabenen „Ecclesia Firmana“ – einer lebendigen und aktiven christlichen Gemeinde zu begegnen, oder besser, sie im Glauben zu stärken (vgl *Lk* 22,32). Diese Ge-

meinde ist lebendig und aktiv nicht nur aufgrund einer mehrhundertjährigen Tradition treuer Bindung an den Apostolischen Stuhl und den Nachfolger Petri, sondern auch und vor allem aufgrund ihres Einsatzes für die religiöse und spirituelle Durchdringung unseres Zeitalters, wie sie in seinem vielfach neuen Kontext notwendig ist. Der besondere Umstand, der mich heute in eure Mitte geführt hat – nämlich die Teilnahme am Treffen der Familien, welche im nahen Porto San Giorgio die Erfahrung des neokatechumenalen Weges machen – ist ein Zeugnis für diesen von Anpassung und Präsenz geprägten Einsatz und für den Willen, gerade dem gerecht zu werden, was heute erforderlich ist.
Wenn ich alle hier anwesenden verehrten Persönlichkeiten begrüße, möchte ich vor allem dem Hirten der Erzdiözese für die herzlichen Worte danken, die er im Namen aller Anwesenden an mich gerichtet hat. Gleichzeitig gedenke ich seines liebenswürdigen Vorgängers, des Erzbischofs Norberto Perini, der gerade hier seinen Landsmann und Freund, den späteren Paul VI., wenige Wochen vor dessen Wahl zum Papst empfangen durfte. Die soeben vernommene Grußadresse ließ mich gewissermaßen das Band zwischen diesen beiden auserwählten Seelen spüren, geradezu wie das Echo einer Kontinuität und einer Gemeinsamkeit, die über die einzelnen Personen hinausreicht und das Verhältnis dieser Ortskirche zur Weltkirche Christi kennzeichnet.

2. Mit Recht hat der Erzbischof bei der Darlegung der verschiedenen Wirklichkeiten eurer Ortskirche auf die wichtigsten Probleme hingewiesen, vor denen heute – angesichts der dringenden und weitreichenden Wandlungen, die sich bereits vollzogen haben oder bald vollziehen werden – eine kirchliche Gemeinschaft steht, die wachsen und sich der Zukunft, dem nunmehr nahen dritten christlichen Jahrtausend stellen will. Es handelt sich ja nicht nur darum, ein heiliges, von den Ahnengenerationen übernommenes Erbe zu erhalten; vielmehr gilt es heute, die alte Wurzel neuerlich zu Wachstum und Blüte zu bringen. Mit erhobener und leuchtender Fackel gilt es voranzuschreiten!
Um welche Probleme handelt es sich? Wie ihr sicher wißt, hat sie im großen und ganzen bereits das II. Vatikanische Konzil erkannt und genaue Richtlinien für ihre Lösung aufgezeigt. Es genügt jedoch nicht, die Probleme zu kennen und auf Lösungen dafür hinzuweisen; es muß vielmehr konkret, entschlossen und zeitgerecht gehandelt werden, mit Unterscheidungsgabe, Treue und Ausgeglichenheit und mit Anpassung universell gültiger Kriterien an die besonderen Umstände und das jeweilige Milieu.
Ich weiß, daß diese Arbeit bereits seit längerer Zeit in eurer Diözese angelaufen ist und ich bin darüber sehr erfreut, nehmen doch, ihrer Verantwortung in der Kirche bewußt, zahlreiche Laien, Priester und Ordensleute unter der Leitung des Bischofs daran teil. Wenn die Gesellschaft ein Wachstum erfahren hat; wenn der soziopolitische Rahmen im Umkreis von Fermo und ganz allgemein im ganzen Gebiet um Ascoli Piceno Veränderungen gekannt hat; wenn eine vorwiegend bäuerliche Wirtschaft zu einer vielfältigen, handwerklich-kleinindustriellen und auch industriellen geworden ist; wenn die Marken – wie aus kürzlich aufgestellten Statistiken hervorgeht – heute zu den produktionsreichsten Regionen mit höchstem Lebensstandard zählen – sind nun damit auch schon alle Probleme gelöst? Oder stimmt es vielleicht, daß manchmal ein auf zeitlichem Gebiet erreichtes Ziel und die Sicherheit materiellen Wohlstandes jene höhere Wertordnung be-

drohen oder verfälschen können, die zutiefst auf das familiäre, berufliche, moralische und religiöse Leben einwirkt? Und könnte, wo das der Fall wäre, die Kirche gleichgültig bleiben? Daseinszweck und wesentliche Pflicht der Kirche ist es, den Menschen die unwandelbare Botschaft der Befreiung und des Heils zu verkünden, die Christus ihr anvertraut hat; sie kann deshalb Situationen dieser Art gegenüber nicht die Augen verschließen oder sich „die Hände waschen"; vielmehr muß sie für die Probleme, die nach und nach im Leben der Gesellschaft auftreten, eine Antwort finden und die vordringlichsten Werte der verletzten Ordnung neuerlich betonen, mit dem Leben bezeugen und vertrauensvoll an die neuen Generationen weitergeben.

3. In Fermo verfügt die Kirche vielleicht mehr als anderswo – und dafür muß sie dem Herrn danken – über solide und erprobte Strukturen für ihre Arbeit. Wieviele Vereinigungen, wieviele kirchliche Bewegungen, wieviele Gruppen gibt es? Alle müssen jedoch – daran soll erinnert werden – aktive Strukturen des Dienstes sein und bleiben; sie müssen sich also mit Sensibilität, Aufgeschlossenheit und Eifer unter Wahrung ihrer spezifischen Identität um das gemeinsame Ziel bemühen, den Dienst am Menschen, den sie als wahren Bruder betrachten und ehren, und dem sie zur Seite und zur Verfüung stehen. Wo eine Not des Menschen auftaucht, ist die Kirche zum Handeln aufgerufen, müssen ihre Kinder zu „Nächsten" (vgl. *Lk* 10,29) werden und müssen die Werkzeuge, über die sie verfügt, wirksam eingesetzt werden.

Ich weiß, daß ihr mit der Vorbereitung einer Diözesansynode beschäftigt seid: auch sie muß zu einem Werkzeug, zu einem hervorragenden Werkzeug werden, das dazu dient, die Dringlichkeiten und die wichtigsten Aktionsbereiche besser ausfindig zu machen. Sie muß eine genaue „pastorale Bestandsaufnahme" durchführen, eingehend die geistlichen Bedürfnisse der Bevölkerung überdenken und mit besonderem Nachdruck die der Familien, damit sie echte Zellen christlichen Lebens seien und bleiben. Die Synode muß die positiven und negativen Tendenzen analysieren, die sich in den Familien bemerkbar machen; sie muß überprüfen, wie sich die pastoralen Entscheidungen und die apostolische Funktion der verschiedenen Verbände in der Gesamtheit des Lebens der Diözese auswirken.

Die Synode wird sicher alles in Betracht ziehen, was das kirchliche Lehramt bereits in den lebenswichtigen Bereichen der Evangelisierung, der Katechese und der christlichen Bildung und Ausbildung erarbeitet hat, und wird sich hinsichtlich der Gruppen und Bewegungen an die Beschlüsse der letzten Versammlung der Bischofssynode halten, die ja der Sendung der Laien gewidmet war. Es bleibt jedoch immer die Notwendigkeit bestehen, die allgemeinen Richtlinien an die hiesige Ortskirche anzupassen.

Schon jetzt spreche ich den Wunsch aus, das Bemühen um eure Synode möge ihr einen guten Erfolg sichern und auch in eigenständigen Formen seinen Ausdruck finden, wie sie dem Genius der Menschen und des Landes hier entsprechen.

4. Neben der Familienpastoral kann die Diözesansynode es nicht unterlassen, sich auch mit dem Problem der Berufungen zu befassen. Wenn uns das heutige Fest der Heiligen Familie – im Gegensatz zu einem gewissen Permissivismus der Gesetze und Sitten – das

Beispiel der erhabenen Tugenden in Erinnerung ruft, die im Heim von Nazaret blühten, so kann ich, was die Frage der Berufungen betrifft, nur an das erinnern, was ich euch in der Audienz im Heiligen Jahr der Erlösung sagte, als ich die Hoffnung auf eine „heilsame Tendenzumkehr“ aussprach.

Wenn man die Natur der in der Taufe verankerten Berufung eingehender betrachtet, entdeckt man sehr bald, daß von ihr die Berufungen zu einer besonderen Weihe ausgehen müssen. Ist nicht die Taufe ein Lebenskeim, dessen Gesetz Wachstum und Entwicklung sind? Und ist somit eine Gemeinde von Getauften nicht verpflichtet, sich dank der Hilfe von Priestern, Katecheten und Familien eine ausreichende Zahl von Personen zu sichern, die bereit und fähig sind, ihr und anderen Gemeinden zu dienen? All das ist eine Frage der Hochherzigkeit, der Opferbereitschaft und des Willens, auf manches zu verzichten, nicht um sich von den anderen abzusondern, sondern um sich ihnen zu schenken. Es ist eine Frage gläubigen und aufnahmebereiten Hörens auf jenes Wort, das der Herr unablässig in seinem Evangelium an die Jünger richtet: „Die Ernte ist groß, aber es gibt nur wenig Arbeiter. Bittet also den Herrn der Ernte, Arbeiter für seine Ernte auszusenden“ (*Mt* 9,37–38; *Lk* 10,2). Das gleiche Wort richte ich vor allem an euch, junge Männer und Frauen, damit ihr auf die Einladung hört die es enthält, und auch von der Hilfe überzeugt seid, die es verspricht.

5. Ich habe bisher über Dienst, Strukturen und Probleme gesprochen. Doch nun ist es Zeit, mich direkt an euch, Priester und Ordensleute, zu wenden, die ihr bereits euer „Ja“ zum Ruf des Herrn gesagt habt. Als dynamische Mittler zwischen dem Bischof und dem übrigen Volk Gottes habt ihr hinsichtlich der zu leistenden Arbeit eine unveräußerliche und spezifische Pflicht.

Liebe Priester und Ordensleute! Wir wissen sehr wohl, daß die menschlichen Fähigkeiten, die Verwendung moderner Mittel und die Originalität der Initiativen immer notwendig, aber nicht ausreichend sind. Daran erinnert uns auch der Psalmist wenn er feststellt: „Wenn nicht der Herr das Haus baut, müht sich jeder umsonst, der daran baut. Wenn nicht der Herr die Stadt bewacht, wacht der Wächter umsonst“ (*Ps* 127,1). Im übrigen, was wäre klarer als das Wort des Herrn von der Ähnlichkeit mit der Rebe, die keine Frucht bringen kann, wenn sie nicht am Weinstock bleibt, ein Wort, das unzweideutig schließt: „Getrennt von mir könnt ihr nichts vollbringen“ (*Joh* 15,4–5). Wie oft meinen wir, wirklich gearbeitet und eine technisch vollkommene Maschine bereitgestellt zu haben, die dann aber nicht funktioniert! ... Eben deshalb richte ich diesen Aufruf an euch alle und an jeden einzelnen von euch, immer und vor allem jenen einzigen Grund zu legen, der Jesus Christus ist (vgl. *1 Kor* 3,11) und eure Spiritualität aus der unerschöpflichen Quelle seiner Gnade zu nähren. Bevor ihr Entscheidungen trefft, Initiativen ergreift und Pläne für die Pastoral schmiedet, müßt ihr dem Herrn gegenübertreten, um seine Gnade bitten, ihn in der Tiefe eures Herzens suchen und die Vereinigung mit ihm in inständigem Gebet finden (vgl. *Mt* 7,7–11). Ein Tag für Tag erneuertes Bemühen um die persönliche Heiligung liegt auf der Linie der empfangenen Berufung und ist die unerläßliche Voraussetzung für die Glaubwürdigkeit eures Wirkens und die Fruchtbarkeit eures Amtes im Dienst eurer Brüder und Schwestern, auch der Gleichgültigkeit und der Fernstehenden.

6. Ehe ich diese Basilika verlasse, die der in den Himmel aufgenommenen Gottesmutter geweiht ist, möchte ich, des kürzlich abgeschlossenen Marianischen Jahres eingedenk, euch alle einladen, die Augen zu unserer geliebten Mutter zu erheben. Ich weiß von den schönen Wallfahrtsorten, die ihr zur Ehre am Abhang der Apenninen und an der Meeresküste errichtet sind. Sie bilden die Geographie eurer Frömmigkeit, gleichsam eine Vervielfachung der Anziehungskraft von Loreto, dem bedeutendsten Wallfahrtsort. Sie, die aus ihrem ganzen Leben eine ununterbrochene Pilgerfahrt des Glaubens gemacht hat, ruft uns alle auf, ihr nachzufolgen, um gemeinsam mit ihr auf den Spuren ihres göttlichen Sohnes fortzuschreiten. Wenn auch die ihr geweihten Orte eine Orientierung bedeuten können, so muß dennoch das Heiligtum des Herzens zum Mittelpunkt aller Bemühungen um eine Erneuerung und Vertiefung des christlichen Lebens werden, zu dem die Kirche von Fermo und alle Schwesternkirchen der Region berufen sind.
Um euch in euren Überlegungen und Vorsätzen zu bestärken, erteile ich euch und euren kirchlichen Gemeinden als Unterpfand der Gnade meinen Apostolischen Segen.

Christifideles Laici

Nachsynodales Apostolisches Schreiben über die Berufung und Sendung der Laien in Kirche und Welt vom 30. Dezember

An die Bischöfe
An die Priester und Diakone
An die Ordensleute
An alle Laien

Einleitung

1. Die Laien (*Christifideles laici*), deren „Berufung und Sendung in Kirche und Welt zwanzig Jahre nach dem II. Vatikanischen Konzil" Thema der Bischofssynode 1987 war, gehören zu jenem Volk Gottes, für das die Weinbergarbeiter im Matthäusevangelium stehen: „Denn mit dem Himmelreich ist es wie mit einem Gutsbesitzer, der früh am Morgen sein Haus verließ, um Arbeiter für seinen Weinberg anzuwerben. Er einigte sich mit den Arbeitern auf einen Denar für den Tag und schickte sie in seinen Weinberg" (*Mt* 20,1–2). Das Gleichnis des Evangeliums öffnet unseren Blick für den weit ausgedehnten Weinberg des Herrn und für die großen Scharen von Männern und Frauen, die er ruft und sendet, darin zu arbeiten. Der Weinberg ist die ganze Welt (vgl. *Mt* 13,38), die nach dem Plan Gottes für das endgültige Kommen des Reiches gewandelt werden muß.

Geht auch ihr in meinen Weinberg

2. „Um die dritte Stunde ging er wieder auf den Markt und sah andere dastehen, die keine Arbeit hatten. Er sagte zu ihnen: Geht auch ihr in meinen Weinberg" (*Mt* 20, 3–4).
Von diesem Tag an erklingt der Ruf unseres Herrn Jesus in der Geschichte weiter: „Geht auch ihr in meinen Weinberg". Er richtet sich an jeden Menschen, der in diese Welt eintritt.
In unseren Tagen ist in der Kirche durch die erneute Herabkunft des Heiligen Geistes, die mit dem II. Vatikanischen Konzil geschehen ist, ein vertieftes Bewußtsein ihres missionarischen Charakters gereift. Sie hat neu auf die Stimme ihres Herrn gehört, der sie als „allumfassendes Heilssakrament"[1] in die Welt sendet.
Geht auch ihr. Der Ruf ergeht nicht nur an die Hirten, an die Priester, an die Ordensleute. Er umfaßt alle. Auch die Laien sind persönlich vom Herrn berufen, und sie empfangen von ihm eine Sendung für die Kirche und für die Welt.
Gregor der Große erinnert an diese Tatsache, wenn er zum Volk predigt und das Gleichnis vom Weinberg so kommentiert: „Überprüft eure Lebensweise, geliebteste Brüder, und seht, ob ihr schon Arbeiter des Herrn seid. Ein jeder von euch überdenke, was er tut, und überlege, ob er dem Weinberg des Herrn dient".[2]
Vor allem das Konzil hat wertvolle Passagen seiner so reichhaltigen theologischen, spirituellen und pastoralen Lehre dem Wesen, der Würde, der Spiritualität, der Sendung und der Verantwortung der Laien gewidmet. Und die Konzilsväter haben den Ruf Christi wiederholt und alle Laien, Männer und Frauen, gerufen, in seinem Weinberg zu arbeiten: „Das Heilige Konzil beschwört also im Herrn inständig alle Laien, dem Ruf Christi, der sie in dieser Stunde noch eindringlicher einlädt, und dem Antrieb des Heiligen Geistes gern, großmütig und entschlossen zu antworten. In besonderer Weise möge die jüngere Generation diesen Anruf als an sich gerichtet betrachten und ihn mit Freude und Hochherzigkeit aufnehmen; denn der Herr selbst lädt durch diese Heilige Synode alle Laien noch einmal ein, sich von Tag zu Tag inniger mit ihm zu verbinden und sich in seiner heilbringenden Sendung zusammenzuschließen; dabei seien sie auf das, was sein ist, wie auf ihr eigenes bedacht (vgl. *Phil* 2,5). Von neuem sendet er sie in alle Städte und Ortschaften, in die er selbst kommen will (vgl. *Lk* 10,1)".[3]
Geht auch ihr in meinen Weinberg. Diese Worte sind während der Bischofssynode, die in Rom vom 1. bis 30. Oktober 1987 stattgefunden hat, gleichsam neu erklungen. Die Väter gingen den Spuren des Konzils nach und öffneten sich den persönlichen und gemeinsamen Erfahrungen der gesamten Kirche. Durch die vorausgegangenen Synoden bereichert, haben sie sich spezifisch und umfassend mit dem Thema der Berufung und Sendung der Laien in Kirche und Welt befaßt.
Bei dieser Bischofsversammlung fehlte es nicht an Vertretungen qualifizierter Laien, Männer und Frauen, die für die Arbeit der Synode einen wesentlichen Beitrag eingebracht haben. Dieser ist bei der Abschlußhomilie öffentlich gewürdigt worden: „Wir danken nicht nur dafür, daß wir uns während der Synode an der Teilnahme der Laien (der ‚Auditores' und der ‚Auditrices') erfreuen konnten, sondern mehr noch dafür, daß der Verlauf der Diskussionen uns die Möglichkeit gegeben hat, die Stimme der Gäste, der

Vertreter der Laien aus der ganzen Welt und aus den verschiedenen Ländern zu hören und ihre Erfahrungen, ihre Ratschläge und Vorschläge, die aus ihrer Liebe für die gemeinsame Sendung entspringen, in uns aufzunehmen".[4]

Der Blick auf die nachkonziliare Zeit schenkte den Synodenvätern die Überzeugung, daß der Geist die Kirche weiterhin erneuert, indem er in zahlreichen Laien neue Impulse der Heiligkeit und der Teilnahme weckt. Zeugnis davon gibt unter anderem der neue Stil der Zusammenarbeit zwischen Priestern, Ordensleuten und Laien; die Mitwirkung in der Liturgie, in der Verkündigung des Wortes Gottes und in der Katechese; die vielen Dienste, die Laien anvertraut und von diesen übernommen werden; das vielfältige Entstehen von Gruppen, Vereinigungen und geistlichen Gemeinschaften sowie von gemeinsamen Initiativen der Laien; die umfassendere und bedeutsamere Teilnahme der Frauen am Leben der Kirche und an den Entwicklungen in der Gesellschaft.

Die Synode hat aber auch gezeigt, daß der Weg, den die Laien nach dem Konzil begangen haben, nicht ganz frei von Gefahren und Schwierigkeiten war. Wir denken vor allem an zwei Versuchungen, denen sie nicht immer widerstanden haben: Die Versuchung, ihr Interesse so stark auf die kirchlichen Dienste und Aufgaben zu konzentrieren, daß sie sich praktisch oft von ihrer Verantwortung im Beruf, in der Gesellschaft, in der Welt der Wirtschaft, der Kultur und der Politik dispensieren; und die Versuchung, die zu Unrecht bestehende Kluft zwischen Glauben und Leben, zwischen der grundsätzlichen Annahme des Evangeliums und dem konkreten Tun in verschiedenen säkularen und weltlichen Bereichen zu rechtfertigen. Die Synode hat in ihrer Arbeit immer wieder auf das II. Vatikanische Konzil zurückgegriffen, dessen Lehre über die Laien aus einem Abstand von zwanzig Jahren eine erstaunliche Aktualität, ja, eine fast prophetische Bedeutung aufweist. Sie kann die Antworten, die heute auf die neuen Probleme gegeben werden müssen, erhellen und für diese richtungweisend sein. Die Herausforderung, der sich die Synodenväter stellten, bestand im Grunde darin, konkrete Wege zu finden, damit die vielversprechende „Theorie" über die Laien, die das Konzil zum Ausdruck gebracht hat, zur echten kirchlichen Praxis wird. Einige Probleme treten durch eine bestimmte „Neuartigkeit" hervor, so daß sie zumindest im chronologischen Sinn als nachkonziliar bezeichnet werden können. Ihnen widmeten die Synodenväter im Lauf ihrer Besprechungen und Überlegungen besondere Aufmerksamkeit. Von diesen sollen vor allem die kirchlichen Dienste und Aufgaben, die Laien anvertraut sind oder anvertraut werden sollen, hier genannt sein, das Wachstum und die Verbreitung von neuen „Bewegungen" neben anderen Formen der Zusammenschlüsse der Laien sowie die Stellung und Aufgabe der Frau in Kirche und Gesellschaft.

Am Schluß ihrer Arbeit, die sie mit großem Engagement, mit Kompetenz und Hochherzigkeit ausgeführt haben, legten die Synodenväter mir den Wunsch und die Bitte vor, zu gegebener Zeit der Kirche ein Abschlußdokument über die Laien zu schenken.[5]

Dieses nachsynodale Apostolische Schreiben möchte den Wert und den Reichtum der gesamten Synodenarbeit ins Licht stellen, angefangen von den Lineamenta bis hin zum Instrumentum Laboris, von der einleitenden Relatio bis zu den Beiträgen der einzelnen Bischöfe und Laien und der zusammenfassenden Relatio nach der Diskussion im Plenum, von den Diskussionen und Berichten der „circoli minori" bis hin zu den „propositiones"

und der Schlußbotschaft. Darum ist dieses Dokument nicht neben der Synode zu sehen, sondern es ist vielmehr ihr getreuer und kohärenter Ausdruck. Es ist das Ergebnis der kollegialen Arbeit, zu deren endgültigem Gelingen der Rat des Generalsekretariates der Synode und das Sekretariat selbst beigetragen haben.
Das Apostolische Schreiben möchte ein neues Bewußtsein von den Gaben und der Verantwortung aller Laien und jedes einzelnen für die Sendung und communio der Kirche wecken und lebendig erhalten.

Die Bedürfnisse der heutigen Welt:
Warum steht ihr hier den ganzen Tag untätig herum?

3. Der tiefste Sinn dieser Synode und die kostbarste Frucht, die sie sich gewünscht hat, liegen darin, daß die Laien den Ruf Christi vernehmen, in seinem Weinberg zu arbeiten, in dieser herausragenden und dramatischen Stunde der Geschichte am Übergang zum dritten Jahrtausend an der Sendung der Kirche teilzunehmen: lebendig, verantwortlich und bewußt.
Neue kirchliche, gesellschaftliche, wirtschaftliche, politische und kulturelle Gegebenheiten rufen heute mit besonderer Intensität nach dem Engagement der Laien. Sich der Verantwortung zu entziehen, war schon immer verfehlt. Heute aber liegt darin eine noch größere Schuld. Niemandem ist es erlaubt, untätig zu bleiben.
Verfolgen wir das Gleichnis des Evangeliums weiter: „Als er um die elfte Stunde noch einmal hinging, traf er wieder einige, die dort herumstanden. Er sagte zu ihnen: Was steht ihr hier den ganzen Tag untätig herum? Sie antworteten: Niemand hat uns angeworben. Da sagte er zu ihnen: Geht auch ihr in meinen Weinberg!" (*Mt* 20,6–7).
Die Arbeit, die alle im Weinberg des Herrn erwartet, ist so groß, daß kein Raum für Untätigkeit bleibt. Der „Gutsbesitzer" wiederholt noch nachdrücklicher seine Einladung: „Geht auch ihr in meinen Weinberg!"
Im tiefsten Wesen eines jeden Christen, der, durch den Glauben und die christlichen Initiationssakramente Christus gleichgestaltet, lebendiges Glied der Kirche und aktives Subjekt ihrer Heilssendung ist, erklingt die Stimme des Herrn. Sie wird aber auch in den Ereignissen der Kirchengeschichte und der Geschichte der Menschen vernehmbar, wie das Konzil es uns in Erinnerung gebracht hat: „Im Glauben daran, daß es vom Geist des Herrn geführt wird, der den Erdkreis erfüllt, bemüht sich das Volk Gottes, in den Ereignissen, Bedürfnissen und Wünschen, die es zusammen mit den übrigen Menschen unserer Zeit teilt, zu unterscheiden, was darin wahre Zeichen der Gegenwart oder der Absicht Gottes sind. Der Glaube erhellt nämlich alles mit einem neuen Licht, enthüllt den göttlichen Ratschluß hinsichtlich der integralen Berufung des Menschen und orientiert daher den Geist auf wirklich humane Lösungen hin".[6] Wir müssen darum einen klaren Blick auf diese unsere Welt mit ihren Werten und mit ihren Problemen, mit ihren Nöten und mit ihren Hoffnungen, mit ihren Errungenschaften und mit ihren Niederlagen werfen: eine Welt, deren wirtschaftliche, gesellschaftliche, politische und kulturelle Verhältnisse größere und gravierendere Probleme und Schwierigkeiten aufweisen, als die, die das Konzil in der Pastoralkonstitution *Gaudium et spes*[7] beschrieben hat. Und dennoch ist diese Welt der Weinberg, sie ist der Ort, wo die Laien dazu berufen sind, ihre Sendung zu erfül-

len. Jesus will, daß sie wie alle seine Jünger Salz der Erde und Licht der Welt seien (vgl. *Mt* 5,13–14): Wie aber sieht das Antlitz der „Erde" und der „Welt" aus, deren „Salz" und „Licht" die Christen sein sollen?

Die Verschiedenheit der Situationen und Probleme in der heutigen Welt ist groß und von raschen Veränderungen gekennzeichnet. Von unzutreffenden Verallgemeinerungen und Vereinfachungen muß darum abgesehen werden. Aber es ist möglich, einige Grundtendenzen, die in der heutigen Gesellschaft erkenntlich sind, aufzugreifen. Wie auf dem Feld, das im Evangelium beschrieben wird, Unkraut und gutes Getreide wachsen, so finden sich in der Geschichte als der täglichen Bühne des oft widersprüchlichen Gebrauchs menschlicher Freiheit das Gute und das Böse, die Ungerechtigkeit und die Gerechtigkeit, die Not und die Hoffnung oft nebeneinander und zuweilen sogar eng miteinander verkettet.

Säkularismus und Bedürfnis nach dem Religiösen

4. Die wachsende Verbreitung der religiösen Gleichgültigkeit und des Atheismus in ihren verschiedenen Ausprägungen, vor allem in der heute geläufigsten Form des Säkularismus, kann nicht ungenannt bleiben. Vom Erfolg seiner Errungenschaften und durch die unaufhaltsame wissenschaftliche und technische Entwicklung verblendet, mehr noch aber durch die älteste und immer neue Versuchung, im unbegrenzten Gebrauch seiner Freiheit wie Gott sein zu wollen (vgl. *Gen* 3,5), fasziniert, reißt der Mensch die religiösen Wurzeln aus seinem Herzen. Er vergißt Gott, betrachtet ihn als bedeutungslos für seine eigene Existenz und verwirft ihn, um verschiedenste „Idole" anzubeten.

Das aktuelle Phänomen des Säkularismus ist in Wahrheit ein schweres Problem: Es betrifft nicht nur den einzelnen, sondern in gewissem Sinn auch ganze Gemeinschaften, wie es das Konzil schon herausgestellt hat: „... breite Volksmassen (geben) das religiöse Leben praktisch auf".[8] Ich habe selbst schon des öfteren das Phänomen der Entchristlichung in Erinnerung gerufen, das die Völker alt überkommener christlicher Tradition befällt und dringendst eine neue Evangelisierung erfordert.

Und dennoch lassen sich das Suchen und das Bedürfnis nach dem Religiösen nicht ganz auslöschen. Das Gewissen eines jeden Menschen, der den Mut aufbringt, sich den fundamentalsten Fragen menschlicher Existenz zu stellen, vor allem der Frage nach dem Sinn des Lebens, des Leidens und Sterbens, kommt nicht umhin, sich das Wort der Wahrheit, das der heilige Augustinus ausrief, anzueignen: „Auf dich hin, o Herr, hast du uns erschaffen. Unruhig ist unser Herz, bis es ruhet in dir".[9] So zeugt auch die heutige Welt in immer vielfältigerer und lebendigerer Weise vom Geöffnetsein der Menschen auf ein geistliches und transzendentes Verständnis des Lebens hin, von einer neuen Suche nach religiösen Werten, von der Wiederkehr zum Heiligen und zum Gebet, vom Verlangen nach der Freiheit, den Namen des Herrn anzurufen.

Der Mensch: erniedrigte und erhöhte Würde

5. Denken wir darüber hinaus an die vielen Verletzungen, denen der Mensch heute ausgesetzt ist. Immer dann, wenn er in seiner Würde als lebendiges Abbild Gottes (vgl.

Gen 1,26) nicht anerkannt und geliebt wird, ist der Mensch den demütigendsten und absurdesten Formen des Mißbrauchs, die ihn erbarmungslos zum Sklaven des Stärkeren machen, ausgeliefert. Dieses Stärkere kann verschiedene Namen tragen: Ideologie, wirtschaftliche Macht, unmenschliche politische Systeme, wissenschaftliche Technokratie, Überflutung durch die Massenmedien. Hier stehen wir wieder vor Scharen unserer Brüder und Schwestern, deren Grundrechte auch wegen einer übertriebenen Toleranz und sogar offenkundigen Ungerechtigkeit gewisser bürgerlicher Gesetzgebungen verletzt werden: das Recht auf Leben und dessen Unantastbarkeit, das Recht auf Wohnung und Arbeit, das Recht auf die Gründung einer Familie und auf verantwortliche Elternschaft, das Recht auf Teilnahme am öffentlichen und politischen Leben, das Recht auf Gewissensfreiheit und freies Bekenntnis des Glaubens.
Wer kann die Zahl der Kinder nennen, die nicht geboren wurden, weil man sie im Schoß ihrer Mütter getötet hat, der von ihren Eltern verlassenen und mißhandelten Kinder, der Kinder, die ohne Liebe und Erziehung aufwachsen? In einigen Ländern müssen ganze Völker auf Wohnung und Arbeit verzichten. Sie verfügen auch nicht über die erforderlichen Mittel, um ein menschenwürdiges Leben führen zu können, und nicht einmal das Unentbehrliche und Lebensnotwendige wird ihnen zugestanden. In schrecklichen Ausmaßen haben materielle und moralische Elends- und Armutserscheinungen in den Stadtrandgebieten der großen Metropolen Hausrecht gewonnen, und ganze Menschengruppen werden tödlich von ihnen getroffen.
Mag die Sakralität der Person aber noch so oft verachtet und verletzt werden, vernichten kann man sie nicht. Ihr unzerstörbares Fundament gründet in Gott, dem Schöpfer und Vater, darum wird die Sakralität der Person sich immer wieder aufs neue behaupten.
Aus diesem Grund erfaßt eine größere Sensibilität für die Personwürde eines jeden Menschen immer weitere Kreise. Wie ein befreiender Strom durchzieht nunmehr das Bewußtsein der Würde der Menschen alle Völker: Der Mensch ist keine „Sache“ und kein „Objekt“, das benutzt werden kann, sondern immer und allein „Subjekt“, dem Gewissen und Freiheit zu eigen ist, der dazu berufen ist, in der Gesellschaft und in der Geschichte verantwortlich zu leben und sich nach den geistigen und religiösen Werten auszurichten.
Es wurde behauptet, unsere Zeit sei eine Zeit der „Humanismen“. Einige von ihnen, die atheistischer und säkularistischer Prägung sind, führen letztlich zum Paradox der Demütigung und Vernichtung des Menschen; andere Humanismen wiederum verherrlichen ihn bis hin zur wahren Idolatrie; wieder andere erkennen schließlich der Wahrheit entsprechend die Größe und das Elend des Menschen an, und sie bekennen, unterstützen und fördern seine volle Würde.
Zeichen und Frucht dieser humanistischen Strömungen ist das wachsende Bedürfnis nach Teilhabe. Dieses ist ohne Zweifel eines der Kennzeichen der heutigen Menschheit, ein wahres „Zeichen der Zeit“, das auf verschiedenen Gebieten und in verschiedene Richtungen reift: vor allem unter den Frauen und Jugendlichen, und das nicht nur in Richtung des Familien- und Schulwesens, sondern auch im kulturellen, wirtschaftlichen, sozialen und politischen Bereich. Das Bedürfnis, Protagonisten und in gewissem Sinn Schöpfer einer neuen humanistischen Kultur zu sein, wird sowohl auf individueller wie auf universaler Basis beobachtet.[10]

Konfliktualität und Friede

6. Schließlich darf ein anderes, für die heutige Menschheit charakteristisches Phänomen nicht unerwähnt bleiben. Die Menschheit wird wie vielleicht noch nie zuvor in ihrer Geschichte täglich und tiefgreifend durch das Erlebnis der Konfliktualität aus dem Gleichgewicht gebracht. Es handelt sich hier um ein pluriformes Phänomen, das sich vom legitimen Pluralismus der Mentalitäten und der Initiativen unterscheidet und sich in verhängnisvollen Gegensätzen zwischen Menschen, Gruppen, Kategorien, Nationen und Nationenblocks Ausdruck verschafft. Diese Gegensätze äußern sich in Gewalt, Terrorismus und Kriegen. Wieder einmal, dieses Mal jedoch in weit größeren Ausmaßen, wiederholen ganze Teile der heutigen Menschheit den törichten Versuch, den „Turm zu Babel" zu erbauen (vgl. *Gen* 11,1–9), weil sie ihre „Allmacht" bekunden wollen. Das Ergebnis dieses Experimentes aber bleibt Verwirrung, Kampf, Auflösung und Unterdrückung. Die Menschheitsfamilie ist bis in ihr Inneres hinein auf dramatische Weise erschüttert und zerrissen.
Das Streben nach dem unermeßlichen Gut des Friedens in Gerechtigkeit läßt sich dennoch nicht aus den Herzen der einzelnen und der Völker ausrotten. Die Seligpreisung des Evangeliums: „Selig, die Frieden stiften" (*Mt* 5,9) findet unter den heutigen Menschen eine neue und bedeutungsträchtige Resonanz: Ganze Völker leben, leiden und arbeiten heute für Frieden und Gerechtigkeit. Die Teilnahme von immer mehr Menschen am Leben der Gesellschaft ist heute der gängigste Weg, damit der Friede nicht reiner Wunsch bleibt, sondern Realität wird. Auf diesem Weg begegnen wir vielen Laien, die sich im sozialen und politischen Bereich, institutionell oder freiwillig in den vielfältigen Formen des Dienstes an den Ärmsten hochherzig engagieren.

Jesus Christus, Hoffnung der Menschheit

7. So sieht das immense und steinige Feld aus, das sich den Arbeitern auftut, die der „Gutsbesitzer" in seinen Weinberg sendet. Die Kirche: wir alle, Hirten und Gläubige, Priester, Ordensleute und Laien, arbeiten auf diesem Feld. Die Situationen, die eben in Erinnerung gerufen worden sind, betreffen die Kirche auf entscheidende Weise, denn sie wird dadurch in gewissem Sinn eingeengt, aber nicht zermalmt und auch nicht überwältigt, denn der Heilige Geist, ihr Lebensprinzip, unterstützt sie bei der Erfüllung ihrer Sendung.
Die Kirche weiß, daß alles Bemühen der Menschheit um Einheit und Teilhabe trotz aller Schwierigkeiten, Verzögerungen und Widersprüche, die menschliche Kontingenz, Sünde und das Böse verursachen, in der Heilstat Jesu Christi, dem Erlöser des Menschen und der Welt, eine Antwort finden wird.
Die Kirche weiß sich von ihm gesandt als „Zeichen und Werkzeug für die innigste Vereinigung mit Gott wie für die Einheit der ganzen Menschheit".[11] Darum kann die Menschheit dennoch hoffen, ja, sie muß hoffen: Das personifizierte und lebendige Evangelium, Jesus Christus selbst, ist die „neue Botschaft", die Freude bringt, und die die Kirche jeden Tag allen Menschen verkündet und bezeugt.

In dieser Verkündigung und in diesem Zeugnis kommt den Laien ein spezifischer und unersetzlicher Beitrag zu: Durch sie wird die Kirche Christi in den verschiedensten Bereichen der Welt als Zeichen und Quelle der Hoffnung und der Liebe präsent.

Erstes Kapitel

Ich bin der Weinstock, ihr seid die Reben

Die Würde der Laien im Geheimnis der Kirche

Das Geheimnis des Weinbergs

8. Das Bild des Weinstocks wird in der Bibel auf vielfache Weise und in einem vielfältigen Sinn benutzt. Es dient aber vor allem dazu, das Geheimnis des Volkes Gottes zum Ausdruck zu bringen. In dieser tieferen Deutung sind die Laien nicht nur Arbeiter, die im Weinberg arbeiten, sondern Teil des Weinbergs selbst. Jesus sagt: „Ich bin der Weinstock, ihr seid die Reben" (*Joh* 15,5).

Schon im Alten Testament greifen die Propheten zum Bild des Weinbergs, um das Volk Gottes zu bezeichnen. Israel ist Gottes Weinberg, das Werk des Herrn, die Freude seines Herzens: „Ich aber hatte dich als Edelrebe gepflanzt, als gutes, als edles Gewächs" (*Jer* 2,21); „Deine Mutter war wie ein Weinstock im Garten, der am Wasser gepflanzt ist. Voll von Früchten und Ranken war er wegen des Reichtums an Wasser" (*Ez* 19,10); „Mein Freund hat einen Weinberg auf einer fruchtbaren Höhe. Er grub ihn um und entfernte die Steine und bepflanzte ihn mit den edelsten Reben" (*Jes* 5,1–2).

Jesus nimmt das Symbol des Weinbergs wieder auf und benutzt es, um einige Grundzüge des Reiches Gottes zu offenbaren: „Ein Mann legte einen Weinberg an, zog ringsherum einen Zaun, hob eine Kelter aus und baute einen Turm. Dann verpachtete er den Weinberg an Winzer und reiste in ein anderes Land" (*Mk* 12,1; vgl. *Mt* 21,28 ff.).

Der Evangelist Johannes lädt uns ein, tiefer zu gehen und das Geheimnis des Weinbergs zu entdecken: Der Weinberg symbolisiert und verkörpert nicht nur das Volk Gottes, sondern Jesus selbst. Er ist der Weinstock und wir, seine Jünger, sind die Reben; er ist der „wahre Weinstock", in dem die Reben lebensnotwendig verwurzelt sind (vgl. *Joh* 15,1 ff.).

Das II. Vatikanische Konzil stellt die verschiedenen biblischen Bilder, die das Geheimnis der Kirche erhellen, dar und bietet erneut das Bild des Weinstocks und der Reben an: „Der wahre Weinstock aber ist Christus, der den Rebzweigen Leben und Fruchtbarkeit gibt, uns nämlich, die wir durch die Kirche in ihm bleiben, und ohne den wir nichts tun können" (*Joh* 15,1–5).[12] Die Kirche selbst ist also der Weinberg im Evangelium. Sie ist Geheimnis, weil die Liebe und das Leben des Vaters, des Sohnes und des Heiligen Geistes die völlig unverdienten Gaben sind für alle, die aus dem Wasser und dem Geist geboren (vgl. *Joh* 3,5), die berufen sind, die communio Gottes selbst zu leben, zu bezeugen und in der Geschichte anderen mitzuteilen (Sendung): „An jenem Tag werdet ihr erkennen: Ich bin in meinem Vater, ihr seid in mir, und ich bin in euch" (*Joh* 14,20).

So kann sich die „Identität“ der Laien, die ihnen eigene Würde nur vom Geheimnis der Kirche her, das Geheimnis der communio ist, enthüllen. Und nur von dieser Würde her können ihre Berufung und ihre Sendung in Kirche und Welt definiert werden.

Wer sind die Laien

9. Die Synodenväter haben mit Recht auf die Notwendigkeit hingewiesen, eine positive Beschreibung von Berufung und Sendung der Laien auf der Grundlage eines vertieften Studiums der Lehre des II. Vatikanischen Konzils im Licht sowohl der jüngsten Dokumente des Lehramtes als auch der Erfahrungen, die die Kirche selbst unter der Führung des Heiligen Geistes in ihrem Leben macht, zu formulieren und anzubieten.[13]

Um die Frage „Wer sind die Laien?“ zu beantworten, verzichtete das Konzil auf die vorausgegangenen, vorrangig negativen Interpretationen und stellte sich auf einen entschieden positiven Boden. Seine Grundabsicht beweist die Aussage von der vollen Zugehörigkeit der Laien zur Kirche und ihrer vollen Teilnahme an deren Geheimnis sowie vom spezifischen Charakter ihrer Berufung, die in besonderer Weise die Aufgabe beinhaltet, „in der Verwaltung und gottgemäßen Regelung der zeitlichen Dinge das Reich Gottes zu suchen“.[14] „Unter der Bezeichnung Laien“ – so beschreibt sie die Konstitution *Lumen Gentium* – „sind hier alle Christgläubigen verstanden, mit Ausnahme der Glieder des Weihestandes und des in der Kirche anerkannten Ordensstandes, das heißt, die Christgläubigen, die durch die Taufe Christus einverleibt, zum Volk Gottes gemacht und des priesterlichen, prophetischen und königlichen Amtes Christi auf ihre Weise teilhaftig, zu ihrem Teil die Sendung des ganzen christlichen Volkes in der Kirche und in der Welt ausüben“.[15]

Schon Pius XII. sagte: „Die Gläubigen, und genauer noch die Laien, stehen an der äußersten Front des Lebens der Kirche; die Kirche ist für sie das Lebensprinzip der menschlichen Gesellschaft. Darum müssen sie und gerade sie ein immer tieferes Bewußtsein gewinnen, daß sie nicht nur zur Kirche gehören, sondern die Kirche sind, das heißt, die Gemeinschaft der Gläubigen auf Erden unter der Führung des Papstes als des gemeinsamen Hauptes und der mit ihm geeinten Bischöfe. Sie sind die Kirche...“.[16]

Nach dem biblischen Bild des Weinstocks sind die Laien wie alle anderen Glieder der Kirche Reben, die in Christus, dem wahren Weinstock, verwurzelt sind, die er lebendig und lebensspendend macht.

Die Eingliederung in Christus durch den Glauben und die christlichen Initiationssakramente ist der tiefste Grund für den neuen Ort des Christen im Geheimnis der Kirche, der seine eigentlichste „Physiognomie“ bestimmt, und ist Voraussetzung jeder Berufung und Dynamik im christlichen Leben der Laien: „In Jesus Christus, der gestorben und auferstanden ist, wird der Getaufte zu einem neuen Menschen“ (*Gal* 6,15; *Kor* 5,17), zu einem von der Sünde gereinigten und durch die Gnade neu belebten Menschen.

Darum kann die „Gestalt“ des Laien nur auf dem Hintergrund des geheimnisvollen Reichtums, den Gott den Christen in der Taufe schenkt, beschrieben werden.

Die Taufe und die Neuheit des Christlichen

10. Die Behauptung ist nicht übertrieben, daß der Sinn des gesamten Lebens des Laien darin besteht, zur Erkenntnis der in der Taufe als Sakrament des Glaubens liegenden radikalen Neuheit des Christlichen zu gelangen, um der Berufung, die er von Gott empfangen hat, zu entsprechen und die damit verbundenen Pflichten zu erfüllen. Um die „Gestalt" des Laien zu beschreiben, greifen wir nun unter allen anderen explizit und unmittelbar die drei grundlegenden Gesichtspunkte heraus: Die Taufe erschafft uns neu zu einem Leben als Kinder Gottes, sie eint uns mit Christus und mit der Kirche, seinem Leib, sie salbt uns im Heiligen Geist und macht uns zu geistigen Tempeln.

Kinder Gottes im Sohn

11. Wir erinnern uns an die Worte Jesu an Nikodemus: „Amen, Amen, ich sage dir: Wenn jemand nicht aus Wasser und Geist geboren wird, kann er nicht in das Reich Gottes kommen" (*Joh* 3,5). Die heilige Taufe ist also eine Neugeburt, sie ist eine neue Zeugung.
Angesichts dieser Gabe, die in der Taufe gegeben wird, stimmt der Apostel Petrus den Lobpreis an: „Gepriesen sei der Gott und Vater unseres Herrn Jesus Christus. Er hat uns in seinem großen Erbarmen neu geboren, damit wir durch die Auferstehung Jesu Christi von den Toten eine lebendige Hoffnung haben und das unzerstörbare, makellose und unvergängliche Erbe empfangen, das im Himmel für euch aufbewahrt ist" (*1 Petr* 1,3–4). Er nennt die Christen diejenigen, die „nicht aus vergänglichem, sondern aus unvergänglichem Samen, aus Gottes Wort, das lebt und das bleibt", neu geboren wurden (*1 Petr* 1,23).
Durch die heilige Taufe werden wir in seinem eingeborenen Sohn Jesus Christus zu Kindern Gottes. Wenn er aus dem Taufwasser steigt, vernimmt jeder Christ die Stimme, die am Ufer des Jordan erklang: „Du bist mein geliebter Sohn, an dir habe ich Gefallen gefunden" (*Lk* 3,22). Er versteht, daß er als Erbe dem geliebten Sohn zugesellt (vgl. *Gal* 4,4–7) und damit Bruder oder Schwester Christi wurde. So erfüllt sich der ewige Plan des Vaters in der persönlichen Geschichte eines jeden Christen: „... denn alle, die er im voraus erkannt hat, hat er auch im voraus dazu bestimmt, an Wesen und Gestalt seines Sohnes teilzuhaben, damit dieser der Erstgeborene von vielen Brüdern sei" (*Röm* 8,29).
Der Heilige Geist ist es, der die Getauften zu Kindern Gottes und zu Gliedern des Leibes Christi macht. Paulus erinnert die Christen von Korinth an diese Wahrheit: „Durch den Heiligen Geist wurden wir in der Taufe alle in einen einzigen Leib aufgenommen" (*1 Kor* 12,13). Und er kann den Laien sagen: „Ihr aber seid der Leib Christi, und jeder einzelne ist ein Glied an ihm" (*1 Kor* 12,27); „Weil ihr aber Söhne seid, sandte Gott den Geist seines Sohnes in unser Herz" (*Gal* 4,6; vgl. *Röm* 8,15–16).

Ein Leib in Christus

12. Als „Kinder Gottes im Sohn" neu geboren, sind die Getauften untrennbar „Glieder Christi und Glieder des Leibes der Kirche", wie das Konzil von Florenz lehrt.[17]
Die Taufe bedeutet und bewirkt eine mystische, aber reale Eingliederung in den gekreuzigten und verherrlichten Leib Jesu. Durch das Sakrament eint Jesus den Getauften in sei-

nem Tod, um ihn mit seiner Auferstehung zu vereinigen (vgl. *Röm* 6,3–5), er zieht ihm den „alten Menschen" aus und bekleidet ihn mit dem „neuen Menschen", das heißt, mit sich selbst: „Denn ihr alle, die ihr in Christus getauft seid" – erklärt der Apostel Paulus – „habt Christus (als Gewand) angelegt" (*Gal* 3,27; vgl. *Eph* 4,22–24; *Kol* 3,9–10). Daraus folgt, daß „wir, die vielen, ein Leib in Christus" sind (*Röm* 12,5).
Die Paulusworte sind eine treue Wiedergabe der Lehre Jesu, der die geheimnisvolle Einheit der Jünger mit sich selbst und unter sich geoffenbart hat und sie als Bild und Fortsetzung jener unlöslichen Einheit dargestellt hat, die den Vater mit dem Sohn und den Sohn mit dem Vater im Band der Liebe des Geistes eint (vgl. *Joh* 17,21). Es ist dieselbe Einheit, die Jesus im Gleichnis vom Weinstock und den Reben anspricht: „Ich bin der Weinstock, ihr seid die Reben" (*Joh* 15,5). Dieses Bild erhellt nicht nur die tiefe Einheit der Jünger mit Jesus, sondern auch die lebensmäßige Verbundenheit der Jünger untereinander, die alle Reben des einen Weinstocks sind.

Lebendige und heilige Tempel des Geistes

13. Mit Hilfe eines anderen Bildes, nämlich das eines Bauwerkes, definiert Petrus die Getauften als „lebendige Steine", die auf Christus, dem „Eckstein", gründen und zum Bau eines „geistigen Haus(es)" (*1 Petr* 2,5 ff.) bestimmt sind. Dieses Bild schließt uns eine andere Dimension der Neuheit der Taufe auf, die das II. Vatikanische Konzil so dargestellt hat: „Durch die Wiedergeburt und die Salbung mit dem Geist werden die Getauften zu einem geistigen Bau ... geweiht".[18]
Der Heilige Geist „salbt" den Getauften und drückt ihm sein unauslöschliches Siegel auf (vgl. *1 Kor* 1,21–22), er macht ihn zu einem geistigen Bau, das heißt, er erfüllt ihn durch die Vereinigung mit Christus und die Umgestaltung in ihn mit der heiligen Gegenwart Gottes. Durch diese geistige „Salbung" kann der Christ auf seine Weise die Worte Christi wiederholen: „Der Geist des Herrn ruht auf mir; denn der Herr hat mich gesalbt. Er hat mich gesandt, damit ich den Armen eine gute Nachricht bringe; damit ich den Gefangenen die Entlassung verkünde und den Blinden das Augenlicht; damit ich die Zerschlagenen in Freiheit setze und ein Gnadenjahr des Herrn ausrufe" (*Lk* 4,18–19; vgl. *Jes* 61,1–2). Durch die mit der Taufe und Firmung gegebene Ausgießung des Geistes nimmt der Getaufte teil an der Sendung Jesu, des Christus, des Messias und Heilandes selbst.

Teilhabe am priesterlichen, prophetischen und königlichen Amt Jesu Christi

14. Der Apostel Petrus spricht die Getauften als „neugeborene Kinder" an, und er schreibt ihnen: „Kommt zu ihm, dem lebendigen Stein, der von den Menschen verworfen, aber von Gott auserwählt und geehrt worden ist. Laßt euch als lebendige Steine zu einem geistigen Haus aufbauen, zu einer heiligen Priesterschaft, um durch Jesus Christus geistige Opfer darzubringen, die Gott gefallen ... Ihr aber seid ein auserwähltes Geschlecht, eine königliche Priesterschaft, ein heiliger Stamm, ein Volk, das sein besonderes Eigentum wurde, damit ihr die großen Taten dessen verkündet, der euch aus der Fin-

sternis in sein wunderbares Licht gerufen hat" (*1 Petr* 2,4–5.9). Dieses ist ein neuer Aspekt der Taufgnade und -würde: Die Laien nehmen auf ihre Weise teil am dreifachen – priesterlichen, prophetischen und königlichen – Amt Christi. Diese Wahrheit wurde in der lebendigen Tradition der Kirche nie vergessen, wie es zum Beispiel der Kommentar des Augustinus zu Psalm 26 zeigt. Er schreibt: „David wurde zum König gesalbt. In jener Zeit wurden nur der König und der Priester gesalbt. Diese beiden waren eine Präfiguration des künftigen und einzigen Königs und Priesters, des Christus (‚Christus' leitet sich von ‚chrisma' ab). Aber nicht nur unser Haupt wurde gesalbt, sondern auch wir, sein Leib... Darum steht die Salbung allen Christen zu, während sie in der alttestamentlichen Zeit nur zweien zustand. Wir bilden den Leib Christi, weil wir alle gesalbt sind und in ihm Christus sind. Denn in einem gewissen Sinn wird Christus in seiner Ganzheit vom Haupt und vom Leib gebildet".[19]

Auf den Spuren des II. Vatikanischen Konzils[20] habe ich seit Beginn meines Hirtenamtes die priesterliche, prophetische und königliche Würde des gesamten Gottesvolkes herausstellen wollen: „Der aus der Jungfrau Maria geboren wurde, der Sohn des Schreiners – für einen solchen hielt man ihn -, der Sohn des lebendigen Gottes, wie Petrus bekannt hat, ist gekommen, um aus uns allen ‚eine königliche Priesterschaft' zu machen. Das Konzil hat uns das Geheimnis dieser Macht und die Tatsache, daß die Sendung Christi, des Priesters, Propheten, Lehrers und Königs, sich in der Kirche fortsetzt, wieder in Erinnerung gerufen. Alle, das gesamte Gottesvolk, nehmen teil an dieser dreifachen Sendung".[21]

In diesem Schreiben werden die Laien erneut aufgefordert, die reiche und fruchtbare Lehre des Konzils über ihre Teilhabe am dreifachen Amt Christi[22] aufmerksam und mit bereitem Herzen zu lesen und zu meditieren. Hier soll in einer Synthese auf die wesentlichen Elemente dieser Lehre hingewiesen werden. Die Laien nehmen teil am priesterlichen Amt Christi, durch das Jesus sich selbst am Kreuz geopfert hat und sich in der Feier der Eucharistie ständig neu für die Verherrlichung des Vaters und für das Heil der Menschheit darbringt. Christus eingegliedert, sind die Getauften in der Hingabe ihrer selbst und all ihres Tuns mit ihm und seinem Opfer vereint (vgl. *Röm* 12,1–2). Das Konzil sagt über die Laien: „Es sind nämlich alle ihre Werke, Gebete und apostolischen Unternehmungen, ihr Ehe- und Familienleben, die tägliche Arbeit, die geistige und körperliche Erholung, wenn sie im Geist getan werden, aber auch die Lasten des Lebens, wenn sie geduldig getragen werden, ‚geistige Opfer, wohlgefällig vor Gott durch Jesus Christus' (*1 Petr* 2,5). Bei der Feier der Eucharistie werden sie mit der Darbringung des Herrenleibes dem Vater in Ehrfurcht dargeboten. So weihen auch die Laien, überall Anbeter in heiligem Tun, die Welt selbst Gott".[23]

Die Teilhabe am prophetischen Amt Christi, der „durch das Zeugnis seines Lebens und in der Kraft seines Wortes die Herrschaft des Vaters ausgerufen hat",[24] befähigt und verpflichtet die Laien, das Evangelium im Glauben anzunehmen, es durch ihre Worte und ihre Werke zu verkündigen und mutig auf das Böse hinzuweisen. Christus, dem „großen Propheten" (*Lk* 7,16), vereint, im Geist zu „Zeugen" des auferstandenen Christus berufen, werden die Laien nicht nur des übernatürlichen Glaubenssinnes der Kirche, der „im Glauben nicht irren" kann,[25] sondern auch der Gnade des Wortes (vgl. *Apg* 2,17–18; *Offb* 19,10) teilhaftig; auch sind sie dazu berufen, die Neuheit und die Kraft des Evangeli-

ums in ihrem täglichen Familien- und gesellschaftlichen Leben sichtbar werden zu lassen und mutig und geduldig inmitten der Widersprüche unserer Zeit „auch durch die Strukturen des Weltlebens“[26] ihre Hoffnung auf die ewige Herrlichkeit zu bezeugen.
Aufgrund ihrer Zugehörigkeit zu Christus, dem Herrn und König der Welt, nehmen die Laien teil an seinem königlichen Amt. Sie sind von ihm zum Dienst am Reich Gottes und an seiner Ausfaltung in der Geschichte berufen. Die Laien leben das christliche Königtum vor allem durch ihren geistlichen Kampf, um in sich selbst das Reich der Sünde zu überwinden (vgl. *Röm* 6,12) und durch ihre Selbsthingabe, um in der Liebe und der Gerechtigkeit Jesu, der in allen ihren Brüdern und Schwestern, vor allem in den ärmsten zugegen ist, zu dienen (vgl. *Mt* 25,40).
Die Laien sind in besonderer Weise aber dazu berufen, der Schöpfung ihren vollen ursprünglichen Wert zurückzuschenken. Wenn sie durch ihr von der Gnade getragenes Tun die Schöpfung zum Wohl der Menschen ordnen, nehmen die Laien teil an der Ausübung der Macht, mit der der auferstandene Jesus alle Dinge an sich zieht, um sie mit sich selbst dem Vater zu unterwerfen, damit Gott alles in allem sei (vgl. *Joh* 12,32; *1 Kor* 15,28).
Die Teilhabe der Laien am dreifachen Amt Christi, des Priesters, Propheten und Königs, hat ihre erste Wurzel in der Taufsalbung, und sie erfährt in der Firmung ihre Ausfaltung. In der Eucharistie wird sie ständig genährt und vollendet. Diese Teilhabe wird den einzelnen Gläubigen, insofern sie den einen Leib des Herrn bilden, geschenkt: Es ist die Kirche, sein Leib und seine Braut, die Jesus mit seinen Gaben bereichert. Als Glieder der Kirche nehmen die einzelnen teil am dreifachen Amt Christi, wie der heilige Petrus es deutlich lehrt, wenn er die Getauften als „Auserwähltes Geschlecht, ... königliche Priesterschaft, ... heiliger Stamm, ... Volk, das ... (Gottes) besonderes Eigentum wurde“ (*1 Petr* 2,9) beschreibt. Weil sie sich von der kirchlichen communio ableitet, muß die Teilhabe der Laien am dreifachen Amt Christi in der communio und um des Wachstums der communio willen gelebt und verwirklicht werden. Augustinus schreibt: „So wie alle aufgrund des mystischen Charismas Christen genannt werden, so nennen wir alle Priester, weil sie Glieder des einzigen Priesters sind“.[27]

Die Laien und der Weltcharakter

15. Die Neuheit des Christlichen ist Fundament und Rechtsgrund für die Gleichheit aller Getauften in Christus, für die Gleichheit aller Glieder des Volkes Gottes: „... gemeinsam die Würde der Glieder aus ihrer Wiedergeburt in Christus, gemeinsam die Gnade der Kindschaft, gemeinsam die Berufung zur Vollkommenheit, eines ist das Heil, eines die Hoffnung und ungeteilt die Liebe“.[28] Aufgrund der gemeinsamen Taufwürde ist der Laie mit den geweihten Hirten und den Ordensleuten mitverantwortlich für die Sendung der Kirche. Die gemeinsame Taufwürde ist dem Laien in einer Weise zu eigen, die ihn vom Priester und von den Ordensleuten zwar unterscheidet, aber doch nicht trennt. Das II. Vatikanische Konzil hat diese Modalität im Weltcharakter gefaßt: „Den Laien ist der Weltcharakter in besonderer Weise eigen“.[29]
Um den Ort des Laien in der Kirche voll, sachgerecht und spezifisch zu verstehen, muß die theologische Relevanz seines Weltcharakters im Licht des Heilsplanes Gottes und des

Geheimnisses der Kirche tiefer erörtert werden. Wie Paul VI. schon gesagt hat, „eignet der Kirche eine welthafte Dimension an, die wesenhaft zu ihr und zu ihrer Sendung gehört und die sich in ihren Gliedern auf verschiedene Weise verwirklicht“.[30]
Wenn sie auch nicht von dieser Welt ist, lebt die Kirche in dieser Welt (vgl. *Joh* 17,16), und sie ist gesandt, das Heilswerk Jesu Christi fortzusetzen, „das auf das Heil der Menschen (zielt), aber auch den Aufbau der gesamten zeitlichen Ordnung“ umfaßt.[31]
Alle Glieder der Kirche nehmen auf verschiedene Weise an ihrer säkularen Dimension teil. Die Laien vor allem aktualisieren und üben diese Teilhabe, die ihnen nach der Lehre des Konzils in besonderer Weise zu eigen ist, auf spezifische Weise aus. Sie wird mit dem Begriff „Weltcharakter“ bezeichnet.[32]
Das Konzil beschreibt diese Welthaftigkeit der Laien vor allem als den Ort, an dem der Ruf Gottes sie trifft: „Dort sind sie von Gott gerufen“.[33] Dieser Ort wird mit Hilfe von dynamischen Begriffen dargestellt: Die Laien „leben in der Welt, das heißt in all den einzelnen irdischen Aufgaben und Werken und den normalen Verhältnissen des Familien- und Gesellschaftslebens, aus denen ihre Existenz gleichsam zusammengewoben ist“.[34]
Die Laien leben in den gewöhnlichen Strukturen der Welt, sie studieren, arbeiten, gehen freundschaftliche, soziale, berufliche und kulturelle Beziehungen ein usw. Das Konzil betrachtet diese ihre Lebensverhältnisse nicht nur als ein äußerliches und milieubedingtes Moment, sondern als eine Wirklichkeit, die in Jesus Christus die Fülle ihrer Bedeutung finden muß.[35] Es behauptet, daß das „fleischgewordene Wort ... selbst in die menschliche Gesellschaft eingehen (wollte) ... Die menschlichen, besonders die familiären Verflechtungen, den Anfang der Gesellschaftlichkeit überhaupt, hat er geheiligt; freiwillig den Gesetzen seines Heimatlandes untertan; er hat das Leben eines Arbeiters, wie es Zeit und Land eigen war, leben wollen“.[36]
So wird „die Welt“ zum Bereich und zum Mittel der Erfüllung der christlichen Berufung der Laien, weil sie dazu bestimmt ist, in Christus Gott den Vater zu verherrlichen. Darum kann das Konzil auf den spezifischen Sinn der göttlichen Berufung, die an die Laien ergeht, hinweisen. Sie sind nicht dazu berufen, ihren Ort in der Welt zu verlassen.
Wie schon der Apostel Paulus lehrte, nimmt die Taufe sie nicht aus der Welt: „Brüder, ein jeder soll vor Gott in dem Stand bleiben, in dem ihn der Ruf Gottes getroffen hat“ (*1 Kor* 7,24). Die Taufe beinhaltet vielmehr eine Sendung, die sich gerade auf die Situation in der Welt bezieht: Die Laien sind „von Gott gerufen, ihre eigentümliche Aufgabe, vom Geist des Evangeliums geleitet, auszuüben und so wie ein Sauerteig zur Heiligung der Welt gewissermaßen von innen her beizutragen, und vor allem durch das Zeugnis ihres Lebens, im Glanz von Glaube, Hoffnung und Liebe Christus den anderen kund zu machen“.[37]
So stellen das In-der-Welt-Sein und In-der-Welt-Handeln für die Laien nicht nur eine anthropologische und soziologische Gegebenheit dar, sondern auch und vor allem eine spezifisch theologische und kirchliche. In der Welt offenbart Gott ihnen seinen Willen und ihre besondere Berufung, „in der Verwaltung und gottgemäßen Regelung der zeitlichen Dinge das Reich Gottes zu suchen“.[38]
In dieselbe Richtung geht auch die Behauptung der Synodenväter: „Der Weltcharakter der Laien kann darum nicht nur im soziologischen, sondern muß auch im theologischen Sinn betrachtet werden. Das Merkmal der Welthaftigkeit muß im Licht des Schöpfungs-

und Erlösungsaktes Gottes betrachtet werden, der die Welt den Menschen anvertraut, damit sie am Schöpfungswerk teilnehmen, die Schöpfung von den Folgen der Sünde befreien und sich selbst in der Ehe oder in der Ehelosigkeit, in der Familie, im Beruf und in den verschiedenen Bereichen des gesellschaflichen Lebens heiligen".[39]
Der Ort der Laien in der Kirche muß grundsätzlich von dieser Neuheit des Christlichen her definiert und durch den Weltcharakter der Laien charakterisiert werden.[40] Die Bilder des Evangeliums: das Salz, das Licht und der Sauerteig, treffen unterschiedslos auf alle Jünger Jesu zu, aber in besonderer Weise auf die Laien. Sie haben eine wundersam tiefe Bedeutung für sie, denn sie bringen nicht nur die tiefe Verankerung und die volle Teilhabe der Laien auf der Erde, in der Welt, in der Gemeinschaft der Menschen zum Ausdruck, sondern auch und vor allem das Neue und Originelle einer Verankerung und einer Teilhabe, die ihren Sinn in der Verbreitung des heilbringenden Evangeliums findet.

Zur Heiligkeit berufen

16. Die Würde der Laien erschließt sich uns voll, wenn wir die erste und fundamentale Berufung betrachten, die der Vater in Jesus Christus durch den Heiligen Geist an einen jeden von ihnen richtet: die Berufung zur Heiligkeit, das heißt zur Vollkommenheit in der Liebe. Der Heilige ist das vollkommenste Zeugnis der Würde, die dem Jünger Christi verliehen wurde.
Das II. Vatikanische Konzil hat Entscheidendes über die universelle Berufung zur Heiligkeit gesagt. Man kann sogar behaupten, daß dieser der wichtigste Auftrag eines Konzils, das die Erneuerung des christlichen Lebens im Sinn des Evangeliums zum Ziel hatte,[41] an alle Söhne und Töchter der Kirche ist. Er ist nicht lediglich eine moralische Ermahnung, sondern eine unausweichliche Forderung, die sich aus dem Geheimnis der Kirche ergibt: Die Kirche ist der erwählte Weinstock, dessen Reben aus dem heiligen und heiligenden Lebensstrom Christi leben; sie ist der mystische Leib, dessen Glieder am Heiligkeitsleben des Hauptes selbst, das Christus ist, teilnehmen; sie ist die geliebte Braut des Herrn Jesus, der sich selbst dahingegeben hat, um sie zu heiligen (vgl. *Eph* 5,25 ff.). Der Geist, der die menschliche Natur Jesu im jungfräulichen Schoß Marias geheiligt hat (vgl. *Lk* 1,35), ist derselbe Geist, der in der Kirche gegenwärtig und wirksam ist, um ihr die Heiligkeit des menschgewordenen Gottessohnes mitzuteilen.
Das Gebot der Stunde geht heute mehr denn je dahin, daß alle Christen den Weg der Erneuerung im Geist des Evangeliums begehen, um sich hochherzig der Aufforderung des Apostels zu stellen, daß ihr „ganzes Leben heilig" werde (*1 Petr* 1,15). Zwanzig Jahre nach dem Abschluß des Konzils hat die Außerordentliche Synode 1985 auf diese dringende Notwendigkeit hingewiesen: „Weil die Kirche in Christus Geheimnis ist, muß sie als Zeichen und Werkzeug der Heiligkeit verstanden werden... In den schwierigsten Situationen der Geschichte der Kirche standen am Ursprung der Erneuerung immer Heilige. Heute brauchen wir notwendig Heilige, die wir uns beharrlich von Gott erbeten müssen".[42]
Weil sie ihre Glieder sind, empfangen und teilen alle in der Kirche die universelle Berufung zur Heiligkeit. Auch die Laien sind ohne den geringsten Unterschied wie die ande-

ren Glieder der Kirche voll und ganz dazu berufen: „Jedem ist also klar, daß alle Christgläubigen jeglichen Standes oder Ranges zur Fülle des christlichen Lebens und zur vollkommenen Liebe berufen sind“.[43] „Alle Christgläubigen sind also zum Streben nach Heiligkeit und ihrem Stand entsprechender Vollkommenheit eingeladen und verpflichtet“.[44] Die Berufung zur Heiligkeit hat in der Taufe ihre Wurzeln und wird in den anderen Sakramenten, vor allem in der Eucharistie, erneuert. Da sie Christus angezogen und sich vom Heiligen Geist genährt haben, sind die Christen „heilig“ und darum befähigt und verpflichtet, die Heiligkeit ihres Seins in der Heiligkeit ihres ganzen Wirkens zu zeigen. Der Apostel Paulus wird nicht müde, alle Christen zu ermahnen, so zu leben, „wie es sich für Heilige gehört“ (*Eph* 5,3).

Das Leben nach dem Geist, dessen Frucht die Heiligung ist (vgl. *Röm* 6,22; *Gal* 5,22), fordert von jedem Getauften Nachfolge und Nachahmung Christi und befähigt ihn dazu: in der Annahme der Seligpreisungen, im Hören und Betrachten des Wortes Gottes, in der bewußten und aktiven Teilnahme am liturgischen und sakramentalen Leben der Kirche, im persönlichen Gebet, im Gebet der Familie und der Gemeinschaften, im Hunger und Durst nach der Gerechtigkeit, in der Erfüllung des Gebotes der Liebe in allen Situationen des Lebens und im Dienst an den Brüdern, vor allem den Kleinen, Armen und Leidenden.

In der Welt zur Heiligkeit gelangen

17. Die Berufung der Laien zur Heiligkeit bringt es mit sich, daß das Leben nach dem Geist vor allem in ihrem Einbezogensein in den weltlichen Bereich und in ihrer Teilnahme an den irdischen Tätigkeiten zum Ausdruck kommt. Der Apostel ermahnt uns noch einmal: „Alles, was ihr in Worten und Werken tut, geschehe im Namen Jesu, des Herrn. Durch ihn dankt Gott, dem Vater!“ (*Kol* 3,17). Das Konzil wendet die Worte des Apostels auf die Laien an und erklärt ausdrücklich: „Weder die häuslichen Sorgen noch die anderen Aufgaben, die das Leben in der Welt stellt, dürfen außerhalb des Bereiches ihres geistlichen Lebens stehen“.[45] Die Synodenväter meinten ihrerseits: „Die Einheit des Lebens der Laien ist von entscheidender Bedeutung: Sie müssen sich in ihrem alltäglichen beruflichen und gesellschaftlichen Leben heiligen. Um ihre Berufung zu erfüllen, müssen die Laien ihr Tun im Alltag als Möglichkeit der Vereinigung mit Gott und der Erfüllung seines Willens sowie als Dienst an den anderen Menschen betrachten, um sie in Christus zur Gemeinschaft mit Gott zu führen“.[46]

Die Laien müssen ihre Berufung zur Heiligkeit als unverzichtbare Pflicht, die sie fordert, vor allem aber als leuchtendes Zeichen der Liebe Gottes, der sie zu seinem Leben der Heiligkeit erlöst hat, verstehen und verwirklichen. Eine solche Berufung muß sich also als wesentlicher und untrennbarer Bestandteil des neuen Lebens, das uns in der Taufe geschenkt wurde, und somit als konstitutiver Bestandteil der Würde der Laien verstehen. Die Berufung zur Heiligkeit ist mit der Sendung sowie mit der Verantwortung, die den Laien in der Kirche und in der Welt anvertraut ist, aufs engste verknüpft. Die gelebte Heiligkeit, die aus der Teilnahme am Heiligkeitsleben der Kirche fließt, stellt den ersten und grundlegenden Beitrag zum Aufbau der Kirche als „Gemeinschaft der Heiligen“ dar. Im Licht des Glaubens erschließt sich uns ein wundervoller Horizont: die zahlreichen Laien, Männer und Frauen, die in ihrem Leben und ihrem alltäglichen Tun oft ungesehen und sogar unverstanden, von den Großen dieser Erde nicht anerkannt, aber vom Vater in Liebe angeschaut, unermüdliche Arbeiter im Weinberg des Herrn sind und so demütige, aber – durch die Kraft der Gnade Gottes – große Mitwirkende am Wachstum des Reiches Gottes in der Geschichte werden.

Die Heiligkeit ist fundamentale Bedingung und unverzichtbare Voraussetzung für die Erfüllung der Heilssendung der Kirche. Die geheime Quelle und das unfehlbare Maß der missionarischen Kraft der Kirche ist ihre Heiligkeit. Nur in dem Maß, in dem sie sich als Braut Christi seiner Liebe aussetzt und ihn wiederliebt, wird die Kirche im Geist zur fruchtbaren Mutter.

Greifen wir wieder zurück zum biblischen Bild: Das Sprießen und Wachsen der Reben ist gegeben durch ihre Verbindung mit dem Weinstock. „Wie die Rebe aus sich keine Frucht bringen kann, sondern nur, wenn sie am Weinstock bleibt, so könnt auch ihr keine Frucht bringen, wenn ihr nicht in mir bleibt. Ich bin der Weinstock, ihr seid die Reben. Wer in mir bleibt und in wem ich bleibe, der bringt reiche Frucht; denn getrennt vor mir könnt ihr nichts vollbringen“ (*Joh* 15,4–5).

Es liegt nahe, hier die feierlichen Selig- und Heiligsprechungen von Laien, Männern und Frauen, die während der Synode stattgefunden haben, in Erinnerung zu rufen. Das gesamte Volk Gottes und vor allem die Laien können nun auf neue Vorbilder der Heiligkeit, die in gewöhnlichen und alltäglichen Situationen menschlicher Existenz gelebt haben, auf neue Zeugnisse heroischer Tugend schauen. Die Synodenväter sagten darüber: „Die Ortskirchen und vor allem die sogenannten jungen Kirchen müssen aufmerksam unter ihren Gliedern jene Männer und Frauen zu erkennen suchen, die in diesen Situationen (den alltäglichen Situationen der Welt und des Ehestandes) ein Zeugnis der Heiligkeit gegeben haben und anderen Vorbild sein können, damit sie gegebenenfalls für die Selig- oder Heiligsprechung vorgeschlagen werden“.[47]

Am Schluß dieser Überlegungen, die den Ort der Laien in der Kirche definieren wollten, kommt uns die berühmte Ermahnung Leos des Großen in den Sinn: „O Christ, erkenne deine Würde!“[48] Die gleiche Ermahnung hat Maximus, Bischof von Turin, an alle gerichtet, die die Salbung der heiligen Taufe empfangen hatten: „Bedenkt die Ehre, die euch in diesem Geheimnis zuteil wurde!“[49] Alle Getauften sind aufgerufen, erneut auf die Worte des heiligen Augustinus zu hören: „Freuen wir uns und danken wir: wir sind nicht nur Christen, sondern Christus geworden... Staunt und frohlockt: Wir sind Christus geworden“.[50]

Die christliche Würde, die Ursprung der Gleichheit aller Glieder der Kirche ist, gewährleistet und fördert den Geist der communio und der Brüderlichkeit und ist zugleich Geheimnis und Kraftquelle der apostolischen und missionarischen Dynamik der Laien. Diese Würde ist anspruchsvoll, sie ist die Würde der Arbeiter, die der Herr in seinen Weinberg gerufen hat: „So obliegt allen Laien“ – lesen wir in den Konzilstexten – „die ehrenvolle Bürde, dafür zu wirken, daß der göttliche Heilsratschluß mehr und mehr alle Menschen aller Zeiten und überall auf der Erde erreiche“.[51]

Zweites Kapitel

Wir alle sind Reben des einen Weinstocks

Die Teilhabe der Laien am Leben in der communio der Kirche
Das Geheimnis der Kirche als communio

18. Hören wir noch einmal auf die Worte Jesu: „Ich bin der wahre Weinstock, und mein Vater ist der Winzer... Bleibt in mir, dann bleibe ich in euch" (*Joh* 15,1–4).
Diese einfachen Worte offenbaren uns die geheimnisvolle Gemeinschaft, die den Herrn und die Jünger, den Herrn und alle Getauften zu einer Einheit verbindet. Sie ist lebendige und lebenspendende Gemeinschaft, aufgrund derer die Christen nicht sich selbst gehören, sondern wie die Reben am Weinstock Christi Eigentum sind.
Vorbild, Quelle und Ziel der Gemeinschaft der Christen mit Jesus ist die Gemeinschaft des Sohnes mit dem Vater in der Hingabe des Heiligen Geistes. Durch das Liebesband des Geistes Christi vereint, sind die Christen mit dem Vater geeint. Jesus fährt fort: „Ich bin der Weinstock, ihr seid die Reben" (*Joh* 15,5). Aus der Gemeinschaft der Christen mit Christus ergibt sich ihre Gemeinschaft untereinander: Alle sind Reben des einen Weinstocks, der Christus ist. Der Herr Jesus deutet uns diese brüderliche Gemeinschaft als leuchtenden Widerschein des Lebens und der Liebe des Vaters, des Sohnes und des Heiligen Geistes, an dem alle Getauften auf geheimnisvolle Weise teilnehmen. Um diese Gemeinschaft betet Jesus: „Alle sollen eins sein, wie du, Vater, in mir bist und ich in dir bin, sollen auch sie in uns sein, damit die Welt glaubt, daß du mich gesandt hast" (*Joh* 17, 21).
Diese communio ist das eigentliche Geheimnis der Kirche, wie das II. Vatikanische Konzil es uns mit dem berühmten Wort des heiligen Zyprian in Erinnerung ruft: „So erscheint die ganze Kirche als das von der Einheit des Vaters und des Sohnes und des heiligen Geistes her geeinte Volk."[52] An dieses Geheimnis der Kirche als communio werden wir zu Beginn einer jeden Eucharistiefeier erinnert, wenn der Priester uns den Gruß des Apostels Paulus wiederholt: „Die Gnade Jesu Christi, des Herrn, die Liebe Gottes und die Gemeinschaft des Heiligen Geistes sei mit euch allen" (*2 Kor* 13,13).
Nachdem wir die „Gestalt" der Laien in ihrer Würde gezeichnet haben, müssen wir uns nun ihrer Sendung und Verantwortung in der Kirche und in der Welt zuwenden. Diese können aber nur im lebendigen Kontext der Kirche als communio in der rechten Weise verstanden werden.

Das Konzil und die communio-Ekklesiologie

19. Das ist die Grundvorstellung von sich selbst, die die Kirche im II. Vatikanischen Konzil zum Ausdruck gebracht und die die Außerordentliche Synode von 1985 uns zwanzig Jahre nach dem Ereignis des Konzils in Erinnerung gerufen hat: „Die communio-Ekklesiologie ist der zentrale und grundlegende Gedanke der Konzilsdokumente. Die koinonia-communio, die in der Heiligen Schrift begründet ist, nimmt in der alten Kirche und in den östlichen Kirchen bis in unsere Tage hinein eine Vorrangstellung ein. Darum ist seit dem II. Vatikanischen Konzil viel getan worden, um das Verständnis der Kirche als

communio zu fördern und konkreter in das Leben umzusetzen. Was bedeutet das vielschichtige Wort ‚communio‘? Es geht im letzten um die Gemeinschaft mit Gott durch Jesus Christus im Heiligen Geist. Diese communio ist im Wort Gottes und in den Sakramenten gegeben. Die Taufe ist der Zugang zur communio der Kirche und ihr Fundament. Die Eucharistie ist Quelle und Höhepunkt des christlichen Lebens (vgl. *Lumen Gentium*, Nr. 11). Die Kommunion des eucharistischen Leibes Christi bedeutet und erwirkt, das heißt, sie baut die tiefe communio aller Gläubigen im Leib Christi, der die Kirche ist, auf (*1 Kor* 10,16 f.)“.[53]

Am Tag nach dem Konzil sprach Paul VI. zu den Gläubigen: „Die Kirche ist eine communio. Was bedeutet in diesem Fall communio? Wir weisen hin auf das Kapitel des Katechismus, das von der sanctorum communionem, von der Gemeinschaft der Heiligen handelt. Und Gemeinschaft der Heiligen bedeutet eine zweifache lebensmäßige Teilhabe: die Eingliederung der Christen in das Leben Christi und das kreisförmige Weiterströmen dieser Liebe unter allen Gläubigen in dieser und in der anderen Welt. Einheit mit Christus und in Christus; und Einheit unter den Christen in der Kirche“.[54]

Die biblischen Bilder, mit denen das Konzil uns in die Betrachtung des Geheimnisses der Kirche einführen wollte, werfen Licht auf die Realität der Kirche als communio in ihren unzertrennbaren Dimensionen der Gemeinschaft der Christen mit Christus und der Gemeinschaft der Christen untereinander. Diese Bilder handeln vom Schafstall, von der Herde, vom Weinstock, vom geistigen Haus, von der heiligen Stadt.[55] Im Vordergrund steht vor allem das Bild des Leibes, das uns vom heiligen Paulus gegeben wurde und dessen Lehre uns an vielen Stellen der Konzilstexte in ihrer ganzen Ursprünglichkeit und Anziehungskraft entgegenkommt.[56] Das Konzil wiederum schöpft aus der gesamten Heilsgeschichte und stellt uns das Bild der Kirche als Volk Gottes erneut dar: „Gott hat es aber gefallen, die Menschen nicht einzeln unabhängig von aller wechselseitigen Verbindung zu heiligen und zu retten, sondern sie zu einem Volke zu machen, das ihn in Wahrheit anerkennen und ihm in Heiligkeit dienen soll“.[57] Schon in ihren ersten Zeilen faßt die Konstitution *Lumen Gentium* diese Lehre zutreffend zusammen, wenn sie schreibt: „Die Kirche ist ja in Christus gleichsam das Sakrament, das heißt, Zeichen und Werkzeug für die innigste Vereinigung mit Gott wie für die Einheit der ganzen Menschheit“.[58]

Die Realität der Kirche als communio ist wesentlicher Bestandteil, ja sie stellt den zentralen Inhalt des „Mysteriums“, das heißt, des göttlichen Heilsratschlusses für die Menschen dar. Darum kann die communio der Kirche nicht verstanden werden, wenn man sie lediglich als soziologische oder psychologische Gegebenheit betrachtet. Die Kirche als communio ist das „neue“ Volk, das „messianische“ Volk, das „zum Haupte Christus“ hat, „dem die Würde und die Freiheit der Kinder Gottes“ zu eigen ist, dessen „Gesetz ... das neue Gebot ..., zu lieben wie Christus uns geliebt hat“ und dessen „Bestimmung endlich ... das Reich Gottes“ ist, das „von Christus als Gemeinschaft des Lebens, der Liebe und der Wahrheit gestiftet“ worden ist.[59] Die Bande, die die Glieder des Volkes Gottes untereinander – und vor allem mit Christus – verbinden, sind nicht die des „Fleisches“ und des „Blutes“, sondern die des Geistes, genauer noch, die des Heiligen Geistes, den alle Getauften empfangen (vgl. *Joel* 3,1).

Derselbe Geist, der von Ewigkeit die einzige und ungeteilte Dreifaltigkeit vereinigt, der Geist, der, „als die Zeit erfüllt war" (*Gal* 4,4), das menschliche Fleisch unzertrennlich mit dem Sohn Gottes vereinigt, derselbe und der gleiche Geist ist im Lauf der christlichen Generationen die unversiegbare und unerschöpfliche Quelle der communio der Kirche und in der Kirche.

Organische communio:
Verschiedenheit und Komplementarität

20. Genauer betrachtet, stellt die communio der Kirche sich als „organische communio" dar, ähnlich der eines lebendigen und wirkenden Leibes: Sie ist gekennzeichnet von der Koexistenz der Verschiedenheit und der Komplementarität der Berufungen, Lebenssituationen, Dienste, Charismen und Verantwortungen. Dank dieser Verschiedenheit und Komplementarität steht jeder Laie in Beziehung zum gesamten Leib und bringt seinen Beitrag in ihn ein. Der heilige Paulus betont auf ganz besondere Weise die organische communio des mystischen Leibes Christi. Wir finden seine reiche Lehre in der Synthese, die das Konzil uns geboten hat: Jesus Christus – so lesen wir in der Konstitution *Lumen Gentium* – hat, „indem er nämlich seinen Geist mitteilte, ... seine Brüder, die er aus allen Völkern zusammenrief, in geheimnisvoller Weise gleichsam zu seinem Leib gemacht. In jenem Leibe strömt Christi Leben auf die Gläubigen über... Wie aber alle Glieder des menschlichen Leibes, obschon sie viele sind, dennoch den einen Leib ausmachen, so auch die Gläubigen in Christus (vgl. *1 Kor* 12,12). Auch bei der Auferbauung des Leibes Christi waltet die Verschiedenheit der Glieder und der Aufgaben. Der eine Geist ist es, der seine vielfältigen Gaben gemäß seinem Reichtum und den Erfordernissen der Dienste zum Nutzen in der Kirche austeilt (vgl. *1 Kor* 12,1–11). Unter diesen Gaben ragt die Gnade der Apostel heraus, deren Autorität der Geist selbst auch die Charismatiker unterstellt (vgl. *1 Kor* 14). Derselbe Geist eint durch sie und durch seine Kraft, wie durch die innere Verbindung der Glieder den Leib; er bringt die Liebe der Gläubigen untereinander hervor und treibt sie an. Folglich leiden, wenn ein Glied leidet, alle Glieder mit, und wenn ein Glied Ehre empfängt, freuen sich alle Glieder mit (vgl. *1 Kor* 12,26)".[60]

Das dynamische Prinzip der Verschiedenheit und der Einheit der Kirche und in der Kirche ist immer derselbe Geist. Wir lesen ferner in der Konstitution *Lumen Gentium*: „Damit wir aber in ihm unablässig erneuert werden (vgl. *Eph* 4,23), gab er uns von seinem Geist, der als der eine und gleiche im Haupt und in den Gliedern wohnt und den ganzen Leib so lebendig macht, eint und bewegt, daß die heiligen Väter sein Wirken vergleichen konnten mit der Aufgabe, die das Lebensprinzip – die Seele – im menschlichen Leibe erfüllt".[61] In einem anderen Passus, dessen Dichte und Fülle die „Organizität" der communio der Kirche auch unter dem Gesichtspunkt ihres dauernden Wachstums auf die vollkommene communio hin aufschließt, schreibt das Konzil: „Der Geist wohnt in der Kirche und in den Herzen der Gläubigen wie in einem Tempel (vgl. *1 Kor* 3,16; 6,19), in ihnen betet er und bezeugt ihre Annahme an Sohnes Statt (vgl. *Gal* 4,6; *Röm* 8,15–16.26). Er führt die Kirche in alle Wahrheit ein (vgl. *Joh* 16,13), eint sie in Gemeinschaft und Dienstleistung, bereitet und lenkt sie durch die verschiedenen hierarchischen und charismatischen Gaben und schmückt sie mit seinen Früchten (vgl. *Eph* 4,11–12; *1 Kor* 12,4; *Gal* 5,22). Durch die Kraft des Evangeliums läßt er die Kirche allezeit sich verjüngen, erneut sie immerfort und geleitet sie zur vollkommenen Vereinigung mit ihrem Bräutigam. Denn der Geist und die Braut sagen zum Herrn Jesus: ‚Komm' (vgl. *Offb* 22,17)".[62]

Die communio der Kirche ist also eine Gabe, eine große Gabe des Heiligen Geistes, die die Laien dankbar annehmen und mit tiefem Verantwortungsbewußtsein leben sollen. Das geschieht konkret durch ihre Teilnahme am Leben und an der Sendung der Kirche, in deren Dienst sie ihre verschiedenen und komplementären Aufträge und Charismen stellen.

Der Laie „kann sich nicht in sich selbst verschließen und geistig von der Gemeinschaft trennen, er muß in einem dauernden Austausch mit den anderen leben, aus einem lebendigen Sinn für Brüderlichkeit, in der Freude der gleichen Würde und im Bemühen, gemeinsam den großen Schatz, der als Erbe empfangen wurde, fruchtbar werden zu lassen. Der Geist des Herrn schenkt ihm wie auch den anderen vielfältige Charismen, er lädt ihn zu verschiedenen Diensten und Aufgaben ein und erinnert ihn daran, so wie er im Hinblick auf ihn andere daran erinnert, daß das, was ihn unterscheidet, nicht ein Mehr an Würde, sondern eine besondere und komplementäre Befähigung zum Dienst ist. ... So bestehen die Charismen, die Dienste, die Aufgaben des Laien in der communio und für die communio. Sie sind komplementäre Reichtümer für den Dienst an allen unter der weisen Führung der Hirten."[63]

Ämter und Charismen, Gaben des Geistes an die Kirche

21. Das II. Vatikanische Konzil stellt die Ämter und Charismen als Gaben des Geistes für den Aufbau des Leibes Christi und für seine Heilssendung in der Welt dar.[64] Die Kirche wird vom Geist geleitet und geführt, und er gewährt den Getauften verschiedene hierarchische und charismatische Gaben und beruft einen jeden, auf seine Weise aktiv und mitverantwortlich zu werden. Wir wollen nun die Ämter und Charismen in ihrer unmittelbaren Beziehung zu den Laien und zu ihrer Teilhabe am Leben der Kirche als communio betrachten.

Ämter, Dienste und Funktionen

Wenn auch auf verschiedene Weise, sind alle Ämter, die in der Kirche gegenwärtig und wirksam sind, Teilhabe am Amt Jesu Christi, dem guten Hirten, der sein Leben hingibt für seine Schafe (vgl. *Joh* 10,11), und dem demütigen und für das Heil aller sich gänzlich opfernden Diener (vgl. *Mk* 10,45). Paulus stellt die amtliche Struktur der Urgemeinden deutlich heraus. Im ersten Brief an die Korinther schreibt er: „So hat Gott in der Kirche die einen als Apostel eingesetzt, die andern als Propheten, die dritten als Lehrer ..." (*1 Kor* 12,28). Im Brief an die Epheser lesen wir: „Aber jeder von uns empfängt die Gnade in dem Maß, wie Christus sie ihm geschenkt hat... Und er gab den einen das Apostelamt, andere setzte er als Propheten ein, andere als Evangelisten, andere als Hirten und

Lehrer, um die Heiligen für die Erfüllung ihres Dienstes zu rüsten für den Aufbau des Leibes Christi. So sollen wir alle zur Einheit im Glauben und in der Erkenntnis des Sohnes Gottes gelangen, damit wir zum vollkommenen Menschen werden und Christus in seiner vollendeten Gestalt darstellen" (*Eph* 4,7.11–13; vgl. *Röm* 12,4–8). Wie aus diesen und anderen Texten des Neuen Testamentes hervorgeht, sind die Ämter sowie die Gaben und die Aufgaben in der Kirche vielfältig und verschiedenartig.

Die vom Ordo abgeleiteten Ämter

22. In der Kirche begegnen uns zunächst die geweihten Ämter, das heißt, die Ämter, die sich aus dem Sakrament des Ordo ableiten. Der Herr Jesus hat die Apostel erwählt und eingesetzt – als Keime des neuen Israel und Ursprung der Hierarchie[65] – mit dem Auftrag, alle Menschen zu seinen Jüngern zu machen (vgl. *Mt* 28,19), das priesterliche Volk zu konstituieren und zu regieren. Der Auftrag der Apostel, den der Herr Jesus weiterhin den Hirten seines Volkes anvertraut, ist im wahren Sinn des Wortes ein Dienst, der in der Heiligen Schrift bezeichnenderweise als „diakonia", das heißt Dienst oder Amt, genannt wird. Die Amtsträger empfangen durch das Sakrament des Ordo von Christus, dem Auferstandenen, in der ununterbrochenen Apostolischen Nachfolge das Charisma des Heiligen Geistes. Sie empfangen damit die Autorität und die heilige Vollmacht, um der Kirche zu dienen, indem sie „in persona Christi Capitis" (in der Person des Hauptes Christus)[66] handeln, und sie im Heiligen Geist durch das Evangelium und die Sakramente zu einen.
Mehr noch als für die Menschen, die sie empfangen, sind die geweihten Ämter eine große Gnade für die gesamte Kirche. Sie realisieren und machen eine andere Art der Teilhabe am Priestertum Jesu Christi sichtbar, die nicht nur im Grad, sondern wesenhaft verschieden ist von der Teilhabe, die mit Taufe und Firmung allen Gläubigen gegeben ist. Auf der anderen Seite ist das Amtspriestertum, wie es das II. Vatikanische Konzil in Erinnerung gerufen hat, wesentlich auf das königliche Priestertum aller Gläubigen hin und diesem zugeordnet.[67]
Aus diesem Grund und um die communio der Kirche vor allem im Bereich der verschiedenen und komplementären Dienste zu sichern und zu vertiefen, müssen die Hirten sich bewußt sein, daß ihr Amt grundsätzlich auf den Dienst am gesamten Volk Gottes ausgerichtet ist (vgl. *Hebr* 5,1). Die Laien ihrerseits müssen anerkennen, daß das Amtspriestertum für ihr Leben und für ihre Teilhabe an der Sendung unverzichtbar ist.[68]

Dienste, Aufgaben und Funktionen der Laien

23. Die Heilssendung der Kirche in der Welt wird nicht nur von den Amtsträgern aufgrund des Sakramentes des Ordo realisiert, sondern auch von allen Laien. Als Getaufte und aufgrund ihrer spezifischen Berufung nehmen diese in dem Maß, das einem jeden entspricht, am priesterlichen, prophetischen und königlichen Amt Christi teil. Darum müssen die Hirten die Dienste, Aufgaben und Funktionen der Laien anerkennen und fördern. Diese haben ihre sakramentale Grundlage in Taufe und Firmung und vielfach auch in der Ehe. Wenn es zum Wohl der Kirche nützlich oder notwendig ist, können die Hirten

entsprechend den Normen des Universalrechts den Laien bestimmte Aufgaben anvertrauen, die zwar mit ihrem eigenen Hirtenamt verbunden sind, aber den Charakter des Ordo nicht voraussetzen. Der Codex schreibt: „Wo es ein Bedarf der Kirche nahelegt, weil für diese Dienste Beauftragte nicht zur Verfügung stehen, können auch Laien, selbst wenn sie nicht Lektoren oder Akolythen sind, nach Maßgabe der Rechtsvorschriften bestimmte Aufgaben erfüllen, nämlich den Dienst am Wort, die Leitung liturgischer Gebete, die Spendung der Taufe und die Austeilung der heiligen Kommunion“.[69] Die Erfüllung einer solchen Aufgabe macht den Laien aber nicht zum Hirten: Nicht eine Aufgabe konstituiert das Amt, sondern das Sakrament des Ordo.

Nur das Sakrament des Ordo gewährt dem geweihten Amtsträger eine besondere Teilhabe am Amt Christi, des Hauptes und Hirten, und an seinem ewigen Priestertum.[70] Die in Vertretung erfüllte Aufgabe leitet ihre Legitimität formell und unmittelbar von der offiziellen Beauftragung durch die Hirten ab. Ihre konkrete Erfüllung untersteht der Leitung der kirchlichen Autorität.[71]

Die letzte Synode hat ein breites und bedeutungsreiches Panorama der Situation von Diensten, Aufgaben und Funktionen der Getauften in der Kirche geboten. Die Väter haben ihre volle Anerkennung den wertvollen apostolischen Beiträgen der Laien ausgesprochen, der Männer und Frauen, die sich für die Evangelisierung, die Heiligung und die christliche Inspirierung des säkularen Bereiches einsetzen, sowie ihrer hochherzigen Einsatzbereitschaft als Stellvertreter in Situationen akuter oder dauernder Not.[72]

Im Prozeß der liturgischen Erneuerung, die das Konzil gefördert hat, haben die Laien Aufgaben, die ihnen bei liturgischen Versammlungen und bei ihrer Vorbereitung zustehen, bewußter erkannt; sie haben sich bereitwillig zur Verfügung gestellt, um diese zu erfüllen, denn die liturgische Feier ist eine heilige Handlung, die nicht nur vom Klerus, sondern von der gesamten Versammlung vollzogen wird. Es ist darum selbstverständlich, daß die Aufgaben, die nicht spezifisch den geweihten Amtsträgern zukommen, von den Laien übernommen werden.[73] Der Übergang von der effektiven Mitwirkung der Laien an der Liturgie bis zu ihrem Mittun bei der Verkündigung des Wortes Gottes und in der Seelsorge hat sich spontan vollzogen.[74]

Bei dieser Vollversammlung der Synode fehlten neben den positiven nicht die kritischen Beurteilungen über den undifferenzierten Gebrauch des Terminus „Amt“, über Unklarheit und wiederholte Nivellierungen zwischen dem gemeinsamen Priestertum und dem Amtspriestertum, über die geringe Beachtung gewisser kirchlicher Normen und Bestimmungen, über die willkürliche Interpretation des Begriffes der „Stellvertretung“, über die Tendenz zur „Klerikalisierung“ der Laien und über das Risiko, de facto eine kirchliche Dienststruktur zu schaffen, die parallel zu der im Sakrament des Ordo gründenden steht.

Um diese Gefahren zu vermeiden, haben die Synodenväter auf der Notwendigkeit bestanden, nicht zuletzt durch den Gebrauch einer präziseren Terminologie,[75] die Einheit der einen Sendung der Kirche, an der alle Getauften teilnehmen, aber auch den wesenhaften Unterschied des Amtes der Hirten, der im Sakrament des Ordo gründet, gegenüber anderen Diensten, Aufgaben und Funktionen in der Kirche, die in den Sakramenten der Taufe und Firmung begründet sind, klar herauszustellen.

Die Hirten dürfen darum zunächst bei der Übertragung der verschiedenen Dienste, Aufgaben und Funktionen an die Laien nicht versäumen, diese sorgfältig über die in der Taufe liegende Wurzel dieser Dienste zu unterrichten. Die Hirten müssen zudem darüber wachen, daß nicht leichtfertig oder gar unrechtmäßig auf vermeintliche „Notsituationen" oder auf die Notwendigkeit einer „Stellvertretung", wo sie in der Tat nicht vorhanden sind oder wo man sie mit einer rationelleren pastoralen Planung vermeiden könnte, zurückgegriffen wird.

„Das eigentliche Feld ihrer evangelisierenden Tätigkeit ist die weite und schwierige Welt der Politik, des Sozialen und der Wirtschaft, aber auch der Kultur, der Wissenschaften und Künste, des internationalen Lebens und der Massenmedien, ebenso gewisse Wirklichkeiten, die der Evangelisierung offenstehen, wie Liebe, Familie, Kinder- und Jugenderziehung, Berufsarbeit, Leiden usw. Je mehr vom Evangelium geprägte Laien da sind, die sich für diese Wirklichkeiten verantwortlich wissen und überzeugend in ihnen sich betätigen, sie mit Fachkenntnis voranbringen und sich bewußt bleiben, daß sie ihre gesamte kirchliche Substanz, die oft verschüttet und erstickt erscheint, einsetzen müssen, um so mehr werden diese Wirklichkeiten, ohne etwas von ihrer menschlichen Tragweite zu verlieren oder zu opfern, geradezu eine oft verkannte transzendente Dimension offenbaren, in den Dienst der Erbauung des Reiches Gottes treten und damit in den Dienst des Heiles in Jesus Christus".[76]

Im Lauf der Synodenarbeiten haben die Väter dem Lektorat und dem Akolythat besondere Aufmerksamkeit gewidmet. Diese bestanden in der Vergangenheit der Lateinischen Kirche nur als geistige Etappen des Weges zum geweihten Amt. Mit dem Motu proprio Pauls VI. *Ministeria quaedam* (15. August 1972) haben sie eine eigene Autonomie und Stabilität erhalten und wurden Laien, wenn auch nur Männern, zugänglich gemacht. Der neue Codex führt diese Linie fort.[77]

Die Väter haben jetzt den Wunsch ausgesprochen, daß „das motu proprio Ministeria quaedam auf dem Hintergrund der Praxis, die sich in den Teilkirchen entwickelt hat, und vor allem im Hinblick auf die Bestimmung von Kriterien, nach denen die Adressaten eines jeden Dienstes ausgewählt werden sollen, überprüft werde".[78]

So wurde eine besondere Kommission konstituiert, die nicht nur diesem Wunsch der Synodenväter entsprechen, sondern auch die verschiedenen theologischen, liturgischen, juridischen und pastoralen Probleme vertiefen soll, die sich aus der aktuellen wachsenden Zahl von Diensten, Aufgaben und Funktionen, die Laien anvertraut werden, ergeben. In der Erwartung, daß die Kommission ihre Untersuchungen abschließt und damit die kirchliche Praxis der Dienste, die Laien anvertraut werden, geordnet und fruchtbar ausgeübt wird, sollen die oben in Erinnerung gerufenen theologischen Prinzipien in allen Teilkirchen treu beachtet werden, vor allem im Hinblick auf den wesentlichen Unterschied zwischen Amtspriestertum und gemeinsamem Priestertum und somit zwischen den Ämtern, die sich vom Sakrament des Ordo ableiten, und den Diensten, die sich vom Sakrament der Taufe und Firmung ableiten.

Die Charismen

24. Der Heilige Geist vertraut der Kirche als communio die verschiedenen Ämter an. Zugleich bereichert er sie mit anderen besonderen Gaben und Impulsen, Charismen genannt. Sie können als Ausdruck der vollkommenen Freiheit des Geistes, der sie schenkt, oder als Antwort auf die vielfältigen Bedürfnisse im Lauf der Geschichte der Kirche verschiedene Formen annehmen. Die Beschreibung und Klassifizierung dieser Gaben in den Schriften des Neuen Testamentes beweisen ihre große Vielfalt. „Jedem aber wird die Offenbarung des Geistes geschenkt, damit sie anderen nützt. Dem einen wird vom Geist die Gabe geschenkt, Weisheit mitzuteilen, dem andern durch den gleichen Geist die Gabe, Erkenntnis zu vermitteln, dem dritten im gleichen Geist Glaubenskraft, einem andern – immer in dem einen Geist – die Gabe, Krankheiten zu heilen, einem andern Wunderkräfte, einem andern prophetische Reden, einem andern die Fähigkeit, Geister zu unterscheiden, wieder einem andern verschiedene Arten von Zungenreden, einem andern schließlich die Gabe, sie zu deuten" (*1 Kor* 12,7–10; vgl. *1 Kor* 12,4–6.28–31; *Röm* 12,6–8; *1 Petr* 4,10–11).
Ob sie außergewöhnlich oder bescheiden und einfach sind, stellen die Charismen Gnaden des Heiligen Geistes dar, die unmittelbar oder mittelbar der Kirche Nutzen bringen, weil sie auf ihre Auferbauung, auf das Wohl der Menschen und auf die Bedürfnisse der Welt hingeordnet sind.
Auch in unseren Zeiten fehlt das Aufkommen von verschiedenen Charismen unter den Laien, Männern und Frauen, nicht. Sie werden dem einzelnen gegeben, können aber von anderen geteilt werden, so daß sie als kostbares und lebendiges Erbe in der Zeit fortdauern und zwischen einzelnen Menschen eine besondere geistige Verwandtschaft schaffen. Gerade im Hinblick auf das Laienapostolat schreibt das II. Vatikanische Konzil: „Zum Vollzug dieses Apostolates schenkt der Heilige Geist, der ja durch den Dienst des Amtes und durch die Sakramente die Heiligung des Volkes Gottes wirkt, den Gläubigen auch noch besondere Gaben (vgl. *1 Kor* 12,7); ‚einem jeden teilt er sie zu, wie er will' (*1 Kor* 12,11), damit alle, ‚wie ein jeder die Gnadengabe empfangen hat, mit dieser einander helfen' und so auch selbst ‚wie gute Verwalter der mannigfachen Gnade Gottes' seien (*1 Petr* 4,10) zum Aufbau des ganzen Leibes in der Liebe (vgl. *Eph* 4,16)".[79]
Gemäß der Logik des ursprünglichen Schenkens, aus dem sie kommen, verlangen die Gaben des Geistes, daß jene, die sie empfangen haben, sie für das Wachstum der gesamten Kirche verwenden, so wie das Konzil es uns in Erinnerung gerufen hat.[80]
Die Charismen müssen von jenen, die sie empfangen, aber auch von der gesamten Kirche in Dankbarkeit angenommen werden. Sie beinhalten einen besonderen Reichtum an Gnade für die apostolische Dynamik und für die Heiligkeit des ganzen Leibes Christi, vorausgesetzt, daß es sich um Gaben handelt, die in der Tat vom Geist kommen und in vollkommenem Einklang mit echten Antrieben des Geistes ausgeübt werden. Darum ist eine Unterscheidung der Charismen immer notwendig. Wie die Synodenväter ausgesagt haben, „kann das Wirken des Geistes, der weht, wo er will, nicht immer mit Leichtigkeit erkannt und angenommen werden. Wir wissen, daß Gott in allen Gläubigen wirkt, und wir sind uns der Wohltaten bewußt, die uns von den Charismen kommen, sei es im Hin-

blick auf die einzelnen wie auf die ganze christliche Gemeinde, aber wir wissen auch um die Macht des Bösen und um sein Bemühen, das Leben der Gläubigen und der Gemeinde zu stören und durcheinanderzubringen".[81]
Darum dispensiert kein Charisma von der Rückbindung an die Hirten der Kirche und von der Unterordnung unter sie. Das Konzil schreibt mit großer Klarheit: „Das Urteil über ihre (der Charismen) Echtheit und ihren geordneten Gebrauch steht bei jenen, die in der Kirche die Leitung haben und denen es in besonderer Weise zukommt, den Geist nicht auszulöschen, sondern alles zu prüfen und das Gute zu behalten (vgl. *1 Thess* 5,12 u. 19–21)",[82] damit alle Charismen in ihrer Verschiedenheit und Komplementarität zum Allgemeinwohl beitragen.[83]

Die Teilhabe der Laien am Leben der Kirche

25. Die Laien nehmen nicht nur durch die Ausübung ihrer Dienste und Charismen, sondern auf viele andere Weisen am Leben der Kirche teil. Diese Teilhabe kommt zunächst und notwendigerweise im Leben und in der Sendung der Teilkirchen, der Diözesen zum Ausdruck, in denen „die eine, heilige, katholische und apostolische Kirche wahrhaft wirkt und gegenwärtig ist".[84]

Teilkirchen und Universalkirche

Um auf rechte Weise am Leben der Kirche teilzunehmen, müssen die Laien notwendig klare und präzise Vorstellungen über die Teilkirche in ihrer ursprünglichen Beziehung zur Universalkirche haben. Die Teilkirche entsteht nicht aus einer Art Fragmentierung der Universalkirche, und die Universalkirche stellt sich nicht aus der einfachen Summe der Teilkirchen zusammen; sie werden vielmehr durch ein lebendiges, wesentliches und dauerndes Band miteinander verbunden, weil die Universalkirche in den Teilkirchen besteht und sich in ihnen ausdrückt. Darum behauptet das Konzil, daß die Teilkirchen „nach dem Bild der Gesamtkirche gestaltet sind. In ihnen und aus ihnen besteht die eine und einzige katholische Kirche".[85]
Das Konzil fordert die Laien mit Entschiedenheit auf, ihre Zugehörigkeit zur Teilkirche aktiv mitzuvollziehen und zugleich ihren Blick immer mehr für die „Katholizität" auszuweiten. „Stets mögen sie" – so lesen wir im Dekret über das Laienapostolat – „den Sinn für das ganze Bistum, dessen Zelle gleichsam die Pfarrei ist, pflegen, immer bereit, auf Einladung ihres Bischofs auch für die diözesanen Unternehmungen ihre Kräfte einzusetzen. Ja, um den Bedürfnissen von Stadt und Land zu entsprechen, mögen sie ihre Mitarbeit nicht auf die engen Grenzen ihrer Pfarrei oder ihres Bistums beschränken, sondern sie auf den zwischenpfarrlichen, interdiözesanen, nationalen und internationalen Bereich auszudehnen bestrebt sein; dies um so mehr, als die von Tag zu Tag zunehmende Wanderung der Menschen und Völker, die Zunahme der gegenseitigen Verbundenheit und die Leichtigkeit des Nachrichtenaustausches nicht mehr zulassen, daß irgendein Teil der Gesellschaft in sich abgeschlossen weiterlebt. So sollen sie sich um die Nöte des über den ganzen Erdkreis verstreuten Volkes Gottes kümmern".[86]

Die letzte Synode hat in diesem Sinn die Bitte um die Förderung der Errichtung von Diözesanpastoralräten gestellt, die man den Verhältnissen und Bedürfnissen entsprechend einschalten soll. Auf Diözesanebene sei diese die wichtigste Form der Mitarbeit und des Dialogs sowie der gemeinsamen Urteilsbildung. Die Mitwirkung der Laien in diesen Räten kann die Möglichkeiten der Konsultation erweitern, sowie das Prinzip der Mitwirkung – die in einzelnen Fällen auch Mitentscheidung ist – auf breiterer Basis und intensiver zur Anwendung kommen lassen.[87]

Der Codex sieht die Teilnahme der Laien an Diözesansynoden und Partikularkonzilien, seien diese Provinzial- oder Plenarkonzilien, vor;[88] sie kann einen Beitrag für die communio und die Sendung der Teilkirche bedeuten, sei es in ihrem eigenen Rahmen, sei es in ihrem Verhältnis zu den anderen Teilkirchen der Kirchenprovinz oder der Bischofskonferenz.

Den Bischofskonferenzen kommt es zu, die geeigneten Mittel und Wege zu finden, um auf National- oder Regionalebene die Konsultation und die Mitarbeit der Laien, Männer und Frauen, weiterzuentwickeln. So kann über die gemeinsamen Probleme beraten werden und die kirchliche communio aller zutage treten.[89]

Die Pfarrei

26. Wenn sie auch eine universale Dimension kennt, findet die communio der Kirche ihren unmittelbaren und greifbaren Ausdruck in der Pfarrei. Diese stellt die konkrete Form der örtlichen Realisierung der Kirche dar; in einem gewissen Sinn ist sie die Kirche, die inmitten der Häuser ihrer Söhne und Töcher lebt.[90]

Wir alle müssen das wahre Gesicht der Pfarrei im Glauben neu entdecken, das heißt, das „Geheimnis“ der Kirche, das in ihr wirksam und gegenwärtig ist. Auch wenn sie zuweilen an Gliedern und Gütern arm ist, wenn sie sich geographisch über weiteste Gebiete erstreckt oder inmitten dicht bevölkerter und problemvoller moderner Stadtviertel fast unauffindbar ist, besteht die Pfarrei nicht in erster Linie aus einer Struktur, aus einem Gebiet oder aus einem Gebäude, vielmehr ist sie „die Familie Gottes, als von einem Geist durchdrungene Gemeinde von Brüdern“,[91] sie ist „das Haus der Pfarrfamilie, brüderlich und gastfreundlich“,[92] die „Gemeinschaft der Gläubigen“.[93] Letztlich gründet die Pfarrei in einer theologischen Gegebenheit, weil sie eucharistische Gemeinschaft ist.[94] Dies bedeutet, daß sie als Gemeinschaft befähigt ist, Eucharistie zu feiern, in der sie die lebendigen Wurzeln ihres Wachstums sowie das sakramentale Band ihrer communio mit der gesamten Kirche findet. Diese Befähigung zur Feier der Eucharistie ist gegeben durch die Tatsache, daß die Pfarrei Gemeinschaft des Glaubens und organische Gemeinschaft ist – das heißt, zusammengesetzt von geweihten Amtsträgern und von anderen Christen -, in der der Pfarrer den Ortsbischof vertritt[95] und das hierarchische Band mit der gesamten Teilkirche darstellt.

Die Aufgabe der Kirche in unseren Tagen ist mit Sicherheit immens, und die Pfarrei allein kann ihr nicht genügen. Darum sieht der Codex Formen der Zusammenarbeit zwischen Pfarreien und auf Dekanatsebene vor[96] und empfiehlt dem Bischof die Sorge für alle Gläubigen, auch für die, die die ordentliche Seelsorge nicht erfaßt.[97] Viele Orte und Formen der Präsenz und Wirksamkeit der Kirche sind notwendig, um das Wort und die Gnade des Evangeliums in die verschiedenen Lebenssituationen der modernen Menschen hineinzutragen. Viele Arten religiöser Ausstrahlung und gezielten Milieuapostolates auf kulturellem, sozialem, pädagogischem und beruflichem Gebiet usw. können nicht in der Pfarrei ihren Mittel- und Ausgangspunkt haben. Dennoch erlebt diese auch heute eine neue Hoffnung versprechende Zeit. Zu Beginn seines Pontifikates wies Paul VI. in seiner Ansprache an den römischen Klerus auf diese Tatsache hin: „Wir sind einfach davon überzeugt, daß diese altüberkommene und geschätzte Struktur der Pfarrei eine unverzichtbare und höchst aktuelle Sendung hat; ihr kommt es zu, die erste Gemeinschaft des christlichen Volkes zu bilden; sie versammelt das Volk und führt es in die liturgische Feier ein; sie beschützt und belebt den Glauben in den Menschen unserer Zeit; sie bietet ihnen den Unterricht über die heilbringende Lehre Christi; sie verwirklicht in der Haltung und in der Tat die demütige Liebe in den guten und brüderlichen Werken“.[98]

Die Synodenväter haben ihrerseits die augenblickliche Situation vieler Pfarreien aufmerksam ins Auge gefaßt und auf ihre Erneuerung gedrängt: „Viele Pfarreien in Stadtgebieten oder in Missionsgebieten sind wegen Mangel an den notwendigen materiellen Mitteln und an geweihten Amtsträgern oder auch aufgrund ihrer geographischen Ausbreitung und der besonderen Situation einiger Christen (z. B. der Flüchtlinge und Auswanderer) nicht in der Lage, mit ganzer Wirksamkeit ihre Aufgabe zu erfüllen. Damit alle diese Pfarreien lebendige, christliche Gemeinden werden, müssen die jeweiligen örtlichen Autoritäten dafür Sorge tragen, daß: a) die Pfarrstrukturen den Situationen mit der großen Flexibilität, die das Kirchenrecht vor allem durch die Förderung der Teilhabe der Laien an der pastoralen Verantwortung gewährt, angepaßt werden; b) die kleinen Basisgemeinschaften, auch lebendige Gemeinden genannt, in denen die Gläubigen einander das Wort Gottes verkündigen und im Dienst und in der Liebe tätig werden können, wachsen. Diese Gemeinden sind in Gemeinschaft mit ihren Hirten wahre Konkretisierungen der kirchlichen communio und Zentren der Evangelisierung;...“.[99] Im Dienst der Erneuerung der Pfarreien und um die Wirksamkeit ihrer Initiativen besser zu sichern, sollen auch institutionalisierte Formen der Mitarbeit zwischen den verschiedenen Pfarreien eines Dekanates gefördert werden.

Apostolisches Engagement in der Pfarrei

27. Die communio und die Teilnahme der Laien am Leben der Pfarrei muß nun näher ins Auge gefaßt werden. Dafür müssen alle Laien, Männer und Frauen, erneut auf ein wahrhaft bedeutsames und ermunterndes Wort des Konzils aufmerksam gemacht werden: „Innerhalb der Gemeinschaften der Kirche“ – so heißt es im Dekret über das Laienapostolat – „ist ihr Tun so notwendig, daß ohne dieses auch das Apostolat der Hirten meist nicht zu seiner vollen Wirkung kommen kann“.[100] Diese grundsätzliche Behauptung muß selbstverständlich im Licht der „communio-Ekklesiologie“ verstanden werden: Weil verschieden und komplementär, sind alle Dienste und Charismen, jeder seiner Art entsprechend, für das Wachstum der Kirche notwendig.

Die Laien müssen immer mehr von der besonderen Bedeutung des apostolischen Einsatzes in ihrer Pfarrei überzeugt werden. Das Konzil sagt dazu mit seiner ganzen Autorität: „Die Pfarrei bietet ein augenscheinliches Beispiel für das gemeinschaftliche Apostolat; was immer sie in ihrem Raum an menschlichen Unterschiedlichkeiten vorfindet, schließt sie zusammen und fügt es dem Ganzen der Kirche ein. Die Laien mögen sich daran gewöhnen, aufs engste mit ihren Priestern vereint in der Pfarrei zu arbeiten; die eigenen Probleme und die der Welt sowie die Fragen, die das Heil der Menschen angehen, in die Gemeinschaft der Kirche einzubringen, um sie dann in gemeinsamer Beratung zu prüfen und zu lösen; endlich jede apostolische und missionarische Initiative der eigenen kirchlichen Familie nach Kräften zu unterstützen".[101] Der Hinweis des Konzils auf die Überprüfung und Lösung der pastoralen Probleme „in gemeinsamer Beratung" muß einen adäquaten und artikulierten Niederschlag finden in einer entschiedenen, überzeugten und breit angelegten Aufwertung der Pfarrpastoralräte, auf die die Synodenväter berechtigterweise insistiert haben.[102]

Unter den augenblicklichen Gegebenheiten können und müssen die Laien für das Wachsen einer wahren communio der Kirche innerhalb ihrer Pfarreien und für die Erweckung des missionarischen Elans gegenüber Nichtglaubenden und den Glaubenden, die die religiöse Praxis teilweise oder gänzlich aufgegeben haben, viel investieren.

Wenn die Pfarrei Kirche mitten unter den Häusern der Menschen ist, muß ihre Präsenz und Wirksamkeit tief in der menschlichen Gesellschaft eingewurzelt und aufs engste mit ihren Hoffnungen und Nöten solidarisch sein. Oft ist das gesellschaftliche Umfeld, vor allem in bestimmten Ländern und Milieus, durch Auflösungstendenzen und Prozesse der Dehumanisierung gekennzeichnet: Der Mensch ist verloren und richtungslos, aber in seinem Herzen lebt der immer größere Wunsch, geschwisterlichere und menschlichere Beziehungen zu erleben und zu pflegen. Die Antwort darauf kann die Pfarrei geben, wenn sie aufgrund der lebendigen Teilhabe der Laien ihrer ursprünglichen Berufung und Sendung treu bleibt: in der Welt „Ort" der Gemeinschaft der Glaubenden und zugleich „Zeichen" und „Werkzeug" der Berufung aller zur communio zu sein; mit einem Wort, das Haus, das für alle offen ist und im Dienst aller steht, oder wie Papst Johannes XXIII. es gerne sagte, der Brunnen im Dorf an dem alle ihren Durst stillen.

Modalitäten der Teilhabe am Leben der Kirche

28. Mit den Priestern und Ordensleuten zusammen bilden die Laien das eine Volk Gottes und den Leib Christi.

„Glied" der Kirche sein bedeutet keine Abschwächung der Einmaligkeit und Unwiederholbarkeit eines jeden Christen. Es sichert und vertieft vielmehr den tiefsten Sinn seiner Einmaligkeit und Einzigartigkeit, die Quelle der Vielfältigkeit und des Reichtums der gesamten Kirche sind. In diesem Sinn ruft Gott in Jesus Christus jeden bei seinem eigenen und unverwechselbaren Namen. Der Anruf des Herrn: „Geht auch ihr in meinen Weinberg!" richtet sich an jeden persönlich und lautet: „Komm auch du in meinen Weinberg!".

Jeder stellt sich in seiner Einmaligkeit und Unwiederholbarkeit, mit seinem Sein und seinem Tun in den Dienst des Wachstums der communio der Kirche. Zugleich nimmt er den gemeinsamen Reichtum der gesamten Kirche auf, um ihn sich zu eigen zu machen. Diese ist die „Gemeinschaft der Heiligen", die wir im Credo bezeugen: das Wohl aller wird zum Wohl eines jeden, und das Wohl eines jeden wird zum Wohl aller. „In der heiligen Kirche ist jeder Stütze der anderen, und die anderen sind seine Stütze", schreibt Gregor der Große.[103]

Individuelle Formen der Teilhabe

Jeder Laie muß sich immer bewußt sein, daß er „Glied der Kirche" ist, dem eine originelle, unersetzliche und nicht übertragbare Aufgabe anvertraut wurde, die er zum Wohl aller erfüllen muß. In dieser Perspektive gewinnt die Aussage des Konzils über die absolute Notwendigkeit des individuellen Apostolates ihre volle Bedeutung: „Das von jedem einzelnen zu übende Apostolat, das überreich aus einem wahrhaft christlichen Leben strömt (vgl. *Joh* 4,14), ist Ursprung und Voraussetzung jedes Apostolates der Laien, auch des gemeinschaftlichen. Es kann durch nichts ersetzt werden. Zu diesem immer und überall fruchtbringenden, aber unter bestimmten Umständen einzig entsprechenden und möglichen Apostolat sind alle Laien, wo immer sie stehen, gerufen und verpflichtet, auch wenn ihnen die Gelegenheit oder Möglichkeit fehlt, in Vereinigungen mit anderen zusammenzuarbeiten".[104]
Das individuelle Apostolat schließt einen großen Reichtum ein, der um der Intensivierung der missionarischen Kraft eines jeden Laien willen freigelegt werden muß. Dieses Apostolat ermöglicht eine kapillare Ausstrahlung des Evangeliums, die bis zu den Orten und Milieus, in denen sich das konkrete und alltägliche Leben der Laien vollzieht, durchdringt. Es gewährleistet zudem eine dauernde Ausstrahlung, weil sie sich aus der ständigen Kohärenz des eigenen Lebens mit dem Glauben ergibt; ferner sichert es eine besonders tiefwirkende Ausstrahlung, weil die Laien, wenn sie die Lebens- und Arbeitsbedingungen, die Kämpfe und Hoffnungen ihrer Brüder und Schwestern teilen, zu den Herzen ihrer Nachbarn, Freunde und Kollegen vordringen und ihnen den ganzen Horizont der Sinnfülle ihres Lebens erschließen können: die Gemeinschaft mit Gott und unter den Menschen.

Gemeinschaftliche Formen der Teilhabe

29. Die communio der Kirche, die schon im Tun der Einzelperson gegenwärtig und wirksam wird, findet einen besonderen Ausdruck im gemeinschaftlichen Tun der Laien, das heißt in ihrem gemeinsamen Einsatz, wenn sie mitverantwortlich am Leben und an der Sendung der Kirche teilnehmen.
In der letzten Zeit kennzeichnen besondere Verschiedenheit, Lebendigkeit und Vielfalt das Phänomen des gemeinschaftlichen Wirkens von Laien. Schon immer aber hat der Zusammenschluß von Laien eine kontinuierliche Linie in der Kirchengeschichte dargestellt. Beweis dafür ist bis heute die Existenz verschiedener Bruderschaften, der Drittorden und zahlreicher Vereinigungen. In unseren Tagen aber fördern besondere Impulse die Entwicklung dieses Phänomens. Die heutige Zeit kennt das Aufkommen und die Verbreitung vielfältiger Formen von Laienzusammenschlüssen: Vereinigungen, Gruppen, Gemeinschaf-

ten, Bewegungen, so daß heute von einer neuen Zeit der Zusammenschlüsse von Laien die Rede sein kann. In der Tat sind „neben dem traditionellen Vereinswesen und zuweilen gleichsam aus seinen Wurzeln neue Bewegungen und Vereinigungen entstanden, die ein spezifisches Profil und eine spezifische Zielsetzung haben. So groß ist der Reichtum und die Vielseitigkeit der Gaben, die der Geist in der Kirche lebendig erhält, und derart auch der Wille zur Initiative und die Hochherzigkeit unserer Laien“. [105]

Diese Zusammenschlüsse von Laien weisen unter zahlreichen Gesichtspunkten, wie im äußeren Erscheinungsbild, in den pädagogischen Prozessen und Methoden, in den Tätigkeitsfeldern untereinander große Unterschiede auf. In ihren Zielsetzungen aber kommen sie weitgehend zu einer tiefen Konvergenz: Die verantwortliche Teilhabe an der Sendung der Kirche, das Evangelium Christi als Quelle der Hoffnung für die Menschen und der Erneuerung für die Gesellschaft zu künden.

Der Zusammenschluß von Laien aus spirituellen und apostolischen Motiven hat verschiedene Ursachen und will auf vielfältige Bedürfnisse antworten. Er bringt die soziale Natur des Menschen zum Ausdruck und antwortet auf die Notwendigkeit einer größeren und umfassenden gezielten Wirksamkeit. Ein „kultureller“ Einfluß, der Ursprung und Motivation, aber auch Frucht und Zeichen anderer sozialer Veränderungen ist, kann nämlich nicht durch das Tun eines einzelnen, sondern muß durch „ein soziales Subjekt“, das heißt durch eine Gruppe, eine Gemeinschaft, eine Vereinigung, eine Bewegung geschehen. Dies trifft auf besondere Weise im Kontext einer pluralistischen und zersetzten Gesellschaft – wie sie sich heute in so vielen Teilen der Welt darstellt – und angesichts überaus komplexer und schwerer gewordener Probleme zu. Auf der anderen Seite können vor allem in einer säkularisierten Welt die verschiedenen Formen der Zusammenschlüsse für viele eine wertvolle Hilfe darstellen, um ein christliches und mit den Forderungen des Evangeliums kohärentes Leben zu führen und ein missionarisches und apostolisches Engagement einzugehen.

Darüber hinaus ist es zutiefst eine theologische Gegebenheit, die den Zusammenschluß der Laien rechtfertigt und fordert: es handelt sich um ein ekklesiologisches Prinzip, das vom II. Vatikanischen Konzil ausdrücklich anerkannt wurde, wenn es im gemeinschaftlichen Apostolat ein „Zeichen der Gemeinschaft und der Einheit der Kirche in Christus“ sieht. [106]

Dieses „Zeichen“ muß sich sowohl innerhalb der einzelnen Formen der Zusammenschlüsse als auch in ihren Beziehungen nach außen, also im weiteren Rahmen der christlichen Gemeinden, in gemeinschaftlichen Beziehungen ausdrücken. Das angeführte ekklesiologische Prinzip erklärt einerseits das „Recht“ der Laien, sich zusammenzuschließen, und andererseits die Notwendigkeit von „Kriterien“ für die Unterscheidung der wahren Kirchlichkeit ihrer Zusammenschlüsse.

Zunächst muß das freie Vereinsrecht der Laien in der Kirche anerkannt werden. Diese Freiheit ist ein wirkliches und eigentliches Recht, das sich nicht von einer Art „Zugeständnis“ der Autorität ableitet, sondern aus der Taufe als dem Sakrament, durch das die Laien berufen werden, aktiv an der communio und an der Sendung der Kirche mitzuwirken, erwächst. Das Konzil nimmt dazu eindeutig Stellung: „Unter Wahrung der erforderlichen Verbundenheit mit der kirchlichen Autorität haben die Laien das Recht, Vereinigungen zu gründen, zu leiten und den gegründeten beizutreten“. [107]

Und der neue Codex sagt wörtlich: „Den Gläubigen ist es unbenommen, Vereinigungen für Zwecke der Caritas oder der Frömmigkeit oder zur Förderung der christlichen Berufung in der Welt frei zu gründen und zu leiten und Versammlungen abzuhalten, um diese Zwecke gemeinsam zu verfolgen“.[108]
Es handelt sich um eine von der kirchlichen Autorität anerkannte und gewährleistete Freiheit, die immer und nur in der communio der Kirche ausgeübt werden soll. Das Recht der Laien, sich zusammenzuschließen, ist also wesentlich mit dem Leben der communio und mit der Sendung der Kirche gegeben.

Kriterien der Kirchlichkeit für die Zusammenschlüsse von Laien

30. In dieser Perspektive der communio und der Sendung der Kirche und darum nicht im Gegensatz zum freien Vereinsrecht muß auch die Notwendigkeit klarer und präziser Kriterien für die Unterscheidung und Anerkennung der Zusammenschlüsse von Laien, auch „Kriterien der Kirchlichkeit“ genannt, verstanden werden.
Folgende Kriterien können einheitlich für die Unterscheidung eines jeden Zusammenschlusses von Laien als grundlegend gelten:

- Das Primat der Berufung eines jeden Christen zur Heiligkeit, die „in den Gnadenfrüchten, die der Heilige Geist in den Gläubigen hervorbringt“,[109] als Wachstum in der Fülle des christlichen Lebens und der Vollkommenheit der Liebe[110] zum Ausdruck kommt.
  Alle Zusammenschlüsse von Laien und jeder einzelne von ihnen sind dazu berufen, immer profilierter Werkzeug der Heiligkeit in der Kirche zu sein, indem sie „eine innigere Einheit zwischen dem praktischen Leben ihrer Mitglieder und ihrem Glauben“ fördern und pflegen.[111]
- Die Verantwortung für das Bekenntnis des katholischen Glaubens, welche die Wahrheit über Christus, die Kirche und den Menschen im Gehorsam zum Lehramt, das sie authentisch interpretiert, aufnimmt und kündet. Jeder Zusammenschluß von Laien muß Ort der Verkündigung und der Weitergabe des Glaubens sowie einer Glaubenserziehung, die die Gesamtheit der Inhalte des Glaubens umfaßt, sein.
- Das Zeugnis einer tiefen und überzeugten communio, in kindlicher Anhänglichkeit zum Papst, dem bleibenden und „sichtbaren Prinzip“ der Einheit der Universalkirche,[112] und zum Bischof, dem „sichtbaren Prinzip und Fundament der Einheit“[113] in der Teilkirche sowie in der gegenseitigen „Hochschätzung aller Formen des Apostolates in der Kirche“.[114]
  Die Gemeinschaft mit dem Papst und mit dem Bischof muß sich äußern in der aufrichtigen Bereitschaft, ihr Lehramt und ihre pastoralen Richtlinien anzunehmen. Die Gemeinschaft mit der Kirche erfordert die Anerkennung des legitimen Pluralismus der Laienzusammenschlüsse und zugleich die Bereitschaft zur Zusammenarbeit mit allen.
- Die Übereinstimmung mit der apostolischen Zielsetzung der Kirche, an der sie teilhaben, nämlich „die Evangelisierung und Heiligung der Menschen sowie ... die christliche Bildung ihres Gewissens, so daß die verschiedenen Gemeinschaften und Milieus mit dem Geist des Evangeliums“ durchdrungen werden.[115]

In diesem Sinn muß von allen Formen von Laienzusammenschlüssen und von jeder einzelnen der missionarische Elan gefordert werden, der sie immer mehr zu Subjekten einer neuen Evangelisierung macht.

– Die Verpflichtung zu einer engagierten Präsenz in der menschlichen Gesellschaft, die sich im Licht der Soziallehre der Kirche in den Dienst des Menschen und seiner vollen Würde stellt.

Die Zusammenschlüsse der Laien müssen einen lebendigen Einsatz in der Teilnahme und Solidarität hervorrufen, um in der Gesellschaft gerechtere und geschwisterlichere Lebensbedingungen zu schaffen.

Die ausgeführten Grundkriterien können an den konkreten Früchten, die das Leben und Wirken der verschiedenen Vereinigungen aufweisen, gemessen werden, wie erneute Freude am Gebet, an der Kontemplation, am liturgischen und sakramentalen Leben; Früchte von Berufungen zu christlichen Ehen, von Priesterberufen und Berufen für das gottgeweihte Leben; Bereitschaft, sich in die Programme und Initiativen der Kirche auf Ortsebene, auf nationaler und internationaler Ebene einzubringen; Einsatz in der Katechese und die pädagogische Fähigkeit, Christen zu formen; Motivation zur christlichen Präsenz in den verschiedenen Bereichen des gesellschaftlichen Lebens und Schaffen und Leiten von caritativen, kulturellen und geistigen Werken; Geist der Armut im Sinn des Evangeliums, um einer hochherzigen Liebe allen gegenüber willen; Umkehr zum christlichen Leben und Rückkehr von „Fernstehenden" zur Gemeinschaft der Getauften.

Der Dienst der Hirten an der communio

31. Selbst angesichts möglicher und verständlicher Schwierigkeiten mit einigen Formen der Zusammenschlüsse und des machtvollen Wachsens von neuen Formen dürfen die Hirten in der Kirche zum Wohl der Kirche, wie auch zum Wohl der Zusammenschlüsse von Laien, nicht auf den Dienst ihrer Autoritätsausübung verzichten. So muß der Prozeß der Unterscheidung von Führung und vor allem von Bestärkung beim Hineinwachsen der Zusammenschlüsse der Laien in die communio und in die Sendung der Kirche begleitet werden.

Es ist überaus angebracht, daß einige neue Vereinigungen und Bewegungen aufgrund ihrer oft nationalen und sogar internationalen Verbreitung eine offizielle Anerkennung, eine ausdrückliche Approbation durch die zuständige kirchliche Autorität erhalten. In diesem Sinn hat schon das Konzil behauptet: „Freilich läßt das Apostolat der Laien, je nach seinen verschiedenen Formen und Inhalten, verschiedenartige Beziehungen zur Hierarchie zu... Gewisse Formen des Apostolates der Laien werden, wenn auch in unterschiedlicher Weise, von der Hierarchie ausdrücklich anerkannt. Darüber hinaus kann die kirchliche Autorität mit Rücksicht auf die Erfordernisse des kirchlichen Gemeinwohls aus den apostolischen Vereinigungen und Werken, die unmittelbar ein geistliches Ziel anstreben, einige auswählen und in besonderer Weise fördern, in denen sie dann auch eine besondere Verantwortung auf sich nimmt".[116]

Von den verschiedenen Formen des Laienapostolates, die in einer besonderen Beziehung zur Hierarchie stehen, riefen die Synodenväter ausdrücklich verschiedene Bewegungen und Vereinigungen der Katholischen Aktion in Erinnerung, in denen „die Laien sich auf organische und dauerhafte Weise unter der Führung des Heiligen Geistes, in der Gemeinschaft mit dem Bischof und mit den Priestern frei zusammenschließen, um ihrer Berufung entsprechend und aufgrund einer spezifischen Methode, zur Festigung der gesamten christlichen Gemeinschaft beizutragen, an den Pastoralprojekten und der Durchdringung aller Lebensbereiche mit dem Geist des Evangeliums treu und effektiv mitzuwirken“.[117]

Der Päpstliche Rat für die Laien hat den Auftrag, ein Verzeichnis der Vereinigungen, die die offizielle Anerkennung durch den Heiligen Stuhl erhalten, vorzubereiten und zugleich gemeinsam mit dem Sekretariat für die Einheit der Christen die Bedingungen für die Anerkennung ökumenischer Vereinigungen mit katholischer Mehrheit und nicht-katholischer Minderheit zu erarbeiten, wobei festgelegt werden soll, in welchen Fällen kein positives Urteil möglich ist.[118]

Wir alle, Hirten und Gläubige, sind dazu verpflichtet, in gegenseitiger Wertschätzung, Wohlwollen und Bereitschaft zur Mitarbeit zwischen den verschiedenen Formen der Zusammenschlüsse von Laien dauerhafte Bande und geschwisterliche Beziehungen zu fördern und zu nähren. Nur so kann der Reichtum der Gaben und Charismen, die der Herr uns anbietet, seinen fruchtbaren und geordneten Beitrag zur Erbauung des gemeinsamen Hauses leisten: „Für den solidarischen Aufbau des gemeinsamen Hauses muß auch der Geist des Antagonismus und der Zwistigkeit abgelegt werden und eher in der gegenseitigen Ermunterung (vgl. *Röm* 12,10), im liebevollen Entgegenkommen und im Willen zur Mitarbeit in Geduld, Langmut, Bereitschaft zum Opfer, das zuweilen damit verbunden sein kann, gewetteifert werden“.[119]

Greifen wir noch einmal auf die Worte Jesu zurück: „Ich bin der Weinstock, ihr seid die Reben“ (*Joh* 15,5), um Gott für die große Gabe der communio der Kirche zu danken, die in der Zeit die ewige und unaussprechliche Liebesgemeinschaft des Einen und Dreifaltigen Gottes widerspiegelt. Das Wissen um diese Gabe muß von einem tiefen Verantwortungsbewußtsein begleitet werden: Eine solche Gabe muß wie die Talente des Evangeliums in einem Leben immer tiefer werdender Gemeinschaft vermehrt werden. Für die Gabe der communio Verantwortung tragen heißt zunächst, bemüht sein, jede Versuchung der Spaltung und des Widerspruchs, die das Leben und den apostolischen Einsatz der Laien bedrohen, zu überwinden. Der schmerzliche und erschütterte Ausruf des Apostels Paulus als Vorwurf für die Wunden, die dem Leib Christi zugefügt werden, erklingt immer noch: „Ich meine damit, daß jeder von euch etwas anderes sagt: Ich halte zu Paulus – ich zu Apollos – ich zu Kephas – ich zu Christus. Ist denn Christus zerteilt?“ (*1 Kor* 1,12–13). Statt dessen sollten als überzeugender Anruf die anderen Worte des Apostels neu erklingen: „Ich ermahne euch aber, Brüder, im Namen Jesu Christi, unseres Herrn: Seid alle einmütig, und duldet keine Spaltungen unter euch; seid ganz eines Sinnes und einer Meinung“ (*1 Kor* 1,10).

So wird das Leben in der communio der Kirche der Welt zum Zeichen, zur anziehenden Kraft, die zum Glauben an Christus führt: „Wie du, Vater, in mir bist und ich in dir bin, sollen auch sie in uns sein, damit die Welt glaubt, daß du mich gesandt hast“ (*Joh* 17,21). Die communio weitet sich zur Sendung aus, ja, sie wird selbst Sendung.

Drittes Kapitel

Ich habe Euch dazu bestimmt, daß ihr Euch aufmacht und Frucht bringt

Die Mitverantwortung der Laien für die Kirche in ihrer Sendung
Missionarische Communio

32. Wir greifen wieder zurück auf das biblische Bild des Weinstocks und der Reben. Es führt wie von selbst unmittelbar zu einer Betrachtung über die Fruchtbarkeit und das Leben. Durch den Weinstock verwurzelt und belebt, sind die Reben berufen, Frucht zu bringen: „Ich bin der Weinstock, ihr seid die Reben. Wer in mir bleibt und in wem ich bleibe, der bringt reiche Frucht" (*Joh* 15,5). Frucht bringen ist eine wesentliche Forderung des christlichen und kirchlichen Lebens. Wer keine Frucht bringt, bleibt nicht in der communio: „Jede Rebe an mir, die keine Frucht bringt, schneidet er (mein Vater) ab" (*Joh* 15,2).
Die Gemeinschaft mit Jesus, von der sich die Gemeinschaft der Christen untereinander ableitet, ist eine unverzichtbare Voraussetzung, um Frucht zu bringen: „Getrennt von mir könnt ihr nichts vollbringen" (*Joh* 15,5). Die schönste Frucht, die die Reben bringen können, ist die Gemeinschaft mit den anderen, die Gabe Christi und seines Geistes ist.
Die communio schafft communio und stellt sich wesentlich als missionarische communio dar. Jesus sagt zu seinen Jüngern: „Nicht ihr habt mich erwählt, sondern ich habe euch erwählt und dazu bestimmt, daß ihr euch aufmacht und Frucht bringt und daß eure Frucht bleibt" (*Joh* 15,16).
Communio und Sendung sind zutiefst miteinander verbunden, sie durchdringen und bedingen einander, so daß die communio zugleich Quelle und Frucht der Sendung ist: die communio ist missionarisch, und die Sendung gilt der communio. Es ist derselbe Geist, der die Kirche sammelt und eint und der sie sendet, das Evangelium „bis an die Grenzen der Erde" (*Apg* 1,8) zu verkünden. Die Kirche weiß, daß die communio, die sie als Gabe empfangen hat, eine universale Ausrichtung kennt. Sie weiß um ihre Verpflichtung, der gesamten Menschheit und jedem Menschen die Gabe weiterzugeben, die sie vom Geist empfangen hat, der in den Herzen der Gläubigen die Liebe Christi als dynamische Kraft der inneren Einheit und zugleich des Wachstums in die Weite ausgegossen hat. Die Sendung der Kirche erwächst aus ihrem von Christus so gewollten Wesen: „Sakrament und Zeichen ... für die Einheit der ganzen Menschheit".[120] Diese Sendung hat das Ziel, allen das Erlebnis der „neuen" Gemeinschaft zu schenken, die im Sohn Gottes in die Weltgeschichte eingetreten ist. In diesem Sinn definiert das Zeugnis des Evangelisten Johannes auf nunmehr unwiderrufliche Weise das seligmachende Endziel, auf das die Sendung der Kirche hingeordnet ist: „Was wir gesehen und gehört haben, das verkünden wir auch euch, damit auch ihr Gemeinschaft mit uns habt. Wir aber haben Gemeinschaft mit dem Vater und mit seinem Sohn Jesus Christus" (*1 Joh* 1,3).
Im Rahmen der Sendung der Kirche vertraut der Herr den Laien in Gemeinschaft mit allen anderen Gliedern des Volkes Gottes einen großen Anteil von Verantwortung an. Die Väter des II. Vatikanischen Konzils waren sich dieser Tatsache voll bewußt: „Die geweihten Hirten wissen sehr gut, wieviel die Laien zum Wohl der ganzen Kirche beitra-

gen. Sie wissen ja, daß sie von Christus nicht bestellt sind, um die ganze Heilsmission der Kirche an der Welt auf sich zu nehmen, sondern daß es ihre vornehmliche Aufgabe ist, die Gläubigen so als Hirten zu führen und ihre Dienstleistungen und Charismen so zu prüfen, daß alle in ihrer Weise zum gemeinsamen Werk einmütig zusammenarbeiten“.[121]
Dieses Bewußtsein trat wieder mit neuer Klarheit und größerer Deutlichkeit in der gesamten Arbeit der Synode zutage.

Das Evangelium verkündigen

33. Weil sie Glieder der Kirche sind, haben die Laien die Berufung und Sendung, das Evangelium zu verkünden. Aufgrund der christlichen Initiationssakramente und der Gaben des Heiligen Geistes sind sie dazu berufen und verpflichtet.
In einem sehr dichten und eindeutigen Text des II. Vatikanischen Konzils lesen wir: „Als Teilnehmer am Amt Christi, des Priesters, Propheten und Königs, haben die Laien ihren aktiven Anteil am Leben und Tun der Kirche... Durch tätige Teilnahme am liturgischen Leben ihrer Gemeinschaft genährt, nehmen sie ja angelegentlich an deren apostolischen Werken teil; Menschen, die vielleicht weit abseits stehen, führen sie der Kirche zu. Angestrengt arbeiten sie an der Weitergabe des Wortes Gottes mit, vor allem durch katechetische Unterweisung. Durch ihre Sachkenntnis machen sie die Seelsorge und die Verwaltung der kirchlichen Güter wirksamer“.[122]
Die Sendung der Kirche kristallisiert und entfaltet sich in der Evangelisierung, deren Geschichte mit der Gnade und dem Gebot Jesu Christi beginnt: „Geht hinaus in die ganze Welt, und verkündet das Evangelium allen Geschöpfen“ ... (*Mk* 16,15). „Ich bin bei euch alle Tage bis zum Ende der Welt“ (*Mt* 28,20). „Evangelisieren“ – so schreibt Paul VI. – „ist in der Tat die Gnade und eigentliche Berufung der Kirche, ihre tiefste Identität“.[123]
Durch die Evangelisierung baut die Kirche sich auf und festigt sie sich als Gemeinschaft des Glaubens: präziser gesagt, als Gemeinschaft eines durch die Bejahung des Wortes Gottes bezeugten, in den Sakramenten gefeierten und in der Liebe gelebten Glaubens, der Seele der christlichen moralischen Existenz wird. Die „Frohe Botschaft“ bewirkt im Herzen und im Leben der Menschen Bekehrung und persönliche Entscheidung für Jesus Christus, den Herrn und Erlöser. Sie schließt für die Taufe und die Eucharistie auf. Sie konkretisiert sich in Annahme und Verwirklichung des neuen Lebens nach dem Geist.
Der Imperativ Jesu: „Geht hinaus ... und verkündet das Evangelium!“ behält seine Bedeutung und seine unaufschiebbare Dringlichkeit. Nicht nur die Situation der Welt, sondern auch die in vielen Teilen der Kirche verlangen heute allerdings absolut, daß diesem Wort Christi noch unmittelbarer und hochherziger gefolgt werde. Jeder Jünger ist unmittelbar persönlich berufen; keiner kommt umhin, seine persönliche Antwort zu geben: „Wehe mir, wenn ich das Evangelium nicht verkünde!“ (*1 Kor* 9,16).

Die Stunde fordert eine neue Evangelisierung

34. Ganze Länder und Nationen, in denen früher Religion und christliches Leben blühten und lebendige, glaubende Gemeinschaften zu schaffen vermochten, machen nun harte Proben durch und werden zuweilen durch die fortschreitende Verbreitung des Indiffe-

rentismus, Säkularismus und Atheismus entscheidend geprägt. Es geht dabei vor allem um die Länder und Nationen der sogenannten Ersten Welt, in der der Wohlstand und der Konsumismus, wenn auch von Situationen furchtbarer Armut und Not begleitet, dazu inspirieren und veranlassen, so zu leben, „als wenn es Gott nicht gäbe". Die religiöse Indifferenz und die fast inexistente religiöse Praxis, auch angesichts schwerer Probleme der menschlichen Existenz, sind nicht weniger besorgniserregend und zersetzend als der ausdrückliche Atheismus. Auch wenn der christliche Glaube in einigen seiner traditionellen und ritualistischen Ausdrucksformen noch erhalten ist, wird er mehr und mehr aus den bedeutsamsten Momenten des Lebens wie Geburt, Leid und Tod ausgeschlossen. Daraus ergeben sich gewaltige Rätsel und Fragestellungen, die unbeantwortet bleiben und den modernen Menschen vor trostlose Enttäuschungen stellen oder in die Versuchung führen, das menschliche Leben, das sie aufgibt, zu zerstören.

In anderen Gebieten und Ländern dagegen sind bis heute die traditionelle christliche Volksfrömmigkeit und -religiosität lebendig erhalten; dieses moralische und geistliche Erbe droht aber in der Konfrontation mit komplexen Prozessen vor allem der Säkularisierung und der Verbreitung der Sekten verlorenzugehen. Nur eine neue Evangelisierung kann die Vertiefung eines reinen und festen Glaubens gewährleisten, der diese Traditionen zu einer Kraft wahrer Befreiung zu machen vermag.

Es ist mit Sicherheit notwendig, überall die christliche Substanz der menschlichen Gesellschaft zu erneuern. Voraussetzung dafür ist aber die Erneuerung der christlichen Substanz der Gemeinden, die in diesen Ländern und Nationen leben.

Aufgrund ihrer Teilhabe am prophetischen Amt Christi werden die Laien ganz in diese Aufgabe der Kirche einbezogen. Ihnen kommt es in besonderer Weise zu, Zeugnis zu geben vom christlichen Glauben als einzige und wahre Antwort – die alle mehr oder weniger bewußt erkennen und nennen – auf die Probleme und Hoffnungen, die das Leben heute für jeden Menschen und für jede Gesellschaft einschließt. Dieses Zeugnis wird möglich, wenn es den Laien gelingt, den Gegensatz zwischen dem Evangelium und dem eigenen Leben zu überwinden und in ihrem täglichen Tun, in Familie, Arbeit und Gesellschaft eine Lebenseinheit zu erreichen, die im Evangelium ihre Inspiration und die Kraft zur vollen Verwirklichung findet.

Ich möchte heute erneut den leidenschaftlichen Anruf, mit dem ich mein Hirtenamt begonnen habe, allen modernen Menschen entgegenrufen: „Habt keine Angst! Öffnet, ja, öffnet Christus weit die Türen! Öffnet die Grenzen der Staaten, die Wirtschaftssysteme und die politischen Systeme, die Bereiche der Kultur, der Zivilisation, der Entwicklung seiner heilbringenden Macht. Habt keine Angst. Christus weiß, ‚was im Menschen ist'. Er allein weiß es! Der Mensch weiß heute oft nicht, was er in sich trägt im Tiefsten seiner Seele und seines Herzens. Darum fühlt er sich oft unsicher über den Sinn seines Lebens auf dieser Erde. Er wird von Zweifeln erfüllt, die zur Verzweiflung werden. Laßt darum Christus – ich bitte und flehe euch demütig und vertrauensvoll an -, laßt ihn zu den Menschen sprechen. Er allein hat Worte des Lebens, ja, des ewigen Lebens".[124]

Christus weit die Türen zu öffnen, ihn im Raum der eigenen Menschlichkeit aufzunehmen, ist für den Menschen keine Bedrohung, sondern der einzige Weg, der zur Erkenntnis des Menschen in seiner Wahrheit und zur Anerkennung seiner Werte führt.

Den Laien ist es aufgegeben, eine lebensmäßige Synthese zwischen dem Evangelium und den täglichen Pflichten ihres Lebens zu schaffen. Diese wird zum leuchtendsten und überzeugendsten Zeugnis dafür, daß nicht die Angst, sondern die Suche nach Christus und der Anschluß an ihn entscheidend sind für das Leben und Wachsen des Menschen sowie für das Entstehen neuer Lebensmodelle, die seiner Würde entsprechen.
Gott liebt den Menschen! Diese einfache und erschütternde Verkündigung ist die Kirche dem Menschen schuldig. Das Wort und das Leben eines jeden Christen kann und muß diese Botschaft zum Klingen bringen: Gott liebt dich, Christus ist für dich gekommen, Christus ist für dich „der Weg, die Wahrheit und das Leben" (*Joh* 14,6)!
Diese neue Evangelisierung, die sich nicht nur an die einzelnen, sondern an ganze Teile der Bevölkerung in ihren jeweiligen Situationen, Milieus und Kulturen richtet, hat das Werden von reifen Gemeinden zum Ziel. In ihnen kann der Glaube seine volle ursprüngliche Bedeutung als persönliche Selbstübereignung an Christus und sein Evangelium, als sakramentale Begegnung und Gemeinschaft mit ihm, als in der Liebe und im Dienst verwirklichte Existenz zum Ausdruck bringen und verwirklichen.
Die Laien müssen beim Entstehen solcher Gemeinden ihren Beitrag einbringen. Sie tun es nicht nur durch ihre aktive und verantwortliche Teilnahme am Leben der Gemeinde und somit durch ihr unersetzliches Zeugnis, sondern auch mit ihrem missionarischen Eifer und Engagement denen gegenüber, die noch nicht glauben, oder die den Glauben, den sie in der Taufe empfangen haben, nicht mehr leben.
Den jüngeren Generationen sollen die Laien eine systematische Katechese als wertvolle und immer notwendigere Hilfe schenken. Die Synodenväter haben mit großer Dankbarkeit auf die Arbeit der Katecheten geschaut und anerkannt, daß ihnen „eine sehr bedeutende Aufgabe bei der Leitung der Gemeinden" zukommt.[125] Gewiß sind die christlichen Eltern, weil das Ehesakrament sie dazu befähigt, die ersten und unersetzlichen Katecheten ihrer Kinder. Wir müssen uns aber bewußt sein, daß jeder Getaufte das „Recht" hat, im christlichen Glauben und im christlichen Leben unterrichtet, erzogen und geführt zu werden.

Geht hinaus in die ganze Welt

35. Die Kirche erkennt und erlebt die augenblickliche Dringlichkeit einer neuen Evangelisierung. Sie kann sich aber nicht dem bleibenden Auftrag entziehen, das Evangelium all denen – den Millionen von Männern und Frauen -, die Christus, den Erlöser des Menschen, noch nicht kennen, zu verkünden. Diese ausgesprochen missionarische Aufgabe hat Jesus seiner Kirche anvertraut und gibt er ihr täglich neu auf.
Die Mitwirkung der Laien hat auf diesem Gebiet nie gefehlt. Heute aber wird sie immer notwendiger und wertvoller. Der Anruf des Herrn: „Geht hinaus in die ganze Welt!" trifft heute noch viele hochherzige Laien, die bereit sind, ihr Lebensmilieu, ihre Arbeit, ihr Land oder ihre Heimat zu verlassen, um zumindest für eine bestimmte Zeit in ein Missionsgebiet zu gehen. Auch christliche Eheleute geben bis heute nach dem Beispiel von Aquila und Priscilla (vgl. *Apg* 18; *Röm* 16,3 ff.) durch ihre Präsenz und Wirksamkeit in Missionsgebieten ein ermutigendes Zeugnis ihrer leidenschaftlichen Liebe zu Christus

und zur Kirche. Wahre missionarische Präsenz ist auch das Leben derer, die sich aus verschiedenen Gründen in Milieus aufhalten, in denen die Kirche noch keine Wurzeln gefaßt hat, und dort ihren Glauben bezeugen.

Das missionarische Problem stellt sich heute in der Kirche aber in einer solch großen Breite und Brisanz dar, daß nur eine wahrhaft solidarische Mitverantwortung aller Glieder der Kirche, der einzelnen und der Gemeinschaften auf eine wirksamere Antwort hoffen lassen kann.

Die Aufforderung des II. Vatikanischen Konzils an die Teilkirchen behält ihre ganze Aktualität, ja, sie muß umfassender und entschiedener aufgenommen werden: „Da die Teilkirche ein getreues Abbild der Gesamtkirche sein muß, soll sie sich auch ihrer Sendung an diejenigen, die mit ihr im gleichen Raum leben und noch nicht an Christus glauben, wohl bewußt sein“.[126]

Die Kirche muß heute auf dem Gebiet der Evangelisierung einen großen Schritt nach vorne tun und in eine neue historische Etappe ihrer missionarischen Dynamik eintreten. In einer Welt, die durch die Aufhebung der Entfernungen immer kleiner wird, müssen die Gemeinden untereinander Verbindung suchen, Kräfte und Mittel austauschen und sich miteinander in der einen und gemeinsamen Sendung, das Evangelium zu künden und zu leben, engagieren. „Die sogenannten jungen Kirchen“ – meinten die Synodenväter – „bedürfen der Kräfte der älteren Kirchen. Letztere aber brauchen das Zeugnis und den Elan der Jüngeren, so daß die einzelnen Kirchen vom Reichtum der anderen schöpfen“.[127]

In dieser neuen Etappe stellt die Erziehung und Ausbildung nicht nur des Ortsklerus, sondern auch reifer und verantwortlicher Laien in den jungen Kirchen ein wesentliches und unverzichtbares Moment der plantatio Ecclesiae dar.[128] So machen sich die evangelisierten Gemeinden selbst in andere Teile der Welt auf, um die Sendung, das Evangelium Christi zu künden, zu realisieren.

Die Laien können durch ihr Lebensbeispiel dazu beitragen, die Qualität der Beziehungen zwischen Menschen verschiedener Religionen zu verbessern. Die Synodenväter bemerkten dazu: „Die Kirche lebt heute überall inmitten von Menschen verschiedener Religionen ... Alle Gläubigen und vor allem die Laien, die, sei es in ihrer Heimat oder in Ländern, in die sie ausgewandert sind, unter Völkern anderer Religionen leben, müssen für sie Zeichen des Herrn und seiner Kirche sein, so wie es der Lebenssituation eines jeden Ortes entspricht. Der Dialog zwischen den Religionen hat eine vorrangige Bedeutung, weil er zur Liebe und zur gegenseitigen Ehrfurcht hinführt, die Vorurteile unter den Gläubigen der verschiedenen Religionen abbaut oder zumindest abschwächt und Einheit und Freundschaft zwischen den Völkern fördert“.[129]

Für die Evangelisierung der Welt bedürfen wir vor allem der Evangelisatoren. Darum müssen wir alle, insbesondere die christlichen Familien, uns für das Erwachen und Reifen ausgesprochen missionarischer Berufe – als Priester, Ordensleute oder im Laienstand – verantwortlich halten. Wir müssen sie mit allen Mitteln fördern und vor allem das von Jesus bevorzugte Mittel des Gebetes seinem Wort entsprechend nie vernachlässigen: „Die Ernte ist groß, aber es gibt nur wenige Arbeiter. Bittet also den Herrn der Ernte, Arbeiter für seine Ernte auszusenden“ (*Mt* 9,37–38).

Im Dienst am Menschen und an der Gesellschaft das Evangelium leben

36. Weil sie in der Kraft des Geistes das Evangelium aufnimmt und verkündet, wird die Kirche evangelisierte und evangelisierende Gemeinschaft. Aus diesem Grund wird sie zur Dienerin der Menschen. In ihr nehmen die Laien teil an der Sendung, den Menschen und der Gesellschaft zu dienen. Das letzte Ziel der Kirche ist mit Sicherheit das Reich Gottes, dessen „Keim und Anfang ... auf Erden" sie darstellt.[130] Sie ist deswegen gänzlich der Verherrlichung des Vaters geweiht. Das Reich aber ist Quelle der völligen Befreiung und des ganzen Heils für die Menschen: Die Kirche lebt und geht mit ihnen in tiefer und wahrer Solidarität mit der Menschheitsgeschichte.
Die Kirche hat den Auftrag, der Welt das Geheimnis Gottes, das in Christus Jesus offenbar wurde, zu enthüllen. Sie tut zugleich dem Menschen den Menschen kund, erschließt ihm den Sinn seiner Existenz und öffnet ihn für die volle Wahrheit über sich selbst und sein Ziel.[131] Kraft ihrer eigenen missionarischen Sendung ist die Kirche dazu berufen, dem Menschen zu dienen. Dieser Dienst gründet zunächst in der unerklärlichen und erschütternden Tatsache, daß „der Sohn Gottes ... sich in seiner Menschwerdung gewissermaßen mit jedem Menschen vereinigt" hat.[132]
Darum ist der Mensch „der erste Weg, den die Kirche bei der Erfüllung ihres Auftrages beschreiten muß: Er ist der erste und grundlegende Weg der Kirche, ein Weg, der von Christus selbst vorgezeichnet ist und unabänderlich durch das Geheimnis der Menschwerdung und der Erlösung führt".[133]
Ähnliches hat das II. Vatikanische Konzil in seinen verschiedenen Dokumenten mit großer Bestimmtheit und Klarheit wiederholt ausgesagt. Wir lesen in einem besonders aufschlußreichen Text aus der Konstitution *Gaudium et spes*: „In der Verfolgung der eigenen Heilsabsicht vermittelt die Kirche nicht nur den Menschen das göttliche Leben, sondern läßt dessen Widerschein mehr oder weniger auf die ganze Welt fallen, vor allem durch die Heilung und Hebung der menschlichen Personenwürde, durch die Festigung des menschlichen Gemeinschaftsgefüges, durch die Erfüllung des alltäglichen menschlichen Schaffens mit tieferer Sinnhaftigkeit und Bedeutung. So glaubt die Kirche, durch ihre einzelnen Glieder und als ganze, viel zu einer humaneren Gestaltung der Menschenfamilie und ihrer Geschichte beitragen zu können".[134] Die ganze Kirche ist für diesen Dienst an der Menschheitsfamilie verantwortlich. Aufgrund ihres „Weltcharakters", der sie auf eigene und unersetzliche Weise zur christlichen Inspirierung der zeitlichen Ordnung verpflichtet, kommt den Laien in diesem Rahmen aber eine besondere Aufgabe zu.

Die Würde des Menschen fördern

37. Die unverletzliche Würde eines jeden Menschen neu zu entdecken und entdecken zu lassen, ist eine wesentliche Aufgabe, ja, in einem gewissen Sinn die zentrale und alle anderen einschließende Aufgabe im Kontext des Dienstes an der Menschheitsfamilie, zu dem die Kirche und in ihr die Laien berufen sind.
Unter allen irdischen Geschöpfen ist nur der Mensch „Person", bewußtes und freies Subjekt und darum auch „Mitte und Spitze" alles dessen, was auf der Erde ist.[135]

Die personale Würde ist das kostbarste Gut, das der Mensch besitzt und aufgrund dessen er die ganze materielle Welt an Wert transzendiert.
Jesu Wort „Was nützt es einem Menschen, wenn er die ganze Welt gewinnt, dabei aber sein Leben einbüßt?“ (*Mk* 8,36) enthält eine wegweisende und ermutigende anthropologische Aussage: Des Menschen Wert liegt nicht in dem, was er „hat“ -, wenn er die ganze Welt gewinnt -, sondern in dem, was er „ist“: Nicht so sehr die Güter der Welt zählen, sondern das Gut des Menschen, das Gut, das der Mensch selber ist.
Die Leuchtkraft der Würde des Menschen kommt von ihrem Ursprung und von ihrer Zielbestimmung her voll zum Ausdruck: Von Gott nach seinem Bild und Gleichnis geschaffen, vom kostbaren Blut Christi erlöst, ist der Mensch berufen, „Kind Gottes im Sohn“ und lebendiger Tempel des Heiligen Geistes zu sein. Er ist bestimmt zum ewigen Leben in der seligmachenden Gemeinschaft mit Gott. Darum schreit jede Verletzung der Menschenwürde vor dem Angesicht Gottes nach Rache und ist Beleidigung des Schöpfers des Menschen.
Aufgrund seiner Personenwürde ist der Mensch in sich und für sich genommen immer ein Wert und muß als solcher verstanden und behandelt werden. Er darf nicht als benutzbares Objekt, als Werkzeug, als ein Ding betrachtet und behandelt werden.
Die Personenwürde ist Fundament der Gleichheit aller Menschen. Von ihr leitet sich die absolute Unannehmbarkeit der verschiedensten Formen der Diskriminierung ab, die die Menschheitsfamilie leider ständig spalten und demütigen: durch Rassen-, wirtschaftliche, soziale, politische, geographische oder andere Unterschiede bedingt. Jede Diskriminierung stellt nicht so sehr wegen der Spannungen und Konflikte, die sie in der Gesellschaft hervorrufen kann, sondern wegen der Verletzung der Menschenwürde eine unerträgliche Ungerechtigkeit dar. Sie ist nicht nur Verletzung der Würde des Opfers der Ungerechtigkeit, sondern mehr noch der Würde desjenigen, der die Ungerechtigkeit begeht.
Die Personenwürde ist Fundament der Gleichheit aller Menschen und auch Fundament der Teilnahme und der Solidarität der Menschen untereinander. Der Dialog und die Gemeinschaft sind zutiefst verwurzelt in dem, was die Menschen „sind“. Diese Verwurzelung im Sein ist tiefer und ursprünglicher als eine Verankerung in dem, was die Menschen „haben“.
Die Personenwürde ist unzerstörbares Eigentum eines jeden Menschen. Die ungeheure Kraft dieser Behauptung, die auf die Einmaligkeit und Unwiederholbarkeit eines jeden Menschen zurückgeht, muß erfaßt werden. Davon leitet sich ab, daß der einzelne durch alles, was ihn in der Anonymität des Kollektivs, der Institution, der Struktur, des Systems zermalmen und vernichten will, nicht nivelliert werden kann. Die Person ist in ihrer Einmaligkeit weder eine Nummer noch das Glied einer Kette noch das Teil eines Systems.
Die radikalste und erhebendste Bezeugung des Wertes eines jeden Menschen gab der Sohn Gottes, als er im Schoß einer Frau Mensch wurde. Davon spricht die christliche Weihnacht auch heute noch zu uns.[136]

Ehrfurcht vor dem unantastbaren Recht auf das Leben

38. Die effektive Anerkennung der Personenwürde eines jeden Menschen erfordert die Verteidigung und die Förderung der Menschenrechte sowie die Ehrfurcht vor ihnen. Diese sind Naturrechte, Universalrechte, unantastbare Rechte: Niemand, nicht der einzelne,

nicht die Gruppe, nicht die Autorität und nicht der Staat kann sie verändern oder aufheben, weil sie von Gott selbst kommen.

Die Unantastbarkeit der Person, die Widerschein der absoluten Unantastbarkeit Gottes selbst ist, findet ihren ersten und fundamentalsten Ausdruck in der Unantastbarkeit des menschlichen Lebens. Wenn das Recht auf das Leben nicht als erstes und fundamentales Recht mit größter Entschiedenheit als Bedingung für alle anderen Rechte der Person verteidigt wird, bleibt auch das berechtigte, wiederholte Hinweisen auf die Menschenrechte – auf das Recht auf Gesundheit, Wohnung, Arbeit, Gründung einer Familie, Kultur usw. – trügerisch und illusorisch.

Angesichts aller Verletzungen, die dem jedem Menschen zustehenden Recht auf das Leben, sei es durch einzelne oder durch die Autorität selbst zugefügt werden, hat die Kirche nie resigniert. Jeder Mensch ist in allen Phasen seiner Entwicklung, von der Empfängnis bis zum natürlichen Tod, Träger dieses Rechtes; er bleibt es in jeder Situation: Gesundheit oder Krankheit, Vollkommenheit oder Behinderung, Reichtum oder Armut. Das II. Vatikanische Konzil erklärt ausdrücklich: „Was ferner zum Leben selbst in Gegensatz steht, wie jede Art Mord, Völkermord, Abtreibung, Euthanasie und auch der freiwillige Selbstmord; was immer die Unantastbarkeit der menschlichen Person verletzt, wie Verstümmelung, körperliche oder seelische Folter und der Versuch, psychischen Zwang auszuüben; was immer die menschliche Würde angreift, wie unmenschliche Lebensbedingungen, willkürliche Verhaftung, Verschleppung, Sklaverei, Prostitution, Mädchenhandel und Handel mit Jugendlichen, sodann auch unwürdige Arbeitsbedingungen, bei denen der Arbeiter als bloßes Erwerbsmittel und nicht als freie und verantwortliche Person behandelt wird: all diese und andere ähnliche Taten sind an sich schon eine Schande; sie sind eine Zersetzung der menschlichen Kultur, entwürdigen weit mehr jene, die das Unrecht tun, als jene, die es erleiden. Zugleich sind sie in höchstem Maße ein Widerspruch gegen die Ehre des Schöpfers“.[137]

Die Sendung und die Verantwortung für die Anerkennung der Personenwürde jedes Menschen und für die Verteidigung des Rechtes auf das Leben sind jedem übergeben. Einige Laien sind aber aufgrund ihrer spezifischen Eigenschaften in besonderer Weise dazu berufen: Eltern, Erzieher, im Gesundheitswesen Arbeitende und Träger der wirtschaftlichen und politischen Macht.

In der liebevollen und hochherzigen Annahme jeden menschlichen Lebens, vor allem des schwachen oder kranken, erlebt die Kirche heute ein besonders entscheidendes Moment ihrer Sendung, die um so notwendiger ist, als eine „Kultur des Todes“ mehr und mehr beherrschend wird. „Aber die Kirche ist fest überzeugt, daß das menschliche Leben, auch das schwache und leidende, immer ein herrliches Geschenk der göttlichen Güte ist. Gegen Pessimismus und Egoismus, die die Welt verdunkeln, steht die Kirche auf der Seite des Lebens; in jedem menschlichen Leben weiß sie den Glanz jenes ‚Ja‘, jenes ‚Amen‘ zu entdecken, das Christus selbst ist (vgl. *1 Kor* 2,19; *Offb* 3,14). Dem ‚Nein‘, das in die Welt einbricht und einwirkt, setzt sie dieses lebendige ‚Ja‘ entgegen und verteidigt so den Menschen und die Welt vor denen, die das Leben bekämpfen und ersticken“.[138] Den Laien, die aufgrund ihrer Berufung oder ihres Berufes unmittelbarer mit der Bejahung des Lebens konfrontiert werden, kommt es zu, das „Ja“ der Kirche zum menschlichen Leben konkret und wirksam zu machen.

Neue Möglichkeiten und Verantwortungen, die bis an die Grenzen des menschlichen Lebens gehen, haben sich heute durch die enorme Entwicklung der biologischen und medizinischen Wissenschaften und der überraschenden technologischen Möglichkeiten eröffnet: Der Mensch ist heute in der Lage, das menschliche Leben in seinem Anfang und in den ersten Stadien seiner Entwicklung nicht nur zu „beobachten", sondern auch zu „manipulieren".

Das moralische Gewissen der Menschheit kann weder indifferent noch unberührt bleiben von den riesigen Schritten einer technischen Macht, die eine immer umfassendere und tiefergehende Herrschaft über die Prozesse der Fortpflanzung und der ersten Phasen des menschlichen Lebens gewinnt. Vielleicht erweist sich die Weisheit gerade auf diesem Gebiet mehr denn je als einziger rettender Anker, der den Menschen in der wissenschaftlichen und in der experimentellen Forschung dazu veranlaßt, mit Intelligenz und Liebe zu handeln, das heißt in Ehrfurcht, besser noch in der Verehrung der unantastbaren Personenwürde eines jeden Menschen vom ersten Augenblick seiner Existenz an. Das ist dann der Fall, wenn Wissenschaft und Technik sich mit legitimen Mitteln für die Verteidigung des Lebens und die Heilung der Krankheit vom ersten Augenblick an einsetzen und – aufgrund der Würde der Forschung selbst – Eingriffe verweigern, die den genetischen Bestand des einzelnen und des menschlichen Geschlechtes verändern.[139]

Die Laien, die in verschiedenen Eigenschaften und auf verschiedenen Ebenen in der Wissenschaft und in der Technik sowie im medizinischen, sozialen, gesetzlichen und wirtschaftlichen Bereich arbeiten, müssen sich mutig den „Herausforderungen", die sich aus den neuen Problemen der Bioethik ergeben, stellen. Wie die Synodenväter sagten, „müssen die Christen ihre Verantwortung als Herren der Wissenschaft und der Technologie und nicht als ihre Sklaven ausüben ... In der Perspektive der moralischen ‚Herausforderungen', die sich aus der neuen und immensen technologischen Macht ergeben werden und die nicht nur die Grundrechte des Menschen, sondern auch die biologische Existenz des Menschengeschlechtes selbst bedrohen, ist es überaus wichtig, daß die christlichen Laien – mit Hilfe der gesamten Kirche – sich dafür verantwortlich halten, die Kultur zurückzuführen auf die Prinzipien eines wahren Humanismus, damit die Förderung und die Verteidigung der Menschenrechte in ihrem eigenen Wesen einen sicheren und dynamischen Grund finden, in dem Wesen, das die Verkündigung des Evangeliums des Menschen geoffenbart hat".[140]

Die Wachsamkeit aller angesichts der Zusammenballung der Macht, insbesondere der technologischen Macht, ist heute dringend notwendig. Denn diese tendiert dazu, nicht nur die biologische Natur, sondern auch die Inhalte des menschlichen Gewissens selbst und die Lebensentwürfe der Menschen zu manipulieren und so die Diskriminierung und Marginalisierung ganzer Völker zu vergrößern.

Freiheit, den Namen Gottes anzurufen

39. Die Ehrfurcht vor der Personenwürde, die die Verteidigung und Förderung der Menschenrechte einschließt, fordert die Anerkennung der religiösen Dimensionen des Menschen. Diese ist keine lediglich „konfessionelle" Forderung, sondern eine Notwendig-

keit, die in der Realität des Menschseins selbst ihre unausrottbare Wurzel hat. Das Verhältnis zu Gott ist in der Tat Bestandteil des „Seins“ und des „Existierens“ des Menschen: in Gott „leben wir, bewegen wir uns und sind wir“ (*Apg* 17,28). Wenn auch nicht alle an diese Wahrheit glauben, haben die, die von ihr überzeugt sind, das Recht auf Ehrfurcht gegenüber ihrem Glauben und ihren Lebensentscheidungen, die sich auf individueller und gemeinschaftlicher Ebene daraus ergeben. Dieses ist das Recht auf Gewissensfreiheit und Religionsfreiheit, dessen effektive Anerkennung zu den höchsten Gütern und den schwersten Pflichten eines jeden Volkes zählen, das in Wahrheit das Wohl des Menschen und der Gesellschaft gewährleisten will: „Die Religionsfreiheit ist eine unverzichtbare Forderung der Personenwürde eines jeden Menschen. Sie stellt einen Eckstein im Gebäude der Menschenrechte dar und ist darum ein unersetzlicher Faktor des Wohles der Menschen und der ganzen Gesellschaft, sowie der persönlichen Verwirklichung eines jeden. Daraus ergibt sich, daß die Freiheit der einzelnen und Gemeinschaften, die eigene Religion bezeugen und praktizieren zu dürfen, ein wesentlicher Bestandteil des friedlichen Miteinander unter den Menschen ist. ...
Das bürgerliche und gesellschaftliche Recht auf Religionsfreiheit berührt die intimste Sphäre des Gewissens. Es kann darum zum richtunggebenden Kriterium und in gewissem Sinn zum Maß der anderen Grundrechte werden“.[141]
Die Synode hat die vielen Brüder und Schwestern, die sich noch nicht dieses Rechtes erfreuen, nicht vergessen. Um des Bekenntnisses ihres Glaubens willen müssen sie Unannehmlichkeiten, Marginalisierung, Leid, Verfolgung und zuweilen den Tod auf sich nehmen. Die Mehrheit dieser Brüder und Schwestern sind christliche Laien. Die Verkündigung des Evangeliums und das christliche Lebenszeugnis im Leid und im Martyrium stellen die Höchstform des Apostolates der Jünger Christi dar, so wie die Liebe zum Herrn Jesus bis hin zur Hingabe des Lebens eine außerordentliche Quelle der Fruchtbarkeit für den Aufbau der Kirche darstellt. Der mystische Weinstock zeigt so seine Lebenskraft, wie der heilige Augustinus es hervorhebt: „Wie es von den Propheten und vom Herrn selbst vorherverkündet worden war, wurde dieser Weinstock, der seine fruchtbaren Reben in der ganzen Welt verbreitet, um so lebenskräftiger, als er mit dem vielen Blut der Märtyrer begossen wurde“.[142]
Die gesamte Kirche ist dankbar für dieses Beispiel und für diese Gabe: In diesen ihren Söhnen und Töchtern findet sie den Grund, um die Dynamik ihres heiligen und apostolischen Lebens zu erneuern. In diesem Sinne hielten die Synodenväter es für ihre besondere Pflicht, „jenen Laien zu danken, die als unermüdliche Zeugen des Glaubens, trotz der Freiheitseinschränkungen und des Verzichtes auf geweihte Amtsträger, in Treue zum Apostolischen Stuhl stehen. Sie setzen alles, sogar das eigene Leben, auf das Spiel. Die Laien geben auf diese Weise Zeugnis von einer wesentlichen Eigenschaft der Kirche: Die Kirche Gottes wird aus der Gnade Gottes, und diese Wahrheit kommt im Martyrium auf vorzügliche Weise zum Ausdruck“.[143]
Was wir bis jetzt über die Ehrfurcht vor der personalen Würde und die Anerkennung der Menschenrechte gesagt haben, ist Verantwortung eines jeden Christen, eines jeden Menschen. Wir müssen aber darauf hinweisen, daß dieses Problem heute eine universelle Dimension kennt: es geht in der Tat um eine Frage, die ganze Menschengruppen, ja ganze

Völker, deren Grundrechte gewaltsam zertreten werden, betrifft. Daraus ergeben sich in der Entwicklung die Ungleichheiten zwischen den verschiedenen Welten, die in der kürzlich erschienenen Enzyklika *Sollicitudo rei socialis* offen angeprangert worden sind. Die Ehrfurcht vor dem Menschen geht über die Forderung einer individuellen Moral hinaus, sie stellt sich als Grundkriterium, gleichsam als wichtigster Grundpfeiler der Struktur der Gesellschaft selbst dar, weil diese ganz auf die Person hingeordnet ist.
So kommt zur Verantwortung, dem Menschen zu dienen, die, der Gesellschaft zu dienen; beides als allgemeines Ziel der christlichen Inspirierung des säkularen Bereiches, zu der die Laien in der ihnen eigenen und spezifischen Modalität berufen sind.

Die Familie, erster Raum für das soziale Engagement

40. Der Mensch kennt eine eingeborene, seiner Struktur eingegebene soziale Dimension. Er ist von innen her zur Gemeinschaft mit anderen und zur vollen Hingabe an sie berufen: „Gott, der väterlich für alle sorgt, wollte, daß alle Menschen eine Familie bilden und einander in brüderlicher Gesinnung begegnen“.[144] Die Gesellschaft, Frucht und Zeichen der Soziabilität des Menschen, erreicht dann ihre volle Wahrheit, wenn sie Gemeinschaft von Personen wird.
Zwischen Mensch und Gesellschaft besteht eine Interdependenz und Reziprozität: Was für die Person getan wird, ist Dienst an der Gesellschaft, und was für die Gesellschaft getan wird, kommt der Person zugute. Darum ist das apostolische Engagement der Laien in der zeitlichen Ordnung immer untrennbar zugleich Dienst am Menschen in seiner Einmaligkeit und Unwiederholbarkeit und Dienst an allen Menschen.
Die soziale Dimension des Menschen findet ihren ersten und ursprünglichen Ausdruck im Ehepaar und in der Familie: „Gott hat den Menschen nicht allein geschaffen: denn von Anfang an hat er ihn als ‚Mann und Frau‘ geschaffen“ (*Gen* 1,27); ihre Verbindung schafft die erste Form personaler Gemeinschaft.[145] Jesus wollte dem Ehepaar seine volle Würde und der Familie ihre innere Festigkeit wieder zurückgeben (vgl. *Mt* 19,3–9); der heilige Paulus hat die tiefe Beziehung zwischen der Ehe und dem Geheimnis Christi und der Kirche aufgeschlossen (vgl. *Eph* 5,22–6,4; *Kol* 3,18–21; *Petr* 3,1–7).
Ehepaar und Familie sind der primäre Ort des sozialen Engagements der Laien. Ihnen kann nur von der Überzeugung ihres unersetzlichen Wertes für die Entwicklung der Gesellschaft und der Kirche her Rechnung getragen werden. Als Wiege des Lebens und der Liebe, in der der Mensch „geboren“ wird und „wächst“, stellt die Familie die Grundzelle der Gesellschaft dar.
Wenn Egoismus, Anti-Geburten-Propaganda, totalitäre Politiken, moralische Armut, physische und kulturelle Not, hedonistische und konsumistische Mentalitäten die Quelle des Lebens erdrosseln wollen und die ideologischen Systeme sich mit dem vielfältigen Mangel an Interesse und an Liebe verbinden, um die Erziehungsaufgabe der Familie aufzuheben, muß dieser Gemeinschaft besondere Sorge entgegengebracht werden.
Ein umfassender, tiefgehender und systematischer Einsatz, der nicht nur durch die Kultur, sondern auch durch materielle Mittel und durch die gesetzgebenden Organe unter-

stützt wird, ist erforderlich, damit die Familie ihre Aufgabe als erster Ort der „Humanisierung“ der Personen und der Gesellschaft erfüllen kann.
Das apostolische Engagement der Laien geht zunächst dahin, in der Familie das Bewußtsein ihrer Identität als erste Zelle der Gesellschaft und ihrer ursprünglichen Aufgabe in ihr zu wecken. Dadurch soll sie immer mehr zum aktiven und verantwortlichen Protagonisten ihres Wachstums und ihrer Teilnahme am Leben der Gesellschaft werden. Die Familie kann und muß von allen, vor allem von den öffentlichen Autoritäten, Ehrfurcht vor den Rechten verlangen, die die Gesellschaft retten können, weil sie die Familie retten.
Was im Apostolischen Schreiben *Familiaris consortio* über die Teilhabe an der Entwicklung der Gesellschaft aufgeführt wird[146] und was der Heilige Stuhl auf Bitten der Bischofssynode 1980 als *Charta der Rechte der Familie* formuliert hat, beinhaltet ein vollständiges und organisches Programm für alle Laien, die sich in verschiedenen Eigenschaften für die Förderung der Werte und der Rechte der Familie einsetzen. Die Verwirklichung dieses Programms muß um so dringender und entschiedener veranlaßt werden, als die Angriffe gegen die Stabilität und die Fruchtbarkeit der Familie sowie die Versuche, sie an den Rand der Gesellschaft zu zwingen und ihre soziale Relevanz zu verkürzen, tiefgreifenden und systematischen Charakter annehmen.
Die Erfahrung zeigt, daß Zivilisation und Festigkeit der Völker vor allem durch die menschliche Qualität ihrer Familien bestimmt werden. Darum gewinnt die apostolische Tätigkeit im Dienst der Familie eine unvergleichliche soziale Bedeutung. Die Kirche ist zutiefst davon überzeugt. Sie weiß: „Die Zukunft der Menschheit geht über die Familie“.[147]

Die Liebe, Seele und Fundament der Solidarität

41. Der Dienst an der Gesellschaft kann auf verschiedene Weise zum Ausdruck gebracht und verwirklicht werden: von den freien und informellen Modalitäten bis hin zu den institutionellen, von der Hilfe für einzelne bis hin zu der, die verschiedenen Gruppen und Gemeinschaften angeboten wird.
Die gesamte Kirche ist als solche zum Dienst der Liebe berufen: „Wie darum die heilige Kirche schon in ihrer Frühzeit die Feier der Agape mit dem eucharistischen Mahl verband und so als ganze durch das Band der Liebe um Christus geeint in Erscheinung trat, wird sie zu allen Zeiten an diesem Zeichen der Liebe erkannt. Wie sie sich auch über alles freut, was andere in dieser Hinsicht tun, nimmt sie doch die Werke der Liebe als ihre eigene Pflicht und ihr unveräußerliches Recht in Anspruch. Der barmherzige Sinn für die Armen und Kranken und die sogenannten karitativen Werke, die gegenseitige Hilfe zur Erleichterung aller menschlichen Nöte, stehen deshalb in der Kirche besonders in Ehren“.[148]
Unmittelbarer und allgemeiner Inhalt der christlichen Inspirierung der zeitlichen Ordnung, die spezifische Aufgabe der Laien ist, bleibt die Nächstenliebe in ihren altüberkommenen und immer neuen Formen der leiblichen und geistigen Werke der Barmherzigkeit.

Durch die Nächstenliebe leben und bezeugen die Laien ihre Teilhabe am Königsein Christi, das heißt ihre Teilhabe an der Macht des Menschensohnes, der „nicht gekommen (ist), um sich dienen zu lassen, sondern um zu dienen" (*Mk* 10,45). Die Laien leben und bezeugen dieses Königsein auf die einfachste, allen jederzeit zugängliche, aber zugleich auch erhabenste Weise, weil die Liebe die höchste Gabe ist, die der Geist für den Aufbau der Kirche (vgl. *1 Kor* 13,13) und für das Wohl der Menschheit schenkt. Die Liebe ist es, die eine wirksame und für alle Bedürfnisse der Menschen offene Solidarität beseelt und begründet. Nicht nur einzelne, sondern auch Gruppen und Gemeinschaften müssen diese Liebe ausüben, denn ihrer bedarf man und wird man immer mehr bedürfen. Nichts und niemand kann sie ersetzen und wird sie ersetzen können, auch nicht die vielen Institutionen und Initiativen der öffentlichen Organe, wenn sie versuchen, den oft schweren und weitverbreiteten Bedürfnissen eines Volkes Rechnung zu tragen. Paradoxerweise ist die Liebe um so notwendiger, als die Institutionen in ihrer Organisation komplexer werden und jeden verfügbaren Raum verwalten wollen. Sie werden letztlich vom unpersönlichen Funktionalismus, der übertriebenen Bürokratie, von ungerechten Privatinteressen, vom leichtfertigen und verbreiteten Mangel an Interesse ausgehöhlt.
Gerade in diesem Kontext entstehen und wachsen vor allem in den organisierten Gesellschaften verschiedene Formen freiwilligen Einsatzes, die sich in einer Vielfalt von Diensten und Werken aktualisieren. Wenn er tatsächlich als selbstloser Dienst am Wohl der Menschen, vor allem der Bedürftigsten und derer, die von den sozialen Diensten vergessen sind, verwirklicht wird, kann der freiwillige Einsatz als eine bedeutende Form des Apostolates betrachet werden, bei dem den Laien, Männern und Frauen, eine vorrangige Aufgabe zukommt.

Alle sind Adressaten und Protagonisten der Politik

42. Die Liebe, die dem Menschen dient, kann nicht von der Gerechtigkeit getrennt werden: die eine und die andere verlangen jede auf ihre Weise die volle Anerkennung der Rechte der Person, auf die die Gesellschaft mit all ihren Strukturen und Institutionen hingeordnet ist.[149]
Um die zeitliche Ordnung im genannten Sinn des Dienstes am Menschen christlich zu inspirieren, können die Laien nicht darauf verzichten, sich in die „Politik" einzuschalten, das heißt in die vielfältigen und verschiedenen Initiativen auf wirtschaftlicher, sozialer, gesetzgebender, verwaltungsmäßiger und kultureller Ebene, die der organischen und systematischen Förderung des Allgemeinwohls dienen. Wie die Synodenväter wiederholt feststellten, haben alle und jeder einzelne die Pflicht und das Recht, sich an der Politik zu beteiligen, wenn auch auf verschiedener und komplementärer Weise und Ebene und aufgrund verschiedener und komplementärer Aufgaben und Verantwortungen. Die Anklagen des Arrivismus, der Idolatrie der Macht, des Egoismus und der Korruption, die nicht selten gegen Regierungsleute, Abgeordnete der Parlamente, dominierende Klassen und politische Parteien erhoben werden, sowie die verbreitete Meinung, die Politik sei ein Bereich unbedingter moralischer Gefährdung, rechtfertigen auf keine Weise den Skeptizismus oder die Abwendung der Christen von den öffentlichen Angelegenheiten. Vielmehr

gewinnt gerade auf diesem Hintergrund das Wort des II. Vatikanischen Konzils seine volle Bedeutung: „Die Kirche ihrerseits zollt der Arbeit jener, die sich zum Dienst an den Menschen für das Wohl des Staates einsetzen und die Lasten eines solchen Amtes tragen, Anerkennung und Achtung“.[150]

Eine Politik, die auf die Person und auf die Gesellschaft ausgerichtet ist, findet ihr Grundkriterium in der Bemühung um das Allgemeinwohl als Wohl aller Menschen und des ganzen Menschen, ein Wohl, das der freien und verantwortlichen Annahme der einzelnen und der Gruppen angeboten wird. „Die politische Gemeinschaft“ – so lesen wir in der Konstitution *Gaudium et spes* – „besteht also um dieses Gemeinwohls willen; in ihm hat sie ihre letztgültige Rechtfertigung und ihren Sinn, aus ihm leitet sie ihr ursprüngliches Eigenrecht ab. Das Gemeinwohl aber begreift in sich die Summen aller jener Bedingungen gesellschaftlichen Lebens, die den einzelnen, den Familien und gesellschaftlichen Gruppen ihre eigene Vervollkommnung voller und ungehinderter zu erreichen gestatten“.[151]

Eine Politik, die auf den Menschen und auf die Gesellschaft ausgerichtet ist, findet darüber hinaus ihre kontinuierliche Richtlinie in der Verteidigung und Förderung der Gerechtigkeit, die sie als „Tugend“, zu der alle erzogen werden müssen, und als „moralische Kraft“ versteht, die das Bemühen um die Anerkennung der Rechte und Pflichten aller und eines jeden auf der Grundlage der Personenwürde des Menschen trägt.

Bei der Ausübung der öffentlichen Macht ist die Gesinnung des Dienstes entscheidend. Nur sie kann neben der notwendigen Kompetenz und Fähigkeit das Wirken der Politiker „durchsichtig“ und „rein“ erhalten, so wie das Volk es berechtigterweise fordert. Voraussetzung dafür ist die Bekämpfung und die entschiedene Überwindung bestimmter Versuchungen, wie die der Unlauterkeit und Lüge, des Vergeudens der öffentlichen Mittel zugunsten von wenigen und mit gewinnsüchtigen Interessen, des Gebrauchs von zweideutigen und unerlaubten Mitteln, um die Macht auf jeden Fall zu erobern, festzuhalten und zu vermehren.

Wie die Konstitution *Gaudium et spes* hervorhebt, sollen die in der Politik engagierten Laien die Autonomie der irdischen Wirklichkeiten respektieren: „Sehr wichtig ist besonders in einer pluralistischen Gesellschaft, daß man das Verhältnis zwischen der politischen Gemeinschaft und der Kirche richtig sieht, so daß zwischen dem, was die Christen als einzelne oder im Verbund im eigenen Namen als Staatsbürger, die von ihrem christlichen Gewissen geleitet werden, und dem, was sie im Namen der Kirche zusammen mit ihren Hirten tun, klar unterschieden wird.

Die Kirche, die in keiner Weise hinsichtlich ihrer Aufgabe und Zuständigkeit mit der politischen Gemeinschaft verwechselt werden darf, noch auch an irgendein politisches System gebunden ist, ist zugleich Zeichen und Schutz der Transzendenz der menschlichen Person“.[152]

Zugleich müssen die Laien – so wird es heute als dringende Notwendigkeit und Verantwortung empfunden – Zeugnis geben für jene menschlichen Werte des Evangeliums, die zutiefst mit der politischen Tätigkeit verbunden sind: Freiheit und Gerechtigkeit, Solidarität und selbstlose Hingabe an das Wohl aller, einfacher Lebensstil, Vorliebe für die Armen und für die Letzten. Voraussetzung dafür ist, daß sie von ihrer lebendigen Teilhabe am Leben der Kirche getragen und durch ihre Soziallehre aufgeklärt sind. Dabei können die Nähe ihrer Gemeinden und ihrer Hirten ihnen eine große Hilfe bedeuten.[153]

Stil und Mittel zur Verwirklichung einer Politik, die die wahre Entwicklung der Menschen zum Ziel haben will, sind gegeben in der Solidarität. Sie erweckt die aktive und verantwortliche Teilnahme aller am politischen Leben, angefangen bei den einzelnen Bürgern bis hin zu den verschiedenen Gruppen, von den Gewerkschaften bis hin zu den Parteien: Gemeinsam und einzeln sind wir alle Adressaten und Protagonisten der Politik. Wie ich in der Enzyklika *Sollicitudo rei socialis* geschrieben habe, ist die Solidarität in diesem Sinn „nicht ein Gefühl vagen Mitleids oder oberflächlicher Rührung wegen der Leiden so vieler Menschen nah oder fern. Im Gegenteil, sie ist die feste und beständige Entschlossenheit, sich für das ‚Gemeinwohl' einzusetzen, das heißt für das Wohl aller und eines jeden, weil wir alle für alle verantwortlich sind."[154] Die politische Solidarität will heute in einer Spannweite, die über die einzelne Nation oder den einzelnen Block von Nationen hinausgeht und sich als kontinental oder universal darstellt, verwirklicht werden.

Die von allen erwünschte, aber leider noch nicht ausgereifte Frucht der solidarischen politischen Tätigkeit ist der Friede. Angesichts aller Phänomene, die den Frieden verneinen oder bedrohen, können die Laien nicht indifferent, distanziert oder unberührt bleiben: Gewalt und Krieg, Folter und Terrorismus, Konzentrationslager, Militarisierung der Politik, Rüstung, Bedrohung durch Nuklearwaffen. Als Jünger Jesu, der der „Friedensfürst" (*Jes* 9,5) und „unser Friede" (*Eph* 2,14) ist, müssen die Laien durch die Bekehrung des „Herzens" wie durch ein Engagement zugunsten der Wahrheit, der Freiheit, der Gerechtigkeit und der Liebe, die unverzichtbare Fundamente des Friedens sind, „Frieden stiften" (*Mt* 5,8).[155]

Die Laien müssen mit allen, die in Wahrheit den Frieden suchen, zusammenarbeiten und die spezifischen nationalen und internationalen Organismen benutzen, um von der Basis her einen Prozeß der Bewußtseinsbildung auszulösen, der die beherrschende Kultur des Egoismus, des Hasses, der Rache und der Feindschaft überwindet und auf allen Ebenen eine Kultur der Solidarität fördert. Sie ist „der Weg zum Frieden und zugleich zur Entwicklung".[156] Die Synodenväter haben die Christen aufgefordert, unannehmbare Formen der Gewalt abzulehnen, die Dialog- und Friedensbereitschaft zu pflegen und sich einzusetzen für die Errichtung einer gerechten sozialen und internationalen Ordnung.[157]

Den Menschen in die Mitte wirtschaftlich-sozialen Lebens stellen

43. Die wirtschaftlich-soziale Frage, deren Schlüssel in der Organisation der Arbeit gegeben ist, stellt ein wesentliches Moment des Dienstes der Laien in der Gesellschaft dar. Die aktuelle Brisanz dieser Fragestellung, die aus den verschiedenen Entwicklungsstufen ersichtlich ist und auf die die Soziallehre der Kirche eine Antwort zu geben versucht, wurde kürzlich in der Enzyklika *Sollicitudo rei socialis* in Erinnerung gerufen. Diese möchte ich darum allen, vor allem den Laien, sehr empfehlen.

Zu den Eckpfeilern der Soziallehre der Kirche zählt das Prinzip der allgemeinen Bestimmung der Güter: Nach dem Plan Gottes stehen die Güter der Erde allen Menschen und jedem einzelnen Menschen als Mittel für die Entwicklung einer wahrhaft menschlichen Existenz zur Verfügung. Das Privateigentum steht im Dienst dieses Prinzips und kennt darum gerade aus diesem Grund eine wesenhafte soziale Dimension. Die Arbeit des Mannes und der Frau ist konkret der gängigste und unmittelbarste Weg für die Entwicklung des wirtschaftlichen Lebens, Weg, der zugleich Recht und Pflicht eines jeden Menschen ist. Alle diese Aspekte sind in besonderer Weise in der Sendung der Laien eingeschlossen. Ziel und Kriterium ihrer Präsenz und Wirksamkeit werden vom II. Vatikanischen Konzil allgemein formuliert: „Auch im Wirtschaftsleben sind die Würde der menschlichen Person und ihre ungeschmälerte Berufung wie auch das Wohl der gesamten Gesellschaft zu achten und zu fördern, ist doch der Mensch Urheber, Mittelpunkt und Ziel aller Wirtschaft.“ [158]

Die erschütternden Umwälzungen in der Welt der Wirtschaft und in der Welt der Arbeit verlangen, daß die Laien sich an vorderster Front für die Lösung dieser überaus schweren Probleme engagieren: Bekämpfung der wachsenden Arbeitslosigkeit, Überwindung der zahlreichen Ungerechtigkeiten wegen schlechter Organisation der Arbeit, die Förderung des Entstehens von Personengemeinschaften am Arbeitsort, die die Subjektivität und das Recht auf Teilhabe des einzelnen respektieren, die Entwicklung neuer Formen der Solidarität unter denen, die an der gemeinsamen Arbeit teilnehmen, Schaffung neuer Modalitäten des Unternehmens, Überprüfung von Handelssystemen, Finanzwesen und technologischem Transfer.

Dazu wird von den Laien Berufstüchtigkeit, menschliche Redlichkeit und christlicher Geist bei der Verrichtung ihrer Arbeit als Weg zur Selbstheiligung verlangt. [159] Das Konzil spricht diese Forderung ausdrücklich aus: „Durch seine Arbeit erhält der Mensch sein und der Seinigen Leben, tritt in tätigen Verbund mit seinen Brüdern und dient ihnen; so kann er praktische Nächstenliebe üben und seinen Beitrag zur Vollendung des Schöpferwerkes Gottes erbringen. Ja, wir halten fest: Durch seine Gott dargebrachte Arbeit verbindet sich der Mensch mit dem Erlösungswerk Jesu Christi selbst, der, indem er in Nazareth mit eigenen Händen arbeitete, der Arbeit eine einzigartige Würde verliehen hat.“ [160]

Im Hinblick auf das wirtschaftlich-soziale Leben und auf die Arbeit wird die sogenannte „ökologische“ Frage heute immer akuter. Der Mensch hat von Gott selbst den Auftrag erhalten, über die Dinge zu „herrschen“ und den „Garten der Welt zu bestellen“; diese Aufgabe muß er in Ehrfurcht vor der göttlichen Ebenbildlichkeit, die er empfangen hat, das heißt mit Vernunft und Liebe erfüllen. Er muß sich verantwortlich halten für die Gaben, die Gott ihm geschenkt hat und dauernd schenkt. Die Gabe, die er in Händen hält, muß er – wenn möglich sogar verbessert – den künftigen Generationen weitergeben, denn auch sie sind Empfänger der Gaben des Herrn: „Die vom Schöpfer dem Menschen anvertraute Herrschaft ist keine absolute Macht, noch kann man von der Freiheit sprechen, sie zu ‚gebrauchen oder zu mißbrauchen‘ oder über die Dinge zu verfügen, wie es beliebt. Die Beschränkung, die der Schöpfer selber von Anfang an auferlegt hat, ist symbolisch in dem Verbot enthalten, ‚von der Frucht des Baumes zu essen‘ (vgl. *Gen* 2,16–17); sie zeigt mit genügender Klarheit, daß wir im Hinblick auf die sichtbare Natur nicht nur biologischen, sondern auch moralischen Grenzen unterworfen sind, die man nicht ungestraft übertreten darf. Eine richtige Auffassung von Entwicklung kann nicht von solchen Überlegungen hinsichtlich des Gebrauchs der Naturdinge, der möglichen Erneuerung der Hilfsquellen und der Folgen einer ungeordneten Industrialisierung absehen, die unser Gewissen erneut auf die moralische Dimension der Entwicklung hinlenken".[161]

Die Kultur und die Kulturen des Menschen evangelisieren

44. Der Dienst am Menschen und an der menschlichen Gesellschaft kommt im Schaffen und Weitergeben von Kultur zum Ausdruck und zur Verwirklichung. Vor allem in unseren Tagen stellt dies eine der dringendsten Aufgaben des menschlichen Miteinanders und des sozialen Fortschritts dar. Im Licht des Konzils verstehen wir unter „Kultur ... alles, wodurch der Mensch seine vielfältigen geistigen und körperlichen Anlagen ausbildet und entfaltet; wodurch er sich die ganze Welt in Erkenntnis und Arbeit zu unterwerfen sucht; wodurch er das gesellschaftliche Leben in der Familie und in der ganzen bürgerlichen Gesellschaft im moralischen und institutionellen Fortschritt menschlicher gestaltet; wodurch er endlich seine großen geistigen Erfahrungen und Bestrebungen im Lauf der Zeit in seinen Werken vergegenständlicht, mitteilt und ihnen Dauer verleiht – zum Segen vieler, ja der ganzen Menschheit".[162] In diesem Sinn muß die Kultur als Allgemeingut eines jeden Volkes, als Ausdruck seiner Würde, Freiheit und Kreativität, als Zeugnis seines Weges in der Geschichte verstanden werden. Vor allem der christliche Glaube kann nur von der Kultur her und durch sie geschichtlich und geschichtsschöpferisch werden. Angesichts der Entwicklung einer Kultur, die nicht nur dem christlichen Glauben, sondern auch den menschlichen Werten absagt,[163] und einer wissenschaftlich und technologisch geprägten Kultur, die es nicht vermag, auf die brennende Suche nach der Wahrheit und nach dem Guten, die heute im Herzen der Menschen brennt, zu antworten, weiß die Kirche um die dringende pastorale Notwendigkeit, der Kultur besondere Aufmerksamkeit zu widmen. Sie fordert darum die Laien auf, sich mutig und kreativ an den privilegierten Orten der Kultur, wie die Welt der Schulen und Universitäten, die Milieus wissenschaftlicher und technischer Forschung, die Orte des künstlerischen Schaffens und humanistischen Nachdenkens eine Präsenz zu verschaffen. Diese Präsenz soll nicht nur die Elemente der gegenwärtigen Kultur erkennen, kritisch beurteilen und gegebenenfalls läutern, sondern sie mit Hilfe des ursprünglichen Reichtums des Evangeliums und des christlichen Glaubens auf eine höhere Ebene erheben. Was das II. Vatikanische Konzil über die Beziehung zwischen Evangelium und Kultur schreibt, ist bleibende historische Gegebenheit und zugleich ein höchst aktuelles und notwendiges Ziel; dieses anspruchsvolle Programm ist der pastoralen Verantwortung der gesamten Kirche und somit der spezifischen Verantwortung aller Laien anvertraut: „Die gute Botschaft Christi erneuert unausgesetzt Leben und Kultur des gefallenen Menschen und bekämpft und beseitigt Irrtümer und Übel, die aus der stets drohenden Verführung zur Sünde hervorgehen. Unablässig reinigt und hebt sie die Sitten der Völker.
Schon durch die Erfüllung der eigenen Aufgabe treibt die Kirche die menschliche und mitmenschliche Kultur voran und trägt zu ihr bei; durch ihr Wirken, auch durch ihre Liturgie, erzieht sie den Menschen zur inneren Freiheit".[164]

Einige besonders inhaltsvolle Passagen des Schreibens Pauls VI. *Evangelii nuntiandi* verdienen es, hier in Erinnerung gerufen zu werden: „Die Kirche evangelisiert, wenn sie sich darum bemüht, allein durch die göttliche Kraft der Botschaft, die sie verkündet, zugleich das persönliche und kollektive Bewußtsein der Menschen, die Tätigkeit, in der sie sich engagieren, ihr konkretes Leben und jeweiliges Milieu umzuwandeln.
Bereiche der Menschheit, die umgewandelt werden sollen: für die Kirche geht es nicht nur darum, immer weitere Landstriche oder immer größere Volksgruppen durch die Predigt des Evangeliums zu erfassen, sondern zu erreichen, daß durch die Kraft des Evangeliums die Urteilskriterien, die bestimmenden Werte, die Interessenpunkte, die Denkgewohnheiten, die Quellen der Inspiration und die Lebensmodelle der Menschheit, die zum Wort Gottes und zum Heilsplan im Gegensatz stehen, umgewandelt werden.
Vielleicht können wir dies zusammenfassend auf folgende Weise ausdrücken: Es gilt – und zwar nicht nur dekorativ wie durch einen oberflächlichen Anstrich, sondern mit vitaler Kraft in der Tiefe und bis zu ihren Wurzeln – Kultur und die Kulturen des Menschen im vollen und umfassenden Sinn ... zu evangelisieren ... Der Bruch zwischen Evangelium und Kultur ist ohne Zweifel das Drama unserer Zeitepoche, wie es auch das anderer Epochen gewesen ist. Man muß somit alle Anstrengungen machen, um die Kultur, genauer: die Kulturen, auf mutige Weise zu evangelisieren“.[165]
Die Kommunikationsmittel bieten sich heute als privilegierter Weg zur Schaffung und zur Weitergabe der Kultur an.[166] Aufgrund der raschen und umwälzenden Entwicklung und Erneuerung und ihres weltweiten, zugleich bis zur Basis reichenden Einflusses wird auch die Welt der Medien zu einem neuen Grenzgebiet der Sendung der Kirche. Die berufliche Verantwortung der Laien auf diesem Gebiet, sei es der einzelnen, sei es der gemeinsamen Institutionen und Initiativen, muß in ihrer ganzen Bedeutung anerkannt und mit mehr materiellen, intellektuellen und pastoralen Mitteln unterstützt werden.
Gebrauch und Aufnahme der Kommunikationsmittel verlangen nach einer Erziehung zum kritischen, von der Liebe zur Wahrheit getragenen Sinn und einer umfassenden Verteidigung der Freiheit, der Ehrfurcht vor der personalen Würde, der Festigung der wahren Kultur der Völker durch die entschiedene und mutige Ablehnung jeder Form von Monopolisierung und Manipulierung.
Die pastorale Verantwortung der Laien schränkt sich aber nicht auf diese Verteidigung ein: Das heilbringende Evangelium muß auf allen Straßen der Welt, auch auf denen der Presse, des Kinos, der Radiosender, des Fernsehens und des Theaters verkündigt werden.

Viertes Kapitel

Die Arbeiter im Weinberg des Herrn

Gute Verwalter der vielfältigen Gnade Gottes
Die Viefalt der Berufungen

45. Nach dem Gleichnis des Evangeliums ruft der „Gutsbesitzer“ die Arbeiter zu verschiedenen Tagzeiten in seinen Weinberg: einige beim Morgengrauen, andere gegen die neunte Stunde, andere noch gegen Mittag und um die sechste und um die elfte Stunde (vgl. *Mt* 20,1 ff.). Im Kommentar zu dieser Perikope des Evangeliums interpretiert Gregor der Große die verschiedenen Zeitpunkte der Berufung im Hinblick auf das Lebensalter: „Die Verschiedenheit der Stunde“ – schreibt er – „kann auf die verschiedenen Alter des Menschen angewandt werden. In dieser unserer Interpretation kann der Morgen die Kindheit darstellen. Die dritte Stunde kann dann als die frühe Jugend verstanden werden: Die Sonne steigt am Himmel auf, das heißt die Glut des Alters wächst. Die sechste Stunde ist die Jugend: Die Sonne steht wie in der Mitte des Himmels, das heißt, daß sich in dem Alter die Fülle der Kraft festigt. Das hohe Alter wird von der neunten Stunde dargestellt, weil die Sonne von der Höhe heruntergeht, so wie dieses Alter die Glut der Jugend verliert. Die elfte Stunde ist das Alter derer, die an Jahren schon weit fortgeschritten sind ... Die Arbeiter werden zu verschiedenen Stunden in den Weinberg gerufen, gleichsam um zu bedeuten, daß der eine schon in der Kindheit zum Leben der Heiligkeit geführt wird, der andere in der Jugend, ein anderer im Alter und noch ein anderer im hohen Alter“.[167]
Wir können den Kommentar des heiligen Gregor erweitern und auf die außerordentliche Vielfalt der Formen einer Präsenz in der Kirche, von denen alle und eine jede gerufen ist, je nach der Verschiedenheit der Berufung und Situationen, der Charismen und der Dienste für die Ankunft des Reiches Gottes zu arbeiten anwenden. Diese Verschiedenheit ist nicht nur durch das Alter, sondern auch durch die Verschiedenheit der Geschlechter und die Vielfalt der Gaben, Berufungen und Lebenssituationen gegeben, und sie läßt den Reichtum der Kirche konkreter und lebendiger werden.

Jugendliche, Kinder und alte Menschen
Die Jugend Hoffnung der Kirche

46. Die Synode hat berechtigterweise der Jugend besondere Aufmerksamkeit schenken wollen. Denn in vielen Ländern der Welt stellen die Jugendlichen die Hälfte der gesamten Bevölkerung und oft auch die Hälfte des Volkes Gottes selbst, das in diesen Ländern lebt. Schon unter diesem Gesichtpunkt sind die Jugendlichen eine außerordentliche Kraft und eine große Herausforderung für die Zukunft der Kirche. Diese liest von den Jugendlichen ihr Schreiten in die Zukunft, die sie erwartet, ab; in ihnen findet sie das Bild und die Erinnerung an die beseligende Jugend, mit der der Geist Christi sie immer bereichert. In diesem Sinn hat das Konzil die Jugend als die „Hoffnung der Kirche“ definiert.[168]

In dem Brief an die Jugendlichen der Welt vom 31. März 1985 lesen wir: „Die Kirche blickt auf die Jugendlichen; mehr noch, die Kirche erblickt sich selbst in einer besonderen Weise in den Jugendlichen – in euch allen und in jedem einzelnen von euch. So ist es von Anfang an, seit den Zeiten der Apostel gewesen. Die Worte im ersten Johannesbrief sind dafür ein besonderes Zeugnis: ‚Ich schreibe euch, ihr jungen Männer, daß ihr den Bösen besiegt habt. Ich schreibe euch, ihr Kinder, daß ihr den Vater erkannt habt ... ich schreibe euch, ihr jungen Männer, daß ihr stark seid und daß das Wort Gottes in euch bleibt‘ (*1 Joh* 2,13 ff.). Die Worte des Apostels kommen zum Gespräch Christi mit dem jungen Mann im Evangelium hinzu und erschallen mit mächtigem Echo von Generation zu Generation.

Auch in unserer Generation, am Ende des zweiten Jahrtausends nach Christus sieht die Kirche sich selbst in den Jugendlichen“.[169]

Die Jugendlichen dürfen nicht lediglich als Gegenstand der pastoralen Sorge der Kirche verstanden werden. Sie sind in der Tat, und müssen darin ermutigt werden, aktive Subjekte, Protagonisten der Evangelisierung und Erbauer der sozialen Erneuerung.[170] Die Jugend ist die Zeit einer besonders intensiven Entdeckung des eigenen „Ich“ und des eigenen „Lebensentwurfes“, die Zeit des Wachsens, das Zunehmen in der „Weisheit“ und an „Gefallen bei Gott und den Menschen“ ist (*Lk* 2,52).

Die Synodenväter sagten dazu: „Die Jugendlichen sind für die Werte der Gerechtigkeit, der Gewaltlosigkeit und des Friedens besonders sensibel. Ihr Herz ist offen für Geschwisterlichkeit, Freundschaft und Solidarität. Sie sind aufs höchste motiviert für die Anliegen der Lebensqualität und der Erhaltung der Natur. Aber sie sind auch erfüllt mit Fragen, Enttäuschungen, Nöten und Ängsten vor der Welt sowie den für sie typischen Versuchungen“.[171]

Die Kirche muß die Vorliebe Jesu für den jungen Mann des Evangeliums neu lebendig werden lassen: „Da sah ihn Jesus an, weil er ihn liebte“ (*Mk* 10,12). Darum wird sie nicht müde, Jesus Christus zu verkünden und sein Evangelium zu predigen, als einzige und überreiche Antwort auf die tiefsten Sehnsüchte der Jugend, als eindeutige und anziehende Aufforderung zu einer persönlichen Nachfolge („komm und folge mir nach“ [*Mk* 10,21]), die Teilhabe an der Kindesliebe Jesu zum Vater und Teilhabe an seiner Heilssendung für die Menschheit ist.

Die Kirche hat der Jugend viel zu sagen, und die Jugend hat der Kirche viel zu sagen. Dieser gegenseitige Dialog muß offenherzig, klar und mutig sein. Er fördert die Begegnung und den Austausch zwischen den Generationen und wird für Kirche und Gesellschaft Quelle des Reichtums und des Jungseins. In seiner Botschaft an die Jugend sagt das Konzil: „Die Kirche schaut mit Vertrauen und Liebe auf euch ... Sie ist die wahre Jugend für die Welt ... Schaut auf sie, und ihr werdet in ihr das Antlitz Christi finden“.[172]

Die Kinder und das Reich Gottes

47. Die Kinder sind mit Sicherheit Gegenstand der zarten und warmen Liebe des Herrn Jesus: Er versichert sie seines Segens und verspricht ihnen das Himmelreich (vgl. *Mt* 19,13–15; *Mk* 10,14). Jesus hebt die aktive Teilnahme der Kleinen am Gottesreich

hervor. Sie sind sprechendes Symbol und herrliches Vorbild der moralischen und geistigen Haltung, die Voraussetzung ist, um in das Himmelreich zu gelangen und in der Logik einer Ganzhingabe an den Herrn zu leben: „Amen, das sage ich euch: Wenn ihr nicht umkehrt und wie die Kinder werdet, könnt ihr nicht in das Himmelreich kommen. Wer so klein sein kann wie dieses Kind, der ist im Himmelreich der Größte. Und wer ein solches Kind um meinetwillen aufnimmt, der nimmt mich auf" (*Mt* 18,3–5; vgl. *Lk* 9,48).
Die Kinder erinnern uns ständig daran, daß die missionarische Fruchtbarkeit der Kirche nicht in den menschlichen Mitteln und Verdiensten, sondern in der absolut freien Gabe Gottes ihre Lebenswurzel hat. Das Leben in Unschuld und Gnade der Kinder sowie die Leiden und Unterdrückung, die ihnen ungerechterweise auferlegt werden, bringen aufgrund des Kreuzes Christi ihnen selbst und der gesamten Kirche eine geistliche Bereicherung ein. Wir alle müssen uns dieser Tatsache dankbarer bewußt werden.
Es muß auch bedacht werden, daß Kindheit und Jugend wertvolle Möglichkeiten für den Aufbau der Kirche und für die Humanisierung der Gesellschaft bieten. Über die wohltuende und positive Präsenz der Kinder in der „Hauskirche" der Familie sagt das Konzil: „Die Kinder als lebendige Glieder der Familie tragen auf ihre Weise zur Heiligung der Eltern bei".[173] Diese Wahrheit muß in Anwendung auf die Teilkirchen und auf die Universalkirche wiederholt werden. Schon Jean Gerson, Theologe und Erzieher aus dem XV. Jahrhundert, für den „die Kinder und Jugendlichen gewiß keinen außer acht zu lassenden Teil der Kirche" darstellen, machte auf diese Tatsache aufmerksam.[174]

Die alten Menschen und die Gabe der Weisheit

48. Die alten Menschen, die oft als nutzlos oder sogar als unerträgliche Last betrachtet werden, möchte ich daran erinnern, daß die Kirche von ihnen erbittet und erwartet, daß sie ihre missionarische und apostolische Sendung fortsetzen. Ihre Erfüllung ist in diesem Alter nicht nur möglich und verpflichtend, sie erhält durch es in gewisser Weise eine spezifische und originelle Note. Die Bibel zeichnet den alten Menschen gerne als Symbol des von Weisheit und Gottesfurcht erfüllten Menschen (vgl. *Sir* 25,4–6). In diesem Sinn könnte die „Gabe" des alten Menschen darin gesehen werden, in der Kirche und in der Gesellschaft Zeuge der Glaubenstradition (vgl. *Ps* 44,2; *Ex* 12,26–27), Meister des Lebens (vgl. *Sir* 6,34; 8,11–12) und Träger der Liebe zu sein.
Die wachsende Zahl alter Menschen und ihr frühzeitiges Zurücktreten aus Beruf und Arbeit öffnen ihrer apostolischen Aufgabe neue Möglichkeiten. Diese muß mit Entschiedenheit übernommen werden. Die Versuchung muß überwunden werden, sich sehnsüchtig in eine Vergangenheit, die nicht wiederkehrt, zurückzuziehen, um wegen der Schwierigkeiten, die eine Welt der ständigen Neuheiten bedeutet, vor einer Verpflichtung in der Gegenwart zurückzuweichen. Alte Menschen müssen sich immer neu vergegenwärtigen, daß ihre Aufgabe in der Kirche und in der Gesellschaft aufgrund des Alters keine Unterbrechung kennt, sondern lediglich neue Ausdrucksweisen finden muß. Der Psalmist sagt dazu: „Sie tragen Frucht noch im Alter und bleiben voll Saft und Frische; sie verkünden: Gerecht ist der Herr" (*Ps* 92,15–16). Ich wiederhole hier, was ich anläßlich der Jubiläumsfeier für alte Menschen gesagt habe: „Das Erreichen des dritten Alters muß als ein

Privileg betrachtet werden: nicht nur, weil nicht alle das Glück haben, diese Etappe zu erreichen, sondern auch und vor allem, weil diese Zeit konkrete Möglichkeiten bietet, die Vergangenheit besser zu überprüfen, das Ostergeheimnis tiefer zu erkennen und zu erleben, in der Kirche für das gesamte Volk Gottes zum Vorbild zu werden... Trotz der Komplexität eurer Probleme, die noch keine Lösung gefunden haben, des langsamen Kräftezerfalls, der mangelnden sozialen Organisationen, der Verzögerungen in der offiziellen Gesetzgebung, des Unverständnisses einer egoistischen Gesellschaft seid ihr nicht am Rande des Lebens der Kirche und müßt ihr nicht meinen, passive Elemente in einer Welt, die zuviel Bewegung kennt, zu sein. Ihr seid vielmehr aktive Subjekte einer menschlich und geistlich fruchtbaren Zeit der Existenz. Noch habt ihr eine Aufgabe zu erfüllen und einen Beitrag zu geben. Nach dem göttlichen Plan ist jeder Mensch vom ersten Augenblick seiner Existenz an bis zu seinem letzten Atemzug wachsendes Leben".[175]

Frauen und Männer

49. Die Synodenväter haben der Lage und der Aufgabe der Frau in einer zweifachen Hinsicht besondere Aufmerksamkeit gewidmet: Die Aufforderung an alle, den unverzichtbaren Beitrag der Frau zum Aufbau der Kirche und zur Entwicklung der Gesellschaft anzuerkennen; den Anstoß zu einer spezifischen Analyse der Teilhabe der Frau am Leben und an der Sendung der Kirche.
Rückblickend auf Johannes XXIII., der das Bewußtsein der Frauen von der eigenen Würde und das Eintreten der Frauen in das öffentliche Leben als ein Zeichen unserer Zeit erkannt hat,[176] haben die Synodenväter wiederholt und entschieden die Dringlichkeit hervorgehoben, angesichts der verschiedenen Formen der Diskriminierung und Marginalisierung, denen die Frauen wegen ihres Frauseins ausgesetzt sind, die Personenwürde der Frau und somit ihre Gleichheit mit dem Mann herauszustellen.
Diese Aufgabe kommt in der Kirche und in der Gesellschaft allen, insbesondere aber den Frauen zu. In vielen Teilen der Welt muß vielerorts noch eine ungerechte und schädliche Mentalität überwunden werden, die den Menschen als ein Ding, als ein Objekt, als ein Werkzeug des egoistischen Interesses oder der Lust versteht, das man kaufen oder verkaufen kann. Das um so mehr, als die Frau das erste Opfer dieses Denkens ist. Die ausdrückliche Anerkennung der personalen Würde der Frau ist der erste Schritt, um ihre volle Teilhabe am Leben der Kirche und am öffentlichen und gesellschaftlichen Leben anzustreben. Die Aufforderung in *Familiaris consortio* im Hinblick auf die vielen Diskriminierungen, denen die Frau zum Opfer fällt, muß noch eine umfassendere und entschiedenere Antwort erhalten: „Ich bitte deshalb alle, durch einen stärkeren und gezielteren spezifischen pastoralen Einsatz in dieser Richtung für ihre endgültige Beseitigung zu wirken, damit das Bild Gottes, das in allen Menschen ausnahmslos widerstrahlt, seine volle Würdigung findet."[177] In derselben Linie haben die Synodenväter behauptet: „Als ein Ausdruck ihrer Sendung muß die Kirche sich mit Entschiedenheit allen Formen der Diskriminierung und des Mißbrauchs der Frau widersetzen".[178] Und weiter: „Die Würde der Frau, die in der öffentlichen Meinung schwer verletzt ist, muß durch die wahre

Ehrfurcht vor den Menschenrechten und durch die Anwendung der Soziallehre der Kirche wiederhergestellt werden".[179]

Schon das II. Vatikanische Konzil hat die aktive und verantwortliche Teilnahme der Frau an Leben und Sendung der Kirche ausdrücklich empfohlen: „Da heute die Frauen eine immer aktivere Funktion im ganzen Leben der Gesellschaft ausüben, ist es von großer Wichtigkeit, daß sie auch an den verschiedenen Bereichen des Apostolates der Kirche wachsenden Anteil nehmen".[180]

Das Bewußtsein, daß die Frau mit ihren eigenen Gaben und Aufgaben eine besondere Berufung hat, hat sich in der nachkonziliaren Zeit vertieft und verbreitet. Es hat im Evangelium und in der Kirchengeschichte seine ursprüngliche Inspirationsquelle gefunden. Für den Glaubenden bleibt das Evangelium, das heißt das Wort und das Beispiel Jesu Christi notwendiges und entscheidendes Kriterium, das auch im augenblicklichen historischen Moment fruchtbar und erneuernd ist.

Wenn auch nicht zu dem Apostolat der Zwölf und somit zum Priesteramt berufen, begleiten viele Frauen Jesus in seinem Dienst und stehen der Gruppe der Apostel bei (vgl. *Lk* 8,2–3); unter dem Kreuz sind sie präsent (vgl. *Lk* 23,49); sie wohnen der Grablegung Jesu bei (vgl. *Lk* 23,55) und empfangen und verkünden am Ostermorgen die Botschaft von der Auferstehung (vgl. *Lk* 24,1–10); sie beten im Coenaculum mit den Aposteln in der Pfingsterwartung (vgl. *Apg* 1,14).

Auf den Spuren des Evangeliums nimmt die Urkirche Abstand von der Kultur ihrer Zeit, und sie beruft die Frauen zu bestimmten Aufgaben, die mit der Evangelisierung gegeben sind. Der Apostel Paulus nennt in seinen Briefen auch mit Namen zahlreiche Frauen und ihre verschiedenen Aufgaben innerhalb und im Dienst der ersten Gemeinden (vgl. *Röm* 16,1–15; *Phil* 4,2–3; *Kol* 4,15 und *1 Kor* 11,5; *1 Tim* 5,16). „Wenn das Zeugnis der Apostel die Kirche begründet", – sagte Paul VI. – „trägt das der Frauen entscheidend dazu bei, den Glauben der christlichen Gemeinden zu nähren".[181]

Wie zu ihren Anfängen – wenn auch auf verschiedene Weise und mit anderen Akzentsetzungen – hat die Kirche auch in ihrer späteren Entwicklung Frauen gekannt, die zuweilen eine entscheidende Rolle gespielt und höchst bedeutende Aufgaben für sie erfüllt haben. Dieses ist eine Geschichte immensen Einsatzes, der oft im Verborgenen geschah, für das Wachstum und die Heiligkeit der Kirche deswegen aber nicht weniger entscheidend war. Diese Geschichte muß fortgesetzt, erweitert und verdichtet werden angesichts des wachsenden und universell verbreiteten Bewußtseins von der Personenwürde der Frau und ihrer Berufung sowie der Dringlichkeit einer neuen „Evangelisierung" und einer größeren „Humanisierung" der sozialen Beziehungen.

Die Synodenväter haben den Auftrag des II. Vatikanischen Konzils, der die Botschaft des Evangeliums und der Kirchengeschichte spiegelt, neu aufgenommen und unter anderem diese ausdrückliche Empfehlung formuliert: „Die Kirche muß in ihrem Leben und in ihrer Sendung alle Gaben der Frauen und der Männer anerkennen und sie in die Praxis umsetzen".[182] Und weiter: „Diese Synode verkündet, daß die Kirche, um ihre Sendung besser erfüllen zu können, die Anerkennung und den Einsatz all dieser Gaben, Erfahrungen und Haltungen von Männern und Frauen verlangt (vgl. Kongregation für die Glaubenslehre, *Instructro de libertate christiana et liberatione*, Nr. 72)".[183]

Anthropologische und theologische Fundierungen

50. Voraussetzung für die Anerkennung der Präsenz der Frau in der Kirche und in der Gesellschaft ist eine sorgsame und tiefergehende Untersuchung der anthropologischen Fundierung des Frauseins und des Mannseins. Dadurch muß die personale Identität der Frau und ihrer Beziehung, Verschiedenheit und Komplementarität zum Mann präzisiert werden, und das nicht nur im Hinblick auf die Rollen, die sie übernehmen, und die Aufgaben, die sie erfüllen sollen, sondern auch und tiefer noch im Hinblick auf ihre Struktur und auf ihre personale Bedeutung. Die Synodenväter haben diese Notwendigkeit tief empfunden, als sie behaupteten, daß die theologischen und anthropologischen Fundamente für die Lösung der Probleme über die wahre Bedeutung und die Würde beider Geschlechter vertieft werden müssen". [184]

Die Kirche führt Überlegungen aus über die anthropologischen und theologischen Grundgegebenheiten des Frauseins und bringt sich somit ein in den geschichtlichen Prozeß der verschiedenen Bewegungen für die Förderung der Frau. Weil sie dabei vorstößt bis zu den Wurzeln des Personseins der Frau, hat die Kirche einen wertvollen Beitrag zu geben. Vor allem will sie aber Gott gehorchen, der den Menschen „nach seinem Bild" als „Mann und Frau" geschaffen hat (*Gen* 1,27). Sie will auch den Ruf Gottes aufnehmen, seinen Plan zu kennen, zu bewundern und zu leben. Dieser Plan wurde „am Anfang" unauslöschlich in das Sein des Menschen – Mann und Frau – und somit auch in seine bedeutsamsten Strukturen und seine tiefste Dynamik eingeschrieben. Dieser weise Liebesplan muß mit dem vollen Reichtum seines Inhaltes erschlossen werden: Es ist der Reichtum des „Anfanges", der sich nach und nach in der Heilsgeschichte geoffenbart und aktualisiert und in der "Fülle der Zeit" seinen Höhepunkt gefunden hat, als Gott seinen Sohn sandte, „geboren von einer Frau" (*Gal* 4,4).

Diese „Fülle" setzt sich in der Geschichte fort. Im Glauben der Kirche muß die Deutung von Gottes Plan über die Frau immer neu auch durch das Leben vieler christlicher Frauen vorgenommen werden. Dabei darf der Beitrag, den die verschiedenen Humanwissenschaften und Kulturen einbringen können, nicht vergessen werden. Diese vermögen durch sorgfältige Unterscheidung dazu beizutragen, die Werte und Rechte, die zum unveränderlichen Wesen der Frau gehören, von denen, die durch die geschichtliche Entwicklung der Kulturen gegeben sind, zu unterscheiden. Das II. Vatikanische Konzil erinnert uns daran, daß, wie die Kirche glaubt, „allen Wandlungen vieles Unwandelbare zugrundeliegt, was einen letzten Grund in Christus hat, der derselbe ist gestern, heute und in Ewigkeit (vgl. *Hebr* 13,8)". [185]

Das *Apostolische Schreiben über Würde und Berufung der Frau* behandelt die anthropologischen und theologischen Grundlagen ihrer Personwürde als Frau. Das Dokument nimmt die Thematik der „Theologie des Leibes", die über längere Zeit in den Mittwochskatechesen behandelt wurde, wieder auf, führt diese Überlegungen weiter und wendet sie spezifisch an. Es möchte ein Versprechen der Enzyklika *Redemptoris Mater*[186] erfüllen und zugleich auf die Bitte der Synodenväter eingehen.

Das Studium des Apostolischen Schreibens *Mulieris Dignitatem* kann schon allein wegen seines Charakters als biblisch-theologische Meditation alle – Männer und Frauen, vor allem aber die Humanwissenschaftler und Fachleute der theologischen Disziplinen – dazu motivieren, ihre kritische Forschung fortzusetzen. Ausgehend von der Personwürde des Mannes und der Frau und ihres gegenseitigen Verhältnisses, können sie spezifische Gaben und Werte des Frauseins und Mannseins nicht nur im gesellschaftlichen Bereich, sondern auch im Bereich der christlichen und sozialen Existenz besser zu erkennen versuchen.

Die Betrachtung über die anthropologischen und theologischen Grundgegebenheiten des Frauseins will die christliche Antwort auf die wiederholte und zuweilen akute Frage nach dem „Raum", den die Frau in der Kirche und in der Gesellschaft einnehmen kann, beleuchten.

Aus dem Wort und Verhalten Christi, die für die Kirche Norm sind, geht eindeutig hervor, daß auf der Ebene des Verhältnisses zu Christus keine Diskriminierung vorhanden ist. In ihm ist „nicht Mann und Frau; denn ihr alle seid ‚einer' in Christus Jesus" (*Gal* 3,28). Dasselbe gilt auf der Ebene der Teilhabe am Leben und an der Heiligkeit der Kirche, wie die an Pfingsten erfüllte Prophezeiung des Joel es auf herrliche Weise bezeugt: „Danach aber wird es geschehen, daß ich meinen Geist ausgieße über alles Fleisch. Eure Söhne und Töchter werden Propheten sein" (*Joël* 3,1; vgl. *Apg* 2,17 ff.). Im *Apostolischen Schreiben über Würde und Berufung der Frau* ist zu lesen: „beide – die Frau wie der Mann – ... sind ... in gleichem Maße empfänglich für das Geschenk der göttlichen Wahrheit und der Liebe im Heiligen Geist. Beide empfangen seine heilbringenden und heiligmachenden ‚Heimsuchungen'".[187]

Sendung in der Kirche und in der Welt

51. Was die Teilhabe an der apostolischen Sendung der Kirche anbelangt, besteht kein Zweifel darüber, daß die Frau – wie der Mann – aufgrund von Taufe und Firmung Anteil hat am dreifachen Amt Christi, des Priesters, Propheten und Königs und so zum fundamentalen Apostolat der Kirche, zur Evangelisierung befähigt und verpflichtet ist. Andererseits ist die Frau berufen, bei der Erfüllung dieses Apostolates ihre eigenen „Gaben" einzubringen: zunächst durch das Wort und das Zeugnis des Lebens die Gabe ihrer Personwürde und sodann die Gaben, die mit ihrer fraulichen Berufung gegeben sind. In ihrer Teilhabe am Leben und an der Sendung der Kirche kann die Frau das Sakrament des Ordo nicht empfangen und somit die Funktionen, die dem Amtspriestertum vorbehalten sind, nicht erfüllen. Diese Bestimmung hat die Kirche immer aus dem eindeutigen, freien und souveränen Willen Jesu Christi, der nur Männer zu seinen Aposteln berufen hat, herausgelesen,[188] eine Bestimmung, die das Verhältnis Christi, des Bräutigams, zu seiner Kirche, seiner Braut, erhellen kann.[189] Wir befinden uns hier auf der Ebene der Funktion und nicht auf der Ebene der Würde und der Heiligkeit.

Von der Kirche gilt: „Sie besitzt zwar eine ‚hierarchische' Struktur; doch diese ist ganz für die Heiligkeit der Glieder Christi bestimmt".[190]

Wie schon Paul VI. sagte, „können wir das Verhalten unseres Herrn und die Berufung, die er den Frauen gegeben hat, nicht verändern. Aber wir müssen die Aufgabe der Frau in der Sendung der Evangelisierung und im Leben der christlichen Gemeinde erkennen und fördern."[191]

Es ist notwendig, von der theoretischen Erkenntnis einer aktiven und verantwortlichen Präsenz der Frau in der Kirche zur praktischen Verwirklichung fortzuschreiten. Dieses Schreiben, das sich bewußt mit der wiederholten Präzisierung „Männer und Frauen" an die Laien wendet, muß in diesem Sinn gelesen werden. Das neue Kirchenrecht enthält verschiedene Bestimmungen über die Teilnahme der Frau am Leben und an der Sendung der Kirche. Sie müssen allgemeiner bekannt und unter Berücksichtigung der verschiedenen kulturellen Sensibilitäten sowie pastoralen Opportunitäten unmittelbarer und konsequenter angewandt werden. Man denke dabei zum Beispiel an die Teilnahme von Frauen an Diözesan- und Pfarrpastoralräten sowie an Diözesansynoden und Teilkonzilien. In diesem Sinn haben die Synodenväter geschrieben: „Die Frauen sollen ohne jegliche Diskriminierung auch bei Konsultationen und bei der Erarbeitung von Entscheidungen am Leben der Kirche teilnehmen".[192] Und weiter: „Die Frauen, denen bei der Weitergabe des Glaubens und bei allen Arten von Diensten im Leben der Kirche eine bedeutende Aufgabe zukommt, müssen bei der Vorbereitung von Pastoraldokumenten und von missionarischen Initiativen herangezogen werden. Sie sollen in Familie, Beruf und in der bürgerlichen Gemeinschaft als Mitarbeiterinnen an der Sendung der Kirche anerkannt werden."[193]
Auf den spezifischen Gebieten der Evangelisierung und der Katechese muß die besondere Aufgabe der Frau bei der Weitergabe des Glaubens nicht nur in der Familie, sondern auch an den verschiedenen Orten, an denen Erziehung geschieht, gefördert werden. Darüber hinaus muß in allem, was das Aufnehmen von Gottes Wort, sein Verständnis und seine Weitergabe betrifft – auch durch Studium, Forschung und Lehren der Theologie -, der spezifische Beitrag der Frau aufgewertet werden.
Wenn sie ihre Aufgabe an der Evangelisierung erfüllt, spürt die Frau ein größeres Bedürfnis, evangelisiert zu werden. Mit den erleuchteten „Augen des Herzens" (vgl. *Eph* 1,18) kann sie das, was wahrhaft ihrer Personwürde und Berufung entspricht, erkennen. Sie vermag, es von all dem zu unterscheiden, was sie – vielleicht unter dem Vorwand dieser „Würde" und im Namen der „Freiheit" und des „Fortschrittes" – veranlaßt, sich für die moralische Degradierung der Menschen und Gesellschaften verantwortlich zu machen, anstatt der Förderung der authentischen Werte zu dienen. Eine solche „Unterscheidung" stellt eine unaufschiebbare historische Notwendigkeit dar. Sie ist zugleich Chance und Forderung der Teilhabe der Frau am prophetischen Amt Christi und seiner Kirche. Die „Unterscheidung", von der der Apostel Paulus oft spricht, besteht nicht nur in der Bewertung der Wirklichkeiten und der Geschehnisse im Licht des Glaubens; sie schließt auch Entscheidung und Verpflichtung zum konkreten Engagement in Kirche und Gesellschaft ein.
Man kann heute sagen, daß alle Probleme der modernen Welt, von denen schon im zweiten Teil der Konzilskonstitution *Gaudium et spes* die Rede ist und die die Zeit in der Tat weder gelöst noch verringert hat, die Präsenz und das Engagement der Frauen mit ihrem typischen und unersetzlichen Beitrag fordern.
Vor allem zwei große, der Frau anvertraute Aufgaben verdienen die besondere Aufmerksamkeit aller.
Zunächst die Aufgabe, dem Eheleben und der Mutterschaft die volle Würde zu verleihen. Heute werden der Frau neue Möglichkeiten geschenkt, zu einem tieferen Verständnis und

einer vollen Realisierung der menschlichen und christlichen Werte, die das Eheleben und die Erfahrung der Mutterschaft schenken, zu gelangen. Auch der Mann – der Ehemann und der Vater – kann von einem weitgehenden Absentismus und einer sporadischen und unzureichenden Präsenz Abstand nehmen. Er kann sich gerade durch das gezielte, liebevolle und entscheidende Tun der Frau in neue und bedeutungsträchtige Beziehungen einer interpersonalen Gemeinschaft einlassen.

Ferner die Aufgabe, die moralische Dimension der Kultur zu sichern, die Dimension einer Kultur die des Menschen, seines persönlichen und gesellschaftlichen Lebens würdig ist. Das II. Vatikanische Konzil scheint die moralische Dimension der Kultur mit der Teilhabe der Laien an der königlichen Sendung Christi zu verbinden: „Außerdem sollen die Laien, auch in Zusammenarbeit, die Einrichtungen und Verhältnisse der Welt, da wo Gewohnheiten zur Sünde aufreizen, so zu heilen suchen, daß dies alles nach der Norm der Gerechtigkeit umgestaltet wird und der Ausübung der Tugenden eher förderlich als schädlich ist. Auf diese Weise erfüllen sie die Kultur und die menschlichen Leistungen mit sittlichem Wert“.[194]

In dem Maß, als die Frau aktiv und verantwortlich an den Aufgaben der Institutionen teilnimmt, von denen die Gewährleistung des Primates der menschlichen Werte im Leben der politischen Gemeinschaften abhängt, weisen die Aussagen des Konzils auf ein bedeutsames Apostolatsfeld der Frau. In allen Dimensionen des Lebens dieser Gemeinschaft, angefangen von der gesellschafts-wirtschaftlichen bis hin zur sozio-politischen, müssen Personwürde der Frau und ihre spezifische Berufung respektiert und gefördert werden: auf individueller und gemeinschaftlicher Ebene, nicht nur in Formen, die der verantwortlichen Freiheit der einzelnen überlassen werden, sondern auch in den gesicherten Formen gerechter bürgerlicher Gesetzgebung.

„Es ist nicht gut, daß der Mensch allein bleibt. Ich will ihm eine Hilfe machen, die ihm entspricht“ (*Gen* 2,18). Gott, der Schöpfer, hat den Menschen der Frau anvertraut. Gewiß ist der Mensch jedem Menschen anvertraut, aber auf besondere Weise der Frau. Denn sie scheint von der besonderen Erfahrung der Mutterschaft her eine spezifische Sensibilität für den Menschen und für alles, was sein wahres Wohl ausmacht, angefangen vom fundamentalen Wert des Lebens zu besitzen.

Die Chancen und die Verantwortung der Frau auf diesem Gebiet sind groß, gerade in einer Zeit, in der der Fortschritt von Wissenschaft und Technik nicht immer von der wahren Weisheit inspiriert und an ihr gemessen wird. Er schließt das Risiko der „Dehumanisierung“ des menschlichen Lebens ein, vor allem dann, wenn es einer noch größeren Liebe und hochherzigeren Aufnahme bedürfte.

Die Teilnahme der Frau mit ihren Gaben am Leben der Kirche und Gesellschaft ist notwendiger Weg zu ihrer persönlichen Verwirklichung, auf die man heute mit Recht besteht. Sie ist zugleich ihr origineller Beitrag zur Bereicherung der communio der Kirche und der apostolischen Kraft des Volkes Gottes. In diesem Sinn muß auch die Präsenz des Mannes an der Seite der Frau bedacht werden.

Mitwirkung und Präsenz von Männern und Frauen

52. Die Stimme derer, die fürchten, eine zu große Betonung auf Ort und Aufgabe der Frau könne zu der unannehmbaren Tatsache führen, die Männer in Vergessenheit geraten zu lassen, hat in der Synodenaula nicht gefehlt. In einigen bestimmten Situationen des Lebens der Kirche muß oft die zu schwache Präsenz der Männer bedauert werden. Einige von ihnen verzichten auf die eigene Verantwortung in der Kirche, so daß diese nur von Frauen wahrgenommen wird; so zum Beispiel bei der Teilnahme am liturgischen Gebet in der Kirche, bei Erziehung und insbesondere bei der Katechese der eigenen und anderer Kinder, bei der Teilnahme an religiösen und kulturellen Veranstaltungen, bei der Mitarbeit an karitativen und missionarischen Initiativen.

Pastoral ist deswegen, auf eine gemeinsame Präsenz von Männern und Frauen hinzuarbeiten, damit die Teilnahme der Laien an der Heilssendung der Kirche voller, harmonischer und reicher werde.

Der Hauptgrund, der die gemeinsame Präsenz und Mitarbeit von Männern und Frauen nahelegt, ist nicht nur, wie eben hervorgehoben, die große Überzeugungskraft und Wirksamkeit des pastoralen Tuns der Kirche. Noch weniger ist es die soziologische Gegebenheit eines menschlichen Miteinanders, das naturgemäß Männer und Frauen einschließt. Der Hauptgrund liegt vielmehr im ursprünglichen Plan des Schöpfers, der von „Anfang" an den Menschen als „Einheit der zwei" gewollt hat: Mann und Frau als erste Personengemeinschaft, die Wurzel aller anderen Gemeinschaften und zugleich „Zeichen" jener interpersonalen Liebesgemeinschaft, die das geheimnisvolle intime Leben des einen und Dreifaltigen Gottes ist.

Der gängige und fundamentale Weg, um die koordinierte und harmonische Präsenz von Männern und Frauen im Leben und in der Sendung der Kirche zu sichern, ist darum die Erfüllung der Aufgaben und Verantwortungen der christlichen Ehe und Familie. In ihr werden die Verschiedenheiten und Vielfalt der Formen des Lebens und der Liebe sichtbar und mitteilbar: Eheliebe, Vaterliebe, Mutterliebe, Kindesliebe und geschwisterliche Liebe. Im Apostolischen Schreiben *Familiaris consortio* lesen wir: „Wenn die christliche Familie eine Gemeinschaft ist, deren innere Bindungen von Christus durch den Glauben und die Sakramente auf eine neue Ebene erhoben sind, muß ihre Teilnahme an der Sendung der Kirche eine gemeinschaftliche Note tragen. Gemeinsam also, die Gatten als Ehepaar und die Eltern mit den Kindern als Familie, müssen sie ihren Dienst für Kirche und Welt vollziehen...

Die christliche Familie erbaut das Reich Gottes in der Geschichte ferner durch dieselben täglichen Wirklichkeiten, die ihre besondere Lebenssituation betreffen und prägen. So ist es gerade die Liebe in Ehe und Familie mit ihrem außerordentlichen Reichtum an Werten und Aufgaben, im Zeichen der Ganzheit und Einmaligkeit, der Treue und der Fruchtbarkeit, durch die sich die Teilnahme der christlichen Familie an der prophetischen, priesterlichen und königlichen Sendung Jesu Christi und seiner Kirche ausdrückt und verwirklicht".[195] In dieser Perspektive haben die Synodenväter die Notwendigkeit betont, daß die volle Bedeutung des Ehesakramentes in Kirche und Gesellschaft anerkannt werden muß, um alle Beziehungen zwischen Mann und Frau zu erhellen und zu inspirieren.

Sie meinten in diesem Sinn, es sei dringend notwendig, „daß jeder Christ die Botschaft der Hoffnung, die in der Beziehung zwischen Mann und Frau eingeschlossen ist, lebt und kündet. Das Ehesakrament, das diese Beziehung in der ehelichen Form weiht und als Zeichen der Beziehung zwischen Christus und seiner Kirche offenbart, enthält eine für das Leben der Kirche bedeutende Lehre; durch die Kirche muß diese Lehre die Welt von heute erreichen; alle Beziehungen zwischen Mann und Frau müssen sich aus diesem Geist inspirieren. Die Kirche muß diesen Reichtum noch tiefer ausloten".[196] Die Väter haben mit Recht bemerkt, daß die „Wertschätzung der Jungfräulichkeit und die Ehrfurcht vor der Mutterschaft neu entdeckt werden müssen",[197] und das nicht zuletzt im Hinblick auf die Erweckung von verschiedenen und komplementären Berufungen in der lebendigen Gemeinschaft der Kirche und im Dienst ihres ständigen Wachstums.

Kranke und Leidende

53. Der Mensch ist zur Freude berufen, erfährt aber täglich auf vielfältige Weise Leid und Schmerz. An alle, Männer und Frauen, die auf irgendeine Weise von Leid und Schmerz getroffen sind, haben die Synodenväter sich in ihrer Schlußbotschaft gerichtet: „Ihr, die ihr von unserer konsumistischen Gesellschaft verlassen und an den Rand gedrückt seid: Ihr Kranke, Auswanderer, Behinderte, Arme, Hungernde, Randgruppen, Flüchtlinge, Gefangene, Arbeitslose, alte Menschen, verlassene Kinder und Vereinsamte, ihr, Kriegsopfer und Opfer aller Formen von Gewalt, die unsere permissive Gesellschaft hervorgebracht hat, die Kirche nimmt Anteil an eurem Leid, das euch zum Herrn führt, das euch mit seinem heilbringenden Leiden vereinigt und euch im Licht seiner Erlösung leben läßt. Wir verlassen uns auf euch, um der Welt zu zeigen, was die Liebe ist. Wir werden unser Möglichstes tun, damit ihr den Platz einnehmen könnt, der euch in der Kirche und in der Gesellschaft zusteht".[198]

Im Rahmen dieser schier grenzenlosen Welt des menschlichen Leidens wenden wir uns besonders all denen zu, die von verschiedenen Krankheiten getroffen sind. Krankheit ist die häufigste und weitverbreitetste Form menschlichen Leidens.

Der Ruf des Herrn trifft alle und jeden einzelnen. Auch die Kranken sind als Arbeiter in seinen Weinberg gesandt. Die Last, die den Körper schwächt und die innere Ruhe nimmt, hindert sie nicht daran, im Weinberg zu arbeiten. Sie fordert sie auf, ihre menschliche und christliche Berufung zu leben und auf neue, noch wertvollere Weise am Wachstum des Reiches teilzunehmen. Sie müssen sich die Worte des Apostels Paulus zum Programm machen, Worte, die Licht schenken, um die gnadenhafte Bedeutung ihrer Situation zu erkennen: „Für den Leib Christi, die Kirche, ergänze ich in meinem irdischen Leben das, was an den Leiden Christi noch fehlt" (*Kol* 1,24). Diese Entdeckung erfüllt den Apostel mit Freude: „Jetzt freue ich mich der Leiden, die ich für euch ertrage" (*Kol* 1,24). In ähnlicher Weise können viele Kranke „trotz großer Bedrängnis" zu Trägern der Freude, „die der Heilige Geist gibt" (*1 Thess* 1,6), und zu Zeugen der Auferstehung Christi werden. Das hat ein Behinderter in der Synodenaula zum Ausdruck gebracht: „Es muß hervorgehoben werden, daß die Christen, deren Leben Krankheit, Schmerz oder hohes Alter zeichnet, von Gott nicht nur dazu aufgefordert werden, ihren Schmerz mit

dem Leiden Christi zu vereinen, sondern auch dazu berufen sind, jetzt schon die erneuernde Kraft und die Freude des auferstandenen Christus aufzunehmen und anderen weiterzugeben (vgl. *2 Kor* 4,10–11; *1 Petr* 4,13; *Röm* 8,18 ff.)".[199] Die Kirche ihrerseits, die – wie in dem Apostolischen Schreiben *Salvifici Doloris* zu lesen ist – „aus dem Geheimnis der Erlösung im Kreuz Christi geboren wird, muß die Begegnung mit dem Menschen vor allem auf dem Weg seines Leidens suchen. Bei dieser Begegnung wird der Mensch ‚der Weg der Kirche'; und dieser Weg gehört zu ihren bedeutendsten Wegen".[200]
Der leidende Mensch ist der Weg der Kirche, weil er vor allem der Weg Christi selbst, des guten Samariters ist, der nicht „weitergeht", sondern aus Mitleid „zu ihm hinging ... seine Wunden ... verband" und für ihn sorgte (*Lk* 10,32–34).
Die christliche Gemeinschaft hat von Jahrhundert zu Jahrhundert in den großen Scharen der Kranken und Leidenden das Gleichnis des guten Samariters aus dem Evangelium neu geschrieben. Sie hat die heilende und tröstende Liebe Jesu geoffenbart und weitergegeben durch das Zeugnis des gottgeweihten Lebens, das sich dem Dienst der Kranken widmet, und durch den unermüdlichen Einsatz aller, die im Gesundheitswesen arbeiten. Heute stellen auch in den katholischen Krankenhäusern und Kliniken die Laien, Männer und Frauen, die immer stärkere und zuweilen einzige Präsenz dar. Gerade sie, die Ärzte, Krankenpfleger, Pflegehelfer, freiwillige Helfer sind dazu berufen, in der Liebe zu den Kranken und Leidenden ein lebendiges Abbild Christi und seiner Kirche zu sein.

Erneuertes pastorales Wirken

54. Dieses kostbare Erbe, das die Kirche von Christus, dem „Arzt des Leibes und des Geistes"[201] empfangen hat, darf nie verlorengehen. Es ist durch eine Erneuerung und einen entschiedenen Neuanfang in der Pastoral für die Kranken und Leidenden ständig aufzuwerten und zu bereichern.
Dieser Einsatz muß den Menschen, die wegen Krankheit und Leid schwere Prüfungen ihres Lebensmutes und selbst ihres Glaubens an Gott und seine Vaterliebe durchzustehen haben, Aufmerksamkeit, Nähe, Präsenz, Aufgeschlossenheit, Dialog, Teilnahme und konkrete Hilfe bringen. Dieser pastorale Neubeginn findet seinen bedeutungsträchtigen Ausdruck in der Feier der Sakramente mit den Kranken und für die Kranken. Sie schenkt den an Schmerz und Schwäche Leidenden Kraft, bringt in der Verzweiflung Hoffnung und ist Ort der Begegnung und der Freude.
Eines der wichtigsten Ziele dieses erneuten und intensiven pastoralen Einsatzes, das die koordinierte Mitwirkung aller Glieder der Gemeinde erfordert, liegt darin, im Kranken, Behinderten und Leidenden nicht nur den Adressaten der Liebe und des Dienstes der Kirche zu sehen, sondern aktives und verantwortliches Subjekt des Werkes der Evangelisierung und des Heils. In diesem Sinn hat die Kirche den Gesellschaften und Kulturen eine frohe Botschaft zu verkünden: Diese haben den Sinn des menschlichen Leidens vergessen und unterbinden jeden Hinweis auf diese harte Lebensrealität. Die frohe Botschaft besteht in der Verkündigung, daß das Leid für den Menschen und die Gesellschaft auch einen positiven Sinn hat. Weil es bestimmt ist, Teilhabe am heilbringenden Leiden Chri-

sti und an seiner Auferstehungsfreude zu werden, wird es für die Kirche zur heiligen Kraft, die ihrem Aufbau dient.
Die Verkündigung dieser frohen Botschaft ist dann glaubwürdig, wenn sie nicht allein durch das gesprochene Wort, sondern durch das Zeugnis des Lebens geschieht, das heißt all jener, die Kranke, Behinderte und Leidende mit Liebe pflegen. Sie wird auch durch das Zeugnis letzterer glaubwürdig, wenn sie ihren Ort und ihre Aufgabe in der Kirche und für die Kirche entdecken. Zum Werden der „Zivisilation der Liebe“ in der immensen Welt des menschlichen Leidens kann eine erneute Betrachtung des Apostolischen Schreibens *Salvifici Doloris* entscheidend beitragen. Wir möchten hier an seinen Schlußabschnitt erinnern: „Darum sollen unter dem Kreuz auf Kalvaria in geistiger Weise alle Leidenden zusammenkommen, die an Christus glauben, vor allem jene, die gerade wegen ihres Glaubens an den Gekreuzigten und Auferstandenen zu leiden haben: Das Opfer ihrer Leiden soll uns der Erfüllung der Gebete des Heilandes für die Einheit aller näher bringen (vgl. *Joh* 17,11.12–22). Dorthin sollen alle Menschen guten Willens kommen; denn am Kreuz hängt der ‚Erlöser des Menschen‘, der Mann der Schmerzen, der die leiblichen und moralischen Leiden der Menschen aller Zeiten auf sich genommen hat, damit sie in der Liebe den heilbringenden Sinn ihrer Schmerzen und gültige Antworten auf alle ihre Fragen finden können.
Zusammen mit Maria, der Mutter Christi, die unter dem Kreuz stand (vgl. *Joh* 19,25), halten wir an allen Kreuzen des heutigen Menschen inne.
Und wir bitten euch alle, die ihr leidet, uns zu unterstützen. Gerade euch, die ihr schwach seid, bitten wir, zu einer Kraftquelle für die Kirche und für die Menschheit zu werden. Möge in dem schrecklichen Kampf zwischen den Kräften des Guten und des Bösen, der sich vor uns in der heutigen Welt abspielt, euer Leiden in Einheit mit dem Kreuze Christi siegen“.[202]

Lebensstände und Berufungen

55. Alle Glieder des Volkes Gottes, Priester, Ordensleute und Laien, sind Arbeiter im Weinberg: Alle sind zugleich Adressaten und Subjekte der communio der Kirche und der Teilhabe an ihrer Heilssendung. Alle und jeder einzelne arbeiten mit verschiedenen komplementären Charismen und Diensten in dem einen und gemeinsamen Weinberg.
Mehr noch als auf der Ebene des Wirkens sind die Christen schon auf der Ebene des Seins Reben des einzigen fruchtbaren Weinstocks, der Christus ist. Sie sind lebendige Glieder des einen Leibes des Herrn, der sich in der Kraft des Geistes aufbaut. Diese Seinsebene umfaßt nicht nur das Leben der Gnade und der Heiligkeit, das erste und reichste Quelle der apostolischen und missionarischen Fruchtbarkeit der heiligen Mutter Kirche ist. Sie umfaßt auch den Lebensstand der Priester und der Diakone, den der Ordensleute, der Mitglieder von Säkularinstituten und der Laien.
In der Kirche als communio sind die Lebensstände derart aufeinander bezogen, daß sie aufeinander ausgerichtet sind.
Der tiefste Sinn der verschiedenen Lebensstände ist nur einer und allen gemeinsam: Ihnen allen ist aufgegeben, eine Modalität darzustellen, nach der die gleiche christliche

Würde und die Berufung zur Heiligkeit in der Vollkommenheit der Liebe gelebt werden. Diese Modalitäten sind zugleich verschieden und komplementär. So hat jede von ihnen eigene und unverwechselbare Züge und steht doch in Beziehung zu den anderen und in ihrem Dienst.

Der Laienstand hat im Weltcharakter seine Spezifizität. Er dient der Kirche dadurch, daß er den Stellenwert der irdischen Wirklichkeiten im Heilsplan Gottes Priestern und Ordenleuten bezeugt und präsent macht. Das Amtspriestertum repräsentiert die bleibende Garantie der sakramentalen Präsenz Christi, des Erlösers, zu allen Zeiten und an allen Orten. Der Ordensstand gibt Zeugnis vom eschatologischen Charakter der Kirche, das heißt von ihrem Ausgerichtetsein auf das Reich Gottes, das durch die Gelübde der Jungfräulichkeit, der Armut und des Gehorsams in gewisser Weise vorweggenommen und -gekostet wird.

Alle Lebensstände, zusammen oder einzeln genommen und in ihrer Beziehung zueinander betrachtet, stehen im Dienst des Wachstums der Kirche und stellen verschiedene Modalitäten dar, die ihre Einheit zutiefst „im Geheimnis der communio" der Kirche finden. Sie müssen bei der Erfüllung der einen Sendung harmonisch und dynamisch zusammenwirken.

In der Verschiedenheit der Lebensstände und in der Vielfalt der Berufungen enthüllt und erlebt das einzige und bleibende Geheimnis der Kirche aufs neue den unendlichen Reichtum des Geheimnisses Jesu Christi. Wie die Väter es gerne wiederholen, ist die Kirche wie ein Feld, auf dem eine faszinierende und wunderbare Vielfalt von Kräutern, Pflanzen, Blumen und Früchten wächst. Der heilige Ambrosius schreibt: „Ein Feld kann viele Früchte geben, aber ein an Früchten und Blumen reiches Feld ist besser. Das Feld der heiligen Kirche ist reich an den einen wie an den anderen. Hier kannst du die Edelsteine der Jungfräulichkeit Blumen tragen sehen, dort die Herrschaft der Witwen, streng wie die Wälder auf den Ebenen; wieder weiter die reiche Ernte der Ehen, die die Kirche gesegnet hat, die die Kammern der Welt mit reicher Ernte füllt und die Kelter des Herrn Jesus überfließen läßt, wie gefüllt mit Früchten des lebenskräftigen Weinstocks, mit den Früchten, mit denen die christlichen Ehen reich gesegnet sind".[203]

Die verschiedenen Berufungen der Laien

56. Die reiche Vielfalt der Kirche kommt innerhalb eines jeden Lebensstandes nochmals zum Ausdruck. Der Laienstand kennt verschiedene „Berufungen", das heißt verschiedene geistliche und apostolische Wege, die sich den einzelnen Laien anbieten. Aus dem Strom der gemeinsamen „Berufung" der Laien erwachsen „besondere" Berufungen von Laien. Wir können auf diesem Gebiet die geistliche Erfahrung in Erinnerung rufen, die jüngst in der Kirche mit dem Entstehen verschiedener Formen von Säkularinstituten herangereift ist. Laien und Priestern ist die Möglichkeit gegeben, die evangelischen Räte der Armut, der Jungfräulichkeit und des Gehorsams durch Gelübde oder Versprechen zu befolgen, ohne ihren Priester- oder Laienstand zu verlassen.[204] Wie die Synodenväter hervorgehoben haben, „weckt der Geist andere Formen der Selbsthingabe, die Menschen vollziehen können, ohne den Laienstand zu verlassen".[205]

Wir können zum Abschluß dieser Überlegung eine wunderbare Passage des heiligen Franz von Sales, der die Spiritualität der Laien so sehr gefördert hat,[206] anfügen. Im Rahmen seiner Aussagen über die „Frömmigkeit", das heißt der christlichen Vollkommenheit oder des „Lebens nach dem Geist", stellt er auf einfache und wunderbare Weise die Heiligkeit und die Art und Weise, auf die die einzelnen Christen sie verwirklichen, dar: „Gott hat bei der Schöpfung die Pflanzen geheißen, jede nach ihrer Art Früchte zu bringen (vgl. *Gen* 1,11). Dieselbe Aufforderung richtet er an die Christen, die lebendige Pflanzen seiner Kirche sind, damit sie Früchte der Frömmigkeit bringen, ein jeder gemäß seinem Stand und seiner Situation. Der Edelmann muß die Frömmigkeit anders üben als der Arbeiter, der Diener, der Prinz, die Witwe, die unverheiratete Frau und die verheiratete Frau. Das aber ist nicht genug. Die Übung der Frömmigkeit muß auch an die Kräfte, an die Verpflichtungen und Pflichten eines jeden angepaßt sein... Es ist ein Fehler, ja eine Häresie, die Frömmigkeit aus dem Milieu des Militärs, der Werkstatt, der Königshöfe, der Familien ausschließen zu wollen. Es ist wahr, Philotea, die rein kontemplative, monastische und religiöse Berufung kann nur in diesen jeweiligen Ständen verwirklicht werden. Aber über diese drei Formen der Frömmigkeit hinaus bestehen viele andere, die denjenigen, die als Laien leben, zur Vollkommenheit verhelfen können. Darum müssen und können wir, wo auch immer wir uns befinden, nach der Vollkommenheit des Lebens streben".[207]

Im gleichen Sinn schreibt das II. Vatikanische Konzil: „Dieses geistliche Leben der Laien muß vom Stand der Ehe und der Familie, der Ehelosigkeit oder Witwenschaft, aus der Situation einer Krankheit, vom beruflichen oder gesellschaftlichen Wirken her ein besonderes Gepräge annehmen. Die Laien mögen darum nicht aufhören, jene ihnen verliehenen Eigenschaften und Gaben mit Bedacht auszubilden, die diesen Lebenslagen entsprechen, und auch die ihnen je eigenen Gnadengaben zu gebrauchen, die sie vom Heiligen Geist empfangen haben".[208]

Was von den geistlichen Berufungen gilt, gilt auch und in einem gewissen Sinn auf noch zutreffendere Weise von den endlosen und verschiedenen Modalitäten, nach denen alle und die einzelnen Glieder der Kirche als Arbeiter im Weinberg des Herrn arbeiten und den mystischen Leib Christi auferbauen. Jeder ist in der Tat bei seinem Namen berufen, in der Einmaligkeit und der Unwiederholbarkeit seiner persönlichen Geschichte seinen eigenen Beitrag für das Kommen des Reiches Gottes zu bringen. Kein Talent, auch nicht das geringste, kann verborgen und ungebraucht bleiben (vgl. *Mt* 25,24–27).

Der Apostel Petrus mahnt uns: „Dient einander als gute Verwalter der vielfältigen Gnade Gottes, jeder mit der Gabe, die er empfangen hat" (*1 Petr* 4,10).

Fünftes Kapitel

Damit ihr mehr Frucht bringt

Erziehung und Ausbildung der Laien
Ständiges Reifen

57. Das biblische Bild des Weinstocks und der Reben enthüllt uns einen anderen wesentlichen Aspekt des Lebens und der Sendung der Laien: die Berufung, zu wachsen und ständig zu reifen, immer mehr Frucht zu bringen.
Als wachsamer Winzer sorgt der Vater für seinen Weinberg. Die sorgende Gegenwart Gottes wird von Israel innig erfleht, wenn es betet: „Gott der Heerscharen, wende dich uns wieder zu! Blicke vom Himmel herab, und sieh auf uns! Sorge für diesen Weinstock und für den Garten, den deine Rechte gepflanzt hat“ (*Ps* 80,15–16). Jesus selbst spricht vom Werk des Vaters: „Ich bin der wahre Weinstock, und mein Vater ist der Winzer. Jede Rebe an mir, die keine Frucht bringt, schneidet er ab, und jede Rebe, die Frucht bringt, reinigt er, damit sie mehr Frucht bringt“ (*Joh* 15,1–2).
Die Lebendigkeit der Reben ist gegeben mit ihrer Verwurzelung im Weinstock, der Jesus Christus ist: „Wer in mir bleibt und in wem ich bleibe, der bringt reiche Frucht; denn getrennt von mir könnt ihr nichts vollbringen“ (*Joh* 15,5). Der Mensch wird in seiner Freiheit vom Ruf Gottes getroffen, zu wachsen, zu reifen, Frucht zu bringen. Er kommt nicht umhin, zu antworten und seine persönliche Verantwortung zu übernehmen. Es ist eine schwere und faszinierende Verantwortung, auf die sich die ernsten Worte Jesu beziehen: „Wer nicht in mir bleibt, wird wie die Rebe weggeworfen, und er verdorrt. Man sammelt die Reben, wirft sie ins Feuer, und sie verbrennen“ (*Joh* 15,6).
Aus diesem Dialog zwischen Gott, der ruft, und dem Menschen, der angerufen wird, ergibt sich die Möglichkeit, ja, die Notwendigkeit einer umfassenden, ständigen Erziehung und Ausbildung der Laien. Sie stellte berechtigterweise einen wesentlichen Teil der Arbeit der Synodenväter dar.
Nachdem sie die christliche Erziehung und Ausbildung als „einen ständigen persönlichen Prozeß der Ausreifung im Glauben und der Gleichförmigkeit mit Christus nach dem Willen des Vaters und unter Führung des Heiligen Geistes“ beschrieben hatten, erklärten die Synodenväter ausdrücklich, daß „die Erziehung und Ausbildung der Laien unter den Prioritäten der Diözese und in die Pastoralprogramme aufgenommen werden muß, so daß alle Bemühungen der Gemeinde (der Priester, Laien und Ordensleute) auf dieses Ziel hin konvergieren“.[209]

Die eigene Berufung und Sendung entdecken und leben

58. Grundziel der Erziehung und Ausbildung der Laien ist die immer eindeutigere Entdeckung der eigenen Berufung sowie die wachsende Bereitschaft, diese in der Erfüllung der eigenen Sendung zu leben.
Gott ruft mich und sendet mich als Arbeiter in seinen Weinberg. Er ruft mich und sendet mich, für die Ankunft seines Reiches in der Geschichte zu arbeiten. Diese persönliche

Berufung und Sendung machen die Würde und Verantwortung eines jeden Laien aus und sind Kristallisationspunkt der gesamten Erziehung und Ausbildung. Diese wiederum sind auf die frohmachende Erkenntnis der Würde und auf die treue hochherzige Antwort auf diese Verantwortung hingeordnet.

Gott hat von Ewigkeit her an uns gedacht und uns als unwiederholbare, einmalige Menschen geliebt. Er hat einen jeden von uns bei seinem Namen gerufen, wie der gute Hirt, der „die Schafe, die ihm gehören, einzeln beim Namen" ruft (*Joh* 10,3). Aber der ewige Plan Gottes enthüllt sich einem jeden von uns erst im geschichtlichen Ablauf unseres Lebens und seiner Ereignisse nur schrittweise, in einem gewissen Sinn Tag für Tag.

Die Erkenntnis des konkreten Willens des Herrn über unser Leben erfordert aufmerksames, gehorsames und bereites Hören auf das Wort Gottes und der Kirche, kindliches und ständiges Beten, Rückhalt in einer weisen und liebevollen geistlichen Führung, gläubige Deutung der empfangenen Gaben und Talente und zugleich der verschiedenen sozialen und historischen Situationen, in denen man steht.

Im Leben eines jeden Laien gibt es besonders bedeutende und entscheidende Momente, den Ruf Gottes zu erkennen, und die Sendung, die er anvertraut, aufzunehmen. Dazu zählen die frühe Jugend und die Jugend. Man darf aber nicht vergessen, daß der Herr, wie der Gutsbesitzer, die Arbeiter zu allen Stunden des Lebens ruft, das heißt, daß er seinen heiligen Willen auf konkrete Weise punktuell kundtut. Darum muß die Wachsamkeit als entgegenkommende Aufmerksamkeit für die Stimme Gottes immer die Grundhaltung des Jüngers prägen.

Es geht aber nicht darum, lediglich zu wissen, was Gott von uns, von jedem einzelnen in den verschiedenen Situationen des Lebens will. Es geht darum, das, was Gott will, zu tun. Daran erinnert uns das Wort Marias, der Mutter Jesu, an die Diener von Kana: „Was er euch sagt, das tut" (*Joh* 2,5). Wir müssen fähig und immer fähiger werden, nach dem Willen Gottes zu handeln. Dazu ist gewiß die Hilfe der Gnade Gottes notwendig, die nie fehlt, wie Leo der Große behauptet: „Der, der die Würde verliehen hat, wird die Kraft verleihen"[210] Notwendig ist aber auch die freie und verantwortliche Mitarbeit eines jeden von uns.

Diese wunderbare und zugleich anspruchsvolle Aufgabe erwartet ausnahmslos alle Laien, alle Christen. Sie sollen die Reichtümer des Glaubens und der Taufe immer mehr erkennen und in der wachsenden Fülle leben. Der Apostel Petrus legt es uns nahe, wenn er von der Geburt und dem Wachstum als zwei Etappen des christlichen Lebens spricht: „Verlangt, gleichsam als neugeborene Kinder, nach der unverfälschten geistigen Milch, damit ihr durch sie heranwachst und das Heil erlangt" (*1 Petr* 2,2).

Umfassende Erziehung und Ausbildung auf die Einheit des Lebens hin

59. Bei der Entdeckung und der Verwirklichung der eigenen Berufung und Sendung müssen die Laien zu jener Einheit hingeführt werden, die ihrem Sein als Glieder der Kirche und als Bürger der menschlichen Gesellschaft entspricht. Sie können keine Parallelexistenz führen: auf der einen Seite ein sogenanntes „spirituelles" Leben mit seinen Werten und Forderungen und auf der anderen Seite das sogenannte „welthafte" Leben, das

heißt das Familienleben, das Leben in der Arbeit, in den sozialen Beziehungen, im politischen Engagement und in der Kultur.
Die Rebe, die im Weinstock Christi verwurzelt ist, trägt in allen Bereichen ihres Wirkens und Lebens Früchte. Alle verschiedenen Lebensbereiche der Laien sind im Plan Gottes inbegriffen. Er will, daß sie der „geschichtliche Ort" der Offenbarung und Verwirklichung der Liebe Jesu Christi zur Ehre des Vaters und im Dienst der Brüder und Schwestern werden. Jedes Tun, jede Situation, jede konkrete Verpflichtung – wie zum Beispiel die Kompetenz und die Solidarität in der Arbeit, die Liebe und Hingabe in der Familie und in der Erziehung der Kinder, der soziale und politische Dienst, das Künden der Wahrheit auf dem Gebiet der Kultur – sind privilegierte Gelegenheiten für einen „ständigen Vollzug von Glaube, Hoffnung und Liebe".[211]
Das II. Vatikanische Konzil hat alle Gläubigen zu dieser Einheit des Lebens aufgefordert und entschieden die Schwere der Zäsur zwischen Glauben und Leben, zwischen Evangelium und Kultur verurteilt: „Das Konzil fordert die Christen, die Bürger beider Gemeinwesen, auf, nach treuer Erfüllung ihrer irdischen Pflichten zu streben, und dies im Geist des Evangeliums. Die Wahrheit verfehlen die, die im Bewußtsein, hier keine bleibende Stätte zu haben, sondern die künftige zu suchen, darum meinen, sie könnten ihre irdischen Pflichten vernachlässigen und so verkennen, daß sie, nach Maßgabe der jedem zuteil gewordenen Berufung, gerade durch den Glauben selbst um so mehr zu deren Erfüllung verpflichtet sind. ... Diese Spaltung bei vielen zwischen dem Glauben, den man bekennt, und dem täglichen Leben gehört zu den sehweren Verirrungen unserer Zeit".[212]
Aus diesem Grund habe ich behauptet, daß ein Glaube, der nicht zur Kultur wird, ein Glaube ist, der „nicht voll angenommen, nicht ganz durchdacht und nicht treu gelebt ist".[213]

Aspekte der Erziehung und Ausbildung

60. Die vielen und aufeinander bezogenen Aspekte einer umfassenden Erziehung und Ausbildung der Laien sind in diese Synthese des Lebens einzuordnen.
Zweifelsohne muß der spirituellen Erziehung im Leben eines jeden ein privilegierter Stellenwert zukommen. Denn jeder ist berufen, ständig zu wachsen in der Intimität mit Jesus Christus, im Einvernehmen mit dem Willen des Vaters, in der Hingabe an die Brüder in der Liebe und der Gerechtigkeit. Das Konzil schreibt: „Dieses Leben innigster Vereinigung mit Christus in der Kirche nähren die gleichen geistlichen Hilfen, die allen Gläubigen zu Gebote stehen, vor allem die tätige Teilnahme an der heiligen Liturgie. Dieser Hilfen müssen sich die Laien so bedienen, daß sie bei der rechten Erfüllung ihrer weltlichen Pflichten in den gewöhnlichen Lebensverhältnissen die Vereinigung mit Christus nicht von ihrem Leben abspalten, vielmehr in dieser Vereinigung dadurch noch wachsen, daß sie ihre Arbeit gemäß dem Willen Gottes leisten".[214]
Eine theologische Schulung der Laien erweist sich heute nicht nur aufgrund der Dynamik ihrer Glaubensvertiefung, sondern auch aufgrund der Forderung, vor der Welt und ihren schweren und komplexen Problemen die „Hoffnung, die in ihnen ist, zu bezeugen", als immer notwendiger. Eine systematische, dem Alter und den verschiedenen Lebenssitua-

tionen angepaßte Katechese ist absolut erforderlich. Ebenso dringend ist ein ausgesprochen christlicher Einfluß auf die Kultur als Antwort auf die ewigen Fragen, die auch heute Menschen und Gesellschaften beunruhigen.

Vor allem für die Laien, die auf vielfältige Weise in der Politik und im sozialen Bereich engagiert sind, ist eine tiefere Kenntnis der Soziallehre der Kirche unerläßlich. Die Synodenväter haben wiederholt in ihren Interventionen diese Bitte ausgesprochen. Zur Mitwirkung der Laien an der Politik äußerten sie: „Damit die Laien dieses edle Ziel (die Anerkennung und Wertschätzung der menschlichen und christlichen Werte) verwirklichen können, sind Ermahnungen nicht genug. Ihnen muß zur Bildung eines sozialen Gewissens vor allem auf dem Gebiet der Soziallehre der Kirche verholfen werden. Diese enthält die Prinzipien für theoretische Überlegungen, die Kriterien zur Urteilsfällung und die praktischen Richtlinien (vgl. Kongregation für die Glaubenslehre, *Instruktion über Christliche Freiheit und Befreiung*)". Sie ist in der allgemeinen katechetischen Ausbildung, in den spezialisierten Schulungen, in Schulen und Universitäten zu lehren.

Die Soziallehre der Kirche ist dynamisch, das heißt, sie ist den jeweiligen Zeiten und Orten angepaßt. Es ist Recht und Pflicht der Hirten, auch die moralischen Prinzipien der Gesellschaftsordnung zu künden. Pflicht aller Christen ist es, sich in der Verteidigung der Menschenrechte zu engagieren; die aktive Mitwirkung an politischen Parteien ist jedoch den Laien vorbehalten".[215]

Im Rahmen der umfassenden, einheitlichen Erziehung und Ausbildung der Laien nimmt schließlich ihr persönliches Wachstum an menschlichen Werten eine besondere Bedeutung für ihr missionarisches und apostolisches Tun an. In diesem Sinn hat das Konzil geschrieben: „Hochschätzen mögen sie (die Laien) auch berufliche Sachkenntnis, familiären und mitbürgerlichen Sinn und alle jene Tugendhaltungen, die sich auf den mitmenschlichen Umgang beziehen, wie Rechtschaffenheit, Sinn für Gerechtigkeit, Aufrichtigkeit, Menschlichkeit, Starkmut, ohne die auch ein wahrhaft christliches Leben nicht bestehen kann".[216]

Der Heilige Geist, der Geist der Einheit und der Fülle des Lebens, wird den Laien bei der Ausreifung einer organischen Lebenssynthese, die die Einheit ihres Seins zum Ausdruck bringt und Bedingungen für die Erfüllung ihrer Sendung ist, beistehen.

Mitarbeiter Gottes, des eigentlichen Erziehers

61. Welche sind die Orte und Mittel der Erziehung und Ausbildung der Laien? Welche sind die Menschen und Gemeinschaften, die dazu berufen sind, die Aufgabe der umfassenden, einheitlichen Erziehung und Ausbildung der Laien zu übernehmen?

So wie das Werk der menschlichen Erziehung zutiefst mit der Vater- und der Mutterschaft verbunden ist, so hat die christliche Erziehung und Ausbildung in Gott, dem Vater, der seine Kinder liebt und erzieht, ihre Kraft und Wurzel. Gott ist der erste und große Erzieher seines Volkes, wie diese Passage vom Moses-Lied es wunderbar zum Ausdruck bringt: „Er fand ihn in der Steppe, in der Wüste, wo wildes Getier heult. Er hüllte ihn ein, gab auf ihn acht und hütete ihn wie seinen Augenstern, wie der Adler, der sein Nest beschützt und über seinen Jungen schwebt, der seine Schwingen ausbreitet, ein Junges ergreift und es flügelschlagend davonträgt. Der Herr allein hat Jakob geleitet, kein fremder Gott stand ihm zur Seite" (*Dtn* 32,10–12; vgl. 8,5).

Gottes erzieherisches Tun findet in Jesus, dem großen Meister, seine Offenbarung und Erfüllung. Durch die dynamische Präsenz des Geistes dringt es bis in das Innerste eines jeden Menschenherzens. Die Mutter Kirche ist als solche sowie in ihren verschiedenen Äußerungen und Erscheinungsformen dazu berufen, an dieser göttlichen Erziehung mitzuwirken. So werden die Laien von der Kirche und in ihr in einer gegenseitigen Gemeinschaft und Mitarbeit all ihrer Glieder erzogen: Priester, Ordensleute und Laien. Die gesamte kirchliche Gemeinschaft empfängt in ihren verschiedenen Gliedern die Fruchtbarkeit des Geistes und trägt aktiv zu ihr bei. In diesem Sinn schrieb Methodius von Olymp: „Die Unvollkommenen ... werden wie im Schoß der Mutter getragen und geformt von den Vollkommeneren, damit sie für die Größe und Schönheit der Tugend gezeugt und geboren werden".[217] So geschah es mit Paulus, der von den Präfekten (in der Person des Ananias) in die Kirche gebracht und hineingeführt wurde, um selber vollkommen und in so vielen Kindern fruchtbar zu werden.

Erzieherin ist vor allem die Universalkirche, in der dem Papst die erste Aufgabe als Erzieher der Laien zukommt. Ihm, dem Nachfolger Petri, steht das Amt zu, „die Brüder im Glauben zu stärken", und allen Gläubigen die wesentlichen Inhalte der christlichen und kirchlichen Berufung und Sendung zu lehren. Nicht allein sein unmittelbares Wort, sondern auch das, was in den verschiedenen Dokumenten der Dikasterien des Heiligen Stuhles weitergegeben wird, muß Gegenstand des bereitwilligen und liebevollen Horchens der Laien sein. Die eine universelle Kirche ist in den verschiedenen Teilen der Welt in den Teilkirchen präsent. In jeder von ihnen hat der Bischof eine besondere Verantwortung für die Laien. Er muß sie durch die Verkündigung des Wortes, durch die Feier der Eucharistie und der Sakramente, durch die Führung und Inspirierung ihres christlichen Lebens erziehen.

Innerhalb der Teilkirche oder Diözese existiert und wirkt die Pfarrei, die für die unmittelbare persönliche Erziehung und Ausbildung der Laien eine besondere Verantwortung trägt. Weil die Pfarrei leichter in eine unmittelbare Beziehung zu den einzelnen und den Gruppen kommt, ist sie berufen, ihre Glieder zum Hören auf das Wort, zum Dialog mit Gott in der Liturgie und im persönlichen Gebet zu führen und so auf konkretere und unmittelbare Weise den Sinn der Gemeinschaft der Kirche und ihrer missionarischen Verantwortung erfahrbar werden zu lassen.

Innerhalb der Pfarreien, besonders wenn sie ein weites und auseinanderliegendes Gebiet decken, können die kleinen kirchlichen Gemeinschaften bei der Erziehung und Ausbildung der Christen eine bedeutende Hilfe leisten. Sie vermögen es, Bewußtsein und Erfahrung der communio und Sendung der Kirche auf greifbare und kapillare Weise zu vermitteln. Wie die Synodenväter es sagten, kann auch eine Katechese nach der Taufe, nach der Art eines Katechumenats von Hilfe sein. Sie soll einige wesentliche Elemente aus dem Ritus der christlichen Einführung für Erwachsene aufnehmen und so dazu beitragen, die immensen außerordentlichen Reichtümer und Verantwortungen der Taufe zu verstehen und zu verwirklichen.[218]

Im Rahmen der Erziehung und Ausbildung, die den Laien in Diözese und Pfarrei geboten wird, ist die gegenseitige Hilfe unter den verschiedenen Gliedern der Kirche vor allem für die Erweckung des Sinnes für die communio und die Sendung von besonderer Bedeutung. Die gegenseitige Hilfe enthüllt und verwirklicht zugleich das Geheimnis der Kirche als Mutter und Erzieherin. Priester und Ordensleute müssen den Laien bei der Erziehung und Ausbildung helfen. In diesem Sinn haben die Synodenväter die Priester- und Priesteramtskandidaten dazu aufgefordert, „sich sorgfältig darauf vorzubereiten, die Berufung und die Sendung der Laien zu fördern“.[219] Die Laien müssen ihrerseits den Priestern und Ordensleuten auf ihrem geistlichen und pastoralen Weg beistehen.

Andere Erziehungsbereiche

62. Die christliche Familie stellt als „Hauskirche“ eine naturgegebene, grundlegende Schule der Glaubenserziehung dar: Vater und Mutter erhalten im Ehesakrament Gnade und Auftrag, sich der christlichen Erziehung ihrer Kinder zu widmen, denen sie die christlichen und menschlichen Werte bezeugen und weitergeben. Wenn sie lernen, die ersten Worte zu sprechen, lernen die Kinder auch, Gott zu loben, dessen Nähe als liebenden, vorsorgenden Vater sie spüren. Wenn sie die ersten Gesten der Liebe lernen, lernen sie, sich anderen gegenüber zu öffnen und den Sinn des menschlichen Lebens in der Hingabe ihrer selbst zu finden.
Das tägliche Leben einer wahrhaft christlichen Familie ist die erste „Erfahrung von Kirche“. Sie findet in der aktiven und verantwortlichen Teilnahme der Kinder an der weiteren Gemeinschaft der Kirche und Gesellschaft eine Bestätigung und Weiterentwicklung. Je mehr Eheleute und christliche Eltern das Bewußtsein haben, als „Hauskirche“ am Leben und an der Sendung der Universalkirche teilzunehmen, um so mehr werden die Kinder zum „sentire cum ecclesia“ geführt und das Schöne der Hingabe ihrer Kraft für den Dienst am Reich Gottes erfahren.
Die katholischen Schulen und Universitäten sowie die Zentren geistlicher Erneuerung, die sich heute immer mehr verbreiten, sind wichtige Orte der Erziehung und Ausbildung. Wie die Synodenväter es betonten, genügt es im heutigen sozio-kulturellen Kontext, der von einer tiefen kulturellen Umwälzung gezeichnet ist, nicht, daß die christlichen Eltern sich am Leben der Schule beteiligen – was aber immer notwendig und unersetzlich ist. Laien müssen dazu vorbereitet werden, sich dem Werk der Erziehung als einer wahren kirchlichen Sendung zu widmen. „Erziehungsgemeinschaften“ aus Eltern, Lehrern, Priestern, Ordensleuten und Vertretern von Jugendlichen müssen gebildet und gefördert werden. Damit die Schule ihre Erziehungsaufgabe in der rechten Weise erfüllen kann, sollen die Laien sich verpflichten, auch aufgrund einer entsprechenden bürgerlichen Gesetzgebung, Erziehungsfreiheit von allen zu verlangen und für alle zu fordern.[220]
Die Synodenväter richteten an alle Laien, Männer und Frauen, die aus einer sozialen und christlichen Haltung heraus in der Schule und den Erziehungseinrichtungen erzieherische Aufgaben erfüllen, Worte der Anerkennung und Ermutigung.
Sie wiesen zudem darauf hin, daß alle Laien, die in den verschiedenen katholischen oder nicht katholischen Schulen lehren und dozieren, Zeugen des Evangeliums werden müssen: durch das Beispiel ihres Lebens, durch ihre berufliche Kompetenz und Redlichkeit, durch die christliche Ausrichtung ihres Unterrichtes, unbeschadet der Autonomie der

verschiedenen Wissenschaften und Disziplinen. Es ist entscheidend, daß die von Laien betriebene wissenschaftliche und technische Forschung sich vom Kriterium des Dienstes am Menschen in der Ganzheit seiner Werte und seiner Rechte bestimmen läßt. Diesen Laien vertraut die Kirche die Aufgabe an, allen die tiefe Beziehung zwischen Glauben und Wissenschaft, zwischen Evangelium und menschlicher Kultur aufzuschließen.[221]
„Diese Synode“ – so lesen wir in einer Propositio – „appelliert an die prophetische Aufgabe der katholischen Schulen und Universitäten und hebt die Hingabe der Lehrer und Professoren, besonders der vielen Laien hervor, die sich bemühen, in den katholischen Erziehungseinrichtungen Männer und Frauen zu formen, die das ‚neue Gebot‘ inkarnieren. Die gemeinsame Präsenz von Priestern, Laien und Ordensleuten bietet den Schülern ein lebendiges Bild der Kirche und die Erkenntnis ihrer Reichtümer (vgl. Kongregation für die Christliche Erziehung, *Der Laie als Erzieher, Zeuge des Glaubens in der Schule*).“[222]
Auch die Gruppen, Vereinigungen und Bewegungen haben eine Aufgabe für die Erziehung und Ausbildung der Laien zu erfüllen. Sie können, den jeweiligen Methoden entsprechend, ihren Mitgliedern eine Erziehung und Bildung anbieten, die in ihrer eigenen apostolischen Erfahrung verankert ist. Ferner ist ihnen die Chance gegeben, die Erziehung und Bildung, die ihre Mitglieder von anderen Menschen und Gemeinschaften empfangen, zu integrieren, zu konkretisieren und spezifisch anzuwenden.

Die Erziehung und Ausbildung, die alle einander geben und voneinander empfangen

63. Erziehung und Ausbildung sind kein Privileg einzelner, sondern Pflicht und Recht aller.
Die Synodenväter haben dazu gesagt: „Allen soll die Möglichkeit der Erziehung und Ausbildung gegeben werden, vor allem den Armen, die selbst für alle anderen Quelle der Erziehung und Ausbildung werden können“. Sie fuhren fort: „Für die Erziehung und Ausbildung sollen geeignete Mittel angewandt werden, die jedem helfen, seine volle menschliche und christliche Berufung zu erfüllen“.[223]
Für eine wahrhaft einflußreiche und effektive Pastoral muß die Erziehung und Ausbildung der Erzieher auch durch geeignete Kurse und Schulen weiterentwickelt werden. Solche, die ihrerseits in der Erziehung und Ausbildung der Laien engagiert sein werden, zu formen, ist eine grundlegende Voraussetzung, um die allgemeine, kapillare Erziehung und Ausbildung der Laien zu gewährleisten.
Bei der Erziehung und Ausbildung ist, einer expliziten Aufforderung der Synodenväter gemäß, der jeweiligen Kultur besondere Aufmerksamkeit zu widmen: „Erziehung und Ausbildung der Laien müssen die menschliche Kultur des jeweiligen Ortes weitgehendst berücksichtigen. Diese trägt nämlich zu dieser Erziehung und Ausbildung bei und bietet Hilfen an, um über die Werte der traditionellen und der modernen Kultur zu urteilen. Auch die verschiedenen Kulturen, die im selben Volk und in einem Land koexistieren, müssen berücksichtigt werden. Die Kirche, die Mutter und Meisterin der Völker ist, muß sich gegebenenfalls darum bemühen, die Kultur der Minderheiten, die in großen Ländern leben, zu schützen“.[224]

Bestimmte Überzeugungen sind besonders notwendig und fruchtbar, vor allem die, daß eine wahre, effektive Erziehung und Ausbildung nur dann vermittelt werden kann, wenn jeder selbst die Veranwortung dafür übernimmt und vertieft. Denn Erziehung ist wesentlich „Selbst-Erziehung“.

Ferner ist die Überzeugung wichtig, daß ein jeder von uns zugleich Ziel und Anfang der Erziehung und Ausbildung ist. Je mehr wir erzogen werden, um so mehr empfinden wir die Notwendigkeit, diese Erziehung fortzusetzen und zu vertiefen. Und je mehr wir erzogen und geformt sind, um so mehr werden wir fähig, andere zu formen.

Von besonderer Bedeutung ist das Bewußtsein, daß das Werk der Erziehung und Ausbildung, wenn es auch vernünftigerweise auf die Methoden und Mittel der Humanwissenschaften zurückgreift, seine Wirksamkeit an ihrer Verfügbarkeit für das Wirken Gottes mißt: Nur die Rebe, die nicht fürchtet, vom Winzer beschnitten zu werden, bringt für sich selbst und die anderen mehr Frucht.

Aufruf und Gebet

64. Zum Abschluß dieses postsynodalen Dokumentes erinnere ich nochmal an die Einladung des „Gutsbesitzers“, von dem das Evangelium berichtet: Geht auch ihr in meinen Weinberg! Man kann sagen, daß die Bedeutung der Synode über die Berufung und Sendung der Laien gerade in diesem Aufruf des Herrn Jesus an alle, insbesondere an die Laien, Männer und Frauen, liegt.

Die Arbeiten der Synode waren für alle Teilnehmer eine tiefe geistliche Erfahrung: Die Erfahrung einer Kirche, die im Licht und in der Kraft des Geistes aufgeschlossen zu hören und zu unterscheiden vermag. Der Kirche, die den erneuten Anruf ihres Herrn aufnimmt, um der Welt von heute das Geheimnis der communio und dabei insbesondere den spezifischen kirchlichen Ort und die spezifische Aufgabe der Laien erkennt. Die Frucht dieser Synode, die dieses Apostolische Schreiben auf möglichst lebendige Weise in allen Kirchen auf der weiten Welt hervorbringen möchte, wird bestimmt durch die effektive Aufnahme, die der Anruf des Herrn beim gesamten Volk Gottes und in ihm bei den Laien finden wird.

Darum rufe ich innigst alle und jeden einzelnen, Hirten und Gläubige, auf, nie müde zu werden, das Bewußtsein ihrer Zugehörigkeit zur Kirche wachzuhalten, ja, immer tiefer in ihrem Geist, in ihrem Herzen und in ihrem Leben zu verwurzeln. Es ist das Bewußtsein, Glieder der Kirche Jesu Christi zu sein, teilzuhaben am Geheimnis seiner communio und an seiner apostolischen und missionarischen Kraft.

Von überaus großer Bedeutung ist es, daß alle Christen sich der außerordentlichen Würde, die ihnen durch die heilige Taufe gewährt wurde, bewußt sind: Durch die Gnade sind wir berufen, geliebte Kinder des Vaters, Christus und seiner Kirche eingegliedert, lebendige und heilige Tempel des Geistes zu werden. Hören wir erneut mit dankbarer Ergriffenheit auf die Worte des Evangelisten Johannes: „Seht, wie groß die Liebe ist, die der Vater uns geschenkt hat: Wir heißen Kinder Gottes, und wir sind es“ (*1 Joh* 3,1).

Diese „Neuheit des Christlichen“, die den Gliedern der Kirche gegeben ist, stellt für alle die Wurzel ihrer Teilhabe am priesterlichen, prophetischen und königlichen Amt Christi

sowie ihrer Berufung zu Heiligkeit in der Liebe dar. Für die Laien kommt sie im „Weltcharakter", der ihnen „eigen ist", entsprechend zum Ausdruck und zur Verwirklichung.
Das Bewußtsein der Zugehörigkeit zur Kirche schließt das Bewußtsein der gemeinsamen christlichen Würde und das Bewußtsein der Zugehörigkeit zum Geheimnis der Kirche als communio ein. Dieses ist ein wesentlicher, entscheidender Aspekt für das Leben und die Sendung der Kirche.
Das Gebet Jesu beim letzten Abendmahl gilt allen und jedem einzelnen: „Ut unum sint!". Es muß täglich zu einem unverzichtbaren Programm des Lebens und Handelns werden. Der lebendige Sinn für die communio der Kirche, für die Gabe des Geistes, die unsere gemeinsame Antwort verlangt, wird kostbare Früchte tragen in der Wertschätzung der reichen Vielfalt der Berufung und Lebenssituationen, der Charismen, Dienste, Aufgaben und Verantwortungen. Es wird zudem Früchte tragen in der überzeugten und willigen Mitarbeit zwischen Gruppen, Vereinigungen und Bewegungen von Laien, in der mitverantwortlichen Erfüllung der gemeinsamen Heilssendung der Kirche. Diese communio als solche ist schon das erste und große Zeichen der Präsenz Christi, des Erlösers, in der Welt: Zugleich fördert und inspiriert sie die unmittelbare apostolische und missionarische Wirksamkeit der Kirche.
An der Schwelle zum dritten Jahrtausend sollte die gesamte Kirche, Hirten und Gläubige ihre Verantwortung, dem Gebot Christi zu gehorchen, tiefer spüren: „Geht hinaus in die ganze Welt und verkündet das Evangelium allen Geschöpfen" (*Mk* 16,15). Die Kirche muß ihre missionarische Kraft erneuern. Ihr ist eine anspruchsvolle und herrliche Aufgabe anvertraut, nämlich die einer neuen Evangelisierung, derer die heutige Welt dringend bedarf. Die Laien haben lebendigen und verantwortlichen Anteil an ihr, weil sie berufen sind, durch ihren Dienst, der den Werten und Rechten des Menschen sowie der Gesellschaft gilt, das Evangelium zu verkünden und zu verwirklichen.
Die Bischofssynode, die im Oktobermonat des Marianischen Jahres stattfand, hat ihre Arbeiten in besonderer Weise der Fürbitte Marias, der Mutter des Erlösers anvertraut. Derselben Fürbitte vertraue ich die geistliche Fruchtbarkeit der Ergebnisse der Synode an. Am Schluß dieses postsynodalen Dokumentes rufe ich gemeinsam mit den Synodenvätern und den Laien, die an der Synode teilgenommen haben, und allen anderen Gliedern des Volkes Gottes die Jungfrau Maria an. Der Anruf wird Gebet.

O du allerseligste Jungfrau,
Mutter Christi und Mutter der Kirche,
mit Freude und Bewunderung
stimmen wir ein in dein Magnifikat,
in dein Lied dankbarer Liebe.

Mit dir danken wir Gott,
„dessen Erbarmen von Geschlecht
zu Geschlecht waltet",
für die wunderbare Berufung
und die vielfältige Sendung der Laien.

Er hat sie berufen,
in einer Gemeinschaft der Liebe
und der Heiligkeit
mit ihm zu leben,
und als Geschwister in einer großen Familie
der Kinder Gottes vereint zu sein.
Sie sind gesandt,
das Licht Christi auszustrahlen,
und das Feuer des Geistes
durch ihr Leben im Geist des Evangeliums
in der ganzen Welt zu verbreiten.

Jungfrau des Magnifikat,
erfülle ihre Herzen mit Dankbarkeit
und Begeisterung
für diese Berufung und Sendung.
Die du in Demut und Hochherzigkeit
die „Dienerin des Herrn“
geworden bist,
schenke uns deine Verfügbarkeit
für den Dienst Gottes
und das Heil der Welt.
Öffne unsere Herzen
für die endlosen Weiten
des Reiches Gottes
und der Verkündigung des Evangeliums
an alle Geschöpfe.

Dein Mutterherz
weiß um die vielfältigen Gefahren
und zahlreichen Übel,
die die Männer und Frauen
unserer Zeit bedrohen.
Aber es weiß auch
um die vielen Initiativen des Guten,
um die großen Sehnsüchte nach Werten,
um den Fortschritt auf dem Weg zum Heil.

Mutige Jungfrau,
schenke uns Seelenkraft
und Vertrauen auf Gott,
damit wir alle Hindernisse überwinden,
die sich der Erfüllung
unserer Sendung entgegenstellen.

Lehre uns, die Realitäten der Welt
mit tiefem christlichem
Verantwortungsbewußtsein
zu behandeln, in der frohen Hoffnung
auf die Ankunft des Reiches Gottes,
des neuen Himmels und der neuen Erde.

Die du betend mit den Aposteln
im Coenaculum zusammen warst,
um auf die Ankunft des Pfingstgeistes zu warten,
erflehe, daß er sich erneut
über alle Laien ausgießt,
damit sie ihrer Berufung und Sendung
als Reben des wahren Weinstocks,
die bestellt sind,
für das Leben der Welt reiche Frucht zu tragen,
voll entsprechen.

Jungfrau und Mutter,
führe uns und stütze uns,
damit wir immer als wahre Söhne
und Töchter der Kirche deines Sohnes leben
und so dazu beitragen,
auf Erden die Zivilisation der Wahrheit und Liebe
nach dem Wunsch Gottes
und zu seiner Ehre aufzubauen.

Amen.

Gegeben zu Rom, bei St. Peter, am 30. Dezember, dem Fest der Heiligen Familie im Jahr 1988, dem elften meines Pontifikates.

Anmerkungen

[1] II. Vatikanisches Konzil, Dogmatische Konstitution über die Kirche *Lumen Gentium*, Nr. 48.
[2] Gregor der Große, *Hom. in Evang. I, XIX, 2*: *PL* 76, 1155.
[3] II. Vatikanisches Konzil, Dekret über das Laienapostolat *Apostolicam actuositatem*, Nr. 33.
[4] Johannes Paul II., Homilie beim feierlichen Abschlußgottesdienst der VII. Ordentlichen Vollversammlung der Bischofssynode (30. Oktober 1987): *AAS* 80 (1988), 598.
[5] Vgl. *Proposito 1.*
[6] II. Vatikanisches Konzil, Pastoralkonstitution über die Kirche in der Welt von heute *Gaudium et spes*, Nr. 11.
[7] Während der Außerordentlichen Synode 1985 haben die Väter „die große Bedeutung und Aktualität der Pastoralkonstitution *Gaudium et spes*“ neu herausgestellt. Sie sagte weiter:

„Wir erkennen aber auch, daß die Zeichen unserer Zeit zum Teil anders sind als zur Zeit des Konzils, daß sie größere Nöte und Probleme beinhalten. Überall auf der Welt verbreiten sich Hunger, Unterdrückung, Ungerechtigkeit und Krieg, Leiden, Terrorismus und verschiedene andere Formen der Gewalt" (Schlußdokument *Ecclesia sub Verbo Dei mysteria Christi celebrans pro salute mundi*, II, D. 1).

[8] II. Vatikanisches Konzil, Pastoralkonstitution über die Kirche in der Welt von heute *Gaudium et spes*, Nr. 7.

[9] Augustinus, *Confessiones* I, 1: *CCL* 27, 1.

[10] Vgl. *Instrumentum laboris*, „De vocatione et missione laicorum in Ecclesia et in mundo viginti annis a Concilio Vaticano II elapsis", 5–10.

[11] II. Vatikanisches Konzil, Dogmatische Konstitution über die Kirche *Lumen Gentium*, Nr. 1.

[12] II. Vatikanisches Konzil, Dogmatische Konstitution über die Kirche *Lumen Gentium*, Nr. 6.

[13] Vgl. *Propositio* 3.

[14] II. Vatikanisches Konzil, Dogmatische Konstitution über die Kirche *Lumen Gentium*, Nr. 31.

[15] *Ebd.*

[16] Pius XII., Ansprache an die neuen Kardinäle (20. Februar 1946): *AAS* 38 (1946), 149.

[17] Ökumenisches Konzil von Florenz, *Decr. pro Armeniis, DS* 1314.

[18] II. Vatikanisches Konzil, Dogmatische Konstitution über die Kirche *Lumen Gentium*, Nr. 10.

[19] Augustinus, *Enarr. in Ps.* XXVI, II, 2. *CCL* 38, 154 f.

[20] Vgl. II. Vatikanisches Konzil, Dogmatische Konstitution über die Kirche *Lumen Gentium*, Nr. 10.

[21] Johannes Paul II., Homilie bei der Übernahme des obersten Hirtenamtes (22. Oktober 1978): *AAS* 70 (1978), 946.

[22] Vgl. Wiederaufnahme dieser Lehre im *Instrumentum laboris* „De vocatione et missione laicorum in Ecclesia et in mundo viginti annis a Concilio Vaticano II elapsis", 25.

[23] II. Vatikanisches Konzil, Dogmatische Konstitution über die Kirche *Lumen Gentium*, Nr. 34.

[24] *Ebd.*, Nr. 35.

[25] *Ebd.*, Nr. 12.

[26] *Ebd.*, Nr. 35.

[27] Augustinus, *De civitate Dei*, XX, 10: *CCL* 48, 720.

[28] II. Vatikanisches Konzil, Dogmatische Konstitution über die Kirche *Lumen Gentium*, Nr. 32.

[29] *Ebd.*, Nr. 31.

[30] Paul VI., Ansprache an die Mitglieder der Säkularinstitute (2. Februar 1972): *AAS* 64 (1972), 208.

[31] II. Vatikanisches Konzil, Dekret über das Laienapostolat *Apostolicam actuositatem*, Nr. 5.

[32] II. Vatikanisches Konzil, Dogmatische Konstitution über die Kirche *Lumen Gentium*, Nr. 31.

[33] *Ebd.*

[34] *Ebd.*

[35] Vgl. *Ebd.*, Nr. 48.

[36] II. Vatikanisches Konzil, Pastoralkonstitution über die Kirche in der Welt von heute *Gaudium et spes*, Nr. 32.

[37] II. Vatikanisches Konzil, Dogmatische Konstitution über die Kirche *Lumen Gentium*, Nr. 31.

[38] *Ebd.*

[39] *Propositio* 4.

[40] „Die Laien sind vollwertige Glieder des Volkes Gottes und des mystischen Leibes Christi. Durch die Taufe haben sie Anteil am dreifachen, priesterlichen, prophetischen und königlichen Amt Christi. Sie bezeugen und verwirklichen den Reichtum dieser Würde durch ihr Leben in der Welt. Was für die geweihten Amtsträger eine zusätzliche oder außerordentliche Aufgabe sein kann, ist spezifische Sendung der Laien. Ihre eigene Berufung ist es, ‚in einer Verwaltung und gottgemäßen Regelung der zeitlichen Dinge das Reich Gottes zu suchen' (*Lumen Gentium*, Nr. 31)" (Johannes Paul II., *Angelus* am 15. März 1987: *Insegnamenti*, X, 1 [1987], 561).

41 Vgl. vor allem fünftes Kapitel der Dogmatischen Konstitution über die Kirche *Lumen Gentium*, Nr. 39–42, das von der „Allgemeinen Berufung zur Heiligkeit in der Kirche" handelt.

42 Außerordentliche Vollversammlung der Bischofssynode (1985), Schlußdokument *Ecclesia sub Verbo Dei mysteria Christi celebrans pro salute mundi*, II, A, 4.

43 II. Vatikanisches Konzil, Dogmatische Konstitution über die Kirche *Lumen Gentium*, Nr. 40.

44 *Ebd.*, Nr. 42. Diese feierliche und unmißverständliche Erklärung des Konzils bringt eine Grundwahrheit des christlichen Glaubens in Erinnerung. So schreibt zum Beispiel Pius XI. in der Enzyklika *Casti connubii* an die christlichen Eheleute: „Alle können und müssen – welchen Stand und welche ehrbare Lebensform sie auch immer gewählt haben mögen – dem vollkommensten Vorbild aller Heiligkeit, den Gott den Menschen geschenkt hat, unseren Herrn Jesus Christus nachahmen. Mit Gottes Hilfe mögen sie zur höchsten christlichen Vollkommenheit gelangen, wie das Beispiel vieler Heiligen es zeigt": *AAS* 22 (1930) 548.

45 II. Vatikanisches Konzil, Dekret über das Laienapostolat *Apostolicam actuositatem*, Nr. 4.

46 *Propositio* 5.

47 *Propositio* 8.

48 Leo der Grosse, *Sermo XXI, 3*: *S. Ch.* 22 bis 72.

49 Maximus, *Tract. III de Baptismo*: *PL* 57, 779.

50 Augustinus, *In Ioann. Evang. tract.*, 21, 8: *CCL* 36, 216.

51 II. Vatikanisches Konzil, Dogmatische Konstitution über die Kirche *Lumen Gentium*, Nr.33.

52 II. Vatikanisches Konzil, Dogmatische Konstitution über die Kirche *Lumen Gentium*, Nr. 4.

53 II. Außerordentliche Vollversammlung der Bischofssynode (1985), Schlußdokument *Ecclesia sub Verbo Dei mysteria Christi celebrans pro salute mundi*, II, C, 1.

54 Paul VI., Ansprache am 8. Juni 1966: *Insegamenti*, V (1966) 794.

55 Vgl. II. Vatikanisches Konzil, Dogmatische Konstitution über die Kirche *Lumen Gentium*, Nr. 6.

56 Vgl. *Ebd.*, Nr. 7 et passim.

57 *Ebd.*, Nr. 9.

58 *Ebd.*, Nr. 1.

59 *Ebd.*, Nr. 9.

60 *Ebd.*, Nr. 7.

61 *Ebd.*

62 *Ebd.*, Nr. 4.

63 Johannes Paul II., Homilie beim feierlichen Abschlußgottesdienst der VII. Ordentlichen Vollversammlung der Bischofssynode (30. Oktober 1987): *AAS* 80 (1988) 600.

64 Vgl. II. Vatikanisches Konzil, Dogmatische Konstitution über die Kirche *Lumen Gentium*, Nr. 4.

65 Vgl. II. Vatikanisches Konzil, Dekret über die Missionstätigkeit der Kirche *Ad gentes*, Nr. 5.

66 II. Vatikanisches Konzil, Dekret über Dienst und Leben der Priester *Presbyterorum ordinis*, Nr. 2; vgl. II. Vatikanisches Konzil, Dogmatische Konstitution über die Kirche *Lumen Gentium*, Nr. 10.

67 Vgl. II. Vatikanisches Konzil, Dogmatische Konstitution über die Kirche *Lumen Gentium*, Nr. 10.

68 Vgl. Johannes Paul II., Brief an alle Priester der Kirche zum Gründonnerstag (9. April 1979) 3–4: *Insegnamenti*, II, 1 (1979) 844–847.

69 *CIC*, can. 230 § 3.

70 Vgl. II. Vatikanisches Konzil, Dekret über Dienst und Leben der Priester *Presbyterorum ordinis*, Nr. 2 und 5.

71 Vgl. II. Vatikanisches Konzil, Dekret über das Laienapostolat *Apostolicam actuositatem*, Nr. 24.

72 Der Codex führt eine Reihe von Diensten und Aufgaben auf, die den geweihten Amtsträgern zukommen, aber aus besonderen und schwerwiegenden Gründen, konkret wegen Mangel an

Priestern und Diakonen, zeitweise von Laien ausgeübt werden können, vorausgesetzt, daß diese von der zuständigen kirchlichen Autorität dafür die juridische Vollmacht und das Mandat erhalten haben: vgl. cann. 230 § 3; 517 § 2; 776; 861 § 2; 910 § 2; 943; 1112, usw.

73 Vgl. II. Vatikansiches Konzil, Konstitution über die heilige Liturgie *Sacrosanctum Concilium*, Nr. 28; *C.I.C*, can. 230 § 2, das sagt: „Laien können aufgrund einer zeitlich begrenzten Beauftragung bei liturgischen Handlungen die Aufgabe des Lektors erfüllen; ebenso können alle Laien die Aufgabe des Kommentators, des Kantors oder andere Aufgaben nach Maßgabe des Rechtes wahrnehmen."

74 Der Codex führt verschiedene Dienste und Aufgaben auf, die Laien in den organisatorischen Strukturen der Kirche erfüllen können: vgl. cann. 228; 229 § 3; 317 § 3; 463 § 1 Nr. 5 und § 2; 483; 494; 537; 759; 776; 784; 785; 1282; 1421 § 2; 1424; 1428 § 2; 1435 usw.

75 Vgl. *Propositio* 18.

76 Paul VI., Apostolisches Schreiben *Evangelii nuntiandi*, Nr. 70: *AAS* 68 (1976) 60.

77 Vgl. *CIC*, can. 230 § 1.

78 *Propositio* 18.

79 II. Vatikanisches Konzil, Dekret über das Laienapostolat *Apostolicam actuositatem*, Nr. 3.

80 „Aus dem Empfang dieser Charismen, auch der schlichteren, erwächst jedem Glaubenden das Recht und die Pflicht, sie in Kirche und Welt zum Wohl der Menschen und zum Aufbau der Kirche zu gebrauchen. Das soll gewiß mit der Freiheit des Heiligen Geistes geschehen, der ‚weht, wo er will' (*Joh* 3,8), aber auch in Gemeinschaft mit den Brüdern in Christus, besonders mit ihren Hirten" (*Ebd.*).

81 *Propositio* 9.

82 II. Vatikanisches Konzil, Dogmatische Konstitution über die Kirche *Lumen Gentium*, Nr. 12.

83 Vgl. *Ebd.*, Nr. 30.

84 II. Vatikanisches Konzil, Dekret über die Hirtenaufgabe der Bischöfe *Christus Dominus*, Nr. 11.

85 II. Vatikanisches Konzil, Dogmatische Konstitution über die Kirche *Lumen Gentium*, Nr. 23.

86 II. Vatikanisches Konzil, Dekret über das Laienapostolat *Apostolicam actuositatem*, Nr. 10.

87 Vgl. *Propositio* 10.

88 Vgl. *CIC*, cann. 443 § 4; 463 § 1 und 2.

89 Vgl. *Propositio* 10.

90 In den Konzilstexten lesen wir: „Da der Bischof nicht immer und nicht überall in eigener Person den Vorsitz über das gesamte Volk seiner Kirche führen kann, so muß er diese notwendig in Einzelgemeinden aufgliedern. Unter ihnen ragen die Pfarreien hervor, die räumlich verfaßt sind unter einem Seelsorger, der den Bischof vertritt; denn sie stellen auf eine gewisse Weise die über den ganzen Erdkreis hin verbreitete sichtbare Kirche dar" (II. Vatikanisches Konzil, Konstitution über die heilige Liturgie *Sacrosanctum Concilium*, Nr. 42).

91 II. Vatikanisches Konzil, Dogmatische Konstitution über die Kirche *Lumen Gentium*, Nr. 28

92 Johannes Paul II., Apostolisches Schreiben *Catechesi tradendae*, Nr. 67: *AAS* 71 (1979) 1333.

93 *CIC*, can. 515 § 1.

94 Vgl. *Propositio* 10.

95 Vgl. II. Vatikansiches Konzil, Konstitution über die heilige Liturgie *Sacrosanctum Concilium*, Nr. 42.

96 Vgl. can. 555 § 1, 1.

97 Vgl. can. 383 § 1.

98 Paul VI., Ansprache an den römischen Klerus (24. Juni 1963): *AAS* 55 (1963), 674.

99 *Propositio* 11.

100 II. Vatikanisches Konzil, Dekret über das Laienapostolat *Apostolicam actuositatem*, Nr. 10.

101 *Ebd.*

102 Vgl. *Propositio* 10.

103 Gregor der Grosse, *Ho. in Ez.*, II, I, 5: *CCL* 142, 211.

[104] II. Vatikanisches Konzil, Dekret über das Laienapostolat *Apostolicam actuositatem*, Nr. 16.
[105] Johannes Paul II., zum *Angelus* am 23. August 1987: *Insegnamenti*, X, 3 (1987) 240.
[106] II. Vatikanisches Konzil, Dekret über das Laienapostolat *Apostolicam actuositatem*, Nr. 18.
[107] *Ebd.* Nr. 19; vgl. auch *Ebd.* Nr. 15; II. Vatikanisches Konzil, Dogmatische Konstitution über die Kirche *Lumen Gentium*, Nr. 37.
[108] *CIC*, can. 215.
[109] II. Vatikanisches Konzil, Dogmatische Konstitution über die Kirche *Lumen Gentium*, Nr. 39.
[110] Vgl. *Ebd.*, Nr. 40.
[111] II. Vatikanisches Konzil, Dekret über das Laienapostolat *Apostolicam actuositatem*, Nr. 19.
[112] Vgl. II. Vatikanisches Konzil, Dogmatische Konstitution über die Kirche *Lumen Gentium*, Nr. 23.
[113] *Ebd.*
[114] II. Vatikanisches Konzil, Dekret über das Laienapostolat *Apostolicam actuositatem*, Nr. 23.
[115] *Ebd.*, Nr. 20.
[116] *Ebd.*, Nr. 24.
[117] *Propositio* 15.
[118] Vgl. *Propositio* 15.
[119] Johannes Paul II., Ansprache beim Treffen der Katholischen Kirche in Italien, Loreto (10. April 1985): *AAS* 77 (1985) 964.
[120] II. Vatikanisches Konzil, Dogmatische Konstitution über die Kirche *Lumen Gentium*, Nr. 1.
[121] *Ebd.*, Nr. 30.
[122] II. Vatikanisches Konzil, Dekret über das Laienapostolat *Apostolicam actuositatem*, Nr. 10.
[123] Paul VI., Apostolisches Schreiben *Evangelii nuntiandi*, Nr. 14: *AAS* 68 (1976) 13.
[124] Johannes Paul II., Homilie bei der Übernahme des obersten Hirtenamtes (22. Oktober 1978): *AAS* 70 (1978) 947.
[125] *Propositio* 10.
[126] II. Vatikanisches Konzil, Dekret über die Missionstätigkeit der Kirche *Ad gentes*, Nr. 20; vgl. auch *ebd.*, Nr. 37.
[127] *Propositio* 29.
[128] Vgl. II. Vatikanisches Konzil, Dekret über die Missionstätigkeit der Kirche *Ad gentes*, Nr. 21.
[129] *Propositio* 30 bis.
[130] II. Vatikanisches Konzil, Dogmatische Konstitution über die Kirche *Lumen Gentium*, Nr. 5.
[131] Vgl. II. Vatikanisches Konzil, Pastoralkonstitution über die Kirche in der Welt von heute *Gaudium et spes*, Nr. 22.
[132] *Ebd.*
[133] Johannes Paul II, Enzyklika *Redemptor Hominis*, Nr. 14: *AAS* 71 (1979) 284–285.
[134] II. Vatikanisches Konzil, Pastoralkonstitution über die Kirche in der Welt von heute *Gaudium et spes*, Nr. 40.
[135] Vgl. *Ebd.*, Nr. 12.
[136] „Wenn wir die Geburt Jesu auf solche feierliche Weise begehen, tun wir es, um zu bezeugen, daß jeder Mensch eine einmalige und unwiederholbare Person ist. Wenn unsere menschlichen Statistiken und Katalogisierungen, die menschlichen politischen, wirtschaftlichen und gesellschaftlichen Systeme, unsere einfachen menschlichen Möglichkeiten dem Menschen die Sicherheit nicht zu geben vermögen, daß er geboren werden, leben und wirken kann als einmalige unwiederholbare Person, gibt Gott ihm diese ganze Sicherheit. Für und vor ihm ist der Mensch immer einmalig und unwiederholbar; jemand, der von Ewigkeit her vorgesehen und erwählt ist; jemand, der bei seinem Namen gerufen und benannt wird" (Johannes Paul II., Erste Weihnachtsbotschaft an die Welt: *AAS* 71 [1979], 66).
[137] II. Vatikanisches Konzil, Pastoralkonstitution über die Kirche in der Welt von heute *Gaudium et spes*, Nr. 27.
[138] Johannes Paul II., Apostolisches Schreiben *Familiaris consortio*, Nr. 30: *AAS* 74 (1982) 116.

[139] Vgl. Kongregation für die Glaubenslehre, Instruktion über *Die Achtung vor dem Beginn menschlichen Lebens und die Würde der Fortpflanzung* (22. Februar 1987): *AAS* 80 (1988) 70–102.

[140] *Propositio* 36.

[141] Johannes Paul II., Botschaft zur Feier des XXI. Weltfriedenstages (8. Dezember 1987): *AAS* 80 (1988) 278 und 280.

[142] Augustinus, *De Catech. Rud.*, XXIV, 44: *CCL* 46, 168.

[143] *Propositio* 32.

[144] II. Vatikanisches Konzil, Pastoralkonstitution über die Kirche in der Welt von heute *Gaudium et spes*, Nr. 24.

[145] *Ebd.*, Nr. 12.

[146] Vgl. Johannes Paul II., Apostolisches Schreiben *Familiaris consortio*, Nr. 42–48: *AAS* 74 (1982) 134–140.

[147] *Ebd.*, Nr. 85: *AAS* 74 (1982) 188.

[148] II. Vatikanisches Konzil, Dekret über das Laienapostolat *Apostolicam actuositatem*, Nr. 8.

[149] Zum Verhältnis zwischen Gerechtigkeit und Barmherzigkeit vgl. Enzyklika *Dives in misericordia*, Nr. 12: *AAS* 72 (1980) 1215–1217.

[150] II. Vatikanisches Konzil, Pastoralkonstitution über die Kirche in der Welt von heute *Gaudium et spes*, Nr. 75.

[151] *Ebd.*, Nr. 74.

[152] *Ebd.*, Nr. 76.

[153] Vgl. *Propositio* 28.

[154] Johannes Paul II., Enzyklika *Sollicitudo rei socialis*, Nr. 38: *AAS* 80 (1988) 565–566.

[155] Vgl. Johannes XXIII., Enzyklika *Pacem in terris*: *AAS* 55, (1963) 265–266.

[156] Johannes Paul II., Enzyklika *Sollicitudo rei socialis*, Nr. 39: *AAS* 80 (1988) 568.

[157] Vgl. *Propositio* 26.

[158] II. Vatikanisches Konzil, Pastoralkonstitution über die Kirche in der Welt von heute *Gaudium et spes*, Nr. 63.

[159] Vgl. *Propositio* 24.

[160] II. Vatikanisches Konzil, Pastoralkonstitution über die Kirche in der Welt von heute *Gaudium et spes*, Nr. 67; vgl. Johannes Paul II., Enzyklika *Laborem exercens*, Nr. 24–27: *AAS* 73 (1981) 637–647.

[161] Johannes Paul II., Enzyklika *Sollicitudo rei socialis*, Nr. 34: *AAS* 80 (1988) 560.

[162] II. Vatikanisches Konzil, Pastoralkonstitution über die Kirche in der Welt von heute *Gaudium et spes*, Nr. 53.

[163] Vgl. *Propositio* 35.

[164] II. Vatikanisches Konzil, Pastoralkonstitution über die Kirche in der Welt von heute *Gaudium et spes*, Nr. 58.

[165] Paul VI., Apostolisches Schreiben *Evangelii nuntiandi*, Nr. 18–20: *AAS* 68 (1976) Nrn. 18–19.

[166] Vgl. *Propositio* 37.

[167] Gregor der Grosse, *Hom. in Evang.* I. XIX, 2: *PL* 76, 1155.

[168] II. Vatikanisches Konzil, Erklärung über die christliche Erziehung *Gravisimum educationis*, Nr. 2.

[169] Johannes Paul II., *Apostolisches Schreiben zum Internationalen Jahr der Jugend*, Nr. 15: *AAS* 77 (1985) 620–621.

[170] Vgl. *Propositio* 52.

[171] Vgl. *Propositio* 51.

[172] II. Vatikanisches Konzil, *Botschaft an die Jugend* (8. Dezember 1965): *AAS* 58 (1966) 18.

[173] II. Vatikanisches Konzil, Pastoralkonstitution über die Kirche in der Welt von heute *Gaudium et spes*, Nr. 48.

[174] Jean Gerson, *De parvulis ad Christum trahendis*, Œuvres Complètes, Desclée Paris, 1973, IX, 669.

175 Johannes Paul II., *Ansprache an Seniorengruppen aus den Diözesen Italiens* (23. März 1984): *Insegnamenti*, VII, 1 (1984) 744.

176 Vgl. Johannes XXIII., Enzyklika *Pacem in terris*: *AAS* 55 (1963) 267–268.

177 Johannes Paul II., Apostolisches Schreiben *Familiaris consortio*, Nr. 24: *AAS* 74 (1982) 109–110

178 *Propositio* 46.

179 *Propositio* 47.

180 II. Vatikanisches Konzil, Dekret über das Laienapostolat *Apostolicam actuositatem*, Nr. 9.

181 Paul VI., *Ansprache an die Kommission für das Internationale Jahr der Frau* (18. April 1975): *AAS* 67 (1975) 266.

182 *Propositio* 46.

183 *Propositio* 47.

184 *Ebd.*

185 II. Vatikanisches Konzil, Pastoralkonstitution über die Kirche in der Welt von heute *Gaudium et spes*, Nr. 10.

186 Nachdem sie darauf hingewiesen hat, daß diese „marianische Dimension im christlichen Leben ... einen eigenen Akzent im Blick auf die Frau und ihre Lebenslage" erhält, führt die Enzyklika *Redemptoris Mater*, aus: „In der Tat enthält das Wesen der Frau ein besonderes Band zur Mutter des Erlösers, ein Thema, das an anderer Stelle noch wird vertieft werden können. Hier möchte ich nur hervorheben, daß die Gestalt Marias von Nazareth schon allein dadurch die Frau als solche ins Licht stellt, daß sich Gott im erhabenen Geschehen der Menschwerdung seines Sohnes dem freien und tätigen Dienst einer Frau anvertraut hat. Man kann daher sagen, daß die Frau durch den Blick auf Maria dort das Geheimnis entdeckt, wie sie ihr Frausein würdig leben und ihre wahre Entfaltung bewirken kann. Im Licht Marias erblickt die Kirche auf dem Antlitz der Frau den Glanz einer Schönheit, die die höchsten Gefühle widerspiegelt, deren das menschliche Herz fähig ist: die vorbehaltlose Hingabe der Liebe; eine Kraft, die größte Schmerzen zu ertragen vermag; grenzenlose Treue und unermüdlichen Einsatz; die Fähigkeit, tiefe Einsichten mit Worten des Trostes und der Ermutigung zu verbinden" (Johannes Paul II., Enzyklika *Redemptoris Mater* Nr. 46: *AAS* 79 [1987] 424–425).

187 Johannes Paul II., Apostolisches Schreiben *Mulieris dignitatem*, Nr. 16.

188 Vgl. Kongregation für die Glaubenslehre, Instruktion *Inter insigniores* (15. Oktober 1976): *AAS* 69 (1977) 98–116.

189 Vgl. Johannes Paul II., Apostolisches Schreiben *Mulieris dignitatem*, Nr. 26

190 *Ebd.*, Nr. 27; „die Kirche (ist) ein vielgestaltiger Leib ..., in dem ein jeder seine Aufgabe hat. Die Aufgaben sind aber verschieden und dürfen deshalb nicht vermischt werden. Sie begründen keine Überlegenheit der einen über die andern und bieten auch keinen Vorwand für Eifersucht. Das einzige höhere Charisma, das sehnlichst erstrebt wird, ist die Liebe (vgl. *1 Kor* 12,13). Die Größen im Himmelreich sind nicht die Amtsdiener, sondern die Heiligen" (Kongregation für die Glaubenslehre, Instruktion *Inter insigniores* [15. Oktober 1976], 6: *AAS* 69 [1977] 98–116).

191 Paul VI., *Ansprache an die Kommission für das Internationale Jahr der Frau*, 18. April 1975: *AAS* 67 (1975) 266.

192 *Propositio* 47.

193 *Ebd.*

194 II. Vatikanisches Konzil, Dogmatische Konstitution über die Kirche *Lumen Gentium*, Nr. 36.

195 Johannes Paul II., Apostolisches Schreiben *Familiaris consortio*, Nr. 50: *AAS* 74 (1982) 141–142.

196 *Propositio* 46.

197 *Propositio* 47.

198 VII. Ordentliche Vollversammlung der Bischofssynode (1987), *Per Concilii semitas ad Populum Dei Nuntius*, 12.

199 *Propositio* 53.

200 Johannes Paul II., Apostolisches Schreiben *Salvifici doloris*, Nr. 3: *AAS* 76 (1984) 203.

[201] Ignatius von Antiochien, *Ad Ephesios*, VII, 2: *S. Ch.* 10, 64.
[202] Johannes Paul II., Apostolisches Schreiben *Salvifici doloris*, Nr. 31: *AAS* 76 (1984) 249–250.
[203] Ambrosius, *De virginitare*, VI, 34: *PL* 16, 288; vgl. Augustinus, *Sermo CCCIV*, III, 2: *PL* 38, 1396.
[204] Vgl. Pius XII., Apostolische Konstitution *Provida Mater* (2. Februar 1947): *AAS* 39 (1947) 114–124; *CIC*, can. 573.
[205] *Propositio* 6.
[206] Vgl. Paul VI., Apostolisches Schreiben *Sabaudiae gemma*, (29. Januar 1967): *AAS* 59 (1967) 113–123.
[207] Franz von Sales, *Introduction à la vie dévote*, I, III: Œuvres complètes, Monastère de la Visitation, Annecy 1893, III, 19–21.
[208] II. Vatikanisches Konzil, Dekret über das Laienapostolat, *Apostolicam actuositatem*, Nr. 4.
[209] *Propositio* 40.
[210] „Dabit virtutem, qui contulit dignitatem!" (Leo der Große, *Serm.* II, 1: *S. Ch.* 220, 248).
[211] II. Vatikanisches Konzil, Dekret über das Laienapostolat *Apostolicam actuositatem*, Nr. 4.
[212] II. Vatikanisches Konzil, Pastoralkonstitution über die Kirche in der Welt von heute *Gaudium et spes*, Nr. 43; vgl. auch II. Vatikanisches Konzil, Dekret über die Missionstätigkeit der Kirche *Ad gentes*, Nr. 21; vgl. auch Paul VI. Apostolisches Schreiben *Evangelii nuntiandi*, Nr. 20: *AAS* 68 (1976) 19.
[213] Johannes Paul II., *Ansprache an die Teilnehmer am Nationalen Kongreß der Bewegung für ein kulturelles Engagement* (M. E.I.C.) (16. Janaur 1982) 2: *Insegnamenti*, V, 1 (1982) 131; vgl. auch *Schreiben an Kardinal-Staatssekretär Agostino Casaroli zur Gründung vom Päpstlichen Rat für die Kultur* (20. Mai 1982): *AAS* 74 (1982) 685; *Ansprache an der Universität Löwen* (20. Mai 1985), 2: *Insegnamenti*, VIII, 1 (1985) 1591.
[214] II. Vatikanisches Konzil, Dekret über das Laienapostolat *Apostolicam actuositatem*, Nr. 4.
[215] *Propositio* 22; vgl. auch Johannes Paul II., Enzyklika *Sollicitudo rei socialis*, Nr. 41: *AAS* 80 (1988) 570–572.
[216] II. Vatikanisches Konzil, Dekret über das Laienapostolat *Apostolicam actuositatem*, Nr. 4.
[217] Methodius von Olymp, *Symposium* III, 8: *S. Ch.* 95, 110.
[218] Vgl. *Propositio* 11.
[219] *Propositio* 40.
[220] Vgl. *Propositio* 44.
[221] Vgl. *Propositio* 45.
[222] *Propositio* 44.
[223] *Propositio* 41.
[224] *Propositio* 42.

Wir müssen bekennen und Zeugnis geben

Predigt bei der Messe mit den Neokatechumenalen Gemeinschaften in Porto San Giorgio am 30. Dezember

Gelobt sei Jesus Christus!

Meine Lieben!

Wir sind noch in der Weihnachtszeit. Wir erleben im Glauben das große göttliche Geheimnis, das Sendungsgeheimnis der Heiligsten Dreifaltigkeit. Man wußte und man bekräftigt es, daß Gott einer und ein einziger ist. Wir können auch das akzeptieren, was Paulus sagte, als er auf dem Areopag davon sprach, daß Gott der Absolute ist, geistiger Natur, in dem wir leben, uns bewegen und sind. Aber man kannte nicht, was noch heute von vielen nur mit Schwierigkeit in seiner Tiefe akzeptiert wird: die Wirklichkeit des dreifaltigen Gottes: Vater, Sohn und Heiliger Geist. Und es ist doch Er, der dreieinige Gott, in dem wir leben, in dem wir uns bewegen, in dem wir existieren. Er, der Dreifaltige, begründet durch die Sendung der drei göttlichen Personen, ist nicht nur ein absolutes, alles überragendes Wesen. Er ist vielmehr der Vater in seiner unendlichen, unergründlichen Wirklichkeit, der Vater, der zeugt, der von Ewigkeit her sein „Wort" zeugt. Und mit diesem seinem Wort lebt er das unsagbare Geheimnis der Liebe, die Person ist, nicht nur ein Affekt, nicht nur eine interpersonale Beziehung. Person ist der gezeugte Sohn, Person ist der Geist, die gehauchte Liebe.
Das Weihnachtsfest erinnert uns jedes Jahr an dieses Geheimnis der Sendung der drei göttlichen Personen, hier, in der Nacht von Betlehem: Es erinnert uns an die Mission des Sohnes, der vom Vater gesandt ist, um uns jenen Geist zu bringen, in dem er von der Jungfrau empfangen wurde. Er kommt, um uns diesen Geist zu bringen. Ja, die Weihnacht ist jene Nacht, in der die Wirklichkeit Gottes als Gemeinschaft, als Einheit der Gottheit, absolute Einheit, Einheit der Gemeinschaft unserem menschlichen Geist nahegebracht und vor unseren Augen, in unserer Geschichte sichtbar wird: Sichtbar wird also das verborgene Geheimnis, das „Geheimnis, das von Ewigkeit her in Gott verborgen war". Das von jeher verborgene Geheimnis wird enthüllt, wird sichtbar. In dieser von Armut gezeichneten Wirklichkeit der Geburt des Herrn: der Krippe, der Nacht von Betlehem, der Gestalten von Maria und Josef, enthüllt sich das erhabene Geheimnis der Sendung der drei göttlichen Personen. Seht da unseren Gott, seht! Ein unaussprechliches Geheimnis!
Wir betrachten diese Wirklichkeit, dieses Geheimnis der Sendung, der drei göttlichen Personen. Wir betrachten es während der Weihnachtszeit mit besonderer Eindringlichkeit und Innigkeit und mit größter Freude, denn diese „Mission" – das in die Welt gesandte Wort, das im Auftrag seines Vaters von der Wirklichkeit Gottes sprechen soll, Er, das Wort, kommt in dieser Nacht als neugeborenes Menschenkind, arm, schon jetzt in äußerster Entbehrung – konnte nicht in anderer Weise beginnen. Kein menschlicher Reichtum konnte der menschlichen Geburt des ewigen Gottessohnes angemessene Bedingungen bieten. Einzig diese Armut, diese Verlassenheit, diese Krippe, diese Nacht

von Betlehem konnte das. So war es passend, daß sich in diesem Städtchen keine Unterkunft finden ließ.

Meine Lieben, wir betrachten diese göttliche Wirklichkeit, das Geheimnis der Sendung der drei göttlichen Personen, und zugleich spüren wir, wie unzulänglich unsere menschlichen Begriffe, unsere armen Menschenworte sind, um von diesem Geheimnis zu sprechen. Doch der, der zu uns gesandt wurde, das Wort, kommt, um zu sprechen, und er kommt, um auch uns zum Sprechen zu bringen. Und er hat die schlichtesten Menschen gefunden, um dieses Wort,dieses wörtliche Wort aufzunehmen, ja, die schlichtesten.

So also müssen wir sprechen, müssen bekennen und Zeugnis geben, im Bewußtsein unserer Unzulänglichkeit vor der Wirklichkeit, vor dem unerforschlichen Geheimnis Gottes, der göttlichen Einheit, der Einheit der Gottheit und zugleich Einheit der Gemeinschaft.

In der Weihnachtszeit läßt die Kirche uns heute noch ein anderes menschliches Geheimnis feiern: die Heilige Familie von Nazaret. Wir müssen sagen, daß wir heute die Familie in ihrem Sendungsauftrag betrachten, denn die Heilige Familie ist nichts anderes als dies: die menschliche Familie in göttlicher Mission. Und hier gleicht die menschliche Familie, mag sie auch eine noch so kleine Gemeinschaft bilden, einer großen Gemeinschaft von Menschen mit göttlicher Sendung: der Kirche.

Die Kirche hat, vor allem im II. Vatikanischen Konzil, ihren Charakter als Familie und ihren missionarischen Charakter wiedererkannt. Sie ist eine große Familie mit einem Sendungsauftrag. In dieser Familie der Kirche lebt jede menschliche Familie, jede Familiengemeinschaft im Zeichen des Sendungsauftrags. Man hat viel von der Familie als kleinem, grundlegendem Baustein der Gesellschaft gesprochen, ganz mit Recht. Aber wenn wir das bedeutendste Geheimnis, das der Dreifaltigkeit in ihrer Sendung betrachten, dürfen wir die Familie nicht außerhalb von ihm sehen: auch sie ist gesandt Und ihre Sendung ist grundlegend. Grundlegend wegen der göttlichen Sendung des Wortes, grundlegend wegen der göttlichen Sendung des Geistes. Es ist die göttliche Mission des Wortes, zu sprechen, Zeugnis zu geben vom Vater. Die Familie spricht als erste, sie enthüllt als erste dieses Geheimnis, gibt der neuen Generation als erste Zeugnis von Gott, dem Vater. Ihr Wort vor allem ist wirksam.

So steht also jede menschliche Familie, jede christliche Familie im Missionsauftrag, in der Sendung für die Wahrheit. Die Familie kann nicht ohne Wahrheit leben, ja gerade sie ist der Ort, wo höchste Empfänglichkeit für die Wahrheit besteht. Fehlt es in den gegenseitigen Beziehungen, in der Gemeinschaft zwischen den einzelnen zwischen Mann und Frau, Vater, Mutter und Kindern – an Wahrheit, dann zerbricht die Gemeinschaft und ihre Sendung wird vereitelt. Ihr alle wißt sehr gut, wie zart, empfindlich und leicht verwundbar diese Gemeinsamkeit in der Familie ist. Und so spiegelt sich in der Familie zusammen mit der Sendung des Wortes, des Sohnes, auch die des Heiligen Geistes, der die Liebe ist, wider. Die Familie lebt im Sendungsauftrag, und diese Sendung ist grundlegend für jedes Volk, für die ganze Menschheit: die Sendung der Liebe und des Lebens, das Zeugnis für die Liebe und das Leben.

Meine Lieben, sehr gern bin ich hierher gekommen. Sehr gern habe ich eure Einladung am Fest der Heiligen Familie angenommen, um mit euch zusammen zu beten für das, was in der Sendung der Kirche am meisten grundlegend und am wichtigsten ist: die geistige Erneuerung der Familie, der menschlichen und der christlichen Familien in jedem Volk, in jeder Nation, besonders vielleicht in unserer westlichen Welt, die weiter ausgebildet ist, mehr gekennzeichnet von Merkmalen und Wohltaten des Fortschritts, aber auch von den Mängeln, die durch diesen einseitigen Fortschritt hervorgerufen werden. Wenn man von einer Erneuerung, einer Neugestaltung der menschlichen Gesellschaft, ja auch der Kirche als Gesellschaft von Menschen sprechen soll, dann muß man bei diesem Punkt, mit dieser Sendung beginnen. Heilige Kirche Gottes, du kannst deine Sendung, deine Mission in der Welt nicht erfüllen, wenn nicht auf dem Weg über die Familie und ihre Mission!

Dies ist der Hauptgrund, weshalb ich eure Einladung zum Zusammensein und zum gemeinsamen Beten in einem Kreis angenommen habe, der vor allem aus Familien, Brautleuten, Kindern und Familien unterwegs" besteht. Es ist etwas Schönes. Wir sehen, daß auch die Familie von Nazaret eine Familie „unterwegs" ist. Sie war es gleich von den ersten Lebenstagen des göttlichen Kindes, des menschgewordenen Wortes, an. Sie mußte eine wandernde und auch eine Flüchtlingsfamilie werden.

So viele schmerzvolle Wirklichkeiten unserer Zeit – zum Beispiel die der Flüchtlinge und Emigranten – hat es schon für die Heilige Familie von Nazaret gegeben. Für euch aber ist sie vor allem deshalb eine wandernde Familie, weil sie überall hingeht, um Zeugnis zu geben von der Sendung der Familie, vom göttlichen Sendungsauftrag der menschlichen Familie: So zieht sie nach Ägypten, kehrt zurück nach Nazaret, geht mit dem zwölfjährigen Jesus nach Jerusalem. Ich meine, ihr tut als wandernde neokatechumenale Familien das gleiche. Ziel eures Weges ist es, überall, in die verschiedenen Milieus, vielleicht in sehr entchristlichte, das Zeugnis der Sendung der christlichen Familie zu tragen. Es ist ein großartiges Zeugnis, menschlich, christlich und göttlich groß; denn dieses Zeugnis, die Sendung der Familie, ist im Innern der Heiligsten Dreifaltigkeit eingeschrieben. Hier, in dieser Welt, gibt es kein vollständigeres, kein vollkommeneres Bild von dem, was Gott ist: Einheit und Gemeinschaft.

Es gibt keine andere menschliche Wirklichkeit; die diesem göttlichen Geheimnis besser, menschengerechter entpräche. Indem ihr als Menschen unterwegs das Zeugnis der Familie ihrem Missionsauftrag entsprechend weitergebt, tragt ihr das Zeugnis von der Sendung der göttlichen Personen überallhin. Und so tragt ihr zum Wachstum der Kirche bei, denn die Kirche erwächst aus diesen beiden Geheimnissen. Wie uns das II. Vatikanische Konzil lehrt, empfängt die Kirche letztlich und vor allem aus diesem Geheimnis der Sendung im dreifaltigen Gott ihre ganze Lebenskraft. Anderseits gebt ihr Zeugnis von der Familie in Mission, die der Sendung der drei göttlichen Personen folgen will. Und das bedeutet zugleich die Botschaft von Betlehem, die frohe Weihnachtsbotschaft. Wie wir wissen, ist diese Botschaft auch im Brauchtum stets mit der menschlichen Familie verbunden, sie ist ein Familienfest. Diesem Fest muß man tiefen Raum geben, man muß ihm seine volle Dimension geben, menschlich, christlich und von Gott her erfüllt, denn dieses menschliche Geheimnis, die menschliche Wirklichkeit der Familie wurzelt im göttlichen Geheimnis, im Geheimnis Gottes, der Gemeinschaft ist.

Ihr seid Gemeinschaft, Gemeinschaft von Personen, wie der Vater, der Sohn und der Heilige Geist. Ihr seid Gemeinschaft von Personen und seid Einheit. Ihr seid Einheit und

könnt nicht von der Einheit absehen. Wenn ihr nicht Einheit seid, seid ihr nicht Gemeinschaft. Wenn ihr aber Gemeinschaft seid, seid ihr es in Einheit. Es gibt viele Familien in dieser fortschrittlichen, reichen, wohlhabenden Welt, die ihre Einheit, ihre Gemeinschaft und ihre Wurzeln verlieren. Ihr aber seid unterwegs, um das Zeugnis von diesen Wurzeln weiterzugeben, das ist eure Katechese, euer neokatechumenales Zeugnis, und man kann sagen, daß so die Taufe fruchtbar wird. Wie wir wissen, erwachsen das Sakrament der Ehe, die Familie, all das aus dem Sakrament der Taufe, aus ihrem Reichtum. Aus der Taufe erwachsen heißt, aus dem Ostermysterium Christi hervorgehen. Durch das Sakrament aus Wasser und Heiligem Geist sind wir in dieses Ostergeheimnis Christi eingetaucht, das Geheimnis seines Todes und seiner Auferstehung. Wir sind hineingetaucht, um die Fülle des Lebens wiederzuerlangen, wir finden sie in der Dimension der Person und zugleich in jener der Familie, der Gemeinschaft von Personen. Dieses neue Leben sollen wir als Ansporn in die verschiedenen Milieus, Gesellschaftsschichten, Völker und Kulturen bringen, in das soziale und das wirtschaftliche Leben ... Das alles kommt der Familie zu. Ihr müßt in die ganze Welt gehen und allen wiederholen, daß sie „für die Familie“, nicht auf Kosten der Familie da ist. Ja, euer Programm muß ganz und gar dem Evangelium entsprechen, es muß mutig sein, mutig im Zeugnis und mutig in den Anforderungen, in den Anforderungen an alle, vor allem an unser Brüder, an alle Menschen, an unsere Schwestern, an alle Familien und alle Eheleute, an die Generationen unserer Zeit. Aber auch an die anderen. Mit diesem großangelegten Zeugnis muß die Familie in Mission als Abbild der Sendung der drei göttlichen Personen ein – ich möchte sagen – sozio-politisches, sozio-ökonomisches Programm verbinden. Die Familie ist ja in all dieses verwickelt, und es kann ihr geholfen, sie kann gefördert und begünstigt, aber auch zerstört werden.
Mit all eurem Beten, durch euer Zeugnis und eure Bemühungen müßt ihr der Familie helfen; ihr müßt sie davor bewahren, daß man sie zugrunde richtet. Wenn es keine andere Dimension gibt, in der der Mensch sich so als Person zum Ausdruck bringen kann, in der er seinem Leben, seiner Liebe Ausdruck geben kann, dann muß man auch sagen, daß es keinen Ort, kein Milieu gibt, in dem der Mensch noch mehr der Gefahr der Zerstörung ausgesetzt ist. Vieles wird heute getan, um diese Zerstörungen als normal hinzustellen und sie zu legalisieren. Damit wird die Menschheit in ihren Wurzeln zerstört und tief verwundet. Man tut so viel, um zu regeln, zu legalisieren, und nennt es in diesem Sinn, „schützen“. Man kann aber die Familie nicht wirklich schützen, ohne an ihre Wurzeln zu denken, an die tiefsten Wirklichkeiten, an ihre innerste Natur. Diese ihre innerste Natur aber ist die Gemeinschaft der Personen nach dem Bild und Gleichnis der göttlichen Gemeinschaft. Der Sendungsauftrag der Familie ist begründet durch die Sendung der dreifaltigen göttlichen Personen.
Meine Lieben, ich möchte schließen. Ich hinterlasse euch diese Überlegungen, die mir spontan gekommen sind. Heute ist der Tag, an dem vor allem die Heilige Familie zu uns sprechen muß. Und das ist mein demütiges Gebet: daß diese Heilige Familie von Nazaret durch unser Zusammensein, durch unsere Lieder, durch unsere Gebete und auch durch dieses mein Wort zu uns allen spreche. Amen.

Das Wort existiert außerhalb der Zeit

Predigt in der Jahresschlußmesse in der Kirche II Gesù am 31. Dezember 1988

1. „Im Anfang war das Wort“ (*Joh* 1,1).
Wir sind am letzten Tag des Jahres 1988 zusammengekommen. “Es ist die letzte Stunde“, lesen wir im Brief des hl. Apostels Johannes (*1 Joh* 2,18). Ja, die letzte Stunde dieses Jahres kommt auf uns zu, und wir gehen ihr entgegen. So ist es das Gesetz des menschlichen Daseins auf Erden. Alles Geschaffene ist der Vergänglichkeit unterworfen. Die Zeit ist ein Maß unseres Vorübergehens in der Welt.
Und gerade in diesem besonderen Augenblick unseres Vorübergehens, da das Sonnenjahr 1988 dem folgenden Platz macht, gerade in diesem Augenblick verkündet die Liturgie uns das Geheimnis des Anfangs: „Im Anfang war das Wort.“

2. Doch es handelt sich nicht um einen Anfang in der Zeit. Das Wort ist ewig. Das Wort existiert außerhalb der Zeit und über der Zeit. Das Wort ist Gott, ist Sohn, eines Wesens mit dem Vater. „Das Wort war bei Gott, und das Wort war Gott“ (*Joh* 1,1). Es war, und es ist. So, wie Gott derjenige ist, der da ist. Das Wort ist Gott: es ist das Wort des Vaters. Der Prolog des Johannesevangeliums verkündet nicht nur den Anfang der Zeit. Er spricht von dem ewigen Anfang, den die Welt durch das Wort in Gott hatte.
„Im Anfang war es (das Wort) bei Gott. Alles ist durch das Wort geworden, und ohne das Wort wurde nichts, was geworden ist“ (*Joh* 1,2–31).
Ja, das dem Vater wesensgleiche Wort ist zugleich der Anfang alles Geschaffenen. In ihm, dem dreieinen Gott – Vater, Sohn und Geist – hat es allem den Anfang gegeben, was außerhalb seiner besteht. Allem Geschaffenen. „Die Welt ist durch Gottes Wort erschaffen worden“ (*Hebr* 11,3).

3. So blickt also die Kirche heute, am Ende des schließenden Jahres, auf den Anfang: auf diesen Anfang der in Gott ist; auf Gott, der selbst ohne Anfang und ohne Ende ist. Gott ist ja Ewigkeit. So, wie er Allmacht ist. Und wie er Liebe ist.
Die Kirche blickt auch auf den Anfang, der aus Gott ist. Sie blickt auf das Geheimnis der Schöpfung.
Auch das Denken des Menschen, das Ringen so vieler Wissenschaften um Erkenntnis richtete sich auf den Anfang. Er wird in den Geschöpfen gesucht. In den kosmischen Prozessen. In den Gesetzen der Materie und in ihrer Dynamik.
In diesem unermüdlichen Forschen, das innerhalb der Grenzen des Empirischen bleibt, hält der Mensch sozusagen ein vor der Schwelle dieses Anfangs aus Gott. Mehr noch: vor der Schwelle dessen, was ewig in Gott ist.
Der Prolog des Johannes bleibt eine ständige Herausforderung.
Eine beständige Einladung an das menschliche Denken. Gott lädt in seinem Wort den Menschen ein, die Schwelle alles dessen zu überschreiten, was sichtbar ist, alles dessen, was geschaffen ist – hin zum Mysterium. Zu dem, was unerschaffen, unendlich, ewig ist.

4. In der Weihnachtsoktav erleben wir die eindringliche Einladung Gottes in besonderer Weise, denn „das Wort ist Fleisch geworden und hat unter uns gewohnt“ (*Joh* 1,14). Was göttlich ist, hat sich verbunden mit dem, was menschlich ist. Das Unsichtbare ist sichtbar geworden. Das Unendliche hat menschliche Gestalt angenommen, und nicht nur als etwas Äußeres. Die Menschheit wurde aufgenommen in die Einheit der göttlichen Person des Wortes. Wahrhaftig, ein unaussprechliches Geheimnis!

„Der Schöpfer des Menschengeschlechts nahm einen beseelten Leib an und würdigte sich, von einer Jungfrau geboren zu werden: Er ging aus ihr hervor ohne den Samen eines Mannes und hat uns seine Gottheit geschenkt.“

„O wunderbarer Tausch!“ So betet die Kirche heute in der Vesper. Am letzten Tag des Jahres schaut sie auf das neue Jahr, auf den neuen Anfang. Die Kirche kann so Ausschau halten und kann so denken, weil sie aus dem Weihnachtsgeheimnis schöpft. Der menschgewordene Christus ist der neue Anfang. In ihm offenbart sich der Liebesplan des dreifaltigen Gottes: „Seht, ich mache alles neu“ (*Offb* 21,5).

5. Im Licht der Weihnacht blickt die apostolische Kirche in Rom, die ihren Ursprung in Jesus Christus hat, mit Hilfe der hl. Apostel Petrus und Paulus auf sich selbst und denkt an ihre besondere Mission.

Die Kirche Roms schaut auf die Stadt, in der sie lebt und deren Freuden und Hoffnungen, Betrübnisse und Ängste sie teilt. Auf ihre Art nimmt sie Anteil am Wachstum und an der menschlichen und geistlichen, sozialen und irdischen, moralischen und religiösen Förderung der Stadt.

Blicken wir miteinander auf diese Stadt, um sie immer besser kennenzulernen und sie täglich mehr zu lieben: diese Stadt, die in der Welt wegen ihrer unvergleichlichen Geschichte „ewige Stadt“ genannt wird, manchmal ohne daß man sich der auch religiösen Bedeutung dieses Ausdrucks bewußt ist.

Das heutige Rom stellt als Stadt wie auch als Zentrum der Christenheit einen Teil des Geheimnisses der Menschwerdung dar. In ihm begegnen sich und vermischen sich das Göttliche und das Menschliche: das Göttliche mit seiner ewigen Berufung, das Menschliche mit seiner Größe und seinem Elend. Darum läuft die römische Metropole ständig Gefahr, von immer ernsteren und zunehmenden Problemen überwältigt zu werden. Sie läuft Gefahr, das christliche Gesicht, das ihr in der Welt Ansehen gibt, zu verlieren oder aufs Spiel zu setzen.

6. Um ihrer Aufgabe und ihrer Sendung zu entsprechen, bereitet die Kirche seit mehr als zwei Jahren die pastorale Diözesansynode vor. Sie will durch einen Dienst pastoraler, geistlicher und religiöser Erneuerung, „der auch dazu beitragen soll heutige bürgerliche Gesellschaft als solche zu erneuern“, die Antwort der Diözese Rom auf die Weisungen des II. Vatikanischen Konzils sein.

Alles Leben und Wirken der Diözese Rom in diesem zu Ende gehenden Jahr hatten als vorrangiges Ziel die Vorbereitung dieses kirchlichen Ereignisses: Jeder Aspekt seelsorglicher Arbeit wurde mit dem Geist der Synode erfüllt und auf sie hin ausgerichtet, in den Pfarreien und in jedem anderen Bereich menschlicher Tätigkeit: in Familienpastoral und

Schule, im kulturellen Sektor und der Arbeitswelt, im weiten Umfeld der Jugend und überall dort, wo in vielfältiger Weise das christliche Zeugnis der Nächstenliebe und Solidarität immer dringlicher erscheint.

7. Die Diözese hat durch die Caritas und ein ausgedehntes Netz anderer Initiativen, die von der christlichen Gemeinschaft Roms unternommen wurden, versucht, das menschliche Leid vieler Brüder zu lindern, die der Egoismus einer Wohlstandsgesellschaft an den Rand drängt und zurückweist. Die Stadt hat in diesem Jahr bei einigen Gelegenheiten die Erfahrung von – gewiß nicht christlichen – Verhaltensweisen der Angst und Abweisung gemacht, wo es sich um farbige Einwanderer, Flüchtlinge, Nomaden, Obdachlose und junge Menschen handelte, die einen positiven Serumbefund erworbener Immunschwäche zeigten oder bereits an AIDS erkrankt waren. Die Diözesancaritas, in Zusammenarbeit auch mit den Zivilbehörden konnte konkrete Initiativen der Solidarität einleiten und stellte sich auf die Seite der Schwächsten, leistete konkrete Soforthilfen, förderte aber vor allem den Geist der Solidarität und der Achtung vor dem Leben und der Würde jedes Menschen.

8. Heute am letzten Tag im Jahr des Herrn 1988 haben wir uns in dieser Kirche zusammengefunden, die den Namen Jesu trägt: der Kirche II Gesu. Sie verdankt ihren Ursprung der Ordensgemeinschaft, die in besonderer Weise in diesen Namen Jesus gebunden ist.
Ich grüße die Jesuitenpatre, die in dieser Kirche ihren Dienst verrichten und die Studenten des internationalen Ordensscholastikats. Vor allem grüße ich den Generalobern P. Peter-Hans Kolvenbach. Zusammen mit dem Generalvikar Kardinal Ugo Poletti, dem Kardinal dieser Titelkirche, Eduardo Martinez, und den Weihbischöfen Roms grüße ich alle, die an dieser Liturgiefeier teilnehmen, sowie ihre Familien und Angehörigen. Ich grüße die Autoritäten der Stadtverwaltung und alle Römer und wünsche für das neue Jahr alles Gute im Herrn.

9. Jesus! Die Jungfrau in Nazaret hat als erste diesen Namen gehört. So wurde bei der Verkündigung das Kind vom Engel genannt, noch ehe es empfangen war.
Und sie, Maria, hat als erste diesen Namen ausgesprochen. Alle anderen haben diesen Namen von ihr, der Mutter gelernt. Und immer noch lernen sie ihn. Wieviele Male dieser Name im Lauf von zweitausend Jahren ausgesprochen worden!
Rom hat ihn ausgesprochen und spricht ihn aus seit den Zeiten der Cäsaren.
Heute sind wir hier in diesem Namen versammelt, um das Te Deum laudas, „Großer Gott, wir loben dich“ zu singen und zuvor Verzeihung all unserer Schuld zu erbitten, die wir im Lauf des verflossenen Jahres begangen haben.
Jesus: das Wort, das Fleisch wurde. Der Menschensohn. Und zugleich war dieses Wort im Anfang bei Gott, und es war Gott, und alles ist durch es geworden, und ohne es wurde nichts von all dem, was existiert. „In ihm war das Leben“ (*Joh* 1,4).
In ihm ist das Leben.
Dieses Leben war – und ist – das Licht der Menschen (vgl. *ebd.*), und „das Licht leuchtet in der Finsternis, und die Finsternis hat es nicht erfaßt“ (*Joh* 1,5)
Wahrhaftig, welch ein „wunderbarer Tausch“!

IV.
Ad-limina-Besuche

Dem Volk Gottes die Sakramente bringen

Ansprache an die Bischöfe Australiens (I. Gruppe) anläßlich ihres Ad-limina-Besuches am 28. Mai

Liebe Brüder im Bischofsamt!

1. Wir haben soeben die Vollendung der großen Mysterien der Erlösung gefeiert, die die Kirche in ihrem Jahreskreis begeht: den Tod Christi und die Auferstehung, seine Himmelfahrt und die Herabkunft des Heiligen Geistes zu Pfingsten. Mit Freude heiße ich euch an einem Zeitpunkt zu eurem Ad-limina-Besuch willkommen, da die Feier dieser großen Mysterien des Glaubens in unserem Geist und unserem Herzen noch sehr lebendig ist. Pfingsten erinnert uns ganz besonders daran, daß die Kirche selbst nach zwei Jahrtausenden durch das Wirken des Heiligen Geistes noch jung ist. Mein Vorgänger Papst Johannes XXIII. hatte das Zweite Vatikanische Konzil zum Teil aus dem Grund zusammengerufen, um das Bewußtsein dieser Tatsache zu stärken. Sein Gebet war, daß die Wunder des Heiligen Geistes in unseren Tagen wie an einem neuen Pfingsten erneuert würden. Wenn wir die lange Geschichte der Kirche mit den Augen des Glaubens betrachten, so können wir nur zu sehr bestätigt sehen, daß die Wunder des Heiligen Geistes tatsächlich in jedem Zeitalter erneuert werden und dies trotz der Hindernisse, die die menschliche Sündhaftigkeit und Schwäche auferlegen. Mit den Worten des Konzils besteht „jede Erneuerung wesentlich im Wachstum der Treue gegenüber der eigenen Berufung ... Die Kirche wird auf ihrem Wege ihrer Pilgerschaft von Christus zu dieser dauernden Reform gerufen, deren sie allzeit bedarf, soweit sie menschliche und irdische Einrichtung ist" (*Unitatis redintegratio*, Nr. 6). Wir müssen hinzufügen, daß die Treue der Kirche gegenüber ihrer eigenen Berufung die Treue gegenüber einem liebenden Menschen, nämlich Jesus Christus, bedeutet. Durch ihn, ihren Bräutigam und Herrn tritt sie in Gemeinschaft mit dem Vater und dem Heiligen Geist.

2. Für uns Bischöfe ist unsere Beziehung zu Gott, oder genauer gesagt, unsere Gemeinschaft mit der Heiligsten Dreifaltigkeit, offensichtlich nicht nur eine individuelle Erfahrung zu unserem Nutzen. Diese Verbindung, die in der Taufe als Geschenk empfangen und in unserer Bischofsweihe auf eine neue Weise vom Heiligen Geist besiegelt wurde, wird zur wahren Quelle unseres Dienstes am Gottesvolk. Die Rolle eines Bischofs in seiner Ortskirche und in der Weltgemeinschaft des Glaubens ist nicht denkbar ohne eine vertraute und dynamische Beziehung zu seiner persönlichen Bindung an Gott durch Jesus Christus im Heiligen Geist.
Wie das Konzil uns in Erinnerung bringt „hat es Gott gefallen, die Menschen nicht einzeln, unabhängig von aller wechselseitigen Verbindung, zu heiligen und zu retten, sondern sie zu einem Volk zu machen, das ihn in Wahrheit anerkennen und ihm in Heiligkeit dienen soll" (*Lumen gentium*, Nr. 9).
Nach dem hl. Paulus bilden wir gemeinsam den Leib Christi (*1 Kor* 12,27) mit allem, was dies für unsere Beziehung zu Gott und zueinander und für die durch die Taufe und die hl.

Weihen empfangene Sendung mit sich bringt. Im Zusammenhang mit diesem Mysterium der kirchlichen Gemeinschaft möchte ich kurz mit euch über einige Aspekte des Lebens in der Kirche in Australien nachdenken.

3. Die Dimension der Gemeinschaft in der kirchlichen Existenz wird durch ihren Gottesdienst und das sakramentale Leben lebendig veranschaulicht. Die vom Konzil ins Auge gefaßte Erneuerung schloß den ernsthaften Wunsch ein, daß alle Gläubigen zu der „vollen, bewußten und tätigen Teilnahme" (*Sacrosanctum Concilium*, Nr. 14) an der Liturgie geführt werden, und daß sie „immer wieder zu jenen Sakramenten voll Hingabe hinzutreten, die eingesetzt sind, um das christliche Leben zu nähren" (*ebd.*, Nr. 59). Mit euch freue ich mich darüber, daß die liturgische Erneuerung tatsächlich zu einer aktiven Teilnahme am Gottesdienst der Kirche und zu dem neuen Bewußtsein geführt hat, daß volle Teilnahme bedeutet, aktiv die Sendung der Kirche im täglichen Leben zu teilen. Gleichzeitig bemerken wir, daß Änderungen in der Kirche und auch die angewachsene Säkularisierung der Gesellschaft für einige zum Anlaß geworden sind, von ihrem sakramentalen Leben und insbesondere der sonntäglichen Eucharistie fernzubleiben.
Dieses Phänomen tritt nicht nur in Australien auf, doch ich weiß, daß ihr euch deshalb nicht weniger darum sorgt, daß in eurem Land der Anteil an Katholiken, die regelmäßig die Sonntagsmesse besuchen, trotz der augenscheinlichen Stabilität an Meßbesuchen, die auf das Anwachsen der katholischen Bevölkerung zurückzuführen ist, abgenommen hat. Dies ist eine Tendenz, die das Herz der kirchlichen Gemeinschaft verwundet, wie auch das Konzil lehrt: „Denn die apostolische Arbeit ist darauf hingeordnet, daß alle, durch Glauben und Taufe Kinder Gottes geworden, sich versammeln, inmitten der Kirche Gott loben, am Opfer teilnehmen und das Herrenmahl genießen (*Sacrosanctum Concilium*, Nr. 10).

4. Eines der außerordentlichen Merkmale der Kirche in Australien ist das beachtenswerte Zeugnis, das das katholische Volk von seiner Treue zum Sonntagsgottesdienst abgelegt hat. Eure ersten Bischöfe und Priester hatten ihm die Wahrheit ans Herz gelegt, daß „die Messe von großer Wichtigkeit ist". Die Menschen überwanden die Schwierigkeiten der Entfernung und des Klimas, um an der Eucharistie teilzunehmen. Sie taten dies in Nachahmung ihrer Priester, die sich selbst aufopferten, um die Messe zu ihnen zu bringen und dabei in vieler Hinsicht Heldenhaftes leisteten.
Ich möchte euch und euren Priestern empfehlen, dieser Tradition treu zu sein und euch darum zu bemühen, dem Volk Gottes die Sakramente zu bringen. Ich möchte euch dringend bitten, nach Wegen zu suchen, um den hohen Wert der Teilnahme an der Eucharistie denen wieder zum Bewußtsein zu bringen, die den sonntäglichen Gottesdienst aufgegeben haben. Als Hilfe bei der Erfüllung dieser Aufgabe sind die Dokumente des Konzils richtungsweisend. Sie stellen eine reiche Quelle der Inspiration und Reflektion für alle dar, die versuchen, ihre hohe Wertschätzung des Gottesdienstes und ihre Beteiligung an der Liturgie zu vertiefen. Für die Konzilsväter ist die Liturgie eine Vorwegnahme des Himmels, sie ist die heilige Handlung im Vollsinn. In ihr wird Gott die Ehre gegeben und werden wir geheiligt. Sie trägt zur inneren Formung bei, bildet den Ausgangspunkt für

einen echt christlichen Geist und ist daher für das geistige Leben von übergroßer Wichtigkeit. Die Liturgie regt unsere Suche nach Einheit und zu allen Werken der Liebe an. Sie ist in der Tat „der Höhepunkt, dem das Tun der Kirche zustrebt, und zugleich die Quelle, aus der all ihre Kraft strömt“ (*Sacrosanctum Concilium*, Nr. 10). Die Teilnahme an der Eucharistie ist weit entfernt davon, eine bloße Pflicht zu sein; sie ist vielmehr die Aktualisierung und die Stärkung alles dessen, was im christlichen Leben am heiligsten und am lebensnotwendigsten ist. Die Menschen müssen an die überaus großen geistigen Reichtümer erinnert werden, die ihnen als Mitgliedern einer königlichen Priesterschaft die Teilnahme an der Eucharistie schenkt.

5. Das wirksamste Mittel, diese Lehre des Konzils weiterzugeben, ist das Zeugnis von Hirten, deren eigenes Leben Liebe und Ehrfurcht für die Liturgie ausstrahlt – eine Liebe und eine Ehrfurcht, die auf einem tiefen Verständnis der heiligen Mysterien, vor allem der Eucharistie gründen. Eine gute Katechese ist ebenfalls von großer Wichtigkeit für die volle Beteiligung an den Sakramenten. Eine Katechese, die die Bedeutung und Notwendigkeit des Sonntagsgottesdienstes behandelt, muß sowohl zu Hause als auch in der Schule gelehrt werden. Diejenigen, die nicht mehr zur Schule gehen, vor allem die jungen Erwachsenen, sollten beständig zum Empfang der Sakramente ermuntert werden und in der Gottesdienstfeier der Gemeinde stets willkommen sein. Wie ich in *Catechesi tradendae* herausgestellt habe, „verarmt das sakramentale Leben und wird sehr schnell zu einem bloßen Ritus, wenn es sich nicht auf eine vertiefte Kenntnis der Bedeutung der Sakramente gründet. Die Katechese hinwieder wird einseitig intellektualisiert, wenn sie nicht an einer sakramentalen Praxis Leben gewinnt“ (*Catechesi tradendae*, Nr. 23).
Die Katechese im allgemeinen und die Katechese der Eucharistie im besonderen muß auf dem übernatürlichen Inhalt der katholischen Lehre bestehen. Sonst läuft der Glaube des Volkes Gottes Gefahr, auf eine Ebene subjektiver religiöser Gefühle oder auf einen von der Lehrgrundlage entfernten „Moralismus“ herabgesetzt zu werden. Die Treue zum objektiven Glaubensinhalt ist die Basis des Lebens und der Sendung der Kirche, und die Verteidigung dieses Inhalts sowie die Vermittlung auf die jeweils neue Generation gehören zu den schwersten Verantwortlichkeiten im Lehren und im Pastoraldienst eines Bischofs. Ich möchte euch dazu ermuntern, dies zu einem Hauptaspekt eures Dienstes zu machen.

6. Alles, was ich über die Eucharistie gesagt habe, ist auch auf das Bußsakrament anwendbar. Bei anderen Gelegenheiten habe ich die Aufmerksamkeit auf die enge Verbindung zwischen diesen beiden Sakramenten gelenkt (vgl. *Redemptor hominis*, Nr. 20; *Dominicae Cenae*, Nr. 7). Die Einführung in die Neue Bußordnung drückt dies sehr schön aus, wenn sie feststellt, daß „im Bußsakrament ... der Vater den heimkehrenden Sohn aufnimmt, Christus das verlorene Schaf auf die Schulter nimmt und es in die Herde zurückträgt und der Heilige Geist seinen Tempel wieder neu heiligt oder in noch größerer Fülle in ihm wohnt. Das alles wird offenkundig in einer erneuerten und eifrigeren Teilnahme am Tisch des Herrn, wo große Freude herrscht beim Gastmahl, das die Kirche Gottes für den aus der Ferne heimgekehrten Sohn hält“ (*Misericordiam suam*, Nr. 6).

Wie die Eucharistie, so erfordert auch das Bußsakrament eine sorgfältige Katechese. Eine offene Wertschätzung dieses Sakraments von seiten der Priester selbst wird den Laien helfen, die Notwendigkeit und den Wert der Einzelbeichte und der Lossprechung für das Wachsen in der Heiligkeit und als den üblichen Weg zu verstehen, auf dem jemand, der sich schwerer Sünde bewußt ist, mit Gott und der Kirche versöhnt wird (vgl. *CIC*, can. 960).

7. Ich möchte auch die Verbindung zwischen lebendiger sakramentaler Praxis und den Berufungen zum Priesteramt und Ordensleben erwähnen, die für die Zukunft eurer Ortskirche so wichtig sind. Das Gottesgeschenk der Priester- und Ordensberufungen ist geheimnisvoll mit der andächtigen Teilnahme der Gläubigen am eucharistischen Opfer verbunden, in der Würdigkeit, die das Bußsakrament verleiht. Als die Hauptquelle der Hirtenliebe (vgl. *Presbyterorum ordinis*, Nr. 14) unterstützt die Eucharistie nicht nur Priester und Ordensleute in einem Leben des Glaubens und der selbstlosen Liebe; sie entzündet auch die Hirtenliebe in den erst aufkommenden Priester- und Ordensberufungen, damit auch sie dazu kommen, in diesen besonderen Berufungen Christus und seiner Kirche zu dienen. Die Erziehung der Jugendlichen zur Liebe zu den Sakramenten und insbesondere zur Eucharistie, hat einen wichtigen Anteil an der Förderung der Berufungen. Wir müssen auch beten, denn das, was auf dem Spiel steht, ist nicht irgendein Plan von uns selbst, sondern vielmehr die Verwirklichung des Gottesplans (vgl. Kongregation für den Klerus, *Postquam Apostoli*, 25. März 1980). Während seines Dienstes auf Erden erkannte Jesus, daß „die Ernte groß ist, es aber nur wenige Arbeiter gibt" (*Lk* 10,2). Er wies dann auf unsere ernste Verantwortung hin, das Ungleichgewicht zwischen den Bedürfnissen des Gottesvolkes und der Zahl an apostolischen Arbeitern zu überwinden, indem er uns gebot: „Bittet also den Herrn der Ernte, Arbeiter für seine Ernte auszusenden" (*ebd.*). Auch hier ist der Eifer in unserem Gebet um Berufungen eng an unsere Liebe und unser Verständnis der Sakramente gebunden.

Zugleich müssen die Ortskirchen, ebenso wie religiöse Gemeinschaften mit Energie erforschen, planen und organisieren, was für die Förderung der Berufungen notwendig ist. Die Qualität und die Zahl des Personals sowie die Hilfsmittel, die für diese Arbeit bestimmt sind, sind nicht nur ein Maß für den Vorrang, der dieser Aufgabe gegeben wird, sondern auch ein Zeugnis für die feste Überzeugung der verschiedenen Diözesen und Ordensgemeinschaften, daß Gottes Großzügigkeit es nicht versäumen wird, unsere menschlichen Mühen zu unterstützen. Wir müssen unser Vertrauen in die unermeßliche Kraft des Ostergeheimnisses Christi erneuern, um neue Berufungen in der Kirche zu wecken und zu unterstützen.

Liebe Brüder, da Australien seine Zweihundertjahrfeier begeht, seid ihr und euer Volk dazu aufgerufen, über den Beitrag nachzudenken, den die Kirche zu eurem nationalen Leben und der Geschichte geleistet hat und immer noch leistet. Es war mir eine besondere Freude, auf meiner Pastoralreise ein Augenzeuge dieses Beitrags zu sein. Gemeinsam mit euch bete ich, daß das Volk Australiens es nicht versäumen möge, eine auf der Liebe und der Anbetung des Allmächtigen Gottes gründende Gemeinschaft aufzubauen. Mögen die Katholiken hierfür ihren Brüdern und Schwestern stets ein leuchtendes Beispiel sein. In diesem Jahr, das Maria, der Mutter Christi und Mutter seiner Kirche geweiht ist, empfehle ich euch, eure Priester und euer Volk ihrer liebenden Fürsprache und erteile euch von Herzen meinen Apostolischen Segen!

Die Verschiedenheit der Dienste

Ansprache an die Bischöfe von Australien bei ihrem Ad-limina-Besuch am 13. Oktober

Liebe Brüder im Bischofsamt!

1. Als Hirten des Volkes Gottes in Australien seid ihr nach Rom gekommen, um an den Gräbern der Apostel Petrus und Paulus zu beten und dadurch die Einheit der Kirche sowie die Bande des Glaubens, der Hoffnung und der Liebe zu stärken. Meinerseits heiße ich euch herzlich im Herrn Jesus Christus willkommen. Ich möchte meine Dankbarkeit, Hochachtung und Ermunterung für eure apostolischen Arbeiten aussprechen wowie euch meiner brüderlichen Liebe und meiner Gebete versichern. Dies ist für mich zugleich eine Gelegenheit, das gläubige Zeugnis für das Evangelium anzuerkennen, das die Katholiken in jeder eurer Diözesen geben.
Australien begeht seine Zweihundertjahrfeier, und so denken wir dankbar an den tiefen Glauben und den Missionsgeist derer, die das Wort Gottes an eure Gestade brachten. Sie taten es in Gehorsam gegenüber dem Auftrag, den die Apostel von Christus empfingen: „Darum geht zu allen Völkern, und macht alle Menschen zu meinen Jüngern; tauft sie auf den Namen des Vaters und des Sohnes und des Heiligen Geistes, und lehrt sie, alles zu befolgen, was ich euch geboten habe" (*Mt* 28,19–20).

2. Als Nachfolger der Apostel übt ihr diese Sendung zum Predigen und Lehren heute in Australien auf der gediegenen Grundlage aus, die von euren Vorgängern gelegt wurde. Das II. Vatikanische Konzil (vgl. *Lumen gentium*, Nr. 25) sagt, daß die Bischöfe Herolde des Glaubens, authentische, das heißt mit der Autorität Christi ausgerüstete Lehrer sind. Sie verkündigen dem ihnen anvertrauten Volk einen Glauben, der das Denken erhellen und dem Leben Führung geben soll. Durch das Licht des Heiligen Geistes lassen die Bischöfe den Glauben ausstrahlen und Frucht bringen. Durch ihre Wachsamkeit halten sie alle Irrtümer fern, die ihre Herde bedrohen. Für jeden von uns bedeutet das ein direktes und persönliches Engagement für die Verkündigung des Evangeliums, sind wir doch Männer, die Gott mit der Ausübung der Rolle Christi als Lehrer, Priester und Prophet beauftragt hat. Obwohl wir uns unserer Unwürdigkeit angesichts einer derart großen Aufgabe bewußt sind, erkennen wir zugleich trotz aller menschlichen Schwäche seiner Boten die Kraft des Wortes Gottes über Herz und Geist der Menschen an. Wir werden ständig durch unsere Lehraufgabe zur Reinigung unserer Herzen aufgefordert, um in der Liebe zu den Dingen Gottes zu wachsen und unseren Glauben an das Unsichtbare zu vertiefen.

Welches aber ist das Ziel unseres Predigens und Lehrens? Mit dem hl. Paulus können wir sagen: „Meine Kinder, ich erleide von neuem für euch Geburtswehen, bis Christus in euch Gestalt annimmt" (*Gal* 4,19). Ist dies nicht im Grunde unser Ziel: durch unsere Mühen soll Christus in jedem Glied des Volkes Gottes Gestalt gewinnen? Dieser Dienst ist mühevoll, denn wir predigen die prophetische Botschaft von einem gekreuzigten Herrn, und wir rufen die Menschen ständig zu einem Wandel ihrer Herzen auf. Es ist mühevoll auch angesichts der Angst, die wir für die uns anvertraute Herde empfinden. Am Ende ist es ein Akt der Liebe von unserer Seite, denn der Gute Hirt gibt eher sein Leben für seine Schafe hin, als daß er vor dem Wolf flieht, der sie zerreißt und zerstreut (vgl. *Joh* 10,11 – 13). Wenn wir uns diesem Dienst mit Eifer und Mut widmen, werden wir die Freude und den Frieden finden, die daher kommen, daß wir „den guten Kampf gekämpft", daß wir „den Lauf vollendet und die Treue gehalten" haben (*2 Tim* 4,7).

3. Gleichzeitig wissen wir, daß wir bei der Erfüllung des Lehrauftrags der Kirche nicht allein stehen. Obwohl das Amt der Predigt des Evangeliums an die ganze Kirche hauptsächlich dem römischen Papst und dem Bischofskollegium anvertraut ist, so ist doch auch jeder Bischof in seiner Diözese „Leiter des gesamten Dienstes am Wort Gottes" (*CIC*, can. 756), eines Dienstes, der das aktive Engagement anderer verlangt. Der hl. Paulus schreibt: Als seine Gaben „gab Christus den einen das Apostelamt, andere setzte er als Propheten ein, andere als Evangelisten, andere als Hirten und Lehrer, um die Heiligen für die Erfüllung ihres Dienstes zu rüsten, für den Aufbau des Leibes Christi. So sollen wir alle zur Einheit im Glauben und in der Erkenntnis des Sohnes Gottes gelangen, damit wir zum vollkommenen Menschen werden und Christus in seiner vollendeten Gestalt darstellen" (*Eph* 4,11 – 13). Das ganze Volk Gottes hat in verschiedener Weise am Lehramt der Kirche Anteil. Dies gilt vor allem von den Priestern, unseren „Brüdern und Freunden", die zugleich unsere „notwendigen Helfer und Ratgeber" sind, wenn es um die Belehrung, Heiligung und Leitung der Herde Gottes geht (vgl. *Presbyterorum ordinis*, Nr. 7). Es gilt für die Diakone, es gilt ferner für die Ordensleute, die kraft ihrer Weihe an Gott ein besonderes Zeugnis für die radikalen Forderungen des Evangeliums geben. Es gilt endlich auch für die Laien, die durch Taufe und Firmung zum Aufbau des einen Leibes Christi und zur Umwandlung der Welt von innen her berufen sind.
Es gibt also in der Kirche eine Verschiedenheit der Dienste, aber eine Einheit der Sendung (vgl. *Apostolicam actuositatem*, Nr. 2). Wichtig bleibt, daß alle Christgläubigen innerhalb der Ortskirche vereint für Christus und das Evangelium Zeugnis geben in Gemeinschaft mit ihrem Bischof. Dies gilt in besonderer Weise für die Priester sowie für die Einheit und Solidarität, die sie mit ihrem Bischof und untereinander pflegen sollten. Sorgen sie für einen Geist der Zusammenarbeit und vermeiden sie jede schmerzliche Spaltung, so entsprechen die Priester dem Geist und Herzen Christi, des Lehrers, der zum Vater gebetet hat, seine Jünger mögen „alle eins sein ... damit die Welt glaubt" (vgl. *Joh* 17,21).

4. Dies führt uns zu einem weiteren wesentlichen Punkt unseres Dienstes als Lehrer, nämlich: daß die Kirche ihrer Natur nach missionarisch ist (vgl. *Ad gentes*, Nr. 2). Die

Predigt und Lehre, die das Volk Gottes aufbaut, bereitet es gleichzeitig darauf vor, die Frohbotschaft vom Heil anderen so zu verkündigen, daß das ganze menschliche Leben mit dem Licht des Evangeliums erhellt wird. Nach den Worten des Konzils „geht die Kirche ... den Weg mit der gesamten Menschheit gemeinsam und erfährt das gleiche irdische Geschick mit der Welt und ist gewissermaßen der Sauerteig und die Seele der in Christus zu erneuernden und in die Familie Gottes umzugestaltenden menschlichen Gesellschaft" (*Gaudium et spes*, Nr. 40).

5. Jeder Gläubige muß in einem gewissen Maß für diese Sendung unterwiesen und geschult werden, oder um es genauer zu sagen, jeder Gläubige muß im christlichen Leben „geformt" werden, wobei er in seinem / ihrem Lebensstand bleibt. Für den Menschen ist es nur der Anfang, daß er durch die Taufe Katholik ist. Der Glaube muß beharrlich gelebt werden; seine Kenntnis ist zu vertiefen; seine Praxis muß in den persönlichen Entscheidungen und Aktionen zum Ausdruck kommen; die Treue zum Glauben aber muß den Wunsch wecken, ihn mit anderen zu teilen und die Welt gemäß dem Evangelium umzugestalten. Wesentlich bleibt, daß die Katholiken die Lehre und Disziplin der Kirche tatsächlich kennen, denn Christus sagt uns, daß sie nach dem Hören des Wortes es auch mit aufrichtigem und gutem Herzen festhalten und in Geduld Frucht bringen müssen (vgl. *Lk* 8,15).
Mit Recht wird heute die Ausbildung des Klerus, der Ordensleute und der Laien, wenn sie den Pflichten ihres Lebensstandes gerecht werden und an der Sendung der Kirche in der Welt teilhaben wollen, sehr betont. Ich weiß, daß ihr in Australien eifrig gearbeitet habt, um Buchstaben und Geist der Ausbildung, wie er in verschiedenen Dokumenten der Kirche sowie im Codex des kanonischen Rechtes umschrieben ist, zu erfüllen. Jedes Bemühen um christliche Bildung muß von einer tiefen Liebe zu Christus un der Kirche gekennzeichnet sein. Das Apostolische Schreiben *Evangelii nuntiandi* sagt uns, der Herr erwarte eine besondere Liebe nicht nur von den Hirten, sondern vielmehr „von jedem Verkündiger der Frohbotschaft, von jedem, der die Kirche aufbauen will". Ein Zeichen für diese Liebe ist „die Sorge, die Wahrheit mitzuteilen und in die Einheit einzuführen". Ein weiteres Zeichen, „sich ohne Vorbehalt und Abkehr der Verkündigung Jesu Christi zu weihen". Zu ferneren Zeichen dieser Liebe gehören „Respekt vor der religiösen und geistlichen Lage der Menschen ... die Sorge, nicht jene, die im Glauben schwach sind, zu verletzen"; endlich „das Bemühen, den Christen nicht Zweifel und Ungewißheiten zu vermitteln, die aus einer unzulänglichen Bildung entspringen, sondern ihnen Gewißheiten zu geben, die Bestand haben, weil sie im Worte Gottes verankert sind" (vgl. Nr. 79).

6. Die Praxis dieser Liebe gilt für die ganze Fülle der Tätigkeiten, die zum Dienst am Wort gehören. Predigt und katechetische Unterweisung haben dabei Priorität. Dazu kommt die lehrmäßige Ausbildung an Schulen und Universitäten sowie in Konferenzen und Tagungen aller Art. Ferner gibt es die öffentlichen Stellungnahmen, die die Kirche zu aktuellen Ereignissen abgibt, aber auch die Presse und die übrigen Medien der sozialen Kommunikaten (vgl. *Christus Dominus*, Nr. 13).
Besonders zu erwähnen bleibt die Ausbildung, die junge Menschen in katholischen Schulen und innerhalb von katechetischen Programmen erhalten. Jugendliche suchen nach

dem Glauben und nach Idealen, mit denen sie leben können. In ihrem Wunsch, die Autorität ihrer „Ältesten“ zu testen, finden sie schnell Unterschiede zwischen Wort und Tat heraus. Aus diesen Gründen ist die Kirche mit Recht besorgt, daß Lehrer sich nicht nur durch ihr Lehrgeschick, sondern auch in der christlichen Lehre und ihrem christlichen Leben auszeichnen. Vielleicht gelten auf keinem anderen Gebiet der Ausbildung die Worte meines Vorgängers Paul VI. mehr als hier: „Moderne Menschen hören bereitwilliger auf Zeugen als auf Lehrer, und wenn sie auf Lehrer hören, dann deswegen, weil sie Zeugen sind“ (*Ansprache an die Miglieder des Laienrates* vom 2. Oktober 1974). Wenn Lehrer mit ihrem katholischen Glauben innerlich übereinstimmen, wird sich das zum großen Vorteil für die Kirche auf ihre Studenten übertragen. Tun sie es nicht, so wird auch das seine Spuren hinterlassen. Ich weiß, daß ihr nach Wegen für die Ausbildung und seelsorgliche Betreuung der Lehrkräfte sucht, damit sie alle Hilfsmittel und Anregungen bekommen, die sie für ein fruchtbares Zeugnis für ihren katholischen Glauben vor ihren Studenten brauchen. Angesichts der wachsenden Schülerzahlen und der geringer werdenden Zahl der religiösen Berufungen, wird die katholische Erziehung in Australien und anderswo mehr und mehr eine Aufgabe der Laien. Ich lobe die zahlreichen katholischen Lehrkräfte an den Schulen, für die ihre Arbeit ein wirkliches Apostolat ist, und ich ermuntere alle Bischöfe, weiter um die christliche Ausbildung der Studenten und Lehrkräfte gleichermaßen Sorge zu tragen.

7. Ein weiteres Betätigungsfeld für den Dienst am Wort sind die sozialen Kommunikationsmittel, zumal die katholische Presse. Die Medien dienen nicht nur der Gemeinschaft der Katholiken, sondern helfen auch in weiterem Umfang bei der Meinungsbildung über die Kirche und ihre Lehre mit. Eine katholische Presse, die sich nachdrücklich für die Förderung des Glaubens einsetzt, kann einen unschätzbaren Dienst leisten. Sie verschafft ja genaue Information, trägt informierte Meinungen vor und fördert treu den Dialog mit dem, was die Kirche glaubt und lehrt. Die Katholiken aber haben das Recht, ein solches Bemühen von den katholischen Medien der sozialen Kommunikation zu erwarten. Ihr werdet euch eurerseits bemühen, alles Mögliche zu tun, um nicht nur sicherzustellen, daß Glaube und Moral unverkürzt gewahrt werden, sondern auch, daß der Glaube der Katholiken vertieft und in der weiter reichenden Gemeinschaft durch die katholischen Medien bekanntgemacht wird. Als Teilhaber am Dienst des Wortes haben die mit den sozialen Kommunikationen Befaßten ihrerseits das Recht auf die Ausbildung und die seelsorgliche Betreuung, die sie als Hilfe brauchen, um in Treue zur Kirche ihre Verantwortung wahrzunehmen.
Liebe Brüder, als „Moderatoren“ des gesamten Dienstes am Wort in euren Diözesen sucht ihr ständig nach Wegen, die gesunde Lehre und die christliche Ausbildung zu fördern und anzuregen. Wenn ihr euch dieser Aufgabe eifrig und wachsam widmet, dürft ihr darauf vertrauen, daß der Geist die Kirche immerdar im Glauben führt und weiht, so daß sie ihren Lehrauftrag erfüllen kann. Möget ihr und die Mitglieder eurer Ortskirchen immer die Fülle der Gaben des Geistes zum Aufbau des Leibes Christi und zur Umformung der Welt im Geist des Evangeliums erfahren. Einem jeden von euch erteile ich von Herzen meinen Apostolischen Segen.

Die Evangelisierung fordert Einsatz in vielen Bereichen

Ansprache an die Bischöfe von Benin bei ihrem Ad-limina-Besuch am 3. März

Liebe Brüder im Bischofsamt!

1. Mit großer Freude empfange ich euch an diesen Stätten bei Gelegenheit eures Besuches „Ad-limina" und ich danke lebhaft Erzbischof Christophe Adimou von Cotonou, Präsident der Bischofskonferenz von Benin, für die so liebenswürdigen Begrüßungsworte, die er in eurem Namen an mich gerichtet hat.
Die heutige Begegnung ist von einer uns gemeinsamen pastoralen Sorge veranlaßt, denn die Verkündigung des Evangeliums auf der ganzen Erde kommt der Gesamtheit der Hirten zu. Um die Worte des II. Vatikanischen Konzils aufzugreifen, müssen die Bischöfe „in Arbeitsgemeinschaft untereinander und mit dem Nachfolger Petri treten, dem das hohe Amt, den christlichen Namen auszubreiten, in besonderer Weise übertragen ist" (*Lumen gentium*, Nr. 23).
Wie steht es also in Benin mit dieser Verbreitung des christlichen Namens? Wie steht es in eurem Land mit der Verkündigung des Evangeliums? Ihr habt das in den Fünfjahresberichten ausgeführt, die ihr in Rom vorgelegt habt, und ich wünsche aus ganzem Herzen, daß eure Pilgerfahrt zu den Gräbern der Apostel, eure Begegnungen und der Austausch mit den Mitgliedern der verschiedenen Dikasterien euch neue Begeisterung für den anspruchsvollen Dienst am Volk Gottes geschenkt hat.

2. Nach den Bemühungen der Pioniere des Evangeliums und ihrer Nachfolger ist die Kirche in eurem Lande größer geworden, angefangen bei den Bewohnern von Benin selbst. Sie hat ihre Priester, ihre Bischöfe und einen Kardinal. Die Priesterberufe nehmen zu und bezeugen die Lebenskraft der christlichen Gemeinschaften. Die Kirche hat in ihrem Schoß engagierte Laien gefunden, die Katechisten ihrer Brüder und Schwestern werden wollen. Sie hat Ordensmänner und Ordensfrauen; sogar das kontemplative Leben ist durch Männer- und Frauenklöster vertreten und gibt damit dem Ganzen der Ortskirche den Charakter des Erwachsenseins.
Euer Bemühen um brüderliche Liebe, unterscheidendes Merkmal der Jünger Christi, zeigt sich weiter in den sozialen Werken und im Gesundheitsbereich. Die Förderung der Frau liegt euch am Herzen. Ihr möchtet zugleich immer mehr zum Wohlergehen eures Landes in Gerechtigkeit und Frieden sowie in einer fortschreitenden Inkulturation der dem Evangelium gemäßen Werte beitragen.
Für alle diese Früchte einer ersten Evangelisierung sagen wir Gott Dank, aber auch den Männern und Frauen, die in der Vergangenheit seine Werkzeuge gewesen sind. Im gleichen Geist der Danksagung beauftrage ich euch, allen zu danken, die heute die Missionsarbeit übernommen haben: den Priestern und ihren Helfern, den Ordensleuten und den Katechisten. Ich bitte euch ferner, den Mönchen und Nonnen die Dankbarkeit der Kirche für das Beispiel auszusprechen, das sie für das ständige Suchen nach Gott und seinem Reich geben. Wenn ihr damit allen den herzlichen Gruß des Papstes ausrichtet, sprecht

ihnen zugleich seine Hochachtung für ihre Arbeit aus und seine Ermunterung, weiter mit der Evangelisierung in der Tiefe forzufahren, die ja nie zu Ende geht, weil die zu entdeckende Botschaft zu groß und der Wandel, den Gott hier von uns erwartet, zu radikal ist.

3. Will sie weiter evangelisierend wirken, um ihre Dynamik und ihre Glaubwürdigkeit zu wahren, dann muß sich die Kirche ständig selbst evangelisieren. Eins der ermutigenden Zeichen des lebensspendenden Wirkens des Geistes Gottes heute besteht gerade in diesem Bemühen um Vertiefung des Glaubens, dem man bei vielen in der Seelsorge Tätigen, zumal bei den Laien begegnet.
Die letzte Synode der Bischöfe im vergangenen Jahr hat in ihrer Botschaft an das Volk Gottes das Bedürfnis nach Ausbildung hervorgehoben, das von allen empfunden wird, die sich aktiver in den Dienst der Gemeinschaft der Kirche stellen möchten und erklärt: „Die integrale Bildung aller Gläubigen, Laien, Ordensleute und Priester, muß heute eine pastorale Priorität werden“ (*Botschaft der Synodenväter an das Volk Gottes*, Nr. 12).
Ich lade euch, liebe Brüder, ein, möglichst gut auf diesen Wunsch der Synodenväter einzugehen, indem ihr die Gläubigen zum Hören und Betrachten des Wortes Gottes, wie es in der Tradition der Kirche aufbewahrt und vom Lehramt erklärt wird, ermuntert, damit sie so immer fruchtbarer zu den Sakramenten hinzutreten können.

4. Nun möchte ich ein Wort zu der erheblichen Arbeit sagen, die eure priesterlichen Mitbrüder, Welt- und Ordenspriester, bei der Evangelisierung eures Landes leisten.
Das christliche Volk von Benin hängt an seinen Hirten und erwartet von ihnen viel. Mögen die Priester weiter das Wort Gottes deutlich verkünden können mit einem brennenden Glauben und persönlichem Engagement. Sie tragen eine einmalige Verantwortung für die Verkündigung der Barmherzigkeit Gottes, um den Menschen durch ihre Anteilnahme als Hirten die zärtliche Liebe Christi nahezubringen. Als Diener der Sakramente, zumal der Eucharistie und der Versöhnung, bringen sie sie in Kontakt mit unserem Herrn Jesus Christus, der reich an Barmherzigkit ist. In dieser Fastenzeit ist es angebracht, an die Aufforderung zu erinnern, sich mit Gott durch die Vermittlung des Priesters versöhnen zu lassen.
Ich freue mich über die wachsende Zahl der Berufungen, spreche aber den Wunsch aus, daß ihr immer um die Qualität der Ausbildung für das Priestertum besorgt seid. Mögen die Seminaristen ein inniges Verhältnis zu Christus gewinnen, das auf die Eucharistie ausgerichtet und vom Gebet und der Betrachtung des Wortes Gottes genährt ist, so wie es das II. Vatikanische Konzil empfohlen hat: „Die geistliche Formung soll mit der wissenschaftlichen und pastoralen Ausbildung eng verbunden sein. Unter Anleitung vor allem des Spirituals sollen die Alumnen lernen, in inniger und steter Gemeinschaft mit dem Vater durch seinen Sohn Jesus Christus im Heiligen Geist zu leben“ (*Optatam totius*, Nr. 8).
Eines der dringlichen Bedürfnisse, das zahlreichen Kirchen bewußt wird, ist die Verfügbarkeit von gut für ihre Arbeit der Ausbildung von Seminaristen vorgebildeten Erziehern. Die Hilfe von Ordensleuten und auswärtigen Priestern aus spezialisierten Institutionen bleibt für eine qualifizierte Ausbildung sehr wichtig. Im Glauben geeint und in der

Tradition der Kirche verwurzelt, sollen sie, die die Werte der örtlichen Kultur integrieren können, um so alle Bereiche der Persönlichkeit zu prägen, das Gefühlsleben ebenso wie die Intelligenz, auf diese Weise wahre Hirten und Apostel Jesu Christi heranbilden.
Was die Priester aus Benin angeht, die zur Vervollkommnung ihrer intellektuellen Ausbildung ins Ausland geschickt werden, müßten sie nach Abschluß ihrer Studien Gelegenheit bekommen, auch ihrerseits einen Platz innerhalb dieses wichtigen Dienstes der Ausbildung von Priesteramtskandidaten auszufüllen.

5. In eurem Land unterhält die katholische Kirche im allgemeinen gute Beziehungen zu den nichtkatholischen religiösen Gruppen. Mögen eure Beziehungen zu den Brüdern und Schwestern, die nicht den gleichen Glauben teilen, zu einer immer konstruktiveren Übereinstimmung zur Ehre Gottes und zum Wohl der Gläubigen hinführen.
Bei dieser Gelegenheit möchte ich erneut die tiefe Achtung der katholischen Kirche gegenüber den nichtchristlichen Religionen betonen, zumal gegenüber solchen, bei denen „die Gottsuche von Millionen deutlich wird, ein unvollkommenes Suchen, aber oft gelebt mit großer Aufrichtigkeit und Lauterkeit des Herzens“. So schrieb mein Vorgänger, Papst Paul VI. (*Evangelii nuntiandi*, Nr. 53).
Da außerdem der Heilsplan alle Menschen umfaßt, besteht zwischen Christen und Nichtchristen eine Grundlage für brüderlichen und friedlichen Austausch. Laßt mich euch daher ermuntern, zugleich den Dialog und die Verkündigung des Evangeliums weiterzuführen. Wie ich am 28. April 1987 den Mitgliedern des Sekretariates für die Nichtchristen gesagt habe, „kann es nicht die Frage sein, das eine zu bejahen, das andere aber zu ignorieren oder abzulehnen. Gerade in Situationen, in denen sich die Verkündigung unseres Glaubens als schwierig erweist, müssen wir den Mut haben, von Gott zu sprechen, der das Fundament dieses Glaubens ist, der Grund unserer Hoffnung und die Quelle unserer Liebe“.

6. Wenn es einen Bereich gibt, in welchem das Evangelium es schwer hat, mit all seinen Forderungen durchzudringen, so ist es gewiß der Bereich der Familie, und ihr seid euch des langen noch zurückzulegenden Weges bewußt, wenn die Struktur der Familie in Übereinstimmung mit der Würde der Frau gediegen nach dem Plan Gottes aufgebaut werden soll. Dennoch ist es Pflicht der Kirche, weiter auf einen schrittweisen Aufbau der christlichen Ehe hinzuarbeiten, wo die Gatten sich gegenseitig mit absoluter Liebe hingeben, die also einmalig und exklusiv ist.
Als privilegierter Ort im Leben ist die Familie auch der Bereich, in welchem der erste Aufruf zur Mission vernehmbar wird. Lassen wir daher die Eltern nicht mutlos werden, wenn sie den christlichen Sinn für die Familie entwickeln sollen: durch sie und in der Umgebung einer liebenden Familie entsteht in den Kindern das Bewußtsein zur Sendung berufen zu sein: als engagierte Laien, als gottgeweihte Personen im Ordensstand oder als Priester im Dienst des Volkes Gottes.

7. Zum Schluß, liebe Brüder, bietet diese Begegnung mir Gelegenheit, dem Volk von Benin meine Verbundenheit auszusprechen und meine Solidarität mit ihm auf seinem weite-

ren Weg zum Fortschritt. Ich fordere erneut alle Katholiken auf, sich aktiv an der echten Entwicklung ihres Landes zu beteiligen, indem sie die Soziallehre der Kirche in die Praxis umsetzen. In meiner jüngsten Enzyklika bei Gelegenheit des zwanzigsten Jahrestages von *Populorum progressio* habe ich gesagt: „Ihre Soziallehre vorzutragen und zu verbreiten, ist Teil des Verkündigungsauftrags der Kirche" (*Sollicitudo rei sozialis*, Nr. 41).
Mein Wunsch ist, die Gedanken, die ich euch eben vorgelegt habe, mögen euch im Glauben erneuern, in der Hoffnung befestigen und in euch die Liebe zu Gott und zum Nächsten stärken.
Im Marianischen Jahr empfehle ich euch der mütterlichen Sorge unserer Lieben Frau und erteile euch meinen Apostolischen Segen, der auch euren Priestern, den Ordensleuten und allen Gläubigen Benin gelten soll.

Sorgen um den Glauben

Ansprache an die bayerischen Bischöfe und den Bischof von Fulda anläßlich ihres Ad-limina-Besuches am 16. Januar

Liebe Mitbrüder im Bischofsamt!

1. Im Mai des vergangenen Jahres bin ich euch und den Katholiken eures Landes bei meinem zweiten Pastoralbesuch in der Bundesrepublik Deutschland begegnet. Ich freue mich, daß ihr nun nach dem altehrwürdigen Brauch der Visitatio liminum Apostolorum gemeinsam eine Art Gegenbesuch macht und zum Zentrum der Weltkirche kommt. Unsere Begegnungen sind jeweils ein Zeugnis der tiefen Einheit der Kirche und der festen, unzerstörbaren Gemeinschaft des Kollegiums der Bischöfe mit dem Papst als dem Nachfolger Petri. Ich heiße euch von Herzen willkommen und hoffe, daß euer Besuch an den Gräbern der Apostel Petrus und Paulus sowie eure Gespräche in den Dikasterien der römischen Kurie zusammen mit unserem brüderlichen Austausch in Gebet und gemeinsamen Beratungen zu einer Quelle ungeminderten pastoralen Eifers für eure Bistümer und die ganze Weltkirche werden.
In euch grüße ich heute die erste Gruppe eurer Bischofskonferenz, nämlich die Bischöfe Bayerns aus Augsburg, Bamberg, Eichstätt, München und Freising, Passau und Würzburg. Die Bischöfe von Fulda und Speyer haben sich euch angeschlossen. Ganz besonders begrüße ich die Metropoliten eurer Region, Friedrich Kardinal Wetter von München und Freising und Erzbischof Elmar Maria Kredel aus Bamberg. Mit euch sind die Weihbischöfe gekommen, die euch in der pastoralen Sorge treu und hilfreich zur Seite stehen. Auch euch, liebe Mitbrüder, heiße ich hier in Rom herzlich willkommen.
Bei meinem Pastoralbesuch im vergangenen Jahr hat mich der unvergessene Vorsitzende eurer Bischofskonferenz, Joseph Kardinal Höffner, unermüdlich überallhin begleitet. Wer hätte gedacht, daß er schon damals von einer heimtückischen Krankheit erfaßt war und wenige Wochen später langsam dem gewissen Tod entgegengehen mußte. Dankbar gedenke ich nun am Beginn eurer Ad-limina-Besuche nochmals seiner außerordentli-

chen Gestalt. Er war ein mutiger Zeuge des Glaubens und hatte für seine Erzdiözese Köln, für die Deutsche Bischofskonferenz und auch für die Weltkirche eine herausragende Bedeutung. Haltet sein Gedächtnis in Ehren und lebt aus dem Geist der Gerechtigkeit und der Liebe, dem er stets verpflichtet gewesen ist.
Meine Ansprache an die deutschen Bischöfe in den drei Gruppen möchte ich unter den Leitgedanken der Sorge um den Glauben, um das christliche Leben in den Pfarrgemeinden und um das Zeugnis christlichen Lebens in der Welt stellen. Wenn ich mich auch vor jeder Gruppe nur auf einen Themenkreis beschränken muß, so sind jedoch meine jeweiligen Ausführungen immer an eure ganze Bischofskonferenz gerichtet. Nehmt darum die ganze Ansprache als Anregung und Hilfe für euren pastoralen Dienst in euren Diözesen und eure gemeinsame Arbeit in eurem Land.

2. Bei unserer heutigen ersten Begegnung möchte ich also die Sorge um den Glauben besonders eurer Aufmerksamkeit und eurem Dienst als verantwortliche Oberhirten des Volkes Gottes anempfehlen.
Die Pastoral hat zu jeder Zeit viele und dringliche Aufgaben. Ihr wißt, wie viele Nöte und Probleme heute existieren, die Antwort von uns verlangen. Gerade ihr in der Bundesrepublik Deutschland habt wegen eurer guten äußeren Bedingungen die Möglichkeit, viele Dienste einzurichten und aufzubauen, um diesen Aufgaben Rechnung zu tragen. Wenn man die vielfältigen kirchlichen Einrichtungen und Aktivitäten in euren Bistümern und im ganzen Land betrachtet, so gibt es gewiß viel Anlaß zur Dankbarkeit. Doch müßt ihr als Bischöfe darüber wachen, daß diese vielen Dienste ihre Gestalt, ihre innere Ordnung und ihre Richtung vom Maß des Glaubens her empfangen, damit sie nicht am Ende beziehungslos oder vielleicht sogar widersprüchlich nebeneinanderstehen und so letztlich unfruchtbar bleiben. Es ist eine primäre Aufgabe der Bischöfe, durch ihre verantwortungsbewußte und umsichtige Leitung diese vielen Aktivitäten und Dienste immer wieder auf das eine wesentliche Ziel hinzuordnen: die Sorge um die unverkürzte Weitergabe des Glaubens und um seine stetige Vertiefung. So ist stets zu prüfen, ob das, was in der Kirche in den verschiedenen Bereichen geschieht, wirklich in die innerste Mitte unseres Glaubens hineinführt. Es gibt gerade heute auch viele Aufgaben im Vorraum der Kirche und in ihrer gesellschaftlichen Diakonia, die für eine Re-Evangelisierung des privaten und öffentlichen Lebens in Familie und Gesellschaft notwendig sind; aber sie müssen eine innere Dynamik aufweisen, die konkret und überzeugend zu einer Intensivierung des Glaubensvollzugs führt und nicht bei den unumgänglichen „Praeambula“ stehenbleibt. Die Mitte eurer Hirtensorge muß immer und überall vorrangig das Leben des Glaubens in den Herzen der einzelnen und in euren Gemeinden und Diözesen sein. Damit habt ihr auch ein wichtiges Kriterium für die „Nützlichkeit“ vieler Aktivitäten und Dienste: Alles, was geistlich „auferbaut“ im Sinne des Völkerapostels (vgl. *1 Kor* 12–14), ist auch nützlich für das Leben des Glaubens in der Kirche.
Ihr habt, liebe Mitbrüder, als Bischöfe Verantwortung für diesen Glauben in einer mit Gütern der Zivilisation gesegneten Industrienation. Die Menschen eures Landes haben – im Vergleich mit den meisten Menschen in anderen Völkern – gute Lebensbedingungen und ein sehr hohes Maß an Freiheit. Doch sind diese an sich guten Umstände dem Le-

ben des Glaubens leider nicht gleichermaßen zugute gekommen. Im Gegenteil, das Ausmaß der Säkularisierung ist bei euch im Leben des einzelnen, der Familie und nicht zuletzt in der Öffentlichkeit weit fortgeschritten. Der Sinn für die Transzendenz und für den lebendigen Gott scheint bei vielen Menschen kaum noch vorhanden zu sein. Der Kirchenbesuch, der erwiesenermaßen ein feinfühliger Gradmesser der meisten Lebensäußerungen im Bereich der Kirche ist, hat über die letzten Jahrzehnte spürbar nachgelassen. Der Glaube hat vor allem im Alltag der Familien an Kraft verloren, so zum Beispiel im täglichen Gebet. Darum ist es nicht verwunderlich, daß bei der Weitergabe des Glaubens an die kommenden Generationen zwischen den Eltern und den Kindern zum Teil eine tiefe Kluft entstanden ist; eine Situation, die manche bei euch geradezu als „dramatisch“ bezeichnen.

3. Dieser Situation und den sich daraus ergebenden Aufgaben hat sich die Kirche in eurem Land heute zu stellen. Ihr müßt die Ursachen gründlich erforschen und alles tun, um mit gemeinsamen Anstrengungen eine Wende zum Besseren zu schaffen. Ich bin dankbar, daß ihr schon eine Reihe von trefflichen Maßnahmen eingeleitet habt, die auch für andere Länder von Bedeutung sein können. Euer „Katholischer Erwachsenenkatechismus“, dessen erster Teil dem Glaubensbekenntnis der Kirche gewidmet ist, ist eine gute Hilfe bei der notwendigen Aufgabe, die oft verlorengegangenen Grundlagen des Glaubens zurückzugewinnen. Ich denke an die verschiedenen Initiativen in der sogenannten „Gemeindekatechese“, um die Kinder und Jugendlichen, die oft dem Leben des Glaubens fernstehen, gut und wirkungsvoll zu den Sakramenten hinzuführen. Es ist ein hoffnungsvolles Zeichen, daß viele hilfsbereite Laien dabei mitarbeiten. Sorgt dafür, daß sie für ihre katechetische Aufgabe gut vorgebildet sind und mit den Pfarrern harmonisch zusammenarbeiten. Nutzt weiterhin die sich euch bietenden vielfältigen Chancen für eine vertiefte Glaubensvermittlung in euren zahlreichen Kindergärten, im schulischen Religionsunterricht bis hin zur Theologischen Erwachsenenbildung. Von besonderer Wichtigkeit für die Weitergabe eines lebendigen Glaubens, der den heutigen Fragen der Menschen auf überzeugende Weise standzuhalten vermag, ist vor allem eine entsprechende gründliche Vorbereitung der Priester und der pastoralen Mitarbeiter selbst, denen diese wichtige Aufgabe von Berufs wegen obliegt, wie auch ihre ständige Weiterbildung, damit sie imstande sind, das Glaubensgespräch mit unseren Zeitgenossen fruchtbar zu führen und ihnen die Frohe Botschaft Jesu Christi überzeugend zu verkünden. In diesem Zusammenhang möchte ich an die große Verantwortung der wissenschaftlichen Theologie für die Vergegenwärtigung des Glaubens erinnern. Ihrer großen Tradition kann die Theologie in eurem Lande nur dann gerecht werden, wenn sie über alle Spezialisierungen hinaus und durch sie hindurch die Vernunft des Glaubens sichtbar macht, Ermutigung zum Glauben in und mit der Kirche wird, so daß Menschen auch heute dankbar und froh mit dem Psalmisten sagen können: „Bei Dir ist die Quelle des Lebens, in Deinem Licht schauen wir das Licht“ (*Ps* 36,10).
Entsprechend eurer bisherigen Bemühungen möchte ich euch heute neu ermutigen und aufrufen, euch mit dem Prozeß der Säkularisierung und der Aushöhlung des Glaubenslebens nicht abzufinden. Kämpft im Geist des Zweiten Vatikanischen Konzils und in Ge-

meinschaft mit dem obersten Lehramt der Kirche mit allen Mitteln, über die ihr so reichlich verfügt, entschlossen dagegen an. Ihr seid es nicht nur der Wahrheit unseres Glaubens und eurem Amt, sondern der oft verborgenen Suche nach Wahrheit und Sinn der Menschen, besonders der Jugendlichen, schuldig. Dazu ist es notwendig, daß ihr euch immer wieder auf die lebendige Mitte des Glaubens konzentriert, um von ihr her die Schönheit und Tiefe aller Wahrheiten neu zu erkennen und zu verkünden.

4. Zu dieser Wahrheit des Glaubens gehört wesentlich auch das christliche Ethos. Ihr wißt, wie mannigfach gefährdet heute die sittlichen Überzeugungen der Menschen sind. Ihr habt in eurem Land viele Jahre über die gemeinsamen Maßstäbe diskutiert, die trotz der Freiheit in Fragen der Religion und der Weltanschauungen die Menschen in derselben Gesellschaft verbinden. Die allgemeine Anerkennung der sogenannten „Grundwerte“, die ein menschenwürdiges Zusammenleben ermöglichen, scheint in den modernen Gesellschaften immer mehr zu schrumpfen. Ein rücksichtsloses Streben nach Macht und Reichtum, ein ungezügeltes Geltungsbedürfnis und ein unkontrollierter Umgang mit der menschlichen Sexualität werden dem heutigen Menschen zunehmend zum Verhängnis und zum sittlichen Ruin. Bemüht euch darum in der Verkündigung und in der Glaubensunterweisung mit Nachdruck um die Vermittlung authentischer sittlicher Normen. Seid besonders wachsam, wenn auch im Raum der Kirche moralische Verhaltensregeln propagiert oder faktisch verbreitet werden, die sich weitgehend den Triebbedürfnissen der Menschen anpassen, aber die wahre Freiheit eines Christen verraten. Verzicht und Geduld, Reifenlassen und Standfestigkeit dürfen nicht zu Fremdwörtern in unserem täglichen Leben werden, besonders auch nicht in der Gestaltung der menschlichen Sexualität.
Die Moraltheologen haben heute eine besonders große Verantwortung, nicht nur weil sie vor neuen und schwierigen Herausforderungen stehen, sondern weil unklare oder gar falsche Lehrmeinungen im Bereich der Moral bei den Gläubigen zu besonderer Verwirrung führen – rascher und schwerwiegender als in Fragen von mehr theoretischem Charakter. Ihr müßt es daher als einen zentralen Punkt eurer bischöflichen Verantwortung in dieser unserer Zeit ansehen, dafür zu sorgen, daß die Moraltheologie wirklich von den reinen Quellen des Glaubens der Kirche her denkt, die suchenden Menschen führt und ihnen hilft, von dort her ihr Leben zu gestalten. Demgemäß werdet ihr alles tun, damit eure Moraltheologen eindeutig und auf überzeugende Weise das verbindliche Ethos der christlichen Botschaft lehren. Dazu gehört auch, daß sie den authentischen Sinn der lehramtlichen Dokumente über sittliche Grundfragen – in spezieller Weise jene, welche Ehe und Familie betreffen (*Humanae vitae* und *Familiaris consortio*) – in den Verständnishorizont eurer Gesellschaft übersetzen und für das konkrete Leben der Menschen fruchtbar machen. In diesem Sinne hat sich schon der verstorbene Kardinal Höffner in den letzten Jahren seines Lebens ganz eindeutig geäußert.

5. Liebe Mitbrüder im Bischofsamt! Unsere gemeinsame Sorge um den Glauben in unseren Diözesen und Gemeinden muß in einer besonderen Weise und gewissermaßen auch vorrangig unsere Sorge um die Lehrer und Verkünder des Glaubens sein, um unsere Prie-

ster und deren Mitarbeiter im pastoralen Dienst und um genügend Priesternachwuchs. Seid als Vater und Freund euren Priestern zur Seite in den vielfältigen und mühevollen Aufgaben ihres Amtes. Sorgt euch mit ihnen zusammen um eine angemessene Pastoral der geistlichen Berufe. Und kümmert euch mit besonderer Umsicht um die Priesterseminare und die Ausbildungsstätten künftiger pastoraler Mitarbeiter, um die Theologischen Hochschulen und Fakultäten. Sie sollen die künftigen Lehrer und Verkünder des Glaubens zuverlässig unterrichten in der philosophischen und theologischen Wissenschaft. Eine solide theologische Grundausbildung ist unbedingt notwendig. Sie darf nicht einem verkürzten und oft überschätzten Praxisbezug geopfert werden. Achtet auf eine gediegene Lehre durch gut ausgebildete Dozenten. Aller Ausbildung und allen pastoralen Bemühungen zugrunde aber liege eine tiefe und überzeugende Spiritualität. Ihre Mitte sei die Hinführung zum Gebet sowie ein Leben und Wirken aus dem Gebet. Die Orden mit ihren kirchlich anerkannten geistlichen Traditionen und die neueren geistlichen Bewegungen sind dabei für Priester und Laien eine sehr große und heute unentbehrliche Hilfe.
Eure bayerischen Diözesen sind zudem noch Träger der einzigen Universität päpstlichen Rechts im deutschen Sprachraum, der Katholischen Universität Eichstätt. Ich möchte euch für die Bemühungen, welche ihr für diese Universität einsetzt, aufrichtig danken und euch zugleich ermutigen, den weiteren Ausbau dieser Hochschule zu fördern. Es wäre vielleicht sogar wünschenswert, wenn nicht nur die bayerischen, sondern alle deutschen Diözesen sich für diese Universität verantwortlich fühlen würden. Da Deutschland eine in der ganzen Welt bekannte Universitätstradition hat, scheint eine katholische Universität gerade auch in eurem Land für die Kirche von besonderer Bedeutung zu sein.

6. Indem ich diesen ersten Teil meiner Überlegungen anläßlich eures Ad-limina-Besuches, zusammen mit den später noch folgenden, nun euren weiteren persönlichen und gemeinsamen Beratungen und Schlußfolgerungen anvertraue, danke ich euch, liebe Mitbrüder, zum Schluß noch von Herzen für euer treues Zeugnis von Glaube, Hoffnung und Liebe in euren Diözesen. Grüßt eure noch lebenden Vorgänger im bischöflichen Amt, die verdienten Altbischöfe von Bamberg und Speyer: Josef Schneider und Isidor Markus Emmanuel sowie von Passau und Fulda: Anton Hofmann und Eduard Schick. Grüßt alle Gläubigen, vor allem eure Priester und Diakone sowie alle, die sich mit ihnen im Dienst an der Kirche aufopfern. Grüßt alle eure Mitarbeiter, gleich, an welcher Stelle sie sich abmühen: in der Pastoral, in der Caritas, in der Glaubensunterweisung, in der theologischen Wissenschaft, in der Verwaltung. Ganz besonders grüße ich durch euch die Frauen und Männer in den Orden und Kongregationen sowie in den Säkularinstituten und geistlichen Gemeinschaften. Ich bete zu Gott, daß ihr entschiedenes Leben im Geist der Nachfolge Jesu Christi reiche Frucht bringe für sie und die ganze Kirche.
Für Gottes bleibenden Schutz und Beistand erteile ich euch und allen eurer bischöflichen Hirtensorge anvertrauten Gläubigen, besonders auch den Kindern und Alten sowie allen Kranken und Leidenden von Herzen den Apostolischen Segen.

Das christliche Leben in den Pfarrgemeinden erneuern

Ansprache an die Bischöfe der west- und norddeutschen Kirchenprovinzen anläßlich ihres Ad-limina-Besuchs am 23. Januar

Liebe Mitbrüder im Bischofsamt!

1. Nachdem ich bereits in der vergangenen Woche eine erste Gruppe von Oberhirten eurer Bischofskonferenz mit ihren Weihbischöfen zum diesjährigen Ad-limina-Besuch empfangen konnte, grüße ich euch heute, die zweite Gruppe aus Nordwestdeutschland: Die Bischöfe von Aachen, Essen, Hildesheim, Münster, Osnabrück und Paderborn sowie den Diözesanadministrator des Erzbistums Köln. Ein besonderer Gruß gilt dem Metropoliten unter euch, Erzbischof Degenhardt. Zusammen mit euch gedenke ich des jüngst verstorbenen früheren Bischofs von Osnabrück, Helmut Hermann Wittler, den ihr erst vor vierzehn Tagen zu Grabe getragen habt. Gott schenke diesem verdienten Oberhirten seinen ewigen Frieden; ebenso seinem treuen Diener Kardinal Joseph Höffner, dessen hochverehrter Person ich schon vor der ersten Bischofsgruppe mit Dankbarkeit gedacht habe. Einen brüderlichen Willkommensgruß richte ich dann auch an die Weihbischöfe, die auch bei dieser Gruppe zahlreich vertreten sind.

2. In einem ersten Teil meiner Gesamtansprache an eure Bischofskonferenz habe ich zu eurer ersten Gruppen von der Sorge um den Glauben gesprochen; mit euch möchte ich das christliche Leben in den Pfarrgemeinden besonders bedenken.
Das II. Vatikanische Konzil hat Anstöße gegeben, um das Nachdenken über die Gemeinschaft der Gläubigen auf Pfarr- und Diözesanebene anzuregen und das Leben in ihr zu erneuern. In eurem Land ist dies besonders intensiv geschehen. Ihr konntet dabei auf viele gute Erfahrungen zurückgreifen, die schon vor jener Kirchenversammlung gewachsen waren, wie zum Beispiel die liturgische Bewegung und die Erneuerung des Laienapostolats. Viele Mühen gelten dem inneren und äußeren Aufbau lebendiger Pfarrgemeinden.
Besonders fruchtbar hat sich dies für die Gestaltung der Gottesdienste und Sakramente erwiesen. Achtet jedoch darauf, daß die Normen der liturgischen Erneuerung auch überall beachtet werden. Sonst entstehen leicht bedauerliche Mißverständnisse: Manche lasten dem Konzil und der liturgischen Erneuerung an, was in Wirklichkeit nicht Absicht der Kirche ist, sondern auf einzelne, die willkürlich handeln, zurückgeht. Jeder, der am liturgischen Handeln der Kirche mitwirkt, muß sich bewußt bleiben, daß er einen heiligen Dienst tut, der verlangt, daß der einzelne sich einfügt in das Ganze der betenden Kirche und in die ihm zugewiesene Aufgabe.
Er muß sich dabei vor jeder Überbetonung der eigenen Person hüten. Auf der Grundlage solcher Dienstbereitschaft kann dann jeder gewiß auch seine persönliche Fähigkeit einbringen. Vor allem der Priester darf nie vergessen, daß er „im Namen und in der Person Jesu Christi handelt“, wie eine lange Überlieferung lehrt. Er muß ganz zurücktreten können hinter dem Herrn, den er verkündigt.
Sorgt also für diese grundlegende Spiritualität aller Ämter und Dienste, die im Gottesdienst Aufgaben wahrnehmen. Sonst besteht die Gefahr, daß das heilige Geschehen der

Liturgie zu einem bloßen Menschenwerk verflacht. Gottesdienst ist wesentlich auf Anbetung und Lobpreis hingeordnet. Wir danken Gott für seine Gaben und empfangen sie durch sein Handeln. Dies kann, wie der Reichtum der Kirche an Gebeten und Riten zeigt, auf vielfache Weise geschehen. Beachtet auch Zeiten für Stille und Schweigen, für Besinnung und persönliches Gebet in den Gottesdiensten. Das gesprochene und verkündigte Wort muß aus dem Wurzelboden der Anbetung und des ehrfürchtigen Schweigens erwachsen.
Ich bin euch dankbar, daß ihr immer wieder – zum Teil auch in ökumenischen Verlautbarungen mit den evangelischen Kirchen – auf die Heiligung des Sonntags und seine Bedeutung für eine wahrhaft menschliche Kultur hinweist. Die Eucharistiefeier der Pfarrgemeinde ist dabei ein Höhepunkt, der durch nichts vollgültig ersetzt werden kann. Darum stütze ich euch darin, daß ihr diese Einzigartigkeit der sonntäglichen Eucharistiefeier auch im Blick auf den Wunsch nach vermehrten ökumenischen Gottesdiensten beachtet.

3. Die Erneuerung der Pfarreien hat den Kern der Gemeinden vielerorts lebendiger gemacht. Zahlreiche Gläubige arbeiten dort ehrenamtlich mit und stellen ihre Gaben und Dienste den Pfarrgemeinden zur Verfügung. Bischöfe und Priester können dankbar und froh sein, wenn sich so viele Christen an ihrer Seite zum aktiven Zeugnis ihres Glaubens bereiterklären. Dankt ihnen auch in meinem Namen für diesen Einsatz! Der gleiche Dank gilt aber auch den jungen Männern und Frauen, die einen hauptamtlichen Beruf im Zusammenwirken mit den Priestern und Diakonen in der direkten Pastoral der Kirche anstreben und dafür die verschiedenen Ausbildungswege bis hin zum theologischen Vollstudium einschlagen. Gewiß gibt es in diesem Bereich manche praktische Schwierigkeiten bei der genaueren Aufgabenumschreibung wie bei der notwendigen Zusammenarbeit mit dem Seelsorgeklerus. Dies alles sollte aber nicht die Freude darüber mindern, daß hier durchaus echte geistliche Berufungen vorliegen, die eine besondere Prüfung, Pflege und Förderung durch das Hirtenamt verdienen.
Wir sind dankbar, daß es bei euch Entwicklungen gibt, die Anlaß zu Freude und Anerkennung sind. Allerdings sind auch einige negative Tendenzen nüchtern zu sehen: Der Kirchenbesuch ist in den letzten Jahrzehnten ständig zurückgegangen, obwohl die Menschen immer mehr Freizeit haben; die Distanzierung vieler Getaufter vom konkreten Leben der Kirche nimmt zu. Ihr wißt darum und habt schon manches dagegen unternommen. Schreckt aber vor dem schwierigen Werk sogar einer Neu-Evangelisierung eurer Heimat nicht zurück! Wenn heute manche Menschen nicht mehr zur Kirche finden, muß die Kirche sie aufsuchen. Wir müssen uns auch um diejenigen kümmern, die nur noch selten oder gar nicht mehr bei uns sind. Die Pastoral in unseren modernen Industriestaaten muß heute von Grund auf missionarisch sein. Wir dürfen uns nicht mit der kleinen Herde besonders Getreuer begnügen, sondern müssen immer wieder alle einladen und um sie werben. Ihr folgt dabei dem Beispiel Christi, der für alle gestorben ist und keinen verlorengehen lassen wollte.

4. Evangelisierung vollzieht sich zunächst in der öffentlichen Verkündigung der Kirche in Katechese und Predigt auf den verschiedensten Ebenen und in vielfältigen Formen; sie verlangt aber dann vor allem auch das persönliche Zeugnis in der zwischenmenschlichen

Begegnung: theologische Forschung und kirchliche Verwaltung können dafür nur den Rahmen schaffen. Erst recht können technische Hilfsmittel den Kontakt von Mensch zu Mensch in der Verkündigung des Glaubens nicht ersetzen: Der Funke persönlicher Überzeugung muß vielmehr überspringen und im Mitmenschen den Glauben an Jesus Christus aufkeimen lassen oder vertiefen.

Wenn nun heute neue apostolische Bewegungen mit großem Elan die Frohe Botschaft vom Heil anderen lebendig und eindringlich nahebringen wollen, sollten ihnen jeder vertretbare Freiraum und viel Vertrauen geschenkt werden. Sie pflegen ihr Apostolat eigentlich nicht in den üblichen und allseits vertrauten Formen; auch will die letztlich notwendige Integration in die örtliche Seelsorgestrukturen und -konzepte nicht immer gleich von Anfang an gelingen. Dennoch verdienen solche Bewegungen grundsätzlich Anerkennung und Förderung, wie es auch die letzte Bischofssynode betont hat. Weltweit gesehen, haben sich solche neuen Wege der Evangelisierung bereits gut bewährt und erstaunliche Früchte erbracht. Der Heilige Geist hat euren Ortskirchen ein reich entfaltetes Laienapostolat in ständischer und beruflicher Gliederung geschenkt; derselbe Heilige Geist sendet euch heute neuartige Begabungen missionarischer Art, die dem Leben eurer Gemeinden frische Impulse geben möchten, ohne bisherige Initiativen und Gruppen zu mißachten oder gar zu verdrängen. Die Diözese und die Pfarrei bleiben die grundlegende Gemeinschaft der Seelsorge.

Wenn wir von Evangelisierung sprechen, müssen wir aber vor allem auch an die christliche Familie denken: Die von der Schöpfungsordnung vorgezeichnete Urzelle einer jeden menschlichen Gesellschaft ist auch der erste Ort für die Einübung in den Glauben. Die Familie ist der Raum der Begegnung der Generationen; in ihr müssen die sozialen Tugenden im täglichen Miteinander erlernt werden. In ihr wird Glaube persönliche Erfahrung und zugleich gemeinschaftliche Gestalt. Seelsorge muß deshalb darauf abzielen, die Familie zu stärken, sie gegen die Bedrohung familienfeindlicher Strömungen zu schützen und sie als gewachsene Ganzheit in den apostolischen Auftrag hineinzuführen.

5. Ein besonderes Anliegen, das ihr mit mir teilt, wird die Sorge um die junge Generation in der Kirche sein. Sie wird einmal das Erbe des Glaubens weitergeben müssen an die folgenden Generationen. Auf ihre innere Festigkeit und ihr Glaubenszeugnis wird es also ankommen. Müht euch mit allen Kräften um die jungen Menschen. Sie brauchen unser Vertrauen und das aufrichtige Gespräch mit den älteren. Nur so kann die Kluft zwischen Jung und Alt, die heute über das gewohnte Spannungsverhältnis hinauszugehen scheint, von beiden Seiten her überwunden werden. Zeigt den jungen Menschen, daß ihr ihnen Weggenossen seid, die ihre Fragen und Nöte aufnehmen, ihnen aber auch die Kraft des Evangeliums für ihr Leben bezeugen können. So sehr wir um die jungen Menschen von heute leidenschaftlich ringen müssen, so entschieden und eindeutig muß die Art sein, wie wir ihnen als Hirten begegnen. Achtet auf Verderber, die ihre ideologischen Irrtümer verführerisch anpreisen. Nehmt positive neue Erfahrungen junger Leute auf, zeigt ihnen aber nicht weniger, wo falsche Wege beginnen und welche Wege die Heilige Schrift und die christliche Überlieferung uns weisen. Stellt den Jugendlichen trotz des Mangels an Priestern doch genügend Seelsorger von besonderer Qualität zur Seite, die der Jugend

von heute die Kraft und Schönheit der biblischen Offenbarung und des Glaubens der Kirche überzeugend und begeisternd vermitteln können. Gebt aber auch dem Glaubenszeugnis junger Menschen selbst genügend Raum und hört ihre Meinung; denn „der Herr offenbart oft einem Jüngeren, was das Beste ist", wie der heilige Benedikt sagt.
Gewiß tut ihr gut daran, den Jugendlichen immer wieder zu helfen, ihr mit heißem Herzen betriebenes gesellschaftliches Engagement mit dem erprobten Fundament des christlichen Menschenbildes zu verbinden, wie es uns das Lehramt der Kirche mit dem Blick auf den Herrn und die Glaubensurkunden vorlegt. Seid euch aber auch bewußt – und gebt es im Gespräch mit den jungen Leuten auch zu –, daß wir Älteren manche neuen Werte und Optionen für ein gesichertes Weiterleben der Menschheit erst gesehen und zu schätzen begonnen haben, nachdem sie bereits von jungen Menschen entdeckt und vorgetragen worden waren. Ich denke hier vor allem an die Bereiche des Friedens, der Entwicklung der Völker und der Umwelt.

6. Sorge und Schmerz bereitet uns die Lage der Familie und vor allem die Zahl der Ehescheidungen, die auch unter den Katholiken eures Landes erschreckend hoch ist. Auch verweigern sich viele jungen Menschen zeitweilig oder sogar grundsätzlich der Lebensform der Ehe, obwohl sie wie Mann und Frau miteinander leben und wohnen. Die unwiderrufliche Treue in der Ehe, vor der Gesellschaft und der Kirche bekundet, ist dagegen das kostbarste Gut, das die Kirche als Gabe und Aufgabe ihres Herrn für das eheliche Zusammenleben der Menschen hüten muß. Darum führt auch die isolierte Forderung einer Zulassung von wiederverheirateten Geschiedenen zu den Sakramenten letztlich in die Enge. Eine Lösung der damit gegebenen Probleme wird eher in einer tieferen Vorbereitung junger Menschen auf das Geheimnis der Ehe vor allem als Sakrament zu suchen sein, und dies nicht nur für die betroffenen Brautleute selbst, sondern als ein Gebot der Glaubensunterweisung und Verkündigung über die christliche Ehe auf allen Ebenen der Pastoral. Prüft und vertieft darum mit ganzem Einsatz die vorhandenen Formen kirchlicher Ehevorbereitung in euren Diözesen. Achtet dabei darauf, daß die Brautpaare besonders auch für die große Aufgabe der Formung einer christlichen Familie zugerüstet werden. Vielleicht haben wir im Ganzen der Verkündigung noch zu wenig von der Größe und Schönheit, aber auch von den Anforderungen und Aufgaben einer christlichen Ehe und Familie gesprochen. Gerade auch verheiratete Laien sollten dafür Zeugnis geben. Achtet aber darauf, daß sich in die kirchlichen Vorbereitungskurse zur Ehe nicht irrige Vorstellungen einschleichen, die nicht bloß unvereinbar sind mit der gültigen Botschaft unseres Glaubens, sondern letztlich den Menschen nur schaden können.

7. Auch der Bereich von Umkehr und Versöhnung, von Buße und Beichte verlangt unsere ganz intensive Hirtensorge. Trotz vieler Anstrengungen ist der praktische Vollzug von Buße und Beichte immer noch in einer Krise. Dies gilt wohl auch für euer Land. Man spricht zwar viel von Umkehr und Versöhnung im Blick auf gesellschaftliche Fehlentwicklungen und Konflikte, weicht aber der Änderung der eigenen Lebensrichtung und der persönlichen Umkehr des Herzens und damit der eigentlichen Versöhnung mit Gott und den Menschen aus. In hohem Maße sind Wirklichkeiten wie eine wirklich persönli-

che Gewissensentscheidung und konkrete Schulderfahrung sowie der Sinn für das, was die Heilige Schrift und die Lehre der Kirche Sünde nennen, verdunkelt und wenig wirksam. Die Folge ist, daß sehr viele Christen, die durchaus glauben möchten und auch viel Gutes tun, von der regelmäßigen Erneuerung ihres Lebens in Buße und Beichte abgekommen sind und sich mit sehr allgemeinen Bekenntnissen in gelegentlichen Bußgottesdiensten begnügen. Viele empfangen dann das Sakrament der Eucharistie in einer inneren Verfassung, die der Würde dieses kostbaren Vermächtnisses des Herrn widerspricht (vgl. *1 Kor* 11,27 ff.). Tut darum alles, was möglich ist, um alle Glieder der Kirche, auch die Priester selbst, zu einer erneuten Hochschätzung von Umkehr und Versöhnung, konkretisiert in der persönlichen Beichte, zurückzuführen. Das Sakrament der Beichte ist das Geschenk Jesu Christi an seine Kirche, um seinem Ruf zur Umkehr ganzheitlich zu entsprechen.

8. Liebe Mitbrüder! Dies sind einige wichtige Bereiche aus dem christlichen Leben in den Pfarrgemeinden, an denen sich unser Hirtenamt bewähren muß. Bei der Begegnung mit den Bischöfen der dritten Gruppe in wenigen Tagen werde ich dann vor allem das Zeugnis christlichen Lebens in der Welt behandeln. Wenn uns ein solcher konzentrierter Überblick über die Schwerpunkte unseres Bischofsamtes den Atem zu nehmen droht, so schaut zusammen mit mir auf die unbezwingbare Zuversicht, die aus den Worten des Apostels Paulus an die Gemeinde von Thessalonich aufleuchtet: „Freut euch zu jeder Zeit! Betet ohne Unterlaß! Dankt für alles ...! Löscht den Geist nicht aus! Verachtet prophetisches Reden nicht! Prüft alles, und behaltet das Gute!" (*1 Thess* 5,16 ff.)
Ja, es gibt auch heute viel Gutes zu berichten aus euren Gemeinden. Dem Dank an Gott hierfür möchte ich auch meinen Dank an euch und alle eure Mitarbeiter im ehrenamtlichen wie hauptamtlichen Dienst für diese vielfältigen guten Früchte des Geistes in euren Diözesen anschließen. Einen besonderen brüderlichen Gruß und Glückwunsch sende ich über euch an den verehrten Altbischof von Hildesheim, Heinrich Maria Janssen, der soeben seinen achtzigsten Geburtstag gefeiert hat. Gott schenke euch allen seinen reichen Segen und den verdienten Lohn des „getreuen Knechtes" (vgl. *Mt* 25,14 ff.).

Laien sollen als Salz der Erde wirken

Ansprache an die Bischöfe von Freiburg, Limburg, Mainz, Rottenburg-Stuttgart und Trier sowie den Bischof von Regensburg bei ihrem Ad-limina-Besuch am 28. Januar

Liebe Mitbrüder im Bischofsamt!

1. Als dritte und letzte Gruppe von Oberhirten der Deutschen Bischofskonferenz begrüße ich heute in euch die Bischöfe von Freiburg, Limburg, Mainz, Rottenburg-Stuttgart und Trier, also vorwiegend aus Südwestdeutschland, sowie den Bischof von Regensburg, der sich euch angeschlossen hat, zusammen mit einigen Weihbischöfen. Ganz besonders begrüße ich unter euch den neuen Vorsitzenden eurer Konferenz, Bischof Karl Lehmann,

dem ihr für die Nachfolge des unvergessenen Kardinals Joseph Höffner in diesem Amt euer Vertrauen geschenkt habt, sowie den stellvertretenden Vorsitzenden und Metropoliten der Oberrheinischen Kirchenprovinz, Erzbischof Saier aus Freiburg.
In diesen Tagen eures Ad-limina-Besuches findet ihr mehrfach Gelegenheit, dem Nachfolger im besonderen Bischofsamt des Petrus von den Freuden und Sorgen eures Hirtenamtes in euren Diözesen zu berichten, sein ermutigendes und weisendes Wort zu hören und euch der vertrauensvollen Gemeinschaft mit ihm und seinen Mitarbeitern in der römischen Kurie unmittelbar zu vergewissern. Bei dieser gemeinsamen Begegnung möchte ich euch nun in besonderer Weise zur Sorge um das Zeugnis christlichen Lebens in der Welt einladen, nachdem bei den zwei vorhergehenden Gruppen die Sorge um den Glauben selbst sowie das christliche Leben in den Pfarrgemeinden im Mittelpunkt meiner Erwägungen gestanden haben.

2. Der von den Christen gelebte und in Wort und Sakrament gefeierte Glauben zielt ja über den Raum der Kirche auf die ganze Welt. „Denn Gott hat seinen Sohn nicht in die Welt gesandt, damit er die Welt richtet, sondern damit die Welt durch ihn gerettet wird" (*Joh* 3,17). Die Wahrheit muß „in uns" bleiben, damit sie durch uns die konkrete Gestalt der Welt erfassen und umgestalten kann. Wir wissen, daß uns dies wegen der endlichen Gestalt der Welt und wegen unserer Schwäche immer nur vorläufig und bruchstückhaft gelingen wird. Die volle Herrlichkeit dessen, was einmal sein wird, geht uns erst bei der Vollendung der Welt durch Gott auf. Alle Versuche, rein weltliche Heilslehren als Verheißungen des vollen Glücks für alle Menschen bereits in dieser Zeit auszugeben, stoßen hier an ihre Grenzen. Sie haben die Menschen immer nur enttäuscht, oft sogar um ihre Freiheit gebracht und die Schrecken der Geschichte vermehrt. Seid wachsam, damit nicht Elemente einer solchen Haltung auch die christliche Weltgestaltung mitbestimmen. Bleibt der nüchternen Hoffnung unseres Glaubens treu, die das Unvollendetsein unserer Welt und das Kreuz des Herrn nie aus den Augen verliert.
Diese Sicht darf uns Christen aber kein Vorwand sein, vor den Problemen der heutigen Welt zu kapitulieren. Findet euch nicht ab mit der starken Tendenz zur Säkularisierung in eurer Gesellschaft. Es sieht manchmal so aus, als ob von seiten des Glaubenden kein Eindringen in die sich selbst genügende Sphäre einer säkularisierten Welt möglich wäre. Man scheint Religion und Kirche nicht zu brauchen. Aber der Schein einer selbstzufriedenen Autonomie in dem durch eigene Hand geschaffenen Haus trügt. Risse bezeugen, daß das säkulare Haus brüchig ist: Elementare Lebensfragen werden verdrängt; der vollen Wahrheit über sich und andere geht man aus dem Weg; viele Angebote, das eigene Glück ausschließlich selbst zu bestimmen, führen zu Langeweile und Verzweiflung. Auf Dauer begnügt sich der Mensch eben nicht mit Ersatz als Antwort auf seine Lebensfrage. Die Flucht in Betriebsamkeit, Häufung irdischer Güter, Genuß, Rausch und Drogen sind ein deutliches Zeugnis dafür.
Der christliche Glauben will sein Zeugnis in diese konkrete Welt hineinbringen. Er muß dabei mit Widerstand und auch Ablehnung rechnen. In diesem Sinne wird es auch immer wieder zu Auseinandersetzung und Streit mit widrigen und bösen Mächten kommen. Christliches Zeugnis in der Welt kann es nicht geben ohne Mut und Tapferkeit. Die eigene

Wahrheitsüberzeugung muß rein und eindeutig zur Geltung gebracht werden, in erster Linie im eigenen Sprechen, Handeln und Leben.

3. Dies ist die genuine Aufgabe aller Glieder der Kirche. Zur Würde und Sendung der Taufe gehört es, daß wir die „großen Taten dessen verkünden, der uns aus der Finsternis in sein wunderbares Licht gerufen hat“ (*1 Petr* 2,9). Dies gilt für alle Christen und für alle Lebensbereiche. Priester und Laien haben bei euch in den letzten Jahrzehnten Beachtliches für den inneren Aufbau der Kirche vollbracht. Die Kirche muß ja auch zuerst in sich selbst geistlich stark und gerüstet sein, wenn sie sich mit ihrem Glaubenszeugnis der Welt zuwenden will. Dabei darf jedoch der besondere Weltdienst der christlichen Laien nicht zu kurz kommen; ja, er solle tatsächlich im Vordergrund stehen. Diese Orientierung spricht das Zweite Vatikanische Konzil in der Kirchenkonstitution *Lumen gentium* deutlich aus; dort heißt es: „Die Laien sind besonders dazu berufen, die Kirche an jenen Stellen und in den Verhältnissen anwesend und wirksam zu machen, wo die Kirche nur durch sie das Salz der Erde werden kann“ (Nr. 33). Oder an anderer Stelle: „Den Laien ist der Weltcharakter in besonderer Weise eigen“ (Nr. 31). Alle innerkirchlichen Dienste und Ämter sollten den Laien in Ehe und Familie, in seinem Beruf sowie im öffentlichen Leben befähigen, gerade dort sein qualifiziertes und unersetzliches Zeugnis abzulegen, wozu ihn auch die letzte Bischofssynode neu ermutigt hat.
Dafür habt ihr in eurem Land auch traditionsreiche Verbände, die aber wohl eine neue Stärkung von innen her brauchen. Ermutigt sie, ihre authentische Sendung in die Welt hinein zu erfüllen. Sie brauchen hierfür im Sinne der Pastoralkonstitution *Gaudium et spes* gewiß eine relative Selbständigkeit, damit sie sich im Bereich der zeitlichen Dinge mit ausreichender Freiheit bewegen können. Natürlich kann das nicht so weit gehen, daß sie sich vom verbindlichen Glauben der Kirche entfernten. Sonst würden sie schal und kraftlos und verlören die konkrete Kirche als ihre nächste Heimat.

4. Diese Vermittlung der geistlichen Kraft der Kirche in die Strukturen der Welt hinein durch die Laien und Verbände erstreckt sich auf alle Lebensbereiche der heutigen Gesellschaft. Besonders nennen möchte ich die Welt der Arbeit, die Politik auf allen ihren Ebenen, die Schulen in ihren vielfältigen Formen, Wissenschaft und Kultur, die Medizin und die Sorge um die Kranken, die Sozialfürsorge, die Medien, die Sorge um die Bewahrung der Schöpfung. Stärkt die Glieder der Kirche, die in solchen Bereichen arbeiten und Verantwortung tragen: Sie haben dort schwere Probleme für die Zukunft zu lösen und bedürfen gerade deshalb unserer Solidarität und Nähe.
Unsere kirchliche Aufgabe hat heute weltweite Dimensionen. Bei euch beweist ihr das durch die großen Bischöflichen Werke ADVENIAT, MISEREOR und MISSIO sowie durch die Arbeit der Caritas als bewährte und segensreiche Einrichtungen zum Wohl der Menschen, die von Not und Katastrophen, Hunger und Unterdrückung betroffen sind. Ich danke euch und allen Katholiken für die Förderung dieser Werke und die darin bekundete Solidarität mit den Armen und Leidenden. Laßt nicht nach in eurem Eifer, aus eurem Glauben und dem Segen eurer irdischen Mittel konkrete Nächstenliebe zu üben. Unsere Hilfe aus der Kraft des Evangeliums soll selbstlos sein, ohne weltliche Nebenabsichten

und ohne uns als Kirche in politische Auseinandersetzungen hineinziehen zu lassen. Wo jedoch fundamentale Menschenrechte und die menschliche Würde verletzt werden, dürfen wir nicht schweigen.

Solche brüderliche Hilfe steht nicht etwa nur am Rande unseres Glaubens. Der Völkerapostel Paulus zeigt uns, wie sehr die von ihm betriebene Geldsammlung für Jerusalem zur Mitte unseres Glaubens gehört, wenn er auch uns zu bedenken gibt: „Ihr wißt, was Jesus Christus, unser Herr, in seiner Liebe getan hat. Er, der reich war, wurde euretwegen arm, um euch durch seine Armut reich zu machen“ (*2 Kor* 8,9). Auch ihr werdet nicht selten erfahren haben, daß ihr selbst durch die ganz andersartigen Gaben eurer fernen Brüder und Schwestern reich werdet, indem ihr nämlich die Dankbarkeit lernt für euer Leben mit seinen vielen Möglichkeiten in der einen universalen Kirche Jesu Christi. Oft werden wir durch den inneren Reichtum jener Menschen, die wir zu beschenken meinen, geradezu beschämt und selbst bestärkt.

5. Weitere wichtige Bereiche eines christlichen Zeugnisses nenne ich heute nur kurz. Ich denke an den Einsatz der Gläubigen für einen umfassenden Frieden. Euer Dokument „Gerechtigkeit schafft Frieden“ aus dem Jahr 1983 tut sicher auch heute noch einen guten Dienst für die Erziehung zu einem Frieden in allen Lebensbereichen – bis hin zum Weltfrieden. Mir stehen ferner die großen Gefährdungen vor Augen, denen das ungeborene Kind vom Anfang des Lebens an vielfach ausgesetzt ist. Mit Recht betont ihr immer wieder, daß ihr euch mit dem Skandal der hohen Abtreibungszahlen und der damit verbundenen allgemeinen Gewöhnung nicht abfinden werdet. Ich danke euch für dieses mutige Zeugnis und bestärke euch von ganzem Herzen: Tut alles, was ihr könnt, um die Gewissen der Menschen zu wecken und das Leben der ungeborenen Kinder zu retten. An diesem Zeugnis für das Lebensrecht aller menschlichen Wesen am Anfang und am Ende unseres irdischen Weges entscheidet sich die Glaubwürdigkeit unserer Hoffnung für alle Menschen, ganz besonders in eurem Land, das doch so viele Lebenschancen bietet. Schließlich erwähne ich noch die Mithilfe der Christen bei der ethischen und psychologischen Bewältigung von sozialen Spannungen, die sich bei euch aus einer hohen Arbeitslosigkeit sowie aus der relativ großen Zahl von Flüchtlingen aus aller Welt ergeben.

6. Eine anspruchsvolle Aufgabe bleibt in eurem Land weiterhin die Überwindung der Spaltung unter den Christen; ihr verspürt sie bei euch besonders schmerzlich. Wir haben allen Grund, Gott zu danken, daß wir in den letzten Jahrzehnten viele Vorurteile und Mißverständnisse miteinander überwinden und überraschend viel Gemeinsames entdecken konnten, was uns vorher in diesem Maße meist nicht bewußt war. Fahrt fort mit dem aufrichtigen und sorgfältigen Dialog mit den nicht-katholischen kirchlichen Gemeinschaften! Öfter fordern diese von euch die Einheit am Tisch des Herrn oder wenigstens eine Art „eucharistische Gastfreundschaft“. Diese Gemeinschaft beim Mahl des Herrn kann es aber beim gegenwärtigen Stand des Gespräches miteinander leider jetzt noch nicht geben. Diese Trennung schmerzt; sie gibt uns aber die notwendige Kraft und beständige Geduld für das Ringen um die Wahrheit des Glaubens. Um so wichtiger ist es, daß die getrennten Christen schon jetzt alles miteinander tun, was jetzt bereits möglich

ist. Dazu gehört vor allem das Gebet um die Einheit, wie es besonders in diesen Tagen überall geschieht.
Liebe Mitbrüder im Bischofsamt!
Dies sind einige vorrangige Aufgabenfelder, auf denen sich das christliche Weltzeugnis in eurem Land bewähren muß. Zusammen mit meinen Anregungen für die beiden vorhergehenden Gruppen eurer Bischofskonferenz vertraue ich euch meine Worte nun zur weiteren persönlichen und gemeinschaftlichen Erwägung an und erbitte euch von Christus, dem Guten Hirten, eine segensreiche Auswertung eures gesamten diesjährigen Ad-limina-Besuches zur Aufrichtung des Reiches Gottes in euren Gemeinden.
In brüderlicher Verbundenheit und Anerkennung danke ich euch auch an dieser Stelle für euer Glaubenszeugnis und euren unermüdlichen Hirtendienst in eurem Land. Wenn ihr jetzt dahin zurückkehrt, grüßt in meinem Namen die euch anvertrauten Katholiken in euren Bistümern, vor allem eure vielfältigen Mitarbeiter, wo immer sie für Glaube und Liturgie, für Caritas und Verwaltung wirken. Ein besonderes Wort der Ermutigung sagt den Männern und Frauen in den Ordensgemeinschaften und säkularen Instituten. In tiefer geistlicher Einheit grüße ich durch euch auch die verdienten Altbischöfe von Mainz, Trier und Regensburg: Kardinal Hermann Volk, Bischof Bernhard Stein und Bischof Rudolf Graber.
Der allmächtige und gütige Gott segne euch und eure Ortskirchen und lasse sein Reich der Wahrheit und der Liebe unter euch wachsen. Gelobt sei Jesus Christus!

Die Familie gegen Angriffe verteidigen

Ansprache beim Ad-limina-Besuch der Bischöfe der Dominikanischen Republik am 27. August

Meine lieben Mitbrüder im Bischofsamt!

1. Mit tiefer Freude empfange ich euch heute in Audienz, die Oberhirten des Gottesvolkes in der Dominikanischen Republik, die nach Rom gekommen sind zum Besuch an den Gräbern der Apostel. Ich spüre, daß ihr allen Mitgliedern eurer jeweiligen Gemeinden nahe seid, und an diese richte ich mich ebenfalls mit Zuneigung; ihnen versichere ich mit den bedeutsamen Worten des Apostels Paulus: „Ich höre nicht auf, für euch zu danken, wenn ich in meinen Gebeten an euch denke ... Der Gott Jesu Christi, unseres Herrn, ... gebe euch den Geist der Weisheit und Offenbarung, damit ihr ihn erkennt“ (*Eph* 1,15–16).
Zunächst möchte ich danken für die liebenswürdigen Worte, die in euer aller Namen Msgr. Nicolás de Jesús López Rodríguez als Vorsitzender dieses Episkopats an mich gerichtet hat; ich möchte euch erneut meiner lebhaften Zuneigung versichern, die auch den Priestern, Ordensleuten, Seelsorgehelfern und allen Gläubigen eurer Diözesen gilt.

2. Aufgrund der Fünfjahresberichte und der persönlichen Unterredungen, die ich geführt habe, konnte ich feststellen, daß die Kirche in eurem Land – trotz konkreter Eigen-

tümlichkeiten, die sich in den Berichten zeigen – versucht, ihren Auftrag der Verkündigung der Heilsbotschaft treu zu erfüllen, und sich zugleich bemüht, den örtlichen Gemeinden einen Erneuerungsimpuls zu vermitteln.
Ich hatte Gelegenheit, den Nationalen Pastoralplan zur Kenntnis nehmen zu können, den ihr organisch strukturiert ausführt mit der Zielsetzung, „eine neue Evangelisierung anzuregen, die in der Lage ist, die Menschen in der Dominikanischen Republik umzugestalten, damit sie als ein mit dem Evangelium vertrautes und missionarisches Volk Gottes durch die Verkündigung des lebendigen Christus und das Zeugnis des Lebens Ferment einer neuen Gesellschaft seien“ (Nr. 51).
Eine dankbare Erinnerung bewahre ich an meine beiden Besuche in eurer Nation, die ich „das erstgeborene Volk des Glaubens in Amerika“ genannt habe. Bei meiner zweiten Reise hatte ich die Freude, in Santo Domingo die Neun-Jahre-Novene der Vorbereitung auf die 500-Jahr-Feier der Evangelisierung Amerikas zu eröffnen. Die Antwort ließ nicht auf sich warten: für all das setzt ihr die besten Kräfte ein, daß der Glaube eures geliebten Volkes immer ein verjüngter Glaube sei. Als konkrete Erinnerung ist das „Kreuz der Evangelisierung“ zurückgeblieben, das zugleich augenfälliges Symbol der ersten Verkündigung des Glaubens ist dank des rühmenswerten Bemühens der Missionare. Jene Saat schlug tiefe Wurzeln und brachte kostbare Früchte hervor, die ihre Spuren in der Kultur, in der Geschichte und im Leben des gesamten dominikanischen Volkes hinterlassen haben.
Die pastorale Sorge treibt euch jedoch an, diesen Auftrag fortzuführen, ihn auszudehnen und zu verstärken, damit der Samen des christlichen Glaubens immer tiefer im gläubigen Volk Wurzeln schlägt, es über das Unvollkommene hinaushebt und zur Reife des Lebens in Christus bringt. Im erwähnten Plan, der im Engagement in allen Kirchensprengeln des Landes befolgt wird, habt ihr fünf vorrangige Ziele festgeschrieben, die in begrüßenswerter Weise im Zusammenhang der Gesamtpastoral gesehen und berücksichtigt werden: die Familie, die Armen, die Bildung von Gemeinden, die jungen Menschen und die missionarische Seelsorge. Die Verwirklichung dieser Ziele ist eine langwierige Aufgabe. Sie erfordert ein beständiges hingebungsvolles Engagement, die Aufbietung aller Kräfte in der Kirche. Es ist wichtig, hier den wertvollen Beitrag der verschiedenen Laienbewegungen zu erwähnen, die ihren Mitgliedern eine angemessene geistliche und menschliche Bildung anbieten. Es ist jedoch unumgänglich, daß alle in Abstimmung mit den Richtlinien der Hierarchie arbeiten, ohne ihre spezifische Ausrichtung aus den Augen zu verlieren.

3. In der Gemeinschaft der Gläubigen ist den Bischöfen die Aufgabe anvertraut, die Gläubigen zu leiten. Gestattet mir deshalb, daß ich euch gegenüber auf der Notwendigkeit bestehe, Lehrer der Wahrheit zu sein. Der Wahrheit über Christus, den Sohn Gottes und Erlöser des Menschengeschlechtes; über die Kirche und ihre wirkliche Aufgabe in der Welt; über den Menschen, seine Würde, seine irdischen und zugleich transzendenten Bedürfnisse. Ich weiß, daß ihr euch dieser drängenden pastoralen Pflicht bewußt seid. Deshalb ermutige ich euch, auf diesem Weg fortzuschreiten, damit eure Priester und Gläubigen in Freude auf sicherem und gut beschriebenem Weg gehen. Als Teil eurer Tä-

tigkeit als Lehrer achtet auch auf die angemessene Verbreitung des Sozialdenkens der Kirche, damit man in der Gesellschaft lernt, die unabweisbaren Forderungen der Gerechtigkeit und Billigkeit zu beachten, die auf den Schutz der Menschen abzielen, vor allem den der Bedürftigsten unter den verschiedenen Umständen ihrer Existenz.

4. Ich denke an den Bedarf und den Mangel an Priestern, unter dem eure Diözesen leiden, und ermuntere euch, mit aller Kraft für die Förderung von Priester- und Ordensberufungen zu arbeiten. Es handelt sich um eine lebensnotwendige Frage für die christliche Gemeinde. Diesbezüglich ist es tröstlich zu wissen, daß als Frucht der Aktion für geistliche Berufe, die ihr unternommen habt, die einheimischen Berufungen beträchtlich zugenommen haben – für den Diözesanklerus wie für das Ordensleben. Hierbei war von großem Vorteil, daß schon alle Diözesen über ein Knabenseminar verfügen. Mögen sie wirkliche Pflanzschulen sein, in denen das volle und endgültige „Ja“ zu Christus sich entwickelt und reift.
Kostbar ist auch die Hilfe, die die ständigen Diakone leisten, die Ordensmänner, die nicht Priester sind, die Ordensfrauen und – in einer besonderen Weise – die nicht-geweihten Seelsorgehelfer, die bekannt sind unter den Namen „Vorsitzende oder Leiter der Versammlung“. Ich weiß, daß deren Evangelisierungstätigkeit bei Fehlen des Priesters Hilfe in mehr als 3000 Gemeinden ermöglicht. So erlischt das Feuer des christlichen Glaubens nicht, sondern verstärkt noch seine Leuchtkraft.
Bei eurem Bemühen um wirkliche Diener Christi in ausreichender Zahl – vorzugsweise gebürtig aus eurer Gegend – sorgt dafür, daß der Priester ein deutliches Bewußtsein der eigenen Identität hat im Einklang mit der gesunden Tradition und dem authentischen Lehramt der Kirche; daß er tief die vertikale Dimension seiner Existenz lebe; daß er Führer und Erzieher im Glauben sei, der Vater aller, besonders der Armen, der tapfere Diener der Sache des Evangeliums, der echte Hirte, der sich hingibt, nun alle zu Christus zu bringen und den Menschen radikal von all dem zu befreien, was ihn von Gott trennt, d. h. von der Sünde. Wenn ihr nahe bei euren Priestern lebt und mit ihnen in einem Klima aufrichtiger Freundschaft ihre Freuden und Schwierigkeiten teilt, werdet ihr ihnen behilflich sein, in lebendiger Gemeinschaft mit dem Bischof, „dem sichtbaren Abbild des unsichtbaren Gottes“ zu bleiben, und so besser der Evangelisierung des gläubigen Volkes zu dienen.

5. Ich weiß auf Grund der Gespräche, die ich persönlich mit euch geführt habe, daß eines der Probleme, die euch als Oberhirten der Kirche Gottes am meisten Sorge machen, die Lage der Familie in der Dominikanischen Republik ist. Widmet als Hirten eurer Gläubigen eure besondere Sorge der Familienpastoral. Setzt die Mittel, die euch zugänglich sind, mit Entschiedenheit dazu ein, die Familie, die „Hauskirche“ gegen die Angriffe zu verteidigen, denen sie sich beständig ausgesetzt sieht durch materialistische Ideologien und permissive Strömungen, die zu Ehescheidung, Abtreibung und falschem Sexualverhalten verleiten. Es ist notwendig, die unverfälschten Werte der Familie und der christlichen Ehe offen darzustellen. Nur bei Wahrung dieser Werte, der geistlichen und der menschlichen, wird die Familie sich als Keimzelle der Gesellschaft, die sie ist, und zugleich als „erstes Milieu der Evangelisierung“ festigen können.

Ein anderer Punkt von lebhaftem Interesse und großer Bedeutung für die Kirche ist die Jugend. In der lateinamerikanischen Gesellschaft überwiegt die Welt der Jugend. Daher müssen die jungen Menschen, wie es bei euch schon der Fall ist, einen erstrangigen Platz einnehmen. Alle, die in der Kirche Verantwortung tragen, können nicht zulassen, daß die Jugend sich von Christus entfernt. Es ist nötig, bei den jungen Menschen zu sein, ihnen hohe und große Ideale vorzustellen, sie dahin zu führen, Christus persönlich zu entdecken, um ihm total nachzufolgen.
Diese Seelsorgsarbeit muß ihren Anfang in der Schule nehmen und dabei mit der direkten Zusammenarbeit und Verantwortung der Eltern und Erzieher rechnen können. Es wäre bedauerlich, wenn man ausgerechnet in den Erziehungsinstituten der Kirche die Möglichkeiten aufgäbe, Menschen vollständig zu erziehen und ihnen eine ganzheitliche Bildung zu vermitteln. Es ist von grundlegender Bedeutung, daß diese Erziehungseinrichtungen der Kirche immer mehr allen offenstehen. Das ist ein wichtiger pastoraler und sozialer Dienst, den die Kirche der heutigen Gesellschaft leisten kann und muß.

6. Liebe Brüder, diese Begegnung möge eure Einheit untereinander und eure Evangelisierungstätigkeit als Bischöfe und Hirten der Kirche in eurem Land bekräftigen und verstärken. So wird alles pastorale Wirken an Kraft und Wirksamkeit gewinnen, was für eure Kirchengemeinden von Vorteil sein wird. Für sie haben wir den Herrn heute morgen in der Eucharistie gebeten, daß sie wachsen in der Erkenntnis Christi und der Treue zu ihm.
All das stellen wir unter den mütterlichen Schutz der heiligen Jungfrau, die das Volk in der Dominikanischen Republik besonders unter den Namen „Virgen de la Merced“ und „Nuestra Señora de la Altagracia“ anruft. Ich erfahre mit Freude, daß es während des eben beendeten Marianischen Jahres viele religiöse Veranstaltungen gab, die das gläubige Volk um seine Mutter scharte.
Wollte Gott, daß eure erneuerte Verpflichtung und die wirkungsvolle Mitarbeit der Priester und aller in der Seelsorge Tätigen die nötigen Kräfte frei machen für einen treuen und fortgesetzten Dienst an der Kirche und den Menschen in der Dominikanischen Republik. Bei dieser schönen Aufgabe als Seelsorger begleite ich euch mit meinem Gebet und erteile euch zugleich von Herzen meinen Apostolischen Segen.

Solide Bildung und Ausbildung der Priester ist kostbarste Gabe

Ansprache an die Bischöfe von El Salvador anläßlich ihres Ad-limina-Besuches am 21. Oktober

Meine lieben bischöflichen Mitbrüder aus El Salvador!

1. Mit wahrhaft brüderlicher Liebe und in der Freude des Herrn heiße ich euch gemeinsam willkommen, nachdem ich bereits mit jedem einzelnen von euch die Lage in seiner Diözese besprochen habe.

Ich weiß, daß dieser kollegiale Besuch in Rom nicht unbedeutende Opfer mit sich bringt, die jedoch von eurem lebhaften Verlangen, eure Gemeinschaft mit dem Nachfolger Petri zu stärken und ihn an euren Wünschen, Vorsätzen und Hoffnungen teilnehmen zu lassen, übertroffen werden.

Der Besuch „Ad-limina Apostolorum" ist nicht, wie die Apostolische Konstitution *Pastor Bonus* erneut betonte, eine sporadische Begegnung mit dem Bischof von Rom, sondern vielmehr ein fester Punkt jener tiefen und beständigen Wirklichkeit, die uns verbindet: das innere Band des Gebetes, der Einheit im Glauben und der tatkräftigen Liebe.

2. Dank eurer Gespräche und der von euch vorgelegten Berichte konnte ich feststellen, daß die Kirche in eurem Land sich mutig um die Erfüllung des Auftrages Jesu Christi bemüht, um die Verkündigung seiner Botschaft des Heils und der Versöhnung an alle Menschen, damit sie wieder zu einer Gemeinschaft des neuen Lebens werden, das alle zu Brüdern und Schwestern und zu Kindern Gottes, des gemeinsamen Vaters macht. Bei diesen Bemühungen obliegt dem Bischof als Erzieher im Glauben sicher eine vorrangige Rolle. Ihr wißt sehr wohl, daß Christus euch erwählt und ausgesandt hat, damit ihr den Menschen von heute seine Botschaft und seine Heilswahrheit mit eurem ganzen Leben verkündet. Ihr müßt daher die ganze, manchmal dramatische Wirklichkeit dieser Menschen kennen und verstehen; müßt die Notwendigkeit, zu lieben und geliebt zu werden, wahrnehmen, die sie in den Tiefen ihres Seins tragen und müßt ihr Verlangen nach Gerechtigkeit und Frieden richtig einschätzen.

Und da nur Christus das Herz des Menschen kennt und nur sein Wort die Wahrheit der Liebe ausstrahlt, muß eure Liebe zu ihm besonders tief und das betende Hören auf sein Wort besonders aufmerksam und eifrig sein!

Eure vordringliche Sendung ist es, „Verkünder des Glaubens" und „authentische Lehrer" (*Lumen gentium*, Nr. 25) zu sein, die den Glauben an Christus unerschrocken weitergeben, damit alle in jedem Ereignis den Plan Gottes wahrnehmen (vgl. *Apostolicam actuositatem*, Nr. 4). Diese Verkündigung des Wortes Gottes muß eure persönliche Begegnung mit Christus und eure unverbrüchliche Treue zu ihm bezeugen. Die Hirten verkünden nicht „menschliche Weisheit" und auch nicht gewöhnliches Wissen, sondern das Wort Gottes, das sie selbst betrachtend in sich aufgenommen haben (vgl. *1 Kor* 2,6–10).

Das II. Vatikanische Konzil betont erneut, daß „Christus in seinem Wort gegenwärtig ist, da er selbst spricht, wenn die heiligen Schriften in der Kirche gelesen werden" (*Sacrosanctum Concilium*, Nr. 7). Deshalb müssen die Hirten darauf bedacht sein, das Wort Gottes immer treu darzulegen, so wie es sich „der Quelle der Heiligen Schrift und der Liturgie" (*ebd.*, Nr. 35) entnehmen läßt.

Teilt euren Priestern auch die auf eurem geistlichen Weg gemachten Erfahrungen mit, damit sie auch das Wort Gottes der gesunden Lehre der Kirche gemäß verkünden und gleichzeitig ihren Gläubigen helfen können, die großen Wahrheiten unseres Glaubens zu verstehen, indem sie diese mit echtem Kirchenbewußtsein weitergeben. Auf diese Art wird zweifellos allmählich die auf Versöhnung und Solidarität hingeordnete Sendung entdeckt, die den kirchlichen Gemeinden eigen sein muß. Mit dem hl. Paulus müssen wir davon überzeugt sein, daß die Verkündigung des Evangeliums „Kraft Gottes (ist), die jeden rettet, der glaubt“ (*Röm* 1,16); es hat darüber hinaus „die Macht, euch zu retten“ (*Jak* 1,21), vorausgesetzt, daß es „in euch, den Gläubigen, wirksam“ (*1 Thess* 2,13) ist.

3. Der Papst dankt euch, meine geliebten Brüder, herzlich für den aufopfernden Einsatz im Dienst eurer Gemeinden und für eure besondere Aufmerksamkeit für jene, die am meisten zu leiden haben. Die Lage in El Salvador verursacht mir, dem Hirten, tiefe Sorgen und Ängste, sind doch weite Kreise der Bewohner eures Landes von Unsicherheit und Leid bedroht, da die Gewaltanwendung unablässig Zerstörung und Tod nach sich zieht. Tatsächlich lasten lange Jahre des Bruderkrieges schwer auf vielen Familien von El Salvador, die den Frieden herbeisehnen und sich eine Heimat wünschen, in der Versöhnung und Gerechtigkeit herrschen. Deshalb möchte ich bei dieser Gelegenheit einen Aufruf an alle richten: an die politischen und gewerkschaftlichen Führer, die Unternehmer und Arbeiter, die in Kultur und Wissenschaft Tätigen sowie an die Familienväter und -mütter, damit sie sich sozusagen in einer neuen moralischen Offensive, im Geist der Solidarität für das Zustandekommen des ersehnten und dauerhaften Friedens einsetzen, nach dem sich die Bevölkerung von El Salvador sehnt und auf den sie Anspruch hat.
Ihr wißt sehr wohl, daß der Apostolische Stuhl mit Hochschätzung und Hoffnung auf alle Initiativen blickt, die den Zweck verfolgen, Trennungen zu überwinden und Gegner zu versöhnen. In diesem Zusammenhang verdienen jene Bemühungen der Hirten von El Salvador bewundernde Erwähnung, die darauf abzielten, gegensätzliche Standpunkte einander näherzubringen und ein genügendes Maß von Verständnis und Duldung wachzurufen, damit es zu einem Gespräch zwischen den verfeindeten Teilen kommen konnte. Im Namen des Evangeliums und gemeinsam mit den anderen zentralamerikanischen Episkopaten habt ihr mehrmals eure Stimme erhoben, um der Sprache der Waffen, die euer Land mit Blut befleckte, Einhalt zu gebieten; so habt ihr anläßlich der letzten Versammlung des Bischofssekretariats für Mittelamerika und Panama eine Botschaft veröffentlicht, in der ihr unter anderem „alle damit befaßten Nationen (batet) ..., keine Waffen mehr in den mittelamerikanischen Raum zu liefern“.

4. Selbst inmitten der Spannungen und Kämpfe solltet ihr immer jenes „Prinzip und Zeichen der Einheit“ sein, welches das II. Vatikanische Konzil in euch sieht (*Lumen gentium*, Nr. 23). Leider wird es nicht immer möglich sein, die Mauern abzubrechen, die zwischen den Menschen bestehen, doch sollt ihr kraft des Dienstes „der Versöhnung, (den uns Gott) aufgetragen hat“ (*1 Kor* 5,18) stets danach trachten, euer Wort zu einer Prophetie der Kraft des Geheimnisses Christi und der historischen Menschwerdung jener Liebe zu machen, die Quelle zahlloser Initiativen und fruchtbarer Kreativität war.
Christus ist auch der Mittelpunkt, der das Licht ausstrahlt, das für den Aufbau des Friedens nötig ist. Ihr sollt es euch daher angelegen sein lassen, eine Pastoral zu fördern, die nicht nur der Versöhnung im Sinn der Ausmerzung von Feindschaften gilt, sondern – sogar in erster Linie – der Förderung und Entwicklung des Gemeinwohls, in der Überzeugung, daß die Dialektik der Feindschaft nur von der Zivilisation der Liebe überwunden werden kann (vgl. *Gaudium et spes*, Nr. 73).

Auch in diesem Punkt sollt ihr auf Christus blicken! Der hl. Paulus sagt uns: „Er ist unser Friede. Er vereinigte die beiden Teile und riß ... die trennende Wand der Feindschaft nieder. ... Er kam und verkündete den Frieden: euch, den Fernen, und uns, den Nahen" (*Eph* 2,14.17).

Das „Evangelium des Friedens" Christi trägt tatsächlich eine starke umwandelnde und einigende Energie in sich. Die Kirche verkündet ihre Überzeugung, daß der Kern des Evangeliums die der Liebe Gottes entspringende, geschwisterliche Liebe ist. Darüber hinaus verkündet sie, daß Gewalt in keinem Fall ein Ausweg ist und daß der Weg zur Lösung aller Konflikte über die Bekehrung der Herzen führt.

5. Bei der Erfüllung dieser dringenden Aufgabe der Befriedung, des Verzeihens und der brüderlichen Versöhnung seid ihr nicht euch selbst überlassen. Ihr könnt in erster Linie auf die Mitarbeit eurer Priester zählen. Sie sind, wie das Konzil sagt, „sorgsame Mitarbeiter" des Bischofs (*Lumen gentium*, Nr. 28), Diener der Verkündigung der Heilswahrheit, verantwortungsbewußte Lehrer und Führer auf dem Weg zur Heiligkeit und Koordinatoren der Gemeinde. Eine solide Bildung und Ausbildung der Priester ist die kostbarste Gabe, die ihr euren christlichen Gemeinden schenken könnt, haben sie es doch nötig, in den Priestern das Bild Christi, des höchsten und ewigen Priesters und ein „Zeugnis der Wahrheit und des Lebens" (*Lumen gentium*, Nr. 28) zu erblicken. Vom Priester erwartet man eine entsprechende intellektuelle, geistliche und pastorale Bildung. Seine intellektuelle Bildung muß immer die Botschaft Christi in ihrer Gesamtheit in Erscheinung treten lassen und den Erfordernissen unserer Zeit angepaßt sein. Das ist dann möglich, wenn der Priester eine persönliche Freundschaft mit dem Herrn pflegt und wenn er sie durch ein intensives Gebetsleben, Aufnahme des Wortes Gottes und Kontemplation fördert; wenn er um eine nachhaltige Askese im Sinn des Evangeliums bemüht ist, die im Gegensatz zur permissiven Gesellschaft von heute steht. Die kontemplative Dimension ist untrennbar von der Sendung, denn diese besteht nach den bekannten Worten des hl. Thomas darin: „contemplata aliis tradere" (das in der Kontemplation Erkannte den anderen mitteilen) (*Summa Theologica* IIa-IIae, qu.188, 1.7).

6. In engem Zusammenhang mit dem Leben der Priester steht das Problem der Priester- und Ordensberufungen, das wegen seiner Tragweite für die Gegenwart und Zukunft der Kirche in eurem Land für euch eine vorrangige Sorge darstellt.

Tatsächlich ist das Seminar von einer solchen Bedeutung für das Leben der Kirche, daß das II. Vatikanische Konzil es mit Recht als „Herz der Diözese" (*Optatam totius*, Nr. 5) bezeichnet. Im Seminar muß eine gesunde Lehre erteilt werden, wobei willkürliche Auslegungen, Verstümmelungen und trügerische Mehrdeutigkeiten zu vermeiden sind, die Verwirrung hervorrufen und die Integrität und Reinheit des Glaubens bedrohen. Wie mehrmals in den vom Apostolischen Stuhl herausgegebenen Instruktuionen betont, muß das Seminar eine gesamtheitliche Ausbildung der Person durch eine solide geistliche, moralische und intellektuelle Grundlage und eine entsprechende, opferbereite Disziplin vermitteln. Nur so wird es möglich sein, den Bedürfnissen der Gläubigen gerecht zu werden, die ihre Priester vor allem als Lehrer des Glaubens und Zeugen der Nächstenliebe sehen wollen.

Ich wünsche euch, daß das fünfzigjährige Jubiläum des zentralen Priesterseminars „San José de la Montaña", das ihr feiert, zu einem Augenblick der Gnade für eine nachhaltigere Pastoral der Berufungen werde und daß die Mitglieder der großen Familie dieses Zentrums in der Nachfolge Christi, des ewigen Hohenpriesters, ihr Ideal finden mögen.
Eine konsequente Pastoral der Berufungen muß notwendigerweise der Familie – der „kleinen Hauskirche" – in der der Same des Evangeliums fruchtbar werden soll, besondere Aufmerksamkeit schenken. Seid daher um die Verkündigung und Verteidigung der Einheit und Unauflöslichkeit der Ehe bemüht. „Denkt an die Propaganda für die Scheidung, für die Verwendung empfängnisverhütender Mittel und für die Abtreibung, die die Gesellschaft zerstört!" (*Eröffnungsansprache*, Puebla, IV,a).
Ein besonderes Problem, das eure Hirtensorge herausfordert, ist zweifellos das der außerehelich geborenen Kinder. Denkt daran, daß die großen Gefahren für die Familie gleichzeitig große Herausforderungen für die Pastoral darstellen und als vordringliche Aufgabe betrachtet werden müssen, damit die Familie wirklich der Ort werde, an dem das Evangelium vermittelt wird und von dem es ausstrahlt (vgl. *Evangelii nuntiandi*, Nr. 71).

7. Im Zusammenhang mit der Familie als Ort der Glaubenserziehung möchte ich besonders die Schule und die anderen Erziehungszentren erwähnen, die für die Persönlichkeitsbildung der Kinder und Jugendlichen von großer Bedeutung sind. Ich weiß um die besonderen Schwierigkeiten, denen ihr auf diesem Gebiet begegnet und wie notwendig es ist, daß keine gefährliche Gegenüberstellung von Glaubensleben und Glaubenserziehung aufkommt. Deshalb soll die Gegenwart der Katholiken in Schulen, höheren Lehranstalten und Universitäten koordiniert werden, um ihre Wirksamkeit zu sichern. Bedenkt, welch schwerwiegendes Hindernis für die Evangelisierungsarbeit der Kirche Richtlinien sein können, die in katholischen Anstalten verbreitet werden, sich aber von denen des kirchlichen Lehramtes oder denen der rechtmäßigen Hirten abheben wollen.
Die Jugend, die einen großen Teil der Bevölkerung von El Salvador ausmacht, muß auch einen besonderen Platz in eurer Hirtensorge einnehmen. Die Kirche muß alles tun, was ihr möglich ist, um einer Jugend, die sich von einer unsicheren Zukunft, von Arbeitslosigkeit, Drogenabhängigkeit, Kriminalität und Gewaltanwendung bedroht fühlt, Hoffnung und Alternativen zu bieten. Man muß also den Jugendlichen nahe sein und ihnen hohe und edle Ideale vorlegen, damit sie fühlen, daß Christus das Sehnen ihrer Herzen stillen kann.

8. Zuletzt möchte ich euch noch zu einem besonderen Einsatz für die Heranbildung reifer Laien auffordern, christlicher Laien, die bei den Priestern und Ordensleuten immer eine Stütze finden, jedoch imstande sein müssen, frei und verantwortungsbewußt inmitten der zeitlichen Wirklichkeiten, im gesellschaftlichen und politischen Leben zu handeln. Ihnen obliegt die Animation apostolischer Bewegungen. Das II. Vatikanische Konzil lehrt ja: „Die Laien ... verwirklichen ... ihren Anteil an der Sendung des ganzen Volkes Gottes. Sie üben ... ein Apostolat aus" (*Apostolicam actuositatem*, Nr. 2). Bildet deshalb einen für die göttliche Gnade aufgeschlossenen Laienstand heran. Er soll fähig sein, die gesellschaftlichen Beziehungen und die Gesellschaft selbst nach den Plänen

Gottes umzugestalten, der wünscht, daß wir alle als Brüder und Schwestern in Frieden und Eintracht leben. Ihre Berufung erfordert insbesondere den entschiedenen Einsatz für die Gerechtigkeit, die Achtung der Menschenrechte, die Moral und Ehrlichkeit des öffentlichen Lebens, weshalb alles anzuklagen ist, was dem Gemeinwohl und dem friedlichen Zusammenleben entgegensteht. Der Christ kann nicht gleichgültig bleiben, wenn eine große Zahl seiner Brüder und Schwestern gegen die Armut zu kämpfen hat. Der Friede, der wesentlich ein Werk der Gerechtigkeit ist, wird erreichbar durch die gerechte Teilhabe aller an den Gütern der Schöpfung und die Förderung geistlicher und materieller Lebensbedingungen, die der Würde des Menschen als Mitbürger und Kind Gottes besser entsprechen.

9. Die Religiosität der Bewohner von El Salvador bedarf – wie ich anläßlich meines Besuches vor fünf Jahren feststellen konnte – ebenso wie ihre zahlreichen lobenswerten Qualitäten, der Führung durch euer Lehramt. Eure Führung muß in Zeiten, in denen der aggressive Proselytismus fundamentalistischer Sekten eine Gefahr für die Überzeugungstreue und für die Einheit der Botschaft des Evangeliums darstellt, den christlichen Glauben wirksam stützen können.
Ich weiß, geliebte Mitbrüder, daß euer Hirtenamt kühne Anforderungen an euch stellt, doch könnt ihr mit der Hilfe des Heiligen Geistes rechnen, der seine Kirche leitet und ihr die Kraft und den apostolischen Schwung gibt, deren sie für eine echte Erneuerung ihres Lebens bedarf.
Ich vertraue eure Anliegen und eure pastoralen Sorgen der Fürbitte der Jungfrau Maria an und erteile euch aus ganzem Herzen meinen Apostolischen Segen, der auch euren Mitarbeitern gilt: den Priestern, Ordensleuten und Gläubigen.

Katholische Schule von herausragender Bedeutung

Ansprache beim Ad-limina-Besuch der Bischöfe der Kirchenprovinz Westminster, England, am 29. Februar

Liebe Brüder im Bischofsamt!

1. Herzlich heiße ich euch heute zu eurem Besuch „ad limina Apostolorum“ willkommen. Euer Hiersein stärkt die Bande der Einheit, der Liebe und des Friedens, die uns im Bischofskollegium verbinden. Es ist auch ein Zeichen der großen Liebe und Treue der Gläubigen eurer Diözesen zum Nachfolger Petri. Durch euch möchte ich sie alle grüßen, vor allem die Priester, eure treuen Mitarbeiter, und die Ordensleute, deren Weihe an Gott sie in eurer Mitte zu einem besonderen Zeichen des kommenden Gottesreiches macht. Ich möchte ferner euch, ihre Hirten, loben wegen der Vitalität des kirchlichen Lebens in euren Ortskirchen und für den Eifer, mit dem ihr die eurer Sorge anvertraute Herde leitet.

Ein bedeutsamer Teil dieses kirchlichen Lebens ist die katholische Erziehung, sind vor allem die katholischen Schulen. Ich weiß, daß die Sorge für die Erziehung stets das Leben der Kirche in eurer Kirchenprovinz und in eurem ganzen Land gekennzeichnet hat. Selbst das Zweite Vatikanische Konzil hat in der Erklärung über die christliche Erziehung das Werk der ersten Provinzialsynode von Westminster erwähnt, die 1852 stattfand (vgl. *Gravissimum educationis*, Fußnote 25).

2. Wie das Zweite Vatikanische Konzil lehrt, liegt die Hauptverantwortung für die Erziehung der Kinder bei ihren Eltern. Die Erziehung beginnt im Elternhaus, wo das Familienleben soziale Tugenden und die Liebe zu Gott und zum Nächsten vermitteln soll. Gleichzeitig erkennt das Konzil an, daß die Eltern verständlicherweise die Hilfe der Gesellschaft in ihrer Gesamtheit nötig haben, um ihrer Verantwortung für die Erziehung ihrer Kinder zu entsprechen. Die Kirche ihrerseits hat immer den Eltern diese Hilfe bereitgestellt, damit das Leben der Gläubigen von den frühesten Lebensjahren an vom Geist Christi erfüllt werde. Es ist die feste Überzeugung der Kirche, daß eine vollständige Erziehung notwendig eine religiöse Dimension einschließt. Wenn die Religion im Erziehungsprozeß, der Herz und Seele einer Nation bildet, vernachlässigt oder aufgegeben wird, dann kann eine menschenwürdige Moral nicht überleben; Gerechtigkeit und Friede werden nicht von Dauer sein. Nach der Überzeugung der Kirche fördert sie durch die Sorge für die katholische Erziehung die „Vervollkommnung der menschlichen Persönlichkeit, zum Wohl der irdischen Gesellschaft und zum Aufbau einer Welt, die menschlicher gestaltet werden muß“ (*Gravissimum educationis*, Nr. 3).

3. Bei der Vielgestaltigkeit des Erziehungswirkens ist die katholische Schule von herausragender Bedeutung für die Sendung der Kirche. Darum haben Diözesanbischöfe ein besonderes Recht und die Verantwortung, die katholischen Schulen in ihrem Gebiet zu überwachen, zu visitieren und Direktiven zur allgemeinen Ordnung dieser Schulen zu erlassen (vgl. *CIC* can. 806). Zu einer Zeit, in der in eurem Land eine radikale Revision des Erziehungssystems erwogen wird und katholische Schulen sich Anforderungen gegenüber sehen, die sie besonders betreffen, spreche ich euch ein Lob aus für die Führung, die zu geben ihr bemüht seid, und für die Wachsamkeit, mit der ihr darauf bedacht seid, daß katholische Schulen nicht nur überleben, sondern in Übereinstimmung mit all den Grundsätzen für die katholische Erziehung, wie sie vom Konzil beschrieben wurden und in der Geschichte der katholischen Erziehung in Britannien gehütet werden, zur Blüte kommen.
Zahlreich sind heute die Anforderungen, und zugunsten des Gemeinwohls verlangen sie Zusammenarbeit sowohl in der Gesellschaft wie in der Kirche. Katholische Schulen sind von den wechselnden Umständen, die sich auf die Personalfrage und die finanziellen Hilfsmittel auswirken, besonders betroffen. In dieser Periode des katholischen Erziehungswesens in eurem Land befassen sich eure Ortskirchen mit einer Neuordnung, die einige Schließungen, Zusammenschlüsse und Verlegungen mit sich bringt. Es ist verständlich, daß Eltern sich Sorge machen um ihre Kinder und Lehrer sich Sorge machen um ihre Arbeit und die Zukunftsaussichten. Es ist darum wichtig, daß die Bischöfe in die-

ser Phase der Neuordnung ihre Führungsrolle übernehmen, um für so viele junge Glieder der Kirche wie nur immer möglich, eine katholische Erziehung zu garantieren, und bei der Ansiedlung und Zuweisung von Schulen und dem Einsetzen von Lehrern in diesen Schulen sicherzustellen, daß gerecht und weise vorgegangen wird. Alle, die in die Planung und Leitung von katholischen Schulen einbezogen sind, müssen unter der Führung der Bischöfe zusammenarbeiten, damit diese Schulen jetzt und in Zukunft ihre Mission erfüllen können. Für manche wird das bedeuten, daß sie persönliche Wünsche zugunsten des Gemeinwohls opfern müssen.

Wenn hinsichtlich des Personals und der materiellen Mittel schwierige Entscheidungen anstehen, sind auch die Worte aus *Gravissimum educationis* zu bedenken: „Die Oberhirten und alle Gläubigen werden nachdrücklich gemahnt, daß sie keine Opfer scheuen, ... und daß sie sich besonders derjenigen annehmen, die arm sind an zeitlichen Gütern, den Schutz und die Liebe der Familie entbehren müssen oder der Gnade des Glaubens fernstehen“ (Nr. 9). Diese besondere Sorge ist grundlegend bei der festen Entschlossenheit der Kirche, eine gerechtere Gesellschaft zu fördern. Sie ist grundlegend in ihrer Sendung zur Evangelisierung.

4. Die Bischöfe üben ihre Führungsaufgabe nicht nur dadurch aus, daß sie die Versorgung mit einer angemessenen Anzahl von Schulen und ihre geeignete Verteilung sicherstellen, sondern auch dadurch, daß sie Verständnis für die Natur und die Bedeutung dieser Schulen wecken. Sie müssen auch deren katholischen Charakter sichern und den Religionsunterricht, der in ihnen erteilt wird, fördern und überwachen.

Zu einer zufriedenstellenden Weiterentwicklung katholischer Schulen ist es auch erforderlich, daß Eltern, Lehrer, Priester, Ordensleute und alle, die der Arbeit einer katholischen Schule verpflichtet sind, sich über die Entwicklungen in der Zivilgesetzgebung informiert halten. Meine Anerkennung für die zahlreichen Initiativen, die in dieser Hinsicht unternommen wurden, besonders von seiten der Schulkommissionen der Diözesen! Die Verpflichtung zur Weiterbildung sollte sich nicht darauf beschränken, den Gang der Ereignisse, wie er für alle Schulen Gültigkeit hat, zu studieren und die Anwendungen daraus zu ziehen. Sie muß auch das Studium und die Anwendung dessen umfassen, was das spezifisch Katholische im erzieherischen Bemühen der Kirche ist. In einer pluralistischen Gesellschaft müssen katholische Institutionen danach trachten, einen Beitrag zu leisten, der unzweideutig und erkennbar katholisch ist.

Um bei der Erfüllung dieser Ziele ihre entscheidende Rolle zu spielen, brauchen die katholischen Lehrer die Unterstützung und Ermutigung ihrer Bischöfe, und zwar nicht nur hinsichtlich der Verbesserung ihrer beruflichen Kenntnisse und Fähigkeiten. Es muß eine Beziehung angeregt werden, die den Lehrern hilft, immer mehr Verständnis für die katholische Erziehung zu gewinnen, ihnen eine angemessene Seelsorge sicherstellt und sie in der Kenntnis des Glaubens vervollkommnet. Schulung ist wesentlich, und dabei haben die Pädagogischen Hochschulen eine sehr wichtige Rolle zu spielen, und zwar insofern, daß sie nicht nur Lehrer ausbilden, sondern spezifisch katholische Lehrer. Es ist auch von Bedeutung, Wege zur Vervollständigung der Ausbildung jener zu finden, die von den Universitäten kommen, damit sie wirklich katholische Lehrer werden können. Ich ermutige euch auch dazu, die Berufung katholischer Lehrer zu fördern und jungen Leuten in den wichtigen Jahren ihrer Berufsentscheidung diesen Beruf zu empfehlen.

5. Katholische Schulen sollten in jeder Weise hervorragend sein, nicht nur im regulären Studienplan und im Netzwerk all der Beziehungen, die sie ausmachen, sondern vor allem als Gemeinschaften des Glaubens.

Religiöse Erziehung ist mehr als bloß ein Fach im Lehrplan. In katholischen Schulen ist sie das Herzstück des Lehrplans. Katholische Erziehung darf auch nicht nur ein oberflächlicher Anstrich werden. Denn wie das Konzil uns in Erinnerung ruft, ist es das Ziel der katholischen Schule, „eine Schulgemeinschaft zu schaffen, in der der Geist des Evangeliums, der Geist der Freiheit und Liebe lebendig ist. Sie hilft dem jungen Menschen, seine Persönlichkeit zu entfalten und zugleich der neuen Schöpfung nach zu wachsen, die er durch die Taufe geworden ist. Ferner richtet sie die gesamte menschliche Bildung auf die Heilsbotschaft aus, so daß die Erkenntnis, welche die Schüler allmählich von der Welt, vom Leben und vom Menschen gewinnen, durch den Glauben erleuchtet wird“ (vgl. *Gravissimum educationis*, Nr. 8). Diese Ziele können nur durch das lebendige Zeugnis des katholischen Glaubens von seiten der Eltern und der Lehrer, der Priester und Ordensleute und all derer erreicht werden, die mit katholischen Schulen verbunden sind.

6. Liebe Brüder! Katholische Schulen gedeihen am besten, wenn eine gesunde Partnerschaft zwischen Elternhaus und Pfarrei, Eltern und Lehrern, kirchlichen und zivilen Autoritäten besteht, sowie zwischen all denen, die direkt in die Arbeit an den einzelnen Schulen einbezogen sind. Ich vereine mich mit euch und den Euren im Dank an den allmächtigen Gott für all das, was durch katholische Erziehung in eurem Land zustandegebracht wurde und bei der Bitte um Gottes Hilfe, wenn es darum geht, die katholischen Schulen in die Zukunft zu führen.

Mit brüderlicher Liebe in unserem Herrn Jesus Christus erteile ich euch und allen Gläubigen eurer Diözesen meinen Apostolischen Segen.

Bewußtsein der Verantwortung als Getaufte wecken

Ansprache beim Ad-limina-Besuch der Bischöfe von Haiti am 19. August

Liebe Brüder im Bischofsamt!

1. Seid willkommen in diesen Räumen, in denen ich euch mit Freude zu eurem Ad-limina-Besuch empfange. Ich danke Msgr. François Gayot, dem Erzbischof von Cap Haitien und Präsidenten der Bischofskonferenz, herzlich für die liebenswürdigen und vertrauensvollen Worte, die er in euer aller Namen an mich gerichtet hat.

Unser heutiges Treffen hat seinen Grund in unserer gemeinsamen Hirtensorge, denn die Aufgabe, das Evangelium auf der ganzen Erde zu verkündigen, kommt den Hirten in ih-

rer Gesamtheit zu. Wie das Zweite Vatikanische Konzil gesagt hat, „sind die einzelnen Bischöfe gehalten, in Arbeitsgemeinschaft zu treten untereinander und mit dem Nachfolger Petri, dem das hohe Amt, den christlichen Namen auszubreiten, in besonderer Weise übertragen ist" (*Lumen gentium*, Nr. 23).
Worin besteht also in eurem Land diese Ausbreitung des christlichen Namens? Worin besteht die Verkündigung des Evangeliums unseres Herrn, die unsere erste und teuerste Aufgabe ist? Das zeigt der Fünfjahresbericht, den abzugeben ihr gekommen seid. Von Herzen wünsche ich, euer Romaufenthalt möge die Kraft eures Glaubens neu stärken, damit ihr nach eurer Heimkehr noch tatkräftiger das euch anvertraute Amt ausübt.

2. Seit 1983, dem Jahr meiner Durchreise in Haiti und eurer letzten Pilgerfahrt zu den Gräbern der Apostel, hat sich in eurem Land viel ereignet. Die haitische Nation wurde von einer tiefgreifenden Krise erschüttert, ohne daß man bis heute den Weg in eine hellere Zukunft, in der die Achtung vor der Würde des Menschen und seinen Freiheitsrechten überall voll garantiert wäre, klar unterscheiden könnte.
Während dieser ganzen stürmischen Periode seid ihr besonders aktiv gewesen, um euer Volk in der Angst und Unruhe der Suche nach Freiheit und wahrer Demokratie zu begleiten.
Als eifrige Hirten habt ihr, ohne euch zu schonen, die Mitteilungen, die es auf seinem Weg leiten sollten, vervielfacht, besonders in diesen letzten Jahren.
In den Stürmen der Ereignisse habt ihr euch, über die in den Statuten vorgesehenen Vollversammlungen hinaus, oft versammelt, um die Lage zu überprüfen und den Gläubigen Richtlinien zu geben, die dem Evangelium gemäß sind. Ihr habt ihnen auch die Soziallehre der Kirche über alles, was ihr Leben in den verschiedenen Dimensionen betrifft, dargelegt: im Hinblick sowohl auf den wirtschaftlichen, wie den politischen und religiösen Bereich. Ihr habt ihnen geholfen, die Würde eines jeden zu achten, für die Gerechtigkeit zu arbeiten, aufrichtige Beziehungen zu entwickeln und die Versöhnung zu fördern.
Ich lege Wert darauf, euch zu dieser umfassenden, von Grund auf pastoralen Tätigkeit zu beglückwünschen. Ich kann ermessen, wie groß eure Schwierigkeiten täglich waren. Ich erahne und teile eure Ängste.
Ich spreche euch heute nochmals meine ganze Besorgnis um die Kirche in Haiti aus und versichere euch, daß ich vor Gott mit euch zusammen diese Sorge trage. Laßt mich schließlich auch noch einmal meine Ermutigung aussprechen, auf dem eingeschlagenen Weg weiterzugehen als Hirten, die persönlich verantwortlich sind für die Verkündigung des Wortes Gottes, verantwortlich für das geistliche Leben aller Getauften, verantwortlich für die Einheit der Herzen und des Handelns auf der Ebene der Diözese und der Bischofskonferenz.

3. Wenn man eure Interventionen insgesamt betrachtet, stellt man fest, daß die meisten, durch die besonderen Umstände dieser letzten Jahre veranlaßt, in den Rahmen der Förderung des Menschen einzuordnen sind. Es bestehen in der Tat tiefe Verbindungen zwischen Evangelisierung und menschlicher Förderung: Wie könnte man das Gebot der Bruderliebe, den Kern der Botschaft Christi und das Unterscheidungsmerkmal der Chri-

sten, verkünden, ohne gleichzeitig die Gerechtigkeit und das echte Reifen des Menschen voranzubringen? Könnte man unbeachtet lassen, was das Evangelium hinsichtlich der Liebe zum Nächsten gebietet, der leidet oder in Not ist? Handelt jedoch so, liebe Brüder, daß alles, was ihr unternehmt, auf der spezifisch religiösen Linie der Evangelisierung bleibt und auf der Achse, die sie trägt: dem fortschreitenden Kommen des Reiches Gottes.

Das bezieht sich unter anderem auch auf das wichtige Projekt der Alphabetisierung, die „Mission Alpha", die euch am Herzen liegt und die ihr mit Hilfe verschiedener Organisationen anderer Länder durchführt. Der Analphabetismus ist eine geistige Unterernährung, ebenso verheerend, könnte man sagen, wie der materielle Hunger, und mit Recht kämpft ihr gegen dieses große Hindernis für den sozialen Fortschritt und die wirtschaftliche Entwicklung. Ihr wacht, wie ich weiß, darüber, daß der Alphabetisierungsfeldzug nicht der politischen Ausbeutung in die Falle geht, sondern eine Initiative zum Wohl des haitischen Volkes bleibt.

4. In eurem Wunsch, zum Aufbau der Gesellschaft beizutragen, habt ihr eine Sorge von brennender Aktualität: die Familie. Wenn man ein glückliches Haiti aufbauen will, muß man den ursprünglichen Kern der Gesellschaft neu beleben, nämlich die Familie. Das Problem der Familienpastoral ruft euch, wie die Bischöfe vieler anderer Länder, auf den Plan. Verglichen mit der weit verbreiteten Praxis freier Verbindung ist die sakramentale Ehe noch zu selten. Im übrigen scheinen die Methode der künstlichen Geburtenregelung und die Praxis der Abtreibung weiter um sich zu greifen.

Die Familienpastoral ist für euch auch eine vorrangige Aufgabe im Hinblick darauf, daß es gilt, die Zukunft der christlichen Gemeinschaft wie auch die der Nation vorzubereiten. Die erste Struktur, die ein soziales Leben erlaubt, die Familie, ist auch eine Schule des Glaubens, wie es noch die Bischofssynode im vergangenen Jahr in Erinnerung gerufen hat: Die christliche Familie „kann eine echte ‚Hauskirche' werden, in der man zusammen betet, das Gebot der Liebe beispielhaft lebt, das Leben annimmt, achtet und schützt" (*Botschaft an das Volk Gottes*, Nr. 7).

5. Da die Feiern näherrücken, die das halbe Jahrtausend seit der Entdeckung der Neuen Welt und dem Beginn ihrer Evangelisierung auszeichnen sollen, ist es angebracht, das nie vollendete Werk der Evangelisierung einer christlichen Gemeinschaft aufs neue zu unternehmen.

Es ist um so notwendiger, da sich bei euren Gläubigen noch sehr die Spuren von Anschauungen bemerkbar machen, die mit ihrer ursprünglichen Herkunft verbunden sind, und da sie im übrigen, vor allem seit einigen Jahren, den zunehmenden Druck zahlreicher Sekten auszuhalten haben. Um den unheilvollen Aktionen dieser Bewegungen entgegenzuwirken, muß Klarheit in den Glauben und das sakramentale Leben der Gläubigen gebracht werden. Mit anderen Worten: Es muß eine systematische Katechese entwickelt werden, damit das christliche Volk ganz solide Kenntnisse erwirbt und den Schlingen des Aberglaubens und der Magie entgeht. Es geht darum, den Laien, der Jugend sowohl wie den Erwachsenen, Mittel zur Formung und Vertiefung ihres christlichen Lebens anzubieten.

6. Deshalb braucht ihr apostolische Arbeiter. Gott sei Dank, daß ihr eine zunehmende Zahl von Berufungen zum Priesterleben feststellen könnt. Ermutigt die Seminaristen, das christliche Volk zu lieben und ihm hochherzig zu dienen, vor allem wenn es Entbehrung leidet und geprüft ist, wie es in Haiti der Fall ist. Mögen sie vom Geist der Seligpreisungen durchdrungen sein, um die Gläubigen für die christliche Hoffnung aufzuschließen, deren sie bedürfen, um leben zu können. Auf ihren zukünftigen Dienst sollen sie sich durch ein diszipliniertes Leben in der Einfachheit und der Freude der Losschälung vorbereiten. Ich vertraue es euch an, sie meine herzliche Zuneigung wissen zu lassen und die Hoffnung, die ich auf sie setze.

7. Überbringt auch allen euren Priestern, seien sie haitischen Ursprungs oder aus anderen Ländern gekommen, meine Ermutigung. Sagt ihnen meinen Dank für den Glauben, den sie, oft unter armen und schwierigen Verhältnissen, aufrechterhalten und zum Wachsen bringen. Unterhaltet gute persönliche Beziehungen zu ihnen, damit sie konkret erfahren, daß der Bischof nicht ein ferner Verantwortlicher ist, sondern ein Vater und ein Bruder, der ihnen nahe ist und den Dienst am Volk Gottes mit ihnen teilt. Möge eine wirkliche Solidarität zwischen Priestern und Bischöfen bestehen, ein frohes Zusammenleben im priesterlichen Dienst und ein intensives geistliches Leben, damit jeder das Geschenk, das ihm am Tag der Priesterweihe zuteil geworden ist, schätze und würdige. Die Initiativen, die ihr für die ständige Weiterbildung unternehmen könntet, würden den Geist der Einheit und die Dynamik der Priester auf dieses Ziel hin verstärken.

8. Besonders grüße ich die Ordensmänner und Ordensfrauen, die in Haiti drei Viertel der Pastoralarbeiter in der Kirche ausmachen. Ich weiß, daß eine große Anzahl von ihnen auf ihrem Arbeitsfeld ein bewundernswertes Beispiel der Selbstvergessenheit und der Hingabe an die Sache des Gottesreichs geben. Sie bezeugen die liebende Gegenwart des Herrn in großer Nähe zum gläubigen Volk.
Es sind neue Ausbildungshäuser eröffnet worden; darüber freue ich mich. Ebenso habe ich mit Freude vernommen, daß einheimische Berufe wach werden.
Ich ermuntere die Ordensmänner und Ordensfrauen dazu, ihre umfassende Arbeit auf den verschiedenen Gebieten, auf denen sie jetzt tätig sind, fortzusetzen: in der Katechese, im Gesundheitsdienst, in der Erziehung, in Heimen, in der Sozialarbeit und der Förderung des Menschen. Mögen sie weiterhin das Gemeinschaftsleben hochschätzen. Das Gemeinschaftsleben ist es ja, das in einem Institut solide Fundamente legt und es jedem Mitglied ermöglicht, unter den Gläubigen einen wirksamen Dienst zu leisten. Man vermeide auch die Klippe, zu sehr nach eigenem Stil vorzugehen, vielmehr sollen die allzu persönlichen Tendenzen in Schranken gehalten werden, um mit dem Charisma des Gründers in gleicher Linie zu bleiben.
Im Aufblühen lokaler Erfahrungen gottgeweihten Lebens kommt es euch zu, Neugründungen zu begleiten und, ganz allgemein, den Instituten zu helfen, die ihre kirchenrechtliche Lage noch zu klären haben. Bischofsvikare für die Ordensleute könnten euch helfen bei der euch zustehenden Aufgabe, nämlich: euch um das Ordensleben in eurer Diözese zu kümmern und es in die gesamte Pastoraltätigkeit einzugliedern.

9. Schließlich erfordert noch die Zunahme der kirchlichen Basisgemeinschaften mehr Katechisten und Animatoren. Im Sozialgefüge von Haiti scheinen diese Gemeinschaften providentiell zu sein. Sie sind als Glaubensgemeinschaften entstanden und bilden in den Pfarreien aktive Zellen. Ja man kann sagen, die „Ti Kominotés Legliz“ oder kirchlichen Basisgemeinschaften bilden einen wahren Grund zur Hoffnung für die Kirche in Haiti. Ihr habt die Aufgabe, ihnen zu helfen, daß sie nach christlichen Grundsätzen weiterwachsen, und daß Verantwortliche heranreifen, die berufen sind, eure Gedanken und Richtlinien an sie weiterzugeben und getreu zu interpretieren. Die unverkürzte Ausbildung der Laien muß heute – wie es uns die letzte Bischofssynode in Erinnerung rief – eine Priorität in der Pastoral sein.
Die wichtige Arbeit, die darin besteht, bei den Laien noch mehr das Bewußtsein ihrer Verantwortung als Getaufte gegenüber der Gesellschaft zu wecken, muß weitergeführt werden. Ihr müßt ihnen weiterhin helfen, damit sie die Bereiche des gesellschaftlichen Lebens, der Familie, der Arbeit und der Suche nach besseren Existenzbedingungen mit dem Geist Christi durchdringen.

10. Zum Schluß möchte ich euch bitten, eurem Volk zu sagen, daß ich mich in Liebe seiner erinnere. Meine besten Wünsche für sein Wohlergehen, sein körperliches und geistliches Wohl in der Würde, die von Gott Geliebten und durch das kostbare Blut Christi Erlösten eigen ist. Ich segne alle von ganzem Herzen, besonders jene, die alle Arten von Prüfungen und viel Leid kennen, und diese sind leider viel zu zahlreich. In Liebe sende ich meinen Segen auch all jenen, die mit euch zusammenarbeiten beim Aufbau der Kirche in Haiti, und auf einen jeden von euch rufe ich die Kraft des Heiligen Geistes herab.

Evangelisierung und Glaube

Ansprache an die Bischöfe von Kamerun bei ihrem Ad-limina-Besuch
am 30. September

Herr Kardinal, liebe Brüder im Bischofsamt!

1. Am Ende der persönlichen Begegnungen mit euch empfange ich euch heute gern alle zusammen, um euren Präsidenten, den Erzbischof von Garouna geschart, der kürzlich in das Kollegium der Kardinäle eingetreten ist. Ich danke ihm lebhaft für seine so liebenswürdigen Worte, die er eben in eurem Namen an mich gerichtet hat.
Der „Ad-limina“-Besuch, den die Bischöfe der ganzen Welt von Zeit zu Zeit abstatten, zeigt die Einheit der Ortskirchen mit der Kirche von Rom. Wenn ihr also herkommt, um euch mit dem Nachfolger des Petrus sowie seinen Mitarbeitern in den verschiedenen Dikasterien der Römischen Kurie auszutauschen, bringt ihr in sichtbarer Weise die Bande zur Geltung, die uns in der großen Gemeinschaft der Getauften verbinden. Ebenso legt ihr dem Papst das Zeugnis der Anhänglichkeit der Gläubigen eures Lander vor: Ich bin dafür um so aufgeschlossener, als ich im Gedächtnis meines Herzens die Höhepunkte le-

bendig behalte, die wir im Jahre 1985 gemeinsam in jeder eurer Provinzen Yaoundé, Garoua, Bamenda und Douala erlebt haben. Möchte daher eure Pilgerreise zu den Gräbern der heiligen Apostel euren Glauben noch mehr entzünden, so daß ihr dem Herrn wie Petrus und mit der gleichen Begeisterung sagt: „Du bist Christus, der Sohn des lebendigen Gottes“ (*Mt* 16,16)! In tiefer Verbundenheit möchte ich euch in diesem Glauben und in eurer Sendung als Hirten des Volkes Gottes im Kamerun bestärken für das uns gemeinsam aufgetragene Werk der Evangelisierung der Welt.

2. In zwei Jahren wird Kamerun die hundert Jahre seit der Ankunft der ersten Missionare, der deutschen Pallottinerpatres feiern, und ihr habt mit der Vorbereitung dieses großen Jahrestages schon begonnen. Bei dieser Gedenkfeier wollt ihr die Annahme und die Vertiefung der Botschaft Christi durch eine „Erneuerung der Herzen im Licht des Evangeliums“ anregen, um die Worte von Kardinal Tumi zu wiederholen.
Die Kirche muß sich nämlich ständig selbst evangelisieren, um andere evangelisieren zu können. Auch muß der Glaube der Kameruner noch persönlicher, erwachsener und engagierter werden, um neue missionarische Dynamik zu entfalten und zugleich den im sozialen Umfeld zunehmenden Materialismus zu bekämpfen, um der Werbung von seiten der Sekten und der Zauberer zu widerstehen, und um nicht dort zurückzuweichen, wo die wirtschaftlichen Verhältnisse so sind, daß man im Übermaß Gewinn erstrebt und damit ein Hindernis für jedes wirklich ernsthafte christliche Leben aufrichtet.
Bei der Bischofssynode des letzten Jahres wurde erklärt: „Die integrale Bildung aller gläubigen Laien, Ordensleute und Kleriker muß heute zur pastoralen Priorität werden“ (*Botschaft der Synodenväter an das Volk Gottes*, Nr. 12). Laßt mich in der Perspektive der Jahrhundertfeier euch, liebe Brüder, ermuntern, diesem, Wunsch der Synodenväter zu entsprechen und die Gläubigen in Kamerun zu ermuntern, das Wort Gottes mit seinen Ansprüchen hochherzig aufzunehmen und immer echter und verantwortlicher die Sakramente des Glaubens zu empfangen. Ich fordere euch vor allem auf, die ständige Weiterbildung der Animatoren der Pastoral sicherzustellen. Das könnte im Rahmen einer interdiözesanen Zusammenarbeit erfolgen, für die ihr eventuell auch Hilfe von außen heranzieht.
Gestattet mir, eure Aufmerksamkeit auf zwei Bereiche der Evangelisierung zu richten, die mir bei der Lektüre eurer Fünfjahresberichte der Empfehlung wert schienen: nehmt euch der Familie und der Welt der Kultur seelsorglich an!
Ihr erkennt es selber an: mit einer Gesundung des Familienmilieus würden zahlreiche andere Fragen ebenalls ihre Lösung finden. Seid also überzeugt, daß jedes gute Samenkorn, das ihr geduldig ins tiefe Erdreich der Familien gesät habt, dauerhafte Früchte der Gerechtigkeit, des Glücks und des Wohlstands für die Gemeinschaft der Christen und die ganze Nation bringen wird.
Was die Welt der afrikanischen Kultur angeht, in der eine gewisse Rückkehr zu vorchristlichen Bräuchen zu beobachten ist, so sorgt dafür, daß der Sauerteig des Evangeliums dort eindringt, um die Gewohnheiten zu reinigen und zu heben, so daß jene Riten abgeschafft werden, die der Entfaltung des Lebens und der Würde der menschlichen Person entgegenstehen. Das II. Vatikanische Konzil hat gesagt: „Die gute Botschaft Christi er-

neuert unausgesetzt Leben und Kultur des gefallenen Menschen ... Die geistigen Vorzüge und Anlagen eines jeden Volkes oder einer jeden Zeit befruchtet sie sozusagen von innen her mit überirdischen Gaben, festigt, vollendet und erneuert sie in Christus. Schon durch die Erfüllung der eigenen Aufgabe treibt die Kirche die menschliche und mitmenschliche Kultur voran und trägt zu ihr bei" (*Gaudium et spes*, Nr. 58,4). Wenn ihr in den Herzen der Gläubigen den Glauben an einen Gott, der die Menschen liebt und ihr Glück will, Gestalt gewinnen laßt, werdet ihr allmählich Furcht und Ängste bannen, die euer Volk zuweilen lähmen, dessen weit verbreitete symbolische Sicht der Welt nicht immer ein vernunftgemäßes Verständnis der Wirklichkeit fördert.

3. Evangelisieren heißt den Glauben verkünden, in nähren, stützen und vertiefen und ihn dank einer angemessenen Katechese Frucht bringen lassen. All das erfordert apostolische Arbeiter in ausreichender Zahl. Gern stelle ich fest, daß die Zahl der einheimischen Priester seit einigen Jahren wächst, und daß diese sich mehr und mehr der missionarischen und universalen Dimension der Kirche öffnen. Mehrere Mitglieder des Klerus der Diözesen im Süden üben ihre Tätigkeit nach der Anregung von „Fidei donum" in der Kirchenprovinz Garoua aus, andere sind Rektor oder Professor in den Seminarien. Ich ermuntere euch zur Weiterführung dieses Ausgleichs in einem Geist der Offenheit im Sinn des Evangeliums. Wenn ihr so vorgeht, entwickelt ihr eine Haltung und Geschmack an gegenseitiger Hilfe, die die Bande zwischen den Diözesen innerhalb der Bischofskonferenz verstärken.
Ebenfalls wünsche ich den weiteren Aufbau von Strukturen, die das geistige und zeitliche Leben der Priester erleichtern, um ihnen regelmäßig jene Hilfsmittel zukommen zu lassen, die sie brauchen, um ihnen auch die Mittel zur Verfügung zu stellen, mit denen sie ein dezentes materielles Leben führen können, um ein gesundes Zusammenleben der Mitglieder der gleichen Priesterschaft zu fördern.
Mögen die Priester als eure ersten Mitarbeiter weiter klar das Wort Gottes aus einem brennenden Glauben heraus und in persönlichem Engagement lehren. Eins der wichtigsten Dinge, die Gott heute von uns verlangt, ist die Predigt: sagen, wie die Wahrheit lautet und sie mit Liebe, Barmherzigkeit und pastoralem Eifer verkünden.
Möchten sie endlich als Diener der Sakramente, vor allem der Taufe, der Eucharistie und der Versöhnung, die Menschen immer mehr in Kontakt mit der Zärtlichkeit Gottes bringen und sie schrittweise erkennen lassen, welches der Heilsplan des Vaters für die ganze Menscheitsfamilie ist!

4. Ich habe die Bemühungen zur Kenntnis genommen, die die meisten Diözesen im Rahmen einer Pastoral der Berufungen unternommen haben, denn das besitzt ja aus gutem Grund Priorität. Ihr ruft die Familien und die Pfarreien auf, die Schulen und die Bewegungen. Ihr organisiert diözesane Lager und Einkehrtage und weckt so in den Herzen der Jugendlichen den Wunsch, Jesus nachzufolgen. Die Kampagne hat Frucht gebracht. Es ist für euch und den Nachfolger des Petrus eine große Freude und Grund zur Hoffnung, in manchen Diözesen Kameruns die Anzahl der Bitten um Eintritt ins Seminar wachsen zu sehen. Wenn ich mich mit euch über dieses Wachstum freue, spreche ich zugleich den

Wunsch aus, daß ihr euch der Echtheit und Qualität des Lebens bei den Aspiranten für das Priestertums annehmt. Verschafft den Seminaristen tüchtige Erzieher, die ihnen eine im Glauben geeinte und in der Tradition der Kirche verwurzelte Ausbildung verschafft und die mit guter Unterscheidungsgabe die Werte der afrikanischen Kultur einbringt, um echte Hirten und Apostel Jesu Christi heranzubilden.

5. In euren Fünfjahresberichten habe ich ferner das wichtige Engagement der Ordensleute in der Diözesanpastoral festgestellt. Die Ordensmänner- und frauen sind aufgrund ihrer Weihe an Gott innerlich mit der Sendung Christi verbunden. Wie er, sind die gottgeweihten Personen zum Dienen aufgerufen; sie sollen sich gänzlich von der Liebe des Vaters erfassen lassen, um sich zugleich völlig dem Heilwerk des Sohnes zur Verfügung zu stellen. Dies gilt für alle Formen des Ordenslebens. Das Leben in Klausur hat seine eigene verborgene apostolische Fruchtbarkeit, denn obwohl sie ständig im Kloster leben, verkünden Mönche und Nonnen doch der ganzen Welt, daß Gott da ist, daß er die Liebe ist, und sie üben im Namen des Volkes der Getauften den Dienst des öffentlichen Gebetes der Kirche aus. Was die im Apostolat in eurem Lande tätigen Ordensleute angeht, so setzen sie das Heilswerk Christi fort durch die konkreten Dienste, für die sie von der Kirche gesandt sind, die ja ihre Konstitutionen approbiert hat.
Ich wünsche mit euch, daß unter eurer Verantwortung die einheimischen Ordensleute ihren spezifischen Beitrag zum Aufbau des Leibes Christi leisten in harmonischer Zusammenarbeit mit denen, die aus anderen Ländern stammen und durch ihre immer geschätzte aktive Präsenz die Gemeinschaft mit der universalen Kirche bezeugen.

6. Für die Erfüllung ihrer Sendung zur Evangelisierung hat die Kirche immer der katholischen Schule besondere Bedeutung beigemessen. In Kamerun wie in anderen Ländern Afrikas erkennt man einmütig die Rolle an, die diese Schulen gespielt haben und weiter für die Heranbildung der Massen und der Eliten spielen, indem sie die Person zu ihrer menschlichen Reife führen und sie nicht nur lehren, sich Wissen anzueignen, sondern auch ihr Sein als Sohn oder Tochter Gottes zu verwirklichen. Möge die katholische Schule in Kamerun ihre Dynamik, ihre strenge Disziplin und ihren moralischen Hochstand bewahren, sei es auch eventuell mit der Hilfe von vorläufigen Lehrkräften aus dem Ausland. Möge sie weiter den jungen Menschen das einprägen, was in der Arbeitswelt von heute so wichtig ist, nämlich ein strenges Berufsethos! Um endlich die besonderen Schwierigkeiten zu überwinden, auf die das katholische Bildungswesen trifft, ermuntere ich euch zur Weiterführung des Dialogs mit den staatlichen Stellen, den nur ein Klima des sozialen Friedens fruchtbar machen kann.
Hinsichtlich eines zweisprachigen Katholischen Instituts in Yaoundè, das euch am Herzen liegt, freut es mich zu wissen, daß die Ausarbeitung der Statuten dank der Zusammenarbeit der Stellen in Kamerun und in Rom vorangeht.

7. Mit Genugtuung habe ich festgestellt, daß die Beziehungen zwischen Protestanten und Katholiken herzlich und positiv sind. Für ein noch besseres ökumenisches Wirken ermuntere ich euch zu einer Vertiefung in das Erbe, das wir mit den anderen kirchlichen

Gemeinschaften gemeinsam besitzen, und im Kontext von Kamerun das spezifisch Katholische zu klären.
Angesichts der gewissermaßen strategischen Lage Kameruns zwischen den Ländern südlich der Sahara, in denen der Islam aktiv ist, und den Ländern Zentralafrikas, die dem Christentum offenstehen, gestattet mir ferner, erneut kurz die Haltung der katholischen Kirche jenen gegenüber festzustellen, die unseren Glauben nicht teilen. Wir sprechen unseren Respekt vor den Brüdern und Schwestern aus, die sich zu anderen Religionen bekennen, wollen aber zugleich den Dialog und die Verkündigung des Evangeliums fortsetzten. Es kann nicht in Frage kommen, das eine zu bejahen und das andere zu ignorieren.

8. Zum Schluß möchte ich euch meine Bitte vortragen, meine herzlichen Grüße und Ermunterungen den Priestern eurer jeweiligen Diözesen auszurichten, aber auch den Ordensleuten, den katholischen Lehrkräften, den Verantwortlichen für die Bewegungen der Katholischen Aktion und den Katechisten, deren regelmäßige Mitarbeit für euch so wertvoll ist, und die ich ermuntere. Richtet allen Gläubigen in Kamerun die herzlichen Grüße des Papstes aus. Mögen die lebendigen Kräfte der Kirche am Vorabend der Jahrhundertfeier der Evangelisierung des Landes sich erneut für ein echtes Zeugnis für die Frohbotschaft bereit machen!
Ich segne euch aus ganzem Herzen wie auch alle eure Diözesangemeinschaften in Kamerun.

Jugend am Leben der Kirche beteiligen

Ansprache an die Bischöfe von Kanada bei ihrem Ad-limina-Besuch am 26. April

Liebe Brüder im Bischofsamt!

1. Ich begrüße euch alle bei Gelegenheit eures Ad-limina-Besuches und heiße euch herzlich bei dieser Begegnung willkommen, die unsere kollegiale Einheit als Hirten der Herde Christi zum Ausdruck bringt. Ich freue mich mit euch und dem ganzen Klerus, den Ordensleuten und Laien eurer Diözesen über die zahlreichen geistlichen Gaben, die ihr durch die liebevolle Güte des allmächtigen Gottes erhalten habt. Diese Gaben des Geistes befähigen die Ortskirchen in Ontario, ihre Sendung zu erfüllen und „die unzerstörbare Keimzelle der Einheit, der Hoffnung und des Heils“ für die ganze Menschheit sowie „Licht der Welt und Salz der Erde“ zu sein (*Mt* 5,13–16) (*Lumen gentium*, Nr. 9). Diese Sendung bedeutet, Zeugen für Jesus Christus zu sein. Der erste Petrusbrief sagt uns, daß es ferner die Fähigkeit bedeutet, „jedem Rede und Antwort zu stehen, der nach der Hoffnung fragt, die euch erfüllt“ (*1 Petr* 3,15).
Es bleibt die lebenslange Aufgabe aller Christen, ihre Kenntnis Christi und die Hoffnung auf das ewige Leben zu vertiefen. Zugleich müssen die Christen anerkennen, daß die Saat des ewigen Lebens besondere Sorge und Nahrung bei der Jugend verlangt. Ich möchte

daher mit euch ein wenig nachdenken über die katholische Jugend eures Landes, die eines Tages eine sogar noch größere Rolle in der Kirche spielen wird. Ich möchte euch ferner bei eurem Bemühen ermuntern, ihnen die Botschaft Christi in ihrem ganzen Reichtum zu vermitteln und ihre Beteiligung am Leben der Kirche zu vertiefen.

2. Es ist immer eine Freude für mich, junge Menschen zu treffen, und ich bin gewiß, das ist auch bei euch so. Wir sehen in ihnen die Verheißung großer Dinge, die noch zu verwirklichen sind, eines Lebens, das noch erprobt werden muß, einer Begeisterung und Energie, die noch zum Wohl der Menschheit herausgefordert werden müssen. In der Gegenwart von jungen Mitgliedern der Kirche werden wir an die Worte des Herrn erinnert: „Ich bin gekommen, um Feuer auf die Erde zu werfen. Wie froh wäre ich, es würde schon brennen!“ (*Lk* 12,49). Betrachten wir bei den Jugendlichen die Möglichkeiten an Heiligkeit, Selbsthingabe, heroischer Tugend, Keuschheit und Liebe, können wir sicher sein, daß diese Worte Christi auch in Zukunft ihre Kraft nicht verlieren werden. Wir wissen freilich auch, daß die Jugend eine Zeit ist, reich an Gelegenheiten, die man ebenso verlieren wie gewinnen kann. Es ist eine Zeit persönlichen Wachstums, eine Zeit, die – bei aller Freiheit und der Hilfe der Gnade Gottes – im Guten oder Bösen, eine unauslöschliche Spur im weiteren Leben eines Menschen zurückläßt.
Die moderne Gesellschaft stellt die Jugend vor besondere Herausforderungen. Auf Schritt und Tritt werden sie durch eine Auffassung von menschlicher Freiheit verlockt, die in Wirklichkeit Sklaverei ist; von einem Relativismus, der sie der Wahrheit beraubt; von einem Materialismus und Pragmatismus, der ihnen sogar die Seele rauben kann. Doch wo die Sünde überhandnimmt, wächst noch mehr die Gnade (vgl. *Röm* 5,20). Wir können sicher sein, daß die Gaben des Geistes im Leben junger Männer und Frauen nicht fehlen. Die Saat der Heiligkeit ist seit der Taufe ihr Angeld. Unsere Aufgabe besteht darin, ihnen die Fülle der Lehre Christi anzubieten, wie die katholische Kirche sie kennt, sie angenommen hat und sie verkündigt. Wir müssen ihnen helfen, Zeugen zu werden, die „die Hoffnung, die in ihnen ist“, bezeugen können, so daß sie in der Sendung der Kirche für das Heil der Welt ihre volle Rolle spielen können. Beim Pastoralbesuch eures Landes habe ich 1984 gesagt: „Jugendliche sind begierig, solide und dauerhafte Werte zu finden ... Sie suchen einen festen Standort, einen höher gelegenen Punkt, wo sie ihre Stellung einnehmen können. Sie suchen eine Wegrichtung, ein Ziel, das ihrem leben Sinn und Zweck verleiht“ (*Ansprache an die katholischen Erzieher*, 12. September 1984).

3. Ein bevorzugter Ort für die Bildung junger Menschen, der Wichtigkeit nach nur von dem der Familie übertroffen, ist die Schule, die sie besuchen. Entsprechend hat das II. Vatikanische Konzil gesagt, alle Schulen müßten eine Erziehung vermitteln, die mit den moralischen und religiösen Grundsätzen der Familien übereinstimmt, die das Recht der Jugendlichen auf Bildung ihres Gewissens auf der Grundlage einer gesunden Moral achtete, sowie ihr Recht, Gott vollkommener zu erkennen und zu lieben (vgl. *Gravissimum educationis*, Nr. 1,7). Das Konzil hat ebenfalls das Recht der Kirche auf Einrichtung eigener Schulen betont, ein für die Wahrung der Gewissensfreiheit, den Schutz der Elternrechte und die Förderung der Kultur sehr wichtiges Recht (vgl. *ebd.*, Nr. 8).

Ich möchte euch daher für euer erfolgreiches Bemühen die Förderung von Maßnahmen empfehlen, die das Recht der Kirche auf Erfüllung ihrer erzieherischen Sendung aufrechthalten und den Eltern helfen bei der freien Ausübung ihres Rechts auf eine Erziehung ihrer Kinder in Übereinstimmung mit ihrer Religion. Die Unterstützung des Staates für ein getrenntes Schulsystem in Kanada ist ein großer Segen, nicht nur für die Katholiken; euer ganzes nationales Leben wird bereichert durch die intellektuelle und moralische Bildung, die diese Schulen ihren Studenten vermitteln.
Auch wenn das finanzielle Auskommen der katholischen Schulen garantiert ist, bleibt die Aufgabe, ihren katholischen Charakter zu sichern. Die Kongregation für das katholische Bildungswesen hat, der Situation bewußt, in den Jahren nach dem Konzil erklärt: „Mehr als je zuvor ist die Führung einer katholischen Schule sehr viel schwieriger und komplexer geworden, weil heute das Christentum neue Kleider anlegen muß, weil alle möglichen Wandlungen in der Kirche und im Leben der Welt eingeführt worden sind, und da vor allem eine pluralistische Mentalität vorherrscht und das christliche Evangelium in wachsendem Maße beiseitegeschoben wird. Deswegen verlangt die Loyalität zu den erzieherischen Anliegen der katholischen Schule eine ständige Selbstkritik und eine Rückkehr zu den Grundsätzen und Motiven, die hinter dem erzieherischen Einsatz der Kirche stehen" (*Die katholische Schule*, 24. Juni 1977). Welches sind aber diese Grundsätze? Aufgabe der katholischen Schule ist „wesentlich eine Synthese von Kultur und Glauben, dazu eine Synthese von Glauben und Leben: das erste wird erreicht durch die Integration aller verschiedenen Aspekte menschlichen Wissens, die in den Fächern gelehrt werden im Licht des Evangeliums; das zweite durch Wachstum in den für einen Christen charakteristischen Tugenden" (*ebd.*)

Der Papst fuhr in französischer Sprache fort:

Die katholische Schule bemüht sich, die Jugendlichen vorzubereiten, daß sie einen positiven Beitrag für die Gesellschaft leisten können, deren Teil sie sind, indem sie ihnen solide Grundsätze für ein tief christliches persönliches Leben mitgibt. Um vollständig zu sein, muß ihre Ausbildung die individuelle Moral und den Sinn für das soziale Leben einschließen. Das große christliche Gebot der Liebe wird zu moralischen Imperativen, die das berufliche Leben, die Sexualität, die persönlichen Beziehungen und die Familie ebenso bestimmen wie sie zum Eintreten für Gerechtigkeit und Frieden in der Welt verpflichten. Ein christliches Leben von solcher Tiefe kann nicht nur auf religiösen Gefühlen gründen oder auf der vagen Identifizierung mit einer religiösen Überlieferung. Gefordert ist eine immer tiefere Kenntnis des in Christus offenbarten Heilsgeheimnisses, das durch die Heilige Schrift und die Lehre der Kirche übermittelt wird (vgl. *Allgemeines katechetisches Direktorium*, 1972, 24).

4. Die Katechese ist ein wichtiges Mittel zur Sicherung dieser Bildung, nicht nur für die Schüler der katholischen Schulen, sondern auch für alle katholischen Jugendlichen. Sie läßt das Leben nach dem Evangelium wachsen und hat als Ziel eine Klärung und Festigung des Glaubens, die Anregung einer lebendigen und betenden Liturgie, und die Er-

munterung zur aktiven Beteiligung an den Belangen der Kirche (vgl. *Gravissimum educationis*, Nr. 4).
Eine solche religiöse Erziehung kann sich nicht auf das Wort beschränken, auch nicht auf die methodische Vermittlung von Wissen. Damit die Ausbildung im Leben der jungen Männer und Frauen Frucht bringt, müssen ihre Eltern und Lehrer in ihrer Art zu denken und zu handeln von christlichem Geist geprägt sein. Als Erzieher im Vollsinn des Wortes sind die katholischen Lehrkräfte besonders dafür verantwortlich, sich bei ihrem Wirken von einer christlichen Auffassung der menschlichen Person gemäß dem kirchlichen Lehramt bestimmen zu lassen (vgl. Kongregation für das katholische Bildungswesen: *Der katholische Laie als Zeuge des Glaubens in der Schule*, 15. Oktober 1982). Das II. Vatikanische Konzil zögerte nicht, von der Schönheit und Wichtigkeit ihrer Berufung zu sprechen (vgl. *Gravissimum educationis*, Nr. 5), und sie daran zu erinnern, „daß es in höchsten Maße von ihnen abhängt, wieweit die katholische Schule ihre Absichten und Initiativen verwirklichen kann“ (*ebd.*, Nr. 8).

Der Papst nahm die englische Sprache wieder auf:

5. Durch euch, liebe Brüder, möchte ich den vielen einsatzfreudigen Lehrern – Priestern, Ordensleuten und Laien – für ihren unschätzbaren Beitrag in Kanada meine Anerkennung aussprechen. Ich möchte ferner euch in eurem Wunsch ermuntern, immer noch bessere und wirksamere Wege zur Gewinnung und Schulung von Lehrkräften aus dem Laienstand für das getrennte Schulsystem zu gewinnen, so daß die Ziele der katholischen Erziehung voll erreicht werden.
Während alle christlichen Gläubigen verpflichtet sind, an der Erziehungsaufgabe der Kirche mitzuwirken, sind die Bischöfe besonders dafür verantwortlich, echte Lehrer und Unterweiser im Glauben zu sein (vgl. *Christus Dominus*, Nr. 12–14). Wir haben Grund zur Sorge wegen der vielen Versuchungen, mit denen zumal die Jugend fertigwerden muß, wenn sie in der Liebe und Kenntnis Gottes und seiner Kirche wachsen will. Zugleich können wir zusammen mit all jenen, die mit uns im katholischen Erziehungswesen verbunden sind, zuversichtlich sein, daß, wenn der Jugend die Heilsbotschaft treu verkündet wird, diese nicht leer zu Gott zurückkehrt, sondern seinen Willen erfüllt und das Ziel erreicht, für das er sie gesandt hat (vgl. *Jes* 55,11). Im Vertrauen auf Ihn erteile ich von Herzen euch und all euren Gläubigen meinen Apostolischen Segen.

In der Kirche wird der Plan Gottes sichtbar

Ansprache anläßlich des Ad-limina-Besuchs der kanadischen Bischöfe am 27. September

Liebe Brüder im Bischofsamt!

1. Es ist mir eine große Freude, euch auf eurem Ad-limina-Apostolorum-Besuch willkommen zu heißen. Diese Besuche haben eine tiefe Bedeutung für das Leben der Kirche und für unsere Mitgliedschaft im Bischofskollegium. Indem ihr am Grab der Apostel Petrus und Paulus betet, deren Blut diese Stadt geweiht hat, und indem ihr den Nachfolger Petri besucht, der das „immerwährende sichtbare Prinzip und Fundament für die Einheit" der ganzen Kirche ist (*Lumen gentium*, Nr. 23), erneuert und stärkt ihr die kirchliche Gemeinschaft, die im Herzen des kirchlichen Lebens steht. Diese Gemeinschaft offenbart sich im Glaubensbekenntnis, in der gemeinsamen Feier des Gottesdienstes, insbesondere der Eucharistie und in der brüderlichen Harmonie der Gottesfamilie. Unsere wechselseitige Begegnung bewahrheitet den universalen Charakter des Bischofskollegiums und erneuert unser Bewußtsein jener „Sorge um die Gesamtkirche" (*ebd.*), die jedem Bischof am Herzen liegen muß. Unsere Begegnung dient auch dazu, das Leben eurer Teilkirchen innerhalb der Weltkirche zu bestätigen und zu bekräftigen.

2. Dieses Geheimnis der Gemeinschaft wurzelt in Gott selbst und in seinem Schöpfungswerk. Die Tatsache, daß die Menschen nach dem Ebenbild Gottes geschaffen wurden, heißt nicht nur, daß jeder eine unveräußerliche Würde und unveräußerliche Rechte besitzt, sondern auch, daß jeder dazu aufgerufen ist, in Verbindung mit anderen Menschen in der einen Menschenfamilie zu leben. So erinnert uns das Zweite Vatikanische Konzil: „Wir können aber Gott, den Vater aller, nicht anrufen, wenn wir irgendwelchen Menschen, die je nach dem Ebenbild Gottes geschaffen sind, die brüderliche Haltung verweigern. Das Verhalten des Menschen zu Gott dem Vater und sein Verhalten zu den Menschenbrüdern stehen in so engem Zusammenhang, daß die Schrift sagt: 'Wer nicht liebt, kennt Gott nicht' (*1 Joh* 4,8)" (*Nostra aetate*, Nr. 5).
Darüber hinaus wissen wir, daß Gott sein eigenes göttliches Leben mit uns teilen wollte. Als die Menschheit in Adam zu Fall kam, hat Gott uns nicht verlassen, sondern das Heilsversprechen gegeben. Als die Zeit gekommen war, sandte er seinen eigenen Sohn, so daß wir die Gabe des ewigen Lebens in einer neuen Schöpfung und das Leben in der Gemeinschaft mit Gott und den anderen leben sollten. Die Kirche ist aus dem göttlichen Wunsche entstanden, „die versprengten Kinder Gottes wieder zu sammeln (*Joh* 11,52), damit sie „das Leben haben und es in Fülle haben" (*Joh* 10,10). In meiner Enzyklika *Sollicitudo rei socialis* schrieb ich: „Jenseits der menschlichen und naturgegebenen Bindungen, die schon so fest und eng sind, zeigt sich im Licht des Glaubens ein neues Modell der Einheit des Menschengeschlechtes, an dem sich die Solidarität in letzter Konsequenz inspirieren muß. Dieses höchste Modell der Einheit, ein Abbild des innersten Lebens Gottes … bezeichnen wir Christen mit dem Wort (communio): Eine solche ausgesprochen christliche

Gemeinschaft, die mit der Hilfe des Herrn sorgfältig gepflegt, erweitert und vertieft wird, ist die Seele der Berufung der Kirche, um im bereits angegebenen Sinne zu sein" (Nr. 40).
Der universale Charakter des göttlichen Planes der Liebe wird also in der Kirche sichtbar. Die Gemeinschaft mit unserem himmlischen Vater – durch Christus und im Heiligen Geist – bedeutet auch Gemeinschaft mit all unseren Brüdern und Schwestern im Glauben. Dies muß wiederum unsere Solidarität mit allen Völkern anregen, gemeinsam mit der Sendung der Kirche „Zeichen und Werkzeug für die innigste Vereinigung mit Gott wie für die Einheit der ganzen Menschheit zu sein" (*Lumen gentium*, Nr. 1).

3. Liebe Brüder, die kirchliche Gemeinschaft, von der ihr und eure Völker täglich Zeugnis ablegt, ist ein prophetisches Zeichen von Gottes universalem Königreich. Die kirchliche Gemeinschaft nimmt Rücksicht auf die geographischen Unterschiede, die Unterschiede der Rassen, der Nationen, der Geschichte und der Kultur, durch die sie reicher wird, zugleich jedoch geht sie über diese Unterschiede hinaus in einem universalen „Friedenskuß", in einer Umarmung der Einheit, der Liebe und des Friedens. So erinnert uns der hl. Paulus, als er von der Taufe spricht: „Es gibt nicht mehr Juden und Griechen, nicht Sklaven und Freie, nicht Mann und Frau; denn ihr alle seid in Jesus Christus" (*Gal* 3,28). Als Bischöfe fördert ihr einen wahren Geist kirchlicher Gemeinschaft unter den Priestern, den Ordensleuten und den Laien der Teilkirchen, die euch anvertraut sind. Genauso wie ein starker Sinn für die Gemeinschaft der Kirche die Bedeutung der Teilkirchen nicht herabmindert, sondern sie für die Universalität Christi und des Evangeliums öffnet, so wird auch das christliche Leben jedes einzelnen Gläubigen durch eine Öffnung zu diesem Geheimnis eher erweitert und vertieft als herabgemindert.

In französischer Sprache sagte der Papst:

Diese Art und Weise, das Leben der Kirche und ihrer Sendung zu verstehen, entspricht gewiß den „Zeichen der Zeit", d. h. den Bestrebungen des Menschen von heute nach Einheit und Brüderlichkeit, nach Gerechtigkeit und Frieden. Aufgrund des wissenschaftlichen und technologischen Fortschritts im Bereich des Transports und der Kommunikation, und auch wegen einer immer größeren wirtschaftlichen und politischen Interdependenz erscheint uns die Welt kleiner. Doch reichen jene Entwicklungen nicht dazu aus, die moralische und geistige Einheit der menschlichen Familie zu sichern. Nur dann, wenn wir die Furcht zurückweisen, die wir oft verspüren, wenn wir in Kontakt zu uns fremden Menschen und Kulturen treten, und nur dann, wenn wir unsere Gleichgültigkeit gegenüber den Bedürfnissen jener überwinden, die fern von unseren Alltagssorgen sind, können wir darauf hoffen, uns einer wahren „Einheit der gesamten Menschenrasse" zu nähern, die in der Schöpfung und der Erlösung verwurzelt ist.

4. Man kann auch sagen, daß die großen Probleme der heutigen Welt universalen Charakters sind. Ihre Folgen sind im Guten wie im Bösen nicht mehr auf nur einen Kontinent oder eine Zivilisation beschränkt. Es handelt sich hierbei um die Probleme des Krieges

und des Friedens, der Umwelt, der wirtschaftlichen Entwicklung, der Güterverteilung und auch die, die an die grundlegendsten menschlichen Realitäten gebunden sind, wie die Würde und die Rechte der menschlichen Person von der Zeugung bis zum Tod, die Ehe und die Familie und die Bedeutung der Arbeit. All diese Probleme sind eine Herausforderung an eine echte Entwicklung der Menschheit.
Als Glieder der Kirche glauben wir, daß diese großen Probleme ethischen Charakters sind und daß sie ohne Bezugnahme auf Gott und die moralische Öffnung, die er mit der Erschaffung und der Erlösung der Welt aufgestellt hat, nicht zum Wohl der Menschheit gelöst werden können. Doch diese unsere Überzeugung besteht nicht nur in Worten. Wir müssen sowohl als einzelne wie auch als Gemeinschaft der Kirche Zeugen und Vorbilder für Gemeinschaft und Solidarität sein.

5. Die Solidarität mit allen Gotteskindern offenbart sich auf verschiedene Weise. Zunächst ist da die Solidarität mit denjenigen, die geistige Bedürfnisse haben, d. h. der großen Zahl derjenigen unter uns oder fern von uns, die noch nicht von Christus gehört haben oder die aus Gleichgültigkeit oder weil er ihnen fremd geworden ist, nicht mehr mit ihm gehen. Und dann sind da all diejenigen, die in so hochentwickelten Gesellschaften wie der euren die Erfahrung einer geistigen Leere machen und Hunger und Durst nach Gott haben. Geistig solidarisch sein, bedeutet ebenso, diejenigen erreichen, die in ihrem persönlichen oder ihrem Familienleben Schwierigkeiten haben, diejenigen, die nicht geliebt werden, die körperlich und geistig krank sind, und all diejenigen, die leiden. Ich weiß, daß eure Teilkirchen diesen Menschen nicht gleichgültig gegenüberstehen. Durch Initiativen, die in den Diözesen, in Gruppen und katholischen Bewegungen organisiert werden, durch das unentbehrliche Zeugnis der Priester, der Ordensleute und der Laien wird die Liebe Christi zu diesen Menschen, die geistige Not leiden, in eurer Gesellschaft sichtbar. Diese Art von Solidarität erfordert ein hohes Niveau persönlichen Feingefühls und des Einsatzes; sie ist für jede andere Form der Solidarität wesentlich.

In englischer Sprache sagte der Papst:

6. Solidarität ist auch ein Teilen von materiellen Gütern mit den anderen und vor allem mit den Armen der Welt, denen gegenüber wir eine ganz besondere Liebe zeigen müssen. Meine Überzeugung ist, daß „... diese vorrangige Liebe mit den von ihr inspirierten Entscheidungen die unzähligen Scharen von Hungernden, Bettlern, Obdachlosen, ohne Hoffnung auf eine bessere Zukunft umfassen muß: Es ist unmöglich, die Existenz dieser Menschengruppen nicht zur Kenntnis zu nehmen. An ihnen vorbeizusehen würde bedeuten, daß wir dem gleichen, der so tat, als kenne er den Bettler Lazarus nicht, der 'vor seiner Tür lag' (vgl. *Lk* 16,19–31). Unser tägliches Leben wie auch unsere Entscheidungen in Politik und Wirtschaft müssen von diesen Gegebenheiten geprägt sein“ (*Sollicitudo rei socialis*, Nr. 42). Wahre Solidarität verlangt, daß wir dafür arbeiten, die Wurzeln des menschlichen Elends im In- und Ausland zu beseitigen, auch wenn dies unsererseits einige persönliche Opfer fordert und wenn es das für uns selbst Notwendige und nicht nur unseren Überschuß antastet. Das kanadische Volk ist für die hochherzige Antwort, die es

den Armen der Welt gegeben hat, wohlbekannt und auch für seine Bereitschaft, für eine gerechtere Welt zu arbeiten. Als Sauerteig und Seele der menschlichen Gesellschaft (vgl. *Gaudium et spes*) hat die Kirche eine besondere Pflicht, diese Hochherzigkeit und das Interesse aller zu vertiefen.

7. Die Solidarität hat auch eine prophetische Dimension. Die Liebe zur Menschheit zwingt die Kirche, die Wahrheit über Gott und den erschaffenen und erlösten Menschen zu sagen. Sie tut dies ohne Zögern und ohne Furcht, wenn die Würde und die Rechte der menschlichen Person in der modernen Gesellschaft bedroht werden. Ihre einzige Furcht ist, die Wahrheit nicht mit Liebe verkündet oder nicht unaufhörlich dafür gearbeitet und gebetet zu haben, daß die Menschheit sich für das Gute entscheide und das Böse zurückweise.

Ich möchte das wiederholen, was ich 1984 bei meinem Besuch in eurem Land gesagt habe: „Von unberechenbarer Gefahr für die gesamte Menschheit ist die Zahl der Abtreibungen in der heutigen Gesellschaft. Dieses unaussprechliche Verbrechen gegen das menschliche Leben, das das Leben schon von seinem Anfang an ablehnt und tötet, bahnt den Weg für die Verachtung, Verneinung und Beseitigung des Lebens Erwachsener und für den Angriff auf das Leben der Gesellschaft. Wenn die Schwachen schon vom Augenblick der Empfängnis an verwundbar sind, sind sie auch im Alter verwundbar, und sie sind angesichts der Gewalt eines Angreifers und der Macht von Atomwaffen verwundbar (*Ansprache bei der Begegnung mit der Jugend, der älteren Generation und den Behinderten in Vancouver*, 18. September 1984). Die Kirche erfüllt auch eine Mission des Dienstes, wenn sie sowohl die Würde als auch die moralischen Rechte und Pflichten verteidigt, die zur Ehe, zur Familie, zur Erziehung und zur Arbeit gehören.

Liebe Brüder, in der universalen Gemeinschaft haben die Bischöfe die von Papst Gregor dem Großen in einer Homilie über Ezechiel so einfach und doch so ausdrucksvoll beschriebene Pflicht: „Bedenkt", so schreibt er, „daß ein Mann, den der Herr als Prediger aussendet, Wächter genannt wird. Ein Wächter steht stets auf einer Höhe, so daß er von weitem sehen kann, was herankommt. Jeder, der als Wächter für die Völker bestimmt ist, muß sein Leben lang auf einer Höhe stehen, um ihnen durch seine Weitsicht dienlich zu sein" (vgl. *Lesehore des Stundengebets* am Gedächtnis des Heiligen Papstes Gregor des Großen). Wir, die wir Hirten sind, müssen stets nach dieser höheren und weiteren Sicht auf die Menschenlandschaft streben, so daß wir andere zu einem tieferen Verständnis der universalen Gemeinschaft der Kirche und zu einer aktiveren Solidarität mit dem ganzen Menschengeschlecht anleiten können. Seid beharrlich in diesem Dienst, damit durch eure Wachsamkeit und eure Weisheit die Kirche wahrhaft ein „Zeichen und Werkzeug" der Erneuerung durch Christus und der Umwandlung der menschlichen Gesellschaft in die Gottesfamilie sein kann.

Durch euch sende ich den Priestern, Ordensleuten und Laien eurer Diözesen meine wärmsten Grüße. Ich bete, daß auch sie stets treue Zeugen der universalen Liebe Gottes sein mögen. Als Unterpfand der Gnade und des Friedens in unserem Herrn Jesus Christus erteile ich euch von Herzen meinen Apostolischen Segen.

Bittet den Herrn der Ernte um neue Arbeiter

Ad-limina–Ansprache an die Bischöfe aus den Westprovinzen Kanadas am 7. November

Liebe Mitbrüder im Bischofsamt!

1. Aus Anlaß eures Ad-limina-Besuches heiße ich jeden einzelnen von euch im Geist brüderlicher Liebe willkommen und entbiete allen euren Ortskirchen meinen Gruß: „Gnade sei mit euch und Friede von Gott unserem Vater, und dem Herrn Jesus Christus" (*Röm* 1,7). Ich freue mich sehr über diese Gelegenheit, mit euch zusammenkommen zu können, um auch weiterhin die enge Beziehung zwischen dem Hl. Stuhl und der Hierarchie in Kanada zu stärken und euch in eurem Dienst für das Volk Gottes Mut zuzusprechen.
Für einige Augenblicke möchte ich mit euch über unsere Berufung als Christen nachdenken. Über die Tatsache, daß wir von Gott dazu aufgerufen sind, ihm in Kirche und Welt zu dienen. Die menschliche Existenz findet ihren eigentlichen Sinn in dem Ruf, der von einem „ganz anderen", Gott, dem Herrn an uns gerichtet wird.
Dieser Ruf ergeht an die Menschheit sowohl durch die Schöpfung wie auch durch die Erlösung. In der Schöpfungsgeschichte erging der Ruf Gottes an Adam und Eva: „Bevölkert die Erde, unterwerft sie euch" (*Gen* 1,28). In Christus, dem neuen Adam, ruft Gott die Menschen zu einer noch größeren Herrlichkeit: in vollendeter Gemeinschaft untereinander und mit der Allerheiligsten Dreifaltigkeit zu leben. So lesen wir in *Gaudium et spes*: „Christus ... macht ... dem Menschen den Menschen selbst voll kund und erschließt ihm seine höchste Berufung" (Nr. 22). Die Kirche wurde ins Leben gerufen als Sakrament der Erlösung in Christus. Jedes ihrer Glieder ist aufgerufen, die Sendung der Kirche durch den sakramentalen Gottesdienst, die Heiligkeit des Lebens und das Zeugnis für das Evangelium in Wort und Tat zu erfüllen.

2. Obwohl das Geheimnis unserer Berufung tief in uns wurzelt, ist es jedoch von der Sünde verdunkelt. Es bedeutet für uns einen Kampf, unsere Freiheit mit dem Ruf Gottes in Einklang zu bringen. In unserer Sündhaftigkeit widersetzen wir uns dem, was Gott für uns will. Wie unsere ersten Eltern sind wir versucht, für uns selbst zu entscheiden, was gut und schlecht ist – unabhängig von Gott, der uns erschuf. Groß ist in der Tat diese Versuchung für einen großen Teil der Welt von heute, in der technologischer Fortschritt und materieller Wohlstand die transzendente Dimension unserer Berufung verdunkeln und uns von den letzten Fragen, die unsere Existenz betreffen, ablenken können. Wir werden an die ernüchternden Worte Christi erinnert: „Was nützt es einem Menschen, wenn er die ganze Welt gewinnt, dabei aber sein Leben einbüßt?" (*Mt* 16,26; vgl. auch *Mk* 8,36); oder an anderer Stelle: „Aber das Tor, das zum Leben führt ist eng, und der Weg dahin ist schmal" (*Mt* 7,14). Christus vollbringt unsere Erlösung und führt uns in Wort und Beispiel vor Augen, daß „dienen herrschen heißt". Weit davon entfernt, den Menschen herabzusetzen, führt Gehorsam gegen Gottes Willen zu einem Leben in Fülle

und ermöglicht allein Selbstverwirklichung, Friede und Freude, wozu wir erschaffen sind und wonach wir uns sehnen. Liebe vollendet sich, indem sie Prüfungen erfährt – im Leiden, in der Selbsthingabe, durch das Kreuz. Verkehrte Gedanken werden so zu göttlicher Weisheit bekehrt. Verschlossenen Herzen wird die Fähigkeit verliehen, Gottes Liebe zu empfangen. Blinde Augen werden geöffnet zu sehen, was nicht gesehen wurde. Welche Schatten auch immer auf das Leben fallen in der heutigen Zeit oder zu jeder Zeit – die Kirche „frohlockt in Hoffnung". Sie weiß, daß dort, „wo die Sünde mächtig wurde, die Gnade übergroß" geworden ist (vgl. *Röm* 5,20). Wenn die Kirche die gottgeschenkte Berufung in Schöpfung und Erlösung verkündet, blickt sie mit Vertrauen auf den, der „durch die Macht, die in uns wirkt, unendlich viel mehr tun kann, als wir erbitten oder uns ausdenken können" (*Eph* 3,20). Die Kirche hat einen unerschütterlichen Glauben an die Realität personaler Freiheit und Verantwortlichkeit als Antwort auf Gottes Ruf.

3. Das Zweite Vatikanische Konzil betonte mit großem Nachdruck den Begriff der Berufung. Es forderte alle Glieder des ganzen Gottesvolkes dazu auf, hochherziger der Sendung zu entsprechen, die ihnen durch die Taufe zukommt, so daß sie umgekehrt jeden Menschen dazu anleiten können, es in die Tat umzusetzen, daß er persönlich von Gott in Christus gerufen ist, der Gabe des ewigen Lebens teilhaft zu werden. Wir danken Gott, daß so viele der Christgläubigen sich diese Herausforderung zu Herzen genommen haben. Gleichzeitig erkennen wir auch den dringenden Bedarf an zunehmenden Berufungen zum priesterlichen Dienst insbesondere und zum Ordensleben. Der Bedarf an diesen Berufungen macht sich in Kanada und in weiten Teilen der Welt stark bemerkbar. Es ist absolut wesentlich für die Gläubigen, wirkliche Hirten zu haben, deren Priesterweihe ihnen die Vollmacht verleiht, den einzigartigen und erhabenen Dienst der Heiligung und Sündenvergebung auszuüben, und deren Leben ein sakramentales Zeichen ist für die Gegenwart Christi, des Guten Hirten, inmitten seiner Herde. In einer Zeit, in der viele Menschen in eurer Heimat und anderswo konfessionslos sind und in der es ein Gefühl von Ungewißheit, Entfremdung oder Gleichgültigkeit unter vielen Katholiken gibt, ist es lebensnotwendig, daß der Dienst des Priesters und das geweihte religiöse Leben in der Kirche nicht fehlen.

4. Um diesen besonderen Bedürfnissen zu entsprechen, müssen wir zunächst über die Dynamik von Gottes Ruf im Leben eines Menschen nachdenken. In seinem Dekret über das Leben und den Dienst der Priester nimmt das Zweite Vatikanische Konzil Bezug auf die folgenden Worte Pauls VI.: „Gottes Stimme drückt sich, wenn sie (den Menschen) ruft, auf zwei verschiedene Weisen aus, die wunderbar sind und zusammenklingen: die eine ist innerlich; es ist die der Gnade, des Heiligen Geistes, einer unaussprechlichen inneren Anziehungskraft, die die „lautlose" und doch so machtvolle Stimme des Herrn in der unergründlichen Tiefe der menschlichen Seele ausübt; die andere ist äußerlich, menschlich, mit den Sinnen vernehmbar, sozialer und rechtlicher Natur, konkret" (*Presbyterorum Ordinis*, Nr. 11, Fußnote 66). Die Konvergenz von inneren und äußeren Dimensionen gilt für jede Berufung in der von Christus gestifteten Heilsökonomie – sei es

der ursprüngliche Ruf zum Glauben und zur Gliedschaft an seinem Leib, der Kirche oder seien es die besonderen Berufungen zum Amtspriestertum und zum geweihten religiösen Leben.

5. Der innere Aspekt von Gottes Ruf erinnert uns an eine grundlegende Wahrheit: zu jeder Berufung gibt letztlich Gott den Anstoß, sie ist ein Geschenk Gottes. Daher lehrt uns Jesus: „Bittet also den Herrn der Ernte, Arbeiter für seine Ernte auszusenden" (*Mt* 9,37). Bei der Unterscheidung der „Zeichen der Zeit" müssen wir über die tiefe Bedeutung nachdenken, die diese Worte für die Kirche zu jeder Zeit haben.
Heute gibt es Stimmen, die den Niedergang bei den Priesterberufungen seit dem Konzil als ein Zeichen dafür deuten, daß das Amtspriestertum durch neue Formen des Dienstes ersetzt oder stark abgeschwächt werden sollte anstatt es zu vervollkommnen. Andere vertreten die Auffassung, daß die Forderung des Zölibats für alle Priester des Lateinischen Ritus abgeschafft werden sollte: wieder andere fordern, daß die traditionelle Lehre über das Priestertum, die verwurzelt ist in der Einsetzung dieses Sakramentes durch Christus und in der christlichen Theologie aufgegeben werden sollte, als ob das möglich wäre, so daß Frauen zu Priestern geweiht werden könnten. Auf diese Weise – so wird behauptet oder angedeutet – werde eine überreiche Anzahl von Arbeitern für die Ernte des Herrn gewährleistet.
Sollten wir nicht lieber sagen, daß – nach den Wegen Gottes und nicht unseren eigenen – das Weihepriestertum sowie Liebe und Verständnis der Kirche diesbezüglich gegenwärtig einer Prüfung unterzogen werden – gerade darum, damit das, was wesentlich ist, in einer geistlichen Wiedergeburt, zu größerer Fruchtbarkeit gestärkt, gereinigt und erneuert wird? Wenn wir durch den Bedarf an mehr Priestern sozusagen auf die Knie gebracht werden, geschieht das nicht, um uns mit größerer Demut und Liebe verstehen zu lassen, wer wirklich der Herr der Ernte ist? Paul VI. lehrte daher weise: „Unser Herr Jesus Christus zögerte nicht, die übermenschliche Aufgabe, überall das Evangelium zu verkünden, einigen wenigen Männern anzuvertrauen, von denen niemand angenommen hätte, daß sie ihrer Zahl und Fähigkeit nach der Sache gewachsen gewesen wären. Doch er gebot der so kleinen Herde, sich nicht zu fürchten, da sie ... mit seinem immer gegenwärtigen Beistand den Sieg über die Welt erringen würde. Außerdem hat uns Jesus darauf hingewiesen, daß das Reich Gottes durch seine innere und verborgene Kraft fähig ist, zu wachsen und zu reifen, ohne daß der Mensch es weiß. Dieses Reiches „Ernte ist zwar groß, der Arbeiter aber sind – jetzt wie am Anfang – wenige", ja sie sind niemals so zahlreich gewesen, daß ihre Zahl nach menschlichem Urteil ausreichend erschienen wäre. Aber der himmlische König fordert unser Gebet, daß der Herr der Ernte Arbeiter in seine Ernte sende. In diesem Anliegen darf man die Überlegungen menschlicher Klugheit nicht über die geheimnisvolle Weisheit Christi stellen, der in seinem Heilswerk immer die Weisheit und Macht des Menschen durch seine Torheit und Schwachheit zunichte gemacht hat" (*Enzyklika sacerdotalis coelibatus*, 24. Juni 1967, Nr. 47).
Liebe Mitbrüder, die „Torheit und Schwachheit" der Kirche in den Augen der Welt sind direkt proportional zu dem Vertrauen, das sie in ihren gekreuzigten Herrn hat, in seine Worte und Taten, in sein Beispiel und seine Verheißungen. Sie weiß, daß sie ein „Zeichen

des Widerspruchs“ ist und daß der geistliche Reichtum ihrer Lehre und Disziplin Zeugnis ablegen von einer göttlichen Weisheit, die nicht von dieser Welt ist, aber bestimmt für die Erlösung dieser Welt. Wenn wir die „Zeichen der Zeit“ im Hinblick auf die Berufungen wahrnehmen, müssen wir unsere eigene Bedürftigkeit an ständiger Bekehrung anerkennen, genau wie wir „den Herrn der Ernte (bitten), Arbeiter in seine Ernte zu senden“.

6. Da uns die Berufung wie ein Geschenk angeboten wurde, ist unsere menschliche Freiheit wesentlich, wenn es sich darum handelt, diese Berufung anzunehmen oder zurückzuweisen. Wir können an den reichen Jüngling des Evangeliums denken, der den besonderen Ruf Christi zurückgewiesen hat, weil er großen Reichtum besaß (vgl. *Mt* 19,16–22). Von daher ergibt sich die Bedeutung der äußeren Diemension der Berufung, das heißt der Aspekte, die „menschlich, mit den Sinnen vernehmbar, sozialer und rechtlicher Natur, konkret“ sind, die den Ruf reifen lassen und fördern müssen, den Gott an einen Menschen richtet, wenn man will, daß dieser Ruf nicht vernachlässigt und nicht erstickt wird. Sehr oft, genauso wie beim Propheten Elias, zeigt sich der Ruf des Herrn nicht wie ein Orkan, nicht wie ein Erdbeben und nicht wie ein verzehrendes Feuer, sondern eher wie „das Geräusch einer leichten Brise“ (vgl. *1 Kön* 19,11–12). Der angesprochene Mensch muß die Echtheit dieser inneren Stimme erkennen – nicht im leeren Raum, sondern im Rahmen einer Kultur und einer bestimmten Gesellschaft, einer Familie und einer Schule, einer Pfarrei und einer Diözese.
Es ist wahr, daß heute die Familie, die Schule, die Pfarrei und die Diözese vom Wind der Veränderung geschüttelt werden. Im Bereich der großen Umwälzungen in den Denk- und Verhaltensweisen – die Herausforderung und Infragestellung für den Glauben und die christliche Praxis – sucht die Kirche sich selbst zu erneuern, nicht durch Anpassung an die Welt, sondern „im Wachstum der Treue zu ihrer eigenen Berufung“ (*Unitatis redintegratio*, Nr. 6). Eine größere Treue führt uns zu größerer Klarheit und größerer Überzeugungskraft in dem, was die Kirche glaubt und lehrt – eingeschlossen hier die Größe und die Notwendigkeit des Priestertums und des Ordenlebens. Das ist eine wesentliche Komponente einer Umgebung, die ein Aufblühen der Berufungen gestattet. Wenn die Grundlagen einer gesunden Ekklesiologie, der Sakramente oder der christlichen Askese im Geist oder im Herzen der Gläubigen erschüttert sind, dann wird unvermeidlich der Ruf Gottes zum Priestertum, zum Ordensleben – und sogar zur christlichen Ehe – nicht mehr konkret vernehmlich sein. Das „Geräusch einer leichten Brise“ wird durch das, was „äußerlich, menschlich, mit den Sinnen vernehmbar, sozialer und rechlicher Natur, konkret“ ist, eher erstickt als verstärkt.

7. Liebe Mitbrüder, ich weiß sehr wohl um die Bemühungen, die ihr mit euren Mitbrüdern im kanadischen Episkopat unternehmt, um die Berufungen zum Priestertum und zum geweihten religiösen Leben zu fördern. Ihr habt euch die Ermahnung zu Herzen gekommen, die das Konzil an die Bischöfe gerichtet hat: es bittet sie, denjenigen zu helfen, die Gott in seinen Dienst ruft, und die tatkräftige Mitwirkung des ganzen Gottesvolkes zu suchen, um diese Berufungen zu hegen (vgl. *Optatam totius*, Nr. 2). Ich bin zuversicht-

lich, daß die Gläubigen eurer Diözesen weiterhin bei diesem großen Vorhaben mitwirken durch ein beispielhaftes christliches Leben, durch mehr Gebet und Buße wie auch durch den Wunsch, die Bedeutung dieser besonderen Berufungen für die christliche Berufung eines jeden einzelnen und aller zusammen besser zu begreifen.
Das Urbild jeder Berufung, die aus Gott stammt, findet sich in Maria, der Mutter der Kirche. Durch ihr „fiat" der demütigen Magd des Herrn hat sie sich nicht nur verfügbar gemacht für die Ausgießung göttlicher Gaben, sondern sie hat den Erlöser geboren, der jedem Menschen die Möglichkeit gegeben hat, den Ruf Gottes zu vernehmen und anzunehmen. Ich bete darum, daß ihr und eure Ortskirchen immer die Erfahrung der mächtigen mütterlichen Fürsprache Mariens machen könnt und erteile euch allen aus ganzem Herzen meinen Apostolischen Segen.

Den Herausforderungen sich stellen

Ansprache an die Bischöfe der Provinz Quebec anläßlich ihres Ad-limina-Besuches am 18. November

Liebe Herren Kardinäle und Mitbrüder
im Bischofsamt!

1. Es ist mir eine Freude, euch, die ihr die seelsorgliche Verantwortung für die Diözesen der Provinz Quebec tragt, anläßlich eures Ad-limina-Besuches gemeinsam zu empfangen. Unsere eucharistische Konzelebration zum hundertjährigen Jubiläum des kanadischen Kollegs und die geistliche Erfahrung eurer Pilgerfahrt zu den Gräbern der beiden großen Apostel und Gründer der römischen Kirche heben die wahre Reichweite unserer Gespräche und der verschiedenen, der Information und Reflexion gewidmeten Begegnungen mit meinen Mitarbeitern hervor: es handelt sich hier um einen günstigen Augenblick, um in einem Klima des Gebets und der Gemeinschaft mit dem – gleichsam durch den Nachfolger Petri vertretenen – Episkopat der Weltirche die Bilanz eures Wirkens in den Diözesen zu ziehen.
Eure Bischofskonferenz von Quebec hat diesen Ad-limina-Besuch durch die Abfassung eines ausführlichen Tätigkeitsberichtes über die letzten fünf Jahre vorbereitet, der eure Sorgen und Pläne einschließt. Ich danke eurem Vorsitzenden, Erzbischof Jean-Marie Fortier, der mir diesen Bericht vorgelegt hat. Ihr greift darin zahlreiche Fragen auf und informiert über die eifrige und wohlorganisierte Arbeit eurer verschiedenen Komitees: Das ist ein Beweis für die Intensität der Zusammenarbeit unter euch und mit qualifizierten Verantwortlichen und Experten. Eure Versammlung leistet somit jedem einzelnen Bischof eine wertvolle Hilfe, die es ihm gestattet, besser den Erwartungen und Notwendigkeiten des Volkes Gottes zu entsprechen.
Ich gehe nicht auf alle in diesem Bericht behandelten Fragen ein und hatte im übrigen Gelegenheit, einige davon mit euren Mitbrüdern zu besprechen, die in letzter Zeit aus ande-

ren Gegenden Kanadas kamen. Ich möchte nur einige Punkte aufgreifen, deren Bedeutung ihr selbst hervorgehoben habt.

2. Eure Analyse der Situation und der Gesellschaft in eurem Land ist für euch Ursache ernster Sorge. Ihr stellt fest, daß mit dem Zusammenbruch der althergebrachten Strukturen viele eurer Landsleute anscheinend die Hoffnung auf die Zukunft verloren haben und daß diese zutiefst verwandelte Gesellschaft sich ihrer Schwäche bewußt ist und keinen Lebenszweck mehr kennt. Es handelt sich hier um echte Herausforderungen für die Kirche, die zuvor in eurer Provinz eine so wichtige Rolle gespielt hatte. Ihr sprecht von eurer Bereitschaft, die zahlreiche Christen verunsichert haben. Ich fordere euch auf, dieser Situation ins Antlitz zu blicken und allen menschlichen Reichtum eurer Gemeinden einzusetzen, damit euren Brüdern und Schwestern geholfen wird, den Sinn für die echten Werte und die brüderliche Solidarität wiederzufinden, hochherzig auf die Erfordernisse des Evangeliums einzugehen und die Tugend der Hoffnung und die Kraft der Liebe Tat werden zu lassen. Die Ungewißheit einer orientierungslosen Welt muß uns veranlassen, für eine Frohbotschaft, die alle Männer und Frauen im Kern ihres Lebens betrifft, ein nachdrückliches Zeugnis abzulegen.

3. Um diesen Erfordernissen der Sendung der Kirche gerecht zu werden, seid ihr in erster Linie um die Glaubenserziehung bemüht. Dabei stelle ich fest, daß ihr angesichts des Pluralismus, der sich im erzieherischen Milieu ausbreitet, neue Maßnahmen für die Vorbereitung der Jugendlichen auf den Sakramentenempfang getroffen habt. Es ist Aufgabe der Pfarrgemeinden, die Kinder auf die erste Beichte, die Erstkommunion und die Firmung vorzubereiten; die Eltern, die Hirten und die in der Pastoral Tätigen werden zu dieser Vorbereitung herangezogen, damit diese wichtigsten Etappen ihres christlichen Lebens für die jüngsten Glieder der kirchlichen Gemeinschaft zu echten Glaubenserlebnissen werden und damit sie die Gabe Gottes inmitten der ihnen Nahestehenden empfangen. Ich teile eure Zufriedenheit für den Einsatz zahlreicher Erwachsener im Dienst der Kinder und für das neuerwachte Wissen der Gemeinden um ihre Rolle als Künder des Glaubens, der sie durch eine lebensnahe Feier der genannten Sakramente gerecht werden. Man muß allen jenen, die sich dazu einer eigenen Ausbildung unterzogen haben und die dieser Dienst an den Jugendlichen zu einer Erneuerung ihres Glaubens geführt hat, besonderen Mut zusprechen.
All das hat keineswegs euer Interesse für den Religionsunterricht und den pastoralen Einsatz in den Schulen der verschiedenen Grade und Richtungen verringert. Es handelt sich hier um ein wesentliches Engagement seitens aller Christen, die erzieherische Aufgaben zu erfüllen haben, um ein Engagement, das nicht auf einzelne Spezialisten abgewälzt werden darf. Ihr könnt euch verhältnismäßig günstiger Bedingungen für eine aktive Schulseelsorge erfreuen. Ich kann euch nicht nachdrücklich genug einladen, ihr eure ganze Aufmerksamkeit zu schenken, vor allem um den Jugendlichen zu helfen, sich ihre Lebensauffassung zu bilden und in die Gesamtheit profaner Disziplinen die christliche Botschaft einzugliedern, in die Humanwissenschaften die christliche Ethik, in die zum gesellschaftlichen Erfolg nötigen Kenntnisse den Sinn für den Dienst am Nächsten und in

die Persönlichkeitsentwicklung eine umfassende und selbstlose Solidarität. Dieses Ziel kann man nur dank einer sehr aktiven Pastoral erreichen, an der die Jugendlichen teilnehmen und sich gegenseitig Zeugen für die Werte des Evangeliums sind.
Die Vertiefung des Glaubens ist selbstverständlich nicht nur die Angelegenheit der Kinder und Jugendlichen. Die getauften Erwachsenen können nur dann voll und ganz am Leben der Kirche teilnehmen, wenn sie um Reflexion und ständige Weiterbildung bemüht sind. Es ist deshalb eure Aufgabe, den Erwachsenen aller Milieus entsprechende Möglichkeiten für einen Fortschritt in der Kenntnis des Glaubens anzubieten, damit sie fähig werden, den Versuchungen zur Gleichgültigkeit zu widerstehen, ihren Glauben mit ihrem täglichen Leben in Einklang zu bringen, ihrer Pflicht als Glaubenserzieher der Kinder nachzukommen und würdige Zeugen des Glaubens zu sein, den sie als Gabe empfangen haben. Zu diesem Zweck ist es angebracht, unter anderem die Reflexionsgruppen, die Initiativen zur Formation im Rahmen der verschiedenen Bewegungen und Momente der geistlichen Vertiefung, wie Einkehrtage und Exerzitien zu fördern. Man muß es auch verstehen, den kompetenten Animatoren den notwendigen Raum zu lassen und ihnen zur eigenen intellektuellen und spirituellen Bereicherung behilflich zu sein.

4. Hinsichtlich der Entwicklung des kirchlichen Lebens in der Provinz Quebec in den letzten Jahren weist ihr auf das hin, was ihr als „gemeinschaftliche Wendung“ bezeichnet. Von einer allzu oft passiven Haltung der Laien in einer Kirche, deren institutionelle Aufgaben nur auf dem Klerus ruhten, geht man zu einer als wesentlich betrachteten Mitverantwortung über. Die Getauften nehmen auf verantwortungsbewußtere Art an den Aktivitäten ihrer Pfarrei und der verschiedenen Gruppen teil. In vielen Fällen hat die zahlenmäßige Abnahme der Priester diese Tendenz verstärkt, doch handelt es sich für diese Laien, Männer und Frauen, um eine echte Antwort auf die ihnen eigene Berufung.
Man kann sich zu einer solchen Entwicklung nur beglückwünschen, bei der die Gaben des Heiligen Geistes in den verschiedenen Gliedern des gleichen Leibes zur Auswirkung kommen. Schon in den Schriften der Apostel ist davon die Rede, daß der Leib Christi nur dank des Wirkens all seiner Glieder voll und ganz sein Leben leben kann. Die praktische Mitverantwortung setzt nicht nur ein ausgeglichenes Verhältnis zwischen Priestern, Ordensleuten, Pastoralassistenten und Laien voraus, sondern auch eine Zusammenarbeit, welche die Sendung der einzelnen berücksichtigt. In Kürze werde ich für die ganze Kirche die Richtlinien erlassen, die sich aus der letzten Synode über die Sendung der Laien ergeben.
Ihr habt selbst die Notwendigkeit wahrgenommen, die Verantwortungen festzulegen und auch die Vorbereitung der einzelnen zu verbessern, damit sie ihre Aufgabe freudig erfüllen und ohne irgendwie um sie bangen zu müssen, da ihre Rolle in der Struktur der Kirche als solcher respektiert wird. Ich denke insbesondere an die Priester: Sie dürfen ihre Tätigkeit nicht auf sakramentale Funktionen beschränkt sehen, die nicht als etwas Zentrales betrachtet würden und von ihrer Berufung, das Wort Gottes weiterzugeben, die Gemeinde zu versammeln, in ihr den Vorsitz zu führen und die ersten Verantwortlichen der Sendung zu sein, losgelöst wären! Obwohl solche Einseitigkeiten selten vorkommen, kann es diese Schwierigkeit für bestimmte Priester tatsächlich geben, vor allem für jene, die unter

anderen Gesichtspunkten ausgebildet wurden: Wie ist ihre Rolle als Förderer gemeinsamer Verantwortung harmonisch mit dem priesterlichen Charakter vereinbar, den sie durch die Weihe empfangen haben? Es obliegt eurem bischöflichen Eifer, dafür zu sorgen, daß sich niemand fehl am Platz vorkommt und daß allen brüderliche Hilfe und die ihnen angepaßte Bereicherung zuteil werden. Ich weiß, daß ihr über diese Fragen nachdenkt und darauf bedacht seid, allen Priestern die Ausübung ihres Amtes in persönlicher Ausgeglichenheit zu gewährleisten.
Neben den Priestern nehmen andere Träger der Pastoral – Männer und Frauen – einen immer breiteren Platz ein. Unter ihnen sind vor allem die Diakone zu erwähnen, und der wertvolle Dienst, den sie dank ihrer Einsatzbereitschaft und dank der empfangenen Ausbildung leisten, verdient besondere Anerkennung. Die Zahl der Laien, deren Kompetenz ihr anerkennt und denen ihr oft und offiziell die Verantwortung für den Unterricht, die Vorbereitung auf den Empfang der Sakramente, die Animation der Gemeinde und ähnliche Aufgaben übertragt, ist im Wachsen begriffen. Was die Gesamtheit der Träger der Pastoral betrifft, nehme ich zwei eurer Anliegen wahr: Einerseits bedient ihr euch der gemachten Erfahrungen, um ihre Vorbereitung besser zu organisieren und die Erfordernisse festzulegen, denen die Ausbildungsprogramme auf theologischer, spiritueller, pastoraler und menschlicher Ebene entsprechen müssen. Andererseits seid ihr bestrebt, das persönliche Leben dieser Männer und Frauen besser in das der Diözese und der örtlichen Gemeinden einzugliedern. Ich ermutige euch zur Fortführung der in diesem Sinn ergriffenen Initiativen, aus Achtung für die Menschen, die der Kirche viel geben und die keinerlei Frustrationen ausgesetzt werden dürfen, was auch im Interesse der Mitverantwortung liegt, zu der sie berufen sind.
Euer Bericht bemerkt auch, daß die Erneuerung des Lebens der christlichen Gemeinden dank der Mitverantwortung, auf die ich soeben hingewiesen habe, nur allzu oft von der Versuchung des Sich-Zurückziehens in sich selbst und einer gewissen Scheu vor der Evangelisierung begleitet ist. Der „gemeinschaftlichen Wendung“ entspricht nicht immer eine gleichwertige „missionarische Wendung“, sagt ihr. Diese wichtige Bemerkung wird zum Anlaß für den Aufruf, die missionarische Dynamik der Gründer eurer Ortskirchen wiederzufinden. Die Christen der Provinz Quebec können nicht den Eifer und die Kühnheit jener vergessen, die die Kirche in ihrem Land aufgebaut haben und denen sie den Empfang der Taufe verdanken. Mögen sie sich nicht auf ein Wirken im begrenzten Rahmen und unter dem Schutz ihrer Gruppen beschränken! Mögen sie mutige Verkünder des Evangeliums sein; mögen sie bereit sein, das Zeugnis zu geben, das die Welt erwartet, selbst wenn sie sich anscheinend von den Wegen Gottes entfernt!

5. Auf zwei weitere Punkte möchte ich noch kurz zu sprechen kommen, ohne deshalb ihre Bedeutung zu verkennen. Da ist zunächst – als Weiterführung dessen, was ich soeben gesagt habe – euer Wunsch, in der Provinz Quebec den Dialog des Glaubens mit der Kultur zu entwickeln. Ihr wißt sehr wohl um den Weg, den es zurückzulegen gilt, damit die christliche Stimme in einer Kultur vernehmbar werde, die sich in letzter Zeit sehr verändert hat. Es handelt sich hier zweifellos um eine Aufgabe, die schwer festzulegen und zu strukturieren ist. Sie ist jedoch wesentlich. Wie könnte man sich vorstellen, daß in

einer Gesellschaft mit so kraftvollen christlichen Wurzeln nicht eine gleiche Kraft zum Reifen neuer Früchte beiträgt? Durch das Studium auf allen Ebenen, durch ihr Wirken in den Medien und die Bildung und Ausbildung, von der wir gesprochen haben, müssen die Christen einen wesentlichen Beitrag dazu leisten, in der Sprache von heute die wahre Tragweite der Bestrebungen des Menschen und seiner Größe zum Ausdruck zu bringen, und die Werte, die der Achtung vor der Schöpfung und den Qualitäten einer geschwisterlichen, mit den Ärmsten solidarischen Gesellschaft entsprechen, zu fördern. Mögen sich alle aufgerufen fühlen: Es handelt sich ja hier nicht um eine rein intellektuelle Frage; alle Männer und Frauen sind in sämtlichen Lebensphasen auf die Kenntnis der ganzen Wahrheit bedacht und auf das, was ihre Kultur prägt.

6. Zuletzt möchte ich euch auffordern, eure Familienpastoral weiter zu entwickeln. Ihr sprecht von den Leiden nur allzu vieler eurer Landsleute, die am Mißlingen und am Zerreißen ihres Familienlebens zerbrechen. Ihr wißt auch, welche Freuden und welche Ausstrahlungskraft den Familien beschieden sind, die die Gnade ihrer Einheit entfalten, indem sie treu zu der Liebe stehen, die Gott dem Innersten ihres Daseins mitgeteilt hat. Mögen die Christen den Mut haben, den Wert der Unauflöslichkeit der Ehe zu verteidigen! Mögen sie das Leben vom Augenblick seiner Zeugung an respektieren! Mögen sie genügend Vertrauen und Hoffnung haben, um neues Leben in ihren Familien aufzunehmen und der Ablehnung des Kindes entgegenzuwirken, die die Zukunft eines ganzen Volkes gefährdet! Ohne Aggressivität, jedoch mit Entschlossenheit und vernünftiger Überzeugung müssen sie die Würde und die Rechte der Familien in der Gesellschaft verteidigen. Ihr seid nicht die einzigen Sprecher der Familien, doch spielt ihr als Hirten eine bedeutende Rolle, wenn es darum geht, ihnen beim Erfassen ihrer Pflichten zu helfen und sie in ihrem berechtigten Wunsch nach Anerkennung und Förderung zu unterstützen.

7. Liebe Mitbrüder im Bischofsamt, eure Sendung ist oft schwierig. Es würde mich freuen, wenn diese unsere Begegnung und unser gemeinsames Gebet für euch nicht nur eine Unterstützung in euren Bestrebungen, sondern eine Bestätigung eurer apostolischen Sendung wären und Ausdruck der Gewißheit, daß der Geist Jesu Christi euch niemals fehlen wird. Ich bitte euch, meinen herzlichen Gruß den Priestern, Diakonen, Ordensleuten, den seelsorglich tätigen Männern und Frauen und allen Gläubigen eurer Diözesen zu übermitteln. Mit euch bete ich für sie, damit sie freudig und gemeinsam dem Ruf des Herrn antworten. Ich erflehe für sie die Fürbitte der Mutter Christi und der Heiligen Kanadas und rufe auf alle den Segen Gottes herab.

Förderung der Priester, Seminaristen und Laien

Ansprache an die Bischöfe von Kenia bei ihrem Ad-limina-Besuch am 20. Februar

Liebe Brüder im Bischofsamt!

1. Die geistliche Bedeutung eures Ad-limina-Besuches, der eine Rückkehr zu den Gräbern der hl. Apostel Petrus und Paulus ist, bietet uns eine herrliche Gelegenheit, erneut gemeinsam den Glauben zu bekennen, den wir miteinander teilen, und der uns von den Aposteln anvertraut wurde, den privilegierten Zeugen für all das, was Jesus gesagt und getan hat, „angefangen von der Taufe durch Johannes bis zu dem Tag, an dem er von uns ging" (*Apg* 1,22). Er bietet uns zugleich die Möglichkeit, in uns selbst die tiefe Freude über die besondere brüderliche und apostolische Gemeinschaft zu empfinden, die uns im Kollegium der Nachfolger der ersten Zeugen verbindet, an deren Stelle wir ernannt worden sind.
Meine lieben Brüder, in dieser Freude und Einmütigkeit von Herz und Geist heiße ich euch gern willkommen und grüße euch. In eurer Gegenwart hier empfinde ich die Präsenz der ganzen Kirche in Kenia, ihrer Priester, Ordensleute und Laien. Ich danke Gott für die Gnade und Heiligkeit des Lebens, die er ständig über jene ergießt, die ihn mit aufrichtigem Herzen suchen, für die Lebenskraft eurer Ortskirchen, für die Liebe, die die ganze Gemeinschaft des Glaubens in eurem Land vereint und auferbaut.

2. Im Verlauf meines apostolischen Dienstes am Sitz des Petrus habe ich bereits eine Reihe von Gelegenheiten gehabt, mich an euch, die Hirten der Kirche in Kenia zu wenden. Mit großer Freude erinnere ich mich an meine beiden Besuche in eurem Land: den ersten im Jahre 1980 und den zweiten bei Gelegenheit des 43. Internationalen Eucharistischen Kongresses 1985 in Nairobi. Wir sind uns ferner begegnet, als ihr das letzte Mal im Dezember 1982 euren Ad-limina-Besuch gemacht habt. Bei diesen Gelegenheiten wollte ich die mir in der Kirche anvertraute Aufgabe erfüllen: euch im Glauben zu ermuntern und in der Einheit, in der Liebe und Gemeinschaft mit dem ganzen Leib Christi zu stärken.
Ich bin mir eurer hochherzigen Hingabe an euren bischöflichen Dienst, an die Erfordernisse eures prophetischen, priesterlichen und Hirtenamtes in den euch anvertrauten Diözesen vollkommen bewußt. Wißt, daß ich zu Gott bete, er möge euch in diesem kirchlichen Dienst unterstützen zum geistlichen und integralen Wohl derer, die ihr in Christi Namen weidet. Wie auch jener, die der Botschaft des Evangeliums noch keinen Glauben geschenkt haben, und zum Wohl der künftigen Generationen von Kenianern, die ebenfalls das Recht haben, von euch die Gnade des echten und vollen Glaubens zu empfangen. Als euer Bruder im apostolischen Dienst sehe ich mit Freude, „wie fest und geordnet euer Glaube an Christus ist" (*Kol* 2,5).

3. Heute möchte ich kurz auf einige hauptsächliche Themen eures Dienstes eingehen, zumal im Hinblick auf den hundertsten Jahrestag der derzeitigen Evangelisierung eures Landes, die mit der Ankunft der Spiritaner-Missionare im Jahre 1889 begann, denen

bald andere hochherzige Jünger und Jüngerinnen Jesu Christi gefolgt sind. Solch ein Jahresgedächtnis kann als Ausgangspunkt dienen, von dem aus sich bedenken läßt, was bisher geleistet wurde, und was jetzt für den Aufbau und die Festigung des „Hauses Gottes“ (*1 Tim* 3,15) in eurer Mitte geschieht.
Eure Seminarien und die Ausbildungshäuser der Orden sind gefüllt. Kenia kann heute mit vielen Kandidaten für das Priestertum und das Ordensleben rechnen. Dies ist wahrlich ein gesegnetes Geschenk für die ganze Kirche. Die Situation ruft uns zum Dank an den „Herrn der Ernte“ auf, der „Arbeiter für seinen Weinberg aussenden möchte“ (vgl. *Lk* 10,2). Sie ruft aber auch zur Aufmerksamkeit und zu entsprechendem Vorgehen eurerseits sowie von seiten der Ordenskongregationen bei der Auswahl und Ausbildung der Kandidaten auf. Die kürzliche Einführung eines „geistlichen Jahres“ vor dem Beginn des Studiums der Philosophie ist ein Anhaltspunkt für euer Bestreben, alle notwendigen Schritte zu tun, um sicherzustellen, daß eure künftigen Priester die notwendige Zeit und Gelegenheit haben zur Ausreifung ihrer Berufung und ihrer liebenden Antwort an Christus.
Die Zukunft der Kirche in Kenia wird aber besonders vom Leben und Dienst ihrer Priester abhängen. Sie aber werden für ihren Dienst in geeigneter Weise ausgestattet, wenn eure Seminarien ihnen eine intensive und vollständige geistliche, intellektuelle und menschliche Ausbildung bieten, insbesondere im Hinblick auf das allgemein steigende Bildungsniveau in eurem Land.
Seminardirektoren und -lehrer sollten sich der Wichtigkeit ihrer Arbeit wohlbewußt sein, und sie sollten mit der vollen Ermunterung und Unterstützung der Ortskirche rechnen können. Selbstverständlich sollten sie aus den Besten ausgewählt und für ihre Aufgaben entsprechend vorbereitet werden (vgl. *Optatam totius*, Nr. 4–5). Die Bischöfe müssen der Versuchung widerstehen, ihre besten Priester für „Aufgaben zu verwenden, die zwar scheinbar wichtiger sind, aber in keiner Weise mit denen in den Seminarien verglichen werden können, die an erster Stelle stehen und unerläßlich sind“ (Pius XI., *Ad catholici sacerdotii* vom 20. Dezember 1935; AAS 28 [1936], S. 37).

4. Seminaristen brauchen die persönliche Aufmerksamkeit von Fachleuten, zumal für ihre gründlichere geistliche Ausbildung. Sie brauchen Lehrer und Direktoren, die ein Klima gegenseitigen Vertrauens, der Freundschaft und Offenheit in der Seminargemeinschaft zu schaffen wissen, was für die Entfaltung von entsprechenden Haltungen der Achtung und des Gehorsams der Autorität gegenüber, wie sie das Evangelium fordert und von den Dekreten des Konzils nachdrücklich bekräftigt wurde, notwendig ist. Eine Seminar-Umwelt, die Unterstützung bietet, hilft christliche Tugenden und einen priesterlichen Lebensstil entfalten. Sie trägt insbesondere zur Festigung einer wohlbegründeten Wertschätzung und Praxis der Keuschheit bei. Es wäre den betreffenden Menschen und der Gemeinschaft der Kirche gegenüber ein Unrecht, Kandidaten zur Weihe zu empfehlen, die geistliche und intellektuell nicht genügend qualifiziert sind. Wie groß auch immer die Nöte der Diözese sein mögen, es muß das Prinzip des Konzils gewahrt werden, daß bei jeder Auswahl und Prüfung von Seminaristen die notwendigen Maßstäbe immer fest eingehalten werden (vgl. *Optatam totius*, Nr. 6). Ich möchte euch, liebe Brüder im Bischofsamt, ermuntern, dies zu eurer höchsten Priorität bei euren gemeinsamen Bemühungen zu machen.

Durch euch sende ich euren kenianischen Priestern sowie den zahlreichen Missionspriestern und Ordensleuten, die in der Ausbildung engagiert sind, meine herzlichen Grüße. Da ich selbst Lehrer war, verstehe ich ihre Hoffnungen und ihren großen Eifer, aber auch die Schwierigkeiten, die sie für den Aufbau des Leibes Christi, die Kirche, willig auf sich nehmen. Seid alle von der zentralen Bedeutung dieser Aufgabe überzeugt.

5. Bischöfe sind aufgerufen, ein besonderes Verhältnis der Freundschaft und des Vertrauens zu all ihren Priestern als ihren engsten und wirksamsten Mitarbeitern im seelsorglichen Dienst zu pflegen. Friede und Wohlergehen einer Diözese wie auch ihr Schwung und Eifer hängen großenteils von einer gesunden Beziehung zwischen dem Bischof und den Priestern und Ordensleuen ab (vgl. *Christus Dominus*, Nr. 16)
Ihr wißt besser als alle anderen, wie gut und eifrig eure Priester sind. Ihr wißt auch um die Schwierigkeiten, vor denen sie stehen, wenn bestimmte kulturelle und soziale Elemente mit der christlichen Lehre oder mit den Erfordernissen ihres katholischen Priestertums zusammenprallen. Gelegentlich fehlt ihnen die brüderliche Unterstützung, weil sie vielleicht allein und fern voneinander leben. Die Erfahrung zeigt, daß es nur ein wahrhaft wirksames Heilmittel gibt, nämlich den tiefen persönlichen Glauben, genährt von ständigem Gebet und einem auf Selbstentäußerung und Demut gründenden Lebensstil bemüht, immer mehr Christus, dem Hohenpriester, gleichgestaltet zu werden, der sich Gott als unbeflecktes Opfer darbrachte (vgl. *Hebr* 9,11 – 14). Aus diesem Grund ist alles, was ihr in Zusammenarbeit miteinander und den betreffenden Ordensgemeinschaften tut, um das geistliche Wachstum und die brüderliche Gemeinschaft der in euren Diözesen wirkenden Priester zu stützen und zu fördern, ein ausgezeichneter Dienst für sie und die Kirche.

6. Was Leben und Dienst der Priester und Ordensleute in eurem Land angeht, so ist klar, daß sie eine besondere Aufgabe und Verantwortung haben für die „Inkarnation“ des Evangeliums in die Kultur des Volkes, dem sie dienen. Das Wort Gottes ist an alle Kulturen gerichtet. Die Aufgabe besteht in der Übersetzung des Glaubensschatzes mit all seiner Originalität und ohne Täuschung in die berechtigte Verschiedenheit der Ausdrucksweisen, die wir bei den verschiedenen Völkern der Welt vorfinden.
Inkulturation ist nicht eine bloße Assimilierung örtlicher Bräuche, Ausdrucksweisen oder Auffassungen vom Leben der Kirche. Sie geht vor allem aus von der Kraft des Evangeliums zur Umwandlung und Reinigung und zur Erhebung des Genius und der Werte einer jeden Kultur. Ist einmal klar, daß die Elemente einer bestimmten Kultur wirklich mit der geoffentbarten Botschaft übereinstimmen, wie die Kirche sie festhält und übermittelt, so können sie in den Gottesdienst, das Leben und den Dienst der kirchlichen Gemeinschaft übernommen werden. Aber immer ist eine echte Unterscheidung notwendig, die dem entsprechenden pastoralen, dem Magisterium der Bischöfe anvertrauten Charisma unterworfen ist.

7. Wenn ich die wichtige Rolle der Katechisten und katholischen Lehrkräfte für die Evangelisierung in eurem Land aufgreife, dann erwähne ich etwas, das sich für euch von selbst

versteht, weil ihr täglich mit ihnen zusammenarbeitet und bei eurem pastoralen Dienst von ihnen abhängig seid. Ich bin mir der zahlreichen Bemühungen bewußt, die ihr unternehmt, um ihnen jene Ausbildung und Unterstützung zu bieten, die sie brauchen. Ihnen allen sende ich einen besonderen Gruß im Herrn und bitte ihn, ihren Glauben zu stärken und sie bei der Festigung der christlichen Gemeinschaften, in denen sie arbeiten, zu unterstützen. Heute besteht auch das Bedürfnis nach einer verbesserten Erwachsenenkatechese, sowohl für jene, die zum ersten Mal zum Glauben kommen, als auch für die Gläubigen im allgemeinen, die dazu aufgerufen sind, ihr christliches Leben in einer in wachsendem Maße komplexen und zuweilen säkularisierten Umwelt durchzustehen. Der Schutz der christlichen Familie, das Festhalten an der Würde der menschlichen Person angesichts alter und neuer Formen der Gewaltanwendung gegen das Bild Gottes in einem jeden Einzelmenschen, auch im ungeborenen Kind, sind ernsthafte Herausforderungen, die Einheit und Zusammenarbeit zwischen Klerus und Laien erfordern. Es sind zugleich Gebiete, auf denen der Geist ökumenischer Zusammenarbeit mit Mitgliedern anderer christlicher Gemeinschaften und der Dialog mit den Anhängern anderer religiöser Überlieferungen Ergebnisse bringen kann, die für alle Beteiligten von Vorteil sind.
Im Zug der letzten Bischofssynode zum Thema „Laien“ ist die Kirche aufgerufen, die Beteiligung von Laien auf allen Ebenen zu fördern, sowohl in den Pfarreien wie durch Laienorganisationen und durch die Befähigung von Laien, ihre eigene verantwortliche Rolle in kirchlichen Tätigkeiten zu übernehmen. Viel ist auf diesem Gebiet bereits geschehen, und ihr habt eure Absicht bekundet, diesen Weg in euren Ortskirchen weiter zu verfolgen, indem ihr versucht, die Ausbildung der Laien für ihre besonderen Aufgaben auf kirchlichem und sozialem Gebiet zu verstärken. Zögert nicht, die Ausbildung katholischer Führungskräfte zu fördern, die fähig sind, einen hervorragenden Platz im kulturellen und öffentlichen Leben eures Landes zu übernehmen. Um dieses Ziel zu erreichen, seid ihr so glücklich, in Nairobi das Katholische Höhere Institut für Ostafrika zu besitzen, das ich zu meiner Freude beim Internationalen Eucharistischen Kongreß 1985 einweihen durfte. Dieses Institut bietet unschätzbare Mittel für die Schulung von führenden Laien, wie auch für das ganze geistige und kirchliche Leben eurer immer reifer werdenden Ortskirchen. Ich kann euch nur ermuntern, die zahlreichen Ideen, die ihr bereits überlegt, weiter zu verfolgen, damit die katholische Bildung ständig verbessert wird.
Auch in dieser Hinsicht wird sehr gern zur Kenntnis genommen, daß der katholischen Präsenz in den Medien mehr Aufmerksamkeit geschenkt wird und daß ihr dabei seid, dem Bedürfnis nach einer katholischen Zeitung zu entsprechen. Die Führungskräfte bei diesen Unternehmungen sollten sich von dem aufrichtigen Wunsch leiten lassen, dem echten Fortschritt und Wohlergehen ihrer Mitbrüder zu dienen.

8. Meine lieben Brüder im Bischofsamt! Wer immer den Zustand der Kirche in Kenia betrachtet, ist sogleich beeindruckt von dem Sinn für Initiative, von der harten Arbeit und der Selbstaufopferung, die euch, die Hirten, und eure Mitarbeiter kennzeichnet. So viel wurde in den vergangenen hundert Jahren geleistet! Und ständig werden neue Projekte begonnen. Der Fortschritt der Kirche in eurem Land kommt in einem gewisen Sinn symbolisch in der Schaffung von vier neuen Diözesen innerhalb der letzten vier Jahre zum

Ausdruck. Nairobi selbst ist der Sitz verschiedener internationaler und regionaler Organisationen sowie von afrikanischen Büros für etliche katholische Organisationen, die ich alle grüße und in ihren jeweiligen Tätigkeiten ermuntere.

Doch vor allem das innere Leben des Geistes, das Wachstum an Gnade und Heiligkeit ist euer Hauptanliegen und eure Hauptaufgabe. Auch hier wieder müssen wir in Demut Gott für seine Güte und Barmherzigkeit danken. Mögt ihr immer erfolgreicher die Worte erfüllen, die das Konzil an die Bischöfe richtet: „Dem Gebet und dem Dienst am Wort sollen sie obliegen (*Apg* 6,4) und sich darum bemühen, daß alle, die ihrer Sorge anvertraut sind, in einmütigem Gebet verharren, durch den Empfang der Sakramente in der Gnade wachsen und dem Herrn treue Zeugen sind“ (*Christus Dominus*, Nr. 15).

In diesem Marianischen Jahr vertraue ich euch der seligen Jungfrau Maria an. Ihre Fürbitte und das Beispiel ihrer Jüngerschaft bilden eine der fruchtbarsten Quellen der Kraft und Anregung für eure und unsere Brüder und Schwestern im Glauben.

Ich bitte euch, eurem Volk meine Grüße und Liebe im Herrn Jesus Christus auszurichten. Mit meinem Apostolischen Segen.

Sinn für Verantwortung und Dienstbereitschaft wecken

Ansprache an die Bischöfe von Kongo bei ihrem Ad-limina-Besuch am 23. März

Liebe Brüder im Bischofsamt!

1. Laßt mich die Freude aussprechen, die ich heute bei eurem Empfang aus Anlaß eures Ad-limina-Besuches empfinde, dem ersten nach der Jahrhundertfeier der Evangelisierung eures Landes und dem großen Aufruf zur geistlichen Erneuerung, den ihr bei dieser Gelegenheit an eure junge Kirche gerichtet habt.

Lebhaft danke ich Erzbischof Barthélemy Batantu von Brazzaville, Präsident der Bischofskonferenz von Kongo, daß er sich liebenswürdigerweise zu eurem Sprecher gemacht hat.

Unsere Begegnung unterstreicht die Bande der Einheit und Verbundenheit, die zwischen uns bestehen. Sie bezeugt zugleich die Anhänglichkeit und Treue eurer Diözesan-Gemeinschaften gegenüber dem, der in der Gemeinschaft der Kirche den Vorsitz führt. Mit euch, liebe Brüder, danke ich Gott für die Lebenskraft unserer Verbundenheit in der christlichen Liebe.

Ich wünsche, eure Pilgerfahrt zu den Gräbern der hl. Apostel Petrus und Paulus, eure verschiedenen Gespräche mit den Dikasterien der Römischen Kurie sowie euer brüderlicher Austausch in Gebet und Dialog mögen euren pastoralen Eifer erneuern zu einem noch begeisterteren und qualifizierteren Dienst für das Volk Gottes, das ihr als Bischöfe aus ganzem Herzen liebt.

2. Laßt mich euch nun einige Gedanken vorlegen, die eure apostolische Arbeit für die immer realere Ankunft des Reiches Gottes dort anregen sollen, wohin der Herr euch an die Arbeit gesandt hat.

Wie in ganz Zentralafrika, ist die Kirche in eurem Land eine großartige, beim Volk beliebte Wirklichkeit. Sie kann mit Recht als wesentliches Element des Volkes von Kongo gelten, dieser jungen Nation, die im Kontext des modernen Afrika heranwächst und ihren Platz in der internationalen Gemeinschaft einnimmt.
Daher eure Aufgabe, bei den Gläubigen den Sinn für Verantwortung und Dienstbereitschaft zu wecken, indem ihr sie auffordert, die örtlichen Partikularismen zu überwinden, um sich für gemeinsame Unternehmungen zu öffnen, und immer mehr ihren Willen anregt, am Aufbau einer geeinten und dynamischen Nation mitzuarbeiten.
Dieses Bewußtsein, daß ihr als Volk Gottes innerhalb eures Landes existiert, muß euch anleiten und ebenso anregen bei den Beziehungen, die ihr mit dem Staat unterhaltet, sowie bei der Auswahl der sozialen Initiativen, zu denen ihr euch in Übereinstimmung mit eurer geistlichen Sendung gedrängt fühlt.
Laßt es euer Anliegen sein, weithin die Lehre der Kirche auf sozialem Gebiet zu verbreiten, um kirchliche Gemeinschaften in dem Maße aufzubauen, wie ihr den Sauerteig des Evangeliums in die Tiefe eurer Kultur einsenkt. In meiner jüngsten Enzyklika habe ich daran erinnert, daß die Verbreitung der Soziallehre der Kirche ein Teil unseres Evangelisierungsauftrags ist (vgl. *Sollicitudo rei socialis*, Nr. 41).

3. „In der Pastoral muß die Familie ihren vollen Stellenwert zurückerhalten“, so haben es 1980 schon die Bischöfe des Kongo, Zentralafrika und Tschad bei Gelegenheit einer Tagung in Bangui formuliert, deren Thema „Die Aufgaben der christlichen Familie in der Welt von heute“ war.
Mir scheint nämlich, daß die Verhältnisse der Familien als ein privilegiertes Anliegen eures seelsorglichen Wirkens zu gelten haben. In eurem Land hat die Kirche bei der Förderung des Ehelebens und der Strukturen der Familie wirklich Verantwortung, weil diese für die Zukunft der Gemeinschaft der Christen und der der Nation wesentlich sind. Seid daher übrzeugt, daß alles, was ihr einmal in das tiefe Erdreich der Familienverhältnisse gesät habt, Früchte der Gerechtigkeit, des Glücks und des Wohlergehens für eure ganze Nation bringt, nicht zu reden von den Priester- und Ordensberufen, die entstehen können.

4. Ein anderes Anliegen, das euren pastoralen Eifer wecken sollte, ist meiner Meinung nach die Heranbildung von echten Eliten aus dem Land.
Schon nach den Worten des Buches Genesis hat Gott dem Menschen die Erde anvertraut, damit er sie beherrscht und so seine eigene Berufung verwirklicht, durch seine Arbeit beim großen Plan Gottes für die Schöpfung, der immer weitergeht, mitzuwirken.
Die Kirche übermittelt ihre Botschaft und kann damit bei der Entwicklung der ländlichen Gebiete eine erstrangige Rolle für den wirtschaftlichen und sozialen Fortschritt der Völker Afrikas spielen. Sie kann ihren Beitrag zum Wiederaufleben der ländlichen Gebiete leisten: durch ihre Dorfgemeinschaften, aber auch durch die Dynamik der geistlichen Anregung, mit der sie beauftragt ist, und endlich durch die Initiativen, die sie auf dem Gebiet der Erziehung, des Gesundheitswesens und der Kultur ergreifen kann.
Die Welt der Landwirtschaft, die der Gesellschaft die für ihre tägliche Ernährung notwendigen Güter verschafft, hat grundlegende Bedeutung. Gibt man der Landwirtschaft

ihren rechten Wert als Grundlage einer gesunden Wirtschaft zurück, so leistet man einen positiven Beitrag für die Entwicklungsprojekte des Landes.

5. Nun möchte ich etwas zu dem sagen, was ich gern eine kirchliche Option für die Jugend nenne.
Man berichtet uns, daß sich auf dem ganzen afrikanischen Kontinent die Jugendlichen heute in großer Zahl der Kirche zuwenden in der Hoffnung, daß diese ihnen einen Weg in die Zukunft öffnet.
Welche Mittel und Freiheiten ihr in eurem Land auch zur Verfügung habt, die Aufnahme und Erziehung der Jugendlichen bilden für euch eine seelsorglich dringende Aufgabe. Angesichts der Krise nämlich, die mehr und mehr die mit ihren berechtigten Hoffnungen hervortretenden Generationen erfaßt, würde es schwer wiegen, wenn die Kirche ohne Stimme und Initiativen bliebe hinsichtlich der Landjugend, der Handwerksbetriebe und Schulen, der von Arbeitslosigkeit betroffenen Jugend in den großen Städten und schließlich all derer, die dem Elend oder gar der Kriminalität verfallen.
Auf diesem Gebiet werdet ihr euch bemühen, die Grenzen des Möglichen ohne Unterlaß auszuweiten. Euer Wirken für die Jugend soll sich entschlossen auf die Verhältnisse in eurer Kirche stützen, auf die Basisstrukturen, die christlichen Familien, die Pfarreien und Gemeinschaften des Wohnviertels oder des Dorfes, die Bewegungen und Bruderschaften der Erwachsenen und Jugendlichen.
Ich empfehle euch ferner, die Ordensinstitute für die Arbeit in euren Diözesen und zumal für die Jugendarbeit zu mobilisieren. Im Wachstum begriffen werden sie, in Übereinstimmung mit den ihnen eigenen Charismen und gefestigt durch eine lange Erfahrung, sich zu erneuern wissen, wenn sie mit den kulturellen und sozialen Verhältnissen Afrikas in Kontakt kommen, um dann immer besser auf die Bedürfnisse einer Jugend einzugehen, die auf der Suche ist nach geistigen Werten, auf denen sich eine gediegene Zukunft aufbauen läßt.

6. Euer Ad-limina-Besuch, der euer Verhältnis zu universalen Kirche mit neuem Leben erfüllt, könnte eine ausgezeichnete Gelegenheit sein, darüber nachzudenken, wie ihr die einigenden Bande zwischen euren Kirchen entfalten könnt.
Engagiert euch mit dem Wachstum eurer kollegialen Einstellung entschlossen für eine aktivere Hilfe und Zusammenarbeit untereinander. Gebt euch die Mittel an die Hand, um wirklich die Gemeinschaft, in der eure Kirchen untereinander leben müssen, aufzubauen, und sorgt dafür, die Mittel für eure kirchlichen Gemeinschaften zu vervielfältigen, so daß sie in engeren Austausch treten.
Die Entwicklung der Medien der sozialen Kommunikation in eurer Region muß auf diesem Gebiet eine wesentliche Rolle spielen. Spart keine Mühe, um eure Kirchen mit diesen Medien der Information, der Bildung und des gegenseitigen Kennenlernens auszustatten, da sie in der modernen Welt unerläßlich geworden sind.
Ihr leistet damit zugleich einen Dienst für dieses Gebiet in Zentralafrika, zu dem ihr gehört, und verschafft euch auch eine mächtige Stütze untereinander für die verschiedenen Bereiche eures kirchlichen Lebens. Die christliche Anregung der Gesellschaft würde fer-

ner in größerem Maße gesichert. Man könnte besser auf die berechtigten Wünsche jener antworten, die sie allzu oft in den Sekten zu befriedigen suchen; allen Katholiken aber wären die besten Mittel angeboten, ihren Glauben zu vertiefen und ihr Leben als Gemeinschaft zu festigen.

7. Ein Wort noch, wenn ihr es gestattet, über jene, für die die Kirche eine besondere Sorge übernehmen möchte, die Armen.
In einer Stunde, in der Afrika eine schwierige wirtschaftliche Lage durchmacht und nach Mitteln zur Wiederaufnahme seiner Entwicklung sucht, darf man nicht die große Zahl der Männer und Frauen, der Jugendlichen und Kinder vergessen, die mehr und mehr ins Elend zu geraten drohen. In meiner letzten Enzyklika bin ich auf dieses Drama eingegangen, das leider nicht auf euren Kontinent beschränkt ist, und habe dazu aufgerufen, daß angesichts der Leiden so vieler unserer Brüder und Schwestern der Herr Jesus selbst uns aufruft, weiter Solidarität zu üben.
Im Schoß der Menschheitsfamilie und der Kirche entfalten sich, fruchtbar wie die Liebe, die sie trägt, die Hilfswerke für die Armen und Kranken, die Alten und Behinderten, die an den Rand Geratenen oder Entfremdeten. Diese Werke sind eine lebendige Kraft der Jünger Christi und gestatten den Beobachtern von heute, erneut das auszusprechen, was einst die Heiden von den ersten Christen sagten: „Seht, wie sie einander lieben!“

8. Auch der Dienst an den intellektuellen und sozialen Eliten eures Landes erfordert eure Aufmerksamkeit. Möge das Heilswort der Kirche mitten in den großen Auseinandersetzungen vernehmbar werden, bei denen die Zukunft eures Volkes auf dem Spiel steht! Die Bischofssynode des vergangenen Jahres hat auf die Dringlichkeit der Heranbildung einer Laienschaft hingewiesen, die zur Übernahme ihrer Verantwortung fähig ist und ihren Glauben, ihre Hoffnung und ihre Liebe in die sozialen Verhältnisse einzubringen weiß. Zögert nicht, den Kerngruppen eures Landes die fachkundigen Priester und die Mittel für ihre Ausbildung, die sie sich wünschen, zur Verfügung zu stellen, weil sie dann ihre Kräfte als Getaufte nutzbar machen können. Es gilt hier, der Gesamtheit eures Volkes einen Dienst zu leisten.

9. Bevor ich schließe, möchte ich euch bitten, meine herzlichen Grüße euren unmittelbaren Mitarbeitern, den Priestern auszurichten, aber auch den Priesteramtskandidaten, die sich in Verbindung mit ausgewählten Erziehern darauf vorbereiten, wahre Hirten und Apostel Jesu Christi zu werden. Sprecht ihnen meine Wertschätzung für die Arbeit aus, die sie leisten, und meine Ermunterung zur Weiterführung der begeisternden Aufgabe der Evangelisierung: die Christen der Zukunft heranzubilden im Zeichen der Ältesten des ersten Jahrhunderts der Kirche am Kongo.
Meine Dankbarkeit spreche ich den Ordensmännern und Ordensfrauen aus, die nach den evangelischen Räten leben und damit den Kongolesen deren Schönheit sichtbar machen. Mögen alle weiterhin ein frohes Beispiel ihrer echten menschlichen Entfaltung geben, indem sie die Güter dieser Welt meistern im Hinblick auf ein besseres und reicheres Sein.

Den tüchtigen Katechisten, deren tägliche beharrliche Arbeit die soliden Grundlagen des geistlichen Gebäudes am Kongo sicherstellt, spreche ich meine herzliche Ermunterung aus.

Zum Schluß benutze ich die Gelegenheit dieser Begegnung, um durch euch, liebe Brüder, dem ganzen Volk von Kongo meine Verbundenheit auszusprechen und ihm meine Unterstützung auf seinem weiteren Weg des Fortschritts zuzusichern.

Ich greife die Mahnung der Väter der letzten Synode auf und schließe damit: „Bischöfe, Priester und Diakone bilden lebendige Gemeinschaften, die in der Lehre der Apostel, in der brüderlichen Gemeinschaft, im Brotbrechen und im Gebet verharren (*Apg* 2,42). Erkennen wir die Gaben des Geistes bei den gläubigen Laien und nehmen wir sie an. Fördern wir in ihnen den Sinn für Gemeinschaft und Verantwortung" (*Botschaft der Synodenväter an das Volk Gottes*, Nr. 13).

Möge Gott euch zu Hilfe kommen auf die Fürbitte Unserer Lieben Frau, auf die sich im Marianischen Jahr unsere flehenden Blicke richten.

Ich segne euch und alle Gläubigen von Kongo aus ganzem Herzen.

Den Weg des Dialogs weiter beschreiten

Ansprache beim Ad-limina-Besuch der Bischöfe Kubas am 25. August

Liebe Mitbrüder im Bischofsamt!

1. Zum Abschluß dieses Ad-limina-Besuches möchte ich euch sagen, wie sehr ich mich gefreut habe, daß ich in diesem Augenblick besonderer und tiefer Gemeinschaft mit euch, den Bischöfen der Kirche Kubas, zusammen sein konnte. Durch euch habe ich die Stimmung gespürt, die den Katholiken in Kuba eigen ist: Beharrlichkeit im Glauben, Hoffnung, die geprägt ist von Initiativen in der Evangelisierung, Liebe, die offen ist für alle. Die Umstände, unter denen ihr euren Dienst als Bischöfe leistet, sind mit Sicherheit komplexer Natur. Positiv zu vermerken ist jedoch eure Einstellung, mit heiterem Optimismus zu arbeiten, die Realität, die ihr vorfindet, hinzunehmen und euch zu bemühen, die Schwierigkeiten zu überwinden, auf die ihr stoßen könnt. Alles in allem empfiehlt es sich – vorausgesetzt, daß es möglich ist –, den Weg des Dialogs weiter zu beschreiten. Dort ist ein Feld, auf dem die Kirche in Kuba in Treue zu ihrem versöhnenden Wirken, weiterhin präsent sein muß, so wie es seit langem ihre Sorge und ihr ständiges Bemühen gewesen ist. Diesbezüglich bekannt ist der Eifer, der Mut und der Zusammenhalt, den ihr unter Beweis stellen konntet, um euer christliches Volk aufzuklären und zu leiten, wenn die Umstände es erforderten.

Es ist also zu wünschen, daß die positiven Zeichen, die in den letzten Jahren sichtbar wurden, zunehmen und sich zudem konsolidieren, so daß die Kirche frei und im vollen Sinne ihren Evangelisierungsauftrag erfüllen und alle Mittel einsetzen kann, die man dazu braucht. So muß man anerkennen, daß die Evangelisierungstätigkeit der Kirche, wenn sie frei war, für die Völker, in denen sie Wurzeln schlug, von Vorteil war.

2. Die Erwägungen, die ich bei dieser Begegnung vortrage, sind entstanden aus dem Nachdenken über die Pastoralpläne, die ihr ausführt. Ich möchte mich vor allem beziehen auf das Nationaltreffen der Kirche in Kuba (ENEC), das im Februar 1986 stattfand; es war ein reifes Ergebnis des Nachdenkens in der Kirche auf Kuba, das fünf Jahre dauerte; die ganze katholische Kirche Kubas war daran beteiligt. Dies kirchliche Ereignis hat sicherlich einen wichtigen Schritt im christlichen Leben dieser Nation markiert; zugleich stellt es den Weg dar, den diese Ortskirche bis zum Jahr 2000 gehen will.
Von jenem Nationaltreffen der Kirche in Kuba erging zum selben Zeitpunkt, als es einen taktvollen Dialog mit der Kultur und den sozialen Gegebenheiten aufnahm, ein nachdrücklicher Aufruf zur Evangelisierung. Es war ein „Sich-auf-den-Weg-machen", geleitet von der Kraft des Geistes. Dies war möglich, seitdem man sich tief bewußt geworden war, was Christsein heißt; und daß die tägliche treue Nachfolge Christi eine unumgängliche Verpflichtung ist. Dies ist der Aufruf, den die Kirche, die über ganz Lateinamerika verbreitet ist, zu einem Zeitpunkt ergehen läßt, zu dem sie der 500-Jahr-Feier der Evangelisierung des Kontinents schon nahe ist.
Evangelisieren muß man heute in eurem Land verstehen als eine Rückkehr zur Verkündigung und Bekanntmachung der Botschaft von Jesus von Nazaret, indem man ihn in der gegenwärtigen Realität darstellt. Diesbezüglich ist es tröstlich zu wissen, daß das „Evangelisierungs-Kreuz" auf seiner missionarischen Pilgerreise durch kubanische Lande schon vier Diözesen durchquert hat mit großer Anziehungskraft in allen Gemeinden.
All das wird es möglich machen, daß „in Kuba eine leibhaftige Kirche gedeiht, die in der Freiheit der Kinder Gottes sich engagiert im Aufbau der Gesellschaft im Zeichen der Liebe im Innern einer Misch-Kultur ... geprägt vom Zeichen des Glaubens. Die Kirche möchte aktiv in der geschichtlichen Wirklichkeit Kubas und Lateinamerikas präsent sein mit einer klaren und konsequenten Berufung zum Frieden" (*Schlußdokument des Nationaltreffens*).

3. Dieses Nationaltreffen hatte zwei große Ausgangspunkte. Zunächst wollte es das Wesen der Kirche selbst in Kuba vertiefen in ihrer Beziehung zur Person Jesu Christi und zur Heilbotschaft. Zweitens wollte es auch ein wirksames Mittel sein, um besser dem kubanischen Volk dienen zu können. All das im Bereich der Kirche, die bei der Feier und Verkündigung ihres Glaubens sich als missionarisch empfindet, als Zeichen der Gemeinschaft und leibhaftig gegenwärtig in der kubanischen Realität. Der Ausgangspunkt war sicher die Lehre des II. Vatikanischen Konzils, das in der Dogmatischen Konstitution *Lumen gentium* die Kirche als Sakrament der innersten Einheit mit Gott und der Einheit des ganzen Menschengeschlechtes darstellt (vgl. *Lumen gentium*, Nr. 1).
Die Ekklesiologie des Konzils lädt die Hirten der Kirche ein, ihren Dienst in einer Einstellung zu leisten, die in jedem Mann und jeder Frau jene tiefe und personale Gemeinschaft mit Gott schaffen, reifen lassen und festigen will. Das ermöglicht die Einheit wie auch die Versöhnung der Menschen untereinander, so daß das christliche Zeugnis lebendiger wird mit vorteilhaften Rückwirkungen auf die Kultur, die Gesellschaft, die Beziehungen im Arbeitsleben, in der Wirtschaft und im sozialpolitischen Bereich.

Bei der Ermahnung zur treuen Nachfolge Jesu Christi muß man darauf achten, daß das Leben aller Christen in Kuba in einer innigeren Gemeinschaft mit Gott seine Wurzeln hat. In diesem Sinn ist positiv zu vermerken, daß man seit eben jenem Nationaltreffen einen größeren Gebetsgeist in der Kirche geatmet hat; ebenso, daß eine lebendigere Teilnahme in der Liturgie gefördert wurde, deren Mitte das große Sakrament der Eucharistie ist. In diesem Sakrament verwirklicht sich die tiefste Einheit des um seine Hirten gescharten Gottesvolkes, wenn alle teilhaben an demselben Brot und an demselben Kelch (vgl. *1 Kor* 10,17; 12,12). So werden alle Menschen „zu dieser Einheit mit Christus gerufen, der das Licht der Welt ist: Von ihm kommen wir, durch ihn leben wir, zu ihm streben wir hin“ (*Lumen gentium*, Nr. 3).

4. Anderseits hat das Konzil gelehrt, daß der Auftrag zur Evangelisierung nicht nur den Hirten zukommt, sondern gleichzeitig alle Christen gemeinsam dafür verantwortlich sind (vgl. *Lumen gentium*, Nr. 17). Das bedeutet, daß der Jünger Christi nicht nur glaubt, hofft und liebt, sondern als Glied der Kirche den Glauben, die Hoffnung und die Liebe auch zu anderen Menschen bringen muß. So wird es gelingen können, daß die kirchliche Gemeinschaft im ganzen aufblüht: im Familienleben, in der Freundschaft unter den Menschen, in jeder Hinsicht des menschlichen Lebens. Es ist wichtig, daß die Gläubigen nicht nur die Lehre des Evangeliums kennen, sondern sie auch weiterzugeben wissen durch das Wort und das Zeugnis des eigenen Lebens.

Jesus Christus in Treue nachzufolgen heißt auch, das Evangelium auf alle Bereiche des menschlichen Lebens zu projizieren: auf die Gesellschaft und die Kultur, auf die Wirtschaft und das Erziehungswesen. Kein Bestandteil der Realität war dem Erlösungsplan Christi fremd. Daher ist zu wünschen, daß die Gläubigen in Kuba die Gelegenheit haben und Zeugnis von ihrem Glauben geben können in all diesen Bereichen; daß sie die Soziallehre der Kirche gut kennen, die auf die Lehre von Jesus von Nazaret zurückgeht, und daß sie sich bemühen, sie großzügig in ihrem persönlichen Leben anzuwenden wie auch im Gemeinschaftsleben. In ihrer Evangelisierungstätigkeit nimmt die Kirche immer und überall „das Recht in Anspruch, in wahrer Freiheit den Glauben zu verkünden ... ihren Auftrag unter den Menschen unbehindert zu erfüllen und auch politische Angelegenheiten einer sittlichen Beurteilung zu unterstellen, wenn die Grundrechte der menschlichen Person ... es verlangen“ (*Gaudium et spes*, Nr. 76).

Anderseits muß alles Tun der gläubigen Christen zugunsten ihrer Brüder und Schwestern bestimmt sein durch die Treue zur Hierarchie. Dies jedoch darf nicht in Vergessenheit geraten lassen, daß die Kräfte, die die Kirche der menschlichen Gesellschaft heute vermitteln kann, nicht in der äußerlichen Macht wurzeln, die mit menschlichen Mitteln ausgeübt wird, sondern im Glauben und in der Liebe, die auf das praktische Leben angewandt werden. Dort, „wo es nötig ist, kann und muß sie selbst je nach den Umständen von Zeit und Ort Werke zum Dienst an allen, besonders an den Armen, in Gang bringen“ (*Gaudium et spes*, Nr. 42).

5. Im Fünfjahresbericht, den ihr vorgelegt habt, hat das Thema „Jugend“ meine besondere Aufmerksamkeit hervorgerufen. Ich weiß um euren Schmerz und eure Sorge, daß

ein Teil der Jugend von Denkweisen beeinflußt ist, die zum instinktverhafteten bindungslosen Genuß führen unter Beeinträchtigung von Würde und Freiheit des Menschen als Person. Die Konsequenzen sind nur zu gut bekannt: apathisches Verhalten, das Fehlen von transzendenten Idealen und Werten, Trägheit und eine große innere Leere. Man muß die jungen Menschen ermutigen, sich dieser Formen der Sklaverei bewußt zu werden, und ihnen so den Weg der Rückkehr zum Vater (vgl. *Lk* 15,11–32) zeigen mit dem Ziel, die erhabene Freiheit der Kinder Gottes zu begreifen: daß sie ihr ganzes Leben annehmen und es in Freiheit in die Pflicht einer umfassenden und bereichernden Liebe stellen. Dies wäre die Art und Weise, die persönlichen Aktivitäten anzugehen und sie auf die Gestaltung eines Lebens hinzuorientieren, das groß und fruchtbringend in Jesus Christus ist.
Als Oberhirten der Kirche teilt ihr die allgemeine Unruhe im Blick auf die Herabsetzung der Familien. Von Tag zu Tag wird die notwendige Achtung vor der ehelichen Treue, die der unauflöslichen Ehe eigen ist, geringer, und es öffnet sich der Weg für eine Pseudokultur, die die Ehescheidung, die freie Lebensgemeinschaft, die Abtreibungs- und Empfängnisverhütungsmentalität begünstigt. Genauso traurig ist es, viele Eltern zu sehen, die sich nicht um eine richtige Erziehung für ihre Kinder kümmern.
Im Hinblick auf diese Lage drängt sich ein abgestimmtes pastorales Vorgehen auf, bei dem die Kirche deutlich die Gültigkeit der durch das Evangelium erleuchteten sittlichen Werte darstellt und die gläubigen Christen daran erinnert, wie sie sich vor dem Gesetz Gottes verhalten müssen; daß sie als Eltern die unumgängliche Pflicht haben, ihre Kinder auf der Grundlage von festen christlichen Prinzipien zu erziehen (vgl. *Familiaris consortio*, Nr. 40).

6. In euren Planungen für die Evangelisierung stelle ich fest, daß ihr eine besondere Aufmerksamkeit der Pastoral der Volksfrömmigkeit gewidmet habt und sie in ihren ursprünglichsten Werten fördert. In der Tat äußert sich ein lebhafter und wacher religiöser Sinn in breiten Schichten des kubanischen Volkes. Die Volksfrömmigkeit ist ein für die Evangelisierung sehr günstiger Boden, wenn sie von Motiven, die der christlichen Botschaft fremd sind, gereinigt und auf die Person Christi, auf die Verehrung der Jungfrau Maria und der Heiligen gegründet ist.

7. Ein anderer wichtiger Aspekt der Lebenskraft der Kirche in Kuba sind die Berufungen. In dieser Hinsicht ist es ein hoffnungsvolles Zeichen, daß neben der Ankunft einiger Priester und Ordensleute sich neue Berufungen zum Priestertum und zum Ordensleben zeigen. Die Förderung einheimischer Priesterberufe muß eine ständige Sorge der Oberhirten in Lateinamerika sein, weil die Berufungen ein beredter Indikator für die christliche Lebenskraft in jenen Gemeinden sind.
Sagt euren Seminaristen, daß der Papst sie in besonderer Weise liebt. Ich bitte sie darum, sie möchten treu, ausdauernd, heilig sein! Daß sie keine Anstrengungen scheuen, sich ganz dem Herrn zu überlassen. Die Kirche erwartet viel von ihnen: von ihrer Kraft im Glauben, ihrem Zeugnis der Hoffnung, ihrer pastoralen Liebe, ihrer Verfügbarkeit und Großzügigkeit.

Bei dieser Gelegenheit kann ich nicht umhin, an die große Gestalt des Menschen und Priesters P. Felix Varela zu erinnern, dessen 200. Geburtstag ihr gerade begeht und dessen Seligsprechungsprozeß begonnen hat. Alle Priester brauchen neue Beispiele heroischer pastoraler Liebe. Diese hochverdienten Söhne der Kirche sind wie eine erneuerte Offenbarung der Vorsehung, die gewissermaßen an uns vorbeigehen und uns einladen, treue Nachfolger des Guten Hirten zu sein und selbstlose Diener unserer Brüder und Schwestern.

8. Mit Blick auf das dritte Jahrtausend und den neuen Evangelisierungsimpuls für Lateinamerika, wenden wir uns um Hilfe an Maria, die Mutter des Erlösers. Vor wenigen Tagen haben wir das Marianische Jahr beendet, das dem Volk Gottes und der ganzen Menschheit viel Gnade und Hilfe gebracht hat. Die gläubigen Christen in Kuba fühlen sich in großer Einheit unter dem mütterlichen Mantel der Jungfrau (unter dem Namen) „de la caridad del Cobre“. Möge die hochherzige Antwort Marias auf den Ruf Gottes jeden einzelnen von euch an seine Treuepflicht gegenüber der Kirche und gegenüber dem Auftrag erinnern, den Gott euch anvertraut hat: die unablässige Evangelisierung des kubanischen Volkes. Dazu könnt ihr auf die ganze Kraft Gottes und den Beistand Unserer Lieben Frau zählen.
Unaufhörlich schließe ich euch ins Gebet ein, und mein Apostolischer Segen begleite euch, den ich euch von Herzen erteile und auf alle ausdehne, die Glieder der Kirche Gottes in Kuba sind.

Geschenk des Glaubens wurde unverkürzt bewahrt

Ansprache an die Bischöfe von Litauen bei ihrem Ad-limina-Besuch am 18. April

Ehrwürdige Brüder im Bischofsamt!

1. Mit sehr großer Freude empfange ich euch erneut nach eurem Ad-limina-Besuch im Jahre 1983.
Damals konnte ich euch mit besonders tief empfundener Zuneigung grüßen, denn eure Reise nach Rom beendete eine lange und leidvolle Zeit der Isolierung, und es war – providentiell – gerade am Vorabend eines bedeutsamen Abschnitts eurer christlichen Geschichte, nämlich der 500-Jahr-Feier des Todes des hl. Fürsten Kasimir, des Patrons von Litauen.
Doch auch die heutige Begegnung hat den Charakter besonderer Freude, denn ihr bringt mir das festliche Echo und die reichen geistlichen Früchte der Feier einer anderen „Zeit der Gnade“ im Leben eurer Ortskirche mit: der 600-Jahr-Feier der Taufe der Nation.
Ihr wißt, wie brennend gern ich gewünscht hätte, am 28. Juni des letzten Jahres unter euch weilen zu dürfen in Wilna, der Wiege eurer Taufe, um feierlich das Jubiläumsjahr zu eröffnen. Leider war das nicht möglich. Doch habe ich an diesem Tag, gleichzeitig mit eurer nationalen Feier, den Vorsitz bei einer Konzelebration am Grab des Apostels Petrus

geführt, an der Vertreter der Bischöfe aller Schwesterkirchen des europäischen Kontinents teilnahmen, um ihre innere geistliche Verbundenheit mit eurer Gemeinschaft zum Ausdruck zu bringen. Bei eben dieser Gelegenheit hatte ich auch die Freude, einen großen Sohn der litauischen Erde, den ausgezeichneten Seelenhirten und Erneuerer des religiösen Lebens seligzusprechen: Erzbischof Jurgis Matulaitis.

2. Es ist für mich ein tiefer Trost, nun direkt von euch das erbauliche Zeugnis von der Lebenskraft und dem Eifer entgegenzunehmen, mit dem euer Volk das ganze Jubiläumsjahr hindurch das Gedenken an seine Taufe gefeiert hat. In den Kathedralkirchen, an den marianischen Heiligtümern, im Seminar von Kaunas und in allen Pfarreien fanden die vielfältigen religiösen und kulturellen Jubiläumsfeierlichkeiten reichen und überzeugten Zuspruch von seiten der Gläubigen. Eine derart intensive Beteiligung ist gewiß ein beredter Beweis dafür, daß eure Gemeinschaft während des sechs Jahrhunderte langen Weges ihrer leidvollen Geschichte das unschätzbare Geschenk des Glaubens unverkürzt bewahrt und mit liebevoller Treue von Generation zu Generation weitergegeben hat. Doch wie ihr in dem Hirtenbrief, mit dem ihr am letzten Osterfest die Feierlichkeiten zur Jahrhundertfeier abgeschlossen habt, mit Recht sagt, wurde das Jubiläum vor allem im Herzen eines jeden Gläubigen begangen. Jeder hat hier eine günstige Gelegenheit gehabt, den eigenen Glauben neu zu verlebendigen und sein Taufversprechen zu erneuern, um daraus neue Kraft für sein geistliches Leben zu gewinnen und es konsequenter nach dem Evangelium zu führen.

3. So tritt die Kirche in Litauen voll Zuversicht in das 7. Jahrhundert ihres christlichen Lebens ein. Es ist eine von der Erfahrung des Schmerzes geprägte Kirche, und sie unternimmt auch den weiteren Weg im Zeichen des Kreuzes, dem Zeichen der Passion und der Auferstehung ihres Herrn, ihrer „einzigen Hoffnung" (wie die Liturgie ihn nennt). Ich denke an das Bild vom „Berg der Kreuze" in eurem Land: Tausende von Kreuzen bezeugen das Leiden und die Hoffnung eines ganzen Volkes, das auch in den dunklen Stunden der Prüfung in dem von den Vätern überkommenen Glauben durchzuhalten wußte.

Auf diesem Weg begleitet euch die Kirche von Rom mit ihrem Bischof, und durch ihn, sichtbares Fundament und höchstes Zeichen der katholischen Gemeinschaft, alle in der ganzen Welt verstreuten Kirchen. Ich möchte euch erneut dieser universalen und brüderlichen geistlichen Einheit und dieser Solidarität im Gebet versichern, in der ihr und eure Gläubigen Trost und Hilfe finden, und auf die ihr euch immer verlassen könnt.

4. Daher mache ich mich auch aus ganzem Herzen zum Vertreter der berechtigten Ansprüche eurer Gemeinschaft, die zutiefst von der ganzen Kirche geteilt werden. Es scheint in eurer Gesellschaft so etwas wie ein frischer Wind der Erneuerung zu wehen, der in Millionen von Männern und Frauen sehr lebhafte Erwartungen weckt. Spontan hofft und bittet man inständig – soweit man das tun darf –, daß die Erwartungen der Brüder und Schwestern, die in Litauen, wie in anderen Regionen, aufrichtig ihren religiösen Glauben bekennen, nicht enttäuscht werden.

Die Freiheit, an die sie appellieren, ist ins Herz eines jeden Menschen eingeschrieben: daß sie Gott die Ehre geben können, sei es als einzelne, wie auch gemeinsam mit den Brüdern, ohne jede Diskriminierung, und so zum Leben des Volkes, dem sie angehören, mit den Früchten eines ehrlichen und gut gebildeten Gewissens beitragen, das sich durch höchste Werte, wie Wahrheit, Gerechtigkeit, Brüderlichkeit und Frieden auszeichnet.
Ihr nehmt dieses Verlangen nach Freiheit täglich im Herzen eurer Gesellschaft, d. h. in den Familien wahr: die Eltern sehnen sich danach, den Kindern das Geschenk des Glaubens übermitteln zu können, den sie ihrerseits von den Vorvätern empfangen haben, und sie möchten bei dieser erstrangigen Aufgabe der Erziehung der Kinder und Jugendlichen auf die Hilfe der Kirche rechnen dürfen.
Ihr erlebt ferner in erster Person das tiefe Unbehagen der Kirche in Litauen hinsichtlich der Möglichkeit, in voller Übereinstimmung mit den Erfordernissen des Kirchenrechts sich organisieren zu können, ihre pastorale Sendung durchführen und den Religionsunterricht sichern zu können, Kandidaten für das Priestertum auswählen und entsprechend ausbilden zu können.
Ihr bringt mir weiter das Echo der Hoffnung jener Männer und Frauen mit, die in eurem Vaterland zwar nicht legal anerkannt sind, und doch Christus auf dem Weg der evangelischen Räte der Armut, der Keuschheit und des Gehorsams nachfolgen. Dieser nie unterdrückte Keim des Ordenslebens, in dem die herrliche Tradition des Wirkens der Ordenskongregationen für die Evangelisierung, die Kultur und die menschliche Förderung der Nation weitergeht, wartet mit Ungeduld auf den Tag, da er in Freiheit die Fülle seiner vielversprechenden Blüten entfalten kann.

5. Und nun gestattet mir, ehrwürdige Brüder, mit euch einige Überlegungen zu besonderen Themen anzustellen, die eure pastoralen Sorgen betreffen und bereits Gegenstand der persönlichen Gespräche mit einem jeden von euch gewesen sind.
Vor allem möchte ich euch wiederholen, was der Apostel Paulus den Gläubigen in Philippi schrieb: „Ich habe euch ins Herz geschlossen. Denn ihr alle habt Anteil an der Gnade, die mir durch meine Gefangenschaft und die Verteidigung und Bekräftigung des Evangeliums gewährt ist“ (*Phil* 1,7). Zugleich richte ich mein Gebet an den ewigen Hirten, damit er euch ermutige und stütze bei der Ausübung eures bischöflichen Dienstes.
Bei der Begrüßungsansprache, die der Präsident eurer Konferenz eben an mich gerichtet hat, erinnerte er an den Wunsch, den ich bei unserer Begegnung vor fünf Jahren aussprach: alle Diözesen Litauens möchten doch ihren eigenen Bischof bekommen, wie es die Konstitution der Kirche und das Wohl der Seelen fordert. Dazu möchte ich euch versichern, daß der Hl. Stuhl nichts unversucht gelassen hat und läßt, um die Versorgung eurer kirchlichen Sprengel gebührend zu vervollständigen durch die Einsetzung von würdigen Hirten, die mit Eifer das erhabene Amt der Nachfolger der Apostel ausüben.
An die Kirche, und vor allem an euch Bischöfe wenden sich ja die Gläubigen und zuweilen, ja immer öfter auch jene, die keinen Glauben haben, um ein wegweisendes Licht zu finden, etwas wärmende Liebe, eine Wahrheit, die dem Leben Sinn gibt. Ihr tragt die sehr schwere Verantwortung für das Evangelium in einer Gesellschaft, die sich entwickelt und immer mehr komplex und unruhig wird. Eben deswegen hat das Zweite Vatikanische

Konzil die alte Lehre von der bischöflichen Kollegialität neu vorgelegt und den Bischofskonferenzen neue Bedeutung geben wollen, „damit durch den Austausch von Kenntnissen und Erfahrung und durch gegenseitige Beratung ein heiliges Zusammenwirken der Kräfte zum gemeinsamen Wohl der Kirche zustande kommt" (*CD* 37). In Gemeinschaft und in gegenseitiger Hilfe findet ihr Stütze und immer neuen Schwung bei der Ausübung eures Dienstes. Ich möchte euch daher empfehlen, ehrwürdige Brüder, die Einheit unter euch innerhalb eurer Konferenz immer lebendiger und harmonischer zu gestalten, im Bewußtsein, daß davon in hohem Maß die Wirksamkeit der Pastoralarbeit und die Glaubwürdigkeit eures Zeugnisses abhängt.

6. Die gegenseitige Verbundenheit unter euch wird sich auswirken in der Verbundenheit mit euren Priestern, die eure Familie bilden (vgl. *Christus Dominus*, Nr. 28). Sie müssen sich daher wie ein Augapfel von euch geliebt, väterlich geleitet, unterstützt und verteidigt wissen. Niemand kennt besser als ihr die Treue und den Eifer dieser unersetzlichen Mitarbeiter beim heiligen Dienst, wie auch die nicht leichten Verhältnisse, unter denen sie ihre Sendung ausüben. Seid für sie Lehrer und Väter, fördert und wertet ihre besten Kräfte, regt ihre Initiativen mit Wort und Beispiel an und seid häufig bei ihnen, so daß jeder vertrauensvoll und hochherzig mit seinem Bischof verbunden ist (vgl. *Lumen gentium*, Nr. 28).
Die Liebe des Bischofs zu seinen Priestern, weit davon entfernt, sich in einem gewissen Gefühl zu erschöpfen, weckt und fördert vielmehr die Einheit unter der Priesterschaft. Nur wenn jeder Mitbruder mit gänzlicher Hingabe an dieser Einheit der Geister und Herzen teilnimmt, kann es zu jener fruchtbaren Mitverantwortung zum Wohl der Gemeinschaft der Kirche kommen, die das Konzil von uns erwartet (*ebd.*).

7. Die Sorge für euren Klerus kommt auch in der Sorge für die Priesteramtskandidaten zum Ausdruck. Ich brauche euch nicht zu sagen, wie tief ich euer Leid teile bei der Feststellung, daß die an sich schon ungenügende Zahl der Priester noch weiter zurückgeht. Im übrigen kenne ich die in einem so lebenswichtigen Bereich euch auferlegten Beschränkungen gut und spreche erneut den heißen Wunsch aus, daß sie bald beseitigt werden.
Nichtsdestoweniger fühle ich mich verpflichtet, ehrwürdige Brüder, alle eure Bemühungen zu ermutigen, die der Förderung von Berufungen und der Ausbildung von Kandidaten für das Priestertum dienen. Die ganze Gemeinschaft der Christen muß immer wieder angeregt werden, sich aktiv am Wirken der göttlichen Vorsehung zu beteiligen durch „eifriges Gebet, christliche Buße und immer höhere Bildung der Gläubigen" (*Optatam totius*, Nr. 2). Die Priester ihrerseits müssen durch ein heiliges Leben und das Beispiel einer fröhlichen apostolischen Hochherzigkeit die Entfaltung der Keime von Berufungen fördern, die der Herr in den Jugendlichen reichlich ausstreut. Das Seminar endlich muß täglich mehr zum Herzen der Ortskirche werden (vgl. *Optatam totius*, Nr. 5).
Auch für die Auswahl und Vorbereitung der Kandidaten hat das II. Vatikanische Konzil weise Richtlinien aufgestellt. Die Alumnen des Seminars müssen „gebührend geprüft" und ihre Zulassung muß „mit der nötigen geistigen Festigkeit" entschieden werden. Der

Priestermangel darf kein Vorwand dafür werden, weniger über die rechte Absicht, den freien Willen sowie die moralischen, psychischen und physischen Fähigkeiten der Kandidaten zu wachen, denn „Gott läßt es ja seiner Kirche nicht an Dienern fehlen“ (*Optatam totius*, Nr. 6). Gleiche Aufmerksamkeit muß der geistigen und kulturellen Ausbildung sowie der nötigen pastoralen Erfahrung jener geschenkt werden, die als Obere und Erzieher der künftigen Priester ausgewählt werden: in ihren Händen liegt ja die Hoffnung der Kirche! Nicht weniger als die jungen Alumnen selbst müssen sie sich daher ihren Bischöfen nahe fühlen und mit ihnen gelehrig zusammenarbeiten, um eine Ausbildung der Priester nach dem Herzen Christi zu gewährleisten.

8. Gestattet mir schließlich, ehrwürdige Brüder, euch einen Gruß für eure direkteren Mitarbeiter anzuvertrauen. Liebe Priester des treuen Litauens! Durch eure Bischöfe soll der Segen des Papstes, der euch zur Seite steht und euch liebt, euch erreichen. Ich möchte eigentlich in jede eurer Kirchen eintreten, um mit euch zu beten und teilzuhaben an eurer demütigen, schweigsamen und nicht selten kummervollen apostolischen Arbeit, die aber immer kostbar ist wegen ihrer Hochherzigkeit und ihres Opfergeistes. Mit besonderer Zuneigung umarme ich jene unter euch, die in größerem Maße leiden: wegen Krankheit oder Alter, wegen der Freiheitsberaubung und der „um des Namens Jesu willen“ (*Apg* 5,41) erlittenen Prüfungen. Bleibt immer der Berufung treu, die ihr empfangen habt, und müht euch, immer mehr dem Bild Christi, des höchsten und ewigen Priesters, ähnlich zu werden.
Am vergangenen Gründonnerstag wollte ich mit den Priestern Roms über die Gestalt Jesu, des Knechtes zur Erlösung der Welt, nachdenken. Hier haben wir unser Vorbild, liebe Priester: Christus, Gott, der sich zum Knecht macht. Unsere Teilhabe an seinem ewigen Priestertum wird bemessen nach unserer Fähigkeit, wie wir uns wirklich zu Dienern machen. Seid daher unermüdlich und verfügbar in der Ausübung eures Dienstes, in der Verkündigung des Evangeliums und in der Feier der Sakramente – an erster Stelle der heiligen Eucharistie –, wodurch die Kirche auferbaut wird, wie auch in der Weisung und Führung, deren eure Brüder bedürfen. In einer Umgebung, die von einer ausgesprochen atheistischen Ideologie geprägt ist und auch der Versuchung zum praktischen Materialismus unterliegt, ist die Aufgabe, die euch erwartet, zweifellos schwer, doch der Herr ist alle Tage bei euch (*Mt* 28,20). Er weckt im Herzen des Menschen – vor allem der Jugendlichen – einen immer neuen Durst nach Wahrheit und Liebe: versteht es, jedem solchen Bedürfnis entgegenzukommen und jedes ehrliche Suchen nach Gott zu ermuntern! Maria aber, die Königin der Apostel, sei euch mütterlich nahe und erflehe euch alle Gnaden!

9. Ehrwürdige Brüder, euer Ad-limina-Besuch erfolgt im Marianischen Jahr. Während der kurz hinter uns liegenden Karwoche haben wir Maria zu Füßen des Kreuzes betrachtet: als Jungfrau der Schmerzen und Schmerzensmutter. In ihrem Mutterherzen waren gewissermaßen alle Übel der Welt zusammengetragen, weil sie in ganz erhabener Weise mit dem Opfer unserer Erlösung verbunden war.
Vertrauen wir ihrem Schutz die Kirche in Litauen und das ganze Volk eures edlen Landes an. Maria, die von ihren litauischen Kindern so sehr verehrt und geliebt wird, gehe ihnen

voran auf dem Glaubensweg dieses 7. Jahrhunderts christlichen Lebens. Sie stütze sie in Schwierigkeiten, richte sie auf, wenn sie gefallen sind, und sei für alle und jeden einzelnen „ein Zeichen der sicheren Hoffnung und des Trostes" (*Lumen gentiums*, Nr. 68). Ihrem Mutterherzen vertrauen wir die Freuden und Hoffnungen, die Trübsal und Ängste eures Volkes an. Unter ihren Schutz stellen wir die Familien und die Zukunft der Jugendlichen. Und wir bitten sie mit kindlicher Innigkeit, uns Mutter zu sein. Mit meinem Apostolischen Segen.

Einheit von Verkündigung und Zeugnis

Ansprache an die Bischöfe von Malawi bei ihrem Ad-limina-Besuch am 23. August

Liebe Brüder in unserem Herrn Jesus Christus!

1. Gern heiße ich euch, die Mitglieder der Bischofskonferenz von Malawi, bei dieser frohmachenden Gelegenheit eures Ad-limina-Besuches willkommen. Wir sind hier in der Gemeinschaft des Heiligen Geistes sowie in der Gnade und im Frieden Christi versammelt, der für immer der Eckstein der Kirche bleibt (vgl. *Eph* 2,20). Unsere Zusammenkunft bezeugt die Gemeinschaft, die wir in der Kirche miteinander haben, und sie dient zugleich der Festigung der Bande der Einheit und Liebe im Bischofskollegium (vgl. *Lumen gentium*, Nr. 22).
Eure Anwesenheit hier bezeugt in beredter Weise die Wahrheit, daß Christus seine Kirche auf Petrus bauen wollte (vgl. *Mt* 16,19), daß er Petrus beauftragte, seine Brüder im Glauben zu stärken (vgl. *Lk* 22,32) und sie in vollkommener Einheit zu weiden (vgl. *Joh* 21,15–17). Unsere Zusammenkunft heute läßt uns erneut das Glaubensbekenntnis des Petrus wiederholen, daß Jesus der Christus, der Sohn des lebendigen Gottes ist (vgl. *Mt* 16,16).

2. Jeder von euch vertritt seine eigene Ortskirche, und so möchte ich durch euch dem ganzen Volk Gottes in Malawi meine herzlichen Grüße aussprechen und sie meiner geistlichen Verbundenheit versichern. Als Hirten dieser Kirche bringt ihr die Hoffnungen und Freuden, die Prüfungen und Leiden eures Volkes mit. Ihr bringt seinen festen und begeisterten Glauben, der dort vor hundert Jahren zum erstenmal verkündet wurde, in ihren Herzen Wurzeln gefaßt hat und sich weiter ausbreitet, mit. Ich weiß, daß ihr mit dem Glauben eures Volkes auch die tiefe Achtung vor dem Dienstcharakter der Aufgabe des Petrus in Gottes Heilsplan für die universale Kirche mitbringt. So möchte ich in tiefer Verbundenheit sie alle und euch als ihre Bischöfe im Glauben an Jesus Christus, den Sohn des lebendigen Gottes, bestärken. Und es ist meine innige Hoffnung, auch euch in eurer Sendung als Hirten der Herde bestärken zu können und euch damit neuen Antrieb für die Evangelisierung von Malawi zu geben.
Ich bin von einer tiefen und beständigen Hoffnung für die Zukunft der Kirche in eurem Land erfüllt und ergreife daher diese Gelegenheit, die zahlreichen mutigen Initiativen zu

loben, die ihr weiterhin für die Verkündigung des Evangeliums in eurer Gesellschaft unternehmt. Zusammen mit den Missionaren und dem örtlichen Klerus, den Ordensleuten und Laienkatechisten habt ihr die Sendung der Kirche zur Evangelisierung übernommen, „die Gnade und eigentliche Berufung der Kirche, ihre tiefste Identität" (*Evangelii nuntiandi*, Nr. 14). Durch die Verkündigung Jesu Christi und seines Evangeliums vor den vielen, die noch nicht von ihm gehört oder sein Evangelium noch nicht angenommen haben, seid ihr mit den Worten Simeons „ein Licht zur Erleuchtung der Heiden" (*Lk* 2,32) geworden. Ihr wart dem Auftrag Christi treu (vgl. *Mt* 28,19–20) und habt das grundlegende, am Pfingstfest begonnene Programm der Kirche durchgeführt.
Wie euch gut bewußt ist, besteht die große Aufgabe der Kirche zur Evangelisierung an erster Stelle darin, das Evangelium im eigenen Leben durchdringen zu lassen, so daß wir es unsererseits zu anderen bringen können. Daher müssen wir uns erneut in Erinnerung rufen, daß zur Evangelisierung Bekehrung bzw. die Wandlung des Inneren gehört. Der Reinigungsprozeß, den die Evangelisierung erfordert, bedeutet die Annahme des Aufrufs Christi: „Kehrt um, und glaubt an das Evangelium" (*Mk* 1,15). Als eine Folge dieser Bekehrung zum Heil wird nicht nur der einzelne, sondern die gesamte Gemeinschaft der Kirche gewandelt. Sie wird mehr und mehr zum Ausdruck des lebendigen Glaubens und der Liebe.

3. Meine Brüder, es gehört zu eurer besonderen Verantwortung, die besten Mittel für die Verkündigung der Heilsbotschaft in eurer Gesellschaft einzusetzen. Die Kirche zögert nicht, ihre Achtung und Wertschätzung für nichtchristliche Religionen zu zeigen, denn „sie sind lebendiger Ausdruck der Seele breitester Gruppen" (*Evangelii nuntiandi*, Nr. 53). Da alle jene, die den Schöpfer anerkennen, irgendwie in den Heilsplan eingeschlossen sind, so besteht zwischen Christen und Nichtchristen eine tiefreichende Grundlage für gegenseitige Liebe, gegenseitiges Verständnis und friedliches Zusammenleben. Die Kirche hält daran fest, daß ihr Eintreten für den Dialog mit Nichtchristen ihrer wesentlichen Sendung zur Verkündigung Jesu Christi keinen Abbruch tut. Als Katholiken sind wir auch in schwierigen Situationen zur Verkündigung des Evangeliums durch das Zeugnis unseres Lebens aufgerufen. Und ich füge gleich hinzu, daß christliches Zeugnis durch persönliches Beispiel notwendig auch begleitet sein muß vom Sprechen über Gott, der das Fundament unseres Glaubens, den Grund unserer Hoffnung und die Quelle unserer Liebe bildet (vgl. *Ansprache an das Sekretariat für die Nichtchristen* vom 28. April 1987).
Gern habe ich von den verschiedenen ökumenischen Kontakten zwischen den christlichen Gemeinschaften in Malawi gehört. Wie das II. Vatikanische Konzil lehrt, ist die Kirche auf viele Weisen mit denen verbunden, die getauft sind und den Namen „Christ" tragen (vgl. *Lumen gentium*, Nr. 15). Diese Bande der Gemeinsamkeit, die die Christen einen, müssen in vollerem Umfang geschätzt werden. Gemeinsames Gebet und Zusammenarbeit bei sozialen Werken sollte immer unsere Beziehungen zu anderen Christen wie auch die Diskussionen auf theologischer Ebene kennzeichnen, die von Personen unternommen werden, die für die Vertretung der Kirche in Dingen des Glaubens und der Sitten qualifiziert sind.

4. Liebe Brüder, wenn wir gemeinsam über das Wirken der Kirche in Malawi nachdenken, möchte ich zumal den lebenswichtigen Beitrag anerkennen, den eure Priester für die Verkündigung des Evangeliums und den sozialen Fortschritt der Menschen leisten. Ich möchte meine brüderliche Liebe zu allen Priestern zum Ausdruck bringen, die mit euch beim Weiden der euch anvertrauten Herde Christi zusammenarbeiten.
Der Dienst für das Volk Gottes, den unsere Brüder, die Priester, mit uns teilen, erfordert nicht nur ihre Loyalität uns gegenüber, sondern ruft auch uns, denen ihre Leistungen und Schwierigkeiten bekannt sind, auf, ihnen echte Brüder zu sein und ihnen jederzeit Anteilnahme und Verständnis zu zeigen. Jeder unserer priesterlichen Brüder sollte für uns nach den Worten des hl. Paulus „Knecht Jesu Christi (sein), auserwählt, das Evangelium Gottes zu verkündigen“ (*Röm* 1,1).
Ein wesentlicher Aspekt unserer apostolischen Aufgabe ist die Bestärkung unserer priesterlichen Brüder in ihrer Identität und in ihrem Eifer. Die Rolle des Priesters wird klar durch den Dienst am Wort und an der Eucharistie bestimmt. So lesen wir in der Apostelgeschichte, daß die apostolischen Prioritäten „beim Gebet und beim Dienst am Wort“ liegen (*Apg* 6,4). Daher wollen wir unsere Brüder, die Priester, immer wieder daran erinnern, daß sie aus der Feier der Eucharistie, „als Quelle und Höhepunkt aller Evangelisation“ (*Presbyterorum ordinis*, Nr. 5) ihre ganze Kraft schöpfen. Hier finden sie zugleich die Quelle ihrer seelsorglichen Liebe (vgl. *ebd.*, Nr. 14). In der Eucharistie und im häufigen Empfang des Bußsakramentes erhalten sie ferner die Kraft, täglich ihr Leben aufzuopfern und zugleich die notwendige Gnade, um ihrem Zölibatsversprechen treu zu bleiben.

5. Es ist wirklich ein großer Segen für die Kirche in Malawi, daß die Zahl der Priesteramtskandidaten weiter ansteigt und daher für die kommenden Jahre viel Mut macht. Dennoch sichert nur eure behutsame Aufmerksamkeit für jeden eurer Seminaristen sowie die Programme für die Priesterausbildung in den örtlichen kleinen und den beiden großen Seminarien die geistliche, akademische und pastorale Ausbildung eurer künftigen Priester. Wesentliche Vorbedingung für ein gediegenes Programmm ist die Präsenz gut qualifizierter Priester für den Dienst als Spirituale und Professoren der theologischen und philosophischen Fakultäten eurer Seminarien. Es muß alles geschehen, damit brauchbare Priester für diese wichtige Aufgabe der Vorbereitung der Seminaristen zur Verfügung stehen, auch wenn ihr auf die Hilfe von außerhalb eurer Ortskirchen zurückgreifen müßt. Ich möchte einem jeden von euch meine Gebetshilfe für dieses wesentliche Anliegen der Priesterausbildung versprechen.
Von großer Bedeutung für die Evangelisierung eures Volkes war im vergangenen Jahrhundert der unschätzbare Beitrag der Missionspriester, -schwestern und -brüder. Mit großer Hingabe und Heiligkeit haben sie den Samen des Glaubens in die Herzen eures Volkes eingepflanzt. Möge ihr Beispiel für alle eine Anregung sein, die im Dienst des Evangeliums arbeiten und versuchen, das Wachstum des Reiches Gottes in Malawi zu fördern.
Ich stelle fest, daß ähnlich wie die Zahl der Kandidaten für den Weltpriesterstand auch die Zahl der Berufungen zum Ordensleben ständig gestiegen ist. Der Beitrag, den die Mit-

glieder der Institute des gottgeweihten Lebens für das ganze Werk der Evangelisierung in eurem Land leisten, zeigt sich besonders im Gesundheits- und Unterrichtswesen.
In eurer Arbeit mit den Ordensleuten ermuntere ich euch zum Versuch, die große Hochachtung und Wertschätzung, welche die Kirche für sie und ihre Berufung zum gottgeweihten Leben hegt, ihnen zu zeigen und sie anzuregen, immer noch mehr über ihr besonderes Charisma in entsprechenden Formen der apostolischen Arbeit nachzudenken. Wie ihr gut wißt, bietet schon die bloße Präsenz von Ordensleuten in der Gemeinschaft der Kirche der Welt eine Art Sauerteig echt christlichen Lebens. Ihre Treue in der Nachfolge unseres Herrn im Geist der Freude und Selbsthingabe ist ein besonders wirksames Mittel der Verkündigung des Evangeliums.

6. Mit großer Genugtuung habe ich von der ständig wachsenden Rolle erfahren, die die Laien eures Landes bei den Tätigkeiten der Kirche übernommen haben. Unter den verschiedenen Bewegungen, die die Laienschaft anregen, gibt es bei euch die Legion Mariens, den Katholischen Frauenbund, den Dritten Orden des hl. Franziskus, den Bund der christlichen Studentenjugend, die christliche Arbeiterjugend und das Familienapostolat. Jede dieser Laienorganisationen bringt einen bedeutsamen Beitrag ein für die Evangelisierung in Malawi. Es freut mich, daß die Laien eine echte Kraft bilden, die für das Leben und die Sendung der Kirche eine Anzahl von Helfern in der Seelsorge zur Verfügung stellt. Ich denke an die Präsenz von Laien als Katechisten, Gemeindeleiter, Lehrer und Verantwortliche für kleine Gemeinschaften.
Das spezifische Arbeitsfeld für Laien bei der Verbreitung des Evangeliums schließt ihre tägliche Arbeit ein. Den Verheirateten legt ihre Rolle als Eltern die Hauptverantwortung für die christliche Erziehung ihrer Kinder auf (vgl. *Gravissimum educationis*, Nr. 3). Ich möchte euch bei allen Initiativen zur Förderung der religiösen Erziehung der Jugend eures Landes ermuntern. Wollen sie zur Reife in Christus heranwachsen, brauchen sie eine systematische Darstellung der ganzen Lehre des Christentums. In jedem Zeitalter bleibt die Lehre der Wahrheiten des Glaubens eine grundlegende Aufgabe der Kirche. Wir müssen sicherstellen, daß unsere jungen Leute eine angemessene Ausbildung in all dem erfahren, was Jesus ihnen an Unterweisung zugedacht hat (vgl. *Mt* 28,20), den ganzen Inhalt der Lehre und der Moral des Evangeliums.

7. Die große Zahl eurer Gläubigen, die an der Feier der Sonntagsliturgie teilnehmen und häufigen Gebrauch von den Sakramenten machen, ist sehr zu begrüßen. Ich teile allerdings eure pastorale Sorge wegen der Praxis der Polygamie, der irregulären Ehen sowie der steigenden Zahl der Ehescheidungen. Zu anderen ernsten Problemen, die Familie und Gesellschaft bedrohen, gehört die künstliche Geburtenbeschränkung und die Abtreibung. Wenn immer das Familienleben leidet, muß die Kirche so wirksam wie möglich die Bedeutung und den Wert der christlichen Liebe sowie der Würde des christlichen Lebens betonen. Wir müssen alles tun, um unserem Volk zum Verständnis der Lehre des II. Vatikanischen Konzils zu verhelfen, daß in der Ehe „sich die Eheleute gegenseitig schenken ... und diese innige Vereinigung wie auch das Wohl der Kinder die unbedingte Treue der Gatten verlangen und ihre unauflösliche Einheit fordern“ (*Gaudium et spes*, Nr. 48).

Dies vor Augen, muß sich die Kirche weiterhin der besonderen Aufgabe des Schutzes der Heiligkeit und Würde der Ehe widmen, denn sie weiß, daß die Liebe von Mann und Frau ein Anteilhaben am Geheimnis des Lebens und der Liebe Gottes selbst ist.

8. Schließlich muß ich unbedingt noch die große Zahl der Flüchtlinge erwähnen, die in den letzten Jahren in euer Land geströmt sind, um Sicherheit, Nahrung und Wohnung zu finden. Man hat mich informiert, daß sie hauptsächlich aus Mozambique kommen und ihre Zahl weiter ansteigt. Ich ermuntere euch bei all euren Bemühungen zur Linderung ihrer Leiden und zur Beschaffung von Hilfen für ihr physisches und geistiges Wohlergehen. Da viele von diesen Menschen katholisch sind, sollten eure örtlichen Kirchen so viel als möglich durch Priester und Ordensleute aus anderen Gemeinschaften unterstützt werden bei eurem Bemühen, ihren geistigen Bedürfnissen zu entsprechen. Ich bete innig darum, daß die internationale Gemeinschaft weiterhin Hilfe leistet bei dem schwierigen Problem der Flüchtlinge in eurem Gebiet.
Meine lieben Brüder, seid bei der Weiterführung eurer seelsorglichen Arbeiten versichert, daß ich euch in der Liebe Jesu Christi verbunden bin. Wir haben gemeinsam nur ein Anliegen: als getreu empfunden zu werden in der uns vom Herrn übertragenen Seelsorge, um das Volk Gottes auf den Weg des Heiles zu führen. Möge Maria, „als Zeichen der sicheren Hoffnung und des Trostes für das wandernde Gottesvolk“ (*Lumen gentium*, Nr. 68), Fürbitte für euch und das ganze liebe Volk von Malawi einlegen. Der Friede Christi sei immer mit euch! Mit meinem Apostolischen Segen.

Glaube und Leben müssen übereinstimmen

Ansprache an die Bischöfe von Mali bei ihrem Ad-limina-Besuch am 26. März

1. Ich begrüße euch mit größter Freude und heiße euch hier bei mir herzlich willkommen. Es freut mich vor allem, dem neuen Präsidenten eurer Bischofskonferenz, Msgr. Jean-Marie Cissé, Bischof von Sikasso, meinen Gruß zu entbieten. Ich danke ihm für die liebenswürdigen Worte, die er in eurem Namen an mich gerichtet hat, und ich spreche ihm für seine neuen Aufgaben meine besten Wünsche aus.
Eure alle fünf Jahre stattfindende Pilgerfahrt zu den Gräbern der heiligen Apostel, die die Bischöfe der ganzen Welt pflichtgemäß unternehmen, zeigt eure Verbundenheit mit der Kirche von Rom. Durch euer Kommen wollt ihr mit dem Nachfolger des Petrus und seinen Mitarbeitern in der römischen Kurie Kontakt aufnehmen und damit die tiefen Bande zum Ausdruck bringen, die uns trotz der geographischen Entfernung vereinen. Zugleich bezeugt ihr dem Papst die Anhänglichkeit des Volkes Gottes in Mali an ihn: Ich bin für dieses Zeichen kindlicher Zuneigung um so mehr gerührt, weil es von Gläubigen kommt, die in eurem Land gewiß eine kleine Minderheit bilden, es durch ihr Leben im Glauben jedoch verstanden haben, die Achtung und Freundschaft des ganzen Volkes von Mali zu erwerben.

2. Das Jahr 1988 ist für euch ungewöhnlich wichtig wegen der Jahrhundertfeier der christlichen Gemeinschaft in Mali – ein Ereignis, das alle eure pastoralen Unternehmungen prägt.
Im Jahr 1886 haben nämlich die ersten Spiritaner-Missionare die Mission von Kita gegründet, die dann den Weißen Vätern anvertraut wurde und heute ein nationaler Wallfahrtsort geworden ist.
Schon 1876 und 1881 waren zwei Karawanen der Weißen Väter von Algier zum Sudan aufgebrochen – doch die Patres wurden unterwegs umgebracht. Erst im Jahr 1894 machte sich eine neue Karawane auf den Weg, um 1895 Ségou und Timbuktu zu gründen. Das Zeichen für die Evangelisierung von Mali war damit gesetzt, und die Jünger des Kardinals Lavigerie wie auch die Schwestern Unserer Lieben Frau von Afrika gingen ans Werk. Zusammen mit den Bewohnern des heutigen Mali erweise ich diesen mutigen Bahnbrechern des Glaubens Ehre, zumal jenen, die für Christus ihr Blut vergossen haben.
Innerhalb von hundert Jahren ist die ursprünglich kleine christliche Gemeinde wie das Senfkorn im Evangelium zum Baum geworden. Ihr sprecht sogar von einem starken „baobab", der seine Wurzeln in die Erde von Mali eingesenkt hat, und ihr habt Recht; denn die Früchte sind da: eine örtliche Hierarchie, einheimische Priester, Schwestern aus dem Land selber und engagierte Katecheten in den örtlichen Bewegungen und Gemeinden. Vor allem ist die Ausstrahlung der Christen eine Tatsache, die ein echtes Vorhandensein des Gottesreiches in diesem Teil des afrikanischen Kontinents bezeugt.

3. Die aktive Verwurzelung der Kirche in eurem Land weckt in euch natürlich berechtigten Stolz und Freude. Bei allen, Hirten wie Gläubigen, ruft dies Dankbarkeit hervor gegenüber dem, von dem jede gute Gabe herkommt.
Ich weiß, daß ihr euch gefreut hättet über meinen Besuch in eurem Land, um teilzunehmen an den Dankgebeten und Lobgesängen, die bei der Jahrhundertfeier zu Gott emporsteigen. Glaubt mir, daß ich in meinen Gedanken und vor allem in meinem Herzen diese Einladung, nach Mali zu kommen, bewahre. Gewiß hätte ich es, zumal im Marianischen Jahr, gewünscht, als Pilger nach Kita zu kommen und mit euch Unsere Liebe Frau von Mali für die Gläubigen eurer Diözesen und alle eure Landsleute anzurufen. Doch wird es mir in diesem Jahr nicht möglich sein. Ich hege dennoch die Hoffnung, die Vorsehung möge meine Schritte in euer Land lenken, um dort euer Volk kennenzulernen, das in Afrika wegen seiner großen Herzlichkeit bekannt ist. Es wird für mich eine große Freude sein, euch euren heutigen Besuch zurückzuerstatten.

4. In dieser Erwartung seid ihr jetzt mit der erhebenden Aufgabe betraut, die Christen des 2. Jahrhunderts der Evangelisierung zu formen. Ob ihre Zahl groß oder klein ist, ihre Sendung als Getaufte hat schon zu diesem Zeitpunkt eine besondere Bedeutung. Durch Annahme der Frohbotschaft wird sie nun aufgerufen, sie ihrerseits – vor allem durch das Zeugnis in ihrem Leben – zu verkünden. Innerhalb der menschlichen Gemeinschaft, in der sich ihr Leben vollzieht, müssen sie ihre Fähigkeit unter Beweis stellen, ihre Lebens- und Schicksalsgemeinschaft mit den anderen und ihre Solidarität beim ge-

meinsamen Suchen nach allem, was edel und gut ist, zu verstehen und anzunehmen. Damit bezeugen sie auf einfache und spontane Weise ihren Glauben an Jesus Christus – durch die oft unauffällige, aber doch tiefreichende Verkündigung des Evangeliums.
Das Jahr der Jahrhundertfeier hat unter anderem das Ziel, an alle Christen von Mali einen Aufruf zur Erneuerung ihrer Bekehrung zu richten, um Christus besser nachzufolgen. Ladet sie ein, das Wesentliche des Glaubens und der Bruderliebe in ihrem Innern neu aufleben zu lassen. Bald werden wir in der Liturgie der Karwoche wieder die Worte des heiligen Johannes hören: „Es war vor dem Paschafest. Jesus wußte, daß seine Stunde gekommen war, um aus dieser Welt zum Vater hinüberzugehen. Da er die Seinen, die in der Welt waren, liebte, erwies er ihnen seine Liebe bis zur Vollendung“ (*Joh* 13,1). Diese Worte legen uns die Grundausrichtung unseres Lebens nahe. Auch wir sind in der Nachfolge Christi aufgerufen, „aus dieser Welt zum Vater hinüberzugehen“, indem wir gemeinsam sozusagen eine riesige Karawane bilden, und wir sind ebenso aufgerufen, unsere Brüder bis zur Vollendung zu lieben.
Möchten die kirchlichen Gemeinschaften von Mali ein Beispiel von Herzlichkeit und Brüderlichkeit sein in Übereinstimmung mit dem wahrsten Streben des afrikanischen Menschen!

5. Es freut mich, daß bei euch im ganzen eine Atmosphäre des gegenseitigen Verstehens herrscht zwischen den katholischen und den muslimischen Gemeinschaften von Mali, die traditionell tolerant sind.
Ein wichtiger Aspekt der Lage der Kirche in Mali besteht tatsächlich in der Aufgabe, den islamisch-christlichen Dialog aufzunehmen, der sich immer konstruktiver entfalten soll. Ihr führt ihn besonders, indem ihr eine beträchtliche Anzahl junger Muslime in die Gruppen der katholischen Aktion und die Gemeinschaften der gläubigen Studenten aufnehmt.
Ich möchte euch auf diesem schwierigen Weg des Dialogs ermuntern, der gut ausgewogene christliche Überzeugungen braucht. Mehr denn je ist zu wünschen, daß die Katholiken an einer ständigen Katechese teilnehmen und in der Kirche eine gründliche Lektüre des Wortes Gottes pflegen. Ihr Glaube muß auch mit ihrem Leben übereinstimmen, so daß ihr irdisches Tun vom Licht des Evangeliums erhellt wird. Die Väter der Synode haben im vergangenen Jahr den Wunsch ausgesprochen, daß die integrale Bildung aller Gläubigen, Laien, Ordensleute und Kleriker in der gegenwärtigen Zeit Priorität in der Pastoral haben müsse. Die Jahrhundertfeiern der Evangelisierung bieten euch eine Gelegenheit, diese Weisungen in die Praxis umzusetzen.

6. Mit all euren Landsleuten nehmt ihr auch brüderlichen Anteil an den Unternehmungen der Entwicklung des Landes und bietet euren selbstlosen Dienst an. Ihr seid engagiert im großen Kampf gegen den Hunger, die Unterernährung und das Analphabetentum. Ihr beteiligt euch an den Initiativen, um das Übel des Vordringens der Wüste aufzuhalten und gegen die Trockenheit anzukämpfen. Ich möchte hier die Qualität der geleisteten Arbeit unterstreichen und euch zur Weiterführung all dieser sozialen Werke ermuntern. Ich vertraue euch zugleich die Aufgabe an, die Priester, Ordensleute und en-

gagierten Laien, die an diesen Hilfswerken teilnehmen, wissen zu lassen, wie sehr der Papst ihr Zeugnis für die christliche Liebe und ihre konkreten Taten zur Unterstützung der Brüder schätzt. Möge ihre Solidarität im Licht des Glaubens sich selbst übersteigen und die Maßstäbe des Ungeschuldeten, des Verzeihens und der Versöhnung annehmen, um so irgendwie ein „Weg zum Frieden und zugleich zur Entwicklung“ zu werden, wie ich es in der jüngsten Enzyklika *Sollicitudo rei socialis*, Nr. 39, vorgeschlagen habe.

7. Ich ermuntere euch auch in der Weiterführung eurer Bemühungen zugunsten der Förderung der Frau durch die dafür schon bestehenden Zentren.
Die Kirche von heute möchte wie die Urkirche der Frau zur Seite stehen, zumal dort, wo sie eine passive Stellung übernimmt, statt aktiv und verantwortlich zu sein. In Mali steht uns – wie in zahlreichen anderen Ländern – gewiß noch ein langer Weg bevor, um die Beteiligung der Frauen auf den verschiedenen Ebenen des sozialen Lebens nicht nur anzuerkennen, sondern sie zur Entfaltung zu bringen und zu schätzen.

8. Mit großer Zufriedenheit stellte ich fest, daß seit eurem letzten Ad-limina-Besuch besonders im Bereich der Pastoral für die Berufungen viel geschehen ist und die Zahl der Kandidaten für das Priestertum und das Ordensleben ständig zunimmt. Ich freue mich, daß im Rahmen der großen nationalen Feier, die in Bamako vom kommenden 13. bis 20. November stattfinden wird, auch fünf Priesterweihen vorgesehen sind. Ermutigt doch die Weihekandidaten in meinem Namen, und laßt sie wissen, daß der Papst ihrer in seinem Gebet gedenkt.
Ich bete mit euch vereint – weiterhin für die ständige Zunahme der Arbeiter für das Evangelium; denn einerseits ist das Bedürfnis in eurem Lande unermeßlich groß, und andererseits muß man an die Ablösung der betagten Priester und Ordensleute denken. Viele sind von weit hergekommen, um am Missionswerk mitzuhelfen. Ich spreche ihnen die Anerkennung der Kirche aus für die Hingabe ihres Lebens am Dienst der Gemeinschaft.

9. Abschließend möchte ich euch persönlich und eurem gläubigen Volk meine Wünsche aussprechen für die Erneuerung des Glaubens zum Anlaß der Hundertjahrfeier. Ich rufe die Hilfe des Heiligen Geistes vor allem auf all jene herab, die die verschiedenen Bemühungen um die Erneuerung des Engagements der Getauften in der Nachfolge Christi anregen und zum wahren Ablegen des Zeugnisses für die Botschaft des Evangeliums im eigenen Leben ermuntern.
Ich vertraue Unserer Lieben Frau von Mali meine Wünsche für euch an. Möge sie euch alle, Hirten und Gläubige, zu ihrem Sohn Jesus hinführen und euch den missionarischen Eifer vermitteln, den sie niemals denen versagt, die sie darum bitten.
Aus tiefstem Herzen segne ich euch und alle Gläubigen von Mali.

Förderung der Priesterausbildung und -berufung

Ansprache an die Bischöfe von Mexiko bei ihrem Ad-limina-Besuch am 26. September

Liebe Brüder im Bischofsamt!

1. Diese gemeinschaftliche Begegnung mit der ersten Gruppe von Hirten der Kirche in Mexiko bei Gelegenheit eures Ad-limina-Besuches im Jahre 1988 ist für mich eine große Freude. Ich möchte sie mit den Worten des hl. Apostels Paulus aussprechen: „Ich danke Gott jederzeit euretwegen für die Gnade Gottes, die euch in Christus Jesus geschenkt wurde, daß ihr in allem reich geworden seid in ihm, an aller Rede und aller Erkenntnis" (*1 Kor* 1,4–5).
Von ganzem Herzen danke ich für die Worte, die Erzbischof Sergio Obeso Rivera als Präsident der Bischofskonferenz im Namen aller Anwesenden und zugleich als Sprecher eurer diözesanen Mitarbeiter und eurer Gläubigen an mich gerichtet hat.
Ihr wißt gut, daß diese Begegnungen vor allem eine tiefe theologische Bedeutung haben, weil dabei die Einheit des Episkopates und seine Gemeinschaft mit dem Apostolischen Stuhl hervortritt. In diesem Sinn nehme ich mit Genugtuung die liebe Pflicht auf mich, meine Brüder im Glauben zu bestärken (vgl. *Lk* 22,32) und mit ihnen ihre Freuden und Sorgen, Erfolge und Schwierigkeiten zu teilen.
Beginnen möchte ich mit dem Ausdruck meiner lebhaften Wertschätzung für euren entschiedenen Willen, die Einheit innerhalb eurer Bischofskonferenz und der Kirche im allgemeinen aufrechtzuerhalten und zu verstärken. Der Apostolische Stuhl kennt den brüderlichen Zusammenhalt, der die Hirten der Kirche von Mexiko kennzeichnet, und ihr seid euch der Wichtigkeit dieses Zeugnisses bewußt, das zweifellos die eurer Sorge anvertrauten Gemeinschaften in hohem Maße erbaut.
Die Worte des Meisters, „alle sollen eins sein" (*Joh* 17,21) müssen im ganzen Volk Gottes ein ständiges Anliegen bilden und sie sind zugleich eine Garantie für eure apostolische Wirksamkeit. Um diese Einheit und innere Gemeinschaft aufrecht zu erhalten und zu verstärken, müssen wir sie ferner notwendig mit tiefen und übernatürlichen Motiven begründen, die das bessere Verständnis unter allen, den ständigen Dialog, den Dienstcharakter eines jeden kirchlichen Amtes und den verantwortlichen Gehorsam erleichtern. Wir dürfen nicht vergessen, daß die Einheit der Kirche um ihre rechtmäßigen Hirten auch ein wertvoller Beitrag für die bürgerliche Gemeinschaft und für das Aufblühen solidarischer Initiativen für das Gemeinwohl ist.
Nicht leicht verblassen die Erinnerungen an meine apostolische Reise, die ich eurem Land gleich zu Beginn der Übernahme meines universalen Pontifikates im Januar 1979 abgestattet habe, bei der ich zu meiner Genugtuung an der Eröffnung der III. Generalversammlung der Bischöfe Lateinamerikas in Puebla des los Angeles teilnehmen konnte.
Damals konnte ich unmittelbar erleben, wie reich die Religiosität eures Volkes ist, die zugleich mit der Aufrichtigkeit der mexikanischen Seele eine seit Jahrhunderten ererbte und mit der Gnade des Herrn eifrig gepflegte Tiefe aufweist. Ich fand das bei den mexika-

nischen Gruppen, die nach Rom kamen und an Audienzen und Feierlichkeiten teilnahmen, häufig bestätigt.

2. Mit diesem gemeinsamen Treffen geht euer Ad-limina-Besuch zu Ende. Bei unseren Einzelgesprächen konnten wir uns mit dem Leben einer jeden eurer Einzelkirchen beschäftigen; doch diese Begegnung mit der ganzen Gruppe gestattet uns nun die Betrachtung einiger Fragen von größerer Bedeutung in der derzeitigen Lage der Kirche in Mexiko, im Zusammenhang mit dem aktuellen Bild der Kirche in der ganzen Welt.
Es ist hier nicht angebracht, jede einzelne Frage, die euch als Hirten mit besonderer Sorge bedrängt, eingehender zu untersuchen. Ich weiß ja, daß ihr in euren Bischofsversammlungen solche Studien mit Weisheit, Eifer und Klugheit anstellt, wie z. B. kürzlich im April in Toluca. Es geht also bei der jetzigen Begegnung und bei denen mit den übrigen Gruppen des mexikanischen Episkopates darum, die wichtigeren Themen für das kirchliche Leben in Mexiko zu behandeln, unter Berücksichtigung der von euch gemeinsam verfaßten Dokumente und der Problematik, die bei eurem vorherigen Ad-limina-Besuch sowie in den unvergeßlichen Begegnungen mit verschiedenen Gruppen des Volkes Gottes bei meiner apostolischen Reise in euer Land zum Ausdruck kam.
Tatsächlich hat euch eure Präsenz in Rom Gelegenheit zu einer aufrichtigen Prüfung und grundlegenden Planung eures pastoralen Wirkens geboten, wie es kürzlich das „Direktorium für Ad-limina-Besuche hervorgehoben hat, das von der Kongregation für die Bischöfe herausgegeben wurde.

3. In der großen Feier der Seligsprechung gestern hatte ich die Freude, Pater Miguel Agustín Pro zur Ehre der Altäre zu erheben. Neben dem hl. Felipe de Jesús reiht er sich in die Schar der Märtyrer des Glaubens ein. Diese beiden priesterlichen Vorbilder veranlassen mich, heute einige Gedanken über den priesterlichen Dienst mit euch auszutauschen.
Aus euren Fünfjahresberichten und direkt aus euren Äußerungen habe ich etwas entnehmen können, was mein Herz als Hirte mit Freude erfüllt: die Zunahme der Priesterberufe in Mexiko. Ich beglückwünsche euch zu diesem Ansteigen der positiven Antworten auf den Ruf des Herrn zum Priestertum bei der katholischen Jugend Mexikos, und ich danke euch für den wichtigen Anteil, den ihr als Bischöfe an diesem Wachstum habt. Wir müssen dem Herrn auch weiterhin für das Ansteigen der Berufungen von Laien zum gottgeweihten Leben und für apostolische Berufungen danken. Sie sind ein wesentlicher Teil der Kirche und ihr wißt gut, wie sehr uns dieses Reifwerden der Laien in ihrer Beteiligung an der Evangelisierung freut.
Gerade wenn wir über die unmittelbaren Ursachen für dieses Anwachsen der Priesterberufe nachdenken, dürfen wir eine sehr wichtige nicht vergessen, nämlich das Wirken der apostolischen Bewegungen. In ihnen haben zahlreiche Jugendliche den göttlichen Ruf konkret verspürt in einer Umwelt, die hochherzigen Eifer und intensives apostolisches Wirken anregt.
Heute lade ich alle zur Förderung der Priesterberufe als prioritäre Aufgabe ein. Sie ist zugleich ein Zeichen der Dankbarkeit für unsere Sendung, die wir als Hirten empfangen haben.

Ihr wißt gut, daß diese Förderung in der Familie beginnen muß, in einer christlichen Atmosphäre, in der die Form der hochherzigen Hingabe im priesterlichen Dienst für die Kirche normal ist. In den Pfarreien müßten durch die intensive Pflege des liturgischen, des gemeinsamen und des persönlichen Gebets Geist und Herz der Kinder und Jugendlichen sich öffnen für den Herrn, der sie ruft, und seine Vorsehung. In den Schulen müßten christliche Lehrer ihre Schüler zur Entscheidung für die volle Hingabe ihres Lebens im Priestertum hinführen. In den kirchlichen Bewegungen, die in Mexiko in den letzten Jahren ein so großes Gewicht bekommen haben und einen großen Reichtum für die Kirche darstellen, müßte es ähnlich sein.

Wenn ihr so als Hirten der Kirche eure besten Kräfte einsetzt und unter den Berufungen eine sorgfältige Auswahl trefft, dürften wir der Vorsehung zutrauen, daß sie uns alle mit einer Vermehrung der Priesterberufe belohnt und als Folge davon das christliche Leben aufblühen läßt. Dafür setzen sich die Einzelkirchen von Mexiko ja ernsthaft und hochherzig ein.

4. Doch würde die intensive Förderung der Priesterberufe nichts nützen, wenn wir nicht zugleich aus ganzem Herzen die Seminarien fördern. Sie müssen gleichsam euer Augapfel sein. Das Seminar ist in Wahrheit der Angelpunkt für die Zukunft der Diözese. Ich weiß sehr gut, daß ihr in dieser Hinsicht ernsthaft engagiert seid, und das läßt uns mit Hoffnung in die Zukunft blicken, denn diese Ausbildungszentren bilden die Schmiede und Schule, aus der sich die Kirche in Mexiko die notwendigen priesterlichen Kräfte erhoffen darf, ohne die jede apostolische Hoffnung ins Leere ginge.

Verfolgt liebevoll den Weg der Seminarien, damit die Schar der Berufungen oder Alumnen entsprechend betreut wird, sei es in den eigenen Diözesanseminarien, die so viel Leben und Freude in die jeweilige Diözese hinein ausstrahlen, sei es, wenn dies wegen der geringen Zahl der Alumnen oder ihrer Lehrer nicht möglich ist, in den interdiözesanen oder regionalen Seminarien, oder an den Seminarien für Alumnen an kirchlichen Universitäten.

Betrachtet das Seminar als einen Bereich, der dem Bischof als dem Hirten am meisten am Herzen liegt, widmet ihm eure besten Kräfte, und schenkt ihm hochherzig eure Zeit. Stellt für das Seminar die für diese wichtige Aufgabe am besten vorbereiteten Priester zur Verfügung und verlaßt euch darauf, daß der Herr jedes Samenkorn und jedes Bemühen hundertfältig belohnt.

Natürlich wißt ihr alle darum, daß das Problem der Seminarien weit über die zahlenmäßige Vermehrung der Kandidaten hinausreicht. Tatsächlich bildet ein zentrales Element jeder Berufungspastoral die gediegene Ausbildung und passende Begleitung der zum Priestertum Berufenen. Daher muß die sorgfältige Auswahl der Berufungen immer von einer entsprechenden Vorbereitung und der Pflege der Beharrlichkeit begleitet sein.

Die Seminaristen müssen theoretisch und praktisch so herangebildet werden, daß ihr christliches Leben auf allen Ebenen aufblühen kann, wie es das II. Vatikanische Konzil und der Heilige Stuhl nachdrücklich empfehlen. Daher verdienen die von der Kongregation für das katholische Bildungswesen veröffentlichten Dokumente zur Ausbildung der Priesteramtskandidaten eure besondere Aufmerksamkeit.

5. Der Priester muß ein Mann des Gebetes sein. Er ist der Liturge, der die Gemeinde anführt, Gott den Kult der ganzen Kirche dazubringen. Daher müssen die Kandidaten sich schon vom Seminar an ihrer besonderen Sendung klar bewußt werden, damit sie später Abweichungen vermeiden, die dem Evangelium nicht entsprechen, sich auf rein menschliche Prinzipien gründen und lediglich irdische Ziele im Auge haben.
Die Ausbildung der Priesteramtskandidaten darf nicht ohne eine gediegene Ekklesiologie erfolgen. Sie muß sich auf die Person Christi stützen, wie sie in den Evangelien dargestellt wird, damit zweifelhafte Meinungen, die Verwirrung und Ratlosigkeit stiften, vermieden werden. Die Ausbildung muß ferner bemüht sein, ausgeglichene menschliche Persönlichkeiten heranzubilden, aufgeschlossen für die pastoralen Bedürfnisse der heutigen Zeit und mit einer spirituellen, moralischen und intellektuellen Grundlage, die sie zu hochherziger Hingabe an Gott und die Seelen führt.
Trefft Vorsorge, daß das, was durch die nachhaltigen Bemühungen um eine entsprechende Vorbereitung der Kandidaten in den Seminarien erreicht wurde, später nicht durch Nachlässigkeit wieder verlorengeht. Wacht mit großer Sorgfalt über die Beharrlichkeit derer, die ihre gänzliche Weihe an Gott bereits leben. Bleibt euren Priestern mit eurer Sorge und eurem Vertrauen nahe und erweist ihnen väterliche Liebe, auf daß sie mit ihrer fortschreitenden Einfügung in das Apostolat immer mehr eure treuen Mitarbeiter werden. Zögert nicht, dafür eure Zeit und eure besten Kräfte einzusetzen. Seid vor allem ihre Freunde und Helfer in ihren geistlichen und materiellen Bedürfnissen und sorgt dafür, daß euer Wort und euer leuchtendes Beispiel für sie eine wertvolle Hilfe werden, damit ihnen die Identität ihrer Erwählung klar bewußt bleibt.
In dieser Richtung des pastoralen Wirkens möchte ich euch ferner zur Förderung der Berufungen zum gottgeweihten Leben ermuntern. Die Summe der Energien der verschiedenen Orden, Kongregationen und Institute in eurem Land stellt eine lebenswichtige apostolische Kraft dar. Unterstützt in einer einheitlichen Sicht der Diözesen und des ganzen Landes die Initiativen zugunsten der Ordensberufe und der Gottgeweihten in der Welt, und seid gewiß, daß dies sich im christlichen Leben der Einzelkirchen, denen ihr als Hirten vorsteht, überreich auswirken wird.

6. Wenn ich euch, liebe Brüder, heute daran erinnert habe, wie dringend notwendig die Berufungen zum Priestertum und zum gottgeweihten Leben als Schlüsselpunkt der Diözesanseelsorge sind, so tat ich es deswegen, weil sie zu den großen Gaben gehören, die der Herr der Kirche in Mexiko in letzter Zeit geschenkt hat. Dieser Gnade muß die Zusammenarbeit aller entsprechen, damit feste Grundlagen für eine echte Erneuerung in euren Diözesangemeinschaften gelegt werden. Es ist tröstlich festzustellen, daß die Kirche in Mexiko mit einer Schar von Priestern, Ordensmännern, Ordensfrauen und anderen gottgeweihten Personen rechnen kann – ohne die im Apostolat mitarbeitenden Laien zu vergessen – die die Bischöfe mit hoffnungsfrohem Realismus in die Zukunft blicken läßt.
Zahlreiche seelsorgliche Probleme machen euch Sorge. Welchen Aspekt des persönlichen und sozialen menschlichen Lebens wir heute auch betrachten, überall finden wir Bereiche, die nachdrücklich die Aufmerksamkeit des Hirten verlangen: die Kinder, de-

nen eine erste christliche Schulung vermittelt werden muß; die Jugend mit ihrem Verlangen nach wirksamer und doch zurückhaltender Hilfe für ihre Pläne, und die dringend der christlichen Vorbereitung bedarf um im Leben weiterzukommen und sich entschieden zu ihren Glaubensentscheidungen zu bekennen; die christlichen Familien, brauchen Aufmerksamkeit, um Probleme lösen zu können, die unsere Zeit kennzeichnen: Probleme der öffentlichen Moral, der Drogen, der äußersten Armut und der Arbeitslosigkeit. Daher nehme ich unsere heutige Begegnung zum Anlaß und rufe alle Katholiken und jeden einzelnen in Mexiko auf, euren pastoralen Weisungen entschieden und hochherzig zu folgen. Als Nachfolger des Petrus möchte ich alle zu einem gut überlegten apostolischen Bemühen auffordern, das folgerichtig, anspruchsvoll und hochwertig ist. Ihr wißt, daß das Wirken der Kirche in eurem Land Disziplin und Zusammenarbeit verlangt, Gelehrigkeit gegenüber dem Geist und großes Vertrauen auf Gott, unseren Vater.

7. Zum Abschluß möchte ich euch bitten, allen Mitgliedern eurer diözesanen Kirchen meine herzlichen Grüße auszurichten: den Priestern, den Ordensmännern und Ordensfrauen, den Diakonen und Seminaristen, den im Apostolat engagierten Christen, den Jugendlichen und den Familien, den Alten und Kranken und allen, die zu leiden haben. Sagt vor allem den Priestern, den Seminaristen und allen Gottgeweihten, daß der Papst ihnen für ihre Arbeit im Dienst des Herrn und für die Sache des Evangeliums dankt, sich auf sie verläßt und mit ihrer Treue rechnet.
Euch aber, den Bischöfen von Mexiko, danke ich im Namen des Herrn für eure Hirtensorge an der Kirche Gottes. In eurer hochherzigen Hingabe an das Evangelium dürft ihr mit dem Segen und der Fürbitte der Mutter Gottes rechnen. Ich bitte heute Unsere Liebe Frau von Guadalupe, daß sie als die „erste Missionarin Mexikos und Amerikas“ die Hirten von Mexiko mit ihrer mütterlichen Liebe begleite in dieser historischen Stunde, da wir uns schon zur Feier des fünften Jahrhunderts seit der Ankunft des Evangeliums in der neuen Welt anschicken. Mit ihr zusammen seien auch der hl. Felipe von Jesus und der selige Miguel Agustín Pro Juarez euer Fürbitter beim Vater im Himmel.
Ich begleite euch bei euren Aufgaben mit meinem Gebet und meiner apostolischen Sorge und erteile euch meinen Segen, den ich auf alle geliebten Söhne und Töchter Mexikos ausdehne, an die ich mich mit großer Zuneigung erinnere.

Eigene kulturelle und politische Identität erlangen

Ansprache an die Bischöfe aus Mosambik anläßlich ihres Ad-limina-Besuches am 15. April

1. Seid herzlich willkommen zu dieser Begegnung, die für mich ein Augenblick großer Freude in Christus, unserem Osterlamm, ist. Ich danke für die aufmerksamen Worte, die der Vorsitzende eurer Bischofskonferenz von Mosambik an mich gerichtet hat; damit brachte er das Empfinden aller zum Ausdruck, der christlichen Gemeinden, die eurer

Seelsorge anvertraut sind, und in mancher Hinsicht das der ganzen Bevölkerung von Mosambik.
Diese eure alle fünf Jahre stattfindende Wallfahrt – wie auch die aller anderen Bischöfe der Welt – zu den Stätten, an denen sich die Spuren der Anwesenheit und des Blutes der Apostel finden, gibt Zeugnis von eurer Einheit mit der Kirche von Rom im ganzen mystischen Leib Christi und von eurer Gemeinschaft mit dem Nachfolger des Petrus. Ich danke euch sehr! Aber diese Pilgerfahrt ist auch ein einzigartiger Augenblick, um das Interesse und die brüderliche Zuneigung der ganzen Gemeinschaft der Katholiken für den Teil der einen Herde des Herrn – das neue Volk Gottes auf seiner Pilgerschaft – zu beleben, das in Mosambik inmitten von Versuchungen und Not die Stärkung der von Gott zugesagten Gnade erfährt, damit auch da die Kirche „würdige Braut ihres Herrn bleibe“ (vgl. *Lumen gentium*, Nr. 8).

2. Ihr seid nach Rom gekommen, um auch mit den unmittelbaren Mitarbeitern des Bischofs von Rom in den verschiedenen Behörden des Hl. Stuhls zu sprechen; dadurch kommen geradezu greifbar die tiefen Bande zum Ausdruck, die uns alle vereinen – ungeachtet der geografischen und kulturellen Unterschiede. Diese Einheit wurzelt genau im Ostergeheimnis, das wir in dieser Zeit begehen: das Geheimnis des Todes und der Auferstehung des Herrn. Dadurch wurde das Volk des Messias erlöst, das auf dem Weg ist hin zu der zukünftigen und bleibenden Stadt (vgl. *Hebr* 13,14); und als Kirche begann dieses Volk „für das ganze Menschengeschlecht die unzerstörbare Keimzelle der Einheit, der Hoffnung und des Heils“ (*Lumen gentium*, Nr. 9) zu sein in seiner Sendung, das Reich Gottes, das die Zeiten und Grenzen übersteigt, in die Geschichte der Menschen eindringen und in ihr errichten zu lassen.
Es ist bekannt und wurde mir von euch bestätigt, daß es in der Kirche in Mosambik – ungeachtet des Lichtes der österlichen Hoffnung – noch Zeichen von Leid gibt. Nun opfern wir all dies auf verbunden mit dem eucharistischen Opfer, das wir in Konzelebration feiern, dem Höhepunkt von Begegnung und Gemeinschaft bei eurem Besuch „ad limina Apostolorum“. Das Zeugnis, das ihr ablegt und das ihr von den geliebten christlichen Gemeinden in Mosambik überbringt, weiß ich umso mehr zu würdigen, als wir alle wissen, daß diese Gemeinden arm sind und praktisch in jeder Hinsicht der Hilfe bedürfen. Trotzdem wußten sie „sich durch das Wirken des Heiligen Geistes zu erneuern“, dank der dauerhaften Großzügigkeit ihrer lebendigen Kräfte, um ihr Wesen als Zeichen des Absoluten, Zeichen Gottes zu wahren.

3. Dieses Jahr ist für euch ein Jahr neuer Hoffnung, das schon begonnen hat, eure seelsorgerische Tätigkeit zu prägen und anzuregen: es ist das Jahr, in dem der Nachfolger des Petrus eurer Nation einen Pastoralbesuch abstattet. Ich gestehe, daß auch ich meinerseits gleiche Empfindungen und Erwartungen hege; ich bete zu Gott, daß unsere Wünsche Wirklichkeit werden – zum Wohl und zur Freude aller Mosambikaner, der Kirche und der Menschheitsfamilie. In ihr wächst in der Tat die Überzeugung von einer „radikalen tiefen Interdependenz“ und der Unumgänglichkeit einer Solidarität ohne Grenzen, die sie als ethischen Imperativ annimmt (vgl. Enzyklika *Sollicitudo rei socialis*, Nr. 26).

4. Jeder von euch, liebe Brüder, überbringt das, was eine Ortskirche empfindet und lebt: die Tröstungen des Herrn, die Freuden und Hoffnungen ebenso wie die Betrübnisse und Ängste der Menschen, die diese Ortskirche bilden. Und zugleich zeigtet ihr euch als Vertreter der Kollegialität der Bischöfe vor Ort voll tiefen Vertrauens in den, der uns die Kraft gibt und der seiner Zusage treu ist, die er uns gab: „Ich bin bei euch alle Tage bis zum Ende der Welt" (*Mt* 28,20).

Zur gleichen Zeit jedoch zeigt ihr euch in euren Berichten, die ihr für diesen Besuch sorgfältig vorbereitet habt, besorgt über den allgemeinen Verlust der geistig-geistlichen und sittlichen Werte in eurer Heimat; das ist eine Folge der abrupten Einführung tiefgreifender Veränderungen in der Gesellschaft und der allgemeinen Unsicherheit; ein Verlust, dem unverzüglich nichts entgegengesetzt werden kann aus Mangel an Möglichkeiten, Mitteln und Menschen, die unentbehrlich sind zum Schutz und zur Förderung dieser Werte in der Wertschätzung der Allgemeinheit durch die Tätigkeit in Seelsorge und Erziehungswesen sowie den Beitrag zu einer geordneten Entwicklung.

Unter den vielfältigen Erscheinungsformen dieser Krise erwähnt ihr: den Verlust des Empfindens für den hohen und heiligen Wert des menschlichen Lebens; in Verbindung damit tritt eine Mentalität von Gewalt und Unbehagen zutage, die sich in Familie, Schule, Arbeitsleben und Alltag auswirkt; das hat negative Konsequenzen vor allem für die jungen Menschen, die sich ratlos, ziellos und verwirrt Fragen stellen; oder sie „steigen aus", aus den realen Umständen und aus der Perspektive der Zukunft und verzichten auf den großmütigen Einsatz, einen eigenen Lebensplan abzustecken und zu entwerfen in den Koordinaten des Guten und der Wahrheit.

In dieser Lage, die sich euch in eurer pastoralen Sorge darbietet sowie der universalen Kirche in ihrem Empfinden, „laßt uns an dem unwandelbaren Bekenntnis der Hoffnung festhalten ... Laßt uns aufeinander achten und uns zur Liebe ... anspornen" (*Hebr* 10,23.24); unser Herz beunruhige sich nicht und verzage nicht (vgl. *Joh* 14,27).

5. Weil ich Anteil nehme an euren Sorgen als Hirten, als Diener Gottes im Gebet und Diener seiner Rechte in der Wachsamkeit über die Herde, als Verkündiger Jesu Christi und seiner Botschaft, als Förderer geistig-geistlicher und sittlicher Werte, als besorgte Väter und Erzieher im Glauben, zugleich als Brüder, die jeden Menschen aufnehmen, möchte ich zusammen mit euch analysieren, reflektieren und beten im Hinblick auf die fernen und nahen Ursachen dieser Lage, die mehr oder weniger feststellbaren und die, die mehr oder weniger zu beheben sind.

Am offenkundigsten ist die Konfliktsituation, die seit langem euer Vaterland überwältigt mit Tod, Verzweiflung, Dürre, Armut, Hunger und Krankheit in ihrem Gefolge, die sich mit endemischen Leiden verbinden, die noch nicht vollständig besiegt sind; es sind außerdem Bedingungen gegeben, die die Versuche und Bemühungen guten Willens, den Notleidenden zu Hilfe zu kommen, unwirksam machen. Ich möchte jene Bitte zu meiner eigenen machen, die ihr so oft ausgesprochen habt: daß man sich um den Frieden bemüht, ihn fördert, hegt und pflegt mit allen nur möglichen Mitteln.

Vor allem denke ich an das Wohl der Menschen in Mosambik und möchte daher hier daran erinnern, daß der wahre Frieden und die kollektive Sicherheit – unentbehrlich für die

Entwicklung eines Volkes – nicht zu trennen sind von der Gerechtigkeit, der richtig verstandenen Freiheit und der Wahrheit (vgl. *Ansprache an das Diplomatische Korps* vom 13.1.1988), um den Einklang von Bemühungen zu garantieren, um die Grundlagen für die Entwicklung des ganzen Menschen und aller Menschen zu legen.
Und dieser Wunsch, ebenso aufrichtig wie respektvoll, weitet sich zu jenem Appell, der in der Enzyklika *Sollicitudo rei socialis* an die ganze Welt gerichtet formuliert ist: „Die eben erst unabhängig gewordenen Länder, die für ihre Anstrengungen, eine eigene kulturelle und politische Identität zu erlangen, den wirksamen und selbstlosen Beitrag der reicheren und entwickelteren Länder nötig hätten, sehen sich in ideologische Konflikte hineingezogen – und manchmal sogar von ihnen überwältigt –, die im Innern des Landes unvermeidliche Spaltungen erzeugen" ...; so machen sie es unmöglich, „das Recht jedes Volkes auf seine Identität, auf seine Unabhängigkeit und Sicherheit sowie, auf der Grundlage von Gleichheit und Solidarität, das Recht zur Nutzung der Güter, die für alle Menschen bestimmt sind", zu verwirklichen (Nr. 21).

6. In diesem Zusammenhang von Solidarität ohne Grenzen bin ich mit meinen Gedanken und im Gebet bei den Tausenden und Abertausenden Obdachlosen und Flüchtlingen, auf die sich eure pastorale Sorge und Liebe richten. Ich möchte euch in euren hochherzigen Bemühungen, an denen ihr es nicht fehlen laßt, um „allen alles zu sein", ermutigen wie ich es bei anderen Gelegenheiten getan habe, namentlich beim Besuch von Herrn Kardinal Roger Etchegaray in eurem Land; bei dieser Gelegenheit möchte ich dazu aufrufen, daß die internationale Gemeinschaft ihre Aufmerksamheit auf die Probleme richte, die in diesem Bereich offen zutage liegen, und für diese unsere Brüder die humanitäre Hilfe leiste, die möglich ist. Ihr Leiden ist Zeichen, wenn nicht Ursache, der Ungleichgewichte in der menschlichen Familie, die für alle Fragen aufwerfen mit Forderungen ethischer Natur (vgl. *ebd.*, Nr. 19). In der Tat, es gibt Gründe, Fragen zu stellen, wenn es einerseits schwierig oder sogar unmöglich ist, dringende Hilfe zu organisieren und an Ort und Stelle zu bringen – dringendst benötigte Güter – und Hilfsprogramme aufzulegen für das Gesundheits- und Erziehungswesen, in sozialer und moralischer Hinsicht für so viele Brüder und Schwestern und man andererseits feststellt, daß der Handel und Vertrieb von Waffen alle Hindernisse überwindet und alle Grenzen überschreitet (*ebd.*, Nr. 24).

7. Ein anderer äußerst wichtiger Bereich, dem ihr euren ganzen apostolischen Eifer widmet, ist die Familie, die einzigartige Stätte der Pflege, des Schutzes und der Weitergabe von Werten; die Familie spielt eine einzigartige Rolle in der kulturellen Bildung. Mit euch nehme ich Teil am Glück und an den Sorgen, die die Familien in Mosambik in dieser Zeit durchmachen. Ich bitte Gott, daß der Respekt ohne Gleichgültigkeit, die natürliche Großzügigkeit und der Geist der Solidarität und des Verständnisses als traditionelle Werte – durch christliche Werte gestärkt – in Kürze der mosambikanischen Familie gestatten, sich selbst wiederzufinden sowie die heiligen unantastbaren Bande, auf denen sie beruht; die Umwelt schütze und hege sie als Institution, die die Menschen formt, aus denen die Nation besteht, – immer stärker erleuchtet von echten ethischen und geistigen Werten sowie vom Glauben an Gott.

In eurer guten Seelsorgetätigkeit, die sich im Sinne des Evangeliums um die Bedürftigsten und am meisten Benachteiligten kümmert, bemüht ihr euch – wie ich weiß – im Bereich der Familie auch darum, die Armen und ihre Personwürde zu verteidigen; ihr versäumt es nicht, an den Wunsch des Konzils zu erinnern, die christlichen Familien zu vielen „Hauskirchen" zu machen, gleichsam zum ersten „Seminar", in dem sie, die das Leben bereichern, dem Heilsplan Gottes begegnen können, der sie einschließt; sie begegnen der Liebe Christi, der sie fragt – heute wie gestern –: „Ihr aber, für wen haltet ihr mich?" (*Mt* 16,15). Eine solche Begegnung ist normalerweise gegeben in einer Atmosphäre von Glaube, Liebe und Gebet, die in der Familie herrscht.

8. Mit Genugtuung habe ich vermerkt, daß nach eurem vorigen Ad-limina-Besuch und besonders in letzter Zeit ein wachsendes Interesse der jungen Menschen für die Religion festzustellen ist. Dies ist ein Grund, dem Herrn zu danken und für die Zukunft zu hoffen; es ist ebenso auch ein günstiger Augenblick, der Sehnsucht der jungen Menschen nach Idealen Beachtung zu schenken, diese Sehnsucht zu verstehen und aufzunehmen; Ideale, die den Wunsch erfüllen, der sie beherrscht: frei zu sein ohne Zügellosigkeiten, nützlich ohne instrumentalisiert zu werden und Vorkämpfer in der Suche nach dem Gemeinwohl ohne Egoismus, im Einsatz für eine menschlichere, gerechtere und brüderlichere Gesellschaft, in der alle ihren Platz und ihre Stimme haben.
Ich weiß, daß ihr den lieben jungen Menschen in Mosambik – die Zukunft der Nation, nach der sie sich sehnen – behilflich sein wollt, die eigene Würde als Menschen zu pflegen und zu leben, gewissenhaft und verantwortungsvoll als Person, unter Beachtung der Hierarchie der Werte – vor allem in Respekt vor dem Wert des Lebens zu jedem Zeitpunkt und unter allen Umständen – und bemüht um die echte brüderliche Solidarität untereinander: „Ihr alle aber seid Brüder" (*Mt* 23,8).
Im Hinblick auf all dies muß man diesen lieben jungen Menschen helfen, den Reichtum der Frohen Botschaft von Jesus Christus zu entdecken. Hierbei wissen wir, daß man die Anerkennung der Menschenrechte, die im Geheimnis der Erlösung miteinbezogen sind, dadurch erlangt, daß man die Rechte Gottes anerkennt. Es ist angebracht, an dieser Stelle den Appell zu wiederholen, den ich mit der Botschaft zum Weltfriedenstag an die Welt gerichtet habe zugunsten des Rechtes auf Religionsfreiheit, das „der Maßstab aller anderen Grundrechte ist, insofern es den Menschen im Innersten betrifft". Eben deshalb habe ich in der erwähnten Botschaft geschrieben: „Die rechte gesellschaftliche Ordnung verlangt, daß alle – einzeln und in Gemeinschaft – die eigene religiöse Überzeugung in Achtung vor den anderen bekennen können" (*Sollicitudo rei socialis*, Nr. 1).

9. In dieser selben Reihenfolge der Ideen wäre es ohne Zweifel nützlich, die Geschichte der Evangelisierung in eurem Vaterland hier nachzuzeichnen; es wäre der geeignete Augenblick, den Missionaren die Ehre zu geben und eine Lagebeurteilung vorzunehmen: in welcher Phase befindet sich der Sauerteig der „Menge" im Hinblick auf den „Sauerteig" des Reiches und die Verwurzelung und das Wachstum des „Senfkorns" im „Erdreich" Mosambiks; es wäre schließlich ein Augenblick, die wirkliche Präsenz desselben Reiches in dieser Gegend des afrikanischen Kontinentes zu würdigen. Die Zeit erlaubt uns das nicht.

Die in den Berichten genannten Zahlen sind Grund zur Dankbarkeit gegen Gott; aber sie bringen uns die Stunde des Realismus des Meisters unaufhörlich zu Bewußtsein, als er bei zwei Gelegenheiten zu den „Seinen“ sagte: „Seht, daß die Felder reif sind, reif zur Ernte“ (*Joh* 4,35); und „Die Ernte ist groß, aber es gibt nur wenig Arbeiter. Bittet also den Herrn der Ernte, Arbeiter für seine Ernte auszusenden“ (*Lk* 10,2). Wir sehen, daß nahezu alle Oberhirten und einige aus dem Land stammende Priester, die dort beheimateten Ordensschwestern, die engagierten Katecheten, die Gemeindehelfer und Laien in den kirchlichen Bewegungen engagiert sind, um die weltlichen Tätigkeiten mit christlichem Geist zu beleben; ihr habt wirklich die große Aufgabe vor Augen, die Arbeiter für die ständige lebensnotwendige Erneuerung und Ausbreitung der schon evangelisierten Kirche zu werben. Ich teile eure Hoffnung und ermuntere euch in eurem Einsatz und möchte daher eure Wünsche zu meinen machen beziehungsweise zu denen der ganzen Kirche: daß ihr in Kürze mit neuen Missionaren rechnen könnt – Priestern, Ordensschwestern und Laien – durchdrungen von der unerläßlichen Sorge für die anderen Glieder des einen Leibes der verschiedenen Ortskirchen oder der Wirklichkeit der Kirche als Gemeinschaft, was von der Bischofssynode betont wurde, als sie den 20. Jahrestag der Eröffnung des Zweiten Vatikanischen Konzils beging.
Ich weiß indessen, daß ihr euch sehr bemüht, das „Haussilber“ zu verwenden und aufzuwerten; den Katecheten und Leitern der „Gemeinschaften“, die man wählt, um Ersatz für den Mangel an Priestern zu haben, vermittelt ihr mit großem Fleiß eine sorgfältige Bildung.
In diesen „Basisgemeinden“ haben sich die größere Verantwortung der Laien und die neuen Dienstämter als sehr nützlich erwiesen und viele positive Aspekte erkennen lassen. Indessen bleibt das Priesteramt unerläßlich. Deshalb muß man Offenheit zeigen und in dem Bemühen fortfahren, „seine“ Priester zu finden: unter den Menschen dieser „Gemeinden“; aber wie Christus und die Kirche sie will, bestellt für die Menschen in ihren Angelegenheiten bei Gott (vgl. *Hebr* 5,1).

10. Trotz der wenigen sucht ihr euch brüderlich mit den anderen den Initiativen zur Entwicklung in selbstlosem Dienen anzuschließen. Tief in mein Herz eingedrungen sind eure vertraulichen Mitteilungen über diese Beteiligung an der großen Schlacht gegen den Hunger, die Armut, die Krankheiten, die moralischen Leiden und den Analphabetismus; dieser Einsatz ist bisweilen sehr mühevoll geworden durch Unbilden oder Geißeln der Natur. Es ist mir ein willkommener Anlaß, hier mit euch die Verdienstlichkeit dieses Dienens für das Leben und die Qualität des Lebens hervorzuheben; und ich vertraue es euch an, allen, die sich bei dieser gegenseitigen brüderlichen Hilfe engagieren, die Wertschätzung des Papstes für ihr Zeugnis christlicher Liebe, das Opfer und die Großzügigkeit zu übermitteln, die in diesem Verhalten zum Ausdruck kommt.
Gebe Gott, daß diese Solidarität im Licht des Glaubens in ihrer unentgeltlichen, verzeihenden und versöhnenden Art immer mehr jeden, der diese „guten Werke“ sieht, mitreißt, Gott zu erkennen und zu verherrlichen sowie die Tugenden, die ein gedeihliches Zusammenleben begünstigen, zu leben; diese Solidarität möge die Einheit hervorbringen, um in gegenseitigem Geben und Nehmen eine neue Gesellschaft und eine bessere

Welt zu schaffen, in der der Friede, beruhend auf der Freiheit und der Gerechtigkeit, alle vereinige in einem vereinten Bemühen um echte menschliche Entwicklung.
Die anderen Punkte verschließe ich in mein Herz und bete für den guten Erfolg in dem, was ihr tut. Ich kann aufzählen:
- den Dialog mit allen, die an Gott glauben;
- die Rolle der entsagungsvollen Mitglieder der Ordens- und Säkularinstitute vor allem der Ordensschwestern: die Kontemplativen, die uns so sehr helfen; und derjenigen, die die Präsenz der Kirche sicherstellen im Bereich des Gesundheits- und Erziehungswesen sowie im Bereich sozialer Hilfe;
- die Sendung der Laien, um die Welt mehr in Übereinstimmung mit dem Plan des Schöpfers und mit der Würde des Menschen zu bringen;
- die Priesterausbildung und die ständige Formung des Klerus etc.

11. Ich danke euch, liebe Brüder, und mit euch dem Herrn für die hochherzige Hingabe als Hirten der Kirche in Mosambik. In eurer täglichen Seelsorgetätigkeit bin ich euch sehr nahe mit der Liebe in Christus und mit meinem Gebet. Zum Abschluß wiederhole ich: Laßt uns mit Festigkeit an unserer Hoffnung festhalten, einer auf den anderen achten, um uns zur Liebe anzuspornen, weil der treu ist, der uns das Versprechen gab: „Ich bin bei euch alle Tage“ (*Mt* 28,20).
Möge in diesem Marianischen Jahr die Selige Jungfrau Maria, „Unsere Hoffnung“ immer mehr „im Haus“ der Jünger ihres Sohnes in Mosambik sein – die Unsere Liebe Frau so sehr verehren – und für alle allzeit „Mutter der Barmherzigkeit“: die Mutter, die ihnen unter dem Kreuz geschenkt wurde.
In dieser österlichen Stimmung grüße ich in euch die Gemeinden eurer Diözesen und alle Mosambikaner mit den Worten des auferstandenen Gottes: „Der Friede sei mit euch!“ und erteile euch als Unterpfand der Gemeinschaft den Apostolischen Segen.

Die Wertschätzung der katholischen Lehre

Ansprache an die Bischöfe Neuseelands bei ihrem Ad-limina-Besuch am 9. April

Liebe Brüder im Bischofsamt!

1. Gern heiße ich euch hier bei Gelegenheit eures Ad-limina-Besuches willkommen. Er führt uns in dem von den Toten auferstandenen Christus in dieser frohen Zeit neuen Lebens zusammen. Durch euch möchte ich zugleich den ganzen Klerus, die Ordensleute und Laien grüßen, die gemeinsam mit ihren Bischöfen die verschiedenen Einzelkirchen Neuseelands bilden. Mit Freuden stelle ich die Präsenz von Bischof Max Mariu fest, dessen kürzliche Bischofsweihe eine besondere Quelle der Freude für das Volk der Maori in eurem Lande ist. Durch den Dienst, den er eben übernommen hat, möge das ganze katho-

lische Volk von Neuseeland noch vollkommener in der einen Familie des Glaubens, der Hoffnung und der Liebe geeint werden.
Ich möchte kurz über die kirchliche Bedeutung nachdenken, die dieser Ad-limina-Besuch für die Ortskirchen in eurem Land hat. Euer langer Aufenthalt in Rom, der das Andenken der hll. Apostel Petrus und Paulus ehren und ihre Fürbitte anrufen möchte, dient als Erinnerung daran: „Als Mitbrüder der Heiligen und Hausgenossen Gottes“ sind wir „auf das Fundament der Apostel und Propheten gebaut; der Schlußstein ist Jesus Christus selbst. Durch ihn wird der ganze Bau zusammengehalten und wächst zu einem heiligen Tempel im Herrn“ (*Eph* 2,19–21). Wir sind dem Herrn dankbar für dieses apostolische Fundament, in dem die hll. Petrus und Paulus einen so erhabenen Platz einnehmen. Wir danken Gott ferner für die Frohbotschaft vom Heil, die wir als Geschenk durch die heroische Predigt und das christliche Zeugnis derer empfangen haben, die uns im Glauben vorangegangen sind. Ich freue mich mit euch und mit den Gläubigen eurer Diözesen, gerade in diesem Jahr, da ihr das Andenken an den ersten Bischof von Neuseeland, Jean Baptiste Pompallier begeht, dessen Dienst als Nachfolger der Apostel vor 150 Jahren die Grundlage des vollen kirchlichen Lebens in eurem Land gelegt hat.
Die Bedeutung eures Ad-limina-Besuches liegt aber nicht nur in der Vergangenheit begründet. Ihr seid auch hier, um den Nachfolger des Petrus zu besuchen, um die Bande liebevoller Gemeinschaft zu festigen, die eure Kirchen an den binden, den das II. Vatikanische Konzil als „Hirten der ganzen Kirche“ (*Lumen gentium*, Nr. 22) sowie als „immerwährendes und sichtbares Prinzip und Fundament für die Einheit der Vielheit von Bischöfen und Gläubigen“ bezeichnet (*ebd.*, Nr. 23). Wenn ihr ihm getreu die Erfahrungen eures pastoralen Dienstes im Geist der Kollegialität vorlegt, dann wollt ihr diesen Dienst damit als echt erweisen (vgl. *Gal* 2,2). Er seinerseits möchte alle seine Brüder im Glauben stärken durch einen Dienst, der nicht nur äußerlich, sondern seinem inneren Wesen nach zu jeder Teilkirche gehört. In diesem von Christus gewollten Petrusdienst, der vom Heiligen Geist in der Kirche lebendig gehalten wird, ist der Nachfolger des Petrus aufgerufen, die Universalität der Kirche zu fördern, ihre berechtigte Verschiedenheit zu schützen, ihre katholische Einheit zu sichern, seine Brüder, die Bischöfe, in ihrem apostolischen Glauben und Dienst zu stärken und in der gesamten Versammlung der Liebe den Vorsitz zu führen (vgl. *ebd.* Nr. 13).
Die kirchliche Bedeutung eures Besuches liegt sodann in der hierarchischen Gemeinschaft, die, wie so viele geistliche Wirklichkeiten, den Gläubigen eine doppelte Aufgabe stellt: zunächst müssen sie ständig ihr eigenes Verständnis und ihre Wertschätzung der geistlichen Wirklichkeit vertiefen und dann in einer säkularisierten Welt dafür Zeugnis geben. In einer Zeit, in der die Menschen leicht die spirituelle Dimension des Lebens aus den Augen verlieren können, versucht die Kirche als eine Gemeinschaft des Glaubens in einer inneren Verbundenheit zu leben, die weit die politischen, wirtschaftlichen, völkischen und anderen weltlichen Beziehungen, die zum sozialen Leben gehören, übersteigt. Die Kirche ist zu jeder Zeit und überall bestrebt, all ihren Mitgliedern ein tiefes geistliches Verständnis von deren Leben und Aufgabe in der Welt und für die Welt zu vermitteln. Ohne ein tieferes Verständnis der Lehre der Kirche über die hierarchische Gemeinschaft würde unser Leben und unsere Sendung als Kirche Schaden leiden.

2. Aus diesem Grund möchte ich mit euch ebenfalls über die Wichtigkeit der Lehre im Leben der Kirche nachdenken. Im Gefolge des II. Vatikanischen Konzils können wir uns über das neue Bewußtsein unseres Volkes freuen, daß der katholische Glaube sich nicht auf bestimmte religiöse Praktiken beschränkt, daß Glaube zur Tat werden muß, zumal im Dienst für Gerechtigkeit und Frieden in der Welt. Zugleich besteht das Konzil darauf, daß wir auf dem festen Fundament der gesunden Lehre aufbauen, die keine andere ist als die Heilswahrheit von Jesus Christus. Diese Wahrheit ist im Credo enthalten und wird vom Lehramt verkündet. Ohne sie sind alle unsere Arbeiten vergeblich. Der hl. Paulus erinnert uns daran: „Einen anderen Grund kann niemand legen als den, der gelegt ist: Jesus Christus" (*1 Kor* 3,11). Der Kirche ist jederzeit die Aufgabe gestellt, unsere Kenntnis, unser Verständnis und unsere Liebe zu dieser Geist und Herz umwandelnden Wahrheit zu vertiefen. Nur im Gehorsam gegenüber der Wahrheit, wie sie vom universalen Lehramt der Kirche verkündet wird, können wir unsere eigene Sendung in der Welt und für sie erfüllen.

3. Das ganze Volk Gottes und jeder von uns ist in Antwort auf Christi Wort dazu berufen, heilig zu sein und sich an der Sendung der Kirche zu beteiligen. Doch der Dienst am Wort erfordert es, daß der intellektuellen und geistlichen Ausbildung des Klerus, der im Dienst der Geheimnisse Gottes steht, besondere Aufmerksamkeit gewidmet wird, ebenso der Ausbildung der Ordensleute, die aufgrund ihrer Weihe an Gott dazu berufen sind, die Kirche durch vollkommene Liebe aufzubauen. Der Ausbildungsprozeß beginnt in den Seminarien und Ausbildungshäusern; er geht dann in einem lebenslangen Prozeß von persönlichem Studium, Gebet und Nachdenken weiter, in Gemeinschaft mit der ganzen Kirche. Ausbildung gründet auf der Lehre und muß sowohl den Geist als auch das Herz einbeziehen. Sie sollte den Menschen nicht nur dahin bringen, daß er über die Lehre der Kirche gut informiert ist, sondern auch dazu, daß er versteht, wie diese Lehren zusammenstimmen und die Grundlage für Struktur und Disziplin abgehen. Das Ziel der Seminarerziehung besteht darin, in den Priesteramtskandidaten die Wertschätzung der katholischen Lehre, wie das Lehramt sie vorlegt, zu vertiefen, so daß ihre eigene Lehre echt katholisch bleibt und das Leben und den Glauben der Kirche echt zum Ausdruck bringt. Nur dann findet der Gläubige in seinem Klerus und in seinen Ordensleuten eine tiefe Liebe zur kirchlichen Einheit und Gemeinschaft und lernt sie von ihnen, ebenso gewinnt er ein klareres Verständnis der Geheimnisse des Glaubens.

Nicht weniger nachdrücklich müssen die Laien, zumal die Jugendlichen, in den Wahrheiten des Glaubens unterwiesen werden, auf die sie aufgrund ihrer Taufe sich verpflichtet haben. Wir alle wissen, daß die Menschen sich zuweilen durch Gleichgültigkeit, Schwachheit oder Entfremdung von der Kirche entfernen. Die Erfahrung zeigt aber auch, daß wenn sie in ihrer Jugend eine gründliche Einführung in die katholische Lehre, in das sakramentale und das Gebetsleben erhalten haben, sie mit Gottes Hilfe leicht zur vollen Praxis ihres Glaubens zurückfinden.

Besonders bedeutsam sind hier die katholischen Schulen, in denen junge Menschen nicht nur von Jesus Christus hören, sondern auch lernen müssen, wie sie in Übereinstimmung mit dem Evangelium zu denken und zu leben haben. Dies wird ihnen mit der Hilfe von

Lehrern gelingen, die nicht zögern, die Lehre der Kirche in ihrer Fülle vorzutragen, und die selbst durch ein echtes christliches Leben für den Glauben Zeugnis geben.
In der Tat muß das ganze Volk Gottes sein Leben lang durch eine gesunde Lehre genährt werden. Wir alle müssen zur Vertiefung unseres geistlichen Lebens angeregt werden. Ich weiß, daß dies auch euer Anliegen ist, und ich empfehle euch besondere Klugheit bei der Auswahl von Wegen zur Förderung der geistlichen Erneuerung der eurer Sorge anvertrauten Gläubigen.
Ein äußerst wichtiger Aspekt aller geistlichen Erneuerung in der katholischen Kirche ist das Bußsakrament. Im Apostolischen Schreiben *Reconciliatio et paenitentia* habe ich gesagt: „Jeder Beichtstuhl ist ein privilegierter und gesegneter Ort, von dem her nach der Behebung der Spaltungen neu und makellos ein versöhnter Mensch, eine versöhnte Welt entstehen!" (Nr. 31,V). Die Regelung der Kirche für die Einzelbeichte und die Absolution als ordentliche Form der Feier des Sakramentes ist nicht nur eine Sache des Gehorsams. Es ist vor allem eine Frage der Treue zum Willen unseres Herrn Jesus Christus, wie er durch die Lehre der Kirche vermittelt wird (vgl. *ebd.*, Nr. 33).

4. Die Heiligen Schriften zeigen, daß für viele Menschen die Wahrheit, die Jesus predigte, schwer annehmbar war. „Gott hat die Welt so sehr geliebt, daß er seinen einzigen Sohn hingab" (*Joh* 3,16), doch die Welt empfängt die Gabe der Erlösung nur durch einen Wandel des Herzens – durch die Abwendung von der Sünde – und durch den Glauben an das Unsichtbare. Wir Christen sind nicht ausgenommen von diesem täglichen Ringen, in Übereinstimmung mit der neuen Schöpfung zu leben, die wir durch die Taufe geworden sind. Wir brauchen nur an die Worte Jesu über die Eucharistie, das Kreuz, die Ehe, den materiellen Wohlstand und die Vergebung zu denken, um zu sehen, wie mächtig er unseren Glauben und unsere Moral herausfordert. Unter der Leitung des Heiligen Geistes predigt die Kirche weiter das Evangelium, „sei es gelegen, oder sei es ungelegen", in seiner ganzen Fülle und mit allen Auswirkungen für den Glauben und die Sitten der Menschen von heute. Solch eine herausfordernde Botschaft wird für Ungläubige und jene, die in ihrem Glauben schwanken, nur dann glaubwürdig, wenn es gut unterrichtete Christen gibt, die fest von ihren Glaubensaussagen überzeugt und zugleich von Liebe erfüllt sind. Nur die größte Liebe befähigt uns, die Wahrheit zu verkünden, selbst wenn sie schmerzlich und unpopulär ist.

5. Eine solide Ausbildung in der Lehre ist ebenfalls wesentlich, wenn ökumenische Bemühungen wahrhaft fruchtbar sein sollen. In Neuseeland kann der Dialog zwischen den verschiedenen Kirchen und kirchlichen Gemeinschaften fruchtbar sein. Er hilft nicht nur, unsere nichtkatholischen Brüder und Schwestern besser zu verstehen, sondern bietet zugleich eine Gelegenheit zu tieferem Nachdenken über unsere eigene katholische Identität sowie über die Lehre und Disziplin, die diese Identität ausmachen. Verantwortliche ökumenische Haltungen erfordern auch hier eine sorgfältige Ausbildung, zumal beim Klerus. Wie ich bei einer früheren Gelegenheit gesagt habe, als ich zum Sekretariat für die Förderung der Einheit der Christen sprach, muß im Mittelpunkt dieser Ausbildung „ein vertieftes Verständnis vom Geheimnis der Kirche stehen, und sie muß zu einer kla-

ren Kenntnis der katholischen Grundlagen des Ökumenismus führen. Das ist notwendig, um sicherzustellen, daß diejenigen, die Verantwortung für die ökumenische Arbeit in der katholischen Kirche tragen, verstehen, daß ökumenische Initiativen unter der Leitung der Bischöfe und in enger Verbundenheit mit dem Heiligen Stuhl durchgeführt werden sollten und sie dessen entscheidender Rolle beim Dienst an der Einheit aller volle Bedeutung beimessen“ (27. April 1985, DAS 1985, S. 1292).

6. Und so möchte ich euch, liebe Brüder, erneut in eurem Zeugnis für die volle Wahrheit Christi und des Evangeliums ermuntern, wie es in der Kirche gelebt und gelehrt wird. Während meiner Pastoralreise in euer Land hatte ich das Glück, aus erster Hand sehen zu können, was Gottes Gnade bei euch gewirkt hat. Ich empfehle euch und eurem Klerus, den Ordensleuten und Laien, bei all euren Bemühungen hochherzig zum Aufbau der Kirche als Gemeinschaft der Heiligkeit, der Gerechtigkeit und der Liebe bereit zu sein. Heute fordere ich euch sogar auf, noch mehr zu tun, nämlich ein gesundes Verständnis der Kirche zu fördern, eine liturgische Erneuerung zu sichern, die den echten Grundsätzen und Normen für christlichen Gottesdienst entspricht, und die katholische Lehre in ihrer Fülle auf die sozialen und kulturellen Fragen anzuwenden.
Nach dem Beispiel der Mutter Gottes, die in ihrem Herzen alles, was ihren göttlichen Sohn betraf, bewahrte und erwog, möge jeder von euch und mögen alle Gläubigen eurer Diözesen in eurer Liebe zur Wahrheit wachsen. Ich empfehle euch der mütterlichen Sorge Marias in diesem Jahr, das ihr geweiht ist, und erteile euch von Herzen meinen Apostolischen Segen.

Streben nach Einheit in allen Lebensbereichen

Ansprache an die Bischöfe von Nicaragua bei ihrem Ad-limina-Besuch am 22. August

Liebe Brüder im Bischofsamt!

In Ausübung eures Dienstes als Hirten der Kirche Gottes in Nicaragua seid ihr zum Bischof von Rom zu Besuch gekommen, um eure hierarchische Gemeinschaft mit ihm sichtbar zu machen, da Christus dem Petrus und seinen Nachfolgern auf diesem Stuhl kraft seines göttlichen Willens die oberste, volle, unmittelbare und universale Vollmacht der Leitung aller Gläubigen anvertraut hat (vgl. *Christus Dominus*, Nr. 2).
Ihr habt die Gräber der hl. Apostel Petrus und Paulus, der Säulen der Kirche Roms, verehrt. Ihr habt persönliche Begegnungen mit mir gehabt, und nun freue ich mich, euch auch gemeinsam als Mitglieder des Episkopates von Nicaragua begrüßen zu können, da euer Ad-limina-Besuch zu Ende geht. Ich möchte zunächst meine tiefe Dankbarkeit dem Herrn Kardinal Miguel Obando Bravo, dem Präsidenten dieser Bischofskonferenz, aussprechen für die liebenswürdigen Worte, die er zu Beginn dieser Begegnung an mich gerichtet hat. Sie bezeugen die echte Verbundenheit und die volle Treue der katholischen Gläubigen in Nicaragua zu diesem Apostolischen Stuhl.

1. Diese Begegnung macht wieder einmal sichtbar, woran uns das II. Vatikanische Konzil erinnert. „Die Einzelbischöfe stellen je ihre Kirche, alle zusammen aber in Einheit mit dem Papst die ganze Kirche im Band des Friedens, der Liebe und der Einheit dar" (*Lumen gentium*, Nr. 23). Bevor er sein Leben für uns hingab (vgl. *Eph* 5,2), richtete Jesus selbst sein Gebet an den Vater, alle seine Jünger sollten immer eins sein: „Wie du Vater in mir und ich in dir, sollen auch sie in uns sein" (*Joh* 17,21). Die Bischöfe sind als Nachfolger des Apostelkollegiums nach dem ausdrücklichen Willen Christi bis ans Ende der Zeiten die Hirten der Kirche (vgl. *Lumen gentium*, Nr. 18). Sie bilden einen einzigen und ungeteilten Episkopat, an dessen Spitze der Bischof von Rom steht als „immerwährendes und sichtbares Prinzip und Fundament der Glaubenseinheit und der Gemeinschaft" (*ebd.*).
Mit diesem Ad-limina-Besuch wolltet ihr erneut die Bande der Nähe und Einheit mit dem Nachfolger des Petrus stärken; Bande, die immer bei den Beziehungen der Bischöfe von Nicaragua mit diesem Apostolischen Stuhl eine besondere Eigenart aufgewiesen haben. Ich erinnere mich in diesem Zusammenhang gern an meinen Pastoralbesuch in eurem Land im Jahre 1983, während meiner apostolischen Reise nach Mittelamerika.

2. Die Einheit zwischen Haupt und Gliedern des einen Kollegiums der Apostel (vgl. *Lumen gentium*, Nr. 22) ist ein getreues Echo der Bande des Glaubens und der Liebe, die jeden Bischof mit seinen Gläubigen einen, weil „die Einzelbischöfe sichtbares Prinzip und Fundament der Einheit in ihren Teilkirchen" sind (*Lumen gentium*, Nr. 23). Da der Heilige Geist sie bestellt hat, sind die Bischöfe gesandt, das Werk Christi, des Herrn und ewigen Hirten (vgl. *Christus Dominus*, Nr. 2), für immer fortzusetzen. Während sie sich bemühen, die Gläubigen in der Liebe zum ganzen mystischen Leib zu unterweisen, müssen sie zugleich immer „die Glaubenseinheit und die der ganzen Kirche gemeinsame Disziplin fördern und schützen" (*Lumen gentium*, Nr. 23).
Liebe Brüder, ich kenne eure Bemühungen um die Einheit der Familie Gottes. Ich weiß, daß ihr mit Hilfe der Priester, Ordensleute und Pastoralhelfer alles, was möglich ist, tut, damit die Kirche unter dem Wirken des Heiligen Geistes dahin gelangt, „das Sakrament, das heißt Zeichen und Werkzeug für die innigste Vereinigung mit Gott wie für die Einheit der ganzen Menschheit" zu sein (*Lumen gentium*, Nr. 1). Ich ermahne daher alle, besonders aber jene, die „um sorgsame Mitarbeiter des Bischofsstandes zu sein, selbst zu wahren Priestern des Neuen Bundes geweiht sind" (*Christus Dominus*, Nr. 15), tief mit ihrem Bischof vereint zu bleiben, sowohl aufgrund der gemeinsamen Weihe, als auch aufgrund der gemeinsamen Sendung (vgl. *Lumen gentium*, Nr. 28).
Die Priester sollen daran denken, daß sie bei der Erfüllung ihres kirchlichen Dienstes „niemals irgendeiner Ideologie oder einer menschlichen Parteiung zu Diensten sein sollen, sondern als Boten des Evangeliums und als Hirten der Kirche ihre Kraft auf das geistliche Wachstum des Leibes Christi verwenden" (*Presbyterorum ordinis*, Nr. 6). Möchten doch alle – Priester, Ordensmänner und Ordensfrauen, Pastoralhelfer und andere Gläubige – all dem widersagen, was in der Kirche Spaltung verursacht, sich vielmehr bemühen, „die Einheit des Geistes zu wahren durch den Frieden, der euch zusammenhält" (*Eph* 4,3).

3. Bei unseren persönlichen Begegnungen habt ihr mir mündlich erläutert, was ihr in den entsprechenden Fünfjahresberichten zu euren Plänen für die Pastoral dargelegt habt. Die Familienkatechese nimmt dabei einen bevorzugten Platz ein.
Schon am Vorabend der Fünfhundertjahrfeier der Evangelisierung Amerikas ermuntere ich euch lebhaft, das Erbe des Glaubens festzuhalten und wachsen zu lassen. Die Missionare, die euren Kontinent, konkret auch euer Land erreichten, waren vom Eifer für das Evangelium getragen und verwendeten ihre Kräfte auf die Katechese, zumal auf die Familienkatechese. Dies war einer der Hauptpfeiler, der das christliche Leben auf eurem Kontinent der Hoffnung getragen hat.
Ihr wißt, daß Ehe und Familie eins der kostbarsten Güter der Menschheit darstellen (vgl. *Familiaris consortio*, Nr. 1). Trotz einiger materialistischer Auffassungen, die zuweilen in permissive Gesetze eingebaut werden, bleibt fest darin, das unverkürzte Ideal der Familie nach dem Plan Gottes zu lehren, und das Sakrament der unauflöslichen Ehe als Symbol der innigsten Einheit Christi mit der Kirche (*Eph* 5,32).
Erinnert zugleich die Eltern an ihre schwere Verpflichtung, ihre Nachkommenschaft heranzubilden. „Sie sind die ersten und bevorzugten Erzieher ihrer Kinder" (*Familiaris consortio*, Nr. 36), und diese haben das unveräußerliche Recht, eine dem religiösen Glauben ihrer Eltern entsprechende Erziehung zu erhalten (vgl. *Familiaris consortio*, Nr. 40). Sie darf nicht durch materialistische und atheistische Ideologien und Praktiken manipuliert werden. Bei ihrer Sendung zur Evangelisierung „schaut die Kirche auf die Jugendlichen; ja noch mehr, die Kirche erkennt sich selbst in den Jugendlichen auf besondere Weise wieder" (*Brief an die Jugendlichen der Welt* vom 31. März 1985, Nr. 15).
Auch wenn ihr dabei nicht wenige Hindernisse zu überwinden habt, bietet den Jugendlichen eine gediegene Katechese an, die ihren berechtigten Erwartungen entspricht und im Rahmen einer Jugendpastoral bleibt, die ihren Bedürfnissen angemessen ist. So werden sie in der Lage sein, Rechenschaft von der Hoffnung zu geben, die in ihnen ist (vgl. *1 Petr* 3,15). So werden sie zugleich durch ihr Glaubensleben bewirken, daß das Licht Christi die Gesellschaft erleuchtet auf ihrem Weg dem Ende des zweiten Jahrtausends entgegen. Von ihrer Liebe zu Christus und ihrem Eintreten für den Nächsten, zumal für die am meisten Notleidenden, hängt die Zukunft der Kirche in Nicaragua ab, die, Gott Dank, hoffnungsvolle Aussichten bietet.
Mit besonderer Genugtuung habe ich festgestellt, daß ihr in allen Diözesen sehr viel auf dem Gebiet der Berufungspastoral getan habt. Ich bin zuversichtlich, daß der Herr euer Gebet und euren Dienst mit überreichen Früchten segnen und viele Arbeiter in seine Ernte senden wird (vgl. *Mt* 9,38). Die Wiedereröffnung des Großen Seminars in Managua macht euch die Überwachung einer sowohl auf geistlichem und moralischem als auch auf menschlichem Gebiet angemessenen Ausbildung eurer Seminaristen aus der Nähe möglich. Gott hat sie berufen, „nach dem Vorbild unseres Herrn Jesus Christus, des Lehrers, Priesters und Hirten, zu wahren Seelenhirten geformt zu werden" (*Optatam totius*, Nr. 4).

4. Mit großer Aufmerksamkeit habe ich eure Information über die schweren Probleme eures Landes verfolgt, nämlich die derzeitige Uneinigkeit mit ihren schrecklichen Folgen auf persönlichem, familiärem, sozialem und staatlichem Gebiet; den Konflikt zwischen

den verschiedenen Gruppen; das Fehlen der unerläßlichen Güter, die die Grundlage eines menschenwürdigen Lebens bilden.

An der Spitze dieser Schwierigkeiten konnte ich den Schrei eures Volkes nach Frieden vernehmen. Nach Jahren der Gewaltanwendung, die unwiederbringliche Verluste an Menschenleben wie auch überall Zerstörungen mit sich gebracht haben, steigt aus allen Herzen ein Gebet zum Fridensfürsten (*Jes* 9,5) empor, daß doch der Kampf unter Brüdern ein Ende nehme. Der Schmerz aller Kinder dieser Nation: der Waisen und Kriegsverletzten, der Väter und Mütter, die ihre umgekommenen Söhne, die Verschwundenen, Gefangenen und Umgesiedelten beweinen. Dieser Schmerz der Armen und aller Leidenden ruft die Menschen guten Willens auf, zumal die Konfliktparteien, doch auf der Suche nach Frieden alles zu tun, was möglich ist.

In eurem kürzlichen Hirtenbrief habt ihr die Menschen in Nicaragua, zumal jene, die öffentliche Verantwortung tragen, aufgefordert, „friedliche, bürgerliche und politische Wege zu suchen, um Dialoge auf höherer Ebene anzuknüpfen, bei denen Fristen sowie praktische und geeignete Mittel für eine unumkehrbare Demokratisierung und Befriedung des Vaterlandes ausgehandelt werden“ (*Hirtenbrief* vom 29. Juni 1988). Diese Lage spricht auch die Gemeinschaft der Kirche an. „Die Kirche steht an erster Stelle, wo es um das Suchen nach Frieden geht, und sie sucht ihn durch Bekehrung und Buße aufzubauen“ (*Hirtenbrief* vom 6. April 1986). Sie beschränkt sich nicht darauf, „jede Form von Hilfe, woher auch immer sie kommt, die Zerstörung, Schmerz und Tod unserer Familien verursacht, oder zum Haß und zur Spaltung unter den Bürgern Nicaraguas führt, zu verurteilen“ (*ebd.*); sie bildet in ihrem pastoralen Wirken vielmehr die Gewissen, damit die Gläubigen für den Frieden arbeiten (vgl. *Mt* 5,9). Zugleich bietet die Kirche ihren Dienst der Versöhnung an, damit die Konfliktparteien endgültig die Sprache der Waffen hinter sich lassen und sie durch den Dialog ersetzen; einen Dialog, der offen und wirksam, klärend und brüderlich sein soll.

Wenn die Kirche verkündet, daß „der Friede aus einem erneuerten Herzen entsteht“ (*Botschaft zum Weltfriedenstag*, 1. Januar 1983), lädt sie alle Menschen ein, „aus dem Herzen jede Form von Bitterkeit und Groll zu entfernen“ (*Hirtenbrief* vom 29. Juni 1988).

Mit eurem Wunsch, der Sache des Friedens zu dienen, habt ihr als Bischöfe von Nicaragua eine unschätzbare seelsorgliche Arbeit vollbracht. Ich habe mit Aufmerksamkeit das Wirken des Präsidenten eurer Bischofskonferenz, Kardinal Miguel Obando Bravo verfolgt, der unter Mithilfe von weiteren zwei Brüdern im Bischofsamt bei den Gesprächen zwischen den Konfliktparteien erst als Vermittler gearbeitet hat und jetzt deren Zeuge ist. Ich weiß, wieviel Opfer, Mißverständnisse und auch Gefahren ihr auf euch nehmen mußtet, um sicherzustellen, daß der offene und loyale Dialog den normalen Ausweg beim Suchen nach Lösungen für die Probleme bildet, die die Söhne der gleichen Nation vor sich haben.

Dankbar habe ich zur Kenntnis genommen, daß die Kirche in Nicaragua durch ihren Vertreter in der Überprüfungskommission, Kardinal Miguel Obando Bravo, bereits ihr Personal für diese Überprüfung verfügbar gemacht hat, und ich hoffe, daß es zu weiteren Gesprächen kommt und zusammen mit einem soliden und dauerhaften Frieden die echte Demokratisierung des Landes Wirklichkeit werden kann.

Als Hirten aller Einwohner von Nicaragua seid ihr nicht müde geworden, für eine echte nationale Versöhnung zu wirken. Dies ist eine der Kirche eigene Aufgabe, der Christus ja „den Dienst der Versöhnung anvertraut hat“ (vgl. *2 Kor* 5,18), und die ständig alle Menschen guten Willens ermahnen muß, den Haß aufzugeben und die trennende Mauer niederzureißen (vgl. *Eph* 2,14–16), damit alle vereint das Vaterland auf dem Fundament des Friedens aufzubauen versuchen, der sich auf Wahrheit, Gerechtigkeit, Liebe und Freiheit gründet. Es gibt keinen Frieden dort, wo die Freiheit nicht vollkommen geachtet wird.

5. Die Kirche, „die an kein politisches System gebunden ist“ (*Gaudium et spes*, Nr. 76), wünscht, weit davon entfernt, irdische Ansprüche vorzubringen, dem Menschen ihren pastoralen Dienst anzubieten. Wenn sie die Frohbotschaft verkündet und ihre Soziallehre zum Schutz und zur Förderung der Grundrechte der Person bekanntmacht, trägt sie zur Wahrung des transzendenten Charakters eines jeden Menschen und zur Verbreitung des Reiches der Gerechtigkeit und der Liebe bei (vgl. *Gaudium et spes*, Nr. 76). Sie verzichtet daher auf jedes Privileg, verlangt aber in jeder Gesellschaft, und daher auch in der euren, „eine so große Handlungsfreiheit zu genießen, wie sie die Sorge für das Heil der Menschen erfordert“ (*Dignitatis humanae*, Nr. 13). In dieser Hinsicht hofft die Kirche, immer das unverzichtbare Recht auf Besitz und Verwendung ihrer eigenen Medien für die soziale Kommunikation wahrnehmen zu dürfen, um ihre Sendung zur Evangelisierung zum Wohl der ganzen Gemeinschaft der Menschen ausüben zu können.
Die Kirche in Nicaragua hofft ebenso, daß sie bald die aus dem Land vertriebenen Priester für die seelsorgliche Arbeit, die sie früher ausübten, zurückbekommt. Sie hofft ferner, möglichst bald jene materiellen Güter zurückzuerhalten, die dem gläubigen Volk gedient haben. Nicht weniger dringend empfindet die Gemeinschaft der Kirche in Treue zu ihrer Hierarchie die Notwendigkeit, erneut die Werke der sozialen Förderung aufgreifen zu dürfen, die gerade den am meisten Notleidenden zugute gekommen sind.
Zum Schluß dieser willkommenen Begegnung möchte ich über euch, geliebte Brüder, die Fürbitte der allerseligsten Jungfrau herabrufen, die in Nicaragua als „die Reinste“ so sehr geliebt und verehrt wird. Eure Gläubigen haben das während des Marianischen Jahres, das eben zu Ende geht, gezeigt.
Die Christen, die ihr Vertrauen auf den Schutz ihrer „Fürsprecherin, Helferin, Zuflucht und Mittlerin“ gesetzt haben, (vgl. *Lumen gentium*, Nr. 62) werden den Widerwärtigkeiten nicht erliegen, vielmehr unter ihrem mütterlichen Schutz ihren guten Kampf zu kämpfen wissen, dem Ziele entgegeneilen und am Glauben festhalten in der Hoffnung auf den Siegespreis des Herrn, des gerechten Richters am Tag seiner Wiederkunft (vgl. *2 Tim* 4,7–8).
Als Zeichen meiner Verbundenheit und Nähe zu allen Mitgliedern der geliebten Kirche und Nation von Nicaragua erteile ich euch einen besonderen Apostolischen Segen, als Unterpfand des ständigen Schutzes Gottes, des Allerhöchsten.

Die volle „communio“ erreichen

Ansprache an die Bischöfe der Niederlande bei ihrem Ad-limina-Besuch am 11. Januar

Liebe Brüder in Christus!

1. Es ist mir eine große Freude, euch Bischöfe der Niederlande aus Anlaß eures Besuches „ad limina Apostolorum“ wieder hier in Rom empfangen zu können, wo die Gräber der Apostel Petrus und Paulus liegen.
Es ist sicher ein glücklicher Umstand, daß euer Besuch in dem Jahr stattfindet, das ich in besonderer Weise der Mutter des Erlösers weihen wollte, der hl. Jungfrau Maria, die am Anfang der Pilgerfahrt der Kirche durch Raum und Zeit anwesend war, als sie zusammen mit den Aposteln im Abendmahlssaal von Jerusalem den Heiligen Geist erflehte, und die stets auf dem Pilgerweg anwesend bleibt als jene, die „selig ist, weil sie geglaubt hat“ (vgl. *Lk* 1,45). Ihr heldenhafter Glaube geht dem apostolischen Zeugnis der Kirche voraus (vgl. *Redemptoris Mater*, Nrr. 25–28) und somit insbesondere dem Zeugnis jener, die an erster Stelle hierzu berufen sind, die Nachfolger der Apostel, unsere Bischöfe.

2. Bei eurem vorigen Besuch „ad limina“, im Januar 1983 haben wir uns lebhaft der Erfahrung der Sondersynode der niederländischen Bischöfe erinnert, die 1980 hier in Rom stattgefunden hat. Es war eine Erfahrung, die wir mit dem biblischen Wort „communio“ wiedergegeben haben, das – wie es im Schlußdokument heißt – zu verstehen gibt, „daß jeder Gläubige mit seinen Glaubensgenossen teilhat an der gleichen Berufung, dem gleichen Glauben, der gleichen Taufe, der gleichen Eucharistie, der gleichen um die rechtmäßigen kirchlichen Hirten versammelten Gemeinschaft, an ein und derselben kirchlichen Sendung in der Welt“ (*Schlußdokument der Partikularsynode der niederländischen Bischöfe*, Einleitung).

3. Es ist für mich eine große Freude, die tröstliche Feststellung treffen zu dürfen, daß in den vergangenen Jahren nicht wenige Fortschritte gemacht wurden im Hinblick auf eine vollkommenere „communio“ – sowohl innerhalb der Gemeinschaft der Kirche in den Niederlanden selbst wie auch in ihren Beziehungen mit der Weltkirche, deren sichtbares Zentrum der Stuhl des hl. Petrus ist. Was Letzteres betrifft, so steht mir vor allem mein Pastoralbesuch in den Niederlanden im Mai 1985 vor Augen, der mir Gelegenheit gab, meine Zuneigung und Freundschaft zu eurem Land und eurem Volk zu vertiefen, „denn Freundschaft entsteht und wächst, wenn man die anderen, die stets anders sind, als man gedacht hat, besser kennenlernt,, (*Ansprache bei der Ankunft in den Niederlanden* am 11. Mai 1985, Nr. 2). Ich habe etwas erfahren dürfen von der ganz eigentümlichen Schönheit der Niederlande, vom Fleiß und Unternehmungsgeist der Niederländer, von ihrer jahrhundertealten Tradition der Freiheit und Toleranz, von ihrer reichen Kultur und Geschichte. Der Besuch hat mir vor allem Gelegenheit gegeben, die Kirche in eurem Heimatland besser kennenzulernen. Das war begründet im Wesen der Kirche Christi selbst, die zugleich Weltkirche und Teilkirche ist (*ebd.*, Nr. 3). Durch die gemeinsame Feier un-

seres Glaubens, „unseres gemeinsamen Glaubens, eures wie meines Glaubens" (vgl. *Ansprache über Fernsehen und Radio*, 9. April 1985) haben wir zum Ausdruck bringen wollen, daß wir in derselben kirchlichen Gemeinschaft ringsum die legitimen Hirten der Kirche sind.

Ein besonders ausgeprägtes Moment von „communio" – nicht allein der Gemeinschaft der Kirche in den Niederlanden mit der Weltkirche, sondern auch der pilgernden Kirche mit der Kirche im Himmel – eine tiefe Erfahrung der „communio sanctorum" war die Seligsprechung eures heldenhaften Landsmanns Titus Brandsma am 3. November 1985. Wie aktuell und vorbildlich bleibt seine Gestaltung für die Kirche in eurem Vaterland: „Ein Mann, der seiner Berufung und der Beobachtung seiner Ordensgelübde bedingungslos treu, den Nachfolgern der Apostel, den Bischöfen, und dem Auftrag, den sie ihm gegeben haben und der ihn zum Martyrium führte, gehorsam war, voll Liebe für alle, auch für seine Feinde, unbestechlich in seiner wissenschaftlichen Arbeit, ganz überzeugt von der Notwendigkeit einer wirklich katholischen Schule und Presse, und nachgiebig in seinem Kampf gegen eine Ideologie, die die Grundsätze des Glaubens und der Moral verletzte" (*Ansprache des Papstes an die niederländischen Pilger am 4. November 1985*).

Eurerseits habt ihr das Band zwischen eurer Kirche und der Weltkirche verstärkt durch eure Kontakte mit den verschiedenen Kongregationen und anderen Stellen des Hl. Stuhls, insbesondere in diesen Tagen eures Ad-limina-Besuches. Ich möchte ferner hinweisen auf das, was ihr in den vergangenen fünf Jahren unternommen habt zur Verstärkung der „communio" auch in eurer eigenen kirchlichen Gemeinschaft in den Niederlanden – auf Diözesan wie auf nationaler Ebene. Zunächst denke ich an die Errichtung neuer Seminare und Konvikte für die theologische und geistliche Ausbildung künftiger Priester. Durch die Sondersynode ist die wesentliche Notwendigkeit des durch Weihe übertragenen Priestertums nachdrücklich betont und beschlossen worden, eine aktive Pastoral im Hinblick auf Priesterberufe zu fördern (vgl. *Schlußdokument*, Nr. 22). Es ist ermutigend, feststellen zu können, daß dieser Beschluß ausgeführt wurde und dies erste vielversprechende Frucht zu tragen beginnt. Denn eine wirkliche Gemeinschaft des Glaubens ist nicht möglich ohne Diener des Wortes und der Sakramente des Glaubens.

Ich denke hier auch an eure Wahl der Mitarbeiter, die der Glaubensgemeinschaft die Garantie geben will, daß wichtige Funktionen in der Gemeinschaft von Persönlichkeiten wahrgenommen werden, auf deren Glauben man vertrauen kann.

Ihr habt auch – gemeinsam und jeweils allein – Publikationen veröffentlicht, die den Gläubigen zu einer besseren Kenntnis der katholischen Glaubenslehre verhelfen sollen, wie zum Beispiel die Briefe über Leiden und Sterben sowie über den Ökumenismus. Besonders möchte ich die lateinisch-niederländische Ausgabe des Codex Juris Canonici erwähnen, die im Auftrag der Belgischen und Niederländischen Bischofskonferenzen veröffentlicht wurde und zweifellos zu einer Verbesserung der gemeinschaftlichen kirchlichen Disziplin beitragen wird, die auch besser mit der Ordnung der Weltkirche abgestimmt ist.

Sodann möchte ich mit Nachdruck eure persönlichen Bemühungen erwähnen um vielfältige und brüderliche Kontakte mit den Gläubigen und den Pfarreien und den kirchlichen Organisationen sowie namentlich auch mit euren Mitarbeitern – den Priestern – um so eine bessere „communio" unter den Hirten zu ermöglichen, den Dienern Jesu Christi – im Dienst der kirchlichen Gemeinschaft (vgl. *Schlußdokument*, Nr. 3) und der Gemeinschaft selbst, die das auserwählte Geschlecht ist, das königliche Priestertum, das heilige Volk, Gottes eigenes Volk (vgl. *1 Petr* 2,9).

4. Diese positiven Schritte auf dem Weg zu einer vollständigen „communio" zwischen den Gläubigen untereinander sowie zwischen den Laien und den Hirten können jedoch nicht vergessen lassen, daß noch viele Anstrengungen nötig sein werden, um dieses Ziel zu erreichen.
Die Schwierigkeiten sind nicht geringfügig, wie zum Beispiel die starke Säkularisierung der Gesellschaft, die Polarisierung in der Kirche, die Gleichgültigkeit von vielen, besonders von vielen Jüngeren, die unzureichende Mitarbeit besonders von Intellektuellen und Theologen, das negative Bild von Kirche und Glauben, das nicht selten von den Kommuniktionsmitteln gezeichnet wird. Es ist nicht möglich, an dieser Stelle ausführlich auf alle Probleme einzugehen, die daraus entstehen. Im übrigen habt ihr darüber bereits ausführlich mit meinem Mitarbeitern in den verschiedenen Dikasterien gesprochen. Ich möchte nun lediglich einige zur Sprache bringen.

5. Es ist bekannt und stimmt hoffnungsvoll, daß in der Kirche der Niederlande zahlreiche gläubige Laien sich oft enthusiastisch und großmütig einsetzen im Dienst für die Glaubensgemeinschaft vor Ort und im besonderen auch für die bedürftigen Brüder und Schwestern in der Dritten Welt und an anderen Orten – gemäß den Anregungen des Zweiten Vatikanischen Konzils:
„Die Laien hingegen, die auch am priesterliche, prophetischen und königlichen Amt Christi teilhaben, verwirklichen in Kirche und Welt ihren eigenen Anteil an der Sendung des ganzen Volkes Gottes. Durch ihr Bemühen um die Evangelisierung und Heiligung der Menschen und um die Durchdringung und Vervollkommnung der zeitlichen Ordnung mit dem Geist des Evangeliums üben sie tatsächlich ein Apostolat aus. So legt ihr Tun in dieser Ordnung offen für Christus Zeugnis ab und dient dem Heil der Menschen" (*Apostolicam actuositatem*, Nr. 2). Das Schlußdokument der Sondersynode hat dankbar gewürdigt, wie sehr die Mitglieder der Synode „den Tausenden von Laien ihre Hochachtung (erweisen), die sich ohne Entgelt regelmäßig und auf vielfältige Weise an den verschiedenen Aktivitäten in den Bereichen der Liturgie, der Sozialarbeit der Kinder- und Erwachsenenkatechese, der gegenseitigen Hilfeleistung sowie der Förderung von Gerechtigkeit und Frieden beteiligen (*Schlußdokument*, Nr. 33).
Ich hatte während meines Besuches in den Niederlanden Gelegenheit, dafür meine persönliche Anerkennung und Dankbarkeit zum Ausdruck zu bringen, während ich bei den verschiedenen Begegnungen mit den katholischen Schulen, den Verbänden, den Werken für Mission und Entwicklung sowie den Pfarreien die vielseitige Aktivität der Laien näher kennenlernen konnte. Es ist mit Sicherheit eines der ermutigendsten Zeichen der Zeit, daß sich die gläubigen Laien immer mehr ihrer eigenen Berufung und Sendung in der Gemeinschaft der Gläubigen und zum Dienst an der Gemeinde bewußt werden. Überdies ist es ein glücklicher Umstand, daß sich unlängst die Bischofssynode gerade

hiermit befaßt hat. Die Ergebnisse der Diskussion werden auch für euch unzweifelhaft Ansporn und Richtlinien sein können im Hinblick auf die Förderung und richtige Anleitung der Laien für das Glaubensleben in seinen vielseitigen Facetten.
Hierbei muß sicher der Familienpastoral die höchste Priorität gegeben werden. Die Familien sind die Zellen, aus denen sich die Gesellschaft aufbaut, die ersten Schulen der Menschlichkeit. Es scheint nicht ungerechtfertigt oder übertrieben zu sagen, daß eine Gesellschaft, die die Familie nicht schützt und unterstützt oder sogar, im Gegenteil, hintanstellt, eine Gesellschaft ist, die ihren eigenen Untergang vorbereitet. Die Familien sind auch die Zellen, aus denen sich die Kirche aufbaut, die Hauskirchen, die die erste Schule des Glaubens sind. Ermutigt die Familien, sich Zeit zu nehmen für gemeinschaftliches Gebet und Schriftlesung. Es wird eines eurer wichtigsten Anliegen sein müssen, die Familie zu verteidigen gegen die vielen Gefahren, denen sie in dieser Zeit ausgesetzt ist, und sie kraftvoll zu unterstützen in ihrer Aufgabe, die jungen Menschen zu ausgeglichenen Persönlichkeiten zu erziehen und zu formen, die die Zukunft von Gesellschaft und Kirche sicherstellen können.
Dementsprechend wird eure besondere Sorge auch weiterhin dem katholischen Erziehungswesen gelten müssen. Von Herzen möchte ich euch für eure Bemühungen um die Wiederherstellung und Verstärkung der authentischen Identität der katholischen Schulen Mut zusprechen; ich möchte besonders hinweisen auf die Notwendigkeit des Katechismus-Unterrichts, der den jungen Menschen eine echte Kenntnis des katholischen Glaubens vermittelt und nicht nur einen allgemeinen religiösen Unterricht bietet oder sogar nur ein Gesellschaftslehre.
In eben dieser Richtung werdet ihr eure Bemühungen fortsetzen und verstärken müssen, um die katholischen höheren Schulen zu Zentren zu machen, wo die Wissenschaft – vom Glauben erleuchtet und durch das Lehramt der Kirche geleitet –, Menschen heranbildet, die auf ihre eigene spezifische Weise mit ihren intellektuellen Gaben und Kenntnissen beitragen können zu einer echten Gemeinschaft des Glaubens.
Eure Aufmerksamkeit und Sorge sollten beständig – das ist mein Wunsch – der aktiven Teilnahme der gläubigen Laien am Leben der Pfarrei gelten – auf liturgischem, katechetischem und karitativem Gebiet. Auch im heutigen gesellschaftlichen Kontext und in der städtischen Umwelt bleibt die Funktion der Pfarrei wesentlich (vgl. *Ansprache während der Begegnung mit den Pfarreien*, 12. Mai 1985, Nr. 2); es ist undenkbar, daß die Pfarrei dieser Rolle wird weiterhin gerecht werden können ohne die aktive Teilnahme einer zunehmenden Anzahl von Gläubigen. Sowohl im Schlußdokument der Sondersynode (Nr. 36) wie in meiner Ansprache an die Vertreter der Pfarreien am 12. Mai 1985 (Nr. 4) gilt jenen Laien besondere Aufmerksamkeit, die ihren Anteil am Aufbau und der Förderung der Pfarrei-Gemeinschaft als ständigen Beruf ausüben – die Mitarbeiter und Mitarbeiterinnen der Seelsorger. Eure Sorge und euer Bemühen sollten sich weiterhin darauf richten, daß jene Mitarbeiter ihre Aufgabe auf der Basis einer gediegenen theologischen Bildung und einer tiefen Spiritualität des Laien in herzlicher und engagierter Zusammenarbeit mit den Geistlichen der Pfarrei erfüllen und daß sie alles vermeiden, was zur Entstehung einer Art von „parallelem Klerus“ führen könnte. Gerne will ich in diesem Zusammenhang noch hinweisen auf die Notwendigkeit einer würdigen Feier der Liturgie,

die als Sakrament von Gottes unendlicher Liebe und Barmherzigkeit der Höhepunkt der sonntäglichen Feier des Glaubens in der Gemeinschaft der Pfarrei bleiben muß. Es wäre fehl am Platz, Rechte auf die Eucharistie geltend zu machen, zu der man vielmehr mit großer Demut und tiefer Dankbarkeit herantreten muß als dem größten Geschenk Gottes – in der Form und mit dem Sinn, in dem der Herr sie seiner Kirche hinterlassen hat.
Schließlich möchte ich im Rahmen eurer „communio“ mit den gläubigen Laien noch an eure klugen Versuche erinnern, zu einem fruchtbringenden Dialog mit kritischen Gruppen zu kommen, die in Gefahr sind, sich von der vollständigen „communio“ zu entfernen. Handelt in dieser Hinsicht weiter in Übereinstimmung mit dem Beschluß der Sondersynode: „Die Bischöfe wünschen den Kontakt mit diesen Gruppen aufrechtzuerhalten in der Hoffnung, daß sie eine Vermittlerrolle übernehmen können und auf dem direkten Weg informiert werden. In gleicher Weise aber behalten sie sich vor, Verirrungen auf dem Gebiet des Glaubens und der Disziplin der Kirche anzuzeigen, damit sich die echte Gemeinschaft durchsetzt“ (*Schlußdokument*, Nr. 34).
Gerne möchte ich noch eine Ermunterung anfügen, euren Dialog mit den anderen christlichen Kirchen und Glaubensgemeinschaften in den Niederlanden mit Kraft und Klugheit fortzusetzen in der festen Überzeugung, daß das Streben nach Einheit von allen Christen eine pastorale Priorität bleiben muß, wie ich selbst sowohl bei der ökumenischen Begegnung in Utrecht während meines Besuches im Mai 1985 wie auch beim Besuch einiger leitender Persönlichkeiten der Niederländischen Reformierten Kirche, der Reformierten Kirchen und der Evangelisch-Lutherischen Kirche in Rom im März 1986 mit Nachdruck betont habe. Euer Brief über den Ökumenismus „Unsere ökumenische Sendung, eine Priorität“ wird dazu zweifellos ein nützlicher und zuverlässiger Führer sein.

6. In dem Brief, den ich an die niederländischen Bischöfe am 2. Februar 1981 gerichtet habe, ein Jahr nach der Sondersynode, habe ich geschrieben, daß neben dem Beitrag, den die Laien, unsere Brüder und Schwestern, für das Leben der Kirche leisten können, nicht das besondere Charisma fehlen darf, das mit dem Ruf zur völligen Hingabe an Christus im Amtspriestertum und im Ordensleben verbunden ist. Hierauf muß sogar besondere Sorge verwendet werden.“
Das Ordensleben in eurer Kirche, das im Laufe der Jahrhunderte so unvergleichlich viel beigetragen hat zum Wachsen und Blühen der Glaubensgemeinschaft, befindet sich in einer ernsten Krise, die zum Ausdruck kommt im Fehlen von Berufungen und in der besorgniserregenden Überalterung; dieser Zustand führt zu Pessimismus und Mutlosigkeit im Hinblick auf die Zukunft. In meiner Predigt während des unvergeßlichen Gottesdienstes in der Kathedrale von Utrecht am 12. Mai 1985 habe ich darauf hingewiesen, daß die Krise der geistlichen Berufe nicht an erster Stelle dem Mangel an Großmut bei der jungen Generation zuzuschreiben ist, sondern eher eine Folge der Tatsache darstellt, daß man im Ordensleben nicht mehr hinreichend ein prophetisches Zeichen der Anwesenheit Gottes sehen kann, was gerade der bedeutungsvollste Aspekt des Klosterlebens ist (vgl. *Predigt während der Laudes mit den Ordensleuten in der Kathedrale in Utrecht*, Nr. 2).
Es ist offenkundig zunächst eine Aufgabe der Klöster selbst, sich auf ihre Situation zu besinnen und zu prüfen, wie sie die Verbürgerlichung überwinden können, um zurückzu-

kehren zur Suche nach dem „einzig Notwendigen", was ohne Zweifel neue Berufe anziehen wird. Aber auch hier liegt eine verantwortungsvolle Aufgabe; ein wichtiger Aspekt ist hierbei, in der heutigen Situation, einer Entwicklung zuvorzukommen, daß Klöster eine Art alternative Kirche bilden, eine Stätte der Zuflucht für den, der Schwierigkeiten hat, die legitime Autorität der Bischöfe anzuerkennen. Indirekt könnt ihr geistliche Berufe fördern durch eure Familienpastoral und eure Bemühungen um die Identität der katholischen Schulen; denn in den Familien, die echte Gemeinschaften des Glaubens und des Gebetes sind, und an den Schulen, an denen eine echte katholische Atmosphäre herrscht, werden Berufungen spontan aufbrechen. Aber auch eine direkte Pastoral der geistlichen Berufe wird nötig sein, die sich namentlich an die junge Generation richtet und den Versuch unternimmt, ihnen den Wert des Ordenslebens in Armut, Gehorsam und Jungfräulichkeit verständlich zu machen, um in der Kirche inmitten des Gottesvolkes auf seinem Pilgerweg zum Vaterhaus ein sichtbares Zeichen der Relativität wichtiger Werte, wie Besitz, Eigentum, völlig freie Selbstentfaltung, Ehe zu sein und um durch ihre ganzes inneres und äußeres Leben auf das Eschaton zu verweisen, was umso nötiger ist, je mehr die Säkularisierung um sich greift.

7. Im Hinblick auf das besondere Charisma, das mit der Berufung zur totalen Ganzhingabe an Christus im Amtspriestertum verbunden ist, möchte ich euch von Herzen ermuntern in eurer Sorge für eine gute theologische und geistliche Bildung der Priesteramtskandidaten gemäß den Richtlinien des Zweiten Vatikanischen Konzils, die unter anderem in den Beschlüssen der Sondersynode konkretisiert wurden. „Das bedeutet, daß diese Ausbildung nur durch echte Seminare garantiert wird: wo Seminare die ganze Ausbildung übernehmen wie in Roldus oder wo Konvikte als echte Seminare funktionieren, wenn ein großer Teil des Unterrichts an einer Fakultät oder theologischer Hochschule gegeben wird, die vom Hl. Stuhl anerkannt ist" (*Schlußdokument der Partikularsynode der niederländ. Bischöfe*, Nr. 26).
Es ist mein Wunsch, daß eure Hirtensorge auch weiterhin ganz besonders euren Mitarbeitern gilt, den Priestern, deren Leben und Dienst im heutigen gesellschaftlichen Kontext so sehr bedroht werden durch Verflachung, durch Verlust der transzendenten, vertikalen Dimension. Das Priestertum in der Kirche ist nämlich in seinem ganzen Wesen und Gehalt eine Realität des Glaubens. Wenn es nicht mehr ganz und gar gegründet ist auf tiefen Glauben, dann droht es, langsam zu verfallen zu einer Funktion der Verkündigung und der Förderung horizontaler Mitmenschlichkeit, wodurch der Priester unwiderruflich seine Identität verliert. Deshalb wird es notwendig sein, daß der Priester sein geistliches Leben sorgfältig pflegt durch das Stundengebet, die tägliche Feier der Eucharistie, die regelmäßige Beichte, das geistliche Gespräch (vgl. *Schlußdokument*, Nr. 20), durch geistliche Lesung, theologisches Studium und Exerzitien. So wird der Priester nicht nur der Gefahr des Verlustes der eigenen Identität entgehen können, sondern auch der Gefahr der Verflachung seines Dienstes, vor allem seiner Predigt, die eigentlich darin besteht, das Brot des Lebens zu reichen, Christus, den Sohn Gottes, den wahren Gott vom wahren Gott, der die Antwort ist auf die tiefsten Lebensfragen des Menschen und den letzten Sinn menschlicher Existenz offenbart, der in der Befreiung aus der Unterdrückung des Bösen

besteht, nach dem Zug durch die Wüste des irdischen Lebens dereinst in das gelobte Land eingehen zu dürfen und dort sich der vollendeten „communio" mit dem Vater und mit allen Brüdern und Schwestern Christi zu erfreuen.

8. Die Sondersynode hat auch beschlossen, daß die Bischöfe alles tun werden, „um die herzliche und wirkliche „communio" untereinander Tag für Tag zu vertiefen und den Anschein zu vermeiden, sie seien unter sich gespalten" (*Schlußdokument*, Nr. 14).
Es ist für mich als euren Bruder im Bischofsamt ein besonderes Anliegen, euch in eurem Streben nach wahrer und tiefer Kollegialität zu ermutigen, die von so vitaler Bedeutung ist für die Erfüllung der zahlreichen und schwierigen Aufgaben, die euch unter den heutigen Umständen anvertraut sind.
In meiner *Ansprache an die Mitglieder der Niederländischen Bischofskonferenz in Amersfoort* am 14. Mai 1985 habe ich erklärt, daß das Lehramt der Wahrheit ausgeübt werden muß im Geist und in der Kraft der Liebe: „Die Wahrheit in Liebe tun" (vgl. Nr. 6). Es ist eure Aufgabe, die Glaubenswahrheit zu verkündigen und zu „tun", in wahrer Liebe zu den Menschen, mit aufrichtigem Respekt vor seiner Freiheit, in der er gerade das Abbild Gottes ist (vgl. hl. Thomas von Aquin, *Summa Theologica*, I-II Prolog), und vor seinem eigenen Gewissen, das „die verborgenste Mitte und das Heiligtum im Menschen (ist), wo er allein ist mit Gott, dessen Stimme in diesem seinem Innersten zu hören ist", (*Gaudium et spes*, Nr. 16). Wie es der Herr getan hat, der „das geknickte Rohr nicht zerbrechen und den glimmenden Docht nicht auslöschen (wird)" und nach dem verlorenen Schaf gesucht hat (vgl. *Mt* 18,12–13). Aber es ist ebenso eure Aufgabe, wirklich den Glauben zu verkünden, „gelegen oder ungelegen" (*2 Tim* 4,2).
Unter Hinweis auf die vorbildliche Gestalt des hl. Servatius habe ich in meiner *Ansprache in Amersfoort* die Frage gestellt: „Welcher Bischof spürt nicht, daß er von ihm lernen muß, die geoffenbarte Wahrheit, deren Hüterin die Kirche ist, wachsam, klar und unzweideutig darzulegen und zu verteidigen? Und welcher Bischof wird nicht aus dem Vorbild dieses Mitbruders aus früheren Zeiten neuen Mut schöpfen wollen für die Erfüllung der Aufgabe, den wahren Glauben in seiner ganzen Fülle und unversehrten Reinheit zu verkündigen?" (Nr. 2).
Die Pflicht des Bischofs zur Verkündigung der objektiven Wahrheit ist mehr denn je notwendig in der Welt von heute, die gekennzeichnet ist „von einem zügellosen Subjektivismus des Gewissens und von einem Relativismus, der durch die Medien und die Pluriformität der Gesellschaft erheblich gefördert wird" (*Ansprache an die Vertreter der gesellschaftlichen Organisation in Utrecht* am 12. Mai 1985, Nr. 3). Dies ist auch nötig, um das Gewissen zu bilden, das dem Irrtum nicht entgehen kann, wenn es nicht geleitet wird vom objektiven Maßstab der göttlichen Offenbarung, die authentisch formuliert und interpretiert wird vom kirchlichen Lehramt und um den Menschen zu einem guten Gebrauch seiner Freiheit zu führen.
Es erscheint unvermeidlich, daß bei der Abwägung von Faktoren, die die konkrete Situation bestimmen – sicher, wenn sie schwierig und kompliziert ist – die Meinung über das praktische Vorgehen verschieden sein können, wobei die Anforderungen der Wahrheit nicht getrennt werden dürfen von denen der Liebe und umgekehrt – und dies umso

mehr, als die Lage und die Möglichkeiten in den verschiedenen Bistümern sehr verschieden sein können. Dann wird es nötig sein, die gegenseitige „communio“ untereinander zu bewahren und zu verstärken, namentlich durch „Gelegenheiten zu gemeinsamem Gebet und gemeinsamer Liturgiefeier“ (*Schlußdokument*, Nr. 14), weil die „communio“ – auch und vor allem die zwischen den Bischöfen selbst – in ihrer tiefsten Realität die Gemeinschaft des Glaubens ist, die nicht allein das Resultat menschlicher Bemühungen sein kann, sondern der Gnade des dreieinigen Gottes bedarf, deren Hauptquellen das Gebet und die Sakramente sind.

9. Brüder in Christus, eure Aufgabe als „doctores fidei“, als geistliche Väter, als Hirten und Führer, als „perfectores“ und Männer, die das Amt der Heiligung ausüben (vgl. *Ansprache an die niederländischen Bischöfe*, 14. Mai 1985, Nr. 9) ist unter den heutigen Umständen mehr denn je eine gefürchtete, anspruchsvolle und schwierige Aufgabe. Die Versuchung der Mutlosigkeit, der Resignation, der Nachsicht bleiben euch sicher nicht erspart. Aber „was schwer ist, erfordert Mut und gerade im Mut kommt der echte Adel zum Ausdruck“ (*Ansprache an die Jugend*, 14. Mai 1985, Nr. 8).
Mit aller Kraft möchte ich euch ermutigen und anspornen, mit eurer ganzen Person, mit all eurer Energie und euren Gaben, mit Herz und Seele die Herausforderung anzunehmen, die die Lage in den Niederlanden für euch darstellt. Ihr seid nicht allein. Der Herr der Kirche hat auch euch den anderen Helfer, den Tröster, versprochen und gesandt, der nicht ein Geist der Ängstlichkeit ist, sondern der Kraft, Liebe und Weisheit (vgl. *2 Tim* 1,7). Ihr könnt rechnen auf die Mitwirkung und vor allem auch auf das Gebet von zahlreichen Gläubigen in eurem Heimatland, die euch zugetan sind und zusammen mit euch leiden und hoffen für die Zukunft der Kirche. Insbesondere könnt ihr auf die Fürsprache des Gründers und Patrons der niederländischen Kirche zählen, des hl. Willibrord, dessen Leben und Werk gekennzeichnet waren von „Überlegung, Mut und Zähigkeit bei den großen Werken, die er für die Glaubensverkündigung unternahm“ (*Ansprache an die niederländischen Bischöfe*, 14. Mai 1985, Nr. 3). Eure Kirche ist dabei, sich auf den 1250. Gedächtnistag des Todes des hl. Willibrord vorzubereiten. Auf seine Fürsprache wird dies der Anfang der Adventszeit der Kirche in eurem Heimatland sein können in der Perspektive des zu Ende gehenden zweiten christlichen Jahrtausends, um sie mit neuem Schwung, zu neuer Jugend geboren, an die Generationen des dritten Jahrtausends weiterzugeben. Auch die Nachfolger des hl. Willibrord auf dem erzbischöflichen Stuhl von Utrecht, der im Laufe der Jahrhunderte so viele Wechselfälle gesehen hat und auch viel Blüte werden hier für ihre Fürsprache beim Herrn der Kirche einlegen. Unter diesen möchte ich besonders des verstorbenen Kardinals Bernard Alfrink gedenken, dessen menschliche und geistliche Gaben ich in den Sitzungen des Zweiten Vatikanischen Konzils kennen- und schätzengelernt habe. Vor allem könnt ihr vertrauen auf die Fürsprache der Mutter des Erlösers und der Mutter der Kirche, Maria, Stern des Meeres, die die niederländische Kirche als eine einmütige katholische Gemeinschaft zum himmlischen Hafen führen wird (vgl. *Predigt bei der Messe in Maastricht zum Weiheakt an Maria*, 14. Mai 1985, Nr. 9). Von Herzen segne ich euch alle.

Der Glaube wirft neues Licht auf alle Dinge

Ansprache an die Bischöfe von Papua-Neu-Guinea und den Solomoninseln bei ihrem Ad-limina-Besuch am 29. Oktober

Liebe Brüder im Bischofsamt!

1. Ich heiße euch herzlich willkommen zu eurem Ad-limina-Besuch hier in Rom. Ich bin zuversichtlich, daß eure Gebete an den Gräbern der Apostel Petrus und Paulus sowie eure brüderliche Begegnung mit dem Nachfolger Petri dazu dienen werden, das Geheimnis der Gemeinschaft, das die Kirche ist, zu vertiefen. Ihr seid von weither gekommen, um Zeugnis abzulegen für die Einheit des Leibes Christi, und um diesen „Eifer für die ganze Kirche" (vgl. *Lumen gentium*, Nr. 23) zu stärken. Das ist zugleich eure besondere Verantwortung im Bischofskollegium. Zur gleichen Zeit bringt ihr eine reiche Vielfalt der Kultur und Erfahrung für die Universalkirche als Hirten eurer Ortskirche mit.
Durch euch möchte ich den Klerus, die Ordensleute und die Laien von Papua-Neu-Guinea und den Solomoninseln grüßen und sie in ihrem Glauben bestärken. Ich erinnere mich mit Freude und Dankbarkeit an meinen Pastoralbesuch im Jahre 1984, während dessen ich persönlich den tiefen Geist des Glaubens, der Hoffnung und der Liebe erfahren durfte, mit dem eure Kirchen gesegnet sind. Außerdem mache ich mir die Worte des hl. Paulus an die Kolosser zu eigen: „Seit dem Tag, an dem wir davon erfahren haben, hören wir nicht auf, inständig für euch zu beten, daß ihr in aller Weisheit und Einsicht, die der Geist schenkt, den Willen des Herrn ganz erkennt. Denn ihr sollt ein Leben führen, das des Herrn würdig ist und in allem sein Gefallen findet. Ihr sollt Frucht bringen in jeder Art von guten Werken und wachsen in der Erkenntnis Gottes" (*Kol* 1,9–10). Diese Worte offenbaren die Dynamik eures Lebens in Christus: Das Volk Gottes in Papua-Neu-Guinea und den Solomoninseln ist erfüllt mit den Gaben des Geistes, damit sie immer mehr Frucht tragen mögen auf diesem unserem irdischen Pilgerweg.

2. Ich möchte heute kurz über einige Aspekte des kirchlichen Lebens in euren Diözesen nachdenken. Wie ich schon während meines Pastoralbesuches erwähnt habe, wurden die Gründungen eures kirchlichen Lebens durch mutige und engagierte Missionare, die ihre Heimat und ihr Land verlassen haben, aufgebaut, um in eurem Land Christus zu denen zu bringen, die das Evangelium nicht kannten. Wir danken Gott für sie, die das neue Leben der Gnade auf eure Inseln gebracht haben. Einige von euch, und viele Mitglieder eures Klerus und viele eurer Ordensleute sind ebenfalls Mitglieder von Missionsgemeinschaften. Ihr seid eins geworden mit eurem Volk in einem wahren Band der Liebe und wart eifrig bestrebt, euer Haus mit ihnen aufzubauen, so daß, wie der hl. Paulus sagt, sie „Frucht bringen in jeder Art von guten Werken und wachsen in der Erkenntnis Gottes" (vgl. *ebd.*). Ich weiß, daß es schwierig ist, Gemeinden zu versorgen, die weit verstreut und oftmals voneinander isoliert sind. Gemeinden, denen personell und finanziell die notwendigen Hintergründe für all das, was zu tun wäre, abgeht. Noch seid ihr alle, Missionsbischöfe und die von den Ortskirchen gestellten Bischöfe, damit beschäftigt, eine

große Arbeit der Evangelisierung zu tragen, die gezeichnet ist von der Einheit und dem Eifer, für den ich euch im Namen der ganzen Kirche loben und danken möchte.
Zur gleichen Zeit ist es nur natürlich, daß im Verlauf der Jahre der Bedarf an einheimischen Bischöfen, Priestern und Ordensleuten in dem Maße zunehmen wird, wie der Glaube seine Wurzeln vertieft und den Menschen eurer Inseln eine noch größere Verantwortung für sich selbst und ihre Ortskirchen auferlegen wird. Ich ermutige euch, eure Anstrengungen fortzusetzen, um das Aufblühen der Berufungen zum Priestertum und zum Ordensleben sicherzustellen und um für die jungen Menschen, die eine immer bedeutendere Rolle in euren Diözesen als Bischöfe, Priester und Ordensleute der Zukunft spielen werden, eine solide geistliche, intellektuelle und pastorale Ausbildung zu garantieren.

3. Eine der großen Segnungen des II. Vatikanischen Konzils ist unser erneuertes Bewußtsein von der Rolle der Laien im Leben und der Mission der Kirche. Dies verweist auf einen anderen Bereich von besonderer Bedeutung, nämlich die Beziehung der Kirche zur Welt. Das Konzil sagt: „Im Glauben daran, daß es vom Geist des Herrn geführt wird, der den Erdkreis erfüllt, bemüht sich das Volk Gottes, in den Ereignissen, Bedürfnissen und Wünschen, die es zusammen mit den übrigen Menschen unserer Zeit teilt, zu unterscheiden, was darin wahre Zeichen der Gegenwart oder der Absicht Gottes sind. Der Glaube erhellt nämlich alles mit einem neuen Licht, enthüllt den göttlichen Ratschluß hinsichtlich der integralen Berufung des Menschen und orientiert daher den Geist auf wirklich humane Lösungen hin“ (*Gaudium et spes*, Nr. 11).
„Der Glaube wirft neues Licht auf alle Dinge“: Jede Form authentischen christlichen Lebens in aller Vielfalt ist eine Teilnahme an der einzigen Aufgabe der Kirche, ein Sakrament der Erlösung in der Welt und für die Welt zu sein (vgl. *Lumen gentium*, Nr. 48). Die Laien arbeiten für die Evangelisierung und Heiligung anderer dadurch, daß sie gegenwärtig und aktiv sind inmitten ihres Alltagslebens, sowohl im privaten als auch im öffentlichen. Sie erleuchten und ordnen die menschliche Gesellschaft und alle zeitlichen Gegebenheiten, damit sie durch Christus erneuert und umgeformt werden in Einklang mit Gottes Plan (vgl. *Gaudium et spes*, Nr. 40; *Lumen gentium*, Nr. 31). In Papua-Neu-Guinea, auf den Solomoninseln und in der ganzen Kirche gibt es viele Weisen, in der Laien ihre Aufgabe erfüllen können, besonders durch ihr Zeugnis für das Evangelium im sozialen, wirtschaftlichen und kulturellen Leben. Vor allem müssen wir jene erwähnen, die direkt in kirchlichen Diensten mitwirken, in Bereichen wie Katechese, Erziehung, Sozialarbeit und karitativer Hilfe. Es gibt auch das grundlegende christliche Zeugnis, zu dem die Laien in Ehe und Familie berufen sind. Als Christen glauben wir, daß Gott die Berufung zur Gemeinschaft in Christus bestärkt, gereinigt und erhoben hat, und daß er die Ehe zu einem Sakrament der Erlösung erhoben und vervollkommnet hat (vgl. *Familiaris consortio*, Nr. 19). In Christus, dem Bräutigam, wird die Ehe zu einem lebendigen Zeichen der Einheit, das die Kirche zu seinem Leib macht, und zur Fülle der Liebe, die allein in Gott gefunden wird. Christliches Ehe- und Familienleben sind die Schwelle, durch die neue menschliche Wesen sowohl in die menschliche Rasse eintreten als auch in den Raum des Glaubens. Beide, Eltern und Kinder, lernen voneinander, wie sie als Men-

schen in der Gemeinschaft leben und handeln müssen. Die Samen von Glaube und Liebe zu Gott werden in dieser „Hauskirche“ gesät und genährt (vgl. *Lumen gentium*, Nr. 11).

4. Liebe Brüder, nachdem wir von Gott, dem Hirten, berufen sind, die unserer Sorge anvertraute Herde zu weiden, haben wir die Verantwortung, unser Volk im christlichen Leben zu leiten, zu führen und zu ermutigen. Wir müssen alles Mögliche tun, um die Laien immer besser im geistlichen Leben und in der Glaubenslehre auszubilden, damit sie tatsächlich das Evangelium in der Gesellschaft bezeugen, der sie angehören. Das schließt für uns die besondere Aufgabe ein, die Heiligkeit der Ehe und Familie durch pastorale Tätigkeiten aufrechtzuerhalten, die die Eheleute in jedem Abschnitt ihres Zusammenlebens unterstützen. Besonders jene brauchen unsere Aufmerksamkeit, die infolge von Scheidung oder anderen Problemen in schwierigen oder irregulären Situationen leben. Es ist meine Überzeugung, daß die pastorale Sorge für die Familie von äußerster Bedeutung ist, weil die Zukunft der Evangelisierung weitestgehend von der „Hauskirche“ (vgl. *Familiaris consortio*, Nr. 65) abhängt.

5. Die Festigung des Ehe- und Familienlebens, die ich erwähnt habe, ist zutiefst verbunden mit der Verteidigung der unveräußerlichen Rechte jeder menschlichen Person, erschaffen als Abbild und Gleichnis Gottes. Die Kirche kann es nicht unterlassen, Verbrechen gegen das Leben zu verurteilen: Mord, Rassenmord, Abtreibung, Euthanasie und bewußten Selbstmord; alle Verletzungen der Unversehrtheit der menschlichen Person, wie physische und geistige Folter, ungebührlichen psychologischen Druck, Entzug der religiösen Freiheit und der Gewissensfreiheit; alle Vergehen gegen die Menschenwürde wie rassische Diskriminierung, menschenunwürdige Lebens- und Arbeitsbedingungen, willkürliche Behandlung vor dem Gesetz und jede Form von Ausbeutung für wirtschaftliche und andere Zwecke (vgl. *Gaudium et spes*, Nr. 26–27). Die Verteidigung der menschlichen Person verlangt ebenfalls eine positive Anstrengung auf seiten der Kirche, um authentische menschliche Entwicklung durch Wort und Beispiel zu fördern. Das geschieht besonders dann, wenn ihre eigenen Mitglieder großzügig sich selbst einsetzen und von dem, was sie haben, aus Liebe zum Gemeinwohl geben, und wenn sie bei erlittenem Unrecht den Weg der Vergebung gehen, statt den des Hasses und der Gewalt.
Wenn die Christgläubigen in Papua-Neu-Guinea und auf den Solomoninseln das Evangelium in ihrem eigenen Leben und im Leben der Gesellschaft zum Tragen bringen wollen, schauen sie auf euch, liebe Brüder, daß ihr sie führt und inspiriert, um „Lösungen zu finden, die ganz human sind“, weil sie wurzeln im „göttlichen Willen für die umfassende Berufung des Menschen“ (vgl. *Gaudium et spes*, Nr. 11). Ihr gebt diese Führung und Anleitung nicht nur als einzelne Hirten, sondern auch, wenn ihr zusammen handelt, um die katholische Lehre zu bewahren und zu fördern oder diese Lehre auf konkrete Situationen anzuwenden. Ich möchte euch dazu ermutigen, dies durch die Publikation auf nationaler und auf Diözesanebene zu verfolgen, durch Pastoralbriefe und Stellungnahmen, wie die über die religiöse Freiheit, die ich erwähnt habe. Auch sollte Gebrauch von den Massenmedien gemacht werden, um die Position der Kirche zu Fragen der Zeit bekanntzumachen. Auf diese Weise werden die religiösen und moralischen Dimensionen

nicht fehlen, die bedeutend sind für die Errichtung einer gerechteren und friedvolleren Gesellschaft. Wenn ihr auf diesem Weg ausharrt, werdet ihr die Mahnung des zweiten Briefes an Timotheus erfüllen: „Verkünde das Wort, tritt dafür ein, ob man es hören will oder nicht; weise zurecht, tadle, ermahne, in unermüdlicher Belehrung" (*2 Tim* 4,2).

6. Christliches Zeugnis für das Evangelium berührt auch andere Christen und alle Menschen guten Willens. Ich weiß, daß es eine ökumenische Dimension im Leben eurer Ortskirchen gibt, die gern angenommen und akzeptiert ist. Wir können Gott danken für alles Bemühen, den Glauben unserer nichtkatholischen Brüder und Schwestern besser zu verstehen und in wahrem Geist der Liebe mit ihnen zusammenzuarbeiten. Auf diesem Weg hoffen wir, auf dem Weg zur Einheit mit Ihnen zusammenzuwachsen. Wahrer ökumenischer Geist fordert uns auch heraus, in der Liebe und im Verständnis unseres eigenen katholischen Glaubens zu wachsen. Andernfalls könnten wir versucht sein, ernsthafte doktrinelle, disziplinäre und historische Unterschiede beiseitezuwischen und unsere Anstrengungen würden oberflächlich und steril bleiben, weil sie es verfehlen, an die Wurzeln der Trennung zu gelangen. Ich bin überzeugt, daß durch die Vertiefung ihres Wissens und der Wertschätzung ihres eigenen Glaubens in der Suche nach einem besseren Verstehen des Glaubens der anderen die Katholiken eurer Inseln einen bedeutenden Beitrag zu der großen ökumenischen Aufgabe leisten können, in der die Kirche sich so sehr einsetzt.

7. Liebe Brüder, möge jede eurer Ortskirchen immer ein Zeichen liebender christlicher Gemeinschaft sein, ein Leuchtturm der Hoffnung für alle, die wirklich menschliche Lösungen suchen für die Probleme, die einzelne und Gesellschaften bedrängen, eine Quelle der Ermutigung für alle, die danach streben, in Übereinstimmung mit dem zu leben, was Gott zu unserer Rettung will. Möge das Volk Gottes in Papua-Neu-Guinea und auf den Solomoninseln die Gesellschaften, deren Teil sie sind, zu einer immer tieferen Verwirklichung der menschlichen Erfüllung und des menschlichen Glückes führen, die in Gott gefunden werden, und die in seinem Plan für uns liegen, der ein Plan der Liebe und des Erbarmens für alle Söhne und Töchter des Menschengeschlechtes ist. Bei dieser freudigen Gelegenheit rufe ich auf euch und euer Volk die Kraft und den Frieden herab, die von oben kommen, und ich erteile euch von Herzen meinen Apostolischen Segen.

Immer tiefer in die unergründlichen Reichtümer Christi eindringen

Ansprache an die Bischöfe des Pazifik bei ihrem Ad-limina-Besuch am 28. Oktober

Liebe Brüder im Bischofsamt!

1. Ich heiße euch heute im Namen unseres Herrn Jesus Christus willkommen, der uns in einem edlen Geist der Liebe und des Friedens vereint. Es ist eine große Freude für mich, bei eurem Ad-limina-Besuch mit euch zusammenzutreffen und von den „mächtigen Taten Gottes“ zu erfahren, die das Leben der Kirche in Mikronesien, Melanesien und Polynesien erfüllen. Ich bin auch erfreut, daß die kirchliche Provinz Agana nun zu eurer Bischofskonferenz gehört. Im Gebet an den Gräbern der Apostel Petrus und Paulus vertretet ihr eure Ortskirche in ihrer Ehrerbietung gegenüber dem Andenken an diese Säulen der römischen Kirche. Diese Ehrerbietung verbindet sich mit den geistlichen Schätzen des christlichen Lebens, die euer Klerus, eure Ordensleute und eure Laien besitzen, ein Reichtum, den ihr mit der Universalkirche durch das Geheimnis der kirchlichen Gemeinschaft teilt.

Die ganze Kirche freut sich mit euch über das hundertste und hundertfünfzigste Jahresgedächtnis der christlichen Evangelisierung, das viele eurer Kirchen unlängst gefeiert haben, oder in naher Zukunft feiern werden. Sie vereint sich mit euch im Dank an Gott für die Fruchtbarkeit des Evangeliums, das die Menschen des Pazifik erfahren durften. Sie ist voll Vertrauen und gebetserfüllter Hoffnung, daß „eure Liebe immer noch reicher an Einsicht und Verständnis wird, damit ihr beurteilen könnt, worauf es ankommt. Dann werdet ihr rein und ohne Tadel sein, für den Tag Christi, reich an der Frucht der Gerechtigkeit, die Jesus Christus gibt, zu Ehre und zum Lob Gottes“ (*Phil* 1,9–11).

2. Liebe Brüder, ich weiß, daß dies eine wichtige Zeit für die zukünftige Gestaltung der Kirche auf den Inseln des Pazifik ist. Der Samen des christlichen Glaubens hat einen jungen Baum hervorgebracht, der weiter wachsen und Frucht tragen wird, wenn er die nötige Liebe und Sorge erhält. In diesem Augenblick eurer Geschichte ist unabhängige nationale Selbständigkeit noch eine neue Entwicklung für viele eurer Länder und die Evangelisierung und Errichtung von Ortskirchen eine verhältnismäßig junge Erfahrung. Unter eurem Volk nimmt die Aufmerksamkeit für seine besondere kulturelle Identität und sein kulturelles Erbe innerhalb der menschlichen Familie und innerhalb der Gemeinschaft der Kirche zu. Die Menschen sind begierig, Eigenverantwortung auf sich zu nehmen in einer Weise, die Zeugnis gibt für die Würde und die Einzigartigkeit ihrer Kultur. Unter diesen Umständen erneuert ihr Zeugnis für das Evangelium die Jugend der Kirche. Dies gibt euren Brüdern und Schwestern anderswo in der Welt Anregung die Erneuerung zu suchen, die „wesentlich im Wachstum der Treue gegenüber ihrer eigenen Berufung besteht“ (*Unitatis redintegratio*, Nr. 6). Dieses Zeugnis ermutigt alle Menschen eurer Inseln, für eine gerechte und friedvolle Gesellschaft zu arbeiten, gegründet auf der Liebe zu Gott und zum Nächsten.

Die Herausforderung, die eure Kirchen erwartet, ist einfach diese: Immer tiefer in die unergründlichen Reichtümer Christi einzudringen, so daß er euch in allen Bereichen des Lebens leite und führe um aus dieser Kraft in eine immer höhere Synthese von Glauben und Leben, Evangelium und Kultur überzugehen. Das apostolische Schreiben *Evangelii nuntiandi* gibt das sehr gut wieder: „Evangelisieren besagt, die Frohbotschaft in alle Bereiche der Menschheit zu tragen und durch ihren Einfluß die Menschheit von innen her umzuwandeln und erneuern ... das persönliche und kollektive Bewußtsein der Menschen, die Tätigkeit in der sie sich engagieren, ihr konkretes Leben und jeweiliges Milieu umzuwandeln“ (Nr. 18). „Es gilt die Kultur und die Kulturen des Menschen ... mit vitaler Kraft in der Tiefe und bis zu ihren Wurzeln ... mit dem Evangelium zu durchdringen“ (Nr. 20).

3. Wie wir wissen, werden diese von meinem Vorgänger Paul VI. so klar dargestellten Ziele nicht ein für allemal erreicht, sondern müssen in jeder Zeit neu erlangt werden. Weise ist in der Tat die Feststellung, daß auch wir in dieser sich verändernden Welt nicht die gleichen bleiben; wenn wir nicht vorwärts gehen, werden wir unausweichlich zurückgehen in unserem Kampf, als Menschen und als Familie Erfüllung zu finden. Um so mehr also solten wir, die wir die Weisung erhalten haben, „vollkommen zu sein, wie es auch unser himmlischer Vater ist“ (vgl. *Mt* 5,48) ständig uns bemühen, tiefer zu gehen und höher zu zielen im Aufbau des Leibes Christi und in der Umgestaltung der Welt von innen her. Es ist ein besonderer Augenblick in eurer Geschichte, wenn politische, wirtschaftliche und kulturell Entwicklungen zweifelsohne verlangen, daß viele Entscheidungen zu treffen sind, über die Art der Gesellschaft, die eure Menschen für sich selbst und für ihre Kinder wünschen, und über die Art des Beitrages, den sie für die Familie der Nationen leisten wollen. Wenn sie an den tiefsten Wurzeln des politischen, wirtschaftlichen und kulturellen Lebens für das Evangeliuim Zeugnis ablegt, hilft jede eurer Ortskirchen, den Frieden fördern, den die Waffen nicht sichern können, sowie das Glück, daß durch Geld nicht gekauft werden kann, und den Sinn für Selbstwert und Sicherheit, den die einzelnen in sich selbst finden müssen und nicht in einer oberflächlichen Massenkultur.
In jedem Zeitalter arbeitet und betet die Kirche dafür, daß die Menschen dann, wenn sie ihrer Gesellschaft und ihrer Kultur Gestalt geben, geleitet seien von der Liebe zu dem, was gut ist und mit der menschlichen Würde übereinstimmt, die von Gott selbst kommt. Es ist ferner ihre Überzeugung, daß das tiefste menschliche Verlangen nur erfüllt werden kann in dem vollkommenen Menschen. Jesus Christus, der „voll Gnade und Wahrheit“ ist und aus dessen „Fülle wir alle empfangen haben“ (vgl. *Joh* 1,14–16). Je tiefer eure Ortskirchen verwurzelt sind in diesem Glauben, um so mehr werden sie die Menschheit herausfordern, tiefer zu gehen und höher zu zielen, um danach zu ringen, die menschliche Berufung zu erfüllen, die in der Gemeinschaft mit Gott und mit den anderen in einer „Zivilisation der Liebe“ besteht. Das aber bildet einen, wenn auch unvollkommenen, irdischen Vorgeschmack der etwaigen Seligkeit im Himmel.

4. Der Auftrag der Kirche, unser Menschsein durch das Evangelium zu erheben und zu vertiefen, entfaltet sich auf vielen verschiedenen Ebenen. Eine der bedeutendsten Ebenen ist die Ehe und das Familienleben. Der christliche Glaube, der verkündet, daß „Gott

Liebe ist“ (*1 Joh* 4,8) kam daher nicht umhin, auch die innigste menschliche Liebe zu umfassen, nämlich die eheliche Liebe, die hingeordnet ist auf die Fortpflanzung neuer Menschenwesen, die eine lebendige Widerspiegelung der Liebe zwischen beiden Eheleuten sind (vgl. *Familiaris consortio*, Nr. 14). Die Einheit von Mann und Frau stellt ein Sakrament des Heiles dar, ein Geheimnis der Liebe Christi zur Kirche. Da eure Gesellschaften in der Welt von heute in zunehmendem Maße den Gegenströmungen einer Massenkultur ausgesetzt sind, besteht die Gefahr, daß die christlichen Werte der Ehe und des Familienlebens unterminiert werden. Wichtig wäre eine bewußte Entscheidung von seiten aller Völker des Pazifik die Würde der Ehe und Familie aufrecht zu erhalten, die ja keine geringere Aufgabe hat, als die Liebe zu schützen, zu offenbaren und weiterzugeben. Was könnte wichtiger sein für die Zukunft eurer Völker und für das Wohlergehen der gesamten Menschheit? Jede Anstrengung auf eurer Seite, um die Heiligkeit der Ehe und Familie zu sichern und zu fördern, bildet eine Herausforderukng für die Menschen tiefer zu gehen und Höhen anzustreben im Verständnis und im Leben dieser menschlichen Realitäten, die niemals getrennt werden dürften von der Quelle des Lebens und der Liebe, die der Schöpfer ist.

5. Die Wertschätzung, die wir für die christliche Ehe haben, führt uns auch dazu, unsere Wertschätzung für den Zölibat und die gottgeweihte Jungfräulichkeit auszudrücken. Nur wenn die menschliche Sexualität als ein Gut, daß von Gott kommt, geschätzt wird, können Zölibat und Jungfräulichkeit ihren positiven Sinn erkennen lassen als Geschenk seiner selbst um des Himmelreiches willen (vgl. *ebd.*, Nr. 16). Ich teile die Freuden derer unter euch, deren Ortskirchen Berufungen zum Priestertum und zum Ordensleben entstehen sehen. Dies bedeutet eine sehr wertvolle Ernte für das Evangelium. Es ist ein Zeichen, daß der Same des Glaubens gut in eure Kultur eingepflanzt wurde. Ich weiß aber auch, daß andere unter euch gerne zahlreichen Berufungen aus ihrem Volk hervorgehen sähen. Ich fordere euch auf, euch nicht entmutigen zu lassen, sondern in der Arbeit fortzufahren und den Herrn zu bitten „Arbeiter in seinen Weinberg zu senden“ (*Lk* 10,2).
In jedem Lebensstand ist der Christ dazu aufgerufen, all das, was menschlich ist, zu vertiefen und zu erheben. Wenn die Christen Christus in der Intimität von Ehe und Familie aufnehmen, oder wenn sie sich als Priester oder im Ordensleben ganz für seinen Dienst zur Verfügung stellen, tragen sie auf unterschiedliche Weise dazu bei, den Leib Christus aufzubauen und die Welt umzuformen, auf daß sie Familie Gottes werde.
Mit euch möchte ich auch Dank sagen für den Dienst der ständigen Diakone in euren Ortskirchen: sie weihen sich hochherzig dem, Dienst des Wortes Gottes, der Liturgie und der Caritas (vgl. *Lumen Gentium*, Nr. 29). Ich kann es nicht unterlassen, den zahlreichen Katechisten, die solch eine wichtige Rolle spielen für die Bewahrung und Vertiefung der Glaubensfundamente im Leben eurer Brüder und Schwestern, einen Gedanken zu widmen.

6. Das Werk der Katechisten läßt mich noch einen anderen Bereich ansprechen, der große Bedeutung für die echte menschliche und christliche Entwicklung hat, nämlich die Erziehung. Durch ihre erzieherische Anstrengung versucht die Kirche, eine Antwort auf die Erwartungen der menschlichen Person zu geben. Evangelisierung und Erziehung wa-

ren immer eng miteinander verbunden, eben weil das Evangelium alles bestärkt und erhebt was an menschlicher Suche, Wissen und Selbstentfaltung wahr und gut ist. Wir sind davon überzeugt, daß dieses Suchen zu Gott führt in Christus, welcher „der Weg, die Wahrheit und das Leben“ (vgl. *Joh* 14,6) ist. So ist es die Kirche, die „die geistigen Vorzüge und Anlagen eines jeden Volkes oder einer jeden Zeit befruchtet, sie sozusagen von innen her mit überirdischen Gaben festigt, vollendet und erneuert in Christus“ (*Gaudium et spes*, Nr. 58). Ich habe Vertrauen in die Anstrengungen eurer Ortskirchen, eine gute Erziehung zu geben, die auf den festen christlichen Prinzipien gründet. Es werden überreiche Früchte nicht nur für die Kirche, sondern für das Wohl der ganzen Gesellschaft im Pazifik daraus hervorgehen.

7. Liebe Brüder, das Evangelium lädt uns auch ein, Diener der Versöhnung zu sein; in zahlreichen Konflikten, die die Welt heute erschüttern, müssen wir eine tiefere Ebene der Verständigung suchen und uns zu einer höheren brüderlichen Liebe erheben. Das ist auch eine wichtige Frucht der Evangelisierung. Von ganzem Herzen drücke ich meine Hoffnung aus und bete dafür, daß alle Völker des Pazifik in Harmonie und Wohlstand leben mögen, daß die Konflikte friedlich, in Gerechtigkeit und unter Berücksichtigung der Interessen und Bedürfnisse aller gelöst werden mögen. Ein anderer wichtiger Aspekt des Dienstes der Versöhnung ist unsere Pflicht, die Wunden der Trennungen unter den Christen zu heilen und nach besserer Verständigung mit den Mitgliedern anderer Religionen zu suchen. Ich ermutige euch, in diesen Bereichen eure Anstrengungen weiter zu verfolgen und euch auf das Fundament der festen Prinzipien des Ökumenismus und des Dialogs zu stützen wie sie das zweite Vatikanische Konzil gelehrt hat und wie es durch die Praxis und die Lehre der Kirche noch genauer dargelegt wurde.

8. Die Inseln, über die sich eure Bischofskonferenz erstreckt, haben jetzt zwei große Zeugen des Glaubens: den heiligen Peter Chanel und den seligen Diego Luis de San Vitores. Mögen eure Länder trotz ihrer großen Entfernungen und der Unterschiedlichkeit ihrer Kulturen in der Einheit des Glaubens bleiben, den diese Missionare um den Preis ihres Lebens in den Pazifik gebracht haben. Möge der Samen, den sie mit vielen anderen gesät haben, fortfahren, eine reiche Ernte für die Ehre Gottes und zum Wohle der menschlichen Familie zu erbringen. Ich bete, daß diese beiden Märtyrer zusammen mit Unserer Lieben Frau, dem Stern des Meeres für euch und eure Völker Fürsprache einlegen mögen. Euch allen gebe ich von ganzem Herzen meinen Apostolischen Segen.

Pastoral der geistlichen Berufe nachhaltig fördern

Ansprache an die Bischöfe aus Porto Rico anläßlich ihres Ad-limina-Besuches am 27. Oktober

Herr Kardinal, liebe Mitbrüder im Bischofsamt!

1. Es ist mir eine Freude, euch anläßlich dieser Begegnung herzlichst willkommen zu heißen, nachdem ich bereits mit euch persönliche Gespräche geführt habe, wie sie zu einem „Ad-limina"-Besuch gehören. Ich danke für die freundlichen Worte des Grußes, mit denen ihr mir auch die Verbundenheit und die Liebe der Gläubigen eurer Diözesen zum Ausdruck gebracht habt, welche die Kirche Gottes in Porto Rico bilden.
Der Besuch „Ad limina Apostolorum", ein Zeichen der kirchlichen Gemeinschaft, besteht, wie ihr sehr wohl wißt, zunächst in der Verehrung der Gräber der Apostel Petrus und Paulus und in einem Besuch beim Papst, um ihn über die Lage der Diözesen zu informieren; weiter in einer Kontaktnahme mit den Dienststellen der Römischen Kurie. Diese Begegnungen tragen zweifellos zur Stärkung der Einheit der Ortskirchen mit Rom, dem Sitz des Apostels Petrus bei, der Prinzip und sichtbarer Grundstein der Gemeinschaft der Bischöfe und auch der Gläubigen ist. Man kann somit behaupten, daß der Stuhl Petri die berechtigten Verschiedenheiten schützt und gleichzeitig darauf bedacht ist, die Besonderheiten der einzelnen Ortskirchen nicht zu einem Hindernis für die Einheit, sondern vielmehr zu deren Bereicherung zu machen. Sendung des Papstes ist es daher, sich nicht nur um das Gemeinwohl der Weltkirche, sondern auch um das jeder einzelnen Ortskirche zu sorgen. In diesem Sinn erlauben es die persönlichen und die gemeinsamen Begegnungen des „Ad-limina"-Besuches dem Bischof von Rom, die Notwendigkeiten und die ortsbedingten Verhältnisse jeder einzelnen Gemeinschaft von Gläubigen näher kennenzulernen.

2. Die Festigung des Kollegialitätsbewußtseins innerhalb eurer Bischofskonferenz wird zweifellos eurem Amt neuen Nachdruck verleihen und eine bessere Anpassung an die pastoralen Wirklichkeiten ermöglichen. Obwohl nämlich die Verantwortung und die Kompetenz des Ordinarius in seiner Diözese vorrangig und unersetzlich sind (vgl. *Lumen gentium*, Nr. 20 und 23), ist die Zusammenarbeit der Bischöfe innerhalb der Bischofskonferenz ein wirksames Mittel um – auf interdiözesaner oder regionaler Ebene – noch besser für das Wohl der Gläubigen arbeiten zu können, da jede Problematik, die den Bereich der einzelnen Diözesen überschreitet, im allgemeinen Studien und Richtlinien auf der gleichen Ebene erfordert. Auf diese Weise wird es möglich sein, dank der großmütigen Zusammenarbeit aller, in einer einheitlichen Perspektive und auf klare Weise gemeinsam Richtlinien zu erarbeiten, die jedem einzelnen Bischof bei der Erfüllung seiner pastoralen Pflichten behilflich sein sollen.
Bei solchen Gelegenheiten sollt ihr zutiefst die Einheit unter euch sowie mit dem Nachfolger Petri und mit der ganzen Kirche erfahren. Das Zeugnis der Einheit unter euch wird sicher für eure Priester ein Grund und eine Einladung sein, auch ihre Einheit untereinander, mit den Trägern der Pastoral und mit den übrigen Gliedern eurer Ortskirchen zu bekräftigen.

3. Angesichts des fünfhundertjährigen Jubiläums der Evangelisierung Lateinamerikas möchte ich euch im Rahmen der sogenannten „neuen Evangelisierung“ – unter Berücksichtigung auch der Kirche in Porto Rico, wie ihr persönlich sie im Verlauf unserer Begegnungen und in den Fünfjahresberichten dargestellt habt – einige Erwägungen vorlegen, von denen ich hoffe, daß sie zur Stärkung der Einheit in eurer pastoralen Arbeit und zu deren Dynamik beitragen.
Als Bischöfe seid ihr die Stimme Christi inmitten eurer Gläubigen. Ihr seid Lehrer der Wahrheit, seid in einer Kirche, die im Dienst der Wahrheit steht, die ersten Träger der Evangelisierung, die durch keine andere Verpflichtung von dieser heiligen Sendung abgehalten werden können. Auch müßt ihr darüber wachen, daß eure Gemeinden unablässig in der Kenntnis und der praktischen Anwendung des Wortes Gottes Fortschritte machen, indem ihr auch eure Mitarbeiter zur Erfüllung ihrer Lehrtätigkeit ermutigt und sie dabei leitet. Deshalb ist es eure Aufgabe, die rechtmäßige Arbeit der Theologen, die eine spezifische Sendung innerhalb der Kirche erfüllen, zu verfolgen, um so gleichzeitig dem kirchlichen Lehramt in gebührender Treue beständig den Dienst zu leisten, die Wahrheit zu unterscheiden und sie wenn nötig, vor etwaigen Manipulationen seitens paralleler Lehraussagen von Einzelpersonen oder Gruppen zu schützen, wie es im Dokument von Puebla (687) heißt.
Als Bischöfe tragt ihr auch auf dem Gebiet der Liturgie eine klar umschriebene Verantwortung, da ihr Spender der Gnade und Vorsitzende der betenden Gemeinde seid. Infolgedessen müßt ihr euch um die Förderung der Liturgie und um die fruchtbringende Spendung der Sakramente, insbesondere der Eucharistie sorgen, „kraft deren die Kirche immerfort lebt und wächst“ (*Lumen gentium*, Nr. 26). Ihr müßt also darüber wachen, daß die festgelegten Normen beachtet werden, vor allem bei der Feier der Eucharistie, die auf keinen Fall der Willkür oder den von den kirchlichen Richtlinien abweichenden Initiativen einzelner oder von Gruppen überlassen werden darf.
Geliebte Brüder, ihr sollt auch Diener der Einheit sein. Kraft der sakralen Gewalt, die euch in der Bischofsweihe verliehen wurde, seid ihr verpflichtet, das Vertrauen und die verantwortungsbereite Mitarbeit aller wachzurufen und so in eurer Diözese ein Klima der kirchlichen Gemeinschaft herzustellen, ohne jedoch eurer spezifischen Verantwortung für die Leitung der Diözese und für das Heil der Seelen untreu zu werden. Euer Amt kann dann besonders heikel werden, wenn ihr die Laien an ihre Verpflichtung zum Aufbau der irdischen Wirklichkeiten erinnern, sie jedoch auch darauf hinweisen müßt, daß „die Hirten, zur Sorge um die Einheit verpflichtet, sich von allen parteipolitischen Ideologien fernhalten müssen, die ihre Haltung und ihr Handeln beeinflussen könnten“ (*Puebla*; 526). Auf diese Weise seid ihr voll und ganz Werkzeuge der Versöhnung und des friedlichen Zusammenlebens, und führt die Gemeinschaft der Gläubigen den gesteckten Zielen der größeren sozialen Gerechtigkeit und der Verteidigung der Rechte – vor allem der Ärmsten und Bedürftigsten – entgegen.

4. Zur Erfüllung eurer bischöflichen Pflichten bedürft ihr unbedingt der kostbaren Mitarbeit eurer Priester, Ordensleute und Pastoralhelfer. Es ist mir bekannt, daß Porto Rico hier Unterstützung von anderen kirchlichen Gemeinschaften empfängt: das ist ermuti-

gend und bringt die Einheit der Ortskirchen untereinander zum Ausdruck, jedoch gleichzeitig die Notwendigkeit, die Pastoral der geistlichen Berufe nachhaltig zu fördern.
Wie ich schon bei meiner *Eröffnungsansprache in Puebla* sagte, muß „jede Gemeinde sich um ihre Berufungen kümmern. Sie sind ein Zeichen ihrer Vitalität und ihrer Reife. Es ist angezeigt, eine intensive Pastoral der Berufungen neu zu beleben, die, von der christlichen Berufung im allgemeinen und einer begeisterten Jugendpastoral ausgehend, der Kirche die Diener und Dienerinnen schenkt, deren sie bedarf" (Nr. 4). Ihr wißt sehr wohl um die große Bedeutung von eigenen Zentren für die Heranbildung der Priester und Ordensleute, über die die Diözesen oder Kirchenprovinzen verfügen sollten. Freilich werden dazu auch verantwortungsbewußte und intellektuell und spirituell gut vorbereitete Erzieher benötigt; ihr könnt jedoch davon überzeugt sein, daß ihr mit Gottes Hilfe kompetente Persönlichkeiten finden werdet, die sich die Vorbereitung eurer Seminaristen in ihrer eigenen Umgebung und in direktem Kontakt mit der pastoralen und menschlichen Problematik der Gemeinden, denen sie eines Tages dienen sollen, eifrig angelegen sein lassen.
Alles, was ihr im Interesse einer guten Ausbildung der Priesteramts- und Ordenskandidaten tut – angefangen von der Förderung der Berufungen in den Schulen – wird für eure Gemeinden von lebenswichtiger Bedeutung sein.
Für das Keimen und die Entfaltung der Berufungen in ihrer natürlichen Umgebung ist die Sorge um die Familienpastoral unerläßlich. Weist eure Priester auf die vordringliche Notwendigkeit dieser apostolischen Aufgabe hin. Auf diese Weise wird sich die Wirkkraft ihres Apostolats vervielfältigen, soll doch jede Familie zu einer echten Hauskirche und zu einem Zentrum für die Evangelisierung der anderen Familien werden (vgl. *Familiaris consortio*, Nr. 52–55).

5. Mit besonderer Sorgfalt sollt ihr eure Hirtensorge den apostolischen Bewegungen zuwenden, deren Dynamik und Kraft dem Glauben und dem sakramentalen Leben entspringen müssen.
Ihr wißt sehr wohl, daß das Apostolat der Laien der gleichen christlichen Berufung entspringt (vgl. *Apostolicam actuositatem*, Nr. 2). Von ihren Priester entsprechend begleitet, müssen sie – einzeln oder auf rechte Weise vereint – bestrebt sein, jene Brüder und Schwestern der Kirche näher zu bringen, deren Glauben geschwächt ist oder die ihm fernstehen. Auch die Laien müssen hochherzig an der Erfüllung der Aufgaben mitwirken, die den Diözesen und Pfarreien gestellt sind: an der Katechese, der karitativen Hilfe und der sozialen und menschlichen Förderung. Vor allem jedoch müssen sie mit ihrem christlichen Leben Zeugnis ablegen, damit ihre Familien – wie das *Dokument von Puebla* betont – „das erste Zentrum der Evangelisierung" (167) seien.
Anderseits sind euch, liebe Mitbrüder, auch die Risiken und Gefahren sicher nicht unbekannt, welche die Familie als solche bedrohen. Verschiedene Faktoren haben dazu beigetragen, in unserer Zeit bestimmte, für die Stabilität der Familie grundlegende Prinzipien ernstlich in Frage zu stellen.
Durch manche Massenmedien, die nicht immer die wahren menschlichen und geistlichen Werte fördern, weit verbreitet wirken Scheidungsmentalität, die dauerhafte Verpflichtun-

gen vermeiden will, tadelnswerte empfängnisverhütende Methoden und Abtreibung, die das Geschenk des Lebens mißachten, dahin, daß die leidvollen fammiliären Situationen, die so ernste Probleme mit sich bringen, ständig zunehmen.
Es wird demnach eine unübersehbare Aufgabe der Familienpastoral sein, den christlichen Eheleuten unablässig große Achtung für das Leben einzuschärfen, da sie, wenn sie einem Kind das Leben schenken, ständig der Tatsache eingedenk sein müßen, daß sie direkt am Schöpfungsplan Gottes mitwirken. Die verantwortete Elternschaft, für die sich das katholische Lehramt einsetzt, muß für die Eheleute Quelle klarer Orientierung und christlicher Spiritualität sein. Diese Lehre darf in keinem Fall negativ dargestellt werden, sozusagen als Mangel an der Bereitschaft zu Vater- und Mutterschaft. Mit einem Wort, die christliche Ehe, das von Jesus Christus eingesetzte Sakrament, muß immer einem „Ja" zum Leben gleichkommen.

6. Zweifellos werden die Förderung und Verteidigung der moralischen und geistigen Werte in der Familie unter anderm auch zur Öffnung neuer Wege beitragen und einer Jugend neue Hoffnung schenken, die, obgleich von der permissiven Wohlstandsgesellschaft beeinflußt, auf der Suche ist nach edlen Idealen und nach einem Sinn für ihr Sehnen nach einer gerechteren und geschwisterlichen Welt. Christus ist der einzige, der das Herz des Jugendlichen, wenn es sich für das Leben auftut, voll und ganz befriedigen kann.
Die religiöse Bildung der Kinder und Jugendlichen muß weiterhin vorzüglicher Gegenstand eures pastoralen Wirkens sein. Ich lade euch deshalb ein, „die besten Möglichkeiten und Energien, ohne Arbeit und Mühen oder auch materielle Kosten zu scheuen, in den Dienst der Katechese zu stellen, um sie besser zu organisieren und qualifiziertes Personal dafür heranzubilden" (*Catechesi tradendae*, Nr. 15).
All das wird umso nötiger, wenn wir gewissen, heute vorherrschenden Erscheinungen Rechnung tragen, die von einem ausgeprägten Prozeß der Säkularisierung, von laizistischen Haltungen und von rein diesseitigen Ausrichtungen gekennzeichnet sind, denn all das verringert den Einfluß der Botschaft des Evangeliums auf das Leben der Menschen und der Gesellschaft.
Mit vereinten Kräften muß ein tiefer und echter Glaube weitergegeben werden, der klar die ganze Schönheit des Evangeliums darbietet, ohne zweifelhafte Einschränkungen und willkürliche Auslegungen, die Verwirrung hervorrufen und dem Reichtum der kirchlichen Lehre fremd sind.

7. Von diesem Standpunkt aus betrachtet, wird die Planung und Durchfühung einer systematischen, gesamtheitlichen Pastoral unerläßlich. Wenn alle lebendigen Kräfte, über welche die Kirche in Porto Rico verfügt, ausgenutzt werden, wird das auch einer gesamtheitlichen Evangelisierung förderlich sein, einer Evangelisierung, welche Gesellschaft und Kultur und auch die wirtschaftliche und politische Ordnung durchdringt.
Sie wird selbstverständlich ihren Höhepunkt in einem intensiven liturgischen Leben finden, das die Pfarreien zu lebendigen kirchlichen Gemeinden macht, in denen eine immer umfassendere christliche Bildung und Ausbildung der Gläubigen und deren aktive Teil-

nahme an der karitativen Arbeit der Kirche gefördert werden. Mit einem Wort: die Pfarreien sollen von einer neuen und begeisterten apostolischen Dynamik durchdrungen sein.
In diesem Zusammenhang kann auch eine von fremdartigen Elementen entsprechend befreite Volksfrömmigkeit ein brauchbares Werkzeug für die Evangelisierung und für ein echtes Wachstum im Glauben sein, der in den Gläubigen angesichts der Werbung der Sekten das Wissen um ihre Zugehörigkeit zur Kirche stärkt.
Bevor ich zum Schluß komme, möchte ich euch, geliebte Brüder, nochmals meiner Dankbarkeit und Verbundenheit versichern. Ich bitte den Herrn, er möge durch diese Begegnung eure Einheit untereinander als Hirten der Kirche in Porto Rico stärken. So wird euer Wirken als Bischöfe nachhaltiger und intensiver werden, zum Wohl eurer kirchlichen Gemeinden.
Auch bitte ich euch, euren Priestern, Ordensleuten, Seminaristen und Pastoralhelfern, sowie allen Gläubigen eurer Diözesen die Grüße und den Segen des Papstes zu übermitteln, der von lebendiger Hoffnung erfüllt, für alle betet. Die unvergeßliche Erinnerung an den ereignisreichen, mit ihnen anläßlich des Pastoralbesuches vor vier Jahren verbrachten Tag trägt er stets im Herzen.
Euch selbst, eure Anliegen und Vorsätze als Hirten vertraue ich der Jungfrau Maria an, damit ihr der Aufgabe der neuen Evangelisierung, welche die Herzen für das Kommen des Herrn vorbereitet, gerecht werdet.
Diese Wünsche, mein Gebet und mein Apostolischer Segen begleiten euch.

Evangelisierung und Inkulturation sind aufeinander bezogen

Ansprache an die Bischöfe von Simbabwe bei ihrem Ad-limina-Besuch am 2. Juli

Liebe Brüder im Bischofsamt!

1. Mit großer Freude heiße ich euch heute im Verlauf eures Ad-limina-Besuches willkommen. Eure Anwesenheit hier in der Stadt des Martyriums der Apostel Petrus und Paulus ist ein greifbarer Ausdruck des Glaubens eurer Ortskirchen. Sie erweist den Sinn für die kirchliche Gemeinschaft, die euch und eure Priester, die Ordensleute und Laien in der einen, heiligen, katholischen und apostolischen Kirche verbindet, die der Herr selbst mit seinen göttlichen Gaben erfüllt (vgl. *Eph* 1,22–23), so daß sie wachsen und die ganze Fülle Gottes erreichen kann (vgl. *Eph* 3,19).
In euch umarme ich die ganze Kirche von Simbabwe: die Heimstatt Gottes in Harare, Bulawayo, Chinhoyi, Gweru, Mutare und Wankie. „Ich danke meinem Gott jedesmal, wenn ich in meinen Gebeten an euch denke. Denn ich höre von eurem Glauben an Jesus, den Herrn, und von eurer Liebe zu allen Heiligen“ (*Phlm* 1,4–5).
Wir treffen uns nur wenige Wochen vor meinem kommenden Besuch in eurem Land. Ich freue mich schon sehr auf diese Gelegenheit, die Christus, der Gute Hirt, mir gibt, so daß

ich unmittelbar die Lebenskraft und Standfestigkeit eurer Ortskirchen feststellen kann. Es wird zugleich eine Gelegenheit zur Bekräftigung des Wunsches der katholischen Kirche nach wachsendem Verständnis und weiterer Zusammenarbeit mit unseren nichtkatholischen Brüdern und Schwestern in Christus sowie mit allen Männern und Frauen guten Willens sein. Zugleich wird das Interesse der Kirche am Wachstum und an der Entwicklung Simbabwes und ihre Unterstützung dieses Wachstums und dieser Entwicklung in dem noch frühen Stadium seiner Unabhängigkeit und nationalen Konsolidierung konkret zum Ausdruck kommen. Gern nehme ich zur Kenntnis, daß die geistliche Vorbereitung auf meinen Besuch eure örtlichen Gemeinden zu vielfachen Initiativen im Dienst einer Erneuerung des christlichen Lebens und Dienens veranlaßt hat.
Vor allem wird mein Besuch eine Verkündigung und Feier unseres Glaubens an Jesus Christus, unseren Herrn und Erlöser sein. In Harare und Bulawayo möchte ich bei den Begegnungen mit den Gläubigen und spezifischen Gruppen eine Reihe von Themen aufgreifen, die für euren Dienst bedeutsam sind. Heute aber möchte ich euch ermuntern und als Männer Gottes ermahnen, euer Vertrauen auf die Kraft des Herrn Jesus Christus zu setzen, der der eigentliche Hirt eurer Herden ist. So fordere ich euch mit den Worten des ersten Petrusbriefes auf: „Werft alle eure Sorge auf ihn, denn er kümmert sich um euch“ (*1 Petr* 5,7).

2. Nach einer sporadischen Präsenz in den früheren Jahrhunderten wurde die Kirche in Simbabwe 1879 dauerhaft eingeführt, als die Jesuitenmissionare unter der Leitung von P. Henry Delpechin eintrafen. Von Anfang an war sie darauf bedacht, das Geheimnis von Gottes ewiger Liebe zu verkünden und seinen Plan zu verwirklichen, die ganze Menschheitsfamilie zu einem Volk zusammenzuführen, „das von der Einheit des Vaters und des Sohnes und des Heiligen Geistes her geeint“ ist (*Lumen gentium*, Nr. 4). Sie vollzieht das, indem sie die Getauften in die Gemeinschaft einführt: in die Gemeinschaft mit Gott durch Anteilnahme am Leben des Geistes, den Christus weiter in unsere Herzen ausgießt, und in die Gemeinschaft des Leibes der Kirche, die das Sakrament der Einheit und Versöhnung der Menschen mit Gott und untereinander ist.
Die Ekklesiologie der Gemeinschaft, die das II. Vatikanische Konzil so kräftig neu angeregt hat, bietet uns den theologischen und pastoralen Rahmen für Leben und Wirken der Kirche auf allen Ebenen. Viel ernsthafte Überlegung ist aber zumal bei den Hirten der Kirche noch nötig, um sicherzustellen, daß die Wirklichkeit der Gemeinschaft immer noch tiefer zur lebensmäßigen Erfahrung des Volkes Gottes wird. In ihrem tiefsten Sinn ist diese Gemeinschaft ein Austauschen der Erwählung, der Barmherzigkeit und Liebe Gottes, wie sie in der Heilsgeschichte durch Christus den Erlöser offenbar geworden ist (vgl. *Schlußbericht* der Bischofssynode 1985, II A 2). Ihren höchsten Ausdruck aber findet sie, wenn die christliche Gemeinde um den Bischof versammelt das eucharistische Opfer feiert und dort am Geheimnis des Glaubens bewußt und hoffnungsvoll teilnimmt. „Die Gemeinschaft des eucharistischen Leibes Christi bedeutet und bewirkt, das heißt baut die innere Gemeinschaft aller Gläubigen im Leibe Christi auf, der die Kirche ist“ (*ebd.* C 1; vgl. *1 Kor* 10,16).

3. Gemeinschaft in der Kirche bedeutet, durch Gnade am göttlichen Leben teilnehmen und für die Gnade im persönlichen und gemeinschaftlichen Leben Zeugnis geben. Jeder

Aspekt des Lebens der Kirche muß in bezug auf die tiefe und geheimnisvolle Gemeinschaft gesehen werden, die den Leib der Kirche belebt und trägt. Der „kollegiale Geist", der die Seele der Zusammenarbeit zwischen Bischöfen auf regionaler, nationaler und internationaler Ebene und zugleich die Seele ihrer Einheit mit dem Nachfolger des Petrus ist, entspringt direkt der Bereitschaft eines jeden Bischofs, den Erfordernissen der Gemeinschaft zu entsprechen. Die Einheit des Presbyteriums, die gegenseitige Achtung, Unterstützung und Zusammenarbeit zwischen Priestern, Ordensleuten und Laien, legen von der Lebenskraft dieser Gemeinschaft in der Ortskirche Zeugnis ab. An der Gemeinschaft Anteil geben aber bedeutet, in unserem Denken und Tun an die erste Stelle die Liebe setzen, die Jesus geboten hat (vgl. *Joh* 13,34), und die das echteste Zeugnis für unsere Treue zum Herrn ist: „Amen, ich sage euch: Was ihr für einen meiner geringsten Brüder getan habt, das habt ihr mir getan" (*Mt* 25,40).
Liebe Brüder: ich möchte euch in eurem ständigen Bemühen ermuntern, einen dynamischen Sinn für Beteiligung und Mitverantwortung auf allen Ebenen der Kirche in Simbabwe zu fördern. Ein solcher Geist erfordert vermehrte persönliche und kollektive Reife bei allen Betroffenen. Er darf das Prinzip der recht ausgeübten Autorität keineswegs aufweichen, erfordert aber Teamarbeit in hingebungsvollem und freudigem Zusammenwirken als Antwort auf die dringenden Bedürfnisse der Evangelisierung. Niemals aber soll er zur Rechtfertigung von Individualismus oder Mangel an Disziplin oder Koordinierung der seelsorglichen Tätigkeiten dienen.

4. Bei eurem täglichen Dienst spürt ihr, daß so viel mehr getan werden könnte, wenn nur mehr Kräfte für die Sendung der Kirche zur Verkündigung des Evangeliums und zum Aufbau des Reiches Christi vorhanden wären. Die Förderung von Berufungen zum Priester- und Ordensleben ist daher eine Verantwortung der ganzen Gemeinschaft der Christen, zumal der Familien. Nach den Schwierigkeiten der Jahre des Kampfes um die Unabhängigkeit wächst die Zahl derer, die dem Ruf Christi folgen, ständig und ich stelle mit großer Genugtuung fest, daß die Zahl der Großseminaristen in den letzten drei Jahren sich fast verdoppelt hat. So möchte ich euch bitten, auf die bestmögliche Weise für eine entsprechende Ausbildung dieser hochherzigen jungen Menschen und der Kandidaten, die in eure Kleinen Seminare eintreten, zu sorgen. Denn auch angesichts sehr dringender Bedürfnisse zählt am Ende nur die Qualität und Hingabe eurer Priester. Wie das Konzil uns mahnt, ist daher das oberste Gesetz hier die solide Ausbildung der Seminaristen (vgl. *Optatam totius*, Nr. 7).
Ebenso sind eure hochherzigen Bemühungen zur Ermunterung von Berufungen zum Ordensstand und zum gottgeweihten Leben eine ausgezeichnete Form des Dienstes an der Kirche in eurem Land. Ordensmänner und Ordensfrauen stellen nicht nur eine wertvolle und absolut notwendige Hilfe für die Missionstätigkeit dar; durch ihre mehr innere Weihe an Gott in der Kirche zeigen sie auch zeichenhaft die innere Natur der Berufung des Christen auf (vgl. *Ad gentes*, Nr. 18). Sie leisten einen spezifischen und wesentlichen Beitrag zum Wachstum und zur Festigung eurer Ortskirchen, einen Beitrag, der auch immer anerkannt und geachtet werden sollte. Möge der allmächtige Gott weiter reichlich Berufungen unter euch wecken als Unterpfand für seine Liebe und seinen Schutz.

5. Wohl bewußt ist euch ferner eure Verantwortung in einem weiteren Bereich der pastoralen Tätigkeit, nämlich für die Evangelisierung und seelsorgliche Betreuung der Jugend in einem Land, in dem der Großteil der Bevölkerung unter 20 Jahre alt ist. Ich freue mich schon auf die Begegnung mit Vertretern der Jugend von Simbabwe im Verlauf meines Besuches. Ich möchte sie daran erinnern, daß Jesus Christus die Wahrheit anbietet, die sie wirklich frei macht (vgl. *Joh* 8,36) und das Leben, das mehr bedeutet als Nahrung und Kleidung (vgl. *Mt* 6,25–33). Auf der Jugend ruht die ganze Zukunft der Kirche und der bürgerlichen Gesellschaft. Unglücklicherweise lastet auf sehr vielen eurer Jugendlichen die Bürde schwerer moralischer und sozialer Probleme infolge der weitverbreiteten Arbeitslosigkeit. Viele wurden auch dem Glauben wegen ihrer Erlebnisse im Krieg oder infolge politischer und ideologischer Indoktrinierung entfremdet, oder wegen der wachsenden Anziehungskraft einer materialistischen Lebensauffassung, die im ganzen der echten afrikanischen Kultur fremd ist. Auf der anderen Seite ist es tröstlich zu wissen, daß der nationale katholische Jugendrat hart dafür arbeitet, mit diesen Herausforderungen fertig zu werden. Ich kann die Gemeinschaft der Katholiken in Simbabwe nur ermuntern, mit ihren Bemühungen fortzufahren und sie auszudehnen und sich um ein besseres Verständnis und bessere Zusammenarbeit mit regierungsamtlichen Agenturen oder mit denen anderer Religionen zu bemühen, die auf diesem Gebiet tätig sind.

6. Wenn man von der Jugend spricht, so denkt man auch an die Rolle der Kirche bei der heutigen und künftigen Entwicklung eures Landes. Aus ihrer Natur heraus ist die Gemeinschaft des Glaubens und der Liebe in Sendung und Dienst für die Welt offen. Ihr habt schon klargestellt, daß die Gemeinschaft der Katholiken sich im unabhängigen Simbabwe voll für den Aufbau der nationalen Gemeinschaft in Wahrheit und Gerechtigkeit einsetzt, und ihr kümmert euch besonders um die Ärmsten und Schwächsten. Eure pastoralen Stellungnahmen zu Aspekten des nationalen Lebens bezeugen, daß ihr im Licht von Gottes Wort, das euer Wirken und euren Beitrag zur nationalen Versöhnung sowie für die Verbesserung der Lebensbedingungen leitet, eure Überlegungen anstellt. Obwohl ihr über den seit der Unabhängigkeit und dem Ende der Feindseligkeiten erreichten Fortschritt glücklich seid, so seid ihr doch auch überzeugt, daß nur in einem Klima des Verständnisses und der Zusammenarbeit zwischen dem Staat und den verschiedenen religiösen Körperschaften eine echte Lösung für die Formen moralischer und materieller Armut, die Frieden und Fortschritt behindern, gefunden werden kann.
Die Kirche war dem Volk bei seinem Sehnen nach Freiheit, Würde und Fortschritt sehr nahe, und sie möchte dem wahren Wohlergehen aller dienen durch ihre religiöse Sendung und Erziehung, durch gesundheitliche und soziale Tätigkeit. Um wirksam arbeiten zu können, muß sie die Freiheit haben, diese Dienste gemäß ihrer eigenen spezifischen Berufung und in Treue zu ihrer eigenen Lehre entfalten zu können.

7. Abschließend noch ein Wort zur Evangelisierung und Inkulturation. Das Sekretariat für die Nichtchristen hat kürzlich die Bischofskonferenzen von Afrika und Madagaskar auf die Wichtigkeit der Einführung entsprechender pastoraler Methoden aufmerksam gemacht, um an die überlieferte afrikanische Religion, der auch die Mehrheit der Bevölke-

rung von Simbabwe anhängt, heranzukommen. Aus eurer eigenen pastoralen Erfahrung wißt ihr um die sehr heikle Natur dieses Aspekts im Apostolat der Kirche. Evangelisierung und Inkulturation sind innerlich aufeinander bezogen. Daher ist viel gründliche theologische Überlegung erforderlich, um zu bestimmen, welche Werte und Elemente einer bestimmten Kultur mit dem Leben im neuen Gottesreich vereinbar sind, das Christus aufgerichtet hat, und das vom Geist der Wahrheit seiner Erfüllung entgegengeführt wird, der Wiederkunft Christi, der unser Leben ist und in Herrlichkeit erscheinen wird (vgl. *Kol* 3,4). Auf der praktischen Ebene zeigt die Anpassung der in euren Ortskirchen üblichen Begräbnis- und Eheriten zum Beispiel, wie der christliche Glaube gleichzeitig wirklich universal und der Kultur und Lebensart einer jeden Gruppe nahestehen kann.
Es wäre schwer, bessere Worte für die Beschreibung des dynamischen Verhältnisses zwischen der Botschaft vom Heil in Jesus Christus und den verschiedenen Ausdrucksformen menschlicher Kultur zu finden als die der Pastoralkonstitution des Konzils über die Kirche in der Welt von heute: „Die gute Botschaft Christi ... befruchtet die geistigen Vorzüge und Anlagen eines jeden Volkes oder einer jeden Zeit sozusagen von innen her mit überirdischen Gaben, festigt, vollendet und erneuert sie in Christus“ (*Gaudium et spes*, Nr. 58). Echte Inkulturation des Glaubens kann freilich nicht auf eine bloße Übernahme der Äußerlichkeiten einer bestimmten Kultur beschränkt werden. Echte Inkulturation erfolgt von innen her: sie besteht letztlich in einer Erneuerung des Lebens unter dem Einfluß der Gnade.
Die Evangelisierung eurer Kultur ist eine der größten Aufgaben, vor denen ihr in eurem Dienst steht. Ich bete daher, daß das Marianische Jahr durch die Fürbitte der Mutter des Erlösers euch Bischöfen sowie allen Priestern, Ordensleuten und Laien der Kirche in Simbabwe eine Bestärkung im Glauben und in der Liebe schenkt, ein neues Ausgießen der Gaben des Heiligen Geistes, von dem das ganze apostolische Werk der Evangelisierung ausgeht (vgl. *Lk* 24,49). Bis wir uns in eurem Vaterland wiedersehen, bitte ich euch, euren Brüdern und Schwestern in der Heimstatt Gottes im Geist (vgl. *Eph* 2,19–22) meine herzlichen Grüße auszurichten. Möge Gottes Friede mit euch sein!

Zeugnis geben erste Tat der Evangelisierung

Rede anläßlich des Ad-limina-Besuchs der Bischöfe aus dem Sudan am 13. Februar

Liebe Brüder in unserem Herrn Jesus Christus!

1. Ich freue mich, euch, die Mitglieder der Sudanesischen Bischofskonferenz zu eurem Ad-limina-Besuch willkommen zu heißen. Heute sind wir hier in der Gemeinschaft des Heiligen Geistes und in der Liebe Christi versammelt, der für ewig der Schlußstein (vgl. *Eph* 2,20) und Hirt unserer Seelen (*1 Petr* 2,25) bleibt. Unsere Begegnung ist für uns ein besonderer Moment kirchlicher Communio und bietet uns die Gelegenheit, die Bande der Einheit, der Liebe und des Friedens zu bekräftigen, die uns im Bischofskollegium zusammenschließen (*Lumen gentium*, Nr. 22). Jeder von euch vertritt eine Ortskirche im

Sudan und bringt die Hoffnungen, Freuden, Leiden und Schwierigkeiten der Priester, Ordensleute und Laien mit, die eurer Hirtensorge anvertraut sind. Als „Diener Christi und Verwalter von Geheimnissen Gottes" (*1 Kor* 4,1) teilen wir gemeinsam eine pastorale Verantwortung und werden von ein und derselben Hoffnung genährt.
Da wir uns heute treffen, ist es mein aufrichtiger Wunsch, euch in der lebendigen Hoffnung zu bestärken, zu der wir durch die Auferstehung Jesu neu geboren worden sind (vgl. *1 Petr* 1,2–7). Wie ich anläßlich eures letzten Ad-limina-Besuchs sagte, ist „meine Botschaft eine Botschaft der Hoffnung, die sich in der Liebe begründet ... Durch euch und euer ganzes Volk, das durch Wort und Sakrament als Gemeinschaft geeint ist, möchte der Herr Jesus die unbesiegbare Hoffnung seines Evangeliums lebendig erhalten. Und zum gegenwärtigen Zeitpunkt der Geschichte seid ihr selbst dazu aufgerufen, euer Volk zu führen, es dazu anzuleiten, seine Hoffnung in den gnadenvollen Heiland der Welt, in den Erlöser des Menschen zu setzen" (*Ansprache an die Bischöfe des Sudans*, 30. Oktober 1981).

2. Dankbar bin ich mir der mutigen Initiativen bewußt, die ihr ergriffen habt, um das Evangelium trotz großer Schwierigkeiten zu verkünden. Als Hirten einer relativ kleinen Anzahl von Katholiken im Vergleich zur Gesamtbevölkerung des Sudans habt ihr eure pastorale Tätigkeit in zwei grundlegende Richtungen gelenkt. Auf der einen Seite habt ihr euch gemeinsam mit euren Priestern, Ordensleuten und Katecheten der großen Aufgabe der Kirche gewidmet, die Frohbotschaft des Heils den Vielen zu verkünden, die nicht von Christus gehört oder ihn nicht angenommen haben. Auf der anderen Seite habt ihr euch selbst euren eigenen katholischen Gläubigen geschenkt, indem ihr sie mit Worten und Sakramenten gestützt und in ihrer Mitte die Rolle des guten Hirten ausgeübt habt.
Ich nehme diese Gelegenheit wahr, um euch in euren Bemühungen im Werk der Evangelisierung zu ermutigen, das „die Gnade und eigentliche Berufung der Kirche, ihre tiefste Identität", ist (*Evangelii nuntiandi*, Nr. 14). Es liegt in eurer Verantwortung, meine lieben Brüder, die geeignetsten Mittel zur Verkündigung der Botschaft des Evangeliums in eurer eigenen Gesellschaft anzuwenden. In eurer eigenen Kultur muß die Botschaft des Evangeliums durch das Zeugnis eines beispielhaft christlichen Lebens über alle ausgebreitet werden. Solch ein Zeugnis in Hingabe ist bereits eine erste Tat der Evangelisierung.
Doch kommt die Zeit, da das persönliche Zeugnis eines christlichen Lebens von einer klaren Verkündigung der Botschaft vom Heil in Jesus Christus begleitet sein muß. Wir werden an die Worte des Apostels Paulus erinnert: „Wie sollen sie nun den anrufen, an den sie nicht glauben? Wie sollen sie an den glauben, von dem sie nichts gehört haben? Wie sollen sie hören, wenn niemand verkündigt? ... So gründet der Glaube in der Botschaft, die Botschaft im Wort Christi" (*Röm* 10,14–17).

3. Ich weiß, daß ihr als Bischöfe den unschätzbaren Beitrag hoch achtet, den eure Brüder als Diözesanpriester oder Ordensgeistliche, Sudanesen oder Missionare, zur Evangelisierung und sozialen Entwicklung eures Landes leisten. Ihre hervorragende pastorale Arbeit und liebevolle Sorge sind trotz der großen persönlichen Opfer und angesichts vieler Hindernisse ein wesentlicher Teil des Dienstes der Kirche am Volk Gottes im Sudan.

Ein wesentlicher Aspekt eurer apostolischen Aufgabe ist es, eure Brüder im Priesteramt in ihrer Identität als Diener des Wortes und Sakramentes zu stärken. Seid stets darum bemüht, ihnen durch euer Verständnis und Mitgefühl zu helfen. Wie Papst Paul einst seinen Brüdern im Bischofsamt schrieb, ist „die menschliche Einsamkeit des Priesters nicht selten Anlaß zur Entmutigung und Versuchung und soll, besonders durch eure brüderliche und freundschaftliche Gegenwart erleichtert werden. Anstatt Vorsteher und Richter seid euren Priestern lieber Lehrer, Väter, Freunde und Brüder, bereit zur Güte, zur Barmherzigkeit, zur Nachsicht, zum Verzeihen und zur Hilfe" (*Sacerdotalis caelibatus*, Nr. 93).
Mit Befriedigung habe ich festgestellt, daß trotz der Schwierigkeiten die Berufungen zu Priesteramt und Ordensstand im Sudan sogar anwachsen. Für eure Bemühungen bei der Auswahl würdiger Kandidaten für das Priesteramt möchte ich euch meiner Hilfe im Gebet versichern. Außerdem teile ich mit euch die wichtige Sorge darum, daß eure Seminaristen eine angemessene geistliche, akademische und pastorale Vorbereitung auf ihren zukünftigen Dienst als Priester Jesu Christi empfangen. Mögt ihr allen euren Seminaristen stets wahre Väter in Christus sein!

4. Die Präsenz der Kirche, ihr Einsatz in den Bereichen der Gesundheit, sozialen Wohlfahrt und Erziehung hängen weitgehend von den Mitgliedern der Institute des gottgeweihten Lebens ab, die in eurem Land arbeiten. Voll Freude schließe ich mich euch an, wenn ihr dem allmächtigen Gott für all jene Ordensmänner und -frauen dankt, die durch ihr unermüdliches Arbeiten im Dienst des Evangeliums in den Bereichen menschlichen Fortschritts eure Ortskirchen dazu befähigt haben, weit über ihre beschränkte Zahl hinaus einen Einfluß auszuüben. Die Verkündigung der Heilsbotschaft ist in hohem Maße von Ordensgeistlichen, Schwestern und Brüdern geleistet worden, die durch ihre selbstlose Hingabe die Keime der Kirche im Sudan gepflanzt haben.

5. In euren Ortskirchen spielen die Laienkatecheten eine grundlegende Rolle dabei, Kinder und Erwachsene im Glauben zu erziehen. Was die Rolle der Katechisten im Werk der Evangelisation betrifft, so ist es wichtig, sich in Erinnerung zu halten, daß die Katechese einer der wesentlichen Momente im gesamten Prozeß der Evangelisierung ist. Man kann Katechese definieren als „eine Glaubenserziehung von Kindern, Jugendlichen und Erwachsenen, die vor allem eine Darbietung der christlichen Lehre umfaßt, wobei man im allgemeinen organisch und systematisch vorgeht, um die Schüler in die Fülle des christlichen Lebens einzuführen (*Catechesi tradendae*, Nr. 18).
Da ich erkenne, daß eure Laien eine immer größere Führungsrolle sowohl in der Kirche als auch in der Gesellschaft einnehmen müssen, ermutige ich euch, eure Aufmerksamkeit auf die Einrichtung und Förderung fortlaufender Programme für die religiöse Bildung der Gläubigen zu lenken, indem ihr neue Methoden entwickelt, Menschen anzusprechen und zu erziehen, und besonderen Wert darauf legt, die Laien auf die verschiedenen Dienst- und Leitungsämter vorzubereiten als Pastoralassistenten und Katechisten.

6. Ihr und alle, die eurer Hirtensorge anvertraut sind, sind dazu aufgerufen, in einer Gesellschaft vieler Religionen täglich Zeugnis von Christus abzulegen.

In diesem Rahmen ist es eure Aufgabe, „nochmals die Verpflichtung der katholischen Kirche sowohl zum Dialog als auch zur Verkündigung des Evangeliums zu bekräftigen. Es darf keine Alternative zwischen dem einen oder dem anderen geben. Selbst in Situationen, wo die Glaubensverkündung schwierig ist, müssen wir den Mut haben, von Gott zu sprechen. Denn er ist das Fundament dieses Glaubens, der Grund unserer Hoffnung und die Quelle unserer Liebe" (*Ansprache an das Sekretariat für die Nichtchristen*, 28. April 1987).

Die Kirche hat eine tiefe Achtung für alle Nicht-Christen, denn sie glaubt, daß der Heilsplan all diejenigen einschließt, die den Schöpfer anerkennen. Es besteht daher eine feste Basis für wechselseitigen Dialog und friedliche Koexistenz mit den Muslim. Eine besondere Lehre des Zweiten Vatikanischen Konzils ist, daß es Aufgabe der Christen und Muslim ist, „sich aufrichtig um gegenseitiges Verstehen zu bemühen und gemeinsam einzutreten für Schutz und Förderung der sozialen Gerechtigkeit, der sittlichen Güter und nicht zuletzt des Friedens und der Freiheit für alle Menschen (*Nostra aetate*, Nr. 3). Unsererseits bedeutet Dialog eine Bereitschaft, zusammen mit anderen für eine Besserung der Menschheit zu arbeiten, und ein Einsatz, gemeinsam wahren Frieden und Gerechtigkeit zu suchen.

7. Ich kann nicht umhin, meine Sorge um den bewaffneten Konflikt zu erwähnen, der sich zur Zeit im Süden des Sudans abspielt, geprägt von Verlust an Leben, ernstlichem Unrecht gegenüber der Zivilbevölkerung, Zerstörung von Eigentum und weit verbreiteter Hungersnot.

Außerdem haben die fortwährenden Kämpfe Hilfsmaßnahmen nahezu unmöglich gemacht. Ich bete dafür, daß auf Verhandlungsebene bald eine Lösung der Feindseligkeiten gefunden werde mit Rücksicht auf die rechten Bestrebungen des betroffenen Volkes.

Ich möchte auch meine Sorge um die Hunderttausenden von Flüchtlingen und Verschleppten ausdrücken, die auf engem Raum in den Hauptstädten des Südens und Nordens zusammenleben. Ich ermutige euch zu all den dringend notwendigen Bemühungen um Hilfe, die auf die Versorgung dieser armen und heimatlosen Menschen ausgerichtet sind. Zugleich bete ich inständig darum, daß die internationale Gemeinschaft hochherziger und wirksamer auf die Bitte um Beistand in bezug auf dieses quälende Problem eures Gebietes eingehe.

Ich danke euch allen, liebe Brüder, für eure hochherzige Hingabe als Hirten an die Herde, die eurer Sorge anvertraut ist. In euren täglichen Arbeiten bin ich euch in der Liebe Jesu nahe.

Möge die selige Jungfrau Maria, der ihr kürzlich den Sudan geweiht habt, Fürsprache für euch einlegen und euch in euren pastoralen Bemühungen stärken.

Im Namen Jesu sei Friede mit euch und eurem ganzen Klerus, den Ordensleuten und Gläubigen. Mit meinem Apostolischen Segen.

Die Familie und die Bildung der Laien als vorrangige Aufgaben

Ansprache an die Bischöfe des Tschad bei ihrem Ad-limina-Besuch am 13. Oktober

Liebe Brüder im Bischofsamt!

1. Ich freue mich euch gelegentlich eures Ad-limina-Besuches hier zu empfangen, und ich danke besonders Erzbischof Charles Vandame, dem Präsidenten der Bischofskonferenz von Tschad, daß er sich zu eurem Wortführer gemacht hat. Indem ich euch von ganzem Herzen begrüße, bin ich in Gedanken auch mit euren vier Diözesangemeinschaften N'Djamena, Moundou, Pala und Sahr verbunden. In dem Dienst, der uns gemeinsam ist, übermittle ich ihnen beste Wünsche und erhoffe für sie Wohlergehen und Frieden. Möge diese Pilgerreise an die Gräber der heiligen Apostel euren eigenen Glauben noch mehr beleben und euren Eifer als Hirten im Dienst des Volkes Gottes, das im Tschad lebt, erneuern! Als sichtbaren Ausdruck dieses lebendigen Pulsierens zwischen der Universalkirche und den Teilkirchen ist der Ad-limina-Besuch eine Begegnung zwischen den Bischöfen einer Teilkirche und dem Bischof von Rom in ihrer jeweils unersetzlichen Verantwortung. In der Tat, der eine wie der andere vertritt das „Wir" der Kirche, und diese Besuche kennzeichnen einen bevorzugten Augenblick der Gemeinschaft, die so tief die Natur der Kirche bestimmt. Im Rahmen der Begegnungen der Hirten in Rom vollzieht sich ein Austausch zwischen dem, was speziell, und dem, was allgemein ist. Jeder Teil bringt dem anderen und der ganzen Kirche die Wohltaten seiner eigenen Gaben.

2. Unter den Gaben, die ihr mir bringt, ist das Zeugnis der Treue der tschadischen Gläubigen. Ich empfinde es um so mehr, als ich weiß, durch welche Prüfungen die Bevölkerungen in eurem Land gehen mußten: die Trauer und die Zerstörung, die sie durch den Krieg erlitten hat, die Verschlechterung des Sozialgeflechtes, die daraus resultierte. Gar nicht zu reden von den schon allzusehr gewohnten Schicksal der chronischen Trockenheit, der Einfälle der Heuschrecken und der Hungersnot. Nichtsdestoweniger danke ich heute Gott, weil sich euer Land seit eurem letzten Besuch einer gewissen Ruhe erfreut, eines relativen Friedens nach den Jahren der Feindseligkeiten und des Chaos. Anläßlich dieser Begegnung möchte ich an euch Worte richten, die für euch und eure Gemeinschaften eine Ermutigung seien, immer an die Liebe Gottes zu seinem Volk und an seine Friedensabsichten für die Menschen zu glauben. Ein erstes Zeichen der Hoffnung, liebe Brüder, ist die Einheit eurer Bischofskonferenz. Ihr unterhaltet untereinander persönliche Beziehungen, ihr kommt hinsichtlich der seelsorglichen Initiativen überein und ihr besucht einander trotz der großen Entfernungen und der Unannehmlichkeiten der Reisen in diesem Teil der Erde. Eure aktive Bischofskonferenz genießt die großzügige Mithilfe, die euch drei eurer Vorgänger weiterhin leisten. Sie bleiben weiterhin engagiert in eurem Gebiet. Ich möchte ihnen brüderlich Anerkennung abstatten.

Ein anderes Zeichen der Hoffnung ist euer Volk selbst. Seine Bereitschaft sich für das Gute zu öffnen, ist ermutigend, und mit seinem Willen zur Arbeit stellt es seine tatsächliche Dynamik unter Beweis. Eine zunehmende Zahl von Priesterberufungen aus dem eigenen tschadischen Volk ist festzustellen, und in geringerem Maß beginnt eine Entwicklung des Ordenslebens. Die Zahl der Kandidaten, die jedes Jahr in das Seminar eintreten, nimmt zu, und ich freue mich darüber mit euch. Gewiß gilt es für euch hier unterscheidend zu urteilen, um euch von der Aufrichtigkeit der Motive zu überzeugen, und ich weiß, daß ihr darüber wacht, daß diese Kriterien der Zulassung strikt bleiben. In der Tat ist der Bedarf an Arbeitern für den Weinberg so groß, daß die Gefahr besteht, Priester um jeden Preis haben zu wollen, mit dem Risiko, daß dies der Qualität des Klerus zum Schaden gereicht.
Ihr macht eure christlichen Gemeinschaften empfänglich für die wichtige Frage der christlichen Berufungen, und ihr strengt euch an, sie die Rolle entdecken zu lassen, die sie für das Aufblühen der Berufungen spielen sowie für die materielle Unterstützung derjenigen, die auf den Ruf Gottes antworten. Ich möchte ebenfalls, daß ihr fortfahrt, die Priester zu einem Leben in der Einfachheit des Evangeliums zu erziehen und darauf zu achten, daß es in der gegebenen Erziehung keine Mißverständlichkeiten gibt über den Ernst, mit dem die Seminaristen die Fragen der Keuschheit im Zölibat erörtern müssen. Schließlich habe ich mit großer Freude zur Kenntnis genommen, daß alle eure Priesterseminaristen bald im Großen Seminar in N'Djamena aufgenommen werden können.

4. Es scheint nach der Lektüre eurer Fünfjahresberichte, daß zwei Bereiche in besonderer Weise eures verstärkten seelsorglichen Eifers bedürfen: die Familie und die Bildung der Laien. Wie in anderen afrikanischen Ländern gibt es hinsichtlich der Familie und der Eheschließung Schwierigkeiten. Es sind Einrichtungen, die infolge verschiedener Faktoren, wie die Entwicklung der Gesellschaft, das Problem der Mitgift und das Auftauchen einer neuen Art von Polygamie, Schwächen aufweisen. Es ist angebracht, an die Anforderungen zu erinnern, die die Ehe an einen Christen stellt, das heißt, sie mehr in die Linie der Werte zu stellen, die die Afrikaner der Ehe beimessen, Werte wie die Treue, die Fruchtbarkeit, den Respekt vor dem Leben und die Erziehung der Kinder.
Schon im Jahr 1980 habt ihr zusammen mit den Bischöfen von Zentralafrika und vom Kongo festgestellt, daß es darum geht, „der Familie in der Seelsorge ihren Platz ganz wiederzugeben“. Laßt mich euch ermutigen in der treuen Förderung der Lehre der Kirche über die Ehe. Wie anderswo, so gilt es auch in Tschad, danach zu streben, in der Familie eine Gemeinschaft der Liebe zu sehen, die auf einizgartige Weise geeignet ist, die kulturellen, ethnischen, sozialen, spirituellen und wesentlichen religiösen Werte für die Entwicklung der Menscheit zu lehren und zu übertragen.

5. Der zweite Bereich, der eure Aufmerksamkeit als Hirten verdient, ist der der Bildung der Laien im Hinblick auf einen erwachsenen und authentischen Glauben.
In Tschad scheint sich die Kirche sehr schnell vergrößert zu haben, ohne daß die Botschaft des Evangeliums genügend Zeit gehabt hat, von den Getauften aufgenommen zu werden. So laßt mich euch einladen, eine Verkündigung der Guten Nachricht im Land fortzusetzen und gleichzeitig euren Gläubigen die ganzheitliche Bildung zu geben, die

von der Bischofssynode im vergangenen Jahr als eine pastorale Priorität angesehen wurde. Mögen die Laien immer besser ihre Berufung zu einem Leben in Heiligkeit verstehen, und mögen sie wissen, daß sie im Empfang der Taufe, der Firmung und der Eucharistie sich engagieren, Christus zu folgen und für ihn Zeugnis zu geben in ihrem alltäglichen und beruflichen Leben! Sie sollen sich so verhalten, daß das Licht des Evangeliums in ihren weltlichen Tätigkeiten sichtbar wird, seien es Politik, Gesundheitswesen, Kultur, Wissenschaft oder soziale Kommunikationsmittel. Und sie werden die Notwendigkeit entdecken, mehr für Gerechtigkeit zu arbeiten, indem sie die Tugenden der Ehrbarkeit und der beruflichen Gewissenhaftigkeit in gegenseitigem Respekt und Frieden pflegen!
Damit schließlich die Bürger des Tschad sich mehr und mehr in der Kirche daheim fühlen, bedarf es der bewußten seelsorglichen Aufmerksamkeit für die religiösen afrikanischen Traditionen eures Volkes. Für viele Christen sind besonders in Augenblicken der Prüfung, die Praktiken der traditionellen Religion noch sehr anziehend. Daher ist es wichtig, daß die Verkündiger des Evangeliums eine geeignete Kenntnis besitzen, um sich besser in die grundsäützlichen geistlichen Bedürfnisse der Menschen einfühlen zu können und ihnen eine evangeliumsgemäße Antwort zu bringen. Den Empfehlungen des Zweiten Vatikanischen Konzils folgend ermutige ich euch zu erforschen, wie die Bräuche das Lebensgefühl, die soziale Ordnung sich mit den Sitten, die die göttliche Offenbarung lehrt, in Übereinstimmung bringen lassen (vgl. *Ad gentes*, Nr. 22).

6. Unter den Elementen, die die afrikanische, religiöse Mentalität charakterisieren, treten die spirituelle Vision des Lebens und der Symbolismus deutlich hervor. Ist das nicht eine Einladung ein gehaltvolles liturgisches Gebet noch mehr zu entwickeln, um „das christliche Leben unter den Gläubigen mehr und mehr zu vertiefen“ *Sacrosanctum Concilium*, Nr. 1)? Die Liturgie stärkt ja die Kräfte der Getauften, und in der Schule des Heiligen Geistes werden die wahren Anbeter gebildet, die der Vater sucht. Durch eine der kirchlichen Ordnung gemäße würdig gefeierten Liturgie erneuert das christliche Volk seine Dynamik. Fahrt fort, liebe Brüder, in der Funktion von Hohenpriestern in den Gemeinschaften der euch anvertrauten Gläubigen das Gebet zu lehren: zuerst die Priester, denen ihr die notwendigen geistlichen Kräfte sichern müßt; die Ordensmänner und Ordensfrauen, die um so mehr eurer Sorge bedürfen, als das gottgeweihte Leben in euren Diözesen noch in seinen Anfängen steht; sodann die christlichen Laien, die den Wunsch nach einer tragfesteren christlichen Ausbildung im Hinblick auf ein besseres missionarisches Engagement haben.

7. Was den Dialog mit den Nichtkatholiken anbelangt, möchte ich euch einladen, eure Anstrengungen weiter zu verfolgen, damit Christen und Muslime in besserer Harmonie leben. Ich möchte eine tatsächliche Zusammenarbeit im Dienst des Gemeinwesens in Wohlwollen und gegenseitigem Verständnis. Mögen eure katholischen Einrichtungen Orte der Begegnung und der Entdeckung des anderen bleiben, damit der Friede in der Nation gefördert wird und der Tschad, der die traurige Erfahrung des Krieges gemacht hat, seinerseits ein entschiedener Erbauer des Friedens sei!

8. Ich bin glücklich, festzustellen, daß die Beziehungen zwischen der Kirche und dem Staat fortschreiten, wie unter anderem das Statut für die katholischen Schulen zeigt, das eine positive Zusammenarbeit im wichtigen Bereich der Erziehung erlaubt. Die Jugend hat besonders unter dem Krieg gelitten und so bleibt die Sorge für ihre Erziehung eine Priorität; um der tschadischen Gesellschaft von morgen eine gute Grundlage zu schaffen.
„Eine der Charakteristiken der Kirche des Tschad", hob Erzbischof Vandame hervor, „ist ihr sehr starkes Engagement in den Aufgaben der Entwicklung". Ich freue mich über den wirksamen Beitrag, den die Katholiken im Dienst ihrer Mitbürger, besonders im Bereich der Landwirtschaft und in dem des Gesundheitswesens leisten, und ich ermutige euch auf diesem Weg, damit die zerstörerischen Folgen des Bürgerkrieges schließlich überwunden werden.

9. Ich verspreche euch in euren pastoralen Mühen euch nahe zu bleiben und bitte Gott, euch im Glauben zu bestärken. Aus ganzem Herzen segne ich euch und alle, die mit euch in euren Diözesen zusammenarbeiten, sowie das ganze Volk von Tschad.

Versöhnen, verzeihen und Einheit finden

Ansprache beim Ad-limina-Besuch der Bischöfe von Uganda am 20. Juni

Lieber Kardinal Nsubuga,
liebe Brüder im Bischofsamt!

1. Nach den privaten Gesprächen, die wir über die Situation eurer Diözesen geführt haben, bin ich recht glücklich über diese weitere Stunde brüderlicher Gemeinschaft mit euch, den Hirten der katholischen Kirche in Uganda. Euer Land liegt mir sehr am Herzen wegen des ruhmvollen Andenkens seiner Märtyrer und wegen eurer Leiden in letzter Zeit. Ich heiße euch willkommen und vereinige mein Gebet mit dem euren, um unseren Herrn und Heiland Jesus Christus zu bitten, er möge seinen Frieden, seine Liebe und Barmherzigkeit auf euer Volk und Land herabkommen lassen.
Ihr weilt heute hier in der Stadt, die die Gräber der hl. Apostel Petrus und Paulus hütet, um euren Ad-limina-Besuch zu machen: zu den Gräbern der Apostel. Damit bindet ihr das Glaubensbekenntnis des Volkes an den Glauben der Apostel, der von Generation zu Generation in der Gemeinschaft der Kirche weitergegeben wurde und durch den Dienst der Einheit und Nachfolge garantiert wird, den der Herr dem Petrus übertragen hat. (vgl. *Lumen gentium*, Nr. 18). Ich danke Gott für eure Treue zu Jesus Christus, dem „obersten Hirten" (*1 Petr* 5,4), und ich ermuntere euch in eurem pastoralen Dienst für das Volk Gottes in Uganda.
Eure Anwesenheit bietet mir ferner die Gelegenheit, die Standhaftigkeit und Ausdauer der Kirchen zu loben, über die ihr in Liebe den Vorsitz führt. Der Gedanke an euer liebes

Volk, das in Jahren des Kampfes so sehr geprüft worden ist, wird zum herzlichen Gebet an den Fürsten des Friedens, er möge seine Gaben der Versöhnung und Harmonie in die Herzen all eurer Mitbürger senken: „Friede auf Erden den Menschen seiner Gnade“ (*Lk* 2,14).

2. Die Kirche in Uganda wird ständig durch das Andenken an ihre Märtyrer genährt. Der heilige Karl Lwanga und seine Gefährten sind die besonderen Zeugen für die Berufung eures Volkes zur Anteilnahme am Erlösungsgeheimnis des Kreuzes und der Auferstehung Christi. Sie erweisen die wesentliche Priorität der Wahrheiten und Forderungen des Evangeliums gegenüber allen anderen Interessen, wenn christliches Verhalten in Frage steht. Das Andenken an die Märtyrer versichert uns unter allen Umständen, daß „die Leiden der gegenwärtigen Zeit nichts bedeuten im Vergleich zu der Herrlichkeit, die an uns offenbar werden soll“ (*Röm* 8,18). „Wie uns nämlich die Leiden Christi überreich zuteil geworden sind, so wird uns durch Christus auch überreicher Trost zuteil“ (*2 Kor* 1,5). Die christliche Botschaft hat ihren Mittelpunkt im Kreuz und in der Auferstehung Jesu Christi. Sie ist daher eine Botschaft der Hoffnung und der Ermunterung. In Vereinigung mit Christus und in der Kraft von Gottes Liebe, die der Geist in unsere Herzen ausgießt (vgl. *Röm* 5,5), seid ihr niemals allein, wenn ihr auf dieser irdischen Pilgerschaft Prüfungen und Gefahren durchzustehen habt. Der Herr selbst trägt euch und euer Volk.

3. Als Hirten ist euch klar, daß eure Aufgabe in der Hinführung des Volkes Gottes zur begeisterten Anerkennung seiner christlichen Berufung und Würde besteht, und daß es sich um „die Heiligkeit (bemüht), ohne die keiner den Herrn sehen wird“ (*Hebr* 12,14). Ihr denkt auch an eure Pflicht, „selbst ein Beispiel der Heiligkeit zu geben in Liebe, Demut und Einfachheit des Lebens ... und alles daranzusetzen, die Heiligkeit der Gläubigen entsprechend der je eigenen Berufung des einzelnen zu fördern“ (*CIC*, can. 387). Ich ermuntere und unterstütze euch bei dieser Aufgabe, und ich empfehle euch der seligen Jungfrau Maria, auf die die ganze Kirche in diesem Marianischen Jahr mit neuer Verehrung und Zuversicht aufblickt.
In eurem Hirtenbrief „Mit neuem Herzen und neuem Geist“ habt ihr die Aufmerksamkeit eures Volkes auf die Pflicht zur Heiligkeit und zum Apostolat hingelenkt, zu der alle berufen sind, und wofür der Heilige Geist unter den Gläubigen aller Schichten besondere Gnaden austeilt (vgl. *Lumen gentium*, Nr. 12). Eine der unglücklichen Folgen der politischen Unruhen, die euer Land befallen haben, war die Unterbrechung der geistlichen und katechetischen Ausbildung. Als Ergebnis habt ihr einen moralischen Niedergang in manchen Aspekten des privaten und öffentlichen Lebens festgestellt. Der Wiederaufbau dessen, was die Nation dringend braucht, betrifft nicht nur das Materielle, sondern vor allem das Geistige und Moralische. Das Bewußtsein muß wieder für die ethischen Werte aufgeschlossen werden, die für den Aufbau einer gerechten und menschlichen Zivilisation wesentlich sind. Bei dieser gewaltigen Aufgabe sind die Bischöfe, Priester, Ordensleute und Laien von Uganda aufgerufen, ihre Kräfte und vor allem ihre Glaubensauffassung und die Kraft der Hoffnung beizusteuern, die sich aus einem echt christlichen Leben ergeben.

4. Die Aufgabe ist nicht leicht, zumal wenn der Geist des Materialismus und der Selbstsucht sich kräftig bemerkbar macht und eine besonders starke Anziehungskraft zumal auf die Jugend ausübt. Ihr versucht, durch kleine christliche Gemeinschaften und die Evangelisierung der Familien die negativen Trends, die ihr im Leben der Gläubigen erkennt, aufzufangen. Ihr habt auch die Aufgabe der Evangelisierung der Jugend eures Landes in die Hand genommen. Diese ist die Hoffnung der Kirche in eurem Land und überall. So ist es gut, daß ihr sie besonders zu einer persönlichen, vom Gebet getragenen Christuserfahrung hinführen möchtet, was zugleich der sichere Weg für ihre geistige und menschliche Entwicklung ist. Nur wenn die Jugendlichen sich klarwerden, daß der Herr sie liebt, sie ruft und in seinen Weinberg sendet als seine loyalen Mitarbeiter beim Werk der Erlösung und echter Befreiung, wird ihnen innerlich ein Licht aufgehen und sie werden Mut fassen, sich voll der Aufgabe einer Verbesserung der Gesellschaft und des Aufbaus der kirchlichen Gemeinschaft zu widmen – jeweils gemäß der Gnade, die sie empfangen haben.
Eure Priester spielen bei der Evangelisierung und Katechisierung der Jugend Ugandas eine einzigartige Rolle. Sie können den Jugendlichen besonders nahe sein als Führer und Freunde, ihnen die katholische Lehre in Pfarreien und Schulen vermitteln und sie anregen, sich an kulturellen, sozialen und karitativen Tätigkeiten zu beteiligen. Ihr sollt eure Priester weiter bei dieser Aufgabe ermuntern und sie einladen, ihr Bestes an Zeit und Kraft zu geben, um die jüngeren Generationen geistig und moralisch heranzubilden. Dies wird zugleich ein großer Beitrag für Kirche und Gesellschaft sein.

5. Die größer gewordene Zahl der Berufungen, die ihr in einigen Gebieten zu verzeichnen habt, ist ein Zeichen der Hoffnung und zugleich für euch als Bischöfe eine pastoral verantwortungsvolle Aufgabe. Ich weiß, daß ihr euch bemüht, den jungen Leuten, die sich zum Priestertum und zum Ordensleben berufen fühlen, eine entsprechende Ausbildung für ihr Leben und für die Aufgaben, die auf sie warten, zu vermitteln. Jedes Bemühen und Opfer auf diesem Gebiet ist für die Zukunft der Kirche in eurem Land von Bedeutung. Auch zeigt euer Bemühen, das kulturelle Niveau der Priester, Ordensleute und Laien durch Programme ständiger Weiterbildung zu verbessern, um sie auf die wachsenden Anforderungen an die katholische Lehre und die moralischen Grundsätze vorzubereiten, wie klar ihr seht, daß jeder echte soziale Fortschritt von der Weckung der Gewissen abhängt, die bei jedem Aspekt des Lebens verantwortlich und solidarisch reagieren sollten.
Die Sendung der Kirche gilt der ganzen menschlichen Person – Leib und Seele – die zwar in dieser Welt lebt, jedoch für das ewige Leben bestimmt ist. Wohl sind soziale Dienste und Entwicklungsprojekte ein sehr wichtiger Aspekt des christlichen Zeugnisses einer Gemeinschaft, doch können sie nicht die vorrangige Sendung der Kirche, zu evangelisieren und Christi Reich zu verbreiten, ersetzen. Dies gilt zumal für Bischöfe und Priester, deren Hauptaufgabe im Handeln in persona Christi besteht, um die Früchte der vom Herrn durch Kreuz und Auferstehung erwirkten Erlösung mitzuteilen.

6. Die Kirche ist „Zeichen und Werkzeug für die innigste Vereinigung mit Gott wie für die Einheit der ganzen Menschheit“ (*Lumen gentium*, Nr. 1). Das Thema der Einheit in

der Kirche und in der bürgerlichen Gesellschaft, zu der ihr gehört, liegt euch sehr am Herzen. Im Kontext von Uganda und tatsächlich von ganz Afrika sind die Mitglieder der Kirche aufgerufen, der Sache jener Einheit und Harmonie zwischen Einzelnen, Gruppen und ganzen Nationen zu dienen, die Unterschiede des Ursprungs, der Sprache, Kultur und religiöser Überlieferungen achtet und doch zugleich die grundlegendere Einheit aller Männer und Frauen in ihrer gemeinsamen Menschennatur und in ihrer Würde als Gottes geliebte Kinder betont und fördert. Ihr wißt, wieviel Vorurteile und Gegnerschaft hier zu überwinden sind. Eure Erfahrung in Uganda zeigt ferner, daß der Aufbau nationaler Einheit in Freiheit und Achtung vor jedermann eine delikate und anspruchsvolle Aufgabe ist, die große Weisheit und viel Takt erfordert. Die Gemeinschaft der Kirche aber hat bei der Förderung dieser Einheit eine besondere Rolle zu spielen.

7. In eurem Hirtenbrief habt ihr eine klare und ausführliche Lehre über viele wichtige Aspekte des Lebens vorgelegt. Wiederholt habt ihr alle Bevölkerungsgruppen zu Versöhnung und Verzeihen aufgerufen. Ihr habt die Achtung vor der Menschenwürde und den Rechten jedes Mannes, jeder Frau und jedes Kindes eingeschärft. So bete ich, daß eure Stimme gehört wird und das ganze Land alle Sehnsucht und Vorurteile von Gruppen aufgibt, um jene moralischen und geistigen Werte zurückzugewinnen, die in den Jahren der Auseinandersetzung geschwächt worden sind.
Einheit braucht eine offene und achtungsvolle Haltung von Geist und Herz. Die Pastoral der Kirche hat hier ein weites Betätigungsfeld vor sich. Bischöfe, Priester, Ordensleute und Laien müssen in Zusammenarbeit mit anderen Christen sowie allen Männern und Frauen guten Willens in allen Teilen des Landes mit Festigkeit Spaltungen zurückweisen und mutige Schritte tun, um die eine, friedfertige und den Gesetzen unterworfene Nation aufzubauen, die wirklich für jeden Menschen in Uganda Heimat sein kann. Ich ermuntere euch, euer Volk weiter an diese Aufgabe zu erinnern.

8. Euer eigenes Beispiel im gegenseitigen Verstehen, Helfen und Zusammenarbeiten innerhalb des Rahmens der Bischofskonferenz von Uganda verstärkt die Kraft dieses Aufrufs. Bei der Wiederaufrichtung der Einheit ist ferner eine Fortsetzung der Politik der Integrierung junger Menschen verschiedener Herkunft zu einer geeinten und harmonischen Seminargemeinschaft wichtig, zumal in euren Großen Seminaren, so daß sie als Brüder in Christus und Boten des einen Evangeliums der Gnade einander annehmen lernen (vgl. *Apg* 20,24). Das Gleiche gilt für Ordensgemeinschaften. Ich bemerke, daß ihr bereits zu einer Wiederaufnahme der Praxis aufgerufen habt, daß Katholiken aus verschiedenen Teilen des Landes sich in Glauben und Brüderlichkeit bei Gelegenheit von besonderen Wallfahrten und Feierlichkeiten treffen. Mögen diese und andere Initiativen, darunter auch die Dienste des Katholischen Sekretariates überreiche Früchte für die Kirche und die gesamte bürgerliche Gesellschaft bringen.
Auch Schritte zur Verbesserung der ökumenischen Beziehungen tragen direkt zur Überwindung langdauernder Spaltungen bei. Gern nehme ich zur Kenntnis, daß der „Vereinte Rat der Christen" seine Tätigkeiten wiederaufgenommen hat und daß auf verschiedenen Gebieten die Zusammenarbeit mit nichtkatholischen Christen stetig voranschreitet.

Die Einigungsfunktion der Kirche in Uganda kann weiter verstärkt werden durch Förderung brüderlicher und freundschaftlicher Beziehungen zwischen dem Bischof und seinen Priestern, denen aus Uganda und den Missionaren in jeder Diözese, ferner zwischen Priestern, Ordensleuten und Laien untereinander und mit ihrem Bischof. Den Grundsätzen und Weisungen in den Konzilsdokumenten und im Codex des Kirchenrechts über die Strukturen der Ortskirche liegt ein Aufruf an jeden zugrunde, seinen Teil an Verantwortung für Leben und Wachstum der Kirche zu übernehmen. Ohne irgendwie die besondere Rolle und Autorität des Ortsbischofs abzuschwächen, wäre es angebracht, daß die Mitglieder der Ortskirche, eingeschlossen die Laienschaft, Sinn für ihre eigene Verantwortung für die Evangelisierung und das Apostolat entwickeln. Durch Taufe und Firmung wurde den Laien eine Aufgabe innerhalb der kirchlichen Gemeinschaft anvertraut, und es bleibt wesentlich, daß sie dafür immer wirksamer ausgerüstet und motiviert werden.

9. Liebe Brüder im Bischofsamt, vor euch liegt die Aufgabe einer Konsolidierung der Kirche in eurem Land. Während ihr euch vor allem auf Gottes Gnade verlaßt – denn Gott ist es, der das Gedeihen gibt (vgl. *1 Kor* 3,7) –, werdet ihr weiter alles tun, alle Gruppen der Ortskirche darin zu ermuntern und zu bestärken, ernsthaft nach Heiligkeit des Lebens zu streben, nach Eifer im Evangelisieren und in den Werken der Liebe, die eine Frucht der Treue zum Herrn sind. In vielfältiger Weise kommt euch die brüderliche Liebe anderer Ortskirchen zugute, von denen ihr Missionspersonal und Hilfsangebote bekommt, die im Leben der Kirche in Uganda eine wichtige Rolle spielen und mit vollem Recht als Ausdruck der Katholizität oder Universalität gelten dürfen. Gern nehme ich zur Kenntnis, daß ihr auf diese Hochherzigkeit antwortet, indem ihr selbst den Bedürfnissen eurer Nachbargebiete abzuhelfen sucht und Hilfe nach Äthiopien und in den Sudan sendet. Ich bete, daß ihr und eure Priester bei eurer kirchlichen Sendung immer geistlich und übernational eingestellt seid.

Möge der allmächtige Gott euch, den Bischöfen von Uganda, kräftig bei eurem Bemühen beistehen, die Kirche in eurem Land aufzubauen. Abschließend wiederhole ich für euch die Worte des hl. Paulus, mit denen ich zugleich meine Verbundenheit mit euch sowie meine brüderliche und herzliche Unterstützung ausdrücken möchte: „Wir danken Gott für euch alle, sooft wir in unseren Gebeten an euch denken; unablässig erinnern wir uns vor Gott, unserem Vater, an das Werk eures Glaubens, an die Opferbereitschaft eurer Liebe und an die Standfestigkeit eurer Hoffnung“ (*1 Thess* 1,2–3). Mit meinem Apostolischen Segen.

Amerikanische Kirche verkörpert die Katholizität

Ansprache beim Ad-limina-Besuch der Bischöfe der 9. Region der Vereinigten Staaten von Amerika am 5. März

Liebe Brüder in unserem Herrn Jesus Christus!

1. Mit diesem Besuch beginnt die Reihe der Ad-limina-Besuche der amerikanischen Bischöfe im Jahr 1988. Heute freue ich mich sehr, in euch, die ihr aus der Kirchenprovinz Dubuque, Kansas City, Omaha und Saint Louis kommt, die erste Gruppe zu begrüßen. Ihr vertretet einen großen Querschnitt der Katholiken der Vereinigten Staaten und bringt die Hoffnungen und Wünsche, die Freuden und Schwierigkeiten so vieler Menschen, einzelner, Familien und ganzer Teilkirchen in den Staaten Iowa, Kansas, Nebraska und Missouri mit.
Für uns alle ist dies eine Stunde kirchlicher Begegnung, die in kurzem Abstand meinem zweiten Besuch in den Vereinigten Staaten und besonders unserem bedeutsamen Treffen in Los Angeles folgt. Überdies besteht eine Kontinuität zwischen der gegenwärtigen Reihe der Ad-limina-Besuche und jener von 1983, die ihrerseits mit meinem ersten Besuch in Amerika 1979 in Verbindung stand. Alle diese Begegnungen sind ebenso Bindeglieder auf die Zukunft der Kirche in den Vereinigten Staaten hin, über die ich dann auch wieder bei einem Treffen mit den amerikanischen Bischöfen im nächsten Jahr nachzudenken hoffe.

2. Da diese Stunde eine Stunde kirchlicher Gemeinschaft ist, ist sie an unsere eigene Erlösung gebunden. Die Kirche hat die Feier der Fastenzeit begonnen mit dem Ruf des hl. Paulus: „Jetzt ist sie da, die Zeit der Gnade; jetzt ist er da, der Tag der Rettung!" (*2 Kor* 6,2). Wie alle anderen Glieder der Kirche müssen wir unserer Erlösung im Glauben nahekommen – im Glauben an das Geheimnis Jesu Christi und seiner Kirche. Als Bischöfe praktizieren wir diesen Glauben, wenn wir das Geheimnis unserer eigenen hierarchischen Verbundenheit in der Kirche in die Tat umsetzen. Wenn wir dieses Geheimnis der Gemeinschaft heute leben, geben wir Christus, der uns seinen Plan der Einheit seiner Kirche und aller, die das Bischofskollegium bilden, vor Augen stellt, die Antwort des Glaubens.
Bei dieser Gelegenheit haben wir, ihr und ich, verbunden in der kirchlichen Gemeinschaft als Hirten der einzelnen Diözesen in Amerika und als der Hirt der Universalkirche, die Aufgabe, Jesus Christus, dem obersten Hirten der ganzen Herde, die Kirche in den Vereinigten Staaten darzubringen. Diese Kirche gehört rechtmäßig Jesus Christus. Er liebt sie inständig und möchte sie immer vollkommener besitzen und sie in jedem Aspekt ihrer kirchlichen Wirklichkeit immer tiefer läutern.

3. Ich möchte noch einmal Empfindungen tiefer Dankbarkeit und Freude darüber zum Ausdruck bringen, daß ich ein zweites Mal die Kirche in den Vereinigten Staaten besuchen und so viele Seiten ihres Lebens erfahren konnte. Mit diesen Empfindungen verbinden sich auch die der Bewunderung für alles, was die Gnade Christi im Leben des Gottesvolkes in eurem Land vollbracht hat. Die Wirklichkeit der Kirche in den Vereinigten

Staaten ist ein Ausdruck dafür, daß die Macht des Ostermysteriums Christi im Leben ungezählter einzelner Menschen und zahlreicher Gemeinden am Werk ist. Immer und immer wieder verdient diese Wirklichkeit der Kirche unser betendes Nachsinnen.
Im September konnte ich im Lauf meines Besuches in neun Diözesen das Glaubensleben kennenlernen, das in allen 186 Diözesen der Vereinigten Staaten, eingeschlossen zwölf Diözesen des östlichen Ritus und das Militärordinariat, gelebt wird. Besonders erfreulich war es dabei, alle verschiedenen Kategorien des einen Gottesvolkes zu treffen: Bischöfe, Priester, Diakone, Ordensleute, Seminaristen und Ordensleute in ihrer Ausbildungszeit und die katholischen Laien. Alle diese Gruppen waren anwesend, nicht nur in besonderen, für mich veranstalteten Treffen, sondern bei den großen Liturgiefeiern, die in jeder Diözese gehalten wurden. Wiederholt überzeugte ich mich von dem Glauben einer Kirche, die sich mit den Psalmworten an Gott wenden konnte: „Ich will dir danken in großer Gemeinde, vor zahlreichem Volk dich preisen" (*Ps* 35,18). Und: „Den Herrn will ich preisen von ganzem Herzen, im Kreis der Frommen, inmitten der Gemeinde. Groß sind die Werke des Herrn, kostbar allen, die sich an ihnen freuen" (*Ps* 111,1–2).
Bei allen Veranstaltungen, an denen ich teilnahm, war der Ortsbischof an meiner Seite. Wir erlebten die Kirche, wie sie in der historischen, geographischen, sozialen, wirtschaftlichen, politischen und religiösen Umwelt der Vereinigten Staaten verkörpert ist. Ich schaute, ich hörte zu. Das Wort wurde an mich gerichtet. Ich sprach. Und die Kirche betete – Christus betete in seinem Leib, in uns, der Kirche. Und wir alle kamen in engere Gemeinschaft miteinander und mit ihm, dem obersten Hirten.

4. Meine besondere Aufgabe während des ganzen Besuches bestand darin, Jesus Christus als den Sohn Gottes und den Erlöser des Menschen, jedes Mannes, jeder Frau, und jedes Kindes, zu verkünden. Ebenso kam ich nach Amerika, um jeden zu bitten, Christus entgegenzugehen und ihm die Antwort des Glaubens zu geben, an seinen Namen zu glauben, sein Wort anzunehmen, sich seiner Liebe und der Liebe des Vaters und des Heiligen Geistes zu öffnen.
All meinen Aufforderungen zu brüderlicher Solidarität und Liebe lag die entscheidende, vom Zweiten Vatikanischen Konzil verkündete Wahrheit zugrunde: „Der Sohn Gottes hat sich in seiner Menschwerdung gewissermaßen mit jedem Menschen vereinigt" (*Gaudium et spes*, Nr. 22). Die Menschwerdung als Ausdruck der Liebe Gottes ist die neue Grundlegung menschlicher Würde für einen jeden. So konnte ich also nicht von der Liebe Gottes reden, ohne von der Würde des Menschen und von dem, was diese erfordert, zu sprechen. Daher erklärte ich gleich zu Beginn meines Besuches in Miami: „Ich komme, um das Evangelium Jesu Christi all denen zu verkünden, die mir freiwillig zuhören wollen, um erneut die Geschichte der Liebe Gottes in der Welt zu erzählen, um noch einmal die Botschaft der Menschenwürde mit ihren unveränderlichen Menschenrechten und -pflichten darzulegen" (*Ansprache in Miami* am 10. September 1987).

5. Wir alle konnten in der Tat auf mannigfaltige Weise von den Menschen eine große Glaubensantwort vernehmen; vom Herrn wurde das alles vollbracht nach den Worten des Psalms: „Kommt und schaut die Taten des Herrn, der Bestürzendes vollbringt auf der Er-

de“ (*Ps* 46,9). Diese Glaubensantwort war sichtbar in der wunderbaren Zusammenarbeit und der großen Mühe bei der Vorbereitung zu meinem Besuch, im Verständnis für meine Rolle als Nachfolger des Apostels Petrus und darin, wie diese akzeptiert wurde, in der Offenheit für die Verkündigung der Botschaft des Evangeliums sowie bei unseren gemeinsamen Gottesdiensten. Auf so viele Weisen haben die Menschen ihren Glauben an die Kirche, wie sie nach dem Willen Christi als Teilkirche und Universalkirche besteht, zum Ausdruck gebracht.
Einer der großen Reichtümer der Kirche in den Vereinigten Staaten ist die Art, wie sie in ihrer völkischen Zusammensetzung die Universalität oder Katholizität verkörpert „aus allen Nationen und Stämmen, Völkern und Sprachen“ (*Offb* 7,9). Die Kirche in den Vereinigten Staaten hat den Vorzug einer natürlichen Veranlagung zur Katholizität, und all den Teilkirchen, aus denen ihre Gläubigen ursprünglich herkamen, Solidarität zu bezeigen. Was die verschiedenen Volksangehörigen zu den einzelnen Liturgiefeiern während meines Besuches beitrugen, waren nicht nur folkloristische Äußerungen, es waren Schlüssel, welche die Tür zu einem volleren Verständnis der kirchlichen Wirklichkeit in den Vereinigten Staaten öffneten.
Als ich mich von einem um den anderen der Aspekte der Kirche in eurem Land überzeugen konnte, wurde mir in jeder Diözese das Geheimnis der Universalkirche bewußt, so, wie sie in den Teilkirchen lebt, die mitten durch Hindernisse und Widerstände in Freude den Pilgerweg des Glaubens zum Vater unseres Herrn Jesus Christus gehen. Die Wirklichkeit der Kirche, die sich mir in jeder Diözesangemeinschaft darstellte, war ein Teil der Herde Christi, ausgestattet mit seinem Geist, wie er durch das Ostergeheimnis ausgegossen wurde, und durch diesen Geist lebend. Es war die Kirche Christi, die das Geheimnis der Erlösung in der modernen Welt lebt, in ständiger Läuterung, nachdem sie in das Bad der Wiedergeburt eingetaucht wurde (vgl. *Eph* 5,26).

6. Da die Kirche in den Vereinigten Staaten daran arbeitet, ihrer Aufgabe, die Anfangsstufe des Gottesreiches zu verwirklichen, treu zu sein, strebt sie ernstlich danach, den pastoralen Anforderungen, von denen sie sich umgeben sieht, zu entsprechen. Deren grundlegende Forderung ist jene der unaufhörlichen Bekehrung oder Erneuerung in der Liebe Gottes. Überzeugt davon, daß die Kirche in den Vereinigten Staaten für Herausforderungen offen ist, überzeugt von ihrem guten Willen und vor allem von der Gnade Christi, die in ihr am Werk ist, habe auch ich sie auf verschiedene Weise herausgefordert, indem ich ihr zum Beispiel die Notwendigkeit vor Augen stellte, für die Erneuerung durch Gott selbst offen zu sein.
Erneuerung in der Liebe Gottes bringt in der Tat sehr konkrete Forderungen für die ganze Kirche mit sich, also auch für die Kirche in den Vereinigten Staaten. Dies bedeutet, daß sie ihre Berufung zur Heiligkeit uneingeschränkt leben muß. In der Welt muß sie wirklich sie selbst sein. Sie muß immer das sein, als was Christus sie gewollt hat: der heilige Leib Christi. Im fünften Kapitel von *Lumen gentium* hat die Kirche all ihren Söhnen und Töchtern ein großes Geschenk gemacht, als sie klar und deutlich die allgemeine Berufung zur Heiligkeit aussprach: „Alle Christgläubigen sind also zum Streben nach Heiligkeit und ihrem Stand entsprechender Vollkommenheit eingeladen und verpflichtet“ (Nr. 42). Die

Anwendung dieses Grundsatzes auf Ehepaare, christliche Eltern, Verwitwete und Alleinstehende ist von höchster Bedeutung. Die Kirche ist wirklich das Sakrament der Heiligkeit für jeden. Das Konzil betonte nachdrücklich, „daß alle Christgläubigen jeglichen Standes oder Ranges zur Fülle des christlichen Lebens und zur vollkommenen Liebe berufen sind“ (*ebd.*, Nr. 40).

Wie wichtig war es für die ganze Kirche, daß das Konzil diese Aufforderung so eindringlich an die Laien gerichtet hat! Ohne diesen Grundsatz hätte die volle Teilnahme der Laien an Leben und Sendung der Kirche nie gewährleistet werden können. Die allgemeine Berufung zur Heiligkeit lag auch der letzten Bischofssynode über die Laien zugrunde. Bestimmte Folgerungen aus diesem Prinzip wurden in der Pastoralkonstitution *Gaudium et spes* gezogen, die „keinen künstlichen Gegensatz zwischen beruflicher und gesellschaftlicher Tätigkeit auf der einen Seite und dem religiösen Leben auf der anderen“ zuläßt, und die uns sagt: „Die Spaltung bei vielen zwischen dem Glauben, den man bekennt, und dem täglichen Leben gehört zu den schweren Verirrungen unserer Zeit“ (Nr. 43).

7. Da die Kirche in all ihren Gliedern bestrebt ist, ihre Berufung zur Heiligkeit zu leben, ist sie auch ihrer Pflicht eingedenk, allen zu helfen, daß sie in der Erlösung durch Christus den vollen Sinn des Lebens in dieser Welt erkennen können. Dies ist eine andere große Anforderung an die Kirche. Am Beginn meines Pontifikats habe ich sie in meiner ersten Enzyklika zum Ausdruck gebracht, als ich sagte: „Die grundlegende Aufgabe der Kirche in allen Epochen und besonders in der unsrigen ist es, den Blick des Menschen, das Bewußtsein und die Erfahrung der ganzen Menschheit auf das Geheimnis Christi zu lenken und auszurichten, allen Menschen zu helfen, mit dem tiefen Geheimnis der Erlösung, die sich in Jesus Christus ereignet, vertraut zu werden“ (*Redemptor hominis*, Nr. 10).

Diese Forderung, allen Menschen zu helfen, daß sie sich der Erlösung öffnen, ist verbunden mit der missionarischen Tätigkeit der Kirche und daher mit ihrer missionarischen Natur. Ihr muß die Kirche in den Vereinigten Staaten, wie die Universalkirche, heute und immer verpflichtet sein. Bei meinem Besuch in Phoenix hatte ich Gelegenheit, diesen lebenswichtigen Aspekt im Leben der Kirche zu berühren, indem ich auch die Pastoralerklärung über die Weltmission zitierte, die 1986 von der Amerikanischen Bischofskonferenz verabschiedet wurde. Die Frage, die ich in Phoenix stellte, bedarf noch weiterer Antworten von seiten der Kirche in den Vereinigten Staaten und in der ganzen Welt: „Wer wird auf den missionarischen Anruf Gottes am Ende des zwanzigsten Jahrhunderts Antwort geben?“

Den Menschen die Fülle des Gotteswortes bringen, ihren Blick auf das Geheimnis Christi lenken, ihnen das Verständnis für die Würde des Menschen und den Sinn des Lebens durch die Erlösung erschließen, das ist der höchste Dienst der Kirche an der Menschheit. Die Kirche leistet diesen Dienst im Namen Christi und in der Kraft des Heiligen Geistes. Sie weiß zugleich, daß sie infolge der Grundwahrheit von der Menschwerdung – das heißt, der Verbundenheit Christi mit jedem Menschen – mit ihrer missionarischen Tätigkeit und dem ganzen Werk der Evangelisierung ein umfassendes Hilfsprogramm verbinden muß, um die menschliche Not anderer zu steuern. Sie ist unbedingt daran interessiert, ihren besonderen Beitrag zu leisten, damit die Menschheit zu der Höhe gelangen kann, die der rechtmäßigen Würde entspricht, die ihr schon im Geheimnis der Menschwerdung des göttlichen Wortes zuerkannt wurde.

Die Kirche findet in Jesus Christus, dem menschgewordenen Wort, den Ursprung ihres Besorgtseins um die Menschheit, um die Zukunft der Menschheit auf Erden und um alle Entwicklung und allen Fortschritt (vgl. *Redemptor hominis*, Nr. 15). Alle Ziele der Kirche sind vom Evangelium Christi inspiriert (vgl. *Sollicitudo rei socialis*, Nr. 47).

Die Aufgabe der Solidarität, der ich meine letzte Enzyklika gewidmet habe, und über die nachzudenken es noch weitere Gelegenheiten geben wird, stellt heute für die Kirche eine besonders ernste Verantwortung dar. Bei meinem Besuch in den Vereinigten Staaten konnte ich feststellen, mit welchem Ernst die Ortskirchen auf die Not ihrer Brüder und Schwestern geantwortet haben, mit welcher Hochherzigkeit sie sich bemüht haben, Leiden und Schmerzen zu lindern, mit welcher Bereitwilligkeit sie ihre Solidarität mit der Menschheit an den Tag legten. Ich erinnere mich nicht nur an die Übersicht über die Werke der Caritas und der Gesundheitsfürsorge, die mir in San Antonio und Phoenix geboten wurde, und an die Bemühungen so mancher eurer Ortskirchen, der landwirtschaftlichen Krise zu begegnen, sondern ich weiß um den Einsatz des ganzen Gottesvolkes in Amerika, seine Berufung zu christlichem Dienen zu erfüllen.

Dieser Aufruf zum Dienen, begründet in Christus und seiner Frohbotschaft, muß die Kirche in den Vereinigten Staaten auf ihrem ganzen Pilgerweg des Glaubens begleiten. Die Annahme dieser Aufforderung ist Gott äußerst wohlgefällig. Verweigerung hingegen ist verhängnisvoll. Das Zweite Vatikanische Konzil mahnt uns: „Ein Christ, der seine irdischen Pflichten vernachlässigt, versäumt damit seine Pflichten gegenüber dem Nächsten, ja gegenüber Gott selbst und bringt sein ewiges Heil in Gefahr“ (*Gaudium et spes*, Nr. 43).

Diese und andere Herausforderungen, liebe Brüder, stehen vor der Kirche Gottes in den Vereinigten Staaten, einer geliebten Kirche, die in der Kraft des Geistes Christi lebt und zu immer größerer Heiligkeit des Lebens berufen ist, besonders in diesem Marianischen Gnadenjahr. Wenn ihr euch mit eurem Volk zusammen demütig aufmacht, diesen Forderungen zu entsprechen, dann habt ihr allen Grund, voll Hoffnung zu sein. In allem Bemühen, das Geheimnis der Kirche würdig zu leben, unterstützt euch das Gebet der heiligen Jungfrau, die euch als „Zeichen der sicheren Hoffnung und des Trostes“ (*Lumen gentium*, Nr. 68) auf eurem Pilgerweg des Glaubens begleitet, hin zum letzten Ziel des ewigen Lebens in Christus Jesus. Wenn ihr diesen Pilgerweg geht, bitte ich euch, aus den Worten des Propheten inneren Mut zu schöpfen: „Der Herr, dein Gott, ist in deiner Mitte, ein Held, der Rettung bringt. Er freut sich und jubelt über dich, er erneuert seine Liebe zu dir“ (*Zef* 3,17).

In dieser Liebe sende ich all euren Ortskirchen, mit einem besonderen Gedanken an die, die in Schmerzen und Leiden das Kreuz Christi tragen, meinen Apostolischen Segen.

Die Menschheit wird das Geheimnis der Liebe Gottes wiederentdecken

Ansprache anläßlich des Ad-limina-Besuches der Bischöfe aus Texas, Oklahoma und Arkansas am 16. April

Geliebte Brüder in unserem Herrn Jesus Christus!

1. Es ist mir eine große Freude, euch, die Bischöfe aus Texas, Oklahoma und Arkansas willkommen zu heißen. Mit euch begrüße ich eure Gläubigen und eure Ortskirchen mit ihren Priestern, Diakonen, Ordensleuten, Seminaristen und Laien. Mit besonderer Freude gedenke ich meines kürzlich unternommenen Besuches in San Antonio, des herzlichen Empfanges, der mir dort zuteil wurde und des eindrucksvollen Glaubens der Bevölkerung und ich versichere euch, daß ich eng mit euch in eurem Dienst am Glauben verbunden bleibe, wie die Mutter Jesu, die Jungfrau von Guadalupe.
In meiner kürzlich gehaltenen Ansprache an eure bischöflichen Mitbrüder der IX. Region erwähnte ich eine Reihe pastoraler Ereignisse, die einer einzigen Glaubensauffassung entspringen und auf eine tiefe persönliche Erneuerung sowie auf einen immer wirksameren Dienst am Evangelium in den Vereinigten Staaten abzielen. Zu diesen Ereignissen zählen sowohl der Ad-limina-Besuch von 1983 als auch der gegenwärtige, die Papstbesuche von 1979 und 1987 und schließlich das für 1989 anberaumte Zusammentreffen mit den amerikanischen Bischöfen.
Heute möchte ich in diesem Zusammenhang noch ein anderes Ereignis in Betracht ziehen, das die Weltkirche und somit die Kirche in den Vereinigten Staaten betrifft: das große Jubiläum des Jahres 2000, welches das zweite christliche Jahrtausend abschließt und das dritte eröffnet. Dieses Jubiläum erfordert von der gesamten Kirche eine Zeit ernsthafter Vorbereitung, sowohl auf Orts- als auch auf Weltebene. Seit dem Beginn meines Pontifikats und insbesondere seit der Veröffentlichung der Enzyklika *Redemptor hominis* war ich bestrebt, die Aufmerksamkeit der Kirche auf diesen „neuen Advent" (Nr. 1) zu lenken, der allen gnadenreichen Gelegenheiten und Aktivitäten, die wir für das Jahr 2000 hoffnungsvoll erwarten, vorausgeht.

2. Zweck dieses Jubiläums und seiner Vorbereitung ist es, zum Ereignis zu werden, das „die Kernwahrheit unseres Glaubens in Erinnerung ruft und in besonderer Weise wieder bewußt macht, die der heilige Johannes am Anfang seines Evangeliums ausgedrückt hat: ‚Das Wort ist Fleisch geworden und hat unter uns gewohnt' (*Joh* 1,14)" (*ebd.*). Die Feierlichkeiten zum Millennium sind nur im Licht des Geheimnisses der Menschwerdung, ihrer göttlichen Motivierung und ihres göttlichen Zweckes sinnvoll, die beide ebenfalls vom heiligen Johannes folgendermaßen erklärt werden: „Gott hat die Welt so sehr geliebt, daß er seinen einzigen Sohn hingab, damit jeder, der an ihn glaubt, nicht zugrunde geht, sondern das ewige Leben hat" (*Joh* 3,16). Mit der Betonung dieser Wahrheiten strebt die Kirche danach, eine Struktur von Prinzipien aufzubauen, von der aus sie weiterhin ihrem Leben „Neues und Altes" (*Mt* 13,52) entnehmen kann, in der Absicht, die

Antwort des Glaubens auf die Liebe des Vaters und an sein fleischgewordenes Wort herauszufinden und uns alle zum ewigen Leben zu führen.
Ihre Reflexion über die Menschwerdung wird die Kirche des Millenniums befähigen, sich selbst in ihrer zweifachen Natur – der menschlichen und der göttlichen – besser zu verstehen. Sie wird auch die sublime Verbindung dieser beiden Elemente in der täglichen Wirklichkeit ihres Lebens als Leib des fleischgewordenen Wortes besser verstehen. Die Kirche ist überzeugt, daß, wenn sie die Menschwerdung mit all ihrer Daseinskraft dem Volk Gottes vor Augen führt, die Menschheit in diesem Geheimnis der geoffenbarten Liebe Gottes die Wahrheit wiederentdecken wird, welche alles menschliche Handeln erklärt und orientiert. Nur im Licht der Menschwerdung findet alles menschliche Leben die ihm eigene Perspektive, oder, wie ich in meiner ersten Enzyklika feststellte: „Durch die Menschwerdung hat Gott dem menschlichen Leben jene Dimension gegeben, die er ihm von Anfang an zugedacht hat“ (*Dives in misericordia*, Nr. 1).

3. Unsere – der Bischöfe – derzeitigen pastoralen Bemühungen, die Pläne für 1989 und für später, sollten auf die Schaffung jener tiefen und dynamischen Auffassung von der Kirche abzielen, welche diese im Jahr 2000 kennzeichnen muß. Diese Kirche muß sich besser der Tatsache bewußt sein, daß sie Reich Gottes in seinem Anfangsstadium ist. Sie muß zeigen, daß die Treue zu Christus für sie eine Lebensfrage ist und muß daher mit allen Kräften bestrebt sein, auf die großen Herausforderungen der Heiligkeit, der Evangelisierung und des Dienstes einzugehen. Gleichzeitig muß die Kirche des Millenniums als klares Zeichen ihrer eigenen Endzeitlichkeit aufscheinen, indem sie im Glauben jenes Geheimnis lebt, das noch nicht restlos enthüllt ist. Wenn sie das tut, muß sie mit dem heiligen Paulus sagen, daß „kein Auge gesehen und kein Ohr gehört hat, was ... Gott denen bereitet hat, die ihn lieben“ (*1 Kor* 2,9).
Die Kirche des Millenniums wird immer noch der Läuterung durch das Leid unterworfen sein, dessen heilbringender Wert ihr voll und ganz bekannt ist. Demnach wird sie inmitten ihrer läuternden Erfahrungen auch noch imstande sein, auszurufen, „daß die Leiden der gegenwärtigen Zeit nichts bedeuten im Vergleich zu der Herrlichkeit, die an uns offenbar werden soll“ (*Röm* 8,18). Als Kirche, die in Erwartung der noch nicht enthüllten Herrlichkeit lebt, wird sie größere Kraft zur Verkündigung der Ehelosigkeit um des Himmelreiches willen aufbringen, dessen Endgültigkeit im Werden ist: „Dein Reich komme!“
An einem so bedeutsamen Zeitpunkt ihrer Existenz muß sich die Kirche des Millenniums bereit erklären, in jedem Augenblick dem Herrn zu begegnen oder auch treu und freudig weiterhin seines Kommens zu harren. In beiden Fällen jedoch wird ihre Hoffnung durch das Wissen gestärkt, daß Christus, ihr Haupt, ihr in den Himmel vorangegangen ist, um ihr einen Platz vorzubereiten; bei dieser Erwartung gedenkt sie des Wortes, das er einst zu seinen Jüngern gesprochen hat: „Wenn ich gegangen bin und einen Platz für euch vorbereitet habe, komme ich wieder und werde euch zu mir holen, damit auch ihr dort seid, wo ich bin“ (*Joh* 14,3).
Die Kirche ist von ihrem Recht überzeugt, mit Jesus zu sein, der, zur Rechten des Vaters sitzend, sie bereits mit sich in der Herrlichkeit vereint hat. Der Triumph des Hauptes ist bereits der der Glieder des Leibes und diese Tatsache macht es der Kirche leicht, während

sie den neuen Advent lebt, mit kraftvoller Überzeugung die Worte ihres siegreichen Erlösers anzunehmen: „Siehe, ich komme bald“ (*Offb* 22,12). Während des Millenniums ist die Kirche zur Erneuerung aufgerufen. Es ist dies zugleich eine besondere Stunde, in der sie treu und vertrauend, mit ihrem Handeln und ihrem ganzen Leben ausrufen kann: „Komm, Herr Jesus!“ (*Offb* 22,20).

4. Das Programm der Kirche für das Millennium und seine Vorbereitung muß restlos auf Jesus Christus ausgerichtet sein. Sie muß ihn als Sieger in der Erlösung verkünden, die er mit seinem Blut erwirkt hat; sie muß Jesus Christus, den Gekreuzigten und Verherrlichten verkünden, der „mit einem blutgetränkten Gewand“ bekleidet war und dessen Name ist: „Das Wort Gottes“ (*Offb* 19,13). Die Kirche ist aufgerufen, die überragende Wirksamkeit des Todes Christi zu verkünden; ist berufen, zu verkünden, daß der Triumph des Lammes schon seit zwei Jahrtausenden in ihr wirksam ist und daß alle Auserwählten, die dem Lamm nachfolgen, seinen Triumph teilen (vgl. *Offb* 17,14). Anläßlich dieses Millenniums muß die Kirche ihren eigenen Sieg über Sünde und Tod verkünden, welchen der „Erstgeborene der Toten“ (*Offb* 1,5) errungen hat und all seinen Gliedern über die Zeiten hinweg mitteilt.
Der Christus des Millenniums ist der Erstgeborene der Toten, der „König der Könige“ und „Herr der Herren“ (*Offb* 19,16), der ewige Sohn Gottes, das fleischgewordene Wort Gottes, die Person, die sich mit dem Lebendigen (vgl. *Offb* 1,18) identifiziert und zur Kirche sagt: „Fürchte dich nicht!“ (*Offb* 1,17). Gerade diesen göttlichen und menschgewordenen Christus stellt die Kirche der Welt als erhabenstes Beispiel allen menschlichen Lebens vor. In diesem Sinn macht sie sich die Worte des Pontius Pilatus zu eigen: „Ecce homo“ (*Joh* 19,5). Die Verkündigung des Millenniums wird die Verkündigung dieses Menschen Jesus Christus sein und in ihm die Verherrlichung der gesamten Menschheit. Das Wort, das in Ewigkeit bei seinem Vater verweilt und als solches die Wahrheit und das Leben der Menschheit ist, nimmt Menschengestalt an und wird zum Weg für die Menschheit (vgl. hl. Augustinus, *Tract. in Ioannem*, 34,9).
Der Christus des Millenniums ist der göttliche Christus der Evangelien, der in seine Herrlichkeit eingegangen ist und für ewig in seinem Wort und seiner Kirche lebt. Er ist kein schwacher und unwirksamer Christus, sondern vielmehr ein Christus, der seit zwanzig Jahrhunderten triumphiert und „Gottes Kraft und Gottes Weisheit“ (*1 Kor* 1,24) bleibt. Denen, die ihn annehmen, verleiht er überdies die Macht, Kinder Gottes zu werden, also durch Adoption das zu werden, was er, der Sohn Gottes, der Natur nach ist. Der Christus des Millenniums ist der Mensch, der in die Geschichte der Nationen eingetreten ist, durch seine Botschaft Kulturen aufgebaut und das Geschick der Völker umgestaltet hat und der, indem er Gott dem Menschen offenbarte, auch die ganze Menschheit sich selbst offenbar machte (vgl. *Gaudium et spes*, Nr. 22).

5. Das Millennium wird somit zur Stunde der christlichen Identität in all ihrer katholischen Universalität. Wenn sie es wirksam feiern will, muß die Kirche ihren Ursprung erinnerlich machen und tief über ihre Sendung nachdenken. Zu diesem Zweck muß sie den Weg zurückverfolgen, den sie bisher beschritten hat, während sie ihre apostolische Bot-

schaft durch die Jahrhunderte trug, „in Jerusalem und in ganz Judäa und Samarien und bis an die Grenzen der Erde“ (*Apg* 1,8). Es ist dies wahrhaft die richtige Stunde, um das Wissen um unsere christliche Tradition und Kultur zu pflegen. Diese Elemente fanden ihren Widerhall in Kunst, Architektur, Musik, Literatur und in anderen genialen Ausdrucksformen, die jede Generation und alle in der Kirche vereinten Generationen im Lauf der Jahrhunderte im Namen Christi hervorgebracht haben. Es gibt viele Möglichkeiten zur Pflege dieses Wissens, doch müssen sicher die uns zur Verfügung stehenden Mittel der sozialen Kommunikation hier voll ausgenützt werden.

6. Aus dem Geist lebend, den ihr Christus gesandt hat, blickt die Kirche dem Millennium als einer Zeit umfassender innerer Erneuerung entgegen. Der Heilige Geist ist mit seiner Macht tatsächlich imstande, in der Kirche ein neues Pfingstfest zu bewirken, das jedoch, was uns betrifft, neue Haltungen der Demut, der Großzügigkeit und des Offenseins der läuternden Kraft des Geistes gegenüber erfordert.
Das ganze Konzept der Erneuerung muß in Verbindung mit der Buße und der Eucharistie gesehen werden. In der Enzyklika *Redemptor hominis* betonte ich, daß „die Kirche des neuen Advents ... die Kirche der Eucharistie und der Buße sein muß“ (Nr. 20). Nur diese Mittel machen die Kirche zu dem, was sie wirklich ist und verleihen ihr die Kraft, deren sie zur Erfüllung ihrer Sendung bedarf. Das Millennium ist der erhabenste Augenblick für die Verherrlichung des Kreuzes Christi und für die Verkündigung der Vergebung durch sein Blut. Ich bitte alle Bischöfe der Kirche – und heute ganz besonders die der Vereinigten Staaten – bei der Vorbereitung auf das Millennium ihr Möglichstes zu tun, um die treue Pflege der jahrhundertealten Praxis der Einzelbeichte zu fördern und so das Recht des einzelnen auf eine persönliche Begegnung mit dem gekreuzigten und barmherzigen Christus sowie das Recht Christi, mit jedem von uns in einem entscheidenden Augenblick der Bekehrung und Verzeihung zusammenzutreffen, zu gewährleisten (vgl. *ebd.*).
Bei jeder Feier anläßlich des Millenniums wird der eucharistische Herr den Vorsitz führen, wird selbst seine Kirche erneuern und sie dem Vater in der Einheit mit sich selbst vorstellen. Die erlösende Macht des Millenniums wird in erster Linie durch die Eucharistie Wirklichkeit werden. In ihr wird die Kirche die sichere Quelle und die Gewähr für ihr Engagement im Dienst der Menschheit finden.
Die Eucharistie wird den katholischen Laien die nötige Kraft für die freudvolle und ausdauernde Erfüllung ihrer spezifischen Aufgaben in Kirche und Welt verleihen. Während des Millenniums muß alles, was das postsynodale Dokument über die Laien für deren Leben und Sendung vorschlagen wird, eine besonders hochherzige Verwirklichung erfahren.

7. In all ihren Aktivitäten muß die Kirche des Millenniums voll und ganz von der Aufgabe, Christus in die Welt zu tragen, in Anspruch genommen werden. Das wird von ihr ein immer tieferes Verständnis der Welt und einen immer intensiveren Dialog mit allen Menschen guten Willens erfordern. Auch wenn die Kirche ihre liebende und respektvolle Haltung unter Beweis stellt und ihre Sanftmut – nach dem Beispiel des sanften und demüti-

gen Christus – entfaltet, so muß sie dennoch gleichzeitig die eventuell noch vorhandene Angst zerstreuen, sie könnte der Welt mißfallen, wenn sie die Botschaft ihres Gründers in ihrer Reinheit und mit all ihren Forderungen vorlegt. Sie muß sich auch jeder Spur einer defensiven Haltung entledigen, wenn sie Christus als „Zeichen des Widerspruchs" für alle Zeiten anerkennt und seine Lehre zu Themen wie Wahrheit, Gerechtigkeit, vom Evangelium inspirierter Friedensstiftung und Keuschheit verkündet.
Das Pastoraldokument der Bischöfe von Texas über die menschliche Sexualität stellt ein hoch eingeschätztes seelsorgliches Bemühen dar, die Lehre der Kirche über die Keuschheit ohne Angst und rückhaltlos, mit Vertrauen auf die Macht der Wahrheit und die Gnade Gottes darzulegen.
Das Ereignis des Millenniums ist für die apostolische Kirche der Augenblick, in dem sie für Christus Zeugnis ablegen muß, für jenen Christus, der sie mit den Worten: „Lehrt sie, alles zu befolgen, was ich euch geboten habe. Seid gewiß, ich bin bei euch, alle Tage bis zum Ende der Welt" (*Mt* 28,20) zu den Nationen gesandt hat.

8. Liebe Brüder: Worauf es mir heute ankommt, ist, euch und der ganzen Kirche in Amerika die Auffassung vom Millennium als einer pastoralen Initiative, einem kirchlichen Ereignis und einer Antwort des Glaubens an jenen Gott nahezubringen, der „die Welt so sehr geliebt (hat), daß er seinen einzigen Sohn hingab" (*Joh* 3,16). Diese Auffassung muß von der ganzen Kirche in den Vereinigten Staaten wahrgenommen werden und in jeder Diözese, jeder Pfarrei und jeder Gemeinschaft ihren Ausdruck finden. Alle kirchlichen Institutionen müssen sich von diesem spirituellen Ereignis herausfordern lassen. Bei der Art und Weise der Kirche, die Menschwerdung und die Erlösung zu verkünden und innerlich und öffentlich das wichtigste Ereignis zu feiern, das die Menschheit je erlebt hat, steht ihre Treue zu Christus auf dem Spiel.
Während das Jahr 2000 noch ein wenig in der Ferne zu liegen scheint, ist die Periode des „neuen Advents" für die Kirche bereits zur Wirklichkeit geworden. Vorbereitungen auf weite Sicht sind jetzt erforderlich. Theologische Reflexionen müssen helfen, den Glauben des Volkes zu stärken, damit es anläßlich des großen Jubiläums seinen Erlöser kraftvoll in Wort und Tat verkünden könne. Euer pastoraler Eifer und eure Kreativität werden euch helfen, euren Ortskirchen eine zweckdienliche Vorbereitung angedeihen zu lassen und jene Maßnahmen zu ergreifen, die den zu erreichenden Zielen entsprechen. Alle Gläubigen der Kirche müssen den Geist des Millenniums verstehen lernen, um so zu seiner Vorbereitung und seiner feierlichen Begehung ihren Beitrag leisten zu können.
Ihrer Natur entsprechend, haben die Seminare eures Landes bei der vom Millennium geforderten Erneuerung eine entscheidende Rolle zu spielen. Gemeinsam mit ihren Bischöfen müssen die Priester des neuen Advents fähig sein, ihre Gemeinden um die Person des Erlösers zu scharen und müssen mit ihrer geistlichen Führung das Aufkommen eines neuen Humanismus fördern.
Um besondere Unterstützung durch Gebet und Buße müssen die kontemplativen Ordensleute und um die heilswirkende Aufopferung ihrer Leiden alle Kranken gebeten werden. Das höhere katholische Schulwesen muß seinen glaubensvollen Beitrag durch immer klarere Verkündigung des ererbten Evangeliums und seine Beziehung zu allem menschli-

chen Lernen leisten. Alle Kategorien des Volkes Gottes müssen eingeladen werden, sich dem großen Lobeshymnus anzuschließen: „Er liebt uns und hat uns von unseren Sünden erlöst durch sein Blut ... Ihm sei die Herrlichkeit und die Macht in alle Ewigkeit“ (*Offb* 1,5). Möge dieser Lobeshymnus, geliebte Brüder, wahrhaft durch ganz Texas, Oklahoma, Arkansas und durch die gesamten Vereinigten Staaten erschallen, während des neuen Advents und zur Vorbereitung des Jubiläums selbst.

Umkehr zur Buße und Versöhnung

Ansprache anläßlich des Ad-limina-Besuchs der Bischöfe aus den Vereinigten Staaten von Amerika (Region V) am 31. Mai

Liebe Brüder in unserem Herrn Jesus Christus!

1. Wieder einmal ist es eine große Freude für mich, eine Gruppe amerikanischer Bischöfe willkommen zu heißen. In euch grüße ich alle Priester, Diakone, Ordensleute und Laien der Provinzen Louisville, Mobile und New Orleans. Erinnerungen an New Orleans regen mich dazu an, jenen Gruppen, die ich dort getroffen habe, besondere Grüße zu senden: der Jugend Amerikas, den Aposteln der katholischen Erziehung, der geliebten schwarzen Gemeinschaft in eurem ganzen Land und all jenen, die der Herausforderung zu entsprechen suchen, daß in der katholischen Hochschulbildung Großes geleistet wird. Zugleich lenke ich meine Gedanken auf alle Gläubigen Amerikas und trage sie in meinem Herzen, denn ihnen gilt unsere Mühe um wahren Pastoraldienst im Namen des „Obersten Hirten“ (*1 Petr* 5,4), unseres Herrn und Heilands Jesus Christus.
In allen pastoralen Ereignissen, die ich mit euch, den Bischöfen der Vereinigten Staaten, erlebt habe – wobei jedes Einzelereignis in Zusammenhang mit dem vorhergehenden steht – ist es meine Absicht, mit euch über eine organische pastorale Sicht unseres Bischofsamtes nachzudenken. Die organische Sicht muß die immerwährenden Forderungen des Evangeliums in Rechnung stellen; sie muß auch die unbestreitbaren Prioritäten im Leben der Kirche heute zum Ausdruck bringen und dies sowohl in ihren allesumfassenden Bedürfnissen als auch in den besonderen Erfordernissen der Kirche in den Vereinigten Staaten. Zugleich muß sie getreu den Aufruf des Zweiten Vatikanischen Konzils zur Reform und Erneuerung widerspiegeln, wie er vom Bischof von Rom und in Gemeinschaft mit ihm vom weltweiten Episkopat oft wiederholt wird. Diese Gemeinschaft wird vor allem in den verschiedenen Sitzungen der Bischofssynode sichtbar, deren Beschlüsse für alle pastorale Planung in der Kirche von besonderer Dringlichkeit sind.

2. Eines der wesentlichen Themen des Evangeliums, das sowohl vom Zweiten Vatikanischen Konzil als auch von der Bischofssynode hervorgehoben worden ist, ist der Aufruf zur Buße und Umkehr – und infolgedessen zur Versöhnung –, die allen Mitgliedern der Kirche obliegt und vor allem für unser eigenes Leben und unser Bischofsamt wichtig ist. Die Umkehr, so wie sie von Christus verkündigt wurde, ist ein ganzes Lebensprogramm

und ein Programm für das pastorale Wirken. Sie ist die Basis für eine organische Sicht des Pastoralamtes, weil sie mit allen großen Aspekten der göttlichen Offenbarung in Verbindung steht.

Die Umkehr spricht zu uns von der Notwendigkeit, den Vorrang Gottes in der Welt und in unserem individuellen Leben anzuerkennen. Sie setzt die Wirklichkeit der Sünde und das Bedürfnis voraus, Gott in und durch Christus, den Heiland, der uns von den Sünden befreit, zu antworten. Das Gebot Christi zur Umkehr erlegt uns „den Gehorsam zum Glauben" (*Röm* 1,5) in seiner ganzen Tragweite auf. Die Umkehr wird für uns zur Synthese des Evangeliums und durch alle Zeiten hindurch spiegelt wiederholte Bekehrung das stetige Einwirken des auferstandenen Christus auf das Leben der Kirche wider. Jesus selbst führt uns in die Bedeutung der Buße und Umkehr ein, wenn er sagt: „Kehrt um, und glaubt an das Evangelium!" (*Mk* 1,15). Die Umkehr meint einen inneren Wandel in der Einstellung und in der Annäherung zu Gott und der Welt. Auf diese Weise hat die Kirche seit jeher diese Wirklichkeit verstanden. Die Synode des Jahres 1983 beschrieb sie als „innere Umkehr des Herzens unter dem Einfluß des Wortes Gottes und mit dem Blick auf das Reich Gottes" und dann als „eine Umkehr, die vom Herzen hin zu den Taten geht und daher das gesamte Leben des Christen erfaßt" (*Reconciliatio et paenitentia*, Nr. 4).

3. Unsere Umkehr wird als eine Antwort auf den Aufruf Jesu verstanden, sein Evangelium anzunehmen und in sein Königreich einzutreten. Sein Aufruf ist vom Vorboten seines Königreiches, Johannes dem Täufer, vorweggenommen worden: „Kehrt um, denn das Himmelreich ist nahe" (*Mt* 3,2). Jesus selbst betraute mit diesem Aufruf seine Apostel und durch sie auch uns. Am Pfingsttag ist er von Petrus wiederaufgenommen worden, der die Menschen dazu aufforderte, Jesus Christus als Herrn und Heiland zu verkündigen, indem er sagte: „Kehrt um, und jeder von euch lasse sich auf den Namen Jesu Christi taufen zur Vergebung seiner Sünden; dann werdet ihr die Gabe des Heiligen Geistes empfangen" (*Apg* 2,38). Der Apostel Paulus legte öffentliches Zeugnis davon ab, daß er den Menschen verkündete „sie sollten umkehren, sich Gott zuwenden und der Umkehr entsprechend handeln" (*Apg* 26,20).

In Nachahmung der Apostel Petrus und Paulus bemüht, die Wirklichkeit der Umkehr anzunehmen und sie zu predigen, verkünden wir in der Tat den vollen Inhalt der Wahrheit, die Jesus über die Buße offenbart hat. Wenn wir über Bekehrung oder Reue sprechen, richten wir die Aufmerksamkeit der Menschen auf Gott selbst und auf die Notwendigkeit, der Wahrheit entsprechend zu leben, die Gott in bezug auf die menschliche Natur zum Ausdruck gebracht hat. Zur Umkehr aufrufen heißt, Gottes Herrschaft über alle Schöpfung, insbesondere über die ganze Menschheit, verkündigen. Es heißt, Gottes Gesetz preisen und alle praktischen Auswirkungen auf die Schöpfung anerkennen. Im Akt der Umkehr verkündigt der Mensch seine Abhängigkeit von Gott und erkennt die Notwendigkeit an, Gottes Gesetz zu gehorchen, um in Freiheit zu leben.

Die Umkehr setzt voraus, die Wirklichkeit der Rebellion des Menschen gegen die Hoheit Gottes einzugestehen. Im Herzen eines jeden Menschen bedeutet die Umkehr die große Vorherrschaft der Gnade über die Sünde, denn „wo die Sünde mächtig wurde, da ist die

Gnade übergroß geworden“ (*Röm* 5,20). Die Umkehr wird in den menschlichen Herzen durch den Sieg Jesu in seinem Paschamysterium ermöglicht und herbeigeführt. Jede individuelle Umkehr ist ein Ausdruck des göttlichen Plans, dem entsprechend die Menschen dem Heilshandeln Gottes zustimmen müssen. Deshalb ist jede Umkehr Ausdruck der Hochherzigkeit der menschlichen Bemühung und zugleich ihrer gänzlichen Unzulänglichkeit. Jede Umkehr verkündigt die Überlegenheit der Gnade.

4. Wenn wir über die Worte Jesu nachdenken, uns zu bekehren, zu bereuen, unsere Herzen dem Leben und der Gnade zu öffnen und der Sünde zu entsagen, dann entdecken wir die Verbindung zwischen der Umkehr und der Liebe Gottes, die Verbindung zwischen der Umkehr und der Macht Gottes. Wenn wir über den Ruf Jesu zur Buße nachdenken, so entdecken wir die neue Welt der Gnade, die im Kreuz offenbar wird. Das Kreuz Jesu Christi ist, wie ich zuvor festgestellt habe: „eine radikale Offenbarung des Erbarmens, d. h. der Liebe, die gegen die Wurzel allen Übels in der Geschichte des Menschen angeht. ... das Kreuz Christi läßt uns die tiefsten Wurzeln des Übels verstehen, die in die Sünde und den Tod hinabreichen“ (*Dives in misericordia*, Nr. 8).
Die Gnade wiederum setzt die Umkehr von uns allen voraus und der Begriff der Umkehr zwingt uns, über die Wahrheit, die wir leben müssen, nachzudenken. Es kommt oft vor, daß, wenn die Kirche von den Forderungen der Wahrheit in bezug auf Umkehr und Gnade spricht, die Welt negativ reagiert. Doch die Kirche kann nicht die Wirklichkeit des unendlichen Erbarmens Gottes verkündigen, ohne dabei herauszustellen, wie die Annahme der Gnade eine Öffnung für Gottes Gesetz erfordert. Sie erfordert die persönliche Befolgung des Gesetzes Gottes als eine Antwort auf seinen Bund der Gnade. Indem er die Treue zu seiner väterlichen Liebe unter Beweis stellt, kann Gott seiner eigenen Wahrheit nicht widersprechen. Wahre Umkehr also, die darin besteht, Gottes Erbarmen zu entdecken, schließt die Reue über alles das ein, was die Wahrheit Gottes, die in der menschlichen Natur zum Ausdruck kommt, vereint.

5. Zugleich bringt Umkehr Versöhnung mit sich. Versöhnung ist das Ergebnis der Umkehr. Sie ist das Geschenk des himmlischen Vaters durch Christus und im Heiligen Geist an diejenigen, die bekehrt sind. Mit den Worten des heiligen Paulus hat Gott „uns durch Christus mit sich versöhnt und uns den Dienst der Versöhnung aufgetragen“ (*2 Kor* 5,18). Die Umkehr bleibt der Schlüssel für alle Versöhnung und für das kirchliche Amt der Versöhnung. Alle individuelle und kollektive Versöhnung entspringt aus der Umkehr der Herzen. Die soziale Struktur der Kirche und der Welt wird nur dann reformiert und erneuert werden, wenn die Umkehr innerlich und persönlich ist. Die notwendige Reform belastender wirtschaftlicher und politischer Strukturen in der Welt kann nicht ohne die Umkehr der Herzen bewirkt werden. Die Versöhnung der Menschheit auf der Ebene der einzelnen, der Gemeinschaften, Völker und Staatenblöcke setzt die Umkehr der einzelnen Herzen voraus und muß auf der Wahrheit gründen. Die Synode über Versöhnung und Buße hat die Wahrheit ausführlich verkündigt, indem sie gezeigt hat, daß die Grundlage aller Spaltungen die persönliche Sünde ist, deren letztes Wesen und Übel der „Ungehorsam gegen Gott“ (*Reconciliatio et paenitentia*, Nr. 14; vgl. Nr. 16) ist.

6. Indem sie dazu aufgerufen ist, ein Zeichen der Versöhnung in der Welt zu sein, ist die Kirche auch dazu aufgerufen, ein Zeichen der Umkehr von Sünde und Ungehorsam gegenüber dem Gesetz Gottes zu sein. In ihrer wahren Natur ist die Kirche das große Sakrament der Versöhnung. Um diese Wahrheit voll zu leben, muß sie stets sowohl eine versöhnte als auch eine versöhnende Gemeinschaft sein, die die spaltende Kraft jedweder persönlichen Sünde verkündet, doch vor allem die versöhnende und vereinigende Kraft des Paschamysteriums Christi, in dem die Liebe stärker ist als Sünde und Tod.
Getreu ihrer Mission muß die Kirche die Existenz des Bösen und der Sünde predigen. Mit großer Einsicht bestätigte die Bischofssynode, wie Papst Pius XII., daß „die Sünde des Jahrhunderts der Verlust des Sinnes für die Sünde" ist (vgl. *ebd.*, Nr. 18). In dem im Anschluß an die Synode verfaßten Apostolischen Schreiben, bemerkte ich, daß „die Wiederherstellung eines wahren Sinnes für die Sünde der erste Weg ist, der schwerwiegenden geistigen Krise, die dem Menschen mehr und mehr vor Augen tritt, entgegenzuwirken" (*ebd.*). Bereits die frühe Kirche hatte energisch auf die Illusion der Sündenlosigkeit einiger reagiert, wie der hl. Johannes in seinem ersten Brief feststellte: „Wenn wir sagen, daß wir keine Sünde haben, führen wir uns selbst in die Irre und die Wahrheit ist nicht in uns" (*1 Joh* 1,8).
Wenn wir uns diese Aussage zu Herzen nehmen, so öffnen wir uns für das Wirken des Heiligen Geistes, der uns unsere Beschränkungen und Fehler offenbart und uns unserer Sünden der Tat und der Unterlassung überführt. Zugleich wissen wir als einzelne und als Gemeinschaften in der Kirche, daß wir unser Ziel noch nicht erreicht haben, daß wir das Evangelium noch nicht voll leben, daß wir das Konzil noch nicht vollkommen in die Tat umgesetzt haben. Je mehr Sinn wir für unsere Grenzen und persönlichen Sünden haben, um so mehr werden wir uns der Gefühle eines Neo-Triumphalismus entledigen und uns alle sachdienlichen Beobachtungen und Eingebungen über unser Leben und Amt zu Herzen nehmen.

7. Demütig vor Gott, versöhnt mit ihm und in sich selbst, ist die Kirche fähig, mit innerer Freiheit ihre spezifische Sendung fortzuführen, die darin besteht „den Menschen im Herzen zu Umkehr und Buße zu führen und ihm das Geschenk der Versöhnung anzubieten" (*Reconciliatio et paenitentia*, Nr. 23). Sie tut dies auf verschiedene Weise, insbesondere durch die Katechese und die ihr von Christus anvertrauten Sakramente. Zur Zeit ist es angebracht, im Leben der Kirche – sowohl in den Vereinigten Staaten als überall in der Welt – über das Bußsakrament nachzudenken und dabei in Gemeinschaft mit der ganzen Kirche die Verstärkung eines organischen pastoralen Zugangs zu einer für die Bekehrung und Versöhnung der Welt so überaus wichtigen Sache im Blick zu haben. Die allgemeine Erfahrung der Bischöfe, die an der Synode teilnahmen, und vieler anderer in der ganzen Kirche in bezug auf die Praxis dieses Sakramentes ist folgendermaßen zusammengefaßt worden: „Das Bußsakrament befindet sich in einer Krise ... denn in der Tat ist das Sündenbewußtsein geschwächt" (*ebd.*, Nr. 28).
Diese Aussagen sind weder negative Äußerungen eines Pessimismus noch Gründe zur Beunruhigung; sie sind vielmehr Ausdruck eines pastoralen Realismus, der positive pastorale Überlegung, Planung und Handlung erfordert. Durch die Kraft des Paschamyste-

riums Christi, das in ihr wirksam ist, ist die Kirche fähig, auf alle Krisen, denen sie begegnet – und damit auch der hier erwähnten – zu antworten. Sie muß jedoch dafür sorgen, daß sie sich der Krise bewußt wird, und daß sie ihr mit den zur Verfügung stehenden Mitteln auf angemessene Weise entgegentritt.

8. In dieser Krise, die zu einer Herausforderung an die Treue der Kirche wird, haben die Bischöfe eine besondere Verantwortung, der sie außerordentlich wirksam entsprechen können. In einer so heiligen Sache wie diesem Sakrament reichen zur Überwindung der Krise sporadische Bemühungen nicht aus. Aus diesem Grund appelliere ich heute an euch und durch euch an alle Bischöfe der Vereinigten Staaten für eine organische pastorale Planung in jeder Diözese, um dem Bußsakrament wieder einen angemessenen Platz in der Kirche einzuräumen und um seinen Gebrauch in voller Übereinstimmung mit dem Willen Christi zu erneuern.

Ein Schlüsselpunkt ist in diesem Erneuerungsprozeß „die den Seelsorgern obliegende Pflicht, den Gläubigen die Praxis des vollständigen und persönlichen Bekenntnisses ihrer Sünden zu erleichtern, zu dem diese nicht nur verpflichtet sind, sondern auf das sie ein unverletzliches und unveräußerliches Recht haben, abgesehen davon, daß es auch ein Bedürfnis der Seele ist“ (*ebd.*, Nr. 33).

In dieser Aufgabe brauchen die Bischöfe die Unterstützung und brüderliche Mitarbeit aller, die es betrifft. Besonders wichtig sind hierbei die gemeinsamen Bemühungen aller Mitglieder der Bischofskonferenz, darauf zu bestehen, daß die für die allgemeine Absolution erforderte „gravis necessitas“ tatsächlich in dem Sinne verstanden wird, der im *CIC* can. 961 herausgestellt wird. In verschiedenen Gebieten der Welt geht die das Bußsakrament betreffende Krise zum Teil auf ungerechtfertigte Auslegungen dessen zurück, was die Bedingungen für die „gravis necessitas“ ausmacht, die die Kirche meint. Nicht nur die Bischöfe der Vereinigten Staaten, sondern die Bischöfe aller Länder, können zur wahren Erneuerung des Bußsakraments einen großen Beitrag leisten, indem sie stets darum bemüht sind, alles zu tun, was möglich ist, um die richtige Auslegung des *CIC* can. 961 zu fördern. Auf dem Spiel steht das gesamte Problem der persönlichen Beziehung, die Christus zu jedem Bußfertigen haben will und die die Kirche beständig verteidigen muß. In der Enzyklika *Redemptor hominis* sprach ich von dieser Beziehung, die Rechte auf seiten jedes einzelnen und Christi selbst einschließt (vgl. Nr. 20).

Als Bischöfe tragen wir zu einer wahren Erneuerung bei, indem wir unsere Priester brüderlich ermutigen, in ihrem unvergleichlichen Amt als Beichtväter fortzufahren. Dies bedeutet, daß sie zunächst selbst diesen Weg der Umkehr und der Versöhnung gehen müssen (vgl. *Reconciliatio et paenitentia*, Nr. 29). Auch hier müssen wir ihnen ein Beispiel geben. Die Priester sind von Christus dazu bestimmt, unermeßliche geistige Erfüllung darin zu finden „den Dienst der Versöhnung“ (*2 Kor* 5,18) auf eine einzigartige und höchst wirksame Weise auszuüben.

Das Nachdenken über das Sakrament der Buße als Sakrament der Umkehr und Versöhnung wird den einzelnen und den Gemeinschaften in der Kirche helfen, die wahre Natur der Erneuerung zu verstehen, zu der das Zweite Vatikanische Konzil aufruft. Das Bußsakrament ist die Aktualisierung des Pastoralsiegs Christi, weil es die persönliche

Anwendung seines versöhnenden Wirkens in den einzelnen Herzen ist. Ohne den angemessenen Gebrauch des Bußsakraments werden alle anderen Formen der Erneuerung unvollständig sein, und zugleich werden die wahre Reform und die Strukturerneuerung beschränkt bleiben. Daher wird das Sakrament der Versöhnung sich als ein wahrer Schlüssel für den sozialen Fortschritt und ein sicheres Maß für die Echtheit aller Erneuerung in der Kirche der Vereinigten Staaten und in der ganzen Welt erweisen.

10. Da wir uns dem Jahre 2000 nähern, müssen wir die Fülle der Gnade Christi immer wirksamer verkünden und der Welt die Hoffnung anbieten, die sich nur in einem liebenden und verzeihenden Erlöser findet. Um dies zu erfüllen, sind wir dazu aufgerufen, alles zu tun, was möglich ist, um das Sakrament der Barmherzigkeit und der Vergebung in Übereinstimmung mit dem Zweiten Vatikanischen Konzil, den entsprechenden liturgischen Normen der Kirche, dem Codex des Kirchenrechts und den Beschlüssen der Synode von 1983, formuliert in *Reconciliatio et paenitentia*, zu fördern. Ein solch großes Ziel kann nicht ohne den stets erneuerten kollegialen Einsatz des weltweiten Episkopats erreicht werden. Heute bitte ich euch und eure Brüder im Bischofsamt in den Vereinigten Staaten ganz besonders um diesen Einsatz. Euch allen und all euren Ortskirchen sei „Gnade, Erbarmen und Friede von Gott, dem Vater und Christus Jesus, unserem Herrn" (*1 Tim* 1,2).

Im Gebet erlangt die Kirche Gemeinschaft mit dem Vater

Ansprache beim Ad-limina-Besuch der US-amerikanischen Bischöfe (IV. Region) am 10. Juni

Liebe Brüder in unserem Herrn Jesus Christus!

1. Ich richte einen warmen und brüderlichen Gruß an euch alle, Hirten der Ortskirchen in den Provinzen Baltimore, Washington, Atlanta und Miami. Mit Freude sehe ich, bereits vor dem Konsistorium, in dem er zum Kardinal ernannt werden wird, Erzbischof Hickey hier anwesend. Insbesondere grüße ich den ersten Bischofssitz Baltimore, der sich darauf vorbereitet, nächstes Jahr seine Zweihundertjahrfeier zu begehen, die große Bedeutung für die ganze Kirche in den Vereinigten Staaten hat. Mit besonderer brüderlicher Zuneigung sende ich Grüße an Erzbischof Marino von Atlanta, den ersten schwarzen Erzbischof der Vereinigten Staaten, der bald das Pallium empfangen wird. Mit Dankbarkeit erwidere ich die herzlichen Willkommensgrüße, die mir Erzbischof McCarthy bei meiner Ankunft in Miami entgegengebracht hat. Und euch allen, liebe Brüder im Bischofsamt, drücke ich meine Hochachtung und Solidarität in Christus Jesus aus.
Kürzlich sprach ich mit den Bischöfen der 5. Region über den Ruf zur Umkehr, und bei dieser Gelegenheit würde ich gern mit euch über den Aufruf zum Gebet sprechen. Wir alle haben über die Worte Jesu nachgedacht: „Wacht und betet allezeit, damit ihr allem, was geschehen wird, entrinnen und vor den Menschensohn hintreten könnt" (*Lk* 21,36). Heute nehmen wir nochmals den Aufruf zum Gebet an, wie er zu jedem von uns und zur gan-

zen Kirche von Christus selbst kommt. Der Aufruf zum Gebet läßt uns alle Tätigkeit der Kirche in der richtigen Perspektive betrachten. Als Paul VI. 1976 an die Teilnehmer der Begegnung in Detroit den Aufruf zum Handeln richtete, stellte er fest, daß „in der Tradition der Kirche jedweder Aufruf zum Handeln zuerst ein Aufruf zum Gebet ist". Diese Worte sind in der Tat heute mehr ausschlaggebend als zuvor. Sie sind eine Forderung an die Kirche in den Vereinigten Staaten und in der ganzen Welt.

2. Die universale Kirche Christi und daher auch jede Teilkirche besteht, um zu beten. Im Gebet drückt der Mensch sein Wesen aus; die Gemeinschaft drückt ihre Berufung aus; die Kirche streckt sich nach Gott. Im Gebet erlangt die Kirche Gemeinschaft mit dem Vater und seinem Sohn Jesus Christus (vgl. *1 Joh* 1,3). Im Gebet drückt die Kirche ihr trinitarisches Leben aus, denn sie wendet sich an den Vater, erfährt das Wirken des Heiligen Geistes und lebt in Fülle ihre Verbindung mit Christus. In der Tat erlebt sie sich selbst als Leib Christi, als den mystischen Christus.

Die Kirche trifft Christus im Gebet im Innersten ihres Seins. Auf diese Weise geht ihr die volle Bedeutung seiner Lehre auf und nimmt sie seine Denkweise an. Indem sie eine interpersonale Verbindung mit Christus nährt, verwirklicht die Kirche die Fülle der persönlichen Würde ihrer Mitglieder. Im Gebet konzentriert sich die Kirche auf Christus; sie besitzt ihn, verkostet seine Freundschaft und ist daher in der Lage, ihn mitzuteilen. Ohne Gebet würde all dies fehlen, und sie würde der Welt nichts anbieten können. Doch wenn sie Glauben, Hoffnung und Liebe im Gebet praktiziert, gewinnt sie umso mehr Kraft, Christus zu vermitteln.

3. Das Gebet ist das Ziel aller Katechese in der Kirche, denn es ist ein Mittel zur Einheit mit Gott. Durch das Gebet drückt die Kirche die Erhabenheit Gottes aus und erfüllt das erste und größte Gebot der Liebe.

Alles Menschliche wird auf tiefe Weise vom Gebet berührt. Die menschliche Arbeit wird durch das Gebet erneuert und auf ihre höchste Ebene gehoben. Das Gebet ist die Quelle der vollen Vermenschlichung der Arbeit. Im Gebet wird der Wert der Arbeit verstanden; denn wir begreifen die Tatsache, daß wir in Wahrheit Mitarbeiter Gottes in der Umwandlung und Erhebung der Welt sind. Das Gebet ist die Weihe dieser Mitarbeit. Zugleich ist es das Mittel, den Problemen des Lebens entgegenzutreten. Von ihm geht aller pastoraler Eifer aus, und von ihm wird er genährt.

Der Aufruf zum Gebet muß dem Aufruf zum Handeln vorausgehen, doch muß der Ruf zum Handeln den Ruf zum Gebet wahrhaft begleiten. Die Kirche findet im Gebet die Quelle all ihres sozialen Handelns, die Kraft, es zu begründen, und die Kraft, es zu unterstützen. Im Gebet entdecken wir die Bedürfnisse unserer Brüder und Schwestern und machen sie zu den unseren, weil wir im Gebet entdecken, daß ihre Bedürfnisse die Bedürfnisse Christi sind. Alles soziale Bewußtsein wird im Gebet genährt und bewertet. In den Worten Jesu gehören Gerechtigkeit und Barmherzigkeit zum „Wichtigsten im Gesetz" (*Mt* 23,23). Der Kampf der Kirche um Gerechtigkeit und ihr Streben nach Barmherzigkeit werden nur dann Erfolg haben, wenn der Heilige Geist ihr die Gabe der Beharrlichkeit gibt, um sie zu erlangen. Diese Gabe muß im Gebet gesucht werden.

4. Im Gebet gelangen wir dazu, die Seligpreisungen zu verstehen und die Gründe dafür, warum wir sie leben müssen. Nur durch das Gebet können wir beginnen, alle Bestrebungen der Menschheit aus der Perspektive Christi zu sehen. Ohne die Eingebungen des Gebets würden wir niemals alle Dimensionen der menschlichen Entwicklung verstehen, noch würden wir begreifen, wie dringend es für die menschliche Gemeinschaft ist, sich selbst in dieser Arbeit einzusetzen.

Das Gebet ruft uns auf, unser Gewissen zu prüfen über alles, was die Menschheit angeht. Es ruft uns auf, unsere persönliche und gemeinsame Verantwortlichkeit vor dem Urteil Gottes und im Lichte der menschlichen Solidarität abzuwägen. Das Gebet ist darum fähig, die Welt umzuwandeln. Alles wird durch das Gebet neu, sowohl für die Einzelnen als auch für Gemeinschaften. Neue Ziele und neue Ideale tauchen auf. Christliche Würde und christliches Handeln werden wieder bestätigt. Unsere Taufe – und Firmversprechen und die der Heiligen Weihe nehmen neue Dringlichkeit an. Die Horizonte der ehelichen Liebe und der Sendung der Familie weiten sich im Gebet.

Christliches Empfinden hängt vom Gebet ab. Das Gebet ist eine wesentliche Bedingung – auch wenn es nicht die einzige ist –, die Zeichen der Zeit richtig zu lesen. Ohne Gebet gibt es in so wichtigen Dingen unvermeidlich Enttäuschungen.

5. Entscheidungen erfordern Gebet; große Entscheidungen erfordern andauerndes Gebet. Jesus selbst gibt uns ein Beispiel dafür. Bevor er seine Jünger zu sich rief und zwölf von ihnen auswählte, verbrachte Jesus die Nacht auf dem Ölberg in Gemeinschaft mit seinem Vater (vgl. *Lk* 6,12). Für Jesus bedeutete das Gebet zu seinem Vater nicht nur Licht und Stärke. Es bedeutete auch Vertrauen und Freude. Seine menschliche Natur frohlockte in der Freude, die ihm im Gebet zuströmte. Das Maß der Freude der Kirche entspricht in jedem Zeitalter dem Maß ihres Gebetes.

Das Maß ihrer Stärke und die Bedingung für ihr Vertrauen bestehen in der Treue zum Gebet. Die Mysterien Christi schließen sich denjenigen auf, die sich ihm im Gebet nähern. Die volle Anwendung des Zweiten Vatikanischen Konzils wird stets von der Beharrlichkeit des Gebets bedingt werden. Der große Fortschritt der Laien, die sich bewußt geworden sind, wie sehr sie zur Kirche gehören, – wie sehr sie die Kirche sind, kann letzten Endes nur durch die Gnade und ihre Annahme im Gebet erklärt werden.

6. Im Leben der Kirche von heute nehmen wir oft wahr, daß die Gabe des Gebets an das Wort Gottes gebunden ist. Eine Erneuerung in der Entdeckung der Heiligen Schrift hat die Früchte des Gebets hervorgebracht. Das Wort Gottes, das aufgenommen und meditiert wird, hat die Kraft, die menschlichen Herzen in immer größere Gemeinschaft mit der Heiligsten Dreifaltigkeit zu bringen. Immer wieder hat dies in unseren Tagen in der Kirche stattgefunden. Das Gute, das wir durch das Gebet in Verbindung mit dem Wort Gottes empfangen haben, bringt in uns allen wiederum die Antwort des Gebets hervor – das Gebet des Lobes und des Dankes.

Aus dem Wort Gottes wird in der ganzen Gemeinschaft das Gebet geboren. Gleichzeitig wird im Gebet das Wort Gottes verstanden, angewendet und gelebt. Für uns alle, die wir Diener des Evangeliums sind mit der pastoralen Verantwortung, die Botschaft, gelegen oder ungelegen zu verkündigen und die Wirklichkeit des täglichen Lebens im Licht des heiligen Wortes Gottes zu prüfen, ist das Gebet der Kontext, in dem wir die Verkündigung des Glaubens vorbereiten. Alle Evangelisierung wird im Gebet vorbereitet: im Gebet wird sie zunächst auf uns selbst angewendet; im Gebet wird sie dann der Welt angeboten.

7. Jede Teilkirche ist sich selbst in dem Maße treu, in dem sie mit aller darausfolgenden Dynamik, die das Gebet in ihr in Bewegung setzt, eine betende Gemeinschaft ist. Die Weltkirche ist nie in größerem Maß sie selbst als dann, wenn sie das Bild des betenden Christus getreu widerspiegelt: den Sohn, der im Gebet sein ganzes Sein auf seinen Vater richtet und sich selbst zum Heil seiner Brüder hingibt, „damit auch sie in der Wahrheit geheiligt sind" (*Joh* 17,19).
Aus diesem Grund, liebe Brüder im Bischofsamt, möchte ich euch in all euren Bemühungen dazu ermuntern, die Menschen beten zu lehren. Es steht der apostolischen Kirche zu, die Lehre Jesu an jede Generation weiterzuvermitteln, jeder Ortskirche getreu die Antwort Jesu auf die Bitte „Lehre uns beten" (*Lk* 11,1) anzubieten. Ich versichere euch meiner Solidarität und der Solidarität der ganzen Kirche in eurem Bemühen, die Wichtigkeit des täglichen Gebets zu predigen und ein Beispiel des Gebets zu geben. Aus den Worten Jesu erfahren wir, daß da, wo zwei oder drei in seinem Namen versammelt sind, er in ihrer Mitte ist (vgl. *Mt* 18,20). Und wir wissen, daß in jeder Ortskirche, die um den Bischof versammelt ist, die unvergleichliche Schönheit der ganzen katholischen Kirche als getreues Abbild des betenden Christus wohnt.

8. In seiner Rolle als Hirt der Weltkirche ist der Nachfolger Petri dazu aufgerufen, eine Gemeinschaft des Gebets mit seinen Brüdern im Bischofsamt und mit ihren Diözesen zu leben. Deshalb haben all eure pastoralen Unternehmungen, die das Gebet fördern wollen, meine volle Unterstützung. In brüderlicher und pastoraler Liebe bin ich euch nah, die ihr euer Volk zum täglichen Gebet ruft und die ihr es einladet im Gebet ihre Würde als Christen zu entdecken. Alles, was eine Diözese oder eine Pfarrgemeinde unternimmt, um das persönliche Gebet und das Familiengebet zu fördern, ist ein Segen für die Weltkirche. Jede Gruppe, die sich versammelt, um gemeinsam den Rosenkranz zu beten, ist ein Geschenk für das Reich Gottes. Ja, wo immer zwei oder drei im Namen Christi versammelt sind, da ist er. Kontemplative Gemeinschaften sind ein besonderes Geschenk der Liebe Christi an sein Volk. Sie brauchen und verdienen das volle Maß unserer pastoralen Liebe und Unterstützung. Ihre besondere Rolle in der Welt besteht darin, von der Erhabenheit Gottes und dem Vorrang der Liebe Christi, „die alle Erkenntnis übersteigt" (*Eph* 3,19) Zeugnis abzulegen.
Wenn wir als Bischöfe unsere apostolische Verantwortung ausüben, unser Volk zum Gebet aufzurufen, so erfüllen wir zutiefst unseren Hirtendienst. Nicht jeder wartet darauf, zum Gebet gerufen zu werden, nicht jeder hat den Willen zu antworten, doch Millionen von Menschen wollen es. Und der Heilige Geist möchte die Bischöfe der Kirche als Werkzeuge benutzen, in einem Werk, das, weil es einen Bereich von äußerster Empfindlichkeit betrifft, ihm dem Dextrae Dei Digitus, allein gehört. Die Ausgießung des Heili-

gen Geistes kann die Kirche von heute durch die Gabe des Gebets vollkommen erneuern. Wir müssen bestrebt sein, diese Gabe zu besitzen, die so sehr an Gottes Liebe gebunden ist; wir müssen sie hier und jetzt für die Kirche erflehen und sie auch als Kennzeichen für die Kirche an der Jahrtausendwende ansehen. Dies ist der lebendige Kontext, in dem wir als Hirten die Kirche zum Gebet aufrufen müssen. Auch hier rühren wir an die Identität des Bischofs als ein Zeichen Christi, „ein Zeichen des betenden Christus, ein Zeichen Christi, der zu seinem Vater spricht und sagt: „Ich preise dich, Vater, Herr des Himmels und der Erde“ (*Lk* 10,21)“ (*Ad-limina-Ansprache*, vom 3. Dezember 1983).

9. Das Gebet erreicht eine Ebene besonderer Würde und Wirksamkeit für die Gemeinschaft in der heiligen Liturgie der Kirche und insbesondere im eucharistischen Gottesdienst, der die Quelle und der Gipfel des christlichen Lebens ist. In dieser Hinsicht ist die sonntägliche Eucharistiefeier von unermeßlicher Bedeutung für eure Ortskirchen und ihre Lebendigkeit. Als ich vor fünf Jahren ausgiebig über dieses Thema sprach, erwähnte ich, daß es „in den ganzen Vereinigten Staaten eine ruhmvolle Geschichte der Beteiligung des Volkes an der Eucharistiefeier gibt, wofür wir alle Gott danken müssen.“ (*Ad-limina-Ansprache*, 9. Juli 1983).
Die Zeit ist reif, die Dankbarkeit an Gott für dieses große Geschenk zu erneuern und diese wundervolle Tradition der amerikanischen Katholiken neu zu stärken. Bei jener Gelegenheit erwähnte ich außerdem: „Alles Streben der Laien, ihr Wirken in der Welt Gott zu weihen, findet Inspiration und herrliche Bestätigung im eucharistischen Opfer. Dabei macht die Teilnahme an der Eucharistiefeier nur einen kleinen Teil der Woche eines Laien aus, und doch hängt die ganze Wirksamkeit seines Lebens und alle christliche Erneuerung davon ab: Die Eucharistie ist die erste und unerläßliche Quelle echt christlichen Geistes!“ (*ebd.*).
In der sonntäglichen eucharistischen Zusammenkunft stellt der Vater immer wieder die Herrlichkeit der Auferstehung seines Sohnes Jesus Christus vor Augen, indem er sein Opfer, das für die ganze Kirche dargebracht wird, annimmt. Er bestätigt den österlichen Charakter der Kirche. Die Stunde der sonntäglichen Eucharistiefeier ist ein machtvoller Ausdruck der christozentrischen Natur der Gemeinschaft, die Christus dem Vater als Geschenk darbringt. Und da er seinem Vater seine Kirche darbringt, ruft Christus selbst seine Kirche zu ihrer Mission: ihre Mission vor allem der Liebe und des Lobes, der Fähigkeit zu sagen: „Deine Treue preise ich in großer Gemeinde“ (*Ps* 22,26).
Zu gleicher Zeit wie die Kirche zum Lobpreis aufgerufen ist, ist sie auch zum Dienst in brüderlicher Liebe und in Gerechtigkeit, Barmherzigkeit und Frieden gerufen. Indem Christus seine Kirche zum Dienst einberuft, weiht er diesen Dienst, macht ihn fruchtbar und bringt ihn im Heiligen Geist, seinem Vater dar. Dieser Dienst, zu dem die Kirche aufgerufen ist, ist der Dienst der Evangelisierung und des menschlichen Fortschritts in allen Aspekten des Lebens. Es ist der Dienst im Namen Christi und seiner Barmherzigkeit, im Namen desjenigen, der sagte: „Ich habe Mitleid mit diesen Menschen“ (*Mt* 15,32).

10. Es gibt noch viele andere, sowohl private als auch liturgische Aspekte des Gebets, über die nachgedacht werden sollte. Es gibt viele andere Dimensionen des Aufrufs zum

Gebet, die die Kirche gern hervorheben würde. Ich möchte jedoch jetzt nur auf zwei Wirklichkeiten hinweisen, denen die Kirche beständig entgegentreten muß und denen sie auf angemessene Weise allein im Gebet begegnen kann. Jene Wirklichkeiten sind das Leiden und die Sünde.

In ihrem Gebet versteht die Kirche das Leiden, und im Gebet ist sie ihm gewachsen. Sie reagiert auf das Leiden wie Jesus am Ölberg: „Er betete in seiner Angst noch inständiger" (*Lk* 22,44). Vor dem Mysterium des Leidens bleibt die Kirche unfähig, den Rat des Jakobus abzuwandeln oder ihn zu verbessern: „Ist einer von euch bedrückt? Dann soll er beten" (*Jak* 15,13). Zusammen mit all ihrem Bemühen, das menschliche Leiden zu erleichtern – das sie bis zum Ende der Zeit vervielfältigen muß – ist die endgültige Antwort der Kirche auf das Leiden nur im Gebet zu finden.

Die andere Wirklichkeit, auf die die Kirche im Gebet antwortet, ist die Sünde. Im Gebet stärkt sich die Kirche dafür, den österlichen Kampf gegen die Sünde und den Teufel aufzunehmen. Im Gebet bittet sie um die Vergebung für die Sünde; im Gebet fleht sie um Gnade für die Sünder; und im Gebet preist sie die Macht des Gotteslamms, das die Sünden der Welt hinwegnimmt.

Die Antwort der Kirche auf die Sünde besteht darin, die Erlösung und die Überfülle der Gnade Jesu Christi, des Heilands der Welt, zu preisen. „Er liebt uns und hat uns von unseren Sünden erlöst durch sein Blut; ... Ihm sei die Herrlichkeit und die Macht in alle Ewigkeit" (*Offb* 1,5–6).

Laßt uns, liebe Brüder, in tiefer Überzeugung von der Macht des Gebets und im eigenen Leben demütig dem Gebet verpflichtet, voller Zuversicht in der ganzen Kirche den Aufruf zum Gebet verkünden. Auf dem Spiel steht die Notwendigkeit für die Kirche sie selbst zu sein, die Kirche des Gebetes zur Verherrlichung des Vaters. Der Heilige Geist wird uns beistehen, und die Verdienste des Paschamysteriums Christi werden unserer menschlichen Schwäche abhelfen.

Das Beispiel Marias, der Mutter Jesu, als Vorbild des Gebetes, ist eine Quelle der Zuversicht und des Vertrauens für uns alle. Wenn wir auf sie blicken, so wissen wir, daß ihr Beispiel unserer Priesterschaft, den Ordensleuten und den Laien Halt gibt. Wir wissen, daß ihre Hochherzigkeit ein Vermächtnis an die ganze Kirche ist, das verkündet und nachgeahmt werden sollte.

Abschließend bitte ich euch alle mit den Worten des Paulus: „Bittet auch für mich, daß Gott mir das rechte Wort schenkt, wenn es darauf ankommt, mit Freimut das Geheimnis des Evangeliums zu verkünden ... Bittet, daß ich in seiner Kraft freimütig zu reden vermag, wie es meine Pflicht ist ... Gnade und unvergängliches Leben sei mit allen, die Jesus Christus, unseren Herrn, lieben" (*Eph* 6,19–20.24).

Anliegen und Wert einer christozentrischen Katechese

Ansprache an die Bischöfe der 11. Pastoralregion der Vereinigten Staaten von Amerika bei ihrem Ad-limina-Besuch am 8. Juli

Liebe Brüder in Jesus Christus!

1. Eure heutige willkommene Anwesenheit hier ruft die Erinnerung an all jene Begebenheiten wach, die wir gemeinsam in den Provinzen von Los Angeles und San Francisco während meines Pastoralbesuchs im vergangenen September gefeiert haben.
Jedes Ereignis betraf nicht nur die Ortskirche, sondern schloß auch die Beteiligung vieler anderer Menschen mit ein, sowie die ausgedehnte geistige Präsenz von Millionen von Gläubigen. So konnte ich z. B. von San Franzisco aus alle katholischen Laien und Ordensleute der Vereinigten Staaten ansprechen. Auch die vorhergehenden Begebenheiten in Los Angeles und Monterey waren von großer Bedeutung für die Richtung, die die katholische Kirche in ihrer eigenen Existenz und ihrem Dienst an der Menschheit einschlagen muß, während sie, unter dem Wirken des Heiligen Geistes, um die Läuterung bemüht ist, die für das rechte Begehen der Jahrtausendfeier so wichtig ist. Es würde sehr viel Zeit in Anspruch nehmen, uns alle Begebenheiten, die wir zusammen in Kalifornien erlebt haben, im einzelnen ins Gedächtnis zurückzurufen. Auch wenn dies heute nicht möglich ist, so möchte ich doch die Kirche in den Vereinigten Staaten aufrufen, das Engagement jener Tage noch einmal zu durchleben und ihre Offenheit gegenüber dem Wort Gottes, wie vom Nachfolger Petri in jenen Situationen verkündet, zu erneuern. Diese Haltung ist notwendig, um den Erfolg eines umfassenden Pastoralplans zu sichern, der die Kirche eures Landes in den kommenden Jahren weise führen wird.

2. Einem Ereignis jener Tage kommt jetzt eine ganz besondere Bedeutung zu. Es ist der Besuch, den ich der Karmel-Basilika und dem Grab von P. Junipero Serra abstattete. In weniger als drei Monaten werden einige unter uns sich wieder hier versammeln, wenn die Kirche ihn seligsprechen und ihn offiziell aller Ehre und Nachahmung für würdig erklären wird. Mit Ehrfurcht sprach ich am Grab des „Apostels von Kalifornien“ von seinem Beitrag „zur Verkündigung des Evangeliums Jesu Christi in der Morgenröte eines neuen Zeitalters“ (17. September 1987). Auch habe ich mich bemüht, auf seine wichtigste Botschaft hinzuweisen: die konstante Notwendigkeit der Evangelisierung. In diesem Zusammenhang zitierte ich: „Wie Pater Serra und seine franziskanischen Brüder sind auch wir dazu aufgerufen, das Evangelium zu verkünden und aktiv an der Sendung der Kirche teilzuhaben, alle Menschen zu Jüngern zu machen“. Erstevangelisierung und Weiterführung der Evangelisierung sind dringende Notwendigkeiten in der heutigen Welt. Während die Kirche diese ihre Aufgabe verfolgt und bestrebt ist, das menschliche Geheimnis mit dem göttlichen Geheimnis in Verbindung zu bringen, braucht sie eine sehr klare Vorstellung von ihrem Ziel und von den Mitteln, es zu erreichen. Von großer Hilfe in alledem sind die richtunggebenden Grundsätze und prägnant formulierten Erkenntnisse des Zweiten Vatikanischen Konzils. Eine dieser Wahrheiten, die so nachdrücklich vom Kon-

zil zum Ausdruck gebracht worden sind, besagt: „Tatsächlich klärt sich nur im Geheimnis des fleischgewordenen Wortes das Geheimnis der Menschen wahrhaft auf." (*Gaudium et spes*, Nr. 22)

Um die Menschheit voll und ganz zu begreifen, einschließlich ihrer Würde und ihrer ewigen Bestimmung, muß die Welt Christus begreifen. Durch Christus wird nicht nur Gott den Menschen offenbart, sondern auch der Mensch sich selbst gegenüber. Das Geheimnis der Menschheit wird durch die Inkarnation des Ewigen Wortes verständlich. Dieses Prinzip wird eine führende Kraft für die Kirche in all ihren Tätigkeiten, die darauf abzielen, das Geheimnis der Menschheit im Geheimnis Christi aufzuhellen.

3. Dies gilt vor allem für die Katechese. In ihr ist die Kirche bestrebt, den einzelnen Menschen durch Christus in ihm und mit ihm zu einer größeren Selbsterkenntnis zu führen. Um Gott zu erreichen, muß der Mensch sich selbst begreifen, und darum muß er auf Christus schauen. Der Mensch ist nach Gottes Bild und Gleichnis geschaffen worden. Das vollkommene Bild Gottes ist auf ewig in Christus zu finden, den der hl. Paulus „das Ebenbild des unsichtbaren Gottes" (*Kol* 1,15) nennt.

Als Geschöpf ist des Mensch auch ein sozial Wesen und dazu bestimmt, mit anderen in einer Gemeinschaft zu leben. Die höchste Form von Gemeinschaft und interpersoneller Beziehung ist die, die Christus in der Gemeinschaft der Heiligen Dreifaltigkeit lebt.

Ferner begreift sich der Mensch als Geschöpf aus Leib und Seele, eng verbunden in einer Person. In Christus sind in der einen göttlichen Person die menschliche und die göttliche Natur hypostatisch verbunden. Es ist die wunderbare Bestimmung des Menschen, durch die Menschheit Christi Anteil zu haben an seiner göttlicher Natur (vgl. *2 Petr* 1,4). Der Mensch ist dazu berufen, Gott durch seinen Leib zu preisen und den Leib seiner Würde gemäß zu behandeln. In Jesus wohnt leiblich die Fülle Gottes (vgl. *Kol* 2,9). Durch seinen Verstand übertrifft der Mensch das gesamte materielle Universum und kommt mit der göttlichen Wahrheit in Kontakt. Jesus, die Inkarnation des Ewigen Wortes, verlangte in aller Deutlichkeit, mit dieser Wahrheit identifiziert zu werden, als er sagte: „Ich bin der Weg und die Wahrheit und das Leben" (*Joh* 14,6).

Durch das Wirken des Heiligen Geistes ist der Mensch in der Lage, den Plan Gottes hinsichtlich Schöpfung und Erlösung zu erkennen. Jesus selbst verkörpert diesen Plan Gottes: „Alles ist durch das Wort geworden, und ohne das Wort wurde nichts, was geworden ist" (*Joh* 1,3). Außerdem wissen wir, daß Gott ihn für uns „zur Weisheit gemacht hat, zur Gerechtigkeit, Heiligung und Erlösung" (*1 Kor* 1,30).

Während der Mensch sich selbst kennenlernt, entdeckt er in der Tiefe seines Gewissens ein Gebot, das er sich nicht selbst auferlegt, das ihn aber zum Gehorsam verpflichtet (vgl.*Gaudium et spes*, Nr. 16). Jesus selbst offenbart die Fülle und den Kern des ganzen Gesetzes, zusammengefaßt in der Liebe zu Gott und dem Nächsten (vgl. *Mt* 22,37–40). So zu lieben, wie Jesus es verlangt, ist der einzige Weg, das menschliche Herz voll zufriedenzustellen.

Wahre Freiheit ist ein besonderes Kennzeichen des göttlichen Bildnisses im Menschen. Der Mensch Jesus verkörpert die höchste Form menschlicher Freiheit, in der er sein Leben und seinen Tod dem Vater opfert und völlig nach dessen Willen lebt. Er erklärt, daß

seine Freiheit dem Vater gilt, wenn er sagt: „weil ich immer das tue, was ihm gefällt" (*Joh* 8,29). Gleichzeitig zerstört Jesus das, was sich der Freiheit in der menschlichen Person widersetzt. Es ist sein Auftrag, denjenigen zu verbannen, der das menschliche Gewissen gefangen hält.
Das größte Rätsel, das sich dem Menschen stellt, ist der Tod. Von Christus lernt der Mensch, daß auch er dazu bestimmt ist, zu leben. Die Eucharistie Christi ist eine Bürgschaft für das Leben. Wer das Fleisch Christi ißt und sein Blut trinkt, hat das ewige Leben (vgl. *Joh* 6,54). Mit der Bezwingung des Todes durch seine Auferstehung verheißt Christus schließlich die Auferstehung aller; er verkündet das Leben und führt den Menschen zur Erkenntnis seiner selbst durch seine endgültige Bestimmung, das Leben.

4. Heute ist für die Kirche die Darstellung der Person des menschgewordenen Wortes als Kernpunkt jeder Katechese von größter Wichtigkeit. Vor einigen Jahren, 1971, gab die Kongregation für den Klerus im Einklang mit dem Konzilsdekret *Christus Dominus* das Allgemeine katechetische Direktorium für die Kirche heraus. Sein Ziel war es, eine christozentrische Katechese für das ganze Gottesvolk zu fördern. Es heißt darin: „Die Katechese muß Christus durch seine konkrete Existenz und seine Botschaft verkünden, das heißt, sie muß dem Menschen den Weg zu der wunderbaren Vollkommenheit seines Menschseins ebnen" (Nr. 53).
Acht Jahre später bemühte ich mich, dieser christozentrischen Auffassung der Katechese durch die Veröffentlichung von *Catechesi tradendae* neuen Antrieb zu geben. In diesem Dokument schrieb ich: „Man will hiermit zuerst unterscheiden, daß wir im Kern der Katechese wesentlich eine Person vorfinden, nämlich Jesus von Nazareth, ... Der wesentliche und wichtigste Inhalt der Katechese ist, ... das Geheimnis Christi." Katechisieren heißt in gewisser Weise, jemanden anleiten, dieses Geheimnis in all seinen Dimensionen zu erforschen. Es geht also darum, in der Person Christi den gesammten ewigen Plan Gottes aufzuzeigen, der sich in ihr erfüllt. In diesem Sinn ist es das Endziel der Katechese, jemanden nicht nur in Kontakt sondern in Gemeinschaft, in Lebenseinheit mit Jesus Christus zu bringen." (Nr. 5)
Dieser bedeutsame Versuch hinsichtlich einer christozentrischen Katechese, womit sich die Synode von 1977 und das erwähnte Apostolische Schreiben so eingehend befaßt haben, ist auch der leitende Grundsatz in der Vorbereitung eines Universalkatechismus für die allgemeinen Anforderungen der Kirche geworden. Dieses Schriftstück soll als Anhaltspunkt für jede katechetische Arbeit auf nationaler Ebene und im Diözesanbereich dienen, sowie für einen Katechismus von allgemeiner und besonderer Natur, den die Bischöfe nachträglich entwerfen werden, um korrekte Kenntnisse über den Inhalt des katholischen Glaubens zu vermitteln. Im Zentrum dieser Bemühungen steht die tiefe Überzeugung, daß das Mysterium der Inkarnation des Ewigen Wortes allem Leben und aller menschlichen Erfahrung Licht spendet, und daß das göttliche Wort in der Lage ist, die Wahrheit, die es verkörpert, persönlich zu vermitteln. Wiederum sage ich mit den Worten von *Catechesi tradendae*: „Man muß also sagen, daß in der Katechese uns Christus, das fleischgewordenen Wort und der Sohn Gottes, gelebt wird und alles andere im Hinblick auf ihn. Und Christus allein ist Lehrer, jeder andere muß in dem Maße, wie

er Christi Wort weitergibt und es so Christus ermöglicht, durch seinen Mund zu lehren.“ (Nr. 6)
Was Christus lehrt, ist die Wahrheit, die er selbst ist, in sich selbst und für uns. Er erinnert uns: „Meine Lehre stammt nicht von mir, sondern von dem, der mich gesandt hat“ (*Joh* 7,16). Er spricht als die Offenbarung des Vaters, der Plan aller Schöpfung, das schaffende Wort Gottes. Indem er den Vater der Menschheit offenbart, zeigt Jesus durch sich selbst, wie der Vater auf die Menschheit schaut. Er offenbart Gottes Plan für die menschliche Natur in all ihren Äußerungen und Anwendungen. Menschliche Liebe und menschliche Arbeit haben Anteil an dem göttlichen Urbild ungeschaffener und schaffender Liebe. Die Fortpflanzung nimmt eine besondere Stellung in diesem göttlichen Vorrecht ein. Authentizität und Zweck menschlicher Sexualität, Gerechtigkeit und Freiheit sind in dem ewigen Plan Gottes, der in Christus seinen Ausdruck findet, enthalten.

5. Als Hirten der Kirche werdet ihr täglich mit den tragischen und dringenden Problemen der Armut konfrontiert, besonders im Fall von Umsiedlern und Immigranten. Ihr habt die Bevölkerung wiederholt zu solidarischem Verhalten mit den Bedürftigen aufgerufen. Ihr habt all denen Beistand geleistet, die versuchen, ihrer Menschenwürde entsprechend zu leben.
Ihr könnt auf Grund eurer persönlichen Erfahrung sagen, „die mächtige und gleichsam unwiderstehlichste Sehnsucht der Völker nach Befreiung stellt eines der wichtigsten Zeichen der Zeit dar, die die Kirche ergründen und im Licht des Evangeliums auslegen soll“. (*Instruktion über gewisse Aspekte der Theologie der Befreiung*, 6. August 1984, I,I).
Gleichzeitig habt ihr erfahren, wie das Streben nach Freiheit und die Hoffnung auf Befreiung, die weltweit unter den Völkern verbreitet sind und sich doch in Form und Ausmaß voneinander unterscheiden, Ursprung und Antrieb im christlichen Erbe haben. 1979 habe ich im Zusammenhang mit Puebla, drei grundlegende Wahrheiten vorgeschlagen, zur Orientierung für alle Bemühungen der Kirche, die das Ziel haben, die Bedrängten zu befreien und aufzurichten. Es sind die Wahrheit über Jesus Christus, die Wahreit über die Kirche und die Wahrheit über die Menschheit. Aber die Wahrheit über die Kirche und die Menschheit muß dennoch im Licht des Mysteriums Christi, der Inkarnation des Ewigen Wortes, betrachtet werden.
Das gleiche kann über alle Dimensionen des menschlien und christlichen Lebens gesagt werden. Die göttliche Vorsehung kann nur im Zusammenhang mit der ewigen Bestimmung der menschlichen Person verstanden werden, wie sie das menschgewordene Wort offenbart hat. Für die volle Bedeutung menschlichen Fortschritts oder menschlicher Entwicklung muß diese Lehre Christi berücksichtigt werden: Der Mensch lebt nicht nur von Brot, sondern von jedem Wort, das aus Gottes Mund kommt (*Mt* 4,4; vgl. *Dtn* 8,3). Die Fehlerhaftigkeit menschlicher Gerechtigkeit und die Unzulänglichkeit jeder weltlichen Erfüllung sind letztlich mit Gottes Plan, der in Christus offenbart wird, verbunden, „denn wir haben hier keine Stadt, die bestehenbleibt, sondern wir suchen die künftige“ (*Hebr* 13,14). Das Problem des körperlichen und geistigen Leidens von Unschuldigen verlangt eine Erklärung, die nur das menschgewordene Ewige Wort geben konnte. Und um dies möglichst wirkungsvoll zu tun, gab er sie vom Kreuz herab.

6. In eurem Bischofsamt begegnet ihr ständig den komplizierten Phänomenen des Agnostizismus und Atheismus. Ihr seid ganz zu Recht von der Notwendigkeit eines dauerhaften Dialogs und von brüderlicher Zusammenarbeit für Projekte im Dienst der Menschheit überzeugt. Euch und euren Ortskirchen obliegt es, die Hoffnung, die im Christentum enthalten ist, zu erklären, jedesmal wenn ihr danach gefragt werdet. Ihr tut gut daran, auf die Kraft des Beispiels und des Gebets zu bauen; ihr kennt die Notwendigkeit von Geduld und beharrlichem Vertrauen. Aber die starke, erleuchtende Kraft für alle zweifelnden und ablehnenden Gewissen ist allein das Licht des menschgewordenen Ewigen Wortes, das auch für sie ist wie „ein Licht, das an einem finsteren Ort scheint, bis der Tag anbricht und der Morgenstern aufgeht in eurem Herzen“ (*2 Petr* 1,19).
Um dem Atheismus entgegenzutreten, den man nach den Worten des Konzils „zu den ernstesten Gegebenheiten dieser Zeit rechnen muß“.(*Gaudium et spes*, Nr. 19) und der sich in Phänomenen ausdrückt, die sehr unterschiedlich voneinander sind, muß die Kirche auch die Ansicht des Konzils akzeptieren, nach der „an der Entstehung des Atheismus die Gläubigen einen erheblichen Anteil haben“ (*Gaudium et spes*, Nr. 19). Dies trifft soweit zu, daß sie scheitern, wenn sie das wahre Gesicht Gottes und der Religion offenbaren wollen, das in der Inkarnation des Ewigen Wortes enthalten ist.

7. Wenn sie Geist und Seele der Gläubigen hin zum Mysterium der Inkarnation des Ewigen Wortes lenkt, dann ist es der brennende Wunsch der Kirche, dieses Geheimnis in jeder menschlichen Tätigkeit und Kultur zum Tragen zu bringen. Die Kirche erhofft sich in der Tat die Geburt eines neuen Humanismus von tiefer christlicher Inspiration, in der jede weltliche Realität durch die Offenbarung Christi erhöht wird. Eines der wichtigsten Merkmale dieses neuen Humanismus ist es, der Gemeinschaft das Bewußtsein der gegenseitigen Abhängigkeit zu geben, die sich durch Solidarität ausdrückt. Dies steht im Einklang mit der Absicht Christi, die Menschheit nicht nur als Individuen ohne gegenseitige Verbundenheit zu erlösen, sondern sie vielmehr in einem einzigen Volk zusammenzuschließen (vgl. *Lumen gentium*, Nr. 9; *Gaudium et spes*, Nr. 32). Das Zweite Vatikanische Konzil erkannte die Existenz dieser Realität bereits, indem es erklärte: „So sind wir Zeugen der Geburt eines neuen Humanismus, in dem der Mensch sich vor allem von der Verantwortung für seine Brüder und die Geschichte her versteht“ (*Gaudium et spes*, Nr. 55). Nur durch das Bewußtsein dieser gegenseitigen Abhängigkeit – weltweit verbreitet – werden sich die Gemeinschaften zusammentun, um jene natürlichen Güter und Werte zu pflegen, die das Wohl der Menschheit fördern und deren grundlegende Kultur sie darstellen. Die Antwort jeder Gemeinschaft, einschließlich der Gemeinschaften in der Kirche auf das Bewußtsein gegenseitiger Abhängigkeit, ist solidarisches Handeln, die „Gebete und beständige Entschlossenheit, sich für das Gemeinwohl einzusetzen“ (*Sollicitudo rei socialis*, Nr. 38). Diese Solidarität und Entschlossenheit kommt dann wieder in einer neuen moralischen Sorge für alle Fragen, mit denen die Menschheit konfrontiert wird, zum Ausdruck. Zwei äußerst wichtige Probleme für Millionen von Brüdern und Schwestern in der ganzen Welt sind die der Entwicklung und des Friedens (vgl. *Sollicitudo rei socialis*, Nr. 26). Ihre Lösung hängt zutiefst von der Verbindung dieser Realitäten mit dem wahren christlichen Humanismus ab. Der spezielle Beitrag der Kirche

– ihrer Mitglieder und ihrer einzelnen Gemeinschaften – für die Sache einer neuen Humanität, für eine wahre menschliche Kultur, ist die volle Wahrheit Christi über die Menschheit: die Bedeutung der Menschheit, ihr Ursprung, ihre Bestimmung und daher ihre einzigartige Würde.

8. Liebe Brüder im Bischofsamt: ihr habt, gemeinsam mit der Weltkirche, die schwierige Aufgabe, eure Ortskirchen auf dem Weg der Erlösung zu führen, und mit brüderlicher und väterlicher Liebe den verschiedenen Kategorien von Gläubigen zu helfen, ihre Pflicht und ihrem Privileg, für Christus in der Welt Zeugnis abzulegen, nachzukommen. Aber ihr solltet euch auch vor Augen halten, – und dies wird euch große Freude bereiten – daß ihr die Hauptmittler Christi, die ersten Katechisten eures Volkes, die hauptsächlichen Verkünder des Geheimnisses der Menschwerdung des Ewigen Wortes seid. Euch und allen euren Brüdern im Bischofskollegium vereint mit dem Nachfolger Petri, ist auf einzigartige Weise, zur treuen Obhut und wirksamen Übermittlung, die Wahrhheit des Evangeliums anvertraut worden. Wir verkünden diese Wahrheit nicht nur als Rettung und Erlösung von dem Bösen, sondern auch als Grundlage für den neuen Humanismus, der zu der ganzen Welt über universale Solidarität und liebevolle Fürsorge für alle Menschen sprechen wird.
All dies, liebe Brüder, entspringt aus jener tiefen Überzeugung, jenem Grundsatz, den das zweite Vatikanische Konzil verkündet hat: „Die Wahrheit ist, daß nur im Licht des menschgewordenen Ewigen Wortes das Geheimnis des Menschen sich erhellt.“ Möget ihr in den Fußstapfen eures Apostels, von Kalifornien mit allen, die vor euch das Evangelium verkündet haben weiterhin zuversichtlich und ohne Unterlaß „den königlichen Weg“ und, mehr noch, das Geheimnis des fleischgewordenen Wortes, verkünden. In dieser Liebe sende ich meinen Segen an alle Priester, Diakone, Ordensleute, Seminaristen und Laien in Kalifornien, Hawaii und Nevada. „Friede sei mit euch allen, die ihr in Christus seid“ (*1 Petr* 5,14).

Anthropozentrismus und Theozentrismus

Ansprache an die Bischöfe der 12. und 13. Pastoralregion der Vereinigten Staaten von Amerika bei ihrem Ad-limina-Besuch am 2. September

Liebe Brüder in Jesus Christus unserem Herrn!

1. Mit tiefer brüderlicher Zuneigung heiße ich euch alle, die Bischöfe der 12. und der 13. Pastoralregion, willkommen. Unser heutiges Treffen soll nicht nur eine Erfahrung kirchlicher Gemeinschaft für uns als Hirten des Gottesvolkes sein, sondern auch eine Bestätigung des erneuerten Einsatzes aller Diözesen in den Provinzen Anchorage, Portland, Seattle, Denver und Santa Fe für die Einheit, die Christus zwischen den Einzelkirchen und der universalen Kirche gewollt hat.

In diesem Moment ruft unser Programm uns auf, gemeinsam nachzudenken über unser Amt und über die tiefe Sorge des Hirten, die wir als Bischöfe für die Menschheit und jeden einzelnen tragen. Um echt zu sein, muß unser bischöflicher Dienst wirklich auf den Menschen ausgerichtet sein. Gleichzeitig muß Gott sein Mittelpunkt sein, dessen absoluten Vorrang und Souveränität wir unablässig verkünden und zu dessen Anerkennung im Leben wir unser Volk drängen müssen.
Das II. Vatikanische Konzil hat uns dazu angehalten, beides – Anthropozentrismus und Theozentrismus – zu vertreten und zusammen hervorzuheben, sowie in der einzig möglichen, zufriedenstellenden Weise zu verbinden, nämlich in der göttlichen Person Christi, der wahrhaft Gott und wahrhaft Mensch ist. Diese Aufgabe ist für uns schwierig und animierend zugleich. Sie kann tiefe Auswirkungen auf die Ortskirchen haben. In meiner Enzyklika über die göttliche Barmherzigkeit schrieb ich, daß die tiefe und organische Bindung von Anthropozentrismus und Theozentrismus in Jesus Christus vielleicht das wichtigste Prinzip des II. Vatikanischen Konzils ist (*Dives in misericordia*, Nr. 1). Grund dafür ist die pastorale Wirksamkeit dieses Prinzips.

2. Indem sie sich auf Christus konzentriert, ist die Kirche in der Lage, die menschliche Natur und Würde zu erhöhen, denn Jesus Christus ist die größtmögliche Bestätigung aller menschlichen Würde. Die Kirche kann sich auch mit der Menschheit und dem Wohlergehen jedes einzelnen Menschen eingehend befassen, weil Jesus Christus durch seine Inkarnation die ganze Menschheit in sich vereinigt hat. In Christus hat Gott der Vater den Plan für die Menschheit gelegt. Indem sich die Kirche auf Christus konzentriert, unterstreicht sie gleichzeitig die zentrale Stellung Gottes in der Welt, denn in Christus – in der hypostatischen Union – hat Gott den Menschen im größtmöglichen Ausmaß in Besitz genommen. Christus im vollen Ausmaß verkünden, sowie es das II. Vatikanische Konzil gewollt hat, heißt, den Menschen aufs höchste erheben, und Gott aufs höchste erheben. Christus in vollem Maß verkünden, heißt, ihn in dem vom Vater ausgehenden Plan der Menschwerdung verkünden, und darin kommen die größte Ehre des Menschen und das größte Werk Gottes in der Welt zum Ausdruck. Anthropozentrismus und Theozentrismus, wahrhaft in Christus verbunden, öffnen für die Kirche den Weg zu einem richtigen Verständnis ihres Hirtendienstes an der Menschheit zur Ehre Gottes.

3. Als der Gesetzgeber des Neuen Testaments vereinigt Christus in seiner eigenen Person die beiden Gebote der Liebe zu Gott und der Liebe zum Nächsten. Indem er für die Kirche die Priorität der Liebe zu Gott aufrechterhält, erklärt der hl. Augustin die Ordnung für ihre Erfüllung: „Die Liebe zu Gott steht an erster Stelle nach der Ordnung des Gebotes, die Liebe zum Nächsten aber steht an erster Stelle nach der Ordnung des Handelns“. (Dei delectio prior est ordine praecipiendi, proximi autem dilectio prior est ordine faciendi [*In Ioann. Tract.*, 17]). In diesem Sinn bleiben die Worte des hl. Johannes eine dauernde Herausforderung an die Kirche: „Denn wer seinen Bruder nicht liebt, den er sieht, kann Gott nicht lieben, den er nicht sieht.“ (*1 Joh* 4,20).
In Christus – in seiner Person und in seinem Wort – erkennt die Kirche das Prinzip ihrer Sorge um die Menschheit (vgl. *Redemptor hominis*, Nr. 15). Ihre Inspiration und ihre

Stärke in allen Dimensionen ihres Hirtendienstes findet sie in Christus. In ihrer Absicht, dem Menschen zu dienen, wird die Kirche stets in bezug auf Christus über ihn nachdenken, und sie wird bemüht sein, nur durch Christus Gott näherzukommen. Von diesem Standpunkt aus ist es möglich, die Ansicht zu vertreten, daß „der Mensch der erste Weg ist, den die Kirche bei der Erfüllung ihres Auftrags beschreiten muß; er ist der erste und grundlegende Weg der Kirche" (*Redemptor hominis*, Nr. 14). Gleichzeitig und ohne daß es ein Widerspruch wäre, verkünden wir: „Jesus Christus ist der Hauptweg der Kirche" (*Redemptor hominis*, Nr. 13). Und das, weil Christus die Fülle der Menschheit verkörpert. In Christus bringt Gott das zum Ausdruck, was die Menschheit sein sollte, wie sie umgestaltet werden soll, wie sie in die Gemeinschaft der Heiligsten Dreifaltigkeit geführt werden soll, nämlich: „durch ihn und mit ihm und in ihm".

4. Wenn wir hier über Anthropozentrismus sprechen, das heißt, die Herausstellung der Würde der Menschheit in ihrer Beziehung zu Christus und der Sendung der Kirche, dann müssen wir auf die unveränderliche Basis aller christlichen Anthropologie Bezug nehmen, nämlich die Erschaffung des Menschen als Bild und Abbild Gottes (vgl. *Gen* 1,26–27). Dieser Gott ist der Gott, der sich als Personengemeinschaft, als Retter, als Gott der Liebe und der Gnade offenbart.
In ihrer Sorge um den Menschen und um die menschliche Würde, die sich in jedem sozialen Programm ausdrückt, das sie ins Leben ruft, muß die Kirche die Realität der Schöpfung verkünden, wie sie durch die Erlösung und die Erhebung jedes einzelnen – in der Taufe – erneuert wird. In ihrem inneren Wesen spürt die Kirche den Drang, die Würde des Menschen zu verkünden: die Würde des Menschen, erhoben zu der Ebene Christi, der Ebene der Gotteskindschaft. Mit der Verkündigung der natürlichen menschlichen Würde verkündigt die Kirche folglich auch die volle christliche Würde: die Würde der Kinder Gottes, die zu einer übernatürlichen Würde berufen sind, zur Verehrung des Vaters zusammen mit Christus.
Als ich mich vor fünf Jahren an die amerikanischen Bischöfe wandte, sprach ich von „dem pastoralen Dienst, das Volk Gottes immer mehr dazu zu führen, daß es sich seiner Würde als Volk von Anbetern Gottes bewußt wird" (*Ansprache* vom 9. Juli 1983, Nr. 8). Insbesondere wies ich darauf hin, „daß wir den Menschen einen großen Hirtendienst leisten können, wenn wir ihre liturgische Würde unterstreichen und ihre Gedanken auf den Sinn der Gottesverehrung hinlenken. Wenn sich die Menschen bewußt werden, daß sie berufen sind, den Vater in der Verbundenheit mit Jesus Christus anzubeten und ihm zu danken, dann wird eine große Macht in ihrem christlichen Leben freigesetzt" (*ebd.*, Nr. 3).
Im Hinblick auf die Rechte innerhalb der Kirche, sagte Papst Johannes Paul I. vor zehn Jahren, anläßlich einer der beiden „Ad-limina"-Besuche seines kurzen Pontifikats – am Tage seines Todes –: „Zu den größten Rechten des Gläubigen gehört das Recht, Gottes Wort ungeteilt und rein, mit all seinen Forderungen und der ihm innewohnenden Kraft zu empfangen." (28. September 1978). Die Kirche ist in jeder Hinsicht zur kraftvollen Verteidigung aller menschlichen und christlichen Rechte um ihrer selbst willen unwiderruflich verpflichtet, besonders dann, wenn diese Rechte in Gefahr sind. In dem Bewußtsein, daß sie in der Erwartung der Fülle des Reiches Gottes lebt, muß sie unablässig

dem Werk des Messias folgen, von dem der Psalmist sagt: „Er erbarmt sich des Gebeugten und Schwachen, er rettet das Leben der Armen. Von Unterdrückung und Gewalttat befreit er sie, ihr Blut ist in seinen Augen kostbar.“ (*Ps* 72,13–14). Die Kirche muß immer unter den Armen zu Hause sein, stets bereit, ihre Rechte zu verteidigen.

5. Um uns die Basis für die Verteidigung der Menschenrechte zu geben, verkündet Christus ein ganzes Gefüge von menschlichen Beziehungen. Er lehrt uns, daß wir, um unser Leben zu retten, es verlieren müssen (vgl. *Lk* 17,33). Tatsächlich kann der Mensch nicht voll und ganz zu sich selbst finden, ohne zunächst sich selbst zum aufrichtigen Geschenk zu machen. (vgl. *Gaudium et spes*, Nr. 24). Denn eine Person nach dem Bild und Ebenbild Gottes sein bedeutet, in Beziehung zueinander und zu anderen zu leben. Was Christus und seine Kirche vertreten, ist nicht nur der äußerliche Schutz der Menschenrechte; auch nicht die bloße Verteidigung dieser Rechte seitens jener Organe und Strukturen, die der Gemeinschaft zur Verfügung stehen – so gelegen und nützlich sie auch sein mögen – sondern die totale Opferbereitschaft jedes einzelnen in der Gemeinschaft, so daß die Rechte aller gesichert sind durch die umfassende Struktur korrekter menschlicher und christlicher Beziehungen, in denen die Liebe Christi vorherrscht und wo Gerechtigkeit von der Liebe „korrigiert“ wird (vgl. *Dives in misericordia*, Nr. 14). Diese Struktur menschlicher Beziehungen – die einzige, die zum vollen Schutz menschlicher und christlicher Rechte führt – muß den Menschen als ein nach Gottes Bild und Gleichnis geschaffenes Wesen sehen, so, wie Gott als Personengemeinschaft besteht.

6. Ein Phänomen, das gegen diese ganze Struktur persönlicher Beziehungen und daher gegen die Rechte des Menschen spricht, eine Erscheinung, auf die ich die gesamte Kirche aufmerksam gemacht habe, ist „das Verblassen vieler fundamentaler Werte, die ein unbestreitbares Gut nicht nur der christlichen, sondern ganz einfach der menschlichen Moral, der moralischen Kultur darstellen, wie etwa die Achtung des menschlichen Lebens vom Augenblick der Empfängnis an, die Achtung der Ehe in ihrer unauflöslichen Einheit, die Achtung des Dauercharakters der Familie. ... Auf der gleichen Linie liegen die Krise der Wahrheit in den zwischenmenschlichen Beziehungen, der Mangel an Verantwortungsbewußtsein im Reden, die nur auf Nützlichkeit ausgerichtete Beziehung von Mensch zu Mensch, das Fehlen des Sinnes für echtes Gemeinwohl und die Leichtigkeit, mit der dieses seinem Zweck entfremdet wird“ (*Dives in misericordia*, Nr. 12). Alle diese Bereiche würden es verdienen, ausführlich behandelt zu werden. Ich habe früher schon zu euch über einige dieser Fragen eingehend gesprochen. Ich bin euch zutiefst dankbar für euren unermüdlichen Einsatz gegenüber so vielen Herausforderungen an euer Hirtenamt, worunter eine der größten die Verteidigung und die Unterstützung des Lebens ist.

7. Ein größerer Bereich der Menschenrechte, der des fortwährenden Schutzes bedarf, ist die Familie mit ihren Mitgliedern, den Eltern und den Kindern. Die Charta der Familienrechte, die vor fünf Jahren vom Heiligen Stuhl aufgefaßt wurde, hat diese Rechte formuliert und verdient jetzt erneute Aufmerksamkeit. Eines der grundlegenden Prinzipien, die in diesem Dokument aufgeführt werden, ist das „ursprüngliche, erste und unverä-

ßerliche Recht“ der Eltern, ihre Kinder im Einklang mit ihren moralischen und religiösen Überzeugungen zu erziehen (Art. 5), sowie ihre Geschlechtserziehung zu beaufsichtigen und zu kontrollieren.
Die Kirche muß weiterhin die Bindung menschlicher Sexualität an den Schöpfungsplan Gottes hervorheben, wie auch die Bestimmung und die Würde der Sexualität unablässig erklären.
Die ungelösten Probleme des enorm lukrativen Drogenhandels und der Pornographie verwunden die menschliche Familie aufs schwerste. Beide Phänomene sind eine Plage für die Gesellschaft, sie erniedrigen das menschliche Leben, die menschliche Liebe und verletzen menschliche Rechte.

8. Wenn man sich mit den spezifischen Rechten der Frauen als solche befaßt, so ist es notwendig, wieder und wieder zu der unveränderlichen Grundlage der christlichen Anthropologie zurückzukehren, wie es bereits in der Beschreibung der Heiligen Schrift über die Erschaffung des Menschen – als Mann und Frau – nach Gottes Bild und Gleichnis, vorausgedeutet wurde. Beide, Mann und Frau, sind nach dem Bild des Personseins Gottes erschaffen mit unveräußerlicher persönlicher Würde und als gegenseitige Ergänzung. Was auch immer diese Ergänzung von Mann und Frau verletzt, was auch immer die wahre Gemeinschaft der Personen gemäß dem Ergänzungsprinzip der Geschlechter behindert, verstößt gegen die Würde von Mann und Frau.
Durch den ersten Entwurf eures geplanten Dokuments über die Belange der Frauen in der Kirche und der Gesellschaft weiß ich, daß ihr große Anstrengungen macht, diese sehr unterschiedliche Besorgnis feinfühlig zu behandeln. Ihr stellt die Frauen dar als Partnerinnen im Erlösungsgeheimnis, so wie dieses Mysterium auch in unserer Zeit gelebt wird. Ihr tut gut daran, beim Abbau sexueller Diskriminierung mitzuhelfen. Ebenso ist es richtig, daß ihr Maria, die Mutter Gottes, als ein Modell der Jüngerschaft, als Zeichen der Hoffnung für alle und zugleich als ein besonderes Symbol und Vorbild für die Frauen in ihrer Partnerschaft mit Gott im Dienst der Kirche darstellt.
Überall in der Kirche muß noch eingehend über ihre Lehre bezüglich der Fauen, ihrer Würde und ihrer Berufung nachgedacht und darüber gebetet werden. Ich habe bereits meine eigene Absicht, ein Schriftstück über dieses Thema zu veröffentlichen, bekannt gegeben. Es wird in Kürze erscheinen. Die Kirche ist entschlossen, die ganze Fülle ihrer Lehre, mit all der Macht, die in der göttlichen Wahrheit enthalten ist, für die Sache der Frauen in der modernen Welt zur Verfügung zu stellen und zu helfen, daß die entsprechenden Rechte und Pflichten der Frauen geklärt und ihre weibliche Würde und Berufung beschützt werden. Die Bedeutung eines wahren christlichen Feminismus ist so groß, daß jeder Versuch gemacht werden muß, die Prinzipien herauszustellen, auf denen er beruht, und nach denen er wirksam verteidigt und für das Wohl der ganzen Menschheit gefördert werden kann. Die Bedeutung dieses Engagements erfordert die Zusammenarbeit nicht nur des gesamten Bischofskollegiums, sondern der ganzen Kirche.

9. Der Rang aler menschlichen Würde und aller menschlichen Rechte kommt auf unermeßliche Weise durch die übernatürliche Stellung und Bestimmung der Menschheit zur

Geltung, die nur im Zusammenhang mit Gott, in Beziehung zu Christus zu finden sind. Papst Paul VI. wollte in seiner wirkmächtigen Sozialenzyklika *Populorum progressio* die Elemente gemeinsam darstellen. Er wollte, daß die Kirche einen von Grund auf soliden Weg des sozialen Einsatzes gehe. Mit anderen Worten, er wollte die menschlichen Rechte und die menschliche Würde – in der Tat den ganzen Humanismus – in Christus mit Gott verbinden. Kurz, er wollte bekräftigen, daß die Kirche gleichzeitig sowohl anthropozentrisch als auch theozentrisch sein kann und muß, indem sie christozentrisch ist und sich auf Christus, den Erlöser des Menschen, den Erlöser der ganzen Menschheit konzentriert. Diese seine Botschaft ist jetzt für unser Volk wichtiger als je zuvor, vor allem die Feststellung: „Durch seine Eingliederung in den lebendigmachenden Christus gelangt (der Mensch) zu einer neuen Entfaltung, zu einem Humanismus jenseitiger, ganz anderer Art, der ihm die höchste Lebensfülle schenkt" (Nr. 16). Und wiederum: „Nur jener Humanismus also ist der wahre, der sich zum Absoluten hin öffnet, im Dank für eine Berufung, die die richtige Auffassung vom menschlichen Leben schenkt" (*ebd.*, Nr. 42). Für uns alle ist diese Berufung die christliche Berufung – im wesentlichen mit der Inkarnation und den Fragen der Menschenwürde und der Menschenrechte verbunden, so wie sie das menschgewordene Wort auf eindeutige Weise dargelegt hat.

Wenn menschliche Gerechtigkeit nicht nur praktiziert, sondern durch die Liebe „korrigiert" wird, kann die Sache der ganzen Menschheit unermeßlich bereichert werden. Durch die Liebe Christi, das menschgewordene Wort, wird das Ausmaß der Dienste, die im Namen des Evangeliums und der Sendung der Kirche ausgeübt werden, beträchtlich erweitert.

Liebe Brüder, als die Hirten des Volkes Gottes haben wir aus Erfahrung gelernt, wie wichtig all diese Prinzipien auf jeder Ebene der Kirche, in jeder großen und kleinen Gemeinschaft der Glaubenden, sind. Es kann kein anderer Weg gegangen werden, als der des Menschen und seiner Würde. Es gibt keine andere Richtung, die wir ihm weisen können als die zu Gott. Kein anderer Weg führt zum Ziel als der Weg Christi. Für den Aufbau des Gottesreiches gibt es nichts anderes als die Sache der Menschheit, verstanden im Licht Christi, der sagt: „Was ihr für einen meiner geringsten Brüder getan habt, das habt ihr mir getan" (*Mt* 25,40).

Liebe Brüder, mit diesen Gedanken versichere ich euch meiner Fürbitte, damit alle eure Ortskirchen in zunehmendem Maße in Christus das immerwährende Band zwischen der Sache der Humanität und dem Reich Gottes finden mögen, und daß sie in Christus Erleuchtung und Kraft für ihr Leben erfahren. Möge Gott euch für euren Eifer, eure Hochherzigkeit und all eure Hirtenliebe, mit der ihr seinem heiligen Volk dient, belohnen. Mit meinem Apostolischen Segen.

Die Sendung der Kirche zur Solidarität

Ansprache an die Bischöfe der 1. und der 8. Pastoralregion der Vereinigten Staaten von Amerika bei ihrem Ad-limina-Besuch am 9. September

Liebe Brüder in unserem Herrn Jesus Christus!

1. Zum siebtenmal in diesem Jahr habe ich die Freude, meine Brüder im Bischofsamt aus den Vereinigten Staaten zu ihrem Ad-limina-Besuch beim Heiligen Stuhl willkommen zu heißen. Durch euch, die Bischöfe der 1. und 8. Pastoralregion grüße ich das ganze geliebte katholische Volk, das die Kirche in New England und in den Staaten Minnesota, Nord Dakota und Süd Dakota bildet. Ich bin mir bewußt, daß zwischen euren Regionen, wie auch zwischen euren Ortskirchen große Unterschiede bestehen, aber ich weiß, daß ihr alle den gleichen Herausforderungen begegnet, die das Leben des einen, heiligen, katholischen und apostolischen Glaubens an euch heranträgt.
Bei den vorigen Besuchen, hatte ich Gelegenheit, mit den Bischöfen über den Hirtendienst der Kirche nachzudenken. Alle meine Ansprachen hatten das Ziel, ihnen zu helfen, ihre kirchlichen Gemeinschaften zu einem möglichst intensiven Glaubensleben zu führen. Daher war ich in der Lage, eine Reihe von aktuellen Themen zu behandeln, die für alle Diözesen in Amerika von Bedeutung sind: das Geheimnis der Kirche, so, wie es sich in den Vereinigten Staaten darstellt – die wunderbare Realität der göttlichen Gnade, von der ich mich persönlich überzeugen konnte und die ständig zu noch größerer Heiligkeit angespornt werden muß; die Vorbereitung des kommenden Jahrtausends als einer Zeit besonderer Erneuerung für die Kirche, ihre Identität und ihre Sendung; der Aufruf zu Buße und Versöhnung; die Aufforderung zum Gebet; die Meditation über Jesus Christus, als den, der das Geheimnis Gottes vermittelt und den Menschen sich selbst offenbart; und schließlich die organische Verbindung aller anthroprozentrischen und theozentrischen Bemühungen der Kirche in Christus einschließlich ihrer Aufgabe, die Würde und die Rechte des Menschen zu verkünden. Liebe Brüder, ich möchte gerne zu dieser Folge noch einen weiteren Beitrag leisten mit einigen Gedanken über das Bewußtsein, das die Kirche in den Vereinigten Staaten von ihrer Sendung zur Solidarität mit der ganzen Menschheit haben muß.

2. Die Kirche, wie auch ihre einzelnen Mitglieder, hat die große Fähigkeit des Gebens (vgl. *Gaudium et spes*, Nr. 24). Wie der einzelne Mensch, so erfährt sich die kirchliche Gemeinschaft als diejenige, die ihre Hände ausstreckt und sich selbst mitteilt. In der Solidarität drückt sich das kirchliche Leben und seine Dynamik in Christus aus. Diese Solidarität erfordert eine praktische Kenntnisnahme von dem weiten Netz der Wechselbeziehungen innerhalb des Gottesvolkes. Sie besteht in einem entschlossenen und beharrlichen Engagement für das Wohl aller (vgl. *Sollicitudo rei soziales*, Nr. 38).
Als der Leib Christi entdeckt und praktiziert die Kirche Solidarität auf der Ebene des göttlichen Mysteriums, auf jeder Ebene ihrer Katholizität und jeder Ebene menschlicher Bedürfnisse. Alle Einzelkirchen, die zusammen die eine katholische Kirche bilden, sind aufgerufen, mit ihren Schwesterkirchen die gleiche universale Solidarität zu leben, im

Bewußtsein der einen katholischen Gemeinschaft, in der sie durch den Auftrag Christi miteinander verbunden sind. Jede Ortskirche drückt dieses gegenseitige Abhängigkeitsverhältnis in Glauben, Liebe und allem, was das Leben der Menschen betrifft, aus. Jede Ortskirche spürt diese Abhängigkeit in dem Bedürfnis, anderen gegenüber offen zu sein und von ihnen zu lernen, ihnen aber auch beim Tragen ihrer Last zu helfen, wie bereits der heilige Paulus sagte: „Einer trage des anderen Last; so werdet ihr das Gesetz Christi erfüllen“ (*Gal* 6,2). Wo auch immer Gläubige in der weltweiten Kirche in Bedrängnis sind wird nach einer solidarischen Antwort gerufen. Für die Kirche ist Solidarität Ausdruck ihrer Katholizität, wenn sie all ihren notleidenden Söhnen und Töchtern helfend entgegengeht.

3. Eben weil sie die Kirche ist, ist sie berufen, die ganze notleidende Menschheit in die Arme zu schließen und auf die Bedürfnisse aller Menschen einzugehen. Die Kirche erkennt und verkündet klar und deutlich die weltweite gegenseitige Abhängigkeit und die Wechselbeziehung menschlicher Bedürfnisse. In euren Hirtenbriefen über Frieden und wirtschaftliche Gerechtigkeit, habt ihr als Bischofskonferenz diese Punkte gut formuliert, indem ihr schreibt: „Da wir uns zu einer ‚katholischen‘ universalen Kirche bekennen, müssen wir alle unsere Aufmerksamkeit auf die Angelegenheiten richten, die für das Wohl aller in der Welt ausschlaggebend sind ... Wir verpflichten uns diesem Weltbild gegenüber“ (*Economic Justice for All*, 363). Und weiter: “Die Wechselbeziehungen in der Welt gehen Hand in Hand mit einer Reihe von untereinander verflochtenen menschlichen Problemen. So wichtig es auch ist, im Atomzeitalter den Frieden zu wahren, es trägt nicht zur Lösung oder Tilgung der anderen großen Fragen von heute bei.“ (*The Challenge of Peace*, III,B,3)
Für die Kirche ist Solidarität eine moralische und soziale Haltung, die gepflegt, eine Tugend, die praktiziert und eine Pflicht, die in vielen Formen brüderlicher Hilfe und Zusammenarbeit ausgedrückt werden muß. Was die Solidarität auf dem Gebiet des sozialen Fortschritts angeht, so hat die Kirche in den letzten Jahrzehnten die Notwendigkeit empfunden, die universale Dimension hervorzuheben. Gerade diese weltumfassende Dimension oder der universale Charakter der Soziallehre der Kirche hat *Mater et Magistra*, *Gaudium et spes* und *Populorum progressio* gekennzeichnet, und in meiner eigenen Enzyklika *Sollicitudo rei socialis* wurde dies weiter vertieft. Papst Paul VI. sagt in diesem Zusammenhang: „Heute ist – darüber müssen sich alle klar sein – die soziale Frage weltweit geworden“ (*Populorum progressio*, Nr. 3).

4. Solidarität ist als menschliche und christliche Tugend schon in sich von Bedeutung, darüber hinaus aber auch in ihrer Beziehung zum Frieden. Sie ist in der Tat ein Element des Friedens in der modernen Welt, und wenn Solidarität Wahrheit, Freiheit, Gerechtigkeit und Liebe einschließt, entsteht eine solide Basis für eine neue Weltordnung. Solidarität ist ein Friedenselement, weil sie für die Entwicklung eine entscheidende Rolle spielt: „Die allseitige Entwicklung der Einzelmenschen muß Hand in Hand gehen mit der Entwicklung der gesamten Menschheit; beide müssen sich wechselseitig unterstützen“ (*Populorum progressio*, Nr. 43).

Es ist wesentlich für die Kirche, zu erkennen, daß Solidarität mit der ganzen Welt Ausdruck ihres eigenen kirchlichen Lebens ist. Ihr soziales Bemühen und ihr Evangelisierungseifer kennen keine Schranken, eben weil sie die Kirche ist, „gleichsam das Sakrament, das heißt Zeichen und Werkzeug für die innigste Vereinigung mit Gott wie für die Einheit der ganzen Menschheit" (*Lumen gentium*, Nr. 1).
Gleichzeitig ist die Kirche willens, in einer ökumenischen und interreligiösen Dimension Solidarität zu üben, und das hält sie für äußerst wichtig. Sie lebt, wie Christus, um der Sache der Menschheit zu dienen: „Denn auch der Menschensohn ist nicht gekommen, um sich dienen zu lassen, sondern um zu dienen und sein Leben hinzugeben als Lösegeld für viele" (*Lk* 10,45). Die Kirche sieht auch, daß sie die Sensibilität Christi der Menschheit gegenüber nachahmen muß; oft erinnert sie an seine Worte: „Ich habe Mitleid mit diesen Menschen" (*Mt* 15,32).

5. Durch dieses Feingefühl ist die Kirche in der Lage, eine Vielfalt von Bedürfnissen, die sehr unterschiedlich voneinander sind, zu erkennen und ihnen entgegenzutreten. So zeigt sie ihre Solidarität und bietet, ihren Mitteln und ihrer besonderen Natur gemäß, Hilfe an. Diese große Offenheit anderen gegenüber war immer schon bezeichnend für die Kirche in den Vereinigten Staaten. Sie ist ein Geschenk, das Gott in die Herzen eures Volkes eingepflanzt hat und das Nahrung, Pflege, Überlegung und Tatkraft braucht. Bei meinem ersten Besuch in den Vereinigten Staaten, 1979, sagte ich zu den Bischöfen von Chicago: „Die deutliche Sorge für andere ist immer ein Teil der Wirklichkeit des amerikanischen Katholizismus gewesen, so danke ich heute den amerikanischen Katholiken für ihre große Freigebigkeit. ... Darum ist dies für mich ein Augenblick feierlich bezeugter Dankbarkeit" (5. Oktober 1979, Nr. 1). Diese Gesinnung bestätige ich aufs neue.
Die Solidarität, über die wir sprechen, ist jene wahre Solidarität, die sich im Geist des Miteinander-Teilens ausdrückt, von echten menschlichen Gefühlen begleitet wird und von übernatürlicher Liebe motiviert ist. Es ist ein soziales Bemühen, das Männer, Frauen und Kinder in der Gesamtheit ihrer Persönlichkeit umfaßt, einschließlich ihrer menschlichen Rechte, ihrer Stellung in der Welt und ihrer ewigen Bestimmung. Wir können keines dieser Elemente ausklammern. Es ist jene Solidarität, die die Gleichheit der fundamentalen menschlichen Würde anerkennt und betont und die sich nach der Formulierung Jesu in das christliche Gebet überträgt: „Vater unser, gib uns heute unser tägliches Brot."
Alle menschlichen Bedürfnisse sind in das Bemühen der Kirche eingeschlossen und erfordern den Einsatz ihrer Mitglieder. Wie ich bereits sagte, gehört Zusammenarbeit wesentlich zur Solidarität (vgl. *Sollicitudo rei socialis*, Nr. 39), und sowohl Solidarität als auch Zusammenarbeit sind Mittel zur Verteidigung der menschlichen Rechte; sie stehen im Dienst der Wahrheit und der Freiheit des Menschen. Wie großartig ist die Solidarität, die heute in den Vereinigten Staaten unter so vielen bereitwilligen Männern und Frauen herangewachsen ist, die sich verpflichtet haben, das menschliche Leben zu schützen und ihm zu dienen! Wie erfolgreich tragen sie zu dem großen amerikanischen Ideal: „Freiheit und Gerechtigkeit für alle" bei!
Solidarität ist die Antwort auf die Herausforderung Christi, und wenn sie in seinem Namen und im Namen seiner Kirche geübt wird, geschieht dies ohne Unterschied von Kon-

fession, Geschlecht, Rasse, Nationalität und politischer Zugehörigkeit. Das letzte Ziel kann nur der Mensch in Not sein.

6. Unter den positiven Zeichen einer neuen moralischen Auffassung in der Welt, einer Einstellung, die sich unter den Katholiken in den Vereinigten Staaten mehr und mehr verbreitet, sind nicht nur die erneute Erkenntnis der menschlichen Würde, sondern auch die Überzeugung, daß alle Menschen grundsätzlich voneinander abhängig sind, besonders im Hinblick auf Armut und Unterentwicklung. Folglich wächst das Bewußtsein, daß der Friede unteilbar ist und daß wahre Entwicklung entweder von allen geteilt werden muß oder aber keine wahre Entwicklung ist (vgl. *Sollicitudo rei socialis*, Nr. 17). Von diesem Standpunkt aus sieht man, wie wichtig wirtschaftliche und kommerzielle Beziehungen zwischen den Staaten und Völkern der Welt sind, und wie unerläßlich es ist, Gerechtigkeit auf diesem Sektor zu wahren.
Als Hirten des Gottesvolkes habt ihr es aufgefordert, über die Unteilbarkeit des Friedens und die Konsequenzen wirtschaftlicher Wechselbeziehungen nachzudenken. In euer Erklärung heißt es: „Wir alle müssen uns mit der Realität einer solchen wirtschaftlichen Wechselbeziehung und ihren Folgen beschäftigen und sie als eine Zeit der Gnade betrachten ... die uns alle in der großen Gemeinschaft der menschlichen Familie vereint" (*Economic Justice for All*, 363).

7. Der zwanzigste Jahrestag von *Populorum progressio* war für die ganze Kirche eine Gelegenheit, über Sinn und Bedeutung wahrer menschlicher Entwicklung des einzelnen und der gesamten Menschheit nachzudenken. Die Kirche wird diese Überlegungen wegen der Wichtigkeit des Themas weiterführen, denn es hat eine besondere Beziehung zu ihrem Sendungsauftrag im Namen Christi. Die integralen, inneren und übernatürlichen Dimensionen des menschlichen Fortschritts verdienen ebenso Beachtung, wie die wirtschaftlichen, sozialen und kulturellen Hinweise auf Unterentwicklung und Armut. In meiner letzten Enzyklika habe ich den Versuch gemacht, diese transzendente Realität des Menschen neu hervorzuheben, um die Bedeutung echter Entwicklung im Hinblick auf die besondere Natur des Menschen erneut darzulegen. Viele Folgerungen die eine Stütze für die menschliche Würde darstellen, entspringen diesen Prinzipien. Alle Formen von Unterentwicklung können einfacher identifiziert und bekämpft werden, wenn man die wahre Natur der Entwicklung kennt. Weiterhin ist, um wirklichen Fortschritt zu verstehen, das Unterscheiden zwischen „Sein" und „Haben" wesentlich. Aus diesem Grund machte Papst Paul VI. darauf aufmerksam, daß pures Streben nach Besitz ein wahres Hindernis für die Entwicklung darstellt, und daß „Habsucht ... deutlich eine moralische Unterentwicklung offenbart" (*Populorum progressio*, Nr. 19). Wenn man bedenkt, wie wichtig die Menschenrechte für die menschliche Person sind, ist es klar, daß sie in jedem Entwicklungsprogramm nachdrücklich verteidigt werden müssen. Zu diesem Zweck ist es notwendig, alle Hilfsquellen menschlicher Solidarität zu mobilisieren. Es ist offensichtlich, daß vereinzelte Bemühungen nicht genügen. Es müssen konzentrierte Anstrengungen gemacht werden, damit der wahre Fortschritt zu einem Begriff und durch allumfassende Solidarität für jeden erreichbar wird.

8. Bereiche ganz besonderer sozialer Sorge sind die der Armut und der Unterentwicklung. Auf internationaler Ebene wird die Unterentwicklung der Völker von den enormen Problemen, die die Verschuldung ihrer Länder aufwerfen, begleitet und verschärft. Die einzelnen Fragen, wie Hunger, Obdachlosigkeit, Arbeitslosigkeit und Unterbeschäftigung sind höchst beunruhigend und erfordern die kreative Mitwirkung jeder einzelnen kirchlichen Gemeinschaft.
Ein außergewöhnliches Beispiel der aktiven Solidarität der amerikanischen Katholiken sind die Catholic Relief Services die 1943 von den amerikanischen Bischöfen ins Leben gerufen wurden, um dringenden Problemen in Europa und Nordafrika Abhilfe zu schaffen. Mit der gleichen Kreativität setzte sich diese Organisation später im Namen der katholischen Kirche der Vereinigten Staaten für andere Belange in der ganzen Welt ein und ist noch heute als die „offizielle Hilfsstelle der amerikanischen Katholiken für Hilfe und Entwicklung in Übersee“ bekannt. Diese Organisation, die in der Vergangenheit so viel geleistet hat, und die auch heute noch so dringend für den wahren Dienst in der Welt gebraucht wird, resultiert aus der Anwendung der Prinzipien, über die wir nachgedacht haben.
Im Fall der Catholic Relief Services entwarfen und realisierten die amerikanischen Bischöfe ein volles kirchliches Programm, das auf den Prinzipien der gegenseitigen Abhängigkeit, Solidarität und Zusammenarbeit basiert und mit wacher menschlicher Sensibilität und der vollen Kraft christlicher Nächstenliebe durchgeführt wurde. Für die Kirche und all ihre Einrichtungen wird die höchste Motivierung der Solidarität die Liebe bleiben, die Gott in Christus zur ganzen Menschheit hegt: „Denn Gott hat die Welt so sehr geliebt, daß er seinen einzigen Sohn hingab“ (*Joh* 3,16).

9. Seite an Seite mit all ihren sozialen Belangen wird und muß die Kirche stets auch auf die noch größeren Bedürfnisse der Menschheit eingehen. Ihre religiöse Sendung zwingt die Kirche dazu, immer wieder, gelegen oder ungelegen, mit Jesus zu wiederholen: „der Mensch lebt nicht nur von Brot allein, sondern auch von jedem Wort aus dem Mund Gottes“ (vgl. *Lk* 4,4; vgl. *Dtn* 8,3). Wie das menschgewordene Ewige Wort – und bis er in Herrlichkeit wiederkommt – muß die Kirche ihre Solidarität mit der ganzen Menschheit zeigen, weil sie sich der zentralen Tatsache der Geschichte bewußt ist: „Das Wort ist Fleisch geworden“ (*Joh* 1,14).
Liebe Brüder, in der Liebe Christi übermittle ich meine Grüße und meinen Segen an alle eure Ortskirchen, auf daß sie Kraft finden, in seinem Namen Solidarität zu üben.

Streben der Kirche nach der Einheit der Christen

Ansprache an die Bischöfe der 3. Pastoralregion der Vereinigten Staaten von Amerika bei ihrem Ad-limina-Besuch am 7. Oktober

Liebe Brüder in unserem Herrn Jesus Christus!

1. Durch euch, die Bischöfe der 3. Patoralregion, grüße ich mit inniger Hirtenliebe das ganze Gottesvolk in den Staaten New Jersey und Pennsylvania. Bei eurem „Ad-limina"-Besuch werden die Bande der hierarchischen Gemeinschaft zwischen dem Bischof von Rom und seinen Brüdern im Episkopat, zusammen mit ihren Ortskirchen, gefestigt. Gleichzeitig weitet sich der Horizont unseres Hirtendienstes, und wir sehen die Kirche als „das Zeichen und Werkzeug, für die innigste Vereinigung mit Gott wie für die Einheit der ganzen Menschheit" (*Lumen gentium*, Nr. 1).
In diesem Zusammenhang werden wir dazu aufgefordert, unseren Eifer für die Einheit aller Christen und unsere Offenheit gegenüber Andersgläubigen und überhaupt allen Menschen, die guten Willens sind, zu erneuern. Darüber möchte ich mit euch nachdenken.
Unser Glaube an die Kirche ist nicht von unserem Bekenntnis, daß Jesus der „Messias, der Sohn des lebendigen Gottes" (*Mt* 16,16) ist, zu trennen. Die geheimnisvolle Gemeinschaft zwischen Gott und Mensch in Christus wird durch die Kirche noch erweitert. Die Kirche ist die Frucht dieser hypostatischen Union, die ihre volle Erlösungskraft im Ostergeheimnis erlangte. Die Kirche ist das Mittel, dessen sich der Heilige Geist bedient, um alle Menschen in Christus zu vereinigen, indem er sie in die Kirche aufnimmt. Sie ist in der Tat Teil des Erlösungswerks. Durch Christus ist sie im Lauf der ganzen Geschichte das Instrument der Heilsgemeinschaft, die der gesamten Menschheit geöffnet ist.
Es besteht eine enge Beziehung zwischen der zeitlichen, sichtbaren kirchlichen Gemeinschaft und der ewigen, unsichtbaren Gemeinschaft der Heiligsten Dreifaltigkeit. Diese Gegebenheiten sind nicht parallel zueinander. Wie das II. Vatikanische Konzil in einem Zitat des heiligen Cyprian sagt, ist die Kirche das „von der Einheit des Vaters und des Sohnes und des Heiligen Geistes her geeinte Volk" (*Lumen gentium*, Nr. 4). Die Einheit der Heiligsten Dreifaltigkeit ist die Quelle, aus der die Einheit der pilgernden Kirche entspringt, dieser irdischen Sphäre der Erlösungsgemeinschaft mit Gott. In tiefem Glauben lehrt das II. Vatikanische Konzil, daß „diese pilgernde Kirche zum Heile notwendig ist" (*ebd.*, Nr. 14).

2. Eine große Liebe zu Gottes Heilsplan in Christus und die Überzeugung von der Notwendigkeit der Kirche sind die Wurzeln für den einsatzfreudigen Missionsgeist, der alle Katholiken erfüllen sollte. Im Gegensatz zu diesem Eifer steht der Relativismus, der den einzigartigen Wert des Evangeliums Christi und seiner Kirche in Abrede stellt. Christus und seine Botschaft der Welt zu überbringen, wird immer eine Herausforderung an die christliche Treue und die Weisheit der Hirten sein.
Wenn wir überzeugt sind – und das sind wir – daß Christus die Fülle der Wahrheit ist; wenn wir bekennen – und das tun wir – daß Christus die Kirche für das Heil aller ge-

gründet hat, dann werden wir uns, um konsequent zu sein, konstant an diesem Heilsdialog beteiligen wollen, damit so viele wie möglich an der Frohen Botschaft von Gottes barmherziger Liebe, die sein Sohn Jesus Christus offenbart hat, teilhaben können.
Da die Liebe uns zu unserer Aufgabe anspornt, werden wir unsere Mission mit Gebet, gutem Beispiel und Opferbereitschaft erfüllen – mit einer Nächstenliebe, die glaubhaft ist. Der Eifer für das Evangelium Christi, die alle Gläubigen kennzeichnen sollte, hilft uns, zu verstehen, zu vergeben und das Wirken der göttlichen Gnade, die durch menschliche Freiheit wirkt, zu achten. Wir setzen die Menschen keinem Druck aus oder verletzen sie, wenn wir in die Fußstapfen Christi treten und den Weg der Selbstverleugnung und der Hilfsbereitschaft gehen, der in Bethlehem begann, der am Kreuz vollbracht wurde und in der Eucharistie zu uns gelangt.

3. Weiterhin ist es notwendig, die Einheit und brüderliche Liebe unter den Katholiken zu fördern. Dies ist wesentlich, wenn unser ökumenischer Einsatz glaubhaft sein soll: „Darum werden alle erkennen, daß ihr meine Jünger seid: wenn ihr einander liebt" (*Joh* 13,35). Mein Vorgänger Paul VI. sagte zur Zeit des Konzils in aller Klarheit: „Die Einheit der Kirche muß von einem jeden Mitglied erkannt und empfangen werden, ebenso wie sie gefördert, geliebt und verteidigt werden muß. Es ist nicht genug, sich einen Katholiken zu nennen. Wir müssen wahrhaft ‚einig' sein." Weiter sagte er, „heute wird oft darüber gesprochen, die Einheit mit den von uns getrennten Brüdern wieder herzustellen; das ist gut so. Dies ist ein lohnendes Anliegen, und wir alle sollten mit Demut, Ausdauer und Zuversicht dazu beitragen. Aber darüber dürfen wir unsere Pflicht nicht vergessen, an der inneren Einheit der Kirche, die so notwendig für ihre geistige und apostolische Vitalität ist, noch intensiver mitzuarbeiten" (*Generalaudienz* vom 31. März 1965).
Liebe Brüder, bei unserem heutigen Treffen kann ich in einer sowohl affektiven wie effektiven Gemeinschaft nicht umhin, das zu wiederholen, was das Konzil in diesem Zusammenhang über unsere Rolle sagte: „Der römische Papst, als der Nachfolger Christi, ist das ewige und sichtbare Prinzip und Fundament der Einheit sowohl der Bischöfe als auch der Gläubigen. Die einzelnen Bischöfe aber sind die sichtbaren Grundsätze und Fundamente der Einheit in ihren Einzelkirchen" (*Lumen gentium*, Nr. 23). Mögen wir alle zusammenarbeiten, um die innere Einheit der Kirche nach dem Willen Christi zu fördern; das wird auch die Wirksamkeit unserer ökumenischen Bemühungen gewährleisten.

4. Innerhalb der katholischen Kirche selbt müssen wir nach dem gutbekannten Grundsatz leben: „In necessariis unitas, in dubiis libertas, in omnibus caritas." Auf diese Weise können wir die Einheit gut mit der Verschiedenheit verbinden und die notwendige Atmosphäre des Friedens in der kirchlichen Gemeinschaft sichern. Dieses Prinzip hält das allgemeine Glaubenserbe und die Lehre der Moral aufrecht, während es Meinungsfreiheit läßt in theologischen Studien, in der Spiritualität, in Mitteln der Evangelisierung und in Wegen, den christlichen Geist in die weltliche Ordnung einzubringen. In dem einen Leib Christi wird immer Platz sein für eine Vielfalt von geistlichen Ämtern und für das Entstehen von Vereinigungen, Gruppen und Bewegungen verschiedener Art.

Als Hirten des Gottesvolkes müssen wir uns über legitime Verschiedenheiten in der katholischen Kirche freuen und alle echten Charismen, wo auch immer sie unter den Gläubigen zu finden sind, mit Loyalität respektieren und zum Wohl aller helfen. Es ist Teil unseres eigenen Charismas, die Unterscheidung dieser Gaben zu beglaubigen. Die Mannigfaltigkeit der Ämter und Einrichtungen gibt den einzelnen und den Gemeinschaften unter der Führung der Bischöfe, in wirksamer Verbindung mit dem Bischof von Rom, die Möglichkeit, ihren Weg innerhalb der universalen Pilgerschaft der Kirche zu finden.

5. Die Atmosphäre der Freiheit in der Kirche sollte mit einer wirklich angemessenen Katechese über die Ökumene einhergehen. Unter den katholischen Gläubigen sollte eine offene und engagierte Haltung mit Respekt für die ökumenische Bewegung, besonders in Bereichen, in denen es zu häufigen Kontakten mit anderen Kirchen kommt, vorherrschen. Die Bischöfe der Vereinigten Staaten sind auf diesem Gebiet die Vertreter einer starken Tradition pastoralen Wirkens. Ohne auf das Thema länger einzugehen, möchte ich doch einige diesbezügliche Punkte herausstellen.
Es ist notwendig, die Lehre des Konzils, wonach die eine Kirche Christi „die eine, heilige, katholische und apostolische Kirche ist“ (*Lumen gentium*, Nr. 8), weiterhin zu erläutern und zu zeigen, wie sehr die katholische Kirche die Einheit aller Jünger Christi in dieser einen Kirche wünscht, „damit die Welt glaubt“ (*Joh* 17,21).
Jeder Fortschritt, den die katholische Kirche auf dem Weg der Ökumene macht, muß immer im Einklang mit der organischen Entwicklung der Lehre stehen. Obwohl das Glaubensgut und die Sittenlehre besser erläutert und verstanden werden können, muß der wesentliche Gehalt der Erlösung, den die katholische Kirche immer verkündet hat, intakt bleiben. Wenn neue Fragen doktrineller und moralischer Art aufkommen, muß die Kirche sie mit den gleichen Prinzipien und der gleichen Logik des Glaubens beantworten, wie sie es von Anfang an unter der Einwirkung des Heiligen Geistes getan hat.
Alle Gläubigen sollten die kirchlichen Prinzipien kennen, die für den gemeinsamen Gottesdienst oder die „communicatio in sacris“ maßgebend sind. Diese Grundsätze wurden vom Konzil kurz umrissen (vgl. *Unitatis redintegratio*, Nr. 80). Ihre korrekte Anwendung, eine konstante Sorge des Heiligen Stuhl, ist in der Tat ein wirksamer Beitrag für einen echten Ökumenismus. Canon 844 ist in diesem Zusammenhang besonders wichtig, da er sich auf die Sakramente der Buße, der Eucharistie und der Krankensalbung bezieht. Wenn die Gründe erklärt werden, die die Disziplin der interkonfessionellen Kommunion regeln, kann die eucharistische Gemeinschaft leichter verstehen, daß zwischen dem Mysterium der Kirche und dem Mysterium der Eucharistie sowie zwischen kirchlicher und eucharistischer Gemeinschaft unlösbare Bande bestehen.
Priester werden viele praktische Gelegenheiten, wie Hochzeiten und Begräbnisse, haben, um diese Prinzipien in ihren Pfarreien zu erklären. Jeder Versuch, Christen zum Gebet für die vollständige christliche Einheit zu ermuntern und diese mit geeigneten Mitteln zu fördern, ist eine Hilfe für den Ökumenismus. Die Erläuterung der Bedingungen zur Teilnahme an der hl. Kommunion und die Begründung für diese Bedingungen fördern sowohl die Sache der Wahrheit als auch die der brüderlichen Liebe.

6. In den Vereinigten Staaten ist vieles getan worden, um Christen einander näher zu bringen. Die Art und Weise, das starke Bedürfnis nach vollkommener Einheit zum Ausdruck zu bringen, veranschaulicht weitgehend den Impuls des II. Vatikanischen Konzils, einen Impuls, den der Heilige Stuhl bei seinen Bemühungen um die Durchführung des Konzils ständig aufrechterhalten hat. Die Katholiken haben gelernt, die wahrhaft christlichen Elemente unseres gemeinsamen Erbes, die bei anderen Christen zu finden sind, zu erkennen und zu schützen. Für die Fortsetzung eines fruchtbaren Dialogs zwischen kompetenten Experten ist eine ausgezeichnete Atmosphäre geschaffen worden. Ihre Bemühungen, Gemeinsamkeiten zu finden und die kontroversen Punkte so zu formulieren, daß sie auch für diejenigen exakter und verständlicher werden, die ihnen nicht zustimmen, sind äußerst lobenswert.
Die Gebetswoche für die Einheit der Christen hat zunehmen die Bedeutung des Gebets und anderer geistlicher Mittel unterstrichen, mit deren Hilfe unser Ziel, die volle Gemeinschaft des Glaubens und der Liebe, verwirklicht werden soll. Wir sind überzeugt, daß die Einheit der Christen nur die Frucht der Gnade sein kann, ein Zeichen jener Bereitschaft Gottes, zu verzeihen, die wir zuerst demütig von ihm erflehen müssen.
Das gemeinsame Gebet hat unsere Bande wesentlich gestärkt und das Anliegen einer wahren christlichen Einheit gefördert. Ich persönlich denke gern an den „Gottesdienst des christlichen Zeugnisses“ an der Universität von Süd-Carolina vor etwas mehr als einem Jahr zurück.
Ein besonderes Lob gebührt auch dem gesamten Kooperationsnetz unter Mitchristen in ihrer Arbeit auf sozialem Gebiet, die letztlich dazu dient, das Wohl aller Bürger eures Landes zu fördern. Wie ich bereits während meines ersten Pastoralbesuches in den Vereinigten Staaten anklingen ließ, möchte ich euch auch heute wieder ermutigen, eine gemeinsame kreative ökumenische Tätigkeit aufzunehmen, besonders hinsichtlich des geheiligten Wertes der Ehe, der Familie und des ungeborenen Lebens (vgl. *Ökumenischer Wortgottesdienst*, 7.10.1979).
Bei alledem ist es wichtig für uns, ein intensiveres christliches Leben zu führen. Das Konzil stellte den Ökumenismus in den Zusammenhang der *renovatio Ecclesiae* (*Unitatis redintegratio*, Nr. 6) und sah seine unmittelbare Quelle in der inneren Bekehrung und der Heiligkeit des Lebens. Diese tiefe Überzeugung hat bis heute ihre Gültigkeit.
Besonders betont werden muß der dynamische Christozentrismus der ökumenischen Bewegung: die Verbundenheit mit Christus und die Liebe zu ihm ist der Schlüssel für Einheit und Liebe in der Kirche. Aus dieser Quelle beziehen wir die Kraft, dem Evangelisierungsauftrag mit all seinen Forderungen Folge zu leisten.

7. Die Kirche muß sich allen Menschen verfügbar machen. Sie entstammt der erlösenden Liebe Christi, der für alle gestorben ist. Ein wichtiger Aspekt dieser Einstellung ist die Hochachtung der Kirche gegenüber den verschiedenen Religionen. In ihnen findet man oft „semina Verbi“, das Vorhandensein einer Wahrheit, die, obwohl sie im Schatten verborgen ist, die Menschen zur vollkommenen Begegnung mit Gott in Christus führen kann. Die Kirche wird stets bemüht sein, diese Werte zu verteidigen.

Die vielen „kirchenlosen“ Menschen in unseren großen und kleinen Städten verdienen unsere besondere Aufmerksamkeit und brüderliche Liebe. Es ist wichtig, daß Katholiken ihnen näherkommen und ihnen helfen, ihre wahre Berufung in Christus zu erkennen. Das ist der erste Dienst, den wir ihnen erweisen können, ebenso der beste Ausdruck der Solidarität und der Freundschaft.
Liebe Brüder, durch Gottes Gnade ist die katholische Kirche in den Vereinigten Staaten von Amerika sehr fruchtbar an Heiligkeit und Liebe. Dies konnte in einer Gesellschaft geschehen, die von Anfang an pluralistisch aufgebaut und für alle Männer und Frauen offen war. Ein wichtiger Aspekt dieser Kraft des Katholizismus liegt in der Verbindung von Wahrheit und Freiheit. Auf euch, liebe Hirten der Kirche in den Vereinigten Staaten, ruht dieses große Erbe mit seinen enormen Herausforderungen. Ich bitte die hl. Petrus und Paulus, euch bei eurer schweren apostolischen Arbeit zu helfen, und ich vertraue euch alle Maria, der Königin der Apostel und der Mutter der Kirche Christi, an.

Glauben und Wissen

Ansprache an die Bischöfe der 2. Pastoralregion der Vereinigten Staaten von Amerika bei ihrem Ad-limina-Besuch am 15. Oktober

Liebe Brüder in unserem Herrn Jesus Christus!

Es ist eine besondere Freude für mich, euch alle, meine Brüder im Bischofsamt aus New York, zu begrüßen. Bei dieser Gelegenheit kommen mir eine Vielzahl von Erinnerungen an meinen Pastoralbesuch von 1979 in den Sinn. Gleichzeitig möchte ich durch euch die Pilgerfahrt des Glaubens und der Liebe ehren, die Millionen von Katholiken in eurem Staat, mit Christus verbunden, im Heiligen Geist zum Vater unternehmen.
Heute sind wir hier als Hirten versammelt, die sich der Worte Jesu an seine Apostel bewußt sind: „Darum geht zu allen Völkern, und macht alle Menschen zu meinen Jüngern; ... und lehrt sie, alles zu befolgen, was ich euch geboten habe,“ (*Mt* 28,19–20). Mögen diese Worte in unserem Geist und in unseren Herzen ständig widerhallen. Für uns, als Nachfolger der Zwölf, ist die Verkündigung des Evangeliums an alle Menschen unsere vorrangige Pflicht (vgl. *Christus Dominus*, Nr. 12). Dies ist eine stets notwendige Aufgabe, aber sie ist noch dringender überall dort, wo es Unwissenheit, Irrtümer und Gleichgültigkeit der Wahrheit gegenüber gibt.
Nachdem Jesus uns seinen Lehrauftrag erteilt hat, sichert er uns seine Gegenwart und seine Hilfe zu: „Ich bin bei euch alle Tage bis zum Ende der Welt“ (*Mt* 28,20). Dieses Versprechen erfüllt uns mit Frieden; es fordert uns zu Zuversicht und Hoffnung heraus. Der Herr Jesus Christus sendet uns aus und bleibt an unserer Seite! Er verlangt, daß wir unsere Schuldigkeit tun, unseren Auftrag ausführen und wachsam sind. Er wünscht, daß wir selbst im Licht Christi wandeln und dieses Licht der Kirche und der Welt anbieten. Heute möchte ich über eine konkrete Art und Weise sprechen, dieses Licht der Menschheit anzubieten.

Ich meine die katholischen höheren Lehranstalten und Universitäten, mit ihrem institutionellen Engagement gegenüber dem Wort Gottes, so wie es die katholische Kirche verkündet.

2. Das II. Vatikanische Konzil erklärt, daß „das Schicksal der Gesellschaft und der Kirche selbst mit der Entwicklung der Hochschulstudenten sehr eng verbunden ist" (*Gravissimum educationis*, Nr. 10). Entsprechend fordert das gleiche Konzil die Bischöfe auf, als Hirten ihre besondere Aufmerksamkeit den Universitätsstudenten zu widmen. Sie brauchen diese Fürsorge, wenn sie sich in der Ausübung ihrer Pflichten heiligen sollen und wenn die „Kultur des Menschen vom Evangelium durchdrungen werden soll" (*Sapentia christiana*, Prolog 1). Die Neuevangelisierung der Gesellschaft hängt zum großen Teil von den heutigen Universitätsstudenten ab. Während sie sich ihren höheren Studien widmen, haben sie Anrecht auf eine katholische Ausbildung – sowohl doktrineller als auch moralischer Art – ihrem akademischen Niveau angepaßt.
Es ist das große Ziel katholischer Kollegien und Universitäten, einen öffentlichen, beständigen und durchdringenden Einfluß des christlichen Geistes in das schwierige Unternehmen der Förderung höherer Kultur einzubringen und die Studenten dafür auszurüsten, die Lasten der Gesellschft zu tragen, sowie vor der Welt Zeugnis für ihren Glauben abzulegen(vgl. *Gravissimum educationis*, Nr. 10). Katholische höhere Lehranstalten, die in den Vereinigten Staaten von Amerika eine große Anzahl junger Menschen ausbilden, sind für die Zukunft der Gesellschaft und der Kirche in eurem Land von großer Bedeutung. Aber das Ausmaß ihres Einflusses hängt allein von der Wahrung ihrer katholischen Identität ab. Diese katholische Identität muß in der grundlegenden Richtung sowohl des Lehrens als auch des Lernens vorhanden sein. Darüber hinaus muß sie im Leben dieser Einrichtungen gegenwärtig sein, die sich durch besondere Bande zur Kirche auszeichnen, Bande, die der institutionellen Verbindung mit der katholischen Botschaft entspringen. Das Adjektiv „katholisch" muß stets der wahre Ausdruck einer tiefen Wirklichkeit sein.

3. Wir sind davon überzeugt, daß es notwendig ist, die legitime Autonomie der menschlichen Wissenschaften zu respektieren. Aber wir sind ebenso überzeugt, daß Christen, deren Vernunft durch den Glauben erleuchtet ist, wenn sie die grundlegenden Wahrheiten über Gott, den Menschen und die Welt erfassen, durch ihre geistige Arbeit fähig sind, auf fruchtbarere Weise zu authentischem menschlichem Fortschritt beizutragen. Der Glaube ist kein Hindernis für das freie Streben nach Wissen; im Gegenteil, er ist sein größter Garant. Dies veranlaßt uns erneut, unsere Aufmerksamkeit hinzulenken auf die wahre Bedeutung der Freiheit im Dienst an der Wahrheit und bei der Suche nach ihr.
Jesus sagt zu uns: „Wenn ihr in meinem Wort bleibt, seid ihr wirklich meine Jünger. Denn ihr werdet die Wahrheit erkennen, und die Wahrheit wird euch befreien" (*Joh* 8,31–32). Diese Worte unseres Herrn verkünden die befreiende Kraft der Wahrheit. Ihr tiefer Sinn wird für uns verständlicher, wenn wir erkennen, daß Christus selbst die Wahrheit ist. Es ist Christus, der die volle Wahrheit über den Menschen in sich schließt; er ist die höchste Offenbarung Gottes.

Die tiefe Verbindung zwischen Wahrheit und Freiheit wirkt sich auf jede Wissensordnung aus. Die Wahrheit ist keine Schranke für den Frieden. Im Gegenteil, der Friede ist von der Wahrheit abhängig. Ferner ist die Wahrheit des Glaubens keine Begrenzung für das menschliche Wissen, das vielmehr den Weg ebnet, der zum christlichen Glauben führt, während der christliche Glaube wiederum das menschliche Wissen lenkt. Obwohl der Glaube der rationellen Untersuchung keine Lösungen bietet – sie befolgt ja ihre eigenen Prinzipien und Methoden auf verschiedenen Gebieten und erfreut sich einer legitimen Autonomie –, so hilft der Glaube doch der Vernunft, das vollkommene Heil des Menschen und der Gesellschaft zu erlangen.
Durch die Förderung der wahren Freiheit im intellektuellen Bereich leisten die katholischen Kollegien und Universitäten einen einzigartigen Dienst für das Wohl der ganzen Gesellschaft. Die heutige Kultur, beeinflußt von naturwissenschaftlichen Methoden und Denkweisen, würde ohne die Erkennung der transzendenten Dimension des Menschen unvollständig sein. Daher könnte keine philosophische Strömung, die die exklusive Gültigkeit des Prinzips der empirischen Erkenntnis vertritt, dem einzelnen oder der Gesellschaft gerecht werden.
Alle Studienergebnisse können nur im Einklang mit der fundamentalen Wahrheit bezüglich des Menschen, seines Ursprungs, seiner Bestimmung und seiner Würde voll ausgewertet werden. Aus diesem Grund ist die Universität von Natur aus dazu berufen, sich mehr und mehr dem Sinn für das Absolute und Transzendente zu öffnen, um die Suche nach der Wahrheit im Dienst der Menschheit zu erleichtern.

4. Bei unseren Reflexionen über theologisches Wissen wenden wir uns direkt dem Glauben zu, da er das unentbehrliche Fundament und die grundlegende Anlage aller Theologie ist. Der Glaube ist ihr Ausgangspunkt und ihr konstanter innerer Bezugspunkt. Der heilige Anselm von Canterbury hat uns die wohlbekannte Definition der theologischen Arbeit übermittelt: den Glauben zu begreifen suchen. Die Theologie entspringt aus dem Glauben, aus dem Wunsch des Glaubenden, den Glauben zu verstehen.
Die Glaubenslehre ist nicht das Ergebnis menschlicher Untersuchungen, sondern entstammt der göttlichen Offenbarung. Der Glaube ist dem menschlichen Geist nicht als zu vervollkommnende philosophische Erfindung übermittelt worden; sondern er ist vielmehr der Braut Christi als göttliches Pfand zur treuen Bewahrung und zur unfehlbaren Interpretation anvertraut worden. (vgl. Erstes Vatikanisches Konzil: *Dei Filius*, ch. IV: DS 3020). Auf dem Gebiet der rein menschlichen Erkenntnis ist nicht nur Platz für das Hinarbeiten auf die Wahrheit, sondern auch nicht selten für die Richtigstellung fundamentalen Irrtums. Die offenbarte Wahrheit ist jedoch ein und für allemal der Kirche anvertraut worden. Sie hat ihre Vollkommenheit in Christus erlangt. Daher also die tiefe Bedeutung des paulinischen Wortes vom „Depositum" des Glaubens (vgl. *1 Tim* 6,20). Gleichzeitig läßt dieses Depositum jedoch weitere Erklärungen und wachsendes Verständnis zu, so lange die Kirche auf dieser Erde ist.
Diese Aufgabe, ein immer tieferes Verständnis des Glaubensinhalts zu erwerben, obliegt jedem Glied der Kirche. Doch das II. Vatikanische Konzil versichert uns, „die Aufgabe aber, das geschriebene oder überlieferte Wort Gottes verbindlich zu erklären, ist nur dem

lebendigen Lehramt der Kirche anvertraut." (*Dei Verbum*, Nr. 10). Dieses Lehramt ist dem göttlichen Wort nicht übergeordnet, sondern dient ihm mit einem besonderen „charisma veritatis certum" (*Dei Verbum*, Nr. 8), in welchem das Charisma der Unfehlbarkeit enthalten ist, das nicht nur in den feierlichen Definitionen des Römischen Papstes und der Ökumenischen Konzilien vorhanden ist, sondern auch im universalen allgemeinen Lehramt (*Lumen gentium*, Nr. 25), das tatsächlich als der gewöhnliche Ausdruck der kirchlichen Unfehlbarkeit betrachtet werden kann.

5. Dies hält die Kirche jedoch nicht davon ab, einen rechtmäßigen theologischen Pluralismus anzuerkennen und zu fördern. Gleich im Anschluß an das Konzil erklärte Papst Paul VI., daß „gewisse Meinungsverschiedenheiten mit der Glaubenseinheit und der Treue gegenüber den Lehren und Normen des Lehramtes vereinbar sind." (*Ansprache auf dem Internationalen Kongreß über die Theologie des Konzils* am 1. Oktober 1966). Das Ausmaß dieses Pluralismus ist durch die Einheit des Glaubens und die Lehren des authentischen Lehramts der Kirche begrenzt. Aber innerhalb ihrer Bereiche sollte die Mehrzahl der Theologien eine gewisse gemeinschaftliche Grundlage ihrer Konzepte haben. Nicht jede Philosophie ist in der Lage, jene solide und verständliche Vorstellung von der menschlichen Person, von der Welt und von Gott zu vermitteln, die für jedes theologische System notwendig ist, das sich müht, sein Wissen in Kontinuität mit dem Wissen des Glaubens zu bringen.
Um die Grenzen des theologischen Pluralismus zu verstehen, müssen wir ihn notwendigerweise klar von der Einheit des Glaubens unterscheiden, die voll und ganz von der offenbarten Wahrheit abhängt. Was die nicht unfehlbaren Aussagen des authentischen Lehramts der Kirche angeht, so sollten diese mit religiöser Unterwerfung des Geistes und des Willens entgegengenommen werden (vgl. *Lumen gentium*, Nr. 25).

6. Im Laufe der Zeit wird es zunehmend offenkundig, wie gewisse Einstellungen zu dem sogenannten „Recht zum Dissens" negative Auswirkungen auf die moralische Haltung einer Reihe von Gläubigen gehabt hat. „Es wurde auch bei manchen Katholiken", so sagte ich letztes Jahr in meiner *Ansprache an die Bischöfe in Los Angeles*, „eine Tendenz festgestellt, bei ihrem Ja zur Moral der Kirche eine Auswahl zu treffen" (16. September 1987). Manche berufen sich auf die „Gewissensfreiheit", um dieses Verhalten zu rechtfertigen. Darum ist es notwendig zu klären, daß nicht das Gewissen es ist, das „frei" über Recht und Unrecht entscheidet. Um eine prägnante Aussage aus dem *Oxford University Sermon* von John Henry Newman zu gebrauchen, können wir sagen, daß das Gewissen „ein Instrument (ist), um die sittliche Wahrheit zu entdecken". Das Gewissen entdeckt die moralische Wahrheit: es interpretiert eine Norm, die es nicht hervorbringt (vgl. *Gaudium et spes*, Nr. 16; Paul VI., *Generalaudienz*, 12. Februar 1969).

7. Liebe Brüder, um unseren prophetischen Auftrag auszuführen, der uns als Hirten der Kirche zufällt, ist es von großer Wichtigkeit, auf die Zusammenarbeit katholischer Theologen und kirchlicher Fakultäten zählen zu können. Als Reflexion im Glauben über den Glauben ist die Theologie eine kirchliche Wissenschaft, die sich ständig innerhalb der

Kirche formt und ihr zu dienen bestimmt ist. Dies ist die Wurzel der schweren Verantwortung des Theologen, besonders dann, wenn er die Missio canonica (vgl. *CIC* can. 812) erhalten hat, um in einer kirchlichen Fakultät zu unterrichten. Der authentische Glaube des Theologen, der durch das Gebet genährt und durch Bekehrung ständig gereinigt wird, ist ein großes Geschenk Gottes an seine Kirche. Von ihm hängt das Wohl der heutigen Theologie ab. An der Katholischen Universität in Washington sagte ich folgendes: „Ein Theologe muß frei sein. Aber frei im Sinne der Offenheit gegenüber der Wahrheit und dem Licht, das vom Glauben und der Treue zur Kirche kommt." (7. Oktober 1979)
Die katholische Einrichtung, in die die Bischöfe der Vereinigten Staaten große Hoffnung gesetzt, und die sie mit Loyalität unterstützt haben – die Katholische Universität von Amerika – feierte letztes Jahr das hundertjährige Bestehen ihrer Gründung. Das nächste Jahr ist gekennzeichnet durch die Hundertjahrfeier ihrer päpstlichen Gründungsurkunde. Alle Errungenschaften der Vergangenheit entstammen der Gnade Gottes. Sie ist ein gut begründetes Fundament der Hoffnung für die Zukunft, die immer noch größere akademische Erfolge, einschließlich derer auf dem Gebiet der theologischen Wissenschaft, bereithalten wird. Ganz besonders ist zu hoffen, daß diese Universität und alle anderen katholischen Universitäten und Kollegien noch mehr zur Bereicherung der Kirche in den Vereinigten Staaten und anderswo beitragen, und daß sie beständig ihrer Berufung folgen, Studenten heranzubilden, die Boten der Kultur, Diener der Menschheit und Zeugen des Glaubens sind.
Möge die heiligste Jungfrau Maria, „Sedes Sapientiae", für euch alle das Licht ihres Sohnes, unseres Herrn Jesus Christus, erbitten. Möge sie euch in eurer Hirtenweisheit unterstützen und den Herzen eures Volkes Freude und Frieden bringen.

In der Ehe wird die gegenseitige Liebe kundgetan

Ansprache an die Bischöfe der Kirchenprovinzen Cincinnati und Detroit (USA) anläßlich ihres Ad-limina-Besuches am 24. Oktober

Liebe Brüder in unserem Herrn Jesus Christus!

1. Mein brüderlicher Willkommensgruß gilt euch allen, den Bischöfen der Kirchenprovinzen von Cincinnati und Detroit; gleichzeitig gilt er den Gläubigen der Staaten Michigan und Ohio, die im Geist mit euch heute hier anwesend sind.
Das II. Vatikanische Konzil erinnert uns daran, daß nur Christus die volle Wahrheit über den Menschen gelehrt hat, „in der Offenbarung des Vaters ... und seiner Liebe" (*Gaudium et spes*, Nr. 22). Christus hat die Größe der Liebe des Vaters nicht nur in Worten, sondern vor allem durch seine rückhaltlose Selbsthingabe im Opfer geoffenbart. Christus sehen heißt, den Vater sehen (vgl. *Joh* 14,9). Christus zeigt auch, daß die Liebe des Vaters mächtiger ist als alle Übel im Menschen, in der Menschheit und in der Welt (vgl. *Dives in misericordia*, Nr. 7). Diese Liebe ist in der persönlichen Geschichte jedes Menschen

anzutreffen. Wenn man die Kirche des menschgewordenen Wortes verstehen will, muß man die Liebe Gottes verstehen.

2. Eine der wichtigsten Ausdrucksformen dieser Liebe ist die Liebe christlicher Ehepaare. „Gott ist die Liebe“ (*1 Joh* 4,18), und da der Mensch nach Gottes Bild geschaffen ist, prägt Gott der Menschennatur des Mannes und der Frau „die Fähigkeit und die Verantwortung zu Liebe und Gemeinschaft ein“ (*Familiaris consortio*, Nr. 11). Liebe schließt in ihrer tiefsten Bedeutung Selbsthingabe ein. Christus, der Sohn Gottes, das vollkommene Abbild des Vaters (vgl. Kol 1,15) gab sich selbst durch sein Erlösungsopfer rückhaltlos und in der Fülle der Liebe hin. Bei den Eheleuten kommt die echte Liebe in der gegenseitigen Hingabe ihrer selbst zum Ausdruck. Sie schließt die Fähigkeit ein, neues Leben zu zeugen. So heißt es in *Gaudium et spes*: „Jene ganz menschliche Liebe richtet sich mit Wille und Gemüt von Person zu Person, umgreift das Wohl der ganzen Person ... Eine solche Liebe, die Menschliches und Göttliches verbindet, führt die Eheleute zur freiwilligen, gegenseitigen Hingabe“ (Nr. 49). „Von Person zu Person“ (a persona in personam) diese wenigen Worte bringen eine tiefe Wahrheit über die eheliche Liebe zum Ausdruck: sie ist eine wesentlich interpersonale Liebe. Es handelt sich um eine Liebe, welche die Hingabe der gesamten Person umfaßt, einschließlich ihrer ganzen Sexualität mit ihrer Bereitschaft zur Weitergabe des Lebens.

3. Wenn wir des zwanzigsten Jahrestages der Lehraussagen der „prophetischen“ Enzyklika *Humanae vitae* gedenken, wird es uns immer klarer, wie relevant und positiv sie ist. In diesem Gedenkjahr möchte ich besonders auf unsere Hirtensorge um Ehe und Familienleben hinweisen. Mit Interesse und Dankbarkeit nehme ich die Erklärung des Komitees der Aktivitäten „Pro vita“ eurer Bischofskonferenz zur Kenntnis, das dem Gedächtnis der Enzyklika gilt. Wie wir alle wissen, ist die Ehe viel mehr als eine gesellschaftliche Institution: sie ist, wie Paul VI. sagt, „so eingerichtet, daß sie in den Menschen den Liebesplan des Schöpfers verwirklicht“ (*Humanae vitae*, Nr. 8). Die Lehre der Kirche über die Ehe ist eine grundlegende Voraussetzung für das Verständnis der vielen Dimensionen der ehelichen Beziehungen und insbesondere der sexuellen Dimension, ist doch die Sexualität nicht etwas rein Biologisches, sondern betrifft vielmehr das innerste Wesen der menschlichen Person als solcher (vgl. *Familiaris consortio*, Nr. 11). Sie ermöglicht es den Eheleuten, auf spezifische Weise jene interpersonale Liebe zum Ausdruck zu bringen, die sie in einem dauernden, unauflöslichen und ausschließlichen Bund vereint und zur Elternschaft hinführt.

Die Ehe ist eine einzigartige Beziehung, und alle Handlungen, mit denen die Eheleute ihre gegenseitige Liebe kundtun, sind Elemente des Planes Gottes und Zeichen seiner Liebe. Der Geschlechtsakt bietet dem Ehepaar die Möglichkeit, in Gnade, Intimität und Großmut zu wachsen und in der Bereitschaft, im Zusammenwirken mit Gott neuen Menschen das Leben zu geben. Damit jedoch ihre Liebe gestärkt und ihr Einssein vertieft werden könne, müssen die Ehepaare zu einer immer größeren Wertschätzung der „von Gott bestimmten unlösbaren Verknüpfung der beiden Sinngehalte (angeleitet werden) – liebende Vereinigung und Fortpflanzung –, die beide dem ehelichen Akt innewohnen.

Diese Verknüpfung darf der Mensch nicht eigenmächtig auflösen“ (*Humanae vitae*, Nr. 12). In einer Welt, welche die Geschlechtlichkeit oft zum Zwecke des Genußes und in manchen Fällen der Beherrschung mißbraucht, hat die Kirche die besondere Aufgabe, sie in den Rahmen der ehelichen Liebe und des hochherzigen und verantwortungsbewußten Offenseins für die Elternschaft zurückzuführen.

4. Als Hirten müssen wir die Ehepaare ermutigen, dieses Offensein für das Leben und die freudige Gemeinsamkeit hinsichtlich der Kinder aufrechtzuerhalten. Das Konzil hat uns gelehrt, daß Kinder tatsächlich das erhabenste Geschenk der Ehe sind und auf ihre Art und Weise zur Heiligung der Eltern beitragen (vgl. *Gaudium et spes*, Nr. 50, 48). Materialistische und selbstsüchtige Haltungen verneinen auch oft den Wert des Kindes. Jedes Kind ist jedoch eine neue Offenbarung göttlicher Liebe und ehelicher Treue. „Jedes Kind ist eine Probe auf unsere Achtung vor dem Geheimnis des Lebens, in das der Schöpfer vom ersten Augenblick der Empfängnis die Zeichen seines Bildes und Gleichnisses eingeprägt hat“ (*Weihnachtsbotschaft 1979*).
Ich schätze die Bemühungen eurer Bischofskonferenz sehr hoch ein, die Heiligkeit des menschlichen Lebens von der Empfängnis an zu verkünden. In aller Welt konnten wir eine zahlenmäßige Zunahme der Abtreibungen und den immer geringeren Schutz wahrnehmen, der dem ungeborenen menschlichen Leben zuteil wird. Die Bischöfe der Vereinigten Staaten haben sich der Zerstörung menschlichen Lebens standhaft, mit Erziehungs- und Seelsorgeprogrammen und durch den Ruf nach Gesetzen und politischen Maßnahmen entgegengestellt, die das menschliche Leben vor und nach der Geburt schützen und erhalten. Euer jährliches „Programm für die Achtung des Lebens“ setzt die Bemühung fort, Respekt zu schaffen vor dem menschlichen Leben in jedem Stadium und unter allen Umständen.
Der zwanzigste Jahrestag der *Humanae vitae* ist eine neuerliche Herausforderung für uns Hirten, uns um eine immer intensivere Darstellung der christlichen Ehe als Weg zur Heiligkeit zu bemühen und den Ehepaaren zum Verständnis der Rolle der christlichen Familie im Leben und in der Sendung der Kirche zu verhelfen. Wir sind aufgerufen, engagierten Ehepaaren die Fülle der kirchlichen Lehraussagen über menschliche Sexualität, eheliche Liebe und verantwortete Elternschaft zu vermitteln. Wir müssen die Heiligkeit des menschlichen Lebens als eines kostbaren Geschenkes Gottes betonen, das des Schutzes und der Pflege bedarf; gleichzeitig sollen größere und systematische Bemühungen zur Unterweisung in den natürlichen Methoden der Familienplanung unternommen werden. Die natürliche Familienplanung macht die Ehepaare fähig, den göttlichen Plan hinsichtlich der Sexualität zu verstehen und lädt sie zu Dialog, gegenseitigem Respekt, gemeinsam getragener Verantwortung und Selbstbeherrschung ein (vgl. *Familiaris consortio*, Nr. 32). Unser Volk muß im Gebet darauf vertrauen, daß Gott es segnen und in seinen Bemühungen, ein heiligmäßiges Leben zu führen und für seine Liebe in der modernen Welt Zeugnis abzulegen, unterstützen wird.

5. Eine andere unerläßliche Form des Zeugnisses für die Liebe Gottes zur Menschheit ist die Praxis der evangelischen Räte im gottgeweihten Leben. Die Kirche achtet die gottge-

weihten Menschen außerordentlich. Sie freut sich über ihre Weihe und ihr besonderes Zeugnis für die Liebe. Keuschheit, Armut und Gehorsam sind nicht nur deshalb Ausdrucksformen der Liebe, weil sie zahllosen und erhabenen apostolischen Werken zugrundeliegen, die den Nöten der Menschheit dienen, sondern vor allem deshalb, weil sie die Macht des Ostergeheimnisses Christi kundtun, die alles erobert, was sich der Liebe Gottes widersetzt. Wenn sie die Liebe restlos verstehen soll, bedarf die Welt des Zeichens des authentischen Widerspruchs, das das gottgeweihte Leben darstellt. Diese Weihe wird dann zu einer echten Verwirklichung wahrer Liebe und Selbsthingabe, wenn die Gottgeweihten in Einklang mit der Kirche und gemäß der Lehren und Richtlinien des Lehramtes Petri und der Hirten sowie in Gemeinschaft mit ihnen handeln (vgl. *Redemptionis donum*, Nr. 14–15).

6. Die Kirche bietet der Welt mit dem Zölibat der Priester ein Zeugnis einzigartiger Bedeutung für die Liebe Christi. Das Zölibat bedeutet ja die rückhaltlose Selbsthingabe an den Herrn für einen lebenslangen Dienst in seiner Kirche mit Verzicht auf die Ehe um des Himmelreiches willen. Es ist ein Geschenk Gottes an seine Kirche und bringt deren Liebe zum Ausdruck. Das Konzil bewies den Mut des Glaubens, als es an der traditionellen Disziplin des Zölibats in der vertrauenden Überzeugung festhielt, Gott werde weiterhin seine Gnaden zur Aufrechterhaltung dieses Charismas verleihen.
Das priesterliche Zölibat bedeutet, daß der Priester nicht ein Delegierter des Volkes, ja nicht einmal ein „Funktionär" Gottes, sondern ein echter Zeuge der Liebe Gottes zu seinem Volk ist. Die Zölibatsvorschrift der lateinischen Kirche ist mehr als ein Kirchengesetz. Sie hat tiefe theologische und doktrinäre Wurzeln, die ihren Wert bestätigen und ihre Anziehungskraft für jene zeigen, die dazu auserwählt sind, in persona Christi capitis (vgl. *Presbyterorum ordinis*, Nr. 2, 6) zu handeln. In das vorige Jahr fiel der zwanzigste Jahrestag der Enzyklika *Sacerdotalis caelibatus*. Mögen wir alle gemeinsam mit unseren Priestern uns weiterhin in unserem Bemühen, die Liebe Christi in ihrer Fülle zu verkünden, an ihren Lehren inspirieren.

7. Die verschiedenen Arten des Zeugnisses für die Liebe Gottes zur Menschheit stehen in klarer Verbindung zur Hirtenliebe der Bischöfe, die das Volk Gottes lehren, führen und heiligen. Wir alle kennen die tiefe Wirklichkeit, auf die Jesus selbst Bezug nahm, als er die prophetischen Worte zitierte: „Ich werde den Hirten erschlagen, dann werden sich die Schafe der Herde zerstreuen" (*Mt* 26,31; vgl. *Sach* 13,7). Wir sollten nie die Tatsache aus den Augen verlieren, daß das ewige Glück und sogar das zeitliche Wohl zahlloser Menschen weitgehend von unserer Treue zur Gnade Christi abhängen.
Zweifellos begegnen wir bei der Ausübung unseres Hirtenamtes verschiedenen Schwierigkeiten. Furcht kann unsere Herzen befallen. Werden wir Verständnis finden? Wird unsere Botschaft Aufnahme finden? Wie wird die Welt reagieren? Wie wird uns die öffentliche Meinung beurteilen? Wird unsere menschliche Schwäche unsere Sendung behindern? In diesen Augenblicken erkennen wir, daß unsere Hirtenliebe noch weiteren Wachstums bedarf. Mit dem hl. Johannes müssen wir bekennen: „Furcht gibt es in der Liebe nicht, sondern die vollkommene Liebe vertreibt die Furcht ... wer sich fürchtet,

dessen Liebe ist nicht vollendet" (*1 Joh* 4,18). Und weil die Liebe ein Sieg über die Furcht ist, ist sie auch ein Triumph in unserem Amt.
Heute ist es mehr denn je notwendig, der Welt die Wahrheit in Liebe zu verkünden, einschließlich „der Fülle der Wahrheit, die manchmal Anstoß erregt und beleidigt, obwohl sie immer befreit" (*Ansprache* vom 5. September 1983). In der treuen, ausdauernden und mutigen Verkündigung des Wortes Gottes müssen wir Hirten unsere Sendung erfüllen und unser Bestimmung als Zeugen der göttlichen Liebe gerecht werden.
Die Liebe des Bischofs zu seinen Priestern soll ein besonders wirksamer Ausdruck, ein besonderes Zeichen der Liebe Christi sein. Mit seinem tiefen, brüderlichen und väterlichen Interesse für sie; mit seinem Verständnis, seiner menschlichen Zuneigung und seiner Sorge um alles, was sie bedrückt, muß der Bischof seinen Priestern helfen, vor dem Volk Zeugen jener Liebe zu sein, in der jedes Apostolat wurzelt, und sie gleichzeitig ermutigen trotz der menschlichen Schwäche nach Heiligkeit zu streben. Die Priester sollten durch den Bischof aufs neue die Macht der Liebe Christi zu allen Menschen erfahren, damit sie mit dem Lieblingsjünger sagen können: „Wir haben die Liebe, die Gott zu uns hat, erkannt und gläubig angenommen" (*1 Joh* 4,16).
Als Herolde der Liebe Christi wenden wir uns an seine Mutter Maria, Mater pulchrae dilectionis, um im Gebet unsere Reflexion über dieses große Geheimnis der Liebe fortzusetzen, das der heiligsten Dreifaltigkeit entspringt und zu ihr zurückkehrt – ihr sei Ehre in alle Ewigkeit.

Ostkirchliche Marienfrömmigkeit führt zu tieferem Christusverständnis

Ad-limina-Ansprache an die Bischöfe des byzantinisch-ruthenischen Ritus des Metropolitansitzes Pittsburgh (USA) am 26. November

Liebe Brüder in unserem Herrn Jesus Christus!

1. Durch euch möchte ich heute gern allen byzantinischen Katholiken der Provinz Pittsburgh meine herzlichsten Grüße ausrichten und zugleich allen anderen Katholiken des orientalischen Ritus in den Vereinigten Staaten meine Liebe und Hochachtung zum Ausdruck bringen. In euren Teilkirchen leuchtet jene Überlieferung auf, „die über die Kirchenväter bis zu den Aposteln zurückreicht. Sie bildet ein Stück des von Gott geoffenbarten und ungeteilten Erbgutes der Gesamtkirche" (*Orientalium Ecclesiarum*, Nr. 1). In der Tat legt ihr ein getreues Zeugnis für die Katholizität der Kirche und ihre Fähigkeit ab, gegenwärtig – in Fortführung der Vergangenheit – unterschiedliche religiöse Überlieferungen zu unterstützen und zu entwickeln, die sich aus dem einen Evangelium unseres Herrn und Heilands Jesus Christus herleiten.

2. Die Feier des letzten Marianischen Jahres hat der Kirche die ganz besondere Gelegenheit geboten, den Beitrag des Ostens zum gemeinsamen Erbe des Gottesdienstes der Kir-

che noch mehr zu schätzen. Hier in Rom haben wir zu einigen bemerkenswerten Anlässen die Liturgie nach verschiedenen Riten gefeiert und in unserem Gebet haben wir eine tiefe Gemeinschaft mit allen Ostkirchen erlebt. Diese Feiern haben auf lebendige Weise die hohen Bestrebungen der Gesamtkirche zum Ausdruck gebracht, die Majestät Gottes anzubeten und vereint zu sein in der Gemeinschaft mit der Heiligsten Dreifaltigkeit. Der Plan Gottes, nach welchem das Ewige Wort im Schoße der Jungfrau Maria die Menschennatur angenommen hat, ermöglicht fortwährend die Erfüllung dieses Bestrebens.
Gemeinsam haben wir die ganz heilige Mutter Gottes verehrt, das Urbild der übernatürlichen Erhebung des menschlichen Geschöpfes zur Gemeinschaft mit Gott in Jesus Christus. Maria, Tochter von Gott, dem Vater, Mutter von Gott, dem Sohn, Braut und Tempel Gottes, des heiligen Geistes, steht mitten im Herzen des Heilsmysteriums (vgl. *Mulieris dignitatem*, Nr. 3–4). Die besondere Stellung, die die Marienfrömmigkeit in den Ostkirchen einnimmt, führt uns zu einem tieferen Verständnis Christi und, durch ihn, des Vaters und des Heiligen Geistes.

3. Schon vom Beginn ihrer göttlichen Mutterschaft an übernimmt Maria ihre Aufgabe in Beziehung zum messianischen Dienst Christi, des Menschensohnes, der nicht gekommen ist, um sich dienen zu lassen, sondern um zu dienen (vgl. *Mk* 10,45). Und in diesem Dienst wird das Königreich grundgelegt, in dem „dienen“ „herrschen“ heißt. Sie, die „Gnadenvolle“, drückt ihre Freude über die Gabe aus, die sie erhalten hat, indem sie sagt: „Ich bin die Magd des Herrn“ (*Lk* 1,38). Als Hirten der Kirche finden auch wir Freude in unserem Leben des Dienstes, wenn wir uns die Aufforderung des Zweiten Vatikanischen Konzils in Erinnerung rufen: „Bei der Erfüllung ihrer Vater- und Hirtenaufgabe seien die Bischöfe in der Mitte der Ihrigen wie Diener“ (*Christus Dominus*, Nr. 16). In diesem unserem apostolischen Amt blicken wir auf Maria als unser Vorbild totalen Dienstes.
Unter den vielen, den Bischöfen obliegenden Aufgaben spricht das Zweite Vatikanische Konzil von der Verpflichtung, alle Tätigkeiten zu fördern, die für die gesamte Kirche von Interesse sind. Vor allem soll der Glaube zunehmen und das Licht der Wahrheit allen Menschen aufleuchten. Der Dienst, den die Laien in diesem Bereich ausüben, ist von unermeßlicher Bedeutung und erfordert ihrerseits einen ausdauernden Einsatz. Bei der Ausübung ihrer spezifischen Rolle, die ganze zeitliche Wirklichkeit von innen her zu heiligen, können sie in hohem Maße vom Beispiel Marias gestärkt und inspiriert werden. In diesem Sinne müssen sie Tag für Tag in ihren Beschäftigungen, ihren Arbeiten und ihrem Familienleben dazu eingeladen werden, dem weltweiten Aufruf zur Heiligkeit dadurch zu entsprechen, daß sie in enger Verbundenheit mit Christus leben, all ihre Tätigkeiten so vollkommen wie möglich ausführen und somit ein aufrichtiges Zeugnis für den Herrn und sein Evangelium ablegen. Mit Gottes Gnade können die Laien in Gemeinschaft mit Maria aus ihrer Alltagsarbeit einen großen Akt hochherzigen und heiligenden Dienstes machen.
Die Königin der Apostel ist das vollkommene Beispiel für die Einheit von geistlichem und apostolischem Leben mitten im alltäglichen Wirken (vgl. *Apostolicam actuositatem*, Nr. 4). Sie ist eine unvergleichliche Quelle der Inspiration insbesondere für die weibli-

chen Laien in der heutigen Welt, die Gefahr läuft, parallel zur wissenschaftlichen und technologischen Entwicklung, die für einige Menschen materiellen Fortschritt bringt, für andere hingegen erniedrigend ist, immer unmenschlicher zu werden. Die Familie, die Kirche und die Gesellschaft brauchen jenen „Genius der Frau“, der für menschliche Empfindsamkeit bürgt (vgl. *Mulieres dignitatem*, Nr. 30). Durch die Lehre der Kirche und mit der Hilfe des Heiligen Geistes können die Frauen in immer größerem Maße in Maria die volle Bedeutung ihrer Weiblichkeit entdecken und die Gabe ihrer unbefleckten Schönheit einer Welt darbieten, die menschlicher gemacht werden muß.

4. Liebe Brüder, wir alle sind Erben einer geistigen und bürgerlichen Freiheit, die zu einem hohen Preis errungen wurde. Ein großer Teil eures Volkes hat persönlich erfahren, wie teuer die Freiheit und vor allem die religiöse Freiheit ist. Wenn wir über dieses Thema sprechen, so liegt uns die Wahrheit über den Menschen und das Wohl aller Nationen am Herzen. Wir wünschen das erdenklich Beste für die gesamte Menschheit, denn religiöse Freiheit unterstützt und ist die Garantie für alle anderen Freiheiten. Wie ich dieses Jahr in der Botschaft zum Weltfriedenstag sagte, ist die Freiheit der Einzelnen und der Gemeinschaft, ihren Glauben zu bekennen und auszuüben, ein wesentliches Element für den Frieden in der Welt.
Der Freiheit werden auf verschiedenste Weisen Hindernisse in den Weg gelegt. Eines von ihnen ist der Druck einer säkularisierten kulturellen Umwelt. Ihr seid euer pastoralen und prophetischen Mission treu, wenn ihr euer Volk, das seine religiöse Freiheit über alles lobt, davor warnt, sich durch die Freuden und Verlockungen der Welt nicht der inneren Freiheit berauben zu lassen, die weder in ihm noch in seinen Ahnen selbst durch Verfolgungen hat zerstört werden können.

5. Die Existenz von Katholiken des orientalischen Ritus in Amerika ist das Ergebnis religiöser Verfolgung in ihren Heimatländern und verschiedener anderer Gründe für Auswanderungen. In Rücksicht auf ihre Situation hat der Heilige Stuhl über Jahre hinaus den Schutz und die Fortsetzung ihrer kirchlichen Überlieferungen gefördert, indem er, ihren geistigen Bedürfnissen entsprechend, Pfarreien und eigene Hierarchien errichtet hat (vgl. *Orientalium Ecclesiarum*, Nr. 4).
Heute sind Millionen von Menschen durch viele schwierige Situationen wirtschaftlicher, politischer und sozialer Unruhen dazu gebracht worden, ihre Heimat zu verlassen und anderswo ein besseres Leben zu suchen. Als Hirten müssen wir die Gläubigen unablässig auffordern, empfindsam für die Bedürfnisse der Armen und derjenigen zu sein, die leiden. Die „Logik des Evangeliums“ erlaubt uns nicht, passiv zu bleiben, wenn wir Menschen sehen, die in Not sind. Die Liebe Christi ruft uns daher dazu auf, die gerechte Sache der Auswanderer, Einwanderer und Flüchtlinge zu verteidigen und zu unterstützen (*Botschaft zum Welttag der Auswanderer*, 4. Oktober 1988).

6. Durch den Willen ihres göttlichen Begründers ist die Kirche ewig und in ihrem Wesen missionarisch. Auf kirchlicher Ebene tragen eure Teilkirchen zur Erfüllung des Gebotes Christi bei, hinauszugehen und alle Nationen zu Jüngern zu machen (*Mt* 28,19), indem ihr

der Welt die Universalität des Heils Christi entfaltet und die Traditionen, die ihr pflegt, nachfolgenden Generationen übermittelt.
Das kulturelle Erbe des Ostens übermittelt ihr einer Gesellschaft, deren Gestaltung dem westlichen Christentum viel verdankt. Östliche und westliche Traditionen des Christentums haben sich in den Bereichen der Musik, der Literatur, der bildenden Kunst und der Architektur sowie in der Denkweise, in der Inkulturation des einen und ungeteilten Glaubens, der der Kirche durch Christus anvertraut ist, gegenseitig ergänzt und vieles hervorgebracht (vgl. *Euntes in mundum*, Nr. 12).
Der Wunsch nach Einheit, der ein herausragendes Zeichen unserer Zeit ist, ist auf der Ebene des Ökumenismus besonders stark. Die Väter des zweiten Vatikanischen Konzils haben Gott ausdrücklich für die Gemeinschaft der Ostkirchen mit dem Heiligen Stuhl gedankt, der der sichtbare Grundpfeiler der Einheit der Braut Christi ist (*Unitatis redintegratio*, Nr. 17). Indem sie unseren orthodoxen Brüdern helfen, über die Art der Beziehungen nachzudenken, die vor der Spaltung zwischen ihren Kirchen und der Römischen Kirche bestanden, tragen eure Kirchen in hohem Maße zu einem konstruktiven ökumenischen Dialog bei. Heute seid ihr mehr denn je aufgefordert, für den Aufbau der sichtbaren Einheit der Kirche zu beten und zu arbeiten.

7. Liebe Brüder im Bischofsamt, aus eurer überaus reichen liturgischen und geistlichen Überlieferung und eurer langen Erfahrung der Treue zu Christus mitten in Wandlungen und Gegensätzen, nehmt ihr die notwendige geistige Stärke, den Gläubigen, die eurer Sorge anvertraut sind, zu helfen, daß sie ihrer Berufung zur Heiligkeit und zum Dienst im kirchlichen Gefüge der Vereinigten Staaten entsprechen können.
Laßt uns im Blick auf das dritte christliche Jahrtausend der jungfräulichen Gottesmutter unsere Sorgen und Hoffnungen anvertrauen. Ihr verdanken wir die Geburt Christi, und sie war bei der Geburt der Kirche anwesend, die von Anfang an einzig und universal ist. Das Marianische Jahr ist zu Ende, doch die Zeit, die sich vor uns auftut, ist ein marianisches Ereignis, ein marianischer Pfad, der ins Jahr Zweitausend führt. Da wir diesen Pfad gemeinsam begehen und unsere Augen zu ihr erheben, die in der Tat der Stern des Ostens ist, so mögen wir sie unserem Volk stets als Vorbild für den Dienst, als Ansporn zur Heiligkeit und als unsere Mutter von der Immerwährenden Hilfe vorstellen. Auf euch, liebe Brüder, und auf alle Katholiken des byzantinisch-ruthenischen Ritus des Metropolitansitzes von Pittsburgh und der Eparchien von Passaic, Parma und Van Nuys, sowie auf die Gläubigen aller anderen Ostkirchen in den Vereinigten Staaten rufe ich die Gnade und den Frieden unseres Herrn Jesus Christus herab und erteile euch allen meinen Apostolischen Segen.

Kirchliche Gemeinschaft ist zutiefst eschatologisch

Ansprache zum Ad-limina-Besuch der Bischöfe der Vereinigten Staaten von Amerika, VII. Region am 10. Dezember

Liebe Mitbrüder in unserem Herrn Jesus Christus!

1. Wir nähern uns dem Ende der Ad-limina-Besuche des Jahres 1988, und es ist mir eine Freude, bei dieser Gelegenheit mit einer so zahlreichen Gruppe amerikanischer Bischöfe zusammentreffen zu können. Mein Willkommensgruß brüderlicher Liebe gilt euch allen aus den Kirchenprovinzen Chicago, Indianapolis und Milwaukee.

Im Laufe dieses Jahres habe ich zu euren Mitbrüdern im Bischofsamt über verschiedene Themen gesprochen, war aber stets darauf bedacht, zu betonen, daß die Kirche in den Vereinigten Staaten durch ein Leben des Glaubens an Jesus Christus den Sohn Gottes und Erlöser der Welt, zur Heiligkeit berufen ist. Diese meine Betonung entspringt der tiefen Überzeugung, daß die Kirche nur aus dem gelebten Glauben heraus auf alle Fragen, denen sie in der modernen Welt gegenübersteht, eine pastoral gültige Antwort geben kann.

In meiner Ansprache anläßlich des ersten Ad-limina-Besuches der Bischöfe der Vereinigten Staaten hob ich hervor, daß die Kirche in ihrem Land „rechtmäßig Jesus Christus gehört. Er liebt sie inständig und möchte sie immer vollkommener besitzen und sie in jedem Aspekt ihrer kirchlichen Wirklichkeit immer tiefer läutern" (5. März 1988). Heute möchte ich vorschlagen, daß wir unsere Gedanken und Herzen nochmals Jesus Christus zuwenden, um in ihm diese kirchliche Wirklichkeit besser verstehen zu können, den Worten des Hebräerbriefes entsprechend: „Laßt uns ... auf Jesus blicken, den Urheber und Vollender des Glaubens" (*Hebr* 12,1–2), und „er hat ... sich zur Rechten von Gottes Thron gesetzt" (*ebd.*). Wenn wir Christus in der Wirklichkeit seines himmlischen Reiches betrachten, werden wir seine Kirche auf Erden verstehen.

2. Da die Kirche bereits Reich Gottes in seiner ersten Phase ist, ist es angezeigt, unsere Aufmerksamkeit am Ende der Ad-limina-Besuche der kirchlichen Endzeit zuzuwenden. Die eschatologische Natur der Kirche ist ein wesentlicher Teil ihres Geheimnisses; gleichzeitig ist sie für unseren pastoralen Führungsauftrag in der Kirche von großer Bedeutung.

Der Heilige Geist hat uns als Hirten eingesetzt, damit wir die Kirche bei der Erfüllung ihrer Sendung leiten. Um dieser Aufgabe entsprechen zu können, müssen wir stets der Tatsache eingedenk sein, daß im Herzen des evangelisierenden Wirkens der Kirche eine spezifische Dynamik am Werk ist: ihre eschatologische Dimension. Alles, was ihrem Endziel dient, fördert ihre Lebenskraft. Sollte jedoch die Eschatologie ohne Konsequenzen bleiben, dann könnte die Kirche keine Fortschritte machen und ihr Weg würde in eine falsche Richtung führen. In diesem Fall wären ihre Aktivitäten für eine echte Evangelisierung bedeutungslos.

Auch die kirchliche Gemeinschaft ist zutiefst eschatologisch. Auf die Gemeinschaft mit dem Vater durch Christus im Heiligen Geist gegründet, weiß die Kirche, daß das Leben, mit dem sie erfüllt ist, über den Tod hinausreicht. Ihr Leben ist das des auferstandenen Christus, das Leben, welches durch das Kreuz den Tod besiegt hat, durch die Macht des liebenden Gehorsams gegenüber dem Willen des Vaters. Durch die Ausübung seiner erlösenden Macht teilt Christus sein eigenes verklärtes Leben der Kirche mit. Sie tritt ins Dasein als Folge dieses Wirkens des Auferstandenen. Sie lebt bereits dieses Leben ihres Herrn und Erlösers, während sie sich nach ihrer endgültigen Erfüllung sehnt.

3. Durch diesen lebensspendenden Akt stellt der Herr die Einheit seiner Kirche mit sich selbst her und erfüllt sie mit Heiligkeit. Diese Heiligkeit muß jedoch gestärkt und vermehrt werden. Die Glieder der Kirche müssen sich in allen Dimensionen ihrer menschlichen Existenz mehr und mehr für die heiligende Kraft des Herrn öffnen. Auf diese Weise nimmt sein Reich nach und nach in jedem Christen und in der Kirche Gestalt an und erfährt ein unbegrenztes Wachstum.
Gerade in der Heiligkeit nimmt die Kirche das Reich Gottes vorweg und setzt bereits seinen Anfang. Das Hirtenamt besteht in der Kirche, um die Heiligkeit zu fördern. Um es restlos zu verstehen, müssen wir die Heiligkeit der Kirche in ihrer eschatologischen Form betrachten: die Heiligkeit, wie sie Christus für seine Kirche will; die Heiligkeit, welche die Einheit Christi und seiner Braut im Himmel vollendet. Als er einen amerikanischen Bischof der ganzen Welt als Beispiel pastoraler Liebe vorstellte, nannte Paul VI. die Heiligsprechung von John Neumann einerseits eine „Feier der Heiligkeit" und andererseits eine „prophetische Vorwegnahme ... einer Erneuerung in der Liebe ... für die Vereinigten Staaten" (19. Juni 1977).
Das volle Kommen des Reiches Christi erfordert von allen Gläubigen die Hingabe ihrer selbst an Gott und die Mitmenschen. Untrennbar von dieser Hingabe ist das Gebet. Wir sehen das bei Jesus Christus. Unser Herr geht dem Kreuz im gleichen Rahmen des Gebets entgegen, das er in Getsemani begonnen hatte und das seine Erfüllung in dem Augenblick fand, in dem er seinen Geist in die Hände des Vaters legte (vgl. *Lk* 23,46). Aufgrund unserer Gotteskindschaft sind wir dazu berufen, den gleichen Weg zu gehen. Echtes Gebet ist nur dann möglich, wenn wir bereit sind, den Heilsplan des Vaters auszuführen. Wir müssen daher versuchen, dem Volk Gottes zu einem klaren Verständnis dessen zu verhelfen, was das Gebet sein will: ein Dialog mit Gott, der persönliches Engagment in sich schließt. Als Hirten müssen wir selbst für das Gebet Zeugnis ablegen, in der Gewißheit, daß mit seiner Hilfe die rettende Macht Gottes die kirchliche Gemeinschaft umgestaltet.

4. Die Kirche verkündet, daß ihre Glieder „durch die Auferstehung zu Söhnen Gottes" (*Lk* 20,36) werden sollen und daß sie „in freudiger Hoffnung das Kommen unseres Erlösers Jesus Christus erwartet". Sie sieht der Stunde entgegen, in der ihre Herrlichkeit in der Fülle der Gemeinschaft mit der allerheiligsten Dreifaltigkeit offenbar werden wird. Das Kommen Christi wird andererseits endgültig „einen neuen Himmel und eine neue Erde" (*2 Petr* 3,13) auftun. In der Erwartung dieser Wirklichkeiten sind wir dazu berufen, in tiefem, ungetrübtem Frieden zu leben. Der Sieg ist sicher, das Übel wird nicht überhandnehmen: Jesus Christus hat die Welt besiegt (vgl. *Joh* 16,33).

Deshalb müssen die Christen darauf bedacht sein, sich der zeitlichen Güter ohne die Besorgnis und die übertriebene Aktivität jener zu bedienen, die all ihre Hoffnung in dieses Leben setzen. Der Glaube erlaubt es uns sicher nicht, Leiden und Ungerechtigkeiten tatenlos gegenüberzustehen. Unsere Hoffnung ist ein Ansporn zur eifrigen Arbeit für das Kommen des weltumspannenden Reiches Gottes (vgl. *Gaudium et spes*, Nr. 39). Wir dürfen jedoch nicht mit der Ungewißheit derer handeln, die ihr letztes Glück in der irdischen Geschichte suchen. Der christliche Kampf strahlt innere Ruhe aus und vermittelt Frieden, nicht nur als angestrebtes Ziel, sondern als Stil zur Förderung der Gerechtigkeit. Eine letzte Gewißheit und Optimismus inspirieren das ganze Leben der Kirche. Wir kennen im voraus das Ziel, dem wir mit Gottes Hilfe zustreben. Wir können, was bestimmte Mittel betrifft, unschlüssig sein, doch das Endziel ist klar und unwandelbar. In diesem Licht können wir den Weg erkennen, der gegangen werden muß und können eventuelle Fehltritte korrigieren. Die Kirche kann nie der Versuchung erliegen, sich selbst „umzuformen". Ihre wesentliche Identität ist durch die Gewißheit festgelegt, daß Jesus Christus in Herrlichkeit wiederkommen wird.

5. Diese Erwartung der Wiederkunft Christi in Herrlichkeit verleiht allen kirchlichen Aktivitäten ihren Sinn und läßt sie alle irdischen Sorgen unter einem ihr eigenen Blickwinkel betrachten. In allem was sie tut, hat die Kirche einen Horizont vor Augen, der weit jenseits der menschlichen Geschichte liegt und wo alles Christus unterworfen und durch ihn dem Vater dargeboten wird. In dem vorbestimmten Augenblick wird alles im Himmel und auf Erden endgültig Christus unterworfen werden (vgl. *1 Kor* 15,24–28). Bis dahin bleibt das Leben der Kirche, dem Plan Gottes gemäß, von den Fäden der menschlichen Geschichte durchzogen, ist jedoch immer auf das ewige Leben hingeordnet.
Die Kirche kann nie eine Gemeinschaft sein, die ausschließlich zeitlichen Zwecken dient. Ihr Ziel ist das Reich Gottes, das sie unablässig, bis zu seiner Vollendung in der Ewigkeit (vgl. *Lumen gentium*, Nr. 9) ausbreiten muß. Somit können ihre Initiativen und Bemühungen nicht durch rein irdische Werte bedingt werden. Die Kirche lebt inmitten der Menschen, ist selbst die neue Menschheit in Christus und teilt die Erfahrungen der ganzen Menschheitsfamilie. Sie lebt in Solidarität mit allen Menschen und nichts Menschliches ist ihr fremd. Die Sorgen der kirchlichen Gemeinschaft umfassen auch die der bürgerlichen Gemeinschaft in Bereichen wie Friede, Kultur, Familie und Menschenrechte. Dennoch tritt die Kirche an all diese Fragen auf eine sie charakterisierende, einzigartige Weise heran, nämlich im Hinblick auf das Reich Gottes. Würde die Kirche diese transzendente Perspektive einbüßen, könnte sie der Menschheit nicht ihren spezifischen Dienst erweisen.

6. Jede Reflexion über die eschatologische Dimension der Kirche muß notwendigerweise die heilige Eucharistie einschließen. Die Kirche nährt sich zu allen Zeiten am Sakrament des Leibes und Blutes des verherrlichten Christus. Am Ende der Zeiten wird die rettende Macht der Eucharistie ihre volle Wirkkraft erreichen, wenn die Heiligkeit der Kirche vollendet und das ganze Universum in Christus restlos wiederhergestellt sein wird. Bis dahin verkünden wir „den Tod des Herrn, bis er kommt" (*1 Kor* 11,26).

Die Erneuerung des Opfers Christi auf Kalvaria ist gleichzeitig das Mahl seines Reiches. Als solches ist es Gegenstand nachhaltiger Aufmerksamkeit der Kirche und ihrer Gesetzgebung. Kürzlich wurde klargestsellt, daß die Erlaubnis, als Kommunionhelfer zu wirken, die Laien gewährt wird, eine zusätzliche Funktion ist. Die vom Codex des kanonischen Rechts festgelegten Bedingungen erfuhren im Vorjahr ihre authentische Auslegung und ich verfügte damals, daß die Kongregation für die Sakramente die Entscheidung den Bischofskonferenzen in aller Welt mitteilen sollte. In manchen Fällen kann es noch nötig sein, diözesane Vorschriften auf diesem Gebiet zu revidieren, nicht nur zwecks gewissenhafter Anwendung des Gesetzes, sondern auch um klarzulegen, was eigentlich der Begriff der Teilnahme der Laien am Leben und an der Sendung der Kirche bedeutet und worin diese Teilnahme wirklich besteht.
Da wir uns auf das Jubiläum des Jahres 2000 vorbereiten, wollen wir die Sakramente der Buße und die Eucharistie in den Mittelpunkt unserer seelsorglichen Erneuerung stellen. Damit stehen wir im Einklang mit den folgerichtigen Lehren des II. Vatikanischen Konzils, das in der Eucharistie den Höhepunkt der Verkündigung des Wortes und den Aufruf zur Buße sieht. Christus, der uns zum eucharistischen Mahl ruft, ist der selbe erbarmende Christus, der uns zur Bekehrung ruft (vgl. *Redemptor hominis*, Nr. 20). Ich hoffe ernstlich, daß in allen Diözesen der Vereinigten Staaten unter der pastoralen Führung der Bischöfe wirksame Pläne für eine echte Erneuerung des Bußsakraments mit der Aufwertung der Einzelbeichte entworfen werden. Die Kirche verkündet mit Überzeugung, daß die Durchführung des vom II. Vatikanischen Konzil ins Auge gefaßten „aggiornamento“ in enger Verbindung mit der Erneuerung des Bußsakramentes steht. Die persönliche Bekehrung ist das Herz jeder Reform und Erneuerung.

7. Maria, die Mutter Jesu, ist die vollkommene Verwirklichung des Glaubenslebens der Kirche und der von ihr angestrebten Heiligkeit. In ihr haben wir das große Zeichen, das die von uns Sündern ersehnte und durch die Bekehrung erhoffte Heiligkeit in sich vereint und auf vollständige Weise zum Ausdruck bringt. Sie, die jetzt mit Leib und Seele im Himmel weilt, ist die erste Erlöste und vollkommen Heilige.
Im Dekret über das Laienapostolat legt das Konzil eine auf Maria zutreffende Synthese des Lebens in der zeitlichen Ordnung vor, das die geistliche Ordnung in ihrer eschatolischen Fülle nie aus den Augen verliert. Das Konzil sagt nämlich: „Während sie auf Erden ein Leben wie jeder andere verbrachte, voll Sorge um die Familie und von Arbeit, war sie doch immer innigst mit ihrem Sohn verbunden und arbeitete auf ganz einzigartige Weise am Werk des Erlösers mit.“ (*Apostolicam actuositatem*, Nr. 4). In ihrem Frausein als Jungfrau, Ehefrau und Mutter steht Maria in und vor der Kirche als die Frau der gesamten Heilsgeschichte. Da sie in den Himmel aufgenommen wurde, lebt sie ihre geistliche Mutterschaft, indem sie für uns eintritt und uns auf unserer irdischen Pilgerfahrt hilft, das Ziel nicht aus den Augen zu verlieren, das alle Aktivitäten der Kirche inspiriert.

8. Unsere Rolle als Bischöfe ist es, dem Vater – in Einheit mit Christus, dem Hohenpriester – die Kirche und all ihr Tun darzubringen. Wir bringen sie so dar, wie Christus sie haben will: als seinen Leib und seine Braut; als Kirche seiner Gottheit und Mensch-

heit; als die Kirche, die seine Großmut widerspiegelt und sein Opfer lebt; als die Kirche der Wahrheit und der erbarmenden Liebe, die Kirche des Gebetes und des Dienstes, die Kirche der Bekehrung, der Heiligkeit und des ewigen Lebens.

Die Kirche, die wir dem Vater darbringen und für deren Aufbau in der Liebe wir täglich arbeiten, ist keinesfalls eine sogenannte „monolithische Struktur", sondern vielmehr die apostolische Struktur unangreifbarer Einheit, in der wir alle als Bischöfe – nach den Worten des hl. Paulus – dazu berufen sind, „ganz eines Sinnes und einer Meinung" (*1 Kor* 1,10) zu sein. Durch diese Einheit gestärkt, können wir unser Amt in all seinen Dimensionen auf immer wirksamere Weise ausüben.

Die gegenwärtige Stunde im Leben der Kirche ist ein Aufruf zu großer Hoffnung, auf die eschatologischen Verheißungen Gottes gegründet und in einem erneuerten Vertrauen auf die Macht des Ostergeheimnisses Christi zum Ausdruck gebracht. Es ist dies die Stunde für ein neues Bemühen um die Gewinnung junger Menschen für Priestertum und Ordensleben, die Stunde für eine neue und unbeirrbare Verkündigung der schwierigsten Forderungen des Christentums und die höchsten Herausforderungen des Kreuzes. Es ist die Stunde für eine neue Verpflichtung zur Heiligkeit von seiten der Kirche, die sich auf das große Jubiläum des Jahres 2000 vorbereitet und das Kommen unseres Herrn Jesus erfleht.

Zum Abschluß dieser Ad-limina-Besuche, welche die der Jahre 1978 und 1983 fortsetzen und auf der gleichen Linie wie meine zwei Pastoralbesuche in den Vereinigten Staaten liegen, möchte ich auch allen, meinen Mitbrüdern im Bischofsamt, nochmals aus ganzem Herzen für euer Miteinander im Dienst am Evangelium danken. Im gleichen Geist erwarte ich das für nächstes Jahr geplante, spezielle Treffen der Bischöfe, damit wir durch eine fortgesetzte pastorale Zusammenarbeit der Kirche in den Vereinigten Staaten helfen können, ihre Berufung zur Heiligkeit in einem dynamischen Glaubensleben zu verwirklichen. Inzwischen empfehle ich Maria, der Mutter der Kirche und Königin des Himmels, die geliebten Gläubigen eures Landes und segne sie alle im Namen unseres Herrn Jesus.

Zeichen echter Berufung erkennen

Ansprache beim Ad-limina-Besuch der Bischöfe des Zaîre am 29. April

Liebe Brüder im Bischofsamt!

1. Am Ende unserer Einzelgespräche kann ich euch zu meiner Freude heute bei einer brüderlichen Begegnung empfangen, die einen Höhepunkt eures Ad-limina-Besuches darstellt. Euer Sprecher, Msgr. Fataki, Erzbischof von Kisangani, hat eure Empfindungen ausgesprochen und einige eurer hauptsächlichen pastoralen Anliegen genannt: Ich danke ihm herzlich dafür.

Mit dem Dokument, das ihr im vergangenen Jahr an mich gerichtet habt, und nach Anhören eurer Mitbrüder aus den drei anderen Kirchenprovinzen, verstehe ich noch besser die Zeichen der Hoffnung sowie auch die Probleme eurer Diözesen.

2. In eurem Land hat die Berufungspastoral schon eine lange Geschichte. In den letzten Jahren war die schnell wachsende Zahl der Eintritte ins Seminar für euch ein großer Trost und ein vielversprechendes Zeichen, wie es auch in anderen jungen Kirchen der Fall ist. Gott sei gelobt! Doch damit sind für euch unvermeidlich auch gewisse Probleme verbunden: solche der Unterscheidung, der intellektuellen, moralischen und geistlichen Bildung, der richtigen Einordnung der Tatsache, daß die Priester im Zaïre jung sind, Probleme finanzieller Art und solche der Integrierung in eine im Wandel befindliche Gesellschaft. Im Verlauf eurer kommenden Vollversammlung wollt ihr im übrigen diese Fragen im Ganzen überprüfen.
Wie groß auch immer die Zahl der Priesteramtskandidaten sein mag, es gilt immer, die Zeichen einer echten Berufung, wie die Kirche sie anerkennt, festzustellen. Man kann sie auf drei zurückführen: erstens eine verantwortliche Freiheit, die bereits eine gewisse Reife erkennen läßt, zweitens eine ausreichende physische und intellektuelle Eignung für den apostolischen Dienst; endlich die ehrliche Absicht zum Dienst für die Kirche.
Gleich zu Anfang ist eine erste Auswahl zu treffen. Es ist nämlich wichtig, in die Vorbereitung auf das Priestertum junge Leute aufzunehmen, die Hoffnung bieten, den pastoralen Dienst entsprechend zu erfüllen und seinen Anforderungen gewachsen zu sein. Diese Auswahl, die durch den Aufenthalt in Häusern für die Vorschulung erleichtert wird, muß streng sein: man würde weder der Kirche noch dem Kandidaten dienen, wenn man jemand unklug auf den schwierigen Weg zum Priestertum führen würde.
Im Seminar haben die Erzieher die Aufgabe, zur Prüfung der Berufung des Kandidaten, der bereits zugelassen ist, beizutragen. Sie tun das, indem sie die tieferen Haltungen des Einzelnen zu erkennen suchen, jene die dauerhaft seine Persönlichkeit prägen, sowie sein Verhalten und seine Reaktionen bestimmen. Sie müssen dem Kandidaten ferner helfen, selbst den Ruf Gottes zu erkennen, indem er gläubig auf die inneren Zeichen des Geistes achtet. Diese geduldige Arbeit wird dazu führen, das Verständnis für den apostolischen Dienst und die damit verbundene Weihe immer mehr zu vertiefen. Das braucht Zeit und Verfügbarkeit. Es erfordert Priester im Seminar, die nicht nur persönlich geistliche und pastorale Erfahrung haben, sondern auch noch besonders befähigt sind, präsent zu sein, zu hören und Dialog zu führen in einem Klima des Vertrauens und des Gebetes.
Wie viele andere Bischofskonferenzen des afrikanischen Kontinents seid ihr euch wohl bewußt, daß die Bereitstellung von Erzieherteams für den Klerus eine eurer dringlichen Aufgaben ist, und auf der Linie des II. Vatikanischen Konzils ermuntere ich euch, die notwendigen Schritte zu tun, um die besonders für die Heranbildung des Klerus bestimmten Erzieher gut vorzubereiten. Priester aus anderen Ländern bieten euch hier eine ausgezeichnete Hilfe; ihr müßt aber dennoch auch die Priester des Zaïre – von denen viele ja Universitätsdiplome besitzen – von der Lebenswichtigkeit dieses Dienstes für die Zukunft der Kirche in Zaïre überzeugen.

3. Während in bestimmten Kirchen, zumal des Westens, die Zahl der Priester zurückgeht und der Klerus überaltert, bildet sich in den jungen Kirchen, wie der des Zaîre, eine junge Priesterschaft, die natürlich von der Kultur des Landes geprägt ist. Das Gesicht dieser Kirchen wird immer klarer nicht nur von Priestern bestimmt, sondern auch von Laien, denn manche von ihnen erfüllen oft wichtige Aufgaben.

Wie wird dieses Gesicht aussehen? Es wird in der Tat viel von der Ausbildung abhängen, die in den Seminarien geboten und dann fortgesetzt wird: eine im Glauben geeinte Ausbildung, verwurzelt in der Überlieferung der Kirche und im Besitz der besten Werte der überlieferten Kultur.

Ich habe jetzt im Rahmen dieser Begegnung nicht die Absicht, im einzelnen alle Fragen zum Klerus im Zaîre aufzugreifen. Ich erinnere aber an gewisse wesentliche Dinge im Hinblick auf die gründlichere Prüfung, die ihr bei eurer nächsten Vollversammlung vornehmen wollt.

Die Sendung des Priesters Jesu Christi ist vor allem eine Heilssendung. Der Priester wird nämlich geweiht, um Christus und seine Botschaft bekanntzumachen, um seine Brüder und Schwestern durch die Sakramente des Glaubens in lebendigen Kontakt mit Gott zu bringen, um die Gesamtheit jener aufzubauen und zu leiten, die durch die Taufe Jünger Christi geworden sind.

In Verbindung mit seinem Bischof ist der Priester wesentlich verantwortlich für den Dienst des Wortes. Er übt ihn aus, indem er bei den Feiern, in denen er den Vorsitz führt, persönlich die Heilsbotschaft verkündigt, indem er sodann Mitarbeiter für diesen Dienst heranbildet und sie unterstützt und indem er die Tätigkeiten und Werke, die diesem Ziel dienen, koordiniert und verfolgt, damit das Wort Gottes in geziemender Weise gelehrt wird: denn er ist der Garant für die Integrität der Lehre.

An der Seite der Priester, die mit den Diakonen die ersten Mitarbeiter der Bischöfe und die ersten Apostel der Evangelisierung sind, engagieren sich Laien aus allen Kräften im apostolischen Wirken und sind bereit, bedeutende Aufgaben in der Gemeinde zu übernehmen. Man muß sie daher vorbereiten, damit sie ihre Rolle fachkundig und mit einem tiefen Sinn für die Kirche ausüben, in enger Gemeinschaft mit der verantwortlichen Hierarchie.

Zu diesem Ziel und für ihren eigenen Dienst sollt ihr die Priester ermuntern, sich ernsthaft intellektuell weiterzubilden. Sie sollen bei sich selbst und ihren Mitarbeitern wachsam den Sinn für die gemeinsame Verantwortung entwickeln. Außerdem werden sie sich bemühen, die Gaben und Charismen zu erkennen, zu unterscheiden, anzuregen und zu harmonisieren, die zum Aufbau der Kirche beitragen. Sie werden dabei oft ihre Demut und Selbstverleugnung unter Beweis stellen müssen in einem Geist echter Zusammenarbeit: dies wird ein Zeichen dafür sein, daß sie ihr Dienstamt so auffassen, wie es sein muß, nämlich zum selbstlosen Dienst am Volk Gottes, ob sie nun in der Stadt oder im Busch arbeiten unter den gleichen armen Verhältnissen wie die Gläubigen sie ertragen müssen.

Euch, liebe Brüder im Bischofsamt, lade ich ein, dem Leben eurer Priester weiterhin viel Aufmerksamkeit zu widmen und ihnen unter anderem jene geistliche Hilfe zu schenken, die sie ständig brauchen, um ihrer Sendung in Treue gerecht zu werden. Einige von euch

beklagen beim Klerus eine zu große Sorge um den eigenen Vorteil, ein Streben nach Bequemlichkeit und Macht und Nachgiebigkeit im moralischen Verhalten. Das Konzil mahnt uns dagegen, die Priester sollen sich nicht dieser Welt anpassen, sondern vielmehr im Namen des Evangeliums sie aufwecken.
Notwendig ist ein hochstehendes geistliches Leben, um den Anforderungen des priesterlichen Standes bei Welt- und Ordenspriestern zu entsprechen: der Zölibat als Zeichen unserer gänzlichen Hingabe an das Reich Gottes; die Armut als Teilhabe am Leben des armen Christus und am Leben der Armen; der Gehorsam dem Bischof gegenüber, der den Willen zum Dienen ausdrückt; endlich die Aszese, die einen täglich neu beginnenden Dienst erfordert. Diese Erfahrung eines brüderlichen Gemeinschaftslebens, das liturgische und vertiefte persönliche Gebet tragen ebenfalls zum Hochstand dieses geistlichen Lebens bei.
Ich möchte endlich mit euch gemeinsam den Missionaren Ehre erweisen, die aus anderen Gegenden kommen und Pioniere des Glaubens geworden sind, im allgemeinen Ordensmänner und Ordensfrauen. Sie haben es der Kirche im Zaïre möglich gemacht, jene heute anerkannte geistige Macht zu werden, deren Einfluß sich auch über die Grenzen eures Landes hinaus bemerkbar macht. Diese ersten Evangelisierer und jene, die heute ihr Werk fortsetzen, verdienen für ihr Leben selbstloser Hingabe die Anerkennung aller. Ihr Beispiel aber wird gewiß die Apostel von heute anregen.

4. Was das gottgeweihte Leben angeht, so bestand es praktisch immer im Herzen der Kirche im Zaïre, und es hat erhebliche Auswirkungen gehabt.
Heute antwortet eine wachsende Zahl von jungen Männern und Frauen Zaïres dem Ruf zum Ordensleben, sei es in den internationalen Instituten, sei es in den Instituten diözesanen Rechtes, die besonders mit der Kultur des Zaïres verbunden sind. Sie stehen vor ähnlichen Problemen wie der Klerus: Unterscheidung der Berufungen, entsprechende Ausbildung der Kandidaten und Kandidatinnen, Mangel an Führungskräften und Probleme um den materiellen Unterhalt.
Ihr habt darüber zu wachen, daß sich das Ordensleben hier echt und vollziehbar entfaltet mit all dem, was wesentlich dazugehört, unter der Verantwortung gründlich ausgebildeter Oberen.
Das erste Anliegen, das ihr beim gottgeweihten Leben betont, ist die Einpflanzung der Einzelkirche. Indem ihr euch den Wunsch des II. Vatikanischen Konzils zu eigen macht, seid ihr mit Recht der Auffassung: „Von Anfang an soll die christliche Gemeinschaft so aufgebaut werden, daß sie, soweit möglich, für ihre eigenen Bedürfnisse aufkommen kann“ (*Ad gentes*, Nr. 15).
Der Ordensstand will nicht zwischen dem Stand der Kleriker und dem der Laien stehen, sondern geht vielmehr aus dem einen wie dem anderen als ein besonderes Geschenk für die ganze Kirche hervor (vgl. *Lumen gentium*, Nr. 43, und die Weisungen *Mutuae relationes* vom 14. Mai 1978). Er ist eine besondere Weise, an der sakramentalen Natur des Volkes Gottes teilzunehmen und der Welt ein sichtbares Beispiel des Geheimnisses Christi zu geben. Daher ihr besonderer Stil der Heiligung und des Apostolates, ein Charisma, das eine bestimmte Tradition mit der notwendigen Autonomie schafft, ohne die besonde-

re Einfügung ins Leben der Ortskirche zu vernachlässigen. Geprägt durch den Reichtum ihres eigenen Erbes, bemühen sich die Ordensleute darum, dieses sichtbar zu machen und es, entsprechend dem Genius und dem Charakter des Landes, aus dem sie stammen oder des Landes, in dem sie leben, weiterzugeben. Sie leisten also einen kostbaren und notwendigen Beitrag für die Einpflanzung der Einzelkirche, wobei sie zugleich die Gemeinschaft mit der universalen Kirche aufrechterhalten.
Mit eurer Ermunterung werden sie weiterhin den für die ganze christliche Gemeinschaft unerläßlichen missionarischen Eifer entfalten. Eine Einzelkirche kann nämlich ihre Dynamik nicht beibehalten, wenn sie nicht konkreten Anteil nimmt an der universalen, von Christus empfangenen Sendung, der seine Boten bis an die Enden der Erde sendet.

5. Als ich mir eure pastoralen Probleme anhand eures Grunddokumentes vor Augen führte, habe ich mit Genugtuung festgestellt, daß „die katholische Gemeinschaft des Zaïre bereits sehr weitgehend das materielle Leben in der Kirche in diesem Lande tragen kann“.
Ja, noch mehr: dieses Streben nach wirtschaftlicher Selbstversorgung, das die Kirche unternimmt, soll zugleich im Rahmen der sozialen Förderung des Volkes im Zaïre erfolgen. Die Kirche muß hier nämlich notwendig ein Beispiel geben. Ihre Selbstlosigkeit und die Durchsichtigkeit der Abwicklung ihrer eigenen Angelegenheiten bilden ein wichtiges Zeugnis, weil sie zeigen, daß die Kirche vor allem den geistlichen Fortschritt der Personen anstrebt. Sie will den Akzent auf einen einfachen Lebensstil legen, der überflüssige Bedürfnisse abschafft, aber um größere Gerechtigkeit unter den Menschen bemüht ist.
Ich ermuntere euch zur Weiterführung dieser Bemühungen im Hinblick auf eine wirklich menschliche Weise der Entwicklung, wie sie die jüngste Enzyklika zur sozialen Frage analysieren und fördern wollte. Möchtet ihr weiter die Apostel eines solchen Geistes der Armut nach dem Evangelium sein, der leichter zur Solidarität und zum Teilen, zwei heute vorrangig gewordenen Zielen, führt.

6. In eurem Land gibt es wie auf dem ganzen afrikanischen Kontinent eine große Zahl von Jugendlichen, die sich auf der Suche nach geistlichen Werten, auf denen sie eine solide Zukunft aufbauen möchten, der Kirche zuwenden. Unter der Jugend unserer Zeit bietet sich ein herrliches Apostolat an für euch selbst, für die Priester, Ordensmänner, Ordensfrauen und Laien als Erzieher ihrer Brüder und Schwestern. Mobilisiert also eure Apostel, damit die Jugendlichen sich der christlichen Botschaft öffnen, und damit die moralischen Werte der Aufrichtigkeit des Herzens, der Achtung vor den anderen, des Geistes der Dienstbereitschaft und des beharrlichen Bemühens in ihnen wachsen. Lehrt sie, daß der technische Wandel in der Welt nicht von sich aus zum Fortschritt führt, wenn er nicht von einer Entwicklung des moralischen Wertes der Personen begleitet wird. Sagt ihnen deutlich, daß die Kirche, weit davon entfernt, eine gestern entstandene Sekte zu sein, vielmehr einen großen Lebensstrom von Christus her bildet, den die Apostel und ihr als deren Nachfolger weiterleitet. Mögen sie ihren Glauben entsprechend ihrer Bildung vertiefen durch Gebet, durch Lesen der Bibel und durch Teilnahme an den Sakramenten, zumal an der sonntäglichen Eucharistiefeier!

7. Ich bitte euch, meine warme Ermunterung den Jugendlichen eures Landes zu übermitteln. Ich trage euch ebenfalls meine herzlichen Grüße für die zahlreichen Katechisten auf, die sich täglich auf ihrem Gebiet engagieren. Richtet ferner den Ordensleuten meine Dankbarkeit aus und meine guten Wünsche für ihre frohe weitere Bereitschaft, sich dem Herrn hinzuschenken. Endlich versichert alle Priester, Seminaristen und ihre Erzieher meiner Verbundenheit: ich nehme sie besonders in mein Gebet hinein.
Mögen alle ihr Bemühen erneuern, echte Zeugen Christi zu sein, indem ihr dem Beispiel der Anwarite folgt, der ersten Seligen im Zaîre, deren Austrahlung ihre Brüder und Schwestern in Afrika im Glauben stärkt. Im Marianischen Jahr vertraue ich der allseligsten Jungfrau die guten Wünsche an, die ich für eure diözesanen Gemeinschaften hege. Ich segne euch von ganzem Herzen sowie auch alle Gläubigen eurer Kirchenprovinzen.

Die Familie ist Verkünder des Evangeliums

Ansprache des Papstes beim Ad-limina-Besuch der Bischöfe von Zambia am 5. Mai

Liebe Brüder in unserem Herrn Jesus Christus!

1. Es war für mich eine Freude, anläßlich eures Ad-limina-Besuches jeden einzelnen von euch Bischöfen der Bischofskonferenz von Zambia zu treffen und mit euch allen in dieser kollegialen Gemeinschaft zusammenzukommen. Unsere Begegnung heute erinnert uns an die Verfügung des Herrn Jesus, daß Petrus und die anderen Apostel ein Kollegium bilden. Wir sind hier als ihre Nachfolger versammelt, verbunden in Einheit, Liebe und Frieden (vgl. *Lumen gentium*, Nr. 22).
Ich möchte meine Dankbarkeit aussprechen für die freundlichen Grußworte, die ihr im Namen eurer Priester, Ordensleute und Laien vorgetragen habt. Jeder von euch repräsentiert in besonderer Weise die eurer Sorge anvertraute Ortskirche, und so möchte ich durch euch meine herzlichen Grüße an das ganze Volk Gottes in Zambia zum Ausdruck bringen. Ich wiederhole die Worte des Apostels Paulus und „danke meinem Gott jedesmal, wenn ich an euch denke; immer, wenn ich für euch alle bete, tue ich es mit Freude und danke Gott dafür, daß ihr euch gemeinsam für das Evangelium eingesetzt habt vom ersten Tag an bis jetzt“ (*Phil* 1,3–5).
Als Hirten der Ortskirchen in Zambia seid ihr hergekommen, „um Petrus zu sehen“ (*Gal* 1,18) und gemeinsam mit ihm erneut das Bekenntnis eures Glaubens an Jesus zu erneuern, „denn es ist uns Menschen kein anderer Name unter dem Himmel gegeben, durch den wir gerettet werden sollen“ (*Apg* 4,12). Im Namen Jesu und durch den Heiligen Geist sagen wir Dank und preisen den Vater für die vielen Gunstbeweise und Gnaden, die er der Kirche von Zambia erwiesen hat, seit die ersten Missionare hier das Evangelium gepredigt und die Saat des Glaubens in viele Herzen eingepflanzt haben.

2. Mit Freude habe ich von den bereits begonnenen Vorbereitungen Kunde erhalten für die im Jahre 1991 fällige Hundertjahrfeier der Ankunft des katholischen Glaubens in eu-

rer Gegend von Afrika. Ihr habt für die Jahre bis zum Jubiläum das Thema gewählt: „Die Heranbildung von erwachsenen Christen zu echten Afrikanern innerhalb der Familien und in kleinen christlichen Gemeinschaften.“ Eure Wahl für dieses Thema unterstreicht die dringende pastorale Priorität für die Kirche in Zambia, Laien als Führungskräfte heranzubilden. Außerdem kommt hier eine Sorge zum Ausdruck, die öfter während der letzten Bischofssynode über Berufung und Sendung der Laien ausgesprochen wurde. In ihrer Schlußbotschaft an das Volk Gottes sagen die Synodenväter: „Überall stellen wir unter den gläubigen Laien einen wirklichen Durst nach innerem Leben, einen Durst nach tieferer Spiritualität und ein brennendes Verlangen nach Beteiligung an der missionarischen und apostolischen Arbeit der Kirche fest ... Die integrale geistliche Bildung aller Gläubigen, Laien, Ordensleute und Priester, sollte heute eine Priorität der Pastorale sein“ (*Schlußdokument der Bischofssynode über Berufung und Sendung der Laien*, Nr. 12).

Bei diesem zentralen Bemühen um die Heranbildung von Laien als Führungskräfte für die Zukunft der Kirche in der Gesellschaft von Zambia erwähne ich den besonderen Akzent, den ihr auf „kleine christliche Gemeinschaften“ legt, als Mittel zur Verbesserung der vollen aktiven Beteiligung der Gläubigen wie auch ihrer Katechese. Diese Gemeinschaften bieten eine Möglichkeit, sich intensiver am Leben der Kirche zu beteiligen. Sie können auch nützlich sein für die Zusammenführung des Volkes Gottes, um über das Wort Gottes nachzudenken und die Sakramente zu feiern. So bieten sie eine wichtige Gelegenheit zur Heranbildung von erwachsenen Christen, vertiefen ihren Glauben durch Katechese, Gebet und brüderliche Liebe. Zugleich müssen freilich die „kleinen christlichen Gemeinschaften“ immer ein Teil eurer Ortskirchen bleiben und dürfen nicht isoliert werden. So werden sie ihre grundlegende Berufung erfüllen und selber Verkünder des Evangeliums werden (vgl. *Evangelii nuntiandi*, Nr. 58).

3. Es ist mein inniges Gebet, daß ihr euer Bemühen um die große Aufgabe der Evangelisierung erneuert, die die wesentliche Sendung der Kirche bildet. Ich möchte alle mutigen Initiativen loben, die ihr bereits zur Verkündigung des Evangeliums unternommen habt, und ich bin mir der zahlreichen Schwierigkeiten bewußt, die sich euch stellen bei der Vermittlung der Frohbotschaft vom Heil an jene, die von Christus noch nicht gehört oder ihn noch nicht angenommen haben. Die Kirche hat die Aufgabe des Evangelisierens, und ihr seid berufen, eure Herde zu leiten, indem ihr ihr täglich von Christus Zeugnis gebt in einer Gesellschaft, wo viele nach einem volleren Verständnis Gottes und seiner Pläne für die Menschheitsfamilie suchen.

Euer hingebungsvolles Zeugnis für ein beispielhaftes christliches Leben bildet einen Anfangspunkt der Evangelisierung – doch dieser muß von der ausdrücklichen Verkündigung des Reiches Gottes und der Person Jesu Christi begleitet sein, der uns durch sein Kreuz und seine Auferstehung das ewige Heil gewann. Diese eindeutige Botschaft vom Heil in Christus bildet die Grundlage aller Versuche der Kirche zur Evangelisierung. Wie ihr wohl wißt, brauchen die Verkündigung des Evangeliums und das mutige Zeugnis eines christlichen Lebens die Stütze des ständigen Gebetes und einer immer eifrigeren Beteiligung an den Sakramenten sowie auch persönliche Opfer.

4. Meine lieben Brüder: Ich möchte die wichtige Rolle der christlichen Familie, der „Hauskirche“, für die Evangelisierung der Gesellschaft und den Aufbau des Gottesreiches betonen. In eurer Kultur kommen den Familienbanden jetzt schon große Bedeutung zu, und dies kann vervollkommnet werden und die christliche Sicht des Ehelebens als eine Gemeinschaft der Liebe fördern.
Die Familie spielt eine besondere Rolle bei der Vermittlung des Evangeliums. In der Familie verkünden alle Familienmitglieder das Evangelium, und es wird ihnen verkündet. Die Eltern vermitteln durch ihre Liebe und ihr Beispiel das Evangelium ihren Kindern – sie können dieses gleiche Evangelium auch von ihnen empfangen, und zwar als tief gelebtes Evangelium. Echt christliche Familien üben Einfluß auf andere Familien aus und werden ein wichtiges Werkzeug für die Evangelisierung der eigenen Nachbarschaft (vgl. *Evangelii nuntiandi*, Nr. 1).
Auch in Situationen, in denen die Verkündigung der Wahrheit über die christliche Ehe schwierig ist und der Niedergang der Familie besorgniserregende Ausmaße annimmt, dürfen wir nie müde werden in der Verkündigung, daß die Ehe „ein gegenseitiges Sichschenken zweier Personen“ ist und „diese innige Vereinigung wie auch das Wohl der Kinder die unbedingte Treue der Gatten verlangen und ihre unauflösliche Einheit fordern“ (*Gaudium et spes*, Nr. 48).
Die Jugend sollte bei euren zahlreichen pastoralen Anliegen einen besonderen Platz einnehmen. Die Kirche in Zambia ist auf diözesaner und nationaler Ebene aufgerufen, sich noch bereitwilliger ihrer Jugend anzunehmen, damit sie nicht den Werten des Evangeliums entfremdet wird. Das Jugendapostolat muß – durch religiöse Erziehung und persönliches Zeugnis – auf eine Vertiefung des Glaubens der Jugendlichen hinarbeiten. Neue und wirksame Formen dieses Jugendapostolates müssen gefunden werden, so daß sich immer mehr junge Menschen zur aktiven Beteiligung in der Kirche hingezogen fühlen.

5. In all euren Ortskirchen gibt es eine wachsende Zahl von Kandidaten für das Priestertum. Ich freue mich darüber, daß ihr zusätzlich zu den sieben Kleinen Seminarien auch das Emmaus-Zentrum für Spiritualität eingerichtet habt, wo die Seminaristen ein Jahr der geistlichen Ausbildung verbringen, bevor sie das Studium der Philosophie am Großen Seminar St. Augustin in Mpima beginnen, um dann für ihre theologischen Studien in das Große Seminar St. Dominic in Lusaka zu gehen.
Die Zukunft der Kirche in Zambia hängt in weitem Maß von der Hingabe ihrer Priester im Dienst für das Volk Gottes ab, in der Gemeinschaft des Glaubens und des seelsorglichen Eifers mit ihren Bischöfen. Es ist eure Verantwortung sicherzustellen, daß eure Seminaristen eine entsprechende geistliche, akademische und pastorale Ausbildung für das Priestertum erhalten. Ich unterstütze euch mit meinem Gebet bei diesem Bemühen um die Ausbildung der Priester, die für die Sendung der Kirche wesentlich ist, und ich weiß, daß ihr in aktiver und liebevoller Sorge immer echte Väter in Christus für eure Seminaristen sein werdet (vgl. *Optatam totius*, Nr. 5).
Hier möchte ich meine brüderliche Verbundenheit mit allen Priestern aus Zambia und aus allen anderen Ländern zum Ausdruck bringen, die aktiv mit euch zusammenarbeiten

beim Weiden der eurer Sorge anvertrauten Herde Christi. Ein wesentlicher Aspekt eurer apostolischen Aufgabe ist die Stärkung eurer Brüder im Priestertum im Glauben und ihre Bekräftigung in ihrer Identität als „zweiter Christus", die ihr Leben in Vereinigung mit Christus für das Heil der Welt hingeben. Das Dienstpriestertum wird deutlich in der Verkündigung des Evangeliums und in der Feier des eucharistischen Opfers zum Ausdruck gebracht. Ein Priester besitzt in der Eucharistie und im häufigen Empfang des Bußsakramentes sowohl die Kraft, sein Leben täglich darzubringen, wie auch die nötige Gnade, seinem Zölibatsversprechen treu zu bleiben.
Ebenso wichtig ist euer Streben danach, euren Priestern wahre Brüder zu sein. Nur dann lernt ihr die außergewöhnlichen Lasten kennen, die sie quälen, und ihr werdet ihnen mit Mitleid und Verständnis zu helfen versuchen, und, wenn nötig, brüderliche Zurechtweisung ebenso anwenden wie den Aufruf zum Gehorsam (vgl. Paul VI., *Sacerdotalis Caelibatus*, Nr. 92).
Junge Priester brauchen besondere Aufmerksamkeit von seiten des Bischofs in den ersten Jahren ihres seelsorglichen Dienstes. Neben den normalen Schwierigkeiten, die sie zu Beginn ihres neuen Lebens als Priester durchmachen, wird ihre Anpassung vielleicht noch erschwert durch die Isolierung, in der sie sich zuweilen – ohne die Unterstützung durch andere Brüder-Priester befinden. Vieles kann zur Lösung dieser Probleme geschehen durch Herbeiführen von Zusammenkünften, bei denen die Priester an ihrer geistlichen und theologischen Bildung weiterarbeiten können.
Hier muß ich auch die Mitglieder der Institute des gottgeweihten Lebens erwähnen, die für die Kirche ein unerläßliches Element bei der großen Aufgabe der Evangelisierung bilden. Ihre Hingabe im Bereich der Gesundheitspflege, ihr Wirken in der Schule und im sozialen Bereich hat mitgeholfen, zahlreiche Berufungen ins Leben zu rufen. Ich ermuntere euch, die hohe Achtung auszusprechen, die die Kirche ihnen und ihrer Berufung zu gottgeweihter Liebe entgegenbringt. Es ist wichtig, daß die Bischöfe aktives Interesse an den sich in ihren Diözesen befindlichen Ordensleuten nehmen und sie in voller Achtung vor ihren besonderen Charismen zur pastoralen Planung auf nationaler und diözesaner Ebene heranziehen. Die Präsenz von Ordensleuten in euren Ortskirchen ist „ein Zeichen des Widerspruchs" für alle, die versuchen, die Berufung des Christen in ein etwas rein Weltliches zu verwandeln.

6. Mit Genugtuung ersehe ich, daß die Kirche in Zambia heute weithin Freiheit auf dem Gebiet der sozialen Kommunikationen genießt, und ich ermuntere euch, euer Bemühen zu verstärken, um von diesen wichtigen Mitteln der Evangelisierung eher noch in größerem Umfang Gebrauch zu machen. Es müssen natürlich gut ausgebildete Leute im Bereich von Radio, Fernsehen und Presse sein, die die Lehre der Kirche klar darstellen und antworten können auf Fragen, die den christlichen Glauben und die christliche Moral betreffen und die soziale Gerechtigkeit einbeziehen.
Ihr habt auch großen Fortschritt innerhalb des ökumenischen Dialogs gemacht und könnt euch heute herzlicher Beziehungen zur Anglikanischen Gemeinschaft und den anderen kirchlichen Gemeinschaften in Zambia erfreuen. Das Dokument *Christliche Befreiung, Gerechtigkeit und Entwicklung*, das ihr kürzlich in Zusammenarbeit mit dem Christli-

chen Rat von Zambia und dem Evangelischen Verband von Zambia veröffentlicht habt, gibt Hoffnung auf eine wachsende ökumenische Zusammenarbeit zwischen den verschiedenen Gemeinschaften in eurem Land. Es bietet eine Analyse der sozio-ökonomischen Krise, die Zambia heute durchmacht und die die Christen zu ernsthaftem Einsatz für die Förderung von Entwicklung, sozialer Gerechtigkeit und Befreiung von allen Formen der Unterdrückung aufruft.

7. Große Sorge macht mir die umfangreiche Anzahl der Flüchtlinge, zumal aus Angola und Mozambique, die auf der Suche nach Sicherheit, Nahrung und Unterkunft in euer Land gekommen sind. Ich ermuntere euch bei allen Initiativen, die ihr unternommen habt, um ihr physisches und geistiges Wohl sicherzustellen. Ihr bemüht euch, die Leiden dieser Menschen zu lindern. Neben der Sorge für ihre unmittelbaren Bedürfnisse müßt ihr aber ebenso für ihre geistige Betreuung sorgen. Es ist mein inniges Gebet, daß die internationale Gemeinschaft euch weiterhin hochherzig unterstützt bei den schwierigen Problemen der Flüchtlinge in eurem Land.
Ich danke euch allen, liebe Brüder, für eure Hingabe als Hirten der Herde des Herrn. Ich empfehle einen jeden von euch der Fürbitte Mariens, die geglaubt hat, daß die Verheißungen des Herrn an ihr in Erfüllung gingen (vgl. *Lk* 1,45). Und in der Liebe Jesu, ihres Sohnes, erteile ich meinen Apostolischen Segen euch und eurem Klerus, den Ordensleuten und Laien.

V.
Erklärungen der Kongregationen

Die Feier von Ostern und ihre Vorbereitung

Kongregation für den Gottesdienst vom 16. Januar

Vorwort

1. Die Ordnung der Feier der Osternacht und der ganzen Heiligen Woche, die Papst Pius XII. schon im Jahre 1951 reformiert hatte, wurde von allen Kirchen des lateinischen Ritus mit Freude aufgenommen[1]. Das II. Vatikanische Konzil seinerseits hat immer wieder, besonders in der Konstitution über die heilige Liturgie, das Paschamysterium Christi von der Tradition her in den Mittelpunkt gestellt, und es hat betont, daß alle Sakramente und Sakramentalien ihre Kraft von ihm herleiten[2].

2. Wie jede Woche ihren Anfang und ihren Höhepunkt in der Feier des Sonntags hat, der stets österlichen Charakter besitzt, so hat das gesamte Kirchenjahr seinen lichtvollen Höhepunkt in den „drei österlichen Tagen vom Leiden, vom Tod und von der Auferstehung des Herrn“[3], die in der Österlichen Bußzeit vorbereitet und während 50 Tagen der Osterzeit in Freude fortgesetzt werden.

3. In vielen Teilen der Christenheit geben die Gläubigen mit ihren Hirten diesen Feiern die größte Bedeutung und nehmen zahlreich und mit großem geistlichen Nutzen daran teil.
In einigen Gegenden hingegen begannen der religiöse Eifer und die Begeisterung, mit der die Reform der Osternacht anfänglich aufgenommen worden war, im Laufe der Zeit zu erkalten. Mancherorts ist heute selbst der Begriff der Osternacht so wenig bekannt, daß ihre Feier wie eine einfache Vorabendmesse angesehen wird, und auf dieselbe Art und zur selben Zeit gefeiert wird wie die Vorabendmesse des Sonntags am vorhergehenden Samstag.
Anderswo wiederum werden die Feiern zeitlich nicht so angesetzt wie es vorgesehen ist. Da zudem Andachten und andere Äußerungen der Volksfrömmigkeit nicht selten zu den bequemeren Zeiten gehalten werden, werden diese dann besser von den Gläubigen besucht als die liturgischen Feiern.
Zweifellos sind diese Schwierigkeiten vor allem daraus zu erklären, daß sowohl der Klerus als auch die Gläubigen nur ungenügend über das Paschamysterium als Mittelpunkt des Kirchenjahres und des Christenlebens unterrichtet sind[4].

4. Die Tatsache, daß die Ferienzeit heute in den meisten Gegenden mit der Heiligen Woche zusammenfällt, sowie die Mentalität der heutigen Gesellschaft, stellen eine zusätzliche Schwierigkeit für die Teilnahme der Gläubigen an diesen Feiern dar.

5. In Anbetracht dessen und unter Berücksichtigung von Erfahrungen, die gemacht wurden, schien es der Gottesdienstkongregation gut und angebracht, verschiedene theologische und pastorale Elemente in Erinnerung zu rufen und auf verschiedene Vorschriften

hinzuweisen, die für die Heilige Woche erlassen wurden. Alles andere, was in den liturgischen Büchern über die Österliche Bußzeit, die Heilige Woche, die drei Österlichen Tage und die Osterzeit gesagt ist, bleibt gleichfalls in Kraft, es sei denn, daß es in diesem Dokument neu interpretiert wird.
Alles das wird kraft dieses Dokumentes neu eingeschärft, damit die großen Geheimnisse unserer Erlösung besser gefeiert werden und alle Christgläubigen mit größerem Gewinn daran teilnehmen können[5].

I. Die Fastenzeit

6. Die jährliche Fastenzeit ist die Zeit der Gnade, in der wir zum heiligen Berg des Osterfestes aufsteigen.
„Die Fastenzeit hat die doppelte Aufgabe, die Katechumenen und die Gläubigen auf die Feier des Paschamysteriums vorzubereiten. Die Bewerber werden durch die Feier der Einschreibung, durch Bußfeiern und Unterweisung zu den Sakramenten der Eingliederung geführt; die Gläubigen sollen mit größerem Eifer das Wort Gottes hören und dem Gebet obliegen und sich durch Buße auf die Erneuerung der Taufversprechen vorbereiten“[6].

a) Was die Feier der Eingliederung in die Kirche betrifft

7. Die ganze Eingliederung in die Kirche hat einen österlichen Charakter, da sie die erste sakramentale Teilhabe an Christi Tod und Auferstehung ist. Deshalb soll die österliche Bußzeit intensiv für die geistliche Vorbereitung der Bewerber benutzt werden, besonders durch die Bußfeiern und die „Übergaben“. Aus demselben Grund soll die Osternacht die normale Zeit für die Sakramente der Eingliederung sein[7].

8. Gemeinden, in denen es keine Taufbewerber gibt, sollen dennoch das Gebet für die nicht unterlassen, die in der kommenden Osternacht anderswo die Sakramente der Eingliederung in die Kirche empfangen werden. Die Seelsorger sollen den Gläubigen erklären, welche Bedeutung für ihr geistliches Leben die Erneuerung des Taufversprechens hat, zu der sie in der Osternacht, nach Ablauf der 40 Tage der Fastenzeit, eingeladen werden[8].

9. Während der Fastenzeit sollen Katechesen gehalten werden für Erwachsene, die als Kinder getauft wurden, aber keinen Glaubensunterricht erhalten haben und daher auch nicht zu Firmung und Eucharistie zugelassen worden sind. Ebenso sollen während dieser Zeit Bußfeiern gehalten werden, um sie zum Empfang des Bußsakramentes hinzuführen[9].

10. Die österliche Bußzeit ist auch die geeignete Zeit für Bußfeiern, sowohl für Kinder im Schulalter, die noch nicht getauft sind, aber zur Glaubensunterweisung fähig sind, als auch für getaufte Kinder, die zum ersten Mal zum Bußsakrament zugelassen werden sollen[10].

Der Bischof möge es sich angelegen sein lassen, die Glaubensunterweisung der Bewerber, seien es Erwachsene oder Kinder, zu fördern und nach Möglichkeit die vorgesehenen Feiern selbst zu halten mit möglichst großer Beteiligung der Gemeinde[11].

b) Die Feier der Fastenzeit selbst

11. Die Sonntage der österlichen Bußzeit haben den Vorrang vor allen Festen des Herrn und vor allen Hochfesten. Hochfeste, die auf einen dieser Sonntage fallen, werden auf den Samstag vorverlegt[12]. Die Wochentage der österlichen Bußzeit gehen ihrerseits allen gebotenen Gedenktagen vor[13].

12. An den Sonntagen soll in der Predigt vor allem eine Unterweisung über das Paschamysterium und über die Sakramente gehalten werden, dabei sollen die Texte des Lektionars erklärt werden, vor allem die Evangelienperikopen, die die verschiedenen Aspekte der Taufe und der anderen Sakramente sowie die Barmherzigkeit Gottes klar hervortreten lassen.

13. Die Priester sollen häufiger und intensiver das Wort Gottes verkündigen in Homilien während der Werktagsmesse, in Wortgottesdiensten, in Bußfeiern[14], in eigenen Fastenpredigten, oder bei Hausbesuchen, wenn sie eine oder mehrere Familien besuchen und dabei die (in manchen Gegenden übliche) Häusersegnung vornehmen. Die Gläubigen sollen häufig an den Wochentagen die heilige Messe mitfeiern, und wo sie das nicht tun können, wenigstens die liturgischen Lesungen der Tagesmesse, allein oder mit ihrer Familie, lesen.

14. „Die österliche Bußzeit behält ihren Bußcharakter"[15]. „In der Katechese soll den Gläubigen, gleichzeitig mit den sozialen Folgen der Sünde, das eigentliche Wesen der Buße eingeschärft werden, welche die Sünde verabscheut, insofern sie eine Beleidigung Gottes ist"[16].
Die Tugend der Buße und ihre praktische Übung sind notwendige Teile der Vorbereitung auf Ostern: aus der Umkehr des Herzens geht die äußere Bußpraxis hervor, sowohl für den einzelnen Christen als auch für die ganze Gemeinde; diese Bußpraxis muß dem Geist der Buße, von dem das Evangelium klar spricht, entsprechen und kann zu Gunsten der notleidenden Brüder genutzt werden, wobei nicht übersehen werden soll, daß sie der Situation und den Lebensbedingungen unserer Zeit angepaßt sein muß. Die Rolle der Kirche im Bußgeschehen ist dabei wohl zu beachten und das Gebet für die Sünder zu betonen; dies kann dadurch geschehen, daß man es oft in das Fürbittgebet einfügt[17].

15. „Den Gläubigen soll ans Herz gelegt werden, eifriger und mit größerem Nutzen an den Gottesdiensten der Fastenzeit und an den Bußfeiern teilzunehmen. Vor allem sollen sie auch aufgefordert werden, entsprechend der Vorschrift und der Tradition der Kirche, in dieser Zeit das Bußsakrament zu empfangen, damit sie mit reinem Herzen die österlichen Geheimnisse mitfeiern können. Dabei ist es sehr angebracht, in der Fastenzeit das

Bußsakrament“ als gemeinschaftliche Feier der Versöhnung mit Bekenntnis und Lossprechung der Einzelnen, wie der Ritus es vorsieht (*Die Feier der Buße*, S. 35 ff.), zu spenden[18].
Die Priester aber sollen häufiger zur Spendung des Bußsakramentes zur Verfügung stehen und längere Zeiten für die Einzelbeichte vorsehen und so den Zugang zu diesem Sakrament erleichtern.

16. „Die verschiedenen Übungen der Fastenzeit sollen auch darauf abzielen, das Leben der Ortskirche in helleres Licht zu stellen und es zu fördern. Es ist daher sehr zu empfehlen, daß die Ortskirchen, wenigstens in größeren Städten, entsprechend dem römischen Brauch in geeigneter Form Stationsfeiern halten. Es ist passend, daß der Diözesanbischof solche Feiern leitet. Als Orte empfehlen sich die bedeutenden Kirchen und Kapellen einer Stadt, die Heiligengräber und beliebte Wallfahrtsorte der Diözese“[19].

17. „In der Fastenzeit ist es nicht erlaubt, den Altar mit Blumen zu schmücken, der Klang von Instrumenten ist nur erlaubt zur Unterstützung des Gesanges“[20], weil beides den Bußcharakter dieser Zeit hervorstreicht.

18. Vom Beginn der Fastenzeit bis zur Osternacht entfällt das „Halleluja“ in allen Gottesdiensten, und zwar auch an Hochfesten und Festen[21].

19. Die Gesänge, die bei Gottesdiensten, besonders der Eucharistiefeier, aber auch bei Andachten, gebraucht werden, müssen dieser Zeit angepaßt sein und soweit wie möglich den liturgischen Texten entsprechen.

20. Die Volksandachten, die dem Charakter der Fastenzeit entsprechen, wie z. B. die Kreuzwegandacht, sollen gepflegt und mit liturgischem Geist erfüllt werden, so daß die Gläubigen durch sie leichter zur Feier des Paschamysteriums Christi hingeführt werden.

c) Besondere Tage der Fastenzeit

21. „Am Aschermittwoch treten die Gläubigen, indem sie sich Asche auflegen lassen, in die Zeit ein, die zur Reinigung der Seele bestimmt ist. Dieses Zeichen der Buße, das aus biblischer Tradition stammt und im Gebrauch der Kirche bis auf uns gekommen ist, deutet an, daß der Mensch ein Sünder ist, der seine Schuld offen vor Gott bekennt; er gibt so seinem Willen zu innerer Umkehr Ausdruck, von der Hoffnung geleitet, daß der Herr ihm gnädig sein möge. Mit diesem Zeichen beginnt der Weg der Umkehr, deren Ziel der Empfang des Bußsakramentes vor dem Osterfest ist“[22].
Die Segnung und Austeilung der Asche geschieht entweder in der Messe oder außerhalb; im letzteren Fall beginnt man mit einem Wortgottesdienst und schließt mit den Fürbitten[23].

22. Der Aschermittwoch ist als Bußtag in der ganzen Kirche zu halten, und zwar mit Abstinenz und Fasten[24].

23. Der 1. Fastensonntag ist der Beginn der ehrwürdigen Zeit der heiligen 40 Tage[25]. In der Meßfeier dieses Sonntags kann das zum Ausdruck kommen: z. B. durch eine Eingangsprozession, in der die Allerheiligenlitanei gesungen wird[26]. Der Bischof sollte heute die Feier der Einschreibung der Bewerber in seiner Kathedralkirche halten oder auch in einer anderen Kirche, je nach pastoraler Notwendigkeit[27].

24. Die Evangelienlesungen von der Samariterin, vom Blindgeborenen und von der Auferstehung des Lazarus, die jeweils am 3., 4. und 5. Fastensonntag des Lesejahres A vorgesehen sind, können auch in den Lesejahren B und C gelesen werden, da sie für die Eingliederung in die Kirche von großer Bedeutung sind, dies gilt besonders dort, wo Taufbewerber vorhanden sind[28].

25. Am 4. Fastensonntag („Laetare") und an Hochfesten und Festen können die Orgel und andere Musikinstrumente gespielt und der Altar kann mit Blumen geschmückt werden. An diesem Sonntag können auch rosafarbene Gewänder gebraucht werden[29].

26. Der Brauch, die Kreuze in den Kirchen vom 5. Fastensonntag an zu verhüllen, kann beibehalten werden, wenn die Bischofskonferenz es so angeordnet hat. Die Kreuze bleiben in diesem Fall verhüllt bis zum Ende der Karfreitagsliturgie, die Bilder jedoch bis zum Beginn der Osternachtfeier[30].

II. Die Heilige Woche

27. In der Heiligen Woche feiert die Kirche die Heilsgeheimnisse, die Christus in den letzten Tagen seines Lebens, von seinem messinanischen Einzug in Jerusalem an, vollbracht hat.
Die Fastenzeit dauert bis zum Donnerstag dieser Woche an. Mit der Messe vom letzten Abendmahl beginnen die drei österlichen Tage, zu denen der Karfreitag und der Karsamstag gehören, die dann ihren Höhepunkt in der Osternachtfeier haben und mit der Vesper des Ostersonntags abgeschlossen werden.
„Die Tage der Heiligen Woche, vom Montag bis zum Donnerstag einschließlich, gehen allen Festfeiern vor"[31]. Taufe und Firmung sollen an diesen Tagen nicht gespendet werden.

a) Der Palmsonntag

28. Die Heilige Woche beginnt am Palmsonntag, der die vorausgenommene Feier des königlichen Triumphes Christi mit der Verkündigung seines Leidens verbindet. Die Verbindung dieser beiden Aspekte des Paschamysteriums soll heute in der Feier und in der Katechese deutlich werden[32].

29. Seit alters her wird des Einzugs Christi in Jerusalem in einer feierlichen Prozession gedacht, mit der die Christen dieses Ereignis begehen und dabei den Herrn begleiten, wie die Kinder der Hebräer, die ihm entgegenzogen und „Hosanna“ zujubelten[33].
In jeder Kirche darf nur eine einzige Prozession gehalten werden, und zwar vor der Messe, zu der die meisten Gläubigen zusammenkommen; dies kann auch eine Abendmesse sein, sei es am Samstag oder Sonntag. Die Gläubigen versammeln sich in einer Nebenkirche oder an einem anderen passenden Ort außerhalb der Kirche, die das Ziel der Prozession ist, und tragen Palmzweige oder andere Zweige in den Händen. Der Priester und seine Assistenz tragen ebenfalls Zweige und gehen dem Volk voran[34]. Die Zweige werden gesegnet, um in der Prozession getragen zu werden. Die Gläubigen können die Zweige zu Hause aufbewahren; diese erinnern sie dann an den Sieg Christi, den sie in der Palmprozession gefeiert haben. Die Seelsorger sollen nichts unterlassen, um diese Prozession zu Ehren Christi, des Königs, so vorzubereiten und zu feiern, daß sie im Leben der Gläubigen auch geistliche Früchte bringen kann.

30. Das Meßbuch bietet für die Feier des Einzugs Christi in Jerusalem, neben der oben beschriebenen feierlichen Prozession, zwei andere Formen an, die benützt werden können, wenn die Prozession aus verschiedenen Gründen nicht möglich ist; sie sollen allerdings nicht aus Gründen der Bequemlichkeit oder größerer Leichtigkeit benutzt werden.
Die zweite Form ist der feierliche Einzug, wenn keine Prozession außerhalb der Kirche stattfinden kann. Die dritte Form ist der einfache Einzug, der in allen Messen dieses Sonntags stattfindet, denen kein feierlicher Einzug vorausgeht[35].

31. Wo keine Messe gehalten werden kann, empfiehlt es sich, am Vorabend oder zu einer passenden Zeit am Sonntag einen Wortgottesdienst zum Thema des messianischen Einzugs Christi und seines Leidens zu halten[36].

32. Während der Prozession sollen die im Meßbuch vorgesehenen Gesänge, wie die *Psalmen* 24 (23) und 47 (46), oder andere Gesänge zu Ehren Christi des Königs, von Schola und Volk gesungen werden.

33. Die Leidensgeschichte des Herrn wird mit besonderer Feierlichkeit vorgetragen. Anzuraten ist, sie in traditioneller Weise von drei Vortragenden lesen oder singen zu lassen, die den Part Christi, des Evangelisten und des Volkes übernehmen. Sie soll entweder von Diakonen oder von Priestern vorgetragen werden, oder, wenn solche nicht vorhanden sind, von Lektoren; in diesem Fall ist die Christus-Rolle dem Priester vorbehalten. Bei dieser Verkündigung der Leidensgeschichte werden keine Leuchter verwendet; Inzens, Begrüßung des Volkes und Bezeichnung des Buches entfallen; nur Diakone bitten vorher um den Segen des Priesters, wie sonst beim Evangelium[37].
Die Leidensgeschichte soll wegen des geistlichen Nutzens der Gläubigen ganz vorgetragen werden und die vorausgehenden Lesungen sollen nicht ausgelassen werden.

34. Nach der Passion soll eine Homilie gehalten werden.

b) Die Chrisam-Messe

35. Die Chrisam-Messe, in der der Bischof mit seinem Presbyterium konzelebriert, das heilige Chrisam und die anderen Öle weiht, soll Ausdruck der Verbundenheit der Priester mit ihrem Bischof in dem einen Priesteramt Christi sein[38]. Zu dieser Messe sollen die Priester aus allen Regionen des Bistums eingeladen werden und mit dem Bischof konzelebrieren; sie sollen als Zeugen und Helfer bei der Weihe des Chrisam fungieren, wie sie ja auch in ihrem täglichen Dienst Mitarbeiter des Bischofs und seine Ratgeber sind.
Auch die Gläubigen sollen dringend eingeladen werden, an dieser Messe teilzunehmen und in ihr die heilige Eucharistie zu empfangen. Traditionsgemäß wird die Chrisam-Messe am Gründonnerstag gefeiert. Wenn aber Klerus und Volk an diesem Tag schwerlich um den Bischof versammelt werden können, kann die Weihe auch vorgezogen werden an einem anderen Tag, der aber nahe an Ostern liegen muß[39]. Das neue Chrisam und Katechumenöl werden in der Osternacht für die Eingliederungs-Sakramente benützt.

36. Die Chrisam-Messe soll nur einmal gefeiert werden wegen ihrer Bedeutung im Leben der Diözese; sie soll in der Kathedrale, oder aus pastoralen Gründen in einer anderen bedeutenden Kirche gehalten werden. Die heiligen Öle sollen in den einzelnen Pfarreien entweder vor der Messe vom Letzten Abendmahl oder zu einer anderen geeigneten Zeit, in Empfang genommen werden. Dies trägt dazu bei, die Gläubigen über den Gebrauch des Chrisams und der anderen heiligen Öle und über deren Wirkung und Bedeutung im Leben der Christen zu unterrichten[40].

c) Bußfeiern am Ende der Fastenzeit

37. Die Fastenzeit soll mit einer Bußfeier abgeschlossen werden, mit der sowohl der einzelne Gläubige als auch die ganze Gemeinde vorbereitet werden, tiefer in das Pascha-Mysterium einzugehen[41].
Solche Feiern sollen vor den drei Österlichen Tagen angesetzt werden, nicht aber unmittelbar vor der Messe vom Letzten Abendmahl.

III. Die drei österlichen Tage

38. Die Kirche feiert die größten Geheimnisse der Erlösung der Menschen jährlich an den drei Tagen, die von der Messe vom Letzten Abendmahl am Gründonnerstag an bis zur Vesper des Ostersonntags gehen. Diese Zeitspanne heißt mit Recht: „die drei Tage der Kreuzigung, der Grablegung und der Auferstehung Christi“[42]; sie werden auch „die drei österlichen Tage“ genannt, weil in ihnen das Ostergeheimnis dargestellt und vollzogen wird, d. h. der Hinübergang des Herrn aus dieser Welt zum Vater. Die Kirche wird durch die Feier dieses Geheimnisses, in liturgischen und sakramentalen Zeichen, mit Christus, ihrem Bräutigam, innig vereint.

39. Das österliche Fasten an den beiden ersten dieser Tage ist ein heiliges Fasten; die Kirche fastet, nach ältester Tradition, „weil ihr der Bräutigam genommen wurde“[43]. Am Karfreitag ist Fasten und Abstinenz überall zu halten; es wird zudem geraten, es auch am Karsamstag fortzusetzen, so daß die Kirche hochgestimmten und aufgeschlossenen Herzens zu den Freuden der Auferstehung des Herrn gelangt[44].

40. Am Karfreitag und Karsamstag soll öffentlich die Lesehore und die Laudes mit der Gemeinde gefeiert werden. Der Bischof soll, wenn möglich, in seiner Kathedrale mit Klerus und Volk daran teilnehmen[45].
Dieser Gottesdienst, früher „Trauermette“ genannt, soll den ihm gebührenden Platz in der Frömmigkeit der Gläubigen erhalten; in ihm sollen sie das Leiden, den Tod und das Begräbnis des Herrn betend betrachten und die Verkündigung seiner Auferstehung erwarten.

41. Um die drei Österlichen Tage angemessen zu feiern, ist eine entsprechend große Zahl Mitwirkender und Ministranten erfordert, die über ihren Dienst genau unterrichtet sein sollen. Die Seelsorger sollen den Gläubigen die Bedeutung und den Ablauf der Feiern möglichst eingehend erklären und sie zu einer aktiven und geistlichen Teilnahme hinführen.

42. Dem Gesang des Volkes, sowie der Priester und der anderen Mitwirkenden kommt in den Feiern der Heiligen Woche, und näherhin der drei Österlichen Tage, besondere Bedeutung zu, da es der Feierlichkeit dieser Tage entspricht, die Texte zu singen, die dadurch auch ihren ganzen Sinngehalt entfalten. Die Bischofskonferenzen werden aufgefordert – wo dies noch nicht geschehen ist -, Melodien für die Teile vorzulegen, die niemals ohne Gesang vorgetragen werden sollen. Diese sind:
a) Die großen Fürbitten am Karfreitag; eventuell der Ruf des Diakons und die Antwort des Volkes;
b) die Gesänge der Erhebung und Verehrung des Kreuzes;
c) die Akklamationen zur Prozession mit der Osterkerze und zum Osterlob, das Halleluja nach der Epistel, die Litanei und die Akklamation nach der Taufwasserweihe.
Die liturgischen Texte der Gesänge des Volkes soll man nicht der Leichtigkeit halber weglassen; ihre Übersetzungen in die Volkssprache sollen mit Melodien versehen werden. Solange die liturgischen Texte in der Volkssprache noch nicht mit Melodien versehen vorliegen, sollen andere ähnliche Texte gewählt werden. Es soll ein eigenes Repertorium der Gesänge für diese Feiern erstellt werden, das nur in diesen Feiern gebraucht werden soll. Dazu sollen insbesondere gehören:
a) die Gesänge zur Palmweihe und Palmprozession und zum Einzug in die Kirche;
b) die Gesänge zur Prozession mit den heiligen Ölen;
c) die Gesänge zur Gabenprozession in der Messe vom Letzten Abendmahl am Gründonnerstag und der Hymnus zur Übertragung des Allerheiligsten;
d) die Kehrverse zu den Antwortpsalmen in der Osternachtfeier und der Gesang während der Besprengung mit dem gesegneten Wasser.

Es ist angebracht, auch für den Gesang der Leidensgeschichte, das Osterlob und die Taufwasserweihe Melodien vorzusehen, die den Gesang dieser Texte erleichtern.
In den größeren Kirchen soll auch aus dem Schatz alter und neuer Kirchenmusik geschöpft werden; dabei soll aber auch immer der Teilnahme des Volkes Raum gegeben werden.

43. Es empfiehlt sich, daß kleinere Ordensgemeinschaften, seien sie klerikal oder laikal, ebenso andere Laiengemeinschaften, an den Feiern der drei Österlichen Tage in größeren Kirchen teilnehmen[46].
Desgleichen sollen dort, wo nicht genügend Teilnehmer, Ministranten oder Sänger vorhanden sind, die Feiern der drei Österlichen Tage nicht stattfinden und die Gläubigen sich an eine größere Gemeinde anschließen. Wenn mehrere kleine Pfarreien einem einzigen Priester anvertraut sind, so sollen die Gläubigen, wenn möglich, in der größten Kirche zusammenkommen und dort die Feiern halten.
Wenn einem Pfarrer aber zwei oder mehr Pfarreien anvertraut sind, in denen eine große Anzahl von Gläubigen an den Gottesdiensten teilnimmt, und diese mit gebührender Sorgfalt und Feierlichkeit gehalten werden können, dann darf er, unter Beachtung der diesbezüglichen Vorschriften, die Feiern der Österlichen Tage auch wiederholen[47].
Die Alumnen der Priesterseminare sollen „das Paschamysterium Christi so darleben, daß sie das Volk, das ihnen anvertraut wird, darin einzuführen vermögen“[48]; dazu sollen sie eine gute und vollständige liturgische Ausbildung erhalten. Es ist sehr angebracht, daß sie während ihrer Ausbildungszeit im Seminar die Fülle und den Reichtum der Feiern der österlichen Tage in den Gottesdiensten, die der Bischof feiert, erfahren[49].

IV. Die Messe vom letzten Abendmahl am Gründonnerstag

44. Mit der Messe am Abend des Gründonnerstags „beginnt die Kirche die drei Österlichen Tage und gedenkt des Letzten Abendmahles, bei dem Christus in der Nacht, da er verraten wurde, aus Liebe zu den Seinen, die in der Welt waren, seinen Leib und sein Blut unter den Gestalten von Brot und Wein dem Vater darbrachte und den Aposteln zur Speise und zum Trank gab und ihnen und ihren Nachfolgern im Priesteramt auftrug, dies ebenfalls als Opfer darzubringen“[50].

45. Volle Aufmerksamkeit soll den Geheimnissen zugewandt werden, deren Gedächtnis in dieser Messe gefeiert wird: die Einsetzung der Eucharistie und des Priestertums und das Gebot der Bruderliebe; davon soll heute auch die Homilie handeln.

46. Die Messe vom Letzten Abendmahl wird am Abend gefeiert, und zwar zu der Stunde, die für die Teilnahme der gesamten Ortsgemeinde am geeignetsten ist. Alle Priester können in der Abendmesse konzelebrieren, auch, wenn sie an diesem Tag in der Chrisam-Messe konzelebriert haben oder aus seelsorglichen Gründen eine andere Messe zelebrieren müssen[51].

47. Wo die seelsorglichen Verhältnisse es erfordern, kann der Ortsordinarius in Kirchen und öffentlichen Kapellen eine zweite Abendmesse gestatten. Für Gläubige, denen eine Teilnahme an der Abendmesse unmöglich ist, kann er bei dringender Notwendigkeit auch eine Messe am Morgen erlauben. Solche Messen dürfen aber nie zum Nutzen einzelner oder kleiner Gruppen gestattet werden oder die Hauptmesse am Abend beeinträchtigen.
Nach ältester Überlieferung der Kirche sind heute alle Messen ohne Gemeinde untersagt[52].

48. Der Tabernakel soll vor der Feier vollständig leer sein[53]. Die Hostien für die Kommunion der Gläubigen müssen in dieser Feier des heiligen Opfers konsekriert werden[54]. Die Menge des zu konsekrierenden Brotes soll ausreichend sein auch für die Kommunion am Karfreitag.

49. Zur Aufbewahrung des Allerheiligsten soll eine Kapelle vorbereitet und würdig ausgeschmückt werden, die zum Beten und Meditieren einlädt; es empfiehlt sich aber dabei eine gewisse Nüchternheit, die diesen Tagen entspricht, wobei alle Mißbräuche zu vermeiden bzw. abzustellen sind[55]. Wenn der Tabernakel in einer eigenen Kapelle steht, die vom Hauptschiff der Kirche getrennt ist, empfiehlt es sich, dort den Ort für die Aufbewahrung und Anbetung herzurichten.

50. Während das „Gloria“ gesungen wird, läuten die Glocken, wo es Brauch ist, und schweigen danach bis zum Gloria der Osternacht, es sei denn, die Bischofskonferenz oder der Ortsbischof haben es anders bestimmt[56]. Während dieser Zeit dürfen auch die Orgel und andere Musikinstrumente nur benutzt werden, um den Gesang zu unterstützen[57].

51. Am heutigen Tag wird gemäß der Tradition die Fußwaschung an ausgewählten Männern vorgenommen; sie soll die Gesinnung des Dienstes und der Liebe Christi darstellen, der gekommen ist, „nicht um bedient zu werden, sondern um zu dienen“[58]. Dieser Gebrauch soll beibehalten und in seiner Bedeutung den Gläubigen nahegebracht werden.

52. Zur Gabenbereitung kann man den Opfergang mit Gaben für die Armen halten, besonders wenn diese während der Fastenzeit als Frucht der Entsagung gesammelt wurden; dabei singt man „Wo die Güte und die Liebe, da wohnt Gott“[59].

53. Sehr angebracht ist es, daß Diakone, Akolythen oder Kommunionhelfer heute die Eucharistie direkt vom Altar, und zwar im Augenblick der Kommunion, entgegennehmen, um sie nachher den Kranken ins Haus zu bringen, damit diese so enger mit der feiernden Kirche verbunden sind.

54. Nach dem Schlußgebet wird eine Prozession gehalten, in der das Allerheiligste durch die Kirche zum Aufbewahrungsort übertragen wird; der Kreuzträger geht voran,

ihm folgen Kerzen- und Weihrauchträger; inzwischen singt man den Hymnus „Pange lingua" oder einen anderen eucharistischen Gesang[60]. Die Übertragung des Allerheiligsten findet nicht statt, wenn am folgenden Karfreitag die Feier vom Leiden und Sterben Christi nicht gehalten wird[61].

55. Das Sakrament wird in den Tabernakel gestellt und dieser wird geschlossen. Eine Aussetzung mit der Monstranz ist nicht zulässig.
Der Aufbewahrungsort soll nicht die Form des „heiligen Grabes" haben; man meide auch den Ausdruck „Heiliges Grab": der Aufbewahrungsort ist nicht dazu da, das Begräbnis des Herrn darzustellen, sondern um das eucharistische Brot für die Kommunion am Karfreitag aufzubewahren.

56. Den Gläubigen soll nahegelegt werden, nach der Messe des Gründonnerstags eine nächtliche Anbetung in der Kirche vor dem Allerheiligsten zu halten. Dabei kann ein Teil des Johannesevangeliums (*Joh* Kap. 13–17) gelesen werden. Diese Anbetung soll aber nach Mitternacht ohne jede Feierlichkeit sein, da der Tag des Leides des Herrn dann schon angefangen hat[62].

57. Nach der Messe wird der Altar abgedeckt. Die Kreuze werden, wenn möglich, mit einem Tuch von roter oder violetter Farbe verhüllt, wenn dies nicht schon am Samstag vor dem 5. Fastensonntag geschehen ist. Vor den Bildern der Heiligen sollen keine Kerzen angezündet werden.

V. Der Karfreitag

58. An diesem Tag, da „Christus, unser Opferlamm, geopfert ist"[63], betrachtet die Kirche das Leiden ihres Herrn und Bräutigams und betet sein Kreuz an; dabei erwägt sie ihren eigenen Ursprung aus der Seitenwunde des am Kreuz entschlafenen Christus und tritt betend für das Heil der ganzen Welt ein.

59. Nach ältester Überlieferung feiert die Kirche heute keine Eucharistie; die heilige Kommunion wird den Gläubigen nur während der Feier vom Leiden und Sterben Christi gereicht, den Kranken aber, die dieser Feier nicht beiwohnen können, kann sie zu jeder Tageszeit gebracht werden[64].

60. Der Karfreitag ist in der ganzen Kirche als Bußtag zu halten, an dem Fasten und Abstinenz vorgeschrieben sind[65].

61. Die Feier der Sakramente ist heute ebenfalls streng untersagt, außer den Sakramenten der Buße und Krankensalbung[66]. Begräbnisse werden ohne Gesang, Orgel und Glocken gehalten.

62. Es ist zu empfehlen, heute die Lesehore und die Laudes in der Kirche mit der Gemeinde zu feiern (vgl. Nr. 40).

63. Die Feier vom Leiden und Sterben Christi findet am Nachmittag etwa gegen 15 Uhr statt. Aus seelsorglichen Gründen kann eine andere Zeit festgelegt werden, zu der das Volk leichter versammelt werden kann, z. B. gleich nach der Mittagsstunde oder am Abend, nicht jedoch nach 21 Uhr[67].

64. Die Ordnung der Feier vom Leiden und Sterben Christi, die aus alter Tradition der Kirche stammt, (nämlich: Wortgottesdienst, Kreuzverehrung, Kommunionfeier) soll genau und getreu eingehalten werden und darf von niemandem eigenmächtig abgeändert werden.

65. Der Priester und seine Assistenz ziehen unter Schweigen zum Altar, ohne daß dazu gesungen wird. Soll eine Einführung gehalten werden, so geschehe dies vor dem Einzug.
Der Priester und seine Assistenz verneigen sich vor dem Altar und werfen sich dann auf ihr Angesicht nieder. Dieser Ritus, der dem Karfreitag eigen ist, soll unbedingt beibehalten werden, da er sowohl die Haltung der Demut, die dem „irdischen Menschen"[68] geziemt, als auch den Schmerz und die Trauer der Kirche ausdrückt.
Die Gläubigen stehen während des Einzuges und knien danach nieder und verharren eine Weile im stillen Gebet.

66. Die vorgesehenen Lesungen sollen vollständig gelesen werden. Antwortgesang und Gesang vor dem Evangelium werden in gewohnter Art gesungen. Die Leidensgeschichte nach Johannes wird auf die gleiche Art gesungen oder vorgelesen wie am Palmsonntag (vgl. Nr. 33). Nach der Leidensgeschichte folgt eine Homilie, an deren Schluß der Priester die Gläubigen zu einer kurzen Gebetsstille einladen kann[69].

67. Die großen Fürbitten werden nach der Vorlage gehalten, die uns aus dem Altertum überkommen ist und zwar mit dem ganzen Umfang der Gebetsanliegen, da sie auf die universale Kraft des Leidens Christi hinweisen, der für das Heil der ganzen Welt am Kreuze hing. In einer schweren öffentlichen Notlage kann der Ortsordinarius eine besondere Bitte zusätzlich gestatten oder anordnen[70].
Aus der Zahl der Fürbitten, die das Meßbuch anbietet, kann der Priester diejenigen auswählen, die den örtlichen Verhältnissen am meisten entsprechen. Jedoch soll die Reihe der Gebetsanliegen gewahrt bleiben, die stets für das Allgemeine Gebet vorgesehen ist[71].

68. Für die Erhebung des Kreuzes soll dieses selbst groß und ansehnlich sein; eine der beiden im Meßbuch angegebenen Formen kann gewählt werden. Dieser Ritus soll mit der ganzen Feierlichkeit vollzogen werden, die diesem Geheimnis unserer Erlösung zukommt: sowohl der Ruf zur Kreuzerhebung als auch die Antwort des Volkes sollen gesungen werden, und das ehrfurchtsvolle Schweigen nach jeder der drei Kniebeugen soll nicht übergangen werden, während der Priester stehend das Kreuz hoch erhoben hält.

69. Das Kreuz soll jedem einzelnen Gläubigen zur Verehrung dargeboten werden, da die persönliche Verehrung ein wesentliches Element dieser Feier ist; nur wenn eine sehr große Gemeinde versammelt ist, kann der Ritus der gemeinsamen Kreuzverehrung genommen werden[72].
Es werde nur ein Kreuz zur Verehrung dargeboten, weil die Echtheit des Zeichens dies verlangt. Zur Kreuzverehrung werden die Antiphonen, die Improperien und der Hymnus gesungen, die die Heilsgeschichte in dichterischer Form in Erinnerung rufen[73]; es kann auch ein anderer geeigneter Gesang genommen werden.

70. Der Priester singt die Einleitung zum Gebet des Herrn, das dann von allen gemeinsam gesungen wird. Der Friedensgruß entfällt. Die Kommunion geschieht, wie im Meßbuch angegeben. Während der Kommunionausteilung kann *Psalm* 22 (21) gesungen werden, oder ein anderer passender Gesang. Nach der Kommunionspendung wird das Gefäß mit den übrig gebliebenen Hostien an einen dafür bereiteten Ort außerhalb der Kirche getragen.

71. Nach der Feier wird der Altar abgedeckt, wobei jedoch das Kreuz und die vier Leuchter auf dem Altar zurückbleiben. In der Kirche kann ein Ort für das Kreuz vorgesehen werden (z. B. die Kapelle, wo am Gründonnerstag das Allerheiligste aufbewahrt war), wo die Gläubigen es verehren und wo sie still davor beten können.

72. Die Übungen der Volksfrömmigkeit, z. B. der Kreuzweg, Passionsprozessionen oder Andachten zu den sieben Schmerzen Mariens, sollen aus seelsorglichen Gründen nicht vernachlässigt werden, ihre Texte und Gesänge aber sollen dem Geist der Liturgie entsprechen. Die Zeiten für diese Andachten aber werden so angesetzt, daß die Hauptgottesdienste nicht beeinträchtigt werden, so daß klar ersichtlich ist, daß die liturgischen Feiern all diese Andachten weit überragen[74].

VI. Der Karsamstag

73. Am Karsamstag verweilt die Kirche am Grab des Herrn, betrachtet sein Leiden, seinen Tod und seinen Abstieg in das Reich des Todes[75] und erwartet mit Fasten und Gebet seine Auferstehung. Es wird sehr angeraten, die Lesehore und die Laudes mit der Gemeinde zu feiern (vgl. Nr. 40)[76]. Wo dies unmöglich ist, soll ein Wortgottesdienst gehalten werden oder eine Andacht, die dem Geheimnis dieses Tages angepaßt ist.

74. Ein Bild Christi – am Kreuz, im Grab ruhend oder zum Reich des Todes hinabsteigend –, das das Geheimnis des Karsamstags veranschaulicht, oder auch ein Bild der schmerzhaften Mutter, kann in der Kirche zur Verehrung der Gläubigen aufgestellt werden.

75. Die Kirche enthält sich heute gänzlich der Feier des Meßopfers[77]. Die heilige Kommunion kann nur als Wegzehrung gereicht werden. Die Feier des Sakramentes der Ehe

und anderer Sakramente, ausgenommen Beichte und Krankensalbung, müssen unterbleiben.

76. Die Gläubigen sollen über den eigenen Charakter des Karsamtags unterrichtet werden[78]. Gebräuche, die mit diesem Tag verbunden sind, weil auf ihn früher die Osternachtfeier vorverlegt war, sollen der Osternacht und dem Ostersonntag vorbehalten werden.

VII. Das Hochfest der Auferstehung des Herrn

A. Die Feier der Osternacht

77. Die Osternacht ist nach ältester Überlieferung „eine Nacht der Wache für den Herrn“[79]; die Nachtwache, die in ihr gehalten wird, gedenkt jener heiligen Nacht, in der der Herr auferstand und wird daher als die „Mutter aller Nachtwachen“ angesehen[80]. In dieser Nacht erwartet die Kirche betend die Auferstehung des Herrn und feiert sie dann mit den Sakramenten der Taufe, der Firmung und der Eucharistie[81].

1. Die Osternacht als nächtliche Feier

78. „Die ganze Feier der Osternacht findet in der Nacht statt; sie soll entweder nicht vor Einbruch der Dunkelheit beginnen oder nicht nach der Morgendämmerung des Sonntags enden“[82]. Diese Vorschrift ist streng einzuhalten. Gegenteilige Mißbräuche und Gewohnheiten, die sich hier und dort eingebürgert haben, nämlich die Osternacht zu der Zeit zu feiern, zu der man die Vorabendmesse des Sonntags zu halten pflegt, werden verworfen[83]. Die Gründe, die manchmal dafür angeführt werden, um die Osternachtfeier vorzuverlegen, wie z. B. die öffentliche Unsicherheit, werden nicht geltend gemacht im Fall der Nacht der Geburt des Herrn oder wenn es sich um andere Veranstaltungen verschiedenster Art handelt.

79. Die Nacht des Paschafestes, die die Hebräer in Erwartung des Vorüberganges des Herrn, der sie von der Knechtschaft des Pharao befreien sollte, verbrachten, wurde von ihnen zum jährlichen Gedächtnis an dieses Ereignis gemacht; sie war ein Bild, das das wahre Pascha Christi ankündigte; zugleich ein Bild der wahren Befreiung, in der „Christus die Ketten des Todes zerbrach und aus der Tiefe als Sieger emporstieg“[84].

80. Von Anfang an hat die Kirche das jährliche Pascha, das Fest der Feste, in einer nächtlichen Feier begangen. Denn die Auferstehung Christi ist das Fundament unseres Glaubens und unserer Hoffnung; durch die Taufe und Firmung werden wir in das Paschamysterium Christi eingeführt: mit ihm gestorben, werden wir mit ihm begraben und mit ihm auferweckt und werden auch mit ihm herrschen[85].
Diese Nachtwache ist auch der Erwartung der Wiederkunft des Herrn geweiht[86].

2. Die Struktur der Osternachtfeier und die Bedeutung der einzelnen Elemente

81. Die Osternacht ist folgendermaßen gegliedert: Nach einer kurzen Lichtfeier und dem Osterlob (1. Teil) besinnt sich die Heilige Kirche auf die Großtaten, die Gott der Herr an seinem Volk in aller Zeit getan hat (2. Teil, Wortgottesdienst), bis sie mit ihren neuen Mitgliedern, die in der Taufe wiedergeboren wurden (3. Teil), vom Herrn zu dem Tisch gerufen wird, den er seinem Volk bereitet hat, als Gedächtnis seines Todes und seiner Auferstehung, bis er wiederkommt (4. Teil)[87].
Diese liturgische Ordnung darf von niemandem eigenmächtig geändert werden.

82. Der erste Teil besteht in symbolischen Handlungen, die man in ihrem ganzen Umfang mit solcher Schönheit vollziehen soll, daß ihre Bedeutung, wie sie in den Einführungen und Gebeten zum Ausdruck kommt, den Gläubigen aufgeht.
Wenn möglich, soll außerhalb der Kirche an einem geeigneten Platz ein Holzfeuer angezündet werden, an dem das neue Feuer gesegnet wird; es soll so groß sein, daß seine Flamme wirklich die Finsternis zu durchbrechen und die Nacht zu erhellen vermag.
Die Osterkerze soll, um der Echtheit des Zeichens willen, eine wirkliche Kerze aus Wachs sein und jedes Jahr neu angeschafft werden; es darf nur eine einzige Osterkerze gebraucht werden; sie soll von ansehnlicher Größe sein, darf aber niemals eine Kerzenattrappe sein (in die ein Einsatz – Kerze oder Gas – eingesetzt wird), damit sie wirklich ein Zeichen sein kann für Christus, der das Licht der Welt ist. Sie wird mit den im Meßbuch vorgesehenen Zeichen und Worten gesegnet, die die Bischofskonferenzen aber auch durch andere ersetzen können[88].

83. Die Prozession, in der das Volk in die Kirche einzieht, wird allein vom Licht der Osterkerze erleuchtet und geführt. Wie die Kinder Israels in der Nacht von der Feuersäule geführt wurden, so folgen die Christen ihrerseits Christus in seiner Auferstehung. Man kann in dieser Prozession an die Antwort des Volkes „Dank sei Gott" einen Ruf zu Ehren des Herrn anfügen.
Von der Osterkerze verteilt sich das Licht dann auf die Kerzen, die alle in Händen tragen sollen, während das elektrische Licht noch ausgeschaltet bleibt.

84. Der Diakon verkündet das Osterlob, das in dichterischen Worten das Ostergeheimnis besingt, eingebettet in die ganze Heilsgeschichte. Wenn kein Diakon da ist, und auch der Priester selbst das Osterlob nicht singen kann, kann es einem Kantor übertragen werden. Die Bischofskonferenzen können das Osterlob anpassen durch die Einführung von Akklamationen der Gemeinde[89].

85. Die Lesungen aus der Heiligen Schrift stellen den zweiten Teil der Osternachtfeier dar. Sie beschreiben die Großtaten der Heilsgeschichte, die die Gläubigen in Ruhe betrachten sollen; dazu helfen ihnen der Gesang des Antwortpsalmes, das meditative Schweigen und die Gebete nach den Lesungen.
Die erneuerte Osternachtfeier hat sieben Lesungen aus dem Alten Testament, und zwar aus dem Gesetz und den Propheten, die meist aus der ältesten Tradition sowohl des

Ostens als auch des Westens stammen, und zwei Lesungen aus dem Neuen Testament, eine Apostellesung und das Evangelium. So erklärt die Kirche „ausgehend von Mose und allen Propheten“[90], das Paschamysterium Christi. Es sollen daher alle Lesungen gelesen werden, wo immer das möglich ist, damit der Charakter der Nachtwache, die notwendigerweise eine längere Dauer voraussetzt, erhalten bleibt. Wenn jedoch pastorale Gründe es nahelegen, daß diese Zahl der Lesungen weiter vermindert wird, so sollen wenigstens drei Lesungen aus dem Alten Testament, und zwar aus den Büchern des Gesetzes und aus den Propheten, genommen werden; dabei darf die Lesung des 14. Kapitels des Buches *Exodus*, mit ihrem dazugehörigen Canticum, nie fehlen[91].

86. Die typologische Bedeutung der Texte des Alten Testamentes gründet im Neuen Testament und wird in dem Gebet, das der Priester nach jeder Lesung vorträgt, verdeutlicht; es kann hilfreich sein, die Gläubigen durch eine kleine Einführung zu diesem typologischen Verständnis hinzuführen, die der Priester oder der Diakon geben kann.
Die nationalen oder diözesanen Liturgischen Kommissionen sollen dazu den Seelsorgern die nötigen Hilfsmittel an die Hand geben.
Nach jeder Lesung wird der Antwortpsalm gesungen; die Gemeinde antwortet mit dem Kehrvers.
Durch solche Wiederholung der einzelnen Elemente soll der Rhythmus gewahrt bleiben, der den Gläubigen hilft, mit innerer Aufmerksamkeit und Frömmigkeit dabeizusein[92].
Man vermeide es sorgfältig, die Psalmen durch Gesänge zu ersetzen, die der Liturgie nicht würdig sind.

87. Nach den Lesungen des Alten Testamentes wird das Gloria gesungen und die Glocken werden geläutet, wo dies üblich ist; danach folgt das Tagesgebet und so geht man zu den Lesungen aus dem Neuen Testament über. Als Epistel wird das Mahnwort des Apostels über die Taufe als Eingliederung in das Pascha-Mysterium Christi gelesen.
Dann stehen alle auf und der Priester stimmt feierlich das Halleluja an, das er dreimal und in jeweils höherem Ton singt, und das vom Volk wiederholt wird[93]. Wenn nötig, singt der Psalmist oder der Kantor das Halleluja; das Volk wiederholt es weiterhin als Einschub zwischen die einzelnen Verse des *Psalmes* 118 (117), den die Apostel so oft in ihrer Osterpredigt gebraucht haben[94]. Die Ankündigung der Auferstehung des Herrn im Evangelium ist dann der Höhepunkt des ganzen Wortgottesdienstes. Auf das Evangelium folgt eine, wenn auch kurze Homilie, die nicht wegfallen soll.

88. Der dritte Teil der Osternacht ist die Tauffeier. Das Pascha des Herrn und unseres wird jetzt im Sakrament gefeiert. In jenen Kirchen, die einen Taufbrunnen haben, kommt dies voll zum Ausdruck; noch mehr, wenn auch Erwachsene in die Kirche eingegliedert werden oder wenigstens Kinder getauft werden[95]. Auch wenn keine Taufbewerber da sind, wird in den Pfarrkirchen dennoch das Taufwasser gesegnet. Wenn die Segnung nicht am Taufbrunnen, sondern im Altarraum stattfindet, wird das Taufwasser später zum Taufbrunnen getragen, wo es während der ganzen Osterzeit aufbewahrt wird[96]. Wo aber keine Taufe vorgesehen ist und auch keine Taufwassersegnung, wird zum Taufgedächtnis Wasser gesegnet, mit dem das Volk besprengt wird[97].

89. Danach geschieht die Erneuerung des Taufversprechens. Der Priester sagt dazu einführende Worte. Die Gläubigen halten stehend brennende Kerzen in Händen und antworten auf die dazu gestellten Fragen. Dann werden sie mit Weihwasser besprengt. So werden sie durch Zeichen und Worte an die Taufe, die sie empfangen haben, erinnert. Der Priester geht durch die Kirche und besprengt die Gemeinde, während alle die Antiphon singen: „Vidi aquam" – „Ich sah ein Wasser" oder ein anderes Lied mit Taufcharakter[98].

90. Die Eucharistiefeier ist der vierte Teil der Osternachtfeier und auch ihr Höhepunkt, denn sie ist das österliche Sakrament, das Gedächtnis des Kreuzesopfers Christi, die Gegenwart des Auferstandenen, die Vollendung der Eingliederung in die Kirche und die Vorwegnahme des ewigen Paschafestes.

91. Es muß vermieden werden, daß diese Eucharistiefeier eilig und hastig gehalten wird; im Gegenteil sollen alle Riten und Worte größtmögliche Ausdruckskraft haben: die Fürbitten, in denen die Neugetauften zum ersten Mal als Gläubige das königliche Priestertum ausüben[99]; die Gabenprozession, bei der die Neugetauften mitwirken; das Hochgebet, – I, II oder III mit ihren eigenen Einschüben, – das möglichst gesungen werden soll[100]; schließlich die Kommunion, als der Augenblick der tiefsten Teilnahme am Geheimnis, das gefeiert wird. Zur Kommunion soll, wenn möglich, *Psalm* 118 (117) mit der Antiphon „Unser Osterlamm", oder *Psalm* 33 (32) mit dem dreifachen Halleluja als Antiphon, oder ein anderes Osterlied gesungen werden.

92. Es ist angebracht, der Kommunion in der Osternacht die Fülle des eucharistischen Zeichens zu geben, indem man sie unter den Gestalten von Brot und Wein reicht. Die Ortsordinarien können darüber befinden, ob dies angebracht ist[101].

3. Pastorale Hinweise

93. Die Feier der Osternacht soll so vollzogen werden, daß sie der Gemeinde den Zugang zum ganzen Schatz der Texte und Riten ermöglicht. Man muß also darauf achten, daß alles sinnvoll und sachgerecht ist, daß die Gläubigen aktiv mitwirken und dafür sorgen, daß genügend Ministranten und Lektoren da sind und ein Chor zur Verfügung steht.

94. Es ist zu wünschen, daß sich manchmal mehrere Gemeinden in einer Kirche zusammenfinden, wenn diese Gemeinden zu nahe aneinander liegen oder zu klein sind, so daß eine festliche Feier nicht möglich ist. Man soll die Teilnahme einzelner Gruppen an der gemeinsamen Osternachtfeier der Gemeinde fördern, damit so alle Gläubigen eine tiefere Erfahrung der Gemeinschaft in der Kirche machen können.
Die Gläubigen, die aus Gründen des Urlaubs an diesen Tagen nicht in ihrem Wohnort sind, soll man dazu anhalten, daß sie an ihrem Ferienort an den Gottesdiensten teilnehmen.

95. Wenn man die Osternachtfeier ankündigt, vermeide man es, von ihr wie vom Abend des Karsamstags zu sprechen. Es soll vielmehr gesagt werden, daß die Osternachtfeier „in der Nacht von Ostern" stattfindet und zwar als ein einziger Gottesdienst. Die Seelsorger sollen die Gläubigen dazu anhalten, an der ganzen Feier der Osternacht teilzunehmen[102].

96. Eine gute Feier der Osternacht verlangt von den Seelsorgern, daß sie sich selbst um eine immer bessere Kenntnis der Texte und Riten bemühen, so daß sie fähig sind, die Gläubigen als richtige Mystagogen zum Geheimnis hinzuführen.

B. Der Ostertag

97. Die Messe am Ostersonntag soll mit aller Feierlichkeit gefeiert werden. Als Bußakt empfiehlt sich heute die Besprengung mit dem Wasser, das in der Osternacht geweiht wurde; währenddessen singt man die Antiphon „Vidi aquam" – „Ich sah ein Wasser" oder ein anderes Lied mit Taufcharakter. Mit diesem geweihten Wasser werden dann auch die Weihwasserbehälter an den Kirchentüren gefüllt.

98. Die Feier der Ostervesper („Tauf-Vesper"), in der man während des Psalmengesanges in Prozession zum Taufbrunnen zieht, soll beibehalten werden, wo sie Brauch ist, und soll, wenn möglich, eingeführt werden, wo sie nicht besteht[103].

99. Die Osterkerze hat ihren Platz entweder neben dem Ambo oder neben dem Altar; sie wird wenigstens zu allen größeren liturgischen Feiern der Osterzeit angezündet, sei es Messe, Laudes oder Vesper, bis zum Pfingstsonntag. Danach wird sie in der Taufkapelle ehrfürchtig aufbewahrt, und bei Tauffeiern werden an ihr die Taufkerzen angezündet. In Meßfeiern für Verstorbene am Begräbnistag soll die Osterkerze an den Sarg gestellt werden, zum Zeichen, daß der Tod des Christen sein persönliches Pascha ist. Außerhalb der Osterzeit darf die Osterkerze nicht angezündet werden und auch nicht im Altarraum stehen[104].

VIII. Die Osterzeit

100. Die Osterfeier wird in der Osterzeit fortgesetzt. Die 50 Tage, vom Ostersonntag bis zum Pfingstsonntag, werden wie ein einziger Festtag freudig gefeiert, wie ein „großer Sonntag"[105].

101. Die Sonntage dieser Zeit werden wie Ostersonntage angesehen und auch so genannt, und haben Vorrang vor allen Festen des Herrn und vor allen Hochfesten. Wenn Hochfeste auf diese Sonntage fallen, werden sie auf den Samstag vorverlegt[106]. Feiern zu Ehren der Jungfrau Maria oder der Heiligen, die in die Woche fallen, können an diesen Sonntagen nicht gehalten werden[107].

102. Für Erwachsene, die in der Osternacht in die Kirche eingegliedert wurden, ist die ganze Osterzeit eine Zeit der Mystagogie. Dort, wo Neugetaufte sind, soll das, was in der *Feier der Eingliederung Erwachsener in der Kirche* in den Nummern 37–40 und 235–239 gesagt ist, eingehalten werden. In allen Kirchen aber werde während der Osteroktav im Eucharistischen Hochgebet für die Neugetauften gebetet.

103. Während der ganzen Osterzeit werden in den Sonntagsmessen den Neugetauften eigene Plätze bei den Gläubigen reserviert. Alle Neugetauften sollen, nach Möglichkeit, mit ihren Paten an den Messen teilnehmen. In den Homilien und, wo es angebracht ist, in den Fürbitten soll ihrer gedacht werden. Zum Abschluß der Zeit der Einführung, um den Pfingstsonntag, werde eine Feier angesetzt, je nach den Gewohnheiten des Landes[108]. Es ist auch angebracht, daß die Kinder ihre erste heilige Kommunion an den Sonntagen der Osterzeit empfangen.

104. In der Osterzeit sollen die Seelsorger die Gläubigen, die schon die Eucharistie empfangen haben, über den Sinn des Kirchengebotes, in dieser Zeit die Osterkommunion zu empfangen, unterrichten[109]. Es ist sehr zu empfehlen, den Kranken, wenn möglich in der Osteroktav die heilige Kommunion zu bringen.

105. Wo es Sitte ist, zu Ostern die Häuser zu segnen, soll diese Segnung vom Pfarrer oder anderen Priestern oder Diakonen, die von ihm delegiert sind, gehalten werden. Es ist dies eine Gelegenheit zu seelsorglichen Begegnungen[110]. Der Pfarrer soll in die Häuser gehen und jede einzelne Familie besuchen, mit ihnen sprechen und mit ihnen beten, wobei er sich auf die Texte des Benediktionale stützen kann[111]. In großen Städten sollte man die Möglichkeit vorsehen, mehrere Familien zu versammeln und mit ihnen eine gemeinsame Segensfeier zu halten.

106. Es gibt Volksbräuche, die mit Ostern verbunden sind, und die mancherorts mehr Volk anziehen als die Feier der Liturgie selbst. Diese sollte man keineswegs verachten, da sie Ausdruck des religiösen Sinnes des Volkes sein können. Die Bischofskonferenzen und Ortsordinarien sollen dafür sorgen, daß solche Gebräuche, die der Frömmigkeit förderlich sein können, möglichst in Übereinstimmung mit der Liturgie gebracht werden, mit dem Geist der Liturgie erfüllt werden, von ihr her ihren Ursprung nehmen und das Volk zu ihr hinführen[112].

107. Diese heiligen fünfzig Tage schließen mit dem Pfingstsonntag, in dem die Herabkunft des Heiligen Geistes auf die Apostel, der Ursprung der Kirche und der Anfang ihrer Mission bei den Menschen aus allen Sprachen, Völkern und Nationen gefeiert wird[113].
Es ist zu empfehlen, die Vorabendmesse zu einer Nachtwache zu verlängern; diese soll allerdings nicht auf die Taufe ausgerichtet sein, wie in der Osternacht, sondern vielmehr auf inständiges Gebet, nach dem Vorbild der Apostel und Jünger, die „einmütig im Gebet verharrten mit Maria, der Mutter Jesu“ und den Heiligen Geist erwarteten[114].

108. Der Osterfeier ist es eigen, daß an ihr die ganze Kirche sich des Nachlasses der Sünden erfreut, die nicht nur denen geschenkt wird, die in der Taufe wiedergeboren wurden, sondern auch denen, die schon lange zu den Adoptivsöhnen gehören[115]. Durch intensive

pastorale Bemühungen und vertieften geistlichen Eifer werden, mit der Hilfe des Herrn, alle, die das Osterfest gefeiert haben, dies in ihrem Leben auch bewahren[116].
Rom, im Sitz der Kongregation für den Gottesdienst, am 16. Januar 1988.

PAUL AUGUSTIN CARD. MAYER OSB
Präfekt

Virgilio Noè
Titularerzbischof von Voncaria
Sekretär

Abkürzungen

SRC = Sacra Rituum Congregatio: die Ritenkongregation
II. Vaticanum = II. Vatikanisches Konzil
SC = „Sacrosanctum Concilium" = Konstitution des II. Vatikanischen Konzils über die hl. Liturgie.
MR = Missale Romanum
MB = Meßbuch für die Bistümer des deutschen Sprachgebietes
RR = Rituale Romanum
CE = Caeremoniale Episcoporum
GGK = Grundordnung des Kirchenjahres und des neuen Römischen Generalkalenders
AEM = Allgemeine Einführung zum Meßbuch
CIC = Codex Iuris Canonici

Anmerkungen

1 Vgl. SRC: Dekret *Dominicae Resurrectionis* vom 9.2.1951; *AAS* 43 (1951) 128–137; dies.: Dekret *Maxima redemptionis nostrae mysteria* vom 16.11.1955; *AAS* 47 (1955) 838–847.
2 Vgl. *SC*, Nr. 5, 6, 61.
3 Vgl. *GGK*, Nr. 18.
4 Vgl. II. Vaticanum: Dekret über die Hirtenaufgabe der Bischöfe in der Kirche *Christus Dominus*, Nr. 15.
5 Vgl. SRC: *Maxima redemptionis nostrae mysteria* vom 16.11.1955; *AAS* 47 (1955) 838–847.
6 Vgl. *CE*, Nr. 249.
7 Vgl. *RR*: Feier der Eingliederung Erwachsener in die Kirche, Nr. 8; *CIC*, can 856.
8 *MB* Osternachtfeier, Nr. 46.

[9] Vgl. *RR*: Feier der Eingliederung Erwachsener in die Kirche, Kap. IV, bes. Nr. 303.
[10] Vgl. *ebd.*, Nr. 330–333.
[11] Vgl. *CE*, Nr. 250, 406–407; vgl. *RR*: Feier der Eingliederung, Nr. 41.
[12] Vgl. *GGK*, Nr. 5, vgl. *ebd.*, Nr. 56 ff. und *Notitiae*, 23 (1987) 397.
[13] *GGK*, Nr. 16.
[14] *MB AEM*, Nr. 42; vgl. *Die Feier der Buße*, Nr. 36–37.
[15] Paul VI. Apostolische Konstitution *Paenitemini*, II, 1; *AAS* 58 (1966) 183.
[16] CF Nr. 251.
[17] Vgl. *ebd.*, Nr. 251; *SC*, Nr. 109.
[18] Vgl. *CE*, Nr. 251.
[19] Vgl. *ebd.*, Nr. 260
[20] *Ebd.*, Nr. 252.
[21] *GGK*, Nr. 28.
[22] vgl. *CE*, Nr. 253.
[23] *MB* Aschermittwoch.
[24] Paul VI., Apostolische Konstitution *Paenitemini*, II. 1; *AAS* 58 (1966) 183; *CIC*, can. 1251.
[25] *MB* Erster Fastensonntag, Tagesgebet und Gabengebet.
[26] Vgl. *CE*, Nr. 261.
[27] Vgl. *ebd.*, Nr. 408–410.
[28] *Messlektionar*, 2. Aufl. 1981, Pastorale Einführung, Nr. 97.
[29] Vgl. *CE*, Nr. 252.
[30] *MB* Samstag der vierten Fastenwoche, Rubrik.
[31] *GGK*, Nr. 16 a.
[32] Vgl. *CE*, Nr. 263.
[33] Vgl. *MB* Palmsonntag, Nr. 9.
[34] Vgl. *CE*, Nr. 270.
[35] *MB* Palmsonntag, Nr. 16.
[36] Vgl. *ebd.*, Nr. 19.
[37] Vgl. *ebd.*, Nr. 22; für das Pontifikalamt vgl. *CE*, Nr. 74.
[38] II. Vaticanum: Dekret über Dienst und Leben der Priester *Presbyterorum Ordinis*, Nr. 7.
[39] *CE*, Nr. 275.
[40] Vgl. *CE*, Nr. 276.
[41] Vgl. Die Feier der Buße, Anhang II Nr. 1–7.
[42] Vgl. SRC: Dekret *Muxima redemptionis nostrae mysteria*; *AAS* 47 (1955) 858; S. Augustinus, *Epistula* 55, 24, *Patrologiae latina* 35, 215.
[43] Vgl. *Mk* 2,19–20; Terrtullian, *De ieiunio*, 2 und 13, *Corpus Christianorum* II, S. 1271.
[44] Vgl. *CE*, Nr. 295; *SC*, Nr. 110.
[45] Vgl. *CE*, Nr. 296; *Allgemeine Einführung in das Stundengebet*, Nr. 210.
[46] Vgl. SRC: Instruktion *Eucharisticum mysterium* vom 25.5.1967, Nr. 26, *AAS* 59 (1967) 558. Anmerkung: In den Nonnenklöstern soll die Feier der drei Österlichen Tage mit größtmöglicher Feierlichkeit in der eigenen Klosterkirche begangen werden.
[47] Vgl. SRC: *Erklärungen über die Feier der erneuerten Liturgie der Hl. Woche*, vom 1.2.1957, Nr. 21, *AAS* 49 (1957) 91–95.
[48] Vaticanum II., Dekret über die Ausbildung der Priester *Optatam totius*, Nr. 8.
[49] Vgl. Kongregation für die katholische Erziehung: *Instruktion über die liturgische Bildung in den Seminarien*, vom 17.5.1979, Nr. 15, 33.
[50] Vgl. *CE*, Nr. 297.
[51] Vgl. *MB* Gründonnerstag: Messe vom Letzten Abendmahl.
[52] Vgl. *ebd.*.
[53] Vgl. *ebd.*, Nr. 1.

[54] *SC*, Nr. 55; SRC: Instruktion *Eucharisticum mysterium* vom 25.5.1967, Nr. 31, *AAS* 59 (1967) 557–558.

[55] SRC: Dekret *Maxima redemptionis nostrae mysteria* vom 16.11.1955, Nr. 9; *AAS* 47 (1955) 895.

[56] Vgl. *MB* Gründonnerstag: Messe vom Letzten Abendmahl.

[57] Vgl. *CE*, Nr. 300.

[58] *Mt* 20,28.

[59] Vgl. *CE*, Nr. 303.

[60] Vgl. *MB* Gründonnerstag: Messe vom Letzten Abendmahl, Nr. 15–16.

[61] Vgl. SRC: *Erklärung vom 15.3.1956*, Nr. 3, *AAS* 48 (1956) 1–3; SRC. *Erklärungen über die Feier der erneuerten Liturgie der Hl. Woche*, vom 1.2.1957, Nr. 14, *AAS* 49 (1957) 93.

[62] Vgl. *MB* Gründonnerstag: Messe vom Letzten Abendmahl, Nr. 21; SRC: Dekret *Maxima redemptionis nostrae mysteria*, vom 16.11.1955, Nr. 8–10, *AAS* 47 (1955) 845.

[63] *1 Kor* 5,7.

[64] Vgl. *MB* Karfreitag, Nr. 1,3.

[65] Paul VI: Apostolische Konstitution *Paenitemini* II, 2; *AAS*, 58 (1966) 183; *CIC*, can. 1251.

[66] Vgl. *MB* Karfreitag, Nr. 1; Gottesdienstkongregation: *Erklärung zum Römischen Meßbuch, in Notitiae* 13 (1977) 602.

[67] Vgl. *MB* Karfreitag, Nr. 3; SRC: *Erklärungen über die Feier der erneuerten Liturgie der Hl. Woche*, vom 1.2.1957, Nr. 15, *AAS* 49 (1957) 94.

[68] Vgl. *MB* Karfreitag, Nr. 5. Gebet zur Auswahl.

[69] Vgl. *ebd.*, Nr. 9; vgl. *CE*, Nr. 319.

[70] Vgl. *MB* Karfreitag, Nr. 12.

[71] Vgl. *MB*, *AEM*, Nr. 46.

[72] Vgl. *MB* Karfreitag, Nr. 19.

[73] Vgl. *Mich* 6,3–4.

[74] Vgl. *SC*, Nr. 13.

[75] Vgl. *MB* Karsamstag; *Apostolisches Glaubensbekenntnis*; *1 Petr* 3,19.

[76] Vgl. *Allgemeine Einführung in das Stundengebet*, Nr. 210.

[77] *MB* Karsamstag.

[78] SCR: Dekret *Maxima redemptionis nostrae mysteria* vom 16.11.1955, Nr. 2; *AAS* 47 (1955) 843.

[79] Vgl. *Ex* 12,42.

[80] Augustinus, *Sermo* 219, *Patrologiae latina* 38, 1088.

[81] *CE*, Nr. 332.

[82] Vgl. *CE*, Nr. 332; *MB* Feier der Osternacht, Nr. 3.

[83] SRC: Instruktion *Eucharisticum mysterium* vom 25.5.1967, Nr. 28, *AAS* 59 (1967) 556–557.

[84] *MR* Feier der Osternacht, Nr. 19; Osterlob.

[85] *SC*, Nr. 6; vgl. *Röm* 6,3–6; *Eph* 2,5–6; *Kol* 2,12–13; *2 Tim* 2,11–12.

[86] „Wir durchwachen diese Nacht, weil der Herr auferstand und jenes Leben ..., in dem es keinen Tod und keinen Schlaf gibt, in seinem Fleische für uns begann; er hat dies Leben so vom Tod erweckt, daß es nicht mehr stirbt und der Tod keine Macht mehr über es hat ... Wenn wir ihm daher in seiner Auferstehung in einer etwas längeren Nachtwache Loblieder singen, wird er uns die Gnade verleihen, daß wir mit ihm in einem Leben ohne Ende herrschen". S. Augustinus, *Sermo Guelferbytanus*, 5,4, *Patrologiae latina* 2,552.

[87] Vgl. *MB* Osternachtfeier, Nr. 7.

[88] Vgl. *ebd.*, Nr. 10–12.

[89] Vgl. *ebd.*, Nr. 17.

[90] *Lk* 24,27; vgl. *Lk* 24,44–45.

[91] Vgl. *MB* Osternachtfeier Nr. 21.

[92] Vgl. *ebd.*, Nr. 23.

[93] Vgl. *CE*, Nr. 352.
[94] Vgl. *Apg* 4,11–12; *Mt* 21,42; *Mk* 12,10; *Lk* 20,17.
[95] Vgl. *RR*: Die Feier der Kindertaufe, Nr. 6.
[96] Vgl. *MB* Osternachtfeier, Nr. 48.
[97] Vgl. *ebd.*, Nr. 45.
[98] Vgl. *ebd.*, Nr. 47.
[99] Vgl. *ebd.*, Nr. 49; *RR*: Die Feier der Eingliederung Erwachsener in die Kirche, Nr. 36.
[100] Vgl. *MB* Osternachtfeier, Nr. 53; *MB*: Messen zu bestimmten Feiern, 3: Bei der Taufspendung.
[101] Vgl. *MB*, *AEM*, Nr. 240–242.
[102] *SC*, Nr. 106.
[103] Vgl. *Allgemeine Einführung in das Stundengebet*, Nr. 213.
[104] Vgl. *MB* Pfingsten, Rubrik; *RR*: Die Feier der Aufnahme Erwachsener in die Kirche, Vorbemerkungen Nr. 25.
[105] Vgl. *GGK*, Nr. 22.
[106] Vgl. *ebd.*, Nr. 5,23.
[107] Vgl. *ebd.*, Nr. 58.
[108] Vgl. *RR*: Die Feier der Eingliederung Erwachsener in die Kirche, Nr. 235–237; vgl. *ebd.*, Nr. 238–129.
[109] Vgl. *CIC*, can. 920.
[110] SRC: Dekret *Maxima redemptionis nostrae mysteria* vom 16.11.1955, Nr. 24; *AAS* 47 (1955) 847.
[111] *Die Benedictionibus*, caput I, II, Ordo benedictionis annuae familiarum in propriis domibus. Vgl. *Benediktionale*, Studienausgabe für die katholischen Bistümer des deutschen Sprachgebietes, S. 237–239.
[112] *SC* Nr. 13; vgl. Gottesdienstkongregation: *Orientamenti e proposte per la celebrazione dell'anno mariano*, (3.4.1987) Nr. 3,51–56.
[113] *GGK*, Nr. 23.
[114] Die erste Vesper des Hochfestes kann mit der Messe verbunden werden; dies geschieht, wie in Nr. 96 der *Allgemeinen Einführung in das Stundengebet* vorgesehen. Damit das Geheimnis dieses Tages tiefer und besser erkannt wird, können mehrere Lesungen aus der Hl. Schrift gelesen werden, die im Lektionar zur Auswahl an diesem Tag angeboten werden. In diesem Fall geht der Lektor zum Ambo und trägt dort die erste Lesung vor; danach singt der Psalmist oder Kantor den Antwortpsalm, wozu die Gemeinde den Kehrvers singt. Nach einer Zeit des stillen Gebetes, trägt er das Gebet vor, das der Lesung entspricht (z. B. eines der Tagesgebete der siebten Osterwoche). Dies wiederholt man je nach der Zahl der vorgesehenen Lesungen.
[115] Leo der Große *Sermo 6 de Quadragesimay*, 1–2, *Patrologiae latina* 54, 285.
[116] Vgl. *MB* Samstag der siebten Osterwoche: Tagesgebet.

Echte Marienfrömmigkeit von Entstellungen unterscheiden

Schreiben der Kongregation für das katholische Bildungswesen über „Maria in der intellektuellen und geistlichen Ausbildung“ vom 2. Juni

An die Hochw. Herren Ortsordinarien
An die Direktoren der Seminare
An die Dekane der Theologischen Fakultäten

Einleitung

1. Die Zweite Außerordentliche Bischofssynode, die 1985 zur „Feier, Prüfung und Förderung des Zweiten Vatikanischen Konzils“[1] gehalten wurde, unterstrich die Notwendigkeit, „besonders die vier großen Konzils-Konstitutionen zu beachten“[2] und eine „Plan“ durchzuführen, „der einer neuen, erweiterten und tieferen Kenntnis und Annahme des Konzils dient“[3].
Der Heilige Vater Johannes Paul II. hat seinerseits versichert, daß das Marianische Jahr eine neue und vertiefte Lektüre von dem fördern soll, was das Konzil über die selige Jungfrau und Gottesmutter Maria im Geheimnis Christi und der Kirche gesagt hat“[4].
Diese beiden lehramtlichen Hinweise nimmt die Kongregation für das katholische Bildungswesen besonders aufmerksam auf. Mit dem vorliegenden Rundschreiben, das an die Theologischen Fakultäten, an die Priesterseminare und an die anderen Zentren kirchlicher Studien gerichtet ist, beabsichtigt sie, einige Überlegungen über die selige Jungfrau Maria vorzulegen und vor allem hervorzuheben, daß die Bemühung um Kenntnis und Forschung sowie die Frömmigkeit im Blick auf Maria von Nazaret nicht auf die zeitlichen Grenzen des Marianischen Jahres eingeschränkt sein dürfen, sondern daß sie eine bleibende Aufgabe darstellen müssen: denn bleibend sind der beispielhafte Wert und die Sendung der Jungfrau Maria. Die Mutter des Herrn ist ja ein „Element der göttlichen Offenbarung“ und begründet eine stets wirksame „mütterliche Gegenwart“ im Leben der Kirche[5].

I. Maria: Ein wesentliches Element des Glaubens und des Lebens der Kirche

Der Reichtum der Mariologie

2. Die Dogmen- und die Theologiegeschichte bestätigen den Glauben und die beständige Aufmerksamkeit der Kirche in bezug auf die Jungfrau Maria und ihre Sendung in der Heilsgeschichte. Diese Aufmerksamkeit ist schon in einigen neutestamentlichen Schriften und in vielen Werken der Autoren in nachapostolischer Zeit offenkundig.
Die ersten Glaubensbekenntnisse und die folgenden dogmatischen Formeln der Konzilien von Konstantinopel (381), Ephesus (431) und Chalkedon (451) bezeugen die fort-

schreitenden Vertiefung des Geheimnisses Christi als wahrer Gott und wahrer Mensch und parallel hierzu die fortschreitende Entdeckung der Bedeutung Mariens im Geheimnis der Menschwerdung: eine Entdeckung, die zur dogmatischen Definition der jungfräulichen Gottesmutterschaft Mariens führte.
Die Aufmerksamkeit der Kirche bezüglich Maria von Nazaret erfolgte in allen Jahrhunderten durch viele Verlautbarungen. Es werden lediglich die jüngsten von ihnen in Erinnerung gerufen, ohne damit den Reichtum unterzubewerten, den die mariologische Reflexion in anderen geschichtlichen Epochen gekannt hat.

3. Aufgrund ihres lehrhaften Wertes kann man unmöglich unerwähnt lassen die Dogmatische Bulle *Ineffabilis Deus* (8. Dezemberg 1854) von Pius IX., die Apostolische Konstitution *Munificentissismus Deus* (1. November 1950) von Pius XII. und die Dogmatische Konstitution *Lumen gentium* (21. November 1964), deren achtes Kapitel die umfassendste und am meisten maßgebende Synthese der katholischen Lehre über die Mutter des Herrn darstellt, die jemals von einem ökumenischen Konzil verfaßt wurde. Hier ist wegen ihres theologischen und pastoralen Wertes auch zu erinnern an andere Dokumente wie die *Professio fidei* (30. Juni 1968) und die Apostolischen Schreiben *Signum Magnum* (13. Mai 1967) und *Marialis cultus* (2. Februar 1974) von Paul VI. sowie die Enzyklika *Redemptoris Mater* (25. März 1987) von Johannes Paul II.

4. Ferner gilt es, an die Tätigkeit einiger kirchlicher Bewegungen zu erinnern, die dadurch, daß sie in verschiedener Weise und von unterschiedlichen Gesichtspunkten aus der Gestalt der seligen Jungfrau Maria breites Interesse entgegenbrachten, beträchtlichen Einfluß auf die Abfassung der Konstitution *Lumen gentium* hatten: die biblische Bewegung, die die erstrangige Bedeutung der Heiligen Schrift für eine Darstellung der Stellung der Mutter des Herrn unterstrich, die sich wirklich in Einklang mit dem geoffenbarten Wort befindet; die patristische Bewegung, die es der Mariologie ermöglichte, ihre Wurzeln in der Überlieferung zu vertiefen, indem sie sie mit dem Denken der Kirchenväter zusammenführte; die ekklesiologische Bewegung, die weitgehend zur vertiefenden Neubesinnung auf das Verhältnis zwischen Maria und der Kirche beitrug; die missionarische Bewegung: sie entdeckte fortschreitend den Wert Mariens von Nazaret, der ersten, der die frohe Botschaft verkündet wurde (vgl. *Lk* 1,26–38), und die sie als erste weiterverkündigte (vgl. *Lk* 1,39–45) als eine inspirierende Quelle für ihren Einsatz zur Verbreitung des Evangeliums; die liturgische Bewegung, die dadurch, daß sie einen fruchtbaren und strengen Vergleich der verschiedenen Liturgien anstellte, dokumentieren konnte, wie die Riten der Kirche eine herzliche Verehrung der „glorreichen, allzeit jungfräulichen Mutter unseres Herrn und Gottes Jesus Christus“[6] bezeugen; die ökumenische Bewegung, welche Anstrengungen für ein exaktes Verständnis der Gestalt der Jungfrau Maria im Bereich der Quellen der Offenbarung und zur Präzisierung der theologischen Grundlage der marianischen Frömmigkeit erforderte.

Die mariologische Lehre des II. Vatikanums

5. Die Bedeutung des achten Kapitels von *Lumen gentium* besteht im Wert der doktrinellen Synthese sowie darin, die Behandlung der Lehre über Maria darzulegen, nämlich in den Bereich des Mysteriums Christi und der Kirche einzufügen. Auf diese Weise hat das Konzil

– an die patristische Überlieferung angeknüpft, die die Heilsgeschichte als eigenen Rahmen jedes theologischen Traktates bevorzugt;
– deutlich herausgestellt, daß die Mutter des Herrn keine Randgestalt im Bereich des Glaubens und in der Gesamtschau der Theologie ist, denn aufgrund ihrer innersten Teilnahme an der Heilsgeschichte, „vereinigt sie gewissermaßen die größten Glaubensgeheimnisse in sich und strahlt sie wider“[7];
– unterschiedliche Positionen mariologischer Ansätze zu einer gemeinsamen Sichtweise zusammengebracht.

A. Im Blick auf Christus

6. Gemäß der Lehre des Konzils bestimmt sich das Verhältnis Mariens zu Gott dem Vater im Blick auf Christus. Denn Gott „sandte ..., als die Fülle der Zeit gekommen war, seinen Sohn, von der Frau geboren ..., damit wir die Annahme zu Söhnen empfingen“ (*Gal* 4,4–5)[8]. Maria, die Magd des Herrn (vgl. *Lk* 1,38.48), wurde also, indem sie „Gottes Wort in ihrem Herzen und in ihrem Leib“ empfangen und „der Welt das Leben“ gebracht hatte, durch Gnade „Mutter Gottes“[9]. Im Blick auf diese einzigartige Sendung bewahrte Gott der Vater sie vor der Erbsünde, erfüllte sie mit dem Reichtum der himmlischen Gaben und wollte in seinem weisen Ratschluß, „daß vor der Menschwerdung die vorherbestimmte Mutter ihr empfangendes Ja sagte“[10].

7. Das Konzil erläutert die Teilnahme Mariens an der Heilsgeschichte und führt vor allem die vielfältigen Beziehungen zwischen ihr und Christus aus:

– als „erhabenste Frucht der Erlösung“[11], da sie „im Hinblick auf die Verdienste ihres Sohnes auf erhabenere Weise erlöst“[12] ward; darum zögerten die Kirchenväter, die Liturgie und das Lehramt nicht, die Jungfrau Maria „Tochter ihres Sohnes“[13] in der Gnadenordnung zu nennen;
– als Mutter nahm sie glaubend die Verkündigung des Engels auf und empfing in ihrem jungfräulichen Schoß durch das Wirken des Geistes und ohne Zutun eines Mannes den Sohn Gottes der menschlichen Natur nach; sie gebar ihn, nährte, beschützte und erzog ihn[14];
– als treue Magd gab sie sich „ganz der Person und dem Werk ihres Sohnes hin und diente so unter ihm und mit ihm in der Gnade des allmächtigen Gottes dem Geheimnis der Erlösung“[15];
– als Gefährtin des Erlösers: „Indem sie Christus empfing, gebar und nährte, im Tempel dem Vater darstellte und mit ihrem am Kreuz sterbenden Sohn litt, hat sie beim Werk der Erlösung in durchaus einzigartiger Weise in Gehorsam, Glaube, Hoffnung und brennender Liebe mitgewirkt“[16];

– als Jüngerin, die im Verlauf der Verkündigung Christi „die Worte“ aufnahm, „in denen der Sohn das die Ansprüche und Bande von Fleisch und Blut übersteigende Reich predigte und die seligpries, die das Wort Gottes hören und bewahren (vgl. *Mk* 3,35; *Lk* 11,27–28), wie sie selbst es getreulich tat (vgl. *Lk* 2,19.51)“[17].

8. Im Licht der Christologie sind auch die Beziehungen zwischen dem Heiligen Geist und Maria zu lesen: sie, die „gewissermaßen vom Heiligen Geist gebildet und zu einer neuen Kreatur gemacht“[18] ward, in besonderer Weise sein Heiligtum wurde[19], empfing durch die Kraft des Geistes (vgl. *Lk* 1,35) in ihrem jungfräulichen Schoß und schenkte der Welt Jesus Christus[20]. In der Erzählung von der Heimsuchung ergießen sich mittels ihrer die Gaben des Messias und Heilandes: die Ausgießung des Geistes über Elisabet, die Freude des kommenden Vorläufers (vgl. *Lk* 1,41).
Voll des Glaubens an die Verheißung des Sohnes (*Lk* 24,49) bildet die selige Jungfrau Maria eine betende Gegenwart inmitten der Jüngergemeinschaft: sie verharrt einmütig mit ihnen im Gebet (vgl. *Apg* 1,14) und erfleht „mit ihren Gebeten die Gabe des Geistes ..., der sie schon bei der Verkündigung überschattet hatte“[21].

B. Im Blick auf die Kirche

9. Im Hinblick auf Christus und somit auch im Blick auf die Kirche wollte und vorherbestimmte Gott Maria von Ewigkeit her. Denn Maria von Nazaret
– wird „als überragendes und völlig einzigartiges Glied der Kirche“[22] erkannt aufgrund der ihr verliehenen Gnadengaben und ihrer Stellung im mystischen Leib;
– ist Mutter der Kirche, weil sie „die Mutter dessen ist, der vom ersten Augenblick der Menschwerdung in ihrem jungfräulichen Schoß an seinen mystischen Leib, der die Kirche ist, mit sich als Haupt vereinigt hat“[23];
– ist wegen ihrer Eigenschaft als Jungfrau, Braut und Mutter Bild der Kirche, die selbst auch aufgrund der Unversehrtheit des Glaubens Jungfrau ist, Braut wegen ihrer Vereinigung mit Christus, Mutter durch die Geburt unzähliger Kinder[24];
– ist wegen ihrer Tugenden Vorbild der Kirche, die sich im Vollzug des Glaubens, der Hoffnung und der Liebe[25] und im apostolischen Wirken[26] von ihr inspiriert;
– fährt durch ihre vielfältige Fürbitte fort, der Kirche die Gaben des ewigen Heils zu erwirken. In ihrer mütterlichen Liebe trägt sie Sorge für die Brüder ihres Sohnes, die noch auf der Pilgerschaft sind. Deshalb wird die selige Jungfrau in der Kirche unter dem Titel der Fürsprecherin, der Helferin, des Beistandes und der Mittlerin angerufen[27];
– ist durch ihre Aufnahme mit Leib und Seele in den Himmel das eschatologische „Bild“ und der „Anfang“ der Kirche[28], die in ihr „mit Freude anschaut ..., was sie ganz zu sein wünscht und hofft“[29] und die in ihr ein „Zeichen der sicheren Hoffnung und des Trostes“[30] findet.

10. In den unmittelbar auf das Konzil folgenden Jahren gaben der Apostolische Stuhl, viele Bischofskonferenzen und hervorragende Gelehrte, die die Lehre des Konzils ver-

deutlichten und auf die Probleme, die nach und nach auftauchten, antworteten, der Reflexion über die Mutter des Herrn neue Aktualität und Kraft.
Einen besonderen Beitrag zu diesem Wiederaufleben der Mariologie leisteten das Apostolische Schreiben *Marialis cultus* und die Enzyklika *Redemptoris Mater*.
Hier ist nicht der Ort für einen ins einzelne gehenden Überblick über die verschiedenen Sektoren der nachkonziliaren Forschung über Maria; dennoch erscheint es als nützlich, auf einige Beispiele als Anregung für weitere Studien hinzuweisen.

11. Die Bibelexegese hat der Mariologie neue Felder erschlossen, indem sie den Schriften des Alten und Neuen Testaments immer mehr Raum widmete. Nicht wenige Texte des Alten Testaments und vor allem die neutestamentlichen Abschnitte bei Lukas und Matthäus über die Kindheit Jesu sowie die johanneischen Perikopen waren Objekt ständigen und vertieften Studiums, welches mit den erzielten Ergebnissen die biblische Grundlage der Mariologie verstärkt und sie vom thematischen Gesichtspunkt her beträchtlich bereichert hat.

12. Auf dem Feld der dogmatischen Theologie trug die Mariologie in der nachkonziliaren Diskussion zu einer geeigneteren Verdeutlichung der Dogmen bei: so im Fall der Diskussionen über die Erbsünde (Dogma von der unbefleckten Empfängnis), über die Menschwerdung des Wortes (Dogma von der jungfräulichen Empfängnis Christi, Dogma von der Gottesmutterschaft), über Gnade und Freiheit (Lehre vom Mitwirken Mariens am Heilswerk), über die letzte Bestimmung des Menschen (Dogma von der Aufnahme Mariens in den Himmel); in all diesen Fällen mußte sie die geschichtlichen Umstände, in denen jene Dogmen definiert wurden, und die Sprechweise, in der sie formuliert wurden, kritisch untersuchen, sie im Licht der Errungenschaften der Bibelexegese einer genaueren Kenntnis der Überlieferung und der Anfragen der Humanwissenschaften verstehen und schließlich unbegründete Bestreitungen zurückweisen.

13. Das Interesse der Mariologie an den mit der Verehrung Mariens verbundenen Problemen war sehr lebendig: es drückte sich aus in der Erforschung ihrer geschichtlichen Wurzeln[31], in der Bemühung um die von der Lehre ausgehenden Motivationen und um die Achtsamkeit für ihre organische Einfügung in den „einen christlichen Kult“[32], in der Bewertung ihrer verschiedenen liturgischen Ausdrucksformen und der vielfältigen Erscheinungen der Volksfrömmigkeit und nicht zuletzt in der Vertiefung der gegenseitigen Beziehungen.

14. Auch auf ökumenischem Gebiet war die Mariologie Gegenstand besonderer Betrachtung. In bezug auf die Ostkirchen unterstrich Johannes Paul II., „wie tief sich die katholische Kirche, die orthodoxe Kirche und die altorientalischen Kirchen in der Liebe und Verehrung für die Gottesgebärerin ... verbunden wissen“[33]; seinerseits hat der ökumenische Patriarch Dimitrios I. hervorgehoben, wie die „zwei Schwesterkirchen die Jahrhunderte hindurch die Flamme der Andacht zur verehrungswürdigsten Person der hochheiligen Gottesgebärerin aufrechterhalten haben“[34] und wünschte, daß „das Thema

der Mariologie einen zentralen Platz im theologischen Dialog zwischen unseren Kirchen einnehme /.../ auf die volle Wiederherstellung unserer kirchlichen Gemeinschaft hin"[35].
Bezüglich der Kirchen der Reformation ist die nachkonziliare Epoche durch den Dialog und die Anstrengung für ein gegenseitiges Verständnis gekennzeichnet. Dies ließ die Überwindung jahrhundertelangen Mißtrauens zu, bessere Kenntnis der betreffenden Lehrauffassungen und die Aufnahme gemeinsamer Forschungsinitiativen. Zumindest in einigen Fällen konnten so auf der einen Seite die Gefahren einer „Verdunkelung" der Gestalt Mariens im kirchlichen Leben, auf der anderen Seite die Notwendigkeit eingesehen werden, sich an den Offenbarungsbefund zu halten[36].
Im Bereich des Gesprächs zwischen den Religionen wandte sich das Interesse der Mariologie an das Judentum, dem die „Tochter Sion" entstammt. Außerdem wandte es sich an den Islam, in dem Maria als heilige Mutter Christi verehrt wird.

15. Die nachkonziliare Mariologie widmete der Anthropologie neue Aufmerksamkeit. Die Päpste stellten Maria von Nazaret wiederholt als den höchsten Ausdruck menschlicher Freiheit im Mitwirken des Menschen mit Gott dar, der sich „im erhabenen Geschehen der Menschwerdung seines Sohnes dem freien und tätigen Dienst einer Frau anvertraut hat"[37].
Aus der Konvergenz der Inhalte des Glaubens und der Humanwissenschaften, insofern diese ihre Aufmerksamkeit auf Maria von Nazaret richteten, wurde mit größerer Klarheit verstanden, daß Maria die höchste geschichtliche Verwirklichung des Evangeliums[38] und zugleich die Frau ist, die sich auf menschlicher Ebene durch ihre Selbstbeherrschung, ihren Verantwortungssinn, die Öffnung auf andere hin und den Geist des Dienens, durch ihre Festigkeit und ihre Liebe auf höchste Weise selbst verwirklicht hat.
Zum Beispiel wurde die Notwendigkeit bemerkt,
- die Gestalt der Jungfrau Maria den Menschen unserer Zeit „anzunähern" und ihr „historisches Bild" als demütige jüdische Frau hervorzuheben;
- die dauerhaften und universalen menschlichen Werte Mariens in der Weise zu zeigen, daß die Rede über sie die Rede über den Menschen erhellt.

In diesem Bereich wurde das Thema „Maria und die Frau" mehrmals behandelt; es läßt viele Zugangsweisen offen, doch kann man längst noch nicht sagen, es sei ausgeschöpft und erheische nicht weitere Entwicklungen.

16. In der nachkonziliaren Mariologie gab es des weiteren neue Themen beziehungsweise Themen, die von einer neuen Sichtweise her behandelt wurden: der Bezug zwischen dem Heiligen Geist und Maria; das Problem der Inkulturation der Lehre über Maria und der Ausdrucksweisen marianischer Frömmigkeit; der Wert der via pulchritudinis, um in der Kenntnis Mariens voranzukommen, und die Fähigkeit Mariens, die höchsten Ausdrucksweisen im Bereich der Literatur und Kunst hervorzurufen; die Entdeckung der Bedeutung Mariens in bezug auf einige pastorale Erfordernisse unserer Zeit (die Lebenskultur, die Option für die Armen, die Verkündigung des Wortes ...); die Aufwertung der „marianischen Dimension im Leben der Jünger Christi"[39].

Die Enzyklika „Redemptoris Mater" Johannes Pauls II.

17. In die Linie von *Lumen gentium* und der lehramtlichen Dokumente nach dem Konzil stellt sich die Enzyklika *Redemptoris Mater* Johannes Pauls II., die die christologische und ekklesiologische Einbettung der Mariologie bestätigt, die nötig ist, damit sie die ganze Spanne ihrer Inhalte offenbare.
Zunächst vertieft der Heilige Vater durch eine längere Erwägung des Ausrufes der Elisabet: „Selig ist, die geglaubt hat" (*Lk* 1,45) die vielfältigen Aspekte des heldenhaften Glaubens Mariens, den er betrachtet als „gleichsam einen Schlüssel ..., der uns die innerste Wirklichkeit Marias erschließt"[40]. Sodann beleuchtet der Heilige Vater die „mütterliche Gegenwart" Mariens auf dem Weg des Glaubens unter zwei gedanklichen Linien, einer theologischen wie einer pastoralen und geistlichen;
- Maria, die im Leben der Kirche tätig gegenwärtig war – an ihrem Anfang (das Geheimnis der Menschwerdung), bei ihrem Auftreten (das Geheimnis von Kana und das des Kreuzes) und bei ihrem Offenbarwerden (das Mysterium von Pfingsten) – ist eine „wirkende Gegenwart" in ihrer ganzen Geschichte, ja sie ist „inmitten der pilgernden Kirche"[41], der gegenüber sie eine vielfältige Funktion ausübt; sie wirkt mit bei der Geburt der Gläubigen zum Leben der Gnade, sie ist ein Vorbild der Nachfolge Christi und übt eine „mütterliche Vermittlung"[42] aus;
- die Gebärde, mit der Christus den Jünger der Mutter und die Mutter dem Jünger anvertraute (vgl. *Joh* 19,25–27), bestimmt ein sehr enges Verhältnis zwischen Maria und der Kirche. Durch den Willen des Herrn kennzeichnet eine „marianische Note" das Aussehen der Kirche, ihren Pilgerweg, ihre pastorale Tätigkeit; und im geistlichen Leben eines jeden Jüngers findet sich – wie der Heilige Vater hervorhebt – eine „marianische Dimension"[43]. Insgesamt kann *Redemptoris Mater* als die Enzyklika über die „mütterliche und wirkende Gegenwart" Mariens im Leben der Kirche betrachtet werden[44]: auf ihrem Pilgerweg des Glaubens, im Gottesdienst, den sie ihrem Herrn darbringt, in ihrem Werk der Evangelisierung, in ihrer fortschreitenden Verähnlichung mit Christus, in ihrem ökumenischen Einsatz.

Der Beitrag der Mariologie zur theologischen Forschung

18. Die Theologiegeschichte bestätigt, daß die Kenntnis des Geheimnisses Mariens zu einer tieferen Kenntnis des Geheimnisses Christi, der Kirche und der Berufung des Menschen beiträgt[45]. Andererseits hilft das enge Band der seligen Jungfrau zu Christus, zur Kirche und zur Menschheit dazu, daß die Wahrheit über die Kirche und über den Menschen die Wahrheit über Maria von Nazaret erhellt.

19. Tatsächlich ist in Maria „alles auf Christus bezogen"[46]. Daraus folgt: „Allein im Geheimnis Christi klärt sich voll und ganz ihr eigenes Geheimnis"[47], ferner, daß die Kirche, je mehr sie das Geheimnis Christi vertieft, umso mehr die besondere Würde der Mutter des Herrn und ihre Stellung in der Heilsgeschichte versteht. In gewissem Maße ist aber auch das Umgekehrte wahr: denn die Kirche hat durch Maria, die „außerordentliche Zeugin des Geheimnisses Christi"[48], das Geheimnis der Kenosis des „Sohnes Got-

tes" (*Lk* 3,38; vgl. *Phil* 2,5–8), der in Maria „Sohn Adams" wurde (*Lk* 3,38), vertieft, sie hat mit größerer Klarheit die geschichtlichen Wurzeln des „Sohnes Davids" (vgl. *Lk* 1,32), sein Eingefügtsein in das jüdische Volk, seine Zugehörigkeit zu den „Armen des Herrn" erkannt.

20. Außerdem kann in Maria alles – die Vorzüge, die Sendung, die Bestimmung – innerlich auf das Geheimnis der Kirche bezogen werden. Davon leitet sich ab, daß das Geheimnis Mariens in dem Maße klarer aufleuchtet, in dem man das Geheimnis der Kirche vertieft. Ihrerseits erkennt die Kirche, wenn sie Maria betrachtet, die eigenen Ursprünge, ihr innerstes Wesen, ihre Sendung als Gnade, die Bestimmung zur Herrlichkeit, den Weg des Glaubens, den sie durchlaufen muß[49].

21. Schließlich kann in Maria alles auf den Menschen aller Orte und aller Zeiten bezogen werden. Sie hat universalen und andauernden Wert. Als „unsere wahre Schwester"[50] und verbunden „mit allen erlösungsbedürftigen Menschen in der Nachkommenschaft Adams"[51], enttäuscht Maria die Erwartungen des heutigen Menschen nicht. Weil sie eine „vollkommene Jüngerin Christi"[52] und eine Frau ist, die sich als Person vollständig verwirklicht hat, ist sie eine ewige Quelle fruchtbarer Anregungen zum Leben.

Für die Jünger des Herrn ist Maria das große Symbol des Menschen, der die innersten Bestrebungen seiner Einsicht, seines Wollens und seines Herzens erreicht, indem er sich durch Christus und im Heiligen Geist auf die Transzendenz Gottes hin in kindlicher Hingabe der Liebe öffnet, und sich in der Geschichte im tätigen Dienst an den Brüdern verwurzelt.

Außerdem „bietet" – wie Paul VI. schrieb – „die selige Jungfrau Maria, wenn sie in ihrer evangelischen Lebensweise und in ihrer Wirklichkeit, die sie in der Stadt Gottes bereits besitzt, betrachtet wird, dem Menschen von heute, der nicht selten zwischen Angst und Hoffnung hin- und hergerissen wird, niedergeworfen vom Sinn für seine Grenzen und emporgerissen von grenzenlosen Wünschen, verwirrt in der Seele und im Herzen gespalten, ungewissen Geistes vor dem Rätsel des Todes, bedrückt von der Einsamkeit, der Sehnsucht nach Gemeinschaft, erfüllt von Ekel und Langeweile, den Sieg der Hoffnung über die Angst, der Gemeinschaft über die Einsamkeit, des Friedens über die Verwirrung, der Freude und der Schönheit über den Überdruß und den Ekel, der ewigen Perspektiven über die zeitlichen, des Lebens über den Tod"[53].

22. „Vor allen Gläubigen ist sie wie ein ‚Spiegel', in dem sich ‚die Großtaten Gottes' (*Apg* 2,11) in tiefster und reinster Weise widerspiegeln[54], weshalb die Theologie die Aufgabe hat, dies zu verdeutlichen. Die Würde und die Bedeutung der Mariologie leiten sich darum von der Würde und der Wichtigkeit der Christologie ab, vom Wert der Ekklesiologie und der Pneumatologie, von der Bedeutung der übernatürlichen Anthropologie und der Eschatologie: mit diesen Traktaten ist die Mariologie eng verbunden.

II. Maria in der intellektuellen und geistlichen Ausbildung

Die mariologische Forschung

23. Aus den Daten des ersten Teils dieses Schreibens ergibt sich, daß die Mariologie heute lebendig und in gewichtigen Fragen der Lehre und der Pastoral engagiert ist. Deswegen ist es notwendig, daß sie zusammen mit der Aufmerksamkeit für nach und nach auftauchende pastorale Probleme besonders für die Strenge der Forschung sorgt, die von wissenschaftlichen Kriterien geleitet ist.

24. Auch für die Mariologie gilt das Wort des Konzils: „Die heilige Theologie ruht auf dem geschriebenen Wort Gottes, zusammen mit der Heiligen Überlieferung, wie auf einem bleibenden Fundament. In ihm gewinnt sie sichere Kraft und verjüngt sich ständig, wenn sie alle im Geheimnis Christi beschlossene Wahrheit im Licht des Glaubens durchforscht“[55]. Das Studium der Heiligen Schrift muß also die Seele der Mariologie sein[56].

25. Außerdem ist für die mariologische Forschung das Studium der Überlieferung unverzichtbar, da, wie das II. Vatikanum lehrt, die „Heilige Überlieferung und die Heilige Schrift /.../ den einen der Kirche überlassenen heiligen Schatz des Wortes Gottes“[57] bilden. Das Studium der Überlieferung offenbart sich darüber hinaus als besonders fruchtbar für die Qualität und Quantität des marianischen Erbes der Kirchenväter und der verschiedenen Liturgien.

26. Die Erforschung der Schrift und der Überlieferung, die geleitet sein soll von den fruchtbarsten Methoden und den gültigsten Mitteln der Kritik, muß vom Lehramt geführt werden, da ihm die Hinterlage des Wortes Gottes anvertraut ist zur Bewahrung und verbindlichen Auslegung; und sie muß, wo es erforderlich ist, von den sichersten Errungenschaften der Anthropologie und Humanwissenschaften bekräftigt und integriert werden[58].

Die mariologische Unterweisung

27. Hat man die Wichtigkeit der Gestalt Mariens in der Heilsgeschichte und im Leben des Volkes Gottes nach den Hinweisen des Vatikanums II und der Päpste betrachtet, wäre es undenkbar, die mariologische Unterweisung zu übergehen: deswegen muß ihr in den Seminaren und theologischen Fakultäten der rechte Platz geräumt werden.

28. Solches Lehren, das aus einer „systematischen Behandlung“ bestehen soll, wird
a) organisch sein, d. h. angemessen in den Studienplan des theologischen Curriculums eingefügt;
b) vollständig in der Weise, daß die Person Mariens in der ganzen Heilsgeschichte betrachtet wird, d. h. in ihrem Bezug zu Gott; zu Christus, dem menschgewordenen

Wort, dem Erlöser und Mittler; zum Heiligen Geist, dem Heiligmacher und dem Spender des Lebens; zur Kirche, dem Sakrament des Heils, zum Menschen – zu seinen Ursprüngen und seiner Entwicklung im Leben der Gnade, seiner Bestimmung zur Herrlichkeit –;

c) eingehend auf die verschiedenen Arten von Einrichtungen (Zentren religiöser Bildung, Seminare, Theologische Fakultäten ...) und auf die Ebene der Studenten: zukünftige Priester und Dozenten der Mariologie, Mitarbeiter bei der Verbreitung marianischer Frömmigkeit in den Diözesen, Lehrer des geweihten Lebens, Katecheten, Konferenzleiter und alle, die ihre marianischen Kenntnisse zu vertiefen wünschen.

29. Ein so erteilter Unterricht wird einseitige Darstellungen der Gestalt und Sendung Mariens zum Schaden der Gesamtschau des Geheimnisses vermeiden und eine Anregung zu vertieften Forschungen in Seminaren und Erarbeitungen von Lizenz- und Doktorarbeiten über die Quellen der Offenbarung und über die Dokumente des Lehramtes darstellen.
Außerdem können die Dozenten unter der Voraussetzung einer korrekten und fruchtbaren interdisziplinären Sichtweise im Verlauf ihres Unterrichts die eventuellen Bezüge zur seligen Jungfrau herausstellen.

30. Darum ist es notwendig, daß jedes Zentrum theologischer Studien – der jeweiligen Eigenart entsprechend – in der *Ratio studiorum* das Lehren der Mariologie deutlich umschreibt und mit den oben genannten Eigenschaften vorsieht, und daß die Dozenten der Mariologie dementsprechend eine angemessene Vorbereitung dafür haben.

31. In diesem Zusammenhang ist hervorzuheben, daß die Durchführungsverordnungen der Apostolischen Konstitution *Sapientia Christiana* den Lizenz- und Doktorgrad in Theologie mit der Spezialisierung in Mariologie vorsehen[59].

Der Dienst der Mariologie an der Pastoral und der marianischen Frömmigkeit

32. Wie jede theologische Disziplin bietet auch die Mariologie der Pastoral einen wertvollen Beitrag. Diesbezüglich unterstreicht *Marialis cultus*, daß „die Frömmigkeit gegenüber der seligen Jungfrau der Frömmigkeit dem göttlichen Heiland gegenüber untergeordnet und in Verbindung mit ihr großen pastoralen Wert hat und eine erneuernde Kraft für das christliche Leben darstellt"[60]. Außerdem ist sie dazu berufen, ihren Beitrag im weiten Feld der Evangelisierung zu leisten[61].

33. Erforschung und Lehre der Mariologie und ihr Dienst an der Pastoral streben die Förderung einer echten marianischen Frömmigkeit an, die das Leben jedes Christen und besonders jener charakterisieren muß, die sich den theologischen Studien widmen und sich auf das Priestertum vorbereiten.
Die Kongregation für das katholische Bildungswesen beabsichtigt, in besonderer Weise die Aufmerksamkeit der Ausbilder in den Seminaren auf die Notwendigkeit zu lenken, eine echte marianische Frömmigkeit in den Seminaristen zu wecken, in jenen also, die eines Tages die Haupttätigen der Pastoral der Kirche sein werden.

Wo das II. Vatikanum über die Notwendigkeit handelt, daß Seminaristen ein vertieftes geistliches Leben üben sollen, empfiehlt es sich, daß sie die „seligste Jungfrau Maria, die von Christus Jesus bei seinem Tod am Kreuz dem Jünger als Mutter gegeben wurde ..., mit kindlichem Vertrauen lieben und verehren“[62].

Ihrerseits hat die Kongregation in Übereinstimmung mit dem Denken des Konzils mehrere Male den Wert der marianischen Frömmigkeit in der Ausbildung der Alumnen des Seminars unterstrichen:

- in der *Ratio fundamentalis institutionis sacerdotalis* fordert sie vom Seminaristen, „inbrünstig, dem Geist der Kirche entsprechend, die Jungfrau Maria zu leben, die Mutter Christi, die ihm im Werk der Erlösung in besonderer Weise zugesellt ist“[63];
- im *Rundschreiben über die Einführung der Priesteramtskandidaten in das geistliche Leben* (6. Januar 1980) macht sie folgende Beobachtung: „Nichts kann mehr als die wahre Andacht zu Maria, verstanden als ein Streben nach immer vollkommenerer Nachahmung, ..., zur Freude am Glauben führen“[64], die so wichtig ist für jeden, der aus dem eigenen Leben eine ständige Ausübung des Glaubens machen soll.

  Wo der *Codex des kanonischen Rechts* über die Ausbildung der Priesteramtskandidaten spricht, empfiehlt er die Verehrung der seligen Jungfrau Maria, die von jenen Frömmigkeitsübungen genährt sein soll, mit denen die Alumnen den Geist des Gebetes erlangen und die Berufung festigen[65].

Zusammenfassung

34. Mit diesem Rundschreiben will die Kongregation für das Katholische Bildungswesen die Notwendigkeit unterstreichen, den Studenten aller Zentren kirchlicher Studien und den Seminaristen eine umfassende mariologische Ausbildung zu bieten, die das Studium, den Gottesdienst und das Leben umfaßt. Sie sollen

a) eine *vollständige und genaue Kenntnis* der Lehre der Kirche über die Jungfrau Maria erwerben, die es ihnen erlaubt, die wahre von der falschen Andacht und die wahre Lehre von ihren durch Übertreibungen und Mängel entstehenden Fehlformen zu unterscheiden; vor allem soll sie ihnen den Weg dahin erschließen, die erhabene Schönheit der glorreichen Mutter Christi zu betrachten und zu verstehen;

b) eine *echte Liebe* zur Mutter des Heilands und Mutter der Menschen nähren, die sich in echten Formen der Verehrung ausdrückt und übersetzt in eine „Nachahmung ihrer Tugenden“[66] und vor allem in einen entschiedenen Einsatz dafür, den Geboten Gottes gemäß zu leben und seinen Willen zu tun (vgl. *Mt* 7,121; *Joh* 15,14);

c) die *Fähigkeit zu entwickeln*, diese Liebe durch das Wort, die Schriften und das Leben dem christlichen Volk zu verkünden, dessen marianische Frömmigkeit zu fördern und zu pflegen ist.

35. Von einer angemessenen mariologischen Ausbildung, in der der Schwung des Glaubens und der Einsatz im Studium sich harmonisch zusammenfügen, werden sich zahlreiche Vorteile ergeben:

- auf *der intellektuellen Ebene*, damit die Wahrheit über Gott und über den Menschen, über Christus und über die Kirche vertieft und erhöht wird durch die Kenntnis der „Wahrheit über Maria“;
- auf der *geistlichen Ebene*, damit diese Ausbildung dem Christen dazu hilft, die Mutter Jesu „in den gesamten Bereich seines inneren Lebens“[67] aufzunehmen und einzuführen;
- auf der *pastoralen Ebene*, damit die Mutter des Herrn vom christlichen Volk als eine Gegenwart der Gnade erfahren wird.

36. Das Studium der Mariologie führt – als sein letztes Ziel – zur Aneignung einer gefestigten marianischen Spiritualität, die ein wesentlcher Aspekt der christlichen Spiritualität ist. Auf seinem Pilgerweg hin zur vollen Reife Christi (vgl. *Eph* 4,13) ist der Jünger des Herrn sich der Sendung bewußt, die Gott Maria in der Heilsgeschichte und der Geschichte der Kirche anvertraut hat, und nimmt sie an als „Mutter und Lehrerin geistlichen Lebens“[68]: mit ihr und wie sie prägt er im Licht der Menschwerdung und des Ostergeheimnisses seiner eigenen Existenz eine entscheidende Ausrichtung auf Gott hin durch Christus im Geist ein, um in der Kirche die radikale Neuheit der frohen Botschaft und besonders das Gebot der Liebe zu leben (vgl. *Joh* 15,12).
Eminenzen, Exzellenzen, Hochwürdige Herren Regenten, Hochwürdige Herren Dekane der kirchlichen Fakultäten, wir geben der Hoffnung Ausdruck, daß die hier kurz zusammengestellten Orientierungen ihre notwendige Aufnahme bei den Dozenten und den Studenten finden, damit die gewünschten Früchte erreicht werden.

Indem wir Ihnen die Fülle des göttlichen Segens wünschen, verbleiben wir ergebenst

William Card. Baum

Anmerkungen

1 *Schlußdokument der Außerordentlichen Bischofssynode 1985*: Kirche – unter dem Wort Gottes – feiert die Geheimnisse Christi – zum Heil der Welt, I, 2 (zitiert nach: Verlautbarungen des Apostolischen Stuhls 68, hrsg. vom Sekretariat der Deutschen Bischofskonferenz).
2 *Ebd.*, I, 5.
3 *Ebd.*, II, 6.
4 Papst Johannes Paul II., Enzyklika *Redemptoris Mater* (25. März 1987), 48: *AAS* 79 (1987) 427 (zitiert nach: Verlautbarungen des Apostolischen Stuhls 75).
5 Vgl. *ebd.*, Nr. 1.25.
6 Römisches Meßbuch, *Erstes Hochgebet*, Abschnitt „In Gemeinschaft mit der ganzen Kirche“.
7 *Lumen gentium*, Nr. 65.
8 *Ebd.*, Nr. 52.
9 Vgl. *ebd.*, Nr. 53.
10 *Ebd.*, Nr. 56.
11 *Sacrosanctum Concilium*, Nr. 103.
12 *Lumen gentium*, Nr. 53.

[13] Vgl. 11. *Konzil von Toledo*, 48: *Denzinger/Schönmetzer* 536.
[14] Vgl. *Lumen gentium*, Nr. 57.61.
[15] *Ebd.*, Nr. 56.
[16] *Ebd.*, Nr. 61. Vgl. *ebd.*, Nr. 56. 58.
[17] *Ebd.*, Nr. 58.
[18] *Ebd.*, Nr. 56.
[19] Vgl. *ebd.*, Nr. 53.
[20] Vgl. *ebd.*, Nr. 52.63.65.
[21] *Ebd.*, Nr. 59.
[22] *Ebd.*, Nr. 53.
[23] Paulus PP. VI, *Allocutio tertia SS. Concilii periodo exacta* (21 Novembris 1964): *AAS* 56 (1964) 1014–1018.
[24] Vgl. *ebd.*, Nr. 64.
[25] Vgl. *ebd.*, Nr. 53. 63. 65.
[26] Vgl. *ebd.*, Nr. 65.
[27] Vgl. *Lumen gentium*, Nr. 62.
[28] Vgl. *ebd.*, Nr. 68.
[29] *Sacrosanctum Concilium*, Nr. 103.
[30] *Lumen gentium*, Nr. 68.
[31] Zwischen 1967 und 1987 haben sechs von der Internationalen Päpstlichen Marianischen Akademie organisierte Internationale Marianische Kongresse die Erscheinungsformen der Marienfrömmigkeit von den Ursprüngen bis zum 20. Jahrhundert systematisch untersucht.
[32] Vgl. Papst Paul VI., Apostolisches Schreiben *Marialis cultus* (2. Februar 1974) *AAS* 66 (1974) 114.
[33] *Redemptoris Mater*, Nr. 31.
[34] Dimitrios I., *Homilie* in der Vesper am 7. Dezember 1987 in Santa Maria Maggiore (Rom): *L'Osservatore Romano* (7–8 Dicembre 1987) 6.
[35] *Ebd.*, Nr. 6.
[36] Für eine Mariologie, die der Ökumene verpflichtet ist, sind wertvolle Hinweise im Ökumenischen Direktorium enthalten: Secretariatus ad Christianorum unitatem fovendam *Spiritus Domini* (16 Aprilis 1970): *AAS* 62 (1970), 705–724.
[37] *Redemptoris Mater*, Nr. 46.
[38] Vgl. III. Conferencia general dei Episcopado Latino-Americano (Puebla 1979), *La evangelización en el presente y en el futuro de América Latina* (Bogotá 1979) 282.
[39] *Redemptoris Mater*, Nr. 45.
[40] *Ebd.*, Nr. 19.
[41] Titel des Zweiten Teils der Enzyklika *Redemptoris Mater*.
[42] Titel des Dritten Teils der Enzyklika *Redemptoris Mater*.
[43] Vgl. *Redemptoris Mater*, Nr. 45–46.
[44] Vgl. *ebd.*, Nr. 1. 25.
[45] Vgl. *Lumen gentium*, Nr. 65.
[46] *Marialis cultus*, Nr. 25.
[47] *Redemptoris Mater*, Nr. 41; vgl. *ebd.*, Nr. 19.
[48] *Ebd.*, Nr. 27.
[49] Vgl. *ebd.*, Nr. 2.
[50] *Marialis cultus*, Nr. 56.
[51] *Lumen gentium*, Nr. 53.
[52] *Marialis cultus*, Nr. 35.
[53] *Ebd.*, Nr. 57.
[54] *Redemptoris Mater*, Nr. 25.
[55] *Dei Verbum*, Nr. 24.

[56] Vgl. *ebd.*, Nr. 24; *Optatam totius*, Nr. 16.

[57] *Dei Verbum*, Nr. 10.

[58] Vgl. *ebd.*, Nr. 10.

[59] Die Kongregation für das katholische Bildungswesen stellte mit Genugtuung fest, daß Dissertationen für das Lizentiat und das Doktorat in Theologie nicht selten sind, die ein mariologisches Thema erforschen. Weil sie von der Wichtigkeit solcher Studien überzeugt ist und sie fördern will, hat die Kongregation 1979 „das Lizentiat und das Doktorat in Theologie mit Spezialisierung in Mariologie" eingerichtet vgl. Ioannes Paulus PP. II, Const. Ap. *Sapientia Christiana* (15 Aprilis 1979) Appendix II ad art. 64 „Ordinationum", n.12: *AAS* 71 (1979) 520 (Verlautbarungen des Apostolischen Stuhls 9), die derzeit an der Päpstlichen Theologischen Fakultät „Marianum" in Rom und am International Maria Research Institut – University of Dayton (Ohio, USA), dem „Marianum" eingegliedert, durchführbar sind.

[60] *Marialis cultus*, Nr. 57.

[61] Vgl. *Sapientia Christiana*, Nr. 3.

[62] *Optatam totius*, Nr. 8.

[63] Congregatio pro institutiuone Catholica, *Ratio fundamentalis institutionis sacerdotalis* (Romae 1985) 54 e.

[64] Dies., *Rundschreiben über die Einführung der Priesteramtskandidaten in das geistliche Leben*, Nr. II, 4 (Verlautbarungen des Apostolischen Stuhls 19).

[65] Vgl. *Codex Iuris Canonici*, can. 246 § 3.

[66] *Lumen gentium*, Nr. 67.

[67] *Redemptoris Mater*, Nr. 45.

[68] Vgl. *Marialis cultus*, Nr. 21; *Collectio missarum de b. Maria Virgine*, form. 32.

Direktorium „Sonntäglicher Gemeindegottesdienst ohne Priester"

Kongregation für den Gottesdienst vom 2. Juni

Vorwort

1. Die Kirche Christi kommt seit der Herabkunft des Heiligen Geistes am Pfingsttag zur Feier des österlichen Mysteriums immer gläubig an dem Tag zusammen, der im Gedenken an die Auferstehung des Herrn „Herrentag" genannt wird. In der sonntäglichen Versammlung liest die Kirche, was in der gesamten Schrift über Christus steht[1], und feiert die Eucharistie als Gedächtnis des Todes und der Auferstehung des Herrn, bis er wiederkommt.

2. Nicht immer ist jedoch eine volle Feier des Herrentages möglich. Denn es gab und gibt viele Christen, denen „wegen Fehlens eines geistlichen Amtsträgers oder aus einem anderen schwerwiegenden Grund die Teilnahme an der Eucharistiefeier unmöglich ist".[2]

3. In manchen Gegenden haben die Bischöfe nach der Erstverkündigung Katechisten beauftragt, die Gläubigen am Sonntag zu versammeln und ihr Gebet – in Form von Andachten – zu leiten. Denn mancherorts lebten die Christen, die an Zahl stark zugenommen hatten, weit verstreut auseinander, so daß nicht jeden Sonntag ein Priester zu ihnen kommen konnte.

4. An anderen Orten wird es den Gläubigen auf Grund von Christenverfolgungen oder anderen schwerwiegenden Einschränkungen der Religionsfreiheit völlig untersagt, sich am Sonntag zu versammeln. Und wie einst Christen wegen der Teilnahme an der sonntäglichen Versammlung das Martyrium auf sich nahmen[3], so gibt es auch heute Gläubige, die unter großen Schwierigkeiten am Sonntag zum Gebet in der Familie oder in kleinen Gruppen auch ohne Anwesenheit eines Priesters zusammenkommen.

5. Aus einem anderen Grunde – weil nämlich die Zahl der Priester zurückgegangen ist – kann in unserer Zeit in manchen Gebieten nicht jede Pfarrei jeden Sonntag Eucharistie feiern. Außerdem sind manche Pfarreien aus sozialen oder wirtschaftlichen Gründen entvölkert. So haben viele Priester die Verpflichtung, mehrmals am Sonntag in verschiedenen und auseinanderliegenden Kirchen die Messe zu feiern. Diese Praxis scheint aber weder für die Pfarreien, die keinen eigenen Hirten haben, noch für die Priester selbst in jedem Fall günstig zu sein.

6. Daher haben die Bischöfe in einigen Teilkirchen, in denen die dargestellten Verhältnisse bestehen, es für notwendig gehalten, dort, wo kein Priester zur Verfügung steht, andere sonntägliche Feiern einzuführen, damit auf die bestmögliche Weise eine wöchentli-

che Versammlung der Christen stattfinden kann und die christliche Tradition des Herrentages erhalten bleibt.
Nicht selten kommen auch – vor allem in Missionsgebieten – die Gläubigen, unterstützt von Katechisten oder Ordensleuten von sich aus zusammen, da sie sich der Wichtigkeit des Herrentages bewußt sind, um das Wort Gottes zu hören, zu beten und manchmal auch die heilige Kommunion zu empfangen.

7. Im Blick auf diese Tatsachen und unter Berücksichtigung von Dokumenten des Heiligen Stuhles[4] hält es die Gottesdienstkongregation für angebracht – und entspricht damit auch Wünschen von Bischofskonferenzen –, an einige Aussagen der Glaubenslehre über den Sonntag zu erinnern, die Bedingungen anzugeben, unter denen in den Diözesen Feiern dieser Art rechtmäßig sind, und außerdem einige Richtlinien für den ordnungsgemäßen Verlauf dieser Feiern zu geben.
Den Bischofskonferenzen kommt es – wo erforderlich – zu, weitere Einzelheiten zu regeln, die Bestimmungen der Eigenart sowie den unterschiedlichen Situationen der verschiedenen Völker anzupassen und darüber den Apostolischen Stuhl in Kenntnis zu setzen.

I. Kapitel

Der Sonntag und die Feier des Sonntags

8. „Aus apostolischer Überlieferung, die ihren Ursprung auf den Auferstehungstag Christi zurückführt, feiert die Kirche Christi das Pascha-Mysterium jeweils am achten Tage, der deshalb mit Recht Tag des Herrn oder Herrentag genannt wird.“[5]

9. Ausdrückliche Zeugnisse von der Versammlung der Gläubigen an dem Tag, der schon im Neuen Testament als „Herrentag“ bezeichnet wird[6], finden sich in frühen Dokumenten des ersten und zweiten Jahrhunderts[7]. Unter ihnen ragt das Zeugnis des heiligen Justin heraus: „Am Sonntag, wie dieser Tag genannt wird, kommen aus Stadt und Land alle an einem Ort zusammen ...“[8]. Jener Tag, an dem sich die Christen versammelten, fiel jedoch nicht zusammen mit den Feiertagen des griechischen und römischen Kalenders und wurde darum für die Mitbürger gewissermaßen zu einem Unterscheidungsmerkmal der Christen.

10. Von den ersten Jahrhunderten an haben die Hirten niemals aufgehört, die Gläubigen mahnend auf die Notwendigkeit der Zusammenkunft am Herrentag hinzuweisen: „Laßt euch also, da ihr Glieder Christi seid, nicht von der Kirche trennen, indem ihr nicht zusammen kommt ...; laßt nicht zu, daß die Glieder ihren Retter nicht kennen oder ihm fremd werden, und laßt nicht zu, daß sein Leib auseinandergerissen und zerstreut wird ...“[9]. Daran hat das Zweite Vatikanische Konzil mit den Worten erinnert: „An diesem Tag müssen die Christgläubigen zusammenkommen, um das Wort Gottes zu hören, an der Eucharistiefeier teilzunehmen und so des Leidens, der Auferstehung und der Herr-

lichkeit des Herrn Jesus zu gedenken und Gott dankzusagen, der sie ‚wiedergeboren hat zu lebendiger Hoffnung durch die Auferstehung Jesu Christi von den Toten‘ (*1 Petr* 1,3)“.[10]

11. Die Bedeutung der Feier des Sonntags für das Leben der Gläubigen beschreibt Ignatius von Antiochien so: „Die Christen feiern nicht mehr den Sabbat, sondern leben gemäß dem Herrentag, aus dem unser Leben durch Christus und seinen Tod hervorgegangen ist“.[11] Das gläubige Empfinden hat die Christen in der Vergangenheit wie in der Gegenwart den Sonntag so hoch in Ehren halten lassen, daß sie ihn auch in Zeiten der Verfolgung oder in Kulturen, die dem christlichen Glauben fremd oder entgegengesetzt sind, als Tag des Herrn nicht aufgeben wollten.

12. Die Kennzeichen der sonntäglichen Versammlung sind vor allem:

a) die Versammlung der Gläubigen als Zeichen, daß die Kirche nicht aus sich selbst entsteht, sondern von Gott zusammengerufen ist, d. h. das organisch aufgebaute Volk Gottes, dem der Priester vorsteht, der die Person Christi, des Hauptes, vertritt.

b) Die Unterweisung über das österliche Geheimnis durch die Schriftlesungen, die vorgetragen und vom Priester oder Diakon erklärt werden;

c) die Feier des eucharistischen Opfers, das der Priester in der Person Christi vollzieht, im Namen des ganzen christlichen Volkes darbringt und in welchem das österliche Mysterium gegenwärtig wird.

13. Die Seelsorge muß vor allem darauf ausgerichtet sein, daß an jedem Sonntag das Meßopfer gefeiert wird, durch das allein das Pascha des Herrn wahrhaft fortdauert[12], und die Kirche in ihrer Fülle dargestellt wird. „Deshalb ist der Herrentag der Ur-Feiertag, den man der Frömmigkeit der Gläubigen eindringlich vor Augen stellen soll ... Andere Feiern sollen ihm nicht vorgezogen werden, wenn sie nicht wirklich von höchster Bedeutung sind; denn der Herrentag ist Fundament und Kern des ganzen liturgischen Jahres“[13].

14. Solche Grundsätze sind von Anfang an in der christlichen Unterweisung einzuprägen, damit die Gläubigen das Gebot der Sonntagsheiligung aus Einsicht befolgen und auch verstehen, warum sie jeden Sonntag – von der Kirche gerufen[14] und nicht bloß aus privater Frömmigkeit – zur Eucharistiefeier zusammenkommen. So werden die Gläubigen den Herrentag als ein Zeichen der Transzendenz Gottes über alle menschlichen Werke erfahren können und nicht nur als einen Ruhetag. Sie werden auch Stärkung aus der sonntäglichen Versammlung empfangen und nach außen zeigen, daß sie Glieder der Kirche sind.

15. Die Gläubigen sollen in den sonntäglichen Versammlungen – wie überhaupt im Leben der christlichen Gemeinde – tätige Teilnahme und wahre Geschwisterlichkeit erfahren können sowie die Möglichkeit geistlicher Stärkung unter Führung des Geistes. So werden sie auch eher vor der Anziehungskraft von Sekten geschützt sein, die ihnen Hilfe

in schmerzlicher Einsamkeit versprechen und eine bessere Befriedigung religiöser Bedürfnisse.

16. Schließlich soll die Pastoral die Bestrebungen unterstützen, „die dahin zielen, daß der Sonntag, auch ein Tag der Freude und der Muße sei'"[15]; er könnte in der heutigen Gesellschaft allen als ein Zeichen der Freiheit erscheinen und so als ein zum Wohl der menschlichen Person bestimmter Tag, die ohne Zweifel wichtiger ist als Geschäfte und Produktionsprozesse.[16]

17. Das Wort Gottes, die Eucharistie und der priesterliche Dienst sind Gaben, die der Herr seiner Braut, der Kirche, darbietet. Als Geschenke Gottes sind sie zu empfangen, ja zu erbitten. Die Kirche, die sich dieser Gaben vor allem in der sonntäglichen Versammlung erfreut, sagt in ihr Gott Dank und erwartet die ewige Freude des Tages des Herrn, „vor Gott, der auf dem Thron sitzt, und vor dem Lamm"[17].

II. Kapitel

Allgemeine Bestimmungen für Sonntagsgottesdienste bei Abwesenheit eines Priesters

18. Wenn an einem Ort am Sonntag keine Messe gefeiert werden kann, ist zunächst zu überlegen, ob die Gläubigen eine in der Nachbarschaft gelegene Kirche aufsuchen können, um dort an der Feier der Eucharistie teilzunehmen. Diese Lösung ist auch heute noch zu empfehlen und – soweit möglich – beizubehalten. Erforderlich dafür ist, daß die Gläubigen – über die große Bedeutung der sonntäglichen Versammlung unterrichtet – sich den neuen Verhältnissen bereitwillig anpassen.

19. Auch wenn keine Messe stattfindet, ist es zu wünschen, daß den Gläubigen bei den verschiedenen Formen der sonntäglichen Versammlungen die Reichtümer der Heiligen Schrift und des Gebetes der Kirche dargeboten werden; sie sollen nicht auf die im Laufe des Jahres bei der Messe vorgetragenen Lesungen und auf die Gebete der verschiedenen Zeiten des Kirchenjahres verzichten müssen.

20. Von den verschiedenen Arten der Gottesdienste, die gemäß der liturgischen Überlieferung dann gehalten werden, wenn keine Meßfeier stattfinden kann, wird der Wortgottesdienst sehr empfohlen[18], der – wo es angemessen erscheint – durch die Kommunion abgeschlossen werden kann. So können die Gläubigen gleichzeitig mit dem Wort und dem Leib Christi genährt werden. „Wenn sie nämlich das Wort Gottes hören, erkennen sie, daß die Wundertaten des Herrn, die verkündigt werden, ihren Höhepunkt im Pascha-Mysterium erreichen, dessen Gedächtnis in der Messe sakramental gefeiert wird und an dem sie durch den Empfang der heiligen Kommunion teilhaben."[19]
Darüber hinaus kann in bestimmten Fällen die Feier des Herrentages passend mit den Feiern von Sakramenten und vor allem auch von Sakramentalien entsprechend den Erfordernissen der jeweiligen Gemeinde verbunden werden.

21. Den Gläubigen muß der Ersatzcharakter derartiger Feiern klar sein, damit sie sie nicht für eine optimale Lösung der heutigen Schwierigkeiten oder für ein Zugeständnis an die Bequemlichkeit halten[20]. Versammlungen und Zusammenkünfte dieser Art dürfen daher niemals an einem Sonntag an Orten gehalten werden, an denen am selben Tag schon eine Messe gefeiert wurde oder noch gefeiert wird oder am Vorabend gefeiert wurde, auch nicht in einer anderen Sprache; zudem sollten nicht mehrere derartige Versammlungen stattfinden.

22. Jede Verwechslung von Versammlungen dieser Art mit einer Eucharistiefeier ist sorgfältig zu vermeiden. Solche Versammlungen dürfen bei den Gläubigen das Verlangen nach der Teilnahme an der Eucharistiefeier nicht mindern, sondern sollen es vielmehr verstärken und eine größere Bereitschaft zur Teilnahme wecken.

23. Die Gläubigen müssen wissen, daß das eucharistische Opfer nicht ohne Priester möglich ist und daß die Kommunion, die sie bei Sonntagsgottesdiensten ohne Priester empfangen können, auf das engste mit dem Meßopfer verbunden ist. Von daher kann den Gläubigen deutlich gemacht werden, wie notwendig es ist, darum zu beten: „daß die Zahl der Ausspender der heiligen Geheimnisse wachse und sie in der Liebe des Herrn bleiben".[21]

24. Es ist Sache des Diözesanbischofs – nach Anhörung des Priesterrates – zu entscheiden, ob in seinem Bistum regelmäßig sonntägliche Gemeindegottesdienste ohne die Feier der Eucharistie stattfinden sollen, und dafür unter Berücksichtigung der örtlichen und personellen Umstände nicht nur allgemeine, sondern auch ins einzelne gehende Bestimmungen zu erlassen. Solche Versammlungen sollen also nur nach Weisung des Bischofs und unter der pastoralen Verantwortung des Pfarrers eingeführt werden.

25. „Eine christliche Gemeinde wird nur auferbaut, wenn sie ihre Wurzel und ihren Angelpunkt in der Feier der Eucharistie hat."[22] Bevor daher ein Bischof die Einführung sonntäglicher Versammlungen ohne Eucharistiefeier beschließt, soll er nicht nur die Organisation der Pfarreien überprüfen (vgl. Nr. 5), sondern auch die Möglichkeiten, auf Priester (auch Ordensleute) zurückzugreifen, die nicht direkt in der Seelsorge tätig sind; ebenso ist die Meßhäufigkeit in den verschiedenen Pfarreien und Kirchen zu überprüfen[23]. Die Feier der Eucharistie muß Vorrang vor anderen pastoralen Tätigkeiten behalten, vor allem am Sonntag.

26. Der Bischof soll persönlich oder durch jemand anderen die diözesane Gemeinschaft über die Gründe unterrichten, die zu solchen Maßnahmen führen, und dabei ihre Bedeutung aufzeigen sowie zur Solidarität und Zusammenarbeit auffordern. Er soll einen Beauftragten oder eine eigene Kommission einsetzen, die für die rechte Durchführung dieser Feiern sorgt. Er wähle Leute aus, die sich dieser Feiern annehmen, und er sorge dafür, daß sie entsprechend unterwiesen werden. Sein Bestreben sollte zugleich dahin gehen, daß die betroffenen Gläubigen mehrmals im Jahr auch an einer Eucharistiefeier teilnehmen können.

27. Aufgabe des Pfarrers ist es, den Bischof darüber zu unterrichten, ob in seinem Gebiet solche Feiern angebracht sind; er hat ferner die Gläubigen darauf vorzubereiten, sie zwischendurch an den Wochentagen zu besuchen und zu passenden Zeiten für sie die Sakramente, vor allem das der Buße, zu feiern. So wird eine solche Gemeinde wirklich erfahren können, daß sie sich am Sonntag nicht „ohne Priester“ versammelt, sondern nur „in seiner Abwesenheit“, besser noch „in seiner Erwartung“.

28. Wenn eine Messe nicht möglich ist, wird der Pfarrer dafür sorgen, daß die heilige Kommunion ausgeteilt werden kann. Er wird auch Vorsorge treffen, daß in jeder Gemeinde zu passenden Zeiten die Eucharistie gefeiert wird. Die konsekrierten Hostien sollen häufig erneuert und an einem sicheren Ort aufbewahrt werden.

29. Zum Vorsteherdienst für solche sonntäglichen Versammlungen sind als erste Helfer der Priester Diakone heranzuziehen. Weil nämlich der Diakon zur Leitung und Förderung des Wachstums des Volkes Gottes geweiht ist, kommt es ihm zu, das Gebet zu leiten, das Evangelium zu verkünden, die Homilie zu halten und die Kommunion auszuteilen[24].

30. Wenn weder ein Priester noch ein Diakon da ist, soll der Pfarrer Laien benennen, denen die Verantwortung für solche Feiern übertragen wird, d. h. die Leitung des Gebets, der Dienst des Wortes und die Austeilung der heiligen Kommunion.
Er soll zunächst Akolythen und Lektoren dafür heranziehen, die für den Dienst am Altar und am Wort Gottes beauftragt sind. Wenn keine zur Verfügung stehen, können andere Laien – Männer und Frauen – benannt werden, die diesen Dienst kraft Taufe und Firmung ausüben können[25]. Bei ihrer Auswahl ist auf ihre Lebensführung zu achten, die mit dem Evangelium übereinstimmen muß; es soll auch darauf geachtet werden, daß sie von den Gläubigen angenommen werden. Die Benennung für diesen Dienst soll gewöhnlich für eine bestimmte Zeitdauer gelten und der Gemeinde bekanntgegeben werden. Es ist angebracht, daß in einem Gottesdienst für sie gebetet wird[26].
Der Pfarrer soll für eine geeignete Ausbildung und Fortbildung dieser Laien sorgen und mit ihnen würdige Feiern vorbereiten (vgl. III. Kapitel).

31. Die benannten Laien sollen die ihnen anvertraute Aufgabe nicht nur als Ehre, sondern mehr noch als Verpflichtung ansehen, vor allem als Dienst – unter der Leitung des Pfarrers – für ihre Brüder und Schwestern. Es handelt sich ja nicht um eine ihnen eigene Aufgabe, sondern um eine Vertretung, die sie wahrnehmen, „wo es ein Bedarf der Kirche nahelegt, weil für diese Dienste Beauftragte nicht zur Verfügung stehen“[27].
Sie sollen „nur das und all das tun, was zu dem anvertrauten Dienst gehört“[28]. Sie sollen ihre Aufgabe in aufrichtiger Frömmigkeit und in Ordnung erfüllen, wie sie ihrem Dienst ziemt und wie sie das Volk Gottes mit Recht von ihnen verlangt[29].

32. Wenn am Sonntag ein Wortgottesdienst mit Austeilung der heiligen Kommunion nicht stattfinden kann, wird den Gläubigen sehr empfohlen, „daß sie sich eine entsprechende Zeit lang dem persönlichen Gebet oder dem Gebet in der Familie oder gegebe-

nenfalls in Familienkreisen widmen“[30]. In diesen Fällen können auch Radio- oder Fernsehübertragungen von Gottesdiensten eine Hilfe sein.

33. Vor allem soll man die Möglichkeit in Betracht ziehen, einen Teil der Stundenliturgie – z. B. die Laudes oder die Vesper – zu feiern, in die auch die Sonntagslesungen eingefügt werden können. Denn wenn „die Gläubigen zur Feier des Stundengebetes gerufen werden und in ihrer Versammlung Herz und Stimme vereinen, wird in ihnen Kirche sichtbar, die das Mysterium Christi feiert“[31]. Am Ende dieser Feier kann die Kommunion ausgeteilt werden (vgl. Nr. 46).

34. „Die einzelnen Gläubigen oder Gemeinden, die aufgrund von Verfolgungen oder durch den Mangel an Priestern für kürzere oder längere Zeit die Eucharistiefeier entbehren müssen, gehen deshalb der Gnade des Erlösers keineswegs verlustig. Wenn sie, zutiefst vom Wunsch nach dem Sakrament geleitet und im Gebet mit der ganzen Kirche vereint, den Herrn anrufen und ihre Herzen zu ihm erheben, haben sie in der Kraft des Heiligen Geistes Gemeinschaft mit der Kirche, die der lebendige Leib Christi ist, und mit dem Herrn selbst ... und sie empfangen daher die Früchte des Sakramentes.“[32]

III. Kapitel

Die gottesdienstliche Feier

35. Die Feier eines Sonntagsgottesdienstes anstelle einer Messe besteht aus zwei Teilen: dem Wortgottesdienst und der Austeilung der Kommunion. In die Feier soll nichts eingefügt werden, was typisch für die Messe ist, vor allem keine Gabenbereitung und kein Eucharistisches Hochgebet. Der Gottesdienst soll so gestaltet werden, daß er ganz dem Beten dient und als eine liturgische Versammlung erscheint und nicht als ein bloßes Treffen.

36. Die Texte der Gebete und der Lesungen für den jeweiligen Sonntag oder Feiertag werden in der Regel aus dem Meßbuch und aus dem Lektionar genommen. So folgen die Gläubigen in ihrem Gebet dem Lauf des Kirchenjahres und hören das Wort Gottes in Einheit mit den anderen Gemeinden der Kirche.

37. Der Pfarrer kann bei der gemeinsamen Vorbereitung mit den benannten Laien Anpassungen vornehmen im Hinblick auf die Zahl der Teilnehmer, die Fähigkeiten der Gottesdiensthelfer und die gesanglichen und musikalischen Gestaltungsmöglichkeiten.

38. Wenn ein Diakon der Feier vorsteht, hält er es bei den Grußrufen, bei den Gebeten, der Verkündigung des Evangeliums, der Homilie, der Kommunionausteilung und der Entlassung mit Segen so, wie es seinem Amt zukommt. Er trägt die Gewänder, die seinem Dienst entsprechen (Albe mit Stola und gegebenenfalls Dalmatik), und benutzt den Vorstehersitz.

39. Ein Laie, der die Versammlung leitet, verhält sich wie einer unter gleichen, d. h. so wie beim Stundengebet, wenn kein geweihter Amtsträger vorsteht, und wie bei Segnungsfeiern, wenn der Leiter ein Laie ist („Der Herr segne uns ...“, „Singet Lob und Preis...“).
Er darf nicht die Worte verwenden, die dem Priester oder dem Diakon eigen sind, und muß jene liturgischen Elemente auslassen, die allzu sehr an die Messe erinnern, z. B. Grußrufe, vor allem „Der Herr sei mit euch“, und die Entlassung, die den die Feier leitenden Laien als geweihten Amtsträger erscheinen lassen könnte[33].

40. Der Laie soll eine Kleidung tragen, die für diesen Dienst nicht unziemlich oder eventuell vom Bischof vorgeschrieben ist[34]. Den Vorstehersitz soll er nicht benutzen, vielmehr soll außerhalb des Altarraumes ein eigener Sitz aufgestellt werden[35]. Der Altar – Tisch des Opfers und des österlichen Mahles – soll nur zum Niederstellen des konsekrierten Brotes vor der Austeilung der Eucharistie verwendet werden.
Bei der Vorbereitung der Feier soll man für eine entsprechende Verteilung der Aufgaben sorgen, z. B. bei den Lesungen, Gesängen usw., sowie bei der Herrichtung und der Ausschmückung des Raumes.

41. Die Feier enthält folgende Elemente:

a) Eröffnung.
Sie dient dazu, aus den versammelten Gläubigen eine Gemeinschaft werden zu lassen und sie entsprechend auf die Feier einzustimmen.
b) Wortgottesdienst.
In ihm spricht Gott selbst zu seinem Volk, um das Geheimnis der Erlösung und des Heiles zu offenbaren; das Volk antwortet durch das Glaubensbekenntnis und durch das Fürbittgebet.
c) Danksagung.
In ihr wird Gott gepriesen wegen seiner großen Herrlichkeit (vgl. Nr. 45).
d) Kommunionteil.
Durch ihn wird die Gemeinschaft mit Christus und mit den Brüdern und Schwestern ausgedrückt und bewirkt, vor allem mit jenen, die an diesem Tag am eucharistischen Opfer teilnehmen.
e) Abschluß.
Durch ihn wird der Zusammenhang zwischen der Liturgie und dem christlichen Leben verdeutlicht.

Die Bischofskonferenz oder der einzelne Bischof kann unter Berücksichtigung der örtlichen und personellen Verhältnisse die Feier noch genauer ordnen, wofür die nationale oder diözesane Liturgiekommission Hilfen zur Verfügung stellt. Der Aufbau der Feier soll nicht ohne Notwendigkeit verändert werden.

42. Es ist gut, wenn der Leiter bei den einführenden Worten oder an einer anderen Stelle der Feier die Gemeinde erwähnt, mit der an diesem Sonntag der Pfarrer die Eucharistie feiert, und wenn er die Gläubigen einlädt, sich geistlich mit dieser Gemeinde zu verbinden.

43. Damit die Teilnehmer das Wort Gottes besser behalten können, soll entweder eine gewisse Erklärung der Lesungen stattfinden oder eine Zeit der Stille gehalten werden, um das Gehörte zu betrachten. Da die Homilie dem Priester oder Diakon vorbehalten ist[36], ist zu wünschen, daß der Pfarrer eine vorher von ihm vorbereitete Homilie dem Leiter der Versammlung zur Verfügung stellt, der sie dann vorliest. Diesbezügliche Bestimmungen der Bischofskonferenz sind zu beachten.

44. Beim Fürbittgebet soll die übliche Reihe der Anliegen eingehalten werden[37]. Nicht ausgelassen werden sollen die Anliegen, die gegebenenfalls vom Bischof für die ganze Diözese vorgeschrieben sind. Ebenso sollen häufig Bitten um Priesterberufe, für den Bischof und den Pfarrer vorkommen.

45. Die Danksagung soll in einer der beiden nachstehenden Weisen erfolgen:

1) *Nach dem Fürbittgebet oder nach der Austeilung der Kommunion.*
Der Leiter lädt alle zur Danksagung ein, in der die Gläubigen Gottes Herrlichkeit und Barmherzigkeit bekennen. Das kann geschehen durch einen Psalm (z. B. Psalm 100, 113, 118, 136, 148, 150), durch einen Hymnus oder einen Gesang (z. B. Gloria, Magnifikat ...) oder auch ein litaneiartiges Gebet, das der Leiter gemeinsam mit allen Gläubigen betet; dabei steht er mit ihnen zum Altar gewandt.

2) *Vor dem Vaterunser.*
Der Leiter geht zum Tabernakel oder dorthin, wo die Eucharistie aufbewahrt wird, macht ein Zeichen der Verehrung und überträgt die Schale mit dem Allerheiligsten zum Altar. Dann kniet er vor dem Altar nieder und betet zusammen mit den Gläubigen einen Hymnus, einen Psalm oder ein litaneiartiges Gebet, die in diesem Fall an den in der heiligen Eucharistie gegenwärtigen Christus gerichtet sind.
Diese Danksagung darf auf keinen Fall die Form des Eucharistischen Hochgebetes haben. Die im Römischen Meßbuch für die Präfation und das Eucharistische Hochgebet vorgesehenen Texte dürfen nicht verwendet werden, damit jede Gefahr einer Verwechslung vermieden wird.

46. Für die Kommunionausteilung gelten die Bestimmungen des Ritualeteils „Kommunionspendung und Eucharistieverehrung außerhalb der Messe"[38]. Die Gläubigen sollen öfter daran erinnert werden, daß sie auch bei der Kommunion außerhalb einer Meßfeier mit dem eucharistischen Opfer verbunden sind.

47. Für die Kommunion soll nach Möglichkeit Brot verwendet werden, das am selben Sonntag in einer an einem anderen Ort gefeierten Messe konsekriert wurde, von dort von einem Diakon oder einem Laien in einem entsprechenden Gefäß (Ziborium oder Burse) übertragen und vor der Feier in den Tabernakel gestellt worden ist. Es kann auch Brot verwendet werden, das in der letzten Messe am selben Ort konsekriert wurde. Vor dem Gebet des Herrn geht der Leiter der Feier zum Tabernakel oder dorthin, wo die Eucharistie aufbewahrt wird, nimmt das Gefäß mit dem Leib des Herrn und stellt es auf den Altar. Dann

spricht er die Einleitung zum Gebet des Herrn, sofern nicht an dieser Stelle die in Nr. 45,2 erwähnte Danksagung folgt.

48. Das Gebet des Herrn wird immer von allen gesprochen oder gesungen, auch wenn keine heilige Kommunion ausgeteilt wird. Es kann der Friedensgruß ausgetauscht werden. Nach der Kommunionausteilung „kann gegebenenfalls eine Stille gehalten oder ein Psalm bzw. ein Lobgesang vorgetragen werden“[39]. Es kann aber auch die in Nr. 45,1 erwähnte Danksagung stattfinden.

49. Bevor die Versammlung schließt, können Vermeldungen oder Hinweise auf das pfarrliche oder diözesane Leben gegeben werden.

50. „Man kann gar nicht hoch genug die grundlegende Bedeutung der sonntäglichen Versammlungen einschätzen: als Quelle des christlichen Glaubens des einzelnen wie der Gemeinden und als Zeugnis des Heilsplanes Gottes, alle Menschen in seinem Sohn Jesus Christus zu einen.
Alle Christen müssen überzeugt sein, daß sie ihren Glauben nicht leben und nicht an der universalen Sendung der Kirche in der ihnen zukommenden Weise teilhaben können, wenn sie sich nicht mit dem eucharistischen Brot nähren. Ebenso müssen sie überzeugt sein, daß die sonntägliche Versammlung vor der Welt ein Zeichen für das Geheimnis der Gemeinschaft – die Eucharistie – ist.“[40]

Papst Johannes Paul II. hat am 21. Mai 1988 dieses von der Gottesdienstkongregation erstellte Direktorium gebilligt, bestätigt und seine Veröffentlichung angeordnet.

Am Sitz der Gottesdienstkongregation, den 2. Juni 1988, am Hochfest des Leibes und Blutes Christi.

Paulus Augustinus
Kardinal Mayer OSB
Präfekt

Virgilius Noè
Titular-Erzbischof von Voncaria
Sekretär

Anmerkungen

1 Vgl. *Lk* 24,27.
2 *CIC*, can. 1248, § 2.
3 Vgl. *Acta Martyrum Bytiniae*. In: D. Ruiz Bueno, *Actas de los Martires* (BAC 75). Madrid 1951, S. 973.
4 Ritenkongregation und Consilium, Instruktion *Inter Oecumenici*, (26. Sept. 1964), Nr. 37: *AAS*, 56 (1964), S. 884 f.; *CIC*, can. 1248, § 2.

[5] Zweites Vatikanisches Konzil, Liturgiekonstitution *Sacrosanctum Concilium*, Nr.106. Vgl. *ebd.*, Anhang, Erklärung des Zweiten Vatikanischen Konzils zur Kalenderreform.
[6] vgl. *Offb* 1,10. Vgl. auch *Joh* 20,19.26; *Apg* 20,7–12; *1 Kor* 16,2; *Hebr* 10,24 f.
[7] *Didache* 14,1; ed. F. X. FUNK, *Doctrina duodecim Apostolorum*, 42.
[8] Justin, *Apologia I*, 67; *PG* 6, 430.
[9] *Didascalia Apostolorum*, 2,59,1–3; ed. F.X. FUNK 1,170.
[10] Zweites Vatikanisches Konzil, Liturgiekonstitution, *Sarosanctum Concilium*, Nr. 106.
[11] Ignatius von Antiochien, *Ad Magnesios 9*, 1; ed. F.X. FUNK 1, 199.
[12] Vgl. Paul VI., *Ansprache an französische Bischöfe beim Ad-limina-Besuch*, 26. März 1977: *AAS*, 69 (1977), S. 465: „Das Ziel muß die Feier des Meßopfers, der einzigen wahren Verwirklichung des Pascha des Herrn, bleiben."
[13] Zweites Vatikanisches Konzil, Liturgiekonstitution *Sacrosanctum Concilium*, Nr. 106.
[14] Vgl. Ritenkongregation, Instruktion *Eucharisticum mysterium* (25. Mai 1967), Nr. 25: *AAS*, 59 (1967), S. 555.
[15] *Ebd.*; Zweites Vatikanisches Konzil, Liturgiekonstitution *Sacrosanctum Concilium*, Nr. 106.
[16] Vgl. *„Le sens du dimanche dans une société pluraliste. Réflexions pastorales de la Conférence des évêques du Canada."* In: *La Documentation Catholique*, Nr. 1935 (1987), S. 273–276.
[17] *Offb* 7,9.
[18] Vgl. Zweites Vatikanisches Konzil, Liturgiekonstitution *Sacrosanctum Concilium*, Nr. 35,4.
[19] *Kommunionspendung und Eucharistieverehrung außerhalb der Messe*, Nr. 26.
[20] Vgl. Paul VI., *Ansprache an französische Bischöfe beim Ad-limina-Besuch*, 26. März 1977: *AAS*, 69 (1977), S. 465: „Gehen Sie mit Umsicht vor, aber ohne diese Art von gottesdienstlichen Versammlungen so zu vermehren, als wären sie die beste Lösung oder eine letzte Chance."
[21] *Missale Romanum, Pro vocationibus ad Sacros Ordines*, Gabengebet.
[22] Zweites Vatikanisches Konzil, Dekret über Dienst und Leben der Priester *Presbyterorum Ordinis*, Nr. 6.
[23] Ritenkongregation, Instruktion *Eucharisticum mysterium* (25. Mai 1967) Nr. 26: *AAS*, 59 (1967), S. 555.
[24] Vgl. Paul VI., Motu proprio *Ad pascendum* (15. August 1972), Nr. 1: *AAS*, 64 (1972), S. 534.
[25] *CIC*, can. 230, § 3.
[26] *Rituale Romanum, De Benedictionibus*, caput IV, I, B
[27] *CIC*, can. 230, § 3.
[28] Zweites Vatikanisches Konzil, Liturgiekonstitution *Sacrosanctum Concilium*, Nr. 28.
[29] Vgl. *ebd.*, Nr. 29
[30] *CIC*, can. 1248, § 2.
[31] *Allgemeine Einführung in das Stundengebet*, Nr. 22.
[32] Kongregation für die Glaubenslehre, *Schreiben ... über einige Fragen bezüglich des Dieners der Eucharistie* (6. August 1983): *AAS*, 75 (1983), S. 1007.
[33] Vgl. *Allgemeine Einführung in das Stundengebet*, Nr. 258; vgl. *Rituale Romanum, De Benedictionibus*, Nr. 48, 119, 130, 181.
[34] *Kommunionspendung und Eucharistieverehrung außerhalb der Messe*, Nr.20.
[35] Vgl. *Allgemeine Einführung in das Stundengebet*, Nr. 258.
[36] Vgl. *CIC*, can. 766–767.
[37] Vgl. *Allgemeine Einführung in das Meßbuch*, Nr. 45–47.
[38] *Kommunionspendung und Eucharistieverehrung außerhalb der Messe*, Nr. 1
[39] Vgl. *ebd.*, Nr. 37.
[40] Johannes Paul II., *Ansprache an französische Bischöfe beim Ad-limina-Besuch*, 27. März 1987.

Die Bedeutung des Ad-limina-Besuches

Prinzipien für angemessene Vorbereitung und Durchführung festgelegt
Kongregation für die Bischöfe vom 29. Juni

Die Apostolische Konstitution *Pastor Bonus* zur Reform der Römischen Kurie, die kürzlich erlassen wurde, beinhaltet – in Einklang mit dem tiefen pastoralen Geist, der sie durchdringt – auch eine stärkere Bewertung der Besuche „ad limina Apostolorum". Sie unterstreicht die Bedeutung, die sie im heutigen Leben der Kirche angenommen haben.

Die Konstitution legt einige Prinzipien dar, die die angemessene Vorbereitung und den Ablauf dieser alten und ehrwürdigen Einrichtung leiten sollen (Art. 28–32). Die Kongregation für die Bischöfe hat auf dieser Grundlage im Einvernehmen mit den anderen betreffenden Kongregationen ein Direktorium ausgearbeitet, das helfen soll, den Besuch der Bischöfe an den „Gräbern der Apostel Petrus und Paulus" mit größerer Sorgfalt zu behandeln.

Die Besuche „ad limina Apostolorum" werden – wie es der Canon 400 im *Codex des kanonischen Rechtes* verfügt – alle fünf Jahre von allen Bischöfen vorgenommen, die den einzelnen Kirchen in der Liebe und im Dienst vorstehen. Sie kommen in der Absicht nach Rom, ihre Gemeinschaft mit dem Apostolischen Stuhl zu bestärken.

In dem ersten Anhang der Apostolischen Konsititution *Pastor Bonus* wird ihre doppelte Bedeutung beleuchtet: „Einerseits bieten sie den Bischöfen die Gelegenheit, das Bewußtsein der eigenen Verantwortung als Nachfolger der Apostel zu stärken und ihre hierarchische Gemeinschaft mit dem Nachfolger Petri tiefer zu fühlen; andererseits stellen sie ein zentrales Moment der Ausübung des universalen Amtes des Heiligen Vaters dar, der zu diesem Anlaß die Hirten der Einzelkirchen, seine Brüder im Bischofsamt, empfängt und mit ihnen die Fragen behandelt, die ihre kirchliche Mission betreffen", und er stärkt und stützt sie im Glauben und in der Liebe (vgl. Anhang Nr. 1 zur Apostolischen Konstitution *Pastor Bonus*.

Die Ursprünge dieser ehrwürdigen, kirchlich so wertvollen Einrichtung scheinen bis auf die apostolische Zeit zurückzugehen. Wir finden eine erste Spur im Brief des hl. Paulus an die Galater, wo er von seiner Bekehrung und von seinem Weg zum Apostolat für die Heiden spricht und – obwohl er unmittelbar vom auferstandenen Herrn zum Apostel berufen und unterrichtet wurde – sagt: „Drei Jahre später ging ich nach Jerusalem hinauf, um Kephas kennenzulernen, und blieb 15 Tage bei ihm" (*Gal* 1,18). Und weiter: „14 Jahre später ging ich wieder nach Jerusalem hinauf, ... legte der Gemeinde das Evangelium vor, das ich unter den Heiden verkündige; ich wollte sicher sein, daß ich nicht vergeblich laufe oder gelaufen bin" (*Gal* 2,1–2).

Dem Beispiel der Begegnung des Paulus mit Petrus entspricht jene der Bischöfe mit dem Nachfolger Petri, dem obersten Hüter des Wahrheitsvermächtnisses, das von den Aposteln überliefert wurde. Sie soll die Einheit des Glaubens, der Hoffnung und der Liebe stärken, und dazu führen, den unermeßlichen Reichtum an geistlichen und moralischen Werten zu erkennen und zu schätzen, den die ganz Kirche in der Einheit mit dem Bischof von Rom überall auf der Welt bereitet hat.

Daher sind die Ad-limina-Besuche:
a) ein Werkzeug und eine konkrete Verwirklichung der Katholizität der Kirche und jener Einheit des Bischofskollegiums, die die Person des Papstes darstellt und die der Ort des Martyriums der Apostelfürsten Petrus und Paulus zum Ausdruck bringt. Gemäß dem Prinzip der Katholizität vollzieht sich ein wunderbarer „Austausch von Gaben" zwischen dem, was in der Kirche einzeln und lokal, und dem, was universal ist.
b) ein Ausdruck der pastoralen Sorge der Kirche für die Welt und Ihres Bestrebens, vor allem heute, da die menschliche Gesellschaft immer mehr zu einer tatsächlichen Vereinigung tendiert, „Zeichen für die innigste Vereinigung mit Gott wie für die Einheit der ganzen Menschheit" zu sein (*Lumen gentium*, Nr. 1).
Die Ad-limina-Besuche stellen aber für jeden Bischof einen Anstoß dar, seinen Auftrag im Hinblick auf die einzelne, ihm anvertraute Kirche mit der universalen Berufung der Kirche zu vergleichen, und so zu handeln, daß sein auf die eigene Diözesangemeinschaft gerichteter Einsatz nicht die spatia caritatis verringert, die er im Gegenteil für die sollicitudo omnium Ecclesiarum offenhalten muß (*2 Kor* 11,28).
Von den oben beschriebenen Prinzipien, die diesen wichtigen kirchlichen Vorgang klären, leitet sich ab, wie dieses apostolische „Petrus sehen" verstanden und praktiziert werden soll. In diesem Zusammenhang will das Direktorium den Diözesanleitungen neben einigen Überlegungen theologisch-seelsorgerischen Charakters zum Ad-limina-Besuch auch jene zweckmäßigen Anregungen bieten, die auf seine angemessene nähere oder fernere Vorbereitung und auf einen verantwortungsbewußteren Ablauf zielen.
Bei der Vorbereitung auf den Besuch wird der Bischof, der sich bewußt ist, eine Handlung zum Wohl der eigenen Diözesen und der ganzen Kirche zu vollziehen, es notwendig finden, die ganze Diözesangemeinschaft in die Überlegung und in das Gebet miteinzubeziehen zugunsten einer heilsamen Überprüfung des pastoralen Weges und um das Band der Einheit, der Liebe und der Solidarität zu stärken.
Ein weiteres wichtiges Moment der Vorbereitung besteht darin, den Fünfjahresbericht über den Stand des ihm anvertrauten kirchlichen Bezirks abzufassen und nach Rom zu senden, um dem Papst authentische und wichtige Informationen über die jeweiligen Probleme zu liefern, über die Initiativen, die ergriffen werden, über die Schwierigkeiten, auf die man dabei stößt, und über die Ergebnisse, die man erzielt.

Der eigentliche Ablauf der Ad-limina-Besuche umfaßt drei Elemente:
1. Den Pilgerweg und die Ehrerweisung an den Gräbern der hl. Petrus und Paulus, Hirten und Säulen der Kirche Roms.
Dies konkretisiert sich in einer Eucharistiefeier, die die kirchliche Gemeinschaft um die Gräber der Apostelfürsten und am Stuhl Petri festigen soll.
Zu diesem Zweck wurde dem Direktorium in einem getrennten Heft ein eigenes Rituale mit einigen liturgischen Hilfen für die Feiern in den Patriarchalbasiliken beigefügt.

2. Das Treffen mit dem Heiligen Vater.
Dies ist ein besonders feierlicher Augenblick: jeder Bischof wird in einem persönlichen Gespräch mit dem Nachfolger Petri, „dem Stellvertreter Christi und sichtbaren Haupt der

ganzen Kirche" (*Lumen gentium*, Nr. 18) zusammentreffen, der durch göttliche Sendung die einzigartige Aufgabe hat, „seine Brüder zu stärken", (*Lk* 22,32).
Durch dieses offizielle Treffen mit dem Bischof von Rom, das seinen Höhepunkt normalerweise auch in einer gemeinsamen Eucharistiefeier hat, bekennt jeder Bischof implizit eine tiefste Beziehung – die einer affektiven und effektiven hierarchischen Gemeinschaft – mit dem, der in der Kirche den Primat des sichtbaren Hauptes innehat und der auch sichtbares Zeichen der Einheit unter den Bischöfen ist (*Lumen gentium*, Nr. 23).

3. Der Besuch der Bischöfe in den Dikasterien der Kurie.
Auf Grund der innigen Verbindung zwischen dem Papst und den Organen der Kurie, die die ordentlichen Werkzeuge des Petrusamtes sind, ist dieser Besuch bedeutsam und wichtig. Die Bischöfe begeben sich einzeln oder gruppenweise in die verschiedenen Dikasterien, um Probleme darzustellen, Anfragen vorzubringen, Informationen einzuholen, Erläuterungen und Antworten und eventuelle Nachfragen zu geben.
Schließlich wäre es wünschenswert, daß die Bischöfe während des Besuches „ad limina (oder ad trophea) Apostolorum" etwas Kontakt mit der Wirklichkeit der Seelsorge des Bistums Rom hätten. Gerade auf Grund der Gemeinschaft zwischen den einzelnen Teilkirchen und der Kirche Roms können die Bischöfe, die dies wünschen, eine oder mehrere Begegnungen mit römischen Pfarreien haben, oder mit anderen besonders bedeutungsvollen Gemeinschaften, mit Zentren religiöser, kultureller oder sozialer Tätigkeit usw., um sich gegenseitig kennenzulernen und seelsorgerische Erfahrungen über Fragen gemeinsamen Interesses und in vergleichbaren Situationen auszutauschen. Das Direktorium, das die Kongregation für die Bischöfe im Licht der Prinzipien der Apostolischen Konstitution über die Römische Kurie erarbeitet hat, will einer vielfach geäußerten Forderung entsprechen, durch eine angemessene Regelung eine bessere Vorbereitung und einen ordnungsgemäßeren Ablauf der Ad-limina-Besuche zu begünstigen.

BERNARDIN KARDINAL GANTIN
Präfekt der Kongregation für die Bischöfe

Dekret der Kongregation für die Bischöfe

vom 1. Juli

Msgr. Marcel Lefebvre, emeritierter Erzbischof-Bischof von Tulle, hat – trotz des ausdrücklichen Monitums vom 17. Juni und der wiederholten Bitten, er möge von seinem Vorhaben absehen – durch die Bischofsweihe von vier Priestern ohne päpstlichen Auftrag und gegen den Willen des Papstes einen Akt schismatischer Natur gesetzt und sich damit die von can. 1364 par. 1 und can. 1382 des *Codex des kanonischen Rechtes* vorgesehene Strafe zugezogen.

Ich erkläre mit allen rechtlichen Folgen, daß sowohl der obengenannte Msgr. Marcel Lefebvre als auch Bernard Fellay, Bernard Tissier de Mallerais, Richard Williamson und Alfonso de Galarreta „ipso facto“ sich die dem Apostolischen Stuhl vorbehaltene Exkommunikation als Tatstrafe zugezogen haben.
Weiter erkläre ich, daß Msgr. Antonio de Castro Mayer, emeritierter Bischof von Campos, indem er direkt an der Liturgiefeier als Konzelebrant teilnahm und öffentlich dem schismatischen Akt zustimmte, sich die von *CIC* can. 1364 par. 1 vorgesehene Exkommunikation als Tatstrafe zugezogen hat.
Die Priester und Gläubigen werden ermahnt, dem Schisma von Msgr. Lefebvre nicht zuzustimmen, weil sie sich „ipso facto“ die schwere Strafe der Exkommunikation zuziehen würden.

Gegeben von der Kongregation für die Bischöfe, am 1. Juli 1988

gez. **Kardinal Bernardin Gantin**
Präfekt der Kongregation für die Bischöfe

Noch Divergenzen in der Ekklesiologie und Sakramentenlehre

Bemerkungen der Kongregation für die Glaubenslehre zum Dokument der ARCIC-II „Das Heil und die Kirche“ vom 20. November

Vorbemerkung

Die folgenden Bemerkungen stellen ein amtliches Lehrurteil für die Mitglieder der Kommission im Hinblick auf die Weiterführung des Dialogs dar. Sie wurden von der Kongregation für die Glaubenslehre in Absprache mit dem Sekretariat für die Einheit der Christen redigiert.

1. Allgemeines Urteil

Obwohl es keine vollständige Lehre zur Frage darstellt und viele unklare Formulierungen enthält, kann das Dokument der zweiten internationalen anglikanisch-katholischen Kommission (ARCIC-II) mit dem Titel „Das Heil und die Kirche“ in seiner Ganzheit als mit dem katholischen Glauben übereinstimmend bezeichnet werden. Es enthält viele zufriedenstellende Elemente, vor allem zu traditionell kontroversen Punkten.
Das Urteil der Kongregation für die Glaubenslehre ist daher im wesentlichen positiv. Das gilt jedoch nicht so weit, daß die abschließende Aussage ratifiziert werden könnte (Nr. 32), nach der die katholische Kirche und die anglikanische Gemeinschaft „in den

wesentlichen Aspekten der Lehre vom Heil und über die Aufgabe der Kirche dabei übereinstimmen".

2. *Hauptsächliche Bemerkungen*

a) Das Dokument ist in einer vorwiegend symbolischen *Sprache* abgefaßt, die eine eindeutige Deutung schwierig macht, die aber dort notwendig ist, wo man zu einer endgültigen Erklärung der Übereinstimmung kommen möchte.

b) Zum Kapitel „Heil und Glaube":
- Die Wichtigkeit der allgemeinen Problematik der „sola fides" bei der Diskussion mit den Protestanten würde eine breitere Entfaltung dieses kontroversen Punktes wünschenswert machen.
- Es wäre gut, das Verhältnis zwischen Gnade und Glauben als „initium salutis" (vgl. Nr. 9) zu verdeutlichen;
- Das Verhältnis „fides quae – fides qua" sowie der Unterschied zwischen „Zusicherung" und „Gewißheit" oder „Sicherheit" müßten besser herausgearbeitet werden.

c) Zum Kapitel „Heil und gute Werke":
- Es wäre gut, die Lehre über Gnade und Verdienst im Verhältnis zur Unterscheidung von Rechtfertigung und Heiligung besser auszuarbeiten.
- Wenn man die Formel „simul iustus et peccator" beibehalten möchte, müßte diese weiter geklärt werden, so daß jedes Mißverständnis vermieden wird.
- Allgemein müßte die sakramentale Ökonomie der Gnade bei der Zurückgewinnung der Freiheit, die von der Sünde losgekauft ist, besser herausgestellt werden (z. B. Nr. 21 und 22).

d) Zum Kapitel „Kirche und Heil":
- Die Aufgabe der Kirche bezüglich des Heils ist nicht nur die, Zeugnis dafür zu geben, sondern auch und vor allem ein wirksames Werkzeug der Rechtfertigung und Heiligung zu sein, zumal durch die sieben Sakramente: Dieser wesentliche Punkt müßte besser ausgearbeitet werden, ausgehend vor allem von *Lumen gentium*.
- Wichtig ist zumal eine klarere Unterscheidung zwischen der Heiligkeit der Kirche, insofern sie universales Sakrament des Heiles ist, und ihren Mitgliedern, die zum Teil noch in Sünde fallen (vgl. Nr. 29).

3. *Schlußfolgerung*

Die Divergenzen, die im Licht dieses Dokumentes weiter zwischen der katholischen Kirche und der anglikanischen Gemeinschaft bleiben, betreffen vor allem bestimmte Aspekte der Ekklesiologie und der Sakramentenlehre.
Die Sicht der Kirche als Sakrament des Heiles und die eigentlich sakramentale Dimension der Rechtfertigung und Heiligung des Menschen bleiben zu vage und schwach, um sagen zu können, ARCIC-II sei zu einer substantiellen Übereinkunft gelangt.

Kommentar zu den Bemerkungen der Kongregation für die Glaubenslehre über das Dokument von ARCIC-II

Natur der Bemerkungen und Ziel des vorliegenden Dokuments

Die Veröffentlichung von *Salvation and the Church* („Das Heil und die Kirche"), dem (ersten) Dokument der zweiten internationalen anglikanisch-katholischen Kommission (ARCIC-II) im vergangenen Jahr, war von einer Vorbemerkung begleitet, die ihren Stellenwert erklärte. Unter anderem war dort klargestellt: „Es handelt sich nicht um eine amtliche Erklärung von seiten der römisch-katholischen Kirche und der anglikanischen Gemeinschaft, die zu gegebener Zeit das Dokument im Hinblick auf eine entsprechende Stellungnahme prüfen werden." Die Verfasser erklärten ihrerseits, daß „die Kommission froh gewesen sei, Beobachtungen und Bemerkungen erhalten zu haben, die in konstruktivem und brüderlichem Geist gemacht wurden.
In diesen Rahmen fügt sich die heutige Veröffentlichung des vom Papst gebilligten Textes der Bemerkungen der Kongregation für die Glaubenslehre zum Dokument von ARCIC-II ein. Der hier gebotene Kommentar zu den Bemerkungen hat zum Ziel, das Verständnis des Dokumentes und der Bemerkungen selbst zu erleichtern und damit die Mitglieder der Kommission, zumal die katholischen, zur Weiterführung des 1982 begonnenen Dialogs zu ermuntern.

Ein im Dokument gut hervorgehobener Aspekt

In der Einleitung entwerfen die Verfasser eine Art Typologie der jeweiligen Positionen und meinen, in den unterschiedlichen Erklärungen des Verhältnisses zwischen göttlicher Gnade und menschlicher Antwort einen wichtigen Grund für die Trennung ausmachen zu können. Wenn man von den unvermeidlichen Vereinfachungen dieses Entwurfs absieht, kann man sich gleich auf einen Aspekt konzentrieren, der im Dokument gut hervorgehoben ist: die Umwandlung des inneren Menschen durch die Präsenz des Heiligen Geistes.
Das Heil ist nämlich nach dem Dokument ein „Geschenk der Gnade" (Nr. 9), das „Geschenk und Unterpfand des Heiligen Geistes für jeden Glaubenden" (Nr. 10), das in ihm seine „feste Gegenwart und Wirksamkeit" verwirklicht (Nr. 12). Exakt gesprochen, ist diese „Einwohnung des Heiligen Geistes" (Nr. 9) das, worin die Gegenwart Gottes besteht, der durch das Geschenk einer Gerechtigkeit, „die Sein ist und unser wird" (Nr. 15), rechtfertigt und in uns die „Befreiung vom Bösen", die „Beseitigung der Verurteilung" (Nr. 13) wirkt. Es handelt sich nicht um einen Titel oder um eine rein äußerliche Zurechnung, sondern um ein Geschenk, das der göttlichen Natur teilhaftig macht und den Menschen innerlich umwandelt (vgl. *Lumen gentium*, Nr. 40).
Beim Versuch, die verschiedenen Bedeutungen des Wortes „dikaioun" darzulegen, spricht das Dokument von einer „göttlichen Lossprechungserklärung" (Nr. 18); vorher hatte es aber betont, daß „die Gnade Gottes das, was sie erklärt, auch verwirklicht: Sein schöpferisches Wort schenkt das, was es anrechnet. Wenn Gott uns als gerecht erklärt, dann macht er uns auf diese Weise gerecht" (Nr. 15). Beigefügt ist ferner folgende Ver-

deutlichung: „Die Rechtfertigung von seiten Gottes, unseres Erlösers, ist nicht nur eine Erklärung durch einen von ihm zugunsten der Sünder erlassenen Rechtsspruch, sie wird auch als Geschenk gewährt, das sie gerecht macht" (Nr. 17). In juridischer Sicht stellt die Rechtfertigung das „Lossprechungsurteil" für die Sünder dar, doch auf ontologischer Ebene muß man sagen, daß „die Erklärung des Verzeihens und der Versöhnung von seiten Gottes die reuewilligen Gläubigen nicht ohne Umwandlung läßt, sondern mit ihnen ein innerliches und persönliches Verhältnis eingeht" (Nr. 18).
Hier weisen wir nebenbei auf die Zweideutigkeit des Bezugs auf den lutherischen Ausdruck „simul iustus et peccator" hin (Nr. 21), der im übrigen nicht zur anglikanischen Tradition gehört. Wenn man aber diese Formel beibehalten möchte, muß man notwendig verdeutlichen, was genau gemeint ist: im Getauften nicht das Verbleiben von zwei Zuständen (dem der Gnade und dem der Todsünde), die sich gegenseitig widersprechen, sondern im Gerechten, der die heiligmachende Gnade besitzt, die eventuelle Präsenz jener „Sünde, die nicht zum Tode führt" (*1 Joh* 5,17).

Das Problem des Glaubens

Was die Taufe angeht, das „unwiederholbare Sakrament der Rechtfertigung und Einverpflanzung in Christus" (Nr. 16), unterstreicht das Dokument nicht ohne Grund die Wichtigkeit des Glaubens. Es wird der Ausdruck „sacramentum fidei" vom hl. Augustinus übernommen, auf den auch verwiesen wird (Nr. 12), den bekanntlich das Konzil von Trient aufgreift (*Denzinger/Schönmetzer* 1529). Die Taufe ist wirklich ein Sakrament des Glaubens, wie von der Schrift und den Vätern bezeugt wird. Das Dokument legt aber von Anfang an stark den Akzent auf die subjektive Dimension des Glaubens (fides qua), der vor allem als „eine wahrhaft menschliche, personale Antwort" (Nr. 9) gedeutet wird und als „Bemühen von seiten unseres Willens" (Nr. 10), es erwähnt aber nur am Rande die „Zustimmung zur Wahrheit des Evangeliums" (Nr. 10). Auch wenn damit der „Fiduzialglaube" in einem gewissen Maße ergänzt wird durch den Aspekt der „Zustimmung des Verstandes", so bleibt doch ein Ungleichgewicht zwischen „fides qua" und „fides quae", auf das die Kongregation für die Glaubenslehre bei ihren Bemerkungen aufmerksam macht.
Daß der Glaube für die Rechtfertigung notwendig ist, diese Wahrheit wird nicht in Frage gestellt, man muß sie aber in ihrem genauen Sinn verstehen. Nach dem Konzil von Trient „werden wir als durch den Glauben gerechtfertigt bezeichnet, weil der Glaube der Anfang des Heils für den Menschen ist, Fundament und Wurzel jeder Rechtfertigung, ohne ihn können wir Gott nicht gefallen (*Hebr* 11,6), und durch ihn gelangen wir zur Anteilnahme am Los seiner Kinder" (*Denzinger/Schönmetzer* 1532).
Nur in diesem Licht gewinnt die Aussage: „und durch den Glauben wird es (das Heil, das Geschenk der Gnade) angeeignet" (Nr. 9), ihr volles Gewicht. Wenn die Rechtfertigung vor allem das objektive Geschenk Gottes ist, das die Sakramente als hauptsächliche Werkzeuge mitteilen, so hört der Glaube nicht auf, hier in Wirklichkeit eine entscheidende Rolle zu spielen, auch wenn diese untergeordnet ist. Nur der Glaube kann nämlich dieses Geschenk in seiner Wirklichkeit erkennen und den Geist für seine Aufnahme berei-

ten; nur er sichert jene innere Beteiligung an den Sakramenten, die ihren Vollzug in der Seele des Glaubenden wirksam macht. Zugleich ist der Glaube für sich allein zur Rechtfertigung des Sünders unfähig. Zur besseren Klärung dieses Punktes wäre es ferner nützlich gewesen, auch die Rolle des Glaubens im Fall der Kindertaufe zu behandeln.
Um die Unfähigkeit des *Glaubens allein* zur Rechtfertigung des Menschen voll zu berücksichtigen, müßte die Unterscheidung zwischen „Zusicherung" und „Sicherheit" oder „Gewißheit" in bezug auf das Heil besser herausgearbeitet werden. Die echte „Zusicherung des Heiles" (Nr. 10; vgl. Nr. 11), die der Mensch besitzt, gründet sich auf die Glaubensgewißheit, daß Gott „allen Menschen Barmherzigkeit erweisen will" (*Röm* 11,32), und daß er ihnen in den Sakramenten die Mittel des Heiles angeboten hat. Sie kann nicht eine persönliche Sicherheit über das eigene Heil bedeuten, noch eine über den derzeitigen eigenen Gnadenstand, insofern die Gebrechlichkeit und Sünde des Menschen immer ein Hindernis für die Liebe zu Gott bilden können.

Die sakramentale Dimension der Heiligung

Nicht begründet scheint die im Dokument ausgesprochene Befürchtung (vgl. Nr. 14), in der katholischen Sicht der Heiligung würde die absolute Unverdientheit des Heiles gefährdet, denn man ist sich dessen wohl bewußt, daß die völlig freien Mitteilungen der Gnade von oben kommen (vgl. *Joh* 3,7).
Zu betonen ist dagegen, daß das Dokument die sakramentale Dimension der Gnade nicht genügend vor Augen hat und nur kurze Andeutungen zu den nach der Taufe zu empfangenden Sakramenten macht, die doch privilegierte Weisen der Mitteilung der Gnade sind. Abgesehen von der Eucharistie, auf die nur flüchtig ohne gründliche Lehraussagen angespielt wird (vgl. Nr. 16 und 27), wäre es besonders notwendig gewesen, die Bedeutung und Notwendigkeit des Bußsakramentes zu betonen, bei dem – nach katholischer Lehre – die „repentance" (Nr. 21) nur ein, wenn auch grundlegender Aspekt ist, der im übrigen nicht auf „Übungen der Buße" (Nr. 22) verkürzt werden darf.
Weitere Verdeutlichung hätte vor allem die Aussage des Dokumentes verdient: „Durch tägliche Reue und Glauben gewinnen wir unsere Freiheit von der Sünde zurück" (Nr. 21). Es stimmt, daß die Reue (und der Glaube als ihre Voraussetzung) den Kern der Bekehrung von der Sünde darstellt, und daß der vollkommene Reueschmerz mit Gott versöhnt. Das Konzil von Trient fügt aber in diesem Zusammenhang die entscheidende Verdeutlichung hinzu: „Obwohl es gelegentlich vorkommt, daß die Reue durch die Liebe vollkommen gemacht wird und den Menschen mit Gott versöhnt, noch bevor das Sakrament wirksam empfangen wird, darf diese Versöhnung nicht der Reue selbst ohne Verlangen nach dem Sakrament („votum sacramenti") zugesprochen werden, das in ihr eingeschlossen ist" (*Denzinger/Schönmetzer* 1677). Der Mensch wird nämlich von der „Sünde, die zum Tode führt" (*1 Joh* 5,16), durch den sakramentalen Kontakt mit dem Erlöser befreit, oder wenigstens durch den Wunsch, durch eine sakramentale Gnade geheilt zu werden, die niemand sich selbst geben kann.

Freiheit und Verdienst

Nicht ohne Grund versucht das Dokument die Frage der guten Werke, ausgehend von einer Reflexion über die Freiheit, anzugehen; doch der gewählte Zugang bleibt unter vielen Gesichtspunkten ungenügend. Mit Recht wird das ausgezeichnete Geschenk der losgekauften Freiheit betont: „Indem er uns nach seinem Bild wiederherstellt, schenkt Gott der gefallenen Menschheit die Freiheit." Doch die folgende Verdeutlichung kann nur verwirren: „Es handelt sich nicht um die natürliche Freiheit der Wahl zwischen verschiedenen Alternativen, sondern um die Freiheit, Seinen Willen zu tun" (Nr. 19). Eine solche Gegenüberstellung zwischen zwei Formen der Freiheit könnte nämlich zu einer Auffassung von der menschlichen Freiheit führen, die nicht voll die ihr eigene geschöpfliche Konsistenz berücksichtigt. Nach katholischer Lehre macht der Verlust der Gerechtigkeit des Ursprungs infolge der Sünde Adams den Menschen unfähig, mit den ihm verbliebenen Kräften das übernatürliche Ziel anzustreben, für das er geschaffen ist. Doch fügt das Konzil von Trient in diesem Zusammenhang hinzu: die Sünde verdirbt die menschliche Natur nicht vollständig; sie verwundet sie, ohne ihr die ursprüngliche Fähigkeit zu nehmen, Gott zu gefallen (vgl. *Denzinger/Schönmetzer* 1555; 1557 usw.).

Diese Voraussetzungen gestatten nun die Behandlung des Problems des Verdienstes. Um mit Recht den unannehmbaren Sinn eines „aufgrund der Werke" auszuschließen, der die Möglichkeit des Menschen voraussetzen müßte, mit eigenen Kräften das Heil zu erlangen, verweist das Dokument auf den paulinischen Ausdruck „im Hinblick auf die guten Werke" (*Eph* 2,10; vgl. auch *2 Kor* 9,8). Das diesem Thema hauptsächlich gewidmete Kapitel (Nr. 19 und folgende) bemüht sich, die Lehren des hl. Paulus (*Gal* 2,16) und des hl. Jakobus (*Jak* 2,17 ff.) zu den Werken miteinander in Übereinstimmung zu bringen. Doch wenn ihre genauere Behandlung innerhalb der jeweiligen Zusammenhänge erfolgt wäre, hätte das besser den Hinweis verstehen lassen, den die Kongregation für die Glaubenslehre hier gemacht hat. Der hl. Jakobus sagt, daß wir durch die Werke, und nicht durch den Glauben allein gerechtfertigt sind (*Jak* 2,24), während der hl. Paulus stark betont, daß die dem Glauben vorangehenden Werke nicht verdienstlich sind, hat er doch keine Bedenken, den Gläubigen einzuladen, „sich mit guten Werken zu schmücken" (*1 Tim* 2,10). Das bedeutet, der Mensch kann sich die grundlegende Rechtfertigung nicht verdienen, d. h. er kann nicht mit Hilfe seiner eigenen Verdienste vom Stand der Sünde zum Stand der Gnade gelangen, doch er ist berufen und fähig gemacht, „in jeder Art von guten Werken Frucht zu bringen" (*Kol* 1,10): Nicht indem er sie „aus sich" (*Joh* 15,4) hervorbringt, sondern „indem er in der Liebe Christi bleibt" (*Joh* 15,9–10), einer Liebe, die „in unsere Herzen ausgegossen ist durch den Heiligen Geist, der uns gegeben wurde" (*Röm* 5,5).

In diesem Zusammenhang sagen, daß die Christen „Gott nicht zu ihrem Schuldner machen können" (Nr. 24), bedeutet die Beschränkung auf eine allzu äußerliche Feststellung im Hinblick auf das Geheimnis des inneren Mitwirkens mit der Gnade, so wie die Kirche es in eminenter Weise beim Zusammenwirken Mariens mit dem Heilswerk betrachtet. Eine solche Zusammenarbeit ist nicht Vorbedingung, damit wir in den Augen Gottes wohlgefällig sind oder seine Verzeihung erhalten; es handelt sich vielmehr um eine Gnade, die Christus in Freiheit und mit absoluter Freigebigkeit schenkt. Sie ist die Frucht des „Glaubens, der in der Liebe wirksam ist“ (*Gal* 5,6).

Die Aufgabe der Kirche bezüglich des Heils

Die Kommission legt eine ziemlich vage Auffassung von Kirche vor, die wohl allen aufgewiesenen Schwierigkeiten zugrundeliegt. Gewiß kann man sich nur freuen über die Tatsache, daß zu ihrer Beschreibung ausdrücklich die Ausdrücke „Zeichen“ (Nr. 26), „Werkzeug“ und „Sakrament“ (Nr. 29) aufgegriffen werden, die das II. Vatikanische Konzil vorgelegt hat (*Lumen gentium*, Nr. 1; 9; 48). Durch den Ausdruck „stewardship“ (Nr. 27) wird auch ihre strukturelle Dimension betont. Die Kirche ist nämlich nicht nur eine geistliche Gemeinschaft, sondern konstitutiv auch ein „sichtbares Gefüge“, eine „mit hierarchischen Organen ausgestattete Gesellschaft“, durch die Christus „Wahrheit und Gnade auf alle ausgießt“ (*Lumen gentium*, Nr. 8).

Dieser Aspekt, den die Kommission noch weiter vertiefen muß – besonders in Bezug auf die Bemerkungen der Kongregation für die Glaubenslehre zum *Abschlußbericht von ARCIC-I* (*AAS* LXXIV (1982), 1063–1074). – gewinnt aber seine echte Bedeutung nur, weil die Kirche auch und vor allem ein Geheimnis des Glaubens ist: „Ecclesiae sanctae mysterium“ (*Lumen gentium*, Nr. 5). Dieser Punkt ist wirklich entscheidend, und nur er gestattet ein Herauskommen aus den Sackgassen einer Ekklesiologie, die vor allem funktional ist und der Verfügung der Menschen überlassen bleibt.

Nur dieser Punkt läßt ferner das Fundament der inneren Beziehung der Kirche zum Heil wirklich verstehen. Diese Beziehung fehlt im Dokument nicht, zumal wenn der Heilige Geist erwähnt (Nr. 28) oder die Eucharistie hervorgehoben wird (Nr. 27). Auch hier wären freilich einige Klärungen notwendig.

Von der Eucharistie wird z. B. gesagt, sie „feiert das Sühneopfer Christi, das ein für allemal vollbracht wurde und im Leben der Kirche verwirklicht und erfahren wird“ (Nr. 27). Bedeutet der Ausdruck wirklich eine Anerkennung des „Sühnecharakters“ des eucharistischen Opfers? (vgl. *AAS* l.c.1066). Schließt der Ausdruck „verwirklicht“ also eine echte Gegenwärtigsetzung dieses Opfers durch die Vermittlung eines geweihten Dienstes ein (vgl. *ebd.*), der sich als solcher wesentlich vom allgemeinen Priestertum der Gläubigen unterscheidet (vgl. *Lumen gentium*, Nr. 10)? Man kann leicht die Tragweite dieser Fragen ermessen, denn wenn man diese Lehre nicht voll annimmt, läuft die Aufgabe der Kirche bei der Förderung des Heils Gefahr, sich im Bezeugen einer Wahrheit zu erschöpfen, die wirksam gegenwärtig zu machen, sie unfähig ist, und die sich auf eine subjektive „Erfahrung“ zu beschränken droht, die nicht in sich selbst die Garantie ihrer erlösenden Kraft enthält.

Zum lehrmäßigen Inhalt bemerkt die Kongregation schließlich eine gewisse Zweideutigkeit bei der Natur der „Ecclesia mater“, verbunden mit der Betonung des Gedankens, der in sich nicht falsch ist, daß die Kirche „ständig der Buße“ (Nr. 29), „der Erneuerung und Reinigung bedarf“ (Nr. 30). Es stimmt, daß das Konzil zwar die spezifische Natur der Kirche betont hat, doch eine Art kirchlichen „Monophysitismus“ – wie man es nennen kann – korrigieren wollte, indem es diskret vor einer übertriebenen Angleichung der

Kirche an Christus warnte. Sie ist die unbefleckte Braut, die das Lamm ohne Makel gereinigt hat (*Lumen gentium*, Nr. 6), sie besteht aber auch aus Menschen, und deswegen „wird sie von Christus zu dieser dauernden Reform gerufen, deren sie allzeit bedarf, soweit sie menschliche und irdische Einrichtung ist" (*Unitatis redintegratio*, Nr. 6). Dieser durchaus menschliche Aspekt der Kirche ist real, darf aber nicht isoliert werden. In ihrem innersten Wesen ist die Kirche „heilig und unbefleckt" (*Eph* 5,27), und gerade aus diesem Grund ist sie wirklich das „universale Sakrament des Heiles" (*Lumen gentium*, Nr. 48; vgl. Nr. 52), und sind ihre Mitglieder „Heilige" (*1 Kor* 1,2; *2 Kor* 1,1). Wenn sie als Pilgerin tatsächlich „Sünder in ihrem eigenen Schoße umfaßt" (*Lumen gentium*, Nr. 8) und daher „unvollkommen" ist (*ebd.*, Nr. 48), hindert sie das nicht daran, „schon auf Erden durch eine wahre Heiligkeit ausgezeichnet" (*ebd.*, Nr. 48) und „zum Heil notwendig" zu sein (*ebd.*, Nr. 14). Sie vollzieht nämlich ihre Heilssendung nicht nur „durch die Verkündigung des Evangeliums vom Heil durch ihr Wort und ihre Gesten" (Nr. 31), sondern als in der Geschichte der Menschen bleibend anwesendes Geheimnis auch durch die Vermittlung des göttlichen Lebens an die Menschen und durch die Verbreitung des Lichtes, das dieses göttliche Leben in die ganze Welt hinein ausstrahlt (vgl. *Gaudium et spes*, Nr. 40).

Substantielle Übereinstimmung?

Die voraufgehende Analyse hat gezeigt, wieviel zufriedenstellende Elemente das Dokument von ARCIC-II in einer traditionell kontroversen Materie enthält. Man kann daher die Mitglieder der Kommission nur dazu beglückwünschen, daß sie versucht haben, das „Gleichgewicht und den Zusammenhang der konstitutiven Elemente" der christlichen Lehre vom Heil hervorzuheben (Nr. 32). Die vorgebrachte Kritik leugnet keineswegs die Tatsache, daß es ihnen teilweise gelungen ist. Man kann aber nicht sagen, man sei zu voller und substantieller Übereinstimmung bei den wesentlichen Aspekten dieser Lehre gelangt, hauptsächlich wegen der Mängel bei der Aufgabe der Kirche in bezug auf das Heil. Dem besorgten Drängen, in einem derart zentralen Punkt die Einheit zu erreichen, wäre das vorzuziehen gewesen, was man mit dem hl. Irenäus die „Geduld des Reifens" nennen könnte.

Schon in ihren Bemerkungen zum Schlußbericht von ARCIC-I hatte die Kongregation für die Glaubenslehre vor Zweideutigkeiten gemeinsamer Texte gewarnt, die die „Möglichkeit einer doppelten Deutung" zulassen (*ebd.* 1064–1065). Die gleiche Bemerkung kann man heute machen zu „Salvation and the Church". Die verwandte Sprache ist stark symbolisch, wie z. B. das Bild der „stewardship" zeigt, wo die Verantwortung der Kirche dargelegt werden soll. Dank seiner Ausdrucksstärke ist es dem Dokument nicht nur gelungen, bei den Lesern das lebhafte Suchen nach der Einheit im Glauben zu stärken, sondern es auch glücklich in den hermeneutischen Horizont der biblischen Sprache einzufügen, auf den Spuren des II. Vatikanischen Konzils und einiger neueren Enzykliken von Papst Johannes Paul II.

Man muß sich aber darüber klar sein, daß die symbolische Natur der Sprache eine wirklich eindeutige Übereinstimmung dort erschwert, wenn nicht unmöglich macht, wo es

– wie in diesem Fall – um Fragen geht, die vom dogmatischen Standpunkt aus entscheidend sind und die zu den historisch am meisten umstrittenen Glaubensartikeln gehören. Mit deutlichen lehrhaften, wenn auch nicht notwendig scholastischen Formulierungen könnte man besser den Zweifel vermeiden, der aufsteigt, wenn man beim Dialog immer eine scharfe Konfrontation der jeweiligen Positionen sucht, oder auch, wenn man sich manchmal mit einer fast nur verbalen Übereinstimmung als Frucht gegenseitiger Kompromisse begnügt.

Ohne irgendetwas an einer Methode zu schmälern, die unbestreitbare Früchte gebracht hat, fragt man sich doch auch, ob es nicht gut wäre, die Verfahrensweise so zu verbessern, daß man genauer den lehrhaften Inhalt der zum Ausdruck eines gemeinsamen Glaubens verwendeten Formulierungen darlegte. Wäre es deswegen nicht auch gut, eventuell in einem eigenen Protokoll die Elemente zu nennen, bei denen abweichende Meinungen bleiben?

Ebenso würde man gern ein wenig mehr Raum für die Tradition zugestanden sehen, zumal die patristische, für das Lehramt der katholischen Kirche wie für die amtlichen Akten der anglikanischen Gemeinschaft, z. B. für die „Thirty - nine Articles of Religion".

Diese von der Kongregation für die Glaubenslehre gestellten Fragen und vorgebrachten Gedanken haben kein anderes Ziel, als die Mitglieder von ARCIC-II zu ermuntern, weiterzugehen auf dem Weg, der 1982 begann, als Papst Johannes Paul II. und der anglikanische Primas Dr. Robert Runcie diese zweite Kommission einsetzten und ihr die besondere Aufgabe stellten, „zumal im Licht unserer Urteile über den Schlußbericht (ARCIC-I) die wichtigsten lehrmäßigen Unterschiede zu prüfen, die uns noch trennen, um eventuell zu einer künftigen Lösung zu kommen ( )". (*AAS* LXXIV (1982), 925).

Der Bischof muß informiert werden

Verlautbarung zu den Feiern in den Gruppen des „Neukatechumenalen Weges" der Kongregation für die Liturgie und die Sakramente vom 19. Dezember

Die Kongregation für die Liturgie und die Sakramente hat oft Anfragen erhalten, auch von seiten der Bischöfe, bezüglich der Feiern der Eucharistie in den Gruppen des sogenannten „Neukatechumenalen Weges".

Mit Bezug darauf und ohne späteren Bestimmungen vorzugreifen, erklärt dieses Dikasterium dazu folgendes:

1. Die Feiern von partikulären Gruppen, die sich versammeln zu einer spezifischen, ihnen eigenen Formation, sind geregelt in den Instruktionen *Eucharisticum mystenum* vom 25. Mai 1967, in den Nummern 27 und 30 (*AAS* 59, 1967, 556.557) und *Actio pastoralis* vom 15. Mai 1969 (*AAS* 61, 1969, 806–8111).

2. Die Kongregation genehmigt, daß unter Bedachtnahme auf die Verfügungen der Instruktion *Actio pastoralis*, Nummern 6–11, die Gruppen des erwähnten „Weges“ die Kommunion unter beiden Gestalten empfangen können, immer mit ungesäuertem Brot, und daß sie den Ritus des Friedens „ad experimentum“ verlegen können an die Stelle nach dem allgemeinen Gebet.

3. Der Ortsbischof muß der Gewohnheit entsprechend oder „ad casum“ informiert werden über Ort und Zeit von solchen Feiern. Ohne seine Erlaubnis können sie nicht stattfinden.
Aus Anlaß dieser Erklärung betont die Kongregation das in den oben zitierten Instruktionen Gesagte nochmals, besonders die nachfolgende Empfehlung:
„Die Seelenhirten werden nachdrücklich aufgefordert, den spirituellen und formativen Wert dieser Feiern zu beachten und zu vertiefen. Diese erreichen ihr Ziel nur dann, wenn sie die Teilnehmer zu einem tieferen Verständnis des christlichen Geheimnisses führen, zu einem Wachstum in der Verehrung Gottes, zu einer Einfügung in die Gesamtheit der kirchlichen Gemeinschaft und zur fruchtbaren Ausübung des Apostolats und der Bruderliebe“ (*Actio pastoralis*).

Die Kongregation für die Liturgie und die Sakramente, am 19. Dezember 1988

KARD. EDUARDO MARTINEZ SOMALO
Präfekt

+ VIRGILIO NOÉ
Titularerzbischof von Voncaria, Sekretär

VI.
ANHANG

Bekanntmachung des Hl. Stuhls vom 16.6.1988

Seine Exellenz, Msgr. Marcel Lefebvre, Gründer der Bruderschaft vom Hl. Pius X., hat am Mittwoch, dem 15. Juni 1988, seine Entscheidung öffentlich kundgetan, am 30. Juni diesen Jahres zur Weihe von vier Bischöfen, die von ihm auserwählt sind, voranzuschreiten ohne den notwendigen priesterlichen Auftrag.
Nachdem der Heilige Stuhl mit tiefem Schmerz diese Haltung schismatischer Natur zur Kenntnis genommen hat, hält er es für seine Pflicht, hier zur geeigneten Kenntnis der Bischöfe und ihrer Gläubigen die folgenden Information vorzulegen:

1. Nach der Apostolischen Visitation bei der Priesterbruderschaft St. Pius X., die von Kardinal Gagnon ausgeführt worden war (November – Dezember 1987), hat der Heilige Vater in seinem Brief vom 8. April 1988 an Kardinal Ratzinger, den Präfekten der Kongregation für die Glaubenslehre, deutlich seinen Wunsch zum Ausdruck gebracht, man möge alles, was möglich ist, tun, um den Bekundungen der Verfügbarkeit entgegenzukommen, die Alt-Erzbischof Lefebvre zu beweisen schien, um so zu einer Lösung zu gelangen, die es der Bruderschaft erlauben würde, einen rechtmäßigen Platz in der Kirche zu erlangen in voller Gemeinschaft mit dem Apostolischen Stuhl. Zu diesem Ziel fanden vom 12. bis 15. April 1988 Begegnungen statt zwischen theologischen und kanonistischen Experten der Kongregation für die Glaubenslehre und der Bruderschaft. Der zufriedenstellende Verlauf dieser Besprechung erlaubte es, am 4. Mai eine neue Begegnung zusammenzurufen mit persönlicher Teilnahme von Kardinal Ratzinger und Alt-Erzbischof Lefebvre, an deren Ende ein Protokoll erstellt wurde, das von beiden Seiten am 5. Mai unterzeichnet wurde. Dieses Dokument, auf der Basis eines gemeinsamen Einverständnisses vereinbart und dazu bestimmt, als Grundlage für das Werk der Versöhnung zu dienen, mußte noch der Prüfung und der endgültigen Entscheidung des Papstes unterbreitet werden.

2. Das Protokoll vom 5. Mai 1988 umfaßte eine Erklärung lehrmäßiger Art und den Entwurf einer juridischen Anordnung ebenso wie Maßnahmen, die dazu bestimmt waren, die kanonische Lage der Bruderschaft und der Personen, die mit ihr verbunden sind, zu ordnen.

Im ersten Teil des Textes erklärte Msgr. Lefebvre in seinem Namen und im Namen der Priesterbruderschaft Pius X.:

1. Treue zu versprechen der katholischen Kirche und dem Papst in Rom, dem Haupt des Bischofskollegiums;
2. die Lehre anzunehmen, die in Nr. 25 der Dogmatischen Konstitution *Lumen gentium* des II. Vatikanums enthalten ist über das kirchliche Lehramt, und die Zustimmung, die ihm geschuldet ist;
3. sich unter Vermeidung jeder Polemik zu einer Haltung des Studiums und der Kommunikation mit dem Heiligen Stuhl zu verpflichten bezüglich der Punkte, die vom

II. Vatikanum gelehrt werden, oder der späteren Reformen, die ihnen nur schwer mit der Tradition vereinbar schienen;
4. die Gültigkeit der Messe und der Sakramente anzuerkennen, die mit der erforderlichen Intention gefeiert werden und entsprechend den Riten der Editiones Typicae, die von Paul VI. und von Johannes Paul II. promulgiert worden sind;
5. zu versprechen, die allgemeine Disziplin der Kirche und die kirchlichen Gesetze zu achten, besonders jene, die im *Codex Iuris Canonici* von 1983 enthalten sind, unbeschadet der besonderen Disziplin, die der Bruderschaft durch Partikulargesetz gewährt wird.

Im zweiten Teil des Textes war über die kanonische Versöhnung der Personen hinaus im wesentlichen folgendes vorgesehen:
1. Die Priesterbruderschaft St. Pius X. würde errichtet als Gesellschaft des Apostolischen Lebens päpstlichen Rechtes mit Statuten, die nach Norm der cann. 731–746 des *CIC* approbiert werden, und darüber hinaus würde sie ausgestattet mit einer gewissen Exemtion bezüglich des öffentlichen Kultes, der Seelsorge und der apostolischen Tätigkeit, wobei Rechnung getragen wird den cann. 679–683;
2. es würde der Bruderschaft die Erlaubnis gegeben, die liturgischen Bücher zu benutzen, die bis zur nachkonziliaren Reform im Gebrauch waren;
3. um die Beziehungen mit den verschiedenen Dikasterien der römischen Kurie und mit den Diözesanbischöfen zu koordinieren, wie auch um eventuelle Probleme und Streitpunkte zu lösen, würde vom Heiligen Vater eine römische Kommission eingesetzt, die zwei Mitglieder der Bruderschaft umfaßt und mit den nötigen Vollmachten versehen wäre;
4. schließlich wurde unter Berücksichtigung der besonderen Situation der Bruderschaft dem Heiligen Vater die Bitte unterbreitet, einen Bischof zu ernennen, der unter ihren Mitgliedern ausgewählt wurde, der aber normalerweise nicht der Generalsuperior zu sein bräuchte.

3. Am 6. Mai schrieb Msgr. Lefebvre jedoch an Kardinal Ratzinger, indem er darauf bestand, ohne die freie Vollmacht des Papstes zu berücksichtigen, die im Protokoll anerkannt war, daß die Bischofsweihe eines Mitgliedes der Bruderschaft, die von ihm vorgesehen war, am 30. Juni stattfinden könne, und er fügte noch hinzu, daß, wenn die Antwort negativ sein sollte, er sich im Gewissen verpflichtet sehe, gleichwohl diese Weihe vorzunehmen. Kardinal Ratzinger antwortete ihm unmittelbar, indem er ihn aufforderte, dieses sein Vorhaben zu überdenken, da es im Gegensatz stehe zum Protokoll, das am Tag vorher unterzeichnet worden war.

4. Schließlich trafen sich beide Würdenträger ein zweites Mal in Rom am Dienstag, dem 24. Mai. Bei dieser Begegnung teilte Kardinal Ratzinger Msgr. Lefebvre mit, daß der Heilige Vater geneigt sei, entsprechend den Kriterien und dem gewohnten Verfahren der Kirche einen Bischof zu ernennen, der mitten aus der Bruderschaft ausgewählt sei, und zwar in der Weise, daß seine Weihe am 15. August 1988 zum Ende des Marianischen Jah-

res stattfinden könnte, aber unter der Bedingung, daß der Gründer der Bruderschaft an ihn eine wirkliche Bitte um Versöhnung richte auf der Basis des bereits unterzeichneten Protokolls und daß er sich seiner Entscheidung unterordne bezüglich der Weihe eines Bischofs. Seinerseits legte Msgr. Lefebvre zwei Briefe vor, gerichtet an den Heiligen Vater und an Kardinal Ratzinger, in denen er auf dem Datum des 30. Juni bestand, und er legte wieder seine vorhergehende Forderung vor, drei Bischöfe zu ernennen, um das Leben und die Aktivität der Bruderschaft zu garantieren; er verlangte darüber hinaus, der Bruderschaft die Mehrheit der Mitglieder der künftigen römischen Kommission zuzugestehen. Zu diesem Zeitpunkt entschied man beiderseits, eine Pause des Nachdenkens einzulegen.

5. Auf Anweisung des Heiligen Vaters antwortete Kardinal Ratzinger Msgr. Lefebvre am 30. Mai. Dieser Brief beinhaltete folgende Bemerkungen:

a) daß sich für die römische Kommission, eine Einrichtung des Heiligen Stuhls zum Dienst an der Bruderschaft mit beratendem Charakter von dem Augenblick an, da die Entscheidungen definitiv in der Zuständigkeit des Papstes seien, die Frage nach einer Mehrheit nicht stelle, und daß man sich an die Grundsätze halten müsse, die im Protokoll vom 5. Mai festgelegt seien;
b) daß es für die Weihe eines Bischofs notwendig sei, daß Msgr. Lefebvre darauf verzichte, einen am 30. Juni zu weihen „mit oder ohne Einwilligung von Rom“ und daß er sich in vollem Gehorsam der Entscheidung des Heiligen Vaters unterordne, dessen Bereitschaft ihm im übrigen bekannt war.

6. Am 2. Juni schickte Msgr. Lefebvre dem Heiligen Vater folgenden Brief:

Econe, den 2. Juni 1988

Heiliger Vater,

die Besprechung und Unterredung mit Kardinal Ratzinger und seinen Mitarbeitern haben, obwohl sie in einer Atmosphäre der Höflichkeit und Liebe stattgefunden haben, uns überzeugt, daß der Augenblick einer freien und wirksamen Zusammenarbeit noch nicht gekommen war.
In der Tat, wenn jeder Christ bevollmächtigt ist, die zuständige Autorität der Kirche darum zu bitten, daß man ihm seinen Taufglauben bewahre, was soll man dann von den Priestern, den Ordensmännern und Ordensfrauen sagen?
Um unseren Taufglauben unversehrt zu bewahren, haben wir uns dem Geist des II. Vatikanums und den Reformen, die es angeregt hat, entgegensetzen müssen.
Der falsche Ökumenismus, der am Ursprung aller Erneuerung des Konzils steht, in der Liturgie, in den neuen Beziehungen von Kirche und Welt, in der Auffassung von der Kirche selbst, führt die Kirche zu ihrem Untergang und die Katholiken zum Abfall vom Glauben (Apostasie).
Da wir dieser Zerstörung unseres Glaubens uns radikal entgegensetzen, und da wir entschlossen sind, in der traditionellen Lehre und Disziplin der Kirche zu bleiben, beson-

ders in dem, was die Priesterausbildung und das Ordensleben betrifft, spüren wir die absolute Notwendigkeit, kirchliche Autoritäten zu haben, die unsere Besorgnisse teilen und uns helfen, uns gegen den Geist des II. Vatikanums und den Geist von Assisi zu wappnen.
Deswegen bitten wir um mehrere Bischöfe, die in der Tradition ausgewählt sind und um die Mehrheit der Mitglieder in der römischen Kommission, um uns gegen jede Kompromittierung zu schützen.
Da man es ablehnt, unsere Gesuche in Erwägung zu ziehen, und da es offenkundig ist, daß das Ziel dieser Versöhnung keineswegs dasselbe ist für den Hl. Stuhl wie für uns, halten wir es für ratsamer, günstigere Zeiten für die Rückkehr Roms zur Tradition abzuwarten.
Deshalb werden wir uns selbst die Mittel geben, um das Werk fortzuführen, das die Vorsehung uns anvertraut hat. Mittel, die uns zugesichert sind durch den Brief seiner Eminenz Kardinal Ratzinger vom 30. Mai, daß also die Bischofsweihe nicht gegen den Willen des Hl. Stuhles ist, da sie für den 15. August zugestanden worden ist.
Wir werden fortfahren zu beten, daß das moderne Rom, verseucht vom Modernismus, wieder das katholische Rom wird und seine 2000jährige Tradition wiederfindet.
Nehmen Sie entgegen, Heiliger Vater, den Ausdruck meiner sehr ehrerbietigen und kindlich ergebenen Gefühle in Jesus und Maria.

Msgr. Marcel Lefebvre
Em. Erzbischof – Bischof von Tulle
Gründer der Bruderschaft Pius X.

Bezüglich dieses Briefes ist es nötig, die absolute Unbegründetheit der Argumentation von Msgr. Lefebvre hervorzubringen, wo er im Gegensatz zu all dem, was im Protokoll vom 5. Mai angenommen worden war, seine radikale Polemik gegen das II. Vatikanum wieder aufnimmt und behauptet, daß die Bischofsweihe dem Willen des Heiligen Stuhles nicht entgegengesetzt wäre. Im Blick auf diesen letzen Punkt ist es deutlich – wie aus dem Protokoll hervorgeht -, daß die vorgesehene Bischofsweihe erst hätte stattfinden können nach dem formellen Akt der Versöhnung und im Rahmen der umfassenden kanonischen Lösung, und daß die Auswahl des Kandidaten ebenso wie seine Ernennung der freien Entscheidung des Papstes vorbehalten sind. Unter Beachtung dieser Voraussetzungen wurde das Datum des 15. August 1988 angegeben. Da nun der Brief von Msgr. Lefebvre ausdrücklich den Prozeß der Versöhnung unterbricht, ist es klar, daß eine von ihm vollzogene Bischofsweihe dem Willen des Heiligen Stuhles entgegengesetzt wäre.

7. Mit Datum vom 9. Juni hat der Heilige Vater Msgr. Lefebvre den folgenden Brief geschickt:

Seiner Exzellenz
Msgr. Marcel Lefebvre
Em. Erzbischof – Bischof von Tulle

Mit großer und tiefer Betrübnis habe ich von Ihrem Schreiben vom 2. Juni Kenntnis genommen.
Da ich einzig und allein von der Sorge um die Einheit der Kirche in der Treue zur offenbarten Wahrheit geleitet bin – vordringlichste Pflicht des Nachfolgers des Apostels Petrus –, hatte ich im vergangenen Jahr eine Apostolische Visitation der Priesterbruderschaft St. Pius X. und ihrer Werke angeordnet, die von Kardinal Edouard Gagnon durchgeführt wurde. Es folgten Gespräche, zunächst mit Experten der Kongregation für die Glaubenslehre, dann zwischen Ihnen und Kardinal Joseph Ratzinger. Im Verlauf dieser Gespräche waren Lösungen erarbeitet, angenommen und von Ihnen am 5. Mai unterzeichnet worden: Sie erlaubten der Priesterbruderschaft Pius X., in der Kirche in voller Gemeinschaft mit dem Pontifex maximus – dem Hüter der Einheit in der Wahrheit – zu bestehen und zu wirken. Der Apostolische Stuhl seinerseits verfolgte in diesen Gesprächen mit Ihnen nur ein Ziel, diese Einheit im Gehorsam gegenüber der göttlichen Offenbarung zu fördern und zu wahren, die durch das Lehramt der Kirche überliefert und ausgelegt wird, insbesondere in den einundzwanzig Konzilen, von Nizäa bis zum II. Vatikanum.
In dem Schreiben, das Sie an mich gerichtet haben, scheinen Sie all das in den vorhergehenden Gesprächen Erreichte zu verwerfen, da Sie darin deutlich Ihre Absicht kundtun, „sich selbst die Mittel zur Weiterführung Ihres Werkes zu verschaffen", insbesondere indem Sie in Kürze ohne apostolischen Auftrag eine oder mehrere Bischofsweihen vornehmen wollen; dies steht in offenkundigem Widerspruch nicht nur zu den Vorschriften des kanonischen Rechts, sondern auch zu dem am 5. Mai unterzeichneten Protokoll und den Hinweisen zu diesem Problem, die in dem Brief enthalten sind, welchen Kardinal Ratzinger Ihnen auf meine Bitte hin am 30. Mai geschrieben hat.
Mit väterlichem Herzen, aber auch mit dem ganzen Ernst, den die gegenwärtigen Umstände verlangen, ermahne ich Sie, ehrwürdiger Bruder, von Ihrem Vorhaben Abstand zu nehmen, das – wenn es durchgeführt wird – sich nur als ein schismatischer Akt erweisen kann, dessen unvermeidliche theologische und kirchenrechtliche Folgen Ihnen bekannt sind. Ich fordere Sie inständig auf, in Demut zum vollen Gehorsam gegenüber dem Stellvertreter Christi zurückzukehren.
Ich fordere Sie nicht nur dazu auf, ich bitte Sie darum durch die Wunden unseres Erlösers Jesus Christus, im Namen Jesu Christi, der am Abend vor seinem Leiden für seine Jünger gebetet hat: „Alle sollen eins sein" (*Joh* 17,21).
Mit dieser Bitte und dieser Aufforderung verbinde ich mein tägliches Gebet zu Maria, der Mutter Christi.
Lieber Bruder, lassen Sie es nicht zu, daß das Jahr, welches in ganz besonderer Weise der Muttergottes gewidmet ist, ihrem mütterlichen Herzen eine neue Wunde zufügt.

Aus dem Vatikan, 9. Juni 1988

JOHANNES PAUL PP. II.

8. Zusammenfassend ist es nicht überflüssig zu unterstreichen, daß bei allen Stufen des Prozesses, der oben beschrieben worden ist, der Papst dauernd auf dem laufenden gehalten worden ist und selbst die grundlegenden Richtlinien der Position des Apostolischen Stuhles gegeben hat. Darüber hinaus sind – und zwar immer auf seine Anordnung – die Kardinalpräfekten der Dikasterien und die Vorsitzenden der Bischofskonferenzen, die mehr mit dem Problem der Versöhnung mit der Bruderschaft St. Pius X. zu tun hatten, genau vom Kardinalpräfekten der Kongregation für die Glaubenslehre unterrichtet worden.
Falls Msgr. Lefebvre tatsächlich zu den vorher angekündigten Bischofsweihen schreiten sollte, indem er so den Bruch mit dem Apostolischen Stuhl besiegelt, würden schwere kirchenrechtliche Konsequenzen erfolgen: den davon Betroffenen wurde ein „Monitum" geschickt, wie es von der kirchlichen Gesetzgebung vorgesehen ist.
Indem der Hl. Stuhl diese Bemerkungen zur Information vorlegt, hat er auch die dringende Sorge, den Mitgliedern der Bruderschaft und den Gläubigen, die mit ihr verbunden sind, einen eindringlichen Appell zukommen zu lassen, daß sie ihre Position überdenken und mit dem Stellvertreter Christi vereint bleiben wollen, indem er ihnen zusichert, daß alle Maßnahmen ergriffen werden, um ihre Identität in der vollen Gemeinschaft der katholischen Kirche zu garantieren.

Eine eindeutige Ethik der Familienplanung, die auf den Rechten von Mann und Frau beruht und kulturelle und religiöse Werte achtet

Botschaft der katholischen Kirche an die 22. Konferenz der CIOMS vom 26. Juni

Es gibt keine „wertfreien" Methoden in der Familienplanung. In der Forschung tätige Wissenschaftler, ärztliches Personal, Regierungsbeamte und Sozialarbeiter sollten ernsthaft über die Folgen ihrer Arbeit nachdenken, über die Hypothesen, auf denen sie aufbauen, und über die Ziele, die sie sich in der Familienplanung stecken.
Die katholische Kirche interessiert sich auf der ganzen Welt für die Familienplanung. Tausende katholischer Männer und Frauen und auch Menschen anderer Religionen fördern heute die natürlichen, von der Kirche anerkannten und empfohlenen, Methoden der Familienplanung oder wenden sie an. Aufgrund der menschlichen Erfahrung dieser Mitglieder so vieler verschiedener Gesellschaften, Nationen und Kulturen trägt die katholische Kirche ihren einzigartigen Beitrag an eine Konferenz über die Ethik und die menschlichen Werte der Familienplanung heran. Sie tritt als die größte religiöse Gemeinschaft auf der Erde in einen Dialog ein, der die Rechte und Verantwortlichkeiten von Einzelpersonen und Gesellschaften behandelt.
Die Lehre der Kirche gegen Abtreibung, Sterilisation und Empfängnisverhütung ist von Papst Paul VI. im Juli 1968 in seiner Enzyklia *Humanae vitae* klar ausgesprochen wor-

den. Von Papst Johannes Paul II. wurde diese Lehre 1981 in seinem Apostolischen Schreiben über die Familie *Familiaris consortio* und in der Folgezeit in Ansprachen bestätigt. Diese maßgebende Lehre wird keine Veränderung erfahren, obschon sie oft mißverstanden oder falsch ausgelegt wird.

Wie dem auch sei, die Kirche hat durch eine eindeutige Ethik in bezug auf Fragen, die den Wert des menschlichen Lebens von der Zeugung bis zum natürlichen Tod und die natürliche Weitergabe des menschlichen Lebens betreffen, die Entwicklung und Forschung im Bereich der natürlichen Familienplanung angeregt. Nicht nur in ihrer Lehre, sondern auch in den Jahren der pastoralen Erfahrung in diesem Bereich hegt die Kirche ein tiefes Interesse für die Ethik und die menschlichen Werte in der Familienplanung.

Diese Sorge der Kirche würde vielleicht in einem „internationalen Dialog über die Rechte und Verantwortlichkeiten von Einzelpersonen und Gesellschaften" nicht klar genug zur Geltung kommen, wenn sie allein auf ihr theologisches und religiöses Erbe zurückgreifen würde. Obschon sie ihre Verkündigung des göttlichen Gesetzes und die Auslegung seiner Grundsätze bestätigt, kann die Kirche wirkungsvoller zu dieser Konferenz beitragen, wenn sie in einem ethischen Rahmen spricht, in welchem praktisch alle Nationen zu einer gemeinsamen Übereinstimmung gelangen können, oder aber in Begriffen der Rechte und Verantwortlichkeiten von Einzelpersonen und Gesellschaften.

Ihre Soziallehre bestätigt außerdem, daß die Familie der Punkt ist, in welchem die Rechte von Einzelpersonen und Gesellschaften zusammentreffen, wie es in der am 23. Oktober 1983 vom Heiligen Stuhl veröffentlichen *Charta der Familienrechte* dargestellt wird.

Um einen Beitrag zu diesem wichtigen Dialog zu leisten, werden sechs Schlüsselpunkte vorgeschlagen, die zu einer gemeinsamen ethischen Übereinstimmung führen könnten. Diese Punkte beziehen sich auf folgende Argumente, die heute kritische Probleme in der Familienplanung aufwerfen.

1. Die abtreibende Wirkung einiger Verhütungsmittel;
2. Die negative Nebenwirkung einiger Verhütungsmittel;
3. die langfristig zur Sterilität führende Wirkung einiger Verhütungsmittel;
4. Der Mythos einer weltweiten Bevölkerungskrise;
5. Ethik und menschliche Werte in der Familienplanung;
6. AIDS und Empfängnisverhütung.

Aus dem praktischen Inhalt dieser Herausforderungen geht klar hervor, daß Ethik und menschliche Werte in der Familienplanung die Rechte und die Gesundheit der Frau und des Mannes, die Rechte und das Wohl der Familie, die ethnischen, kulturellen und religiösen Werte der Völker, das wirtschaftliche Wohlergehen vieler in der Dritten Welt und schließlich den Wert des menschlichen Lebens umfassen.

Sechs Herausforderungen

1. Die abtreibende Wirkung einiger Verhütungsmittel

Das Recht auf Gewissensfreiheit und das Recht auf Information verlangen, daß den Menschen die primäre und die sekundäre abtreibende Wirkung einer Substanz oder eines mechanischen Verhütungsmittels zur Kenntnis gebracht wird, die eine solche Substanz oder ein solches mechanisches Mittel benutzen, verschreiben oder liefern möchten.
Dieses schwerwiegende ethische Problem stellt sich da, wo gezeigt werden kann, daß wahrscheinlich manche intrauterinen Verhütungsmittel oder Spiralen (Iud) oder auch manchen „Impfstoffe", die von den Frauen angewendet werden, tatsächlich eine Fehlgeburt auslösen. Die Frauen haben das Recht, zu wissen, ob sie durch die Anwendung dieser Substanzen oder mechanischen Mittel Fehlgeburten herbeiführen. Und ebenso haben ihre Ehemänner das Recht, zu wissen, ob das neue Leben, das sie gezeugt haben, vor oder nach der Einnistung zerstört wird. Die Ärzte und das Pflegepersonal haben das Recht, zu wissen, ob sie direkte Mittelspersonen bei der Herbeiführung einer Fehlgeburt sind.
Ein Mittel der Abtreibung einfach als ein Mittel mit sterilisierender Wirkung darzustellen, ist eine Lüge, und dies besonders da, wo viele Verbraucher und Lieferanten es ablehnen würden, stillschweigend mit einer Abtreibung einverstanden zu sein. Wenn sie die primäre und sekundäre abtreibende Wirkung einer Substanz oder eines mechanischen Verhütungsmittels verschweigen würden, so würden die Forscher und Förderer der Empfängsnisverhütung das Gewissen von Frauen und Männern verletzen sowie ihre Religionsfreiheit und ihr Recht darauf, den Traditionen einer Kultur, einer Nation oder einer ethnischen Gruppe treu zu sein. Wenn man schließlich die Auswirkungen wiederholter Fehlgeburten auf die Fortpflanzungsorgane einer Frau bedenkt, so taucht auch das moralische Problem ihres Rechtes auf künftige Fruchtbarkeit und auf physisches und physiologisches Wohl auf.
Die Gewissensfrage ist keine direkte Bestätigung des „Rechts auf Leben", sondern hebt vielmehr das Recht eines jeden hervor, in voller Freiheit das Recht auf Leben je nach den Entscheidungen des einen oder anderen zu verfechten oder in die Praxis umzusetzen. Die Gewissensfreiheit, die als das Recht eines jeden verstanden wird, nach einem bestimmten ethischen Kodex zu leben, sollte auch von den Forschern und den Befürwortern der Abtreibungsmittel akzeptiert werden. Viele Männer und Frauen könnten, wenn die Abtreibungsmittel richtig und eindeutig etikettiert würden, entscheiden, sie aus ethischen oder gesundheitlichen Gründen nicht zu benutzen. Dies würde auch bedeuten, daß die Abtreibungsmittel nicht dazu dienen, im Sozialgefüge wirksam zur Familienplanung beizusteuern.

Beispiele:

a) Das Abtreibungsmittel RU 486, das auch „Mifepriston" genannt wird, wird von der Roussel-Uclaf hergestellt und erforscht. Obschon es vom Komitee für Ethik der Académie Française approbiert wurde, ist über den Gebrauch des RU 486 als Abtreibungsmittel nach der Einnistung, über seine Wirkung auch auf den Körper der Frau sowie über Neugeborene, die seine Wirkung überleben (Teratogenizität), eine große Kontroverse entstanden.

b) Der fruchtbarkeitshemmende Impfstoff der Oms ist als abtreibungsfördernd erkannt worden. „Das aktive Prinzip dieses Impfstoffs ist ein immunogenes Peptid, das gegen das kryonische menschliche Keimdrüsenhormon (hCG) immunisieren soll ..., das beim Einsetzen und bei der Erhaltung einer verfrühten Schwangerschaft eine erstrangige Rolle spielt (Progress Nr. 1 Seite 5, Zeitschrift für die Forschung in der menschlichen Fortpflanzung über das Spezialprogramm der Oms-Forschung- und Formationsentwicklung (Who/Sprdrthr). Die Forscher beteuern, daß dieser als Injektion angewandte Impfstoff gegen die „Krankheit Schwangerschaft" eine einjährige Wirkung hat. Klinische Experimente werden in Adelaide, Australien, durchgeführt. Doch kann dieser „Impfstoff", der die Einnistung verhindert und spontan eine Fehlgeburt herbeiführt, wirklich als ein solcher bezeichnet werden?

c) Der mit Levonorgestrel imprägnierte Scheidenring aus Gummi gibt für 90 Tage ein Steroid in den Blutkreislauf ab. Er ist seitens der Who/Sprdrthr noch in der Experimentierungsphase und hinsichtlich seiner Lage im Körper könnte er einem Verhütungsmittel mit Sperrfunktion gleichgesetzt werden. Doch fragt man sich, wie beim Triphasil – einer auf Levonorgestrel aufbauenden Pille, bei der sich eine abtreibende Wirkung herausgestellt hat – ob nicht auch der Gummiring eher ein Abtreibungsmittel ist als ein „Steroid".

d) Das Iud (Intrauterin-Pessar) hat in seinen verschiedenartigen Formen Polemiken und viele Kontroversen ausgelöst. Die genaue Wirkung einer Iud wird im „Progress" (Nr. 1 Februar 1987, Seite 2) zum Teil verschwiegen. Es wird nur gesagt, daß die Empfängnisverhütung eine primäre Wirkung des Iud ist: „infolge von biochemischen und histologischen Veränderungen wird durch das Intrauterinpessar verhindert, daß sich das befruchtete Ei in die Gebärmutterschleimhaut einnistet"; der abtreibende Effekt wird jedoch nicht besonders erwähnt. Der Who/Sprdrthr geht nicht auf den Einwand ein, nach welchem Intrauterin-Pessare schon für sich genommen Fehlgeburten auslösen, da sich Gebärmutterschwangerschaften auch bei eingesetzter Spirale einstellen.

Leider geben die Politik und die derzeitigen Forschungsprogramme des Who/Sprdrthr keinerlei Garantie für ethische Sensibilität in bezug auf das grundlegende Problem des Rechts eines jeden, sich für die Bejahung des Rechtes auf Leben zu entscheiden, oder implizit auch für sein Recht auf Information in bezug auf die primären und sekundären abtreibenden Wirkungen. Die ersten vier Arbeitsgruppen des Who/Sprdrthr sind beispielsweise:

1. Arbeitsgruppe über mechanische Mittel zur Fruchtbarkeitsregelung;
2. Arbeitsgruppe über Stoffe mit Langzeitwirkung zur Fruchtbarkeitsregelung;
3. Arbeitsgruppe über Methoden zur Fruchtbarkeitsregelung, die nach dem Eisprung eingesetzt werden;
4. Arbeitsgruppe über Impfstoffe zur Fruchtbarkeitsregelung.

Die dritte Arbeitsgruppe widmet sich, verblümt gesagt, ausschließlich Mitteln, die der Abtreibung dienen. Wie bereits oben erwähnt, beschäftigt sich die vierte Gruppe mit „abtreibenden" Impfstoffen. Die vierte Arbeitsgruppe schließt Abtreibungsmittel ein, und die erste Arbeitsgruppe kann Abtreibungsmittel einschließen.
Die von Oms gesponserte Forschung für eine wirksame Empfängnisverhütung ist ganz allmählich zu abtreibungsfördernden Methoden abgeglitten. Zutiefst bedauert die katholische Kirche, daß auf diese Weise die Empfängnisverhütung unmerklich zur Abtreibung mit all ihren schweren moralischen Verflechtungen geworden ist.
Das Problem des Rechts auf Information über die Möglichkeit, daß eine Substanz oder ein mechanisches Verhütungsmittel eine Fehlgeburt auslöst, kann an der wahrheitsgetreuen Beschreibung der Wirkungsweise der Pille Triphasil veranschaulicht werden, die die „Bildung einer Gebärmutterschleimhaut bewirkt, die weniger empfänglich ist für die Einnistung". Doch diese technische Beschreibung informiert eine Frau mit einem weniger hohen Bildungsniveau nicht darüber, daß diese Pille eine abtreibende Wirkung hat. Eine ähnlich technische Sprache, die nur indirekt die abtreibende Wirkung beschreibt, wird für folgende in Südafrika im Handel befindlichen Substanzen angewandt: Ovral 28, Minovlar 21, 28 und ED, Micro-Norum, Nordette, Brevinor, Nur-Isterate, Depo-Provera.
Es sollten einfach und explizite Erklärungen über eine abtreibende Wirkung gegeben werden, genauso wie einige Regierungen fordern, daß man über die moralisch weniger spürbaren Wirkungen des Tabaks informieren sollte. Die Lieferanten und Förderer von Abtreibungsmitteln müßten ihr Produkt auf ehrliche Weise etikettieren. Sie haben entschieden, das Recht auf Leben zu negieren. Doch sollten sie zumindest den anderen erlauben, ihre Gewissensfreiheit ausüben zu können. Sie können allen Frauen auf der Welt diese freie Wahl dadurch lassen, daß sie einfach nur auf ehrliche Weise die Wirkung ihres Produkts angeben.

2. Negative Nebenwirkungen einiger Verhütungsmittel

Das Recht eines jeden auf gute Gesundheit und auf körperliches Wohl erlegt den Forschern, Förderern und Lieferanten die Pflicht auf, der Frau oder dem Mann, die es benutzen wollen, jegliche negative Nebenwirkung einer Substanz oder eines mechanischen Verhütungsmittels mitzuteilen.
Die „Nebenwirkungen" bei der Empfängnisverhütung werfen ein ernstes ethisches Problem auf. Die Pflicht, das Recht auf Gesundheit zu respektieren, müßte die Ausschaltung aller gesundheitsbedrohenden Substanzen oder mechanischen Verhütungsmittel verlangen. Die Forscher und Lieferanten fördern, indem sie den Männern und Frauen physischen und physiologischen Schaden zufügen, nicht die Familienplanung, die die Rechte und die Verantwortungen der Einzelpersonen oder der Gesellschaft achtet.
Das Prinzip der allgemeinen Gerechtigkeit, das sich im Recht auf die körperliche Gesundheit ausdrückt, umfaßt auch die Aufrechterhaltung des Rechts auf Information im therapeutischen Bereich, um was für eine potentielle Bedrohung der physischen oder physiologischen Gesundheit auch immer es sich handeln möge. Es geht insbesondere um

das Recht der Frau auf Gesundheit während ihrer fruchtbaren Jahre und der folgenden Jahre ihres Lebens, wenn man die Nebenwirkungen der Empfängnisverhütung in Betracht zieht. Auch ihre Kinder können im Mutterleib und auch nach der Geburt diesen Nebenwirkungen ausgesetzt werden. Nicht nur die Frau, die sie benutzt, sondern auch der Mann hat das Recht, über eventuelle Nebenwirkungen von Substanzen und mechanischen Verhütungsmitteln informiert zu werden, so daß er seiner ehelichen Pflicht nachkommen kann, die darin besteht, die Frau zu beschützen.

Beispiele:
der Who/Sprdrthr hat bereits eine finanzierte Forschung zur Entdeckung von negativen Nebenwirkungen der verschiedenen Verhütungsmittel begonnen, eine Forschung, die er genau umreißt und fördert. Dies ist eine lobenswerte Initiative. Dennoch werden in einem Artikel seiner Zeitschrift „Progress" (Nr. 1, Seite 2 und 3) eine Menge von Intrauterin-Pessaren gelobt. Dabei werden allseits bekannte Probleme verschwiegen, die im Anschluß an den Gebrauch der Iud in den Vereinigten Staaten ans Licht getreten sind und in der Vergangenheit und auch jetzt noch für Kontroversen über die „schädigenden Nebenwirkungen" einiger Iud gesorgt haben. Dieser Artikel beruht auf einem scheinbar positiven Urteil in bezug auf die Iud, das von einer Wissenschaftsgruppe der Oms über die Wirkungsweise, die Sicherheit und die Wirksamkeit der Intrauterin-Pessare geäußert worden ist.
Vor einem ethischen Hintergrund müssen die Probleme, die mit der Anwendung der Iud zusammenhängen, mit Aufrichtigkeit angegangen werden. Die „geringeren" Probleme beziehen sich vor allem auf den Bereich der entzündlichen Krankheiten des Beckens (PID), die ihrerseits wiederum zu weiteren gesundheitlichen Komplikationen führen. Schwerwiegender erscheint die Veröffentlichung des „Journal of Reproductive Medicine" (Mai 1983), nach der 49 % der Frauen, die Iud benutzten unter Eileiterentzündung litten, während dies nur auf 1 % der Frauen zutraf, die keinen Gebrauch von Iud machten. Selbst „People", die Zeitschrift der „International Planned Paranthood Federation" (Internationale Vereinigung für die geplante Elternschaft IPPF, Bd, Nr. 1, 1986), zitierte eine Studie aus Snowden (British Medical Journal, 26. Mai 1984)), die „bewiesen hat, daß Beckenentzündungen bei Iud-Benutzerinnen auftreten, daß aber kein Iud-Modell besser oder schlechter ist als ein anderes". Diese Information hat die IPPF dennoch nicht davon abgebracht, den Gebrauch von Iud weltweit zu fördern. Wenn ein Iud keine sichere Methode zur Empfängnisverhütung ist, so darf sie niemals als „wirksame" Methode zur Empfängnisverhütung bezeichnet werden.
Die Depo-Provera ruft weiterhin Beanstandungen in der Dritten Welt hervor. Dieses Verhütungsmittel darf den Frauen der Vereinigten Staaten nicht eingespritzt werden, doch in der Dritten Welt wird es weiterhin eingeimpft. Warum? Es darf keinerlei ethische Ungleichheit zwischen der Ersten und der Dritten Welt im Gebrauch der Depo-Provera und anderer Substanzen und auch der Iud geben. Es gibt nur ein einziges Prinzip des körperlichen Wohlbefindens und des Rechts auf Information zur Erhaltung und zum Schutz der Gesundheit. Ehrliche, präzise Informationen über die Nebenwirkungen verschiedener Pillensorten, wie zum Beispiel über die, die bei der Benutzung von Triphasil in Südafrika auftreten, sollten auch über Substanzen wie die Depo-Proveral geliefert werden.

Es gibt keine zwei verschiedenen „Gesetze" der Ethik, eins, das die Männer und Frauen der Ersten Welt schützt und ein anderes, das den unter dem Preis liegenden Absatz von schädlichen Substanzen und mechanischen Verhütungsmitteln in der Dritten Welt erlaubt. Jeder Mensch hat das Recht darauf, zu wissen, welche Wirkung eine Substanz oder ein mechanisches Verhütungsmittel auf seinen Körper ausübt. Die Kirche fordert daher die Regierungen auf, die Gesundheit ihres Volkes zu schützen, indem sie eine strenge Kontrolle über schädliche Verhütungsmittel verlangt. Die Regierungen sollten jeglichem Druck zur Genehmigung und Förderung von schädlichen Verhütungsmitteln Widerstand leisten, indem sie darauf aufmerksam machen, daß dieser Druck von streitigen Ideologien der Bevölkerungskontrolle oder von kommerziellen Interessen oder einer verderblichen Einstellung in der Gesundheitsfürsorge ausgeht, die die Gesundheit von Frauen und Männern opfern wollen, um eine wirtschaftlich vorteilhafte Empfängnisverhütung zu erreichen.

3. Die sterilisierende Wirkung einiger Verhütungsmittel

Das unveräußerliche Recht der Eheleute, eine Familie zu gründen und über die Zeitspanne zwischen den Geburten sowie über die Zahl der Kinder zu entscheiden, die gezeugt werden sollen (vgl. II. Vatikanisches Konzil, *Gaudium et spes*, Nrn. 50, 87; *Charta der Familienrechte*, Art. 3), erlegt den Forschern, Förderern und Lieferanten von Verhütungsmitteln die Pflicht auf, über jede mögliche langfristige oder ständige sterilisierende Wirkung einer Substanz oder eines mechanischen Verhütungsmittels auf den Mann oder die Frau, die Gebrauch davon machen wollen, zu informieren.

Die katholische Kirche widersetzt sich der Sterilisation von Männern und Frauen, und auch den Versuchen, sie den Menschen aufzuerlegen. Diese Versuche können auch als Kontrast zum ethischen Empfinden einer religiösen Kultur, wie z. B. der indischen, angesehen werden.

Diejenigen, die im Hinblick auf das Problem der Sterilisation nicht mit der Kirche übereinstimmen, sollten zumindest auf der Basis des allgemeinen Menschenrechts damit einverstanden sein, daß

a) die Eheleute das Recht auf die Fruchtbarkeit haben und in bezug auf ihre Kinder Entscheidungen treffen können, und daß
b) jeder Mensch in allem, was seine Gesundheit angeht, ein Recht auf genaue Informationen hat.

Es wäre daher eine Verletzung der allgemeinen Gerechtigkeit, eine zeitweise verhütende Sterilisation vorzuschlagen, wenn eindeutig die Möglichkeit besteht, daß diese Art der Verhütung eine ständige Sterilität bewirkt. Es ist etwas ganz anderes, die Fruchtbarkeit zu kontrollieren, als sie vollständig zu entziehen.

Wo immer es möglich ist, müssen eventuelle langzeitig oder bleibend sterilisierende Wirkungen auf eindeutige und einfache Weise bei der Lieferung von Empfängnisverhütungsmitteln angezeigt werden.

Beispiele:
Die Forscher haben die schwierige Aufgabe, die Langzeitwirkungen eines in den Körper der Frau oder des Mannes eingeführten Mittels abzuwägen. Doch wenn die Ethik und die menschlichen Werte der Familienplanung respektiert werden sollen, muß in der Forschung den Experimentierungsphasen oder den zur Zeit vom Who/Sprdrthr durchgeführten klinischen Experimenten hinsichtlich der Auswirkungen von Substanzen oder mechanischen Verhütungsmitteln, die langfristige oder ständige Sterilität zur Folge haben, Vorrang eingeräumt werden.
Die durch die Pille verursachte Unfruchtbarkeit ist einige Jahre lang Grund zur Sorge gewesen. In einem Leitartikel des British Medical Journal (14. Oktober 1972, S. 59, 60) wurde bestätigt: „Ein besorgniserregender Aspekt der Behandlung mit oralen Verhütungsmitteln weckt bei den Gynäkologen wachsende Aufmerksamkeit. Bei einigen Frauen tritt nämlich nach der Beendigung der Einnahme oraler Verhütungsmittel die Menstruation nicht auf normale Weise wieder ein, und sie leiden jahrelang unter Amenorrhöe. Eine Perfektionierung der oralen Verhütungsmittel wird dieses Problem nicht unbedingt lösen. Die Eierstöcke können infolge kontinuierlicher und lang andauernder Untätigkeit atrophisch werden. Die Gebärmutterschleimheit, die kontinuierlich der Wirkweise synthetischer Steroide ausgesetzt war, kann nicht mehr auf den Einfluß von Östrogen und Progesteron antworten."
Vor allem in der Dritten Welt muß über den Gebrauch von Substanzen oder mechanischen Mitteln, die zur Sterilität führen können, medizinische Beratung gegeben werden. Besondere Besorgnis erregen heute die Depo-Provera, die weiterhin in Teilen Afrikas in Gebrauch sind, sowie das Net-en(Neton), Nuritisteron Denantat, eine Progestinspritze, die in Indien auch dank „möglicher Nebenwirkungen" für Polemik gesorgt hat. Das, was bereits in bezug auf die „Nebenwirkungen" und eine einheitliche Ethik für die Erste und die Dritte Welt gesagt wurde, trifft auch auf das ethische Problem der langfristigen oder ständigen Sterilität zu.
Wenn die öffentlichen Autoritäten entscheiden, die Sterilisation in einem kulturellen Umfeld zu fördern, das diese ablehnt, so müssen sie auch die sozialen Folgen daraus ziehen. Es bleibt dennoch die Tatsache bestehen, daß die Förderung oder Auferlegung der Sterilisation durch den Rückgriff auf starke Verhütungsmittel eine Täuschung ist, die die allgemeine Gerechtigkeit verletzt. Die objektive moralische Ordnung, die Würde des Menschen und die Freiheit der Verlobten, eine Familie zu gründen, müssen stets den Vorrang haben vor den unverantwortlichen Versuchen, Verhütungsmittel zu fördern, die die Fruchtbarkeit zerstören können.

4. Der Mythos einer weltweiten Bevölkerungskrise

Im Wandel begriffene wirtschaftliche und soziale Bedingungen werfen die dringende moralische Frage auf, ob eine weltweite Politik einer radikalen Herabsetzung der Bevölkerung den Völkern auch wirklich zum wirtschaftlichen und sozialen Vorteil gereicht.
Obschon es Länder gibt, die auf allgemeiner oder regionaler Ebene von großen Bevölkerungskrisen heimgesucht werden, entpuppt sich der Ausdruck Bevölkerungsexplosion

doch ganz allmählich als Mythos. Dieser Mythos bleibt jedoch die Basis der Ideologie dessen, was man den „Imperialismus" der Empfängnisverhütung nennen könnte. Die Ideologie kann auf die Vorstellung zurückgeführt werden, eine geringere Bevölkerungszahl bringe eine bessere Wirtschaft mit sich. Die „International Planned Parenthood Federation" und ähnliche Organisationen, die weltweit tätig sind, scheinen derart mit dieser Ideologie beschäftigt zu sein, daß sie sie mit Mitteln auferlegen wollen, die ethische Grundsätze und Werte vieler verschiedener Kulturen übergehen. Da es ihnen nicht gelungen ist, die Bevölkerung in einigen Teilen der Dritten Welt auf angemessene Weise zu reduzieren oder in der Ersten Welt ein „Bevölkerungswachstum Null" zu erreichen, fördern die Befürworter dieser Ideologie nunmehr eine weitverbreitete Sterilisation oder die Abtreibung als Verhütungsmittel.
Die Kirche gibt zu, daß in einigen Ländern der Druck einer sehr hohen Bevölkerungsdichte besteht. Doch wird dieser oft mit Problemen verwechselt, die in wirtschaftlicher Ungerechtigkeit, in der Unterentwickung der Rohstoffquellen oder einer schlechten Wirtschaftsplanung wurzeln. Eine hohe Bevölkerungsdichte geht nicht unbedingt mit Hunger oder Elend einher. Auch braucht eine Bevölkerung von 5 Milliarden nicht unbedingt als zu groß betrachtet zu werden, wenn man die außerordentlich großen Erfolge bedenkt, die im Bereich der Nahrungsproduktion und der Möglichkeiten zur Weiterentwicklung der Rohstoffe und der Technologie erreicht worden sind. Im wirtschaftlichen und demographischen Bereich muß auf andere Stimmen gehört werden, z. B. auf die von Pierre Chaunu und Fr. René Bel (Frankreich), von Prof. Julian Simon, Dr. Robert L. Sassone, Frau Prof. Jacqueline Kasun, Dr. Roger Revelle, Dr. David Hopper, Carl Anderson (Vereinigte Staaten), von Dr. Peter Bauer und Dr. Basil Yamey (Großbritannien) und von Dr. Colin Clarke (Australien). Diese Experten haben auf die eine oder andere Weise die Unhaltbarkeit des Mythos der Überbevölkerung bewiesen, der die Basis des Verhütungsimperialismus bildet.
Dieser „Imperialismus" ist nichts anderes, als daß den Völkern und Kulturen jedwede als wirksam geltende Form von Verhütung, Sterilisation oder Abtreibung auferlegt wird, ohne dabei die religiösen und ethnischen Traditionen sowie die Familientraditionen eines Volkes oder einer Kultur zu berücksichtigen. Von dieser unbarmherzigen Geringschätzung der ethischen und menschlichen Werte, in der Familienplanung könnte Abstand genommen werden,

a) durch Zurückweisen des verheerenden Mythos einer weltweiten Bevölkerungskrise,
b) durch die Betrachtung der Bevölkerungsentwicklung vor dem Hintergrund des wirtschaftlichen Wachstums,
c) durch Hinweis auf die typischen Probleme nicht nur einer Überbevölkerung sondern auch einer Unterbevölkerung in einer bestimmten Region und
d) durch die Förderung einer wirtschaftlichen Gerechtigkeit, die durch Entwicklung und Dezentralisierung verwirklicht werden und diesen verschiedenen Problemen begegnen kann.

In seiner Enzyklika über die soziale Gerechtigkeit ist Papst Johannes Paul II. auf das Bevölkerungsproblem folgendermaßen eingegangen: „Unleugbar gibt es, vor allem im Sü-

den unseres Planeten, ein derartiges demographisches Problem, daß es Schwierigkeiten für die Entwicklung bereitet. Es ist aber angebracht, gleich hinzuzufügen, daß sich dieses Problem im Norden mit umgekehrten Vorzeichen darstellt: Was hier Sorgen macht, ist der Abfall der Geburtenziffer mit Auswirkungen auf die Altersstruktur der Bevölkerung, die sogar unfähig wird, sich biologisch zu erneuern. Auch dieses Phänomen ist von sich aus geeignet, die Entwicklung zu behindern. Wie es ungenau ist zu behaupten, solche Schwierigkeiten kämen nur vom Bevölkerungswachstum her, so ist es auch nicht erwiesen, daß jegliches Bevölkerungswachstum unvereinbar sei mit einer geordneten Entwicklung.
Andererseits erscheint es sehr alarmierend, in vielen Ländern auf Initiative ihrer Regierungen die Propagierung von systmatischen Kampagnen zur Geburtenkontrolle festzustellen, und das im Gegensatz nicht nur zur kulturellen und religiösen Identätit der Länder selbst, sondern auch zum Wesen einer echten Entwicklung. Oft geschieht es, daß diese Kampagnen unter Druck zustande kommen und durch Kapital aus dem Ausland finanziert werden, ja, daß wirtschaftliche und finanzielle Hilfe und Unterstützung ihnen manchmal sogar untergeordnet werden. In jedem Fall handelt es sich um einen absoluten Mangel an Respekt vor der Entscheidungsfreiheit der betroffenen Personen, Männer und Frauen, die nicht selten unerträglichem Druck, auch wirtschaftlicher Art, ausgesetzt sind, um sie für diese neue Form der Unterdrückung gefügig zu machen. Gerade die ärmsten Völker erleiden die Mißhandlungen; und es endet mitunter damit, daß die Tendenz zu einem gewissen Rassismus geweckt oder die Anwendung gewisser Formen von Eugenetik gefördert werden, die gleichermaßen rassistisch sind.
Auch diese Vorgänge, die auf das energischste zu verurteilen sind, sind Zeichen eines irrigen und entarteten Begriffes von echter menschlicher Entwicklung." (*Sollicitudo rei socialis*, 30. Dezember 1987, Nr. 25).

Beispiele:

a) Zentraleuropa hat heute als Folge der Empfängnisverhütungspolitik der 60er Jahre eine Unterbevölkerung zu vermerken. In den meisten europäischen Ländern erreichen die Geburten nicht einmal das Ausgleichsniveau, bei dem 210 Geburten auf 100 Frauen kommen. Während die Anzahl der alten Leute proprotional wächst, nimmt die Zahl der jungen Leute, die arbeiten, ab, und es treten ernste wirtschaftliche und soziale Probleme auf, wie z. B. die Altenpflege, die Schaffung finanzieller Mittel für eine höhere Zahl an Pensionen, die Abnahme einiger Konsumgüterindustrien. Westdeutschland hat die niedrigste Geburtenrate der Welt: 1,4 Kinder auf eine Frau. Andererseits hat Frankreich im September 1986 mit einer Politik begonnen, die die Familie begünstigt, um auf diese Weise das Bevölkerungswachstum zu förden.
b) Singapur und Bulgarien sind zwei Länder mit unterschiedlichen sozialen und wirtschaftlichen Systemen, doch haben beide die Ideologie abgelehnt, nach der eine kleinere Bevölkerung notwendigerweise die Voraussetzung für eine Verbesserung der Wirtschaft ist. In seinem Bemühen, den schweren Bevökerungsrückgang wieder aufzuholen, hat Bulgarien auf eine Politik verzichtet, die die Abtreibung befürwortet, und unterstützt die Paare, die Kinder haben. Am 1. März 1987 ist in der in Singapur

durchgeführten allseits bekannten Politik der Geburtenkontrolle eine überraschende Wende eingetreten. Singapur verzichtet nun auf die finanzielle Diskriminierung von Familien, die mehr als eine bestimmte Anzahl von Kindern haben. Diese beiden Länder haben ihre Politik geändert, weil sie erkennen, daß ein „Bevölkerungswachstum-Null" eine wirtschaftliche und soziale Katastrophe darstellt.
Und dennoch gibt es in Ländern, die eine große Bevölkerungsdichte und eine begrenzte Entwicklung zu verzeichnen haben, auch weiterhin Organisationen zur Empfängnisverhütung auf Massenbasis, die weitgehend finanziert werden und an wirtschaftliche Interessen gebunden sind, und die sich um eine technologische Kontrolle der Geburtenrate als Schlüssel für die Entwicklung bemühen. Die Forscher, die „wirksamere" Verhütungsmittel vorbereiten, handeln weiterhin so, als sei der Mythos der Überbevölkerung Realität. In einigen Ländern unterstützen die Regierungen die Bevölkerungskontrolle oder erlegen sie auf, indem sie sich auf die Ideologie einer kleineren Bevölkerung als Mittel zur Entwicklung berufen, während die wahren Probleme auf lokaler Ebene die Ungerechtigkeit, die Korruption und eine unangemessene Wirtschaftsverwaltung ist.
Die Kirche wendet sich an die Forscher und die Lieferanten von Verhütungsmitteln, um sie zumindest dazu einzuladen, ihre demographischen und wirtschaftlichen Hypothesen in Frage zu stellen; zu überprüfen, ob sich durch diese Haltung die wirtschaftlichen und sozialen Probleme, anstatt gelöst zu werden, nicht eher noch verschlimmern. Sie lädt sie zum Nachdenken ein über den nunmehr bereits verbreiteten Groll und die Ablehnung der Bevölkerungskontrolle oder den unterschiedslosen Gebrauch von Abtreibungs- und Sterilisationsmitteln und das weitere Abgleiten in Abtreibungs- und Sterilisationsprogramme. Die Kirche bedauert diese Attentate auf das menschliche Leben und auf die Würde von Frauen und Männern, Attentate, die nicht zur gerechten Entwicklung der Welt beigetragen haben.

5. Ethische und menschliche Werte in der Familienplanung

Die einzige wirklich „wirksame" Form der Familienplanung ist die, die aufbaut a) auf der Achtung der Gesundheit von Frau und Mann, b) auf der Achtung ihrer ethischen, kulturellen und religiösen Werte und schließlich auf der Fähigkeit und Flexibilität der Anpassung an die Probleme, sei es der Überbevölkerung oder auch der Unterbevölkerung. Im Hinblick auf diese ethisch gesunden Grundsätze, die auf weitreichenden Beweisen beruhen, sind die natürlichen Methoden der Familienplanung wirklich wirksam, und die Forschung und die Finanzierungen müßten sich an diesen Methoden orientieren.
Wenn die Familienplanung erst einmal vor dem Hintergrund der ethischen und menschlichen Werte und der Rechte und Verantwortungen der Einzelpersonen und Gesellschaften gesehen wird, so ist die einzige wirklich menschliche Form der Familienplanung die, die vom Gebrauch natürlicher Methoden herrührt, um den Abstand von einer Geburt zur anderen zu vergrößern. Diese Behauptung kann von einer Reihe von Beobachtungen bewiesen werden, die auch die ethische und praktische Krise infolge von mechanischen Substanzen und Verhütungsmitteln unterstreichen.

a) Die Natürliche Familienplanung ist wissenschaftlich gültig. Die drei wichtigsten natürlichen Methoden sind: 1) Die Ovulationsmethode (Billings), 2) die Basaltemperaturmethode, 3) das Stillen an der Brust. Eine fortschrittliche Untersuchung über die Zervixschleim-Methode (1) verbunden mit der Basaltemperaturmethode (2) ist von Prof. James Brown der Universität Melbourne in Australien und von Prof. Eric Odelblad der Universität Ulmea in Schweden durchgeführt worden. Die Forschung über die Fruchtbarkeitsregelung durch das Stillen an der Brust ist von Prof. Roger Short der Universität Monash/Melbourne und von Dr. Bob Jackson in den Vereinigten Staaten durchgeführt worden. Es werden regelmäßig Studien über die Wirksamkeit der ersten beiden Methoden als Mittel zur Verzögerung der Schwangerschaften angestellt. Diese Methoden können unter dem Gesichtspunkt der Familienplanung als ebenso sicher angesehen werden wie die Pille.

b) Die natürlichen Methoden haben keinerlei primär oder sekundär abtreibenden Effekt. Sie sind daher aus ethischer Sicht in allen kulturellen, ethnischen und religiösen Umfeldern annehmbar und erzeugen keines der moralischen und keines der gesundheitlichen Probleme, wie die existierenden und die neu hinzukommenden Abtreibungsmittel.

c) Die natürlichen Methoden haben keinerlei abtreibende (Neben-)Wirkung. Daher nehmen sie Rücksicht auf die Gesundheit der Frau und des Mannes und werfen keine moralischen Probleme in bezug auf die körperliche Gesundheit und auf die wahrheitsgetreue Information im Bereich des Gesundheitswesens auf.

d) Die natürlichen Methoden können angewandt werden, um eine Schwangerschaft zu verzögern, oder aber, um eine solche herbeizuführen. Da die wichtigsten beiden Methoden in der Lage sind, den Eisprung im weiblichen Zyklus exakt zu bestimmen, können sie als Familienplanung angewandt werden, um eine Schwangerschaft mehr oder weniger lange hinauszuzögern, oder aber auch – insbesondere in Fällen begrenzter Fruchtbarkeit – herbeizuführen. Infolgedessen kommen die natürlichen Methoden den Bedürfnissen von Paaren entgegen, die in Gesellschaften leben, welche mit Problemen der Über- oder Unterbevölkerung zu kämpfen haben, verbunden mit der entsprechenden Bevölkerungspolitik der Regierungen in diesen unterschiedlichen Umfeldern.

e) Die natürlichen Methoden verringern aufgrund der Tatsache der Geburtenverzögerung ohne Nebenwirkungen für die Mutter und das Kind die Kindersterblichkeit. In Verbindung mit einer wirksamen Hygiene, einer guten Ernährung und der richtigen Gesundheitspflege, erlaubt die natürliche Geburtenverzögerung eine bessere Entwicklung des Embryos und eine Verbesserung der nachgeburtlichen Gesundheit. Die natürlichen Methoden haben im Kontext der Kindersterblichkeit den Vorteil, keine gefährlichen Nebenwirkungen mit sich zu bringen, die typisch sind für empfängnisverhütende Substanzen oder mechanische Mittel. Papst Johannes Paul II. hat die Aufmerksamkeit auf die Tragödie der Kindersterblichkeit in der heutigen Welt gelenkt.

f) Die natürlichen Methoden geben der Frau Würde. Die natürliche Familienplanung ist auf die Frau konzentriert. Beide Partner müssen den Fruchtbarkeitszyklus der Frau akzeptieren. Sie wird nicht auf ein bloßes Objekt reduziert, das je nach Lust und Laune benutzt werden kann.

g) Die natürlichen Methoden festigen die Ehe und damit das Familienleben. Diese personenbezogene Dimension der natürlichen Familienplanung wird unter allen Methoden allmählich vielleicht als die angesehen, die den größten persönlichen und sozialen Nutzen mit sich bringt. Mann und Frau teilen auf einer Ebene der Gleichheit durch den Dialog und eine wechselseitige, liebevolle Sensibilität als „Lebensspender" Entscheidungen miteinander, die die Fortpflanzung betreffen.
h) Die natürlichen Methoden können jedem vermittelt werden und sind leicht anwendbar. Da die wesentlichen Symptome im Körper einer jeden Frau auftreten und leicht zu erkennen sind, ist es auch für Menschen, die nicht lesen oder schreiben können, oder die blind sind, möglich, die Methoden zu erlernen, die auf der Zervixschleim-Methode beruhen. Die Frauen können diese Methode anderen Frauen weitervermitteln. Auf diese Weise werden durch die rasche Verbreitung neue Strategien gefunden, sie den Menschen in der Dritten Welt durch eine klare Mitteilung nahezubringen.
i) Die natürlichen Methoden erlegen denjenigen, die sie anwenden, keinerlei wirtschaftliche Ausgaben auf. Der größte Aufwand ist in der natürlichen Familienplanung die Verantwortung, ihre Anwendung zu fördern, oder die, die mit der kontinuierlichen Forschung verbunden ist. Die Kosten beschränken sich für diejenigen, die diese Methoden anwenden, auf den Kauf eines Handbuchs oder eines Schemas. Andererseits ist keine größere Industrie entstanden, die sich auf die natürliche Methode stützt.

Aus einer Reihe ernsthafter Überlegungen in bezug auf die einen oder anderen Vorteile der natürlichen Methoden geht eindeutig hervor, daß die natürliche Familienplanung im Gegensatz steht zu den Arzneimitteln und mechanischen Verhütungsmitteln. Die natürlichen Systeme sind für viele persönliche und soziale Probleme eine langfristige Lösung: die Verhütungssysteme sind für diese Probleme ein Kurzzeitversuch, eine Notlösung:

Beispiele:
Die nunmehr entlarvte Unfähigkeit, die Familienplanung im Rahmen der menschlichen Werte zu sehen, spiegelt sich in der Diskriminierung wider, der die natürlichen Methoden der Familienplanung ausgesetzt werden.

a) Die Bilanz des Who/Sprdrthr läßt den größten Teil der Finanzierungen der Forschung nach Substanzen und technologisch wirksamen mechanischen Verhütungsmitteln zukommen, und einen geringen Teil nur der Forschung für die natürliche Familienplanung und die Unfruchtbarkeit.
   Bezeichnend ist, daß die dem Who/Sprdrthr zukommenden Finanzierungen hauptsächlich aus vier westlichen Nationen stammen, die bekannterweise die Empfängnisverhütung befürworten: Großbritannien, Schweden, Norwegen und Dänemark. Die Empfängnisverhütung, die Sterilisation und die Abtreibung sind in diesen Gesellschaften Mittel, die für die Fruchtbarkeitsregelung akzeptiert werden. Die Regierungen dieser Nationen scheinen es als selbstverständlich anzunehmen, daß andere Nationen und andere Gesellschaften sich ihren Methoden zur technologischen Kontrolle der Bevölkerung anschließen.
b) Das Seminar der Oms zur Ausbildung von Lehrern mit natürlichen Methoden der Familienplanung in einem nicht religiösen Kontext auf der Ebene verschiedener Länder

(Warschau 26. – 29. August 1986) hat in Wirklichkeit eine Diskriminierung der natürlichen Methoden zur Folge gehabt. Bei den Ergebnissen der widersprüchlichen Berichterstattung des Seminars wurde versucht, die Familienplanung neu zu definieren, wobei von den „Werten", wie „Methoden des Bewußtseins, fruchtbar zu sein" abgesehen wurde. Dies geschah, um eine Kombination von mechanischer Verhütung mit der Beachtung natürlicher Symptome zu rechtfertigen. Dies ist aber nicht mehr eine Form natürlicher Familienplanung. Das Seminar hat auch die groteske Behauptung übernommen, daß allein „das Stillen an der Brust" eine wirklich „natürliche" Methode sei.

Indem sie dem Anschein nach den Ausdruck „nicht religiös" als nicht ethisch umdefinieren, stellen die „Ergebnisse" des Seminars die persönliche und soziale Realität nicht in Rechnung, nach der jede Entscheidung und jede Methode, die mit der Fruchtbarkeitsregelung in Verbindung steht, ethische und menschliche Werte mit einschließt. Ein typisches Beispiel dieses nicht ethischen Ansatzes war die Charakterisierung der von der natürlichen Methode vorgesehenen sexuellen Enthaltsamkeit als nicht natürlich oder unnatürlich, jedoch „kulturabhängig". Diese kurzsichtige Einstellung spiegelt vielleicht die Hypothese der sexuellen Revolution der 60er und 70er Jahre wider, berücksichtigt jedoch nicht die Erfahrung vieler Paare in vielen verschiedenen Kulturen, die entdecken, daß eine zeitweilige sexuelle Enthaltsamkeit ihre eheliche Beziehung bereichert, unabhängig davon, ob diese Enthaltsamkeit mit der Verzögerung der Geburten zusammenhängt.

c) Die Unversehrtheit der natürlichen Familienplanung und das Recht von Frauen und Männern, sie zu lehren und anzuwenden, werden auf unterschiedliche Weise verletzt. Es gibt beispielsweise viele Fälle finanzieller Hilfe für die Familienplanung, die, wenn sie den natürlichen Methoden dienen, unter der Bedingung gegeben werden, daß die Lehrer bereit sind, ihre Ansprechpartner zu Verhütungsmethoden anzuleiten, die mit dem Gewissen der Lehrer und dem Wesen der natürlichen Familienplanung nicht übereinstimmen.

Das Seminar von Warschau lehnte die Anerkennung der zeitweiligen Enthaltsamkeit als natürliche Empfängnisverhütung ab, nahm indessen jedoch, was die mechanische Verhütung und das Masturbieren während der fruchtbaren Phase des Zyklus angeht, eine positive Haltung ein. An einigen Punkten werden „natürliche Methoden" veröffentlicht und gelehrt, die die mechanische Verhütung sowie die Masturbation mit einschließen.

Die vorausgegangenen Beispiele der Diskriminierung von natürlichen Methoden könnten sogar den ungerechten und lügnerischen Gebrauch des Ausdrucks „Rhythmus" mit umfassen, um diese Methoden zu beschreiben, oder aber unehrliche Ratschläge, daß diese Methoden „religiös", oder gar schwierig anzuwenden seien. Die Kirche, weltweit die erste Befürworterin des Gebrauchs von natürlichen Methoden, sucht Gerechtigkeit und Unparteilichkeit gegenüber den Männern und Frauen, die diese Methoden zur Verzögerung von Geburten lehren und anwenden, sowie die Beendigung der expliziten oder impliziten Diskriminierung dieser Personen. Wie bereits oben erklärt wurde, erzeugt die natürliche Familienplanung keine ethischen Probleme. Sie stellt ein Milieu der allesumfassenden und angemessenen Gesundheitspflege für Mutter und Kind dar, ist frei von Nebenwirkungen, wissenschaftlich gültig, zugänglich, einfach anzuwenden, nicht teuer. Es ist eine wirklich auf die Person bezogene Weise, die Würde der Frau und die Bande der ehelichen Liebe sowie ein gesundes Familienleben in allen Kulturen zu schützen.

6. AIDS und Empfängnisverhütung

Die AIDS-Krise verlangt, daß nur solche Methoden zur Kontrolle der Fruchtbarkeit Gegenstand von Forschung und Finanzierungen werden, die keine geschlechtlich übertragbaren Krankheiten fördern.
Obschon das Ausmaß der AIDS-Krise in einigen Ländern vielleicht überbewertet worden ist, besteht in Afrika weiterhin eine rasche und tragische Ausbreitung dieser Krankheit. Die heterosexuelle Übertragung scheint die Hauptursache der Ausbreitung von AIDS in Afrika zu sein, und dies stellt eine ethische Herausforderung an die Lieferanten und Forscher auf dem Gebiet der Verhütungsmittel dar. Zumindest in risikoreichen sozialen Gefügen sollte von Methoden zur Familienplanung abgesehen werden, die die Übertragung von AIDS ermöglichen. Der Tod von Männern, Frauen und Kindern gehört nicht zur ethischen Familienplanung und ist nicht auf Werten aufgebaut.

Beispiele:
a) Die mechanischen Methoden garantieren keinen Schutz vor AIDS. Wenn man ihre Unsicherheitsrate bei der Verhinderung von Schwangerschaften bedenkt und ihre noch höhere Unsicherheitsrate beim Analverkehr, so werden Präservative nicht mehr als geeignet betrachtet, für einen „sicheren" sondern nur für „sichereren Geschlechtsverkehr" zu sorgen, oder besser, für eine weniger hohe Wahrscheinlichkeit, zum Tod zu führen.
b) Sterilisierende Substanzen, Pillen, Impfungen oder Intrauterin-Pessare bieten keinerlei Schutz gegen AIDS. Und doch widmet sich das Who/Sprdrthr hauptsächlich diesen Methoden und beweist damit ethische Unsensibilität und wenig Aufmerksamkeit für die AIDS-Krise.
c) Technologisch gesehen, bieten die natürlichen Methoden keinerlei Schutz gegen AIDS. Es ist dennoch beobachtet worden, daß sie zu festen geschlechtlichen Verbindungen anregen, sie aufrechterhalten oder sich neu entwickeln lassen. Infolgedessen fördern im Bereich der Familienplanung allein die natürlichen Methoden das Prinzip eines einzigen Partners, ein Prinzip, das die Regierungen heute als einzige sichere Methode zur Vermeidung von AIDS und anderen Geschlechtskrankheiten vorschlagen.

Schlußfolgeungen:

Die sechs Herausforderungen werden von der Kirche vorgeschlagen, um den Dialog und die Reform in der Familienplanung zu fördern. Die Rechte und Verantwortlichkeiten von

Einzelpersonen und Gesellschaften sind zu lange vernachlässigt worden. Das, was heute als eine technologische Krise in der Empfängnisverhütung bezeichnet wird, ist in Wirklichkeit eine ethische, von einem unsensiblen und erbarmungslosen Verhütungsimperialismus erzeugte Krise.

Hinter diesem Imperialismus steht nicht nur ein blindes Vertrauen in die „wirksame" Verhütungstechnologie, sondern auch eine Unfähigkeit, die Rolle der Religion in anderen Gesellschaften zu verstehen. Aus materialistischer, hedonistischer und egoistischer Sicht wird die Religion als ein Privatbereich im Leben betrachtet, als ein „Optional", das die Leute wählen oder auch nicht wählen können. Doch diese Definition darf der Dritten Welt nicht auferlegt werden, wo die Religion ins Alltagsleben eingegliedert ist, und wo sie von tief empfundenen menschlichen Werten untrennbar ist, wie dem Wertbewußtsein, furchtbare Männer und Frauen zu sein, oder dem Bewußtsein vom Wert des menschlichen Lebens selbst. Eine materialistische, hedonistische und egoistische Auffassung vom Leben kann die Ethik von der Religion trennen, und tut dies auch tatsächlich. Doch eine solche Trennung kann den Gesellschaften und Kulturen der Dritten Welt nicht ohne verheerende Folgen aufgezwungen werden.

Die Kirche ermahnt zur Ablehnung des Verhütungsimperialismus und seiner naiven Hypothesen, a) daß ein technologisch wirksames Verhütungsmittel aus sozialer und persönlicher Sicht „wirksam" sein muß; b) daß eine kleinere Bevölkerung zu einer besseren Wirtschaft führt. Die Kirche ermahnt dazu, die traditionellen Kulturen zu respektieren, in denen die Frauen keine Mittel mit abtreibender Wirkung wollen und die Männer nicht wollen, daß ihre potentiellen Kinder durch Abtreibung beseitigt werden, Kulturen, in denen die Sterilisation als Verletzung der Würde und der menschlichen Unversehrtheit angesehen wird, da sie in der Lage ist, die heilige Fruchtbarkeit von Mann und Frau zu zerstören. Die Kirche ermahnt dazu, die natürlichen Methoden der Geburtenverschiebung als einzigen Weg zu einer wirklich ethischen und die Würde der Person achtenden Familienplanung anzuerkennen.

Hier treffen die Worte Papst Johannes Paul II. in seiner Enzyklika über die soziale Gerechtigkeit zu: „Auf dem Spiel steht (...) die Würde der menschlichen Person, deren Verteidigung und Förderung uns vom Schöpfer anvertraut ist und deren verantwortliche Schuldner in strenger Weise alle Männer und Frauen in jeder Lage der Geschichte sind. Das heutige Weltbild scheint dieser Würde nicht zu entsprechen, wie bereits viele mehr oder weniger klar erkennen. Jeder ist aufgerufen, seinen Platz in diesem friedlichen Kampf einzunehmen, den es mit friedlichen Mitteln zu führen gilt, um die Entwicklung zusammen mit dem Frieden zu erreichen sowie auch die Natur selbst und unsere Umwelt zu retten. Auch die Kirche fühlt sich ganz und gar auf diesen Weg gesandt, auf dessen glücklichen Ausgang sie hofft." (*Sollicitudo rei socialis*, Nr. 47).

Einheit bewahren – nicht zersplittern

Telegramm und Klarstellung zur Bischofsweihe durch Msgr. Lefebvre vom 29. Juni

Am 30. Juni hat Msgr. Lefebvre in Econe ohne päpstlichen Auftrag vier Mitglieder der Priesterbruderschaft St. Pius X. die Bischofsweihe erteilt. Die eindringlichen Bitten des Papstes nahm Lefebvre nicht an. Noch kurz vor der Weihe, am 29. Juni, sandte Kardinal Ratzinger an Msgr. Lefebvre folgendes Telegramm:
„Um der Liebe Christi und seiner Kirche willen bittet der Heilige Vater Sie väterlich und nachdrücklich, noch heute nach Rom zu kommen, ohne am 30. Juni die Bischofsweihen vorzunehmen, die Sie angekündigt haben. Er bittet die heiligen Apostel Petrus und Paulus, sie mögen Ihnen eingeben, das Bischofsamt, das Ihnen übertragen wurde, nicht zu verraten, noch den Eid, durch den sie versprochen haben, dem Papst, dem Nachfolger Petri, treu zu bleiben. Er bittet Gott, daß er Sie davor bewahre, jene zu verwirren und zu zersplittern, für die Jesus Christus gekommen ist, um sie in der Einheit zusammenzuführen. Er vertraut Sie der Fürsprache der heiligsten Jungfrau Maria, der Mutter der Kirche, an."

Nach der erfolgten Bischofsweihe in Econe stellte der Pressesaal des Hl. Stuhls klar: „In Bezugnahme auf Stimmen in Kreisen um Msgr. Lefebvre hinsichtlich der von Can. 1382 des *Kirchenrechts* vorgesehenen Exkommunikation als Tatstrafe wird folgendes klargestellt:
Laut Can. 1013 des *Kirchenrechts*, der besagt: „Keinem Bischof ist es gestattet, jemanden zum Bischof zu weihen, wenn nicht zuvor der päpstliche Auftrag feststeht", erfolgten die Bischofsweihen, die am 30. Juni durch die Hand von Msgr. Lefebvre trotz der Verwarnung vom 17. Juni vorgenommen wurden, ausdrücklich gegen den Willen des Papstes in einem in aller Form vollzogenen schismatischen Akt gemäß Can. 751, da er offen die Unterordnung unter den Papst und die Gemeinschaft mit den dem Papst untergebenen Gliedern der Kirche verweigert hat.
Folglich haben sich sowohl Msgr. Lefebvre wie die von ihm geweihten Bischöfe Bernard Fellay, Bernard Tissier de Mallerais, Richard Williamson und Alfonso de Calarreta ipso facto die dem Apostolischen Stuhl vorbehaltene Exkommunikation als Tatstrafe zugezogen. Es kann auf sie auch nicht der Can. 1322 angewandt werden, denn es liegt in diesem Fall kein dort vorgesehener Tatbestand vor, da ja die angebliche „Notlage" von Msgr. Lefebvre ausdrücklich geschaffen wurde.

Die Kirche und der Rassismus – Für eine brüderliche Gesellschaft

Päpstliche Kommission Justitia et Pax vom 3. November 1988, veröffentlicht am 10. Februar 1989

1. Einleitung

1. Rassenvorurteile und rassistisches Verhalten beeinträchtigen weiterhin die Beziehungen zwischen Personen, Gruppen und Völkern. Die öffentliche Meinung erregt sich darüber mehr und mehr. Das Gewissen kann sie keinesfalls hinnehmen. Besonders schmerzlich empfindet die Kirche eine derart diskriminierende Haltung. Die Botschaft der biblischen Offenbarung bekräftigt die Würde jedes einzelnen als nach dem Bilde Gottes geschaffen, die Einheit der Menschheit im Schöpferplan und die Dynamik der von Christus dem Erlöser bewirkten Versöhnung, der die trennende Wand der Feindschaft niedergerissen hat,[1] damit in Ihm alle eins werden.

Darum hat der Heilige Vater die päpstliche Kommission „Justitia et Pax" gebeten, bei der Erleuchtung und Aufrüttelung der Gewissen in diesem großen Anliegen mitzuhelfen: gegenseitige Achtung und brüderliches Miteinander von Volks- und Rassengruppen. Diese Aufgabe setzt eine hellsichtige Analyse komplexer Situationen in Vergangenheit und Gegenwart und ein unvoreingenommenes Urteil über moralische Schwächen und positive Initiativen im Lichte der grundlegenden Prinzipien der Ethik und der christlichen Botschaft voraus. Christus hat das Böse sogar mit dem Einsatz seines Lebens bloßgestellt. Er tat dies, nicht um zu verdammen, sondern um zu retten. So empfindet auch der Heilige Stuhl es als seine Pflicht, beklagenswerte Situationen prophetisch beim Namen zu nennen. Dabei vermeidet er sorgfältig jegliche Verurteilung und jeglichen Ausschluß von Personen. Vielmehr möchte er ihnen durch konkrete und anhaltende Bemühungen bei der Suche nach dem Ausweg aus einer solchen Lage helfen. Er will bei allem gebotenen Realismus die Hoffnung auf die stets mögliche Erneuerung stärken und den Christen und allen Menschen guten Willens, die dasselbe Ziel anstreben, geeignete pastorale Leitlinien an die Hand geben.

In diesem Dokument wird vor allem das Phänomen des Rassismus im strengen Sinne untersucht. Gelegentlich werden jedoch auch andere Äußerungen einer Konflikthaltung, der Unduldsamkeit oder des Vorurteils behandelt, soweit diese mit dem Rassismus verwandt sind oder rassistische Komponenten enthalten. Im Lichte seines Schwerpunktthemas weist das Dokument also auf die Verknüpfungen zwischen gewissen Konflikten und dem Rassenvorurteil hin.

Teil 1
*Das rassistische Verhalten in der Geschichte**

2. Rassistische Ideologien und Verhaltensweisen gibt es schon seit langem; sie haben ihre Wurzel in der Wirklichkeit der Sünde seit Anfang des Menschengeschlechts, wie wir aus der biblischen Geschichte von Kain und Abel wie auch vom Turm zu Babel ersehen können.
Historisch hat sich das Rassenvorurteil im strengen Wortsinne, d. h. die Vorstellung von einer biologisch bestimmten Überlegenheit der eigenen Rasse oder Volksgruppe über andere, vor allem aus der Praxis der Kolonisierung und Sklaverei zu Beginn der Neuzeit entwickelt. Bei einem kurzen Rückblick auf frühere Hochkulturen in West und Ost, in Nord wie Süd findet man ebenfalls ungerechtes und diskriminierendes Verhalten, doch kann man das nicht in jedem Falle als Rassismus im eigentlichen Sinne bezeichnen.
Das griechisch-römische Altertum beispielsweise scheint keine Rassenmythen gekannt zu haben. Waren die Griechen auch von der kulturellen Überlegenheit ihrer Zivilisation überzeugt, so galten ihnen die sogenannten „Barbaren" doch nicht aus angeborenen biologischen Gründen als minderwertig. Sicherlich befanden sich viele Menschen wegen der Sklaverei in beklagenswerter Lage. Sie galten als „Sachen", über die ihr Herr frei verfügen konnte. Doch handelte es sich dabei anfänglich weitgehend um Personen, die im Kriege eroberten Gruppen zugehörten, und waren nicht etwa wegen ihrer Rasse verachtenswert.
Das hebräische Volk besaß, wie die Bücher des Alten Testaments bezeugen, ein einmaliges Bewußtsein der Liebe Gottes zu ihm, die sich in der Form des Gnadenbundes mit Ihm äußerte. In diesem Sinn hob sich das hebräische Volk – als Gegenstand einer Auserwählung und einer Verheißung – aus anderen Völkern heraus. Das Unterscheidungskriterium war jedoch der in der Geschichte entfaltete Heilsplan Gottes. Israel galt als das besondere Eigentum des Herrn unter allen Völkern.[2] Anfangs wurde der Platz anderer Völker in der Heilsgeschichte nicht immer klar verstanden, und diese anderen Völker wurden in der Lehre der Propheten manchmal so sehr beschimpft, daß sie weiterhin dem Götzendienst anhingen. Indessen waren sie nicht etwa wegen ihres ethnischen Andersseins Gegenstand einer Geringschätzung oder eines göttlichen Fluches. Das Unterscheidungsmerkmal war vielmehr religiöser Art, ein Universalismus von vornherein vorgesehen.
Nach der Botschaft Christi, auf die das Volk des Alten Bundes die Menschheit vorbereiten sollte, wird das Heil dem gesamten Menschengeschlecht, allen Geschöpfen und allen Völkern angeboten.[3] Die ersten Christen ließen sich nach einem Ausdruck Tertullians[4] gerne als Volk einer „dritten Rasse" ansehen. Dies war eindeutig nicht in rassischem, sondern in religiösem Sinne zu verstehen. Sie betrachteten sich als ein neues Volk, in dem sich die – religiös gesehen – zwei ersten Rassen, d. h. Juden und Heiden, als durch Christus ausgesöhnt trafen. Auch das christliche Mittelalter unterschied anhand religiöser Kriterien zwischen Völkern: Christen, Juden und „Heiden". Aus diesem Grunde waren im „Zeitalter des Christentums" die Juden, da sie als hartnäckige Zeugen einer Weigerung des Glaubens an Christus galten, oft Gegenstand schwerer Demütigungen, Vorwürfe und Verbote.

3. Mit der Entdeckung der Neuen Welt veränderte sich die Einstellung. Mit der ersten großen europäischen Kolonisierungswelle ging faktisch eine Massenzerstörung vorkolumbianischer Kulturen und eine brutale Versklavung ihrer Völker einher. Waren die großen Seefahrer des 15. und 16. Jahrhunderts noch von rassischem Vorurteil frei, so beseelte die Soldaten und Händler nicht die gleiche Achtung vor anderen; sie töteten, um das Land in Besitz zu nehmen, und versklavten zunächst die „Indianer“ und danach die Schwarzen, um ihre Arbeitskraft ausbeuten zu können.
Gleichzeitig entwickelten sie zur Rechtfertigung ihres Vorgehens eine Rassentheorie. Die Päpste reagierten schnell. Am 2. Juni 1537 geißelte Paul III. in der Bulle *Sublimis Deus* alle, die meinten, „die Einwohner Westindiens und der südlichen Erdteile ... müßten wie unvernünftige Tiere behandelt und ausschließlich zu unserem Gewinn und Dienst benutzt werden“. Der Papst stellte feierlich fest: „Von dem Wunsche beseelt, das Böse, das verursacht worden ist, wiedergutzumachen, beschließen und erklären Wir hiermit, daß besagte Indianer sowie alle anderen Völker, die die Christenheit in Zukunft kennenlernen wird, entgegen allen anderen Behauptungen auch dann ihrer Freiheit und ihres Besitzes nicht beraubt werden dürfen, wenn sie keine Christen sind, ihnen vielmehr der Genuß ihrer Freiheit und Besitztümer verbleiben muß“.[5] Die Direktiven des Heiligen Stuhls waren äußerst klar, auch wenn ihre Anwendung leider bald auf Schwierigkeiten stieß. Später ging Urban VIII. sogar so weit, daß er diejenigen exkommunizierte, die Indianer als Sklaven hielten. Die Theologen und Missionare waren ihrerseits bereits den Eingeborenen zu Hilfe geeilt. Das entschiedene Eintreten von Bartolomé de Las Casas – eines Soldaten, der Priester und danach Dominikaner und Bischof wurde – auf seiten der Indianer wurde bald von vielen weiteren Missionaren aufgegriffen. Es veranlaßte die Regierungen Spaniens und Portugals dazu, die Theorie von der menschlichen Minderwertigkeit der Indianer zu verwerfen und Schutzgesetze zu erlassen, die ein Jahrhundert später auch in gewisser Weise den aus Afrika verbrachten schwarzen Sklaven zugute kamen. Las Casas' Werk gehört zu den ersten Beiträgen zur universellen Menschenrechtslehre, die auf der Würde der Person, ungeachtet ihrer ethnischen oder religiösen Zugehörigkeit, beruht. Desgleichen entwickelten die großen spanischen Theologen und Rechtslehrer Francisco de Vitoria und Francisco Suárez als Pioniere der Rechte der Völker diese selbe Doktrin von der grundlegenden Gleichberechtigung aller Personen und aller Völker weiter. Aber die starke Abhängigkeit des Klerus der Neuen Welt vom Patronage-System brachte es mit sich, daß die Kirche nicht immer die notwendigen pastoralen Entscheidungen treffen konnte.

4. Im Zusammenhang mit der Verachtung der Rassen – deren Hauptmotiv im Erwerb billiger Arbeitskräfte lag – muß auch der Sklavenhandel mit Schwarzen aus Afrika erwähnt werden, die zu Hunderttausenden gekauft und nach Nord- und Südamerika gebracht wurden. Sie wurden unter Bedingungen eingefangen und transportiert, die für viele den Tod bedeutete, noch ehe sie in die Neue Welt gelangten. Dort wurden ihnen in jeglicher Hinsicht als Sklaven die niedrigsten Arbeiten übertragen. Dieser Handel setzte 1562 ein, und die daraus entstandene Sklaverei dauerte fast drei Jahrhunderte lang. Wiederum erhoben sich die Päpste und Theologen zugleich mit zahlreichen Humanisten ge-

gen diese Praxis. Leo XIII. brandmarkte sie aufs entschiedenste in seiner Enzyklika *In plurimis* vom 5. Mai 1888, in der er Brasilien zur Abschaffung der Sklaverei beglückwünschte. Die Veröffentlichung des vorliegenden Dokuments fällt mit der Jahrhundertfeier dieser denkwürdigen Charta zusammen. In seiner Rede vor afrikanischen Intellektuellen in Jaunde (13. August 1985) hat Johannes Paul II. nicht gezögert, die Tatsache zu beklagen, daß Angehörige christlicher Nationen zum schwarzen Sklavenhandel beigetragen haben.

5. Wegen seiner steten Sorge um die tiefere Achtung der eingeborenen Bevölkerungen hat der Apostolische Stuhl wieder und wieder betont, zwischen der Evangelisierung und dem kolonialen Imperialismus, mit dem verwechselt zu werden erstere Gefahr laufe, müsse sorgfältig unterschieden werden. In diesem Geist ist 1622 die Hl. Kongregation de Propaganda Fide geschaffen worden. 1659 richtete die Kongregation eine Instruktion „an die Apostolischen Vikare, die in die chinesischen Königreiche Tonkin und Cochinchina reisen", in der die Haltung der Kirche diesen Völkern gegenüber klargestellt wurde, denen sie jetzt das Evangelium zu verkünden Gelegenheit hatte.[6]
An Orten, wo die Missionare stärker auf die politische Macht angewiesen waren, fiel es ihnen schwerer, dem Machtstreben der Kolonisten entgegenzutreten. Manchmal gar ermutigten sie sie anhand falsch ausgelegter Bibelstellen.[7]

6. Im 18. Jahrhundert wurde eine wirkliche Rassenideologie ersonnen, die in glattem Widerspruch zur Lehre der Kirche steht. Überdies hob sie sich deutlich vom Engagement humanistischer Philosophen ab, die die Würde und Freiheit der schwarzen Sklaven betonten, die damals Gegenstand eines schamlosen und weitverbreiteten Handels waren. Diese Rassenideologie glaubte ihr Vorurteil mit der Naturwissenschaft rechtfertigen zu können. Abgesehen von den Unterschieden in den körperlichen Merkmalen und der Hautfarbe versuchte sie einen biologisch vererbten Wesensunterschied abzuleiten, um behaupten zu können, die unterworfenen Völker gehörten nach geistigen, sittlichen oder sozialen Eigenschaften vom Wesen her minderwertigen „Rassen" an. Ende des 18. Jahrhunderts wurde der Begriff „Rasse" erstmals zur biologischen Klassifizierung von Menschen angewandt. Im nächsten Jahrhundert treffen wir sogar auf eine biologisch intendierte Interpretation der Kulturgeschichte als eines Wettstreits zwischen starken und schwachen Rassen, bei der letztere als ersteren genetisch unterlegen dargestellt werden. Der Zerfall großer Kulturen wurde mit deren „Degenerierung" erklärt – d. h. der Rassenmischung, die die Blutreinheit schwäche.[8]

7. Beträchtlichen Widerhall fanden derlei Thesen in Deutschland. Bekanntlich machte die totalitäre NSDAP eine Rassenideologie zur Basis ihres Wahnsinnsprogramms zur physischen Ausrottung der ihrer Meinung nach zu „minderwertigen Rassen" Gehörigen. Diese Partei wurde verantwortlich für einen der größten Völkermorde der Geschichte. Diese Mordwut traf allen voran das jüdische Volk in unerhörtem Ausmaß, aber auch andere Volksgruppen, z. B. die Sinti und Roma, sowie andere Kategorien wie Behinderte und Geisteskranke. Vom Rassismus zur Eugenik war es nur ein Schritt, der schnell getan war.

Wieder erhob die Kirche ihre Stimme.[9] Papst Pius XI. verurteilte in seiner Enzyklika *Mit brennender Sorge* unumwunden die Nazi-Doktrin und stellte insbesondere fest: „Wer die Rasse, das Volk oder den Staat ... oder einen anderen Grundwert der menschlichen Gemeinschaft ... aus ihrer Wertskala herausreißt ... und in einem götzendienerischen Kult vergöttert, verwirft und verfälscht die von Gott geschaffene und errichtete Ordnung der Dinge".[10] Am 13. April 1938 veranlaßte der Papst einen Brief der Hl. Kongregation für Seminare und Universitäten an alle Rektoren und Dekane, in dem sämtliche Theologieprofessoren aufgefordert wurden, mit einer der jeweiligen Disziplin gemäßen Methode die wissenschaftlichen Pseudowahrheiten zu widerlegen, mit denen der Nazismus seine Rassenideologien rechtfertige.[11] Schon 1937 hatte Pius XI. mit der Ausarbeitung einer weiteren großen Enzyklika über die menschliche Rasse begonnen, in der Rassismus und Antisemitismus verurteilt werden sollten. Der Tod ereilte ihn, ehe er sie veröffentlichen konnte. Sein Nachfolger Pius XII. übernahm Teile daraus in seine erste Enzyklika, *Summi Pontificatus*,[12] und insbesondere seine *Weihnachtsbotschaft 1942*, in der er feststellte, zu den irrtümlichen Postulaten des ‚juristischen Positivismus' „muß eine Theorie gezählt werden, die für diese oder jene Nation, Rasse, Klasse einen ‚juristischen Instinkt', den höchsten Imperativ und die oberste Norm beansprucht, gegen die es keine Berufung gebe". Der Papst sprach sich vehement für eine neue und bessere Gesellschaft aus: „Die Menschheit schuldet dieses Engagement den Hunderttausenden, die ohne jegliche Schuld, nur weil sie einer bestimmten Rasse oder Nationalität angehören, zum Tode oder zur allmählichen Ausrottung verurteilt sind".[13] In Deutschland selbst gab es mutigen Widerstand der katholischen Kirche, von dem Papst Johannes Paul II. am 30. April 1987 bei seinem zweiten Deutschlandbesuch sprach.[14]

Über diesem Drama des Nazi-Rassismus dürfen wir andere Massenausrottungen von Bevölkerungen nicht vergessen, so die der Armenier unmittelbar nach dem Ersten Weltkrieg, und in neuerer Zeit aus ideologischen Gründen eines Großteils des kambodschanischen Volkes.

Die Erinnerung an solche Verbrechen darf nie erlöschen. Die jungen und die kommenden Generationen müssen wissen, zu welchen Extremen der Mensch und die Gesellschaft fähig sind, wenn sie den Mächten der Verachtung und des Hasses nachgeben.

In Afrika und Asien gibt es Gesellschaften, in denen immer noch eine scharfe und schwer zu überwindende Trennung nach Kasten oder Gesellschaftsschichten besteht. Das Phänomen der Sklaverei, das einst in Zeit und Raum fast universell geübt worden ist, ist unglücklicherweise noch nicht verschwunden. Derlei negative Auswirkungen – von denen sich noch viele aufzählen ließen – wurzeln nicht immer in philosophischen Rassenkonzeptionen im strengen Sinne, sondern sie offenbaren das Vorhandensein einer recht verbreiteten und beunruhigenden Neigung, andere Menschen für die eigenen Zwecke auszunutzen und sie allein damit als geringerwertig und gewissermaßen ‚minderen Status' anzusehen.

Teil II
Heutige Formen des Rassismus

8. Der Rassismus ist auch heute noch nicht verschwunden. Es gibt sogar hie und da beunruhigende Erscheinungsformen unterschiedlicher Art – spontan, amtlich geduldet, institutionell. Bilden Fälle der Trennung aufgrund von Rassentheorien in der heutigen Welt auch die Ausnahme, so gilt das für Absonderungs- und Aggressivitätsphänomene keineswegs. Ihre Opfer sind bestimmte Personengruppen, deren physisches Aussehen oder ethnische, kulturelle oder religiöse Merkmale anders sind als die der herrschenden Gruppe und von letzterer zur Rechtfertigung aller diskriminierenden Praktiken als Zeichen einer angeborenen, unabänderlichen Minderwertigkeit gedeutet werden. Definiert der Begriff Rasse nun eine Menschengruppe zwar nach Kategorien umwandelbarer physischer Erbanlagen, so läßt sich das Rassenvorurteil, das rassistisches Verhalten diktiert, mit gleichermaßen negativer Wirkung auf alle Personen ausdehnen, deren ethnischer Ursprung, Sprache, Religion oder Gebräuche sie anders erscheinen lassen.

9. Die offenkundigste Form des Rassismus im engsten Sinne, die heute anzutreffen ist, ist der institutionelle Rassismus. Dieser Typus wird durch Verfassung und Gesetze eines Landes sanktioniert. Gerechtfertigt wird er mit einer Ideologie der Überlegenheit von Personen europäischer Herkunft über jene afrikanischen oder indischen Ursprungs oder über „Farbige", und diese Ideologie stützen manche auf eine Fehlauslegung der Bibel. Es ist dies das Regime der Apartheid, d. h. der „getrennten Entwicklung". Dieses Regime ist in der Republik Südafrika in weiten Bereichen des öffentlichen Lebens seit langem durch radikale Trennung zwischen Schwarzen, Farbigen, Indern und Weißen gekennzeichnet, wobei lediglich letztere, obwohl zahlenmäßig eine Minderheit, die politische Macht innehaben und sich als Herren des weitaus größten Teils des Gebiets ausgeben. Alle Südafrikaner bestimmen sich nach einer Rasse, der sie von Amts wegen zugeordnet werden. Sind in den letzten Jahren auch einige Schritte in Richtung auf eine Veränderung getan worden, so bleibt doch die schwarze Bevölkerungsmehrheit von einer wirksamen Vertretung in der nationalen Regierung ausgeschlossen und genießt die Staatsbürgerschaft nur dem Worte nach. Viele werden in „Homelands" verbannt, die sich kaum selbst ernähren können und zudem wirtschaftlich und politisch auf die Zentralgewalt angewiesen sind. Die Mehrheit der christlichen Kirchen des Landes haben die Politik der Rassentrennung gegeißelt. Desgleichen haben sich die Völkergemeinschaft[15] und der Heilige Stuhl[16] diesbezüglich eindeutig geäußert. Südafrika ist ein Fall einer extremen Sicht rassischer Ungleichheit. Die Fortdauer eines Repressionszustands, dessen Opfer die Mehrheit der Bevölkerung ist, findet immer weniger Duldung. Die Situation enthält den Samen zu rassistischen Reflexen seitens der Unterdrückten, die ebenso unannehmbar wären wie jene, denen letztere heute unterworfen sind. Aus diesem Grund ist es höchste Zeit, diese Vorurteile zu überwinden, damit die Zukunft auf dem Grundsatz der gleichen Würde jeder Person aufgebaut werden kann. Zudem hat die Erfahrung gezeigt, daß diesbezüglich friedliche Entwicklungen möglich sind. Die gesamte südafrikanische Gemeinschaft und die Völkergemeinschaft müssen jede Anstrengung unternehmen, um einen konkreten Dialog zwischen den beteiligten

Hauptparteien zustande zu bringen. Es kommt darauf an, die Angst zu bannen, die so viel Starrheit verursacht. Und ebensosehr kommt es darauf an zu vermeiden, daß innere Konflikte durch andere zum Schaden von Gerechtigkeit und Frieden ausgenutzt werden.[17]

10. In einigen Ländern gibt es noch Rassendiskriminierung gegenüber den Ureinwohnern. In vielen Fällen sind diese Volksgruppen nur noch Überreste der ursprünglichen Bevölkerung der Region, Überlebende wahrhafter Völkermorde, die in nicht zu ferner Vergangenheit von den Eindringlingen begangen oder von den Kolonialmächten geduldet wurden. Desgleichen haben diese Ureinwohner nicht selten an der Entwicklung des Landes nur ganz am Rande teil.
In vielen Fällen ähnelt ihre Lage de facto, wenn nicht de jure, den die Rassentrennung vertretenden Regimen insoweit, als sie auf begrenzte Gebiete beschränkt oder Statuten unterworfen sind, die die neuen Besitzer des Landes ihnen zumeist einseitig zugestanden haben. Den Erstbesitzern muß das Recht auf Land und eine soziale und politische Organisation gewährleistet sein, die ihnen die Wahrung ihrer kulturellen Identität bei gleichzeitigem Offenbleiben für andere erlaubt. Die Gerechtigkeit verlangt, daß gegenüber den zahlenmäßig oft kleinen Urbevölkerungen zwei einander entgegengesetzte Risiken vermieden werden: einerseits, in Reservate eingesperrt zu werden, als müßten sie dort auf immer in ihrer Vergangenheit eingeschlossen leben; andererseits, ohne Rücksicht auf ihr Recht auf Wahrung ihrer eigenen Identität zur Assimilierung gezwungen zu werden. Gewiß gibt es keine einfachen Lösungen und läßt sich das Rad der Geschichte nicht zurückdrehen. Dennoch lassen sich Formen des Miteinander finden, die der Anfälligkeit autochthoner Gruppen Rechnung tragen und ihnen die Möglichkeit bieten, innerhalb des größeren Ganzen, dem sie mit allen gebotenen Rechten zugehören, ihre eigene Identität zu wahren. Ein höherer oder niedrigerer Grad ihrer Integration in die umgebende Gesellschaft muß von ihnen frei gewählt werden können.[18]

11. In anderen Staaten gibt es immer noch unterschiedliche Spuren diskriminierender Gesetzgebung, die die zivilen und religiösen Rechte derer in gewissem Maße einschränken, die religiösen Minderheiten angehören, die zumeist gleichzeitig andere Volksgruppen als die Mehrheit der Bürger darstellen. Aufgrund solcher religiöser und ethnischer Kriterien können die Mitglieder solcher Minderheiten, denen Gastfreundschaft gewährt wird, die Staatsbürgerschaft des Landes, in dem sie wohnen und arbeiten, auch auf Antrag nicht erhalten. Desgleichen gibt es Fälle, in denen die Bekehrung zum christlichen Glauben den Verlust der Staatsbürgerschaft bewirkt. Diese Personen bleiben jedenfalls Bürger zweiter Klasse, beispielsweise hinsichtlich der höheren Bildung, der Unterkunft, der Beschäftigung und insbesondere des Staats- und Verwaltungsdienstes. In diesem Zusammenhang müssen auch die Situationen erwähnt werden, in denen bestimmte religiöse Rechtsvorschriften mit allen Folgen für das tägliche Leben anderen Gemeinschaften desselben Landes aufgezwungen werden, so zum Beispiel in einigen vorherrschend moslemischen Staaten die „Scharia".

12. Erwähnt werden muß auch die Ethnozentrik. Diese Haltung ist sehr weit verbreitet; sie besteht in der natürlichen Neigung eines Volkes, seine Identität dadurch zu wahren, daß es die anderer so stark herabwürdigt, daß ihnen zumindest symbolisch die volle Menschenqualität abgesprochen wird. Zweifellos entspricht dieses Verhalten einem instinktiven Drang zur Wahrung der Werte, Glaubensvorstellungen und Gewohnheiten der eigenen Gemeinschaft, die durch die anderer Gemeinschaften bedroht erscheinen. Dennoch ist leicht zu ersehen, welcher Extreme derartige Empfindungen fähig sind, wenn sie nicht durch gegenseitige Offenheit dank objektiver Information und gegenseitigen Austauschs gereinigt und relativiert werden. Die Ablehnung des Andersseins kann zu jener Form der kulturellen Vernichtung führen, die die Soziologen „Ethnozid" nennen und die die Gegenwart anderer nur insoweit duldet, als sie sich in die vorherrschende Kultur integrieren.
Selten verlaufen die Staatsgrenzen eines Landes vollkommen entlang den Volksgrenzen. Fast alle Staaten neuerer oder sehr alter Gründung kennen die Probleme verschiedener innerhalb ihrer Grenzen angesiedelter Minderheiten. Werden die Minderheitenrechte nicht respektiert, so können Antagonismen in ethnische Konflikte umschlagen und Rassen- oder Stammesreflexe auslösen. Der Untergang von Kolonialregimen oder Situationen der Rassendiskriminierung haben in den unabhängig gewordenen Staaten in Afrika und Asien nicht immer auch das Ende des Rassismus bedeutet. Innerhalb der künstlichen Grenzen, die die Kolonialmächte hinterließen, stößt das Zusammenleben von Volksgruppen unterschiedlicher Tradition, Sprache, Kultur und sogar Religion oft auf Hindernisse gegenseitiger Feindseligkeit, die als rassistisch bezeichnet werden können. Manchmal gefährden Stammesfehden vielleicht nicht den Frieden, aber doch jedenfalls die Pflege des Gemeinwohls der Gesellschaft als Ganzes. Sie schaffen auch Schwierigkeiten im Leben der Kirchen und für die Akzeptanz von Priestern aus anderen Volksgruppen. Selbst dort, wo die Verfassung dieser Länder die Gleichheit aller Bürger untereinander und vor dem Gesetz förmlich bekräftigt, geschieht es nicht selten, daß gewisse Volksgruppen andere beherrschen und ihnen den vollen Genuß ihrer Rechte verweigern.[19] Solche Situationen haben sogar schon zu blutigen Auseinandersetzungen geführt, die bleibenden Eindruck hinterließen. In anderen Fällen sind öffentliche Stellen nicht davor zurückgeschreckt, ethnische Rivalitäten dazu zu nutzen, die Menschen von Problemen im Inneren abzulenken, zum Schaden des gemeinsamen Wohles und der Gerechtigkeit, denen zu dienen sie aufgefordert sind.
Erwähnt werden müssen auch analoge Situationen, in denen aus den verschiedensten Gründen ganze Bevölkerungsteile als Flüchtlinge entwurzelt bleiben in dem Land, in dem sie sich legitim niedergelassen haben. Oft werden sie heimatlos, und jedenfalls haben sie kein Land. Es gibt andere Völker, die zwar im eigenen Lande leben, aber erniedrigenden Bedingungen unterworfen sind.[20]

13. Es ist nicht übertrieben, wenn man sagt, daß es innerhalb eines Landes oder einer ethnischen Gruppe auch Formen des Sozialrassismus gibt. So können beispielsweise große Massen armer Bauern ohne Rücksicht auf ihre Würde und ihre Rechte behandelt, von ihrem Grund und Boden verjagt, ausgebeutet und in wirtschaftlicher und sozialer Unter-

legenheit gehalten werden durch allmächtige Grundbesitzer, die sich der Gleichgültigkeit oder aktiven Mittäterschaft der Behörden erfreuen. Es sind dies neue und in der Dritten Welt häufig anzutreffende Formen der Sklaverei. Zwischen denen, die andere der Rasse wegen als minderwertig ansehen, und denen, die ihre Mitbürger durch Ausbeutung als Arbeitskräfte als minderwertig behandeln, besteht kein großer Unterschied. In einer solchen Situation müssen die universellen Grundsätze der sozialen Gerechtigkeit wirksam angewandt werden. Dies würde u. a. auch die überprivilegierten Klassen hindern, gegenüber ihren eigenen Mitbürgern in wirklich „rassistische" Gefühle zu verfallen und darin ein weiteres Alibi für die Aufrechterhaltung ungerechter Strukturen zu finden.

14. Das Phänomen des spontanen Rassismus ist noch verbreiteter, zumal in Ländern mit hoher Einwanderungsrate. Er ist bei den Einwohnern dieser Länder gegenüber Ausländern zu beobachten, vor allem, wenn letztere anderen ethnischen Ursprungs oder anderer Religion sind. Die Vorurteile, denen diese Einwanderer häufig begegnen, laufen Gefahr, Reaktionen hervorzurufen, die sich zunächst in übertriebenem Nationalismus äußern können – der den legitimen Stolz auf das eigene Land oder auch einen oberflächlichen Chauvinismus übersteigt. Solche Reaktionen können sodann in Fremden- oder gar Rassenhaß abgleiten. Diese tadelnswerte Einstellung entstammt der irrationalen Furcht, wie die Anwesenheit anderer und das Konfrontiertsein mit Andersartigkeit sie oft hervorruft. Bewußt oder unbewußt zielt eine solche Einstellung darauf ab, dem anderen das Recht auf sein So-Sein und jedenfalls auf das „Bei-uns-Sein" abzusprechen. Natürlich kann das Gleichgewicht zwischen Völkern, kultureller Identität und Sicherheit problematisch sein. Doch diese Probleme müssen mit Achtung vor dem anderen und Vertrauen auf die Bereicherung durch menschliche Vielfalt gelöst werden. Einige große Länder der Neuen Welt haben aus dem Schmelztiegel der Kulturen zusätzliche Lebenskraft gewonnen. Andererseits sind die Ausweisung und die quälende Ungewißheit beklagenswert, denen Flüchtlinge und Einwanderer oft unterwogen sind. Infolgedessen sehen sie sich gezwungen, sich aneinander zu klammern, gewissermaßen in einem Getto zu leben, das ihre Integration in die Gesellschaft verlangsamt, die sie nur administrativ, nicht aber voll menschlich aufgenommen hat.

15. Unter den Äußerungen systematischen Rassenmißtrauens muß ausdrücklich der Antisemitismus noch einmal erwähnt werden. Obwohl tragischste Form der rassistischen Ideologie in unserem Jahrhundert mit dem ganzen Schrecken des „Holocaust"[21], ist der Antisemitismus unseligerweise immer noch nicht gänzlich verschwunden. Als hätten einige nichts aus den Verbrechen der Vergangenheit gelernt, halten gewisse Organisationen mit Zweigstellen in vielen Ländern, unterstützt von Veröffentlichungsorganen, den antisemitischen Rassenwahn am Leben. Auf jüdische Personen oder Symbole zielende terroristische Handlungen haben sich in den letzten Jahren vervielfacht und zeigen den ganzen Radikalismus derartiger Gruppen. Manchmal dient der Antizionismus – der nicht gleicher Art ist, da er den Staat Israel und seine Politik in Frage stellt – als Mäntelchen für den Antisemitismus, nährt sich aus ihm oder führt zu ihm. Überdies belegen manche Länder die freie Auswanderung von Juden mit ungebührlichen Härten und Einschränkungen.

16. Weithin wird befürchtet, neue und bislang unbekannte Formen des Rassismus könnten entstehen. Hie und da äußert sich das im Zusammenhang mit der möglichen Nutzung der „Techniken der künstlichen Fortpflanzung" mit Hilfe von In-vitro-Befruchtung und genetischer Manipulation. Sind solche Ängste heute noch teilweise hypothetisch, so lenken sie doch die Aufmerksamkeit der Menschheit auf die neue und beunruhigende Dimension der Macht des Menschen über den Menschen und mithin die dringend nötigen ethischen Grundsätze hierüber. Es kommt darauf an, daß so bald wie möglich die Grenzen gesetzlich festgestellt werden, die nicht überschritten werden dürfen, damit derlei „Techniken" nicht in die Hand mißbräuchlicher und unverantwortlicher Kräfte gelangen, die nach Rassenkriterien oder sonstigen Merkmalen ausgewählte Menschenwesen „produzieren" möchten. Dies hinwiederum würde den tödlichen Wahn des eugenischen Rassismus wieder auf den Plan rufen, dessen Untaten die Welt bereits erfahren mußte.[22]
Ein gleicher Mißbrauch wäre die Verhinderung der Geburt menschlicher Wesen der einen oder anderen sozialen oder ethnischen Kategorie durch Abtreibungs- und Sterilisierungskampagnen. Wo immer die absolute Achtung des Lebens und seiner Weitergabe nach der Absicht des Schöpfers untergeht, ist zu befürchten, daß mit ihr auch die sittliche Zurückhaltung in der Machtausübung einer Person untergeht, einschließlich der Macht, die Menschheit nach dem lächerlichen Bild dieser Zauberlehrlinge zu formen.
Um alle solche Handlungsweisen zu verwerfen und das rassistische Verhalten aller Art wie auch die dazu führenden Mentalitäten aus unseren Gesellschaften auszurotten, müssen wir uns fest an die Überzeugung von der Würde jeder menschlichen Person und von der Einheit der Menschenfamilie halten. Aus diesen Überzeugungen fließt Moral. Gesetze können zum Schutz der wesentlichen Anwendung dieser Moral beitragen, aber sie reichen nicht aus, um des Menschen Herz zu verändern. Der Augenblick ist gekommen, auf die Botschaft der Kirche zu hören, die solchen Überzeugungen Gehalt verleiht und für sie die Grundlage legt.

Teil III
Würde aller Rassen und Einheit der Menschheit: Die christliche Sicht

17. Die christliche Lehre zur menschlichen Person ist durch die biblische Offenbarung erleuchtet und aus ihr sowie aus ständiger Beschäftigung mit dem Sehnen und Leben der Völker entwickelt worden. Diese Lehre lag, wie bereits erwähnt, in der ganzen Geschichte der Haltung der Kirche zugrunde. Sie wurde für unsere Zeit im Zweiten Vatikanischen Konzil in mehreren grundlegenden Texten aufgegriffen und zusammengefaßt. Ein Beispiel dafür ist dieser Ausschnitt: „Da alle Menschen eine geistige Seele haben und nach Gottes Bild geschaffen sind, da sie dieselbe Natur und denselben Ursprung haben, da sie, als von Christus Erlöste, sich derselben göttlichen Berufung und Bestimmung erfreuen, darum muß die grundlegende Gleichheit aller Menschen immer mehr zur Anerkennung gebracht werden.
Gewiß, was die verschiedenen physischen Fähigkeiten und die unterschiedlichen geistigen und sittlichen Kräfte angeht, stehen nicht alle Menschen auf gleicher Stufe. Doch jede

Form einer Diskriminierung in den gesellschaftlichen und kulturellen Grundrechten der Person, sei es wegen des Geschlechts oder der Rasse, der Farbe, der gesellschaftlichen Stellung, der Sprache oder der Religion, muß überwunden und beseitigt werden, da sie dem Plan Gottes widerspricht."[23]

Diese Lehre ist von den Päpsten und Bischöfen oft wiederholt worden. So hat zum Beispiel Paul VI. vor dem diplomatischen Korps erklärt: „Für jene, die an Gott glauben, sind alle Menschen, selbst die am wenigsten privilegierten, Kinder des universellen Vaters, der sie nach seinem Bilde schuf und ihr Geschick in fürsorglicher Liebe lenkt. Gottes Vaterschaft bedeutet Brüderlichkeit unter den Menschen; darin liegt ein Angelpunkt des christlichen Universalismus, auch eine Gemeinsamkeit mit anderen großen Religionen, und ein Axiom der höchsten menschlichen Weisheit aller Zeiten, jener nämlich, die die Förderung der Würde des Menschen betrifft."[24]

Johannes Paul II. wiederum bekräftigte: „Die Erschaffung des Menschen durch Gott ‚als sein Abbild' verleiht jedem Menschen eine hervorragende Würde; sie fordert ebenso die fundamentale Gleichheit aller menschlichen Geschöpfe. Für die Kirche bedeutet diese Gleichheit, die im Sein des Menschen verwurzelt ist, durch die Menschwerdung des Gottessohnes, dessen Opfer alle Menschen erlöste, eine ganz besondere Brüderlichkeit. In der von Jesus Christus gewirkten Erlösung sieht die Kirche eine weitere Grundlage der Rechte und Pflichten des Menschen. Daher ist jede Form der Diskriminierung aus rassischen Gründen ... absolut unannehmbar."[25]

18. Dieses Prinzip der gleichen Würde aller Personen welcher Rasse auch immer findet schon heute klare Unterstützung in der Naturwissenschaft und eine feste Basis in der Philosophie, in der Ethik und in den Religionen im allgemeinen. Der christliche Glaube achtet diese Intuition, diese Feststellung, und erfreut sich in ihr. Sie stellt eine beträchtliche Konvergenz der verschiedenen Disziplinen dar, die die Überzeugungen der Mehrheit der Menschen guten Willens bestärkt und die Ausarbeitung von universellen Erklärungen, Übereinkünften und internationalen Abkommen zum Schutz der Menschenrechte und die Beseitigung aller Formen der Rassendiskriminierung ermöglicht. In diesem Sinne sprach Paul VI. von dem „Axiom der höchsten menschlichen Weisheit aller Zeiten".

Indessen sind nicht alle diese Annäherungsformen derselben Art, und ihre jeweilige Ebene muß geachtet werden.

Die Naturwissenschaften andererseits tragen viel zur Beseitigung der falschen Zeugnisse bei, mit denen rassistisches Verhalten gerechtfertigt oder notwendige Veränderungen hinausgezögert werden. Nach der für die UNESCO am 8. Juni 1951 von einer Gruppe prominenter Wissenschaftler entworfenen Erklärung „anerkennen die Sachverständigen generell, daß alle heute lebenden menschlichen Personen derselben Spezies – homo sapiens – zugehören und von ein- und demselben Ursprung abstammen".[26] Doch zur Begründung antirassistischer Überzeugungen reichen die Wissenschaften nicht aus. Wegen ihrer Methodik erlauben sie sich nicht das abschließende Wort über die menschliche Person und ihre Bestimmung oder eine Definition universeller, die Gewissen bindender sittlicher Regeln.

Die Philosophie, die Ethik und die großen Religionen interessieren der Ursprung, das Wesen und das Schicksal des Menschen auf einer Ebene, die sich der ihren eigenen Mitteln überlassenen wissenschaftlichen Forschung entzieht. Sie suchen die bedingungslose Achtung allen menschlichen Lebens auf eine entscheidendere Ebene zu gründen als die der bloßen Beobachtung der Gewohnheiten und des stets anfälligen und unsicheren Konsenses eines Zeitalters. Sie können sich deshalb zu einem Universalismus bekennen, den die christliche Lehre solide in der von Gott erhaltenen Offenbarung verankert.

19. Nach der biblischen Offenbarung hat Gott den Menschen – Mann und Frau – nach seinem Bilde ihm ähnlich, geschaffen.[27] Dieses Band zwischen der menschlichen Person und dem Schöpfer liefert die Grundlage ihrer Würde und unveräußerlichen Grundrechte, die Gott verbürgt. Diesen personalen Rechten entsprechen offenkundig Pflichten anderen gegenüber. Weder der einzelne noch die Gesellschaft, weder der Staat noch irgendeine menschliche Institution darf eine Person oder eine Gruppe von Personen auf den Status einer Sache reduzieren.
Der Glaube, daß Gott am Ursprung der Menschheit steht, transzendiert und vereint alle Teilbeobachtungen, die die Wissenschaft über den Evolutionsprozeß und die Entwicklung der Gesellschaft anhäufen kann, und verleiht ihnen Sinn. Er ist die radikalste Feststellung der gleichen Würde aller Personen in Gott. Mit diesem Begriff entgeht eine Person allen Manipulationen menschlicher Gewalten und ideologischer Propaganda, die die Knechtschaft der Schwächsten zu rechtfertigen suchen. Der Glaube an den einen Gott, Schöpfer und Erlöser des ganzen, nach seinem Bilde und ihm ähnlich geschaffenen Menschengeschlechts, ist die absolute und unentrinnbare Verneinung jeglicher Rassenideologie. Immer noch gilt es, daraus die ganze Konsequenz zu ziehen: Wir können nicht wahrhaft zu Gott dem Vater aller beten, wenn wir irgendwen anders als brüderlich behandeln, denn alle Menschen sind nach Gottes Bilde geschaffen.[28]

20. Genausosehr besteht die Offenbarung auf der Einheit der Menschenfamilie: Alle in Gott geschaffenen Personen sind desselben Ursprungs. Wie immer sie sich im Laufe der Geschichte verstreut oder ihre Unterschiede sich ausgeprägt haben mögen, sie sind dazu bestimmt, eine einzige Familie zu bilden nach Gottes Plan „im Anfang“. Im ersten Menschen wird die Einheit des ganzen Menschengeschlechtes heute und künftig typologisch bekräftigt. Adam – von adama: Erde – ist ein pluralischer Singular. Es ist die menschliche Spezies, die das „Abbild Gottes“ ist. Eva, die erste Frau, wird „Mutter aller Lebendigen“[29] genannt, von dem ersten Paar „stammen alle Menschen ab“[30], und jeder gehört zur „Familie Adams“[31]. Paulus sprach zu den Athenern: „Er hat aus einem einzigen Menschen das ganze Menschengeschlecht erschaffen, damit es die ganze Erde bewohne,“ und so kann jeder mit dem Dichter sagen, er sei von Gottes „Art“.[32]
Die Auserwählung des jüdischen Volkes widerspricht nicht diesem Universalismus. Göttliche Pädagogik wollte die Wahrung und Entwicklung des Glaubens an den Ewigen, Einzigen, sicherstellen und so der daraus entspringenden Verantwortung die Basis geben. War sich das Volk Israel eines besonderen Bandes mit Gott bewußt, so bekräftigte es doch auch, daß es einen Bund des gesamten Menschengeschlechtes mit Ihm gab[33] und sogar in dem mit Ihm geschlossenen Bunde alle Völker zum Heil berufen sind: „Durch dich sollen alle Geschlechter der Erde Segen erlangen“, sprach Gott zu Abraham.[34]

21. Das Neue Testament verstärkt diese Offenbarung von der Würde aller Personen, ihrer grundlegenden Einheit und ihrer Pflicht zur Brüderlichkeit, werden sie doch alle gleichermaßen durch Christus gerettet und gesammelt. Das Mysterium der Fleischwerdung zeigt, wie hoch Gott die menschliche Natur achtete, denn in Seinem Sohn wollte er sie mit der Seinigen unverwechselbar und untrennbar vereinigen. In gewissem Sinn hat sich Christus mit jeder Person vereinigt.[35] Christus ist auf einmalige Weise „das Ebenbild des unsichtbaren Gottes".[36] Er allein manifestiert vollkommen Gottes Sein im bescheidenen Zustand des Menschen, den Er frei angenommen hat.[37] Darum ist Er der „neue Adam", das Vorausbild einer neuen Menschheit, „der Erstgeborene von vielen Brüdern"[38], in dem die von der Sünde verunstaltete Gottähnlichkeit wiederhergestellt wird. Indem Er unter uns Fleisch wurde, hat sich das ewige Wort Gottes „herabgelassen, an unserer Menschlichkeit teilzuhaben"[39], damit wir an Seiner Göttlichkeit teilhaben können. Das Heilswerk Gottes in Christus ist universal. Nicht länger ist es nur dem auserwählten Volk bestimmt. Das ganze „Geschlecht Adams" ist einbezogen und nach dem Wort des Hl. Irenäus[40] in Christus „vereinigt". Mit Christus sind alle berufen, durch den Glauben den endgültigen Bund mit Gott einzugehen[41], über die Beschneidung, das Gesetz Mose und die Rasse hinaus.
Dieser Bund wird erfüllt und besiegelt durch das Opfer Christi, der die Erlösung einer sündigen Menschheit bewirkte. Durch das Kreuz Christi wurde die religiöse Spaltung – die sich zur ethnischen Spaltung verfestigt hatte – zwischen dem Volk der schon erfüllten Verheißung und der übrigen Menschheit beseitigt. Die Heiden, die bis dahin „der Gemeinde Israels fremd und von dem Bund der Verheißung ausgeschlossen" waren, sind jetzt „durch sein Blut in die Nähe gekommen".[42] Er „vereinigte die beiden Teile und riß durch sein Sterben die trennende Wand der Feindschaft nieder".[43] Aus dem Juden und dem Heiden wollte Christus „einen einzigen neuen Menschen in sich schaffen". Dieser Neue Mensch ist der Sammelname für die von Ihm erlöste Menschheit mit all ihrer Vielfalt, die mit Gott in einem einzigen Leib vereinigt ist, der Kirche, durch das Kreuz, das die Feindschaft getötet hat.[44] Darum gibt es „nicht mehr Griechen oder Juden, Beschnittene oder Unbeschnittene, Fremde, Skythen, Sklaven oder Freie, sondern Christus ist alles und in allen".[45] Daher hat der Gläubige, wie immer sein voriger Zustand geartet gewesen sein mag, den neuen Menschen angezogen, der unablässig nach dem Bilde des Schöpfers erneuert wird. Und Christus sammelt die verstreuten Kinder Gottes.[46]
Christi Botschaft faßt nicht nur geistige Bruderschaft ins Auge. Sie setzt sehr wichtiges konkretes Verhalten im Alltag voraus und zieht es nach sich. Christus selbst hat das Beispiel gegeben. Der enge Raum Palästinas, in dem fast sein ganzes Erdenleben spielte, gab ihm nicht viele Möglichkeiten, Menschen anderer Rasse zu begegnen. Doch er akzeptierte alle Kategorien von Personen, mit denen er in Berührung kam. Er zögerte nicht, seine Zeit mit Samaritern[47] zu verbringen, sie als Beispiel hinzustellen[48], obwohl sie von den Juden als Häretiker verachtet wurden. Alle an den Rand Gedrängten ließ er auf die eine oder andere Weise an Seiner Erlösung teilhaben: die Kranken und Sünder, Männer wie Frauen, Prostituierte und Zöllner, und Heiden wie die Syrophönizierin.[49] Nur jene wurden beiseite gelassen, die sich durch ihre eigene Selbstgefälligkeit selbst ausschlossen, z. B. die Pharisäer. Und er warnte uns feierlich: Wir werden gerichtet nach der Haltung, die wir ge-

genüber dem Fremdling oder dem geringsten unserer Brüder einnehmen, denn ohne daß wir es wissen, ist es Christus selbst, dem wir in ihnen begegnen.[50]
Christi Auferstehung und die Gabe des Heiligen Geistes zu Pfingsten haben diese neue Menschheit herbeigeführt. Die Einbettung in diese neue Menschheit geschieht durch den Glauben und die Taufe gemäß der Predigt und mit dem Einhalten des Evangeliums. Diese frohe Botschaft ist allen Rassen und Geschlechtern zugedacht. „Geht zu allen Völkern, und macht alle Menschen zu meinen Jüngern".[51]

22. Die Kirche ist daher berufen, inmitten der Welt das erlöste und mit Gott und sich selbst versöhnte Volk zu sein, „in Christus ein Leib und ein Geist"[52] zu sein und vor aller Welt Achtung und Liebe zu bezeugen. „Alle Völker unter dem Himmel"[53] waren in Jerusalem symbolisch versammelt an Pfingsten, jenem Antitypus und Sieg über die Zerstreuung von Babel.[54] Wie Petrus sagte, als er in das Haus des Heiden Kornelius gerufen wurde, „hat Gott gezeigt, daß man keinen Menschen unheilig oder unrein nennen darf. ... Gott sieht nicht auf die Person ..."[55] Die Kirche besitzt die hehre Berufung – vor allem anderen in sich selbst – die Einheit der Menschheit jenseits aller ethnischen, kulturellen, nationalen, sozialen oder anderen Spaltungen zu verwirklichen und damit kundzutun, daß diese Spaltungen jetzt überholt sind, weil sie durch Christi Kreuz beseitigt worden sind. Damit trägt die Kirche zum brüderlichen Miteinander aller Völker bei. Das Zweite Vatikanische Konzil hat die Kirche zutreffend als „das Sakrament, das heißt Zeichen und Werkzeug für die innigste Vereinigung mit Gott wie für die Einheit der ganzen Menschheit"[56], bezeichnet, denn „Christus und die Kirche ... überschreiten alle Besonderheiten der Rasse oder der Nation".[57] Innerhalb der Kirche darf es „keine Ungleichheit aufgrund von Rasse und Volkszugehörigkeit, sozialer Stellung oder Geschlecht" geben.[58] Eben dies bedeutet „katholisch" – d. h. universal – als Merkmal der Kirche. Je mehr sich die Kirche ausbreitet, desto offenbarer wird diese Katholizität. Tatsächlich versammelt die Kirche die Getreuen Christi aus allen Völkern der Welt, aus den unterschiedlichsten Kulturen, die von Hirten ihres eigenen Volkes geführt werden und alle denselben Glauben und dieselbe Nächstenliebe haben.
Die wiederholten Fehlschläge aufgrund der Instinktlosigkeit und der Sünden ihrer eigenen Mitglieder können nicht schwächen, was zu erfüllen die Kirche durch göttliche Weisung berufen und beauftragt ist. Vielmehr bestätigen sie aber, daß es sich nicht um ein menschliches Unterfangen, sondern um einen Plan handelt, der die rein menschliche Kraft übersteigt. Jedenfalls müssen die Christen sich bewußter machen, daß sie berufen sind, in der Welt ein Zeichen zu sein. Verbannen sie aus ihrem Verhalten alle Formen der rassischen, ethnischen, nationalen und kulturellen Diskriminierung, dann kann die Welt die Neuartigkeit der Frohbotschaft der Versöhnung besser erkennen. In der Kirche müssen sie die eschatologische und endgültige Gemeinsamkeit des Gottesreiches vorwegnehmen.

23. Die eben dargestellte christliche Lehre hat wahrlich ernsthafte sittliche Konsequenzen, die sich in drei Schlüsselbegriffen zusammenfassen lassen: Achtung der Unterschiede, Brüderlichkeit, Solidarität.

Haben die Menschen und die menschlichen Gemeinschaften alle die gleiche Würde, so bedeutet das nicht, daß sie zu bestimmter Zeit auch alle die gleichen physischen Fähigkeiten, kulturellen Reichtümer, geistigen und moralischen Stärken besitzen oder auf demselben Entwicklungsstand stehen. Gleichheit heißt nicht Einförmigkeit. Es kommt darauf an, die Vielfalt und Komplementarität der jeweiligen kulturellen Schätze und moralischen Qualitäten anzuerkennen. Gleiche Behandlung impliziert mithin ein gewisses Anerkenntnis von Unterschieden, wie es Minderheiten selbst fordern, damit sie sich nach ihren eigenen Merkmalen, im Respekt vor anderen und für das Gemeinwohl der Gesellschaft und der Weltgemeinschaft entwickeln können. Aber keine Gruppe darf sich einer natürlichen Überlegenheit über andere rühmen[59] oder Diskriminierungen üben, die die Grundrechte der Person berühren.

Doch gegenseitige Achtung reicht nicht aus; Brüderlichkeit muß geübt werden. Die dafür notwendige Dynamik entsteht aus nichts anderem als aus der Nächstenliebe, die ebenfalls ein Kernstück der christlichen Botschaft ausmacht: „Jeder ist mein Bruder."[60] Nächstenliebe ist nicht bloßes Wohlwollen oder Mitleid. Sie will einen jeden in die Lage versetzen, in den Genuß lebenswerter, der Gerechtigkeit entsprechender Lebensumstände zu gelangen: für das Überleben, die Freiheit und die Entwicklung unter allen Umständen. Die Nächstenliebe läßt, in Christus, einen jeden sich im Nächsten erblicken nach der göttlichen Weisung: „Liebe deinen Nächsten wie dich selbst."

Auch Brüderlichkeit reicht nicht aus. Man muß weiterschreiten zur wirksamen Solidarität aller, zumal zwischen Reich und Arm. Die kürzliche Enzyklika Johannes Pauls II., *Sollicitudo rei socialis* (30. Dezember 1987), hebt die Interdependenz hervor „als entscheidendes System von Beziehungen in der heutigen Welt ... und als moralische Kategorie angenommen. Wenn die gegenseitige Abhängigkeit in diesem Sinne anerkannt wird, ist die ihr entsprechende Antwort als moralisches und soziales Verhalten, als ‚Tugend' also, die Solidarität."[61] Der Friede zwischen den Menschen und Nationen steht auf dem Spiel: „Opus solidaritatis pax – Friede ist das Werk der Solidarität".[62]

Teil IV
Der Beitrag der Christen – im Verein mit anderen – zur Förderung von Brüderlichkeit und Solidarität unter den Rassen

24. Das Rassenvorurteil, das die gleiche Würde aller Mitglieder der Menschenfamilie verneint und den Schöpfer verhöhnt, läßt sich nur ausrotten, wenn man an die Wurzeln geht, wo es entsteht: im menschlichen Herzen. Denn aus dem Herzen wird gerechtes oder ungerechtes Verhalten geboren[63], je nachdem, ob sich ein Mensch dem Willen Gottes öffnet – in der natürlichen Ordnung und im Lebendigen Wort – oder ob er sich in den von Angst oder Herrschsucht diktierten Egoismus verschließt. Was gereinigt werden muß, ist die Art, wie wir andere sehen. Wer rassistische Gedanken oder Haltungen hegt, versündigt sich an der konkreten Botschaft Christi, für den der „Nächste" nicht nur ein Angehöriger meines Stammes, meines Milieus, meiner Religion oder meines Volkes ist, sondern eine jegliche Person, der ich begegne.

Nicht mit äußeren Mitteln – Rechtsvorschriften oder wissenschaftlichen Beweisen – läßt sich das Rassenvorurteil ausreißen. Es genügt nicht, daß alle Arten der Rassendiskriminierung gesetzlich verboten und bestraft werden; solche Gesetze sind leicht zu umgehen, wenn die Gemeinschaft, für die sie bestimmt sind, sie sich nicht vollständig zu eigen macht. Zur Überwindung der Diskriminierung muß eine Gemeinschaft die Werte, die gerechte Gesetze inspirieren, verinnerlichen und Tag für Tag die Überzeugung von der gleichen Würde aller leben.

25. Ein Wandel der Herzen ist unmöglich ohne Stärkung der geistigen Überzeugungen von der Achtung für andere Rassen und Volksgruppen. Die Kirche ihrerseits trägt zum Erwachen der Gewissen bei, indem sie die gesamte christliche Lehre zu diesem Thema deutlich darlegt. Insbesondere fordert sie die Priester, Prediger, Lehrer und Katechisten zur Erläuterung der wahren Lehre der Schrift und Tradition vom Ursprung aller Völker in Gott, von ihrer gemeinsamen Endbestimmung zum Gottesreich, vom Wert der brüderlichen Liebe und von der völligen Unvereinbarkeit jedes Ausschlusses aus rassischen Gründen mit der universellen Berufung aller zur selben Erlösung in Jesus Christus auf. Jeder Rückgriff auf die Bibel, um Rassenvorurteile a posteriori zu begründen, muß mit aller Kraft bloßgestellt werden. Niemals hat die Kirche einer derart abartigen Auslegung der Schrift zugestimmt.
Des weiteren wird die Überzeugungsaufgabe der Kirche durch das Zeugnis im Leben der Christen geleistet: Achtung für Ausländer, Aufgeschlossenheit für den Dialog, gegenseitige Hilfe, Teilen und Zusammenarbeit mit anderen Volksgruppen. Die Welt muß dieses Gleichnis von Christen praktisch vollzogen sehen, damit sie von Christi Botschaft überzeugt sein kann. Natürlich müssen die Christen selbst demütig eingestehen, daß die Mitglieder der Kirche auf allen Ebenen in der gesamten Geschichte nicht immer konsequent nach dieser Lehre gehandelt haben. Dennoch müssen sie das Rechte weiterhin verkünden und zugleich der Wahrheit „nachzuleben" streben.[64]

26. Doktrin und Beispiel in sich allein reichen nicht aus. Die Opfer des Rassismus, wo immer sie sich befinden, müssen verteidigt werden. Diskriminierende Handlungen unter Personen oder Völkern aus rassischen oder anderen – religiösen oder ideologischen – Gründen, die Verachtung oder Ausschlußphänomene zur Folge haben, müssen ohne zu zögern bloßgestellt und ans Licht gebracht und mit aller Kraft verworfen werden, damit gerechtes Verhalten, gerechte Rechtsvorschriften und Sozialstrukturen gefördert werden.
Eine wachsende Zahl von Menschen reagiert empfindsam auf dieses Unrecht und wendet sich gegen alle Formen des Rassismus. Dies mag aus religiöser Überzeugung oder aus humanitären Gründen sein. Das läßt sie immer wieder gegen die Repression durch gewisse Mächte oder zumindest gegen den Druck einer sektiererischen öffentlichen Meinung aufstehen und Verachtung und Gefangennahme ertragen. Die Christen zögern nicht, sich mit der nötigen Einsicht ihrer Verantwortung in diesem Kampf um die Würde ihrer Brüder und Schwestern zu stellen, wobei sie stets gewaltlose Mittel vorziehen.[65]

27. Bei der Bloßstellung des Rassismus bemüht sich die Kirche indessen um eine evangelische Haltung gegenüber allen. Dies ist ohne Zweifel ihre besondere Gabe. Schreckt sie

auch nicht davor zurück, die Übel des Rassismus auch denen gegenüber, die dafür verantwortlich sind, in aller Deutlichkeit zu mißbilligen, so bemüht sie sich doch auch zu verstehen, wie diese Menschen dazu gelangt sein mögen. Sie möchte ihnen helfen, einen vernünftigen Ausweg aus ihrer Sackgasse zu finden. So wie Gott kein Gefallen findet am Tod des Sünders[66], so strebt auch die Kirche mehr danach, ihnen zu helfen, wenn sie bereit sind, die begangene Ungerechtigkeit abstellen zu wollen. Desgleichen geht es ihr darum, Opfer des Rassismus am Rückgriff auf Gewalt zu hindern, womit sie nur einem Rassismus verfielen ähnlich dem, den sie bekämpfen. Die Kirche will Ort der Versöhnung sein und nicht Gegensätze verschärfen. Sie ersucht alle, so zu handeln, daß der Haß gebannt wird. Sie predigt Liebe. Sie bereitet geduldig einen Wandel der Mentalität vor, ohne den jegliche strukturelle Veränderung eitel bliebe.

28. Bei der Ausprägung nichtrassischer Denkweisen spielt die Schule eine hervorragende Rolle. Das Lehramt der Kirche hat seit jeher die Bedeutung einer Erziehung betont, die das allen Gemeinsame herausstellt. Wichtig ist auch der konkrete Nachweis, daß andere – eben weil sie anders sind – unsere eigene Lebenserfahrung bereichern können. Ist es beispielsweise normal, daß der Geschichtsunterricht die Wertschätzung des eigenen Landes pflegt, so ist es doch bedauerlich, daß dies zu blindem Chauvinismus und dazu führen kann, daß den Leistungen anderer Nationen nur sekundäre Bedeutung zugemessen wird und sie mithin als minderwertig angesehen werden. Wie bereits in einigen Ländern geschehen, mag es notwendig sein, die Schulbücher zu revidieren, die die Geschichte verfälschen, die historischen Untaten des Rassismus mit Schweigen übergehen oder die zugrundeliegenden Prinzipien rechtfertigen. Desgleichen muß die staatsbürgerliche Erziehung so gestaltet werden, daß diskriminierende Reaktionen gegenüber Personen anderer Volksgruppen beseitigt werden. Mehr und mehr bietet die Schule den Kindern von Einwanderern die Chance, sich unter die Kinder des aufnehmenden Landes zu mischen. Dies wird hoffentlich eine Gelegenheit sein, beiden Gruppen zu besserem gegenseitigem Verständnis und zur Vorbereitung eines harmonischen Miteinander zu verhelfen.

Zudem scheinen viele junge Menschen heute weniger zum Rassenvorurteil zu neigen. Diese Zukunftshoffnung muß gepflegt werden. Andererseits ist es beklagenswert, wenn sich andere junge Menschen in Banden organisieren, um gegen gewisse Rassengruppen gewaltsam vorzugehen, oder wenn Sportveranstaltungen zu chauvinistischen Demonstrationen umfunktioniert werden, die in Vandalismus und Massaker enden. Werden sie nicht ideologisch genährt, so stammen Rassenvorurteile zumeist aus der Unkenntnis der anderen, die sich in wilde Fantasien versteigt und Angst verursacht. Es besteht heute kein Mangel an Gelegenheiten, junge Menschen an Achtung und Wertschätzung des Andersseins zu gewöhnen: internationaler Austausch, Reisen, Sprachkurse, Städtepartnerschaften, Ferienlager, internationale Schulen, Sport und kulturelle Veranstaltungen.

29. Überzeugung und Erziehung müssen sich mit dem Willen paaren, die Achtung anderer Volksgruppen in gesetzlichen Vorschriften und in den Strukturen und der Funktionsweise der regionalen oder nationalen Institutionen zu verankern.

Aus den Rechtstexten wird der Rassismus nur verschwinden, wenn er in den Herzen der Menschen schon gestorben ist. Aber es bedarf auch unmittelbarer legislativer Maßnahmen. Wo immer diskriminierende Vorschriften noch bestehen, müssen die Bürger, die sich der Abartigkeit dieser Ideologie bewußt sind, ihre Verantwortung übernehmen, damit vermittels der demokratischen Prozesse die Rechtsvorschriften in Einklang mit dem Sittengesetz gebracht werden. Innerhalb eines Staates muß das Gesetz für alle Bürger ohne Unterschied gleich sein. Niemals kann eine herrschende Gruppe, bilde sie nun zahlenmäßig die Mehrheit oder eine Minderheit, mit den Grundrechten anderer Gruppen nach Belieben verfahren. Es kommt darauf an, daß ethnische, sprachliche oder religiöse Minderheiten, die innerhalb der Grenzen desselben Staates wohnen, dieselben unveräußerlichen Rechte wie andere Bürger genießen, einschließlich des Rechtes, nach ihren spezifischen kulturellen und religiösen Merkmalen zusammenzuleben. Ihre Entscheidung, sich in die umgebende Kultur einzugliedern, muß eine freie sein.[67]
Der Status anderer Bürger oder Personen wie Einwanderer oder Flüchtlinge oder vorübergehende Gastarbeiter ist oft prekär. Um so dringender müssen ihre menschlichen Grundrechte anerkannt und gewährleistet werden. Eben sie sind zumeist die Opfer von Rassenvorurteilen. Das Recht des Landes muß darauf achten, daß gegen sie gerichtete aggressive Handlungen sowie dem Verhalten irgendwelcher Arbeitgeber, Amtsträger oder Privatpersonen, die diese anfälligeren Personen verschiedenen Formen der Ausbeutung – wirtschaftlicher oder anderer Art – unterwerfen, Einhalt geboten wird.
Natürlich ist es Sache der für das Gemeinwohl verantwortlichen öffentlichen Stellen, die Zahl der Flüchtlinge oder Einwanderer zu bestimmen, die ihr Land aufnehmen kann, wobei sie ihre Beschäftigungsmöglichkeiten und Entwicklungsperspektiven, aber auch die Dringlichkeit der Not anderer zu berücksichtigen haben. Desgleichen muß der Staat dafür sorgen, daß kein ernsthaftes soziales Ungleichgewicht entsteht, mit dem soziologische Ablehnungsphänomene einhergingen, wie sie sich etwa einstellen können, wenn eine übermäßig starke Konzentration von Personen einer anderen Kultur unmittelbar die Identität und Gebräuche der sie aufnehmenden Gemeinschaft zu bedrohen scheint. Beim Erlernen der Unterschiedlichkeitswertung kann nicht alles auf einmal erwartet werden, sondern die Möglichkeiten neuer Formen des Zusammenlebens und sogar der gegenseitigen Bereicherung müssen berücksichtigt werden. Ist ein Ausländer einmal in einem Land aufgenommen worden und akzeptiert er die Regeln der öffentlichen Ordnung, so hat er für die gesamte Dauer seines Aufenthaltes Anspruch auf rechtlichen Schutz.
In derselben Weise darf die Arbeitsgesetzgebung nicht zulassen, daß bei gleicher Arbeit Nichtstaatsangehörige, die in einem Lande Beschäftigung gefunden haben, gegenüber einheimischen Arbeitern hinsichtlich der Entlohnung, sozialen Sicherheit und Altersversorgung diskriminiert werden. Gerade in den Arbeitsbeziehungen sollte die bessere gegenseitige Kenntnis und Anerkennung zwischen Personen unterschiedlicher ethnischer und kultureller Herkunft wachsen und eine menschliche Solidarität entstehen, die frühere Vorurteile überwinden kann.

30. Es kommt darauf an, auf internationaler Ebene weiterhin die rechtlichen Instrumente zur Überwindung des Rassismus zu erarbeiten und sie vor allem voll wirksam zu machen.

Nach den Exzessen des Nazismus haben sich die Vereinten Nationen voll und ganz zur Achtung der Personen und Völker bekannt.[68] Die 20. Generalversammlung der Vereinten Nationen hat am 21. Dezember 1965 ein wichtiges *Internationales Übereinkommen über die Beseitigung aller Formen der Rassendiskriminierung* verabschiedet. Es bestimmt u. a., es gebe „nirgends irgendeine Rechtfertigung für die Rassendiskriminierung in Theorie oder Praxis" (Präambel, Abs. 6). Desgleichen sieht es gesetzgeberische oder gerichtliche Maßnahmen vor, um diesen Bestimmungen Geltung zu verschaffen. Es trat am 4. Januar 1969 in Kraft, und der Heilige Stuhl hat es am 1. Mai desselben Jahres formell ratifiziert.
Desgleichen beschlossen die Vereinten Nationen am 2. November 1973 die Ausrufung einer „Dekade zur Bekämpfung des Rassismus und der Rassendiskriminierung". Papst Paul VI. äußerte sofort sein „lebhaftes Interesse" und seine „tiefe Befriedigung" darüber: „Dieses hervorragend menschliche Unternehmen wird wiederum den Heiligen Stuhl und die Vereinten Nationen in enger Übereinstimmung finden – wenn auch auf verschiedenen Ebenen und mit unterschiedlichen Mitteln."[69] Der Wirtschafts- und Sozialrat der Vereinten Nationen (ECOSOC) verfügt seit 1946 über einen Ausschuß für Menschenrechte, der seinerseits eine Unterkommission für die Verhinderung der Diskriminierung und den Minderheitenschutz eingesetzt hat.
Der Beitrag des Heiligen Stuhls setzte sich fort in Form der Teilnahme seiner Delegationen an einigen wichtigen Veranstaltungen der Dekade sowie an anderen zwischenstaatlichen Tagungen.[70] Seither ist eine zweite „Dekade" proklamiert worden (1983–1993).

31. Die Bemühungen des Heiligen Stuhls als anerkanntem Mitglied der internationalen Gemeinschaft dürfen nicht losgelöst von den vielen und vielfältigen Bemühungen der christlichen Gemeinschaft in der ganzen Welt oder dem persönlichen Engagement von Christen in zivilen Institutionen gesehen werden.
In diesem Zusammenhang sollte der Beitrag der verschiedenen Episkopate in der Welt besonders erwähnt werden. Als Beispiel lassen sich die Anstrengungen der Bischöfe von zwei Ländern nennen, die besonders akut, wenn auch in unterschiedlicher Weise, von den Problemen des Rassismus betroffen gewesen sind.
Das erste Beispiel sind die Vereinigten Staaten von Amerika, wo in mehreren Staaten noch lange nach dem Bürgerkrieg (1861–1865) gesetzliche Rassendiskriminierung galt. Erst 1964 wurde mit dem *Civil Rights Law* allen Formen legal praktizierter Diskriminierung ein Ende gesetzt. Dies war ein beträchtlicher Schritt nach vorne, der über eine lange Zeit herangereift und von zahlreichen Initiativen gewaltloser Art gekennzeichnet war. Zu diesem Prozeß hat die katholische Kirche vor allem durch ihr ausgedehntes Bildungswesen sowie durch die Erklärungen des Episkopats beigetragen.[71]
Trotz fortdauernder Bemühungen bleibt noch viel zu tun, bis das Rassenvorurteil und rassistische Verhalten auch in der Nation vollständig beseitigt ist, die man zu den gemischtrassigsten der Welt rechnen kann. Den Beweis dafür liefert die Erklärung des Administrative Board der United States Catholic Conference vom 26. März 1987, in der auf fortdauernde Zeichen des Rassismus in der amerikanischen Gesellschaft hingewiesen und die Aktivitäten rassistischer Organisationen wie des „Ku Klux Clan" verurteilt werden.

Das zweite Beispiel ist die Kirche in Südafrika, die einer völlig anderen Situation gegenübersteht. Das Engagement der südafrikanischen Bischöfe, sehr oft in enger Zusammenarbeit mit anderen christlichen Kirchen, für die Rassengleichheit und gegen die Apartheid ist bekannt. In dieser Beziehung sind folgende neuere Dokumente der Bischofskonferenz zu nennen: *Hirtenbrief* vom 1. Mai 1986 mit dem bezeichnenden Titel „Christliche Hoffnung in der aktuellen Krise"[72], und die *Botschaft an das Staatsoberhaupt* vom August 1986.[73] Die Lage in Südafrika hat in der ganzen Welt zu Bekundungen der Solidarität mit denen geführt, die unter der Apartheid leiden, sowie zur Untersützung kirchlicher Initiativen.[74] Überdies erfolgen diese Initiativen häufig auf ökumenischer Basis. Papst Johannes Paul II. hat seinerseits wiederholt den katholischen Bischöfen Südafrikas gegenüber seine Sorge zum Ausdruck gebracht.[75] Am 10. September 1988 sprach der Papst anläßlich seines Besuches im südlichen Afrika zu allen Bischöfen der Region, die in Harare versammelt waren, und sagte insbesondere: „Die Frage der Apartheid als System sozialer, wirtschaftlicher und politischer Diskriminierung verpflichtet Euch in Eurem Auftrag als Lehrer und geistige Führer Eurer Herde zu einer notwendigen und entschlossenen Anstrengung, den Ungerechtigkeiten entgegenzuwirken und diese Politik zu ersetzen durch eine auf Gerechtigkeit und Liebe gegründete. Ich ermutige Euch, fest und mutig an den Prinzipien festzuhalten, die die Grundlage einer friedlichen und gerechten Reaktion auf die legitimen Bestrebungen aller Eurer Mitbürger bilden.
Ich kenne die im Laufe der Jahre von der südafrikanischen Bischofskonferenz geäußerte Haltung, angefangen mit der ersten gemeinsamen Erklärung von 1952. Der Heilige Stuhl und ich selbst haben bei zahlreichen Gelegenheiten die Aufmerksamkeit auf die Ungerechtigkeiten der Apartheid gelenkt, neuerdings vor einer ökumenischen Gruppe christlicher Führer aus Südafrika bei deren Rombesuch. Ihnen gegenüber erinnerte ich daran, da ,Versöhnung das Kernstück des Evangeliums ausmacht, können die Christen menschenrechtsverletzende Strukturen der Rassendiskriminierung nicht hinnehmen. Sie müssen sich jedoch auch bewußt sein, daß ein Strukturwandel einen Wandel der Herzen voraussetzt. Die von ihnen angestrebten Veränderungen wurzeln in der Macht der Liebe, der göttlichen Liebe, aus der jedes christliche Vorgehen und jeder Wandel entspringt' (*Ansprache vor einer gemeinsamen ökumenischen Delegation aus Südafrika*, 27. Mai 1988)."[76]

32. Zuletzt: Stört der Rassismus den Frieden der Gesellschaften, so vergiftet er auch den internationalen Frieden. Wo in dieser wichtigen Frage keine Gerechtigkeit herrscht, brechen leicht Gewalt und Krieg aus und werden die Beziehungen zwischen Nachbarstaaten gestört.
In den Beziehungen zwischen Staaten muß die treue Anwendung der Prinzipien der gleichen Würde aller Völker ausschließen, daß gewisse Staaten von anderen auf der Grundlage von Rassenvorurteilen behandelt werden. In den Spannungen zwischen Staaten mögen gewisse politische Entscheidungen eines Gegners ebenso verurteilt werden wie ungerechtes Verhalten im einen oder anderen Punkt oder möglicherweise auch das Nichteinhalten eines Versprechens, aber ein Volk darf nicht global für das verurteilt werden, was oft der Fehler seiner Führung ist. Durch derartige erste, irrationale Reaktionen können Rassenvorurteile die Oberhand gewinnen und die Beziehungen zwischen Staaten dauerhaft vergiften.

Die Völkergemeinschaft besitzt keine Zwangsmittel gegen Staaten, die mit ihrem Rechtssystem immer noch Rassendiskriminierung gegenüber ihren eigenen Volksgruppen üben. Dennoch läßt das Völkerrecht angemessenen äußeren Druck ihnen gegenüber zu, mit dem sie nach einem organischen und ausgehandelten Plan zur Abschaffung rassistischer Gesetzgebung zugunsten einer mit den Menschenrechten im Einklang stehenden bewegt werden sollen. Jedoch muß die Völkergemeinschaft in derlei delikaten Situationen äußerste Sorgfalt walten lassen, weil sonst ihr Vorgehen das betroffene Land in noch dramatischere innere Konflikte stürzen kann.
Was nun die Länder betrifft, in denen ernste Rassenspannungen bestehen, so müssen sie sich der Anfälligkeit eines Friedens bewußt sein, der nicht auf dem Konsens aller Teile der Gesellschaft beruht. Die Geschichte zeigt, daß die anhaltende Nichtanerkennung der Menschenrechte fast immer in Ausbrüchen unkontrollierbarer Gewalt endet. Um eine auf dem Recht beruhende Ordnung zu errichten, müssen sich widerstreitende Gruppen für höchste und transzendente Werte gewinnen lassen, die das Fundament aller menschlichen Gemeinschaften und aller friedlichen Beziehungen zwischen den Nationen bilden.

Schluß

33. Die Überwindung des Rassismus scheint nachgerade ein Imperativ geworden zu sein, der weithin im menschlichen Gewissen verankert ist. Das UN-Übereinkommen von 1965 spricht diese Überzeugung kraftvoll aus: „Jede auf dem Rassenunterschied beruhende Überlegenheitsdoktrin ist wissenschaftlich falsch, moralisch verdammenswert und sozial ungerecht und gefährlich.“[77] Die Lehre der Kirche betont dies nicht weniger kraftvoll: Alle rassistischen Theorien widersprechen dem christlichen Glauben und der christlichen Liebe. Dennoch gibt es in scharfem Widerspruch zu diesem wachsenden Bewußtsein der Menschenwürde immer noch Rassismus und dieser taucht in verschiedenen Formen immer wieder auf. Er ist eine geheimnisvoll offenbleibende Wunde in der Seite der Menschheit. Daher muß ein jeder mit großer Festigkeit und Geduld an ihrer Heilung mitwirken.
Doch darf keinesfalls alles in einen Topf geworfen werden. Es gibt unterschiedliche Grade und Formen des Rassismus. Im eigentlichen Sinne bezieht er sich auf die Verachtung einer durch ihren ethnischen Ursprung, ihre Farbe oder Sprache gekennzeichneten Rasse. Heute ist die Apartheid seine ausgeprägteste und systematischste Form; hier ist ein Wandel absolut und dringend geboten. Indessen gibt es viele andere Ausschluß- oder Ablehnungsformen, die nicht mit der Rasse begründet werden, aber ähnliche Wirkungen haben. Allen Formen der Diskriminierung muß entschlossen entgegengetreten werden. Es wäre Heuchelei, mit dem Finger nur auf ein Land zu zeigen; Ablehnung aufgrund der Rasse gibt es auf jedem Kontinent. Viele praktizieren faktisch eine Diskriminierung, die sie de jure verabscheuen.
Die Achtung jeder Person und jeder Rasse ist Achtung der Grundrechte, Würde und fundamentalen Gleichheit. Das bedeutet keineswegs die völlige Beseitigung kultureller Unterschiede. Vielmehr geht es darum, zu einer positiven Einschätzung der komplementären Vielfalt der Völker zu erziehen. Ein wohlverstandener Pluralismus löst das Problem des geschlossenen Rassismus.

Rassismus und rassistisches Handeln müssen verurteilt werden. Die Anwendung legislativer, disziplinärer und administrativer Maßnahmen oder auch angemessener äußerer Druck können zur rechten Zeit geboten sein. Länder und internationale Organisationen verfügen über eine ganze Skala von zu ergreifenden oder zu fördernden Initiativen. Auch die Verantwortung der betroffenen Bürger ist gefragt, doch dürfen sie dabei nicht so weit gehen, daß an die Stelle einer ungerechten Situation gewaltsam eine andere Ungerechtigkeit gesetzt wird. Immer geht es um konstruktive Lösungen.
Die katholische Kirche unterstützt alle diese Bemühungen. Der Heilige Stuhl hat im Rahmen seines besonderen Auftrags seine ihm eigene Rolle zu spielen. Alle Katholiken sind aufgefordert, konkret Seite an Seite mit anderen Christen und allen anderen, die dieselbe Achtung für die Person beseelt, zu wirken. Die Kirche möchte an allererster Stelle rassistische Grundhaltungen verändern, auch in ihren eigenen Gemeinden. Sie appelliert zuerst an den sittlichen und religiösen Sinn der Menschen. Sie stellt Forderungen auf, setzt aber nur die brüderliche Überredung ein – ihre einzige Waffe. Sie bittet Gott, die Herzen zu verändern. Sie bietet einen Ort der Versöhnung an. Sie möchte Initiativen des Willkommens, des Austausches und der gegenseitigen Hilfeleistung für Männer und Frauen anderer Volksgruppen gefördert sehen. Ihr Auftrag ist es, diesem gewaltigen Werk der menschlichen Brüderlichkeit Seele zu verleihen. Trotz der sündigen Begrenztheit ihrer Mitglieder – gestern wie heute – weiß sie, daß sie ein Zeugnis ist für die Liebe Christi auf Erden, ein Zeichen und Instrument der Einheit des Menschengeschlechtes. Die Botschaft, die sie einem jeden vorschlägt und selbst zu leben versucht, lautet: „Jede Person ist mein Bruder oder meine Schwester."

3. November 1988
Am Fest des Hl. Martin von Porres
(geb. in Lima als Sohn eines spanischen Vaters und einer schwarzen Sklavin)

Roger Kardinal Etchegaray
Präsident der Päpstlichen
Kommission Iustitia et Pax

Jorge Mejía
Vizepräsident
Päpstliche Kommission
Iustitia et Pax

Anmerkungen

* Es wird nicht der Versuch unternommen, die Geschichte des Rassismus noch auch die diesbezügliche Haltung der Kirche vollständig nachzuzeichnen. Vielmehr werden bestimmte Schwerpunkte dieser Geschichte aufgezeigt und die konsequente Lehre des Lehramts hinsichtlich des Phänomens Rassismus betont. Damit sollen keineswegs die Schwächen, gelegentlich auch die Mitschuld gewisser Kirchenführer und anderer Mitglieder der Kirche im Zusammenhang mit diesem Phänomen bemäntelt werden.

1 *Eph* 2,14

2 Vgl. *Ex* 19,5 („mein besonderes Eigentum“; Einheitsübersetzung)

3 Vgl. *Mk* 16,15; *Mt* 28,19

4 *Ad Nat.*, 1,8; *PL* 1,60

5 *Colección de documentos inéditos relativos al descubrimiento, conquista y organización de las antiguas posesiones españolas de America y Oceania*, Bd. 7, Madrid 1867, S. 414. Vgl. auch die Weisung *Pastorale officium* vom 29. Mai 1537 an den Erzbischof von Toledo, *ebd.*, S. 414, sowie H. Denzinger, A. Schoenmetzer, *Enchiridium symbolorum*, Barcelona 1973.

6 „Übt keinen Druck aus und benutzt keine Argumente, um diese Völker von ihren Riten, Gebräuchen und Gewohnheiten abzubringen, es sei denn, diese stünden offenkundig in Widerspruch zu Religion und Moral. Nichts wäre absurder, als Frankreich, Spanien, Italien oder ein sonstiges europäisches Land zu den Chinesen transportieren zu wollen. Stellt ihnen nicht unsere Länder dar, sondern unseren Glauben ... Versucht nicht, die Gebräuche dieser Völker durch die europäischen zu ersetzen, und gebt euch alle Mühe, euch den ihrigen anzupassen.“ *Collectanea S. Congregationis de Propaganda Fide seu Decreta, Instructiones, Prescripta pro apostolicis missionibus* (1622–1866), Bd. I, Rom 1907, Nr. 135; und *Codicis Iuris Canonici Fontes* (Hrsg.: Kardinal J. Scrédi), Vatikan 1935, Bd. VII, Nr. 4463, S.20.

7 So ist z. B. die Auslegung einiger Fundamentalisten bekannt, Noahs Fluch über seinen Sohn Sem habe diesen in seinem Enkel Kanaan dazu verurteilt, seines Bruders Sklave zu sein (vgl. *Gen* 9,24–27). Sie mißverstanden dabei die Bedeutung und Reichweite des heiligen Textes, der sich auf eine bestimmte historische Situation bezieht: die schwierigen Beziehungen zwischen den Kanaaniten und dem Volk Israel. In Sem oder Kanaan wollten die Fundamentalisten den Vorläufer der unterworfenen afrikanischen Völker erblicken und hielten sie daher für von Gott mit unlöschbarer Unterlegenheit gezeichnet, die sie dazu verurteile, auf immer den Weißen zu dienen.

8 Vgl. dazu u. a. die Werke von J. A. Gobineau, *Essai sur inégralité des races humaines*, 4Bde, Paris 1853–1855. Gobineau berief sich auf Darwin und erweiterte dessen Thesen von der natürlichen Auswahl der Arten auf Gesellschaften und Kulturen.

9 Am 25. März 1928 verurteilte ein Dekret des Heiligen Offiziums den Antisemitismus: *AAS* XX (1928), S. 103–104.

10 *AAS* XXIX (1937), S. 149 (freie Übersetzung aus dem Englischen)

11 Vgl. *Documentation Catholique (DC)*, 1938, S. 579–580. In einer Rede vor dem Kollegium von Propaganda Fide erklärte Pius XI. am 28. Juli 1938 erneut: „Katholisch bedeutet universell und nicht rassistisch, nicht nationalistisch in der trennenden Bedeutung dieser beiden Attribute ... Wir wollen nichts in der Menschenfamilie trennen ... Der Begriff ‚Menschengeschlecht‘ sagt genau, was die Menschheit ist. Es ist festzustellen, daß alle Menschen zuerst und allem voran ein einziges, großes Geschlecht, eine einzige und große Familie von Lebewesen bilden ... Es gibt nur eine menschliche, universale ‚katholische‘ Rasse ... und mit und in ihr gibt es verschiedene Varianten ... So lautet die Antwort der Kirche“ in: L'Osservatore Romano (OR), 30. Juli 1938. Vgl. *DC* 1938, S. 1058–1061.

12 Vgl. *Summi Pontificatus*, 28. Oktober 1939, *AAS* XXXI (1939), S. 481–509.

13 *Rundfunk-Weihnachtsbotschaft 1942*, Nr. 20 und 70, *AAS* XXXV (1943), S. 14,23 (frei aus dem Englischen übersetzt).

14 Vor den Bischöfen der Bischofskonferenz im Maternushaus der Erzdiözese Köln verwies Johannes Paul II. auf das Zeugnis des Kardinals Clemens August Graf von Galen, der Karmelitin Edith Stein, des Jesuitenpaters Rupert Mayer und „zahlreiche andere mutige Zeugen, die (*OR*, engl. Ausg., 18. Mai 1987, S. 17 – frei aus dem Englischen übersetzt) angesichts einer unmenschlichen Tyrannei aus Glaubensüberzeugung oder im Namen der Menschlichkeit gegen gottlose Willkür und Unrecht aufgestanden sind ... Sie alle vertreten zusammen das andere Deutschland, das sich vor der brutalen Anmaßung und Gewalt nicht gebeugt hat und dann nach dem endgültigen Zusammenbruch den gesunden Kern und Kraftquell für den nachfolgenden großartigen moralischen und materiellen Wiederaufbau bilden konnte.“

[15] Am 30. November 1973 verabschiedeten die Vereinten Nationen ein *Internationales Übereinkommen über die Beseitigung und Bestrafung des Verbrechens der Apartheid*. Zu den Folgen der Apartheid für die Beschäftigung vgl. auch: Siebte Regionalkonferenz der IA0 in Harare, Simbabwe, vom 29. November bis 7. Dezember 1988.

[16] Paul VI., *Ansprache vor dem UN-Sonderausschuß über Apartheid* am 22. Mai 1974 in: *AAS* LXVI (1974), S. 342–346; Johannes Paul II, *Ansprache vor demselben Ausschuß* am 7. Juli 1984 in: *OR*, engl. Ausg., Nr. 29, 16.7.1982, 11–12; *Rede vor den zivilen Behörden und dem diplomatischen Korps* am 12. August 1985, Nr. 13, in: *OR*, engl. Ausg., Nr.35, 2.9.1985, 8–9.

[17] Vgl. Johannes Paul II., *Ansprache vor dem diplomatischen Korps* am 11. Januar 1986, Nr. 4, in: *OR*, engl. Ausg., Nr. 3, 20.1.1986, 1–4.

[18] Vgl. dazu fünf Ansprachen Johannes Pauls II:
- an die Indianer von Ecuador in Latacunga am 31. Januar 1985 in: *OR*, engl. Ausg., Nr. 9, 4.3.1985, 5–10;
- an die Indianer von Peru in Cuzco am 3. Februar 1985 in: *OR*, engl. Ausg., Nr. 12, 25.3.1985, 3–4;
- an die Ureinwohner Australiens in Alice Springs am 29. November 1986 in: *OR*, engl. Ausg., Nr. 49, 9.12.1986, 16–18;
- an die nordamerikanischen Indianer in Phoenix am 14. September 1987 in: *OR*, engl. Ausg., Nr. 38, 31.9.1987, 21–22;
- an die kanadischen Indianer in Fort Simpson am 20. September 1987 in: *OR*, engl. Ausg., Nr. 40, 5.10.1987, 11–12.

Vgl. auch Johannes Paul II., *Botschaft zum Weltfriedenstag 1989*: „Beim Bau des Friedens Minderheiten achten“

[19] Zu Afrika vgl. Paul VI., *Africae terrarum*, Botschaft an die katholische Hierarchie in Afrika, 20. Oktober 1967, in: *AAS* LIX (1967), 1073–1097; *Ansprache an das Parlament von Uganda*, 1. August 1969, in: *AAS* LXI (1969), 584–585; *Ansprache an das diplomatische Korps*, 14. Januar 1978, in: *AAS* LXX (1978), 172–173; Johannes Paul II., *Ansprache vor den zivilen Behörden und dem diplomatischen Korps in Jaunde*, 12. August 1985, Nr. 11 und 12, in: *OR*, engl. Ausg., Nr. 35, 2.9.1985, 8–9.

[20] Insbesondere hat Papst Johannes Paul II. häufig in Erinnerung gerufen, daß das palästinensische Volk ebenso das Recht auf ein Land hat wie das jüdische Volk.

[21] Vgl. Johannes Paul II., *Ansprache beim Besuch der Synagoge in Rom* am 13. April 1986 in: *OR*, engl. Ausg., Nr. 16, 21.4.1986, 6–7.

[22] Vgl. die Instruktion der Kongregation für die Glaubenslehre zur Achtung des menschlichen Lebens in seinem Ursprung und zur Würde der Fortpflanzung, *Donum vitae*, 22. Februar 1987, III: „Die ‚Erbauslese‘ und die Diskriminierung zwischen den Menschen könnten legitimiert werden: Dies würde eine Vergewaltigung und einen schwerwiegenden Anschlag gegen die Gleichheit, die Würde und die grundlegenden Rechte der menschlichen Person bedeuten.“

[23] Pastoralkonstitution *Gaudium et spes*, Nr. 29; vgl. auch *ebd.*, Nr. 60 (das Recht auf die Wohltaten der Kultur); vgl. Erklärung *Nostra aetate*, Nr. 5; Dekret *Ad gentes*, Nr. 15; Erklärung *Gravissimum educationis*, Nr. 1 (das Recht auf Bildung).

[24] *Ansprache an das diplomatische Korps* am 14. Januar 1978: *AAS* LXX (1978), 172. Ähnlich in vielen früheren Texten, insbesondere: Enzyklika *Populorum progressio*, Nr. 47 und 63; *Botschaft Pauls VI. an die Völker Afrikas* vor dem ugandischen Parlament am 1. August 1969 in: *AAS* LXI (1969), 580–586; Paul VI. Apostolischer Brief *Octogesima adveniens*, Nr. 16 in: *AAS* LXIII (1971), 413; *Botschaft zum Weltfriedenstag 1971*: „Jeder ist mein Bruder.“

[25] Johannes Paul II., *Ansprache vor dem UN-Sonderausschuß gegen die Apartheid*, 7. Juli 1984, in: *OR*, engl. Ausg., Nr. 29, 16.7.1984, 11–12.

[26] *Le racisme devant la science*, UNESCO, Paris 1973, Nr. 1, S. 369.

[27] Vgl. *Gen* 1,26–27; 5,1–2; 9,6 – es ist verboten, das Blut des nach Gottes Abbild geschaffenen Menschen zu vergießen.

[28] Erklärung *Nostra aetate*, Nr. 5, zitiert in der *Ansprache Johannes Paul II. an die moslemische Jugend in Casablanca* am 19. August 1985, wo er hinzufügt: „Deshalb müssen der Gehorsam gegen Gott und die Liebe zu dem Menschen uns zur Achtung der Menschenrechte hinführen, der Rechte, die Ausdruck des göttlichen Willens und eine Forderung der menschlichen Natur sind, die Gott so geschaffen hat." in: *OR*, engl. Ausg., Nr. 37, 16.9.1985, 7 (frei nach dem Englischen übersetzt).
[29] *Gen* 3,20.
[30] *Tob* 8,6.
[31] Vgl. *Gen* 5,1.
[32] *Apg* 17,26; 28,29.
[33] Vgl. *Gen* 9,11 ff.
[34] *Gen* 12,3; *Apg* 3,25.
[35] Vgl. Pastoralkonstitution *Gaudium et spes*, Nr. 22.
[36] *Kol* 1,15; vgl. *2 Kor* 4,4.
[37] Vgl. *Phil* 2,6–7.
[38] *Röm* 8,29.
[39] *Römisches Missale*, Offertorium.
[40] Vgl. *Adversus haereses*, III, 22,3: „Der Herr ist der, der in Sich alle von Adam stammenden verstreuten Völker vereinigte, alle Sprachen und Generationen der Menschen einschließlich des Adam selbst." Irenäus ließ sich dabei durch Paulus inspirieren: *Eph* 1,10; *Kol* 1,20.
[41] *Röm* 1,16–17.
[42] Vgl. *Eph* 2,11–13.
[43] *Eph* 2,14.
[44] Vgl. *Eph* 2,15–16.
[45] *Kol* 3,11; Gal 3,28.
[46] *Joh* 11,52.
[47] Vgl. *Joh* 4,4–42.
[48] Vgl. *Lk* 10,33.
[49] Vgl. *Mk* 7,24.
[50] *Mt* 26, 38, 40.
[51] *Mt* 28,19.
[52] *Eucharistisches Gebet* III.
[53] *Apg* 2,5.
[54] Vgl. *Gen* 11,1–9.
[55] *Apg* 10,28.34.
[56] Dogmatische Konstitution *Lumen gentium*, Nr. 1.
[57] Dekret *Ad gentes*, Nr. 8.
[58] *Lumen gentium*, Nr. 32.
[59] Vgl. Johannes XXIII., Enzyklika *Pacem in terris* vom 11. April 1963, der nach Pius XI. das Ärgernis der Fortdauer von Ideologien brandmarkt, wonach sich „gewisse Menschen oder Nationen anderen von Natur aus überlegen" dünken.
[60] Thema des Weltfriedenstages 1971.
[61] Enzyklika *Sollicitudo rei socialis*, Nr.38.
[62] *ebd.*, Nr.39.
[63] Vgl. *Mk* 7,21–23.
[64] Vgl. *Joh* 3,21.
[65] *Instruktion der Kongregation für die Glaubenslehre über die christliche Freiheit und die Befreiung*, 22. März 1986, Nr.78 und 79.
„Situationen schwerer Ungerechtigkeit erfordern gewiß den Mut zu tiefgreifenden Reformen und die Abschaffung ungerechtfertigter Privilegien. Diejenigen aber, die den Weg der Reformen verächtlich machen zugunsten des Mythos der Revolutionen, nähren nicht nur die Illusion, die Beseitigung einer ungerechten Situation reiche in sich bereits aus, um eine menschlichere Gesell-

schaft zu schaffen, sondern fördern sogar das Aufkommen von totalitären Regimen. Der Kampf gegen Ungerechtigkeiten hat nur dann einen Sinn, wenn er auf die Errichtung einer neuen sozialen und politischen Ordnung hinzielt, die den Forderungen der Gerechtigkeit entspricht. Davon müssen bereits die einzelnen Etappen ihrer Errichtung geprägt sein. Es gibt eben auch eine Moral der Mittel. ... Infolge der beständigen Entwicklung der verwendeten Techniken und der zunehmenden Schwere der durch die Anwendung von Gewalt gegebenen Gefahren öffnet nämlich das, was man heute den ‚passiven Widerstand' nennt, einen Weg, der mit den Moralprinzipien mehr konform geht und nicht weniger erfolgversprechend ist."

[66] Vgl. *Ez* 18,32.

[67] Vgl. Johannes Paul II., *Botschaft zum Weltfriedenstag 1989*: „Beim Bau des Friedens Minderheiten achten."

[68] Insbesondere: *Charta der Vereinten Nationen* vom 26. Juni 1945, Art. 1, § 3; *Universelle Erklärung der Menschenrechte* vom 10. Dezember 1948, Art. 1, 2, 12, 26, II; *Erklärung der Vereinten Nationen über die Beseitigung aller Formen der Rassendiskriminierung* vom 20. November 1963.

[69] *Botschaft an die Vereinten Nationen zum 25. Jahrestag der Universellen Erklärung der Menschenrechte*, 10. Dezember 1973, *AAS* LXV (1973), 673–677.
Anläßlich der erwähnten Dekade veröffentlichte die Päpstliche Kommission „Iustitia et Pax" 1978 eine von Pater Roger Heckel S.J. verfaßte Broschüre mit dem Titel: *Kampf gegen den Rassismus; der Beitrag der Kirche*, mit einem allgemeinen Überblick zu dieser Frage.

[70] Besonders zu erwähnen sind:
- Internationale Konferenz über Namibia und die Menschenrechte (Dakar, 5.-8. Januar 1976);
- Weltkonferenz gegen die Apartheid (Lagos, 22.-26. August 1977);
- Tagung der mit dem Entwurf einer Erklärung zur Rasse und zum Rassenvorurteil beauftragten Regierungsvertreter (UNESCO, Paris, 13.-21. März 1978);
- Weltkonferenz über die Bekämpfung des Rassismus und der Rassendiskriminierung (Genf, 14.-25. August 1978);
- Zweite Weltkonferenz über die Bekämpfung des Rassismus und der Rassendiskriminierung (Genf, 1.-12. August 1983).

[71] Vgl. das wichtigste Dokument des letzten Jahrzehnts: „Brothers and Sisters to Us: a Pastoral Letter on Racism in Our Day", 1979.

[72] Vgl. Origins, Bd. 16, Nr. 1, 11.

[73] Vgl. *OR*, engl. Ausg., Nr. 46, 17.11.1986, 15.

[74] Erwähnenswert insbesondere der Brief von Kardinal Roger Etchegaray an den (damaligen Vorsitzenden der Bischofskonferenz) Hochwürdigsten Herrn Denis Hurley vom 8. Mai 1986, mit dem die Bischöfe in ihren Anstrengungen ermutigt und mögliche Schritte zur Überwindung der Konflikte ins Auge gefaßt werden. Vgl. *OR*, engl. Ausg., Nr. 17, 28.4.1986, 10.

[75] Insbesondere anläßlich von Ad-limina-Besuchen, deren letzter im November 1987 stattfand. Vgl. Ansprache von Johannes Paul II. in *OR*, engl. Ausg., Nr. 49, 7.12.1987, 2.

[76] *OR*, engl. Ausg., Nr. 37, 12.9.1988, 3.

[77] Abs. 6 der *Präambel des Internationalen Übereinkommens über die Beseitigung aller Formen der Rassendiskriminierung* vom 21. Dezember 1965, in Kraft getreten am 4. Januar 1969.

Das öffentliche Bekennen des eigenen Glaubens ist ein grundlegendes Recht des Menschen

Intervention vor dem 3. Komitee der 43. Generalverammlung der UNO von Erzbischof Renato Martino, Ständiger Beobachter des Heiligen Stuhls bei der UNO, am 26. November

Herr Präsident!

Indem sich der Heilige Stuhl an das Komitee wendet, das die mit den Menschenrechten in Zusammenhang stehenden Probleme behandelt, möchte er nochmals zum Ausdruck bringen, wie sehr die katholische Kirche die eifrigen Bemühungen der Internationalen Gemeinschaft schätzt, die eine immer größere Achtung der fundamentalen Rechte und Freiheiten des Menschen garantieren will.

Da sie – nach den Worten Johannes Paul II. – die religiöse Freiheit „als wesentliche Forderung der Würde eines jeden Menschen und als Eckstein der Struktur der Menschenrechte (WDPM 88)“ betrachtet, nimmt die Delgation des Heiligen Stuhls diese Gelegenheit gern wahr, um die Aufmerksamkeit der erlauchten Mitglieder des Komitees auf dieses Problem zu lenken.

Johannes Paul II. hat seine *Botschaft zum Welttag des Friedens* am 1. Januar 1988 dem Thema „Die Religionsfreiheit als Bedingung für das friedliche Zusammenleben“ gewidmet. In seiner Botschaft unterstreicht Johannes Paul II., daß wir „40 Jahre nach der weltweiten Erklärung der Menschenrechte, deren im nächsten Dezember gedacht wird, feststellen müssen, daß Millionen von Menschen an verschiedenen Orten der Erde immer noch aufgrund ihrer religiösen Überzeugungen leiden, daß sie Opfer repressiver und unterdrückender Gesetzgebungen sind, zuweilen offener Verfolgung, häufiger einer subtilen Praxis der Diskriminierung als Gläubige und als Gemeinschaft“. Abschließend stelle der Papst fest: „Dieser Zustand ist schon in sich untragbar, und er stellt eine negative Hypothek für den Frieden dar.“

Das Recht auf Religionsfreiheit, d. h. die Möglichkeit, auf der Suche nach der Wahrheit den Forderungen des eigenen Gewissens nachzugehen und als Angehöriger einer organisierten religiösen Gemeinschaft öffentlich den eigenen Glauben zu bekennen, bildet die Basis aller anderen grundlegenden Menschenrechte. „Es gehört zur menschlichen Würde, auf der Suche nach der Wahrheit dem moralischen Gebot des eigenen Gewissens folgen zu können.“

„Obschon das Bekenntnis einer Religion vornehmlich in inneren geistigen Akten besteht, schließt es doch die gesamte Erfahrung des menschlichen Lebens – und auch alle seine äußeren Kundgebunden – mit ein.“ Auf diese Weise sind die Gläubigen dazu aufgerufen, wirksam zur öffentlichen Moral, zur Solidarität unter den Menschen und zum Frieden unter den Völkern beizutragen. „Ihrerseits hört die katholische Kirche nicht auf, ihre Solidarität all denjenigen zu bezeugen, die aufgrund ihres Glaubens Diskriminierungen und Verfolgungen erleiden, und sie ist dafür tätig, … daß solche Situationen überwunden werden." Wenn sie dies tut, ist sie sich bewußt, durch die Verteidigung der Würde des Menschen der Menschheit zu dienen.

Da die Religionsfreiheit, so wie alle grundlegenden Menschenrechte, nicht von außen her bewilligt werden kann und ihren Ursprung in der tiefsten Natur des Menschen hat, kann nichts und niemand sie zerstören, und kein äußerer Zwang kann sie beiseiteschieben.

Die Freiheit des einzelnen, die Wahrheit im Bekenntnis des Glaubens zu suchen, der seinen religiösen Überzeugungen entspricht, muß im Bereich der rechtlichen Struktur der Gesellschaft ausdrücklich garantiert werden; d. h., sie muß von den bürgerlichen Gesetzen als persönliches und unveräußerliches Recht anerkannt und geschützt werden, damit sie von jedwedem Zwang bewahrt bleibt, der von Einzelpersonen, sozialen Gruppen oder jeder Art menschlicher Macht herrührt (vgl. *Dignitatis humanae*, Nr. 2).

Die Pflichten des Staates in bezug auf die religiöse Freiheit ist an die eindeutige und schwerwiegende Verantwortung der Gläubigen, Männer und Frauen, gegenüber dem Wohl der Gesellschaft gebunden, der sie auf der steten Suche nach Gerechtigkeit und Frieden angehören.

Der Heilige Stuhl möchte den Vereinten Nationen nochmals seine Hochachtung zum Ausdruck bringen: nicht nur für die feierliche Verkündigung der Menschenrechte – und insbesondere des Rechtes auf religiöse Freiheit – sondern auch dafür, daß sie dank der Verträge, Abkommen und Erklärungen, aufgrund derer jeder Mitgliedsstaat ganz eindeutige Verpflichtungen eingegangen ist, die Basis für ihren rechtlichen Schutz gelegt haben.

Infolge der im Jahre 1981 verkündeten *Erklärung über die Abschaffung aller Formen von Intoleranz und religiöser Diskriminierung, die auf der Religion und dem Glaubensbekenntnis beruhen* haben einige maßgebende Stimmen die Ausarbeitung eines zusätzlichen verbindlichen internationalen Mittels gefordert, das im Bereich der Religionsfreiheit aufeinander abgestimmtes Handeln erleichtert.

Unterdessen betont der Heilige Stuhl noch einmal, daß die zahlreichen Opfer religiöser Intoleranz nicht jahrelang darauf warten sollen, ihre Rechte beachtet zu sehen. Alles, was zur Erreichung dieses Zieles nötig wird, ist der politische Wille der Staaten, die bestehenden Mittel aufzugreifen und anzuwenden und sie in der eigenen Gesetzgebung und in der Praxis wirksam zu machen.

Die Delegation des Heiligen Stuhls fühlt sich dazu verpflichtet, öffentlich ihren tiefen Kummer über den ungebührlichen Druck zu äußern, der in einigen Ländern auf die Gläubigen aller Religionen ausgeübt wird. Das Recht der Einzelperson und der Gemeinschaften, den eigenen Glauben im privaten und öffentlichen Bereich auszuüben, unterliegt in einigen Regionen immer noch repressiven Gesetzgebungen und Praktiken. Das Recht der Eltern, ihren Kindern die Wahrheit und die Werte der eigenen religiösen Überzeugungen zu vermitteln, trifft immer noch auf Ablehnung und Mißbilligung. Die Unabhängigkeit und die innere Verwaltung der Gemeinschaften der Gläubigen, welche von den oben erwähnten Vereinbarungen und Erklärungen bekräftigt werden, sind durch ungerechtfertigtes Einschreiten immer noch ernstlich eingeschränkt, wenn es sich darum handelt, die eigenen Leiter zu wählen oder die Anwärter auf ihr Amt oder den Dienst vorzubereiten. In einigen Ländern wird Fremdarbeitern immer noch das Recht verweigert, sich zur Teilnahme an Gottesdiensten zu versammeln, während sich in anderen Ländern Flüchtlinge, deren Das ein bereits tragisch genug ist, des gerechtfertigten Trostes beraubt sehen, ihren religiösen Glauben auszuüben.

Die Delegation des Heiligen Stuhls will die Aufmerksamkeit der Internationalen Gemeinschaft auf diese und ähnliche Mißbräuche lenken und richtet einen Aufruf an alle Staaten, damit diese innerhalb ihrer eigenen Grenzen die freie Ausübung und den Schutz des fundamentalen Rechtes auf religiöse Freiheit garantieren. Der Heilige Stuhl beschränkt seine Forderung nicht nur auf die Mitglieder der katholischen Kirche. In seiner Sorge um die Gerechtigkeit bittet der Heilige Stuhl um volle Achtung der religiösen Überzeugungen jedes einzelnen und um die Freiheit aller, sie im privaten und öffentlichen Bereich gemeinsam mit denen, die denselben Glauben teilen, auszuüben.

Einige ermutigende Zeichen und Ereignisse der letzten Monate sind vom Heiligen Stuhl gebührend zur Kenntnis genommen worden. Ihre volle Tragweite und ihre spürbaren Ergebnisse werden sich im Lauf der Zeit zeigen, doch verdienen sie respektvolle Aufmerksamkeit und kluge Ermunterung.

Unter diesen Ereignissen erinnert der Heilige Stuhl insbesondere an die Tausendjahrfeier des Christentums in Rußland und an das entsprechende Treffen der politischen und religiösen Führer auf hoher Ebene. Bei dieser Gelegenheit hielt Kardinal-Staatssekretär Agostino Casaroli im Bolshoitheater von Moskau eine Rede. Er sagte unter anderem:

„Es ist ein Grund zur Befriedigung und zum Vertrauen auf die Zukunft, daß die Stellung und die Rolle der Kirche in der Gesellschaft nach der Oktoberrevolution vom Jahre 1917 mit dem Herannahen der Tausenjahrfeier der Taufe der Kiewer Rus öffentliche und positive Anerkennung gefunden haben. Die Bedeutung dieses Ereignisses ist der öffentlichen Meinung, die in vieler Hinsicht aufgrund zahlreicher vorausgegangener Erfahrungen noch unsicher und skeptisch ist, nicht entgangen. In unseren Augen nimmt dieses Ereignis eine Bedeutung an, die über die russisch-orthodoxe Kirche hinausgeht, mit der wir uns gemeinsam von Herzen freuen. Sie läßt Raum für die Hoffnung, daß ein neuer Lebenshauch alle Beziehungen zwischen dem sowjetischen Staat und der Religion im allgemeinen beseelen möge, in Übereinstimmung mit der Ankündigung, daß ‚ein neues Gesetz über die Freiheit der Wissenschaft, welche auch die Interessen religiöser Organisationen berücksichtigt, zur Zeit bearbeitet wird' (*Erklärung des Generalsekretärs Mikhail Gorbaciov an den Patriarchen von Moskau und ganz Rußland*, 29. April 1988, vgl. Novosti XXII. Jahr, Nr. 41, 6. Mai 1988).

Die Erkenntnis, daß die Religion eine Tatsache ist, die nicht ignoriert werden darf, und die Bestätigung, daß ‚die Gäubigen das volle Recht haben, ihre eigene religiöse Überzeugung mit Würde zum Ausdruck zu bringen', kann als ein erster Schritt zum Beginn eines Dialogs zwischen den Gläubigen und dem Staat angesehen werden; ein Weg, der nicht unbedingt leicht, aber, auf lange Zeit gesehen, verheißungsvoll ist.

Natürlich wird weitaus mehr erhofft, und dies erfordert fleißige Arbeit und konstanten guten Willen. Die volle Ausübung der religiösen Freiheit bedroht niemanden. Sie trägt ganz im Gegenteil entschieden dazu bei, Bürger zu formen, die wirklich frei sind, da ihnen geholfen wird, in aller Fülle die eigene Würde kennenzulernen und mit größerer Verantwortung ihre Pflichten zu übernehmen."

Danke, Herr Präsident.

Wortregister

Personenregister

Länder- und Ortsregister

Zitierte Bibelstellen

Quellenverzeichnis der Zitate

Damasus I. (366–384)
Schreiben an die orientalischen Bischöfe (um 374): DS 146 — S. 47

Leo (I.) der Große (440–461)
Brief an Bischof Travian von Konstantinopel, Tomus Leonis, 13. Juni 449: DS 294–295 — S. 57 f.

Homilie zum Geburtsfest des Herrn, XXII,1 — S. 1445

Sermo XXI, 3: S. Ch. 22 bis 72 — S. 1477

Gregor (I.) der Große (590–604)
Hom. in Evang. I. XIX, 2: PL 76, 1155 — S. 1462, 1513

Hom. in Ez., II, I,5: CCL 142, 211 — S. 1490

Innozenz III. (1198–1216)
Devotioni vestrae, Bulle von 1210 — S. 552

Bonifaz VIII. (1294–1303)
Sacrosantae Romanae Ecclesiae, Bulle von 1298 — S. 552

Johannes XXII. (1316–1334)
Quoniam nulla die Clementinae, Bulle von 1317 — S. 552

Paul III. (1534–1549)
Sublimis Deus, Bulle vom 2.6.1537 — S. 1853

Gregor XVI. (1831–1846)
Pagine di una vita, Note Biografiche su Antonio Rosmini, Rovereto, 1987, S. 150 — S. 1344

Pius IX. (1846–1878)
Ineffabilis Deus, Apostolisches Lehrschreiben zur Glaubensverkündigung der Unbefleckten Empfängnis vom 8. Dezember 1854: Pii IX Acta, pars Ia, vol. 1, p.597ss — S. 983

Leo XIII. (1878–1903)
Octobri mense, Enzyklika über den Rosenkranz vom 22. September 1891: ASS 24 (1891/92) S. 195 f. — S. 169 f.

Pius X. (1903–1914)
Motu proprio Tra le sollecitudini dell' officio pastorale vom 22. November 1903: Pii X Pontificis Maximi Acta, I, S. 77 — S. 1402

Motu proprio Abbinc duos annos vom 23. Oktober 1913: AAS 5 (1913) SS. 449–450 — S. 1402

Pius XI. (1922–1939)
Brief-Dekret Geminata Laetitia vom 1. April 1934: AAS 27 (1935) S. 285 — S. 950

Ad catholici sacerdotii vom 20. Dezember 1935: AAS 28 (1936) S. 37 — S. 1616

Pius XII. (1939–1958)
Saeculo exeunte: AAS 32 (1940) S. 254 — S. 1110

Rundfunk-Weihnachtsbotschaft 1943:
AAS 35 (1943)
Nr. 20 — S. 1855
Nr. 70 — S. 1855

Ansprache an die Rota Romana am 2. Oktober 1944: AAS 36 (1944) S. 281 — S. 936

Ansprache am 20. Februar 1946 an die neuen Kardinäle: AAS 38 (1946) S. 149 — S. 1469

Nemini profecto latet, Apostolisches Schreiben vom 11. Februar 1950: AAS 42 (1950) — S. 124, 664

Abkürzungen

AA „Apostolicam actuositatem“
II. Vat. Konzil: Dekret über das Apostolat der Laien

AG „Ad gentes“
II. Vat. Konzil: Dekret über die Missionstätigkeit der Kirche

DH „Dignitatis humanae“
II. Vat. Konzil: Erklärung über die Religionsfreiheit

DV „Dei Verbum“
II. Vat. Konzil: Dogmatische Konstitution über die göttliche Offenbarung

EN „Evangelii nuntiandi“
Paul VI.: Apostolisches Schreiben über die Evangelisierung in der Welt von heute vom 8.12.1975

ES „Ecclesiam suam“
Paul VI.: Enzyklika „Die Wege der Kirche“ vom 6.8.1964

GS „Gaudium et spes“
II. Vat. Konzil.: Pastoralkonstitution über die Kirche in der Welt von heute

HV „Humanae vitae“
Paul VI.: Enzyklika über die rechte Ordnung der Weitergabe menschlichen Lebens vom 25.7.1968

LG „Lumen gentium“
II. Vat. Konzil.: Dogmatische Konstitution über die Kirche

NA „Nostra aetate“
II. Vat. Konzil.: Eklärung über das Verhältnis der Kirche zu den nichtchristlichen Religionen

OT „Optatam totius“
II. Vat. Konzil.: Dekret über die Ausbildung der Priester

PC „Perfectae caritatis“
II. Vat. Konzil.: Dekret über die zeitgemäße Erneuerung des Ordenslebens

PM „Provida Mater“
Pius XII.: Apostolische Konstitution über die kanonischen Stände und Weltgemeinschaften zur Erlangung der christlichen Vollkommenheit vom 2.2.1947

PO „Presbyterorum Ordinis“
II. Vat. Konzil.: Dekret über Dienst und Leben der Priester

RH „Redemptor Hominis“
Johannes Paul II.: Antrittsenzyklika über die Würde der Menschen in Christus vom 4.3.1978

UR „Unitatis redintegratio“
II. Vat. Konzil.: Dekret über den Ökumenismus